前言

幸福教育的真谛和精髓

幸福是人类的共同追求、最终追求。2012 年 11 月，中国共产党“十八大”号召“共同创造中国人民和中华民族更加幸福美好的未来”，标志着幸福中国、幸福民生、幸福社会建设迈向了新的时期和新的高度，也给幸福教育提出了新的要求和新的使命。

幸福的核心是健康、快乐、有成，即身心健康，精神愉悦，学有所成，事有所成，幸福感是物质与精神、生理与心理、个人与集体、主观与客观、投入与回报、过程与结果、眼前与长远的内心平衡、和谐统一的主观体验。马克思主义认为：劳动是幸福的源泉，擅长劳动是幸福的阶梯，多劳多得是幸福的保障，公平是幸福的起点，人际和谐是幸福的命脉。

追求幸福、创造幸福、共享幸福、教育先行。创建幸福中国，基础在幸福人生，关键靠教育。幸福国家要让教育先幸福起来。

幸福教育就是通过教育奠基幸福人生。在幸福中开展教育，在教育中分享幸福；在幸福中创新教育，在教育中创造幸福。幸福教育的七大纲领是：以人为本作统领，积极心理打基础，优良品德把方向，学有所成促发展，满足特需保公平，兴趣特长扬个性，生命健康作本钱。

快乐高效学习是幸福教育的重中之重，是轻负高质的根本保障。幸福学校、幸福班级、幸福课堂是幸福教育的三大抓手。

不论是办幸福学校还是创幸福班级，积极向上的心理和环境都是不可或缺的。因此，塑造积极心理是办幸福学校、创幸福班级的共同基础，要重点培养认知、情感、人际、公民性、节制和卓越六大心理力量，构建幸福的心理调节机制。同时，还要注重营造积极的学校和社会环境。

建设幸福学校重在营造幸福文化，这体现在：一是办学理念，坚持为学生的幸福人生奠基，把学校办成学生身心健康快乐成长和教师发展的精神乐园；二是行动计划，重点是近几年的行动纲领、共同愿景和科研引领；三是组织管理，强化人文关怀、合作分享和公正公平；四是满意度，体现学生、教师、家长和社会对学校的综合满意程度。

建设幸福班级着力凸显下面三点：爱心文化是幸福班级的灵魂，通过理念、班训、班歌、班风、标志和环境，集中体现“爱心”，让学生有“家”的感觉；和谐结构是幸福班级的支柱，通过班组和团队团体构建，彰显“爱”、生成“爱”和分享“爱”；快乐成长是幸福班级的阶梯，主要通过发展规划、自主自治、主题活动、班级成绩、班级特色、班级声誉，集中体现班集体在快乐中的进步。

幸福课堂的真谛和精髓是“爱教爱学、会教会学、教会学会”，这也是幸福教育的核心。

爱教爱学。首先，必须树立“以生为本”的正确课堂观，坚持以学生为中心，注重激活右脑，突出赏识导向，强化寓教于乐。其次，推行阿克斯（ARCS）动机教学模式。这一模式体现在：A（Attention），引起注意；R（Relevance），教学内容与学习者的贴切性和相关性；C（Confidence），通过成就增强自信；S（Satisfaction），对学习效果满意。

会教会学。首先，坚持最优教学的“631”原则，即学生自主学习量控制在整个课堂的60%左右，合作学习量控制在30%左右，教师单向精讲量控制在10%左右。根据实际课型可灵活掌握该原则，切实把时间还给学生，让学生当课堂的主人。其次，落实轻负高质课堂学习“5+2”环节，即课中高效执行“前测—探究—展示—练习—后测”5个环节；同时，充分利用课前预习和课后改进2个环节，确保课前、课中和课后一条龙效益最大化。

智慧教师读本 ①
谁是最具成长力教师

幸福教育实用指南

（全员必读手册）

孟万金 官群 著

教育科学出版社
·北 京·

教会学会。就是达到高分高能。高分就是当堂达标测验考出高分。高能就是学以致用，举一反三，将所学知识技能迁移到同类问题上，能发现问题和创造性地解决问题。

在这样的幸福课堂上，教师的灌输变成了学生的自主探究、群体探究，教师的一言堂变成了学生的百家争鸣。学生体验到闪光的追问、新奇的创造、情感的共鸣、观点的碰撞、灵感的激发和个性的张扬。课堂真正成了学生生命成长的温床、精神发展的殿堂。

幸福教育是师生双边的互动，只有幸福的教师才能教出幸福的学生。

教师获得幸福的途径可归纳为职业认同、职业交往、专业成长、学校管理、社会支持、身心健康等方面。学生获得幸福的途径包括角色认同、人际交往、学业成长、学校管理、重要他人的影响、身心健康和亲社会行为等方面。

在开展幸福教育过程中，校长是领头雁，班主任是排头兵，教师是生力军，e学灵（Enjoy Learning）和e教星（Enjoy Teaching）是提升师生幸福指数的双翼，学生是最大的创造主体和受益群体。

以点带面、区域推进是幸福教育规模化、大众化发展的正确路径和高效机制。学校为点，突出特色与内涵；区域为面，注重质量与均衡。点面结合，整体提升幸福教育水平。

本书从科学理论着眼，从可操作的行动策略着手，为各级各类教育工作者开启教育幸福之门。

希望幸福教育能为提高全民幸福意识、幸福觉悟、幸福体验、幸福能力、幸福水准奠基，预防和矫治身在福中不知福的思想偏差，勉励人们即便遇到不幸也要在不幸中力求万幸，进而为促进幸福民生、幸福社会、幸福中国做出应有的贡献。

著　者

2013年1月12日

目　录
CONTENTS

CHAPTER 1

第一章

建设幸福中国　先让教育幸福起来

幸福是人类的共同追求和最终追求。2011 年 3 月，中国“两会”提出“告别 GDP 崇拜，缔造幸福中国”，“幸福中国”引起了全国政协委员和人大代表的高度关注，让“人民更幸福”成为中国政府未来工作的主题。2011 年 9 月，教育部举办的“开学第一课”主题聚焦幸福。2012 年，“两会”代表委员们的意见、建议再一次汇聚成一个声音——伴随经济社会发展，要以更大力度保障和改善民生，注重人的全面发展，不断提高百姓的“幸福指数”。2012 年 4 月，联合国首次发布《全球幸福指数报告》。2012 年 11 月，中国共产党“十八大”号召全党全国各族人民“共同创造中国人民和中华民族更加幸福美好的未来”，将近年来国内外兴起的幸福热推向了新的历史高度，这标志着我们进入了 PK 幸福感的时代，人类文明揭开了聚焦幸福的新篇章。

幸福国家基础在民生，关键靠教育。建设幸福国家应先让教育幸福起来。

SECTION ONE

第一节

我们进入了PK幸福感的时代

一、全国294个城市PK幸福感

2011年，中国各级地方政府的“两会”报告和“十二五”规划显示，提升居民幸福指数成为各级政府未来五年执政的重中之重。中央政府“两会”把建设幸福中国作为政府未来的工作主题提出以来，全国兴起幸福热，各地纷纷出台幸福城市建设规划和举措。中国社会科学院发布《2011年中国城市竞争力蓝皮书：中国城市竞争力报告》，首次对294个城市进行了幸福感调查，结果显示，前十名的城市分别是：石家庄、临沂、扬州、承德、滨州、莱芜、鹤壁、包头、北京、新竹。①

2012年，中国城市竞争力研究会发布了中国最具幸福感城市排行榜，青岛、杭州、惠州、成都、长春、南京、哈尔滨、烟台、苏州、重

① 中国城市竞争力蓝皮书首次评出十大幸福城市［EB/OL］.［2011-05-07］. http：//news. 163. com/11/0507/04/73E34FHA00014AED. html.

庆位居前十名。①

江苏卫视与零点研究咨询集团历时三个多月完成的《2009幸福指数调查报告》②，对来自全国城镇、农村的15 801份调查问卷进行统计分析，结果表明：超过一半的受访者认为，赚钱才能“赚”到幸福；在职业排名中，公务员位居第一。可见，金钱财富和身份地位在国民幸福感中占据十分重要的位置。

建设幸福国家、幸福城市，提升居民幸福指数已经深入人心，把教育放在改善民生优先发展位置已成为时代共识。

二、全球156个国家和地区PK幸福感

从20世纪80年代末开始，深藏于喜马拉雅山脉的不丹因推行“全民幸福计划”，越来越引起世界的关注。不丹国王旺楚克提出，人生“基本的问题是如何在物质生活和精神生活之间保持平衡”，国家政策制定依据应考虑“在实现现代化的同时，不要失去精神生活、平和的心态和国民的幸福”。目前，“不丹模式”已经得到世界的推崇。例如，美国的世界价值研究机构开始了“幸福指数”研究，英国则在创设“国民发展指数”（MDP）时，把社会成本、环境成本和自然资本也考虑进去。日本也开始采用另一种更强调文化方面因素的“国民幸福总值”。

早在2006年，英国的新经济基金（NEF）组织就发表了一份“全球幸福指数”的报告，报告了全球178个国家的人民生活满意度、平均寿命和环境承受能力三项指标，在此基础上得出结论：瓦努阿图是全球最幸福的国家。在此次排名中，中国位居第31位。③

---

① 2012中国最具幸福感城市排行榜［EB/OL］.［2012－11－06］. http：//wenku. baidu. com/view/d 684a0/4069eae00958/bec/95. html.

② 2009幸福指数调查报告：赚到钱才能幸福［EB/OL］.［2010－04－02］. http：//finance. ifeng. com/money/wealth/story/20100402/2003346. shtml.

③ 李布衣. 谁是最幸福的国家［J］. 生命世界，2006（11）：17.

据香港《文汇报》报道，一项调查显示，以丹麦为首的4个北欧国家，在“全球最幸福的国家和地区”中均进入前5名。中国大陆位列第125位，香港则排名第81位。这是美国“盖勒普世界民意调查”在2005—2009年的5年时间里，调查了来自155个国家和地区的数千名民众，了解他们对自己生活的评价后，进行“幸福排名”的结果。只有12%的中国人认为自己“生活美满”，71%的人则称“生活艰难”。①

虽然各种名目的幸福感排名已经屡见不鲜，但联合国认可的《全球幸福指数报告》才刚刚出炉。2012年4月，联合国在不丹举行幸福指数讨论大会，并发布上述报告。根据报告，丹麦成为全球最幸福的国家，美国仅排在第11名。整份《全球幸福指数报告》长达150页，时间跨度从2005年至2011年，比较全球156个国家和地区人民的幸福程度，丹麦成为全球最幸福国度，在10分为满分中获得近8分，其他北欧国家也高居前列位置。全球最幸福的10个国家是：丹麦、芬兰、挪威、荷兰、加拿大、瑞士、瑞典、新西兰、澳大利亚和爱尔兰。中国香港排名第67位，得分约5.5分，中国内地则排名第112位。②

全球幸福热给中国提供了空前的挑战。尽管标准和排名都有商讨的极大空间，但中国作为世界大国，理所当然要高度重视在全球幸福坐标中找到自己的理想位置。而教育，则是奠基幸福大国的突破口。

---

①“全球最幸福国家”排名丹麦居首中国第125位［EB/OL］.（2010-07-16）［2012-06-17］. http：//www.chinanews.com/gi/2010/07-16/2405480.shtml.

②评全球幸福指数报告　为什么中国人不够幸福［EB/OL］.（2012-02-07）［2012-04-06］. http：//forum.home.news.cn/thread/96699484/1.html.

SECTION TWO

第二节

我们的教育幸福吗?

一、学生幸福，教育才能幸福

教育大计，育人为本。改革开放以来，教育得到了前所未有的快速发展。我们的学生是教育改革与发展的最大受益者。然而，学生的幸福并不全面，也不充分，甚至在某些方面有极大的提升空间，请看——

1. 幼教小学化，扼杀了幼儿天性

近年来，各地幼儿园教育小学化现象愈演愈烈。有调查显示，部分小学九成以上新生都在幼儿园阶段学习过小学课程。学前教育小学化表现为：分学科学习小学内容，开设写字、拼音、算术、英语等课程，教授珠脑心算、诵经，甚至提出“认读 1 000 个汉字，背诵 60 首古诗，熟练进行 100 以内加减运算”等教学目标。幼儿园这种“超前教育”不仅

对幼儿身心健康造成严重危害，也阻碍了国家推进素质教育的步伐。[①]

有研究者认为，幼儿园教育小学化实际上是应试教育前移的表现。2012 年秋季开学前，教育部重申：在解决“有园上”的同时，应坚持科学保教，避免出现学前教育小学化的问题。教育部部长袁贵仁在“全国学前教育三年行动计划现场推进会”上特别强调，“要防止小学化倾向”。备受关注的幼儿教育小学化问题，已经到了非解决不可的时候了。[②]

如此拔苗助长，我们的幼儿怎能幸福起来?

2. 中小学学习负担过重，健康素质下降

新中国成立以来，教育部出台了六个减负文件，但减负效果不佳。2010 年，全国各学段学生体质与健康存在的问题主要有以下四点：大学生身体素质继续呈现缓慢下降趋势；视力不良检出率继续上升，并出现低龄化倾向；肥胖检出率继续增加；龋齿患病率出现反弹。

华南师范大学扈中平教授概括了中小学学习负担过重的“四过”事实[③]：

——在学时间过长。尽管名义上我国中小学生一年上学的时间是 180 多天（扣除寒暑假和周末），但由于各种名义的办班、补课，实际上学时间要大大超过这个数字，不少学校初三和高三的学生一年上学时间高达 300 天以上。在发达国家，中小学生一年实际在校学习的时间一般只有 160 天左右。

——上课时数过多。我国中小学生一天要上 6 ~ 7 节课，这还不包括加课和变相加课的课时，如果折算成相同时间，每天要比发达国家多出

---

① 王莹. 超前幼教伤害大［EB/OL］.（2011 - 11 - 14）［2012 - 11 - 16］. http：//news. sina. com. cn/c/2011 - 11 - 14/131723462911. shtml.

② 瞿学忠. 幼儿教育何时走出小学化误区［EB/OL］.（2011 - 12 - 22）［2012 - 11 - 16］. http：//www. lzbs. com. cn/xwpl/gz/2011 - 12/22/content_ 2247536. htm.

③ 扈中平. 对我国中小学生学习负担的辩证分析［J］. 课程·教材·教法，2002（6）：22.

2 节课左右。以科学教学为例，据某国际教育组织的评估，我国初中每周科学教学的时间为 331 分钟（实际上并不止这个数字），远远高于世界各国的平均科学教学时间（200 分钟），在参加第二次国际教育成就评价的 24 个国家和地区中居第二位（仅次于俄罗斯）。

——作业量过大。在一些学校，中小学生的作业时间几乎是个无底洞，很难统计。据教育进展国际评估组织对世界 21 个国家的调查，中国中学生仅在学校用来做数学题的时间每周就达 307 分钟，而其他国家中学生每周用于学习数学的全部时间平均仅为 217 分钟。

——简单机械的重复性训练过频。现实教学中还不同程度地存在大量重复性训练。比如一个字一次就要写 10 遍乃至几十遍，同样的数学题要反复做许多道，同样题目和题材的作文要反复写许多次。

如此沉重的学习负担，我们的学生怎能幸福起来？

3. 有的学生丧失生活信心，自杀时有发生

尽管自杀不宜过分解读，但学生时有自杀现象发生，实在值得我们反思。学生在校的苦闷和不幸，易导致极端乃至恶性事件的爆发。大学生自杀现象的高发，其病根在一定程度上可以追溯到基础教育，而基础教育中学生自杀则趋向低龄化，近年来自杀事件令人触目惊心：

——某小学的两名女生在教室里服下农药，并留遗言“死了怪数学老师”。

——江西九江市庐山区三名年仅十岁的女学生相约跳楼自杀。跳楼原因，据女生称是“跳楼死了就不用写作业了”。

——阜南两名小学生在学校教室里喝农药自杀（未遂），并写下遗言。①

① 重重．中小学生自杀事件何其多［EB/OL］．(2011－12－03)［2012－11－16］．http：//blog. sina. com. cn/s/blog_ 677bea550100vthd. html.

——受“开学自杀潮”困扰，香港三十名学生博客相约自杀。[①]

……

导致学生自杀的原因可能是多方面的，但不论何种原因，都能揭示出一个无可争辩的事实，那就是有些学生不幸福！他们缺少克服不幸的勇气和能力，更缺少拥有幸福的本领。

二、教师幸福，学生才能幸福

教育大计，教师为本。只有幸福的教师才能教出幸福的学生。教师是阳光下最神圣的职业，备受社会尊重，头顶有许多光环，如“园丁”、“蜡烛”、“春蚕”、“人梯”、“人类灵魂的工程师”等，享有较高的职业幸福感。可现实中，教师的职业幸福感却不容乐观。

1. 八成以上的教师幸福感不足

随着各项政策的出台，教师的地位和尊严日益提升。但是，教师并未感到轻松。2009 年，新浪教育频道推出了“教师幸福感”特别调查，在调查中，七成教师和半数公众认为，教师是一个很累并且没有成就感的职业，仅一成教师的职业幸福感较高；逾八成教师的职业幸福感在及格线及以下。[②]

2. 不少教师处于亚健康状态

尽管教师的健康日益受到重视，但是“老师累死在讲台上”已经成

① 陈颖镭．“开学自杀潮”困扰　香港三十名学生博客相约自杀［EB/OL］．(2008－09－05)［2012－11－16］．http：//news. dayoo. com/guangdong/200809/05/53873_ 4049569. htm.

② 叶琦．调查分析：如何提升教师的职业幸福感［EB/OL］．(2009－09－11)［2012－11－16］．http：//edu. sina. com. cn/l/2009－09－10/1614177314. shtml.

为各类报纸杂志并不鲜见的新闻。他们为教育事业辛勤操劳、呕心沥血，最后积劳成疾。体检结果显示：教师群体罹患脑血管疾病的危险性最高，其次为罹患心血管病的危险性，再次为罹患肿瘤的危险性；前两者的发病危险性明显高于正常人群。日常性疾病发病率教师高于一般人群：中小学教师有睡眠障碍的占36%，呈疲劳状态的占22%，有肺功能不足并影响肺部血液循环的人数占19%，有咽炎和过敏性鼻炎的人数占74%，有颈椎病的人数占63%。女性教师中患有妇科疾病的占女性教师总数的73.6%。医院喉舌专科接诊的声带息肉、声带小结疾病，教师占就诊患者的三分之一以上。①

如此差的身体健康状况，连生命的本钱都受到挑战，教师群体怎能幸福起来？

3. 教师心理健康总体水平低于一般人群

尽管教师心理健康受到重视，但是心理问题仍多发高发。2010年3月，王维英等发表了对苏南地区某市中小学高中、初中、小学教师589人的调查研究结果：中小学教师心理健康总体水平低于一般人群，有44.82%的教师存在着不同程度的心理问题。30岁以下的教师心理健康水平相对较好，31~40岁、51~60岁年龄段的教师心理健康水平相对较差；不同职称教师中，中级、高级职称教师的心理健康水平低于初级职称的教师。②

中国中小学生心理健康教育课题组采用国际公认的心理健康量表，由心理学专业人士对教师进行检测，检测表明：69%的被检测教师自卑心态严重。另外，忌妒情绪明显、焦虑水平偏高等也较为突出。③

---

① 计科宪．我国教师职业病调查　教师更需健康投资［EB/OL］．（2005-01-11）［2012-11-16］．http://www.china.com.cn/chinese/diaocha/753102.htm.

② 王维英，等．中小学教师心理健康现状调查与对策研究［J］．江苏教育学院学报：社会科学版，2010（3）：37-38.

③ 王云娟．教师心理问题到底有多严重［EB/OL］．（2006-03-23）［2012-11-16］．http://www.edu.cn/jiao_shi_feng_cai_51/20060323/t20060323_109298.shtml.

广州市天河区在2011年举行的一次心理保健讲座上，用心理健康测试量表对在场教师进行测试，结果显示：32%的教师有轻度心理障碍，12%的教师有中度心理障碍，21%的教师已构成心理疾病，69%的教师感到压力很大，忌妒情绪、焦虑情绪的出现率也比较高。调查发现，教师的心理问题症状主要表现为抑郁、精神不振、焦虑、过分担心、失眠、有说不出原因的不安感等。①

杭州市教育科学研究所对市区39所学校的近2 000名教师进行的心理健康状况调查表明，有13%的教师存在心理障碍，76%的教师感到职业压力很大，其中男教师的压力大于女教师。②

北京市对500余名中小学教师的调查显示，近60%的教师觉得在工作中烦恼多于欢乐，70%的教师有时忍不住要生气发火，教师中普遍存在烦躁、忧郁等不良情绪。③

教师心理健康总体水平低于一般人群，六成多教师有心理问题，教师群体怎能幸福起来?

4. 教师自杀时有发生

尽管教师热爱生命、珍惜生命的意识不断增强，但是教师放弃生命的情况仍时有发生。2012年3月，海南省三亚市一名中学女老师在毫无征兆的情况下突然被发现在宿舍内自缢身亡，留下遗书称受到学生的恐吓和威胁，而且称“学校故意安排我做那么多活，我都累垮了”。④

河北馆陶县第一中学老师赵鹏服用敌敌畏自杀。他在留下的遗书中

---

① 赵婀娜．教师心理障碍高发　面临十大压力［N］．人民日报，2011-05-06.

② 贾素萍．教师职业倦怠与心理健康问题的调查研究［J］．机械职业教育，2005（2）：16.

③ 天蔚．应当高度重视教师的心理健康［N］．北京青年报，2007-03-07.

④ 雷诺．三亚一中学女老师宿舍自杀　遗书称“累垮了”［EB/OL］．（2012-06-04）［2012-11-16］．http：//hi.people.com.cn/GB//n/2012/0604/c231190-17105345.html.

称："活着实在太累了，天天这样无休止的上班让人窒息，所领的工资只能月光。"①

发人深思！这样缺乏幸福感的教师如何教出幸福的学生？

三、校长幸福，教师才能幸福

校长是学校的灵魂，只有幸福的校长才能办出幸福的学校。在深入推进课程教学改革、全面提升学校办学质量的今天，校长在学校建设与发展中的地位、作用日益凸显，中小学"校长负责制"逐渐得到落实，校长的办学自主权不断得到提升，校长在学校管理系统中的核心地位、主导地位、决策地位不断得到加强。然而，我们校长的幸福感仍然令人担忧。

1. 安全是悬在校长头上的一把剑，时刻刺痛校长的心

校长是学校安全工作的第一责任人。作为校长，最大的压力是学生安全，安全就像一座大山一样压在校长头上。

2006 年 10 月 25 日晚，四川省巴中市通江县广纳镇小学四年级至六年级寄宿学生晚自习结束后，在下楼梯时发生拥挤踩踏事故，造成 8 名学生死亡，45 名学生受伤。2011 年 10 月 16 日上午，新疆生产建设兵团农一师第二中学附属小学学生在下楼参加升国旗仪式时，发生拥挤踩踏事故，造成 1 名学生死亡，12 名学生受伤。11 月 7 日凌晨，重庆市奉节县一无牌无证客货两用车在私自运送 27 名学生返校途中发生重大交通事故，车辆翻坠下高坡，造成奉节县吐祥中学、龙泉中学共 5 名学生死亡，3 名重伤。

更加触目惊心的是防不胜防的血案、惨案——

---

① 王玉初．新华网评：一位高中老师之死给予我们的警示［EB/OL］．（2012－06－04）［2012－11－16］．http：//news. xinhuanet. com/comments/2012－05/29/c_112054279. htm.

2010年3月23日7时20分左右，正逢孩子上学时间，福建省南平市实验小学门口发生一起恶性杀人案件，一名中年男子手持砍刀，连续砍杀13名小学生，造成8名孩子死亡，5名孩子受伤。[①]

2010年5月19日凌晨，海南科技职业学院发生歹徒闯入学校砍伤人事件，先后有9名学生被砍伤，其中两人伤势严重。[②]

在为受害者惋惜、在向罪犯声讨的同时，我们不禁会关心起学校安全工作的第一责任人——校长。要让学生健康快乐成长，校长头顶一把安全剑，幸福既临近又遥远。

2. 升学率是一座山，压弯了校长的腰

尽管应试教育在不断得到纠正，但是“素质教育轰轰烈烈，应试教育扎扎实实”的现象仍普遍存在。考试升学的压力无所不在，尤其对有升学任务的校长来说，就更像是一座大山，压得校长喘不过气来，因为升学率是现在考查学校和校长的最主要的指标。有些校长每年最怕的就是中考、高考后区县开会。一些学校升学率稍微低一点，校长就不得不承受社会、家长和上级领导的各种压力。在强大的升学压力面前，学校自然处于一种博弈状态。甚至，有的校长不得不冒险，加班加点，节假日补课。山东省茌平县第一中学由于在十一黄金周假期提前开学，被山东省教育厅查处。学校被聊城市教育局通报批评，被取消2009年年度所有先进、荣誉称号的评选资格，校长单海波被茌平县政府给予行政警告处分。[③] 据说，山东省已经有几十所学校被处罚了。校长长期生活在升学压力和违纪补课的博弈中，头顶升学率一座山，校长不堪重负，怎能幸福起来？

---

① 胡美东，朱兴鑫．福建南平杀害8名小学生凶手被执行死刑［EB/OL］．(2012－06－04)［2012－11－16］．http：//news.163.com/10/0428/10/65BND9BL0001124J.html.

② 武潇．海南科技职业学院“5·19”案侦破　10名犯罪嫌疑人落网［EB/OL］．(2012－06－04)［2012－11－16］．http：//news.hainan.net/newshtml 08/2010w5r24/642351f0.htm.

③ 孙玉华，王占波．春风春雨正宜人——《山东省普通中小学管理基本规范（试行）》实施两周年［J］．现代教育，2010（7）：23.

SECTION THREE

第三节

幸福中国　先让教育幸福起来

改革开放以来，我们的教育取得了历史性的进步，但仍面临各种挑战。《国家中长期教育改革和发展规划纲要（2010—2020年）》明确指出："我国教育还不完全适应国家经济社会发展和人民群众接受良好教育的要求。教育观念相对落后，内容方法比较陈旧，中小学生课业负担过重，素质教育推进困难；学生适应社会和就业创业能力不强，创新型、实用型、复合型人才紧缺；教育体制机制不完善，学校办学活力不足；教育结构和布局不尽合理，城乡、区域教育发展不平衡，贫困地区、民族地区教育发展滞后；教育投入不足，教育优先发展的战略地位尚未得到完全落实。接受良好教育成为人民群众强烈期盼，深化教育改革成为全社会共同心声。"这段话，为幸福教育指明了方向。

一、优先发展教育是我国的一项基本国策

百年大计，教育为本。胡锦涛同志反复强调，"中国的未来发展，中华民族的伟大复兴，归根结底靠人才，人才培养的基础在教育"，"必须坚定不移地实施科教兴国战略和人才强国战略，切实把教育摆在优先发展的战略地位，推动我国教育事业全面协调可持续发展，努力把我国建

设成为人力资源强国，为全面建设小康社会、实现中华民族的伟大复兴提供强有力的人才和人力资源保证”。党的“十七大”更是把“优先发展教育”同“建设人力资源强国”新的更高要求紧密联系在一起。《国家中长期教育改革和发展规划纲要（2010—2020年）》明确指出：“把教育摆在优先发展的战略地位。教育优先发展是党和国家提出并长期坚持的一项重大方针。各级党委和政府要把优先发展教育作为贯彻落实科学发展观的一项基本要求，切实保证经济社会发展规划优先安排教育发展，财政资金优先保障教育投入，公共资源优先满足教育和人力资源开发需要。充分调动全社会关心支持教育的积极性，共同担负起培育下一代的责任，为青少年健康成长创造良好环境。完善体制和政策，鼓励社会力量兴办教育，不断扩大社会资源对教育的投入。”教育既是国策也是民生，寄托着亿万家庭和数亿学生对美好生活的期盼。建设幸福国家，基础在教育。幸福教育标志着从以知识为本向以人为本的根本转变，具有深远的历史意义和现实价值。

二、幸福中国，先让教育幸福起来

教育承载着人民群众对幸福生活的期盼。学校是有计划、有组织地进行系统教育的组织机构。学校教育是由专职人员和专门机构承担的有目的、有系统、有组织的，以影响受教育者的身心发展为直接目标的社会活动。学校及学校教育在整个国民教育体系中发挥着不可替代的骨干和主导作用。对个体，学校肩负着塑造幸福人生的天职；对社会，学校承载着给幸福中国不仅培养有用之人，更重要的是培养幸福之人的使命。通过教育，可以树立正确的幸福观，即真正的幸福是物质幸福与精神幸福的完美结合，是个人幸福与社会幸福的有机统一；个人幸福只有在社会中才能实现，而且只有为社会谋求幸福，才是最高意义的幸福。通过教育，可以培养人们创造幸福的能力和分享幸福的胸怀，促进儿童健康成长、家庭幸福美满、员工心情舒畅、公众称心如意；通过教育，可以增进社会成员的幸福感，提高工作和学习热情及效能，激发创造潜能，增进亲情和友谊，提高生活质量，促进身心健康，保证社会和谐与长治久安。总之，通过教育，可以塑造幸福人生，为中华民族伟大复兴提供动力。因此，建设幸福国家、幸福民生，必须先让教育幸福起来。

创建幸福中国，基础在于幸福人生，关键靠教育。幸福人生是幸福中国的基石。只有人人幸福，才能实现国家幸福。2012 年 4 月，联合国发布的《全球幸福指数报告》显示，丹麦成为全球最幸福的国家。美国仅排在第 11 名，而中国排在第 112 名。《全球幸福指数报告》是联合国在不丹举行幸福指数讨论大会上发布的首份幸福指数报告，时间跨度从 2005 年至 2011 年，调查对象是全球 156 个国家。报告的测评标准包括 9 大领域：教育、健康、环境、管理、时间、文化多样性和包容性、社区活力、内心幸福感、生活水平，其中教育居首位。可见，从中国在全球幸福指数的排名来看，建设幸福中国迫在眉睫！从教育占据幸福指数首要位置来看，建设幸福中国必须先让教育幸福起来！

改革开放以来，中国经济腾飞，经济总量排世界第二，收入水平大幅度提升，基础设施突飞猛进；大国崛起，国际地位日益提升。可为什么中国民众的幸福感没有同步快速提升？归根结底就是物质文明与精神文明的失衡，而这种失衡，进一步追问，更多归因于教育出了问题。因此，幸福教育是当务之急。

当前，应试教育远离了教育的人文本性，其教育过程与人性严重脱节，灌输式、填鸭式、题海战术把学生训练成考试的机器，把教师变成燃烧殆尽的蜡烛，直接导致学生厌学、教师厌教。过重的课业负担严重损害学生的身心健康。近年来，多地区出现高考前后集体撕书的现象，并且呈现出蔓延之势，映射出学生内心的压抑和痛苦，也流露出对幸福的渴望。再苦不能苦孩子，可是我们的孩子依旧在“苦学”中苦苦挣扎。因此，倡导幸福教育，“让学校先幸福起来”不仅是国计民生的需要，更是解放学生和教师，促进学生生动活泼学习、健康快乐成长的迫切现实需要。

CHAPTER 2

第二章

幸福教育六大基石七大纲领

幸福是指使人心情舒畅的境遇和生活，也就是生活、境遇称心如意。幸福感是社会成员根据自己设定的标准，对自身物质生活和精神生活的主观感受与评价，它既是对生活的客观条件和所处状态的一种事实判断，又是对生活的主观意义和满足程度的一种价值判断。真正的幸福是物质与精神、生理与心理、个人与集体、主观与客观、过程与结果、投入与回报、眼前与长远的有机统一。幸福教育建立在幸福基本原理基础之上，最终形成自身的教育纲领，即幸福教育的六大基石七大纲领。

SECTION ONE

第一节

幸福教育六大基石

一、快乐有成是幸福的真谛

德国数学家、物理学家和哲学家，科学天才莱布尼茨认为[①]，“幸福是一种持续的快乐……幸福可以说是通往快乐的一条道路，而快乐只是走向幸福的一步和上升的一个梯级”，“幸福就其最广范围而言，就是我们所能有的最大快乐”。快乐是一种愉悦的心情，一种心情舒畅的主观体验。我们认为，幸福的核心是健康、快乐、有成。即身心健康，精神愉悦，学有所成，事有所成。幸福感是物质与精神、生理与心理、个人与集体、主观与客观、投入与回报、过程与结果、眼前与长远的内心平衡，是和谐统一的主观体验。快乐有成是幸福的真谛。有成是指学业有成、事业有成、家业有成，还泛指各种成长进步，包括成熟、成绩、成就、成事、成功、成人、成才等各类进步。我们通常所说的幸福，源于使人心情舒畅的境遇和生活，其内核就是快乐，也就是说，快乐源于对生活现状的满足和体验到生活的乐趣；离开了快乐，就没什么幸福可言。但

① 莱布尼茨．人类理智新论：上册［M］．北京：商务印书馆，1982：188.

是，如果仅仅是快乐，而没有有成作为支撑，快乐就会成为享乐，也就是说快乐是以努力进取、发展进步、和谐共进为支撑的。因此，可以说快乐有成是幸福的真谛。具体到教育，快乐有成是学生深度参与学习、教师愿意付出教学努力的动力，在这种心理情境中，师生才能更加积极主动地教与学，从教与学中体验到收获和进步的乐趣，从而彻底摆脱学海无涯“苦”作舟的落后传统。

尽管我们的教育培养了大批社会主义建设者和接班人，但离“快乐有成”的境界还有很大距离，还有很大努力的空间。如下两个典型事例，尽管极端，却发人深省。

1. 愈演愈烈的“集体撕书”昭示出我们的学生苦闷至极

近年来高考前后集体撕书现象越来越多。在百度用“撕书”搜索，就有 2 130 个相关的视频。漫天飞舞着书的碎片，透露出学生怎样的心理？又揭示出学生怎样的苦读历程？从小学到中学，整整 12 年。在这 12 年里，学生们起得早，睡得晚。白天上课、下课，学习、考试，考试、学习，日复一日，年复一年，有多少时间是属于孩子自己的？这需要怎样的毅力与坚持啊！虽然“撕书”这种行为绝不可取，更不可任其蔓延，但也揭示出学生在 12 年中陷入了茫茫题海和无尽无休的考试中。这样的教育，谈何学生们对学习的乐趣和对知识的渴望？在“苦读”中挣扎了 12 年，终于有一天，学生们在传统教育下觉醒了！这为中国教育敲响了警钟！我们的教育改革实践了这么多年，减负减了这么多年，见效了吗？如今，学生觉悟了，起来了，呐喊了，我们的教育面对学生的闷闷不乐还能无动于衷吗？

2. 中国高考状元职业状况调查显示，我们顶尖的学生并未达到预期的职业成就

1977—2008 年 32 年间的高考“状元”中，被调查到的 1 120 名“高考状元”，没发现一位是做学问、经商、从政等方面的顶尖人才，他们的

职业成就远低于社会预期。[①] 限制他们成才的主要问题归因于应试教育。应试教育造就了一大批高分低能的人，而没能培养出事业有成的状元，这样的应试教育，何谈学生们快乐有成？

二、劳动是幸福的源泉

马克思主义认为，劳动是幸福的源泉。劳动是社会的人从事相应工作的一种实践方式；同时，它也是改造自我、自然、社会的有效途径。只有通过劳动，人们才能获得相应的成果，达到实现个人生存和发展的目的，实现个人价值和社会价值的统一，进而实现幸福人生的目的。心理学实验证明，被剥夺劳动会导致不幸的感受，心理学家付费给一些大学生被试，对他们的要求就是什么也不能做，他们的基本需要得以满足，但是禁止任何工作。在4～8小时后，这些大学生开始感到沮丧，尽管参与研究的收入非常可观，但他们宁可放弃参与实验而选择那些压力大同时收入也没有这么多的工作。[②]

劳动分自主性劳动和被迫性劳动，只有人在劳动创造中身心得到充分发展，内在的潜能得到发掘，自己的存在得到体验，这样的劳动才不再是奴役人的手段，而成为解放人的手段，劳动就会从负担变成快乐，成为自由的生命表现；反之，则是体力摧残和精神折磨。因此，只有积极主动的劳动，而非消极被迫的劳动，才是幸福的源泉。可见，劳动是幸福的源泉至少有两个前提条件：一是有劳动的机会，二是该劳动是自主的而不是被迫的。

高等教育大众化在很大程度上圆了基础教育学子的大学梦，拓宽了基础教育学子的幸福路，然而，我们的教育在与社会对接的最后一环还

---

① 中国校友会网大学评价课题组．中国高考状元职业状况调查报告［EB/OL］．(2012-03-07)［2012-11-17］．http：//wenku. baidu. com/view/7cb68142336c1eb91a375dc0. html.

② 沙哈尔．幸福的方法［M］．北京：当代中国出版社，2009：20.

远远保证不了所有大学毕业生的劳动机会。

1. “毕业≈失业”昭示出许多学生获得劳动机会艰难

2012年，680万大学毕业生近一成失业，实践能力成为就业“瓶颈”。就业蓝皮书《2012年中国大学生就业报告》指出，从总体就业去向分布上来看，2011届608万大学毕业生中，有82.1%的人毕业半年后才受雇全职或半职工作，但仍有近57万人处于失业状态，10多万人选择了“啃老”。① 大学毕业生数量剧增，用人单位对应聘者的实际操作能力提出了越来越高的要求。而当代大学生往往存在实践能力不强、工作经验不足等问题，很难适应岗位需求，大学生实践能力的培养成为高等教育的当务之急。

“毕业≈失业”的说法在各大高校流传，甚至有不少人对生活失去了信心。在如此严峻的就业前景下，大学生的实践能力成为就业“瓶颈”。因此，我们的教育必须改革创新，切实培养出社会需要的合格劳动者；我们的社会必须改革发展，切实为教育者培养出的劳动者提供就业机会。只有这样，劳动是幸福的源泉才能得以落实。

2. 大学评估太多太滥导致被评高校疲于奔命，苦不堪言

中国人民大学校长纪宝成一针见血地指出：“评估太多太滥，缺乏总体设计。什么都要评估，什么都在检查，学校里一年到头评估不断，今天财务大检查，明天审计大检查，后天物价大检查，而且还是交叉检查；教学要评估，学科要评估，‘211’要评估，‘985’要评估，社会科学研究基地要评估，科研立项要评估，党建要评估，等等。我真希望负责任的新闻单位可以到学校去调查，一年到头一所学校接受了多少次评估，多少次检查，多少个申报……我觉得不是不需要评估，而是现在各种名

---

① 麦可思研究院．2012年中国大学生就业报告［S］．北京：社会科学文献出版社，2012：14－15.

目的评估太多太滥。”①

资中筠尖锐地指出：“有什么‘9·15’、博士点、重点学科基地、国家重点项目等不一而足，每一样都是激烈的竞争，都要使出浑身解数。校领导、院领导、系领导、学科带头人，以及各种与之相关的教师都为之疲于奔命，苦不堪言……如果大学领导办学的积极性是靠评比激励出来的，没有评比就不作为，甚至连下水道也不修了（有报道如此说），那大学校长水平不是和小学生差不多了吗？总之，目前的评估体制不能促进教学质量的改善，却足以转移教育者着力的方向，劳民伤财，多一条腐蚀干部、败坏士风、（至少在德育上）误人子弟的渠道。”②

大学办学自主性如此薄弱，高校教育教学如此被动，严重扭曲了师生劳动的自主性、自觉性，忙于应付应对的形式主义极大地伤害了高校师生的幸福感。

三、擅长劳动是幸福的阶梯

擅长劳动，即会劳动，主要指的是作为个体利用技能、技巧、方法从事某一项工作并高效完成。既然幸福离不开劳动，劳动就要付出智力或体力；既然愉悦是幸福的本质，那么，减轻劳动负担，探寻劳动捷径，具有得心应手、轻松自如的劳动技巧和本领，提升劳动的效率，体验劳动的乐趣，避免低效无效劳动等，就成为幸福进步的阶梯。在教育教学中，教师懂得教学规律和教学方法，具有熟练的教学技巧；学生懂得学习规律和学习方法，具有熟练的学习技巧，也就是教师擅教、学生会学，二者从教与学中体验到乐趣和进步的喜悦，这是幸福教育得以实现和维持的手段，也是幸福教育进步的阶梯。

---

① 纪宝成．大学评估太多了［EB/OL］．(2008－03－06)［2012－11－19］．http：//edu. people. com. cn/GB/1053/7044255. html.

② 资中筠．大学“评估”弊大于利［EB/OL］．(2008－04－26)［2012－11－19］．http：//news. xinhuanet. com/theory/2008－04/26/content_ 8049755. htm.

现实是“学生厌学，教师厌教”，究其根本原因，除了劳动性质被异化、各种各样的考试评比检查把师生置于被动地位、使他们成了劳动的“奴隶”等原因之外，很大程度上还因为观念、手段、方法落后，填鸭式、满堂灌、题海战，学不得法，负担过重，搞得师生精疲力竭，事倍功半，久而久之导致“学生厌学，教师厌教”。

1. 学不得法是厌学主因

尽管厌学不是主流，但非常普遍。据《东方时报》报道，2012 年“两会”期间，全国人大代表、云南省教育厅厅长罗崇敏表示，自己曾到云南昭通调研，看到一名高三学生仅数学一科就用了 7 本教辅书，几乎每个学生课桌上都堆着厚厚的一叠教辅书，有的堆得比学生脑袋还高。全国政协委员、上海市控江中学校长张群在接受记者采访时，对当前基础教育的现状提出了直言不讳的批评。他认为，当下素质教育的推进遇到障碍，高压的应试教育导致大多数学生“没空玩”，学生的厌学倾向日益低龄化，令人堪忧。①

北京市政协委员田晓君告诉记者，目前北京市在校学生的厌学率已达 30%，甚至更高。② 学生厌学一直是教育界重视而又未能解决的现实问题，从某个侧面反映出教会学生学习一直未贯彻落实到位，学生学不得法，体验不到学习的乐趣和学校的幸福。

2. 教不得法是厌教主因

尽管多数教师爱岗敬业、忠于职守，但是满堂灌、一言堂、题海战

---

① 伍晓阳．一位全国人大代表的忧思：“虎妈狼爸”教育法不可取［EB/OL］．(2012 - 03 - 07)［2012 - 11 - 18］．http：//news. xinhuanet. com/politics/2012lh/2012 - 03/07/c_ 111617185. htm.

② 曹坤．北京超三成中学生心理出现问题［EB/OL］．(2005 - 03 - 17)［2012 - 11 - 17］．http：//news. sina. com. cn/c/2005 - 03 - 17/15386113275. shtml.

等教育方法，搞得教师心力交瘁。久而久之，中小学教师的职业倦怠越来越严重，越来越普遍。因此，教学生学会学习、善于学习是教师善于教学的最高追求，是教师解放自己的最佳选择，也是提高教师幸福指数的不二选择。

四、多劳多得是幸福的保障

多劳多得是新时期中国社会发展的一项基本分配原则。通过劳动，获得报酬，获得经济利益和社会效应，实现个人价值和社会价值；劳动付出得越多，劳动者得到的回报越多，劳动者感受到的幸福就越多。就教育而言，一个付出努力却教不好学生的教师，一个付出努力却学习不好的学生，教与学对他们来说不仅体验不到收获的幸福，反而体验到无尽的煎熬。徒劳无益不仅毁灭幸福，还会导致不幸。因此，在教育教学中，教师通过辛勤有效的工作获得好的成绩、工作待遇和尊重，学生通过踏实认真学习，取得理想的学习成绩，从而促进师生幸福。教师绩效工资就体现了“多劳多得是幸福的保障”这一命题。各级政府要坚持多劳多得、优绩优酬的原则，重点向一线教师、骨干教师和做出突出成绩的其他工作人员倾斜。这些举措，对于依法保障教师收入水平，激发广大教师积极投身教书育人事业，吸引和鼓励优秀人才长期从教、终身从教具有重大意义；同时，也为教师的幸福人生起到了一定的保障作用。

在现实的教育中，师生的劳动付出与应该得到的回报往往是不成比例的，举两个明显的事例。

1. 学生们为高考付出的劳动量世界第一，但未得到匹配的回报

尽管国家一直在推进高考制度改革，但是高考依旧未走出困境。有人在博客发表了一篇杂谈“中国离不开高考，但愿高考不要成为压垮中国人的一根稻草”。文章尖锐地指出：“高考一定是中国人创造出的无与

伦比的世界第一：学生们为高考付出的劳动量世界第一，家长们为学生高考支出的费用世界第一；孩子和家长们所承受的高考精神、经济、生活压力世界第一！”① 万人挤过独木桥，不知被挤掉多少人！多劳并不保证多得的残酷现实、激烈的高考竞争迫使越来越多有条件的人把子女送到国外接受高等教育。高付出低回报极大降低了教育的幸福指数。

2. 培养不出大师级人物，教育付出并未得到高端回报

“为什么我们的学校总是培养不出杰出人才？”这是著名的“钱学森之问”。钱老在世时，温家宝总理曾先后八次看望钱老，他几乎每次都发出这一沉重的提问。温总理对此也在不同场合多次表示过忧虑。人民科学家钱学森先生在离开他所挚爱的祖国和人民之时，给我们留下了无尽的哀思，也留下了这个社会都在关注和反思的艰深难题——为什么我国教育培养出了大批优秀人才，却培养不出具有国际领先地位的大师级人物？

说到底，还是拔尖创新型人才观及教育观问题，再直接、尖锐一点地说就是我们对超常人才和超常教育一直缺乏科学发展观。超常教育自身的理念落后，体系不健全，再加上片面理解“教育公平”而导致的“削峰填谷”，狭隘理解超常人才而导致超常教育的畸形发展等，严重滞后了我国在世界人才竞争中的实力。占世界人口四分之一的大国，曾经因四大发明享誉世界的文明古国，至今却没有培养出本土的诺贝尔自然科学奖获得者。

《国家中长期教育改革和发展规划纲要（2010—2020 年）》明确提出：“遵循教育规律和人才成长规律，深化教育教学改革，创新教育教学方法，探索多种培养方式，形成各类人才辈出、拔尖创新人才不断涌现的局面。”教育部部长袁贵仁指出：“建设创新型国家，必须培养创新型

① 言泊远．中国离不开高考，但愿高考不要成为压垮中国人的一根稻草［EB/OL］．(2012－06－11)［2012－11－17］．http：//blog. sina. com. cn/s/blog_ 5a45651e0102e2uo. html.

人才，实行创新型教育，建设创新型学校。”时代呼唤致力于拔尖创新人才脱颖而出的超常教育科学发展观的出现。

我们的高等教育尽管实现了大众化，可是面对高质量拔尖人才培养的软肋，我们的大学能幸福起来吗？

五、公平是幸福的起点

公平是指按照一定的社会标准、正当的秩序合理地待人处事的准则，是制度、系统、大型活动的重要道德因素。公平包含公民参与经济、政治和社会其他生活的机会公平、过程公平和结果分配公平。尽管有人认为幸福不是用来比较的，但是比较确确实实可以给人带来幸福感或不幸福感。比较通常也分为两类：一是跟自己过去比，只要比过去进步了，就有幸福感；一是跟周围人比，如果比人家好了，就有幸福感。殊不知，与周围人比较时，有三个重要原则必须注意：是否与要比的人站在同一起跑线上，这就是起点公平，也叫机会公平；在工作过程中是否与要比的人享有相同条件，这就是过程公平；在劳动回报上，是否享有相同的收获，这是结果公平。如果忽略了机会、过程和结果公平，而一味追求幸福，那是不现实的，也是无法追求到的。因此，尽管公平是相对的，没有绝对的公平，但是公平却是幸福的起点，没有公平就没有幸福可言。幸福教育不仅要让人人都有书读，而且还要让人人都读好书，进而让人人都收获读书的合理回报。这就是教育公平，只有教育公平不断得以提升，幸福教育水平才能不断得到提升。

尽管教育公平取得了历史性进步，但依旧存在起点不公平、过程不公平和结果不公平现象。从下面例证可见一斑。

1. 入园难、入园贵，机会公平压力大

“入园难，难于考公务员；入园贵，贵过大学收费。”近一段时间

来，上幼儿园难的问题让家长倍感揪心和苦恼，引起了党中央、国务院的高度关注。幼儿园怎么成了稀缺资源？问题症结在哪里？“新华视点”记者最近历时半个多月深入部分城市进行调查，发现幼儿教育普遍存在公办园“稀缺化”、民办园“两极化”、优质资源“特权化”、收费“贵族化”等问题。①

入园有多难、有多贵？非为人父母者也许难以身临其境地体会。为了让孩子入园，某地400多位家长在一家幼儿园门口排队两天两夜，争夺130个名额。更极端的是，在一些地方，某些家长甚至带着帐篷、行军床、躺椅板凳，煎熬九天八夜依然未能遂愿。在南京一些知名幼儿园园长的办公桌上，形形色色的“条子”比《辞海》还厚，某幼儿园只招80人，“条子”却收了800张。有报道援引教育部相关部门负责人提供的数据，全国有一半适龄儿童没有进入幼儿园，即便在北京也有四成适龄儿童没有幼儿园可上。这是一组令人黯然的数据。

这说明实现教育的起点公平还任重道远。学前教育是孩子一生开始接受正规教育的起点，入园难、入园贵降低了孩子接受公平教育的机会，公平得不到保证，我们的教育怎能幸福起来？

2. 辍学触目惊心，过程公平难保证

尽管辍学率不断降低，但形势依旧严峻。网上传播一篇“可怕的辍学率！”② 发人深思。东北师范大学曾经在辽宁、吉林、黑龙江、河南、山东、湖北6省14县17所农村初中学校进行的调查显示，这些地区的平均辍学率超过40%，离国家3%的控制辍学率的标准相距甚远。初二成了学生流失相对集中的年级段。这种现象被一些学者称为“初二辍学高峰”。究其原因，70%是因为学生厌学，20%是因为办学条件差，学校

① 熊丙奇．入园难入园贵为何再次成为公众最关注［N］．联合时报，2012－08－10.

② 学习，可怕的辍学率［EB/OL］．(2006－12－12)［2012－11－17］．http：//hulublog. blog. sohu. com/24923586. html.

缺乏吸引力，只有10%是因为家庭贫困。可见，前两项归因于学校，占90%。一位辍学生说得很直白："我们家的经济状况还行，供我上学念书没有问题，是我自己不想念了。我也曾努力过，但总也跟不上，总考最后几名，这样的成绩无论如何也考不上高中的。再加上有的老师从来都看不起我们这些差生，经常对我们说一些挖苦讽刺的话，我忍受不了，就不念了。有的老师讲课平淡无奇，一点儿不吸引人，一上他的课我们就瞌睡，要么就坐在那儿玩儿，传纸条或者说话，老师见了，也不管我们。"可见，虽然有学上，但是质量得不到保障，过程公平难落实。

如果我们的学校不能让学生接受应有的良好教育，不能从有书读发展到读好书，那么过程公平就是空中楼阁，我们的教育又怎能幸福起来？

六、人际互动是幸福的命脉

人是社会的人，人的幸福离不开社会的尊重、他人的认可，良好的人际关系、人际之间的良性互动是幸福赖以生长的沃土。人际互动就是人际相互作用，人的相互作用可能是信息、情感等心理因素的交流，也可能是行为动作的交流。人际互动的主要形式是合作与竞争。通过合作竞争，实现共赢。只要各方遵守竞争规则，充分考虑别人的利益，共赢是可以做到的。在合作和竞争的关系中，不同的人，在不同的时间和场合，面对不同的对象，可能会采取不同的人际互动哲学。除了极端的对抗性情境，比如战争和部分竞技体育项目，总体上来看，日常的经济和社会生活中，大多数情况下人际互动是可以达到双赢和多赢效果的。在教育教学中，教育管理者、教师、学生、家长等不同利益相关者的互动，可以营造双赢、多赢、共赢局面，从而有效增进彼此的幸福。

合作是人际互动的主要表现形式。联合国科教文组织于1986年就将"学会合作"列入教育的四大支柱内容，也可以说是教育的四大目标之一。今天已经进入全球化时代，个人的力量已经变得非常渺小，只有人与人之间、国家与国家之间通力合作才能共同发展。传统教育只强调好好念书，很少有参与合作的实践活动，因此学生在这方面的意识和能力都相当差。在应试教育的氛围下，强调的不是合作，而是在考试分数上的竞争。不具备合作精神的学生将无法适应需要合作的社会环境，也无法融入整个社会。

1. 小学生苦恼人缘问题

有些小学生，学习成绩不错，但是由于性格比较内向或者身体原因，会经常惹来同学们的辱骂或者嘲笑。他们非常希望建立良好的同学关系。人际交往能力是小学生在成长阶段需要的一种能力，是通过自觉学习和实际锻炼逐渐培养起来的，狭义地讲，就是学生们普遍认定的同学关系。这种关系有时被同学们过分看重，影响了自身的学习和生活。

2. 人际关系紧张成大学生自杀第二主因

社会交往能力是人类生存的重要能力，良好的人际交往能力以及良好的人际关系是人们生存和发展的必要条件。近年来的很多研究证明，在大学阶段，学业压力、人际关系、情感挫折、抑郁等神经症的困扰，难以适应环境等是导致很多大学生选择自杀的重要因素。这说明，人际关系紧张，已经成为大学生自杀的第二主因。①

小学阶段人缘不好，大学阶段因人际关系紧张而轻生，透视出学生孤独的心灵。

---

① 冯明董．社会交往能力是人类生存的重要能力［EB/OL］．（2010－11－15）［2012－11－17］．http：//gd2010. teacher. com. cn/UserLog/UserLogComment. aspx? UserlogID＝94234.

SECTION TWO

第二节

幸福教育七大纲领

一、以人为本作统领

人不仅是自然界和人类社会的根本和主体，而且是人本身的根本和主体，人是人的最高本质。以人为本的精髓就是尊重人、相信人、依靠人、发展人、解放人、成就人。以人为本是科学发展观的本质和核心，是一切工作的指导纲领。以人为本的教育就是要以实现人的全面发展为目标。教育的主体是人，教育的对象是人，教育的目的是塑造人，一切教育必须要以学生为出发点和最终归宿，即以学生为本位，努力追求：一切为了学生，为了一切学生，为了学生的一切。要使学生懂得和学会尊重人、关心人、相信人；同时，教育管理、教学活动、教育内容都应当体现对人的尊重和关注，应当有利于调动和发挥师生的积极性、主动性，有利于师生才能的发挥，有利于师生的健康成长。只有从人的本质出发，重视人的价值，肯定人的作用，承认人的力量和能动性；只有放手发动师生、依靠师生，增大校长办学自主权，让师生真正成为教学的主人，让学生生动活泼学习、健康快乐成长，让学生身心得到全面和谐发展，把学生培养成完整意义的人，而不是把学生训练成“考试的机器”，把教师演变成训练“考试机器”的“机器”，幸福教育才会得以实现。只有坚持以人为本，幸福教育才能得到科学发展。

二、积极心理打基础

积极是人在劳动实践、人与人交往以及自我调节中所表现出来的一种向上的心理状态。积极心理学创始人塞利格曼提出了一个幸福的公式：总幸福指数 = 先天的遗传素质 + 后天的环境 + 你能主动控制的心理力量（H = S + C + V）。总幸福指数是指人较为稳定的幸福感，而不是暂时的快乐和幸福。幸福感是令人感到持续稳定的幸福感觉，包括对现实生活的总体满意度和对自己生命质量的评价，是对自己生存状态的全面肯定。这个总体幸福取决于三个因素：一是一个人先天的遗传素质，二是环境事件，三是自身能控制的心理力量。我们无法改变先天的遗传素质，能够把控环境事件的能力也有限，只有依靠自身能控制的心理力量，这就是积极心理。积极心理可以创造积极的精神、提供积极的机会、肯定积极的价值，使人们在感受积极的过程中，学会追求积极，创造积极，并最终获得一种实实在在的积极力量，形成良好的社会适应能力、高效的学习和工作状态、建设性的人际关系、健全的人格和幸福的精神生活，从而支撑个人与社会的发展。即使遇到不幸，也激励人们从不幸中奋起，在不幸中求得幸福，在不圆满中求得圆满。幸福教育就是用积极的视角发现和解读各种现象，用积极的内容和途径培养积极向上的心态，用积极的过程诱发积极的情感体验，用积极的反馈强化积极的效果，用积极的态度塑造积极的人生，从而为和谐社会奠定积极的心理基础，营造和谐的精神状态。只有塑造积极心理，才能打牢幸福教育的基础。

三、优良品德把方向

优良品德也叫美德，指美好的品德，优良的品质、情操和行为，是每一个人都应该培养的优点。一个富有美德的人，是一个有气质的人，被称为有涵养，有内在美。传统美德包括：诚实、勤奋、恭敬、节俭、端庄、爱心、准时、宽容、饶恕、和蔼等。

育人为本，德育为先。德是人的个性的主导因素，对智、体诸多方面的发展起着导向作用。要把立德树人作为教育的根本任务，把社会主义的核心价值体系融入教育的全过程，引导学生树立正确的世界观、人生观、价值观、荣辱观，当前德育要集中开展社会主义荣辱观教育，即坚持以热爱祖国为荣、以危害祖国为耻，以服务人民为荣、以背离人民为耻，以崇尚科学为荣、以愚昧无知为耻，以辛勤劳动为荣、以好逸恶劳为耻，以团结互助为荣、以损人利己为耻，以诚实守信为荣、以见利忘义为耻，以遵纪守法为荣、以违法乱纪为耻，以艰苦奋斗为荣、以骄奢淫逸为耻。以“八荣八耻”为指南，就能找到人生坐标，就能趋荣避耻，就不会迷失方向。只有使学生懂得应该做一个什么样的人和如何做人，他们才能成长为有理想、有道德、有文化、有纪律的一代新人，才能担起社会主义现代化建设的历史重任。如果做人这个基础打不好，其他都是空谈。因此，优良品德为幸福教育把握正确方向。

四、快乐有成促发展

发展是幸福的硬道理。发展建立在学有所成、事有所成的基础之上，即快乐有成促发展。幸福教育强调质量是永恒主题，质量落实在有成上。有成即通过努力工作和奋斗获得一定的成果。具体可包括成长、成绩、成熟、成就、成事、成人、成家、成功、成才等。获得幸福生活的前提条件，即有所成绩，包括物质上的充裕、精神上的丰富等，当然，幸福的程度与否还取决于一个人的心态，但是有成是一个必要前提。没有任何的成就谈幸福，这是一种苍白的自欺欺人，最终不为大众所接受。但不惜牺牲健康和快乐，用痛苦换来有成的人，即便实现了目标幸福，却也饱受了过程的痛苦。从教育教学来看，通过师生教学过程的互动，必然以促进学生身体健康成长、道德情操的熏陶、逻辑思维能力的增长、美感能力的养成、动手操作能力的发展为目的。学生只有在这些前提下，才能够健康快乐成长。作为教师，也只有在完成教学任务、看到学生成长进步的前提下，才能够体会到教育的价值、教学的乐趣。幸福的力量和体验来自于有成。那种靠题海战赢得的高分低能算不上真正的有成。真正的有成能实现可持续发展，可以带来终生的幸福。

五、满足特需保公平

公平是幸福的起点，是每个人基本人权和尊严的底线。但公平不等于平等，更不等于平均。每个人的天赋和后天环境是不一样的，因而，每个人的特殊需要也是不一样的，真正的教育公平是根据每个学生的个性特点，为每个学生提供适合的教育，即因材施教，要办好每一所学校，教好每一个学生，成就每一位教师。不仅不让一个学生掉队，还要让每个学生做最好的自己。既要照顾差生，也要关注超常儿童；既要关注残疾儿童，也要关注流动留守儿童。因此，要坚持城乡统筹，各地各校因地制宜、因校制宜，切忌削峰填谷，坚持校本特色、生本教育、全纳教育，在教育机会、教育过程和教育结果三大环节最大限度地满足每个学生的需要，尤其是满足弱势群体和资优学生的特殊需要。每个人的特殊需要得到满足了，教育公平也就有了保证，社会正义会深入人心，教育给人带来的幸福感会大幅度得以提升。

六、兴趣特长扬个性

兴趣是个体对某一事物相对长时期的集中关注和爱好，特长是在兴趣基础上或长期训练后养成的一种个人特质。兴趣，让人能够集中精力去做某一事情；特长，能够让人更好地发挥本身的优势把事情做好。人的个性差异在很大程度上通过兴趣特长表现出来，兴趣特长的发挥就是个性的张扬。对于幸福的人生来说，兴趣特长即是幸福的翅膀。人生像彩虹一样绚丽多姿。人的潜能、兴趣、爱好、特长像光谱一样五颜六色。如果每个人的潜能都得到最大限度的开发，兴趣特长和爱好得到最大限度满足，人生就会有新的乐趣、新的精神寄托，幸福就会有新的支点和亮点，从而为幸福人生增光添彩。在教育教学领域，一方面我们要促进学生全面发展，另一方面又要很好地激发和培养学生的兴趣特长，充分挖掘学生的潜质，设计好课外活动，搞好丰富多彩的社团活动，让学生的个性得到充分张扬，让学生的幸福展翅飞翔。

七、生命健康作本钱

生命是教育发生的原点和本源，健康是教育发生的本钱和归宿。健康是指一个人在身体、精神和社会等方面都处于良好的状态。传统的健康观是“无病即健康”，现代人的健康观是整体健康，包括身体健康和心理健康。健康是人的基本权利，健康是人生的第一财富。教育不能也不应忽视个体生命健康的需要，应站在个体生命健康的立场上思考各种教育问题。功利主义造成了生命的遮蔽，教育领域中个体生命的重要性常常被其他外在的利益所取代，教育被异化成了“灌输”、“训练”的代名词，逐日繁重的学习任务，负担过重，使原本属于学生的“自由、浪漫、充满童趣”的天真远离其生活，使童年黯然失色。甚至，学生体质体能下降，近视率上升，校园安全事件时有发生。因此，让教育回到生命健康这一基本命题，珍惜生命、热爱生命、完善生命、提升生命质量是幸福教育的必然追求。没有生命健康，幸福教育就丧失了根本意义。

CHAPTER 3

第三章

幸福教育的重心：快乐高效学习

学生以学为主，学生的学习状况在很大程度上决定着学生的生活质量，决定着学生身心健康，决定着学生的幸福指数。幸福教育的重心和当务之急在于促进学生轻负高质、快乐高效地学习。“学海无涯苦作舟”的价值取向已经跟不上时代的要求了，幸福教育必须首先让学生幸福起来，只有快乐高效的学习才能真正让学生幸福起来。

SECTION ONE

第一节

快乐高效学习的三大经典定律

一、准备律三要素

准备律（Law of Readiness）是指学习者在学习开始时的预备定势，与下面的练习律、效果律合称学习三定律，由美国心理学家桑代克提出，准备律包括三个组成部分：

①当一个传导单位准备好传导时，传导而不受任何干扰，就会引起满意之感；

②当一个传导单位准备好传导时，不得传导就会引起烦恼之感；

③当一个传导单位未准备传导时，强行传导就会引起烦恼之感。

通常我们强调的课前预习，就是准备律的具体运用。具体到学生的学习，可以解释为：

①学习者有准备而且参与学习活动就感到满意；

②学习者有准备而不参与学习活动就感到烦恼；

③学习者无准备而强制参与学习活动也感到烦恼。

幸福课堂主张的导学案（学导案），就是准备律的最好运用。现提供两种导学案编写模式供参考。

1. “三七”模式

每章三模块：①本章导读；②课标要求；③新知识预览。

每节七模块：①学习目标，课前预习；②自主学习；③合作探究；④我的疑问；⑤归纳整理；⑥检测训练（ a. 课堂目标达成；b. 课后巩固提升）；⑦学后反思记录。

2. “五六”模式

五个功能：①导读；②导听；③导思；④导说；⑤导做。

六个板块：①目标要求；②学法点拨；③设疑提问；④交流展示；⑤测验检查；⑥拓展延伸。

不论何种模式，都必须坚持五原则：①课时性：坚持分课时处理学习内容；②问题性：将知识点转化为探索性的问题点；③层次性：习题的设计要根据问题难度、学生成绩优劣分出层次性；④参与性：充分考虑激励学生的参与性；⑤方法性：重在教会学生学会学习。

二、练习律二重性

练习律（Law of Exercise）是由使用律（Law of use）和失用律（Law of disuse）构成的。其实质就是用进废退。使用律（应用律）是指一个已形成的可变联结，如加以应用，联结就会加强。失用律是指一个已形成的可变联结，如久不应用，联结就会变弱。一般说来，只有当学习者发现重复练习能获得满意的效果时，练习才会有助于学习，没有强化的练习是没有意义的。正如许多教师、家长、学生认为练习越多学习效果越好，因此，题海战至今仍是许多教师和学生的制胜法宝。

如果想既能切实地减轻学生过重的学习负担，又不降低教学质量，那么就要有效地组织学习、练习、复习，避免学生进行无效或低效的劳动，下面几个黄金法则值得遵循。

1. 机械记忆的“126”法则

学习后第一天、第二天、第六天要复习。根据艾宾浩斯遗忘曲线图，遗忘的规律是先快后慢，因此，及时复习、经常复习可以有效避免遗忘，提高学习效率。学习中经常犯的毛病就是不能及时复习，等考试前几乎遗忘殆尽再集中突击复习，殊不知，遗忘后再复习就像重新学习一样，需要花费大量时间和精力。谚语说得好，“一针及时省九针”，“126”法则对掌握需要死记硬背的知识还是必须遵循的黄金法则。

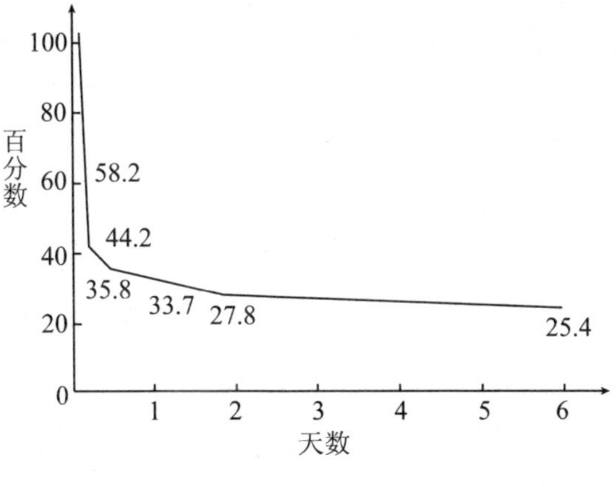

图 3－1　艾宾浩斯遗忘曲线

图 3－1 中竖轴表示学习中记住的知识数量，横轴表示时间（天数），曲线表示记忆量变化的规律。这条曲线告诉人们在学习中的遗忘是有规律的，遗忘的进程不是均衡的，在记忆的最初阶段遗忘的速度很快，后来就逐渐减慢了，过了相当长的时间后，几乎就不再遗忘了，这就是遗忘的发展规律，即“先快后慢”的原则。观察这条遗忘曲线，不难发现，学得的知识在一天后，如不抓紧复习，就只剩下原来的 25%。随着

时间的推移，遗忘的速度减慢，遗忘的数量也就减少。

教师和学生通常重视即时和当日的复习和练习，却忽略了第二天、第六天延迟的复习和练习，结果往往是学了忘、忘了学，到考试再从头学，浪费了大量时间，学习成了一壶永远烧不开的水，热了凉，凉了再热……循环不止，效率低下。

2. 过度学习的150%法则

超额学习通常有利于知识的保持，而过度的超额学习，即重复练习的次数增多，会使其知识保持的效率降低。练习的次数越多效果越好的说法是没有科学依据的。教师让学生抄十几遍、几十遍的做法只能加重负担，不能提高学习效果。科学实验证明，过度学习量控制在150%，是最经济、最高效的学习和练习量。比如，重复记忆10遍能背诵一篇课文，原则上再加5遍，效果最佳。

3. 技能和习惯养成的“22”重复法则

心理学家用猫做了一个关于技能学习的实验，得出了猫的技能学习曲线，即一项技能的掌握，开始需要较多时间，随着尝试练习次数的增多，所需要的时间会大幅度减少，但要真正形成稳定的技能水平，也就是说，再增加练习次数也不再节省时间时，也就到了该技能的熟练水平，需要练习到第22次。可见，确定一个好习惯，需要坚持22天；养成一项熟练的技能需要重复22次。这是技能和习惯形成的最经济、最高效的学习和练习量。

三、效果律的7∶3黄金比例

效果律强调个体对反应结果的感受将决定个体学习的效果。即如果个体对某种情境所起的反应形成可变联结之后伴随着一种满足的状况，这种联结就会增强；反之，如果伴随的是一种使人感到厌烦的状况，这种联结就会减弱。也就是说，对学习结果满意，就会喜欢学习；对学习结果厌烦，就会反感学习。桑代克在20世纪30年代进一步考察了这条定律，发现感到满足比感到厌烦能产生更强的学习动机，因此他修正了效果律，更加强调奖赏，而不强调惩罚。

效果律指引起满意结果的行为被加强，带来烦恼的行为则被削弱或淘汰，现实教学中通常使用的批评和表扬，尤其赏识表扬，很大程度上依据此定律。

好孩子是夸出来的，好学生是表扬出来的，这是所有家长和教师都认可的话。但只有褒奖、没有批评的教育方法，对孩子的成长是很不利的。一般认为，表扬与批评的黄金比例为7∶3。有时候，高明的批评也会从表扬开始，即先表扬后批评。

为确保效果律的最大效益，赏识表扬应坚持四要四不要的原则。

· 表扬要具体不要笼统。表扬学生要就某个细节或者某个行为进行有针对性的表扬，不要笼统地说“很棒”，“不错”，“你很了不起”，“ 你真是一个好孩子”，“你真的很善良”……

· 表扬要适度不要过度。表扬要把握好度，不要为了表扬而表扬；不要张口闭口表扬，使表扬变得廉价或夸大。

· 表扬要限定某人不要伤害别人。表扬的时候要尽量发现每个学生的独特之处，不要将不同的学生放在一起进行比较，这样不仅会伤害学生的自尊，而且会影响学生内部之间的团结。

· 表扬要公正不要偏向。表扬要坚持公正、公平，一视同仁；不要厚此薄彼或有偏向。

SECTION TWO

第二节

快乐高效学习的放松性警觉四项功夫

一、调出大脑的 α 波段

要帮助学生更好地学习，首要任务是帮助他们获得最佳的精神状态，即放松性警觉。放松性警觉是有效学习的最佳状态。此种状态下的学习者既放松同时又在某种程度上处于兴奋或者情绪饱满的状态。放松性警觉是思考、质疑及实验时敢于冒险的基础——所有这些又正是掌握新技术和发挥大脑执行功能的关键。在此种状态下，学习者会感觉有能力、有信心，有意义感和方向感。

放松性警觉状态是大脑工作时的 α 波状态。α 波——每分钟 60 ~ 70 拍节的脑电波，以放松和沉思为特征，是人们在其中幻想、施展想象力的大脑状态。它是一种放松性警觉状态，能促进灵感、加快资料收集、增强记忆。见图 3 - 2。

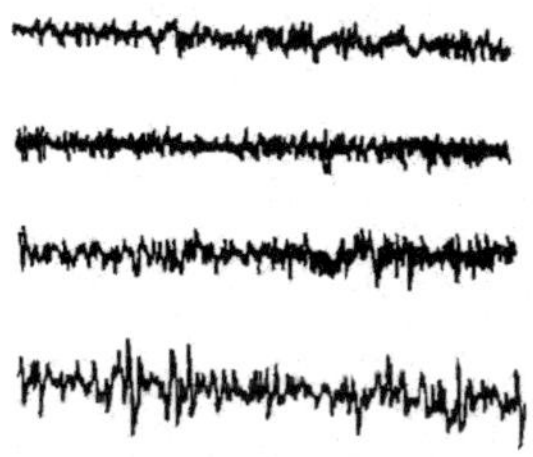

图 3-2　四个脑波段①

α 波状态下，人们的主观感受是放松、注意力集中和舒适等。在这种状态下，可以取得非凡的记忆力、高度专注和不同寻常的创造力。

α 脑电波可以通过冥想、放松、深呼吸等方法获得，而巴洛克音乐是效果最快、最好的导出方式。放一些轻松的音乐，闭上眼睛，想想你能想象到的最宁静的景象——你就会很快进入放松性警觉状态，既排除外界干扰，又可使大脑处于最佳学习状态，达到事半功倍的学习效果，这一状态会更易于使信息"飘进"长期记忆中。

比如运动员在大型比赛之前都要处于最佳的精神状态，这是奋斗中取得成功的一个不可或缺的基础，即正确的精神状态——这对于学习者来说同样适用，获得最佳的精神状态，即放松性警觉。

状态可以是暂时的，因此放松性警觉也可能是在某种情况下经历的一种临时状态。举个例子，一名学生在一次考试中遇到了一些自己能解答的题目。在这种情况下，这名学生很可能会自信心大增。

这种自信感很容易延伸成为对整个考试的一种掌控感。教师可以通过使学生们经历一种短暂的成功而为他们营造一种临时的放松性警觉状态，然而，我们最终追求的是使放松性警觉成为学生们的一种生活常态。

一种状态很可能成为一种特质，随着时间的推移，这种状态会成为个人性格中的一部分，即人格特质。我们认为那些或多或少正处于放松性警觉状态中的学习者，实现了把基因构成、生理生长发展与某些始终如一的人生经历结合在一起的愿望，而这种结合决定了相应的大脑构造

① 孟万金．积极心理健康教育［M］．北京：中国轻工业出版社，2008：66.

和生理反应，从而使放松性警觉成为学生的一种特质。

二、 掌控放松性警觉状态的正反面体验

1. 正面体验

——有能力："即使我面临挑战，感到兴奋（甚至紧张），我仍然觉得自己是有能力的，并且信任自己的能力。"

——精力集中："尽管存在障碍和潜在的不确定性，我的精力还是相对集中的，并且准备好面对任何可能发生的事情。"

——掌控力："我的行为在我的掌控之中。我要对周围的环境有所回应。"

2. 反面体验

——焦虑："我的身体非常紧张焦虑，因为我不知道该怎么办。"

——分散精力："我的精力分散或者集中在太狭隘的方面。"

——缺乏掌控："我的行为不在自己的掌控之中。我缺乏方向感和意义感。"

拓展阅读

放松性警觉的学习奇效①

洛扎诺夫根据 α 波段脑潜能开发出超级学习方法。脑力研究家科林·罗丝（《加速学习》的作者）用 4 年的时间研究洛扎诺夫的方法以及与其相关的增强记忆法，并开发出下面加速学习的 8 种技巧。运用洛扎诺夫法的学生一般在

---

① 除注明外，本章扩展阅读均改写自：Caine R，et al. 12 Brain/mind learning principles in action：the field book for making connections，teaching and the human brain [M]. California：Corwin Press，2005.

30天内掌握一门新语言，这是正常标准的7倍。而且他们一般可记住所学内容的90%。在20世纪60年代，洛扎诺夫法的统计数字显示，学生能在一天之内掌握1 000个新字；在1974年，此数字增加到1 800个；而到1977年，有些学生一天能记住新字3 000个。

以下是基于α波段的洛扎诺夫超级学习方法以及高效回忆的8种技巧。

（1）放松性警觉是创造理想状态的关键，适合感受新信息、轻松自如地获得新信息。这也是一种大脑状态，与α脑波有关，"消耗"较少的能量，因此对手头的学习任务能付出更多的脑力。

（2）大量信息会进入大脑并被储存到短期记忆中。将短期记忆转变为长期记忆，就需要立刻和经常温习那些信息。

（3）记住新信息的关键是通过某种有效的编码或联想形式使它进入意识中。这可以通过情感、身体感觉、运动或视觉刺激来进行。最初编码越强、越明显，以后就越有可能唤起回忆。将词语同图像连在一起会使信息变得更容易回忆。这是因为，视觉记忆几乎是完美的；回忆视觉信息是非常艺术的记忆技巧。因此，当提高想象能力和视力时，将信息与视觉图像联系在一起时，肯定会记住更多的信息。

（4）说到学习，往往是学得越多越好，但是一种叫分散练习法的技巧更有效。这意味着学到新东西后要立刻背诵或温习，然后通过回忆来进行检验；1小时之后进行温习，第二天早晨再温习1次；然后是1周后温习1次、1个月后温习1次。

（5）要保证所学习的知识具有内在含义，能弄懂上下文及背景，并且在开始前就对大概情况有所了解；先学会有关的原则，然后再学习具体事例；不要死记硬背，而要学习具体事例。

（6）常常提示自己能快速、透彻地掌握这种信息，不管在儿童时期形成一些什么观念，或者从令人泄气的老师那里得到什么看法。

（7）在学习环境中建立起潜意识暗示。巴洛克古典音乐就是一个好方法。超级学习法专家科林·罗丝解释说："可能有90%的信息输入都发生在潜意识层次，那么对潜意识进行越多的有助于学习的交响乐曲刺激，就会学习得越快、越有效率。"

（8）加速学习的关键是：肯定性的、创造性的、支持性的暗示。在这种氛围中，任何年龄的学生都能很快学会知识，有意识付出的努力很少却乐趣十足。类似的学习方法包括：

· 将两种课文并列放在一起，这样当你的直接视线研究一边时，边缘视线在接收来自另一边的信息。

· 为所学东西或语言专门设计游戏或角色。

· 房间到处都摆上有关你学习资料的海报和卡片。

· 通过故事学习语法和单词，而不是通过条条框框。

· 用身体、听力、视力接收信息。

三、 打牢三个基础

1. 自我效能感

自我效能感指对自身及自己达到目的所具有能力的一种固有的信任。这种建立在过往经历上的信任使学习者不去自我怀疑和批评，使他们相信自己做什么都能成功。因此，他们认为自己能从过失中学到东西，并会更加努力去克服潜在的障碍。他们视学习为一种永不停息的、让自己更加优秀的进程。

具有自我效能感的学生往往会有如下表现：

· 设定更高的目标并相信自己会取得成功；

· 坚持的时间更长——在自己不喜欢甚至认为有威胁的情况下；

· 设想成功；

· 有更好的处理情绪的技能，并能在有压力的情况下使用这些技能；

· 在相同能力下有更好的表现；

· 能更快地发现有效的策略；

· 有更为积极的态度。

那么，对于教师和学校来说，让学生达到放松性警觉的方法之一就是激发学习者的自我效能感。

思考：想想你认识的那些有强烈自我效能感的人，他们具有上面所列举的哪些品质？你怎么判断出来的？你自己的自我效能感怎样呢？然后猜想一下你关注的人如何回答相同问题。

2. 复原力

复原力是指从失败或逆境中崛起的一种持续存在的深层能力。与生命中的巨大障碍抗争过的人，比如在野外迷路又能安全返回的人往往具有复原力。这个术语常常用来描述那些在穷困及其他恶劣环境中生存的人。复原力强的孩子一般是那些在逆境中生存下来并茁壮成长的孩子 。

具有复原力的学生往往有如下表现：

· 让人喜爱；具有社会技能，具有较强的社交能力（他们能准确地衡量自身力量和抑制冲动）；

· 在某些方面具有自我效能感；

· 具有明确的道德或精神信仰（能够在道德判断基础上说话行事）；

· 具有幽默感和乐观情绪（能从长远角度考虑事情）；

· 会从经历中学到东西（充分利用别人的评价）；

· 有更多解决问题的技巧；

· 具有独立性和自主意识（自我指导）。

思考：想想你认识的那些具有复原力的人，他们具有上面所列举的哪些品质？你是怎么判断出来的？你有过复原力很强的时候吗？然后猜想一下你关注的人如何回答相同问题。

3. 自我调控

自我调控是指在学习过程中进行自我调节。懂得自我调节的学习者都是为自己学习负责的人。

自我调节的学习者已经懂得：

· 如何保持动力；

· 如何使用恰当的策略；

· 如何有意识地分析自身的思考习惯；

· 如何确定合适的、可以达到并有一定挑战性的目标；

· 如何管理时间及资源。

不管是年轻还是年老的懂得自我调节的学习者都认为他们有能力去影响和控制一些事。与具有自我效能感和复原力的学生一样，懂得自我调节的学生能泰然接受“进程”这个概念（能意识到现在的努力能影响将来收获的能力），并能寻找通往成功的关键步骤。

具有进程感，导致了具有自我调节的学习者相信“功到自然成”和“积极的不确定性”。“功到自然成”是指在等待中观察和促进事物的发展；“积极的不确定性”是指，因相信即使不能马上找到答案，也因相信答案是存在的而保持镇静。这种能够看到未来并懂得长时间的努力会有回报进而最终会影响未来的能力是高效率学习者的重要特质。这种自我调节能力同样使学生在追求目标的过程中能够从容应对偶尔的失败。

正如具有高度自我效能感和复原力的学习者，自我调节的学习者同样倾向于对自己非常有信心。自我调节学习也跟意义或目的具有相关性。这就意味着这部分学生感觉更有能力、有信心并且采取适应性决策。

思考：想想你认识的那些善于调节自我及学习的人，他们具有上面所列举的哪些品质？你是怎么判断出来的？你的自我调节学习能力怎样呢？然后猜想一下你关注的人如何回答相同问题。

具有自我效能感、复原力及自我调节力的学生具有以下品质和能力：

· 能够设定短期和长期目标，并且相信自己能够取得成功；

· 在压力下也能够坚持不懈；

· 对未来充满信心（乐观主义）；

· 能找到实现成功的策略或资源；

· 有更加积极的态度；

· 拥有良好的社会技能（能和别人和睦相处并受人喜欢）；

· 有独立性（自主性）；

· 管理时间，即使情况有变也能够坚持追求自己的目标；

· 懂得怎样学习，清楚自己是怎么学习的；

· 能够对自己进行评价。

很明显，“放松性警觉”这个术语涵盖了上述各项品质。我们已经能感觉出这些品质和特征对于有效学习很有价值。

拓展阅读

执行功能

具有自我效能感及复原力的学生以及自我调节的学习者都善于运用大脑的执行功能。在你阅读以下由执行功能控制的能力列表时，请注意有自我效能感和复原力的学生与自我调节学生间存在的相似点，同时注意由前额叶和大脑的执行功能决定的能力。

前额叶皮层及执行功能中存在的能力为：

· 使用工作记忆——这意味着学生能够确定一个未来目标，制订一个相应计划（如管理时间），并且不会轻易分散注意力；

· 使用理性评估风险，使自身的想法与行为都行得通；

· 适度的情绪化；

· 目光长远或有远见；

· 足智多谋，懂得适时向他人或其他资源求助；

· 思维灵活，能够转移或增加任务；

· 从批评和创新的角度思考；

· 能反映或使用自我批评意识和元认知。

执行功能同样包含了一种建立在认知复杂模式（概念、比喻和其他抽象概念）和复杂事件关系之上的一种互通感。一些执行功能同样涉及经历一种精神上的互通性。

具有良好执行功能的学生能瞻前顾后（作为一种影响现在或将来决策的方式），具有对自己的洞察力。

当学习者为自己的学习负责并且最终取得成功时，他们不仅仅是比自己的过去更加成功，而且毫不夸张地说，他们同样获得了更多知识，保证将来也能在学习上取得成功。因此，培养执行功能是有效学习和提升学习效果的关键。

四、诱发放松性警觉的四个步骤

诱发放松性警觉最佳学习状态的最有效途径是“依序共享”（ordered sharing），也就是以五六人组成小组，小组成员依照一定的次序自由分享各自的观点，互不挑剔，就像头脑风暴一样。精髓在于小组探究，其核心技巧在于如何真正倾听别人。人们需要别人的倾听，因此倾听是共同学习和工作以及营造放松性警觉的基本技巧。无论是学生还是成年人，无论是在教室里还是其他场合，倾听都是不可或缺的。同时，一个人能够清晰却不冒失地表达出想要表达的东西也是非常重要的。同样重要的还有学生和大人要有机会在不用担心被嘲弄、批评或评论的情况下分享他们的观点。

依序共享主要通过分组去引导谈话和倾听。这个程序的精髓在于给每个人都提供平等的机会，不用担心时间问题，同时能形成每个人在说话时都能受到别人的全力关注。

依序共享的四步骤

首先把学生分成五六人一组，每组围成一个圈。

第一步：介绍话题

等学生们安静下来。这样操作：

老师：“我要提出一个备选话题（请见下面的建议）。请大家想想你们想说什么。任何人都能起头。”（给学生们时间去思考或提问）

第二步：依序共享

老师继续说：“如果有人开始说话的话，他左边的同学要继续这个话题，每次只有一个人发言，每人发言时间限制到一分钟。别人发言时大家要全神贯注地倾听，先不要做出反应。只是听。每个小组循环进行，不要停下来。”

（给学生时间去思考或提问）

第三步：开放式讨论及反馈

老师继续说："好了，每位同学依次发表了自己的观点，现在轮到自由发言了。在此期间每组成员可以互相讨论，但不要对别人提出批评。"(给每组足够的时间完成这个任务，每组2～3分钟的时间进行开放讨论)

第四步：老师引导小组反馈

老师："你们组情况怎样？你们发现了什么？"

记住三个环节：第一是话题，然后是依序共享，最后是讨论。

教师可能运用的开放性话题：

· "你崇拜别人的什么地方？"

· "你心目中的英雄是谁？为什么？"

· "谈论一下在你的家乡或家乡附近你最喜欢的地方是哪里。为什么？"

· "你来上学的途中经过了哪些街道？"

· "你想成为像谁那样的人？为什么？"

· "如果你可以随心所欲地做事，那么这个周末你会做什么？为什么？"

一些有用的提示：教师第一次采用这种程序时会花20～30分钟。之后再根据小组大小以及学生自行组织起来的速度把时间缩短到15～20分钟。学生最初组合的小组成员最好保持至少一个月内不调换。教师和学生可以一起来决定什么时候重新分组。

定期让学生进行依序共享，越频繁越好。建议高年级学生频率为每周一次，低年级学生可在一天课程开始时进行。坚持这样做，直到教师能确信依序共享已经成为学生们自然的交流方式。

确保教师能够给每个小组足够的关注，这样不仅能够培养良好的小组交流习惯和技巧，而且有助于教师更好地了解学生。但是要记住，教师不能用这些时间去解决依序共享过程中可能会出现的个人问题。

或许教师认为通过依序共享解决问题会让学生们找到自己做事的原则，因此教师会想跟学生们一起对某一话题进行头脑风暴，要根据不同年龄的学生调整依序共享的问题，允许他们想出更有挑战性的问题。教师要把精力放在那些在从课程中不断出现的有挑战性的问题，对这些问题进行更深入的探索。教师在倾听的时候，会注意到个体差异，因此教师能够利用新问题去引导学生更深层次地理解课程。

提示：随着依序共享的进行，交流得到了更深的强化。随着人们学会怎样尊重地倾听彼此，原本可能会出现的辩论和争论会演化成讨论和对话。

记住，在依序共享过程中教师的角色是助推器。作为教师应该引导、倾听和观察行动中的自己和学生。当教师已经完成了这个程序时，一定要抑制住自己不去做进一步解释。让学生在此过程中挣扎着摸索、试验，并在随后的反思阶段去探索刚才的经历以及怎样去完善这个过程。要确保大家一起进行讨论，解决问题，一定要坚持的原则是通过合作解决问题。

教师在推进整个过程的时候注意寻找这些行为：

· 学生在为自己的立场辩护吗？他们是怎样做的？为什么要这样做？
· 学生在探索别的途径吗？有什么证据能证明？
· 学生们在彼此倾听吗？你是怎么知道的？

以下是来自一位老师的日记。

我们的辅导课需要大量的互动和讨论，因为我们需要培养学生跟同龄人以及隔壁学校初级班的学生一起合作的有效技能。因为讨论的时候很难听到每个人的观点，因此有时候我不得不向全班做解释。我向学生介绍我以前学到的一种技能，他们同意试一试看看效果怎样。因此，我们把课桌移到教室后面，分成小组，然后开始了依序共享。

以下的互动在此过程中非常常见：

依序共享在每个小组进行活动时出现了这一幕：学生甲说：“现在不行。”学生乙小声说道：“等轮到你吧。”学生甲耸了耸肩说：“对不起。”学会等轮到自己再发言，并且在别人发言时不去打断，这种习惯的养成是需要时间培养的，对每位学生同样重要，这一点日益凸显。学生们负责提醒彼此不要打断别人说话。这种讨论推广到了英语课和历史课上。学生们总会主动确保这个程序的绝对地位，并遵循这个程序。学生丙在学年末对此有一个最好的表达，他说："别人倾听了我们，我们受到了尊重。我们有时间进行真正思考。我非常喜欢别人听我说话，也学会了倾听别人说话。"

提示：当引用诸如此类的新程序时，所有的学生或成人可能不会有同等的反应。记住，关系和信任要放在第一位。一定要有可靠性，要多交流，主动使他人成为这个程序的全权参与者。

拓展阅读

教室中放松性警觉的指标

首先要明确目标。什么能作为有信心、能力、意义或目的的证明呢？以下是你在工作中能用到的一些基本的指标。

课堂上有学生信心的体现吗？

· 学生们更喜欢就兴趣点而不是个人友谊组成小组吗？

· 学生们会自愿分享观点吗？

· 学生们会自愿帮助缺课同学吗？

· 学生们能自由提出建议和评价，并接受别人的相应建议和评价吗？

课堂上有学生能力的体现吗？

· 学生会要求老师给出评价和建议吗？

· 学生会跟老师就一个观点进行辩论吗？

· 学生们能够自然有效地回答问题、解决问题吗？

· 课堂上有学生有意义感和方向感的体现吗？

· 学生们自主把作业带回家做是为了完成硬性任务还是想在一项任务上继续工作呢？

· 学生们来上课时会携带与目前学习相关的文章或其他信息吗？

· 学生课外会和别人交流他们的课程、项目以及思想内容吗？

老师怎样表现呢？

· 老师尊重学生吗？

· 老师会给学生自由去探索他们自己的观点吗？

· 老师对学生期望值高吗？

·老师会通过处理学生对已有成果的设想而指出需要改进的方面吗?

·老师会倾听学生观点并允许他们继续遵循自己的思维吗?

·老师使用逻辑规则吗?

·教室里有集体的表现（激情、讨论的欢笑声、兴奋的气氛以及挑战）吗?

·讨论都是以对话的形式进行的吗?

·大家会花费时间深入了解一个让人沮丧的情况吗?

·新成员加入队伍中来要遵循一定的程序吗?

·老师有实际行动表示对别人的关心吗?

SECTION THREE

第三节

快乐高效学习的积极情绪四项修炼

一、开启积极情绪的七大优势

积极情绪主要指在内部动机激发下伴随着辛勤工作而表现和体验到的满足和快乐。当常见的、日常的事件引起正面感受轻度增加时，积极情绪就会产生；反之，消极情绪就会产生。情绪具有两极性，积极情绪可以为快乐高效学习营造一个愉悦的环境，特别是良好的人际关系以及团结友善的和谐氛围。

神经科学证实了情绪和学习是不可分割的。丰富的情绪可以强化学习。教育者们在完全掌握了各种情绪在学习中所扮演的角色后，就能够促进放松性警觉。当学生们积极的情绪被经验激发时，所有人都能更有效地学习。消极的情绪基本上是令人痛苦的，而积极的情绪基本上是令人快乐的。

积极情绪，如高兴、敬畏、感激、怜悯，与健康和幸福感紧密相关。学习的最佳思维状态依赖于积极情绪。心理学家发现，在积极情绪环境下学习的个体拥有以下七大优势。

· 有更好的工作记忆；
· 有更好的事件记忆（记忆事件）；
· 解决问题时考虑更多的选择；
· 思维更加灵活；
· 更有能力处理社会关系（乐于助人且善于交际）；
· 语言更加流畅（举有更多创新的例子）；
· 有更好的决策能力。

拓展阅读

积极情绪的动力机制①

神经学家证实，像在愉悦的环境下学习这样的看似简单的因素事实上就能够影响大脑。他们追踪了影响学习的一些精神递质的路径，并揭示当人们在一种令人愉悦的环境中学习时，人们的愉悦感受会刺激产生适量的多巴胺精神递质。这些多巴胺精神递质，依次地又会刺激产生适量的另一种精神递质——乙酰胆碱，这种物质会直接刺激海马体，这是进行学习的主要中心。

奥尔兹的老鼠实验证明下丘脑是快乐中枢。

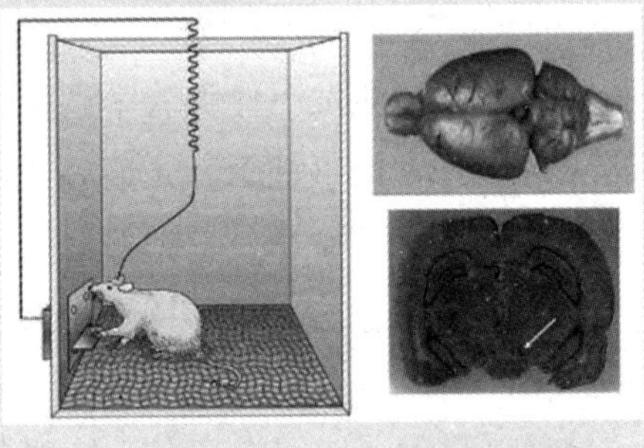

（左图表明老鼠按压杠杆接受奖励性脑刺激，右图表明电极在老鼠脑内腹侧被盖区的位置）

微电极是一种极小的电极，可以插入脑的各个部位，而不影响动物的健康和各种功能。我们可以利用微电极向所插入的部位施加电流刺激，以观察动物有何反应。

① 本扩展阅读改写自：Olds，James. Pleasure Centers in the Brain［J］. Scientific American，1956（7）：105－106.

他们做了一个控制电流刺激的开关装置——横杆，可以由老鼠自己掌握。只要老鼠一按这根横杆，埋藏在下丘脑附近的那个微电极就产生电流刺激，持续时间为0.5秒。实验开始了，奥尔兹等人看到了一个令人惊讶的情景：老鼠一旦学会按压横杆来获得刺激后，就会以近乎疯狂的热情来刺激自己。每只老鼠都以极高的频率按压横杆，平均频率为2 000次/小时，有的竟高达5 000次/小时，而且要连续按压15~20小时，直至精疲力竭，呼呼睡去。但一醒来，就又去按压横杆。奥尔兹等人为了进一步搞清老鼠对这种刺激的迷恋程度，特意在老鼠和横杆之间摆上一个通有很强电流的架子。但老鼠竟不顾触电的痛苦，拼命穿过架子，扑向那根能给它们以刺激的横杆。心理学家认为，在下丘脑和边缘系统内存在着快乐中枢。老鼠之所以一个劲儿地按横杆，就是因为刺激这个快乐中枢后，可以体验到欢快的情绪。同样，人脑中也有快乐中枢。

二、防治消极情绪的九种反应

当强烈的情绪没能得到处理时，教师将会发现如下的消极情绪行为（见图3-3），这些行为说明自我意识在某种程度上被侵犯了，以下是消极情绪的九种反应。

压抑型：装作没任何感觉；

反叛型：做出激怒或惹恼对方的行为；

威吓型：想公然伤害或贬低对方，因为觉察出自身的不足；

暗害型：通过笑话、讥讽或托词暗中诋毁别人的权威和特权；

无视型：未能意识到或未能处理此种问题或情形；

摒弃型：排除一个或一些人，将别人认为是负责任的那些人排除在联系范围外，损毁他们的名誉或亲自以某种方式贬低他们；

报复型：即使别人的行为是无意的也要反击回去；

恫吓型：与威吓型类似，但是采用更加狡猾的（如威胁的言语）身体之外的手段；

标记型：摧毁性特征或是以某种方式留下实实在在的标记（在墙上乱涂乱画）。

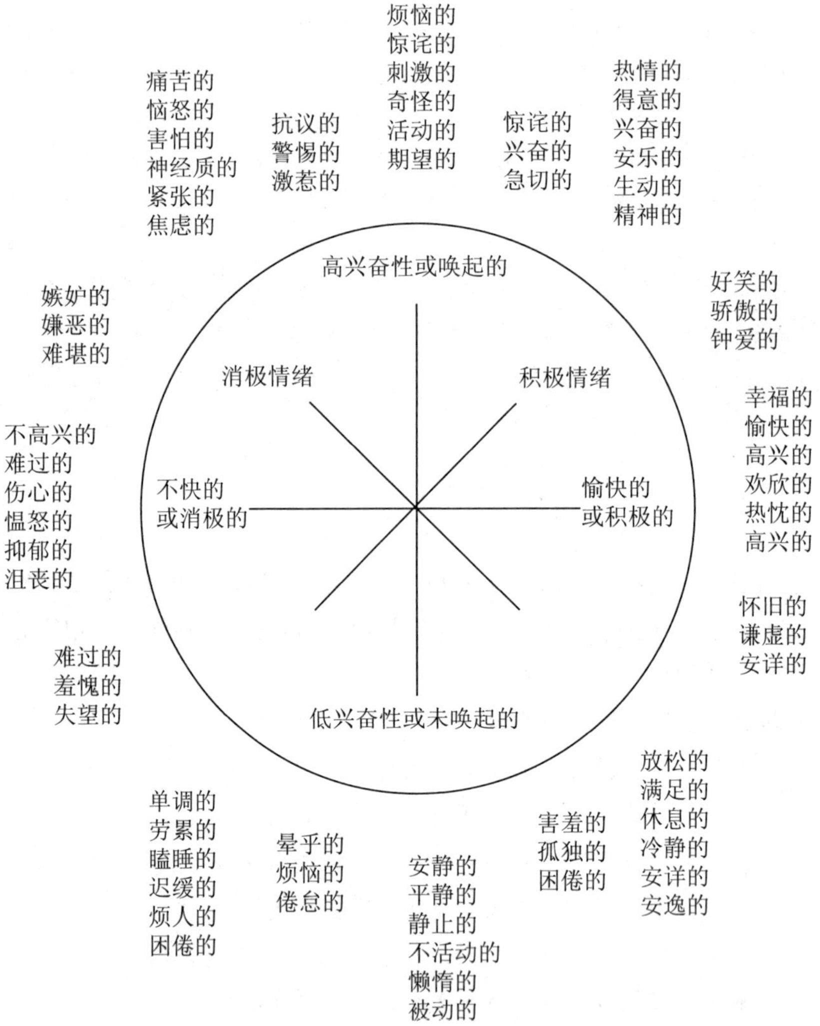

图 3－3　情绪两极图①

---

① 孟万金．积极心理健康教育［M］．北京：中国轻工业出版社，2008：182.

以上的九种反应告诉成年人，持消极情绪的学生对彼此漠不关心。他们不再关心他们自己，也不关心他们的团体。了解这些行为特征，能为他们接受帮助打开一扇门。这并不适用于那些已经被证实是很危险的学生。教师务必清楚其中的差异！

三、 促成积极情绪的十条建议

1. 促成积极情绪的三个因素

教师对学生积极情绪的形成具有不可替代的影响，这种影响也是某种形式的教育。这种类型的教育，可能在决定一些学生的将来这点上，比课程掌握的一些东西更有影响力。

那么，什么能促成积极情绪呢？有三个因素起关键作用。

· 拥有选择权和追求个体感兴趣工作的自由，这是以行为者为中心的决策制定的关键部分；

· 有机会选择和改变环境，包括能够按照需要独自工作、两人合作或小组合作；

· 轻松地学习，处于放松或者“流畅”的状态。

2. 促成积极情绪的两条途径

教育者在情绪上必须是成熟的、积极的，并能够处理平常学生们在学校可能经历和表现的一些情绪。我们所给的建议是从两个基本目标开始。

第一，努力使学生们定期经历积极情绪。

第二，发展在任何情绪状态下与学生合作的技巧和能力。谨记以培养能力、自信、意义和从消极情绪复原的能力为目标。

根据上述两个基本目标，下面提供营造积极情绪的两条基本途径。

（1）通过快乐、热情、振奋营造积极情绪

快乐：快乐一般都与玩耍相伴。在还是孩子的时候，快乐与打闹亲密无间；成年后，又与运动息息相关。当教师让大家做创意游戏时，大家能够体会其中的乐趣（快乐的前兆），这也有助于成功的记忆。

热情：当给学生们展示新奇的东西，或是当他们找到了创造性的方式探究新奇事物时，他们的热情就会被激起。

振奋：当学生们看到或体验到某些能够激励他们的东西时，振奋之感就会油然而生。对于很多人来说，看到别人惊人的技艺、熟练的动作、良好的学习效果，就会感到振奋人心。

总之，振奋与一种好奇的感觉紧密相连，还参与意义的探索。

在接下来的部分，我们描述几种创造这种体验的方法。

——为学生提供安全感。提醒自己在几乎所有的事例中，学生们都会出现他们自己都不明白的情绪反应。教师要懂得尊重学生，在学生向教师解释他们的行为之前，需要教师能识别他们的感受，能够给他们一个信号，让他们觉得自己是“安全”的。如果他们需要时间来想想，就应该满足学生的要求。

——帮助学生提高懂事懂理的能力。这点对于青少年来说尤其重要。教师可先用一个不直接触及难题的小问题暂时转移学生们的注意力。这样一来，在直接对付难题之前，教师能让学生们先逃离他们的不良情绪。教师如果想让学生们获得对他们自身反应的洞察和理解的能力，有效倾听和顺势引导是基础。

——帮助学生提高胜任感和自信心。感觉能胜任和自信是稳定情绪的最好保证。当学生受到打击时，帮助他们的最好办法就是帮他们回忆起他们干得好的事情，让他们记得教师所观察的与他们有关的积极的事情，不过教师要确保这些事情有关联、真实且诚挚。

——给学生自主权。让他们能够为了成功依赖并挑战自己，把自己看作是有能力、自信的学习者，这些应该是所有教师和管理者的总方针。这在避免糟糕情绪和扩散不良情绪反应上极其有用。

（2）通过征求意见、准许尝试、鼓励信任预防不良情绪

教师需要将情绪互动作为重要的、有意义的学习机会。用来帮助学生处理情绪问题最有效的首要方式就是——抓住一切机会征求意见、准许尝试、鼓励信任学生。

——征求意见。征求意见就是在告诉学生需要知道和做什么之前，先询问他们在想什么和想做什么。

——准许尝试。准许尝试就是在给学生建议或告诉他们什么可能对他们有益之前，先给他们一个机会去自己努力。这种努力使得学生们有机会去思索、推理和理解他们自己的信念和选择。

——鼓励信任。鼓励信任就是表达一种对学生们出点子和做项目并取得成功的能力的信任，相信他们能最大限度地发挥自身的能力。

3. 促成积极情绪的五项策略

诱发积极情绪，可以从下述五个方面开始[①]，即自我监控、自我调节、沟通、问题解决、发展情商，见表3－1。

表3－1　提高情绪智力的五项策略

领　域	策　　略
自我监控	·对每天情绪的变化做个记录，且陈述导致自己情绪变化的活动和信念，并将情绪变化结果在一个10点量表上进行评定
自我调节	·对于悲伤，要避免悲伤的情境，尽量关注困难情境中不使自己感到悲伤的方面，果断地挑战困境，挑战引起悲观和追求完美的倾向，积极地面对并获取支持 ·对于焦虑，挑战威胁定向的想法且通过进入危险的情境锻炼勇气，利用应对策略降低焦虑 ·对于气愤，回避引起气愤的情境，尽量关注在困难情境中不那么受困扰的方面，果断地要求激怒自己的人减少煽动性，自我克制

① 郑雪．积极心理学［M］．上海：上海教育出版社，2006：164.

续表

领　域	策　　略
沟　通	·在听的时候，只聆听不判断 ·保留自己的观点 ·总结一下自己所听到的别人说话的内容 ·检查自己的总结是否准确 ·在说话的时候，注意自己的要点 ·有逻辑地组织谈话内容 ·清楚地表达出来 ·确定对方已经理解自己 ·不带攻击、责备或生气的情绪来陈述自己的观点 ·必要的时候重复一遍
问题解决	·把大的、模糊的问题分解成很多小的、具体的问题 ·根据可解决的条件去定义这些问题 ·对事不对人 ·设想很多可能的解决方法 ·当所有的解决方法都想到以后，检查每种方法的优点和缺点 ·选择最终的解决方法 ·执行这种解决方法 ·回顾计划完成的效果 ·必要的时候重复一遍 ·庆祝成功
发展情商	·迎合孩子在身体上和情绪上希望得到关心的要求；控制智力刺激；并且尽力满足孩子的合理需求 ·首先讨论特定的情境如何导致孩子产生一定的想法，然后引导孩子体验到特定的情绪，来帮助孩子理解他们自己的情绪 ·通过避免使自己分心、冲动的事物，使自己变得幽默、放松，通过一些应对策略来帮助孩子学会自我调节，称赞他们在有威胁或沮丧的情境中能够进行自我调节和自我抚慰 ·帮助孩子发展他们的对话技巧，并且通过讨论特定的情境如何

续表

领　域	策　　略
发展情商	使别人产生特定的情绪，帮助孩子发展他们的共享情感的能力，促进他们更好地理解别人的情感 ·通过邀请他们参加到团体问题解决中，来帮助孩子们学会合作解决问题的技能

四、激发课堂积极情绪的三种模式

从教学模式的角度看情绪问题非常有益，因为教学模式直接影响着个体对课堂状态的第一感知，而且这种感知能够支配课堂上的情绪。

1. 教学模式1：教师中心型

教学模式1的教学，典型的教师中心课堂，要引导学生学会控制自己的情绪，以便学生能够进行基本的学习活动。因此教学模式1的教师列出一大堆规则和相应的违反规则而惩罚的原因。当教师们将通过记忆、不断练习来确保高分当作课程首要目标时，情绪就开始干预了。传统教育中只有当情绪破坏课堂时才会被提及，因此教学模式1的教师控制了自己的课堂。教师很好地控制了课堂教学活动，并以学生们遵守秩序的行为而自豪。从教学模式1的角度来看，教师为了让孩子们进行基本的学习活动，要花很大气力控制课堂情绪氛围。

有很重要的一点大家没有意识到，如果教学模式1的教师不在教室，或是有别的教师来给孩子们代一天课，将会出现一片混乱的现象。没有了原来教师的管理，学生们不知道该做什么。原来教师过度的控制，剥夺了学生学会自控的能力。因此，很重要的一点是，教学模式1班上的学生将很难进行自律。

教学模式1的典型特征

·在学生的帮助下为一个具体的课堂活动设置时间限制。

·让学生分享有关如何记忆一些需要掌握的材料的创造性点子，并将这些点子付诸实践。这能够帮助学生感觉他们的主意是有价值的并受尊重的。

·让学生思考一件现实生活中的事件，并考虑怎样以不同的方式处理问题。

2. 教学模式 2：中间过渡型

在教学模式 2 的课堂里，由教师中心向学生中心过渡。学生有更多的机会公开、自由地在多元结构的环境（如多人构成的小组等）进行互动。

教学模式 2 的课堂加入了某些具体的步骤，这些步骤将控制权由教师转向了学生群体。教师依然一如既往地负责课堂。他们的专业训练和责任依然清晰。但是基于此，教师和学生开始要求每个人要相互合作。

所以，教学模式 2 的教师通过让每个人练习有效倾听、利用“我”信息和任何可能时候的依序共享去努力创建一个群体。教师鼓励学生使用依序共享，让他们在感觉没听到，或者想听其他人怎么想的时候，每人每一次谈论一点。即便在非正式的情况下，学生们学会了如何被要求使用这些步骤。教学模式 2 的教师教学，从学生的角度而言，会更加有意义，因为这种模式创造了学生们之间真实的互动。

对于教学模式 2 的教师来说，问题在于这种教学方式会把很多情绪问题呈现出来。教师需要知道如何辨别和处理情绪反应，因为这些情绪反应是发生在一个更加开放和易变的环境下。

教学模式 2 的典型特征

·通过示范，和学生分享思考一个问题和处理一种情绪状态的步骤。

·教师的情绪要真实，但不需要非常具体。有效倾听学生们自身的声音。

3. 教学模式 3：学生中心型

在教学模式 3 课堂中，学生成为中心。当学生被要求辨认和研究他们选择的话题时，当这类研究包括与他人合作、设置优先顺序、达成共识、分派任务、担当责任、称赞个人贡献时，很多情绪问题就会浮出表面。

教学模式 3 的教师知道让学生意识到有人听他们发言和提及情绪问题是十分重要的。每次处理情绪问题时，都是一个让学生进行高效学习的机会。

教学模式 3 的典型特征

· 因为理解情绪是如此的重要，所以要抓住机会反思、确定和更好地理解自己的情绪。

· 在教学进程中，注意深化对学生的信任和坦率。

4. 三种模式课堂教学的点评

教学水平的提高是要花时间的，并取决于教师已经发展的技巧。大部分的教师教学提高的进程是从教学模式 1 开始，随着时间的推移提高到教学模式 2，然后在教学模式 3 达到极致。

在这部分，我们给教师提供了一些促使他们提高和按照自己的步调发展复杂技巧的建议。例如，采用教学模式 1 的教师，第一步就是发展更具创造性和令人兴奋的讲课方式。这些能够非常有效地、更好地刺激学生，让他们融入课堂，这样一来也利于实施模式的下一步骤。教学模式 2 的教师需要为学生创造有效的整体体验，并引发学生提问。

另外，我们强烈鼓励教师寻找黄金时机将学生学习与现实世界联系起来。如利用即将发行的债券将学校当地的业务经理请进课堂，就引发家长和社群投票的财务状况进行探讨。那些正发生在学习者周围直接相关环境中的真实事件强化了课程。对这些人提出的问题、决定和解决办法进行探讨。

当我们抓住这些学习机会时，每年的课程都会不一样。教学模式 2 和教学模式 3 的教师时刻准备着寻找合适的方式将现实世界带进课堂，时刻不忘寻找现实的方式将课程标准和课程内容融合在一起。这就是新课程强调地方课程和校本课程的优势所在。

SECTION FOUR

第四节

快乐高效学习的“福乐”体验五要点

一、把握 “福乐” 产生的机制

1. “福乐”产生的机制

“福乐”（flow），也叫沉浸体验，是一种将个人精力完全投注在某种活动上的心理状态，产生时会有高度的兴奋及充实感。通常是一个人在受到内在动机驱使后，去从事具有挑战性而又可控的任务时所产生的一种独特的心理状态。想要具有这种心理状态，就像游泳一样，必须有两个关键要素：一是学习者情愿扎进“学习资源”中，完全沉浸在自己正在做的事情中，感到精力集中、完全投入，并且在“水”中感到得心应手、游刃有余；二是学习者周围有足够的“学习资源”浸泡，为学习者提供充足的既有挑战性而又可控的任务或信息，供学习者遨游。“福乐”是一种“全身心投入的过程”，这种状态使学习成为真正的乐趣。

“福乐”的关键机制在于能力与职责要求相匹配。当能力小于职责要求时，就处于茫然状态，也称焦虑体验；当能力大于职责要求时，就处于漠然状态，也称压抑体验。茫然状态是指个体处于一个目标不明确、环境陌生的境地时产生的一种束手无策或总感觉自己什么都做不好的心理体验，也可以说是对自己的生活环境一无所知、对自己行为的未来结果不能确定而产生的一种担忧的心理体验。这种体验尤其是当外在的机遇或职责要求高于个体的能力时更容易发生。漠然状态是指自我与行为本身出现了分离，自我在行为中丧失，自我的许多特性和优势在行为中得不到体现，这种体验往往是个体在对自己的环境熟悉的基础上，为了明确的目标而努力时，受到许多外在因素的压制，限制了个体创造性和潜能的发挥，使预定目标最终难以达到，因而产生的不得志、不愉快的体验。越是个体能力大于职责要求，越容易产生漠然状态。

与茫然状态、漠然状态相比，沉浸体验的最大特点就是：能力与职责要求的匹配性。具体表现为：

·“胜任”，即有能力应对挑战，稍加努力即可控制挑战，也就是说，活动的难度落在“最近发展区”里面；既体验不到“无目标性混乱”，又体验不到“压抑性挫折”。

·“自我就是目的”，即任务或活动本身就是最大的动机源，没有任何外在强加目的；既不感到“缺乏规范标准”，又体验不到“无助感”。

·“行为与意识的一致性”，即意识伴随行为而律动，行为过程本身愉悦意识；既不感到“孤立无援”，又不感到“失去自我”。

·行为动机源于内部，“行为过程本身的愉悦”是最大动机源，不受外部动机干扰，既不“寻求社会和经济的安全”，也不“寻找个人自由”与“挑战和创造性的自我表现”。（见表 3－2）

表3-2　沉浸体验、焦虑体验、压抑体验的比较①

茫然/焦虑体验	沉浸/“福乐”体验	漠然/压抑体验
总的目标不确定 能力<机遇或职责要求	总的目标和规则明确 能力≈机遇或职责要求	总的目标明确 能力>机遇或职责要求
主观体验： 无目标性混乱 缺乏规范标准 孤立无援	主观体验： 胜任 自我就是目的 行为与意识的一致性	主观体验： 压抑性挫折 无助感 自我失去
行为动机： 寻求社会和经济的安全 稳定和明确	行为动机： 内部动机 行为过程本身的愉悦	行为动机： 寻找个人自由 挑战和创造性自我表现

如果一个教师在教学中没有沉浸体验的经历或沉浸体验的经历太少，他就不太可能热爱自己的职业，就不可能达到“乐教”的境界；如果一个学生在课堂上没有享受过沉浸体验，或享受沉浸体验太少，他就不太可能有求知的渴望，也不可能达到“乐学”的境界。许多教师之所以职业倦怠，甚至厌教，许多学生之所以学习倦怠，甚至厌学，一个重要原因，就是这样的学校、这样的教学、这样的学习从未或很少让他们经历学习与教学的沉浸体验。因此，我们要掌握导致“福乐”的八个要素和“福乐”的六点表现。

2. 导致“福乐”的八个要素

（1）明确的目标（明确的期望和规则）；

（2）集中注意力，这是将注意力高度集中在一个有限的范围（一个投入某项活动的人将有机会聚焦该活动并沉迷于它）；

（3）自我意识消失，从而使行动和意识融为一体；

（4）时间感被淡薄——对时间的主观感觉被改变；

① 郑雪．积极心理学［M］．上海：上海教育出版社，2006：164.

（5）直接和即时的反馈（活动过程中的成功与失败清晰可见，以便行为在必要时得到调整）；

（6）能力水平与挑战之间的平衡（活动不太难也不太容易）；

（7）感到个体能够控制情境或活动；

（8）活动获得内部报偿，所以行动不费力气。

当然，并非所有这些都必须具备才能体验到“福乐”。

3. “福乐”的六点表现

（1）个体强烈地把注意力集中在当前从事的活动上；

（2）意识与正在从事的活动一体化；

（3）自我意识暂时失去，如忘记了自己的社会身份；

（4）认识到自己胜任当前的活动任务，也就是说，能认识到自己有能力应对即将出现的情况并能对它做出适当的反应；

（5）出现暂时性体验失真，最典型的就是感觉时间比通常情况下过得快；

（6）活动体验本身成为活动的内在动机，通常情况下完成活动就是进行活动的最好理由。

二、掌握沉浸体验设计的七原则

1. 幸福课堂沉浸体验设计依据

每一步都有明确的目标，对行动有迅速的反馈，在挑战和技巧之间有一种平衡，行动和意识相融合，摒除杂念，根本不担心失败，自我意识消失，时间感被淡薄，行动具有自身的目的。为此，要求课堂：

——有明确的目标。需要知道正在做什么。

——专注和专心。非常关注自己的活动。

——自我意识消失。这种情况只有在完全沉浸在自己的活动时才会实现。

——即时反馈。知道何时错，何时有益，何时有害。这是技能和才干之间的一个对比。如果这个任务太简单，失去了沉浸，它就变得很乏味。如果这个任务太具有挑战性，会带来压力并且很难解决。

使用这些原则，人们可以将该理论运用到正在做的每一项任务中，以便承受最小的压力，取得最大效益。下面介绍进入沉浸体验的具体步骤：

——远离分心的事情。如果自己在工作，关掉电子邮件、手机、电话等容易使自己分心的工具，以集中注意力。

——增加一点听觉上分心的事情（少量）。听起来与上一条好像有点矛盾，但它确实有效。通过播放巴洛克音乐，可以掩盖其他的噪声分心物。一个协调的“分心物”比几个不协调的分心物要好。当自己工作的时候播放巴洛克音乐能帮助自己的思想集中在潜意识的水平，这个潜意识和意识水平同等重要。

——目标、奖赏和反馈。沉浸理论有三个主要的成分。自己需要确定任务的目标，完成任务的奖励是什么，和自己是否在正确的方向上前进。

——行动。为完成自己的任务，自己能做的最好的事情就是开始行动。一旦所有的要素都具备了，自己的意识和潜意识应该完全地投入到自己手头的任务。在新技术传播的时代，分心是很容易的，集中精力却是很难的，所以，专注、聚焦和没有分心物的工作环境是非常重要的。

2. 幸福课堂沉浸体验设计七原则

根据如上描述，针对学习，幸福课堂沉浸体验设计坚持如下七原则。

①明确目标；②减少干扰；③课程难度与学生技能相适应；④创建支持环境；⑤通过规则建立秩序；⑥让学生们畅所欲言；⑦提供即时和

持续的反馈。

三、沉浸体验日常训练两个着力点

经验证明，越是放松性的、带有情景的技能活动越容易引发沉浸体验，因为情景和技能都有利于激活右脑的兴奋中枢，从而分泌出兴奋激素乙酰胆碱，诱发出愉悦的沉浸体验，比如旅游、运动等。研究证明，日常活动中产生沉浸体验的频率最高的是业余爱好。所以，要在开发教师和学生丰富多彩的业余爱好和课外活动上大做文章，积极提倡寓教于乐。

常见的沉浸体验日常训练主要有两个着力点。

1. 自我获得沉浸体验的策略

为了获得沉浸体验，选择可以控制并且具有挑战性的任务或活动，这些任务或活动要求运用一定的技能，需要集中精力，全神贯注，激起内在动机。

选择任务时把握好时机，有充分的时间去完成它。

选择任务时有明确的目的，也可以得到即时反馈。

关注点在于活动本身而非自己和自身的感觉，也不关注从事此活动能够得到的潜在的外部回报。

弱化自我意识，降低时间的紧迫感。

逐步提高活动和任务的难度或复杂性，以便于自己面对的挑战与逐渐增强的技能相匹配。

2. 培养学生的沉浸体验的策略

给学生提供明确的目标和积极的、指导性的反馈而非批评。

尊重学生当前的兴趣，而不是仅仅关注是否有益于学生未来的发展。

给学生自主选择权，并提醒学生要考虑选择带来的后果。

鼓励学生在做自己所选择的活动时全身心投入。

当学生进步后，给他们提供面对更大挑战的机会。

四、沉浸体验必须“浸泡”

沉浸体验必须“浸泡”。“浸泡”就是要跳进知识的海洋遨游，完全埋头、沉浸在所学的东西之中，充分接触和体验所学的内容，即身临其境、触景生情，而不是“隔岸观火”或“袖手旁观”。就像学游泳，只有泡在水里才能学会游泳。浸泡体验强调所学内容的丰富环境，这就是新课程提倡情景式、体验式学习的关键所在。

对于学生而言，关键是“浸泡”在内容丰富和具有趣味的环境中，并以此作为一种生活状态，而不是仅仅每天一门科目一小时。而我们现在的学科学习，尤其是外语学习，基本上都是脱离或远离实践的孤立的学习活动，“仅仅每天一门科目一小时”，有的学科甚至更少，无法达到“浸泡”的效果。值得注意的是，高效的“浸泡”必须保证“浸泡”的内容和环境是经过科学安排的、有序的、有利于消化吸收的“熟制品”，而不能是“纯生食品”，以体现教师的主导性，这就是为什么要有课程教材而不是直接在实践中学习；但课程教材也取代不了丰富的情境和环境。快乐高效学习要寻求二者兼顾。这就是为什么“浸泡”需要由教师引导，以确保学生学会他们需要学的东西，包括：有效的问题、总结、学生学习基本事实和技巧、参与更高层次的思考和问题解决的多种多样的机会。

从上面我们可以看出，当教师让学生“浸泡”在丰富有趣的经历中时，这些经历必须是编排过的。教师在课程要求条件下为学生设定的经历和体验必须遵循的基本原则如下：

——了解各种资源背景；

——具有专家设计出的活生生的示范和引导的例子；

——要有一定的复杂性，这种复杂性既将学生暴露其中，又要求学生加入其中；既有基本表现，又有复杂表现。

教师编排经历和体验时要始终问问自己："学生们完成了这次经历体验之后，会学到什么?"

拓展阅读

"浸泡"功效的证据

早在20世纪80年代，心理学家将来自贫瘠环境的实验动物大脑和来自富裕环境的实验动物大脑进行了比较。结果发现：来自贫瘠环境的动物被关在笼子中，远离其他动物，甚至和人类的接触也极其有限。虽然有足够的食物和水，但极少有机会玩耍。这类环境导致大脑中神经元细胞间的联系减少。在富裕的环境中，动物们有其他动物的陪伴，有玩具玩，并能自由地频繁变换道具。生活在富裕环境中的动物显现出加强的突触连接（即神经元细胞间的联系），它们完成复杂任务的能力也有所提高，例如学会走出一个新的迷宫。

尽管最早的研究主要是以老鼠为研究对象（因为老鼠的大脑结构与人类的非常相似），但该研究所获的启发如今已经延伸至人类。Greenough 的研究提出"富裕的"环境应该是刺激性的、复杂的、富有挑战性的，并具有新奇和多样化的成分。Rumbaugh 和 Washburn 汇报了他们以黑猩猩为对象的长达25年的研究。他们的结论提出三个能反映生动活泼学习的三种要素：

放松性警觉——它们应该被喂养在稳定的、支持性社会的背景下。

"浸泡"——它们应该"浸泡"在一个富有挑战性的环境中，并以此为它们的"生活方式"，而不是每天只有一小时这样的生活。该环境应该针对动物发展的需要，为其提供"控制"其资源和行为的机会。

主动加工——另外，该环境应该是结构化的，以便行为的结果和反馈能够更加及时、可靠和具有相关性。

当涉及人类最适宜的学习环境时，我们主张：为了让学生处于一个复杂的环境，教师需要将学生"浸泡"在复杂经验中。学生需要有机会得到具有新意、多样性的刺激和及时的反馈。这些经历需要是以学生为中心的问题驱使；并随着时间的推移，让学生多次多维度地曝光于相同或类似的事件。比如：基于项目的学习、体验式学习、自我调控学习、统整主题教学以及以学习者为中心的教学，就是其中的一些例子。

五、课堂“浸泡”的四个阶段

学校教育，尤其是课堂教学，不可能总是给学生现实世界的体验。然而，我们的目标是将所有必要的、来自现实世界体验的元素带进课堂。让学生“浸泡”在尽可能真实的信息情境之中。引导进入课堂“浸泡”一般分如下四阶段。

阶段 1：整体体验。

导入新话题或材料的一个极好的方式是构建一个所谓的整体体验，即对新学的东西有个整体概览和把握。这是一个相对吸引人的事件，以多种方式将学生融入其中，帮助他们产生真正的兴趣，并开始对主题有感觉。

阶段 2：引出学习者为中心的问题。

在整体体验结束之后，给学生机会谈论引发他们兴趣的事物，并让他们提出以自我为中心的问题。教师在这阶段要帮助学生聚焦问题，以便在随后的研究中提出标准。

阶段 3：通过研究和项目进行深入探索。

接下来，主要的“教学”方式是在学生研究他们的问题时给予支持。这会是一个不断进行着的过程，包括个人练习和小组合作，教师在此期间通过问题和建议给学生提供多样化的资源。这些资源可能包括向专家求助、搜寻万维网或图书馆中的资源库。为了巩固基本知识和技能，教师必要的时候会采用开放性问题、引导性评价和直接教学。教师会不断地留意学生们的进展。这个探索阶段帮助学生们继续提高、提炼，以及加工他们所学的东西。教师在本阶段的作用就是以一种不断进行的方式动态处理学生的作业。尽管存在研究或项目上的差异，教师的责任就是引导学生们掌握该领域的基础知识。

阶段4：巩固和最终评价。

通过各种各样的评价来巩固课堂教学效果是阶段4的核心。所有类型的评价，都能检验学生对所学知识的理解。学生能够设计并参加含有重点要素的测试。老师可以组织学生参加口头和笔头测试。口头测试可以包括“模拟法庭咨询和辩论”或访谈，这些都要求学生回想并运用基本信息、概念和逻辑进行系统的思考。这有助于学生进一步处理经验和材料，与此同时，有助于学生们展示他们能在新的、自发的情境中运用所学知识。学生们掌握了这些评价要点后，他们将开始在标准化的测试中表现得更好。

［**案例**］

一堂生物课①

教学目标：了解生命进程、结构、功能及关系。

作为教师，通过介绍昆虫来达到该教学目标。

1. 整体体验

教师想让学生从一开始就参与该话题。通过观看迪斯尼电影《小宇宙》开始教学，该电影讲述了昆虫在各自的环境中的活动，如洗澡、游戏、工作、吃东西等。这些昆虫美丽又迷人。电影将学生们从云端带往隐藏在草丛中的世界。教师给学生们放影片开头的十五分钟，学生们安静地观看，时不时地发出一些感兴趣和激动的反应。

2. 引出学习者为中心的问题

当影片结束的时候，有片刻的寂静。教师要求学生回想任何一种他们觉得有趣、想深入了解的昆虫，并等待他们的回应。在这个时候，教师认真观察他们感兴趣或是有热情的信号。有些学生不知道他们喜欢的动物名字是什么，这时教师可以告诉他们，也可以教学生从网上找答案，

---

① 本案例改写自：Caine R, et al. 12 Brain/mind learning principles in action: the field book for making connections, teaching and the human brain ［M］. California: Corwin Press, 2005: 103 – 116.

或是查阅百科全书，或是利用他们手头的有关昆虫的资源来找出适当的名字。教师还可以提议让学生们“领养他们感兴趣的昆虫”，并尽可能多地了解它们。

作为一堂课，教师现在已经引出了一些其他的问题。这些问题应该是出自学生的。教师的工作是引导学生提出问题并做决策，以满足课程标准、掌握基本事实，使学生主动地了解昆虫。

· 昆虫一般能活多久（你的虫子呢）？

· 它们是怎样死的（对你的虫子来说，最大的危险是什么）？

· 这种昆虫在昆虫世界里的近亲是什么（你的虫子属于哪个科）？

· 它们是怎样四处移动的（你的虫子用飞的、爬的还是摆动的方式移动的）？

· 它们移动得有多快（你的虫子移动得有多快）？

注意，所有这些问题有可能是学生自己想出来的，并都与课程标准联系起来。

记录并将这些问题分类，然后询问学生如何计划使用资源，比如，他们要花多长时间收集原始信息，是小组合作还是各干各的，等等。挑选同种昆虫的学生可以形成一个两人或多人的研究小组。

在研究过程中，教师需要不断地处理学生的发现，并确保学生按照课程标准处理问题。小组信息共享可以通过依序共享的方式实现，甚至可以给学生个体或小组提供机会，让学生公开研究进展，以便全班学习分享。如果有需要直接提出的课程标准，教师就在班上进行小型讲解。

3. 巩固和终期评价

鼓励学生通过海报、书面总结、“相册”记录等展示对昆虫特点的发现。

即使教师现在回到课本，进行一个书面测验，学生们也会更愿意参与，因为他们现在与昆虫世界有了“浸泡”体验。

SECTION FIVE

第五节

快乐高效学习的主动加工五个习惯

一、启动大脑的执行功能

主动加工是一种对个人经验进行不断体味、思考和反省的艺术，是一种把切身经历变得更有意义的艺术，是一种使得学习效果更加巩固的艺术。主动加工涉及系统化的练习和具有创造性的训练，也涉及对问题的深入探讨，而对问题纵深的探索能够检验学习者是否调动大脑内部执行功能以应对真实情境中所发生的事。学习者可以单独也可以与他人一起对经验或所学知识进行主动加工，这是任何学习尤其是快乐高效学习所必需的。

主动加工依靠大脑的内部执行功能，使教师从单纯提供信息转移到确保学生获得多种多样的机会，这种机会有助于学生采用极具个性化的方式来理解学习材料，进行真正具有深度的学习。

传统教学尽管进行了精心设计，但是效果仍然不佳，其原因之一是学生在多数情况下是被动的，学生既没有主动地去学习他们想知道的知识，同时也没有恰如其分地通过切身经历充分地调动他们的内部执行功能。不管教室和校园环境有多么华丽，也不管教师多么具有创造性，都不能充分保证学生快乐有成地去学习。尽管传统教学中，学生也能获得知识，但是深度学习和良好决策能力需要学生更多地主动参与和努力才能获得。学习者必须主动深化他们的经历和体验。

原因很简单：快乐高效学习能够加强学习的深度和调动学生的主动积极性。比如，学习中的记忆。学生学习的某些内容仅仅凭借死记硬背即可，因为，从一定程度上看，练习和演练是进行巩固的必要手段。然而，这种机械记忆只不过是大脑复杂能力的微乎其微的一部分。除此之外，记忆还应该是“自然的”和“能动的”，体现在学生能够利用他们所学到的东西来选择切实可行的方法，应对现实生活中的问题。在这个过程中，学生需要仔细地观察、思考、当机立断，对将来做出预期和制订相应计划，并且能够自我监控，所有这些都需要启动大脑内的执行功能。

每一种基于脑的学习原理都是相关的，主动加工除了遵循其他学习原理之外，还涉及下面四个原理。

——至少有两种形式的记忆方法。一种是用来存储或者获取零散的事实、技能和程序，另一种是不断地调动多重记忆系统使得经历更有意义。

——学习涉及集中注意力和周围知觉。

——学习可以是有意识的，也可以是无意识的。

——每一个大脑都是独特的。

有几种不同的方法可以促进主动加工。在此，我们将介绍这些方法。

二、将机械练习转换成有意义的练习

有些事实材料是需要记住的，而获得某些技能是需要反反复复练习的。比如外语学习，学生们需要花费时间来记忆数千甚至上万单词；历史学习，学生需要花费时间来记忆各朝代年份和重要事件。在生活中有很多场合是需要机械记忆的。针对这样的学习任务，我们传统教学是依靠死记硬背的，以致由此衍生出对任何学科都依靠机械重复来提高和巩固效果，结果是题海战成了传统教学无往而不胜的锐利武器。

与此形成鲜明对比的是，主动加工的基本任务是找到最好、最有效、最有创造性的方法用于记忆，把机械记忆转换成有意义记忆，尤其是将新学的东西与大脑内部的经验有机联系起来，形成连接，进而对大脑内部信息进行重新整合或优化，使其进一步结构化、系统化，发挥更加强大的执行功能。机械记忆对于加强执行功能几乎是无能为力的，因为机械记忆更像是在随意地用那些将来可能用到的产品和零件来填充我们大脑这个杂货铺的货架。

将机械练习转换成有意义练习的最有效的方法之一，是丰富学生每日的经历和体验。学会观察和倾听那些正在教室发生的事。这项工作就是经历体验。加强体验，学习和教学就会变得更容易、更有趣。

设计一些"学习圈"，以便每次小组学习能花时间在真正加工处理上。就像在课堂学习中，当学生进行信息加工时，他们意识到自己到底在想什么，同时反省如何去积极应对出现的问题和错误。有时学生们需要通过自问和互相提问来探测问题所在，有时学生们需要独立工作或者协同工作来弄清课堂上到底发生了什么，有时其他处理方式可能更合适。

三、通过观察和提问深化实践操作

当人们以熟练地掌握某项技能和专业知识为学习目的，或者希望深刻理解某种理念和方法的时候，最主要的方法是提高学习者的观察力，同时通过提问来深化思考和理解。

专业问题：

· 律师对当事人、目击者、专家和其他人提出关键性问题。

· 医生经过检查、观察病人并询问症状来做出诊断。

· 建筑师花费大量的时间用以把建筑物的形式和它所实现的功能匹

配起来，并且评估在特定的位置存在哪些可能的方案，还要弄清顾客的需要。

·治疗师不断地通过试探性的提问和倾听来弄清来访者的真正想法。

·教练需要不断地回放运动员的表现并指导他们的技巧和端正他们的态度。

·管理者采用多种方式提问来检验事实、验证程序、维持系统和保证及时回应职员的意愿。

通过进一步考察就会发现，上面的每一个专业都要求进行深入的观察和不断的提问，来获取更多的信息和理解所发生的事情。实际上，有的时候，专业人员在引导他们的当事人进行观察和提问，正是因为当事人需要理解和运用他们的执行功能。

比如说，我们最近正在跟一个建筑师设计一个学习中心。这是一个相互协作的过程，建筑师向我们展示他的想法，我们向他指出了我们到底需要什么，也就是说，确保每个人都能弄清双方所描述的景图。教学情境与此非常类似，为了达到教学目的，教学也需要充分运用观察和提问来帮助学生理解学习。

有经验的教师意识到，最有效的学习来自学生自身产生的问题。他们设计课堂任务，以促使学生积极地提出问题和回答问题。他们的工作是帮助学生获得心智操作、思维习惯和态度。因此，有效提问是探究性加工过程的主要特征，也是促进主动加工的基本技巧。

有效提问对于帮助学生观察和逐渐理解他们要学习的知识和技能是有效的方法，这种方法会帮助他们不断地吸收和保持大量的信息。

优秀的教师深知在促使学生专注于经历和体验的前前后后都该做些什么。当学生有了问题，他会帮助学生把问题表述得更确切；当学生进行观察的时候，他有时会问一些细节性的问题，或者他会要求学生来思考一下观察到的现象可能意味着什么；当学生们提交他们的研究报告时，他会问用什么证据来支持他们的结论以及是如何进行逻辑推理的。他会进一步要求学生复查结论及逻辑是否存在某些错误。他知道让学生深入思考正发生于“观察目标”内外的现象的最好时机，学生们被深深地吸引，他们不停地思考正表明他们已全身心投入其中。

有许多方法用于提出问题，这种提问的技巧通过经历和体验得以提高。下面的方法是行之有效的。

1. 引导阶段的提问

对提问感到非常陌生的教师而言，下面的四个问题可以帮助教师进行有效的引导提问。当学生（单独或者以小组为单位）正在进行项目研究时，教师可以提问下面的问题：

——你想让我看什么？

不要采用类似提示学生遵守纪律的、不友好的方式来提问，而是采用真诚的、询问的方式来帮助学生用他们自己的语言来描述研究项目。这对于帮助学生仔细审视细节是一个很好的提问方式。

——你为什么通常选择这么做？你的目的是什么？

小心对待学生这样的回答："因为老师告诉我必须这么做。"有时，确实是那么回事，但是有时这只是不思考的一个借口而已。这个问题可以帮助学生思考为什么要进行这个项目或活动，这是理解的重要的一步。

——你能解释一下吗？

这个问题通常是一个大的转折。现在要求学生就中心思想和概念进行实时的谈论、回想和阐述。

——如果……那么将会发生什么？

提出这样的问题之后，继而介绍新的可能性和新的想法。引导学生仔细地解释他们的想法和结论。这为深入思考铺平了道路。如果能成功地进行这类提问，那么学生给教师的回答中就会蕴含重要的词汇和概念。同时也要知道，所有这些问题都能起到不同寻常的作用。这些问题一方面可以评估学生的知识水平和理解能力，同时也在帮助他们回忆、表达和展示他们所学到的知识。提问的方式不可被标准化和格式化。

如果教师能做到随心所欲地进行提问，在学生还在说的时候，教师就会发现又有一个恰如其分的问题开始浮现在自己的脑海。采用这种方法，教师可以相当自然地投入到跟学生的问答中，这会使得每一个学生学得轻松，乐于接受教师的教导。

2. 建立联系的提问

在不同的时刻都可以问如下问题。这些问题可以在学生亲身经历之后提出，也可以在进行研究的时候提出。它们也可用于对整个班级提问，也可用于对个人或小组提问。

· 这跟我们上一周学习的知识有什么联系吗？
· 你记得我们曾经碰到过类似的情形吗？
· 我们的概念能涵盖这个例子吗？
· 你能回想还有哪些文献资料也涉及类似的主题吗？
· 你能采用不同的方式对此予以说明吗？

3. 利用类比和隐喻的提问

每一学科和技能都不乏隐喻。来自物理学的很多概念都可以用于其他学科。教师或许应该花点时间来看看人们是多么频繁地在不同的场合中借用诸如“力”、“运动”、“惯性”、“杠杆”、“轨道”、“场效应”和“支点”这些词语的。

教师可以单独也可以与同事一起做下面的工作：花些时间来找一找教师所教的任一学科中所包含的类比和隐喻，把它们通通列出来；接下来，可以选出至少三条最重要的类比或隐喻；当对学生提问以帮助他们理解教师所教的知识的时候，请运用这些类比和隐喻。要问的核心问题有：

——在哪些地方这个（概念……）像（那个类比或者隐喻……）？
——在哪些方面矛盾像是一场家庭纷争？

——在哪些方面各种不同的看法就像是杂草或者花朵？

——在哪些地方大脑像是一台计算机，哪些地方又与计算机不同？

——在哪些方面政治问题像一场博弈或者游戏？

注意：很多人已经把隐喻的运用发展为一门精细工艺。那些对深入推进这一进程的感兴趣的人更愿意探索这一想法和技术，把它称之为类比法。一个学生这样比喻一堂幸福课："我一直在思考我们的课堂在哪些方面像一棵树。组成我们所在的空间的所有的东西就如同树的根，我们的学习从中汲取营养。我们学习和成长采用了学习小组的形式，这一点就像是树干。当我们发生改变的时候，我们的生长层长出了新的年轮。我们在一起做事的各种方式方法就如同树枝和树叶（如项目、班会等）。我们的新想法就如同种子。是的，我认为我们的课堂像一棵树。"可见这个学生已经远远超越了教科书和主题而进行了隐喻式的思考。

4. 通过提问来帮助学生理解故事

提问的目的是为了深入钻研事实，采用的方法是把事实自然而然地串联起来。在此提供一种提问的方法，以故事为载体来帮助传递信息。

· 真正的故事是什么？
· 发生了什么？
· 描述一下地理环境。
· 发生在何时？
· 请描述关键时刻和关键事件。
· 你认为还可能发生什么？
· 有什么预言或寓意？

上面的大部分问题对于获得具体知识是非常有用的，对某些采用教学模式 1 的教师以及那些采用教学模式 2 和教学模式 3 的教师来说都是简单易行的。

5. 学生相互提问

这种方法希望学生能自觉地提出问题并能够着手处理大部分问题。他们应该学会如何进行相互提问——包括问教师。一种促使学生提问的方式是使学生处于总结报告和类似结题展示的学习情境之中。

［**案例**］

美国的法律课管窥

在评价宪法的各个组成部分时，学生希望分享他们独到的见解。每一天，教室里面都开展各种各样的活动，诸如调查、成果展示等，教室里洋溢着孩子们的热情和活力。在这个过程中，教师不断地参与每个小组的讨论会，提出问题，提供参考，提供资源。很多学生利用在家、午餐以及放学后的时间来继续学习和钻研。他们自愿展示学习成果的重大时刻终于到来了。整个班级被划分为三个小组，每一个小组就“为什么我们必须建立宪法”这一主题阐述他们的观点。其中的三分之一持支持的观点，另外的三分之一持反对观点，还有三分之一来决定接受何方的观点（生活中真实的辩论）。课桌根据需要而移动了位置，以方便整个班级都能充分参与进来。伴随着背景音乐，小组成员展示他们的论文、诗歌、列表等。其中的一组成员从各自的角度阐述了通过宪法的重要性。另一组成员也伴随着音乐进行了展示。还有一组成员制作了个人视频材料，里面包含了就“宪法的重要性体现在哪里”这一话题对当地市民进行的采访。全班同学为每一组的表现鼓掌喝彩，同时做出质疑性的评论。教室中充斥着学生的提问，例如：“你为什么那么做？那是谁说的？当……的时候，发生了什么？如果……你会怎么认为？”你会发现每个学生对各自小组所做的贡献都引以为豪。他们对于政府制定宪法所秉持的理念的理解程度明显加深了。教师没有敦促学生们去学习，但是这种全面的支持和以问题为导向的方式却极大地激励了学生。学生们进行了自主学习而且他们的理解深度令人惊奇。

提示：一个帮助教师在教学中发生转变的有力杠杆是他们应该认定这么一个事实：真正增强记忆的方法是通过洞察，当学生对概念或者理念的理解深度增加了，他们会很容易地记住相关的事实。这需要以下关键的两步。

第一步，学习者需要反省哪些知识他们容易记住以及他们遇到了什么问题。他们应该超越表层的记忆（面孔、名字、食品）而切实考虑如何提高他们的记忆特性和专业记忆力。

第二步，学习者练习和学会提问的艺术。在一定程度上，这种练习开始于有效的倾听。然而，能恰如其分地表述问题和纵深推进问答，却是一项需要进行练习才能获得的技能。除此之外，大家可能会发现跟他人共事是很有益的，这包括与人相处的技巧和他们提问的方式。目标是在避免提问造成威胁的前提下发展一种强有力的技能。根据我们的经验，这种提问是非常有用的，它可以帮助全体成员澄清事实、学会协作并能极大地促进学校和社区的沟通。

四、通过自我管理提高元认知

我们已经指出，除了提高一般的技能和理解力，优化大脑功能的关键是提高个体的执行功能。这涉及提高学生们监控自己行为的能力，以此来实现自我管理。除了学习各种各样的知识，学生还需要学会如何学习。很长时间以来，这被称为元认知。所谓元认知，就是指对认知的认知，具体而言，就是关于个人自己认知过程的知识和调节这些过程的能力：对思维和学习活动的认知和控制。元认知包括元认知知识和元认知控制。例如在教学心理学中常提到“学习如何学习”，指的就是这种元认知。元认知的实质是对认知活动的自我意识和自我调节，也就是去考察我们的思考方式的过程。对于元认知和提高自我管理而言，主动加工是一个不可或缺的关键。实质上，学生们反复置身于各种机会中来观察他们的行动，来洞察他们自己的策略和弱点，并能寻找提高的方法。这对于他们自身的成熟以及强化他们寻找胜任感和自信感都是至关重要的。

反省或许需要冷静下来和降低冲动性，它可以引导学生意识到他们需要寻找更有效的策略，来解决问题和应对棘手难题；它可以启示学生掌握更新的方式方法来与他人交往。这一系列有利于自我管理的策略和程序是主动加工的组成部分，这些策略和程序能够帮助学生意识到他们处于不断的成长中，他们会变得更成熟。

五、主动加工的三种教学模式

在脑学习中有三个基本的元素：创设理想的情境和优化学习者的思维状态，我们称之为放松性警觉；让学习者“浸泡”在多重体验的经历中；对这些经验的主动加工和理解——主动加工，学习者进行真正意义上的学习。每一种教学方法在不同程度上触及了上面的三个元素。

由于学生的兴趣和动机的作用巨大，又由于教师依然需要顾及课程标准的落实，所以就会有很多即兴的想法需要表达和许多即时的问题需要提问。主动加工成为促进学生投入主动学习的一个重要方面。

实质性的差异在于教师的指导和学生的主动加工是如何结合在一起的。控制越多，越多地强调规范和依赖于持续地指导，进行主动加工的机会就会越少。

1. 教学模式 1：教师中心型

在教学模式 1 中，教师搜集和呈现信息，接下来，学生要做的是记住这些信息。这种课程主要依赖于练习和训练。提供给学生思考和分析的机会是相当有限的，它并非处在满足学生深度理解的需要和以学生为决策主体的层面上。离开了学生的主动参与，教师对学生听到了什么和想些什么知之甚少。如果他们不能交换信息和通过开放式的问题来加强学生的参与，学生就会想当然地认为他们已经理解了学习材料，而实际上他们根本没有真正理解。

2. 教学模式 2：中间过渡型

因为教学模式 2 是一种更为复杂的方法，这种教学方法把小组参与和学生的独立性及创造性融合在一起了，所以这种方法得到更广泛的推崇。因为这种教学方法依旧是以教师为中心的，教师掌控全过程，教师在每一轮教学过程中都可以借助具有导向性的问题来寻找各种机会，而且可以利用多种机会来引导学生投入能够引起分析和反思的真正的互动中。然而，由于这种方法依然是控制在教师手中，而且倾向于高度结构化，很多时候更像是问答式指导性教学，整个过程是教师引领学生进行问答式的推进，算不上真正意义上的互动。

3. 教学模式 3：学生中心型

对于教学模式 3，放松警觉、“浸泡”和主动加工并非依次发生。它更像是一个三重螺旋体，或者像一个由三绺的发束交织在一起的辫子。比如说，教师在课程的初始阶段可以运用提问发现学生对什么感兴趣，主动加工则利于教师帮助学生放松和揭示“以学习者为中心”的问题。

另外，在专题学习进行过程中和专题学习结束后，学生都应当反思和讨论。课程结束之际也可通过主动加工来帮助学生巩固和理解知识。

SECTION SIX

第六节

快乐高效学习的记忆优化三路径

一、熟悉五种记忆类型

脑的学习原理表明，至少有两种形式的记忆方法。一种是用来存储或者获取零散的事实、技能和程序；另一种是不断地调动多重记忆系统使得经验更有意义。前者主要是机械记忆，后者主要是意义记忆或能动记忆。优化记忆就是更多开发意义记忆或能动记忆潜能，将机械记忆更多地转化成意义记忆或能动记忆。

记忆使得各种行为成为可能。所以记忆对于生存和成功是必不可少的。然而，对于记忆系统是如何工作的却存在大量的误解，也正是这些误解成为教育目标产生矛盾的原因之一。教育工作者需要对机械记忆和能动记忆进行明确区分并理解二者的根本差别，其中前一种是传统教学的标志，后者贯穿于每天的生活经历和体验中。有些时候，事实和程序确实需要记住，但是机械学习调动执行功能微乎其微。在能动的记忆过程中，执行功能更像自然而然地参与其中了，使人们筛选他们已经储存的信息以在新的情境中做出决定。

几千年以来，记忆一直令思想者着迷。在近代，认知心理学家和神经科学家企图识别和列出不同的记忆类型和记忆系统。例如，他们已经做了如下的区分：

· 陈述性记忆——对于事实的记忆

· 程序性记忆——对于技能和步骤的记忆

· 情景记忆——对于生活事件的记忆

· 语义记忆——对于词语意义的记忆

· 情绪记忆——以体验过的情绪、情感为内容的记忆

问题是这一系列的记忆系统的划分却不能很好地帮助教育者，主要是因为教育者在解释其含义的时候，发现各种分类标准下的所有的记忆系统往往是相互重叠的。实际上，研究者正不断地补充新的记忆系统。比如，研究者最近把意义区分为外显记忆和内隐记忆。外显记忆是指人们能有意识地回忆和特意进行存储的记忆。内隐记忆是指人们只能间接提取的记忆，那些结果产生于特定的条件和情境。内隐记忆很少采取有意识的提取方式。

我们相信熟悉记忆类型并科学地运用对于教育者很有价值。

二、强化两种记忆方式

1. 归档记忆：存储和提取知识的记忆

当提及记忆的时候，人们想到的是对词汇、事实和特定程序的记忆。我们知道所有这些记忆对于任何练习和专业都至关重要。其要点在于每一学科和每一种原理都是由一系列信息和程序组成的，这些信息和程序需要被存储或者存档，以保证需要时能够被提取。

很难想象一个没有专业词汇的医生有资格去描述一种特殊的疾病或者给病人开处方药。同样难以想象的是，一个还没有记住关于特定脑区

和脑功能的大量信息的神经科学家会是个什么样子。律师、机械师、教师、作家和技工都需要记住专业词汇和程序来指导他们的实践。

教育学已经知道记忆在学习中所起的重要作用，按照教学模式 1 所进行的教学大多侧重于掌握多学科的必要信息，而且这种教学采用的是以教师为导向的练习和训练方式。然而，这远远没有达到目的，因为通过这种方式记住的很多信息是静态的——倾向于固定的和相对不变的信息。

2. 行动记忆：关于积极决策的记忆

在现实生活中，当人们解决实际问题和决定行动的时候，记忆中的事实和程序无时无刻不在发生着融合。这种记忆需要执行功能的参与，它发生于无形之中但是至关重要。

一个专业人员如果不能对信息进行综合和分析并最终做出决策的话，这样的专业人员是缺乏决断能力的，这种能力比单纯掌握词汇和基本程序的能力更重要。其关键在于顺利地存取那些重要信息和程序并运用于"当下"。

大量的教学活动在课前都专注于记忆那些事实和理论。如果教师不能把那些他们为了应付考试而记住的东西转变为恰当的行动，来应对课堂上自发的、不在计划之内的困境（适应性的）的话，这种知识预备就常常与课堂脱节了。独立于活生生的实际经历之外的上课和考试的真正问题在于记住的那些东西无非是些陈述性知识。

陈述性知识包括对信息和程序的记忆，有时也被称为静态的知识。它很难运用于动态的环境中，在动态环境中有很多不可预测的因素共同参与其中并要求采取恰当的行动。这种把事实性知识或者静态的知识统合运用以适应新的情境的能力有时也被称为学习迁移。学习迁移对于恰当决策至关重要。

实际上，能够唤起即时行动的记忆是良好决策的核心所在，因为事实需要即时地进行评估和运用。

三、主动加工记忆的六条建议

让我们来看看一个人是如何记忆的。回想一下自己通过机械记忆和机械学习所获得的那些事实和程序。

· 你记住了什么？

· 你是如何学习的？

· 你花了多长时间？

· 这种记忆持续了多长时间？

· 如果需要，无论在何种环境中你在多大程度上能够提取？

现在，看看你在日常生活中所运用的某种技能，这种技能肯定与你的经历同步提高。注意一下在多大程度上你进行了自动的和无意识努力的思考。最好看看你是如何运用语言的——从日常对话到写信和做报告。

· 它的提高是不是与经历有关？

· 在你运用信息、想法和程序的时候，是不是没有进行有意识的思考？

· 在获得这项技能的过程中，你一步一步地做了哪些决策？（比如，是否跟他人交谈，运用何种语言以及讨论哪些主题）

你会发现，即使是在掌握复杂技能的过程中，都要随时调取那些曾经通过机械记忆得来的信息和程序。但是，你究竟如何运用你所学到的知识，甚至采取何种方式来运用你所记住的知识，却是由真实生活情境中你的行为和练习决定的。

优化记忆很大程度上就是改善机械记忆，提高机械记忆效果和效率，下面六条建议可以参考。

1. 智力竞赛游戏

初始阶段，教师可以利用课程内容设置问题并编排到智力游戏中。

经过简单的练习，学生就会喜欢设置问题来相互提问。

2. 唱歌和讲故事

让学生编写歌曲和诗句，也可以创作包含事实、人物和事件的虚假的故事。尤其是在开始的时候，学生们很容易以三人为一个小组来做这件事情。

3. 通过轮唱来进行背诵

让学生把要记忆的信息编排成歌曲。这样的歌曲可以进行分段落或者完整的轮唱。学生们对此很感兴趣，当学生改唱不同的片段时，就又增加了新花样和情趣。

4. 谜语

猜谜语是一个很好的形式，因为它首先鼓励学生去思考知识或信息间的关联。一种做法是用课程材料设置带有线索的谜团。另外，如果教师有一些可视材料或者图片的话，教师可以做成拼图游戏。这样做的优势在于可以让学生以小组为单位互相为对方编制谜语。

5. 夸张、模仿和造型

在压力不大的情况下，学生通常乐意把学过的东西表演出来。简便易行的是，学生可以想象科学人物和历史人物长得怎么样和怎么说话，接下来可以假装自己就是那个人物——采用夸张性的姿态、动作和语言来表现人物。另外一个起步方法是，让学生假装他们正在参加一个讨论会。邀请他们谈论某一个主题，但是他们首先要做的是如何进行表达而不在于有没有道理。他们可以假装自己是一名专家，他们可以随意用他们喜欢的词汇，闹再大的笑话都行。之所以这样做，是因为帮助学生对一个主题感兴趣的最大的障碍，在于如何引导他们使用恰当的词汇，这也是特别有效的第一步。

6. 可视化

出色的运动员和演员经常提前把将要进行的表演进行可视化操作。会看到，滑雪运动员在进行障碍滑雪比赛之前经常这么做，而且几乎所有的职业高尔夫球运动员都告诉人们，他们在击球之前，就已经“看”到了他们这一击的结果是一个什么样子。学生也可以做同样的事情。例如，教师可以读一个历史事件或者讲解一个化学过程，然后邀请学生尽可能想象发生的情况。学生能够想象他们的最好的表现是一个什么样子，学生也能真正地采用可视化操作来矫正他们的表现。

在此，力图体现的一些想法是：让每一次记忆都变得简单易行，让课堂气氛变得积极活跃。这种方式的学习的主要目的是优化记忆，但是同时激发了学生的创造性。这些想法还提倡新颖性和幽默感——所有的这一切都加强了记忆效果和效率。

SECTION SEVEN

第七节

快乐高效学习的注意与情境十一条建议

一、激活注意和情境的五条建议

快乐高效学习需要注意与情境的配合。在加强了注意力和运用了多层面的情境支持后，所有的学生都能进行快乐有成的学习。

我们都知道，在人们能学习和有效决定之前，他们必须注意。注意是一种自然现象，它受到兴趣、新异性、情绪和意义的引导。教师需要学生投入到能调动他们练习和提高执行功能的情境中，以此来唤醒和激发学生主动参与决策的自然和内在的需要。教师同时需要理解情境教学是如何发生的，以及如何利用一定的情境来支持所有学生所需要的那些更为外显的学习。

大脑一直浸润在感觉、图像和信息输入的场域之中，它不断地选择什么可以进入大脑以及什么信息必须忽略。注意本身是自然的，它倾向于被有趣或与满足需要相关的事物所驱动。以下是激活注意的五条建议。

1. 提升新异性

大脑喜欢对新奇的事物做出即时反应，这部分是由于大脑网状激活系统的作用，这一系统监督信息的输入。

然而，一个人已经在注意的事物和其他需要引起注意的事物之间，不可避免地存在一种竞争性的紧张状态。正在输入的信息在某些方面越奇异、新颖和不同，越可能引起学生的注意。例如，当一个陌生人进入教室的时候注意会受到影响。厌倦感是新奇感的对立面，它往往会使学生离开学习内容而制造他们自己或大家都感到新奇的东西，有时很多传统类型的教师会认为这是个纪律问题。一些调皮学生也的确喜欢通过“新异”言行引起别人的注意。

2. 提高情绪维持力

注意受到情绪的牵引并由情绪维持。例如，当人们逛商场的时候，他们倾向于注意什么东西依赖于他们多大程度上喜欢购物。同样的情形适用于任何课堂、任何科目或任何专题。喜欢一门课还是厌恶一门课，一个学生正在为即将来临的考试做准备，为某个题目感到兴奋，听着背景音乐来悠闲地陷入沉思或反省，抑或准备领奖或会见明星，所有这一切都包含着情绪反应，这种反应能提高注意力。

学生倾向于更加注意那些他们感受强烈的东西。佐证这一事实的是，科学家、艺术家和专职人员会被一个有待解决的问题或有待理解的论点耗费很多时间和精力。另一个证据是政治和社会争议热点会点燃学生的激情。然而，需要记住的是，仅仅注意是不能自动地引领学生去学会新的知识的。

3. 关注意义的指向

因为对意义的追寻是内在的，人们往往喜欢参与那些个人感到有意义的事情，他们越感到有意义，就会越投入。注重关系网的人很可能花费更多的精力来与他们一起共事的人建立良好的人际关系，而不是把精力花在任务本身上。目的和意义引领人们的注意指向。这就是为什么教育者需要把课程与学生的需要关联起来，这就是为什么以行动者为中心教育教学对于动机和学习是如此重要。

4. 完善识别模式

因为人们看待这个世界的方式不同，所以他们的识别模式以及哪些事件能使他们感到兴奋常常是难以预测的。

对有些人来说，行走在一座陌生的城市往往比行走在他们自己的街坊之中更易迷失方向，因为他们喜欢他们周围那些熟悉的地形模式。但是，对于另外一些人来说，他们认为至关重要的是对兴奋性、新奇性以及全新的经历的追求。这些人通过到悠远的文化环境中去旅行来进行很好的学习，在那里他们能获得全新的信息，习得新的语言，理解一个完全不同的世界的精妙所在。同样的现象也会发生在学生踏进一所新的学校、遇到一个新的老师、面临一个陌生的科目之际。

5. 了解外围知觉的作用

周边环境，人们不会直接注意的一部分场景，依然会产生影响。

有证据表明，那些几乎看不到的东西会以内隐记忆的方式产生影响。

设想你到过一个装满各种物件的房间里，离开这个房间以后，有人要你尽可能多地回忆那个房间里存放了哪些东西。你或许只能想起一两件，但是，研究表明，如果实验者给你一个包含不同物件的清单让你识别，你很可能会选择出在那个房间里真正存在的东西，即使你不记得曾经见过它们！

商业行为利用了这一点。即使你只见过一次或者你只是撇过一眼某种产品，即使你多么强烈地认为你没有看到过产品的名称，如果在商店里面给你一系列可供选择的商品，你更有可能选择或偏爱那种产品，而你认为自己从来没有见过它。这就是为什么广告制作者把他们的广告穿插在节目之中，其目的是刺激目标顾客的特定需求并引起注意。

所有这一切对于教育者意义重大，因为这意味着在校的学生确实被整个环境深深影响。“颜色告诉他们什么?”“建设的像厂房和监狱的大楼向他们传达了什么信息?”“他们如何对铃声做出反应?”以及“带枪和金属探测器的警察的出现对他们意味着什么?”这就是情境带来的重要信息。学生从同伴身上、从成人的反应中、从成人的价值判断中学到很多很多。学生实际所在的对话情境中的那些令人感到愉悦、激动的颜色究竟产生了什么影响?传达了尊敬或蔑视、耐心或厌烦、信心或不安的体态语言和面部表情，都对学习者产生了影响。这就是为什么周边环境的设计、教师的情绪状态和行为、学校的员工都会影响学生究竟如何学会价值判断和适应。

二、促进注意与情境融合的三条建议

我们在此要强调的是：需要利用和精心安排学习环境以引导学习者的注意力，以支持教学活动。同时，教师要想办法吸引和维持学习者的注意力，并帮助他们有效地利用注意力。

1. 用心认识和感觉输入

找到或者想象一个场景，比如坐在一个餐馆里面或者泛舟湖上。花点时间来实地观察或者回忆一些事件或情节。

·留意自己的感觉输入——颜色、照明、移动、沙沙的风声或者交通工具的轰鸣等。留意其他感官是如何反应的。

·留意所观察到的那些东西是如何成为背景的。留意这种特别的背景以及它带给自己的快乐和经历。

这项活动的第一个目的是让自己清醒地意识到所经历的那些最基本的感觉输入；第二个目的是确认每个人都会自动地以熟悉的模式组织这些感觉输入，当然这种熟悉的模式是经过一定时间的练习才能获得的。

教师教学时之所以不能快乐高效，学生学习时之所以不能集中注意力，其主要原因之一就是：教育者时常提供单词和符号——干瘪的语言——脱离情境，无法打通参与任何学习活动的多个感觉通道。

2. 用心选择和维持注意

为了揭示人们如何选择注意对象以及如何调配注意参与的程度，我们做一下记录，比如，记录一下发生在工作日记每个小时内的事。每当我们能够想起来，就记下吸引自己注意力的那些事件以及变故。尽最大努力来抓住那些吸引注意力的东西，以及那些真正引导我们继续注意或者转换注意焦点的其他东西。用类似下面的问题来问自己：

·我到底在意什么？

·我把多少精力投入到了注意中？

·还有什么东西同时滑过我的头脑？

·我的注意转移用了多长时间？

·新异性的重要性何在？

·在多大程度上，压力、兴奋性、健康状况或疲乏影响了我对注意的调控能力？

你或许还需要反思你不断扫描对你正在产生影响的周围环境的方式方法，反问自己：

·有什么你要寻找的东西吗？

·还有被你忽视的东西吗？

·这或许跟你的教学有联系吗？跟你的学生呢？

3. 用心警惕无助

如果一个人总是在一项工作上失败，那么他就会在这项工作上放弃努力，甚至还会因此对自身产生怀疑，觉得自己“这也不行，那也不行”，无可救药。而事实上，此时此刻人们并不是“真的不行”，而是陷入了“习得性无助”的心理状态中。这种心理让人们自设樊篱，把失败的原因归结为自身不可改变的因素，放弃继续尝试的勇气和信心，破罐子破摔。比如，认为学习成绩差是因为自己智力不好，失恋是因为自己本身就令人讨厌等。

复杂学习会受到与无助或疲惫相联系的威胁感的抑制。因此，人们感到无助的时候，对于威胁自己的事件自然会投入更多注意，正是因为这样牵扯了更多注意力，人们自然会失去识别所在环境中可能更为重要的其他线索的能力。心理学家把这种情况称为知觉域变窄。此时，人们渐渐地不能看到摆在面前的东西，也听不到别人在说什么。

必须提醒的是，随着学生的成熟以及学习越来越以学习者为中心，无意注意逐渐向有意注意发展和过渡。学生由责任来决定应该注意什么，由责任来选择在问题或课题中付出多大的努力以及该坚持多久，评估什么重要以及什么不重要，以便综合分配注意力，做出有效决策。

三、课堂中注意与情境融合的三条建议

如何加强记忆与注意的相互作用以及获得来自周边环境的支持都取决于所采用的教学方法。让我们来看一看教学方法是如何吸引注意力以及利用学习环境的，只有教学模式3（学生中心型）才能使这两者充分融合起来。

1. 吸引注意力

教学模式 1（教师中心型）倾向于依靠控制和管理来使学生注意。

课堂管理技术用以保证学生面向教师或者面向位于教师前面的黑板。当需要学生注意的时候，教师只是简单地提醒学生："请注意!"

教学模式 2（中间过渡型）运用了活动，这些活动触发了学生对新异性和趣味性的感觉。

幽默的举动以及简短的多媒体呈现是经常采用的。除此之外，教师可以借助提问来介绍新异的东西，例如教师可以问："仔细看，你会看到奇特的东西。"这种教学可以把教学内容跟学生的个人背景连接在一起，并能激发评论与探讨。

有些教师运用新奇的材料来吸引学生的注意力。他们常用的做法是在教室里面创造一个突发的、意想不到的事件，比如创造一个独特的实验来证明某个物理规律。

2. 创设情境

情境是非常有用的。首先，由于注意是漂移的，教师和管理者可以设计情境来让游动的眼神落在那些支持我们教学内容的材料上。其次，由于人们会自觉地拾取某些信息，可以设计情境来帮助学生仅仅"拾起"那些所要教的东西。

（1）教学模式 1：教师中心型

教学模式 1 使用很多某种类型的展板，有时也使用一些图表。

对使用教学模式 1 的教师而言，最大的挑战在于如何提高视觉支持，通常要把学习材料设计得出彩和有趣才行。

（2）教学模式 2：中间过渡型

教学模式 2 不断地利用布置在教室四周的图表和导图，这些方法很多都是有力和有用的手段。使用教学模式 2 的教师倾向于组织他们的课堂氛围，突出不同的区域，发挥不同的功能。

有很多方法来增强那些“周边”环境的功能及其利用价值。

——利用图表和海报等直观形式向学生传递重要信息。可以从教室的不同方位、角落进行展示，可以通过变换海报的张贴位置以及改变其内容的方法来增强效果。

——利用手工艺品、明信片等把问题张贴在墙上。换句话说，把材料带到教室里面，布置在房间四周，这些材料用以激发学生的学习兴趣，使其提出问题，问题的答案或提示信息不必立即提供。这些材料可以是骨骼模型，也可以是照片、字谜和能产生影响但又没有特定答案的谚语。

——利用艺术作品来传达或提出一个正在被揭示的普遍主题。例如，《梵高的星夜》能用于关于天文学的课程中，每一幅历史性画面都可以用来说明和支持人类的探索。

比较困难的是把握好情境设计的“度”。首先，学生不要被琳琅满目的展示材料弄糊涂。其次，用以展示的材料必须相互关联。用设计个人生活空间的审美眼光来布置教室。同样重要的是，要改变环境以创造新异性和保持趣味性。

（3）教学模式3：学生中心型

教学模式3是以行动者为中心的。可以号召学生为他们的学习环境做出贡献以及设计他们自己的学习情境。除了负责管理之外，这种方法的艺术性部分体现在把学习情境创造得像随意的生活一般。例如，在一个高水平的英语课堂上，师生在每个周五都会创设一个特别的学习项目。整个班级被分成了居民和游客。那些居民拥有以任何他们喜欢的方式设计教室的自由权，教室被营造成了一个说英语的城镇，大家聚焦于涵盖课程的学习内容。

有些教师，尤其是低年级的教师，他们喜欢把学生置于所探究的问题的真实环境里，从地域性的生活环境到附近的城市。“剧场设计”的方法对于小学课堂而言是非常有效的。当教师和学生习惯于设计这些“环境”的时候，设计本身就会变成教学和评估的一个组成部分。方法很简单，只要提问：“为什么要用这个材料?”“它能告诉我们什么?”“为什么不用其他东西?”“为什么把它放在爱因斯坦图片旁边，而不是靠近牛顿的图片？”实际上，很多用以思考如何设计一部电影或者电视连续剧的方法都可以用于设计课堂环境。

3. 通过有效运用观察来集中注意

对注意而言，最大的问题之一是：学习者可以用眼看但是不一定能捕捉到什么。因此，真正的看到对于高效学习来说显然是必不可少的。让学生兴奋起来以及让他们投入研究中或者做一个课题，都是很好的。然而，问题是他们的研究是否有效以及他们能从所做的课题中习得什么。

对伟大的科学家和艺术家而言，一项最重要的技能是他们能够观察现象的细节以及感知到事物存在和事件发生的模式。实际上，很多获得诺贝尔奖的科学家都比普通人多出一个具有艺术特色的业余爱好——看的艺术。

下面介绍指导学生学会观察的四大技巧。这些技巧可以改进所有的教学方法。

（1）要求学生描述他们看到的对象

第一步是帮助学生加强他们感官的觉醒度，以此来提高学生搜集信息的质量和数量。学生们可以成对或者三个人一组进行观察。有时，他们可以共享他们的观察结果，另外一些时候，他们可以单独来描述观察到的结果。

教师可以从最简单的东西，比如从一块岩石或者一片树叶开始。一定要给出特殊的说明或者提出特定的问题，比如：“它是什么颜色的？”“它有多大？”“它摸起来像什么？”“它有多重？”“它使你想起了什么？”“它有什么不一样的地方？”以及“描述一下细节”。

（2）追溯到原始情境中去

对事物很多关键特征、因素的理解有赖于物体被发现或者事件发生时的情境。一种有助于学生在一定的背景之下学习的方法是利用视频资料。教师可以剪辑关于任何题目的视频资料，取材涉及已经上演的历史小说、户外活动视频以及科学研究资料。

另外，学生的观察需要由问题引领和定向。包括下列问题：

· 涉及谁？

· 他们看起来/听起来像什么？

· 他们穿的是什么？

· 描述一下地理环境。

· 提到了什么历史阶段？

· 什么环境因素支持你的观点？

这套程序可用于任何课程或具体的课题。例如，这一程序可以用于电脑、戏剧、生物、化学、社会等科目的教学中。

这里有几个要点可以帮助学生学会观察。首先，不要让他们过早地放弃。他们可以抱怨，他们也可以寻求帮助，但要使这一过程持续一段时间。其次，他们可能紧盯着观察对象，此时关键在于帮助他们用一种更放松的方式进行观察。

提示：虽然教师确实想让学生注意特定的细节，但同时也要让他们用新的方式进行观察以及识别暂时还不清楚的对象。正是通过这种方式，学生的洞察力和思考力才会得到提高。

（3）看到想法和幕后的动机

这项技术是利用一些媒介进行练习。教师可以选择一段视频、纪录片的电脑剪辑或者一两件流行的商品，比如香烟商业广告或者饮料广告。

a. 给全班学生介绍这一程序的原理，可以举这样一个事实——广告制作者经常试图以不被人们注意的方式来影响人们。告诉学生自己要播放一个商业广告，接下来大家共同来分析广告制作者是如何实现自己的想法的。

b. 为整个班级播放那个商业广告。

c. 利用主动加工，让学生合作，分组来描述看到的东西。利用下面的问题或者指令：

· 描述这则广告。

· 主要角色是谁？（年龄、性别、种族和其他特征）

· 主要的活动是什么？

· 想推销什么产品？

d. 再次播放这段商业广告，让学生评估他们描述的准确性如何。

e. 接下来，分析这则广告或者视频的特征，思考它们是如何间接地影响观众的。作为配合，同时提出下列问题：

·为什么要用那种类型的音乐？它是如何影响你的？

·为什么人们是那么一种打扮？其他的不行吗？不同的布景会对观众产生何种不同的影响？

·宣扬了何种理念和主题？（这是一个关键点，自此教师开始真正挖掘自己所理解的内容，涉及媒介素养、经济交流以及任何你想要进行教学的课题）

·在这个商业广告中还有暂且不明显的附加的或者隐藏的信息吗？有可能是什么？你的证据是什么？

注意：其他的材料也可用，包括新闻节目、纪录片、来自肥皂剧或者电影的剪辑。把自己的问题跟要用的材料对接起来。在一个新的节目之后，可以问类似下面的问题：

·选择了何种类型的题目？

·表达了何种核心理念和方法？

·宣扬了什么中心观点？怎样宣扬的？

·关键人物的风格和仪态怎样？

·这个表演是如何布置舞台的？

（4）深入洞察理念的方法

上面介绍的那些策略创造了一种可能：同样一部纪录片可以把学生的学习活动引到另一个深度，学生可以调查研究纪录片的更为复杂的层面。上面的一些问题可以进一步展开并加深。

同样，让学生合作，组成大大小小的学习团队，来描述发生了什么和如何来理解所发生的事件。利用类似下列的问题和指令：

·描述这个片段讲了什么？

·谁是主要人物？（年龄、性别、种族、职业、职位以及其他特征）

·主要的活动是什么？

·这个主题在哪些地方提到过？

·这个事件涉及谁？他们说了些什么？描述一下背景。它对你有什么影响？

当准备去理解关键的想法和角色的时候，教师可以问更为复杂的问题，但要自始至终紧紧围绕那个纪录片。更深入的问题有：

· 有相反的观点吗？

· 相反的立场是什么？

· 描述一下那些不同观点的依据何在。

· 你为什么受到了影响？

当学生的理解开始加深时，他们更加投入了，他们的动机提高了，他们的自信也增强了。这意味着注意力正被用来强化学习者的情绪状态——不断地放松警觉——大脑的高级执行功能参与其中，自然而然地进行快乐高效的学习。

反思：

上面已经讨论了“学习需要集中注意力和知觉周围情境”，让我们来审视一下自己的教学。针对某一个学习单元思考下列涉及提高注意力的基本问题：

· 你如何吸引学生的注意力？

· 你是如何帮助学生仔细观察事物的基本特点的？

· 你是如何帮助学生透过表面现象看到本质的？

现在来看一下你的教室。

· 你是如何利用这个空间通过情境塑造来感染学生的？

· 学生帮你做这项工作了吗？

· 其他人借给你一些学习材料了吗？

[案例]

一位校长非常兴奋地向来访者赞扬他们学校的一名教师。“这位教师太棒了，看看他的教室你就会知道！”来访者走到三楼，拐了一个弯，进了一间教室。“这里难道不奇妙吗？”来访者着实为之一震！教室里有那么多“材料”——墙上贴着，灯上挂着，展板上贴着，课桌上和窗子上用胶带粘着；书桌上堆得高高的书，几乎超过了学生的头。如此多的材料，以至于来访者都看不到教室的后面！①

评论：在这个教室里，要让大脑对当时要学的内容保持注意简直太困难了。如果这么一位热衷于布置环境的教师正在你的学校里自豪地为学生努力工作，或许你应该帮助他，让他的教室“消停”下来；或许他可以轮流展示学生的作品，并非学生的作品都要一直展示在那里；或许他可以把教室“主题化”，同时展示跨学科的一些相关信息；或许，你可以帮助他来策划一下这个展示，提高展示效果而不仅仅是为了展示而展示。

除此之外，注重校园环境的整体质量与设计也是很有用的，因为整个情境都在教育学生。这里有一些问题可以引导分析和反观学习氛围：

· 楼内和楼外，绿化和硬化面积之比各是多少？

· 有好的艺术展品吗？

· 课下能随处听到歌声吗？（除了音乐教师或者“合唱团”）

· 一天时间是如何安排的？课上、课间、课外等各个时间段是如何衔接的？

· 校园环境有趣吗？

· 在多大程度上成人化语言充斥着课堂教学语言？

· 在多大程度上成人化语言充斥着课堂上学习的科目？

新课程鼓励教师不断地寻找机会来拓展他们基本的教育资源，这包括不断地汲取理论、研究、技术、实践以及非传统的资源。这些资源对学生提出了挑战，而且向他们揭示了社会、文化、伦理以及物质世界的复杂性和本质。这些努力引导学生注意到更为广泛的资源，这会使他们成为更有能力和更具有独立性的学习者。

重要的是，教师要掌握一种方法，利用这种方法把学生的注意力引领到更丰富的资源中去。直接“告诉”学生什么是有用的，这很容易做到，但往往却是无效的。最为重要的是，教师要把利用情境和注意的能动性作为一门艺术，帮助学生真正觉察到，去寻找和利用生活中的有效资源。

---

① 本案例改写自 Caine R. et al. 12 Brain/mind learning principles in action: the field book for making connections, teaching and the human brain [M]. California: Corwin Press, 2005: 213－223.

CHAPTER 4

第四章

办幸福学校　做幸福校长

幸福教育，主阵地在学校。学校是有计划、有组织地进行系统教育的组织机构。学校教育是由专职人员和专门机构承担的有目的、有系统、有组织的，以影响受教育者的身心发展为直接目标的社会活动。学校及学校教育在整个国民教育体系中发挥着不可替代的骨干和主导作用。对个体，学校肩负着塑造幸福人生的天职；对社会，学校不仅承载着为幸福中国培养有用之人的使命，而且承载着培养幸福之人的使命。创建幸福学校标志着教育观从以知识为本向以人为本的根本转变，具有深远的历史意义和现实价值。

SECTION ONE

第一节

幸福学校国际联盟宣言十六条

为顺应幸福国家建设世界潮流，搭建幸福学校国际交流的平台，共同探讨幸福学校建设，2011 年 5 月，我们联合国内外专家发起成立了幸福学校国际联盟，并在山东淄博召开了揭牌大会，中外近 500 名代表参会。幸福学校国际联盟美方发起人、佛罗里达州立大学心理学院 Wagner 教授亲临现场为幸福学校国际联盟揭牌，Darlene 女士宣读了幸福学校国际联盟宣言[①]。全文如下：

幸福学校国际联盟宣言十六条

鉴于幸福是人类的共同追求、最终追求，幸福国家成为世界关注的热点；鉴于创建幸福国家，基础在幸福人生，关键靠教育，阵地在学校。有必要促进幸福学校间友好关系的发展，形成跨类别、跨级别、跨地区、跨文化的协作组织。

鉴于对这个联盟的权利和义务的普遍了解和认可，对实现这个宣言愿意做出积极努力。

① 官群．幸福学校国际联盟宣言［J］．中国特殊教育，2011（9）：2.

作为所有学校努力实现的共同期盼，通过教育教学改革促进对幸福的尊重与创新，并通过个人的和集体的、政府的和民间的、国家的和国际的渐进措施，使该宣言的各项内容在各成员学校得到普遍和有效的承认、遵从和改进。

第一条

人人都需要幸福，人人都创造幸福；人人都享有幸福，人人都珍惜幸福。

第二条

坚持物质与精神、生理与心理、个人与集体、主观与客观、眼前与长远有机统一的幸福观。

第三条

总幸福指数＝先天的遗传素质＋后天的环境＋自身能主动控制的心理力量。我们无法改变先天遗传，但是我们可以努力营造良好的后天环境，更重要的是我们要主动控制自己能掌握的心理力量，做生活的主人。

第四条

坚持以人为本取代以知识为本的办学理念；在教育中感受幸福，在幸福中获得教育。

第五条

幸福的校长办出幸福的学校，幸福的学校成就幸福的教师，幸福的教师教出幸福的学生，幸福的学生扬帆幸福的人生，幸福的人生奠基幸福的国家。

第六条

劳动是幸福的源泉。自主性的教与学是教师爱教、学生乐学的根本。爱教、会教、教会，爱学、会学、学会，是克服教师职业倦怠和学生厌学的最佳途径。

第七条

身体安康是幸福的本钱，心理安康是幸福的支点。身心和谐、人格健全是幸福的生命线。

第八条

硬件软件完备，校内、周边环境优美，校园精神面貌生机勃勃，校园文化充满活力。

第九条

运用现代化信息技术手段和多媒体，优化课程、教材、教法，减负增效。

第十条

上好每一堂课，教好每一个学生，成就每一个教师，还愿每一个家庭。

第十一条

科科有特色，生生有个性，师师有品牌，家家有感动。

第十二条

悦纳自我，自知、自信、自尊、自重、自觉、自治；尊重他人，知人、敬人、爱人、容人、助人、立人。

第十三条

即便遇到不幸，也要从逆境中奋起，在不幸中求得幸福，在不圆满中求得圆满。

第十四条

创新是幸福的动力，公平是幸福的前提，质量是幸福的保障。

第十五条

民主管理，人本关怀；禁止体罚和暴力，清除恐吓、骚扰和歧视。

第十六条

学生联合，教师联手，学校联姻，城乡联袂，区域联动，全国联通，国际联网。

SECTION TWO

第二节

幸福学校六条基本标准

一、 幸福学校评价八项理论基础

第二章已经阐述了幸福教育的理论基础，这里有必要再强调一下这些理论在幸福学校评价中的具体运用。

1. 人本是幸福的灵魂

以人为本是幸福的真谛，是统领幸福学校建设和发展的纲领。幸福学校建设的首要因素是人的问题，尊重人、依靠人、解放人、发展人、成就人是幸福学校的根本，要教师和学生真正成为教与学的主人，而不是应试教育的机器。

2. 积极是幸福的支点

通过积极可以创造积极的精神、提供积极的机会、肯定积极的价值，使人们在感受积极的过程中，学会追求积极的为人处世方式，创造积极的行为习惯，并最终获得一种实实在在的积极力量，形成良好的社会适应能力、高效的学习和工作状态、建设性的人际关系、健全的人格和幸福的精神生活，从而支撑个人与社会的发展。

3. 快乐是幸福的真谛

幸福是指使人心情舒畅的境遇和生活。幸福感是社会成员通过对其自身物质生活和精神生活的主观感受与评价，所产生的关于生活质量满意程度的积极心理体验。可见，无论是幸福还是幸福感，其核心精髓都是一种愉悦的心理体验。因此，幸福学校评价首先必须揭示出愉悦这一本质。

4. 劳动是幸福的源泉

马克思主义认为，劳动是幸福的源泉。关键要看劳动的性质，如果人在劳动创造中身心得到充分发展，内在的潜能得到发掘，自己的力量得到实现，自己的存在得到体验，这样的劳动就不再是奴役人的手段，而成为解放人的手段，劳动就会从负担变成快乐，成为自由的生命表现；反之，则是体力摧残和精神折磨。应试教育，使教和学早已丧失了劳动主体的自主性、自觉性、自动性和自发性。因此，幸福学校评价必须重新定位课堂教学的主体作用，坚持以生为本，让学生真正成为学习的主人，将“要我学”彻底变为“我要学”，这样才能为幸福学校提供不竭的动力源泉。

5. 善于劳动是幸福的阶梯

既然幸福离不开劳动，愉悦是幸福的本质，那么，如何减轻劳动负担，探寻劳动捷径，掌握熟练的劳动技巧，具有得心应手、轻松自如、游刃有余的劳动技巧和本领，提升劳动的效率，体验劳动的乐趣，避免低效无效劳动，就成为幸福进步的阶梯。就课堂而言，教师懂得教学规律，具有熟练的教学技巧，学生懂得学习规律，具有熟练的学习技巧，也就是教师擅教、学生会学，二者从教与学中体验到乐趣和进步的喜悦，这是幸福学校得以实现和维持的手段，也是幸福学校指数进步的阶梯。一个不擅教书的教师，一个不会学习的学生，只靠死记硬背、题海战术的“苦作舟”，无论如何也想象不出他们如何摆脱过重的学业负担，进而能够在课堂上幸福起来。因此，教师擅教、学生会学是评价幸福学校的重要指标。

6. 劳有所得是幸福的保障

劳动之所以是幸福的源泉，是因为劳动会给劳动者带来回报。劳动付出得越多，劳动者得到的回报越多；劳动质量越高，劳动者感受到的幸福就越多。就课堂教学而言，一个教不好学生的教师，一个学习不好的学生，课堂对他们来说无疑是煎熬。要想让课堂真正幸福起来，教好学优是根本保障。徒劳无益不仅毁灭幸福还会导致不幸。

7. 兴趣特长是幸福的光芒

人生像彩虹一样绚丽多姿，人的潜能、兴趣、爱好、特长像光谱一样五颜六色，如果每个人的潜能得到最大限度的开发，兴趣特长和爱好得到最大程度的满足，人生就会有新的乐趣、新的精神寄托，幸福就会有新的支点和亮点。

8. 人际互动是幸福的命脉

人是社会的人，人的幸福离不开社会的尊重、他人的认可，良好的人际关系、人际之间的良性互动是幸福赖以存在的命脉。

二、　幸福学校评价七项基本原则

1. 科学性

评价要依据幸福学校评价原理，遵循幸福学校规律，体现幸福学校的本质特点，针对幸福学校结构和功能。

2. 有效性

评价能够透过现象揭示本质，评价出区别于其他学校的典型的、突出的特殊规定性，评价结果符合实际情况，具有可重复性和推广性，令人信服。

3. 简约性

评价要抓住主要矛盾，抓纲带目，提纲挈领，主次分明，删繁就简，简单明了。

4. 实用性

评价坚持实践取向，指标简单易行实用，具有可操作性。

5. 导向性

评价具有指挥棒、引路灯的导航功能，评价维度、各项指标内涵、权重系数以及评价等级标准都为幸福学校建设指明了方向。

6. 发展性

评价强调形成性，坚持以评促建。通过评价反思，有利于发现不足，明确未来的努力方向。通过纵向对比，有利于体验进步的幸福和促进幸福的提升。

7. 自主性

变“我被评价”为“我要评价”，不能强迫和被动，不能让评价成为负担和额外压力，尤其通过纵向对比，体验幸福和促进幸福的提升。

三、幸福学校评价六条基本标准

为满足幸福教育迅速发展的需要，我们以幸福教育的重中之重——课堂为突破口，率先发表了“幸福课堂标准与评价指标”，为幸福课堂建设提供了新坐标，也为幸福课堂评价提供了抓手。下面在拓展幸福课堂标准与评价指标的基础上，构建幸福学校标准与评价指标。为体现幸福学校标准与评价指标框架的整体逻辑性，“幸福课堂标准与评价指标”一文中的大量关键论点和指标将在本文中得以强调。

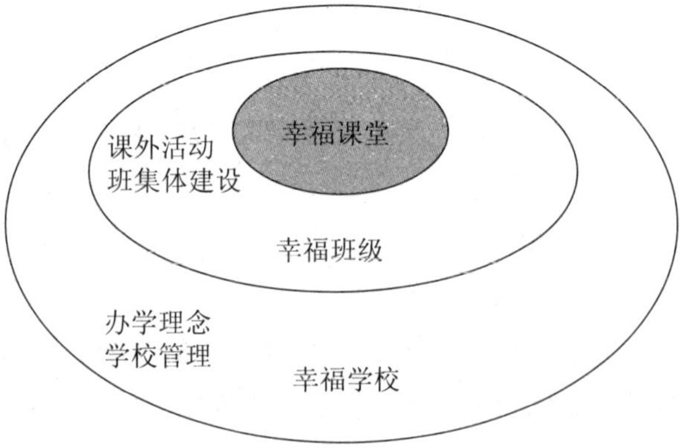

图 4－1　幸福学校三层面

关于学校评价，国内外文章多有论及，但关于幸福学校的标准，尚缺乏专门、深入、系统的观点。基于以上论证，幸福学校、幸福班级、幸福课堂构成由外及内的三层“树轮”（见图4－1）。幸福学校包括幸福班级和幸福课堂，概括出以下六条基本标准。

1. 以人为本

以人为本主要体现在三方面：一是办学理念，主张在幸福中开展教育，在教育中分享幸福，在幸福中创造教育，在教育中创造幸福，把学校办成学生身心健康和教师发展的精神乐园；二是行动计划，重点是近几年的行动纲领、共同目标和科研引领；三是组织管理，建立学习型组织，强化人文关怀、合作分享和公正公平；四是满意度，体现学生、教师、家长和社会对学校的综合满意程度。

2. 积极向上

积极向上主要体现为积极向上的心态和积极向上的环境，两方面构成积极的内外因。积极向上心态指积极心理的状态，包括认知、情感、人际、公民性、节制和卓越六要素，成为幸福的心理机制；积极向上的环境主要指学校和社会环境，校园文化、校园标志、校园氛围以及社会的支持和评价等构成幸福学校的外在要素。

3. 爱教爱学

首先，必须树立“以生为本”的正确的课堂观，坚持以学生为中心，注重激活右脑，突出赏识导向，强化寓教于乐；其次，重视动机激发与维持，做到：所学内容与学生切身相关，不断促进学生的自信，及时强化学生的满足感。

4. 会教会学

首先，课堂教学组织形式体现“631”宗旨，即60%的学习量依靠自主学习，30%的学习量依靠合作学习，10%的学习量依靠教师释疑。一般而言，教材知识点安排和考试难度梯级都明显具有“631”的特点和规律，即学习内容的60%基本上是学生依靠自己可以解决的问题，对应地，60%的考试内容也是属于学生必会的“送分”题目；学习内容的30%是通过学生相互帮助可以解决的问题，对应地，30%的考试内容也是属于学生必须通过一定努力才有可能“得分”的题目；还有学习内容的10%是学生依靠自学和合作学习也难以解决的问题，对应地，10%的考试内容也是属于高难度、学生努力也容易“失分”的题目。所以，通常将60分界定为及格分数线，60～90分界定为中等和良好区间，90分以上界定为优秀。据此，科学组织教学，让学生当课堂主人，把时间还给学生，是优秀教师会教的重要表现。其次，课堂学习落实“5+2”模式，即学生主动自觉并高效执行前测—探究—展示—练习—后测5个环节，同时，谙于课前预习和课后改进2个环节，确保课前、课中和课后一条龙效应最大化。

5. 教会学会

简单讲就是高分高能。高分就是当堂达标测验考出高分，考出好成绩；高能就是学以致用，举一反三，将所学知识技能迁移到同类问题上，能发现问题并创造性地解决问题。

6. 满足特需

满足特需主要通过课外活动满足学生的特殊需要，弥补课堂个性化和因材施教偏低的不足。课外活动既包含学科延伸，又包含兴趣特长培养，学科延伸重点对学优生给予提高，对学困生给予补习；兴趣特长重在依据多元智能开发学生潜能，培养其课外爱好，丰富其学校学习和生活，寻求新的兴奋点和生长点，从而成为学校生活和成长的新支点。

四、幸福学校评价二十四项核心指标

根据上述评价维度和基本标准，下面列出幸福学校标准和评价框架及核心指标。共分四个级别的指标，鉴于权重系数分配的慎重性和敏感性，表4－1中一律略去，受篇幅所限，幸福指数星级标准也一并省略。待具体评价时再单独专门提供。

表4－1　幸福学校评价指标体系

一级指标	二级指标	三级指标	四级指标	内　涵
幸福文化	以人为本	办学理念	精神乐园	在幸福中开展教育，在教育中分享幸福；在幸福中创新教育，在教育中创造幸福
		行动计划	办学目标	民主决策，目标明确，规划明晰
			科研引领	科研意识，行动研究，科研效果
		组织管理	人文关怀	建立学习型组织，尊重教师需要层次，关注教师专业发展和心理成长
			合作分享	合作备课，资源共享，共同成长
			公正公平	公道正义，物质精神激励合情合理
		满意度	学生满意度	学生对学校的综合满意度
			教师满意度	教师对学校的综合满意度
			家长满意度	家长对学校的综合满意度
			社会满意度	社会对学校的综合满意度
	积极向上	心态	认知	兴趣、创造力、热爱学习、多角度看问题、洞察力
			情感	热情、勇敢、坚持、诚实
			人际	爱和被爱、友善、社交智力
			公民性	领导能力、团队精神、公平

续表

<table>
<tr><th>一级指标</th><th>二级指标</th><th>三级指标</th><th>四级指标</th><th>内　　涵</th></tr>
<tr><td rowspan="5">幸福文化</td><td rowspan="5">积极向上</td><td rowspan="2">心态</td><td>节制</td><td>谦虚、自制、宽容、审慎</td></tr>
<tr><td>卓越</td><td>信念、希望、幽默风趣、感恩、审美</td></tr>
<tr><td rowspan="2">环境</td><td>校园环境/校园文化</td><td>标志催人向上，气氛温馨和谐</td></tr>
<tr><td>社会环境</td><td>家校合作默契，特色办学获社会赞许，人民满意</td></tr>
<tr style="display:none"></tr>
<tr><td rowspan="12">幸福课堂</td><td rowspan="8">爱教爱学</td><td rowspan="4">以生为本</td><td>以学生为中心</td><td>学生唱主角，教师当导演，学生是学习的主人</td></tr>
<tr><td>激活右脑</td><td>运用多媒体，体现艺术性、整体性、创新性</td></tr>
<tr><td>赏识主导</td><td>高激励，低威胁；要有挑战性、可控性，处于放松警觉状态</td></tr>
<tr><td>寓教于乐</td><td>运用情境互动和游戏途径，言行幽默</td></tr>
<tr><td rowspan="4">动机维持</td><td>注意集中</td><td>全神贯注，持续不分心</td></tr>
<tr><td>内容相关</td><td>内容贴近学生，与目标关系密切</td></tr>
<tr><td>成功自信</td><td>体验成功，增强自信</td></tr>
<tr><td>效果满意</td><td>即时反馈强化，激励，欣赏，感激，感恩</td></tr>
<tr><td rowspan="4">会教会学</td><td rowspan="3">“631”组织教学</td><td>60%的自主学习量</td><td>教师主导下自主探究，发现问题和尽力自求解决问题</td></tr>
<tr><td>30%的合作学习量</td><td>教师主导下对学群学，咨询释疑，讨论分享，化解问题</td></tr>
<tr><td>10%的教师释疑量</td><td>聚焦难点，点拨答疑，化解疑难</td></tr>
<tr><td>“5+2”学习模式</td><td>善于运用课堂5个学习环节</td><td>前测—探究—展示—练习—后测</td></tr>
</table>

续表

一级指标	二级指标	三级指标	四级指标	内　　涵
幸福课堂	教会学会	“5+2”学习模式	善于运用课前课后2个学习环节	课前预习和课后改进
		高能	学以致用 举一反三	能够将所学东西运用到不同情境，能够一题多解
		高分	学考一体 超常发挥	当堂达标，测试获得好成绩
幸福课外	满足特需	学科延伸	提高	学优生弥补课堂吃不饱的状况
			补习	学困生解决课堂消化不良的状况
		兴趣特长	多元智能活动	充分发挥学生的天赋优势，激发潜能，满足个人爱好

通过加权求和公式：$\sum WiXi = W1X1 + W2X2 + \cdots + WnXn$（其中，Wi 为权数），可以分别计算出一级、二级、三级指标分项幸福指数和学校整体幸福指数。可与我们开发的“幸福指数透视分析软件”（HIPAS，另文专门介绍）所得幸福学校结果互为印证。前者是明线，需要现场观察调研和人工评分，便于以评促建，但易受主观影响，我们称之为显性评价；后者（HIPAS）是暗线，是我们运用心理投射理论专门研发的系统分析软件，不需要现场观察调研和人工评分，只要将师生按要求自由提供的文本或实录转到 HIPAS，电脑会自动分析生成文字背后隐藏的真相，揭示出深层客观规律，计算出幸福指数，不受任何主观影响，我们称之为隐性评价。显性评价和隐性评价结合，能够充分体现学校幸福指数的真实性和完整性。

SECTION THREE

第三节

办幸福学校四步曲

一、确立办幸福学校的先进理念

幸福是指使人心情舒畅的境遇和生活。幸福感就是人们对生活满意程度的一种主观感受，是根据自己设定的标准而非他人的标准进行评价，通常采用幸福指数作为衡量这种感受的主观指标。当人们的经济水平提高到一定程度后，人们便普遍开始关注自己的生活质量，追求幸福感。早在 1946 年，第三届国际心理卫生大会就已明确指出有幸福感是心理健康的重要标志之一，常能体验到幸福感的人就是一个心理健康成长的人。

俗话说，幸福的人大多相同，不幸的人各有各的不幸！学校教育与其疲于帮助学生摆脱各种各样的不幸，不如教给学生找到幸福的金钥匙。积极心理学家塞利格曼提出了幸福公式：总幸福指数 = 先天的遗传素质 + 后天的环境 + 你能主动控制的心理力量。总幸福指数是指较为稳定的幸福感，而不是暂时的快乐和幸福。我们无法改变先天遗传，但是我们可以努力营造良好的后天环境，更为重要的是，我们要主动控制自己能掌握的心理力量，做生活的主人。创建幸福学校，可以培养人们创造幸福的能力和分享幸福的胸怀，促进儿童健康成长、家校和谐协调、员工心情舒畅、公众称心如意；创建幸福学校，可以增进全员幸福感，提高工作和学习热情及效能，激发创造潜能，增进亲情和友谊，提高生活乐趣和质量，促进身心健康，提高教师和学生的幸福指数。

学校的根本使命是教书育人。传统心理健康教育面向少数问题学生或学生的问题，无法解决教书育人的根本问题，偏离了心理健康教育面向全体师生的主方向，偏离了学校的主目标，难以得到应有的重视。积极心理健康教育旗帜鲜明地提出创建幸福学校，塑造幸福人生，这为深化素质教育提供了抓手，为全面提高教育质量提供了新的支点。

二、理解幸福学校的内涵

首先，幸福学校应该是学生健康成长、积极向上的精神乐园。健康包括身体健康和心理健康两个方面。身体健康是幸福的本钱，心理健康是幸福的支点。1989 年，联合国世界卫生组织（WHO）提出，健康不仅是没有疾病，而且包括身体健康、心理健康和道德健康。

一般而言，心理健康是指个体的心理活动处于正常状态，即认知正常、情感协调、意志健全和个性完整，能够充分发挥自身的潜能，以适应生活、学习、工作和社会环境发展变化的需要。早在新文化运动时期，鲁迅就指出，医治精神的麻木更急于医治肉体的病弱，他说："凡是愚弱的国民，即使体格是如何健全，如何茁壮，也只能做毫无意义的示众的材料和看客，所以我们的第一要著，是要改变他们的精神。"培养个体和民族积极向上的心态是积极心理健康教育的核心任务，也是幸福学校的使命。

积极向上是幸福的基石。没有心理疾病不等于心理健康，消除烦恼不等于享有幸福。传统心理健康教育，无论是教育观念、教材、心理课，还是各种心理访谈节目，渲染和传播的多是心灵的阴影而不是催人向上的精神，给人们留下的多是消极的心理暗示，给整个社会心态埋下了隐患，背离了教育的积极方向。积极心理健康教育强调通过发展解决问题，通过快乐化解烦恼，通过阳光消除灰暗，通过进取防止退步，通过成功防止失败。不仅帮助那些处于某种逆境条件下的人们知道如何求得生存并得到良好的发展，更要帮助那些处于正常环境中的普通人学会怎样建立起幸福的个人生活和社会生活；不仅要研究和化解人或社会所存在的各种问题，更要研究和培养人或社会的各种积极心理品质和积极精神力量。通过潜能开发，使人具有积极的理想追求、良好的社会适应能力、高效的学习和工作状态、建设性的人际关系、健全的人格和幸福的精神生活。通过积极待人、创造积极的精神、提供积极的机会、肯定积极的价值，使其服务对象在感受积极的过程中，学会创造积极，并最终获得一种实实在在的积极力量，从而支撑个人与社会的发展。即便遇到不幸，也激励人们从逆境中奋起，在不幸中求得幸福，在不圆满中求得圆满。使学校成为社会主义精神文明建设的主阵地，成为下一代健康成长的精神乐园。

其次，幸福学校应该坚持物质与精神、生理与心理、个体与集体的有机统一。真正的幸福是物质幸福与精神幸福的完美结合，是个人幸福与社会幸福的有机统一；个人幸福不仅只有在社会中才能实现，而且只有为社会谋求幸福，才是最高意义的幸福。马斯洛需求层次理论认为，人的需要的满足是有层次的，因而人的幸福也是有层次的或者说是多样化的，比如物质需要和精神需要、生理需要和心理需要、享乐需要和奉献需要、感官愉悦需要和心灵欣慰需要等。每一层次和每一维度的需要得以满足都代表着某种幸福的相对实现。因而，不同的人出于不同的需要，对幸福的理解和追求也不一样。但整体上而言，人类幸福发展的基本规律是由低级向高级发展，即由满足物质需要向满足精神需要发展，由满足生理需要向满足心理需要发展，由满足享乐需要向满足奉献需要发展，由满足感官愉悦需要向满足心灵欣慰需要发展。幸福的多元特点和发展规律得到理解和尊重，并能得到促进，学校的总体幸福感水平就会得到提升。

最后，幸福学校应该坚持改革创新，重视公平与质量，不断深化素质教育。《国家中长期教育改革和发展规划纲要（2010—2020 年）》要求：以改革创新为动力，以促进公平为重点，以提高质量为核心，全面实施素质教育；树立以提高质量为核心的教育发展观，注重教育内涵发展，鼓励学校办出特色、办出水平，出名师，育英才。创新是幸福的动力，公平是幸福的前提，质量是幸福的保障；使每个学生享有公平优质教育，以创新为纲，德智体美全面发展，是创建幸福学校的根本。

三、掌握办幸福学校的举措

减负增效是积极心理健康教育的关注热点，也是创建幸福学校的重中之重。长期以来，应试教育远离了教育的人文本性，其教育过程与人性和生命严重脱节，灌输式、填鸭式、题海战术把学生训练成考试的机器，把教师变成燃烧殆尽的蜡烛，直接导致学生厌学、教师厌教。只有充分发挥教师的主导作用和学生的主体作用，让学生做学习的主人，通过自主学习、探究学习、合作学习、网络学习以及多元智能学习，发现潜能、发挥潜能，才能最大限度地提高教与学的兴趣和效率，提高考试成绩，提高升学率，从根本上减负增效。

幸福教育的核心是教师爱教、会教、教会，学生爱学、会学、学会，是减负增效的最佳路径。爱教、爱学是动力，会教、会学是策略，教会、学会是效果。教是为了不教，减轻学习负担、提高教学兴趣和效率关键靠教师。积极践行阿克斯动机（ARCS）教学模式：引起注意；教学内容与学习者的贴切性和相关性；通过提升成就感增强自信；对学习效果满意。通过阿克斯动机教学模式提高动机和兴趣，减轻心理负担；通过多元智能教学策略，提高效能和个性化水平，减轻课业负担。使“得天下英才而育之，一乐也”和“学而时习之，不亦说乎”的千年幸福梦想重新回到师生心中。

迈向幸福学校（幼儿园）的十大突破性特色路径包括以下方面：①双超英才教育（DSE）方案：培养拔尖创新苗子，赢考试更赢人生；②卓越教育（ART3）方案：因材施教，让所有孩子争优；③突破学困（Mild）温情教育方案：克服学业不良，不让一个孩子掉队；④幸福课堂五步（5P）教学方案：有效教学，克服厌学；⑤课堂内外多元智能（MI）活动方案：发挥特长，促进全面发展；⑥ 新融合教育（NIE）方案：校内外教育资源融合，随迁子女与城市学生优势互补；⑦农村教育阿克斯（ARCS）动机教学模式：满足农村学生需要，发挥小班化优势；⑧多元智能（MI）英语方案：克服哑巴聋子英语，凸显国际化特色；⑨人本特教（HBSE）方案：提供适合的教育，满足所有人的特殊需要；⑩教师培训新图（NUMAP）模式：建设学习型组织，促进教师专业发展。

四、幸福学校需要建设好学习型组织

1. 学习型组织五项修炼

学校是最专门的学习机构和学习场所，幸福学校建设关键是人的组织建设，建设一支快乐高效的员工团队是幸福学校建设的核心。

20 世纪 80 年代，美国麻省理工学院的彼得·圣吉最先将学习型组织描述为一个“不断创新、进步的组织。在其中，大家得以不断突破自己的能力上限，创造真心向往的结果，培养全新、前瞻而开阔的思考方式，全力实现共同的抱负，以及不断一起学习如何共同学习”。他还提出：“真正的学习，涉及人之所以为人这一意义的核心。透过学习，我们重新创造自我。透过学习，我们能够做到从未能做到的事情，重新认识这个世界及我们跟它的关系，以及扩展创造未来的能量。事实上，你我心底都深深地渴望这种真正的学习。这就是学习型组织的真谛……让大家在组织内由工作中活出生命的意义……学习型组织是可能的，因为每一个人都是天生的学习者。”①

学习型组织是使学习不断在个人、团队、组织、社群中持续进行，并运用种种策略使学习与生活及工作各层面相结合的组织，从而使成员的潜能不断得到发展，创造出真心向往的成果，也培养出全体成员创新、

① Lessem. 发展型管理［M］. 周旭华，译. 台北：天下文化出版社，1997：283.

前瞻而开阔的思考方式，以及养成共同学习的习惯，结果是成员的知识、信念及行为不断改变，组织的创新与成长能力持续强化，大家齐心协力实现共同的抱负。

张声雄①、林新发②等将学习型组织的精髓概括为三项追求、五项修炼：

三项追求：

民主、平等、合作、参与、创新的超越精神；

校长、教师、学生与家长及社区协作互动的学习行为；

目标一致、资源共享、机会均等、责任分担、成果互惠的激励机制。

五项修炼：

· 建立共同愿景。即形成组织成员普遍认同的目标、价值观与信念，从而凝聚组织成员朝着组织的同一目标，齐心协力，共同奋斗。

· 协作互动学习。即通过学校与家庭、社会，校长、教师、学生、家长及社区有关人员的共同参与、相互影响、分工合作，实现教育他人与自我教育效益的最大化。

· 开放性思维。通过合作交流、充分沟通、换位思考、资源共享、互助互惠改变个人的封闭自守的旧思维习惯，启迪创新智慧和灵感。

· 自我超越。通过个人与组织共同愿景之间差距所形成的“创造性的张力”，激发个人自我超越。

· 系统思考。要求教师树立全局的观念，运用系统的观念看待教育教学与学生、学校以及自我的发展，从动态发展的各种要素之间的交互影响和交互作用中寻求发展的契机。

2. 建设学习型组织八步法

“八步法”创建流程模式是林新发等提出具有一定的可操作性。

（1）建立学校组织领导和创建网络平台

---

① 张声雄．学习型组织理论概述［J］．中国人才，2003（2）：18－19.

② 林新发，等．新世纪学习型组织在学校之应用与展望［J］．国家教育行政学院学报，2003（4）：40－51.

学习型组织创建作为学校的一个革新工程，需要建立强有力的组织管理机构。因此，在正式启动创建工作前，必须从学校最高层、中层、基层建立健全组织领导体系和责任网络。具体可以从以下几个方面创建组织网络和管理平台：一是创建学习型党组织；二是创建学习型年级组；三是创建学习型学科组；四是创建学习型工会；五是创建学习型团队组织；六是创建学习型教师；七是创建学习型家庭。

（2）组织现状分析评估

这是前期创建工作的关键一步。明确开展创建活动的最原始的理由，就是教职员工个体素质和能力与学校发展和教育改革步伐不同步，需要持续提高，学校组织的学习能力不足以支撑学校更大目标的实现。这样，就从学校组织自身和教职员工个体寻找到创建的原始动力。要通过调查研究，系统地了解学校组织的历史、现状和发展趋势，对本单位组织结构设置、工作流程、专业分工情况、人员年龄结构、性别结构、学历结构、职称结构（技术等级）和当前员工队伍学习积极性、主动性、整体学习氛围以及学校组织管理、组织的质量技术水平、组织结构的合理性等方面进行一次全面评估，清楚地知道学校组织和教职员工到底缺乏什么，学校组织素质现状到底与学校长远发展目标的实现有哪些差距，在哪些方面需要持续努力改进和完善。

（3）确立创建目标规划

经过第二步的组织现状分析评估，学校组织应提出比较明确的创建目标和总体规划，为资源的优化整合提供依据，使各级组织及成员有明确的工作方向。但在确定目标时，一定要做到简洁明了，定性与定量结合，目标清晰，可测量。要结合学校组织文化创建，结合个体素质提高，结合学校组织长远发展战略，结合学校组织中岗位工作职责，有针对性地确定创建目标。而且，应该根据创建主体的结构逐层进行目标分解。

（4）建立学习管理机制保证体系

按照学习型组织“拥有终身学习的理念和机制、建有多元回馈和开放的学习系统”和知识管理的要求，提出了学习管理机制保证体系模型。学习管理机制保证体系主要包括共享机制、运行机制、组织机制、奖惩机制、质疑反馈机制五大类11小类的机制，目的在于畅通知识传递、学习和激励渠道，规范学校运作程序，保证创建工作运行良好并逐步实现创建目标。

表4－2　学习管理机制保证体系模型

<table>
<tr><td rowspan="11">学习管理机制保证体系</td><td rowspan="2">共享机制</td><td>知识收集机制：包括对学校内部、合作伙伴、竞争对手的发展动态、趋势以及最新管理思想技术方向等知识的收集渠道、管理办法等</td></tr>
<tr><td>知识传递机制：对收集的知识进行分类整理，建立内部传递网络渠道、方式以及应用管理等</td></tr>
<tr><td rowspan="2">运行机制</td><td>知识内化机制：包括学校外部学习及知识资源库建立、引入渠道、管理办法等</td></tr>
<tr><td>学习交流机制：包括学校内部教职员工之间、部门之间、上下级之间学习以及知识资讯交流活动设计、活动组织管理等</td></tr>
<tr><td rowspan="2">组织机制</td><td>组织文化机制：包括学校宗旨、价值观、行为准则、共同愿景等学校文化内核的提炼、阐释以及学校形象识别、传播以及学校文化提升等</td></tr>
<tr><td>程序规范机制：包括学校规章制度、业务手册、计划程序等各种文本规范</td></tr>
<tr><td rowspan="4">奖惩机制</td><td>薪酬机制：包括薪酬设计原则、薪酬体系、工作绩效与薪酬的关系、奖惩方案等</td></tr>
<tr><td>晋升机制：包括人事用工制度、干部选拔任用制度、教职员工岗位晋级、晋职制度等</td></tr>
<tr><td>荣誉机制：包括学校各类荣誉体系设计、称号设计、署名设计及其荣誉管理等</td></tr>
<tr><td>培训机制：包括教职员工教育培训规划、培训机构设置、培训组织实施、评价管理等</td></tr>
</table>

（5）编制团队培养计划

为了保证创建工作有效实施，并在过程中能够得到有效控制，一份详细具体的学习培养计划是非常必要的。团队培养计划总体设计可以按照自我超越、心智模式、建立共同愿景、团体学习、系统思考五个模块进行活动设计，设计原则可以将彼得·圣吉五项修炼进阶思想作为活动设计的指导思想。

（6）计划实施与监控

这是创建学习型组织最关键的一步，如果这一步没有做好，所有的工作都将前功尽弃，活动的策划将成为管理的成本，而不会产生效益。落实不好，组织不好，控制不好，肯定会产生负面效果，扩大损失。所以必须严格按照计划组织实施、进行监控，及时发现问题并协调解决。

（7）绩效分析评估

在这一步中，关键的工作就是要定期进行效果评估，要系统设计评估指标。原则上与创建之初的评估要素要相互对应。与预期目标和计划进行对比，确定进步之处和有待改进之处。

（8）组织及管理改进

创建学习型组织的目的就是通过不断提高个体及学校组织的学习能力，形成新的适应能力和创新能力，从而不断改进学校的组织模式，进而优化管理，不断提高个人及组织的绩效。这一步既是一轮创建工作的最后一步，也是新一轮学习型组织创建的开始。

创建学习型组织是一个无限的、不断优化改进的递进循环过程。借助“八步法”创建学校学习型组织流程模式，可以指导学校组织快速切入创建学习型组织工作中去，使创建流程清晰、过程受控。

SECTION FOUR

第四节

幸福校长成长六项全能

根据美国学校领导者标准，幸福校长成长和发展应该达到六项全能，每项都包含知识、意向和行为三个方面。

一、树立和实施科学的学习观。学校管理者是教育领导者，通过推进学校社区所支持和认可的学习观的发展、表述、实施和管理工作来促进所有学生成功

1. 知识方面：管理者了解并懂得——

· 多元社会里的学习目标
· 制订和实施战略计划的原则
· 系统理论
· 信息的来源，数据搜集和数据分析的策略
· 如何有效地交流
· 谈判技能及如何有效地达成意见一致

2. 意向方面：管理者相信、重视并承诺——

· 对所有师生具有教育能力
· 学校对学习的标准要求和设计要合适
· 学校持续性地改善
· 关注学校社区里的所有成员
· 保证学生具有成为成年人所需要的知识、技能和价值观
· 愿意不断地检验自己的假设、信念和实践
· 采取措施促进个人和组织的行为水平提高

3. 行动方面：管理者支持和从事的工作及过程保证——

· 将学校的理论和使命有效地与教职工、家长、学生和社区成员交流
· 将学校的理念和使命通过标志、庆典、故事和其他类似活动交流
· 将学校理念的核心信仰传递到所有与学校有关人员的心中
· 和所有与学校有关的人员一起制定学校理念
· 学校社区成员对实现学校理念所做的贡献得到认可和表彰
· 让所有与学校有关的人员了解学校在实现理念和使命上的进展
· 让学校社区参与学校的改善
· 用学校理念设计教育大纲、计划和部门机构
· 用学校理念设计教学大纲、计划和行动
· 制订实施计划，采取策略，实现学校目标
· 清楚地表达学校的理念和目标
· 制定学校理念和目标时使用与学生学习有关的评价数据
· 制定学校理念和目标时使用与学生和家庭有关的人口数据
· 发现、理清和解决阻碍实现学校理念的问题
· 找到和获得实现学校使命和目标所需要的资源

· 使用现有资源支撑学校实现自己的理念和目标
· 定期调整、评价和更新学校理念、使命和实施计划

二、树立和实施科学的学校观。学校管理者是教育领导者，通过推行、培养和维持对学生学习和教职工职业提升有益的学校文化和教学计划来促进所有学生成功

1. 知识方面：管理者了解并懂得——

· 学生的成长与发展
· 应用性的学习理论
· 应用性的动机理论
· 如何进行课程设计、实施、评价和改进
· 有效教学的原则
· 测量、评价和评估策略
· 教育方案的多样化及其意义
· 成人学习模式和职业发展模式
· 制度、组织和个人的变化过程
· 技术手段在促进学生学习和职业成长中的作用
· 学校文化

2. 意向方面：管理者相信、重视并承诺——

· 办学的基本目的是为了学生的学习
· 坚信所有学生都能学好
· 学生学习可以通过多种方法
· 自我和他人终生学习
· 自己专业化发展是学校提升的有机组成部分

· 多样性给学校社区带来好处

· 保障安全和有益的学习环境

· 把学生培养成为社会做贡献的后备成员

3. 行动表现：管理者支持和从事的工作及过程能保证——

· 学校组织有序，与成功的目标一致

· 设计、实施、评价和改进课程、合作课程及课外课程计划

· 课程决策建立在研究基础之上，建立在教师们的专长和专家的建议基础之上

· 定期评价学校文化和氛围

· 使用大量信息资源来制定决策

· 采用多种技术手段评价学生的学习

· 教职工和学生使用多元化的信息资源提高业绩

· 使用多种监督和评价模式

· 制订满足学生和家庭需要的学生管理方案

· 公正地对待所有人，体现尊严和尊重

· 校长的专业化发展倡导以关注学生学习为重心，与学校理念和目标一致

· 使学生和教职工感到有价值和受重视

· 每个人的责任和贡献都得到承认

· 发现、理清和解决阻碍学生学习的问题

· 在开发学习经验时考虑到多样性

· 鼓励终生学习，树立终生学习典范

· 建立对自己、学生和教职工期望值较高的文化

· 在教与学的过程中鼓励和支持运用技术手段

· 学生和教职工的成就得到认可和表彰

· 为所有学生提供多元化的学习机会

三、树立和实施科学的管理观。学校管理者是教育领导者，通过保证对组织的管理、运行和安全、高效、可行的学习环境来促进所有学生成功

1. 知识方面：管理者了解并懂得——

· 组织理论和组织模式以及组织发展的原则
· 学校和地区级别的业务程序
· 与学校安全保障有关的制度和问题
· 人力资源管理与开发
· 学校管理中有关财政经营的原则和问题
· 与学校设施和场地使用有关的原则和问题
· 影响学校运行的法律问题
· 支撑管理职能的现代技术

2. 意向方面：管理者相信、重视并承诺——

· 制定管理决策以便促进学习和教学
· 为改进学校敢于冒险
· 用人不疑并重视所用之人的建议
· 勇于承担责任
· 高质量的标准、期望和业绩
· 使所有与学校有关的人员关注学校的管理过程
· 提供安全的环境

3. 行动表现：管理者支持和从事的工作及过程能保证——

· 管理决策要依据学习、教学和学生发展方面的知识
· 为扩大成功学习的机会设计和安排可操作的程序

· 发现问题、研究现状，恰当地借助形势
· 实现学校理念和目标的操作计划和程序落实到位
· 有效处理与学校有关的交易和契约
· 学校硬件、设备和支持系统能安全、高效地运转
· 为最大限度地实现组织的目标安排好时间
· 发现潜在问题和机遇
· 随时准备应对问题和解决问题
· 人力、财力和物力资源配备要与学校目标一致
· 学校像企业式的运行以保证不断发展改进
· 根据需要定期调整和修改组织方式
· 学校的决策要吸收与学校有关的人员参与
· 通过分享责任心来扩大主人翁意识和使命感
· 具备有效的澄清问题和解决问题的技能
· 具备有效的冲突解决技能
· 具备有效的达成群体一致的技能
· 具备有效的交际技能
· 有效地运用技术手段管理学校
· 负责任地、有效地、切实可行地管理学校的财力资源
· 创造和维持一个安全的、卫生的、美化的学校环境
· 人力资源部门支撑学校目标的实现
· 保持学校的信心和不受外界干扰

四、树立和实施科学的社区观。学校管理者是教育者，通过与家庭和社区成员合作、响应多种社区利益和需要、调动社区资源促进所有学生成功

1. 知识方面：管理者了解并懂得——

· 有可能将要影响学校社区的、正在出现的问题和动向

· 不同学校社区的条件和动态
· 社区资源
· 公共关系和营销策略及对应的过程
· 学校、家庭、企业、社区、政府和高等教育合作关系的成功模式

2. 意向方面：管理者相信、重视并承诺——

· 将学校作为更大社区的一个组成部分
· 与家庭合作和交流
· 家庭和其他有关人员参与学校决策制定的过程
· 主张多种形式扩大学校资源
· 学校与家庭配合教育孩子
· 认识到家长最关心他们的孩子
· 将家庭和社区资源引导到学生教育上
· 让公众了解学校

3. 行动表现：管理者支持和从事的工作及过程能保证——

· 社区群体重视教学计划并支持学校目标
· 将社区服务与教学计划融为一体
· 社区成员受到平等对待
· 多样性得到认可和重视
· 建立和保持与媒体的有效联系
· 制订与社区关系的综合方案
· 公共资源和资金得到合理、明智的运用
· 为教职工提供与社区合作的模式
· 为教职工提供培训合作技能的机会
· 优先考虑与更大社区的交流
· 与社区领导的关系得到认可和促进

· 经常运用来自于家庭和社区的关怀、期望及需要等方面的信息
· 对外联系扩展到不同企业、行政和服务机构及组织
· 对那些价值观和意志可能冲突的个人和群体给予理解
· 学校和社区互为资源、互相服务
· 运用现有社区资源帮助学校解决问题、实现目标
· 与地区企业、高教机构建立起合作关系

五、树立和实施科学的价值观。学校管理者是教育领导，通过正直、公正和伦理道德习惯促进所有学生成功

1. 知识方面：管理者了解并懂得——

· 现代社会的教育目的和领导角色
· 各种有关伦理道德的框架和观点
· 各种学校社区的价值观
· 职业道德规范
· 教育哲学和教育史

2. 意向方面：管理者相信、重视并承诺——

· 公益的理想
· 权益法规定的道义
· 每个学生对自由、优质教育的权利
· 将伦理道德原则运用到决策过程中去
· 个人利益服从于学校社区的利益
· 为激励一个人的道义和行为而接受由此引起的结果
· 建设性、富有成效地使全体职工为所有学生和家庭服务
· 创建一个有爱心的学校社区

3. 行动表现：管理者支持和从事的工作及过程能保证——

· 张扬个人的价值
· 展示个人伦理道德和职业道德准则
· 表现出激发他人达到更高业绩水平的价值观、信仰和态度
· 以身作则
· 为学校承担责任
· 考虑到个人的管理实践对其他人的影响
· 使用全体职工的影响力推进教育计划，而不是为个人谋利益
· 待人公正、平等，给人以尊严和尊重
· 维护学生和教职工的权益和隐私
· 对学校社区的多样性表示欣赏和关注
· 认同和尊重别人的法律尊严
· 审查和思考学校社区流行的多种多样的价值观
· 期待学校社区的其他人表现出正直的行为，并且符合伦理道德
· 开放学校，接受公众监督
· 履行法规和契约责任
· 公平、明智和审慎地运用法律程序

六、树立和实施科学的全局观。学校管理者是教育者，通过理解、响应和影响更大政治、社会、经济、法律和文化环境促进所有学生成功

1. 知识方面：管理者了解并懂得——

· 维护国家、学校制度的行为准则
· 公共教育在推动社会与国家发展创新上的作用

· 与教育和办学有关的法律

· 影响学校的政治、社会、文化和经济体制及其进程

· 将变化和解决冲突的模式及策略运用到学校周围的政治、社会、文化和经济的大环境中去

· 全球性的问题和师资力量影响教与学

· 贯彻落实政策的动力

· 多样性和平等性的重要性

2. 意向方面：管理者相信、重视并承诺——

· 教育为创造发展机会和社会职业流动提供钥匙

· 认可各种观点、价值和文化的多元化

· 不断与其他影响教育的决策者对话

· 在服务教育的环境中主动参与政治和政策制定

· 运用法制维护学生权益，增加学生发展的机会

3. 行动表现：管理者支持和从事的工作及过程能保证——

· 学校代表学生和家长的利益影响周围环境

· 在学校社区之间开展有关学校周围环境变化的交流

· 不断与各种社区群体的代表进行对话

· 学校团体在地方、国家颁布的政策、法律和制度框架内运转

· 调整公共政策，以便给学生提供优质教育

· 与学校社区以外的决策制定者建立交流途径

CHAPTER 5

第五章

建幸福班集体　当幸福班主任

幸福学校是幸福教育的载体，幸福班级是幸福学校的基本组织单位和基本功能单位。班主任是幸福班级的领路人，是幸福教育的先锋队。只有班主任幸福起来，才能带出幸福的班集体；只有全班学生幸福起来，班主任的幸福感才能得以落实和升华。

SECTION ONE

第一节

幸福班级三条基本标准

一、幸福班级三条标准

《中小学班主任工作规定》提出了以下要求：“选聘班主任应当在教师任职条件的基础上突出考查以下条件：（一）作风正派，心理健康，为人师表；（二）热爱学生，善于与学生、学生家长及其他任课教师沟通；（三）爱岗敬业，具有较强的教育引导和组织管理能力。要求班主任：全面了解班级内每一个学生，深入分析学生思想、心理、学习、生活状况。关心爱护全体学生，平等对待每一个学生，尊重学生人格。采取多种方式与学生沟通，有针对性地进行思想道德教育，促进学生德智体美全面发展。组织、指导开展班会、团队会（日）、文体娱乐、社会实践、春（秋）游等形式多样的班级活动，注重调动学生的积极性和主动性，并做好安全防护工作。组织做好学生的综合素质评价工作，指导学生认真记载成长记录，实事求是地评定学生操行，向学校提出奖惩建议。经常与任课教师和其他教职员工沟通，主动与学生家长、学生所在社区联系，努力形成教育合力。”所有这些规定，为创建幸福班级指明了方向。

一般认为，班级评价，按照一定的价值标准，把班级的目标、组织结构、人际关系、纪律、舆论等要素及其性能，编织成横向关联、纵向逐层具体化的指标体系，既指明了班级评价的内容，又为班集体建设提供了规范操作和管理程序。

有人将目前主要的班级评价归纳为如下几种情况。一是以评价班级工作为主的评价方案。这种评价方案将班级教育工作所涉及的各方面因素归纳整理成一个评价指标体系。二是以衡量班集体发展水平为主的评价方案。其中涉及班集体发展的10个方面：①指向性；②组织性和民主性；③舆论和道德水平；④纪律性；⑤团结合作性；⑥学习活动；⑦社会性和劳动积极性；⑧个性和创造性；⑨自主性；⑩工作成就和声誉。三是以社会心理学理论为基础的衡量班集体发展程度的评价方案。主要是以苏联的社会心理学为依据，将班集体发展由低到高依次分为“松散群体”、“合作群体”和“集体”。

尽管三种主要班级评价方案都有其合理的一面，但是，从幸福教育高度来看，尚未体现幸福教育价值取向，不能适应时代的要求。因此，亟须构建幸福班级评价方案。

幸福班级评价理论基础和基本原则如同幸福学校一样，首先遵循幸福的一般规律。在此基础上，凸显班级的特殊性，即爱心文化是幸福集体的灵魂，和谐结构是幸福班级功能的载体，积极心理是幸福班级的调节机制，快乐成长是幸福班级的阶梯，幸福课堂内外是幸福班级的主导活动。因此，幸福班级评价里包含幸福课堂指标和幸福课外指标。

幸福班级评价基本原则包括：①科学性；②有效性；③简约性；④实用性；⑤导向性；⑥发展性；⑦自主性。上述评价理论基础和基本原则已经在“幸福学校基本标准与评价核心指标”章节做了论述，在此不再展开。

关于班级评价，如上所述，国内外文章多有论及，但关于幸福班级的标准，尚缺乏系统的观点。基于以上论证，幸福班级内涵高度概括起来主要包括幸福集体、幸福课堂和幸福课外三个方面。由此衍生出幸福班级的八条基本标准，即爱心文化、和谐结构、积极心理、快乐成长、爱教爱学、会教会学、教会学会、满足特需（见图5－1）。

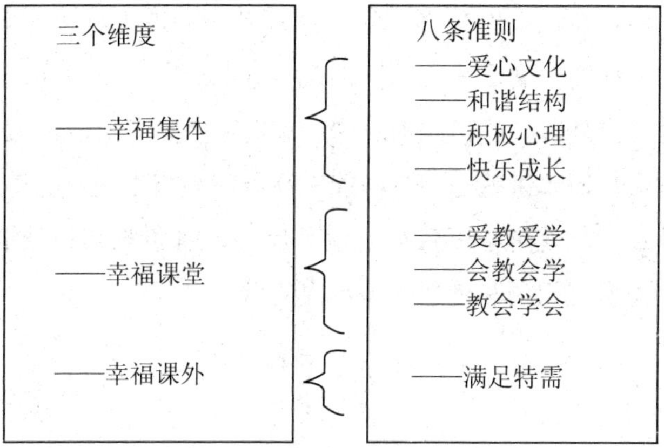

图5－1　幸福班级评价结构要素

1. 幸福集体

幸福集体主要体现在四个方面。①爱心文化。分精神和物质两个方面，通过理念、班训、班歌、班风以及标志和环境集中体现。②和谐结构。分班组建设和团队团体两大方面，进一步具体到班委小组和团队团体建设和功能。③积极心理。主要指积极向上的精神面貌，包括认知、情感、人际、公民性、节制和卓越六要素，成为幸福的心理调节机制。④快乐成长。主要通过发展规划、自主自治、主题活动、班级成绩、班级特色、班级声誉集中体现。

2. 幸福课堂

爱教爱学。首先，必须树立“以生为本”的正确的课堂观，坚持以学生为中心，注重激活右脑，突出赏识导向，强化寓教于乐。其次，重视动机激发与维持，做到：引起注意，所学内容与学生切身相关，不断促进成功自信，及时强化增加满意满足感。

会教会学。首先，会教体现为“631”原则，即60%的学习量让学生自主探究，30%的学习量让学生合作学习，10%的学习量由教师释疑。其次，会学体现在让学生习惯“5+2”环节，即课上学生主动自觉并高效执行前测—探究—展示—练习—后测5个环节，同时，谙于课前预习和课后改进2个环节，确保课前、课中和课后一条龙效应最大化。

教会学会。简单讲就是高分高能。高分就是当堂达标测验考出高分，考出好成绩；高能就是学以致用，举一反三，将所学知识技能迁移到同类问题上，能发现问题和创造性地解决问题。

3. 幸福课外

幸福课外主要通过课外活动满足学生的特殊需要，弥补课堂个性化和因材施教水平偏低的不足。课外活动既包含学科延伸又包含兴趣特长培养，学科延伸重点对学优生给予提高，对学困生给予补习；兴趣特长重在依据多元智能开发学生潜能，培养其课外爱好，丰富其学校学习和生活，使其寻求新的兴奋点和生长点，从而成为学生学校生活和成长新的支点。

二、幸福班级四十三项指标

根据上述评价维度和基本标准，下面列出幸福班级标准和评价框架及核心指标（见表5-1）。其共分四级指标，鉴于权重系数分配的慎重性和敏感性，表5-1中一律略去，受篇幅所限，幸福指数星级标准也一并省略，待具体评价时再专门提供。

表 5－1　幸福班级评价指标体系

一级指标	二级指标	三级指标	四级指标	内　　涵
幸福集体	爱心文化	精神	理念	体现爱是幸福的灵魂，用爱浇灌幸福
			班训	体现爱的力量和幸福的追求
			班歌	唱出爱的心声和幸福的律动
			班风	反映爱的正气和幸福的氛围
		物质	标志	突出爱的激情和幸福的基调
			环境	凸显爱的特色和幸福的熏陶
	和谐结构	班组建设	班委	团结有力，朝气蓬勃，威信高
			小组	齐心协力，生机盎然，活力强
		团队团体	团队	身先士卒，自信、自尊、自豪，受人尊重，令人向往
			团体	张扬个性，满足兴趣特长，弥补班级授课不足，放飞梦想
	积极心理	积极向上的精神面貌	认知	兴趣、创造力、热爱学习、多角度看问题、洞察力
			情感	热情、勇敢、坚持、诚实
			人际	班主任与学生、班干部与学生、任课教师与学生、学生之间、教师与家长之间有良好的人际关系
			公民性	领导能力、团队精神、公平
			节制	谦虚、自制、宽容、审慎
			卓越	信念、希望、幽默风趣、感恩、审美
	快乐成长	发展规划	共同愿景	目标明确，规划明晰，集体与个体发展有机统一

续表

一级指标	二级指标	三级指标	四级指标	内　　涵
幸福集体	快乐成长	自主自治	民主决策	班级事务充分发扬民主，人人参与，人人尽心
			自我管理	主动维护班级利益和声誉，自觉遵守各项规章制度和公约，养成良好行为习惯，无威胁和强迫
		主题活动	情景互动	班主任搭台，学生唱戏，情真意切，正面导向，化解问题，开心齐心，热心真心
		班级成绩	文化课	进步明显，师生深受鼓舞
			非文化课	优势突出，师生引以为荣
		班级特色	品牌鲜明	形成公认的班级特色品牌，具有影响力和竞争力
		班级声誉	校内赞誉	各种获奖，受到校内好评，师生以班为荣
			校外赞誉	家校合作，家长满意，社会好评，师生以班为荣
幸福课堂	爱教爱学	以生为本	以学生为中心	学生唱主角，教师当导演，学生是学习的主人
			激活右脑	运用多媒体，体现艺术性、整体性、创新性
			赏识主导	高激励，低威胁；要有挑战性、可控性，处于放松警觉状态
			寓教于乐	运用情境互动和游戏途径，言行幽默
		动机维持	注意集中	全神贯注，持续不分心
			内容相关	内容贴近学生，与目标关系密切
			成功自信	体验成功，增强自信
			效果满意	即时反馈强化，激励，欣赏，感激，感恩

续表

一级指标	二级指标	三级指标	四级指标	内　涵
幸福课堂	会教会学	“631”组织教学	60%的自主学习量	教师主导下自主探究，发现问题和尽力自求解决问题
			30%的合作学习量	教师主导下对学群学，咨询释疑，讨论分享，化解问题
			10%的教师释疑量	聚焦难点，点拨答疑，化解疑难
		“5+2”学习模式	善于运用课堂5个学习环节	前测—探究—展示—练习—后测
			善于运用课前课后2个学习环节	课前预习和课后改进
	教会学会	高能	学以致用举一反三	能够将所学东西运用到不同情境，能够一题多解，创造性地解决问题
		高分	学考一体超常发挥	当堂达标，测试获得好成绩
幸福课外	满足特需	学科延伸	提高	学优生弥补课堂吃不饱的状况
			补习	学困生解决课堂消化不良的状况
		兴趣特长	多元智能活动	充分发挥学生的天赋优势，激发潜能，满足个人爱好

通过加权求和公式：$\sum W_iX_i = W_1X_1 + W_2X_2 + \cdots + W_nX_n$（其中，$W_i$ 为权数），可以分别计算出一级、二级、三级指标分项幸福指数和班级整体幸福指数。可与我们开发的“幸福指数透视分析软件”（HIPAS）所得幸福班级结果互为印证。前者是明线，需要现场观察调研和人工评分，便于以评促建，但易受主观影响，我们称之为显性评价；

后者（HIPAS）是暗线，是我们运用心理投射理论专门研发的系统分析软件，不需要现场观察调研和人工评分，只要将师生按要求自由提供的文本或课堂内外实录转到 HIPAS，电脑会自动分析生成文字或实录背后隐藏的真相，揭示出深层客观规律，计算出幸福指数，不受任何主观影响，我们称之为隐性评价。显性和隐性结合，能够充分体现班级幸福指数的真实性和完整性。

SECTION TWO

第二节

幸福班级的两个基石

一、行为契约

行为契约是美国课堂管理流派——行为主义控制派的一种行为矫正方法，是一份具体的、书面的协定。它规定了其中一方或多方在特定的情境中确切的行为方式以及具体的奖励和惩罚。根据签约方的多少，行为契约分为三种类型：单方契约、双方契约和集体契约。单方契约是签约人与签约管理人之间的一项协议。签约人确定要执行的行为，契约管理人负责实施契约中规定的条款。在班级管理中，签约人一般是学生，只要求学生单方面做出承诺；签约管理人是班主任。当学生的行为符合班主任的要求时，并不要求班主任做出奖励的承诺。班主任的作用只是督促行为契约的实施。

[案例]

王武同学喜欢在课余时间看武侠小说，上课经常展示“拳脚功夫”，破坏课堂纪律。教师要求他签订行为契约，保证上课不再违反纪律，并签订了这样的条款：如有违反课堂纪律的事情发生，教师将从他的武侠小说中选一册捐赠给学校图书馆。

由以上案例可知，双方契约是由双方签订的，对双方的行为均做出规定。双方契约是双方都要确定相互期待的、需要改变的行为。签订双方契约的起因通常是双方对对方的某些行为感到不愉快，试图通过契约确定需要改变的行为，使双方都感到愉快。双方契约又可分为平行式双方契约和交换式双方契约。

平行式双方契约是为每个人的期待行为分别建立条款的契约形式。由于两个人都需要改变的行为之间没有多大冲突和牵连，所以平行式双方契约比用一个人的预期行为作为另一个人的预期行为的结果要好。例如，如果一方没有履行预期的行为，也不会影响到另一个人期望的行为。

[案例]

甲乙两同学约定寒假好好阅读古典名著，甲同学约定阅读《水浒传》，乙同学约定阅读《红楼梦》，他们共同约定，如果完成任务开学后就一起报名参加古典名著欣赏协会。

这是一个交换式双方契约，即指双方确定要执行的预期行为并且一方行为的改变充当另一方行为改变强化物的契约形式，即把一件事情作为另一件事情的回报。双方要执行的预期行为都是对方所期待的。

交互式双方行为契约（样式）

日期：2010 年 4 月 18 日 ~2013 年 6 月 18 日有效。

在这段时间里，我俩决定分工合作。我，陈珊珊，同意完成下列任务：

1. 在星期一的自习课和星期六上午帮助吴媛媛学习初二英语中的重点、难点。

2. 辅导吴媛媛做好同步练习。

作为回报，我，吴媛媛，同意完成下面的任务：

1. 在星期三的自习课和星期日上午帮助陈珊珊学习初二数学中的重点、难点。

2. 辅导陈珊珊做好同步练习。

签名：×××　签名：×××　证明人：×××（学习委员）

签约时间：　　年　　月　　日

集体向往的活动成为强化单个学生行为的手段。集体契约属于活动强化，它可以广泛用于参观、植树、竞赛、春游等集体活动之中。在课堂管理中，体育课、实验课的管理都可以使用集体契约。集体契约可以在班会上制定。集体契约之所以有效，是因为这种契约形式充分满足了学生发挥自身能力的需要。

集体行为契约（样式）

未来四周我班要上学生实验课。全班同学一致同意：

1. 进入实验室时，保持安静，不喧哗；

2. 听从实验老师的安排、指导，注意实验安全；

3. 爱护实验设施，保持实验室清洁、卫生；

4. 实验结束后，将仪器设备摆放整齐，方能离开。

若全班同学遵守此合同，则班级可获流动红旗一面。

全体学生签名：×××　教师签名：×××

本合同从签订之日起一个月内有效。

签约时间：　　年　　月　　日

根据契约制定人在契约中的核心地位和作用，还可将课堂行为契约分为三种类型：教师控制的行为契约、学生控制的行为契约和师生共同控制的行为契约。在民主型课堂里，最为常见的是师生共同控制的契约形式。这种契约由师生共同决定任务的分配量、强化量和强化的性质，体现了广泛的民主和集中。它是“教师控制的行为契约”向“学生控制的行为契约”转化的必经环节。

课堂行为契约具有以下功能。

①导向功能。明确哪些该做哪些不该做。②预防功能。行为契约提供了一个暗示的环境，当签约人把行为契约忘在脑后时，契约的管理者能提醒或暗示签约人在适当的时候采取适当的行动。因此，行为契约可以预防不良行为的发生。③监督功能。行为契约是一种公众制约的形式，这对于那些“雷声大、雨点小”、“只说不做”的人来说，增加了他们实施预期行为的可能性。④教育功能。行为契约是行为矫正的一种方法，它具有使人行为向善的功能。同时，行为契约具有“他律”与“自律”结合的特点，因此，它能使学生进行自我教育，形成自律型纪律。行为契约还考虑到学生的个体差异性，因此，它便于对学生进行个别化教育。

签订班级行为契约要考虑契约的构成要素，尤其是奖惩因素。一般来说，一份行为契约由五个基本部分组成：①预期行为。行为契约要明确陈述合同当事人彼此的责任，并对责任的完成情况提出详细要求。②测量预期行为的办法。行为契约要规定测量预期行为的办法，预期的行为应当易于观察。③执行的起始与终结时间。④契约管理者。即行为契约要确定负责实施这些条款的人。⑤强化和惩罚的条款。奖惩因素是行为契约成功的关键因素。奖励按照难易程度从简单到复杂自下而上排列：①社会强化；②活动强化；③象征强化；④活动限制；⑤反应代价；⑥物质奖励（物质强化）。

奖励最底层是社会强化，最高层是物质强化。这种排列反映了应用奖励与惩罚的顺序。奖励的层次越低，越简单易行，使用的频率越高；层次越高，难度越大，使用的频率越低。行为契约应该最少地限制学生，尽量使用自然的奖励与惩罚。

社会强化在这里指的是他人的行为会使学生的某个行为更频繁地发生。一个微笑、一次小组“被逐”，都可以充当一次社会强化。社会强化包括交往、表扬的话语或表情。社会强化的优点是简单易行。活动强化指让学生参与自己喜爱的活动。活动强化与社会强化配合使用更有激励效力。活动强化的问题是，学生必须等待，学生的喜悦感有可能在等待中消失殆尽。象征强化指的是学生直接获得“支票”、筹码或其他实物，并在将来某时可兑换成某种奖励或奖品的一套系统办法。其优点在于，象征性物品可立即给予，便于及时提供强化。活动限制指的是学生不恰当的行为将会招致取消其喜爱的活动。活动限制的规则必须一致和公开，同时要警惕这种情况：活动限制正中学生下怀，反而成全了他。反应代价指的是学生因出现不良行为而被取消中意的事。这种“取消”是不适当反应所付出的代价。物质强化即物质类奖励，可以是学生珍爱的物品，如糖果、玩具；可以是成绩标志，如奖章、绶带或一颗小星星；可以是公开褒奖，如将学生姓名写在学校的“荣誉册”里，把照片张贴在公告栏上或在校报上提名。

从根本上说，行为契约的管理方法仍是一种行为主义的方法。在实际实施过程中，不少班主任和教师在采用行为主义方法的同时，也采用了人文主义的方法，给学生以人文关怀。这说明，不同管理流派之间有相互融合和借鉴的趋势。

行为契约给我国教学改革的启示是：我们可以也有可能真正把学生当作平等的主体来事先约定解决教育中的学习和纪律问题。教师尤其要注意站在学生一边共同协商契约的条文，并且在签订完契约后与学生共同执行。这种开放式的教学管理方式和行为矫正方法，无疑有助于我国基础教育课程改革的实施。

拓展阅读

请对照一下要点检查自己实际工作情况，哪些做得比较好？ 哪些有待改进？

——关于规章制度：

- 规章制度应随着学生的发展变化而变化
- 各项制度应该张贴，对所有的人公开
- 把规章制度的条款限制在3~5条
- 行为准则应与学生的发展水平相适合
- 行为准则应与学生的文化水平相一致
- 为遵守规章制度的学生制定奖励表

· 为违反规章制度的学生制定惩罚表

—— 关于教师行为：

· 教师应就教室准则与领导、其他老师及家长进行交流

· 规章制度的实施应一视同仁、毫不偏袒

· 教师应知道正在发生的事并知道其通过控制与管理是可以防止的

· 教师不应该生气或者失去控制

· 斥责应该针对学生的行为，而不是针对学生

· 斥责对班级引起的混乱应控制在最低限度

· 应对一个学生连续的错误行为作记录

· 教师应鼓励学生监督他们自己的表现

· 班里有学生所欣赏的教师的品行一览表

—— 关于学生的考虑：

· 学生的尊严应受到维护

· 学生们监督他们自己的行为

· 学生们在尊重的基础上互相监督彼此的行为

—— 教师产生积极影响的做法：

· 写有“好消息”的便条寄给父母

· 对学生微笑

· 对一份好的工作表示满意

· 颁发奖章

· 表扬学生

· 说出“我为你感到自豪”

· 分配给学生专门的空闲时间

· 带有图表的五角星作为日常/每周的奖励

· 提供“专门助手的奖励”

· 如果允许的话，利用有利于健康的食物款待学生

· 担任班级领导工作

· 提供学生额外的自由选择时间

· “幸运”抽奖

· 学生和教师一块吃午饭

· 辅导其他学生

- 争当群体活动中的被选出者/出众者
- 交换卡片
- 把好消息通过电话传给学生的父母

—— 教师产生负面影响的做法：

- 教室里让学生单独站或坐在一边
- 让学生停课
- 放学后把学生留校
- 让学生给父母打电话汇报错误行为
- 安排学生打扫教室或校园
- 限制学生参加一些集体活动或自由活动
- 座次的不断调整
- 录制学生发脾气的情景，然后放给学生的父母看
- 开除学生，把桌子推到走廊里
- 让学生向那些被冒犯的人道歉
- 把学生排在教室最后
- 要求学生书面或口头背诵或者理解规章制度
- 把错误记录寄回家给学生的父母看
- 把学生叫到办公室
- 校内停学处分（建议退学处分）
- 建议选择其他学校

二、化解冲突的四步曲

化解摩擦、冲突是班级管理的重要内容。有时人们将自己的情绪反应隐藏起来，导致交流减少，甚至是没有交流，这些都会给他人带来困惑。还有些时候，学生们会发现自己处于事实上不明白的公开冲突中。能够帮助学生（和他人）克服冲突是 ·项非常重要的基本技能。把冲突公开，将其澄清，然后成功解决它，这需要很强的团队意识和随着时间建立起来的相互信任。

1. 承认：尽可能清晰地分辨一件事情

教师或是学生识别或是让大家注意到一件事情时，往往从“我”出发来表达沮丧和困惑，比如：“我认为我们有个问题”或是“我觉得又困惑、又沮丧、又生气”等。个体应尽可能确切地表达他对这件事的客观看法。教师需要不带任何偏见、不做任何判断，以数据和事实为基础，要求澄清：

“你能确切地告诉我你在描述什么吗？”

“事实上发生了什么？或是正在发生什么事？”

观察者能够帮助辨认或量化问题。

2. 加工：想办法通过民主过程，运用推理和逻辑，清楚权利和责任，澄清基本事件和事实

教师提醒学生运用自省、有效倾听和依序共享的方式，即一次一个人说，其他人不将其打断的方式表达观点。这些方式都是为了在某一点上达成个人或全体共识。该共识就是每个人就发生了什么事、什么引起了情绪支配的反应等达成了个人或集体的一致意见。这应该是比较客观的，没有责怪，也没有好坏判断。

这里有一些班级、小组和个人能使用的问题和策略，可以用来避免或消除误会。

· 你们（我们）期待发生什么？
· 事实上发生了什么？
· 是什么引起了争端？
· 事情如何逐渐升级的？
· 这与我们过去的经历有哪些类似之处？

3. 行动：为将来的行为提供线索

随着学生了解自己的信念和行为，为自己的设想辩护，花时间反思非同寻常的情景和思考方式，推理、元认知、逻辑和反思能力会不断得到锻炼。做得好的话，这个过程能被用来处理很多种族、文化差异方面的问题和一些“热点话题”。然而，当事情难以控制的时候，可能就有必要召开一个碰头会议来巩固团队了。有的时候，甚至会遇见连碰头会议都难以解决的事件。请记住，教师可能需要提出改善行为的专业性建议。

4. 反思：反思所呈现的事情，从中学习并不断进步

此过程帮助我们回顾所呈现的事情，以便我们能够从中学习并不断进步。以下是一些为教师和学生们准备的有用的反思问题。

· 具体发生了什么使大家承认了这个问题？
· 采用什么步骤处理这个问题？
· 采用什么步骤制订解决方案？
· 班上的反应如何？
· 当时的情形有没有帮助处于冲突当中的班级和学生们释放情绪呢？
· 这种处理问题的方式如何能够帮助维持放松性警觉的氛围呢？
· 在你看来，班级有自主权吗？冲突当中的学生能够自己做主吗？
· 如何帮助团队重建呢？

尽管我们已经将此过程做了如同公式般的描述，但还远远不够。

为了快速了解大家是否达成协议，比如通过达成一致意见，所有的参与者都接受了同一个可行的解决方案，有时需要很长时间。一种能够加速问题处理的办法就是利用一种简单的核查来帮助每个人看他们是否在达成统一意见，或是否要注意到还没有提出的意见。这被称为“五根指头的拳头”技术。当一个可能的协议达成时，小组的领导者要号召大

家投票。学生们用他们所举手指头的个数来表达他们对该意见的看法。

- 五个指头——哇，这真是个好主意。
- 四个指头——这是个好主意。
- 三个指头——我同意这个主意，但并不是万分高兴的。
- 两个指头——我可以接受，但我持保留意见。
- 一个指头——我能容忍该意见，但我真觉得它有问题。
- 拳头——不，我不同意，我有别的意见。

这个步骤也适用于成年人，帮大家了解事情进展和及时地核查情况。然而，它不应该代替培养大家的洞察力和深入理解能力的方法。有时，它有助于提醒参与者在共识的建立时肩负起做出切实可行的决定的责任。将核实那些举三个手指或举更少手指的人是否对解决问题的办法满意，是否能真地“容忍”将该解决问题的办法付诸实践。

SECTION THREE

第三节

做幸福班主任的四条妙计

一、选好“领头雁”，优化班组建设十三招

幸福班级建设领头靠班长，骨干靠班委，关键靠组长。幸福班级是高度自觉、自治、自动化的集体。科学合理、系统和谐的班组结构是班级快乐高效功能的保证。因此，班长、班委、组长的选拔与搭配是幸福班级建设的首要任务。上级与下级双向选择，班主任做好审查把关和统筹协调的工作。

1. 六招选出理想班长

一看：日常观察哪些学生性格外向，具有管理天赋，能够胜任班长角色。

二查：查阅那些初露管理天分和锋芒的学生档案，核查他们有无管理经验或经历。

三谈：约谈那些通过看和查显现出来的后备选手，听听他们对幸福

班级建设的想法、主张以及建议。

四验：分配给上述三步骤过关的选手几项具体任务，考验他们实际组织协调和管理能力、创新和应变能力。

五讲：让上述四项过关的选手在班上演讲“施政纲领”，接受同学检阅。

六选：通过演讲，让全班学生无记名投票，在候选人中选出班长。

2. 四招建立快乐高效班委

· 班长提名：所有班委成员由班长提名，确保班长的权威和班委的团结力、战斗力；避免由教师直接任命或学生推选的班委与班长不一条心。

· 自身主动：所有班委成员必须自己积极主动要求任职，并说明自身优势和胜任某职位的条件。

· 班主任审核：前两项具备后，班主任要统筹协调，严把质量关。

· 学生认可：候选班委成员要有展示自身实力的机会，需要得到广大同学认可。

3. 三招组建快乐高效小组

· 班长提名组长：所有组长由班长提名，确保组长对班长的支持与配合。

· 组长自己主动：提名组长情愿出任组长，并能提名班内不少于五分之一的男女生作为自己的组员。

· 学生支持组长：班内不少于五分之一的男女生愿意跟随并积极努力。

[案例]

笔者曾用一年时间将全年级最落后的高二八班一举转变成排名第一的班，成为优秀班级。其成功奥秘的首要一条就是班组建十三招。

结构决定功能，有什么样的结构，就有什么对应的功能。运用系统论优化班级组织结构，是调动一切积极因素、实现班级整体系统积极功能的关键。经过民主集中制确定班长和班委会后，各小组组长与班长要实行双向选择，小组长与组员也要实行双向选择（规定各组男女大致比例），保证班级组织结构纵向和横向积极力量像网络一样，抓纲带目，纲举目张。值得注意的是，传统教育观认为，哪个班都有部分学困生，往往把他们分配到各小组，以便化解消极因素。结果消极力量分散到各组，不但没有化解消极影响，反而消极影响蔓延各组。殊不知，这些所谓的学困生，并不是天生后进，他们也不愿意一直当学困生，但是由于没有得到应有的关注或正视，才被人为地贴上了“后进”的标签。一旦给予他们应有的尊重和激励，他们的潜能就会得到释放，他们的积极性就会更大。班主任一般认为学困生小团伙是最头疼的事。经过班长与小组长的双向选择，笔者大胆起用学困生团伙头目做该组组长，其余学困生纷纷聚在他的麾下。该组长上任后非常积极，在他的领导下，原来的学困生很快转变成班级里的先进生，他们集合在一起，不但没有像传统教育观认为的那样——会变本加厉，反而面貌焕然一新。当然，起初时刻指导、监督和激励是必要的，一旦步入正轨，形成良性循环，就可以自动化了。

二、轮流见习班干部，人人充当“小班主任”

经过上述环节组建的班委和小组，具有较强的凝聚力和战斗力，发挥着对班级的常规管理职能。但仅仅依靠班组还是不够的，要使每个学生的领导力都得到锻炼，就必须给每人提供见习班干部的机会，实行值周班长和班委制度。值周班长和班委的职责主要有两条：

一是包干负责本周内班委的一项重要的具体工作。

二是代表班主任督察本周内班长和班委的各项工作并做出评价、提出建议。

这样，班主任就从前台退到了后台，从管理者变成了导演、教练、参谋。班主任的职责更多地转向对班委会工作的经常性检查上，并给予必要的指导和帮助，既不包办代替，也不把班级工作全部推给班干部而放手不管。定期召开班干部会议，指导他们学会制订计划及具体措施，检查落实情况，总结得失，并不断加以改进。教育他们如何分辨是非，及时阻止学生中的不良行为。经过一段时间的共同努力，既提高了班干部的班级常规工作能力，又让自己从繁忙而琐碎的班级工作中解脱出来，还能使每个学生都有机会发挥“小班主任”的作用。这样，人人都有担任班级领导的机会和体验，人人都树立班级主人的理念，不仅学生的领导力得到提升，班级工作效率也得到提升，班主任工作也上升到一个新台阶，最终达到“无为而治”的境界。班主任负担减轻了，幸福感就提升了。

三、建立“留言簿”，班级是我家

传统班主任工作中，班主任是管理者、命令者、制度的制定者，学生是被管理者、执行者，没有主观能动性，班主任具有绝对的权威性和领导地位。在这种情况下，学生心理受到压抑，创造性思维得不到发挥。幸福教育视野下的班主任必须以学生为本，放下“领导”的架子，做班级管理中的参与者、组织者、协调者，和学生平等相处；要调动学生积极性，最大限度地开发学生各方面的潜能，形成学生自我管理的良好机制，培养学生的自觉性和创新能力，为学生发展搭建平台，让学生感到“班级是我家”，一起爱护它，一起建设它。比如：建立班级建设合理化建议制度，为了班级更好地发展，专门设立合理化建议留言簿，人人都可以随时提出自己的建议和意见，班长召集班委会成员每周对这些意见和建议归总，并筛选出未来短期、中期、长期工作目标，工作重点体现民意，对难以实现的要求做好解释和说明工作，使所有学生都感觉到班级就是他们自己的，自己就是班级的主人，从而培养学生的主人翁意识。

班级建议留言簿一般印制成下列格式，以方便使用和交流。

<table>
<tr><td colspan="2">关于＿＿＿＿＿＿＿＿＿＿＿＿＿＿＿＿＿＿＿＿的建议</td></tr>
<tr><td colspan="2">建议的对象（提出的建议希望得到哪些人的响应）：</td></tr>
<tr><td colspan="2">建议的内容：</td></tr>
<tr><td colspan="2">建议的理由：</td></tr>
<tr><td colspan="2">解决问题的办法：</td></tr>
<tr><td>希望解决问题的时间：</td><td>希望的结果：</td></tr>
<tr><td>署名（可匿名）：</td><td>提交建议的时间：</td></tr>
<tr><td>群体讨论意见：</td><td>班级处理意见：
责任人　　　　年　　月　　日</td></tr>
<tr><td>班级处理结果：
责任人　　　　年　　月　　日</td><td>建议人对班级处理结果的反馈：
年　　月　　日</td></tr>
</table>

四、建立“成长记录袋”，人人进步看得见

成长记录袋就是通过汇总学生们平时的作品来记录学生在学习、生活等方面成长和进步的故事。它能够如实地反映学生成长的过程，展示学生不断进步或取得学习成就的信息。每个学生自行记录自己的成长，值周班长、班委负责本周班级成长记录。

学生成长记录表

<table>
<tr><td>学生姓名</td><td></td><td>性别</td><td></td><td rowspan="4">照片</td></tr>
<tr><td>年级（班级）</td><td></td><td>族别</td><td></td></tr>
<tr><td>兴趣爱好</td><td colspan="3"></td></tr>
<tr><td>我的梦想</td><td colspan="3"></td></tr>
<tr><td>家长姓名</td><td></td><td>联系电话</td><td colspan="2"></td></tr>
<tr><td>自我评价</td><td colspan="4"></td></tr>
<tr><td>家长寄语</td><td colspan="4"></td></tr>
<tr><td>班主任寄语</td><td colspan="4"></td></tr>
</table>

学生成长档案袋

学生快乐成长纪实袋——学生档案袋评价记录表（一）

我快乐成长：______________________________

____

____

自我评价：______________________________

____

同学评价：______________________________

____

我的反思：______________________________

____

［说明］

1. 每周记录自己认为很快乐、值得记录的事。
2. 利用每周的班会进行小组分享。
3. 可以从朗读、表达、操作、才艺等方面记录。

学生课堂参与评价表——学生档案袋评价记录表（二）

我的座右铭：______________________________

我的学习收获：______________________________

自我评价：______________________________

同学评价：______________________________

我的反思：______________________________

［说明］

1. 每周记录自己在学习中一些重要的收获。

2. 利用每周的班会进行小组分享。

3. 可以从倾听、发言、合作、创新等方面评价。

4. 学生还可以根据自己的情况，分科归类记录。

学生项目参与评价表——学生档案袋评价记录表（三）

项目简介：________________________________

自我评价：________________________________

同学评价：________________________________

我的反思：________________________________

［说明］

1. 每周记录自己参与项目的一些收获。

2. 利用每周的班会进行小组分享。

3. 可以从倾听、发言、合作、创新等方面评价。

4. 学生还可以根据自己的情况，分门别类记录。

单元、单项测试评定——学生档案袋评价记录表（四）

我的总结：________________________________

____

____

同学评价：________________________________

____

____

教师评价：________________________________

____

我的反思、追踪：____________________________

____

[说明]

1. 每一次单元测试后，记录自己在学习中存在的优点与缺点。
2. 利用课余时间与其他同学进行对照。
3. 教师要给予及时的指导。
4. 学生还可以根据自己的情况，在过一段时间后进行反思对照。

优秀作品集——学生档案袋评价记录表（五）

我的作品：______________________________

____

____

同学评价：______________________________

教师评价：______________________________

我的想法：______________________________

[说明]

1. 学生自己设计。
2. 也可以与其他同学合作，如文艺演出等。
3. 要有自己的特色。

月度记录表——学生档案袋评价记录表（六）

我的总结：______________________________

同学评价：______________________________

家长评价：______________________________

教师评价：______________________________

我的想法：______________________________

［说明］

1. 每月进行一次。

2. 让家长参与评价，让家长走进课堂，引导家长用激励的语言评价学生，帮助家长建立促进学生发展的新理念，形成与家长沟通的网络，共同激励学生健康成长。

家校共享记录表——学生档案袋评价记录表（七）

<table>
<tr><td colspan="2">家长姓名</td><td></td><td>联系电话</td><td></td></tr>
<tr><td colspan="2">基本情况</td><td colspan="3"></td></tr>
<tr><td rowspan="11">成长记录</td><td>一周</td><td colspan="3"></td></tr>
<tr><td>二周</td><td colspan="3"></td></tr>
<tr><td>三周</td><td colspan="3"></td></tr>
<tr><td>四周</td><td colspan="3"></td></tr>
<tr><td>五周</td><td colspan="3"></td></tr>
<tr><td>六周</td><td colspan="3"></td></tr>
<tr><td>七周</td><td colspan="3"></td></tr>
<tr><td>八周</td><td colspan="3"></td></tr>
<tr><td>九周</td><td colspan="3"></td></tr>
<tr><td>十周</td><td colspan="3"></td></tr>
<tr><td>十一周</td><td colspan="3"></td></tr>
</table>

［说明］

1. 学生、班主任和家长三方完成，相互补充。

2. 三方定期轮流传阅，相互沟通，相互促进。

CHAPTER 6

第六章

开幸福课堂　当幸福教师

幸福教育的重心在课堂。课堂是学校教育的主阵地，肩负着学校教育的主要使命，不仅要系统传授学生文化科学知识技能，还要全方位地呵护学生健康幸福成长。长期以来，学生厌学现象普遍存在，教师职业倦怠现象严重，根本原因在于课堂教学落后，题海战、满堂灌把学生训练成考试机器，把教师训练成训练考试机器的机器，教师和学生很难成为教学和学习的主人。以至于马克思所说的“劳动是幸福的源泉”在教师的教和学生的学两方面都丧失殆尽。《国家中长期教育改革和发展规划纲要(2010—2020年)》明确指出，“教育观念相对落后，内容方法比较陈旧，学习负担过重”，主要就是针对课堂教学。因此，建设幸福课堂成为幸福教育的重中之重，幸福教育要先让课堂幸福起来。

SECTION ONE

第一节

幸福课堂三条基本标准

一、幸福课堂三条基本标准

目前，关于幸福课堂的标准，尚缺乏专门深入系统的观点。我们认为幸福课堂涉及的主体有两个，即教师和学生，只有幸福的教师才能带出幸福的学生，只有学生幸福才能真正让课堂幸福起来。根据传统课程环境与新课程环境的区别，结合《幸福学校国际联盟宣言》，幸福课堂的标准可以概括为三条。

1. 爱教爱学

爱教针对教师而言，爱学针对学生而言，合起来就是通常所说的爱教爱学。学习最好的刺激是对所学学科的爱好，成功的教学所需要的不是强制，而是激发学生的学习爱好。教师喜欢教书、热爱教书，充满教学激情是教师让课堂幸福起来的前提；学生喜欢学习、热爱学习，充满学习热情是学生享受幸福课堂的基础。

2. 会教会学

会教针对教师而言，会学针对学生而言。教师仅仅爱教，学生仅仅爱学，这只是教学幸福的起点。真正让课堂幸福起来，教师必须懂得教的策略，善于教学，能用最有效的方法教，最大限度地提高课堂教学效率，教师从中体验到教学的乐趣；学生必须学会学习，掌握高效学习策略，善于学习，能用最有效的方法学，最大限度地减轻学习负担，最大限度地提高课堂学习效率，学生从中体验到学习的乐趣。

3. 教会学会

教会针对教师而言，学会针对学生而言。爱教会教和爱学会学只是幸福课堂的必要条件，但并不是充要条件，只有教师最终把知识和策略教会学生了，学生把要学的内容和策略学会了，课堂才能彻底幸福起来。教会学会的主要标志就是高分高能。高分就是当堂达标测验考出好成绩；高能就是将所学知识技能迁移到同类问题上，能发现问题和创造性地解决问题。

只要走进幸福课堂，就像走进情感丰富的世界，走进思想碰撞的海洋，不知不觉你就忘情了、沉醉了。它让你发现课堂原来可以如此美妙，教学原来可以如此快乐，学习原来可以如此愉悦，思考原来可以如此幸福。

二、幸福课堂十五项指标

根据上述评价维度和基本标准，下面列出幸福课堂评价框架及核心指标（见表6－1）。由于幸福课堂是幸福学校和幸福班级建设的核心，前两章已经涵盖了表6－1内容，但为了突出本章重点，也为了阅读和理解的方便，还是再展示一下表格内容，第三节再选择重点（如激活右脑、动机维持、自主探究、合作学习）分别介绍对应的策略。

表 6－1　幸福课堂十五项指标

项目	一级指标	二级指标	三级指标	内　　涵
幸福课堂	爱教爱学	以生为本	以学生为中心	学生唱主角，教师当导演，学生是学习的主人
			激活右脑	运用多媒体，体现艺术性、整体性、创新性
			赏识主导	高激励，低威胁；要有挑战性、可控性；处于放松警觉状态
			寓教于乐	运用情境互动和游戏途径，言行幽默
		动机维持	注意力集中	全神贯注，持续不分心
			内容相关	内容贴近学生，与目标关系密切
			成功自信	体验成功，增强自信
			效果满意	即时反馈强化，激励、欣赏，感激、感恩
	会教会学	“631”组织教学	60%的自主学习量	教师主导下自主探究，发现问题，尽力自求解决问题
			30%的合作学习量	教师主导下对学群学，咨询释疑，讨论分享，化解问题
			10%的教师释疑量	聚焦难点，点拨答疑，化解疑难
		“5＋2”学习模式	善于运用课堂5个学习环节	前测—探究—展示—练习—后测
			善于运用课前课后2个学习环节	课前预习和课后改进
		高能	学以致用 举一反三	能够将所学东西运用到不同情境，能够一题多解
		高分	学考一体 超常发挥	当堂达标，测试获得好成绩

通过加权求和，可以分别计算出一级、二级指标分项幸福指数和课堂整体幸福指数。可与我们开发的“幸福指数透视分析软件”（HIPAS）所得幸福课堂结果互为印证。HIPAS 软件前章已经介绍，在此不再赘述。

SECTION TWO

第二节

迈向幸福课堂的三级台阶

一、初级台阶：教师中心型

这是经典的以教为本的传统一言堂，主张以教师为中心，以教为本，也称教本型课堂。教师主宰课堂，依靠教案，讲授灌输为主，一对多单向输入，课堂管理成分大，培养尊敬老师、认真听讲并通过机械练习掌握所学知识的学生。这种教本型课堂提高幸福指数的关键在于依据加涅的8大教学事件（见图6－1），优化课堂教学，减负增效。尽管如此，学生还是置身于被动的地位，体验不到主动学习的乐趣。目前，一部分教师仍然习惯于这类课堂，因为它可控性强。这种课堂基本功扎实，为迈向幸福课堂奠定了坚实的基础，因而不应该成为迈向幸福课堂的阻碍。如果有阻碍，不在于课堂功底而在于态度和习惯，即不愿意变革的态度和循规蹈矩的心理定势。

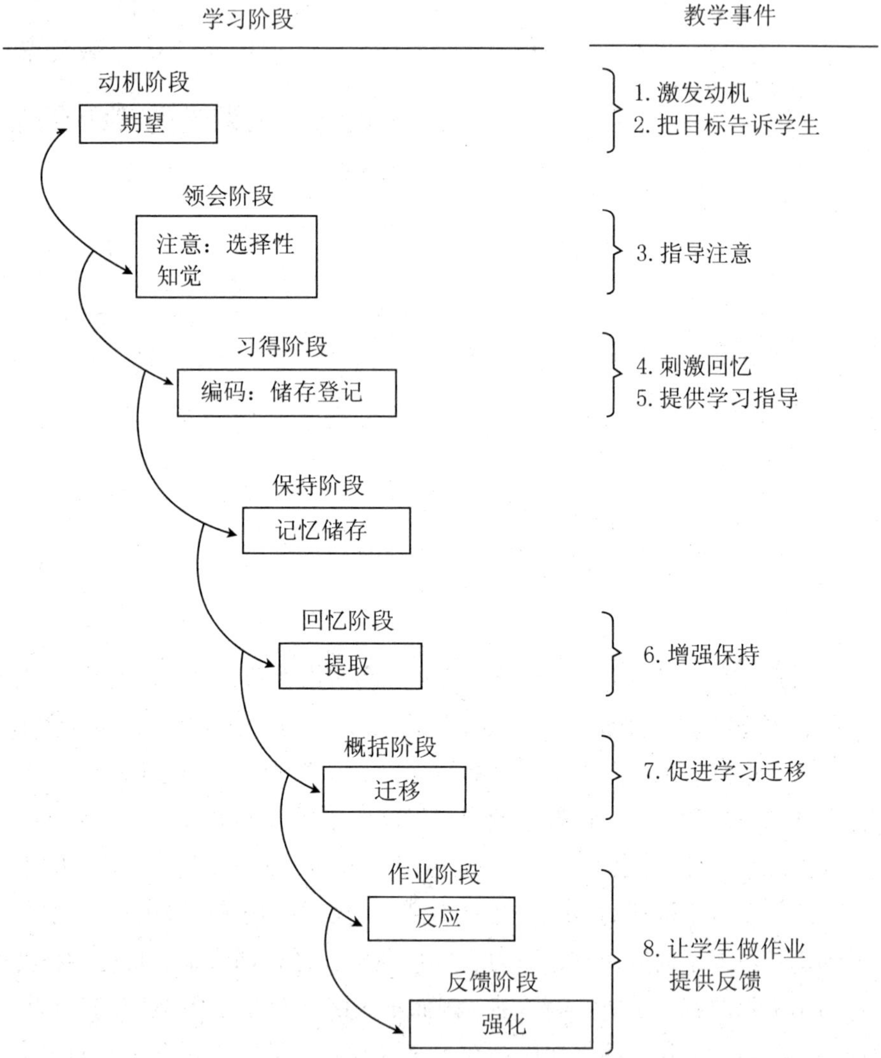

图 6-1　学习阶段与教学事件[①]

① 加涅. 学习的条件和教学论 [M]. 皮连生，等，译. 上海：华东师范大学出版社，1999：56.

二、中级台阶：师生双边型

这是新课程“自主、合作、探究”新理念催生下的“二言堂”，是传统“一言堂”的改良，是教师一边问与学生一边答的“二言堂”，看似交流互动主导课堂，但实质依旧是教师主宰的“双边”课堂，依靠教案，以问答式为主，主要是教师与学生一对一单线互动，课堂管理成分大，培养尊敬老师、认真听讲并通过回答老师提问掌握所学知识的学生。新课程理念下，大多数教师习惯于这种“双边”课堂，虽然学生的表现比“一言堂”活跃了，学习的主动性增强了，但还是没有实现“学生自主学习”的最高境界。不过，“二言堂”比“一言堂”向幸福课堂又迈进了重要一步。

三、高级台阶：学生中心型

这是新课程“自主、合作、探究”新理念追求的“多言堂”，主张以学生为中心，以学为本，也称学本型课堂。这种课堂，学生主宰课堂，依靠学案，自主、合作、探究为主，立体化多元互动，课堂组织建设成分大，小组建设和作用大，培养自学、对学、群学、展示习惯，并通过自主构建掌握所学知识的学生。学生真正成为学习的主人，体验到学习的乐趣，从而激发学习动机，提高学习效率，实现快乐高效、轻负高质的课堂效果。与传统课堂比较，可以更鲜明地看出幸福课堂的特色（见表6－2）。

表6－2 传统课程环境与新课程环境的区别

表现方向	传统课堂	幸福课堂
教师与学生的地位	以教师为中心	以学生为中心
学生发展的关注范围	单方向发展	多方面发展
学生的学习方式	灌输式	构建式
学生的学习状态	接受学习	探究学习
学生的学习反应	被动反应	有计划的行动
学习活动的内容	基于事实知识的学习	批判思维和基于选择、决策的学习
教学的背景	孤立的人工背景	仿真的、现实生活中的背景
教学媒体	单一媒体	多媒体
信息传递	单向传递	（双向）多向交换

SECTION THREE

第三节

幸福课堂五大精髓

一、激发和维持动机的阿克斯 （ARCS） 四要素

美国教育心理学家凯勒（J. M. Keller）认为：在教学设计中主要运用行为主义的强化手段和加涅的学习条件论中的“教学前引起注意”的原则并不能很好地解决学习动机问题。他整合了相关的动机研究成果，以期望价值理论为基础，并与教学设计的宏观理论相结合提出了阿克斯（ARCS）动机模式。

该模式认为可以从四个方面激发与维持学生的学习动机，分别是：注意（Attention）、切身性（Relevance）、自信心（Confidence）和满足感（Satisfaction）。凯勒的动机策略的设计过程主要是围绕这四个因素进行的，取四个因素的首写字母 A、R、C、S，因此这种动机设计模式也简称为 ARCS 模式。ARCS 模式不仅包括上述四个概念范畴，每一个范畴中还包含了众多的处方策略。

简言之，ARCS 模式告诉我们这样一个过程：为了激发一个人的学习和工作动机，首先要引起他对一项学习或工作任务的注意和兴趣；再

使他理解完成这项任务与他密切相关；接着要使他觉得自己有能力做好此事，从而产生信心；最后让他体验完成学习或工作任务后的成就感，即感到满意。

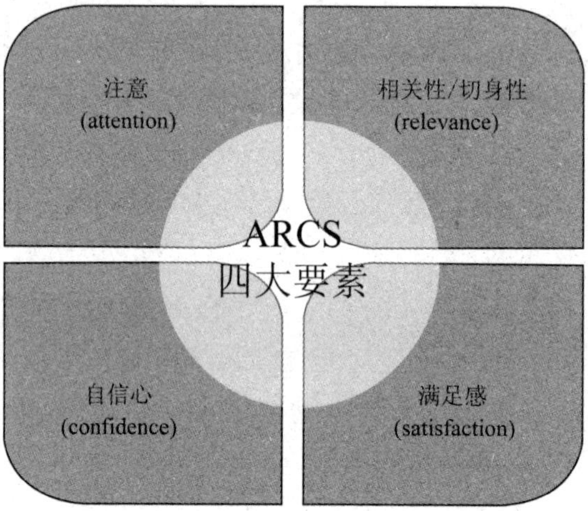

图6－2　阿克斯（ARCS）四要素

要素分类		主要问题
注　意	吸引学生的兴趣，刺激学生的好奇心	学习对学生来说有多大价值，在多大程度上激发了学习？
相关性	满足学生的需要，使其产生积极的态度	
自信心	帮助学生相信自己会成功并能够控制自己的情绪	我如何教育学生获取成功，并让他们自己控制情绪？
满　意	通过奖励(内部和外部的)强化学生的成就感	

图6－3　阿克斯（ARCS）要素分类

下面是ARCS动机策略：

1. 注意策略

（1）不协调，冲突

·给学生提供一个似乎与他们的已有经验相冲突的事实；

·提供一个看似不能作为某一概念的例证的例子；

·提供两个似乎同样合理，但只有一个是正确的实例；

·提出富有创意的想法。

（2）具体化

·将重要的对象、观念系统或关系以直观的形式呈现给学生；

·对每一个重要的概念或原则做举例说明；

·使用与教学内容相关的逸事、个案研究、传记等。

（3）变化

·变化声调，使用各种肢体语言；

·变化教育形式（信息呈现方式、练习、测验等），以保持学生的注意；

·变化教育媒体（讲台讲授、投影、录像等）；

·利用空白、图、表、字体的变化等手段使文字材料显得错落有致；

·变化表述风格（幽默、严肃，快、慢，高声、轻声，积极、消极等）；

·交替进行学生与教师间的相互作用以及学生与学生间的相互作用。

（4）幽默

·当呈现的信息过多时，可适当地使用幽默；

·使用幽默的介绍；

·在解释和总结时，使用幽默的比喻。

（5）质疑

·使用创造性技术，让学生产生不寻常的比喻和联想；

·定期提供问题解决的情境；

·给学生提供选择那些能满足其好奇心和探索需要的题目及任务的机会。

（6）参与

·使用要求学生参与的游戏、角色扮演及模拟活动。

2. 相关策略

（1）经验

·告知学生学习是建立在学习者已有的技能基础上的；

·与学生过去经验中熟悉的东西进行类比；

·找到学生兴趣之所在，并将之与教学联系起来。

（2）当前价值

·说明学习内容当前的内在价值，并把它与目标相联系的价值区别开来。

（3）未来价值

·说明教学与学生未来活动的关系；

·要求学生将教学同他们的目标联系起来。

（4）需要匹配

·强化努力行为，给学生提供在中等冒险水平下获得出色成绩的机会；

·充分运用激励，给学生提供强化责任感机会；

·满足学生的亲和需要，建立彼此间的信任，为非冒险的、合作的交往创造条件。

3. 自信心策略

（1）学习要求

·把表述清楚、富于鼓励性的学习目标与教材融合在一起；

·给学生提供表述清楚的、进行自我评估的手段；

·向学生解释评定成绩的标准。

（2）难度

·学习材料既要有难度，又是可以完成的，即提供一种可被征服的挑战。

（3）期望

·在现有能力、努力的基础上，对成功可能性做出评估；

·教学生制订能够圆满完成的学习计划；

·帮助学生树立切合实际的目标。

（4）归因

·适当地引导学生将自己的成功归因于努力，而不是运气好或任务简单；

·鼓励学生对成功和失败都做出恰当的归因。

（5）自信

·使学生在学习和练习某一技能时能逐渐提高独立性；

·使学生在低冒险的情境中学习某一技能，但要在切合实际的情境中练习该技能；

·使学生懂得“追求卓越并不意味着不允许存在不足”，并学会“自我感觉良好”。

4. 满意策略

（1）自然结果

·允许学生在实际情境中尽可能地使用新获得的技能；

·在学生完成了一个较难的任务时，用言语强化其内部的自豪感；

·允许已经掌握了某一任务的学生去帮助那些还没有学会的学生。

（2）意外的奖励

·对有兴趣的任务给予意外的、非关联的奖励；

·对枯燥的任务给予外部的、可预期的奖励。

（3）积极的结果

·对有进步的学生给予口头表扬；

·使每个学生都觉得受到了注意；

·及时地给学生提供有用的反馈信息；

·在任务完成后及时地给予鼓励性的反馈（表扬）。

（4）消极的影响

·避免使用威胁性的手段要求学生完成作业；

·避免监视学生（不同于积极的关注）；

·在帮助学生对自己的学习做出评价时，不要使用外部的成绩表现作为评价标准。

（5）强化程序

·当学生学习一项新任务时，给予持续性的强化；

·当学生对任务越来越精通时，给予间断性强化；

·不断地变换强化的时间间隔和强化量。

二、激活右脑十一条策略

虽然右脑革命已在全球展开，但目前教育模式仍以左脑型为主。目前普遍存在左脑使用过度、右脑使用不足的现象。所以，积极活化右脑，使左右脑使用平衡是实现教育优质高效的方向（见图6-4）。

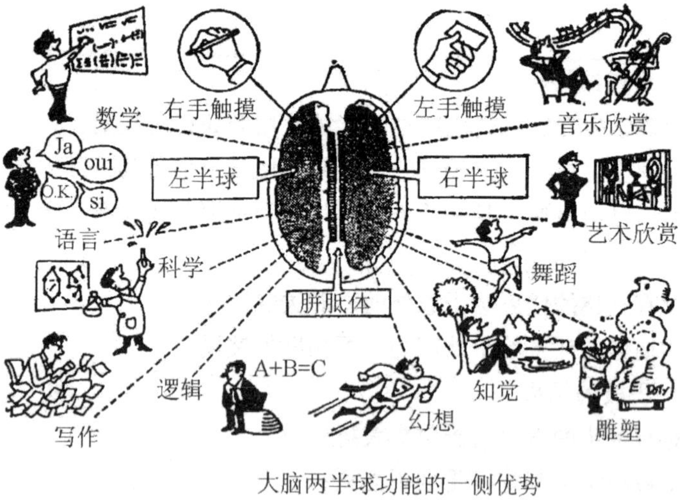

图6-4 左右脑功能①

① 孟万金．积极心理健康教育［M］．北京：中国轻工业出版社，2008：44.

以活化右脑为主的活动教学法，是从充分培养儿童能力和兴趣出发，由教师与学生一起设计活动内容，让学生在活动中直接接触情景、亲身体验获得直接感知来增加对事物的认识，从而丰富每个儿童的认知结构。此种方法可用于任何一门学科，形成多科目的学习形态。通过强化右脑的教学可达到训练创造性思维，快速掌握学科知识和技能、技巧，培养良好的学习态度和学习习惯等教学目标，符合新课程改革方向。其优势和途径从表6－3对比中可略见一斑，具体策略见表6－3。

表6－3　左右脑教学法比较

左脑型教学	右脑型教学
(1) 教学以校内、室内学习为主。 (2) 多种讲授问答方式。 (3) 以整班施教为主。 (4) 以教师讲授为中心。 (5) 教师灌输知识，管教学生。 (6) 只是单向传递。 (7) 教师处于权威的角色领导教学。 (8) 只靠书本作业。 (9) 学生只是被动地接受。 (10) 课本知识多，学生学习死板。 (11) 容易流于形式、呆板、教条，死记硬背。	(1) 教学不限于教师的讲台而应涉及整个生活现状。 (2) 使用多种实践活动形式。 (3) 除整班外，还可以分小组或个别施教。 (4) 以学生活动为中心。 (5) 教师激励、引导学生参与教学。 (6) 着重师生双方的沟通。 (7) 教师是导航者，是学生与知识的桥梁。 (8) 有适当的直观教具和实物。 (9) 启发式教学，学生积极主动。 (10) 知识来源丰富，学得灵活，用得及时。 (11) 生动活泼，情境性强，运用灵活，富于创造。

三、自主探究学习八项智能路径

自主探究学习是幸福教育所提倡的一种学习方式。它要求学生要做课堂的主人，要在教师的引导下发挥自己的主观能动性，凸显自己的智能优势，采用自己最佳的智能路径，调动自己的各种感觉器官，通过动手、动眼、动嘴、动脑，主动地去学习，从而实现学习的个性化、学习效益的最大化。多元智能策略可以帮助学生充分发挥自己最佳的学习优势。

八项智能是哈佛大学心理学家加德纳提出的多元智能理论的核心。加德纳认为传统智力观念狭隘，只关注了语言和逻辑—数学智能，而忽略了其他智能，他提出，人类至少有八项智能（见图6－5），只不过每个人显现出智能优势不同，如果发现和发展每个人的智能优势，在教学和学习过程中充分利用每个人的智能优势，每个人都应该有更大的进步。在自主探究学习时，每个人都可以根据自己的智能优势选择适合自己的学习策略，从而获得最佳的自主学习效果。

图6－5　加德纳提出的八项多元智能

1. 通过语言智能自主探究的学习路径

· 辩论
· 录音和录像带
· 朗读
· 精读
· 熟记言语事实
· 记日记
· 出版（班级小报等）
· 演讲
· 小组讨论
· 编手册
· 头脑风暴
· 写作
· 词汇游戏
· 讲故事

2. 通过逻辑—数学智能自主探究的学习路径

· 分类
· 对比
· 列序
· 推理论证
· 定量与计算
· 数词运用
· 例规—归纳
· 规例—演绎
· 启发式
· 问题解决练习
· 探究学习
· 研究型学习
· 创造性学习

3. 通过空间智能自主探究的学习路径

· 图表、曲线图、几何图形和示意图
· 想象
· 摄影
· 电视、幻灯片和影片
· 视觉难题
· 3D 立体图像
· 图片隐喻
· 图画、其他视觉艺术
· 思维脑图
· 绘画符号
· 计算机平面造型
· 颜色记号

- 艺术欣赏
- 想象讲故事
- 视力辨认活动
- 计算机绘图

4. 通过肢体—动觉智能自主探究的学习路径

- 体育活动或运动
- 操作学习
- 郊游
- 演哑剧
- 教室剧场
- 竞争与合作游戏
- 身体意识练习
- 各种动手活动
- 技能或技艺
- 肢体地图
- 熟练的操作
- 实际的软件
- 运动概念
- 运用身体语言或手势交流
- 触觉材料与体验

5. 通过音乐智能自主探究的学习路径

- 演唱、哼唱或吹口哨
- 演奏或播放音乐
- 合唱
- 音乐欣赏
- 演奏打击乐器
- 韵律、歌曲、打拍子
- 诗歌、童谣、顺口溜
- 运用背景音乐
- 声音、声调、韵律
- 音乐软件

6. 通过人际智能自主探究的学习路径

- 小组合作学习
- 人际交往
- 冲突调解
- 同伴教学
- 图板游戏
- 群体卷入
- 学徒身份
- 模拟
- 学术俱乐部
- 交互式软件

- 不同年龄相互为导师
- 同伴分享
- 人物塑造
- 小组头脑风暴对话

7. 通过内省智能自主探究的学习路径

- 独立学习与思考
- 确立目标
- 自定学习计划
- 自我监控学习过程
- 自主选择时间
- 任选家庭作业
- 自我评价
- 自我反省、修改
- 情感体验
- 个人游戏
- 通过他人认识自己
- 反思人生的理想和目标
- 元认知

8. 通过自然观察智能自主探究的学习路径

- 观察自然界
- 通过生态系统学习
- 园艺
- 自然地学习
- 实验
- 虚拟现实

多元智能还可作为分组合作的依据。同质小组可由相同优势智能者组成，异质小组可由不同优势智能者组成。

四、分组合作学习五大法宝

合作学习不仅仅是让学生坐在一起，让先完成作业的学生帮助别人做作业；指定一些学生一块学习而不保证所有的人对结果有所贡献，也不是真正的合作学习。

真正的合作学习符合分组合作学习机制（见图6－6），需要关注如下要点：

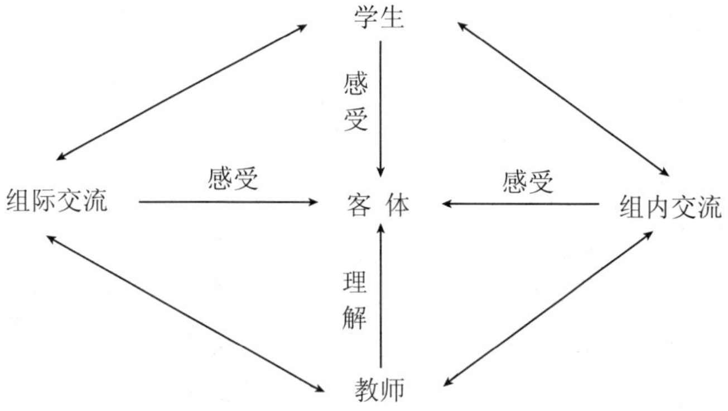

图6－6　分组合作学习机制

——团队中学生的劳动分工

——学生之间面对面的交流

——安排学生扮演角色

——小组完成一项任务的进程

——积极配合，所有的学生都需要各负其责，以便完成任务

——个体的责任就是完成指定给他的任务

——社会技能的发展源于合作

——教师奖励团体所做的努力

学习小组能有效扩大自愿努力学习的人数，每个成员都有责任帮助其他成员完成指定的学习任务，那些先理解的学生负责教给后理解的学生，直到小组每个成员都掌握了这一内容才开始进行下一个新单元。小组成员之间相互负责，如果有一个成员做错了事，其他成员有责任让那个学生反思，通过主动帮助或提建议尽力不让那个犯错的学生掉队。

指导者要使人际协作互动与某一特定课程内容相整合。教师必须认真考虑谁和谁能密切合作，怎样去管理全体学生，怎样兼顾内容的学习和合作技能的培养。

关于合作学习实施策略，有大量文献论述，但大同小异，下面推荐袁涛等学者的建议。①

1. 科学分组

合作学习一般采用异质分组方法，即教师将学生按现有认知水平、语言表达能力、性别、民族、个性特点的不同混合编组，以利于合作学习中成员之间的互补，这种小组称为异质小组。分组时尽量不采用“自由组合”的方式。为便于小组角色的分配，确保每个学生尽个人职责完成任务，考虑学生合作的方便性，小组的规模应控制在 2 ~ 6 人，4 人最佳。小组成员间要进行角色分配，即进行分工，分工类型应根据课型来确定。

比如，概念知识学习课可分工为：

主持者——负责主持合作工作的进行，检查组员任务完成情况；

总结者——负责把合作学习结果进行记录整理；

发言者——负责组间交流时阐述本组的结论；

补充者——负责补充本组发言者的不足；

提问者——组间交流时对其他小组的结论提出异议；

评价者——负责评价其他小组的发言。

实验探究课，小组角色可分为：

主持者——负责主持合作工作的进行，检查组员任务完成情况；

操作者——主要负责动手完成实验过程；

观察者——主要负责观察实验现象；

记录者——主要负责记录实验结果及数据；

总结者——将实验过程和结果进行总结，得出结论并写出实验或探究报告；

发言者——负责组间交流时阐述本组的结论；

补充者——负责补充本组发言的不足；

---

① 袁涛，崔江霞. 论合作学习策略［J］. 济南大学学报，2003（2）：75.

提问者——组间交流时对其他小组的结论提出异议；

评价者——负责评价其他小组的发言。

合作中的角色分工是相对的，要注意小组的整体性，分工不分家。在合作中，成员间要定期进行角色轮换。为便于合作活动，形成亲切、融洽的氛围，小组成员应就近安排座位，便于他们共用材料，与其他组员进行肢体语言交流，同组讨论时尽可能不干扰其他小组。小组形成后要保持一定长的时间，小组的保持时间并没有一个固定的模式，可以让合作小组整个学期、学年，甚至更长时间固定不变，也可以让小组成员关系维持到某一单元或章节结束，再重新编组。一般来讲，小组维持时间长些较好，这样有利于成员间相互了解，形成一定的合作习惯，增强小组凝聚力。无论时间长短，必须遵守以下三个原则：一是尽量让小组关系维持到他们能够成功完成任务为止；二是合作过程中不能运用社交技巧共同解决问题时，即不能进行合作时，就应解散这些小组并重新组合；三是尽可能使每个学生都有机会与班上其他同学形成合作关系。

2. 实施分组合作学习的技巧

小组学习能培养学生的社会技能和合作能力。例如，能对某一观点提出不同的看法。学习小组可以解决更多的难题，但有效的小组协作需要许多准备工作，需要先向他们传授一定的技巧。

——分配的技巧：学生通常在分配时间和共享材料上存在困难，并且他们都想在小组中占有重要地位，教师可以教他们学会与别人合作，并且互相提供帮助。例如：用“循环赛”的方式，使每个学生都能有机会回答问题。

——参与的技巧：有些学生会发现很难参与团队的合作，原因是他们害羞或者不合群。分配好协作任务以便学生都能在团体中扮演一个独特的角色，或者给学生限定时间。当学生用完他的讨论时间，就不再允许发表言论。

——沟通的技巧：如果学生不能有效地和其他人交流意见，那么他就很难在团体中发挥作用和技巧，例如，运用头脑风暴法时，就需要在小组运用头脑风暴法之前，清晰地教给学生。

——聆听的技巧：个别年龄小一点的学生会不听别人的意见，只是坐在那里等待自己发表意见。在允许他提出意见之前，通过让学生领会到对方说的与自己将要说的有什么不同或联系，来保证学生倾听别人在说什么。在教师开展工作的时候，要清楚地说明行动的目标（也可以是小组目标）是什么，并且明确告诉学生，相互合作是必要的。

——分配小组成员任务的技巧：在合作学习小组里，机会应该是公平的，分工也是多样的，但负担不要过重。要使每位成员都能承担一个特定的角色，分工要具体，责任要明确，比如：

负责总结的人：要在总结时做出结论。

负责研究调查的人：收集所需的背景资料，查阅其他所需要的信息。

负责检查的人：要详细检查从老师或者其他小组那里得来的情况是否正确。

负责执行的人：需要找到完成任务所需要的资源。

负责观察和解决问题的人：看清操作的详细步骤。

负责记录的人：记录下小组的主要结论，概括其他小组得出的结论。

完成了小组任务后，得出的结论应该能代表整个班级的意见。针对有效合作召开会议，通过询问学生的方式来判断在合作过程中得到的是好的还是坏的效果。（记录的人应能够对此发表评论）

3. 组建合作学习小组的要点

（1）实施前做好充分准备

—— 创造一种积极的教室氛围。想一些办法让学生早点熟悉起来并相互适应，让他们一块做壁画、简讯、游戏等活动，示范和鼓励以礼相待和尊重他人，表扬学生（诸如帮助别人），传授表扬和接受表扬以及退让等社交技巧。

——预先组织合作小组并指定学术性任务。在教室里形成一种合作氛围，让学生在小组内互相支持来完成非学术性的任务或者容易完成的学术性任务。

——思考一下学术性任务并确定一下每个小组的人数。人数的多少依赖于学生与别人合作的能力，通常由2~6个学生组成一组。如果学生对合作学习陌生的话，安排两三个学生为一组，随着学生对合作学习的程序和做法的熟悉，逐步增加小组的学生数量，尽管有时需要用得上同一类学生组成的和随意安排组成的小组，但基本而言，学生应该是不同层次的，不同水平的，各种学术能力和各个成绩段的混合，要考虑到学生在某个特定领域里的兴趣和能力个性。

——决定这些小组在一起工作多长时间。有可能仅仅是合作完成一项任务、一个课程单元，也可能是一个学期或者一年；大多数教师每隔一两个月就会更换一下小组成员，以便在一个学期或一年当中让每个学生都有机会与大部分同班同学合作。

——为小组任务确定学习、行为、人际目标。

——为了具体的小组任务规划教室布局。把小组成员安排到一起，以便学生方便分享资料和想法，给教师自己留出通向每个小组的快速通道。

——确定小组成员的角色，除了合作和与别人通力攻关外，在规划进行期间每个小组成员应该完成指定任务，根据需要可以设计出上文所讲的各种角色，保证每个人理解这一阶段的进展情况。“核对人员”保证所有成员完成他们的任务，查找数据上的错误等，这些角色可能对每一项任务都适合，在项目开始之前和进行期间教师需要解释和演示这些角色。

（2）实施中把控操作细节

——解释将要发生的和涉及的准则，听取组员意见，帮助其他小组成员。注意处理学优生对学困生的埋怨。

——清楚地表达也许需要花费几个课时才能完成的任务，也许在活动期间需要用频繁奖励来鼓励进一步的合作。只给每小组一份材料或者指明给每个学生的任务必须借助这份材料的某个部分才能完成，以此加强合作，允许早完成任务的小组去帮进展较慢的小组。如果所有的小组达到预定的水平，将会得到更多的意外奖励，以此使合作得到进一步增强。

——教师不要有领导整个小组的想法，教师的角色已从知识的传授者变为引导者。

——监控和帮助是必需的。在小组范围内，要保证小组成员积极地扮演他们的角色，遵循指定程序（除非要求自由形式的活动），不要轻易回答学生问题，除非小组成员靠自己不能解决。为促使小组成员积极合作，适当干预也是有必要的。

——评价每个小组的成绩/产品，标准应根据小组的平均成绩来定（通过这样，来促进积极合作）。每个小组的工作根据它自身的优势来衡定，而不是根据与其他小组的比较结果来定。

（3）实施后做好反思总结

——让学生评价一下他们在一起学习的益处，讨论怎样才能提高共同的效率与成绩。

总结：

合作学习受欢迎有许多原因。它有利于提高成绩，树立积极的自我意识和增加对别人的关注。合作学习似乎对中等程度的大多数学生非常有用，这些以前不很成功的学生的成绩往往在合作性的团体中得到提高。合作学习也有助于改变学生对学习成绩听天由命的态度。当这些学生注意到他们的合作和努力的价值时，就对他们的能力形成了一种更为内在的控制和信心。

大规模的合作学习的实施不是一项简单的工作，教师也许希望从某个特定课或单元开始。当我们想让学生学得更多、更加喜欢学校、彼此互相信任和学得更多的有效交际技能时，应该使用合作学习。

（4）延伸活动和进一步思考

——选定和阅读有关合作学习的书籍。

——阅读有关合作性游戏的书就好比建立另一个通道，在愉快的模式中加深对合作这一概念的理解。

——加入想对合作学习有更多了解的其他教师的行列，帮助其他教师找出在教室里怎样最有效地使用合作性学习的方法。

——确定在下面的活动中使用合作性学习和竞争性学习哪一种较好。

· 画一幅油画

· 乘法训练

· 学习地理

· 到月球上进行一次刺激旅游

· 计算机使用

· 烤面包

——考虑一下在即将到来的几周或者几个月内学生所要学习的材料和内容。因为这些材料中有的适合用合作学习来达到目的，有的适合用竞争的做法来提高绝大多数学生的成绩。

——假设你让你的学生制作一份班级简讯，应该把学生分成几级？每个小组的任务是什么？每个小组成员从事什么职务？担当什么角色？

4. 合作学习的步骤

合作学习过程一般包括以下几步：

①布置课题任务：教师向学生解释课程目标，使学生明确需要完成的任务；也可以指导学生自己提出不同的课题。布置任务时，教师要依据循序渐进的原则。合作学习初期，应选择较为具体的、易完成的任务；随着合作学习的深入、合作能力的增强，应不断增强任务的发散性和多元性。

②学习过程：学生在教师指导下进行分工合作，查找资料，设计方案，组内交流讨论，并做出书面总结。

③组间交流：在教师指导下，各小组在班级内互相展示自己的结果，并相互质疑。

④再学习：各小组根据组间交流中获得的反馈信息重新整理自己的成果，以使成果更完善、更科学。

⑤再交流：组间重新交流意见，或达成一致，或保留自己的意见。

⑥教师评价小结：教师根据各小组合作情况以及得出结论情况对各小组进行评价，指出各小组的优缺点，提出合理建议。对表现优秀的小组给予奖赏或鼓励，对表现欠佳的小组给予鼓励性批评并加以指导。

⑦小组反思：各小组根据教师和其他小组反馈的信息，针对合作过程中出现的情况、各成员表现出的问题进行分析，找出原因，确定下一步的改进措施。

合作学习中教师的主要任务是：

· 创设问题情境。问题是产生学习和探究动机的根源。为了增强学生合作学习的信心，对合作学习初期或年龄较低的学生，教师最好根据他们的认知能力水平，把知识内容设计成具体问题，以便学生获得成功。随着合作的深入，问题的广度、深度应不断增加，这样可以激发学生的合作兴趣，增强学习的正迁移。

· 传授社交技能。合作学习过程中，部分学生可能缺乏所需要的社交技巧，小组合作难以完成。此时，教师要介入这样的小组，指导他们借鉴优秀小组的经验或建议学生采用更有效的合作方法，帮助他们解决问题。值得注意的是，教师要尽量避免经常介入小组活动，更不能在完全不必要时介入小组活动。教师要有耐心，要相信学生能够找到独特的合作方法。

· 正确评价。从根本上讲，合作学习不仅利于知识的获得，更利于学生能力、情感、性格的发展。这就要求教师在评价过程中注意：定性评价与定量评价相结合，更侧重于定性评价；结果评价与过程评价相结合，更侧重于过程评价；对小组评价与对个体评价相结合，更侧重于对小组评价。

5. 搞好组对合作学习

组对合作学习又称对学（三人以上合作学习称群学），是最小规模的合作学习形式。侯俊萍[①]提出了一些组对合作学习法，值得借鉴。

（1）共享组对法

说明：学生被成双成对地组织起来，共同分享彼此的想法。

目的：给学生们提供交流思想与聆听对方的锻炼机会。

优势："共享组对"策略不仅使学生积极参与学习，而且促使学生们把头脑中还不太清楚的想法用语言表达出来，因而满足了学生对社交和自由流利表达的基本需要。

策略：要求学生们就近组对，共同分享彼此的想法和笔记。他们挑选自己的搭档，目的是帮助那些学习不好的学生。学生们必须练习这种自我管理方法。教师提出一个有多种答案的问题，然后告诉学生："请与搭档交换看法，然后我们把各种看法归纳一下，看看我们的思考结果。你们只有几分钟的分享时间，现在开始！"口气如同开始一场比赛，以此来增加他们的活力水平。当教师看到有两三组完成了任务时，就宣布："请注意只有几分钟了"或"请到此为止"。然后把全班学生聚拢，即使有些学生几乎还没有开始行动，那也用不着担心。学生们最终会明白，教师没有给予多余的时间用于小组交谈，他们将学会迅速地进入讨论状态。

（2）略讲组对法

说明：简单地解释一下学习资料，有一部分学生完全理解即可，然后要求学生组对，互相帮助学习这些资料。

目的：保持学生对学习的积极参与，锻炼学生的思维能力，鼓励学生在班里形成互帮互助的风气。

策略：把问题解释到约有一半让学生明白即可，然后让学生组对，互相帮助，彼此检查，互出新题。组对学习时间不宜太长，不要让困惑的学生感到糊里糊涂，也不能让其他的学生因无所事事而厌倦。当教师感觉到学生很快就会完成任务时，就该往前推进授课计划。当教师拿不定主意时，前进的节奏与其慢慢吞吞，不如加快一点。如果题材适合，

---

① 侯俊萍．论协作式小组学习［J］．渭南师范学院学报，2003（6）：84－85.

教师可以在全班讨论之后让学生再组对去做补充作业，也许可以把难度略微增大一点。不要刺激那些行动迟缓的学生。给学生施加压力，从长远来看通常只起反作用。相反，快速地推进课程教学，举一些相对易懂的例子，最终学生们会很自然地参与教学过程。在大多数情况下，允许学生自己组对。挑选搭档对学生的责任心培养是有益的。教师可以帮助那些自己找不到搭档的学生找到搭档，教师也可以由他们自己解决，或者以后找他们谈话，鼓励他们大胆地接触其他人，并在这种情况下采取主动。从长远考虑怎样做才最有利于每个学生的学习与成长。

优势："略讲组对学习"策略的魅力在于它传递了希望。这个策略运用得越频繁，就越有可能让更多的学生认识到这样一种事实，那就是，他们的老师，一个有责任心的成人热忱地希望他们会思考、会学习，彼此支持、互相帮助。即使学生们从不需要运用在这种活动中学到的技巧或知识，甚至某一天想不起活动的细节，他们也会坚信，他们每一个人都是有能力的。

6. 适用语言教学的合作学习方法

（1）小组协助听说法

重视听说训练的语言课一般都开展课前 3 分钟的说话与评话训练，但形式大多采用一人台前说、两三人评说的方式。虽然这种方式能训练说话者的胆量和说话能力，但一次一人，训练面太窄，有些学生估计教师抽不到自己评说而事不关己高高挂起，没有真正介入。若将听说训练置于四五人的协作小组中开展，就可使每个学生直接面对训练，训练面广了，学生的参与热情也就高了。而且在有限的三分钟内实现一人说、三四人评，就能使学生养成用正确清楚的语言、简练精确的语言、有说服力感染力的语言和内涵丰富的语言来表达自己的思想，提高听说能力和评价能力。

（2）小队协作朗读法

多读才能达到"思想开阔"。读课文，读课外读物；读文学作品，读应用文。但只读还不能使阅读者达到最大程度的“开阔思想”。共同阅读欣赏是我们整个语言教学的基础。每周一至二次的“协作读”活动，每次由两位学生准备几篇短小精悍的读物，用恰当的感情朗读给全组同学听，让大家共同鉴赏评析，在听者都谈了自己的第一印象后，提供作品者又将他所掌握的有关作者和作品的各种情况介绍给同学，供大家再思考、再赏评，使阅读向纵深发展。“协作读”能大大提高学生的阅读兴趣和阅读的能力，使他们真正领略到开卷有益。组对朗读法在语言课上用得最频繁，也是对某些课文选段予以特别关注的有效方法。

（3）跨小组互助写作法

写作是一项综合能力，它需要善于观察、勤于积累、选准角度、提炼中心、准确使用语言和巧妙谋篇布局的能力。许多学生将写作视为畏途，每次独立作文只为交差，质量之低劣可想而知。开展协作作文的最大好处是：素材交流、思想交流、写作技巧交流。让写作困难者亲耳聆听、亲眼目睹那些写作高手是如何利用素材提炼观点，如何构思立意，如何锤炼语言及修改润色的。这会使他们获益匪浅，诱发创作冲动，在实际写作中产生顿悟，走入写作殿堂。协作作文也使写作好的或较好的学生树立更强的自信心，并激发其精益求精的进取精神。当然，协作文章并不都是写作好的学生一手炮制，而是各小组成员轮流执笔，执笔者主讲，其他同学评价和修改形成。协作活动应该渗透于教学的各个环节，尤其是那些一时不能解决的教学任务，如梳理知识、归纳要点、确定重点、提炼规律、分析写作特色、探讨方式方法等教学活动，都可开展协作学习，帮助学生体会教材、钻研教材，使学生从“学会”转向“会学”，培养学生自己提出问题和解决问题的能力。

五、分层教学五步骤重点

作为一个负责任的教师，想让每一个学生都学好，好像是不可能实现的任务，但是采用分层教学的方法，则可以实现这一理想。分层教学设计原理和技术路线见图 6－7。

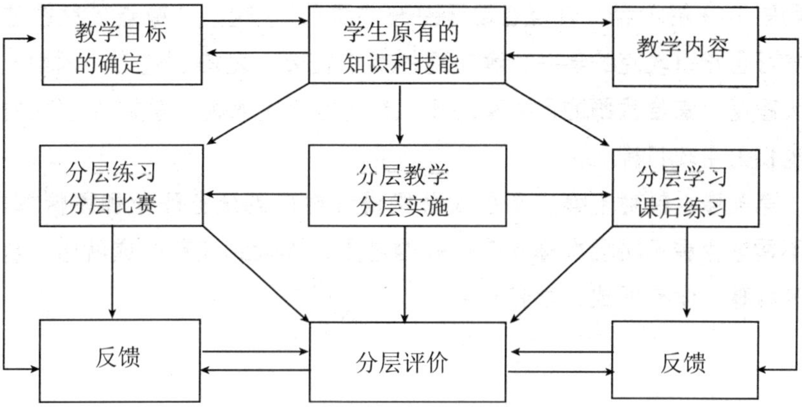

图 6－7　分层教学设计原理和技术路线

分层教学简单的五步：

第一步：提前把教学计划的重点发给学生。每隔两周，学生就会得到一份课程目标和任务选择的单元材料。这些材料包含多种任务选择，它们是为具体核心目标而设计的，每项任务都有一个重点。

第二步：把单元材料分为三个层次。每个层次体现有关主题的一个学习水平或深度，最底层叫做 C 层次，这个层次的难度一般是绝大多数学生通过自己努力能够学习掌握的，这就是前面所讲的“631”原则中 60% 的内容。这部分体现了对主题的基本理解，目的是使每个学生都能获得成功。这个层次包括适合触觉的手工活动，适合听觉学习者的录像和美术课件，适合视觉学习者的可选择的讲义，适合偏爱传统学习法学生的教材任务等。可供选择的任务材料大约是所要完成任务的三倍，尽可能使每个学生都能选择出这一层次的自己喜欢的任务类型。对基础比较薄弱的学生来说，掌握 C 层内容是他们的主攻目标。

第三步：设计难度和复杂程度高于 C 层次的 B 层次。这个层次对应的难度就是“631”原则中 30% 的内容。学生不仅必须操作或应用他们在 C 层次中学到的信息，还不同程度地需要合作学习才能解决疑难问题，把他们新学到的基本知识，运用到更深一层。对于基础比较好的学生来说，掌握 B 层内容是他们的主攻目标。

第四步：最高的层次叫做 A 层次，这个层次对应的难度就是“631”原则中 10% 的内容，就是通常所说的“难点”。这些“难点”往往是合作学习也难以攻克的堡垒，解决这些难点需要一定的创造力，因而，在很大程度上需要教师的点拨和讲解。对优秀学生来说，掌握 A 层次内容是他们的主攻目标。

第五步：针对上面三个层次分别设计对应的任务作业和评价方式。使不同学生在不同层次都获得应有的进步，体验到应有的成就感、自信心和自尊，学有所成，学有所乐。

SECTION FOUR

第四节

幸福教师四轮驱动

一、幸福教师七密码

我们组织七名团队成员，花了半年多时间，对近三千份文本三百多万文字的教师幸福札记进行编码，提炼出了教师幸福的主要元素。编码小组首先对文本进行整理和预编码，确定了科学严谨的标准化编码方案，编制了《正式编码手册》和《分析方案》，详细说明每一步工作要领和注意事项。正式编码采用标记、对比、摘录、提取关键词、开放性编码、简约编码六步走编码方案，对全部资料进行编码与分析，提炼出幸福教师七密码。

1. 职业认同

主要表现为：热爱教师职业，能体会到作为教师的快乐，对教师工作充满热情，能体会到教师的工作价值，充满爱心地工作，等等。

2. 职业交往

主要表现为：能与学生建立融洽的关系，能与学生进行心灵沟通，能与家长建立良好的关系，能与家长深入交流，能与上下级保持融洽关系，能与同事和睦相处，能与同事真诚交流，能与同事互帮互助，等等。

3. 专业成长

（1）自我效能感

表现为：能乐观地面对压力，能坚持自己的职业理想，有信心应对工作中的各种挑战，能全身心投入到工作中，等等。

（2）工作成效

表现为：学生快乐地成长，学生个性得到张扬，创设出师生满意的课堂，激发了学生的学习兴趣，付出得到回报，课堂上得心应手，课堂上学生认真听课和积极发言，等等。

（3）自我成长

表现为：专业素质得到提高，教学科研能力得到提高，自身价值得以实现，职称职务有所晋升，等等。

4. 学校管理

（1）评价机制

表现为：学校的评价机制公平合理，充满人文关怀的管理制度，丰富健全的评价体系，拥有专业自主权和自由空间，等等。

（2）教学环境

表现为：先进齐全的教学设备，轻松舒适的办公环境，优美整洁的校园环境，丰富的图书资源，积极向上的学习氛围，等等。

（3）工资待遇

表现为：丰厚的工资奖金和福利待遇，学校提供丰富的校园文化生活，等等。

5. 社会支持

表现为：学生家长的信任，家长的认可，家长的尊重，家人的支持，朋友的帮助和鼓励，社会的尊重和认可，等等。

6. 身心健康

表现为：学生的健康快乐，家人的健康平安，拥有健康的身体，拥有积极向上的心态，拥有健康的人格，等等。

7. 学生的真情实感

表现为：学生的肯定和认可，学生的爱和关心，学生的尊敬和爱戴，学生的理解和支持，学生的快乐和幸福，等等。

二、行动研究作引擎

苏霍姆林斯基说过："如果你想让教师的劳动能够给教师带来乐趣，使天天上课不至于变成一种单调乏味的义务，那你就应当引导每一位教师走上从事教育科研这条幸福的道路上来。"行动研究是以解决问题为中心的，因此是最能给教师带来幸福感的研究范式。首先，它以找出一个起点为开端，这个起点是教师个人在实践中发展起来的，也是教师个人希望投入精力去追求和加以解决的问题。之后，通过观察、访谈及其他收集资料的方法，找到相关资料，再通过对资料进行整理和分析，以达到对情境的深入理解。在情境得到认识后，教师在研究结果的基础上确定自己的行动策略。最后，将行动策略应用于教学实践，并对其效果加以检验。如果行动策略被实践证明是有效的，那么这一轮行动研究就宣告结束，接着再进行新一轮的研究过程；如果行动策略被证明无效或者需要完善，就需要对情境进行更进一步的审视，并发展出新的行动策略应用于实践，直到问题得到最终的解决。

1. 行动研究的五个步骤

（1）找到研究的起点

在行动研究中，“起点”是一个发展的远景。教师要在自己认为重要的领域中，或者是迫切需要解决的问题中，寻找自己的研究起点，并以此来推进自己的工作和能力发展。行动研究具有以下三种起点：

①一种兴趣。例如，尝试一种新的想法，开发一种新的教学方法，或以更高效的方式来处理平时的例行工作。

②一个困难。例如，要改善一个困境，解决一个问题，或弥补一个缺失（如教材中遗漏的内容或不足等）。

③一种“不明”的情况。教师们常因一些大大小小的“疑惑”而开始他们的研究，通常是缘于课堂上的意外与无法解释的体验，这些意外与体验可以看作是进行行动研究、发展教学策略的一个有用的起点。

（2）收集资料

资料的收集与整理贯串整个研究过程的始终。

＊收集既有资料包括：

——学生的书面作业；

——教师的文字资料：课程设计、教学计划、教案、对学生作业所做的修改和评语、学生进步的记录等；

——其他文件：班级名册、家长来函、考勤记录、校规、通知单、新闻简讯、通告、参考书等。

＊观察和记录情境

观察在教学中是一个例行的过程，教师在整个教学过程中都需要进行观察。这种观察对于教师形成教学所需要的情境分析能力及一种“全方位考虑问题的眼光”非常重要。

（3）资料分析

资料收集上来之后需要处理，从而促进我们对问题及情境了解得更为清晰，理解得更为透彻。通过对资料本身的感性认识，我们能够找出蕴含其中的本质性的、规律的东西，同时也为下一步的行动打下扎实的基础。

资料分析包括以下几个步骤。

——阅读资料：仔细阅读资料，在阅读时回忆其资料所呈现的事件与经验；了解被研究者到底做了什么？说了什么？真正发生了什么事情？

——选择资料：区分重要与不重要的资料；收集相似的资料；将复杂的资料排序、简化，寻找资料中不同主题之间的关系。

——呈现资料：用比较容易理解的方式呈现被选择的资料，可以用图表或线条的方式对资料中的有关主题进行强调。

——解释资料及做结论：对资料中呈现的一些关系做出解释，建构可以应用的实践性理论或模式，理论要符合所研究的情境，与研究的重点有关，并且有助于教师了解自己的教学工作。

在分析的过程中，新的理解一次又一次地涌现，如对相同的事物有了新的观察角度、对事物之间的因果及其他种种关系产生了新的顿悟等。起初看起来是合理的事情，分析以后可能发现是不正确的。在研究中，教师必须对现有的材料带着批判、怀疑的眼光进行分析。在批判、分析过程中，要保持一种开放的心态，对现有的理论或自己的发现进行质疑，只有这样才能鼓励与刺激自己进行进一步的分析。千万不要以为资料分析只是企图去找论据来确认自己原有的观点，或者证明自己的发现是正确的。

（4）形成行动策略

形成行动策略是一项具有建设性和极富创意的活动。它需要对特殊情境进行分析，比如：学生的动力是什么？如何创造条件来运用这些动力？在教学操作的程序中，哪些动力已具有改善现状的倾向，如何强化这些过程？在形成行动策略时，不要只考虑可能遇到的困难，更重要的是能够想到该行动策略有可能提供的潜在的解决问题的机会。

（5）实施与检验行动策略

＊行动策略的实施

——想象情境，并在心中预先演练，类似运动员在参加竞赛之前做某些预备动作一样。对某些比较简单、相对独立的行动来说，这种心智训练的方式十分有用。当运用到复杂的系列行动时，这种方法较为困难。但无论如何，这种方法可以帮助教师预先想到一些自己未曾深思过的可能性或后果。

——事先在家或在学校尝试实施行动策略。

——参观已采取新行动策略的同事班级，并和这位同事进行讨论。这样可以帮助教师对该策略的可能性和限制有更清楚的了解。

通常，只有真正地将行动策略应用于实际工作中，我们才可能知道该策略是否合适、有效。在实际教学中采取一个新的策略也只是一个试验，我们不能期望一切都马到成功。然而可以预期的是，只要我们不断地尝试，我们的专业能力一定会有新的进步。

＊行动策略成功的标准

——按照执行的方案，得到了“改善情境”的结果；

——执行的结果并未产生损害正向效果的副作用；

——“改善情境”的结果可以在较长时期内维持下去。

＊行动策略检验中出现的问题

——在执行的方法上出了问题：教师可能不习惯采用新的行动策略，或者在实践时采取了与原先计划不同的态度或不同的方法。

——在行动策略的构想上出了问题：对于想要造成影响的行动策略给予太少的时间；在使用新教学法之前，教师对学生的状况所做的判断是错误的。

——在教学情境的分析上出了问题：由于教师相信自己的成见更胜于真实的资料，所以无法听进另一种解释，或是下结论太快，导致结论不成熟。

——在收集资料的过程中出了问题：某些重要的资料被遗漏。

——在问题的界定上出了问题：也许所探究的问题并非“真正的”问题所在，或者问题在探究的同时也有所改变。

在对问题进行全面分析的基础上，教师可以重新考察自己研究的起点与路径，收集资料，分析问题，改进原有的行动策略或建立新的行动策略，在实践中施行，并重新加以检验。

2. 行动研究的操作规程

（1）拟定课题，明确目标

主要是明确要研究什么，确立研究的题目，即课题的名称，设定研究要达到的目标，指明研究的方向。

（2）提出总体实施方案

主要是明确研究的整体思路，即如何开展该研究。包括研究对象、研究方法、研究周期、技术路线、实施环境、资源的选取和确定、软硬件保障、时间进度、经费预算以及有可能遇到的问题等。

研究的人员组成及其所扮演的角色一般包括：

①课题负责人：制订研究计划和实施方案；

②任课教师与学生，是行动的实践者和参与性观察者；

③研究者，执行研究计划和实施方案，同时也是参与性观察者；

④教育行政人员和其他任课教师，是观察者之一。

（3）设计第一次行动“计划”并进行行动

根据总体实施方案，设计并实施第一次行动计划（不单单局限在一节课，可以是一个单元或一个阶段）。

（4）对第一次行动进行“观察”记录

组织其他任课教师和研究工作者一起，对行动过程和行动后教师学生的反应进行观察。

①课堂行动观察（教师教学活动、学生学习活动），利用录像记录；

②学生作业分析；

③问卷调查（分别对学生和任课教师进行）；

④各任课教师以教学日记方式写下感受。

（5）对第一次行动“观察”结果进行内容分析

①对不同教师的教学过程录像资料进行分析；

②对教学日记的分析；

③对学生作业的分析。

（6）对第一次行动的“反思”评价

①任课教师与其他参与观察者（教师）座谈，交流感受；

②研究者与学生座谈，总结经验，发现问题；

③研究者与行动者交流，总结经验，发现问题。

（7）制订第二次行动方案

根据第一次行动发现的问题，提出改进和修正意见，设计第二次行动方案。

（8）进行第二次行动（行动实践、观察分析、反思评价）

通过若干次循环，逐步发现和总结出行动研究所预期的规律，达到预期的效果。

三、 专业发展提升教师职业幸福感

1. 教师专业素质的主要因素

我们从全国校长发展学校首期培训班和其他名优校长培训班选择调查对象，对北京、上海、天津、重庆、山东、山西、河北、江苏、湖南、广东、广西等全国23个省、市的知名校长进行了问卷调查。根据各项总分值，按重要程度依次递减的“线性”排序分别是：①师德高尚（1 054分）；②关爱学生（842分）；③教学能力（774分）；④交流协作组织能力（721分）；⑤学科专业功底（534分）；⑥终身学习（532分）；⑦科研创新（504分）；⑧综合学识功底（388分）；⑨人品人格（386分）；⑩心理健康（264分）；⑪关注学校发展（166分）；⑫教育理念（142

分)；⑬身体健康（66 分)；⑭政策法规意识（52 分)；⑮形象（38 分)；⑯特长（10 分)；⑰学历（6 分)；⑱教育环境（4 分)；⑲卫生习惯（4 分)。

132 份有效问卷，每项要素的理论分值最高为 1 320 分（每人都将该项排首位)，最低为 132 分（每人在最后一项要提到)，以 132～1 320 分区间为依据可以截取前 12 位作为教师专业素质架构基本要素。

2. 专业发展四项修炼，提升教师职业幸福感

（1）专业理念修炼

专业理念主要指在对教师专业本质理解的基础上形成的关于教育的观念，是统率教育职业活动的总的思想意向，是指导和影响教育教学工作的纲领，引领教师专业发展方向。教师作为专门职业，教育理念是统帅，是灵魂，不仅直接关系着教师的教育行为，而且还间接地影响着未来教育的性质与质量。专业理念主要指幸福教育思想，即人类对幸福的追求。具体来说，学校要为学生幸福人生奠基，要为教师幸福人生扬帆；要坚持在幸福中开展教育，在教育中分享幸福；通过幸福创新教育，通过教育创造幸福。在这种理念下，教师要树立一系列新的观念。

一是新的人才观。培养生动活泼学习、健康快乐成长的具有创新意识和实践能力的社会主义接班人和建设者。

二是新的专业发展观。教师作为专门职业，面向全体学生，应经过严格的、持续的学习，获得并保持“爱教、会教、教会”的专门知识和特别的技术，不断提高幸福教育所需要的综合素质。

三是新的教育价值观。以教师为中心的灌输式教育转变为以学生为中心的生本教育。

四是新的学生观。明确学生在教育教学中的主体地位，尊重、爱护每一个学生，发现每个学生的多元智能优势，注重开发学生不同的潜能，不让一个孩子掉队，促进所有学生适应社会，做生活的主人，做最好的自己。

五是新的教师观。教师的主要职责由传递知识向培养健全人格转换，由给出现成真理向交换意见、帮助学生发现问题和解决问题转换，由满足学生的一般需要向满足学生所有需要尤其是特殊需要转换。

六是新的教育过程观。在教育活动过程中坚持自主、合作、探究，坚持因材施教，使普通学生和有特殊需要的学生都能得到充分发展。

七是新的教育评价观。由知识主导向综合素质转变，由以终结性为主向以形成性为主转变，由评价过去成就向激发未来潜能转变。

（2）专业智能修炼

专业智能主要指从事教师职业必须具备的知识、学识和才能的总和，是教师专业成长的核心和支柱，主要回答“能不能”的问题。根据教师职业活动的性质和特点，我们将专业智能修炼分成如下六个方面。

一是有关学生发展及其学习系统。学生全人发展及其为此而展开的学习是教师专业化发展所关注的核心，教师要具备指导学生全人发展所必需的知识技能和综合能力，满足学生成长和多元化的求知需要。

二是有关教师自身发展及其科研创新系统。教师自身发展及其科研创新是所有学生全人发展和高效教学的保证；学习型社会要求教师具备终身学习、职业生涯设计及科研创新所必需的、满足学生所需要的通用知识技能和综合能力。

三是有关教学内容及其高效教学系统。教学内容是师生互动的载体，以何种方式、采用什么方法与学生沟通是高效教学的内涵，信息社会要求教师不仅要具备扎实的学科专业功底，把握学科前沿、洞察学科发展方向的能力和跨学科的知识技能，还要具备高效教学和教会所有学生学习所必需的知识技能和综合能力，特别是信息技术与学科教学的结合能力。

四是有关教育教学评价系统。评价不仅是检验教育教学效果的手段，还具有激励、指导学习的作用；幸福教育要求教师在传统终结性评价和形成性评价基础上，具备教育教学评价的多元化及效果表达和论文写作所必需的知识技能和综合能力。

五是有关协作互动资源整合系统。专业智能的最大标志就是系统内部各子系统的协作互动与资源整合，专业智能要求教师具备师生之间、同事之间、上下级之间、学校与家庭、社区乃至社会之间互动及资源整合能力，特别是具备促进学生之间融合所必需的知识技能和综合能力。

六是智力与辅助智力因素系统。教师专业发展离不开认识，它建立在感知、观察、思维、想象、记忆等智力因素基础上；同时，需要、兴趣、动机以及性格、意志等辅助智力因素也是构成教师专业发展的前提条件。

（3）专业情怀修炼

专业情怀是指教师对自己所从事职业的个性心理倾向性的总和，是教师出色完成职业使命所必需的情趣、情感和情操，是教师专业成长的兴奋剂和动力。专业情怀不仅在精神状态和情绪维度对教育教学发生直接或间接影响，还会对学生发生潜移默化的作用。其主要内涵是爱与被爱，可进一步分成双向互逆的六个方面。

一是关爱自己和被自己悦纳。注重自己的身心健康，满足自我合理的精神需求，因而使自己得到自我欣赏的愉悦回报。

二是关爱学生和被学生热爱。体贴入微，满足学生全人发展的多元情感需求，因而得到学生的爱戴。

三是热爱工作及享受工作乐趣。表现出鲜明的职业爱好和积极的工作热情，因而得到工作成就感所带来的欢欣及工作本身的乐趣。

四是热爱学校和被校方爱护。关注学校发展，认同学校目标，因而得到学校成就所带来的自豪感及学校对自己的重视与爱护。

五是关爱同事和被同事欣赏。与人为善，尊重、欣赏同事，因而得到同事的关爱和人际关系和谐的愉快感。

六是关爱家长和被家长钦佩。与家长交心，引导家长与孩子一起成长，因而体验到家长的信任、尊重所带来的满意与喜悦等。

教师想被爱，除首先要付出爱以外，还要举止文明、形象光辉、人品高尚、人格健全、心胸豁达、助人为乐、谈吐高雅、风趣幽默、生动活泼、富有魅力等。特别值得注意的是，专业智能是专业情怀的资本，而专业情怀是专业智能的推进器。

（4）专业规范修炼

专业规范是指教师专业成长必须达到的基本标准、必须遵守的基本规则和必须履行的契约及各种公约的总和，是教师专业成长的基本守则。根据规范的不同层面和功能，我们将专业规范修炼分为六个方面。

一是政策法规系统。熟练掌握相关法规政策，具备依法执教所必需的知识技能和综合能力。比如，学习和执行国家的教育方针、政策，贯彻落实《义务教育法》和有关教育的政策法规，提高政治理论水平，不宣扬封建迷信、歪理邪说，反对各种歧视，不传播有害学生身心健康的观点和思想，遵守国家的法律法规等。

二是教师等级资格证书系统。通过教师从业资格证书考试，具备各级各类各科教师从业资格所必需的知识技能和综合能力。比如，对有关教师资格证书的认识和申办及达标等。

三是学校制度系统。遵守学校规章制度，具有学校建章立制所必需的知识技能和综合能力。比如，遵守学校各项出勤和备课、上课、批改作业、考试、继续教育以及师生关系、家校合作等各项规定。

四是道德规范系统。遵守职业道德和社会公德，具有为人师表所必需的知识技能和综合能力。比如，文明礼貌、不赌博、不酗酒、作风正派、执教廉洁等。

五是行为规范系统。遵守行为准则，具有为人处世所必需的知识技能和综合能力。比如，语言规范健康、举止文明端庄、着装整洁得体、形象朴素大方、注重礼仪仪表等。

六是契约和公约系统：尊重和履行各种协约，具有起草、理解、缔结以及履行各种契约和公约所必需的知识技能和综合能力。比如，与校长签约及履行协约，起草、签订以及履行家—校协约，起草、签订及履行各种相关公约等。

四、 职业规划铺就教师职业幸福路

1. 教师职业规划四类型六阶段

按照规划的时间维度，职业生涯规划可以分为短期规划、中期规划、长期规划和人生规划四种类型。

（1） 短期规划

两年以内的规划，主要是确定近期目标，规划近期应完成的任务。如计划一到两年内熟悉新学校规则，融入学校文化中，为此要花较多的时间与同事、领导沟通，向过来人学习。

（2） 中期规划

2 ~5 年是企业界最常用的一种中期职业生涯规划，但教师中期规划最好是 3 ~6 年内的职业目标和任务。例如 3 年后要成为教师标兵或县级/区级/省级/国家级优秀教师，完成相应的业绩，以及为实现此目标而参加的培训等可采取的具体措施。我们的学制有自己的特点，一般小学一年级至三年级为小学低年级，三年级至六年级为小学高年级，初中和高中均为 3 年（当然个别情况例外，如五四制）。所以，我们一般提倡教师个人职业生涯规划掌握在 3 ~6 年比较好。这样既便于根据实际情况设定可行目标，又便于随时根据现实的反馈进行修正和调整。

（3） 长期规划

6 ~10 年的规划，主要是设定较长远的目标。许多学校实行跟班制，6 年一般是两轮跟班，一回生，两回熟，两轮跟班积累了丰富的教学经验，一般对教学能做到熟能生巧了，所以，这时应该有质的飞跃。

（4） 人生规划

整个职业生涯的规划，时间长至 40 年左右，设定整个人生的发展目标和阶梯。

从字面上看，个人职业生涯规划从短期到中期，再到长期，直至整个人生规划，如同台阶，一步步发展。但在实际操作中，时间跨度太长的规划由于环境、个人的变化而难以把握；而时间跨度太短的规划又没有多大意义。

按照职业规划任务排序，可以分为自我认识、确立目标、自我与环境的评估、职业的选择、职业生涯策略、评估与反馈六个阶段。

（1）自我认识和评价

教师要正确评价自己，在制订事业计划、设计职业生涯时要全面考虑，譬如生活目的，就是自己想从生活中得到什么。换句话说，什么对自己最重要，是家庭、社会名声、事业还是金钱。了解自己的兴趣所在，即我想干什么，我能干什么，我应该干什么，在众多的职业面前我会选择什么，等等。必须正确地认识自身的客观条件与相关的自然环境，了解本行业在整个国民经济中所处的地位、形势及发展趋势，以此作为设计职业生涯的基础。

（2）确立目标

根据自己的具体情况及特点，教师应明确自己的职业理想与追求目标，因为明确的目标可以成为追求成就的推动力、鞭策力，有利于排除干扰、集中精力实现奋斗目标。人的奋斗目标，应分为长远目标和阶段目标。长远目标是基于个人对社会、环境以及对自己理解的基础上确定的远期发展目标和远大志向，它需要个人经过长期的不懈奋斗、艰苦努力才有可能实现。因此，在确定长远目标时要立足现实、慎重选择、全面考虑，使之既有现实性又有前瞻性。而阶段目标则是在一定时期内为实现长远规划而制定的短期目标，它不像长期目标那样遥远、宏大，但更具体、更现实，在特定时段内对人的影响更直接。完成阶段目标，也是为个人长远目标的实现迈出的关键一步。

（3）自我与环境的评估

在认识自己、确立目标之后，要进行自我与环境的匹配评估，也就是评估一下自己是否具备实现目标的主客观条件。自我评估包括评估自己的性格、兴趣、特长、学识、技能、思维、道德水准以及社会中的自我等。环境评估主要是评估各种环境因素对自己职业生涯发展的影响。每一个人都处在一定的环境之中，离开这一环境便无法生存与成长，所以，在制定个人的职业生涯规划时，要分析环境条件的特点、环境的发展变化情况、自己在这个环境中的地位、环境对自己提出的要求以及环境对自己有利的条件和不利因素等。只有对这些环境因素进行充分了解后，才能做到在复杂的环境中趋利避害，使教师的职业生涯设计具有实际意义。

（4）职业定位

定位就是为职业目标与自己的潜能及主客观条件谋求最佳平衡。据统计，在职业定位不当人群中，有 80% 以上的人在事业上是失败者。因此职业定位的正确与否，直接关系到人生事业的成功与失败。在职业定位的过程中要考虑性格与职业的匹配、兴趣与职业的匹配、特长与职业的匹配，内外环境与职业的相适应。良好的职业定位是以自己的最佳才能、最优性格、最大兴趣、最有利的环境等信息为依据进行的。职业定位一般有短期目标、中期目标、长期目标之分。适合自身特点是职业定位的着眼点。主要考虑以下几个因素：第一，从客观现实出发，考虑个人意愿同社会需要和学校需要之间的关系；第二，比较鉴别，首先在学校要求与自己要求之间进行比较，将学校的要求具体化，如从事教师职业则要求有较强的语言表达能力、逻辑思维能力，以及为人师表、关心爱护学生等条件，以此与个人素质进行对比，把与个人素质最接近的职业作为选择目标，然后在多种备选职业目标中进行比较，选出条件更合适、更符合自己的特长，经过努力能很快胜任，有发展前途的职业；第三，扬长避短，当职业定位与个人的理想、爱好、个性特点、专业特长最接近时，人的工作兴趣最浓，个人主观能动性最容易被激发出来，因此，职业定位时应充分发挥专长；第四，适时调整，根据情况的发展、形势的变化，要及时调整职业目标，不能固执己见，一成不变。

（5）实施策略

实施策略是指为实现职业生涯目标而要采取的行动策略，一般都是具体的、可行性较强的。在确定具体的职业选择目标后，行动成了关键环节。没有达成目标的行动，目标就难以实现，也就谈不上事业的成功。这里所指的行动主要是指落实目标的具体措施，主要包括教育、培训、实践等方面的措施。例如，在职业素质方面，包括自己计划学习哪些知识、掌握哪些技能、开发哪些潜能等。

（6）评估与反馈

教育教学是一项创新性很强的工作，开始教师工作后，经过一段时间的适应，虽然逐渐熟悉掌握本职工作，但随时都会遇到问题，会发现在理想工作与现实工作之间存在的偏差。工作是否与自己的择业目标相吻合，自己的工作能力、业务水平、所学专业、业余爱好是否与工作岗位的要求相一致，是否做到了“人职相配”，这需要通过职业评估来进行确定。评估学校时不仅要看单位提供的工作条件、工资水平、福利待遇与同行业同类单位是否大致一样，更要注重单位的人事环境、人力资源管理水平、工作体制、管理机制、培训计划、奖惩制度、晋升制度、发展潜力等因素。职业定位评估一方面可作为修正自我职业目标的依据，另一方面可以作为个人下一轮职业生涯设计的重要参考依据。

俗话说，计划赶不上变化。尤其在现代职业领域，只有变化是永恒的主题。影响职业生涯设计的因素很多。有的变化因素是可以预测的，而有些则难以预料。人是善变的，环境也是多变的。成功的职业生涯设计需要时时审视内外环境的变化，不断对自己的设计进行评估和修订并调整自己的前进步伐。具体操作，参见职业设计流程（见图6－8）。

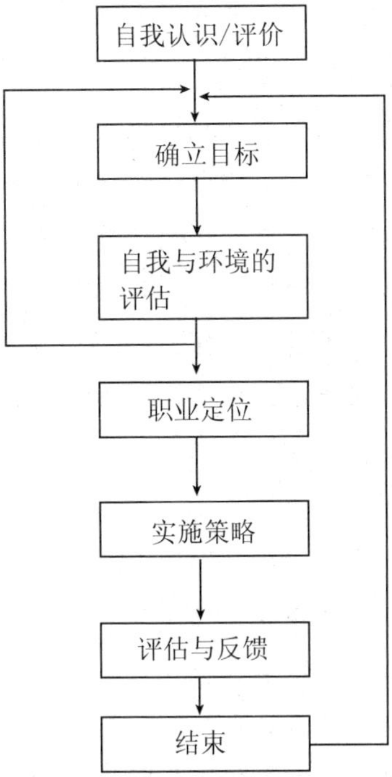

图6－8　职业设计流程

2. 教师专业发展规划七步骤

第一步：查明自己所在的学校或地区有无需要自己遵守的专业发展计划。

有些学校或地区，对教师的专业发展计划有具体要求。一般学校或地区都具备此类专业发展计划。

第二步：仔细审查学校或地区专业发展计划是否具备下列要素或功能。

·满足个体改善实践的需要，能兼顾学生、学校和地区之间的需要。

·将改善学生学习作为专业发展总体目标，并且将教育者的个体目标与学生所标明的需要结合起来。

·反映学校、地区和国家对教育的激励。

·包含反思并将反思作为个体学习和成长的一个组成部分。

·包含对专业发展行动结果的记录。

·使用新课程标准和教师专业化要求指导制定和实施个体学习目标。

第三步：自问下列问题，理清自己的目标并开始计划。

·我想要我的学生学会什么，或我的教学目标是什么？

·我如何判定学生作业的质量？

·我的时间如何影响学生的成绩？

·根据资料，我知道我的学生有什么要求？

·学校的目标和改进计划如何影响我的目标？

·我如何改进或加强我的教学实践？

·我如何与他人合作来完成我的目标？

·我将如何确认我已经完成了目标？

·当学生显示没有掌握所学内容时，我将采取什么措施？

·我如何将我的专业发展策略融入日常课堂教学之中？

第四步：决定自己计划里采取什么行动和策略来实现目标。

当自己选择行动时，记住自己的计划不应该是针对出席一个小时的在职培训而没有后续行动。从研究角度来看，教师的专业发展应该以学生的学习为核心，扎根于工作之中，具有可持续性，并且要包含评价。另外，研究表明，与其他人协作将提升自己的学习能力，促进自己的持续改进和自己学校的变革。有很多行动和策略值得考虑，下面是几个重点：

·参加课程研究

·检查学生作业

·进行行动研究

·寻找一个教学教练或担任教学教练

·阅读专业性文献

·坚持写日志

·参加专业组织

·学习使用新技术

第五步：评价自己的计划。

即便不需要上交自己的计划，最好也要问自己下列问题：

·目标和计划反映出自己和学生、学校以及地区的需要了吗？

·自己的计划体现出新学习思想和专业成长了吗？

·自己的目标明确吗？

·使用资料或数据决定目标了吗？

·自己的计划体现出如何提升学生学习成绩了吗？

·自己的计划包含合作性行动了吗？

·自己的计划里包含对结果的反思和恰当调整了吗？

·包含评价方法了吗？

·认识到自己将要收集的证据了吗？

第六步：及早和经常反思。

不要等计划内的行动完成后再反思自己进行得如何。要坚持记日志，找另一个老师一起反思，或参加小组讨论。

第七步：建立成绩文件夹。

不论学校是否要求建立文件夹，建立文件夹都会使你从收集到的所采取的行动的证据中获益。自己的文件夹应当组织良好，清楚地与计划结合起来，包括自己的最好的资料、自己对学习的反思。自己的文件夹可以包含下面内容：

·反思性日志或日记

·学生作业样本

·数据和数据分析

·教案样本或自己的其他作品

·出勤证明

·发表的文章

·幻灯课件

·录像带/光碟

·照片

3. 教师职业规划书十要点

（1）题目。包括姓名、年限、年龄跨度、起止时期。

（2）职业方向及总体目标。它指职业发展方向和当前可以预见的最长远目标。

（3）社会环境分析结果。包括对政治环境、经济环境、法律环境的分析，还包括职业环境分析。

（4）学校分析结果。包括行业分析以及对学校制度、学校文化、学校管理者、学校品牌和服务、办学理念等的分析。

（5）自身条件及潜力测评结果。即个人目前状况和发展潜能，比如有可能从普通教师发展成为学校领导。

（6）角色及其建议。记录对自己职业生涯影响最大的一些人的建议。

（7）目标分解及目标组合。分析制定、实现目标的主要影响因素，通过目标分解和目标组合的方法做出果断明确的目标选择。

（8）成功的标准。预定达到什么结果可谓成功。

（9）差距。即自身现实状况与实现目标要求之间的差距。

（10）缩小差距的方法及实施方案。

CHAPTER 7

第七章

e 学灵、e 教星：实现幸福教育的技术双翼

我们已经进入了e时代，各方面都收获了e技术带来的方便和快捷。可是，负担过重、学生厌学、教师厌教等被动落后教育并未得到e技术的缓解，严重阻碍学生和教师的幸福感。每个学生都希望减轻过重学习负担，提高学习乐趣和学习成绩，避免学业成绩下滑而成为学困生；每个教师都希望减轻教学负担，提高职业幸福感和教学成绩，避免教学成绩下滑而成为教学后进。因而，亟须减负增效、轻负高质的e技术支持。为此，我们联合美国专家研发出“e学灵”（易学灵，Enjoy Learning）和“e教星”（易教星，Enjoy Teaching）。“e学灵”是一种标本兼治、提升学习乐趣和学习成绩的综合干预人机对话智能系统，通过测评诊断每个人的学习现状，找出问题，通过身体和大脑协同训练，全身心投入学习，激发大脑内快乐激素分泌，体验学习乐趣，从大脑学习机制的根本上突破学习障碍，再辅以学能、学法策略和学科技巧的训练，达到多元干预学困、提高学习乐趣和成绩的目的，该产品已经获得国家专利。“e教星”是利用信息技术高科技手段设计的一种智能化人机对话系统，包括备课智能化、上课智能化、反思课智能化、听课智能化、评课智能化，为教师轻松学会幸福课堂的备课、上课、课后反思、听课和评课，提供教学平台，为教师专业提升提供抓手。

SECTION ONE

第一节

“e 学灵”的四大功能

一、测评和诊断学习状况

“e 学灵”的首要功能是测评和诊断。测评诊断系统（见表 7－1）可以直接在电脑上完成。影响学业成绩的原因尤其是学业不良的原因复杂，单凭班主任、任课教师很难找到深层原因，这需要系统排查。只有这样，才能面向全体学生，早重视、早发现、早预防、早确诊、早干预、早提高，从而不让一个孩子掉队，让每个孩子成为最好的自己。

学业成绩综合诊断专家系统包括五大子系统（见图 7－1）。

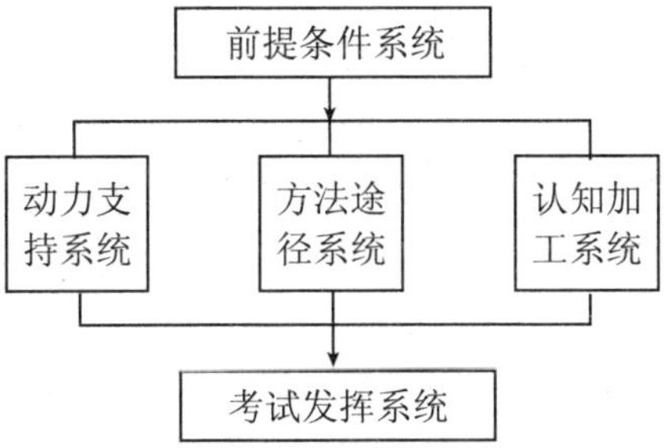

图 7－1　测评诊断流程

· 前提条件系统：检查是否具备提高学习与考试效能的必要条件，针对薄弱环节提供对策。

· 动力支持系统：检查学习/考试动力机制是否有问题，提供对策。

· 方法途径系统：检查学习方法途径是否有问题，提供对策。

· 认知加工系统：检查操作加工系统是否有问题，针对问题提供对策。

· 考试发挥系统：检查考试发挥水平的高低和问题，提供对策。

五大子系统内部连动，显示整体功能，自动检测，自动分析，自动排检，自动建议。

表 7－1　学生学习测评诊断系统

测评项目	诊　断	干　预
1. 前提条件系统	检查学生是否具备提高学习与考试效能的必要条件	针对薄弱环节采取补救措施
智　商	通过智商诊断，发现学生智商高低，排除弱智	提供个性化培智策略，或推荐到培智学校/班
学　能	通过学能诊断，发现学生学能高低，排除低能	提供个性化学能辅导
学习障碍	通过学习障碍诊断，排除学习障碍学生	提供个性化学习障碍矫治
心理健康	通过心理健康测评，发现影响学生学习成绩的心理原因	提供个性化心理辅导
2. 动力支持系统	检查学生保持学习/考试精力充沛的必要环节是否有问题	针对薄弱环节采取补救措施
动　机	检查学生动机系统是否有问题	针对整体动机不足或动机子系统偏差采取补救措施
注意力	检查学生注意力系统是否有问题	针对整体注意力不集中或注意力子系统偏差采取补救措施

续表

测评项目	诊　断	干　预
意　志	检查学生意志系统是否有问题	针对整体意志不坚强或意志子系统偏差采取补救措施
情　绪	检查学生情绪智力高低和学业情商	针对情绪智力高低和学业情商不利因素提供对应训练
归　因	检查学生成败归因的合理性	针对归因问题进行矫正
3. 方法途径系统	检查学生学习方法途径是否有问题	针对方法途径系统的问题采取补救措施
大脑优势	检查学生学习是左脑还是右脑优势	针对大脑优势提供全脑开发训练
智能优势	检查学生学习的多元智能优势	针对多元智能优势提供对应训练
学习策略	检查学生学习策略是否有问题	针对问题提供学习策略训练
4. 认知加工系统	检查学生认知加工系统是否有问题	针对认知、元认知问题提供补救措施
语言理解	检查学生语言理解是否有问题	针对语言问题提供补救措施
记　忆	检查学生记忆力高低和问题	针对记忆力低下提供对应的补救训练
思　维	检查学生发散、集中和创造性思维能力的高低和问题	针对思维整体和个别问题提供补救训练
想　象	检查学生想象能力的高低和问题	针对想象整体和个别问题提供补救训练
问题解决	检查学生问题解决能力的高低和偏差	针对问题解决整体和个别环节提供补救训练

续表

测评项目	诊　断	干　预
动　作	检查学生动作技能协调能力的高低和问题	针对动作技能整体和个别问题提供补救训练
5. 考试发挥系统	检查学生考试发挥能力的高低和问题	针对考试发挥失常问题提供补救训练
焦　虑	检查学生考试焦虑的高低和问题	针对焦虑过度和过轻提供对应训练
假　忘	检查学生假性遗忘发生率的高低和问题	针对假性遗忘提供应对策略
回忆/检索	检查学生能否将所需要的知识迅速回忆/检索出来	针对回忆/检索过程中存在的问题提供对应训练
修　改	检查学生修改答案正确程度和问题	针对修改答案对错提供个性化应对方案

二、促成1+1≥5的学习效果

脑科学研究证明，大脑两半球相加能够实现1+1≥5的学习效果。“e学灵”实现了“左脑+右脑”、“大脑+小脑”、“人脑+电脑”以及四肢全身投入学习的双脑全身学习功能。可以实现双脑1+1≥5的学习效果。

“e学灵”训练设备和活动不是针对任何特定的大脑结构，而是整体促进体脑协调，心脑互动，左右脑平衡。它们涉及动觉、触觉、视觉、听觉、前庭系统等大脑系统并统合这些系统，所以能促进学前和学龄儿童、青少年的信息加工机制和能力的发展和提高，提高学习乐趣和学习成绩。以有效协调两个半球的方式来帮助儿童更有效地去读书，更有效地学习，去独创性地解决问题，使记忆更准确、容量更大，使儿童进行更有创意的思考。完全实现了感觉输入—注意加工—行为输出的学习流程（见图7－2）。

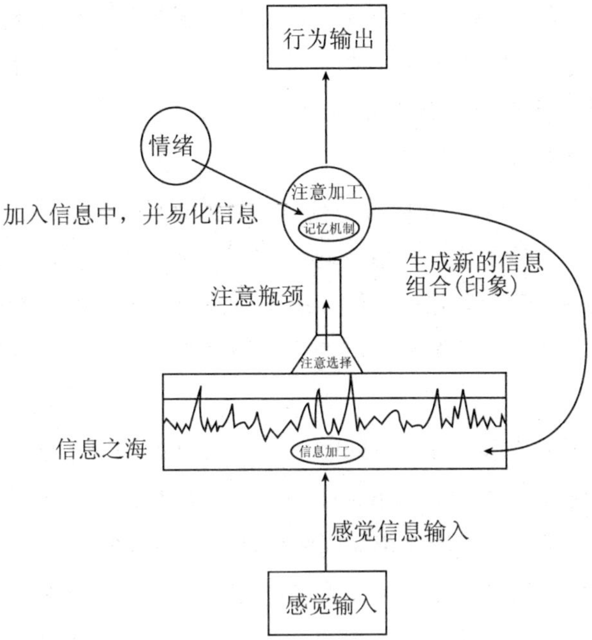

图 7-2 感觉输入—注意加工—行为输出的学习流程

平衡训练系统能够改善大脑加工过程，提高基本智力。平衡训练能影响视觉能力、记忆力、手眼协调、阅读、写作、语音、语言、数学能力以及体育竞技能力；能提高儿童的成绩也能改善运动员的成绩。平衡训练系统活动可以被应用在视力治疗方案、语音程序、阅读补救程序或任何用到脑的程序中，将使受训者在有限的时间内收获更多。它可以让受训者获得更高水平的成就。

"e 学灵"分硬件和软件两大系统，硬件包括电脑和体脑心智训练系列设备，软件包括测评诊断系统、体脑心智训练系统、学困干预训练系统、学法策略训练系统、学科提升训练系统。

三、预防和矫正学困

在中国有三四千万儿童不同程度地受到学习困难困扰，累及上亿家庭。为探寻一条标本兼治的路径，我们与美国佛州大学学困研究中心联合成立了“中美学习困难联合研究中心”。我们申请的“中小学学困生学习心理发展特点及教育矫正研究”获全国教育科学“十二五”规划2012年度教育部重点课题立项。

“e学灵”的体脑心智训练系统可以有效预防和矫正学习的脑机制问题。必须在平衡板上接受训练，这是“e学灵”的重点，包括：视觉—观察、听觉—语音、动觉—身体、思维—逻辑、记忆—联想等深层脑机制训练，为预防学业下滑和优化学习、提高学习乐趣和学习成绩奠定扎实的基础。

学困矫正训练系统可以有效预防和矫正学习困难。学业不良、学习困难突出表现在三大基础领域，即阅读、书写和数学上的学习障碍，其他学科学业不良、学习困难都能归因到这三方面脑加工机制出现了问题。因此，预防和突破这三方面的学习障碍是提高学习乐趣和学习成绩的重中之重，是基础中的基础。这是“e学灵”要攻克的难点，必须在平衡板上，进行综合训练。

比如，错别字是学困的典型标志。通过敏锐观察“拔”与“拨”的异同，及时发现并能用“心灵手巧击打球”准确通过九格板击打出“拔”，电脑及时反馈肯定“棒极了”，并发出“拔河”、“拨弄”的标准音，如果选错了，可再试一次。这种方法既训练观察、手脑协调、动作定位，又辨析了形似字，还学了组词，使游戏成为学习的载体，变有意学习成为无意学习，显性学习成为隐性学习；既可预防错别字，又可纠正错别字。电脑后台还会跟踪记录尝试总数，包括时间和正确数、错误数。

我们在宁波实验基地经过3个月的训练取得可喜成绩，参加训练的学生学习成绩平均进步23个名次，最好的学生进步了80个名次。在集中注意力、持续学习时间和学习兴趣以及学习习惯上都有明显进步，深受家长和教师好评。

家长1：我的孩子通过在快乐学习训练营的活动，我感觉孩子在注意力方面有所提高，比如，他以前做作业，要催促很多遍都不能集中精力完成，现在催两三遍就能完成了，希望他再接再厉。

家长2：自从我的小孩来到快乐学习训练营以后，我发现他有变化，比如说，他以前写作业的时候，写一两个字就要东张西望，现在可以了，写一两张作业还能坚持下去。

学校负责人：经过一学期的训练，学生学习的注意力和持久性都有明显改善，这些效果给我们增添了信心。

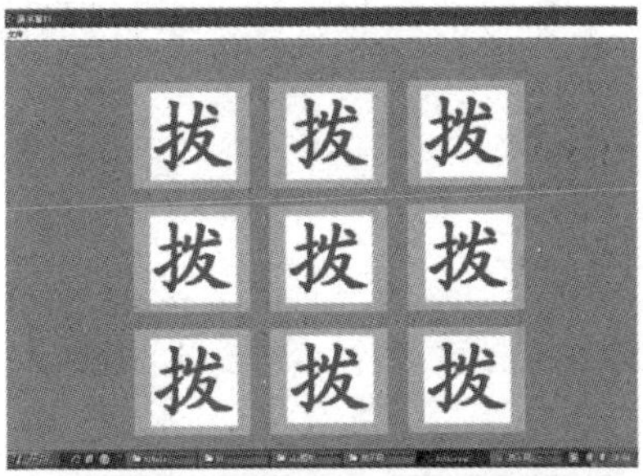

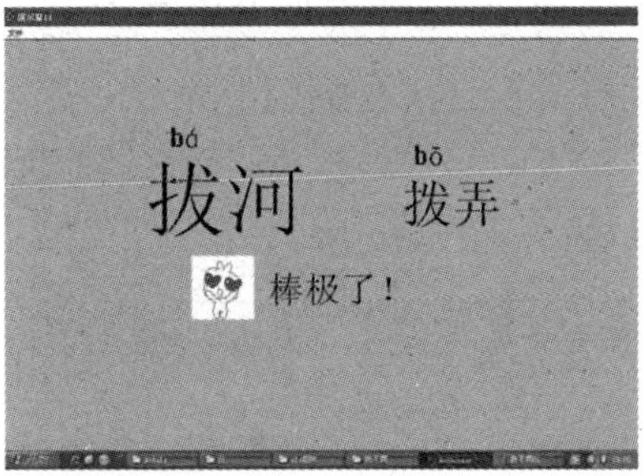

四、提升学习乐趣和成绩

“e学灵”主要依据“Enjoy Learning：Brian Learning Principles in Action”（让学习快乐起来：大脑学习的原则及其运用）设计而成。在实验应用伊始，我们专门邀请美国孟菲斯大学学习技术研究所所长Art教授做了相关的辅导报告。

“e学灵”通过学法策略训练和学科有效提升训练可直接提升学习乐趣和成绩。学法策略是所有学生提高学习乐趣和学习成绩都必需的，这是“e学灵”的基础，包括认知策略（注意、学习、记忆、思维、预习、听课、复习等方法)，元认知策略（计划、监控、调节等策略)，学习技术（笔记、听课、辅助手段等）以及考试方法等。学法策略训练可以直接在电脑上完成也可以部分在平衡板上完成。

学科提升训练系统针对某一学科和个人特点设计个性化学习方案，实现电脑一对一教学辅导，从而提高某一具体学科的学习乐趣和学习成绩，这是“e 学灵”的高端，是个性化自主学习的理想境地。学科提升训练可以直接在电脑上完成。流程参见图 7－3。

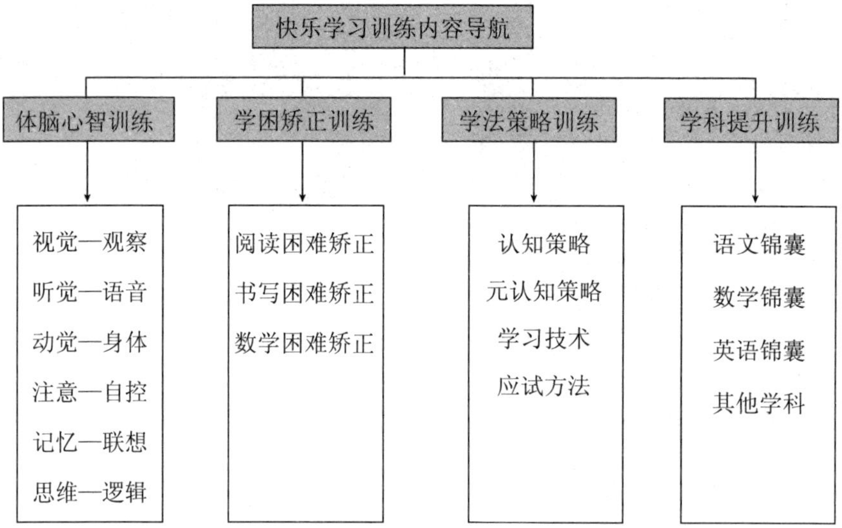

图 7－3 “e 学灵”导航界面

拓展阅读

平衡训练奇妙无穷

“e 学灵”人机对话智能系统从基础水平提升大脑功能，通过高精仪器的反馈让大脑更好、更高效地处理各种感觉信息，就如同提高肌肉的力量一样，通过不断地练习和不停地增加难度提高大脑神经通路交换信息的功能。在刺激平衡系统以及两个大脑半球联合的过程中，触觉、动觉、前庭、视觉等系统的协作能力也得以提高和完善。只要这些系统不超载，借助特定的活动提高平衡能力，也就相应提高两个大脑半球之间以及与此相关联的感官系统之间的互动水平。该平衡训练系统的平衡程度是可以控制和选择的，这使得人们在不超载的情况下挑战和改善神经系统成为可能。

在大多数情况下，“e 学灵”的原始版通过几次训练，阅读速度会提高 10% ~
20%，嘴巴和嘴唇会运转更灵活，眼睛浏览书页会更有效，同时对阅读内容的理解会更好，视敏度和两眼协同得到显著改善。这些活动也很可能会增加听觉记忆的广度。一个有注意力缺陷的人参加这些训练活动后，会在更长的时间里投入到要做的工作中。如果在 12 ~ 24 个星期能持之以恒地在平衡训练系统上完成设计好的一系列活动，无论是在阅读效率上还是在其他学习活动和体力活动中，接受训练的学生表现出显著的改善。因为那些训练活动提高了大脑的神经网络的工作效率，促进了大脑不同区域之间的联合和联动。

当考察平衡训练的积极效应的时候，可以看到平衡对于大脑计时的影响。这种影响对于注意力缺失的人来说尤其明显。一般来说，大多数有注意力缺陷的人反应时间缓慢。通过服药来治疗注意力缺失会加快反应时间，这在一定程度缓解了注意力缺陷问题，但从长远的角度来看，其副作用不可避免。反应时间与平衡需求有关，这种平衡需求的产生与满足都是在大脑中完成的。对平衡的要求越高，就要求相关系统做出更快的反应以维持平衡。平衡训练与那些患有注意力缺陷的人通过服药取得的效果非常相似，但没有副作用（同时伴以其他方面的改进）。在阅读实验中，读完一段材料，接着在平衡板上活动十五分钟，然后再阅读，会发现阅读速度提高了，表明平衡训练提高了大脑对信息的处理速度，缩短了反应时间。

SECTION TWO

第二节

“e 教星”的五大智能

一、快乐高效教学的五大智能平台

现在的教学还停留在传统的“人力”水平上，教学手段落后，e 技术尚未发挥出应有的巨大潜能。“e 教星”通过备课智能化、上课智能化、课后反思智能化、听课智能化、评课智能化五大智能平台，为提高教学效率和教师职业幸福感提供了现代化的高科技平台（见图 7－4）。

下面选择“备课智能化”做一简介，以求窥一斑而见全豹。

点击“e 教星”智能系统导航（见图 7－4）之“备课智能化系统”，进入备课界面，有三个模块：一是“备学生”，二是“备内容”，三是“备方法”。第一项，“备学生”。分清优中差三类学生，分层作业时，可直接将难度不同的题目通过网络传给对应的学生，这三类学生以及小组内分工一般变换性不大，只是根据需要，必要时再做调整。重点是第二项“备内容”。每课必备，一般将“课前预习”内容和要求提前发给或网上传给学生，让学生课前预习。第三项，“备方法”。重在课堂动机激发与维持，ARCS 四项基本策略可通过点击进入策略资源库，寻找适合本课内容和本人特长的策略使用，策略库中有许多策略，只是选择最适合的即可，不要过多滥用。

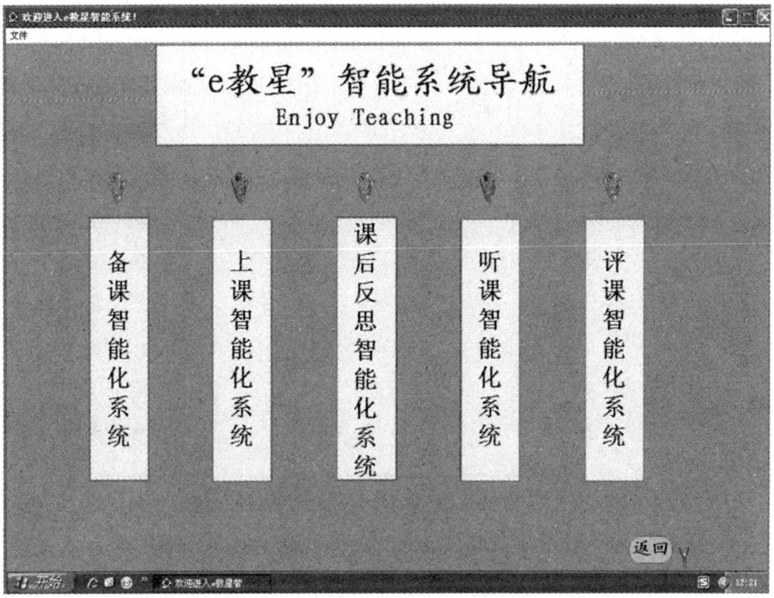

图 7－4 “e 教星”智能导航界面

进入备课智能化系统后，会有电子模板供教师使用（见表 7－2）。每一项目感到陌生或没有思路时，可以点击进入键进入深一层页面查看提示或案例；有一定积累后，熟练使用会感到简单易行。

表 7－2 教师备课电子模板

班 级	科 目	时 间
备学生	备内容	备方法
1. 分清优中差三类学生，作为分层教学和分层作业依据。 优生：名单 中生：名单 差生：名单	课名： 学习导引 1. 学习目标（教师填写） 2. 学习重点（教师填写）	ARCS 动机激发维持策略： 1. Attention：引起注意。点击・进入注意策略资源库

续表

班　级	科　目	时　间
备学生	备内容	备方法
	3. 学习难点： 教师填写： 学生填写：	2. Relevance：内容相关。点击·进入相关策略资源库 3. Confidence：树立自信。点击·进入自信策略资源库 4. Satisfaction：保证满意。点击·进入满意策略资源库
2. 确定小组内学生的角色。(根据需要轮换) 组织者： 记录者： 发言者： 评价者： ……	学习环节（“5+2”环节：课中5环节+课前课后2环节） 1. 课前预习 (1) 复习有关知识：提出与新学内容有关的问题，让学生自己解决。 (2) 自学新知识：根据新学的知识点，设计问题，让学生带着问题自学，自己解决新问题。 (3) 自学反思：让学生记录下疑难。 2. 课中前测 采取多种形式（集体或个人提问，小测验等）检查学生自学情况，掌握进展。 3. 课中探究 (1) 自主探究，解决疑难。	1. 各环节时间分配 2. 确定前测后测形式和方法 3. 易错点预测及解决方法 4. 预见性问题解决方法 5. 解题技巧 6. 提问、追问技巧 7. 规律总结技巧 8. 拓展延伸技巧 9. 总结评价性语言 10. 课堂组织管理技巧

续表

班　级	科　目	时　间
备学生	备内容	备方法
2. 确定小组内学生的角色。(根据需要轮换) 组织者： 记录者： 发言者： 评价者： ……	(2) 结对探究，解决疑难。 (3) 小组探究，解决疑难。 (4) 教师提供帮助，释疑解惑。 4. 成果展示 (1) 组内展示，由疑难者示范问题如何解决。 (2) 班内展示，由小组代表示范问题如何解决。 5. 练习应用 分层作业：难、中、易三类题目分配给对应的优、中、差三类学生。 6. 总结后测 总结本课要点，达标测评，力争所有学生获得成就感。 7. 课后提高 (1) 分层作业：难、中、易三类题目分配给对应的优、中、差三类学生。 (2) 学生反思，形成元认知策略。	

二、五大智能平台配套的行为观察分析系统

备课、上课、课后反思、听课、评课执行如何？效果如何？需要跟踪监测和评价、改进。这需要借助行为观察、高科技手段对课堂行为的精细观察、记录跟踪、数据分析、概括提炼、准确把握。传统教学实践

和研究中主观成分大，缺乏客观性。“e 教星”的课堂行为观察分析功能弥补了该领域的不足。该功能运用学习科学视频研究技术专门研发的课堂分析评价与培训软件，不需现场观察调研和纸笔记录评分，只要现场录像或提供课堂视频录像，对照系统提供的课堂观察指标编码方案和操作手册，将视频中观察到的课堂指标按编码输入计算机，软件便可自动生成定性与定量参数相结合的课堂分析结果，计算出课堂各级指标幸福指数和整体幸福指数，见图 7 - 5。

图 7 - 5　幸福课堂行为观察分析系统

注：**1.** 选择启动　**2.** 创建编码模式　**3.** 收集数据　**4.** 选择分析数据

该系统不仅可以提供课堂整体幸福指数的评价，还可通过计算幸福课堂各级指标上的幸福指数差异，找出某节课的亮点与需要改进之处，提供课堂整体幸福指数的提升策略。此外，通过对各观察指标进行筛选，系统可自动将所关心的指标的对应视频场景编辑到一起并加注解说明，有助于一线教师相互之间对课堂进行研究、观摩或对自己的课堂进行反思、改进。该系统提供的幸福课堂教学策略指导手册及其视频资料库，可为教师提供具有操作性的理论和直观的画面来学习和改进自己的课堂教学，并为新教师的教学培训提供精彩素材。

该系统提供五个附件：

· 幸福课堂基本标准与评价指标体系。

· 幸福课堂观察指标编码模板。

· 幸福课堂星级评分标准。

· 幸福课堂观察指标与教学策略。

· 幸福课堂教学策略精彩视频集。

幸福课堂行为观察分析系统的四大具体功能如下。

1. 用于评价课堂幸福指数

第一，系统提供“幸福课堂观察指标编码模板”（见图 7-6），作为整个系统的基本参数。该编码模板与幸福课堂指标体系一一对应，分为三级指标，图 7-7 中显示的是 6 个二级指标和 15 个三级指标。其中，以生为本、动机维持所属一级指标为爱教爱学，“631”组织教学、“5+2”学习模式所属一级指标为会教会学，高分、高能所属一级指标为教会学会。

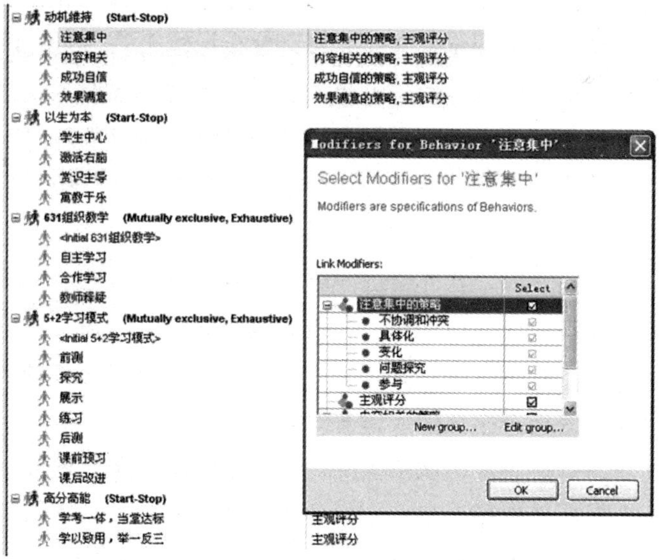

图 7-6　幸福课堂观察指标编码模板

Behaviors	Behavior Mod				
		Minimum	Maximum	Mean	Total Durati
学生中心	主观评分	1.00	5.00	2.40	275.47
激活右脑		1.00	4.00	2.58	1162.90
赏识主导		1.00	5.00	3.13	644.27
寓教于乐		2.00	2.00	2.00	130.22
自主学习		1.00	5.00	1.78	1644.62
合作学习		3.00	5.00	4.00	315.14
教师释疑		1.00	5.00	2.69	692.84
前测		1.00	1.00	1.00	86.00
探究		2.00	5.00	3.17	837.22
展示		2.00	4.00	3.00	1005.29
练习		1.00	5.00	4.00	443.56
后测		3.00	5.00	4.00	93.14
课后改进		1.00	1.00	1.00	67.61
学考一体，当堂达标		5.00	5.00	5.00	148.00
学以致用，举一反三		2.00	2.00	2.00	68.19

图 7 -7　各级指标的评分情况

注：behaviors 行为，Behavior Mod 行为调节，Minimum 最小值，Maximum 最大值，Mean 平均数，Total Durati 总时长。

第二，熟悉“幸福课堂基本标准与评价指标体系”，根据编码模板，对课堂视频进行前期编码。编码过程中，需对照“幸福课堂观察指标与教学策略”多次回放课堂视频，对出现的符合评价指标的片段赋以相应的代码，同时根据“幸福课堂星级评分标准”进行一至五级评价。编码过程见图 7 -8。

第三，编码结束后，软件通过编码识别各种行为对应的指标并进行分类整理，可呈现各级指标的评分情况，包括最高分、最低分、平均分等（见图 7 -9）。系统会根据各级指标的得分，用加权求和的方式，自动计算出课堂各级指标幸福指数和整体幸福指数。

与传统课堂评价相比，该系统的优势在于可以对课堂视频进行反复回放、编码与分析，电脑会自动记录各种参数，避免了传统纸笔记录方式对课堂这一复杂情境进行现场评价时容易顾此失彼的弊端，节省了大量人力成本和时间成本。

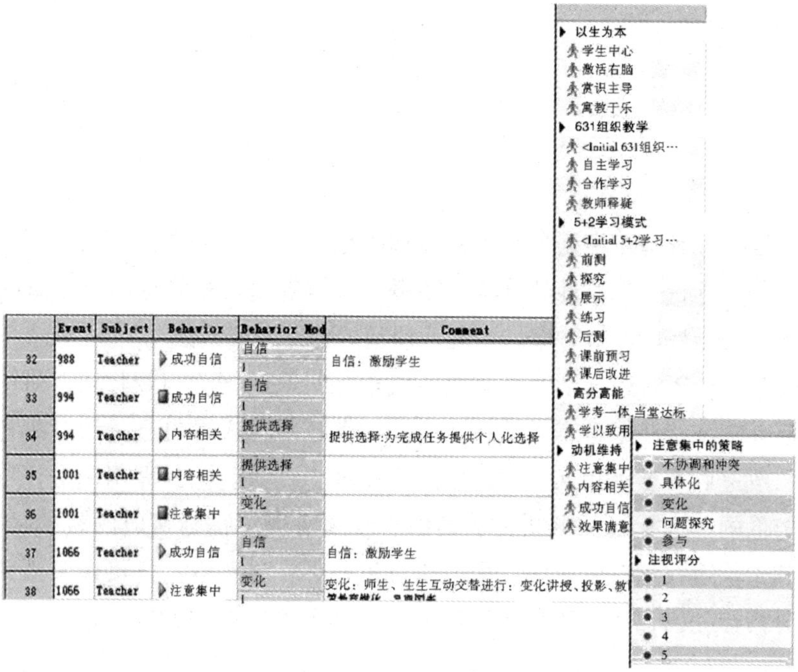

图 7－8 幸福课堂编码过程

注：Event 事件，Subject 对象，Behavior 行为，Behavior Mod 行为调节，Comment 评论。

如图 7－9，系统把所有使用了“效果满意”策略的教学事件片段自动整合拼接到一起，这个表格的每一行就是一个教学片段，列的内容包括：片段编号，教学事件名称，片段在原视频中的结束时间，持续时间，对事件的进一步分类，对每类事件的具体描述。比如，幸福课堂评价指标中“效果满意”一项，可以通过一键截取该指标对应的课堂视频片段（图），截屏界面记录了“片段编号”（Episode），“事件名字”（Event name），本图是“效果满意”，“停止时间”（Stop time）标明该事件停止的时间点，“持续时间”（Event Duration）标明该事件（本图是效果满意）持续的时间长度，“行为调节”（Behavior Modifier）标明对该事件（本图是效果满意）调节的策略（本表里分积极表扬和自然运用两类策略），对每类事件的具体描述（Subtitle text），具体进一步解释前面“行为调节”的内涵。

2. 用于教师本人及相互间对课堂进行分解、剖析，改进教学策略，提升课堂幸福指数

第一，教师可根据各级指标幸福指数，找出低分指标作为课堂的薄弱之处，进行有针对性的分析。对照“幸福课堂观察指标与教学策略”，提出低分指标的改进方案，以提升课堂的整体幸福指数。

第二，系统可自动一键截取各级指标对应的课堂视频片段，拼接在一起并加文字注解备忘（见图 7－9），供教师本人对自己的课堂进行反思、改进以及教师相互间对课堂进行观摩、评析。尤其可用于对评价得分较低的薄弱指标的分析上，集中、连续呈现该指标对应的教学视频，有利于快速找到低分原因，提出改进策略。一键截取、拼接课堂视频的高分指标片段，还为教师之间互相学习、借鉴提供了便利。

	Event name	Stop time	Event Duration	Behavior Modifier	Subtitle text
Episode 1					Episode 1
1	效果满意	06/12/2012 15:45:10	8	效果满意的策略（积极的结果）	积极的结果：对成功或有进步学生给予口头表扬（提供即时正面反馈）
2	效果满意	06/12/2012 15:46:44	60	效果满意的策略（积极的结果）	积极的结果：及时提供有用的反馈信息、表扬
3	效果满意	06/12/2012 16:02:05	39	效果满意的策略（自然结果），	自然结果：允许学生在实际情境中使用新技能（平均分）
4	效果满意	06/12/2012 16:11:08	85	效果满意的策略（自然结果），	自然结果：允许学生在实际情境中使用新技能（平均分3份）
5	效果满意	06/12/2012 16:18:35	40	效果满意的策略（自然结果），	自然结果：允许学生在实际情境中使用新技能（零件个数与次数范围）
6	效果满意	06/12/2012 16:19:27	46	效果满意的策略（积极的结果）	积极的结果：及时提供有用的反馈信息、表扬（提供即时正面反馈）
7	效果满意	06/12/2012 16:20:26	59	效果满意的策略（积极的结果）	积极的结果：对成功或有进步的学生给予口头表扬；及时提供有用的反
8	效果满意	06/12/2012 16:21:34	39	效果满意的策略（自然结果），	自然结果：允许学生在实际情境中使用新技能

图 7－9　“效果满意”指标课堂视频片段一键截取

注：Episode 片段编号，Event Mame 事件名称，Stop Time 停止时间，Event Duration 事件持续时间，Behavior Modifier 行为调节，Subtitle Text 分类具体描述。

第三，系统可呈现整个课堂视频各级指标的时间分布图，以便直观地了解整堂课各级指标教学策略的运用情况（见图 7－10）。该图可形象展示各级指标使用了多少次、每次使用持续了多长时间；可显示各指标教学策略的使用发生在课堂的哪些时间段，以便分析这些策略是否符合

课堂前段、中段、后段的教学特点和需要；可比较不同指标在时间分配上存在的关联，尤其是各教学组织形式、学习环节与其他教学策略运用之间的关系，有助于分析教学策略是否适合各教学环节的特点，发现不同课型的教学规律。

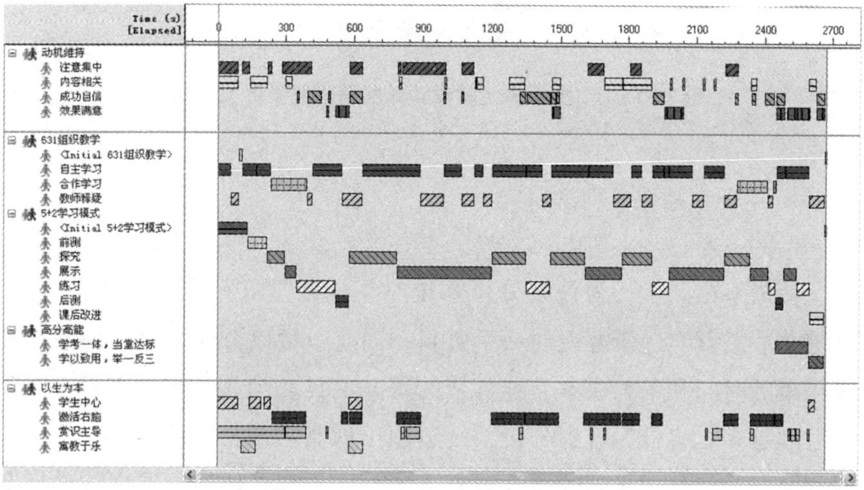

图7－10　各级指标的时间分布图

教师不仅可对自己或他人的课堂进行传统意义上的整体评价与分析，还可基于各级指标的时间分布图，将课堂“肢解”为各种元素，对各元素的使用情况以及元素间的关系进行深入剖析、科学解读，挖掘掩盖在课堂形式表象下的深层教学结构与规律，分析自己或他人课堂布局与策略运用的优势与不足，提出教学改进策略。

3. 用于幸福课堂教师培训

系统提供“幸福课堂教学策略精彩视频集”（见图7－11），内容涵盖幸福课堂各项指标对应的教学策略，均为从若干节幸福课堂精品课中截取的某一指标教学策略精彩片段，配以文字注解说明，供幸福课堂教学策略教师培训以及一线教师自学使用。视频集为教师学习幸福课堂教学策略提供了生动形象的鲜活案例，比大篇的文字讲解更有效。

图 7－11 “幸福课堂教学策略精彩视频集”文件举例

4. 用于幸福课堂科学研究

使用幸福课堂行为观察分析系统对幸福课堂进行定量和定性研究，能够获取最真实、最客观的一手资料；同时，可以节约大量行为研究数据采集的时间和劳力成本，越复杂的研究项目和越多的视频资料，节约的时间越多。将行为观察分析系统运用于课堂教学，跟踪观察、实时记录课堂行为，将使科学的课堂观察方法如虎添翼，使幸福课堂的定性和定量研究过程更加科学、高效，使幸福课堂模式的打造更具科学性和可操作性。

第一，系统可自动计算幸福课堂各级指标以及各指标对应教学策略的使用次数、总持续时间与每次平均持续时间（见图 7－12）；可自动计算各教学环节的发生时间、持续时间等。将这些幸福课堂相关指标统计参数与学生学习效果、主观课堂幸福感受等数据资料进行关联分析，可对不同课型、不同教学策略进行比较分析，得出科学结论和建议。

第二，可自动计算某一指标之后伴随另一指标出现的次数和概率，以及某一指标出现后特定时间段内出现另一指标的次数和概率，深入分析课堂组织架构，为建构科学的幸福课堂基本模式和科学流程奠定基础。升级后的系统还可分析某些教师特定行为之后伴随的学生特定行为的出现次数、持续时间等，有助于探寻深层的课堂教学规律。

第三，升级后的系统还可自动计算教师或学生某一行为的出现次数、出现时间和持续时间，如教师对学生的表扬次数、学生举手次数等，用定性和定量相结合的方式有针对性地研究课堂中有价值的现象。例如，观察教师授课语言、对学生的态度、提问方式等以便查找问题，观察学生参与程度、课堂表现等以便“培优补差”，观察师生互动情况以便反思调整，等等。因为有些问题教师的主观感受和实际情况并不匹配，教师并不一定能够发现课堂教学中存在的问题。例如，教案设计了 5 个问题，结果一节课提问了 57 次，且多为低效问题，而自己都不敢相信。使用行为观察系统对课堂进行科学的观察研究，有助于教师迅速发现问题，及时改进，使课堂教学更高效。

Behaviors				
	Total number	Total Durati	Mean	Rate per min
学生中心	5	275	55	0.11
激活右脑	12	1163	97	0.27
赏识主导	15	644	43	0.34
寓教于乐	2	130	65	0.04
<Initial 631组	2	22	11	0.04
自主学习	18	1645	91	0.40
自主学习	3	315	105	0.07
教师释疑	13	693	53	0.29
<Initial 5+2学	2	142	71	0.04
前测	1	86	86	0.02
探究	6	837	140	0.13
展示	6	1005	168	0.13
练习	5	444	89	0.11
后测	2	93	47	0.04
课前预习	-	-	-	-
课后改进	1	68	68	0.02
学考一体,当堂达标	1	148	148	0.02
学以致用,举一反三	1	68	68	0.02
注意集中	11	779	71	0.25
内容相关	17	680	40	0.38
成功自信	16	525	33	0.36
效果满意	8	374	47	0.18

图 7－12　幸福课堂各级指标次数、持续时间统计表

注：Behaviors 行为，Total Number 总数量，Total Durati 总时长，Mean 平均数，Rate Per Min 每分钟比率。

CHAPTER 8

第八章

幸福教育典型案例

幸福教育理念提出后，全国涌现出一批先行先试的学校和区域。考虑到全国地域分布、普教与职教序列、学前与基础教育阶段、课堂内外等各方面的代表性，我们选取了北京市洋桥学校、重庆市天台岗小学、福建省泉州市鲤城实验小学等幸福教育实验基地学校以及宁波鄞州幸福教育典型区域，介绍他们的办学思路、特色和蓝图，供大家研讨交流，以促进幸福教育从星星之火快速形成燎原之势。

SECTION ONE

第一节

幸福教育十大基地：如火如荼

一、北京市洋桥学校：积极是通向幸福的必由之路

北京市洋桥学校是我们在北京重点扶持的幸福教育基地的新成员。学校创办于1992年，是一所九年一贯制学校，位于北京南二环与南三环之间的洋桥北里小区，现有24个教学班，在校学生近千名，学校在编教职工90名。学校践行“为健康成长铺路，为幸福人生奠基”的办学宗旨，以“积极人生，幸福课堂”课题为抓手，谋求教育教学质量和办学品质的不断提高，满足社会对优质教育和特色教育的需求，努力办学生喜欢、家长放心、社会认可、教职工满意的学校。

1. 探索积极人生教育，全面落实素质教育

在幸福教育思想的指导下，根据积极心理健康教育思想，学校提出了“积极人生教育”理念，以积极的理念、态度和方式去理解生存、尊重生命，塑造学生积极心理，为学生的一生幸福奠基。在“积极人生教

育”理念的指导下，学校进行了积极心理支持实验、积极学校文化建设、幸福课堂构建等尝试和探索，营造学校积极文化氛围，让学生在学校生活中体验更多的进步和幸福。

2. 开展积极心理支持实验，为学生人生打上积极的底色

针对“生源数量总体减少，学生来源广、成长背景差异大、基础薄弱、学习目标不明确、学习动机不足、学习兴趣不高、学习被动、学习方法落后，以及行为习惯、学习习惯不好、学生缺少明确人生目标和价值追求”等问题，学校开展积极心理支持实验。通过“正向关注”策略，发现学生身上的优点和闪光点，增强学生的自信心；通过“积极环境”策略，营造宽松和愉悦的班级氛围，建设积极班级文化；通过“班级文化建设”策略，引导学生参与班级事务，通过班名、班歌、班训等征集和讨论，引导学生产生相互激发、鼓励、促进、支持的班级文化，增强班级凝聚力，加强学困生的自觉自律性；通过“全员参与、形成合力”策略，为学生营造积极的支持性学习和发展氛围，点燃学生心中的发展希望。

3. 开展积极校园文化建设，营造积极学校氛围

校门，黑色大理石在红墙绿树中分外庄重，“北京市洋桥学校”镏金大字在阳光下熠熠生辉，映衬着“生命世界　文化天地　精神家园　心灵港湾”的学校教育使命。“积极人生”石刻、“积极幸福树”彩绘墙、“阳光成长”雕塑给每个走进校园的人以强烈的视觉冲击和心灵震撼。班级文化，重在引导学生在讨论中生成班名、班歌、班训，形成集体愿景，彰显班级特色；楼道文化，做到每个楼层都有主题墙，反映不同年级的教育主题；信息栏、笑脸墙、感恩墙、年级文化展板、班级文化展板为教师和学生搭建一展身手的舞台。

4. 探索“幸福课堂”，让学生在体验快乐中成长

我们定期选派课题组成员到校开展“幸福课堂”讲座和科研辅导，讲解幸福课堂评价理论，详细剖析幸福课堂的基本标准和核心指标体系，重点解释“631”组织教学和“5+2”学习模式，开拓了教师视野和思考广度。在课堂教学中，老师们进行了学案导学、小组合作学习等教学方式的探索，即将进行更深入具体的学科典型课型课堂教学模式的探索。

学校将更加关注积极价值取向和态度培养，更加关注学生的全面健康发展，更加关注学生思想和心理发展的需要，更加关注现代化进程中的中国传统文化传承。学校将在德育活动系列化和学科“幸福课堂”构建方面谋求新的突破。尤其针对外来务工子女越来越多、学生学习困难比例高发等现实问题，学校将更多关注“情感、动机、关系、氛围”等软文化建设，计划引进“e学灵”等先进设备开办“快乐学习训练营”，努力不让一个孩子掉队，增强学生的幸福体验，促进学校和谐发展。

二、重庆市天台岗小学：优化幸福课堂　构建幸福学区机制

重庆市南岸区天台岗小学是我们在西部重点扶持的幸福教育基地的典型代表。学校坐落于重庆市经济技术开发区南区，“一校五区”，现有64个教学班，3 018名学生，175名教职工，师资力量雄厚，校园环境优雅，是一所社会公认的品牌学校。

重庆市南岸区天台岗小学秉承“为孩子的幸福人生奠基”的办学理念，以“每天都上一个新台阶”为校训，实践“快乐向上、最佳发展、体验成功”的幸福教育，致力于学生素质发展、教师专业发展、学校内涵发展，每天都上一个新台阶。天台岗小学按照“一个学校品牌，多个校区特色”的发展战略，沿着“熔炼团队、精细管理、特色办学、幸福发展”的办学路径，鼎力打造南湖天台岗小学科技教育特色、花园天台

岗小学少儿彩墨画特色、上海城天台岗小学管乐艺术和篮球特色、天台岗融创小学传统文化特色和天台岗雅居乐小学积极心理健康教育特色。

“十二五”期间，天台岗小学以全国教育科学“十二五”规划课题“西部城市小学幸福教育培养模式的实践研究”为统领，以“每天都上一个新台阶”为幸福校园文化内核，沿着“熔炼团队、精细管理、特色办学、幸福发展”的办学路径，以幸福教育思想为指导，积极探索实践“爱教爱学、会教会学、教会学会”的教育理念，大力推进“幸福台阶课程”与“幸福台阶教学”为核心的幸福台阶课堂；并以此为龙头，将校园文化的物质文化、制度文化、精神文化三个层面与学校管理者、学校教师、学校学生三个维度相结合，建立制度与文化融合的“幸福文化管理模式”；按照“一个学校品牌，多个校区特色”的幸福校园文化发展战略，建设“幸福校区”和“幸福班级”，探索义务教育优质均衡发展的“幸福学区”办学模式，致力于培养“健康、快乐、有成”的幸福儿童。

三、福建省泉州市鲤城区实验小学：和谐育人　幸福有成

福建省泉州市鲤城区实验小学是我们在南部重点扶持的幸福教育基地的示范校。学校位于素有“海滨邹鲁”美誉的文化古城泉州南邑。学校创办于1911年，百年沿革，砥砺出“爱国、求是、尚美、健体”为校风的学校文化传统。1992年，由基层学校“振兴小学”升格而更名。学校占地面积20亩，学生3392人，教师185人，省、市、区级骨干教师42人。学校用积极心理健康教育浸染学校管理，积极构建一种科学的、人文的、健康的、充满特色与生机的适合师生身心健康发展的学校文化体系。学校承担多个国家级和省级教育科研项目，在“和谐育人　幸福有成”的理念指导下，素质教育成为一种浸润、一种享受。“快乐、阳光、幸福”成为学生学校生活的关键词。

学校引入积极心理健康教育和幸福教育思想，以“实施积极心理健

康教育，促进学生自主发展”课题建构素质教育的风景，在研究中提升教学品质，在探索中提炼有利于学生发展的校本特色——小刺桐合唱团、南拳、空中英语。三项特色通过长期积淀与丰富，融入全体师生的思想意识、行为能力、价值取向。“空中英语”历时9年，历经“空中英语”校本课程开发的研究、“空中英语”跨文化意识的研究、“空中英语”积极心理健康教育的调查与研究。小刺桐合唱团成立15年了，伴随着合唱教学的研究、基于艺术社团积极心理健康教育的研究成长，多次代表福建省、泉州市参加各类高水平的艺术交流活动，在世界合唱节、中国少年儿童合唱节上获奖。2012年小刺桐合唱团受邀荣登维也纳金色大厅演出。南拳特色是在2003年根植本土泉南文化开发，是针对学生身心健康的一大积极举措。2004年南拳课程获福建省基础教育课程改革优秀成果一等奖，2010年“南拳校本课程的开发的研究”再次获省课改优秀成果一等奖，并获全国教育科研优秀成果一等奖，林培玲校长的优秀案例被载入联合国教科文组织编写的《亚洲体育创新》。

学校在深化积极心理健康教育的基础上，扬帆幸福教育，着力提高全校师生幸福指数，进一步描绘“和谐育人　幸福有成”的基地蓝图。用时代精神和素质教育理念诠释并继承儒家的“六艺”，整合提炼出培植师生幸福有成价值观的学校文化精神“新六艺”——德（做一个有道德的人）、美（做一个会审美的人）、体（做一个体魄健壮的人）、能（做一个有能力的人）、知（做一个乐求知的人）、智（做一个有智慧的人），倾力打造“温馨、雅致的校园环境——生态花园”、“和谐发展的育人氛围——精神家园”及“丰富多彩的特色活动——文化乐园”；营造学生“个性学习、体艺双馨、品直学芳”、教师“勤业精业、乐教善教”的和谐幸福校园。

四、宁波市鄞州区机关幼儿园：“超级四合院”　孕育幸福童年

鄞州区机关幼儿园是我们提出的幸福教育思想惠及幼儿园的闪亮窗

口。该幼儿园成立于1983年，是鄞州区教育局唯一一所直属幼儿园，现已从江东区搬迁到鄞州区盛世天城小区，更名为鄞州区盛世幼儿园。幼儿园设置12个班级，在职教职员工50人，在园幼儿206人。园所环境优美，设施齐全，功能室完善，师资队伍优良。幼儿园师幼真爱、家园同心，得到了较好的社会声誉，先后获省示范性幼儿园、区六星级幼儿园、省一级幼儿园等荣誉称号。

1. 动态循环体系，创办幸福游戏乐园

幼儿园通过对动态教学模式的研究，结合“超级四合院”其乐融融的人文气息，将幼儿、教师、班段、课程、生活五大元素有机整合，通过换班、选修、混龄等教学形式，开发具有生活特色的、注重社会体验的活动内容，探索出走门串户（换教师）、左邻右舍（换教室）、拜师学艺（选活动）、两小无猜（换同伴）四种动态教学模式。弥补了幼儿教育中单一、静态的传统教学模式的缺陷；促进了幼儿多种心理素质的发展和多元智能的开发，健全了人格；建立了科学有效的学习园地，提高了幼儿的幸福和快乐指数。

2. 家园社区合作，丰富教学情境模式

幼儿园通过开展父亲行动、假日亲子活动、小小运动会、大班毕业典礼、“品格之旅”儿童情景剧、庆“六一”七天乐、“盛世欢歌”等丰富多彩的教学情境，增加幼儿活动范围和视野，让孩子们乐在其中。教师通过创设多种多样的游艺活动和情境模式，让幼儿享受环境的感官刺激，激发幼儿的学习兴趣和学习潜能；通过交往与合作的游戏内容，培养幼儿的积极心理品质和语言表达能力，在尊重幼儿自身能力的基础上有效地培养幼儿的自信心，让其体验学习的乐趣。

3. 多元评价机制，捕捉幼儿优势潜能

采用多元的评价机制和评价标准，发现幼儿的优势潜能。在目标制定、内容选择和价值取向等方面侧重幼儿的社会性发展，弱化对认知能力的目标提升。此外，在活动过程中进行教师即时评价，活动后及每周五下午进行集体评价，在活动前后和过程中引导幼儿进行客观的自我评价和同伴评价，同时利用家长问卷的形式进行家长评价，不断探寻幼儿的优点，积极引导和正确培养，逐步提高幼儿的优势潜能。

根据幸福教育思想和注重幼儿多元智能发展的建议，“超级四合院”以幸福为目的，以生活为核心，将生活有机融入课堂的同时，采用动态的教学模式，为幼儿营造幸福、真实的学习生活环境，使幼儿在多元的、开放的、自主的环境中，发展多元智能和潜能。在专家组和教育局的引领下，幼儿园逐步形成了一种积极向上的工作氛围，达到建立幸福幼儿园的目的，最终被打造成全区乃至全国的示范基地。针对多元智能幼儿园动态教学模式的开展，今后将以课题作为突破口，以行为观察系统为手段，把心理、品格发展、学业跟踪等一系列的测评系统作为依据，以更高水平的系列成果发表和更加显著的教育教学成绩使该园“让所有儿童都享有金色的童年，拥抱幸福的能力”的幸福教育得到更高层次的实现。

五、宁波鄞州东南小学：创设童乐超市　打造活力教育

东南小学是我们在课外活动创新上重点扶持的幸福教育基地样板。学校地处鄞州潘火管委会，是一所“村校迁移”的学校，创办于2008年8月，设计规模36班。学校省、市、区级名师、骨干教师、教坛新秀比例占全校教师50%。在不到四年的时间里，从村校—中心级学校—区内特色鲜明学校—省市小有名气学校，成长为一所拥有先进办学理念、一

流教学设施、优质师资队伍的现代化新型学校。

学校围绕“让童心飞扬、为生命奠基”的办学理念，实施了“童乐超市”活力教育。童乐超市里有六个主要区域：梦幻蓝的“科技大本营”、古色古香的“书画长廊”、亮黄色的“数码街”、橄榄绿的“世界之窗”……别具一格的陶吧、动漫室、环保俱乐部等让孩子们在快乐学习的同时享受美的熏陶。

1. 活力时空——师生的幸福之“园”

设计与“童乐超市”相配套的学校环境文化内容，如“童心飞扬”景观石，以“童心、童真、童趣、童乐、童梦”冠名的各教学楼、功能楼，由全校师生灿烂笑脸组成的“东南笑脸墙”，以及童乐城标志、吉祥物、各项目 LOGO 等。几乎所有项目的设计、美化都尽量让师生们参与，让师生们感受到自己的重要性，那种被需要的感觉是师生内在幸福感的源泉。

2. 活力课程——学生的幸福之“源”

为了让孩子成为最佳的自己，从多个角度挖掘每个人的长处，让每个孩子在自己的“最佳发展区”快乐、快速地学习、生活与成长，“童乐超市”开设了近 30 个“活力课程”，如玩乐陶吧、环保俱乐部、越剧小梅花等，所有活动场所在课余时间都为学生开放。经典口号是：想学什么自己挑，还想学什么自己找。已编辑出版了一套五册《童乐吧》系列校本教材，包括《童乐小记者》《童乐 ABC》《童乐小发明》《童乐棋苑》和《童乐陶吧》。

3. 活力团队——教师的幸福之“缘”

通过“童乐超市”这个平台，让每位教师从自身特长出发、从孩子的天性出发，选择几个孩子们真心喜爱的项目进行专业进修，制订特长进修计划。教师们在拥有一专多能的过程中、在专业提升的快乐中获得了一种专业成长的幸福。

为提升“童乐城”功能，我们提出了“多元智能引领童心飞扬”理念，为“童乐城”的发展指明了方向。基地以加德纳的多元智能理论为引领，以多元智能测评系统为评估监测手段，通过科学的分析和引导，促进“童乐城”与学科教学、课堂教学的有机结合，真正提高学生的综合素质，进一步提高“童乐城”的科学性、针对性和实效性。这一高位引领再次提升了这一校本项目的品质和高度。学校围绕“让童心飞扬、为生命奠基”的办学理念，正倾力打造“多元智能童乐城”，期望以“童乐城”为突出亮点的活力教育特色学校的创建在3～5年内取得如下成果：全面提高学生素质，发展特长；扎实打造“童乐城”校园文化；项目在普及基础上打造精品；形成“活力教育”校本课程；积累“活力教师”培养经验；提升师生校园生活幸福指数；打响活力教育学校特色品牌。

六、宁波鄞州章水镇中心小学：推行“ARCS”农村幸福小班化教育

章水镇中心小学是我们重点扶持的农村小班化ARCS幸福教育实验校。近年来，随着城市化进程加快，山区学生班额不断缩减，学校及时开展小班化教学实验，坚持“抓管理、促改革；抓课改，促创新；抓特色，促质量；抓建设，促发展”，确定了“关注每一个学生，发展每一个学生，幸福每一个学生”的教学理念。为提高小班化教学的热情和实效，我们指导学校以ARCS动机理论优化小班教学，打造区域教育新样板。

1. 实施小班化教学，开发学生多元潜能

小班化教学是实现优质教育的重要举措，也是实施素质教育的重要载体，更是实施新课程的最佳舞台。小班化教学的核心理念是以生为本，尊重学生的兴趣、情感、态度和创新能力，开发学生的多元潜能，为每一个学生的发展奠基。采用“小班化”教学以来，学生发言的机会多了，上课的积极性和自信心也提高了；基本实现了“四个百分百”，即百分之百有效参与、百分之百有效互动、百分之百有效关注、百分之百作业面批。

2. 开发校本课程，发扬特色文化资源

学校为弘扬民族文化，丰富学习途径和资源，开辟了书法、茶文化和红色基地等校本课程，通过丰富多彩的特色课程研究和实践，改变了学生学习的方式，提高了学生的动手能力，调动了学生的学习兴趣，激发了学生的学习热情。如学校开设校本茶艺课程，把少儿茶艺教育作为提高学生素质教育的重要载体，取得了显著成果。

3. 探寻高效课堂，总结八大支撑系统

学校根据自己课改获得的经验、教训，结合在指导全国上百所学校课改过程中获得的丰富经历和所思所想，把高效课堂工程化繁就简为“八大支撑系统”：小组系统、流程系统、互动（沟通）系统、反思系统、导学案系统、评价系统、呈现系统、文化系统。每个大系统再按课内、课外和学校划分，共可分为 24 个子系统。初步形成了阿克斯动机理论引领下的农村小班“四元五步”课堂教学模式。

2010 年 3 月，章水镇被确定为小班化教学试点镇。在这样的背景下，学校先后投入 200 多万元资金打造小班化教学模式。我们多次给教师开展 ARCS 动机模式培训，为学生和教师测评，多次深入课堂指导，学校从当前课堂教学研究的实际出发，寻找出了适合农村小班课堂教学的、能够激发教师、学生动机，产生学习动力、最终提高课堂教学效益的策略和方法。通过小班化教学的实施，提高学生的幸福指数，形成一套比较成熟的、具有推广价值的由 ARCS 理论指导的农村小班课堂教学备课、教学流程、实效检测等模式。

七、宁波鄞州高桥镇中心小学：践行温情教育　奠基幸福人生

高桥镇中心小学是我们重点扶持的首个专门预防和矫治学困的幸福教育实验基地。学校地处中国梁祝文化发祥地宁波市西乡近郊，创办于 1914 年，办学规模为 42 班，现有学生 1 775 人，教职工 121 人。学校秉承“为幸福人生做准备”的办学理念，着力构建让学生快乐学习、幸福生活的精神家园。近年来，学校形成了体艺教育、科技教育、传统文化教育三大特色品牌。

学校以“关注每位学生的幸福需求”为基点，以构建幸福教育的五大创新工程为抓手，开展了以幸福教育为主题的学校特色文化建设。

1. 创新德育文化，从习惯中奠定幸福基础

从思想道德、行为习惯、社会实践三个维度，开展课程化、生活化、社会化德育实践，立足“播种习惯，收获命运”的成长定位，重点开展“八自”习惯培养活动，建设适合儿童成长的习惯养成“名片”，锻造学生生命成长的坚实羽翼。

2. 创新教学文化，从课堂中享受幸福学习

积极探讨适合新课程改革背景下农村教育的课堂运行方式，以建设

幸福课堂为宗旨，开展“学与教”改革，通过精析学生、精确内容、精巧课堂，实施自主探究式教学策略，在轻负高效中进行幸福学习，全力创设新型幸福课堂教学文化。

3. 创新课程文化，从校本中拓展幸福空间

重组基础型课程，精化拓展型课程，深化探究型课程，借助学校社团活动平台，做强做大校本特色课程项目，在各年级开设梁祝文化、气象探秘等三大系列十余门特色校本课程，在多样化、个性化的校本课程开发中为学生创造快乐、谋求幸福。

4. 创新社团文化，从选择中感知幸福过程

构建“五童社团”：童乐艺术团（小提琴队、铜管乐队）、童心文学社（小记者团、梁祝文学社）、童趣俱乐部（空竹队、太极拳队）、童真书画苑（巧手布艺坊、创意版画社）、童健训练营（足球队、篮球队），促进学生的自我教育、自我表现、自我完善、自我发展，使学校成为促进学生生命成长的智慧超市、技能超市。

5. 创新活动文化，从体验中感悟幸福内涵

根据学生个性特征与需求，遵循“将教育活动设计成节日”的理念，打造、经营节日文化，实行菜单式发展、项目化运作，构建体育节、艺术节等“十大节日”，每月一节一主题，让学生的生命元素在节日文化中得到发展。

在我们的指导下，学校开办了“多元干预突破学困快乐学习训练营”，开展温情教育（MILD），对营员进行BPA（脑力激发，brain power activation）活动训练。学校将以“不让一个孩子掉队”和“让每个孩子达到最优”的温情教育思想精髓为统领，以“易学灵”（e学灵）训练

仪器和综合性教育方法为途径，以“多元干预、突破学困”为切入点，探索适合所有学生优化学习过程的规律和方法。按“一年打基础，二年出经验，三年亮示范”的战略步步推进，创建幸福学生培养园地、创新型教师实训基地和学习科学实验高地。

八、宁波鄞州东钱湖旅游学校：企业进校园、课堂到景区的幸福职校

东钱湖旅游学校是我们继栽培吉林舒兰职业高中“唤醒教育”开花结果后，又一个重点扶持的幸福教育职业学校。该校是一所国家级重点中等职业学校，为鄞州区教育局直属学校。目前，学校开设旅游、外贸、计算机、财会共四大类 15 个专业，54 个班级，在校生 2 600 余名，教职工 176 名。学校的饭店服务与管理专业为省示范专业，国际商务专业为省示范性重点专业，旅游专业为省示范性实训基地。2011 年学校被评为宁波市中等职业教育专业课程改革基地学校和受中央财政支持的国家级实习实训基地。

1. 名牌专业提升职高品质

“建设重点专业，打造品牌专业。”学校非常重视旅游和外贸两大重点专业的建设力度，饭店服务与管理、国际商务为省示范专业，旅游专业为省示范性实训基地。建有旅游、外贸实训中心等一流的实习实训设施，规模和档次在浙江省中职旅游专业实训设施中居于首位。在专业建设工作中，重点实施“一引二基三特四元”工程：引进企业中高级人才为专任教师；建设好校内实训、校外实习实践两大基地；开发专业“特色”校本教材、教学项目群、教学资源包；抓住德、技、礼、艺人才素养四元素。

2. 校企合作强化实践能力

贯彻“未出校门，先进市场”的办学理念，大力推进校企合作、工学结合的人才培养模式。服务地方经济，由学生自主经营东钱湖岳鄂王庙，把课堂移到景点现场，开创全省乃至华东地区校企合作新模式。深入校企合作，先后在二十多家单位建立校外实习实训基地，强化学生的实践能力。实行“1.5+0.5+1”的教学模式，利用社团优势，开展各项主题月活动，提升学生的综合素质；以就业为导向，组织校内外各种素质和技能考证，提高学生的就业能力。

3. “微笑德育” 奠基幸福校园

坚持“德育为首”、“学生发展为本”的教育理念，努力打造体现职业教育和以学生自主管理为核心的特色德育，构建市场化育人模式。针对新时代的职高生、年轻化的德育教师队伍以及职业教育内涵发展的现实需求，关注学生成长与教师发展，力求将学生对幸福的渴望与教师对幸福的追求形成合力。学校提出了“微笑德育”模式，并调整、细化学校德育目标，把幸福职高生的培养作为德育核心目标，着力提升学生的自信心、自豪感，增强其就业竞争力，全员、全面提高学生职业素养。

在我们提出的幸福教育理念指导下，学校在进一步完善的“微笑面对生活，自信走向成功，创造幸福人生”的德育理念指引下，力求以“微笑德育”为抓手创建“幸福校园示范基地”。学校对基地的建设规划分为三个阶段：以专业结构、校园环境和培养目标调整为主要任务的调整年，以专业特色学校创建、校园环境改造升级和幸福校园建设推进为目标的巩固年，以品牌专业打造、校企合作融合与国际交流合作办学、“微笑德育”模式构建与幸福职高校园特色品牌打造完成为标志的提升年。成立领导小组和实施小组，双管齐下为基地建设提供组织保障；在校园基础设施建设、专业建设以及示范基地创建上投入大量经费保障；

建立健全奖励制度、学生评价制度和师训制度，为示范基地建设提供制度保障。

九、鲁东大学教师教育学院：幸福教师校长的孵化基地

我们在鲁东大学教师教育学院设立“幸福教育大讲堂”，传播幸福教育理念，专门培训幸福教育骨干教师、骨干班主任和骨干校长。鲁东大学位于烟台，有 80 余年师范教育的历史，2007 年组建了教师教育学院，学院现有专兼职教师 60 余人，拥有 6 700 多平方米的教学办公场所。2011 年 4 月获准成为山东省省级教师教育基地。

学院已经开展多次幸福教育讲座和培训。学院实行双导师制，通过与烟台市中小学合作，建立了教师专业发展学校及长期稳定的教育实习基地，强化实践技能。学院面向高校及基础教育开展多种层次的在职教师培训和研讨活动，积极探索高校教师培养与基础教育资源相互融通、相互支持的教师教育新体系。

学院将引进我们创立的幸福教育教师培训“新图”（NUMAP）模式，举办幸福教育大讲堂，打造教师培训“新图”（NUMAP）模式品牌。“新图”（NUMAP）模式包括：对话协商（N，negotiation）、组群整合（U，unification）、方法技巧（M，methodology）、行动研究（A，action research）、专业精通（P，proficiency）五大要素。对话协商（N）是指“由上而下”专家主导式的培训开始转向更加注重培训者、受训者、管理者、教材编写者、教师、学生、教材等之间的平等协商与对话；组群整合（U）是指人员和内容的组织形式开始转向更加注重学习型小组的合作互动和课程内容的模块整合；方法技巧（M）是指先进理念主导式培训开始转向更加注重方法技巧、减负增效的实操技能；行动研究（A）是指“授之以鱼”式的培训开始转向更加注重“授之以渔”的行动研究辅导；专业精通（P）是指学科专业知识培训开始转向更加注重学科知识前沿以及不断加快的知识更新节奏和机制在教学上的体现。五大要素

有机结合统一构成五位一体“新图”（NUMAP）培训模式，力争尽早使其成为鲁东大学幸福教育大讲堂和教师教育的品牌。

十、北京中美英教育咨询中心：幸福学校国际联盟的研发高地

北京中美英教育咨询中心是公益性科研机构。成立于2001年，是一家非营利性教育和心理科研机构，定位为国际水准的幸福教育和积极心理健康教育的思想库、智囊团。专门致力于支持幸福教育和积极心理健康教育的高端研究，致力于国内外相关学术交流和研究成果传播转化，致力于幸福教育和积极心理健康教育高科技产品的研发，致力于幸福教育和积极心理健康教育的决策咨询、品牌策划、明星校长、教师、班主任孵化。聚集中外义务科研和服务的专家、学者、教授数十人，集科研、技术开发、培训、策划、测评、诊断、调查、出版、传播、网络等一体。

1. 大力支持国内外领先的学术和应用研究

团队成员主持和完成了联合国教科文组织的“中国教育创新案例研究”、中国学校积极心理健康教育实验与推广、美国自然科学基金等多个国际国内项目；“中小学学困生学习心理发展特点及教育矫正研究”获全国教育科学“十二五”规划2012年度教育部重点课题立项。在《教育心理杂志》（*Journal of Educational Psychology*）、《阅读与写作：国际杂志》（*Reading & Writing: An International Journal*）、《发展与教育心理》（*Journal of Developmental and Educational Psychology*）、《脑与语言》（*Brain and Language*）等国际著名核心期刊（SSCI）以及《教育研究》《心理科学》《课程教材教法》《中小学校长》《中国教育报》等国内著名核心期刊（CSSCI）发表了许多高质量的学术论文。

2. 大力支持国内外领先的标准和工具研发

团队成员在国内外著名杂志发表了一系列幸福教育的标准和积极心理健康教育的测评量表。如：

——幸福学校基本标准与核心评价指标

——幸福班级基本标准与核心评价指标

——幸福课堂基本标准与核心评价指标

——积极心理健康教育家标准

——中国中小学生积极心理品质测评量表

——中国大学生积极心理品质测评量表

——中国教师积极心理品质测评量表

——小学生积极道德品质测评量表

——中学生积极道德品质测评量表

——中小学生希望测评量表

——中小学生沉浸体验测评量表

——中小学生自尊感测评量表

——中小学生创造力测评量表

3. 大力支持国内外领先的仪器和设备研发

团队成员引进美国先进技术并加以革新提高，取得了突破性实用成果。如：

——专门预防和矫治学习困难的“e 学灵”（易学灵，Enjoy Learning）已经获得国家专利，实验证明对学困起到标本兼治的作用。

——专门预防和矫治教师职业倦怠的“e 教星”（易教星，Enjoy Teaching）正申请国家专利。实验证明对教学起到高质轻负的作用。

——专门预防和矫治师生心境不良的“幸福充电器”（Happiness Recharger）生物反馈系统，即将申请国家专利。

——专门诊断和提升课堂幸福指数的“幸福课堂行为观察分析系统”（Happy Class Observer），即将申请国家专利。

——专门测评和诊断学生教师幸福指数分析透视系统（HIPAS），即将申请国家专利。

——开通了积极心理健康教育专业网站（http：//www. psyedu. org. cn），幸福学校国际联盟网站（http：//www. iahs. cn），中美学困联合研究网站（http：//www. sinousld. com），免费为需求用户提供资源。

中心发展蓝图初步确定如下。

一是将继续提供幸福教育的理论和应用研究交流平台，在与美国孟菲斯大学学习技术研究所签署的“成才路标：从幼儿到大学的教学游戏”合作开发合同基础上，将组织中美英专家联合开发学习和教学的电子产品，为彻底实现寓教于乐提供高科技手段。

二是继续提供积极心理健康教育的理论和应用研究交流平台，以“塑造积极心理，奠基幸福人生”为宗旨，为幸福教育提供积极心理的软硬件支持，助推幸福教育面向全国，走向世界。

三是继续提供学习困难教育矫治的理论和应用研究交流平台，以中美学困联合研究中心为依托，与美国佛州大学学习困难研究中心联手开展学习困难的教育矫治，力争找到“不让一个孩子掉队”的路径，预防和挽救数千万学生的学困。

四是继续加大搭建幸福教育智慧传播平台的支持力度，在已经开通的幸福学校国际联盟网站（http：//www. iahs. cn/）、积极心理健康教育网站（http：//www. psyedu. org. cn）和中美学困专业网站（http：//www. sinousld. com）的基础上，进一步整合资源，尽早形成天网、地网、人网三网合一的立体化传播平台，促进幸福教育照亮全国、照亮世界。

SECTION TWO

第二节

区域幸福教育案例：宁波鄞州幸福教育启航

区域教育是宏观的国家教育与微观的学校教育之间的中介，在推广幸福教育的进程中，发挥着不可替代的作用。2011 年 4 月 9 日，中国教育科学研究院鄞州教育综合改革实验区成立，鄞州成为全国第五个教育综合改革实验区。笔者（孟万金）被聘为实验区常驻专家组首任组长。

鄞州区位于浙江东部沿海，2002 年 2 月经国务院批准，撤销鄞县设立鄞州区，成为宁波市下辖六个区之一。现区域面积 1 380 平方公里，辖 6 个街道、18 个镇（乡），户籍人口 81 万人，登记在册的外来人口 89 万人。2010 年全区生产总值和财政一般预算收入分别达到 816.6 亿元和 185.8 亿元，财政收入总量居全省各县（市）区第一。

全区现有中小学 152 所，在校中小学学生 14.02 万名。其中含普通高中 11 所（民办学校 3 所），14 648 名学生；职业高中 9 所（民办 4 所），14 895 名学生；初中 27 所，小学 86 所。义务教育阶段学生 11.04 万名，其中非鄞州户籍 60 946 名（在公办学校就读 40 200 人，占 66%），占学生总数的 55.2%。幼儿园 226 所，在园幼儿 5 万余名，60% 为流动人口子女。另有特殊教育学校、教师进修学校和宁波电大鄞州分院各 1 所。在职中小学教师 7 400 多人，中高级教师占 54%，离退休教师 3 000 多名。优质高中覆盖率达到 100%，13 所区属高中都为省级以上示范学校，90%以上的学校通过标准化验收。基础教育一直处于浙江省前茅。1997年荣获全国“两基”工作先进县称号；1999年成为省首批教育强县；2005年成为宁波市首个荣获教育特别贡献奖的县区。2008年成为首批“全国社区教育示范区”。2008年起在全省率先实施12年免费教育。学前三年儿童入园率达到99.9%，义务教育入学率和巩固率分别保持在100%和99%以上，初升高比例连续五年达到98%以上，高等教育毛入学率达54%。最近三年两次荣获全省教育科学和谐发展业绩考核优秀，并荣膺全市教育系统年度目标考核“六连冠”。

实验区成立以来，在各级领导的关怀、支持和指导下，在袁振国院长提出的“高位提升、惠及全民”的战略目标引领下，实验区各项工作开局良好，确立了“先让学校幸福起来”的区域教育改革理念，制定了实验区教育综合改革近中长期规划，绘制了鄞州幸福教育品牌创建战略蓝图。“一年树点”工作目标如期完成，五大攻坚课题阶段性成果喜人，四个序列梯队建设已见成效，十大示范基地学校甄选顺利完成，幸福课堂校际联盟迅速启动，幸福教育标准和评价指标成功研发，各级各类学校参与热情空前高涨。鄞州教育呈现出一派生机勃勃的大好局面。

一、确立了幸福教育先进理念，明确了鄞州教改发展方向

在建设幸福中国、幸福鄞州的时代背景下，根据鄞州区委、区政府制定的“幸福民生40条”，教育局领导与专家组将“高位提升、惠及全民”目标聚焦“幸福”。目前，鄞州教改工作正沿着幸福教育的方向有条不紊地推进，幸福教育理念得到进一步的确立和提升。鄞州成为全国幸福教育的先行者、领跑者，得到了《中国教育报》《教育文摘周报》《中国德育》《中小学校长》《中国特殊教育》等报刊的推介。

二、 制定了幸福教育整体规划，阐明了鄞州教育改革发展战略部署

经过前三个月的充分调查和研讨，中国教育科学研究院专家组于2011年7月份完成了《鄞州实验区幸福教育综合改革近中长期规划（2011—2015年）讨论稿》，确立了以幸福为目标，以均衡为基点，以质量为重点，以内涵建设为主线，以引智整合国内外优质资源为酵母，以实现教育现代化为主题，以五大科研攻坚课题为引领，以校长、教师培训为突破口，以五个序列梯队为骨干，以全体教师为主力，以10类实验基地为先导，以"一年树典、三年推广、五年普及"为步骤的实验区"三步走"的战略规划（见附录1）。本规划草案在全区教育行政会议上推出，后经多轮论证，得到了充分肯定和积极响应。

三、描绘了幸福教育战略蓝图，提供了鄞州教改行动路线

专家组根据鄞州教育现有基础和未来发展所面临的迫切任务，汇总各方意见与建议，在《鄞州实验区教育综合改革近中长期规划（2011—2015年）》（以下简称《规划》）的基础上，浓缩思想精华，聚焦核心任务，绘制了《鄞州幸福教育品牌创建战略规划蓝图（征求意见稿）》（以下简称《蓝图》），以此推进幸福教育品牌创建，打造优质均衡的鄞州现代化教育体系。《蓝图》分主题、主线、主导、核心内容、战略步骤和最终目标六大部分，在核心内容的三个层面上又分别从目标、路径、重点、难点以及实施抓手五个方面进行了具体设计，更加明确地指出了改革路线图和具体举措，进一步提高了可操作性。

具体而言，《蓝图》以"高位提升、惠及全民"为主题，以"先让学校幸福起来"为主线，以"幼教游戏化，激发潜能；小学创特色，打牢基础；初中抓规范，精致课堂；高中上质量，突出拔尖；职教重服务，强化德能"为主导，分别从宏观、中观和微观三个层面促进全区协调发

展、学校内涵发展、个体全面发展。并力争在每个层面上进一步明确其目标、路径、重点、难点和各自的抓手，通过“一年树典、三年推广、五年普及”三步走战略，尤其强调了管理创新和制度保障的重要作用，争取用五年时间打造鄞州幸福教育品牌，提升鄞州教育品质，构建优质均衡的鄞州现代化教育体系。(具体参见图 8－1)

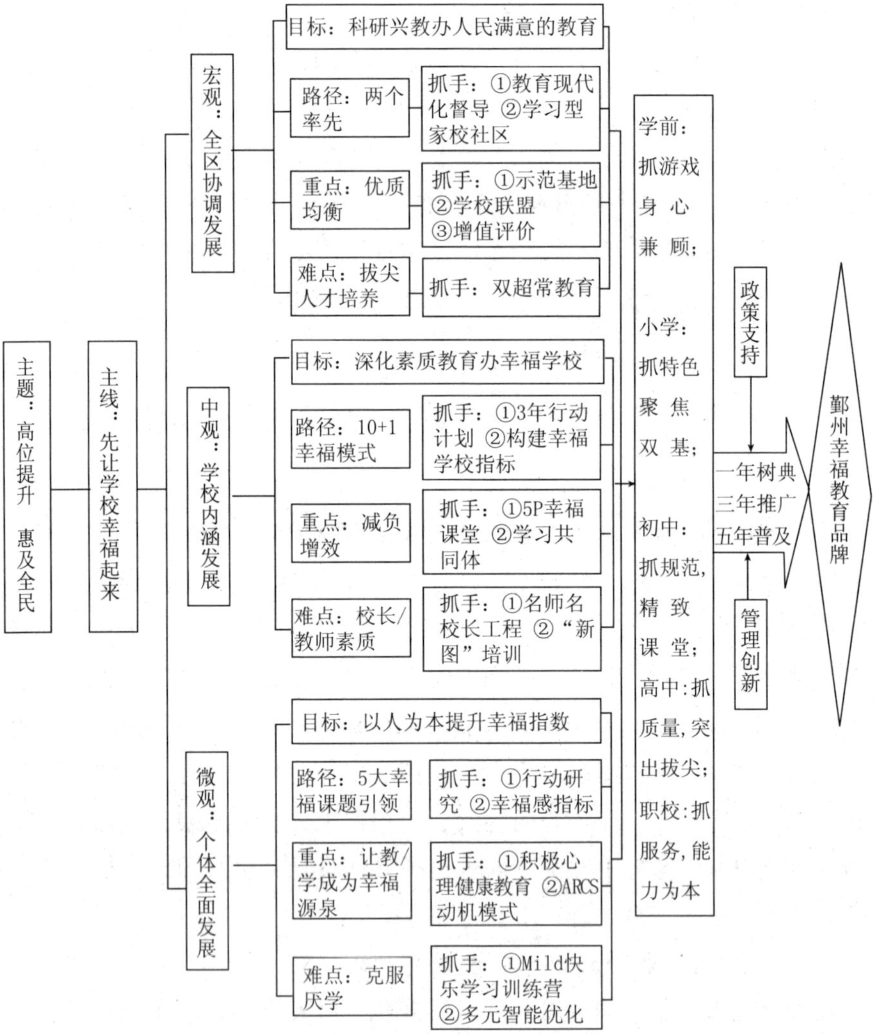

图 8－1 鄞州幸福教育战略规划蓝图

《蓝图》是鄞州实验区积极贯彻落实教育规划纲要精神，加快教育科研成果转化，加强教育综合改革实验区建设，积极探索科研引领、区域推进改革模式的又一次努力尝试，赢得了鄞州区教育局2011年度工作会议的高度认可，被局领导确定为“鄞州教育的方向性指引和战略性部署”，是比《规划》更明晰、更细化的总体方案。

四、出台了幸福教育基本标准，设计了幸福教育评价指标

为将幸福教育工程不断推向深入，引领全国幸福教育课题发展方向，我们与“幸福学校国际联盟”核心专家一道出台了幸福教育基本标准，主要包括《幸福课堂基本标准与核心评价指标》《幸福班级基本标准与核心评价指标》和《幸福学校基本标准与核心评价指标》，分别发表在《中国特殊教育》（2012年第2期）《中国德育》（2012年第3期）、《中小学校长》（2012年第4期），为幸福教育工程的推进树起了新的里程碑。在此基础上，我们借用美国先进技术，对幸福课堂各级指标进行编码，确定各指标独立评分标准与权重体系，设计完成幸福课堂行为观察分析系统1.0。该系统是运用学习科学视频研究技术专门研发的课堂分析评价与培训软件，不需现场观察调研和纸笔记录评分，只要提供课堂视频录像，对照系统提供的课堂观察指标编码方案和操作手册，将视频中观察到的课堂指标按编码输入计算机，软件便可自动生成定性与定量参数相结合的课堂分析结果，计算出课堂各级指标幸福指数和整体幸福指数。可用于幸福课堂评价与教师培训实践。还以心理投射理论为依据，完成近3 000份300多万字师生和家长幸福札记的文本编码，归纳提炼出核心幸福指标，设计完成了“幸福指数透视分析系统1.0”（Happy Index for Penetrating Analysis System 1.0，HIPAS 1.0）计算机测评模型脚本。HIPAS 1.0是运用心理投射理论专门研发的系统分析软件，不需现场观察调研和人工评分，只要将师生按要求自由提供的文本转到HIPAS，电脑会自动分析生成文字背后隐藏的真相，揭示出深层的客观规律，计算

出幸福指数，不受任何主观影响，更能还原出幸福的原始生态。本系统的电脑版或网络版，将弥补国内外教育幸福指数隐性测评的空白，极大地提高了教育幸福指数测评的科学性、真实性、完整性和智能性。

五、确立了幸福教育五大攻坚课题，聚焦了鄞州教革的突破口

幸福教育需要科研引领。在《规划》《蓝图》基础上确立了五大攻坚课题：①幸福校长办出幸福学校；②幸福教师教出幸福课堂；③幸福班主任带出幸福班级；④幸福学生收获幸福学业；⑤幸福家长实施幸福家教。当前此项工作已取得了理论构建、理念宣传和数据收集与分析三大突破性进展。专家组首先确立了“先让学校幸福起来”的理念并展开了学理探究，形成了实施方案。随后通过行政会议、骨干培训、课题指导以及教改大讨论、幸福倡议书等形式，在全区掀起了讨论热潮，使幸福教育理念深入人心。并采用扎根研究的思路，向全区发起了幸福教育札记征集活动，收到五大攻坚对象的应征文章多达 2 700 余篇 300 多万字，实现了发动群众参与和探寻民众心中“幸福教育”本质的双重目的。专家组成立了幸福教育文本编码小组，聘请 5 名心理学专业研究生与专家组一起进行编码研究，破解了幸福密码，迈出了超越预期的坚实一步。

六、打造幸福教育十大实验基地，树立鄞州教改示范学校

根据“一年树典，三年推广，五年普及”的近中长期“三步走”规划，实验区将幸福教育十大实验基地甄选工作列为重中之重，采取了指导申报、专家打分、集中考察、校长汇报展示和正式批准挂牌五大步骤。全区共有 75 所学校（幼儿园）申报了 88 个示范基地项目，提交了内容翔实的基地申报材料和学校三年发展规划。专家组对近 200 份申报材料

进行了研究性审读和提升性反馈，初定了30所候选基地学校，然后逐一进行实地考察，随后会同合作办、教科室召开了“校长汇报展示论证会”，经统筹考虑，最终确定了10所幸福教育实验基地学校，并在全区会议上正式批准挂牌。各基地既代表了各级各类学校，又聚焦了幸福课堂、课外兴趣特长、快乐学习、高中新课程改革、拔尖人才培养、名师名校长成长以及幼儿潜能开发等教育重点、热点、难点，为带动全区教育高位提升先行先试。更为重要的是，近一年的遴选也是帮助相应学校不断明晰办学理念、凝聚品牌特色、提升办学水平的过程。这些学校当前已经具有了较为突出的亮点和进展，经过重点培育与全面指导，起到了先行先试、示范引领的设计初衷。

七、组建了幸福课堂校际联盟，强化了鄞州教改重心

课堂是教育的主阵地。专家组与鄞州区政府、教育局同心同德、密切配合、各司其职，共同促进鄞州教育的改革和创新，在教科室具体承办下，建设了以云龙中学为龙头的由14所中小学参加的“幸福课堂校际联盟”。在联盟的组建和推进过程中，专家组全力加强科研引领，充分发挥智囊团思想库作用。通过确立理念、制定规划和绘制蓝图引领课改方向；通过扎根云龙课堂，把脉定位和专项培训助力课改深化；通过构建评价体系和科学仪器分析提升课改的科学水平。教育局则强力实施行政推动，全面行使教改领导服务职能。教育局上下达成共识，制定了“统一规划、行政推动、示范引领、讲求实效”的实施原则，成立了“幸福课堂”校际联盟领导小组，制定了培训、试点和推进三阶段工作进程方案，并在制度建设、政策倾斜、经费支持上对课改活动给予了大力支持。当前，幸福课堂校际联盟工作正在有条不紊地扎实推进。

八、计划了幸福教育长效机制，锁定了“六大关系”

鄞州教育改革已经走上快车道，提前进入改革深水区。为贯彻中国教科院鄞州实验区成立一周年座谈会上院区领导“做好教育改革的制度性设计研究，为基层教育改革把握好方向”的指示，提升区域教育改革的可持续水平，专家组和教育局多次以不同形式共同学习座谈会精神，研讨工作思路和落实措施，探讨如何通过制度设计巩固现有改革试点成果，长久保持校长和教师的积极性，减少改革试点成果推广的阻力，提高师生、家长的理解、支持和参与力度，形成长效机制，最终形成了“将处理好‘六大关系’作为改革制度设计和凝聚全区合力的核心工作来抓”的共识。要处理好的“六大关系”主要指：科研与行政的关系、科研与教研的关系、教科研与培训的关系、点与面的关系和长线与短线的关系、学校与社会的关系、总结与宣传的关系。从“六大关系”的高度审视鄞州教育改革，对教育管理机制创新具有方向性指引作用，处理好“六大关系”成为构建幸福教育长效机制的关键环节。

九、研发了幸福教育师训课程，奠基了名师、名班主任、名校长成长的平台

幸福教育主力靠教师，骨干靠班主任，统领靠校长。为进一步将幸福教育落到实处，提高校长的幸福学校办学能力、班主任和教师的幸福教育能力，促进幸福学校、幸福班级、幸福课堂建设，培养名校长、名班主任、名师，我们研发出幸福教育校长培训、班主任培训、教师培训三个系列的精品课程，作为用于指导学校办学、班级建设和课堂教学三方面的普及性、科普性培训纲领，供教师进修学校、教科室和教研室参考。具体而言，幸福学校建设精品课程包括幸福教育通识培训、幸福文化培训、幸福课堂培训、幸福课外培训四大模块共 18 小时；幸福班级建

设精品课程包括幸福教育通识培训、爱心文化、和谐结构模块、积极心理、快乐成长、幸福课堂培训、满足特需培训七大模块共22小时；幸福课堂建设精品课程包括幸福教育通识培训、爱教爱学培训、会教会学培训、教会学会培训四大模块共16小时。

十、培养了幸福教育五大力量，建设起幸福教育主力梯队

队伍建设和队伍素质提高是改革成功的关键，实验区将骨干队伍建设寓于各项工作当中，紧抓不放，通过自然观察和现场研究，在原生态下发现和培养了一大批人才，圈定了百名左右的骨干队伍。①通过辅导论文、课题指导、赠送书刊、专题讲座等形式培养和确立了以学校教科室主任为中坚的骨干科研队伍；②通过座谈研讨、入校调研、发动基地学校申报和提交三年规划等方式检阅了校长队伍，确立了以校际联盟和基地学校为核心的骨干校长队伍；③通过课堂指导、座谈考察、比赛发现等途径确立了以名师工程培养对象为主力的骨干班主任和教师队伍；④通过实地调研、讲座培训、工作坊等活动确立和培养了以区教科室为领导的骨干心理教师队伍；⑤通过学校推荐、自愿报名、参与“微博快讯”写作以及实验区网站工作等方式推选了三十余名以宣传发动和舆论导向为主要任务的骨干宣传队伍。这五大力量的成员在论文发表、课题申报、新闻宣传和各类评优评奖活动中表现突出，引领性强。

十一、鄞州教育国际化迈出新步伐，幸福教育开始面向世界

幸福教育通过“请进来，走出去”推进国际化进程。“温情教育（Multi Intervention for LD，Mild）多元突破学困”快乐学习训练营揭开了幸福教育国际化的序幕。专家组与美国佛州大学学困研究中心成立了“学习困难中美联合研究中心”，特邀美国政府教育顾问、孟菲斯大学学习技术研究所所长Art 教授等专家学者亲自为教师做“让学习快乐起来”专题报告。

“温情教育”（Mild）是针对学习困难群体，探索不让一个孩子掉队的经验和模式。这一基地项目落户于高桥镇中心小学。高桥镇中心小学一直秉承“永不言弃”的校训，构建了系统的“幸福校园文化”，学校设有关注特殊儿童的资源教室，并将关心爱护每一个学生落到实处，尤其对学习上存在困难的学生给予了更多关注。

十二、展望美好前程：立足鄞州、面向全国、走向世界

按照规划，针对以往遇到的体制机制问题，尤其是人事调动、组织机制等，实验区目前的工作思路主要集中于“三个拓展”。

①由学校向学区拓展。在前一阶段重点探讨幸福学校校际联盟的基础上，今后将根据乡镇、街道的特点，向以街道、乡镇为依托的幸福学区机制拓展。②从基地向个人拓展。十个幸福教育实验基地还远远不够，下一阶段将着力培养一大批校长、教师和家长，为实现“高位提升，惠及全民”目标、实现从第二年开始全面推广幸福教育提供重要路线。③由一元化向多元化拓展。将努力发现和培养一大批有特色的学校，使其朝向幸福之路迈进，即“条条大路通罗马”，尽快形成“八仙过海，各显其能”的规模化发展格局。

幸福教育不是少数人、少数学校的事情，要迅速规模化、群众化，放手发动群众，形成人人讲幸福、天天讲幸福、月月讲幸福、年年讲幸福的大好格局。只有这样，幸福教育才能迅速发展起来。

未来，幸福教育在积极探讨长效机制体制改革的同时，将更加关注内涵发展，聚焦课堂，锁定学习，以“e 学灵”（易学灵）和“e 教星”（易教星）为引擎，掀起学习和教学的革命，推动幸福教育在质量和公平上取得实质进展；以百千万工程（让成百的骨干校长、上千的骨干教师、数万的学生和家长投入到幸福教育事业中来）为抓手，推动幸福教育起步鄞州、走向全国、面向世界。

附录 1

宁波鄞州幸福教育近中长期规划

（2011—2015 年）

在创建幸福中国、幸福鄞州的时代背景下，根据鄞州区委书记寿永年同志“坚持以人为本，全面提升幸福指数”的报告精神和区委、区政府提出并实施的“幸福民生 40 条”要求，围绕“高位提升、惠及全民”的战略目标，在“小学创特色，初中抓规范，高中上质量，职教重服务”的原有基础上，立足区内多数学校追求幸福办学的强烈意向，实验区确立了“以幸福为共同目标，以优质均衡为核心，以教师专业发展为支柱，打造全国城市化进程中区域教育新样板”的鄞州教育科学发展观，拟定了“领导挂帅，科研引领，顶层设计，政策扶持，技术推动，分类指导，分层推进，重点突破，以点带面”的 36 字工作方针。经过三个月的调研与研讨，制定了“一年试点、三年推广、五年大成”的三步走战略，即近中长期教育综合改革规划。目前，一年规划与部署初步完毕，三年、五年规划基本成型，初显了让学校先幸福起来的“鄞州教育模式”新航向、新思维、新架构、新蓝图。

一、时代背景

“两会”热议“幸福中国”构建，《中国教育报》倡导“幸福学校”创办，早在2008年鄞州区委书记就撰文号召“坚持以人为本，全面提升幸福指数”，区政府决议实施“幸福民生40条”，区内多数学校认同以“追求幸福”为办学理念的主流方向。

二、规划依据

中国教育科学研究院与鄞州区委、区政府设计的“高位提升，惠及全民”的总体战略目标和《鄞州区“十二五”教育发展规划（草案）》。

三、良好基础

鄞州区教育局“小学创特色，初中抓规范，高中上质量，职教重服务”的基本方向，以及学前教育三年提升计划、强师工程、中小学教育教学改革试点工程等一系列大手笔的有力举措。

四、鄞州教育科学发展观

以幸福为共同目标，以优质均衡为核心，以教师专业发展为支柱，打造全国城市化进程中区域教育新样板。

五、36字工作方针

领导挂帅，科研引领，顶层设计，政策扶持，技术推动，分类指导，分层推进，重点突破，以点带面。

六、具体目标

幼教游戏化，激发潜能；小学创特色，打牢基础；初中抓规范，精致课堂；高中上质量，拔尖创新；职教重服务，德能并重。最终形成“先让学校幸福起来”的鄞州区域教育品牌。

七、战略步骤

一年树典、三年推广、五年普及的三步走战略。

一年规划（即近期规划）部署完毕。拟确定五大攻坚课题、四个序列梯队和十类示范基地，已经启动了首批特色“幸福学校”工程。

三年规划（即中期规划）基本成型。计划三年内开发并运行比较科学规范、先进实用的幸福学校评价系统，建立健全幸福学校联盟联动推广体制机制，实现学校联盟联动过半，带动全区教育内涵发展和软实力尤其是幸福指数领跑浙江、走向全国。

五年规划（即长期规划）蓝图初绘。计划五年内进一步完善幸福学校联盟联动推广体制机制，实现幸福学校联盟联动覆盖全区，带动全区教育内涵发展和软实力尤其是幸福指数领跑全国、走向世界。

八、一年规划详案

（一）五大攻坚课题

为充分发挥科研引领作用，确立五大攻坚课题：（1）幸福校长办出幸福学校；（2）幸福教师教出幸福课堂；（3）幸福班主任带出幸福班级；（4）幸福学生收获幸福学业；（5）幸福家长实施幸福家教。已经与教科室、学前教育科联手以辅导培训、报刊赠送、征文、倡议等形式向全区师生和家长做了前期发动。

（二）四个序列梯队

为将五大攻坚课题落到实处，需要组织起骨干科研、骨干校长、骨干班主任/教师、骨干心理教师四个序列的第一梯队，成为五大攻坚课题的中坚力量，同时对全区科研、管理、教师和心理健康教育队伍启动带头示范、榜样引领的作用。

（三）十类示范基地

基于上述考虑，初步确立了首批“特色幸福学校示范基地”十大模式：

1. 多元智能国际化学前教育示范基地

（1）基地的内涵与功能：针对学前教育改革，在学前教育投入突破亿元和三年提升计划如火如荼推进的跨越式发展背景下，引入国际先进理念——多元智能理论为指导，以健全人格和国际化素质标准为培养参照，以科学测评和配套课程设计为依据，努力提高学前教育软实力，瞄准未来20～30年经济社会发展对国际化人才的需要，探索培养国际化人才幼苗的经验和模式。

（2）基地的核心引领理念：美国心理学家加德纳研究表明，幼儿身上至少有八种潜在智能，包括语言智能、数学逻辑智能、视觉空间智能、音乐智能、身体运动智能、人际智能、自我认知智能、自然认知智能。多元智能理论认为，每个幼儿都至少有一种优势潜能，都至少可以在某一个方面获得成功。教育的目的就是发现、挖掘并培养这一潜能，并且可以借助其优势潜能促进个体全面成长，即“为了多元智能而教，通过多元智能而教”。

（3）当前的基础和优势：幼儿园园长座谈和幼儿园考察表明，开展这一改革，鄞州区是有良好基础的。以鄞州区机关幼儿园为代表的幼儿园既有的教改活动和课题研究已经与这一理念相吻合，并且多数幼儿园有着向这一方向努力的意愿，鄞州区相关政策为软实力提升奠定了基础。

2. Mild 快乐学习训练营(Multi – Intervention for LD, 多元干预突破学困)基地

（1）基地的内涵与功能：针对中小学中的学习困难群体，探索不让一个孩子掉队的经验和模式。因为导致学生单科或多科学业成绩不良的原因有很多，除智力因素以外，学习习惯、学习策略、注意品质、思维品质、心态与技巧等都是影响学业成绩的重要因素。本基地主要针对这一类学生，采用多种干预手段力图突破学困，让每个孩子都能快乐学习，收获幸福的学业。

（2）基地的核心引领理念：多元干预突破学困（Multi – Intervention Learned Difficulty）的理念和技术来自美国著名的学习心理研究中心，有着成熟的方法和成套的教学设备。中国教科院专家团队借鉴美国以及本团队的研究成果，可以通过注意力、学习方法与策略、心态与技巧的调整提高学困生学习效率与效果，让学困生能够学会学习、树立信心、产生兴趣、激发动机，最终脱离学困，享受更深层意义上的教育均衡与公平。

（3）当前的基础和优势：中小学校长、教师座谈和实地考察表明，学困生问题是校长、教师、家长头疼的问题，也是其非常迫切希望解决

的问题。以高桥镇中心小学为代表的先进学校已经迅速行动起来，与专家组一起开展了这项工作。高桥小学约 1 200 人次的学生测评已经完成。

3. 幸福课堂“5 +2”模式示范基地

（1）基地的内涵与功能：针对各级各类学校（小、初、高、职），特别是中学阶段学习负担过重、教学观念陈旧、教学方法落后等问题，聚焦课堂教学，以 NUMAP 五步教学法为核心，切实革新课堂教学的模式，探索轻负高质幸福课堂的新经验和新模式。当前对鄞州而言，一个迫切的课题是：探索具有科学性、针对性和实效性的课堂教学新模式，并引导各学校以示范基地为模板，通过适合自己学校特点的改造，创造出一系列轻负高质的课堂教学新途径。

（2）基地的核心引领理念“5 +2”模式。幸福课堂“5 +2”模式首先必须坚持“631 原则”，即 60% 的学习量依靠自主学习，30% 的学习量依靠合作学习，10% 的学习量依靠教师释疑。其次，必须落实“5 +2”环节，即：课堂上的前测—探究—展示—练习—后测 5 个环节，加上课前预习和课后改进 2 个环节，确保课前、课上和课后一条龙效应最大化。这是当前关于课堂教学最先进的理论模式。

（3）当前的基础和优势：课堂教学改革在鄞州有着良好的基础，既有省市级乃至全国级立项课题，也有区级教改试点，当前迫切需要提升品牌，总结模式，形成规模。以云龙镇中学的“高效课堂”为代表，鄞州区课堂教学改革正在如火如荼展开，最需要的是理论指导和科研引领。

4. 幸福校园示范基地

（1）基地的内涵与功能：针对当前全国学校（小、初、高、职）中较为严重的学生厌学和教师职业倦怠现象，根据《国家中长期教育改革和发展规划纲要（2010—2020年）》和当代中国时代精神的要求，创造性地开展学生的德育、智育，注重学生能力培养和全面发展，切实做到减负增效，关注教师的生涯规划和培训引领，使教学任务轻负高质，全面提高师生的幸福指数，探索把学校建设成师生精神乐园的经验和模式。

（2）基地的核心引领理念：在建设幸福中国、幸福鄞州的时代背景下，创建幸福校园成为理论和实践研究的最热话题。《中国教育报》和《中国德育》等报刊都对幸福学校建设进行了倡导，幸福学校理论和实践体系已经初步构建。

（3）当前的基础和优势：建设幸福鄞州是鄞州区委区政府早在2008年就倡导和实施的举措。教育局多位领导也在《中国德育》上撰写了鄞州区“幸福学校建设”的系列文章。“幸福教育”、“校园幸福文化”、“童心飞扬”等屡屡见诸鄞州区各级各类学校办学理念的主题词中，东湖小学（办学理念）、高桥中心小学（校园文化）、东南小学（童乐超市）都是其中业绩突出的学校代表。因此，这类基地的建设有着广泛良好的基础。

5. 新融合教育(new inclusive education)示范基地

（1）基地的内涵与功能：针对中小学以及职校中家庭教育、学校教育、社会教育脱节和新增随迁子女入学等问题，在教育资源整合和不同教育对象融合等方面进行研究与探索。具体而言，根据鄞州当地实际，着重探讨三个方面的经验和模式：学校—家庭—社区一体化教育（形成合力教育模式）、普通学校对特殊学生的融合教育（切实做好随班就读工作）以及当地学生与外来务工人员子女之间优势互补的大融合教育（真正实现共享同一片教育蓝天），形成新融合教育模式。

（2）基地的核心引领理念：教育系统论、全纳教育理论、人本特教和教育均衡与公平理论指导之下，“人格健全＋学业有成”的积极心理健康教育人才观。

（3）当前的基础和优势：鄞州区作为一个城市化进程飞快和经济相对发达的城市，外来高素质人才和普通农民工都相对聚集，出现了非户籍人口数超过户籍人口数的倒挂现象。针对这一现象，教育局采取了多项有效措施保障鄞州新老市民子女的受教育权利。学校也在这方面做了很多有益的尝试。华泰小学（整合各种教育资源）、教育局在四个学校设立的资源教室以及钟公庙小学的“和合教育”都是其中的优秀代表。因此，这一基地的建设也有着良好的基础。

6. 农村小班化“阿克斯”(ARCS)教育示范基地

（1）基地的内涵与功能：针对中小学实施素质教育、提高教育质量的《纲要》要求，以及学龄人口数总体下降的客观趋势，小班化教育成为教育改革的方向之一，尤其是对于城市化进程中的农村教育而言。本基地的建设旨在探讨高效的农村中小学小班化教育的具体模式，凸显小班化与传统课堂的本质区别，彰显小班化的优势。探索农村小班化领跑城市小班化教育，促进城乡均衡的经验和模式。

（2）基地的核心引领理念：美国教育心理学家凯勒教授提出的 ARCS 动机理论。该理论指出，课堂教学在备课和教课过程中，要在“注意（Attention）、相关（Relevance）、信心（Confidence）、满意（Satisfaction）”四个环节上下功夫，提高学习积极性和效率。在引入 ARCS 动机理论到小班化课堂的同时，彰显小班化课堂教学的优势，要遵循孟万金教授提出的“短平快、高精尖”的六字指导方针，即在“短（短距离、短时间）、平（平等对话、平等交流）、快（快节奏、快进程）、高（高效率、高质量）、精（精细教学、精品意识）、尖（尖子学生、拔尖人才）”下功夫，出成果。

（3）当前的基础和优势：鄞州区早在两年前就根据实际情况，在地处山区的章水镇和龙观乡开展了小班化教育改革试点。当前，改革试点已进入攻坚阶段，迫切需要一个成熟理论的指导和适宜性小班化课堂教学模式的确定。当前，专家组与章水镇中心小学和樟村中学已经研讨多次，达成了初步意向，具备了开展相关教育改革的基础。

7. 双超卓越教育 ART^3(Accelerative race to the top)示范基地

（1）基地的内涵与功能：针对初中、高中，特别是普通高中的应试压力，通过科学的心理测评和个体化提升方案的制订，科学发现、发掘和发挥每个学生身上的潜能，特别是对具有拔尖创新人才潜质的学生进行高效培养，探索“赢得考试更赢得人生”的拔尖创新预备人才培养的经验和模式，提高鄞州学生接受高水平高等教育的比率。

（2）基地的核心引领理念：即“双超常教育”的理念：人人都有超常潜能，人人都需要超常教育。双超常教育就是面向全体儿童，为超常潜能得到超常发挥而提供的适合的教育，包含“智力与非智力、左脑与右脑、学业与心理、显能与潜能、加速与加深”等各维度的双兼顾。它有四层含义：一是指“又好又快”双重含义的超常教育，强调质与量的统一，这是未来超常教育发展的指导方针；二是指“天才”与“专才”兼顾的超常教育，强调先天禀赋与后天努力的统一，这是未来超常教育发展的基本方向；三是指“人格健全与才能杰出”同步的超常教育，强调心理品德高尚与行为能力杰出的统一，这是未来超常教育坚持的基本原则；四是指超常潜能与超常发挥并举，强调发现潜能与开发潜能的统一，这是未来超常教育创新的着力点。

（3）当前的基础和优势：根据至少 3% 的超常儿童比例，鄞州区拥有数量可观的具有超常潜能的儿童。鄞州中学作为浙江省最早的省重点高中之一，集中了全鄞州一流的生源。近年来，鄞州区提出“高中上质量”的办学要求，鄞州中学也在努力探寻教育改革的新方向，正在致力于解决满足现实需求与学校高品位发展同步提升的课题，在与专家组的座谈中表现出强烈的合作提升意愿。

8. 积极心理健康教育示范基地

（1）基地的内涵与功能：针对各级各类学校中普遍存在的传统问题

式、偏离学校主业的心理健康教育弊端，将研究和教育重心确立为人和社会的积极因素方面，牢牢把握弘扬“浩然正气”的大方向，主张开发潜能、减负增效，通过全方位、全过程、全面渗透、全员参与、全程跟踪的途径，重点培养积极心理品质和开发心理潜能，为幸福人生奠基，探索面向全体的发展模式和预防极端事件的积极心理健康教育经验和模式。

（2）基地的核心引领理念：积极心理健康教育对人性坚持积极的评价取向，重视人自身的积极因素和潜能的开发，以人固有的、实际的、潜在的和具有建设性的力量、美德和善端为出发点，用积极的心态来对人的心理现象（包括心理问题）进行解读，从而激发人自身内在的积极品质，让每个人学会创造幸福、分享快乐，保持生命生活最佳状态，从而提高心理免疫力和抵抗力；塑造洋溢着积极精神、充满乐观希望和散发青春活力的心灵。

简言之，就是一切从“积极”出发，用积极的视角发现和解读各种现象，用积极的内容和途径培养积极向上的心态，用积极的过程诱发积极的情感体验，用积极的反馈强化积极的效果，用积极的态度塑造积极的人生，从而为和谐社会奠定积极的心理基础，营造和谐的精神状态。该理念和举措，不仅具有补救性功能，更强调发展性功能、预防性功能，使人具有积极的理想追求、较好的社会适应能力、高效的学习和工作状态、建设性的人际关系、健全的人格和幸福的精神生活等。具体有四大优势：能引领心理健康教育从消极、被动、补救，向积极、主动和发展的方向转型；能从面向问题学生和学生的问题，向面向全体学生和全面开发心理潜能、提高综合心理素质方向转型；能从专职教师的专门服务，向全员参与、学科渗透、全方位服务方向转型；能从化解问题、缓解痛苦向提高免疫力、提高幸福指数方向转型。

（3）当前的基础和优势：近年来，鄞州区在普及校园心理健康教育方面成绩斐然，先后开展了中小学心理辅导规范咨询室评估、优秀心理教案评比、心育骨干教师培训等活动，全区取得国家三级及以上心理咨询师资格证书的教师有30多人，取得浙江省C级及以上辅导证书的教师达 1 200 多人，持证教师与在校学生之比达到 1∶100。当前，全体教师参加心理学培训的热情高涨，2011 年暑期一次性通过浙江省新推出的教师继续教育培训平台自主申报的教师达 400 多人。鄞州区心理健康教育进入了一个新的发展时期、新的发展高度。当前，布政小学、洞桥小学、高桥小学、鄞州中学、特殊教育中心等学校都有着加入积极心理健康教育行列中来的强烈愿望。

9. 人本特教示范基地

（1）基地的内涵与功能：针对特殊教育，突破传统“小特教”概念，树立“人人都有特殊需要，人人都需要特殊教育，人人都关心特殊教育，人人都享有特殊教育”的人本特教观，探索“大特教”理念指导下搞好特殊教育的经验和模式。

（2）基地的核心引领理念：确立“以人为本”的教育理念，即教育应该以学生的需要为本，而不是以教育者的需要为本。只有符合孩子需要的教育，才是真正的特殊教育。要以传统的特殊教育为核心，辐射全民。特殊教育，应该是面向全体有特殊需求人群的教育，不应该只局限于聋、盲、智障这三个群体，还要关注学习困难儿童、自闭症儿童，以及其他处于特殊时期、特殊背景、特殊阶段的有特殊需要的儿童等。由此出发，可以把各个学校资源教室建设成各有重点、又互相配合的分中心。在“人本特教”新理念指导下，特殊教育研究不断向普通学校延伸，越来越多关注普通学校的融合教育、分层教学、小班化教学、个别化教育、超常教育、特色特长教育、问题学生教育、流动留守儿童教育、单亲家庭儿童教育、网瘾干预教育、早恋引导教育、青春期教育、学困生教育、心理健康教育等，为深化素质教育增添学术交流的空间。

（3）当前的基础和优势：鄞州区特殊教育中心围绕“生命为重、生活为先、发展为本”的教育理念开展工作所取得较好的成绩，鄞州区支持性教育资源中心、资源教室建设、校本教材开发及全区随班就读指导工作所取得的较大成效。

10. 教师培训新图（NUMAP）模式示范基地

（1）基地的内涵与功能：在鄞州区“强师工程”和“名校长工程”基础上，在NUMAP理论指导下，探索各级各类教师和校长专业发展的经验和模式。通过一年的重点突破，为带动区域教育整体改革树立支柱，奠定基础，积累经验，提供借鉴。

（2）基地的核心引领理念：幸福教育教师培训“新图”（NUMAP）模式。“新图”（NUMAP）包括：对话协商（Negotiation）、组群整合（Unification）、方法技巧（Methodology）、行动研究（Action Research）、专业精通（Proficiency）五大要素。五大要素有机结合统一构成五位一体“新图”（NUMAP）培训模式，力争尽早使其成为鲁东大学幸福教育大讲堂和教师教育的品牌。

（3）当前的基础和优势：鄞州区近年来积极构建整体均衡发展的师资培训培养体系，实施“强师工程”，促进教师队伍的均衡发展，整体提升全区教师的专业水平，努力做到“一个都不能少”，即“不少一所学校，不少一个学科，不少一个教师”。鄞州区教师进修学校坚持行政推动、项目驱动、需求拉动、骨干带动的“四动原则”，师训工作表现出全覆盖、激励性、网络健全、规划科学和注重实效五个突出特点，培训成果斐然。

九、条件保障

（一）学术保障：专家组充分做好学术保障工作。①对理念理论的先进性、科学性、针对性和时效性等方面进行把握；②在课题论证、专家遴选、实施指导、过程监控、效果评价、成果宣传与发表等方面予以全面的智力保障。

（二）文本保障：①专家组提供规划方案最初文本，教育局组织各级领导审议修改，反复锤炼；②定稿后，以正式文件形式上报中国教科院和鄞州区委、区政府；③在全区教育行政会议上正式下发各级学校（单位），作为实验区未来发展的纲领性文件；④将核心内容写入教育局“十二五”规划。

（三）组织保障：①教育局分管领导挂帅，相关职能部门负责落实，每所学校由校长和一名教科室或教务处、师训处主任共同负责；②两到三位教育局干事配合专家组全面负责工作开展；③为保障教改实验的成效，申请成为示范基地的学校领导班子短期内不调动，如能取得预期成效将作为晋职、晋级的重要参考条件。

（四）制度保障：将规划方案作为鄞州教育未来发展的系统举措，通过配套制度保障其顺利实施。①在教育工作会议上由局领导正式部署实施方案，由专家组详细阐释方案内容；②各学校（幼儿园）根据自身情况，选择申报加入一个或多个示范基地，教育局和专家组根据各校申报的优势进行审批；③一年内首批加入示范基地的学校（幼儿园）将得到倾斜性政策支持；④三年内所有学校（幼儿园）都必须成为示范基地中的一员；⑤五年内都要通过评估，取得一定的区域集体成效。

（五）政策保障：①教育局在课题立项、师资配备、评优评奖、考评指标和培训机会等方面对申请加入示范基地的学校（幼儿园）予以支持；②教育局全力支持加入示范基地的学校（幼儿园）向区政府申请项目资金；③教育局在可能的情况下，设立相关课题的专项资金用于示范基地建设。

（六）宣传保障：①扎实做好两个征文活动，以征文形式普及幸福学校理念；②教育局协调安排专项资金用于实验区工作的宣传、成果发表出版以及课题申报；③教育局安排一到两名宣传骨干，专门负责将规划方案落实情况向区级以上教育主管领导、省级以上媒体大力宣传；④专家组协助实验区成果在国家级报刊、出版社发表或出版，努力争取课题立项和评优评奖；⑤切实用好其他教育实验区所缺乏的优势，把握好《中国特殊教育》9 月份专门为鄞州办“幸福教育专刊”的契机，力求高质量、高水准；⑥将“幸福教育专刊”作为实验区未来 5 年的规划蓝图、行动指南和操作手册，教育局出面号召各校学习贯彻执行，人手一册，作为教师继续教育必读和考核项目。

十、成效评估

以科学的测评工具（如积极心理品质量表、学校幸福指数量表、学习专家系统、教育现代化指标体系等）为依据，以学校、师生全面发展、幸福成长（心理健康、素质提升、学业/业务提高）为目标，以各种成果倍增（论文发表、课题立项、评优评奖、领导重视、学界认可、实践欢迎）为体现形式。

附录 2

幸福教育大事记

2010 年 11 月，《中小学心理健康》发表《积极心理健康教育为幸福有成人生奠基——再访积极心理健康教育创始人孟万金教授》。

2010 年 11 月，《中国特殊教育》发表孟万金教授文章：《积极心理健康教育：奠基幸福有成人生》。

2011 年 5 月，《中国教育报》发表《办一所幸福的学校——访积极心理健康教育创始人、中央教科所孟万金教授》。

2011 年 5 月，《中国德育》刊出孟万金教授组织的四篇鄞州幸福教育文章。

2011 年 5 月，孟万金教授与世界多名专家联合发起成立“国际幸福学校联盟”并揭牌。

2011 年 5 月，孟万金教授参与起草、官群博士翻译的“国际幸福学校联盟宣言”发表在《中国特殊教育》。

2011 年 5 月，孟万金教授与美国著名心理学家 Wagner 教授共同为“国际幸福学校联盟”网站开通揭牌。

2011 年 7 月，孟万金教授领导起草的《让学校先幸福起来——鄞州实验区幸福教育近中长期规划（2011— 2015 年）》（征求意见稿）

出台。

2011 年 7 月，《中国特殊教育》发表孟万金教授的《迈向幸福学校（幼儿园）的十大突破路径》。

2011 年 9 月，《中国教育报》发表孟万金教授的专访《校长，点亮教师职业幸福感》。

2011 年 9 月，孟万金教授组织鄞州教育局领导、校长和教师骨干撰稿出版《中国特殊教育》幸福专刊。

2011 年 9 月，《中国特殊教育》发表孟万金教授等人的文章《先让学校幸福起来的区域教育创新工程》。

2011 年 9 月，《中国特殊教育》发表孟万金教授等人的文章《聚焦幸福，高位提升，惠及全民——鄞州实验区教育综合改革近中长期规划（2011—2015 年）草案》。

2011 年 11 月，孟万金教授绘制的《鄞州幸福教育品牌创建战略规划蓝图（征求意见稿）》出台。

2011 年 12 月，孟万金教授现场考察重庆南岸区天台岗小学并确立该校为西部幸福教育基地。

2012 年 1 月，孟万金教授的署名文章《办幸福教育，让人民满意——2012 新年贺词》在鄞州教育网上发表。

2012 年 1 月，孟万金教授团队与北京洋桥学校合作开展幸福教育实验。

2012 年 2 月，《中国特殊教育》发表孟万金教授设计完成的《幸福课堂基本标准与核心评价指标》。

2012 年 3 月，《中国德育》发表孟万金教授设计完成的《幸福班级基本标准与核心评价指标》。

2012 年 3 月，孟万金教授主持鄞州幸福教育十大基地论证会。

2012 年 4 月，《中小学校长》发表孟万金教授设计完成的《幸福学校基本标准与核心评价指标》。

2012 年 4 月，孟万金教授代表专家组在中国教科院鄞州教育综合改革实验区成立一周年座谈会上汇报鄞州幸福教育进展和成就及未来计划，受到中国教科院和鄞州区人民政府领导的高度肯定。

2012 年 4 月，孟万金教授在章水镇中心小学举办的“农村小班化教学 ARCS 理论培训作专题讲座”。

2012 年 5 月，孟万金教授在鄞州区第四届“贸城之春”教改成果报告会做《幸福课堂基本标准与评价核心指标》的主题报告。

2012 年 6 月，孟万金教授设计完成了《幸福教育师训精品课程方案》。

2012 年 7 月，孟万金教授在《中国教育报》发表《幸福中国，让学校先幸福起来》。

2012 年 8 月，孟万金教授在鄞州区教育行政会上汇报鄞州幸福教育取得的 12 项成绩和未来“三层落实，三个拓展，三个重点”和“幸福教育百千万工程”，受到中国教科院和鄞州区人民政府领导的高度肯定。

2012 年 9 月，孟万金教授领导专家组撰写的给中小学生的新学期寄语《让每个学生幸福起来》分别在中国教科院和鄞州教育网发表。

2012 年 9 月，《鄞州日报》发表《鄞州要让每个学生幸福起来》，报道孟万金教授领导专家组撰写的给中小学生的新学期寄语。

2012 年 9 月，孟万金教授领导专家组撰文《幸福教育，先让教师幸福起来》分别发表在中国教科院和鄞州教育网，给教师节献上特殊贺礼。

2012 年 9 月，孟万金教授、官群博士联合发明的多元干预学困的乐学设备“e 学灵”（易学灵）获得国家专利。

2012 年 9 月，重庆南岸区代表来鄞州考察学习孟万金教授组建的“快乐学习训练营”，体验“e 学灵”和了解“e 教星”幸福教育技术。

2012 年 9 月，山东省教科所邀请孟万金教授做关于幸福教育专题报告，为全省骨干心理教师辅导展示“e 学灵”（易学灵）和“e 教星”（易教星）幸福教育技术。

2012 年 10 月，孟万金教授为山东省和烟台市骨干班主任做关于幸福班级专题报告。

2012 年 10 月，福建泉州鲤城实验小学邀请孟万金教授带领课题组成员到校展示“e 学灵”（易学灵）和“e 教星”（易教星）幸福教育技术。

2011 年 11 月，重庆市教科院邀请孟万金教授为全市骨干教师做幸福教育专题报告。

2012 年 11 月，广西柳州市教育局邀请孟万金教授为全市骨干教师辅导幸福教育、快乐学习。

2012 年 12 月，教育部刘利民副部长为孟万金教授颁发“教育部中小学心理健康教育专家指导委员会委员”证书。

2012 年 12 月，中国教育电视台播放鄞州幸福教育专访。

致谢

首先，感谢中国教育科学研究院的领导和同仁。感谢袁振国院长、徐长发书记、曾天山副院长、史习琳副书记、刘建丰副院长、所广一副院长等领导的信任、指导和关怀；感谢心理与特殊教育研究中心所有同仁的支持，尤其是支部书记张冲博士在我指导实验区期间替我分担了研究中心和《中国特殊教育》杂志的日常管理工作；感谢先后驻扎鄞州的专家组成员：王新波博士、姚茹博士、姜朝晖博士、闫艳博士和张宝安老师的贡献。有了诸位领导的提携和同仁的相助，幸福教育才得以成型。尤其感谢袁振国院长对幸福教育给予的高度评价："幸福教育理念先进，让孩子在教育中充满幸福感，通过幸福教育来引领社会发展，从而达到营造幸福社会的理想目标"，"实验区工作以课堂教学改革为抓手，找到了实验幸福教育的突破口"。

其次，感谢实验区各级领导和同仁。感谢宁波鄞州区夏素贞副区长、陆利明局长以及任国斌、叶夏、周光琦、俞鹏年、周钧五位副局长的大力支持；感谢浙江省教科院、宁波市教科所、鄞州区教科室、教研室、教师进修学校和各级各类学校（幼儿园）的领导及同仁的积极配合。有了他们的支持，幸福教育在鄞州才生根、开花、结果。特别感谢鄞州区政府夏素贞副区长给予的充分肯定："在专家组的关怀和亲切指导下，鄞州幸福教育改革已经取得了初步成效，全区校长及广大师生表现出了良好的精神状态，每个基地学校都勾勒出清晰的办学理念和发展愿景，令人欣喜。"

第三，感谢国内外合作单位的领导和同仁。感谢鲁东大学教师教育学院、北京洋桥学校、重庆天台岗小学、福建鲤城实验小学以及鄞州幸福教育基地等幸福教育先行单位的领导和同仁的合作；感谢美国哈佛大学 Gardner 教授、佛州大学 Wagner 教授和 Keller 教授、孟菲斯大学 Graesser 教授，英国牛津大学 Furlong 教授、剑桥大学 Everton 教授等国外友人的学术思想共享和协同创新。

第四，感谢出版社的领导和同仁。感谢教育科学出版社李东总编辑、刘明堂主任、刘灿主任和杨巍编辑的热情指导、中肯建议和细心加工。

最后，感谢我们各自的导师和父母。感谢北京师范大学的冯忠良教授（孟万金的博士导师）、美国佛州大学的 Roehrig 教授和匹兹堡大学的 Perfetti 教授（官群的博士导师和博士后导师）的学术和人生指导；特别要感谢我们父母的养育之恩和伟大无私的爱。

著　者

2013 年 1 月 16 日

出 版 人　所广一
策划编辑　刘　灿
责任编辑　杨　巍
版式设计　沈晓萌
责任校对　贾静芳
责任印制　曲凤玲

图书在版编目(CIP)数据

幸福教育实用指南(全员必读手册)/ 孟万金,官群著.—北京:教育科学出版社,2013.1(2013.3 重印)
ISBN 978-7-5041-7299-0

Ⅰ.①幸…　Ⅱ.①孟…　②官…　Ⅲ.①教育研究—中国　Ⅳ.①G521

中国版本图书馆 CIP 数据核字(2013)第 014280 号

幸福教育实用指南(全员必读手册)
XINGFU JIAOYU SHIYONG ZHINAN (QUANYUAN BIDU SHOUCE)

出版发行	教育科学出版社		
社　　址	北京·朝阳区安慧北里安园甲 9 号	**市场部电话**	010-64989009
邮　　编	100101	**编辑部电话**	010-64981265
传　　真	010-64891796	**网　　址**	http://www.esph.com.cn
经　　销	各地新华书店		
制　　作	北京博祥图文设计中心		
印　　刷	北京中科印刷有限公司		
开　　本	169 毫米×239 毫米　16 开	**版　　次**	2013 年 1 月第 1 版
印　　张	19.25	**印　　次**	2013 年 3 月第 2 次印刷
字　　数	269 千	**印　　数**	5 001—8 000 册

智慧教师读本①
谁是最具成长力教师

俞正强：低头找幸福

王永红　著

教育科学出版社
·北　京·

教育的意义在于让学生有能力成为最优秀的自己。

俞正强

名师成长轨迹访谈录
丛书编委会

丛书序一·顾明远

教育是一门艺术

许多人说，教育是一门科学，又是一门艺术。我更觉得教育是一门艺术。科学是有规律可循的，科学活动必须遵循一定的规则，而且科学的真理是可以重复的。但是教育不同。教育虽然也有规律，教育活动也需要遵循一定的规则，但教育的对象是人，人的一个特征是多样性、差异性、个性化，对不同人的教育要采用不同的方式，因而教育有法，没有定法，需要因人而异，随机应变。教育更像艺术，艺术也有法则，但不拘泥于法则，更多的是创造，一幅画、一首歌都不是重复的，而是不断创新的。教育的每一堂课，对待每一个儿童也不能重复，需要不断的创造。

我看了“名师成长轨迹访谈录”，更坚定我认为教育是一门艺术的信念。林良富老师是一位智慧型的教师，既能宏观把握又能脚踏实地，处处显示出他的教育智慧；刘永宽老师潇洒大气，在不懈的追求中推陈出新；俞正强老师在平淡中显心智，在朴实中表现美；金莹老师喜欢琢磨，把每一堂课都上得完美；邱向理老师大处着眼，小处着手，总能捕捉到教育的细节，关注学生。他们中，有的老师以严肃认真见长，有的老师以诙谐生动见趣，有的老师以细腻关爱感人，个个老师的风格都不一样，就像一幅幅美丽的图画展现在我们面前。这不是艺术是什么？

其中也有一个很奇怪的现象，这些名师都说自己当初并不想当教师，都是无奈的选择。这说明教师在人们心目中还不是“太阳底下最光辉的职业”。但是他们后来却都成为了名师！为什么？他们都说是责任，是对孩子成长的责任、对民族未来的责任，促进他们不断钻研，不断创造。但是，我还想说，因为教育是艺术，有无尽的创造力在吸引着教师。我们每一个人只要走进艺术的殿堂，总会被一件件艺术品所吸引，被他们的艺术创造所震撼。学校就是艺术殿堂，儿童就是一件件艺术品，他们吸引着我们去创造。

教育是艺术，让我们每一位老师都用自己的心和情来画出你的最美丽的画卷！

2007年国庆前夕于北京求是书屋

（顾明远：中国教育学会会长，北京师范大学教授）

丛书序二·周玉仁

我看名师成长

三百六十行，行行出状元。在各行各业中有各种名家，如名作家、名企业家、名演员、名医、名师……这个“名”不是停留在人的口上，而是种植于人的心中，为人们所认可和称道的。浙江刘永宽、林良富、俞正强、金莹和邱向理五位小学数学名师，成名于他们的不惑之年，被称为第二代名师。不少听过他们的课、读过他们的著作或文章的同行，往往为其精彩的教学和深邃的教育理念所折服。究竟这五位名师是怎样走过来的，读了这几本由北京师范大学教育学院教授带领研究生编写的，真实而又富有人生哲理的“名师成长轨迹访谈录”，会给我们以启迪。

他们并不特殊，很普通，很平凡。他们大多是农家子弟，有的从小立志当教师，而更多人“从教”之理乃是——无奈选择、机缘巧合、子顶父职。但是一踏进校门，他们就被这些天真无瑕的孩子们所吸引，爱上了这个事业，一干就是几十年，而且乐此不疲。

对小学教育的执著追求

小学教育是基础教育的奠基工程，小学教师

是人类启蒙的灵魂工程师。当小学教师不易，当好的小学教师更难。在五位名师走过的几十年教学生涯中，他们经历了不少挫折和失败，饱尝了甜酸苦辣，但是总是认真探索，执著追求，无私奉献，无怨无悔。他们把学生的点滴进步、自己教学的成功片段都视为最大的幸福，并在为小学教育事业默默奉献的同时，体尝到实现自己人生价值的乐趣。

用爱心浇灌学生，创设学生喜爱的数学课堂

教师对学生的爱是伟大而自然的。五位名师都有一颗热爱孩子的真心，他们能“走进”学生的心扉，想学生之所想，乐学生之所乐，并给学生以充分的信任、关怀和尊重。在他们眼里没有“差生”，没有教不好的学生，有教无类，因材施教，促使全体学生能在各自的基础上得到长足的发展。

数学是相当抽象甚至是枯燥的。在数学教学中他们成功的最大秘诀是“让孩子们喜欢我”，亲其师而信其道，进而喜欢上数学课。由于他们是用“心”去教学，充分利用小学生已有的经验，引导大家动口、动手、动脑，在活动中学习数学，把数学变为看得见、摸得着、用得上的学科，使学生感到“数学好玩”，数学就在自己身边，并由“学会”到“会学”，由“会学”到“乐学”。一句话，创造了学生喜爱的数学课堂。

讲求实效，上好每一节课

2001 年全国开展了基础教育课程改革，课改来势很猛。课改对每一位教师来说，既是一次机遇，更是一次挑战。对课改，他们首先是认真学习，接着是积极实验，但不跟风，保持了这个年龄段和层次的人应有的理性态度。他们知道，课堂教学是教育的主渠道，学生的数学才能是要通过多少个 40 分钟一点一滴地培养出来的，自己必须上好每一节课。随着教育观念的更新，课堂教学也必须与时俱进，即使是同一位教师教同一个教学内容，前后的教学设计与构想也往往不同。他们在不断地否定自己，挑战自己，超越自己，完善自己。课一次比一次上得成功，一次比一次上得精彩。他们的课堂教学可以用四个字来概括：实（扎实）、活（灵活）、新（新颖）、厚（厚重）。更值得一提的是，不管情境怎么设计，学习方式怎样改变，在 40 分钟里都紧紧地突出数学的本质东西，把数学的“根”留住。以平常心对待课改，按教育规律办事，课堂教学讲求实效，这就是数学名师的素养。

各自形成自己独有的教学风格

教学是科学，科学的真谛在于求真；教学是艺术，艺术的真谛在于创新，一堂好课往往是科学与艺术的有机结合。鉴于多年教学经验的积淀和升华，名师们都已形成了各自的独特的教学风格。他们的课，有的是朴素平实，平实中见功底，大气潇洒，大气中透灵气，真是留有尾声听余音，使人回味无穷；有的是清晰而细腻，流畅又完美，恰似师生合奏的和谐乐章；有的是简洁严谨，丝丝入扣，含而不露，引而不发，达到与学生思维共振、情感共鸣之效；有的时而奇峰突起，引人入胜，时而妙趣横生，扣人心弦，颇有无限风光在险峰之势……他们的教学风格各异，却都能把数学课上实、上活，教得轻松，学得愉快，使听课的同行感到是一种美的享受。

勤学多思，加强理论学习，提高专业素质

“学而不思则罔，思而不学则殆。”勤学多思乃是每一个教师成长的必要条件。在此瞬息万变的信息化时代，要想适应现代教育的要求，必须不断“充电”。除了参加培训、进修以外，更重要的要坚持读书，挤出时间读书，而且要带着问题读，要读专业书、教育理论书，把自己积累的教学实践经验提升到理论高度，再用教育理论来指导自己的教学实践，使专业素质发生质的飞跃。事实已经证明，勤思多学正是名师成功的一个重要原因。

利用“十一”长假，读完了“名师成长轨迹访谈录”书稿，颇有感触。记下一些感想和体会，权以此为序。

2007 年 10 月 7 日

（周玉仁：著名小学数学教育专家，北京师范大学教育学院教授。现任教育部中小学教材审查委员，中国教育学会小学数学教学专业委员会顾问，《小学数学教育》杂志副主任委员）

丛书序三 ·

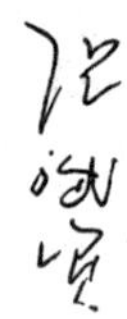

面向实践，提升有价值的教育经验

真正的理论一定是与实践有着血脉联系的，是有实践解释力和生命力的。

从2001年3月建院初期开始，北京师范大学教育学院就逐步确立了以不断提高三种能力为核心的发展战略。这三种能力是：解释问题的能力、解决问题的能力和国际化的能力。解释问题主要表现为教育基本理论和基础学科的研究，解决问题主要表现为应用理论研究和应用研究与开发，国际化则主要表现为国际间的学术交流和学术传播。

由于北京师范大学教育学科的历史和积淀，第一和第三种能力的提高有着很好的基础，相对而言，由于种种原因，在面向教育实践、解决现实教育问题的研究和开发方面，我们仍有许多工作要做，我们面临着许多新的课题和问题。为此，从2001年以来，北京师范大学教育学院一方面致力于以组织的名义与教育行政部门合作，为宏观教育决策提供智力支持，与此同时，先后与各地中小学建立了不同形式的合作关系，在一些地区建立教育实验基地，承担中小学委托的课题研究，并开发了若干校长和骨干教师培训产品，开展高端的教育培训。

在几年的培训实践过程中，我们逐渐地意识到，接受培训的对象与我们在高校中所面对的学生是完全不同的群体，他们不仅具有在学的学生所不具备的经验和阅历，而且有着完全不同的需要和学习动机。为了解决这些问题，我们先后在培训的方式和内容上做了大幅度的改变。结果发现这些改变仍然难以完全满足我们所培训的对象的需要。

正当我们感到困惑的时候，2005 年 10 月，浙江省教育厅委托我们承担“浙江省中小学骨干教师高级访问学者”的培训任务。与以往我们所承接的培训任务不同的是，这次培训持续的时间很长，接受培训的教师学科背景非常复杂。这对我们是一个非常大的挑战。经过深入的讨论和思考，我们逐步意识到，作为培训者，我们首先应当转变观念和角色。高端的教育培训在形式上是一种培训，而本质上是一种教师和教育管理干部的专业提升和促进。所以，我们在一般的培训内容之外，致力于探索新的“培训”途径。在与参加培训的教师的交往中，我们注意到，有不少教师不仅具有丰富的实践经验，而且善于思考，常有新颖之见。只是因为平时巨大的工作压力和所受到的学术训练的局限，使他们很难有时间和精力把自己所做、所思、所想系统地整理、总结出来，形成系统的成果，并上升到理论的高度。这使我们“豁然开朗”，使我们思索多时的难题迎刃而解。所谓促进教师的专业发展，所谓大学与中小学合作，固然有许多途径，但从大学的角度看，最为重要的途径就是运用自身的学术资源和优势为中小学教师的专业发展搭建平台，使他们在更高的起点上持续发展，同时也全面提升教育理论工作者关注中小学教师专业成长和中小学教学实践的能力，释放大学对于基础教育真挚关注的实践情怀和浓厚的理论热情。

2006 年 11 月，经过较长时间的精心筹划和准备，由我院几位教授组成的专家组到杭州现场观摩了几位访问学者的课堂教学。在这次观摩中，我们的教授感动于几位教师对教学的热爱所表现出的精湛的教学艺术、对教学的独到而深刻的见解以及强烈的个人魅力。经过不断的探讨和多方面的准备，几位教授于 2007 年暑假赴杭州、宁波等地，与我们精心选定的几位中小学特级教师合作，通过个别访谈、集体访谈和调查等方式，对这几位教师进行全方位的研究，对他们的经验和成果进行了认真的梳理和提炼，编辑了五本著作，集成为“名师成长轨迹访谈录”丛书，力图全面反映和挖掘这几位教师丰富的教育教学和管理经验，并加以理论的提升。我们相信，从这项工作中，教育理论工作者和中小学教师都受益颇多。对中小学教师而言，多年积累的经验一旦经过认真和深刻的反思、提炼，将成为他们今后专业发展的重要动力。同时，教育理论工作者也从中小学教师那里学到了在书本中很难学到、在抽象的理论思考中很难得到的东西。我们希望，这些经过系统提升和凝练的具体的个体经验能够成为具有普遍意义的教育教学成果，使更多的中小学教师能从他们的实践中获得教益。我们也希望，通过有关方面的共同努力，在今后几年中，能继续推出更多的优秀中小学教师的成功经验，为我国基础教育的改革和发展作出贡献。

感谢浙江省教育厅、浙江省高校教师培训中心为我们提供了一次很好的机会，感谢这几位教师所在地区和学校的领导，感谢教育科学出版社的领导和编辑为这项工作所提供的大力支持。

2007年10月7日

（张斌贤：北京师范大学教育学院教授、院长，全国教育硕士专业学位教育指导委员会秘书长）

目　录

引　言
低下头来找幸福

假设一位教师，从未参加过任何教学比赛，也没有拿过任何奖项，他是否有机会获得特级教师的荣誉称号，成为一名星光熠熠的名师呢？

大多数人也许会说，这不可能。是啊，在我们周围，哪个名师不是参加过各种各样的比赛，拿过各种各样的大奖？哪个名师的成长不是一路的掌声和鲜花相伴？

然而，在浙江金华就有这么一位名师：他是农家子弟，没有优越的社会背景；年少时，做老师不是他的志向；初为人师，也并不得领导的赏识；在成为特级教师前，没有参加过任何大的教学比赛，没有拿过一个大的教学奖项。

就是这样一个人，如今在浙江小学数学领域颇有名气。在浙江教育学院吴卫东教授眼里，这位老师甚至是很有希望走向国际的名师。他就是浙江省金华市站前小学的数学特级教师俞正强。在很多人看来，俞正强能成为名师多少有些不可思议。他究竟有什么本事，能获得如此高的赞誉和名声呢？

2007 年的 7 月 8 日，我也是带着这样的好奇心开始对俞老师进行访谈的。

俞老师给我们的回答是：做出来的。

多么朴实的回答啊！可不是吗，没有任何背景，再不努力工作，像俞老师这种条件的人怎么能脱颖而出呢？

俞老师说：虽然我不怎么热爱教师这个职业，但我有责任心。一走进教室，我想的就是要把书教好。虽然领导不怎么赏识我，但学生给我的动力更大。

俞老师就是这么朴实的一个人。语言很朴实，没有什么豪言壮语，没有一点矫揉造作，也没有什么名师的派头。俞老师长得也很朴实，不是那种看上去就很有魅力的人。俞老师的课也上得很朴实。没有华丽的手段，很少用多媒体，大多数时候就是一支粉笔到底。然而，听过他的课的人又都说他的数学课很美，是一种朴素的、安静的、灵性的、智慧的美。

访谈中，我们也发现，一谈起话来，俞老师的魅力便自然释放出来了。他略带地方口音，有时叙述发生在他的教学生涯里的种种趣事，引得听者不由得开怀大笑；有时阐释他的种种“谬论”，让听者觉得就像在上一堂人生哲理课，接受着一种人生哲学的洗礼。

他的思维充满了创意。他总是在曲径之处将人带入洞天之境。他就像一个野外生存探险者，最擅长在又险又绝的地方行走。有人说俞老师的课能让孩子越来越聪明。

俞老师也很平凡，和千千万万普通教师一样，教书、读书、思考和写作是他生活的主要内容。俞老师能成名，主要是他教书很用心，读书比一般人多，思考的问题比一般人深，写的文章比一般人好。

俞老师说：“有很多人老是抬头看高处，希望从那里得到幸福。其实幸福就在身边，低头就能找到。我就是低头找幸福的人。”

1986—1998　平平淡淡才是真

1986 年，俞正强 18 岁。他以一名小学数学教师的身份，踏入社会，开始了他的职业生涯。

1986 年至 1998 年，12 年的时间，没有什么轰轰烈烈的事迹，就是教书，读书，看起来非常平淡，但这却是生活的真味。

在这 12 年里，俞正强用心积淀了影响他一生的心智财富。那些来自学生的感悟，来自阅读的给养，极大地丰富了他的精神生活，让他的思想变得成熟、深刻。

与学生聊天是一种很享受的事情

第一章
谢谢你，我的学生

了解学生、尊重学生、热爱学生，是对从事教师职业的人的一个道德素质要求。

不过，热爱学生不是简单地喜欢学生。因为“喜欢儿童这种现象，不仅教师身上有，而且在一般的成年人身上也常会看到”。“可是，教师要一连好几年地对同一批学生进行教学和教育，所以对儿童的爱就具有一些特殊的表现形式。”① 要成为一名优秀教师，仅有一般的喜爱儿童之情，显然是不够的。

无论是在课堂上，还是在其他的交往活动中，俞老师细致地观察着学生，真诚地和学生聊天，敏锐地感受着学生的情感。他和他的学生之间的关系充满着人与人之间真正的温暖。俞老师对学生的真挚谢意，表露了他对学生深沉的教育之爱。

---

① 赞科夫. 和教师的谈话［M］. 杜殿坤，译，北京：教育科学出版社，1980：28－29.

◎ 只要有责任感就能教好书

【访谈者，以下简称“访”】您什么时候读的师范？读师范对您有什么影响？

【俞正强，以下简称“俞”】我是1983年初中毕业考进师范的。因为我英语学得不好，爸爸妈妈担心我考不上大学，就要我报考了师范。当时我个人是很不情愿的，因为读师范给人的感觉就是没有什么前程。人的一辈子，好像一眼就看到头了。而且我自己也不甘心就当一个小学教师。当时也是没有别的选择，就这样读了师范。读师范以后呢，我的心情也不好，就看了很多书。到毕业的时候，因为成绩好，就被分在金华师范附属小学教书。1986年我毕业的时候，社会上正流行下海，很少有人愿意当教师。那时的年轻人，要是当了教师，连老婆都很难找。说实话，那时教师的社会地位真的不算高。

到1988年，我们一起读师范的同学几乎都下海了。毕业十周年（即1996年）聚会的时候，我们班23个男同学，还有4个在教书，其中有3个教中学，在小学教书的就剩我一个了。其他的同学几乎都离开了教师岗位，转行干别的去了。我当时也不想教书了，可是我妈妈不让我辞职，希望我继续教，我也就坚持下来了。

现在有些人说，一个人必须热爱教学才能教好书。我个人觉得也不是非这样不可。我就不是一直很爱教书的。其实人不一定要很热爱才能教好书，我觉得只要有责任感就能教好书。我是属于很有责任感的人。我可以不爱教书，但只要我一走进教室，我就不能不教好书。我觉得教书可以带来很多让人很高兴的东西。

访谈手记

俞老师的这番话一下子就把我们的思绪拉回到上个世纪80年代中期。那时，我们国家进入改革的第二个阶段，经济体制开始从计划经济转入商品经济（当时还不敢提“市场经济”这个概念），改革阵地从农村转移到城市，改革开放的力度加大。社会上脑体倒挂现象严重，到处流行着“卖原子弹的不如卖茶叶蛋的”“从政之路红彤彤，经商之路金灿灿，从教之路黑沉沉”这类的说法，中小学教师流失严重。

当时，凡是有志向的青年，主动选择去做教师的还是很少的。读师范的学子，绝大多数都来自农村。他们有才识，有理想，有追求，他们更肩负着改变家庭命运的重任。在这批人身上，我们看到，无论做什么事，责任感都胜过个人的意愿。

◎ 学生对我影响很大

【访】在您的成长过程中，谁对您的影响最大?

【俞】应该说我的父母给了我很大的影响，是他们要我教书的。但是，在课堂上，我觉得还是学生对我影响大。在我发表过的文章里，写过几个这方面的小故事。虽然那时我的校长很不喜欢我，但我教书好，所以他对我也很宽容。

【访】校长为什么不喜欢您?

【俞】我刚毕业的时候，我班上有几个数学差的学生。我就想办法帮助他们提高。那个时候，我个人在教学方面还没有掌握现在这么多科学知识，遇到这样的问题就知道补课。然后，我就利用课余时间给他们补课。补着，补着，就发现这个办法行不通了。后来，我在一本书上看到一个方法。这个方法教人用扑克牌来训练孩子的思维、计算速度和对数字的感知能力。我觉得这个方法不错。然后，我就把这个方法用在了这几个孩子身上。一天，我对他们说："你们中午留下来，咱们一起玩扑克牌。"他们听了都很高兴。那时候也不流行家教什么的，中午把学生留下来，还得和家长商量，家长同意了才能做。就这样，中午有三四个学生留下来，我陪他们一起练。我统计了一下，这些孩子把整副牌加起来所用的时间，一开始是 5 分 30 多秒。经过训练，最后只用 2 分多钟就把所有的牌加起来了。这个速度是很快的了，因为我们大人一般都达不到这个速度。通过训练，这些小朋友对数的感知能力、对数的瞬时记忆能力和计算能力都提高了。这说明这个方法很有效。

巧的是，有一天，我正在办公室和这些孩子玩扑克，有个副校长经过办公室，看见了我们，他示意我出来，我就出来了。然后，他问我："你在干什么?"我说："我在给这几个小朋友补课。"他说："补课?你在补课?别乱搞，别乱搞。"然后，就走掉了。到了周一学校开大会的时候，校长不点名地批评了我，说：“有的老师，中午的时候，把小朋友叫到办公室打扑克！这种事情竟然发生在我们老师身上，我们的老师也太不像话了吧！”从那以后，校长对我印象就不怎么好了。

【访】校长不喜欢您，影响到您了吗？

【俞】当然有影响了，我不能再继续和学生玩扑克了。不过，我还可以想其他的办法。只要学生的成绩好了，校长也是很喜欢的。

不过，学生对我的影响还是最大的，我写过一首诗，就叫《谢谢你，我的学生》。

【访】这首诗还能找得到吗？

【俞】已经是很久以前的事了，恐怕找不到了。

访谈手记

尽管这首诗找不到了，但接下来，俞老师讲了几个发生在他和他的学生身上的小故事。从这几个小故事上，我们可以感受到学生对俞老师的思想和行为的影响有多深。俞老师说，他经常向人们讲这几个故事，因为它们给他的印象实在是太深了。这些学生留给他的真的是一种刻骨铭心的记忆。对学生，他永远都心怀感激。

第一个小故事：老师，你进步了吗？

【访】说说发生在您和您的学生身上的那几个小故事。

【俞】第一个故事发生在我教书的第三年。那时，我做班主任，每个学期结束的时候，我都喜欢问小朋友一个问题：“一个学期下来了，你跟我说说你有什么进步啊？”我要求每个人最多说一两分钟。小朋友们就说呀说。一个小女孩举手，我把她叫起来，我问她：“你有什么事啊？”她说：“俞老师，我不敢说，我说了怕你不高兴。哎，我看还是不说算了。”我说：“不可以的。我们之间还有什么不可以说的呢？俞老师对你们是知无不言言无不尽，你们也应对俞老师这样。”于是她就问：“俞老师，那你说说，一个学期下来，你有什么进步啊？”哎呀！本来是我问小朋友的问题，结果她这么反过来一问，嘀！那些小朋友的眼睛就像放电一样“刷”地射过来了。我感觉就好像有很多灯聚焦在我身上，那时我有种发昏的感觉。所以，我发现老师有一个误区，老是想着问学生：你进步了没有？其实，我们经常忘记问自己：“我进步了没有？”

【访】这是几年级的孩子？

【俞】四年级的。我当时就有发昏的感觉，心想今天完了。这个班我带了一年了，小朋友都很喜欢我。那时我想，如果我的进步不大，只是一点点的话，小朋友听了，可能就对我不感兴趣，就没有那么喜欢我，不再佩服我了，那肯定是不可以的。如果说进步很大，可我又觉得自己也没有很大的进步啊，毕竟这才是我教书第三年。正好，那节课也快结束了，我就要了个滑头，对学生们说：“时间差不多了，让老师把这个问题作为家庭作业带回去，明天向大家汇报，好不好？”小朋友们很不情愿地摇摇头。哼哼！他们其实也很喜欢看老师的笑话的。(呵呵)

访谈手记

听俞老师讲这段故事，感觉在他内心深处藏着一颗未泯的童心。他和他的学生们之间的交往是那么的平等、和谐又有趣。孩子的问题提得很意外，也很莽撞。而俞老师对这个问题的感受也很敏锐。他意识到这是一个很有意义的问题，并准备认真地给予回答。

【俞】那天晚上，真的，我人生当中第一次认真思考这个问题，我进步了没有？作为老师，我一年应该有哪些进步？作为一名老师，我怎么向学生交代？那时不像现在这样提倡教学反思，也不讲什么专业发展，一般教师教书也就是求个养家糊口，不怎么想个人的发展问题。啊——，这个孩子给我提的这个问题给我印象太深刻了。

第二天早上的第一节课就是数学课。一上课，我就对学生说：“同学们，你们昨天问的那个问题还记得吧？”“记得!”学生们回答得很响亮。“那你们说说看，俞老师这学期有什么进步，因为我不知道自己有啥进步。”我问他们。然后，有的学生就说：“俞老师，我发现你的普通话进步了不少，以前你讲课有好几句话我们听不懂，现在就能全部听懂了。”有的说：“你还有一个进步就是，以前有打骂我们的时候，现在不打骂了，还经常搓搓我们的脑袋，这让我们很舒服。”……我听学生们你一言我一语的，真的很感动。我说：“我教你们一年了，昨天你们提的问题，我老实跟你们讲，我想了一个晚上，我想不出自己有什么地方进步了。但是今天你们讲了我这么多的进步，老师很感动。你们让我明白了一个道理，老师其实也是要进步的。”

教学相长，其实是一个很重要的事情。我从心底里感激我的学生。就这个故事，我写过一篇文章，题目就是“老师，你进步了吗?”。

访谈手记

看到这里，我相信，你会跟我一样感动。孩子的眼光是如此的敏锐，情感世界是如此的丰富！连老师自己都说不出来的变化，他们居然都能具体地说出来。在他们眼里，老师的一言一行是多么重要啊！更关键的是，作为一名教师，俞老师本人也有着细腻丰富的情感世界。正因为如此，他才能感受到学生给予他的关心和爱心，才能被学生打动，并真诚地将这种情感表达出来。

俞老师的学生提出的这个问题，是很值得我们教师铭记的。教师和学生一样，都是要成长的。然而，很多时候，我们在要求学生进步的时候，忘记了自己也是要成长、要进步的。教师的专业发展是一个和学生共同成长和进步的过程。

第二个小故事：“如果你能让他们忘记吵，算你厉害！”

【俞】还有一个事情，也很能说明这一点：是我的学生让我进步。小孩子嘛，上课总是要吵的。那时我也年轻，上课一遇到学生吵，我就很生气。后来，我想了一个办法，不是上课他要吵，要打断我上课吗?我就给他们立了一个规矩：上课讲话不要紧的，但不要吵到让我停下来维持课堂纪律。让我停下来也不要紧，但不能让我一堂课上停三次（因为这样就没法上课了）。如果停三次的话，那我就罚全班放学后在教室里静坐15分钟。这是我跟他们讲好的，他们也没其他好的解决办法。可能想想也是应该的。课堂上这么吵，那些想学习的学生也是很烦的。

有一天，真的有个小朋友让我一堂课上停下来三次。我说：“好，第三次停下来了，要组织纪律啊。今天放学后，大家要留下来静坐。”到了下午，学生们就乖乖地留下来静坐了。那天我很得意，觉得自己的这个办法很聪明。

等我让他们回家的时候，一个小朋友拿着一个作业本过来了。“咦？”我很惊讶，“你怎么把作业拿来了，你们今天又没做作业。你为什么把这个本子交给我？”她说：“俞老师，你看看，你看看。”说完，她就跑走了。她走后，我打开作业本，一下子就看见她在本子上写了这样一句话：“老师，您是在浪费我们的时间！”

这怎么会是浪费时间呢？我在这个孩子的作业上批复：“好的纪律是好的学习的前提，可爱的小姐！”第二天她给我的回复是这样写的：“俞老师，如果你能让他们忘记吵，算你厉害！”唉，我当时看了这句话，马上就有一种很复杂的感觉，这种感觉是说不出来的。我觉得学生看不起我。她的潜台词好像是：“你有什么了不起？你有本领，就让学生忘记吵。”那天我想了很多。她给我的警示是：老师啊，不要凭着自己的权威一味地要求学生“你要听，你要听”，你有没想过，你讲得好不好听。如果你讲得不好，你凭什么要求学生？这件事对我的教育实在是太大了。我以前从来没这样反思过。我总是认为，学习是学生自己的事情，学不学都是学生自己的事情。反正我上课是很认真地去讲的，你不听就是你的责任。这种思想其实是很不对的，作为老师，让学生在课堂上忘记吵是他的一个重要任务。因为学生还是孩子，不是大人，他们的自律能力很差，他们，是要吵的，要动的。如果教师讲得很精彩，他们就会在课堂上忘记吵，讲得不精彩他们才会吵。

像这种情况，有的老师可能把作业本一扔，说她两句也就过去了。我呢，可能就有这么一种素质，愿意接受学生的帮助。这个关键事件给我的影响是：以前我只想着应该怎样上课，现在我想的是应该怎样把课上好。

所以，我说是谁在帮助我成长，是学生。学生始终是我们的老师。他们就在突然之中像一道闪电裂开了你的脑子，让你一下子得到不少感悟。这种感觉有点像佛教的“当头棒喝”，让你醍醐灌顶。

访谈手记

应该说，俞老师是一个很敏感的人。就像他自己说的，有的老师看见学生作业本上的话或许就把作业本一扔，说两句就过去了。而俞老师不是这样的人，因为他很敏感，所以学生的话能给他一种劈开大脑的感觉。从学生的一句话里，他能感悟到很多教学的道理。说学生对他的帮助最大，一点都不夸张。那的确是发自俞老师内心的、真诚的感受。

俞老师说，愿意接受学生的帮助是一种素质。我们在教师素质理论里是找不到这一条原则的。但俞老师的这句经验之谈相信您也一样认同。在很多时候，学生的确可以帮助教师成长。从学生那里得到的教学反馈，是很有价值的。当然，前提是师生关系要和谐融洽。没有这个前提，教师就得不到来自学生的真诚帮助。

教师的成长也需要学生的帮助。有这样一个真实的故事，说的是一位大学刚毕业的年轻老师，听说校长要来听他的课，心里就非常紧张。这位老师课前真诚地对学生说："校长要来听课，我很紧张，请你们配合一下。"学生们真的很配合，课上得很顺利。校长听完课就走了，这位老师长嘘了一口气，师生都笑了。从此，这位老师的课就上得越来越好了。

学生其实是给予教师最好的师范教育的人。

第三个小故事："老师，我想不出你好在哪里。"

【俞】我觉得影响我成长的关键的人和事，基本上都来自学生。我第一批学生中有一个孩子，有一次回来给我讲："俞老师，我回去老是对爸爸说你很好。"这个孩子的爸爸在报社工作，孩子老说俞老师好好好，讲得多了，他爸爸就问他："你们俞老师到底好在哪里呀，咱们给他写篇报道吧。"他对我说："俞老师，昨天晚上我想了一个晚上，我想不出你好在哪里呢！"我说："不会吧。我怎么不好了？"他说："是啊。我老说俞老师好，真去想的时候，却想不出你好在哪里了。"我说："你说说看。"他说："第一，你有没有备课到深夜？"我说："没有。""第二，你有没有带病坚持上课？"我说："没有。""第三，你有没有打雨伞送我们回家？"我说："也没有。"他说："所有好的事情你一样都没有呢。"(呵呵)

哎呀，这个学生给我的印象太深刻了。他说："反正在你身上找不出一点好的东西来。你呀，衣服乱穿，字也乱写，有时还批评我们，但是你说怎么回事呢，我们就是觉得你挺好的，可又说不出你好在哪里。"

那么，到底什么样的老师是一个好老师呢？所以，那次，这个学生给我的感悟就是，老师不要在学生面前塑造这种形象：备课到深夜，坚持上课昏倒在讲台上。这个形象一定要改变。

访谈手记

那些备课到深夜、坚持上课昏倒在讲台上的老师肯定是好老师。但是，值得我们思考的是，是不是非得如此，才能成为一名好老师呢？好老师的形象其实不是一成不变的。

俞老师的学生就从他身上看到了另一种好老师的形象。

第四个小故事：吃大饼的故事

【俞】还有一个关键事件，影响了我对数学的理解。2007 年《人民教育》第 7 期发表了我的一篇文章，题目是“不让一个学生落后”。在那篇文章开头，我讲了一个故事。这个学生是我第四批学生中的一个。这个小朋友人长得很漂亮，就是读书不好。

一天，我让这个小朋友做一道题。这道题很简单，题目是这样的：××牌 52 型拖拉机一天耕地 150 公顷，问 12 天耕地多少公顷？就这么个题目，她不会做。她先是把三个数字乘起来。我说：“你错了。”她就订正，把乘法变成除法。我说：“你又错了。”她又订正，把除法变成加法。我一看就觉得这个学生是在瞎猜。她不会思考。有些小学生就是这样的，今天课堂上讲了乘法，他就认为今天的题目肯定用乘法，要是讲了除法呢，他就用除法，一点都不动脑的。

我说：“你过来，我给你打个比方。比方说，你每天早上吃两个大饼，5 天吃几个大饼啊？”这和那个题目的性质是一样的嘛！要不就换成学号，我问她：“你是几号？”“我 16 号。”她说。“哦，那就是 16 号同学每天早上吃两个大饼，5 天吃几个大饼？”16 这个数字在这里是没用的，是个代号而已。然后，这个小朋友却说：“俞老师，我早上从来不吃大饼！”

【访】哈哈，这个孩子真是可爱极了！

【俞】是的。当时我还以为她是开玩笑呢。那天我的心情也比较好，本来可以一句话丢过去：“你开什么玩笑，我现在叫你做数学，你以为我是在跟你讲吃大饼吗？”我没有这样做，而是接着问她：“那你早上喜欢吃什么？”她说："我都是吃粽子的。"我说："那好，这很简单啊，我问你，你每天早上吃两个粽子，5 天吃几个粽子啊？"呵呵，这个小家伙，她很认真地想了一想。我想，你这么认真，应该把问题解决了吧。她说："俞老师。"我说："哎，你说。"她说："俞老师，我两个粽子吃不下去的哎！""那你每天能吃几个粽子？"她说："一般都是妈妈给我买一个，我只吃半个，剩下的我都扔掉了，我不喜欢吃。"我说："好的。"我想这个题目可能是做不下去了。为什么呢？因为半个是 0.5，0.5 × 5，这是小数乘法啊，这个知识点还没学呢。我说："你每天吃半个，那你 5 天吃几个粽子？"然后，她说："吃两个半。""怎么算出来的？""两天一个，5 天不就两个半了嘛！"你说这个学生笨不笨，一点都不笨，聪明着呢。然后我就思考一个问题：其实我们这个学生不笨啊，但她为什么又连一道很简单的题都不会做呢？

【访】我觉得，主要是她的思维还不是数学思维。

【俞】）对了！所以，后来我就开始思考学生的学习准备问题。我现在的观点是：当一个小学生他/她的思维发生困难的时候，一定是在学习准备上出问题了，而不是智力有问题。他/她的智力绝对没问题。我就再接着思考一个问题：她为什么会这样呢？学习好的人，你问他/她一个问题：每天吃两个大饼，5 天吃几个大饼？他/她绝不会去思考这两个大饼是不是我吃的。他/她不会陷进去。在他/她的眼睛里，不管这两个大饼是谁吃的，马上就能抽象出来了。而我这个学生为什么这么"笨"呢？她没抽象出来，陷进去了："我怎么能吃得下两个大饼呢？""我没吃大饼啊？"她把数学忘记了。这就是问题了。

【访】或者说很多小孩在学习数学的时候就没进入数学思维状态。

【俞】这个小朋友把自己陷进去了。我们只是举个例子而已，题目中的那个你不是你啊！换成甲可以，乙也可以，丙或丁也可以的嘛。怎么就是你呢？她就认为是自己，老是想"我每次吃两个大饼"这些问题。这些人在思考数学问题的时候，往往被非本质的东西迷惑了。为什么会是这样的呢？就是她对信息的捕捉和别人不一样。理解能力强的学生，能马上把非本质的无关信息滤掉。数学就是数学，数学是讲量的，可以在某种程度上与常理无涉。而有一部分孩子就不知道，老是琢磨"两个大饼能吃得下吗，可能吗？"这类非数学的问题。后来，我告诉她，她的毛病在哪里。她为什么数学学不好？因为她不是用数学的方式去想问题。两个大饼拿来了，这只是一个比方啊，两个大饼可以，两个粽子也可以，两根油条也可以呀！你要"刷"地一下子把这个"2"提取出来，这就是数学。我很耐心地给她补课，就讲这个东西，其他的都不讲。这个东西理解了之后呢，其他的东西也就慢慢地通了。这个事件让我对小朋友的数学学习有了更深刻的理解。

访谈手记

这是一个非常有趣的故事。它有种淡淡的、在不经意间自然流露出的幽默。它让听者发愣、不解、深思、顿悟、大笑，让人回味无穷。

这又是一个很有研究价值的故事。它直达数学学习的本质，关涉儿童学习数学的心理。数学的本质就是抽象，学会抽象是学好数学的关键。学数学不能回避抽象，否则学的就不是数学了。数学教学不能总是让孩子停留在具体的经验层面，必须把学生的思维提升到抽象层次。

这个故事还蕴涵着很深刻的哲学道理，是非常耐人寻味的。其实，很多时候，我们就像这个孩子一样，纠缠于具体的主观上的感受，漠视周围世界的客观性和普遍性，不能把问题从纷繁复杂的现象中抽象出来。

仔细想想，其实，我们每个人都有被“大饼”迷惑的时候。

优秀教师的知识面绝不仅限于他所教的学科，也不仅限于“好的教学法”。他们应知道学生在这门科目的学习过程中取得进步和犯错的规律，知道在出现问题时如何加以解决。这种知识被命名为“学科教学法知识”。①

美国学者科南特认为，尽管物理学家可能会知道哪些重要的物理内容是应该向学生传授的，也可能知道哪些概念对于学习物理中的运动来说是核心内容，但他却不一定能教会10岁的孩子掌握这些概念。②

虽然我们的师范教育也提供了学科教学法方面的课程，但是有更多的人还是在真正当了教师之后，在执教的过程中，才体会到学科教学法知识的重要性。俞老师在实践过程中，通过学生的反馈，慢慢积累着自己的学科教学法知识。

---

① 琳达·达林-哈蒙德，等. 教师应该做到的和能够做到的［M］. 陈允明，等，译. 北京：中国青年出版社，2007：169.

② 同①，第172页。

第五个小故事：老师，你为什么要我去补课？

【俞】有一段时间，一位分管教学的副校长，把全面提高教学质量作为中心工作任务来抓。当时她想了一个办法，就是在每天放学之后，把学习困难的学生集中在一起再学习半小时。因为学校比较大，每个班规定只能送 6 名成绩不够理想的学生，每个年级组织成一个班。

有一天放学后，我听见自己班的教室里有哭声。我忙跑过去，看见一位本该去补课的学习困难生很伤心地在那里哭。我问她被谁欺负了，哪里痛了，家里发生什么事情了……问了很多我认为值得她哭的理由，可是我越问她哭得越响。

看看没效果，我只好拿出老师的架子来“教育”她：“五年级的学生了，不要一味地哭，要学会表达，好不好？”过了一会儿，这个孩子抬起头，满眼是泪，几乎是愤怒地瞪着我：“你为什么要让我去补课？”我一听，觉得挺奇怪，对她说：“补课有什么不好，你成绩还差啊。”我一说完，她就对着我喊：“可是我不想，难道只有这样补课才能进步吗？！”看着她一脸的委屈与愤怒，我再也说不出话了。

至今我还记得那时我的惊愕与迷惑，我让她先回家，让我想想。

【访】是啊，她为什么这么生气？“补课”对她来说不是好事吗？

【俞】真的，我发现我们老师是经常犯错误的，而且很多错误犯得理直气壮。比如组织学生补课这件事，我们自以为是好事：学习有困难，学校安排补课，这是一件多么好的事情。可我们并不了解，这样的好事往往是一件令学生伤心的事。在我们的思想中有一个误区，以为自己认为的好事对学生也一定是好事。于是，把我们的想法作为一种事实强加给学生，而没有去思考学生怎么想，这是一种多么霸道的错误啊。我们老师其实经常伤害学生的，害了学生不说，还自认为，自己所做的一切都是为学生好。有了这个理由，教学中的很多错误便心安理得地发生着。

【访】嗯，是这么回事。

【俞】事实上，学生的很多想法与成人是有区别的。这种区别是大多数学生所不敢表达的，是大多数成人所不曾体会的。所以，以后，我在学生学习发生困难的时候，我就会想起那位学生的质问：只有这样补课才能进步吗？是的，应该有更多好的办法，需要我们用心去寻找。

访谈手记

苏霍姆林斯基说：“尽可能深入地了解每个孩子的精神世界，是教师和校长的首条金科玉律。”“通往儿童心灵的道路要靠友谊，靠共同的兴趣、爱好、感情、感受来铺设。”① 俞老师初涉教坛就有了这种能够感受着学生的感受的教育素养。他和学生之间建立的真诚的友谊铺设了通往学生心灵的大道。

教师和学生，是学校的两个主要人物。一个教师如果不善于和学生交往，不能和学生建立一种合适的师生关系，就可能导致学生对抗教师的教育影响，教师本人也会对教师职业产生不良情绪。

经过长期的教育实践，教师和学生的交往会形成一定的风格。据研究②，教师对学生的态度的风格可以分为：稳定－积极的、消极－积极的、不稳定的。

稳定－积极的风格，其特点是对儿童的稳定的、情绪积极的态度，关心儿童，在他们遇到困难的时候帮助他们，对学生在学习方面和行为方面的缺点作出实事求是的反应，用平静的、均匀的声调与儿童交往。这种教师的特点是具有鲜明的教育倾向性，热爱自己的职业和儿童，体验到对与儿童的非形式主义交往的需求。这样的教师往往钟情于学校和儿童，善于教任何一个孩子，不喜欢极端措施，同时又能坚持原则，严格要求。

消极－积极的风格，其特点是在对儿童的态度上积极的情绪定势表现得不明显。教育定势的结果基本上就是态度冷淡和打官腔：只有严格要求和非常务实的关系才能保证对学生的教学和教育取得成绩。这样的教师是位出色的教师，但态度有点冷淡，从不对孩子说慈爱的、亲热的话。

不稳定的风格，其特点是在总的积极的情绪定势情况下态度随情境变化。这类教师往往受自己的心境和体验的控制；他们对学生个性和行为方式的评价取决于当时的情境。这样的教师是诚挚的、内行的，做了很多工作，热爱自己的职业和孩子，但是如果学生胡来的话，他们就会失去自我控制。

---

① 苏霍姆林斯基．帕夫雷什中学［M］．赵玮，等，译．北京：教育科学出版社，1983：10－11．

② И．А．贾雄，编．教学·教育技艺原理［M］．诸惠芳，等，译．北京：人民教育出版社，1993：28．

◎ 观察学生，和学生一起聊天

【访】您和学生的关系真不错。

【俞】我老是带着他们玩儿。

【访】您哪来那么多时间带孩子玩呢？

【俞】几乎一有空我就带他们玩。我当班主任的时候，我和学生们天天一起做游戏。我很喜欢观察学生，和学生聊天。

【访】您是怎么观察学生的？

【俞】不论上课还是下课，我都会尽可能地观察学生。有时一连几天着重观察某一位学生，有时则随机看五十来位学生的言行举止、喜怒哀乐。看久了，看多了，自然对每一位学生有了更深的了解，这对教书育人有很大的帮助。

【访】小学生的年龄都很小，您都怎么和他们聊天？

【俞】说实话，我也不是一个健谈的人。朋友聚会的时候，也经常卡壳，总是默默地坐一会儿就借口有事走掉了。不过，我和这些小不点儿的学生是很有话说的。只要有空，我就找他们聊天。我们能海阔天空地聊，聊得非常开心。

学生也很喜欢和我聊天。每次我跟一位学生聊天的时候，边上就会围上一群，他们一起说，一起听，一起开心地笑，有时会一起叫喊，自然是很热闹的了。跟孩子聊天，不用刻意去找话题。因为他们是小孩嘛，知无不言，话题很多的，自然而然就有了。

我跟学生聊天以听为主。学生跟我说话的时候，我都听得很认真很诚恳。越是这样，学生就越有兴趣说。他们经常是唧唧喳喳地抢着说。这时候，我就说："我们先听某某同学说，好吗？"学生多半都会同意，并静下来听那位同学说。而那位说的同学呢，就会很好地说完他要说的话。

【访】你们都聊些什么呢？

【俞】孩子天生是快乐的，他们喜欢说一些令他们开心的事，特别是玩耍过程中的趣事，也有说自己家里的事的。只要是令他们觉得有趣开心的，便会无所顾忌地说出来。他们并不要老师评判什么，只要老师跟着开心便足够了。所以，与学生聊天的时候，我是很开心的。

当然，与学生聊天也不是容易的事，有一次我说："你爸爸生你养你……"话还没说完呢，这个学生便一本正经地说："老师，你错了，爸爸是不会生的，我们都是妈妈生的。"(哈哈)

还有时候，学生会突然蹦出一个问题："老师我考考你，白矮星是什么？"学生也是喜欢为难老师的，他们觉得这样很好玩。

班里也有一些不声不响、性格内向的学生，他们很少与老师交流沟通。我便经常选这些学生作对象，故意找到他，坐下来，班里其他一些学生便会围上来，嘻嘻哈哈中，便把那位同学的拘谨感渐渐消去了，他也会无拘无束地说起来。这样的次数多了，人也变得活泼了。

与学生聊天是一种很享受的事情。孩子嘛，他很信任你，对你很坦诚，什么都说。与学生聊天也是工作。通过聊天能获得关于学生的大量信息：关于他爱好的，关于他家庭的，关于他能力的……而这些正是教育得以实施的基础。与学生聊天更是一次教育机会，不论是对学生还是对老师。聊天可以学会倾听。总之，与学生聊天是一把打开学生心灵的钥匙。

访谈手记

苏联教育家阿莫纳什维利有一条教育箴言，说："谁爱儿童的唧唧喳喳，谁就愿意从事教育工作，而谁爱儿童的唧唧喳喳声已经爱得入迷，谁就能获得自己的职业的幸福。"①

我们没有理由不相信，喜欢和学生聊天的俞老师是幸福的。当然，和俞老师聊天的学生也是幸福的。

① 阿莫纳什维利．孩子们，你们好！[M]．朱佩荣，译．北京：教育科学出版社，2002：5.

思考是很快乐的事

第二章
读书和思考
都是很快乐的事

教书育人，是教师的天职。而读书呢，应该算是教师的职业需要了。在这方面，我们的先师先祖孔子就给我们作了表率。“学而不厌，诲人不倦”成为大家普遍认可的好教师的优良品质。

俞老师就是这样一位好教师。他喜欢读书，乐于读书，并且还从书中读出了各种各样的味道来。

我非常喜欢和俞老师交流读书的体会。俞老师的阅读面很广。他跟我的谈话涉及卢梭、杜威、苏霍姆林斯基、布鲁纳、布卢姆、皮亚杰等外国著名学者及其著作，还涉及中国古代经典。同样一本书，他的阅读感悟总会有点与众不同。他的认识是独到新颖的，听来也颇有他的道理。当他跟我讲，柳宗元的《种树郭橐驼传》是一篇教育经典，很值得老师们看的时候，我大为惊诧。因为我还是第一次听说，这篇古文居然还可以从教育的角度去品读。

孔子还说：学而不思则罔，思而不学则殆。（《论语·为政》）这句话强调学习与思考一定要相结合。只学习不思考，人就会迷惘，糊里糊涂，不知所措；只思考而不学习头脑就会穷竭。只有学思结合，人的修养和学问，才会有真正的增益。

勤于思考，善于思考，是俞老师最突出的一个人格特点。有人评价俞老师，说他的思维方式很“另类”。其实不止于此，我发现，不仅是思维方式，甚至他思考的问题都很新奇，很“另类”，也很有趣味。

◎ 读书是最省钱的娱乐方式

【访】您读师范的时候是不是就很喜欢读书？

【俞】是的，因为读书是当时最省钱的娱乐方式，买一本书总比上舞厅省钱嘛。有时候我觉得，把自己的一些书送给小朋友是很高雅的事情。

我以前有个学生毕业分到我的学校来（这个人很聪明的，现在也是特级教师了），我一开始很想带她，我经常对她讲，你得多看书，光有聪明是不够的。但她对买书不怎么感兴趣，她也不怎么看书。后来，就感觉后劲不足了。有次，她遇到我，对我说："现在我才明白你让我看书的用意是什么。"是呀，不读书哪有发展的后劲。

【访】那时您都读些什么书？

【俞】我读师范的时候是乱看书的，不管什么书拿起来就看。当时，我的身体也不太好，躺在床上的时候居多。因为不想读师范，情绪也不太好，整天提不起精神来。学业上因此就比较落后，考试经常不及格。本来我自己要退学的，到了第三年，突然一天有了个想法：生病是最没用的人，有用的人就是扫地都能扫得最好。从此以后，我就振作起来，认真读专业书了。

我在 1998 年以前都是教书读书，生活很简单的。在读书方面，读了一个电大，是法律专业的。读电大就是想去当律师，可以不教书了。在学习的过程中，经常要判决一些法律案例，我发现我判案的结果和答案一比照都是反的！看来，我不适合当律师。于是，我后来又去参加了一个中医的自学考试，想去做一名中医。所以，我有两个专科学历，一个是法律专业的，一个是中医的。这都是 1996 年前后的事了。

1998 年，我到浙江师范大学读了函授本科。2000 年以后，又接着读了教育管理专业硕士。

访谈手记

俞老师年轻的时候并不甘心当一个孩子王。他曾经想过当律师，也曾经想过做医生。于是他就去学了法律和中医。

尽管他最终还是没转行，但他学习法律和中医的经历却意外地给了他一种独特的审视教育的眼光和胸怀。这种独特的眼光和胸怀，使得他后来在教育领域的职业发展独具特色。

真是“有心栽花花不开，无心插柳柳成荫”。

◎ 读书能够影响一个人的思维方式

【俞】我很喜欢读书，因为看书会影响到一个人的思维方式。读书的时候，就会注意到，别人是怎么看书和思考的。有时候我就真的想不明白，同样的一件事，也许我们也经历过，但人家作者就能从这个例子里看出问题来，我们就看不出来。这就是差别。

我一直在研究准备课程。不是有很多人在讲让小朋友的知识生活化么，他们都是从情境当中引出问题，然后给学生一个数学认识。我一直感觉这是不对的，但是他们究竟哪里不对，我又说不出来。后来，我看杜威的《民主主义与教育》，在书里看到这样一句话，他说：在纯粹的经验和纯粹的知识之间有一个中间环节。好像是这么说的。哎呀，我太佩服他了。这句话把我懵懵懂懂的那个问题说出来了。这个中间环节是很值得我们做文章的。我一直在思考这个问题。比方说，我们要小孩子学习“分数的认识”，教材上是这样写的：两个月饼平均分成两份，每份是几个？每份是一个。把一个月饼平均分成两份，每份是几个？每份是二分之一个。然后就开始学分数了。它是从一个情境知道了这个分数。我突然想到，我上过一节课，是“一个和半个”。“一半”是一种生活语言，不是一个情境。这个“一半”是学生在若干年生活当中积累的关于分数的一种生活认识。其实，支持小朋友认识分数的，是这个“一半”的生活认识，而不是这个情境。这个情境无非是帮助他回忆起那个“一半”的认识。

【访】在您看来，这节课的关键是帮助学生回忆起关于“一半”的生活认识。

【俞】对。其实分数的学习就是从这个“半个”和“一半”开始的，不是从分月饼开始的。“一半”和“半个”是非科学概念，是日常概念。这个“半个”在有些小朋友的头脑中是一样的，但也有小半个、大半个、一大半等，这些才是对他的学习产生干扰和支持的东西。我们应该把它们挖掘出来。这些东西就是杜威讲的“中间环节”。杜威这句话把我所想的东西表达出来了，我很佩服他。不过，他没有这方面的实践。后来我就搜索全球范围内有谁在做这个东西，也没有搜索到。

【访】维果茨基谈的日常概念和科学概念①应该跟这个有关。

【俞】他是提过，但他没有告诉我们怎样去发现学生的日常概念，怎样将日常概念修正为科学概念。日常概念既是认识科学概念的基础，又是认识科学概念的障碍因素。所以，我们需要修正日常概念。日常概念，是学生自己建构形成的，没人教得会的，是悟出来的。人与人是不同的，不同的人有不同的概念。因此，我就觉得不同的人有不同的思维方式。读各种各样的书，体会各种各样的思维方式是很有收获的。

访谈手记

在这里，俞老师提到他一直都在研究的准备课。从他的讲述里，我隐约地感到他思考的这个问题是非常前沿的，蕴涵着很高的理论价值。

正因为他思考的问题很前沿，所以他读的书也都是有一定层次的。在别人看来很抽象的理论，在他那里就变得很具体了。甚至可以具体到一堂课上，比如他上的“一个和半个”，它不仅涉及数学概念的形成，涉及科学概念和日常概念的关系，也涉及教学与生活的关系、书本知识和生活经验的关系，还涉及教学情境的意义，等等。

◎ 俞老师喜欢看的书

【访】您能不能说说您喜欢的书和作者？

---

① 维果茨基在他的名著《思维与言语》的第四章和第五章，集中论述了日常概念和科学概念的关系问题。他认为科学概念和日常概念是相互联系不断影响的。科学概念的发展必然依靠自发概念成熟的一定水平，科学概念在结构上的高级概括也能引起日常概念结构的改变。在学龄期，教学是决定儿童包括概念发展在内的智力发展命运的决定因素。他还强调，科学概念和日常概念与儿童亲身经验所处的关系是不同的，“在教学中形成的科学概念在对儿童经验的关系上，在对二者的客体的关系上，在它们所经历的从诞生到最终形成的道路上，与自发概念（即日常概念，引者注）是不同的”。（《维果茨基教育论著选》，人民教育出版社，1994 年版，第 205 页）

【俞】我现在买书喜欢买以前出版的书。现在的人写书写得太快了。

我看书是从来不做笔记的。我就是乱七八糟的，什么都看。看过了，也说不出具体的书名，即便说出来了也是不完整的。以前我们搞教研活动，有位教研员说：“俞正强，听课从来不带笔不带纸，他今天又没带笔又没带纸。”我心想，听课就是酒肉穿肠过的了，记在脑子里不就行了嘛，反正好的都留在脑子里了，全记下来干什么。所以，我出去作讲座也是这种想法，讲完就扔掉了。现在想起来，感觉很遗憾。既然做了一些事，还是应该记下来。当时就觉得，反正好的都留在脑子里了，也就不怎么在意写下来。那么一本书哗哗地翻过去，好像《民主主义与教育》那本书，整本书的内容我已经不记得了，但是某段话，也许在这段时间或相当长时间内我就记住了。人嘛，总是会有一些共同的思考和感悟的。

我觉得我对教育理论的思考还是很多的。《爱弥儿》这本书我也看了很多遍，因为作为教育专著，它的地位很崇高嘛。看过之后，我觉得《爱弥儿》也没有想象中那么重要。现在大家对杜威的教育思想都很看重，杜威的著作我也拿来看，什么经验啊生长啊，都是从他那儿来的。到目前为止，真正的教育理论著作我也看了几本。我个人觉得，真正的教育理论不需要很多，它可以是贯穿到底的，是和人性结合的。

【访】这些年，国内一些人翻译的国外的教育理论著作您看过吗？

【俞】我看了，但不是太喜欢。

【访】苏霍姆林斯基的书您喜欢吗？

【俞】啊，苏霍姆林斯基的书我都很喜欢。苏霍姆林斯基的书我看得比较多。

苏霍姆林斯基写的都是小故事。他有一本书叫《把整个心灵献给孩子》，这本书我看了很多遍。他没有很高深的实验，也没有很高深的理论，就是带着一帮小朋友很悠闲地、很有灵性地在那里学习。还有一个就是杜威的书，我看得也比较多。外国的就这两个。其他的，尤其是现在流行的一些理论我看得真不多，因为我不喜欢。有些书，我看了之后就不想看了。

国内一些人，出书很快，很有才气，但他们的才气缺乏深刻，我不喜欢。我觉得他们的思考都缺乏实践的历练。

我最喜欢的还是苏霍姆林斯基。苏霍姆林斯基的生命力比较强。其实我们现在碰到的很多问题，苏霍姆林斯基都讲过了，比方说负担重的问题、填鸭式问题。我记得他有个对“填鸭”的比喻挺好的，他说，“填鸭”好比把

资料库2－1

俞老师提到的一些书

1. 卢梭的《爱弥儿》

卢梭（J. J. Rousseau，1712—1778）是18世纪法国启蒙运动者，是西方历史上最有影响的作家之一。在卢梭的著作中，《爱弥儿》《社会契约论》《论人类不平等的起源和基础》最为杰出。其中《爱弥儿》是继柏拉图《理想国》之后西方最系统的教育论著，它所论述的教育问题在教育史上引起了一场伟大的革命。

《爱弥儿》全书共五卷，贯穿其中的是卢梭的自然主义教育思想。他以夹叙夹议的方式，对天主教会和封建专制制度的黑暗、愚昧、丑恶进行了无情的揭露和批判。卢梭强调尊重天性的教育，竭力推崇把儿童当做儿童看待，要求教育适应受教育者的成长和发育。

2. 杜威的《民主主义与教育》

杜威（John Dewey，1859—1952）是美国实用主义哲学家和教育家，所著的《民主主义与教育》全面地阐述了实用主义教育理论，是其教育著述的代表作。西方学者柏拉图的《理想国》、卢梭的《爱弥儿》和杜威的《民主主义与教育》是三部不朽的教育瑰宝。

《民主主义与教育》力图分析和陈述民主社会的理想，并立足这一社会理想来谈论教育问题。该书涉及的重要内容有：民主社会是什么、民主教育是什么、教育是什么、学校是什么、教育无目的论、“从做中学”的教学论、道德教育论等。

3. 布鲁纳的《教育过程》

布鲁纳（Jerome S. Bruner，1915—　）是美国著名心理学家、教学论思想家。1962年至1964年间曾在白宫教育研究发展小组工作，撰写了《教育过程》《教学论》等著作。《教育过程》被西方教育界人士誉为“划时代的著作”。

《教育过程》集中反映了布鲁纳的结构主义教学思想。结构主义教学思想强调：使学生掌握学科的基本结构是教育过程的核心；设计课程和编写教材必须认真考虑学习的心理倾向、结构、序列和强化等问题；设计课程和编写教材应当重视一门学科的基本概念或原理的连续性；发现学习是使学生掌握学科基本结构的良好方法。

4. 布卢姆的《掌握学习》

布卢姆（B. S. Bloom，1913—　）是美国的心理学家和教育学家，曾担任过美国教育研究协会的会长，是国际教育成就评价协会的创建人之一。主要著作有：《教育目标分类学：第一分册，认知领域》（1956）、《掌握学习》（1968）和《人类特性与学校学习》（1976）等。

《掌握学习》阐述了“为掌握而学，为掌握而教”的教学思想。布卢姆以“人人都能学习”为基础，采用现有的传统的班级教学方式，使所有儿童都能学会学校应教的东西，进而实现大面积教育质量的提高。

“掌握学习”的具体实施包括这样三个阶段：

第一阶段，给“掌握”下定义，也就是详细说明要达到的“掌握水平”。它又分成四个步骤：一是确定课程目标；二是编制总结性测验试卷；三是制定单元目标；四是编制形成性测验试卷。

第二阶段，制定实现“掌握”的教学计划。制定计划要注意高质量教学的两个关键：一是课堂教学应适合于绝大多数学生；二是教学活动应能调动绝大多数学生积极参与。

第三阶段，为实现“掌握”而教。它又分为两个步骤：一是介绍情况，即向学生介绍有关学习内容、方法、考评方式和标准等方面的情况。同时还要告诉学生，如果他们需要，可以得到额外的时间和帮助，以保证他们“掌握”。二是课堂教学。教学测验确定学生掌握的水平，并对其分组。随后，根据不同的分组有针对性地开展教学和活动。

5. 皮亚杰的《发生认识论》

皮亚杰（Jean Piaget，1896—1980）是瑞士心理学家和哲学家，对生物学、哲学、心理学和逻辑学都有精深的研究。

《发生认识论》较集中、系统地阐述了皮亚杰对于认识论的观点。他在该书的引言部分指出：“发生认识论的特有问题是认识的成长问题”，而研究认识的发生发展是认识论不可缺少的一个部分；并指出发生认识论的第一特点是研究各种认识的起源；第二个特点是“它的跨专业性质”。皮亚杰开创了临床描述技术，并用这个方法研究了儿童智力在各个年龄段上的个体发生发展，从认识的起源一直追溯到科学思维的发展。他强调科学认识是建构的产物。建构构成结构，结构又对认识起着中介作用；结构不断地建构，从比较简单的结构到更为复杂的结构，其建构过程则依赖于主体的不断活动。

这个东西放到大炮里，“嗵”的一声放出去，没了。就是说，装是装进去了，可是一放就没了，空了。我觉得苏霍姆林斯基他没有空谈很多大道理。

【访】其他的呢？

【俞】哦，有本书很好的，就是布鲁纳的《教育过程》，你看过吗？这本书很薄，但写得真好，我好好地研究过，对我帮助很大。布卢姆的《掌握学习》，是我看的第一本外国著作。这本书我也看过很多遍。看过后我就觉得我不是也在做掌握学习吗？他就是一遍一遍，一个单元学好了考一遍，没掌握的再学，再考一遍。我们不也是这样吗？这本书大概是（20 世纪）80 年代末很流行的。我就觉得，这么好的理论原来就这么简单。

皮亚杰的《发生认识论》，我觉得也很好。看完这本书，我明白了一个道理：哦，原来在幼儿园里也有这么高深的学问。卢梭的《爱弥儿》我看过很多遍。我后来看了一篇文章说，卢梭在写《爱弥儿》的时候，把他自己的一个孩子交给了一个乞丐，是吧？

【访】是的，他的孩子是在孤儿院长大的。他是个很有争议的人物。

【俞】其实，我觉得，卢梭对爱弥儿的教育和苏霍姆林斯基的教育是一致的，都是崇尚自然，是自然主义的教育。卢梭和苏霍姆林斯基比起来，苏霍姆林斯基是很真诚地想把孩子教好，而卢梭呢，只是告诉别人这样做就可以把孩子教好，他自己都没有这样去做。卢梭只是在标榜自己，他的重心在自己身上。

◎ 读书有三个层次

【访】一般人读书喜欢摘录自己喜欢的词句，您怎么看这个问题？

【俞】就读书来说，我觉得有这样三个层次：第一个层次，就是把好词好句摘下来，写作的时候好用；第二个层次是看作者的思维方式，看他用这些材料是怎么得出这样一个结论来的，观点是什么可能就忘了；第三个层次呢，就要看味道了。每个人的文字里都有一种气息。不同的字与字之间的组织会散发出一种气息，有的气息是明快的，有的气息是晦涩的，这个气息是有人的气质在里边的。如果我们喜欢一本书的气息，看起这本书来就觉得很舒服。比如，我就感觉，苏霍姆林斯基的气息是很特殊的、很悠闲的、很真诚的。我们整个人泡在这样的气息里就会得到一些改变。我感觉卢梭的书的气息就没有这么舒服。

◎ 教学就是“因材施教，循序渐进”八个字

【俞】 我觉得外国的书，像苏霍姆林斯基的书不像理论书，但它特别适合老师看。在我们中国，有些教育著作，写得比苏霍姆林斯基的好得多。

【访】 您能具体谈谈吗?

【俞】 我喜欢看古代的书。以前的人写的书，比如李时珍，他花十几年写一本书。现在的书，包括我写的那本，都不像书。而且现在的书都很厚，不好看。以前的书薄薄的，好看，比如《学记》，什么都讲了。到现在为止我觉得《学记》始终是一篇很好的东西，《乐记》也是。《学记》和《乐记》每个老师必须读很久很久，多读几遍。还有一篇《郭橐驼种树》，柳宗元写的，这篇文章绝对是中国的教育经典，一定要好好读读。柳宗元写这篇文章主要是暗示那些当官的人怎么治理百姓的，他不是讲教育的，但这篇文章对教育的暗喻太深刻了。所以《学记》《乐记》和《郭橐驼种树》三篇都是经典。我觉得我们中国的教育理论都是只言片语的，散落在一些文章之中。西方的教育著作都是大部头的，它讲得其实没有我们中国人到位。到现在为止，我觉得从教学这个角度讲，所有的理论都离不开孔子的两句话，就是“因材施教，循序渐进”。就教学层面来看，这八个字讲完了。我觉得我们中国的教育理论太好了，讲透了，比西方的理论讲得好。

访谈手记

学教育的人一般都知道《学记》和《乐记》，但对俞老师提到的《郭橐驼种树》[①]，知道的人恐怕就不是太多了。

这篇文章的作者是柳宗元，文章的大意是：在长安西丰乐乡，有一个绰号叫郭橐驼的人很会种树。长安富豪都争相把他的树苗买到家里去养植，有的是为了观赏，有的是为了让它结果。人们见郭橐驼的树没有栽不活的，而

---

① 实为《种树郭橐驼传》，见：金圣叹，选评. 天下才子必读书［M］. 朱一清，等，校注. 合肥：安徽文艺出版社，1992：723.

资料库 2 -2

种树郭橐驼传①

［唐］柳宗元

郭橐驼，不知始何名。病偻，隆然伏行，有类橐驼者，故乡人号之“驼”。驼闻之曰：“甚善，名我固当。”因舍其名，亦自谓“橐驼”云。

其乡曰丰乐乡，在长安西。驼业种树，凡长安豪家富人为观游及卖果者，皆争迎取养。视驼所种树，或移徙，无不活，且硕茂蚤实以蕃。他植者虽窥伺效慕，莫能如也。

有问之，对曰：“橐驼非能使木寿且孳也，能顺木之天以致其性焉尔。凡植木之性，其本欲舒，其培欲平，其土欲故，其筑欲密。既然已，勿动勿虑，去不复顾。其莳也若子，其置也若弃，则其天者全而其性得矣。故吾不害其长而已，非有能硕茂之也；不抑耗其实而已，非有能蚤而蕃之也。他植者则不然。根拳而土易，其培之也，若不过焉则不及焉。苟有能反是者，则又爱之太殷，忧之太勤，旦视而暮抚，已去而复顾。甚者爪其肤以验其生枯，摇其本以观其疏密，而木之性日以离矣。虽曰爱之，其实害之；虽曰忧之，其实仇之：故不我若也。吾又何能为哉？”

问者曰：“以子之道，移之官理，可乎？”驼曰：“我知种树而已，官理非吾业也。然吾居乡，见长人者好烦其令，若甚怜焉，而卒以祸。旦暮吏来呼曰：‘官命促尔耕，勖尔植，督尔获；蚤缫而绪，蚤织而缕；字而幼孩，遂而鸡豚！’鸣鼓而聚之，击木而召之。吾小人辍飧饔以劳吏者且不得暇，又何以蕃吾生而安吾性耶？故病且怠。若是，则与吾业者其亦有类乎？”

问者嘻曰：“不亦善乎！吾问养树，得养人术。”传其事，以为官戒也。

① 选自：金圣叹，选评．天下才子必读书［M］．朱一清，等，校注．合肥：安徽文艺出版社，1992：723．

且，这些树长得高大茂盛，果实结得又早又多，其他种树的人偷偷地学习模仿，但都不得要领，种出来的树还是不如郭橐驼的好。

有人向他取经，郭橐驼说："我可没有让树木繁茂长寿的本领，只是能'顺木之天以致其性'罢了。树的本性是要舒展的，培土要平，根要带原来的土，并且要把它筑密实了。这样做了以后，不要再去动它，也不要担心忧虑，离开了就不要一遍一遍地回来看了。移栽的时候像对待自己的儿女一样倍加呵护，移栽完毕，就由它去了，老天爷会顾全它，让树木顺其本性成长的。所以，我'不害其长，不抑耗其实'而已，并不是我有什么让它繁茂的本领。别人种树呢，就不是这样了。树根弯曲，不够舒展；土也换成了新的，土培得不是太多了就是太少了。有些人跟我相反，对树又爱又忧，过于殷勤，早上也来看看，晚上也来摸摸，离开了还要再回来看看。更有人用指甲来刮树皮以验证它有没有干枯，摇晃树看它是否松动了。这样就背离了树木的本性，说是爱它实际上是害了它，说是担心它，其实是跟它有仇啊，所以种树不如我。"

问话的人说："这个道理是不是也可以用在做官上啊?"郭橐驼说："我只知道种树，做官的道理我可不懂。不过，我在乡里看到那些当官的喜欢频繁地发布号令，说是怜爱百姓，最终还是给百姓带来了祸害。当官的天天来号令百姓：'我官府督促你们耕种，勉励你们种植，督促你们收割，抓紧时间煮茧抽丝，织布纺纱，抚养好小孩子，好好养鸡养猪'。就这样天天敲锣打鼓地把老百姓召集起来。老百姓呢为了应付官吏经常是饭都顾不上吃，哪还有什么空闲做事情啊？所以，老百姓很烦当官的，也不把那些号令当回事。如果从这方面看，这做官和我们种树也有着同样的道理呢。"

这篇文章写得真好。它说的是种树，其实说的是当时的官风。当官的动辄下命令，自以为是爱民为民，其实是扰民害民。

俗话说，十年树木，百年树人。相比较起来，种树和育人的道理更易相通。郭橐驼的种树经能给我们很深的教育启示。在教育孩子问题上，自以为是的人实在是太多了。"爱""忧"得过于殷勤，结果适得其反，孩子不但不领情甚至还对教育者产生了仇恨。因此，郭橐驼种树的经验是"顺木之天以致其性"，做到"不害其长，不抑耗其实"，我们育人也应做到顺应学生的自然天性啊。

这篇古文被俞老师视为教育经典，是有道理的。

【俞】布鲁纳的《教育过程》中有一句话，我可以把任何知识以适当的方式教给任何学生。从循序渐进的角度看这句话，你可以说他是错的，也可以说他是对的。因为只要你的“序”搞得好，他就会接受；如果“序”搞不好，他始终都不会接受。因为在“序”还没到的时候，你怎么教都是没用的。所以，我们不鼓励在某个年龄段教给学生他不该接受的东西。

我觉得我们的一些教育很成问题，为什么呢？比方说，在小朋友处于童蒙的时候，你有必要给他讲关于月亮的科学知识吗？其实你就应该告诉他月亮上有嫦娥。为什么？因为他是童蒙啊，他需要想象。如果这个时候告诉他月亮上没有嫦娥，那都是骗人的，只有石头什么的，这样一来，小朋友就没有想象了，这是多么残忍的教育啊！

再比如，我们说从娃娃抓起，什么都从娃娃抓起，嘀，真痛苦啊。把那些美的东西全部撕掉了以后，小朋友就早熟了，变成了小大人，从此他变得很物质。人有时候是很需要一份浪漫的啊。

我学校里有位老师，我让他适当地加点班，年轻人嘛。他说：“你给我多少补贴？”我说：“我像你这么大的时候，校长给我任何任务我都拼命去干，我觉得校长看得起我，而你呢，不要我看得起你，只跟我谈钱。”这就是所谓的进步么？这个进步是怎么来的，是我们教育出来的呀。我们的教育是有问题的，什么问题呢，就是不“循序”。我们在小朋友小的时候，讲的东西要吻合他的审美。等孩子长大以后，哦，奶奶骗我，妈妈骗我，那时就开始思考了，就什么都懂了。对不对？“循序渐进，因材施教”，教学上只要把这八个字做好，就什么都做好了。

【访】数学和数学教育方面的书您看过哪些？

【俞】数学教育方面的书我大都收集了，但我觉得那些名著离我们小学教学还是很远的。对小学数学教育真正有用的书还是很少的。比方说波利亚①的

---

① 乔治·波利亚（George Polya，1887—1985）是美籍匈牙利数学家，20世纪举世公认的著名数学教育家，享有国际盛誉的数学方法论大师。波利亚在数学教育领域最突出的贡献是开辟了数学启发法研究的新领域，为数学方法论研究的现代复兴奠定了必要的理论基础。波利亚致力于解题的研究，为了回答“一个好的解法是如何想出来的”这个令人困惑的问题，他专门研究了解题的思维过程，先后写出了《怎样解题》《数学的发现》和《数学与猜想》。这些书被译成很多国家的文字出版，成了世界范围内的数学教育名著。其中，《怎样解题》被译成16种文字，仅平装本就销售100万册以上。著名数学家瓦尔登1952年2月2日在瑞士苏黎世大学的会议致词中说：“每个大学生，每个学者，特别是每个老师都应该读读这本引人入胜的书。”我国译介的波利亚的书有：《怎样解题》，阎育苏译，科学出版社（北京）1982年出版；《数学的发现》第一卷，欧阳绛译，科学出版社（北京）1982年出版；《数学的发现》第二卷，刘远图等译，科学出版社（北京）1987年出版；《数学与猜想》（第一卷，李心灿等译；第二卷，李克尧等译），由科学出版社（北京）1984年出版。

书讲的都是中学数学教育，对小学意义就不大。

【访】对一个想教好小学数学的人来说，应看哪些数学方面的书？对年轻老师理解数学特别有帮助的书有哪些？

【俞】我觉得这方面合适的书很少，因为小学数学的知识容量不大，它讲究的主要是方法。

我具体解释一下数学修养，比方说上“分数的初步认识”这一课，我们经常这样上：“小朋友们，你看到‘分数’想到什么？”这叫了解学生的起点。小朋友说：“我想到了二分之一。”或“我想到了我考了100分。”然后我们说：“小朋友们，我们今天来研究一下分数好不好？二分之一你会不会写？”有些小朋友可能在校外已经掌握这些东西了。有些小朋友说：“我会写的。”然后，你再问：“还有什么不同的写法吗？”一想，啊，有很多不同的写法。下面呢，一个老师说：“我告诉大家，这些二分之一都是错的，那些二分之一是对的。”第二个老师呢，这样说：“小朋友们，大家都很聪明。你们都写对了。但是，这么多写法是不是很容易混乱呢？所以，我们的前人就规定了这种写法，其他的呢，就慢慢不用了，消失掉了。”你看，这第二个老师的做法，就是数学的，因为数学是规定了的，规定它是通行的，这就是数学素养。素养是非常重要的。

◎ 推荐苏霍姆林斯基的书给年轻老师看

【访】如果让您给年轻老师推荐一本书看，您想推荐哪本书？

【俞】我觉得还是看苏霍姆林斯基的书比较好，不要看很理论的。

【访】当代的一些教育理论方面的书，您看吗？

【俞】我看得真不多，研究得也不够。

新课改以来我也看了一些这方面的书，后来就觉得意义不大。一开始还是很想看的，后来就开始排斥了，拒绝了，再后来出来的一些书我就不想摸了。教育方面很难有什么理论创新的，有时一句话就讲到终点了。教育就像中医一样，中医再发展下去也发展不出新东西了。孔子的“因材施教，循序渐进”就讲透了，你再怎么研究都是这个东西。

资料库 2 - 3

苏霍姆林斯基

瓦·阿·苏霍姆林斯基（В. А. Сухомпинскисй，1918—1970），苏联著名教育实践家和教育理论家。他从 17 岁即开始投身教育工作，直到逝世，在国内外享有盛誉。我国自建国后全面学习苏联时期就引介了苏霍姆林斯基的著作。他的教育思想影响了我国一代又一代的教育工作者。

2001 年，教育科学出版社组织一批学者翻译出版了《苏霍姆林斯基选集》（五卷本）。它选编的内容有：

第 1 卷：《全面发展的人的培养问题》《学生的精神世界》《培养集体的方法》。

第 2 卷：《年轻一代共产主义信念的形成》《怎样培养真正的人》《给教师的 100 条建议》。

第 3 卷：《我把心给了孩子们》《公民的诞生》《给儿子的信》。

第 4 卷：《帕夫雷什中学》《和青年校长的谈话》。

第 5 卷：收入苏霍姆林斯基撰写的优秀教育论文 68 篇。

这套书是全面了解苏霍姆林斯基的经典图书。

有次，我在杭州讲教学设计。我说教学设计就把握八个字，一个是“因材施教”。有个老师问：什么是因材施教？我说：第一你用什么材料来教学生；第二，你用什么问题来问自己的学生。因材施教就这么两个东西。

第二是“循序渐进”。同样的材料，同样的问题，“序”不一样，效果也不一样。为什么呢？序是知识结构跟认知方式的吻合。材料，数学化也好，生活化也好，这都是材料，你这个问题问得好不好，什么样的人问什么样的问题。

◎“我主要思考课堂问题”

【访】像人的全面发展问题，教育与生产劳动相结合这样的问题，您思考过吗？

【俞】这些问题不是我思考的问题。我思考的主要是课堂问题，是课堂教学。那两个问题都是战略性的问题。以实践层面的立场，我重点思考的是如何给学生一个愉快的学习过程。我们没有办法带他们去参加生产劳动，我只是尽力让小朋友的学习变成一件愉快的事情。我记得《教育过程》里面有句话，原话我忘记了，大概的意思是说，有成千上万的老师在做这项工作，为什么不把这个过程变成一件愉快的事情呢？

这就是我想的一个问题：为什么不把我的课堂变得愉快起来，为什么不能让我的学生忘记吵？

其实，跟教育有关的人都是很累的，比如，家长累，教师累，学生也累。为什么会这样呢？有很多人都责备考试，埋怨考试，认为是考试把大家搞得这么累。其实不完全是考试的原因。考试可以给人带来成就感。我们喜欢考试，尤其是考了高分后会非常开心。大家实际上指责了不该指责的东西。为什么去指责那些不该指责的东西呢？那是找借口推卸责任。因为考试没有主人，国家就是冤大头 。(呵呵) 我个人的世界基本上在课堂上，思考的问题也主要是课堂教学问题。

访谈手记

小学数学的课堂教学问题是俞老师最关心的问题。让课堂教学变得愉快起来，这就是俞老师从教以来一直在思考的问题。这也是一个很古老的教学问题。孔子说：知之者不如好之者，好之者不如乐之者。（《论语·雍也》）无论是对什么，只要能乐在其中，就达到了一个很高的境界。俞老师追求的实际上是教学艺术的最高境界。

◎ 教师懂点医，学生能受益

【访】 学中医对您有帮助吗？

【俞】 我发表过一篇文章《教师懂点医，学生能受益》。我觉得医生的心态和老师的心态是不一样的，学医对当教师有帮助，所以，在文章最后，我说，也许将来的师范教育要让学生学点医。

教师是基于学生“正确”这样一个角度去上课。所以，我们拒绝错误，讨厌学生犯错误。学生一犯错误，我们通常的做法是第一遍改正，第二遍训过去，第三遍骂过去，第四遍扔过去！但是医生不会的。医生觉得你生病是应该的。病人到医院看病，医生不会问你：“为什么要生病？”

我发现学医对教师很重要。医学是研究人的，教育也是研究人的，二者有相通之处。因为不是搞专业的，我也只是借用中医的思考方式来思考教育问题。我觉得很受益。比如西药，它是一种药，通治百病，对不对？而中医呢，它是辨证施治。比如感冒，西医里都是同一种药。在中医里，它会根据不同人的体重给药。中医里没有划一的东西，它是对症下药，因人而异，随量增减。这个用到我们教学上，就是“因材施教”。

教育是一门至浅至深的学问。谁都可以当老师，谁都不敢当老师。讲出来的那种感觉和中医是很类似的。

为什么教育让我们感到很无奈？谁都想找个办法出来，结果谁都以失败告终。包括杜威，你能说他成功了吗？他无非说了一些想法，很有道理而已。实际上，他也没有成功。教育就是这样的，永远伴随着失败，但同时也是成功。成功和失败就是这样的关系，不要说什么成功与失败，失败就是成功，成功就是失败，这就是教育。所以，我现在就是用中医的思维方式来认识教育。

访谈手记

俞老师学过中医，所以对中医特别地推崇。在俞老师看来，中医这门学问得有天赋的人来学才行，我们普通人是很难入其堂奥的。虽然他没有成为一名医生，但中医理论对他的思想的影响还是很深的。所以，在他眼里，教育也是一门至浅至深的学问。所谓“至浅”，就是不管懂不懂，谁都可以对学校的工作指手画脚，发表意见。所谓“至深”，是指教育是培养人的心灵的工作，是比医治人的身体更为复杂与细腻的工作。

“教育人是艺术中的艺术，因为人是一切生物之中最复杂和最神秘的。”①

◎ 20 年没有中断地思考的问题

【俞】我喜欢找有意义的问题来研究。比如关于学习困难的思考，20 年来我一直都没断过。起初和学生一起打扑克就是为了使学生进步，因为补课总不是个办法，我觉得总有比补课更好的办法，所以就去找原因、找方法。那两篇文章（指《不让一个学生落后》和《原因来自老师》两篇文章）就反映了这些年来我对学习困难生的思考。在我看来，不是只有学习不好的人才有学习障碍，读书读得好的人也是有学习障碍的。学习障碍是每个人都会遇到的。当学生遇到学习障碍的时候，是需要老师的帮助的。那老师该怎么帮助他呢？所以，就要去找原因。我现在认为，所有学习困难的原因基本上源于准备不足。这个准备包括他的知识准备，他的思维方式的准备，他的心理准备、情绪准备，这些都会影响他的学习。

老师对于学生的意义，就是在学生有困难的时候能帮助他。作为一名数学老师，我也就思考两个问题，一是让学生喜欢上我的课，二是怎样不让一

① 夸美纽斯．大教学论［M］．傅任敢，译．北京：人民教育出版社，1984：8.

个学生落后。

【访】人们都说您是怪才，这是为什么？

【俞】在思考的过程中，我就有新东西出来了。比如，我在上“一个和半个”的时候，别人都听不懂，说这是什么意思啊？他们觉得很怪。再比如“举一反三”这个课，别人会问你为什么这样上？我觉得人学习知识需要有一个打通的过程，要融会贯通，所以，我在六年级的时候就把这些知识给贯通了。从小数的意义到小数的性质到小数的计算再到小数的应用等，就是这样一路下来，把小数分数整数全部打通。我觉得这个过程很重要。那些老师们看了，就想，“咦，我怎么没想到，你怎么就想到了？”所以，他们认为我是个怪才。

我上这些课，就特别注意教小朋友对他一生都有用的东西。比如“目录”。上了这堂课，学生的学习品质会发生改变。

访谈手记

读书可以怡情，读书可以博彩，读书可以长智。苏霍姆林斯基说，“每天不间断地读书，跟书籍结下终生的友谊。潺潺小溪，每日不断，注入思想的大河。读书不是为了应付明天的课，而是出自内心的需要和对知识的渴求”①。“读书，读书，再读书”，“要把读书变成教师的精神需要”。②

教师的天职是教书育人。要教好书，就得读好书。很难想象一个不爱读书的教师能教好书。读书应该是教师的一项工作。读书更是教师发展的动力源泉。通过持之以恒的阅读，教师的各种教育素养才能得到提高。

弗兰西斯·培根说：“读书的目的不是为了驳斥先知，也不是为了盲目相信先知，更不是为了找一些茶余饭后聊天演说的话题，而是为了思考，认识事物的规律。”③

俞老师爱读书，也爱思考。听俞老师谈他读过的书和思考过的问题，就像聆听一个智慧的学者的教诲。在这一时期，什么荣誉啊，奖励啊，都跟他无缘，他沉浸在读书和思考之中，享受着精神上的愉悦和自足，过着一种非常充实的快乐日子。

---

① 苏霍姆林斯基．给教师的建议［M］．杜殿坤，编译．北京：教育科学出版社，1984：7．

② 同①，第16页。

③ 培根．培根论人生［M］．苏菲，译．北京：团结出版社，2004：259．

1998—2002　忽如一夜春风来

1998 年，俞老师刚好 30 岁。人都说三十而立。这时的俞老师成了家，做了爸爸，还发表了大量的文章，稍稍有了些名气，各种机遇也频频降临。仿佛在突然之间，他得到了幸运之神的眷顾。

俞老师说，这是他觉得最幸福的一段时光。

重新做回学生的感觉真好

第三章
是金子总会发光的

“是金子总会发光的”，这是中国的一句古话，一般人常用来自勉和勉励他人。这句话有三层含义：一、首先这个人得是金子；二、这颗金子得有人发现；三、还得有一个展示金子的平台。

俞老师是不是一颗“金子”呢？中国还有句古话叫“十年磨一剑”。俞老师十几年来，坚持读书、思考、教学、写作，像他这样聪慧的人，十几年的教学磨砺和知识的积累足以成就他的才智。然而，俞老师的性格比较内向，他并不擅长表现自己。他就像一粒埋在沙子里的金子，等待着别人来发现。被人发现和赏识后，俞老师的智慧之光才得以释放。如果没有这些赏识他的人，俞老师的个人成长可能又是另一番景象。所以，在俞老师的成长道路上，被人发现和赏识是非常重要的。

当然，更重要的还是社会大环境的变化。像俞老师这种爱读书爱思考的人，要是生活在“文革”，是不可能有幸福感的。新世纪以来，我国政治经济文化各领域的改革已进入深化阶段。《面向21世纪教育振兴行动计划》的颁布与实施，更是直接推动了我国教育事业的健康发展。“跨世纪园丁工程”也给广大中小学教师开拓了专业发展的空间。正是在这样一种大环境下，俞老师才有了发展和展示自己的平台。从市里走向省里，从省内走向省外，他个人发展的平台越来越大。我们更多的人看到的就是站在这个平台上的俞老师。

◎“写小文章让我有了名”

【访】俞老师，从1998年到2001年，您在《浙江教育报》发表了多少篇文章？

【俞】嗯，一共有36篇。《浙江教育报》是每个星期两份。那段时间，我对教育问题开始有了自己的想法。我就把它写出来，投给《浙江教育报》。《浙江教育报》几乎每一期上都有我的一篇小文章。每天到办公室里翻开报纸，看到自己发表的文章，就很有成就感。因此，我很喜欢到办公室去。（呵呵）我觉得这是我最快乐的时候。当时的感觉就是好像每天都很有奔头。

当时，有个兄弟学校的老师组团来我们学校参观学习，有个老师对我们的校长说：“我想见见俞正强。”我们校长就把我叫来了。我跑去办公室，和这个老师见了面，也没说多少话，他就说：“你就是俞正强啊！”我说：“是啊。”然后，他就说：“想不到你这么小，文笔就这么老辣。”那时我刚30岁，也不算小了。估计那个人也喜欢看报纸，看到了我的文章，可能以为我应该是年纪很大的前辈，就很想见见我这个人。其实也就这样，见到了也就满足了，并没说多少话，交流些什么。

那个时候，我到其他学校去，有老师说：“俞老师，我很喜欢你的文章，我都把你的文章剪下来收集起来了。”其实，他们是在恭维我呢。

【访】看来，那时候您就有“粉丝”了。那您还记不记得，第一篇文章是在什么时候发表的？

【俞】大概是1988年，具体已不记得了。以前我也发表过一些非教育类的文章。这些文章主要发表在《金华日报》上，大多是一些散文。我呢，主要是写征文，因为征文容易发表。在金华市的一次征文活动中，我曾经拿过诗歌二等奖。还有1997年香港回归的时候，我写了一篇《在香港教普通话》。还有一次，有个关于“文明”的征文，我写过一篇文章叫《富润屋，德润身》。

【访】这些文章您还有吗？

【俞】我估计都找不到了。那时都是手写的，就用那种方格纸。我的文章还是很多的。可惜这些文章都找不到了，我都没有留存。我还给其他老师写过一些通讯，比如《立足课堂一个点，拓开教育一片天》，这是我写我们那个校长的。我们那个校长很好，我就写了一篇通讯稿，2000 年发表的。还有一个老师也不错，我给他写了一篇通讯叫《囫囵吞枣的老师》。这个老师是一个很好的人。他教小朋友上《囫囵吞枣》，为了演示给小朋友看，他真的把枣子吞掉了，本来是想做做样子的，结果把枣子给吞下去了。真是好难过，好难过的呀。他讲给我听，把我笑死了，我就给写下来了。

我身边的这些老师，好的我就给他写下来。那时候我也喜欢写。在当副校长前，我还当过教科室主任，负责老师们的业务培训工作。学校搞了一些活动，我就写了一篇这方面的通讯稿，叫《不经寒彻骨，哪得香如许——记金师附小教师专业发展培训》。

我写的那些文章现在看上去当然还是很幼稚的。那段时间我的心情还是不错的。白天上课很有味道，上完课就写写文章，回家就抱抱女儿，感觉很幸福。那时候，我真的写得比较多，也很乐意写。天天像陀螺一样地转个不停，一点都不觉得累。

再后来，就有一些文章主要发表在小学教师、小学数学方面的杂志上了。那时报纸不给我发文章了，因为我的文章变长了，已不适合在报纸上发表了。

最近这几年，我主要思考管理方面的问题。可能再过几年我还会有一个发表文章的高峰期。这几年主要是获取想法、积累素材。

访谈手记

追求幸福的生活是人所共有的天性。问题是，什么样的生活才是幸福的呢？住豪宅，开名车，穿名牌，食山珍海味，到世界各地去旅行，也许是一些人憧憬的幸福生活。而俞老师呢，只是上上课，写写文章，抱抱孩子，就已经感觉很幸福，很幸福了。

俞老师的幸福生活就这么简单，因为他总是低着头找幸福。

◎ 1999 年，幸运之神降临了

【访】您会不会觉得自己是突然成名？

【俞】也可以这么说，有点出乎意外吧。我真的心存感激。可以说 1999

年之前都是很平淡的，有时心情也很郁闷。后来找到舒解的途径就是写文章。是写文章让我的生活变得充实。后来呢，发现身边的环境慢慢地改变了。大家器重我了，然后，慢慢取得了一些机会。现在呢，在校长这个平台上我又碰到一些困难，我相信环境会慢慢改变的。总的来讲，我的一个体会就是人在不顺利的时候，不要怨恨。

【访】究竟是什么原因，让您身边的环境在1999年发生了变化？

【俞】应该说跟一位领导有关。有一次金师附小搞了一个关于减轻学生学习负担的青年教师论坛，当时，我参加了论坛的发言。那次我讲得很好，发言时间都到了，老师们还不让我下去，让我继续说，这给他印象很深。他说："这个人不错，让他去学一学吧。"就这么一个机会，却改变了我的命运。应该说，这位领导是我生命中的一个贵人。从那以后，我就转运了，一直到现在都有人赏识我。

1999年，原来不喜欢我的校长也换掉了。新校长很赏识我，对我也不错。他给我一些工作机会，让我负责学校的教科研工作。2000年还让我做了副校长。那几年，可以说，学校里开始培养我了。没过两年我就出去做校长了。

现在的局长也很欣赏我。虽然我不会跑东跑西的，但我比较会做事。我把学校管理得不错。虽然社会风气不怎么好，兴什么拉关系走后门，但我始终认为，任何一个领导都需要干活的人，因为领导也希望学生有好成绩。一个人只要愿做事，能做事，总会得到人家的赏识的。

总之是一分耕耘一分收获，只要有努力就会有收获。回想起来，我对很多人都心存感激。我很想写点东西，表达我的感激之情。现在回过头去看，其实那些对我不好的人也在帮助我进步。学生帮助了我，老师在帮助我，对我好的人帮助了我，对我不好的人也帮助了我。人啊，真的要有感恩的心，即便是对小人也是这样，因为没有小人，人不会变大。就因为你不断地包容小人，所以你的心胸会变大。我当校长的时候，我的心胸变得越来越大，因为我能够包容的人越来越多。

【访】那您在数学教学上有没有展示过自己？

【俞】我自己没什么可以展示的了。但我的学生考试考得很好，经常拿整个市区第一名。我没拿过奖，但我的学生获奖还是很多的。我是市奥林匹克数学竞赛的总教练。我自己很少参加什么教学比赛，因为那时老师的教学比赛没现在这么多，像教坛新秀什么的，基本上三年一次，机会很少。

我上的真正意义上的第一节观摩课就是"错的研究"。那是吴卫东老师给我的一个展示平台，是在名师班上展示的。2001 年我在杭州西博会（西湖博览会，笔者注）上上了一堂“目录”。西博会本来是和教育没有关系的，后来浙江省在西博会上设计了一个教育的内容，就是“中国名师名校长论坛”。我上的“目录”这堂课在省内也很有影响。

◎ 关键事件：“跨世纪园丁工程”

【俞】影响我成长的另外一个关键事件就是中国 2000 年左右的“跨世纪园丁工程”。在我看来，这真是一件功德无量的事情。它真是提升我们的水平的。从那时起，我才有机会到浙江教育学院读书。到教育学院读书，才遇到了吴卫东老师。吴老师给了我很多展示的机会，她对我的帮助很大。之后，我又到辽宁师大去读书。那是一个国家级的培训。我的运气很好，参加了省级和国家级两个培训，长了不少见识。后来，到北师大做高级访问学者[①]，收获也很大。这些经历对我的成长帮助很大。这种帮助不像学生那样，有种炸开脑袋的感觉，它是潜移默化地影响着我，使我感觉自己有文化味了。尤其是在北师大，因为是高级访问学者，和老师们接触并不多。郭华老师是我们的班主任，我的导师是余雅风老师，她们对我都挺好的。北师大给人的整个感觉就是很人文、很儒雅。走在这种学校里的感觉很好。

访谈手记

1999 年，教育部颁布了《面向 21 世纪教育振兴行动计划》，这是当年的一件教育大事。就在该行动计划中，政府把实施“跨世纪园丁工程”作为基础教育领域的一项主要任务来抓。全国各省市自治区纷纷落实该项工程，举办了各种各样的名师班和名校长班。俞老师很幸运，被选送参加了浙江省和国家级两级的培训。

---

① 这是浙江省的一个名师培养计划。浙江省教育厅从全省中小学教师中选拔优秀代表，送到北京师范大学等著名高校以高级访问学者的身份进修学习。俞正强老师作为第一批中的一员于 2006 年初来到北京师范大学教育学院，访学生涯长达两年，一直持续到 2007 年年底。学习期间有集体授课和一对一的导师辅导，他们被要求提交教学案例和论文，结业时进行论文答辩。

资料库3－1

跨世纪园丁工程

……

二、实施“跨世纪园丁工程”，大力提高教师队伍素质

8. 大力提高教师队伍的整体素质，特别要加强师德建设。3年内，以不同方式对现有中小学校长和专任教师进行全员培训和继续教育，巩固和完善中小学校长岗位培训和持证上岗制度。加强中小学教师继续教育的教材建设。中小学专任教师及师范学校在校生都要接受计算机基础知识培训。2010年前后，具备条件的地区力争使小学和初中专任教师的学历分别提升到专科和本科层次，经济发达地区高中专任教师和校长中获硕士学位者应达到一定比例。要加强和改革师范教育，提高新师资的培养质量。实力较强的高等学校要在新师资培养以及教师培训中作出贡献。

9. 重点加强中小学骨干教师队伍建设。1999年、2000年，在全国选培10万名中小学及职业学校骨干教师（其中1万名由教育部组织重点培训）。通过开展本校教学改革试验、巡回讲学、研讨培训和接受外校教师观摩进修等活动，发挥骨干教师在当地教学改革中的带动和辐射作用。

10. 实行教师聘任制和全员聘用制，加强考核，竞争上岗，优化教师队伍。2000年前后，要通过提高生师（包括职工）比、下岗、分流富余人员等途径，优化中小学教职工队伍，提高办学效益。同时，要拓宽教师来源渠道，向社会招聘具有教师资格的非师范类高等学校优秀毕业生到中小学任教，改善教师队伍结构。认真解决边远山区和贫困地区中小学教师短缺问题。要进一步完善师范毕业生的定期服务制度，对高校毕业生（包括非师范类）到边远贫困的农村地区任教，采取定期轮换制度，并享受国家规定的工资倾斜政策。鼓励各级政府机关公务员到中小学任教。

……

（摘自《面向21世纪教育振兴行动计划》）

俞老师的个人发展也是一路春风。2000 年获浙江省教育科研先进个人奖，2001 年顺利获得中学高级教师职称。2001 年又作为小学数学系统的骨干教师参加了浙江省的“5522 工程”①。2002 年 9 月被评为浙江省数学特级教师。作为一名教师，俞老师的个人发展已经到了一个高峰。

以后的路该怎么走呢？

◎ 到胜利小学当校长

【访】2001 年，您为什么从金师附小到胜利小学去了？

【俞】因为另一个学校的校长提拔到教育局当副局长去了，所以这个学校校长的职位就空出来了，教育局就为这所学校公开招聘校长。我呢，是属于那种活动能力不大强的人，那时我已经在金师附小做副校长了，学校领导和一些老师对我说：“你去招聘吧。”我说：“好。”先参加招聘的笔试，结果我考了第一名。然后，参加面试。结果评委就说我不行。为什么呢？据说是，我讲话声音这么轻，人又长得这么瘦，怎么能镇得住那些老师呢？真是奇怪了，我心里说：“老师是靠镇的吗？老师是要照顾的呀。”后来领导还是安排我去胜利小学做了校长。

【访】那您可以不去啊！

【俞】是啊，我说：“我可不可以不去啊？”领导说不行，因为这是党组讨论决定的。那我就去了，服从组织纪律嘛。我现在觉得去胜利小学是对的。那个学校当时太弱了。胜利小学曾经是这个城区排在第三位的学校，学校的历史悠久，有上百年的历史，但是由于没有发展好，大概在 1998、1999 年的时候，这里的老师走了不少。学生数锐减，学生很少，大概只有 300 个学生；退休老师却很多，大概有 70 多个退休老师；在职老师 38 个，它实际只需要 20 多个老师。它的教室也很破烂。它是有人没活干，有人负担很重。就是这么个学校。这个学校的老师对我评价很好，我要到他们那里当校长，他们说：“我们开始有希望了。”我觉得到那个学校去还是很有

---

① “浙江省中小学名师名校长计划”，简称“5522”计划，即从 2000 年起，浙江省用 5 年时间，在全省重点培养中学和小学名教师各 500 名，中学和小学名校长各 200 名。

奔头的。

2003 年暑假我又调到站前小学了。在胜利小学大概一年半的时间。

从我个人的规划来说，前面 16 年我是努力做一个好老师，后面 16 年呢，我再争取做一个好校长，正好用 32 年时间。我 18 岁教书，32 年后就到 50 岁了，然后退休。退休之后我想做一点自己喜欢做的事情。现在的公立学校，有个很大的问题就是校长的主动性很小。公立学校的校长呢，财权没有，人事权没有，就等于“手上戴着手铐，脚上戴着脚镣”，还要把这个小学做好，是相当辛苦的。不过，我觉得在这种情况下，摸索怎样把一个普通学校做好，在我们中国还是很有意义的。

访谈手记

俞老师和许多优秀教师一样走上了“教而优则仕”的道路。人们对这一现象的认识褒贬不一。支持者认为，优秀教师从事管理工作一方面能够提升教育管理水平，另一方面，对这些教师本人来讲，则有了更大的平台和发展空间，能充分施展个人才华，实现个人价值。反对者认为，优秀教师教学能力虽强，但不一定擅长管理。让不擅长管理工作的好教师去从事管理工作，不但不能提升管理水平，反而还会牺牲了教师的业务发展，让社会失去更多的好教师。教师易得，但好教师难得。这样做有点得不偿失。这两种观点都持之有据，各有各的道理。

不过我以为，这样的事情还是要具体来看。我们应该看到在优秀教师当中，有不擅长管理的，也有擅长管理的。是擅长还是不擅长，你得给他一个机会来试试。教育是很复杂的一项事业。不懂教育教学的人来管理教育难免会犯错误。其实，大量的事实证明，大多数优秀教师还是能成为优秀的教育管理工作者的。我国当前涌现的很多名校长都是从名师中选拔出来的。

俞老师有了展露管理才能的机会，这总是一种进步。实践最终也证明了，他的确是一位很好的校长。

◎“吴卫东老师对我的帮助很大”

【访】您大概在什么时候成名的？是谁发现了您？

【俞】这都是吴卫东老师的功劳。吴老师有一次让我们上课，我用一个题材上了一节课，她很欣赏我，说：“人家一节课都用了很多材料，你一点点材料就上了一节课。”主要是吴老师培养了我。吴老师是我的命中贵人啊。她给我一个机会作讲座，她发现我的讲座作得也挺好的。我就把一些想法讲给她听，就像我们现在交流一样，她就给我一些讲座讲讲，大家也就都认可了。

访谈手记

在我们访谈浙江的这批名师的时候，他们都不约而同地提到浙江教育学院的吴卫东老师。俞老师对吴老师的知遇之恩发自内心，溢于言表。他说要是没有吴老师也就没有他的今天。这个吴老师究竟是何方神圣，能让这些名气甚大的老师念念不忘，感激不已？说来也巧，我们在宁波的时候，吴老师也恰好到宁波出差。我们有幸一睹这位伯乐的风采并对她进行了访谈。

原来，吴老师是上世纪80年代的研究生，据说这个时期的研究生的水平相当于甚至高于现在的博士水平。她的导师是国内著名的教学论专家董远骞先生。谈笑风生间，你能马上感受到吴老师身上蕴藏的深厚的教育素养。

让我们来听吴老师说说，她是怎样发现俞老师的吧！（见资料库3－2）

◎ 教学生研究错误

【访】我们一般都是教学生要正视错误，有错就改，很少有人想到去欣赏错误。您怎么想到教学生去研究错误、欣赏错误呢？

【俞】小数四则混合计算对学生来说，会做容易，做对就很难了。学生面对自己的错误，经常想不通，怎么会错在这么容易的地方呢？于是就怪自己粗心。一旦把原因归结为粗心之后，学生就不再重视自己的错题了，然后就

资料库3－2

吴卫东老师谈俞正强老师

【访】您是怎么认识俞正强老师的？

【吴】在一次论文评比活动中，俞老师的论文获了一等奖。在海宁开表彰会的时候，每个获奖的人都要到台上去讲话。我去的时候，俞老师正在说，“大家都认识字的，不是文盲，都看得懂我的论文，所以，论文我就不讲了。我就讲讲，作为一个老师，我现在对教育的一些思考。”他是很独特的一个老师。当时，他就打了很多的比喻，比方，他现在遇到的这种困惑，他说：“我们好比说，一个人拿着一张船票，到了码头，码头周围呢，停了很多艘船，一艘船上写着‘素质教育’，有的写着什么，都是口号式的。我们一线的老师就不知道该上哪艘船。”他那段话，很生动，大家边听边拍手，很认同他，然后，我对他就有了印象。我是第一次认识这个人，因为他实在太独特了，他的长相也很独特，印象很深。

后来，我们做“5522工程”的教师培训，我是他们的班主任。他们这些人来报到的时候，我其实很担心自己能否胜任，因为我自己没有上过小学数学，对数学不熟悉，也没在小学待过，而且他们很多人当时就很有知名度了。在跟他们交往的两年，包括现在，我们都还保持非常好的友谊，我觉得还是很有收获的。他们身上有很多东西，是我这样的一个读书背景的人不可企及的。

【访】您给俞老师的书写过序？

【吴】是的。他在研究一个准备课程，是他的硕士毕业论文。他想发表，就让我写个序。俞老师的课很有个性，一般人是很难模仿的。我称他的课是一种概念课，他的课不是训练学生的技能，也不是传授某种知识，而是转变人的一种观念，或者说一种思考问题的方式。我听过的、印象很深的课有三次：第一次，就是我们培训班结束的时候，我们组织了一次大型的毕业展示活动，在我的家乡做的。在这次展示活动中，他上了一次课，叫“错的研究”。他当时的定位呢，因为要靠原来的老课嘛，老课里面的分类也就是什么练习课、复习课，他就说他想上一堂练习课。他出了四道题，让小朋友前一天把四则混合运算做了，然后他批改了一下。第二天上课之前，他就调查，他说：“你们觉得自己全对的举手。”36 个孩子中大概有 30 个孩子举手。然后，他就说：“你们太自信了，我改了一下，你们至少有 20 个人是有错误的。”接着他就说：“我们的错误很普遍，所以我们就要研究这个问题。”

后来是我评课，我说，他整个一堂课就是一篇非常好的论文。他首先从认知层面让孩子感受，为什么今天我要学这堂课。因为错误很典型，很普遍。第二个，就是情感层面。他说：“当一个人犯错误的时候，我给你三种情绪，你选择一下：一个是很喜欢，一个是很紧张，一个是很害怕。”小朋友大部分不会选择“很喜欢”，大部分选的是“很害怕”“很紧张”，并说：“我害怕老师批评我啊。”他就说：“就是这样让你从认知和情绪上都感受到有麻烦的这么一件事情，让我们来解决它。”我觉得，他非常好地调动了学生学习的一种情绪，一种认知的需要。然后，他就让他们进行分类了。因为对于一个复杂的事物，它的错误有很多不同的类型，那我们怎么办，首先就是要进行分类研究。再接下去，他就归因分析，让学生自己来归因，他不是老师来概括的，他叫一个孩子起来，“××小朋友，你觉得你为什么这么错了？”很多孩子都说：“我太粗心，我不认真，我马虎了。”然后，他就对他们这种观点提出了反驳。他说：“任何数学学习的错误，其实它都有知识的不足和能力的欠缺，如果你们归因不归到这个上面，就是泛泛而谈。”说自己很粗心啊，不认真啊，这是无法更改的，所以，他让小孩子归因，最后他要上升到一种新的认识，就是人人都会犯错误，不要害怕错误，去接受它。

后来，他在西博会（西湖博览会）上也上过一堂课，也很精彩。他是第一次参加这样的展示活动，他上的这堂课的名称就叫“目录”。没有人拿这个来上过课，这就是教材，它永远存在，但是没有人想到去开发它。他就把这个拿过来上了一堂课。

后来又有一次，我带他们班做一个教学实习。在实习中，他上了一堂六年级的复习课，就是按照这个材料上的。他可以把所有的小学数学，从数学代数，包括整数、分数，一直到空间图形，然后到学习思想方法，他用三组材料可以全部把它串联起来。我觉得像这样的老师是很有智慧的。他也看了很多的书，精通中医理论。应该说他的思考也有一定的境界，他对自己的人生也有自己独特的定位和想法，他确实是非常优秀的一位老师。

【访】那别的老师听完他的课，有什么反映?

【吴】大家都说，他太有才了。他很有才，但他的思维是另类的。他的课，我们可以欣赏，也可能对自己有启发，原来这样的课还可以有这样一种上法，但是很难模仿，所以我称他是另类。

【访】那对他的那些学生有什么影响?

【吴】我感觉比较优秀的学生，比如说一年级让他来带的话，会比较好。但对那些思维比较慢的学生，可能会有些问题，但具体我也没有调查过。我只是现在通过他的公开课，观察课堂上那些举手发言的孩子，一般都是比较聪明的孩子跟他回应，跟他交流。但是俞老师上课，像我们传统意义上的基本功，比如字写得多漂亮，普通话有多标准，这个就很难说。不过我觉得，一个人只要有自己的特点就可以了。他涉猎面比较广，书读得很多，往往能想到我们常人想不到的事情。

把它扔在一边，不再理睬它了。学生不论学业优劣如何，都会做错题的，都会因做错题而烦恼。多数学生订正错题的动因是老师的压力。老师说："你这道题做错了，给我订正。"好，那就订正过来。其实错误能够给我们提供很多信息，甚至是合理的思维方式。所以我就想设计这样一个课，帮助学生正视错题，养成科学的"订正习惯"，正确地对待错误，甚至欣赏错误。

【访】那您是怎样设计这个教学过程的呢？

【俞】我设计了一节"四则混合计算错题讲评课"，是给六年级上的。正式上课前，我提前一天给学生出了四道题目，让他们去做。做完就交给我批改。第二天上课一开始，我就问学生："认为自己全做对的同学举手。"嗬！他们都很自信。大部分学生都认为自己全做对了。我就说："你们太自信了，有一半的同学没有全做对呢。"他们不相信，我就把他们做错的题一一指出来，然后开始一一进行研究分析，学生们才认识到自己是真的错了，知道自己错在了什么地方。接着我就问他们："这些错误，对你来说，感到是讨厌、害怕还是喜欢？"我让他们填空，然后进行统计，统计的结果是：共 36 名学生，表示讨厌的有 36 人，害怕的有 11 人，没有一个人喜欢做错题。这也符合实际。谁喜欢犯错误呢？然后我就和学生一起解剖材料，寻找出错的原因。我希望通过材料分析，帮助学生认识到错题对学习是很有意义的。

【访】您怎么能让学生认识到错题也有意义呢？

【俞】首先，我给学生三个问题讨论。一个是：我们为什么都讨厌错题呢？第二个是：这种简单的四则混合运算，我们能保证自己不会做错吗？第三个问题是：错题将伴随我们的整个学习过程，那么，错题难道真的一无是处吗？

学生们的讨论很热烈。第一个问题讨论的结果是，学生讨厌错题是因为错了就会受到批评，考试分数也低，还影响自己的心情等。第二个问题讨论的结果是，错题是避免不了的。第三个讨论的结果是，错题能告诉我们错误的原因，帮助我们改正。

第二个环节，我就和学生一起分析这些错题的错误原因。我们一起概括出几条具体的原因，比如书写不规范，引起误认；数字感知错误和常用分小数互化不够熟练精确等。

第三个环节，就是讨论对策，改正错误。我的意图是：在分析错误原因的基础上，培养学生审视学习状况、谋求进步的能力。我让学生分小组讨论，要求他们给这些犯错误的同学提一条自己小组认为最中肯的建议，并书写于演示板上。讨论完，9 个小组基本上都写了“一想二做三回头”这个经验，估计与老师的教有关。接着，我就给学生提了一个问题：“我发现我们同学的错误原因是各有不同，而同学们提的建议却千篇一律，这样妥当吗？”学生们就开始议论了。我说：“我想你们提的建议比较适合粗心的同学。”学生们说：“是的。”我又问：“可是，在同学们概括的原因中有‘粗心’这一原因吗？”学生们沉默了一会儿，说：“没有。”我就说，“那粗心不是错误原因，我们要改正这种不正确的错误归因。”

第四个环节我就教学生欣赏错题了。希望通过对错题的欣赏，改变学生对错题所持的态度。我说：“老师要求大家讨论一个问题，如果老师要求同学们从这三种错题中找出一个你喜欢的错题，你愿意选择哪一种？为什么？”然后我就给学生材料让学生选，学生都选了 B，认为它的计算过程比较简洁。我接着问：“与正确解题相比较，你认为错题有什么优点？”学生自然是七嘴八舌了。最后得出的结论是：错题中蕴涵了丰富多彩的信息。

第五个环节是课堂小结，把本课时的体验提炼为一种认识，让学生讨论这节课的收获。学生们说：“①错题其实是很有用的，可以告诉我们知识缺陷，启发我们有价值的思考，帮助我们少犯错误。②错题不必害怕，虽然讨厌，其实也不讨厌。③我们开始有点喜欢错题了。”我让自认为对错题的态度有所改变的学生举手，结果全体学生都举了手。

最后我又把对错题的认识推广到对做错事的认识，帮助学生形成正确的错误观。我说：“今天我们改变了自己对错题的认识，推而广之，这种对错题的认识能使你联想到什么？”学生们说：“不怕犯错，做了错事仔细推敲，吸取教训。”“我们不怕犯错，是不是意味我们可以犯错？或者多犯错误？”“不是的，还是要少犯错误，因为错误是要付出代价的。”最后得出的结论是：珍惜错误，正视错误，少犯错误。

【访】 *难怪吴老师说您上了一堂哲学课。*

【俞】 是的，吴老师是这么说的。这节课上得很成功，课堂气氛活泼而不失严肃，新奇而又十分熟悉。听课的老师们反响也不错，有的老师说：听这堂课就是一种享受。课后我也对这节课作了深刻的反思。

【访】 *是吗？您是怎么反思的？*

【俞】 我从三个方面进行了反思。首先我觉得错题给错误观的培养带来了契机。数学教学的三大核心问题是动力、方向和途径。其中动力、方向这两大问题均与教学目标有密切联系。这节课将学生导向何处是很重要的。我这节课的导向过程基本上是这样的：

错题呈现——→错题分析——→订错应对——→错题欣赏——→推而广之……

起点是学生学习中习以为常的错题，从错题的分析、订正到欣赏，学生对错题的认识，渐渐地离开了狭隘的知识性错误，对错误有了比错题本身更深刻的体验。再通过推而广之，让学生们的心灵跳出课堂，走进对人生的感悟。通过讨论，最后达成共识：错误是不可避免的，错误是要付出代价的，珍视错误，少犯错误。这样学生就被导向了人生发展的层面。

从学生的角度来说，他们的体验也是层层深入、步步递进的，从外在的数学计算错误，渐渐地接近人在发展中的两大问题——成功与失败，并且体会失败的不可避免，失败之于成功的重要，这种人生的本源体验能激发学生的探究动力。

我反思的第二点是：错误观的培养实现了错题的资源价值。

教师是课程的最终实现者，教师与学生在课堂中所实现的现实课程应包括两个层面，第一个层面是基于教学计划、教材所设定的材料，可预见地实施的；第二个层面是教学计划、教材所没有设定的，是以教学过程中衍生的材料为基础，随机而有创造性地实施的。

因此，教师在课程实施中，第一个层面是完成教材内容所指向的现实课程，尽可能地遵循知识的内在结构和学生的认知规律进行的教学。第二个层面是根据课程实施过程中所衍生的材料与问题，结合学生主体发展的需要进行教学。对于教师来说，第一个层面的课程是显性的，是基于教材内容而开发的，第二个层面的课程是潜性的，是基于学生的主体发展而开发的。如果教师所实施的课程只停留于第一个层面，那么，学生的数学学科体验就是单薄的，是游离于人的发展的；如果教师所实施的课程深及第二个层面，那么，学生所经历的学科课程则是深厚的、丰满的，与人的发展就融为一体了。

因此，作为教师，面对学生在学习过程中所衍生的许多教学计划之外的材料和问题时，不要仅从学科的角度，仅从知识掌握的角度去看待这些材料，而应从学生主体发展的角度出发，去认识、去发现这些材料对于主体发展的价值。因为这些材料是学生生命发展历程中的标记物，不论对与错，均记录着学生生命发展历程的某些特点。事实表明：学生对于来自衍生材料开发的教学设计具有更深刻的体验与学习活力。

我这节课，从数学错题到原因分析到订正再到欣赏，紧紧围绕着学生的三个错例展开，并在展开的过程中作了有深度的挖掘，充分实现了这一材料所具有的教学功能。同时，在挖掘的过程中渐渐展现了愈来愈浓郁的人文精神。我觉得，这是一节具有人文精神的数学课，也是一节以数学材料为载体的思想品德课。

【访】嗯，有道理。

【俞】第三点是：正确的错误观有助于学生的学业发展。

我这个课所针对的问题，其实是学生学习过程中常见的问题，就是少做错题，提高计算正确率。一般人都认为主要是学生粗心，要求学生做题的时候仔细点就行了。其实没那么简单。有时候学生是越仔细、越容易出错。久而久之，学生对错题就无可奈何了，连他自己也不知道自己到底做对没有。

这种困惑几乎是伴随着大多数学生的学业成长，也伴随着教师教学生涯的始终：学生明明会做，为什么还会做错呢？

我不认为学生做错题的原因是粗心。其实跳出课堂，从人的发展来看，学生做错题的原因可能是感知、计算技能缺陷、书写习惯等原因，这些原因具体、有针对性，所以我们就可以针对这些原因来订正学生的错误，促进学生提高。只是要学生“仔细点仔细点”还是太笼统了，不能从根本上帮助学生进步。

这样一来，学生的学业发展与人的发展就同一了。学业发展的结构吻合于人的发展结构，学业发展才能获得生命的内在动力。

访谈手记

这就是俞老师上的第一节观摩课。也许是因为第一次上观摩课就获得了很大的成功，所以，这节课给俞老师自己留下的印象是非常深刻的。同时，它也给喜欢思考教学问题的人提供了一个很大的思考空间。

从课的性质上看，这是一堂典型的研究课。研究的对象是：学习错误。常规教学里也有错误的订正，尤其是在系统复习阶段，这样的内容还是很常见的。大多数教师，一般都是直接一道题目一道题目地帮学生订正并解释原因。俞老师认为教师把错误归因为粗心是不对的，对这一点我有疑义。其实对个别小学生来说，粗心也是一个原因。当然这不是最根本的原因，最根本的还是知识和技能掌握方面的问题。大部分教师的课往往停留在这里，以帮助学生清晰地、彻底地掌握知识和技能为目的，忽视了错误给学生的心理和情感带来的负面打击。俞老师这节课研究的就是学生出错时的心理和情感反应。

这种研究带有明显的反省特征。事情已经发生了，错误已经摆在了学生面前。俞老师引导学生去反省这个思维的过程，不仅是认知层面，更看重的还是情感层面的。通过不断地、系统地反省，最终使学生树立了正确对待错误的观念。这节课不断地提升人的思维，从数学题开始，进入学生的情感世界，再进入更高的人生层面，师生的交流越来越深入。所以，他自己反思这节课有点像思想品德课，吴卫东老师说是哲学课，总之，到最后，这节课就离开了数学，俞老师已经不是在教学生学数学而是教学生如何感悟人生了。

把数学课上成了一堂哲学课，这既可以从正面去评价也可以从负面去评价。但不管怎样，这节课还是成功地展示了俞老师的个人风采。他的思维特点是倾向于抽象思维的。这跟他喜欢哲学书，看了大量的哲学书有关。通过阅读，俞老师从先哲那里获得了一种思维方式和精神力量，然后他又把这种东西渗透在他的课上，传递给学生。

这节课最值得肯定的是：这是一节有思想有内容有灵魂，耐人寻味的课。

◎ 给学生上了一堂“目录”的课

【访】您怎么想到把“目录”拿来上一堂课的呢？

【俞】我很喜欢读书。我们一般读书都会先看目录，了解这本书的内容梗概。其实教科书上所有的东西都是可以拿来教的。教科书上的目录就是这个课程的知识结构嘛。了解它就能对整个教材有整体感，对学习是很有好处的。我就想，为什么我们把这么重要的东西忘记教给学生了呢？所以我就设计了这堂课，想帮助学生认识目录在一本书中的作用，体会知识的整理方法，学会正确使用教科书。

【访】这个设计有点出人意料。

【俞】其实上起来很简单的。我先让学生讨论目录是什么。因为小朋友们都没注意过目录，所以这一问就引起了他们的好奇和兴趣。然后就让学生讨论：目录有什么作用？你什么时候会用到目录？我用投影把数学课本的目录和语文课本的目录打出来，让学生比较。结果学生发现语文和数学的目录有很大的不同。语文的目录可以调整，不按顺序来也可以学；数学就不行了，顺序一打乱就没法学了。讨论结果是目录很重要，它能起到呈现内容、指引路径、体现特征、整理知识等作用。最后是讨论目录和书的作用。

这节课之所以有影响，我觉得主要是从来没有人上过这样的课。这节课上过就完了，当时也没录像，连教案也找不到了，所以我也就没有再进一步反思了。

访谈手记

数学课上“目录”，也许只有俞老师才能想得到。难怪人们说他有点另类。

要我说，这其实是一堂读书指导课。会读书的人都知道目录是书的一个重要组成部分。如果把一本书比做一座房子的话，那目录就是这个房子的基本架构。了解了目录也就基本上了解了该书的主要内容。教科书的目录更是如此，因为教科书都是根据学科知识的逻辑和学生学习心理的逻辑精心编制而成的。教科书的目录提供的不仅是该书的内容，还反映了学科知识间的逻辑和学生学习的心理逻辑。数学教科书在这些方面体现得非常明显。

俞老师这次是把自己的读书心得拿出来和学生共享，他教会了小朋友怎么去读数学教科书。

◎ 把知识当“拐”卖

【访】网上有个老师说，听您的课感觉就像被您“忽悠”了一把①，这是怎么一回事？

【俞】这是我上“举一反三”的时候，一个老师说的。“举一反三”这堂课是一个复习课。我设计这节课的灵感主要来自“Google”。“Google”不就是输入一个关键词，然后搜索，就能找到与之关联的内容吗？我就给学生提供一份材料，由这份材料作为一个思维触点，以整个小学数学学习作为背景，以思维触点为指引，让学生作发散性思维，对所学数学知识作思维检索。在

① 吴惠君. 听课札记［EB/OL］.（2005－11－29）［2007－10－12］. http：//www. xzsyxx. net/Article/ArticleShow. asp？ArticleID＝93.

检索过程中，达到对数学知识的主动复习，并在复习中起到融会贯通的作用。

那次课我先给学生一个语言训练：让学生表达“吃饭”，要求是让人明白是在说“吃饭”，同时表达中不准出现“吃饭”中的任何一个字。然后是让学生用不同的方式表达“1/2”。接着给学生两组材料，让学生观察这两组材料有什么相同之处，然后再思考能否再找一些类似的材料。

这节课的反应也不错。课后互动的时候，有一位青年老师说：“听俞老师的课，感觉你是赵本山，我是范伟，我被‘忽悠’了一把，学生也被‘忽悠’了一把。”我就说：“我很高兴你这么夸奖我，如果我真能做到赵本山那样的境界，我应该自豪，但我应说明的是，我卖的是知识的拐。我希望能够继续在这善良的‘忽悠’中卖出更多的知识的拐，让学生自觉地、主动地要这个拐。”（呵呵）

其实我这节课的设计特点在于对数学材料的组织复习，离开了知识表面的逻辑结构，进入了知识深层次的结构。这一课始终以一种思维方式或数学思想贯穿始终，而不是以知识的发展脉络作为主线贯穿，因此，这样的数学复习对学生的数学学习的意义是显而易见的。

我觉得，数学学习，要适当地给学生一点惊喜，让学生体会到数学原来是可以这样来学的。我这一节课就想告诉学生，复习的方法是多样的，是可以创新的。

◎ 一堂好课的标准

【访】您上了这么多精彩的课，您认为一堂好课的标准是什么？

【俞】关于好课的标准，我认为有三个“有利于”。

第一，就是有利于提高学生的分数，这是当老师的责任心。这是最起码的。课上得再漂亮，学生的成绩就是不能提高，当老师的也还是没尽到责任啊。

第二，有利于提高学生的思维力，这是做老师的良心。提高学生的思维力就是让学生变得越来越聪明。

第三，有利于愉悦教师与学生的心情，这是我的一点私心，我就是想让自己过得开心一点。你想想，既然我们天天要做这样的事，为什么不让这个过程变得愉快起来呢？

访谈手记

新课改以来，教学评价改革的力度很大。在很多学校，尤其是在小学，基本上看不到分数了。取而代之的是描述性的评定或档案袋式的评价方式。这种做法的确比以往冷冰冰的分数多了不少的人情味。可是，问题是，习惯了用分数来衡量孩子进步的人们仍然还是想了解一个客观的学习状况。

到底用什么样的方式才能客观地表示一个孩子目前的学习状况，而又不伤害到他的心灵呢？恐怕这还是一个尚未解决的技术问题。

且不管技术上的问题，理直气壮地把提高学生的学习成绩作为衡量一堂好课的标准，在当今还是需要一点勇气的。虽然有很多人实际上这么做了，但他们不敢说。俞老师不但敢说，还认为这是做教师最起码的责任心。

说心里话，我很佩服这样的老师，不随波逐流，还能坚持己见，扎根实践，乐于创造。他们才是创造新教学、新课堂，描绘未来新教育图景的主体。

访谈期间，俞老师突然说："我就是一个标本。我觉得，像我这样一个标本，虽然谈不上有什么了不起，但是也能给人一些这样的启示，就是：自己一定要很有毅力地去为学生做事情。做啊，做啊，你就会有积累，有积累的时候，给你机会你就会表现出来了，不要怨天尤人。总之，做啊，做啊，突然有一天你就会觉得有收获了。"

朴实的人朴素的课

第四章
俞老师的教学风格

俞老师从1986年毕业到2002年被评为特级教师，一共用了16年的时间。这16年的知识和经验的积累，足以让一个又聪明又勤奋的人成为一名教学的能手。尤其是新世纪以来，通过几次有影响的展示课，越来越多的人发现，俞老师的课原来独有一种味道。

这究竟是怎样的一种味道呢？

◎ 朴素的人朴实的课

【访】俞老师，您的教学风格是什么？

【俞】有次，我在网上看到一篇专门写我的文章，叫《朴素的人朴实的课》，我觉得写得挺好的，我能接受。

上课呢，我喜欢讲故事。故事就是一个模型。小朋友都很喜欢我上课，觉得我上课时间很短。有一次我跟老师们讲："你为什么不肯上好课呢？那是因为你没有体会到上好课的乐趣。你没见过阳光，所以你习惯了黑暗。你体会到给小朋友上好课的乐趣之后，你会很开心的。"

访谈手记

"一身悠闲的衣着打扮，一双凉拖鞋，憨厚的笑容，这就是俞正强老师给我的印象——朴素。他的讲课就像他的人一样朴实无华。"①

一位听过俞老师的"举一反三"这堂课的老师说："俞老师的课是高潮迭起，是知识的一次大会餐。而俞老师本身渊博的知识、敏捷的思维、风趣幽默的教学风格都给老师们留下了深刻的印象。"②

还有位老师说，读俞老师的文章感到大气严谨，听他的课、讲座，"无不为他课堂中流露出来的幽默所感染"。俞老师的课初听起来，有点"怪"、有点"土"，听完了，再来品味俞老师的语言，透过幽默，让人在"怪"和"土"的后面看到了一种教学观念的转变。③

还有一位语文老师听了俞老师的课后说："我已经记不起来他长什么模样了，甚至于穿什么衣服都忘记了，只有他的声音还在我的耳边回绕着。真是太幽默了，在整个讲座的过程中，下面的老师除了发出一阵阵会心的笑声和

---

① 朴素的人朴实的课——听俞正强老师的讲课有感［EB/OL］.（2006-07-26）［2007-10-12］. http://www.hzedu.net/Template/ShowNew.aspx? id=33230.

② 赵银环. 小课堂 大学问——听俞老师《举一反三》教学有感［EB/OL］.（2005-12-16）（2007-10-12）. http://hsps.zjpdt.cn/upload/zjhsxx/jthd/20051216120414.doc.

③ 汤鸣. 杂谈课堂语言［EB/OL］.（2006-03-17）［2007-10-12］. http://syxx.zjhyedu.cn/js/weblogl/list.asp? id=4957.

掌声以外，再也不能做其他的事儿了。”①

“俞老师似乎有一只无形的手紧紧拽着学生的思路，每当学生以为问题已经解决时，他总能从不同的角度提出问题，使他们再次深入思考，从而促进他们思维的发展。他就是通过这种游刃有余的教学机智、独特的教学方式，以及适时的点拨和引导，使学生的学习兴趣发挥得淋漓尽致，使本节课的教学难点得以突破，教学重点得到实实在在的解决，并出现了许多意料之外的惊喜！”②

“听了俞正强老师的课，触动我的不仅仅是他富有创意的教学设计，还在于他对课堂的调控艺术。他的课朴实无华，但却能让人深切感受到他‘以人为本’的教学理念，例如今天的公开课上有一个细节就让我印象深刻。课堂上，在引导学生观察发现时，他问学生：‘你发现了什么？’过一会儿便有几个学生举手，他没有马上请举手的学生回答，而是鼓励没举手的学生：‘你们再仔细观察一下，能有什么发现吗？’‘再想想看！’并且投去期待的眼神。在他的鼓励下，一只，两只，三只……举起的小手越来越多，直到将近一半的学生举起了手，他才请学生回答、交流。”③

“俞老师的课真的很有个性！”④

以上都是听过俞老师的课的人在网上发表的评论。

◎“我就是想把课上得让学生忘记吵”

【访】俞老师，和别人比起来，您觉得您的教学有什么特色？

【俞】我还真没认真思考过这个问题。你说现在要我回过头去讲自己的课

---

① 陈嗣彬．俞正强记［EB/OL］．（2004－11－10）［2007－10－12］．http：//www.cstmyx.com/Article/ShowArticle.asp？ArticleID＝176．

② 寿金利．原来数学课也可以上得这么美——听俞正强老师执教的两堂课有感［ED/OL］．（2006－12－06）［2007－10－12］．http：//www.jkedu.net/Article/shuxue/sxal/22228.html．

③ 给学生均等的机会［ED/OL］．（2005－10－08）［2007－10－12］．http：//blog.tianya.cn/blogger/view_blog.asp？BlogName＝lukajia1．

④ 网友微雨轻寒的评论．（2007－05－27）［2007－10－12］．http：//www.meblog.cn/user3/9505/archives/2007/29333.shtml．

的特色，真是讲不好。因为我自己就是想要把课上得让学生忘记吵。我也写过一篇文章《学生喜欢我去上课吗？》。如果学生不喜欢我上课，你说我是不是很无耻？如果我把课上得人人讨厌，那还有什么意义呢？总之都是学生给我的思考，慢慢拢在这里，就写成了一篇文章。《浙江教育报》给我发表了这篇文章。你天天这么想的话，那种感觉就出来了。比方说，“大饼”故事中的那个学生[①]，她让我对数学学习的理解更加深刻了，课自然就能讲得比较好。

比方说，上次我在一个地方上了一堂课，“厘米的认识”。我问：“小朋友，你尺子上的一个厘米和你同桌尺子上的一个厘米一样长吗？”我就问了这么一个问题。然后，学生就说：“不一样长的。”我说：“你们对对好不好？”然后，学生呢，对不准，又说不一样长。呵呵，对不准呢，真是麻烦。然后我就把那尺子拿来对准了，“一样长吗？”“哦，一样长的。”我又拿了一个米尺，问学生：“你的一厘米和老师的尺子上的一厘米是不是一样长啊？”学生又说：“不一样长。你这么长我这么短当然不一样长啊，放大了嘛。”因为米还没学，我说：“比比看。”一比，哦，一样长的。然后，我又问：“宁波的一厘米和北京的一厘米是不是一样长呢？”他们又说：“不一样长啊。”哦，小朋友很有趣的。那些听课的老师就问我：“你怎么想到问这个问题呢？我们都想不到这个问题。一厘米当然是一样长的了，为什么小朋友会认为不一样长呢？”我说：“这很简单啊，你现在把那个尺子投放到屏幕上面，一厘米一样长吗？”我们必须给小朋友一个数学思想。为什么要规定一厘米，就是为了说明一厘米一样长才这样规定下来的，这是单位度量衡统一的最根本的思想。

【访】您教的都是数学最本质的东西啊。

【俞】老师把本质的东西晃过去是不可以的。

◎“人家都说我另类”

访谈手记

在宁波一家酒店的电梯大厅，我见吴卫东老师的第一面，她就对我说：“俞正强很另类。”于是，“另类”这个词一下子就印刻在我脑子里了。

---

① 参见本书第一章中的“第四个小故事：吃大饼的故事”。

资料库 4 -1

林良富老师谈俞正强老师

俞正强的课，你看连数学教科书的目录他都能上出一节课来，这些内容，我们从来不会去关注的。有一次，他到一个学校后就说：“你们把所有的抽屉准备好，我上课的前一个晚上给我看看，然后我来上抽屉的研究。”

从他选题来看，抽屉的研究、一个和一半、目录的认识，等等，他的教学风格是务追险绝。就是，不是大路的，是冷僻的。但冷僻里面透出他的一种智慧。你要上这样的课首先要有勇气，第二要有智慧。一般人看到目录就傻乎乎一个，你怎么上呢?！这种课上生动了就很精彩，上不生动可就砸锅啦。俞正强是险绝异类，也可以说是“独孤求败”，属于扬州八怪那一类的。在现在这个名师荟萃的背景下，如果没有自己的一点个性，也是不行的。俞正强的个人风格就展现得非常充分。

林良富老师，也是浙江省的数学名师和名校长。他和俞老师是“5522 工程”培训班的同学。在上这个班的时候，他就已经是很有影响的名师了。他也很欣赏俞老师，我们请他谈谈他对俞老师的教学风格的认识（见资料库 4－1）。

【访】人家说您的课是“无限风光在险峰”，“剑走偏锋”，或是一种“概念课”，您自己怎么看？

【俞】我为什么出去上这种课呢？因为常规课，其他老师上得比我好，比如（林）良富。可是这些课我上得就比他们好。人各有所长嘛。所以，我出去基本上上这样一些课。比方说“厘米的认识”，我能上出不同的风格来。今年下半年我准备上一堂“字母的认识”，用字母表示数。这节课良富上得很好。我也尝试上点这种常规课。要不人家会以为我不会上常规课，只会上怪怪的课。其实我常规课也上得挺好的。不然，我的小朋友的成绩怎么会那么好呢？其实像我上的这种另类的课，是让小朋友一辈子都记住的课。

常规课就是要让小朋友喜欢我们上课，要他们忘记吵。要是上得很枯燥就要想办法了。

其实只有有了一定的基础和条件才能上这种课的（大家认为另类的课）。比方“举一反三”只能在六年级上，只有在六年级才能一统下去，数学欣赏课也只能在六年级上，但是像“目录”就可在五年级上。

◎ 俞老师的“5：3：2”理论

【访】看来，人们对您的教学风格的认识有一定的偏见。这让我想起您的“5：3：2”理论。其实人们看到的只是“2”那一部分的课。那么，和其他老师比，您的常规课有什么特色？

【俞】比方“厘米的认识”这堂课，就是别人上完我接着去上的。这节课上完之后就有老师评论太啰唆。那么这个啰唆源于什么呢？这个环节上完了，下一个环节该怎么上我还没想好。然后我就一边想一边在前面要逗留一下，这样课上起来就没有很干净，因为没试教过，也没好好备课。但是这节课上下来之后呢，效果很好。

在我前面那个老师的那节课是这样上的：一只小老鼠请小熊伯伯做一根拐杖，告诉他这样（一掌一掌地量）五节。然后问五天后他去取的时候，这根拐杖有用吗？那么小朋友说："没用的。因为老鼠这么长的五节，和小熊这么长的不一样。"

这节课我是怎么上的呢？我是这样开头的：先让小朋友说，谁比谁长？我叫了两个小朋友上来，然后说"（　）比（　）长"。一年级的小朋友都会说谁比谁长。后来我叫了两个小朋友上来，一个高一点，一个矮一点。我要求小朋友看看他们俩，然后说：（　）比（　）长（　）。小朋友讲了，张三比李四长一个头，张三比李四长 15 厘米……他们一共给我讲了四个说法。我就接着问："这四个说法里面，你喜欢哪个说法？你认为哪个说法比较好？"当时学生选了两个说法，就是：张三比李四长一个头；张三比李四长 15 厘米。我就把另外两句话擦掉了，就只剩下两个说法了。

和前面那个课不同的是，我一直在想学生认识厘米的基础点在哪里，其实，他的生活基础就是"多多少"。我们一般就是说长一个头，不会用厘米。这个就联结起来了。我源于比较的需要就把这个数学观念给他了。前面那节课呢，就是创设了一个有趣的情境，仅此而已。这就和前面的课有差别了吧？然后，我就问"一个头"和"15 厘米"，两者表达方式哪个比较好？一个头到底有多长？15 厘米究竟有多长？然后就开始研究厘米了。头和头是不一样的，15 厘米是固定的。所以，问题就出来了。我这节课，老师们除了缺点以外，优点也讲了不少。

【访】都是什么优点？

【俞】就是说我的厘米的认识跟小朋友的生活认识是连着的。在很多数学老师那里这是断着的。我的课就像一块砖埋在地下去了。否则那块砖是浮在地面上，它会倒掉的。

【访】生活经验和数学知识真正联结起来了。

【俞】是的，就好像盖房子，把这块砖打进去了，房子就不会被风吹走了。教学时，如果没跟经验结合，学到的那点知识就是浮在面上的，是不牢固的，很容易被"风"吹走的。如果不想被吹走，学生就要记住它，并且要死记。而我上课的时候，知识点和经验是连着的，不需要死记就能记住。

【访】看来，您的教学在对学生的思维训练上很有特色。对您的教学风格不能只从形式上去描述。您的教学风格是对学生的学习准备把握很好，对学生的学习起点把握得比较到位，能够把知识嵌入学生已有的知识和经验当中，真正让知识在学生头脑中扎根。

【俞】是的，要让知识扎根，不要浮在表面上。我觉得，这就是数学老师使学习数学变容易的一个技巧。比如，“厘米的认识”那节课，前面的问题“谁比谁长”，感觉和这节数学课好像没有关系，其实我的用意就是要找到学生的学习起点，找到他们在生活中积累的经验知识。找到这些东西之后，我就只提供学习材料，其他所有的东西就都来自学生了，后面的教学就基本上都是学生讲了。

所以，我上课就是这个特点，是信手拈来的。林良富曾经说，有时候我讲得让人忘记时间，有时候人家不知道我要干什么，所以，他说很危险。其实我心里是有数的，有把握的。这么多年上下来了，肯定很有把握的了，没有什么“险绝”的。

访谈手记

俞老师的“5：3：2”理论，是很有意思的一种理论。这个理论也可以说是一种“课型结构”理论。一线的教师都希望自己能把每一节课都上得精彩、有趣，让孩子学得兴趣盎然。而实际上又不可能，于是就有了挫折感，就对自己的能力有怀疑，渐渐失去信心。实际情况是再优秀的教师也上大量的普通课。所以，俞老师认为，追求每一节课都精彩是不现实的。10 节课里，有 5 节课是用最普通的教法去教的，不需要花大精力去琢磨、去设计；然后有 3 节课对学生进行“魔鬼式”训练，使他们的数学技能达到熟练；另外 2 节课必须花精力去思考，精心设计，让孩子觉得有趣生动，让孩子一辈子都记得住。

“5：3：2”这个比例结构就是普通课、训练课和精品课的比例结构。如果按一个教师一学期上 80 课时来算的话，至少要有 16 节让学生终生难忘的课。其实这个比例要求还是很高的。

俞老师说他拿出去给大家看的课，都是他想让学生一辈子都记住的课。何止是学生呢，恐怕听过俞老师这些课的老师都一辈子很难忘记。俞老师就想告诉我们，他一点都不另类。他也能把常规课上好，在把常规课上好之余，他还能上点这些好玩的课，让自己和学生在课堂上感受到一些阳光的温暖和灿烂。

◎“这不是我想象中的风格”

【访】如果了解了学生，知道了学生的学习准备状态，那么就没有什么风险了。

【俞】其实，每上一节课，我也是摸着石头过河。我上了这个环节之后，并不知道下一个环节该怎么走，但我知道应该朝哪个方向走。

【访】真是生成性的课堂了。

【俞】也可以这么说吧。以前有个老师说，听我的课，他会忘记去看我的板书好不好，忘记去听我的普通话好不好，就跟着我的思路走，然后走完了，觉得这个老师挺厉害。他们说，我的讲座呢，能够把复杂的问题说简单，又能够从简单的事情中寻找到深刻的寓意。这可能就是我讲课的特点。

【访】而且您还很擅长打比方。

【俞】因为“君子之教，喻也”。我把这个“喻”理解成比喻。君子的教就是打比方，让别人明白。打比方其实就是一个模型。这个模型我不明白，那就换一个模型。

我发现任何事情都有好有坏。以前我没有去参加比赛反而成就了我。如果我参加比赛了，我肯定去上一些大家喜欢的课，我肯定要迎合他们，不敢一支粉笔上到底。正因为我被遗忘了，所以我才会上我自己的课，慢慢地形成自己的风格。所以，这也是一件很有意思的事。

实际上，这种风格并不是我想象中的风格。也是因为没有参加过比赛，顺其自然，反而成就了现在这个样子。

访谈手记

俞正强、刘永宽、林良富和金莹四位都是名师，又都是好朋友。当他们在一起的时候，三位男士喜欢戏称自己是“野生的”。因为在他们成长的过程中，外在的环境条件并不是很好，基本上都是靠自己的努力，一步一步摸索到今天。

尤其是俞老师，在成为名师之前没有参加过任何教学比赛，除了靠写文章得过一个科研奖，就再也没得过什么奖。除了普通话不“普通”，其他方面实在是很普通，很普通。他不擅长人际沟通，头顶上没有任何光环，身后也没有任何可倚靠的社会背景。作为一名普通老师，想得到一些资深教师或教研员的指导更是不可能的事情。

他唯一可以倚靠的就是爱读书、爱思考、能吃苦、有毅力这些个人品质。

◎ 等一等，小朋友不就有答案了吗？

【访】 那您现在上课也还是很少用现代化多媒体手段吗？

【俞】 是的。为什么呢，因为我去作讲座，不是去宣讲什么理论，也不是去教老师怎么做，我只是和老师们交流想法，用不到这些手段的。

【访】 那您上公开课也不用吗？

【俞】 也很少用。比如上“目录”，我就用了一个投影，把语文课的目录跟一个数学课的目录呈现出来，让学生比较“语文的目录和数学的目录有什么不同，有什么相同”。然后我把语文的目录的顺序调换了一下，再把数学的目录的顺序调了一下，再让学生进行比较。学生们就发现：“耶，语文的目录可以调过来，数学的目录调过来好像不行。小数的认识和小数的计算，肯定是先认识才能计算的嘛。”我说：“你看看，有差别没有？发现了什么没有？这说明了什么？”小朋友说：“这说明数学知识的前后联系是非常紧密的。而语文相对于数学，它的知识点的联系好像就没有那么紧密。”这样小朋友对数学的理解就深刻起来了。我只是投影这两个目录，别的就没有了。

孩子们很喜欢这个课。这个课上完后，有个老师叫住我说：“俞老师，我问你一个问题？”我说：“什么问题？”他说：“你在上这节课的时候，你让小朋友回答，小朋友无话可说，你就组织学生讨论。通常情况是，在学生讨论的时候，老师要把麦克风关掉，然后走到学生中间去，偷偷摸摸地告诉他们一些答案，然后学生们才有话讲。我却发现你那个时候站在讲台上发呆，你没有像其他人那样去巡视。”听这老师一说，我觉得愕然。因为我很少上公开课的嘛，我不懂得这个诀窍。我想的是学生不知道就讨论，讨论出结果就能发言了。我没想到讨论的结果有可能是“零”的情况。事实上，学生们每次讨论之后，真的就有了答案。

“那个时候你就没想过‘0＋0＝0’吗？因为你也没加入进去，学生如果讨论不出答案，你怎么办?”这个老师就问我这个问题。我一听很惭愧。那时候我真的是在发呆，因为我也不知道小朋友们究竟会如何回答。我站在那里在想，等小朋友讨论完了我该怎么办。奇怪的是，小朋友讨论之后竟然有了很多说法，给出了很多的答案。“目录”这个课我可从来没上过，这是第一次上。针对这个老师的问题，我给自己找了一个无损面子的、比较堂皇的回答，我说：“其实你错了，他们不是‘0+0=0’。小朋友在表达的时候，有时候是因为‘0’，真的是不知道而不回答；有时候是因为‘1’，也就是知道一点点，有那么一点想法，但他不知道如何表达，所以不回答。像‘目录’这个课是从来没上过的，有可能是他们不知道该怎样表达。所以，我等等，要是第一次讨论没有结果，我就再让他们讨论讨论。这个过程其实是等待他们独立思考的过程。等一等，他们不是就有答案了嘛。”

访谈手记

很多人说俞老师的课很朴实，根据是俞老师上课很少用多媒体手段。在对待现代化多媒体手段的态度上，人们现在比以前成熟、理性了。记得计算机技术刚进入课堂的时候，盲目追捧者有之，坚决排斥者也有之。双方都不是基于一种理性的态度。随着应用技术的日益成熟和教师教学经验的不断积累，人们越来越认识到现代化的教学手段既有优越性也有局限性。现在人们已经知道在适当的时候选用适当的手段了。用与不用多媒体，关键看它是否有助于教学任务的完成。

俞老师的课基本上是不需要太多多媒体手段的。他需要安静，需要学生沉浸在思维之中。这样的课很忌讳视觉和听觉的嘈杂。在热热闹闹的舞台上，一个静静地坐在那里思考的人，是很容易引起人们的注意的。

《论语·述而》中说：“不愤不启，不悱不发，举一隅，不以三隅反，则不复也。”朱熹注释：“愤者，心求通而未得之意；悱者，口欲言而未能之貌。启，谓开其意；发，谓达其词。”让学生达到“愤悱”状态是一种教学的艺术。当学生达到这个状态的时候，教师启发才有契机。学生不再迷惑了，思维也豁然开朗。很多时候，由于缺乏等待的耐心，教师迫不及待地告诉了学生答案或是把学生引向下一个环节，这样的教学就没有启发的契机。没有了启发，解惑的效果自然也就不理想了。

俞老师在教学过程中的等待，等的就是学生的“愤悱”状态，等的就是启发的契机。

◎“我也不知道哪一天突然就有特色了”

【访】俞老师，您什么时候开始有了自己的教学风格？

【俞】我也不知道我的课在哪一天就有特点了。因为课呢，每天和每天比是没什么变化的。即便是十年的时间，每天和每天比也是没变化的。我记得有套名叫《书虫》的丛书，我很喜欢这套书，书上说：“书虫是什么，就是不断地读，不断地读，突然有一天你化茧成蝶了。”我觉得上课也是这样的，我也不知道哪一天突然就有特色了。我自己并不知道我有什么特色。突然有一天，有人说：“俞老师，你上课很有特色。”那么，我就问自己：“我上课有特色吗？”我不知道我的课有什么特色，因为我不知道我从前是怎么上课的。如果说有了特色，也是这么慢慢地形成的，不是一下子就有了的。

现在呢，别人听我的课，一个是感觉我上课时间比较短；还有一个呢，就是不知道我下面要出什么招。比如“目录”这节课，听课的人都觉得很奇怪，目录怎么也能上一堂课呢？在我看来，目录是很重要的教育资源。

还有一次我出去上公开课，一般的公开课都是提前准备好的，那天呢，我也没有做什么准备，就只是到那个班里去让他们做了四道混合运算的题。第二天，我上的就是“错的研究”。这个课听起来是很朴素的，既不用准备，也不用什么课件。那次课是吴老师带我去上的。听完课，她说我上了一堂哲学课。就我个人而言，我真不知道是什么时候就有特色了。但从别人角度看来，我的课好像比较新鲜，有特色。

听过我的课的学生也会说：“俞老师上课很有特色。”有些学生长大了还给我寄明信片，这让我很感动。有个学生在明信片上说：“我很庆幸曾经做过您的学生。”哎呀，看见学生这么说，我真的很高兴。为此，我高兴了很久。

还有一次在杭州给名师班上课，当时有个女教师站起来说：“俞老师，我听过您三节课。您的课呢，一开始听的时候，也觉得没什么。既没觉得不好，也没觉得特别好，但是回去后老是想着您的课，想啊想啊，就觉得特别好。”我听了之后特别感动。我说：“你今天对我的表扬是本年度让我最高兴的一个表扬。”为什么呢？因为能把一节课上得让人家回去琢磨，慢慢去想并且还想出了味道来，我觉得这是给我的一个很高的评价。你说我想形成什么特色吗？

资料库4-2

什么是教学风格?①

国外学者的观点：

1. 雷朱里（Joseph S. Renzulli）和史密斯（Linda H. Smith）认为：教学风格即教师所偏好的教学方法，它很少因教学内容、教学对象的变化而变化，表现出持续一贯的稳定性和鲜明的个性特点。

2. 菲奇（Louis Ficher）夫妇认为：教学风格与教师使用的教学方法虽然有联系，但有所不同。教学风格是指运用教学方法对学生进行教学时所表现出的稳定的方式。

3. 邓恩（Dunn）夫妇认为：教师的教学风格可以分解为八个主要方面：教学设计、教学方法、学生分组、课堂环境布置、教学组织、评价技术、教学管理和教育思想。这八个不同个别化程度的教育要素在教师身上的不同组合，构成了教师独特的教学风格。

4. 康蒂（Cary Conti）认为：教育思想、教育价值观要转变为课堂行为必须通过教师独特的教学风格这一中介，因此教学风格被看做是教师在某些特定的教育价值系统影响下所做出的一系列行为。

5. 道尔西（Dowersey）认为：课堂教学风格是一种共同的、具有独特性的基本特征。它的形成特别明显地受到某一教师所处的时代、所属的民族以及他们的思想类型和年龄组别的影响。

6. 德·朗特里（De Launtlay）认为：教学风格通常指教师与学生之间建立不同的关系和建立各种社会风气的方式方法。

7. 穆斯卡·莫斯顿认为：教师为了选择最合理的教学行为与学习行为的相互作用，必须识别存在的各种决策范型，了解每种范型中的特殊决策以及各范型之间的关系。而这种决策范型即可称为教学风格。

---

① 李如密. 教学风格论［M］. 北京：人民教育出版社，2002：24-26.

国内学者的观点：

1. 邵瑞珍认为：教学风格是在达到相同的教学目的的前提下，教师根据各自的特长经常采用的教学方式方法的特点。

2. 张翔认为：教学风格是合规律性和合个性的教学艺术活动的凝聚物或结晶品，是教师教学个性的核心。

3. 程少堂认为：教学风格是教师有意无意地，在适合自己个性特征、思维方式和审美趣味的教学理论指导下，经过艰苦地反复实践，而最终形成的一种独具个性魅力又具有稳定性的教学风貌。

4. 李林生等认为：教学风格是指对本学科具有坚实的基础、广博的知识并在丰富的创造性的教学实践中，所体现出的与众不同的处理教材、组织教学、出色地进行课堂教学的艺术技巧，它是教师的学识水平与教学艺术的完美的统一标志。

5. 王北生认为：所谓的教学艺术风格，就是教师在一定的理论指导下和长期的教学实践中逐步形成的独具个性的教学思想、教学技能技巧、教学风度的稳定性表现。

6. 魏正书认为：教学风格是教学规律和教学个性在教学实践中的高度统一。一般说来，构成教学风格的主要因素有以下几点：独特的教学思路、独特的教学方法体系、教学情境富有启迪性和感染力、鲜明的教学特色。

7. 卢真金认为：所谓的教学风格就是教学艺术家所特有的，在教学活动整体中重复地表现一种“韵味”“格调”“风貌”的表现方式。它是艺术家精神风貌的个性和教学技能技巧的特色相结合的产物，是教师创造性、艺术性和教学活动的结晶。

8. 李如密认为：所谓的教学风格，是指教师在长期教学实践中逐步形成的、富有成效的一贯的教学观点、教学技巧和教学作风的独特结合和表现，是教学艺术个性化的稳定状态之标志。

其实我从来没有想过要形成什么特色。我追求的是，我们应该把数学的东西给学生。数学不仅仅是计算，不仅仅是问题解决。我们应该把数学的感觉给学生，把数学的观念给学生，把数学对人的影响给学生。这样呢，我就会上出一堂比较有意义的课。

访谈手记

一个人如果刻意地去追求，或许也能形成某种教学风格。但是俞老师从来都没有刻意地去追求什么教学风格，直到今天他成为一个名师，他对自己的风格的认识也处于一种“口欲言而未能之貌”的状态。他的教学风格是伴随着他的个人年龄的成长和心智的成熟慢慢形成的。岁月的流逝，虽然带走了很多记忆，但对一些本质的东西，俞老师心里还是很清楚的，比如教学要把数学的东西给学生。

◎“就做我自己”

【访】您那么崇拜苏霍姆林斯基，有没有立志要做苏霍姆林斯基那样的老师？

【俞】有个老师曾说，要做魏书生那样的老师。我听了就觉得好笑，为什么要做魏书生，你就做你自己好了。（笑）我觉得人嘛，就做自己好了。好也是自己不好也是自己，不去做别人。我们也做不了别人。人跟人各方面的条件不一样，我们是做不了别人的。所以，我经常给老师们讲，你们去听课，千万不要照搬照抄。

有一次，有个老师让我去听他的课。他上完课之后，让我给他评课。听课的时候，我就觉得这课上得别扭。于是，我就说，这课哪里不好。讲着讲着，他的脸色就发生变化了，眼睛也睁大了。我就问他：“你想干什么？”因为他不正常了嘛。他说：“俞老师，我这课上得真有这么差吗？”因为他想拿去上公开课的，如果真的这么差就不能拿出去上了。总之，是混杂着各种情绪的了。我也很坦诚，就说：“是啊，是这么差啊。”他说：“你知道这节课是谁上的吗？”我说：“是你上的，还是别人上的？”他说：“是吴正宪老师上的。”他把它搬过来了。吴正宪老师是北京一位很有名的小学数学特级教师。她在宁波上了这节课，这位老师去听了，这次就照着学了，准备拿去开公开课。就是这么一种情况。

我说：“难怪了。吴老师是什么老师，你是什么老师？老师和老师不一样，第一，她的材料对孩子的驾控和你是不同的；第二，她是女的你是男的，女性的课有一种女性特征，那你怎么模仿得来呢？第三，你的学生和她的学生不一样；第四，你的环境和她的环境也不一样啊。所以，不一样的人不一样的环境，你怎么能学得来呢？”他说：“那你说我怎么办？”我说：“你就做你自己，不要照搬。把你做得好的，和学生好好磨一磨，拿出你最好的一面来。”这次听课评课，不但对这个老师很有启发，对我也很有帮助。

访谈手记

在戴尔·卡耐基[①]看来，盲目模仿他人是人性的一个弱点，所以，在《挑战人性的弱点》一书中，他忠告人们要“保持自我本色，不要盲目模仿”。

俞老师说“就做我自己”强调的也是要秉持本色，发现自我，完善自我。这种观念很容易让人误解，似乎做自己就不用向他人学习了。事实上，俞老师是很善于向别人学习的。他只是不赞同照搬照抄，不喜欢照着葫芦画瓢罢了。

尤其要做好常规课的教学，更应该首先向前辈们学习。在我国中小学都有“师傅带徒弟”的传统，这是我国中小学教学的优良传统。然而，不是所有的人都有机会跟着名师学习的。能拜名师为师，跟着名师学习的人其实是很幸运的。俗话说“名师出高徒”。跟着名师学习的人都是从模仿自己的师傅开始的，哪怕就是照搬照抄，依着葫芦画瓢，都是一个很严格的训练过程。这个过程结束了，从教的起点自然就提升了。

像俞老师这种没有师傅指导的人，如果不凭借自己的聪慧和勤奋，是很难脱颖而出的。

---

① 戴尔·卡耐基（Dale Karnegie，1888—1955），美国著名的心理学家和人际关系学家，美国现代成人教育之父、人性教父、人际关系学鼻祖，20世纪最伟大的成功学大师。他的著作风靡全球，几乎所有的语系都有他的著作译本。卡耐基在实践的基础上撰写而成的著作，是20世纪最畅销的成功励志经典。他的作品被称为“人类出版史上第二大畅销书”。卡耐基的主要代表作有：《沟通的艺术》《人性的弱点》《人性的优点》《美好的人生》《快乐的人生》《伟大的人物》和《人性的光辉》等。

◎ 把课上出美的味道来

【访】您认为数学课堂教学艺术的最高境界是什么？

【俞】就是要把课上出美的味道来。

【访】能具体谈谈吗？

【俞】简单说就十二个字：朴素的，安静的，悠闲的，灵性的。

俗话说："静能生慧，宁静以致远。"数学是思维的体操，思考需要集中注意力，一个安静的数学课堂能够把学习干扰减到最少。

现在，数学课比较提倡"做中学"，强调经历体验、合作。这样，我们的数学老师会在课堂中安排一些讨论、操作、活动等环节，在这些环节中必然会产生许多的声音，课堂怎么能安静呢？

这里有个问题：就是如何理解安静。安静并不是没有声音，安静是一种心态或者说神态。我们到运动场上去，我们会在长跑运动员身上发现他们跑得很安静，因为他们的跑步节奏很有韵律，好像不会疲劳；我们到音乐厅去，我们会发现音乐很安静，静到让人听了就不想起来；我们看舞蹈的时候，我们会发现舞跳得很安静……其实，安静是不排斥声音与操作的。

【访】那么，如何才能创设一个安静的数学课堂呢？

【俞】首先，以安静的教师魅力给学生一颗安静的心。

什么是安静的力量？我们经常发现，有的老师往讲台上一站，下面就一片安静了；眼睛一扫，教室里静得连掉一根针都听得见，这就是安静的教师的魅力。

安静有种种不同的安静：沉于思考是一种安静，乐于等待是一种安静，惊于恐怖也是一种安静……不一而足。对数学学习而言，我们需要的当然是一种轻松的、安全的、处于等待与思考的安静。教师的安静力量源于教师本人给学生带来的安全保障（学生不会因为教师而处于心理紧张之中）、情感期待（学生乐意等候教师的教学任务），教师的安静力量通过教师的形象、语言传达给学生。因此，有的老师虽然笑眯眯的，学生见了却不一定能静下来。有的老师可以用短短的几句话，让处于激愤中的学生的情绪平静下来。因此，数学教师在走进数学课堂之前，给自己一个平静的心情、安静的形象，会有助于给学生一颗安静的心。

其次，用有思考价值的问题统率数学活动。

数学活动越来越得到数学教师们的重视，因为活动符合小学生的认知特点。教师在数学课堂中组织的数学活动形式也是丰富多彩的，比如剪一个对称图形这样的操作性活动，比如圆周长与直径是几倍关系这样的合作探究活动，比如更多的小组讨论。这些数学活动在给课堂学习带来活力，提高学习质量的同时，也带来了另一个问题：使课堂容易变得嘈杂、不安静。因此，在课堂上，有许多老师面对新理念下的数学课堂，感到活是活了很多，可也乱了不少。乱，换言之就是不够安静。安静始终是数学学习所需要的。从这个角度来说，课堂中的数学活动对于数学学习质量而言，也是一把双刃剑，用之好，则好；反之则糟。好与不好之间的关键，在于数学教师是否用具有思考价值的问题去统率数学活动，理由有二：

第一，这是数学课堂中数学活动的目的所决定的。为什么要在数学课堂中设计数学活动？因为我们要让学生通过数学活动的经历与体验，达到对某个问题的认识或理解。因此，没有问题的数学活动就不是数学活动了，基本上可以认为是课间活动，调整学生的疲劳状态。

第二，具有思考价值的问题有利于教师进行数学活动的组织。如果数学活动没有具有思考价值的问题，活动对于学生缺乏吸引力，学生成了为完成活动而活动，活动失去了神，徒有活动形式，学生就会急躁起来。

访谈手记

《乐记》上说："人生而静，天之性也。"这是从人的本性上说，人天生是静的，动则是欲、是求。

苏霍姆林斯基在《给教师的建议》里提醒人们："如果少年的脑的'情绪区域'长时间地处于兴奋状态，兴趣就会消失，疲劳和漠不关心的态度就会来临。""讲课当中过分地追求激动人心的、鲜明的、形象的东西，会使得少年过度兴奋（喧哗、手舞足蹈），这时教师就不得不提高声音，压倒学生的喧闹声，而这么一来，则使学生更加兴奋。"①

保持安静也是一种修养。在公共场合大声喧哗是很没有教养的表现。

---

① 苏霍姆林斯基. 给教师的建议［M］. 杜殿坤，编译. 北京：教育科学出版社，1984：229－230.

总之，热热闹闹的课堂既不符合人的天性，又损害学生的情绪健康，还达不到良好的教学效果，使孩子缺乏教养。这样的课堂教学是不值得去追求的。

美的课堂首先应该是安静的，这是教学的基本常识。当然，让课堂安静下来依赖于教师高深的教学素养。

【访】那什么是朴素的数学课堂呢？

【俞】有位老师上“小数的认识”这一课时，创设了一个超市的情境：音乐配上琳琅满目的商品，甚为生动，最后画面定格在一块价格标签上，引出课题：“你认识这个标签上的标价吗？”

小小的一个情境，我们可以想象教师拿着摄像机去拍摄，拍好后制作成课件，充分展现了教师所付出的精力。如果我们换个角度来看，这个课件所创设的情境对学生的学习起到了什么作用呢？如果教师就拿着一个铅笔盒以及铅笔盒的价格标签，问学生：“认识这个标签上的标价吗？”这样的结果是否一样呢？换言之，如果能够用一个苍蝇拍打一只蚊子，我们有必要用一颗导弹吗？

现在的数学课堂有两种趋势：一种是趋于豪华。在一节数学课中，什么都追求最好的，小小的一个情境，声、光、电都用上，短短的40分钟，什么组织方式都来一遍，最后，数学的精髓淹没于形式的繁华之中。另一种是趋向于简陋，简陋到最基本的演示讲解都省略了，从头到尾就“复制”例题，学生学得很辛苦。这两种趋向有时候往往表现于同一位老师身上，豪华的是对外的公开课、展示课，什么压箱底的活儿都拿出来；简陋的是平常的课。所以，有的学生会在私下里称自己的老师是两面人：有人听课的时候，是一种老师形象；没人听课的时候，又是另一种老师形象。

因此，我们提倡数学课堂中的朴素美，始终如一的朴素美。朴素到课堂中只剩下数学学习，数学学习需要怎样就怎样，不因课的功利而改；不需要讨论的时候，绝不会因为一节课中还没有讨论而特意安排一次讨论；不需要电脑演示的时候，绝不会因为意在使用现代教育设施而增加演示环节。

数学课堂的朴素缘于教师人格的朴素。

访谈手记

艺术的最高境界就是自然朴素，不饰雕琢。

一般地说，上公开课就像演员登台演出，不浓妆艳抹地盛装出场，似乎效果总不太好。所以，那些堆砌了各种繁华形式的课，让人看着就像化着浓妆的女子，这是很正常的。

在舞台上，只有那些天生丽质的人才敢素面朝天地面对观众。所以，课堂要朴素得很有内涵也是一种功夫。

【访】悠闲的数学课堂又是什么意思呢？

【俞】悠闲是一种节奏，一种比较放松的、充满信心的，又与拖沓无缘的节奏。

通常我们在研究课堂学习的时候，会要求动静结合、张弛有度、环节的处理上详略得当等，所有这些，其实都在表达对课堂学习节奏的要求。学生会说这节课感觉真长、这节课怎么这么快就下课了、这节课好累，等等，也是在描述课堂学习的节奏。可见，课堂节奏对于师生都是十分的重要，它关系到一节课对于人的舒适水平。

【访】如何把握好课堂节奏，使得师生之间的学习达到悠闲这样一种状态呢？

【俞】首先，教师在课堂学习前要做好充分准备，准备主要包括两个方面：

一个是作为备课层面的准备，主要解决学生学习数学材料的过程设计问题。过程设计符合学生的认知能力与习惯，学习过程就会轻松、自然，显出一份悠闲。反之，学习过程如同听质量低廉的收音机，吱吱喳喳，不舒服。比如，以“生活中的负数”的新授部分为例，我们来比较一下这样两个教学设计的特点：

【教学设计一】

教师先让学生玩“剪刀、石头、布”，让学生体会“输、赢是一对相反的概念”，然后要求学生以自己认为的最好方式表示教师提供的信息。

教师出示材料：

足球		学校		收入	
上半场		去年		五月份	
下半场		今年		六月份	

上半场进球 2 个，下半场失球 2 个。

去年调进 2 人，今年调出 1 人。

五月份赚 5000 元，六月份亏 1000 元

教师进行讲评，比较各种不同表示方法，看能否发现用正号“+”和负号“-”来表示。最后再研究温度的表示方法。

【教学设计二】

教师先要求学生写出一个比 2 更大的数，根据经验学生能写出无数个比 2 大的数。然后再要求学生写出一个比 2 更小的数，根据学生的生活经验，能够写出比 0 小的数为“-1”等。第三个环节讨论：你从哪里看到过这些数（比如“-1”等）的运用？它们表示什么意思？最后也是研究温度的表示方式。

实际教学时，这两个设计都是可行的。第一个设计呢，以一个小游戏激起学生关于输赢的认识，通过学生对同一材料的不同记录来寻找学生的认知起点，从而引出生活中的负数进行研究，其设计不乏匠心。

第二个设计则从写数开始。写一个比 2 大的数，人人都会。可是能写出最大的数来吗？写不出的嘛。接着写比 2 小的数，通常小朋友能写出 1 和 0。那么还有比 0 更小的数吗？这就开始向学生的个人知识延伸了，有的学生说还有“-1”“-2”等。

比较起来，我就觉得第二个教学设计显得更简洁，教学起来效率更高，也更从容。这就是一种悠闲的教学。

第二是作为上课层面的准备。有了比较好的教学设计，如果上课的准备工作不充分，课堂学习也不可能悠闲的。我们经常会发现有的老师在上课前认认真真地准备学具，写好小黑板；有的老师上课铃响了，匆匆忙忙地跑进课堂。那种神闲气定与气喘吁吁的对比，对学生的学习影响是巨大的。

有了充分的准备，课堂的悠闲就有了基础，但课堂学习始终是动态的，它有可预设的一面，也有不可预设的一面。因此，在课堂学习过程中，教师对课堂生成的把握也是十分重要的，悠闲是一种信心，同时也是一种包容，把学生在学习中发生的任何异常都视为正常，并加以引导，显示出教师的教育力量，悠闲才会真的出现在我们的课堂中。

资料库 4 –3

教学风格类型谱系①

- 教学风格
  - 适应性教学风格
    - 学段性教学风格
      - 小学教学风格
      - 中学教学风格
      - 大学教学风格
    - 学科性教学风格
      - 文科教学风格
      - 理科教学风格
  - 主体性教学风格
    - 单一性教学风格
      - 理智型和情感型
      - 表演型和导演型
      - 庄雅型和谐趣型
      - 谨严型和潇洒型
      - 雄健型和秀婉型
      - 蕴味型和明畅型
    - 综合型教学风格
      - 中间型教学风格
      - 浑融型教学风格

第Ⅰ级分类　　第Ⅱ级分类　　第Ⅲ级分类

① 李如密. 教学风格论［M］. 北京：人民教育出版社，2002：71.

访谈手记

身心放松，动静结合，张弛有度，信心满怀，这样的悠闲可不是初涉教坛的人能做得出来的。

【访】灵性的数学课堂又是指什么呢？

【俞】灵性，是智慧之光的闪现。在数学课堂学习中，最令人激动、最令学生难以忘怀的就是学习中的灵性了。这灵性，并非属于某些人独有，它是属于每个参与学习中的主体的。课堂上没有灵性就不好玩了。看到学生在课堂上绽放出了灵性，那一刻，我就觉得自己真是太幸福了。难道还有比看到学生绽放灵性更幸福的事情吗？

有一次，我教二年级“两位数加法”。在做练习过程中，我请了两位小朋友板演，其他小朋友在作业本上做。做完后讲评，黑板上两位小朋友都做对了，我正准备下一环节，有一位小朋友提出了异议：“黑板上的题目是错的。因为他做的时候我正看着，发现他的和是先写十位，再写个位，因此是错的。”另一个小朋友嘀咕：“老师又不知道我们先写什么，只要对就行了。”有个学生接着问：“我们口算的时候就是先算十位的，为什么笔算要先写个位，不是先算十位呢？”学生还说：“我们写数的时候是先写十位，再写个位，比如16先写1，再写6，和是一个数，当然先写十位，再写个位。”学生就这样七嘴八舌的，引发了一系列很有意思的话题。小朋友的思考多有灵性啊，上这样的课是很幸福的。

访谈手记

什么样的教师才能让学生的灵性在课堂上绽放？或许只有像俞老师这样有灵性的教师才能做得到。

美的课堂是多种多样的，有安静朴素悠闲的，也有热烈奔放充满激情的。俞老师给我们描绘的安静的、朴素的、悠闲的和灵性的课堂就像一幅中国画，透着一点古典的淡雅气质。

不管创造什么样的课堂美，都需要教师具备深邃的教育思想、高超的教学技艺和成熟的教学风度。

不论是什么样的美，最重要的还是让小朋友和教师自己都能享受到知识学习的快乐与幸福。

2002—2007　悟道有乐心自足

俞老师说，前一个16年他努力做了一个好老师，他准备再用16年时间做一个好校长。长期的教育实践坚定了他“改变自己，影响学生”的信念。

俗话说：“三十而立，四十不惑。”人说，不惑之人最近佛性。信佛的人又讲究“悲智双修”，意思是指从智慧上求得绝对的自由，从悲悯上求得绝对的爱。

已近40岁的俞老师的骨子里就渗透着这么一种佛性。站在事业的顶峰，他是那么的淡定从容。物质生活再也不能束缚和奴役他精神上的执著追求。他对所有的人感恩，既包括帮助过他的人，也包括伤害过他的人。总之，无论做什么他都能自得其乐，无论对什么人他都心存仁爱。

这可不是一步就登上来的

第五章
努力做一名好校长

苏霍姆林斯基说：“要把学校领导好，意味着要精通教育学，并使这门科学成为科学地领导教育和教养以及组织全校师生活动的基础；意味着要成为教学教育过程的能手，要掌握影响儿童和青少年的艺术。”“学校领导人只有不断完善自己既作为教师又作为教育者的技艺，才能充当教师和学生的优秀而有威信的指导者。一个好校长，首先应当是一个好组织者、好教育者和好教师，不仅对上自己的课的孩子来说，而且对全校学生和教师来说都应如此。”① 显然，对校长的素质要求比对教师的高，因此，做一名好校长就比做一名好教师更难。

---

① 苏霍姆林斯基．帕夫雷什中学［M］．赵玮，等，译．北京：教育科学出版社，1983：1．

俞老师由教师角色向校长角色的转型始于2000年，开始是浙江金华师范附属小学的副校长。做副校长期间，他和当时的校长搞了一个至今谈起来都还很得意的改革——

◎ 三好学生由“评比”变“申报”

【访】在做金师附小副校长期间，您有什么成绩啊？

【俞】要说有什么成绩，就是当时我和我们校长合作搞了一个评“三好”的改革。这个改革的影响挺好的。《浙江教育报》对此有整版报道。那时，学校评三好学生都是有名额限制的，总是5%或10%的比例。这样呢，就始终都是那几个学生当“三好”，别人怎么努力都是没机会的，除非那几个学生中有人转学转走了。这种做法就给小朋友一种认识，就是“我努力了也是没用的”。这是很糟糕的。后来，我们就把评“三好”改成申报制。我们从小培养小朋友这样一种想法，就是“只要努力了，目标就能实现”。

现在，我在站前小学就沿袭了这种改革，把三好学生评比制改成申报制。一开学我们就定个“三好”的要求，比如德、体、智，都有一个目标要求。期末结束的时候，学生自己对照着标准，检视自己的表现符合哪个标准就申报哪个，没有任何比例限制。只要你做到了，同学们认可，老师认可，就行了。这个制度就是要给小朋友树立这样一种信念：只要我努力了就一定做得到，就能取得这个荣誉。

【访】要是往上报呢？

【俞】比如区级三好学生往上报的时候，我们再比较。但至少在校内改变了一些东西。我们校长想让更多的小朋友把奖状带回家去。我就想办法落实。最后，就想了这个办法。做了之后，影响也很大的。我自己也觉得这个办法很人文。

访谈手记

形式的变革反映了评价观念的变革。评“三好”的时候，操控评比权的人就显得很重要。申报“三好”呢，主动权在孩子，因为目标是公开的，先摆在那里的，最后达到什么样的目标取决于孩子付出的努力。评“三好”的时候，同学之间是竞争关系；申报“三好”呢，同学之间没有了竞争，有了一个共同奋斗的目标，学生上进的动力源自自己。这是一个从官僚化管理向民主化管理的根本性转变。

由评比变申报，还改变了对学生的奖赏和激励机制。评比制度下，只有个别被评上的学生才能得到奖赏和激励，其他符合要求但没有被评上的学生就会很受打击。由于在条件相同的情况下，必须竞争有限的几个名额，所以又会产生一些不公平的竞争现象，比如学生家长为孩子争“三好”贿赂老师等。而申报制度呢，虽然奖励的也是个别达到目标的学生，不是全部，但它不但不会打击学生上进的积极性，反而会激励所有的学生主动要求积极上进，因为制度本身保障了这条信念，即“只要我努力，就能达到目标”。评不上“三好”的人，也只能归因为自己不努力。总之，长进由学生自己来定。这就从制度上为培养学生自立、自强和自信的品质打开了通道。原有的教师与学生之间、学生与学生之间不协调的关系一下子就理顺了，同时还避免了家长贿赂教师这样的不良现象发生，在学校弘扬了正气。

◎ 做薄弱学校的好校长

【访】您说，到胜利小学做校长收获很大，都是什么样的收获？

【俞】胜利小学本来是一所百年老校，也有一定的社会影响力，它怎么就沦为现在的弱势学校了呢？我思考过这个问题。它使我对弱势学校和教育均衡的感受加深，积累了一些管理经验，提高了管理能力。

我觉得，教育行政部门缺乏科学的规划管理是胜利小学衰败的一个重要原因。这个学校的校舍年代已久，需要维修。有关部门就说别修了，换个地方建新校吧。结果呢，若干年过去了，新校的影子没看着，老校也衰败得不成样子了。再加上大环境对教育的冲击，教师纷纷流失。学校就在等待中失去了发展的机会。

给弱势学校选派一个好校长很重要。可以这么说，一个好校长能带出一批好老师，一批好老师就能吸引一批好学生，好学生后面又有一批好家长。这样学校的人气上来了，自然也就支撑住了。弱势学校的校长不好做。因为学校自身条件不好，校长就必须有人格魅力，愿意为学校、学生和教师做出一些牺牲，营造一个好的氛围。

【访】我们都知道，现在的名校长基本上都出自所谓的重点学校，您说在薄弱学校怎么做一个好校长？

【俞】其实在弱势学校照样能做一名好校长。弱势学校一般基础条件差，经济实力弱，社会资源相对贫乏，它给校长提出的挑战更大。在弱势学校当一名好校长，靠的是智慧。他必须考虑如何依据实际情况，扬长避短，点燃教师心中的希望之火，激发教职工的积极性，提高学校的凝聚力，让学校充满生机和活力。

访谈手记

俞老师的管理能力在胜利小学得到了验证。因此，仅一年半的时间，他就被调到成立不久的站前小学，和站前小学的老师们一起开始了艰苦的创业。

◎ 让老师们在合理的范围内工作

【俞】我当校长之后，有个老师每天都6点半回家，应该说是一个很用功的老教师，但我始终没表扬他，从来不表扬他。第二年，他就对我说：“我身体很差。每天工作都到6点半，身体也搞坏了。”我就说：“学校会照顾你的，但你不能提太多的要求。你是个好老师是对的，但是我不想表扬你。一个人就应该按时回家去，在适当的时候把适当的活做好。学生离开了你，还是学生。你的家人离开了你，家就不像家了。不要把自己的工作看得过于重要，其实对你的家人和孩子来说，你最重要。”

一般地说，我管理学校的一个原则是：不要让一些好老师做得太好，也不能让一个差老师做得太差。因为好老师太好了，学校是对不起他的，他也是人啊，凭什么让人家奉献那么多呀。差一点的老师呢，要让他守住底线，不能太差了，误人子弟是要犯罪的。所以，我做校长就给老师们设了这两条线，目的是让老师们在合理的范围内做事。这是我的一个想法。这也是以前我做老师的时候的想法。做老师时的想法又影响到我做校长的想法。

所以，我觉得，学生让我进步，成为一名好老师。做一名好老师的经验又帮助我成为一名好校长。就这么一些事件积聚起来，促进着我的进步。

访谈手记

“不能让好老师付出太多”，“让老师们在合理的范围内做事”，这多少体现出做了校长的俞老师对下属的关心和体贴是很质朴、很温暖、很人性的。

在各行各业的光荣榜上，我们能经常看到这样的模范：他们忘了回家吃饭，忘了自己身体有病，忘了家里还有父母要照顾、妻儿要关怀，他们全身心地扑在工作上，工作就是他们生命中的一切。

我们还会想起俄国文豪托尔斯泰。法国著名传记文学作家罗曼·罗兰称他是“俄罗斯的伟大心魂”。可在他的妻子看来，这个“伟大心魂”则是极端的利己主义。在一次孩子重病不愈的时候，这位可怜的妻子给她伟大的丈夫写过一封信，来诉说与一位伟大的人道主义知识分子打交道时的愤懑。她说：“我最小的孩子还未痊愈，而我自己又是那么虚弱、可怜。你和苏塔耶夫也许并不特别爱你们自己的孩子，但我们这些平凡的人，既不能够也不希望扭曲我们自己的情感，或以向整个世界表白爱心之类的东西作为对个人缺乏爱心的正当理由。”①

俞老师这个观念及做法的意义也许就在于：不扭曲普通人的情感，教师们就能拥有一种正常的幸福生活。

◎ 让俞老师感到得意的校训

“校训乃一校之魂，原本是学校校长讲话中的关键词语，因为既有底蕴又有实效，所以被一代一代的教师和学子们传递下去，时间一长，就成了约定俗成的话语，这就是校训。

校训，作为一个标尺，激励和劝勉在校的教师和学子们；即使是离开学校多年的人，也会将校训时刻铭记在心。校训也能体现学校的办学原则与目标。同时它也是一种文化，是一种面向社会的精神标志，能为学校起到一定

---

① 保罗·约翰逊. 知识分子［M］. 杨正润，等，译. 南京：江苏人民出版社，2000：143.

的宣传作用。有些校训还对其本校的创建历史或文化背景有所反映，包含着较多的信息。”①

站前小学的校训是：尊重规则，分享自由；改善自我，关怀世界。

【俞】我觉得我们的校风还是挺好的。我们的校训是16个字：尊重规则，分享自由；改善自我，关怀世界。

我一直在想，我们到底要给小朋友什么呢？小学六年后，我们让小朋友带走一点儿什么东西呢？我想了很久，觉得就给他们这些东西吧，就是这16个字。

这16个字中的前8个字：“尊重规则，分享自由”，“尊重”和“分享”，“规则”与“自由”都是矛盾的。懂得尊重人，学会分享，世界就会和谐。这8个字解决的是和谐问题。不和谐都是因为这两对矛盾没解决好才有的。只有“尊重”，不能“分享”；只有“规则”没有“自由”，这个世界还不够和谐。

“改善自我，关怀世界”也是一对矛盾。“自我”和“世界”是矛盾的。我们凭什么去关怀，就要让自己有能力；怎样让自己有能力呢，就要改变自己。人能够改善自我就能够关怀世界，这就是“有为”。所以，这16个字就是要我们的小朋友学会和谐世界，学会对世界有用。这就是我想给小朋友带走的一种东西。

这个理念同样适合于老师。我要求我们的老师也要做到这16个字。一个人能力大，他的世界就大，比如胡锦涛主席，他的世界是天下，他关怀天下。我们老师能力小，就关怀一个学校。小朋友没有什么能力关怀家庭、关怀天下，他哪怕关怀他周围，也是关怀世界。一棵小草就是一个世界嘛。

所以，小朋友要学会关怀，在关怀中体现价值。这个校训是我对学校的意义的概括。这是我自己写的，我还挺得意的。

访谈手记

一所学校的发展体现了校长的智慧。俞老师给自己的学校拟定的校训充满了哲理，它已渐渐成为站前小学全校师生员工信奉的价值观念和行动原则。

---

① 百度百科：校训［EB/OL］.（2007-05-21）［2007-10-16］. http：//baike. baidu. com/view/476424. htm.

俞老师就像一个道德领导型的校长①，他使追求进步和创新精神在学校日常生活中制度化。他把学校的发展目标、价值观和价值认同放在至高的位置上。学校有一个统一的精神追求，校长、教师、家长和学生都在这些精神力量的号召下，团结一致，共同奋斗，形成积极向上的合力，营造一个良好的育人环境。

◎ 怎样让鸡蛋变小鸡?

【俞】我现在做校长，没法改变校外的环境，我就改变校内环境。我不能改变学校的全部，我就只改变教师的课堂，让小朋友变得稍微不那么辛苦。

我经常打个比方来说明我是怎么来改变教师的课堂的。我是把课堂当做一个鸡蛋，这个鸡蛋呢要变成小鸡，我们不能钻到鸡蛋里面直接去叫它变成小鸡，我们只能改变它周围环境的温度，让鸡蛋自己变成小鸡。所以，要让教师自己来改变课堂，不要强迫他来改变。只有当教师发自内心来改变的时候，那个改变才是适合他能力的，才会有真正的改变。

【访】您这个比喻，我觉得对从事教育行政管理的人应该很有启发。教育改革不能直接插入教师的课堂，要求老师怎么怎么做。比如教育部就着力改变全国的教育环境，省教育行政部门则改变省里的环境，校长就改变学校内部环境，课堂就交给教师自己，学生内心的改变就靠学生自己来改变。

【俞】你把我这个改变环境的想法给扩大了，很好。我们有很多校长都是到课堂上去要老师怎么上怎么上。怎么不想想，你的方法不适合他的，这可不是生产线啊！这可是教育的问题。这就像医院一样，比方说医院乱收费问题，不要去怪医生，不要拿院长开刀，先把你的投入投进去，改变环境嘛。改革的第一阵风吹过去，第二阵风吹过去，第三阵风吹过去，也许第四阵风吹过，它就发芽了，有效果了。这个才是根本的问题。

【访】看来光指责是没有用的。现在社会对教育有敌意，从事教育的环境就不太好。人们普遍对学校不信任。就好像有病要去医院看，但又不信任医

---

① Fred C. Lundenburg，等. 教育管理学理论与实践［M］. 孙志军，等，译. 北京：中国轻工业出版社，2003：32－33.

生，这病怎么能治得好呢？

【俞】是啊，病人到医院看病的时候，医生就想，你既然不相信我，他就问你："得的什么病啊？要开什么药啊？"（呵呵）整个倒过来了。

如今一些学校也是这样的，就知道讨好家长。"你们要什么？英语吗？好！就开英语吧。"家长是不懂教育的呀！医院里，医生也只能这样做。药开多了，你说我骗钱；开少了，你又不相信它能治得了病。有时我觉得现在人怎么都这么傻呢，都是不懂的人说了算哩。这世界真是乱了套了！

关心孩子，就要改变温度。改变温度是个艺术，它需要等候。现在的问题是，第一不肯等候，没有时间等，这是一个很大的问题；第二没有宽广的胸怀。有的学校评价某个校长，说他好是因为他深入课堂。我呢，从来不去听课的。如果按这个评价体系，那我就不是一个好校长了。可我宁愿你说我不好。有些学校让学生评价老师，我就不会找学生评老师。有的老师上课比较认真，有的老师上课比较随意，不管怎样，我都不能放弃对老师的信任。我从来不找学生开调查会。

【访】让学生评价老师，感觉就像是让学生来监督老师。

【俞】是啊，这是对老师极大的伤害。你不信任他也就罢了，还让小孩子给校长打小报告。总之，我觉得现在有很多新方法不符合教育规律，是不科学的，不过为了搞点噱头而已。

访谈手记

现在的教师最需要的，莫过于一份来自社会的尊重和信任，一个真正重视教育的社会环境。

"不管怎样，我都不能放弃对老师的信任。"这句话怎么听来就像一句悲壮的誓词，有一种沉甸甸的感觉。

◎ 管理学校要做好三块文章：读书、运动和休闲

【俞】我觉得一个学校要做三块文章，这句话是我从别人的书上看来的："读书，文明其精神；运动，野蛮其体魄；休闲，陶冶其性情。"这句话说得

太好了。我觉得学校就要做好这三块文章。这三块文章做好了，我们就对得起小朋友了。

我们的校训是总的指导思想，现在说的这三个方面是方法和途径。我觉得校园文化就是我对数学美的认识，就是那12个字，即朴素的、悠闲的、安静的、灵性的。我觉得我们的小朋友，第一要安静，不要整天浮躁，静能生慧；第二要朴素，什么都要朴素点，朴素了省力气，朴为天下重嘛；第三悠闲一点，不要匆匆忙忙的。我们学校尽量把学校的工作都安排得悠闲一点，没有说突然做什么事情的，都很有计划。最后一个是要有灵性，不灵性是很无聊的，有灵性做起事来就不累。

我现在管理学校就是我从课堂教学上得来的那些东西，这都是一脉相承的。我把做老师时候的东西，慢慢扩大到学校里来了。以前课堂上的追求就是现在学校里的追求。以前我当班主任的时候，我是这样教我的学生的；现在我当校长了，我就把它扩大到学校里来。我当班主任的时候，就很注意小朋友的读书、运动和休闲。我觉得运动搞好了人都会长得快一些的。以前，有次晨会，我突然发现我班上的小朋友就比隔壁班小朋友高出一点来。为什么呢？就是因为我们班上的小朋友运动多。

【访】“运动”的文章您怎么做？不是有体育课吗？

【俞】体育课跟我没关系的。我就是带他们玩，玩就是运动了。

【访】“读书”的文章，您又怎么做呢？

【俞】“读书”的文章最好做了，大家说书就好了。我们就拿一本书来说，就是说和读，其他的我就不管了。以前，学生们经常到我办公室说书。我们每个礼拜不是有班队活动吗，我经常一节课拿出来说书。还有，和学生聊天的时候就说书。我有一篇文章，写的是如何观察学生以及和学生聊天，就是那个时候写的。那时我当班主任就做这些事情。

【访】那“休闲”这篇文章呢？

【俞】现在的人啊，我觉得很滑稽，动不动就搞课程。其实不用那么多课程的。比方说，我那些小朋友，五六年级的，他们星期六星期天会找我骑车、郊游，都要我跟他们去。我跟去，他们家长也放心。我不跟去，家长是不同意的。郊游是什么？是运动又是读书又是休闲。比方说去溜冰他们也来找我。就这么简单，不需要弄个什么课程出来的。

资料库5－1

组织氛围①

组织氛围是指组织内的整体环境质量。它可能指学校某个部门、学校建筑内或学区的环境。组织氛围可以用这样一些词来形容：开放的、繁忙的、温暖的、随和的、非正式的、冷漠的、非人性化的、敌意的、刻板的和封闭的。

① Fred C. Lunenburg，等．教育管理学理论与实践［M］．孙志军，等，译．北京：中国轻工业出版社，2003：65．

访谈手记

我曾在金华新闻网上看到站前小学的宣传语①：

安静的：绿树如茵的环境，安心乐业的教师，始终如一的理念与计划，营造安静的读书氛围，让全体师生静以生慧，宁静以致远。

朴素的：崇尚朴素之美，不奢华、不夸张，教师俭朴清廉，学生简朴勤劳。

悠闲的：教育无小事，凡事精心准备，不急不躁，成竹在胸。

灵性的：活泼健康，精力充沛，学校生活因充溢智慧而欢愉。

听了俞老师的一番解释，再来看上面这一段话，原本浮在脑海里的字眼，一下子具体起来了，一个一个都变得那么有分量。

美国学者凯利（Kelley）认为，“校长的职责之一是，创建并维护一种积极的校园氛围。在这里，老师们能安心工作，学生们能安心学习。因为个人和团体的价值观不同，每个人心中的良好氛围也不同。领导为改善氛围，需要处理好分歧、期望和现状的关系，最终的目的是为了提升学习环境。校长，最应该为一所学校的氛围负责，就像老师必须对他的课堂负责一样”②。

◎ 让老师和学校合作

【俞】在学校管理方面，我觉得还有一个事情挺有意义的，就是老师和学校的合作。一个是专业发展培训方面的合作。为什么呢，因为在我们小学，以前老师们出去培训都是学校派出去的，派出去呢，就有一个问题，就是老师等着派他去听课，从我自己当老师的经历来看，想去的时候派不到，派到的时候又不想去。所以，我们现在换了一下，到哪里去听课，什么时候去听，这个信息由学校提供。然后，老师自己选择，选择好了，你自己报，申报我

① 金妍．市区小学校长的“自荐”［EB/OL］．（2004－04－07）［2007－10－12］．http：//www. jhnews. com. cn/gb/content/2004 04/07/content_ 267779. htm.

② 转引自：托德·威特克尔，等．如何调动和激励教师［M］．田丽，等，译，北京：中国青年出版社，2007：112.

要到哪里去听教研活动，做什么培训，这个都是老师自主。费用呢就三七开，老师自己出三学校出七，外出培训的老师自己负担的费用就多些。这样的话老师出钱越多，学校贴钱就越多。这避免了两个问题，一是老师去参加自己不喜欢的活动；第二个，因为老师的流动性挺强的，我花钱培养了你，你走了，那么这个钱就白花了。现在是老师自己出钱了，学校的损失就小了些。学校又不像体育的俱乐部，没有转会制，转会的话我还可以收点费用。有时，老师走了，对学校来说，就是白培养了。那我现在培养一个人，你自己也是要出一点的，即便你跳走了，学校也不会损失太大。所以，这两个问题就能处理得很好。

第二个合作呢，就是在设备管理方面的合作。我们学校的器材很难保管，比方一台录音机，咔嚓咔嚓用完了，用破了他也不管。现在，我就这样处理：假设你要用录音机，我们两个一起买。你也要出钱，学校也出钱。东西归你，学校不管了。一个录音机你自己挑，你可以买一百块的，也可以买一千块的，你自己用起来舒服就行。学校出的费用就是一半，然后限高，最高不要超过五百块。比方说，录音机你要买两千块的，这太豪华了，学校只出五百块，多出一千五你自己补。这样一来，老师们把录音机都管理得很好。学校第一省了一笔开支，第二省了管理，第三省了修理。

我就是这样和老师们合作的。以后再发展下去，电脑什么的也都可以这样来搞。东西是你的，你调走可以搬走。我就这么多钱，然后你自己保管，你自己修理。我觉得非常好。

【访】真的不错。可是，要是老师们来一个走一个，学校的损失岂不是很大？

【俞】不用担心，总量差不多的。比方说，学校一下子买了 30 台机器，用个两年就全部给弄坏了，我这个钱也没有了。现在教师的流动也不是太大，一年顶多一两个。总体上看，还是省钱的。所以，我觉得这个方法很好，不是有个说法叫藏富于民嘛，这就是了。

【访】这也跟校长的观念有关。有的人喜欢老师来求他，这样可以让权力发挥作用。

【俞】呵呵，我这个校长现在是没有权了。什么人事权财权都没了，然后管老师的这点权也没了。本来嘛，你对我好点，我就派你出去。现在我一点权都没了。教师素质不好的话，我是一点办法都没有的。

所以，我就跟我的老师们说："我现在全靠你们了。你们素质好，就对我好点；素质差对我不好，我就全当没看见了。”我觉得我这个校长肯定是好校长。

那些老师呢，好的当然挺好的，不好的呢，我想他们慢慢会改变的。人，都是要求积极向上的。

访谈手记

管理学上有种Z理论[①]认为：如果你不能创造一个满足人们的个人利益，让人们在其中自然而然地做他们想做的事情的环境，那么你就总是在与个人利益斗争，并会限制和阻碍个人利益，你就永远不能获得高度的一致性和高生产率。

正因为俞老师照顾到了教师的个人利益，所以他在学校和教师之间建立了良性的合作关系。

管理大师彼得·德鲁克[②]认为：有效的领导并不做太多的决策，他们关注的是那些重要决策以及那些对组织有比较大影响的决策。有效的领导在组织决策上倾向于分权和决策分享。

不知道俞老师是否读过彼得·德鲁克的书，是否有有效领导的理论指导，但有一点是明确的，他有权力，但他不占有权力，而是利用权力，服务于学校的管理。他把责任和权力都分散下去，表面上看，他失去了权力，但他提高了学校的管理效能，建立了和谐的人际关系。

---

① Z理论由美国学者威廉·大内（William Ouchi）提出。他重点考察了许多高产出的公司以确定他们是否有共同之处，以及有什么共同之处。他提出了Z理论以解释这些公司成功的原因。他关注整个组织的文化，着重于研究将整个组织凝聚在一起并施以控制的组织文化的差异。把Z理论运用于学校，其特征包括信任、敏锐、亲密，共同管理和决策，有关计划、组织过程、预算制度、人际技能的培训；由个人利益驱动的动机，长远的回报，优质教育的重要性。参见：Fred C. Lunenburg，等. 教育管理学理论与实践［M］. 孙志军，等，译. 北京：中国轻工业出版社，2003：61.

② 彼得·德鲁克（Peter F. Drucker，1909—）1909年出生于奥地利首都维也纳的一个贵族家庭。他先后在德国和英国工作学习，1929年后在伦敦任新闻记者和国际银行的经济学家。1931年他获得法兰克福大学法学博士。1937年移居美国，终身以教书、著书和咨询为业，是当代国际上最著名的管理学家，被称为“大师中的大师”。参见：彼得·德鲁克. 卓有成效的管理者［M］. 许是详，译. 北京：机械工业出版社，2006.

◎ 来自工业管理的理论是不能拿来管理教师的

【俞】做了校长以后呢，我就研究激励理论。我发现我们的教育管理理论基本上全部来自工业管理理论，比如科学管理里的岗位管理、目标责任制、双因素激励理论，什么基于人性的 X 理论、Y 理论、C 理论、超 C 理论，等等，全部都来自工业管理理论。但是，你有没有想过那个管理的对象——工人，他和教师是不一样的。有什么不一样呢？我觉得工人的工作过程就像泰罗说的一样，是可以记录下来，拿来解剖的，比如你一分钟做了几个零件，质量如何，用了几个动作等。但是，这个东西拿到教师这里来的时候，教师的教学过程可是个黑箱，不可解剖的呀。他的产品也是不可度量的。基础不同，条件不同，理论能一样嘛?！这就是现在教育管理中最大的问题。动不动就量化，量化。教育上有些东西可以量化，但有些东西是绝对不能量化的。这又牵涉到对教育的界定。当时我在北师大学习的时候也跟其他老师聊过这个问题。

我觉得我的思考应该是比较对的。教师应该怎么管理呢，就是要加强道德管理。因为教师上课是黑箱，他用五分力气是一节课，用十分力气也是一节课，谁知道他用几分力气？最后支撑教师的还是道德，它跟功啊名啊利啊没关系。

我经常给老师们讲一个故事，叫“第十九层地狱”。这个故事讲的是，一个杀人放火的人被打入第十八层地狱，因为他什么坏事都干过了嘛。然后，他想这辈子肯定完了，于是，就躺在第十八层地狱的地上，心也灰了，永世不得超生嘛。突然，他听到下面有人在哭。他很奇怪，“什么人在哭？我已经是第十八层了，难道还有第十九层吗？”然后，他就敲地板问：“有人吗？什么人在哭啊？你怎么到第十九层了呢？你在人间干吗的呢？”地下的人说：“我在人间是教书的。”（哈哈）所以，我跟老师们讲，误人子弟在人世间是不犯罪的，但在上帝那里是犯罪的，而且是被打入第十九层地狱的。第十九层地狱就是为我们老师设的。我把这个故事讲给老师们听的时候，对老师们震动很大。人啊，总要坚守一个底线，人要有畏感，要敬畏生命。我们工作面对的就是生命，就是要敬畏这个生命。而且这个生命连着的是希望，说好听了是民族的希望，说低点是他父母亲的希望，不能糟蹋他们啊。

总之，好的管理就是，钱跟上去，师资培训跟上去，老师的健康工程跟上去。学校怎么照顾老师，老师们就会怎么照顾学生。有时，我也很喜欢当校长。为什么呢？因为原来我当老师最多影响 50 个小朋友。现在我当校长可以影响到 1000 多个小朋友。

我这个校长做了四年，家长口碑很好。那些家长跟我像朋友样的，他们都很喜欢我。有些家长跟我讲："校长啊，你的老师都不一定照你说的这样做得了。"我说："是的，但是，慢慢来，不着急。"

访谈手记

翻开教育管理方面的书籍，确如俞老师所言来自工业管理理论的居多。真正从教育活动自身生发出来的理论并不多见。所谓的科学管理是重绩效的，即便是把组织中的人也当做人来看的人本主义管理，也是如此。

教师和工人不一样，他的工作有其特殊性。现在人们都是用企业管理理论来管理学校和教师。绩效管理，一般地说说没问题。可是教师的工作绩效怎么来考察，这就是问题了。工作量、学生的成绩、升学率等，能如实反映教师的工作绩效吗？

教育管理问题探究到根本的时候，就转换成了人性问题。任命一个崇尚道德的学校领导，加强对教师的道德管理，也许是一个真正的教育管理的方向。

◎ 连学生的喝水问题都解决不了，还是不是一个好学校？

【俞】最近我又写了一篇文章，反映的是喝水问题。你说一个学校连学生的喝水问题都解决不了，还是不是一个好学校？

【访】孩子喝水可是大问题。

【俞】就是健康问题嘛，肯定是个大问题了。我计算过，如果学校来解决喝水问题，像我们学校一千多人，一年要两万多块。因为你要一个人烧水，还要一些器材，一个人的工资一年恐怕就要有一万多了。

有一段时间，我们学校是给学生买桶装水，费用由学生分摊，一个学期一个人只收10块钱，不多的。结果有人举报乱收费。那就不收了呗。然后呢，政府也不出这个钱，学校呢，又出不起。好，家长当然是最爱孩子的了，哪个家长在乎10块钱？可就为这10块钱让孩子没水喝，孩子就背着水上学校。每天就背那么点水，不够了怎么办？然后，就有小朋友偷别人的水喝。你说家长是怎么回事儿？还美其名曰爱孩子，你这是爱吗？

政府不出钱，你给学校一个政策，就让学校收10块钱也行啊，结果呢，政府就因为有一两个人举报就不准学校收了。不准收也行，那你得解决孩子的喝水问题啊！学校呢？每个学校都说我爱学生，可是你给孩子水喝了吗？我就把这个问题写出来，政府、学校、家长这三个最爱小朋友的群体，把小朋友视为未来、视为宝贝的群体，居然都解决不了孩子的喝水问题。你们这是在干什么嘛？我当校长就要把问题解决掉，再没钱我也要把问题解决掉。

◎ 当校长也有幸福感，但付出的更多

【访】您当校长有没有幸福感？

【俞】我觉得当老师更有幸福感。因为小朋友比较单纯些，当老师就很容易有幸福感。当校长呢，比较复杂。我现在做校长还没有像教数学一样有一种明晰的信念。不过，当校长和当老师的价值不一样。老师当得好了，最多50个小朋友受益。我校长当得好了，有1200个小朋友受益。所以，这个价值是不一样的。我还是愿意当校长。我愿意有更多的家庭因为我的努力工作而得到一些改变。这是一种更大意义上的幸福感。但是从小的方面来讲，还是当老师的麻烦比较小。但当校长呢，也有幸福，甚至幸福更大。这个幸福越大，付出的也就越多。在这五年里头，我做校长还是有点体会的。我当校长有一个突出的优点，就是我把老师们照顾得蛮好的。

访谈手记

作为一名教师，俞老师追求安静的、朴素的、悠闲的、灵性的课堂美；作为校长，他努力营造一个健康和谐的读书环境。他和老师们、同学们有着共同的信念，共同为教学的成功而努力工作。他信任他的老师，喜欢他的学生，教师们也信任他，喜欢他，学生们及其家长也信任自己的老师和校长。

俞老师是友好的、开放的、平等的和建设性的。他尽力完善学校的各项规章制度，排除那些困扰他和老师们的不合理制度。

公元12世纪伊朗的宫廷诗人内扎米·阿鲁兹依·撒马尔罕迪在他的传世名作《四类英才》中提到世人分为三类：一类近于山野中的兽类，他们的作为不外是为自己觅食和趋利避害。另一类人生活在市井之中，他们通过手工劳作获得知识和技能。还有一类人，他们时时提出问题，思考自身从何而来，向何方而去。这第三类人又分两种：一是坚韧学习，刻苦攻读，通过读书著述而认识事物的本质，这类人是智者；二是不学而知的先知。①

且让我们先原谅这位诗人的等级观念。但从俞老师当教师和当校长的经历来看，他实在是符合智者这类人的品性。

---

① 内扎米·阿鲁兹依·撒马尔罕迪．四类英才［M］．张鸿年，译．北京：商务印书馆，2005：24.

坐下去思考，站起来交流

第六章
新课改背景下的思考

21 世纪中国教育的头等大事莫过于新一轮的基础教育课程改革了。新课改的动议大概始于1995 年。2001 年教育部印发《基础教育课程改革纲要（试行）》，新课改开始进入实施阶段。目前整个义务教育阶段都已进入新课程。高中阶段的课改也于今年（2007 年）的秋天在全国全面铺开。

当新课改之风吹过来的时候，俞老师已经是一名有着丰富的教学经验的成熟教师了。对新课改，他既不排斥，也不跟风，保持了这个年龄和层次的人应该有的理性态度。

◎ 用平常心对待新课改

【访】您对新课改有什么看法？

【俞】2001 年新课改刚兴起时，我在我们一个地方作讲座，告诉听课的人怎样看课改，我说："我们对课改不能寄予太多的希望，因为在这个世界上，理想的课程始终是不可能出现的。新课改要改变我们多少，是不可能的。"专家的设计是没错的，他的立论是对的，就是我们当前的教育存在问题。存在问题就要去破解它。那么，怎么破呢？光有想法是不对的。比方说，有一次，我在浙江教育学院听专家讲座，那个专家讲："你们小学数学老师真的不好。我的孩子读二年级，回来要我编 100 道不重复的题给他做，有这样做事情的吗?!"这个攻击是对的。我们是做得不好，那你能不能告诉我们该怎么做？新课程又能怎么样呢？该怎么做讲得很模糊，不该怎么做讲得倒很明确。

我觉得它的某些理论基础不对。上次，我们听的那个讲座，说新课程的理论基础是多元智能理论和成功智力理论。如果说新课程的理论基础就是这两个，我就觉得这肯定不对。多元智能理论，在我的脑子里头，它等于不是理论。还有成功智力理论，它的价值观有问题。如果这两个理论真的是新课程的理论基础的话，那肯定是要失败的。

我当时一个想法就是，这个东西来了，作为小学老师，我们应该怎么办呢？

第一，我们要欢迎新课程。因为它来了之后，有很多钱到教育系统来，我们会得到培训，我们会得到重视，它有好处。既然有好处，干嘛我们不欢迎它呢？很多人说，新课改不好，太乱了什么什么的。我就说，要欢迎它，因为它给我们带来好处，它体现了国家对教育重视的一种方式。舆论来了，钱也来了，国家给你一个做事的载体了嘛！

第二，我们要努力去实践新课程。它的很多想法是对的，但它没有给我们提供具体的操作做法。我们不要等，等它有好方法给我们是不可能的，因为那些课改专家是不从事中小学的教学的，他们并不太懂教学，必须我们老师自己来研究。因此，学生的教学我们要把握住，不能把它丢掉。

第三呢，要把心放平点，不要对新课程寄予太大希望。

再一个观点就是，他讲的不是理想课程，而是新课程。既然是新课程就会变旧，就像新娘子会变老一样，新课程也会变旧的。三年是新，五年也是新，新过以后，就会变老变旧，然后，会有更新的课程来。因此，我们把这个新课程就当做春天里的一种风而已，这个风会过去，会带点雨，但它总会过去。我们也很高兴吹这种风淋这种雨，但是不要攻击它。然后第二种风又会来，又淋些雨。真正的春天，是在若干阵风若干阵雨之后，才会生机蓬勃地出来。所以，我跟我们的老师讲，我们要这样来看新课程，心要很平和，要重视它但不要斤斤计较。有人问："我们还要考试吗？"我说："你这是浪费时间，肯定要考的，考试怎能不要呢？"又问："我们还要板书吗？"我说："板书肯定也是要的。"

访谈手记

在中国，"改革"其实是很敏感的话题。因为这里面多多少少都会牵涉到政治和经济利益上的问题。有很多东西是大家心里都明白但是不能说出来的。还有很多东西是我们一般老百姓任凭如何想象都不能明了的。

改革大潮汹涌而来的时候，作为普通老百姓，我们几乎不能辨识这股大潮从何而来，又到何处去。我们无法洞悉，在这些弄潮的风流人物当中，有谁是抱着满怀的诚意心系着国家和民族的命运。我们小心地聆听着周围的人们对改革的种种评说。赞也好，批也罢，我们需要的是发自内心、真诚地说出的声音。

俞老师对新课改的评说不一定对，但他至少是真诚的。

◎ 戴"面具"上课的老师

【俞】新课改来了，老师们的表现也不一样。有的老师很擅长采用不同的教学方式和理念，就像变脸的艺人一样，戴着面具上课。比如专家、领导来听课了，他就笑容可掬，按新课改要求的那一套来上课，什么小组合作啦，探究发现啦，研究性学习啦，等等。专家、领导走了，就是另一副面孔了，该严肃的时候严肃，该讲授的时候讲授，该训练的时候训练。这样呢，要成绩有成绩，要新课改也有新课改，他们真是太了不起了。他们最懂得中庸的生存之道了，知道在不同的要求之间取得平衡，满足各种层次的人的需要。而这也正是教师的责任表现。我们小学老师真的是比较乖的，总认为自己水平不够，十分谦虚，十分乐于接受教育，这也是教研观摩课特别受小学老师喜欢的原因。但过了头了，就有点不舒服。现在小学教研中有所谓常态课和观摩课，说到底就是教师的两面性，这种两面性连学生也能够深刻地感受到。

曾经有位学生对我说："我们老师戴面具的。"我乍一听以为是开化装舞会，就对他说："你们老师真好，还组织你们开化装舞会。"他一听忙说："哪里，那天有人来听课，老师就笑眯眯地说：你们好，下课了，作业没做好不要紧的。可是等听课的人一走出教室，她就狠狠地说：作业没做好谁也不准出去。"我听了直想笑。其实我们经常这样的，我们都希望将好的一面、美丽的一面呈现给外人，将不修边幅的、邋遢的一面呈现给最亲密的人。

回到主题上来，对学生来说，教师的观摩课就是教师的一个面具了。对教师来说，观摩课呈现的以理念为主，满足人们对教学理想的追求；常态课以获得良好的知识掌握为主，满足人们对学生学习分数的追求。

问题是这两种追求为什么被如此鲜明地割裂开来，以致成为两种面具呢？我们的智慧为什么不能将这两种追求有机地结合起来呢？为什么素质教育与应试教育要水火不容呢？原因在于我们对我们的教学缺乏一种坚定的核心追求。

访谈手记

可这核心追求是什么呢？也许正是因为在核心追求上有了分歧，所以才会出现这种戴着面具上课的现象。

◎"美女成长三步曲"

【访】据说，您曾讲过一个"美女成长三步曲"，它指的是什么？

【俞】美女是一个借喻，一个女人追求成为美女与老师追求上一堂优秀的观摩课是类似的。

老师们积极努力，追求新课改要求的境界，结果呢，做了一段时间后，看不见效果，还感到无所适从，这就跟女人想变美女一样。女人呢，都想成为美女的，于是，她就想知道什么样才是美女啊？然后她就千方百计地了解专家解读的美女标准比如胸围、腰围应该是几厘米，接着她就开始按照这个美女标准来打造自己了。第一步，自然打造。可是后来发现，自己的胸围、腰围总是离美女的标准相差若干厘米。向专家咨询，专家说，运动是一个不错的选择，那就接着进行第二步：运动打造，锻炼胸部、锻炼腰部。一段时间下来，发现打造的结果还是不能令人满意。于是只好进行第三步：人造美女。通过人工手术，胸部注射，腰部抽脂，终于达到标准的厘米了，可是别人一看，却还不像是美女。为什么呢？因为没有味道了。

所以成为美女，是因为有美的韵味，什么风姿绰约、婀娜多姿，讲的都是一种韵味，舍去韵味而去追求标准，是舍本逐末。为什么会这样呢？因为韵味难以表达、难以追求，标准可以表达得很清楚，也可以有清晰的追求方式。

事实上，一个女人如果要去做别人心中的美女是很累的，是一场无尽头的黑暗，因为标准是会变的，今天是燕瘦、明天是环肥。一个聪明的女人决不会这样去追求的，最好的追求就是做最优秀的自己，让自己有文化、有修养，让自己健康、有活力、有阳光，浑身上下充满韵味。

数学课也是这样。不要问好的课有什么标准，好的课学生应该是开心的，教师与学生之间是融洽的；一节课下来，学生知识掌握是扎实的，如果考试一下，分数是不错的；学生感觉上课是过得很快的，等等。这样就可以了，美其实是很简单的，数学课一定是简单的，因为数学本身是简约的。

◎ 丰富学生的学习方式

【俞】现在有许多教授学者谈起新课程、新理念的时候，就老是讲“我们要改变学生的学习方式”，“我们要变记忆性学习为探究性学习”。什么东西才要改变呢？当然是错的才要改，不错的就不要改嘛。结果呢，听了课改专家的讲座之后，老师们就觉得单纯模仿记忆就是不好的学习方式，只有活动探究才是好的。老师们呢，在课堂上不敢要求学生记忆了，也不敢讲得太多了，课堂上学生自主探究多了。这就从一个极端滑向另一个极端了。我就觉得不应该叫“改变”，而应该叫“丰富”。

比方说数学，因为数学是人们对客观世界定性把握和定量刻画，逐渐抽象概括，形成方法和理论，并进行广泛应用的过程，因此，至少有三种可以用来学习数学的方式：

第一种，就是指向定性把握和定量刻画的学习。这部分内容的学习就是接受人类出于认识客观世界的需要而作出的数学规定，其表现特征就是模仿、记忆。比方说，什么的一半就用二分之一来表示，这就是规定，要记住的。

第二种是指向逐渐抽象概括，形成方法和理论的学习。这部分内容的学习具有双重性，既用到探究发现，又用到接受、记忆。比如三角形的内角和等于180度，就是既能探究又要记住的东西。

第三种是指向数学应用的学习。这部分内容的学习包括两个方面：一是运用已知的知识学习新知识，把新知转化为已知来认识，比如求证三角形的内角和是180度的时候就要用到平角的概念和平行线的定理。其次是运用所学知识解决生活实践问题。不论是前者还是后者，都要求学生抽象出不同问题情境、不同认识内容间的内在联系，通过合作、交流、探究，自主地进行。

所以，我觉得，模仿学习、记忆学习、操作学习、探究学习等，不论哪种学习方式，都是学生学习成长所必需的。在学生学习的时候，任何学习行为都不能界定为某种单纯的学习方式，而只能是以某种学习方式为特征，兼具别种学习方式的综合性学习。

各种学习方式相对于学生的学习成长而言，没有优劣、轻重之分，只有在学生的不同年龄阶段，针对不同的学习内容，学习方式才表现出其不同的适宜性。教学方式其实也是如此。并非接受式就不好，启发式就好，应该结合具体的对象、具体的学习内容来看。

一个优秀的数学教师不会只用一种教学方式，那样太单调了，很没意思的。他也不会盲目追求某种流行的教学方式，傻到把原来有效的教学方式丢掉。他一般都会根据具体学生、具体材料，适时选择有效的教学方式，让学生用自己习惯的方式学习，同时也教给学生其他学习方式，丰富学生的学习经验，提高学生的学习能力。

新课程呢，否定了灌输教学。其实灌输教学也是很好的。有些东西必须学会，该灌的就要灌，该启发的启发，该研究的研究。所以，叫丰富学生的学习方式。这是2001年我作的一个讲座。当时我们的一个教研员说：“你呢，看问题，看得很本质，但也不偏激。但是你在这个时候不应该这么说，因为我们对新课程要充满热情。”我说：“不行的，你这叫误导。就像我们大跃进一样，让老百姓有热情有热情，到那地步以后，人要垮掉的。靠专门鼓着劲可不好，要给人一种想法，理性地去做这个事情。”

所以我觉得，不能叫“改变”，应该叫“丰富”。

访谈手记

当我们正困惑于是否转变学习方式的时候，俞老师只变换了一个词，就顿时驱散了困扰我们思想观念的迷雾，立马把我们在学习方式认识上的偏差给纠正过来了。

表面上看仅是一个词的变化，但它反映的思维方式和教学思想却是极为高明和深刻的。

作为一种思维方式，它突破了那些机械地、僵化地把不同的学习方式对立的肤浅做法，能辩证地、灵活地处理不同学习方式的关系，因而它是高明的。

作为一种教学思想，它不仅澄清了传统学习方式和新的学习方式之间的关系，还从根本上解决了人们在选用学习方式或教学方式上的认识矛盾，和现代教学多样综合的教学思想相契合，因而它是深刻的。

◎ 什么是有价值的数学

【俞】我还写过一篇《什么是有价值的数学》，这篇文章我自己也比较得意。什么叫有价值？老是有人攻击我们小学数学没有价值。课程标准里说，要让学生学习有价值的数学。然后就有一些专家攻击我们小学数学没有价值。那你说说什么叫有价值？这些问题得首先搞清楚才行。所以，我觉得我当时思考这个问题的时候，是在很前沿的地方思考的。

【访】这的确是一个很前沿的问题。

【俞】比如有这样一个数学题目：某水池有一进水管，单独放水需 20 小时把空水池放满；有一出水管，单独放水需 24 小时放完一池水。问同时打开进水管和出水管，几个小时可以把水放满？

就这么个题目。有人认为这样的数学内容是没有价值的，因为现实生活中没有这样的情境嘛！谁会一边开着进水管一边开着放水管来给水池放水呢？这不是笨吗？

可是，当我把这个问题交给学生讨论的时候，呵！学生的回答出乎我的意料。因为他们发现了生活中有很多类似“同时打开进水管与出水管”的现象哩。比方说大家去某个地方看演出，排队候场的时候，就有不断来排队的人和不断进场的人，来排队的人多于进场的人，外边等候的人就会越来越多。还比如人体的新陈代谢，就是不断地消耗和不断地补充。社会人口的增减，也是这样，不断地出生，不断地死亡。出生的人多于死亡的人，人口就会增加，反之人口就减少。在欧洲一些发达国家就是出生的少死亡的多，所以总人口数在下降。

【访】这些学生真聪明。

【俞】在学生的理解里，进出水管同时打开是表示有进有出的一种动态平衡。这种对动态平衡意识的感悟是非常有价值的数学体验。

所以，我们在理解“有价值的数学”的时候，应该避免肤浅理解，避免实用主义。数学必须和生活联系，但数学的生活化并不等于“功利诉求”。联系日常生活的数学教学，其目的是为了有利于学生理解数学的抽象及应用过程，并体验数学的价值，形成正确的数学观。

我们不能简单地把数学分为有价值和没有价值两类。数学的价值如何，不在于数学本身，而在于教师如何组织这些教学材料，在于教师如何展现。

单纯从内容上，尤其是从该内容是否对生活有用这个方面去理解数学的价值，肯定是不对的。这不是数学的思维，也不是教学的思维。我们应该从教学艺术角度去理解有价值的数学，研究如何让教师针对不同的学生展现数学的不同价值。

访谈手记

什么是有价值的数学，的确是一个很前沿的问题。正由于太前沿了，所以，俞老师对这个问题虽然有思考，但也仅限于感悟而已。

这里首先涉及的是对谁有价值的问题。记得在泰勒（Ralf W. Tyler）的《课程与教学的基本原理》里有一个要求学科专家回答的问题，即“究竟你们学科对于教导那些并不想成为你那一领域专家的青年人有何贡献？”，或者说

“你的学科对于外行人或一般百姓有何贡献?”。泰勒认为，如果学科专家能对此问题作答，那么必能作出重大的贡献。泰勒的意思是，在选择课程内容的时候，应该选择那些对将来不从事该专业的人有用的东西。[①] 这也是当今较为盛行的一种课程观念。细究起来，这种观念其实也有认识上的纰漏。难道那些将来要从事该专业的人的学习需要就不值得考虑了吗?

还有一个就是对谁干什么有用的问题。只考虑是否对生活有用显然太狭隘了。难道不应该考虑考虑对发展学生的思维能力是否有用?哈佛大学的心理学教授塞德兹[②]就认为，努力发展自己的智力和品质是我们每个人的本分，教育孩子最好抛弃处世哲学和赚钱术。

◎ 数学生活化

【访】 新课改以来，“生活化”问题成为一个普遍受关注的热点问题。请您谈谈对这一问题的看法。

【俞】 尤其是我们小学数学，关于这个问题的争议很大。我们的“数学课程标准”在论述小学生的数学学习时，强调“从学生已有的生活经验出发，让学生亲身经历将实际问题抽象成数学模型并进行解释与应用的过程”。这一要求被数学教育工作者们用“数学生活化”一词加以概括，把它作为新课程的标志性理念之一。

在实践中，“生活化”这一理念衍生出许多令教师们困惑的问题，比如数学学习一定得经历由生活而抽象的过程吗?生活情境成为分散学生注意力、干扰学生数学学习愿望的因素怎么办?如何才能使数学生活化成为促进学生学习质量提高的有效手段?等等。

---

① 泰勒. 课程与教学的基本原理［M］. 黄炳煌，编译. 台北：桂冠图书公司，1980：32.

② 塞德兹，原是俄国人，青年时代留学哈佛大学，师从美国心理学之父詹姆斯。塞德兹用一套独特的教育观念把自己的儿子培养成了一名享誉天下的少年天才。他的儿子威廉·詹姆斯·塞德兹从1岁半就开始接受教育，到3岁时已能用本国语言自由地阅读和书写了。6岁上学那一天，上午9点到学校的时候被编入一年级，到中午12点他的母亲去接他的时候，已经成了三年级的学生了。8岁上中学。11岁进入哈佛大学，15岁作为优等生从哈佛大学毕业。《俗物与天才》是塞德兹教授20世纪初出版的一本教育学名作。2001年被京华出版社译介到我国，成为很流行的早教读本。

我们首先得明白这一点：数学生活化不是数学学习的目的，“数学化”才是数学学习的真正目的。数学生活化作为一种达到目的的手段，其意义在于找到数学学习的起点，使学生的思维得到已有经验的支撑，帮助学生找到一个已有的结构来内化所需掌握的知识。因此，对“数学生活化”的讨论，离不开对学生数学学习的研究。

学生的数学学习主要有三种类型①：第一类是以“定性把握与定量刻画”为特征的学习，比如“米的认识”等，借助度量的体验确定长度单位；第二类是以“抽象概括”为特征的学习，比如“加法交换律”等，在观察、比较、归纳基础上得出结论；第三类是以“应用”为特征的学习，比如“平均数应用题”等，运用已学的运算知识去解决生活中的现实问题。

基于以上对学生数学学习特征的分析，我们在讨论“数学生活化”这一问题时，应与上述学习特征紧密联系，使得“生活化”成为“数学化”的手段，使得数学课不会被“生活”喧宾夺主，保留其数学味，让学生体会数学魅力。与三种不同特征的数学学习相对应，教师在课堂上对“数学生活化”也应体现不同特征的三种把握，即以“生活经验”为特征的数学生活化，以“生活原型”为特征的数学生活化，以“生活应用”为特征的数学生活化。

【访】请您具体说说这三种“数学生活化”的类型。

【俞】第一种就是以“生活经验”为特征的数学生活化。比如，以“分数的初步认识”这一课例为例。

首先，学生分数概念的建立可以描述为如下过程：

生活中经历过的情境 →	生活中已获得的经验 →	需要建立起来的分数概念
分一个西瓜 → 分一个月饼 分一堆西瓜 ……	分一样多的两个一半 → 分不均得到一大半和一小半 ……	把单位“1”平均分成若干份，表示这样的一份或几份的数 ……

从上表中我们可以发现，生活情境与生活经验是有区别的。生活经验是对一类具有同样性质的情境结构的抽象，这种抽象是以自悟的形式在生活环境中积累下来的。学生在理解分数概念时，决定理解质量的是学生生活过程

① 关于数学学习方式三种类型的划分，详见本章“丰富学生的学习方式”。

中对“半个”“一半”等不完整数的理解，而这些不完整数正是学生在各种生活分割情境中获得的经验。

在“分数的初步认识”的课堂教学中，有的教师经常会在课上安排一次切割活动，比如让学生分月饼、吃月饼或分西瓜、吃西瓜，以激发学生的兴趣，认为这就是“数学生活化”。这种生活化就应该得到质疑。因为学生在切月饼或西瓜时，他们的数学思考已经淹没在月饼、西瓜等色香味引起的其他想象中了。当刀切向西瓜时，他很自然地想“西瓜熟吗?”，而把“平均”之类的数学思考抛到脑后去了。

我的观点是：“分数的初步认识”没有学生的生活经验，建立概念是有困难的，即便建立了，也容易忘记。因此，在这一类型的学习中，教师需要通过“生活化”这一手段来提高理解质量，那么，怎么来体现“生活化”呢?举个例子来说吧：

“分数的初步认识”教学预案片段

流　程	目　的
讨论：我们今天来研究“半个”，你能拿出或说出“半个”东西吗?	激活经验，并由学生呈现各种生活情境，以凸显“平均分割”这一情境特征。
讨论：请你用你认为最好的方式拿出“一半”东西。	呈现学生对单位“十”的朴素认识。
讨论：你认为“一半”多还是“半个”多?	体验“分率”与“量”的区别。
讨论：比“一半”小是“一小半”，比“一小半”还小呢?再小?	体验经验在特殊情况下的局限，激起认知愿望。
读书讨论。	将经验的概念转化为科学概念。

在这个教学设计中，课堂上没有安排具体的生活情境，但学生在课堂上呈现的生活情境却非常丰富。因为学生在表达“半个”这一经验认识时，都是以各自浮现的生活情境为支撑的，这样，生活情境的干扰因素也自觉地被排除在外。

可见“数学课程标准”中强调的从“生活经验”出发，而非从“生活情境”出发，是十分有道理的。而这些正是在教学实践中容易被混淆，并带来困惑的地方。

当然，“生活经验”的激活方式是多样的：可以直接用语言去激活，也可以用一些行为、一些实验操作或某个图片。不论用什么方式去激活，作为教师，始终要把“经验”作为关注点，而不能沉湎于情境的细节之中。这是使“数学生活化”有助于数学学习的根本所在。

访谈手记

创设各种各样的情境，的确让课堂变得生动了，也多了些生命活力。但是并不是所有的情境都是积极的，有价值的，有些甚至相反。当教学纠缠于情境细节的时候，这个情境就阻碍了教学，干扰着教学。课堂教学也不是什么时候都需要创设情境。

俞老师的这段话算是给那些喜欢创设情境的人们提个醒。

【俞】第二种是以“生活原型”为特征的数学生活化。

作为数学老师都有这样的体会，有些数学课是很难体现“数学生活化”这一理念的。有位老师准备上一节以“加法交换律”为题的研究课，苦思冥想如何落实“数学生活化”这一新课程理念，最后疑惑了：是我不会？还是这节课不能？

我们知道，有的数学学习是植根于学生的生活经验之中的，比如从生活经验语言层面的“一半”到数学科学语言层面的“1/2”，这一过程表现为从非形式数学到形式数学的逐渐数学化，是对客观世界的定性与定量刻画，与生活密切相关。

而有的数学学习（即前面分析的第二种类型）是建筑于学生已掌握的科学的数学知识之上的，是学生运用观察、比较、抽象、归纳等学习能力与实验、讨论等辅助手段，建立起来的更加复杂的数学知识，这一过程表现为从较简单的形式数学到较复杂的形式数学的逐渐数学化，数学中的方法、定律往往是这一类型的学习。比如“质数与合数”这一课，它的教学流程一般是，先写出这列数的所有约数；然后是观察各数的约数，你能怎样分类？接着是归纳、概况，形成定义。

你说这个教学过程有没有“数学生活化”的特征？

【访】我看不出来。我觉得这就是一个纯粹的数学思维活动，没有多少生活情境或生活经验在里边呀。

【俞】 其实是有的，这就是我说的“生活原型”。这里面的生活原型是什么呢？比如分类，在学生的生活经历中，经常有排队时候的“高低”，分物品时候的“多少”，学生在生活中所经历的这些诸如排队、分物品中形成的结构原型，自然地就运用到了教师提供的材料分类中去了。

在我看来，教师固然是落实这一理念的能动主体，但学生是学习过程中潜在的真正主体，教师对“数学生活化”的主体作用往往以某些外显的教学行为呈现，而学生对“数学生活化”的主体作用则以更直接的内隐的结构同化而体现。因此，在讨论“数学生活化”这一命题时，教师不要太重视自己的作用，不要把“数学生活化”作为标榜，要充分尊重小学生这一极具人文色彩的学习主体在学习中的“生活化”作用，因为小学生往往是以很“生活”的理解来接受数学知识的。

【访】 我还是不太明白这个“生活原型”。

【俞】 那我再给你举一个例子。比如有一位老师在上“9+5”这一课时，要求学生用不同的方法来计算，结果学生给了这样一些算法：

(1) 9+5	(2) 9+5	(3) 9+5	(4) 9+5
=9+1+1+1+1+1	10+5=15	=9+1+4	=4+5+5
=14	15−1=14	=10+4	=4+10
		=14	=14

看到学生用了这么多的方法，老师很高兴，然后，进入“优化”环节，老师问学生：“你们喜欢哪一种计算方法？”学生说来说去，居然是喜欢第二种的多。其实第二种书写比较乱，老师还是想把学生引导到第三种上去。结果呢，师生之间在“优化”环节就发生了冲突。老师怎么也弄不明白，为什么学生坚持说第二种方法更好呢？

【访】 是啊，为什么呢？

【俞】 这个问题的答案就在于对“数学生活化”这一问题的认识。学生在思考“9+5”的计算方法时，是以自己的“生活原型”作支撑的。这第二种方法的生活原型就是“借与还”，而第三种方法的生活原型是“拆与补”。显然，“借与还”在生活中的经历，对小孩子来说，要比“拆与补”的经历熟悉得多，这就是学生坚持认为第二种方法比较好的原因所在。

【访】 真有意思。那以“生活应用”为特征的数学生活化又是怎样的呢？

【俞】 数学始终是人类的一种工具，用以解决生活中的客观问题，满足社会发展的需要。对于小学生来说，用所学数学知识解决生活中的问题，会加深对数学知识的理解，体会到数学能够增强人的力量。在课堂教学中，这一类型的数学学习是比较多的，我给它归纳了几种。

首先是简单的理想生活问题的解决与判断。这类问题有充足的题设，有必然有的问题，通常意义上的应用题即属于这一类型，比如平均数应用题、行程问题，等等。学生在应用所学知识解决这些问题时，注意力更多地集中于这些问题的数量关系上，也即建立一个这类问题的模型，然而运用这个模型与所掌握的四则运算，解答应用题。因此，这类问题与严格意义上的“生活”是有距离的。它们可视为学生真正运用数学解决生活问题的过渡时态。

其次是现实生活问题的解决与判断。比如测量房屋的大致高度、判断学校食堂中餐用米千克数等，这类生活问题没有题设，因此给学习方法的选择留有较大空间。比如房屋高度的测量可以选择参照物，可以利用图纸，可以先测一层高度再乘以层数，不一而足。学生发现同一生活问题可以用多种数学知识来解决，必然加深对数学知识的理解，并使所学的数学知识之间彼此融会贯通。

再次是哲学层面的生活理解；生活即数学，数学本身就是生活。小学生是天生的哲学家，因为语言尚未丰富，因此，他们难以用语言表达他们的哲学感受。

对于小学生来说，把数学应用到生活中去，目的不在应用本身，目的依然是数学学习，因为“应用”本身就是数学学习的一部分。

所以，作为数学教师，应该在小学生的数学课堂学习中，用一颗智慧的心，从数学学习的需要出发，去激活学生的生活经验，去尊重学生对数学的生活化理解，妥善引导学生在数学应用中提升数学理解的质量，真正把“数学生活化”落到实处。

◎ 把生活材料数学化

【俞】还有一次我听一个老师上北师大版教材一年级下册“认识人民币”这节内容，基本环节就是：说一说（平时用钱的经历），讲一讲（每一币值的特征），想一想（购物判断），猜一猜（根据特征说可能是哪一币值），练一练（某价格可由哪几种币值及数量组成）。这节课上得挺热闹，学生有话说，但听完课，感觉有几个问题。

首先一个印象是这节课不像数学课。课上所有的过程材料都是生活常识，因此这节课更像指导孩子认识人民币的生活指导课。

第二个感觉就是看不出学生学到了哪些新东西。因为关于人民币，学生早就积累了丰富的生活经验，特别是在经济发达的地方，学生关于用钱的经验还是比较丰富的。这节课上完了，学生的认识还是停留在上课前的经验水平上。

我就想一个问题：怎样才能把生活化的素材上出数学味来呢？

我自己就尝试着做了一个设计。我把教学环节分为：收集材料，整理分类，分类讨论，统一整理，练习作业。

我认为数学课最重要的是训练学生的思维。关于人民币，小朋友已经积累了一些经验，比如它的表面特征、单位和进率等。用一节课的时间来学这些生活中已经掌握的东西，这节课的发展意义就不大了。分类是很重要的思维方式。因此在设计的时候，我就把训练重点放在了分类上。

我让学生尝试用不同的分类方式，对各种人民币进行分类。在进行分类的时候，学生们就发现了很多问题，比如：为什么有的是硬币，有的是纸币？为什么有的没有硬币只有纸币，有的既有硬币又有纸币？为什么只有 1 分、2 分、5 分的币值，而没有 3 分、3 角、4 元的币值？发现了问题，学生的思维质量就提高了。然后再进一步组织学生讨论，这节课的数学味就有了。

访谈手记

数学生活化和生活材料数学化，一直都是数学研究的两个方向。生活材料数学化是纯数学的研究，把数学生活化则是应用数学研究的范畴。

中小学的数学课程内容又是来源于已有的数学研究成果的，所以，古今中外的数学课程必然有数学生活化和生活材料数学化这两个方面的内容。它们都涉及数学和生活的联系问题。

生活材料数学化是数学生活化的前提。没有生活材料的数学化，就没有需要生活化的数学。也就是说，我们必须先让孩子掌握了数学，才能谈数学的应用。在学生尚未掌握数学的时候，让学生明了数学的生活意义，唯一的好处是可以激发他学习的动机，但学生的学习不能停留在动机上，他必须向前走，去掌握数学知识。

基于对以往数学课程“繁、难、偏、旧”的判定，新课改突出强调了数学生活化。然而，它忽视了生活材料要数学化这一根本的数学问题。这种理念指导下的教学在把学生的学习引向数学的时候，肤浅的生活经验就阻碍了学生的数学学习。

好课就是能提高分数、引发思考和感觉愉悦的课

第七章
探索小学数学新课型

教学是一门富有创造性的实践艺术。但这种艺术的魅力只有在喜欢创造、能够创造的人那里，才能得以充分展示。俞老师就是这种喜欢创造和能够创造的人。每当他走进教室，他最关心的问题是：“学生喜欢我去上课吗?”“我的课能精彩得让学生忘记走神吗?”所以，他总是千方百计地琢磨点新花样，把课上得好玩、有趣。在长期从事小学数学的教学生涯中，他不断尝试探索新课题。这些课题开辟了小学数学教学的新领域，丰富了小学数学课程与教学的实践，拓宽了小学数学理论研究的视野。

◎ 数学欣赏课：一种有意义的学习方式

【访】您怎么想到上数学欣赏课的呢？

【俞】我爱人是美术老师，画画的人经常要看画，她经常给学生上美术欣赏课。上音乐课的呢，也经常上音乐欣赏课。那我就想，我们的数学可不可以也上欣赏课，欣赏别人的思维方式呢？所以，我就尝试上数学欣赏课，比方说我上过一堂数学欣赏课“鸡兔同笼”。当我们欣赏别人是怎么思考问题的时候，就是回过头去看我从前是怎么思考问题的，也是欣赏自己的思维历程的过程。

“鸡兔同笼”这道题目一年级的时候可以这样来做，二年级的时候又可以那样来做，三年级的时候又是用另一种方法了。通过这样的回顾和比较，就会发现方法和方法之间原来都是一样的。比方说，有很多小朋友建立不起“$2x+4(11-x)=?$”这个方程式，那他就可以用列举法来解决。其实列举法和用方程式是一样的。列举法，二年级的孩子就会做了，方程式则是五六年级的学生做的，这样就很简单了，然后呢，学生发现这都是相通的。这对影响学生的思维方式很有帮助。

【访】您是怎么组织数学欣赏课的？能不能举个例子谈谈。

【俞】数学欣赏课的材料呢，一般都选应用性的材料，通过数学模型的建立来解决问题。我的数学欣赏课的结构大致有这样三个环节：第一个环节呢，是练习，目的是让学生了解自身的发展状况，找到欣赏的起点。第二个环节是欣赏练习，包括观察学习和交流。我的意图是让学生能够欣赏自己，欣赏别人，改善自身的发展状况，形成新的欣赏起点。最后的小结也很重要。主要是交流学习心得，整合欣赏能力。

数学欣赏课的课堂组织形式可以采用较为松散的茶座式，因为它的主要表达形式是语言和情绪，没有确定的书面作业。所以，小朋友很喜欢的。

比方说，我上过这么一堂数学欣赏课。我的教学流程是这样的：我先给学生出示了一个图，让学生观察这个图，然后计算这张地图的面积。

问题提出以后，学生就开始分组讨论了。你注意到了没有，这个地图没有任何数据。我要求学生回答的是解决策略，而不是具体的算式。因此，学生的讨论没有涉及具体数据，其策略基本上局限于组合图形的面积计算，但

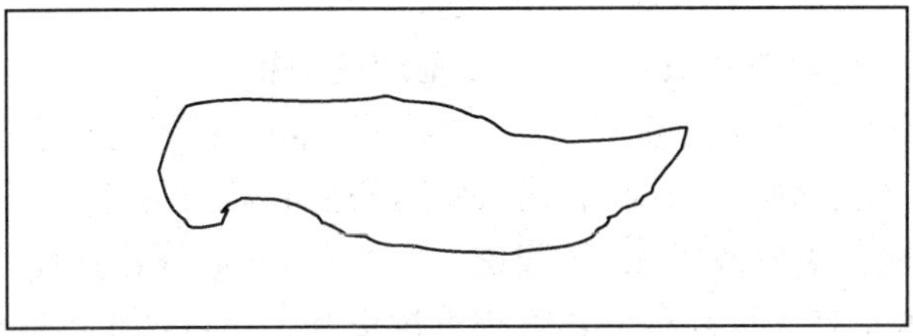

由于边线为不规则曲线，因此，按这一策略得到的是一个存在较大误差的结果，学生们感到十分困惑。

【访】这让我想起曾经参与过的一个研讨活动。当时主持活动的是澳大利亚的一位研究小学数学教育的学者，她为了让我们体会“估算”这种计算方式，就没有给我们提供任何数据，让我们计算一个城市一个月的用水量是多少。一开始是束手无策，一旦小组成员讨论起来就很有意思了。

【俞】学生讨论完，我就给他们展示了两个解决方案。

第一个方案的步骤是：

① 沿不规则边线剪下地图；

② 把地图贴在一块较厚的纤维板上；

③ 用细木锯沿边线锯下木板；

④ 称出木板的重量并量出厚度；

⑤ 在这种纤维板上锯一块体积为 1 立方厘米的木块，并称出重量；

⑥ 算出锯下的木板的体积（总重量 ÷ 每立方厘米重量）；

⑦ 用体积除以厚度得出底面积。

学生一看，耶，这个方法好棒啊！我们怎么没想到呢？然后再引导学生反思原因。反思的结果是，我们总是从平面图形的角度思考，想不到还可以是立体的。

我接着问学生：“这种方法对你有启发吗？你能想出新策略吗？”然后，就有学生说：“我也把它剪下来，卷成一团扔进水里，看水深是多少，算出水的体积。”其他学生就七嘴八舌地说：“纸团沉不到水里。”“纸的厚度量不出。”“很多张纸一起量就好了。”“我看把纸变成铁皮。”“那跟电脑里的不是一样。”……嗨，听学生们说这说那的，有意思极了。

好，还有第二个方案呢！我又展示给学生看。

①找一张 1 平方米的纸；

②剪下地图，将地图与 1 平方米的纸放于雨下；

③数出地图与1平方米纸上的雨点数；

④雨点数之比就是面积之比，算出地图的面积。

然后，组织学生讨论。这次学生们对雨点数表示了怀疑，认为这个方法有点牵强附会。我就问："这种解决策略对我们有启发吗？"有个同学说："我对这种解决策略提点修改意见。"我说："很好，我们等着欣赏。"那个学生就说："地图和纸不要去接雨点，其实称重量更好，重量之比也就是面积之比。"哗！课堂上一片掌声。

最后请学生们谈谈自己的体会。有学生说："我认为转化为体积比较精确。"有的说："我认为第二种比较好，有一种出乎意料的感觉。"还有的说："我认为××同学的补充真棒。""我们的思路不够开阔，他们求面积都不是从面积的角度去思考。""我觉得真有收获。"

【访】学生肯定很喜欢上这样的课。除了学生很喜欢，您觉得上欣赏课还有什么好处？

【俞】我觉得，欣赏，是一种很有意义的数学学习方式。数学欣赏课呢，其实就是欣赏人家的思维方式，也可以说是思维欣赏课。数学上有很多这样的题目，都是很聪明的人用了很聪明的方法解出来的。我把这些题目找来，让学生去体会，从这些出人意料的解决策略中体会到不同的思维方式所带来的精彩。这样呢，学生就能主动地去寻求优质的解决策略，并自觉地审视自己的思维质量，帮助自己改善思维方式。

它和传统的接受性学习与研究性（探究性）学习不同。因为接受性学习与研究性（探究性）学习都是基于学生的认知能力，并以发展认知能力为特征的，而欣赏性学习则是基于学生的元认知能力，并以发展元认知能力为特征的。

事实上，欣赏作为一种学习方式，对于学生来说并不陌生。美术、音乐、文学都比较注重欣赏。欣赏性学习在学生的生活中也比比皆是，比如，某位学生看到好朋友做了一个非常有趣的小玩意，便也想做一个。欣赏性学习有时具有模仿的性质，但又不是简单的模仿接受学习，其根本区别在于欣赏性学习是处于心智的愉悦中，是对自己能力表现审视之后进行的再学习。

思维欣赏课以培养学生有意识地开展有意义的欣赏性学习的能力为目的，让学生意识到散落于生活中的不经意的欣赏性学习是学习能力的重要组成部分。因此，上好思维欣赏课，对于学生的学习发展来说是十分有意义的。

【访】我觉得您这个数学欣赏课本质上跟古老的模仿学习类似。

【俞】有这么点渊源。但是，在数学尤其是小学数学教学的实践中，虽然也有模仿学习，但没有把它提升到欣赏这个层次上，尤其是没有把它作为很重要的学习方式加以强调。我们关注的是怎样让学生掌握基本知识与基本技能，忽视怎样让学生高质量地掌握这些知识和技能，更忽视提高学生掌握知识和技能的学习能力。

我上欣赏课，还有一个很深的体会，就是欣赏性学习是一种很有效的发展元认知能力的学习方式。它对学生提高知识掌握的质量很有帮助，因为学生不停地反思自己的思维方式，还要把自己的思维方式和别人的拿来比较，这样学生对自己的认知过程就有了更深的了解和认识。这不就是人的元认知能力吗？

我去给别人上课的时候，其他老师问我还有什么数学欣赏课的材料，他们说你最好编一本数学欣赏课的教材。

但是我觉得，数学欣赏课不能上得太多。有时候一题多解可以上成欣赏课，有些很精彩的解题方法也可上欣赏课。我们来欣赏它，不是要理解它，这种方法也不要求你一定掌握，但是这个方法好在什么地方，咱们可以欣赏欣赏。有时数学欣赏也可以在一节课的某个环节进行，不一定非得用整节课来欣赏。一个环节也行。这样欣赏要成为教师经常考虑的一种学习方式。我是这个意思。所以，我说你让我编本教材我是编不出来了。它是一种思想，一种理念。

由于平时我们对数学学习中的欣赏性学习认识较少，欣赏性学习作为一种学习方式，对它的意义、价值、机制、流程等都缺乏详尽的研究，用于学生欣赏的数学材料也十分匮乏，因此，还需要有更多人关注这个问题，把这项研究深入下去。

访谈手记

当过学生的人都知道美术欣赏课、音乐欣赏课、文学欣赏课（具体还有诗歌欣赏、散文欣赏、小说欣赏，等等），估计听说过数学欣赏课的人不会太多。我到网上一查，发现当今像俞老师这样给小学生上数学欣赏课的也是绝无仅有。有一个老师给一年级的孩子上欣赏课，欣赏的是孩子自己画的圆，也没有深入到欣赏不同的思维方式上。所以说，称俞老师是数学欣赏课的开创者一点都不夸张。

俞老师的数学欣赏课首先是一个思维展示课，他展示的不是儿童的“作品”，而是各种各样的聪明人解题的策略和方法。它还是灵动的、很好玩的课，它让学生的思维从一个角度变换到另一个角度，从一种方法变换到另一种方法，让学生的思维在这种变换的过程中灵活地跳跃，就像做一个很有意思的探险游戏。它还是很高超的示范课。俞老师的欣赏课是随意的、不留作业的。他也从不要求学生必须掌握这些方法。欣赏，就是目的。只要学生觉得开心，觉得数学很有趣、很好玩就行了。然而，当你面对一个挑战你的智力游戏而百思不得其解的时候，你能不被那奇妙的解决问题的想法打动吗？俞老师的数学欣赏课就是很打动学生的。学生的心灵在和聪明人的无言的交流中受到触动。这种触动就成为学生学习模仿的动力。这些聪明人和聪明的解法就必然成为学生学习的榜样。

喜欢数学的人都知道数学是一门很有魅力的学科。2002 年著名数学家陈省身曾提了这样一句话寄语青少年儿童：数学好玩。同年科学出版社出版了一套丛书，名字就叫“好玩的数学”。2002 年菲尔兹奖得主、美国数学家符拉基米尔·福沃特斯说：“数学是最聪明人之间的较量，因此非常具有挑战性，同时，数学的美丽使研究数学成为一种乐趣。”① 美国著名数学史学家克莱说：“音乐能激发或抚慰情怀，绘画使人赏心悦目，诗歌能动人心弦，哲学使人获得智慧，但数学却能提供以上的一切，给人快乐。”②

然而，令人遗憾的是，在孩子们当中，真正能够感受这种魅力的人却很少。有很多人出于功利的目的，逼着孩子去学奥数，这样不但害了孩子，也掩盖了数学的魅力。在帮助小学生体会数学真正的魅力方面，俞老师的数学欣赏课就是一个非常成功的尝试。他的欣赏课能让学生对面前展示的智慧精华感到惊讶甚至震惊。他们总是带着一种高涨的、激动的情绪从事学习和思考，感受着数学无穷的魅力，体验着创造的喜悦。

由于是孤军奋战，所以，俞老师开创的这个新领域还是略显单薄。数学欣赏课完全可以不止于欣赏思维方式。它也可以像其他的欣赏课一样，欣赏它的语言，它的思想，它的意境。比如数学的语言是非常美的，2005 年华裔数学家丘成桐在一次演讲中提到：“数学的文采，表现于简洁，寥寥数语，便

---

① 转引自：彭钢，等，主编．小学数学课堂诊断［M］．北京：教育科学出版社，2006：43－44.

② 转引自：易南轩．数学美识趣［M］．第 2 版．北京：科学出版社，2004：231.

能道出不同现象的法则，甚至在自然界中发挥作用。我的老师陈省身先生创作的陈氏类，就文采斐然，令人赞叹。它在扭曲的空间中找到简洁的不变量，在现象界中成为物理学界求量子化的主要工具，可说是描述大自然美丽的诗篇，直如陶渊明‘采菊东篱下，悠然见南山’的意境……从欧氏几何的公理化，到笛卡儿创立的解析几何，到牛顿、莱布尼兹的微积分，到高斯、黎曼创立的内蕴几何，一直到与物理学水乳相融的近代几何，都以简洁而富于变化为宗，其文采绝不逊色于任何一件文学创作。”① 可见，数学也是一门人类的艺术呢。

世人皆知，不是人人都能成为数学专家。但是，一个受过教育的人如果不能像欣赏音乐、绘画、诗歌一样来欣赏数学，那将是人生的一大缺憾。因此，数学欣赏课的最终目的应该指向让所有受过教育的人都能轻易地感受和鉴赏数学的魅力。

◎ 数学准备课：寻找学生的学习起点

【访】听说您长期以来研究数学准备课，您对数学准备课进行了哪些方面的研究？

【俞】最近我有一本小学数学方面的书就要出版了，里面对准备课程有系统的介绍。

【访】还是请您给我们介绍介绍吧。

【俞】其实也谈不上很深入了，我主要是对准备课的内涵、特征、类型、价值、评价以及开发等问题进行了一点思考。

【访】那什么是准备课？

【俞】在小学低段有很多以“准备”为目的的学习活动。这些学习活动都是有计划地进行的，有的活动的目的是让学生获得一些有益于进一步学习所必需的直接经验，有的呢则是把学生的生活经验朝着有利于纯粹知识的学习的方面过渡。这样的课程，我们就称它准备课程。

---

① 丘成桐. 数学和中国文学的比较［ED/OL］.（2005-08-30）［2007-10-12］. http://www.jx.xinhuanet.com/campus/2005-08/30/content_5010848_3.htm.

就广义而言，小学数学每一节数学课，都是后续学习的准备课。狭义的数学准备课，它通常是指为提高数学显性知识学习质量而进行的，指向于经验、思维要素、学习品质、数学语言等内容的课堂学习。我研究的多是在狭义这个层面上的准备课。

就学生的整个数学学习而言，没有数学准备课，学生的数学学习同样是完整的，但有了数学准备课，学生的数学学习会显得比较有质量。

在通常的课堂学习中，学习组织者一般都会安排复习环节，帮助学生回忆起从前学习过的知识，从而开展本节课的学习。毫无疑问，这是一种学习准备。

【访】准备课和预习、复习有什么区别？

【俞】显然，两者有相同之处，但其差别也是显而易见的。“数学准备课”将学习准备视为一门课程，进行专门研究。它关注学生知识学习中应具有的条件，并为这些条件设计课程，学习准备的重要性就提高了。

我认为一门成熟的数学课程，应由两部分组成：一部分是由组成这门课程的所有知识点及其相关材料、方法组成的主体课程。这部分课程的出发点是学科知识，基于知识的系统性编制。

另一部分是为了使知识点有效地被学生接受而组织的材料及相关的方法组成的准备课程，编制这部分课程的出发点是学生本人，基于学生的生活阅历、思维要素、思维方法等。打个比方，如果以农民种田来比喻，那么，主体课程相当于对种子的选择，而准备课程相当于对土地的整理，两者是相辅相成的。

对于课堂教学来说，一个没有准备课程的数学课程也是可以完成的，但学生的学习会变得比较痛苦，而有了准备课程的数学课程，则会使学习变得有质量。

访谈手记

俞老师研究准备课很长时间了。他对准备课的理解不同于我们一般人都知道的那种“入学准备课”。他的准备课是一种很特殊的准备课。

农民种地，一般都会在种地前翻翻地，整理整理，认真的人还把那些大土块砸得细细的，这样很利于种子发芽。这是农业常识。不整地就直接把种子撒在地里的人是很受人鄙视的懒惰行为。学生的心灵就好比是一块肥沃的土地，教师的工作就是要在上面播撒文明的种子。然而奇怪的是，这样复杂的播种工作开启之前，很少有人想到必须把这块地整一整。

苏霍姆林斯基曾讲过一个不走运的农民奥麦尔柯爷爷的事。奥麦尔柯爷爷有一俄亩土地，他决定用粒选的种子播种春小麦。整整一个冬天，奥麦尔柯爷爷和他的老伴玛丽雅奶奶坐在炕头上，用手工一粒一粒地选好了种子。播种的时刻到了才发现，奥麦尔柯爷爷在关心种子的时候却忘了耕地。只关心种子而忘记了耕地，那等于撒下种子去喂麻雀。①

俞老师的准备课做的就是“耕地”“整地”的工作。他要探究的问题主要是：怎样把学生的心理，尤其是认知状态，调整到完成某个教学任务所要求的状态。

按常规，一般教学都是通过预习新课或复习旧课让学生适当地调整一下心理准备状态。俞老师的准备课的重点似乎是，寻找架设在科学认识和学生的经验认识之间的中介桥梁。

【访】您觉得准备课有什么意义？

【俞】首先从学生个体这个层面来看，良好的学习准备可以使学生能够顺利地完成学习任务，达到优质学习的效果。

教育界不是有句话很流行嘛，叫“跳一跳，摘桃子”。要是把这句话倒过来说，就是“摘桃子，要跳一跳”。跳，就需要一个借力的地方，这个“地方”呢，就是学生的准备状况了。“跳”就是一种学习能力，“桃子”就是需达到的学习目标。

比方说，“长方形、正方形的面积”这个内容的教学设计，可以有这样两种：

第一种教学设计，从情境入手开展学习。

教学环节可以这样组织：

环节一：创造情境，激发兴趣，提炼问题

让学生拿出数学课本与一个作业本，要求学生思考用哪些方法来比较两个本子的封面的大小。讨论发现，数方格的方法比较好。

环节二：探究新知：认识面积和面积单位

---

① 苏霍姆林斯基．给教师的建议［M］．杜殿坤，编译．北京：教育科学出版社，1984：470.

在情境活动基础上建立面和面积的概念。接着在数方格比较大小的过程中，通过数两个方格大小不同的图形，来认识到必须建立同样大小的方格，从而引出面积单位。再让学生看书认识面积单位：平方厘米、平方分米和平方米。然后举例子判断形成面积的表象，最后练习。

第二种设计，可以从学生的预习和复习入手。

环节一：课前预习

要求阅读书本[①]第 134 页到第 136 页，分别剪一个边长为 1 厘米和 1 分米的正方形。我的设计意图是：因为学生的“先期学习”有所不同，通过布置预习作业，让每一个学生被动地进行一次较完整的先期学习，以此缩短学生个体间因先期学习而形成的差别。

环节二：复习、整理有关长度认识的基本结构

先画一条线，再在线上点两个点，说明直线上两点间的一段叫做线段。和学生一起讨论一些关于线的知识。边讨论边整理，形成如下板书：

长度	线	长短	常用单位	度量	工具
			cm、dm	m	尺子

经过复习，将学生已有的知识结构呈现出来：一个点在一维空间中运动可得到一条线，在二维空间中运动即可得到面，线和面的认知结构是一样的，不同的是线比长短，面比大小。

环节三：新授，整理长方形、正方形的面积认识

观察展现由线到面的发展过程，指导学生观察思考，线可以围成规则的图形和不规则的图形。要求学生思考：图形比线更复杂的是什么？经讨论，得出结论：

① 图形边上的线的总长是周长。

② 图形由线围成的空间就是一个面，面的大小叫面积。

再讨论：面的比较该如何进行？

① 面的比较主要是大小的比较。

② 面的大小需要度量。

③ 常用的度量单位是平方厘米、平方分米、平方米。

---

① 指浙教版小学《数学》第七册。

讨论：面的度量工具是什么？

① 提供如下辅助材料，供学生练习并思考：

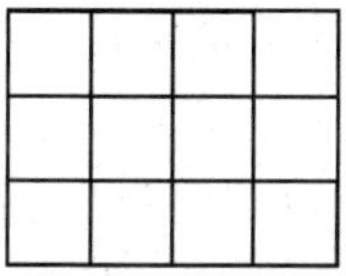

长方形的面积是（　　）平方厘米

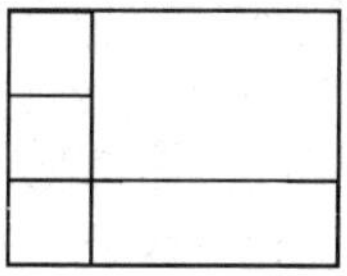

长方形的面积是（　　）平方厘米

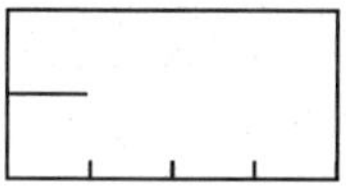

长方形的面积是（　　）平方厘米

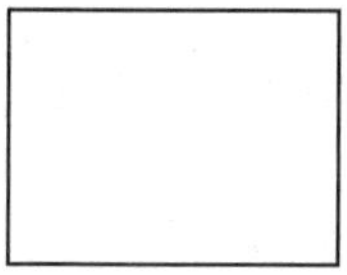

长方形的面积是（　　）平方厘米

② 结论：面积的度量工具还是尺子，但必须经过计算。

然后，边讨论边整理，形成如下板书：

长度	线	长短	常用单位	度量	工具
			cm、dm	m	尺子

面积	图形	大小	常用单位	度量	工具
	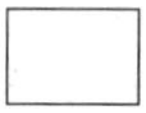	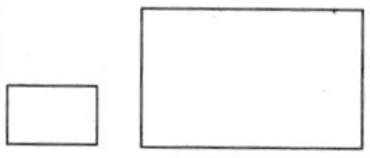	cm^2、dm^2	m^2	尺子＋计算

这一设计的整个意图是，通过预习，让学生们了解面积的概念与面积单位；通过复习，让学生呈现了一个认知结构，均属于学生的“先期学习”。本环节的作用在于将学生先期学习的关于面积的有关知识，通过已有的认知结构，整理为有序的知识结构，从而达到理解。

你说这两个设计有什么不同？

【访】第一个设计有情境，有探究，应该比较符合新课改的教学理念；第二个设计好像比较传统。

【俞】从表面形式上看好像是这样。其实这两种设计的教学效果非常不同。第一个设计的过程是一个封闭的学习过程，学生的已有学习会成为教学进程的干扰，比如，老师问："如何比较两个图形的大小?"学生最好是先回答："重叠，相差部分剪下来再重叠。"然后，老师问："这样是不是太烦琐了，有更简单的吗?"此时学生最好都睁着疑惑的眼睛，然后，老师说："让我们来学习新知识吧!"但如果有个"不识相"的学生一开始就说："可以求面积。"那么，这个情境的作用就大打折扣了，老师上起来就没有那么开心了。(哈哈)

再看设计二，它并没有去创设情境，却安排了预习、复习，课堂学习的主要任务是将学生的"先期学习"在讨论中整理，使之系统化，因此，这一设计框架具有较好的开放性。同时，当学生面对着黑板上整理而成的板书时，也许很自然地会设想：如果几个面围起来，会是什么呢？它们的度量单位呢？度量工具呢？从而学会一种思考方法。

从学生的角度来说，如果面对着"设计一"的课堂学习，就要使自己努力跟着老师，不去打乱老师组织的进程。如果面对的是"设计二"的课堂学习，他只要将自己已有的知识纳入一个框架之中，形成一个知识系统就可以了，以便能够用这个框架去容纳、生成丰富的知识。

【访】听您这么一说，好像第二个教学设计的教学质量要比第一个高。

【俞】是的。我的准备课就是第二种设计。还有从学生班级群体这个层面，这样的准备课有利于将学生的学习准备状况调整到大致相近的水平上来，这样，有助于学生在相同的时间里获得相近的学习成果，从而不断缩小学生之间的学习差距。

数学学习从源头上来说，最初的学科学习是建筑于学生的生活经验之上的。由于各个学生的生活环境与生活条件不同，因此，学生在生活中所积累的经验是不同的；又由于学生的悟性各有差别，学生在经验中所悟得的可用于认知迁移的结构性知识也是不同的。

我曾经在四年级做过一个很有意思的调查。那时学生要学平均数应用题，我就想调查一下学生的知识准备怎样。我给学生一个问题："小明所在的班级平均身高 132 厘米，小玲所在的班级平均身高 135 厘米，小玲当然比小明高。你认为对吗?"

结果统计发现，54 位学生中有 38 位学生明确认为是错的，有 10 位学生认为可能是错的，有 4 位学生认为是对的。

我就叫了两位学生代表发言。一个是回答"不对"的，我问他："为什么你认为不对？”他说：“小明班的平均身高是132厘米，并不等于说小明是132厘米，他可能有140厘米，也可能有120厘米。同样，小玲也是如此。因此，说小玲当然比小明高，肯定是不对的。”另外一个学生本来是回答“对”的，他说：“我本来认为是对的，听了×××的发言，我现在认为他说的有道理。”

这个调查让我发现，至少在某一知识点的学习之前，学生对这一知识的了解，是不均衡的。准备课，通过提供一些生活化的材料，组织学生开展一些交流，可以让学生们比较容易地消除原来的不均衡，有助于他们在大致相同的起点上进行新知识的学习。

此外，学生的学习情绪也有差别。虽然这种差别不能完全消灭，但教师可以通过准备课对学生的情绪进行调节，让大多数学生都保持比较好的学习状态。

最后，从教师的教学层面来看，准备课也为教师的教学行为吻合于学生的学习水平提供了一套可操作的现实办法。

“回到源头去”是一条找到问题症结的好思路，是教师思考学生学习缺陷的有效视角。在现实教学中，在我们面对学生的学习困难时，我们习惯于让学生再重复几次，在学生重复几次还未明白时，通常归责于学生的智力因素，从而使本次学习困难又成为下次学习困难的原因之一。如果教师能及时地去思考学生完成某一特定学习任务的学习准备是否充分，教师就能够理性而非感性地认识学生的学习行为，而学生的学习困难也能够得到有效的缓和，有助于有续学习。

【访】您的准备课程都有哪些特征？

【俞】第一个就是辅助性。它不可能是主体课程，只是辅助性的，是为完成主体课程任务而设计的。第二，它很人本。它强调学生的状况，主要是从人的可接受性来思考问题，体现了教学对学生的人文，非常有人性。第三，它又是动态生成的，具有生成性。对学生的知识状况是不能确定的，必须在教学进行的过程中不断地、千方百计地去发现学生目前的学习状况，并适时进行调整。有很多环节和内容都是不能预设的，所以准备课具有明显的生成性。第四呢，我觉得它还是很有创造性的课程。因为不同学生的学习状况是不同的，这样的课程没有标准范式，是动态生成的，所以它的组织和实施依赖的是教师的综合素养和教育智慧。它的每一个环节都考验着教师对学生水平的判断力。教师如果不进行创造，准备课的效果肯定不理想。最后一个就是多样性。准备课有多种表现形式，有呈现为复习课的、有呈现为新授课中之复习环节的、有呈现为数学游戏的、有呈现为数学参观的、有呈现为针对某一经验而专门设计成课堂学习形态的，等等。

这又涉及准备课程的类型。我对准备课的类型也进行了一些研究和整理。

访谈手记

我们习惯于把人的可接受性视为事先就有的一个教育前提。这个前提似乎是静止在某个水平上的。教育只能从这里出发。

俞老师的准备课却让我们认识到原来人的可接受性是要培养的。现在的教学很强调经验的作用，但是实践却证明不了经验多的人就有可接受教育的能力。有时恰恰相反，人们积累的生活经验多了，反而成为进一步学习的障碍，影响着人的可接受教育的能力。

【访】那您目前已经总结了多少种类型？

【俞】小学数学准备课的类型有很多。因为分类标准不同，准备课就呈现不同的类型。比如按学生的学习材料分，就有经验类、语言类、思想类和教学方法类。

【访】请您具体谈谈这些类型。

【俞】所谓经验类，主要是指帮助学生积累更多的经验准备的课程。这样的课程是让学生有充分的感性认识，并在此基础上进行经验整理，使之调整到适宜于学习的状态上来。

数学新课程标准对小学生的学习方式提出明确要求，强调了“经历、体验、探究”，其中经历与体验都是基于经验的学习方式。对小学生而言，基于经验的学习是活的，不是死记硬背的，因此，经验十分重要。

就数学学习而言，有助于数学学习的经验包括：程序的经验：这种经验源自生活中的行动，比如分苹果，呈现一个先后的程序性的聚合与分散的过程，在这一过程中获取的经验成为学生理解加、减、乘、除运算方式的基础。情境的经验：学生对应用题的理解程度与学生对情境的熟悉水平具有相关性。如果某一问题的情境学生熟悉，学生就能够以一种亲切而有信心的情绪状态进行问题的思考；反之，学生就会如同进入一个陌生地带，以一种略带紧张的情绪状态进行思考，就会影响思考的质量。关系的经验：能否在数与数、量与量之间建立正确的关系，是影响小学生数学学习质量的一个重要因素，这种建立关系的能力取决于小学生对关系的经验。比如学生的购物经验，能够使他们比较容易地建立起单价与数量的相乘关系。空间的经验：以从上下、左右、前后、内外开始建立起来的方位经验为基础，学生在空间方面所获得的经验对学生的形体知识的理解，具有十分重要的意义。其他的相关经验：比如度量，比如对声音的感受，等等。

访谈手记

且不说俞老师对数学学习经验的分类有无道理，只就他能有意识地对它进行分类而言，就比一般人从经验直接到要掌握的知识的做法高明了许多。

是否在课堂上组织提供经验的活动并不是一个必需的、很关键的问题，必需的、最关键的是要帮助学生整理经验，使其达到进一步学习所要求的状态。

语言类的准备课程主要帮助学生体会数学语言与生活语言的差别，学会用数学语言进行思考，并试着用数学语言进行表达。在小学数学中，学生经历的数学语言方式主要包括：图形符号表示的数学语言，比如各种动物图案、点线面图案等；数字符号表示的数学语言；字母符号表示的数学语言；关系式表示的数学语言等。

思想类的准备课程是帮助学生认识数学思想的准备课，比如一一对应，比如守衡互逆等。这类课的目的就是让学生的数学思想达到学习新知识所需要的成熟度。

学习方法类的准备课主要向学生宣讲一些关于学习方法的知识，培养一些习惯，对学习心理形成初步的认识，形成学生的认知能力。

【访】还有其他的分类方法吗？

【俞】当然有了。如果从教师材料的组织来分类，准备课程又可以分为：

第一种：新课程教材提供的再创型准备课程。

新课程理念下的新教材已经有许多用于学习准备的材料，这些材料需要教师进行合理的再创造，实现其关于学习准备的意义。比如，我们以人教版小学数学课标教材为例，来看看教材提供的用于学习准备的材料。

册　次	内　　容	学习准备的意义
第一册（一上）	数一数	对应思想
	比一比	对应思想、数学语言
	认识物体和图形	积累形体经验
	分类	思维方法
	认识钟表	整理时间认读的经验、方法
第二册（一下）	位置	对应思想、函变思想
	图形拼组	空间组合、图形割补
	找规律	思维要素的培养
第三册（二上）	观察物体	换位思考 去自我中心的培养
	数学广角	经历数学问题的抽象过程
第四册（二下）	平移与旋转	感受运动方式
	剪一剪	对称性的感受
	有多重	估计的经验
	找规律	思维要素

翻阅以上教材，我们感到欣慰。新教材与旧教材相比，有了许多具有准备意义的内容，这些内容是教师着手研究学习准备的好材料。我曾以“时间”为主题对新旧教材进行过比较分析，我发现：

浙教版小学数学教材关于时间的内容安排在三年级上册（第五册），以“时、分、秒的认识”为课题，从认识钟面，到时、分、秒的进率，安排了两个课时。

在人教版新教材中，关于时间的认识，预先分别安排了一年级（上）“认识钟表”和一年级（下）“认识时间”两个准备性材料，这两个材料均处于生活经验层面，目的是将模糊的自觉性经验凸显为公共性的经验，为进一步学习时、分、秒做好准备。

我觉得，这种编排意图对于学生的学习意义是十分重大的。因此，教师应该把这些材料使用好，使其真正实现其准备意义。

第二种：教师根据学生实际原创性的准备课程。

学习是一种共性行为，同时也是个性行为，学习过程中出现的随机问题，也需要教师解决，这就要求教师本人进行原创性的课程开发，可以依据前面论述的不同分类进行相应的开发。

访谈手记

现在流行的教学理念强调教学目标的动态生成，教学上不要求有一个既统一又明确的目的和任务，基本上就是学生能学到什么程度就是什么程度。这样做的结果是强迫性倒是没有了，但教学的质量也下降了。和流行的教学理念很不同的是，俞老师的教学是有既统一又明确的目标和任务的。为了让所有的学生都达成这个目标，完成这个任务，在俞老师看来，起点相当是一个前提条件。

事实上，学生的起点是有差异的。很多时候，我们就是从差异出发，也是以差异终结。俞老师则不同。他首先要弄清差异何在，然后通过准备课，尽量消除这种差异，让学生基本达到起点相当。新的教学任务就在学生的起点水平相当的基础上实施，最终达成的目标也基本上一致。

俞老师的准备课是让起点低的学生也有条件达到最基本的教学目标，而不是降低目标要求以迎合学生现在的发展水平。因此，这种教学对学生的发展有很明显的促进作用。

此外，还有更深的教学理论问题隐藏在俞老师的准备课里，比如学生的生活经验、教学情境和科学认识之间的关系问题。这些问题一直都是理论上有待深入研究的重大问题。

总之，俞老师的准备课的研究价值怎么强调都不过分。

◎ 数学学习障碍的研究：原因来自教师

【俞】我们老师的生命是一节课一节课地连成的。人三分之一的时间在睡觉，另三分之一的时间是在干杂事，无所谓高兴也无所谓不高兴，还有三分之一的时间在工作，所以，这工作的质量才是最关键的。

我们的工作是一节课一节课连起来的，如果一节课一节课地高兴了，生活的质量也就很高。现在的工资让我们吃吃饭是没有问题的，如果不买房子也不买很好的车也差不多了。你只要过得开心就行了。我经常想，当校长呢，也好也不好。而当一个好老师是最有价值的，简单不烦，整天面对小朋友。现在小朋友作业做不了，我一般都说："你不要着急，你拿起笔把你想的过程写下来。"这么一路下来，我就会想他的结点在哪里。结点找到了，我就会很有意思地告诉他。

我很喜欢做的事情是什么呢？接下去校长不当了，我就搞一个数学学习障碍研究工作室。我想帮助那些数学学习不得法的人，让他们得法起来。

学生呢，是分上中下的，大部分是中的，上的人是少部分，下的人也是少部分。其实一个优秀的老师，对那些有天赋的学生的影响是不大的，傻瓜来教他，他也能学会的嘛！无非有时候你点拨一下他会得快一些，这些人迟早都会的，他们是有天赋的。你只要不把他们搞坏就行了。对中的这部分人，一个优秀的老师就很有价值了。你点拨一下，他就上来了。我觉得真正智商很低的人是不多的。很多人被我们搞灰暗了，我们要把那些尘土掸掉。至少他会觉得学数学有乐趣，至少他不讨厌数学。他只要不讨厌数学我们就善莫大焉，功德无量了。

【访】所以您就想做一个数学学习障碍研究工作室？

【俞】是的，我觉得小学数学学习障碍是影响学生学业发展的重要原因之一，学习障碍的不断累积是学生最终逃避数学学习的主要原因所在。学习障碍的形成原因固然是多方面的，智力因素与非智力因素是否可涵盖形成学习障碍的全部原因？除去学生本身的智力因素与非智力因素之外，教师的教学因素是否会成为导致学生学习障碍的原因之一？所以，我选择了一个学习态度较好、智力状况一般、数学学习存在障碍较显著的学生作个案研究。这个研究很有意思。

我选的这个个案是我的一个学生，是个五年制五年级的小女孩。她学习态度很好，对人友善，尊敬老师，家庭环境也不错，爸爸妈妈也很关心她的学习，智力活动表现就很一般了，上课回答问题，有时表现很出色，数学学习成绩不太好，作业速度也慢。

有次，我给她出了一个题目：一辆东风21型拖拉机5小时耕地4.8公顷，求拖拉机每小时耕地多少公顷？

我想了解一下她的知识背景，我说："你把这题目解出来。"她待了好一会儿，没说话。我说："别怕，你想怎样做就怎样做。"然后她就列式子了。

她列了一个 21 ÷5 ÷4.8。我问她："你为什么这样做，说说理由好吗?"她又呆了一下，换了一个算式：21 ×5 +4.8。她觉得第一次用除用错了，就换了乘法和加法。我给她说："你别着急，想清楚了再做。"她就又换一个，好，列了一个 21 ÷4.8 ×5。嗨，肯定是那个 21 干扰她了。我就把题目改了一下，问她：一辆拖拉机 5 小时耕地 4.8 公顷，求拖拉机每小时耕地多少公顷?不是 21 型了，就是一辆拖拉机，应该没问题了吧?我问她："这题会做吗?"她说："会做，除起来就行了。""那怎么除?"我问。她就又列算式：5 ÷4.8……这个孩子，你一说错她就改，把除法改成乘法，把乘法改成加法，不管怎么改，她都说不出原因来。

我就分析她的状况，我觉得她对自己是否能正确解答这道题目毫无把握。有时列了一个正确的算式，只要老师多问几句，她就会改成另一个算式。用她自己的话说，是否做对是靠运气的。她父母也反映，她列算式就像猜谜语，一个不行再来一个。结果呢，她就乱猜。综合上述信息我就推断，这个学生的学习障碍源自"数学化"障碍。在她解题的过程中，缺少一个数学化的基本过程，不能把一些生活语言转化成数学语言进行思维加工与判断。

比如，会做的学生看到这个题目，马上就能确定：5 小时和 4.8 公顷是生活语言，而工作时间和工作总量是数学语言。这样，决不会出现 5 +4.8 之类的错误了，因为时间和总量的语言格式不是相加的。

通过这个案例，我提出一个假设："数学化"障碍表现为不能把生活语言转化成数学语言，从而导致学生不能用数学的方法解决实际问题。学生数学语言的缺乏是一个主要原因。因此，只要我们帮助学生建立了数学语言系统，学生的解题障碍也就不存在了。也就是说，如果这个学生建立了良好的数学语言，解题就不会如此困难。

根据这一假设，我就针对这个孩子的情况制定了一个研究计划。

我选择了五年级的分数应用题来训练她的数学语言，因为五年级的分数应用题是一个相对独立的环节。它的基本数学语言单位为：单位"1"的量，对应分率，对应量；其基本数学思想是分率与量之间的对应；基本语言格式为：单位"1"的量 × 对应分率 = 对应量。

具体操作步骤是：

首先建立数学语言。

第一步：判断单位"1"的量。

以集体授课为形式，把计划事先告诉全体学生，要求学生们一起配合，直至每一位学生均能熟练判断，暗中留意这个学生的掌握情况。

第二步：把分数应用题中的“关系句”转化为“线段图”，过程要求基本如第一步。

第三步：根据线段图找出所有对应关系。在线段图中，“对应”比较好理解。

第四步：根据基本语言格式组织成数量关系式。

第五步：把第一步至第四步统合起来，达到熟练。

通过强化训练，学生们基本能熟练达到这样一些要求，比如我出示：“男生比女生少 1/3”，要求学生完成：

单位“1”的量 ⟷ 女生人数

1/3 ⟷ 男生比女生少的人数

1 − 1/3 ⟷ 男生人数

女生人数 × 1/3 = 男生比女生少的人数

女生人数 ×（1 − 1/3）= 男生人数（关系式）

通过提问、练习，观察发现，这个学生对这部分数学语言要素与格式已熟练掌握，说明她的智力能够完成一般学生完成的学业要求。

接着就是解题模式的建立。通过实践观察，她也能达到一般要求。

好，下面我就给她一个题目让她做。

这次我出示的题目是：有男生 25 人，比女生多 1/5，女生有几人？

然后，她列式：25 + 1/5。（呵呵）我问她：“你为什么这样做？”她又列式：25 ×（1 + 1/5）。我说：“按我们的解题模式，把第一步写出来。”直到最后，她才列出：（1 + 1/5）× x = 25。

【访】哈哈，看来问题并没有得到彻底解决。

【俞】是啊，怎么回事呢？这个学生在学了本学习内容之后，已具备了“数学化”所必须的数学语言及其格式与操作模式，为什么解题的时候，还会错误不断呢？可是，如果老师要求她按部就班地完成所有步骤，并在一旁监督，她又能正确地把题目解答出来。看来，数学语言的缺乏只是形成她学习障碍原因中的一部分。事实上，她已建立了分数应用题所相应的数学语言，然而在解题实践中却依然错误不断，原因究竟在哪里呢？

我就继续研究。我问她：“你有没有按照正确的方法来思考这些题目？”“没有。”她说。“你掌握了正确的方法，却又为什么不用呢？”她回答：“我想这样大概是对的。”“你凭什么这样想？”“因为前面是这样的。”

根据她的回答，我判断她的解题不是基于“数学化的思考过程”，而是基于“类似的感觉”（“大概是对的”，可以认为她在套用似曾相识的题目算式），或是基于老师讲的例题的算式（老师讲的是啥样，做练习时套上去就好了）。因此，这个学生学习障碍形成的深层原因应该是：她不是用思考在学习，而是用“经验”在学习。

【访】这个孩子的情况很有代表性，她给我们提出了很多值得思考的问题。

【俞】所以，后来我对这个案例进行反思，得出了这样一些认识。

首先，这个女孩代表了这样一类具有数学学习障碍的学生：他们文静，内向，悟性不高，智力一般，有良好的学习愿望，却喜欢减少一些思考的过程以省点力气。从教学实践来看，一个班中学业中等或中等偏下的学生普遍带有这个女孩的特征。因此，研究这个小朋友的学习障碍具有现实意义。

其次，从她的解题过程看，她在解题过程中基本上是由题目直接到算式，而在读题与列算式这一过程中的整个数学化的分析过程则被简化甚至省略。数学化过程的不断被简化和省略则导致了数学语言的陌生和分析能力的缺乏，久而久之成为学习障碍中的主要问题。

最后，该学生之所以在学习中习惯于从题目直接跃进至算式，而省略最为关键的数学化过程，其原因是可以从前面的算式大致推断出后面的算式，这正是她自以为对的学习方法。既然后面的算式可以不用思考而可以轻易地套用前面的格式，学生何必舍简求繁呢？

【访】这跟她的思维品质可能有些关系。

【俞】我也对我的教学方法进行了反思。

从该学生的学习障碍来看，形成学习障碍的原因固然有其自己的不足，但是，从更深一层的角度思考，教师教学的程式化是该学生形成学习障碍最主要的原因之一。

考察小学数学教材，其内容编排基本上是一道例题配几道练习题，如果例题是$a\times(b+c)$，那么，后面几道练习题也一定是这样列式，这种规律是每一位学生都能感受到的。然后，他们便能依样画葫芦，从而把数学学习简单化。这样简单化的数学学习一旦进入综合练习，学习障碍便凸显出来，成为影响学生发展的原因。

其次，教师教学处理能力的不足，以及在教学过程中本身对数学化过程的轻视，助长了学生数学学习的简单化，最终成为造成学生学习障碍的主要原因之一。

最后是关于教学对策的反思。针对该生的学习障碍，按照通常的做法，提高其学习成绩的有效办法便是“题海战术”，让她不断地做很多题目，记牢所有类型题目的列式格式，然后可以不断套用。这样，没有数学化的过程，依然可以考出好成绩。说到底，“题海战术”不是与该生的学习能力相适应，而是与我们课堂教学相适应的一种克服此类学习障碍的对策之一。但这种对策显然只会加快该生逃避数学学习的速度，因为，这样已把数学学死。

我觉得比较理想的策略是教师提高课堂教学的设计水平，对材料的例题与习题之间的过分紧密作出修改，教学重心向学生的数学化过程转移，重视学生数学语言的建立以及把生活语言转化成数学语言的过程，通过这一过程的凸显，把学生分析问题的过程作为目标加以指导，最终形成能力，把数学学活。

这一个案研究的意义在于：形成学生学习障碍原因的分析对象由学生向教师自身转移。教师必须思考教师本身成为学生学习障碍成因的极大可能性，一味地从学生身上找原因而忽视教师自身因素，对学生的学习是不公平的，无益于学生学业的健康发展。这个个案的研究，给我们教师提出了一个新的关于学生数学学习障碍成因分析的视角。

访谈手记

造成学生学习障碍的原因是多种多样的。人们经常从生理或心理方面去寻找造成学习障碍的原因，这样的研究是生理学的或心理学的，绝不是教育学的。只有俞老师这种从教师角度来寻找学生学习障碍的原因才是真正的教育学的视角。当然仅靠一个方面的研究是不能清除学生的学习障碍的，只有综合各种视角的研究成果，才有可能解决学生的学习障碍问题。

教育是什么？

第八章
俞老师的“谬论”

在访谈过程中，俞老师还发表了很多极具个人色彩的观点。这些观点，在一些人看来或许是“奇谈怪论”。不管怎样，它们毕竟凝结着俞老师的个人智慧。同时我也相信，在某些方面，它确能给我们以触动，原来有些问题是可以这样去想的。所以，我把它们整理出来，帮助大家更好地理解俞老师这个人及其思想。

◎ 教育是什么

【俞】我写过一篇文章，《教育是什么》，我认为我这篇文章写得很好，但这篇文章发表不出来，永远都发表不出来的。

【访】为什么？

（俞老师拿过一张纸来，给我画了下面这个图。）

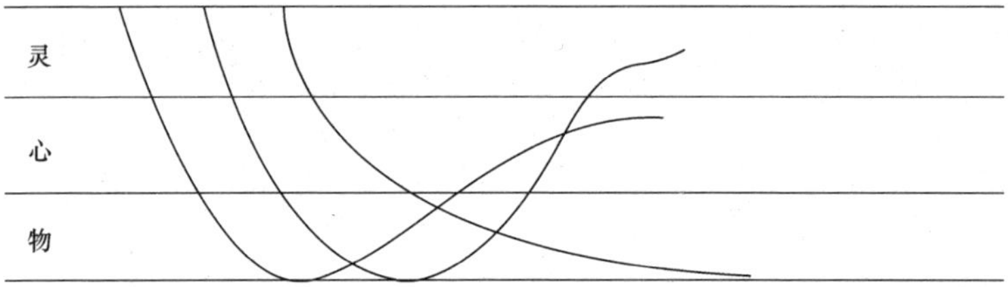

【俞】对于人类的学科分类，我们现在是分为自然科学和社会科学。我认为这个分类是错误的。人类的学科的分类应该是这样的：物的科学、心的科学和灵的科学。

物的科学是可度量的，可测量的。心的科学，可能就不能度量，比方说文学。我们通常所说的社会科学都是不可度量的，但可感受。比方说，我说："你真好。"你就感觉我在表扬你；我对你说一句恶言，你就感觉不好了，总之是"良言一句三冬暖，恶语伤人酷暑寒"。"灵"的科学很难感受，但它可以感悟。每一种科学都有它特有的特点和规律。比方说，艺术是什么科学，艺术就是跟"心"有关的科学。

【访】它也有物方面的研究啊，比方乐器。

【俞】它只是借助于物而已。它最终的表现还是在"心"这个层次上。我们把眼睛闭起来，听到的东西是在"心"这个层面上的。

教育是怎样的一门科学呢？教育是这么一门科学，它是跨越了"灵""心""物"三界的。它是有物的，比方我教你制作，这是物的，所以说，教育有时候是可以度量的，因此，有很多科学方法来度量。有时又是不可度量的，比如你如果完全用打分的方法来评价一个老师肯定是错误的。为什么？因为这不符合教育科学这门科学的本质。

我们再来看看人的发展。我觉得这个模型建立起来是可以解决很多问题的。

人生下来是属于“灵”的，人的成长轨迹是这样的（俞老师继续画，如上图）。人的成长有三种轨迹。一种是从“灵”到“心”到“物”，就停在“物”这个层次上了。一种是从“灵”开始，然后是“心”到“物”再升到“心”。第三种呢，也是从“灵”开始，到“心”到“物”再到“心”到“灵”。人呢，都是从“灵”开始的，这个时候是没有“物”的。刚出生的时候，你给婴儿小红花有用吗？没用的。到小学读书的时候，你就可以用小红花骗他了。你可以用小红花起到鼓励他好好学习的作用。到初中的时候，你再给他小红花，他就会说你幼稚了。到这个时候呢，他就需要一些物质的东西了，比如一些比较实惠的奖励。人呢，从那时起，渐渐变得物质了。在这个时候，精神鼓励什么的还是需要的，但是纯粹这个东西就不行了。

再接下去，发展到一定年龄的时候，人开始分化了。前面部分，大家基本上都是这样一个发展轨迹，即从“灵”到“心”到“物”，了解这个发展轨迹对我们教育是有帮助的。然后呢，就有分化了。利是“物”，名是“心”。一种人就始终在“物”的层次上发展，追求实利。这种人的日子会过得很有成就感的，因为，实利是实实在在的。但在他不断地收利的过程中，他又会变得很沉重，都是被利的追求逼迫的。当然，他自己会过得有滋有味。也有的人开始往“心”这个地方走。他有了钱之后把钱扔掉换成名，他求名重于求利。还有种人呢，他淡化了“物”淡化了“名”，他跳上去了，名也不要了，利也不要了，在这个层面上追求，这个就是佛教里讲的“皈依”。因此，人年纪大的时候是有区别的，分布在这三个层面上。年纪小的时候呢，都是从“灵”这里来的。

这跟教育又有什么关系呢？因为教育跨了这三界。你说我们怎么来设计教育呢？“灵”这个层面要不要？“物”这个层面要不要？“心”这个层面要不要？

心是虚的，灵是空的，物是实的，所以讲“虚心”“空灵”“实物”。我们的教育是要提升人的，怎么提升呢？我认为，要保持“物”的一定的量，将人提升到“灵”的层面上。人到了“灵”的层面上，他就不会做钱的奴隶，钱反而成了他的奴隶。人站得高了，是你支配钱，而不是钱支配你了。

人到了一定年龄，就要向孩子学习，要回归婴儿，要有赤子之心。因为我们都是从婴儿来的嘛，所以要回到那里去。那时，他就很自由了。视名利如粪土，只有婴儿能够做得到，成人是做不到的。如果经过教育我们又能视钱财如粪土了，那就淡定了。

教育是大一统的。它可以是物的教育，也可以是心的教育，也可以是灵的教育。每个人处的层面是不一样的。既然不同的人有不同的层面，教育也就有不同的层面。有时我跟你讲，你是个什么样的人，强调的无非是分量重的那一部分。

我们讲管理呢，首先要认识人。比如我们现在管理着五个人，对这几个人，现在开始定位。如果甲是在“物”这个层次上的，你不要跟这样的人谈荣誉，你就给他钱，你就给他讲干这个活有多少钱，其他的什么也不讲，他是很高兴的。如果乙是在“心”这个层次上，好，这个人你要表扬表扬他，钱也是要给一点的。丙呢，是介于“心”和“灵”之间的，钱可以少给一点，基本工资有保障了就行了，要多表扬他。还有一个人，就是丁这个人，他最注重人与人之间的相互欣赏，这是那种“士为知己者死”的人。这个人如果谈恋爱就是纯精神恋爱者。这种人只要跟你合得来就可以了。对丁这种人的管理就要注重和他的思想交流。

【访】这种人生活中可能很少。

【俞】是的，很少，很少。大部分人是这样的，就是名利都要的那部分。我在认识人的时候，经常用这个模型来定位“他是个什么样的人”。最好领导的是那种只要钱的人，最省力气。那种很在乎荣誉的人也很好领导，给他荣誉他就高兴坏了。最后一种人是最难领导的。一般的校长是很难领导这种人的。

我觉得这个模型对我的管理很有好处。弄清楚他是什么样的人，你就知道用什么样的方式来管理他。

小学、中学，包括大学里都有什么量化考核，这个考核是对的，但又是错的。按照我的量表，它只考核了教师的三分之一，有三分之二的部分，它没有考核到的。你怎么以此来决定一个老师的质量呢？对不对？你这样的决定是否科学？可是呢，因为我们对教育的本质的认识有问题，谁都认为有缺陷，但是谁也不知道为什么缺陷，因此还是量化考核，这样就搞坏了，老师比较痛苦。你用工业管理的理论来管老师，这是错位的，最多用一半。现在的管理弄得老师们很别扭。

我觉得教育职业真是一个很别扭的行当。因为它本身的理论没有成熟起来，教育管理理论几乎全部来自工业管理理论，这是很不负责任的。自己搞不出来，就把人当机器来管理，又要大家以人为本，这肯定是不行的。

现在要我去建立一个理论是不可能的，没这个条件，也没有这个思维容量。但是我可以把这个感觉表达出来。

【访】可不可以说，这就是您管理学校的思想基础？

【俞】你可以这么理解。

◎ 人的积极性从哪里来

【访】人都是往高处走的。您能坚守教师岗位，是否跟您淡泊名利有关？

【俞】人哪，都是喜欢名和利的。对功利呢，有时我也不是很淡泊。

【访】可我觉得您对教育问题的思考并没有什么功利色彩。思考教育问题是不是您的一个爱好？

【俞】嗯，自得其乐吧。因为我是这样认识的，人对工作是要有积极性的，人的积极性是从哪里来的呢？我现在在研究这个问题，很想把这个东西整理出来。

（俞老师拿过一张纸，又给我画了一个图。他先画了一个圈。）

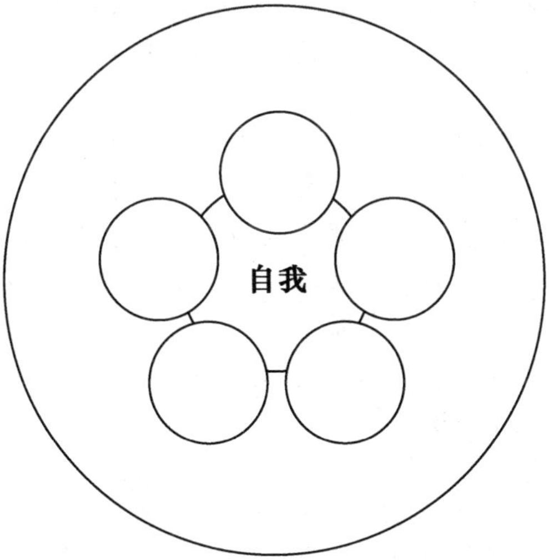

这是一个人，是一个圈。这是自我的圈。作为老师，他和学生又有一个互动圈。学生伤我们的心，就会打击我们的积极性；学生很乖，鼓励我们了，我们就很有积极性。和家长互动形成一个激励圈。家长支持你，家长投诉你，或家长跟你吵，都会影响你工作的积极性。第三个圈是同事圈。如果你处在一个都比较爱好工作的同事圈里边，你的积极性会大起来。如果周围人都是炒炒股票、混混饭，在这个圈子里你的工作积极性肯定会受打击。第四个圈是跟家人形成的。比如你的爱人鼓励你，你的爱人不支持你，都会影响你的工作积极性。再一个圈就是领导圈。这五个圈都因为互动而影响到人的积极性。

哦，还有一个圈，就是天地圈。这个就是我们的政府，我们的国家，大环境，我们生活在其中。我觉得，影响我们工作积极性的第一类圈子是互动型的圈子，第二类是浸在其中的，属浸润型的。你看看，这前五个圈是一类，这个圈是一类。对这个圈子（即浸润型的），我们无能为力，因为我们无法左右大环境。比方说以前当老师的都喜欢辞职下海，这是大环境，谁都改变不了。对这几个圈子（即互动型的那五个）我们要先付出，至于有否回报谁也不知道。你说，你对领导好，领导一定对你好吗？你对学生好，学生一定对你好吗？学生对你的好往往是滞后的，也许一年后，也许若干年后。但不管怎样，你必须付出。对家长你也是必须付出，对同事你也是必须付出。别人没有义务对你好，你必须先付出，别人才有可能对你好。但是对一般人来说，要先付出又不知道能不能得到回报，往往是很难做到的，这就影响到人的积极性了。为什么很多人失望，工作积极性不高呢？就是他要求得到回报，但又舍不得付出。

人最重要的是哪个圈呢？我认为是自我圈。决定我们的生活和工作质量的就是这个圈。这个圈子的实质是信念。人是有信念才会有积极性的。什么叫信念呢？我理解，信念就是不管它有没有，先信了再说。可能是没有的，也可能是有的。比方说，你说有鬼吗？说不清楚。但我们信有鬼就好了或者信没鬼就好了。但是到底有没有鬼啊？不知道。这个基础是模糊的。但因为信了，就坚实了。在这个圈子里，自我评价和自我激励很重要。有个词叫“自得其乐”，就是这个意思。

【访】那您的信念是什么呢？

【俞】我这个圈（指自我圈）比较好。我始终不放弃我工作的每一分钟，这就是我的信念。只要我上课，我就要把它上好。为学生考虑，我就要把课上得让学生开心一点。这节课让学生不开心了，我下节课一定要补偿他。就这样一节课一节课地上好之后，接着一些东西就跟来了。我们很多人呢，没有这个信念，只是一味地要求别人，那当然是不行的。所以，这个自我的圈子很重要。我们改变自己，就是要改变自我圈。在所有的圈子里面，我们能自由控制的只有自我这个圈子。其他那些圈子由不得你控制的。所以，我觉得，要自己给自己积极性，不要等着领导给。要是等领导给，我老早就不是这个样子了，虽然我现在也不怎么样。

我发现，以前别人对你不好你会很难过，很难过。等有一天，从难过中“啪”地跳出来之后，突然回过头去看，也会很感谢那些曾经对你不好的人。就好比，你在爬山，爬呀爬呀，你很讨厌这座山。等到了山顶之后，“啪”地回过头来，很感谢这座山，真的很感谢。

◎ 学数学是不需要强迫的

【俞】你说为什么小朋友那么不喜欢数学？

【访】我曾经看过一个调查结果，好像说小朋友最不喜欢的是音乐课，最喜欢的是数学课呢。当时看到这个结论我很诧异。

【俞】这个调查的年龄段可能不对。我觉得应该一个年龄段一个年龄段地调查，比如一年级、三年级、五年级、七年级，分段去调查。小孩子学数学，主要是害怕。现在怕数学的小孩很多。我以前看到过一篇文章讲，很多数学学得好的学生也不喜欢数学。有一个高中段做的调查，调查的是参加奥林匹克竞赛的人，问他们喜欢数学吗？这些人中，喜欢数学的人占的比例也很低。

【访】根据您的经验，孩子大概从什么时候开始怕学数学呢？

【俞】一年级的小孩是不怕数学的，幼儿园的小朋友还喜欢考试呢。一般从三年级开始怕。音乐课为什么小孩不喜欢呢？小孩子真的很讨厌音乐课的，为什么呢？就是记五线谱真的很烦，学乐器很累。你看那么多琴童恨不得把自己的手指砍掉，多讨厌啊。有时跟学数学一样的，但是数学又不是这么绝对。

【访】难道学数学就不要强迫吗？

【俞】学数学是不需要强迫的。因为像语文一样，小朋友认为学数学是理所当然的，你只要不让他讨厌就行了。

数学和语文是普适的，没有一个小朋友离得开的，任何一个小朋友都自然而然地就会数数。鸟都会有数字的感觉，人内在的数学的东西自己会出来的。为什么苏格拉底讲精神助产术，因为自己内心有些东西会慢慢成熟起来。

所以我觉得，小孩子开始学数学，你不让他逃走就可以了。后来，怎么就慢慢地逃走了？他逃走的时候，你引导一下：进来吧，这里很好玩的。他也许就留住了。如果进来不好玩他又逃走了，他就不会再回来了。数学是一种工具。比方说，你说语文，说话，人人都要说的；你说要写一篇好文章，不是人人都会的；写诗更是要有天赋的。数学是普适的，人人都要的，你只要不让他逃走。那你说，像我们去拉小提琴，像我这种手肯定是不能去拉的。学数学呢，人人都可以的。学科跟学科不一样。

◎ 富润屋德润身

【访】 您说的“富润屋德润身”是什么意思呢？

【俞】 这主要是指老师的修养。我以前给老师们讲过一个讲座：“是什么因素阻碍了教师的专业发展？”

作为一名教师，人一从师范出来是什么阻碍了他的专业发展呢，是基本功。基本功不好的，如果教学设计能力不错，也能成为好老师。一个人应该在教学设计自动化的时候再去讲教学生成。有一种老师，他可能也不懂什么教学设计，但他照样也可以做好老师，那是因为他人品很好，师德很高尚，所以，老师是要不断地修养的。

我那个讲座主要谈教师专业成长的四个阶段。

第一个阶段是基本功的训练。在这个阶段，上课上得好主要是因为基本功好，因为对教学没感觉，主要是靠模仿。

再慢慢有感觉了，不模仿了，就开始设计了。这就是第二个阶段。在这个阶段，课上得好，是因为教学设计得好。也许这节课，我们要设计一天，两天甚至一年，但到最后再设计这节课的时候是用不到那么多的时间的，教学设计已经自动化了。

现在很多老师上公开课都准备三四个预案，如果学生这样，他就这样，如果学生那样，他就用另一个预案。为什么要准备预案呢？因为他设计不会自动化。如果教学设计能自动化，就是学生怎么来你就怎么接招。所以，如果能够设计自动化了你就能生成了。如果你做了三个预案，学生出现第四种情况，你就又发呆了。

所以，教师的教学设计能力达到自动化的时候，就可以生成互动了。在这个阶段上好课的主要因素是设计能力。第三个阶段就是师生互动。

你的课要想再上一个台阶就要靠你的德了，靠教师的人品了。

【访】我觉得这也可以理解为是教学的四个境界。

【俞】当然可以。上到最后，这课也就是人了。人好，课才能上得好，跟美丽就没关系了，跟你的板书也没关系了，这就是最高境界。这就跟我们看书一样，第一个就是观点，再就是思维方式，感受他的气息。我记得孔子谈弹琴不也是四个境界嘛，人家说你弹得很好了，他说不好不好，我现在看到了山看到了水；人家又说，你弹得很好了，他说不行不行我现在模模糊糊地看见一个人；然后弹弹弹，人家说你弹得很好了，他说，是的，因为他看见了写歌的人正在干什么，那时候就直露心扉了，歌就不是歌而是人了。你看见歌就看见了人。其实课也是这样的。到最后，课品即人品，课就是人了。

有的人一辈子经历四个阶段，有的人一辈子经历三个阶段，有的人一辈子经历两个阶段，有的人也许一辈子就停留在基本功这个阶段。

【访】我理解，基本功不好的人，如果设计能力不错，似乎也可以突破第一个阶段达到第二个阶段。

【俞】是的，当教学达到更高一个层次的时候，原来的一些缺点甚至成为优点了，比如我形象可能不好，人家说像个小老头，但人家后来会说我很朴素。(哈哈)

【访】到互动阶段，教学基本上不怎么刻意了。和学生对话交流是很自然的。到师德阶段，教学就已经达到很高的境界了。

【俞】那就是返璞归真了呀，课就是他的人了嘛。所以，真正阻碍人发展的是教学设计能力。这一关必须过。如果不过这一关，你想获得专业发展是不可能的。有的人就是一辈子靠基本功。

这个教学设计能力呢，我的理解，也有三个层次。我给老师们讲了一个故事，就是：

第一种老师老是没东西上，怎么还不下课呢？设计呢只是模仿别人，但他每个环节不丰满。这个层次的老师会预先设计很多练习题目，还有时间吗？还有时间，再做三道题目。(哈哈)

第二种老师就是来不及上。他很会设计，设计得很丰满，怎么就下课了呢？我还有很多东西没有讲呢！所以真正上课上得开心的是第三个层次的老师。

从第一个层次到第二个层次是不断做加法，从空变成实。到实了以后呢就不断地做减法，把精的留下来，又变空了。变空了，就可以进行互动了。

【访】这个过程跟我们写文章有点类似哩。一开始是没话说，然后是想说的话特别多，啰里啰唆的，最后是突出重点，主次分明了，该说的就说，不该说的就不说了。

【俞】对，对。还有一个故事也能说明这个问题。这个故事是说，父亲临终前，叫来三个儿子，给他们每个人一个铜板，要他们去买满屋子的东西。第一个儿子回来，买的是一袋绒毛，然后他抖开来，绒毛就飘满了整个屋子。这就像第一个阶段，很空，要拼命填，才能把时间填满。第二个孩子呢，就买了很多稻草。填啊，填啊，父亲被逼得都没地方睡了，父亲很不高兴。这就像那第二个阶段，很实，但太满了，把人逼死了。等小儿子回来，他买了一根蜡烛，然后点亮，满屋子的灯光，很温暖。这就是第三个阶段，老师的思想就像灯光贯穿整个课堂，材料呢，就信手而取。

就像你说的，写文章也是这样的。第一个阶段是没东西写，第二个阶段想写，写了很多东西但不知道你想说什么，就是因为没光嘛。到第三个阶段，就有了思想，思想之光嘛。有了思想之光，那文章就好看了。

老师最喜欢这样的讲座了。就是当老师要求专业发展的时候，他很想有人能够告诉他："我在哪里。"有的人大学一毕业就问我："俞老师，你教教我怎么互动？"我就跟他讲这些道理。你不要忙着去追求互动，其实一节课里面基本功、教学设计、师生互动、教师的人品都是有的，跟中药一样。但在不同的发展阶段，会有一种因素上升为主要因素而成为你这个阶段的形态特征。就像我们哲学里讲的，社会充满了各种各样的矛盾，不同的社会时期不同的矛盾上升为主要矛盾。也就是说，不同的阶段有不同的发展方面。

【访】您是想告诉他，不到那个阶段，你追求互动也没用。

【俞】是的，不到教学设计这个阶段，你是互动不起来的，力不从心啊，功力没到嘛。这是我的认识，它不是理论。它能让老师们知道自己现在在哪个阶段，接下去往哪个阶段努力，这样心里就明白了，这就叫自知者明。自己知道要从哪个方面超越，这叫自胜者强。我觉得老师们很需要这个东西，明白自己在哪里。

比方说，有一次，我到一个海岛去作讲座，我不知道怎么走，然后，那个老师就打电话问我："你现在在哪里？"我说："我不知道在哪里。"他说："你那里看到很多山了没有？"我说："看到了。"他说："好，看到很多山的时候你就左手拐，然后一直往前走，大概 15 分钟你就到这里了。"我那天的讲座就把这个例子告诉了老师们，就说我不知道自己在哪里，不知道自己该怎么走的时候，这个老师怎么引导我的。他首先问我：“你在哪里？”我说：“我不知道。”他说：“你那里看见很多山了没有？”好，就是说你让学生明白他在什么位置，找准起点，然后告诉他路在哪里。我们这个模型就是告诉年轻老师找准自己的位置。很多老师的困惑就在这个地方。我该怎么努力啊？所以，我把这个告诉老师。

◎ 关于“教学设计”的几点思考

【访】您认为怎样的教学设计是好的？

【俞】有一次，我出去上课，随机请了几位老师来回答这个问题。有的说，学生有收获，教师有成功感，达成学习目标，就应该是好的教学设计。有的说，有科学合理的目标，有开放的过程，采用框架式设计，而且设计周密（尽量多准备几种方案），这样的设计应该是好的。还有的说，设计要有思想，有猜测，要尽量简单，可随时更改，这样的设计才是好的。该老师还认为教学设计分比赛用的和平常用的两种。

第一种观点其实是每堂课都要争取达到的，是一个最基本的要求。第二种说法就显得更具体了，要求目标要科学合理，过程要开放，但后面两句好像有一点矛盾。第三种说法就更有意思了，你认为现实中真存在着比赛用的和平常用的教学设计吗？

我认为，在我们老师专业发展的道路上，对教学设计一般都会经历三个阶段：模仿、自主、他主。刚毕业的时候，我们设计教案一般还都靠去模仿一些专家的设计，去为我所用。经过一定时间的积累之后，逐渐形成了自己的一种风格，能独立地、创造性地设计教案，这就标志着你已经进入了第二阶段了。在这一阶段你已经去用心钻研了教材，精心去设计了各个环节，但往往对课堂中突发情况的驾驭能力还不够，于是为了应对各种情况，可能要设计多套方案。可问题是不可能做到每堂课都去这样精心设计，于是就有了教案有比赛用的和平常用的这种想法，其实这也是教师专业发展的一个过程，但要尽量缩短这个过程，进入到第三个阶段——他主。他主是指教案的设计应以学生为主，根据学生的需求能及时调控，灵活使用。那些专家、特级教师上课他们都没有一个固定的教学模式，能够随着教学过程的发展及时调整各个环节，能根据学生的不同反应及时加以引导，甚至他们拿不出一个具体的教学设计来，教学设计在他们的心里。他们真正能做到以学生为主，不再是为了单纯的设计而设计了。

怎样才能称得上是一堂好课？首先要求教师有良好的基本功，要有好的教学设计，课堂上应该形成师生互动，最后还要求教师有良好的师德修养。今天我们所讲的教学设计，它应该是朴素的、安静的、悠闲的、灵性的。

【访】您觉得一个好的教学设计，谁是最大受益者？是学生还是老师？

【俞】这是一个动力的问题。教师的人生经常会有一种悲剧色彩，比如，我们花了很多精力设计的教学设计，最后最大的受益者却是学生，是那帮臭小子们，这时心理就会产生不平衡，会有悲剧色彩。先把最大受益者确定为自己，为什么呢？不要去问为什么，有些人在碰到不开心的时候经常会说“上帝啊”，真有上帝吗？为什么要去问上帝呢？说了这句话不就是让自己心里舒服一些嘛。说了就说了，何必去问那么多为什么呢？把自己当做最大的受益者，觉得这样做有好处，有好处我们就去做，没好处我们就不去做，没有那么多为什么的。这就是“存而不论”，有些东西不要去讨论它。

【访】您认为影响教学设计的主要因素是什么？

【俞】是什么影响着教学设计？是“我”。任何事物都是放在一定的背景上的，所以要研究一个好的教学设计，还应从“我”的背景开始思考。

“我”的背景主要有三块：心态背景、知识背景、思考背景。心态上把自己当做最大的受益者，这样就会有动力；对于知识背景，我们首先是搞教育的，当然要知道教育的背景。而教育的对象是人，所以还要知道人的背景。最后我们是教数学的，还要知道关于数学的背景。因此，知识背景又可分三块：对教育的认识、对人的认识、对数学的认识。

对教育该怎样去认识呢？

关于“什么是教育”，有的说教育是科学，教育是艺术；也有的说教育既不是科学也不是艺术，那教育到底是什么？

我认为，科学分三类：一类是物的科学，一类是心的科学，一类是灵的科学。每类科学都有相应的理论，这个理论只能解决它相对应的问题，而不能解决其他的。人们最大的问题是错位，比如这个理论解决这个问题是好的、合理的，于是就把这套理论应用到其他方面，这就不适用了。物的科学是可测的，是摸得着的，它传授的是一种技术；心的科学也叫社会科学，是看不见的，但可感觉的，如语言，同一句话，通过不同的表达方式所传达的含义是完全不同的，它所传授的是德；灵的科学是不可测的，是空的。那我们的教育在哪里？教育就是包含这三个方面，涵盖了这三种科学。

明白了这个背景，我们在选择教学材料和教学手段时就可从三个方面入手：一是物的方面，如教具、学具等；二是教学语言、声音、讲解教态等各个方面；三是很多空的、不能用语言表达的方面。教学设计就要从这些方面入手，合理地选择，有效地应用，来提高教学效率。

我们又该怎样去认识“人”呢？

我们经常能听到这样两句话：“没有教不好的学生，只有不会教的老师。”“朽木不可雕也。”

你赞成哪种观点？为什么？我们为什么要去了解人的背景呢？因为我们是在做人的工作。教育是一门至深至浅的学问。说它浅，是指教育在一种物的层面上，随便一个人都可以去当老师，任何一个家长都理直气壮地教自己的孩子。说它深，任何一个搞教育的人到了最后都说：我不懂教育。

我们怎样看人，就决定我们的教学设计以什么来支撑。这两句话拿出来有什么好处呢，它能给我们一个好心情。第一句话对吗？是对的，但不能全信这句话，全信它，我们的心情就糟了。第二句话对吗？也对的，但问题是我们有没有能力判断他就是朽木啊？我说，某甲是朽木，某甲就是朽木吗？这个问题我们也做不到，所以我们也不能坚信。

这两句话其实是两个极端，第一句是完全为学生讲的，第二句是为老师讲的。在这两句话之间，我们可以这样来解释：在老师和学生之间还有投不投缘的问题。我教不好你，但我不伤害你，肯定会有人能教好你，你还没碰到你生命中的名师。这样想有什么好处？它能保证有一个好心情，不要去怪学生，也不要去怪自己。相信我是教不好你的，但你不是朽木，只是我们不投缘而已，这样我们就可以把我们上课的心情调整好了。心情好了，态度也就好起来了；态度好了，上课的气氛也就好了，这样什么也都好了。

还有一个问题是，人的学习是快乐的吗？要相信人生来就是学习的，也要相信人是不喜欢学习的。学习是一件很平常的事情，在痛苦中学习然后在收获中得到快乐。人有一个特点，大人容易记住不好的事情，小孩容易记住好的事情。每节课上得都很快乐是不可能的，比如 10 节课里面，也许有六七节是很一般的，两三节是训练他们的技能的，一两节课是令他们感到有意思的。然后，他们就会一直记着这一两节好玩的课，不停地回味，不停地讲。其实在他们还沉浸在快乐当中时，已经上过六七节很无聊的课了。

如果每节课都很有味，那有味也等同于没味了。就好比，让他们每天都处在阳光里，也就感受不到阳光的温暖了。或许让他们在黑暗里待两天，再出来看见阳光，就能体会到真正的快乐了。所以，要让学生享受各种各样的味道，这就是根据人的特点来指导教学设计。

第三个背景是对数学的认识。这其实是一种思维方式。

比如，“人民币的认识”这一课的教学设计，可以有这样两个方案。

方案一：

1. 谈话：小朋友，你们用过人民币吗？

2. 指名上台介绍人民币，描述特征。

3. 买商品。

4. 小组购物。

5. 献爱心。

这个设计反映了一个通识的过程，语文课可以这样上，科学课也可以这样上，没有体现出数学的特色。

方案二：

1. 谈话：这些学具认识吗？——教学名称（人民币，认一认人民币，一般我们在教学时把这一环节就停留在会认的层面上，如果在会认的基础上再问：是怎样认的？归纳出认人民币的方法，这就是一次数学的提升）。

2. 为什么喜欢——让学生把想说的话先说完，同时了解学习起点。

3. 分类：人民币和人民币之间有什么不同？

4. 想象：20 年后的人民币将会有些什么新的变化？

在分类环节，一般会出现这样几种分法：纸币和硬币，根据数值 1、2、5 分类，根据单位元、角、分来分。在这一环节中，也不要仅仅为了分类而分类，也要有数学的提升，如可以引导学生思考：为什么要分纸币和硬币呢？引导学生把数学与生活紧密联系。为什么只有 1、2、5 的数值，没有 3、4、6 的呢？让学生体会人民币数值的组合与应用，在大部分学生都明白一元等于十角的情况下，把探究进率改为验证定律，这就是一种数学的提升。这种设计就体现了数学的特色，有数学味。

总之，好的教学设计应该在你的心里，有你的背景，有你个人条件，有你的学生。为什么那些名师的教学设计，我们拿去用的时候往往不尽如人意呢？因为别人的背景和你的不同嘛。同样一句话，名师说出来，小孩子听了很舒服，你说出来小孩子可能就不舒服了。明白了这些背景，我们在教学设计时就会有方向，不会盲目地跟从了。

◎ 责任感比热爱更重要

【访】您为什么觉得“责任感比热爱更重要”?

【俞】很多人总是说“爱一行干一行”这句话，我就觉得它很没有说服力。如果我不爱怎么办?那我就不做了吗?爱是怎么来的呢?爱是慢慢地培养起来的呀。如果说一开始就爱当老师，我觉得那是自我标榜。我想，教师这种职业不是那种让人一见钟情的。比方说，爱它，但是它让你失望了，你还能爱它吗?这个时候就需要责任来支撑爱了。你说，对吧?所以，我觉得责任更重要，就像我们培养小朋友的兴趣一样。现在老师问学生：“你喜欢做吗?”总是让小朋友做他喜欢的事情，废话，不可以的嘛!如果只让小朋友做自己喜欢的事情的话，他就不会干活了。人的天性是喜欢懒惰的。你要告诉他不喜欢的事情也要做，要告诉他克服困难，不断地干，努力地干，干一干，就干出味道来了，就喜欢了，也就是“干一行爱一行”。我们老师就是要陪小朋友度过这一段不讨人喜欢的时光。我们教师工作的意义就是陪伴小朋友走过这段人生。

◎ 教材既然可以改来改去的，那还管它干什么?

【访】请您谈谈对教材的看法。

【俞】我对教材一直没什么看法。最早的时候，我觉得教材怎么能改呢?觉得改教材是一件很过分的事情。到后来我才慢慢理解原来教材是可以改的。既然能改，那你还管它干什么呢?因为只要把知识系统掌握了，就行了嘛，教材随它改啦，你只要把知识这块抓住就好了。比方说，小数的加法，它可以这样变那样变，这个总是要上的。你也可以不按专家说的那样上嘛。所以，我对教材改革一点想法都没有。它无非告诉你知识的编排方式。那我就按这样的编排来上，也没关系的。

现在新课程里边有个东西和我的想法还是比较吻合的，就是准备课。比方说平移、旋转，以前是没有的，现在多起来了，就是让学生建立一种观念，就是数学变化的观念。我把它称做观念的学习，比如函变等，这种数学思想用一个东西来讲，我觉得是很好的，这点是进步了。对我个人来讲这个教材可以参考。对一部分老师来讲，他们很在乎教材。我发现很多老师不会解读教材。早些时候我也不会解读教材的，我是教了五六年之后才看懂教材的。

【访】有一些很优秀的教师，做到胸中有书的时候，就不怎么依赖教材了。

【俞】这是可能的。

◎ 知识的“库存”与“周转”

【访】您怎么看知识的学习问题？

【俞】我们打个比方，一个企业，如果其产品销不出去，就会成为“库存”。库存越多，企业的负担便越重。如果在库存严重的情况下，企业尚不进行市场调研、调整产品结构，那么，企业便会被大量库存的产品拖垮。所以，每一家成功的企业都会千方百计地让自己的产品最快地销出去，进入流通过程并实现增值。可见，产品的“库存”与“周转”决定了企业的衰败与兴旺。

我认为学生的知识也有个“库存”与“周转”的问题。有的学生善于把知识“周转”起来，用旧知识去理解新知识，把新知识纳入已有知识中，彼此之间不断整合，删去非本质的例题，留下本质的道理，这样，记忆的内容就少多了，学习自然是轻松多了。因此，学生的知识是否“库存”与“周转”决定了学生学习的发展水平。

只有让学生的知识“周转”起来，学习才不会成为学生成长的负担，也只有让学生的知识“周转”起来，学习才能成为学生成长的快乐之源。

所以，如何让学生的知识远离“库存”而“周转”起来，是我们每一位教师必须研究的问题。

首先，让学生的知识进入知识获取的“周转”过程中。这就要求教师在教学过程中对每一个新知识点认认真真地钻研透彻，从而对学生已有知识（或已有生活经验）与新知识之间的联系了然于胸，然后设法让学生发现这种联系。

其次，让学生的知识进入他们的精神生活，与学生的精神生活相“周转”。它表现为学生体会到由知识带来的精神享受，这种精神享受既来自学生由已知到新知的学习，也来自学生运用知识解决问题，更来自他们运用知识所从事的一些创新活动，进而由精神享受激发学生对知识获取具有更高的热情。这样，知识就成了学生精神生活的一部分，与他们的精神生活紧密地联系在一起。久而久之，关于知识的学习就会成为学生生命活动的一部分，乐此不疲。学生由此才能从知识堆积的怪圈中跳跃到主体发展的大道上来。

◎ 做个“善问”与“善待问”的老师

【访】 有老师说，您上课总是很有耐心地等学生提问或回答问题，您不怕这样浪费时间，影响教学任务的完成吗？

【俞】《学记》中有这样一段话：“善问者如攻坚木，先其易者，后其节目，及其久也，相说以解。不善问者反此。善待问者如撞钟，叩之以小者则小鸣，叩之以大者则大鸣，待其从容，然后尽其声。不善待问者反此。此皆进学之道也。”这说明咱们中华民族的传统教育是很重视学生在学中问，在问中学的，并以此要求老师能够“善问”和“善待问”。

老师等待学生提出问题或回答问题是给学生的最大鼓励。首先它表明老师很信任学生，希望学生能提出问题，解答问题。其次是老师也很有信心。

“善问”是一种艺术，为学生树立了“问”的榜样。“善待问”是一种态度，是随时向学生开放答案的状态，为学生的“问”提供了可能。学生有了“问”的榜样，“问”的可能，才会有“问”的现实与能力。

现今课堂上举不胜举“是不是”“对不对”之类的问题。想到有的语文老师想让学生说出“聚精会神”这个词便会问“聚什么”，想到有许多老师经不住学生一问再问便称“烦死”，这样的话，学生自然是不会“问”的了。

学生会问才会探索，会探索才会有创新。所以，做一个“善问”与“善待问”的老师，是社会、是时代对老师的基本要求。

◎ 发展自己：对教师专业发展的认识

【访】 关于教师的专业发展，您有没有深入思考过？

【俞】 我思考过这个问题。我觉得能否树立正确的教师专业发展观，是影响教师专业发展的首要问题。

【访】 那您认为，对教师来说，什么样的专业发展观才是正确的呢？

【俞】 我觉得至少应该包括这样几个方面。

首先，明确教师自身专业发展的主体，即谁对教师的专业发展负责。在这一方面，许多教师习惯于把学校作为自己专业发展的主体，等着学校向自己提要求，等着学校给自己提供进修的机会……这样，教师的专业发展就成了一个被动的等待过程。如果在等待中看到别的同事发展了，就以是否得到学校培养为全部理由，为自己的发展滞后寻找借口，并对他人的发展不以为然。事实上，如果学校成为主体，这个主体的作用仅仅是提供支持，教师专业发展的真正主体应该是教师自己。也就是说，一个教师的教学生涯是由两个问题组成的，即如何让学生发展得更加适宜，如何让自己的专业获得更好的发展。这两个问题是同一问题的两个方面，如同硬币的两个面。

教师成为自己专业发展的主体，就要求教师本人了解自己的优缺点，确立发展目标，找出目标与自身现有条件之间的距离，思考缩短这一距离的途径方法，并不折不扣地实施于行动。

其次，正确的专业发展观还要求教师正确认识教师个人素质在专业发展中的作用。教师的专业发展离不开教师的教育教学素质，但如果过分夸大素质的作用，就不利于教师的专业发展。在学校里，我们经常可以发现一些素质很好的教师，其专业发展却不甚了了，许多素质一般的教师却由于个人努力，获得了较出色的发展。因此在具备一般的教育教学素质之后，其努力的态度是十分重要的。

第三，教师的专业发展是动态的，是贯穿整个教学生涯的过程，而非静态的结果。现在有种用某项荣誉或某个成果来标志专业发展的倾向。有的教师年轻时候获得了“教坛新秀”的称号，之后的专业发展却不见进展；有的教师把专业发展视为取得某个职称，拿到了就高枕无忧……这些教师的专业发展往往是断断续续的，努力一阵子，松懈一阵子，发展一阵子，停滞一阵子，其本质就是把专业发展视为某种物化的结果，这是十分错误的。专业发展带给教师的是精神的满足，至于荣誉、职称，则是专业发展带来的副产品。这类副产品都会成为过去时，而教师的专业发展不会停止。哪怕成为专家教师了，依然可以在专家的层面上继续发展，现在的专家教师不一定是明天的专家教师。

最后，关于专业发展的价值取向是专业发展观的又一重要方面。不同的价值取向决定了追求专业发展的不同方法，产生不同的结果。举例来说，一个瓜农种了一片瓜地，他可以“催熟”新种的瓜，也可以慢慢地等待瓜的自然“成熟”。“催熟”与“成熟”的瓜表面上看来差不多，不同的是口感，只有自然成熟的瓜吃在嘴里，甜在心里。

现在，整个社会越来越重视教育，因此，地方上都会给专家水平的教师评个称号。在评称号的时候，主管部门往往会设定几个标准，比如在省级以上专业刊物发表两篇文章等，这自然是十分必要的。但一样的规则在不同的价值观的驱使下，就会有不同的表现。理想的表现当然是以学生发展为主，关心学生，研究学生，在取得教学实绩的同时，有了丰硕的科研成果，水到渠成，瓜熟蒂落，自然而然符合了主管部门设定的某类专家标准。他们的价值观缘于学生，服务于学生。另一种表现则以主管部门认定某类专家的标准为目标，通过各种办法达到要求，获得某类专家的称号。这两种不同价值观下的不同发展，对于学生的学业发展来说，其差别是巨大的。只有立足于学生，以学生的学习为起点，并回到学生学习的专业发展，才是有意义的专业发展。

◎ 成长小结：“一个中心”和“两个基本点”

【俞】我这20年的工作和人生经历积累了“一个中心”和“两个基本点”。

【访】具体怎么说？

【俞】“一个中心”呢，就是我从教的座右铭，八个字，即“改变自己，影响学生”。这是我在杭州西博会名师论坛上的一个发言题目。我现在把它作为自己的座右铭。

作为教师不能老是让学生怎么变怎么变，自己也应该求变。其实进步就是变化。而且我们跟学生交流的时候，也要先改变自己，再去跟学生交流。教师要把自己的状态调整到和学生差不多的时候再跟学生讲，这样他才会接受你施加给他的改变。

我们从教育心理学来讲，就是里面一个结构跟外面一样你才能同化。你首先里面有一个图式，跟外边的结构相近你才能同化他或顺应他。为了让学生能接受我们，就必须不让他反感我们，不反感就是我们要跟他比较接近。那他才不反感我们，不对立。怎样才能不对立呢，我必须改变自己。你不能要求学生来适应你。这是我做班主任的经验。

【访】那“两个基本点”又指的是什么？

【俞】它指的是我在教学上的两个研究方向，也可以说是我的追求。我一生都追求这两个东西：一是让学生喜欢我的课；二是不让一个学生落后。这也是我一直都在努力的两个方向。

总之，作为一名教师，我总的信念就是“改变自己，影响学生”。作为一名小学数学教师，就是这两个追求：让学生喜欢我的课，让他们忘记吵；不让一个学生落后。

结　语
要怀着希望

对俞老师的访谈结束了。我还是不敢说自己有多么了解俞老师这个人。因为探测一个人的行为和内心是一件高深莫测的工作。我只能就事论事，就俞老师在教师和校长岗位上的所作所思，来认识他这个人。他还有自己的家庭，自己的父母，自己的朋友，有其他的社会生活。有时即便是对同一个人或同一件事，换个角度来看时，可能又是另一番面孔。这里所谈的也仅限于我个人对俞老师的观察。他幽默、坦诚、直率、睿智、博学、朴实、好思。他活得很平凡但不平淡。

我谨希望俞老师的成长历程能给那些同样平凡的人们送去一些希望。你要相信，勤奋好学的人必定有丰厚的精神回报。当你的人生之路走过一大半的时候，即便还没有华丽的衣装和奢华的盛宴，只要你不放弃读书，不放弃对高尚精神的追求，物质上的缺失一点都不影响你的生活质量。幸福的感觉不期而至，你的内心会很知足，很平和。我们都很平凡，但是只要心中有信念，有追求，我们的日子也可以不平淡。

因此，我们要怀着希望过每一天。我们的心中要有孩子，因为孩子是我们的未来，寄托着我们自己的希望。我们要对自己从事的教育工作负责，因为教育是国家的希望所在，民族的希望所在。我们要勇于改革，因为改革也是一种希望。

如果你还年轻，你更要满怀希望。未来的路还很长，有了希望，才不会在苦闷彷徨的时候踟蹰不前；有了希望，才能在日复一日的日子里去憧憬未来。

诗歌是最好的言志方式。我抄录了这样一首诗，和读这本书的朋友共勉。这是1977年诺贝尔文学奖获得者、西班牙当代最负盛名的诗人维森特·阿莱桑德雷·梅洛寄语年轻人的一首诗，这首诗写道：

你懂得生活吗？你懂，
你要它重复吗？你正在原地徘徊。
坐下，不要总是回首往事，要向前冲！
站起来，要挺起胸，这才是生活。
生活的道路啊，难道只有
额头的汗水，身上的荆棘，仆仆的风尘，
心中的苦痛，而没有爱情和早晨？
继续，继续攀登吧，咫尺即是顶峰。
呵，你还这么年轻，太年轻了，
真像初生的婴儿什么也不懂。
额头的两绺灰色头发中间，
闪烁着你那蓝色的眼睛，
活泼而且纯真，但像被什么蒙住了，显得那么懵懂。
嗨，别再犹豫了，站起来，挺起胸，岂能放弃希望？
拿起你那棵白蜡杆子，拄着它。
如果愿意，我的胳臂已经伸向你的身边，
嗯，你没有觉得吗？虽有长袍遮盖
这胳臂格外有力而镇定。
你没有觉得吗？你耳边有一种无声的语言，
它没有语调，可你一定听得见。
它随着风儿，随着清新的空气
掀动着你那褴褛的衣衫，
吹干了你汗淋淋的前额和双颊，
抹去了你脸上残存的泪斑。
在这黑夜即将来临的傍晚
它梳理着你的灰发那么耐心、舒缓。

挎起这皙白的胳臂吧，它与你似曾相识，
挺起胸膛去迎接朝霞的蓝天，
希望之光在地平线上已经冉冉升起。
迈开坚定的步伐，认定方向，信赖我的支持
迅猛地朝前追去……①

它的名字就叫《要怀着希望》。你可以不记住它的内容，但我希望你能记住它的名字：要怀着希望，在任何时候，对任何人，对任何事。

① 维森特·阿莱桑德雷·梅洛．要怀着希望［M］．陈光孚，译//耿建华．诺贝尔文学奖获得者诗歌赏析．广州：花城出版社，1991：108－110.

附　录
俞正强教学实践与思考

1. “分数准备课”教学设计

材料：“半个”和“一半”

目的：1. 了解学生在学习分数之前，已经知道了多少关于分数的知识。

2. 通过课堂交流，让全体学生形成关于分数学习的知识准备。

3. 探讨学习障碍的纾解途径。

过程：

材料	问题
半个 (半张)	1. 举个例子，你什么时候用到过半个或半张的东西？ 2. 请你拿出半个或半张的东西。
一半	1. 举个例子，你什么时候会用“一半”来帮助自己的表达？ 2. 举个例子，说明“一半”有多少。 3. 口答，一半是多少？
半个和一半	1. 半个和一半有什么不同？(小组讨论) 2. 以月饼为例，是半个多还是一半多？
我比他多半个	我（　　）个 他（　　）个
我比他多一半	我（　　）个
两个“半个”是（　　） 两个“一半”是（　　）	怎样填比较合适？

(“分数准备课”首次亮相是在浙江省温州市永嘉县的骨干教师研训班上，时为2002年，后多次开课)

2. “举一反三”（六年级数学复习课）教学设计

设计意图：

体验一种思维方式：通过一个触点，进行发散思维。

体验一种复习方法：以一个知识点为核心，以所学的全部数学知识为背景，整理出相关知识，尝试知识之间的融会贯通。

教学过程：

环节一：课前互动游戏

材料：吃饭

要求：不准说“吃饭”两个字，但让别人明白你说的是吃饭这回事。

意图：让学生初步体验发散性思维，建立模型。

环节二：数学语言融会贯通（陈述性知识的复习）

材料：1/2

要求：不准说“二分之一”，用别的数学语言让别人明白你说的是二分之一。

意图：运用课前互动游戏中建立的思维模型，用不同的数学语言表达同一个数值，起到复习数学知识的效果。

环节三：数学方法的融会贯通（程序性知识的复习）

材料：异分母分数加法

平行四边形面积推导公式

要求：讨论两份材料之间的共同点；

讨论，提供出类似的数学材料。

意图：通过讨论，体会数学学习中数形转化思想，并通过提供类似材料，达到对数学学习中数学方法的复习。

环节四：课堂学习小结

材料：板书

要求：你认为今天我们在学习什么。

意图：让学生在回顾本堂课的学习中，体会数学学习的乐趣。

（“举一反三”2005 年首次亮相于杭州浙江教育学院组织的名师展示活动上，后多次开课）

3. 在计算讲评中培养学生的“错误观”

【认识背景】

分小数四则混合计算对于学生来说，会做容易，做对困难。学生面对自己的错误，经常想不通怎么会错在这么容易的地方，于是怪自己粗心。一旦把原因归结为粗心之后，学生就不再重视自己的错题，把它扔在一边。不论学生学业优劣如何，错题都是挥之不去的烦恼。在学校学习中，多数学生订正错题的动因是因为老师的压力。

这些现象，给教育者提供了一个思考空间：怎样让学生正确地看待自己的错题，养成科学的“订正习惯”，进而发展正确的错误观。基于以上认识，本人在实践中设计了一节“四则计算错题讲评课”，体会到学生真的很需要这样的教育，现整理如下，以求教同仁。

【教学过程】（六年制六年级分小数四则混合运算练习课）

环节一：呈现材料，收集信息

意图：了解学生的现有错误观，构建讨论平台。

过程：

1. 课前谈话

先让学生自我判断前一天的作业情况，再告诉学生实际对错情况，并以第一题为例，出示学生的错误样式。

a. $\frac{3}{4}\times0.5+2.4\div1\frac{1}{5}$

$=\frac{3}{4}\times\frac{1}{2}+\frac{12}{5}\times\frac{2}{3}$

$=\frac{3}{8}+\frac{8}{5}=\frac{3}{5}$

b. $\frac{3}{4}\times0.5+2.4\div1\frac{1}{5}$

$=3\frac{3}{4}+2$

$=5\frac{3}{4}$

c. $\frac{3}{4}\times0.5+2.4\div1\frac{1}{5}$

$=\frac{3}{4}\times\frac{2}{5}+2\frac{2}{5}\div1\frac{1}{5}$

$=\frac{3}{10}+2=2\frac{3}{10}$

2. 课堂统计

问题：这些错误，对你来说，感到（　　）。

讨厌　害怕　喜欢

（统计结果：共36名学生，表示讨厌36人、害怕11人、喜欢0人。）

环节二：解剖材料，寻找原因

意图：通过材料分析、认识错题对学习所具有的意义。

过程：

1. 认识错题

讨论一：我们为什么都讨厌错题呢？

讨论综述：受到批评，考试分数低，影响心情等。

讨论二：这种简单的四则混合运算，我们能保证自己不会做错吗？

讨论综述：错题是避免不了的。

讨论三：错题将伴随我们的整个学习过程，那么，错题难道真的一无是处吗？

讨论综述：可以告诉我们错误原因，帮助我们改正。

板书：告诉原因，帮助改正。

2. 原因分析

讨论一：（针对前面出示的材料）让我们一起来分析这些错题的错误原因。

讨论综述：

a. 原因一：乘号书写欠规范，加上形似约分样式，把乘法算成加法。

原因二：$1\frac{1}{5}\longrightarrow 1.2\longrightarrow 1\frac{1}{2}\longrightarrow\frac{3}{2}\longrightarrow\frac{2}{3}$

b. 把0.5当做5参与计算。

c. $0.5\longrightarrow\frac{2}{5}$化错

讨论二：我们能否在我们讨论原因的基础上，对原因作些概括？

讨论综述（师生共同完成，并板书于错题下面）：

a. 书写不规范，引起误认。

b. 数字感知错误。

c. 常用分小数互化不够熟练精确。

环节三：讨论对策，改正错误

意图：在分析错误原因的基础上，培养学生审视学习状况、谋求进度的能力。

过程：

1. 分小组讨论：给这些错误的同学提一条你们小组认为最中肯的建议，并书写于演示板上。

讨论综述：9 个小组基本上写了“一想二做三回头”这个经验，估计与老师的教有关。

2. 师生讨论

教师谈话：我发现我们同学的错误原因是各有不同，而同学们提的建议却千篇一律，这样妥当吗？

学生议论：(略)

教师谈话：我想你们提的建议比较适合粗心的同学。

学生议论：是的。

教师提问：可是，在同学们概括的原因中有“粗心”这一原因吗？

学生沉默：没有。

教师谈话：(要点) 粗心不是数学的错误原因，我们要改正这种不正确的错误归因。

学生讨论：(略)

环节四：欣赏错题，寻求启发

意图：通过对错题的欣赏，改变学生对错题所持的态度。

过程：

1. 教师谈话：接下来，老师要求大家讨论一个问题，如果老师要求同学们从这三种错题中找出一个你喜欢的错题，你愿意选择哪一种？为什么？

学生讨论综述：b 较好，因为它的过程比较简洁。

教师资料提供：$2.4 \div 1\frac{1}{5}$这一步，全班有 19 位同学化成分数做。

2. 教师谈话：与正确解题相比较，你认为错题有什么优点？

讨论综述：错题蕴涵有丰富多彩的信息。

环节五：课堂小结，形成认识

意图：通过小结，把本课时的体验提炼为认识。

1. 学生讨论：这节课你有什么新的认识？

学生讨论综述：

a. 错题其实是很有用的，可以告诉我们知识缺陷，启发我们有价值的思考，帮助我们少犯错误。

b. 错题不必害怕，虽然讨厌，其实也不讨厌。

c. 我们开始有点喜欢错题了。

2. 课堂统计：自认为对错题的态度有所改变的同学请举手。

全体学生都举手。

环节六：推而广之，形成错误观

意图：通过推而广之，把对错题的认识推广到对做错事的认识，帮助学生形成正确的错误观。

讨论：

1. 教师谈话：今天我们改变了自己对错题的认识，推而广之，这种对错题的认识能使你联想到什么？

学生讨论综述：不怕犯错，做了错事仔细推敲，吸取教训。

2. 教师谈话：我们不怕犯错，是不是意味着我们可以犯错？或者多犯错误？

学生讨论综述：要少犯错误，因为错误要付出代价。

3. 结论：珍惜错误，正视错误，少犯错误。

【教学反思】

对于学生来说，这是一节全新的课，因此，课堂气氛活泼而不失严肃，新奇而又十分熟悉。听课的教师们反响不错，有的老师说：听课是享受。有的老师说：这是一堂人生哲学课。有一位教育专家如此评价这堂课："老师和他的学生们，完成了一篇精彩的文章。"这些鼓励，给教师的反思提供了许多启示。

一、错题给错误观的培养带来契机

数学教学的三大核心问题是动力、方向和途径，其中动力、方向这两大问题均与教学目标有密切联系。为什么而教？在本课时中将学生导向何处是课堂教学的重要问题。回顾本课时教学，它的导向过程可以描述如下：

错题呈现——→错题分析——→订错应对——→错题欣赏——→推而广之……

这一过程的起点是学生学习中习以为常的错题，从错题的分析、订正到欣赏，学生对错题的认识，渐渐地离开了狭隘的知识性错误，对错误有了比错题本身更深刻的体验；再通过推而广之，让学生们的心灵跳出课堂，走进人生的感悟。通过讨论，"错误是不可避免的，错误是要付出代价的，珍视错误，少犯错误"成为课堂最终共识，从而使学生置于人生发展的层面。

从学生的角度来说，他们的体验是层层深入、步步递进的。从外在的数学计算错误，渐渐地接近人在发展中的两大问题——成功与失败，并且体会失败的不可避免，失败之于成功的重要，这种人生的本源体验激发起学生的探究动力，课堂中的活力也如小溪逐渐澎湃。

因此，教师在设计这节课的时候，目标是定于“计算的对错，以此培养学生的订正习惯”，还是定于“人生的失败与成功，以此培养学生的正确错误观（失败观）”，对于本课堂学生学习中所绽放的活力有着至关重要的作用。前一目标囿于计算、止于课堂订正，后一目标导向人的发展、止于成功的追求，活力便由此不同。

二、错误观的培养实现了错题资源的价值

教师是课程的最终实现者，教师与学生在课堂中所实现的现实课程应包括两个层面，第一层面是基于教学计划、教材所设定的材料，可预见地实施的；第二层面是教学计划、教师所没有设定的，是以教学过程中衍生的材料为基础，随机而有创造性地实施的。

因此，教师在课程实施中，第一层面是完成教材内容所指向的现实课程，尽可能地遵循知识的内在结构和学生的认知规律进行教学；第二层面是根据课程实施过程中所衍生材料与问题，结合学生主体发展的需要进行教学。对于教师来说，第一层面的课程现实是显性的，是基于教材内容而开发的；第二层面的课程现实是潜性的，是基于学生的主体发展而开发的。如果教师所实施的课程只停留于第一层面，那么，学生的数学学科体验是单薄的，是游离于人的发展的；如果教师所实施的课程深及第二层面，那么，学生所经历的学科课程则是深厚的、丰满的，与人的发展融为一体。

因此，作为教师，面对学生在学习过程中所衍生的许多教学计划之外的材料和问题时，不要仅从学科的角度，仅从知识掌握的角度去看待这些材料，而应从学生主体发展的角度出发，去认识、去发现这些材料对于主体发展的价值。因为这些材料是学生生命发展历程中的标记物，不论对与错，均记录着学生生命发展历程的某些特点。事实表明：学生对于来自衍生材料开发的教学设计具有更深刻的体验与学习活力。

回顾本课时的进程，从数学错题到原因分析到订正到欣赏，紧紧围绕着学生的三个错例展开，并在展开的过程中作了有深度的挖掘，充分实现了这一材料所具有的教学功能。同时，在挖掘的过程中渐渐展现了愈来愈浓郁的人文精神。

因此，这是一节具有人文精神的数学课，也是一节以数学材料为载体的思想品德课。

三、正确的错误观有助于学生的学业发展

就本课时而言，它所针对的问题是一个学生学习过程中十分通常的问题，即如何少发生计算错误，提高计算正确率。多数教师和学生对这一问题的解释通常是“太粗心，仔细点”，这种解释过于笼统，致使学生不知道到底该如何去掉粗心，有时候却越仔细、越容易出错。久而久之，学生对错题在无可奈何之下便靠所谓的“运气”了，连他自己也不知道自己到底做对没有。

事实上，这种困惑几乎是伴随着大多数学生的学业成长，也伴随着教师教学生涯的始终：学生明明会做，却要做错?

如果跳出课堂，从人的发展来说，所有的过错都可归因为故意与过失，而没有粗心。因此，粗心不是错题的原因，致使学生做错题目的很可能是感知、计算技能缺陷、书写习惯等有形的可表述可针对的原因，因此，错误的改正必须是有针对的，而不是笼统的“仔细”。

这样，学生的学业发展与人的发展就不再是游离，而是同一的了。学业发展的结构吻合于人的发展结构，学业发展就能获得生命的内在动力。

有人说：伟人之所以是伟人，是因为他能为十年后、百年后种一棵树。因此，一位好老师之所以能成为好老师，是因为他/她决不会为明天考几分而教学生，他/她会因为学生明天如何发展而教学生，也因此，人的发展就必然成为课堂教学的立足点，以此去焕发出课堂的生命活力。

4. 数学课中的“预设”“预设生成”与“非预设生成”

“生成”是一个相对于“接受”的说法，“预设”是相对于“灌输”的一种行为准备，从教师灌输、学生接受到教师预设、师生生成，是教师教学行为方式转变的结果。“生成”是一个思考活动的过程，不是借学生之口说教师想说的话。

因此，教学的艺术有时可以简化为教师把握预设与生成的艺术，即如何在一节课中，通过“预设”去促进“生成”，通过“生成”完成“预设”的目标；在“预设”中体现教师的匠心，在“生成”中体现师生智慧互动的火花。

那么，一位数学教师，该如何来把握学习的“预设”与“生成”呢？

为了便于表达，我们把数学课堂中的师生学习分为“预设”“预设生成”与“非预设生成”三类，举例来说。

在“简单分数加减法”这一课中，教师出示了一道题目：$1-\frac{2}{5}$，问学生该怎么做，这可视为预设。

教师组织学生讨论，说出各自的解法。一位学生说把 1 化为$\frac{5}{5}$，理由是$1=\frac{5}{5}$,这样就可以做了。这些学习内容可视为预设性生成，这些生成的内容使得教师的预设有了价值。

接着，有位学生很不满意地举手，在教师许可下说：“1 不只是等于$\frac{5}{5}$，如果我一定要化为$\frac{6}{6}$、$\frac{7}{7}$怎么办?”这位学生以这种方式把异分母分数减法突兀地呈现在师生们面前。这些学习内容，按照教师预设，是学习结束后布置学生思考$\left(\frac{1}{2}-\frac{1}{3}\right)$时再提出的。学生打乱了教师的预设，这样的生成材料可以视为非预设生成。

在一个完整的学习过程中，如果只有预设而没有生成，学生的主体性没有被重视，是一种灌输学习；如果有了预设，并在预设中有所生成，就说明师生间有了较好的互动，学生的主体性被重视，是一种有意义的接受学习；如果在预设、预设生成的基础上，又有了许多非预设的生成，那说明学生的学习积极性得到了充分发挥，他们在主动思考，这样的学习是有生命活力的学习。

我们想让我们的课堂学习富有生命活力，我们就必须去思考这样一些问题：我们该预设什么？如何使预设生成成为课堂主流？非预设生成需要怎样的课堂生态环境？等等。

一、预设

预设主要思考三个问题：第一是该学习内容的目标是什么，这为整个师生互动确定了方向，为材料的选择与推进提供了一个停止的地方；第二是学生学习这一内容是如何思考的，这为起始材料的选择与环节的梯度把握提供了依据；第三是该学习内容的内涵与外在的逻辑结构是怎样的，教师应该使知识结构接近于学生的认知结构。

根据以上思考，教师在考虑学习预设的时候，要在“粗”和“精”上下工夫：“粗”的目的是各环节不宜过细过密，教学中出现的一问一答往往是“粗”的工夫下得不够；“精”的目的是材料选择具有较强的思考性。下面，我们以“动物学校”这一材料为例，来说明如何为学生的课堂学习做好“预设”。

教材材料：动物学校

（1）怎样才能做到既不遗漏，又不重复？在全班交流一下。
（2）组成的两位数中，最大的数是多少？最小的数是多少？

首先，这一材料的目标是什么？在教学实践中，发现教师们针对这一材料，预设的目标大致可以概括为两类。

第一类的终极目标为：通过本课学习，使学生掌握判断组成数个数的方法。

第二类的终极目标为：通过本课学习，使学生在经历中养成有序列举的思考习惯。

显然，两类目标预设都是体现本课时材料精神的，但不同的目标预设，就决定了课堂学习的不同侧重点。如果按第一类终极目标来作为目标预设，那么，这堂课的课堂学习其基本思路是在多组练习中概括出判断的方法，形成技巧。如果按第二类终极目标来作为目标预设，那么，这堂课的基本思路是在练习中讨论怎样才能做到不重复、不遗漏，得到体验。简言之，两类目标预设的区别在于第一类是以知识目标作为终极目标，重在知识提炼、技巧形成上；第二类是把过程目标作为终极目标，重在体验与思考习惯养成上。

从学生的发展来说，本课时的意义在于借助简单的排列组合知识，来让学生体会思考问题的时候怎样做到不遗漏、不重复，养成有序列举这么一种思考习惯。

因此，正确的目标预设是学生成功学习的基础，也为教师在学习材料的选择与进程推进上提供了正确的保证。

第二，根据第二类目标预设，本课时的学习环节以问题的形式可以作如下预设。

问题一：用8、1、4三个数字任选两个组成两位数，你能写出几个？

目的：制造认识冲突，展现学生能力基础，因为不同的学生得到的个数有差别。

问题二：（讨论）为什么有的同学写的个数多，有的同学少？

目的：分析重复与遗漏的现象，抽象出问题：为什么会出现重复与遗漏？

问题三：（研究）怎样才能做到不重复不遗漏呢？

目的：展现学生自认为可以改善重复与遗漏程度的办法，并概括为“有序列举”。

问题四：（练习）你能说出正确的个数吗？

目的：掌握有序列举的一般方法，提高思维严谨水平。

问题五：怎样又对又快地找到最大与最小的两位数。

另外，教师在预设环节的时候，同时也对该问题要求或将引起学生的学习情绪、教室的学习氛围作出的预设（见下表）：

问 题	情绪氛围
问题一	安静的（独立思考）
问题二	疑惑的（有不同现象）
问题三	激动的（有解决办法）
问题四	生动的（因为会了）
问题五	开心的（其实挺简单）

有了这样的关于情绪氛围的预设，那么教师在该环节的实际操作中，会调整自己的情绪进入该状态，并依此去推动、感染学生，让学生们进入一种思维与情绪和谐的学习状态中。

二、预设生成

预设的目的是为了让学生在课堂学习中有所生成，生成包括过程的生成与结论的生成。因此，“预设生成”可以认为是师生在学习互动中形成的过程与结论，是在教师预设的期望之中的。一堂课能否得到丰富的“预设生成”，决定着一堂课的成功与否。教师在课前研究“预设”是设想着“生成”，教师在课中则要促进“学习生成”。

这里，我们来研究教师在课堂中促进学生达到“预设生成”应注意的两个问题。

首先是生成的空间。

生成需要空间，空间是生成的前提条件。

预设生成的空间大致包括起点到目标间的空间、环节与环节间的空间、环节内问题呈现给学生的空间。这三类空间中的前两类是在课前预设的，第三类空间则需要教师在学习互动中运用自己的智慧作及时调整，有时将课前预设大的空间，根据学生实际分解为若干个小空间；有时因为学生起点优于设想的，就要将原先较小的问题空间调整为较大的。为了便于理解问题呈现的空间，我们以下面三个不同的问题来说明。

问题一：我口袋里有一个五角硬币、一个一角硬币，请问我有多少钱？

问题二：我口袋里有两个硬币（人民币），请问我有多少钱？

问题三：我口袋里有钱，请问我有多少钱？

比较三个问题可知：问题一空间太窄，答案唯一，生成太少；问题三空间太大，可以说不着边际，生成太杂；问题二则有较合理的思维空间，学生能够在这空间里进行有效的思考。

问题空间可以通过条件设置来调整，也可以通过问题分解来调整。

比如圆周长这一内容，如果在提供下列材料（如下图）后直接问学生：你有什么发现？这问题的空间就太大了。如果把它分解为如下这样几个问题，学生的学习生成就会变得不一样。

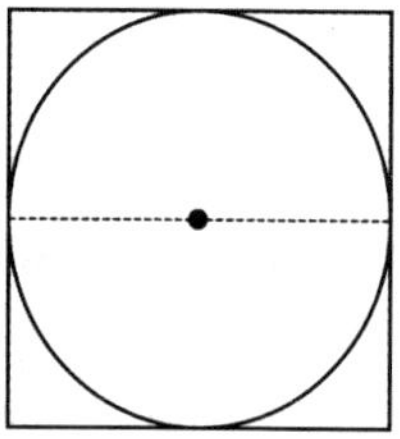

（1）观察图：哪一条线既属于圆又属于正方形？

（2）回答：这条线与正方形周长是几倍关系？

（3）思考：这条线与圆的周长也会有类似的倍数关系吗？

通过对这三个问题的思考，学生的学习生成就有了方向，生成质量就有了保证。

现在在课堂上经常发现有的老师让学生做一些不着边际的猜想，并美其名曰培养创造力。数学课的生成，有其基本要求，即生成必须是思考的结果。没有思考而生成的材料都应视为无效的泡沫。比如让学生回答老师口袋里有多少钱，因为没有条件设置，有的学生说老师口袋里没有钱，因为早上上班的时候老师把钱分给门口的乞丐了，老师还表扬这个学生有爱心，如此等等，这种生成材料不是数学而是作文。这是每一位数学教师应该认真把握的。

其次是生成的时间。

生成需要时间，时间是生成的必要条件。

有一次，笔者上一节研究课，课后有一位老师问笔者："我注意到 × 环节中，学生对这些材料都发表不出意见，学生都沉默了。这时候你没有任何提示，只让他们讨论。照理说没有答案，讨论后也不会有答案。因为 0 加 0 还等于 0。可事实上，讨论了一会儿后，学生就有了许多精彩的看法。这是什么原因？"

原因其实很简单。当教师在自认为提供的材料符合学生的认知起点、设置的问题空间符合学生能力的前提下，如果学生没有形成预设生成，比较好的选择就是给他们时间。让他们讨论，只是等候他们的一种形式而已。学生没有回答，并不是 0，只是没有明确该如何表达，或者在判断自己的思考是否正确而已。

数学课上比较糟糕的事是教师经常忘记自己该干什么，一看到学生没有反应，就急匆匆自己上阵，在没有预设生成的情况下帮学生操作、帮学生思考、帮学生回答，又使数学学习成为灌输学习。

分析教师给不起时间的原因是多方面的：有的是出于赶时间，有的是出于不知道思考生成需要多少时间，有的也许是教师的性格所致，等等。

人类的活动都有其特定的节奏，思维活动更是如此，有时顿悟，有时冥想。在师生互动的学习活动中，节奏太快，学生跟不上，预设生成不充分；节奏拖拉，学生容易游离于主流活动之外，预设生成同样不充分。

节奏是时间占有的艺术，教师要通过等待给学生时间，其前提是教师的课堂上有时间给，这样，就需要教师在学习活动中充分体会学生的学习状况，不要在容易理解、预设生成已经相对充分的环节上再耗时间，不要因为教师的表达不明确而引起歧义浪费时间，更不能对学生一些无学习意义的生成材料究根问底……教师在课堂上不浪费时间，学生就会感到老师的学习组织比较干净简练；教师在课堂上会耐心地等待学生，学生就不会紧张，心就会静下来，能够专注于问题的思考与活动的操作。当教师的时间掌握与学生的整体思维速度吻合时，学生就会陶醉于自己的思维活动中，学习的生成材料丰满充分，达到教师的预设要求。

三、非预设生成

非预设生成是在课堂的师生互动中，学生提供的材料，学习的思维成果，学生开展实验操作获得的结果或结论，与教师的预设相左，或意想之外而又有意义的学习生成。

在现实的数学课堂学习中，非预设生成给课堂带来的结果具有两极性——尴尬或精彩。在教师个人来说，心里都有不求有功但求无过的念头，担心非预设生成让自己在课堂上下不了台，于是就不期望非预设生成给课堂带来的精彩了。因此，教师们为了“安全”起见，一般在课堂的师生互动中采用多种手段，包括语言、眼神、脸色，以及课堂的纪律教育，或者对学生非预设的学习生成采取漠视的态度，让学生们有尽量多的预设生成，尽量少的非预设生成。久而久之，学生在思考数学问题的时候，会习惯性地思考一个附带问题，即：我这样说，老师会满意吗？我的答案是老师希望的吗？但总有个别学生是例外的，他们在思维冲动之下，不管老师高不高兴，把一些思维成果表达出来，这样，我们的数学课堂上，依然会有许多“非预设生成”。

学习中的“非预设生成”原因是多方面的，可以给教师提供许多思考。

首先，这些“学习生成”为什么是“非预设的”？是因为教师在教学设计的时候对学生了解不足，备课不充分吗？如果是这样，则要求教师在今后的备课过程中，提高对学生的研究，使教学设计更吻合于学生认知能力与学习材料的最佳结合。

其次，如何使“非预设生成”的学习成果成为激励师生提高学习互动质量的催化剂。“非预设生成”有时以行为的方式表达，有时以问题的方式呈现，有时以结果的方式存在。不论哪一种方式，“非预设生成”都会给师生带来意外的感觉。这种意外往往给学生带来探究的冲动，如果探究活动带来收获，学生就会有积极的情绪体验。因为这种临时探究与被教师预设的探究有完全不同的感受，生命的活力经常在这样的情境中让人感动。

需要指出的是：师生互动中的一些因教师失误而形成的结果，不应该视为“生成”。比如某位老师在这个班某环节用3分钟时间，得到相关数据。后来到另一个班上课，这个环节也用3分钟，不料由于环境变了，另一个班的学生比较紧张，3分钟内达不到足够数量，得到的材料无法进行后续学习……这种结果虽然不是教师预想的，但教师只要视情况稍微延迟一分钟，就能得到足够多的数量供后续研究。因此，这种师生互动的结果不是我们所探讨的“非预设生成”。

四、预设生成与非预设生成

“预设生成”与“非预设生成”都是师生互动的结果，两者联系密切，可以说，没有“预设生成”，就不会有有意义的“非预设生成”。如果打个比方，“预设生成”是一棵树的杆干与绿叶，那么“非预设生成”就是枝头被绿叶衬托着的花果，它们相互辉映，展现学习之美。

以“简单的分数大小比较”这一内容为例，来说明“预设生成”与“非预设生成”之间的关系。

<table>
<tr><th rowspan="2"></th><th rowspan="2">材　料</th><th colspan="2">学习生成</th></tr>
<tr><th>过　程</th><th>结　论</th></tr>
<tr><td rowspan="2">预　设</td><td>$\frac{c}{a}$　$\frac{c}{b}$</td><td>略</td><td>分子相同，分母小的分数比较大</td></tr>
<tr><td>$\frac{b}{a}$　$\frac{c}{a}$</td><td>略</td><td>分母相同，分子大的分数比较大</td></tr>
<tr><td>非预设</td><td></td><td>学生提问：
$\frac{b}{a}$　$\frac{d}{c}$</td><td>分子分母的差比较小的那个分数比较大</td></tr>
</table>

因此，可以说“非预设生成”往往是学生不满足于本课时的学习目标而对该知识作出的自主探究，这种探究冲动在课堂中得到教师支持与否，对学生的学习发展可说影响深远。每一位教师都应在努力促进预设生成的同时运用自己的智慧，去促进更多的“非预设生成”，并及时地捕捉住“非预设生成”的智慧火花，让它绽放课堂的生命活力。

（此文发表于《小学数学教师》2004 年第 4 期）

5. 小学数学课堂学习的起点在哪里

对于小学生来说，一次完整的课堂学习可以描述为学生从他的认知起点，到课堂学习目标之间的认知发展过程。就这一过程而言，在学习目标既定的情况下，起点的选择决定着这一过程的距离长短。因此，在教师选择认知起点的时候，学生课堂学习的距离空间便被设置了。显然，距离空间过长与过短都不是好事，适宜的距离空间是学生开展课堂学习所必需的。这样，就引出一个课题，即：教师该如何选择学生的学习起点？

一、小学生课堂学习的逻辑起点与现实起点

学习起点，可以理解为学生从事新内容学习所必须借助的知识准备，比如：小学生学习异分母分数加减法，那么，同分母分数加减法与通分，这两个知识内容被看做是学生的学习起点，学生借助于通分，将异分母分数转化为同分母分数进行计算。

如果把视角局限于我们所使用的教材，由于教材本身具有相当的系统与封闭，学生学习的起点应该是明确的，因为学生所拥有的知识均来自于教师与教材，学习起点对于教师来说，只是明确的问题，无须选择。

这种起点唯一的前提条件是，学生的学习资源只有教师和教材。然而，由于社会发展的日渐信息化与学习化，小学生的学习资源正变得日益多样，其多样性主要表现在以下几个方面。

首先，小学生父母亲文化素养的提高，改善了家庭的学习生活，加上父母亲均十分乐意让孩子接触（甚至提早接触）一些文化内容，因此，学生在未从事某一知识内容的系统学习之前，往往已具备了许多零碎且关键的知识内容。

其次，小学生课外阅读材料十分普及，特别是一些具有故事情节的数学童话、益智游戏、科普作品，以及学生订阅的报纸杂志，其中均渗透了一定数量的数学知识，成为学生所面对的一大学习资源。

再者，由于学习化社会日渐成型，学生们接触了许多电视科教片、动画

片、纪录片，以及学生对网络使用频率的提高，再加上科技馆、博物馆、少年宫等文化教育场所，他们从中也接触了大量的数学信息。

可以认为，学习资源多样性在给学生带来生动丰富的学习生活的同时，给课堂教学带来了挑战。因为学习资源多样，意味着学生的知识状况对于教师来说是一个有待了解的未知数，教师与教材所提供的知识内容只是学生知识状况中一个部分而已。

鉴于以上认识，我们认为对学生学习起点的选择，在教师对学生学习提供支持的课堂学习中，具有十分重要的意义。

为了便于我们表述，我们暂且把学生的学习起点分为两类，即学习的逻辑起点和学习的现实起点。

学习的逻辑起点是指学生按照教材学习的进度，应该具有的知识准备。

学习的现实起点是指学生在多种学习资源的共同作用下，已具有的，多于教材所提供的知识准备。

举例来说，三年级学生学习“分数的初步认识”，这一学习内容的逻辑起点是整数，因此教材从分饼开始学习：

两个饼分给两位同学，每人几个？

一个饼分给两位同学，每人几个？

“半个”没法用“1”表示，于是来学习分数。这就是教材所提供的逻辑起点，从这个逻辑起点出发，学生一点一点地学习新内容。

然而事实上，学生在二年级下期能读“1/2”为“二分之一”已十分普遍。据我们对二年级下学期某班42名学生调查发现，在没有学习“分数的初步认识”时，每一位学生均表示从不同的途径接触过分数，但学生接触程度差别较大，超过半数学生可以正确地用分数来表示一个真分数的阴影部分，这就是我们所说的学习的现实起点。一般来说，目前我们所面对的学生，其学习的现实起点均高于学习的逻辑起点。

二、学习起点的选择对课堂学习所具有的意义

为了说明正确选择学习起点对课堂学习所具有的意义，我们以“百分数的认识”这一内容为例，作如下说明。

教师 A：

提供材料：

六年级各班达标人数

	人数	达标人数
六（1）	50	49
六（2）	52	50
六（3）	48	47

提问：你们说，哪个班达标情况最好？

教师 B：

谈话：

你们在哪些地方看到过百分数？

你们可以提供一些关于百分数的材料吗？

你能说说你提供材料中百分数所表示的意义吗？

比较上述两位教师组织学生开展学习所提供的材料，教师 A 给予学生的是学习的逻辑起点，教师 B 则在寻找学生学习的现实起点，在寻找的过程中把握住适宜的起点，两者间的差别是显而易见的。

1. 不同学习起点对教师学习组织的不同影响

今天的教师，是昨天培养的。应该说，我们教师在学习组织的时候，已经很习惯于从学生学习的逻辑起点出发，因为教材的编排都是从逻辑起点出发的，它所展现的学习过程具有条理性、科学性和可操作性，教师的学习辅导就比较得心应手，不必应对太多的学习问题。

但是，如果教师选择学生学习的现实起点，那么，一个最大的问题在于，教师将无法照搬教材所提供的学习材料，而必须在学生所占有或提供的学习资源上改造教材所提供的学习材料，而这种学习材料的调整必须在对学生学习起点的了解过程中进行，这种学习资源的整合对教师教学能力的挑战是巨大的。可以认为，学习的逻辑起点是静态的，本质上排斥其他学习资源对课堂学习的影响。而学习的现实起点是动态的、开放的，本质上容纳其他学习资源对课堂学习的影响，并以整合的方式加以促进。从这个意义上来说，选择学生学习的现实起点符合学习化社会的要求，有利于学生学习能力的可持续发展。

2. 不同学习起点对学生学习发展的不同影响

对于学生的学习而言，教师对课堂学习起点的选择取决于他对学生学习积极性的本质态度。

平时，我们经常会在课上发现一些学生，老师刚刚开了一个头，他们就会把后面的知识讲出来，结果被老师指责为破坏纪律，久而久之，学生即便懂了，也只有老老实实地跟着老师重复那个过程。显然，“跟着重复”是一种无奈的选择，结果是挫伤了学生从更多学习资源获取知识的兴趣。

要避免这种状况的发生，对策之一就是选择好学生学习的现实起点。通过调查，让学生展现他们已有的知识状况，这种知识展现对于学生来说是激动人心的，当他们把自己所认知的知识告诉同学与老师的时候，他们是在享受，享受学习给自己带来的骄傲。并且，他们会以极大的热忱，把自己所明白知识的来龙去脉，尽其所能地告诉老师和同学。这一告诉过程，既是对他自身学习进行再思考的过程，也是给其他同学以激励的过程。教师的任务，则是透过学生所反映的知识，抓住本知识内容的核心问题，再以问题的形式要求学生继续研究，给予解决。面对问题，不论是起点高或低的学生，都会争先恐后地加入研究行列，因为他们愿意享受这种因学习而带来的被重视的快乐。

因此，我们认为，教师在课堂学习组织过程中选择学习的现实起点，对于学生学习发展的积极影响至少在以下两个方面得到充分体现。

首先在于培养学生主动积极的学习态度方面。对学习现实起点的选择很直观地告诉学生，学校、教师、教材不是他们学习的唯一资源，各种资源空间是彼此开放且相融的，学校、教师、教材则是他们把所有学习资源加以整合，形成学习能力的最佳场所与促进者。

其次，教师选择学生学习认知的现实起点，有利于培养学生形成以交流与研究为特征的学习方式。现实起点形成于学生对新学习内容的认知交流，在交流过程中形成系统理解尚须解决的问题，在问题研究中达到对新学习材料的掌握，因此，这种学习模式，十分有利于学生形成以交流与研究为特征的学习方式。

从教学实践的角度看，现实起点的选择对教师自身的素质提出了更高要求。现实起点是由学习认知的逻辑起点，结合学生已有的零星知识与学习体验而形成的一个高于逻辑起点的学习平台，构建这样一个学习平台，要求教师树立与学习型社会相适应的学习观。

在学习型社会中，学习已成为一种生活，学习与生命运动密切相关。因此，学校、教师在学生学习生活中的地位将发生根本转变。为此，教师必须调整自己的学习观、教学观乃至教师的角色观，把自己主导下的课堂学习建设成为可供学生交流学习心得，整合学习资源，形成学习能力的促进平台。

奥苏伯尔曾经说过："教育心理学用一句话概括，就是知道儿童已经知道了什么。"教师对学生学习起点的选择，正是基于这一精神，是每一位富于教师责任感的教师适应教育现代化所必须作出的选择。

（此文发表于《小学数学教师》2003 年第 1、2 合期）

6. 低头找幸福

人，是一种很奇怪的动物，捏着小拳头，哭喊着一路冲进这世界，其实根本不知道自己冲进来干什么：饿了吃，困了睡，先是听大人的话，后是听老师的话，再是听领导的话，不知不觉听同眠人的话，末了，听自己孩子的话，一路走一路听，偶尔会有许多舒服的享受，但这些舒服的享受又往往夹杂在许多麻烦与苦痛之中。因为苦痛与舒服的对比，人渐渐地明白自己在世上原来是寻找一样东西，尽管这样东西千人千样，却有同样的称呼，叫幸福。

人知道自己是来寻找幸福的，就显得有活力了。为了便于寻找，人就开始运用自己的智慧，把那种曾经给心灵的感觉赋予其可判断可比较的形质，并在各种各样的形质中又确定几种标志物，这些标志物是可变的，随着时间慢慢改变。于是，浩浩荡荡的人群便在这些由这些标志物们隔列起来的路上一路奔涌下去，去寻找心中的幸福。只是时间没有终点，人们经常在以为达到某一幸福标志时，却发现幸福已成酸楚，因为只要一抬头，前面的，依然望不到边。

于是，人们便发出许多关于人生的感慨：做官的人说无官一身轻，修行的人说人生一场空，发财的人说钱财是粪土……细细想来，人一生孜孜追求的东西，原来到最后却是自己讨厌的东西。

这是一种多么可怕的人生。

人为什么最终会憎恨自己所孜孜追求（以为能给自己带来幸福）的东西呢？如此不可思议的事情其实有一个很简单的理由：因为“追求”占去了人享用幸福的时间。但这个理由又近似悖论：幸福尚未追到，何来享用幸福？

唉，有位哲人很苦恼地说：“你一说，你已经错了。”

难道幸福是不可讨论不可言说的吗？问题在哪里呢？

问题也许在于人的自以为是的聪明，把不可度量不可比较不可标志的幸福硬是简化为一个个可度量可比较的标志物。这是多么愚蠢！这种愚蠢怎么能不带来痛苦的人生呢？

一千个不同的人就有一千个不同的幸福，同一个人的一千个不同的时间里就有一千个不同的幸福，幸福是可感悟而不可追求的。

因此，人不是追求幸福，人是感悟幸福的。幸福不在追求的终点，幸福在起点与终点之间的每一个细节上，只是幸福的感悟，离不开一颗感恩的心。

当一个人行将结束其行程的时候，终于无力地低下高昂着的头，突然发现，幸福其实一直陪在左右，能不潸然泪下吗？

这样，我们渐渐明白，人来世上，不是来获取什么，仅仅是来体会一种叫幸福的东西。上帝让人握着拳头，是想让人低头看看，手心有什么。学会低头，看看支撑自己的土地，心存感念，于感念之中体会幸福，于幸福中谋得力量，用这份幸福的力量支撑起高贵的头颅、深邃的视界、踏实的劳作，如此不断往复，幸福，便常驻人心。

出 版 人　所广一
责任编辑　刘　灿
版式设计　尹明好
责任校对　贾静芳
责任印制　曲凤玲

图书在版编目(CIP)数据

俞正强:低头找幸福/王永红著.—北京:教育科学出版社,2007.11(2013.3 重印)
ISBN 978-7-5041-3949-8

Ⅰ.俞…　Ⅱ.王…　Ⅲ.俞正强—访问记　Ⅳ.K825.46

中国版本图书馆 CIP 数据核字(2007)第 156539 号

俞正强:低头找幸福
YU ZHENGQIANG:DI TOU ZHAO XINGFU

出版发行	教育科学出版社		
社　　址	北京·朝阳区安慧北里安园甲 9 号	**市场部电话**	010-64989009
邮　　编	100101	**编辑部电话**	010-64981245
传　　真	010-64891796	**网　　址**	http://www.esph.com.cn
经　　销	各地新华书店		
制　　作	北京金奥都图文制作中心		
印　　刷	北京中科印刷有限公司		
开　　本	169 毫米×239 毫米　16 开	**版　　次**	2007 年 11 月第 1 版
印　　张	14	**印　　次**	2013 年 3 月第 5 次印刷
字　　数	217 千	**印　　数**	13 001—16 000 册

如有印装质量问题,请到所购图书销售部门联系调换。

智慧教师读本①

谁是最具成长力教师

教师发展的阿基米德点

房超平 著

教育科学出版社
·北 京·

出 版 人　所广一
责任编辑　谭文明　欧阳国焰
版式设计　贾艳凤　沈晓萌
责任校对　贾静芳
责任印制　曲凤玲

图书在版编目(CIP)数据

教师发展的阿基米德点/房超平著. —北京:教育科学出版社,2012.9(2013.3 重印)

ISBN 978-7-5041-6932-7

Ⅰ.①教… Ⅱ.①房… Ⅲ.①中小学—师资培养—案例 Ⅳ.①G635.12

中国版本图书馆 CIP 数据核字(2012)第 183634 号

教师发展的阿基米德点

JIAOSHI FAZHAN DE AJIMIDE DIAN

出版发行	教育科学出版社		
社　址	北京·朝阳区安慧北里安园甲 9 号	**市场部电话**	010-64989009
邮　编	100101	**编辑部电话**	010-64989527
传　真	010-64891796	**网　址**	http://www.esph.com.cn

经　销	各地新华书店		
制　作	北京金奥都图文制作中心		
印　刷	北京中科印刷有限公司		
开　本	169 毫米×239 毫米　16 开	**版　次**	2012 年 9 月第 1 版
印　张	16	**印　次**	2013 年 3 月第 2 次印刷
字　数	140 千	**印　数**	5 201—8 200 册

看了太多的《哈佛教育的×××》《第××号教室的奇迹》以及《××教育在美国》之类的教育类书籍，我一直在寻找一种直击心灵的著作。作为本书的第一读者，我被一种耳目皆明的力量所震撼：娓娓而谈的现场情景制造了一种挚友谈心的真实感，呈现了一种充满真心与生命热忱的对话，创造了一个更受人尊重的教育世界。

——清华大学教育研究院博士　王振权

管理、课程、教学、家校，纵横编织；习惯、兴趣、方法、策略，内外渗透；案例、故事、分析、点评，邃进浅出。我读后觉得，这是一部内容丰厚、给人智慧的教育著作。

——中国教育科学研究院基础教育
研究中心副研究员　李继星

教育的唯一工作与全部工作可以总结在这一概念之中——道德。本书不仅为我们呈现了自觉的教育理解、深入的教育追问，更为难得的是在“对话”中展现出一种打动我们的道德力量。这种力量毋庸置疑来自“对话”主人公所洋溢的有价值、有尊严、有意味的“建设性”教育思想。热情、慷慨和对教育的深厚感情，是这种道德力量的明显特征。

——北京市海淀区教师进修学校师训部主任　王玉萍

作为一名教师，我们可以花些时间读读这本讲述咱身边最真实教育故事的书。活生生的人和他们的故事，比任何理论都更重要，更能扣人心扉。我是这样阅读或者说“使用”这本书的：读故事、对话获取信息；对内容进行批判性思考；反思自己的工作实践；产生新的想法或解决方案。一个个故事，宛如一个个脚印，我们可以踏着这足迹，激发教育激情和智慧，稳健迈向追求理想教育的探索之路。

——首届全国教育改革创新奖杰出教师奖获得者

深圳市南山实验学校教师　宋鹏君

推荐序 对话，让教育开始呼吸

清华大学教育研究院 王振权

“会思想的芦苇”源自西方三大经典散文之一的《思想录》。该文的作者——法国17世纪科学家、思想家布莱兹·帕斯卡尔（Blaise Pascal）写道，人只不过是一根芦苇，是自然界最脆弱的东西；但他是一根能思想的芦苇……因而，我们全部的尊严就在于思想。

房超平先生的新作《教育现场对话① 教师发展的阿基米德点》和《教育现场对话② 品牌学校是这样建成的》，让我们对教育有了一种贴近式的思考，并隐约看见一棵会思想的芦苇，在教育生活的独白与对话中，凝练出熠熠发光的智慧。这两部作品就似魔袋，袋子虽小，却能取出很多精彩的教育生活故事，它们真真切切地发生，熟悉而又新鲜，蕴涵着深刻的哲理，折射出智慧的光芒。耐心体味，细心挖掘，共飨故事背后敞开的思想，能够帮我们解开桎梏心灵的锁链，找到教育实践中处理问题的答案。

“教育让生活更美好，而思想让教育更美好。当喧嚣的生活归于宁静，深入品读‘对话’，忽然发现，经过思考的教育生活竟然如此精彩。”北京市海淀区教师进修学校申军红副校长关于“对话”的评价，让我们对“对话”充满期待。

在本书中，作者采用新颖的结构（全书每个篇章分为事例描述、对话分析、观点提炼和旁观者言四个板块），以且行且思、娓娓而谈的方式，带读者走进了一座教育的私家花园。

在这座花园中，我们不仅看到了一种“很教育”的教育，而且在为教育找到尊严和自足的同时，让教育者自身享受到久违的教育热忱与尊严。

世界研究型大学的鼻祖洪堡说，每一种语言都包含着一种独特的世界观。“对话”中的双方正是通过语言，在问和答、给予和取得、相互争论和达成一致的过程中实现一种意义交往，这一点正构成谈话的特征。不管问题和答案是什么，这样的对话永远不会终止。书中所提出的问题，其实每个教育者在不同的时刻都给予了不同回答。但它们却继续敞开，继续要求得到回答。过去的回答构成了我们知识的一部分，并对我们未来的回答产生影响。

对这两本书而言，其中的教育对话挑战的是我们原有的师生关系、生生关系、知识本质以及学习本质等方面的思维成见、定见与主观认定。诸如，“珍惜学生犯错误的‘权利’”、“学生敢于批评教师，也是教育的成功”、“‘优生’往往是更为严重的问题学生”、“学术问题需要学术方式来解决”、“布置作业过多是严重的师德问题”、“千万不要在不想学习的时候去学习”、“让利益攸关者都来参与规划编制”、“像保护眼睛一样保护学生参与民主的权利”、“‘杜郎口现象’需要批判”、“学校科研不能这山望着那山高”、“校长没有思想，办学就会偏离方向”等观点。

新的基础教育发展方式，需要建构一种对话、合作与探究的学校文化。校长和教师的专业发展需要适应这一需要，以新的思维方式和专业发展文化，重构校长和教师专业发展的时空。“对话”给了我们一种新的启示。对话是学校最主要的交往形式，语言是校长、教师在学校中成长的最主要的媒介，并且是交流和管理的一种最基本手段。显然，对话具有成就校长和教师专业发展的天然合法性。

当对话不只是语言学意义上的交流，也不仅仅是一种教育呈现方式，而是一种思维和文化逻辑时，对话本身就突出了平等、民主、自由，对话主体的创造力就能够彻底释放出来，因而能够帮助校长和教师专业发展的方式发生彻底改变，以更加符合人的接受习惯和工作规律的方式，代替传统的以单向指令作为基本手段的行为模式。

全球创新教师最优方案奖、首届全国教育改革创新奖杰出教师奖获得者、深圳市南山实验学校宋鹏君老师对“对话”这种促进教师专业发展的方式给出这样的评价：“作为一名教师，我们可以花些时间读读这类讲述咱身边最真实教育故事的书。活生生的人和他们的故事，比任何理论都更重要，都更能扣人心弦。一个个故事，宛如一个个脚印，我们可以踏着这些足迹，激发教育激情和智慧，稳健迈向追求理想教育探索之路。”教育大道至简，实践之树常青。打开尘封的教育热情，回归常识，教育之门会豁然开朗。

对话，让教育开始呼吸。

目 录

自序 研究学生就能创造奇迹

当你听到班会上学生朗读一篇自己的周记——《我真后悔》让教师和所有学生都受到深刻教育，并连续引发四个“我真后悔”的故事，你或许会说，这样的班级教育活动不足为奇。

当你听到一位毕业不久的新教师把以人为本的精神落实到了教学方案设计中而深受学生欢迎，班级学生学习成绩大幅提高的故事，你或许会说，这样出类拔萃的新教师只是凤毛麟角。

当你听到一名数学不及格的高中学生因为教师三个半小时的精心指导而喜欢上数学学习，进而在三年后考入重点大学的故事，你或许会说，这个孩子不过是太幸运了。

当你听到一位语文教师因为不按常规设计教学方案，邀请学生一起设计教学方案，在科学课名师林立的教学比武中一举获得一等奖的故事，你或许会说，这个语文教师有点与众不同。

……

而当你深入了解案例主人公的行为动机之后，你会觉得，教师专业发展在这些案例中已经不是一个抽象的概念，而是一个个实实在在、生动的教育实践。

本书以对话的形式，从分析十七个来自中小学一线教师的典型案例入手，试图展示这些教师的鲜活经验，揭示他们的心路历程，破解他们的成功秘籍，帮助广大中小学教师探寻“撬动”专业发展的“阿基米德点”：

《从排座位到让座位》《五个“真后悔”背后》《无人毛遂自荐》《基础接近、结果迥异的两个学生》《“为了学生，我与校领导发生误会!”》五篇文章所记，都是发生在班主任日常管理工作中的典型案例。情节不同、角度不同、内容不同，但揭示的道理却是共同的，那就是：作为教师专业发展的必修课，班主任工作能否取得成效的关键就在于，是否做到了尊重、理解、信任、欣赏每一个学生。

《构建对话的课堂语境》《好课一定要“叫座”(1)》《好课一定要“叫座”(2)》《他竟然在教学比武中夺冠》四篇文章所记，都是发生在课堂教学中的典型案例。这些案例的共同特征是：坚持“以学定教”、“以学促教”、“以学论教”原则，课堂教学就一定能达到轻负优质的目标，就一定能焕发出生命活力。

《“抄”出好成绩》《三个半小时改变孩子的一生》《“贷分数”带给孩子希望》《好学生不是“教”出来的》四篇文章所记，都是发生在教师指导学生方法、策略过程中的典型案例。这些案例看似夸张，却证明了这样一个永恒的真理：只要教师心中装着学生，就一定能找到解决学生成长难题的钥匙。

《我给学生打包票》《怎么会输在起跑线上?》《教师不一定比家长更有智慧》《第二次“断乳期”尤须关注》四篇文章所记，都是来自一次家长与孩子的对话会上的典型案例。让孩子与家长面对面共同讨论学生成长中的问题，虽然没有多少新意，对话内容也都是老生常谈的话题，但教师在对话中的角色定位显得尤为重要：理解家长，尊重学生，关注孩子的成长，就能化解家长与孩子的争执与矛盾，就能促进学校教育与家庭教育的融合与和谐。

读到这里，聪明的读者一定会找到“教师发展的‘阿基米德点’”，这就是：只有深入研究学生这个教育研究中最活跃、最能动、最重要的变量，才能提升专业素养，才能提高教育艺术，也才能创造教育奇迹。

作为《教育现场对话② 品牌学校是这样建成的》的姊妹篇，本书之所以要以“教育现场对话”为主题，是因为本书有一个与其他同类书籍不同的板块，也是本书最重要的板块：“对话分析”。该板块虽然用的是与主人公虚拟对话的方式，但揭示的是案例主人公丰富的内心世界。试图通过对话，让读者了解主人公解决现实问题的思路、创新教育实践的原理、促进学生成长的诀窍。需要说明的是，该板块用对话这种通俗易懂的语言表达方式，来阐明教育案例背后隐含的教育哲理，目的在于希望能使教育理论以一种亲切的“面孔”面对普通的读者，也希望能进一步证明这样一个真理：只有回到教育实践中，教育理论才能显示出强大的生命力。

本书的每个篇章均分为事例描述、对话分析、观点提炼和旁观者言四个板块（其中，事例描述和对话分析是主要板块，根据内容需要在文中交叉出现）。

事例描述：以故事叙说的方式展开，力图增强可读性、真实性和实践性。

对话分析：以虚拟对话方式对事例做出的理性解读，力图呈现通俗性、新颖性和科学性。

观点提炼：力图以专业的角度、理性的思维对事例描述、对话分析两个板块的观点进行即时提炼和浓缩。

旁观者言：由清华大学教育研究院王振权博士撰写，以新生代学者、第三者的角度对每个章节进行理论评述，从理论的高度对每一篇章进行全景式、概括性总结。

从排座位到让座位

由教师编排座位到学生谦让座位，变被动安排为主动合作，变教师要求为自我教育。一个小小的改变，彰显的不仅仅是教育民主的理念，改变的不仅仅是教师的工作方式，影响的也不仅仅是师生之间的关系。

这是阳老师给我讲的第一个故事。说的是他刚担任某重点中学初中一年级一个生源结构比较差的班的班主任时，组织召开的第一次班会上发生的事情。也许，很多老师会说，排座位这样一件非常简单的事情，还有故事吗？你还别说，就是这样一件小事情，阳老师却做出了大文章。

阳老师带这个班的压力非常大。他说，不是因为他不愿带这些孩子，而是因为在交代他当这个班主任时，学校领导“如临大敌”般的态度。学校德育处主任给他安排工作时说的一段话，更是让他坐卧不安：你只要不让这个班出乱子，不要让这个班影响了全校的教育教学秩序就行了，等到初中毕业时，让他们安全离开，就万事大吉了。

“不出乱子，怕影响其他班级的教育教学秩序，这就是学校领导对这个班的期望？你说，这样做，是不是有点先入为主？是不是对这些学生太不负责任了？”几年之后，阳老师依然对学校领导的态度“耿耿于怀”。

计从心来

看似随意，但却有心。面对教室的散乱状况——班主任想到了一个与学校规定不一样的班会主题。

开学第一天的班会，几乎每所学校对班主任的要求都是一样的，即进行入学教育。“按惯例，每次开学都要讲开学要求，每次都要说纪律规定，有多大用处呢？还不如跟孩子们聊聊家常，谈谈心。也许，对这样的班级，这样做效果会更好。”阳老师边嘀咕着，边走进了教室。

进门后班级的状况——学生三三两两散乱地坐在座位上，好多矮个子的学生坐在教室的后排，很不协调。

面对这种现象，阳老师灵机一动，产生了一个主意：“何不以‘排座位’为话题开个班会呢？”

落实领导指示不能生搬硬套

“按照规定，即便是班会也应该有备课呀，你这样做，会不会有随意之嫌?”我的问题打断了阳老师的回忆。

> 教育时机稍纵即逝——教育不能过于机械，而应该随机应变。

“难道你以为对学生的教育一定要那么死板吗?!我觉得不应该那样去做，而应该随机应变，抓住稍纵即逝的教育时机，班主任工作更是如此。只有这样，才能使教育效果最佳。如果我们一味地按照常规要求去做，可能会丢掉许多教育的机会。”阳老师的回答理直气壮。

“那你不怕学校的检查？万一学校领导检查或听取汇报时，发现你没有按要求做，批评你怎么办?”我追问。

“我想，作为一个学校主管领导不至于那样吧。领导也会根据教育教学实际需要，酌情处理。”阳老师似乎不想回答我的疑问。

“难道在你的从教阅历中就没有发生过领导为此而批评你的事情?”我不想让他敷衍过关。

“实话实说，这种情况经常发生，我也因此挨过不少批评。这次班会结束后，就有领导找我谈过话。”阳老师无可奈何地说。

“那你怎么应付?”我紧接着问。

“简单。他批评他的，我虚心接受，坚决不改。有时候，适当跟领导解释解释不就没事了嘛。只要自己能把班级工作搞好就行，只要自己对得起学生就行。”在阳老师眼里，这似乎不是个问题。

“难道你认为领导的要求都是不妥当的吗?”我对他的回复有点不大满意。

“领导的要求未必都是正确的。即便领导的要求是正确的，每个班级有自己的特殊情况，也可以灵活处理呀。因此，落实领导的要求不需要那么机械，而应该根据自己班级的实际灵活处理。你说对吗?”阳老师反执行不是简单地生搬硬套，教师要根据教育教学实际创造性地落实领导指示。因为领导的要求未必都正确，即便是正确的，教育教学实际也存在差别。另外，领导对教师工作的要求不能过于具体，否则教师就没有创造的空间。

问道。

听完阳老师的回答，我半天没有反应。脑袋里，全是学校领导与班主任老师不相协调的事例。我想，假如学校领导多给老师一些空间，假如老师多跟领导沟通沟通，那些不协调或许会少很多。

“哎，你在想什么？还听不听我讲故事了？”阳老师的声音把我拉回到他的故事中。

与学生商量如何排座位

见阳老师走进教室，学生们的声音戛然而止，原来闹哄哄的教室里变得鸦雀无声，一个一个瞪大眼睛注视着阳老师——他们的新班主任。

看到这么一群可爱的孩子，阳老师心里不禁感到酸楚：他们会给学校惹乱子？怎么会?!

见学生们安静地注视着自己，阳老师亲切地说道：“同学们，欢迎大家到我们这所学校来。我是阳老师，是你们的班主任，也是你们的新朋友，希望大家能喜欢我这个新朋友。”说完，阳老师将自己的名字写在黑板上。

也许是阳老师的话感染了学生，也许是学生出于礼貌，阳老师的话音未落，教室里便响起了热烈的掌声。

“掌声说明大家信任我，说明大家很有礼貌，我也相信大家一定能在老师们的帮助下在这个学校里一起度过自己人生最美好的一段日子。”阳老师充满感情地说，“今天是开学第一天，是大家进入中学的第一天。从今天起，大家就是中学生了，中学生意味着我们又向着成熟迈进了一步。我相信，我们每一位同学都会有一个新的开始，我也相信每一位同学都能和睦相处。”

又是一阵雷鸣般的掌声——比上次更真诚、更热烈。

“今天，我们开班会干什么呢？大家先往后转，看看我们的座位是不是合理？”

“不合理！”转身看过后，大家齐声回答。

“是呀，怎么办呢？我来提个建议：我们今天的班会是不是就以‘排座位’为主题？大家同意吗？”

“同意！”又是异口同声。

“那好。怎么排座位，一起想办法。好不好？”

“老师，你把大家按大小个排顺序，依次排不就行了。”一个同学坐在座位上回答道。

教育无小事，细节见功夫。座位该如何排？教师和学生一起想办法。解放了学生，办法就多了。

“老师，他没有礼貌，既没有举手，也没有站起来。”显然是另一个学生的声音。

“他没有礼貌”，“他不守纪律”……学生们七嘴八舌，顿时教室里吵翻了天。

“嘘！”一个同学轻轻比了个手势，教室里又恢复了安静。

“没关系，以后大家发言，可以不举手，也可以不站起来，但不能声音太大，也不能一起说，因为声音太大会影响别的班级同学听课，另外，大家一起乱糟糟地说，谁也听不清楚。”阳老师轻声说道。

尊严出自魅力

教师不要时刻把尊严挂在嘴边。教师的尊严不是学生尊重就能产生的，主要与自己的人格魅力、言行举止以及对生活的态度有关。

“既可以不举手，也可以不站起来？老师的尊严不要了？”我有点不解。

“老师的尊严是举手、是学生站起来，是学生毕恭毕敬能够树立的吗？我以为，老师树立尊严主要靠自己的人格魅力、言行举止以及自己对生活的态度。”阳老师回复时，显得有点过于严肃。

教师不是知识的权威和化身。新时代教师的魅力不仅仅在于学识渊博，而在于严谨的治学态度，对权威的不盲从，以及敢于向学生学习的精神。

“恐怕老师的魅力还与自己的学识有关吧？”见状，我缓和了语气。

“信息时代，学生不一定比教师知道的信息少，老师不应该在学生面前充当知识的权威和化身。虽然老师的魅力与学识不无关系，但把老师的魅力主要归结于学识渊博，则是有失偏颇的。如果一定要说老师的尊严和魅力与学习有关的话，我以为，应该是严谨的治学态度，对权威的不盲从，以及敢于向学生学习的精神。”阳老师的观点有点与众不同。

“向学生学习？”我有点吃惊。

教师过于在乎面子，放不下架子，不愿意向学生学习，既不配做学生的朋友，也无法把终身学习的理念播撒在孩子们心中。

“这有什么大惊小怪的。难道你敢说，你在哪一方面都比学生懂得多？既然我们的学识已经在很多方面不及学生了，为什么不能向学生学习？如果我们连向学生学习的态度都没有，我们怎么配做信息时代、终身学习时代的学生的知心朋友呢？怎么能把终身学习的观念播种在孩子心里？另外，我觉得尊严这个词在今天多少有点不合时宜，尊严从某种意义上就是面子，如果我们太在意自己的面子的话，我们是没有办法和学生共同成长的，更不要说向学生学习了。”阳老师认真地回应道。

无人响应教师提议

教育民主是理念，更是行为，往往自觉不自觉地体现在日常教育活动的细节中。教师和学生一起商量排座位的办法，就生动地体现了这一看似简单却又深刻的理念。

“刚才那位同学说，让老师来安排。虽然也是一个不错的选择，但我觉得这并不是一个最好的办法。为什么大家的座位要我来安排呢？难道同学们不能自己排一排？”

“哦，那这样，我组织大家按大小个排排座位。”又一个学生说。

“你很主动，也很有主意，但我觉得还不是最好的办法。”

看同学们想不出来，阳老师终于卖出了自己的关子：“这样，我有个主意，就是大家主动给那些座位不合适的同学让座位，通过相互谦让的办法把座位排好，不知大家同意不同意？”

“同意！”学生异口同声地响亮回答道。

“谁来第一个让座位呢？”见大家无动于衷，阳老师只好继续说，“我不相信，大家会认为这样的座位编排很合适。一定会有同学第一个做榜样的。”

看着学生们面面相觑、无言以对、等待观望的神情，阳老师心里多少有点失败的感觉。

“难道我的设计有问题？难道这些学生真是不可救药？不，一定会有人第一个让座位的。”阳老师心里虽然这样安慰自己，但还是没有十足的把握。

教室里出奇的安静，老师和学生都默不作声，大家就这样相互对望着、僵持着。

> 虽然在教师的鼓动下，几个学生说了好几种办法，但都与教师的设计意图有距离。无奈之下，教师说出了自己的想法：学生互相让座位。但应者寥寥，只有一个学生响应。这一事例充分说明，仅有教师的觉醒远远不够，还必须让教育民主的理念在孩子们的心中扎根。

沉默许久后，一位在第二排坐着的高个子学生站了起来，面向全班同学大声说道：“老师，我觉得我坐在这里不是很合适，我想和倒数第二排的那个矮个子同学换换座位。”

阳老师激动地说：“李利同学已经给大家做出榜样了，榜样的力量是无穷的，希望大家发扬互帮互助的精神，把座位通过让的办法排出来。”

教育需要等待

“如果这个学生不主动换，你怎么办？”我插问。

“问题是有呀，我不想回答假设性提问。”阳老师狡黠地说。

学生成绩差不等于品德不好。教师要抱着积极、发展、变化的心态看待每一个学生。

看我又要发问，阳老师摆了摆手继续说道："真要那样的话，我就一直等下去。教育是需要等待的，再说，我不相信现在的学生这么世故。我想，大人都不会这样。难道我们的学生会这样？你是不是把孩子们看得太灰暗了？"

还没等我张嘴反驳，阳老师又开口说道："我知道，你是想说，这个班的学生与一般学生不一样。但我不这么认为，这些学生只是成绩不好，行为习惯有一些问题，但不会在品德上存在多大差异。从本质上看，他们的学习和行为不会与其他人有多大差距。因为他们才十二三岁，因此老师首先得信任他们，教师的等待就是对学生的信任。事实证明，这样的等待是值得的。毕竟教育过程周期较长，教师要有足够的耐心，且不可过于心急。"

教育是需要等待的。在漫长的教育周期中，教师的等待就是对学生的信任，因此，教师一定要有足够的耐心，且不可操之过急。

珍惜学生犯错误的"权利"

未见其面，先闻其名。在第一时间，教师就能熟悉每一个学生的基本情况，一定会让学生产生好感。当然，这也是建立良好的师生关系的基础。

"啊？老师能叫出他的名字。"循着一个同学的声音望去，阳老师看到，同学们一个个都瞪大了眼睛。

"哦，大家的名字我都能叫得上来，因为我已经通过照片和大家成为'老朋友'了。"见学生感到惊奇，阳老师解释道。

"哇？老师把我们都认识了？"不相信？还是感到吃惊？也许都有。反正，学生们的脸上都是问号。

"那好，我先一个一个叫名字，王洪、杨杨、陈静……"阳老师按座位次序一个一个叫着学生的名字。

"哇！"学生脸上的问号都变成了感叹号。

阳老师对自己的事前准备显然感到有些自豪。

“又有问题?”这次是阳老师主动停下来问我，“是不是觉得我事前把学生的名字记住有点不可思议？其实，我们每个老师在和学生见第一面之前，都应该先认识自己的教育对象，不光是名字，而且最好把学生的个性、以前的学习生活表现、身体状况、学生的爱好特长以及学生的家庭情况，包括他们的朋友等都有所了解，这样你才配做学生的朋友，你所开展的教育活动才有针对性。”

熟悉每个学生的基本情况是做好学生工作的前提，也是班主任的首要工作。

我不由得多少感到自惭形秽——对自以为是的心态，更是对自己平时对学生的态度。

“老师，我不合适，我愿让座位。”

“老师，我也要让座位。”

……

就这样，学生们纷纷让开了座位。不一会儿，教室里的座位基本上排好了。

榜样的力量是无穷的。有同学示范，有老师鼓励，同学们在互助互让中把座位排好了。

当然，也有例外——教育事件不按预设程序发生，才显得更有活力。

但有一个例外，坐在第一排叫王洪的高个子男生——在小学提供给阳老师的档案评语中，王洪可不是一盏“省油的灯”，班上没有人不怕他——不管同学们怎么让，他就是不动。

当然，教室最后面还有一个大家未注意到的、坐在角落里、趴在桌子上的矮个子女生，她叫艾丽。

“大家觉得现在是不是合理了？好好看看。”阳老师说。

教室里竟然无人应对。

“也许学生都惧怕王洪吧，今天可算是棋逢对手。”阳老师心里这样想。

“我发现，还有两位同学的座位不合理。”见大家无言，阳老师只好盯着王洪说道。

可王洪却似乎没有理睬老师对自己的特别“关心”。

“王洪，你觉得现在的座位是不是都合适呢？”没有办法，阳老师只好单刀直入。

“老师，我的眼睛不好，坐在后面看不着。”王洪漫不经心地说。

“珍惜学生犯错误的权利”，一个颇有点哲学意蕴的教育格言，至少包含两层意思：一是教师对犯错误的学生要宽容、大度；二是学生应该珍惜这个权利，而不要乱用这个权力——重复犯同样的错误。

“呵呵，这个学生够调皮的。也真难为你了。”我差点笑出声来。

“不调皮还能叫学生？不犯错误还能叫学生？调皮的学生、犯错误的学生往往是很有智慧的学生。人无完人，金无足赤。老师、大人都会犯错误，为什么就不允许学生犯错误？”阳老师说道，“在我的教育格言里，‘请珍惜你犯错误的权利’是很重要的一条，这句格言是我对学生说的，更是对自己的要求。”

“珍惜犯错误的权利？”我感到十分诧异。

“是的。这句话至少有两个含义：一是从老师的角度看，老师要意识到，犯错误是学生的权利。既然是学生的权利，老师对犯错误的学生就不应该大惊小怪，而应该从学生的角度换位思考，多些宽容和理解。二是从学生的角度看，学生应该珍惜这个‘权利’，而不要乱用这个‘权利’，也就是说，不要犯同样的错误。”阳老师不假思索地解释道。

简单处理只会使问题更复杂

“眼睛不好，明明是……”话到嘴边，阳老师又吞了回去。

原来，阳老师在此前已经看了学生的视力检查结果，对班上视力不好的学生已经了如指掌。王洪的视力很正常——双眼裸视均为1.4。

“会不会是他在检查时做了手脚，托人让医生填的‘视力正常’？”阳老师心里这样想。

“这样，我们先按个子大小依次排好。然后，再照顾视力、听力，大家看怎么样?”

“好!”

见学生们都这样说，王洪很不情愿地把座位让给了艾丽。阳老师也轻轻地舒了一口气。

“现在，大家看自己在座位上是不是很合适，眼睛是不是看得见，声音是不是听得到？但有一句话，必须讲在前面：我必须告诉大家，我在事前已经看过大家的体检表，对班上视力不好、听力不好的同学都很清楚，因此我不希望大家撒谎，也不相信大家会撒谎。”阳老师说道。

看似合理，实则强迫。为了不让“例外”学生给自己造成难堪，教师用近乎强迫但看似正确的手段，让学生服从了自己的要求。教师面子留住了，却造成了师生之间的潜在矛盾。果然，让完座位之后，教师要求学生根据视力、听力及座位位置，提出更换座位的意见。此时，那个“例外”的学生又一次给教师出了难题……

显然，这是为了防止学生耍心眼而不得已说的话。

阳老师的话音刚落，几名学生已经高高地举起了手，当然，这些人中也包括王洪。

“你们的视力或听力都有问题？好像不对呀。”见学生的手还是那样多，阳老师说道：“那好，我对一下体检表。在我未对完体检表之前，希望大家能认真考虑一下。在我看来，一个人的学习不是最重要的，一个人是不是诚实才是最重要的。”

有一个学生放下了手，但不是王洪。

“难道真是他的体检有问题？姑且就这样吧，先给他一次信任。”这是阳老师内心深处的想法。

“看来大家都想做诚实的孩子，我就不看体检表了，我相信大家。”这是阳老师想明白后给学生说的话。接着，阳老师把这些举手的学生（当然也包括王洪）的座位通过相互让位的办法都调了过来。

“老师，王洪撒谎，我和他原来在一个学校。我知道，他的视力和听力都很好。”正当阳老师准备作总结发言时，艾丽大声说道。

局面一下子僵住了，学生们都屏住了呼吸，不约而同地看着艾丽。

偏心
你这些不对
虚心接受
你不够信任我
成功教师
你那些不对

稍许，大家又把注视的目光转向阳老师，那神情好像是说：老师，看你怎么办?

只见阳老师不紧不慢地说道："也许，大家不了解他的真实情况。今天，大家先信任他，以后我相信大家会搞清楚的。"

接着，阳老师清了清嗓子，提高声音说道："今天的班会就要结束了。我觉得同学们的表现都很不错，发扬了团结互助的精神，希望大家今后能保持下去。我相信，只要大家能一如既往地坚持下去，我们的班级就一定会变成一个优秀班级。最后给大家布置个任务，大家看可不可以，那就是把今天第一节班会的感受写成周记，明天交给我。有一点我得说清楚，如果大家认为可以，那么请你注意，写的时候，不论观点正确与否，都必须讲真话，说真实感受。好，今天的班会就到这里。"

不失时机地鼓励学生的进步，就会促进学生取得更大进步。班主任老师及时地对学生的礼让行为作了实事求是的肯定和表扬。

"你是不是对王洪有点放纵?"在阳老师回忆完班会后，我不解地问道。

"不是放纵，是给他面子，也就是让他有尊严，换句话说，是不想让他在同学面前觉得老师不信任他，是不想让他过于难堪。事实上，在工作中我从不会把学生不好的一面当众揭穿。因为我曾经受到过这样的待遇，直到现在我还记忆犹新……"说到这里，阳老师低下头来，似乎陷入了痛苦的回忆中……

不是放纵缺点，而是保护尊严。教师在众人面前顾及学生面子，保护学生的自尊心，收获的一定是学生的成长和师生关系的良性发展。

几秒钟过后，阳老师又抬起头来，继续他的谈话："因此，理由很简单，我不想让我的学生像我一样，对自己的老师记恨一辈子，更不希望因为自己一次简单的处理，使学生的心灵受到创伤。"

阳老师的话虽然平淡无奇，但却不由得引起了我的思考：假如我们的所有教育工作者都像他那样给学生以民主、平等，都能像他那样呵护学生的心灵，师生之间的关系一定会更加和谐。

【旁观者言】

从孩子的立场出发

春风化雨，点滴入土。读完本篇，作为一个资深教育者，我们似乎也必须检省自身对于教育“资深”的那点感觉。

读懂孩子应该是每一位教育者终身修习的功课。怎样让孩子真正获得成长？仔细发现孩子的需求，满足他们心理发展的需求，孩子就能体验到成长的快乐。科学地认识孩子，学会辨别孩子的需要，孩子的创造能力就会变成一种建设力量。

实现上述美好目标，需要从“发现孩子”做起。而要做到“发现孩子”，教师必须是有心人，教师必须会察觉、会发现、会隐藏。和孩子一起成长，需要共同体验“时间就是爱”。

发现孩子，并把真正的爱有效传递给孩子，关心是必需的，关怀是必要的，但懂得如何关心、如何关怀是需要智慧的。教育管理者的成功在于把握了“关切”的童年密码。

回首看来，其实哪有那么复杂！简简单单一句话——从孩子立场出发，一切管理智慧，概莫如此。

五个“真后悔”背后

一篇题为“我真后悔”的学生周记表达了学生的真情，两个“我真后悔”的现场感言凸显了教育的力量，两个“我真后悔”的深度反思则体现了对话的效果。五个“我真后悔”依次呈现，高潮迭起，受到教育的岂止是学生，师生共同成长的主题也因此而得到升华。

也许，大家认为排座位的故事已经结束了，我当时也这样想。但且慢，在排座位的故事结束后，阳老师所带的班级又因为排座位而发生了第二个故事。

原来，阳老师在学生交上来的作文里，又发现了新的教育契机，使排座位的故事有了更为精彩的续集。

一篇周记引出“后悔”话题

第二天中午，同学们纷纷把班主任布置的第一份作业——周记交了上来。当然，也有一些同学没有交，这其中就包括王洪。

大多数学生的心得很多时候会言不由衷，但其中也不乏流露真情之作。果然，在千篇一律的周记中，就有一篇题为“我真后悔”的周记很特别。于是，班主任根据这篇周记内容确定了教育主题。

学生周记的内容几乎千篇一律，大多是感动的语言：

“假如我以前的老师这样对我就好了。”

“重点中学就是不一样，老师的做法就是好。”

“同学们的精神真的感动了我，我一定要好好学习，在这个班上好好表现。”

“什么叫助人为乐？今天，在这个集体里，我真的感受到了。”

……

当然，也有对王洪表示谴责的。

在众口一词的赞扬中，也有不同的声音，那是李利——也就是那个第一个让座位的学生——的文章，标题是：“我真后悔!”文章大意是说，他让座位坐到倒数第二排后，本来感觉很自豪，但第二天早上上课时，同学们不守纪律乱讲话，他根本听不清老师讲什么。文章结束时，他这样写道：“我真后悔，我不该给这些不讲纪律的差生让座位。”

看完李利的周记后，阳老师不由得联想起上午的课结束后老师们对这个班学生上课情况的评论。“这些孩子习惯真差，上课纪律乱极了，真是没办法。”“这个班的学生……咱们就将就吧。”……阳老师陷入了深思，坐在办公椅上半晌也没动。

“何不在今天下午的班会时间，利用李利的文章和学生一起交流，做做他们的思想工作?”一个成熟的想法在阳老师的脑海里闪了出来。

学生有缺点，教师需反思

“你当时是不是觉得，李利的文章是以‘排座位’为题继续开班会的契机?”我插言。

“是，但也不全是。我是想让学生说真心话，但我更想让学生表现表现自己。因为我想这些孩子以前肯定没有多少表现机会，都是抬不起头的‘差生’，因此，让他们有一个表现的机会，对树立他们的自信心非常重要。”阳老师的回答是那么坦然。

让“差生”挺起腰杆，教师必须给他们更多的表现机会，帮助他们树立自信心。

“你当时对其他老师评价学生的反应是什么？”我换了个角度。

“我感到非常不舒服。我认为，他们对学生的评价太过分了，不就是上课不认真听讲吗？难道都是学生的责任，老师就没有责任？我就不相信。试想，如果老师们的课更生动一些，更容易让学生接受一些，方法更灵活一些，学生能不认真听讲吗？!”显然，阳老师在为自己的学生打抱不平。

教师发现学生不良表现后，往往从学生身上找原因，而不是自我反思。如果多从方法角度自我反思，教师就会多一些改进自我、提升自我、发展自我的机会。

“再说，即便学生有问题，老师也应该查找自己的责任。难道我们的老师只能教所谓的好学生，就教不了这些有问题的学生？难道好学生是天生的，不是老师培养的？所谓的‘差生’难道与前任老师的教育没有关系？”说到这里，阳老师加重语气说道，“‘没有教不好的学生，只有不会教的老师’，我坚信这句话是一条真理。因此，当我的教育效果不好时，我首先想自己的责任，从来不会怨天尤人，也许这就是学生在我面前比较‘听话’的原因吧。”

“听话”培养不了创造性思维

“很多老师喜欢听话的学生，你怎么看？”听到“听话”这个词，我禁不住问道。

“很多老师包括家长喜欢听话的学生，我觉得这种做法很有问题。在一些西方人眼里，‘听话’是缺乏主见、唯命是从、没有创新意识的代名词。”说到这里，阳老师思索了很久，才接着说，“我想，如果教育是为了培养这样的学生，那是教育的最大失败。为什么孩子听话，那是老

1+1就是等于3!
是!

师、家长误导的结果。因为老师、家长喜欢听话的学生，所以孩子们为了讨好老师、家长，就变得越来越听话了。在我看来，相当多的听话的学生，或者是把自己的个性掩盖起来，或者是一种性格上的缺陷。这是因为每个学生都是独立的个体，都会有不同的想法，听话、顺从只能是一种表面行为。不少孩子在家里和学校的表现不一致，就与这种情况有关。”

教育行为失当是导致学生“听话”（盲从或表面盲从）的根本原因。“听话”往往会压抑学生的个性，导致创新思维的窒息，甚至导致心理变态。因此，“听话”往往是缺乏主见、唯命是从的代名词。这绝非危言耸听。如果这种状态不能得到彻底改变，培养创新思维、培养创新型人才，就是一句空话。

片刻，阳老师接着说：“我以为，听话的学生对自己个性的压抑，除了会导致他们创新思维的窒息，久而久之还会导致心理变态，使他们缺乏自信和表现力。严重时，甚至会使这些学生不敢正视自己的缺点、错误，无法承受挫折、失败。一旦遇到困难、不顺心的事、一时无法解决的问题，便不知所措，无以应对。难道我们的老师、家长希望孩子成为这样的人吗?”

阳老师的观点或许有点偏激，但我一时又找不到合适的理由反驳，于是便听他继续讲故事。

第一个“后悔”受到“讨伐”

原来，按照惯例，这所学校的新学期开始前三天下午的最后一节课，都是进行入学教育。因此，这就给阳老师继续排座位的故事提供了难得的机会。

每个学生都喜欢表现自己，教师应当多给学生创造机会。班会课上，学生对朗读自己的文章都喜出望外。这个事实只能说明，这些孩子太缺少表现机会了。

“今天的班会，我想让一些同学读一读自己上一次班会课后写的周记。大家喜欢吗?”阳老师开门见山。

“读自己的文章?!”学生不约而同地问道。

面对学生的疑问，阳老师肯定地说：“大家以后会经常读自己的文章，今天是他，明天可能就会是你。请大家大胆地读自己的文章吧。”

看着阳老师毫不含糊的神态，学生的脸上都露出了灿烂的笑容。

是呀，读自己的文章，对于这些孩子而言，曾是多么的不可企及。今天，老师给他们机会，他们能不激动吗？

“下面，就请几个同学朗读自己的文章，张惠、吴越……李利……”为了不让学生看出破绽，阳老师故意把李利的名字放在中间。阳老师边说学生的名字，边把周记发给读到名字的学生。

每个学生读完自己的文章后，都感到特别开心，好像自己遇到了什么大喜事似的。

当轮到李利的时候，他就是不上来。

“李利，该你了。”阳老师和蔼地鼓励道。

李利想了想，终于站到台上，读起了自己的文章。

“我真后悔……”标题刚读完，学生们就情不自禁地把目光转向坐在后排的阳老师，那眼神分明是说：“老师，他怎么那样说？你该批评他。”

见学生们把目光都投向自己，阳老师亲切地说道：“大家好好听李利讲，看他怎样认识这件事情。”

见老师没有谴责的意思，李利壮着胆子，小心翼翼地把文章一口气读完了。

“李利，你不该这样说，你的思想觉悟太低了。”

“你是一个不该受人尊敬的人。”

……

教室里充斥着批评的声音，只见李利红着脸，恨不得地下有个缝把头能够伸进去。

空话、假话、套话在学生作文中屡见不鲜，说真话、谈真实感受似乎不受欢迎。因此，一个学生谈出自己的真实感受，却受到了同学们众口一词的声讨。个中原因耐人寻味。

学生的批评——不，准确地说，应该是讨伐——终于结束了。然后，大家一股脑儿又把头转向阳老师。

发现阳老师没有生气，同学们又相互望了望，心里好像在说：老师怎么不批评他呀？

“是火候了！”但见阳老师表情严肃地走上

讲台。

“同学们，大家是不是觉得李利太不像话了？要是我的观点跟大家不一样呢？”阳老师语重心长地说道，“我觉得李利说的都是真话，我们每个同学不仅不该批评他，而且应该鼓励他，因为他敢于说真话，这一点非常难得。试想，你让完座位坐在后边，前面同学声音很吵，你会怎么想？我相信，每一个同学都会和李利有同样的感觉，那就是很后悔。希望每个同学今后都像他那样，讲真话、做实事。”

“呜……”台下的李利可能是被老师的真情打动了，竟忍不住地流下了眼泪。

接着，李利哭着跑出了教室。

机遇往往在困难时出现

当学生的表现欲得到满足时，教育的张力就会充分显示。其实，给孩子们一个表现自我的机会，就等于给孩子们搭建了一个成长的平台。

“你开班会前的估计与现场发生的情况，是不是一致？”看阳老师讲得那么精彩，我不由自主地问。

“我想，可能有一些学生会感到惊奇，但没有想到学生会对读自己的文章有那么强烈的感受。可见，这些学生自我表现欲望是多么的强烈。同时也说明，他们以前得到的张扬自我的机会太少了。要是我们的老师多给孩子一个表现自我的机会该多好呀。”阳老师表情严肃地说。

“你对李利读完文章后，学生群起而攻之的行为，怎么看？”我提出了一个比较敏感的问题。

“你给我出了一道难题，我也不一定说得清楚，只能谈一点不成熟的看法。”阳老师稍加思索后，接着说，“教育的机遇往往在最困难的时候出现。我认为，学生争先恐后发言批评李利的现象，是一种假象。也就是说，他们的内心深处并不是这么想的，他们只是投老师所好（认为老师会喜欢这样的答案）。这是思维和语言相背离的表现。长此以往，必然思维和语言背离，终会导致人格分离甚至分裂。学生投教师所好，是造成虚假说话、违心做事的主要原因。如何改变这种状况，恐非一日之功。

会导致学生人格分离甚至人格分裂。其实，不要说孩子，就是我们大人也常常会出现这种言不由衷的行为。某些情况下，同一个人在非正式场合和正式场合的观点完全不同，就是言不由衷的具体表现。造成这种现象的原因是比较复杂的。我觉得，这既跟新中国成立后几次大的政治运动有关（怕自己的言行被扣上'反动'的帽子），也跟德育工作中的'假大空'现象和二元论的德育目标不无关系……"

"你觉得，德育二元目标不妥？那你说应该是几元呀？"我打断了阳老师的讲述。

任何事物都是复杂的，很难用是和非两个标准来判断。同样，德育也不应该仅有是和非的二元目标。提倡、必须、反对、禁止四个层级目标的提法很有新意。

阳老师冷静地回应道："以是和非两个标准来判断事物是不够的。我认为，德育目标应该有四个层级：提倡、必须、反对、禁止。提倡层面是道德要求较高的，不一定人人都必须去那样做，或者说不那样做，并不为错。必须层面是对行为的底线要求，人人必须做到，做不到这个层面目标的要求，就是错的，就必须纠正。反对层面的，一般是对自己个性和人格发展不利的行为，这些行为不一定是错的，不一定要纠正或制止，但必须进行适当的教育，给孩子晓以利害。而禁止层面的，则应该是有害于自己或他人的行为，这些行为一定是错的，必须制止和纠正的。举例来说，见义勇为、助人为乐等是提倡层面的，遵纪守法是必须层面的，不按时作息是反对层面的，吸毒、打架（暴力）是禁止层面的。再比如，不完成作业是反对层面的，而抄袭作业则是禁止层面的。"

利人不伤己，乃人之常情。谦让别人，自己吃亏，别人还不领情，不要说学生难以接受，成人也未必能接受。

"你觉得，李利的文章是不是出乎意料？"我想知道阳老师对李利那篇文章的看法。

"是的，有那么点感觉。但我也觉得不奇怪，因为毕竟李利觉得自己让座位，学习反而受到了影响，并没有带来好的效果。作为老师，我们应该考虑到问题的复杂性，而不应只看到问题的表象。如果谦让就意味着吃亏，以后就没有学生主动谦让了。其实，李利的文章只是一个小小的插曲，紧接着发生的情况，才大大出乎我的意料。”

意外收获第二个“后悔”

就在班会即将结束的时候，只见王洪举起了手：“老师，我能不能发言？”

“当然，你完全可以发言。”阳老师怔了一下，欣喜地说道——他期待已久的教育时机终于出现了。虽然他这时并没有想到。

“我没有写周记，我错了。”王洪哽咽着，缓慢地说：“今天，我想口头表达自己的想法。如果是一篇周记的话，我的这篇周记的题目跟李利一样：我真后悔。”

> 真心动人心，真诚显真情。教师的良苦用心引发了“例外”学生的道歉，感动了教师自己和所有学生。

擦了把眼泪之后，王洪大声说道：“我不是一个好学生，我不该不让座位，我不该欺骗老师、同学。其实，我的视力没有问题，我应该主动让座位。现在，我愿意接受大家的批评，希望大家原谅我，能给我一个改正错误的机会。”

说完之后，王洪分别给阳老师和同学们深深地鞠了一个躬，以表达他的歉意。

看着王洪真切的样子，阳老师禁不住热泪盈眶，本来自以为能言善辩的他竟然说不出话来。

“可大家知道我为什么不想这样做吗？”王洪拭了拭眼睛，愤怒地说道，“那是因为我二年级时发生的一件小事。那时，老师让我们用‘珍贵’造句，我想了想，脱口说了这样一个句子：‘我觉得金钱最珍贵’，但老师说我是拜金主义、金钱至上，严厉地批评了我。虽然那时我不懂什么是拜金主义，也不懂金钱至上是什么意思，但我从老师严厉的目光中感受到了自己的大错特错。从此，我再也不敢说话了。本来学习不错任何陋习的形成都与教育方法不当有关。教师、家长的言行举止对学生的影响是终身的。也许是一句恰当的表扬，也许是一个肯定的微笑，也许是一个鼓励的动作，都可能让幼小的心灵受到鼓舞，感到温暖。相反，一句不恰当的批评、一个不喜欢的眼神或一个不友好的动作，则会产生截然相反的效果。

的我，也因此遭到同学的嘲笑。后来，因为情绪不好，成绩也变差了，直到破罐子破摔，到了今天的地步。刚才，李利的周记和老师的发言，让我不由得想把自己的心里话说给大家。说实话，我到现在都想不通，为什么金钱不珍贵，爸爸妈妈每天那么辛苦，不就是为了赚钱吗？老师、同学们，请告诉我，我真的错了吗？就是因为这件事，我再也不敢讲真话了，再也不愿意真诚对待别人了。”

此时教室里静得出奇，似乎一根针掉下来的声音都能听得清楚：每个学生都被王洪的故事感动得流下了热泪。

“孩子，你没有错。你说得对，金钱确实很珍贵，每一分用劳动换来的金钱都非常珍贵。同学们，我们应该为王洪的真诚表示敬意。”阳老师满含泪水，带头为王洪鼓掌。

偶发的教育时机有规可循

“你没有想到王洪会上去讲这样一段话吧？”我忍不住打断了阳老师的回忆。

“这样的事情来得太突然了，这个机会来得比我想象的早了很多。我怎么会想得到？难道你能想到？”阳老师反问。

“是的，教育的机会不是想到的，应该是偶然发生的。”我附和着说。

教育时机具有不确定性，但有必然规律。一个善于观察、为学生着想、信任学生的教师一定会抓住偶发的教育时机。

“我不赞成你的说法。教育发生的时机是不确定的，但不是偶然的。从某种程度上看，是必然的。只是迟早的问题。或者说，偶然发生的教育时机看似突然，却有规律可循。只要我们仔细观察，机会时时会有。当然，前提是你必须是一个对学生负责任的老师，你必须是一个时时、处处为学生着想的老师，你必须是真诚信任学生的老师。”阳老师的说法蛮有哲理性。

“你怎么看王洪？”为了扭转“不利局面”，我只好找了另外一个话题。

“我不知道说什么好。我当时只想找他的那个不负责任的老师‘算账’，因为一个好端端的学生差点毁在他的手里。现在回想起来，当时还是不够冷静。其实，在我们的身边，每天都会出现这样的悲剧，好多个像王洪一样的学生的心灵被少数不负责任的老师给污染了。这样的老师与其说是不负责任，不如说是在犯罪，他们是在逼孩子们说谎，简直与教唆犯没有什么两样。这是非常可怕的。我有时候真是想不通，为什么我们的老师不能叫学生说真话？你看那些千篇一律的作文，唱高调，说大话，有几句像孩子们的语言？完全是大人们的思维。这到底是谁之过？为什么我们的老师就能看得过去，就忍心不管？”说到这里，阳老师的眼睛里充满了泪水，不住地摇头。

呵护孩子金子般的童心是每个教育工作者义不容辞的责任。不让孩子说真实感受，就是逼孩子撒谎，是在犯罪。

“别太伤心了，现在教育界已经有很多人关注这个问题。我想，这种现象也不会持续多久了。还是继续你的故事吧。”看着阳老师痛苦的样子，我劝道。

也许是我的劝导起了作用，阳老师的思绪又回到现实中来。几分钟后，阳老师开始继续他的故事。

反思引发第三至第五个“后悔”

感动不断，高潮迭起。第一个表达后悔的学生在教师和学生的感染下，真诚向大家道歉。

这时，教室的门开了，只见李利走了进来，缓缓地走上了讲台。

“我也想口头表述我离开教室后的想法，题

目依然是：我真后悔！”李利说：“我不该说自己后悔，我不该说大家是不守纪律的学生。我真傻，为什么不想想别的办法说呢？如果我的周记是这样写的：同学们，能不能注意自己的纪律，上课安静一点，说话时声音小一点，这样同学们都能听得到，老师讲课情绪也会好一些。我想，这样提醒后，同学们一定会注意的。我为我刚才的发言，真诚地向老师和每个同学道歉。”

掌声，又是一阵掌声。班会就这样结束了，阳老师一句话也没有说，但他脸上坚定而又乐观的表情，分明是在传递这样一个信息：只要坚持下去，不久的将来，这些学生一定会让所有对他们怀疑甚至不抱希望的人（包括学生自己和他们的家长）“大跌眼镜”。

“你不用总结发言吗？”我问。

“还用总结吗？李利的发言难道不是最好的总结？此处无声胜有声。”阳老师笑道。

“三个‘我真后悔’，一个高潮接着一个高潮，好像是在演戏，我都被你的故事迷住了。”我不由自主地赞叹道，“我真后悔当初没有机会一起跟你去听听这个班会。”

“你的这个‘我真后悔’也不错呀。”阳老师开玩笑道。接着，阳老师话锋一转，认真地说道：“其实，‘我真后悔’这个文章应该我来做。因为我只是看了王洪的简单评语，并没有对王洪作深入了解，‘排座位’主题班会后我也没有及时跟他沟通，如果当初我了解他以前的情况，跟他好好谈谈，我就不会那样看王洪了。让李利读文章也处理得有些粗糙。”

学生和教师相互感动，共同成长。学生的三个“真后悔”感动了老师，让老师和对话者说出了第四、第五个“真后悔”。

人生不能重复，教育不是戏剧。每个孩子的生命只有一次，每一次教育活动都会在孩子的生命历程中留下印记。

“你如果对王洪了解得更清楚一些的话，这个故事就没有这样的戏剧性了。”我笑言。

“你以为是在演戏吗？演戏结束了，顶多是受个教育。但孩子们的生命只有一次，是不可以当戏剧来表演的。”阳老师的话语里似乎没有开玩笑的意思，“其实，老师对学生的态度，学生们迟早会知道，你的一个眼神、一个动作，学生都清楚。你喜欢不喜欢他，他心里像明镜似的。”

学生敢于批评教师，也是教育的成功

教育需要智慧，更需要真诚。学生敢于批评教师，从一个侧面说明教师教育的成功——教师取得了学生的信任。

下课后，王洪找了阳老师。王洪说：“老师，你上一节课为什么不批评我？怕我丢面子？我告诉你，如果不是今天李利站出来讲话的话，我不会找你的，因为你当时并不信任我。”阳老师还没有说话，王洪接着说：“你看了我的体检表，你知道我的视力、听力很好，为了我的面子，不批评我，却让其他同学背后议论了我半天，我当时真的很恨你。好在现在一切都过去了，老师，今后希望你能给我信任，也讲真话，好吗？”

本来阳老师想给王洪这样解释：不是不信任他，是因为担心是他体检时家长做了手脚，让他体检能够蒙混过关。但想了想，还是没有说出来。因为阳老师觉得那还是不信任的表现。

阳老师再一想：王洪敢批评自己，不也是王洪开始信任自己的表现吗？这不正说明自己教育的成功吗？想到这里，阳老师不由自主地笑了起来。

故事结束前，阳老师问我：“你说，是我教育学生呢？还是学生教育我呢?”

阳老师在问我，好像也是在问自己。

我没有回答。因为我没有想到故事结束后，还会有这样一个“编外”的故事，更因为我当时也没有找到答案。

直到今天，回忆起阳老师的问题，我似乎也难以有一个准确的答案。如果说一定要找答案的话，似乎也有一个——但不知道是不是能够回答阳老师的疑问——那就是新课程实施后，大家经常挂在嘴边的一句话：师生共同成长。

【旁观者言】

教人求真　学做真人

著名教育家陶行知提出，道德教育的根本任务是“教人求真”、“学做真人”。他认为，“教人求真”的教师，必须具备两种要素：一、有真知灼见；二、肯说真话，敢驳假话，不说谎话。

当今这个时代，对于一个教师而言，有真知灼见是起码的要求，但敢说真话、敢驳假话、不说谎话，却未必人人能做到，鼓励孩子说真话、驳假话似乎更难。

因此，“教人求真”、“学做真人”这样一个看似简单的命题，在今天显得异常沉重。本文通过发生在班会课上的几个孩子的自我教育的故事，乃至孩子对教师的教育，让我们对这个命题有了更深入的思考。

无人毛遂自荐

虽然经过了无人自荐等波折，但孙老师还是喜出望外：不但完成了班级干部队伍组建，而且这支队伍在班级管理实践中取得了长足的进步。由提出毛遂自荐建议，到无人响应教师主张，再到踊跃报名乐于担当；由曾经无人担任干部，到跃跃欲试积极参与，再到班级管理有模有样——教育实践智慧尽显无遗。

下面是孙老师给我讲的故事。无独有偶，孙老师带的这个班也是一个后进生较多的初中班级，而且他的故事也发生在班级组成后的第一次班会上。

孙老师告诉我，他所带的这个所谓的差班在自己所在的学校是出了名的，但翻阅了这个班级的学生资料后，他还是感到很吃惊：班级中竟然没有一个学生在小学阶段担任过哪怕是小组长这样的班干部。

“你就为这个吃惊？不应该吧？”我问道。

“50 多名学生在小学六年的时间里竟然没有一个人担任过班里的小干部，把这些学生分到一个班级，你还不吃惊？难道一群学生中没有一个有组织能力？难道让这些学生待在一个人人都瞧不起的班级里很合理？”孙老师反问。

他很粗心、
他有时开小差
成绩不够好
他不
申请书

我无言以对。

见我不回应，孙老师接着说："那时，真有点'老虎吃天，无处下爪'的感觉。没有办法，我只好硬着头皮走进教室开班会，班会的主题就是选择班干部。"

他的故事也由此开始。

"您相信我们吗？"

缺乏自信的人往往很难信任别人。教师说明班会意图——希望学生争当干部，但学生对教师缺乏信任。

那是开学第一天，孙老师怀着沉重的心情边思索边往教室走。

走进教室后，看着学生面面相觑的眼神，孙老师环视了教室一圈后说："同学们，今天我们这个新班班会的主要任务是，产生为同学们服务的班干部队伍，以便促使我们这个群体尽快成为集体。"

稍微停顿后，孙老师继续说道："你们当过班干部吗？想不想当班干部？"

孙老师说完后不久，一个看起来比较调皮的学生慢悠悠地说："班干部？没当过就不能当了吗？再说，我们想当，老师，您会让我们干吗？"其他学生也三三两两地嘟囔道："对，老师，我们干不了。"

"你对学生的回答感到诧异吗？"我插入问题。

"刚开始时，我也觉得有点不可思议。转眼一想，我觉得，学生的回答给我提出了一个严肃的问题，那就是，没有当过班干部的学生能不能当班干部？其实，没有一个人生下来就做过班干部，每个人都会有第一次。"孙老师若有所思之后，继续说，"'老师，您会让我们干吗'这句话，是对我（不，应该是对我们很多老师）的绝妙讽刺，他的潜台词再明显不过了——'我干，你信任吗？'我认为，这句话的字里行间虽然充满着悲观、失望的情绪，但又透出一种潜在的渴望——'我可以，是每个自卑的学生都渴望获得教师的尊重、欣赏、信任。学生发言的字里行间虽然充满着悲观、失望情绪，但又透出一种潜在的渴望。

不是可以让我试试’。只不过学生的这种渴望被我们老师的教育方法湮没了。”

看着我满脸的问号，孙老师坦诚地说：“原因很简单，大多数老师缺乏对这部分学生的信任，总是把担任班干部的机会给了那些组织能力较强、表现较好的学生。也许，这就是所谓的马太效应吧。从心理学角度分析，每一个学生都希望尝试新的事物，都希望有机会成为班干部。”

沉默，依然是沉默

缺乏自信、过于悲观的学生不会主动争取表现机会——他们担心再次受到打击。面对学生整体素质较差的现实，教师提出了毛遂自荐担任班干部的主意，学生们却无动于衷。

面对这样一个班级的现实，孙老师决定给予他们机会：让他们毛遂自荐，主动申请担任班干部。

看着学生疑问的眼睛，孙老师真诚地说道：“行，你们只要愿意当班干部，老师就给你们这样的机会，也相信你们能干好。”

见学生一个个默不作声，孙老师继续说道：“我们这个班已经正式成立了，开始进入状态就要有自己的班干部，我不想通过翻阅你们的档案，根据以前担任干部的情况来指定班干部；选又不现实，因为大家都相互不了解。怎么办？大家帮我出出主意。”

说到这里，孙老师略微停顿了一下，想看看学生的反应。见大家依然互相观望，只好继续说道：“我想了一个办法：毛遂自荐。也就是说，哪个同学只要愿意为大家服务，而且认为自己能服务好，就可以自我推荐，推荐时除了谈自己适合的班干部位置外，最好谈一下自己的想法。”

孙老师原以为这样说，肯定会有学生抢着干，但结果却恰恰相反——竟然没有一个人响应。

“班级是大家的，人人最终都要参与班级管理。今天你不做班干部，明天你肯定会有机会，所以，不妨大胆举手，先‘干’为快。”见此情形，孙老师只好自我解围。

沉默，依然是沉默。

“你觉得学生沉默的原因是什么?”我忍不住问道。

没有成功体验的学生，必然会严重缺乏自信心，甚至会产生逆反心理。教育好他们，仅有耐心和信任远远不够。

“其实，我当时也不是十分清楚。仔细琢磨后，我才渐渐明白：一是因为他们没有担任班干部的经历，不知道怎样干；二是因为他们的自信心严重不足，认为老师不一定信任他们。”孙老师回答道。

“能不能谈谈深层次的原因?”我追问。

“深层次的原因，我也说不好。”孙老师摇了摇头，声音低沉，“根据我的经验判断，没有担任班干部的经历，是因为他们以前的教师没有给予他们这样的机会，对他们缺乏信任；自信心严重不足，是因为他们很少获得过成功，获得过成功的次数太少，树立自信心也就根本无从谈起。”

打破僵局

激将法触动了后进生脆弱的神经，也打破了班会沉默的僵局。

为了打破沉默，孙老师不得已采取激将法：“你们都干不了吗？难怪别班的同学瞧不起我们班呢!”

这时，刚才回答“干不了”的学生站了起来，带着充满疑问的语气问：“谁干不了？我干，你让我干吗?”

“好，我看你行，你能不能说说，假如让你干班长的话，你怎样干?”

“自己带头，相信同学，和大家一起干。”

……

孙老师和这名学生就这样你一言我一句地对答着。

最后，孙老师说："好了，班长就是你了。大家有没有不同意见？不过，丑话讲到前面，如果干不好的话，可得下来。"

"老师，这叫信任吗？明明是不信任嘛！你还是另请高明吧！"那名学生气愤地说。

"是呀，这骨子里的不信任还是露出了马脚。"孙老师心里这样想着。然后，他诚恳地向那名学生说道："老师错了，我不该说这样的话，请你和大家原谅。"

班主任：教师专业发展的必修课

每个学生（尤其后进生）对教师的态度都非常敏感。教师是否真正信任他们，他们迟早会有感觉。

"这个学生蛮聪明的嘛。你的话音还没有落，就回敬你了。"我打趣道。

"其实，每个学生对老师的态度都十分敏感，老师是否真正信任学生，学生都会感觉到。"孙老师认真地说，"如果一个老师不能从心底里真正信任学生，那么即便这个老师再怎么努力，学生都不会真正尊重老师。因为，老师骨子里的不信任总有露出马脚的时候，一旦老师的不信任被学生感觉到，这个老师就很难再赢得学生的信任。而且，越是那些很少得到信任的学生，越容易对老师的信任产生怀疑。因为这部分学生往往会有逆反心理。"

"你以为，怎样才能真正赢得学生的信任呢？"我对"信任"这个话题尤感兴趣。

建立信任难，破坏信任易。赢得学生的信任，必须以诚相待，时时处处考虑学生的感受。

"这是一个难以回答的问题。多年的实践经验告诉我，赢得学生的尊重、信任，必须以诚相待，必须以心换心，必须时时处处考虑学生的感受。特别是，在和学生交流时，千万不能挖苦、讽刺学生，一旦某个学生意识到老师在挖苦、讽刺自己，那么这个学生以后很难再信任老师。”孙老师的回答不无道理。

“在日常工作中，学生对班主任的信任程度要远远高于其他科任教师。你怎么看这个问题。”我继续就“信任”这个话题提出自己的疑问。

“原因很简单，班主任跟学生交流的机会多。”说完这句话之后，孙老师似乎觉得表达不全面，进一步补充道，“我认为，要想成为一名优秀教师就应该担任班主任，因为只有担任班主任，才能进一步深入了解当代学生，才能掌握学生的心理状态，才能接近学生，也才能有的放矢地开展教育活动。从这个意义上说，班主任应该成为每一名教师专业发展的必修课。”

班主任是教师成长的必修课。只有担任班主任，才能进一步深入了解当代学生，才能掌握学生的心理状态，也才能有的放矢地开展教育活动。

缺点多并不妨碍当班长

一次被误会，信任难建立。一个学生曾经当过班干部，却因为犯错误被老师撤职，致使他不敢轻易相信老师。但老师的真诚又一次感动了他。于是，他毛遂自荐担任了班长。

原以为自己道歉后，这个问题就解决了。然而，事与愿违，这个学生并没有按照孙老师的想法去做，而是满脸愧疚地说道：“不，不是您错了，而是我确实不应该受到这样的信任。”

接着，他讲了他以前的许多毛病，诸如经常迟到，不按时作业完成，有时还会打架等。

最后，他说：“老师，我身上的毛病太多了，班长还是让其他同学干吧。”

“不，既然已经站出来，就不要回头。你有承认错误的勇气，就一定能改正，也一定能当好这个班长。”孙老师毫不犹豫地鼓励道。

也许是孙老师的真诚感动了大家，也许是他希望再一次证明自己的渴望感染了大家，孙老师的话一讲完，学生们就异口同声地说：“干吧，你能干好的，我们支持你。”

这时，那名学生的眼睛里饱含着泪水，轻轻地说：“谢谢老师，谢谢大家。”

接着，这名学生说道：“我曾经担任过班干部，但只当了一星期，因为一次偶然的迟到，老师就把我撤了。因此，这次老师要我们毛遂自荐，我心里还是有点担心，害怕再犯错误。我把自己说得一无是处。老师却没有放弃我，这使我增强了对老师的信任。如果我今后违反了什么纪律，希望老师、同学多理解。我一定竭尽全力为同学们服务，一定努力不辜负大家的信任，一定会尽最大努力把这个班长当好。”

> 信任不能附带条件，一定要真诚。既然选择有缺点的学生担任班干部，就一定要做到用人不疑。

“选一个有很多缺点的学生担任班长，不合适吧？难道你当时就一点也不担心？”我认为孙老师的做法欠妥。

“不担心是假的，我当时也是没有办法呀。但我们能不能换个角度思考问题——为什么有缺点的学生担任班干部不合适？难道仅仅因为他有很多缺点，就不能担任班长或者班干部？我们成人群体中的干部都不是十全十美的，为何对学生干部的要求那么苛刻？”孙老师没有正面回答我的问题，而是这样反问道。

“事实上，很多老师都是选择各方面表现较好的、有组织能力的学生担任班干部。即便一些老师选择有缺点的学生担任班干部，也是为了给他们一点外在的压力，并不是出于对学生的信任。”我说出了问题的缘由。

> 缺点可以改正，能力可以培养。用辩证的眼光、发展的眼光看待有缺点的学生，学生的缺点就会越来越少，能力就会越来越强。

“你说得很对。我认为，学生的缺点可以改正，学生的组织能力可以培养，老师不能用一成不变的眼光看学生，而应该用辩证的眼光、发展的眼光看学生。至于选择有缺点的学生担任班干部，只是为了给他们施加压力，让他们改正错误，这个目的也太功利了吧，我想也是难以达到的。这是因为这些学生希望担任班干部的主要原因，并不是为了给自己施加压力，而是为了表现自我，张扬自我。当然，在表现自己的过程中，意识到班干部的示范作用，逐步改正自己的缺点，也不是不可能，但这充其量只是担任班干部的‘副产品’而已。”孙老师的说法令我感到耳目一新。

班干部终于诞生

“我愿意担任卫生委员，因为我想让班级的环境更清洁。”

“我愿意担任学习委员，因为我想借这样的机会，督促自己好好学习。”

信任就是学生进步的力量。在一个学生的带动下，同学们纷纷请缨担任班干部，班干部队伍终于产生。

……

受那名学生的影响，在老师的鼓励下，同学们纷纷毛遂自荐，表达愿意为大家服务的意愿。再经过同学们举手表决后，一个又一个班干部就这样产生了，一个以前没有一个学生担任过学生干部的班级终于产生了自己的干部队伍。

“我们的班干部队伍就这样产生了。老师相信每一位班干部都能兑现自己的诺言，都能起到模范带头作用，都能热心为大家服务。待学期结束时，班干部再以自己的实际行动给大家汇报，请大家民主评议。毛遂自荐没有成功的同学以及没有毛遂自荐的同学也不要遗憾，以后要争取机会、创造条件。”孙老师总结道。

学生不支持班干部时，教师既要引导学生，更要鼓励和帮助班干部。每个学生都希望提高自己的组织能力，教师应该设法创造机会，满足学生的愿望。

“毛遂自荐的干部，学生会不会不支持？出现这种情况怎么办？另外，如果大家都毛遂自荐，又该怎么办?”我一连串提了几个问题。

孙老师似乎并没有介意我提出了这么多问题，而是笑呵呵地回应道：“学生不支持的情况可能会发生。出现这种情况，关键看老师怎么引导。我觉得，老师一方面要帮助班干部分析问题发生的原因，最好让班干部自己查问题、找原因，鼓励他自我纠正问题；另一方面要深入学生了解情况，及时化解学生跟班干部之间的矛盾，帮助班干部树立威信。再说，班干部又不是终身制，干半年或一年还要向学生述职，进行适当

你要哪一块?
班长
副班长

的改选。第二个问题很简单，毛遂自荐的学生多了，既可以设置其他的岗位给他们干，也可以采取班干部轮流的办法解决。只要学生愿意当班干部，老师应该设法创造机会，尽量满足他们的愿望。我就搞不明白，我们的老师为什么要拒绝学生的进步呢？”

第一次班干部会由班长主持

开完班会后，孙老师组织这些班干部开了第一次会议。主题是“我怎样做好班干部”。几个毛遂自荐的学生都兴奋不已，分别围绕主题谈了自己的想法，并在班长的组织下，对每个人的发言进行了讨论。讨论过程中，孙老师并没有过多说话，只是在学生的讨论中不时插话发表一下自己的看法，但即便是发表看法，也是以商量的口吻和他们探讨，并强调以大家的意见为主。

> 班干部会应该由班干部来组织，教师最好成为“旁观者”。这样，班干部才会在实践中敢于承担，他们的能力才会不断得到提高。

班干部会临结束之际，班长要孙老师作总结。孙老师说：“班干部会你是主持人，我是旁观者，因此应该由你作总结。今后也应该如此。”说完后，孙老师便示意班长自己总结。

“好，今天的班干部会大家都谈了自己的想法，我觉得很好，大家能不能把这些想法写出来，贴在教室里，让同学们议论议论？这样，以后我们的工作就好办了。因为大家如果同意我们的设想，就会支持我们的工作，我们也才会有信心干好。”班长边说边看着孙老师，生怕哪句话说错了。在班长发言的过程中，孙老师只是微笑着点头鼓励，并没有发表任何意见。见孙老师没有讲话，班长怯生生地说：“今天的班干部会到此结束。”

班干部会结束后，孙老师和班长单独谈了谈，对班长的表现给予了充分的肯定。之后，孙老师通过提问的方式，跟班长共同梳理了班干部会的情况，从中让班长自己体会组织会议的策略以及开展工作的方式、思路。

后来，每次开班会，孙老师都让班干部策划、主持，自己只是事前给他们一些暗示，即便班会没有达到预期的效果，孙老师也仅仅是稍加点拨，并要求他们自己作班干部会小结。

“新班子”有模有样

信任就要放手，放手才能激活创造性，才能更快提高。教师一定要让学生干部在干中学、学中干，增强他们的自我教育能力。

“你对班干部会很民主嘛，你就没有对这支毛遂自荐的干部队伍和班长提一些具体要求吗?”我对这样要求班干部不免觉得有点不可思议。

“一开始就对班干部提出这样那样的要求，只会降低他们的积极性，也不利于发挥他们的创造性，所以这并不是最有效的办法。我认为，培养学生干部是一个长期的工作，不能一蹴而就。最重要、最关键的是要放手让他们干，而不是过多干预。老师要让他们在干中学，学中干，让他们在自我教育中不断提高自己的组织能力。当然，这不是说班干部选出来老师就可以万事大吉了。恰恰相反，这样做，老师的责任更大了，因为老师不但要引导他们学会自我管理，而且要帮助他们反思问题，引导他们不断成长、进步。”孙老师如是说。

看我目不转睛地注视着他，孙老师继续说：“其实，你不觉得他们的干部会组织得蛮好的嘛？我想，即便他们第一次组织班干部会不是很成功，也不是多么要紧的事情。我相信，只要给了充分的时间和机会，他们一定会逐步提高，也一定会做好班级工作。”

“这支毛遂自荐的班干部队伍，最后干得怎么样?”在孙老师的故事即将结束时，我又一次问道。

“你不相信他们？我实话告诉你，这支干部队伍虽然缺乏经验，大多还是被称为‘后进生’的学生，但他们有热情，乐于服务。经过一段时间的锻炼、培养后，他们不仅改掉了许多坏毛病，而且干得有滋有味、像模像样的。”孙老师边拿出一个本子，边解释道：“这是那个‘毛遂自荐’的班长的日记。你看看就明白了。”

热情产生动力，经验在于积累。学生干部虽然缺点不少，缺乏经验，但他们富有热情，乐于服务，干得像模像样。

我接过日记本，翻开后只见扉页上写着这样一段话：“虽然我以前没干过班干部，但我却干得不错。这使我坚信，虽然我以前学习不好，但我一定能学好；虽然我以前有很多缺点，但我一定能改好。——自勉”这段话也许是对孙老师的“选择”的最好注脚。

听完“毛遂自荐”班干部的故事，我的内心深处不知不觉中形成了这样一个认识：每个正常的学生都有成功的强烈欲望，都有获得成功的巨大潜能，教师的责任就是激活这种欲望，使这种潜能得到充分释放。

激活学生成功的欲望，就能释放学生的巨大潜能，就能获得教育的成功。

【旁观者言】

信任是教育的起点

诗人纪伯伦有句话：我们已经走得太远，以至于忘记了当初为何而出发。

很多时候，一些教育行为之所以无效，或者说效果不理想，不是因为没有因材施教，也不是因为缺乏耐心与爱心，而是教育从一开始就失去了最基础的东西。这个最基础的东西就是信任。

信任产生生产力。本篇根本没有从学理角度考察信任的教育意义及其类型，我们甚至无法发现其中更有价值的可以着重阐释的信任在教育中的实现方略。但是，文中字里行间所投射的真诚的信任，使得信任不仅生成了管理的技巧，也使管理变得富有弹性，提高了学生管理的效率，并有效地改变着教师和学生的生活，增加教师的幸福感，减轻学生负担。我们看到，信任甚至无意间提高了德育的实效性，有效发展出责任和尊重这样的核心价值。

从马斯洛的需要视角看，信任其实就是满足了孩子的尊重与自尊的需要，这种需要不难让我们得出这样的结论：信任是教育的起点。

基础接近、结果迥异的两个学生

由于高中最后一年性格差异、心理状态的变化，尤其是教育方式的不同，两个基础接近的学生高考结果却迥异：一个超常发挥，考上重点大学；一个成绩不佳，患上心理疾病。教育改变人生——两个基础接近的学生一年后的结果迥然不同，除了再一次验证了这个命题，更应该强调的是对教育方法策略的深度反思，教育功能定位的重新思考。

这是姜老师给我讲的一个关于颂和萍两个学生的故事。

差异是教育资源，尊重差异、因材施教才能促进个性成长。在评价手段没有发生根本变化之前，关注不同类型学生的心理变化，加强有针对性的、个别化的心理指导显得尤为重要。两个基础接近但结果迥异的学生就充分说明了这一点。

那时，姜老师是他们的班主任，颂的爸爸是姜老师的搭档——副班主任兼数学科任教师。

颂和萍两个人有着太多的不一样：颂从小到大学习成绩一直是班里最好的，各方面表现都堪称优秀，而且性格温和，做事谨慎，人缘较好，老师和同学没有人不喜欢她。而萍的成绩却始终徘徊在班级中上游，但性格外向，做事大大咧咧，从不把任何事情放到心上。直到高二结束时，两人的成绩都没有发生多大的变化。

然而，就是这样的两个学生却在高三或者说高考之后发生了很大的变化：萍超常发挥，考取了某重点军事院校；颂却发挥失常，名落孙山，只考上了专科学校（后因家长和学生不甘心，没有去学校报到，在高三复读）。一年后，萍兴高采烈地探望老师；而颂又一次考上专科学校，并为此患上了轻度精神分裂症，变得寡言寡语。

“说起颂这个学生，我心里不免有点酸楚的感觉。虽然事情已经过去将近十年了，但我一想起来就感到特别难受。”姜老师的语气有点沉重。

重压使她成绩下滑

对人生发展至关重要的选拔性考试对每一个学生都有一定的压力，如何调整心态至关重要。高三第一学期，虽然学生成绩没有多大变化，但心理压力却特别大，教师试图为其缓解也未能如愿。

其实，高三第一学期，颂的成绩也一直不错，而萍的成绩依然是老样子，没有多大起色。然而，由于颂的压力明显大于萍，虽然她们的成绩没有多大变化，差距却逐渐缩小。此外，颂的脸上多了几分凝重，每天的学习时间越来越长，身体状况也越来越差，而萍却依然如故，还是嘻嘻哈哈的样子，每天学习的时间似乎也

高
考生
考

没有增加多少。

看到颂的这个变化，姜老师看在眼里急在心里，就抽空找颂谈心。

“怎么啦？是身体不好，还是心里有事？”姜老师亲切地问。

颂只是低头哭泣，没有说话。

“你的学习这么好，应该放开手脚，不要给自己太大压力。”看颂不说话，姜老师安慰道。

“老师，不要安慰我了。我爸都告诉我了，虽然这几次考试的相对位置没有变化，差距却在缩小。学如逆水行舟，其实这就是退步。我对不起老师。”颂一边擦拭眼泪，一边轻声说道。

“差距缩小也许是其他同学进步了，并不等于你退步呀。”姜老师和蔼地劝道。

“其他同学进步了，相对来说，不就等于我退步了。老师，你放心，我一定会赶上的。我还要去学习，就不给老师添麻烦了。”还没有等姜老师说话，颂已经伸手示意再见，并匆匆地离开了。

“优生”往往是更为严重的问题学生

“这个学生太好强了。老师一般都喜欢这样的学生，你根本不用操那么多心。”我丝毫也不隐瞒对这类学生的欣喜之情。

“你这话说对了一半：老师当然喜欢这样的学生。但这样的学生怎么不用老师操心呢？”姜老师反驳道。

看我没有表态，姜老师继续说：“很多老师认为，‘优生’不用操心。我认为，这是有失偏颇的。其实，相当一些‘优生’是更为严重的问题学生。这是因为，一‘俊’遮百‘丑’的‘优生’往往会被家长、老师甚至学校过分宠爱，他们的问题很多时候容易被老师、家长忽视甚至放任。‘衣来伸手、饭来张口’的生活，

> 一“俊”遮百“丑”的“优生”往往是更为严重的问题学生。因为他们的优点被过分夸大，缺点甚至错误被无原则地宽容、原谅甚至迁就，所以他们的问题有时会更加突出。

家长对他们欲望的随意满足，老师对他们行为的过分褒奖，老师、家长对他们缺点、错误无原则地宽容、原谅甚至迁就，只会使他们的缺点不断‘放大’。此外，老师、家长对‘优生’的关爱，还会导致这些学生的心理压力无形增大，使他们形成不正常的竞争心态，也就是竞争的目的不是为了提高自己，而是为了超过别人。在这种心态下，他们的学习很难成为一种轻松、愉悦的活动，其内心的苦恼更是可想而知。虽然，颂并不是这样的问题‘优生’，但也有问题：她太过好强，心理承受力差。对这样的学生，老师怎么可以不操心？”

“你是不是觉得我把自己说得太懂了？”看我佩服地不住点头，姜老师勉强着开了句玩笑。

接着，姜老师神色严肃地自责道：“其实，我开始时跟你的想法完全一致。但恰恰就是因为我像你那样思考问题，没有对这个孩子的问题引起足够的重视，才导致了最终令人遗憾的结局。”

父女婉拒心理调节

在和颂谈心之后，考虑到颂的爸爸对孩子的教育方式有问题，姜老师找到颂的爸爸，开门见山地说道："您能不能给孩子少一点压力？多一些鼓励？您的孩子压力太大了。"

"都高三了，压力大一点并不是坏事。你放心，我会耐心做好自己孩子的教育工作的。你还是多替班上的其他学生操点心吧。谢谢你对孩子的关心。"颂的爸爸的这段话把姜老师想说的话给噎了回去。

家校不配合，教育难见效。对班主任的合理化建议，学生家长没有引起足够的重视，致使学生的压力不降反升，成绩下降更快。

由于颂的爸爸是老教师，姜老师很尊重他，而且他又委婉拒绝了姜老师的建议，姜老师不好多说。

自此，高三第一学期余下的时间里，姜老师很少也很难有机会再找颂谈话，也没有找过她的爸爸谈颂的问题。不是因为姜老师不想这样，而是颂见了姜老师总是躲避，甚至姜老师约颂谈话，颂也推说有事不愿交流；而颂的爸爸则多多少少因为孩子的成绩不理想，而对姜老师有点反感。

直到高三第二学期，颂的成绩在班级里由第一名下滑到第七名时，姜老师才又一次郑重其事地找到颂，而此时，颂已经不愿和姜老师多讲任何话，只是不住地流眼泪。后来，姜老师又多次找颂谈心，但都没有任何效果。

无奈，姜老师又一次去找颂的爸爸。颂的爸爸只是冷冷地说了一句话："我的孩子心理承受能力差，你就别再给孩子添乱了，求求你了。我会慢慢帮她调节的。"此后，父女俩就再也不愿和姜老师交流关于颂的任何事情。

学生考试不佳，老师追悔莫及

> 虽然学生某一方面出现问题可能与家庭教育关系更大，但绝不等于教师就没有责任。

“这么说来，颂的结果是她的爸爸直接造成的，与你没有多大关系?”我试图为姜老师解脱。

“不，颂的结果虽然与她爸爸有直接的关系，但这绝不等于说我就可以脱开干系。因为毕竟是我疏忽了，是我没有尽到全力。作为一名班主任，我为自己没有对颂尽到责任而终生后悔。”姜老师不但不领我的情，反而像犯了罪一样低下头来，良久没有说一句话。

我看着姜老师难以名状的表情，无言以对。

许久，姜老师才抬起头来惭愧地说：“虽然我当时要求科任教师对班级学生的成绩排名相对保密，不要在学生面前公布这个排名，只把排名作为分析学生变化的依据。而且强调，给学生分析成绩变化必须以激励为主，不要施加过多压力，但我的这些要求因为碍于面子，在颂的爸爸身上没有得到落实，也没有及时对颂的爸爸的行为进行疏导，这是我工作的严重失职。即便后来颂的爸爸不理睬我、抱怨我，我也是能够有所作为的。面子害死人呀。我觉得，班主任对科任教师仅仅谈一般意义的要求是远远不够的，还必须做深入细致的思想工作，并把自己对教育教学的设想和要求落实到每个孩子身上。因此，是我害了这个孩子。”说完之后，姜老师的表情有点黯然。

> 把教育的要求仅仅当成一般意义的号召是毫无意义的。教师必须做深入细致的工作，并把自己的设想和要求落实到每个孩子身上。

“颂的爸爸也是老师。作为班主任，你不需要对老师进行教育吧?”我宽慰道。

“我不赞同你的看法，老师的教育方法有问题时，其他老师也有责任和义务进行交流。作为班主任，应该及时跟本班科任教师沟通、交流每一个学生的情况，自觉配合本班任课教师搞好学生的教育工作。更何况，颂的爸爸的身份还是家长。”姜老师边擦眼泪边说道。

班主任是班级工作的组织者、协调者，有义务、有责任与本班科任教师及时沟通、交流每一个学生的情况，自觉配合任课教师搞好学生教育工作。

“萍是不是自然而然地考上了重点大学?”我想把姜老师从自责中拉回来。

“等得不耐烦了吧？好吧，下面我给你说说萍的故事吧。”说到萍，姜老师的脸上终于露出了难得的笑容。

数据分析助她树立信心

学生成绩不佳时，教师的首要工作是帮助其恢复自信，而不是责怪、批评。学生预选成绩不好，感到很失望。老师出具成绩分析的具体数据，使她树立了信心。

高三第一学期，萍的成绩没有多大变化。到了高考预选（当时姜老师所在的省要进行高考预选）结束之后，由于萍的预选成绩不是十分好，她的自信心受到了一定程度的打击。

看到萍闷闷不乐的样子，姜老师拿着自己对高考预选的分析报告找到萍。

“怎么啦？泄气了?”姜老师问。

“老师，我预选的成绩在全市才排3200名，而全市每年只有3000名左右的学生能考上大学。今年，我是考不上了，我对自己很失望。”萍不无伤心地说。

“怎么会？你看看，去年全市预选前3000名的学生中，有多少往届生没有考上，而3000名以后的应届生有多少考上了本科?”姜老师边说边拿出他事先准备好的高考预选分析表。

“哦，前3000名的往届生有400—500人没有考上，换句话说，3000名以后的应届生有400—500名考上大学了?”萍感到既惊喜，又多少有点怀疑。

“不相信老师？老师什么时候骗过你？去年，上一届小杨的预选排名也是3000多名，不是照样考上大学了，而且还是重点呢!”姜老师的解释，终于让萍眉开眼笑，“再说，考试还有发挥的问题。有关专家说，考试发挥的空间有10%，你的情绪、心理正常，多发挥10%，就增加40多分；情绪、心理不正常，少发挥10%，就少了40多分。一正一负，不就差了八九十分，八九十分的差距不是考上考不上的问题，而是能不能上重点的问题。”

“老师，为什么往届生预选后会退步？”萍还是有点不相信姜老师的分析。

“这个问题问得好。”姜老师毫不犹豫地加以肯定，“往届生考不好的原因是多种多样的，其中最重要的一条就是，他们因为担心当年再考不上而背上了思想‘包袱’。因此，记住老师的话，只要不背上这个‘包袱’，你就能比他们考得更好。另外，应届生在预选前没有经过考试模拟训练，对高考题型和要求还不大了解，而往届生有这方面的经验，因此应届生预选考试也难以发挥正常水平，相对来说，也会比往届生差一些。”

由于姜老师的分析有理有据，这次谈话后，萍的信心提高了很多，情绪也逐渐恢复了正常。

实践经验更为重要

“专家说的考试发挥空间是10%，我怎么没有听说过?”我急切地问道。

数据最有说服力。教师充分运用数据资源开展教育，就能收到奇效。

“你孤陋寡闻了吧?我刚才不是说了吗?难道你认为我不是专家?”姜老师幽默了一句后，继续说，“这是我平时观察、统计的结果。其实，我用‘专家的说法’来‘欺骗’学生也是善意的，目的只有一条，就是坚定学生的信心。”

“那你平时的‘专家’观点一定不少吧?”我的话多少有点讥讽意味。

实践出真知，实践出真正的专家。来自实践的经验更具有指导意义，来自实践的专家才是真正的专家。我国之所以缺少世界级的教育大家，主要是因为大多数专家缺少教育实践体验。

“你认为，像我这样的普通老师就不能成为专家?”姜老师毫不示弱，“其实，实践中总结出来的经验虽然不是多么高深，不成理论体系，但却对教育实践有非常重要的指导意义。因此，实践经验值得珍惜。我认为，实践经验上升到理论，是对理论最好的补充。世界上很多的教育大家，如苏联的苏霍姆林斯基等都是在实践中成长起来的。你不觉得，我们国家缺少世界级的教育大家，主要是因为我们的专家大多数是书斋里的专家，很少亲自进行教育实验吗?当然，我并不是借此攻击我们的专家，而是期望我们的专家能够经常深入一线，多总结一线的实践经验，少一些空洞的理论指导。”

“你跟萍的对话看起来准备很充分，那么多资料哪里来的?”我对他的话题不大了解，只好换了话题。

“跟学生对话一定要有充分的思想准备，千万不能应付，否则学生是不会相信你的。而且，你谈话没有准备，学生以后对你的谈话也不会重视，谈话的效果就会大打折扣。至于那些资料嘛，都是自己平时收集、积累的。另外，数据的说服力最强，因此，我认为，如果能用数据说话，师生间的对话是最有效的教育形式，教师一定要做好充分的思想准备，千万不能应付。

教育学生，效果最好。”姜老师认真地说。

“关于往届生高考容易背‘包袱’，是你事先没有准备的吧？”我接着姜老师的话问道。

“跟学生谈话，不可能每一句话都准备好。但反过来说，我们平时对这些事情都会有一定的思考，这不能不算是前期准备吧？”姜老师坦然答道。

“自从这次谈话之后，是不是萍就没有起伏了？”看反对无效，我只好回到原来的话题。

“教育有那么神奇就好了。”姜老师感叹着，接着又继续他的故事。

善意谎言解开心头烦恼

选择适当时机进行家访，能够起到事半功倍的效果。学生考试不理想，班主任周末家访，利用自己编造的成绩单和打赌开玩笑的方法，使家长和学生树立了信心。同时，给学生及家长提出了复习考试最后阶段的要求。

这次谈话过了半个月之后，学校进行了一次模拟考试，姜老师发现萍的神色不对，便利用周末时间到萍家进行家访。

萍的母亲开门后，神色凝重，指了指萍的房间，告诉姜老师：“正在哭鼻子呢，她说自己这次模拟考试没有考好。要不要我把她给你叫出来呀？”

“不用叫她了。这次考得成绩不是很坏，还是班上的第 5 名。你看看这份成绩册就知道了。可能是考试题目难了，也可能是复习时间太久了，还有可能是预选结束后大家在心理上放松了，反正这次模拟考试的成绩，同学们都不是很理想。”说完，姜老师拿出自己随身带的记录学生情况的本子，让萍的妈妈看成绩单。看了成绩单，萍的妈妈心情好了很多。

随后，姜老师跟萍的妈妈谈了备考后期应该注意的事项：“告诉孩子，坚决不能开夜车，必须在 11 点之前睡觉；你们和孩子都要保持良好心态，尤其不要说孩子不行之类的话，一定要告诉孩子，要相信自己的实力。只要孩子和你们坚持按照要求做，发挥出她的应有水平，就一定会取得理想的成绩。”然后，姜老师郑重其事地告诉萍的父母：“如果不能督促孩子在11点之前睡觉，孩子考不好、考不上可不要怪我。”

这时，萍的爸爸进来了。

“如果考不上呢？”爸爸问。

“如果你们按我的要求做，我相信她一定能考上。”说完后，姜老师和萍的爸爸开了个玩笑，“咱们打个赌，如果我输了，我赔你500元。你输了呢？”

“1000元，我加倍赔你！”萍的爸爸拍着胸脯说。

“好！一言为定！”姜老师和萍的爸爸击掌相约考试后再见分晓。

这时，萍的母亲起身准备敲萍的门，姜老师摆了摆手，示意不要打扰孩子，便离开了萍的家。

次周周一，当姜老师再次见到萍时，萍又恢复了往日的欢笑。

看似不经意，实则显智慧。实践者的教育智慧往往隐含在善意的谎言和轻松的玩笑中，不一定合规，却更为有效。

“其实，那张成绩表是我编的。目的是通过善意的欺骗，使萍不要丧失自信心。”姜老师看我听得入了迷，向我解释道。

“学生成绩表也可以编？”我不解。

“我在谈颂的事情时，不是告诉你了：不准老师透露学生名次的变化。究其目的就是为了这个。”看我依然疑惑，姜老师继续说，“其实，我对每一个学生都会编造一些这样的数据，目的就是让学生不要丧失自信心。”

“你干吗和家长打赌呢，这不符合一个老师的行为标准吧？”我对姜老师打赌之事很不认同。

“我和每位家长都是朋友，没有必要那么大惊小怪吧。再说，我和家长都明白打赌是开玩笑，目的很简单，就是通过这种半开玩笑半认真的做法，让家长坚定信心。有时候，和家长谈教育大道理不一定起多大效果。”姜老师并不想为此过多辩解。

“为什么颂最后得了精神分裂症?”由萍的变化我不禁想起了颂。

“你急什么?我还没有讲完。”姜老师继续他的故事。

扼腕叹息引发更多思考

任何教育活动都会或多或少在某个时候呈现其效果。高考结束后，萍成绩超过重点线，而颂却只达到专科分数线。由于心理状态不好，颂复读、重考后，成绩依然不理想。后来，颂患上了轻度精神分裂症。

当年的高考结束后，颂的成绩刚过分数线，只能录取到大专学校，而萍的成绩超过了重点分数线（当然，还有一些学生的成绩比姜老师预想的更好）。颂的爸爸看到许多平时不如颂的孩子，考得比颂好，便对颂狠狠地训斥了一通，并要求颂放弃升大专就读的机会，到一所重点高中复读，次年重考。

由于背上了沉重的包袱，颂复读一年的效果并不理想，次年的高考成绩与第一年没有多大变化——刚刚达到大专线。看到颂的情绪越来越低沉，颂的爸爸迫不得已允许孩子上了大专。但颂的心理状况并没有得到彻底改善。进入大专之后不久，颂就患了轻度精神分裂症。

“这不能不说是‘应试教育’造成的悲剧。”我痛心地说道。

“你说得有道理。但也不完全是这样，萍不是也参加高考吗?为什么同一个班级的学生，相同的老师，却产生了不同的结果?我觉得，这不完全是考试的错。萍的故事告诉我，我们完全可以在提高学生各方面素质的同时，把考试搞好。问题是我们怎样做。虽然颂的结局更多地跟她爸爸有关，但作为老师，我还是有机会挽救这个孩子的命运的。我为我对这个孩子的不作为而忏悔。再说，考得不好又怎么样?如果颂的爸爸不过于重视考试（包括高考）的结果，颂也不至于成那个样子。”姜老师显得非常自责。

性格影响前途，教育决定命运。两个学生的不同命运，不能不引起教师和家长的深思。

“你说，这两个孩子的反差是不是太大了?”

姜老师问完后，又自言自语地回答道，“反差实在是太大了。如果考试的竞争不是那么激烈，颂一定会是一个出类拔萃的孩子。”

我在为萍的成功叫好的同时，也深深地为颂的不幸而惋惜。

其实，每年像颂一样因为高考失利而过早凋谢的花朵，像姜老师一样因为学生高考失利而忏悔的老师，又何止他们两个?!

与姜老师的心情一样，我在为颂叹息的同时，默默祈祷：但愿今后不再有初绽的花朵因为高考失利而凋谢。

【旁观者言】

好的教育就是给人信心与希望

世上本没有“差生”，“好生”的诞生，其实是与好的教育分不开的。好的教育成就好生，不好的教育，误人子弟。

好的教育，其实就是给人信心与希望的教育。这是教育者的责任，更是教育的尊严。

好的教育不造就失败者。教育者的“尊严”，根本上来自对教育本质规律和学生发展规律的深切敬畏。一草一木背后皆充满着教育性，谁看到这个规律，谁尊重这个规律，谁就可能拥有教育的“尊严”。

好的教育志在改善。改善在于更深层次、更多方面、更高目标上面向每个学生并确保人人参与，使学生的个性优势、智慧能源得到深层挖掘，情感能源得到充分释放，为每个学生提供最适合的教育，培育自尊、自信和温暖的心灵，促进学生发生积极的变化。

好的教育应当让人人感受到成功。面向未来，就是给人信心与希望。真正优秀的教育者，不放弃任何一名学生，因为他总能发现学生身上的成长点。研究学生、研究需求、研究学情，让每一个学生能够感受到信心、希望和成功，使每一个学生在教育生活中获得肯定。

好的教育是静的艺术、慢的艺术、聆听的艺术和心灵的艺术。教育需要大视野与大智慧。功利性思考对理想教育的侵噬，使我们丧失了多少智慧能力。回归教育的原点，要求我们更加注重那些看不见的效果，让学生每一天都过温暖的、体面的、有价值的、有尊严的、有热情的美的生活。

“为了学生，我与校领导发生误会！”

老师与领导激烈冲突的原因，从表面看，是老师不遵守学校管理规定，而实际上，是老师在保护学生权益。因此，是执行学校决定，还是保障学生权益？是突出个人意志，还是体现管理民主？是欣赏老师才能，还是维护干部权威？解决策略不同，效果完全不同。

李老师对班级的管理与很多老师不完全一样，有时甚至是有违常规的。也许正是由于她有自己独特的管理办法，她带出的班级也与其他班级有很大的不同，即便接手时班级状况很一般，李老师也总能神奇地将其越带越出色。

李老师给我讲了很多关于她的班级的故事。其中，对我触动最大的，是关于她和学校领导冲突的故事。

“那是由一次卫生检查引起的。”李老师介绍道，“大多数学校是通过评比纪律、卫生流动红旗来考核、管理班级的。因此，对全校性的卫生大检查，每个班主任都非常认真，要是哪个班主任这个时候不认真，一定会有苦头吃……”

赶紧搞卫生，领导要来检查了！

这样的检查有必要吗？

学校工作要求过于苛刻，细则过于具体，与其说是讲究细节，不如说是教条主义。“停课搞卫生，不留死角”就是典型的教条主义。

一天上午，学校德育处发了一个紧急通知：明天下午，上级爱国卫生运动委员会将进行卫生大检查。为了迎接这次卫生检查，学校拟于今天下午组织全校干部以及班主任进行预查，各年级各班一定要高度重视，要利用中午午休时间和第三节课时间，认真组织学生不留死角地把各个区域彻底打扫干净。在这份通知中，学校还提出了清洁卫生的诸多具体要求。

通知下发后，李老师所在年级的年级长召开了紧急班主任会，强调各班要按照往常学校检查的惯例，认真打扫，清理死角，如：要擦干净窗户玻璃、门框、黑板的边角以及日光灯的灯管、架子等。

不好的“标签”对工作百害而无一利。应付检查乎？重视卫生乎？再正确的标签也只是标签。

“你说，这样的检查有必要吗？”李老师停下讲述，主动问我。

“学校不认真对待，上级会批评学校。学校也是无奈的。因此，不存在有没有必要的问题。”我随口说道。

“我觉得，学校卫生重在保持，不能靠突击。再说，何必每次检查都要停课？这不是典型的形式主义吗?!”李老师有点激动，“说白了，很多时候，学校领导检查卫生，并不是重视环境卫生的表现，而是为了应付检查。当然，我这样说，并不是不要搞卫生，而是要把搞卫生落实到平时。再说，每周检查都要把玻璃、门框、黑板边等擦得干干净净，有必要吗？家里搞卫生都不会这么做，对孩子们的要求是不是太苛刻了?”

“从你的言谈中，不难发现，你对学校评价班级的制度很不满意呀。”我微笑着说道。

“难道你觉得以纪律和卫生流动红旗对班级进行评价是合理的吗？”李老师反问道。

还没有等我回应，李老师接着说道：“评价班级应该更关注过程。起码以下几个维度是必需的：班级活动是否有创意，学生在班级活动中的表现是否积极，班级学生整体的精神面貌如何，班级学生、家长对班级工作是否满意，班级严重违纪率（含犯罪率）的高低，班级学生在校级以上活动中获奖或参与的情况如何，班级学生文明礼貌行为表现如何，班级学生的个人卫生习惯怎样以及班级教师团队是否团结等。”

教育评价应以发展性评价、质性评价为主。班级评价也应该关注过程，而不仅仅是纪律和卫生状态。

关键在于保持

班级卫生评价更应该关注学生卫生习惯养成。老师要求学生按平日要求大扫除，而不是按规定要求应对检查。

在班级布置打扫卫生的任务时，李老师这样说道：“午休时间我们班照常午休，第三节课学校要放广播，没法上课，因此，我们班下午第三节课打扫卫生，打扫卫生的人员、要求与平时做卫生是一样的，不要过于认真。”

班级卫生委员马上提醒李老师：“老师，学校要求是……”

还没有等卫生委员说完，李老师就打断了：“我知道了，大家就按我的要求去做吧。出了问题，老师承担，不用怕。”

“在我的印象中，你是很民主的班主任，为什么不让学生干部把话说完？”我不解其意。

“我知道她要说什么。因此，不想当着她的面，制止她按学校要求安排打扫卫生。这样做，会让她难堪。”李老师回答。

民主要注意策略。老师制止学生说话，不是不民主，而是另有考虑。

“那你不担心这样做，会挫伤她的积极性？”

我追问。

"我想，刚开始她可能会觉得不大舒服，但事后明白我的意思后，她还是会理解我的。我之后也会跟她说明原委的。"李老师显得很自信，"当然，事前给干部讲清楚要求会更好。"

扫除死角重要还是学生安全重要?

下午午休时间，别的班级都在打扫卫生，而李老师的班的学生都去午休了，没有一个人打扫卫生。

为此，年级组长找到李老师，要求李老师立即组织学生进行清洁。对此，李老师只是轻描淡写地说了一句："你放心，我们班是不会拖全年级后腿的。"

> 学生安全是底线，保护学生安全是教师的首要职责。教师出于安全考虑，不让学生做危险事。结果，由于没有达到学校规定的要求，教师受到了副校长的严厉批评。

在打扫卫生的过程中，发现学生把凳子放在课桌上，准备擦挂在空中的日光灯管，李老师急忙制止："孩子们，不要擦灯管了，那样太危险了"。

正准备擦灯管的那名学生说："李老师，别的班都在擦。"

李老师慈祥但却严厉地说："我们不要管别的班怎么干，我们得考虑自己的安全。快点下来。"

事实上，学校其他班的全体同学都在打扫卫生，而李老师的班只有一个小组在搞；别的班，午休时间已经搞了一个多小时了，李老师的班午休时间照常休息，只在下午第三节课搞。结果可想而知：虽然地面上很干净，桌椅、清洁工具摆放也整齐（这与她的班级平时卫生保持较好不无关系），但比起别的班级来，她的班级的卫生死角基本上没有达到学校的规定要求。

这时，主管学生思想工作的副校长带领学校检查组走进她的班级，看到班级卫生状况后，脸色大变："灯管那么脏？为什么不按学校的要求擦干净？还有黑板边、玻璃等都没有擦干净，这个班的班主任来了吗？”

“我在，是我不让孩子们做的。我觉得，在桌子上放凳子擦灯管太危险了。再说，每次都擦灯管也没有必要。”听到副校长的询问后，李老师漫不经心地说。

“太不像话了。班主任的思想都没有通，怎么教育、要求学生？今天检查结束后，全体班主任到会议室开会，我们得讨论讨论：如果大家都像你这样，学校的政令还能不能有效执行？”

在教室门外观看学校检查的学生见学校领导发火了，都感到很紧张，心里也不免为他们的班主任捏了一把汗。

“你的行为不是欺骗年级组长吗？我觉得这不符合你的风格。”我插问。

“我也是没有办法。如果我不这样说，我只有按照学校的要求去做。否则，我顶着不办，一是他下不了台阶，二是学校也会责怪他。因此，我自己做事自己承担责任，何必让别人代我受过。你说对吗？”李老师说。

“这样做，不是闯祸了吗？”我问道。

“这有什么？领导不是神仙，未必什么事情都说得对，什么要求都是正确的。”李老师不以为然。

“如果学校的班主任都像你这样不听指挥，学校的管理能到位吗？”我还是没理解。

> 具体问题具体分析是处理一切工作的基本原则。教师不盲从学校决定，本无可厚非。但如果教师能够及时反映自己的合理建议，效果会更佳。

“那要具体问题具体分析：正确的要坚决服从，错误的就不能执行了。执行错误的或无益的决定，只能造成工作的被动或者导致工作失误。你说对不对？”李老师似乎在诡辩。

“好了，不跟你辩了，看你怎么应付班主任会上领导的批评！”由于一时无法说服李老师，我只好听她谈更为精彩的内容。

保护学生何罪之有?

班主任会议开始了，学校领导和所有的班主任都瞪大眼睛看着李老师，似乎她犯了罪一样，而李老师则面带微笑，好像任何事都没有发生一样。

“今天，我们的班主任会议只有一个议题，那就是：班主任如何对待学校组织的各项活动?”主持会议的德育处主任把矛头直接对准了李老师，“下面请大家发表自己的意见。”

“我先说两句吧。”李老师所在年级的年级组长抢先发言，“首先表明我的态度，李老师班级出现的问题，我负有不可推卸的责任。虽然我们年级接到学校通知后，也作了安排、部署，但由于我没有跟进，督促不力，才出现今天的问题。在此，我坦诚地承认自己的过错，保证今后不会出现类似的问题。”年级组长在发言时，不时给李老师递眼色，似乎在告诉李老师，不要吃这个眼前亏，认个错算了。

“这个事情与年级组长没有任何关系，完全是我个人的行为。”看来，李老师并不领年级组长的情。

勇于担当是教师的基本素质。班主任会议上，李老师谢绝了年级组长代为受过的好意。

“你们的年级组长很不错，你应该顺着他的意思说几句表示歉意的话。”我对李老师的做法不敢苟同。

“他确实是一个优秀的年级组长。别看他平时对我们要求很严，但我们真正有什么差错的话，他一定会给我们担待的。”李老师并没有反对我的看法。然而，还没等我转过神来，她话锋一转又说道：“但是，我不能让他替我受过呀。再说，我又没有错，为什么要道歉呢?”

错误决定

等级森严贻害无穷，民主平等才是管理之本。学校领导过于专制不是某一个老师或学生的悲哀，而是整个学校的悲哀。

“你就不怕学校领导秋后算账，跟你过不去？”我想吓唬吓唬她。

“我就不信，都什么年代了，我们的领导还会那么专制？如果真的是那样的话，那就不是我一个人的悲哀了，而是这个学校的悲哀。我受点委屈又算得了什么？”李老师的回答颇有点悲壮的感觉。

事实证明，李老师的判断是正确的。

学校决策一定要吸纳教师意见

“我觉得，我们完全没有必要为了一次检查而劳民伤财。我们应该形成这样一种共识，既关注检查的情况，更关注卫生的保持。要让我们的学生把保持良好卫生当成一种习惯，而不要给我们的学生形成打扫卫生只是为了迎接检查这样的假象。同时，我们的卫生检查标准是不是应该更客观一些，更便于学生保持？”李老师振振有词。

李老师发言之后，会场里鸦雀无声。

大家一会儿把目光投向李老师，一会儿把目光投向主管德育工作的副校长。

见状，这位副校长两只眼睛盯着李老师，厉声质问道：“假如我们的班主任都像你一样，把学校的要求放在一边，学校管理的目标如何实现？”

“如果班主任都这样做的话，只能说明，学校的要求欠妥当。”还没有等李老师回答，但见参加会议的学校校长一边微笑着一边轻声说道，“因此，我们制定任何方案，一定要充分考虑实际，必要时要吸收基层教师的合理意见，而不能想当然地认为，领导的决定、要求就是正确的。当然，按照以往的惯例，今天布置卫生检查的做法也没有错，但我们在按照惯例布置工

干群有冲突，干部需反思。班主任会议上，老师与副校长发生了冲突，而参加会议的校长却明显偏向李老师。

作时，有没有思考过这样一个问题，惯例就一定是正确的吗？”

说到这里，校长话锋一转，微笑着对李老师说：“学校布置工作不妥当，你可以及时反映，而不应该采取延宕战术，因为你也是学校的主人。李老师，你觉得我的话，是不是有一定的道理？”

闻听校长此言，李老师的眼圈顿时红了，原本能言善辩的她竟一时语塞说不出话来……

迟来的道歉

“啪！啪！啪！”我不由得为校长的那番话鼓起掌来，称赞道：“精彩！绝对精彩！我终于明白了这所学校有你这样的猛将的真正原因，正所谓强将手下无弱兵。”

“你知道吗？本以为志在必得的我，在校长说完之后，竟无言以对。相比之下，我实在太浅薄了。”李老师惭愧地说。

> 管理艺术的魅力就在于能化干戈为玉帛。在校长的调解下，老师主动找到副校长，双方相互承认错误，表达歉意，冲突迎刃而解。

“你后来和副校长的关系如何？”我担心副校长会“报复”她。

“你的担心是多余的。你想想看，有这样一位开明的校长，我们能处理不好关系吗？”李老师看透了我的心思，“事后，我去了副校长办公室，真诚地向他表示了歉意。”

“非常抱歉，我不该在大家面前顶撞你。不管怎么样，你是按照学校的要求检查工作，我不应该顶着不办，而应该及时和你沟通。”面对副校长，李老师愧疚地说道。

“前天的会议结束后，我心里很不舒服。不是因为你，而是因为我自己。我为自己从事管理工作十多年还犯下这样的低级错误而惭愧。特别是，看到你的班级没有搞好时，我不应该当着众多班主任的面批评你，更不该组织会议批评你。校长说得对，这不是能力问题，而是素质问题，我已经向班子做了深刻检查。这里，我真切地盼望你能原谅我。”副校长的话情真意切。

两人就这样你一言我一语，交换了看法，达成了谅解和共识。

“你们的副校长真有领导风度。”我又一次赞叹道。

“其实，你只知其表，不知其里。副校长能有这样的态度，完全是校长教育的结果。”李老师继续她的故事。

争论带来“双赢”

班子能力决定管理效度，干部作风问题再小也是大事。学校班子紧急会议上，校长对副校长提出了严厉批评，并要求全体干部不能以权压人、以势压人。

原来，班主任会议结束后，校长紧急召集学校领导班子会议。在班子会议上，校长对这种现象提出了严厉批评：“怎么能这样对待老师？不要说是我们的决定错了，即便我们的决定是正确的，老师没有正确理解，执行不力，也与领导有一定的关系。”

由于校长的态度非常严厉，所有在场的干部都瞪大了眼睛，会场里鸦雀无声。

也许是校长意识到自己的态度过于生硬，他的发言戛然而止。

环视了一周后，校长缓和了语气，轻声说道：“对不起，我刚才情绪过于激动，语言有点尖刻，希望大家能够理解。事实上，班子成员作风有问题，与我的修养不高，对干部的要求不严有直接关系，我感到非常痛心。作为一把手，我责无旁贷。既然我们认识到这个问题的严峻性，我们就必须加强这方面的工作。我希望，我们的干部一定要注意自己的形象，绝不能以权压人、以势压人，更不能当众批评犯错误的老师。能不能做好管理工作是能力问题，而有没有良好的态度则是素质问题。我不希望再出现这样的情况，希望大家能理解、支持我。特别是，今后要召开类似这样的会议，一定要特别慎重。一般情况下，没有班子研究同意，任何人无权召开此类会议。”

会议结束后，校长还跟这位副校长进行了长谈。后来，在校长的耐心说服教育之下，这位副校长向学校领导班子递交了深刻的检查。

对抗没有赢家，对话才能“双赢”

“我还以为，这件事情到此为止了呢！没有想到，校长把这个事情看得那么严重？”我感到不解。

“这是我们校长一贯的作风。他对领导干部出现的问题特别重视。我记得，我们校长曾经在全校会议上说过这样一句话：‘凡是领导干部的问题，再小都是大问题，因为作为管理者的领导的一个小失误，可能会造成整个学校的大错误。因此，每一位老师都要监督学校领导的工作。我在这里郑重承诺：凡是对领导的投诉，我一定会对大家作出满意的答复。’”李老师对校长特别敬佩。

> 严格要求领导，宽容看待教师，体现了校长的管理能力和水平。有这样的校长，才能带出优秀的教师队伍。

“我觉得，你们校长对领导的要求蛮严格的，而对像你这样的老师似乎没有那么苛刻。”我隐约感到校长对教师和干部的要求不一样。

“是的。我们校长对老师特别关心，而要求似乎不那么严格。我们老师都对他有敬畏的感觉，生怕干不好工作，对不起校长。”李老师接过我的话说。

“你认为，你和学校‘对抗’的输家是谁？”我回到问题的原点。

“我们都是赢家。现在想起来，我和学校之间根本没有对抗的问题。说对抗，是大家逗我玩的。你何必那么认真？”说完，李老师哈哈大笑。

> 学校和教师是利益共同体，两者之间没有对抗性矛盾，因此，对抗不可能有真正的赢家。

“我还有一个问题，听说你从来不争卫生、纪律流动红旗，但你的班级是得红旗最多的，这是为什么？”我想从她的嘴里套出她治班的经验。

“很多班主任争红旗，不在于班级纪律如何

基于学生成长，关注学生需求，是提高班级管理水平的必由之路，也是评价班级工作的唯一标准。班主任致力于习惯养成，着眼于学生成长，而不是争名夺利，班级的后发优势就会充分显示。

好，卫生如何保持得好，而是在于能不能得到这个荣誉。说穿了，还是功利主义在作祟。我敢说，只要不评比，相当多的班主任根本不会重视纪律、卫生。他们要求学生守纪律、大扫除，都是机械地对照学校的规定要求学生，根本不考虑对学生身心健康和习惯养成的作用。”李老师虽然没有直接回应我的问题，却从另外一个侧面说明了她的看法，“其实，学生心里都明白，老师要争取流动红旗跟他们没有多少关系，完全是为了班主任自己的荣誉。因此，他们打扫卫生也好，遵守纪律也好，完全是被动的，是做给老师看的。我体谅学生的苦楚，致力于习惯的养成，学生守纪律、搞卫生完全是自愿的，一旦学校注重对班级工作的过程性评价，我们的优势就显示出来了，而且会一发不可收拾。”

我想，关注学生的状态，这是李老师成为一名成功的班主任的秘诀；而关注教师的需求，则是这所学校能培养出李老师这样有个性的班主任的秘诀。

【旁观者言】

打开信任之门，一切豁然开朗

什么是教育信任，简单地说，就是教师信任自己的学生，学生信任自己的教师。

作为教师的我们，需要反思一下，你的领导信任你吗？你信任自己的领导吗？

如果是信任的，那么学校的管理是成功的。因为成功的管理必须建立在教师和学校管理者之间的信任之上。信任缺失的教育管理注定会是失败的。

其实，作为一名被管理者信任的教师是幸福的。当然也肩负着被信任的责任。管理者获得教师的信任，是教育管理的应有之义，也是每位教育管理者努力的方向。教师在与管理者的相互信任、相互支持中，才能构建可靠的学校人际关系，构建可靠的教育品质，也构建美好的教育人生。

构建对话的课堂语境

从安排教学过程，到设计学习流程；从强调教师主导，到构建对话语境；从关注教学技能，到强化学生发展，充分尊重了学生的真实需要、情感体验，也有效实现了从教的中心向学的中心的根本转型。

小菲老师是在新一轮课程改革中成长起来的年轻教师。

虽然小菲不是特级教师，没有获得过市级以上的先进，也没有发表过多少论文，但她的课堂深受学生喜欢。究其原因，就是因为她在课堂上能充分尊重学生的真实需要、情感体验，积极构建平等、民主的对话语境，让学生与生活对话、与课程对话、与心灵对话，体现了以学生为本、以学习为本的教学宗旨，使学生的个性得到张扬，创造潜能得到发挥。

《生活中的平均数》一课就是小菲老师在课堂教学中的典型案例。我们不难从这节课的设计方案中发现小菲老师的教学智慧。

学习目标的达成是根本任务

小菲老师的课堂设计方案共有五个内容，一是学习目标，二是学习流程，三是延伸阅读，四是训练评价，五是反思总结。

这节课的学习目标很简单，只有三个：通过实例认识平均数；了解平均数的两个特征（公正性和代表性）；归纳平均数的计算方法。

课堂目标直指学生学习，课堂流程突出学生中心，体现了以学为本的素质教育思想。

“你的设计方案有两个突出特点：一是把教学目标、教学流程改成学习目标、学习流程；二是把反思总结作为一项重要内容放在方案中。能不能谈谈你的设想？”看了设计方案的基本内容，我就迫不及待地提出了问题。

“呵呵，你的问题针对性很强呀。”小菲老师抿了抿嘴唇，微笑着说，“首先，课堂目标应该直接指向学生的学习，应该以学习目标的达成为根本追求；其次，教的流程是教的视野下的流程。突出学生的学习主体地位，必须把学的流程作为课堂的基本流程；最后，反思总结是我作为一名新教师的习惯，只有不断反思总结才能提高。”

“我注意到，你的学习目标非常具体，而且没有说明重点和难点，也没有说明突出重点、突破难点的措施。对此，你是怎么考虑的？”我就小菲老师的学习目标设计提出疑问。

学习应该有数量和质性两个方面的目标，一定要具体、科学、可测，便于学生理解。重点、难点应该体现在流程设计和训练评价中，而不是在学习目标中呈现。

“我认为，每节课的学习目标除了具有科学性以外，应该体现质（质性目标）、数（数量目标）结合的原则，应该非常具体，能够测量，有利于学生自主学习、掌握，而不要过于抽象、笼统，否则展示给学生后，学生难以把握，也没有意义。比如，如果这节课的学习目标再加上这么两条：培养学生能够运用平均数合理、

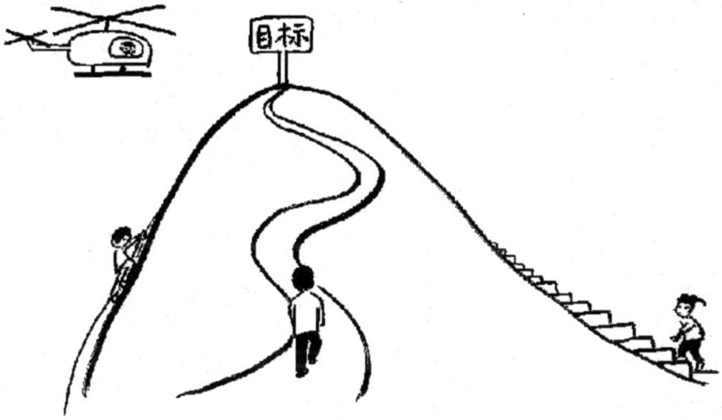
目标

灵活地解决实际问题的能力以及使学生感受到数学知识与日常生活的联系，并结合有关题目进行思想教育，就比较抽象，不仅学生不好理解，实际教学中也难以预测达成效果。如果不能测量的话，就无法准确实施教学。”小菲语气轻松地说，“关于重点、难点问题，我想，目标的语言表述对重点和非重点的区分是比较清楚的，学生能够分得出来。至于难点，我不想先入为主，以免学生产生畏难情绪。而突出重点、突破难点的措施，应该具体体现在学习流程的设计中，不要一一在目标中列出来。”

流程设计应以学生活动为主

学习流程要突出自主、合作、探究的原则。小菲老师这节课的流程以表格形式呈现：出示目标、自主学习、小组探讨、展示质疑和检查反馈五个环节，在突出学生活动的同时，也安排了教师活动。

在小菲老师的教学方案中，这节课的学习流程共分五个环节：

第一个环节，引入新课，出示目标。各小组先计算本组几个同学和一名教师的平均年龄，引入新课，出示本节课的学习目标。

第二个环节，个体自学，尝试解决。个体阅读教材和教师提供的素材，并尝试解决训练评价单上的问题。教师巡回观察，重点观察学困生，并适当点拨。

第三个环节，小组交流，探讨问题。每个同学交流自主练习的结果，互相帮助，在组内解决不懂的问题。讨论过程中，把大家共同不懂的问题列出来。教师巡回观察，重点观察成绩较差的小组。

第四个环节，展示交流，质疑问难。每个小组派一个代表，展示本组学习的成果，提出本组的疑难问题，其他小组同学帮助解决。教师根据实际情况，进行提示、点拨。

第五个环节，检测反馈，评价小结。出示检测单，当堂检测学习效果，并对本节课内容进行小结，主要总结平均数的特征和计算办法。在总结过程中，教师要设法帮助学生归纳、提炼。

小菲的学习流程设计是以表格呈现的，其中有特别的栏目，那就是教师在各个环节中的任务。教师除了参加第二个环节两个小组的讨论，其余每个环节，教师分别观察、参加一个小组的讨论。

“你的这个流程主要突出了学生学习活动的安排，而且好像每节课都可以用。那么，你每节课按这个流程组织学习活动就可以了，似乎别的课不需要设计流程了。另外，教师在教学中的作用是不是太弱化了？”我对她的流程设计表现出浓厚的兴趣。

“我认为，不同的课型有不同的流程，不同课型的学习流程具有一定的规律性。当然，流程也可以根据学习内容的不同、学生基础的差异以及学生状态的变化进行调整。”小菲颇为认真地解释道，“学习流程当然要以学生的活动为主进行设计。至于教师的作用，我认为主要有两点：一是适时对学生探究和展示过程中出现的问题进行指导；二是通过观察、参与小组讨论，把握课堂流程的节奏。”

学习流程应该以学生活动为主进行设计。教师在课堂中的作用主要体现在两个方面：适时指导和把握节奏。

“你所说的课型与传统意义上的课型有哪些不同？”我觉得小菲老师的课型与传统课型不大一样，于是提出了自己的疑问。

“我不想进行这样的比较。我只想谈谈自己的课型，大致有三种：一是前置学习课；二是问题解决课；三是拓展延伸课。第一种课型以学生预习为主，也可以像这节课一样，根据学生的学习能力，放进问题解决课内进行；第二种课型以解决学生预习中发现的问题为主；第三种课型主要延伸拓展课本内容，根据学习内容的重要程度以及学生达成目标的情况来综合确定。当然，也可以有综合解决课，就是根据教学实际，把三种课型融合在一起。”小菲老师特别认真地回应道。

课堂教学应该课前、课中、课后整体设计，分为三种类型：一是前置学习课；二是问题解决课；三是拓展延伸课。但不论何种课型，都应以问题解决为中心来设计流程。

“有人认为，小组合作和展示交流费时间、

效率低，因此对其不以为然，你为什么把小组合作和展示交流作为学习流程的核心？”我想了解小菲老师对这两种方式的看法。

> 合作探究是思维的碰撞，展示交流是思想的呈现。小组合作和展示交流不仅仅是为了让学生接受、理解知识，还可以培养学生的多种能力。因此，小组合作和展示交流是学习程序的核心。

“有的老师认为，我讲三分钟就能让学生明白的事情，为何要学生讨论十分钟甚至更长时间，学生搞明白了，讲出来就更没必要了。因此，他们觉得这两个环节费时、低效。”小菲老师先对我说的问题进行了分析，然后再继续表达自己的观点，“其实，这里有很大的误区。关于小组合作，我的理解是，老师讲明白了，不等于学生听明白了，而学生听明白了和学生探究明白的效果也完全不同。何况，我们学生的合作意识并不明显，团队精神更弱。关于展示交流，我的理解是，当学生能够清楚表达自己的理解或看法时，说明学生对知识的理解和运用能力已经达到了很高的程度。有时候，学生觉得自己理解了，但却说不清道不明，究其原因就在于他的理解可能是片面的或者模糊的，并不是真正的理解。何况，根据学习金字塔理论，自己能够准确表达的内容，记忆的效果更佳。当然，如果所有内容都要合作探究，展示交流，那肯定不合适，时间也不允许，因此，什么样的内容要合作探究、展示交流，怎么把握好度，需要老师认真研究。”

专业发展有赖于自我建构

“你的这些流程是怎么总结出来的？有没有规律可循？”我试图了解小菲老师专业成长的秘诀。

“这些流程没有专家的指导，是不可能设计完成的。”小菲老师显得很谦逊。

> 教师自我建构的规律：
> 自我发现→理性探寻→有效提炼→实践检验。

之后，她思考了良久，接着说道：“你所说的规律可不可以理解为自我提高的规律？如果是的话，我认为，基本上可以概括为：自我发现→理性探寻→有效提炼→实践检验。”

看我点头同意，小菲老师对自己总结的自我提高的四点规律进行了简要介绍：

“一是自我发现。要善于在比较中寻找自己的闪光点、难以克服的顽症和教学行为对激活学生思维的作用。同时，还要防止习惯性行为及经验对自我发现的遮蔽，还有比较过程中的自我膨胀或自我丧失。

自我发现是基础。在比较中发现教学中的闪光点、顽疾。要防止自我膨胀或自我丧失。

“二是理性探寻。即研究闪光点、顽症和教师对激活学生思维的作用是否具有可重复性，探寻偶然性中的必然性，总结出规律性。在这个过程中，既要注意防止把偶然性行为当做可重复的必然性行为，又要防止把可重复的必然性行为当成习惯性行为，而轻易地放弃了对其中所隐含的规律性的探索。

理性探寻是关键。研究特殊教学现象的可重复性，探寻偶然性中的必然性，发现其规律性。

“三是有效提炼。即把隐含于头脑中的零星的实践智慧变为显性、系统的理性认识，提高自身教学的针对性、实效性。有效提炼应该包括思维整理、学习探究、归纳升华。主要目的是通过学习寻找可重复的教学行为与现有理论之间的关系，并把实践的经验转变为可供自我操作的有效范式。在这个过程中，既要注意避免拔高或遗漏可重复性行为，又要竭力避免提炼过程的过分学术化、功利化、庸俗化倾向。

有效提炼是难点。研究自己总结的规律与现有理论之间的关系，把实践经验转变为可供自我操作的范式。

“四是实践检验。要把自己提炼的符合自身教学个性的操作体系在实践中进行反复检验，使之潜移默化地内化为自觉行为。”

实践检验是重点。在反复实践中检验，并逐渐内化为自觉行为。

小菲老师最后总结道：“经过这样的程序，教师就能把隐含于自己头脑中的零星的思维火花变成系统的、显性的理性认识，以此为基础，循环往复，教师便会逐渐形成理性认识体系，促进自我发展，进而形成自己鲜明的教学个性。从这个意义上说，专业发展必须建立在有意识的自我建构基础之上。”

理论必须有效内化

理论学习只有转化为实践智慧，才能实现自我建构。

“专业成长以自我建构为基础，那还要理论学习干什么呀？”虽然我对过分强调教师的理论学习不以为然，但还是觉得以自我建构为基础有点片面。

“你可能误解我的意思了。理论学习是自我建构的前提和基础，但教师必须结合教育实践把理论学习内化为实践智慧，才能有效地进行自我建构。”小菲老师解释道。

接着，小菲老师谈了自己对理论内化为实践智慧的五点思考：

没有创造性的实践，就不可能有划时代的理论。实践是理论的源泉，唯有在实践中，理论才能不断发展和完善。

“一是坚定学习、实践乃至创造理论的信心。教育实践是教育理论的动力源泉，唯有在教育实践中，教育理论才能不断发展和完善。没有创造性的教育实践，就不可能有划时代的教育理论。为此，教师要明确自己在教育理论形成过程中的角色和定位——不但是教育理论的践行者，更是教育理论的创造者，只有把教育理论和教学实践结合起来，才能发现理论的不足，才能形成自己对理论的独特理解和感悟，也才能形成属于自己的教育实践智慧。

把理论学习和实践探索结合起来，才能抓住理论的精髓，在内心深处搭建起理论与实践的桥梁。

“二是抓住教育理论的本质与精髓。要结合教育实践，加强对教育理论文本的研读，把理论学习与自我建构结合起来，把理论学习与教育叙事结合起来，把理论学习与实践探索结合起来，明确每一个教育理论的关键和精髓，在内心深处搭建起理论与实践的桥梁。

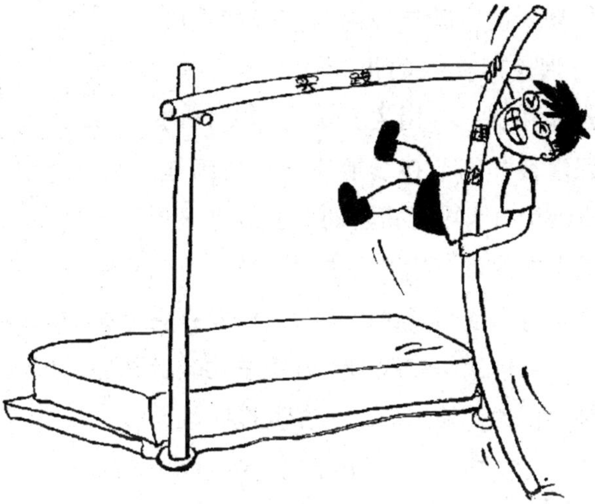
实践

实践经验与教育理论相互融合，才能超越实践经验，才能创造实践理论。

“三是实现倡导的理论向实践的理论的转化。教师要把教学看成一种开放的、能够与理论进行交往的互动过程，不断地把自己的教学实践和经验与新课程所倡导的教育理论进行嫁接、融合，进而使这些倡导的理论转化为自身可以实践的理论，形成既超越实践经验又非完全照搬某种理论或方法的实践成果。

缩短理论与实践的差距，必须对教学细节持续追问和精细解剖，让旧有观念显形乃至放大，进而让变味的理论恢复其本来面目。

“四是缩短理论与实践的距离。要在充分认识理论与实践必然存在距离（理论与实践存在差距的原因是复杂的，既与理论与实践严重脱节有关，又与理论对实践的指导性不强有关，还与教师的经验主义、实用主义倾向有关）的前提下，对课堂教学细节持续地追问和精细地解剖，让日常教学行为中隐藏着的旧有观念显形乃至放大，进而让变味的理论恢复其本来面目，让迷失方向的教学行为重新找回航线。在这个基础上，探寻自身实践与理论的差距，以及存在差距的原因，并根据反复实践的效果，在理论与实践的结合中重构教育经验，形成对教育教学问题的新的理性认识，缩短理论与实践的距离。

正视理论与实践存在的差距和传统观念对理论内化的消极作用，才能激发创造理论的热情。

“五是创造新的教育实践理论。理论与实践存在差距是教师惧怕理论的根本原因，根植于教师思想深处的旧有的观念是理论内化的主要阻碍。为此，教师要在正视理论与实践存在的差距和传统观念对理论内化的消极作用的基础上，充分肯定自身在创造教育实践理论中的能动作用，激发创造实践理论的巨大热情，积极投身于教育实践理论的创造活动中。”

二度开发教材是教学基本功

这节课的延伸阅读共有三个素材：一是小组平均年龄计算方法；二

是学校鼓号队参加区比赛时的评委计分规则和模拟打分表；三是两份企业招聘广告（含年薪和工作要求）。

阅读素材和训练评价是教师二度开发教材的产物。在课堂上，教师使用了三个延伸阅读素材，设计了五个训练评价内容，拓宽了课堂学习的范畴和内涵。

这节课的训练评价内容共有两个：一是学生开始自学时的训练评价单，共有五个练习题：小组平均年龄计算（含一位学科教师），让学生感受平均数的代表性；鼓号队比赛规则讨论，让学生感受平均数的公正性；鼓号队得分计算；应用平均数知识挑选合适的工作；根据当天所学内容，编写一道平均数应用题。二是课堂将要结束时的检测评价单，这份检测单上有五个题目，基本与训练评价单的题目类型相同，只是作了适当变形处理。

"我觉得，目标设计比较简明，学习流程是相对固定的，每节课的延伸阅读和训练评价都不同，才是方案的主体。你是否认同我的感觉？"我试着理解小菲老师的意图。

目标是课堂方案的关键，流程可以随内容和状态不同而变化。

"你是专家，你的感觉哪能不对呢？"小菲老师眯着眼笑了笑，继续说，"其实，目标虽然简洁，却是课堂方案的关键；流程虽然相对固定化，但每节课每个环节的时间分配，却会随着学习内容和学生状态的不同而变化，因此必须细心琢磨。"

"延伸阅读素材和训练评价的设计对老师的要求很高，要花很多时间吧？"我担心老师是否有时间来完成这些每节课都必须做的事情。

"你的担心不无道理。"小菲老师似乎赞同我的观点，"但对教材的二度开发是老师的教学基本功，即便难度再大，费时再多，也必须完成。"

"老师怎样才能有效完成教材的二度开发？"我追问。

"这是个专业性很强的问题，我不一定谈得很好。"小菲老师先谦虚地摇了摇头，继而说道，"从我个人的角度理解，我认为关键是抓住以下四点：一是把握教材本质。与文本对话，准确把握教材的本质要求，是做好二度开发的前提。二是延伸教材内容。根据学生实际，对教材中的提高二度开发教材能力要做到：把握教材本质；延伸教材内容；优化教学情境；加强练习设计。

内容进行适当补充，便于学生自主学习和探究。三是优化教学情境。用新的素材变换教材情境或丰富教材情境，使之更符合学生的生活实际，以便激发学生的学习兴趣。四是加强练习设计。根据学习目标，对课中和课后练习进行整体设计，适当加大练习量，最好在课堂内解决。我的练习评价基本都在课内解决，很少给学生留书面家庭作业。”

深度反思才能促进教师更快成长

反思总结表格上记录的是小菲老师课后对该节课的反思与总结内容：既有对学生表现的充分肯定以及经验的简要总结，也有问题的反思和总结。

课后反思是教师专业成长的法宝。课后反思内容既包括经验的简要总结，也包括对问题的归纳及解决方案的阐述。

关于课堂存在的问题，小菲老师写了四点：

一、展示环节把握不好。学生展示的同质性内容过多，时间拖长了，需要进一步优化展示环节。

二、编写练习需要加强。不少同学编写练习题的质量不高，少数同学没有编写练习题，需要进一步加强指导。

三、课堂小结不够充分。因为时间分配的问题，平均数计算办法的总结不精练、不到位，下节课需要进一步补充讨论。

四、学困生自学和解题能力较弱。五名学生自学有一定障碍，解决问题能力不够，需要课后加强指导。

认真阅读后，不难发现，小菲老师在每一小点后面，都有比较详细的解决思路。

“你每节课都进行这样的反思，非常辛苦。你认为，反思对于教师专业成长的价值在哪里？”我想听听小菲老师的反思感受。

"美国学者波斯纳认为，教师的成长 = 经验 + 反思。反思在教师成长中的作用可见一斑。其实，教师的经验从一定意义上也来自反思，因为反思有助于经验的理性升华和内化。首先，反思有助于自省自悟。深度反思是在一定的教育理论指导下，以自己的教育教学活动过程为思考对象，对自己的教学行为以及由此所产生的教学效果，重新审视和分析的过程，它是伴随整个教学过程的审视、分析和解决问题的活动。这样的反思，能培养自己的问题意识，养成善于深思的习惯；能培养自己的责任意识与自我教育意识，养成善于自我批判的作风。因此，它既是对过去经验的反思，同时又是作出新计划和行动的依据，必然会促进教育教学效果的提高和教师自身素质的提升。其次，深度反思有助于教师对理论的内化。深度反思具有很强的研究性特点，它能促使教师成为研究者，能对自己在教育教学实践中遇到的各种问题进行分析、评价、修正和改进，实现'以研促思'，更能帮助教师在实践总结的基础上，使理论与自身的实践融为一体，促进理论的有效内化。"小菲老师对反思的理解确实非同一般。

深度反思具有很强的研究性特点，是教师专业发展的必经之途。深度反思有助于自省自悟，有助于对理论的内化，有助于促进教师成为研究者。

"在反思过程中，教师还要学习理论吗？"我希望和小菲老师进一步探讨教师的理论学习问题。

"我认为，反思本身是一种有效的学习。"小菲老师解释道，"反思找不到解决方案时，必然会求教于理论学习。当然，这种学习不是被动的，而是主动的。我认为，深度反思有助于改进自身的学习方式，主要是实现了四个转变：一是由被动乏味的理论学习，转变为在学习中发现并思考实践中的问题，应用理论审视实践，进而提升自身理论学习的意义与价值；二是由自发、盲目的理论学习，转变为从自身教学实践的理论困惑出发，主动寻求先进理论的指导，进而解决实践中的理论困惑；三是由模仿式的观摩学习，转变为针对

深度反思有助于改进学习方式：一是主动应用理论审视实践；二是积极寻求先进理论指导；三是有效开展融入式教学实践；四是强化对自身教学行为的解剖分析。

自身实际的批判借鉴，融入自身的教学实践，进而提升实践智慧；四是由无意识的实践积累，转变为有意识的对自身教学行为的解剖分析，逐渐提升自己的教学技能。”

【旁观者言】

新型教师的诞生

回眸新课改的第一个十年，这场影响中国21世纪基础教育发展方式的课程与教学转型，教师，无疑是最深切的感受者和参与者。

教师应以怎样的心态、角色、方式去参与课改？

在价值模式上，课程改革关乎基础教育的前途和走向，关乎培养目标的规格标准，进行课程改革是教育内部机制进行自我调节和改善的需要，是教育可持续发展的需要，更是符合世界教育潮流的。课程改革并非要改朝换代，否定传统，推翻一切，而是“立字当头”的。那些漠不关心、谈“改”色变，甚至百般挑剔的态度，都是不足取的。课程改革给广大教师提供了一个更广阔、更富有弹性也更具挑战力和创造力的空间，同时，它更是一次难得的机遇。

而在行为模式上，课程改革更超越了继承与创新之争，呈现的是实实在在的一种改变。

教师不是先知先觉者，也不是知识的源泉，教师是教学活动的组织者和促进者。不能仅仅把教师定位在“知识的占有者”、“文化知识的传递者”上，教师也要不断提高自身素质，不仅是专业知识，也包括教学艺术和手段。“传道、授业、解惑”的传统界定和“一桶水”的比喻已不符合今天的现实。新课程与过去课程的最大不同就是呈现出许多不确定的因素。过去，教材统一、标准统一、考试统一，教师可以依赖一本教科书和一本教参，“带着教材走向学生”，而今天，新课程在教学目标、教学结果、个性化教育、课程的综合性等方面都出现了不确定性，要求教师“带着学生走向教材”，这不仅是教学方式的转变，而且是教师立场和职责的转变。

毋庸置疑的是，教师必须在专业发展中获得属于自身的“反思性成长”。正如文章所述及的教师课堂教学转型与自身专业发展转型的“新型结构”，显然，新课改的第二个十年，新型教师进入到一种内省模式，教育的发展已经植入了新的基因，并在深度生长。

好课一定要“叫座”（1）

特级教师的公开课，从表面上看，是请领导观摩指导，但实际上，公开“叫板”的则是“教育批评说”。倡导激励欣赏与开展教育批评本是两个不同维度的问题，却有人把两者对立起来；经典教学案例与教学能力展示本是两个不同维度的问题，却有人把两者混为一谈。

梁老师是一个有点特别的教导主任。

之所以说他特别，是因为在教育浮躁现象比较严重的今天，他依然非常较真，对课堂教学更是如此。他经常为了一节课而召集教师研究来研究去，非要找出几点问题，并找到合适的解决方案才肯罢休。他常常挂在嘴边的一句话是：“缺少教育批评的教育，不是真正的教育。评课不仅仅是为了欣赏，更重要的是发现问题，帮助授课者不断成长。”

一个非常经典的案例，就是梁主任上任后不久，对一位著名的语文特级教师的评课。

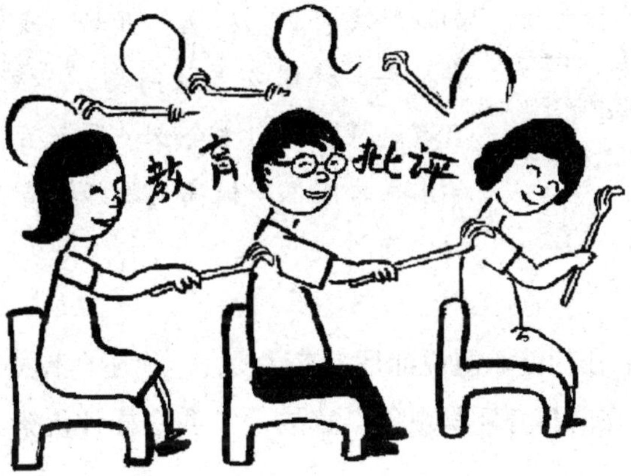
教育
批评

新官“火烧”教育批评

那是一个春天，进入不惑之年的老梁刚刚升任学校教导主任。

在就职仪式上，他义正词严地对教育界普遍存在的教育浮躁现象进行了猛烈抨击：“现在，不论是观摩教学还是搞课题研究，大家都是一片叫好声，似乎我们的每一节课都是精品，我们的每一项研究都特别有价值。这种现象的存在，对学校发展和教师成长极为不利，必须采取措施，加以坚决纠正。从现在开始，我们要多一些教育批评，评课要多找问题，研究要多找不足。只有这样，我们才会少一些教育浮躁，教育教学水平才能不断提高，教师的专业成长才能落到实处。”

就职演说“模式化”的表态性发言了无新意，但梁主任抨击教育浮躁现象的发言却让老师们感到耳目一新。

“一般人上任的就职演说都是表态性发言，你还真有点与众不同，就职演说好像是在向教育浮躁现象‘宣战’。”我这样评价梁主任的一番豪言壮语。

“当时，确实有点年轻气盛。”梁主任笑呵呵地解释道，“不过，你不觉得就职演说一般都有点冠冕堂皇的味道，没有多少实质内容吗？说说对存在问题的态度和看法，以及解决这些问题的策略，对工作岂非更有利？”

“现在，不是提倡多鼓励少批评吗？有的人甚至认为，表扬越多越好，批评会挫伤对方的积极性。你为何反其道而为之，正面强调要开展教育批评呢？”我言归正传。

“呵呵，你也不含糊呀！刚开始交流，就马上提了一个非常尖锐的问题。”梁主任乘“机”对我杀了个“回马枪”，“首先，我要强调的是，我所说的教育批评和一般意义上的批评不可同日而语。我所说的教育批评，是一种价值观，是指对违背教育规律的现象的批评，教育批评不是对具体的人或事的评价，因此教育批评对事不对人。其次，把教育浮躁等同于激励，是对激励的严重曲解。激励是用已有的成绩和进步，鼓励教育对象再接再厉，争取更大成绩和进步，绝不是用虚夸的事实来欺骗教育对象。教育的重要目的是教育学生学做真人，教育浮躁有悖于教育宗旨，在这样的环境中教育出来的学生不可能有正确的人生观、价值观和世界观。最后，激励并不是不要批评，表扬也不是越多越好。难道你明明知道某件事做错了，还要表扬做错事的人不成？批评一定会挫伤积极性？那这个接受批评的对象也太脆弱了吧？”

教育批评是一种价值观，是对违背教育规律的现象的批评。在教育批评面前人人平等，没有权威。没有教育批评，就没有真正意义的教育。

“那你对现实生活中存在的因为教师批评而导致学生自杀或产生心理障碍的现象如何看？”我想通过反面实例，进一步和梁主任探讨。

“你说的确实是个很严峻的现实问题。”梁主任沉思片刻后，缓缓说道，“这个问题要一分为二地看待。这些现象的存在，既与教师的批评不当有关，又与家长对独生子女的过分溺爱不无关系。我认为，教师批评学生一定要注意策略和方法，要把握好量和度。如批评要就事论事，点到为止，不能因为点滴缺点或错误，就否定学生的所有优点，不能对学生的缺点或错误一挖到底，上纲上线；不能在其他学生面前过度批评学生，以学生的个人隐私批评学生，不能不顾及学生的面子，不能伤害学生的自尊心；不能揪学生的‘小辫子’，对一件错事进行无休止的批评，或批评时总揪住前面的错误不放等。至于用特别刺激的语言批评或挖苦甚至侮辱学生，这不是批评，而是职业道德问题，说严重点，是典型的犯罪行为。另外，现在有些学生太娇气，抗挫能力差，批评可能会导致逆反心理，甚至产生对抗情绪。同时，有些家长对批评学生不理解，抱怨老师甚至向学校投诉，而不批评学生或对学生存在的缺点、错误视而不见，或轻描淡写地进行批评，只能助长学生的缺点或错误。”

批评学生要讲究策略，要把握好量和度，做到就事论事，点到为止，不能因为点滴缺点或错误，就否定学生的所有优点。因为学生心理脆弱，或怕家长不理解投诉，而对学生的缺点视而不见，是严重的失职行为。

“因为批评伤害感情而导致人际关系紧张的实例比比皆是，你不担心因为教育批评而影响你和同事的关系？”我试图从教师人际关系的角度继续和梁主任探讨。

教育批评需要培育环境，需要注意方法和策略。学校要善于培育批评文化，为教育批评创造舆论氛围。

“你和我一样，真有股子犟劲儿。”梁主任边夸奖我，边轻声说，“不过，你的这句话说到了我的软肋。在我要跟你说的案例中，我就因为教育批评不当，差点导致和其他老师关系的紧张。一会儿，你会明白我这句话的含义。现在回想起来，有几点教训值得吸取。首先，教育批评需要培育环境。作为学校管理者，要从自身做起，勇于接受别人的批评，善于培育学校的批评文化，为教育批评创造良好的舆论氛围。我相信，一个有正气的学校，绝不会因为教育批评而导致人际关系紧张。其次，教育批评需要注意方法和策略，要以理服人，适可而止，不能因事及人，更不能因势压人。最后，教育批评不能与考核评价挂钩。教育批评是学术问题，考核评价是管理问题，把学术问题与管理手段相连接，学术活动就容易变形，就难以取得理想效果。”

特级教师的“下马威”

开展教育批评不能操之过急。由于对教育批评有误解，梁主任上任不久，语文科组就邀请他观摩特级教师的公开课，公开向他“挑战”。

梁主任刚上任不久，学校语文科组就想给他这个新上任的主任一个“下马威”：让学校最有名的特级教师祖老师上观摩课。语文学科组组长还像煞有介事地邀请梁主任观摩指导，并特别提醒要梁主任利用这个观摩活动组织开展教育批评，并通过此项活动指导本组开展教育批评。

提起祖老师，不要说在他们学校很有名气，在当地教育界也是无人不晓，老师和学生都很尊重她，包括校长和梁主任在内的所有学校干部也非常敬重她。

由于自己上任时间不长，工作交接以及熟悉业务等相关事情较多等原因，他本想拒绝语文组的邀请。但考虑到自己刚刚担任领导职务，不接受邀请，会给老师们落个“刚当官就脱离群众”的口实，梁主任还是接受了语文科组观摩祖老师这节课的邀请。

而正是这节观摩课，在本校乃至当地教育界引起了轩然大波，也成为梁主任教学管理生涯中最典型、最激烈的案例。

“你是不是和祖老师或者科组长有矛盾？为什么你上任不久语文科组就邀请观摩祖老师的公开课？”我对语文学科组长和祖老师的行为有点敏感。

“你担任教学管理的领导，老师或科组邀请你观摩教育教学活动，是很正常的。”梁主任有点不以为然。

“但他们要你对名师的教学观摩课开展教育批评，未免有点挑战的味道。”我进一步明确道。

> 教师借机宣泄不满，领导不能亦步亦趋。虽然举办观摩课有点“挑战”领导的味道，但领导因为爱面子或显示能力而接受挑战，还是缺乏管理艺术的表现。

“还真让你看出来了。对我来说，这确实是一个‘鸿门宴’。”梁主任苦笑了一下，继而收起笑容，严肃地说道，“本来我不想告诉你其中的奥秘，但既然给你看出来了，我还是告诉你吧。一是因为我提出要开展教育批评，祖老师对此有不同意见。二是因为语文学科组长是我竞争教导主任的对手，他多少对我有点不服气。语文学科组长正好借祖老师与我的学术观点不同之机，鼓噪祖老师上这节观摩课，并以此来给我‘颜色’看。但从行为方式看，又很难说这个组长是借机宣泄不满。”

“这种风气不可长。”我有点为梁主任打抱不平。

“当初，我也是这么想的。”梁主任并不隐讳自己的想法，“如果当时和祖老师进一步沟通的话，也许不会酿成这个事件。从当时的情况看，我还觉得这是个纠正校风和研究风气的机会。所以，未加思考就同意了。虽然活动从表面上达到了我当初预想开展教育批评的目的，但现在想来，通过这样的方式推动教育批评，未免成本太大了——因为毕竟对承担公开课教学的特级教师造成了一定程度的打击，因此，还是有点欠考虑。”

“活动又不是你要搞的。你是不是有点过于自责了？”我觉得梁主任对自己要求太严格了。

学校领导应该刻意淡化自己和老师之间的学术争执，更不应该把学术争执公开化。

“毕竟咱不是个普通老师，不能太狭隘太自我地看问题。当初，我就是因为刚走上领导岗位，没有摆正自己的位置，才接受这场潜在‘挑战’的。”梁主任对自己的行为进一步作了反思，“现在看来，即便自己在这场‘挑战’中明显占上风，也不应该把学术争论变成一场公开的辩论。道理很简单，因为你是学校管理者，你就在学术上高于一般教师，是必需的，况且，在研讨会上领导者往往是强势群体（虽然学术问题理应人人平等，但由于国情的缘故，普通教师往往是弱势群体）。这次公开课虽然使全校的教育批评有了一个开端，却挫伤了祖老师的感情和积极性，也对语文学科组长产生了消极影响。同时，给其他老师造成了很大压力（毕竟祖老师是特级教师，特级教师都接受不了，其他老师可想而知）。这也严重影响了我与这两位老师的人际关系，真是得不偿失呀。后来，我用了很长时间才和这两位老师重新建立起良好的关系。”

“杀手锏”是经典教学课例

祖老师上的公开课是她曾在全市教学比武中拿到第一名的一节课，课文选的是鲁迅先生的《从“百草园”到“三味书屋”》。

经典课例的展示次数越频繁，学校形象的损坏程度越严重。然而，现实中这种现象依然很常见。“挑战”梁主任的课例依然也是经典。

为了上好这节课，祖老师曾专程前往鲁迅先生的故居进行考察，从多种角度拍了百草园和三味书屋的照片，还专门查阅了大量关于这篇文

三板斧
走天下
程咬金

章的背景资料和类似文章，做的课件也非常精致。

每逢关键时刻，学校就选派祖老师上这节课给领导或兄弟学校参观者看，以展示学校教师的教学实力和形象。而祖老师也拿这节课作为经典课例，经常给其他学校和青年教师进行示范。

名师之名不在于经典课出名。只能上几节观摩课的名师不是真正的名师。

“学校派祖老师上这节课给领导展示，并以这节课为例对其他老师进行示范。是不是有作秀之嫌？”我对教学作秀不以为然。

“我觉得，不能一概而论。”梁主任侃侃而谈，“用优秀课例对其他老师进行示范，让其他老师学习无可非议。但总是用一节课向领导或其他参观者展示学校教师的实力，或宣传某个老师的教学思想，确实有作秀之嫌。举个例子吧，我曾准备带着一个科组的老师去一所学校向他们的一位优秀教师学习。未曾料到，他们的学校领导却说，那位名师已经上过那节观摩课了，如果你们一定要来，我们得安排在他不熟悉的班级上课。我想，只能上几节观摩课的名师不是真正的名师。这个只能上一节观摩课的名师不值得学习，因此，我们取消了这次观摩计划。”

“我还听说，有的老师专门‘做’一节课应付检查或供别人学习。你对这种现象怎么看？”我进一步与梁主任探讨课堂作秀问题。

“是的，这么做的大有人在。”梁主任不假思索地回答，“‘做’这样一次课，要花很多时间，除正常的备课外，还要查资料、做课件、准备教具，有时候会花上半个月时间。部分教师甚至要在班里演练好几次。有人开玩笑说，这个过程就像排戏。时间把握非常精确。有的老师为了在教学大赛上拿奖，请了一群专家对一节课进行指导，课件也要请学校信息教师帮助完成，甚至请平面设计师协助完成。试想，每一节课都这样‘做’，老师有足够的时间吗？这样的‘做’课，除了对青年教师成长有一定的帮助外，还能有什么意义？

常态化课堂才能显示一个教师的教学水平。教师不可能有足够的时间“做”每一节课。因此，“做”课除了对青年教师成长有一定的帮助外，没有任何价值。

如果是让别人学习，别人能学来什么？因此，我觉得，常规课堂才能显示一位教师的教学水平。”

“好像你对各种教学大赛有不同意见？”我从梁主任的谈话中发现了一个新问题。

> 教学大赛与教育浮夸有一定关联。提早很长时间把参赛内容告诉参赛者，准备参赛的就不只是参赛者，而是一个团队，因此比赛获胜说明不了多少问题。

“你对细节很注意呀。”梁主任慢悠悠地谈起了自己的看法，“如果教学大赛提早几周或更长时间把参赛内容告诉参赛者，让参赛者进行准备。我觉得，这样的大赛没有多大意义。参赛获奖并不一定能说明参赛者的教学理念如何先进，也不能表明一位教师的教学能力如何强，因为这很可能是很多人的集体智慧。同时，因为教育教学工作是个长周期，不能仅仅从一个片段的处理效果，来看教师对教学内容的整体把握能力，加之参赛者对授课班级不熟悉，也无法看出参赛者的学情分析能力，考虑到教育效果往往具有滞后性以及师生关系、教师的教学态度对教学的显著影响，因此，教学比赛无法对参赛者的综合素质作出评判。虽然，获奖也与参赛者的个人素质有一定关系，但毕竟这不是获奖的主要原因。教学大赛往往成了宣传学校形象或美化教师个人能力的工具。至于由一些社会机构组织的教学比赛借比赛之名行发财之实，不但不能推动教师专业能力的提升，而且还毒化了教育风气，没有任何积极意义。因此，我对所谓的教学大赛获奖，一般不怎么看重。说得不好听一点儿，也有些教育浮夸在其中作怪。如果参赛内容临时抽签决定，限时准备，对参赛选手进行交流屏蔽，授课班级随机抽取，评委公正公平，也许能看出参赛者的教学理念、教学能力和个人素质。”

情急之下慌忙出招

显然，语文科组长让梁主任观摩这节课的言下之意不外乎是：你竞争上了岗，也未免有点太得意了吧，竟然敢信誓旦旦地说要开展教育批猎奇、从众、好斗、观望等不良心理因素，使名师的观摩课引起了大家的高度关注，远远超过了观摩课本身的意义。这只能说明学校的校风建设尚需进一步加强。

评，那你就批评批评看。学校几乎所有老师都知道这其中的奥妙，都在观望：看你这个新主任的这把“教育批评之火”怎么烧起来。

听说梁主任要观摩祖老师的课之后，好心的朋友都建议他高挂“免战牌”。

看到这种情况，学校校长也急忙劝他：和祖老师私下解释一下，就说自己现在刚接手工作，事情太忙，以后再观摩学习，以便给自己台阶下，同时也有利于建立良好的同事关系。

可年轻气盛的梁主任岂会临阵退却。他认为：如果这件事情自己退缩了，以后就别想再有实施教育批评的任何设想。于是，他婉言谢绝了朋友的好意和校长的劝告：“没事，我对祖老师很崇拜，虽然以前曾多次学习观摩过这节课。担任教导主任后，祖老师愿意用这节课再一次指教我，我一定会虚心求教于祖老师。”

两天之后，全校几乎所有的老师都表示愿意观摩祖老师的这节课。虽然以前领导视察或其他学校观摩时，学校也要求老师们一起观摩祖老师的课，但大家来观摩的并不多，可正是基于上述原因，观摩这节课的人超乎了校长、梁主任和所有人的想象。

讲到这里，梁主任停顿了一下，反思道：“如果我当时按照校长的意见主动和祖老师沟通，可能就不会产生后来比较激烈的局面。”

“那你有没有想过，既然已经接受了挑战，却又主动退出，会不会对你以后开展工作，特别是开展教育批评有消极影响？会不会让其他老师觉得你害怕了、怯场了？”我对梁主任的反思不以为然。

学校管理者必须理智地处理突发事件，必须站在全局思考问题，必须有一颗宽容的心。承认错误，只会使领导的面子更足。

“呵呵，退一步海阔天高呀！”梁主任不认为我的建议有道理，“作为一个学校管理者，你必须理智地处理问题，必须站在全局思考问题，必须有一颗宽容的心。承认自己的错误或对某件事情无能，并不一定会影响自己的形象。遇到矛盾，要有化解之策，而不是为了显示自己的能力，使矛盾进一步升级。当然，如果我当时主动退出，可能会在一定程度、一定时期影响我的面子，给开展工作带来一定的消极影响。但我相信，路遥知马力，日久见人心，自己人格的力量一定会更高大，而人格的力量对长期从事管理尤为重要。也许这就是所谓的道德领导力吧。”

赞美之词不绝于耳

为了满足大家的强烈愿望，梁主任要求教导处临时把祖老师的观摩课换到自习时间，以便让更多的老师都来观摩、学习。

在众多拥趸的支持下，这堂颇有对决意味的观摩课终于在一天下午的最后一节自习课时间亮相了。

教室里挤得水泄不通。不但该校几乎所有的老师前来观摩，就连临近学校的、和祖老师以及梁主任熟悉的一些老师也闻讯赶来“观战”。

像人们事前猜想的那样，祖老师的教学设计、教学组织、教学流程、教学状态、板书设计、课件运用、练习设计等，几乎都与参加大赛时完全一致，课堂时间的把握也恰到好处，似乎得心应手、完美无缺。

课后，语文学科组组织全体观摩教师一起进行研讨。十多位老师纷纷从不同角度谈了观摩、学习的体会，接着，语文科组长进行了高度评价。可谓赞美之词不绝于耳。

> 评课越来越形式化，不是说收获有多少，就是说体会有多深，或者不痛不痒说点问题。观课者和评课者都没有收获——这样的评课没有任何意义。这节观摩课的评课活动也不例外。

“祖老师的这节课上了多年，怎么和参加大赛时几乎完全一致？”我有点莫名其妙。

“可能是祖老师觉得按参赛的模式上课更有把握吧。”梁主任似乎在替祖老师辩解。

“随着教学时间的增加和经验的丰富，以及学情的变化，教学策略应该适时调整呀。不能因为有把握，就一成不变了吧？”我有点自以为是地说道。

> 教育是遗憾的艺术。理念在发展，学生在变化，课堂总有缺点和问题，因此教学方案要不断修正和完善。固步自封的老师一定不是名师，即便一时有名气，也会被教学改革所淘汰。

“我服了你。”梁主任经不住我的纠缠，继续说道，“教师专业发展是一个永恒的话题。不要说几年不变我受不了，即便是第二次进行同样内容的教学，教师都要修正教学方案。且不说教学理念在发展，学生在变化，任何一节课总有缺点和问题，不论是谁执教，何况教师在不同内容的教学过程中总会有新的感悟和体验。这些反思、感悟和体验也应该融入到教学中，因此，必须对教学方案不断进行修改、完善。教学方案几年一成不变，怎么能体现教师的专业发展呢？我以为，固步自封的老师一定不能成为名师，即便一时有名气，也会被教学改革所淘汰。”

“你这里是特指祖老师吗？”我质疑梁主任的动机。

“我谈的是对名师的理解。不要对号入座，好不好？”梁主任用调侃的语气回应我。

“呵呵，千万别生气。我怎么会那样小瞧你呢？”自我解嘲后，我提出了另一个问题，“那你不觉得，赞扬祖老师的老师都有点问题：明明是多年不变的教学方案，大家还要如此这般赞扬一番？”

“这正是教育批评开展不够造成的。其实，大家心里都很清楚，只不过有的人碍于面子不愿说，有的人担心别人说自己不行还给名师提意见等。当然，也不排除个别人想看我的热闹。作为管理者，不应该低估老师的评价能力。”看来梁主任知道其中的奥秘。

【旁观者言】

教育批评的一种适当方式

日常教学实践中的教育批评，这个话题显然非常有意思，因为教育批评是一个“胖问题”。

所谓“教育批评”，并非仅仅指以教育的议论、批判等为表现形式和特征的一种教育现象。它作为教育和社会的一种具体互动形态，对教育创新具有诸多的积极功能，同时也可能存在一些负面影响。因此，对当前盛行的教育批评要以教育理论和实践两个层面作出积极回应。对教育批评的理解，应该是在充分认识与肯定教育发展成绩的前提下，以教育发展为目标和准绳，对现实教育存在的问题及其发展走向所提出的批评性观点和看法，它不是对教育的无端批驳和否定，而是旨在促进教育发展的建设性意见与建议。

好课一定要“叫座”(2)

在“以学论教”原则下，好评如潮的公开课受到了严峻挑战，这不由得引发人们思考这样的问题：评价课堂是为了欣赏他人，还是为了共同提高？是为了发现优点，还是为了改进不足？也许兼而有之，也许只取其一——侧重点不同，结果可能会完全不同。

他也脱不了俗？

等到大家都赞扬完了之后，语文科组长把矛头对准了梁主任，颇有煽动性地说道：“现在，该轮到我们梁主任发言了吧？梁主任反复强调要加强教育批评，大家是不是欢迎梁主任通过祖老师的课来给我们开展教育批评作个示范呀？”掌声之后，大家都把目光对准了梁主任，那眼神分明是在说“看你还怎么开展教育批评”。

梁主任环顾了一下大家，看了看祖老师，然后再看了看语文科组长，带着征询的口吻说道：“首先，我是抱着向祖老师学习的态度来观摩的，既然是学习，就要多总结感受和体会，而大家已经从设计、目标、流程、结构等方面进行了总结。这里，我着重谈三点感受……”

叫好不“叫座”
这节课太精彩
??

“看来，你真正想说的感受没有说出来。是不是要赞扬一番？你不是说要开展教育批评吗？难道你也脱不了俗？”我瞥了一眼梁主任。

“教育批评不排除赞扬呀，我们不能机械地理解教育批评。”梁主任辩解道。

“大家都赞扬了那么多，你还能找出亮点赞扬？能不能告诉我你当时想赞扬那三点？”我紧追不舍。

“谈体会，不是批评，但也不一定是赞扬。中性的体会不行吗？”梁主任反问。

稍许，梁主任继续说：“我当时想说这么三点。第一，从教师对教材内容的把握看，可谓举重若轻；第二，从教师对教材目标的理解看，可谓了如指掌；第三，从教师对课堂结构的设计看，可谓娴熟自如。”

“举重若轻、了如指掌、娴熟自如还不是赞扬？难道还有比这些词汇更好的赞扬？”我被梁主任说糊涂了。

“我还没有说完，你别急呀。”梁主任微微笑了笑说，“但是，教师的这些安排都是基于教材或教师自身的因素，没有把学生的因素考虑进去。我个人认为，仅仅考虑教材和教师个人因素，是远远不够的。如果把学生因素进行考虑，就未必是一堂好课。”

“啊，你这是换个角度找问题？”我的眼睛不由得瞪大了。

“我刚才的分析中，有肯定的成分，但任何事情都有两面性，肯定就一定要十全十美吗？”梁主任虽没有直接回答我，但却消除了我的疑问。

从不同维度观察、评价课堂，是评课的有效方式。从教师处理教材的角度看是优质课，从学生学情分析角度看就未必是优质课，甚至有可能是不合格的课。

回避缺点绝不是尊重

“梁主任，你不要再赞扬了，还是开展教育批评吧。大家说是不是？”还没有等梁主任把话说完，一个老师就不耐烦地打断了他的发言。

会场上出现了不正常的起哄声。

校风不正，推动任何工作都有难度。由于很多教师起哄，主任缓和气氛的努力没有成效。特级教师推波助澜，使场面紧张的气氛加剧。

“谈商榷性意见，具有很强的个性化色彩。我想私下和祖老师单独交换意见，在大家面前来谈，有点不太妥当吧？”显然，梁主任想缓和会场上的气氛。

“祖老师，让梁主任当面提意见吧？我们还想学学如何开展教育批评呢！”又一位老师高声喊道。

大家不约而同地把目光定格在祖老师身上。只见祖老师微微笑了笑说：“梁主任，不要担心，教学研讨就要开展批评和自我批评。我不会介意你的批评性建议。我是老同志，能够接受任何建议。”

说完这句话之后，祖老师把头转向大家，温和地告诉大家：“大家也要把心态放平和一些，不要把教学研讨当成批斗会似的。你们这样说，梁主任怎么好提建议呀？”

“祖老师很不错，蛮虚心的嘛。”听了这段话，我对祖老师有了敬意。

“是的。我认为，每一个名师都应该有虚怀若谷的态度。”梁主任肯定道，“这也是一名教师的起码的职业道德。”

奉承绝不是尊重，对别人存在的问题视而不见，是对别人的侮辱。

“对这样一个善良的老师，你还要进行教育批评？那你不担心大家不理解？”我担心梁主任用这节课开展教育批评，会引起老师们的反感。

“教育批评对事不对人，回避缺点绝不等同于尊重别人。我们不要因为人善良、正直，而不去批评或回避他存在的问题或缺点，这对他的发展非常不利。因为问题不解决，也许他永远也发现不了。因此，这样做，不是对别人的尊重，而是对别人的侮辱。”梁主任严肃地说。

“你不是要开展教育批评吗？那别的老师让你谈意见，你为何要说私下交流？”我不解。

“教育批评的形式是多样的。考虑到祖老师的威信，以及现场的气氛，私下交流效果更好。”梁主任并没有直面我的问题。

看我有点不甘心，他接着说道：“当然，这样做对快速推动大面积的教育批评可能不利。但在当时的情况下，这可能是最佳选择。即便祖老师态度谦虚，不介意我说自己的意见，我也应该蜻蜓点水地说一些。可惜，我当时没有这样做。”

“三个问题”直指关键

三个从学生角度提出的问题让名师感到不安。这三个问题是：学生与教学内容产生情感共鸣的比例、达成教学目标的学生比例、课堂提问的有效性及学生自学可以完成教学任务的比例。

“还是祖老师有大将风度，不愧为我校的名师。”梁主任真诚地对祖老师夸奖了一番之后，接着说，“既然大家这么看得起我，我就直言不讳了。我想就这节课提三个问题，请祖老师和大家一起分析、判断：第一，从内心深处喜欢这节课的学生和达成这节课教学目标的学生的百分比各是多少？判断的依据是什么？第二，这节课教师共提出了多少问题，其中有哪些问题引起了学生的思维共鸣？教师提问的有效性是多少？回答问题的学生都属于哪些群体？第三，课堂上教师的讲解是不是都是必需的，有哪些学习任务是绝大多数学生通过自学和讨论可以完成的？这些内容占多少比例？这些学生自学可以完成的内容和目标，是不是只有教师手把手交给学生才更有效？我想先听听祖老师自己的意见，然后大家补充交流。”

听完梁主任的发言，祖老师原本坦然的情绪出现了少许不安。稍加思索后，祖老师淡定地说道：“我认为，第一个问题，从内心深处喜欢这节课的学生和达成这节课教学目标的学生的百分比都应该在85%以上。我是根据平时测验和考试成绩得出的，因为我班的语文平均成绩是85分以上；第二个问题，我没有统计我提了多少问题，但我想我提出的问题都是有效的，百分比应该是百分之百。至于回答问题的学生都是什么群体，我觉得，应该具有代表性，因为我提问的学生是随机的，没有有意挑选。第三个问题，我的讲解绝大部分是必需的，绝大多数学生自学可以完成的内容和任务，我估计占的比例不超过30%，学生自学可以完成的内容，教师讲解的话，可能会节约时间，也会比学生自学理解得更到位、更准确。”

评课的目的是为了共同提高

“这三个问题问得好呀，祖老师的回答也不错。但是，一般情况下，对这三个问题老师上课未必会计算得那么准确。你是不是在有意刁难祖老师呀？”我想了解梁主任这样评价的出发点和目的。

“在以往的课堂教学中，往往只关注教师的表现，最多是考虑师生互动，根本没有从学生角度设计教学方案。”梁主任进一步解释道，“我并不是要老师每节课都把百分比计算得很准确，这是不现实的。我提出这些问题的出发点只有一个，那就是我们的课堂教学在设计教学方案和执行教学方案时都要时刻想着学生，都要把学生的感受放在第一位。比如学生喜欢不喜欢这节课，关键是要考虑是否能引起学生情感的共鸣，针对这节课而言，设计教学方案时就应该考虑鲁迅读书时的时代和现在的差别，因为毕竟时间相差太远，学生在情感上很难进入状态。关于教学目标达成问题，既与教学难度有关（即难度是不是适合本班学生的实际），又与教学程序有关（程序设计中是否兼顾大多数）。关于教学提问，教师一定要根据学生的认知水平和已有基础进行充分的预设。关于教师重点讲解和学生自学、讨论的时间比例，要兼顾培养学生良好的学习习惯和教学目标的达成。”

> 课堂教学在设计教学方案和执行教学方案时都要时刻想着学生，都要把学生的感受放在第一位。
>
> 教学目标达成度，既与教学难度有关，又与教学程序有关。

“换句话说，你提出的三个问题不只是针对本节课的？”我试图进一步了解梁主任的想法。

评课不是为了对某一节课进行分析诊断，而是以一节课为例，了解授课者的教学思想和教学设计，发现典型问题，相互取长补短，促进教学改进。

“评课不仅是评价一节课，还要通过评课，学习授课者的教学思想和教学设计，发现授课者存在的问题，让所有听课者取长补短，进一步改进课堂教学。”梁主任解释说，“如果能在听课中发现典型问题或普遍存在的问题，岂不更好？”

“评课的这些目的怎样才能更有效地实现？”我追问。

“这是一个复杂的问题。我也不一定说得清楚。”梁主任摇了摇头说，“我只能谈谈自己的看法。我觉得，主要有三点：一是观察角度和环节要少而精，不能涉及面太多。比如可以从观察学生自主学习、主动学习的维度或教师二次开发教材的维度。二是最好采用对话方式，以提问的方式呈现你所观察到的问题，让对方去思考，去体味。三是质数结合，既要有质性分析，也要有数据分析；四是真诚开展教育批评，鼓励学术争鸣，实事求是分析存在的问题。”

评课要选好观察角度，深入分析；要采取对话方式，引发对方积极思考；既要有质性分析也要有数据分析；要真诚相待，鼓励学术争鸣。

截然相反的观点

“大家对祖老师的分析还有什么补充？”见没有老师发言，梁主任接着就祖老师对三个问题的回答提出了自己的疑问：

“第一个问题，刚才祖老师说，她对两个比例的判断是依据学生考试的成绩得出的。那我要问，考试成绩能判断出学生喜欢的程度吗？考试成绩完全是课堂教学的成效吗？我想，这两个比例，我们完全可以通过调查或课堂检测得出。请语文学科组长根据祖老师的教学设计和目标要求，准备测试试题。一会儿我们一起去教室。在调查和检测之前，我还有一个数据要公布给

数据分析最能说明问题。课堂教学的分析数据要根据课堂观察及统计来得出，而不是自我判断或模糊估计。

大家：课堂上我注意观察了一下，有一个学生在打瞌睡，有两三个学生在悄悄谈论下课之后怎么玩电子游戏的问题，还有五个学生在偷偷看课外书。我们这么多老师在观察课堂，也就是在‘监督’学生，还有八九个学生开小差。我们可以设想一下，如果没有教师听课，会出现什么样的情况。据此，我推测，学生喜欢和达标的比例，一定不会像祖老师估计的那么乐观。

“第二个问题，祖老师说他没有统计有效问题的数量，应该都是有效的。我想，首先，教师对课堂提问要有预设。换句话说，课堂提问的问题应该是有准备的，而不是上课临时设计的。至于根据课堂变化，临时生发、设计的问题，应该不会很多，教师应心中有数，因此即便没有统计临时设计、生成的问题，也不会相差太远。这里，我给大家公布一下我对提问的统计数据：祖老师一共提出了18个问题，其中学生集体回答或个别回答‘是，不是’、‘对，不对’以及答案非常简单的问题有9个，引起学生争论并由学生归纳出基本结论的问题有5个，学生根本没有回答出问题的实质，最后由教师总结得出结论的问题共有4个。如此计算，问题的有效性不超过30%。这里，有必要设问一下，是不是问题越多越好？我想，答案是不言而喻的。站起来回答问题的学生（包括那些回答不上来问题的学生在内）共有19位，我刚才对照学生成绩表和座位表进行了对比，这19位学生的成绩均排在班级前30名以内，后20名学生根本没有在被提问之列。换句话说，回答问题的是班级上游和中游的学生群体，没有涉及下游学生群体。

课堂提问一定要认真研究，一定要根据学生实际，进行充分预设，一定要面向全体。

“第三个问题，以理科教学为例，我认为，绝大多数学生通过自学可以理解的知识目标应该在75%左右；通过同伴帮助和讨论，能够理解的知识目标应该在20%左右，文科教学应该不比这个比例低。今天，祖老师让学生自学的时间不超过5分钟，自学的内容也非常简单，就是就生字、词查字典、词典；我私下问过学

在具备一定基础的前提下，绝大多数学生通过自学、讨论或同伴帮助能完成的知识目标应该在95%左右。教师应该加强对自学和互学的指导，而不是完全直接讲解或间接讲解。

生，祖老师没有让学生进行预习；没有专门留给学生讨论的时间。虽然通过提问讨论的时间无法统计，但我估计不超过5分钟，而且这种提问基本上是老师问学生答，没有学生之间的讨论。虽然时间与学习任务之间不完全成正比，有时候难度大的内容可能不多，解决学习这类内容所产生的问题的时间却更多，但几乎所有内容都由教师直接讲解或间接讲解，恐怕对培养学生的学习能力是非常不利的。我不否认，教师的讲解可能更节约时间，也可能更到位、更准确，但是不是更容易让学生接受和理解就值得商榷了。我的分析就是这些，请各位老师发表高见。”

全场鸦雀无声，大家一下子都被梁主任的分析说懵了。见状，梁主任继续说道：“下面，请语文科组长把自己出的检测题让祖老师过目，然后，我和组长一起去教室进行检测。大家继续讨论。”

课堂提问一定要引起学生思维的共鸣

“你对这三个问题的看法，让一般老师受不了，更不要说祖老师这样的名师了。”我颇有点担心。

“你说得很对。”梁主任不无遗憾地说，“虽然我说的都是事实，但在众目睽睽之下，将自己的观点公开还是不妥当的。古人说过的‘知无不言，言无不尽’在现实情况下很难做到。”

“很多老师认为，课堂气氛越活跃越好，你怎么看？还有课堂提问的次数多少为好？”我想和梁主任探讨探讨有关课堂气氛的话题。

“课堂气氛活跃对调动学生的学习积极性非常有意义，但并不是越活跃就越好。”梁主任回应道，“思维活动是静悄悄的‘革命’，环境氛围太过热闹不利于培养良好的思维品质。而气氛过于死板，少年儿童的注意力容易分散。因此把握好‘度’非常重要。至于提问多少次为好，我没有研究过。但我认为，提问不是越多越好，提问的次数并不重要，重要的是问题的质量，即教师的提问是不是都

> 思维活动是静悄悄的“革命”，课堂环境氛围太过热闹，不利于培养良好的思维品质。

能引起学生思维的共鸣，能不能引发热烈的讨论。”

“有的人认为，课堂教学效果要到练习做完以后才能看出来？当堂检测会不会有点太苛刻了？”我问道。

“那是做练习的效果还是课堂教学的效果呢？”梁主任似乎不大赞成这种观点，“为什么我们学生的作业过多？究其原因，就是部分教师总是把提高质量的幻想放到课后练习上。我并不想否定课后巩固练习的重要性，而是想表达这样一层意思：课堂教学的基本目标应该也必须在课堂上达成，练习只能起熟练、巩固、深化的效果。”

提高质量主要靠课堂学习，课后练习主要起熟练、巩固、提高作用。把提高质量寄托在课后练习上，是导致学生作业过多的根本原因。

数据令人瞠目结舌

祖老师看了并认同语文科组长编制的试题后，科组长拿着试题和梁主任一起去了祖老师上课的班级。

“请学号为5、15、25、35、45的五个同学到教室前面来一下。”梁主任招呼道，“老师要做一个调查。”

“老师先问大家一个问题，刚才那一篇课文大家学习之后，你们觉得有意思吗？还想再学习一遍吗？”待5个学生来到讲台前面后，梁主任亲切地问。

5个学生笑了笑，没有人立刻作答。

稍许，一个女生说道：“还可以吧。”

“我不认为是这样。”一个看起来有点调皮的男生反驳道，“老师，你想想看，百草园有植物园漂亮吗？我觉得，还不如我家的花园漂亮。还有，三味书屋有我们的课堂枯燥吗？鲁迅他们在三味书屋上学时还能跑出去捉麻雀，我们上课老师允许吗？”

仅有教师讲授的课堂，效果再好，目标达成度也不会高。现场调研、测试的结果，虽然让所有人难以置信，但却反映了课堂教学的真实效果。

“呵呵，他讲得有道理。”其他3个同学附和道。

接着，梁主任把试卷拿给学生们进行测试。在学生做测试的同时，梁主任浏览了一下测试试题，试题为五个简答题，看起来都比较简单，其中有两个是祖老师现场提问的原题，剩余的三道都是根据祖老师提问的问题简单改变而来。

测试完成后，现场批改的结果连梁主任也大吃一惊：5个同学中，分别各有1个做对了4道和5道，1个做对了3道，1个只做对了2道，还有1个竟然只做对了1道。

“这个测试结果你想到了吗?”我对这堂公开课的测试结果感到有点意外。

“我觉得，以教师为中心的课堂不会有特别好的效果。”梁主任沉重地说，“但祖老师这节课的效果如此之差，我确实没有想到。”

“你觉得，这其中的原因可能有哪些呢?”我追问。

“原因不外乎有以下几点：第一，以教师为中心的课堂教学不可能激发学生的学习活力，学生的学习是被动的，学习目标当然难以完成；第二，课文与学生的学习生活情境距离较大，学生难以在情感上达到共鸣；第三，教学目标的设定与学生实际有一定差距。”梁主任若有所思后回应道。

以教师为中心的课堂，学生的学是被动的，难以在情感上产生共鸣，因而教学效果不会很好。

“鲁迅的文章都与现实生活情境差距较大。这样的文章很难引起学生情感的共鸣。按照你的意思，中小学教材中选用鲁迅先生的文章是不妥当的了?”我想让梁主任谈谈他自己对“鲁迅作品淡出教材”的看法。

“呵呵，这可是一个很敏感的话题，我也不便多说。我觉得，中小学特别是初中、小学语文教材中应该多一些和现实生活联系紧密的文章，多一些学生可以‘临摹’的优秀文章，多一些文学性强的文章，甚至可以选择一些优秀学生的作品。”梁主任巧妙地避开了这个敏感问题。

中小学语文教材中应该多一些和现实生活联系紧密的文章，这样才能引起学生的共鸣。

促进学生发展是唯一标准

测试完成后，他和语文科组长回到会议室。刚才还充满嘈杂声的会议室里，顿时安静了下来。

"下面，请组长给大家说说现场测试和调查的情况。"

接着，组长沮丧地把测试结果和梁主任提问学生的情况给大家作了介绍。

研讨会现场鸦雀无声。除了祖老师和语文科组长低头不语外，所有的人包括校长在内都把眼睛盯在梁主任身上，言下之意不外乎是：看你梁主任今天如何收场。

"同志们，测试和调查学生的情况，完全出乎我的意料，但也在情理之中。"梁主任清了清嗓子，沉重地说道，"我们大家都要反思下面几个问题：为什么大家公认的好课却不'叫座'？什么样的课才会'叫座'？什么样的课既好又'叫座'？我用小平同志的白猫黑猫论做个比喻，并结束我的发言。不管白猫黑猫，抓住老鼠就是好猫，课堂教学的'老鼠'是什么呢？我认为，这个"老鼠"就是'让每一个学生在原有基础上得到充分发展'，能够达到这个目的的课，我认为才是真正的好课。"

"白猫黑猫论"照样适合于课堂教学，促进学生发展是评价课堂的唯一标准。课堂教学的"老鼠"就是"让每一个学生在原有基础上得到充分发展"。

"好课一定要'叫座'，课堂教学的'老鼠'就是每一个学生在原有基础上的发展。这两句话太精彩了。"我拍案叫绝。

课堂评价标准不变，就无法真正实现课堂的转型，只有把学生的发展作为评价的唯一标准，才能真正提高课堂质效。

"是呀，我们平时所谓的好课，都是从教师角度看的。"梁主任轻松地说，"我认为，我们评价课堂教学的思路要改变，也就是说，评价课堂的标准要变，怎么变？很简单，就是要把能否促进学生的发展作为评价课堂好坏的首要

叫好又“叫座”

标准。”

“怎样评价课堂才能切实促进学生的发展？”我想进一步了解梁主任心目中的课堂评价标准。

“我觉得，可以以下面四个‘度’来评价课堂：第一，是学生自主学习的程度；第二，是小组合作的效度；第三，是探究问题的深度；第四，是学习目标的达成度。这‘四度’较好地体现了以学生为中心的教学思想。具体地说，以学生为中心的教学思想，用三句话概括，就是以学定教（以学生的学习基础确定教学目标，以学生的学习方法确定教学方法）、以学促教（以学习方式变革促进教师的教学方式变革）、以学论教（以学生的学习效果来评论课堂教学效果）。”

> “以学论教”是课堂教学评价标准的基本原则。据此，课堂教学应该以自主学习程度、小组合作效度、探究问题深度及学习目标达成度为评价标准。注重这“四个度”，教学设计和课堂流程一定不会差。

“按照你的这个标准，教师的教学设计和课堂流程都不要评价了？”我有点诧异。

“其实，教学设计和课堂流程都是为学生发展服务的。”梁主任毫不犹豫地说，“如果‘四度’很好，教学设计和课堂流程怎么会不好呢？如果‘四度’很好，而教学设计和课堂流程不好，只能说明我们对教学设计和课堂流程的评价思路有问题。反之，如果教学设计和课堂流程都很好，而这‘四度’却不怎么样，这样的课怎么可以叫做好课？”

“其实，这‘四度’对课堂组织形式提出了明确要求。”我附和着说。

“是的，课堂教学组织形式不发生变化，就不可能体现以学生为中心的理念。也不可能‘叫座’，更无法实现让每一个学生都得到发展的目标。”梁主任的态度坚决地说道。

【旁观者言】

反思“教”的常识，尊重“学”的常识

本篇对话蕴涵着“以教为中心”及“以学为中心”之间的辩论，并进而引人深思相关问题：学生的主体性地位如何确立？新型的师生关系是怎样生成的？

在反思的基础上，可以对教师作如下定义：1. 教师是学生自主学习、自我建构知识的引导者；2. 教师是学生成为健全的人的促进者。教师要扮演好这两个角色，才能使教育真正成为走向交往的教育、走向尊重的教育、走向生命的教育、走向幸福的教育，使每一个学生成为“主体的人”。

反思“教”的常识，尊重“学”的常识，我们会对什么是卓越的教育更加明晰。

他竟然在教学比武中夺冠

语文教师在科学课比赛中夺魁，在令人诧异的同时，也值得教育工作者深思——应以学科素养为主，还是应以教学技能为主，来促进教师的专业发展？这是一个难下结论的学术命题。但对于一些基层教师而言，似乎应把关注点放在教学技能方面。

作为一名小有成就的语文教师，祁老师做梦也不会想到，他会代表学校参加区里的科学课教学比武。说来也怪，这样的事情偏偏就在某一天因为某一个偶然的原因发生在他身上。

被迫“冒名顶替”

眼看着第二天区里就要进行科学教师的教学比武了，而受邀在外地培训的科学学科组长兼区里的科学学科带头人——章老师却因航班取消，不能按时回到学校。

这种情形让校长坐卧不安。原因很简单，除了章老师以外，学校的科学科组没有一个能够拿得出手的老师——要么由别的学科老师兼任，要么由教学水平较差的老师担任。校长心里想，让这些老师参赛只会给学校丢脸。

也许是上级硬性规定，也许是学校应付差事，科学课名师因故不能参加区里的教学比武，校长竟决定让语文教师去顶替。

情急之下，校长找到了祁老师："小祁，明天区里举行科学课教学比武，章老师却因故不能参加。我思前想后，觉得只有派你去顶替章老师了，因为你教学适应能力强，教学经验很丰富。不指望你在比赛中拿奖，只要不丢学校面子，就可以了。我相信，关键时刻，你一定能理解、支持学校工作。拜托了！"

"这怎么可以……"还没等祁老师说完，校长就把章老师设计的《连通气球》一课的教学方案，连同比赛方案（包括参赛时间、地点和要求）交给了祁老师。

不重视科学课是主要原因

由于不重视非考试科目教学，以及师范院校对小学科学课教师的供给能力不足，不少小学科学课教师数量严重不足，素质参差不齐。

"你们学校根本不重视科学课。怎么能这样安排科学课老师？"我直言不讳地提出自己的观点。

"这怪不得学校呀。"祁老师似乎在为自己的校长辩解，"在我国，小学科学课教师实在少得可怜。我觉得有两个原因，一是师范院校鲜有小学科学这个专业，小学科学课教师供给能力不足；二是家长、学校不重视——家长和学校都不愿意为这样一个非考试学科花大的代价请专业的高水平的科学课教师。当然，这种状态正在逐步改变。"

"即便是这样，学校也不应该让你这个语文老师来顶替科学课老师上课，更不要说参加教育比武了。"我既是为祁老师也是为科学课打抱不平。

"这要看从哪个角度考虑。国外的小学教师综合素质很高，都是全科教师。而我国小学各门学科的教学任务都由专科教师来承担。这对学生知识面的拓宽以及综合能力的培养是非常不利的。为什么我们的小学教师不能承担小学科学课或其他学科的教学任务呢？我认为，主要是我们过于重视学科的知识界限，在小学阶段，这样的做法是欠妥当的。现阶段，如果让小学不同学科的教师交叉授课，对于提高教师的综合素质非常有益，当然也有利于对于培养学生的综合能力。因此，单纯从教学的角度看，在小学，其他学科教师担任科学课的教学任务无可厚非。但如果因为不重视科学课，而有意安排别的学科或教学水平较差的老师来上科学课，显然是对这门关系到中华民族科学素养的学科的极不负责的做法。”祁老师并没有直接回应我，而是从另外一个角度旗帜鲜明地谈了自己的看法。

提高教师尤其小学教师的综合素质非常重要。过于重视学科界限，对学生的知识面拓宽以及综合能力培养是非常不利的。

师范院校应该进行大刀阔斧的改革

“按照你的逻辑，我国师范院校培养学科专业教师的路子应该改革才对？教师专业发展也不应该过于强调学科素养了？”我的问题多少有点挑战性。

“你说得很对。”祁老师非常肯定地说，“我国师范院校培养后备教师的方式需要全面改革。我认为，应该把提高综合素质和与教学有关的专业技能放到更重要的位置，而不是过于重视学科专业水平和能力。从实际情况看，我国师范院校的学生对教育学、心理学这些专业技能知识根本不重视，对基层学校的教育教学改革情况基本不了解，学科教学法的内容基本过时，与中小学教学实际相去甚远。因此，师范院校毕业生进入中小学校以后，根本无法胜任工作。至少需要两到三年时间，才能适应工作岗位的需要。这种状况令人担忧。此外，为什么中小学普遍感到以前的中等师范学校培养出来的教师更为出色呢？主要是因为中等师范学校没有过细的专业划分，特别重视培养

师范院校毕业生的教学专业技能较弱，根本无法胜任中小学教学工作需要。

学生的综合能力，这从另外一个侧面说明了培养教师综合素养的重要性。”

“师范院校怎样改革才能满足基础教育对教师的需求？”也许这个问题不该向祁老师提出。

师范院校应该围绕提高学生教学技能、调整专业教师结构、增加教育实习时间、改变科学研究重点等内容进行大刀阔斧的改革。

“作为一名小学教师，我来谈这个问题似乎不大合适吧。”祁老师先是客气了一句，接着谈了自己独到的观点，“一定要我讲，我就从自己的实践角度谈谈吧！我想，为什么与人的身体有关的医学院校学生要实习一年左右时间，而与人的灵魂有关的师范院校学生却仅仅实习两个月时间？难道是因为医术不过关，马上就会影响生命安全，而教学技能不过关，效果不能立刻呈现？不是这个原因又是什么原因呢？我刚才谈到，师范院校毕业生到教学岗位后，至少要两到三年才能适应岗位需要。这从一个侧面说明，师范院校应该安排学生实习两年以上时间。想想看，这适应工作的两到三年时间里，每一名新教师将至少影响几百名未来建设者的成长轨迹。为什么国外培养教师的方式——本科毕业后，在教育学院拿到教师资格证书，才能上岗——我们不能借鉴？从这个角度看，我觉得，师范院校应该至少在以下几个方面进行大刀阔斧的改革：一是在课程设置上，应该更加重视与教学专业技能、综合素养和现代教育技术有关的课程，而不是学科专业课程；二是在师资配备上，应该更多增加有中小学教学经验的教学专家，而不是学科领域的专家；三是在学制设置上，应该压缩专业课教学时间，把教学实习时间增加到两年或以上；四是在研究领域上，应该把围绕基础教育改革和发展开展相关的比较研究、实证研究作为重点，而不是把学科专业领域的发展作为重点。”

“你认为，你们当时是怎么考虑的？”我把话题拉了回来。

“你不要对号入座嘛。再说，我怎么知道校长是怎么思考的呢？”祁老师避开了我的话题。

“选派参赛老师一定要选最优秀的？你认为这样做合理吗？”我看从那个方面难以找到祁老师的缺口，就换了个问题。

“任何做法都有它的理由。”祁老师依然想绕开我的话题。

教学比赛有一定的压力，是相互交流的好机会，对于年轻教师成长是有益的。学校应该多给年轻教师提供这样的机会。

看我有点儿不甘心的样子，祁老师补充道：“客观上，很多学校都是选派最优秀的老师参赛，毕竟参赛老师代表的是学校。虽然这个老师并不能代表一所学校的整体水平，但上级这么看，校长也只能勉为其难呀。如果从年轻教师专业发展的角度来说，应该多给年轻教师这样的参赛机会，毕竟参赛还是有很大压力的，而且也是一种很好的相互学习、展示自我的机会。”

知难而上不仅是因为争论

为了引起对科学课的重视，祁老师决定知难而上，接受学校安排，顶替科学教师参赛。

一向对自己要求很严格的祁老师一下子陷入痛苦之中：不要说替代带其他学科的课程，就是本学科的课程，他也从来不会这样仓促上阵，更不要说轻易参加教学比武了。

按照祁老师的秉性，他完全可以马上去找校长拒绝这样的安排，但一想起平时孩子们上科学课时的神情——既不认真，也毫无兴致，一想起不少科学课教师的态度——随意安排，得过且过，祁老师这个血气方刚的青年汉子一下子来了精神：这不是个让孩子喜欢科学课的机会吗？我为什么要放弃一个证明学生会喜欢科学课的机会呢？

“看来你曾经因为科学课与学校或者科学课老师有过类似的争论？”我看似无意地随口问道。

班主任关注学生每一门学科的状态，才能有效提高班级管理水平。出于责任心，祁老师经常观察其他学科的课堂情况，并就科学教师的态度问题给学校提出了意见。

“什么事都瞒不过你的眼睛。”祁老师对我竖起了大拇指。

说到这里，祁老师抬头望了我一眼，回忆

起他和校长关于科学课的激烈争论："那是我从教不久后发生的故事。当时，初出茅庐的我担任了一个班的班主任。出于责任心，我经常站在教室外面观察，以便了解其他老师上课时孩子们的表现。一般情况下，我不会过多对老师的教学说三道四，但看了一节凌乱不堪的科学课——学生不是在玩蟋蟀，就是在捉蚯蚓，或者是在逗小猫（说实话，很多学校因为科学课不是考试科目，对这门课程都不是很认真）——之后，我按捺不住自己激动的心情，先和科学课老师进行交流。了解到他是校长硬性安排的，根本不知道怎么上科学课后，我去找了校长，并因此与校长发生了激烈的争论。虽然校长理解我的心情，但也表示对科学课老师的无可奈何：得过且过吧，反正也不影响教学质量，再说，没有更多合适的老师。随后，不由分说就停止了讨论。显然，这样的争论不会有任何结果。只是让我感到莫名的难受，不是因为自己的观点没有得到认同，而是因为领导对这门学科的态度让我难以忍受。"

"呵呵，你不是不知道校长的想法吗？"我终于踩住了祁老师的"小尾巴"。

我见他无以应对，便笑了笑，继续问他："换句话说，你临危受命是因为自己不服输或者是对领导有意见呀。"

"现在回想起来，是，也不是。"祁老师有点言不由衷地说道，"说是，是因为接受这个任务确实与那次争论有关；说不是，是因为我不会这么小气。我想，当时主要还是从学科教学相互渗透的角度去考虑的，顺便也想为语文综合实践活动探探路子。"

师生携手确定教学程序

为了上好这节课，祁老师先是征求部分学生的意见，继而与科学课学生课代表一起协商确定了《连通气球》一节课的教学程序。回到家后，他连夜上网查找资料，查阅相关科学书籍，并结合章老师设计的教学方案，制定了自己参赛的教学方案。

学生参与教学方案制定，是一个大胆而新颖的尝试。为了调动学生学习科学课的积极性、了解学生的学习状态，祁老师在征求学生意见的基础上，让学生课代表一起参与教学方案和环节的设计。

祁老师设计的这节课的教学程序有如下五个环节：

第一个环节，教学游戏。内容是让学生设计气球的玩法。

第二个环节，实验猜想。内容是让孩子们猜想：把一个大气球和一个小气球通过管子连通后会发生什么结果。

第三个环节，陈述展讲。内容是让孩子们分别把自己猜想的结论说出来，并说出猜想的理由。

第四个环节，实验验证。内容是要求孩子通过实验验证自己的猜想是否正确。

第五个环节，总结归纳。内容是让孩子总结猜想与实验结论不一致的原因。

“你准备教学方案的方式很特别，有一点值得我学习：课前征求学生的意见，但也有一点我不大接受：和学生课代表一起协商制定教学程序。”听祁老师介绍完教学程序，我提出疑问。

备课备学生，不仅仅是指按照学生的知识基础确定教学目标，更重要的是要了解学生学习的方法和程序。

“教学程序是教学的关键，孩子们喜欢不喜欢与程序设计有很大关系。”祁老师认真解释道，“我以为，备课备学生，不仅是指按照学生的知识基础确定教学目标，更重要的是要了解学生学习的方法和程序。从这个意义上说，我做得很不够，还应该让更多学生参与教学程序甚至教学方案设计。当时这样做，主要是由于时间紧张，再加上自己的观念还没有彻底转变。”

科学课教学要实现教学策略由面向结果向面向过程的转变，实现教学方式由单向输导向多向交流的转变，实现教学途径由注重认知向注重操作的转变。

“在你的教学设计中，老师讲解的内容很少？”我试图了解老师在教学过程中的作用。

“我觉得，作为一门实验性很强的学科，科学课应该实现以下三个转变：一是在教学策略上，要实现由面向结果向面向过程的转变。二是在教学方式上，要实现由单向输导向多向交流转变。三是在教学途径上，要实现由注重认知向注重操作转变。我的程序设计主要是基于这三个转变的思考。”祁老师谈起来俨然像一个专业的科学课教师。

出人意料的课堂表现

第二天的课堂完全出乎大多数听课老师的意料：孩子们人人都非常投入，不但动脑思考问题，而且动手学做实验。观摩祁老师教学的一位老师甚至激动地说：“这样的科学课实在是久违了。这样下去，提高孩子们的科学素质指日可待。”

> 关注学生，让学生动手实验，动脑思考问题，课堂效果一定会出人意料。

下面是这堂课的几个精彩片段：

——当祁老师让孩子们猜想连通大小气球的结果时，课堂进入高潮，孩子们争先恐后发表自己的看法，并说明自己的理由。祁老师并没有急于告诉孩子谁对谁错，而是统计了他们猜测的几个结论的数据，并引导他们通过实验验证自己的结论。

——实验开始后，孩子们一个个聚精会神和同伴合作动起手来，设法连通两个大小不等的气球。虽然连通两个气球不容易做到，但祁老师并没有包办代替，而是稍加提示后，鼓励孩子们想办法自己完成。在祁老师的鼓励下，孩子们合作寻找解决问题的办法，顺利完成了实验。

——当实验结果与大多数孩子的猜想不一致时，孩子们都瞪大了眼睛：难道实验有问题。于是瞬间又把眼睛转向祁老师，那表情分明是说，老师这是怎么回事呀？见状，祁老师并没有急于解释，而是告诉孩子：老师也不知道是怎么回事，并暗示孩子们下课后查找资料自己解决，或者上中学、大学后再去探究。

——课堂总结阶段，在祁老师的指导下，孩子们不但总结了自己亲自动手做实验的感受，还得出了一个结论：猜想不是科学结论，只有通过实验验证的猜想，才是科学的结论。

过程比结论更重要

孩子的大胆想象是有规律的猜想的起点，教师一定要在保护积极性的前提下予以引导和帮助。

“这四个片段都突出地体现了以学生为中心的教学指导思想。我在深受启发的同时，也有几个问题想讨教。”还没等祁老师吱声，我就抛出了第一个问题：“学生们没有知识基础的猜想会不会是胡思乱想？”

“这还用问?!”祁老师毫不客气地回应我，“但没有胡思乱想，怎么会有科学的猜想？他们毕竟是孩子呀。连通气球这个实验只有三个的结果：一是大的变小，小的变大；二是大的更大，小的更小；三是不变。考虑到这个因素，让孩子去猜想有何不可？这种猜想是有规律的猜想的起点。再说，教师可以引导、帮助他们呀。当然，你可以说，第一个、第二个结果还可以精细化，比如大的和小的会不会变成一样大的，会变多大等。事实上，这些可能的变化情形，孩子们都猜想到了。这只能证明，他们比我们想象的更有智慧。”

“不是不明白，只是想看看你的想法。不要生气嘛，我出第二个问题了：从你刚才的说法中可以看出，你是知道实验结果的，那为什么你告诉孩子们，自己也不知道？为什么大多数同学的猜想与实验结果不一致。”我有点咄咄逼人。

“呵呵，老师在某一方面不如学生知道的多是正常的。在知识、信息爆炸的时代，学生随时有可能把老师问住。这没有关系呀，我倒觉得，老师要大胆鼓励学生的挑战，让学生大胆质疑，激发学生的学习兴趣。有时候，老师装傻不见得是坏事。”祁老师并没有直接回答我。

教师鼓励学生挑战自己，挑战教师，挑战权威，能激发学生的兴趣。

“这节课不给出知识的结论，我估计很多人难以接受吧？”我换了个角度问。

"不错，这涉及教学观念的变革。"祁老师不得不直面我的这个问题，"我刚才谈了三个转变，其中第一个转变是教学策略要实现由面向结果向面向过程的转变。我还得给你进一步解释一下。我认为，教师不应该把引导学生寻找现成的结论或答案等视为教学的首要任务，而应该把重点指向引导学生了解知识形成的过程、培养质疑探究的精神。这才是形成创造性思维的关键，也是我们过去教学的最大缺陷。当然，这并不意味着，我们每一个学科、每一节课、每一阶段都不让学生知道结论，而是在合适的课堂上体现这一导向，进一步强调知识形成过程、科学思维过程的重要性。再说，小学科学课也解决不了很多原理性问题。"

探索知识形成过程和思维发生过程，是创造性思维形成的关键。因此，教师应该把教学重点指向引导学生了解知识形成的过程，培养学生的质疑探究精神。

"好像教学过程与你设计的程序有差异?"我看出了祁老师的破绽。

"设计和操作有变化是正常的。"祁老师淡淡地说，"考虑到孩子们难以解释猜想与实验结论不一致的原因，以及更加关注过程而不是结论的原则，我对最后一个程序进行了适当的调整。"

教学程序应该根据教学现场的实际，适当进行调整，而不是按部就班。

在激烈争论中夺冠

课后，评委们进行讨论时，有两种截然相反的意见，并且发生了激烈争论：一种意见认为，这节课体现了以学为本的课堂教学理念，激发了学生通过实验进行科学探索的热情，对于培养学生的科学精神具有重要意义，应该给予一等奖。另一种意见认为，这节课虽然激发了学生的学习欲望，但对孩子们猜想与实验结果之间的矛盾没有给出科学的解释，会引起学生的

评价角度不同，对课堂的判断可能会完全不同。评委们对课堂有截然不同的两种意见，最终评委组长一锤定音。

混乱，不应评奖。甚至还有个别评委担心，语文课教师在科学课教学比武中获奖，会影响科学课教师的情绪。

在评委们莫衷一是的时候，评委组长一锤定音，决定把一等奖授予祁老师，并作了最终点评。于是，祁老师这位语文老师在科学课教学比武中获得了第一名，成为当地教育界的一大新闻。

学术问题需要学术方式来解决

“好险哪，你的‘夺冠’有点戏剧性。”我为他捏了把汗。

“夺不夺冠对我来说，并不重要。”祁老师好像并不领情，“重要的是，这两种意见对教学比武的导向作用，即我们的课堂教学到底关注什么？科学课到底要让学生有哪些收获？这些问题不解决，谁夺冠都没有意义。”

“你似乎对这次教学比武有看法？”我听出了祁老师的话外音。

> 评委通过行政化手段评奖，不利于形成良好的教学导向。让更多的人甚至学生参与讨论，更能彰显教学比武的效果。

“是的。我认为，这次的教学比武有一个最大的弊端，那就是，评委评奖是行政化的产物，因为评委的数量毕竟是有限的，加之评委组长的作用有点过大。我觉得，让更多的人参与讨论，甚至让学生参与讨论，更能彰显教学比武的作用和效果。”祁老师毫不迟疑地说。

看我默不作声，祁老师接着说：“不仅在大学，即便在中小学，学校管理的行政化倾向也越来越严重。我认为，如果学术问题不通过学术方式解决，就难以取得更大的学术成就。拿这个评奖来说，评委组长固然可能在学科教学乃至教学评价上有一定的权威，但他只是评委的一员呀，他可以阐述自己的理由，可以以理服人。同时，他应该发扬民主，尊重大家的意见。否则，即便评委组长的结论是正确的，比武的效果也难以实现，更难以发挥评价应有的导向作用。”

> 学术争论要局限于学术范围，要通过学术方式解决。如果学术问题不通过学术方式解决，就难以取得更大的学术成就。

学术

“语文老师科学课拿了一等奖，对科学教师确实是不小的打击。之后，章老师和其他科学课老师没有争议吗？”我对评奖之后科学课老师的反响很关注。

“有争议是正常的，学术活动哪有不争论的道理。”祁老师回应道，“这恰好说明学术问题用学术方式解决的重要性。如果争论仅仅局限于学术范围的话，无可厚非，但如果是因为面子或者其他非学术因素，那就另当别论了。”

【旁观者言】

相信学生才能成就自己

信任，本身就是一种教育生产力。当我们站在学生的角度思考问题时，学生就信任我们了。相信学生实际上也就是相信你自己，好的教学效果自然生成。

相信孩子，就必然有这样的教学理念：“一切为了学生，高度尊重学生，全面依靠学生”，以生命为本；教学内容必然是贯彻生本理念的学科教学；教法、学法必然是“先做后学，先学后教，少教多学，以学定教”。教师角色必然是学生学习的参与者、引导者和合作者；评价方式必然是尊重学生个性化发展和自主发展的规律的，是在自评、互评、全班评、教师评基础上具有多元性的；把学生作为重要的教育资源，教育必然会展现出无限的生命力。

“备课备学生，不仅仅是指按照学生的知识基础确定教学目标，更重要的是要了解学生学习的方法和程序。”

“教学方式要实现三个转变：一是教学策略实现由面向结果向面向过程的转变。二是教学方式要实现由单向输导向多向交流转变。三是教学途径要实现由注重认知向注重操作转变。”

“教师不应该把引导学生寻找现成的结论或答案等视为教学的首要任务，而应该把重点指向引导学生了解知识形成的过程，培养学生的质疑探究精神。”

每一句话都是一个真理，都是基于学生立场的真理。

“抄”出好成绩

抄作业，保证了孩子的休息，提高了上课的质量，减少了教师的批评，抄出了孩子的学习智慧——在减轻学生课业负担的同时，教学质量也得到提高。这一事实，无疑是对“题海战术”以及加重负担才能保证“质量”的绝妙讽刺。

乍一听，这是个“悖论”。抄怎么能抄出好成绩呀？很少会有人相信这样一个有悖常理的命题。那么，听完常老师的叙述后，你会觉得，这个看似悖论的结论还真有那么点道理。

“那是我工作生涯中碰到的最头疼的一个学生。”常老师开门见山，“因为这个学生就是我的儿子。从教十几年，把一批又一批学生送到全国重点大学。但儿子刚进入高中后的成绩，让我感到异常不安。”

“怎么？你儿子考入京城的重点大学，你还不满意？是不是要求太高了？”我有点不敢相信自己的耳朵。

“呵呵，那是以后的事情。他开始上高中时的成绩可不是这样。”常老师就这样开始讲述他的案例。

小常成绩差，老常很头痛

初中各学科成绩还不错的小常（为了叙述方便，常老师的儿子称为小常，常老师称为老常）到了高中后，数学成绩却令老常头痛不已：不是班上倒数第一，就是倒数第二。因为数学成绩不大好，小常的学习积极性受到很大打击，其他科目的成绩也不是很乐观。

孩子数学成绩不理想，这对他学习积极性打击不小，也影响到其他学科，让爸爸很担心。

看到孩子整天愁眉苦脸的样子，老常心里真不是滋味。

“你着急什么呀？很多教师（包括优秀教师）的孩子成绩都不是很好。这与孩子的基础和别的一些因素有关呀。有的孩子初中时成绩还可以，到了高中以后就不是很好了，这很正常。再说，你又不是数学老师，儿子数学成绩不好，别人也不会说你教学水平高是有水分的。”我跟常老师开了个玩笑。

“为什么这样讲呀？”常老师高兴不起来。

“理由不外乎有以下几方面：第一种可能的原因是，能上高中的孩子成绩都不错，强中自有强中手，成绩不理想的情况很正常；第二种可能的原因是，高中教学内容复杂、难度较大，对孩子的自主理解能力要求更高，导致部分孩子暂时不适应高中学习；第三种可能的原因是，教师不会教育自己的孩子，就如同医生不会给自己和家人治病一样。”我没有听出常老师是在强烈反对我的意见，就煞有介事地把自己道听途说的道理讲给他听，“当然，第三种原因，是很多老师自己总结的。我可不是嘲笑你，千万别生气。至于家长有没有责任，我只是为你解脱一下，没有必要解释吧？”

到高中后，学生成绩不理想的原因，可能与学生群体比较优秀有关，也可能与不适应高中学习有关。

“我当然很生气啦！”从常老师的语气中，

我感到了他的恼怒，“我认为，不论医生会不会给自己或家人治病，老师都没有理由教育不好自己的孩子。难道老师对别人的孩子耐心细致是天经地义的，对自己的孩子就不该认真负责？无论如何这种理由都是站不住脚的。此外，孩子的教育没有搞好，无论理由或借口有多少，家长都难辞其咎。”

“第三条暂且不说，前面两条总有点道理吧？”我不想继续和常老师争论这个问题。

“我认为，前两条也没有多少道理。比如第一种可能性，初中时学生成绩都不错，到了高中也不能差距那么大呀。虽然我对排名并不是很看重，但一下子比平均分低十几分的差距毕竟太大了，这会严重打击孩子的学习信心；再如第二种可能性，每个学生进入高中后都会有一定的不适应，为什么老师不进行适应性教育呢？为什么老师对适应性差的孩子不能给予更多的指导？”常老师怒气难消。

既然学生到高中后不能适应学习，教师就应该采取措施解决这个问题。特别是，适应性差的孩子更需给予特别指导。

家教未见明显成效

对孩子的成绩，老常看在眼里，急在心上。无奈，从来不主张给孩子找家教的老常，也只好硬着头皮，去找自己的一位老朋友——一个比较优秀的数学老师来给儿子补课。

见了这位老朋友，老常感到难以启齿。但为了孩子的学习，他不得不开口求助于这位老朋友。“你不是不主张搞家教吗？怎么到了自己的孩子就不一样了？”这位老朋友有点半开玩笑半认真地说。

因为家教不了解孩子的学习情况，无法开展个性化教育，并不一定是解决孩子学习问题的有效途径。爸爸找教师给孩子补习数学的努力，由于补习效果不好而被迫终止。

见老常脸色不大好，这位老朋友认真说道：“没关系，我们是多年的好朋友，我会全力以赴帮助侄子的。放心吧！”

从老朋友那里出来，老常感到有点无地自容，因为自己确实多次劝过这位老朋友不要搞家教了，并为此差点得罪了这位老朋友。

虽然把孩子交给老朋友补课，但老常心里还是有点不踏实，因为孩子对数学的学习兴趣，并没有因为补课而有明显的变化。

果然，坏消息又传来了。一个月以后，他的老朋友给他打来电话："老常呀，不是老朋友不帮忙。我觉得，这孩子可能对高中数学不开窍。我这里有几个学生补课，别的孩子讲一遍就明白了，咱侄子讲三遍也不大懂，其他孩子都有意见了。看来你得另请高明了。"

一番交流之后，看老朋友很为难，老常只好放弃了本来自己很难为情的做法，不得不停止让老朋友补课。

学生应该成为教师研究的重点

"说孩子不开窍是什么意思呀？我经常听到有的老师这样评价学生。"我问常老师。

> "不开窍"往往暗指学生笨，是很多教师用来推卸教育责任的说辞。

"好听的说法是，孩子对某学科不开窍；不好听的说法则是，孩子比较笨。不开窍就是笨的潜台词。"常老师颇有点无奈地说，"我认为，这是老师的方法还不能很好地适应孩子。"

"为什么这样讲？按你的说法，岂不是每个孩子都能教育好？"我反问。

"理论上是这样的，现实中也不是做不到。怎样判断孩子能不能教育好？这才是问题的关键。"常老师说，"我认为，分数不是唯一标准。孩子喜不喜欢这门学科才是关键。从一定意义上说，喜欢一门学科，这个学生就一定能学好它。"

> 某门功课好不一定与孩子喜欢与否有关，但某门功课学不好，原因肯定是孩子不喜欢这门功课。

"反过来，可不可以这样说，某门学科成绩

好，是因为学生喜欢这门学科？”我有点咬文嚼字。

“这可不一定。很多孩子某门功课成绩好，并不是因为喜欢这门学科，而是迫于升学压力或家长要求或其他外在的原因，不得不强迫自己认真学习。”常老师直截了当地告诉我。

“你刚才说，老师的方法不能很好地适应孩子。我在想，每个孩子都不同，难道要老师适应每一个孩子吗？”我换了个角度。

> 教师不一定要适应或满足每一个学生的教育需求，但教师必须研究学生，有针对性地加强个别化教育指导。

“如果老师这样想问题就好了。但据我所知，高中老师往往更关注教学技能而不是教育方法。”常老师沉思片刻后说道，“其实，老师不一定要适应、满足每一个学生的教育需求，但老师必须研究学生，特别是那些学习成绩不好的学生或行为习惯不好的学生，要有针对性地对这些学生进行个别化教育，当他们掌握了学科基本方法，对学科学习有了信心后，这样的个别化教育才算起到了实效。这需要一定的时间和耐心。老师收获的，将是学生对这门功课的信心甚至对人生态度的变化。”

“人生态度的变化？说大了吧？”我有点不得其解。

“想想看，学生阶段，孩子有成功感的标志，不就是学习上的进步吗？如果连学习都没有成就感，这个学生会有积极的人生态度吗？”常老师并没有正面回答我。

“你对教师搞研究怎么看？”我希望进一步与常老师讨论“教师必须研究学生”这个话题。

> 学生是教育研究中最能动的变量，因此教师研究的重点应该是学生。

常老师思索了良久，轻声告诉我：“教师研究这是个很专业的话题。我研究得不是很深入。但有一点，教师的研究重点应该是学生，因为在教育的所有变量中，学生是最能动的因素。虽然教学内容和环境会有变化，但相较学生而言，这些变化都是次要的，因为每一届学生群体甚至每一个学生个体都不同，教育方法要随着学生的变化而变化。”

父子对话父亲受冷遇

老朋友不愿意给小常补课，老常也不想再找别的家教了。

> 亲子对话有利于深入了解孩子存在的问题。补课终止后，爸爸试图通过与孩子的对话，帮助孩子树立自信心。但起初的对话并不顺利。

“怎么办?”老常不止一次地问自己。

反复思考之后，老常决定亲自和孩子谈谈。

“爸爸想跟你聊聊你的数学学习问题。”老常温和地说。

“爸爸，对不起。我可能不适合学数学，数学对我来说太难了。数学老师都这样说。”小常有点无奈。

“你初中数学不是很好吗？怎么说不适合学数学呢?”老常知道这是孩子受了老师的影响之后才这样想的，因而他并没有责怪小常，而是试图鼓励小常。

“初中数学简单，高中数学难呀。”虽然小常对爸爸从来都很信任，但这件事情上他显然并不接受爸爸的观点。

“差生”是后天教育方式不当造成的

“你看老师对孩子的影响有多大呀!”常老师终止了叙述，像是自言自语，又像是说给我听。

“那是，老师的观点对学生影响当然大了。”我随声附和道。

“你知道吗？当孩子说出这番话的时候，我心里别提多难受了。”常老师眼圈有点湿润，声音有点哽咽，“本想不再为这件事着急。但转眼一想，如果自己都对孩子没有信心，谁还会对孩子有信心？再说，自己从教这么多年，转变了多少所谓的‘差生’，

> 家长对孩子的信心非常重要，家长千万不能放弃自己的责任。

怎么对自己的孩子缺少信心呢？所以我不由得打起精神来。”

“这么说来，家长对孩子的信心很重要喽。我觉得，有两种极端情况，一种是过分相信自己的孩子，另一种是对孩子没有任何信心。第一种情况更多。很多家长把孩子学习成绩不好的原因全赖到学校老师身上，就是因为自认为自己的孩子很聪明。比较而言，第二种情况，我觉得情有可原。”我不大赞同常老师的观点。

当教师对孩子失去信心后，家长一定不能再打击孩子，否则孩子就难以恢复自信心。

“家长对孩子的信心至关重要。特别是当老师对自己的孩子失去信心之后，家长的信心更重要。”常老师反驳道，“孩子学习成绩不好的原因是多方面的，不能一概而论。这跟对孩子的信任似乎没有必然的关系。但我认为，无论怎样，相信孩子都是有道理的，因为人的潜能是无限的。相信孩子，就不能放弃家长的责任。”

“好像你对‘差生’这个概念不认同?”我试图把讨论的焦点转到“差生”上来。

“任何学生进校门那一天都不是‘差生’，‘差生’是后来发展的结果，因此从一定意义上说，‘差生’是后天的教育方法不良所导致的，虽然与遗传因素不无关系，但遗传因素不是主要原因。我认为，‘差生’是个相对概念，理由有三点：一是不可能学生每一方面都差，相较于他的优势和特长而言，差是相对的。老师和家长一定要充分看到和挖掘孩子的优势，并以此来激励孩子，变劣为优或变差为好。二是差是暂时的、阶段性的，是可以改变的。那么多的‘差生’在教育过程中发生了转变，还有某些孩子在学校成绩不好，出校门后却很优秀，都充分说明了这一点。我认为，只要找到了差的原因，就能找到解决问题的办法。我对‘差生’这个概念不认同，还有一个本质原因，那就是，‘差生’是个贬义词，是对学生整体状况的判断，容易导致孩子缺乏自信。”常老师分析得有条不紊。

“差生”是后天教育不当导致的。“差生”是个相对概念：一是因为差是相对于优势和特长而言的；二是因为差是暂时的、是阶段性的，是可以改变的。

老爸给出“馊主意”

> 对话能够消除隔阂，也能敞开心扉，解除思想顾虑，多次交锋之后，孩子与爸爸的对话有了实质性进展，孩子的自信心逐渐得以恢复。这时，爸爸给孩子出主意，让孩子抄作业。

“你上小学一年级时学识数容易，还是你在初中学习方程式容易?”老常想通过这个简单的比方来打消孩子的顾虑，“人对知识的学习是循序渐进的，总有个由易到难的过程。高中数学比初中难是很正常的呀!”

“但也太难了呀，爸爸?”小常还是很灰心。

“那是因为你没有学好，所以才觉得太难。还记不记得，你初中刚开始学习物理时，不也总说难吗?后来不是学得很好?”老常拿孩子自己的实例进一步劝解孩子，“爸爸相信你一定能渡过眼前的难关。难道你既不相信自己也不相信爸爸?”

老常说完这句话之后，小常很久不说话。老常也默默地等着小常的反应。

过了半个小时后，小常才抬起头来，充满疑惑的脸上多少露出了一点希望：“爸爸，我当然相信你。但我怎样才能改变数学学习的状况呀?毕竟我是班上的倒数名次呀!”

“你有信心就好。关键是你要有信心。只要你有信心，你的数学一定能学好。”老常边鼓励边问道，“你告诉爸爸，你现在上数学课能听懂吗?作业能做完吗?”

“听不懂，作业当然也做不完。”小常听老常这样问，刚升起来的希望似乎又下去了大半。

“你每天几点睡觉呀?”老常对住校的小常不紧不慢地问道。

“十一点多。”小常低声说。

“每天睡那么少，怪不得上课没有精神呢!”老常边心疼地摸摸小常的头，边说道，“这样好不好?你从明天开始抄作业如何?”

“抄作业?爸爸，没有搞错吧?儿子从来不干那种事情，不行不行!”小常把头摇得像拨浪鼓一样。

ABC…HIJ……
学校
语文
英语
科学
数学
作业

布置作业过多是严重的师德问题

“你怎么可以让孩子抄作业？这不是让孩子撒谎吗？”我瞪大了眼睛。

“我不让他抄作业怎么办？难道让他每天睡不够觉去做作业？”老常反问道。

“别的孩子都能做完，你的孩子做不完，是因为他的效率低。你应该帮助孩子提高效率才对。”我反驳道。

“提高效率？说得容易，怎么提高？帮他找家教吗？不是已经尝试过了吗？”老常质问道，“起码的休息都保证不了，怎么提高效率？”

“那你也不能让孩子抄作业呀！”我虽然想不出合适的办法，但也不同意他的做法。

休息不好，上课势必效果差。抄作业虽然是不得已而为之，但能保证休息，结束恶性循环状态。

“我也是不得已而为之呀。”常老师无奈地解释道，“但我当时也想，真要做那么多练习吗？很多作业不就是重复、机械训练吗？为什么不能举一反三，让孩子做一道题，明白一种类型呢？”

“这么说，你对熟能生巧这个说法不赞同了？”我无法反驳常老师的观点，只好顺着他的说法追问。

以熟能生巧为借口，不顾学生实际，盲目布置过量作业，是学生负担居高不下的根本原因。

“熟能生巧不是没有道理。但如果以熟能生巧为借口，不顾学生的实际，盲目布置过量的作业，则是不可取的。”常老师振振有词地说，“很多老师布置过量的作业，是怕别的科目作业多，学生不学习自己任教的学科。想想看，每门学科老师都布置过量作业，都抢学生的时间，学生怎么能应付过来？”

见我无言以对，常老师清了清嗓子，继续说道：“虽然各级教育行政部门多年来一直呼吁减轻学生过重的课业负担，但学生负担并没有明显减轻。究其原因就在于，许多老师不能对作业进行筛选，给学生布置了过多的重复、机械练习，以为这样做能保证学生学好功课。至于作业的类型、作用，很多老师并没有认真研究。”

“看来你对作业很有研究，能不能说说你的看法。”

“呵呵，老师研究作业是最基础的研究。因为研究作业，才能科学布置作业。”常老师笑了笑之后，严肃地说道，“过量布置作业，轻一点说是不负责任，重一点是误人子弟，是严重的师德问题，因为学生的生命是一分一秒的时间构成的。老师布置那么多机械、重复的作业，不就是在严重浪费学生的时间吗？不就是对学生的生命不负责任吗？”

研究作业，才能科学布置作业，因此研究作业是教师最基础的研究。过量布置作业，是严重的师德问题，因为学生的生命是一分一秒的时间构成的，是不可重复的。

“抄作业”也有窍门

“那么多作业，不抄你做不完呀。再说，你也不会呀。咱们好好抄、认真抄，把它抄明白了。不是既省时间，又能学到方法吗？还有，你现在反正不是倒数第一就是倒数第二，还能抄出比这更坏的成绩吗？”老常笑嘻嘻地说。

抄作业是为了减少机械训练而不得已采取的办法。给孩子讲清了抄作业道理后，爸爸提出抄的要求：做一半，抄一半。

“爸爸，老师把答案都撕了，没有办法抄呀。”小常似乎接受了老常的观点，但又提出了新问题。

“我的儿子不会这么笨吧。再买一本不就得了吗？如果书上没有，你可以抄其他同学的。但要注意方法，不能让别人发现你在抄。瞄一眼，看明白了，再做。”老常轻松地说。

“那我试试。”小常似乎对老常的办法还是有疑虑。

“不，你要相信爸爸的主意，一定要认真抄。1、3、5 题自己做，2、4、6 题抄。如果还不能保证十点半休息，就 1、4、7 题做，其他题目抄。无论如何休息时间要保证。”老常态度坚决地告诉孩子。

必须树立辩证、发展的作业观

“你说的抄的办法很简单呀，做一抄一或做一抄二。这里边有什么规律吗?”我好奇地问。

“呵呵，这里边有什么规律呀。我不可能每天帮他看看哪些作业题目类型相同。”常老师苦笑着说道，“这不是没有办法的办法嘛。如果我们的老师都能认真挑选一下作业，那就更好了。可惜，很多老师没有花费这样的精力和时间，学生只好反复、机械地训练。”

> 教师花费时间精选练习，学生就不用反复、机械地训练。

讲到这里，常老师看了看我，似乎想知道我对这个话题的兴趣，见我没有打断他的意思，便继续发表他的高论：“我认为，老师加强对作业的研究，就必须正确认识作业的类型、作用，树立辩证、发展的作业观。作业不应仅仅指书面作业，还应包括更能体现和锻炼智力、能力的动口、动手、动脑（如预习、自学、实验操作等类型）的作业。教师对各种作业都要科学设计，而不要采取‘拿来主义’，尽可能使作业符合学生的学习水平和能力，减少学生不必要的重复劳动，使学生完成作业的过程成为他们学习‘套餐’中‘最可口的美味佳肴’之一。在日常教学中，不但要强调作业结果的重要性，更要强调作业过程对学生学习效率提高的价值，引导学生选择最有效、最优化的解题办法，设法提高学生完成作业的效率。”

> 作业不应仅指书面作业，还应包括更能体现和锻炼智力、能力的动口、动手、动脑（如预习、自学、实验操作等类型）的作业。

说到这里，常老师稍微停顿了下继续说：“老师还要通过定期分析学生作业的情况，对作业的设计和要求进行必要的调整。老师要通过科学设计作业，加强对学生作业的指导，力争

> 教师对各种作业都要科学设计，以尽可能使作业更符合学生的学习水平和能力，减少学生不必要的重复劳动，从而使学生完成作业的过程成为学习过程不可分割的组成部分。

使学生把完成作业的过程当成是提高自己学习水平乃至自主学习能力的过程，当成是课堂学习的延伸和继续，甚至当成是一种更高层次的创造过程。如果老师能设计卓有成效的程序，让学生自己设计作业，那么学生就会以一种亢奋、饱满的精神状态去主动完成这一精神上享受的过程，这样的作业即便多一点，学生也不会把作业当做负担，相反还会使学生形成一种执著的探索精神。”

“看来你对作业还蛮有研究的嘛。”我边称赞常老师，边提出了另外一个问题，“为什么你告诉孩子抄作业不能让别人发现？是不是你觉得抄作业是丢人的事？”

“有这方面的原因，毕竟抄作业让其他学生看了，会觉得没有面子嘛。但这不是主要的原因。主要是因为如果让老师知道了，老师会斥责孩子，孩子就无法抄作业了。”常老师并没有过多解释。

“你孩子告诉你，老师把答案撕了，你觉得这样做有道理吗？”我接着问了一个看似无关紧要的问题。

撕答案的行为是教师不信任学生的具体表现。对于高中学生而言，尤为如此。

“有什么道理？不就是不信任学生嘛。都到高中了，还对学生这么不信任。这只能说，我们的教育太失败了。”常老师气愤地说。

轻负才能高质

后来，老常给小常买了几本数学题解，让小常有时间多看看资料中的题解，以便从中学习解题方法和规律。

孩子抄作业的同时，看解题资料，学习解题方法和规律。后来，孩子的学习越来越好，并考上了理想的大学。

再后来，小常的数学老师经常向老常表扬小常：“最近，小常进步多了，作业正确率提高了，上课有精神了，好像听课也能听明白了。总算开窍了。”

听到数学老师表扬孩子，老常怎么也高兴不起来。有时，背后还难免在心里埋汰老师一两句：“抄作业还抄不对，那也太小看我的孩子了；

睡眠时间和质量有保证，上课能没有精神吗？”

小常也因为老师批评少了，回到家脸上堆满了笑容，对数学学习的畏惧感也逐渐消失了。

半年以后，奇迹发生了。小常的数学成绩从班上的倒数名次变成了中游。

虽然数学老师对小常的进步表扬有加，但还是劝老常不要让孩子学理科，怕小常的数学成绩到时候会影响高考的整体分数。但也许是因为小常喜欢理科，也许是老常对文科有偏见，小常最终还是选择了理科。

出乎几乎所有老师的意料，小常的高考分数竟上了重点线，考上了理想的大学。

“奇迹，简直是奇迹。”惊叹之余，我不忘给常老师提出问题，“你没有总结其中的规律？”

“你还别说。孩子成绩进步以后，我总结了一下。写了一篇论文，标题就叫《“抄”出好成绩》。”常老师颇有点得意地告诉我，“你要不要听听主要观点？”

还没有等到我开口，常老师又幽了我一默：“你可要付费呀！”

“行！只要对孩子和自己的教学工作有用，付多少费用都行。”我迎合道。

> 抄作业，能抄出时间，抄出健康，抄出兴趣，抄出方法，抄出信心，抄出智慧，当然能抄出好成绩。

“那好，既然愿意付费，我就和盘托出了。”常老师冲我笑了笑，接着说，“抄作业，不但节省了时间，保证了睡眠，而且正确率提高了，提高了效率，老师的表扬也多了。因此，抄作业，不但抄出了时间，抄出了健康，抄出了兴趣，而且抄出了方法，抄出了信心，抄出了智慧。有了智慧，数学成绩能不提高吗？”

“一连串六个抄出，真有你的！《“抄”出好成绩》，一篇别具一格的文章。”我又一次赞叹道。赞叹之余，我又想到了另外两个问题。于是，我收起了笑容，一本正经地问常老师：“照你这么说，学生都能抄出好成绩？还有，为什么小常抄不出更好的成绩？”

任何学习策略都不是万能的，要根据孩子实际，具体运用。

“关于第一个问题，任何办法都不是万能的。不同的孩子要有不同的方法，不同阶段的孩子也要采取不同的策略。比如你孩子还在上小学，这个办法就不能用。因为孩子没有自制力，抄作业只是为了完成任务，不可能认真抄。还有，孩子学习自律性不高，不是那种特别踏实的孩子，也不能用这种办法。关于第二个问题，达到特别优秀的学习成绩，一要靠悟性，二要有基础。我没有那么高的奢望，只希望孩子能把数学基本知识学明白，不会因为数学学不好而心情郁闷。至于考上重点大学，我也没有想到，也许是因为他真的抄明白了。其实，你不觉得，孩子的快乐才是第一重要的？同时，也让我更加坚信这样一个结论：轻负才能高质。”看来，常老师还针对这个问题进行了认真研究。

“轻负才能高质？如何理解？”我满脸的问号。

看我不解，常老师有条不紊地说：“哦，我解释一下。这里，轻负是指，学生的精神负担要轻，压力太大只能事倍而功半，不一定能起到好的效果。减轻学生的负担，首先要减轻学生的精神负担，其次要减轻学生的课业负担。从一定意义上说，减轻学生的精神负担更为重要。当然，课业负担不减轻，精神负担也难以从本质上减轻。高质是指，既要成绩好，又要学得快乐、主动，而不仅仅是高分数。我的结论不仅仅来自孩子的案例，其实也是多年教育教学实践的经验之谈。真正实现轻负高质，需要一代又一代的教育工作者不懈努力。”

轻负主要是指学生的精神负担要轻。高质是指既要成绩好，又要学得快乐、主动。当然，课业负担不下降，精神负担也轻不了。

【旁观者言】

教育需要深度关怀

教育必须拥有深度关怀，没有深度关怀就没有真正的教育。正是在这个意义上，本篇为我们敞开了一段“阳光灿烂”的转化“差生”的旅程。

从这一旅程中，我们可以体会到真正了解教育对象的状态是何等重要。对于“差生”，绝不能只看表面现象，而要深究“差”的根源，进而从根本上对症下药。

本篇对话还让我们明白，教育的深度关怀首先需要一种宽容、灵活变通的态度。有了宽容，才能为教育对象解除心理压力，有了灵活变通，才会产生本篇中“抄作业”这样的奇妙教育策略。

三个半小时改变孩子的一生

对话“聊”数学——从简单题目入手——“抖包袱”做高考题获得自信——“发现”学习策略——提高学习能力，三个半小时虽短，却为一个孩子开启了美好的未来之旅，也无疑为我们展示了一条转化“后进生”的路线图。

王老师给我讲述了自己通过家教使一个姓王的学生（以下简称小王）发生巨大变化的故事。他先向我交代了这个故事的背景：

因为长期负责高三工作（先是担任班主任，后成为主管高三工作的教导副主任），又因为王老师所在的学校高考升学率比较高，所以王老师在当地颇有名望。也许，正是由于王老师的名气太大，求王老师给孩子补课的家长还真不少。

母亲请求给孩子“诊断”

一天，王老师的一位高中老同学找到王老师，对王老师说：“我想让你帮个忙，不知愿不愿意？”还没有等王老师开口，这位同学就说：“不难办，就是让你给‘诊断诊断’，看看我的孩子还有没有救了。”

孩子成绩不好，家长心急如焚。于是，求助于王老师这个名师，希望他给孩子进行“诊断”，作出孩子行或者不行的结论。

闻听此言，王老师笑道：“我又不是医生，怎么个诊断法？”

“我知道你不是医生，但你能看出孩子参加高考有没有希望。”老同学终于说出了自己来的理由，“我的孩子今年中考数学只考了48分，不知道这样的成绩上了高中后还能不能考上大学？我原本想找个家教给孩子补一补，可人家都说数学不好补，孩子也没有积极性，所以心里特别没底，只好找你来看看。”

迫不得已只好“接诊”

说到这里，王老师停止了讲述，好像是自言自语，又好像是对我说：“给他谈大道理吧，他对教育不懂，说不通；不管吧，老同学难得求一回；给孩子补习数学吧，我是学地理的，怕自己水平不够。你说说看，我该怎么办？”

“你就别卖关子了，赶快给我揭开谜底吧。”我催促道。

看我迫不及待的样子，王老师便奔主题，开始讲述他和小王的故事。

遇到家长求救，王老师一般会热情帮助，何况这个家长还是老同学，他很爽朗地答应了，虽然这个“诊断”的忙并不那么好帮。

听了老同学的话之后，王老师寻思了很久，对这位老同学说道：“这样吧，我抽空到你家给孩子看看。至于让我下‘诊断’，说孩子行与不行，那要到补习一段时间后再说。”

“好，一言为定。”虽然没有达到自己的要求，但听到老同学愿意出面了解情况，小王的母亲依然非常高兴。

“你的胆子够大，学地理的敢给孩子辅导数学？”我有点吃惊。

“我又没有说自己去辅导。我只是想通过对数学学习方法的引导，帮助孩子树立自信心。再说，我们都是经过高考训练的人，对高中数学也不是绝对的外行，何况我多年管高三，其他学科一直也没有丢。”王老师并不回避我的问题。

“你管高三，还要带其他学科不成？为什么其他学科没有丢？”我更加疑惑了。

“哦，这是我的风格。我管理高三教学工作，要经常帮助学生分析各科学习的情况，有时还要和其他学科老师谈谈学生的学习问题，这样难免接触到原来学过的其他学科的知识。”王老师这样说道。

“作为一个地理教师，你补习数学是不是觉得有点……”我想“打击”一下王老师。

个别化补习，一定要培植学生学习的自信心，让学生在学习中掌握科学的学习方法，养成良好的学习习惯。

还没等我说完，王老师就接过话题说道：“你是不是说我有点自不量力？实话告诉你，如果只是为了给孩子补习数学，那我确实觉得有点自不量力。毕竟我对数学的知识体系、方法体系都是外行。我只不过是想通过补习数学这个途径，培植孩子学习的自信心，让他在学习中掌握科学的学习方法，养成良好的学习习惯。”

五分钟让孩子喜欢老师

欲让孩子接受，先让孩子喜欢。看到孩子不愿意补课，教师通过轻松的对话，与孩子达成了约定。

认真翻阅了高中数学第一章《集合》的内容后，第三天晚上9点多，王老师来到了老同学的家里。

过了不久，小王（老同学的孩子）上完晚自习回到家中。

看到孩子回来了，孩子母亲赶快把王老师介绍给小王：“这是王老师，妈妈以前的老同学，是学校管高三的老师，很有经验。今天妈妈特意请他来和你谈谈。”

简单介绍完以后，王老师示意孩子母亲离开。

没有想到，还没等王老师开口，小王就说：“王老师，我认识你。你今天是给我来补课的吧？说句实话，我烦老师补课。”

王老师笑了笑说：“孩子，你没有补，怎么就知道王老师给你补数学，会让你烦恼呢？”

还没有等小王开口，王老师继续说道：“咱们先来个君子协定，如果老师给你讲了五分钟之后，你还是觉得烦，我们就自动终止。另外，即便你很喜欢我给你补课，我每天的补课时间也不会超过30分钟。好不好？”

听王老师这样说，小王眉开眼笑，说道：“那好，咱们一言为定。开始吧。”

“你的口气不小，五分钟学生烦恼就自动终止，何况还不是你本专业学科的课程！”我觉得王老师有点夸张。

教学前五分钟能吸引学生的注意力，等于教学成功了一半。

“如果一个老师在五分钟内不能吸引学生的注意力，让学生喜欢听课，这个老师一定是个不称职的老师。”王老师的回答不容我反驳。

类比引导孩子爱上数学

通过简单类比，教师和孩子一起进入愉悦的数学学习。

“现在，这个屋子里有几个人？”王老师问。

“这还不简单，两个人。”小王答。

“哦，屋子里‘人的集合’有两个元素。如果加上你妈妈呢，几个人？”王老师继续问。

“老师，你不会说，屋子里‘人的集合’有三个元素吧？”小王答。

“你说对了，是三个元素。”

“难道集合的元素数目是可以变化的？”

“是的。”

“你家现在客厅里‘人的集合’有几个元素?”

“0 个。”

“也就是说你家客厅‘人的集合’是空集。”

“屋子里‘男人的集合’有几个元素?屋子里‘女人的集合’有几个元素?”

“各一个。老师，一个集合可以分为两个?”

“你真聪明，自己也能总结出规律来。一个集合不但可以分为两个，也可以分为三个甚至多个。换句话说，两个集合、三个集合甚至许多集合也可以合并成一个集合。”

接着，王老师又用数学实例和小王继续探讨集合问题。

……

时间就这样不知不觉地过去了 30 分钟，空集、并集等集合的基本概念在王老师和小王的交谈中不断出现，小王丝毫没有厌倦的感觉。

讲课结束时，小王缠着王老师:“老师，你再讲一会儿嘛，我喜欢你这样补课。”王老师笑答:“我们可是有君子协定的哦，大家都要遵守。”

就这样，王老师和小王第一次“聊”数学就这样愉快地结束了。

学习也要遵循人类认识事物的基本规律

“你给孩子补数学，一个概念也不讲?”我又一次感到惊奇。

“不是不讲概念，而是不到时候，先引起学生的兴趣，让学生对概念有一些感性的认识，再讲解时，学生就容易掌握了。如果我们一开始就让概念、原理充斥着课堂，学生怎么会喜欢这节课呢?再说，概念是需要学生在学习过程中慢慢消化、理解的，而不是老师讲学生就能理解的。”王老师的回答让我有些疑惑。

“你不担心学生对概念认识不完整，或者形成错误的认识?”我追问。

“其实，人类认识事物并不是一蹴而就的。学生开始对概念的认识可能不完整或不清晰，甚至产生歧义，但随着教学的深化，学生的模糊认识可以逐渐清晰，不完整的看法可以补充完整，错误的观念也可以纠正。为什么非要一次就形成完全正确的认识呢？难道你觉得现在课本上的概念就是完全正确的？随着学段的升高，课本知识体系的螺旋上升是很正常的。我觉得，概念的理解并不重要，老师不必强求学生都要立即理解，而应该充分运用学生的领悟能力，或者创造条件、提供更丰富的信息让学生去领悟，或者根据实际让学生在以后的学习实践中去领悟。学生由对知识的不求甚解，到根据老师提供的有效信息自己领悟知识的内涵，从本质上讲就是学生对知识的创造过程。”王老师的看法的确有点独特。

学生由对概念不求甚解，到自己领悟其内涵，是一个不断深化概念的过程。教师不必强求学生对概念一定要立即理解，而应该充分运用学生的领悟能力，让学生在以后的学习实践中去领悟、去深化。

看我特别认真，王老师进一步阐述自己的观点：“从本质上讲，学生所要接受的知识（其实质是人类通过创造获得的对客观世界的认识），对于他们而言都是‘新’的知识。老师必须对科学概念、科学理论形成的过程进行认真分析，从中提炼出人类认识这些理论或概念过程中所必须知道的重要信息或所必须实践的重要活动，采取‘重点连线法’将这些提供给学生，或让学生根据已有的经验、信息和知识去分析、归纳，或让学生亲自试验去体验、揣摩，再让学生讨论、逐条整理分析或实验所得的结论，使其建立联系，然后处理、加工形成自己的看法、结论，这一步老师可根据实际加以帮助，直到最后形成对概念、理论的基本认识。这个过程，就是学生创造‘新知’、发现‘规律’的过程，这个过程，也是把自然科学家、社会学家的思维方式‘移植’给学生的过程。”

教师必须对概念形成的过程进行认真分析，从中提炼出概念形成过程中的重要信息或重要活动，让学生分析、归纳形成自己的看法、结论，即让学生创造“新知”、发现“规律”，从而把自然科学家、社会学家的思维方式“移植”给学生。

显然，王老师对这个话题很有研究。看我听得很入神，他继续说道：“在这个过程中，老师的作用就在于指导学生对课堂提供的有效信息进行加工、提炼、分析、归纳。每一个学生认识事物基本上都要经过从谬误到真理的过程。当学生的理解有偏差或者出现谬误时，老师的态度是至关重要的。我认为，由谬误到真理的过程，就是学生探究知识、‘发展知识’（相对于学生而言）的过程，对于学生形成科学的思维方法大有裨益，这也符合人类认识事物的规律。学生在探求过程中不免要产生这样那样的错误认识、错误思路，老师不要轻易将这些学生打入‘冷宫’，这样很容易导致学生学习兴趣直线下降。应该让学生自己在‘再实践’中逐渐纠正自己的错误认识、错误思路，进而发现真理。这既有利于培养学生科学的认识观，也有利于批判性思维品质的形成，同时也会使学生更加珍惜‘劳动’的成果，加深对真理的再认识，老师应该不遗余力地促成这一过程。”

学生由谬误到真理这样一个认识事物的过程，就是学生探究知识、“发展知识”的过程。

“你为何30分钟就停了，而不是趁热打铁，让孩子多学一会儿？”我提出另外一个问题。

“贪多嚼不烂，一口吃不成大胖子。不论方法再好，我们老师都不能一下子把所有的知识都传授给学生，学生也需要消化知识、课外实践的时间。否则，‘消化不了’，就会‘拉肚子’，以后就很难提高‘消化’能力了。”王老师笑着说。

即便学生再喜欢，也需要把握好“度”和“量”，留给学生自我消化知识的时间。

简单练习增添学习信心

经过4次这样的30分钟后，小王对《集合》一章的基础知识和概念基本上熟记于心。

第5次补课开始时，王老师说：“现在我们做一些题目吧。”

“老师，我最怕做数学题了，你可不要给我出太难的题目呀。”

“不会的，都很简单。你经过认真思考一定能做出来。”

“那好，我们开始吧。”

……

讲解过程中，王老师从最简单的题目入手，等小王做完后，稍加变换，再让小王做，如此反复多次，小王就能够做比较复杂的题目了，其中，有的题目变换的难度已经接近高考题目了。整个练习过程中，除了变换或让小王自己变换，王老师作必要的点拨外，全部由小王独立完成。

通过和学生“聊”数学，学生对数学的兴趣和信心大增。这时，教师趁热打铁，引导学生进行练习，学生渐渐地对第一章的知识有了清晰的认识。

这样的两次习题课之后，王老师把十多个前几年高考与集合有关的题目变形后，尝试让小王独立完成。

在王老师的点拨下，小王经过不长时间的思索，基本上都能做出来。

“你的速度蛮快的，一章知识6个30分钟就基本完成了。”我惊叹道。

“其实，不是我的速度快，而是孩子自我学习的欲望强烈，自主学习的积极性高。当然，老师的点拨、引导也非常重要，但学习主要还是靠孩子自己。”王老师说。

高考题并不难

第7次补课开始时，王老师说：“今天我们检查检查学习的效果，我这里有10道题，你试试看能做对多少？”

“老师，我害怕测试，不会太难吧？”

“不难，你只要认真思考就一定能做出来。给你30分钟时间。”

30分钟过后，王老师看看小王的答卷，1道题目没有做，1道做错了。

“你很不简单，能做到80分。”王老师惊喜

难与易是相对的。通过变换练习，小王解决数学问题的能力大大提高了，加上教师事前的铺垫，小王在10道高考题中做对了8道。

地说。

“不是我厉害，而是题目太简单了。”

“是吗？连高考题你都认为简单，还说不厉害。如果高考你数学得了80分，你就可以上重点了。何况，你还没有经过高三的系统复习呢！”

说完，王老师拿出高考复习资料，把测试题目与之进行了一一对照。

小王看了后，不由得伸出了舌头。

“是你不简单，不是孩子不简单。”我由衷地敬佩王老师。

“其实，高中数学《集合》这一章恰好是个特例，对初中数学基础的要求不是很高，再加上，我选择的都是高考中比较简单的题目，何况我事前还对小王进行了类似的训练。因此，我也没有什么特别的。”王老师谦虚地说。

让学生感到知识高不可测，对学习产生畏难情绪，进而给学生施加外在的强大压力，让学生在压力重重的环境中学习并取得进步，不是科学方法。

“看来你对补课进行了周密设计？”我不给王老师喘息之机。

王老师若有所思后，慢条斯理地告诉我：“是的。这种设计的目的，只有一个，那就是让学生感到学习数学并不枯燥，学好数学并不是不可企及的梦想。用毛泽东的话说就是，‘世上无难事，只要肯登攀’。让学生感到知识高不可测，对知识学习产生畏难情绪，进而给学生施加外在的强大压力，让学生在压力重重的环境中学习并取得进步，这样的方式我不喜欢，也不是科学的方法。”

“从别的章节入手，或者说，你对其他年级的学生进行这样的辅导，会不会有类似的效果？”我想看看王老师的经验能不能扩大或复制。

“不要说从别的章节入手，就是对别的学科也是一样的。这里的关键，不在于选取的知识范围，而在于能否运用有效的方法，让学生感到学习是有趣的。学生有学习的兴趣，学习、理解知识并不是十分困难的事情。”王老师稍加思考后答道。

兴趣是最好的老师。只要激发了学生的学习兴趣，再用科学的方法进行指导，学生取得好成绩并不困难。

“像他那样学习，我一定比他好！”

> 学生觉得题目简单，教师布置任务，让学生向好学生求教，并观察其学习习惯。观察的结果是，学生发现了好学生学习好的奥妙，并在自己的努力和教师的帮助下，最终改变了学习落后的面貌。

“老师，这么简单的题目其他同学也做得出来。”小王想了想又说。

“其他同学也能做出来？那好，你明天拿着这些题请教你们班数学最好的同学，就说请他帮助你。看看他能做出来几道。你可以告诉他，是你妈妈要你做完这几个题目，他帮你完成，你可以请他吃冰激凌。”王老师给小王出了检验题目难度的主意。

第二天晚上回到家里，小王趴在王老师的耳边悄悄告诉她：“题目确实不是很简单，我们班的数学尖子只做对了7道。”

“看来，你比他还聪明。”

“老师，那我就不明白了，为什么我比他还聪明，他能学好数学，我却不能学好数学？”

“这个问题提得好。老师给你布置一个任务：明天，我给你们班主任说一声，让你和这个同学做同桌，你的任务是观察他一天在干什么，并记录下来。到晚上再跟我说说你的想法。你可以不听课，只要把这个任务完成好就行。你完成了这个任务，你就明白答案了。”

“好的。我一定会完成的。”

次日晚上，王老师把小王的父母叫到一起，让他们一起等待着，以便了解小王观察一天后的体会和感受。

小王回到家后，神采飞扬地告诉王老师和她的父母：“我明白了，只要我像他那样学习，我也能学好。”

接着，小王把他记录的情况和感受说给王老师和她的父母听。在小王叙述的时候，王老师不时插话，提出问题，让小王回答、总结。

此时，小王的母亲瞪大眼睛说：“什么？孩子，你说你能学好，你真的认为自己能行吗?”

“我行，我一定行!”小王毫不犹豫地说。

从此以后，小王的数学学习积极性得到了充分调动，其他功课也有了很大进步，学习习惯更是明显改变。家长也给小王请了数学家教，帮助小王补习初中的知识。

小王的努力终于得到了回报：期中测试，小王的数学得了70多分。

三年后，小王考取了一所普通大学。

自信心是学生不断获得成功的累积效应

“小王的变化过程有点传奇色彩，可以这样说，没有你的这次引导，小王的学习不会发生那么大的变化。”我不由得称赞道，“你能告诉我，你给小王进行辅导的整体思路和想法吗?”

“其实，我开始时没有整体考虑过。当时，只有一个简单的想法，那就是通过自己的补习，培养小王对数学的兴趣，树立学好数学的自信心。事情过后，我对此做了简单的小结，觉得有不少体会。”

接着，王老师分别谈了自己的四点心得体会：

> 自信心不是教师教育的结果，是学生不断获得成功的累积效应，是学生对自我能力的积极肯定。

“一是自信心不是教师教育的结果，是学生的自我感觉，是学生不断获得成功的累积效应。换句话说，自信心是学生对自我能力的积极肯定，这种肯定是多次成功之后形成的，是内在的，仅有教师、家长的激励是远远不够的。教师的作用就在于，不断地为学生创设成功的机会。

> 好的习惯不是教师培养出来的，而是基于学生的自我发现，这种自我发现必须伴随着效率的提高。

“二是好的学习习惯乃至生活习惯不是教师培养出来的，必须基于学生的自我发现，这种自我发现可以是自己学习过程中的自觉感受与归纳，也可以是对他人好的学习习惯的主动接纳与转化，这种自我发现必须伴随着效率的提

我能行
加油!

高。教师的作用就在于，善于抓住各种教育时机，让学生去发现好的习惯。

学习动力不是靠教师激发的，而是来自学生自我需要的不断满足。

“三是学习动力不是靠教师激发的，它来自学生的自我需要，只有自我需要得到不断满足，学习的动力才会不断强化，而不断满足自我需要的充分、必要条件是学生学习兴趣、成就感的不断增强。教师的作用就在于，创设条件，设法满足学生的自我成长需要。

教学的神奇就在于化难为易、化繁为简，让学生感觉到学习是快乐的。

“四是学习的过程应该是快乐的，教学的神奇就在于化难为易、化繁为简，让学生感觉到学习是快乐的，难度过大、要求过高只能使学生望洋兴叹。”

“你让学生观察好的学生的习惯，并让他自己得出结论。这个设计实在是太妙了。”我称赞道。

“其实，我可以告诉小王，她和尖子生一样聪明，只是她的习惯不好，只要她掌握了方法，养成了好习惯，就能学好，然后给她讲一大通方法、习惯，但这样的效果会差很多，因为小王完全是被动接受的。而让她观察、总结别人成功的原因，她的感觉就完全不一样，这时候，小王的接受完全是主动的、内在的，而且她以后还会按照这种方式不断总结提升。”王老师平静地说。

王老师对小王的数学家教补习，实质上是对学生习惯的培养、信心的培植以及方法的培育。我想，如果每节课每个老师都能把这些要求渗透到课堂上的话，学生的学习一定不会那么辛苦，学习负担也一定不会那么重。

【旁观者言】

寻找撬动学习动力的阿基米德点

古希腊大科学家阿基米德曾经说过，给我一个支点，我就可以撬动地球。教师的作用其实就是帮助学生发现撬动学习动力的支点。选好了这个支点，老师就能撬动学生学习的潜质，让学生成为学习的主人。

尤其在今天，学困生教育受到了更多人的关注。如何还给学困生一个有价值的学习生活，如何给学困生解压减负，如何挖掘学困生沉睡的潜能，如何让学困生在发展的关键期不再输在起跑线上，面对这些难题，只有找到支点才能解决。

那么教育的阿基米德点在哪里？其实，本篇的“对话”已使我们发现了这一支点：创造合适的条件和机会，及时满足学生自我提高的需要，让学生自我发现“习惯”对于学习的重要性，并在不断获得成功中，增强学生的自信心。

“贷分数”带给孩子希望

两个小学生考试成绩差两分不及格，向老师要分数。老师灵机一动，想出了“贷分数”的主意，满足了他们的愿望。两个月以后，孩子们的学习成绩大幅度提高，超额还清了老师的“高利贷”。学生“要分数”体现的是学生对老师的信任，老师“贷分数”则凸显的是老师对学生的尊重，以及老师对教育评价功能的深层理解。

行老师是一名年轻的女教师。虽然年龄不大，但善于利用各种教育情境，把握各种教育机会。

行老师讲述的是关于两个四年级小学生的案例。

“那是在一次考试之后发生的故事。”行老师缓缓叙述道，“当天下午，在试卷下发讲评完之后，我正准备找几个成绩下滑比较严重的同学交流，想了解他们成绩退步的原因，以便帮助他们改变学习状态。正当我准备找他们时，一男一女两个小孩已经站到我办公室门口，似乎有话要对我讲。我便挥了挥手，招呼他们进来，但他们有点不大愿意。我想，可能是怕其他老师在场不便讲吧。于是，我和他们一起走到学校的花坛

只借出一点点!
要还那么多，好黑啊!
利息

边，拉着他们的小手，招呼他们坐好。我还没来得及询问他们找我的原委，他们就迫不及待地把小嘴巴凑近我的耳边，说起了悄悄话……”

面对教师，学生欲言又止

“老师，我们这次没有考好，都不及格。”小男孩有点不好意思地小声告诉行老师，“我们有个请求，不知道老师肯不肯答应？”

“有什么想法，只要你们觉得合理，老师一定答应。”行老师毫不犹豫地回答。

“要是不合理呢？”小女孩似乎有点胆怯。

“什么？不合理你们……”不经意间，行老师的言语中流露出惊讶和质疑的语气。

稍顿，行老师似乎觉察出自己的表现有点不妥。于是，她面带微笑一边摸着小女孩的头，一边亲切地对两个孩子说：“只要你们觉得有一点点道理，老师就会答应你们。”

“行老师，女孩说‘要是不合理呢？’，你回答的‘什么？不合理你们……’几个字和后面的内容好像接不起来。你本来想说什么呀？”我打断了行老师的叙述。

“呵呵，你听得真仔细呀！”行老师夸奖道，“我听到孩子的说法，本能的反应是想说这样一句话：‘什么？不合理你们还好意思提出来？’但话到嘴边，我却没有说出来。因为孩子既然敢到我面前提要求，一定是他们认为有道理。这是他们对老师的信任，我们一定要倍加珍惜，绝对不能让学生对这样的信任产生动摇。因此，我把自己想当然的话打住了。我认为，只有这样做，我们才能知道孩子们内心到底想的是什么，才有机会和他们进行对话，也才有机会对他们进行有针对性的教育。同时，也才能更加让学生信任自己。”

学生信任教师，才会跟教师讲心里话。只有了解孩子们的内心活动，才能有的放矢地开展教育。

“一般来说，老师见到考试成绩不好的学生之后，一定会批评的，即便不批评也会询问他们成绩不好的原因。你不是也准备和他们交流，查找他们学习成绩下降的原因吗？为什么他们找到你时，你却没有这样做？”我不知道行老师为何会那样思考问题。

“我想，孩子们成绩不好，已经感到不自在了，何必要批评呢？再说，批评能解决问题吗？”行老师反问道，“至于我当时不问他们成绩退步的原因，我刚才已经告诉你了，那就是，先听孩子们把想法说完，再帮助他们进行分析。也许，我们老师不需要帮助他们，他们也会自己分析呢。把分析原因这样的问题，留给孩子自己解决岂不是更好？”

> 成绩考不好，一定要分析。教师一定要帮助孩子分析成绩不好的原因，最好是让他们自己分析。

“留给孩子自己解决当然更好，但现实情况是，很多孩子并不愿意这样做或者不会这样做。”我不无担忧地说。

> 学生不愿意或不会分析试卷的责任在教师，教师必须有意识地培养学生这方面的能力。

“孩子不这样做的原因主要在教师。如果每次考试后，教师都能用正确的方法，和成绩好的孩子一起分析进步的原因，帮助成绩不好的学生一起分析学习退步或不进步的原因。久而久之，孩子们就会养成这样一种良好的习惯。有了这样的好习惯，孩子们的学习退步就会是暂时现象，落后的面貌也能得到有效改观。这样的习惯越早养成越好。”

“你刚才所说的正确的方法是……”我急于知道行老师的想法。

“鼓励为主，查找问题为主，而不是批评、责怪。批评、责怪不但无济于事，而且容易挫伤孩子的自尊心。”行老师简明扼要地说。

鼓励之下，学生斗胆陈述

“老师，我们不说了。我们觉得没有道理。”只见小男孩边扫兴地说，边拉着小女孩的手准备离开。

在教师的鼓励之下，两名学生说出了心里话：希望老师多给自己一些分数，让自己感到有面子。

行老师从小男孩对小女孩的表情中看出，小男孩似乎对小女孩有点抱怨。她猜想，可能是自己刚才的表情让学生产生了顾虑。于是，她鼓励道："怎么啦？生我气了？你们既然想请求老师，就一定认为有可取之处。说吧，只要你们提出来，老师会认真考虑的。"

在行老师的多次鼓励之下，小女孩终于说出了他们的想法："我们想让老师给我们多一点分数，让我们及格，可以吗？如果这样，我们在爸爸妈妈那里好'交差'，在同学们面前也不太丢人，有面子。"

在任何情况下，教师都没有阻拦和剥夺孩子们说话和反映要求的权利。

"你事先预计到他们会提出这样的要求吗？"我有点迫不及待。

"时间那么短，我根本无法预计他们会提出什么样的要求。但我想，孩子们不会那么无理。退一步分析，即便是十分不合理，老师耐心解释之后，孩子们也会想得明白。"行老师回复还算不那么离谱。

"童言无忌嘛。老师没有必要阻拦和剥夺孩子们说话和反映要求的权利。听到孩子们的请求之后，你觉得可以接受吗？"我边自言自语地附和着行老师，边提出自己的问题。

每一个孩子都渴望取得好成绩，都有尊严感。教师要善于利用这个特点，激活孩子的求知欲。

"每一个孩子都渴望好成绩，都有尊严感。从这个意义上讲，他们的想法有正确的一面、可以接受的一面。"行老师稍微停顿了一下，继续说："虽然我和学生平时的关系较好，他们愿意和我讲心里话，但要我多给他们一点分数，有点出乎我的意料。说实话，我当时思想斗争很激烈，也准备给他们讲讲道理，想让他们靠自己的努力换取好成绩。但考虑到孩子们当时渴望的心态和祈求的目光，我放弃了这种念头。"

看我没有打断她的意思，行老师继续说："我当时的想法很简单，就是在反复思考，怎样做才能既保护他们的自尊心，又能起到激励他们的作用。"

急中生智，教师灵活应对

在与孩子对话的过程中，行老师脑子在不停地思考，究竟该怎样面对孩子的请求：断然拒绝，会刺伤孩子的自尊心；委婉拒绝，要求孩子自己分析，争取下次考好，也未必能产生最佳效果；答应孩子的要求，似乎又不妥。

望着孩子们恳求的目光，教师给孩子们提出了通过“贷分数”满足他们要求的办法，并让他们学习贷款知识。

沉思片刻后，行老师终于有了想法。

于是，她这样说道：“孩子，你们听说过‘贷款’这个事情吗?”

两个孩子不约而同地缓缓抬起头，边不解地望着老师，边说道：“听说过。”

“既然你们知道，老师就不卖‘关子’了。你们看这样可不可以?老师给你们‘贷’10分。因为刚刚达到及格分数，也不那么好看。不过，贷款要还利息，老师‘贷’的分数也有利息呀。”见两个孩子疑惑不解，行老师这样解释：“你们先查查银行利息的知识。然后，再和老师一起商量给你们‘贷’分数的事情。”

“这么说，你是一时想到的?”我不知是赞扬还是在怀疑，“临时想到的办法，还不忘给学生布置学习任务。”

善于保护孩子自尊心，帮助他们寻找提高成绩的良方，孩子们就不会因为一次考试成绩不好而灰心丧气或害怕考试。

“说是一时的想法，对也不对。说是一时想到的，是因为这个方法以前没有想过，是在当时的情境下临时想出来的。说不是一时想到的，是因为对分数这个东西，我平时就不那么跟孩子较劲。我一直认为，一次考试没有考好并不能说明什么。也许是孩子一时的疏忽呢，也许是孩子一段时间学习状态不稳定呢。我想，只要善于保护孩子的自尊心，让孩子们找到成绩不佳的原因，再寻找提高成绩的良方，孩子们就不会因此一次考试成绩不好而灰心丧气或害怕考试。久而久之，也会让孩子逐渐形成这样一种心态，即不会因为暂时的失误、退步而担心、惧怕失败。至于临时给他们一点学习任务，虽然是小菜一碟，但也要有心去做才行。”

> 教师不必与学生斤斤计较每一分，而要通过分数这个杠杆，设法调动学生学习的积极性。

“在你平时的教学中，还有过更改考试分数的情况吗？”我有点不怀好意。

“这种情况还是比较多的。比如一次考试没有考好的学生，可以多次申请重新考试，按最高一次计分。其实，每重新考一次都是一次有意义、紧张的学习和训练。再比如，缺席考试的同学，可以拿自己平时考试的任一次成绩计分。还比如，我们变测试甚至期末考试为游戏，让孩子们在游戏中享受评价带来的快乐。同时，我们还采取多种方式，让学生成为评价的主体，特别关注特殊学生个体的评价，用不同标准对特殊的学生群体进行评价，以保护发展缓慢的学生个体不受伤害。有时候，我们还把评价融入学生解决问题的过程中，以促进学生深层次的学习，优化学生的学习过程。”行老师似乎没有觉察我的恶意。

“难道你们学校容许你这样的行为？”我终于按捺不住了，和盘托出自己的疑问。

> 要突出方式多样性、过程民主性、内容多元性及结果激励性，构建以促进发展为主要目标的评价体系。

“好像你对我们的改革很不赞成呀。”行老师终于明白了我的言外之意，“如果学校不宽容、不支持，我们怎么敢一而再、再而三地更改学生的分数？我们学校对学生的评价不仅注重结果，更注重发展和变化过程。目的是通过评价改革，形成以促进发展为主要目标的新型评价体系，突出评价方式的多样性、评价过程的民主性、评价内容的多元性、评价结果的激励性。”

“难道家长们也支持你们这样？难道你们不顾家长们的感受？”我想看看行老师和学校老师是怎样说服家长的。

“当然，家长们开始也不一定理解和支持。当我们给家长讲清了评价改革的意义，做好了家长的思想工作后，家长们会更关注孩子们的发展状态。我想，只要能促进孩子们的发展，家长们一定会支持。我们千万不要低估家长的觉悟和认识水平。我认为，有时候是老师自己跟自己过不去，家长们往往更容易接受先进理念。事实也证明，家长们对我们学校的评价改革很理解、很支持。此外，我相信，越是家长们信任的老师，他的教学改革越容易取得家长的理解和支持。”行老师从容地回答道。

要让家长理解评价的意义并不难，教师千万不要低估家长的觉悟，因为家长往往比教师更容易接受新理念。

促进发展，强化评价功能

“在一般人的印象中，分数是学生的命根、教师的法宝，是无论如何都不能随意更改的。各类中小学森严的考试纪律、严格的阅卷程序等都充分说明了这一点。你怎么会想到‘贷’分数？这不是明目张胆地给学生加分么？此外，难道你不觉得，你的行为是在让学生撒谎？是让学生不诚实？”虽然我觉得行老师的说法不无道理，但还是不依不饶，一连提了几个问题。

“不要那么声色俱厉嘛！”行老师试图缓和我们谈话的氛围。

短暂思考后，行老师一字一板地继续说道：“我想，你应该了解教育评价的功能。一般来说，教育评价有双重功能，一是选拔甄别功能，就是通过考试这种评价方式，分出好、中、差，以利于选拔成绩优秀的学生；二是促进发展功能，就是通过考试这种评价方式，诊断学生学习中存在的问题，分析学生存在问题的原因，并采取相应的对策，促进学生的发展。高等学校招生之类的考试，主要是为了选拔、甄别，而平时测试、考试的主要目的是诊断问题、促进发展。其中，第二种功能是评价的主要功能。一般情况下，人们过于重视评价的甄别功能，而忽视了评价的这一更为重要的功能。也就是说，人们没有发挥好主要功能，却过分强化次要功能。”

日常考试一定要淡化考试的甄别功能，强化考试促进发展的功能。

传统的教育评价过分关注结果，评价主体单一，评价功能异化，不利于学生的身心健康，异化了教育的功能，窒息了教育的活力，误导了社会对人才评价的标准。

说到这里，行老师提高了嗓门严肃道：“我认为，传统的、以分数为唯一标准的、以甄别为价值取向的评价体系的弊端越来越突出。这些弊端主要表现在：过分关注学科（尤其升学考试科目）的学业成绩，忽视关系学生终身发展的更为重要的探究、沟通、合作、批判性思维和问题解决等能力或素质的培养；过分关注结果，没有实行真正意义上的过程性评价，对于评价的诊断、激励和发展性功能认识不足，通过评价激励学生发展的意识不强烈；评价主体单一，‘权威’垄断一切，忽视‘多元’参与，被评价者处于消极的被动地位，没有得到相应的尊重；评价功能异化，评价结果不适当地滥用于给学生施加压力和评价教师工作业绩，使评价带上了浓厚的功利色彩。因此，过分强调评价的甄别功能，不但不利于学生的身心健康，而且阻碍了教师的专业成长；不但异化了教育的功能，而且窒息了教育的活力；不但误导了社会对人才评价的标准，而且制约了孩子整体素质的提高。一般人之所以过分重视分数，是因为我们过分强化评价选拔、甄别的功能，而忽视了评价促进发展这一重要的功能。”

“贷分数”体现了教师的教育智慧，巧妙地利用了评价促进发展的功能。

“重视评价促进发展的功能，就不要对分数过分认真。只要对学生的发展有好处，多给学生几分又何妨?!”看我默不作声，行老师继续说，“至于‘贷分数’的想法，我当时思考并不成熟，也没有想那样做是不是诚实，会不会让学生产生撒谎的效果。但从效果看，没有产生你所说的后果。恰恰相反，这样做，对孩子起到了积极的激励作用。也许，孩子们能理解这种善意的‘谎言’。我想，每一个教育工作者不可能在具体的教育情境中把所有的问题都一下子想明白，但只要对孩子的发展有益，我们就可以大胆尝试。”

如愿以偿，学生轻松“还贷”

“贷分数”的事例充分说明，评价对于促进发展的重要作用。虽然教师以“高利贷”贷给学生分数，但学生依然高兴地与教师达成协议。之后的又一次考试中，学生连本带利还清了教师的“高利贷”：学习成绩有了很大提高。

两天之后，两个孩子兴高采烈地来到老师面前，给行老师汇报他们学习的经过，以及查到的有关银行贷款和利息的知识，掌握的内容之多超出了行老师的想象。

“你们很不错嘛，学到了那么多知识。”行老师边表扬边提出了她的建议，“现在，我们商量商量给你们‘贷’分数的事情。你们从我这里贷分数，我就是‘银行’，我规定的利息是50%，你们三个月之后还。你们计算一下要还多少?”

“哪有这样高的利息？一年期的定期贷款利息也不过10%。”两个小家伙边开玩笑边小声计算。几分钟之后，他们计算出了答案：“老师给我们每人‘贷’10分，利息50%，下次考试应该‘还’15分，也就是比这次考试多15分。”接着，两个小家伙信心满满地回答：“我们一定按时还清你的‘高利贷’。”

“咱们一言为定！老师相信你们的承诺！”行老师边和孩子们拉起小拇指边欣喜地鼓励道。

两个月之后的又一次考试中，这两名学生的成绩都提高了三十多分。

试卷发给学生之后，两个小家伙兴高采烈地跑到行老师面前，大声地喊道：“行‘老师’，你的‘高利贷’我们已经全部‘还’清了。还多‘还’了十几分呢!”

孩子们洪亮的声音中，既表达着自信，更充满对老师的敬意。

“结果出乎你的想象吧?”这次是行老师抢先提问。

“也出乎你的想象吧？在‘贷’给他们分数之后，你没有再帮助他们补习，或帮助他们分析原因吗？”我还没有从案例中走出来。

“也许你不会相信，我‘贷’给他们分数后，只有几次‘请记得还老师的贷款’之类的善意提醒，并没有给他们补习功课，也没有帮助他们分析原因。”行老师显得很轻松。

“那有点太神奇了吧?!”我感到不可思议。

孩子们的潜能是无限的，关键看老师怎么调动。

“其实，仔细分析，你会觉得很正常，一点也不神奇。因为孩子们的潜能是无限的，关键看老师怎么调动。补习能解决他们不懂的一些问题，但以前的学习欠账主要靠他们自己，如果他们有了学习的积极性，并持之以恒，小学那点知识对他们来说不在话下。至于分析成绩退步的原因，由于我平时注意指导学生做这些事情，他们已经基本掌握了，不需要我进一步反复指导。这次事情，正好对我平时的考后分析教学是一个检验。”行老师意味深长地说道。

评价就像是撬动学生学习动力的支点。选好了支点，教师就一定能撬动学生学习的积极性，让学生真正喜欢学习。

“‘贷’分数不仅仅激发了学生学习的积极性、主动性，而且带给了学生学习的希望和信心。看来你们把评价这根指挥棒真正用活了。阿基米德曾经说过，给我一个支点，我就可以撬动地球。评价就好像是一个撬动学生学习动力的支点。选好了这个支点，老师就一定能撬动学生学习的积极性，让学生真正喜欢学习。”我由衷地再一次赞叹行老师这个绝妙的办法。

【旁观者言】

让每一个学生感受成功

个性化教育是“生本”理念的实质性诠释，是教育者目中有“人”，心中有“人”的教育。教育者的尊严，根本上来自对教育本质规律和学生发展规律的深切敬畏。学生是教之所以为教的本质定义者。每一个孩子都是一个独特的天才。其独特在于成长环境、成长道路、成长体验、成长结果的独一无二。成长是不能替代、不能复制、不能重复的。

个性化教育要求我们更加关注那些看不见的效果，每个孩子都重要，每一个人感受到“被重视”，不是“哪一个”“重要”、“优秀”，而是“每一个”“重要”、“优秀”，更关注“每一个”。让每一个学生都能够感受到信心、希望和成功，于是，我们所期待的学生的积极变化，便悄悄地自然发生了。

好学生不是“教”出来的

也许有人会说，“好学生不是‘教’出来的”这个命题是对教师教育智慧的贬低。但本文用一个孩子的真实故事说明了这样一个事实：好的学习习惯才是获得好成绩的法宝。因此，阅读这篇文章，也许你会发现，这个命题才真正体现了“教是为了不教”的最高境界。

在许多人眼中，小张是个绝顶聪明的天才，因为她在高中阶段先后获得数学、物理、化学三个学科全国竞赛的一等奖，以及全国中学生英语能力大赛特等奖。的确，不要说获得三个一等奖，就是获得其中的任何一个一等奖，对于绝大多数高中生而言，都是梦寐以求的。因为这对每一个高中生而言，意味着已经拿到了北大、清华等名牌高校的“通行证”。

然而，与小张同学交流之后，我却不得不说，小张取得优异的成绩，虽然与其天资聪慧不无关系，但更与其优良的学习习惯密切相关。之所以用这样一个标题来表达自己的观点，是因为好习惯不是“教”出来的。而好学生之所以好，是因为从小就在老师、家长的培养下养成了好的习惯，因而好学生不是“教”出来的。

特困生

写下这个标题，我想到了与其有关的另外一个话题："差生"是怎么来的？之所以对"差生"用引号，是因为"差生"这个名词容易引起歧义。因此，特别说明一点，这里的"差生"是指一定阶段成绩不太好的学生。

差生是后天教育的结果，理由是：差生不是先天存在的；成绩分化主要与学习习惯有关；成绩差距不断扩大，主要是因为相对落后的学生对学习兴趣逐渐丧失造成的。

几经思考之后，有了一个大胆的假设："差生"是"教"出来的。理由有以下三点：第一，每个人生下来后，并不存在谁优谁差的问题（虽然遗传因素对智力有影响，但这个因素并不是决定大多数学生优差的主要原因。因为研究表明，95%以上的人的智力差异是不大的）。因此，从一定意义上说，优差是后天分化的结果。第二，成绩优差的分化，主要与学生的学习习惯有关，而学习习惯与教师（包括孩子的第一任老师——家长）有着非常重要的关系。第三，学习成绩差距的不断扩大，主要是因为成绩相对落后的学生对学习兴趣的逐渐丧失造成的，同时与枯燥、乏闷的课堂教学不无关系。

越是考试，心态越自然

参加数学联赛的小张不进行紧张的赛前复习或训练，而是阅读古文。

事例之一：在参加全国数学竞赛联赛决赛之前的一天晚上，其他同学都在认真做着比赛前的准备工作，可唯独不见小张的踪影。原来，小张去附近的新华书店了，并买回了一本《周易全解》，仔细阅读。对此，带队老师并不着急，因为他了解小张的个性，知道小张越是大赛，心理状态越好。

"比赛前，你的心绪是不是特别宁静？"我开门见山。

"也不完全是。我只是不去想比赛、考试这些事情，想把自己的注意力转移到别的地方，让自己有一个平和的心态。"小张轻松地回答。

“老师没有要求你做赛前准备？”我双眼盯着小张问道。

“别那么看着我，好不好？”小张看着我的眼神有点紧张，“老师很信任我，对我很友好，一般不会强迫我做什么。我要感谢我的老师对我的宽容和理解。”

“老师对其他同学也是这样要求吗？如果老师对大家的要求都一样，为何其他同学却都在做赛前准备工作？”我紧追不舍。

“我们老师很民主，对大家一视同仁。”小张乐呵呵地说，“至于他们为何要那样，这得问他们自己吧。我觉得，可能是他们对自己不大放心。”

良好的心态，是考试正常发挥的前提。心态过于紧张，对于考试没有任何意义。

“这么说，你每次考试都对自己很放心啦？”我并不想让小张这样敷衍我。

“那也不是。”小张眨巴眨巴眼睛，然后一字一板地说道，“只是觉得，心态过于紧张没有意义。赛前准备只是图个心理安慰。与其这样，还不如转移注意力，让自己的身心放松一下。考试或竞赛时，才能让自己的能量充分释放。这是我从小养成的一种习惯。心态不自然，考试肯定考不好。”

睡眠好，才能学习好

小张睡得早，起得早，睡眠质量特高，因此学习状态好，效率也特别高。

事例之二：与小张同宿舍的同学都知道，小张是睡觉最早的同学。每天晚自习之后，小张总是第一个回到宿舍，而且总是第一个做完休息前的准备工作，进入休息状态。一位同学这样说道：“一般情况下，她每天十点前一定会入睡，也就是，当我们同学回到宿舍的时候，她已经睡着了，而且睡眠质量特高。”

“你不会说，睡觉早也是一种习惯吧？”我不想让小张又用习惯来搪塞我。

“当然是习惯。”小张随口说道，“我不仅仅睡得早而且起得早。从小到大，我每天都按时入睡，按时起床。非常有规律。包括周末、节假日甚至除夕夜我也会按时作息，到点就睡。”

“看来你不是那种靠抓紧每分每秒的时间来取胜的学生。”我换了个角度问道。

> 睡眠好，就能保证头脑高效运转，因此高质量的睡眠是提高时间利用效率的关键。

“人人都知道，时间的利用效率是第一重要的。但能不能提高时间利用效率，睡眠质量是关键。睡眠足够，头脑保持清醒，才能保证头脑每一分每一秒都高效运转。如果哪一天我没有睡好，心情会特别烦躁，第二天的学习效率会很差。”小张又一次避开了我的话题。

“你觉得，睡眠时间和生物钟有没有关系?”我想了解小张按时作息习惯养成的方法。

“我没有研究过这个问题。”小张笑眯眯地摇了摇头后，接着说，“只记得初中时有个老师告诉我，大脑兴奋状态最好的时间每天有三个时间段：9：00—11：00，14：00—16：00，19：00—21：00。这段时间正好是我们的上课和上自习时间。我自己也感觉到，这三段时间思考和理解问题的效果最佳。因此，我非常重视这三段时间，对这三段时间的利用效率非常重视，这对提高学习成绩非常重要。”

> 充分利用生物钟的关键时段，就能保证高效率学习。

预习是高效率学习的关键

> 上课不能只是全神贯注地听老师讲解，而要带着问题思考、学习，才能有效提高课堂学习效率。

事例之三：小张的物理老师说，小张上课一般只听5—10分钟，其余时间都游离于课堂之外，不是在做练习，就是在思考问题。开始时，老师还提醒她要注意方式。后来，老师发现，规劝她没有任何意义，因为允许她这样学习，她的效率才会更高。不仅物理课如此，其他课也如此。

“你上课只听几分钟？不会吧？”我有点吃惊。

“呵呵。我喜欢高效利用时间。”小张笑道，“我只听我不懂的内容，其余时间我就把练习和作业全部做完了。”

“作业做完了，那你自习时间不是没事干吗？”我追问。

“怎么会？”小张的回答非常简洁，“自习时间可以总结一下当天学习的内容，看看课外辅导资料等。”

“你事前知道哪些内容自己不懂？是靠预习吗？能不能介绍介绍自己的经验？”我一口气连续问了三个问题。

提前消化理解内容，可以使自己在课堂上游刃有余，应对自如，因此预习是非常重要的学习方法，是高效率学习的关键。预习有三种类型：学年前的系统预习、周前的阶段预习、课前的适应预习。

“那当然。知己知彼，方能百战不殆。”小张自信地回答，“预习是非常重要的学习方法，是高效率学习的关键。我的预习一般分三种情况。第一次是学年系统预习。一般暑假前，我会把下一年度的全部功课预习一遍，在这次预习中，我基本上知道哪些内容必须通过听课来搞懂，并在书上做了记号。第二次是周前阶段预习。就是周末用一到两个小时预习，把下周的主要学习内容再预习一次。第三次是课前适应预习。就是利用课前几分钟时间再看看这节课的主要内容，知道上课时该重点关注哪些内容。我要说明的是，在上课前一天预习是预习，在学年开始前预习也是预习。所不同的是，课前预习是被动的，常让人疲于奔命，应接不暇；而学年系统预习则是积极主动的，有着充分的灵活性。”

“在你看来，预习都有哪些好处？”我试图了解小张预习的效果。

“预习能够提前消化、理解预习的内容，可以使自己在课堂上游刃有余，应对自如。如果预习了，听课就不再是被动接受，而变成了一种欣赏、一种享受、一种评判，自己也就有了一份超然的洒脱与自信。”小张看似漫不经心，却胸有成竹，“时间不够、能力有限，不能成为逃避超前高质量预习使听课不再是被动接受，而成为一种欣赏、一种享受、一种评判，自己也就有了一份超然的洒脱与自信。

学习的理由。舍得挤出时间、匀出精力，在暑假时完成一年的预习，就能保证上课的高效率。”

“其他同学也预习，但未必都会像你一样，听几分钟的课就能明白。”我猜测这只是小张这样的聪明学生预习才能达到的效果。

“只要认真预习了，不理解的内容不会很多。我相信，对于大多数同学而言，这都是能够实现的。”小张非常肯定地说。

“大家都预习了，老师每节课就只要讲几分钟了，上课时间就不要那么长了。”我对小张的说法还有点怀疑。

“呵呵，老师讲多长时间、每节课上多长时间那不是我们学生说了算的。”小张又绕起了弯子，“但我相信，如果老师教同学学会预习，一定会提高效率，上课一定会轻松很多。”

教师应该主动总结高效率预习的方法。学生学会预习，教师上课也会轻松很多。

“呵呵，总是给我绕弯子。”我笑了笑，继续说，“预习的习惯你是什么时候养成的？有老师指导你吗？”

“如果老师能有意识地培养，那该多好呀。”小张不无遗憾地说道，“预习是我上初中时养成的习惯，这种习惯完全是自己在学习过程中摸索积累的结果。”

千万不要在不想学习的时候去学习

小张不到学习时间，是不会学习的，而且从不缺体育、音乐课。

事例之四：在小张的同学眼中，小张绝不是个书呆子，而是特别喜欢“玩”：不到自习或上课时间，小张从来不进教室，总是在教室外面转悠、活动。自习下课铃声一响，小张总是第一个离开教室。另外，她从来不会因为竞赛培训等理由，缺席体育、音乐课。

“你的时间观念那么强，不到时间不进教室?”我有点不相信自己的耳朵。

“呵呵，还是那句话，不是看你利用了多少时间，而是看你利用时间的效率有多高。”小张采用的依然是迂回战术。

“你对挤时间怎么看?”我想从另一个角度了解小张的想法。

“我想，强调挤时间是相对大人来说的。”小张还是绕开了我的问题，“我们学生不同，天天在学校，主要任务就是学习，不需要挤时间学习。相反，我们要挤时间玩、锻炼、听音乐。只有心情愉快，头脑清晰，才能有高效率。”

> 挤时间学习的“钉子”精神适合于成人。学生在校学习，不需要挤时间学习，而要挤时间玩，因为这样才能心情愉快，头脑清醒，也才能保证高效率。

“同学们都说，你有一句名言，‘从来不要在自己不想学习的时间去学习’，能不能给老师解释解释?”我只好回到主题。

“呵呵。那是他们瞎说的。”小张做了个鬼脸，继续说道，“不过，我觉得这句话很有道理。不想学习时，哪有高效率呀。”

> 儿童是天生的学习者。只要能轻松、愉快地完成学习任务，每个学生都会喜欢学习。

“那很多同学就会说，我从来不想学习。按照你的意思，这些同学就不要去学习了。”我用这样的话语质疑小张的做法是否值得推广。

“那是因为他们前边的基础没有打好，学习没有乐趣。我相信，只要同学们能比较轻松地完成学习任务，他们一定会喜欢学习的。”小张毫不犹豫地说。

“每道题都做完，我一定学不好!”

事例之五：许多老师说，小张有不完成作业的习惯：对每一道题都是看一看、想一想，最多用笔写一写，没有几道题能全部认真做完。在练习方面，小张还有一个特殊的爱好，就是

> 小张从来不会认真完成作业，还有一个爱好：就是改造习题。

特别喜欢改造习题：凡是遇到比较难的题目，小张总喜欢把题目改一改。或者换几个要素，或者增减几个要素。

“你从来都不认真完成作业，为什么成绩却那么优秀？”我又一次瞪大了眼睛。

“我要是每个作业题都按老师要求的认真完成，我就学不好了。”小张的回应出乎我意料。

“照你这么说，认真完成作业反倒学不好？”我吃惊之余，难免有点怀疑。

到了高中阶段，每道题目的计算都很烦琐，这样的机械劳动无助于学习效率的提高。

“不要曲解我的意思嘛。”小张这下有点着急了，“我说的是，按照老师的要求认真做完每一道题目，我肯定学不好。尤其对于理科学科而言，每道题的计算那么烦琐，计算出来需要时间，我觉得，这样的机械劳动对于提高学习效率没有多少好处。这样做，我的时间耗不起。可能我对认真完成作业这件事，跟老师的理解不一样：我以为，这道题我搞明白了，把相关知识点搞清楚了，能够搞清题目的意图，就是认真完成了。并不一定要按部就班地把答案完全写出来。”

“啊，不把答案计算出来也算认真完成？”我的脸上写满了问号。

“其实，以前的基本计算我们只要过关了，考试时只要认真做，计算应该不会出问题。”小张似乎并没有直接回答我的问题，“即便出问题，靠机械训练也解决不了。因此，把每道题都计算出结果来，大可不必。”

“你不计算出结果来，怎么知道自己是否正确呢？”我刨根问底。

“我想，只要自己把问题的解题思路搞清楚了，这点判断一般人还是应该有的吧？”小张反问我。

看我不作声，她继续说：“除非你自己就很糊涂，你都不知道自己的解题思路对不对，非要通过计算结果来帮助自己判断。如果这样，这道题即便是正确的，又有多少意义呀。”

“考试时是按步骤给分的。平常不训练，考试时能做到按部就班吗?”我对小张的回复并不满意。

“其实，解题程序写清楚就可以了，未必都要严格按照什么规范来做题目，再说每道题都练规范也太累了吧。此外，解题规范，不需要通过每道题来训练，适量做一些就可以了。”小张想了想，接着说，“也可能是阅卷老师怕你是抄的答案，才要求考生做题步骤完善。我觉得，解题并不一定每一步都要写得清清楚楚，你只要让阅卷老师明白你的思路，不要太简化了，就应该可以了。是不是老师过于强调这个规范、程序了？我从来没有训练过什么解题程序，但考试成绩也不差呀。”

> 解题程序、解题规范是为提高解决问题能力服务的，不一定非要按照僵硬的规定或教师认可的规定去做，只要思路清晰，符合逻辑就可以了。

“那你遇到题目一般怎么处理?”我对小张完成作业的方法产生了兴趣。

> 对待练习的三个方法：一看就明白的，一扫而过；看了后，经过认真思考，能搞明白的，一般不动笔；看了后，动笔尝试解决就搞清楚的，会认真总结题目的规律性。

“打眼一看就明白的，一扫而过，绝不浪费时间；看了题目后，不大明白的，经过认真思考，能搞明白的，一般不动笔；看了题目后，搞不清楚的，认真思考、查阅资料后，动笔尝试解决就搞清楚的，我会认真查找题目背后的知识能力问题；动笔几次还搞不清思路的，这类题目是自己无法解决的，我一般不会多思考。此外，第二、第三种情况，我会简单总结一下做这类题目的规律。”小张总算直接回答了一次我的问题。

“呵呵，你也有不懂的题目？你说的这四种情况，你都很少动笔写了?”我温和地问小张。

“我当然有不懂的题目，要不我就拿到国际奥林匹克数学、物理、化学竞赛金牌了。”小张明确地告诉我，“我觉得，到了高中阶段，重要的是解题思路。这时还每题都动笔写清楚，太浪费时间了。”

> 练习的重点是理清思路，不宜在计算和具体步骤上浪费太多时间。

“不懂的题目，一般不认真思考？那不是这类题以后做不了了?”我还是没有走出认真完成作业的怪圈。

动笔几次还搞不清思路的，说明超过能力范围，一般不用多费力思考。

“经过多次认真思考，题目还做不出来，这种题目的难度就超过了自己的能力范围。超过能力范围的题目，还去琢磨，也是浪费时间。当然，有时可能是一时没有掌握技巧，放一段时间，也许就会解决。没必要一根筋地花大量时间琢磨。”小张不厌其烦地解释道。

“听说你有改习题的习惯。能不能讲讲看？”我想起了别人给我介绍的小张的另外一个优点。

“那是初中时养成的习惯。”小张回忆道，“改一个简单的题目，等于做了许多个题目，让我们的思维更活跃。我的第一个物理老师经常教我们把一个简单的题目改成复杂的题目，而且比赛谁改得好，还要求这方面做得好的同学亲自到台上讲改的办法和思路。从此，我就养成了这个习惯。遇到刚才我说的第三种情况，我一般会尝试改一改题目。我觉得，通过不断变换题目，才能做到举一反三。”

“你们老师怎么确定谁改得好？”我想进一步了解她的老师是如何激励学生改题的。

“比如，本来有两个隐含条件，你改成了三个隐含条件或者更多隐含条件，就说明你改得不错。有时，我们会比谁改的题目有挑战性。说出来，你可能不相信，有时自己改的题目，自己都做不出来。后来，我琢磨，为什么我们那个班的物理成绩比别的班好，就是因为经常进行这样的训练。训练多了，同学们都知道试题是怎么出的了，难题对大家来说也就不困难了。我觉得，每个老师要是都像我们那个老师一样教学，同学们就都会学得很好。”小张对老师的敬佩之情溢于言表。

改题目，就是增加题目的隐含条件。不断改一个简单的题目，等于做了许多个题目，也活跃了思维。

深刻教训换来了良好习惯

与小张同学交流结束后，我与他的班主任赵老师攀谈起来，试图通过与他的交流，探讨小张的学习方法。

赵老师没有给我谈很多东西，只是给我讲了一个发生在小张身上的故事：

> 与小张的班主任攀谈之后，才明白了小张这些习惯形成的原因：是用学习成绩下滑的教训换来的。

那是小张刚上高一不久的事情，数学任课教师郑老师找到赵老师，告诉赵老师，小张上课不认真听讲，作业不按时完成，要求赵老师给小张做做思想工作。听完郑老师反映的情况后，赵老师说："在上数学课时，让我观察观察小张的状态，再来和你一起研究解决的办法。"

之后，赵老师仔细观察小张在数学课以及自习课的表现。结果表明，和郑老师说的情况基本一致：上课不认真听讲，总是在思考问题，从来不认真完成作业。

于是，赵老师与小张进行了交流，并对郑老师谈了自己的看法，希望郑老师能理解小张的做法。但郑老师觉得赵老师是在袒护小张，并要求赵老师抱着对学生负责的态度，教育学生改变自己的不良习惯。

无奈之下，赵老师把小张和郑老师约到了一起，把郑老师的要求说给小张听，希望小张能理解郑老师的想法，小张却不以为然。

见状，赵老师对小张这样说道："要不你先按郑老师的要求做一做，一个月之后，如果效果不好，你再按照自己的做法学习。可以吗?"说完，赵老师征询性地看了郑老师一眼，又看了小张一眼。

虽然郑老师不大理解赵老师的用意，但还是点头答应了他的想法。但小张却不同，她一边望着赵老师的脸，一边瞪大了眼珠，似乎在说，你怎么会给我提出这样的要求。

看到学生满脸的委屈，赵老师只好这样说："你就给老师一个面子，好吗?"

好学生
良好习惯

出于对赵老师的尊重，小张只好答应了。

从此，虽然小张按时完成作业，也认真听数学课，但再也不像一个月以前那样活泼可爱了，学习成绩也直线下降。

看到小张这样的变化，郑老师只好接受了赵老师的要求，同意小张按照自己的学习方法去学习。于是，小张又恢复了活力。

“这么说来，小张的学习习惯都是赵老师您‘惯’出来的?”我打趣道。

坐在旁边的赵老师点了点头缓缓说道：“是呀。我认为，老师在任何时候，都不要低估学生的创造性。老师一定要认真观察学生的学习习惯，尊重学生良好的学习习惯。而不是轻易地否定学生的学习习惯，更不要以为自己的要求和方法是最好的。”

教师在任何时候，都不要低估学生的创造性。

【旁观者言】

教得其法与学得其法

如果有人说，他培养出了几位北大、清华状元，我是不以为然的。如果非要回应，那就是，“有人”根本不懂教育。

本文提供了一个最好的自主学习的案例。好学生的位置在哪里？其实就在自主学习那里。学习在本质上是个性化的。学会学习就是学会自主学习。自主是生命活动和存在的方式，不需要教育去发展，教育就在于为个体生命的自主发展创造所需要的条件，让生命自主、自由地发展。

教育的核心目标是教会学生学会学习。充分尊重、相信和关心学生，调动和培养学生的独立自主性，解放学生的全部心理机能和精神力量，依靠学生自身心理动力机制，促进学生潜能发挥，学习方式获得改进，学业自然取得成就，这样，我们看到的才是一个真正的学习的主人。

学生学会学习了，这个时候，教师的位置在哪里？聪明的赵老师选择了示弱，似乎选择了站在最优秀的学生身后。于是，我们发现，对于“超级学生”的引导，示弱是最好的教育方式。给他空间，自然生长，于是各得其位，学生的发展空间全面敞开。

“我给学生打包票”

——家校对话之一

为增强学生与家长之间的了解，董老师召开了别开生面的学生与家长系列对话活动。本文是第一次对话的情况。这次对话主要围绕对待家长、对待孩子的态度及孩子之间的异性关系等话题展开。

董老师是一个数学教师，在某城市重点中学任教，他给我讲的是一个家长和学生对话会的案例。

由于学生与家长之间缺乏理解、沟通，他担任班主任的初二某班常常会出现家长与学生之间相互抱怨的情况。为了扭转此种局面，他组织召开了学生与家长的系列对话会。

“为了使会议更充分有效地进行，我事前给学生布置了一篇作文，题目叫《爸爸妈妈，我想对您说》。”董老师开门见山说明这次对话的缘由，“为了把这篇文章写好，我要求学生根据实际，分四种情况写作：一是爸爸妈妈经常和自己谈心，把自己当朋友一样对待，自己很开心；二是爸爸妈妈很关心自己，但从来不跟自己沟通，心里话无法跟父母倾诉；三是爸爸妈妈只过问学习成绩，对其他事情不闻不问，自己很少与父母沟通；四是爸爸妈妈从来不过问自己任何事情，自己根本无法和父母沟通。”

“你不是语文老师，布置学生写作文，会不会有越权之嫌？”我半开玩笑半认真地问道。

“难道你认为只有语文老师才能给学生布置作文?”董老师微笑着说道，“我觉得，每一个学科的老师都可以让学生写作文，比如学写学科日记、学科试卷分析、学科学习方法心得等。”

“你让学生写《爸爸妈妈，我想对您说》的初衷是……”我进入正题。

还没有等我说完，董老师就接过了话头：“我最初的想法是，通过孩子们叙说自己与父母沟通的困难，让家长深入了解孩子，多与孩子沟通。”

“那你觉得学生的作文跟你事先的设计有差距吗?”我接着问道。

“不但有差距，而且差距还不小。学生们写的都是一些自己和父母沟通时发生冲突的故事，而且很有典型性。我觉得，家长和孩子之间的冲突多数是理解角度不同引起的。为此，我改变了主意，由当初准备让孩子们把文章带回家给家长看，再由每位家长和自己的孩子单独交谈，变为举行全班孩子与家长之间的对话活动。对话的学生主要是几篇不同类别文章的作者，这几名孩子的家长则是对话的家长代表。其他学生和家长可以通过这种对话受到启发，也可以即时发表看法。”董老师作了进一步解释后，开始讲述第一次对话活动的情况。

对话前的忠告

对话活动是在某一周的周六下午举行的。

几乎每一位学生的家长都参会，还有不少是父母亲同时参会，甚至一些孩子的爷爷奶奶也来到了会场。

活动开始前，董老师给家长和学生说明了此次对话活动的意图：“今天，我们举行一次家长和孩子的对话活动。对话活动的起因是，家长和孩子都抱怨对方不理解自己。孩子们为了这次对话活动做了充分的准备，每个人都写了一篇《爸爸妈妈，我想对您说》的文章。本来这些文章应该给各自的家长看，但我觉得孩子们谈到的问题具有一定的普遍性。因此，在征得了孩子们的同意后，我决定把对话活动拓展到全班，以便全班的每一位同学和家长都能从中受益。由于时间关系，我们只能选择其中几篇有代表性的文章的作者作为学生一方的代表，而家长一方的代表则主要是这些孩子的家长，其他同学和家长可以补充发言。对话的方式是，孩子先谈自己的感受，然后，孩子的家长再谈自己对孩子感受的看法和意见。等孩子和家长的对话结束后，其他家长和孩子再补充发言。其他同学写给父母亲的信都在桌面上，请各位父母亲回家后再打开看。大家同意吗?”

看大家纷纷点头表示同意，董老师继续说道：“大家既然认同这样的看法，我再提三个建议，一是孩子写这封信时是有顾虑的，害怕家长看了后不理解、生气。我告诉孩子们，我们的家长都是通情达理的，都是真正关心大家的，只要你们真心对待家长，说出真心话，即便有些说法不一定都会得到家长的认同和支持，家长们也会理解我们，也会正确对待我们。我相信，家长们一定会支持我的观点。二是孩子们已经上中学了，接触的信息量很大，是非判别能力正在形成，不会因为我们是家长就会认同我们的观点，他们对事物的判断可能有偏差，但纠正这种偏差不能采取压服的办法，只能晓之以理，因此，家长和孩子进行朋友式民主对话，是非常必要的。我相信，只要我们的家长正确对待孩子们信中所说的问题，给孩子摆事实、讲道理，孩子们一定会认真听取家长的意见和建议，而且，这有助于培养孩子的民主意识和思辨能力。因此，我希望这封信是一个契机，一个家长和孩子平等交流的契机，一个建立民主型亲子关系的契机。三是学会倾听是一个现代人必备的素质。孩子们能不能倾听别人的意见与建议，和我们家长、老师的行为有着直接的关系，如果我们能够认真倾听孩子们的心声，从内心深处理解孩子，我们的孩子就会在耳濡目染中慢慢养成这一良好的现代习惯。我相信，家长们一定会倾听孩子的心声，并真诚发表自己的看法。”

学生与家长之间对话，一定要营造良好的对话氛围。因此，对话之前，董老师给家长提了三点要求：一是家长要多理解孩子；二是家长们要用民主式对话和孩子交流；三是希望家长能倾听孩子们的想法。

设法解除孩子的顾虑

“你事先没有告诉家长这次对话的内容?”我认为董老师的做法未免有点唐突。

“没有。因为如果事先告诉家长哪个孩子要发言，家长可能会干预孩子的发言。这样，有的孩子可能就不愿意讲了，或者讲的内容就不那么真实了。此外，如果家长们做了准备，对话活动现场的效果也会大打折扣。”董老师认真地说。

“孩子们事先就没有顾虑吗?”我话锋一转。

“怎么会没有顾虑呢?要不是我给孩子们打了‘包票’，孩子们没有几个愿意上台讲的。”董老师的回答与我想象的基本一致。

“你给孩子们怎么打的‘包票’?”我想知道董老师是如何解除孩子们的顾虑的。

“我告诉孩子们：请大家相信老师，这次活动之后，我保证家长不会抱怨你们，更不会批评你们。你说，除了说这个话以外，我还能说什么呢?另外，我觉得，老师应该充分相信家长。”

> 对于与家长的对话，孩子们一定会有各种各样的顾虑。为此，董老师事先给孩子们打了“包票”：家长们一定不会抱怨你们，更不会批评你们。

讲到这里，董老师看了我一眼，接着说道：“班会开始前的那番话，既是为了解除孩子们的顾虑，也是对家长的一个忠告。我想，我讲的那些建议，是真诚的，也是为了更有效地教育孩子，家长们应该会理解的。当然，我也对部分脾气不好的家长有所了解，事后还会分别跟他们进一步交流，以免发生意想不到的情况。”

态度粗暴是家长无能的表现

就家长与孩子交流的方式以及家长对待孩子的态度，家长们畅所欲言，各抒己见。

同学S首先上台发言："上次测验结束后，看着其他同学纷纷向家长报告自己的成绩，而我却始终不敢拿起电话讲给父母听。因为我担心，父母知道我的成绩不好时会生气；我也害怕，怕父母因此而打我。回到家里，我看着父母亲阅读试卷的表情，心里直哆嗦。每当考试时，我的心就怦怦直跳，担心考不好，而越是这样，就越考不好。有时，我真的想离家出走，但我不能，因为这毕竟是我的家呀。我不想回家，是因为我怕见我的父母。我只想对父母说一句话：请你们给我一点自信，给我多讲一些道理，而不要用武力相逼。"

听完孩子的发言，S的爸爸上台说道："这样对待孩子，态度是有些粗暴，应引以为戒。然而，孩子应该理解大人，家长含辛茹苦将你们养大，你们学习不认真，成绩提不上来，家长怎么能不着急?"

这位家长说完后，其他家长先后发表了看法：

"关注孩子的学习，不能只关注考试成绩，更重要的是要注意观察孩子平时的学习状况，帮助孩子采取补救措施。考试后施加压力，并不能从根本上解决问题。"

"说起来容易，做起来难，家长也不是什么都懂，怎么帮他们补救呀?"

"一些孩子一味地强调，家长态度要和蔼，要讲究方法，不要发脾气。但对自己却放任自流，把要求降得很低，甚至连完成作业，都要家长多次催促。"

"孩子毕竟是孩子，他们中的一部分自制力不强是完全可以理解的。家长提醒、督促孩子是应尽的义务。当然，孩子也不能太过自由。"

"家长现在面临的压力很大，不但要竭尽全力做好本职工作，处理各种关系，参加各种应酬，而且还要操心孩子的学习。我觉得，家长有点

脾气很正常，特别是孩子成绩不好的时候。”

“我们的孩子也不轻松，起床最早的、睡觉最晚的都是我们的孩子。孩子的成绩不好，也不是一时三刻就能改变的，我们家长应该多理解、体谅孩子。”

“孩子也要替大人想想，社会竞争这么激烈，没有文化、没有知识，以后怎么直面这种竞争？”

……

时不时训斥孩子，动不动对孩子施以拳脚，会使孩子的自尊心受到伤害，也会严重影响孩子的性格。

“刚才，各位家长分别谈了自己的看法，我也很受启发。我相信，同学们听了后一定会有所触动，也会更加理解我们的家长；家长们也一定会从中汲取有益的成分。我在这里提醒各位家长，请大家思考这样一个问题：给孩子过大的心理压力，孩子们就能搞好学习吗？毕竟孩子和我们成人的心理承受能力不同。我觉得，关心孩子，对孩子负责，是每个家长的责任。因此，作为父母，应该尊重孩子的人格，时不时训斥孩子，动不动对孩子施以拳脚，会使孩子的自尊心受到伤害，也会严重影响孩子的性格。即便通过施加压力或施以拳脚，孩子的行为有所收效，但这种收敛也只是暂时的。以理服人，才能使孩子自觉服从家长的教育。”在家长们讨论的过程中，董老师夹杂着谈了自己的看法。

多一份信任，就多添一份力量

“你不担心这个家长对话结束后对孩子拳脚相加吗？”我很担心那位家长的行为。

孩子和家长之间没有本质的对抗性矛盾，只要双方加强交流和沟通，冲突就会减少。

“我觉得孩子和家长之间没有本质的对抗性的矛盾。家长的态度粗鲁除了方式问题外，主要原因是缺乏对孩子的理解。只要双方加强交流和沟通，这种情况就会减少。因此，这样的对话对加强家长与孩子之间的沟通和交流是非常必要的。另外，这样的交流结束后，家长对孩子的态度会有所收敛的，毕竟他们会有所顾忌。事后证明，确实没有发生你所担心的事情。当然，这与我活动结束后，跟这位家长作了进一步的交流有一定关系。”董老师微笑作答。

“在我国，家长和孩子之间毕竟不是平等的。这样的民主对话，形式固然不错，内容也很精彩，但效果如何，我觉得应该打个问号。”我把自己的疑问和盘托出。

> 虽然转变观念的过程很漫长，但教师唯一能够做的是，用现代教育观念引导、影响、改变家长。

“你的担心不无道理。但是，社会在进步，家长的观念也在进步，我们应该对改变这种状态抱有信心。我们唯一可以做的就是，用现代教育观念引导、影响、改变家长，而不能因为家长观念落后，就去迎合他们，虽然这个过程是漫长的。”董老师的语气非常坚决。

> 争论本身就是一种相互交流、相互理解的过程，有分歧很正常，没有必要解决分歧。

“家长们之间也有分歧，你没有试图解决这些分歧?”我对家长会上没有结论的争论有点不放心。

“争论中有分歧太正常不过了。争论本身就是一种相互交流、相互理解的过程，没有必要解决这些分歧。你敢说争论过程中，争论者之间没有受到相互启发？而这正是我所要达到的目的。”董老师没有正面回答我的问题，但似乎也给出了答案。

并不神秘的异性关系

第二个发言的是 W 同学，是个女生。她说：有一次，我的一个男同学打电话找我，爸爸再三盘问后，才让我接电话。事后，爸爸告诉我：“今后，再不容许男同学打电话到家来。”其实，那位同学来电话，是与我商量作业中的问题。此后，同学们都不敢给我打电话了。我

> 孩子与异性之间的交流，始终是家长们密切关注的话题。

知道，爸爸担心我出问题，特别是现在社会很复杂，一些同学是非观念不清，男女同学关系更难处理。然而，只要我们谨慎行事，我想，我们还是能处理好的。我很感谢爸爸的关心，但我更希望爸爸能给女儿多一点信任。

听完女儿的叙述以后，孩子的妈妈急忙上台替丈夫辩护："难道你们每次打电话都是只谈学习问题吗？嘻嘻哈哈、随意聊天的时候还少吗？你能不能站在家长的角度想一想呢？"

"我不赞同这位家长的看法。试想，我们大人打电话都是谈正经事吗？不也有聊天说笑的时候？孩子们在交流学习的时候，开两句玩笑，说一些闲话，没有什么不妥。因为部分孩子和异性同学交往方式有问题，就限制孩子之间的交流或者监视孩子的交流，这种做法就更没有道理了。"这位家长显然和上一位家长的看法不一致。

孩子与异性交流是正常的，处理得当，一定会有益于孩子的身心健康。注意观察孩子的言行，晓以利害，是处理异性交往问题的务实做法。

接下来，家长们你一言，我一语，争先恐后地发表自己的看法：

"我不同意把孩子的闲聊与家长的闲聊进行类比。家长毕竟是成人，时间相对充裕，孩子们能这样吗？当然，孩子们之间在电话中说说笑话、聊聊天也未尝不可。但必须进行适当地限制，因为他们的自控能力较弱，有时候会没完没了地聊。"

"现在的孩子受西方文化的影响较深，与异性同学的接触也容易出问题。家长难做呀。不管吧，担心孩子出问题。管吧，又说方法不民主。唉！"

"我们不能因为部分孩子在这方面出了问题，就限制、阻碍他们与异性同学之间的接触。而应该多跟孩子谈心，教给孩子处理此类问题的办法。"

……

待家长们的发言告一段落之后，董老师说道："家长们从各自的角度谈了自己对孩子交往的看法，都有一定的道理。我想，同学们听了后，一定会有很多的感想，希望回家后继续跟自己的家长交流这方面的看法。

我觉得，孩子与异性同学之间的交往是正常的，处理得当，还会有益于孩子的身心健康成长。对孩子与异性的交往强加干涉、限制，是不妥当的。事实证明，限制、阻拦只能引起相反的效果，拳脚相加更无济于事。注意侧面观察孩子的言行，给孩子晓以利害，说明与异性同学交往应注意的问题，才是务实的做法。当然，学校也要进一步加强这方面的教育，对于有与异性同学交往过密现象的同学，家庭和学校要加强交流，及时进行疏导。”

绝不能坐等社会文化改变

“家长之间会不会因为争论而引起误会?”待董老师话告一段落后，我问道。

“我不相信，家长之间会因为教育孩子方法的不一致而引起误会。因为大家的目的是一致的，那就是通过交流，提高家庭教育的水平，掌握教育子女的艺术。再说，目标一致，有不同看法，也很正常呀。”董老师毫不犹豫地回答。

> 虽然社会文化尚不足以支持孩子与家长之间的民主、平等对话，但教育工作者不能坐等社会文化的改变，而应该用先进的教育文化来影响、引领甚至改变社会文化。

“不知你注意没注意到，对话中孩子是被动的，几乎都是家长的声音。我觉得，这次对话活动的氛围不是很浓厚。”我想就“对话”本身听听董老师的看法。

“是的，你提的这个问题很尖锐。事实上，由于多种复杂的因素，在我们国家，孩子与家长之间的不平等是显而易见的。我们不可能一夜之间就改变这种文化氛围，就让孩子与家长之间进行民主、平等对话，但也不能因为没有这种‘土壤’，就不去尝试改变这种落后的状况。因此，教育工作者不能坐等社会文化的改变，而应该用先进的教育文化来影响、引领甚至改变社会文化，为孩子们的健康成长创造更加有利的条件。”董老师慷慨激昂地说。

“孩子们之间的异性交流，如果不能正确引导，很容易发展为‘早恋’现象。你能否再深入谈谈对他们之间的异性交流的看法?”我对“异性交流”的话题比较感兴趣。

> 也许有那么一天，我们的社会和家长会对中学时代的恋爱现象采取开放、务实的态度。

“这是一个老生常谈的话题。其实，孩子进行异性交流是非常正常的，绝不是洪水猛兽。我们年轻时，不也对异性有好感吗?不也希望了解异性吗?不也有冲动的时候吗?为什么我们大人不能换位思考呢?西方国家青少年异性交流密切，不少学生在中学时代谈恋爱甚至发生性行为，并没有引起多大的社会问题，也没有导致学生整体素质的下降，更没有因此而导致国家创新能力的下降。我这样说的目的，并不是允许、支持中学时代早恋甚至发生性行为，而是想从另外一个侧面说明，中学生的异性交流不会产生特别严重的后果。其实，我们国家的观念也在改变，以前大学校园里发生同居现象，肯定会受到处分甚至被开除，现在法律上都允许在大学时代结婚、生孩子了。也许有那么一天，社会和家长会对中学生谈恋爱现象采取开放的态度。”董老师对这个问题的看法与很多教师的看法不完全一致，似乎很特别。

“呵呵，你的眼神不对呀。怎么样，是不是觉得我有点异类?”看我瞪大眼睛想知道下文的急迫心情，董老师不慌不忙地说，“我的个人看法，孩子们处处感情、谈谈恋爱没有什么不妥。限制谈恋爱没有任何意义，因为你不可能把孩子们所有的空闲时间都卡死。一个学生曾在我所在的重点中学组织过一次无记名调查，结论是，60% 以上的高中学生谈过恋爱，90% 以上的高中学生认为谈恋爱很正常。而学生的学习和身心健康并没有因为谈恋爱而下降。这说明什么?说明谈恋爱不会影响孩子的学习。因此，面对客观现实，学校、家长的正确做法是，不强加干涉、限制，而要加强正确引导，个别做好思想工作，再加上必要的青春期教育。只要我们这样做，问题不至于那么严重。”

【旁观者言】

先从教育的高地走下来和孩子并立

一个时代的来临总是以一种新的方式重新建构一种新秩序。信息化让整个世界变成平的，也让教育者和受教育者站在了同一条水平线。

信息时代，信息的传播方式有了颠覆性的变化。以往，老人们会说这样的话教育子女："我走过的桥比你走过的路还多。我吃过的盐比你吃过的饭还多。"而如今，孩子们会义正词严地质问父母："你懂什么？"

在这个信息爆炸的时代，年轻人更具有了获取信息的优势，在一些新的文化传播方式以及潮流面前，他们反而占据了高地。

如今，我们正处在从前喻时代向后喻时代转折的时期，在高新科技不断发展的数字化时代，出现了年长者需要向孩子学习的文化反哺现象。正是在这个意义上，我们说，其实对话、倾听，往往比说教更重要。

在后喻时代，身为长辈，还能做些什么呢？长辈依然有其责任，仍需要对子女的价值理念、人生观有一个传承式的引领。对信息的删选、收纳，仍然需要长辈以阅历、经验、历史积淀对他们进行一个正面的引导。但是，请家长们先从教育的高地走下来，和孩子平等地站在一起。

怎么会输在起跑线上？

——家校对话之二

第二次对话，家长和学生围绕节假日给学生补课，公布学生考试成绩、排名，以及开展“奥赛”辅导等问题展开。由于孩子和家长之间没有建立民主的亲子关系，对话活动中，孩子始终是弱势群体。

补还是不补，这是个问题

家长不惜重金，利用假期时间给孩子补课，但孩子非但学习没有进步，反而还产生了厌学情绪。

第三位上台的是Y同学，他对家长布置的其他学习任务既反感又无奈："妈妈，上六年级时，你怕我在初中赶不上，不惜花费大量时间和金钱，陪我周末去读奥数和初中数学，等待我的好像就是没完没了的练习题。本来我对数学还比较感兴趣，但由于奥数课和初中数学课好难，以及太多的练习，让我特别反感数学学习，并使我对初中学习的向往都没有了。别的同学接到重点初中的入学通知书都非常高兴，而我却一点都高兴不起来。我好怕上初中，更怕上重点初中。初一第一学期期末考试，我的数学成绩不但没有按照你的愿望成为优等，而且其他学科的成绩也不大好。我知道，妈妈希望我多学一点知识，能考上好大学，但我却让妈妈失望了。妈妈，你心里不高兴，我也很难受。儿子不争气，希望妈妈原谅。"

最后，Y同学痛苦地说道："我还能学好吗？老师、爸爸、妈妈，你们能帮帮我吗？"董老师知道，这句话在他的作文里没有，是他"临场"发挥的。他的眼睛里好像透露出无望，但却饱含着期待。

教师不是裁判

"现在生活中这样的例子确实不少。"我的自言自语打断了董老师的讲述。

见董老师停了下来，我索性继续说道："这好像不是家长和学生的对话了，连你这个'裁判'也不得不加入对话的阵容。"

"教师本来就是对话的一员，怎么会是家长、学生对话的'裁判'呢？"董老师立刻纠正我的说法。

“我知道，你会举很多实例来反驳我。且慢，等我把话说完。”看我要反驳，他摆了摆手继续说道，“教师充其量比家长多学了一些教育学、心理学知识，多一点教育的实践经验而已。因为这一点，就把自己作为‘裁判’，就高高在上地教育家长，实在是匪夷所思。我个人认为，只有把家长当成合作对象，让家长在参与教育活动中感受教育现象，思考教育问题，跟自己一起商讨教育对策，才能使家长自觉接受现代教育观念，改变教育方法。”

因为懂教育学、心理学知识，有教育实践经验，教师就把自己作为“裁判”，高高在上，教育家长，实在是匪夷所思。

“照你这么说，不应该设立家长学校？”我虽然对老师动不动就叫家长到学校接受训话也很不以为然，但也无法接受董老师的这种观点。

只有把家长当成合作对象，让家长在参与教育活动中感受教育现象，思考教育问题，与教师一起商讨教育对策，才能使家长自觉接受现代教育观念，改变教育方法。

“不只你不接受我的观点，很多教育专家也未必接受我的观点。”董老师缓和了一下语气说道，“我不是反对设立家长学校，而是对‘家长学校’的做法不赞同，甚至觉得‘家长学校’这样的名词不对头，因为学校就有‘教师’和‘学员’之分。”

看我满脸的问号，董老师继续道：“且不说教育理论家长不一定听得明白，更不用说教师或专家的建议是共性的，并不一定适合每一个具体的教育对象（因为每一个教育对象都是特殊的，因此虽然教育有共性，但更应该让家长关注孩子的个性）。”

“按照你的逻辑，教育理论和共性的教育规律就不该讲给家长，就应该让家长自己去摸索？”我有点按捺不住的感觉。

“不要激动嘛，”看我的情绪不大好，董老师微笑着继续说道，“不是不应该讲给家长听，而是要换方式。无论如何，这样一种‘你说我听’的说教形式都不可取。难道你喜欢这样的方式?！如果把讲座变成对话，把说教变成参与活动，效果会好很多。这样的方式，除了最大限度调动家长的积极性，激起家长的热情外，也能使家长在活动过程中接受教育或自己教育自己，自觉不自觉地改变自己的教育观念与行为，还能

用说教的方式教育家长，无论如何都不是一种好的方法。

通过跟老师的合作对老师的工作产生强烈的认同感，进一步密切跟老师的关系，从而自觉接受学校、老师的建议，自觉配合学校的教育活动。”

不要为了推卸责任给孩子补课

“上初中和高中之前家长们都在想办法给孩子补课，希望孩子在进入新的学段时能够有一个好的起点，用一句时髦的话说就是：不输在起跑线上。人家都那样做，我能不那样做吗？虽然现在孩子的成绩不好，把责任怪罪到家长头上，但我还是觉得当时让他补课没有什么问题，起码出发点是好的。大家想想看，如果我当时不让他补数学课，不让他去上‘奥数’，他现在的成绩依然不好，他会不会说，当初别人的家长都给自己的孩子补课，你为什么不让我去补课，即便我不愿意，你也不能按我的想法来呀，我毕竟是孩子呀。如果是这样，我们家长又该怎么说？唉，当家长的现在真可怜。”Y的妈妈在孩子说完后，无可奈何地说道。

在给孩子补与不补的问题上，家长们发生了激烈的争论：有的担心，不给补课，孩子将来会怪罪自己；有的认为，只要孩子愿意，假期补课未尝不可……

“是呀。我孩子那时就是不愿补课，现在成绩不大好，他就是这样抱怨我的。”显然，这位家长支持Y妈妈的观点。

“我也在一所学校工作。我从来没有给孩子找过家教，也没有给孩子布置其他的作业。孩子的成绩也不错呀。我认为，孩子是否能学好，与补不补课没有必然的联系，关键看孩子的学习状况。当然，适当地做一些预习是可以的，请老师帮助孩子预习也未尝不可。如果孩子的学习有差距，就要给孩子讲清道理再补课。”这位家长对这个问题似乎很有想法。

“我的孩子有过补课，特别是临上初中前的暑假，几乎补了一个月的数学。从现在看，效果还不错。回过头来看，孩子对补课还是认同的。因此，要给孩子补课，一定要做通孩子的思想工作，让孩子认真对待。此外，补课的量也要控制，千万不能把整个节假日都用来补课，要给孩子充分的活动时间，否则欲速则不达。”这是另外一位家长的声音。

……

“听了家长的话后，同学们是不是也有些话要讲？”董老师希望学生们说说看法。

“爸爸妈妈都希望我们成才，都是好意，我们有时确实有成绩不好找借口的嫌疑，我们应该深刻反省自己的问题。”这是一个乖乖女的声音。

除了这位学生，其他学生似乎不愿多说什么。见孩子们不愿加入对话，董老师只好发表自己的看法：“家长们说得很好，我也学到了不少东西。的确，补不补课不是问题，关键是孩子对补课的态度。如果孩子内心不愿意，只是家长一厢情愿，补课效果就会大打折扣。一般情况下，我们不提倡补课，也不提倡给孩子布置额外的作业。一是因为孩子在学校的学习就比较紧张，节假日再牺牲休息时间补课，容易产生厌烦情绪；二是社会上的家教素质参差不齐，对孩子的学习状况未必很了解，对学习内容的要求也未必吃得很准，补课的针对性未必很强。对于基础跟不上的同学，要补课，也一定要对症下药，切忌病重乱投医。此外，为了推卸家长的责任而强迫学生补课，就更有问题了。”

“很多人说，一些学校利用假期补课，就是为了推卸责任。你认为这样的说法对吗？”我接过董老师的话问。

“这种说法是有一定的依据的。”董老师想了想后，回应道，“很多学校和老师是明明知道假期补课不起多大作用，但担心家长把学校质量不高的原因归罪于学校不给孩子补课，才不得已补课的。实质上，这也是为了推卸责任。我认为，这些做法都是不负责任的行为。”

明明知道假期补课不起多大作用，但因担心家长抱怨而进行补课的学校和教师，明显是在推卸责任。

对待家教，只能“疏”不能“堵”

“家教问题是个社会问题。你认为，这个问题怎样才能彻底解决好？”我借着这个话题，问道。

家教是社会需要，仅仅采取堵的办法，是无济于事的。

“这个问题很难彻底解决。其实，家教存在的原因主要是市场需要。采取任何措施，都很难杜绝家教。因此，我认为，家教问题只能‘疏’不能‘堵’。一方面，孩子的学习任务完成不了，学校和老师应当在正常工作期间内找时间义务承担补习任务，特别是义务教育阶段。另一方面，教育行政部门允许社会机构组织师德高尚、教学能力较强且愿意承担家庭教育的老师（可以将这批老师在有关媒体进行公布，让社会和家长监督）在固定的场所进行家教，会有效遏制家教市场良莠不齐的问题。”董老师想了想这样说道。

“社会上对部分教师特别是所谓的名师平时教学不认真，却组织本班级学生利用节假日收取高额补课费搞家教的事情议论较多，你怎么看？”我追问。

“我相信，这些老师只是极少数。首先，那些教学不认真却组织本班级学生补课的老师一定不是真正的名师，即便一时受到部分家长追捧，但随着绝大多数家长对这类老师逐渐有了认识后，他们一定会名声扫地。其次，教学不认真却试图通过补课捞钱，从根本上是无法提高质量的，这与那些教学认真的老师根本无法相提并论。因此，我觉得，这类事情不值得一提。”董老师坚定地说。

对话中谈到“起跑线”问题，董老师怎么没有回答？我想到这个问题后，便脱口而出：“对‘不能让孩子输在起跑线上’这个观点，好像你们没有展开，你也没有说自己的观点。是不是觉得这个问题说不清？”

“不是说不清，是当时觉得说服家长有一定难度。这是因为，当我们的社会还是‘文凭社会’的时候，大家对‘起跑线’的理解是有偏差的。大多数家长认为，‘起跑线’决定于孩子进入学校之前或转入另一个学段之前掌握书本知识的多少。”董老师沉思片刻后继续说道，“后来，我还是给家长们谈了我对‘不输在起跑线上’的看法。我觉得，在进入学校之前或转入另一个学段之前，就让孩子学很多知识未必有利于孩子的学习（这有大量的实例）。从孩子未来的长远发展来看，宽阔的知识面、健康的体魄、良好的习惯和科学的方法才是关键。因此，要让孩子‘不输在起跑线上’，家长一定要让孩子大量阅读，拓宽知识领域，养成良好习惯，学会科学学习。”

“起跑线”并不决定于孩子进入学校之前或转入另一个学段之前掌握书本知识的多少。让孩子大量阅读，拓宽知识领域，养成良好习惯，学会科学学习，孩子才不会“输在起跑线上”。

靠排名刺激学生不可取

虽然班上总有最后一名，家长们却对学生在班级的排序非常关注。

“我有一个问题：爸爸妈妈，你们都希望自己的孩子各门功课优秀，但班上总有好、中、差之分，不可能每个人都是优等生。”原以为自己说完以后，这个话题会告一段落，没有想到另外一个同学会提出这样一个问题。令董老师诧异的是，这是一个成绩较好的同学。

如果说这句话的是成绩不好的学生，家长们一定会说，这是他为自己成绩不好找借口，而说这句话的恰恰是一个优秀的学生。顿时，教室里沉默了下来。

片刻，一位家长站起来说道：“水涨船高嘛，大家成绩都好，整个班级的成绩都提高了岂不更好！”

“可问题是每次考试家长都会问，这次你在班里处于什么位置呀？虽然学校不对成绩排队，但家长还是很关心我们在全班的位置。”这名学生不依不饶。

“我觉得，学校不公布学生的成绩位次是不对的。知道排名了，就知道孩子未来考上高中有多大希望。”还是那位家长的声音。

“知道孩子的相对位置就可以了。平时考试差几分，我想不是那么重要。我认为，我们家长没有必要把排名看得很重要。而要帮助孩子分析各门功课的差距和原因，帮助孩子认清他在学习中存在的问题，然后再确定孩子的发展目标。”另一位家长说道。

“差几分不重要？考试差一分都录取不了。平时不严格要求，考试时难免会出现问题。”这位家长表示反对。

……

看到家长们争论很激烈，也难以有一个明确的说法，董老师站起来说道：“你们几位站在各自的角度看问题，似乎都有道理。关键是，我们能不能站在孩子的角度思考问题。此外，后面发言的家长可能有些误会，那位家长说平时差几分不是很重要。我的理解是，我们不必对孩子几分之差的成绩看得过重，理由是：一、现在差几分说明不了什么问题。二、学生是发展变化的，今天成绩不理想，未来不一定不理想。当然，重视考试细节，不随意丢分，也很重要。另外，提高成绩不是靠排名刺激学生就能解决的。”

说到这里，我忍不住又问了一个问题：“你对学校不让公布学生考试成绩排名怎么看？”

> 学生的积极性不是靠排名这种伤害他们自尊心的办法刺激起来的。恰恰相反，伤害孩子的自尊心，可能会导致严重的心理障碍。

董老师略加思索后回答我：“不公布排名是科学的。也许，排名可以激励一些成绩好的同学保持领先水平，但排名也会打击成绩较差的学生的积极性、主动性，使一些学生没有面子。有人以为成绩排名刺激一下这些学生很好，其实不然。学生的积极性不是靠这种伤害他们自尊心的办法刺激起来的。恰恰相反，伤害孩子的自尊心，可能会导致严重的心理障碍。当然，让每个孩子了解自己在班级中的状态未尝不可。问题是，家长们往往夸大了排名的作用。而事实上，解决动力问题不能主要依靠外在的压力，而要靠孩子内心的唤醒，靠学习内动力的激发。

因此，公布学生成绩排名是一种简单、被动、容易产生负面作用的方法，不足取。”

别让“奥数”再贻误孩子

> 面对国家不提倡，学校却暗中较劲、媒体使劲宣传的状况，家长们对“奥数”莫衷一是。

董老师刚要示意另外一名同学上台发言。不料，一位家长抢先说道：“刚才，那位家长说到给孩子进行‘奥数’辅导的问题。我有疑惑，希望大家一起帮我分析分析。现在国家教育权威专家都说‘奥数’不好，国家有关部门也三令五申，要求各学校不准举办‘奥数’班或组织‘奥数’比赛。可为什么我们的重点中学还在按照‘奥数’的成绩选拔学生，为什么报纸上还在宣传某某学校某某同学在国际‘奥赛’上获得金牌的经历。面对这种张专家说好，李专家说不好，国家不提倡，学校却暗中较劲、媒体使劲宣传的状况，我们家长到底该怎么办才对?”

“我从来都不支持孩子学‘奥数’：其一，‘奥数’对孩子学习数学没有什么好处，这一点专家们已经说得很清楚了；其二，重点学校靠‘奥数’选拔的只是少数学生，大多数学生并不是通过‘奥数’选拔的；其三，高考数学与‘奥数’没有任何关系。与其让孩子争那一两个不切实际的‘奥数’保送名额，还不如把其他功课抓好。”这是一位对教育比较关注且很务实的家长。

“‘奥数’有利于培养逻辑思维能力，参加‘奥数’培训对孩子的智力发育是有好处的。我觉得，应该鼓励孩子参加‘奥数’培训。”

“是呀，我的孩子参加‘奥数’培训，去年参加了‘华罗庚杯’全国数学竞赛还获得银奖呢。我觉得，国家不能‘一刀切’。”

听了家长们的话后，董老师站起身来缓缓说道：“我是数学教师，也搞过‘奥数’辅导，辅导的学生还拿过全省一等奖。因此，对于‘奥数’，我是有发言权的。第一，‘奥数’对于训练孩子的思维有一定的价一些学校组织“奥数”培训，不是从孩子的愿望出发，而是为了“金牌”、荣誉，这种做法是一种摧残孩子天性的行为。在大规模的“奥数”培训中，因竞赛升入高一级学校的学生凤毛麟角，大多数孩子成为“陪绑者”，就充分说明了这一点。

值，但把‘奥数’作为上重点中学的‘敲门砖’和学好数学的必要前提，则是不大妥当的。因为‘奥数’跟中学数学知识关系不大，高考也不考‘奥数’内容。特别是基本的数学知识学起来都有难度的孩子，更不应该送去参加‘奥数’培训。第二，通过‘奥数’获得金牌并最终保送进入大学的孩子少之又少，把孩子上重点名牌大学的希望寄托在‘奥数’保送上是很危险的。我原先所在的某省重点中学每年都要组织一个班的学生参加‘奥数’训练，这些孩子基本不上别的功课，几乎全天候参加‘奥数’培训，但每年最多只有几个孩子能通过‘奥数’竞赛获得保送进入名牌重点大学的机会，其他孩子实际上是‘陪绑’的，有的孩子还因为参加集中的‘奥数’学习，而错失了上重点大学的机会。因为这些孩子别的功课不大好，参加高考的总体成绩不是很好，虽然他们都是非常优秀的孩子。这样的教训，我相信，每个组织‘奥数’培训的学校都会有。我认为，这种做法是一种摧残孩子天性的行为。所以，我调到现在的学校后不再培训‘奥数’了。我也希望，我们的家长不要让孩子参加‘奥数’培训。当然，个别有此方面爱好的同学另当别论。”

不能靠“奥数”装门面

“前一段时间，我看到报纸上对‘奥数’的批评很多。中国科学院数学研究所的多位数学专家都说，‘奥数’对孩子无益，不宜提倡。但国家教育部还依然把‘奥数’竞赛获奖作为保送名牌重点大学的重要条件之一。你觉得，问题出在什么地方？”我提出了一个尖锐问题。

“这个问题你应该问教育部领导呀，问我不是难为我吗？”董老师似乎想回避。

装门面
奥数

“奥数”或其他学科竞赛金牌多，并不能说明我们的数学或科学教育取得了多大成绩——我们的教育不应该依靠“奥数”来“装门面”。

见我又要“发声”，他摆了摆手继续说：“本来想回避这个问题，但转眼一想，怕什么？我又不想当官，谈谈自己的看法又何妨。我觉得，是不是有关部门觉得我国的科学技术在世界上缺乏第一，就拿学科奥林匹克竞赛获得第一来‘装门面’呀？想想看，我们国家多年来参加国际奥林匹克学科竞赛获得了多少世界第一，但又有几个‘金牌’选手成为科学巨匠呢？为什么美国的学科奥林匹克竞赛金牌数远远落后于我们国家，而人家的科技创新能力在世界名列前茅？据我了解，美国根本没有国家学科奥林匹克集训队，参加学科奥林匹克竞赛的选手都是孩子们的业余爱好。而我们的学科奥林匹克竞赛采取全国体制，由大学教授组成的国家教练组专门进行培训，更不用说重点中学组织专人进行长期的专项训练了。因此，我认为，全国体制的学科奥林匹开竞赛本质上是劳民伤财的，也有违学科奥林匹克竞赛的宗旨，对于国家和个人都没有好处，因此，再也不能让‘奥数’贻误孩子了。但愿我们的决策机构能叫停举国进行学科奥林匹克培训的体制。只有这样，‘奥数’热才会真正降下来。”

【旁观者言】

孩子的成长权利由谁来决定？

本篇使我们警醒到，教育者有必要重新学习联合国儿童权利公约的有关内容，并在此基础上回答这样一个基本的命题，即孩子的成长权利是由成人或者是由教育者决定的吗？

显然，成年人经常会陷入一种教育困境：那就是，成年人总是想按照自己的意愿，“决定”孩子的成长道路，而不考虑是否符合孩子的实际。

因此，成人们不妨这样反思问题，即在讨论孩子的话题之前，请成人们先问问自己把孩子放在哪里了，在讨论孩子的话题后，找一找孩子还在哪里？无论教育者还是家长，我们的位置应该在哪里？孩子的位置应该在哪里？

反思的路线图是基于联合国儿童权利公约的基本精神。

附：儿童权利公约（Convention on the Rights of the Child）1989年11月20日由第44届联合国大会第25号决议通过，1990年9月2日生效。该公约旨在保护儿童权益，为世界各国儿童创建良好的成长环境。

第三条

1. 关于儿童的一切行为，不论是由公私社会福利机构、法院、行政当局或立法机构执行，均应以儿童的最大利益为一种首要考虑。

……

第十二条

1. 缔约国应确保有主见能力的儿童有权对影响到其本人的一切事项自由发表自己的意见，对儿童的意见应按照其年龄和成熟程度给以适当的看待。

……

教师不一定比家长更有智慧

——家校对话之三

围绕孩子上网、亲子关系等困扰家长的大难题，第三次家长和学生对话会上，双方分别谈了自己的看法和认识。为使对话活动取得预期效果，帮助家长厘清思路，董老师还邀请心理专家参与活动，为家长指点迷津。

困扰家长的大难题

在上网问题上，孩子和家长发生了冲突。多数家长担心网络影响孩子学习和行为习惯。

第四名上台发言的同学谈的是关于网络的话题：“我对爸爸限制我上网很烦恼。不论是平时还是周末、假期，爸爸都限制我上网时间，每天只允许我上30分钟，有时老师布置我们上网查找资料，爸爸也不分青红皂白，到时间就关电脑。爸爸对我上QQ和同学交流特别反感，每次交流都要看着我写些什么。爸爸，你能不能给我一点自由的空间？少一点上网的限制。”

还没等这名同学的爸爸回应，另一名男同学就站起来迫不及待地说：“我补充几句，你爸爸对你还算好的，我爸爸根本不让我上QQ。”

“在上网问题上，我们父子之间真没少吵架。不限制上网的教训是惨痛的。我隔壁家的孩子就因为上网而有了网瘾，经常不吃不喝上网，不但学习成绩直线下降，而且把身体也搞坏了。大家想想看，现在有多少网瘾少年呀，至于上QQ，孩子们很少利用QQ交流学习内容，大多数时间是在聊天，有些孩子还通过QQ搞网恋，我们能放心吗？能不管吗？”这是刚刚上台发言学生的爸爸的声音。

“刚开始时，我也没有阻拦孩子上网，但后来我发现，他经常在QQ上和一个陌生女人聊天。聊些什么也不知道，这样下去，我能不担心吗？我不关掉他的QQ怎么办？”这是第二位发言学生的妈妈的声音。

“是呀，”另一位家长忧心忡忡地说，“网络确实害人不浅，孩子刚上初中时，成绩还挺好的，可是迷上网络后，不但成绩急剧下降，而且对家里人的态度也变坏了，动不动就发火。孩子妈妈为此经常晚上流泪，抱怨我没有教育好孩子。”

接着，又有几个家长站起来表达了和上述几位家长共同的看法。

教师与家长是教育伙伴

“网络问题是个很多家长头痛的问题，这个对话抓到点子上了。”我兴奋地说。

“是的，”董老师微微笑了笑说，“很多家长跟我商讨这个问题，他们对这个问题很困惑。说实话，我也不知如何是好。”

“你以前没有遇到过这方面的个案吗？没有成功的案例吗？”我找了个角度问他。

“当然会经常遇到这样的个案，但没有完整的解决对策。”董老师摇了摇头，无奈地说。

“那你怎么可以把它拿到家长会上讨论？”我对董老师的做法有点不解。

“难道老师就比家长一定更有智慧，一定在孩子教育问题上有办法？

教师与家长是教育伙伴，教师不一定比家长更有智慧，应该相互学习，取长补短。

新情况、新问题不断出现，教师总会遇到自己解决不了的问题，求教于家长也不为错吧？我觉得，老师与家长是教育伙伴，应该相互借鉴、学习，取长补短。也许，家长们中间会有很好的案例，讲出来对其他家长总会有所启发。退一步讲，即便家长们找不到好的办法，把自己的苦衷说给孩子们听，孩子们是不是会对家长多一些理解呢？这对解决问题是不是多多少少会有好处？”董老师反问我。

网络不是洪水猛兽

面对诸多家长的苦恼，不少家长现身说法，提出了很多好的办法和主意。

“关于上网，我想谈谈自己的看法。我的孩子也上网玩游戏，但学习成绩也很好。他自己已经养成了良好的习惯。这个习惯是从他开始上网时就养成的。当时，我这样想，限制他上网玩游戏，他就会去网吧玩。因此，我没有刻意限制他玩游戏，而是和他一起玩益智游戏。当然，我们会控制时间。在上网的同时，我也和他讨论问题，教育孩子如何判断是非曲直。经过一段时间后，孩子不但养成了良好习惯，而且还学到了很多东西。”这个家长显然不同意大家对网络“一刀切”的看法。

“我的孩子原来也喜欢玩电脑动画游戏，后来，我请了一个动漫方面的专家，给他专门讲动漫知识，他非常感兴趣，希望以后能在动漫方面有所发展。后来，这个专家告诉他，要想在动漫方面有所发展，必须学好数学、物理以及美术等方面的知识，还要进入大学学习有关计算机程序方面的知识。这时，我们趁热打铁，告诉孩子要想玩得更好，成为专家，得打好基础，学好功课。后来，孩子对学习的态度发生了很大变化。现在作业也能认真完成，成绩也比以前好多了。”这位家长给大家讲了一个成功转变网迷孩子的案例。

“问题是，我的孩子以前没有养成好习惯，也没有对动漫感兴趣，这该怎么办呀?”另一位家长显得有点无奈。

“我在市心理咨询中心工作，对儿童上网我有比较深入的研究。这里，我想和各位家长交流交流看法。”大家循着声音，不约而同地把目光定在了坐在教室后面的一个戴眼镜的中年男子身上。

岗位研修：教师专业发展的有效途径

“这位专家是你请来的吗?”我试探着问董老师。

“是的。我想从更专业的角度帮助家长。”董老师肯定地回答。

“你的准备工作真充分呀!”我不由得竖起了大拇指。

原有经验无法解决新问题时，教师更要加强学习，不断提高专业素养。

“对每一次教育机会，特别是这样的对话活动，教师都要有充分的准备。千万不可轻视。因为稍纵即逝的教育机会，是不会等待我们的。”董老师说，“面对新问题、新的教育现象，教师不可能抱着原有的经验不放，也不能单纯依靠自己的力量，去面对一切新的教育现象和问题。特别是，原有的经验无法解决新问题时，教师更要加强学习，以不断提高自己的专业素养。邀请专业人士，既是为了帮助家长，也是为了提高自己。”

“提高教师的专业素养，这是一个很专业的话题。有人认为，必须通过培训或脱产学习，才能有效提高教师的专业素养。你怎么看?”我转了话题。

结合工作需要和现实遇到的问题，开展岗位研修，进行自我反思，向同伴学习或向专家请教解决现实问题，不失为提升专业素养的有效途径。

“有专门培训、能脱产学习的机会当然更好。”董老师笑了笑，继续说，“但这多少有点不现实，专门培训不一定适合一线的实际需要，大家都脱产学习去了，谁来承担教学任务呀。我认为，岗位研修非常重要。结合实际工作需要和现实中遇到的问题，通过自我反思、向同伴学习或向专家请教来解决现实问题，都不失为提升教师专业素养的有效途径。”

“好像你对专门培训不是很感兴趣?”我觉察出董老师的潜台词。

然而，董老师并没有回避我的提问：“我们一线教师非常希望多听一些专家的报告，但各级培训参加得多了，总觉得专家们的观点离现实太远了，很枯燥，对解决现实问题没有多大帮助。和我有同感的老师不在少数。你经常和专家接触，也帮帮我们，向他们转达我们的意见，希望专家们在讲座中多结合新的教育实际，最好用对话式、案例法进行讲座。”

专家报告多数与教育实际差距较大，对教育教学工作没有多大帮助。

专家现场“支招”

网络虽然可能有害，但更多时候对孩子的发展是有利的，家长必须充分发挥网络有利的一面，限制网络不利的一面，和孩子们共同面对网络。

只见这位心理专家缓缓站了起来，娓娓说道：“首先，网络不是洪水猛兽。网络有有害的一面，比如孩子可能会耽误很多学习时间，甚至影响正常学习，可能孩子会沉溺于网络不能自拔，也可能因为上网交友不慎，上当受骗。这方面的例子比比皆是。家长们的担心不是没有道理的。但网络也有有利的一面，比如网络上有海量的信息，能够丰富我们的学习，也可以让孩子们学会搜索资料等。其次，网络作为一种现代交流方式，已经融入到我们的学习、工作、生活当中，深刻地改变着我们的时空观、生活观。从一定意义上说，我们已经不能离开网络了。因此，完全限制上网是不可能的。考虑到网络的两重性，我们家长必须充分发挥网络有利的一面，限制网络不利的一面，和孩子们共同面对网络。”

“专家说得容易，做起来谈何容易呀？你能不能具体指导指导如何对待孩子无限制上网的问题?”这是一位对孩子上网很头疼的家长。

“我曾经和一位家长商讨过关于上网时间的问题，把这个案例告诉大家，供大家参考。我建议他，不要刻意限制上网时间，而是从正面提出自己的要求，和孩子协商，比如一要认真、高质量地完成作业，二要保证足够的睡眠时间，在此前提下，上网时间不受限制。后来，他这样做了，效果很好。实际上收到了限制上网时间的效果。”专家回应道。

“要是孩子不听呢？”家长接着问道。

“我认为，你这样做，孩子知道你尊重了他的需求，一般情况下，他是不会不听家长的建议的。当然，也有例外。就是遇到特别不讲理的孩子怎么办？那你告诉他，如果这样，我一分钟也不让你上网，而且我会从经济上限制你，不让你有在外边上网的机会。他会作出判断，是按照家长的合理要求去做呢，还是蛮不讲道理冒险呢？我想，一般情况下，孩子会懂道理的。”心理专家耐心地解释道，“当然，你首先得判断，你的要求是不是合理的。如果你的孩子学习基础差，根本完不成学习任务，你提出这样的要求就不符合他的实际，就相对来说是不合理了。”

“碰到你说的这种情况，怎么办？”家长紧追不舍。

“这似乎与限制上网的问题关系不是很大。我的建议是，先降低学习要求，然后和老师商量，想办法帮助孩子，通过补习，解决基础知识问题。这方面的问题，我想董老师更有办法，好像刚才也讨论过了。我就不多说了。”专家摇了摇头，苦笑着说道。

“他把皮球又踢给你了？”我笑着问道。

“是呀，每个人不可能是全才。对于心理问题，他是专家。对于教育问题，他可能就是外行了。”董老师认同我的说法。

“我注意到，这个问题似乎陷入一个循环：不限制网络，孩子的学习会受到影响。要求孩子完成任务，又要搞好基础，搞好基础知识，又必须消耗更多的时间，家长不得不限制上网。看来信息化时代的教育真是一个难题呀。”我很同情这些家长，似乎对老师们的苦衷也多了一些理解。

“每一个孩子都是不同的个体。因此，不论是现代条件下还是信息资源不发达的过去，让每一个孩子都受到良好的教育都不容易。一位过气的女明星曾说过，当女人难，当名女人更难，而我要说，做教师难，做名教师更难。但愿社会上的人们都能像你一样对教育多一些了解。这样，我们的教育就会更有成效。”董老师的说法有点调侃的味道。

每一个孩子都是不同的个体，让每一个孩子都受到良好的教育，是教育的难题。因此，做教师难，做名教师更难。

让亲子关系更民主

“妈妈，您对我的生活的关心可以说是无微不至，对学习的关心更不用说了。然而，在其他方面您关心过我吗？每当我想给您说自己的想法时，您不是推说有事，就是告诉我不要胡思乱想。我一个星期才在家待两天，有许多的话想给您说，想让您给我出主意。然而，回到家，您不是让我做练习，就是让我去看书。妈妈，我多么希望您能在工作之余，抽出时间与我好好谈谈，那样我会更理解您的爱，那样我的心情好了，学习自然会更认真一些，我想成绩也会更好一些。”显然，第五位上台发言的学生渴望能够与家长之间进行良好的沟通。

孩子的心里很孤独，渴望与家长多沟通、多交流，但家长也有苦衷，很多时候感到力不从心。

听完孩子的抱怨，孩子的妈妈说道：“仅仅关心孩子的学习是不够的，这一点我已有认识。但说句实话，在深圳这个地方工作节奏太快了，回到家里累得够呛，即便有跟孩子交流的想法，也感到力不从心。”

“是呀。白天要紧张工作，晚上有时要应酬，周末休息时间又要料理家务，甚至加班工作，还得牵挂孩子的学习。工作辛苦还罢了，和孩子讲话还得注意方法。现在的家长真的好难当。”一个家长随声附和道。

另一位同学的家长接着说道：“想想我们的孩童时代，家长哪里会管我们，更不用说和我们谈心了，我们不是照样学得很好吗？我们靠什么，不就是靠摆脱农门的强烈愿望吗？我认为，现在的孩子最主要的是缺乏压力，缺乏动力，跟家长的沟通关系不是很大。”

还没等这位家长说完，另一位家长迫不及待地站起来说道：“我觉得，这位家长的说法失之偏颇。想想看，孩子所处的环境和我们那个年代可以说天壤之别。我们不可能再让孩子们回到那个封闭的年代。因此，把改变生存环境作为孩子们的学习动力，是不现实的。”

“家长们的苦衷，孩子不理解，但孩子们的苦衷，家长们是不是都能理解呢？”另一位家长从另一个层面替孩子们辩护，“现在的孩子绝大多数是独生子女，串个门家长怕不安全，放学以后只能和保姆在一起或自己一个人独自待着，和同伴们的玩耍都非常有限。虽然物质条件丰富了，但沟通交流的渠道却闭塞了。我们那个年代虽然物质条件不丰富，但并不缺少快乐。因此，说孩子们比我们年少时更幸福，我看未必。我觉得，家长再忙也要和孩子交流，适当的时候，和孩子们一起玩玩，未必会对学习有负面影响。”

……

关于这个话题，董老师没有发言，只是静静地听家长们交流。

快乐学习才能真正提高效益

听到董老师在叙述中谈到学习动力和环境问题，我想起了听来的激励学生学习的传说，便打断了董老师的叙说，问道：“有个朋友说过，他原来读书时，教室的黑板上挂着两只鞋，一只是草鞋，一只是皮鞋。弦外之音很清楚：想穿皮鞋嘛，就认真读书，否则，只有穿草鞋。现在用这种方法来教育孩子显然是不科学的，但用什么办法才能调动学生的学习积极性呢？”

“那么你认为，以前的那种方法是有道理的了？”董老师没有直接回答我的问题，而是反问我。

看我无语，董老师自言自语地说：“用悬挂草鞋、皮鞋的办法虽然能对学生产生压力，进而产生一定的外在动力，但这并不等于说，这种方法是有道理的，更不能说这是科学的。因为在这种动力作用之下，学习是一种很痛苦的事情，没有任何快乐可言。当然，这种学习也不可能是高效的。”

虽然很多办法能对学生的学习产生压力，进而产生一定的外在动力，但这并不等于说，这种方法是科学的。因为在这种动力作用之下，学习是一种很痛苦的事情，没有任何快乐可言。

“照你这么说，‘头悬梁，锥刺股’的古训也是不正确的了？”我用古训来质问董老师。

“每一个古训在特定的历史条件下，有它积极的意义。但在现代条件下，这样的古训已经没有什么积极的意义了。记得，我曾问过一个学习成绩非常优秀的学生：你能给学弟学妹们的学习提一个建议吗，她不假思索地说道，千万不要在自己不想学习的时候去学习。她的言下之意是，疲劳时和内心不想学习时，千万不要去学习。你说这种境界，是不是比‘头悬梁，锥刺股’要高很多？”董老师用一个优秀学生的经验来反驳我的提问。

“很多孩子从来不想学习，照你这么说，这些孩子就不要学习了？”我有点疑惑。

孩子是天然的学习者，求知欲因为教育而下降，得从教育方面找原因。

“这个问题好尖锐呀，也确实是一个非常复杂的问题。”董老师说起这个话题来，似乎有点漫不经心，“我不想直接谈这个问题，我们换个角度好不好？很多研究表明，孩子是天然的学习者。没有进入学校之前，孩子们多么天真呀，好像有问不完的问题，好像对什么都感兴趣，这能说他们不喜欢学习吗？为什么到了学校之后，孩子们的求知欲下降了，或者说不愿意学习了呢？我们得从教育本身找原因。既有教学方法的问题，也有心理方面的问题，更有激发内动力的问题。我不是专家，一下子谈不清楚。但我想，如果我们的老师和家长在孩子出了问题之后，都能从自己身上找原因，而不是仅从孩子身上找原因，很多问题就会有很好的解决办法。”

对话不一定要有结论，相互之间的沟通、交流，会起到“此处无声胜有声”的效果。

“那你对上面家长们的对话，如何回应呢?”有了上次的教训，我把“裁判”换成了“回应”。

“对话不一定有结论，关键在于沟通、交流各自的感受，从中进行自我教育。我相信，我们的家长在对话过程中一定会受到启迪。当然，作为教育工作者，我们可以谈自己的想法，谈自己的建议，但有时候‘此处无声胜有声’。你不觉得，对于这个问题的谈论，家长们之间的交流、对话，比我的说教有意义吗?我们还能有更好的建议吗?”董老师如是说。

【旁观者言】

文化传承方式变化孕育新型亲子关系

如果说20世纪90年代信息和网络技术突飞猛进的发展拉开了中国后喻时代的序幕的话，那么在网络时代，后喻文化现象已经成为社会生活中普遍存在的事实。知识经济和信息社会的到来，为后喻文化提供了广阔的时代背景。

随着互联网的发展，互联网给时代文化带来一个全新的界面，使文化范式发生剧烈的转变，从而形成一种全新的网络文化。这种文化兼容现实与虚拟，更具有个性化色彩，同时它又以高度的开放性，使之成为全人类的共同财富。因为网络文化的平等与共享，使青少年摆脱了自上而下的单一的文化传递模式的束缚，他们利用互联网的优势，获得比前辈更多的、更先进的文化知识。

显然，与以往相比，青少年在网络时代获取文化知识的途径发生了根本性的变化，或者说，人类的文化传递模式发生了根本性的变革。后喻文化正逐渐成为现代社会生活中不可忽略而且充满无限魅力的组成部分。毫无疑问，后喻文化对社会互动方式，特别是学校中的师生互动与家庭中的亲子互动产生了巨大影响，从而推动着新型师生关系与亲子关系的形成。

如果说正向的社会化是上一代人用既存的文化价值观、行为规范、生活知识与劳动技能去哺育下一代，使青少年成为长辈所希望的、适应社会环境的、能担负特定社会角色的合格成员；那么反向的社会化则是一种“文化反哺”，是下一代人努力用自己创造的文化成果去改变环境、重塑上一代。进入网络时代，“文化反哺”已经成为不争的事实，并在青少年成长过程中发挥越来越重要的作用，在文化传承上表现出明显的后喻特征。

正是由于文化传承方式的悄然变化，今天的父母在和孩子对话之前，一定要以与孩子相同的话语体系为起点，试着用孩子的思维方式来认识孩子，看待孩子，面对孩子的困惑和问题，重新修正偏离的亲子关系，这样，一切问题必将迎刃而解。

阅读本篇文章，至少让我们看到了解决问题的可能和希望。

第二次“断乳期”尤须关注

——家校对话之四

第四次学生与家长对话，围绕学生与家长冲突以及亲子关系两个话题展开。由于对话的问题比较敏感，对话的家长与家长之间，甚至家长与学生之间发生了争执，最后，董老师约请老校长出面，才使争执告一段落。

第一次给妈妈道歉

对话会上，一个家长和自己的孩子发生了正面冲突。在老师的协调下，孩子和家长先后道歉，矛盾得以缓解。

正当董老师准备进行下一个话题时，一名母亲示意要发言。征得老师的同意后，她看了看自己的儿子，满脸委屈地说道：“你们的孩子都觉得家长太霸道，而我的孩子却不同，他从来不听我讲道理，也不愿意和我讲道理。每次我要和他讨论学习问题或给他提建议时，他都会不耐烦地说，‘别讲了，你说的我都知道，我会做好的’。但他每次答应的事情，都会反悔，很难兑现自己的承诺。他出现问题时，还不容许我批评或制止，动不动就跟我吵起来。”

“妈妈，不是我不愿意听你讲道理，而是你太啰唆了。你每次都说同样的话，我耳朵都起茧了。”这是他儿子气呼呼的声音，比妈妈的声音大几倍。

看到儿子这样，妈妈禁不住泪流满面。

一时间，对话停顿了。所有的家长和学生都看着董老师。

见状，董老师沉重地说道：“讲民主的前提是晚辈要有礼节。不管以前你们母子之间谈话的情况如何，但从今天现场的情况看，儿子显然缺乏对母亲起码的尊重。作为老师，学生这样没有礼貌，我是有责任的。我首先要向家长道歉。这次会议结束后，我会和你一起来帮助、教育孩子。请原谅我的工作没有做好。”

“老师，你……”还没有等这名男同学说完，董老师就向他走过去，示意他不要讲话。原本倔强的孩子，见董老师示意他不要讲话，便乖乖地低下了头。这时，董老师走到这名学生面前，和他耳语了几分钟，并示意他给妈妈道歉。稍许，这名学生的眼睛溢满了眼泪，走到自己的母亲面前，大声说道：“妈妈，我对不起你。请你原谅儿子的不礼貌行为。”

看到儿子突然的变化，母亲抱着自己的儿子失声大哭。几分钟后，她哽咽着说道：“这是我生平第一次听儿子说‘对不起’三个字。在此，我要真诚地说一声，感谢老师！”说完，她深深地向董老师鞠了一个九十度的躬，感激之情溢于言表。

长者威信不可乱用

“你给孩子说了些什么，孩子会有这么大的变化？看得出来，这个孩子似乎很倔犟，不是几句话能让他转弯的。”我有点不解。

> 在任何情况下，教师和家长都千万不要滥用自己的威信压服学生。

“的确，这个孩子的个性非常强。要说服他，不是一件容易的事情。如果我和他之间没有很深的交往，没有很好的师生关系，他对我不是十分敬仰，我示意他不要讲话，是没有用的，我也不可能在几分钟之内说服他。”看我又要开口询问，董老师摆了摆手，继续说，“我知道，你想明白他这样个性特别的孩子怎么会敬仰我。我只能说，冰冻三尺，非一日之寒。我如果不能像父兄般地关心、帮助他，我在他面前不可能有这么高的威信。”

“那就是说，你就是利用自己的威信，让学生服从你的要求了？哪怕学生认为你的要求是不合理的？”我对他的做法有点怀疑。

“特殊情况下，教师的威信可以让学生暂时服从你的不合理的要求。但教师千万不要认为，这是合理的，这只是学生给老师面子。老师千万不要滥用自己的威信，否则自己的威信也会逐渐消失。”董老师十分肯定地说。

“那你那几分钟到底说了些什么呀？”我有点好奇。

“这涉及孩子的隐私，我能不能不告诉你呀？”董老师以“隐私”为由，想拒绝回答我的问题。

“‘隐私’？一个初二的孩子会有‘隐私’？”我瞪大了眼睛。

每个孩子都有隐私，要想让孩子尊重自己，家长和教师就必须尊重他们的隐私。

“有点大惊小怪了吧？不要以为孩子们没有隐私，每个孩子都有自己的隐私。要想让孩子尊重你，你一定要尊重孩子的隐私。哪怕你是孩子的家长、老师，也要尊重孩子的隐私。”董老师毫不犹豫地说，“有些父母以为自己是孩子的家长，孩子的什么东西都能看，不问青红皂白，就翻看孩子的日记和电子邮件、聊天记录等，部分老师还帮助家长暴露孩子的隐私。这已不仅仅是尊重的问题了，说得严重点，有违法的嫌疑。要在国外，孩子可以控告家长和老师。”

“那你的谈话，是不是有以‘隐私’为由要挟孩子的嫌疑？”我接着问道。

“要挟是解决问题的办法吗？因为我们的谈话包含有孩子的隐私，所以我才不便告诉你，希望你能理解。”董老师再一次拒绝了我的问题。

懂得“爱幼”才会让幼更“尊老”

在“尊老爱幼”这个话题上，孩子和家长又产生了矛盾。

看到上述激动的场景，一个小个子男生似乎也有了点胆量，战战兢兢地站了起来，看了一眼老师，又看了一眼爸爸，欲言又止。见状，董老师连忙鼓励道：“家长们说了自己的看法，是不是也听听孩子们的心声。小D同学既然站起来了，就说说你的看法吧。”

“本来我想说点什么，但现在又觉得说不出什么了。老师，我可不可以不说了？”小D小声嘀咕道。

“没事，咱们是对话，和家长之间是平等的。有什么话都可以讲。一时想不起来，想起来再说也行。”董老师安慰道。

“那我还是说两句吧。家长和我们并不平等。爸爸和我倒是经常沟通，但每次说话都是给我提要求，都是讲一大堆道理。当我的看法和他的想法不一致时，爸爸总是说，你怎么能这样说呢，你怎么不懂得尊重大人呢，接着就把我再教训一顿。因此，我只有听的份儿，哪能和大人之间平等交流呢？”小D终于说出自己的想法。

“你怎么这样说呢？我哪次和你交流不是平等的呀，哪次没有允许你讲话呀？”小D爸爸气冲冲地高声训斥道。

话音未落，小D的眼泪就掉下来了，对话的氛围因此再一次凝固起来。

“尊”≠“从”

“这个家长好像有点霸道。”听了董老师的讲述，我不由得产生这样的感觉。

“其实，在现实生活中不少家长都是这样的。和孩子们之间建立民主、平等的关系，对于我们这个素有尊老爱幼传统的民族来说，不是一件容易的事情。”董老师沉重地说道。

“你不会说‘尊老爱幼’是父子之间不能建立民主、平等的关系的原因吧？”我有点糊涂。

> 尊是态度，但“尊”不等于“从”。一味地按照“老”的想法，要求“幼”服从“老”，并不是真正爱幼。

“我还不至于这么‘西化’。的确，尊老爱幼是我们中华民族的传统美德。但我认为，尊老和爱幼要结合起来看。尊是态度，但‘尊’不等于‘从’。不论‘幼’有没有道理，都要求‘幼’无条件地服从‘老’，是对尊老的曲解。爱幼要有方法。建立民主、平等的老幼关系，是一种深层次的爱。一味地按照‘老’的想法，要求‘幼’服从‘老’，并不是真正爱幼。‘老’对‘幼’亲切、平和、民主，‘幼’会更尊‘老’。”董老师对老幼关系似乎颇有研究，“把‘尊重’简单理解为‘服从’，这是建立民主、平等的父子关系的重要障碍，不利于儿童的身心健康，更不利于培养现代公民。”

“出现上述场面，你没有想到吧？你是怎么解决这个问题的？”我试图把董老师拉回到他的叙述中去。

> 教师和家长都是为了教育孩子，有这种共识，就能找到解决问题的办法。

“对话中出现尴尬场面很正常，我们大人之间对话有时也会出现尴尬场面。至于怎么解决，不可能有万全之策。特别是，老师和家长的关系比较微妙，更难面对。但我觉得，不论怎样，家长和老师的出发点都是好的，都是为了教育孩子。我想，只要有这种共识，总能找到解决的办法。”谈完之后，董老师继续他的叙述。

孩子的爸爸与爸爸的爸爸面对面

面对这种场景，董老师并不急于化解僵局，而是走到那个学生跟前，摸了摸孩子的头，稳定了一下孩子的情绪。然后，缓慢地说道：“孩子，从今天你和爸爸对话的情景看，我对你有了很多了解。在这里，我要说一声‘对不起’，平时老师关注你不够，没有花更多时间和你交流，很多时候没有倾听你的心声，老师也有很多时候对你是命令式的语言。今后，有什么话多和老师交流，老师一定会理解你、尊重你，而不是要你服从老师。”接着，董老师话锋一转，深情地说道：“爸爸给你提了很多要求，都是为你好，有的要求你可能现在不理解。我相信，你以后会慢慢理解。也许，你先接受、服从爸爸正确的要求，然后再提自己的合理化建议，可能会更好一些，爸爸也一定会理解你。”然后，董老师把头转向孩子的爸爸，示意孩子爸爸表示自己的态度。

> 老师努力劝解孩子与爸爸的冲突，爷爷积极参与，使对话会达到了高潮。

“我刚才态度有点激动。说话语气重了点。”看董老师这样说，孩子爸爸只好说道。

“哪里只是激动呀，是有点不讲道理。有话可以好好给孩子讲呀，要多听听孩子的想法。”只见一个老人从教室外走了进来，大声说道，“我先介绍一下自己，我是孩子的爷爷，是一个老教师。今天，这个对话使我很受启发。孩子他爸的态度与我这个爷爷以前的行为有关，因为我以前就是这样对待他爸的。似乎有点遗传呀。”说到这里，老人显得很激动，眼圈也有点湿润。

稍微停顿了一下之后，老人继续说道：“非常感谢董老师给我们提供这样一个学习的机会。我们这一代受传统观念影响较大，总以为自己比孩子年龄大，就懂得比孩子多。在信息来源渠道有限的年代，我们似乎可以以过的桥比孩子走的路多为理由，顺理成章地认为自己比孩子懂得多。但今天依然这样思考问题，就显得太落后了。何况，即便懂得多，也不能以老子身份压服孩子。今天，我给各位家长提个建议，以后大家对孩子多点理解，多点宽容，让我们的亲子关系更民主、平等、和谐。”

“啪啪啪啪……”教室里响起热烈的掌声。

“感谢老校长的理解和支持。”董老师带头鼓掌之后，激动地说：“孩子爷爷是我们的老校长，在窗外已经站了一个多小时了。如果我们每一个家长都能从自身做起，改善亲子关系，多理解孩子，孩子心理问题就会少很多，也一定会更加勤奋地学习。”

听着董老师的叙述，我不由自主地问道：“孩子爷爷的讲话是你事前安排的吧？”

“你认为呢？事前安排不安排很重要吗？”董老师狡黠地笑了笑。

教师的教育智慧体现在利用一切教育资源，为提高教育效益服务。

在他的笑声里，我似乎找到了问题的答案：也许，这就是所谓教师的教育智慧——利用一切教育资源，为提高教育效益服务。

“在整个对话过程中，我发现你很少对家长的行为进行批评。解决不了问题时，要么是请专家出面，要么是请老校长帮忙。”我似乎发现了“新大陆”。

在对话活动中，教师评价家长、批评孩子都是不理智的行为。

“我也很少评价学生呀。”董老师微笑着对我说，“在这种场合，评价家长是非常不理智的，更不用说批评了。说不定，就会因为你的不恰当的评价引起家长与你争论。特别是，对孩子也不应该批评。因为孩子本来是对话的弱势群体，在众多家长和孩子面前批评孩子，会让孩子显得非常没面子。”

严格要求和民主平等不矛盾

仅仅对孩子民主平等是不够的，严格要求同样体现了教育爱。家长严格要求孩子，必须首先严格要求自己。

原以为这个话题就要结束了，不料想，一个文质彬彬的女生站了起来，说道：“我的爸爸妈妈实在太爱我了。爸爸妈妈从来不问我学习成绩如何，也不大给我施加压力，只是关心我的生活，以及我和同学、老师的关系，时不时会给我推荐几本书，也经常和我交流一些国内外的大事，讨论对某个电视剧、文章的看法。所以我在家里有点懒散，作息习惯不够好，作业完成质量也不是很高。听到有的同学说，他父母整天操心他的学习，整天给他加压力。我在庆幸的同时，也有点失落感。为什么我的爸爸妈妈不对我的学习提一些要求呢，不对我管理严一点呢？要是他们对我要求严一点，给我一些压力，提一些建议，我的学习进步会更大一些。”

“听了孩子的发言，我有点吃惊。以前总觉得，学习靠自觉，习惯培养也靠自觉。只要大人给孩子创造良好的条件，尊重他们，只要他们尽了力，学到什么程度都可以，我们也就尽到了责任。真没有想到，孩子也会有意见。”这是孩子爸爸——一个民主、随和的爸爸——的声音，好像有点吃惊的感觉，“不过，实事求是地说，孩子的说法是有道理的。在学习要求和习惯养成方面，我们做得不够好，以后得好好想想，争取在这方面有所改进和加强。”

“大家不感到家长难做吗？要求高了吧，说不够民主；要求低了吧，说放任自流。”这位家长似乎有点无可奈何。

几个家长听完这位家长的话后，随声附和道：“是呀，是呀，我们家长真难做！”

“我认为，严格要求和民主平等是不矛盾的。我们对孩子的习惯、要求很严格，不会迁就孩子的不良行为。同时，我们也能听取孩子的意见和建议，尊重孩子的想法。有时我们也争得面红耳赤，但这并不影响对孩子的严格要求。”显然，这是一个教育孩子很有办法的家长。

“大家知道吗？我最佩服的人就是我爸爸，不是因为我的爸爸有多么伟大，而是因为我的爸爸是一个诚实的人，是一个很民主的人，他对我有要求，但从不强求我。当我不接受或想不通或耍赖时，他总是先把事情放下来，过后再给我耐心讲道理。有时候，还会主动承认自己要求得不合理。我一定要向爸爸学习，做一个诚实的人。也希望爸爸能原谅我有时的无礼行为。”听完爸爸的发言后，孩子主动站起来表扬自己的爸爸，并紧紧和爸爸拥抱在一起。

这位能言善语的爸爸竟也一时语塞，激动地流下了幸福的泪水。家长和孩子们也一起为父子俩的拥抱和激动鼓起掌来，班级的亲子对话活动也达到了高潮。

……

对话仅仅是开始

三个半小时的对话就这样进入尾声。

心理断乳期将促使孩子从家庭的保护中进入社会，走向心理的成熟。与孩子多沟通、多交流，有利于帮助孩子顺利度过心理断乳期。

鉴于时间的关系，董老师终止了对话，并对活动作了总结："今天，我们本来有十个孩子分别上台和家长们交流，但由于时间关系，就不能全部进行了。这样好不好，每位家长回去之后，都像今天这样，让孩子们把自己写的文章读一读，然后和孩子们进行坦诚的对话。初中阶段是人生的又一次'断乳期'。这一次'断乳期'与孩子牙牙学语时的生理断乳期有着显著的不同，这是人生的心理断乳期。上一次断乳，促使孩子从母亲的襁褓中站立起来，逐渐走向生理的成熟；这一次'断乳期'，将促使孩子从家庭的保护中进入社会，逐渐走向心理的成熟。因此，这一次'断乳期'，对孩子以及家长而言更为重要。我真诚地希望，每个家长都能把今天的对话作为一个很好的起点，和孩子多沟通、多交流，多倾听孩子的心声，帮助孩子顺利度过这次'断乳期'，使我们的孩子都成为生活的强者。"

"这次对话让我学到了不少东西。我想问问，活动以后的效果如何？你们班级的面貌改变了吗？"我对这次对话有较高的预期。

"效果是显而易见的。对话仅仅是开始，建立和谐、民主、平等的亲子关系，加强家庭教育是一个永恒的话题，不可能一蹴而就。但我相信，只要我们坚持做下去，亲子关系一定会得到明显改善，家庭教育一定会越来越有成效，我们的学校教育也一定会取得更理想的效果。"董老师非常自信地说。

【旁观者言】

后喻时代的桥

美国人类学家玛格丽特·米德（Margaret Mead）在《文化与承诺：一项有关代沟问题的研究》一书中，从文化传递的角度，将人类社会由古及今的文化传承分为三种基本形式，即前喻文化、并喻文化和后喻文化。

前喻文化，指的是晚辈主要向长辈学习；并喻文化指的是中晚辈和长辈的学习都发生在同辈人之间。而在第二次世界大战后，科技革命的蓬勃发展使整个社会发生了巨大的变革，社会由此进入了长辈反过来向晚辈学习的后喻文化时期。“如果说过去存在若干长者，凭着在特定的文化系统中日积月累的经验而比青年们知道得多些，那今天却不再如此。”米德在文章中如是总结道。在后喻时代，学生通过网络或其他手段会比家长、教师更早、更多地获得信息，当学生对事物的感知与教师的认知发生冲突时，学生会大胆或无情地对教师的“教育”进行评价或批判。

显然，在后喻时代，亲子之间的“代沟”将会因为长者或教师的教育行为和方式不当而明显加深、拉长。如何在后喻时代架起亲子之间的“桥”，值得每一位家长和教育者深思。而思考的出发点，即是必须重新界定我们头脑中关于亲子关系的认识，并以民主、对话、平等作为基本原则。

后记

五年前的一个傍晚，我与当时还在读博的王振权兄边走边聊，对话的主题当然是教育案例，这些案例既包括我自己做老师时的琐碎往事，也包括我知道的或听到的其他老师的鲜活实例。当然，交谈中不时夹杂着我对我自己以及这些案例主人公行为的分析、判断。

也许是由于我讲述的案例有点新意，也许是由于我对案例的分析有点离奇，谈话过程中他一直在沉思，不知不觉中四五个小时一眨眼就过去了。接近零点时，他抬起头来，笑眯眯地对我说："你为何不把你说的这些东西，特别是你的看法和议论写出来，让更多的人分享?"

是呀，为什么不写出来？这或许就是写作本书的缘起。

把自己知道的事情和想法写出来对我来说似乎不算太难，但怎么写却让我犯愁：写成案例式，难以揭示案例背后的道理；写成言论式，又缺乏案例的鲜活和生动；把案例和言论写在一起，用点评案例的方式去写，如果点评内容太多容易喧宾夺主，而且不能把我对案例主人公内心活动的猜测和评论写得更充分、更透彻。苦思冥想之后，初步有了“案例 + 对话”的写作思路。

花了足足一个月，我才写完第一篇，这就是仅有六千余字的《从排座位到让座位》。用这么长时间（当然是工作之外的业余时间）写这么一篇不算长的文章，实在让自以为还能写的我汗颜。究其原因，一是案例相对简单，要想使内容有更深刻的教育性，必须进行适当的改造；二是我对自己确定的这种写作方式非常不适应，特别是对话分析部分的内容没有把握，有时越写越乱，越写越不想写下去。

第一篇文章写完后，我拿给尚在读中学的女儿看。她看了几眼就说：“怎么看着看着就断了？”我明白，这是因为案例之后的对话与案例关系不大，她可能看不懂。于是，我把案例描述和对话分析两部分内容分别用楷体和宋体呈现，然后再给她看。她一口气看完后说：“文中的这个老师太好了，我要是能遇到这样的老师该多好呀。”还没有等我反应过来，她继续说：“不过，宋体字看不懂，我也没有看。”

然而，与女儿看法截然不同的是，我的好友张忠义阅读我的第一篇文章后，却这样说：“有质量的案例随处可见，重要的是案例背后的解读，对话分析部分的内容才是本书的关键。它通过对话这种直白的方式，挖掘案例背后隐含的理性的东西，实现了理论与实践的有机结合。”

听完他们两人的评价，我心中不由窃喜，因为这正是我希望达到的目的：可以让读者各取所需——对教育不大理解的读者可以读楷体部分的案例描述，对教育有所了解的读者或者教育工作者可以在读楷体部分案例描述之后，重点阅读对话分析部分的内容。

女儿和好友的鼓励使我产生了写作的动力。此后的半年时间里，我挤时间又写了六篇。但由于案例素材不足以及对话分析观点容易重复，我的写作越来越难，并最终导致停滞不前。

这一停就是三年，虽然其间偶尔也写几段，时不时把几篇写出来的东西拿出来瞧瞧，却没有毅力和信心继续写下去。这段时间，我除了为缺乏素材和观点不鲜明而苦恼，还常常为文章缺乏点睛之笔，给人感觉条理不清而烦心。反复思考的过程中，形成了本书的第三个板块——观点提炼，试图把文中的核心观点或关键字句凸显出来。

直到2010年下半年，我再次和王振权兄“聊”教育时，他催问我：“你的书稿写完了没有，再不写就没有价值了。”在振权兄的“催促”下，我才又开始艰难的写作。由于工作较忙等主客观原因，这次重新写作也是写写停停，进展不快。

又一次偶然的机会，我把其中的几篇文章拿给深圳大学李臣之教授看，李教授鼓励我，这样的文章很有价值，与那些纯粹的理论书籍比，更能让人接受；与那些简单的案例书籍比，更能揭示案例后面的教育哲理，还勉励我尽早把它写出来。

断断续续的写作过程中，除了接触到更多鲜活的教育案例和故事外，我先后分别与叶延武、方星、陈显平、吴希福、崔学鸿、汪洪等校长，以及宋鹏君、张忠义、顾艳、徐学政、江长冰、张巧云、陆晖、张家健、翁胜利等老师交流自己写这些文章的感受。同时，我还分别与中国教育报文化周刊主编徐启建先生、教师周刊主编赵小雅女士以及教育科学出版社的孙袁华主任谈自己写作的思路。无论是校长、老师，还是新闻、出版界的朋友，都鼓励我尽快把它写完。孙袁华主任还特别告诉我，写完之后，她一定会推荐给出版社的同人，让他们判断是否有出版价值。

在诸多朋友的鼓励下，加之2011年6月份以后，有了相对空闲的时间，我终于一鼓作气写完了十五万字的书稿。

书稿初稿完成后，我先后交给王振权博士和李臣之教授审读，希望他们能就书稿提出修改建议。王振权博士看到我的初稿后，除了提出中肯的建议，还欣然应约满足我给每篇文章写“旁观者言”的期盼。此后，王博士用了五个多月的业余时间精心撰写了本书的第四个板块：旁观者言。这一板块试图通过新生代学者的眼光发掘文章的内涵以及所折射的教育原理。而李臣之教授则对书稿提出了宝贵的修改意见：“书稿整体很好，但观点提炼部分的内容几乎是案例描述或对话分析的原话，没有跳出来，能不能以第三者的身份去写？这样会显得有新意、有高度。”

于是我对书稿进行了一次彻底的修改，并于修改完成后，忐忑不安地把书稿的初稿交给教育科学出版社的孙袁华主任和刘明堂主任，请他们审阅。他们两人不约而同地把书稿推荐给该社教师教育编辑部的刘灿主任。

刘灿主任接到我的初稿后，对书名、体例、编排以及内容等提出了详尽、宝贵的建议和意见，并鼓励我耐心修改，争取出精品。刘灿主任还建议我，给书稿配上有针对性的插图，以使本书更清新、更活泼。

得知我的书稿需要配插图后，我的好友吴希福校长给我推荐了天赋和艺术造诣俱佳的深圳市南山区大新小学陈燕老师。征得刘灿主任的同意后，孩子只有一岁多的陈燕老师欣然接受了我的给书稿配图的邀请，并克服各种困难，用三个多月的时间为书稿配上了精美的插图。于是，这本书有了第二稿、第三稿。

在本书撰写和修改过程中，还得到了中国教育科学研究院韩立福博士、副研究员李继星先生，中国教育报总编辑翟博先生，中国教育学刊执行主编鲍东明先生，中国教育报新闻中心周飞主任，深圳市教育局郭雨蓉局长、唐海海副局长，深圳市南山区人民政府曹赛先副区长以及南山区教育局曾令格局长、王水发副局长等专家、领导、同事、朋友的大力支持与帮助。同时，作为多年的好友，深圳市教育局赖群阳主任、胡新天处长、鲁江副处长及深圳市电教馆周仕清副馆长等对我的写作寄予了厚望。

从产生写作本书的想法，到完成书稿，足足经历了五年时间。虽然只有寥寥的十五万字，但几乎已把我二十多年所收集的典型案例和所积累的关于教育实践的认识融合在其中，也渗透着专家、领导、朋友、同事的教育智慧和心血。因此，可以这样说，如果没有王振权博士的肯定，没有李臣之教授的建议，没有徐启建、赵小雅主任以及众多校长、老师的鼓励，没有孙袁华、刘明堂主任的推荐，没有陈燕老师的插图，没有刘灿主任的赏识，没有责任编辑欧阳国焰、谭文明的认真审读、修改，没有专家、领导、同事、朋友的支持，更重要的是没有诸多老师给我提供的鲜活、生动的案例，就没有本书的成稿及出版。千言万语汇成一句话：真诚感谢各位专家、领导、朋友、同事的支持和厚爱。

房超平

2012 年 5 月 21 日

智慧教师读本①

谁是最具成长力教师

以学习为中心的课堂观察

夏雪梅 著

教育科学出版社

·北 京·

代 序

课堂变革就是为了让学生的学习增值

课堂是什么？课堂不只是一个物理空间，也不只是教师专业实践的场域。课堂是师生生活和成长的地方，是课程以及教学、评价、学习等活动相互融合的综合体。课堂的核心是什么？相对于学生，教师似乎更离不开课堂，离开了课堂，教师的专业属性就难以体现——这也许正是一线教师一直关注课堂的重要原因，但这并不意味着教师的教就是课堂的核心。我从自己近年关于有效教学的研究中可以得出一条基本结论：不能撇开学生的学讨论教的有效性，因为教师“教得有效”只能体现在学生的学上。从另一角度看，不可能是为被称为“教师”的那一类人有事做才有课堂，学生的学才是课堂之所以能够出现、存在的唯一原因。就此而言，学生的学才是课堂的核心。为了更好地澄清此观点，笔者想在此与大家分享三个观点。

教学即教是为了学

教学究竟是什么？这是所有课堂教学变革的前提性问题，也是其分歧所在。然而，如果当我真的问别人这个问题时，我想可能有人会怀疑我的专业性。其实，我是深思熟虑过的。可以这样说，任何一种课堂变革的行动，其背后一定有一种对“教学是什么”的回答，尽管有些人没有直接说出来。从历史上看，对于“教学是什么”的典型回答有以下几种：一是“教学即学习”，这是个别化教学、师徒制时代的定义，它表明了教是从学中派生出来的，教的过程只是学的过程的一种形态；二是“教学即教授”，这是普及教育之初，因教师水平不高，表达了人们对“教”的行为的关注，教就是教师的教授行为；三是“教学即教学生学”，这是受杜威“儿童中心”思想的影响，陶行知对教学下的定义。此定义告诉人们，教的意思有两层：一是教不是教其他的东西，而是教学生如何学习，二是教与学是相关联的，教要依据学。然而，这种相关或依据仍然给读者留下许多解释的空间。我们是否可以将这种相关说得更明白一些？那就是，教是为了学。这种定义的学理依据是，人生下来都是喜欢学习的，即一个人的学习是与生俱来的，世界上没有一个人是不想学习的，只要我们观察一下婴幼儿的学习，就可以明白这一点。那么，为什么后来有人不喜欢学校里的学习了呢？这是我们的教师、课程、教学、评价所导致的。据此，我们可以推论，并不是所有的教都能够带来好的学习，不好的教会让学习更糟。而“教是为了学”的意义就在于明白地告诉人们，教是“为了”学生的学习，即为了学生更想学、更会学以及学得更好。这样，我们就可以试着给教学下一个操作性定义了：教学就是教师引起、维持、促进学生学习的所有行为。

学与教的关系即先与后、主与从的关系

如上所述，“教是为了学”已经告诉了我们学与教之关系，即先学后教、学主教从。先学后教表明了学与教的一种时序关系，学习是与生俱来的、天经地义的，是一种自然的本能，教是在此之后发生的，教要在学的前提下才能实现。学主教从表明了学与教的地位关系，学习权是一个人的基本人权，任何人都不能剥夺别人的学习权；学习的主体是学生，教师是学生学习的支持者、促进者，学既是教的出发点，也是教的归宿，这与教的本意是一致的。经德国教育家赫尔巴特考证，教师在希腊语中是“教仆”（pedagogue）的意思，该词是由“儿童”（ped）和“指导者”（agogue）合成而来的。据此，赫尔巴特开创性地构建了一种 pedagogy 的理论，集中探讨教学方法和学生管理两方面的内容，后人称之为“教育学”或“教学法”。当然，就学校学习而言，学生毕竟是发展中的儿童，教师毕竟是成人中“术有专攻”的专业人员，因此，学主教从并不意味着教师无视专业伦理或责任，一味地适应学生、迁就学生，而是要求教师具有更高的专业素养，即一切的教都是基于学生的学习、为了学生的学习。这里的学生也不是通常意义上的抽象的、没有“脸面”的人，而是具体的某个人、某类人。也就是说，只有教师头脑中的学生都是“有头有脸”的、具体的，才能实现“为了学习”的意义，这样的“教”才是专业的。

课堂变革就是为了让学生的学习增值

为了说得更明白起见，我们借用某种值来建模。假如变革前的课堂学

习值是A1，变革后的课堂学习值是A2，那么A2 - A1 = 增值。课堂学习到底包括哪些值呢？笔者认为，如果我们简单地将学习分为想学、会学与学好，那么课堂学习有如下四种值：一是动力值，即学生想学习的愿望；二是方法值，即学生会学习的方法；三是知能或数量值，即学生所学到的知识与技能；四是意义值，即学生学到的东西是有意义或受用的。这样说来，尽管关于课堂教学的变革路径有着千万条，如导学案、学案、预学—教学—评价案、课堂观察、促进学习的课堂评价、后茶馆式教学等，其实，变革的目的都是一致的，那就是如何让学生的课堂学习增值，即在上述四种值中至少有一种值能实现A2 - A1 > 0。没有增值的课堂变革不仅是没有意义的，也是不专业的，甚至是反教育的。

值得一提的是，任何变革都是有代价的。课堂教学变革的专业性在于在同等条件下带来学生课堂学习的增值，而不是以延长学习时间、增加学习强度为代价。如当前盛行的导学案，是不是极大地增加了学生的预习量，或增加了学生课外作业的时间？教师少教（讲）了，是不是真的带来学生多学了？学生在课堂中是不是“被参与”的？等等。这些问题都需要变革者怀着科学的态度去对待，并做出基于证据的专业判断。

夏雪梅博士的《以学习为中心的课堂观察》就是基于上述思考，探索课堂观察或研究如何从“教学中心”向“学习中心”转型的问题，并建构了“观察学习—收集证据—分析证据—做出新的决策”的课堂研究模式，开辟了课堂研究的新领域，本人非常欣赏。本书也是本人主持的教育部人文社会科学重点研究基地重大项目“义务教育阶段学校课程实施过程质量评估的理论和技术研究”（项目批准号：7964102A）的研究成果之一。在此，对夏博士以及支持本研究工作或成果出版的所有人士致以最诚挚的谢意！

崔允漷

教育部人文社会科学重点研究基地

华东师范大学课程与教学研究所教授兼所长

目 录

MuLu

前 言

个性化学习浪潮中的课堂观察

学习伴随我们一生，学生在学校里的大多数时间都在课堂中学习。但是，课堂中的学习真的发生了吗？这是一个值得思考和判断的问题。

我们通常将教完了什么内容、做完了什么练习当做判断学习发生的标准。这种判断往往让人产生“学生在学习”的假象。而实际上，课堂教学任务的完成并不代表学习的发生。课堂中的学习需要系统的观察和分析，探看发生在每一个学生身上的学习历程。

在世界范围内，课堂观察已经走过了半个多世纪的历程，我国的教研活动，日本的“授业研究”（learning study），美国自1999年以来大规模兴起的课堂研究中心，概莫如是。但是，将课堂观察明确地作为研究学生学习的一种重要工具，这一研究的历史还很短暂，本书试图探索这一领域。

每个儿童的学习都是个别化的历程

当前的学校教育有一个本质性的桎梏，即产生于工业时代的批量式的课堂结构与信息时代所需求的个性化的人之间的矛盾。当前课堂中的所有要素——年级结构、教材、课堂座位安排、讲授制——无不是为了效率，实现“知识”到“人”最快捷的批量传递。而未来的时代所希望培养的人却是要尽最大可能地发挥自己的潜能，寻求自己的独特价值，具有独立、创新、自主、批判思考的能力。

前者和后者的不匹配宛如阵痛一般，不停地要求现实中的课堂做出回应，又宛如拉锯一般，一时将现实中的课堂拉向一边，一时又拉向另一边。总的来说，目前还是前者占据了上风。不过，从世界改革的潮流和社会发展的趋势来看，课堂的革新必然是要回应个体的需求，促进个体主动、深度、富有挑战性的学习。这种改革意图体现在课堂中，就是一种个别化学习的趋势，而个性化学习也是未来教育发展的趋势。

这种趋势也和学习科学中对儿童学习的研究不谋而合。儿童在学习上存在个体差异，这是客观存在的事实。儿童的个体差异体现在很多方面，既有对某一事物的认知方式的不同，也有学习风格、与人交往的不同，还有情感体验方面的差异。这些个体差异往往让课堂学习变得复杂，难以预测。譬如，有些学生动作学得很快，有些学生学起来却很费劲；有些概念多数学生很快就掌握了，却总有些学生一错再错，等等。这些差异引发了教师的不同反应，导致学生在课堂、学校教育生活中的巨大差异。一些学生的课堂生活富有成效、充满关爱和回应性，经常有教师和同伴的反馈；而另一些学生的典型的课堂生活则是静坐、被批评、枯燥无味的操练。问题的核心在于，我们如何解释这种差异？这些差异是绝对的吗？是可以改变的吗？

关于这个问题，教育界有很长的一段争论。有研究者认为，个体差异是不可以改变的。在大规模的群体中，学生呈正态分布，我们要做的只是筛选出认知精英（cognitive elite）。也有人认为，个体差异不是绝对的，钟形曲线的魔咒可以通过学校教育打破，是可以改变的。

在我们看来，学校教育的本质并不在于证明个体的学习存在差异，并根据差异筛选学习能力强的学生。学校教育的目的在于改善个体差异，让不同智力水平的学生获得基本的素养。

在我们看来，个体差异是一种教育资源。个体差异表明个体对世界和事物有着多样化的认知方式，教育只有在了解这种个体差异的基础上，通过改善个体差异的教育方法，才有可能获得成功（田中耕治，2011）。教师要做的就是发现个体学习的差异，考试是一种发现个体差异的方式，课堂观察也是。

我们缺少对儿童个体间学习差异的研究

孔子说，因材施教。但是，因材施教的前提是我们对“材”的判断是准确的。现实的情况是，我们往往还没有对“材”进行充分的研究，就迫不及待地进行“教”，在教之后发现不对，再花大量的时间来调整“材”，让他们按照“教”的方向走。这样的过程，不仅学生痛苦，教师自己也疲惫不堪。关键的问题就在于，我们对学生的研究不够。

这种对学生个体学习差异研究的缺失，往往使我们的教师在面对巨大的学习差异时束手无策，或者抱怨生源的问题，从而对学生进行分层、筛选，或者干脆放弃后三分之一的学生。在帕尔默的《教学勇气》中生动描述了这一场景：

几年前，我遇见了一位实验学院的主任，他正在指导一所著名大学的校园项目，这个项目已经进行到第二年。他刚和教师开完会回来，其表情表明工作进展并不顺利。

“出什么事儿了？”我问。

“全体人员花费了大半个上午的时间抱怨学生的质量太差。他们说如果不招收基础好的年轻人，我们这个项目就绝不能取得成果。”

“你怎么说？”

“我尽最大的努力去听，”他说，“但是他们只顾一个劲儿地责怪学生，最后我说，他们的话听上去像医院的医生在说：不要再把有病的病人往我们这儿送——我们不知道拿他们怎么办。给我健康的病人，以便使我们看上去像好医生。”

他打的比方帮助我理解了教学的一些重要东西：我们诊断学生健康状况的方式决定我们提供治疗的方法。但是老师们很少花时间去共同思考我们学生的状况，很少花时间去思考我们的教学能够治疗的弊病。我们没有什么东西能够和医院里常见的大会诊相比：在医院里，医生、护士、治疗师和其他专家联合起来诊断一个病人的病情。相反，我们却允许不假思索地凭着充斥在教师文化中的偏见来形成我们的“治疗方式”。（帕尔默，2005）

不能不承认，诊断学生和研究学生在我们教师的专业时间中只占据极少的分量。帕尔默的批评正点明了我们当下学校教育中的问题：很少研究学生的学习，很少共同探讨、了解学生间的差异对教学、学习发生的意义。

在2011年颁布的《教师教育课程标准（试行）》中，把对儿童的理解放在了很重要的位置，在小学和中学阶段都提出：“理解小学（中学）阶段在人生发展中的独特地位和价值……尊重学生的个体差异，相信学生具有发展的潜力，乐于为学生创造发展的条件和机会。”而在课程设置中，很重要的一类课程领域就是为未来的教师们开设“儿童发展与学习”。

也有研究者提出，在以往的教育学研究中是没有“对儿童的研究”的，这是教师教育的重大缺失，建议开展“儿童学研究”，确立“儿童本位”的思想。理解儿童、关心儿童意味着倾听儿童，敏锐地意识到儿童的需求，让他们健康快乐地学习和成长（钟启泉，2011）。

那么，在职教师怎样研究学生的学习呢？对上课教师来说，课堂中的评价——课堂练习、预习作业、课后作业、行间巡视、表现性的活动、学生学习单、观察等都是研究学生学习差异的载体，从这些活动中发现学生学习的奥秘，有意识地进行归类。而对教师群体来说，教研活动、课堂观察就是对学生的学习表现进行的集中研究。

课堂观察是一种研究学生学习的重要工具

西方意义上的课堂观察自进入中国以来，主要是作为一种促进教师专业发展的工具。而在本书中，课堂观察首先是作为一种发现学生课堂学习差异的工具，作为教师用以观察、研究学生的工具，不仅观察认知差异，还关注与认知相连的情感、社会关系，并观察与之关联的教学。

一个事实是：我们的教师缺乏在课堂中研究学生学习的工具。这一方面是因为以往听评课的惯性影响。在以往的听评课中，我们往往侧重于教师的仪态仪表、怎么设计教案、怎么复习、怎么导入课文、怎么讲解新知识、怎么板书、怎么提问、怎么布置作业、怎么运用教学手段和方法、怎么突出知识的重点和难点以及怎么把握教学节奏等，却常常忽略了课程教学中最为重要的因素——学生。脱离具体教学情境的教学法的改革，最终演变为教师基本功的表演，而与学生的真实成长关系不大，教学在很大程度上失去了它应有的教育意义（吴刚平，2003）。而另一方面是由于个体“学习”本身的特性，认知过程是内隐而难以言表的，教师习惯地拿张凳子往后排一坐的听评课的方式根本不可能关注到学生的学习活动。学生的感受、反应、行为、思考、发展和成长，无法在既有的听评课中得以体现。

课堂观察可以从技术上部分解决这一问题。与听评课不同的是，课堂观察的优势就在于首先要通过前期的研究对学生的学习形成一定的理论框架或判断标准，然后创建合适的工具捕捉学习，并用一种可报告、可分析的方式记录下来。

但所有观察工具和观察行为的变化都是基于一个前提——学习观的变化。今天，当进行课堂观察的时候，如果我们仍然秉持传统的学习观，认为学习是划一的，知识是客观的实体，观察就毫无必要；如果我们仍然认为知识是单向的灌输与传递，是向僵硬的大脑滴入琐碎的资料，是推动麻木的躯体从一种信息源到下一种信息源，我们也不需要观察学生的学习。

只有当我们相信每个学生身上都拥有学习的力量，相信每个学生的学习是一种个性化的历程，课堂观察才会有意义。我们认为：

◇ 个体差异恰恰揭示了当前课堂研究中的话语方式需要转型。学习是和特定的个体相连的，是依赖于个体的。当我们分析课堂中学习是否发生以及学习的质量的时候，我们需要分析的是“这个”学生的学习，“这类”学生的学习。

◇ 课堂观察要让教师洞察不同的学习者在课堂中是否拥有主动建构意义、自我监督、注意力调整、与人合作等技能的机会，如果没有，怎样给学习者提供这样的机会。对课堂的观察是为了研究学习与教学之间的关系，根本目的是促进学生自己主动地学习。这个目的通常被我们忘却，我们对教学的分析变成了对琐碎教学手段的调整，而忽视了促进学生自主地建构学习。

◇ 教学是在研究学生学习的基础上发生的，课堂观察就是要在学校内开创一个教师共同研究学生学习的共同体空间。课堂观察要能够根据学生的差异化学习提出教师的教学策略。这种关注并不是抹杀教师的作用，教学是一种专业行为，教师有责任设计有助于建构学生知识的环境。正如舒尔曼（Shulman）所说，通过对个体、群体学生的观察，我们开始更为清楚地理解，学习者是在何种程度上用原有的理解来建立他们的理解的。任何新的知识都多少要同学习者原有知识联系起来。作为教师，除非我们能够发现由内及外的方法，同学生一起关注其原有知识，认真对待他们的所知所想，否则教学就变得非常困难（Shulman，2004）[36]。

怎样对个性化的学习进行观察?

如上文所言，对学习进行观察和分析的前提是，承认每一个学生的学习是独特的个性化进程，课堂中的知识和意义是基于师生共同的参与和建构而产生的，所有参与者都享有同等的地位。如果不基于这一前提，对学习的观察结果往往成为统一化的简单的学习行为数据的罗列。

这一前提无疑对课堂观察提出了挑战：课堂中的学习包含了什么？如果强调学习的个性化，那么当教师要在30人以上的班级任教，而每位学生又有各自的思考方式和想法的时候，我们又如何观察每个学生的学习呢？

我们认为，首先需要了解学习的机制，学习到底在学生身上是如何产生的？更具体来说，各种学习结果，如知识与技能、情感、与人合作的能力等在学生身上到底是如何形成的，如何判断学生产生了这样的学习结果，如何判断这些学习的质量？所以，每当我们提出一个学习结果时，都要首先对隐藏其中的学习机制进行分析。

其次，虽然每个学生都是独立个体，但从质的方面来说，他们对特定事物的理解，常常可以归纳为几个有限的类别。关键是，我们要有一种敏锐的洞察力，了解学生对将要学习的事物会做出怎样的考虑、感知、理解与体会（卢敏玲 等，2006）。

再次，由于学习的特性，对学习的课堂观察需要改变原有的听评课方式：要坐在学生身边；要对他们的话语、行为、表情、互动进行记录，在必要的时候要对焦点学生进行录像、摄像；要对他们进行访谈；要收集他们在课堂上的学习记录以了解其思维轨迹；要运用一些心理学、社会学中的量表帮助我们诊断等。

本书围绕为什么和如何进行以学习为中心的课堂观察展开阐述，一共分成五大部分。

第一部分主要是梳理半个多世纪以来课堂观察的历史流变。课堂观察历经互动分析、话语分析、人种志观察等较经典的方式，到当下融入学科内容与方法、以标准化为特征的新量化观察，以及新媒体和分析技术的风起云涌。我们在诸多流派中区分出三种取径：大规模的标准量化观察取径、以人种志为核心的质性观察取径，以及当下国内极为流行的专业成长取径。本部分最后一章提出以学习中心的课程观察架构。

第二部分至第四部分是本书的重点，探讨如何以学习为中心进行课堂观察。提出了五大类的观察领域：观察学生知识与技能类的目标达成，观察有意义的学习过程，观察合作学习的过程，观察课堂中的积极学科情感，观察课堂中的社会关系。

第二部分探讨的是知识与技能类的目标达成。这是学习发生的最基本的要求。怎样判断一堂课中学生达成了知识与技能类的目标？本部分给出了三个判断标准，针对每一个标准，给出分析框架和工具框架，并以一节课为载体，描绘环环相扣的实地观察案例。这一部分的课堂观察可以让我们在复杂课堂中判断学生是否获得了有质量的学习结果，在进入课堂前、后是否产生了学习进步，是否经历了有意义的学习过程。

第三部分是对个体和群体学习过程的深入观察和分析。本部分首先探讨了学习发生的机理：学生的“朴素”观念是如何阻碍或促进学习的，从新手到专家的不同路径和认知水平，怎样的学习方式更好等问题。借助本部分的学习科学的理论基础和观察单，我们可以深入分析课堂中的迷思概念，学习活动中学生的认知与合作水平，通过白描、话语分析，判断独立或合作学习的质量，促进深度的学习。

第四部分是对积极学科情感和同伴社会关系的观察。学生的学习动机和情感对学习会产生重要影响。观察前首先要理解积极的学科情感、良好的社会关系产生的机制。观察中则要借助积极心理学、社会关系测量等领域的工具，呈现学生不同等级的学习情感状态。这一部分还提供了教师在课堂上的表现和行为的自我检核表。

第五部分是对观察后的数据分析和解读过程进行了重点探讨。课堂观察如果不伴随多元的、深入的分析，没有观点的激荡与课堂的重构，无异于数据汇报，对教师的促进意义是有限的。本部分提出，评课中“反反思”困局的关键在于教师对课堂分析的同质化、宏大叙事等，因此，借助“冲突”，构建“多元理论框架”，对同一课堂数据进行多角度的分析，将有可能带领我们的课堂观察走向深度观察。

本书中的所有工具、案例都是来自于和一线教师的共同合作。在实地进行课堂观察的时候，那些一个人默默奋斗在教室中的教师，你可以独自选择其中的某一工具进行尝试；那些希望引领他人一起探索的教师，可以在备课组、教研组等教师群体层面上进行合作性的观察。我们真挚地希望，课堂观察这种技术能成为教师通往学生心灵和提升教育智慧的一条道路！

第一部分

多元取径中『以学习为中心』的课堂观察

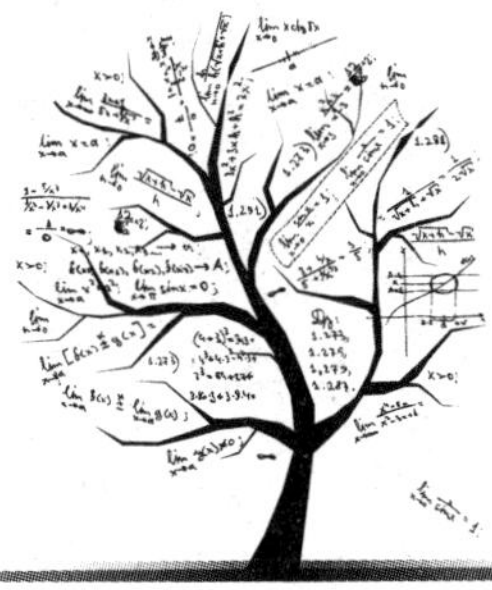

Di Yi Bu Fen

duoyuan qujing zhong "yi xuexi wei zhongxin" de ketang guancha

第一部分 多元取径中“以学习为中心”的课堂观察

课堂观察经历了半个多世纪的流变，产生了诸多流派，近年来，新媒体和观察技术风起云涌。本部分探讨了大规模的标准量化取径，以人种志为核心的质性取径以及当下正当流行的专业发展取径，前两种取径的融入有助于提高专业发展取径的真实性和准确性。本部分提出了以学习为中心的观察架构，观察学生知识与技能类学习目标的达成、个体有意义的学习过程、合作学习的过程、课堂中的积极学科情感和同伴社会关系五大领域。

第一章 课堂观察的历史流变与新进展

在观察中感受、体味与评估是人类的独特能力，在中国文化中尤其如此。孔子说：“夫达也者，质直而好义，察言而观色，虑以下人。”(《论语·颜渊》)

孟子进一步说，观察一个人，首先是对眼睛的观察：“存乎人者，莫良於眸子。眸子不能掩其恶。胸中正，则眸子瞭焉；胸中不正，则眸子眊焉。听其言也，观其眸子：人焉廋哉！”(《孟子·离娄上》)

在随后的中国社会中，能够“察言观色”一直被看做是对人心有洞察力的表现。会察言观色的人往往能够熟练地通过对外部表情、行为的观察推断他人的内心活动，进而调整自己后续的行为，从而在社会活动中取得成功。

在教育中，观察的重要性不言而喻。课堂中的教师每时每刻都在进行观察，观察学生的表情、动作与作业表现，然后做出进一步的教学判断和决策。长期以来，教师对学生的观察和后续的教学调整，是一种自发的行为。直到新中国成立后，有了“听评课”活动，同行之间进行观课、评课、议课的行为才逐渐制度化。但是，听评课与西方的课堂观察并不是一个概念。在此，本章简要描述西方课堂观察的历史流变与新进展。

一、从社会学中对群体互动观察开始

观察本是社会学实地研究中的一种收集资料的方法，这种方法最大的长处就是在行为现场观察并思考（巴比，2005）。正如美国社会学家韦伯（Weber）所说，所有的社会研究始于观察且止于观察，无论从何处开始对任何一个社会机构进行研究，其必不可少的部分便是细致与长期的个体观察。通过这种观察，研究者能获得很多材料，并以此来清晰自己的观点和思想（陈波 等，1989）。

课堂观察主要源自20世纪50—60年代西方的科学主义思潮。受社会学中互动研究的影响，50—60 年代，课堂观察的重点集中在课堂中教师与学生的互动类型的分析上。通常的方式是将教师的互动行为和学生的互动行为编成一套编码系统（Coding System），用编码系统中的编码表对一堂课或者是一个课堂片段进行互动行为的分析。

最早运用这种方法的是美国社会心理学家贝尔思（Bales），他于 1950 年提出“互动过程分析”理论。贝尔思提出的群体互动是对小群体的观察，他划分了互动范畴的观察框架：社会情绪领域（Social-Emotional Area）的积极互动行为与消极互动行为，工作领域（Task Area）的询求性互动行为与回应性互动行为；然后将这四类互动行为分成程度逐渐变化的三个层次，组成观察项目清单。

在此之后，这一类型的研究蔚为大观。其中，比较典型的是美国课堂研究专家弗兰德斯（Flanders，1970）提出的“弗兰德斯互动分类系统”（Flanders Interaction Analysis System，FIAS），它标志着现代意义的课堂观察的开始。

弗兰德斯将互动分成“教师的语言”、“学生的语言”、“沉默”三大类，又具体分成如表 1–1 所示的 10 种。观察者每隔 3 秒钟记下行为及其发生顺序。课后，经过一定的处理将编码填入 10 × 10 的矩阵。

表 1–1 弗兰德斯的师生互动观察类目系统

<table>
<tr><td rowspan="7">教师的语言</td><td rowspan="4">间接影响</td><td>1</td><td>接纳情感：以平和的方式接纳与理解学生的积极或消极的态度、预期。</td></tr>
<tr><td>2</td><td>表扬或鼓励：表扬或鼓励学生的行动或行为，包括开玩笑以消除紧张，而这种玩笑并不伤害第三者；点头同意，或者说“是吗”或“继续下去”。</td></tr>
<tr><td>3</td><td>接受或利用学生的想法：理清、发展或拓展学生的看法。但若教师说的更多的是自己的看法，则归入范畴 5。</td></tr>
<tr><td>4</td><td>提问：基于教师的看法提出内容或程序方面的问题，让学生回答。</td></tr>
<tr><td rowspan="3">直接影响</td><td>5</td><td>讲授：陈述内容或程序方面的各种事实或观点；表示自己的看法，做出自己的解释，或印证权威（不是学生）的观点。</td></tr>
<tr><td>6</td><td>指令：给予指示、命令或要求，以期学生遵从。</td></tr>
<tr><td>7</td><td>批评学生或维护权威：明言正告，将学生的不可接受的行为方式变为可接受的行为方式；严厉责备学生；阐明自己所采取的行为理由；强调自身的绝对权威。</td></tr>
</table>

续表

学生的语言	8	反应性说话：为了回应的学生说话，由教师引发交往，或要求学生阐述或营造情境。
	9	主动性说话：由学生主动说话。学生表明自己的看法；引出一个新的话题；自由拓展自己的观点与思想方法，比如提出一些有创见的问题、超越现存的结构。
沉默	10	沉默或混乱：暂时中止谈话，短时间的沉默，或短时间的混乱使得观察者无法了解交谈内容。

此外，古德和布罗菲（Good et al，1971）提出了课堂观察的双向互动系统（Dyadic Interaction System）。这一系统界定了学生引发的问题、阅读或背诵、纪律问题、直接问题、开放问题、大声喊出等29个变量。这个观察系统的目标在于，确定学生个体是否比其他学生接收到了更多或更少的某种行为。

这些互动观察的研究成果体现了对课堂进行精细研究的科学实证主义思想，在随后的发展中，也因为其过于琐碎、僵化而招致多方批评。在近些年来的国际课堂比较研究中，这种量化分析思路又有了新的进展。我国也有很多研究者应用这些观察工具对中国课堂进行观察，并在时间、记录方式上进行调整，增加计算机、曲线图、质性观察等辅助方法（宁虹 等，2003）。

二、话语分析视野中的课堂语言

话语分析流派一直是课堂观察中的重要组成部分。英国研究者巴纳斯（Barners）为这一流派的研究做了一个定位：研究学校语言现象应该尝试回答教育的问题。通过语言形式，我们可以更敏锐地感知教室中的社会事件，通过话语将认知和社会两个层面联结起来。

20世纪70—80年代，受社会学中儿童话语研究的影响，卡兹登（Cazden，1988）开创了用话语分析进行课堂分析的研究传统。卡兹登曾经做过9年的小学教师，后在哈佛大学的教育研究所工作了13年，又再度回到课堂。这种经历使他能以研究者和教师的双重身份，观察和评论课堂中互动的形式和内涵、师生互动和同伴互动对学习的影响、师生说话方式的文化意义。

卡兹登的经典著作《教室言谈：教与学的语言》（*Classroom Discourse：The Language of Teaching and Learning*）对课堂语言进行了结构性分析。在这本书里卡兹登引用社会心理学家布朗（Brown）的说法，提醒我们：孩子们在课堂中寻求的无非是沟通，是了解及被了解。

卡兹登认为，从语言学的角度来看，教室生活中有三种不同功能的语言：（1）课程的语言，沟通主要教学信息；（2）控制的语言，建立与维持社会关系；（3）个人认同的语言，表达说话者的认同态度。而各层级的教室言谈中最为普遍的语言模式表现为 IRE 序列：教师启动（Initiation）—学生回应（Response）—教师评价（Evaluation）。

这一时期类似的研究还探讨如下核心问题：语言运用的模式如何影响知识和学习的定义？如何影响学生受教育机会的平等与否？这些模式假定说话者应该具有哪些沟通知识？这些模式将培养出哪些沟通知识？近期这一流派的研究，从单纯的语言分析逐渐转为语言与意义的联结。在数学教育研究者布兰顿等人（Blanton et al，2001）所做的研究中，就是运用维果茨基的语言分析观点对课堂话语的本质进行理解。

目前，国内的课堂话语分析研究主要是在二语习得领域，研究的问题主要集中在教师的赞美语、话轮分析、课堂中的沉默语言现象、师生互动等方面。

三、人种志开辟的质性视角

人种志（ethnography），源于希腊文 ethno，意为民族、种族或人们；graphy，意为描绘。这种研究范式由英国社会人类学家马林诺夫斯基（Malinowski）奠定。这一方法起初主要是对异种族、异文化的研究，现在已广泛应用于社会学研究领域。

1968 年，英国教育人类学家扬（Young）、史密斯（Smith）和杰弗里（Geoffrey）首次应用微观人类学（Micro Ethnography）的方法，即所谓的“微观民族志”，对班级进行人类学实地研究，从此开始了用人种志对课堂进行实地研究的历史。

扬等人的目的在于描绘一所贫民学校中某一班级的沉默语言，从而使那些没有生活在其中的人能够理解其微妙与复杂之处。他们搜集材料的技术主要是“参与观察”（participant-observation）与“深度访谈”（depth-inter-view）。所谓参与观察是指研究者不仅作为旁观者观察所研究对象的一切，同时也相当程度地参与到所研究对象的活动中，作为其中的一员，以求更密切地、接近地观察。所谓深度访谈则是指研究者与研究对象作无拘无束、较深入的访问谈话，事前不规定所要访谈的问题，更不限定回答的方式，而是就某一范围的问题作广泛的聊天式的对话，或对某一特定的问题作详细的说明。

从 20 世纪 70 年代以后，人种志研究开始为较多研究者所接受。布拉姆菲尔德（Blumenfeld）和米勒（Miller）设计了收集叙事信息的方法，称为趣闻逸事记录（Anecdotal Record）、进展记录（Running Record）等，用来记录学生的行为模式、学习风格、所学概念等（古德 等，2002）[75-77]。

我国的研究者比较多的是从 2000 年以后才逐渐接触这一研究方法，有研究者提出“课堂人种志”这一名称（王鉴，2004）。研究者认为，课堂人种志研究基本上是由对发生在课堂中的事件的描述组成，特别是对教学组织过程中的师生行为及行为意义的解释。它以教师和学生个体行为的文化意蕴为基础，既用于对课堂现象原始材料的记录，也用于对这些材料意义的解释，具有描述性和解释性的功能（杜文军，2009）。

鉴于人种志研究的主要目的是对研究对象的个人经验和生活方式作“解释性理解”或进行“体验”，这种理解或体验主要是在自然情境中进行，因而研究者要对自己的“前设”和“偏见”进行反思。观察者一般用完整的文字描述课堂全貌，使原本被剥离出来的课堂事件、课堂行为回归情境本身，从而使研究者利用个人经验可以更好地理解、诠释课堂。

四、学科内容与方法的融入

近些年来，美国的很多研究机构陆续推出了自己的课堂观察工具。检阅这些工具可以发现，课堂观察很少再集中于一般性的互动分析，而更多的是聚焦于特定的学科，每个研究机构一般都有自己主攻的课堂研究方向，致力于在某一个学科领域中的深入分析，突显这个学科的特性。这种特点比较集中地体现在数学、科学和英语课堂。

位于北卡的地平线研究公司（Horizon Research Inc.，HRI）受国家科学基金会（National Science Foundation，NSF）等资助，于近期推出了 22

页的“课堂内部观察和分析工具”（Inside the Classroom Observation and Analytic Protocol）。这一观察专注于科学和数学课堂，观察者需要完成课堂的描述性信息，并评估科学和数学教学策略的水平等级，以传播科学和数学教育的前沿技术，评估科学和数学教育的革新项目。

与之类似的还有“为了更好的学校的研究”（Research for Better Schools），这一研究机构受美国教育部、国家科学基金会资助，重点研究阅读课，开发了“孟菲斯阅读提升课堂观察工具”（Memphis Striving Readers Classroom Observation Protocol）和配套的指南、培训单，对阅读策略、课堂认知、学生投入进行编码。

由剑桥大学出版的《课堂观察任务》（*Classroom Observation Tasks*）主要针对英语课堂。它将观察体系分为7个大视角35个观察点，7个大视角为：学习者、语言、学习、课、教学技巧与策略、课堂管理、教材与资源。以“学习”视角为例，又分成学习环境、学习检测、教与学的比较、教学目标、词汇与学习等观察点（Wajnryb，1992）。观察点既体现了对一般性课堂教学的关注，也体现了语言类课堂观察任务的特征。

从这些研究可见，普适性的课堂观察工具的开发已经难以满足对课堂深入分析的需求，深入的课堂观察需要兼顾一般性的编码和体现学科特色的编码。

五、以标准化为特征的新量化观察的兴起

20世纪90年代以来，课堂观察的应用更加广泛。如果说以往的课堂观察比较多的是对教师的课堂进行分析，当下的课堂观察已频繁运用于项目评估、国际比较、政策干预、心理学应用等多个方面。尤其随着当下一些大型的结果质量监控体系逐渐将课堂过程变量纳入分析范围之后，研究者对课堂观察有了更高的要求。

开发标准化的课堂观察以用于大规模的检测和了解教育质量，并用于解释学生的学业成就在西方已有比较长的历史。最近几年来，研究者们又再次关注并开发出具有良好的信度和效度的标准化的课堂观察工具，如加莫兰（Gameron）等人，他们在个体学生的层面上提出了个体学生教学（Individualizing Student Instruction，ISI）课堂观察，对多个州的大规模英语课堂进行了观察，结果表明，ISI具有良好的效度。

在这些研究中，比较有代表性的是皮安塔（Pianta）和哈默（Hamre）开发的课堂评分系统（Classroom Scoring System，CLASS）。他们认为，教师与学生互动的行为可以通过标准化的观察工具评价出来，加以系统分析，并用于问责机制（Pianta et al，2009）。利用CLASS系统，十年来他们观察了2500个课堂，收集了从学前到五年级的第一手的观察数据。他们建议在目前的州标准化增值（value-added）测试和大规模的学生评价如NEAP中设计标准化的观察表，以增进对很多结果的深入理解。

CLASS系统课堂观察的结果表明，一般学生只接受中等程度的情感支撑和课堂组织，以及相当低层级的教学支撑。教师和学生之间的互动是非个体的，只有在极少数的情况下，学生才有可能得到一对一的、积极的师生互动。例如，在五年级，学校一天生活中，发生积极的、个体的师生互动的观察时段只占总观察时段的1%。在课堂管理中，学生的大量课堂时间是用在非学习的活动上，五年级的非学习时间占课堂时间的30%。在教学质量上的证据尤其引人关注：学生没有得到高水平的教学支撑，五年级的学生用在基本的识记和用在推理、分析、综合信息上的时间比为5∶1（Pianta et al，2008）。

六、视听新媒体、网络技术与数据平台的介入

课堂观察是借助观察者本身的经验、观察的敏锐度以及一套观察记录系统来回答问题，但是课堂的瞬息万变以及信息来源的广泛性，都要求课堂观察领域能够不断发展出新媒体与新技术以应对课堂观察的进展。

以往的课堂观察是对1个课堂进行深入分析与观察，而现在，基于大规模的评估和国际比较的需要，往往要对几百个、上千个的课堂同时进行记录、网络共享与分析。如何保存课堂的原始资料，如何在后期对课堂进行分析，这些都对技术提出了极高的要求。在课堂观察数据的产生、收集、记录、分享、分析等各个阶段，我们都可以发现新技术的身影。

运用新技术比较典型的研究如1995年的TIMSS视频研究，是美国、德国、日本的研究工作者首次大规模地对这3个国家八年级的231节数学课进行了实录，构建了录像信息模型，用于比较研究3个国家课堂教学与学生学习成就的关系，并试图从中归纳出在国际测验中具有较高学业成就的日本数学课堂具有怎样的特征。1999年的TIMSS研究扩展到美国、瑞

士、澳大利亚、中国香港等7个国家和地区，通过对每一个国家和地区超过200小时、一共1000多个数学和科学课堂教学录像的比较研究，旨在探讨美国课堂中的数学和科学教学实践，并将美国的教学实践与那些高成就的国家进行比较，从中发现关于教学数学和科学的新观念，并开发新的教学研究方法和工具以促进教师的专业发展。

在澳大利亚所进行的“学习者视角的研究”(Learner's Perspective Study，LPS）中，运用了大量的数据采集、视频制作、网络共享、数据库建设方面的新技术。比如，LPS开发了一种视听分析软件（Studiocode)，运用这一软件可以直接在视频上进行编码，也可以对转化后的文稿进行编码分析。LPS还建立了大型的课堂观察数据库系统，通过国家、学校、课的数据来源分类，对需要的文件进行层层定位，并进行不同数据的层级分析。在LPS的网上数据分类系统所使用的软件是录像门户（Video Portal)，可以对大量的数据进行同时性分析。

一直以来，在课堂观察领域，我们都秉持一种技术辅助视角。这种视角认为，不管课堂观察的系统发展到一个怎样高级的阶段，技术只能起到辅助的作用。但在新技术面前，我们发现，新的技术确实能极大地改变课堂观察中的思维方式，产生不一样的效果。可以说，当前新媒体与新技术的发展已经能够让我们解决很多我们关注的问题，问题在于，我们怎样根据中国课堂的特征提出我们自己的重要课堂问题。各种已有的研究也提醒我们，技术只有与问题结合起来才能发挥更大的作用，正如教育技术领域的学者伊犁（Ely）所说，如果技术是答案，那么，问题是什么？

第二章 课堂观察的取径

课堂观察是一种研究和分析课堂的工具，受实证主义、现象学、人种志、教师专业发展等不同理论的影响，出于不同的研究目的，课堂观察的取径会呈现很大的不同。根据其理论基础和研究目的的差异，可以将课堂观察的取径分成量化观察取径、质性观察取径、专业成长取径三类。在以往的课堂观察研究中，一般是将课堂观察分成两类：量化观察、质性观察（陈瑶，2002）。这种分类方法仅考虑了数据来源，却没有区分出不同的研究目的和数据类型。因为促进教师专业成长的课堂观察即使采用了量化数据和质性数据，也与研究领域中采用的课堂观察有着本质的区别。

一、量化观察取径的技术与典型研究

量化观察在西方有着悠久的传统。在这一取径中，所谓的“量化”，是指用标准化的课堂观察单、编码系统收集课堂数据。这种观察取径主要运用于国际课堂比较、解释学业成就等结果变量和大规模的课堂评估等。这一取径中所开发的观察工具基于特定的“好课堂、好教学”的理论假设，有一定的信度和效度。观察工具主要由研究者开发，使用者要经过一定的培训。

在大规模的量化观察研究中，主要的工具有两类：一类是即时记录课堂信息的标准化的课堂观察单，一类是对课堂或课堂录像进行再分析的编码系统。

（一）标准化的课堂观察单

何谓标准化的课堂观察单？这些观察单与当下中小学中常用的观察工具有何不同？笔者梳理了国外典型的课堂观察系统，发现标准化的课堂观察单有以下 3 个典型特征。

1. 观察框架反映了对有效课堂教学的假设

标准化的课堂观察总是与“好的教学是什么”的假设联系在一起。有效教学的理念源于20世纪上半叶西方的教学科学化运动，特别是教学效能核定运动之后，这一概念频繁地出现在英语教育文献之中。标准化课堂观察的维度发展是和有效教学的研究紧密相连的。从有效教学研究的历史来看，主要经历了三个阶段：（1）描述教师个人特征；（2）剖析教师的教学行为；（3）探讨学生高水平的认知活动何以产生。

其中，第二个阶段的有效教学研究持续时间最久，被称为过程—结果（process-product）研究取向，关注特定的教师行为与学习成绩之间的关系。如有研究表明，9类教学行为将会对学生学业成绩产生重要影响：清晰明了；根据学生表现灵活变化教学；以教学和学习任务为中心；热爱学科，用热情激励学生；批评（负相关）；不诚实（负相关）；给予学生学习机会；运用有条理的争论；多种水平的提问或讨论（Berliner et al，1996）。伊萨戴克和埃利奥特（Ysseldyke et al，1999）总结了一系列成果中的有效教学行为：给学生更多的学习机会，主动教学，让学生高度专注学习，高效利用教学时间，多变而灵活地将学生分组等。

早期的标准化的课堂观察认为，有效教学行为的出现频率和学生成绩是相关的。通过计算与学生高学业成就相关的教学行为的频率，可以证明课堂效率的高低。课堂研究者马歇尔（Marshall）将这种特征描述为用行为主义的透镜（behaviorist lens）观察课堂（Gettinger et al，1999）。

如前所述，近年来，在建构主义等新的学习理论指引下，研究者们重新开始关注发展出具有良好的信度和效度的标准化的课堂观察工具，如前述的CLASS系统。

CLASS系统是与“好课堂”的假设相关联的（如图2-1所示）：良好的课堂结构（classroom organization）；充分的情感支撑（emotional supports）；教学支撑（instructional supports）。CLASS系统与早期课堂观察的区别在于，它不仅体现了对“好课堂”的假设，而且这种“好课堂”与学生的学习成果关联，不仅与学生的学习成绩相关，而且与更为宽泛和高水平的学习结果如概念发展等相连。

2. 具有良好的信度和效度

标准化的观察单往往要求观察者对照观察指标赋值评分。我们先来看一个标准化观察的例子。以明尼苏达大学开发的课堂观察方案（Classroom

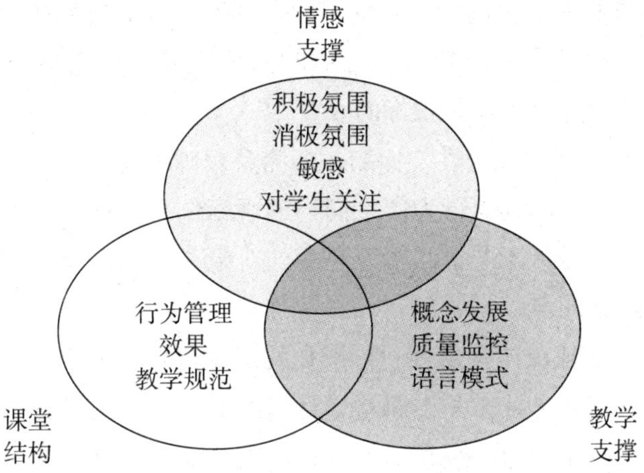

图 2-1　CLASS 系统的课堂评分框架

Observation Protocol，COP）为例，COP 是一个标准参照的描述和观察从幼儿园到高中课堂的工具，由几部分组成：一是关于班级一般变量的描述，包括课的类型、学生数量和物理环境的适切性；二是根据课堂活动的编码分解记录课堂，将教学活动分成讲解、学生呈示、讨论等 19 种类型，将认知活动分成接受信息、知识建构等 5 种类型；最后两个部分是对课堂及其整体质量的等级判断（Lawrenz et al，2002），围绕学生的学习认知活动展开，强调学生的高级思维能力。观察者应用 COP 展开观察之前需要接受培训，这样他可以充分理解在每个题目下面隐藏的标准参照的指标。

类似 COP 这样的标准化课堂观察单有助于使用工具的人持续、公平地在不同教师和课堂间运用观察结果，在观察评分和学生学习结果之间建立实证性的证据关联。一个有信度的课堂观察工具代表了观察系统的评分结果与学生或教师成果之间的一致性程度。一个有效度的课堂观察工具会对同样的行为产生同样的评分结果，而不管是在哪个课堂或是谁在观察，就像用一把尺子来量一叠纸的厚度，不管我们是白天量还是晚上量，也不管是谁拿着这把尺子。

总的来说，有信度和效度的课堂观察工具有以下 4 个特征。

（1）不随观察时间变化的稳定性。假设观察目标是要确定一致性和稳定的教师行为模式，这些特点超越了班级的限制，而且并不仅仅是恰好在观察时间中随机发生的行为，而是一种常态。那么，标准化的观察工具就会比较适合。这样得到的观察结果随着时间的变化会发生较为平稳的波动，它们代表了教师稳定的对课堂发生影响的实践。

（2）不同观察者之间的一致性。如果观察工具可以提供关于评估—再评估的有效性的信息，或者在不同的时间段观察结果之间有良好的一致性，那么这样的观察工具是很好的。

（3）超越情境的稳定性。比如一个测量教师改进学生语言能力的课堂观察工具会对教师的类似行为产生同样的观察结果，而不管这一行为是发生在语文课上还是英语课上，不管观察的对象是大组还是小组，也不管观察者是校长还是同伴。

（4）对学业成就的预测性。标准化的课堂观察所获得的数据并不是针对某一个课堂，而是针对一类课堂。它们所揭示出的问题往往具有普遍意义。因此，标准化的课堂观察工具可以和大型的学业评估相结合，用于教育问责。

3. 有着标准化的培训、评分等管理程序

标准化的课堂观察工具需要标准化的培训、评分等管理程序的支撑。检视已有的标准化课堂观察工具的说明，通常包含如下内容：（1）关于如何运用这一工具的学习指南和培训手册。（2）具体评分程序和量规，如评分怎样赋予，是否有评分量规，是否有与不同等级的评分相配套的样例。（3）效度检查的程序，如几个评分者共同为同一个课堂评分，并保证他们的评分是一致的；提供一些典型案例供评分者讨论，以形成较为一致的话语基础和共同标准。上述内容可以最大限度地避免由于评分程序或理解上的误差带来的数据偏差。

（二）编码系统

编码系统是对录制好的课堂进行再次观察、分析，主要是运用时间抽样（time－sampling）的方法计算录像课、课堂视频资料中特定的行为类型，从而对课的类型、课中主题、课堂事件进行比较和分析。

大规模运用编码系统进行课堂研究的当属 TIMSS（The Trends in International Mathematics and Science Study）。TIMSS 是第一次在国家范围内使用录像技术和编码系统研究课堂教学的。TIMSS 对课堂进行了深入而全面的编码，试图将课堂研究量化。1995 年的 TIMSS 编码相对比较简单，主要是组建由参与国家的学者组成的编码小组，观看录像带，对国家间的文化差异问题形成假设，以此作为编码的基础，并通过录像带的数据来验证编码的有效性。

1999年的TIMSS编码比较复杂，基本目标是阐述什么是教学质量，并有效地反映课堂教学的真实情况。因此，TIMSS录像研究项目设计了一种两轮的信息编码方法。第一轮编码是课堂教学结构编码，即建立一个框架，对课堂进行多维度的分析。编码涉及课堂组织、学习环境的创设、学习进度及知识点的处理、教师用来鼓励学生参与的方法等。编码人员从5个方面分析课的内容：（1）情境（S），即进行数学教学的环境，如上课的特定环境、教学用语以及其他与教学相关的因素；（2）任务（T），即数学课所要达到的目标或要解决的问题，如“仔细思考如何变动这个图形却不改变它的面积”就是一个让学生解决的问题；（3）教师选择问题解决方案（TASM）；（4）学生解决问题的方法（SGSM），即学生自己提出解决问题的方案；（5）原理、教具和定义（PPD）。

第二轮编码是对课堂上师生的公共对话进行编码，包括教学行为、教学任务、课堂言语等。它将课堂发言分成12种类型：启发（elicitation）、信息（information）、指导（direction）、领会（uptake）、反应（response）、学生启发（student elicitation）、学生信息（student information）、学生指导（student direction）、学生领会（student uptake）、教师反应（teacher response）、提供答案（provide answer）、其他（other），而启发的子类别包括内容启发（content elicitation）、元认知启发（meta-cognitive elicitation）、互动启发（interactional elicitation）、评价启发（evaluation elicitation）、其他启发（other elicitation）等（蒋鸣和，2004）。

通过这样的编码体系，TIMSS研究中的研究者如斯蒂格勒（Stigler）等人，才能基于课堂的量化数据横向比较不同国家的课堂模式，并纵向比较美国实际课堂教学与课程标准之间的一致性等。因此，要进行国际教学比较，需要精心设计编码框架。但是，编码框架越是无所不包，编码对课堂变化的敏感度就越低，因为一个非常细化的编码框架会降低研究者发现模式或规律性的概率，而由于这样的编码框架要求研究者在不同的编码间做出良好的区分和精细的解释，同时就降低了编码的可信度。因此，在考虑选择何种精细程度的编码时要同时考虑如何促进敏感度和可信度的最优化。

（三）量化观察的支撑技术

如果采用视频、录像、编码系统的课堂分析方法，那么，课堂数据的存储设备、网络设置等新技术的支撑是必不可少的，尤其是在进行大规模的国际比较研究的时候。

首先，在数据的采集上，由于量化观察的编码体系涉及多个方面，往往采用多摄像的方式记录课堂信息。接下来的技术难题就是将 4 个同步拍摄的录像合成为 1 个，并找到相应的软件来支撑这样的录像，还要获得高质量的多窗口的声像品质，在这些窗口中，我们可以同时观察教师的教学、焦点学生的学习、焦点学生周围的小群体、班级全貌等。

量化观察也需要课堂数据的存储和分析技术。以往保存课堂分析数据的方式是文字记录，比如我们可以将互动片段制作成卷轴（scroll），把课堂参与者的话语、表情、眼神、手势、身体位置等，按照发生时间详细记录下来，从而能够比较方便地看出课堂互动的模式。做一个小卷轴会花费很多时间，研究者可能要花几十个小时来理解 1 分钟不到的师生行为。在大规模的课堂分析中，由于各种录像带的存储容量很大，一个教师的数据有时往往就需要一个光盘，如何实现多个课堂的同时呈现、研究人员对多个课堂的同步分析与对比分析一直是一个技术难题。如今在技术上可以做到将一个学校中若干节完整的课的分析录像、课后访谈、其他相关数据等都做在一张光盘上，如 Final Cut Pro 就是一种有效的大型录像数据文件的存储工具。

二、质性观察取径的特征与典型研究

质性观察取径与量化观察取径有着不同的理论基础与研究目的。这里所指的质性观察不是指教师使用的课堂案例，而是研究者所使用的具有理论基础、有严格的设计思路和理论渗透的质性观察。在社会学、人类学对课堂的微观研究中，都会用到质性观察的方法。这些质性观察的数据可以用于说明不同区域的课堂特征。

（一）质性观察的理论基础

质性观察取径有非常复杂的理论基础，也有很深远的历史。早在社会学创立初期，在实证主义的研究范式下，芝加哥大学社会学系就采用自然主义（naturalism）的方法观察当地社区并报告他们所观察到的“现实”。比如怀特（Whyte）著名的《街角社会》就是对意大利贫民区进行的民族志研究（怀特，1994）。民族志强调详细、准确地描述而不是解释。怀特通过与其线人的互动，从内部对街边的社会生活进行非参与式的详细描述，并以“他们”的视角报告“他们”的故事。

现象学派改变了上述纯粹自然观察的传统。他们认为，真实是由社会建构起来的，而不是外在的。类似于《街角社会》的观察与描述只是描述了“他们”视野中的帮派生活，而没有告诉我们，这些人是如何理解自己的行动并对自己的行动赋予意义的。因此，我们需要一些方法来解释被观察者是如何理解世界的。诸如加芬克尔（Garfinkel）所提出的“常人方法论”（ethnomethodology）或“关于常人的研究方法”（methodology of the people）（巴比，2005）即是如此。研究者通过“破坏”被观察世界中的既定规则或想当然的常识，来理解他们的日常世界。

自20世纪70年代开始，受到人种志、现象学的影响，英国涌现了一批“新”教育社会学家，他们主要以解释论为主要取向，由为数甚多的分支与亚结构构成，如符号互动理论、现象社会学、人种志方法。第一章中所提及的扬、史密斯和杰弗里首次应用微观人类学对班级进行人类学实地研究，就是这一时期产生的。

（二）质性观察的主要特征

在自然主义、人种志、现象学、叙事研究等多种理论影响下的质性观察，相互间有冲突的地方。比如现象学视角影响下的质性观察强调观察的无预设性，不用按照一定的框架来收集资料，而在案例研究影响下的质性观察则强调观察的框架与重点。但是，一般来说，质性观察具有以下三个重要的特征。

第一，真实情境中的观察。一般是对课堂实地的观察，观察者与被观察者一起上课、下课，在密切的相互接触和直接体验中倾听和观看他们的言行。“这种观察的情境比较自然，观察者不仅能够对当地的社会文化现象得到比较具体的感性认识，而且可以深入被观察者文化的内部，了解他们对自己行为意义的解释”（陈向明，2000）。

第二，深度描述取向。质性观察致力于深度描述现象，使现象成为“可见”的，在描述中自然展现事件的内在机理。譬如，采取使现象陌生化的方式，或通过系统性地“破坏”日常生活原有的“想当然”的常识等。为了更好地进行深描，有时还会采用录音、摄像技术。

第三，整体关联。质性观察往往不是对某一片段或现象进行简单的描述，或是将课堂分解为若干变量或元素，而是系统考虑被观察场域中教师和学生的位置、关系与意义，进行整体理解和诠释。有时还需要了解被观察对象的背景资料、日常行为模式，以建立更宽泛的意义。如果脱离被观察对象，从宏观角度或套用某些理论解释个体行为，则这些观察可能就会因缺乏依托而变得毫无意义。

（三）质性观察的典型研究

采用质性观察的例子国内外非常多，只要是运用人种志的方法研究课堂，都必然会运用到质性观察。如，美国密歇根州立大学教学研究学院的弗罗里欧（Florio）对一个班进行的长期的课堂民族志研究、美国社会学家科塞（Coser）对课堂冲突的民族志研究、英国的鲍尔（Ball）对课堂中微观政治的研究都是典型的代表。

这些研究都不再遵守“自然主义”传统中沿用“他们”的视角和观点，而是介入了很多新的元素，比如鲍尔对课堂中微观政治的研究，就受到福柯（Foucault）对微观权力分析的影响，将学校、课堂作为驯化学生的身体来展现其权力的场所。而另一些研究则将观察和行动研究整合起来，尝试在观察中对课堂进行改进。

例如，弗罗里欧对“为什么在学校里让学生写作是一件很难的事呢?”这一问题进行课堂民族志研究时，发现学生写作中的困难主要是因为写作活动没有意义，写作活动让学生无话可说。所以，研究者与任课教师一道设计了创设学生写作情境的教学活动。这一活动，通过教师为学生创设有意义的交流场景，有效地帮助学生发展写作能力。研究者把学生的课堂情境设计成学生们十分熟悉的社会情境，学生的角色被自愿确定为社区中不同职业的居民。他们在居民办公室工作，制定法律。课堂里有了如同社区里一样的部门和系统：执法部门、文化活动、商业、福利、邮政等。当然，这个课堂也具备其他标准教室的特征：黑板、桌子、书架之类的东西，但作为一个社区小镇的特征更加明显一些。学生们就是在这样的情境中活动，也是在这样的课堂情境中展开写作。在一年多的课堂民族志研究过程中，研究者慢慢地发现了学生写作中克服困难的方法以及教师在其中应该做的工作（古德 等，2002）。

值得注意的是，这种类型的研究仍然是研究者主导的，与下文所说的专业成长取径主要以教师自我或同伴为主体的观察有着很大的区别。

三、专业成长取径的特征与典型研究

作为与传统听评课方式相对的“专业的听评课”方式，专业成长取径的课堂观察最近几年是教育研究和实践的热点，有一些地区甚至在全区推进课堂观察（沈正元，2008），这意味着课堂观察在教学研究、教师专业发展中的作用正逐步得到认可。这些课堂观察与上文所说的两种取径不同，主要是以教师自我或团队观察为主。这种课堂观察正作为一种听评课的专业方式或工具，作为研究微观课堂的一种手段，来促进教师的专业发展，达成有效教学的目的。

（一）专业成长取径的主要特征

作为教师专业活动的观察与一般的观察活动相比，要求观察者带着明确的目的，凭借自身感官及有关辅助工具（观察表、录音录像设备），直接（或间接）从课堂上收集资料，并依据资料作相应的分析、研究。它是教师日常专业生活必不可少的组成部分，是教师专业学习的重要内容（崔允漷 等，2007）。与其他取径相比，专业成长的课堂观察取径有如下特征。

1. 确定可观察、可记录、可解释的观察点

这一取径课堂观察的主要目的是改进课堂和教学。教师的关注点一般集中于可见的教学行为，因此，依据可观察、可记录、可解释的标准来确定观察点是这一取径课堂观察的首要特性。研究者认为，教师只能观察到具体的行为表现，如师生之间的提问与应答、阐释与分辨、辅导与练习，教师移动与教学手段的运用等，而很难观察内隐的观念；同样，所确定的观察点还必须是可记录和可解释的，不可记录等于不可观察，不可解释等于没有观察。

2. 教师自己开发简单的工具

这种取径的课堂观察，主要是由教师自己开发工具。开发工具的出发点是为了方便地记录课堂的即时信息，基本上不考虑信度和效度问题，所获得的数据一般也只具有个人意义，很难用于大型的问责和监控。课堂观察只取其中一点，让复杂的课堂简化，在有限的时间内观察或注意到课堂教学的某个侧面，并快速洞察、反省自己所使用的教学技能。一般来说，

在专业成长取径的课堂观察中，教师自主开发的观察记录工具，尽管可能存在这样或那样的问题，但只要使用起来得心应手，解释起来能自圆其说，也就可以了。教师也可以在开发的过程中扩大自己在观察点上的视野，提高设计能力和合作研究的水准。

3. 以团队合作观察为主

这一取径的课堂观察不同于传统的听评课活动，它需要观察者、被观察者、学生之间开展合作，才能顺利地完成整个观察活动。这种合作不是形式化的，而是基于主体的意愿、可分解的任务、共享的规则、互惠的效益四元素的真实合作。开展课堂观察就要建立一种基于四元素的专业合作共同体（崔允漷，2008）。

合作共同体的建立可以改变教师传统的单兵作战的听评课方式，通过对话、倾听、讨论等交流方式，赋予备课组、教研组的运作以新的意义，使课堂观察更加有动力，更加持续。在一段时期（一个学期或一个学年），参与课堂观察合作共同体的人员基本是固定的，群体中个体的需求差异就会带来开展观察活动的动力。

（二）专业成长取径的典型研究

国内比较早地开展旨在改进课堂的课堂观察的是上海市教科院的顾泠沅教授，他早在青浦实验中就提出课堂实录、全息课堂录像，并结合课例研究来使用。而目前广为流行的当属 LICC 观察模型（如图 2–2 所示），它

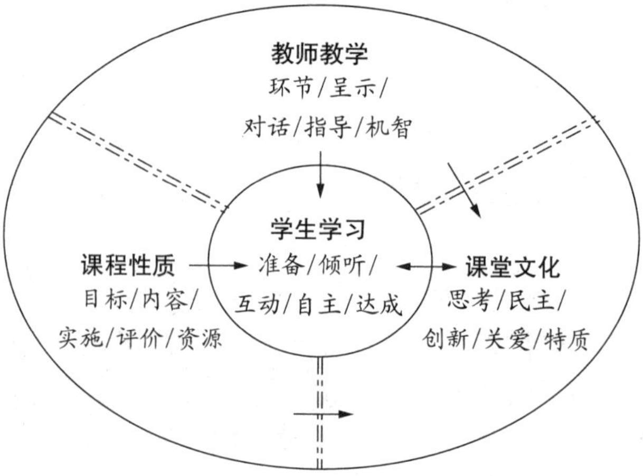

图 2–2　LICC 课堂观察框架

是由华东师范大学崔允漷教授及其团队开发出来的。LICC 将课堂分解为学生学习、教师教学、课程性质、课堂文化 4 个维度，每个维度由 5 个视角构成，如学生学习维度包括准备、倾听、互动、自主、达成这 5 个视角。每个视角由 3—5 个观察点组成，这样 4 个维度产生了 68 个观察点（崔允漷，2010）。

例如，学生学习维度的“达成”视角就由 3 个观察点组成，它们分别是：①学生清楚这节课的学习目标吗？②预设的目标达成有什么证据（观点/作业/表情/板演/演示）？有多少人达成？③这堂课生成了什么目标？效果如何？这些观察点不再以评价标准的方式出现，而是以问题的方式呈现，旨在引领教师思考某个视角的属性。

在观察记录工具的开发上，他们也提出了一些建议：具体分析观察对象（内容）的要素和观察课的特征，比如观察提问，就可以从提问的数量、提问的认知层次、问题的目的指向、提问的方式、学生回答的方式、学生的回答类型、教师理答的方式等方面分析，然后根据观察课的具体情境设计观察记录工具。观察记录工具形成后，必须检验其科学性，通过试用进行修正。

LICC 提出了教师进行课堂观察的工作流程：课前会议、课中观察与课后会议。从课前会议的讨论与确定观察点，课堂中的观察与记录，到课后会议的分析与反馈，构成了确定问题—收集信息—解决问题的工作流程。

四、课堂观察三种取径的比较与反省

比较三种课堂观察取径，我们会发现，好的观察有一些共同的特征，如都需要有一定的理论支撑，都需要良好的观察工具等。未来课堂观察的发展需要三种取径的融合。

（一）专业成长取径的疲软需要另外两类观察理论与技术的支撑

当前国内大量流行的是专业成长取径的课堂观察，但是，如果没有强有力的理论介入与技术支撑，专业成长取径的课堂观察很难深入。在最初的新奇感过后，教师所开展的课堂观察质量低下的问题逐渐显露出来：

第一，观察点没有得到深入理解与探索。很多观察点其实都是一个小的观念，都需要有相应研究和深入思考，而很难直接与可观察的行为对接。如果没有思考，观察表的设计往往会很肤浅甚至会是一种错误。有的学校观察学生目标的达成度，其中一个重要指标竟然是看学生举手的人数，这种表面性的指标反而会对师生产生误导，教师在面临外界观察压力的时候，会要求学生尽可能多地举手，从而产生虚假的课堂。还有的学校给出0—5分的目标达成度观察单，要求打分，这种工具根本没有思考什么是目标达成、衡量目标达成的关键要素是什么，其意义是很小的。

第二，观察点与工具之间不配套。教师开发的工具往往基于自己对某一观察点的直观经验，大多是以频数、次数记录为主，工具所记录的行为并不能说明观察点。很多学校在设计观察“有效的问题”的工具时沿用布鲁姆的分类方法，将其分成：理解类、应用类、分析类的问题等。布鲁姆对目标的分类并不能简单沿用到课堂观察中，而且这种内隐性的分类很难在当堂观察时判断，教师不仅要花很多时间来确认，而且也很难分析清楚。

第三，缺少观察后的深入分析。由于观察所获得的数据零碎、肤浅，往往又以对某个小点的频数记录为主，导致后续基于数据的讨论难以展开。课后评议往往只是干巴巴的就数据论数据，或者只是基于自己的听课印象而抛开观察的记录。

其实，上述所谈到的这些问题在量化、质性观察取径中都曾经遇到过，并已部分解决。如对问题的分类是个难题，几乎每个大型课堂研究的编码系统都会遇到，编码系统中对问题的分类有很多具有启发意义的地方，而且这些编码经过研究者的深入探讨和检验，比较科学。如果在教师的课堂观察中能够结合这些编码，将会给教师的观察带来很多的便利。

在专业成长课堂观察取径中，合理地渗透量化观察、质性观察取径的思想，以研究者与教师共同合作开展深入研究，将有可能成为未来教师开展课堂观察的重要方向，三种取径的融合将为专业成长的课堂观察取径注入新鲜血液。当国内的课堂观察仅有专业成长取径的时候，对大规模课堂的“类型”、“特征”的理解和标准化的观察单、编码系统的开发就更为迫切。

（二）量化观察取径与质性观察取径的部分融合

以往的量化观察取径中很少纳入质性描述的成分，如弗兰德斯的互动系统就纯粹是数字描述。如今，在很多大型的量化观察单或编码系统中，一般都会加入对课堂的质性描述，以此整体把握课堂。或者，在编码的时候，加入简短的课堂情境说明。当然，这种融合是比较浅层面的，是在实证研究范式下的质性数据的补充。

不过，近年来，也出现了将量化观察取径与质性观察取径完整地融合在一起的典型研究。澳大利亚的 ICCR 所进行的学习视角的研究就是其中一例。该研究在每一个国家（地区）选取至少 3 位具有代表性的八年级数学教师的连续的 10—15 节课。在数据的获取部分，增加了以录像为基础的教师和学生访谈。这一研究假定学生的行为、态度、信仰、知识等一系列因素组成了一致的学生活动，整合成连续的数据模型。在其数据的分析部分，也开始强调多元理论的介入。这是量化观察取径与质性观察取径融合的一个表现。

（三）大规模的量化观察取径有更广泛的政策意义

量化取径的课堂观察目前在国内的应用是最少的，它的政策意义在很大程度上被忽略了。事实上，这一取径的观察至少可以在两种情况下运用：

第一，进行大规模的国际、区域间的课堂比较。这种类型的研究将对区域“课堂特征”作出区分，以为改革中的国家、地区提供过程性的依据。如 TIMSS 的录像分析对 3 个国家的数学课给出了生动的描述：日本的数学课中既有数学又有学生；在德国的数学课中，教师拥有数学并且把它传递给学生；在美国的数学课中，只有学生和教师，很难发现数学。该研究还发现下列跨文化的差异：美国与德国教师强调技能获得，而日本教师强调理解内容的丰富性和水平；日本和德国的课堂所教的内容要比美国课堂高深；日本学生比美国和德国学生更加投入。

第二，为了获得过程性的课堂数据而服务于政策的制定。如为课程标准的修订提供数据支撑。目前课程标准的修订主要基于这样一些渠道：（1）课程标准的国际比较。（2）全国、全市的意见征询。从 2001 年颁布国家课程标准以来，教育部基础教育司组织 42 个国家级课程改革实验区，总结课程标准实施的成效，提出修改意见和建议。（3）全国、全市的问卷调查。以国家课程标准的修订为例，在 2003 年、2007 年进行了两次大规模的全国调研，总人数分别为 6886 人、44287 人，涉及全国 42 个实验区，覆盖全国 29 个省、自治区、直辖市。但是，课程标准的修订涉及学科的本质和发展问题，涉及学科体系和学科的组织方式，而利用征求意见和问卷的方式，获得的主要信息是教师对课程标准的“观感”，这些观感可以为政策营造声势，却很难成为课程标准的修订依据。

课程标准的修订应该基于对课程标准实施过程的定期监测。我们目前还没有这样的监测体系，每次课程标准的修订都等于是一次重新开始的过程，没有持续的课堂数据可以用来比较分析。要获得课程标准的实施数据，一个重要的手段就是直击课堂，收集课堂数据。目前，国家和上海市都在进行课程标准的修订工作，可以预计，面对不断变化的社会、知识和学生，课程标准的修订将成为一项持续性的常态工作。鉴于此，课程标准的修订依据和数据的来源就显得特别重要。大规模的、标准化的课堂观察能够收集大量的直接基于课堂和课程标准的数据，对课程标准的修订和检测具有重要的政策意义。

第三章
以学习为中心的课堂观察

本书所指的以学习为中心的课堂观察主要属于专业成长取径，但融入了量化观察取径和质性观察取径中的研究成果。观察的重点不再指向教师教学水平的高低，而是分析学生的学习过程和结果的质量，以及影响学习过程和结果的因素。教师的教学被看做是重要的影响因素之一，而不再是观察的重心。所有对教师的观察和分析都是建立在学生学习证据的基础之上。

一、什么是以学习为中心的课堂观察

课堂学习既有内隐的认知过程，也包含外显的认知活动。观察中我们只能看到学生外显的认知活动，比如他们操作、思考、沉默、自言自语、与同伴交流等。这些意味着什么？如果我们仅仅记录这些行为，就有可能对这些行为背后的学习进程和观念产生错误的推断。以学习为中心的课堂观察需要我们深入理解学生的学习。每一个观察领域都需要在深入理解学习及影响学习的关键要素的基础上，提出可行的观察方案，并进行深入分析。具体来说，以学习为中心的课堂观察有如下四个特征。

（一）理解学生的学习

观察的前提是承认每一个学生的学习是独特的个性化进程。如果没有对学习的深入理解，观察结果必然是简单行为数据的罗列。

学生的学习能力有强有弱，这历来被看做是教师“因材施教”的根据，由此设计难度水平不一样的题目。而今，学习科学的诸多研究进展表明，很多时候，所谓学习能力的强弱，只是每个学生的认知观念、图式具有多样化的特点，有些观念和图式吻合了某类学科知识的逻辑，或与教师的观念匹配，真正的因材施教是建立在承认并理解这些多样化的、朴素的认知观念和图式基础之上的。

我们总是匆匆地教学，匆匆地批改作业，却很少花时间来理解这个学生的学习和那个学生的学习有哪些不同。观察和理解是一个互动的循环过程，观察学习是为了理解学习，理解学习后才能更好地观察。通过观察，我们可以理解学生独立认知的过程，但前提是我们需要具备关于认知过程的知识基础；通过观察学生的情感水平，我们可以理解认知与情感是如何交替产生的，但前提是我们需要具备积极情感的理论支撑。

了解儿童，了解儿童的学习过程，是教师专业发展的基础。我们需要直面、观察学生的迷思概念、多样化的认知，了解“他们”何以与“我”不同，从而产生“为他们”的教学，而不是“我”的教学。

（二）在真实自然的环境中获取学习的多种数据

真实自然的环境，首要原则是尽可能减少听课对学生的干扰，让学生感觉不到是在为了别人的听课而上课。这样做就意味着公开课不是“表演”和“欣赏”，而是教师共同“研究学生学习”的过程，也意味着公开课要舍弃形式上的“光鲜”和“刺激”，转而关注如何通过视听技术营造出“真实课堂”的感觉。

有一次去一个宣称是“以学定教”的地方听课，听课地点是学校的大礼堂，学生的桌椅都摆在大礼堂的舞台上，6 个学生一组，听课的教师都坐在舞台下面。舞台很大很高，下面的人既看不见学生所做的课堂练习，也听不见他们小组中的讨论，只能看见学生的背面或侧面。周围的教师，有的闭目养神，有的埋头批改作业。据学校和地区的人介绍，他们校内、区内开展教研都是这样的方式。这样的课堂，即使上课方式做到了“以学定教”，在听课的方式上也是“以演定教”，这样的听评课，只是听个热闹，很难深化“以学定教”的已有研究成果。

在几百人参与的大型研究课上，为了尽可能地保证课堂的真实自然，我们会舍弃当堂上课这种极富“刺激性”的方式，而采用远程同步直播或录像课的方式。如果做得好的话，录像在某种程度上会比现实的课更有研究价值和真实感，帮助我们发现并保留很多有价值的学生表现。录像课一般要事先做好设计，包括摄像的机位、焦点学生的选择、麦克风的安置，都需要写好摄像手稿。[1] 否则，当我们想深入观察某个学生时，才发现这个学生与周围学生的互动片段没有拍下来，或者他的当堂作业成果没有拍下来，致使无法解释这个学生的学习过程和质量。

（三）观察认知学习与其核心要素间的整体关系

学习是一个整体，认知学习是学习的重点，但却不能独立存在。如果只关注认知学习，而不观察与之相关联的要素，那么，课堂的改进很难发生。苏霍姆林斯基对课堂的观察是将认知学习与影响学习的要素联结起来的典范。有一次，苏霍姆林斯基在课堂上观察学生是怎样感知新教材的：

"我注意到学生们听课很疲劳，下课时简直是精疲力竭了。我开始细心听教师（他教生物）的言语，结果使我大为吃惊。他讲的话是那么混乱而又缺乏逻辑性，讲的意思是那么模糊不清，以致那些第一次感知某个概念的孩子，必须费很大的劲才能领会到一点点东西。所以孩子们才这样疲倦。"

后来苏霍姆林斯基分析："为什么我这个校长没有立刻发觉这个问题呢？这是因为我听的是我很熟悉的教材，只要有所提示，就足以理解其含义。也就是说，教师讲解中的'漏洞'实际上都用我自己的思想弥补了。"但学生无法理解，于是，苏霍姆林斯基在几节课上逐字逐句地记录他的讲述，并在校务委员会上念给大家听，一起进行思考与分析（张菊荣，2007）。

对学生感知新教材的过程的观察引发了他的思考，为什么学生的回答总是那么贫乏、平淡而又刻板？为什么在这些回答里往往缺乏儿童自己的、活生生的思想？由此，苏霍姆林斯基开始记录学生的回答，分析他们的词汇量、言语的逻辑性和修辞成分，并进而思考：词是怎样进入儿童的意识的？词是怎样成为思维的工具的？这种感知让他观察到了一个重要的影响因素——教师的讲解。这一核心因素让苏霍姆林斯基又逐字逐句地分析了其他的很多课堂，发现如果教师本身思路混乱，表达含混不清，那就必然会在学生的头脑里造成混乱，以致白白浪费掉 90% 的课堂教学时间。他经常把一些教师讲课的某些部分逐字逐句地记录下来，和他们一起进行分析，进而引发出对教师语言素养的长期追求。

---

① 不能直接采用微格教室中的摄像机，因为它的机位是固定的。国内的微格教室在学生学习观察的很多细节方面还有待更深入的设计改进。

（四）基于学习证据推论学生的学习和教师的教学质量

以学习为中心的课堂观察要获得学习证据。那么，什么是学习证据呢？证据的基本特征是：证据的收集必须能帮助你对能力、个人特征做出明确的推断；证据必须充分、真实、恰当和准确（Griffin，2008）。对于抽象的学习，人们只有四种可以直接可见的证据：我们能做、能说、能写、能制造事物。通过人们的所做、所说、所写、所造，我们就能推断内隐的学习。人们选择做什么、说什么、写什么、造什么，就是对自己每种能力的最好佐证。

学习证据的多样化。在专业成长取径的课堂观察中，我们可以综合运用量化、质性的观察工具，推论学生在课堂上的学习结果，推论教师怎样做会有助于特定学生更好地学习。而观察所得的数据是可以连贯解释的。课堂观察的一个重要品性不仅是获得数据，而且是解释数据，解释这些数据对教师专业成长和学生学习的意义，运用这些数据发现教师教学的不足和学生的学习起点与特点，从而制定有针对性的改进方案。

二、真实世界中的学习发生：一种观察架构

“学习”是课堂观察的核心。那么，在真实自然的世界中，我们要观察学生学习的什么？学生学习是一个复杂的连续体，以学习为中心的课堂观察不仅要观察认知与技能类的学习结果的达成，还要观察学习的认知过程和课堂中的其他学习结果。我们构建了一个以学习为中心的课堂观察架构（见图3-1）。

当然，这个架构并不是完整地包含所有的学习要素，只是我们在课堂学习的探索中已经涉及的比较重要的领域。在以往的课堂观察中，比较多地集中在知识与技能类的学习目标的达成，以及对教师语言和行为的观察，而对学生的独立认知过程、合作学习过程、学习的积极情感、同伴的社会关系观察得很少。缺少对这些方面的观察，就很容易将大多数课堂问题归结为教师教学的责任，而忽视了学生的内在动力机制以及同伴关系对学习的重要影响。

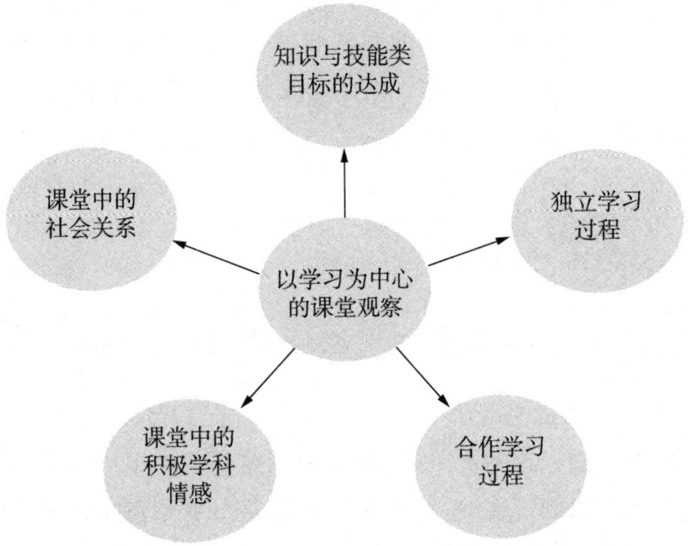

图 3–1　以学习为中心的课堂观察框架

（一）观察知识与技能类目标的达成

知识与技能类目标的达成历来是任何追求有效性的课堂都无法回避的问题。目标在一堂课中具有统帅全局的作用。对目标达成进行课堂观察实质上就是观察并回答“我想教什么，这类（个）学生到底学到了什么，我教的和他所学的是一回事吗?”指向目标达成的课堂观察可以让我们在千变万化的复杂课堂中判断学生是否获得了有质量的学习结果，在进入课堂前和进入课堂后是否产生了“学习进步”。为此，我们需要搜集各类学生的学习证据，分析这些行为或事件的教学意义，判断教师为这些学生设计的目标是否合理，教师的教学过程是否有助于这些学生达成目标。

（二）观察独立和合作学习的过程

学生的学习过程不外乎两大状态，一种是独立的学习，一种是合作的学习。在我们以往的课堂中，比较多的是独立学习，表现为课堂上的个体阅读、独立作业等，强调学生的个体思考。课程改革以后，合作学习，尤其是小组讨论式的合作学习在课堂上渐渐成为不可或缺的一部分。两种学习状态有各自的特点。独立学习往往是内隐的，观察中需要采用将认知过程外显化、可视化的策略，这种外化和表达的过程不仅可以更好地促进学习，也有利于教师的观察和分析。合作学习是学生相互贡献知识、理解彼此的过程，合作中的学生话语自然而然地暴露了不同学生的学习和思维，是分析学生学习特点、困难的重要契机，也是观察学生的同伴关系、学习动机的一个窗口。当然，在观察独立作业或合作学习的时候，也要观察教师的指导过程，只有关联的观察才能达到改进学习的效果。

（三）观察课堂中的积极学科情感及其对学习产生的影响

学生的学习动机是否强烈、情感是否积极，会对学习产生重要的影响。因此，观察前，首先要理解积极的学科情感的产生机制，知道怎样的情感状态才是积极的，当然，“高兴”、“满足”并不意味着就是积极的学科情感。这一部分的观察将借助积极心理学的研究成果，呈现学生不同等级的学习情感状态，运用积极学科情感的师生观察量表、叙事记录、归因单，对个体、群体学生在课堂上的积极学科情感进行观察，探索积极情感与学习之间的关系。这一部分还将提供教师在课堂上的表现和行为的自评表。

（四）观察课堂中的社会关系及其对学习产生的影响

虽然在质性观察取径中有研究者关注到师生、同伴之间的微观政治关系，但在专业发展取径的观察中，很少有研究者、教师对课堂中的社会关系进行观察。社会关系对学生学习的影响比我们想象的要大得多。在这一部分的观察中，我们可以借助社会学中的社会关系量表等考察班级整体的社会关系，对“被拒绝”、“受欢迎”等特定类型的学生进行观察。这些观察将改变我们以往一些“理所当然”的假设。

三、观察与学习理论的互动

以学习为中心的课堂观察，非常强调观察与理论的互动。观察是有理论基础的观察，是有判断和方向的观察，而不是简单的行为记录。而理论是有观察数据和行为支撑的规则，不是空洞的说教。

目前，很多课堂观察背后隐藏的是一种行为主义、技术性的学习观点。这类课堂观察强调的是可观察、可记录的数据，却很少致力于观念与课堂数据之间的转化。正如佐藤学所说，这种课堂观察或听评课是受“假设—验证”模式所支配的。

在专业成长取径的课堂观察中运用“假设—验证”模式是没有意义的，课堂观察要关注的是“事件意义的多样性解释”，是“事件关系的结构性认识”，应当着力研究的是学习的过程与结果（佐藤学，2010）。苏霍姆林斯基对课堂的观察之所以深刻，就在于他的观察并不局限于就课论课，而更重在分析，更重在由此引发的持续的深入研究。他每年组织理论讨论会，在会上分析课堂教学中教师的讲解、学生的回答、知识的巩固等情况。

我们不能刻意地回避理论，因为对理论的回避就是回避一种立场和价值判断。理论可以帮助我们回答“什么样的目标达成是好的目标达成”、“不同学生的学习过程为什么会有这样大的差异”、“学生在课堂中为什么会感到厌烦”这样的中观层面的问题，从而帮助我们确定观察的方向，解释观察的结果。正如一位教师所说：

在课堂观察的过程中，让我感到很苦恼的是，搜集了数据，但是不知道怎样去用它们。在评课的时候，大家就相互汇报一下数据，开始还觉得挺新鲜，后来就觉得没什么意思，知道数据有什么用呢？这些数据说明了什么问题呢？自己也很不清楚。我觉得自己显然缺少理论的装备，也正是因为这点，我才对这些数据没有进行深入分析，总是停留在原有的水平上。

理论的影响从课堂观察的孕育阶段就存在了。选择观课地点、确定观课内容、搜集数据类型都反映了我们所秉持的理论立场，只是我们没有自觉意识到罢了。观察地点、记录内容、镜头的选择都反映了研究人员的意图，反映了他们在为预期的分析类型选择最佳的数据源。在复杂的课堂中，只有当教师和课堂观察者都非常清楚地知道自己在找寻什么行为，并有一个概念框架来分析自己的观察结果，才有可能理解课堂行为（古德等，2002）[34]。

在课堂观察的分析阶段，理论的价值意义更为突显。即使是同一个数据，由于理论分析框架的不同，会导致对课堂观察数据的解释大为不同。在大规模的课堂观察中，也有这样的例子。比如 TIMSS 的研究中，有“地域论者”认为存在一些“亚洲”课堂的特质，会引发高学业质量的特质，其他国家有必要学习这些地域。而持“文化判断论”的研究者认为，这种论调忽视了文化因素的影响，特定的文化因素会超越具体教学策略的影响，使得在美国的课堂中也会产生亚洲学生比美国学生表现更为优异的情况（Wang et al，2005）。

课堂交流的相互作用既快又复杂，通过采用多种理论和分析方法，可以使教师增强对一系列课堂行为和学习成果的分析的敏锐度，避免分析视角的单一。

第二部分

知识与技能类学习目标达成的观察

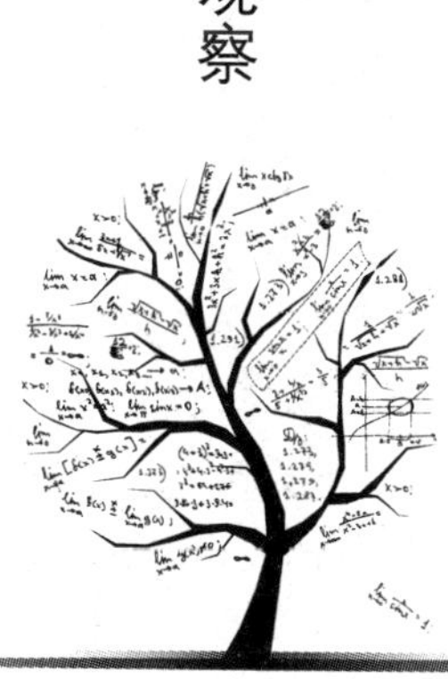

Di Er Bu Fen

zhishi yu jineng lei xuexi mubiao dacheng de guancha

第二部分 知识与技能类学习目标达成的观察

目标达成是每一个有效课堂的根基。但是，怎样判断一堂课的目标达成了呢？本部分给出了三个判断标准：预设目标的合理性、学生学习的进步度、学习过程的有意义。围绕这三个判断标准，探讨目标中的表层和深层问题，设计四种观察和分析目标达成的工具，并以一节课为主要载体，描绘环环相扣的实地观察与分析案例。

第四章 理解课堂中的目标达成

目标达成是任何追求有效性的课堂都无法回避的问题。

对目标达成的观察旨在解决“有效教学”的问题。有效性历来是教师，尤其是处在高利害学业成就环境下的教师孜孜以求的方向。作为教师自我和合作改进教学的工具，课堂观察要确定学生在课堂上到底学到了什么，产生的学习结果是否有质量。

探讨课堂中的目标达成并非易事，不是简单地看学生每次上完课后的分数就可以作出判断，还有很多有待深入思考的问题。我们需要思考什么是目标达成，在观察中出现了怎样的行为或事件可以判断学生达成了目标。这一章的重点在于帮助教师理解这些问题，为目标达成提供操作性的定义和判断标准，以此作为课堂观察的基础。

一、以目标作为分析课堂的脚手架

目标的确定与达成，既是东西方有效教学研究中公认的基石，也引领着讲授、提问、布置作业等教学行为的方向。用目标作为分析课堂的脚手架，可以将课堂观察与每一节课的具体内容联系起来，深入分析特定学科情境中的学习和教学行为。

（一）东西方有效教学中的“目标达成”

有效教学的概念是一个舶来品，源于20世纪上半叶西方的教学科学化运动。受教学效能核定运动的影响，出现了一批以提升学生的学业成就为旨归，通过一系列的变量促进学生取得高成就水平的学习模式。这些模式大多比较乐观，认为只要设立清晰、准确的目标，用目标来引导学生的学习，就能产生巨大的学习成效。布卢姆（Bloom，1968）曾经有个经典论断：所有的学生，除了2%—3%的身心缺陷者，在有利的教学条件下，都能掌握中小学课程规定的任务。进入21世纪以来，在基于标准的改革（Standards – Based Reform）运动下，对绩效的追求成为各国政府的重要教育指向，学习目标的达成成为新的研究热点。

总的来说，这一流派认为，能够制约学生学业成就提升的，并不是教师的个性、阶层、学生背景等变量，而是一些过程变量，尤其是标准（目标）的清晰呈现、强有力的监控（绩效责任）、及时而准确的反馈这三个重要变量（陈晓端 等，2005）。虽然以标准、绩效、目标为导向的教学引发了诸多争议，但他们打破正态曲线给学生分等级的惯例，强调每一位学生都可以达到目标，确实是与目前课程改革中关注每一位学生、不让每一位学生掉队的理念相吻合的。

从20世纪80年代刘佛年教授引入布卢姆的目标分类和掌握学习法以来，在我国的教育情境中，也有很多经验强调目标的达成。比如，上海市在80年代提出来的“大面积提高教学质量”、“分层递进”，近些年来兴起的“东庐讲学稿”、杜郎口中学的“三三六”自主学习模式、洋思的“先学后教，当堂训练”，都带有“掌握学习”（mastery learning）的影子。但是，国内强调“目标”的有效教学的观念与其说是“欧风美雨”催化的结果，不如说是东方文化中，在历来对学业成就的关注下，几代教师一直以来摸索的产物。在这种东方文化中，对学生的学习往往抱有乐观的态度，强调“没有教不好的学生，只有教不好的教师”，这句话并非给教师套一个紧箍咒，而是意味着，只要你有足够的责任心，所有的学生都可以在原有的基础上获得改进。这种乐观主义的教学观与有效教学中的目标学派不谋而合。

有必要强调的是，泰勒和布卢姆的“目标”并不支撑刺激—反应式教学，如程序学习。相反，泰勒和布卢姆的目标设定了高水平的目标，而行为目标只是将这种要达成的目标“对象化”，而不是“绝对化”，为了实现高水平的目标，教师需发挥创造力对教学和教学质量进行调整。

（二）目标—教学—评价的一致性

目标在课堂观察中相当于“脚手架”的作用，搭建起了我们观察一堂课的“核心架构”。通过这一架构，我们能够迅速厘清一堂课的脉络，这样课堂中的零散片段才具有了归整的意义，才能在意义框架内加以探讨。

教师经常会想到如何去设计很好的教学环节，但有时却对这个环节的意义和目的缺少深入的思考，从而出现目标和课堂教学内容、方式的割裂，让目标达成没有载体。这种状况表现在学生身上就是，学生参与了很多活动，却往往说不出参与活动后的实质性收获。

目标与课堂评价也有一致性的关系。这里所说的课堂评价包括课堂练习、作业、课堂提问等。上课教师在课堂评价中观察个体学生的目标达成情况。观课教师通过观察进一步分析：设计的目标是否合理，能否检测。

举例来说，一位数学老师在上“直方统计图”的时候，设计了这样的课堂练习：区分直方统计图和扇形统计图。如果他仔细分析这节课的教学目标——辨别直方统计图的典型特征，就不会出这道题。因为第一，扇形统计图学生还没有学；第二，与这一目标吻合的评价是对直方统计图特征的区分和辨析，而不是直方统计图与其他统计图之间的比较。

（三）预设目标的达成与课堂生成的关系

那么，强调对预设目标在课堂中是否达成的观察会不会简化课堂的复杂性，忽视教师和学生的生成，回归到一种“还原、简单”的思维呢？关键看我们如何理解预设目标的达成与课堂生成之间的关系。

有人认为，要让学生有生成，就不能有太多的预设，这恰恰是一个初级阶段的认识。有经验的教师往往对学生的学习情况有充分的预设，这样，他才能够在教学过程中自如展开，有足够的自信和可能放手让学生自己去生成。如果教师没有预设到学生可能的回答、可能的思维方法，在课堂上他就不敢放手去生成。

同样，观察也是如此。在观察前充分讨论预设目标就是为了更清晰地澄清：面对这样的学生，设置这样的目标是否合理，运用这样的目标达成方式是否合适。这就是对学生将怎样学习的关注，期待学生产生更有质量的学习结果和更丰富的学习体验。

不过，简单地根据教师预设的目标来判定他的课成功与否，确实有可能发生将复杂课堂简单化，从而出现误判的情况。因为，实际课堂中教师的教学有可能与他的教案有很多不一致的地方。有些教师不善于文本处理，在教案中呈现出来的目标设计可能并不合理，但其实际教学过程却体现出对目标和学生的深层把握。鉴于此，对目标的分析和讨论不能仅仅就教案中的预设目标来分析，而要从课堂中“还原”上课教师实际想实现的目标。

二、目标达成的操作性定义

当目标达成作为一种教育理念的时候，强调的是所有学生的学习能力都应达到各年级、各学科的标准（目标），教师要对所有学生的成长提供必要的、充分的教育指导。日本在20世纪90年代初所强调的“到达度评价”，美国近些年所倡导的“标准驱动的教育”，指的都是这个意思。

在“课”的层面上，目标达成是一个抽象概念。为此，首先要将这个抽象概念操作化。目标达成并不是简单地指教学目标的完成，完成教学目标只是说教师预设的任务完成了，目标达成是要进一步追问：这些目标在学生那里接受得怎样？学生产生了哪些关键行为和事件？鉴于此，我们对知识与技能类目标达成做了如下操作性定义：

个体或群体学生参与课堂学习后，在知识与技能上和课堂学习之前相比，表现出进步，达到了预设的合理目标。这一进步是在学生与教师、同伴、自身的有意义的学习互动中产生的。

在这一操作性定义中，目标的达成就是看学生自己在课堂学习前后的进步表现，而且这一进步表现是沿着目标方向的。对上课教师而言，在课堂上就不能人为挑起排他性竞争，使用的主流评价语言就不能是，“看看他怎么做得比你好”、“你们这组怎么这么差呢，第2组就比你们组好”，使学生产生一种“他人不幸就是我的幸福”的不正常的想法。而是变成探讨学生自己的改变，“你看你在这个地方比以前更明白了吗”，“你解决了你上课前的疑惑了吗”，“刚才同学演示前你是这样做的，现在对这个问题你有什么新的想法”。对观察教师来说，他就不是泛泛地听教师的教学环节，也不是关注学生的一般化的学习行为如举手次数，而是要建立起关注自己所观察的学生样本在目标达成上的前后关系：上课前后他们对目标的理解有多少，在课前是怎样的表现，在课后又是怎样的表现。

三、目标达成的判断标准

根据上文对知识与技能类目标达成所做的操作性定义，结合有效教学中的相关研究，我们提出判断知识与技能类目标达成的以下标准。

标准一：预设目标的合理性

不合理的目标会将教师的教学与学生的学习引入歧途。不讨论教师预设目标的合理性就直接探讨目标达成与否的做法是错误的。如果一堂课的目标设计得不合理，那么，即使教师达成目标的手段再好，也是射偏了靶子。所谓目标是合理的，主要看两个方面：第一，目标是否符合“我”的学生的前期认知基础和学习需求，并预示了学生通过努力后可以达成的结果。不同的地区、学校、班级的学生状况千变万化，这些目标对“我”的学生来说是否足够清晰，是否适当，都需要教师的审慎考量。从某种程度上说，最失败的课就是教师预设的目标没有基于特定学生的学习需求和基础。第二，目标是否体现学科内容的本质特征。当然，合理的目标还要清晰地呈现出来，这就涉及目标的叙写问题，相关的具体内容可以参看第五章。

标准二：学生学习的进步度

衡量学生是否达成了目标，不能只看学生在课堂学习之后到达了什么地方，而是看学生在课堂学习之前和之后是否发生了“位移”。要达成这个判断标准，意味着教师要知道两个很重要的逻辑条件：清楚地知道学生的起点，即学生已有的学习基础是什么；清楚地知道学生的终点，即在经过教师的教学后，学生学到了什么。只看后测是没有意义的，而且容易产生“后测的过度自信”。很多时候我们很难判定最后的“好结果”是教师的教学产生的，还是学生本来就有的。

后测的“过度自信”①

在教学“小数的加减法”时，这节课上得非常顺利。每当我提出一个问题，几乎所有的学生都不假思索地举起手来，嘴里不停地喊着：“老师，我来说！”

课堂现场作业正确率达94%，只有两个学习障碍生有部分错误。课后我翻看了学生的口算作业本，发现他们早已完成这个内容，比较好的学生正确率在97.5%以上，就连平时数学成绩很差的那几个学生的正确率也在95%左右。

我本应当为此感到很高兴，但事后在对另一个班的前测中，我发现，即使不教，学生的口算正确率已经达到95%了。那么，这节课对学生的意义体现在哪里呢？学生的进步度又表现在哪里呢？

① 改自：丁柏娟. 没教就会了怎么办［M］. 上海教育科研，2011（3）：67.

上述这个例子很常见。由于家长提前补课的行为、信息渠道的多样化等原因，教师的教学不再是学生获取知识的唯一来源。这给教师的教学带来了挑战，也需要教师对学生的学习基础有更深的洞察力。

鉴于此，衡量目标的达成，不是看学生是否达成了教师设定的目标，而是看学生在课堂前后的进步度以及课堂对学生学习的贡献率。一堂优秀的课能让大多数学生获得较大的进步。

标准三：目标达成过程是有意义的

面对优秀的考试成绩，我们需要追问，优秀成绩是怎样来的呢？这涉及衡量目标达成的另一个重要标准，目标的过程是否有意义。什么样的目标实现过程才是有意义的呢？纵观当前国际上的课堂评估系统，学生学习的高认知活动是其中的重要指标之一，也就是说，达成目标的认知活动是深刻的，富有独立性、创造性的。

高学业成就有时是通过机械式的学习而获得的。反映在课堂上，就是看似学生都学会了，目标都达成了，但只要题目稍加变化，比如将题目和结果反置，或增加一些冗余条件，或转换一种题目表述方式，学生就会做错。这种学习的目标达成过程就是无意义的，是一种“条件反射型”的目标达成过程。

“条件反射型”的目标达成过程①

在刚开学不久的一个平常课堂上，发生了一件让人惊诧万分的事情。有这么一道题目：“一个在水中的潜水员看到天空中有一只飞鸟，则他所看到的飞鸟比实际位置要（　　）A. 高　B. 低　C. 一样高　D. 都有可能”。班中48名学生只有13名学生做对。可两天前曾经给学生做过一道类似的题目：“岸上的人看到河底的石头比实际位置要（　　）A. 浅　B. 深　C. 一样深　D. 都有可能”。班中48名学生中有30名学生做对。一样的题目先前做的得分率反而比后做的要高，这着实吓了我一大跳。

这两者之间会不会有某种联系？头脑中突然灵光一现！课间我叫来了3男2女5名学生（其中有3人做错），当我问及“‘河底的石头’这道题目你们是怎么做出来的”时，有4名同学给了我同一个回答：“以前做过很多遍类似的题目，如看到水中的鱼比实际要浅等，我就知道了‘是变浅

① 摘自2011年《上海教育科研》长三角黄浦杯征文中胡碧刚的文章《拨开“谜”雾见青天——谈科学学科新题（变化题）得分率低的原因及解决策略》。

的'"。只有一名学生（2 名做对的学生中的一位）的回答与其他 4 人不同：我是通过作光路图理解出来的。"通过作光路图理解出来的"，我在心里重复着该学生的这个回答，突然眼前一亮，就是这个原因：做对的同学中有相当一部分同学根本就不知道自己是怎么做出来的，这些人只记住了答案"变浅了"！换言之，这些人可能不太懂如何解题，不太明白得出这个答案背后的原因，只是通过多次训练而对相应的答案建立起了条件反射而已，相当于"鹦鹉学舌"！

上述案例充分说明，在科学概念的习得过程中，相当一部分学生的学习只是简单信息和规则的获取，而没有发生深刻的"概念转换"。对上课教师来说，在这些科学概念的教学上，运用传统的讲授、练习的方式是很难奏效的，需要引发学生暴露先有知识，让不同的观点之间充分对质，诱发学生的认知失衡。而对观察的教师来说，这就意味着不是仅仅看学生的后测分数，或作业中的正确率，而要不断追问：学生在进入这一概念学习前的知识基础是什么？学到的东西能否进行迁移、应用和拓展？他在学习中产生了高水平的认知吗？这些追问需要借助一些访谈以及观察与分析工具，引出学生的话语、行为系统和思维轨迹，综合起来进行考察和分析。

第五章

观察前对目标的处理

观察前对目标的处理，主要是针对目标达成的第一个判断标准，分析目标的合理性。这一分析让我们在进行实地课堂观察之前就澄清：这堂课，学生将有可能在哪些方面获得进步，这些进步的方向设定得是否合理。

对观课教师来说，对预设目标的分析和处理，不仅是为了便于观察，也是从目标探查教学的环节和过程。有经验的教师在观察或分析了目标后，不用进入课堂，就可以预知这节课的方向是否正确，学生是否有可能获得有质量的学习。观察前对目标的处理可以是观课教师自己独立进行，也可以放在课前会议中集体讨论。

一、目标设计的主要问题

目标，历来是教师眼中的“鸡肋”，用之无味，弃之可惜。我们曾经分析过100多位教师的教案，其中的目标设计或照抄教参，或语义含混，或过于简略，或重心偏移，诸多问题，不一而足。在此，摘录几个例子如下：

语文——

1. 正确认识、评价鲁迅。

2. 思考怎样看待像鲁迅作品这样的“经典”的问题。

3. 了解这篇回忆录的艺术特色。

英语——

1. 知识与技能：读写结合，学习用联想的方法把事物写具体。

2. 过程与方法：通过学习，使学生掌握一定的词汇和句型的学习策略，能够运用所学进行交际活动。

3. 情感态度与价值观：通过学习培养学生的团结合作精神以及健康饮

食的观念。

数学——

1. 学生在探索规律的过程中，经历观察、比较、猜想、验证、推理和归纳等一系列的数学活动，体验探索数学规律的基本方法，进一步获得探索数学规律的经验，发展数学思维能力。

2. 在发现规律的过程中，体验数学活动的探索性与创造性，感受数学结论的严谨性与确定性，获得成功的乐趣，增强学数学的兴趣与自信心。

上述这些教学目标，或者泛泛而谈，或者只是宽泛地罗列学习领域，或者没有掌握目标叙写的基本规律。最重要的是，这些目标明显不是针对“这一”课堂和“这些”学生的，而是对“抽象”的学生进行的一般性说明。我们再来比较一份经过目标分析研讨后的目标。这是苏教版小学三年级《蒲公英》一课的目标设计，它是经教师们对目标合理性的集体研讨之后产生的：

（1）能按一定规律记住提供的词语，正确朗读词语，做到不拖调；

（2）能通过词语辨析、联系生活、结合上下文理解“嘱咐”等词语，通过第 3 小节联系“迷惑”等词语的意思，能有感情地朗读第 2 至第 3 节课文；

（3）理清不同蒲公英的不同选择与后果，能说出造成不同后果的原因之一；

（4）能根据理清的选择与后果复述课文。能说出 1—2 种读了全文之后的启迪。①

显然，这份教案中的目标和上文的目标相比，表达方法完全不一样。我们能非常清晰地看到学生达成目标后的状态。上述教学目标的表达不仅把握住了这一学段语文学习的主要特征“按照规律记住词语”、“朗读词语”、“理解词语”，而且给出了达成基于这一文本的目标所需要的特定课堂条件“通过词语辨析……”，并将这些特征与学生学习的“缺失”状态紧密联系起来，如“不拖调”、“根据理清的选择与后果复述课文”等。如果不是对学生学习有较深入的理解，是很难有如此准确的定位的。另外，这些目标之间又是有关联的，第 2 个目标建立在第 1 个目标的基础上，第 4 个目标又以第 3 个目标为基础。

① 本材料由江苏省吴江汾湖实验小学提供。

在此，我们总结了当前教案中体现出来的在教学目标设计方面的主要问题，将其分成两大类：一类是表层问题。主要是由于不清楚目标的基本概念、叙写规则等引起的。对这类问题，只要明确什么是目标、怎样叙写目标更合适，问题基本就可以解决。一类是深层问题。这类问题的产生在于目标没有与学科内容的本质、特定学生的学习问题产生关联，目标没有“对象化”，没有转化为学生的学习目标。

二、处理目标的表层问题

处理预设目标问题的策略可以是从表层问题到深层问题，先看看数量，去除冗余目标，将其转化为标准的目标陈述方式，再到深层问题，确定目标的合理性。也可以反过来，先从深层问题入手，再将其转化为便于观察的目标陈述方式。不管如何处理，具备一些关于目标设计的知识基础总是必要的。

（一）什么是目标?

所谓目标，是预期学生将要达到的学习结果，是行为和内容的结合。只要是目标，一定是既有学生将要学习的内容，也有相应的学生学习行为，如“说出实验过程中标记噬菌体的步骤”，“说出”是行为，“实验过程中标记噬菌体的步骤”是内容。从这个角度看，单独的学习内容、活动、知识点都不是目标，单独的行为也不是目标。

有些目标设计中只有学生要从事的内容领域，但没有指明学生要发生的转变。比如，有一所学校汇报“导学稿”，他们提出，这节课的目标是“二元一次方程”，认为该目标的表述方式突破了传统的教学目标的方式，是革命之举。这恰恰是不理解目标本质的表现。目标之所以和学习内容有差异，正在于它指出了教育要引发学生发生转变的事实。也就是说，陈述教育目标，是为了使学生产生这些变化。导学稿不导学生的学习，反而去导内容，岂不违反了导学的本意?

（二）一堂课要有几个目标?

一堂课到底以多少个目标为好？有的教师认为目标越多越好，也有的教师认为只有1个核心目标为好。目标的数量称为“目标密度”，和学习内容的数量、复杂性、年级水平有很大的关系。一般来说，一堂课的目标最多不能超过4个，不能少于1个。如果超过4个，就意味着这堂课的重心游移，教师对于学生在这堂课中到底要学什么还不是非常清楚，体现在教案和课堂结构中，表现为重复、思路不清等问题。

上海用的沪教版的教材，语文篇目非常多，课时又紧，我们经常可以看到教师密密麻麻的一串教学目标，数数总有七八个。如果是这样，一堂课40分钟，每个教学目标的达成至多只有5—6分钟，教师只能匆匆忙忙地点到各个目标，没有办法让学生深入学习。在这种情况下，比较可行的路径是根据大目标进行统整，而非在每一节课中加入过多的目标。

（三）目标如何叙写？

采用正确的目标叙写方式，运用目标陈述的ABCD方法，有助于课堂方向的确定和学生学习结果的明确。目标陈述的ABCD方法是由美国学者马杰（Mager，1962）在《准备教学目标》一书中提出，主要内容如下：

行为对象（Audience）：目标指向学生通过学习之后的预期结果，所论行为主体必须是学生，而不是教师。

行为动词（Behavior）：目标的陈述是为了便于后续的评价行为，行为动词要尽可能清晰、可把握，而不能含糊其辞，否则无法规定教学的正确方向。

行为条件（Condition）：学生完成上述行为的条件是什么，有什么规则和限制，有时单靠行为动词无法将目标清晰地表达出来，需要一些附加的限制条件，如对学习情境、工具、时间、空间等的规定。

表现程度（Degree）：学习后学生将可能产生的不同表现。比如，“用三种以上的方法验证影响电阻大小的因素”。针对不同的学生，表现程度会有所不同。

据此，我们来分析一个比较典型的目标：“让学生理解验算的意义”。这个目标显然不符合A的要求，行为主体是教师而不是学生；在B上也不是很适合，因为“理解”这个动词表述得不是很清晰，比较难把握到底到怎样的程度；在C上没有给出附加的限制条件，不知道是通过怎样的方式；在D上没有限定学生要达到怎样的结果。经讨论后，我们可以对其做如下修改，使其在ABCD上都有所体现。

目标：经过一堂课的学习，能正确说出加、减法的互逆关系（包括说出两种运算中各部分名称之间的关联)。会用估算对计算结果进行初步验算，通过验算确保计算结果的正确率达到 100% 。

当然，并非所有的目标都要满足 ABCD。一般来说，只要能够说清要学习的内容和期待学生产生的行为就可以了。

(四) 处理目标表层问题的工具

在处理目标表层问题的时候，我们可以参照一般性的表层问题框架(见观察单 1–1)，并反省和追问如下问题：现有的目标有几个，是否超出或不足合理数目？是否存在不是目标的情况，如预习作业、教师活动、学习内容等；是否有冗余，如重复、重叠、同义反复；是否有这样一些目标：它们并不指涉这节课的内容，也与学生当前的学习状态无关，这样的目标往往是“正确的废话”，并没有体现这节课的独特性。如果有，就可以考虑和其他的主要目标进行合并。

观察单 1–1 目标处理—表层分析单

课　题：________	学　校：________	班　级：________
任课教师：________	讨论教师：________	讨论日期：________

表层问题框架

1. 数量太多或太少
2. 将教学、学习活动作为目标
3. 三维目标截然分开
4. 只有一维目标，只是知识点的罗列
5. 目标无主体，或主体是教师
6. 目标动词不清晰
7. 目标要达成的学生行为不清晰

原有目标	
目标数量是否合适？	
是否存在非目标？	

续表

是否存在冗余目标？	
是否存在叙写问题？	
处理后的目标	

三、处理目标的深层问题

目标的表层问题只解决了目标设计的第一步，也是最简单的一步，只要掌握叙写的方式，基本上都可以将目标说清楚，但是，说清楚的目标未必是合理的目标。在课堂观察中，我们发现，表述得非常清楚的目标也可能与学生的学习状态不相吻合，或者难以起到引领教学的作用。这就涉及目标的深层问题。

（一）辨识关键的学习内容

目标中一个重要的维度是内容。根据变易理论，学习是在关键内容属性上的变易（卢敏玲 等，2006）。其核心观点是，为了让学生认识某个事物，就必须让他注意到这个事物与其他事物之间的关键不同点。一堂课的学习会涉及很多内容，有些内容学生是非常清楚的，而教师认为学生不清楚，他会针对这些内容设计相应目标；有些内容学生不清楚，正是这些内容妨碍了学生的学习，但教师认为学生清楚，他就不会设计与这些内容相对应的目标。这样设计出来的目标，没有针对关键的学习内容，就是无效的、不合理的。只有当目标是真正针对学生不知道的关键内容的时候，才是有效的。

例如，有教师这样设计“线段”的目标：

目标1：通过观察比较，100% 的学生能找出线段，说出线段的两大特征：线段是直的、两端有两个端点的线。98% 的学生能正确数出图形中线段的数目。

目标2：98% 的学生会用直尺正确度量线段的长度并规范表达。95% 的学生会画出指定长度的线段，85% 的学生能解决“断尺问题”。

目标3：学生能正确读题并理解题意，根据相应的线段图，通过长度计算解决生活中的一些简单的实际应用问题。

从形式上看，这是符合目标叙写的技术要求的，它清晰地表现出了学生将要产生的行为和水平，还列出了不同学生的比例。而在实际的上课过程中，目标却呈现出不合理之处。第一，很多学生对线段有自己的“前见”，他们认为线段是有“小树枝（断点）”的、是“水平”的，类似三角形中这样斜的、看不见“小树枝”的就不是线段。在教师的教学目标中没有涉及这一关键内容，在实际教学中发现要扭转学生的“前见”很难，于是干脆就直接告诉学生线段的两个特征，但学生只能复述不能应用。

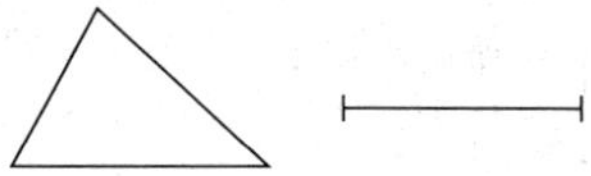

第二，从学生比例上看，教师认为教学的难点是断尺问题、解决实际问题上，但实际上对这两个问题学生基本没有遇到困难，只有1个学生做错了。相反，由于对线段特征的不理解，绝大多数学生的问题在于不能正确数出图形中线段的数目，而教师也没有在目标中提及要教给他们数的方法。

之所以出现这样的问题，在于教师并没有解决目标的深层问题，目标的内容确定得不合理，没有找到学生关键的学习点，导致这堂课后学生并没有深刻理解线段的概念。在不了解学生学习起点的情况下所设计的教学目标，不管目标叙写得多么漂亮和完善，也是经不起课堂检验的，学生的课堂反应马上会把精心预设的目标击得粉碎。

有经验的教师，能比较容易看得出目标的设定是否符合自己的学生。但有时即使是资深的教研组长，也会对学生的学习状况判断失误。有时候，目标本身是没有错的，只是当与具体的学生学习情况联系起来时，问题就出现了。所以，在开始新授内容之前，在重要的内容上做一些前测，了解学生的学习基础，是非常有必要的。

（二）确定不同学生的学习起点

在研究中我们发现，学生的学习起点是各不相同的。我们要根据学生的已有知识基础来制定相应的目标。表5-1是同一个学习主题“钟表的认识”在不同班级中的学情分析。由于学生的来源复杂，不同班级中的学生的认知基础并不一样。

表 5-1　同一主题的不同学习目标

学习主题：钟表的认识	
班级 1	班级 2
前测：通过学生访谈了解到，85% 的学生能准确读出“整时”和“半时”。但 56% 的学生对钟面上几时几分的认识和表达还存在困难。	前测：通过问卷调查得知，全班 38 人有 21 人已经会认整时了。但会认的学生对时针、分针的整体认识还比较模糊，会认的学生中有 8 人不认识 12 时。
学习目标：认识钟面上的分针数，从分针位置的变化学会正确地读写几时几分。	学习目标：学习如何看整时；通过观察时针和分针的位置来判断和认读钟面上所表示的时刻。

表 5－1 中两位教师用了两种不同的学情分析方法。一位教师用的是学生访谈，另一位教师用的是问卷调查。班级 1 的关键学习内容是几时几分的认识和表达，重点是在对分针的认识上；而班级 2 的关键学习内容是整时、时针与分针的整体感知。

即使在同一个班，学生的学习起点和学习需求也有极大的不同。比如同样是对“集合”这一概念的理解，同一个班的 43 个学生呈现出了多样化的学习层次和需求：有 40% 左右的学生已经能顺利解决“集合”的日常问题，因为这些学生接受过奥数的学习或家长的辅导；有 50% 左右的学生采用了“两部相加”的方式，没有意识到“重叠现象”的存在；有 8% 左右的学生没有任何想法和思路；有 2% 左右的学生使用了数数的方法。对这个班级的学习来说，最关键的学习起点已经确定，就是单集内的对象总数；而关键的难点也比较明确，就是对“重叠”部分的理解；目标设计的重点就在于通过对生活中的重叠现象，理解重叠的意义，知道重叠问题的基本结构。

这充分表明，教学是非常复杂的，每一个个体都带着自己以往的经验和技能介入到教学的过程中。在个性化的教学中，最理想化的情况是为每一个学生制订单独的教学目标和计划，但目前还很难做到。我们只能满足大多数学生的学习重点和难点，寻找他们的关键学习内容。

（三）处理目标深层问题的参照系

合理的目标是判断目标达成的基础。教师应清楚地知道学生的起点，并根据整个学科内容的序列澄清关键的学习内容，再指明经过教学后希望学生学到什么。如果授课教师能清晰地说出这三点，就意味着他已经考虑到了目标的深层问题。

作为课堂观察者，我们当然不能代替上课教师作判断，但是在课前会议中，观察者可以提出这些问题，以利于上课教师的改进。前测只是确定合理目标的参照系之一，我们可以同时从如下几个方面来引起参与课前会议的教师们的共同思考。

确认目标合理性的参照系

◇ 寻找课程标准中与之相关的内容标准，查看教参中关于本学期、本单元的重点目标，结合本课内容确定上课教师设计的目标是否是主要目标。

◇ 与同类型的教案相比，这一教案的目标有何变化，有何特别之处？请教师谈谈为什么要作调整，调整之后的目标设计特别在哪里？

◇ 从学科性质的角度出发，本学科的核心问题是什么，学科逻辑是什么？目标的设计是否关注到学科的本质和学科逻辑？

◇ 可以请上课教师谈谈，他运用了怎样的方法来确定学生已有的知识基础，是否做过前测，如果是，前测的结果是什么？他是如何根据不同类型的学生的情况确定学习目标的？对于不同类型的学生，学习的起点在哪里？

◇ 这一课程目标的达成意味着什么？如果不达成这一目标学生将会如何？是否牺牲了更为重要的目标？还有哪些相关目标是比这一目标的达成更重要的？

（四）处理目标深层问题的工具

对目标深层问题的考虑，要围绕学生的学习进行深入的思考，将目标的字面含义和学生的学习状态联系起来。这种联系不是类似对目标表层问题处理那样字斟句酌，而是搜集多方面信息确定学生的学习起点、关键学习内容、可能达成的学习终点。这样的课前会议实际上是一种深入的教研活动。只有通过对学期计划、单元目标、课堂目标的连续分析，我们才有可能不断增强对学生学习的敏锐度和判断力。观察单 1–2 提供了处理目标深层问题的工具，为目标设计提供方向性的指引。

观察单 1-2 目标处理—深层分析单

课　　题：＿＿＿＿　学　　校：＿＿＿＿　班　　级：＿＿＿＿ 任课教师：＿＿＿＿　讨论教师：＿＿＿＿　讨论日期：＿＿＿＿	
深层问题框架 1. 目标中的内容不符合学科本质和学习序列 2. 目标设计不符合学生的年龄特点和认知基础 3. 目标中的关键学习内容不准确	
原有目标	
课程标准中的相关陈述	
单元目标的表述	
学业测试、作业中的相关基础分析	
学生前测结果	
处理后的目标	

四、一个目标处理实例

下面以一堂课的目标处理过程为例来说明如何处理目标的表层和深层问题。这一研究是在 2010 年 3 月进行的。我们先让一位教师自己设计目标和教学过程，然后研究组教师共同商讨，对目标进行处理，之后教师上课，研究组教师进行一轮课堂观察，在上课教师改进教学设计之后再进行一轮课堂观察。整个研究过程持续约 2 周时间。

（一）教师原先设计的目标

在四年级语文的一个单元中，根据学生的阅读兴趣，确定了他们最喜欢的一篇课文《揭开雷电之谜》作为上课的材料。一位教师事先独立按自己的理解设计了教案。她呈现给大家讨论的目标如下所示：

1. 自读本课生字，读准字音；

2. 理解“揭开、摄取、勇士、雷电交加、倾盆而下”的含义；

3. 反馈预习情况，帮助学生理解课题；

4. 能根据课文中的描述画出富兰克林实验用的风筝，让学生理解富兰克林做风筝的原理；

5. 正确、流利、有感情地朗读课文；

6. 默读课文，培养学生边读边思考的习惯，了解富兰克林冒着生命危险揭开雷电之谜的故事，感受他献身科学的伟大精神；

7. 学会围绕课文内容提问，能联系上下文，品读富兰克林的精神。

（二）目标中的表层问题分析

在课前会议中，研究组的教师有些从目标的表层问题切入，有些从目标的深层问题切入，都提出了很好的意见。我们先谈谈这一目标中的表层问题。根据观察单 1-1，上述目标存在以下问题。第一，从数量上看，7 个目标过多，使得这节课的教学方向不集中，需要删减。第二，存在非目标。目标中有些是教师的活动，如“反馈预习情况，帮助学生理解课题”；有些是学生的活动，如“自读本课生字，读准字音”。第三，存在冗余目标，如“感受他献身科学的伟大精神”与“品读富兰克林的精神”就是重复的。第四，有些目标不符合目标陈述的规则，行为主体不是学生，行为动词不清晰等，如“让学生理解”、“培养学生边读边思考的习惯”。

（三）目标中的深层问题分析

目标的表层问题还比较容易解决，以上目标设计中最重要的还是深层问题，如目标的关键内容没有得到很好的体现，到底要让学生学习什么呢？关于这个问题，教师们有很多的想法和建议，大家的意见都不统一。鉴于此，我们需要找到确定目标的参照系，用数据来说明到底要让这个班的学生在这一节课中学什么。

在确定这节课目标内容合理性的参照系时，我们主要从如下几个角度来进行分析。

1. 教材中呈现的单元目标

这一课文对应的单元目标是：生字词的理解；读课文，学习在阅读中提问，并试着解决问题；了解课文要点，概括文章的主要内容；关注写人类文章表达方式的异同点；学习善于思考、勇于实践的品质，激发热爱科学的情感。单元目标往往比较宽泛，它给教师一个大致的目标方向。

2. 课程标准中的相关内容

根据课程标准中的相关内容，在这一年段学生应该获得的学习结果有：提出有价值的问题；联系文本内容理解文章的主旨，感受课文所蕴涵的道理，并能准确表述。课程标准在阅读能力方面重点体现为以上两点，可以作为划定目标内容的参考。

3. 确定本班学生阅读能力的薄弱点

我们一起查找了学生上学期期末考试试卷，发现本班学生在基础题上的得分率非常高，都在 95% 以上，而在阅读能力上，还是存在一些薄弱点，如表 5–2 所示。

表 5–2　学生阅读题得分率分析

题型		应得分	实得分	得分率	题型要求及原因分析
阅读（一）	4	288	207	71. 87%	概括第二节的主要意思。存在不完整、不准确、太啰唆这几种现象。
	4	288	152	52. 78%	学生联系文本内容，有的没有点到“父爱”的主旨，有的虽然提及，但是表达不够准确。

根据上述考试成绩，结合教师的经验，我们总结出学生的阅读能力薄弱点主要表现在：

完整、准确、简要地概括某一节（课文内容）的要点；

根据要求，寻找文章重点和关键的词句；

联系文本内容（根据重点词句）理解文章的主旨，感受课文所蕴涵的道理，并能准确表述。

学生阅读能力的培养当然是一个长期的过程，但是，如果不将上述能力渗透到日常的阅读新授课中，学生的阅读能力将很难得到提升。这些薄弱点为我们制定这堂课、这一单元，甚至这一学期的阅读目标都提供了重要的方向。

4. 前测结果分析

经过前几个参照系的分析，大家基本同意这一节课的目标重点集中在学会提出有价值的问题、概括文章主要内容、体会人物性格特点上。但是，这些目标学生已有的学习基础怎样呢？我们需要通过前测进一步分析。另一位教师根据目标的重点设计了如下的前测试题：

1. 读了《揭开雷电之谜》《第一个发明麻醉剂的人》，你有哪些疑问？

从文本内容：________________

从语言表达特点：________________

从文章主旨：________________

2. 华佗为什么要发明麻醉剂？他是怎样发明麻醉剂的？在文中找出相关内容。

3. 富兰克林怎样揭开雷电之谜？从中你体会到他是一个怎样的人？

4. 富兰克林与华佗身上有什么相同之处？

参加前测的共有24名学生，测试借用了语文自习课，学生当堂完成以上这些试题。我们分类对学生的学习基础进行了分析。

在提出有价值的问题上，通过对学生质疑问题的归纳整理，发现学生提出了如下三方面的问题：（1）文章内容。雷电之谜是什么？为什么要揭开雷电之谜？风筝实验怎么会轰动世界的？为什么用白色丝绸制作风筝？风筝上为什么要安尖细的铁棒？为什么在麻绳末端分别接上一片铜钥匙和一小段丝线？（2）语言表达。课文为什么要描写雷雨的可怕？（3）文章主旨。为什么称富兰克林是“勇士”？显然，学生对于具体的文章内容所提的问题是比较多的，而且比较多的集中在制作风筝实验部分，学生对此不是很理解。

在概括文章主要内容上，发现学生存在较多问题。学生通常会这样概括：（1）富兰克林拿了白色风筝在电闪雷鸣时，放上了天。（2）富兰克林是美国的一位科学家。他用白色丝绸制作风筝，手握丝线，将风筝发到天空中。他手指靠近铜钥匙时，差点被电击倒。后来，富兰克林还发明了“避雷针”。（3）富兰克林为了揭开雷电之谜，他做了吸引雷电的风筝实验。对上述“错误”的概括，教师进行了深入的分析：

从例一中，我们发现该类学生没有把握文本要点，只能找出主要人物，没有紧扣题目思考。从例二中，不难发现这类学生虽然能从文中找出许多内容，但是在概括中出现了语言啰唆、表达不够准确的毛病。“他用白色丝绸制作风筝，手握丝线”，“发明避雷针”这些都不是本篇文章的要点。例三是较多学生采用的概括方式，可以看出这类学生虽然能抓住文本要点，但是概括还不完整。

其实，对这篇文章的概括，如果学生紧紧围绕质疑的问题入手——富兰克林为什么要揭开雷电之谜、他怎样揭开雷电之谜、结果怎样，在文中找到相关内容，有机地组合起来，就是本文的要点。

在领会主旨、体会人物特点上，学生存在一定困难。他们普遍用“勇士”、“坚强勇敢”、“勇于解决问题”来概括人物特点，无法体会到他勇于为科学献身的精神。从学生的表达中可以看出，学生对于人物的品质特点只停留在表面、浅层的理解上，这与他们概括文本要点时忽视了“冒着生命危险”这句话是相关的。可见，学生阅读时粗粗掠过，缺乏潜心细读的能力，尤其是对于两位人物的整体把握有所欠缺。这与学生从来没有做过单元整体预习、没有接触到人物比较的问题也是有关系的。

（四）确定新的目标

经过上述多个角度的求证与分析，教师们对于目标内容的关键点形成了较为一致的看法，第一位教师基于大家的讨论重新设计了如下的目标。当然，正如我们前面反复强调的，这只是将目标“对象化”和“具体化”，是一种“假说”，目标的实现方式和达成效果有待不同的教师在课堂中进行探索和验证。

1. 在初读、精读课文后提出有价值的问题，拓展在“语言运用”、“写作方法”、“文章主旨”等类型问题上的质疑能力，独立或合作解决力所能及的问题；

2. 能运用主要的问题线索概述文章主要内容，突出重点不啰唆。

3. 有感情地朗读体现富兰克林人物主旨的段落和语句，用自己的话表述富兰克林“为科学献身”的主题思想。

（五）归纳与深化

上述实例体现了预设目标处理的比较完整的过程，在实际的教学研讨活动中，由于时间和精力所限，我们很难做这样全面的分析。但是，在每一学期的开始，阅读课程标准、通读教材、收集学生以往考试中的数据，在此基础上整体规划学生这一学期的重要学习内容，是可以做到，并且非常有必要。而在日常的上课过程中，则可以选择一些重要的学习内容，做一些学情分析。

对目标的深入分析，其实就是在对教案、教学内容、实现方式、学生学习进行一步步地深入探讨。它将教案的细节、环节置于目标框架之中，我们看到的是一个整体，是一种系统。经过课前会议的目标讨论过程，教案内在机理和设计思路会变得非常清晰，正如一位参加课堂观察研究活动的教师所说：

以前我觉得目标没有什么用，每次上交教案，上面写的目标我就是照着教参抄一遍。那时目标对我的教学没什么帮助，但是，经历过课堂观察后，我才明白，知道目标是什么和确定一堂课的目标其实是不一样的，对目标的处理其实就是一个不断清楚你到底希望学生学到什么的过程。

第六章

观察目标达成的工具

观察工具的设计是课堂观察的核心。目标达成的观察工具是围绕目标达成的判断标准而设计的，旨在判断预设目标的合理性、学生学习的进步度和目标达成过程的有意义性。根据第四章所提出的判断标准和设计原则，本章提出四个观察工具，如图 6-1 所示。

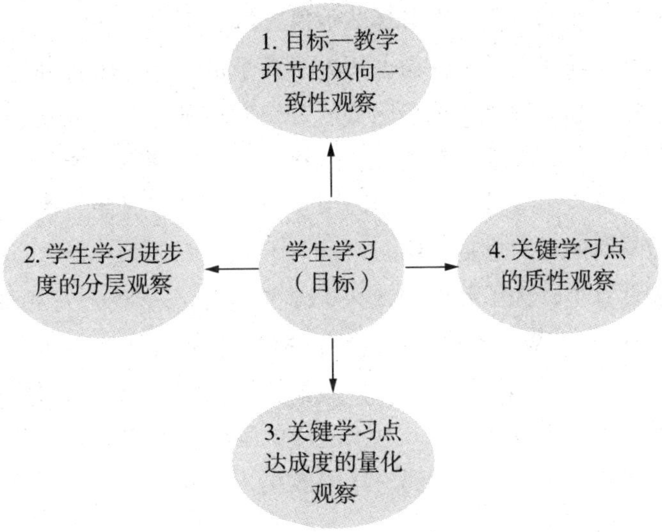

图 6-1　观察目标达成的工具

四个观察工具都采用半结构的方式，以给教师提供一种行动架构和模板，但又有一定的灵活性，教师可以根据每一节课的具体内容进行再设计。这种工具的呈现方式不仅是秉持教师专业自主的假设，也是因为专业成长取径的课堂观察并不能依赖通用型的模板，需要根据特定的学习目标和学习内容进行再设计，否则，就失去每一节课的情境意义。

一、目标—教学环节的双向一致性观察

观察是对课堂意义结构的整体观察，而不是对每个细节的零散分析，课堂中的各个部分只有在整体目标的统领下才会产生意义。

（一）观察目的

双向一致性的观察主要是为了回应目标达成的第一个判断标准，即预设目标的合理性。第五章谈到的目标处理主要是在课前从文本上考查预设目标的合理性，而双向一致性的观察是在课堂中判断目标是否落实在教学中，用目标厘清课堂教学的结构，看课堂的各个部分是否在为目标服务，目标所期望的学生转变是否在各环节中得以体现。

这一观察工具是将目标作为分析教学环节的支架，将各种细节和环节都整合在其中，目标和教学环节间要有一一对应的关系。也就是说，每一个目标都应该能找到相应的教学环节，每一个教学环节都能对应相应的目标。重要的目标应该有较多的教学环节、较长的教学时间。次要目标的教学环节、教学时间相对也少一些。

在很多课堂上，为了新奇的效果，常常会加入一些无关紧要的环节，学生课后往往不记得主要的学习内容而只记得这些游戏。如在《扬州茶馆》教学中，有的教师会让学生看大厨做烫干丝的录像，有的教师则认为放录像浪费时间、很没有意义，对于这样的争论，就应该放到目标框架中来讨论，你希望通过放录像达到怎样的效果，达成了吗？放录像与这节课的目标有怎样的关系？

（二）观察工具

用修订后的目标作为“锚”，分析教案中的各教学环节，我们可以形成目标—教案的双向表。

观察单 1-3　目标—教案环节一致性的观察简案

教材版本：＿＿＿＿	第＿＿单元　第＿＿课	课　　题：＿＿＿＿
学　　校：＿＿＿＿	班　　级：＿＿＿＿	学 生 数：＿＿＿＿
任课教师：＿＿＿＿	观 察 者：＿＿＿＿	观察日期：＿＿＿＿
原有学习目标		
处理后的目标		
目标 1	对应环节	一致性分析
目标 2	对应环节	一致性分析
目标 3	对应环节	一致性分析
分析内容参考		
◇ 目标有环节支撑吗？环节想达到怎样的目标？这样的环节设计合理吗？ ◇ 总的来看，目标与教学环节的一致性怎样？ ◇ 这样的一致性是否能保证学生在这节课上的学习是有质量的？如果不是，是因为目标的问题还是因为教学设计的问题？		

通过这张表，确定每个目标对应的教学环节，看重要的目标是否得到了重要的支撑，是否有环节没有对应的目标。在可能的情况下，上课教师要提前一天提供教案。教案不仅用来让人明白执教者的教学思路，而且也是观察者观察的基础。教师们可以教案为蓝本进行观察设计。

建议任课教师将教案的电子文档传给观察者，这样，观察者可以很轻松地通过移动教案中的目标和教学环节制作观察单。如果观察者拿到的是教案的文本稿，则可以在上面标注与目标相应的标号。带着填好的观察单进入课堂，观课者对于整个课堂的脉络会有比较清晰的理解。观察者可以对每个目标进行观察，也可以和他人分工合作，每人观察 1 个目标。观察单 1-3 的分析主要是对教案的文本分析，而观察单 1-4 则是对上课过程的观察与分析。

观察单 1-4 目标—上课环节一致性的观察简案

教材版本：______ 第___单元 第___课 课题：______ 学校：______ 班级：______ 学生数：______ 任课教师：______ 观察者：______ 观察日期：______		
原有学习目标		
处理后的目标		
目标 1	核心环节及时间	想法与建议
目标 2	核心环节及时间	想法与建议
目标 3	核心环节及时间	想法与建议
分析内容参考		
◇ 教学环节与目标的内容、认知要求一致吗？ ◇ 教师在这类目标的教学上有什么特点？是否给学生提供了达成目标的机会？ ◇ 学生在这类目标的学习上有什么特点？ ◇ 对于这类目标，怎样的学与教会更好？		

与观察单 1–3 不同，实际上课环节不是记录教师的教学步骤，而是选择核心环节，将其作为一个“关键事件”来记录，完整地记录学—教的各要素。可以记录：这一环节用时多少；主要内容是什么；这些内容与目标之间的关联度如何；环节内部的流向是什么；逻辑关系是否合理；在这些环节中，教师是否给学生提供了目标达成的机会；各个环节中学生的回答、作业行为等。在分析的时候，主要采用白描、实录的方法。

产生观察单 1–3、观察单 1–4 后还可以进行两者的比对，这一比对其实就是对教师预设的文本课程—教师教授的课程—学生习得课程间的落差分析。落差是肯定有的，值得分析的是，这些落差是怎样产生的，教师的言语、行为，特定学生的表现是怎样相互作用的。关于这些问题的深入分析，请参看第五部分“基于多元理论框架的分析”中的“数学任务的分析框架”，从中我们可以找到更多的理论启示。

（三）观察实例

为了连贯性地说明目标的设计及观察，我们仍以上一节目标处理中的《揭开雷电之谜》一课为例。这一课是沪教版教材中的内容，这一单元的目标重点是考查学生的质疑能力。以下是对教师第一次执教情况的观察。

1. 观察单上的表现

观察单 1–4：实例

教材版本：沪教版　第 3 单元　第 1 课　课　题：揭开雷电之谜 学　校：PL　班　级：四（2）　学生数：33 任课教师：YMQ　观察者：语文教研组　观察日期：2010. 3	
原有学习目标	1. 自读本课生字，读准字音；2. 理解“揭开、摄取、勇士、雷电交加、倾盆而下”的含义；3. 反馈预习情况，帮助学生理解课题；4. 能根据课文中的描述，画出富兰克林实验用的风筝，让学生理解富兰克林做风筝的原理；5. 正确、流利、有感情地朗读课文；6. 默读课文，培养学生边读边思考的习惯，了解富兰克林冒着生命危险揭开雷电之谜的故事，感受他献身科学的伟大精神；7. 学会围绕课文内容提问，能联系上下文，品读富兰克林的精神。

续表

处理后的目标	1. 在初读、精读课文后提出有价值的问题，拓展在“语言运用”、“写作方法”、“文章主旨”等类型问题上的质疑能力，独立或合作解决力所能及的问题；2. 能运用主要的问题线索，概述文章主要内容，突出重点不啰唆。3. 有感情地朗读体现富兰克林人物主旨的段落和语句，用自己的话表述富兰克林“为科学献身”的主题思想。	
目标1	核心环节及时间	想法与建议
在初读、精读课文后提出有价值的问题，拓展在“语言运用”、“写作方法”、“文章主旨”等类型问题上的质疑能力，独立或合作解决力所能及的问题。	…… 环节2：对怎样制作风筝的质疑 教师：读三、四节，边读边思考：富兰克林是怎样揭开雷电之谜的？你有什么样的问题？ 学生1：为什么要在费城的郊外？ 学生2：为什么要用白色丝绸？ 学生3：为什么要接上铜钥匙和一小段丝线？ 学生4：为什么要用铁棒？ 学生5：电火花是什么样的？ 学生6：为什么要选择雷电交加的天气？ 学生7：为什么他会兴奋地叫起来？ 学生8：为什么一接触到铜钥匙就会射过来？ 学生9：为什么一道雷电闪过，就会有大雨倾盆而下？（下面有学生大笑，有同学说，这么简单的问题啊！教师回应：打雷以后下雨是自然现象）	想法：学生几乎是对每句话都提出了质疑，有一个学生提出了明显无效的问题。这个单元要解决的重点问题是让学生明白什么是有价值的问题。 建议：(1) 在学生一边提问题的时候，一边板书。让学生知道其他人提了哪些问题，从而避免重复。(2) 在提问中不是追问“你有什么样的问题”，而是追问“谁能提出有价值的问题”，可能就会促使学生往问题的质量上去努力。 (3) 在学生提了问题之后，可以让学生说一说，这些问题问的是哪些方面，哪些问题是有价值的。也要引导学生对写人的文章进行质疑，明白写人文章的一些关键要素。

续表

	学生10：麻绳是不导电的，为什么还会感觉手有点麻？ 教师：读一读课文，然后小组讨论，看看你能解决以上的哪些问题。	
目标2	核心环节及时间	想法与建议
能运用主要的问题线索概述文章主要内容，突出重点不啰唆。	教师下面分别提问学生：雷电之谜是什么？富兰克林为什么要揭开雷电之谜？怎样揭开雷电之谜？结果怎样？并板书：放电现象——大胆提出——风筝实验——轰动世界，请同学们根据板书概括文章主要内容。 学生1：富兰克林做了一个白色丝绸风筝，在郊外…… 学生2：富兰克林带着儿子，…… 教师（LDT2①）：两位同学概括得不够简练，听老师来概括一下：……（两个学生仍在举手，后放下）	想法：这个年级的学生在概括的时候总是会出现一个问题：啰唆、不简洁。其实教师不用急着帮学生概括，当时还有两个学生再举手，可以再听听其他学生的意见。 建议：可以在概括后再增加一步，将学生的话和教师的话写在黑板上，进行比较分析，其实就是将主干列出，让学生在回答问题的时候学会检查。

① 注：LD表示理答，T表示时间，2为秒数。合起来，LDT2表示在这一问题上，教师的理答时间为2秒。下文依此类推。

续表

目标 3	核心环节及时间	想法与建议
有感情地朗读体现富兰克林人物主旨的段落和语句，用自己的话表述富兰克林“为科学献身”的主题思想。	环节 1 教师：为什么是勇士？画出句子。 学生：“富兰克林觉得手有点麻，……和实验室里的电火花完全一样！” 教师（LDTO）：和实验室里的电火花完全一样（带着上扬的声调，明显表示不对）这句话是表示结果的，应该放在这里吗？学生齐答：不应该。 环节 2 教师问：为什么富兰克林是勇士？你有没有过类似的经历？ 学生 1：有一次我做饭的时候电饭锅漏电了…… 学生 2：我把手放到电源的插座里去了…… 学生 3：…… 学生 4：衣服上一阵刺（静电）…… 每位学生回答后，教师都会追问：当时你有什么感觉？ 教师：既然你们经历了这么一点都觉得疼，那么富兰克林这样做就说明了他为科学怎么样的精神？ 学生：献身的精神。	想法：教师的反问和语调很明显地表明了自己的倾向，代替了学生的思考。 建议：让学生之间相互质疑处理，是否会更好？如果学生都认同这位学生，说明大家都有这样的问题，这时教师再分析一下这段话的结构，引起学生的思考。 想法：教师的问题其实就预设了答案。 建议：是否问学生“你敢不敢像富兰克林这样做”会更好呢？

2. 对观察单的分析

根据观察单 1–4，我们主要从如下四个方面进行分析。

（1）教学环节与目标的内容、认知要求一致吗？

观察单中提供了处理后的目标，上表中呈现的是教师的第一次教学目标，所以从一致性上来看，教师做得并不是很好。

就内容来说，在第一个目标上，教学还是比较浅的，既没有涉及对“什么是有价值”的问题的引导，也没有拓展在“语言运用”、“写作方法”、“文章主旨”等类型问题上的质疑能力，而是跟着学生的提问走。在第二个目标上，没有运用主要的问题线索概述文章的主要内容，也没有让学生体会到什么是“突出重点不啰唆”。

就认知要求来说，这三个目标主要培养学生的质疑能力、概述文章主要内容的方法和用自己的话表述文章中心思想的能力。从课堂来看，教学环节与认知要求是吻合的，但却没有给学生真正的质疑机会，基本上是教师自己将答案说出来了。学生阅读课文中的质疑能力、对他人阅读的质疑能力没有得到锻炼。

(2) 教师在这类目标的教学上有什么特点?

从目标 2、3 对应的教学环节来看，教师在处理类似“文章主旨”、“重要词句”等阅读难点问题的时候有一个特点：“过度帮助”现象，尤其是在重点阅读的题目上。教师习惯于给学生一个明确的答案，告诉学生应该怎样。教师的理答时间很短，基本上不超过 3 秒，学生思考的时间很少。

(3) 学生在这类目标的学习上有什么特点?

从学生的表现来看，这个班级的学生很有质疑精神，几乎对每句话都提出疑问。但是，这些问题中有相当一部分仅为问题而提问。学生还不太明白，质疑是为了帮助自己更好地理解文章，更深入地分析文章的中心思想或写作手法，而不是为了质疑而质疑。

在概述文章主要内容上，学生遇到的难题是：啰唆，不简洁。学生不能用最精练的词语概括文章的主要内容，有很多修饰语。学生没有学会去除修饰语的方法。在分析文章的中心思想上，他们只是复述教师的话，泛泛地在谈“勇士”，并没有从自己的角度深入体会富兰克林的精神。学生对于人物的品质特点只停留在表面、浅层的理解上。

(4) 对于这类目标，怎样的学与教会更好?

对于“质疑”这类目标，我们应该怎样教学？关键在于学生要明白为什么要质疑，怎样的质疑是有价值的。因此在教学环节的设计中，教师应该引导学生对问题进行分析：为什么要提出这个问题，这个问题属于什么类型的。提出问题之后还要努力地找答案，而不是抛出问题就不管了，避免养成提问题时的“不负责任”的态度，要学会通过对前后文的理解、重点语句的品读以及同伴之间的互助，有效地解决问题。

在概述文章内容和分析文章中心思想上，如果把每节阅读课都当做学生自我和同伴间的一种阅读训练，学生知道检查自己阅读能力的方法，而不是由教师“告诉”，那么，学生的阅读能力培养就能与每一节新授课的学习结合起来。

二、学生学习进步度的分层观察

课堂观察与分析应促进教师以每一个学生的个性化的发展和改进为教学的努力方向。进步度的分层观察强调学生在课堂上“学有所得”。

（一）观察目的

学生学习进步度的分层观察考察的是目标达成的第二个判断标准，即学生在课堂学习前后是否有所进步。进步度 = 后测 - 前测。如果进步度为正，表明学生在上课中学到了新知，产生了增值。如果进步度为零甚至为负，表明课堂教学中可能出现了问题，学生没有理解新知识或习得新技能。

我们可以所有学生为基数进行前后测，计算所有学生的进步度。在小班化的前提下，最好的情况是细致分析出每一位学生的进步度，但这个很费时间。一个替代的办法就是分层，分别抽取在这一学习点上不同水平的几个学生，分析他们的进步度，以了解全班的概貌。

测试最好辅之以访谈，因为访谈最能了解学生的思考轨迹。访谈时可以直接询问“这节课你学到了什么”，也可以针对上课的内容，练习题目、前后测内容进行询问。这种询问可以让我们了解学生的学习观念在课前、课后所产生的变化。

（二）观察工具

这一观察工具需要设计与目标相对应的前后测。

观察单 1–5　学生学习进步度的分层观察单

教材版本：__________	第____单元　第____课	课　　题：__________
学　　校：__________	班　　级：__________	学 生 数：__________
任课教师：__________	观 察 者：__________	观察日期：__________
学生抽测人数与比例：__________		

目标 1	前后测	前测结果	后测结果	进步度分析
目标 2	前后测	前测结果	后测结果	进步度分析
目标 3	前后测	前测结果	后测结果	进步度分析

前后测的形式可以是丰富多样的，除了测试题这种形式外，还可以考虑以下这几种形式：

（1）聚焦于问题情境的访谈。给出一种问题情境，让学生谈谈如何解决这一问题，通过学习前后学生回答的对比，了解学生的认知是否产生了差异。如让学生回答：“一种蔬菜入冬前卖 4 毛钱一斤，入冬后卖 9 毛钱一斤，你认为有哪些因素影响了它的价格?”由此考查学生是否了解客户、产品、成本等因素。（2）绘制概念图，用概念图考查学生与相关概念间的关系，如“画出与光合作用相关的概念图”。也可以用概念标签的方法，给学生提供一些标签，每个标签上有一个概念，要求学生将所有的标签进行排列，并用画线的方式连接起来。有时候还可以提供一些无关的标签作为诱饵，要求学生对每条线的关系进行描述。（3）关键语词联想法。给出一个关键词，如“繁殖”，让学生在学习前后自由联想，并进行解释，由此对比考查学生在繁殖这个学习点上的知识基础。

测试题是教师最常用的一种方式。前测和后测的题目需要精心设计。设计与目标的内容、认知水平相一致的前后测并不是一件容易的事情，非常考验教师的评价素养。从目前课题组的实践来看，在前后测中经常会出现的问题有：前后测与目标不一致，前后测难度低于或高于目标的认知要求，前后测的内容超出或没有覆盖上课的内容范围，后测难于前测，选择学生的数量不合理，等等。

例如，在《揭开雷电之谜》一课教学中，上课老师先设计了一套前测试题，通过对试题进行分析发现，其中的题目几乎都是关于基础知识方面的，唯一一道与阅读有关的题目，却是课文内容填空。这种试题不仅测不出学生的阅读能力，而且剥夺了学生自主阅读的机会。

在此，对前测和后测提出如下建议：（1）题目要能完整覆盖所有的目标，题目时认知水平的要求要与目标一致。（2）把握好前后测的时间。前测有两个时间点，一是在预习前，一是在预习后。如果是为了检测学生的自我学习能力，要放在预习后；如果是为了检测学生的学习新知的基础，要放在预习前。同样，后测也有两个时间点：一是在作业前，一是在作业后。时间点的不同会对推论产生差异。有些教师很擅长作业设计，可以通过作业设计来弥补课堂教学的不足。（3）后测的认知水平要与前测相当，可以在数据或具体内容上做一些改变。（4）前测的结果可以用来确定学生的关键学习内容，教学应该建立在前测的基础上。

（三）观察实例

应用观察单 1–5，运用试题编制的方法对《揭开雷电之谜》的第一次执教情况进行学生学习进步度的抽测。前后测用的是同样的题目。

观察单 1-5：实例

教材版本：沪教版　第 3 单元　第 1 课　课　题：揭开雷电之谜
学　　校：PL　班　　级：四（2）　学 生 数：33
任课教师：YMQ　观 察 者：语文教研组　观察日期：2010.3
学生抽测人数与比例：9人，好：中：差=3：3：3

目标 1	前后测试题	前测结果	后测结果	进步度分析
在初读、精读课文后提出有价值的问题，拓展在“语言运用”、“写作方法”、“文章主旨”等类型问题上的质疑能力，独立或合作解决力所能及的问题。	你对课文有哪些不懂的地方，你能不能试着回答这些问题呢？	从人物、词语含义、内容上提出了 14 个问题。大多数学生能自主解决自己提出的问题，有 3 个问题学生认为较难，回答不出： 1. 富兰克林为什么要冒着生命危险揭开雷电之谜？ 2. 为什么要用白色丝绸制作风筝？ 3. 为什么在麻绳末端分别接上一片铜钥匙和一小段丝线？	在课堂中，有 18 位学生从人物、内容上提出了 21 个问题，问题有流程化的倾向，多为为了问题而提问。 所有问题都得到了解决。但在前测中的第 1 个问题没有在全班讨论，用“富兰克林为什么是勇士”这个问题的讨论代替。 再次提问学生，学生知道后两个问题的答案，对第一个仍存疑。	提出有价值的问题的进步率很高； 记叙文中“有价值”的问题还需要引导； 课堂中关注学生的难点还不够； 没有学生从修辞用语的角度提出问题。
目标 2	前后测试题	前测结果	后测结果	进步度分析
能运用主要的问题线索概述文章主要内容，突出重点不啰唆。	朗读课文，概述富兰克林的风筝实验。	朗读较流利，除了个别字音有误，其余全对。全部学生都能概述，3 人较慢，要看书，2 人有 1 处顺序错误。	朗读较流利，除了个别字音有误，其余全对。全部学生能够较快而准确地概述。	有一定进步度。

续表

目标3	前后测试题	前测结果	后测结果	进步度分析
有感情地朗读体现富兰克林人物主旨的段落和语句，用自己的话表述富兰克林“为科学献身”的主题思想。	你认为富兰克林是怎样的人，为什么？	所有的学生都认为富兰克林是勇士，很勇敢。	所有的学生都认为富兰克林是勇士，很勇敢。	学生的前后回答没有发生变化，没有达到“用自己的话进行表述”的目的。对人物的理解停留在表面。

三、关键学习点达成度的量化观察

进步度主要考查的是学习结果，但我们需要进一步追问，进步度是如何产生的？教师在教学过程中的哪些做法提高了进步度，哪些做法降低了进步度。

（一）观察目的

这一观察工具针对的是目标达成的第三个判断标准，即目标达成过程是否有意义。在全班范围内，衡量不同学习状态的学生比例来回答学习过程的意义。这一工具有两种设计方法。（1）确定关键学习点，制定观察纲要，记录数据。（2）确定关键学习点，制定每个点上的量规，计算全班学生在每个关键学习点上量规上的比例。两种设计方法都需要首先确定关键的学习点。

（二）确定关键的学习观察点

观察点要围绕学生的重要学习活动的过程展开。那么，哪些点是关键的学习观察点呢？下面是一些标识：学生学习新概念、新规律、新公式的过程；学生的探究活动，包括他们的操作活动和语言；学生的合作活动，包括与他人合作的过程和语言；重要的课堂练习的解答过程。

一堂课中的关键的学习观察点一般控制在4—8个。如果是1个人的独立观察，关键的学习观察点应该尽可能控制在5个以内，多了观察就会浮于表面。如果是备课组或教研组一起观察，选择的关键的学习观察点可以多一些。

以沪教版的《智烧敌舰》为例，通过研讨，确定这节课的主要目标之一是：能联系上下文说出阿基米德为何会想到“智取”，说出这一方法可实施的关键因素，并能根据提示完整地复述阿基米德的思维过程。根据这一目标，观课教师可以从教案中选择如下三点作为观察点：

观察点一：默读全文，思考“智取”方法在哪节，画出文中阿基米德智烧敌舰的方法。

观察点二：默读课文，在文中圈画表示这一方法可实施的关键因素的词语。

观察点三：根据提示完整地复述阿基米德的思维轨迹。

（三）基于观察纲要的量化观察

观察纲要是对一堂课要观察的关键学习点的任务分工。它尤其适合教研组等多人一起进行课堂观察的情况。观察纲要可以非常简单，说明每个人的分工、所使用的量表，也可以比较复杂。

观察单 1-6　关键学习点的观察纲要

教材版本：______	第___单元　第___课		课　　题：______	
学　　校：______	班　　级：______		学 生 数：______	
任课教师：______	观 察 者：______		观察日期：______	
目标	关键学习观察点	样本范围	记录要求	观察分工

下面以一节数学课为例来说明观察纲要的制定和观察计算单的填写。观察课名：《谁围出的面积最大》。

观察单1-6：实例1

教材版本：沪教版数学广场　　课　　题：谁围出的面积最大

学　　校：JY　　班　　级：三（4）　　学生数：32

任课教师：ZJY　　观察者：HZ数学组教师　　观察日期：2010.10

目标	关键学习观察点	样本范围	记录要求	观察分工
1. 知道长方形的周长一定，当长与宽相等时，面积最大。	a. 探究在新知环节，教师的追问是否指向预设目标的达成。	回答问题的学生	◎ 记录教师追问的问题 ◎ 指向明确的打√，不明确的打×	Y，S
	b. “实践应用”环节中第1题的完成情况。	一个大组	◎ 查看学生作业	D，T
2. 通过学生动手操作、思考以及师生间的交流，探究“长方形周长相等时，长、宽与面积之间的关系”。	a. 14根小棒活动环节中学生是否能呈现所有的图形。	你身旁两组同桌	◎ 查看学生表2是否填全 ◎ 查看学生表2是否有序填写	Y，W
	b. 14根小棒操作活动环节中产生的数据是否有利于结论的得出。	两个大组	◎ 进入组内提问了解 ◎ 对学生回答的正误进行统计	D，T
	c. 14根小棒操作活动环节中产生的数据是否有利于结论的得出。	整节课	◎ 查看教案 ◎ 观察课堂实况	G，C
	d. 14根小棒操作活动环节中，同桌的参与情况如何。	你身旁两组同桌	◎ 记录学生有否分工 ◎ 学生参与的表现	G，C

这是项目组内的一节研讨课，邀请的是项目组外的教师，参与的教师从各个角度进行课堂观察。这节课上完后，从印象和直观感受上来看，大家都觉得很不错，课堂氛围活跃，学生积极动手操作。那么，学生学习的过程究竟怎样，目标达成过程是否有意义呢？教师们根据观察纲要进行了观察，结果如下：

观察单 1-6：实例 2

教材版本：沪教版数学广场　　课　　题：谁围出的面积最大

学　　校：JY　　班　　级：三（4）　　学 生 数：32

任课教师：ZJY　　观 察 者：HZ 数学组教师　　观察日期：2010. 10

目标	关键学习观察点	实录状况	达成度分析
1. 知道长方形的周长一定，当长与宽相等时，面积最大。	a. 14 根小棒活动环节中学生是否能呈现所有的图形。	第一大列：3 全；2 缺；2 重复；有序 5 组。 第三大列：4 全；3 缺；有序 2 组。	样本 19 组。目标 1（全）达成率：37%；目标 2（有序）达成率：36%。
	b. 14 根小棒操作活动环节中产生的数据是否有利于结论的得出。	三列 6 桌：周长不变，面积不同。 三列 7 桌：周长一样，面积越来越大。 一列 6 桌：长变小，宽变大，周长相等，面积变大。 三列 4 桌：得出规律。	样本 4 组，得出最终规律 1 组。目标达成率：25%。
2. 通过学生动手操作、思考以及师生间的交流，探究“长方形周长相等时，长、宽与面积之间的关系”。	a. 14 根小棒操作活动环节中，同桌的参与情况如何。	三列 6 桌：女生操作报数据，男生记录。 三列 4 桌：女生记录，男生操作，女生协助。 三列 7 桌：女生操作报数据，男生记录。 一列 6 桌：男生操作，女生算数据并记录。 三列 5 桌：两人能力都较弱，有老师指导。	样本 5 组。分工明确、活动有序、参与主动 1 组。 分工不明确、活动无序 1 组。 男生普遍较弱。
	b. “实践应用”环节中第 1 题的完成情况。	三列（14 人）：9 人完成，其中第一小题 3 人正确，其他无一正确。 一列（6 人）：4 人完成，其中第一小题 2 人正确，第二小题 2 人正确。	样本 20 人。第一小题正确率：25%；第二小题正确率：10%。

上述观察结果颠覆了我们对这节课的印象式判断，学生的学习并不像表面上看上去那样成效卓著。从达成度来看，学生的学习仍然停留在比较表浅的层面，对于长、宽、周长、面积之间关系的理解还不够深入。这一次观察分析给项目组的老师们留下了很深的印象，他们普遍感叹：如果不深入到具体的学习点观察中去，不积累学生具体的学习证据，我们往往会对学生的学习过程产生误判。

（四）量规观察工具及实例

什么是量规？量规的英文为 rubric，原意为涂红之处或红色标志，指的是中世纪宗教用红笔书写的指导语或解说词。在法律文件中，法典的标题通常用红色标明。后来，rubric 被引申为简要、权威的准则。

完整的量规包含：（1）表现水平，指学生通过一段时间的学习后所产生的行为变化的学习水平；（2）表现级别，如优秀、比较优秀、一般等；（3）表现描述：描述各级表现水平上学生知道什么、应该做什么；（4）范例：说明各个表现水平上学生作业的样例；（5）分数线：区分各级表现水平的分数。

研究者们提出各种制定量规的方法，如莫特勒（Mertler，2001）归纳出如下步骤：重新审视任务中的学习目标；确定可观察的要素；应用头脑风暴方法，明确要素的特征；对于整体评分规则，描述出区别优、劣作品的要素整体特征，对于分项评分规则，描述出区别优、劣作品的各个要素的特征；对于整体评分规则，确定不同表现的水平，对于分项评分规则，确定各要素不同表现的水平；为每个水平配备不同表现水平的例子；必要时修改评分规则。

1. 制定量规

以往的课堂观察中我们也会使用量规，比如对学生的学习状态进行分类：很投入、比较投入、投入、不投入等。但是，这种量规有一个缺陷，就是和具体的学习内容没有关联，只是对一般行为进行观察。基于关键学习点的量规需要分析学生在具体学习内容上的表现。我们总结出了以下几种制定这种类型量规的方法。

方法 1：分解目标中的关键概念

目标是学生的学习结果，某一目标指涉的学生学习状态到底是怎样的呢？有时候我们对目标还没有深入的理解，就对学生提出了目标，这种

“模棱两可”的状态很难有真正的目标达成。比如前文一直探讨的一个很重要的目标“提出有价值的问题”，到底什么是有价值的问题，对小学四年级的学生来说，他们提出怎样的问题算是有价值的呢？经过讨论后，教师们设计出如下量规：

A. 与课文主旨有关的问题

B. 体现人物性格的问题

C. 理解文章情节的问题

D. 涉及写作方法的问题

E. 帮助自己理解文本的问题

F. 重复、有明显答案等无效问题

在对一个班级的学生进行观察后发现，学生提出的问题主要集中在 A、B、C 上。

量规	A	B	C	D	E	F
比例（%）	9.5	23.8	42.6	0	16	8.1

根据这样的量规，教师可以进一步引导学生们提出 D、E 类的问题，拓展他们在文本阅读和语言表达方式上的思考深度。

方法 2：分析学生多样化的学习观点或结果

预估学生在关键学习点上的多样思维也是一种方法。如果一开始很难做出预设，也可以在上课的时候观察学生的各种表现并记录下来，然后再根据多种表现制定量规。以《谁围出的面积最大》一课的教学为例，学生在得出规律这一学习点上，产生了多样观点，从这些观点中，我们可以分析学生的错误类型，对于后续学习的深入有很好的作用。

E. 周长一定，长和宽相等，面积最大

D. 周长不变，面积不同

C. 周长一样，面积越来越大

B. 长变小，宽变大，周长相等，面积变大

A. 没有规律

量规	A	B	C	D	E
比例	2/14	3/14	1/14	5/14	3/14

从上表来看，只有3组得出了正确的结论，而其余几组都没有，而在小组陈述的时候，只有2组得出的正确结论的小组进行了班级交流。学生的错误没有得到深入讨论，深度的学习没有发生。

方法3：分析学生可能的学习行为

分析学生在不同学习点上可能的学习行为是比较容易的一种方法。我们可以先观察并记录学生的不同行为，再将其整理成观察单。这种方式可以增进我们对学生多样的学习行为的理解。比如，在《智取敌舰》一文的学习中，当教师要求学生思考智取的方法并画出智取的方法时，学生就表现出多样的学习行为。

观察点一：默读全文，思考智取方法，在哪节画出文中阿基米德智烧敌舰的方法。

学生表现	找错节	找对节，没有找出相应的句子	画正确但画得不完整或画太多了	画得完整且正确
学生数量	1	3	4	2

当教师要求学生复述阿基米德的思维轨迹时，学生的表现也各不相同。

观察点三：根据提示完整地复述阿基米德的思维轨迹。

学生表现	茫然	看题准备	慢速轻声练说	快速轻声说，并作回答而且正确
学生数量	2	3	3	2

学生在特定的学习点上会产生不同的学习行为，教师需要根据这些学习结果进行有针对性的反馈或个别化的指导。

2. 关键学习点的量规观察单

在实地观察中，根据不同关键学习点的性质，我们可以综合采用上述三种方法制作量规。量规观察单比较适合团体合作的观察，每个人可以制作1—2个观察点的量规，最后整合成如下完整的观察单1-7。

观察单 1–7 关键学习点的量规观察单

教材版本：________	第____单元 第____课	课 题：________	
学 校：________	班 级：________	学生数：________	
任课教师：________	观 察 者：________	观察日期：________	
预设目标	关键学习点	量规	达成情况分析
目标 1	关键学习点 1	量规	
	关键学习点 2	量规	
目标 2	关键学习点 3	量规	
	关键学习点 4	量规	
目标 3	关键学习点 5	量规	
	关键学习点 6	量规	
分析内容参考			
◇ 记录各类量规上学生的比例状况。 ◇ 根据比例推论学生在各个目标上的达成状况。 ◇ 结合环节观察、质性观察等分析为何某类学生的比例会比较高或低。			

关于量规观察的实例在上述量规制定部分已有阐述，在此不再赘述。

四、关键学习点的质性观察

通过量化观察可以判断整个班级的学习过程，而质性观察则可以让我们描述个体或群体学生的学习过程的质量，在对学习行为的白描、深描中，揭示教学—学习、个体—群体、文本—环境—认知等互动的机理。

（一）观察目的

这一观察同样是针对目标达成的第三个判断标准，即目标达成过程是否有意义。事先也需要确定关键学习点，过程与量规观察无异。因为要观察细节，1 位教师最好只观察 1 个学生或 1 个学习小组，观察者最好坐在要观察的学生的旁边。从我们的经验来看，刚开始，教师在观察过程中，不知不觉就会去关注教师而忘记学生。所以，在初期，观课者尽量背对教师，只专注于所观察的学生。如果是对本校、本年级的学生进行观察，最好选定 1 位或 1 组学生，进行长期观察，这样会积累很多关于学生学习的资料。事先了解一下被观察学生的背景也是很有必要的，可以在上课前与他简单交流，或在征得他同意的情况下看看他的作业。课后，也可以与学生进一步交流，了解他们某种行为背后的原因，或澄清他们在关键学习点上的想法，这有助于我们深入理解学生的认识和思维，做出在当时背景下的合理推断。

（二）白描和深描

质性观察中最重要的就是客观、中立，尽可能还原课堂的真实生活，不要让自己的观点和判断先入为主。之所以采用“白描”的方式，在于白描相对真实，能将观察者所看到的与自己所体会到的分开。

“白描”是中国画的一种技法，也是一种叙述描写的手法。白描重在神，而不是形，它用最朴素简练的文字进行单纯的描写，不重辞藻修饰与渲染烘托。用鲁迅的话说，就是“有真意，去粉饰，少做作，勿卖弄而已”（鲁迅，《南腔北调集》）。教师，尤其是语文教师，在观察的时候，容易倾注很多个人情感，或采用修饰性的形容词，或对观察内容进行提炼和加工，这种方式往往会“涂改”自己的记忆，从而对课堂的判断产生偏差。

白描，还要尽可能不使用评论性的语言。有些观察者喜欢下结论，如“这个学生很聪明，但是做得不够认真仔细”，“这堂课很有效”。白描切忌这种匆忙下结论的概括，而要用事实说话，写出自己之所以这样下结论的观察依据，追问所下结论是否合理。这种追问可以让我们不断还原课堂本来面目，进而反省自己的判断是否过于草率。

“深描”是文化人类学中一个非常重要的概念。美国文化人类学家格尔兹（Greertz）用这一概念来指称“人类学”研究中对文化现象的详尽的描述，以求对文化现象或对文化现象背后的文化规律做出合理的解释。深描的目的是要将研究者在现场的观察结果与体验过程直接而真实地表达出来，深入而细致地描述出来。观察中的深描要交代行动的来龙去脉，交代行动是在何种意图与意义的作用下组织起来的；追踪、描述行动的变化与进展（丁刚，2008）。下面我们用一个例子来具体说明。

白描——

2009 年 11 月 5 日，上午第二节课，老师要求做测验，统计测验完成人数，小元举手了。但是，小元没有说出作业的具体内容，被老师批评了。

深描——

第二单元测验，H 老师要求阅读理解暂时不做，其他题目当堂完成。小元做了几题，抬头左右张望，停下来挖了挖鼻孔，约 1 分钟后，重又埋头。他不会做这道题，但是又不想让老师看出来。

H 老师中途发医疗证，吩咐学生将医疗证先放在一边，下课再看。医疗证每学期都有，内容并无区别，所以大多数学生并未因好奇心违反老师的命令，除了小元。他拿到手就停笔翻看，持续约 2 分钟。这时后排的 WF 钢笔没水，H 老师问谁有两支钢笔可以借一支给他，小元扭头看，停顿约 1 分钟。

快下课时，H 老师统计测验完成人数，有 6 个人没有举手，小元举手了。H 老师刚数完人数，他就转头问 LY：“应该做到哪里啊？”LY 未答，挥手打发他转过头去。这样的事情在这几天中已经出现过很多次了。

H 老师看见了，走过去问他原委，他问：“第 3 题要不要写？”

H 老师：“我们全班一起告诉他！”

学生高声齐答：“要——”

H 老师瞪了他一眼：“个只宁脑子勿灵光！”（上海话）①

深描虽然有很多的描述，但并不影响其客观性，这种观察和一般的描述性的文章有很大的不同。在深描中，每一句话都是描述真实发生的情况，每一句话都有证据，而不是想当然。上文中，横线代表时间、数量等数据，曲线代表一般情况或经过访谈后论证的结果，双直线描述学生的具体行为。全文没有使用任何夸张的形容词，或明显的主观感受。

浅描提供的信息是有限的，从深描中，我们可以推论出很多信息：（1）小元是一个学业不良的学生，不仅学业不良，而且他的人际关系也存

① 深描部分的内容摘自：陈扬．游离与牵引［D］．上海：华东师范大学，2007．

在问题，他的朋友可能不是很多；（2）导致小元学业不良的部分原因是他的注意力不够集中；（3）小元的自尊心还比较强，为了掩盖自己的不足，他可能会撒谎；（4）小元是一个 H 老师不喜欢的学生，而且是被老师定义为“不聪明，不用功且成绩不好”的学生，H 老师对他没有什么耐心；（5）H 老师可能不是很尊重学生的学习，经常会打断学生的思维。不同的人可能会从深描中读出不一样的信息，而基于此，教师们就有了共同的话语平台。比如 H 老师的课堂管理行为与小元的注意力不集中之间的因果关系，教师们就会有不同看法，在讨论中各自的教育观念得到突显。

质性观察本没有固定的体例和工具，只要把握住上文所提及的白描和深描要点即可。

对将要观察的学生的描述，可以根据观察必要性和时间来定，一般可以考虑以下几个方面：（1）学生所处的地理位置：几排几座，独坐、有同桌一起坐还是在小组里坐，如果是坐在小组里的，需要绘出小组座位表。（2）课桌描绘：包括桌上的学习用品摆放；与本节课相关的准备工作等。（3）学生描绘：包括样貌、神情、与其他学生的交流、作业本上的错误率和整洁状况等。

对学习关键点的记录，一方面是白描被观察学生的语言和相关行为，另一方面是在白描的基础上做出相应的推论。

观察单 1-8　关键学习点的质性观察单

教材版本：________	第____单元　第____课	课　　题：________
学　　校：________	班　　级：________	学 生 数：________
任课教师：________	观 察 者：________	观察日期：________
对将要观察的学生的描述		
关键学习点 1		
关键学习点 2		

续表

关键学习点3

（三）观察实例

下文是一个不太成功的课堂观察。在这一观察片段中有很多修饰性的词语（横线部分），加入了观察者的很多主观判断和概括性的提炼。

“富兰克林是怎样做风筝实验的呢？”于老师话音刚落，学生纷纷把目光投注到屏幕上，飞快地扫视着，寻找自己感兴趣的问题。不一会儿，一双双小手高高举起，学生抢着说出自己心中的疑问……学生呈现出一个个问题，于老师适时地画出屏幕上相应的语句，并打上问号。学生质疑的热情高涨，问题越来越多，教室里热闹极了。

这样的课堂观察可以让我们清楚课堂教学的大致流程和氛围，但却不能对学生的学习进行深入的分析。通过这个片段我们既看不到个体或群体学生的真实学习情况，也感受不到学生与教师之间的互动。质性观察不需要对事件本身加上很多修饰或文学性的描写，所有的描述都要基于事实本身。下面呈现的是《揭开雷电之谜》这堂课中的部分白描，观察对象是一个学习小组。

观察单1-8：实例

教材版本：沪教版	第3单元　第1课	课　　题：揭开雷电之谜
学　　校：PL	班　　级：四（2）	学 生 数：33
任课教师：YMQ	观 察 者：XXM	观察日期：2010.3

对将要观察的学生的描述

我坐在最左边的第一组学生旁边，这组学生一共有5个人。由于我所坐的座位限制，在大部分时间，我只能观察C、D、E 3人，除非有教师提问到A、B。

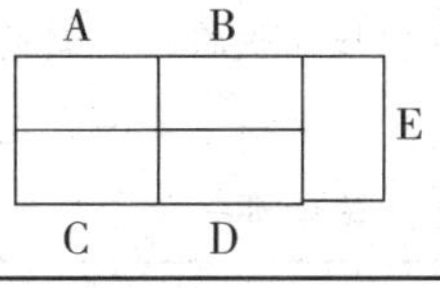

续表

A、E两人在课前将所有准备工作做好。B、D两人从外面冲进来，铃响后拿书。C一直坐在位置上左右张望。E的作业本非常整洁，几乎没有订正，在这一课的课文上给有些字词标了注音，给课文标了节，有些地方打了问号，C和D的这一课课文上没有什么标记。根据课后教师的描述，E是语文成绩比较优秀的学生，C的语文成绩是中上，A、B、D都是中等。
关键学习点1
教师喊起立，学生问好，坐下来后，C转过头来对D说：你吵死了，声音太大。D用手捅了C一下。
关键学习点2　教师：请在文中画出表示富兰克林是“勇士”的句子。
C——没有动手画，用手捂住本子，斜眼看D和A的书。 D——画出两句话：“那天，天空乌云密布，雷电交加。富兰克林带着儿子来到费城的郊外”、“富兰克林觉得手有点麻，……和实验室里的电火花完全一样!” E——画出一句话，“富兰克林觉得手有点麻，……和实验室里的电火花完全一样!”在教师反问后又擦掉。 推论：C、D、E在这一任务上完成得都不是很好，C在此类任务上的表现比较差，似乎完全没有找到感觉。
关键学习点3　质疑
C——回答问题：麻绳是不导电的，为什么还会感觉手有点麻？坐下后，低头玩手指。 D——先举手，在其他学生提出两个问题后停止举手，看书，手上在玩笔。 E——提出问题：为什么他会兴奋地叫起来？坐下后，眼睛很关注老师，继续听讲。 推论：C、E都提出了很有价值的问题，但C和E在提出问题后的表现有差异，C似乎更注重提出问题，而E表现出更积极主动的态度。D可能想到了一些问题，但是已经被其他同学提出来了。
关键学习点4　教师：读一读课文，想想你能解决哪些问题。
C——眼睛扫视全部课文，迅速举手，在教师喊其他同学时玩笔。 D——小声快速阅读第三、四节，读完后马上举手。 E——大声朗读，从第1节开始读，未举手。 推论：第一，学生的阅读策略不一样。学生似乎并不明白教师所说的“读一读”是什么意思，不知道在这个时候应该默读、朗读还是快速读。就这一问题情境来说，涉及对问题的理解，似乎应该用默读更为合适。第二，三位学生的阅读内容也不一样。可能学生不明白到底应该读哪一段。

质性观察比较细腻地展现了这个学习小组内部的学习状态和社会关系。在一个班级和小组内部，C、D、E 3 人在一些关键的学习点上，如“画出表示富兰克林是勇士的句子”、“解决问题”等产生了类似的学习过程，而由于教师没有能够提供相应的学习机会，这两个关键点上 3 个本来处于不同水平的学生都没有能够产生重要的学习进步。而在另一些关键的学习点上，如质疑，由于学生个体的学习差异，E 要比 C 和 D 想得更深远。

第三部分

个体与群体学习过程的观察

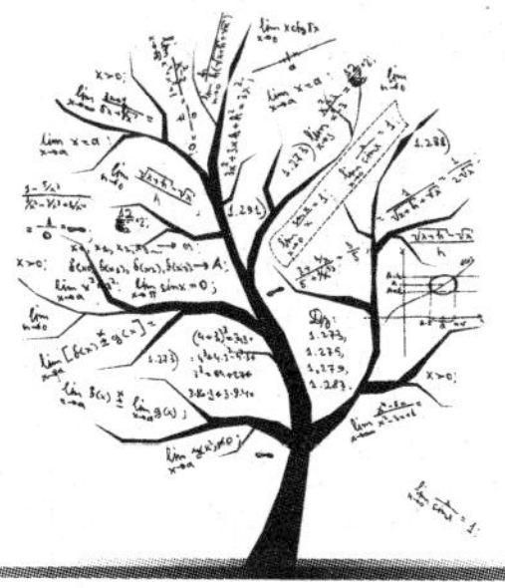

Di San Bu Fen

geti yu qunti xuexi guocheng de guancha

第三部分 个体与群体学习过程的观察

我们理解学生的学习吗？进入课堂，我们发现，教学与学习的发生并不总是在一条轨道上。不管是课堂教学还是课堂观察，我们都需要有一些知识基础，了解学习何以发生，学生的大脑中有什么，怎样的学习方式会更好。借助本部分的学习科学理论基础和观察工具，我们可以分析课堂中的迷思概念，探查学习活动与作业中学生的认知水平。通过白描、话语分析，我们还可以判断师生合作学习的质量，促进深度的合作学习。

第七章

理解学习过程

在很多课堂观察中，对认知观念与过程的观察常常停留在简单的外部指标上，比如观察学生的举手、表情、各种学习状态（作业、小组活动、思考)、非学习性行为等，这些指标在了解学生的认知过程方面作用比较有限。有鉴于此，在观察之前，我们需要了解学习的知识基础，知道学生头脑中究竟有什么、怎样的学习方式会更好。

这个过程可以帮助我们：第一，澄清课堂学习涵盖哪些要素和范围，有哪些行为化的指标可以推论出学生的认知观念与过程；第二，解释怎样的认知过程具有更高水平，教师怎样设计学习任务与环境更有助于学生的认知发展。

一、学生头脑中究竟有什么

学生在学校里的学习主要是认知技能的习得。这种习得过程与现实生活中的技能如烹饪、缝衣、制鞋等并不一样。在这些技能领域的学习，师徒之间可以对具体的技能进行观察、评论加工和修改，并反映在具体成品上。而在学校的大多数课堂教学中，学生的认知过程是内隐而独立的，我们无法对学生的学习进行有效的调整，因为我们看不见学生头脑中的认知过程。同样，学生也无法知道教师是如何进行思考的。

那么，我们通常说的关注学生学习，到底要关注学生学习的什么东西？现有的学习科学研究提醒我们，有这样几点认识是我们在课堂观察前需要注意的。

（一）学生认知观念的多样化

学生头脑中的认知观念的多样化超出我们的想象。

学生会从很多渠道获取对某一现象或知识的观念积淀。他们通过与其他同学的交流、课外书的阅读、浏览网络资源、课堂学习等多种信息源产生多样化的观念。以温度为例，他们可以依据自己的经验，认为木头要比金属热；他们也可以依据自己日常口语化的说法，认为“热度”等同于“温度”；他们还可以使用各种比喻，说“热是一种可以被吸收、被传递的东西”。这些依赖于特定情境的观念形成了学习科学研究者所说的个人观念的积淀。

这种个人观念积淀的数量是非常庞大的。有研究者对高三学生理解的科学现象进行调查，如就浮力这个学习主题，研究发现，学生对浮力会产生200多个截然不同的观点，每位学生都会有5—15个观点，即使有相同观点的学生，他们证明观点的方法也不相同。既然有如此之多的个人观念，教学该如何进行？个性化的教学是否要应对每一位学生的特定观念？

对这个问题，学习科学研究者同样进行了探索。他们发现，特定年龄段的学生观点和处理方式是类似的。梅兹（Metz，2000）研究了小学以上的学生对生物行为的观点，根据学生的话语，她确定出20多个变量，如人工实验条件、条件的排列、顺序的影响等，发现特定年龄段的学生观点是类似的。这就意味着教学可以在把握一类学生的认知特点的基础上进行。

有各种研究表明，学生在数学、生物、阅读、物理等领域，都存在多样的观念，并且因年龄段的变化而发生变化。这些研究指出，学生的个人观念库中包含合理的、容易混淆的、特殊的、武断的等各种观念（柯林斯，2010）。大多数学生缺乏辨别观点或评价观点的能力。教学的目的就是辨别这些观点，鼓励学生将自己的观点外显，并进行评论，以促使学生形成对特定观点的连贯描述。

（二）学生的认知学习会遵循不同的轨迹

学习科学的研究进一步发现，即使认知观念相同的学生，其认知学习方式也各不相同。那些更擅长考试的学生往往只是因为习惯了教科书的思维方式，琳等人（Linn et al，2000）的研究充分说明了这一点。他们在40个学生中选择了4个典型的学生，对他们的科学学习活动进行观察，发现在科学学习活动中学生表现出四种不同的认知轨迹：

有些学生遵循概念化（conceptualizing）的轨迹。这类学生会在对现象宽泛了解的基础上，形成规范的观点并采用抽象概念。他们对教科书上的原则和概念运用得比较熟练，会引用它们作为证据。这些学生在课堂上经常占据主动地位，使教师对学生的学习过程和结果产生错误的判断，认为学生都已经掌握了要学习的内容。

有些学生遵循实验化（experimenting）的轨迹。这一类学生很容易产生新观点，并想出方法来检验观点，他们会将规范的和不规范的观点同时加以考虑，归纳出某个情境下的观点并解释另一个情境。他们通常对日常生活中的现象有独到的见解。他们的学习结果可能不是很好，但却能够更准确地掌握科学学习作为一种探究、不断增长的知识共同体的本质。

有些学生遵循策略化（strategizing）的轨迹。他们严格区分学校和日常生活，他们将科学看做是从权威人士那里收集来的事实，科学只是要解决测验中的问题。

有些学生遵循情境化（contextualize）的轨迹。这类学生在各个单独的情境中处理问题，而不将观点联系起来，比如他们认为加热和冷却是不同的过程。

如果我们的教学能够更敏感地描绘学生不同的学习认知轨迹，将会对学生的学习产生重要的影响。但是，有时候我们往往会判断失误。一个富有说服力的例子来自于柯丁格等人（Koedinger et al，2004）。他们提供了三种问题情境：故事问题、文字问题和解方程，三者的数量结构与解决方法是相同的。

故事问题：作为一个侍者，特德每小时收入 6 美元，一个晚上有 66 美元的小费，现在特德共收入 81.90 美元。问特德工作了多少个小时？

文字问题：从某个数字开始，如果我将其乘以 6，然后加上 66，结果是 81.9。那么，我开始计算的数字是多少？

解方程：$X \times 6 + 66 = 81.90$。

他们先访问了数学教师。数学教师认为，对高中生而言，故事问题是最难的，而解方程是最容易的，他们的典型理由是：故事问题要求更高的阅读能力以及将故事问题转化为方程的能力。出乎教师意料的是，在随后的学生测验中，学生对故事问题和文字问题解答得更好，正确率分别是 70% 和 61%，而解方程的正确率则是 42%。

如何解释这一问题？显然，许多学生在解决故事问题和文字问题的时候，并不是运用解方程的策略，而是采用了别的非正式策略，如猜测—验证或逆向操作的倒推。这对教学有怎样的启示？通常教师在教学上都是先教方程再教情境中的问题解决，如果我们要基于学生的先前知识展开教学，就应该充分利用实例。在上代数课前，通过言语或者情境激发学生的数量推理技能；在进入正式表征进行更加抽象的过程之前，就要先利用故事问题情境和言语描述帮助学生非正式地理解数量间的联系。

（三）学生的“迷思概念”和“零散知识”

迷思概念又被称为学生的朴素观念。学习总是基于学生原有的认知基础发生的，学生并不如洛克所说的是一块“白板”，在他们的头脑中实际上充满着对现实世界的多样化观点和迷思概念，这一领域的研究也被称为朴素（naive）生物学、朴素物理学、朴素数学。

从20世纪70年代开始，在社会研究中出现了大量的关于“迷思概念”的研究，它开启了在教育研究领域，包括实验心理学和发展心理学在内的现代概念研究。

大量的研究表明，有些领域和主题对学生而言，要产生概念转变是非常困难的，运用传统的教学方式往往会失败。这些领域和主题如：物理学科中的物质和密度的概念、牛顿力学、电学、相对论；生物学科中的进化和遗传学，等等。这些领域和主题充满了学生的迷思概念，通过教师讲解、大量练习只能使学生简单获得知识，而无法在辨识自己原有观点的基础上“恍然大悟”，从而对日常现象产生新的理解，并产生迁移。

波斯纳等人（Posner et al，1982）认为，学生只有在满足以下条件时才能改变他们的概念体系：（1）不满足于自己先前的概念（经历了大量反常的事物）；（2）新的概念是可理解的；（3）新的概念不仅应当是可理解的，而且是貌似合理的；（4）新的概念对后续工作是富有成效的。

如何看待学生的“迷思概念”呢？一部研究者认为，迷思概念对学生的后续学习会产生消极的影响。教师只有克服学生的认知障碍，让学生完整摆脱原有观点，接受教师的正确观点，没有其他选择。这种转变学生原有观点的脉络来建立新的观点的研究思路称为概念转变（conceptual change）。与此同时，另一部分持零散知识论（knowledge in pieces）的研究者认为，学生的想法是由许多准独立的成分组成，教师不用否定学生的观点，而是仔细挑选学生原有想法中的有益成分，通过改进形成规范的概念。这种概念的形成方式称为概念发展（conceptual advancement）。在这种观点中，学生的原有观念就不是概念发展的障碍，而是资源。教师要做的是重新编排组织一个更有包容性和规范性的结构，而不是抛弃它。

二、从新手到专家

如何从新手变成专家是学习科学领域的重要研究问题。“迷思概念”和“零散知识”就是研究新手思维的载体。那么，专家是怎样获得这些专业知识的？通过对这个问题的研究，我们可以分析从新手到专家，学习者经历了怎样的心智阶段。

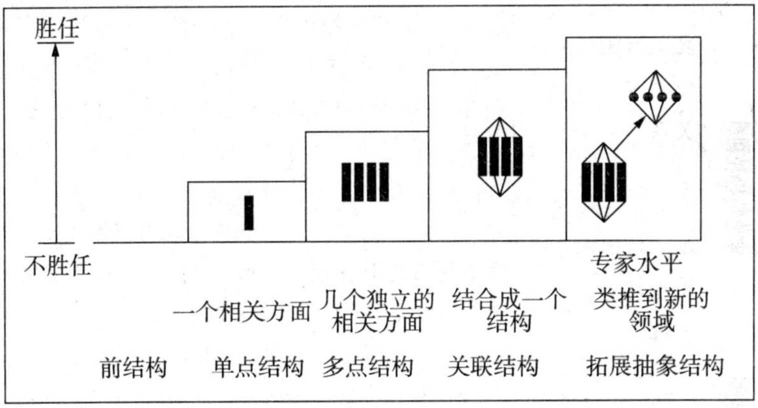

图 7-1　从不胜任到专家水平：SOLO 分类法

SOLO（Structure of the Observed Learning Outcome，SOLO）就是一种描述从新手到专家发展过程的工具。SOLO 意指可观察的学习结果的结构，是由澳大利亚教育心理学家比格斯（Biggs）于 1982 年首创的一种学生学业水平分类方法，在 2007 年的时候比格斯等人又对其进行了具体的修订和描述。SOLO 分类理论基于学生对某一具体问题反应的分析，对学生解决问题时所达到的思维水平进行了由低到高的五个基本结构层次的等级划分。

SOLO 分类理论建立在皮亚杰的发生认识论的基础上，但是，皮亚杰的认知发展理论是对总体认知结构发展的阶段划分，不可以直接检测，比格斯称之为“假设的认知结构”（Hypothetical Cognitive Structure，HCS）。比格斯认为，在回答某个具体问题时，可以通过衡量学生思维结构的复杂性来体现不同的水平。这些水平是可以直接检测的，所以称为“可观测的学习结果的结构”。

SOLO 分类理论判定学生认知水平的差异是根据能力、思维操作以及一致性与收敛三个维度的基本特征来描绘的（Biggs，1982）。

表 7–1　SOLO 五个认知水平

SOLO 层次	能力	思维操作	一致性与收敛
抽象拓展 E	最高：问题线索 + 相关素材 + 相互关系 + 假设。	演绎与归纳：能对未经历的情境进行概括。	解决了不一致的问题，认为不必使结论收敛，结论开放，容许逻辑上兼容几个不同的解答。
关联结构 R	高：问题线索 + 相关素材 + 相互关系。	归纳：能在设定的情境或已经历的经验范围内利用相关知识进行概括。	在设定的系统中没有不一致的问题，但因只在一个路径上收敛，在系统之外可能会出现不一致。
多点结构 M	中：问题线索 + 多个孤立的相关素材。	只能联系几个有限的、孤立的事件。	虽然想做到一致性，但由于基本上只注意到孤立的素材而使回答收敛太快，从而导致同样的素材得出不同结论。
单点结构 U	低：问题线索 + 单个相关素材。	只能联系单一事件。	没有一致性的感觉，甚至连问题是什么都没弄清楚就收敛了。
前结构 P	最低：问题线索 + 混乱的解答。	拒绝，同义反复，转移，跳跃到个别细节上。	—

比格斯等人用建筑材料对这五个水平进行了具体描述。其中，前结构就像一堆颜色各异、形态各异的建筑材料，散乱地堆积在一起；单点结构开始在相同颜色内部形成了一个连接；多点结构则是在不同颜色之间产生了多样连接；关联结构能将这些散乱的材料整合成整体；抽象拓展结构则不仅是将此整合成整体，还能挖掘没有提供的信息，产生在更广阔情境中的建筑体。

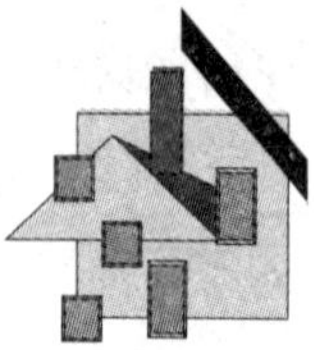

前结构（Pre-Structure）：完全错误或者不相关的答案。学生不具备与所要解决的问题相关的知识，没有真正理解问题；或者与所问的问题完全不相关；或者使用了与问题

要求相比过于简单的方式回答问题。

单点结构（Uni-Structure）：只使用了所给问题的某一个相关信息。学生只抓住或者使用了回答问题的某一方面信息，然后就直接跳回了问题；或者仅仅是靠记忆进行回答，而没有得到真正理解。

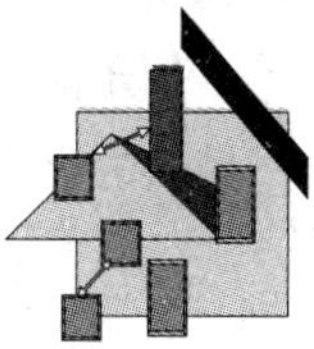

多点结构（Multi-Structure）：连续使用所给问题的多个相关信息。学生抓住或者使用了回答问题所需的所有方面或者其中的几个方面的信息，甚至能够在其中建立起两两之间的相互联系，但是对于这些信息的使用仍然是孤立的，没有形成所有方面的有机联系。

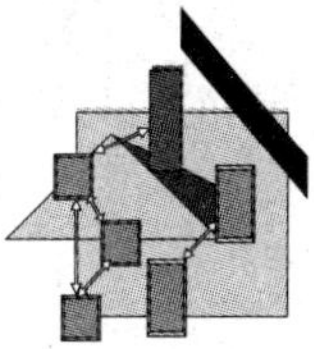

关联结构（Relational Structure）：综合所给问题的全部相关信息，形成唯一的结论（Atherton，2011）。学生能够抓住并使用回答问题所需要的全部信息，并进行综合和概括，形成统一的整体。这个水平就是一般意义上的对问题的充分理解，能回答或解决较为复杂的具体问题。但是这个水平的学生在回答问题时使用的信息仍是与问题直接相关的，不会使用没有直接涉及、但又与问题本身有联系的其他信息，不会将问题置于更一般的、更广阔的情境中或者对问题提出质疑。

抽象拓展结构（Extended Abstract Structure）：综合使用各种相互影响的信息，以形成对问题的反应。学生能够在关联的基础上，联系与问题相关的所有影响因素（包括问题中没有直接提到，但是有影响的因素），将问题置于更为广阔的情境中，对问题进行全面思考以及更高水平的概括和归纳（Atherton，2011）。这个水平的反应最终可能形成一个一般的假设、开放性的答案或者一个新的主题。这一层次的学生表现出更强的钻研和创造意识。但是，并不是每个人在每个领域上都可以达到抽象拓展水平。

三、怎样学习会更好

以教授为主的课堂是从行为主义发展而来的，本质上是与最好的学习方式相违背的。而从 18 世纪至今，教授主义的课堂在我们的教育体制中已经制度化了，尽管新技术的出现在一定程度上改变了传统的学习方式，不过，基于问题、项目、情境的学习仍只是一种课堂理想。我们只能借助学习科学的已有研究寻找一些可以与教授式的课堂相整合的契机。

（一）外显化和表达

学习科学中很强调将学生的认知外显化，只有外显化才能发现迷思概念和零散知识。事实上，这不仅是一种研究方式，也是一种比较好的学习方式。布兰斯福特等人（Bransford et al，2000）发现，当学习者外显化并表达自己正在形成的知识时，学习效果会更好。他们认为，最好的学习方式是学习者在知识尚未成型时就开始尝试进行表述，并一直贯穿于整个学习过程。这样，学习与表达得以在反馈中相互促进。他们认为，很多情况下，当学习者开始清晰表达某个知识时，他们才真正学会了。

外显化和表达有助于学习，这一观念最先是由维果茨基提出的。他对表达的教育价值予以了充分的肯定。他认为，所有的知识都始于可视化的社会交互，然后慢慢被学习者内化并形成想法。这一观念在 20 世纪 70 年代以后被西方的诸多心理学家予以证实。这个观点可能与我们通常的“学习”假设相悖，尤其是在传统的中国课堂中，很多人认为深刻的学习只有在独自的默想中才能完成。外显化和表达的观点为课堂观察与分析指出了一个重要的方向：学习者之间的对话、协作是非常关键的，因为它使学习者能够清晰表达并从中获益。这就意味着，课堂中的互动，学生陈述与表达的机会、清晰性应该成为重要的观察方向和讨论的焦点。

那么，教师应该如何支持学生的表达过程呢？学生需要帮助才能表达自己正在发展中的理解，教师可以提供有针对性的辅导，包括对学生执行任务的观察、为学生提供线索和反馈。教师要避免告知学生信息，而应该创设能够让学生产生观点冲突和表达不同观点的情境。如果教师能够提供“脚手架”，效果会更好。脚手架可以提供提示或线索，在最近发展区中促使学生更积极地投入学习。学生以“学”来积极主动地建构自己的知识，而教师的“教”是“建筑物”必要的“脚手架”，以支持学生不断完成对所学知识的意义构建。教师随着学生能力的发展，不断拆除、修正“脚手架”，以使其处于学生的最近发展区中。

（二）参与情境性的实践

知与行是交互的，知识是情境化的，知识通过活动不断向前发展。学生在参与情境性的实践中体验了学习并获得理解。概念不是独立的实体，而是工具，概念只有通过应用才能被完全理解。所以，学习包含建立学习和应用的情境。学生面临的情境应该具备一定的复杂性，也就是说，给出的问题必须是真实的问题。学生不应该从简化了的、不真实的问题开始学习。正如上文所谈到的方程的三种情境，应该先利用故事问题情境和言语描述帮助学生非正式地理解数量间的联系，然后再进入抽象的表征过程。

在著名的贾斯珀探究系列中，将数学抛锚在真实的情境中，贾斯珀遇到的日常问题是与故事整合在一起的，而不是孤立地另外呈现和练习。比如贾斯珀的一个两难问题是能否在天黑之前驾驶新买的船回家。学生需要自己形成合适的问题，要搜集信息、记录英里数、阅读油量表、考虑时间问题，等等。问题是多方面和复杂的，可能有多种解决方法。学生不是利用只有一个正确答案的标准方程去解决问题，而是创造独特的方法来解决有多种观点和方法的复杂问题。

在现今的学习科学中，计算机正成为一个重要的参与媒体，计算机所构筑的虚拟学习环境正在成为课堂分布式认知的重要媒体。在我们绝大多数的科学课堂还是“书本+粉笔”的时候，西方已经开始了大量的可视化的网络科学学习环境的探索，如加州伯克利大学开发的“基于网络的科学探究环境”（Web-based Inquiry Science Environment，WISE）具有支持学习者、教师和改进知识的特征，提供了反思笔记、辩论建构工具、概念图、小组发现等支撑工具，使教师能够迅速地撰写新的活动方案，用嵌入式评价证明学生的学习。它能够使学生将他们自己和专家的问题解决过程进行比较，从而最终能够形成一种内化的专家认知模式。

（三）学习共同体

学习科学研究中有一种思路认为：当儿童积极参与共同体的知识建构时，他们对知识理解会更深、更概括，学习动机会更强。学习共同体的目标是提高集体知识并促进个体知识的增长，在学习共同体中产生的意义是持续协商的过程。学习共同体要具备以下四个特征：（1）成员有各自不同的专家知识，乐于贡献，同时共同体支持他们的发展；（2）有旨在持续提高集体知识和技能的共同目标；（3）重视学习方法的学习；（4）有共享所学知识的机制。共同体成员没有必要吸收共同体的所有知识，但每个人都应该知道哪些成员掌握哪些相关的知识（Bielaczyc et al，1999）[269-292]。这种观点和学校传统的观点不同，学校中往往强调个体知识和个体的努力与表现。

那么，学习共同体的思想在学校中如何应用呢？合作学习中的一些模式就致力于营造这种类型的学习共同体，比如锯分法（JIGSAW）的合作模型，就是先分成一定的主题进行学习，再重新组成小组汇集成完整的想法。学生在小组之间共享知识并进行反省。也有研究者专门为1—8年级的学生开发培养学习共同体的模型。与锯分法不同，它为所有成员提供一系列的共享材料以构造共同的知识基础，然后以专家小组形式专攻特定问题，再回到原小组内分享。

学习共同体的学习质量是与反省紧密联系在一起的。通常，个体在处理头绪繁杂的任务而又时间紧迫的时候，很少有机会反思他们正在处理的事情，时间的紧迫感会推动他们持续的行动，注重于当下的事务。但是，在以学习为中心的环境中，事后的反省必须是处于中心地位的。在课堂和作业中都要给予学生反省的机会，让他们思考自己在做什么，为什么做，搜集证据来评价行动的功效。合作的反思过程、对社会性的探讨是影响学习质量的关键因素。

四、将学习过程外显化

在上述各种学习方式中，外显化对于课堂观察与分析具有尤为重要的意义。因为它将隐性的观念和思维显性化了。学习科学领域中有很多研究者提出了将认知观念与过程外显化的策略，有经验的教师往往也会自觉不自觉地运用这些策略来探寻学生的认知过程。在对学生的认知观念与过程进行深度观察的时候，同时也就对课堂提出了变革要求。在很多课堂上，学生往往处于静默状态，他们的思维沉浸在教师话语的“冰山”之下，学生的认知观念和过程难以暴露，观察者和教师也很难了解学生头脑中的思维运作。

（一）学习科学中的外显化策略

学习科学中的认知学徒制是借鉴传统技能学习中的“学徒制”观念，尝试通过各种策略将隐性的认知过程外显化。有研究者总结了如下外显化的重要策略和相应的课堂中的例子。

表 7-2　设计认知学徒制的方法（柯林斯，2010）[59-74]

方法	内　　涵	例　　子
示范	教师演示、操作任务，学生进行观察并对完成的目标过程形成概念模型，这就要求教师将常规的内部过程和活动外显化。	教师用几种不同的语调来表现文中的不同感情，要求学生模仿。
辅导	当学生执行任务时，教师对其进行观察并提供建议、挑战和反馈。	教师让学生提问题或进行归纳总结。
脚手架	教师提供特定领域内的稍高一些层级的支持来帮助学生执行任务。	在写作过程中给学生提示卡片。
表达	学生明确陈述某个领域中的知识、推理或问题解决的过程，教师鼓励学生表达他们的知识和想法。	询问学生为什么一篇文章的摘要好而另一篇的不好，形成好摘要的模型。
反思	将学生自己的问题解决过程与专家、其他学生的进行对比，还要和专家智慧的内部认知模式进行比较，对某些可以体现专家和新手行为的关键特征进行抽象重播（abstract replay）。	在阅读或写作中，先记录学生说出的想法，随后重放录音并与专家和其他学生的想法进行比较。
探索	引导学生自主寻找解决问题的模型。通常教师先制定总的目标，然后鼓励学生关注感兴趣的特殊子目标，建议学生提出自己的问题并解决这些问题。	教师让学生组成小组到图书馆查找资料，调查影响地球变暖的原因。

教师要尽可能采用这些方式，让学生的学习活动外显化，以利于学生在学习共同体中评论相互的知识，对集体知识产生贡献。

运用上述这些策略，斯卡德玛利亚等人（Scradamalia et al，1984）[265-283]开发了一个网络化的写作平台，这一平台极大地激发了学生在研究型写作过程中的自我表达。这一平台让学生用一个周期（几个星期或几个月）来调查不同学科领域中的问题，学生们在一个在线知识库中录入观点和研究问题。写作平台中提供了若干脚手架，如理论建构脚手架（我的理论，我需要理解……）、辩论脚手架（……的证据）等来帮助学生建构知识框架。学生可以通过知识库阅读，添加文本、图表、问题，链接其他记录，评论彼此的工作。这种写作平台就是构建一个促进个体表达以增进公共理解的知识库。其中，促进个体表达的具体工具有：①个人笔记。学生可以陈述问题，提出初始理论，概括需要理解的问题以探究问题或是完善自己的理论，上传一幅图像或图表等。②视图。师生可以创建图表对相关的笔记加以组织。③链接。链接到新的记录或知识库中的相关内容。④概括式笔记。将知识库中的笔记加以整合。

虽然，目前在我们的课堂中还很难进行类似的在线平台的开发，但是，教师在学生的作文写作过程中采用“流动作文”或“漂流日记”的方式促进学生对其他同学所写作文的评论和后续写作也是一种促进学生写作思维外显化的策略。

（二）课堂中的外显化策略

在课堂研究中，很早就开始有各种办法鼓励教师了解学生头脑中在想什么。其中，日本在这方面的研究特别突出，考虑得很精致、周到。在TIMSS的研究中，斯蒂格勒等人（Stigler et al，1999）将其作为日本数学课堂的一种重要特征，并成为日本数学教育的成功基石。

外显化的策略之一是课堂讨论。日本学者波田野等人（Hatano et al，1991）开发出的一种方法是，让学生在一个简单的实验中预测将会发生什么事情，他们可能会有不同的预测，学生对这些预测进行讨论，彼此辩论为什么自己的预测会是正确的。在修正了预测后，进行实验，并讨论为什么实验会有这样的结果。在此之后，研究者又给出了一系列外显化的策略。

与之类似的，日本学者田中耕治给出了一种课堂形成性评价的方法，这种方法鼓励学生将认知思维外显化。

① 教师出示学习课题。

② 学生在本子上写下自己的想法。

③ 教师根据不同意见让学生举手确认意见分布。

④ 学生发言、讨论意见。

⑤ 教师让学生在本子上写出听了别人的意见后的内容。

⑥ 教师通过让学生举手确认讨论后的意见变化。

⑦ 教师通过实验确认。

⑧ 学生在本子上写上实验结果及“我明白了的内容”。

⑨ 学生开始读上面的内容。

在这一学习过程中，通过交替运用个人笔记、讨论和实验结果的方式，模拟真实的科学探究情境，让学生从最初的概念逐渐通过同学提供的脚手架、自我的反思形成新的概念体系。以“花对植物来说是为繁殖而生的器官”为例，课堂中呈现这样的教学过程：

① 郁金香的花开后能有果实或种子吗？

② 学生在本子上写下自己的想法。

③ 教师根据不同意见让学生举手确认意见分布。

④“开展郁金香是用球根栽培，无种子和果实”与“郁金香有种子和果实”的辩论。

⑤ 学生在本子上写出听了别人的意见后的内容。

⑥“最初，有同学说因为郁金香是植物所以有种子。我反对这种意见。因为我就没听说过郁金香的种子，而且郁金香是用球根栽培的，所以我反对这种意见。之后，认为郁金香是由球根生长而来的意见变多了。我同意。接着又有人提出，如果这样，为什么会有雄蕊和雌蕊呢？”

⑦ 观察郁金香的雌蕊的子房和胚珠，确认已经收获的果实和种子。

⑧ 学生在本子上写出实验结果以及“我明白了的内容”。

⑨“郁金香有胚珠。我看了它之后的生长。成熟的种子是紫红色的，平平的三角形状的。由此可知，郁金香确实有种子。我明白了球根植物也开花结果有种子。内田同学的疑问是为什么不埋种子而要种球根，我想种种子的话，到开花要花很长时间，所以才种球根。”①

那么，在一个单元中，是否也可能通过这种方式来展现一个完整的认知框架呢？田中耕治等人发展出了针对一个单元的“一页纸档案袋评价”（one page portforlio assessment），主要是给出一个纵贯整个单元的核心问题，这一问题涉及单元中的关键知识点，学生在每节课结束后都对这个问题予以回答，并记录在一张纸上。通过这种方式就可以发现学生的理解在学习过程中发生了哪些变化。

如学习“植物的根和茎”这一单元，可以在学习前提出一个关键问题

① 摘自田中耕治于2011年上海市华东师范大学课程评价会议上的报告。

“水如果被植物吸收会发生什么?”这个单元的学习由下列四节课组成：第一节课，根毛；第二节课，水被根、茎、叶吸收；第三节课，光合作用；第四节课，蒸腾。这四节课都围绕这个“锚问题”外显化学生的思维。

在日常的课堂教学中，教师也可以使用各种课堂任务单、习题纸、实验单等进行学生认知思维的外显化，根据学生的填写情况，对学生的认知痕迹分门别类进行统计或列举典型个案。这样可以得到一些定量和定性数据，反映教学过程中学生真实的思维过程和学习状况。

五、观察的意涵

学习科学的知识基础给我们在观察方面的很多启示，如课堂前后要收集和分析学生的迷思概念，可以从合作学习切入观察学习者之间的社会性互动，要从合作话语中分析合作学习中的个体对集体知识的贡献度等。而其中，最重要的观察意涵应该是，教师与观察者要用各种方法将儿童认知观念和过程外显化，促进儿童在学习过程中的表达，暴露他们的思维过程。

教师鼓励学生将想法和知识表达出来是非常重要的，因为学生需要从特定的情境中提炼知识，而将其外显化后，知识才有可能在另外的情境中得以迁移，才能促进师生、生生进行有意义的协作，而相互的协作、讨论又能增进个体的反省，扩充群体的知识。

在心理学领域和学习科学领域，有很多对学生学习的研究都是借助于对真实、互动中的儿童的观察。其中，最典型的是皮亚杰（Piaget，1976）的临床访谈，他对观察有一个定位：

优秀的实验者需要结合两种矛盾的特性：他需要知道如何观察，也就是说他要让儿童自由讨论，不能表达任何赞成或者反对的言语。同时，他又必须不断警惕那些确定性的东西，在任何时候他都要有需要检验的研究假设和理论，不管是正确的还是错误的。

皮亚杰提出了一个非常重要的对认知活动的观察原则：不干预，尽可能让儿童展示他们的思维。但是，在正常的课堂教学环境中，教师往往很少给学生展现他们思维的机会，或有意识地促进学生的思维表达与清晰化。这不仅违背了促进学生更好地学习的原则，也让观察变得困难。对此，我们将给出课堂中的外显化策略，并结合具体课堂的观察进行分析。

第八章

认知学习过程的观察

心理学有关研究表明，每一个儿童，即使是幼儿，都乐意出于自身的动机来进行学习。即使他在学习时还需要帮助，他也往往不希望大人剥夺他在学习上作出努力的机会，简单地示范给他看或代替他完成，而是希望自己进行创造。课堂中同样如此，儿童在刚进入课堂的时候对于所要学习的事物充满原发的好奇心。假如教师不想“驯服”、“训练”儿童，那么只有仔细地观察儿童，了解儿童的学习过程，积累关于儿童学习的经验，鼓励、支持儿童独立地去掌握知识和技巧。

一、学生迷思概念的观察

哈佛－史密斯天体物理中心的研究者说，即使是班里最聪明的孩子也会有错误观点，这些观点是以持久的迷思概念为基础的，传统教学方式难以克服这种迷思概念（索耶，2010）[310]。

（一）观察目的

为什么要观察学生的迷思概念呢？迷思概念在课堂中经常体现为学生的“错误”，有些“错误”看似粗心，其实揭示了学生先备经验的局限性，比如认为“八大山人”是八个人，将“吴王夫差”看做是两个人；有些“错误”看似很荒谬，却揭示了学生已有的学习经验的负迁移，比如在用小棒计算 2＋3＝5 时，认为应该等于 14（//＋///＝/////）。学习科学和课堂研究中经常发现，学生并不是胡乱出错，而是按照自己的一套朴素概念出错，是在学科理论和生活理论的基础上出错，如果教师对这些错误进行分析，将会带来可贵的教学影响。有鉴于此，对迷思概念的观察是揭示学生认知观念和认知水平的一个重要指针。这需要教师在课堂中多给学生发言的机会，让学生表达，让不同类型的学生暴露他们不同的迷思概念，而不能为了课的顺利进行而忽视学生多样化的想法。

（二）观察工具

在观察学生的迷思概念时，我们要特别关注那些可能“泄露”学生认知水平的环节。观察的目的不是为了揪出这节课学生出现了多少错误，而是要深入分析这些错误体现了学生怎样的思维。因此，教师要勇于让学生出错，而观察者也要善于寻找迷思概念的出现时机。

观察单 2-1　迷思概念的白描和分析单

<table>
<tr><td colspan="2">教材版本：__________　第____单元　第____课　课　题：__________
学　校：__________　班　级：__________　学 生 数：__________
任课教师：__________　观 察 者：__________　观察日期：__________</td></tr>
<tr><td>迷思概念的基本信息</td><td>◇ 出现时间
◇ 对应目标
◇ 对应环节</td></tr>
<tr><td>迷思片段白描</td><td>◇ 教师问了怎样的问题？
◇ 哪些学生出现了错误，记录具体的错误内容。
◇ 教师是如何处理这些错误的？
◇ 学生是否有机会重新认识和转化错误？</td></tr>
<tr><td>迷思概念分析</td><td>◇ 这些错误意味着学生在这个学习内容上有着怎样的迷思概念？
◇ 学生为什么会产生这些迷思概念？
◇ 教师对这些迷思概念的处理如何？
◇ 对教师的处理有怎样的想法和建议？</td></tr>
</table>

运用以上迷思概念的白描和分析单时，第一步要记录下迷思概念出现的时间、对应目标和环节。这样的记录便于以后可以和同类型的目标作对比，对学生在这一目标下的迷思概念进行整合分析。第二步是对迷思概念进行白描，实录教师和学生的整体过程。第三步是对迷思概念进行分析。可以分析这一概念习得的主要要素，也可以分析学生产生迷思概念的原因，还可以分析怎样破解这些迷思。

（三）观察实例

这是对学生学习《轴对称图形》的观察。这节课上，教师一开始就运用了外显化的策略，在小组集中体现了不同类型的学生对于轴对称图形的原初理解。这些原初理解体现了学生对轴对称图形的迷思概念。很可惜的是，教师并没有基于学生的迷思概念来开展有针对性的教学，在教学过程中没有突破或改变学生的迷思。

观察单2-1：实例

教材版本：	沪教版	第 5 单元 第 4 课		课　题：	轴对称图形
学　校：	XCL	班　级：	三（2）	学生数：	43
任课教师：	TY	观察者：	数 QY	观察日期：	2011.9.15

迷思概念的基本信息	时间：上课第 10 分钟。 对应目标：目标 1：经历现实世界中普遍存在的关于轴对称现象的一系列活动，知道轴对称图形的特点，会用自己的语言描述轴对称图形。 对应环节：小组交流读书结果并展示各小组讨论的对轴对称图形的概念理解。
迷思片段白描（画线部分为迷思概念的出现）	教师：好，我们就带着这些疑问来学习，通过自学书本来找到问题的答案。请大家把数学书翻到第 54 页。一边读书，一边把重要的语句画出来。 学生一边看书，一边画书本。（两个 8 人小组，其中有 5 个学生画了全文，3 个学生画了第二段话）（1 分 25 秒） （有学生摸头，有学生拿尺子，有学生一直看着前方，面无表情） 一、小组交流读书结果并展示 教师：画好了吗？现在请小组长带领组内同学讨论。 小组讨论——（讨论时间为 40 秒） D（组长）：你来说。 A：没有多余的，就像镜子一样。

续表

迷思片段白描（画线部分为迷思概念的出现）	B：一张纸折起来剪好，剪好…… C：你要是不会，可以不说。A你说。 D：图形一样的（教师喊停）。 （E：没有说话） 教师：请将卡片贴到黑板上。 学生写在卡片上的内容： 1. 可以对称的图形； 2. 两边对称的图形； 3. 两边对称的图形叫轴对称图形； 4. 两边一样的图形叫轴对称图形； 5. 是两边一样，对称轴； 6. 两边一样，可以重合在一起的图形叫轴对称图形； 7. 是重合和对称； 8. 轴是对称的意思； 9. 剪掉一半还是一样的，可以重合在一起看不出来。 教师：同学们认为，是两边对称的、两边一样、两边可以重合的，那么是不是这样呢，请大家验证一下，哪些是轴对称图形。
迷思概念分析	轴对称图形的概念是“对折后两边图形完全重合”，这个概念看似简单，却包含两个关键的要素：对折、完全重合。只有同时满足这两点才是轴对称图形。而将卡片贴在黑板上的9个学生代表了9组学生，其实就体现了全班学生对于这个概念的理解。学生1、2、3、7的理解基本上只是概念的同义反复，并没有涉及关键要素。学生4、5、6只涉及1个要素。学生9比较特殊，他也发现了完全重合这一要素，但是他的完全重合不仅是对折，而是涵盖了旋转后的可能性。学生8的回答就不是题中之意了。 这些迷思概念一方面反映了学生在前期的独立看书、小组合作中的学习质量不高，另一方面也给教师的后续教学提供了很好的契机。教师如果能有效地掌握了这些迷思概念，就能进行合理地转化，重点阐述“对折”这一关键要素，从而事半功倍地提升学生对“轴对称图形”的理解。

在教师原有的预设中，认为上课的重点和难点是会识别轴对称图形、找出轴对称图形的对称轴，而将轴对称图形概念的理解看做学生比较容易能掌握的内容。但正是在轴对称图形概念的理解上，学生产生了迷思概念。受日常经验的影响，学生总是将轴对称图形理解为“两边一模一样”的图形，而教师也重复说“一样”，未能及时评价并给予学生正确的规范的表述，以致学生头脑中形成“两边一样就是轴对称图形”的迷思概念。在我们所做的前后测中也看到，学生显然并没有理解轴对称图形的含义，对关键概念仍然停留在原有的认知水平上。

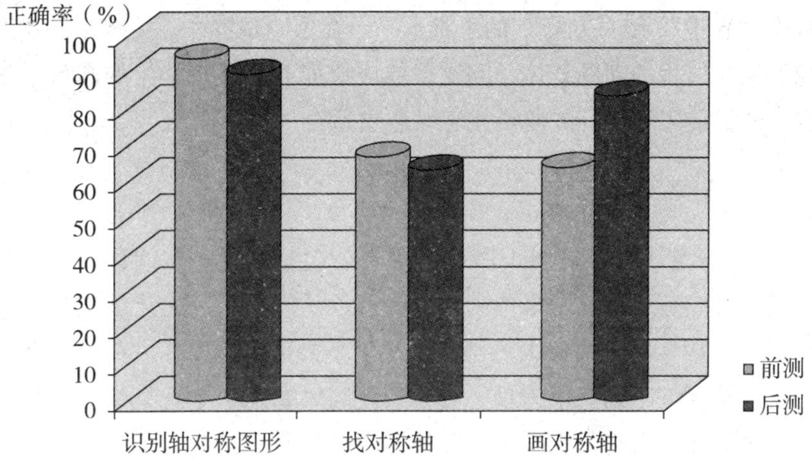

图 8–1　学生前后测正确率比较

有趣的是，在这次观察中，观察的教师们对迷思概念出现的时机也不是很敏感。整个观察过程中，十几位观察者都没有注意到这些迷思概念，他们更关注教师的教学。由此可见，虽然我们总是在不断提倡要关注学生的学习、要以学定教，但是在实际的观课、上课中要将注意力集中在学生的学习上，却是一件说来容易做起来难的事情。

二、“新手”与“专家”认知水平差异的观察

在课堂情境中，教师往往承担专家的职责，学生则扮演了新手的角色。在小组合作中，能力强的学生往往扮演了专家的角色，学习困难的学生则是新手。那么，如何对处于不同认知水平的学生进行观察与分析？

（一）观察目的

观察“新手”与“专家”的认知水平有助于教师发现学生解决问题的认知过程，从而理解不同的认知水平之间的差异，从而设计相应的学习任务，提升学生的认知水平。

要确定“新手”和“专家”之间的差异，我们就需要寻找一个认知水平的参考系，看看新手是什么水平，专家是什么水平。参考系可以是普适性的认知水平分类，如上述谈到的 SOLO，也可以是特定的学科能力标准和层级，如 PISA 中的阅读素养能力等级。这里我们借用 SOLO 来观察阅读过程中“新手”和“专家”的思维水平。在这一观察中，关键是要找到能够挖掘认知过程的问题载体，问题载体应该能充分体现学生的高水平思维过程。从目前来看，开放题要比客观题更适合一些。

（二）观察工具

SOLO 分类法可以应用于所有的学科，包括阅读。在阅读中，我们要选择高水平的范文和问题来检测学生的阅读认知水平。如让学生阅读《魔法妈妈》这篇文章。文章大意是讲，一个小男孩西恩要养一只小狗作为宠物，爸爸不允许，妈妈很为难。有一天，妈妈拿了一个土豆给小男孩，让他不管去哪儿都把它带在身边；到第三天的时候，给它拴上一根绳子，然后拉着它去花园里玩儿，妈妈会施魔法将他变成小狗。爸爸看到小男孩这样，以为他想要小狗想疯了，就赶快给他买了一只小狗。结果每个人都很高兴，小男孩得到了小狗，爸爸以为挽救了小男孩。给学生的阅读问题是：你怎样来评价“魔法妈妈”？[①] 观察不同阅读水平学生对这一问题的回答就可以判断他们的阅读能力。

表 8–1　阅读领域中不同认知水平的样例和能力特征

SOLO 层次	典型回答	能力特征
前结构 P	西恩妈妈真的会施魔法；妈妈有魔法，她真的把土豆变成了小狗；妈妈是有魔法的；妈妈很厉害；妈妈骗了西恩，也骗了爸爸。	对“魔法”的理解不准确。

① 此材料来自网络：http：//teacher. cersp. com/tutor/parent/200701/51. html.

续表

SOLO 层次	典型回答	能力特征
单点结构 U	妈妈其实根本不会施魔法，她只是和爸爸开了一个玩笑，就使土豆真的变成小狗了。	对魔法本身判断准确，但只关注了故事的表面情节，没有把握对魔法的比喻性的理解。
关联结构 R	妈妈巧妙地实现了儿子的心愿又没有让丈夫生气，就像传说中会魔法的精灵。	准确理解魔法的比喻意义。
多点结构 M	妈妈是一位会巧妙化解矛盾的聪明的母亲，“魔法妈妈”是一种幽默风趣的比喻。	对魔法妈妈有深度理解，并且对故事的语言风格有整体把握，从而能迁移到其他的情境中。

在对学生的认知过程进行考查时，我们尝试运用 SOLO 的方法，观察不同认知水平的学生。在此，我们发展出通用性的观察量表，见观察单 2-2。它以阅读为例来阐述，参考了研究者将 SOLO 与阅读结合后的研究成果（李英杰，2006）。

观察单 2-2　观察学生认知水平的 SOLO 单

教材版本：________	第____单元　第____课	课　　题：________	
学　　校：________	班　　级：________	学 生 数：________	
任课教师：________	观 察 者：________	观察日期：________	
SOLO 水平	在阅读中的内涵	阅读表现样例 （问题：结合文本内容分析某一个文学作品中的人物形象）	学生回答记录
前结构	学生完全没有理解文本内容或者问题的要求，因此他的回答是完全错误的或者是脱离于文本内容的；或者学生使用了过于简单的方式回答问题。	仅根据文本中的某一句话就对人物的形象进行错误的解释，脱离文本凭自己的经验想象人物的形象，也可能会仅仅用“好”或者“坏”给人物下一个定义。	

续表

单一结构	学生仅仅达到对文本字面意思的理解，不能进行深入解释；或者学生对于文本的理解仅仅是从文本的某一个方面出发的。因此，他对于文本的理解是片面的、不完整的。	会忽略人物本身性格的复杂性，会用他从文本中找到的人物的某一个方面的特点代替整体任务形象。	
多元结构	学生除了能够理解文本的字面意思，还能够在一个文本信息可能涉及多个方面的时候，对文本的几个方面甚至所有方面都进行一定的解释。但是他对每个方面的理解都是孤立的，不能在两者之间建立相互联系；或者只能建立多对两两联系，并形成系列，这些系列之间是相互独立的。	从文本中找出多个细节，能反映人物某一个或者几个方面的特点。但是，他们不能将这些细节进行有机整合，在综合考虑的基础上得出人物的整体形象特点。他们对人物形象的解释是零散的、片段的。	
关联结构	学生不仅能够理解文本的字面意思，而且能够抓住文本的所有方面对文本内容进行理解，并通过建立相互之间的联系网，把这些方面综合成为一个统一的、整体的理解。这个水平就是一般意义上的对文本的充分理解。	能够抓住文章中表现人物性格的各个细节，并且能够将这些细节进行有机整合，在综合考虑的基础上对人物做出全面的分析，归纳出人物的整体形象特点。	

续表

拓展结构	这个水平上的学生不仅可以对文本的各个方面进行全面的、整体的理解。更重要的是，他们可以在理解文本时考虑到社会生活中各种相互影响的因素，进行更高水平的概括和归纳，最终形成一个原来文本中没有涉及的新的主题或者领域、一个一般的假设或开放性的答案。	不仅能够像关联结构水平的学生一样对人物的形象进行整体的分析，而且还能够结合人物当时所处的社会环境和心理状态，从历史的角度对人物的形象进行客观的分析。	

SOLO 的观察和记录不仅可以作为教师之间的研究和分析，还可以提供给学生，较低水平的学生可以看到高认知水平的学生的思维过程，通过比较与分析，提升自己对这一问题的思考能力。

（三）观察实例

在日常对学生的观察中，我们发现，5 个等级的 SOLO 水平过于复杂，对于专业发展取径的观察来说，只要分成 3 个水平就足够了。我们选择了 1 条数学课程标准作为分析对象："在现实情境中借助代数式进一步认知用字母表示数的意义"。教师在上课之初就提供一个问题情境作为载体，通过观察分析来看学生在这一方面的理解水平的差异，以作为后续教学的基础。

观察单 2-2：实例

教材版本：沪教版	第___单元 第___课	课　题：代数式
学　校：ML	班　级：七（4）	学生数：38
任课教师：SM	观察者：ML	观察日期：2010.10.10

问题载体

学校买了 80 套练习本，每套 x 元，又买了 y 支笔，每支 19 元。请问式子 $80x+19y$ 的意义是什么？

续表

SOLO 水平	关联结构水平及以上的回答	多元结构水平的回答	单一结构或前结构水平的回答
学生的典型回答	买80套本子和 y 支笔的价钱总和； 买80套本子和 y 支笔的总价； 买80套本子和 y 支笔一共花的钱； $80x$ 是购买80套本子的价钱，$19y$ 是购买 y 支笔的价钱，这个式子代表买本子和笔一共所需花费的价钱总和。	买80套本子和 y 支笔； 买本子与笔一共花的钱； 买本子和笔的总价； 买80套本子和19支笔的总价。	不知道； 空白； 学校买了80套本子和 y 支笔； 学校买了80乘以 x 套本子； 买东西总共花的钱。
人数比例	32%	53%	15%
分析	有32%的学生处于比较高级的认知水平，他们的理解非常充分与完整。对于这一部分学生，应该重点加强他们对于字母的多样化认知，让他们认识到，字母不仅可以代表特定的意义，还可以表示变化的数量。	有53%的学生处于多元结构水平，他们能够提取出 $80x$、$19y$ 的单独意义，但对 $80x$ 和 $19y$ 的整体意义不是很清楚。对于这一水平的学生，重点应该加强他们对部分之间的整体意义的理解。	从上述结果来看，学生所学的情况并不是很好，有15%的学生都处在前结构或单一结构的水平，对于字母的意义、字母与数字整合的意义不是很理解，更不用说对于代数式整体意义的理解。对于这一水平的学生，重点应该加强他们对于字母与数字连接的意义理解，让他们认识到，字母不仅可以表示未知数，还可以表示已知数。

根据上述的观察记录与分析，在随后的教学活动中，我们对不同水平的学生进行了分组，并提供了相应的作业，让不同认知水平的学生进行讨论，在后测上取得了非常好的成效。

三、学生学习活动的观察

上面的观察都是对学生内隐认知活动的观察。而即使不涉及学生的认知过程与观念，仅是对学生的学习活动进行观察，我们也能发现很多有趣的现象，从而对学生的认知过程进行合理推理。

（一）观察目的

对学生学习活动的观察是指对学生在课堂上的操作、实验、课堂练习、课后作业所进行的观察。将学生作业纳入观察范畴是以往课堂观察与分析中比较少的。通常认为，课堂观察就是对课堂上发生的事件进行观察，这种观点忽视了学生作业活动在展示学生思维认知轨迹上的重要作用。苏霍姆林斯基也对学生的作业予以特别关注。他认为，对学生的观察应该衍生到课外，要对学生的作业进行观察，这样才能了解学生的智力活动与精神世界。学生学习活动的观察可以借助量化观察中的编码，这种编码可以同时对很多学生进行量化的观察；也可以结合具体学科内容对学生学习活动进行白描，推论其学习的深度。

（二）学生学习活动的编码

美国研究所（American Research Institute）在课堂观察的研究中将学生参与分成3种程度，将学生的认知活动分成5类，根据上课时间进行对应编码，看怎样的教学活动引发了怎样的认知活动（Stapleton et al，2004）。

表 8-2　学生学习活动的编码

学生参与
LE　低参与。80% 以上的学生没有完成任务。
ME　中等水平的参与。
HE　高参与。80% 以上的学生投入课堂。

续表

认知活动
1 知识的接受（receipt of knowledge），如讲授、工作单、提问、观察、家庭作业等。
2 程序性知识的运用（application of procedural knowledge），如技术形成、操作等。
3 知识呈现（knowledge representation），如组织、描述、分类等。
4 知识建构（knowledge construction），如高级思维，总结、探索问题等。
0 其他，如课堂被打断等。

英国学者高尔顿（Galton，1980）等人在20世纪70年代末至80年代初实施了一项较大规模的课堂观察定量研究计划。他们承袭了弗兰德斯观察中“师生有别”的思路，对学生的观察进行得更加深入和独立。根据高尔顿的分类，可以形成观察单2-3。

观察单2-3　学生学习活动的观察编码清单

教材版本：______　第____单元　第____课　课　题：______ 学　　校：______　班　　级：______　学 生 数：______ 任课教师：______　观 察 者：______　观察日期：______	
学生—成人	学生—学生
1 目标学生的角色 Q1 试图成为注意中心 Q2 成为注意中心 Q3 充当听众（无任何学生成为注意中心） Q4 充当听众（其他学生成为注意中心） 2 与成人互动 Q1 与教师 Q2 与观察者 Q3 与其他成人	5 目标学生角色 Q1 目标学生成功开始了一次新的接触 Q2 目标学生对其他学生的主动行为作出合作性反应 Q3 目标学生进行新接触的尝试未获成功 Q4 目标学生对其他学生的主动行为不予理睬 Q5 目标学生持续进行互动

续表

学生—成人	学生—学生
3　成人的互动行为 Q1 关于教学本身 Q2 关于规章、纪律 Q3 对学生的任务行为的积极反应（表扬） Q4 对学生行为的消极反应（批评） Q5 对学生引起注意的企图不予理睬 4　成人的互动指向 Q1 对目标学生予以专门关注 Q2 对目标学生的群体予以专门关注 Q3 与全班学生互动 Q4 对其他耽搁学生或其他小组的学生予以专门关注，或未进行互动	6　互动的方式 Q1 非言语的，仅以材料为中介 Q2 非言语的，以身体接触或姿势为中介（同时以或不以材料为中介） Q3 言语的（同时以或不以材料、身体、姿势为中介） Q4 目标学生对其他学生的主动行为不予理睬 Q5 目标学生持续进行互动 7A　其他学生的任务 Q1 与目标学生的任务相同 Q2 与目标学生的任务不同 7B　其他学生的性别、人数 Q1 目标学生仅与另一个同性学生互动 Q2 目标学生仅与另一个异性学生互动 Q3 目标学生与另两个或以上的同性学生互动 Q4 目标学生与另两个或以上的学生互动，其中至少有1个为异性 7C　其他学生的组属 Q1 与目标学生同组 Q2 与目标学生异组
活动与位置	
8　目标学生的活动 Q1 合作进行允许的活动（如阅读） Q2 合作进行允许的日常活动（如削铅笔） Q3 完全不在进行任何日常活动	9　目标学生的位置 Q1 在自己的小组 Q2 不在自己的小组，但也未移动 Q3 不在自己的小组，且在移动 Q4 不在教室里

续表

活动与位置	
Q4 完全不在进行教师要求的活动 Q5 攻击性地阻止其他学生的任务活动 Q6 与其他学生胡闹 Q7 等待与教师交往 Q8 部分地合作进行任务活动，部分地分心 Q9 对教师的活动或教师与其他学生的单独交往感兴趣 Q10 对其他学生的任务活动感兴趣 Q11 进行与允许的活动完全相反的活动 Q12 未记录下来（由于目标学生在对其内部刺激进行反应） Q13 未记录下来（由于某些原因，目标学生未被观察到） Q14 未记录下来（目标学生的行为不在观察范围内）	10 教师的活动位置 Q1 教师在行进，通过活动接近学生 Q2 教师在其他地方与学生或访问者互动 Q3 教师未与学生互动，而在监视全班活动 Q4 教师未与学生互动，而在进行室内整理 Q5 教师不在教室

编码内容以时间为顺序记录在表 8–3 中。以每 5 分钟为一个时间段，列出相应的学生课堂活动。可能在这 5 分钟里，有不止一个的活动标签。

表 8–3 学生学习活动的编码记录单

时间段 / 学习活动	0—5	5—10	10—15	15—20	20—25	25—30	30—35	35—40	40—45
学生—成人									
学生—学生									
活动与位置									

从表 8–3 可见，在对学生的观察中，有两个主要的特点：第一，观察对象不是笼统的学生总体，而是“目标学生”（target pupil）。研究者在观察之前对这些目标学生的相关社群属性已经有所了解。第二，在这一清单中，观察项目不只关涉学生的行为“性质”，而且还关涉其行为的“方式”

与“情境”。限于篇幅，这一观察单就不呈现实例。

（三）学生自主学习活动的观察工具及实例

自主学习是第八次课程改革倡导的一种学习方式。我们这里所指的自主学习不等于自习，也包括学生在课堂上根据教师指令所开展的独立活动。对学生自主学习活动的观察可以是对全班学生自主学习情况的观察，也可以是对个体学生自主学习情况的观察。

1. 观察工具

在对全班同学的观察中，可以借助前面关键学习点的量规方法，将处于不同学习状态的学生进行分类，然后分别记录其比例。

观察单 2-4　课堂自主学习活动分类观察单

<table>
<tr><td colspan="4">教材版本：________　　第____单元　第____课　　课　　题：________
学　　校：________　　班　　级：________　　学 生 数：________
任课教师：________　　观 察 者：________　　观察日期：________</td></tr>
<tr><td>自主活动内容</td><td>时间</td><td>活动中的学生行为分类描述</td><td>活动评论</td></tr>
<tr><td colspan="4"></td></tr>
<tr><td colspan="4"></td></tr>
<tr><td colspan="4">分析内容参考</td></tr>
<tr><td colspan="4">◇ 学生在此活动中的行为的意涵，如：是否主动说出自己的观点；是否投入到活动中；是否产生了一些高水平的认知活动；是否敢于质疑，等等。
◇ 教师在此活动过程中的问题设计、行为的合理性，给出相关的建议。</td></tr>
</table>

在这张表中，关键是第三列中对活动中的学生行为的分类描述。这种分类描述需要观察者在短时间内结合课堂学习内容，分类记录学生的典型学习行为，有点类似于前述的观察量规的制定。我们可以分析学生是否主动提出自己的观点，提出的猜想是否有根据，制订的方案是否严谨，活动中的观察是否细致；采用的探究方法是否灵活多样；是否能用自己擅长的

方式表达探究结果，对活动的记录是否客观；是否较全面地收集信息并准确分析信息；是否不迷信他人（包括老师）；是否敢于质疑，等等。

即使是对个体学生自主学习情况的观察，也需要事先设计比较明确的观察范围。比如，我想观察1个中等学生在这堂课上的学习活动，并不是拿支笔记录就可以了，而是需要思考收集哪些方面的证据：教师发布指令后，他做了哪些活动？如果是画线，画了哪些句子，写了什么内容？在遇到难题、突发事件后，他的表情、动作怎样？他的非学习性行为有哪些？等等。

2. 观察实例

下面我们仍然用前文《轴对称图形》的例子来说明，这是另一位教师对全班学生的自主学习活动情况的观察记录和分析。

观察单2–4：实例

教材版本：沪教版　　第 5 单元　第 4 课　　课　题：轴对称图形
学　校：XCL　　班　级：三（2）　　学生数：43
任课教师：TY　　观察者：YXQ　　观察日期：2011. 9. 15

自主活动内容	时间	活动中的学生行为分类描述	活动评论
学生自己看书画句子	1分25秒	9组学生中共有15人将文中的第二段整个画了下来，有1人把这一页所有内容都画出来，有11人画了两段，还有5人不知在干什么。甚至有1个学生索性做后面的练习。	学生大都整段画，从中不难看出，这部分文字不适合自学，因为文字只是介绍了一种轴对称图形的个例，学生仅通过这一个例无法解决“什么是轴对称图形”的问题，对轴对称图形的认识依然停留于先前认知的水平而无法更进一步。
自学后组内交流	40秒	9组学生的情况大致一样，其中有3组在活动中各有1位同学与组长有互动、交流，其他6组都是组长自己说一遍后直接写在卡片上。（学生讨论1分钟不到，最后一组记录完毕用时3分钟）	小组交流时，讨论不充分，生生间的交流缺乏，组内成员发言很少，基本上是组长说一遍后就作记录。这说明大多数学生对轴对称图形这个概念是模糊的，是无法直接抽象成数学语言的。

续表

自主活动内容	时间	活动中的学生行为分类描述	活动评论
动手验证	6 分钟	每个学生拿一个图形动手折，有 35 人在对折后即能判断出是否是轴对称图形，有 2 人对折后未重合也判定是轴对称图形。	为什么有部分图形已经有折痕？对折后的判断很匆忙。
第二次验证	4 分 30 秒	大多数学生还是拿出前一次对折过的图形再次对折，有 2 人没有动手折，用眼睛观察后直接判断。	动手操作体验、感悟概念的过程并未发挥应有的作用，只是蜻蜓点水。
分　析			
总的来说，这节课学生活动时间为 12—13 分钟，但这些活动时间是否有助于学生对“轴对称图形”知识点的学习？从观察结果看，在自学的环节，学生对轴对称图形的认识依然停留于先前认知的水平而没有更进一步；在之后的组内讨论交流中，大多数学生对轴对称图形这个概念仍然是模糊的，无法直接抽象成数学语言。 在验证中，教师只为每人提供了一种操作材料，且提供给学生的材料已有折痕或已画出虚线，所以有的学生根本未经过自己的大脑思考与加工，就沿着原先的折痕去对折，得出是轴对称图形；还有的学生甚至只用眼睛观察后就得出结果，未亲自动手验证、感悟轴对称图形的特征——对折后，两边完全重合。			

这一观察是对全班所有学生（9 组）的观察。我们也可以选择一个目标学生，具体观察他在这次上课过程中的表现。在本校中进行长期观察的时候，应该加上学生学习状况的一些简要描述，可以是所有学习的排名状况，也可以是具体的在这一门课中的学习弱点和学习困难。

（四）作业的观察工具及观察实例

作业是课堂评估的一部分，是反馈课堂学习内容、促进学生学习的一种重要手段。促使学生积极思维的一个重要方法，就是让他们完成独立作业。这种独立作业需要教师给学生留出思考的时间，让他们独立消化、弄懂课堂中学到的内容。

1. 作业的观察工具

作业的观察应该放在学校层面来进行，可以作为学校作业质量监控的一个载体。当前作业布置中一个很重要的问题就是作业的质和量得不到保证。很多教师没有将作业看做是与课堂教学环环相扣的一个整体，不是针对上课中学生出现的主要问题设计作业，而是将手边的现成练习比较随意地塞给学生。有些教师寄希望于通过作业来让学生巩固所学内容，提升学生成绩，于是布置大量重复性的作业，造成学生的机械学习。

观察单 2-5 体现了一个完整的作业周期。其中 1—5 是对教师布置、批改作业的方式进行的观察，从作业的目标开始，到布置作业的时间、作业方式、具体的作业内容、作业的设计等，这些都是影响作业质量的因素。比如，布置作业的时间，苏霍姆林斯基就曾说过："如果教师在下课前一分钟才布置家庭作业，而且仅仅指出教科书的页码、段落以及练习题的号码，那是不能指望学生会有好成绩的。" 6 是对学生作业的记录，可以记录典型的学生作业样例。此表可以用来对一次作业进行分析，也可以对一周的作业进行连续的观察。

观察单 2-5　学生作业观察单

教材版本：	________	第____单元　第____课		课　　题：	________
学　　校：	________	班　　级：	________	学 生 数：	________
任课教师：	________	观 察 者：	________	观察日期：	________

本单元（课）目标	
1. 布置作业的时间	• 课堂结束前。 • 事先布置。 • 下课后布置。
2. 布置作业的方式	• 只告诉学生作业在哪里。 • 让学生明白具体的作业要求。 • 让学生知道什么样的作业是高质量的。
3. 作业具体内容	• 记录教师布置的作业的具体内容。

续表

<table>
<tr><td>4. 作业方式设计</td><td>总体描述教师布置作业的方式，注意如下方面：
● 是否让学生可以自主选择题目？
● 是否有对不同能力学生的分层？
● 是否鼓励学生对作业中不清楚的地方提出疑问？
● 是否有同伴合作、家长合作的题目？</td></tr>
<tr><td>5. 教师的批改方式</td><td>总体描述教师的批改作业方式，注意如下方面：
● 是否让学生明白相应的评分规则？（怎样的作业是好作业）
● 是否有面批、个别批改等方式？
● 是否给学生提供及时反馈？
● 是否有个别化的反馈？</td></tr>
<tr><td>6. 典型作业样例</td><td>记录典型的学生作业样例。</td></tr>
<tr><td colspan="2">分析内容参考</td></tr>
<tr><td colspan="2">◇ 作业的数量是否合适：作业是否体现了精选？不同类型的学生完成作业的时间是多少？（可以让学生自己写下开始做作业的时间和完成作业的时间以获得进一步的数据）
◇ 作业的质量如何：作业是否与目标一致？作业是否与上课内容有一致性？作业是否解决了上课中学生遇到的难点问题？
◇ 作业的批改与反馈质量如何：学生能从教师的作业批改中获得有针对性的改进建议吗？
◇ 可以对教师的作业设计与批改提出怎样的建议？</td></tr>
</table>

教师的作业批改方式也是影响学生学习质量的重要因素，尤其是在批改前让学生明白，怎样的作业是好作业。这样可以引导学生的自我评估和改进行为。在观察过程中，我们发现，有一类教师总是将评分规则作为自己的“秘密花园”，就是不告诉学生为什么得了这个等级。

有一次翻看一个班级几位同学的数学作业，都有一个奇怪的现象，蓝色钢笔字迹的作业下面隐约有铅笔描画的影子。后来学生告诉我，为了拿到 A，他们就做两遍，一遍用铅笔做，保证没有任何问题了，再用钢笔描一遍。

再有，有一位英语教师，就是舍不得给学生打 A。35 人的班级，在半个月的时间里只给 1 位学生 1 个 A，而比较这位同学前后得 B 或A－的作业，在质量与工整程度上并没有明显差异，与其他几位同学的作业相比，也无明显的区别。

这样批改作业的方式可能会给学生学习带来消极影响，学生不明白教师的评分规则，不知道为什么昨天得 A，今天得 B。在不明白教师的评分规则的情况下，学生就会去揣测教师的心理，由此浪费很多时间，同时在一些不必要的地方特别的谨小慎微。

2. 作业观察实例

在小学阶段，数学教师们经常遇到的一个难题是，为什么学生做了很多数学作业，但还是在计算题中大量出错。一位教师写道：

这一个月，没有哪一天全对的学生能达到 10 人，总在 5 人左右徘徊。尤其是递等式计算，学生错的多。

今天 1 人全对，今天 3 人全对，今天 2 人全对，两周来数学的 10 道计算题成为大多数学生的困难，最好的一天也仅仅是 7 人全对。

这位教师很焦虑。应教师和校长的要求，我们组织同伴教师对这位教师一个月来所布置的数学作业进行了观察分析，也对这位教师布置作业的方式进行了观察。

观察单 2-5：实例

教材版本：沪教版　主　题：计　算　任课教师：SLY 学　　校：JKY　班　级：四（1）　学 生 数：28 观 察 者：数学组教师　观察日期：2011. 11	
本单元（课）目标	熟练地用递等式计算四则混合运算，能使用简便方法。
1. 布置作业的时间	• 下课后布置
2. 布置作业的方式	• 只告诉作业在哪里
3. 作业题量	从 9 月 22 日到 10 月 22 日，教师每天布置 12—15 道计算题。

续表

4. 作业方式设计	●是否让学生可以自主选择题目？ × ●是否有对不同能力学生的分层？ × ●是否鼓励学生对作业中不清楚的地方提出疑问？ × ●是否有同伴合作、家长合作的题目？ ×
5. 作业的正确率	80%左右的学生每天的错误是2—3道题，并不见减少。而15%左右的学生每天的错误达到5—6道题。
6. 典型作业样例	部分学生所表现出的错误更多的不是计算法则上的错误，而是计算错误；部分学生的错误集中在小数点没数好，没注意括号前变减号内部要变号、简便运算中的分配率等方面。 $0.81\times50\times0.07$ $=(0.8+0.01)\times50\times0.07$ $=0.8\times50+0.01\times0.07$ $=40+0.0007$ $=40.0007$ 订正： $0.81\times50\times0.07$ $=0.81\times(10\times5)\times0.07$ $=(0.81\times10)\times(5\times0.07)$ $=8.1\times0.35$ $=2.475$ 再次订正： $0.81\times50\times0.07$ $=40.05\times0.07$ $=2.835$

依据观察结果，我们可以对作业的质与量进行分析：

作业的数量是否合适？每天12—15道计算题，对四年级学生来说，所用的时间是30—45分钟。这些题目是这段时间教师为了提升学生的计算能力而布置的常规作业，而每天随着教学内容的推进，教师还会布置相应的数学作业，每个学生一天的作业时间基本达到1—1.5小时，作业量偏多。

作业的质量如何？作业的目的是提升学生的计算能力，但是，这个班级中学生的计算能力有较大的差异。分析学生这段时间的作业可以发现，连续5天计算作业全对的学生有8人，占全班人数的28.6%；因计算问题或粗心原因造成计算错误的学生有11人，占全班人数的39.3%；还有9人在计算法则的运用、算理、概念方面存在问题，占全班人数的32.1%。面对这种情况，教师每天统一给所有的学生布置12—15道题目，对至少28.6%的学生来说，作业难度是偏低的。而且对这部分学生和另外的39.3%的学生来说，他们会因为每天的重复作业而增加厌烦心理，反而与提升学生计算能力的目标背道而驰。这些计算题目对32.1%的学生可能是有效的训练，不过我们还要结合作业的批改与反馈进一步考查。

作业的批改与反馈情况。从观察结果来看，这位教师只关注布置作业，而不关注批改作业。以上文的典型作业为例，在这道题目上，大约有16位学生出现错误，其中有的是计算错误，有些是用了简便方法。表中的这位学生比较典型，两次简便运算分别拆分了两次，结果都算错了。很明显，教师在这里没有给学生任何肯定，也没有研究学生为什么会这样算，只是简单地打叉，要求学生直接计算。学生出错—教师打叉—学生订正—再次出现错误，在这一模式中，学生处于被动地位，也很难从教师的批改中获得有针对性的个别化的反馈。

综上所述，这位教师可以对不同层次的学生采用不同的作业设计和反馈方式。对第一类学生，完全可以不再布置计算作业；对第二类学生，可以通过全对免做、全对少做等方式激励他们自我改进；对第三类学生，可以汇总他们的计算错误，重点解析典型题目，还可以通过学生之间的同伴互助、有针对性地批改和反馈等方式综合提升学生的计算能力。

四、基于深度学习的课堂评分系统

如何根据有效学习、深度学习的理念来评价课堂？这一部分，我们以美国的地平线研究公司（Horizon Research, Inc.）开发的课堂观察和分析工具（Inside the Classroom Observation and Analytic Protocol, ICOAP）来探讨。这一工具主要针对的是数学和科学课堂，它将课堂分成如下几个水平。

水平1：没有任何证据或只有极少证据表明学生学到了重要的数学和科学观念。课堂中的表现是：(1) 消极学习。学生被动地接受信息，绝大多数学生不能接触到各种材料或资源。(2) 为了活动而活动。学生参与动手活动或其他的个体、群体活动，但是只是为活动而活动。(3) 教学枯燥无聊。课堂缺乏清晰的目的或与概念发展之间的清晰联结。

水平2：具有有效教学的要素。教学上有一些有效设计，但是在针对学生的已有知识基础、教学内容和实施过程上存在问题。例如，内容不重要或不合适，没有关注大多数学生可能会遇到的困难。尤其重要的是，课堂很少增强学生对学科的理解或发展他们开展数学或科学探究的能力。

水平3：开始有效教学。教学是有目的性的并有一些有效教学实践的标志。学生有时候会参与到有意义的工作中去。例如，教师会带领学生进行一些有计划的短期探究，告知学生他们应该发现什么。但是，教学可能会不恰当地强调一些学生的需求。尤其重要的是，课堂较少增强学生对学科的理解或发展他们开展数学或科学探究的能力。

水平4：有效教学。对绝大多数学生而言，教学是有目的和有吸引力的。学生积极参与到有意义的工作中去。教师精心设计了教学过程，且在实际教学中根据预设实施，但是，根据学生的需求和兴趣进行内容或教学的调整比较少。教学在一定程度上是为了增强绝大多数学生的学科理解，以发展他们的能力来成功地开展数学或科学探究。

水平5：示范性的教学。教学是有目的性的，所有的学生都高度参与有意义的学习任务。课堂精心设计，并得到了艺术性的实施，教学展现了根据学生的需求和兴趣进行调整的灵活度和回应性。教学在很大程度上是为了增强学生的学科理解，以发展他们的能力来成功地开展数学或科学探究。

根据这些水平，ICOAP 对教学设计、实施、学习内容、班级文化四个方面进行评分。我们将其整合成一张总表（见观察单2－6）。

观察单 2-6 基于深度学习的课堂评分系统（Banilower，2005）

教材版本：______ 第___单元 第___课 课 题：______ 学 校：______ 班 级：______ 学生数：______ 任课教师：______ 观察者：______ 观察日期：______	
Ⅰ 教学设计	关键指标的评分 1 2 3 4 5 6 7
1. 课的设计包含与探究式的数学/科学相适应的任务、角色和互动。 2. 课的设计体现了精心的设计和组织。 3. 在课堂中所运用的教学策略和所开展的活动体现了对学生经验、准备、前期知识和学习风格的关注。 4. 课堂中的可用资源对达成教学目标是充分而丰富的。 5. 教学策略和活动反映了对学生的公平、多样性材料的易获取性的关注。 6. 课的设计鼓励学生采用合作性的方法进行学习。 7. 课上有充分的时间进行“意义的理解”。 8. 课上有充分的时间专注于学习。 证据：	
Ⅱ 实施	
1. 教学策略与探究性的数学/科学教育吻合。 2. 教师表现出对其教学数学/科学能力的自信。 3. 教师的课堂管理风格/策略提高了课的质量。 4. 课的节奏对学生发展性的水平/需求和课的目标来说是合适的。 5. 教师能够读懂学生的理解水平并相应地调整教学。 6. 教师的质疑策略能够增强学生的概念性的理解或促进学生对问题的解决（如强化高水平的质疑，合理运用等待时间，确认学生以前的概念和一些错误概念）。	

续表

Ⅲ　数学/科学内容	
1. 数学/科学内容是重要的且有意义的。 2. 数学/科学内容对这个班级的学生发展水平是合适的。 3. 教师提供的内容信息是准确的。 4. 学生积极参与了和课堂重点相关的重要活动。 5. 教师展示了对数学/科学概念的理解（如他与学生的对话）。 6. 数学/科学被描述为动态的知识体，通过猜想、探究性的分析以及证据/证明等不断予以丰富。 7. 当数学/科学课中包含重要的抽象要素时，采用如符号性表征、理论建构等多种教学策略。 8. 与数学/科学的其他领域、其他学科或真实的生活情境进行适当联结。 9. 课堂中的数学/科学内容满足学生发展性的水平/需求。 证据：	
Ⅳ　班级文化	
1. 所有学生的积极参与是受到鼓励和重视的。 2. 有尊重学生的观点、问题和贡献的氛围。 3. 互动反映了学生间的合作关系（学生一起工作、与同伴一起探讨课堂内容）。 4. 互动反映了教师与学生之间的合作性的关系。 5. 课堂氛围鼓励学生产生观念、问题、猜想和假设。 6. 课堂中体现出鲜明的高认知特征，要求学生有建构性的批判和观念间的挑战。 证据：	
Ⅴ　课堂学习结果	
1. 学生将数学/科学理解为一种动态的知识体，经由探究调查不断丰富。 2. 学生了解了重要的数学/科学概念。 3. 学生自己开展探究的能力。 4. 学生在涉及数学/科学的真实生活情境中创造或应用技术、概念的能力。 5. 学生在做数学/科学时的自信。 6. 学生对这一学科的兴趣和欣赏。 证据：	

ICOAP 认为，尽管一堂课对学生的影响是有限的，但判断这堂课是否有可能引导学生沿着理想方向发展是非常重要的。观察者可以参照指标对如上五部分进行评分。其中 1 代表“一点都没有体现数学/科学教育中的最好实践”，5 代表“完全体现了数学/科学教育中的最好实践”，2、3、4 是居于 1 和 5 之间的状态。当我们认为课堂中提供的证据不足以进行判断的时候，可以选择 6“不知道”；当我们认为这些要素并不适用于这节课的情境或目标的时候，可以选择 7“不可运用”。

以上观察单可以用于监控、评估式的大规模课堂观察。它给出了一种指向高认知水平课堂的话语系统和观察平台。观察评分不是仅仅凭自己的感受，而是要列出证据，给出课堂中的例子和片段来支撑判断。这些证据可以引导评课者之间的商讨，提高评估的信度。

第九章
合作学习的观察

"独学而无友，则孤陋而寡闻"，孔子如是说。学习者相伴共同学习的价值从古至今就受到肯定。从学习科学的角度来看，合作学习能够带动个体知识的增长，借助个体之间不同的知识结构和信息，提升共同体整体知识基础。合作学习的重要价值在于形成一种学习文化，让每个人都为增进集体理解而努力。我们期待通过合作学习，学生在课堂上习得的不是"我要做得比你好"，更不是"只有你做得不好了，才能变成我的好"，而是"我的成功是你的成功，你的成功也是我的成功"。

在我国的第八次课程改革中，合作学习是国家提出的三种重要学习方式之一。不仅在我国，在美国的《国家科学教育标准》(《National Science Education Standards》）和《数学教学专业标准》(《Professional Standards for Teaching Mathematics》）中也都大力倡导合作学习。在实践中我们也经常看到教师们采用小组合作学习的方式。那么，我们如何观察和分析课堂中的合作学习，如何剖析合作学习中的学生话语，解决合作学习中经常出现的"强弱差序格局"、"教师指导无力"等问题？这是本章重点探讨的内容。

一、合作学习的核心要素

从兰卡斯特（Lancaster）和贝尔（Bell）开设的第一所兰卡斯特学校，到杜威的芝加哥学校，合作学习（cooperative learning）都是一种主要的学习方式。

明尼苏达大学的约翰森（Johnson）等人最早在20世纪60年代中期成立了合作学习中心（Cooperative Learning Center），探讨合作学习的要素、理论模式，并将其转化为具体的课堂教学策略和程序进行推广。近年来，学习科学中涌现出大量的研究成果，证明合作对学生学习的促进作用，即使在当今结构化的课堂组织中，合作也能增长学生的知识。

（一）合作学习与其他学习方式的差异

20 世纪 70—80 年代是各种合作学习方式大量涌现的时期，出现了团体探究法（Group Investigation，GI）、学生小组成就区分法（Student's Team Achievement Division，STAD）、小组支持教学（Team Assisted Instruction，TAI）、协同合作法（Co-op Co-op）、锯分法（Jigsaw），等等。这些合作学习方法都鲜明地体现了合作学习与个别学习、竞争学习的差异。

团体动力学的始祖勒温（Lewin）的学生达奇（Deutsch）研究了合作团体和竞争团体的学习表现。合作团体是一个整体，成员的表现是和其他小组比较后确定的，每个人在小组中的等级和奖励是完全相同的。竞争团体是根据成员在小组中的贡献和表现予以不同的奖励。达奇发现，合作学习中的小组，合作更加积极，注重同伴的表现，小组作品和讨论的品质比较高，而竞争小组的成员在合作质量、学习的投入与兴趣上没有较大程度的进步。

由此，达奇提出合作学习与竞争学习的一个巨大差异，在于团体中的依赖关系的不同。在合作团体中的相互依赖是一种促进式的互赖（promotive interdependence），只有当团体中的他人达成目标，个人才能达到目标。而竞争中的相互依赖，是一种相互抑制的互赖（contriently interdependence）情境，只有当别人失败时，个人才能达成目标。当下很多课堂中，往往表现为一种竞争性的关系，强调个体学习的知识和责任，每个人都要在最短的时间内学得同样的知识，所以必然形成一种竞争的文化而非合作的文化。基于这些研究，有研究者进一步整理了合作学习与竞争学习、个别学习三者之间的差异（黄政杰 等，2004）[7]，见表 9-1。

表 9-1　合作学习与竞争学习、个别学习的比较

	合作学习	竞争学习	个别学习
学习目标	目标是重要的。	目标对学生而言并非最重要，他们关心的是输赢。	目标和个人一样重要，每个人都期望最后能达到自己的目标。
教学活动	适用任何教学工作，越是复杂抽象的工作越需合作。	着重于技巧的联系、知识的记忆和复习。	简单的技巧或知识的获得。

续表

	合作学习	竞争学习	个别学习
师生互动	教师是引导者；学生的已学习合作技巧。	教师是协调、回馈、增强和支持的主要来源。教师提出问题、澄清规则，是正义的协调者、正确答案的判断者。	教师是协调、回馈、增强和支持的主要来源。
学生互动	学生积极互动、帮助与分享，是一种积极的互赖关系。	依同质性组成小组以维护公平竞争，是一种消极互赖。	学生间没有互动。
学生和教材间的关系	根据课程目标安排教材。	为小组或个人安排教材。	教材的安排及教学纯粹为个人而做。
评价	标准参照，学习与既定标准比较以决定其成绩。	常模参照，学生的学习结果相互比较，决定成绩。	标准参照。

格拉塞（Glaser）等人认为，青少年有四种重要的需求值得认真关注：归属（友谊）、影响别人的力量（自尊）、自由和娱乐（马兰，1993）。而在学校中，最应该给予学生的是归属感和影响力。他认为，虽然今天的学校教育过分压抑，不够自由，不够愉快，但这不是问题的焦点。学生懂得在一个群体情境中不可能自行其是，需要遵循规则和纪律。另一方面，如果有了归属感和影响力，愉快也是自然而然的。

格拉塞曾经询问了150个学生："什么是你感到在学校中最向往的?"回答几乎是一样的："朋友!"格拉塞又问一些11—15岁的学生："你觉得你在学校里显得重要吗？能影响别人、有自尊感吗?"许多学生对此反应漠然。有一半的人做了回答，但他们感到重要的地方，几乎都不是在课堂上，而是在运动场、戏剧表演小组、音乐会等课外活动中。

传统的课堂中，强调单位时间的效率，学生的归属和影响的需要无法在课堂上得以满足，而合作学习致力于让参与合作的每一个人都获得尊重，产生积极关联的个体关系，接纳别人的意见，提出自己的意见。良好的合作学习中，通过生生间的互赖性的互动，学生可以获得在师生交流中难以获得的成就感和认同感。

（二）合作学习的要素

合作学习与我们通常所认识到的小组合作有什么不一样的地方呢？在众多研究者的讨论中，笔者归纳出了合作学习的关键特质（Slavin，1990；Johnson et al，1994；Johnson et al，1990），见图 9-1。

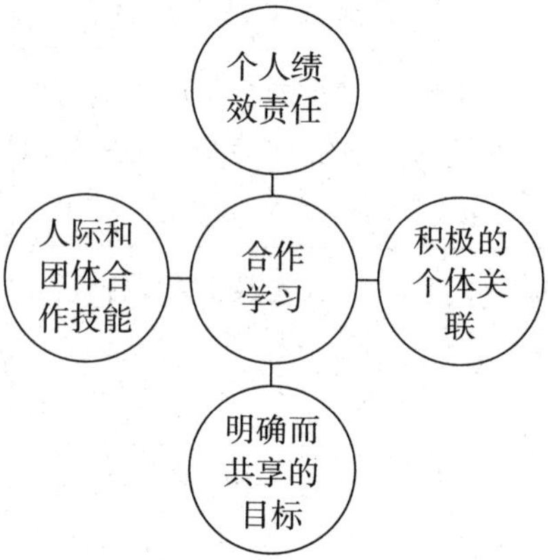

图 9-1　合作学习的关键特质

1. 积极的个体关联

合作学习要产生积极的互赖关系，让合作体成员感到大家是浮沉与共、休戚相关的共同体。以小组的成功为自己的成功。合作学习的互赖关系依赖于合作体成员自己的体验，他能够体会到自己的学习利于其他成员，其他成员的学习也利于自己。根据格拉塞等人的研究，小组成员要能感受到自己能够对这个小组的成功施加影响，对小组有独特的贡献。他分析了课堂上影响别人的三种水平（马兰，1993）。

水平 1：感到有人愿意倾听他的发言。课堂中的行为或纪律问题 90% 是由于没有机会让人倾听，或别人不愿意倾听而引发的。

水平 2：别人不仅愿意倾听，并且说“你是对的”。

水平 3：在此基础上，别人愿意说：你的主意比我的好，我们应该照你那样去做。

那么，怎样才能让成员间形成积极互赖的关系呢？研究者提出了一些方法：（1）设计小组队名，增强认同；（2）设计积极互赖的学习目标，比如“有感情地朗读这一段，并保证组里每一个同学都会有感情地朗读”；

（3）建立积极互赖的报酬系统，当小组达成学习目标时，组内每一成员都获得相同的报酬等；（4）建立积极互赖的角色，每一个成员都有自己的职责，都会根据学习内容分配角色；（5）建立积极互赖的资源，保证每个人都有自己的材料；（6）安排积极互赖的任务，小组中的每个成员所负责的任务是其他成员完成任务的基础（黄政杰 等，2004）。

2. 明确而共享的目标

目标一直是合作学习中的重要指南。达奇界定了三种目标结构：（1）合作的目标结构：个人的目标取向可以协助他人实现目标；（2）竞争的目标结构：个人的目标取向会妨碍他人实现目标；（3）个人的目标结构：个人的目标与他人实现目标无关（Slavin，1990）。

合作学习中的目标首先是清晰、明确，为所有成员所认可的。其次，目标是可以分解而又相互关联的。目标可以分解才能在团体间进行个体分工，让每个人都有相应的任务；相互关联的目标则让分工不会变成个体的独自努力，而是在做自己的任务时同时考虑他人的任务和目标，并在必要时调整自己的任务或时间。

3. 人际和团体合作技能

当下很多合作学习不能顺利开展的重要原因是只关注到了合作学习中的"学习"层面，而忽视了"人际关系"这一面。合作学习的顺利进行需要学生掌握一定的处理人际关系的技巧和小团体技巧，因为人际关系而产生的摩擦、冲突等"微观政治"将会大大阻碍学习的进展，这在第四部分的第十一章中我们还将深入探讨。

教师可以指导学生开展如下的活动，以减少合作成员间的消极学习：交换使用资源与信息；挑战彼此的推理与结论，以提升作决定的品质和对问题的洞察；相互鼓励达成共同目标；表现出能信赖别人、也受别人信赖的行为；具有学习的内在动机，为小组共同利益努力；有效处理焦虑与紧张；给别人提供回馈，也接受别人的回馈。

4. 个人绩效责任

合作学习最容易产生的问题就是"搭便车"，强调合作学习中的个人绩效责任正是为了避免这一问题的出现。个人绩效责任倡导"共同学习，独立表现"，这种评价有利于小组内产生积极的个体关联。如果不基于个人的绩效责任，小组成员会产生不公平感，损害团体间的个体关系，而且弱势学生的学习权利将得不到保障。教师应该评价小组中每一个学生的学习情况，判断并回馈给小组的每一个成员，让每个人都能感受到自己和他人学习成功的重要性，也知道谁需要支持、鼓励和协助。

基于这个考虑，合作学习的规模不应该太大，适当的规模应该可以让每一个学生能有较大的责任。为了减轻教师的负担，增加学生的责任，教师也可以让组内学生观察并记录其他学生的理解和推理状况。

二、观察学生合作学习的质量

上述对合作学习要素的分析可以成为我们观察学生合作学习质量和教师指导的一个重要依据。根据上述要素，我们尝试开发出合作学习的量规观察。

（一）观察目的

课堂中的合作学习怎样才能产生高质量？这一观察单的目的并不仅在于评估学生合作质量的高低，同时也旨在给教师提供分析、改进学生合作学习质量的支架。也就是说，教师可以在课堂上运用如下的观察工具分析学生的合作学习，也可以在团体历程（group processing）中引导师生、生生的讨论，让小组成员检讨每次小组学习的效果。

所谓团体历程，是对学生合作学习效果的反省，可以定期在课后或班会上用10—15分钟的时间进行。这可以比较有效地提升学生小组合作学习的效果。团体历程的实施可以采用两种途径：一是全班式，一是小组式。比如教师可以在某一堂课后带领全班同学讨论“今天合作学习中表现好的三件事情，有待改进的一件事情”；也可以和某一表现特别好或不好的小组成员一起讨论“今天我们组内的合作学习效果怎样？作为组员（组长），我有哪些地方做得好，哪些地方做得不好？”这些讨论有助于学生反省讨论的内容、合作学习的形式，促进小组成员彼此维持良好的工作关系，获得关于参与情形的反馈，提升合作学习的技能。教师可以分析小组工作上的问题和困难，给予每一小组必要的回馈。教师的引领可以增强小组成员间的积极正向行为。

（二）观察工具

这一观察由四个维度组成，每个维度体现了合作学习中的一个要素，可以结合日常课堂的情境，设计相应的题项。每个题项都是正向的积极描述。1—5 表示程度的差异，数字越大，表示课堂中的学生表现越吻合这一描述。如果在这堂课中不能观察到这类现象，就用 6 表示（见观察单 2-7）。

观察单 2-7　基于合作要素的学生合作质量观察单

教材版本：________	第____单元　第____课	课　　题：________
学　　校：________	班　　级：________	学 生 数：________
任课教师：________	观 察 者：________	观察日期：________

积极的个体关联与影响力	1 很不符合	…	5 很符合	6 没有
小组成员有均等的发言机会				
当一个成员讲话时，其他成员注意倾听。				
当一个成员讲话时，其他成员表示赞同。				
当一个成员进度落后或迟钝时，其他成员予以积极支持与鼓励。				
小组的学习资源和材料是共享的。				
不存在小组讨论的时候不说话，公开讨论的时候滔滔不绝的现象。				
明确而共享的目标与分工				
小组成员明白在这一段合作时间里要达到什么结果。				
小组成员明白自己的任务、职责和角色。				
当某一成员玩乐或走神时，其他成员对他进行提醒。				
90% 以上的合作时间是用在学习任务上。				
良好的人际和团体合作技能				
小组中不存在明显的因人际关系而产生的隔离、摩擦。				
小组中不存在对某一成员的歧视与不尊重。				
遇到争论的时候能够友善地处理。				
提供对别人发言的反馈，也接受别人的反馈。				
清晰的个人绩效责任				
小组中的每一个成员都对最终的结果做出了努力。				
小组中的每一个成员都能够说出自己对小组的贡献。				
小组中的每一个成员都对自己的贡献有一个合理的评价。				

观察者在运用这一观察单时，一般只能重点关注一个小组，才能获得比较准确的数据。如果要对全班所有的小组进行观察和比较，则需要教师团体间的合作。

上述观察单可以对跨课堂中的合作学习状态进行分析，进行大规模的小组合作学习质量的比较。如果不是进行量化的观察，也可以将观察单中右栏的赋值项取消，用简要的描述代替赋值，这样更适用于日常的教研分析。此外，上课教师还可以运用这一观察单对各组的小组合作学习状况进行评分，引导学生们对自己的合作行为进行分析、反省。

（三）观察实例

我们曾在30多个课堂中尝试运用这一观察单，并与教研组长的质性观察进行对比分析。我们发现，课堂中的合作学习质量是相当值得忧虑的。教师经常采用小组合作或讨论的策略，但是，符合上述四个要素的合作学习却很少发生。

如下是运用这一观察单对一节数学课中的小组合作状况进行的评分记录，结果如下：

观察单2-7：实例

教材版本：	人教版	第 4 单元	第 1 课	课　题：	分数的意义
学　校：	TJFX	班　级：	五（6）	学生数：	43
任课教师：	FAQ	观察者：	XP	观察日期：	2010.11

积极的个体关联与影响力	1 很不符合	…	5 很符合	6 没有
小组成员有均等的发言机会		2		
当一个成员讲话时，其他成员注意倾听。		1		
当一个成员讲话时，其他成员表示赞同。		1		
当一个成员进度落后或迟钝时，其他成员予以积极支持与鼓励。		1		
小组的学习资源和材料是共享的。				6
不存在小组讨论的时候不说话，公开讨论的时候滔滔不绝的现象。				6

续表

积极的个体关联与影响力	1 很不符合	…	5 很符合	6 没有
明确而共享的目标与分工				
小组成员明白在这一段合作时间里要达到什么结果。		3		
小组成员明白自己的任务、职责和角色。		3		
当某一成员玩乐或走神时，其他成员对他进行提醒。		1		
90% 以上的合作时间是用在学习任务上。		1		
良好的人际和团体合作技能				
小组中不存在明显的因人际关系而产生的隔离、摩擦。		1		
小组中不存在对某一成员的歧视与不尊重。		2		
遇到争论的时候能够友善地处理。				6
提供对别人发言的反馈，也接受别人的反馈。		1		
清晰的个人绩效责任				
小组中的每一个成员都对最终的结果做出了努力。		1		
小组中的每一个成员都能够说出自己对小组的贡献。		1		
小组中的每一个成员都对自己的贡献有一个合理的评价。		1		

从上述评分来看，这堂课在“积极的个体关联与影响力”上的均分是1.25，在“明确而共享的目标与分工”上的均分是2，在“人际和团体合作技能”上的均分是1，在“个人绩效责任”上的均分是1。本课中学生在合作中表现得很不积极，小组成员不主动和组内其他同学进行交流，当老师要求小组合作运用学具摆出分数时，成绩好的同学只是顾着摆自己的学具。在讨论中组长没有要求组员发表自己的意见，没有组织小组讨论，只是与自己旁边一个同学进行交流。学生在完成任务时都是个体独立的，完成后也不主动和其他同学讨论。

这堂课在各维度上的表现揭示了当前小组合作学习中的普遍问题，这些问题都是教师在组织学生进行合作学习的时候需要注意的。（1）学生平常缺少合作学习的技能练习，事后也没有团体历程，只是在课堂上需要的时候临时合作一下，这种类型的合作效率是很低的。（2）教师的目的性不明确，合作学习的任务缺少合理的设计。有时合作只是为了活跃课堂氛围，并不是为了增进学生对集体的理解。在合作小组的组合、评价、指导上没有根据小组合作的特性进行设计，在后续的教学上还是采用一对一的方式进行交流和点评。(3) 合作学习中产生了一些值得关注的现象没有得到重视。如小组中的“社会漂浮”现象，好学生隐藏自己的努力，不认真学习，唯恐别人发现自己的问题；“搭便车”现象，学习困难的学生依赖其他成员，不需要努力就可以获益，如果长期这样，会导致成员间的不公平而使某些学生失去学习和努力的动机；“防卫性小团体”现象，小组中出现了一些强势的学生，导致这个小组对组内成员的能力过度自信，漠视其他成员的反对意见，抵制对团体的任何挑战和威胁，过度寻求成员的一致性。

三、对合作学习的白描

合作学习与独立学习不同，合作学习是生—生之间的互动，这种互动不仅涉及学习活动，还涉及同伴间的社会关系，需要运用白描的手法进行细致入微的观察和分析。

（一）观察目的

合作学习的白描要同时将“关键学习点”和“同伴关系”作为观察的重心。白描的目的，一方面是看学生在合作学习中的学习状况，是否解决了学习任务，合作中主要的学习困难是什么，是怎样相互帮助解决问题的，如果没有解决，原因是什么；另一方面是看小组中的分工合作，如何分工，小组中的同伴关系是冷落、嘲讽、争吵，还是互助、友爱。因此，在制作观察工具的时候，我们一方面可以根据目标达成中寻找“关键学习点”的方法记录在各个点上的学生表现，也可以随时记录我们认为能够反映社会关系的重要节点。

（二）观察工具

合作学习白描单这一观察工具最好只针对一组学生，这样才能如实白描，或者产生深描的结果。有效的合作学习观察可以推论出小组中的同伴关系、学生的思维认知品质、合作学习质量与教师教学策略、小组指导之间的关系。

观察单 2-8　合作学习的白描单

教材版本：__________	第____单元　第____课	课　　题：__________
学　　校：__________	班　　级：__________	学 生 数：__________
任课教师：__________	观 察 者：__________	观察日期：__________
观察者和学生的座位关系示意图		
关键学习点 1　学生 A 学生 B 学生 C 学生 D		
关键学习点 2　学生 A 学生 B 学生 C 学生 D		
关键学习点 3　学生 A 学生 B 学生 C 学生 D		
分析内容参考		
◇ 学生间的学习性互动：合作是否聚焦于问题的解决？是否产生了有深度的争论？这些争论与问题解决间有何关系？ ◇ 学生间的社会性互动：所有的学生都参与到合作学习中了吗？有学生被排斥在外吗？在互动过程是否有人际间的冲突或争论？是怎样解决的？这样的小组搭配合理吗？ ◇ 教师的设计和实施：从学生的反应来看，合作学习任务的设计合理吗？合作学习时，教师是否巡回指导了所有小组？当学生遇到问题向教师求救的时候，教师是给出正确的答案，还是引导小组讨论，还是给出回答问题的支架？当小组讨论不积极或不深入的时候，教师是否有相应的问题或言语加以引导？		

上述工具在每一节课中的应用主要包括三个步骤：第一，找到值得记录的关键点，主要是教师每次提出的合作任务，或教师提的关键问题，或观察者认为值得记录的小组动态。第二，迅速观察小组中的每一个学生表现并进行记录。可以座位表为观察基础，直观地画出小组间的位置关系，位置关系很多时候会影响学生间学习的交流和社会关系的形成。第三，根据记录推论分析学生间的关系和任务达成情况。当然，我们也可以依据上述合作学习的要素来分析小组的合作质量。

（三）观察实例

下面呈现我对沪教版《揭开雷电之谜》合作学习部分的白描，可以与目标达成观察相互印证来看，观察结果有互证之处。

观察单 2-8：实例

<table>
<tr><td colspan="2">教材版本：沪教版　　第 3 单元　第 1 课　　课　　题：揭开雷电之谜
学　　校：PL　　班　　级：四（2）　　学 生 数：33
观 察 者：XXM　　任课教师：YMQ　　观察日期：2010.3</td></tr>
<tr><td colspan="2">观察者和学生的座位关系示意图
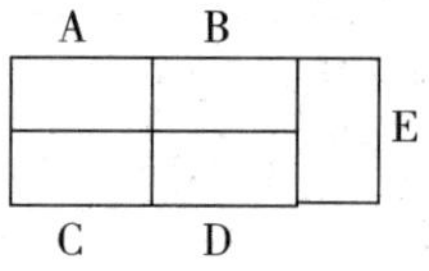
</td></tr>
<tr><td>关键学习点 3
小组合作，解决质疑环节中提出来的 10 个问题</td><td>合作时间：4 分钟。
C 对 A、B 说，D 这个人果然啰唆。C 重复两次：麻绳是绝缘体，不能导电。
由 D 发起讨论：为什么要用尖细的铁棒？B 说，尖细的铁棒是导体。
E 向前趴，想参与讨论，未果。E 试图发起两次关于她自己提出的问题的谈话，都被打断。</td></tr>
</table>

续表

推论与分析
◇ 学生间的学习性互动：本小组解决了10个问题中的1个问题，主要是由D、B两个人完成的，真正讨论的时间只有一问一答4秒。10个问题对他们来说似乎太多了。C、E都有自己“执著”的主题，一直在重复，而A、B对他们的问题很少有呼应。合作中几乎没有产生任何有质量的讨论。
◇ 学生间的社会性互动：本小组的社会关系有一定的问题。C和D之间的关系不是很好，如果长期采用这种小组组合，可能会导致组内讨论的混乱。E不知是因为座位的原因，还是和这几位不熟，在整个讨论过程中，几乎没有参与小组讨论。
◇ 教师的设计和实施：从学生的反应来看，合作学习任务的设计不是很合理。一方面，讨论的问题过多，而且没有罗列出来，只是教师用线画在电脑文本中，学生无法进行讨论；另一方面，教师在后续整理的时候，是以一个个问题为序喊学生回答，并没有用小组的方式集体呈现，学生的合作没有一个后续展示的环节。合作学习时，教师巡回指导了4组，另外4组没有涉及。没有学生向教师寻求帮助。教师没有在合作学习时检查学生的问题回答情况。

课后，这位教师告诉我们，她采用这种分组合作学习的方法已经有四五年了。她从来没有这么仔细地审视过这样的小组安排、位置、任务、小组的内部互动。而通过观察我们可以知道：第一，这种分组的模式是存在问题的，在座位的安排上，凡是坐在E这个位置的学生都很难参与到讨论过程中去；第二，尽管教师指导过较长时间的合作学习，但是对于小组成员的构成缺少审慎的考虑，小组间的社会人际交往存在一定的问题；第三，教师的合作任务的设计、巡回指导、后续评价都存在较多的问题。通过这样对一个小组的深入观察，不仅可以获得这个组内合作学习的诸多信息，也可以对教师的合作教学策略和合作问题设计、学习指导等方面进行深入的分析，并提出相应的改进建议。

四、合作学习中的话语分析

合作学习希望促进学生之间的知识建构和良性的社会关系。通过对合作过程中的学生交谈，即“私人话语”进行深入分析，我们才能判断合作学习中的每一个学生是否获得了深度的学习。在以往的话语分析中比较多的是对“公共话语”的分析，即1位教师和1位被点名的学生间的公共对话，这些公共话语是不能探查小组内部学生之间的学习状态的。

话语分析的常用方法是将课堂会话分成若干话轮。在此基础上，寻求教学周期（teaching cycles）。研究者发现，公共对话中一种最常见的序列是引发—反应—评价（Initiation，Response，Evaluation，IRE）。研究者认为，IRE 的序列是与建构主义的宗旨相违背的。在 IRE 中，教师掌握了主导权，教师引发学生的反应，并对这些反应进行评价。学生没有机会去积极主动地建构他们自己的知识。由 IRE 支配的课堂是一个由教师主导的等级体制。

合作学习中的对话序列是否呈现出和公共对话中一样的 IRE 序列呢？在理想的合作学习中，是不应该有 IRE 序列的。合作学习有可能打破 IRE 的序列，引发更为丰富、民主的话语结构。但是，当小组中出现了很强势的学生时，他们实际上充当了“老师”的角色，这个小组内就会持续出现 IRE 序列，压制其他成员的表达，这样的合作学习达不到应有的成效。

（一）观察目的

合作学习中的话语分析是在真实自然的课堂情境中，对学生参与正常的小组讨论、实验操作等合作学习活动时的对话进行分析。合作学习中的话语分析有两个目的。一个目的是分析小组中的学生认知学习的质量，每个学生对合作体的知识建构产生了怎样的贡献，学生的思维达到了怎样的深度。另一个目的是分析小组中的合作关系、强弱学生的合作状况、话语权的变化、积极互赖的关系等。

（二）观察工具

合作学习的观察工具需要两步转化。第一步是记录下所有的合作话语，第二步是对记录的合作话语进行分析。

1. 记录合作话语

一般的话语分析是用摄像、录音录下课堂中的合作话语，再进行转录。转录要花费大量的时间和精力，如果采用细致性的交互分析法，将所有的停顿、表情等全部转录下来，一段几分钟的谈话可能要花费几个小时。有鉴于此，在日常的课堂观察中，我们不能采用细致性的交互分析，而主要采用概括性的交互分析，只要用笔记录语句即可。这里的分析不试图从大规模的数据中得出规律，而更多地指向课堂情境中的学习和教学意义。以下是对这两种分析方法的比较。

表 9-2　两类话语分析的区别

	细致性的交互分析	概括性的交互分析
转录细节分析方法	会话分析	剧本风格（只有语句）
分析方法	定性分析	综合使用定性分析和定量分析
理论作用	不应用编码；期待意义从数据资料中自然浮现	应用编码图式；以研究者的理论框架为基础
概括性	低：不能推断现象的普遍性	高：通过分析大量的资料数据可以确定模式的普遍性
优点	能够纪实性地描述学习得以发生的机制	能够概括出一定的模式，也能跨越情境进行对比

2. 对合作话语进行分析

下文的话语分析主要是从形式、意义两个角度展开。形式上的分析主要是考查合作学习中的社会关系，意义分析主要考查合作学习中的学习质量。

观察单 2-9　合作学习的话语分析单

教材版本：＿＿＿＿	第＿＿单元　第＿＿课	课　　题：＿＿＿＿
学　　校：＿＿＿＿	班　　级：＿＿＿＿	学 生 数：＿＿＿＿
任课教师：＿＿＿＿	观 察 者：＿＿＿＿	观察日期：＿＿＿＿
话语形式分析	**合作话语转录**	**话语意义分析**
● 每个学生的话语量	◇ 合作时间 ◇ 合作座位表 ◇ 合作小组各成员的话语，标出话轮的转换	● 与合作任务间的关联
● 话轮如何转换		● 关键概念的出现
● 每个学生使用的语言色彩		● 关键问题的提出与解决

话语量的多少代表课堂的主控权，主要根据说话的时间来判断，说话时间多的话语量就多，说话时间少的话语量就少。在转录文本中，直接以文字量来判断更便利。从每个学生的话语量可以看出小组中的哪些学生占

据了说话的主导权，哪些学生处于沉默或被忽视的状态。

话轮的转换可以看出话语权的变化和研讨主题的变化。研究者提出了两个衡量话轮转换的标准：一，说话者的话是否连续，即在一个语法语义完成序列的末尾有无沉默。如有沉默，那么说话者的话就不止一个话轮。二，是否发生了说话者和听话者的角色互换。如果发生了，就标志着一个话轮的结束和下一个话轮的开始（刘虹，2004）[46]。

语言色彩的分析可以看出小组合作中的学生关系，是否有积极互赖的个体情感。

根据话语的意义，我们还可以分析小组对话与合作任务间的关联、学术概念的出现、关键问题的提出与解决等。从这些指标可以看出小组对话是否聚焦在问题解决上，合作任务是否发生了偏离，学生的讨论是否有深度，等等。

（三）观察实例

运用上述观察单，我们对苏教版五年级语文教材中《嫦娥奔月》一课的合作学习的话语进行了分析。我们选择了其中的 1 个小组，这个小组由 6 个学生组成。我们首先记录下 3 分钟合作时间中的所有对话记录，然后从形式和意义上对这一合作话语片段进行分析。

观察单 2-9：实例

教材版本：苏教版	第 3 单元 第 10 课	课　题：嫦娥奔月
学　校：ADXX	班　级：五（2）	学生数：48
任课教师：CH	观察者：XXM	观察日期：2011. 10. 19

话语形式分析	合作话语转录	话语意义分析
• 每个学生的话语量 1：9 2：34 3：0 4：5 5：18 6：0	合作时间：10：30—10：33 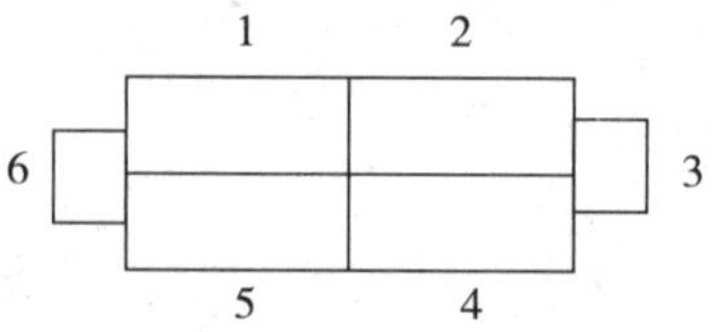 教师让学生在嫦娥、逄蒙、后羿三个角色中选择一个进行研究，说出人物的性格。 6 是组长。	• 与合作任务间的关联 6 个话轮中，2 发起的话轮中有 1 个与学习无关。 教师发出的合作任务有两个：选择 1 个人物；说出人物性格。 第一个任务在话轮 1 中解决了，由 5 确定的。

续表

话语形式分析	合作话语转录	话语意义分析
	2：我们研究什么呀？ 5：嫦娥吧。 2：我猜就是嫦娥。//（1） 5：我们来找一下描写嫦娥的句子。 2：她都说了哪些话？	第二个任务涉及话轮2、3、5、6，但是发生了重要的偏移，学生并没有去找关键的句子，而是直接给出性格的描绘。
● 话轮如何转换 一共产生了6个话轮，用//在右栏中标出。其中有2个话轮由2发起。有3个话轮由5发起。具体发起顺序如下： 1. 2－5－2 2. 5－2－2－1－4 3. 5－5 4. 2 5. 1 6. 5	2：善良、机智、勇敢。 1：善良、敢于斗争。 4：要4个的吧。//（2） 5：机智勇敢从哪里看出来呢？ 5：她和逢蒙那样说话就在拖延时间。//（3） 2：什么味道，好难闻啊。//（4） 1：把聪明写上去。//（5） 5：还要写什么？//（6）	● 关键概念的出现 出现了“善良、机智、勇敢”、“善良、敢于斗争”、“聪明”等关键概念。这些概念都是集中回答教师的第二个任务“嫦娥的性格”。
● 每个学生使用的语言色彩 这次小组合作中的语言色彩不是很明显。只有2使用了一次消极词汇和一次情态词。	教师喊停。	● 关键问题的提出与解决 出现了“我们研究什么”、“找一下描写嫦娥的句子”、“机智勇敢从哪里看出来”、“还要写什么”等5个关键问题。解决了2个问题。其中重点探讨的是“嫦娥的性格”。

在上例中，6 个学生的话语量有极大的差异。2 的话语量最多，5 次之，3 和 6 都没有说话，而 6 还是组长。后来了解到，他们的组长是轮流当的，今天你做，明天我做，6 虽然当了名义上的组长，却仍然没有获得小组中的话语权。虽然 2 的话语量最多，但是从话轮分析中可以看到，实际掌握话语权的是 5，在几个话轮中 5 都抛出了重要的问题，这些问题引发了同学的讨论。而且，他还提出了非常重要的解决教师任务 2 的重要问题“我们来找一下描写嫦娥的句子”、“机智勇敢从哪里看出来呢”，这两句话表明 5 不仅明白教师的意图，而且掌握了在提炼人物性格方面的方法，知道需要从文本中进行推论。很可惜，其他同学还没有达到这一水平，他们直接就根据阅读任务要求提出各种形容词。

话语的意义分析进一步表明，在有限的合作时间中，大多数学生会直接切入教师最想听到的问题答案，迫于最后要站起来发言的压力，学生会放弃对体现人物性格语句的细细品味，而直接堆砌大量的形容词。在后续的交流中，从学生的发言看，选择后羿、逢蒙的组都遇到了同样的问题，很容易给出对这个人物的定式化的理解，而无法给出相应的证据。

合作学习中的这种“迫于展示、交流的压力”强化了课堂中的学习肤浅化倾向。而学生之所以产生这种肤浅化的倾向，一方面在于时间的紧张，而更重要的原因在于合作者、学习内容、学习环境之间没有产生相互激发的作用，导致低水平的重复。要让合作学习真正发挥作用，教师就有必要为合作学习小组提供相应的资源。合作学习绝不意味着教师少说、学生多说，也绝不意味着将课堂时间留给学生讨论就能产生有意义的学习。

比如，一次听一节高中语文课《我为什么而活着》，教师给学生留出了大量的课堂时间，让学生“自由朗读课文，找出给你留下深刻印象的句子，并加以赏析”，这个合作指令表面没有任何问题，但事实上，由于缺少必要的支撑，学生读了 1 分钟后停下来，呈现如下的对话：

生 1：我找到的是第二句。

我也是。我也是。两个学生附和。

生 4：那这个句子为什么好？

生 2：它用了比喻吧。

生 1：那我还是不理解，为什么是在濒临绝望的深渊呢？

生3、4：我也不知道。

生5：不懂。

生6：那就不要说这句了，说不出理由。

生5：不好解释啊。

生1：重选一句。这句吧。

生3：因为要对人类负责。

生4：那我还是不理解。

生5：就觉得好。

生4、6：对就觉得好，没有原因。

在8分多钟的合作活动中，学生几乎没有讨论出任何有价值的内容，讨论都是围绕在交流中如何应付教师的提问。如何破解这样的难题？学生的合作学习也需要资源和支架。这篇文章是英国的哲学家、数学家、逻辑学家罗素写的，赏析这篇文章学生需要了解相关的背景资源，需要对罗素的生平背景、写这篇文章的背景有一定的理解，也需要具备赏析的策略，能联系上下文，对不理解的地方进行质疑、反复朗读、提出推理等。上文中的学生没有表现出这些能力。这些合作中的难题都和教师在合作学习中的行为、资源提供息息相关。

五、合作学习中的教师行为

在合作学习中，教师应该呈现出怎样的合作行为？合作学习中的教师面临比讲授式教学更复杂的情况，他需要面对多种状况：好学生在小组合作中隐藏自己的实力、不愿意帮助别人；强势学生掌控组内话语权，弱势学生一言不发；学生在讨论时游离主题，不解决教师所提问题却对无关问题讨论得热火朝天；学生不关心合作任务的完成，却绞尽脑汁思考怎样应对教师的提问。根据这些问题，经与教师们一起讨论，我们提出了合作学习中的教师适宜行为供参考。

观察单 2-10　合作学习中的教师适宜行为

学生分组	• 小学中、高年级以上多采用小组合作的方法。 • 教师能按照强、弱异质搭配小组，组内包括性别、学习水平、兴趣和爱好不同的学生，使小组成员有较好的机会面对不同的思维方式，给学生原有的思维带来冲突。 • 将小组人数控制在 4—6 人，小组内座位间隔小，便于学生讨论。 • 使小组分组持续一段时间以保证小组内建立积极互赖的关系。 • 组长的指定以成员对小组的贡献大小确定，定期轮换，组内每一成员都应该有积极的责任和任务。
小组评价	• 要让学生意识到自己与小组是浮沉与共、休戚相关的。自己的成功有赖于整个小组获得成功，小组若失败了，自己也就失败了。因此，小组内的每一个成员都应该共同努力，以完成任务。通过设计小组合作单等方式，尽可能留下学生的合作思维轨迹，以便进行小组合作的评价。 • 如果以小组为单位进行作业练习的批改，可以是组员分数的均值。将小组成功界定为组内每一个人的成功，而不是以小组某一个成员的成功来代表小组，也不是笼统地给小组一个分数或等级。 • 如果在课堂上任务的解决采用小组合作的方式，在交流、展示和评价时也要采用小组汇报的方式，可以让小组内成员相互补充，尽可能避免教师与一个学生点对点的对话。 • 教师在提问或让小组总结陈述的时候，要每次都换学生；教师在点评时不仅点评小组的学习成果，也要点评小组内的社会互动。
材料与任务	• 提供给学生合作的材料和任务应该是每一个小组成员都可以参与其中的，任务是可分解的，任务对其中一部分学生是具有挑战性的。 • 教师给学生的合作时间是充分的，能够让每一个小组产生有价值的结论。 • 教师在每一个任务环节上采用任务单或工作单的方式，将学生的思维实体化，有助于学生的小组评价。 • 如果在课堂上遇到需要深入讨论的问题，最好事先以小组合作的方式收集相关的背景信息、资料或完成一些预习的作业、实验等，为课堂合作提供讨论的支撑。

续表

合作的指导	• 在学生进行小组合作时，教师应在所有小组中巡回，评价各组互动的情况。除非必要，教师不应该做大规模的干扰。教师最好不要急着回答学生的有关答案，而是鼓励小组成员之间的思考和探索。 • 要求学生在讨论后以小组为单位进行汇报，而不是再进行个体的交流。教师在点评的时候，不仅点评合作的内容和完成的质量，还要对小组合作的情况进行点评，如“在这次合作中，你不仅汇报得很好，而且帮助你的同学一起解决难题。” • 指导学生学会基本的合作交流方法，在合作觉得有问题的时候，会通过写日记、找老师等方法让老师知道，以便重新调整小组。 • 巡回检查，保证每一个学生都享有平等的合作机会。 • 在合作学习中培养学生的人际与团体合作技能，引导学生轻声说话、积极聆听、相互鼓励、客观批评、化解冲突。 • 定期让学生对小组活动进行反思，找出小组合作中哪些行为是有用的，哪些是无用的，改善合作的效率。

当然，上述行为还不能全部解决教师有可能会遇到的各种合作问题，但是至少能给教师在组织学生进行合作学习的尝试时一个可能的方向。运用上述观察单我们还可以对教师组织合作学习的状况进行赋值评分、比较和分析。

第四部分

积极学科情感和同伴社会关系的观察

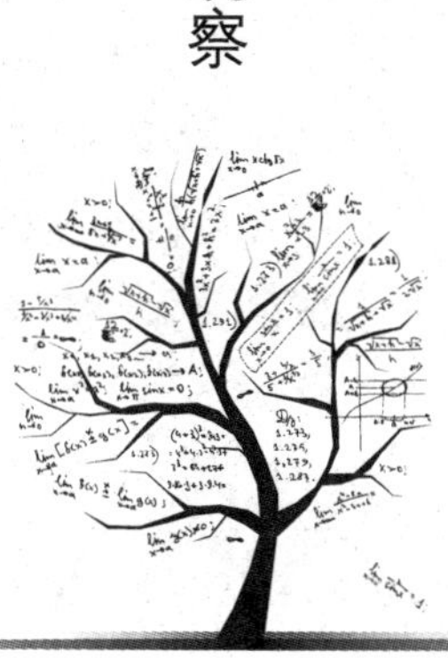

Di Si Bu Fen

jiji xueke qinggan he tongban shehui guanxi de guancha

第四部分 积极学科情感和同伴社会关系的观察

“知之者不如好之者，好之者不如乐之者。”但在分数的压力下，我们是否习惯于追求一个个知识点，而漠视了学生的情感？当某个成绩不错的学生突然遇到学习障碍，当某些考试成绩不错的学生突然变得低落消沉时，有可能就是师生关系、同伴关系、学习情感在起作用。本部分区分了不同水平的学生学科情感，提出了教师的自我监控工具，分析了处于不同社会关系的学生与他人互动的课堂学习过程。这些都有助于我们理解师生、生生间的微观政治关系。

第十章
积极学科情感的课堂观察

关于情感与认知学习的关系，美国心理学家布卢姆（Bloom，1989）[64]曾经有一个鲜明的比喻：

一个人用两排并排的梯子爬墙壁……一个梯子代表认知行为和认知目标，另一个梯子代表情感行为和情感目标。这两个梯子的构造是这样的：一个梯子的每一级正好在另一个梯子的每一级中间。通过交替地攀登这两个梯子——从这个梯子上的一级踏到另一个梯子上够得上的一级——就有可能达到某些复杂的目的。

这个比喻形象地说明，情感与认知学习之间相互促进的关系。课堂不仅是认知活动的发生地，也是学科情感养成的重要场所。那么，在课堂中我们如何判断与分析学生是否产生了积极学科情感呢？教师如何自我监控与改进才能引发学生的积极学科情感呢？本章我们重点探讨这些内容。

一、何谓积极学科情感

每一位教师都希望自己的课堂越来越受学生喜爱，而不是越来越遭学生讨厌，虽然这一愿望常常很难实现。有研究表明，即使是最优秀的孩子，有时也会产生厌学心理。这一结果意味着，学生的学习情感问题有时候是一种教育结构的问题，而不能完全归结为教师或学生的个体因素。但是，教师可以尝试通过谨慎地观察和改进学生的情感状态，对自己的课堂设计进行相应的调整，让情感促进学生的学习。

（一）积极学科情感的内涵

我们将那些能够带来积极的行为变化的情感称为积极情感。那么，什么是课堂中的积极情感呢？这种积极的情感是一种深层次的学习情感，是经过长期积淀的、已经内化的学习情感，它处于一种稳定、深厚的状态。

我们将积极学科情感界定为：

学生在学科学习活动中产生的相对稳定的积极的内心体验和感受，这种感受和体验使学生对特定的学科学习产生积极的行为倾向，对学习活动的发生、维持具有积极作用。积极的情感体验具有扩张性，消极的情感体验将约束学习行为。

体现在具体的学科课堂中，学生对这一学科的课堂总是抱有一定的期待，认为在这类课堂上会获得较舒畅的心理体验，由此伴随的可能是对这些学科在课堂外的迁移态度，更愿意完成这类学科的作业，更积极主动地去翻阅与之相关的资料或搜集相关的信息。正如奥苏伯尔在有意义的学习理论中提出的，有意义的学习必须具备三个条件：学习材料本身必须有逻辑意义；学习者必须具备有意义学习的心向；学习者认知结构中必须具有同化新知识的原有的适当观念。所谓有意义学习的心向，正是积极学科情感的一种表现形式，学习者只有具备了学习的动机与兴趣，才能进行意义学习。

积极的情感包含哪些内容呢？根据国外学业情感研究者的观点，已有的学习情感主要包括以下几种：态度与兴趣、动机、审美情趣和情绪状况。积极的情感因素包括兴趣、自信心、动机、愉快等能创造有利于学习的心理状态。消极的情感因素主要包括焦虑、抑制、恐惧、紧张、怀疑、沮丧、害羞等。图 10－1 可以反映出积极情感的范围。

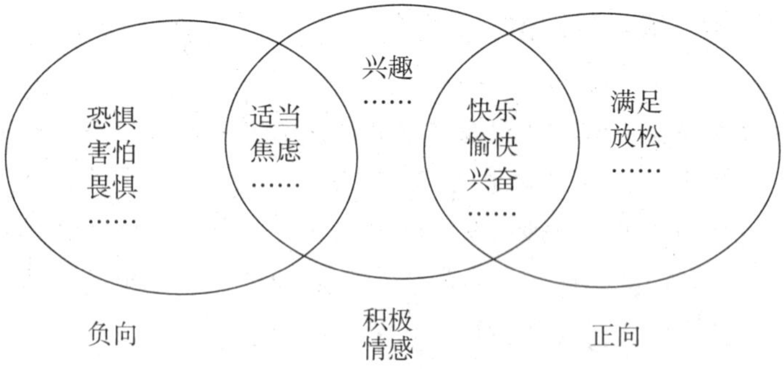

图 10－1 积极情感的范围

积极情感与情感的正向、负向体验并不是等同的。一般而言，积极情感包含正向的情感体验，如快乐、愉快等，这些体验将引发下一步扩张性的行为。但是，并不是所有的正向情感都是积极情感，如满足、放松就会引发收缩性的行为、对现状的无所作为，从这个意义上说，它就不是积极情感。从另一个角度来说，也并不是所有的负向情感都不属于积极情感。适当的焦虑，只要能促进认知学习的发生，在认知学习之后，会产生进一步的愉悦与动力，那它就属于积极情感。

我们所说的积极学科情感还是一个相对的概念，是和学习的结果相连的。对认知、技能等学习有促进作用的是积极学科情感，反之，则不是。作为有情感的动物，人在完成各种活动时，都会受到情感的影响，学生同样如此。在课堂学习中，学生需要同时处理多个认知任务，有时还需要在各种任务中进行灵活切换，这个过程中不仅包括注意、记忆等基础认知活动，还包括任务切换、工作记忆等执行控制活动。情感在此过程中发挥着重要作用。

很多资深教师都有这样的感受：在有些课堂上，尽管学生热情高涨，他们的学习状态和情绪都处在比较高昂的状态，但是课后检测结果发现，学生学习的效果并不好，尤其是在一些精细化处理的认知任务上，学生往往容易出错，点错小数点、忘记变号等。而在一些看似比较平静的课堂上，学生的思考反而会很深刻，对一些复杂问题的理解和处理也考虑得更加周密。为什么会出现这种情况呢？在这样的课堂中，学生的正向情感为什么没有激发更好的学习行为呢？

这就在于我们要深入理解情感与认知之间的关系，澄清一个误区：并不是所有的情感都会促进认知活动，也不是所有的正向情感都能促进认知活动。根据“认知资源占用说”，无论是正向情感还是负向情感，都会引发与当前认知任务无关的思维活动，这些思维活动会占用认知资源，由于认知资源是有限的，因此，当认知任务本身需要较多的认知资源参与时，正向情感和负向情感引发的这些思维活动会占用有限的认知资源，进而影响任务的完成。

（二）积极学科情感对认知学习的意义

随着对情感研究的深入，研究者发现，有一部分情感，尤其是中性的情感和某些正向的情感会引发积极的行为变化。这些情感可以导致大脑多巴胺水平的提高，特别是在前额叶和前扣带回，这会使被试的认知表现有所提高。伊森（Isen，2001）发现，积极情感能够拓展个体的思维和行为方式，在积极情感状态下，个体的思维方式更灵活，行为更具有创造性。

心理学上的很多研究都表明积极情感对认知活动有着重要影响。积极的情感因素会加快信息的组织、加工和存储；而消极的情感因素会给记忆造成混乱，导致编码速度减慢甚至停止，使可用于处理信息的空间减少，进而影响学习效果。此外，学生检索和提取记忆信息的效果在很大程度上取决于学习者的情感状态。当学生心情舒畅、精神状态较佳时，就能迅速检索、提取和使用信息，而当学生受到外界影响而进入思维混乱、紧张甚至愤怒等消极情感状态时，就不能有效地利用已有的记忆资源。

在认知的灵活性方面，个体在积极情感状态下偏好新异性的信息和刺激，因此，积极情感能够显著地减少转换损失，促进任务转换；而消极情感则会增强行为的固着性，增加转换损失，影响任务转换。埃利斯等人（Ellis et al, 1988）[191-200]认为，个体在压力情境下会产生种种消极情感而导致自我能量的损耗。而在积极情感状态下，个体不仅能够消除消极情感所造成的体内生理活动的不平衡状态，而且还能缓解消极情感造成的紧张状态，消除消极情绪所造成的狭小的思维活动序列。积极情感有助于打破思维定式，使个体产生更宽泛的创新思想，在作决策时产生更宽广的认知网络。因此，当我们希望培养学生的开放性、拓展性的思维，或在教学以探究为主题的内容的时候，更需要激发学生的积极情感。尤其是对于不同年龄段的学生来说，年龄越小，儿童的认知活动越容易受到情感的影响。

二、判断学生学科情感水平的标准

我们在一所实验学校做了 3 年的跟踪研究，调查数据和访谈表明，刚进入一年级的学生对语文、数学、英语的喜爱程度是最高的，对各类学科，他们都怀着极高的热情和喜爱参与其中，对教师和学科的喜欢不加掩饰，溢于言表。随着年龄的增长，到了二年级，这一批学生产生了一些分化，有些学生开始讨厌某些学科，或不喜欢某位教师。到了三年级，还是这一批学生，大概有 1/3 的学生开始讨厌某些甚至全部的学科。可以推论的是，随着年级的上升，越来越多的学生将讨厌某些学科或学校。在课堂上，他们或两眼无神，或神游太虚，或每隔几分钟甚至几秒钟就进行一种非学习性行为（摸耳朵、转笔、敲桌子、画画……）。在与学生的交流中，有学生这样说：

◇ 我很怕上数学课，数学老师讲得很快，我一不留神他就讲到下一个去了，我也不敢问她。

◇ 以前我的英语不错，可是现在我越来越讨厌它了，同学们也讨论过，不是我们本身不喜欢英语，是我们讨厌英语老师，连带她教的那一科都讨厌。

◇ 有的老师教来教去我就是听不懂，讲得很复杂……妈妈讲我就懂了！

◇ 语文课上得最没劲了，自己看一遍就知道意思了，还要一遍遍让我们读，读来读去就那几句话。我在课外看布老虎丛书，爸爸还帮我定了很多杂志，语文课还不如给我看小说呢。

在学生和教师的描述中，那些具备了积极的“学习心向”的孩子又有怎样的神情和行为表现呢？

◇ 眼里闪烁着光芒。

◇ 情绪高涨、振奋，小手举得很高，跃跃欲试。

◇ 非常专注地看着题目或黑板，你甚至可以感觉到他的小脑袋在飞速转动。

◇ 他们迫切地想学习更多的新知识，迫切地想解决脑海中的一个个问号，他们被一种激情推动着。

◇ 沉思、专注。

◇ 主动寻求和教师讲的内容相关的材料。

◇ 沉醉其中，而不知道时间的流逝。

◇ 缠着父母追问与学科相关的问题，要买相关的书和资料。

◇ 和伙伴们讨论这一话题，不知疲惫。

◇ 即使一两次考试成绩不好，也不会影响他们对这门学科的热爱。

上面这些孩子，他们具备了充分的学习心向，并在学习的过程中体会到了真正的成功与快乐！而看到这样的学生，教师在上课的时候也会有更积极的情感体验。师生之间的情感体验是相互影响的。

在课堂中，如果仅从快乐的层面来说，学生的快乐很简单，拿到好分数，受到老师表扬，都是快乐。但是，这样的快乐能陪伴学生走多远？怎样才能让学生获得一种长久的精神愉悦和对学习的持续兴趣？根据上述对积极学科情感的界定，结合实践中学生的不同表现，我们试图总结出积极学科情感的要素，供教师参考。

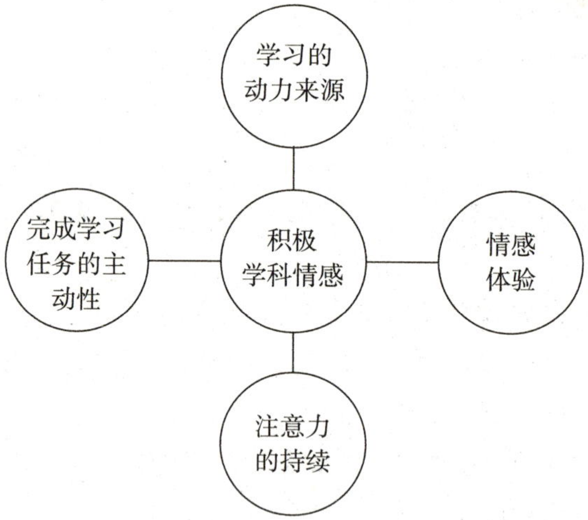

图 10－2　积极学科情感的要素

（一）学习的动力来源

积极学科情感中一个重要的要素是看驱使学生不断学习的动力来源是什么。学生的学习会同时受到不同驱动力的影响。处在高学科情感水平的学生更易受到认知内驱力的影响，具有主动探索、以知识的获取为取向的特征。他们较少因为外界环境的刺激而改变自己在这门学科上的学习。

在奥苏伯尔的成就动机框架中，内驱力主要分成三种。第一种是认知内驱力，就是指学生渴望认知、理解和掌握知识以及陈述和解决问题的倾向。简言之，是一种求知的需要。这是意义学习中最重要的一种动机。它发端于学生好奇的倾向以及探究、操作、理解和应付环境的心理倾向。

好的教师能让学生对认知本身感兴趣，最好的办法是让新的学习内容与学生认知结构之间有适当的距离，这对引起认知内驱力最为有效。但如果学生还没有出现学习动机，是不是要等待学生有动机后再学习呢？奥苏伯尔认为，只要教师能够使学生有意义地学习，让他们在学习中得到满足，那么，学生也会显示出进一步的强烈的认知动机。

第二种是自我提高的内驱力，这是一种通过自身努力胜任工作、取得成就，从而赢得一定社会地位的需要。它与认知内驱力是不同的。认知内驱力指向知识内容本身，它以获得知识和理解事物为满足；自我提高的内驱力指向一定的社会地位，它以赢得一定的地位为满足。成就的大小决定着他所赢得的地位的高低。课堂学习中，教师对学习成绩有提高的学生给予奖励，对学生给予较高期望，表扬或奖励学习优秀的学生等，都可以培养和激发学生自我提高的内驱力。但是，如果过分强调自我提高内驱力的作用，也会助长学生的功利主义倾向，让学生将学习看成追求功名和利益的手段，而降低对学习任务本身的兴趣。

第三种称为附属内驱力，是个人为了保持长者或权威人物的赞许或认可，而表现出来的一种把学习或工作做好的需要。对于学生来说，附属内驱力表现为学生为了赢得家长或教师的认可或赞许而努力学习，取得好成绩。随着儿童年龄的增长和独立性的增强，附属内驱力不仅在强度上有所减弱，而且在附属对象上也从家长和教师转移到同伴身上。在青少年时期，来自同伴的赞许或认可将成为一个强有力的动机因素。

附属内驱力与自我提高的内驱力是不一样的。两者的区别之处主要在于：（1）追求的目的不同。自我提高的内驱力追求的是赢得一定的社会地位，通过展示自己的能力和才干，得到公众的认可；附属内驱力追求的是长者或权威人物的认可。（2）目标设定者不同。自我提高的内驱力所对应的奋斗目标是在现实社会的影响下内化而成的由个人确立的目标；而附属内驱力的奋斗目标则是由长者或权威人物所确定的。

当然，个体在附属的内驱力的促使下，从长者或权威人物的认可和赞许中也会获得一种派生的地位。但这种地位与自我提高的内驱力所赢得的一定的社会地位不同。这种派生的地位不是由学生本人的能力或成就水平决定的，而是从他追随和依附的长者或权威人物所给予的赞许中引申出来的。

在真实的学习、社会情境中，很多时候我们并不能界线分明地说，这个学生的学习是受到认知内驱力的影响，那个学生的学习是受到自我提高内驱力的影响。在不同的学科、情境、任务中，个体的内驱力会产生复杂的变化。我们只能说，在相对一段时间内，个体身上主要表现出的内驱力是什么。

（二）完成学习任务的主动性

处在高学科情感水平的学生具有行为上的扩张性，他们不仅能够较迅速地完成教师布置的学习任务，而且会主动寻求与这一学科相关的内容或信息。这种类型的学生能够在学习中发现乐趣，从而让自己的学习兴趣一直维持在比较高的水平，在出现困难的时候，他们能够有策略地去解决问题，克服自己的畏难情绪。处在低学科情感水平上的学生被动地完成教师布置的任务，很少主动寻找相关信息。

（三）注意力的持续

处在高学科情感水平的学生在课堂上能够维持较高水平的注意力，他们总是聚焦于问题的解决和思考，很少会分心。而处在较低学科情感水平的学生会明显地表现出对课堂的抵制或冷漠，他们总是很难集中注意力听讲，很容易因为外界的干扰而分心。

（四）情感体验

从课堂学习结果来看，情感体验也是判断学科情感水平高低的一个重要指标。处在较高学科情感水平的学生在课堂上往往容易产生正向的情感体验，而处在较低学科情感水平的学生容易产生消极的情感体验。

三、不同学科情感水平的课堂观察

根据上述判断标准，我们可以将课堂中的学生学科情感水平分成抵制、完成任务、冲突、投入、入迷 5 个等级。由这 5 个等级出发，我们进一步描绘不同类型的学生在预习、上课、课后作业等不同环节活动中的具体表现。

（一）学科情感水平的划分

我们对这 5 种水平的学生进行一个总的描述，见图 10-3。

具有最高学科情感水平的学生基于对学习的内在驱动力来学习，他们处于入迷水平。这一类学生当然是很少的，可能一个班级甚至一个年级才有一两个。完全抵制这门学科的学生也是很少的。在绝大多数课堂上，还是处于“投入”和“完成任务”水平的学生居多。

处于冲突状态的学生是最矛盾的，他们对这门学科感兴趣，也愿意去追求，但是，由于教师因素或同伴因素导致他们对这一课堂产生负向的情感。

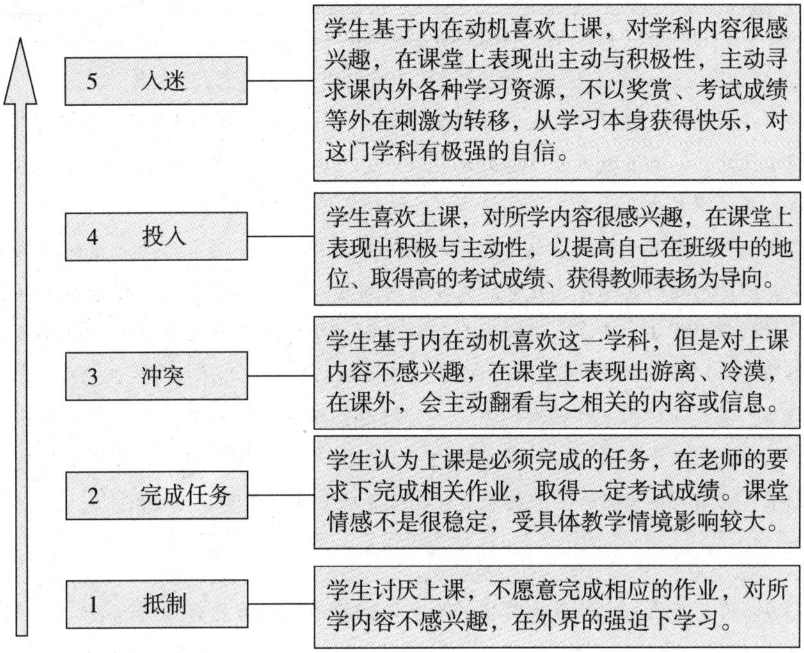

图 10–3　处在不同学科情感水平的学生表现

（二）观察工具

为了更清晰地观察、描述和分析学生的学科情感水平，我们与项目学校教师共同研究归纳出了不同水平的学生在预习、课堂注意力、课堂问答、作业方面的不同表现，供观察者们参考。

观察单 3–1　学生学科情感水平行为参照单

入　迷
◇ 预习：几乎每节课前都会进行精心预习，收集大量课内外相关资料，不仅熟悉所学习的内容，而且对教师没有提到的问题有自己的想法。对学习具有强烈的好奇心和求知欲，带着自己的思考和问题投入学习。
◇ 课堂注意力：注意力高度集中，在自己感兴趣的问题上全神贯注地聆听教师的讲解和同伴的发言，神情与姿态流露出对教学内容的高度关注。
◇ 课堂问答：对课堂提问的参与度高，始终积极主动地回答教师的提问，乐于并善于表达自己的想法，回答正确率高。对学习有自己的认识和理解，能从不同角度思考问题，并且不满足于教师教的方法，能质疑问难，提出新的问题。
◇ 作业：善于主动发现与尽力解答在学习过程中遇到的问题，作业正确率高，并能以演讲、表演、展示等方式向老师和同学们呈现或交流自己的学习成果。

续表

投　　入
◇ 预习：教师要求预习的时候进行预习，预习中会根据教师的问题寻找答案。 ◇ 课堂注意力：大多数时候注意力比较集中，尤其对教师重点提出的内容表现出专注，虽然偶尔会开小差，但也能马上转过神来跟上老师的思路。 ◇ 课堂问答：经常积极主动举手回答问题，能理解问题并用自己的话把问题解答清楚，回答问题的正确率比较高。大多数时候思维活跃，能较快地理解和掌握教师传授的学习方法和内容，能提出自己的见解。交替开展独立学习与合作学习，能够跟随和配合老师的教学过程，理解、记忆知识并自主思考，师生互动良好。 ◇ 作业：能灵活运用教师教授的方法进行解题，正确率比较高，愿意在老师和同学中展示自己的学习成果。对感兴趣的内容有深入学习的欲望，很关注自己的学习结果，经常得到老师和同伴的赞赏，能从成功中体验到学习的快乐。
冲　　突
◇ 预习：没有形成固定预习的习惯，不会根据教师的预习指示进行预习，往往根据自己对学习内容的兴趣进行预习。会知道或主动寻找与这一学科相关的其他信息。 ◇ 课堂注意力：大多数时候注意力不能集中于所学内容，常常有开小差的表现，或者表现出对这个课堂、同伴、教师的冷漠或敌意。 ◇ 课堂问答：在遇到自己感兴趣的问题时，表现出较高的参与度，主动思考，有自己独立的想法，但更愿意自娱自乐或与关系好的同伴分享，而较少在全班同学及教师面前展示。在自己不感兴趣的问题上，经常表现出对问题的不关注，充当旁观者。 ◇ 作业：在一些简单或重复练习的作业上，表现出敷衍的态度。而在自己感兴趣的问题或需要较高思维水平和较少机械书面练习的情况下，表现出浓厚的兴趣并投入很多时间，会为解答出这样的高水平问题而富有成就感。
完成任务
◇ 预习：只有当教师要求时才会进行课前预习，预习的内容比较简单，对即将进行的学习几乎不做深入思考。学习目标不够明确和稳定，大多数情况下学习行为因为受到了教师和家长期望的暗示而改变，虽然希望自己成为大家赏识的对象，但缺乏自信心。 ◇ 课堂注意力：注意力集中时间较短，容易受到外界干扰，思想经常开小差，有时表现出神情疲惫，需要在教师的提醒下才能跟上上课的节奏。上课只顾抄笔记，往往影响到听讲，缺少对所学内容的独立思考。

续表

完成任务
◇ 课堂问答：大多数情况下不主动举手回答问题，只有被教师点名时才回答，回答中有重复、停顿现象，回答问题的正确率不高。思维比较机械，只能生搬硬套课堂中所学的概念来解释问题，对问题的理解有一定的局限性，抓不住问题的本质。 ◇ 作业：作业只是为了达成教师和家长的要求，每天只满足于完成作业。解题方法比较简单和机械，对需要思考和融会贯通的题目没有兴趣，不做深入思考和研究，练习的正确率尚可。
抵　　制
◇ 预习：很少或者根本没有预习的习惯，对所学习内容不感兴趣，在教师或家长的强制下勉强完成预习任务。 ◇ 课堂注意力：大多数时候注意力不能集中于所学内容，时常目光呆滞，处于一种失神状态，或者趴在座位上睡觉，或者在桌面上、书上胡乱涂鸦，或者做与本堂课无关的作业。 ◇ 课堂问答：大多数时候思维停留在机械记忆的低水平状态，经常表现出不知道老师和同伴在讲什么的神态。遇到问题退缩，几乎从不举手回答问题，回答问题的正确率低，经常被动接受教师或同伴提供的现成答案。学习机械化，从不主动思考所学内容，只依靠老师或别人帮助解决困难，在课堂讨论和活动中充当旁观者，从不主动参与。 ◇ 作业：大多数情况下胡乱做一通练习敷衍了事或者干脆抄袭别人的答案，练习的正确率低，即使做错了也不订正。对教师和家长的批评或鼓励没有明显的反应，对学习的成功或失败无所谓，得过且过。将学习看做家长和教师"要我学"，几乎从不对自己学习成绩差的原因进行分析，或者简单地归结为"别人比我聪明，我天生笨没办法"。

上述供观察的内容非常多，我们可以选取其中具体的一个方面进行观察。在观察的时候，可以时间为单位，每5分钟记录教师的教学流程，重点记录每个学生的学习表现，然后与上述描述进行比对，分析学生处在哪一个水平上。如果是对全班学生的观察，可以将上表转化成评分单；如果是对个体学生的观察，可以采用白描的方式记录。

（三）观察实例

如下的观察实例就是选取了观察单 3-1 中的“课堂注意力、课堂问答、作业”这 3 个维度进行的观察。观察者对学生在课堂上注意力的不同表现进行赋值。通过将学生的课堂注意力、回答问题情况和作业状况与教师的教学进行对比，我们可以将教师的教学表现和学生的课堂表现建立关联，从而产生有意义的推论。根据课前教师的描述，学生 A 和学生 B 的作文成绩都属于比较好的一类，但是学生 A 的作文水平不是很稳定，而学生 B 的作文水平比较平稳。我们试图通过对学生 A、学生 B 的课堂分析解释这一现象。限于篇幅，在此只呈现第 20—40 分钟的课堂观察片段。

观察单 3-1：实例

T（时间）	教学过程	学生 A	注意力值	学生 B	注意力值
20—25	继续引导学生说出在超市看到了什么，指定学生起来回答；总结第二段应该写的内容；指导学生开始写第二段。	手不时地摸椅子或者其他，腿有时晃动，有时翘椅子上，对老师的提问基本没有举手，关注其他人的回答；趴在桌子上写文章的第二段；老师对个体指导情况进行集体说明时多数情况下会抬头观望；趴在桌子上写作文的第二段；右手边的一个学生问老师问题，张望的时间比较长。	65	多次提问都立即举手；虽然老师没有喊过她，但是仍旧积极地举手；在没有写完的第一段下面空了两行，开始写文章的第二段；会不时地默读、思考、修改。	92

续表

T（时间）	教学过程	学生A	注意力值	学生B	注意力值
25—30	继续指导学生写文章的第二段，对学生的提问给予集体或个别指导。	右手边的男生和他右手边的女生讲话，A伸头看那个女生；教师站在讲台旁边，即A的正前方，让学生朗读，A没有举手；老师共提问了4次，A均没有举手；坐姿端正，基本没有小动作。	85	对教师的每次提问都积极地举手，一只手悄悄放入口袋中，拿出了一个挂件，放入另一只手中，再拿到桌面上，用手做掩护，看了看，老师提问了，立即放入口袋中，并举手回答。	80
30—35	创设超市的情境让学生说出自己的想法；总结可以写的内容；对不同的学生提出了不同的句式要求。	没有举手，老师向她提问，但是没有很流利地回答出来，坐下来之后转过头看了看，坐姿端正，但脚上偶尔有些小动作。	85	老师列举了成绩好的同学用比较难的句式，其中有B。B看着老师点头。	89
35—40	指导学生写第二段，不时有学生问字的写法，教师集体指导。	老师在理答其他人的时候，A不时地张望；和右边的男生讲话，笑了，手脚均有小动作；左边的同学两次问老师字的写法，A主动地帮助他。	72	坐姿端正，写作文，一会儿默读一会儿修改。	90

续表

T（时间）	教学过程	学生 A	注意力值	学生 B	注意力值
结论及均值		学生 A 上课时注意力的集中和分散有间歇性，课始和老师站在她面前的时候注意力较集中，做作业的过程中注意力分散。	80	学生 B 的注意力在课堂上多数时间非常集中，能够较好地完成教师的教学任务。	90

注意力高度集中（91—100）：紧跟教师的教学步骤，能完成教师布置的任务，没有小动作，积极主动思考问题，积极回答问题。

注意力集中（81—90）：基本能跟从教师的教学步骤，能完成教师布置的任务，偶尔有小动作，对教师的提问基本都能积极思考并回答。

注意力基本集中（60—80）：不能很好地紧跟教师的教学步骤，基本完成教师布置的主要任务，有较多间歇性的小动作，被动地思考教师的提问。

注意力不集中（0—59）：不能跟从教师的教学步骤，不能完成教师布置的主要任务，小动作多且持续的时间长，不思考教师的提问。

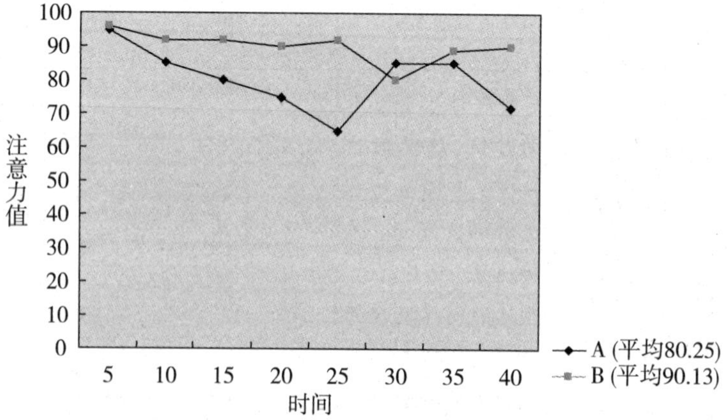

图 10－4 注意力观察曲线图

上述个案研究中的两个学生在课的开始和中间情绪和注意力都发生了

变化。学生A在刚开始上课时有较好的表现，但随着时间的推移，渐渐下降。而教师的行动路线和站位对她有重要的影响。在第28分钟左右，教师站到她旁边的时候，学生A的注意力到了最高点，但是这种注意力并没有集中在学习上，而后在第35分钟左右，随着教师的移动，学生A的注意力又猛然下降。

学生B在第25分钟前一直保持相对平稳的状态，在25—35分钟，教师讲述的内容比较简单，多是针对作文水平比较低的学生，而学生B已经掌握了这些内容。当教师的教学内容不能对学生B这样的学生产生挑战性的时候，学生B的注意力开始下降。

从课堂表现来看，学生A一直要有教师比较持续的关注才能维持比较好的状态，对课堂中的各种打断等非学习活动感兴趣，很容易受到外界的干扰；学生B不需要教师的关注也能维持比较好的学习状态，对课堂中的各种非学习活动不感兴趣，不容易受到外界的干扰。相比学生A，学生B更看重任务本身的吸引力，她对作文本身有更强烈的热爱。学生的小卡片也进一步验证了我们的这个观点。在课结束后，我们让学生在小卡片上回答“上完这节作文课，你最想说的话是什么？”

A：我想说：“老师教了我们许多的作文。”长大了我们应该感谢老师。

B：我喜欢写作文，喜欢编织美丽的语句，喜欢上作文课，喜欢改自己的文章。

学生A的内驱力更多地表现为附属内驱力，受到教师的行走路线、关注程度的很大影响。而学生B的内驱力更多地表现为认知内驱力，她更多地喜欢写作文这一学习内容，并享受写作文的过程。如果运用一些方法，让学生将自己的情感体验告诉我们，也是增进学生更积极的情感体验的方法。比如可以在日记本上让学生有更多的倾诉空间，在作业本上和学生有更多的交流等。

四、教师的自我监控

值得我们思考的是，几乎没有学生一开始就是处于抵制或完成任务的水平，他们总是在学校教育的过程中，渐渐体验到了学习的焦虑、害怕、恐惧、愤怒。这其中当然有很复杂的因素。对于这样的孩子，我们可以怎样做？他们是否还有可能恢复积极的情感状态？我们是否可以追根溯源去寻求导致他们情感变化的关键事件，解开那个节？

教师们经常会这样对自己说：

还不急，等我有时间了，等我的学生成绩考好了，等我在学校里的地位巩固了，等我过了这一段忙碌的时间，等我……我一定会让我的课堂生动活泼起来。

可是，如果一味等待，这样枯燥的以练习为主要目的的课堂就会形成稳定化的形态，就像林中路一样，再也回不去了。所以，从现在开始，我们应该让积极情感在每个课堂中流动。可能大多数教师认为，让学生“投入”或“入迷”是几乎不可能的事情，但没有尝试，我们怎么知道呢？

（一）观察目的

这一工具是让教师能监控自己在课堂上的言行，促进学生有更积极的情感体验。有人说，我们评价老师的一节课，无论他怎样努力贯彻教学思想，无论讲得多么精彩，如果这一堂课学生们不仅没有大笑，甚至连一个会心的微笑都没有，这堂课就不能算是好课。这有一定的道理。

学生对教师的态度非常敏感，哪怕一次微笑都会给他们留下深刻的印象，成为他们学习的动力；反之，教师的一次不当的言行，也会在他们的内心深处产生抵触的心理。教师的言语和行为只要有一些积极改变，就可以引发学生对于课堂的一些积极感受，尤其是在小学的课堂上。可惜，在我们的课堂上，随处可见这样的片段：

教师：A，你去过超市？

A：去过。

教师：那你怎么不吭声，你说说看？

A：我觉得，嗯，可以问她……

教师：一看就知道，你刚才没有动脑筋，站起来才动脑筋，对吧？现在赶快想，你想问她什么啊？

A：可以问她多少钱，而且……

教师：你傻啊，多少钱上面有的。木头脑袋，坐下。

A满脸通红地坐下，手一直在抓裤袋。

这种对话在教师看来是无心的，但对学生的影响却很大。怎样尽可能地改变这种状况，让我们的课堂变得“温暖而贴心”呢？

（二）观察工具

我们设计了如下的积极课堂情感教师自评表①，提醒教师在课堂教学中可能需要注意的各种言行。

观察单3-2　积极课堂情感教师自评表

教材版本：__________	第____单元　第____课	课　　题：__________
学　　校：__________	班　　级：__________	学 生 数：__________
任课教师：__________	观 察 者：__________	观察日期：__________

自评指标	典型行为		教师自评		
			1	2	3
沟通	1. 在课前、上课的过程中亲切地称呼学生。				
	2. 课堂气氛轻松活泼，在课堂气氛沉闷或紧张的时候能够用言语、笑声、亲切的语调进行及时的调整，营造安全而轻松的氛围。				
	3. 在学生心情压抑或情绪低落的时候，教师能敏锐地捕捉并适时地用语言给予激励。				
	4. 教师在课堂中适当地用一些肢体语言和学生进行沟通。				
学习激励	1. 在学生思考问题的时候提供足够的等待时间。				
	2. 学生回答问题时总是用期待的眼神看着学生，耐心、认真地倾听，对他表示尊重和鼓励，不随意打断学生的发言。				
	3. 在学生没有理解教师的指令或回答错误或不能回答的时候，采用重述问题、解释问题、转化等策略，没有侮辱性的语言。				
	4. 在学生表现出正确的行为时，教师使用有意义而非评论性的口头表扬，促进学生的继续学习行为。				
	5. 课堂上涉及课堂纪律的话题是正面的表述和期望。				
	6. 在合作学习中，帮助学生发现获得同伴认可的策略，让学生有很强的自信心。				
	7. 在和学生个别谈话的时候，采用积极对话的策略，将学生的成功归因于他们自身的能力或努力，将学生的失败归因于偶然事件或外在条件。				

① 上海市杨浦区平凉路第三小学的郑小燕校长、高凌鹏老师参与了此表的设计。

续表

自评指标	典型行为	教师自评		
		1	2	3
任务设计与反馈	1. 在教学过程中，能够使用学生感兴趣或贴近学生生活的内容来创设教学情境或设计教学活动。			
	2. 在一种非评价性气氛中提供反馈（如学生第一次回答问题时或在有指导的练习开始时，可以让学生不受约束地集体回答或悄悄地回答，教师给予非评价性的反馈）。			
	3. 为可能需要的学生准备个性化学习材料（如纠正性练习或拓展性练习等）。			
	4. 通过不同认知方式的教学环节搭配，维持学生较稳定的注意力；在学生注意力有所下降时，使用休息、操作、练习等方式转移注意力。			
	5. 在学生做课堂作业时，在整个班级巡视，提供必要的指导线索。			
	6. 尽可能给学生提供合作学习或表现成功的机会。			
学生表现	1. 整节课学生都保持较高的投入度，较少出现非学习性的行为。聆听教师的讲解和同伴的发言，神情与姿态流露出对教学内容的高度关注。			
	2. 对课堂提问的参与度高，始终积极主动地回答教师的提问，乐于并善于表达自己的想法。			
	3. 在教学内容结束后，愿意继续学习或主动练习。			
	4. 主动寻求课内外各种学习资源，不以奖赏、考试成绩等外在刺激为转移，从学习本身获得快乐。			
	5. 认为自己的学习成功是由于自己的能力、努力而获得的，是可以掌控的，而学习失败是由于偶然的外在因素产生的，是可以改变的，对这门学科有极强的自信。			

说明：（1）教师自评中的数值1—3分别表示：该指标内容在课堂实施中基本达成、达成度较好、达成度很高。（2）对本节课中无法体现的指标内容可以不做评价。

教师可以在自己或他人的课堂上，对照这张表进行主观的评分和反省，也可以运用这张表，进行相对客观的量化。

（三）观察实例

在 2011 年上海市教育科学研究院普通教育研究所主办的“长三角教育论坛”上，我们组织了四所学校的教师从四个维度对同一堂课进行观察和评估，其中一个很重要的维度就是“课堂中的积极学科情感”。除了观察单 3–2 外，我们还通过学生问卷、学生访谈、教师观察等多种工具进行对比检验。结果如下：

表 10–1　课堂中的积极学科情感评估结果

观察指标		课堂观察	教师 自评与访谈	学生 调查问卷和访谈
沟通	均值	2.25	1.75	2.26
	标准差	0.95	0.5	0.47
学习激励	均值	1.6	2	1.96
	标准差	9.54	0.82	0.6
任务设计与反馈	均值	2.43	2.14	2.18
	标准差	0.78	0.69	0.39
学生表现	均值	2.08	1.4	2.33
	标准差	0.43	0.48	0.51

分析显示，就积极课堂情感四项指标总体而言，学生调查问卷和访谈得分都较高，教师自评与访谈得分都较低，课堂观察结果则介于两者中间。

学习激励指标，无论是在课堂观察还是在学生调查问卷和访谈中得分都是最低的。

任务设计与反馈指标，无论是在教师自评与访谈，还是在课堂观察中得分都是最高的。

学生表现指标，学生的赋分明显高于教师的赋分。

我们也观察到 T 老师在学生回答问题时总是耐心、认真地倾听学生发言，不打断学生的发言；当学生回答错误的时候采用重述问题、解释问题等策略帮助学生理解和思考。学生在访谈中也提到在课堂中有足够的思考时间。

对教师而言，观察的核心是通过自我的监控和反省，营造宽松、民主的课堂氛围，激发学生的积极学科情感。在后续的改进中，往往需要教师从精神和技术两个方面共同努力。所谓精神上的努力，包括言语激励、创造尽可能多的成功体验、替代补偿等。所谓技术上的努力，就要尝试改变学生的归因模式，在教学方法和策略上寻求改进，比如改进学生作业设计，改变评分规则，帮助学生改变学习习惯、学会学习方法。相比于前者，技术上的努力更为艰难，但效果却可能更为持久。

有鉴于此，教师在进行归因的时候，要把握一些原则：如果学生成功了，归因就要放在能力或者兴趣上；如果学生失败了，归因就要放在努力或者学习方法上，让学生感到通过提升努力程度、改变学习方式是可以学好的。教师要激发的是学生自己可控的因素。

第十一章

课堂社会关系的观察

课堂是一种群体生活。它并非简单的教师—学生关系，而是教师—学生群体、多个学生—多个学生、一个学生—多个学生的复杂的群体关系。不管是师生间的关系，还是同伴间的社会关系，都会对学生的学习结果和过程产生重要的影响。罗杰斯强调社会关系在教学活动中的重要性，认为课程内容、教学方法、教学手段都维系于课堂人际关系的形成和发展。

一、课堂中师生间的微观政治关系

在研究社会关系时，微观政治（micro-politics）是一个很好的透镜。微观政治与宏观政治不同。后者是系统的、中心的、一元的。福柯并不赞同这种一元的权力体系，他认为，“权力不仅仅存在于国家宏观的领域，而且伸向了社会的各个角落以至于人们的日常生活之中”。相比于前者，后者“更复杂、更稠密、更具渗透性”（李素艳，2009）。

总的来说，微观政治是组织中的个人和团体运用策略影响他人、保护自己的活动。我们也可以将它理解为，组织中的不同群体为了获得想要的东西，彼此或竞争与冲突，或支持与合作的活动。在组织中，个人与组织、个人与个人之间的利益和权力关系是客观存在的，每个人或群体都试图最大化地影响他人，扩展自己的利益。

（一）学校中的微观政治

学校中的微观政治是客观存在的。学校研究中，鲍尔（Ball）最早引入了“权力”的概念，形成了著名的学校微观政治学理论。他在《学校的微观政治学：学校组织理论探索》（*The Micro-Politics of the School: Towards a Theory of School Organization*）一书中通过群体层级分析（group-level analysis）和冲突的动力学（conflict dynamic）对英国学校进行了研究。他很坦率地说："事实上，我认为学校和所有的社会组织一样，都是竞技场（arenas of struggle），都要在成员的实际和潜在的冲突中遭受撕扯，在意识形态上都是多元化的。我认为，如果我们要理解学校作为组织的本质，就必须理解这些冲突。"（Ball，1987）[19]

自鲍尔以后，权力、联盟、竞争场所、协商、谈判、利益和模糊性等就成为微观政治领域的学校研究中经常提到的主题。微观政治学者主要考查学校组织运作的以下四个方面：

◇ 学校中的行政人员和教师之间的互动；

◇ 教师之间的互动；

◇ 教师和学生之间的互动；

◇ 教师和家长之间的互动。

从他们的研究重心可以看出，这一类研究的注意力并不在整体的组织结构，而是集中在不同群体间的活动，尤其是不同的利益群体为了争夺利益而进行的活动。例如，在鲍尔看来，学校领导采用的是一种"男爵政治"（baronial politics），关心的只有两件事，财富和权力，即学校的预算经费的分配以及学校的政策。通过对利益群体互动的分析，这一模型重点描绘了学校中的权力以及人们如何利用权力去影响他人和保护自己，描绘了组织间的冲突、合作以及人们怎样达到目的，同时还描绘了人们在这些社会场景中的所思、所想、所感。

微观政治的研究中还区分了专业利益和个人利益。专业利益集中在专门的课程、大纲、学生的组织方式、教学方法等方面，追求专业利益往往成为微观政治过程的一部分，而个人利益集中在诸如地位、晋升和工作条件等问题上（布什，1998）。有时候组织中的个体会为了专业、个人利益而短暂地结合，而组织中的部门、学科会组成更稳定的利益群体，但在它们内部也存在多种多样的冲突，所以冲突是普遍存在的，不同的价值观和利益是冲突的来源。而在解决冲突、分配利益的过程中，权力扮演了重要的角色，决策的结果就取决于参与决策的个体所拥有的权力。

在分析学校组织如何应对外界变革时，鲍尔批判了科层制的观点。他认为，在这样的观点下，变革和变革的过程就被看做技术性的而非政治性的，实用的而非道德的，个体的而非集体的。事实上，"政策的意义对不同的学校来说是不一样的。学校对这些变革的回应取决于他们对政策的多样理解和他们对政策效果的预期"（Ball，1987）[23]。因此，"由外界引发的变革的实施将受到组织既定的文化和历史的调停，而它们的接受和实施将成为组织内部纷争的赌注”（Blasé，1991）[3-10]。

管理学家罗宾斯（Robbins）描述了一个从组织范围看问题的三段式模式。首先，要看微观政治行为是不是符合组织目标，如果符合，就是道德的；其次，要分析所采取的政治行为是否尊重所要影响人的个人权利，比如，有没有侵犯个人的隐私权，如果尊重了个人的权利，就是道德的；最后，要看政治行为是否公正和公平，比如是否对所有人都一视同仁，是否客观反映实际情况。这种思路遵循社会公认的准则，提供了一个微观政治行为的价值判断基础。当然，罗宾斯也承认，实践比这个理想的框架要复杂得多（高鸿源，2003）。

政治是人类的活动，没有任何地方可以避免，学校生活也是如此。有些微观政治的研究确实汲汲于组织内部的“阴暗面”和“你争我斗”，但是，更多的研究者看到，在现代生活中，主体对他人或自然不是单一的控制关系，而是在矛盾、冲突、沟通中达到理解和妥协。有研究者指出，要研究积极的微观政治策略，帮助教师发展微观政治意识，提高教师开展合作的能力。

（二）师生间的微观政治

不可否认，师生之间的关系是一种微观政治活动，微观政治性是师生交往的属性之一，是客观存在的。学校组织层面的微观政治研究一直占据统治地位，直到最近，教师和学生间的微观政治才得到关注。

国内以“微观政治”观点著称的教师如万炜，他的《班主任兵法》就是从微观政治的角度对教师、学生之间的关系进行了诠释。在他看来，教师与学生永远不是处在一个阵营之中，是“两强相遇勇者胜”的关系，是“出击与反出击、斗争与反斗争”的关系。

新教师接一个新班的时候，由于大家都不熟悉，所以最初的一段时间基本是相安无事的。通常情况下，双方都会相互地试探一下。学生有时会两三个人率先发难，出一些难题让教师解决，如果教师显示出强大实力的话，学生们自然收敛起虚浮，认真对待教师；若是教师被试探出来“营寨空虚”，那么学生不久便会大举进攻，教师很可能一时抵挡不住，迅速败下阵来。

有些教师会选择先下手为强。所谓“两强相遇勇者胜”，如果接手的新班调皮捣蛋的学生比较多，他们会在遭遇战中，振作精神，给学生一个下马威。一些临时代课的教师，通常会做这种选择。不管三七二十一，先劈上三板斧再说，等到学生探明虚实，早已得胜回营，圆满完成代课任务了。

还有一些教师则根本不给学生接近的机会，冷若冰霜，从不跟学生拉家常，上完课就走。若有学生溺战，高悬免战牌，不与学生正面接触，不找学生谈心，不暴露自己真实想法，总之，不跟你战斗。你若不守纪律，我不与你交锋，回马便走；你若追上来，旁边自有班主任出来接招与你厮杀。对于一些副科教师来说，这是一种常用策略。(万炜，2009)[1-2]

万炜的观点和做法体现了典型的微观政治的观点，双方为了争取自己的最大权益不断相互试探与过招。在一个课堂中，一个教师要同时面对几十个学生，每一个学生都在揣摩教师，都在用各自的方法引起教师的注意，甚至悄悄地与教师“斗智斗勇”。

如果不擅长运用谋略，一味采用高压策略，导致的直接后果是：整个班级用默契的一致对“外”的行为来共同对付教师视之为“法定”权力的行为。譬如，只要有一人看见教师朝教室走来，就会立刻发出声响，以形成对教师的反监视。教师被学生孤立在教室的场域之外，教师成了他者，成了外人。师生间的对话、交往在监视中丧失了平等的基础，不平等的关系暗暗滋生（冯建军 等，2007）[92]。而作为一个洞悉师生之间微观政治的教师，会在师生之间运用战略战术和各种计策来“收服”学生。

但是，如果教师的谋略是“挑起学生斗学生”，让学生通过贬低、伤害他人而获得教师的额外关注，那么，教师的微观政治策略就是失败的。

（三）师生间的微观政治观察

课堂上师生间的微观政治是客观存在的。对师生间的微观政治关系进行观察和分析就是要正视这种客观存在。

1. 观察目的

我们需要清楚的是，师生间的矛盾与差异并不是如警察与罪犯一样的“魔高一尺道高一丈”。如果将教师和学生定位在“管”与“被管”上，就会忽视教师和学生之间的共同进步的伙伴关系。课堂中的谋略应该建立在真诚、公正的基础上，要唤醒学生的内心，使其从心里产生一种对真善美的向往和追求。

不能把运用谋略战胜学生当做目的。微观政治的观察不是渲染师生间的冲突和政治策略，而是分析各个利益主体如何在维护自己利益的同时理解他人的合理要求；不是教授制约对手的权术，而是强调冲突背后的反思，强调如何进行教学策略调整，进而实现各种目标的融合。

2. 观察与分析工具

下表是对课堂中师生之间微观政治的观察和分析。其中的学生策略根据美国斯波尔丁（Spaulding，2000）教授的研究成果所列，她探讨了学生在课堂上对抗教师的动机和策略。

观察单 3–3　师生课堂互动的微观政治分析

教材版本：＿＿＿＿	学　　科：＿＿＿＿	课　　题：＿＿＿＿
学　　校：＿＿＿＿	班　　级：＿＿＿＿	学 生 数：＿＿＿＿
任课教师：＿＿＿＿	观 察 者：＿＿＿＿	观察日期：＿＿＿＿
事件描述	学生策略	教师策略
对课堂中发生的微观政治事件进行白描。 在白描中标注教师和学生所使用的策略。	重复 (a)	合理化 (1)
	打断 (b)	奖惩 (2)
	转移话题 (c)	情感笼络 (3)
	不予理睬 (d)	训斥 (4)
	部分遵从 (e)	谈判 (5)
	抗议 (f)	强制要求 (6)
	寻找仲裁者 (g)	借助外力 (7)
教师与学生策略分析		

斯波尔丁发现，小学生反抗教师要求的行为分为消极反抗和进攻性反抗两个亚类。在消极反抗这一类中，学生一般使用的策略包括：

◇ 重复。许多学生重复提出同一个问题（在措辞、用语上有些变化），以此拖延时间和转移话题，阻止教师继续讲授他们所不喜欢的内容。

◇ 打断。学生提出和教师教学内容完全不相干的提问或要求，干扰教师的教学。这在小学低年级的学生中比较常见。

◇ 转移话题。在教师提出一个问题后，学生顾左右而言他，用其他方面的话题吸引教师的注意力。有的学生在这方面表现得非常巧妙。

◇ 不予理睬。学生沉默回应教师的提问，或在教师提问一个学生的时候其他学生心不在焉地随便说笑。这是对教师权威的挑战，在一个高度教师中心的课堂环境中，学生用这种策略常常会让教师难堪。

◇ 部分遵从。学生在执行教师的课堂要求时故意打折扣，这是学生在教师的压力下既回避自己不愿做的事情又保护自己的手段。

这些策略相对而言还比较温和，但在中国式的课堂中这已足以构成极大的“挑衅”，往往会被教师解读为是对其权威的公开蔑视。一般情况下，一旦学生较为公开或明显地采用上述手段，就证明师生之间出现了较为严重的问题。相比较而言，进攻性反抗是学生与教师发生冲突时表现出来的大胆的、直接的对立行为。在我们的课堂情境中，好像只有在“忍无可忍”的情况下，面对没有什么威信的年轻教师，“刺头”学生才会采用这种较为极端的方式。

◇ 抗议。学生用争论和辩解的形式公开表明不喜欢教师提出的要求，以便影响教师收回要求。

◇ 寻找仲裁者。当学生感到在冲突中自己无力独立面对与教师的冲突时，会求助于校长或家长这些影响更大的人来帮助自己解决问题。这种情况通常发生在冲突长期得不到解决或者学生感到教师处理问题严重不公的情况下。

根据斯波尔丁的观察，学生更喜欢用消极反抗的形式，因为它更有效，而且与人们对学生的期望和要求更为接近。斯波尔丁分析，学生微观政治行为的直接动机就是拖延、修正乃至阻止教师继续讲授他们所不喜欢的教学内容，而这种不喜欢大致缘于教师教授的内容不好理解、学生害怕回答问题失败、沉闷的课堂氛围、教师严厉的批评和惩戒等。

微观政治中强调行为主体对他人影响的方法，拥有不同权力的个体在运用方法时会有很大的差异。教师在师生关系中具有强势地位，而在课堂上又追求及时的效果，所以，教师在处理课堂关系时会首先考虑与当前行动有关的技能。

◇ 合理化。教师用价值判断、事实或数据论证自己的主张是合理的，将学生的行为不合理化，以此表明自己的行为是正确的。

◇ 奖惩。教师运用表扬、贴五角星等奖励措施激发学生的行为，用惩罚、扣分等方式抑制学生的行为。

◇ 情感笼络。先以友好的行为与学生建立情感，进而提出自己的请求。教师向学生表明自己与他们站在同一立场上，或与部分同学结成同盟，以反对另一部分学生的行为。

◇ 训斥。直接斥责、责骂学生的某些行为。

◇ 谈判。教师没有直接给出命令，而是采用讨价还价的方式，软性地使对方考虑自己的利益；与学生协商，提出过高的要求，在协商再后降低要求。

◇ 强制要求。教师使用强硬的命令，借助教师权威和反复坚持的要求使学生服从或满足自己的愿望。

◇ 借助外力。借用家长、校长等支持强化自己的要求。这种情况往往发生在权威不足的新教师身上。

当然，这些策略还不能涵盖所有的课堂政治方面的内容，比如，有时候，教师也会采用打断、不予理睬的策略。在观察的时候，先如实地记录下事件的过程，然后进行分析，有可能会发现更多的策略。

3. 观察实例

下面是对一节科学课上发生的微观政治片段进行的观察。小新是一个三年级的学业不良的学生，在很多课堂上都是个让教师头疼的问题学生。在他身上，体现了学生对教师的典型的微观政治策略。

观察单3–3：实例

<table>
<tr><td colspan="3">教材版本：沪教版　　学　科：科　学　　课　题：物体的形态
学　校：M　　班　级：三（3）　　学生数：31
观察者：XM　　任课教师：LJ　　观察日期：2010. 3</td></tr>
<tr><td>事件描述</td><td>学生策略</td><td>教师策略</td></tr>
<tr><td rowspan="4">科学课是在专用教室上的。
课前，在教室门口排队准备进教室的时候，小新拿着课本挥舞，碰到了X的手指，被A老师训了一句（4）。小新笑着看了看A老师，并不在意。(d)
开始上课，小新东张西望，还推了推同桌的椅子（c），被老师点名批评（4）。
这一节课讲的是物体的形态——固态、液态、气态。
又一次开小差时，小新被A老师叫起来回答问题：“玻璃是什么形态的?”(1)
他站起来立即答道：“玻璃是玻璃形态的……病态的！”(c)</td><td>重复
(a)</td><td>合理化
(1)</td></tr>
<tr><td>打断
(b)</td><td>奖惩
(2)</td></tr>
<tr><td>转移话题
(c)</td><td>情感笼络
(3)</td></tr>
<tr><td>不予理睬
(d)</td><td>训斥
(4)</td></tr>
<tr><td rowspan="3">全班哄笑。
A老师纠正了他的说法（1），然后继续讲解。小新又把腿蜷起来，塞进外套里，反复摸鼓出来的膝盖，模仿孕妇，接着又把两只胳膊从一个袖子里伸出来，逗旁边的女同学笑。(c)
终于，A老师忍不住了，罚他到教室门口站着听课。(2)</td><td>部分遵从
(e)</td><td>谈判
(5)</td></tr>
<tr><td>抗议
(f)</td><td>强制要求
(6)</td></tr>
<tr><td>寻找仲裁者
(g)</td><td>借助外力
(7)</td></tr>
<tr><td colspan="3">教师与学生策略分析
从上述课堂观察来看，在这次课堂上，小新和A教师之间一共发生了5次微观政治行动。每次行动都是小新主动发起，然后教师应对。小新主要采用的策略是不予理睬和转移话题，教师主要采用的策略是奖惩和训斥。教师的策略强度逐渐升级，但对小新却缺少明显的作用。</td></tr>
</table>

每一位教师都曾经或将要遇到类似小新这样的学生。这让我们不得不承认课堂上的微观政治是无处不在的。作为教师，应当为微观政治性的课

堂教学做好思想和技术上的准备。这种准备包括教师知道学生在课堂上会采用什么策略，并学会对这些策略做出积极反应；还包括教师应当掌握主动影响学生的技术，并了解学生会对这些影响产生什么反响。上述 A 老师的策略无疑是单一且失败的。在观察中我们发现，任教同一班级的英语老师 L 的策略相对比较丰富，她认为要从细微处着手。英语课上，凡是小新回答问题——不管他断续多长时间，L 老师都会耐心等他答完；他每吐一个音节，L 老师都会示以鼓励的目光，并点头或以“嗯”来表示肯定。

L 老师认为小新的课堂行为更多的是想表现自己，吸引同伴和教师的注意力。

一次上课，老师刚讲到“go out”这个词组，小新马上在底下“翻译”：“滚出去！”L 老师并没有因此责怪他，她知道小新“有意无意表现自己，只是想吸引老师的注意”。还有一次测验，L 老师批改好考卷，发给学生自己算分。小新将自己的考卷送到老师面前，让再算一遍是不是 60 分。L 老师说，他其实就是让老师知道，他这次考及格了。

教师要学会从学生的微观政治行为中理解学生的需要，也要反思自己的行为如何激发和强化了学生的微观政治行为。如果教师一味强调学生在课堂上的反抗行为是“病症”，那么，在这些行为背后的学生需求和教师自身的问题就不可能被发现，双方的目标就难以融合，反而会加剧学生的对抗行为。

对一些学生来说，他们还缺少对自己生活的控制能力，这会引发他们产生一种沮丧的情绪，学校、课堂便成为他们攫取权力的地方；而对另一些学生来说，他们内心总是缺少安全感、被关爱和尊重，这让他们不自觉地从教师和同学身上攫取温暖，为了获得更多教师和同学的关注与赞赏，他们会改变自己的行为、话语，甚至为此伤害教师和同学。

对小新这样的学生，他们在课堂中很少体会到对别人的“影响力”以及别人对自己的真正认同。因为家庭教育或学校教育的缘故，这些学生很少系统地习得影响他人的技能。他们对于“合作”、“协商”、“拒绝”、“亲密关系”缺少成功的体验，因而采用了一种错误的做法。斯波尔丁等人提出，对待如小新这样的学生，教师要引导他们学会采用正确的方法影响别人，这是一种道德伦理的教育，也是一种人际关系技能的教育。

二、同伴社会关系的观察

20 世纪 90 年代中期以后，学者们越来越多地注意到学校微观政治领域研究的缺陷：把微观政治仅仅看做成人活动的属地，大多研究成人活动的状况，忽视了学生间的对抗与合作，而这些问题确实存在，并大大影响了课堂的生态。拥有朋友的学生与没有朋友的学生相比，在学业成绩、亲社会行为和情感抑郁上存在显著差异。比如沃森等人（Watson et al，1999）的研究发现，儿童与同伴间的积极交往与其心理能力呈正相关，即儿童与同伴间积极交往的频次越高、时间越多，就越有利于儿童心理能力的进一步发展。

（一）同伴的意义

儿童的课堂生活可以分成两个世界：一个是成人（教师）和儿童相互作用的世界，一个是同伴世界。在儿童的眼中，这两个世界有很大的不同。皮亚杰、班杜拉等人认为，同伴对儿童和青少年的发展起到了与父母同样重要、甚至更重要的作用。有研究者甚至认为，生生间的社会关系对学生在校学习的影响要超过师生关系。心理学中对同伴关系的研究指出：

第一，同伴可以满足儿童归属和爱的需要以及尊重的需要。儿童在同伴集体中被同伴接纳并建立友谊，同时在集体中占有一定地位，受到同伴的尊重、赞许，将会获得依恋感、亲密感和归属感等。

第二，儿童在与同伴的交往过程中建构自己的个人概念，获得他人对自己的多样性评价，丰富对自己的认识。

第三，同伴交往为儿童提供学习他人的机会。儿童在与同伴交往的过程中习得如何与他人建立良好关系、保持友谊和解决冲突。他们也接触到怎样予以和接受帮助，如何保持友谊和解决冲突，如何面对竞争与合作、敌意与专横。

第四，儿童还从同伴那里获得信息和参考架构。他们会获得从成人那里无法获得的信息或知识，了解与自己不同的信念、价值观，丰富自己对人、社会的认识。

（二）同伴间的微观政治

在同伴的课堂微观政治世界中，首先值得我们警惕的是一种言语和行为上的冷暴力。

又是一节作文课。快下课时，ZXY 掉头找 LY，被 H 老师制止。等 H 老师转移目光，他又先后喊自己座位附近的三个同学，但三人都未搭理他。他右后方的 LS 还瞪了他一眼。

H 老师走过去问 ZXY 为什么讲话。他说橡皮没了，想向同学借用一下。

H 老师转而问 ZXY 右边的 HX，为什么不借给他。HX 说："我就是不想借，因为他很让人讨厌！"

有人压低了声音笑。

H 老师直起身来，面向全班说："要借到东西就要受人欢迎，怎样才能受人欢迎？——他对你好一次，你也要对他好一次……" H 老师顿了顿，把手中的书放了下来，又问道："你们都不愿意借橡皮给 ZXY？"

ZXY 周围的人边点头边答"嗯"。

"方圆这么多？9 个人都是（不想借）？" H 老师的声音很高。

除了 ZXY 前后左右的几个人，座位离他很远的同学当中，也有人点头。

H 老师继续问："周围的人为什么讨厌他？"

先后有 6 人回答——

CZ："我跟同学玩，他老来打扰。"

LY："不知道知恩图报。"

LA："我借他东西，他不借给我！"

LS："他会打扰别人写作业。"

LC："向他借东西他不借，昨天借了我的东西还不知道还。"

CJ："娘娘腔！有时候不小心碰到他，他就喊：'你干嘛呀！'"

"你干嘛呀"，CJ 细着嗓子吐出这四个字，极像女生的声音。全班笑起来。

6 个人发言的间隙，ZXY 不时想辩解，但最终被 H 老师制止："现在你只有听的份！"

他低下头，又忍不住抬起来，谁说话就看着谁，嘴唇嚅动，但没有再说出什么。

上文中的 ZXY 和同伴之间的关系很不好，而 ZXY 始终处于被动的地位，他被同学所排斥。H 老师的做法看似是在寻求原因，其实是借用其他同学的冷暴力对ZXY旁敲侧击，甚至是对这种冷暴力的一种“怂恿”和“鼓励”。学生清楚地知道H老师对ZXY的不认可，而在索然无味的课堂中增加这么一段，也让其他同学获得了可以逃离他们不喜欢听的讲解作文技巧的机会。从这个角度看，H老师也被学生们利用了。在课堂中，我们也经常会发现类似ZXY这样的学生，他们因为某种原因被隔离在同伴之外，没有朋友，缺少关爱，而教师或者不知情，或者成为助长这种孤立与隔离的推手。这种被同伴排斥的感受会成为这个孩子一生的伤痛。

同伴之间微观政治的另一种冲突形态体现为告密与报复。教师们需要警惕的是，在一个不公平或教师关注资源紧缺的课堂中，为了获得教师的资源，或者为了获得成绩资源，学生有可能都会想拥有一些小小的权力，制约他人，或提高自己在教师、同学心目中的地位。一些学生有可能成为这些权力拥有者的“试刀者”。在丁丁的《小牲口》中，有很多类似的片段描述了这种令人痛心的状态：

……

她胸前的小火炬终于又开始发热了，她感到自己胸口被燃烧着。她是团员，她是好学生，她是老师的宠儿，她怕什么？有老师给她撑腰呢，刘福老师喜欢她，还有什么可怕的？她想起陈静、白雪今天早上给她出的招，她们让她告状。

耿穗穗羞怯地说：“他们老是捣乱，我没法听写。我听写的时候他们不停地说话，不是我不想给同学听写单词，但是谁也听不见，他们不停地说话。”

“谁？谁不停地说话？”

“李大伟，张扬，还有赵博。”

耿穗穗热情地招了供。

……

刘福老师的关心让她感到安慰和踏实，她觉得自己真傻，怎么不早点告诉老师呢。她小学的时候就是因为告状少了而被老师排挤，吃别的小朋友的亏。听刘福老师的口气，他一定会想办法管理他们，他这么有经验，肯定有办法让他们再也不敢说她坏话，再也不敢嘲笑她。耿穗穗完全相信刘福老师的能力。

她不知道，到了刘福老师这个年纪，到了初一（2）班学生的这个年纪，任何这个年纪的老师都不再能保护这个年纪的学生了。她怎么能像个小学生一样去指望一个快退休的老师呢？

以李大伟为首的男生们根本就不把刘福老师的话当回事……他们在学校楼道里看见她，不管旁边有多少认识或不认识的学生、老师，不管离她有多远，只要一看见她，他们就远远地冲着她喊："嘿，耿鸡！"等走近她，他们就集体朝地上吐痰。她狼狈地逃进自己班里，初一（2）班——初一（2）班，那里能算躲避的地方吗？他们迟早也会跟着进来，那也是他们的班级。她不该逃，他们看见她害怕，骂得更凶，更加有恃无恐了。（丁丁，2008）

同伴世界中的微观政治还有很多方面，有时候会以更细微和隐蔽的方式呈现。很多时候，学生的行为问题或成绩问题并不是由于知识或个人品格引起的，而源于同伴之间的微妙矛盾。这些方面看似细小，却可能会对学生的当下和未来生活造成巨大影响。同伴世界中的微观政治对课堂的影响往往是在教师看不见的地方，迅速、长期地对学生造成了影响，有时候甚至是残酷的。而教师往往意识不到这一点，或者说，懒得去管。忽视课堂中的同伴世界的微观政治，我们很有可能就失去了重要的教育契机，并将课堂简单化。期待我们的教师更多地关注课堂中的同伴关系，创建更公正的课堂。

（三）同伴社会关系的观察工具

在同伴关系中，我们如何了解某一团体内部的社会关系、某一个体的社会关系呢？我们又如何确定焦点学生，对那些处于不同社会关系的个体进行深入细致的观察与分析呢？

1. 观察目的

借助社会关系的测量技术，对不同类型的学生进行有针对性的观察与分析，这是很有必要的。运用社会关系量表可以考查一个班级的社会关系，分析班级内的团体状况、团体间的人际关系，也可以评量某一个体的同学关系和人际间的支持力量。

2. 观察与分析工具

社交关系的量表做起来比较简单，但是获得的数据如何分析，如何依据数据对个体进行分类却是难点。我们选择美国学者科伊和道奇（Coie & Dodge，1988）的一套统计分析方法作为学生社交地位分类的标准，并把学生分成受欢迎、被忽视、被拒绝、受争议、普通5组。

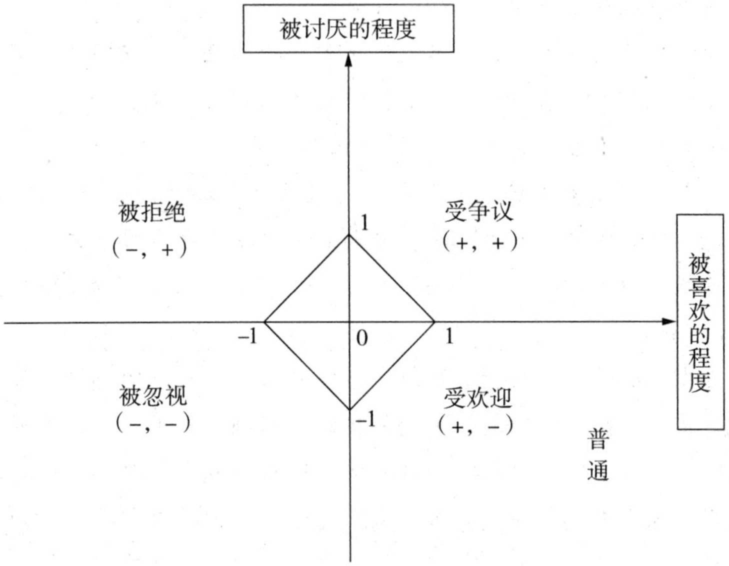

图 11–1　科伊和道奇的社会关系分析框架

在计算时，遵循如下计算步骤：（1）统计每位受测者被全班同学正向提名的总次数；（2）统计每位受测者被全班同学负向提名的总次数；（3）将被正向提名的总次数加以标准化（被喜 Z 值）（以 LM 为代号）；（4）将被负向提名的总次数，加以标准化（被拒 Z 值）（以 LL 为代号）；（5）将被正向提名 Z 分数加被负向提名 Z 分数，得到社会影响分数（SI），SI = LM + LL；（6）将被正向提名 Z 分数减被负向提名 Z 分数，得到社会喜好分数（SP），SP = LM − LL。

观察单 3–4　社会关系量表

年级：________　性别：________　姓名：________
1. 写出本班你最喜欢和他一起玩的三个人的名字。
2. 写出本班你最不喜欢和他一起玩的三个人的名字。

续表

你喜欢他们是因为＿＿＿＿＿＿＿＿＿＿＿＿＿＿＿＿＿＿＿＿＿＿＿＿＿＿＿＿   你不喜欢他们是因为＿＿＿＿＿＿＿＿＿＿＿＿＿＿＿＿＿＿＿＿＿＿＿＿＿＿＿

科伊和道奇进一步提出了社会关系的分类标准。

受欢迎组：$LM-LL \geq 1.0$ 并且 $LM>0$，$LL<0$。这样的学生得到的正向提名数较高，往往是班级里的明星学生，受到欢迎的比率比较高，而被拒绝的比例较低。

被拒绝组：$LM-LL \leq -1.0$ 并且 $LM<0$，$LL>0$。这类学生在班级中并不占据多数，他们被负向提名的频率非常高。可以说，这些学生的社会关系非常糟糕。导致这类学生被拒绝的原因是多方面的，我们发现，低学业成绩并不是导致他们被拒绝的主要因素，而是与人交往中的言辞、生活习惯、卫生等，一些典型的标签为“爱说脏话、啰唆、骄傲自大”等。被拒绝的学生在学习上会受到很大的干扰，需要教师的指导和干预。

被忽视组：$LM+LL \leq -1.0$ 并且 $LM \leq 0$，$LL \leq 0$。这类学生在班级生活和课堂学习中往往很少得到关注，既不讨人喜欢，也不讨人厌。他们的存在与否，不太会影响到其他同学做喜欢或排斥的考虑。

受争议组：$LM+LL \geq 1.0$ 并且 $LM \geq 0$，$LL \geq 0$。这类学生很特殊，他们同时被很多人喜欢，也被很多人讨厌。这种学生，我们无法说他们是受欢迎的，也不能说他们是被拒绝的，因为他们的行事作风很“受争议”。

普通组：$LM-LL>-1$ 并且 $LM-LL<1$，$LM+LL>-1$，$LM+LL<1$。这一类学生在班级中占据了绝大多数。

3. 观察与分析实例

我们选择了一所小学，对该校的四（2）班做了一个调查问卷，请29名学生写出“你最喜欢交的一个朋友”和“你最不喜欢找谁做朋友”。为了更客观、准确地了解学生社会关系和数学学习间的联系，我们还从“学生自我认定”和“教师视角”两方面了解他们数学成绩的优劣。运用测量工具得到的社会关系数据如表11-1所示。

表 11-1 四（2）班的社会关系数据

正向提名	负向提名	LM	LI	SI	SP
9	0	2. 84032	-0. 47354	2. 37	3. 31
7	0	1. 94011	-0. 47354	1. 47	2. 41
5	2	1. 0399	-0. 06964	0. 97	1. 11
5	0	1. 0399	-0. 47354	0. 57	1. 51
5	0	1. 0399	-0. 47354	0. 57	1. 51
5	1	1. 0399	-0. 27159	0. 77	1. 31
4	1	0. 58979	-0. 27159	0. 32	0. 86
4	0	0. 58979	-0. 47354	0. 12	1. 06
4	0	0. 58979	-0. 47354	0. 12	1. 06
4	2	0. 58979	-0. 06964	0. 52	0. 66
3	0	0. 13969	-0. 47354	-0. 33	0. 61
3	0	0. 13969	-0. 47354	-0. 33	0. 61
3	0	0. 13969	-0. 47354	-0. 33	0. 61
2	3	-0. 31042	0. 13231	-0. 18	-0. 44
2	2	-0. 31042	-0. 06964	-0. 38	-0. 24
2	0	-0. 31042	-0. 47354	-0. 78	0. 16
2	1	-0. 31042	-0. 27159	-0. 58	-0. 04
1	0	-0. 76052	-0. 47354	-1. 23	-0. 29
1	0	-0. 76052	-0. 47354	-1. 23	-0. 29
1	0	-0. 76052	-0. 47354	-1. 23	-0. 29
1	0	-0. 76052	-0. 47354	-1. 23	-0. 29
1	2	-0. 76052	-0. 06964	-0. 83	-0. 69
0	4	-1. 21063	0. 33426	-0. 88	-1. 54
0	1	-1. 21063	-0. 27159	-1. 48	-0. 94
0	0	-1. 21063	-0. 47354	-1. 68	-0. 74
0	0	-1. 21063	-0. 47354	-1. 68	-0. 74
2	16	0. 31042	2. 75765	2. 45	3. 07
1	17	-0. 76052	2. 9596	2. 2	-3. 72
1	16	-0. 76052	2. 75765	2	-3. 52

根据上述数据和社会地位的分类标准，我们可以将四（2）班的社会关系分解如图 11–2 所示。在 29 位学生中，一共有四类学生，不存在“受争议”的学生。“普通”类的学生占据了绝大多数。“受欢迎”的只有 2 人，他们都是教师眼中数学成绩优秀的学生。“被忽视”的有 7 人；“被拒绝”的有 4 人，值得注意的是，其中有 3 位都是男生，学业成绩中等，从标签上看，主要是由于他们“动作粗鲁、喜欢骂人、惹是生非、行为习惯不好”等。

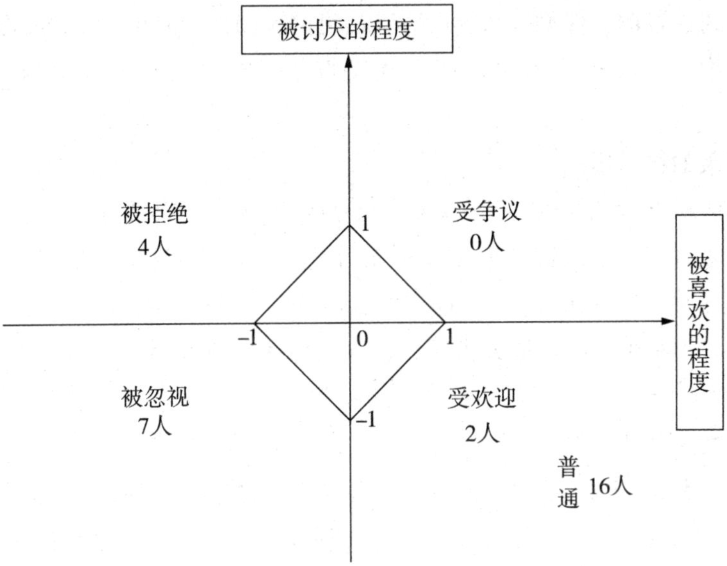

图 11–2　四（2）班的社会关系分类

根据上述测量结果，我们可以在人际关系与学业成绩的关系、班级次团体的构成、班级的结构形态、男女生互动情况等多方面得出一些有意义的推论。

人际关系与学业成绩的关系

人际关系与学业成绩之间并不存在必然的联系。虽然受欢迎的两位学生成绩都很好，但是另外两位数学成绩较好的学生童天、鲍志[①]，愿意与他们成为朋友的人很少。尤其是郑方，自我认定学习成绩较好，但愿意与她成为朋友的一个都没有，即使是她自己认定的一个朋友，也没有将她选

① 文中出现的所有学生名字都是化名。

为朋友。再看班上的几个“边缘人物”，班中大部分同学都不愿意与他们交朋友。可是他们的数学成绩却并不是最落后的，教学成绩属于中等。从以上数据中，我们可以了解，学生心目中愿意结交的朋友与对方的学习成绩无必然联系。学生择友的心态与对方一贯的行为、与人交往的态度以及教师给予的评价有关，与其学习成绩关联不大。

班级次团体的构成

班中比较明显的次团体只有 2 个。男生群体中，王杰、童皓、刘辰和陆帆是相互认可的次团体，其中 2 位成绩优异，1 位成绩中等。女生群体中，张琦、曹桐、任俐、赵懿是相互认可的次团体，其中 3 位成绩优异，1 位成绩中等。这两个团体之间并无关联。其余学生的社会关系都比较分散。

班级的结构形态

班级形态通常分为以下四种：统一结合型、分团结合型、部分集中型、分团分离型、多数分离型。从 29 份学生调查问卷中，我们了解到四（2）班学生心目中最要好的朋友除了任俐同学相对集中，其余都是呈分散型的，并不集中。次团体分类明显，次团体间缺乏互动。该班级属于分团分离型。

男女生互动情况

班中有 14 名女生、15 名男生，有的学生愿意与异性交朋友，但是没有呈现互动现象。从教师的描述中了解到，班中女生行为习惯较好、乖巧懂事，而有些男生行为怪异、习惯较差，没有得到女生的认同，女生不爱和男生做朋友。

三、不同社会关系的学生学习的观察

社会关系与学生的学习并不是割裂的。研究表明，处在不良社会关系上的学生在学业上更容易遇到困难，他们在学习中积极交往的机会受到限制。那么，在实际的课堂情境中，不同社会关系的学生将会有哪些表现？我们又应该对不同社会关系的学生予以怎样的支撑？

（一）观察目的

在运用社会关系量表确定了不同学生的社会关系类型后，我们在一堂数学课上对不同类型学生的学习活动进行了观察。我们标出学生的社会关系，教师们选择与其相应的1位学生进行观察。根据以往的经验和前期的分析，对这几类学生课堂上的表现，我们产生了以下预估。

◇ 成绩优秀的学生不一定是受欢迎的学生，但是受欢迎的学生的学习成绩总是比较好的。从先前的调查问卷中了解到，两个受欢迎的学生的成绩都是很出色的。不论是教师、同伴，还是学生的自我判定，都认为成绩优秀是其受欢迎的主要原因，这两个个体的独立学习、思维理解能力都较强。

◇ 受欢迎的学生在课堂中往往善于沟通交往，能够起到领导作用。由于学业成绩优异、知识掌握牢固，受欢迎学生在课堂学习中会有较出色的表现。他们一般在班中担任班干部，有一定的领导核心作用。在小组合作中，由于有较强的领导能力，能够成为学习小组中的核心人物。

◇ 被拒绝的学生知识掌握得不扎实，理解、表达能力有所欠缺，在课堂上要么调皮捣蛋或心不在焉，要么默默无闻或窘态百出，是学习、行为习惯偏差的孩子。这是造成他们在群体中被拒绝的主要原因。

◇ 被忽视的学生在课堂上是默默无闻的，他们得不到教师、学生更多的关注，总是游离在课堂之外。他们在课堂上的学习处于较低的水平。

(二) 观察工具

在对不同类型社会关系的学生的观察中，需要将重点集中在个体学生与其他周围的学生及教师的互动上，观察点主要集中在如下几个方面：

(1) 为什么受欢迎的学生会有好的人际关系？他在课堂上是如何与周围的同学互动的？

(2) 被忽视的学生在课堂上是如何表现的，他是如何与同学、教师互动的？

(3) 被拒绝的学生在课堂上的表现怎样？我们需要给他们提供什么帮助？

(4) 教师在课堂上是如何对待这些处于不同社会地位的孩子，他的教学语言、行为、策略对学生的学习及其在班级中的社会地位有怎样的影响？

根据上述观察点和学生的表现，我们制定如下观察单。

观察单3-5 不同社会关系的学生学习白描单

教材版本：______	第___单元 第___课	课　题：______
学　校：______	班　级：______	学 生 数：______
任课教师：______	观 察 者：______	观察日期：______

焦点学生的社会关系	受欢迎（ ） 被忽视（ ） 被拒绝（ ） 受争议（ ） 普　通（ ）
被观察的小组中的社会关系分布	A 受欢迎（ ） B 被忽视（ ） C 被拒绝（ ） D 受争议（ ） E 普　通（ ）
焦点学生关键点 1 的互动白描	
焦点学生关键点 2 的互动白描	
焦点学生关键点 3 的互动白描	

（三）观察实例

下面我们将对上述四（2）班处于三种社会关系中的学生——“受欢迎”的、“被拒绝”的、“被忽视”的——结合具体的数学学习活动进行观察与分析。为了更清晰地呈现，我们不采用表格的形式而是分类描述。

1. 受欢迎的学生

在前期的分析中，我们发现班上两个受欢迎的学生与另一个普通学生结成了牢固的铁三角关系。在这个关系中，以任俐为中心，都是两两对应的，也就是说，呈现出“我喜欢你，你也喜欢我”这种双向的关系。而这个团体与其他学生之间没有太多关联，他们的喜欢只在团体内部发生，而不涉及外部。这在课堂学习中意味着什么呢？我们需要进行深入的观察。这一组任俐是组长，认可她的江君也是组员之一，还有两位男生成绩中等偏下，社会关系普通。照理说，这个小组是异质搭配，能够产生认知上的互补作用，社会关系也不处于冲突状态，合作得应该不错。任俐作为最受学生欢迎的学生，应该承担起团队领导的角色。事实情况如何？请看我们的观察结果。

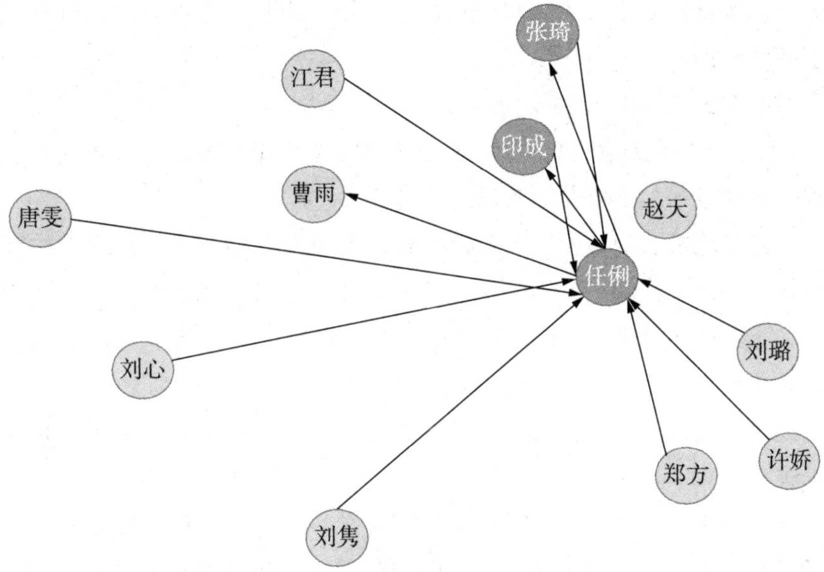

图 11–3　受欢迎的学生的社会关系图①

（1）她完成得很快，却没有伸出援助之手

Z 教师：“红色纸片是这个圆的 1/3，老师将 2 个红色的纸片拼在一起，马上就得到了一个新的分数，我用 2 个 1/3 拼成了一个 2/3，你能将以上任意两个纸片拼在一起，并能马上得到一个新的分数吗？请你们自己摆一摆，并在小组里交流。”

老师话音刚落，这一组学生就开始摆放学具。

任俐动作麻利地拿出学具，很快得出了结果。她悄悄打量了一边的同学。两位男生相对动作较慢。H 摆放学具时，发现少了两块，自言自语地嘟囔。任俐看了他一眼，没有任何反应。江君也没有理睬他，只顾自己继

① 本书中所有的社会关系图都是根据社会关系测量结果所画。线表示两者之间的喜好或拒绝关系，箭头从哪方发出，表示哪方主动提出；若是双箭头，表示两者间相互喜欢或拒绝。

续摆放学具。H 用求救的眼神看了看任俐，任俐还是没有反应。恰巧 Z 老师经过该小组，H 赶紧向她求救。Z 老师好像很了解他，直接提醒他看看学具袋，H 果然从里面找到了遗漏的两块学具。

任俐作为教师眼中成绩优异和同学心目中受欢迎的学生，在独立学习和动手能力方面表现较强，但是身为组长，对于组内其他成员，特别是像 H 这类学习需要帮助、督促的组员不闻不问，表现冷漠。尤其是当 H 遇到困难时，她也没有予以关注和施以援手。作为组长，她没有起到任何组织和引领的作用。

（2）她隐藏了自己的实力

Z 教师："你认为 4/9 + 1/9 等于多少？请同学们用自己喜欢的方法来证明自己的想法，在小组内说服自己的伙伴。"

老师说完后，小组中邻座的两人开始交流了。任俐在小组学习中没有说一句话，她只是倾听，不发表自己的看法。江君边摆学具边说，声音很轻，语言表达不是很流畅。而 B 显出不耐烦的神情，急于表达自己的看法，几次打断江君，江君只能停止。

没过多久，教师宣布讨论时间到了，让学生站起来说，任俐站起来侃侃而谈。

任俐的表现是一种典型的社会漂浮现象。很显然，她隐藏了自己的实力，不想在小组内教会其他学生，即使是认可她的江君也被排除在外，她想通过公开的交流场合表达自己对这一问题的理解，获取教师的表扬。任俐的表现有其个体"独善其身"的原因，表现为不愿意去帮助其他人，认为成绩是自己奋斗的结果，不想和别人进行分享，也不想获得别人的帮助。也有一部分原因与教师的合作指导策略、评价策略等有关。教师可以有意识地通过在合作学习中优化指导策略、改变评价方法等措施来加以改进。

2. 被拒绝的学生

班中被拒绝的学生有 4 位，班中没有人愿意与他们交朋友，其中有 2 位学生居然被 17 位学生在最不喜欢做朋友的人群中写上名字。其中，A、B、C 都是成绩中等的学生，D 是学困生。从教师的描述和学生的访谈中，我们了解到他们行为习惯较差，喜欢惹是生非，所以成为公认的被拒绝人物。我们对 B 进行了重点观察。B 的举手次数远远超过 A 和 C，练习时无论是速度还是正确率也表现不差。为什么他也是被同伴拒绝的对象呢？

（1）“没有讨论完”

Z 老师请同学们交流“5/9 还可以分成几个 1/9”的讨论结果，也许是举手的同学太少，Z 老师就问大家是不是没有讨论完？其他同学没有反应，B 接口说：“对！没有讨论完。”邱杰低声说：“你真过分。”

（2）“你们做得太慢了”

在做书上练习时 B 很快完成了，但是他不断地询问另外 2 位同学：“你们好了吗？你们做得太慢了吧。”另一同学说他烦死了。在核对答案时，Z 老师似乎没有看到 B 高举的手，请了一个大家公认学习成绩较好的学生回答。最后，Z 老师要求同学们完成独立练习，并比一比谁是计算小能手。为了抢得先机，B 没等老师说完就拿起笔刷刷地写了起来，果然这次他第一个完成，Z 老师也看到了，说：“B 的速度是最快的，但不知正确率怎么样。”最后，等所有学生都完成了，Z 老师补充说：“哪位同学做得快老师都看在眼里，但是谁是计算小能手还要等批改以后才知道。”B 有点垂头丧气，有一位同学对他笑了两声。

（3）组内没有发言权

B 在组内很想发表自己的看法和想法。在第一次两人一组讨论时，当老师提出问题后，B 用眼睛瞥瞥两边的同学不知与谁讨论，这时 Z 老师走上前来，告知他讨论的对象，接着 Z 老师就走到讲台前拍了拍手，示意同学们停止讨论，于是 B 就没有讨论，他脸上显出一丝不满。接着，当老师要求用学具造分数时，B 虽然很快就拼好了，但接着老师让同学们说说自己造的分数时，组内其他同学都积极发言，B 只是用手抓抓脸没有发言。

（4）控制不了的行为问题

上课一开始，B 身体向前、嘴微微张开听得特别专心，而后随着课堂的深入他开始渐渐坐不住了，身体左摇右摆，手也不知放在哪里，一会儿挠挠头、一会儿抓抓脸。经观察统计，在一堂课中，他的非学习性行为出现了 38 次，其中，用手碰同桌、主动发起谈话 18 次，但是很少得到回应，同桌只是往旁边挪一挪或是瞪他一眼。

B 这一类学生的课堂表现并非不积极，但在课堂中与他人较少合作，坚持性差，怪异行为多。他们渴望得到重视，但由于一些无效的、不成熟的行为不被群体认同。而且他们对同伴群体的期望反应迟钝，于是有些同学期望通过一些特立独行的行为引起老师或是同伴的关注，进而加剧了同伴和老师对他们的“拒绝”。

3. 被忽视的学生

被忽视的学生似乎已游离于教师和同伴的视线之外，他们虽然有较多的时间和群体在一起，但他们往往逃避双向交往，很少会努力加入群体活动，也极少引起他人的注意。这些被忽视的沉默者在课堂中的表现如何？他们到底在课堂中做了些什么，教师注意到他们了吗？这些学生的心理状态又是怎样的？在一节数学课上，项目组的一位老师对其中的两位学生娇娇和小帆进行了观察。①

根据调查这两位学生的学业成绩在老师眼中都为一般，可以说是不折不扣的中游分子。他们自评的学业成绩也属于一般。

（1）小心翼翼地举手

娇娇、小帆举手次数不到老师提问的一半，即使举手往往也不是老师提问后第一时间，常常是老师都开始点名，他们才小心翼翼地举起手。有几次小帆把手只举到了脖子边，根本没有举过头，Z 老师自然是不可能看见的。只有一次他可能感觉到自己能正确回答老师的问题，于是就高举起手，嘴中还发出“嗯嗯”的声音，可惜 Z 老师没有请他回答。在观察的整节课中他们一次都没被老师点名回答。

（2）左顾右盼做练习

这两位同学完成课堂练习的速度明显比大家慢，特别是起初的几次练习，他们常常左顾右盼生怕自己的答案错误。的确，在几次独立练习中他们出现了错误。到了课的最后，Z 老师就“5/6-5/6 等于 0 比等于 0/6 哪一个答案更好”提问时，娇娇竟然打起了哈欠，但是老师发现，她嘴一张开就闭了起来，强忍住倦意。

（3）尾随他人，没有自己的判断

娇娇和小帆在小组合作中表现得不积极，他们从不主动和组内其他同学进行交流。老师要求小组合作运用学具造分数时，娇娇和小帆自顾自地摆弄学具。当娇娇摆好后，她突然发现自己的摆放与旁边的同学不同，于是显得有些紧张，而后将自己摆好的学具按旁边同学的样子重摆（其实，此题有多种摆放方法，娇娇摆得也是正确的）。在讨论中，组长不要求他们发表自己的意见，也不组织小组讨论，组长只是自己同旁边一个同学交流。在两次的小组合作中，娇娇和小帆一个字也没有说，在组内充当的只

① 源自上海市普陀区平利一小赵艳斐老师的观察结果，有修改。

是听众的角色。

（4）特别遵守纪律

娇娇和小帆可以说是班中特别遵守课堂纪律的同学，他们在听老师的讲解时始终把手放在膝盖上，身体坐正，目不斜视。无论是学具还是遥控器使用后的摆放都按老师或是组长的要求，一丝不苟。娇娇和小帆在上课时普遍表现出不够自信，反应也比其他同学慢，组内活动中他们是胆小的听话者。

4. 让我们深思的

在课堂观察中，我们发现，原先的预估有些在观察中得到了验证，而有些则被调整。

受欢迎的学生并不等同于优等生

从上课的积极投入、合作学习、练习反馈来看，案例中受欢迎的任俐同学的表现与我们的预设有较大的差异。整堂课，她举手的次数不多，只有一次回答时语言表述较为完整，但并没有表现出思维的亮点，尤其是在反应的灵敏度及思维的广度上，没有任何优势。虽然她的成绩很好，但是这种好似乎只是体现在一些常规性的简单的操作上。

受欢迎的学生或成绩优秀的学生并非“领袖人物”

受欢迎的学生未必有很好的人际交往能力，之所以受欢迎可能较多地受老师的影响。他们在班集体中也许并不能起到领导核心作用，未必能充分发挥组长的组织、引领、指导、互补作用，可能还会导致小组合作学习流于形式，难以真正体现自主、合作的作用。

在几组合作学习中，组长都是旁观者，既没有很好地组织引领，也没有指导帮助其他同学。可见，组长们的人际交往及组织协调能力也有待提高。

行为习惯和个性是导致被拒绝的重要原因

案例中 4 位被拒绝的学生中有 3 位在老师眼里数学成绩都是中等偏上的，他们在课堂中学习主动、思维活跃、发言积极，且有一定质量，能在课堂上占有一席之地。可见，学生心目中愿意结交的朋友与对方的学习成绩无必然联系，学习成绩并不是导致他们被拒绝的主要原因，而行为习惯、与人交往的态度以及老师给予的评价都有可能导致这一类学生被拒绝。①

被忽视的学生同样如此。他们往往成绩平平，但不是班中的“差生”，他们通常自信不足，常常得不到老师的关注，也就自然在群体中被忽略了。他们内向、好静、慢性、脾气小、不易兴奋与冲动、胆子较小、比较消极、害羞、不善交谈。他们在课堂中缺乏安全感，不敢在同学和老师面前发言或是表达自己的想法，害怕因为出错而被同学笑话或被老师批评，因而常常表现得小心翼翼、犹豫不决，而在合作中更是显得十分被动。

四、教师如何处理学生的同伴社会关系

在同伴世界中，教师起到很重要的作用。作为同伴社会关系中的“成人代表”，教师总是被学生期望来“主持公道”。教师对每一位学生的公正对待将极大影响同伴世界中的秩序。如果教师对某一类学生“偏心”或“讨厌”，这一类学生往往会成为同伴“羡慕妒忌”或“厌恶”的对象。

（一）首要原则：对所有学生公平公正

孔子很早就说过：“其身正，不令而行；其身不正，虽令不从。”这句话虽然是对从政者说的，但对教师也是如此。在处理微妙的同伴关系时，教师的首要原则就是保持对不同群体学生的公平公正。正如亚里士多德所说，“公正自身就是一种完满的德行，它不是笼统一般，而是相关他人的。正因为如此，在各种德行中，人们认为公正是最主要的”。但是，公正是一个非常复杂的问题（桑德尔，2011）。有时候教师认为自己做到了公正，但学生并不这样认为。

在日常的学校和课堂生活中，学生对“不公正”有自己的领悟和感受，他们不能清晰地说明什么是公正，但却能时时刻刻在与教师、同伴的点滴相处中感受什么是公正。设想这样的情境，一位学生在课堂上不停地说话，以至于干扰了其他同学的学习，作为教师，我们是容忍他在课堂中喋喋不休，还是让他站起来，站到教室的角落甚至课堂外面去？我们是否应该为了全班同学的福祉而剥夺这一学生的学习机会？如果这位学生是一个成绩很差、品行又不好的学生，你会怎样做？而如果这位学生是一个成

① 源自上海市普陀区平利一小沈文老师的观察结果，有修改。

绩非常好的学生，你的做法是否又会有所不同？

即使是教师日常一些不经心的某种行为，如调座位，向学生借红笔批改作业，赞扬一方、打压另一方，甚至一颦一笑等，都可能使学生产生一种不公正的心理反应。当然，这与学生的个人价值倾向和情感体验也是相关联的。

对不同的学生群体保持同样的公平正义是很难的，却是至关重要的，诸多的愤怒、惊恐、厌恶、阴暗的谋略都是在不公正的环境中滋生出来的。公正是最有效的遏制师生之间、生生之间消极的微观政治影响、消极情感的有效利器。

（二）采取适宜的、有针对性的课堂策略：来自案例观察的启示

我们尝试以一个五年级学生 P 为焦点，考查他的两位教师——英语教师和数学教师在处理同伴问题上的策略有何不同。之所以会选择 P 和他的这两位教师，主要是由于这样一个现象。P 学生的数学成绩很好，但是英语成绩很差。在三年级，他们换主科教师的时候，P 的英语和数学成绩都差不多，都是中等偏下的水平。而到了五年级，P 发生了很大的变化，数学成绩突飞猛进，达到了中上水平，而英语成绩一路下滑，成为教师眼里的“差生”。在这样一个转变过程中，P 的英语和数学教师产生了怎样的影响？我们通过学生访谈、教师访谈、对两节英语和两节数学课堂的观察来探讨现象背后的原因。

最喜欢的课和最不喜欢的课

据 P 的班主任 L 老师说，P 三年级刚进来时，数学只考了 64 分。这几年 P 的数学成绩越来越好，在五年级的这次期中考试中，P 数学考得特别好，得了 94 分。P 刚进来时，英语成绩也不好，考了 68 分。到现在，英语成绩越来越差，一直就没有及格过。

在对 P 的访谈中，P 说，他最喜欢上的课是数学课，最先做的作业也是数学，作业做得最快的也是数学。从 P 的作业本上我们发现他的数学作业本正确率最高，甚至还有全对。P 说，他最不喜欢英语，做英语作业是最慢的，都是放到最后才去做。翻看了 P 的英语作业本，错误率远比数学和语文高得多，而且很明显，英语作业有时候都是瞎写。

进一步问 P，为什么喜欢上数学课。P 脱口而出：“W 老师对我很好，在他的课上，说错了也不要紧，W 老师也不会骂人，他不偏心。”当问他

为什么不喜欢上英语课时，他想了想说：“G 老师不喜欢我，自己一上英语课就紧张、就有压力。因为 G 老师对我不怎么好，她最偏心。”

“他的英语成绩比我好，老师很喜欢他”

P 特别提到了课堂上同伴关系的两件事情。

有一次上英语课，C 拿大橡皮扔我，我告诉了 G 老师，但 G 老师不管，因为 C 英语成绩比我好，所以她就不管了。我很生气，下课后就告诉 L 老师，还是 L 老师管的……

还有一次订正英语作业，体育老师叫我们几个人去游泳，没有叫 F，但是 F 也想去，然后 G 老师就说“P，不许去！F 去”。我游得比他好，他的英语成绩比我好，老师很喜欢他。最后他去了，我没有去成。当时大家都笑起来了，我觉得很难过。最后还是 L 老师跟 G 老师说才让我去的。后来每次去游泳 F 他们都用这件事来笑话我……”

数学老师的课堂

P 的数学老师是 W 老师。我们观察了 W 老师的一节新授课和一节拓展课。上课前，W 老师带领学生把上节课的内容复习一遍，然后告诉学生今天要学的知识。W 老师上课时课堂很热闹，学生可以比较自由地发表看法，而 W 教师及时引发学生间的相互讨论，并予以反馈。

W 老师将课堂上做的习题由两个学生相互念出答案，其他学生则互相交换作业本批改，对完答案后再让班上全对的学生举手以了解该小节学生的学习情况。对于学得好的学生，W 老师给予了及时鼓励。

放学后，W 老师对作业做错的学生进行补差，P 原来是 W 老师重点补差对象之一。W 老师说，她有时会帮 P 订正作业到 7 点（他们 4 点就下班了），以致 P 的奶奶不满地跑到学校找校长，说他们家因为 W 老师的补习，晚饭经常要叫外卖。可是 W 老师依然给 P 补习到他全订正好了为止。后来 P 的数学成绩上升后，P 的奶奶这才同意并感谢了 W 老师的做法。

在访谈中，W 老师认为，这个班的基础比较差，学生现在需要的是鼓励、体验成功，尤其是像 P 这样的小孩。W 说：“在上次期末考试之前我跟大家说，好好考，90 分以上的给买巧克力吃，带你们出去玩。P 最后考得很好。我也忍痛停了一次课带他们出去玩了。”

英语老师的课堂

听了 G 老师的两节课，第一节课听下来没有弄清楚当堂课的教学目标是什么：前半部分是练习“What's the weather like?”后半部分又训练学生练习“be going to”的句型，二者之间没有任何关联。第二节课是由一首“Ten fat sausages”的英文歌导入，主要是练习“What do you want to eat?”“I want to eat…”这两个句型。在实际的教学过程中，发现很多学生对G老师提供的食品和使用工具不是很熟悉，很多是第一次遇到，如“Spaghetti（意大利面）”，这是个多音节的单词，学生第一次接触，G老师只是在简单教读后就让学生操练句型，很多学生回答的时候不能很好地拼读出这个单词。

当问及有关P为什么英语学不好的问题时，G老师说是因为他上课不听讲，学习没有兴趣，还有家庭的原因。当继续问她是否了解P的家庭时，G老师说她只知道P跟着奶奶生活，具体的让我问P的班主任。

通过以上的对比观察和访谈，我们可以推论，这两年，P之所以在数学和英语学习上产生了巨大反差，除了自身因素，两位教师所采用的不同的课堂策略和师生、同伴关系策略也是重要的影响因素。联系第十章的积极学科情感，P在数学课上可能达到了“投入”的水平，而在英语课上则呈现为“抵制”水平。而之所以会产生如此大的反差，P所说的“偏心”是重要原因。在P的心里，W老师的不偏心和G老师的偏心形成了强烈的对比，由此P对G老师产生怨恨，进而迁移到课堂学习上。

（三）对处于不同社会关系的学生给予有针对性的支持

不管成绩好坏，学生都有可能受到社会关系的困扰，从严重度上来说，一般是被拒绝的 > 受争议的 > 被忽视的 > 普通的 > 受欢迎的。我们需要有重点地给予这些学生支撑和帮助。而从更好地促进同伴文化的角度，了解不同社会关系的学生需要怎样的人际帮助或许更加重要。

1. 被拒绝的学生需要得到更多的指导

被拒绝的学生需要得到关于行为习惯、生活习惯，如何与人表达自己的愿望，如何克制自己的情绪等方面的指导。根据观察分析，被拒绝的学生都存在着不同程度的冲动行为，遇到一点困难和挫折，他们就难以控制内心的焦急、紧张和愤怒，无辜的同学往往成为他们发泄的对象；而获得一点成绩，他们就沾沾自喜，到处炫耀。这些行为让其他同学厌恶，而他们自己还不知觉。同时，被拒绝的学生所处的家庭往往也存在一些问题，他们或来自单亲家庭，或在家庭内得不到关爱。面对这样的学生，只靠教师的单兵作战很难起作用，需要家长和教师、学校一起制订个别化的教育计划，从日常交往的基本技能上逐步予以改进。

2. 帮助受争议的学生找到受争议的原因

受争议的学生接收到的集体信息通常是矛盾的，有些人接受他们，有些人拒绝他们。随着年级的增长，这一部分学生的比例会逐渐增加。他们通常被认为是“有个性”的孩子，他们往往因为某一方面的特长，如学习成绩、电脑技能、人际关系、阅读面等受到一部分同伴的喜爱与追捧，但却也可能因为个性因素受到另一部分学生的排斥。面对这样的学生，首先要弄清楚，引发他们受到争议的原因是什么。在交流的时候，要让他们放松，产生充分的情感表露。找到原因后，可以增加学生之间交流的机会。此外，受争议的学生通常不愿意隐藏自己的看法，而是直接表露自己的不满或赞扬情绪。教师可以采用移情、角色扮演等方法，让这一部分学生在表达自己观点的时候考虑措辞，顾及他人的感受。

3. 被忽视的学生需要得到增强自信的机会

经常遭到同伴忽视的儿童会感到焦虑和紧张。在课堂学习和与同伴日常交往中，他们总是会产生“我不如他”的心理，缺乏主动交往的勇气。对此，教师可以通过“找优点”等活动，让学生明白自己在同伴心目中原来也是很优秀的，提高他们人际交往的主动性。如果教师能给学生营造一种民主的、支持性的环境和氛围，在很大程度上能缓解和转化学生因为遭到同伴忽视而产生的不心良态。课堂上教师特别要注意对待这类学生的态度，要亲切、和蔼、耐心、细腻。他们需要更多的鼓励、支持，需要得到更多的关注机会来获得同伴的接纳与认可。在小组活动中教师也要指导学生进行组内分工，让每个学生都有表现的机会。让被忽视的学生感受到更多的安全感，并体验正确的交往方式。学生一旦认识到教师、同伴是愿意听取自己意见的，组内学习是放松、快乐的，并形成正确、向上的交往习惯后，他们就会愿意和同伴进行交往，积极参与小组合作。

4. 普通学生需要更多地融入班集体

普通学生构成了班级的大多数，他们在班级内可能有一个固定朋友，他们独立形成一个小团体。这些学生需要和班级有更多的交融。教育这类学生时要多关注他们的内心变化，要动之以情、晓之以理，切不可简单粗暴。日常的课堂教学中，教师在评价学生的时候，不仅要表扬表现出色的学生，也要表扬有一些进步的学生，这样就会让每个学生都感觉到自己受到了关注，感受到自己的价值所在。

5. 要让“受欢迎”的学生真正受欢迎

“受欢迎”的学生就没有人际困扰吗？在观察中发现，有些“受欢迎”的学生之所以受欢迎并非是由于自己的社交技能，而仅仅是由于成绩好、经常受到教师的夸奖，如案例中的任俐。他们认为，自己的成绩好是由于自己努力而得来的，不想与其他同学分享自己的学习经验，对成绩不好的学生“不以为然”，甚至产生歧视心理。对于这样的学生，在班会或课堂教学中教师需要创设情境，让学生进行角色互换的表演，让学生学会换位思考，理解那些处于弱势地位的伙伴。而对另一些“受欢迎”的学生来说，为了获取他人的“欢心”和认可，他们有时候会“委曲求全”，不会说“不”。对于这一类学生，教师要让他们学会委婉地拒绝，避免不必要的人际压力。

第五部分

课堂数据的多元分析

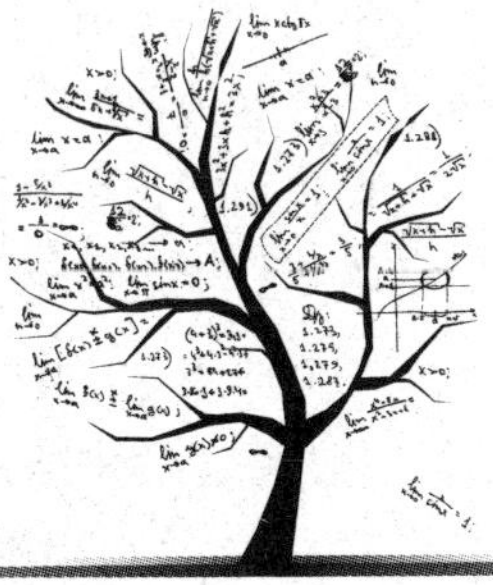

Di Wu Bu Fen

ketang shuju de duanyuan fenxi

第五部分 课堂数据的多元分析

曾经有老师对我说，在做课堂观察的过程中，最苦恼的是，收集了数据，但不知道怎样去用它们，也不知道怎样用它们来改进自己的课堂，觉得收集的数据好像没什么用，感觉不到自己的进步与变化。之所以如此，症结在于没有对数据进行充分的处理。数据处理充分与否，关键是看数据背后的深层问题有没有被揭示出来，有没有在问题解决上找寻到可能的路径。课堂观察如果不伴随多元的、深入的分析，没有观点的激荡与课堂的重构，那么无异于数据汇报，对教师的促进意义是有限的。

第十二章

同一课堂数据的多元解读

曾经有老师问我，为什么设计了观察方案，开展了观察活动，组织了观察后的讨论，但却没有明显的进步？其实，课堂观察只是做了数据收集的工作，更重要的在于对数据的处理与分析，分析是否到位、是否有深度，是影响后续的课堂改进和教师专业发展的重要因素。现在，很多学校花很多时间在工具设计上，却吝啬于课后分析的时间，这实际上是将课后分析简单化为“数据汇报”。对教师的课堂改进而言，数据汇报只能起到“警示”作用，却很难表明改进的方向，这就导致课堂观察“有观察没记录”、“有数据没分析”。那么，怎样进行分析呢？

即使面对同一课堂中的数据，也有多种解读的可能。同样的记录和数据，有的教师什么都看不出来，有的教师能从中看出别人看不到的东西。这些都取决于教师独特的分析视角、实践智慧和对这一主题的认识程度。有差异和对比的解读，构成了认知上的矛盾和冲突，有助于丰富我们对课堂复杂性的认识，促进教师相互学习，形成智慧的积累。

一、评课的“反反思”困局

评课的过程是教师处理、分析课堂信息的过程。评课主要依赖于教师的个体素养。对于学养深厚、经验丰富的教师来说，评课中往往能够产生精辟和富有洞见的课堂评论或建议。这样的评课效果并不比课堂观察差。目前学校层面的听评课为人所诟病的方面，主要是其中的研究成分比较少，随意性较大，太过于依赖个体的主观感受。为了更深入地分析评课中的信息处理过程和课堂观察的差异，我们倾听了一部分教师对评课的看法，收集了部分评课稿，并录制了一些学校开展教研活动的过程，以此来分析评课中的话语和互动方式。

（一）评课中的教师叙事结构

每一种评课方式都代表了一种叙事的结构。评课集中地体现了教师对课堂、学习、学科本质的个人观点，理应带有比较浓厚的个人色彩。但是，在评课的话语分析中，我们却发现了一些具有普遍意义的叙事结构。在评课中，教师们总会自觉不自觉地遵循这样的叙事结构进行评课。

1. 套公式的叙事结构

有教师评课是带着公式和程序的。他一定要从教学目标开始，将上课教师的教学目标叙述一遍，然后谈到教材的处理、教学流程、教学方法、教学基本功、学生参与度、课堂教学效果和课堂氛围等，娓娓道来，面面俱到。这样一套公式化的流程下来，听的人已经非常疲倦，不知道他到底要表达什么观点。

2. 以观念为中心的叙事结构

有教师评课只是谈观念，很少涉及实际的课堂教学内容。他们在评课中大量借助普适性的观念来解读课堂，而在观念与实际的课堂之间没有清晰的联结轨迹。下面的一个语文教研组长对《深刻与伟大的另一面是平和》这堂课的评课，就是一个典型的例子。

语文课程标准中明确指出：语文是人类文化的重要组成部分。语文课程的基本特点是工具性与人文性的统一。

黄老师通过拆解传主（鲁迅）的社会身份，让学生初步体会回忆录性质的传记的特点，目标明确，结构清晰。通过东亚鲁迅、盲人摸象等资料的导入，让学生在多种阅读中了解作为父亲、师长和丈夫的鲁迅，凸显了语文选修课教学的自主探索味。

黄老师的课堂凸显了自主、合作、探究等学习方式，创设出了一种平等、和谐的对话环境，体现了师生、生生互动的多维性，体现了新课程的理念。

在上述评课稿中出现了“工具性与人文性的统一”、“自主探索”、“情境创设”、“自主、合作、探究”、“平等”、“和谐”等多个观念，但是这些观念又缺少课堂细节的支撑，从而使得整个的评课都是从观念到观念。

3. 复述教学流程的叙事结构

有教师评课就是在复述课堂教学，尤其是复述课堂的教学流程，包括教师做了什么、具体的教学环节是什么、环节的价值和意义体现在哪里等。比如，有人这样评课：

一开始，教师就紧扣中心，提出问题：你们知道电灯、电影、留声机是谁发明的吗？爱迪生是怎样成为世界闻名的发明家的？让学生带着问题自学课文，然后再回答课后作业第 1 题。这样提出问题，目的是激发学生的阅读兴趣，调动学生的学习积极性。

然后，教师揭示第一、二段爱迪生“家里穷”与“热爱科学”、“做各种有趣的实验”之间的内在联系。要求学生画出前后有联系的词句，让学生体会到兴趣是激发发明创造的动力因素。……

接着，揭示第三段爱迪生在做科学实验中受到沉重打击，“他的一只耳朵打聋了”与第四段爱迪生“还是顽强地做实验”之间的内在联系。

这样一种复述教学流程的叙事结构非常保险，不会涉及对教师上课质量的评点。但是，这样评课的目的和价值体现在哪里呢？就流程讲流程，没有学生的参与，也没有学生在此过程中的习得，这样的评课对上课教师和参与教研活动的其他教师来说意义不大。

4. 提炼教学价值的叙事结构

还有一种典型的叙事结构是提炼教师的教学价值。评课的人往往从这样一些方面总结一堂课的教学价值：教学热情高涨，充分调动课堂氛围，学生兴趣被激发，导入新颖自然，教学思路清晰，活动形式多样等，以这些词作为串联整个评课过程的关键词。

以上几种叙事结构几乎可以用在任何的听评课中，而与具体的听课内容无关，这样的评课很难引发参与者的共鸣，也很难起到诊断、分析、改进课堂教学的目的。上述评课中的叙事结构不仅“学生学习”缺位，而且忽视了课堂中的生成、课堂细节，将复杂的课堂教学简单化，没有充分体现出学生在课堂上的主体地位和课堂教学本身的不可预测性，从而造成叙事结构的单一倾向。长此以往，将会让评课变得枯燥乏味。

（二）评课中的互动结构

评课的过程是一个互动的过程。通过互动，人与人之间的态度、感情与行动相互影响，进而改变彼此的行为模式。在评课的录制中，我们发现评课中的互动存在一定的结构性，它在一定程度上反映了学校内外不同群体的社会和权力结构。

学校教研组层面上的评课反映了教研组这一团体的结构，区、片级层面上的评课反映的是教研员、学校行政人员与教师群体之间的结构，而学校若是邀请学科专家作为主要评审者，则反映了专家与教师群体之间的结构关系。

1. 上课者的单向发起与终结

每次上完课后，评课一般都是先由上课教师发起。上课教师往往会首先提出自己的教学目标、教学设计，然后谈到自己在这堂课上的表现，最后展开自我批评，提出自己在上课过程中的不明白的地方。几乎所有的上课教师都被安排在第一个发言。评课的过程应该是上课者和评课者平等对话的过程。第一个发言，也是为了保障上课教师的话语权，阐明课堂设计和实施的目的。但是，上课者的发起形式大于实际意义，评课者很少会针对上课者的发言进行回应，上课者所提的问题和困惑也很少在后续的评课中被提及。上课者的发起就意味着他的话语权的终结。他很难在后面的评课中对自己进行辩驳，或者对某一观点发表自己的意见。

2. 微观学术权力的拥有者决定评课的主导方向

在不同类型的评课团体中都有一些微观学术权力的拥有者。他们或者是特级教师，或者是教研员，或者是大学教授，或者是教研组长，或者是校长。他们的地位和身份意味着其在这一评课团体中的言说分量更具有权威性，他们的观点决定了评课的主导方向。如果他们说一位教师上的课“没有语文味”，其他评课者往往就会顺着这一思路寻找或论证这一观点的合理性，而很少表达相反的观点。上课教师如果此时表示不同意见，就会被视为挑战权威，挑战评课的应有规范。评课沿着权力拥有者的轨迹前进是微观学术权力与地位的象征。

即使是在校内教研组层面中的听课，也存在这样的现象，主要体现在每次听评课的时候基本上都只有一两个人在发言，而当教研组长或资深教师提出一个带有倾向性的观点后，其他教师随后的意见主要是附和、论证这一观点，而很少有不同的观点。正如一位教师这样写道：

每次评课都是说一样的话，在一堂课中，我不知道还可以衍生到其他课中，不知道还有另外的解释方法。在学校里很少有观念的碰撞，老教师说了，我们这些年轻的教师总不好和他唱反调，而且有时候虽然觉得他说得不对，但至于怎样是对的，自己也把握不住，想想就算了，不要献丑拿出来讨论了。

在这样的互动结构中，毫无疑问，教师群体是属于比较弱势的，上课者更是弱势中的弱势。上课者往往处于被动应答的状态，其余的听课教师则处于“陪听”状态。“评者”高高在上，“被评者”俯首帖耳；“评者”是权威，“被评者”是等待宣判的“罪犯”；“评者”大权在握，“被评者”胆战心惊，怕被揭“伤疤”。在这样一种规范下，大家又怎能展开平等的对话？

3. 单向传递强烈的价值判断倾向

在评课互动中，“价值判断”是不可避免的。但问题是，许多评课者尤其是拥有微观学术权力的人，往往表现出强烈的对课的“鉴定”倾向，比如他们经常会使用这样的表述：这是一节“好”课，这节课“体现了新课程的理念”，这节课上“学生没有动起来”等。这些向上课者和参与者传递的话语，就像是古董专家在鉴定古董的真伪和等级。这一价值判断的过程没有对学生、教师课堂信息的收集和客观的“议”。由于缺少“议”，评课过程中就没有多元的声音，致使评课呈现封闭性。而且在传递这些价值判断的过程中，上课者和其余听课者很少做出冲突或交锋，从而表现为一种单向传递性。

（三）评课的“反反思”困局

不管是评课的叙事结构还是互动结构，都揭露目前的评课面临的一个困局——“反反思”。什么意思呢？评课本来的目的是促进教学的反思与改进，促进教师在对课的不断思考和实践中成长。但是，当下评课所表现出的现状却是用一种声音遮蔽其余的声音，用一种清晰的不容置疑的话语或观念掩盖课堂的复杂性。这种不容置疑剥夺了教师的反思权力，相当一部分教师处于集体无意识之下，他们用专家的思考代替自己的思考，很难对一堂课提出客观而又有深度的分析与见解，很难突破评课中的固定叙事结构，更难对微观学术权力者的观点说“不”。

课堂从某种程度上来说是不能评的，因为它太复杂，太具有发展变化的可能性。一种措施在评课者看来是无效的，但却有可能适用“这个”班级的学生。在某种角度看是完满的实践，从另一种角度看，却可能会被全盘否定。教学的复杂性导致了不确定性。我们只能不断接近，只能说“可能这样更好，更理想”，但却永远也无法说“教学就是这样，就应该这样”。在复杂的教学中，我们都要有一颗谦逊之心、聆听之心。没有谁是最终的裁决者，教师所做的努力和思考我们未必了解，我们所想到的问题和措施教师未必没有想到，我们所想到的，教师未必没有尝试过。

相比之下，我们的课堂解读太清晰了，我们总是试图在评课中给出一个“是非对错”。对于某一课堂片段，往往只有一种声音，这种声音似乎就成为所有教师的共识。这种思路在很多以“教学模式”著称的学校中是很常见的，而且与校内的备课、磨课、教师晋升制度都密切相连在一起。这正是这些学校往往被人诟病以“难有名师”的软肋。如：

作为享誉全国的洋思中学，最令蔡校长不满意的恐怕就是还没有几位在全国比较有影响的名师，这与洋思中学的知名度是不相称的，也是外人最难以理解的。然而，看看洋思中学的校本培训，也许我们可以从中找到部分答案。每年暑假，洋思中学都要进行为期30天的校本培训，组织全校教师（尤其是新教师）学习“先学后教”、“当堂训练”的理论和模式，然后进行赛课和评课，新教师过关后才能上岗。为了强化这种教学模式，他们还实行以老带新，对师徒进行捆绑考核。不难看出，教师要想在洋思中学立足，就必须采取这种统一的教学模式，否则就会“下课”（向中军，2010）。

有人对多样的解读感到迷惑，甚至是害怕。一堂本来很清晰的课，怎么会有那么多人有不同的解读？于是，他们便统一思想，要让教师们形成一致的观点。在当下，有那么多的人照搬“洋思”、“杜郎口”，但却很少有复制成功的。为什么？正是因为很少有学校组织教师去深入探讨这些模式的观点，很少有学校让教师去质疑、追问这一模式，也就堵住了不同人的解读可能。

可以说，集体备课、磨课的做法与评课的叙事结构和互动结构是相连的，它们共同作用形成“反反思”的困局。破解这种单一叙事和宏大叙事，涉及学校教育的目标和使命。因为学校只要过于追求效率，就会强调统一的备课和上课模式，进而产生单一的叙事风格。这种主流的故事脉络和线索制约了教师对同样的教育现象进行创造性解读的可能性，同时也就制约了教师的教育智慧以及用自己的经验重构课堂的可能。而长期习惯于此的教师，也失去了重构的能力。

从群体动力学的角度来看，这种“反反思”的困局也是由于教师群体的性质过于单一引起的，同一教研组内的教师往往有相似的背景，思考方式和话语体系也很类似。根据谢里夫（Sherif）的研究，当人们在团体中进行判断时，个人的评价会参考其他成员的评价而不断做修正，直到团体达成共识为止。即使个人在加入团体之前有自己的看法和见解，但在加入团体之后，在持续的团体互动下，个人会放弃自己原先的看法，而与其他成员的意见渐趋一致，此时就形成了团体规范。谢里夫将此种情形称为“漏斗模式”（Funnel Pattern）（Forsyth，1999）。

这种同质化的观点的不断强化，就有可能形成新制度主义所谓的深层次的制度要素，即文化—认知的机制（Scott，2001）。文化—认知机制的同化作用是巨大的，它会让教师逐渐形成一套大家共享的认知范本和行为图式。

仅从评课的角度看，一种破解的方法就是建构多元解读的可能性。即将参与者的关注焦点转移到课堂上的现象，不是对课作鉴定，而是围绕课堂上的事实和现象，探讨原因，展开教学想象力，研究发展变化的可能性和实现条件。在讨论中，最重要的是丢开一切抽象的语言，只说出自己对所观察到的事例的真实感受和具体事实本身。只要大家能相互交流自己朴素的感受到的一切，就必然能学到许多意想不到的东西。

二、同一数据的多元解读

课堂需要进行多元的解读。同一个课堂，不同的人站在不同的立场，基于以往的教育经验，可能会产生截然不同的分析与判断。从某种程度上说，这是一种好现象，因为这种做法可以突破当前听评课中过于“单一叙事”的倾向，而创造更多元的故事叙述，让教师们在此过程中更加明辨自己的教学技术和观点。这种多元解读有助于我们从多个不同的角度来看待同一个事件和数据。

《人民教育》2009年第21期《解放学习力——先学后教，当堂训练》一文中介绍了以下一堂初中数学课。

没有任何的“热身”，直接进入主题。

“同学们，今天我们一起来学习教材第15章的‘同底数幂的乘法’。”老师边说边板书课题：“请看本节课的学习目标——”

随即，多媒体出示：“1. 理解同底数幂的乘法性质；2. 能够准确地运用同底数幂的乘法性质进行计算。”学习目标就是教学目标。

确认每个学生都看完之后，刘老师并没有开讲，而是请大家自学：“为了使大家更好地理解同底数幂的乘法性质，请大家按照自学指导，立

即紧张地自学。”

以下是自学指导：

● 认真看课本 141–142 页练习前面的内容，注意通过解答第 141 页“探究”中的问题，理解同底数幂的乘法性质。

● 例 1 是如何运用这个性质的？6 分钟后，要检测大家运用这个性质的能力。

学生们立即全神贯注地看起书来。老师轻轻地、慢慢地巡视，偶尔俯身轻声督促个别学生要专心。

大约过了 5 分钟，自学结束。

老师还是没有讲，而是要“考”大家：做课本第 142 页的 4 道“练习”——

（1）$b^5 \cdot b$；（2）$10 \times 10^2 \times 10^3$；（3）$-a^2 \cdot a^6$；（4）$y^{2n} \cdot y^{n+1}$。

2 个学生（均为后进生）板演，其他学生在练习本上完成。教师巡视，注意发现学生练习中的错误。这是“检测”，检测学生是否理解了同底数幂的乘法性质，检测他们自学的效果如何。

果不其然，板演的一个学生暴露了问题：$-a^2 \cdot a^6 = -a^{2+6} = a^8$

刘老师也发现下面的学生这道题的答案五花八门，有的甚至是 a^4！她什么也没有说。所有的学生都做完了。她还是什么也不讲：“同学们，我们一起来看一下黑板上板演的题，这两名学生运用同底数幂的乘法性质，正确吗？如有不正确的地方，请大家帮助他们更正。”

大家更正的都是第 3 道题。

一个学生直接写上答案 $-a^8$。

另一个学生觉得不完全对，进行了补充：$-a^2 \cdot a^6 = -a^{2+6} = -a^8$。

在他们进行更正的时候，老师不作判断，而是鼓动大家：“请同学们积极动脑思考，这两个同学更正得是否正确，他们更正的依据是什么？还有没有不同的答案？”

又一个学生上黑板更正：$-a^2 \cdot a^6 = a^{-2+6} = a^4$。

再也没有人要更正了。

刘老师引导大家对比观察、讨论两个板演学生每道题的每一个解题步骤是否正确，并解释原因。

讨论的焦点在第 3 题。

“这 3 个答案，到底哪个是对的？”刘老师还是没有讲，而是分别请几名学生回答什么是自己认为正确的答案，为什么。

一个学生说："正确答案是 $-a^8$。因为 $-a^2$ 与 a^2 的相反数相等，所以 $-a^2$ 与 a^6 的底数相同，因此可以运用同底数幂相乘的性质。"

教师在答案 $-a^8$ 的后边批个"√"。

答案是 a^4 的学生很快就认识到了自己的错误。"那么谁能纠正答案是 a^8 同学的错误呢？"

很简单，一个学生说："$-a^2 \neq (-a)^2 \neq a^2$，$-a^2 \cdot a^6 = -(a^2) \cdot a^6 = -a^8 \neq a^8$。"

老师引导到一个被孩子们忽略的问题："第 4 小题的指数与前 3 道题的指数有什么不同？""最后一道题的指数是多项式，而前边几道题的指数是单项式。""很好。我们来看下面这道题。"

这是道引申题：$(a+b)^2 \cdot (a+b)^3 = ?$

"谁会做这道题？请举手。"

老师叫了一个后进生。"a^5+1。"

"有不同答案的吗？"

一个学生回答："应该是 $(a+b)^5$。""同意的同学请举手。"刷刷刷，所有同学都举起了手。

"为什么？"

"$(a+b)$ 是一个整体，所以它的底数是 $(a+b)$。"刚才应答的学生解释。

"同意的同学请举手。"小手如林。

刘晓书放心了：如果这个变式绝大部分学生都会了，那说明他们对同底数幂的乘法的性质理解到位了。

还有 15 分钟。她立刻转入最后一个环节——当堂训练。

"同学们，通过本节课的学习你们会运用同底数幂的乘法性质吗？下面老师就要检测大家准确运用这个性质的能力，比一比，谁的作业得满分。"

课堂作业来自学校为学生订购的唯一一本教辅材料——河南省基础教育教学研究室编的与教材同步的《基础训练》：

必做题：第 89－90 页的第 1–17 题；

选做题：第 90 页的第 18 题。

要求：书写工整，独立完成。

没有一个人交头接耳，每个人都专心致志做自己的作业。教师轻轻走过每个学生，只看，不说。

下课铃响，所有学生都把作业本交给老师，课结束。

从叙述的方式上看，以上这篇文章基本上可以算是我们在第十一章介绍过的白描手法，没有过多的修饰或判断，对学生的表现和教师的表现也进行了比较详尽的观察。对于这一堂课，不同背景的人产生了截然不同的解读。

解读一：创造奇迹的课堂改革

在《人民教育》刊登的这篇文章中，记者给出了如下评价："这是一堂与时下许多'新课堂'、'新数学'格格不入甚至相互抵牾的课。……而正是这样的课堂，改变了永威，创造了奇迹。"（赖配根，2009）他告诉我们：

一节课的经典模式大概分为4个模块8个小环节：辅助环节（约1分钟，包括板书课题、出示目标即学习目标、出示自学指导）→先学（约15分钟，包括读书看书、检测练习或提问）→后教（约10分钟，学生相互更正或曰兵教兵、师生讨论）→当堂训练（约20分钟，即完成作业）。刘晓书的课大体是这一经典模式的再现。

解读二："精讲多练"的极端化，是一种分数教学

对于上述教学模式，有教师给出了截然不同的看法。有教师认为，在这节课上，教师讲的时间只有六七分钟，大量时间都留给学生学习，与过去的精讲多练如出一辙，其本质就是题海战术，而题海战术是培养学生"双基"的法宝。

上述的教学方式是在强迫教师重新追求"精讲多练"，这种方式会把教学目标定位得过死，过分强调知识及技能目标的实现，其结果必定会削弱其他目标（情感、态度、价值观等）的实现，我们的教育就会失去人文性。

这种培养目标无非就是两个字——"分数"（或者说"考试"），他们的课堂注重的无非是学习"功课"，这样做在"分数"上确实取得了令人瞩目的成绩，100%的及格率、升学率和每科分数都在90分以上，不能不让人钦佩！但对于其他的呢，我发现众多媒体报道只字不提（空谷幽兰，2011）。

解读三：一节体现了三维目标的好课

有教师认为，在这节课上，情感、态度、价值观的目标是建立在学生的成绩、学习能力和方法的基础上的：

> 我是在一月前就读到了这篇文章，当时就很受教育。觉着应该好好实践，提高学生的学习效率。特别是蔡校长关于“情感、态度、价值观”的理念，我很受教育。情感、态度、价值观的目标必须建立在学生成绩的基础上，建立在学生能力和方法的基础上，否则，情感、态度、价值观的落实只能是一句空话，或者只是一个标签（王庆训，2009）。

解读四：强调知识与技能的目标，而忽视了情感目标

很有意思的是，与上述论调恰恰相反，也有教师认为，这节课上所呈现的知识是抽象的，是没有情感的，而这样的课堂中情感不能“自然而然地发生”，即使发生了，也是负面的：

> 整堂课的信息只有抽象的、与社会生活毫无关联的数学习题；学生的活动只是一味解题，对数学的思维方式特点、数学的应用价值、数学的美等几乎毫无涉及；教师的活动也只是对学生解题思考的引导。
>
> 说“教师情感到位了，学生情感就能到位”，但教师的情感何在？除能看到教师对独立、细致思考精神的激励之外，你能看到教师对数学价值的熏陶、数学思想方法的感受与领悟、数学美的鉴赏等更丰富情感、态度与价值观的教育吗？看不到！这样的教学恰恰让学生不知不觉受到了“数学不过是解题而已”这种错误观念的毒害（shch002，2009）。

在上述的案例中，我们看到，对同样的课堂教学现象，产生了多种解读，而且这些解读有的是相互矛盾的。解读一认为这堂课创造了教育奇迹，是一节具有改革先进性的课；解读二却认为它是旧有教育传统的糟粕，是分数至上课堂的极端体现；解读三认为这节课让三维目标很好地融合在了一起，让学生在知识学习的过程中自然而然获得了情感的体验和价值观的实现；而解读四却认为这节课根本没有关注情感、态度、价值观，只关注了“双基”，让学生只知道解题，成为了解题的机器，而没有欣赏到数学的美感。

这种多元观念的冲突在现实的听评课中是比较少见的，因为这会造成一种“混乱”。现实学校中总会因为行政的强势而产生一面倒的声音。然而，“混乱”是课堂多样化重构的前提，是课堂复杂性的重要体现。课堂本身就是一个“混乱”的所在，就像迈克尔·富兰的比喻：好比一次有计划的旅程，和一伙叛变的水手在一只漏水的船上，驶进了没有海图的水域。这种“混乱”源于课堂教学中“人”的复杂性、教学情境的复杂性、知识本身及其选择传递的复杂性等。我们需要不时地让自己陷入冲突、矛盾之中，由此产生对教学、学习的敬畏感。

三、课堂数据的三步分析法

除了借助类似以上这些极端案例来研讨、建构冲突的情境进行多元解读外，在日常听评课的情境中，我们需要借助于课堂数据，分析现象背后的观念，进而重构观念。正如观摩同一节课，新手教师可能关注的是这节课“教了什么”、“是怎么教的”，而专家教师更多考虑的则是“为什么这样教”。前者关注的是技术，而后者在关注技术的同时，还考虑到支撑技术的教学理念。有鉴于此，我们在下面的三部分构建了课堂数据的三步分析法。

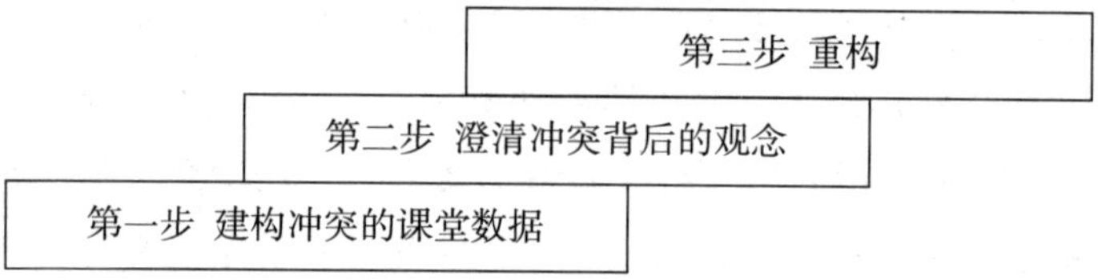

图 12–1 课堂数据的三步分析法

（一）建构冲突的课堂数据

在我们的实践中发现，作为成人的教师，他们所持的一些观念是根深蒂固的，在平常的听评课中难以改变，对一堂课的泛泛分析往往很难收到效果。教师的观念澄清或差异需要在具体的情境中发生或体现，尤其是一些极端的、富有争议的课堂情境。

富有“冲突性”的课堂片段可以“撕裂”常态的课堂，在罅隙中展现教师群体的不同观念、心态、对理想的教学和学习行为的假设。评课中智慧光芒的闪现、教学观念的差异，往往都是在冲突的课堂情境中出现。有效的听评课需要有意识地收集有冲突的课、有冲突的片段。在冲突中暴露出的教师行为和观念上的差异，及其对这些差异的澄清和反思，将有助于促进教师在观念和行为上的改进。

冲突的课堂数据需要建构。教师日常的情境中弥散着大量的问题与冲突，但由于时间和精力所限，他们往往很少有时间仔细思考这些问题和冲突，反而会尽量忽视、抹平冲突，因为追求清晰、明确的短期行动，保持平稳的秩序耗费了他们大部分的精力。在听评课中同样如此，同样的一堂课，很多教师常常并没有感受到冲突，而经过研究者的处理和转化，再呈现给教师，他们就会感到冲突出现了，几种不同的教育情境、选择路径清晰地呈现了出来。如下是两种在校本教研或课堂观察中建构“冲突”的方法。

1. 建构课堂数据与“常识”的冲突

在通常的课堂情境中，我们都会有一些关于课堂和各学科教学的“常识”：比如我们会认为课堂就是应该教师站着，学生坐着；课堂中应该教师主讲，学生主听；语文课堂就是要凸显出语文性；低年级语文课堂中的机械训练是不可或缺的；英语课堂中的 pair work 就是句型的操练；复习课就是要理出知识的线索，等等。如果这些“常识”被打破，很容易引发教师们的议论。在当下的改革情境中，上述的“常识”确实屡屡被打破，在一些改革的课堂上，学生站着上课，教师坐着听课；教师只讲几分钟，学生滔滔不绝。这些现象引发了普遍的争议，有争议是很好的事情，最怕的不是争议而是一边倒的声音。

我们也会有一些关于课堂中特定环节的“常识”：比如我们会认为给学生介绍作者的生平是必要的；在关键的段落中进行“品读”是不可或缺的；在课堂中如果不进行一些学生练习，不出现一些多媒体或板书会让人觉得缺了一点什么；等等。这些“常识”在自觉不自觉中主宰了我们的上课行为、听评课的行为。深度的课堂分析需要冲破这些“常识”的束缚，看到在“理所当然”的现象下不合理的地方。

在每次课堂观察之后，我们都可以询问，这一课堂片段有哪些地方突显了我们对课堂的“常识”，而哪些地方是与我们的常识相违背的？我们也可以借助数据增强这种冲突性。比如，通常会认为，学生对知识点的理解在一堂课学习之后要比学习之前更加深入，但是，很多数据表明，有时候在一堂课学习之后学生的进步度反而降低，在这种情况下强烈的“冲突”就会显现出来。项目学校在三年级两个平行班开展了《几分之一》一课的教学对比实验，重点对学习目标的达成进行课堂观察，通过上课前测，上课后测，练习、讲评后测，得出这样的数据：

图 12-2 中 A、B 班的数学老师分别由 A、B 两位教师担任。A 教师是新教师，教的是成绩较差的班；B 教师是有经验的教师，教的是成绩较好

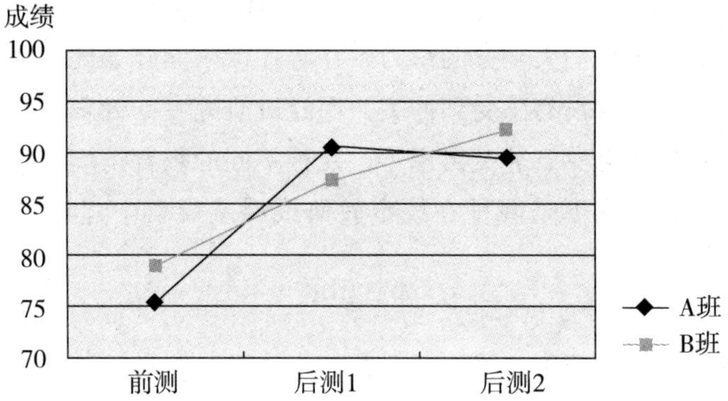

图 12–2　A、B 班前后测比较

的班。“常识”告诉我们，B 教师的课堂教学成绩会高于 A 教师，但是结果却相反，反而是新教师任教的那个班的进步度要高于老教师任教的那个班。在作业设计和讲评后，在不公布上次测试结果的情况下，又进行了后测，结果 B 教师任教的那个班的成绩又好于 A 教师任教的那个班。这时候，又产生了新的冲突。这两次冲突引发了教师们对课堂教学、作业设计与学生成绩之间关系的深入思考和争论。

2. 建构课堂数据与“学生学习”的冲突

课堂上最重要的数据，是有关学生在课堂上学习行为和学习效果的信息。教育的根本在于通过激发学生的学习动机实现学生的发展和变化。我们需要坐在学生身边，真正读懂学生。比如，在听一堂《鲜花和星星》语文课的时候，教师设置了这样一个课堂教学目标“正确、流利、有感情地朗读课文，在掌握课文结构的基础上背诵课文”。这个课堂目标一开始大家都觉得很适合，因为小学的语文课尤其是诗歌，就是要不断地读，读出感情，读到能背诵。结果这堂课上下来，教师发现只要读过几遍后，学生的背诵没问题，但就是没有感情。我们来看以下课堂教学片段：

师：选择你认为最好的句子读一读。

生 1：我最喜欢满地的鲜花。

师：你怎么有感情地读呢？

生 2：最喜欢要读重。

这个片段中学生产生的认识是“有感情 = 重读”，这个观念让学生在朗读中注重的是一种机械的“重读”。将这个片段与“正确、流利、有感情地朗读课文”联系起来，冲突就产生了，什么是有感情地朗读呢？“正确、流利、有感情地朗读课文”这一目标似乎并没有对这一课文的教学产生任何实际的指导意义。这是一条贯穿小学到高中的朗读目标，那么，对于这篇课文，学生应该出现怎样的行为才是有感情呢？这堂课真正应该教给学生怎样的关键内容？基于学生的课堂表现，教师又重新调整了教学目标：“能够用带有惊喜、发现、愉悦等感情朗读全诗，并能有感情地背诵”。

总的来说，建构“冲突”就是要善于提出问题，从很多课堂细节中提炼出值得探讨和关注的重要问题。教师要善于用一种陌生的眼光重新审视非常熟悉的课堂细节或片段，通过再现或创造一种真实的课堂情境，让多种教学观念得以展现。

（二）澄清冲突背后的观念

不同教师拥有不同的教学观念。教学观念平常隐藏在纷繁的教育事件下，与具体的教育情境相依存。只有碰到具体的教育事件，这些观念才会凸显出来。优秀的教师能够在各种教育事件中持续反思自己的教学观念，并不断丰富与修订。

1. 流程上留出“反刍”时间

观念的澄清需要时间，要在流程上留出“反刍”的时间。

一般而言，地区或学校在组织课堂观察或听评课的时候，总是用两节课，一节课用来听课，另一节课则在听完课后马上评课。评课结束，这次听评课也就结束了。这种方法看似省事，比较适合学校的排课，但是这种做法让听评课的教师匆匆上马，很难有时间对课堂中的现象进行深入的反省，评课中刚刚深入一点，时间就已经到了，因而这种安排并不利于评课的充分开展，也不利于教师对一个问题的深入探究。

在课堂观察中，如果也采用这种方式，课堂观察的效果不会比听评课好。课堂观察的内容如果没有充分地展开、思考比较肤浅，教师们会简单化地认为：课堂观察就是数据的汇报。实际上，观念的交锋，对某一问题或现象的建设性的建议的提出，都需要时间来思考。正如项目学校中的一位校长所言：

课堂观察之后如果没有充分的反思时间，就会流于形式。我感觉最大的困难就是现在这种规模的课堂观察的组织，人力问题、精力问题、时间问题可能会使得它难以推广。怎样让课堂观察变得“简捷而有效”，这一直是我们的追求。

但是，学校的时间很零散，不可能有相对较长的时间进行完整的数据整理、分析和研讨。有鉴于此，我们必然要在“深入”、“效率”两者之间寻求平衡。一种可行的方法是将课堂观察分成两步走，留出一个“反刍”的过程。

首先，在课堂观察之后，马上进入即时研讨。所有的参与教师聚在一起，每位听课的教师简短地谈一下自己在这一部分观察到了什么，只谈现象和数据，不发表评论。一般这个即时研讨的环节只要用 10 分钟的时间。

即时研讨的时间虽然短，却起到交流数据的作用，避免先入为主的价值判断。对上课的教师来说，一次课后会议中要面对大量的细节和数据，他们很难有反思的机会，也很难当场对此作出合理的解释或提出改进的方法。

即时研讨后，大家可以对自己的观察记录稍作整理，传给所有人分享，然后在第二天或本周内找一个合适的时间进行一次深入研讨。在第二次讨论中，上课教师因为了解了所有的数据，对于数据本身有反思和解释的机会。各观察者也可以在全面了解其他组的基础上对自己的判断、推论进行反省。

当然，这种“反刍”还可以更加深入，将其和一个月、一个学期的教研活动结合起来。这样一来，在设计教研活动时，就可以按照目标、观察主题进行设计。在本月的活动中，可以将这个月所做的所有课堂观察数据都汇总起来一起研讨。比如，在对知识与技能类目标达成上，这一个月的教研活动就可以是围绕某个中观目标进行系统的观察和思考。而在一系列的反思之后，所形成的是对这一类目标教与学的反思与建议。这样的研讨可以将一次课堂观察事件变成持续性的参与事件，将支离破碎的教研活动整合起来，用一次较完整的课堂观察活动带动教师持续深入的思考。

2. 多元观念之“争”

在一次评课交流中，有评课者提出“平行四边形是不是轴对称图形”这样的讨论应借助幻灯片进行直观教学；而执教者持有不同意见，认为过多地运用直观教学会影响学生的思维发展。同样，在上述的诗歌教学中，有教师认为，一年级的学生没有那么强的想象力，应该辅助以各种图片和音乐；而另一些教师认为，过多的图片会冲淡学生的想象力，转移学生的注意力，降低他们自身对诗歌的欣赏能力。

这种争论很有价值，是多元的教育观念相互冲突和融合的过程，在没有话语霸权的情况下，容纳不同的声音，每位教师都可以从中吸取合理的成分，创造新的意义。这是教育民主、自由的体现，不仅学生需要这样的自由，教师也需要这样的自由。

有时候，这种冲突不是那么明显，需要在课堂观察的数据中有意识地予以凸显。比如，在上《揭开雷电之谜》这堂课的时候，教师们一开始认为执教者在引导学生概括文章主要内容上没什么问题。从学生最后写在书上的句子看，大部分学生都做对了。但是，当研究人员给出对这一部分的深描，并引导教师们再次观看课堂的视频时，冲突很强烈地体现了出来。

在一节课上，教师提问，要求学生对《揭开雷电之谜》这篇课文的主要内容进行概括。(理答时间 3 秒)

学生 1：富兰克林做了一个白色丝绸风筝，在郊外进行了雷电实验……

教师没有评论，理答时间为 0，又喊了另一个学生。

学生 2：富兰克林带着儿子，拿着做好的风筝……

教师打断他的话说：两位同学概括得不够简练，听老师来概括一下。

(两个学生仍在举手，后放下)

在上文的片段中，有一部分教师认为这样的处理有问题，有另几位教师则认为，在现在上课时间如此之紧的情况下，这位教师这样做，是从效率出发，是不得已的。我们姑且称前者为反对者，后者为支持者。为什么反对，为什么支持？这就涉及现象背后的观念。

支持者认为，在现有教学时间限制下，教师在这个问题上提问了两个学生，学生没有回答出来，教师就予以补充、给出正确答案，是非常有效率的行为。反对者认为，这位教师的理答时间太短了，第一个理答时间是教师抛出概括文章内容的问题后留给学生思考的时间，只有 3 秒。在第一、第二个学生回答后，教师没有理答，理答时间为 0。从理答的技术来看，教师采用了自己回答的方法，只使用了一次转问，而没有采用点评、引向深入、再组织等方式。

教师们经过深入讨论后发现，上述片段其实和特定的目标相关联，是本节课的重点目标“根据重点词语概括文章主要内容”中的环节之一。这个环节的处理其实反映了教师对于“概括文章主要内容”这一阅读目标应该如何教学的假设。

支持者认为，对于这一类型的目标，最有效的方式是告知学生正确的答案，通过教师的示范让学生体会怎样连词成句，将“放电现象—大胆提出—风筝实验—轰动世界”联结成一句话，就是课文的中心思想。而反对者则认为，在这一回答中，教师的理答不到位，他只是告知正确答案，却没有告诉学生为什么那样概括不对，也没有告诉学生在出现重复累赘的概括问题时的处理方法，在下次遇到类似问题的时候学生又会犯这样的错误，不能收到举一反三的效果。

通过讨论，我们还可以从更深入的层次上来反思这一问题，即怎样的学习和教学是有效的。支持者认为，学习有效关键在于教师讲解得清楚、正确，做到这一点，自然而然的学生就可以表现得很好。而反对者认为，学习有效关键在于学生主动学习，教师要做的只是提供一定的机会，创设一定的情境，让学生主动发现自己的问题，让学生在互动中寻求问题的解决方案。学生之间的学习效果要比教师教学生的效果更好。这些观念之“争”的过程涉及反省的深度。

3. 多元观念之“反思”

反思往往冲击我们的固有思维，改善我们的心智模式，团队反思有利于学校科研文化的优化，增强整个观察团队的集体反思力。有效的反思，是在反思中进行“有我”的反思，并在反思的过程中获得“新我”，换言之，如果反思之前与反思之后我们没有感觉有丝毫的收益，那么，这样的反思效果几近于零。有效的反思，要反复回归到具体的课堂，从不同的角度切入，让每一位教师而不仅是观察者都得到益处。

存在着三个层面的反思：在第一层面中，课堂现象是反思和探究的对象；在第二层面中，对课堂现象的观察和讨论是反思和探究的对象；在第三层面中，教师的教学观点和思维方式本身成为反省的对象。这种层层深入的反省方法在施瓦布的《大学课程与学生主张》（College Curriculum and Student Protest）中使用过（舒尔曼，2007）[14]。

对于同样的课堂情境和课堂内容，不同教师可能会得出不一样的看法，并在观察和讨论中延承各自的思路，而这些思路往往很少成为大家反省和讨论的内容。比如，在一篇语文教学中，甲教师上课用 1 分钟的时间来让学生阅读，然后教师用大量时间进行讲解；而乙教师上课用 5 分钟的时间让学生自主阅读，然后用 10 分钟的时间来合作讨论。评议时，一部分教师说，甲教师不以学生为本位，乙教师以学生为本位。另一部分教师说，甲教师对文本的理解非常深入，乙教师对文本的解读过于肤浅。其实，在这两种截然不同的说法背后，就是教师对文本解读观点的差异，文本解读到底是应该由教师解读得充分精深还是应该由学生进行解读？这其中还涉及怎样的语文教学是好的教学的问题。现实当中，教师的解释往往很少从反思的角度来进行，很少会碰触自己的教学信念，这使得他们对课堂中发生的事件缺少深入的理解与分析。

因此，在课堂观察中，我们还可以不断思考如下问题：

◇ 我知道自己的教学理念吗？在我的所有行为中，哪些行为是体现自己的教学理念的？哪些行为是违背自己的教学理念的？

◇ 对于某一目标，我认为比较好的教学方式是什么？这位教师的教学符合我对比较好的教学方式的假设吗？与我的假设之间产生冲突了吗？这种冲突反映了什么？我的假设合理吗？

◇ 这位教师的教学与我的各种教学惯例哪些是吻合的，哪些是有冲突的？我和他之间有哪些是合理的？哪些是有待改进的？为什么？

◇ 我为什么会这样坚持我的观点，这说明了什么？其他人的论述合理吗？我有什么样的证据用来支持或反对？

（三）重构

如果不经历重构的过程，课堂观察只具有研究意义，而很难具有实践意义。重构是在两个层面进行，一个层面是对课堂的重构，另一个层面是对自身观念的重构。在大多数评课中，重构的主要是前者，而往往忽略了后者。

1. 重构课堂

观察和分析的建议应该转化为具体的课堂行动。本书所指的课堂观察旨在促进教师的专业发展，使用主体是教师。因此，课堂观察中所提出的建议应该是建设性的、情境性的。

听评课中通常会给出一些宽泛的建议，如“建议加强对个性朗读的指导”、“教学目标口子要小”、“要面向全体学生”、“要进一步了解学情”、“课堂互动要增加”，等等。而这些建议都是去情境化的，很难应用。

我们所有参与课堂观察的教师都要经历重构阶段，每一个人都将自己放在执教者的情境中，思考面对这样的学生和这样的问题，我应该怎样处理更好。在情境中重构课堂是一种重要的能力。重构可以针对提问、环节等各方面进行，这些重构将极大激发教师们的课堂洞察力。

举一个研究中的例子。有一位教师上了一节《全神贯注》的语文课，主要讲大雕塑家罗丹全神贯注地修改一座雕像而忘记自己所请的客人茨威格的故事。这节课的单元目标和教参上的重点是对课文内容进行质疑，课文学习的重点是第二节对罗丹如何全神贯注修改雕像的诸多动作、神态的描写。教师运用了小组合作学习的方法，结果发现，学生几乎对第二节的每一句话都提出了质疑，因为每句话对他们来说都显得难以理解。整个一堂课，教师忙于对每一句话做出解释和分析，而课上得有些沉闷。围绕这样一节课，教师们展开了讨论，并给出了不同的重构可能：

重构1：目标的重构。这堂课的重点是质疑，但是，这样的目标合理吗？目标不应该放在质疑上，而应该是在释疑上。因此，我们布置给小组合作的任务就不应该是质疑，而是释疑。只有这样，小组才能真正展开讨论，不像现在，只有你一句我一句地抛出问题，没有思维的含量。

重构2：合作任务的重构。我们要在预习—上课之间建立一致性。让学生先学，教师基于学生先学的情况再来教学。在小组合作之前就让学生自习，让他们在自习中提出质疑，能解决的解决，上课时教师只需提出这些被筛选后的学生没法解决的问题来进行解释和分析。

重构3：教师指导和评价的重构。这节课的小组合作之所以没有质量，在于教师的指导和评价不合理。在小班教学的情况下，教师没有兼顾到所有的组，只巡回了两个组，并且在组内不是激发学生间的相互质疑和思考，而是干预组内的问题提出，强行用自己的问题替代他们的问题。因此，关键不在于采用怎样的学习形式，而在于教师的指导和评价应该围绕学生所提的问题，而不是自己的问题。

重构4：教师指导和评价的重构。在合作学习的状态下，我们的评价语言要发生转变。这节课虽然采用了小组合作学习的方式，但是后续教学还是采用了点对点的提问方式，小组合作中的内容与后续的教学环节是脱离的。因此，改用小组汇报的方式要比点对点的提问更好，这样可以看到整个小组的合作成果。相应的，我们在评价的时候，同时需要评价两个方面，一是评价小组合作任务的解决，二是评价小组合作的质量。

在重构课堂中，不仅要说出问题，还要提出具体的建议，并阐述重构的理由。这些重构是否合理，还要经过课堂和学生的检验。经历过这样的重构过程，教师们对合作学习的目标与任务设置、合作学习中的学生学习状态、合作学习中的教师指导无疑有了更深刻的体认。

勒温（Lewin）提出，了解这个世界的最好方式就是去改变它。行动研究和课堂观察的结合可以让课堂改进成为可能。支撑重构课堂的背后思想就是行动研究，课堂的重构需要循环改进的课堂观察和探讨，将上一次课堂观察的结果作为课堂改进的起点，对新的课堂再进行观察，然后进行新的课程设计。

2. 重构观念

课堂分析的重要内容是观念。在课堂分析中，应注意分析细节发生的背景，善于从小见大、由此及彼、从现象到本质地进行分析。匆忙的分析和研讨不能带来深入的反思，我们需要的是深入探讨一堂课背后的规律性问题、观念问题、涉及一类课、一类行为模式、一类观念的转变。

深层次的评课探讨不仅旨在重构一堂课，更重要的是转变教师的观念，而这两者又不是割裂的，教师只有在分析、重构具体的课堂中才能触碰到隐藏在行为模式下的原有观念，产生新旧观念之间的碰撞。新的观念只有经过认同，内化为理念，才有可能被教师接受。这就意味着教师需要改变在课堂中的习惯的行为方式，伴随着情感的冲突，要与原有的认知结构发生碰撞与冲突。

新一轮课程改革提出了很多新观念，在学习方式上就提出了三种——合作学习、自主学习、探究式学习。但是，这些观念对教师的课堂行为产生了多大的影响？教师的课堂到底发生了多大的改变？教师知道这些观念的名称，就一定能够使名称与课堂上的行为之间产生新的关联吗？

在上面的《全神贯注》例子中，合作学习的理念教师们都认同，但这种认同只是一种表面上的认同，还没有在实际的课堂中发生观念上的碰撞。所以，在实际上课的时候，教师又采用了她熟悉的个体上课的方式，产生了一系列与合作学习的理念不相吻合的做法：合作学习的任务是没有关联的，合作学习中的巡回没有关照到每一个组，合作学习后的成果展现还是点对点的方式，合作学习中的评价仍然只是对任务本身的评价，等等。上课教师和观课教师在评课过程中经历了脑力激荡的过程，大家固有的行为方式与新行为方式之间发生了碰撞与冲突。这种碰撞与冲突才有可能转变观念，使教师发现“哦，原来合作学习是这样一回事”。

有一位教师上潜水艇，课文中列出了潜水艇的各种材料，但是他做的潜水艇就是只沉不浮。于是，他做了很多尝试，反复换材料，终于发现，原来是提供的瓶子太大了，材料有问题，改成了眼药水瓶，就浮起来了。教师很高兴，在上课的时候告诉学生，书上的材料是不对的，你们应该用眼药水瓶。但是，教师却并没有想到，为什么不能让学生自己去探索？他其实完全可以在课堂上采用探究式的学习方式。他自己做到了，却没有想到同样可以让学生也做到。这就是观念的问题。

课后分析的过程不是一个价值灌输的过程，而是在分析和讨论数据的过程中，让所有人经历真实的课堂再现、课堂重构、观念澄清的过程。这个过程是一种团体合作、深度反思的过程，是对于任何信念或假设，按照其所依据的基础和进一步导出的结论，来进行主动的、持续的和周密的思考。

第十三章 基于多元理论框架的分析

在课堂观察中，对一些重要而普遍的现象、一些典型性的目标，有意识地借用理论框架来进行分析，会丰富我们对课堂的认识。下面我们将提出三种理论框架，并以同一节数学课作为载体，运用三种理论框架来进行分析，这种分析将深化我们对教学复杂性的理解与认识。课堂分析就在于促进教师异质性的反思，而反思的深度很大程度上依赖于我们所秉持的观念或理论架构的深度。

一、复杂教学视野中的多元理论框架

从舒尔曼撰写《作为临床信息处理的教学》这篇具有决定性的论文开始，课堂研究就突破了行为主义者们将课堂看做是各种不同技能和行为的考核清单的观念。在这篇关键性的文章中，舒尔曼提出，教学是一种复杂的、多方面的慎重的活动，这种观点激励了教学研究中的认知取向，也让人们认识到，课堂，原来并非如行为主义者所描述得那样简单。

（一）行为—行为的分析路径

目前所流行的大量课堂观察只强调对行为的记录和推论，并不强调行为和教师观念、某些概念之间的联结，比如，让教师进行频数的记录、百分比计算、行为描画等，似乎只要有了行为的记录，就可以出现行为的推论，而有了行为的推论，就可以产生行为的改进。

这种分析的方式表现为如下的“1”路径，从问题行为到改进行为。课堂观察就是要找出问题行为，然后对这些问题行为进行反省，试图将其改变成好的行为。这种类型的课堂观察背后隐藏的是一种行为主义的观点，强调可观察、可记录的数据，认为只有在具体的教学行为得以凸显并得到了讨论的情况下，观察和反省才有可能帮助教师改进课堂行为。

这种对“行为”的关注是区分课堂观察与传统的听评课的重要标志。课堂观察试图摒弃以往的印象式的分析，在纷繁复杂的课堂中凸显具体行为。

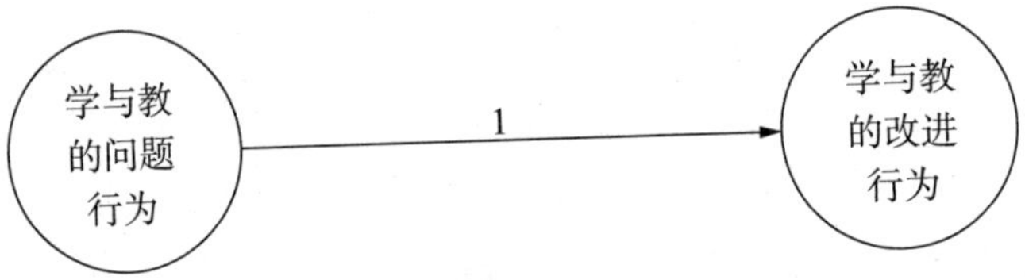

图 13–1　课堂观察与分析路径 1

但是，这种从行为到行为的分析和改进思路容易带来一个问题，即教师的行为拷贝，教师可能短期内会产生行为的变化，但是这种行为变化难以迁移，也没有内化，教师不知道自己为什么要这样做，也很少思考为什么要这样做。诚如上一章所言，观念的变化是一个复杂的过程，由于教师对支撑这些行为的观念、概念或理论没有认同，更谈不上理解，情境一旦变换，行为上就会僵化，难以变通，或者当遇到一些阻力的时候，很容易放弃回到自己原有的行为套路中去。

这种行为—行为的推理方法，让教师对课堂观察的数据只有一个浅显的认知，教师不明白数据背后的理念，也很少将这些行为和自己的教学观念、信念结合起来，更难以运用理论分析改进自己的行为。如项目组一位老师所说：

我们学校做了一段时间的校本教研，也用了课堂观察的方法，做了一段时间后发现，面对各种数据，我只是以自己的经验来解释问题。我觉得自己的“理论装备”不够，所以面对观课后的评议有点害怕与紧张。我觉得自己得进一步加强反思，需要明白面对这样的课堂，我可以从哪些角度、应用哪些理论来进行分析。

这种现象也反映了理论界与实践界缺少对接。一方面，前者并没有为后者提供分析课堂行为和现象的合适的理论框架。教育中总是有太多的宏观理念，这些理念只能引发如上文所述的评课的“宏大叙事”，而难以带来有力的洞察和深刻的领悟。另一方面，教师很少将自己的教学行为与其教学观念、理论观点结合起来分析，停于行为表面的分析很难实质上促进教师的深度学习。只是看录像带或进行课堂实录并不能改进教学。我们应该有多种分析课堂问题的框架，学会用多种分析框架来分析同样的数据。

（二）行为—中观理论—行为的分析

舒尔曼认为，我们应该有一种更为温和的“中观理论”，要关注更有价值的问题。这样的问题包括：小孩子怎样才能掌握分数这个概念？少年怎样才能具有历史的洞察力？教师怎样激发年轻人对文学的兴趣？等等。这种类型的问题不是宏观的教育理论问题，而是和具体的学科情境、学习结果结合在一起的问题。为了研究这些问题，舒尔曼提倡教育研究方法论的折中主义，鼓励他的同事们采纳观察的和人种学的研究路径，从而去领悟教与学的复杂性。

我们认为，这种中观理论的观点是联结问题行为和改进行为的中间桥梁。教师要将一堂课中的行为改进迁移到一类课堂情境中，仅有路径“1”是不够的。认知主义的观点认为，教师只有对具体的行为进行分析，并且和某个具体的教育信念联结起来，才有可能产生触动，从而在认知和行为上有所改变。除非教师和课堂观察者知道自己在找寻什么行为，知道怎样准确地收集信息，并有一个理论框架来分析自己的观察结果，否则他们不可能真正理解课堂行为（古德 等，2002）[34]。因此，有必要给有思考力的教师提供路径“2”，促进他们在中观理论思考下的行为改进。

图 13–2　课堂观察与分析路径 2

课堂观察中数据的深度解读需要借助于中观理论框架。在没有理论框架的情况下，我们所接收到的信息往往是繁杂而不加区分的。西方传统的课堂观察强调要为教学行为寻找“概念标签”（conceptual label）。概念标签其实就是一种将行为和观念联结起来的方式。概念可以帮助我们实现从行为到理念的提升，将一些无意识的行为归入显性范畴。比如，一位数学教师的授课频率很快，给学生的理答时间很短，他一直将此看做是一种有效课堂的表现。直到有一天，他接触到了等待时间（waiting time）这个概念标签，他才意识到，原来等待时间对于学生的思考、探究有如此重要的意义。他在提问、理答中的等待时间的缺失，其实剥夺了学生的学习机会，造成学生思维浅薄，甚至一直处于紧绷状态。

我们需要将具体的行为和教师的教学观念、信念、深刻的理论观点联结在一起。如果仅仅是就行为而论行为，我们只可能在一堂课中获得改进，而很难发生持续的变化，概念或理论框架可以帮助我们将在一堂课的观察分析中得来的概念迁移运用到其他的情境中去。

其实，很多教师并不拒斥理论，他们拒斥的只是一些大而空的观念。如果我们可以搭建比较简便有效的理论框架，教师便会有意识地加以运用。在实践中，笔者已经注意到，有些教师用弗兰德斯的语言互动系统对自己的英语课堂进行分析，有些教师用言语学习中视界融合的观点对语文课堂中的对话进行分析，这些分析都增强了教师的理论自信，使得他们对问题的分析和判断更有力度，更能明智地坚持自己的观点。

(三) 中观理论框架的选择

那么，就目前来讲，有哪些适宜的中观理论框架呢？虽然国内外关于有效学习的观点很多，但是，观点并不等于理论框架。理论框架需要有一套相互解释并制成的概念体系，而且需要对课堂有过比较深入的验证性的分析，并在实践中被证明是有效的。

面对同样的课堂数据，运用不同的理论框架有可能产生不同甚至相反的结论。在本书中，我们选择了三个理论框架：第一个是由匹茨堡大学学习研究和发展中心开发的学习任务的分析框架，主要是在数学学科中使用；第二个是由瑞典学者马顿提出的变易理论（Variation Theory）（Marton et al，2006），原先也是集中于数学领域，在近些年香港推进的“照顾学习差异”的研究中，这一理论框架在语文、数学、英语、常识等各个学科领域中都得到了应用；第三个理论框架则是真实性教学，主要是由纽曼（Newman）等人所提出的，这一分析框架主要是在语言领域内使用，如语文、英语等学科。

本章所选择的理论框架一般都符合以下三个条件：第一，在某个学科领域或具体学科中都有过具体的应用；第二，属于微观和中观的理论，而不是宏观层面的理论；第三，有完整的理论体系，而不只是某个片段的想法。

二、数学任务的分析框架

学生学习的质量取决于学生所投入的思维水平和种类，而对教师来说，能够帮助学生学习的，就是设计合适的学习任务。如果我们要促进学生思考、推理和解决问题能力的发展，那么就要选择能促使学生运用更复杂的思维方式的任务。尽管以这种任务开始并不能保证学生在高水平上的参与，但却是一个必要条件，因为低水平任务实际上几乎不可能产生高水平的参与（Stein et al，2001）[7]。学习任务的分析框架是一种对数学课堂中的任务认知水平进行分析的框架。我们可以借助这一框架对教师在不同类型目标下所设计的任务和学生的认知学习活动进行分析。

（一）背景

这一分析框架是由匹茨堡大学学习研究和发展中心提出来的，主要的提出者是斯泰因（Stein）等四位教授，他们主要从事教育心理学研究和数学教育研究。借助"量化理解：增强学生成就和推理"（Quantitative Understanding：Amplifying Student Achievement and Reasoning，QUASAR）这一项目，他们旨在通过强调思维、推理、问题解决以及数学概念交流等富有挑战性的任务来改进学生的数学学习，重点面向经济不发达地区的初中生。他们曾应用这个框架对500多个数学案例进行分析，由此证明了这个框架的实用性和分析力度。

（二）分析框架

什么是教学任务？这一概念框架对其的界定是："不仅是课本上或教师授课计划中出现的问题，而且是围绕教师和学生，组织和实施那些问题所进行的课堂活动。"（Stein et al，2001）[xiii]。数学教学任务不仅是教师在教案中所写的预设任务，而是活生生的，会随着课堂的师生互动发生变化，会在课堂中改变其认知要求。

教学任务分成三个阶段：（1）出现于课程、教材中；（2）教师在课堂上创建或发布任务时；（3）学生演算或思考时。这三个阶段，尤其是最后一个阶段被认为对学生的实际所学有着重要影响。他们用此框架分析了数百个案例，得出了两项重要发现：（1）具有高认知要求的数学任务是最难以圆满完成的，在教学中往往被转化为更低要求的问题；（2）在教学任务始终鼓励高层次思维和推理的课堂上学生学习获益最大，在教学任务始终是程序性任务的课堂上学生学习获益最少。那么，哪些是低认知水平的任务，哪些又是高认知水平的任务呢？他们给出了如下的界定，见表13-1。

表 13–1 任务分析的框架（Stein et al，2001）[9]

低认知水平的任务	高认知水平的任务
记忆型任务 • 包括对已学过的事实、法则、公式的记忆再现或把事实、法则、公式和定义纳入记忆系统。 • 使用程序不能解决，因为不存在某种现成的程序或因为完成任务的限定时间太短而无法使用程序。 • 与隐含于已学过的或再现的事实、法则、公式和定义中的意义或概念无任何联系。 **无联系的程序型任务** • 算法化。程序的使用明显基于先前的教学、经验或对任务的安排。 • 成功完成任务的认知要求有限，应该做什么和如何做几乎一目了然。 • 与隐含于程序中的意义或概念无任何联系。 • 更强调得出正确答案而不是发展对数学的理解。 • 不需要解释或需要的解释仅仅是对解题程序的描述。	**有联系的程序型任务** • 为了发展对数学概念和思想的深层次理解，学生的注意力集中在程序的使用上。 • 暗示有一条路径可以遵循，这种路径是关于隐含的观念，有密切的、明晰的、一般的程序。 • 常用的呈现方式有多种（如可视图表、学具、符号、问题情境），在多种表现形式之间建立起有助于发展意义理解的联系。 • 需要某种程度的认知努力。尽管有一般的程序可遵循，但却不能不假思索地应用。为了成功完成任务和深化对数学的理解，学生需要运用隐藏在程序中的观念。 **做数学** • 需要负责的、非算法化的思维（任务、任务讲解、或已完成的例子没有一个可预料的、预演好的方法或路径可以借鉴）。 • 需要学生探索和理解数学观念、过程和关系的本质。 • 要求学生对自己的认知过程进行自我调控。 • 要求学生启用相关知识和经验，并在任务完成过程中恰当使用。 • 要求学生分析任务并积极检查对可能的问题解决策略和解法起限制作用的因素。 • 需要尽相当大的认知努力，也许由于解决策略的不可预期性，学生还会有某种程度的焦虑。

上述四个层次的任务可以作为我们分析不同阶段课堂任务的框架。不同的任务要求学生有不同的思维层次和类型。我们可以以此来分析教师预设任务的认知要求，也可以分析教师实际布置的任务的认知水平，还可以分析学生层面上的任务的认知要求是否合适。很有可能，一个在教师层面上预设的高认知要求的做数学的任务会在学生层面上变成程序型或者是无

系统的探究活动，或者，一个有意义的程序型任务降为记忆型的任务，甚至，在某些课堂中，这些任务会被降为非数学的活动。

研究者们进一步给出了教师有可能会降低高认知要求水平的因素：

① 任务的问题方面已常规化（如学生迫切要求教师详细指明操作程序或步骤，以降低任务的复杂程度；教师包办学生的思维和推理，并告诉他们如何解答）；

② 教师把重点从意义、概念、理解转移到答案的正确性和完整性方面；

③ 没有提供足够的时间让学生去完成任务具有挑战性的方面，或实践过多，学生们做起了与任务无关的事情；

④ 课堂管理问题阻碍了学生持续参与高要求的认知活动；

⑤ 给予某个既定小组的任务不恰当（如学生由于缺少兴趣、动机或所需的已有知识而未参与到高要求的认知活动中；任务指向不明确，学生不能进入正确的认知空间）；

⑥ 学生对高水平结果或过程不必负有责任（如尽管教师要求学生解释他们的思考过程，但对学生不清晰或不正确的解释却予以接受）。

在有些课堂上，我们也可以看到，教师能一直保持对学生较高的认知要求，这些教师的教学活动往往呈现出如下要素：

① 给学生的思维和推理搭脚手架；

② 提供学生监控自己思维过程的方法；

③ 教师或有能力的学生示范高水平的解答行为；

④ 教师提问、评论或反馈以维持对证明、解释或意义的强调；

⑤ 任务建立在学生已有的知识基础上；

⑥ 教师频繁在概念之间建立联系；

⑦ 适当的探索时间。

并非所有的目标都是采用越高层级的任务越好。不同的目标适用于不同的任务。有些任务能够让学生深入思考和推理，而有些任务则重于记忆和使用规则与程序。如果是回忆基本事实、定义、规则、信息等，比较适合采用记忆型任务；如果是要解决常规问题，以增加解题的速度和准确性，比较适合采用无联系的程序型任务；如果是要增进对概念的深度理解、理解程序的运用，比较适合采用有联系的程序型任务；如果是要进行高层次的数学思维活动，发展学生的自我认知和监控策略，则需要采用做数学的任务。

（三）数据分析实例

根据斯泰因等人的判断，课堂中很多的数学任务都是记忆型或无联系的程序型任务，即使教师设计出了比较高水平的任务，在课堂中也往往会发生任务水平降低的情况。我们以人教版五年级的《不规则物体的体积》一课为例，应用这一理论框架对课堂学习的状况进行分析。①

1. 分析目标需要的任务类型

我们首先分析教师预设的目标需要怎样的任务类型。根据教师预设的目标来看，这些目标的认知要求都是不一样的。

表 13–2　预设目标适用的任务类型

目　标	认知要求	适用的任务类型
1. 进一步巩固长方体、正方体体积的计算方法。	回忆以往的计算公式，在新的熟悉情境下选择合适的公式运用。	记忆型
2. 通过活动探索不规则物体的体积计算方法，理解和掌握“等积变形”和“排水法”。	通过实验操作探索，在直观感知的基础上抽象，建立起排开水的体积和不规则物体的体积之间的等量关系。	有联系的程序型 做数学
3. 在动手操作中体验“转化”的数学思想，发展学生的空间观念。	体会转化的思想、等积代换、空间观念。	做数学

第一个目标主要是回忆并巩固，这种类型的目标比较适合采用记忆型任务；第二个目标主要是操作探索、建立模型，在常规的课堂上，这种类型的目标比较适合有联系的程序型任务，也可以采用做数学的任务，后者无疑需要教师和学生付出更多时间；第三个目标和第二个目标是联系在一起的，这种对于数学思想的体验和空间观念的发展需要通过做数学的方式来实现。总的来说，这堂课的核心数学目标需要通过较高层级的任务设计

① 本案例中的原始材料由项目团队中的浙江省湖州市爱山教育集团的数学组教师提供，有修改。

才能达到。

2. 分析教案中预设的任务类型

根据上述目标，教师预设了5个主要的学习任务。教师首先呈现多种规则物品和不规则物品，通过具体的物品让学生回忆已有的体积公式。显然，这一任务对应于第一个目标，是记忆型的任务。第二个任务是呈现多个不规则的物体，让学生以4人组成一个小组进行探究。从预设任务的角度看，教师并没有提供充分的问题线索，需要学生运用非算法化的思维进行思考，这种任务类型是比较高层级的做数学；第三个任务是让学生比较不同的方法，理解是否有相同的地方，这种任务属于有联系的程序型任务；第四个任务是给出一个珊瑚石，求体积。在经过前一阶段的学习后，这一任务暗示学生有一条路径可以遵循，是有联系的程序型任务；第五个任务是求梨子的体积，对于这样一个问题，要求学生深入理解数学观念、过程和关系的本质，并分析这一任务中的问题解决策略，属于有联系的程序型任务。

表13–3　教案中预设的任务类型

具体任务	任务分析	任务类型
1. ……这些物品中，哪些物品的体积我们可以直接求了？	对已学过的公式的记忆重现。	记忆型
2. 呈现马铃薯等多种不规则物体……怎么求出这些不规则物体的体积呢？接下来，以4人小组为单位动手研究。	要求学生启用相关知识经验，并在任务完成过程中恰当使用。	做数学
3. 刚才用不同的方法测出它们的体积，这些方法有没有相同的地方呢？	需要学生探索和理解数学观念、过程和关系的本质。	有联系的程序型
4. 珊瑚石的体积是多少？ 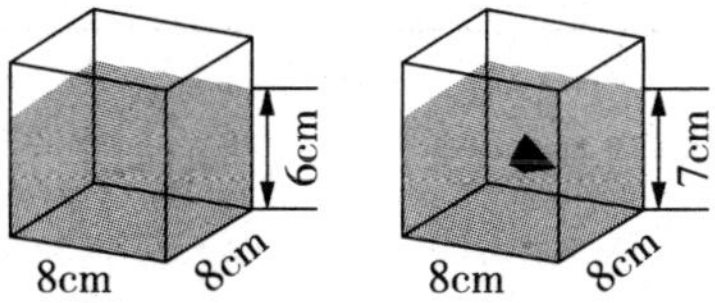 	学生运用已经学到的方法来解决这一问题，程序已经知道。	无联系的程序型
5. 求梨子的体积。	需要学生深入理解转化这一思想。	有联系的程序型

从教师预设的任务来看，任务的认知层次和目标的认知层次是比较吻合的。那么，在实际上课中，任务的认知水平是否会发生变化呢？

3. 分析课堂中实际产生的任务类型

在课堂的实际过程中，我们需要考查的是，教师原先设计的任务是保持原来的认知水平，还是已经降低了。为了考查这一点，我们就要对相应任务中的教师和学生的表现进行分析。以下我们只选择其中两个任务片段进行分析。

任务 2："做数学" 任务的降低

教师呈现马铃薯等多种不规则物体，但是，怎么求出这些不规则物体的体积呢？接下来，教师让学生以 4 人小组为单位动手研究。在此，呈现 2 个小组的观察结果：

表 13-4 课堂中实际产生的任务类型

小组 1	小组 2
生 1：用尺子把橡皮泥压成一个长方体，并用尺量出长、宽、高。 生 2：提出建议，需要水和杯子。 生 3：将石头放入水中，读出刻度，并认为上升的水就是石头的体积。 生 4：认为泡沫不能放入水中来测体积。（浮起来） 生 2：借助尺子将泡沫浸入水中。学生 4 对此有意见，认为尺子也有体积。 生 1：认为橡皮泥不能放到水中，因为橡皮泥放水中会化的。	生 1：把橡皮泥做成长方体，测量长、宽、高。 生 2：橡皮泥可以改变自身的形状。 生 3：橡皮泥的形状变了，但体积没变。把不规则的物体转化成了规则物体。 生 1：用水杯，在水面处画一条横线，把石头放入水中…… 生 4：倒入 120ml 水，水上升到 180ml，180 − 120 = 60ml = 60 立方厘米。 生 1：物体在水中排开水的体积就是它的体积。 生 2：水不能太多，否则水会没出来。 生 1：泡沫可以用手按压下去，但手指不能碰到水，手指也有体积。

从实际课堂上表现的情况来看，由于学生都预习过了，对排水法的运用都已经有所了解，所以很多学生用的都是排水法，只有 5 个学生对橡皮泥提出了另外的计算方法：用尺子压成规则形状。预习因素让教师预设的认知水平大大降低。有一些学生明显地将程序放在"转化"思想之前，固执地使用排水法，而很少会想到其他的方法，没有体会到"转化"才是核

心，而排水法只是方式之一。这一任务在这部分学生身上就降为无联系的程序型任务，也有少部分学生还保持原来的做数学的状态。在小组 1 和小组 2 中，对于泡沫的争论暴露了一部分学生的学习难点，有学生不太明白用来将泡沫压下去的尺子和手指是否占到体积。但是由于探究时间过少，学生没有能突破这一难点。

任务 3：有联系的程序型任务转化为无联系的程序型任务

教师询问学生，刚才用不同的方法测出它们的体积，这些方法有没有相同的地方呢？

师：这些方法有什么相同的地方？

生：把不规则物体变成了规则物体。

其他同学表示认同。

师：有没有别的方法也能求出它们的体积？

生：用切割法，切割成两个或多个物体。

师：泡沫用排水法不方便，那我们可以用沙测的办法求出它的体积，还可以用称重的方法求不规则物体的体积。

生点头表示同意。

教师直接告知了答案——沙测法和称重法，减少了学生的探究难度。教师给学生的探究时间太少，将重点转移到了答案的正确与否；给予学生的材料过少，只有水，没有沙子，也没有磅秤，因而学生不能通过探究得出合适的方法和答案。

应该说，这节课旨在发展学生对数学重要思想的思考和推理的能力，提供了比较好的高水平的任务。但是，从上述分析来看，即使是预设的高认知水平的课堂，在实际实施的时候，也会出现诸多问题。在其他三个任务上也都出现了不同程度的降低，或不充分的情况，其原因各异：学生事先的预习，指明了操作程序和步骤，任务问题的常规化，教师指明问题线索，将重点从意义、概念、理解转移到答案的正确性和完整性方面，没有提供足够的时间让学生去完成任务具有挑战性的方面等，教师预设的教学任务的认知水平在课堂中被降低了。

三、变易理论

在第七章中，我们已经论述过，学生对于科学现象和概念的理解存在朴素的多样观念，好的教学需要理解这些观念并将自己的教学建立在这些多样观念的起点上。变易理论就是对这种观念的关注，并提出了相应的教学策略。

（一）背景

变易理论发端于瑞典学者马飞龙的现象图式学（phenomenography）。现象图式学着眼于揭示人们经验现象方式的不同，并用描述类别（categories of description）和结果空间（outcome space）来阐述这种不同。它要回答的问题是“人们认识世界方式的关键属性（critical aspects）是什么（这种关键属性决定了人们能否有效地认识世界）?”有研究者将现象图式学的发展划分为五个阶段：（1）探讨学生学习的差异；（2）研究人们经验世界方式的差异；（3）形成解释人们经验世界方式的理论框架；（4）应用变易理论描述及分析课堂教学；（5）使用变易理论设计学习环境来促进学习的发生。前两个阶段属于传统现象图式学范畴，主要研究人们经验现象的质性不同的方式。后三个阶段则属于“新”现象图式学范畴，强调用变易理论来解释及促进经验现象的特定方式（彭明辉，2008）。

国内对变易理论的认识主要源于顾泠沅在数学领域上所做的“变式”研究。他还提出了中国数学教师经常凭直觉使用的两种变式：“概念性变式”和“过程性变式”。就当下来说，变易理论的运用已经触及多个学科。2000 年，香港课程发展处开展了“照顾学生个别差异”的研究计划，在这一研究计划中，运用变易理论对语文、英语、常识、科学等科目进行了大量的课堂学习研究。

（二）主要观点

如果要用一句话来概括变易理论，那就是，学习是在关键内容属性上的变易。也就是说，为了认识某个事物，就必须注意到这个事物与其他事物之间的不同，注意这个事物与其他事物在具体某个属性上的不同。为此，需要在所有其他属性都保持不变的情况下，让这个属性在某个维度上发生变化，这个差异才可以被识别出来。该理论认为，要发生学习，需要满足如下三个条件：（1）辨认出关键属性；（2）经验这个关键属性的变易；（3）其他属性保持不变。

既然学习就是鉴别，有比较（差异）才能鉴别。因此，在教学中我们应尽可能地去拓宽学生“学习空间”的变易维度。马飞龙和他的研究团队提出了四种变易图式：对比（contrast），区分（separation），类合（generalization），融合（fusion）（Marton et al，2006）。

◇ 对比是指一个现象、事物、概念在某个维度上不同值或特征的变化。对比有助于识别特征，如绿色与蓝色、青色之间的对比。这里的变易维度就是颜色，而值是绿色，在值不断发生变化的时候，其他维度如形状等保持不变。

◇ 区分是指学习者将注意力集中在某个变易维度上。我们还以绿色为例，在学习的时候，我们看到了绿色与青色、蓝色等不同颜色的变化，但是，绿色体现在很多不同的事物中，我们是否都能有效地将其区分出来呢？学习需要在不同的事物如绿树、绿草、绿色的昆虫、绿色的桌子中都区分出绿色，都聚焦于这个变易维度。

◇ 类合是指保持特定的值不变而将事物之间的其他维度发生变化。保持绿色不变，变化大小、形状、类别等，这样学生才能从不同的个案中类合出绿色的概念，并将这一概念从其他无关属性中分辨出来。

◇ 在学习一件事物、现象或概念时，有时候需要同步辨认多项关键属性，理解这些属性之间的关系以及与整体的关系，这种变易就称为“融合”。比如价格同时受到供求双方面的影响，学生就需要同时看到两者之间的同时变化的特征，并观察一个属性在变化时另一个属性的变化。

现象图式学得出的一个核心结论是：从本质上说，人们常会以不同的方式理解同一个现象。这给我们三点启示：第一，学习成果的差异是一种常态，学生用不同的方法去理解和体验，这是可以接受的；第二，我们通常并不知道其他人的理解方式，所以教师通常会假设学生理解的方式与自己的是一样的；第三，教师的教学要做的就是建构课堂的情境，让学生以教师的这种方式来理解学习。

他们认为，学校中妨碍学生学习的，不是学生缺乏能力，也不是教师的教学策略不当，而是由于教师对学习内容的认识不全面致使出现以下情况：

- 某些学生本身对事物有直观认识，这与要新学习的内容相冲突，成为重新审视事物的障碍；
- 某些学生没能把注意力集中于所学事物的关键特征、属性上；
- 某些学生没有感受到能促使他们学习的那种良好的学习氛围。

（三）分析实例

变易理论框架在描述和分析课堂教学上有独到之处。它能够让研究者和教师从变易什么、什么保持不变这样一个新的角度来审视课堂教学。我们可以应用变易理论来分析上述《求不规则物体的体积》。与任务分析框架的分析重心落在任务的认知水平上有所不同，应用变易理论对这节课分析的核心有两点。

第一，教师是否找到了学生的关键学习内容。

从上课的情况来看，教师认为学生的关键学习内容是排水法中的“物体是否能完全浸没”，但是，从学生实际的表现来看，其实学生的关键学习内容更多的并不体现在这一问题上，而是体现在以下两个问题上：

◇ 哪些物体可以用排水法测量？如课堂上学生说橡皮泥不可以用排水法，是否真的不可以？塑料泡沫是否可以用排水法？关于这两点学生有很多争论，而教师并没有处理这些不同的观点，直到课结束后学生还是处于模棱两可的状态。这里的关键在于学生要理解被测物体是否具有排水性，如海绵能吸水，不可测量；石头不吸水，可以测量。只要学生能理解这一点，他就知道，橡皮泥即使散掉了，只要不溶于水，也仍然可以用排水法进行测量。

◇ 测量方法的多样性。课堂上有一学生说排水法测量时水不能放太多，是否水溢出来了就不能测量了？课后问学生的时候，学生犹豫不决，有的学生认为不可以，但事实上，这正是“溢水法”的思维，可以拓展学生的思路。

第二，教师是否在这些关键学习内容上进行了变易。

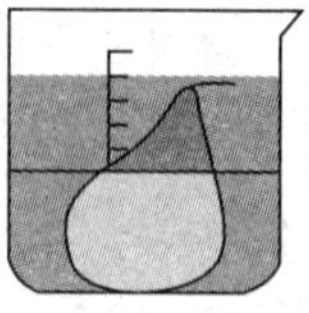

教师主要在“物体要能在水中完全浸没”这个特征上进行了变易，但是并没有利用实验中已有的材料，如塑料泡沫或橡皮泥，也没有就学生已经发现的问题进行讨论，而是重新设计了一个虚拟情境，让学生探讨“梨子的尖尖头不能浸没在水中会怎样”，并用电脑切片的方式进行切割，然后重新组合。

在这个环节的讨论上，教师本是想帮助学生更深入地理解排水法。但是，在沟通中产生了一个重要偏差，教师预设的是“梨子尖尖的头不能完全浸没，要切下来重新浸没”，而在课堂中学生争论的是“梨子的柄如果露在外面算不算”，这意味着教师在这一维度上的变易并没有解决学生的难题。教师通过幻灯片演示“梨子放入杯中的两种不同摆法”，但最终还是应归结到本质无关怎么放，在梨子完全浸没时“体积和 - 水的体积 = 梨的体积”，并应引导学生充分展开讨论。在解决问题中，有关梨子的体积，教师的提问显得烦琐。更清晰地提问应该是：（1）先出示没有完全浸没的图，求梨子的体积。（2）再出示浸没大半的图，求梨子的体积，让学生自己探索方法。

从上述的分析可见，当我们运用变易理论的思想来观察与分析这节课的时候，发现课堂教学的问题在于：首先，教师找到的关键学习内容不够完整，只找到了 1 个，而且在这 1 个关键内容上，讨论得也很不充分，没有依赖于先前的实验材料。其次，教师的变易依赖于自己的主观体验，没有仔细倾听学生在此过程中的反应，没有从学生的观点中有针对性地去调整他们的错误观念。

四、真实智力活动

学生如何获得有深度的知识，而不仅是通过识记获得一些表面而肤浅的事实或信息？通过真实智力活动的分析框架，我们可以对课堂中的真实教学活动、学生表现有更加深入的理解。我们还以上文的案例为分析对象，看看如果借助这一分析框架，这一课堂中的真实智力活动表现状况是怎样的。

（一）背景

真实智力活动（Authentic Intellectual Work，AIW），是由美国课程与教学论学者纽曼（Newmann）教授提出来的。在美国联邦政府教育研究教学办公室、美国教育部教育研究和促进办公室、恩纳伯格（Annenberg）基金会等组织和机构的资助下，纽曼教授主持和参与过很多大型研究项目，如“学校重建”、“芝加哥学校改革研究项目”、“芝加哥恩纳伯格挑战项目”等，这些大规模研究项目的核心问题是：如何提高教学的质量和学生的成绩？在这些项目中，纽曼逐渐形成了他对于学习质量的理解。

他们在研究中发现，当真实的学生成就成为学校重建的核心时，学生会学到更多高层次的知识和技能。为此，纽曼等人提出了学生高质量学习的观点，称为真实的学生成就。学生要获得高质量的智力成就，教师就要进行真实教学。真实教学不是像合作学习或档案袋这类具体的教学技术，而是观察教学智力质量的标准。真实教学要求学生积极思考，发展深层次的理解能力，将所学的学术知识运用于重要的、现实的问题。纽曼等人的研究发现，真实教学提高了各种社会背景的学生成就。在真实教学的框架中，学校的组织能力也是很重要的，真实教学要求师生关注高质量的智力活动，要迎接真实教学提出的这些复杂的、高难度的挑战，不仅要雇用或训练有能力的职员，而且要不断地提升学校的能力。

纽曼认为，要提高学生学习的智力质量，学校教师、学生和家长必须了解高质量的智力活动的标准。为此，纽曼所领导的“学校组织和重建中心”给出了学生表现、学生作业、真实性教学的多个标准和分析框架。在此，我们主要分析真实性教学的框架。

（二）分析框架

学生在学校中学习学术性知识的主要目标是什么？纽曼认为，是真实的智力活动，以达到智力上的严格性（rigor）和相关性（relevance）。但是，学校中学生的智力活动并没有体现出有意义和有价值的特点，学习任务往往要求的是低水平的复述、背诵、常规的程式性算法等，而对高水平的思维、阐释、深度的概念理解要求不高，学生很少有机会去解决与实际情境相关联的真正有价值的问题。在对数千份小学、初中、高中的学生作业进行分析后，纽曼认为，相当一部分学生的作品没有呈现出分析的能力，或对重要概念的理解和运用能力。

表 13–5　真实性教学的准则与标准

准则	标准		
	教学	任务	学生表现
知识建构	高水平的思维	知识建构	分析
学术探询	深度知识	拓展性的文本交流	写作、语法、运用、机制、词汇的学术性概念
	实质性对话		
超越学校	将课堂与世界联结	与学生生活联结	拓展型的文本交流

真实性教学有五个重要的教学成分（Newmann et al，1998）：

（1）高级思维（Higher - order thinking）。高级思维要求学生以一种转化信息和观念使其具有意义的方式处理信息和观念，诸如当学生为了综合、概括、解释、假设或达到某个结论来整合事实和观念。当学生参与到高级思维中时，他们必须解决问题，发展出新的意义。在此过程中，存在着不确定性和不可预测性。

（2）知识的深度（Depth of knowledge）。知识的深度意味着教学强调某一主题或学科的核心观点，有足够的全面性去探索知识间的关联，产生相对比较复杂的理解。学生处理学科中的关键概念或核心思想，运用知识来理解争论，解决问题或建构解释。

（3）超越课堂与真实世界联结（Connectedness to the world beyond the classroom）。将课堂与一些“真实世界的公共问题”或个体经验联系起来。

（4）实质性的对话（Substantive conversation）。这一特征意味着，学生与教师或同伴参与到关于学科知识的拓展性的对话交流中，建立起一个关于某一观点或主题的改进型的或达成共识的理解。

（5）学业成就的社会支持（Social support for student achievement）。社会支持并不仅是口头赞赏或表扬，当教师对所有的学生表现出较高的学业期待，鼓励所有学生参与学习体验中来的时候，才是好的社会支持。

纽曼等人在每一个核心要素上都发展出了五等级的量规，用以评价课堂。受本书篇幅所限，在此只以“实质性的对话”为例。实质性的对话有三个特征：（1）对话是关于学科中的学科内容。应包含高级思维，诸如作出区分、应用观点、形成综述、提出问题，而不仅是报告经验、事实、定义或程序。（2）对话包含观念的分享，不能完全受某一方的控制，如教师主导。当所有的参与者解释他们自己的观点或用完整的句子进行问询的时候，当他们直接回应前一个说话者的评论的时候，就证明产生了分享。（3）对话是基于所有参与者的观点来提升对某一主题或话题的集体性的理解。

基于这三点特征，他们发展出了以下5个量规。

5，上述三个特征都在课堂中得到了体现，至少有1个持续性的对话（至少3个连贯的话轮），几乎所有的学生都参与进来。

4，上述三个特征在课堂中得到了体现，至少有1个持续性的对话（至少3个连贯的话轮），大多数学生都参与进来。

3，特征2（分享）和3（集体性理解的一致性改善）发生了，并包含至少 1 个持续性的对话（至少 3 个连贯的话轮）。

2，特征 2 和 3 简短地发生并包含至少 1 个连贯的话轮。

1，课堂中没有产生任何表明上述三个特征的对话或持续性的对话。

（三）分析实例

当我们运用真实智力活动的分析框架来分析上文的《求不规则物体的体积》时，就会发现：与任务分析框架的分析重心落在任务的认知水平，变易理论的分析重点放在对关键学习内容的变易上有所不同，真实性教学关注的是，教师是否引导学生在这些主题上以一种有意义的方式处理材料与信息，从而在认识和理解上有所加深。具体到这节课，这一分析框架的重点就是看：是否通过排水法让学生理解了等积变换的思想？师生、生生之间是否产生了实质性的对话？课堂中是否创设了真实的问题情境等。由于这一框架内容很多，在此，我们只选择其中的两个点进行分析。

1. 超越课堂与真实世界联结

这一课堂试图将学科内容与一些“真实世界的公共问题”或个体经验联系起来。教师并没有采用教材中的西红柿，因为西红柿会在水里浮起来。教师给学生提供了魔方、土豆、石头、泡沫等各种丰富的材料，并要求学生任选其中两样物品进行体积测量，而且花了较多的时间让学生探究不同的不规则物体的体积。

从课堂观察来看，学生研究的气氛很活跃，学习积极性很高，几乎每个小组和每位同学都动起来了。这说明丰富的素材引发了学生真实探究的欲望。学生亲自动手做实验，把数学知识的获得与科学实验相结合。同时，教师还增加了操作要求，不仅让学生清晰地知道该怎么做，而且思考了为什么要这么做。这避免了实验的漫无目的。教师要求学生把测量的过程和结果填写在记录单上，充分暴露学生的思维过程，也为学生整理思路，形成有序、流畅的表达提供了支架。课堂上，学生有序地进行实验，汇报得条理清楚，这与教师善于反思教材编排的不合理性，并作出合理的修改和调整是密不可分的。

但是，在后续的教学中，梨的体积计算涉及一个真实的问题情境：“那些不能被水完全浸没的物体是否能采用排水法？”在这个问题的处理上，教师采用了电脑演示的做法，而没有用实物操作。在这一问题上，学生呈现了多样的观点，而且这些观点都涉及对排水法的实质性理解。如果学生没有亲自动手操作，他们只是被动地接受这一观点，而很难达到深刻学习的目的。

2. 实质性的对话

有实质性对话的课堂意味着，学生与教师能够参与到关于学科知识的拓展性的对话交流中，建立起关于某一观点或主题的改进型的或达成共识的理解。

当教师呈现一些规则物品和不规则物品时，提问：哪些物品的体积我们可以直接求？并让学生说一说计算方法。

师：哪些物品的体积我们可以直接求了？

生：纸盒……，利用公式求体积。

师：剩下的物体体积能不能直接运用公式来求？

生：不能，不是规则的物体。

显然，教师在这里并没有引导学生进行实质性的对话，仅满足于利用公式求体积的回答。这节课的目标之一是要巩固长方体、正方体等规则物品的体积，在这一目标上并没有产生积极的对话。

从整个课堂中的师生对话来看，师生间的对话比较集中在程序上，较少有连续性的话轮，较少进行连续性的追问。而在实质性的对话中，应包含高级思维，诸如作出区分、应用观点、形成综述、提出问题，而不仅是报告经验、事实、定义或程序。我们还是用上述梨子片段来深入讨论。

师：梨子能完全浸没在水中吗？

生：不能（大部分学生）。

生1：800 - 500 = 300 立方厘米

生2：不行。300ml 包含梨子尖头部分。

师：噢，有两种意见，你同意哪一种？

生3：梨子头也是梨的一部分，只是改变了形状，没改变体积。

（教师电脑演示切下的情景）

师：梨和水是800ml，即使切下也是800ml。

在这个情境中，学生呈现了不同的冲突观念。但是，教师并没有利用这一冲突有效地解决核心问题，即“没有完全浸没的物体是否可以用排水法计算体积”，而只是用电脑演示了切下的情景，然后就告诉学生切下后也是800ml。无疑，这代替了学生的思维，学生冲突的核心观念没有得到很好的解决，没有在分享的基础上让学生产生改进后的理解。教师在对话中也没有引导学生进一步明确问题的本质，即不管怎样放，只要在梨子完全浸没时“体积和 - 水的体积 = 梨的体积”。

在这一课堂中，教师试图通过讨论、交流的方式建立起学生之间、师生之间、学生与物品材料间的实质性对话共同体。但是，教师在学科知识、分享和集体性的理解上做得不够，导致这节课的科学味比较浓，而在数学思想上的探讨较浅。

在应用理论框架进行分析时，我们可以根据不同的学科课程片段选用不同的理论框架，也可以尝试对同一个课程片段选用多种理论框架来进行分析。而类似上述这种对同一课堂数据应用两个以上的分析框架，好处在于：第一，理解情境，可以最大限度地加强对一系列的课堂行为和学习成果的分析灵敏度；第二，理解理论，通过理论的组合来确定关键变量，并考虑它们在何种程度上是相辅相成、互相补充，或者不兼容的。

参考文献

中文文献

艾斯纳. 2008. 教育想象：学校课程设计与评价［M］. 李雁冰，译. 北京：教育科学出版社.

巴比. 2005. 社会研究方法［M］. 邱泽奇，译. 北京：华夏出版社.

布兰特. 1993. 学生需要与小组学习：与W.格拉塞访谈记［J］//马兰. 掌握学习与合作学习的若干比较. 比较教育研究（2）.

布什. 1998. 当代西方教育管理模式［M］. 强海燕，译. 南京：南京师范大学出版社.

陈波，等. 1989. 社会科学方法论［M］. 北京：中国人民大学出版社.

陈瑶. 2002. 课堂观察指导［M］. 北京：教育科学出版社.

陈向明. 2000. 质的研究方法与社会科学研究［M］. 北京：教育科学出版社.

陈晓端，Stephen Keith. 2005. 当代西方有效教学研究的系统考察与启示［J］. 比较教育研究（8）.

崔允漷. 2001. 有效教学：理念与策略［J］. 人民教育（6）.

崔允漷，等. 2007. 课堂观察：走向专业的听评课［M］. 上海：华东师范大学出版社.

崔允漷. 2008. 论指向专业发展的教师合作［J］. 教育研究（6）.

崔允漷. 2010. 论指向教学改进的课堂观察LICC模式［J］. 教育测量与评价：理论版（3）.

丁丁. 2008. 小牲口［M］. 北京：十月文艺出版社.

丁刚. 2008. 声音与经验：教育叙事探索.［M］. 北京：教育科学出版社.

杜文军. 2009. 试论作为一种研究方法的课堂人种志［J］. 民族教育研究（3）.

冯建军，王卫东，石中英，等. 2007. 生命化教育［M］. 北京：教育科学出版社.

高鸿源. 2003. 欧美学校微观政治研究的进展［J］. 比较教育研究（6）.

戈一平，徐承博，陈宇卿. 2010. 为了学习者的学而教［M］. 上海：上海人民出版社.

古德，布罗菲. 2002. 透视课堂［M］. 陶志琼，译. 北京：中国轻工业出版社.

顾泠沅，黄荣金，马顿. 2005. 变式教学：促进有效的数学学习的中国方式［G］//范良火，等，华人如何学习数学. 南京：江苏教育出版社：247－273.

怀特. 1994. 街角社会［M］. 黄育馥，译. 北京：商务印书馆.

怀特海. 2002. 教育的目的［M］. 北京：生活·读书·新知三联书店.

黄荣金，梁贯成. 2005. 中国学习者悖论的质疑：透视香港和上海数学课堂［G］//范良火，等. 华人如何学习数学. 南京：江苏教育出版社：274－297.

黄政杰，林佩璇. 2004. 合作学习［M］. 台北：五南图书出版公司.

霍秉坤. 2004. 教学方法与设计［M］. 香港：商务印书馆.

蒋鸣和. 2004. 课堂教学研究的录像分析方法［J］. 计算机教与学（10）.

柯林斯. 2010. 认知学徒制［M］// 索耶. 剑桥学习科学手册. 徐晓东，等，译. 北京：教育科学出版社：59－74.

克拉斯沃尔，等. 1989. 教育目标分类学·情感领域［M］. 施良方，等，译. 上海：华东师范大学出版社.

空谷幽兰. 哑巴也能做老师——质疑洋思中学［EB/OL］.（2011－04－06）［2012－06－18］. http://blog.sina.com.cn/s/blog_5082c70b0100r8gl.html.

赖配根. 2009. 解放学习力：先学后教，当堂训练［J］. 人民教育（21）.

李英杰. 2006. SOLO 分类评价理论在阅读能力评价上的应用［J］. 首都师范大学学报：社会科学版（2）.

李素艳. 2009. 从宏观政治转向微观政治：解构主义政治哲学的主题维度［J］. 理论探讨（4）.

林宇. 2005. 突变理论在教育研究中的应用［J］. 教育评论（5）.

刘虹. 2004. 会话结构分析［M］. 北京：北京大学出版社.

刘云杉. 1999. 走入日常生活的教育社会学［J］. 南京师范大学学报：教育科学版（2）.

卢敏玲，庞永欣，植佩敏. 2006. 课堂学习研究：如何照顾学生个别差异［M］. 李树英，郭永贤，译. 北京：教育科学出版社.

鲁迅. 南腔北调集［M/OL］.［2012－06－18］. http://www.tianyabook.com/luxun/nqbd/047.htm.

马兰. 1993. 掌握学习与合作学习的若干比较［J］. 比较教育研究（2）.

宁虹，武金红. 2003. 建立数量结构与意义理解的联系：弗兰德互动分析技术的改进运用［J］. 教育研究（5）.

帕尔默. 2005. 教学勇气：漫步教师心灵［M］. 吴国珍，等，译. 上海：华东师范大学出版社.

彭明辉. 2008. 现象图析学与变易理论［J］. 教育学报（5）.

桑德尔. 2011. 公正：该如何做是好？［M］. 朱慧玲，译. 北京：中信出版社.

沈正元. 2008. 课堂观察：来自江苏省吴江市一线报告［J］. 吉林省教育学院学报（2）.

shch002. 2009. 对这堂数学课评价的分歧 [EB/OL]. (2009 - 12 - 11) [2012 - 05 - 01]. http://blog. cbe21. com/user1/784/archives/2009/57476. shtml.

施良方. 课程理论：课程的基础原理与问题 [M]. 北京：教育科学出版社. 1996.

Stein et al. 2001. 实施初中数学课程标准的教学案例 [J]. 李忠如，译. 上海：上海教育出版社.

舒尔曼. 2007. 教师教育中的案例教学法 [M]. 郅庭瑾，译. 上海：华东师范大学出版社.

索耶. 2010. 剑桥学习科学手册 [M]. 徐晓东，等，译. 北京：教育科学出版社：59 - 74.

田中耕治. 2011. 2011 年上海市华东师范大学课程评价会议上的大会报告 [R]. 东京：日本京都大学.

王鉴. 2004. 课堂志：回归生活世界的研究 [J]. 教育研究 (1).

王庆训. 2009. 读《人民教育》的关于蔡林森永威学校的报道的感受 [EB/OL]. (2009 - 12 - 30) [2012 - 05 - 01]. http://wangqingxhu. eduol. cn/archives/2009/875044. html.

万炜. 2009. 班主任兵法 [M]. 上海：华东师范大学出版社.

吴刚平. 2003. 课程意识及其向课程行为的转化 [J]. 教育理论与实践 (9).

吴康宁. 1998. 课堂教学社会学研究中的现场观察 [J]. 中国教育学刊 (1).

向中军. 2010. 质疑洋思模式 [EB/OL]. (2010 - 02 - 04) [2012 - 05 - 01]. http://blog. sina. com. cn/s/blog_ 4ce6400d0100gotj. html.

谢翌. 2005 . 评课 = 单向批判？对话理解？：兼与云子老师某堂公开课的评课专家商榷 [J]. 当代教育科学 (2).

张菊荣. 2007. 苏霍姆林斯基的“课堂观察” [EB/OL]. (2007 - 07 - 26) [2010 - 05 - 21]. http://13057. eduol. cn/archives/2007/298268. html.

钟启泉. 2011. 新课程改革与学生个性化学习 [J]. 教育探索 (2).

佐藤学. 2010. 学习的挑战：创建学习共同体 [M]. 钟启泉，译. 上海：华东师范大学出版社.

英文文献

Atherton. 2011. Learning and Teaching: References [M/OL]. [2012 - 04 - 04]. http://www. learningandteaching. info/learning/reference. htm#BIGGS J (1999).

Ball. 1987. The Micro-Politics of the School: Towards a Theory of School Organization [M]. London and New York: Methuen.

Baldridge, Curtis, Ecker& Riley. 1978. Policy Making and Effective Leadership [M]. San Francisco: Jossey Bass.

Banilower R. 2005. A Study of the Predictive Validity of the LSC Classroom Observation Protocol [EB/OL]. [2012 - 06 - 18]. http://www.horizon-research.com/reports/2005/cop_ validity.php.

Berliner et al. 1996. Handbook of Educational Psychology [M]. Simon &Schuster Macmillan.

Bielaczyc & Collins. 1999. Learning Communities in Classrooms: A Reconceptualization of Educational Practice [C] // Reigeluth. Instructional-Design Theories and Models: A New Paradigm of Instructional Theory. Mahwah, NJ: Lawrence Erlbaum Associates: 269 - 292.

Biggs & Collis. 1982. Evaluating the Quality of Learning: The SOLO Taxonomy [M]. New York: Academic Press.

Blanton, Berenson, Norwood. 2001. Using Classroom Discourse to Understand a Prospective Mathematics Teacher's Developing Practice [J]. Teaching and Teacher Education (17): 227 - 242.

Blasé. 1991. The Politics of Life in Schools: Power, Conflict, and Cooperation [M]. Newbury Park, CA: Sage.

Bloom. 1968. Learning for Mastery: Instruction and Curriculum [J]. Evaluation Comment, 1 (2): 1 - 12.

Borg. 1979. Teacher Coverage of Academic Context and Pupil Achievement [J]. Journal of Educational Psychology, 71: 635 - 645.

Bransford, Brown, &Cocking. 2000. How People Learn: Brain, Mind, Experience, and School [M]. Washington, DC: National Academy Press.

Cazden. 1988. Classroom Discourse: The Language of Teaching and Learning [M]. Heinemann: A division of Reed Elsevier Inc.

Cheng. 2000. New Wave in Education: Globalization, Localization, and Individualization. [C] //Joy of Learning. The Hong Kong Institute of Education: 2 - 4.

Clake. 2001. Perspectives on Practice and Meaning in Mathematics and Science Classroom [M]. The Netherlands: Kluwer Academic Publishers.

Coie & Coppotelli. 1982. Dimensions and Type of Social Status: A Cross-Age Perspective [J]. Developmental Psychology, 18: 557 - 570.

Coie & Dodge. 1988. Multiple Sources of Data on Social Behavior and Social Status in School: Across-Age Comparison [J]. Child Development, 59: 815 - 829.

Confrey. 1990. A Review of the Research on Student Conceptions in Mathematics, Science, and Programming [C] //Cazden. Review of Research of in Education. Washington, DC: American Educational Research Association: 3 - 56.

Connor, Morrison, Fishman, et al. 2009. The ISI Classroom Observation System: Examining the Literacy Instruction Provided to Individual Students [J]. Educational Researcher, 38 (2): 85 -99.

Ellis& Ashbrook. 1988. Resource Allocation Model of the Effects of Depressed Mood States on Memory [C] // Fielder K, Forgas J. Affect, Cognition and Social Behavior. Lewison, NY: Hogrefe.

Eric& Banilower. 2005. A Study of the Predictive Validity of the LSC Classroom Observation Protocol [M/OL]. [2012 -04 -04]. http: //www. horizon-research. com/LSC/news.

Flanders. 1970. Analyzing Teaching Behavior [M]. Washington, D. C.: U. S. Office of Education: 34 -36.

Fredrickson& Levenson. 1998. Positive Emotions Speed Recovery from the Cardiovascular Sequelae of Negative Emotions [J]. Cognition and Emotion, 12: 191 -220.

Forsyth. 1999. Group Dynamics [M]. 3th ed. Calif: Wadsowrth..

Galton. 1980. Inside the Primary Classroom [M]. Law Book Co of Australasia.

Gettinger & Stoiber . 1999. Excellence in Teaching: Review of Instructional and Environmental Variables [C] // Reynold C R. et al. The Handbook of School Psychology. John Wiley & Sons. Inc.: 933 -958.

Good & Brophy. 1971. Analyzing Classroom Interaction: A More Powerful Alternative [J]. Educational Technology, 77 (10): 36 -40.

Griffin. 2008. Developmental Frameworks: Writing Quality Criteria for Rubrics [S]. Assessment Research Centre, The University of Melbourne, Melbourne, unpublished paper.

Hatano & Inagaki. 1991. Sharing Cognition Through Collective Comprehension Activity [C] // Resnick, Levin & Teasley. Perspective on Socially Shared Cognition. Washington, DC: American Psychological Association: 331 -348.

Isen. 2011. An Influence of Positive Affect on Decision Making in Complex Situations: The Cortical Issues with Practical Implications [J]. Journal of Consumer Psychology, 11 (2): 75 -85.

Johnson et al. 1994. The New Circles of Learning Cooperation in the Classroom and School [M]. ASCD.

Johnson & Johnson. 1990. Cooperation in the Classroom [M]. Edina, MN: International Book Company.

Koedinger & Nathan. 2004. The Real Story Behind Story Problems: Effects of Representations on Quantitative Reasoning [J]. The Journal of the Learning Sciences, 13 (2): 129 -164.

Lampert, Rittenhouse & Crumbaugh. 1996. Agreeing to Disagree: Developing Sociable Mathematical Discourse [G] // Olson & Thorrance. Handbook of Educational and Human

Development. Oxford: Blackwell's Press: 731 - 764.

Lawrenz, Huffman& Appeldoorn. 2002. Classroom Observation Handbook [M]. University of Minnesota, Minneapolis, MN.

Lihua. 2011. Same Ending, Different Stories: Understanding Student Learning in Science from Two Complementary Theoretical Perspectives [J]. International Journal of Educational Research Manuscript Draft.

Linn & His. 2000. Computers, Teachers, Peers: Science Learning Partners [M]. Mahwah, NJ: Lawrence Erlbaum Associates.

Marton &Pang. 2006. On Some Necessary Conditions of Learning [J]. The Journal of the Learning Sciences, 15 (2): 193 - 221.

Mertler, 2001. Designing Scoring Rubrics for Your Classroom [J]. Practical Assessment Research & Evaluation, 7 (25).

Metz. 2000. Young Children's Inquiry in Biology. Building the Knowledge Bases to Empower Independent Inquiry [C] // Minstrell & Zee. Inquiring into Inquiry Learning and Teaching in Science . Washington, DC: American Association for the Advancement of Science: 3 - 13.

Newmann, Lopez & Bryk. 1998. The Quality of Intellectual Work in Chicago Schools: A Baseline Report [R]. Chicago: Consortium on Chicago School Research.

Piaget. 1976. The Child's Conception of the World [M]. NJ: Littlefield, Adams, & Co: 9.

Pianta, LaParo & Hamre. 2008. Classroom Assessment Scoring System [M]. Baltimore: Paul H. Brookes.

Pianta & Hamre. 2009. Conceptualization, Measurement, and Improvement of Classroom Processes: Standardized Observation Can Leverage Capacity [J]. Educational Researcher, 38 (2): 109 - 119.

Posner, Strike, Hewson, & Gertzog. 1982. Accommodation of a Scientific Conception: Toward a Theory of Conceptual Change [J]. Science Education, 66 (2): 211 - 227.

Scott. 2001. Institutions and Organizations: Theory and Research [M]. 2th ed. Thousand Oaks: Sage.

Scradamalia, Bereiter, & Steinbach. 1984. Teachability of Reflective Processes in Written Composition [J]. Cognitive Science (8): 173 - 190.

Slavin. 1990. Cooperative Learning [J]. Celin Rogers: The Social Students. Educational Leadership, 48 (5): 71 - 82.

Spaulding. 2000. Micropolitical Behavior of Second Grades: A Qualitative Study of Student Resistance in the Classroom [J]. The qualitative Report, 4 (1/2).

Stapleton, Bacevich, Ketchie. 2004. Researching Education as It Happens: Using Classroom Observations to Generate Quantifiable Data [C]. American Educational Research Association.

Stigler & Hieber. 1999. The Teaching Gap: Best Ideas from the World's Teachers for Improving Education in fhe Classroom [M]. NY: Free Press.

Wajnryb. 1992. Classroom Observation Tasks: A Resource Book for Language Teachers and Trainers [M]. Cambridge University Press.

Wang& Lin. 2005. Comparative Studies on US and Chinese Mathematics Learning and the Implications for Standards – Based Mathematics Teaching Reform [J]. Educational Researcher, 34 (5): 3 – 13.

Ysseldyke & Elliott. 1999. Effective Instructional Practices: Implications for Assessing Educational Environment [M] // Reynolds et al. The Handbook of School Psychology. John Wiley & Sons, Inc: 497 – 518.

后　记

这本书传给编辑是在一个初夏的中午。此前我曾经很多次地想象这一场面，而当真的到了这一天，只有平静与充实。从酝酿到成书，三年半的时间里，我与老师们一起观察了数百个课堂。教师都是普通的教师，课堂也很普通。在这些普通的教师、课堂、学生身上，我看到了真实教育的发生，也看到了静悄悄的革命的可能。

课堂，一师一生，亦师亦生，是人与人的关系，是纯粹地体现教育本质的所在。流转于课堂之间，我不断追问自己，什么是学生的学习？观察学生学习的什么？怎样观察？观察以后怎么解释？怎样干预？从一开始对认知类目标达成的关注，逐步拓展到对学生作为一个“人”的整体学习的过程，关注他的有意义的学习过程、学科情感、师生关系、生生关系等各个维度；从一开始只关注数据的收集，逐步拓展到对理论框架、目标澄清、数据解释、工具技术等多视角的纳入……本书呈现的并不是我一个人对课堂的思考，而是与老师们共同的探索。对他们，我怀有深深的敬意！

在研究过程中，我时常有这样的感叹，对于学生的学习，我们的所知实在是太少了！

我一直在拷问自己：一线教师为什么要做课堂观察？教育研究者推出一种新的观点和技术是容易的，困难在于，我们需要让我们的技术和观点正好能够解决一线教师们的难题，让他们“茅塞顿开”，进而愿意改变以往习惯的行动模式。

我有一批教师朋友，我的老师、师范同学、大学同学、研究生同学，他们的教龄从三十年到两年不等。从他们那里，我能了解到最真实的教师生活，他们促使我思考，课堂观察对他们的必要性和意义体现在哪里？如果教师坚持做课堂观察，他们的专业发展会有怎样的不同？

他们有的出于最实用的研究目的，提高学生的成绩；有的带有研究的目的，来解决自己困惑的问题；有的则是想通过一个载体来寻求改变；有的想积累一些课堂数据写论文；有的则纯粹是好奇。

不管大家参与课堂观察研究的目的是什么，但我知道，能够使老师们心甘情愿付诸时间进行尝试，第一在于它不影响成绩；第二在于它让老师们觉得这是有意义的。

课堂观察本是我用于诊断教师课程实施水平的工具之一，而在一次次观课研讨的过程中，我们越来越发现课堂观察应该也是教师用来研究学生学习的一种重要工具。上课教师和观课教师都需要有对学习过程敏锐的感知力，都需要及时判断学生学习的质量，分析学生的话语、概念、学习中所展现的同伴关系，基于此反省并调整教学。课堂观察为我们研究学生的学习提供了一种载体，借用观课者的眼睛，解开一个个学生身上的学习密码。对于经历过的人来说，这是一个迷人的过程。参与研究的老师告诉我他们在观察中的感受：

◇ 对课堂的感受更加清晰、细腻，对学生的学习过程了解得更加深入。

◇ 我发现数据没有以往那么可怕了，数据其实也是证明自己教学能力和学生学得好的一种方法。

◇ 喜欢自己的学生，在了解的基础才能更理智地喜欢他们。

◇“还原”、“多元”，课后的讨论不是在说废话，而是听到多种不同的解读方式，加深了我的思考。

◇ 以往我对学生在课堂上到底是怎样学习的、学生之间的合作是如何进行的都只有模糊的概念或想当然的看法。通过课堂观察，我觉得自己加深了对课堂事件，尤其是对学生学习的理解，获得了更多的关于学生学习的经验。

◇ 深描课堂，让我积累真实、充满细节的案例素材，写出更为真实和具有冲击力的案例。

本书的成书是充满感恩与感激的过程，没有他们，没有本书的产生，更不会有我思想的演进与行动的可能：感谢我的导师崔允漷教授，他在课堂观察这一领域创造性的开辟，奠定了我的思考和行动基础；感谢普教所的领导与诸多前辈，他们对于后辈的提携与关爱，点点滴滴铭记于心；感谢诸多研究同行，在与他们坦诚的探讨交流中，我总有意外的惊喜，并不断调整自己的视域；感谢与我共同走过的上海、浙江、江苏项目学校的校长、老师和学生们，在他们的课堂中，在与他们的互动中，我收获了无数智慧；感谢教育科学出版社的李东总编辑和教师教育编辑部的刘灿主任对于本书出版的支持，感谢春燕编辑，她真诚善意的提醒和有技巧的敦促，给了我坚持的动力；感谢我的父母家人予以我的支持和帮助，在成书过程中，我的儿子一直陪伴在我身边，他的祝愿很简单，希望妈妈天天打电脑，天天陪他。4岁的他还不知道这两者是一个矛盾，而我总在矛盾中试图求得平衡。

纪伯伦说，在工作的时候，你是一管笛，从你心中吹出时光的微语，变成音乐。在工作中爱了生命，就是痛彻了生命最深的秘密（《先知·论工作》)。

对此,我深以为然。

出版人　所广一
策划编辑　池春燕
责任编辑　池春燕
版式设计　孙欢欢
责任校对　贾静芳
责任印制　曲凤玲

图书在版编目(CIP)数据

以学习为中心的课堂观察/夏雪梅著．—北京：教育科学出版社，2012.9(2013.3 重印)
ISBN 978-7-5041-6934-1

Ⅰ．①以…　Ⅱ．①夏…　Ⅲ．①课堂教学—教学研究
Ⅳ．①G424.21

中国版本图书馆 CIP 数据核字(2012)第 180706 号

以学习为中心的课堂观察
YI XUEXI WEI ZHONGXIN DE KETANG GUANCHA

出版发行	教育科学出版社		
社　址	北京·朝阳区安慧北里安园甲 9 号	市场部电话	010-64989009
邮　编	100101	编辑部电话	010-64989441
传　真	010-64891796	网　址	http://www.esph.com.cn
经　销	各地新华书店		
制　作	北京金奥都图文制作中心		
印　刷	北京中科印刷有限公司		
开　本	169 毫米×239 毫米　16 开	版　次	2012 年 9 月第 1 版
印　张	17.25	印　次	2013 年 3 月第 2 次印刷
字　数	270 千	印　数	5 201—8 200 册

智慧教师读本 ①
谁是最具成长力教师

教什么知识

——对教学的知识论基础的认识

季苹　著

教育科学出版社
·北　京·

目　录

第二部分 作为前台的四个层面和四个水平的事实性知识（现象性知识）、概念性知识、方法性知识和价值性知识

第三部分 作为后台的四个维度的事实性知识、概念性知识、方法性知识和价值性知识

导　言

教师们天天在教知识，学生们天天在学知识，可是，什么知识更重要？显然，这是一个非常重要的问题，是直接影响学与教有效性的问题，是课程与教学的理论和实践的基本问题，是教师、学生以及课程与教学的相关研究者天天面对的各种知识问题背后的问题。例如，这么多知识，怎么教？面对成绩差不多的学生，为什么有的教师能够很从容地教而且成绩不错，而有的教师每天辛辛苦苦却收获不大？随着知识量的不断增长，教育工作者越来越期望通过传授知识培养学生的能力，可是，为什么不少学生只要老师有一点讲不到就不行？到底什么知识能够形成学生的能力？

为什么中国的学生那么累？我们总是觉得中国的学生学的知识很多，然而到了美国后，却发现美国学生学的知识并不比我们少，但他们却没有像中国的学生这样累，更甚者经历了如此辛苦的学习之后，创新力却仍然不如别人，这又是为什么？他们学的知识与我们学的知识有什么不同？

课程改革中提出三维目标，即在传授知识和技能的同时教给学生方法，培养学生的情感、态度、价值观。习惯于教知识的教师们自然会问，方法、情感、态度、价值观与知识的关系是什么？

……

由于以上种种问题，使得“教什么知识”成为重要问题，其重要性在“怎么教知识”之上。

在教师们的教学研究中，研究的主要是“怎么教知识”的问题。这个问题当然非常重要，但是，以这个问题作为教学研究的全部或者主体，在客观上就决定了教师“匠人”的地位。研究工作者决定“教什么知识”，教师决定“怎么教知识”这样一种格局从总体上已经确定了教师在课程与教学中的执行的地位。然而，对“教什么知识”缺乏思考和理解的教师是很难成为优秀教师的。

另外，过去往往认为，教师是做好了知识准备才来从事教育教学的。当然，从总体上说，从事教师职业是需要一定资格、一定知识水平的。但是也要看到，每位教师的知识水平是不同的，同一位教师，不同的知识点的知识水平也可能是不同的。教师的专业知识水平的提升是一个终身的过程，而且面对学生学习中出现的各种问题，这个过程还是一个刻不容缓的过程。教师在自己的教学工作中要反复问自己：我教的是什么知识？或者，对于所教的知识，我自己理解到了什么水平并教到了什么水平？

显然，“教什么知识”绝不是一个简单的回答教什么具体知识的问题，而是一个回答什么知识更有价值的问题，而且它也不仅仅是在具体的知识之间进行价值对比的问题，而是一个从总体上认识知识的性质和价值的问题。那么，如何回答这样一个深刻的问题？我想到了胡塞尔的“回到实事本身”，这是现象学最响亮的口号之一。这个口号是一种态度，是一种放弃自我中心的态度；这个口号也是一种方法，是一种还原的方法。还原，首先指的是将研究者从实事中抽取出来，反观自身一直以来是否是在真诚地回答这个问题，反观自身是否已经具备了回答问题所需要的经验和知识基础。其次，还原指的是将研究对象放到它正在生存和发展的环境中去，认真考察其实际的丰富性。最终，通过还原，得到一些更加真实的问题或者说迫切需要解决的问题。

在还原研究基础中发现，中国课程与教学的知识论基础极其薄弱，而且这与中国知识论的极其薄弱是一致的。从而认识到，要回答好“教什么知识”，需要进行课程与教学的知识论基础的建设。而要建设课程与教学的知识论基础，需要学习和理解知识论的本质内涵和在当代的主要研究内容，否则，我们的研究缺乏基本的关于知识论的知识。其次，要梳理课程与教学实践中需要回答的基本的知识问题，形成真正的问题域和研究域。

在还原问题原本的丰富性中发现，这一问题提出的根本目的是期望通过知识培养学生的能力，因此，知识与能力的关系问题成为“教什么知识”的核心问题。知识的性质（包括知识的可传递性、知识的完整性）、知识的水平等则是回答核心问题必须首先解决的基本问题。本书原本想对课程与教学的知识论基础有一个较为完整的概括和呈现，但由于本书主要站在教师的教学角度思考问题，更重要的是自身缺乏与课程有关的基本经验，因此，所论述的主要是对教学的知识论基础的认识。

既然知识与能力的关系问题是教学知识论基础的核心问题，本书所做的研究紧紧围绕这个核心展开。那么，能力指的是什么？根据基础教育阶段学生能力发展的特点，学习西方哲学长期以来关于能力的研究成果，本着需要回答能力与知识的关系问题的特定研究需要，将能力的内涵聚焦确定在理解力上，认为理解力是能力的基础。

那么，知识与理解力的关系是什么？什么知识更能增进学生的理解力？既然要问“什么知识”，就意味着要进行知识分类。于是，通过对目前主要的知识分类的理论进行学习和分析，发现每种知识分类都有自身特定的出发点和目的，而根据研究的核心问题，我们需要的是增进学生理解力的知识分类。从所掌握的文献看，还没有出现我们所需要的这种知识分类。

在大量知识教学的案例研究和理论分析中发现，教材中客观存在着四个层面的知识——事实性知识、概念性知识、方法性知识、价值性知识。四个层面应该层层增进学生的理解力，但实际并非如此。知识的四个层面并不是知识的四个水平，而是每个层面都可以有四个水平：现象的水平、概念的水平、方法的水平和价值的水平。

要教好和学好具体知识，除了完整地把握知识的四个层面并深刻地理解四个层面的知识外，还需要了解什么是事实，什么是概念和原理、什么是方法、什么是价值。这些知识就是在具体知识背后支撑知识四个层面的四个维度的知识。由于四个维度与四个层面之间的表里对应的关系，所以它们也被称为事实性知识、概念性知识、方法性知识和价值性知识。这些知识在具体学科中是不出现的，但却是教师和学生在教和学具体知识的过程中经常挂在嘴上和思考着的东西（“这是事实”“这个概念”等），类似舍勒说的“意向相关项”。只有明察它们，才能进一步理解我们教的或学的是什么事实、概念、方法和价值。四个维度的知识属于诠释学的知识，主要来源于哲学，是具体学科知识的最大公约数，因而学习这些知识不是简单地在增加知识量，而是在进一步增进着教师和学生对具体知识的理解力，为解决各学科学习能力的相互迁移提供共同的知识基础。

前台的具体知识的四个层面和四个水平的分类和后台的四个维度的知识撩开了知识的神秘面纱，有助于提高教师和学生对知识的理解力，可以为教师的教和学生的学提供一种自我评价的框架，也为“知识如何螺旋式上升”这样的课程安排和教材编写问题提供了一种回答的依据。

以具体知识的四个层面、四个水平及其背后的四个维度的知识分类理论来观察课堂教学，发现了一系列需要研究的知识教学的具体问题。如概念教学中的真假概念问题，学科概念与学科范畴的关系问题，主题单元教学的“概念聚合器”问题，真假知识结构问题，什么是学科“观念”的问题，将知识放在情境中教、给学生回到实事本身的机会的问题，等等。本书的写作过程伴随着大量的课堂教学案例的研究，积极、努力地回应着来自课堂教学的各种具体问题。正是在这些不同层面的具体问题的回应中，笔者感受到了理论研究和建设的重要性，感受到了进行增进学生理解力的知识分类的重要性，感受到了建设教学的知识论基础的重要性。

由于自身的水平有限，所做出的判断和达到的认识水平必然有限，因而写作过程非常艰难。而且，其中对很多问题如知识的四个层面与四个水平的关系问题的认识，还需要做更深入的研究，尤其是在各学科教学中展开研究。之所以坚持写出来，是因为觉得这件事情非常重要，也是因为写出来便于更好地分析、批判。

第一部分

“教什么知识”问题的还原、聚焦、梳理和学习

表面看上去，“教什么知识”是一个非常直观、简单的问题，实际却并非如此。生活中有大量类似的问题：吃什么饭，交什么朋友，为什么活着，等等。这种直观是一种笼统、抽象的直观。要回答这些问题，首先需要还原，还原问题的背景、基础和关键环节。

在这个问题的还原和分析过程中，西方哲学，尤其是西方知识论以及西方心理学给予了最重要的支撑。

1

还原理论基础

——课程与教学知识论基础的薄弱与建设

> 教师在教学过程中的对象只有两个，即学生与知识。教育培养人和用知识来培养人，这是不证自明的事实。这个事实就是教学活动的逻辑起点。然而，教学的问题就出在这个起点上。我们是否把学生当做人来培养，是否用本真形态的知识来培养人？这几乎是全部教学问题的根源。在这两个本源性的问题中，知识的本真形态具有先在性，因为，教学过程中对知识的理解、加工处理以及对待知识的态度直接关系到知识与人的关系、人在教学中的命运以及教学对人的命运的影响。有什么样的知识观就有什么样的教学观。①

是的，什么是知识，这是我们生活中和教育教学中都要回答的基本问题，也是哲学中的知识论要回答的基本问题。知识论是哲学的重要分支之一，知识论要研究的问题是：知识的本性是什么？如何获得知识即知识何

① 陈理宣．对知识内涵与教学任务的反思［J］．广西教育学院学报，2006（3）：34.

以可能？是否有不同类型的知识？各种知识之间是否有层级高低之别？当我们面对这些问题的时候，自然会感觉到它们的重要性，但是，在我们的生活中和教育教学中，它们是否成为我们自觉思考的问题了呢？显然，没有这样一种自觉的反思，就谈不上会有自觉的教学。

但是，且不说知识论在教育教学中的基础作用极其微弱，即使追溯到中国哲学中，知识论的地位也同样微弱。当然，这是与西方知识论在西方哲学中的地位和作用相比较而言的。许多哲学研究工作者指出，中国知识论研究的薄弱直接影响了中国科学技术的发展和中国知识经济的发展，因此他们已经将中国知识论的研究和建设作为中国科学技术发展、知识经济的发展以及中国现代化建设的一项必不可少的基础性研究。

> 在西方，两千多年以来一直有着研究和探讨知识理论的好传统，而在中国恰恰就缺少这样一个极其重要的哲学的或思想的传统。如果你根本就不懂什么是知识这样的哲学问题，你又怎么能够去讨论和处理由于知识经济而产生的一些大的理论问题呢？要迎接知识经济的到来，我们就必须在思想上、理论上做好准备，这种准备的一个重要内容就是要加强对知识理论的研究。①
>
> 常说要实现“中国哲学的现代化”，常说要从古代走向近代与现代，究竟如何完成这一宏愿，却很少有人思及；少数思及者，其思路，也是牛头不对马嘴。坚持“本体论”的立场，坚持“方法论上的本体论主义”，坚持“本体论居先”之思路，同时却又奢谈“中国哲学的现代化”，是万万不能成功的。必须换一种思维，吾人才能迈入现代；必须换一种方法，吾人才能实现传统哲学的现代化。②

同样，作为教育研究者，笔者在大量的教育观察中真切地认识到，中国知识论的状态对中国教育教学的状况也有很大影响。笔者的看法是：知

① 胡军．中国现代哲学中的知识论研究［J］．哲学研究，2004（2）．

② 张耀南．知识论居先与本体论居先——中国现代哲学家对本体论与知识论之关系的两种见解［J］．新视野，2003（2）．

识论应该是教育——具体说是课程与教学——的基础，而中国的课程与教学缺乏知识论基础，因此，教育研究者也应该将知识论的建设作为重要的历史责任。这恰恰是本书写作的目的之一。虽然笔者时常感到回答诸多问题所需要的知识功底有限，时常是在边学习边研究的状态中，试图结合教育教学中的各种现象与问题，分析教师对知识的理解状况并进行知识论的剖析，试图构建起能够帮助教师们更好地开展教育教学工作所需要的知识论基础，但还是觉得有必要竭尽自己所能做一些抛砖引玉的工作。

第一节　中国知识论与西方知识论

什么是知识论？这是一个简单的、比较容易回答的问题。但是，要分析中国知识论的状况则需要与西方知识论进行对比，需要同时对东西方知识论都有所了解。这是一件非常艰巨的工作。笔者只是对此有一个大概的了解，算是鹦鹉学舌吧！

一、哲学界对中国知识论总体状况的评价

为了使大家对这个问题有一个大体的感觉，我们先来看一些知识论研究者对中国知识论状况的评论：

> 随着中国知识论同形而上学、本体论和伦理学的一起发展，中国哲学没有提出像康德和其他后康德分析哲学家们提出的知识论是不争的事实。
>
> 很重要的一点：中国的知识论同科学和技术的发展没有直接的联系，不能像康德的知识论那样被看做是致力于确认当今的科学，也不能像奎因的知识论那样被看做是当今科学的一种延伸。尽管在漫长的历史中，中国已经发展了杰出的经验科学和技术，但是同西方的情况相比，它对中国知识哲学的冲击力并不强大。这也许可以作为一个理由来提出，在中国哲学思想的整个系统中，中国的知识哲学是比较次要的。①

---

①　成中英．中国哲学中的知识论（上）［J］．安徽师范大学学报（人文社会科学版），2001（2）．

中国古代社会所积累的知识的丰富和广博并不亚于西方社会，而且可以说远远地超过了后者。因此，说中国古代哲学中的认识论思想不丰富是没有道理的。但是，认识不只是对对象的认识，而且主要也是对认识自身的认识。因此，从后一方面说，中国古代哲学又暴露出了自身的不足。它不关注对认识本身或认识过程结果的反省。什么是知识，知识的逻辑结构是什么，知识增长的规律是什么，获得知识的主要途径是什么，检验认识成果真伪的标准是什么，知识是有确定性的吗。这些知识论的主要问题并不在中国古代哲学家关注的范围之内，或者更确切地说，他们根本就没有提出过这样的问题。①

以知识论居先、以知识论为最高、以知识论为出发点和最终归宿，不仅在几千年中国传统哲学中没有，不仅在20世纪前半期中国哲学中没有，而且直到现在，在20世纪后半期的中国哲学中，还是少见。贡献“方法论上的认识论主义”，贡献“以知识论居首为方法”的方法，是张东荪对中国哲学的贡献。

中国传统哲学一直采取“为何在先”的态度，20世纪中国哲学一直采取“本体论在先”的态度，乃是一个不争的事实。传统哲学暂且不说。20世纪中国哲学家中，似乎只有张东荪一人，勇敢地站出来，为知识论呐喊。他以知识论的研究结果为依据，彻底取消了本体论，从而重新回到中国传统哲学不要“本体”的立场；他从知识论引申出宇宙论、逻辑论、人生论与政治论，从而彻底避免了这些学说常常带有的“独断性”；他用“是何在先”的立场，彻底纠正了传统哲学只问“为何”、只问“如何”、不问“是何”的偏枯，从而使中国人的思维，回到一条较平实的轨道上来。②

总而言之，中国的知识论在哲学中的地位是次要的，而且，中国的知识论不同于西方的知识论。

① 胡军．中国现代哲学中的知识论研究［J］．哲学研究，2004（2）．

② 张耀南．知识论居先与本体论居先——中国现代哲学家对本体论与知识论之关系的两种见解［J］．新视野，2003（2）．

二、以西方知识论为参照的中西方知识论特点的比较

既然要与西方知识论相比较，就必然首先要了解西方知识论。

根据成中英教授的分析，西方知识论的发展大致经历了三个阶段：第一阶段，从柏拉图开始到笛卡尔之前，其特征是“知识与真理相符，真理与实在相符”。第二阶段是从笛卡尔到康德，其特征是以笛卡尔为代表的实验方法和分析规范取代了传统的实在论成为知识的认识基础，但是仍然无法回答休谟的问题——我们真正认识了世界、自我和上帝吗？于是，康德明确提出“知识是何以可能的”问题，并指出以批判的分析来揭示知识。第三阶段是随着 20 世纪科学技术的发展尤其是爱因斯坦的相对论等思想的影响而开始的。相对论从哲学的角度说明，我们可以从两个或两个以上甚至互不相容的理论视角来解释同一个经验对象。任何知识都没有独特、普遍、必要的认识基础，都只是一种暂时的假设而已，因此，我们必须在开放中不断重建知识，知识论就不存在了。这就是奎因的自然主义知识论。成中英教授对西方知识论的发展阶段的划分总体上是具有代表性的。①

胡军教授的分析稍有一些不同的侧重点。如果说成中英教授的分析侧重知识的基础的分析的话，胡军教授的分析则更侧重知识论在哲学中的地位。首先是柏拉图在《泰阿泰德》中提出了如下的知识论的主要问题：知识和真的或正确的意见之间的区别是什么，是否真意见再加上什么东西就会产生知识。自柏拉图后，许多哲学家都在试图回答柏拉图的这一类问题。“然而，在西方哲学史上，知识论成为哲学的核心，成为各门科学的基础这一转向也并非始于柏拉图或其他的古希腊哲学家。一般认为，在西方哲学史上，知识论转向至少可追溯到笛卡尔和斯宾诺莎。但是，真正自觉地把知识论看成是哲学的核心，看成是数学、自然科学和形而上学的可靠基础的第一个哲学家却是康德。任何哲学体系和科学知识体系，除非它们能够经受得住知识理论的检验和裁决，否则都将是不可能的。这一看法在哲学领域内的革命性的变革的结果，就是形而上学或本体论不再是根本的

---

① 成中英．中国哲学中的知识论（上）［J］．安徽师范大学学报（人文社会科学版），2001：5－7.

了：知识论不是它们的一部分，而是相反，形而上学、本体论反倒要以知识论为其基础、核心。”①

在分析完西方知识论之后，中国知识论与其比较具有什么特点呢？成中英教授概括了六点：第一，中国哲学不包含怀疑论倾向，而怀疑论是知识论产生的重要的条件；第二，中国知识论从来没有脱离过实在论和实践论，所以可以称其为“本体知识论”；第三，中国没有提出像康德所提出的那样的知识论；第四，中国的知识概念把知识从本质上看做是整体的，而不是分析的；第五，中国哲学没有从本质上将知识概念局限于事物和事实，而是延伸到价值、美德和终极实在性；第六，中国哲学与科学技术的发展没有直接的联系。胡军教授的结论是：“因为中国传统哲学的一个特点恰恰就在于它从不过问或从来就没有关于知识论的问题。重视还是不重视对于知识论的研究，是区别中西哲学的一个很重要的方面。”“最早企图建构一个认识论体系的是张东荪，这反映在他的《认识论》一书中。”②

第二节　中国课程与教学的知识论基础薄弱

显然，知识是课程与教学的核心要素。知识论应该是课程与教学的重要基础，其研究强弱必然对中国的课程与教学实践产生重要影响。但中国的课程与教学的知识论基础研究非常薄弱，其主要判断根据如下。

一、课程论和教学论关于知识论基础的论述很少

在检索了20世纪90年代以来的比较有影响的课程论和教学论专著的目录之后发现，绝大多数课程论中关于课程基础的论述主要包括三个方面：心理学、社会学和哲学，绝大多数教学论中关于教学论的基础主要是哲学、心理学和现代科学技术，知识论没有作为单独的基础内容被论述。

鉴于知识论属于哲学的一个组成部分，于是，经仔细查阅一些书籍中关于哲学基础的阐述内容，发现“哲学基础”主要讲的是西方哲学流派的

① 胡军．中国现代哲学中的知识论研究［J］．哲学研究，2004（2）：51.

② 同①：50.

哲学观点与课程观的关系，没有聚焦知识问题，没有以知识论要探讨的基本问题及其成果作为课程论或者教学论的基础，没有系统地界定课程论或者教学论的知识论基础应该包括什么内容。

前面之所以强调“绝大多数”，是因为在查阅相关书籍的过程中发现了潘洪建的《教学知识论》。这本书显然将聚焦点放在了知识上，并对教育学研究领域包括课程论和教学论在内的对知识的研究之薄弱提出了明确的批评：

> 然而，以知识传递、人才培养为己任的教育学却对“知识”视而不见，反应迟缓，仅仅将自己的研究锁定在知识的传递与学习上，对其他知识问题则束之高阁，不予问津。①
>
> 长期以来，知识问题的教育学研究主要集中在课程的设置、知识的选择、教材编写和知识的教学与测评诸方面，并形成了两个重要的研究领域：课程论与教学论。前者重点探讨课程知识的选择、教材的编制、课程评价等；后者则探讨知识教授的过程、方法、形式等。而对知识本身的性质、特点、价值缺乏应有的思考，似乎知识问题属于哲学研究的范畴，教育学只要接受这些所提供的现成答案就足够了。由此，知识本质问题被排除在教育学的研究范围之外。②

潘洪建的批评是中肯的。由于仅仅关注具体知识的选择和传递而缺乏对知识性质和知识价值等问题的思考，导致在课程论上主要关注的是“具体教什么知识”，在教学论上则主要关注的是“怎样教知识”，使得课程论和教学论以及它们所指导下的实践均缺乏对知识问题的深度思考。不仅如此，还应该注意的是，由于对知识的诸多重要的问题缺乏思考，造成了研究者对哲学尤其是知识论深层次的发展成果的漠视，使得课程论与教学论的许多重要的关于知识的判断仍然来源于过去。还有，课程论与教学论所需要的知识论基础并不是简单移植来自哲学的知识论的观点，或者来自经

① 潘洪建. 教学知识论［M］. 兰州：甘肃教育出版社，2004：导言第 1 页.

② 同①：7.

济领域的知识观点就可以完成的，课程论和教学论需要回答在课程与教学中必须面对的独特的知识问题，需要自己的知识论基础！

应该说，潘洪建的批评和研究都是非常有价值的。但是，从《教学知识论》的目录①和内容看，主要探讨的是知识观与教学观的关系。正如他在导言中所说的："知识与教育关系的研究不能仅仅停留在知识结构与课程结构、知识与能力等一般性问题的讨论上，还应涉及知识观与课程、知识观与教学等深层次问题的探究。"② 可是，知识观与教学的关系仅仅是教学的知识论基础的一个组成部分，那么，教学的知识论基础应该是什么？这正是本书尝试回答的问题。

二、知识观基础与知识论基础是两个不同的概念

虽然缺乏系统的课程与教学的知识论基础的研究，但关于知识与教育、知识与课程、知识与教学的关系的研究非常丰富。例如，在教育层面的有石中英的《知识转型与教育改革》等，在教学层面的有潘洪建的《教学知识论》等。这些研究主要强调了知识的性质由客观性、普遍性、中立性向文化性、境域性、价值性转变对教育改革的指导意义，对于推进中国的教育改革，尤其是课程与教学改革起到了重要的作用。这些认识主要是集中在知识性质上即知识观上。也可以说，后现代知识观成为目前中国教育改革尤其是课程与教学改革的基础。但是，应该看到，知识观基础与知识论基础是两个不同的概念。

二者的区别正如潘洪建在其博士论文《知识视域中的教学革新》中分析的：

> 知识观即对于知识的观念。它是人们对知识的基本看法、见解与信念，是人们对知识本质、来源、范围、标准、价值等的种种假设，是人们关于知识问题的总体认识和基本观点。知识观不是知识本身，它是关于知识的知识，是伴随着知识的积累、丰富与增长，人们对知

① 第一章"知识与知识观"，第二章"知识观与教学观的历史考察"，第三章"新知识观的基本图景"，第四章"知识观与教学革新"，第五章"知识本质与教学"，第六章"知识价值与教学"，第七章"知识获得与教学"，第八章"知识观的形成与培养"。

② 潘洪建．教学知识论［M］．兰州：甘肃教育出版社，2004：2.

识所做的一种意识和反思。知识观对于知识的关系犹如元认知对于认知的关系、历史学对历史的关系……从这个意义上讲，知识观的外延比知识论、认识论小得多，也不及知识论、认识论那么自成体系、精致完备，它更多地立足于个人的知识态度、知识信念和知识理想。信念是我们行动的基础，正如我们依据一定的信念而行动，我们也是在一定的知识信念的支配下进行着知识的活动。知识观是我们开展教育工作的前提和进行知识教学的基础。

那么，到底什么是知识论呢？当然，笔者所接触的关于知识论的概念主要是来自西方哲学中的知识论概念，正好与同样来自西方的后现代知识观相对应。陈嘉明对西方哲学中的知识论概念的分析和结论是：

在西方哲学中，古代与近代的哲学家们有关知识论的研究主要从人的认识能力的角度进行，把有关认识的研究建立在人的感性和理性的基础上，从而产生了经验主义与理性主义的不同理论主张。这种意义上的认识理论是发生学意义上的，用康德的经典性表述来说，是研究有关认识的“起源、范围及其客观有效性”。它们从研究认识的起源（感性和理性）开始，到探讨认识的有效性（普遍必然性、客观有效性等），并断定认识的范围（是否只是在可见的现象、经验范围之内）。也正是由于这种认识理论的发生学性质，所以国内哲学界以往一般将其称为“认识论”（不过也有例外，如金岳霖先生的力作就名为《知识论》）。在当代知识理论中，它的研究内容从有关认识的发生学的研究转变为有关知识本身之所以为真的条件的研究，特别是有关知识的确证问题的研究。我们可以从 1995 年出版的《剑桥哲学辞典》的定义中看出这一点。在那里，知识论被界定为有关“知识与确证性质的研究，特别是有关（a）知识与确证的确定特征、（b）实质条件以及（c）它们的界限的研究”。因此，我认为使用“知识论”一词，能够更为准确地表现当代这一学科的内涵。①

① 陈嘉明. 当代知识论：概念、背景与现状［J］. 哲学研究，2003（5）.

那么，什么是知识论基础呢？“知识论基础”是一个经常被使用但其确切内涵很少被直接提及的概念。在教育研究中，“知识论基础”也是一个经常被使用的概念，但常常与“知识观基础”相等同。笔者以为：知识观基础主要强调的是对知识的看法以及信念对所研究领域的思想和行为所起的总体指导性的基础作用；而知识论基础强调的则是研究者在解决所研究领域的基本问题中系统运用哲学中知识论所形成的基础理论体系。例如，柏拉图为其政治理论而构建的知识论基础解决的基本问题是，如何通过知识的分布形成有等级的国家并在此基础上提出了著名的“哲学王”思想。在图书情报学研究中，在解决如何建立有效的知识交流机制这一基本问题中应运而生了知识交流论。

根据以上分析，笔者认为，具体而言，“知识论基础”与“知识观基础”相比较有两个鲜明的特点：一是为所研究领域的基本问题服务而具有鲜明的问题性；二是围绕问题解决形成比较系统的思想和行为体系而具有鲜明的系统性。据此反观中国的课程与教学论的有关知识基础的研究，在问题性和系统性上都比较薄弱。其中最为重要的是问题性：课程论要解决的基本问题是什么？何以运用哲学的知识论为解决这些问题服务？同样，教学的基本问题是什么？何以运用哲学的知识论为解决这些问题服务？如果只是泛泛而谈，则只能说是知识观对课程与教学的指导意义而已。如果有一定的问题意识，但没有找到基本问题，课程与教学的知识论基础的理论和实践意义就会是有限的。

第三节　中国的课程与教学的知识论基础研究与建设应该全面

中国目前大量的有关知识与教育、知识与课程、知识与教学关系的研究，或者说教育的、课程的、教学的知识观基础的研究主要受到了后现代哲学思想的影响。可以看到，这些思想对中国正在进行的教育改革产生了重要的影响，但是，我们也要辩证地看到其中存在的问题，并透过这些问题进一步思考我们如何为教育改革构建全面的知识论基础的问题，以及如何全面理解西方知识论的问题。

一、以后现代知识观指导课程与教学带来的问题及反思

与传统知识观强调知识的确定性、客观性、普遍性和中立性相对应，后现代知识观强调知识的不确定性、文化性、境域性和本土性。用后现代知识观指导教学必然会带来如下两个层次的问题。

首先，是教给学生的知识是否还强调知识的确定性、客观性、普遍性。

阎亚军指出："我们知道，传统教育过分强调知识的确定性，强调知识的普遍有效性和永恒性，确实在很大程度上阻碍了学生的发展，特别是不利于学生的独立思考与自由探究，难以养成怀疑与批判的精神等方面——而这些正是知识的不确定性所要实现的目标。但我们不应因噎废食，为了强调知识的不确定性而全然否定知识的确定性。我们认为，知识的确定性仍有着不可替代的价值，否定它就可能会给我们今天的学校教育、教学带来很多困难，也不利于学生的发展。"阎亚军认真分析了知识确定性合理存在的三个依据：(1) 从知识与个体的关系来看，"书本或相关教学资料上的知识就是经过选择的人类总体知识，教师所拥有的知识就是人类总体知识在教师身上的体现，这些对于学生个体而言都是既定的事实，是客观存在的、确定的东西，学生的首要任务就是去学习、掌握这些确定性知识。"(2) 从知识的内在逻辑关系来看，"现代知识的产生需要运用归纳、演绎等较为严格的推理方法才能实现，因而其内部具有相对严格的逻辑关系。""人们的判断、分析和推理的方法、逻辑没有改变，且是在一定的领域内进行的，因而这种知识就应该是确定的。"(3) 从知识与客观世界的关系来看，"现代知识是对客观事物或'实在'的正确反映，而客观事物是不以人的主观意志、趣味和利益为转移的。我们可以说在反映客观事物时个体的价值观、态度、信仰等不可避免地介入其中，从而使得知识带有主观性即不确定性；但是我们也应看到，即使有个体的价值文化因素的介入，仍然有一些知识是确定的，不会因为个体的不同而有差别。"在分析了知识的确定性的合理依据之后，阎亚军进一步明确提出了知识确定性对学生发展的必要性："第一，知识的确定性使学生获得必要的知识基础，学生认识能力的发展因而成为可能。学生发展离不开知识，需要全面、系统的知识基础作为发展的后盾，我们很难想象一个学生没有知识却获得了所期望的发展。""第二，知识的确定性使学生获得必要的教师指导，

学生道德品质的发展因而成为可能。”“第三，知识的确定性使学生减少不必要的恐惧和紧张，获得心灵的安顿。”①

在北京师范大学课程与教学国际学术论坛首届研讨会上，潘新民对“知识建构论”进行了反思：“按照‘知识建构论’的说法，知识的客观性问题则无关紧要。既然知识没有什么客观性，那么知识传授对学生来说就无从谈起。实际上，否认知识具有客观性，在某种程度上，也就排斥了学生通过知识传授，进而掌握人类长期积累的客观的科学文化知识的可能性。这种在‘知识建构论’基础上演化出来的学习观，显然与通过长期教学实践探索出来的教学规律相违背。”“反思‘知识建构论’引发的教学实践中违背教学规律的说法、做法的出现，其主要缘由就在于过于肯定‘知识建构论’的教学意蕴，而忽略了其自身固有的理论局限性，即忽略了知识的客观性问题，并由此引发了教学实践中对学生自主建构学习的绝对肯定，而对知识传授的贬抑。因此，纠正实践的混乱，首先就要从理论清思开始，理论上搞清楚了，实践中就会少走一些弯路。”②

其次，是如何处理好知识的确定性与不确定性、客观性与文化性、普遍性与境域性、中立性与价值性的关系的问题。

这是一个或者是一系列更加复杂的问题。我们需要深入到知识中去思考和辨别：是不是所有知识在客观性、普遍性、中立性或者主体性、境域性、文化性上的程度都是一样的？如果有所区别，哪些知识是相对客观、中立和稳定的，哪些更具有主体性、境域性、文化性，为什么它们会具有这些性质？显然，这样深入的思考与辨别是相当缺乏的。

二、后现代知识论是西方知识论发展到第三个阶段而形成的，中国的课程与教学的知识论基础不能简单地跨越西方所经历过的第一阶段和第二阶段

前面介绍过，成中英认为西方知识论发展可以分为三个阶段：以实在论为知识论基础的第一个阶段；以批判分析作为知识论基础的第二阶段；

---

① 阎亚军．论知识的确定性及其对学生发展的意义［EB/OL］．(2008－01－15)［2009－07－28］．http：//epc. swu. edu. cn/article. php？ aid＝1783&rid＝4.

② 潘新民．反思与重构：“知识建构论”的教学意蕴［D］．北京：北京师范大学课程与教学国际学术论坛首届研讨会会议交流论文，2008.

以相对论作为知识论基础的第三阶段。成中英在划分阶段之后认真提出："关于知识论发展的第三阶段，我们的考察尤其应当是在下述理解背景的反衬下来理解中国的知识论或知识哲学。首先，尽管西方现代知识哲学倾向于自我解构，然而这是从它的前身派生出来的，这就意味着如果没有知识论的第一阶段和第二阶段，第三阶段就不会得到发展。我们不知道哲学的知识论是如何以微妙的方式对理论的或经验的科学发展产生推波助澜的作用的，但是知识论同西方科学发展的相互关联是显而易见并且正确无误的。"①

笔者非常同意成中英的观点，西方知识论从一个阶段向另一个阶段的发展并不是对前一阶段的简单否定，而是一种否定之否定的发展。因此，中国的课程与教学的知识论基础的研究和实践，不能简单地跨越西方曾经经历过的第一阶段、第二阶段而进入第三阶段。

三、知识的确定性即确证问题仍然是当代西方知识论的核心

前面提到，后现代知识观是西方知识论发展到第三个阶段的产物，但是，还需要关注的是，在中国的知识论研究领域，有些哲学研究工作者明确指出，知识的确证问题的研究是当代西方知识论的核心。下面是两位著名的知识论研究学者的断言及分析。

陈嘉明：

> "确证"作为知识的一个重要构成因素，在20世纪兴盛的知识论研究中成为核心的问题。
>
> 知识论所研究的中心问题是"你如何认识"（How do you know），因此它的问题焦点实际上并非在于"知识"本身，而是在于"如何"两字上，即人们是如何使自己的信念成为知识，如何判定自己的信念是知识，凭什么根据相信某一命题，或者说，是什么东西证明了你的信念是正当的。这些"如何"关涉的就是知识的确证问题，它决定了

① 成中英．中国哲学中的知识论（上）[J]．安徽师范大学学报（人文社会科学版），2001（2）．

什么是我们应当相信的，什么是不应当相信的。

在西方传统的知识论中，除了真与信念之外，知识还需要第三个要素，即确证（justification）。

另外可能还有的一个原因是，“真”在西方哲学中被看做是一个属于形而上学的概念，这也使得知识论集中关注于确证概念。

普兰廷加（Alvin Plantinga），这位当代美国在知识论研究上颇有影响的哲学家，曾经这样说道：“20 世纪知识论的主要论题，是与这三个概念：确证、内在主义和义务论相关的。”①

方　刚：

20 世纪的语言分析哲学的中心论题是研究语言与世界的关系，进一步说就是研究命题的意义、名称的指称和逻辑推论的问题。

维特根斯坦以及当时的分析哲学家都致力于对命题的研究，把命题当做基本的意义单位，改变了西方哲学传统上以观念或概念作为研究起点的心理主义的倾向。这一方法在逻辑研究中得到了尤为彻底的贯彻，目的是消除心理主义对逻辑的影响，逻辑不再把思维规律作为研究对象。弗雷格和罗素以及怀特海等人把逻辑数学化，进而试图从逻辑导出整个数学，就是要把知识建立在确定性的基础之上。以数理逻辑为工具对命题进行分析，就是要澄清一个命题具有确定性的意义所必须具备的条件，找出命题的逻辑句法，保证组成命题的指号有确定的指谓，从而避免语言的歧义性，而形而上学命题就是没有给其指号以指谓，所以就没有真假可言而成为无意义的胡说。②

① 陈嘉明．当代知识论中“知识的确证”问题［J］．复旦学报（社会科学版），2003（2）．
② 方刚．维特根斯坦之命题意义的确定性问题研究［D］．上海：复旦大学哲学系，2004．

2

还原实践问题

——从实践出发建设课程与教学的知识论基础

课程与教学的知识论基础非常重要，因此，在课程与教学论的研究中就需要将知识论基础作为重要的研究和建设内容。可是，前面提到，知识论与知识观是两个概念，知识论基础与知识观基础也是两个概念，那么，如何建设课程与教学的知识论基础呢?

通常认为，课程与教学的知识论基础主要探讨的是两个方面的问题：什么知识最有价值以及以什么方式将知识教给学生。实际上，这两个问题已经是理论化或者说抽象化了的问题，远没有实践状态的问题具体、复杂。因此，回到实践中去，分析实践中的问题是建设课程与教学论的有效方式。由此而确定的研究思路是：首先，要梳理课程与教学实践中有关知识教学所面临的核心问题是什么；其次，要追问这些问题背后的基本问题；最后，在寻找相应的知识论的支持的基础上建设课程与教学的知识论基础。以下就是按照这个顺序对问题进行的分析与思考。在梳理实践问题时，主要是站在教师进行知识教学的角度进行的，这样便于直接面对实践。教师进行知识教学时通常主要考虑三个方面，教学内容、学生和自身发展，其实，三者是相关联的，但为了彰显从实践到理论的研究路径，问题的梳理和分析就从这三个方面展开。

第一节　面对教学内容时的问题与知识论基础

教师是实践工作者，首先面对的问题都是具体的问题，然后会逐渐涉及一些稍远些的问题，因此这部分的分析是由微观向宏观展开的。

一、如何理解“用教材教”及背后的问题与知识论基础——知识教学的客观可能的价值取决于知识自身的性质

从“教教材”到“用教材教”是一个重要的转变，但是，如何理解“用教材教”？“用教材教”强调的是通过教教材促进学生的发展。“用教材教”在某种意义上可以表达为“用知识教”，也就是说，学生学习知识不仅仅是为了知识。由此似乎可以得出，“知识教学的价值”问题是课程与教学中知识教学研究的一个基本的理论问题。其实，还不能这样简单地下结论。知识教学的价值要从两个视角去看：一个是从我们“主观”的视角看，即我们希望知识教学实现什么价值，也就是，我们的教育目的是什么，我们就自然希望知识教学的价值应该是什么，显然这一视角下的知识教学的价值问题不是知识论的问题，而是目的论、价值论的问题，或者说是形而上学的问题。因为“知识的价值”根植于人对“为什么活着”这一根本问题的追问；另一个视角是从“客观”的角度看，知识教学自身在客观上可能实现的价值是什么，这是由知识自身的特性决定的，这才是知识论研究的问题。因此，知识教学的客观可能的价值是知识论可以帮助我们回答的问题。

“知识的客观可能的价值”意味着我们在教学生知识的时候知识向学生开显或者说侧显的价值。只有教师能够理解知识的这些价值，才能主动地引导学生关注它们，否则就会出现有些所谓有悟性的学生能够学到很多东西，而那些悟性不足的学生只能停留在表述知识的文字上了。因此，对知识的客观可能的价值理解与否决定着教师的教学质量，但是，教师们往往教着数学、物理、语文等各种知识却并不研究知识的价值，研究知识的客

观存在的价值在本质上是要研究知识的特性，这正是知识论研究的内容，因此借助知识论研究的成果，帮助教师理解知识的客观价值，这是课程与教学论研究者应该做的工作。一些理论研究者已经认识到了这一工作的重要性并开始了相关的研究。

> 知识是教学用于培养人的内容，它形成学生理解人生、世界意义的心智框架，教学过程中的知识内涵的丰富程度某种程度上决定人化的程度。因此，反思知识与人的丰富的意义关系，寻求知识“本真”形态以及“本真”意义，是教学必须要解决的问题。知识具有客观的存在形式和主体化存在形式。客观知识被转化为学生的能力、智慧、情感价值态度后就成为主体化知识。主体化知识包含客观知识的内容、技能、智慧、价值态度和情感体验的内涵。教学要培养“真人”就必须以完整而丰富的知识内涵去营造一个知识与人交融的场景。教学理论要研究主体化知识的形式以及内涵，研究两者之间的转化过程以及途径。
>
> 在教学过程中，知识与主体（教师与学生）交往中，知识丰富的内涵向主体敞开，主体便获得了丰富的意义。然而，知识的意义敞开的程度要由主体的知识观决定。知识观即主体对知识的看法，如什么是知识以及知识具有什么样的意义等。①

虽然有了对知识客观价值的思考和研究，并且在 2001 年启动的第八次课程改革中明确提出了课程的三维目标，但是，研究总体上还是比较薄弱的。

一方面，国内近几年的有关探讨主要集中在知识的功利性意义与精神性意义的内涵与二者的关系上。例如：

> 从概念上讲，知识的价值性应包含知识对人的自然生命和精神生命两个层面的价值。但近代以来，自从实证主义者斯宾塞断言“什么知识最有价值，一致的答案就是科学”之后，“知识的价值性”这一概念就被打上了浓厚的功利主义价值色彩。因此，知识的意义性并非等

---

① 陈理宣．对知识内涵与教学任务的反思［J］．广西教育学院学报，2006（3）：34.

于知识的价值性，只有知识的精神价值以及解决人的生存问题的价值才是知识的意义性。

知识对人具有功利价值，这是知识对人的一种有用性。但是，功利价值绝不能遮蔽知识对人精神世界的意义性，更不能威胁到人对有意义生活的追求，否则，知识便会异化为人的对立力量。在目前的教学实践中，知识的功利化倾向很明显。①

另一方面，也是最为重要的是，对知识教学中客观可以揭示或者说可以侧显什么样的情感态度价值观和方法，缺乏深入而充分的研究，而这恰恰是教师们在教学中所需要的。正因为如此，课程改革提出了三维目标，但教师们却并不清楚如何在知识教学中或者说在教教材的过程中实现三维目标。这应该是课程与教学论研究的基本问题，也应该是各学科课程与教学论研究的基本问题。

对于各学科教学，教师在获得教材之后应该得到一些关于如何进行教学的指导用书，主要是帮助教师理解教材中知识点所蕴涵的方法、情感态度价值观等客观的价值和教学方式，在新课程标准和教材之间起桥梁作用。

二、如何恰当把握教材的教学进度及背后的问题与知识论基础——知识点的选择和教学长度根本上是知识的价值判断问题

把握教材进度是每一位教师在教学中都必须面对的问题，而其本质是如何确定教材上提供的每一个知识点的价值。如果认为某一知识点的价值高，教师就可以将更多的时间用在其上，否则，就可以少投入些精力。另外，教师们在教教材的过程中也会常常问及：教材为什么提供这样的知识点而不提供那样的知识点，虽然强调“用教材教”，但教材毕竟仍然是重要的教和学的依据。于是，知识点的确定问题便在这样的追问中凸显出来。

白月桥先生曾经明确提出，知识点的确定应该是课程研究的基本内容。他指出，知识点的研究包含着知识点掌握水平、数量和课时比例分配的研究；知识点研究的意义在于它是课程比较研究的基础，是确定学生合理的

① 李召存. 知识的意义性及其在教学中的实现［J］. 中国教育学刊，2006（2）：34.

课业负担的基础。

其实，知识点的确定或者说选择不仅仅是课程设计者的事情，也是教师进行知识点教学的前提。只有当教师理解了知识点被确定的理由，才能真正贯彻课程标准和教材设计者的思想，更为重要的是，教师不是课程标准和教材的简单执行者，而是实施教学的必然的主体。但是，只有当教师真正理解了知识点的价值，才能真正把握知识点教学的意义，才能成为教学的主人。

知识点的确定问题在本质上是如何对知识点做出价值判断的问题，那么，如何才能对知识点做出价值判断？这种价值判断对知识点教学的具体影响又是什么？

借用经济学中对商品的分析，即商品具有使用价值和价值，同样，知识点也具有使用价值和价值。商品的使用价值是指商品能够满足人们某种需要的属性，如粮食能充饥，衣服能御寒。所谓“知识的使用价值”，就是知识能够满足学生日常生活中的具体的、实际的、当前的及需要的属性；商品的价值指的是生产过程中体力和脑力的支出，即无差别的人类劳动力的支出，商品的价值量用社会必要劳动时间表示。所谓“知识的价值”，就是知识在发现过程中人的理智和精神的付出，因此知识蕴涵着促进学生理智和精神发展的持续的、更加长远的价值。

选择知识点既要考虑知识的价值，也要考虑知识的使用价值。不同知识点的使用价值是不同的，但知识的价值却具有共同性，这正是教师可以用不同的知识点达到相同的促进学生理智与精神发展的目的的可能性所在，是“用教材教”的可能性所在。因此，认识和理解知识对于促进学生理智和精神发展的价值是选择和教好知识点的最基础的工作。由于人们在发现知识中所付出的智慧和努力是多方面的、复杂的、多样的，知识所蕴涵的促进人的理智和精神发展的价值也自然是复杂的和多样的，因此，知识价值的认识工作同样需要相应的功底。在此基础上，还需要认识到，犹如商品的使用价值相对于使用者具有不确定性，知识的使用价值相对学生主体而言也具有不确定性，即使用价值会随着使用者即学生的素质、需要等状态的变化而变化。

根据以上分析，知识点的价值判断是课程设计者的一个基本问题和基本工作，也是教师进行知识教学所要面临的基本问题和基本工作。可以说，对于教师而言，知识点的价值判断，也就是通常教师们所说的教材的使用甚至取舍是教师进行知识教学的基本功。

那么，知识点的价值判断对知识教学将会产生什么具体的影响呢？形象地解释，知识点价值的复杂性和多样性决定着知识点的厚度，知识点的使用价值的不确定性和价值的厚度共同决定着知识点教学的长度。

三、知识应该如何螺旋式上升及背后的问题与知识论基础——知识的完整性

知识应该如何螺旋式上升？在新教材中出现了先教“是什么”和“怎么样”，然后过很长一段时间再教“为什么”的知识顺序的安排，这种安排让很多教师在教的时候感觉很别扭。

从教师的角度看，这种别扭是新课程的安排与教师已有的知识结构的矛盾造成的。

> 新的标准不能太脱离教师实际的教学水平，教师也要努力去适应新课标的要求。但现在标准所要求的知识（讲授）结构，更多地强调了教师应该去适应标准。但是，如果教材与教师的知识结构很不适应的话，那整个的教师队伍就有可能是实行这个教材的阻力。从教师的角度来说，我也想举个例子，比如说，我们现在用的这个教材，它的第一章叫“有理数”，主要是引进数轴以后考虑正数、负数、有理数的加减法、乘除法、有理数的乘方这样一些内容。这个过程中间，代数的味道不是很浓。然后第二章是“一元一次方程”，都是从具体的事例引入一元一次方程的基本概念、一元一次方程的模型，然后讲方程的求解。接着就是“图形的认识初步”和“数据的收集整理”。在讲的过程中，我们西城区很多学校在第一章和第二章之间，都补充讲了老教材中“代数式”的基本内容，只不过降低了如合并同类项等代数式的运算的一些内容——不然课时不够。也就是教师主动做出了一些能够适应的调整。①

---

① 谷丹．北京四中谷丹老师在2005年中国数学会教育工作委员会扩大会议上的发言［C/OL］．2005-06-28［2009-07-25］．http：//icjh.bokee.com/2272299.html.

从学生的角度看，这种别扭是新课程的知识安排与学生探究学习的矛盾造成的。

> 我不知道是不是所有的新教材都是按照我们使用的这套教材所表现出来的这种“螺旋式上升”的方式编的。编的过程中经常会出现这样一些问题，比如刚才我说过的做已知角的问题，教材如果只说“怎样做”，学生们自然就会问“为什么要这样做”？于是我把这个问题交给学生：你们说为什么？咱们一起探索，这样就把全等三角形的事情说出来了，但是我们这个班是北京四中的班，我不知道别的学校的学生在解决这个“为什么”的时候，该如何处理。如果不解决“为什么”，这章的这种讲法的意义在什么地方？还有比如在讲角平分线的概念的时候，学生必然要问如何作角平分线，如何作角的三等分线？我在上课的时候让学生讨论了角平分线的做法，在这个过程中，一些对称的想法，我们学校的学生是可以接受的。我想，学生问了“为什么”“怎么做”？教师不能总说：“你别问了，以后再说吧”，反正时间也够，孩子的程度也比较好，我们可以深入讨论讨论。到三等分角时，我说：“这个做不了，大家去看看书。”但是，这是在北京四中，我不知道要是到了其他学校，怎样处理这段内容才更合适。教材在做这种“螺旋式上升”时，总是做一做，看一看，讲一点点道理，又讲不透，到后面再讲道理，中间的间隔时间之长是一件很可怕的事情。我不能总是对学生说：“你现在先别问为什么了，我明年再告诉你成吗？”①

据了解，各个学科的教师在教学中都遇到了这样的问题。从谷丹老师的分析中可以看到，这个最初在教师那儿表现为教师的知识结构与教材安排之间的矛盾最终在学生那里成了为什么一定要先讲“是什么”“怎么样”，然后过一段再讲“为什么”的问题，成了“是什么”“怎么样”和

---

① 谷丹．北京四中谷丹老师在2005年中国数学会教育工作委员会扩大会议上的发言［C/OL］．2005-06-28［2009-07-25］．http：//icjh. bokee. com/2272299. html.

"为什么"能不能分开的问题，而这在本质上是知识自身是否具有有机性和完整性的问题。显然，从教师和学生都有对知识的完整性的渴望来看，知识是具有有机性和完整性的，那么，这种有机性和完整性具体指的是谁和谁的有机，谁和谁属于一个整体？就像大家所描述的那样，"是什么""怎么样"和"为什么"之间存在有机联系？即使是这样，我们能否对这些描述做出一些定性的分析？显然，知识的完整性是教学的知识论基础中的一个重要问题。

四、"如何确定主科与副科"及背后的问题与知识论基础——课程结构根本上是知识的分类与价值问题

在学校课程与教学的安排中，一直存在课时之争、主科与副科的争论。在小学，语文、数学、英语显然是主科；在中学，考试科目是主科。不同国家对科目的主科与副科的看法是不一样的。例如，美国基础教育极其重视学生的阅读。在 NCLB 的 Title1 中明确提出，阅读是基础，是学生获得平等教育的关键，并在法案中规定连续五年拨付 $900 000 000 用于"阅读第一"项目。而且，一个国家对于主科与副科的看法也是处在不断变化中的。还以美国为例，在 20 世纪 60 年代课程改革中，曾经将英语、数学、外语作为最核心的课程，但是，后来又将历史、地理等社会课程作为了核心课程。主科与副科的争论在本质上是对不同类型和性质的知识的价值的认识问题。这是课程设计所要面临的基本问题。

而且，课程设计绝不仅仅是考虑哪个科目为主科和哪个科目为副科及其背后的哪类知识更有价值的问题。主科与副科的问题只是在课程结构这个大问题下的一个问题，而课程结构的设计关系到知识分类、结构及价值判断等问题。阅读 1961 年贝拉克的文章《知识结构与课程结构》就可以比较容易理解美国 20 世纪 60 年代课程改革至今的课程设计了。从本书的研究视角看，这篇文章比较清晰地揭示了美国 60 年课程改革至今课程方案的知识论基础。我们不妨来细读其中的一些内容。

当我们的眼光超出了单个学科结构，并提出了课程结构问题的时候，注意的焦点就是构成教学计划的各个学科领域之间的相互关系了。①

数学教师、科学教师、音乐教师，等等，乃至学校里的各个专门职能领域——每个人都倾向于从自己专门的教学领域的角度解释整个学校的计划。这也许是不可避免的，而且，要不是因为一个顽固的事实，这也就不一定是坏事了。这个事实是，教学计划中每个专门方面都要以人为对象，由于人并不具有适应特殊环境的无穷能力，因而，课程系统中某一方面所做的事，就限制了其他方面达到目的的条件。所以，不仅要注意单个学科中观念间的联系，而且要注意课程中各个知识领域间的关系，就是很重要的了。

可以通过不同的途径去考虑这些相互关系。我愿意集中探讨一下组成课程的教学领域中通行的（或应当通行的）三类关系。

1. 应付相似问题或现象的同类学科之间的关系。这里我想到的是，如社会科学之间的关系，它们的共同目标是描述和解释人类的社会行为和文化行为；又如自然科学之间的关系，它们的目标是描述和解释物理现象和生物现象。

2. 大范围知识领域间的关系——一方面是科学与数学；另一方面是科学与人文学科。

3. 知识与人类事务的关系。尽管当前很强调有组织的知识在课程中的作用，但有必要提醒一下，普通教育的目标不是把学生训练成数学、地理、生物或任何其他学科中的专家，而是学生们能够利用文化中的智慧和审美的资源，使之指导他们的理智行动，帮助他们从复杂的周围世界中创造意义和秩序。②

与此同时，尽管专门化和内部分化不断加强，学校的课程设计中还是要考虑到社会科学中存在的相互联系。例如，各种社会科学常常

---

① 贝拉克. 知识结构与课程结构［M］. //瞿葆奎. 教育学文集·美国教育改革. 北京：人民教育出版社，1990：188.

② 同①：188－189.

很方便互相借用一些概念和方法。①

由于有这样一个学科和交叉学科的大拼盘，每种学科又以多样化的概念图示和方法为其特点，这就使得课程编制人员面临这样一个问题，即发展一种使社会科学互相有意义地联系起来的教学结构，避免不应有的知识分割。

关于社会科学所说的这些情况，原则上适用于自然科学、数学和人文学科。重要的一点是，课程计划需要有一个比互相分割的学科更为宽广的背景。②

彼特森主张英国中学不要按照广泛的普通知识来设计普通教育的教学计划，而要按照主要的理智活动方式来设计。他认为主要的理智活动方式有四类：逻辑的（或分析的）、经验的、伦理的和审美的。③

每一门学科为发展一个以上的思想方式提供机会，而每一个方式又可以通过一个以上学科而发展起来。④

第一种观点强调与大范围知识领域相联系的概念图示和探究方法，这些知识领域就是自然科学、社会科学、数学和人文学科。第二种观点把注意力集中于思想方式——分析的、经验的、审美的和伦理的——这些方式超越各个领域的界限。这两种观点代表着互相影响着的知识观，它们奠定了课程计划的基础。⑤

既然认识到知识领域的系统学习是有价值的，发展处理超出单一学科范围的问题的能力也是重要的，那么，为什么不能把这两类活动都包括在所有学生的课程计划中呢？我们也许可以设想一种包括前文所定义的几个主要领域（自然科学、社会科学、数学和人文科学）中的基础教学的普通教育计划，再增加一种附带的讨论会。在讨论会上，学生们可以处理“完整的问题”，并在借用某些学科的概念解决这些问

①② 贝拉克．知识结构与课程结构［M］．//瞿葆奎．教育学文集·美国教育改革．北京：人民教育出版社，1990：192.

③④ 同①：195.

⑤ 同①：196.

> 题时，特别注意各学科间的密切联系。①
>
> 让我们明确这么一点：建立一种考虑到各种探究和创造领域间关系的课程，是极其困难的。最大的困难是，这一工作涉及各方专家——各个学科的专家、课程编制专家和教学专家的协作。由于课程编制专家从整体上关心着教学计划，因而在这种协作行动中起着一种关键作用。可是，坦率地说，在当前进行的各个课程修订计划中，课程编制专家们并没有起到核心的关键作用。将来他们是否能发挥这样的作用是另一个问题。但我想，他们能否真正作出人们有理由期望于他们的那种贡献，首先要看他们能否跟各个知识领域的代表一道有效地工作，以弄清各个知识领域之间的重要关系，并制订出适当考虑这些关系和联结的教学计划；其次，要看他们有没有能力编制出一种有助于学生认清文化的理智资源与他们——作为产业工人、公民和个人——自己生活之关系的课程。②

正是由于以贝拉克等人所做的这样的关于课程结构与知识结构以及人的发展之间的关系的研究成果为基础，美国课程呈现出相应的特征。

（1）重视大范围知识领域间的关系——一方面是科学与数学，另一方面是科学与人文学科；

（2）开设了应付相似问题或现象的同类学科的综合课程，如社会研究、科学这样的课程；

（3）在每一个学科的教学中注重该学科所能提供的概念和思维图示等智力资源的教和学。

贝拉克文章中的很多分析都是耐人寻味、给人启示的。美国及英国等西方国家的课程设计有许多值得我们学习的内容。在此想到一个问题：美国的历史不长，但泰勒于 1949 年出版的《课程与教学的基本原理》被人誉为现代课程理论的圣经，上个世纪 60 年代以布鲁纳为代表的一群杰出的心

---

① 贝拉克．知识结构与课程结构［M］．//瞿葆奎．教育学文集·美国教育改革．北京：人民教育出版社，1990：199.

② 同①：188.

理学家、教育家和科学家携手推进的课程改革具有经典的意义，而以布鲁姆为代表的心理学家所做的目标分类学为世界许多国家的教学评估提供了具体的方法，这是为什么？我想至少有一个原因，就是课程的知识论基础的研究与建设工作做得扎实，有一大批教育学家、心理学家和科学家在携手进行着这种基础研究。我国课程计划也正在从分科走向分科与综合的结合，从强调具体知识的传授走向对知识背后的方法的重视，但是，这些转变要在实践层面真正实现，还有许多细节的但却重要的问题等着我们去研究，同样需要有一大批理论工作者与实践工作者一起进行长期的思考与探索。

第二节　面对学生时的问题及知识论基础

学生不是知识的容器，这就决定了我们在教学时必须考虑怎样教知识的问题。“怎样教知识”是一个总体的行动性的问题，其中包含着一些分析性的问题，而这些问题的背后涉及知识论基础。

一、什么知识才能转化为能力

在教育学中，有这样一种原理：“通过传授知识才能培养学生能力”。这一原理成了所有从事知识教学的教师的基本工作信念。可是，在现实中，教师们每天都在向学生传授大量的知识，而学生的能力状况却并不令人满意。教师们常常提到：有的时候，反复讲解知识，有的学生仍然不得要领；或者，这道题会了，题目变个样子，学生就又不会了；有的学生有悟性，一点就通，可有的学生则怎么讲都不会……从这些现象看，并不是所有的知识都能转化或落实为能力，并且，由于知识不能转化为学生的能力，有悟性的学生仍然有悟性，而没有悟性的学生仍旧没有悟性，这时，教师往往觉得自己很无奈，甚至无能。显然，知识与能力之间不是一一对应的关系，也不是必然的关系，于是就产生了一个重要的问题：什么知识能落实为学生的能力？

知识与能力的关系问题是教育研究的一个基本问题，关于这个问题的主要观点是：知识与能力是相互促进的；要通过知识培养学生的能力；知识与能力要并重；等等。但是，对知识与能力之间为什么是并重或相互促进的关系，为什么可以通过知识培养学生的能力等，缺乏深入的分析和解释。正如夏正江所指出的："知识与教学是两个具有天然联系的逻辑概念。在教学理论中，如何通过掌握知识最大限度地发展学生的智能，长期以来一直被视作教学理论的经典问题。迄今为止，从知识本身的性质入手，去考察和探究这一经典问题的努力在国内并不多见……"①

可是，什么知识能够转化为学生的能力，或者知识如何能够转化为学生的能力，显然是教师知识教学的一个基本问题，应该成为课程与教学的重要知识问题，并需要以知识论为基础对这一问题作出回答。

二、什么知识能够激发学生的兴趣

这个问题在传统的教学中似乎不是问题，因为在传统的思想中，学习本身是一件苦差事，天经地义的需要学生刻苦。因此，学生是否对知识学习感兴趣，不是教师们需要关心和负责的问题。但是，一些事情的发生与改变使得这个问题成了不得不面对的问题：首先是西方教育思想中学生中心思想的影响。西方教育史上曾经也只是片面地强调学生的"努力"，自卢梭和杜威的儿童中心思想之后，"兴趣"与"努力"并列，二者的辩证关系便纳入了教学论的视野。其次是中国学生主体地位思想的提出。要尊重学生的主体地位，就要关注学生学习的兴趣。再次，也是最现实的，学生大量厌学使得教育工作者不得不关注学生的学习兴趣问题。

对于这个问题的回应，主要是从两个方面：一方面是学的角度，强调要发挥学生的主体作用，只要学生自主了，在自主、合作、探究中学习，兴趣也就有了；另一方面是教的角度，要尽量创设能够引起学生兴趣的情境，提倡情境教学。我觉得这两个方面都是至关重要的。不过，还有一个非常重要的方面不应该忽视，即什么知识能够激发学生的兴趣？这个问题这样表达更准确：如何通过知识教学不断激发和深化学生的兴趣？如果不思考这个问题，学生的自主探究合作学习就会因缺乏教师的不断引领而停留在一定的水平上并逐渐丧失探究的味道。如果不思考这个问题，教师所

---

① 夏正江．论知识的性质与教学［J］．华东师范大学学报（教育科学版），2000（2）：1.

创设的情境可能仅仅成为没有太大用处（无法不断激发学生的兴趣和促进学生能力发展）的“糖衣炮弹”。因此，什么知识能够激发学生的兴趣，是激发学生学习兴趣的一个根本性的问题。但是，对于这个问题的重视和思考远远不够。

三、知识的可传递性

“怎样教知识”背后实际上存在一个前提性的或者说基础性的问题，即知识是否可以传递或者在怎样的条件下才可以传递的问题，即知识的可传递性问题。

传统教学思想认为，可以通过教师、教材把知识传递给学生，而建构主义者则认为，学生不是被动的刺激接收者，而是对外部信息有选择的接收者和加工者；另外，知识的意义也不是由外部信息决定的，而是学生新旧知识经验经过反复的、双向的相互作用而构建的。有的建构主义者干脆否定知识的可传递性，而有的则强调知识的可传递的条件。其实，不同的观点产生于对“知识的可传递性”的不同的理解。如果将“可传递性”理解为一种生硬的类似物质的传递，则这种可传递性自然会遭到否定，否则，可传递性就可以成为一个可以讨论的问题，讨论的焦点是在什么条件下传递以及传递中会发生什么。

知识的可传递性正在成为知识论研究中的一个问题，其研究成果是我们可以借鉴的。

> 他心问题作为怀疑论的一个经典问题，指的是如何确证他人具有和我们一样的精神状态。在知识论上，他心问题主要对普遍知识的合理性和正当性提出怀疑——既然我们从未经历他人所处的精神状态，那么我们如何获得他人精神状态的知识？我们又如何确保他人具有与我们一样的知识？这样一个“我知你知”的质疑，在认知逻辑那里，集中表现为对“Ka Kb p→Ka p”所描述的主体间知识交流的质疑。进一步而言，这牵涉知识的可传递性（transmissibility）——知识由一个主体向另一个主体传递。
>
> 欣迪卡最早注意到认知逻辑中的他心问题。在《知识与信念》一

书中，欣迪卡明确认为知识是可传递的。“如果我知道你知道p是真的，那么事实上我自己就会知道p是真的。”即：“Ka Kb p→Ka p”。在这里，若p为某个任意命题，a、b为相同可能世界中的主体，则这个公式可以看做是认知公理T由不同主体的迭代生成，在这个意义上可以认为知识p在b和a之间得到传递。然而，考虑到a、b是不同主体，K对于他们分别具有不同意义，则知识传递还是要受到置疑。实际上，对于知识，主体会采取不同的认知态度或方法：可能是发现，也可能是评价。如果主体b采用发现的方法获得了知识p，而主体a使用评价的方法对此进行认知，按照他心问题中的质疑，知识p对于主体a和b则分别具有不同意义。换言之，若a，b∈｛α，β，γ，δ｝，这里α，β为运用发现方法的主体，γ，δ为运用评估方法的主体，则Ka Kb p →Ka h。主体a与b对待知识的方法是否趋同，直接影响着最终a对知识的态度。据此，对于知识的可传递性，亨德里克斯将其划分为同一可传递性和非同一可传递性：前者指a、b认知方法一致时知识的传递，后者指不一致时的情形。

可传递性的划分实际上来自于主体认知态度的区分：求得知识的态度与求得接受的态度。成功的知识传递直接取决于主体是否拥有相同的认知态度。例如，对于科学知识，如果寻求其真这一目标太过模糊，主体可以退而求其一致性、简单性以及经验恰当性等。这便是实在论和反实在论对科学知识的不同诉求：实在论要求知识的成真条件，而反实在论仅仅要求知识的经验恰当。

即使一个主体得到足够可靠的信念，仍然可能无法获得真的信念。这与范·弗拉森的观点是一致的，即知识的真蕴涵着经验恰当，而经验恰当并不必然导致知识的真。

由此可见，在认知模态系统中，主体能否意识到其他主体的信息，高度敏感于主体是否共享同样的认知目标。尽管哈尔彭（J. Y. Halpern）、范德霍克（W. van der Hoek）和迈耶（Ch. Meyer）等人已经认识到这一点，并在多主体认知逻辑系统中将主体间知识交流转化为对主体间“常识知识”“共同知识”或“分布式知识”的处理，但他们却忽略了知识的可传递性。对此，亨德里克斯指出，无论认知逻辑学家们把

> 注意力集中于常识知识或共同知识，还是集中于知识的可传递性，或者考虑主体间会话交流是否影响其认知状态和能力，实际上都恰好表明了认知逻辑对知识论及其相关旨趣的依赖。在欣迪卡、亨德里克斯等认知逻辑学家们看来，这种依赖使得新一代的认知逻辑成为一种形式的知识论，并展现出与主流知识论的更多融通。①

上述研究说明：知识的可传递性问题使得认知逻辑的研究依赖于知识论，并成为知识论研究中的一个重要问题；知识的可传递性问题是他心问题，其关键条件是主体的认知态度和认知目标的一致性，其次还涉及认知方法的一致性。

根据这个结论，教师在知识教学时首先要考虑学生的认知态度和认知目标，只有当学生形成对教师传授的知识所需要的态度和目标时，知识才可以被传递到学生的头脑中。那么，所传递的知识需要怎样的态度和目标呢？笔者认为，任何一种知识都是人的发现，而人们发现任何知识都是从一定的价值需要出发的，也就是说，任何知识本身都蕴涵着丰富的价值背景，因此，深刻理解知识发现的价值出发点，并将其与学生的生活相联系，是教师进行知识传递的前提条件。

第三节　面对自身时的问题及知识论基础

教师在教学中，不仅要面对教学内容和学生，还要面对自己。只有常常面对自己的教师，也就是经常进行自我评价和反思的教师才能成为自觉的、优秀的教师。在日常教学工作中，教师们常常提出以下问题。

一、知识教得是不是到位——什么是完整的知识？

教师们常常问，自己将知识教给学生了，有时甚至讲了好几遍，讲完之后带着学生做题学生也都会了，但一旦让学生自己做题，尤其是题目一有所改动，学生就又不会做了，这是为什么？是学生笨还是自己教得不到

① 张君．认知逻辑和知识论：可能的融通［J］．哲学研究，2007（4）：72－73.

位？怎样才能清楚自己是不是教到位了呢？通常而言，所谓教到位了，就是学生会自己运用知识解决问题了。知识教得是不是到位的外在评价方式很简单，就是看学生会不会运用知识。在对学生的知识掌握的所有测评理论和方法中，“运用”都是一个重要的较高的水平。但是，从教学的角度，教什么样的知识或者知识教到什么程度，学生学什么样的知识或者对知识的掌握到什么程度，学生才能达到“运用”的水平，这样的问题缺乏认真的研究和回答。

我们知道，任何事物能否发挥其功能，根本上取决于事物是否具有相应的结构。例如，钉子之所以可以钉，是因为钉子独特的结构。同理，学到的知识能不能发挥作用，即能否运用知识，根本取决于学生是不是掌握了有结构的知识，即完整的知识。这里自然提出一个问题：什么是完整的知识？或者，什么是完整的知识点？我们设想，学生掌握的知识有缺失，其结构不完整，其作用也就自然发挥不出来。我们知道，结构是由各种经纬有机交错支撑而成的。因此，这个问题就转换成了：知识点的经纬是什么？

二、如何评价自己的教学水平——如何划分知识水平

在评课活动中，常常听到评价者说，这位教师的教学水平很高，或者，这位教师的教学水平还有待提高，等等。给出评语之后或之前，评价者往往会举例说明。教师们听完之后也往往会受到启发。但是，这种举例说明的方法是一种经验的方法，教师们往往在此情此景中有启发，还不能迁移到其他情境中。因此，能否提出一种评价教师教学水平的理论框架？如果有了这样一个框架，教师们就可以学习自己评价自己，而不需要等待优秀教师或者教研员等来评价自己了。我认为，教师教学水平的评价主要包括两个部分：教学中所体现的知识的水平和把握学生的水平。因此，教师评价自己的教学水平，首先是对自己知识水平的评价。

知识水平怎样划分？根据文献检索，相关的研究有关于掌握知识水平的研究、知识分类的研究和知识化水平的研究。但我认为，这些研究与知识水平的研究仍然不是一回事。关于这个问题，将在后面予以分析。

这里，还想提及的是对“教师专业发展”的理解。笔者认同，教师专

业发展主要在两个方面，学科性知识和教育性知识。而在学科知识方面的发展主要是在知识深度也就是知识水平上的发展。因此，知识水平的划分也是衡量教师专业发展水平的一个基本问题，这与教学水平的衡量在本质上是一体的。

3

还原后的聚焦
——课程与教学的知识论基础的问题梳理与解决思路

“教什么知识”，一个看上去非常直观、简单的问题，经过基础还原和具体还原，可以帮助我们认识到这个问题的深刻性，影响的深远性以及所涉及的具体问题的丰富性。不过，如果要建设课程与教学的知识论基础，还需要对还原后的具体问题进行梳理，尽量寻找这些问题之间的联系以及其中的核心问题，否则，课程与教学的知识论基础就会处于散在的状态，不能结构性地、有力地解决现实问题。找到核心问题之后，需要回顾和评价这个问题的解决状况，如果解决得不好，则又需要进一步寻找解决问题的方案。这就是本章的工作或者说研究思路。

第一节　核心问题与基本问题的梳理

在此，我们可以假设，问题与问题之间可以存在如下关系：上位与下位的关系，并列的关系、包含的关系、一致的关系，等等。通过这样一些关系的梳理，便可以找到最为核心的问题。

从以上对问题的梳理中看到，课程与教学所需要的知识论基础所涉及的问题有：知识的客观价值、知识点的选择与知识点教学长短、知识的分类、知识性质、知识的可传递性、知识与能力的关系、知识与兴趣的关系、知识的完整性、知识水平的划分。下面，将对这些问题的关系进行梳理。

在还原具体问题的时候已经提供了一些基础性的分析，例如，知识点的选择与教学长度的决定根本上取决于知识的客观价值的判断；而知识教学自身在客观上可能实现的价值是什么，是由知识自身的特性决定的。显然，知识的特性或者说知识的性质是一个重要的问题，但它是不是真正的核心问题，还有待继续梳理。其他问题，如知识的分类、知识的可传递性、知识与能力的关系、知识与兴趣的关系、知识的完整性、知识的水平划分，再加上知识的性质，似乎都是相互独立的关系，但它们之间在本质上是真的相互独立还是存在其他关系，还需要进一步深入分析。进一步分析时，主要把握两点：一是把握问题分析的教育意义；二是从教育意义出发判断问题的本质。如果从教育的意义出发，显然，知识与能力的关系问题是一个最具有教育意义的问题，也是教育领域长期探讨的问题。照理说，它应该是一个核心问题。于是，上述问题之间的关系的探讨，就加上了一个具体的内容，即其他问题与知识与能力的关系问题存在什么关系，也就是，知识与能力的关系问题是否是核心问题并且在什么意义上作为一个核心问题存在。

一、“知识的性质”问题与“知识与能力关系”问题是基础与核心的关系

知识的性质，什么是知识，即具有哪些性质才是真正的知识，是知识论最基本的问题。我们知道，最基本的东西是不可能归属于其他的，一定是上位的东西。但是，从研究方法上，我们又知道，凡是最为基本的东西，往往是分析性的。

从教育的角度出发，我们探索知识的性质的目的是为了通过传授知识培养人，因此，作为一种手段，知识的性质问题是一个需要在这样的意义观照下进行分析的基本问题。在此，联想到社会学研究领域的关于行动与成分的关系的分析方法：

对于能按行动图式加以描述的现象来说，能够被设想为具体地独自存在着的“最小的”单位就是“单位行动”。单位行动再深入一层，又包含着最小限度的“具体成分”，即已经说到过的具体目的、具体手段、具体条件（包括制度性规则）和支配手段——目的关系的具体规范。在某种意义上说，这些都是具体的单位。①

前面已指出，行动图式意味着有一个行动者。这对于“行动”概念，犹如设定有一个认识主体对于“知识”概念一样，是非常根本的。除了作为某个个体所认识到的东西之外，我们无从设想‘知识’究竟是什么。②

应用上述原理来分析我们的问题：教知识以培养人，例如通过知识培养学生的能力，是一个行动，而知识相对这个行动而言，是一种手段，知识的各种性质是成分性的。也就是说，从教育出发研究知识的性质，是为实现人的能力的形成而服务的，即教育中知识性质的研究是指向能力培养的。同时，要解决知识与能力的关系这一行动性的问题，需要以解决知识的性质这样的分析性的问题为基础。

二、“知识与兴趣”问题与“知识的可传递性”问题在本质上是知识性质问题

前面提到，由于厌学现象的严重程度，使得学习兴趣问题成为普遍关注的问题，并且将其作为终身学习能力的重要因素：没有学习兴趣，学生就不可能持续学习。但是，通过对各种提高学生兴趣的努力所做的分析得出，知识与兴趣的关系问题，即什么知识能够引起学生的兴趣的问题，并没有受到应有的重视和研究。

那么，到底什么样的知识能够引起学生的兴趣呢？知识论中对知识的可传递性问题的研究提供了思路。哲学中的知识论对这一问题的研究指出，这个问题的本质是他心问题，即关键是不是有共同的认知目标和认知态度

① 帕森斯．社会行动的结构［M］．张明德，等，译．南京：译林出版社，2003：833.

② 同①：841.

（态度是由目标决定的），也就是是否具有共同的价值取向。有了共同的目标和态度，主体才能意识到其他主体的信息，按照布鲁姆理论对兴趣的分析，兴趣是从“觉察”开始的。

> 有关兴趣方面的目标所描述的行为涉及的面极广，这些行为包括学生仅仅觉察到某种特定现象的存在（这样，当这种现象出现时，他至少会注意到它），还包括学生越来越愿意注意这种现象并愿意做出反应的行为，以及期望学生热切地寻找这种现象并对这种现象全神贯注的行为。在整个意义范围内，它不仅期望积极地感受这种现象，而且期望学生在“高度兴趣”的顶端完全醉心于这种现象。①

也就是说，“兴趣”看上去很简单，但引起兴趣并不简单，它由目标和态度决定。在此基础上，可传递性研究还指出，是否拥有共同的方法是是否能够拥有共同的态度的一个决定性因素。我们再来看一下他们的分析。

> 如果主体 b 采用发现的方法获得了知识 p，而主体 a 使用评价的方法对此进行认知，按照他心问题中的质疑，知识 p 对于主体 a 和 b 则分别具有不同意义。换言之，若 a，b∈｛α，β，γ，δ｝，这里 α，β 为运用发现方法的主体，γ，δ 为运用评估方法的主体，则 Ka Kb p →Ka h。主体 a 与 b 对待知识的方法是否趋同，直接影响着最终 a 对知识的态度。②

也就是说，决定对知识的态度的关键因素有两个：一个是目标，一个是方法。并且，亨德里克斯将既有共同的认知目标又有共同的认知方法的知识可传递性称为“同一可传递性”，而将只有共同的认知目标却没有共同的认知方法的知识可传递性称为“非同一可传递性”。

---

① 克拉斯沃尔，布鲁姆．教育目标分类学：情感领域［M］．上海：华东师范大学出版社，1989：24.

② 张君．认知逻辑和知识论：可能的融通［J］．哲学研究，2007（4）：72.

从以上分析中，我们可以看出，如果我们将知识的意义、价值和可能实现的目标以及内涵的方法明确为知识的性质，那么，知识传递者所获得的知识的性质与知识接受者想获得的知识性质的一致性决定着知识的可传递性，决定着接受者对知识的兴趣。也就是说，知识与兴趣的关系问题、知识的可传递性问题的根本问题是知识的性质问题。恰当性质的知识才能引起兴趣，才可以传递。正因为如此，所以才会出现哲学中认知逻辑与知识论的融通。

> 亨德里克斯指出：无论认知逻辑学家们把注意力集中于常识知识、共同知识，还是集中于知识的可传递性，或者考虑主体间会话交流是否影响其认知状态和能力，实际上都恰好表明了认知逻辑对知识论及其相关旨趣的依赖。在欣迪卡、亨德里克斯等认知逻辑学家们看来，这种依赖使得新一代的认知逻辑成为一种形式的知识论，并展现出与主流知识论的更多融通。①

其实，这也为我们的研究指出了一个方向，解决学生认知问题，包括兴趣问题，已不是简单的自然科学性质的心理学的问题，而需要以知识论（例如对知识性质的研究）为基础。

三、知识的完整性问题是知识与能力的关系问题的基础

知识的完整性是从“知识教得是否到位”引申而来的，而知识教得是否到位最终是要看学生能否运用知识，因此，知识的完整性是指向能力的培养的，并且是能力形成的基础。也就是说，知识的完整性是知识与能力关系问题的基础。根据文献检索，关于知识的完整性问题的研究很少，只有俄罗斯哲学家索洛维约夫在 1877 年完成的《完整知识的哲学本原》中阐述了他对完整知识的理解。

索洛维约夫的完整知识是对西方哲学的理性知识的片面性进行批判的产物。他指出，西方哲学由于知性思维将知识看做是人在经验中的感性因

---

① 张君．认知逻辑和知识论：可能的融通［J］．哲学研究，2007（4）：73.

素和思维中的逻辑因素的结合，重视人的逻辑、理性的一面，而忽视了人的精神洞见和信仰的一面，因此，他提出，人的认识有三个来源——经验、理性和神秘的瞬间的理智直觉或者说信仰，完整的知识便是这三者的统一。索洛维约夫把完整知识看成是经验主义、理性主义和神秘主义的统一，是神学、形而上学和实证科学的统一。实际上，西方哲学对自身传统的知识观也在进行反思和批判，例如，知识的逻辑性与直觉的关系的探讨、知识的中立性与价值性的探讨。毫无疑问，这些探讨是我们理解知识的完整性的重要基础。不过，必须要清楚地回到自己的问题以及问题的出发点：在此提出知识的完整性问题的出发点是为了“知识教得到位”，也就是为了能够培养学生的能力。显然，出发点或者说目标决定了我们研究的方向。

四、知识的水平问题也是知识与能力的关系问题的基础

前面提到，关于知识水平的研究很少。确实，在日常生活中，“知识水平”是一个经常被提及的词，但是，其确切含义应该如何界定，却极少研究，因此，常常以外在“学历水平”作为其内涵。与它相关的研究不少，如关于掌握知识水平的研究、知识分类的研究和知识化水平的研究。但我认为，这些研究与知识水平的研究不是一回事。

所谓“知识化水平”，指的是社会的知识化水平，下面的这段文字可以帮助我们具体理解其含义。

> 测度知识化水平是一个规模庞大、影响因素众多、具有开放性的系统工程，涉及经济、技术、社会和文化等多方面的复合系统问题，具有整体性、过程连续性、多级递阶性等系统特征。本文对影响知识化水平的众多指标进行了分析。归纳筛选出以下八个主要指标：（1）R&D支出；（2）高科技产品；（3）成人识字率；（4）中等教育入学率；（5）高等教育入学率；（6）电话普及率；（7）计算机普及率；（8）互联网用户。①

① 王锦，章仁俊．基于ISM技术对我国知识化水平的评价［J］．科技管理研究，2006（7）：63.

关于“知识分类”的研究非常多，知识水平划分当然也属于知识的一种分类，知识分类还可以包括横向领域的分类，因此，知识分类相对于知识水平来说，是一个大概念。根据笔者所掌握的材料，知识分类的研究很多，教育界对这些分类的学习也不少，但是，知识水平划分的研究却很少，能够回应类似“如何评价教师的教学水平和专业知识水平”这样的教育问题的知识水平的研究，笔者还没有看到。

掌握知识水平的研究很多，而这方面的研究实质上是认知水平的研究，已经不是知识水平的研究了。例如，布鲁姆在1956年的《教育目标分类学·认知领域》中提出的“知识、领会、运用、分析、综合、评价”以及后来安德森和索斯尼克的《面向学习、教学和测评的分类理论—布鲁姆教育目标分类学（修订版）》一书中提出的“记忆、理解、应用、分析、评价、创造”都是认知水平的划分。不过，修订版中不仅调整了认知水平的划分，还提出了知识的四个维度：事实性知识、概念性知识、程序性知识和元认知知识。

> 事实性知识是分散的、孤立的内容元素——“点滴信息”的知识，包括术语知识、具体细节和元素知识。相比较而言，概念性知识是“较为复杂的和有组织的知识形式”的知识。它包括分类或类目、原理和概念、理论、模型和结构的知识。①
>
> 程序性知识是“如何做事的知识”，其中包括技能、算法、技术、方法的知识和用于确定和（或）检验在某一专门领域和科目中“何时做什么”是适当的标准的知识。最后，反省认知知识（Metacognitive Knowledge）是“一般认知知识和有关自己的认知的意识和知识”。其中包括策略性知识，包含背景和条件知识在内的认知任务知识以及自我知识。当然反省认知知识的某些方面不同于专家自觉定义的那种知识。②

---

① L.W. 安德森，等. 学习、教学和评估的分类学——布鲁姆教育目标分类学（修订版）[M]. 皮连生，主译. 上海：华东师范大学出版社，2008：63.

② 同①：27.

不过，修订版中的知识的四个维度仍然缺乏明确的递进的层次性。我们可以理解概念性知识比事实性知识层次高，元认知知识总体上比其他三类知识层次高，但程序性知识与概念性知识之间缺乏高下之分。知识的四个维度的划分还不能说是知识水平的划分。

第二节　核心问题与基本问题的回应思路

往往在提出的问题中已经蕴涵着问题解决的一些思路，尤其是同时指向于一个核心问题的基本问题之间更有可能蕴涵着问题解决的思路，因此，对基本问题之间关系的进一步梳理可能会给我们更多的启发。另外，问题解决的思路往往还取决于思考问题的视野的拓宽。过去，在教育领域中，知识与能力问题的探讨或停留在笼统的直觉上（如“可以通过知识培养学生的能力”），或主要借助的是心理学的研究成果。从宏观上看，对于知识与能力问题的探讨，心理学研究主要提供的是一种近乎于技术的分析方法，而技术分析的合理性是有前提的，其前提就是对问题的本质的合理把握。因此，将知识与能力的关系问题的思考再次还原到哲学的视野中，有利于对问题的本质把握，也有助于寻找到更加合理的解决思路。

一、基本问题之间的一致性分析及假设

在前面对问题的梳理中得出，指向知识与能力的关系这个核心问题的基本问题有四个：知识的性质、知识可传递性、知识的完整性、知识的水平。在这四个问题中，知识的可传递性和知识的完整性在本质上都归属于知识的性质，也就是说前三个在本质上都是知识的性质问题。但是，不要简单地将知识的可传递性和知识的完整性淹没到知识的性质中，而是需要关注这两个问题本身的价值。仔细分析，知识的完整性本身意味着知识由一些更为基本的要素构成，只有当这些要素都具备的时候，性质才能产生，真的知识才能形成。那么，问题是，知识具有哪些基本的元素呢？知识的可传递性为我们提供了部分的答案：对待知识的态度和思维方法以及传递者的知识的态度和思维方法，即知识的价值取向和思维方法。

那么，知识的水平与知识的性质之间是什么关系呢？从心理学的角度看，一般提认知水平，是不是存在知识水平？如果存在，它与知识的性质应该是有关系的，与知识的基本元素也是有关系的。回到知识的基本元素，可以肯定，知识的基本元素之间一定存在紧密的有机关系。我们是否可以假设，知识的基本元素存在水平关系，并且，进一步假设，知识的基本元素、水平与能力之间存在关系。

这使人想起《布鲁姆教育目标分类学（修订版）》中的一段话：

> 与此相应，根据经验的和实践的理由，我们区分了事实性知识和概念性知识。这一区分可能与正式的知识表征的心理学模型（如命题网络模型或联结主义模型）不相符合，但我们认为，它对课堂教学和评估有重要意义。教育目标可以侧重于让学生获得点滴的知识，而不考虑怎样将它们置于一个较大的学科或较为系统的观点之中。通过把事实性知识从概念性知识区分出来，我们突出了教师需要教授概念性知识的深刻理解，而不只是要求学生记忆孤立的和点滴的事实性知识。①

从这段话中可以看出，分类学实际上从学生是否理解的角度将事实性知识与概念性知识作为了两个不同水平的知识，这种划分的依据超越了心理学的研究范式，凭借的是经验判断，而且研究者从实践的有效性出发判断这种划分是重要的。那么，我们能够找到划分知识水平的更为合理的依据吗？

二、从知识与能力关系问题的回答看布鲁姆教育目标分类学的价值和需要探讨的问题

前面提到过，教育领域关于知识与能力关系的主要研究成果主要来自心理学，其中影响最大的是布鲁姆《教育目标分类学》中关于认知能力的水平划分以及修订版中对认知能力水平的修订和四个知识维度的提出。其

---

① L. W. 安德森，等．学习、教学和评估的分类学——布鲁姆教育目标分类学（修订版）［M］．皮连生，主译．上海：华东师范大学出版社，2008：39.

影响非常大的原因主要在于其研究成果的可操作性以及在教育测量与评估领域的广泛使用，也就是说，这种研究成果由于用在了教育的“牛鼻子”上而使影响倍增。这种影响不仅对美国，对中国教育也产生了很大的影响。在中国各学科的考试说明中就运用了这一研究成果，例如，《考试说明》确定的会考能力层级是：识记、理解、运用等。

回到我们的出发点，可以发现，布鲁姆教育目标分类学包括修订之后的分类学对于知识与能力的关系问题的回答做出了卓绝的努力，对能力，尤其是认知能力或者说理智能力、迁移能力等概念进行了界定，并对能力水平做出了细致的划分，更重要的是，在知识维度与能力水平之间建立了联系。可以说，布鲁姆教育目标分类学通过知识与能力的二维一体的目标分类体系具体回答了知识与能力的关系问题。应该说，这是一个伟大的历史性的贡献。但是，对于一个有如此广泛影响的理论体系，还需要像布鲁姆分类学的研究者们那样不断地进行反思和建构。从知识与能力关系问题的回答看，这个分类学还存在一定的局限性。

首先是由于受信息加工理论或者说建构主义心理学的影响，其“能力”概念的内涵狭窄，存在局限性。

能力在布鲁姆《教育目标分类学》中最初被称为“理智能力”，在1956年版中主要采用的标准是记忆的复杂程度。

> 正如前面所指出的，知识的详细类别以及分类学的整个分类，都是按由简单行为到复杂行为、由具体或有形到抽象或无形这样一种次序加以编排的。我们所谓的简单，是指现象或信息的基本的、可以独立存在的单位。譬如说“伊利诺斯的首府是斯普林菲尔德”，或“阿肯色州有许多铝土矿”。因此，我们把基层的亚类称之为“具体的知识”。知识类别的顶层的亚类是指比较复杂的现象。因此，记住一种理论比记住像某一州的首府那样具体的知识要复杂得多。①
>
> 知识的类别也可以被看做是由具体到抽象递升的。在对各种不同的排列做了一些实验之后，“复杂性原则（principle of complexity）”逐

① 布鲁姆．教育目标分类学：认知领域［M］．上海：华东师范大学出版社，1986：29.

渐成为认知领域中一个主要的排列基础。①

在《布鲁姆教育目标分类学（修订版）》中，能力被改称为“认知能力”，水平的划分标准也做了改变。

当主要教学目标在于促进保持时，重点是强调记忆的目标。当教学目标在于促进迁移时，重点转移到从理解到创造的其他五种认知过程。②

什么认知过程对于保持和迁移是有用的呢？如我们所讨论过的，我们的修订框架包括六类过程，其中一类与保持是最紧密相关的（记忆），其他五类逐渐增加了与迁移的关联性（理解、运用、分析、评价和创造）。③

以“增加与迁移的关联性”的程度取代过去的记忆的复杂程度，毫无疑问是一种进步，并且，对迁移也进行了界定：“迁移是运用所学知识去解决新问题、回答新问题或促进新材料学习的能力。”④ 但是，从文章中的具体阐述看，主要是将迁移能力与综合能力，尤其是梳理知识与知识的关系联系在一起了。而且，认知水平的划分主要根据的是“综合”程度，即对给予的材料的要素的关系的理解和进行综合的水平。类似下面这样的论述在书中很多。

分析是将材料分解为它的构成部分和确定部分怎样相联系及其总体结构如何联系。⑤

---

① 克拉斯沃尔，布鲁姆．教育目标分类学：情感领域［M］．上海：华东师范大学出版社，1989：8.

② L.W. 安德森，等．学习、教学和评估的分类学——布鲁姆教育目标分类学（修订版）［M］．皮连生，主译．上海：华东师范大学出版社，2008：62.

③ 同②：59.

④ 同②：56.

⑤ 同②：70.

“核查涉及检测一项运作或一件产品的内在一致性或谬误。”①

“创造涉及整合元素以形成内在一致的或功能上的整体。”②

显然，这样的理解能力和迁移能力，主要是受了建构主义心理学，主要是信息加工理论，尤其是参与这项研究的认知心理学家梅耶（Mayer, R. E.）的观点的影响。

在建构主义的学习中，学生进行积极的认知加工，如注意输入的信息，在思想上将输入的信息组成内在一致的表征，将输入的信息与原有知识形成联系。(Mayer, 1999)③

于是，产生了需要讨论的问题：在知识间寻找联系与综合的能力，或者说信息加工能力是否就是迁移能力，是否就是能力，综合水平能否代表认知水平？

另外，能力的不同水平之间还存在大量需要辨别的内容，例如，“理解”中可能会有需要分辨出来的“记忆”。

为了增加评估解释而不是评估记忆的概率，评估任务中的信息必须是新的。这里“新”的意思指学生未曾在教学中见到过的。除非这种规定被观察到，我们不能保证所评估的是解释而不是记忆。④

“运用”中可能会有需要分辨出来的“理解”。

推论与执行常常在认知任务中一起运用。⑤

---

① L. W. 安德森，等．学习、教学和评估的分类学——布鲁姆教育目标分类学（修订版）[M]．皮连生，主译．上海：华东师范大学出版社，2008：73.

② 同①：74.

③ 同①：58.

④ 同①：63.

⑤ 同①：65.

在执行中，已知的程序性知识几乎是习惯性地运用。在实施中，最初必须选择程序以适合新情境。在这个类目的中点，程序可能必须有所修改以便实施。在实施的远端，这里没有要修改的程序性知识，必须借助理论、模型或结构作为指导，从概念性知识中制造出某一程序。所以虽然运用与程序性知识紧密联系，而且这种联系贯穿在大多数的运用类目中，但也有某些运用概念性知识从事实施的情形。①

这样大量需要辨别的内容使得目标分类在实际应用中造成许多困难，如何才能更好地减少辨别任务？

同样，布鲁姆目标分类学的知识分类存在局限性。知识分类主体上也是从信息加工或者说知识的表征（陈述性知识与程序性知识）做的，这种视角就决定了这种研究不能完全回应我们所需要的知识的性质、完整性和水平的理解，而它们是知识与能力问题的基础问题。既然这样，这个知识分类也就不能建立起知识与能力之间的真正的实质性的联系。

当然，在四个知识维度的划分中有两个划分有着重要的意义，一个是在陈述性知识中将知识作为事实性知识与概念性知识的划分，另一个是反省认知知识与其他三类知识之间的划分。可以说，这是两个非常有意义的另类的划分。

前一个划分之所以产生可能，是因为参与研究的课程与教学专家以及教师们的建议。让我们再来重温这一段话：“与此相应，根据经验的和实践的理由，我们区分了事实性知识和概念性知识。这一区分可能与正式的知识表征的心理学模型（如命题网络模型或联结主义模型）不相符合，但我们认为，它对课堂教学和评估有重要意义。教育目标可以侧重于让学生获得点滴的知识，而不考虑怎样将他们置于一个较大的学科或较为系统的观点之中。通过把事实性知识从概念性知识区分出来，我们突出了教师需要教授概念性知识的深刻理解，而不只是要求学生记忆孤立的和点滴的事实

① L. W. 安德森，等．学习、教学和评估的分类学——布鲁姆教育目标分类学（修订版）［M］．皮连生，主译．上海：华东师范大学出版社，2008：69.

性知识。”① 显然，其依据是两种知识在“记忆”与“深刻理解”的不同。但是，问题是，从事实性知识到概念性知识就完成了从记忆到深刻理解的过程吗？如果不是，概念性知识之上还有什么？

第二个划分是从社会建构主义的角度来做的，与信息加工理论不同，突出了策略、方法和自我的知识，深化了对建构的理解，具有重要的教育意义。但是，反省认知知识中又包含着多个维度的知识，如何理解它们之间的关系？反省认知知识与前三种知识的关系又是怎样的？

通过以上分析可以看出，《布鲁姆教育目标分类学（修订版）》提出知识的四个维度是非常有意义的，能够推动人们进一步思考“教什么知识”的问题，但还不能有效地回答教什么知识能够培养学生的能力的问题。另外，由于知识维度划分的依据不是单一的，而是来自三个方面——信息加工、课程与教学实践、社会建构主义——的并列的影响同时又缺乏综合，知识维度之间的关系无法说明，因此，从总体上说，从分类学的角度看这种分类是不合理的。

布鲁姆《教育目标分类学》需要继续探讨的核心问题是：（1）能力的内涵是什么？如何划分能力水平？除了复杂程度、综合程度还有什么维度？（2）知识维度如何划分有利于解决知识与能力的关系问题？

三、心理学研究的局限性和对西方哲学的诉求

布鲁姆教育目标分类学的局限不仅仅是分类学研究自身的局限，还是心理学研究的局限。

心理学的研究是一个不断发展的过程，包括其研究范围的发展（从行为到认知到人格）和研究方式的发展（思辨到实验到定性与定量的结合）。将心理学研究的成果不断吸纳到知识与能力的研究中，就能不断推动这一研究的发展。同时，作为教育研究者，在知识与能力关系问题的回答上，我们还需要不断地跳出心理学的视域，还原问题的情境和本质，同时以更宽广的视域重新审视这一问题，并提醒自己，心理学只是回答教育问题的一个方面的基

---

① L. W. 安德森，等．学习、教学和评估的分类学——布鲁姆教育目标分类学（修订版）［M］．皮连生，主译．上海：华东师范大学出版社，2008：39.

础。更广阔的视域在哪里？有很多，其中，哲学是非常重要的。

实际上，心理学的研究往往是在同时代的哲学思潮的影响下发展的。例如，在近期的心理学杂志上可以看到许多关于后现代主义与心理学发展的关系的文章，也正在说明着这一点。哲学是心理学思想形成的重要基础，同时又能给我们以更广阔的视域。

哲学与心理学在视域上到底有什么不同？我们可以通过心理学与哲学对“能力”概念的界定及界定方式的比较来体会两个学科各自的特征。

“能力”是我们在教育教学中使用频率较高的一个词。围绕能力的提法很多，如思维能力、想象能力、实践能力、创新能力等。一些学科的课程目标中将“能力”直接作为目标，如语文、历史和品德与生活。但是，什么是能力？教师们在备课时写“能力”目标往往非常笼统，言之无物，常常是应要求而写，这与对于这样一个基本问题的研究非常薄弱相关。

关于“能力”的研究，在西方主要集中在两个领域：心理学和哲学。本书主要采纳的是哲学对能力的分析和解释。其主要原因想借助现象学大师胡塞尔的分析来说明。

> 心理学对思维的考察在于研究：思维是怎样的；而逻辑学对思维的考察则在于研究：思维应当怎样。所以，心理学所研究的是思维的自然规律，逻辑学所研究的是思维的规范规律。①
>
> 两门科学都探讨这些活动的规律；但“规律”对于两者来说意味着完全不同的东西。心理学的任务在于规律性地探索意识过程之间的实在联系，以及意识过程与有关的心理禀性和身体组织中对应的过程之间的实在联系。规律在这里意味着一种关于必然的和无例外的、以并存与持续方式进行的联结的概括性公式。这是一种因果性的关系。而逻辑学的任务则完全不同。它不询问智力活动因果性起源和结果，而是询问它们的真理内涵。它询问：这样一些活动应当具有什么样的性质并且应当如何进行，这样才能使因果性的判断为真。

① 埃德蒙德·胡塞尔，埃尔玛·霍伦斯坦．逻辑研究·第一卷·纯粹逻辑学导引[M]．倪梁康，译．上海：上海译文出版社，2006：51－52.

> 他的目的不在于思维的物理学，而在于思维的伦理学。①
>
> 将逻辑学规律与心理学规律相等同的做法同时会取消正确思维与错误思维之间的区别，因为错误的判断方式与正确的判断方式一样是按照心理学的规律进行的，对此人们已经做过无数次的指责和陈述。②

这里需要补充说明的是，胡塞尔所提到的逻辑学，指的是哲学中的纯粹逻辑学或者称纯粹现象学。借助胡塞尔上述分析的思路来具体分析西方心理学和哲学对能力的研究的不同，可以表述为：心理学研究的是能力的机械的物理状态，而哲学研究的是能力的真的伦理状态。

当然，哲学家站在哲学的立场对心理学进行批判，可能会具有一定的倾向性和片面性。应该说，物理状态的能力的研究应该是伦理状态的能力研究的基础。心理学确实也提供了一定的基础。

西方心理学对能力的一致的判断是："能力是具有复杂结构的各种心理品质的总和。"③

英国心理学家斯皮尔曼提出能力由一般因素和特殊因素构成。一般因素是人们从事各种活动都需要的能力，它包括观察力、记忆力、想象力、思维能力、创造力等，而特殊因素指对某一些专业领域的活动有特殊意义，并在其中显现出来能力的因素，如，画家的颜色辨别能力和空间想象能力。美国心理学家吉尔福特认为智力由三个维度构成：内容、操作和产物。智力活动的内容包括听觉、视觉、符号、语义和行为五类；而智力操作指对以上的内容的操作过程，操作方式有认知、记忆、发散思维、聚合思维和评价五种；智力活动的产物是运用智力操作得到的结果，这些结果可以按单位计算，可以分类处理，也可以表现为关系、转换、系统以及应用。由于三个维度和多种因素的存在，人的智力在理论上可以区分为 $5\times5\times6=150$ 种。显然，能力是一个由多种因素构成的复合性的概念。也正因为如

① 埃德蒙德·胡塞尔，埃尔玛·霍伦斯坦．逻辑研究·第一卷·纯粹逻辑学导引[M]．倪梁康，译．上海：上海译文出版社，2006：54.

② 同①：103.

③ 彭聃龄．普通心理学（修订版）[M]．北京：北京师范大学出版社，2001：394.

此，当教师们写能力目标时感觉很抽象，写出来也没有什么意义。因此，“分析能力的结构，对深入了解能力的本质，合理设计能力的测量手段，科学地设定能力培养的原则，都有重要的意义。”①

苏联心理学家维果茨基从发生认识论的角度对概念的形成和发展过程以及背后的思维的揭示，建构主义心理学（布鲁姆分类学的基础）对人的认知发展的研究，都为能力的研究作出了不少贡献。

但是，心理学研究由于以自然科学的研究方法研究人的心理（包括能力），因此其研究过程和成果总有一种机械的性质。由于相对于物理状态的能力，更加关注真的或者说正确的伦理状态的能力，以及回答我们的问题的需要，西方哲学的诉求与学习，就成了研究的必然之路。

① 彭聃龄．普通心理学（修订版）［M］．北京：北京师范大学出版社，2001：394.

4

西方哲学关于知识与能力关系的研究

——凸显理解力与知识的明见性

从上一节对课程与教学的知识论基础建设问题的分析中，我们可以看到，最根本的问题是知识的价值判断问题。这一问题从主观的需要出发，是知识何以能够转化为学生的能力的问题，即知识与能力的关系问题；从客观上看，是知识的客观的价值问题，在知识论研究中与“什么是真的知识”这一问题相关，因为只有真的知识才谈得上价值的分析和判断。

前面的分析说明，中国哲学界对于知识与能力关系以及什么是真的知识问题的探讨总体上是比较薄弱的，不及西方知识论的研究。在西方，知识以及相关的真理一直有着独立的崇高的地位。知识的真在于知识确证的确定性和明见性。同时，知识与能力的关系问题也是西方哲学家们特别关注的问题，因此，学习西方哲学家们的研究成果是非常必要的。

第一节　明见性、知识与能力

知识与能力是什么关系？西方哲学对这个问题有间接和直接的比较明

确的回答。

一、明见性与“真正的”知识

什么是知识？或者，什么是真正的知识？这是西方哲学研究中的一个基本问题，其答案总体上是：能够确证的、具有明见性的信念或意见是知识，否则只是信念或者意见。

柏拉图在《泰阿泰德》中说：

> 不能说所有论断尽是知识，因其有虚假者；也许论断之真实者为知识。①

胡塞尔的观点与柏拉图一脉相承，并进一步以“明见性”具体界定柏拉图所说的“真实”：知识是一种具有“明见性”的“真理”。那么，什么是明见性呢？以胡塞尔的一段话来稍加说明。

> 认识是一种判断，这种判断不仅要求切中真理，而且有把握证实并且也确实能够证实这个要求的合理性。但如果判断者在自身中根本无法体验和把握对判断的论证所具有的这种特色，那么他做的所有判断都缺乏明见性，然而正是这种明见性才能使判断区别于盲目的成见，才能赋予判断者以鲜明的确定性，即确定他自己不只是将某物视之为真，而是把握了真理本身——如果情况的确如此，那么在这个判断者那里也就谈不上什么合理地提出和论证认识，谈不上理论和科学。②

明见性是判断的明见性，也就是思维过程的明见性、方法的明见性。这种明见性不是轻而易举就可以得到的，有时甚至需要付出很大的努力。

洛克早就说过：

---

① 张法琨．古希腊教育论著选［M］．北京：人民教育出版社，1994：220.

② 埃德蒙德·胡塞尔，埃尔玛·霍伦斯坦．逻辑研究·第一卷·纯粹逻辑学导引［M］．倪梁康，译．上海：上海译文出版社，2006：109－110.

> 因为人在思维了自己的各种心理作用以后，虽然对它们一定能有清楚明白的观念，可是他如果不曾在那方面运用过自己的思想，并且不曾专心地考察过它们，则他对于自己的心理活动，以及心理活动所附带的一切景况，都不能得到清晰明白的观念。①

作为毕生为纯粹现象学②奋斗的胡塞尔更有自己的感言：

> 但无论纯粹现象学，特别是逻辑体验的纯粹现象学所遇到的困难有多大，它们绝不是那种使任何克服它们的企图都显得毫无指望的困难。目的明确、愿献身于这项伟大事业的一代研究者之间的坚定合作（我贸然做此判断）将会使这个领域中的最重要的问题、与这个领域的基本状态有关的问题得到充分的决断。这里是一组可及的、对于一门科学的哲学的时间来说根本性的发现。当然，这些发现缺乏那种耀眼夺目的光彩：它们缺乏在实际生活方面或在推动更高情感需求方面直接可把握的有用性；它们还缺乏实验性方法所具有的显赫装置，正是借助于这些装置，实验心理学才赢得了信任和众多的合作者。③

既然只有具有明见性的信念、意见才能成为知识，在教与学中，教师只有教明见性的知识才是在教真的知识，学生只有学具有明见性的知识才可能掌握真正的知识。

二、知识的明见性、真理与能力

在西方哲学家的论述中，常常将知识的明见性（知识形成的方法）与真理以及智力、理解力、能力对应起来。也就是说，只有知识形成的方法是正确的，人们才拥有了真正的知识即真理性的知识，而只有拥有了真理，

---

① 洛克．人类理解论（上册）［M］．关文运，译．北京：商务印书馆，1981：71.

② 简单说，纯粹现象学的主要任务是对语言表达进行逻辑的区别，将逻辑澄清后的语言交给纯粹逻辑学去研究。因此，它实际上是一门确证知识的学问。

③ 埃德蒙德·胡塞尔，埃尔玛·霍伦斯坦．逻辑研究·第二卷·现象学研究与认识论·第一部分［M］．倪梁康，译．上海：上海译文出版社，2006：12.

才具有了智力、理解力、能力。下面就让我们来看看这些概念是如何在他们的论述中同时出现和相关联的。

培根：

> 现在所使用的逻辑，与其说是帮助着追求真理，毋宁说是帮助着把建筑在流行概念上面的许多错误固定下来并巩固起来。所以它是害多于益。①
>
> 为要钻入自然的内部和深处，必须使概念和原理都是通过一条更为确实和更有保障的道路从事物引申而得；必须替智力的动作引进一个更好和更准确的方法。
>
> 钻求和发现真理，只有亦只能有两条道路。一条道路是从感官和特殊的东西飞越到最普遍的原理，其真理性即被视为已定而不可动摇，而由这些原则进而去判断，进而去发现一些中级的公理。这是现在流行的方法。另一条道路是从感官和特殊的东西引出一些原理，经由逐步而无间断的上升，直至最后才达到最普遍的原理。这是正确的方法，但迄今还未试行过。②

洛克：

> 一切知识都离不了分辨（discerning）——在人心中我们还注意到有另一种能力，那就是分辨，辨识它所有的各个观念的能力。
>
> 这样就可以解释人们常见到的一个现象。就是机智多谋、记忆迅速的人们，并不常有最清晰的判断和最深刻的理解。因为机智只在于观念的集合，只在于敏捷地把各式各样的相似相合的观念配合起来，在想象中做出一幅快意的图画、一种可意的内现。至于判断，则正与此相反，它只在于精细分辨各种观念的细微差异，免被相似性所误，错认了各种观念。

---

① 培根．新工具［M］．许宝骙，译．北京：商务印书馆，1984：10.

② 同①：12.

> 因为机智所呈现出的美丽，在一看之下，就能动人，并不需要苦思力索其中所含的真理和理性。在这种情形下，人心便不再往前观察，它已经很满意于那幅可意的图画、轻快的想象。因此，我们如果以严格的真理规则来考察它，那正是无理取闹。①

胡塞尔：

> 作为一切真理之最终基础的明见性，不是一种无须经过任何方法和工艺上的筹划就会随着对事态的单纯表象一同出现的自然附加物。否则，人永远也不会想到去建立科学。在用意向便可以获得成就的地方，烦琐的方法便失去了意义。如果可以在直接的觉察（Innewerden）中拥有真理，那还有什么必要去研究各种论证关系以及去设计各种证明呢？然而，被表象事态存有的明见性，或者说，被表象事态不存有的悖谬性（或然性与非或然性的情况与此类似）事实上只能在一组相对来说极其有限的原始事态中直接地表现出来；无数真实的定律只是在受到方法上的“论证”之后才被我们视为真理，就是说，仅就定律思想而言，虽然人们在这里所做的是合乎判断的决定，明见性却并没有在这些情况中出现；而在通常的情况下，一旦我们从某些认识出发，走上一条通向这个被考察的定律的道路，合乎判断的决定与明见性两者便会同时出现。尽管对同一定律可以有多种论证的途径，可以从这些或那些认识出发进行论证，但决定性的和根本性的东西在于：真理可以具有无限的多样性，它们如果没有这类方法上的工序就无法转变成我们的知识。②

显然，西方哲学认为，形成知识的方法就是知识的明见性，知识的明见性就是知识的可靠性，而掌握了具有明见性的真正的知识就是掌握了真理，掌握了这种知识或者说真理的人也就具有了能力。

---

① 洛克．人类理解论（上册）［M］．关文运，译．北京：商务印书馆，1981：123.

② 埃德蒙德·胡塞尔，埃尔玛·霍伦斯坦．逻辑研究·第一卷·纯粹逻辑学导引［M］．倪梁康，译．上海：上海译文出版社，2006：15－16.

第二节　理解力是能力的基础

西方哲学对能力的总体看法是：理解力是能力的基础。那么，什么是理解力？要回答这个问题，先要回答什么是理解。

一、“理解”

“理解”一词，看上去很简单，但哲学家们却前赴后继地对其展开了探讨。洛克曾经说：“……经验在供给理解以观念时，还有另一个源泉，因为我们在运用理解以考察它所获得的那些观念时，我们还知觉到自己有各种心理活动。我们的心灵在反省这些心理作用，考究这些心理作用时，它们便供给理解以另一套观念，而且所供给的那些观念是不能由外面得到的。属于这一类的观念，有知觉（perception）、思想（thinking）、怀疑（doubting）、信仰（believing）、推论（reasoning）、认识（knowing）、意欲（willing），以及人心的一切作用。……这种观念的来源是人人完全在其自身所有的；它虽然不同感官一样，与外物发生了关系，可是它和感官相似，所以亦正可以称为内在的感官。不过我既然叫前一种为感觉，所以应叫后一种为‘反省’。”①

理解就是运用“内在的感官”考察外在感官所获得的观念。但是，对理解的理解远非那么简单。

（一）“理解”作为与自然科学方法“说明”相对应的人文科学方法被提出

为了摆脱自然科学方法对人文科学的控制，狄尔泰区分了“说明”与“理解”两个概念：将自然科学方法称为“说明”，而将人文科学的方法称为“理解”。自然科学的研究对象是可以直接观察的、没有目的的、自在的并受普遍的自然法则支配的，其研究方法是通过观察和实验而把个别事例归入一般规律之下，所以，“说明”是外在描述性的、因果性的；但人文科学的研究对象是生命和精神，而生命和精神是不可直接观察的、有目的的、

---

① 洛克．人类理解论（上册）［M］．关文运，译．北京：商务印书馆，1981：69.

在文化传统中和变化着的，是通过所说、所写和所做的语言、文字、符号、遗迹和行为等符号来体现的，人文科学的研究方法是“理解”和“解释”，也就是对一般表达（符号表达）所包含的意义的把握。“理解”和“解释”是阐释性的、揭示性的。后来，狄尔泰也因此被称为现代解释学的创始人。

（二）“理解”被改造成为超越所有科学的存在基础，因而也是自然科学的存在层面的方法

但是，将“理解”与“说明”相对应的看法引起了争议。例如，波普尔认为，人的认识是对事物的一种译解或注释，是不可能不出错的；再者，知识绝不可能始于虚无，它总是起源于某些背景知识和某些问题，所有的观察都是渗透着理论的、有选择性的，总是在一定的境况中去发现某种结果。理解无疑是人文科学的目的，但同时也是自然科学的目的。由此又产生了问题：自然科学和人文科学的方法是否都是“理解”？库恩认为，不是。“由于任何时期的自然科学都是以其从事者所接纳的一组概念为基础的，这组概念又是历史和文化的产物，必须运用诠释学的技巧才能让非共同体成员加以接受。所以，库恩把这组概念称为科学的‘诠释学基础’(hermeneutic basis)。实际上也是他以前所说的‘范式’。但是库恩认为，在有了这种‘范式’或‘诠释学基础’之后，科学家所做的大部分工作——常规科学研究——则通常不是诠释学的，因为这些工作只是根据范式来解决难题。因而，库恩的最终结论是，‘尽管自然科学可能需要我所说的一种诠释学基础，但是它们本身却不是诠释学的事业。’”①

波普尔和库恩的观点实际上是与海德格尔和伽达默尔对理解的存在论观点一致的。海德格尔认为，理解的前提有一个“此”，一种开显，一种存在者和存在的区分，只有这个基础才使所有存在领悟得以可能。所谓“存在者与存在的区分”，是指自我与他人的区别，自我与文本的区别，也指自我对文本的理解与作者的理解的区别。“正如我们相信某个记者的消息是因为他当时在场或者他消息灵通同样，我们基本上总是开启这样一种可能性，即对于在我们以前即已形成的意义，传承下来的文本作者要比我们知道得

① 李章印．自然科学如何是诠释学的？［J］．自然辩证法通讯，2006（6）．

更多些。只有当把作者所说的东西认为是真的这种试图失败了，我们才力图——心理学或历史学地——把文本‘理解’为他人的见解。”①“这里再次证明了，理解首先意味着对某种事情的理解，其次才意味着分辨并理解他人的见解。”②那么，是什么使我与他人相区分呢？是“时间”，也就是“不同的历史处境。”“当某个文本对解释者产生兴趣时，该文本的真实意义并不依赖于作者及其最初的读者所表现的‘偶然性’。至少这种意义不是完全从这里得到的。因为这种意义总是同时由解释者的历史处境所规定的，因而也是由整个客观的历史进程所规定的。”因此，“文本的意义超越它的作者，这并不只是暂时的，而是永远如此的。因此，理解就不只是一种复制的行为，而始终是一种创造性的行为。”③

经过海德格尔和伽达默尔的根本性改造，理解不仅是方法论的，而根本上是存在论的。也就是，“此在的意义”被看做是人之生存的本质；而理解的对象是人的此在的意义。由此可以得出，人的所有认识都是从此在的意义出发的，所以，人所建立的自然科学和人文科学都是人的此在意义的产物，都需要理解。库恩将理解作为自然科学的基础，实际上是作为自然科学存在的基础。这时的“理解”与自然科学的“说明”已不在一个层面上：理解是存在层面的，而说明是方法层面的。对于自然科学而言，原来的“说明”是方法论层面上的方法，而“理解”是存在意义上的方法。

（三）“理解”也是一种方法，是一种存在论层面的方法

当然，伽达默尔反对将理解作为方法，而是将其作为了真理。他在《诠释学1·真理与方法》的导论中就说道：“理解文本和解释文本不仅是科学深为关切的事情，而且也显然属于人类的整个世界经验。诠释学现象本来就不是一个方法论问题，它并不涉及那种使文本像所有其他经验对象那样承受科学探究的理解方法，而且一般来说，它根本就不是为了构造一种能满足科学方法论理想的确切知识。——不过，它在这里也涉及知识和真理。在对传承

①② 汉斯-格奥尔格·伽达默尔．诠释学1·真理与方法［M］．洪汉鼎，译．北京：商务印书馆，2007：400.

③ 同①：403.

物的理解中，不仅文本被理解了，而且见解也被获得了，真理也被认识了。”①当然，实际上任何理论都不能摆脱方法论，只不过是方法的层次不同而已。正如哈贝马斯分析的，以时间距离作为理解的前提，也就是历史学家必须具有不同于历史行为者的经验视野才能理解历史，而且由于时间距离的缘故，解释者总是能够比作者理解得更多些，这本身就是一种方法。

（四）人文科学的理解存在客观性，既需要“理解”也需要“说明”

人文科学并不完全是个人和绝对的历史相对主义的，其历史性中蕴涵着“客观”“必然”。这种“客观”与“必然”存在于什么地方呢？将这个问题换成一个更加通俗的问题：每个人是如此的不同，却为什么可以互相理解甚至心有灵犀呢？我们来看狄尔泰的一段分析。

> 从婴孩时起，我们就已从客观精神的世界中汲取养料了。客观精神还是理解他人及他人生命表达的媒介。这是因为人类精神已外化于每事每物中。每事每物包容于自己之中的东西对我对你都是共通的。每块栽有树木的广场，每个安放着凳椅的房间，我们自小就耳熟能详，因为人类目标设置，秩序和价值判定，作为我们所有人都共通的东西，已然指定每一广场每一房间中的什物的位置。孩子与其他成员共享家庭的秩序等，在家庭秩序中，他成长起来，母亲的教诲在这种情境中被他吸收。孩子会说话以前，已经全然浸润在公共情境的媒介中。并且他之所以能学会理解姿势、随意表达、示意和感叹，仅仅因为它们总是同一地现于他的眼前，总是与它们示意和表达保持同一的关系。这么一来，个体就在客观精神的世界中定了向。
>
> 由此可得有关理解过程的一个重要结论。个体可理解的生命表达，对他来说通常不是孤立的，毋宁可以说是浸透了一种公共的知识，浸透了在生命表达中给出的与内在之物的那种关系。②

① 汉斯-格奥尔格·伽达默尔．诠释学1·真理与方法［M］．洪汉鼎，译．北京：商务印书馆，2007：3.

② 狄尔泰：对他人以及他人生命表达的理解［EB/OL］陈岸瑛，译．［2009-07-28］．http://time.dufe.edu.cn/xsshuku/tarensmbd.htm.

狄尔泰的分析说明，人与人之间之所以可以交流，是因为我们生活在同一个社会里，生活在一个由公共知识构造起来的社会中。实际上，人的认识的客观性还在于人所生活的“自然环境”以及人自身的“遗传基础”的一致性，更在于人的目的与社会共同目的的“一致关系”（如果一致，社会就会和谐；否则，就会相反）。因此，人文科学中也存在因果关系，也需要说明的方法。

（五）通常所说的理解包括了理解和说明

通过上面的学习认识到：（1）所有科学都具有两个层次的方法，存在层面上的被称为“理解”，即对此在意义的理解；而在方法层面上的被称为“说明”，即对因果关系的说明。（2）我们平时常常将“说明”说成“理解”，即将对因果关系的“说明”说成了对因果关系的“理解”。如果按我们平时的说法，就需要明确，理解包括对事物的意义和因果关系两个方面的理解。只有具备了两个方面的理解，对事物的理解才是比较彻底的。将这两个认识合在一起就是，学生在所有学科的理解都应该包括对事物的意义和因果关系的理解。

通常的看法是，自然科学和人文科学的目的有所侧重。自然科学的目的是找到普遍规律，而人文科学的目的是理解存在。伽达默尔形象地解释过：“历史认识的理想其实是，在现象的一次性和历史性的具体关系中去理解现象本身。在这种理解活动中，无论有怎么多的普遍经验在起作用，其目的并不是证明和扩大这些普遍经验以达到规律性的认识，如人类、民族、国家一般是怎样发展的，而是去理解这个人、这个民族、这个国家是怎样的，它们现在成为什么——概括地说，它们是怎样成为今天这样的。”①这种侧重显然存在，但不是绝对的。人文科学既要理解这个民族，也要通过很多民族理解各民族发展的共同规律；自然科学既要发现一般规律，同样也需要对某种自然事物的关怀，而不能仅仅将自然事物作为人利用的对象。这恰恰是自然科学研究正在反思的内容。因此，学生在所有学科学习中的

① 汉斯-格奥尔格·伽达默尔．诠释学1·真理与方法［M］．洪汉鼎，译．北京：商务印书馆，2007：13.

理解仍然需要包括两种含义。

（六）理解、解释和运用不是先后关系而是有机关系

通常人们认为，这三者之间的关系是：先理解，后解释，再运用。布鲁姆《教育目标分类学》就将理解和运用分为先后相继的两个认知水平。中国的考试也是这样划分的，下面是高中思想政治学科 2009 年北京市会考考试说明中对“商品、货币、价格”知识单元的内容标准和能力分层的规定。

> 属于识记层级的是：了解货币产生的过程；了解结算，列举信用卡、支票等信用工具的用途；知道影响商品价格变化的因素。
>
> 属于理解层级的是：理解货币的本质、作用和基本职能；理解商品的基本属性；比较金属货币与纸币的异同；理解国家不能任意发行纸币的原因；理解汇率变化的影响；理解价值与价格变化的关系；理解社会必要劳动时间对商品生产者的意义；理解供求关系影响商品的价格；理解价值规律的基本内容和表现形式。
>
> 属于运用层级的是：分析商品生产者重视提高劳动生产率的原因。

按照后面马上要介绍的后现代诠释学的观点得出的却是：运用和理解只是一件事情的两种说法而已。只有会运用了才是真的理解了，只要真的理解了也就会运用了。理解了社会必要劳动时间的本质和意义，就能分析商品生产者重视提高劳动生产率的原因了。

伽达默尔关于诠释学的观点是：理解、解释、应用，犹如一个事物的不同侧面，是有机共存的。

> 首先我理解，然后我解释。但是施莱尔马赫已经推翻了这个观点，解释和理解是一个东西，也就是说，你要达到理解，必须要通过解释，解释和理解其实是一个东西。也就是说，把哲学诠释学带进去。再一个是应用，这个应用也是诠释学的一个特点。比如说过去我们也讲应用，自然科学的应用讲的是我先理解它，然后再应用，过去我们讲马克思主义是放之四海而皆准的真理，这句话今天看来是不可能的。因

为真理必定是需要不断地呈现的，需要这个环境，不是说客观的真理摆在那里。只有在理论同中国的实践结合了以后，它的真理才出来了。诠释学讲的应用就是这一点。不是说有一个东西能够普遍应用到各处，往往是通过应用才达到理解，这个大概就是跟我们今天一般的看法不一样的。这就是伽达默尔特别强调的应用。所谓应用就是有自我，有境遇，有问题，在这个基础上获得一个理解。这就是他的理解、解释和应用三位一体的看法。①

以下是伽达默尔的分析和观点。

解释不是一种在理解之后的偶尔附加的行为，正相反，理解总是解释，因为解释是理解的表现形式。按照这种观点，进行解释的语言和概念同样也要被认为是理解的一种内在构成要素。因而语言的问题一般就从它的偶然边缘位置进入到了哲学的中心。②

我们已经证明了应用不是理解现象的一个随后的和偶然的成分，而是从一开始就整个地规定了理解。所以应用在这里不是某个预先给出的普遍东西对某个特殊情况的关系。③

我们将承认，这里理解总是包含对被理解的意义的应用。④

谁拒绝服从一个命令，谁就已经理解了它，因为他把命令应用于具体情况，并且知道在这种情况中服从将意味着什么，所以他拒绝。⑤

由此想到，在“新课程理念转化为优质教学实践的过程”的研究中，发现教师们真正理解新课程理念需要一个相当长的过程。这个过程是尝试

---

① 洪汉鼎．西方诠释学的定位及伽达默尔诠释学的本质特征［J/OL］．（2004－08－09）［2009－07－25］．http：//philo. ruc. edu. cn/po104/Article/western/w_ germany/200408/963. html.

② 汉斯－格奥尔格·伽达默尔．诠释学1·真理与方法［M］．洪汉鼎，译．北京：商务印书馆，2007：418.

③ 同②：441.

④ 同②：452.

⑤ 同②：453.

应用新课程理念的过程，是在实践中构造并表达出自己对新课程理念的理解的过程。

二、理解力

（一）理解力是认识能力乃至能力的基础

1. 在西方哲学史中，理解力一直是一个中心话题

例如，我们所熟悉的西方哲学名著，如，培根的《新工具》、洛克的《人类理解论》、莱卜尼茨的《人类理智新论》、休谟的《人类理解新论》、康德的《纯粹理性批判》《实践理性批判》等，书名纷纷用‘理解’‘理性’‘工具’等字样。直接说明了，理解力是西方哲学的一个中心话题。有人认为，正是因为在他们那里，“理解”“理解力”获得了深刻的理解，所以，西方人的思维能力在近三百年中，突飞猛进，摧枯拉朽，超越了一切其他故步自封的人类。

这里需要追问的是，为什么会有这么多哲学家将“理解”和“理解力”作为研究的核心内容？这就是下面要论述的问题。

2. 人类的力量来自理解

德国哲学家卡西尔的一些论述说明了这一点。“柏拉图曾经说过，惊异乃是真正的哲学激情。”① 古希腊时期的“哲学”与知识、智慧是同义语。那么，什么能唤醒人的惊讶呢？“几乎在所有伟大的宗教文化中，我们都能遇到那对天体苍穹仰慕之情形。由此而人类首次得以从情感之忧郁樊笼中解脱出来，并使自身上升到对于存在整体的更自由更广阔的视野。那种求助于某些神奇力量去驾驭自然的主观激情开始隐退了，代之而起的是某种领悟宇宙秩序的渴望。”②同时，引起人们惊讶的是“风俗习惯”。“个体在其最初活动时起，就意识到他自身是为某些他自己无法左右的事物所决定和限制的，这个制约着他的力量就是风俗习惯。它注视着人的一举一动，不容他有片刻的自主。它不仅统辖着人类的行为，甚或还统摄着人类的情感和想象，统摄着人类的信仰与选择。它是维系着人类生活和存在的恒久

①② 恩斯特·卡西尔．人文科学的逻辑［M］．沉晖，海平，叶舟，译．北京：中国人民大学出版社，2004：35.

不断的氛围；人类无法逃脱风俗习惯，一如他无法逃脱空气一样。”① 这些唤起人类惊讶的东西显然关乎人类的生存与自由。面对这种惊讶，人类最初尝试以神话解释，但是，“那种神话式的解释尝试，因其缺乏规范而杂乱无章，时而朝向这一现象，时而朝向另一现象；一种对存在的彻底统一性的想法开始表现出来，而这种存在的统一性必须有一与之相应的解释的统一性。这种解释的统一性只能为纯粹思维来把握。”“这里，一种新的力量，亦即能导出自然科学和人文科学的力量第一次显露出来。”② 这种新的力量来自人的理解，从而形成了理解力。

3. 在理解中实现视域的融合和对未来的自我筹划，因而，伽达默尔认为理解是人的存在方式

随着理解的重要性在哲学界的不断提升，最终，伽达默尔认为，理解是人存在的方式，并以其作为超越任何方法的真理。他说：“理解概念不再像德罗伊森所认为的那样是一种方法论概念。理解也不是像狄尔泰在为精神科学建立一个诠释学基础的尝试中所确立的那样，只是跟随在生命的理想性倾向之后的一种相反的操作。理解就是人类生命本身原始的存在特质。”③

那么，“理解”是如何影响人的存在，甚至成为人存在的方式的呢？先来读两段话。

> 生命进程是每个人都具有的，它持续地决定着每个人的境遇（circumstances）。每个人的本质的结构（formation of his nature，Wesen）常常决定着他的进一步发展。简言之，如果他开始考虑他的境遇的决定性（因素），或者他的生命情境（context-of-life）已获得的形式，他通常会发现他的人生前景的局限，他的个人存在（personal being，Dasein，此在）的内部变动范围是有限度的，理解对他而言，则开启了一个广

① 恩斯特·卡西尔．人文科学的逻辑［M］．沉晖，海平，叶舟，译．北京：中国人民大学出版社，2004：36.

② 同①：39.

③ 汉斯－格奥尔格·伽达默尔．诠释学1·真理与方法［M］．洪汉鼎，译．北京：商务印书馆，2007：355.

> 阔的可能性的领域，这些可能性在他的现实生活的决定性（determination of his actual life）中是不可思议的。①
>
> 这对于传统的诠释学是一个过分的要求。的确，在德语里我们有时用理解一词来指一种实际取得的能力（“er versteht nicht zu lesen”——这与“er versteht sich nicht auf das lessen”意思不同，即“他不能读”）。从表面上看来，这似乎与科学中进行的，与认识相联系的理解在本质上是不相同的。但是，如果我们精确地考察这两种理解，那么我们可以看出它们有某种共同的东西。在理解的这两种意义里都包含对某物的认识、通晓。谁“理解”一个文本，谁就不仅使自己取得对某种意义的理解，而且——由于理解的努力——所完成的理解表现了一种新的精神自由的状态。理解包含解释、观察联系、推出结论等的全面可能性，在文本理解的范围内，通晓就正在于这许多可能性。所以谁通晓一部机器，也就是说，谁知道怎样去使用它，或者说，谁能具有一种手艺——让我们假定：理解一般人为的事情和理解生命的表现或文本具有不同的标准——即使这样，情况仍然是：所有这种理解最终都是自我理解。即使对某个表达式的理解，最终也不仅是对该表达式里所具有的东西的直接把握，而且也指对隐蔽在表达式内的东西的开启，以至我们现在也了解了这隐蔽的东西。但是这意味着，我们知道自己通晓它。这样，在任何情况下都是：谁理解，谁就知道按照他自身的可能性去筹划自身。②

首先，理解就是“视域的融合”，也就是在理解中开启了一个广阔的超越自我境遇的局限性的可能的领域。在这个看法上，狄尔泰、伽达默尔、哈贝马斯是一致的。其次，理解了或者说“通晓”了，就意味着获得了一种精神自由和解放。最后，理解的意义在于获得了自我的可能性：在通晓

---

① 狄尔泰．对他人以及他人生命表达的理解［EB/OL］．陈岸瑛，译．［2009－07－28］http://time. dufe. edu. cn/xsshuku/tarensmbd. htm.

② 汉斯－格奥尔格·伽达默尔．诠释学1·真理与方法［M］．洪汉鼎，译．北京：商务印书馆，2007：356－357.

中获得现实的可能性，而在视域融合中获得未来的可能性。因此，理解在根本上是自我理解（自我的连续统），在自我连续统中，人开始了对未来的可能性的自我筹划。

将理解作为人存在的方式，是与存在的本质在于存在的“意义”这样的判断相一致的——理解的对象是存在的意义。

4. 哈贝马斯认为实践与交往是存在的方式，理解是认识存在的方式，是超越自我的认识基础

伽达默尔将理解作为人的存在的方式，引起了争议。狄尔泰就曾经说过：“理解首先萌生于实践生命的利益活动中。在这儿，人们相互交往。他们必须使自己对他人变得易于理解。”①哈贝马斯在交往行动理论中明确提出了交往理性以及相应的交往中的理解的概念。“交往理性”与“独语式的理性”相对，突出主体间性。与“交往理性”相应的是交往中的理解，与过去个人独自的反省的理解相对应。只有在交往中才能拓展自己的生活世界，才能相互理解，也才能产生新的理解，而且，理解是为了在动机上达成合作性的共识。他对交往中的理解作了清晰的分析和界定：“我们有以下四个概念总结了达到理解过程的合理的结构特征，第一，行动者的三个世界关系和相应的客观世界、社会世界和主观世界的概念；第二，命题真实、规范正确和真诚可靠的断言；第三，在合理的动机之上达成的共识……第四，达到理解的概念，即认为理解是对环境之共同定义的合作性协商的概念。”②

显然，哈贝马斯的观点更加客观。不过，无论如何，伽达默尔最大限度地或者说是非常充分地分析了理解对于存在的重要意义，而且，对理解的意义的充分探索向我们揭示了：理解是超越自我的运动，也就是自我发展的运动。至少，我们可以说，认识的根本任务是发现存在的意义，理解是人认识存在的方式。理解是超越自我和发展自我的认识基础。

---

① 狄尔泰．对他人以及他人生命表达的理解［EB/OL］．陈岸瑛，译．［2009 - 07 - 28］．http://time.dufe.edu.cn/xsshuku/tarensmbd.htm.

② 哈贝马斯．交往行动理论（第 1 卷）［M］．洪佩郁，蔺菁，译．重庆：重庆出版社，1994：188.

5. 理解力、解释力、产生力三维一体

在对理解、解释和应用的关系的分析中我们知道，理解、解释和应用不是简单的决定关系，而是一种相互依存的有机关系。而且，所有的理解、解释和应用都必然是个人生命、人格、精神投入的过程和结果，都是生成性的或者创造性的，所有的理解和解释都具有生成性和创造性，也就是说，理解和解释具有生成力、创造力，在此，将这种力量统称为“产生力”，就像前面已提到的，理解、解释和运用是一个东西的不同侧面一样，理解力、解释力、产生力三者实际上是同一东西的三个不同的侧面，因此，理解力、解释力和产生力是三维一体的。

（二）“理解力”的程度取决于认识事物方法的合理性以及对行动意义的把握

既然理解应该包括两个含义，这自然也为我们理解“理解力”提供了思路。

首先，理解力取决于所掌握的认识事物方法的合理性程度。

人类理解力的提高过程，就是一个方法合理化的不断探讨的过程。培根对“方法”（同时也被其称为“工具”）和“理解力”的关系有丰富的论述，鉴于他在近代科学方法论上的巨大贡献，有必要先来看看他的分析。

> 现在所使用的逻辑，与其说是帮助着追求真理，毋宁说是帮助着把建筑在流行概念上面的许多错误固定下来并巩固起来。所以它是害多于益。①
>
> 为要钻入自然的内部和深处，必须使概念和原理都是通过一条更为确实和更有保障的道路从事物引申而得；必须替智力的动作引进一个更好和更准确的方法。②
>
> 理解力任其自流，就会采取与逻辑秩序正相吻合的那一进程（就是走前一条道路）。因为心灵总是渴欲跳到具有较高普遍性的地位，以

① 培根．新工具［M］．许宝骙，译．北京：商务印书馆，1984：10.

② 同①：12.

便在那里停歇下来；而且这样之后不久就倦于实验。但这个毛病确又为逻辑所加重，因为逻辑的论辩有其秩序性和严正性。①

围困人们心灵的假象共有四类。为区分明晰起见，我各给以定名：第一类叫做族类的假象，第二类叫做洞穴的假象，第三类叫做市场的假象，第四类叫做剧场的假象。②

培根指出，由于人的心灵有四类假象，如果让理解力任其自流，就会出现很多的害处，因此必须用方法规范人的心灵。“祛蔽”即克服自己的各种偏见是形成合理方法的前提，而采取合理的方法才能真正做到“祛蔽”。培根的方法就是在循序渐进地观察和试验基础上的归纳法，并将这种方法称为人类智力的“新工具”。有了这种“新工具”，人类就可以发展自己原本赤裸裸的原始的理解力，而只有人类的理解力才能真正研究非常精微的自然。他说：

譬如，在机械力的事物方面，如果人们赤手从事而不借助于工具的力量，同样，在智力的事物方面，如果人们也一无凭借而仅靠赤裸裸的理解力去进行工作，那么，纵使他们联合起来尽其最大的努力，他们所能力试和所能成就的东西恐怕总是很有限的。③

自然精微较之感官和理解力的精微远远高出若干倍，因此，人们所醉心的一切“像煞有介事”的沉默、揣想和诠释等等实如盲人摸象，离题甚远，只是没有人在旁注视罢了。④

其次，理解力还取决于对行动意义的把握。

这是对应于存在层面上的“理解”的理解力。那么什么是“意义”呢？这时的“行动”包括行动以及与行动有关的人类的语言、艺术等符号。行

① 培根．新工具［M］．许宝骙，译．北京：商务印书馆，1984：12.

② 同①：18－19.

③ 同①：2－3.

④ 同①：9－10.

动的意义就是行动的目的。这里，行动者可以分为“自我”和“他人”。对“他人”的行动目的的理解力在于对目的的准确把握。而“准确把握”又由两个方面构成：一个是主观认为的目的与他人的真实目的的符合程度；另一个是对他人目的的批判（从社会共同目的出发和自我目的出发的批判）。对“自我”的行动目的的理解力则在于自我目的的明确程度以及对自我目的的批判（从社会共同目的出发以及理想的自我目的出发）。“自我目的的明确程度”首先是具体目的内容的明确程度以及自我目的之间的关系明确性。

第二部分

作为前台的四个层面和四个水平的事实性知识（现象性知识[①]）、概念性知识、方法性知识和价值性知识

西方哲学关于知识与能力关系问题的探索显现出知识、明见性、理解力三者之间的内在关系，这些概念及其关系是回答知识与能力关系问题的关键。也给我们回答教什么知识指出了明确的方向：只有教明见性的知识，才能使学生理解知识并形成理解力，而理解力是能力的基础。为此，我们需要重新反思一直左右基础教育的知识概念，并建构以增进学生理解力的知识分类和知识教学的体系。

① 四个水平中的最低水平的知识称为“现象性知识”。

5

增进学生理解力的四个层面的知识构成“基本知识”

如果说知识教学的直接目的是增进学生的理解力，那问题是：增进度（权且这样称呼）越高的知识，其基础性就越强吗？（通常，我们特别重视知识的基础性，过去为什么会强调“基础知识”?）似乎不是，不是基础性，是什么？用“明见性”来表达？明见性只是一种描述性的词，需要揭示明见的本质。在此，笔者选择了“基本”一词。

第一节　提“基本知识”更有意义

一、是“基础知识”还是“基本知识”

“双基”是基础教育工作者都非常熟悉的一个词。本次课程改革仍然将“知识与技能”列为三维目标的第一维，充分体现了历史继承性。但是，当认真去思考“如何实现三维目标”以及“如何实现‘双基’”并由此去具体理解“双基”时，却发现了许多要进一步研究的问题。其中，首要的问题是：“知识”在大多数情况下被说成是“基础知识”，有的时候被说成是“基本知识”。例如，有的提“双基”，说的是“基础知识与基本技能”；有的说的则是“基本知识与基本技能”。到底是提“基础知识”还是“基本知识”？笔者认为，提“基本知识”更有意义，这主要源于对实践问题的反思。

二、三种关于“基础知识”的解释

首先，我们来考察一下通常所说的“基础知识”的内涵。

第一种解释：知识是一环扣一环的，前者是后者的基础。

当问到什么是基础知识时，语文教师会回答：字、词、句。许多教师说，基础就是今天学的知识是明天学的知识的基础。换句话说，今天的知识学不好，明天就不可能学好。应该说，这样一种理解是非常有道理的。很多知识是一种串联的关系，是一环扣一环的。

可是，这里有两个问题：一是知识与知识之间只是串联关系吗？其实不完全是，还可能是并联关系。形与数、力学与电学、服装发展的历史与餐饮发展的历史等是并联的关系。学生先学或后学哪个都可以。二是知识与知识之间的串联关系的存在是不是就意味着学生必须一环扣一环地学习？是不是就意味着学生必然要在知识的链条上爬行，甚至不管你愿意不愿意？这种知识之间的因果关系就必然决定了学生学习的必然性吗？曾经在一个国家级贫困县的集市上见到一些辍学的孩子在出售东西，闲聊中问到，为什么不在学校上学？其中提到的原因之一就是，学习的内容对生活没有什么用处。学生是一个活生生的人，其学习的必然性不只是知识的因果必然性，更重要的是他的生活与知识之间的必然关系，也就是他的生活本身对知识的需要程度以及知识在他的生活中的作用程度。

第二种解释：基础知识就是生活必需的知识。

生活中必需的，天天要用到的知识就是基础知识。这是对基础知识的又一种解释。其实，最早提出并系统论述这种观点的代表人物是英国的斯宾塞。他在 19 世纪中期以后提出了一个具有划时代意义的问题“什么知识最有价值？”并对这个问题做出了自己的回答。他认为只有将这个问题引申为“什么知识对个人最有价值”时才容易被人们理解，而所谓对个人有价值就是对个人完满的生活有价值。于是，他对个人的生活进行了分析。人的完满的生活按其重要程度排列主要包括五种活动：（1）直接保全自己的活动；（2）获得生活必需品间接保全自己的活动；（3）抚养教育子女的活动；（4）与维持正常社会政治关系有关的活动；（5）在生活的闲暇时间满足自己爱好和情感的活动。与这些活动相对应，知识的比较价值可以确定为下列次序：直接保全自己的知识；获得生活必需品间接保全自己的知识；抚养教育子女的知识；与维持正常社会政治关系有关的知识；在生活的闲暇时间满足自己爱好和情感的知识。这种知识强调了知识的个人性和实用性。在我们现在的课程内容的安排中也体现着这种观点，对于学生生活非常重要的知识都要安排在课程中，这显然是必要的，但具体如何课程化，如何去教，可能需要有更深入的考虑。需要思考的问题是：生活中必需的知识就是基础知识吗？生活在不断发生变化，今天教给的知识能帮助他应对变化了的生活吗？哪些是对生活更有用的知识呢？要怎么教？很多教育家都提到，不在于教学生多少知识，重要的是教学生发现和获得知识的方法。对此应该怎样理解？

第三种解释：基础知识就是抛开一切具体知识之后留下的东西。

现在是一个迅速变革的时代。知识的更新速度非常快，可以用“核裂变”来形容。那么，哪些知识是终身受用的呢？有人认为，是那些遗忘之后留下来的知识；也有人认为是抛开一切具体知识之后留下的东西。那么留下来的主要是什么知识呢？大体上是方法论方面的知识。有人在分析，考了个90分意味着什么。同样的90分，对知识的掌握表面看似一样，但在方法上却不一定是一样的。也就是说，90分只能表示知识上的90分，而知识的老化决定了这个90分，是个以摩尔定律①的速度被缩水的数字。而只有以方法为支撑的90分才具有更强的保值性。但问题是，抛开具体知识之后仅仅是方法吗？将基础知识仅仅界定为关于方法的知识，足够吗？符合实际吗？至少从经验上判断，价值判断和选择是人们生活、学习和工作中

① 戈登·摩尔（Gordon Moore）为英特尔公司的创始人之一。四十多年前，摩尔在杂志上发表其基本观点，探讨新兴芯片行业中单一集成电路芯片晶体管数容量翻一番的发展周期，当时只是一种简单推测，后来加州理工学院著名物理学家卡弗·米德（Carver Mead）将其称为“摩尔定律”。摩尔定律的基本含义为半导体芯片上的晶体管数（密度）大约最多每两年就翻一番。

重要的，也最为艰难的事情，它显然不属于关于方法的知识。于是这种观点没有界定清楚抛开具体知识之后的知识是什么知识。

三、为什么倾向于提“基本知识”

（一）学生对第一种解释中的以知识点为存在方式的客观的基础知识缺乏兴趣

我们基础教育的“基础知识”主要持第一种解释，即知识是一环扣一环的，前者是后者的基础。在这样一种理解中，知识是以客观面目出现的。教师要在所有学生的头脑中建立起一座客观的知识大厦，而且这座知识大厦是由一个一个知识点夯实而成的。一线教师的这种知识观主要是历史地形成的，但也与使用“基础”一词有关。《辞海》对“基础”的解释是：“①把建筑物、机器设备等的荷重传递给地基的结构。例如，柱基础、墙基础、米桩基础等。一般用砖、石、混凝土及钢筋混凝土等材料建成。基础应有足够的底面面积和埋置深度，以保证地基的强度和稳定性，并且不发生太大的变形。②泛指事物发展的根本或起点，如，物质基础、理论基础、基础知识。③即‘经济基础’。见‘经济基础和上层建筑’。”教师所教的知识点就犹如“砖、石、混凝土及钢筋混凝土等材料”一样。显然，学生对这种以知识点为存在方式的客观的基础知识缺乏学习的兴趣。

与知识点的机械、“客观”“基础”相对应的是什么？笔者认为，是知识点的“有机物”、“主观”“基本”。

《辞海》中没有对“基本”一词的直接解释，但其中有对“基本粒子”的解释：“泛指比原子核微小的物质单元，包括电子、中子、质子、光子以及在宇宙射线和高能原子核实验中发现的一系列粒子。已经发现的粒子有30余种，连同共振态共有三百余种。每一种基本粒子都有确定的质量、电荷、自旋、平均寿命等……”其中，特别值得关注的是“每一种基本粒子都有确定的质量、电荷、自旋、平均寿命等”。这样一个举例说明了：“基本”是一个“有自身结构的”和“有意义的”的“单元”。

“基本”与“基础”的本质区别是前者的有机性和有意义性。学生不喜欢外在于他们的客观知识，更不喜欢以点状存在的机械的知识，而喜欢能够融化到他们的生活和生命中的属于自己的知识。

因此，回答什么是基本知识，就是要寻找一种有意义的、有机的知识。

人是一个有机体，这是可见的，大多数生物有机体都是可见的。我们不满足于死的知识点，那么存在有机的知识吗？有机的知识又是由什么组成的呢？据现代汉语词典解释，有机体是具有生命的个体的统称，包括植物和动物，例如，最低等、最原始的单细胞生物，最高等、最复杂的人类。

依此类推，有机的知识的内部构成也应该可以划分为类似细胞中的细胞核、细胞质、细胞膜的东西，由一些要素或者层面构成。

（二）“什么是基本知识”背后的关于知识意义的三个问题

之所以提“基本知识”还与关于知识意义的三个问题有关。

第一个问题是：什么知识能够落实为能力？在教育基本理论中，一直有这样一个说法或者说一种教育追求：“传授知识以培养能力”。在现实中，我们每天都在向学生传授大量的知识，可是学生的能力状况呢？显然，并不是所有的知识都能转化或落实为能力。也就是说，知识与能力之间不是一一对应的关系，也不是必然的关系。这里就产生了一个重要的问题：什么知识能落实为学生的能力？看来，一个一个知识点是形成学生能力的必要条件，却不是充分条件。

第二个问题是：什么知识能够形成学生积极的学习态度？这是一个在推理分析上与第一个问题相似的问题。学习动机有外在动机和内在动机。我们希望学生形成内在动机。而知识学习本身应该是学习内在动机形成的一个基本原因和方式。然而现实是，学生在学习过程中形成的厌学现象却成了教育者最难解决的问题。当然，造成学生厌学的原因很多，但是，什么知识能够激发学生的学习积极性，是一个必须要重视的问题。

第三个问题是：什么知识更深刻？在新课程改革中有这样一句话，“为深刻理解而教”。言中之意是，A 教师比 B 教师教得深刻，那么，A 教师教的知识就比 B 教师教的知识深刻，也就是说隐含着一个判断——知识深刻程度是有水平划分的。这样就产生了一个重要的问题：知识可以分成几个水平？它们之间又是什么关系？

仔细推敲，这三个问题不是在一个层面上的问题：前两个问题是从学生角度提出的问题，后者是从教师的教学评价角度提出的问题。但无论如何，都在追问着知识的意义。那么，什么样的知识可以同时成为三个问题共同的解呢？似乎只有满足这些意义的知识对于学习者才是有意义的，而满足这些意义的知识似乎与那些“都有确定的质量、电荷、自旋、平均寿命等”的基本粒子相像，笔者倾向于将这样的知识称为“基本知识”而不是“基础知识”。

（三）对“基本知识”的初步界定

在“基础知识”与“基本知识”的比较中界定。

我们通常所说的“基础知识”是由一个一个的知识点构成的，重视的是知识与知识之间的客观关系，而“基本”是一个有意义的、有生命的单元，更强调对于学生的意义。

在面对以上三个问题中，也许我们可以这样假设：能够激发学生兴趣的知识更具有基本性；能够形成学生能力的知识更具有基本性；能增进学生理解的知识更具有基本性。

另外，从《辞海》中对“基本”的解释中可以得到一种启示：基本知识是有结构的。

从“理解力”出发界定“基本知识”。

基本知识到底由哪些方面、哪些类型或者哪些水平的知识组成呢？这是一个非常复杂的问题。回答这个问题，大致要经历三个步骤：一是认真反思和分析我们所面对的独特的目的和问题；二是学习整理关于知识分类的各种理论并分析其对于解决我们所面临的问题的恰当性；三是在借鉴中生成解决这一独特问题所需要的理论。在此，首先反思我们的目的：我们为什么不断强调“基本知识”？“传授知识是为了培养学生的能力”，这是一句老话，也可以说是许多教育工作者的一种回答。可能会有人认为，这种回答具有功利主义的倾向，忽略了人的道德。虽然这个问题并不是要在这里讨论的主题，但在此还是想简单做个回应。能力不是技能，而是人成功完成行动的内在条件，其中必然包含道德，只是在此将能力作为主要研究对象，而且，能力确实是大家共同认可的培养学生的重要内容。“能力"仍然是一个非常大的概念，鉴于理解力是能力的基础，基础教育更多的是在培养学生的理解力，因此，本书对基本知识的界定主要是从理解力出发的。

第二节　需要一种旨在增进学生理解力的知识分类

因为认为理解力是人的认识能力和能力的基础，是基础教育阶段学生能力发展的主要内容，所以必然需要一种以理解力为目标的知识分类和知识教学。这种分类能够说明知识与理解力之间的关系。

说到"知识分类"，大家会想到多种分类，但是，这些分类的目的是什么？是我们所需要的知识分类吗？显然，对现有的大家所熟悉的知识分类的目的和意义做一分析是非常必要的。

一、关于各种知识分类理论的出发点及维度的分析

在现在这个知识社会中，几乎所有问题都存在知识基础和知识分类的问题。大家谈得比较多的知识分类主要有以下几种。

一是从经济的角度对知识做出的分类。1996年，联合国经济合作与发展组织（OECD）发表了《以知识为基础的经济》（The Knowledge - based Economy），其中给出了知识经济的定义——以知识和信息的生产、分配、传播和应用为基础的经济，并以4个W对知识进行了分类。(1）知道是什么的知识，即Know - What？这是指关于事实方面的知识。(2）知道为什么的知识，即Know - Why？它是指对客观原理和规律的认识与评述方面的知识。(3）知道怎样做的知识，即Know - How？这是做一些事物的技能和能力，如关于操作复杂机器的技能。（4）知道是谁的知识，即Know - Who？它涉及谁知道和谁知道如何做某些事的信息。1997年，《以知识为基础的经济》在我国翻译出版后，就逐渐深入到学术领域。从此，在各大媒体上，4个W就基本上成了最主要的一种知识分类。

这种知识分类的前提有两个：一个是赋予知识以经济的意义，即知识是可以被经营并产生经济效益的；另一个是经济以知识为基础。因此，这

种分类的目的是为了对知识进行管理和经营。学生在选择教育、选择学校、选择教师时也可以采用这种知识分类。

二是从信息加工的角度做出的知识分类：陈述性知识和程序性知识。从信息加工的角度，人们关注的主要是知识的表征以及知识的获得方式。根据认知心理学家安德森（J. Anderson）的观点，通过信息加工，人们可以获得两类知识，即陈述性知识和程序性知识。陈述性知识（declarative knowledge）是关于“是什么”的知识，包括各种事实、概念、原则和理论等。程序性知识（procedural knowledge）是关于“如何做”的知识，包括如何从事并完成各种活动的技能。陈述性知识可以通过听讲座、阅读、看影视节目等方式获得，而程序性知识必须通过大量的练习和实践才能获得。

三是从文化的角度对知识做出的分类，即后现代主义的知识分类——相对于客观性知识的文化性知识、相对于普遍性知识的境域性知识、相对于理论性知识的实践性知识，相对于显性知识的隐性知识等。这种知识分类的主旨是要批判知识的客观性、普遍性而主张知识的文化性、本土性和建构性。

四是从科学哲学的角度对知识做出的分类：具体的科学知识和本体论的科学知识。科学哲学家认为，任何科学知识都有其本体论（ontology）前提或者本体论承诺。在库恩（Thoma S. Kuhn）看来，“范式”规定具体科学研究的对象域及其特性，规范具体科学的研究方法及其知识标准等，但“范式”本身并不是一种具体的科学理论，并不是具体科学研究的理论结果，而是先于具体科学的研究和理论建构而设定的。相对于库恩的“范式”，拉卡托斯（Lakatos）在《科学研究纲领方法论》中提出“硬核”和“保护带”。所谓硬核，就是这个科学研究纲领的核心部分或本质特征，它决定着研究纲领发展的方向。科学研究纲领之间的不同，就在于硬核的不同。硬核是坚韧的、不容反驳的和不许改变的。如，在科学史上，地心说就是托勒密天文学理论系统的硬核，牛顿动力学定律和万有引力定律是牛顿力学理论系统的硬核。硬核的周围是保护带，它是由各种辅助性假设组成，为研究纲领的可反驳的弹性地带。与“范式”“硬核”相应地，劳丹（Larry Laudan）提出了“研究传统”：“简而言之，一个研究传统就是一组本体论和方法论的'做什么'和'不做什么'。"① "范式" "硬核" 以及 "研究传统" 的具体内涵虽然有所不同，但都属于本体论承诺或者本体论知识。本体论影响并规定着具体科学的基本概念架构的确立及其特征，影响并规定着具体科学的说明和解释的模式。也就是，本体论知识规定着具体的科学知识。实际上，这些科学哲学研究者将科学知识分为了具体的科学知识和本体论知识。科学哲学的兴起及这样一种知识分类的意义是很大的，已经引起了中国科学界的一些人的重视，但还没有引起足够的重视，在中国的教育界的重视程度还很低。这种分类对于我们所需要增进理解力的知识分类是有很大帮助的，它实际上将知识分成了两个层次：具体知识和本体论知识，而且明确地说明了本体论知识包括规定做什么和不做什么的价值判断的知识和研究规范的方法论的知识。

……

对于这些知识分类的意义，笔者在最初学习时并不清楚，而当自己为回答"什么是基本知识"，并从增进学生的理解力的角度去寻找相应的知识分类却找不到的时候，才真正开始理解：知识分类的意义就在于其分类的目的和标准。从而也认识到，学习一种知识分类时首先要了解其分类的目的和标准。现在回想起来，最初的学习几乎就是一种"无意义的接受"，是一种没有思考的学习。这种学习现象不仅在笔者身上存在，还具有一定的普遍性。不少人说到知识分类可能都会提到上述中的某一种，并与自己的教育教学工作相联系但却并不清楚其意义。

我们现在需要的是一种能够促进学生理解力的知识分类，即甲知识比乙知识更能促进学生的理解力，而丙知识又比乙知识更强的一种知识分类。以上四种知识分类中的第四种与我们的目的具有一致性，但还不够清晰。

到目前为止，与我们所需要的知识分类最接近的就是在前面提到并分析过的布鲁姆的知识分类，布鲁姆的知识分类仍然不能清楚地回答知识与能力的关系问题，在此不再赘述。既然没有找到这样一种现成的分类，作为研究者就有责任自己尝试着去建构。

① 拉里·劳丹．进步及其问题——科学增长理论刍议［M］．方在庆，译．上海：上海译文出版社，1991：80.

二、四个层面的知识——事实性知识、概念性知识、方法性知识、价值性知识

如果将教材中所出现的知识进行分类，大致可以分为四类：事实性知识、概念性知识、方法性知识、价值性知识。事实性知识就是关于“是什么”和“怎么样”的知识，例如，“南京大屠杀”“电子的发现”等；概念性知识是关于概念和原理的知识，如，函数的定义、万有引力定律等；方法性知识是关于程序和方法的知识，如，解题步骤、比较的方法等；价值性知识就是关于功能和意义的知识，如工业革命的意义，电子发现的意义等。这四个层面的知识在教材中是客观存在的，从理论上来说应该是一一对应着出现的，即相应的事实与相应的概念、相应的方法和相应的意义一起出现，因为只有这样，学生才能获得完整的学习材料。但实际上却并非如此，以致造成学生在学习教材时会觉得无法自学，而教师觉得要让学生理解教材中的知识必须补充相应的知识内容。例如，高中历史教材中在“抗日战争”一课中介绍了“南京大屠杀”的基本情况，教师为了帮助学生们理解南京大屠杀，补充了“战争罪”“战犯即使当时不可一世最后也逃不脱正义的审判”等材料。

在最初分析和整理教材中四个层面知识的时候，教师们将所有的事实性知识都归在一起，将所有的概念性知识归在一起……其实，这并不必要，关键是要看一个知识点的四个层面是否都存在。

笔者认为，任何一个知识点都包含四个层面的知识，不仅人文学科的知识点包含，自然科学的知识点以及数学知识也包含。这是因为，所有知识都是人类创造的，必然是在人类需要（一定的价值取向的驱使下）的时候创造的，而每一个创造都产生于特定的方法以及概念和原理，每一个创造在本质上都是一定的价值取向、方法、概念和原理的事实。

既然每个知识点都包含四个层面的知识，而且四个层面的知识层层增进着学生的理解力，那么我们就要力图将其中的四个层面的知识都教给学生。

但是，这里有一个问题需要特别指出，四个层面的知识并不自然就是四个水平的知识。教师们在讲着同样的事实、概念、方法、价值，但所讲

内容的内涵和深度却可能不同，学生们在学着同样的事实、概念、方法、价值，但学习的内涵和深度也可能不同。因此，我们还需要对知识的四个水平进行分析。

三、四个水平的知识——现象性知识、概念性知识、方法性知识和价值性知识

那么，什么样的知识更能增进理解力呢？也就是说，什么样的知识才能使学生更加透彻地理解世界？在我们的生活中充满着大量的知识。在生活中，有的人掌握了大量的知识，也就是知识面很广，但其工作和生活的能力却并不强。这是为什么？他们的知识都是什么类型的知识？让我们回到教学中借助案例再次思考这个问题。

【案例1】

学生对“诺贝尔奖”的展板感兴趣吗

曾经到一所高中校参观，看到学校做了一组关于诺贝尔奖获得者情况的展板，上面写着：“南非作家×××获得诺贝尔文学奖，其重要贡献是……”展板上的知识是属于什么知识？学生们会感兴趣吗？会有助于学生理解诺贝尔奖吗？或者，换个问法：学生会对诺贝尔奖的什么内容感兴趣？一位高中生关注诺贝尔奖应该关注什么，难道就是了解这些吗？了解什么能有利于理解力的增进？据笔者的理解是，展板上的内容仅仅是一种现象或者信息。这种现象或者说信息不具有解释力，不能增进人的理解力。那么，什么知识更能激发学生的兴趣并能促进学生能力的形成呢？关注诺贝尔奖的人是不是仅仅关注谁获得了诺贝尔奖，而不需要了解诺贝尔奖的标准是什么呢？我们课题组曾经对诺贝尔物理学奖获得者进行过一些简单的了解，其中有一点收获就是，这些获奖者都具有非常优秀的思维品质和独特的思维方法。正当思考“诺贝尔奖”期间，看到《文摘报》上登有一篇文章，题目大致是中国的官本位制度扼杀了中国的诺贝尔奖获得者。具体内容是，某某青年科学家崭露头角，为了表示认可和鼓励，领导提拔了他，于是，他的研究时间和精力再也无法保障……由此想到，能不能在展

板上加上两个问号："你知道诺贝尔物理学奖的标准是什么吗?""你知道他为什么能够获得诺贝物理学奖吗?"学生可能会对这样的问题更感兴趣，因为这两个问号能够促使学生去主动探究那些现象和信息背后的概念和原理（标准就是一种界定），去理解诺贝尔奖获得者的独特的思维方式和价值追求。只有去探究了这些知识，学生才是在真正意义上关注了诺贝尔奖，才能真正理解诺贝尔奖（包括具体的诺贝尔奖的获得者），才能深层次地以诺贝尔奖激发自己的学习愿望，从而改进自己的学习方式。这时候的知识才是有价值的、活的。那么，"谁获得诺贝尔奖"以及这两个问题背后的知识分别是什么知识？我认为，前者属于现象性或称信息性的知识，后两者分别属于概念性知识（诺贝尔奖的标准）和方法性知识（获奖者独特的思维方法）及其背后的价值性知识（获奖者的价值取向），而且只有在概念、方法和价值的支撑下，现象才能成为隶属于概念、方法和价值观的事实，现象性知识才能转变为事实性知识。

【案例2】

《松鼠》一文的背景知识有什么意义?

听过一节语文课《松鼠》，文章中有一句话：松鼠很惹人喜欢，因为它的肉可以吃，皮可以做衣服。教师在教学中主要关注作者对松鼠的描写手法和词句的运用，并要求学生学习这些描写手法。可是，学生们却在纳闷：为什么作者会有这样的观点呢？我们不是应该保护动物吗？教师其实也在纳闷，但却没有多想。同时，教师们往往会介绍课文的背景知识，例如，作者布封是18世纪法国的自然科学家，写了35卷的《自然史》，甚至会用多媒体介绍这些背景知识。可是，这些背景与课文的理解却似乎没有什么关系。试想，如果教师就这种关系追问下去，就能发现，18世纪是达尔文的"物竞天择，适者生存"思想主宰的世纪，而我们是生活在一个"可持续发展"思想主宰的世纪。生活在不同时代的人，由于价值观和方法论的不同，对事物的看法就会不同，形成的观点也就大不一样了。再试想，如果教师和学生一起，从可持续发展的思想出发，改写文章，学生们会有怎样的表现？改写的文章又会怎样？当我们在这样的层面去理解、去写作时，这种理解显然要深入得多，所掌握的知识具有的解释力也显然要强得多。那么，当我们没有追问背景知识与课文的理解之间的关系时，背景知识属于什么知识，而当二者建立联系时背景知识又是什么知识？我认为，前一种背景性知识属于现象性或称信息性的知识，后一种属于方法性知识和价值性知识，而且只有在概念、方法和价值的支撑下，现象才能成为隶属于概念、方法和价值观的事实，现象性知识才能转变为事实性知识。

在一系列的教学案例的分析中，我们可以体会到，知识是由浅入深，由表及里，逐渐增加活力的。事实的背后是概念或原理，当现象或信息被注入概念或原理的时候就成了有说服力的事实，它可以增进人的理解力，也具有一定的解释力，否则，事实仅仅是信息；当概念或原理的知识被注入方法的时候（或者说概念和原理背后的方法被揭示的时候），概念或原理就被激活了，它可以进一步地增进人的理解力，也具有更进一步的解释力，否则，概念和原理只能是符号、信息或现象；同理，当方法被注入价值取向的时候（或者说方法背后的价值取向被揭示的时候），方法就被激活了，它可以进一步增进人的理解力，也具有更进一步的解释力，否则，方法也只能是符号、信息或现象。也就是说，事实是否在客观上真实存在，取决于概念和原理的被揭示与否；概念和原理的真实存在，取决于方法的被揭示；方法的真实存在又取决于价值取向的被揭示。它们之间是层层被决定的关系，而且是存在意义的被决定的关系，也就是基本性被决定的关系。在这样的分析中可以进一步认识到，基本知识的“基本性”是相对的：概念和原理相对事实是基本的，方法相对概念和原理是基本的，价值相对方法又是基本的。

由于事实可以是符号（字母、公式及各种人类艺术表现形式）、信息（语文文字）、现象（故事等），所以将事实层面的知识称为事实性知识；由于概念和基于概念之间关系的原理在一个层面，因此，将这一层面的知识称为概念性知识；同理，将方法的知识称为方法性知识，将价值取向的知识称为价值性知识。这里需要再次强调的是，没有更基本的知识的支撑，事实、概念、方法都只是现象。

笔者认为，任何一个知识点都包含四个层面的知识，不仅人文学科的知识点包含，自然科学的知识点也包含。这是因为，所有知识都是人类创造的，必然是在人类需要（即一定的价值取向的驱使下）的时候创造的，而每一个创造都产生于特定的方法以及概念和原理，每一个创造在本质上都是一定的价值取向、方法、概念和原理的事实。

既然每个知识点都包含四个层面的知识，而且四个层面的知识层层增进着学生的理解力，那么我们就要力图将其中的四个层面的知识都教给学生。

上面都是以事实性知识为例说明，虽然同样是事实性的知识，但人们对它的理解却可以有四个不同的水平，即现象性知识、概念性知识、方法性知识和价值性知识，其实，对所学习的四个层面的知识，人们都会有四个不同的理解水平。

四、知识的四个层面与四个水平

“层面”一词是经过与“层次”“水平”反复比较与掂量之后最终决定采用的。乍一看，三个词是近义词，但当希望能够更加准确地表达自己的思想的时候，三者的区别自然会凸显出来。“水平”往往跟随的是“高低”；“层次”与其接近，常常与人的评价有关；而“层面”则不同，描述的是事物本身的存在形态，例如，通常所说的“宏观层面”与“微观层面”。层面之间可能存在决定关系，但更强调的是，事物是由各层面组成的，各层面之间是有机互动的。

任何一个具体的知识点在客观上都存在事实性知识、概念性知识、方法性知识和价值性知识四个层面，而且四个层面之间是有机互动的。没有概念、方法和价值的支撑，事实就不存在了，现象不是事实；同样，没有事实、方法和价值，概念只是一种臆断的符号，没有任何意义。也就是说，事实、概念、方法、价值都是一个知识点在不同层面的存在形式，它们之间存在着被决定和决定的关系，但并不是“水平”或“层次”关系。例如，前面提到的诺贝尔奖展板上的信息“谁获得了诺贝尔奖”，当有了“诺贝尔奖的标准”“诺贝尔奖获得者的独特的思维方法”以及“诺贝尔奖获得者的价值取向”的层层支撑之后又返回来成了“诺贝尔奖的标准”“诺贝尔奖获得者的独特的思维方法”以及“诺贝尔奖获得者的价值取向”的典型案例即“事实”，这个事实内含了概念、方法和价值，具有最完整的意义，因此是高水平的事实。

对应前面提到的科学哲学家提出的科学的具体知识与本体论知识，那么事实性知识和概念性知识属于他们所说的科学的具体知识，而方法性知识（怎样研究）和价值性知识（研究什么与不研究什么）属于科学的本体论知识。任何一个学科的具体知识都是在本学科的本体论知识基础上构建起来的，因此，各学科的本体论知识是贯穿在所有具体知识背后的知识，是最具有统摄意义的学科知识。掌握了这些知识，才意味着具有真正的学科感，才能最主动、最有效地掌握具体的学科知识。

也许可以这样形象地描述四个层面知识在人的头脑中的存在形态：如果四个层面的知识内化成了主体的知识，那么，从事实性知识到价值性知识来看，事实性知识在最外层，价值性知识在最内层。

在前面围绕“教什么知识”的核心和基本问题的梳理中，指向知识与能力的关系这个核心问题的基本问题有四个：知识的性质、知识可传递性、知识的完整性、知识的水平。对应这些问题，四个层面的知识能够回应的是知识的性质、知识的可传递性和知识的完整性。事实性、概念性、方法性和价值性就是知识的性质；知识的四个层面的划分也为鉴别（前面介绍的知识论研究者如亨德里克斯提出的）知识是否具有可传递性以及是（既有共同的认知态度又有共同的认知方法的）“同一可传递性”（只有共同的认知态度却没有共同的认知方法的）还是“非同一可传递性”提供了基础。四个层面的知识能够回应知识的完整性，那就更是显然的了。现在只剩下一个问题：是否存在知识水平？四个层面的知识与知识水平又有什么关系？

前面分析过，不能直接认定四个层面就是四个水平，因为当有了概念、方法和价值的支撑的时候，事实和价值是在一个水平上，而且，事实、概念、方法和价值成了一个有机体，在一个水平上。那么，四个层面的知识与知识的水平之间又有什么关系呢？从理论上说，总体上有两种情况。

一种情况是，任何一个知识点都客观存在四个层面的知识，但在学习材料中并没有都呈现出来，而人所主动认识到的层面是不同的。当人认识到某个层面的时候，其认识也就达到了那个水平，而且其所认识到的在这个层面之前的所有层面也达到了这个层面的水平。例如，刚才提到的，当达到价值层面的时候，所认识的事实、概念和方法与价值都达到了价值这个水平，而如果仅仅到达方法层面，也就是说认识者还没有认识到价值这个层面，那么事实、概念达到的都是方法水平。

另一种情况是，四个层面的知识由于都在学习材料中呈现出来了，因而都被人看到了，但每个人所认识到的层面却不同。如果仅仅是与人照了个面（关于“照面”，将在后面的“四个维度知识”部分的“关于事实的事实性知识”中论述），那么，四个层面的知识即事实、概念、方法和价值也就仅仅处于现象的水平，实际上与人的真正的认识无关。也就是说，四个层面的知识都可能处于现象水平（当没有概念等支撑的时候，只存在现象而不存在事实），也有可能都处于概念水平、方法水平或者价值水平，但前提是它们都被分别注入概念、方法和价值的时候。当然，也还有一种可能性，就是四个层面的知识处于不同的认识水平。但笔者认为，出现这种情况主要是因为认识者对各层知识的实际重视程度和所花费的时间不同，从理论上说，人对四个层面知识的认识在能够达到的认识水平上应该是一致的。

以上两种情况在本质上是一致的。只是一种情况是四个层面的知识没有在学习材料同步出现，而另一种情况是四个层面的知识在学习材料中都出现了，而无论哪种情况，每个层面的知识对于学习者或者教育者来说都存在四个不同的水平。为比较清晰地说明第二种情况的知识层面与知识水平的关系，以一些学科为案例做了以下表格。

“正弦定理与余弦定理”的四个层面与四个水平的知识分析

	事实性知识	概念性知识	方法性知识	价值性知识
（仅仅是照面的时候）现象水平	大边“对”大角，小边“对”小角	正弦定理和余弦定理作为符号表达的公式	正弦、余弦定理的研究过程中使用的构造法，包括构造直角三角形、圆的方法（课改前教科书常用的方法），也包括构造向量的方法（课改后教科书常用的方法）	正弦、余弦定理成为解三角形的问题的方法（工具）
（被注入概念和原理的时候）概念性知识	“对”即对应，确定	三角形提供了一个确定性的关系系统，正弦、余弦定理则是这一系统中的两个关系	构造法是运用数学的基本思想经过认真的观察，深入的思考，构造出解题的数学模型从而使问题得以解决。构造的目的就是找到数学问题的解决模型，而模型构造的本质实际上是事物内在规律的显性化。几何问题的解决就是将其中蕴涵的典型的几何图形的规律和一般几何的规律显性化	任何工具都是针对某一类问题的，工具和问题具有一致性，所以要想利用好工具，首先需要搞清楚问题是什么，不要被假问题所蒙蔽（学生容易误解的地方一案例：看到用求 cos 就用余弦定理） 但是工具又可以变通，具有多种表现形式，工具的变通性是由工具的构成要素决定的，例如，余弦定理不仅仅是能够求边，还能求角

续表

	事实性知识	概念性知识	方法性知识	价值性知识
(被注入方法的时候)方法性知识	定性方法与定量方法的关系	寻找三角形中的边角关系需要借助于已有的关系：三角形内角和定理和勾股定理。这两种关系中，前一种关系是三角形最为基本的关系，后者表面上是特殊三角形中的一种关系，但是本质上却是欧式空间本质的一种反映，是欧式空间的基本概念——距离的定义方式	像其他任何一种方法一样，构造法也是分析与综合有机结合的结果。比如，探索正弦、余弦定理的目的是寻找三角形中的边和角间量的关系，必须到三角形中已有的量的关系中去寻找，无论是构造直角三角形、圆，还是向量方法，都是不断在问题和资源间寻找的结果，其中存在大量的演绎与归纳，还需要在问题和资源中来回看	工具是人们通过对许多具体问题的解决经验的反思从而固化下的成果
(被注入价值的时候)价值性知识	定量方法对于研究几何问题的价值。事实上，对于任何事物的研究，大体上都是先做定性的探讨，然后再	正弦定理和余弦定理为解决解一般三角形问题提供了直接的工具，但不能记住定理和公式的时候，可以回顾定理和公式产	构造法的价值：搭建了问题和资源的桥梁	工具的价值在于利用已有的经验，提高解决问题的效率，使用工具的过程也是帮助我们将陈述性知识转化为程序性知识，将理论形态的知识转

续表

	事实性知识	概念性知识	方法性知识	价值性知识
（被注入价值的时候）价值性知识	做定量的分析，这是由表及里、逐步深入、精益求精的自然进展，平面几何学的研究遵循的也是这一路径	生的过程，还原更基本的定理和公式解决问题		化为实践形态的知识，让死的知识成为活的知识的过程

“电子的发现”四个层面与四个水平的知识分析

层面 水平	事实性知识	概念性知识	方法性知识	价值性知识
（仅仅是“照面”的时候）现象水平	漏电、低压气体放电、阴极射线	电子的荷质比、阴极射线是电子	汤姆森想办法使阴极射线管真空度更高	汤姆森的“成功”及电子发现“打开了微观世界的大门”
（当注入概念与原理时）概念水平	当注入电子概念时发现事实：电子	当被注入电子的主要特征时，电子成为真概念	汤姆森在阴极射线研究中观测到了没有被人们发现的射线的偏转，于是，抽真空使阴极射线在电场中的偏转显现出来……这实际上是实验方法所强调的变量控制	电子发现对于基本粒子发现的意义以及基本粒子的发现的意义

续表

层面 水平	事实性知识	概念性知识	方法性知识	价值性知识
（当被注入方法时）方法水平	当注入实验方法时，构造事实："漏电"现象转变为"阴极射线"；当注入粒子学说时，构造事实：电子成为一种新的基本粒子	当被注入电子的研究方法时，电子概念成为了通过研究（假设、实验）对电子的行为不断认识的成果	汤姆森之所以采取这种方法，基于两点：第一是对粒子理论的坚定的信念，正是因为这种信念使得他观察到了人们没有看到的偏转；第二是对实验方法的本质的深刻理解并转换成了"抽真空"的具体方法	电子的发现是粒子理论（粒子物理理论是整个理论物理的核心）和实验方法的成功，是汤姆森的坚定的信念和科学方法的成功
（当被注入价值取向时）价值水平	创造事实：对电子这种新的基本粒子的发现导致了一系列如质子、中子等几百种新的基本粒子的发现	基础物理工作者的追求：不断寻找新粒子，并创造描述微观粒子的方法	研究方法与研究者的坚定的信念之间的关系；对方法本质的把握的重要性以及将其转化为具体的操作方法的意义	科学假说和科学方法的重要意义。理解科学精神

从以上关于知识的四个层面和四个水平及其关系的分析中可以进一步看到，知识的四个层面决定着一个知识点的完整性，而知识的四个水平可以揭示或者可以评价一个人对知识的理解程度。

6

划分四个层面和四个水平知识的意义

写这本书的出发点就是希望能够改善知识教学的状况，而改善知识教学的状况首先要做的是改善教师所教的以及学生所学的知识的状况。知识的四个层面和四个水平的划分也正是从此着眼的。

第一节　划分四个层面和四个水平知识的理论意义

学过教育学和教学论的人都知道这样一个原理：通过传授知识培养学生的能力，但是，为什么教师天天在传授大量的知识，学生天天在学习大量的知识，大家却仍然在抱怨学生的能力状况不让人满意呢？知识与能力的关系是一一对应的吗？显然，现实在告诉我们：不是一一对应的关系。那么，二者到底是什么关系呢？可见，“通过传授知识培养学生”这样的原理过于笼统而失去了对实践的指导作用，这就需要研究者深入进行理论探索。

在教学中常常会有这样的说法：要教活的知识，不要教死的知识，但是，什么是活的知识，什么又是死的知识？听到的回答通常是，授之以鱼不如授之以渔，也就是说，教给学生方法。显然，这也是一种比较简单、笼统的回答。什么是方法？于是出现了无数种方法，罗列在教师们面前。教师们又陷入了方法的困境中，难以自拔。而且，有了方法的知识就是活的知识了吗？于是，到底什么是活的知识，什么是死的知识？这便成了一个令人头疼的问题，这显然不是一个简单的问题，是一个需要经历分析与综合过程的理论问题。

随着新课程的实施，建构主义理论在教学中产生了更为广泛的影响：知识的学习过程是一个不断建构的过程，因而课程是一个螺旋式上升的过程。可是，知识如何螺旋式上升？是在初一先讲“是什么”或者“怎么样”，然后到高一再讲“为什么”吗？这样的安排给教师的教和学生的学带来了许多困惑。这也是一个需要探讨的问题——既是实践问题，也是理论问题。

四个层面和四个水平的知识划分能够为这些问题的回答提供一种思路。

一、具体回答了知识与能力的关系问题

（一）四个层面和四个水平的知识层层增进学生的理解力、解释力和产生力

在前面，将基本知识界定为能够增进学生理解力的知识。然后分析到，要靠概念性知识理解事实性知识，要靠方法性知识理解概念性知识，要靠价值性知识理解方法性知识。在具体的四个层面的知识的分析和解释中，我们可以清楚地看到，概念性知识之所以能够帮助我们理解、解释和产生事实性知识，是因为事实性知识是由概念性知识产生的；方法性知识之所以能够帮助我们理解、解释和产生概念性知识，是因为概念性知识是由方法性知识产生的；价值性知识之所以能够帮助我们理解和解释方法性知识，是因为方法性知识是由价值性知识产生（这个“产生”与前面的几个产生的含义不完全相同，将在后面的“四个维度的知识”的“关于价值的价值性知识”中论述）的。因此，最具产生力的知识也就是最有助于增进人的理解力和解释力的知识。按照这样的分析，教师就应该努力提高自己所教知识的深度。以上分析是从四个层面的知识之间的因果关系或者目的手段关系这两种决定关系的意义上考虑的，即××产生或决定××，则××便是理解或解释××的依据。

将知识划分为四个层面应该能够层层递进学生对知识的理解力，也应该可以相应地递进学生对知识的解释力以及运用知识的产生力。但是，知识的四个层面并不必然地增进学生的理解力，其增进学生理解力的程度取决于教师对四个层面知识的实际认识水平。教师对四个层面的知识理解得更深刻，学生学得也更深刻，学生的能力水平就越高。

（二）四个层面的知识构成“活的知识”和“能力”的物质基础，而知识的四个水平决定着知识活的程度

布鲁纳曾经说过这样一段话：

> 我们怎样安排基础知识才符合儿童的兴趣和能力呢？……要在揭示自然现象或其他任何现象时，做到既是令人激动的、正确的，又是有益的、可以理解的，这就需要把深刻的理解同详细正确结合起来。例如，我们查阅了物理学的某些教材，发现编者在陈述时虽然非常详细而正确，但因为作者对他们所介绍的学科缺乏足够深入的理解，所以结果等于零。
>
> 通常，在解释潮汐性质的尝试中，可以发现一个恰当的例证。要大多数中学生解释潮汐现象，他们会说出月亮对地球表面的引力以至引力如何把海水拉向月亮一边，以至海水上涨出现涨潮。现在，问他们为什么在地球背着月亮的那一面也有小潮，通常他们几乎不能说出令人满意的答案。或者问他们，就地球和月亮的相对位置来看，什么地方出现大潮？他们的回答常常是：在最接近月亮的地球表面某一点上。如果学生知道有迟潮，他通常不懂得为什么会那样。这两种情况下的失败，起因于对引力如何作用于自由转动的弹性物体描述得不恰当，同时，没有把惯性观念和引力作用的观念联系起来。总之，在解释潮汐现象时缺乏一股由于领会了牛顿对万有引力及其作用方式的伟大发现而产生的兴奋感。①

① 布鲁纳．布鲁纳教育论著选［M］．邵瑞珍，等，译．北京：人民教育出版社，1989：34－35.

只有将潮汐现象中的“大潮”“小潮”与背后的“迟潮”“引力”“惯性”“弹性物体”以及发现的“兴奋感”联系在一起时，潮汐和引力的知识才能成为活的知识。

“活的知识”使人联想起细胞。细胞由细胞膜、细胞质、细胞核构成，是生物的基本结构单位。一切生物都由细胞构成，最简单的低等生物单细胞生物仅由一个细胞组成，复杂的高等生物一般由数以万亿计的细胞组成。对细胞结构完整性的任何破坏都会导致细胞生命特征的丧失和细胞的死亡。比如，从细胞分离出的任何结构，即使是保存完好的细胞核或是含有遗传信息、具有相对独立性的线粒体和叶绿体，都不能在细胞外作为生命活动的单位而独立生存。再比如，没有细胞核，红细胞 120 天就会死亡，血小板 7 天就会死亡。细胞才是生命活动的最小单位，只有完整的细胞结构才能保证细胞具有生命的各种基本特征，从而能独立自主、协调有序地进行各种生命活动。因此，从生命的层次上看，细胞是具有完整生命力的最简单的物质集合形式，是构成生物体的最基本的生命单位。细胞具有有机体进行新陈代谢、生长发育、遗传的功能。

同样，活的知识由事实性知识、概念性知识、方法性知识和价值性知识构成，是有生命的知识的基本结构单位。四个层面的知识是相互依存的。前面在分析四个层面的知识时分别提到过：没有概念和方法等基础，事实性知识就变成了现象；没有思维为基础的概念是假概念；方法论是由价值观规范的。任何一个知识点如果是活的，都应该是由这四个层面的知识构成的。

只有活的知识才能实现知识的功能，那么，知识的功能到底是什么呢？这就是通常所说的能力。在教育学和教学论中常说，通过传授知识培养学生的能力，就如同细胞功能的发挥要以细胞的各种物质为基础一样，人的能力的发挥也需要相应的物质基础，这种基础就是四个层面的知识。通过四个层面的知识的划分，就可以发现，通常所教和所学的知识主要是概念性知识，只是刚开始重视事实性知识和一部分方法性知识。事实性知识教学更多停留在情境创设上，缺乏将事实与概念、方法、价值联系起来深入理解事实的教学，因此，事实性知识教学还不到位；方法性知识教学薄弱，价值性知识从总体上缺乏。这种知识教学的缺失必然导致知识有机性和生命性的丧失，相应就会导致能力所需要的物质基础的缺失，并最终导致能力无法生成。这样，也就为“传授知识培养学生能力”的不让人满意的状况提供了一种答案。因此，四个层面的知识是能够生成能力的有机的物质基础。

但是，具备了物质基础，知识并不一定就能活起来。知识是否活起来还取决于知识主体对知识的实际的理解水平，理解得越深，知识就越活。

二、为解决“多维目标之间的关系”问题提供了基础

在三维目标提出之后，许多教师问，它们之间的关系是什么？经过一段时间的探索后，大家逐渐认识到，三维目标之间是有机关系。但是，到底是怎样的有机关系？三者之间存在有机关系的基础是什么？这些问题并没有得到清晰的分析。

在分析之前，想说明的是，课程目标不仅仅是三维的，而且应该是多维的，（关于这个问题，将在本课题“多维目标下的多维单元教学设计”的研究中具体论述）所以，“三维目标之间的关系”应该表述为“多维目标之间的关系”。

事物与事物之间的存在关系一定是有基础的：可以是不同实体的属性之间存在某种关系（例如，后面将提到的“关系概念取决于属性概念”的分析中，提到夫妻关系取决于人具有男或者女的不同的自然属性）；也可以是同一实体的不同属性之间的存在关系，例如，人的性格、学识、人品之间的关系。多维目标之间的关系主要属于后一种关系，即，同一实体的不同属性之间的关系。多维目标的发展指的是每一位学生的多维目标的发展，也就是同一位学生的多维目标的发展；而且学生在多维目标上的发展主要是在知识学习的过程中通过学生的生活经验与知识的相互作用发生的，知识是学生多维目标发展的主要催生物。因此，多维目标发展的同一实体包括两个层次：一个是学生，学生是在主体性知识的建构过程中发展的；另一个是经过相互作用后形成的主体性的知识。

学生的主体性知识又如何能促进学生多维目标的发展呢？当我们认为主体性知识是由四个层面的知识构成的话，也就为这个问题的回答提供了答案：方法性知识为方法目标提供了基础，价值性知识为情感态度价值观

目标提供了基础，也就是说，一个有机的、活的知识点（一个实体）内含的四个层面的知识的内在关系为多维目标之间的关系提供了基础。

因此，知识既是目标也是手段：知识自身就是目标，而同时对于人的思维方法、情感态度价值观等的发展而言又具有手段的意义。

三、揭示了知识的建构与发展的“完整性”

知识的建构与发展的观点随着建构主义的影响的扩大，逐渐成为大家的共识，但是，在这个过程中，知识具体是怎样被建构和发展的，是先学会“是什么”和“怎么样”再学“为什么”，还是应该同步学，这样的具体问题还缺乏深入的探讨。四个层面和四个水平的知识的提出揭示了知识是以其四个层面的完整性作为知识建构的条件，也是以其四个层面的整体而发展的。

（一）四个层面的完整的知识才是主体性的知识

层层理解、解释和产生的知识必然是主体性的知识，而缺乏概念基础的现象、不能以方法为基础的概念或者没有价值规范的方法都只能以外在于主体的客体的身份散漫地“客居”在人的头脑中，由于不能融入主体，因而是死的知识，不久会被遗忘或成为主体的累赘。正因为许多学生头脑中装的是这种外在的客体的知识，这些知识不仅不能变成学生自己的东西、自身的力量，反而成了与主体相对立的沉重的负担。

另外，每个人的知识都根植于其生命的独特历程，或者说每个人理解或者建构知识的根在于其独特的生命历程。由于其生命的历程不同，实践利益则不同，价值取向便不同，观察、理解事物的方法论也就不同，因而，得出的结论或者说形成的知识自然不同。

关于生命历程的知识，例如，前面在“《松鼠》一文的背景知识有什么意义”案例中提到的关于作者布封的生平的知识，通常被称为“背景性知识”。人们介绍或者了解这些内容的目的主要在于追问或者揭示产生那些“主体”的思维方法和观点的目的和价值。实际上，任何人的四个层面的知识都是其生命历程的组成部分，只是事实性知识和概念性知识往往是外显的知识，而方法性知识和价值性知识则是缄默、内隐于生命历程的深处。也就是说，要深入理解某种方法和观点的形成，就必须深入到之所以“产生”这些方法和观点的主体的生命历程中，而且这种深入又必须是以对“主体”的真正尊重为前提的。或者，自己要反思自己之所以形成自己的思维方法和观点，也必须反思之所以“产生”这些方法和观点的个人自己的生活，这种反思实际上就是一种“主体”的觉醒。

在以上分析中可以得出，四个层面的知识是主体的一个知识点的有机组成部分，缺少任何一个层面的知识点都缺乏完整的主体性；而四个层面层层深入到主体的内部，价值性知识是主体知识的根本和核心。正是在这些意义上，四个层面的知识是“主体性知识”；也正是在这些意义上，四个层面的知识才更能说明知识的主体性。也就是说，四个层面的完整的知识才是主体性的知识。

（二）四个层面的完整的知识沿着知识的四个水平螺旋式上升

在前面“教什么知识”部分中曾经针对由于新教材中先教“是什么”和“怎么样”然后过很长一段时间再教“为什么”的安排让很多教师感觉别扭的现象，提出过“知识应该怎样螺旋式上升”的问题，并分析其实际上是“是什么”“怎么样”和“为什么”能不能分开的问题，而这在本质上是知识自身是否具有有机性和完整性的问题。而且还明确指出过，从现实或者经验的角度看，显然，既然教师和学生都有对知识的完整性的渴望，那么，知识就应该是有有机性和完整性的。可是，我们的研究还需要深入：这种有机性和完整性具体指的是谁和谁的有机，谁和谁属于一个整体？就像大家所描述的那样，“是什么”“怎么样”和“为什么”之间存在有机吗？即使是这样，我们能否对这些描述做出一些定性的分析？这就是在前面的分析之后聚焦的问题。

知识的四个层面及其之间的有机关系恰好回答了这个问题：任何一个具体的知识点都客观存在着四个层面的知识——事实性知识、概念性知识、方法性知识、价值性知识；四个层面的知识之间是有机的，它们构成一种完整的活的知识；知识的螺旋式上升应该是知识四个层面的完整的在知识的四个水平上的螺旋式上升。

第二节　划分四个层面和四个水平知识的实践意义

教知识，一个一个知识点地教，很简单，现在将一个知识点划分为四个层面和四个水平，这岂不是将事情复杂化了吗？理论上可能很有意义，但是否会由于复杂化而人为造成实践的困难？实践工作者常常提醒理论工作者：你们不要把问题搞复杂了。这种提醒非常重要。因此，这样的问题始终萦绕在研究的整个过程中。

理论研究主要是通过分析和综合的方法来解剖、理解和说明事物，研究的过程自然会显得复杂，但是成功的研究应该是在经历了复杂的过程之后能够带来清晰、明了而又简单的认识以及相应的行动方案的。在研究过程中，事物经历了一个由简单到复杂再到简单的过程。不过，后面的简单与前面的简单不是一个含义：前者是混沌的简单，后者则是复杂的但却清晰、明了的简单。而且，理论意义与实践意义不是对立的，而是相辅相成的。许多实践问题之所以长期得不到解决，是因为这些问题的相关理论问题迟迟没有进展。

划分知识的四个层面和四个水平的过程是一个复杂的分析过程，但却能提供对许多问题的清晰、明了的解释，并能有具体的行动或者说实践指导意义。因此，我们应该坚信这样的研究是有意义的——不仅有理论意义，还有实践意义。

一、揭开知识的神秘面纱

在知识的四个层面中，相对而言，事实是显在的，概念是明确的，而方法和价值给人一种神秘的感觉。所以，了解方法性知识和价值性知识，使得教师能够揭开知识的神秘面纱，从而，使知识更好地为人的发展服务。

（一）由于本体论知识的缺失而人为造成了知识的神秘面纱

在知识的四个层面中，呈现出来的往往是事实性知识和概念性知识两个层面，而方法性知识与价值性知识往往被遮蔽在后面。就像皮影戏一样，呈现在屏幕上的影子是由后面的艺术家们的手操纵的，看不到后台的操纵，自然增加了皮影戏的神秘感。知识也是这样，看不到产生具体事实与概念的背后的本体论的方法和价值，自然也就使得事实与概念显得神秘了。

为什么这段文字如此生动

记得听过一节小学三年级的语文课，课文的题目是“矛和盾的集合”。课文讲的是坦克的发明过程就是矛和盾优点的集合过程，说明“谁善于把别人的长处集于一身，谁就会是胜利者”的道理。在文章的学习过程中，教师让学生反复诵读以下这段文字：“1916年，英军的坦克首次冲上战场。德国兵头一回见到这庞然大物，吓得哇哇直叫，乱成一团，一下子退了十公里!”这段文字写出了坦克的威力。并且，教师还让学生看了一段一群坦克出现在战场上的场面，看完之后，再次请学生朗读这段文字，感受这段文字的魅力。学生们反复朗读了十几遍之多。为什么这段文字能够体现出坦克的威力？显然是因为作者所使用的如“吓得哇哇直叫”“乱成一团”“一下子退了十公里”等生动形象的语言。也正因如此，教师才带着学生们反复体会这些语言。

为什么要学生反复学习和体会这些语言？仅仅是因为这些语言生动吗？如果教师仅仅停留在帮助学生学习这些生动的语言，那这些生动的语言就成了没有概念、方法和价值支撑的现象，自然也就成了学生们崇拜作者写作能力的神秘物。教师的教和学生的学都不到位。可是，除此之外，还有什么值得学习的？小学三年级的学生还可能理解更多吗？

这使我想起从美国带回来的《K-8年级连续性的记叙文写作评估表（K-8 Continuum for Assessing Narrative Writing)》。它特别强调学生在写作时“要描绘不要说”（Show Don't Tell)，即通过“想象”在脑海中形成图景（Written in scenes produced through envisionment)，先用图画讲故事然后再走向用文字讲故事。也就是说，先要求用图画写文章，然后再用文字写文章。这里的“想象Envision”不同于通常所说的“想象Imagine”前者是在心中形成一幅画（to picture in the mind)，后者则是指在心里形成一种理念（form an idea in the mind)。也就是说，图画是文字形成的前提。因此，美国的记叙文写作评估表要求在低年段不允许学生用文字写文章，而是先用图画画出故事。如果我们的教师和学生都清楚地知道这个道理，就知道为什么要学习那段描述性的文字了。这段文字之所以生动，正是因为作者首先在头脑中画出了坦克出现在战场时的画面。

不仅如此，这还让我想起了悬念大师希区柯克。他的作品之所以给人以悬念，就是因为他从来不直接（平时说的“正面”）描写事物的可怕、恐惧，而是间接地（平时说的“侧面”）描写看到该事物的人们的恐惧的神情。这是为什么？道理很简单，间接描写能够增加人们在没有看到事物时对事物的想象，就犹如人们对“鬼”的想象一样。正是因为没有见到过，所以才有自由想象的空间，可以说，恐惧在插上想象的翅膀之后会在人的心中无限膨胀。这使我想起，在课上教师曾经放过的一段一群坦克出现在战场的场面：奇怪的外表，轰鸣的声音。这时，可以请学生们简单地用语言描述一下，然后再请学生们将这种直接的描写与作者的描写对比并思考：那种描写方法更好。这个问题至少是可以让小学三年级的学生思考的。

本体论的知识相对而言是比较深刻的知识，但并不一定抽象，反而常常是非常生动的。关键是教师要想到教这种知识并想办法以学生可以理解的水平和方式教给学生。

本体论知识的缺失有两种情况：一种是根本没有这种知识，另一种是前面提到过的，将方法性知识和价值性知识笼统地描述为背景性知识。后者更有掩盖性，更需要注意。对此，在前面已经有所分析。要改变这一情况，首先，要真正理解什么是背景性知识，不断追问事实被发现、概念被提出、方法之所以产生的原因——诺贝尔奖获得者们是怎样生活的？为什么在东晋时代许多知识分子都消极遁世的时候王羲之却能积极入世地写出《兰亭集序》这样的文章？欧氏几何建立的历史背景和意义是什么？其次，是在追问中不断学习科学史或者文学史等方面的书，获得方法性知识和价值性知识。例如，学习物理学史，就可以了解汤姆森确认阴极射线的本质是电子的原因：使阴极射线管真空度更高和对粒子说的坚定信念。

（二）人们对知识所赋予的“主观”“缄默”等性质也造成了知识的神秘面纱

知识的另一层神秘面纱是一些学者在知识论中给一些实践性、情景性、本土性、个人性的知识罩上了主观、缄默、不可知等“神秘”的面纱。这自然就否定了对其进行科学分析的可能性，余下的便是在惊叹或无可奈何于这种神秘知识中产生的对“上天”的敬重了。这种情况不仅出现在知识论中，在教育教学中也是常见的。例如，当遇到优秀的学生或者学习非常困难的学生，我们常常会感叹：“没办法，人和人就是不一样。”这样的感叹之后常常是无所作为，任其（学生）自然。这是教育教学中最令人遗憾的事情了。事实真的是这样吗？我们真的是不能有所作为了吗？

每个人的生活经验、习惯和目的的实践性、情景性、本土性、个人性和独特性都是客观的、必然的。每个人之所以成为“这个样子”而不能成为“那个样子”是由于各种因素造成的，是必然的、客观的，有时客观到连自己都无法改变自己。这种情况是我们所熟悉的。而且，这种客观性和必然性总体上是可以分析和言说的，只是我们常常还不能彻底地做出分析或在有的时候不便于言说和分析而已。应该承认，就如同对自然界的认识的有限性一样，人类对自身的认识也永远是有限的，可见我们不可能对人做出全面客观的分析和表达，但这却并不意味不能进行客观的分析和表达。也就是说，就如同不能因为我们对这个世界的认识是有限的而判断这个世界是不可知的一样，我们只能说这种知识中有的内容目前是缄默的、不可知的，但不能说这种知识在总体上是缄默的、不可知的。在这样的观点之下，我们就可以对那些优秀的学生之所以如此优秀或者那些有困难的学生之所以会遭遇这些困难进行分析和叙述了。

在知识的四个层面和四个水平中，越接近主体内部、理解越深的知识与人的思维与价值观发生触碰、交流得就越多，也就越深入主体，或者说主体性越强，表现为更为突出的个人性，从而也就越神秘。将方法性知识和价值性知识笼统地概括为“背景性知识”也增加了这些知识的个人色彩和神秘色彩。而实际上，这些方法性知识和价值性知识的主体性、个人性与客观性、普遍性并不是矛盾的，而是并存的。理解这一点是揭开知识的神秘面纱的一个关键，而关于这一点的详细分析将在后面的“四个维度的知识”部分论述，在此，先做一个简单的分析。没有内在的客观性和普遍性，方法便只能是“瞎猫碰上死耗子”的机会；人的价值性知识是在自己的主体条件如兴趣、才能与环境的“机遇”的遭遇中形成的，其中，“主体条件”和“机遇”都是客观的，只是主体条件与机遇中的内容及其遭遇的偶然性决定了价值观的多样性和差异性，从而表现为主体性和个体性，因而，价值观的主体性和个体性是客观的、普遍的。

了解方法性知识和价值性知识的客观性和普遍性，能够改变对知识的神秘的看法，是揭开知识神秘面纱的又一关键。

二、提示教材编写需要考虑知识层面的完整性

关于这个问题，前面已经提到过，在此还想稍作阐述。我们提供给学生的教材中的知识往往是事实与概念和原理两个层面的，这使得学生无法看到背后的方法性知识和价值性知识，教材便失去了自学的意义。学生自学就是希望通过自己的努力能够弄清楚知识的来龙去脉，这里的来龙去脉不仅仅是知识点之间的关系，更是具体的事实、概念和原理的来源和根据。看不到这些知识，学生是无法真正理解知识的。

为什么学生头脑中都是散在的信息

曾经和一位快上高二准备学文科的学生一起讨论历史该怎么学。打开新课程高一历史必修2中第1课“精耕细作农业生产模式的形成”，请这位学生讲一讲都学到了什么。这位学生一边翻着书，一边说着：井田制、曲辕犁、都江堰……问她：为什么精耕细作的农业生产中要讲到这些内容？她说，不知道。老师讲过吗？没有。教材中有吗？没有。那你自己有没有想过，精耕细作的农业需要从哪些维度分析？没有。你现在想想，思考这个问题有必要吗？有必要。如果想清楚了，就不需要这么一点一点地去记了。于是，我们把书放下，从最原初的问题开始想：农民为什么要种地？学生回答：只有种地，农民才有吃

的和穿的。她还接着说，种多了，可以拿出去卖，换钱，买自己喜欢的东西。那，这时的农民和刚才只为自己吃喝种地的农民是一个概念吗？不是。为什么？前面那个是自给自足的农民，后面的好像是在经商了吧？是啊，国外的人将后一种农民称为产业农民。接下来的问题是，农民要用什么种地呢？种子！为什么需要种子？种子能保证丰收，还有，能保证安全。我补充到，国家有关于种子的法律规定。种子之外还需要什么？需要工具，需要铁制的工具，需要牛代替人，需要既能松土又能做其他很多事情的工具，那就是曲辕犁吧！学生开始自己问：还需要什么？需要水，所以需要都江堰，需要坎儿井。最需要的是土地，所以土地制度很重要……最后，我们从农民种地需要什么总结出精耕细作农业发展的几个重要的维度，也就是衡量农业发展水平的重要维度。弄清楚了这些维度，我国古代农业的伟大成就就都在这些维度上了，历史知识在头脑中就不再是散的了。我鼓励学生今后这样学习，可是她说，教材不是这么编的。于是，我建议她可以自己这样想问题，弄不清楚的时候可以上网查查资料。

不仅历史教材存在这样的问题，很多学科的教材都存在这样的问题：仅仅提供事实、概念和原理，没有清晰地揭示贝拉克所说的各学科的独特的思维图示。所以，学生要是真的想自学，就必须买课外书或者上网查资料。可是，课外大量的是练习册，只能通过练习册中练习题的讲解来查阅需要的知识。遇到的问题是练习册中提供的知识不系统，上网查资料又担心资料是否可靠。

这使我们想起美国的大厚本的教材。他们的教材不仅厚，更重要的是具有学生自学所需要的具体知识背后的知识。不仅如此，美国的教师指导用书明确地规定了要教具体知识背后的知识。下面，我们来看一下美国纽约州编写的《社会研究》教师指导用书中的一些相关内容，它明确规定了《社会研究》课程教和学的角度：

- 智慧技能
- 多学科的研究方法

- 深度和广度
- 统一与多样
- 多元文化和多个视角
- 组织材料的方式
- 多种学习环境和资源
- 以学生为中心的教、学和评价

维度一：智慧技能

在纽约州，对于社会研究课程的每一个标准来说，发展学生的智慧技能以及训练学生适度、合理、逻辑、反省地思维的能力最为重要。我们要将给予学生良好的知识基础与发展学生智慧技能和分析问题的思维能力相结合。基于上述社会研究课程标准的教师的教学，必须要求所有层次的学生都能运用多种多样的智慧技能来掌握学习内容、探求观点与设想、追问和解答推理性问题、质疑有争议的问题、获得并整理资料、客观评价资料、得出结论以及从多个角度看待人类所处的环境。

维度二：多学科的研究方法

社会研究课程不仅帮助学生理解具体学科的特定过程与方法，而且帮助学生理解不同学科之间关于思想、资料、问题和观点的联系。一般分类教学中人物与事件常常是孤立的、很少相互联系。

另外，对概念的教学做了详细的说明，首先是对于概念的本质和形成做了说明：

- 概念通常是抽象的，与具体是相反的。
- 概念是一种对事实和经验的分析和综合的产物，而不是一种需要学习的定义。
- 随着不同的经历所提供的背景和关系不同，概念的具体内涵和外延持续不断地趋向于改变和扩展。

然后明确了社会研究所涉及的学科的基本概念，例如：

历史学：信仰系统、冲突、变化、选择、文化、多样性、同情、身份、相互依赖、帝国主义、人和物的运转、民族主义、城市化

地理学：空间术语中的世界、地方和地区、自然系统、人类系统、

环境与社会、地理学的使用、环境

经济学：需要和想要、经济系统、生产要素、匮乏、科学和技术

公民学、公民和政府：正义、国家和州、公民、政治系统、权利、政府、做决定、公民的价值、人权

这些学习的维度和规定不仅在教师那里是清楚的，在学生学习的材料中也是清楚的。不仅《社会科学》是这样，其他学科也是这样。而我们的教材中却大都没有提供具体知识背后的知识，更没有提出具体知识背后的知识学习目标。这在表面上影响了学生的自学，在本质上则是影响了学生对各学科本体论知识的学习，影响了他们的理解力的发展。

三、为学与教的诊断和发展提供了依据和思路

如何判断学生和教师的发展水平？这是教育教学工作和学校管理工作中的基本的实践问题。知识的四个水平的划分为这些实践问题提供一种答案以及回答问题的思路。

（一）为学生知识水平的诊断和发展提供了一种依据

学生学得好不好，是不是有潜力？这是教师、家长以及学生自己都非常关注的问题。怎么回答这个问题？靠分数说话，考得好就是有水平，考得不好就水平不高，这样的回答显然太简单，而且也无法给学生的发展指出方向。知识的四个层面的划分为学生知识水平的诊断提供了一种依据。有了诊断，才能明确发展的方向。

笔者曾经接触过一位学生，提到许多史实时，他都略知一二，但就是不会答题，考试得分不高。这是为什么？他的头脑中有大量的历史史实，但是由于没有对概念的理解和准确把握，头脑中的史实始终处于一种零散的、孤立的、现象的状态，没有来龙去脉，不能聚焦，不能形成片。从逻辑上说，这个学生的知识主要处于现象的水平，而前面说过，事实是本质的范例，因此，没有概念的基础，准确地说，这个学生头脑中所谓的知识其实根本谈不上是知识，而只是现象与符号的堆积。清楚了学生知识掌握的水平之后，我们就可以明了其知识发展的方向，即建立概念意识，明确

把握各个基本概念。

学生知识水平的诊断不仅是教师的事情，更是学生的事情。教师要指导学生学会进行自我诊断，分析自己知识掌握的水平和努力的方向，让学生成为学习的主人。

（二）为教师的教学评价和专业发展提供了一种依据

如何评价教师的教学？这是一个普遍的实践问题。我认为，教师教学水平是两个维度的内容有机结合的产物，一个是理解和促进学生发展的水平，一个是自身的专业知识水平。前者将在学生研究中分析，后者是要在此论述的重点。

在评课的时候，常常会听到这样的议论：这位教师比那位教师水平高，或者，这位教师比那位教师教得深，但是，具体“高”在哪儿，“深’在何处，往往只是笼统的直觉。而现在有了四个知识水平的划分，就可以有一种比较清晰的衡量依据了。按照这样的衡量依据去听课，就会发现不少教师的教学常常停留在事实性知识和概念性知识两个水平上，而越是优秀的教师越是能涉及方法性知识和价值性知识。

1. 最低水平的教学

最糟糕的、最能引起学生厌学的是将概念性知识、方法性知识和价值性知识统统当符号讲。

一节模仿范文的英语写作课

笔者曾听过这样一节高中英语写作课。教师说，教研员曾建议面对学习成绩比较差的学生，写作要从词到句到段到篇，并主要让学生在模仿中逐渐形成能力。于是，教师出了第一个写作的主题“运动”，问学生想到了哪些词，学生们列举了一些词。之后，教师开始让学生组句：“天气很冷，我出去运动，中间用什么词连接?”好像是问了两次，都没人回答，于是再问，最后，一个学生似乎有些“恶狠狠”地回答：“But.”运用基本句型连接完句子之后，开始正式进入写作。考虑到学生基础比较差，教师出示了范文：

运 动

我喜欢运动，一年四季都运动。我冬天滑雪，夏天游泳，平时经常坚持的是跑步。运动有利于健康。

教师问学生们范文写得好不好，回应的是一片混沌的声音：“好。”

接着，教师出了第二个主题“水果”，提示学生可以模仿刚才的范文写作。不久，教师在学生的写作中发现了另一篇范文：

水 果

我喜欢吃水果，一年四季都喜欢吃水果。我冬天吃香蕉，夏天吃西瓜，平常经常吃的是苹果。吃水果有利于健康。

教师又问学生们这篇范文写得好不好，回应依然是一片混沌的声音：“好。”

教师又出了第三个主题“漂亮的衣服”。除少数一直没有动笔的学生以外，大多数学生很快完成了写作。教师又从中选择和出示一篇新范文：

漂亮的衣服

我喜欢穿漂亮的衣服，一年四季都喜欢穿漂亮的衣服。我冬天穿羽绒服，夏天穿裙子，平时经常穿的是校服，因为不穿校服就进不了学校。

……

一节课就这样上下来了。下课后，按上面的叙述讲给教师和教研组其他教师（这是大家一起备的课）听，大家感到惊讶：“自己居然是这样上课的!”这样的教学不关注学生对“运动”“水果”和“漂亮衣服”的真实体验和想法，而只需要记住范文，模仿范文就可以了，在实质上剥夺了学生价值性知识、方法性知识和概念性知识的学习而只剩下符号了。这样的学习在本质上是基于对学生的不信任和不尊重。这里的“不尊重”主要指的是对学生的主体地位和智力的不尊重。由此联想到，不少教师非常热爱自己的学生，花了很多的精力去设计和实施教学，但却可能换来学生的不满（前面的“恶狠狠”），大概就是这个缘故吧。

2. 教师的知识水平需要提高

在以四个知识水平看教师的知识状况和问题时，还有一个发现：教师们在本学科知识上的主要差距不是在知识面上而是在知识的深度上。以下是以数学学科性知识为例所做的学科性知识结构图。

学科性知识结构图

知识点 / 知识水平	数与代数	空间与图形	统计与概率	综合实践
现象与符号水平				
概念水平				
方法水平				
价值水平				

这是一个学科性知识的矩阵结构图。其横轴上的内容是教师对学科知识点的掌握。例如，以小学数学为例，新课程标准包括四个方面的知识内容：数与代数、空间与图形、统计与概率、综合实践。每个方面的内容都包含相应的知识点。纵轴是教师对每个知识点的掌握水平。随着知识的发展以及新课程的实施，知识点也在发生变化。小学数学中新的知识点就很多，例如，估计的知识、概率的知识等。有个别教师存在对某些知识点掌握不够的问题，但是，教师的知识差距主要不在知识面，而在知识水平，或者说知识深度。优秀教师的知识水平显然高于一般教师。明确了这一点，也就明确了广大教师在专业知识上的发展方向，即知识水平的发展。

另外，想补充的是，有的教师认为自己是准备好了知识来从事教学工作的，其实不然，教师在知识水平上的发展是无止境的。教师专业知识的发展重点主要是知识水平的提高。

3. 教一个知识点，发展一个知识点

有教师问：知识教学的水平高当然好，可是对我们自身知识水平的挑战也很强。另外，这么多知识内容，哪有时间这样钻研，这是一个非常现实的问题。这里涉及策略问题，重要的是教学的整体设计。设想，我们可不可能在一个学期的教学中拿出 2 到 3 个核心知识点？这些知识点的确定首先可以根据教师自己的知识储备情况来定，其次是根据学生的兴趣来考虑。应该承认，教师不是对所有的知识点的理解都非常深刻，但却可能在某些点上有比较深入的储备和理解。这样，拿出 2 到 3 个知识点进行深度的思考和学习，在时间上和教师自身的知识储备上都是有可能的。

另外，我们过去往往认为，教师是做好了知识准备才来从事教育教学的，其实，这个观点需要有所发展。从总体上说，从事教师职业是需要一定资格、一定的知识水平的。但是，每位教师的知识水平是不同的，同一位教师，不同的知识点的知识水平也可能是不同的。教师的专业知识水平的提升是一个终身的过程，而且面对学生学习中出现的各种问题，这个过程还是一个刻不容缓的过程。

随着教师在教学中不断地深入理解一个一个的知识点，某一天便会产生一种贯通的感觉。这种感觉产生的原因就是一个一个确凿的知识点在一定的深处连成了线乃至片，这个时候也就是教师在专业知识上迈了一个新台阶的时候。

第三部分

作为后台的四个维度的事实性知识、概念性知识、方法性知识和价值性知识

学生每天都在学大量的具体的知识，但是，这些具体的知识过不了多久就可能会被遗忘，那么学生脑海中剩下来的是什么知识呢？我们期望或者我们能够帮助学生积累什么知识呢？怎样才能帮助学生更快、更好地理解这些具体的知识呢？前面谈到，一个具体的知识点包含四个层面的知识，层层递进地增长着学生的理解力。是不是增进学生理解力的办法就到此为止了呢？不是，还有支撑这四个层面的知识的在后台的与其相对应的四个维度的知识。

7

四个维度的知识的内涵、性质及其意义

要教四个层面的具体知识，自然就出现了一个前提性的任务，即要理解事实、概念和原理、方法、价值是什么，也就是需要对关于事实、概念和原理、方法、价值的知识有基本的了解，于是就产生了四个维度的知识。为什么称其为“四个维度的知识”？它与四个层面的知识是什么关系？这种知识属于什么性质的知识？有什么意义？这些就是本章要回答的内容。

第一节　四个维度与四个层面的区别

四个层面的知识分别是事实性知识、概念性知识、方法性知识和价值性知识。四个维度的知识在名称上仍然是事实性知识、概念性知识、方法性知识和价值性知识，二者之间到底是什么关系？具体地说，两个知识同名，内涵相同吗？

一、名称相同但内容不同

前面在论述四个层面的知识时解释过，由于事实的存在形式可以是符号（字母、公式及各种人类艺术表现形式）、信息（语言文字）、现象（故事等），所以将事实层面的知识称为事实性知识；由于概念和基于概念之间关系的原理在一个层面，因此，将这一层面的知识称为概念性知识；同理，将方法的知识称为方法性知识，将价值取向的知识称为价值性知识。还需要进一步说明的是，四个层面中的事实性知识、概念性知识、方法性知识、价值性知识指的都是具体的事实、具体的概念与原理、具体的方法、具体的价值。

而四个维度中的事实性知识指的是关于事实的知识，其中主要讨论的是事实的本质特征即什么是真的事实，什么是假的事实，事实可以如何分类，事实在知识中的地位等；同理，概念性知识是关于概念的知识，探讨的是概念的本质和基础、真假概念的区别、概念的类型、概念在知识中的地位等；方法性知识是关于方法的知识，研究的是方法的本质、方法的分类、方法的产生、方法在知识中的地位等；价值性知识是关于价值和价值观的知识，探讨价值与知识的关系、价值是否是知识、价值在知识中的地位、价值观如何形成等问题。还需要进一步说明的是，这里的事实、概念、方法和价值不再是具体的，而是一般意义的。

二、名称相同但内在关系不同

为什么不称其为四个层面或者其他什么而称其为四个维度呢？这是因为名称相同的两组知识之间的关系不同。让我们来重温一下前面对四个层面的知识之间关系的解释：

> 任何一个具体的知识点在客观上都存在事实性知识、概念性知识、方法性知识和价值性知识四个层面，而且四个层面之间是有机互动的。没有概念、方法和价值的支撑，事实就不存在了，现象不是事实，同样，没有事实、方法和价值，概念只是一种臆断的符号，没有任何意义。也就是说，事实、概念、方法、价值都是一个知识点在不同层面

的存在形式，它们之间存在着被决定和决定的关系，但并不是水平或层次关系。例如，前面提到的诺贝尔奖展板上的信息“谁获得了诺贝尔奖”，当有了“诺贝尔奖的标准”“诺贝尔奖获得者的独特的思维方法”和“诺贝尔奖获得者的价值取向”的层层支撑之后又返回来成了“诺贝尔奖的标准”“诺贝尔奖获得者的独特的思维方法”和“诺贝尔奖获得者的价值取向”的典型案例即“事实”，这个事实内涵了概念、方法和价值，具有最完整的意义，因此是高水平的事实。

然而，在四个维度中，关于事实的知识、关于概念和原理的知识、关于方法的知识以及关于价值的知识之间是平行的、平等的，相互之间仍然存在有机关系，但却没有了被决定和决定的关系。

三、名称相同但来源不同

四个层面的事实性知识、概念性知识、方法性知识和价值性知识是各学科的具体的知识，各学科自身并不界定什么是事实、概念、方法和价值。而关于事实、概念、方法和价值的解释属于诠释学的工作，正如科学哲学家库恩的结论：“尽管自然科学可能需要我所说的一种诠释学基础，但是它们本身却不是诠释学的事业。”①

那什么是诠释学呢？其英文为“hermeneutics”，源自于希腊语，是从希腊神赫耳墨斯（Hermes）的名字得来的，意思是“了解”。诠释学是关于理解和解释的学问，也称“解释学”（interpretation）。其传统要追溯到希腊。从古希腊人解释荷马的史诗和其他诗作开始，在中世纪后期及文艺复兴时期发展为解释《圣经》及古代经典作品的解释学。随着德国浪漫主义和理想主义思想的出现，诠释学的地位发生了改变。它不再被看做是各学科的方法论基础，而变成了交流的前提条件。例如，“怎么读”的问题转变成了“我们如何才能交流”的问题。这个改变是由施莱尔马赫、狄尔泰等人的思想引起的。后来由于海德格尔的《存在与时间》以及伽达默尔的《真理与方法》的影响，哲学的本体论转向了诠释学，于是，诠释学也不再仅仅是

① 李章印. 自然科学如何是诠释学的？[J]. 自然辩证法通讯，2006（6）：48.

交流的条件，而成了人类存在和生活的基础。因此，狭义的诠释学就是哲学的诠释学，伽达默尔认为，诠释学就是哲学。广义的诠释学是指对文本之意义的理解和解释的理论，涉及哲学、语言学、文学、文献学、历史学、宗教、艺术、神话学、人类学、文化学、社会学、法学甚至自然科学等几乎所有学科。

回到四个层面与四个维度的关系，前者是各学科所发现或构造的具体事实、概念、方法和价值，后者则是事实、概念、方法和价值的哲学论述。因此，也可以说，后者主要来自哲学。为什么说“主要来自哲学”？以对“概念”的理解和解释为例，后面将要论述到的“概念的内涵和外延”的界定是由逻辑学直接给出的，“真假概念”问题是苏联心理学家维果茨基提出的，而概念中的一种类型“理想类型”是韦伯从社会学的研究方法中萃取出来的，似乎都不是直接来自哲学。但实际上，形式逻辑学、纯粹逻辑学本身就是哲学的一个组成部分，维果茨基对真假概念的论述以及韦伯的理想类型的论述都已经到了哲学的高度。要知道哲学就是研究人类认识及其规律的科学。

四、为什么名称相同

具体的“事实性知识”“概念性知识”“方法性知识”“价值性知识”之所以这样被称呼，是因为它们在客观上并不独立存在，而是一个具体知识点中的四个层面，属于一个具体知识点的具体的四个不同性质的存在层面。为什么不将其称为事实类知识、概念类知识，等等？在研究中发现，当我们请教师们一起对教材进行知识的四个层面的分析的时候，有的教师开始做起了“分堆”的工作，即将各种事实归在一堆，将各种概念和原理归在另一堆等。这进一步提醒了我们区别“性质”和“类”的必要性。上面已经说过，一个东西的××性质是不能独立存在的，即事实性知识、概念性知识等都是一个知识点的四个层面中的一个，而一个××类则是可以独立存在的。因此，“性质”相对于“类”准确地描述和说明了知识不同层面之间的关系以及具体层面与知识点的关系。

既然四个层面的知识与四个维度的知识在内容、内在关系和来源上如此不同，为什么不换个名称而采用相同的名称？曾经想将四个维度的知识称为关于事实的知识、关于概念和原理的知识、关于方法的知识、关于价值的知识，以便与四个层面的事实性知识、概念性知识、方法性知识、价值性知识区别。当然，“关于事实的知识”这样的说法准确地表达了内涵，是最准确的说法。

但是，考虑到二者之间虽然有诸多不同，可具本的事实、概念。方法和价值必定与对事实、概念、方法、价值的界定一致，二者在本质上是一致的，是互为表里的关系，即之所以认定具体的事实不是现象或其他，是因为它符合关于事实的界定。为了便于教师们将二者联系起来理解，并为了尽量减少一些说法或者称呼，从而决定四个层面的知识与四个维度的知识在名称上保持一致的称呼。

第二节　四个维度知识的性质

四个层面的知识是具体知识，那四个维度的知识是什么性质的知识？上面的分析可以初步地告诉我们，它们是从哲学中产生的知识，可以说是哲学性质的知识。但这种理解还需要继续深入和明确。明确其性质，就更便于我们弄清楚四个维度知识与四个层面知识的关系。

一、后台的知识

首先，形象地说，四个维度知识是后台的知识，即在背后支撑具体知识的知识。如果说，中小学教材、各学科知识体系以及各种发表具有重要意义的知识发明的文章和书籍是知识展示的前台，那么，这些知识且别说在中小学教材中，即使在论述各学科知识体系的专著中，甚至在一些具有重要意义的知识被发明出来的文章中也很少出现，更准确地说，很少被人关注。但它们又确确实实支撑着前台的那些辉煌的知识，而且，要真正理解前台的知识，必须要了解后台的知识。

让我们首先来看一下科学技术哲学领域的哲学教授李曙华对爱因斯坦相对论的后台知识及其重要性的分析：

爱因斯坦留给人类的遗产，除了相对论，更重要的是他关于如何得到相对论的启示。今天，相对论对科学史的贡献人所尽知，但爱因斯坦关于“相对论如何可能”的生命体验及相关论述，却未引起足够的重视。

对爱因斯坦科学原创性的理解和探究，不仅需要深究其认识论根源，而且需要深究其哲学本体论根源。

笔者以为，爱因斯坦对科学理解所达到的深度和高度实际上已超越当时各派哲学认识论的纷争，他提出的问题与对这些问题的认识和思考，与同时代哲学家、现象学创始人胡塞尔的观念与哲学立场却十分相似。正因他比一般科学认识论高一层次，故能不受任何一种既定认识论的限定而运用自如，不执著于一种方法而无所滞碍，这就是为什么他看起来“像一个肆无忌惮的机会主义者”的根本原因。①

我们通常关注和学习的是爱因斯坦的各种科学原创的理论和思想，羡慕和赞叹他所取得的辉煌成就，但是，如果不深入了解他之所以产生科学原创的原因，即支撑科学原创的后台的知识，实际上是不可能真正理解爱因斯坦和他的科学原创的。

下面再看看物理学家马英卓的一些论述：

当我们已经获得了事物的属性（本质或本能）的认识（确切的认识）时，就已经是认识的“最终结果”了。然而，有许多人好“画蛇添足”，还要问什么“为什么”“是什么”。比如，牛顿第二定律中外力的反作用力就是物体本身的惯性力（只不过是在其定律里没有反映出来罢了，在我的“惯性力学三定律”里的广义惯性力定律里就反映了出来），是实实在在的“作用”。惯性力，就是由于物体本身的“惯性”（属性）的原因对外力的反作用力，这就已经认识到了“本质”，就已经是“最终结果了”。有人至今还要问“惯性力”是哪儿来的，岂不

① 李曙华．科学原创性如何可能——爱因斯坦的哲学思想与宗教情怀［J］．文史哲，2006（2）：145.

“画蛇添足”！

属性力与前面讲的纯关系的力不同，因为其含义是作用物的作用的原因，而不是作用的结果与被作用物。然而人们没有此区别，就造成了一系列的思维的混乱及思维混乱的结果。

如果上面的论述有人有了一定的理解，就会感到“哲学”在科学研究中的作用了吧。①

马英卓先生的以上论述主要是对力学中的概念类型及其之间的关系进行了分析。这些关于概念的层次性的知识就是四个维度中关于概念的概念性知识的一个内容，是具体物理知识背后的后台的知识。

二、关于思维规范规律的理论规律的知识

以上这些“后台的知识”到底是什么性质的知识呢？既然是关于我们平常所说的事实、概念、方法、价值的知识，能否将其称为“元认知知识”？要回答这个问题，首先要了解一下“元认知知识”这个概念。

元认知（metacognition，或称后设认知）概念由美国心理学家约翰·弗拉维尔于1976年在《认知发展》一书首先提出。他认为，元认知是反映或调节认知的任一方面的知识或认知的活动，是对个人关于自己的认知过程、结果及其他相关事情的知识，以及为了完成某一具体目标或任务，依据认知对象对认知过程进行主动的监测和连续的调节与协调活动的过程。元认知以认知过程与结果为对象，是调节认知过程的认知活动，所以是对认知的认知。他认为，元认知的两大主要成分是元认知知识和元认知体验。元认知知识主要有三类：个体元认知知识，即个体关于自己及他人作为认知加工者在认知方面的某些特征的知识；任务元认知知识，即关于认知任务已提供的信息的性质、任务的要求及目的的知识；策略元认知知识，即关于策略（认知策略和元认知策略）及其有效运用的知识。

显然，四个维度的知识不完全属于心理学中所界定的元认知知识。那

① 马英卓. 研究物理的终极目的是属性［EB/OL］.（2007-01-10）［2009-05-20］. http://www.100paper.com/100paper/lixue/wulixue/20070621/19638.html.

它属于什么知识呢？这种知识，与洛克的“反省”有关，即对在感觉外在事物的过程中在人自身产生的知觉、思想、怀疑、信仰、推论、认识、意欲等的内在的感觉。这种知识被胡塞尔界定为关于人的思维规范规律的理论规律的知识。为此，胡塞尔特意对三个概念进行了区分：所谓“自然规律”，就是人在认识事物中直接获得的规律。所有自然规律，也就是在经验研究中所获得的理论都能对思维具有规范作用。因此，胡塞尔特别强调，观念科学不是一般的思维规范规律的科学，而是一门关于思维规范规律的理论规律的科学。胡塞尔将这门科学称为观念的科学。四个维度的知识属于关于思维规范规律的理论规律的知识，属于观念科学。关于观念的科学的知识及其重要性，将在后面系统介绍“胡塞尔对观念、规律、科学和理论的分层”中的“观念的科学才是真正的科学和真正的理论，是科学的根”有更深入的分析。但是，在此继续要说明的是，观念的科学的知识，也就是关于思维规范规律的理论规律的知识是各学科哲学（如数学哲学、物理哲学、历史哲学）的根，当然也是所有学科的具体知识的一个根。

三、思维中需要明察的知识

“明察”一词主要是从现象学那里学来的，这是一个具有重要的方法论意义的词。这是一个动词，它与前面的“后台的”这个形容词以及“思维规范规律的理论规律的知识”这样的陈述是一致的。由于是“后台的”，所以往往可能被忽略，但因为它很重要，就一定要被提醒“需要明察”；由于是关于思维规范规律的理论规律的知识，当然没有显在的实验、发现、发明和创造那样显赫；但因为它揭示这些发现、发明和创造何以可能并不断完善人们去发现、发明与创造的具体知识，因而是需要明察的。正如胡塞尔所表达的：

> 哲学不想插手特殊研究者的工作，而只想明察他在方法和实施方面的成就的意义和本质。……特殊研究者的发现术和哲学家的认识批判是相互补充的科学工作，只有通过这些科学工作，那种完整的、包

容了所有本质关系的理论明察才能得以形成。①

伦理现象学家舍勒提出了“伦理明察”。他说，伦理明察始终有它的意向相关项：价值及其秩序（价值之间的本质结构联系）。也就是说，在伦理活动中，活动主体如果能够意识到活动的意向相关项即价值及其秩序，也就形成了伦理明察（具体内容将在“价值性知识”部分论述）。舍勒揭示的这个原理对人很有启发：我们在思维活动中会运用一系列的概念工具，如，事实、概念、方法，当然还有与伦理活动一致的价值，其中的价值就是舍勒的意向相关项（不仅伦理活动有价值，思维活动也有价值），事实、概念、方法是不是也可以被视为相关项，可以被称为“工具相关项”？我想，被称为相关项应该是没问题的。也就是说，在思维活动中或者说在教与学中，需要对思维的相关项即事实、概念、方法和价值进行明察。换句话说，事实、概念、方法和价值是思维中需要明察的知识。相对于舍勒的伦理明察，这种明察可以被称为思维明察。

让我们回到教学的现实中来，“事实”“概念”“方法”“价值”都是生活以及教学中常用的词，是教师天天在教、学生天天在学的内容。但是，人们在运用这些词的时候往往缺乏对其含义恰当与否的反思，以及它们到底是从何而来的认识，即不清楚自己在教什么事实、什么概念、什么方法、什么价值，甚至在教着不恰当的事实、概念、方法或价值时仍然浑然不知。这是许多教师缺乏反思能力的重要原因。教师讲概念时，如果不清楚概念的概念，只能讲具体的概念，不能教学生如何进行概念的界定；同样，教师讲方法时，如果不清楚方法的概念，也只能教具体的方法，不能教学生如何自主地选择和创造方法；教师给学生摆事实时，如果不清楚自己的事实是怎样选择和构造出来的，学生可能只会被动地羡慕教师教学的生动，而无法自己选择和构造事实。只有了解了这些知识，教师才可能对自己所教的知识具有反思、明察的能力，也才能判断学生的头脑中是否形成了事实、概念、方法和价值，最终才能帮助学生明了自己是否具有了事实、概

① 埃德蒙德·胡塞尔，埃尔玛·霍伦斯坦．逻辑研究·第一卷·纯粹逻辑学导引［M］．倪梁康，译．上海：上海译文出版社，2006：252－253.

念、方法和价值。可以说，关于事实、概念、方法、价值的知识是明察所教的具体知识是什么知识的知识，是教师明察自己的知识教学的基础。不仅教师需要这种知识，学生同样需要。

第三节 掌握四个维度知识的意义

前面说过，四个维度的知识主要来自哲学，于是，有人会问，这样的知识岂不是会很难，岂不是会增加教师教的难度和学生学的难度？退一步说，教具体知识的时间已经不够了，还要教四个维度的知识，这不是在增加负担吗？针对这些疑惑，在这一节里，我们主要是在理论上分析掌握四个维度知识的意义。关于其实践意义，将在后面的“相应的知识教学中的问题”部分论述。从理论上说，掌握四个维度知识的意义在总体上集中在以下几个方面。

一、四个维度的知识更深层次地增进教师的解释力和学生的理解力

本书的目的，是为了回答教什么知识，是为了寻找能够增进学生能力的知识。在前台的具体知识中，四个层面的知识层层递进地增进着学生的理解力，但是，四个层面的知识的背后有四个维度的知识在支撑着。缺少这种支撑性的“后台的知识”，具体知识是无根的、漂浮的，仍然是无法被完全理解的。因此，具体知识背后的四个维度的知识的意义在于，它们是增进学生理解力的更深层的知识。

二、四个维度的知识是各学科具体知识的最大公约数

前面在分析一个知识点的具体的四个层面的时候分析到，任何一个学科的具体知识都是在其本体论知识基础上建构起来的，这就意味着每一个学科都有自己的本体论知识。如果是这样的话，既要讲事实和概念这样的具体的知识，又要讲学科方法和价值取向这样的学科本体论知识，那么，教学的内容和任务不就更重了吗？不仅如此，现在又加了个四个维度的知识，学生的学习负担岂不是更加重了？

事实却不完全是这样的。各学科的本体论知识由于人类在一定时期的

价值取向和方法论的共同性，必然也具有一定的共同性，这种共同性往往会在一定时期的哲学思想中得到集中表达。实际上，科学哲学，即科学的本体论知识往往就是科学发展与哲学发展互相推动的产物。在培根的时代，就产生了培根那样的哲学家；在我们这个时代，就产生了像库恩这样的从科学中走出来的科学哲学家和像胡塞尔这样的能够观照科学的哲学家。不仅自然科学的本体论知识是这样产生的，社会和人文学科的本体论知识也是这样产生的。

退一步说，即使对于那些从不关心哲学的学科研究者来说，也必然受到同时代哲学的影响。具体些说，所有学科的研究者包括自然科学家和社会科学家、艺术家等，如果生活在同一个时代，就必然生活在狄尔泰所说的共同精神的客观化中。狄尔泰指出，人类的一切活动、一切作品甚至人类历史本身都是生命的表现，都是作为精神的客观化。人们生活在各种活动中，也就是生活在生命的表现中，生活在精神的客观化中。人们要相互理解就必然会在自己的生命表达中浸润着公共的知识。这种公共的知识包含着共同的价值取向和思维方式等，实际上也就是这个时代的哲学。那些不关心哲学的学科研究者有意无意地必然受到哲学的影响，但遗憾的是他们不能明察以致使得自己只是被混沌地影响着，自然也就不可能超越。正如马英卓批评那些对哲学不屑一顾的物理研究者所说的那样：

> “你没有明确的哲学观点，明确的哲学前提，不是‘瞎’研究吗，研究得乱七八糟，乱七八糟地研究吗。岂不知每个人在研究时，一定是在某种哲学观点下思考的，区别的仅是你是有意识的还是无意识的罢了。”①

也就是说，有明确的哲学观点，研究者才能在宏观上明确学科研究的基础与目的，才能够理解具体研究内容和方法的本质与地位。

形象地说，哲学中关于思维规范规律的理论规律的知识，包括我们的

① 马英卓. 研究物理的终极目的是属性［EB/OL］.（2007-01-10）［2009-05-20］. http：//www.100paper.com/100paper/lixue/wulixue/20070621/19638.html.

四个维度的知识，实际上是所有具体学科知识的最大公约数。掌握这些知识不是简单的知识量的增加，而是能够最大限度地增进对具体知识的解释力和理解力。

三、四个维度的知识为解决各学科学习能力的相互迁移提供了共同的知识基础

由此，想到了教育学和心理学中一个古老的假设：学生的学习能力是可以迁移的。对这个假设一直存在争论：有人认为学科之间的学习能力可以迁移，有人则认为不能迁移。当然大多数人认为是可以迁移的，但是是有条件地迁移。例如，提高知识的概括或者说综合程度，这是布鲁姆教育目标分类特别强调的条件；进行有意义的学习，增强学生的理解程度，这和本书的观点接近……于是，在学习和思考学习迁移能力问题中我们会想到，迁移能力应该是有层次的。知识的综合程度本质上是概念的综合程度，影响的是在具体概念所综合的对象之间的迁移能力。一个知识点的四个层面层层递进着学生的理解力，增强的是具体知识点的活力，从而影响迁移能力。例如，当知识的价值取向，即在生活中的意义被学生理解了的时候，学生自然就会在生活需要的时候迁移；当学生理解了形成概念的具体方法时，即使是在概念没有出现的时候，学生也能从方法的角度解决问题。以上都是具体学科知识的迁移，当学生能够明察到不同学科的具体知识背后的关于思维规范规律的理论规律的知识的时候，也就是我们所说的四个维度的知识的时候，学生的学习能力就有了在不同学科之间迁移的知识基础。实际上，迁移能力就是知识的应用能力。按照狄尔泰、伽达默尔等人的诠释学观点，理解、解释和应用在本质上是一回事，那么，理解能力与迁移能力在本质上也是一回事。

8

关于事实的事实性知识

“事实”是日常生活中常用词。什么是事实？在日常话语中，事实就是客观存在的事情，具体说，就是所谓的“眼见为实”。对于事实，人们总有无可争辩、心悦诚服之感。可是，事实真的是这样简单吗？下面是笔者在网上读到的一篇文章的片段（片段的题目是笔者加上的）：

“齐娜”能否成为太阳系行星是个科学事实①

2003 年，新天体“齐娜”被发现，全球 2000 多名天文学家在捷克首都布拉格举行的国际天文学联合大会上，就新发现的天体“齐娜”是否有资格成为太阳系第十大行星之一，举行投票表决。

1930 年，当冥王星被发现时，由于观测设备有限，科学家高估了它的质量，实际上它的质量比月球还小。不少科学家表示，如果冥王

---

① 陈蓉霞．在科学眼中，什么是事实［EB/OL］．（2006－08－16）［2009－07－29］．http://gb.cri.cn/9083/2006/08/16/622@1176095.htm.

星的发现推后几十年，就根本不可能跻身“九大行星”之列。而“齐娜”的直径要比冥王星大近三分之一，如此说来，它倒更有资格成为太阳系的正式行星。于是，冥王星和“齐娜”的身份就成了科学界的一道难题。两难之间，天文学家只得借助“全民公决”来决定“齐娜”的去留问题了。

科学家们的争执其实反映了一个关键问题：何谓科学事实？在公众心目中，我们常说眼见为实，亦即真实存在或发生过的事情、现象就是事实。当然由于眼力有限，我们借助间接手段，或者说道听途说得到的情况也可算作“事实”。对于事实，我们总有心悦诚服之感。

然而，从天文学家对“齐娜”资格的认定中，我们却体会到，科学中的事实，绝不只是一个所谓眼见为实的问题。在望远镜中发现新天体“齐娜”只是一个原始素材，而“齐娜”能否成为太阳系的正式行星，却有赖于天文学家对行星标准所达成的共识，在此标准下，才谈得上“齐娜”的归属。可见“科学事实”的认定必须通过科学共同体达成的共识来确定。而科学共同体之所以能够达成共识，又与其中的成员所接受的训练、使用的方法、认同的理论等因素有关。在此意义上，绝不存在赤裸裸的事实。事实总是与某种科学的解释、方法密切相关。

公众常常被这样的事实牵着鼻子走

当今世界，科学至上，无论何种宣传甚至说教，只要被冠以科学的名义，似乎就与正确画上了等号，而科学又是摆事实讲道理的，于是公众常常被这样的事实牵着鼻子走。比如已遭公开取缔的“双灵固本散”（一种宣称治疗癌症的中药）广告。该广告宣传的特点是，以所谓的真人真事，来宣传其惊人疗效，故事（或事实）常常编得极其煽情、生动。病家出于“病急乱投医”的心态，不由自主地成为买家。但若用科学对比方法加以分析，不难发现，这种案例宣传毫无严格依据可言。即使假设所引案例全部为真，但广告中所缺乏的恰恰是对比数据，即在一定样本的癌症人群中，服用该药和未服用该药（更严格的做法应是服用安慰剂）的数据，两种情况下的治愈率分别为多少。

这才是科学所认同的事实！然而，令人遗憾的是，“双灵固本散”生产商的营销策略在中国市场上相当成功，它靠什么来打动公众的心？正是那一个个生动煽情的案例事实！它们令中国的癌症患者感到形象具体，于是极易对其疗效产生认同感。生产商的成功，就在于看准了公众缺乏科学认定“事实”的方法，而不是在其产品的“含金量”。

这样的例子还可举出许多。把未经科学方法判定的“事实”作为判断依据，是我们在几乎一切领域中常犯的错误。

上面的案例说明，人们常常将事实与现象、实在、所见、信息等等同，但事实并不是那么简单，科学的事实与日常生活的事实不是同一个概念。我们所说的事实是作为知识点的有机组成部分的事实，与日常生活中的事实也不是一个概念。作为教师，在教学中要讲述大量的事实，如果也像一般公众一样理解事实，其所讲的事实就可能会出现各种问题（在后面的论述中将逐渐涉及），因此，理解作为知识的有机组成部分的事实的内涵，是教师进行教学所需要的知识，这种知识就是关于事实的知识。这种知识不仅教师要理解，学生也应该理解，因为只有这样，学生才能辨别事实。

关于事实的知识要回答两个问题：什么是事实以及事实在知识中的地位。而关于事实的理解，以事实与现象的区别作为切入点是最为生动而直观的。关于“事实”的理解大致有两种观点：一种是相对传统的观点，一种是现象学观点。两种观点以不同的方式揭示事实与现象的不同及其本质——在本质上具有一致性但也有所不同。

第一节 事实是一种理性直观

什么是事实？传统认识论和后现代的现象学对事实的界定有所不同：传统认识论认为事实是建立在概念基础上的，而现象学则认为事实作为本质，直观本身就是一种概念，一种理性直觉的概念。但是二者的看法中有一点是相同的，即事实是一种理性直观。

一、传统认识论认为，事实是基于“概念”的

从传统的角度看事实，正如帕森斯所特别强调的：“按照亨德森教授的定义，本书对事实的理解是‘依据一个概念体系对现象作出的在经验上可以验证的表述’。……在上面的定义中事实被说成是‘在经验上可以验证的关于现象的陈述’。关键在于一个事实本身并不是现象，而是关于一个或者几个现象的命题。所有科学理论是由一些事实以及这种意义上的关于事实与事实之间关系的陈述构成的。但这绝不意味着任何一个理论中包含的事实，是对它们谈及的那些现象所能发表的仅有的一些可以验证的观点。一个科学理论体系一般说来之所以是抽象的，就是因为它所包含的那些事实并不构成一种关于所涉及的具体现象的完整描述，而只是‘依据一个概念体系’做出的说明，那就是说，它们只包含那些对于当时所应用的理论体系有重要意义的有关现象的事实。把事实（它是关于现象的命题）和现象本身（它们是真正存在的有形的实体）区分开来并牢记在心，就可以避免许多麻烦。”① 也就是说，事实是基于概念的一种对现象进行了人为抽象的形象的构造。

从此，我们可以更清楚地看到事实与现象的区别，事实只是人对现象的某一方面的认识，甚至人类关于某一现象所发现的事实永远也不可能穷尽对现象的揭示。

从常规科学的发现看，事实是基于概念的，那么，对于一些“反常”的没有理论基础的事实发现又怎么理解呢？对此，库恩（Thomas S. Kuhn）有非常详尽的分析，在此只是摘取几段。

> 虽然“氧被发现了”这句话无疑是正确的，但这会误导我们以为，发现某种东西是一个单一而简单的行动，从而把“发现”的概念与我们通常的（而且也是成问题的）“看见”（Seeing）的概念混同起来。……但在这样一段时间限度内，任何想确定发现日期的尝试必然不可避免地是随意的，因为发现一类新现象必定是一个复杂的事件，这个

① 帕森斯．社会行动的结构［M］．张明德，等，译．南京：译林出版社，2003：46－47.

事件包含着既认识到那个东西，又认识到那个东西是什么。例如，我们注意到，如果我们认为氧是脱燃素空气，那么我们就会毫不犹豫地坚持普利斯特列发现了氧，虽则我们仍然不清楚他是什么时候发现氧的。但是，如果观察与概念同化，事实与理论同化，两者在发现中是不可分离地联结在一起的话，那么发现就是一个过程，必须经历时间。①

现在假定发现包含一段持续的、虽然不必是很长的概念同化过程。我们是否也能说它包含着范式的改变呢？对这个问题，虽然迄今尚不能给出一般的答案，但在这种情况下至少回答必须是肯定的。拉瓦锡从1777年起在他的论文中所宣告的内容也是燃烧的氧化理论多于氧的发现。氧化理论是重新表述化学的基石，它对化学是如此的重要，以至人们通常称之为化学革命。事实上，如果氧的发现不是化学新范式突现的必不可少的部分，那么我们开始时讨论的优先权问题就不会看得太重要了。②

根据库恩的分析，“现象”是与“看见”对应的，而“事实”是与“发现”对应的。“发现”的过程就是对事实的说明的过程，也就是将事实纳入概念和范式的过程。对于反常的没有现成概念和范式的新事实的发现过程，同时也是新的范式和概念建立的过程，因此需要更加漫长的过程。

库恩对反常的事实的发现过程与理论的建构过程的同步的认识，实际上已经与下面要介绍的现象学对事实的理解一致了。

二、现象学认为，事实是本质直观

（一）事实是本质直观

从现象学的视角看，事实与现象在客观上是一体的，其区别在于与人

① 托马斯·库恩．科学革命的结构［M］．金吾伦，胡新和，译．北京：北京大学出版社，2003：51－52.

② 同①：52.

的关系。现象是人与事物“照面”时事物的一种“自在自为”的开显状态，即一种侧显，或者说是事物在与人照面时提供的一种“对象”“素材”或称“信息”，而事实则是人的本质直观，即一种“一般的看”。这里涉及两个必须解释的概念：“本质直观”和“一般的看”。

传统的认识论认为，直观属于感性，感性只能把握个别的东西、现象，而理性才能把握个别和现象后面的一般与本质。只有感觉体验是唯一给予意识的，概念不属于感性范畴，因而概念是不能通过直观直接给予我们，对于概念、范畴我们只能去思维。这样，由于在传统认识论中感性与理性是两种不同的、没有内在联系的东西，因此，一直存在一个无法解决的问题，即在感性基础上，理性认识何以可能？传统认识论的回答是，概念是通过对大量现象的共同特征的概括而得以形成的。可是，现象是自在自为的，可以从无限多的方面去看，概念又何以形成呢？

于是，康德、胡塞尔相继提出了“先天直观”和“本质直观”。康德从现象之质料和现象之形式出发，认为感性直观有经验的直观和纯粹的直观，其中，纯粹直观就是先天直观。外在现象进入了人的感官时，由于现象的质料是杂多的，因而人的感觉也必然是杂多的，这样，认识就难以实现，不过，好在人的内感觉会以一种纯粹的形式对这些质料进行整理。康德认为，时间和空间就是这种纯粹的形式，即人以时空作为形式，将质料包含于其中，使感觉经验成为可能。显然，时间和空间与现象提供的质料无关，是先天的，是纯形式的，因而被称为先天直观或者纯直观，而且这种先天直观是形成感觉经验或者说认识的可能的条件。但是，康德的先天直观仅仅将现象的质料做了时间和空间的整理，仍然属于感性认识，其认识过程仍然没有超越传统认识论的认识步骤，即先感性后理性，无法在根本上解决感性认识与理性认识之间的关系，也无法跨越二者之间的鸿沟，即“感不能知，知不能感”的问题。胡塞尔在康德的基础上提出将仅仅包含时间和空间的先天直观升华为本质直观。胡塞尔认为，当感知一个对象时，我们同时具有“个别的看”和“一般的看”两种直观：感性直观和本质直观。通过感性直观，个别被原初地给予，通过本质直观，本质（艾多斯）也被原初地给予。例如，一个人可能在看到个别的一个苹果和另一个个别的苹果时直觉地知道 $1+1=2$，也可能在见到具体的黄色时直觉地知道什么是黄色，形成对“黄色”的一般的了解，即这些颜色都是黄色，尽管“黄色”并未清楚地被定义。个别的看的过程中可能发生一般的看，而一般的看必然是在个别的看中发生，这些“一般的看”或者“本质直观”不是从概念和命题上推演而来的，而是一种非推论性的知识或领会。感性直观与本质直观的同步改变了传统认识论的认识过程的两个阶段的思想，从而解决了传统认识论感性和理性如何沟通的问题。

在胡塞尔的两种同时发生的直观中，感性直观提供着现象的质料，而本质直观提供的是事实。例如，作为“现象的红”是具有红的属性的事物在与人照面时的一种自在自为的侧显，是一种“闪现”，即质料的提供，但作为“事实的红”则是闪现的“现象的红”由于人对红的本质经验而被人捕捉并纳入自己的红的系列中，即事实的提供。

（二）“本质直观”或称“一般的看”产生的前提是纯粹的或称一般的态度

前面提到，个别的看中可能而并不必然发生一般的看，那么，一般的看怎样才可能发生呢？在《经验与判断》一书中的论述，胡塞尔将本质直观的主要步骤分为三步：“（1）变更多样性的创造性的展现；（2）在持续的相合中的统一联系；（3）对相对于差异而言全等之物的直观主动的同一的证实。”① 其大意是在一个个体直观的基础上，还必须通过想象力的变更创造出众多的变项，然后在对众多变项的递推中去把握常项。这种具体操作的方法可以称为通过“本质变更”进行本质直观。具体的含义是：首先，“变更多样性的创造性的展现”指的是以眼前的经验的个别物或者想象的个别物开始，以这个物作为开端和出发点，通过自由的想象产生出各种各样的例子，这样的例子可以无限地多，成为本质直观的充分基础。这里非常重要的是，“个别的看”中的个别物是作为一种个别而存在，而不是作为绝对而存在，即作为绝对的可能性或者一般的个别而存在。如胡塞尔所强调的，“在理念直观的精神方法中包含着这样一个基本因素：理念直观将它所需的引导性出发点事例的事实性仅仅看做是纯粹的可能性；换言之，在一

① 胡塞尔．经验与判断［M］//胡塞尔选集．倪梁康，译．上海：上海三联书店，1997：504.

种自由的行为中，现实被看做是无关紧要的，因此，作为现实而在此的东西在某种程度上被置于自由想象的王国中”①。也就是说，在认识个别中认定个别只是个别，相信相对于眼前的个别还存在着许多的个别，并有着对其他个别以及一般的追求是一般的看形成的前提。其次，在个别物之间逐渐形成一个序列。即，在头脑中不断浮现出或者自由想象出各种个别的过程中，“在这个后像到后像、从相似之物到相似之物的过渡中，所有这些相继出现的任意个别性达到贯穿首尾的一致并且纯粹被动地形成综合统一，在这种综合统一中，所有的这些个别性都显现为相互间的变化，而后又显现为个别性的随意序列，作为艾多斯的这个一般之物在这些序列中个别化。”② 最后，在个别物中看到它们之间的持续性和一致性而将这一系列的个别物当做一个整体来看时，所有的个别物都作为一个变项来看时，个别之物变成了一般之物的个别，一般的看或者本质直观就发生了。例如，当自己第一次遭遇失眠的时候，可能会出现两种看待失眠的态度，一种认为只有自己会失眠，别人都没有这种情况，而另一种是觉得自己的失眠仅仅是一种个别的例子，其他人可能也会有这种情况。当持后一种态度的时候，就会关注人们失眠的各种实例或者根据某种线索自由想象人们失眠的情况。当看到的人们失眠的个别情况越来越多时，即看到有的人因为过于高兴而失眠，有的人则因为为某一件事着急而失眠等，从而由于看到其中的连续性（从高兴到着急到失望）和一致性（心理不平静导致失眠）而将失眠看做一个整体，一个普遍的事情，也产生了对失眠的一般的直观，即本质直观。实际上，“一般的看”可能在第一个“个别的看”中就已经开始了，前提是看者需要持一种“纯粹可能性”的或者一般的态度，即相信眼前的个别只是一种可能性，只是一种个别而已，也就是将眼前的个别当做了可能的一般的事实，这种态度决定了最终的现实一般必然发生。

三、事实是理性直观

前面分析了，传统认识论认为，事实是基于概念的，而现象学则认为，

① 胡塞尔．经验与判断［M］//胡塞尔选集．倪梁康，译．上海：上海三联书店，1997：493.

② 同①：500.

事实是本质直观，本身就是概念，是定义和理想类型等概念形式存在的基础（在后面的概念性知识部分将详细论述）。可是，为什么认为二者所认定的事实都是理性直观？本质直观就是理性直观吗？什么是理性直观？之所以认识事实是理性直观，主要有两个理由。

一个是事实总是以有规律的、系列的方式存在于人的头脑中。这里所说的事实不仅找到了事物之间的相似性，而且在头脑中将相似的事物序列地摆放起来。前面提到的库恩所分析的氧气的发现过程就是一系列有关事实的发现过程，而“红”的事实的构造过程也是系列的红的构造过程。因此，事实都不是单个存在的，而是系列地存在的，是有逻辑的。传统认识论的以概念为基础的事实更应该是理性的了。

在此，想到爱因斯坦的分析：ε表示直接经验，A表示公理或假设，S表示个别结论，于是，结论是，在A与ε之间是一种直觉的联系，不存在任何必然的逻辑联系，由A通过逻辑道路推导出各个个别的结论S，然后S可以用实验验证同ε联系起来，这一步骤实际上也是属于直觉，S与ε之间同样不存在必然的逻辑联系。[①] 可是，如果直接经验ε就是本质直观ε或者说事实ε，而事实又是以系列的方式存在，那么，从ε到A以及从S到ε就是必然的。当然，如果ε不是事实，那必然关系就不存在了。还有一个关键，就是如何理解“必然”，“必然”有通常所说的“逻辑”的“必然”，也可能是本质直觉或者说理性直觉的“必然”，这种理性直觉中已经有了直觉的逻辑。

另一个理由是，以“纯粹可能性”的态度想象着这个系列还可能会有更多的事实，这实际上就是一种理论的态度。这种态度是不断寻找“特殊”，并在特殊中不断寻找“一般”的态度；这种态度也是一种假设的、因而不断寻求论证的态度。

① 爱因斯坦．爱因斯坦文集（第一卷）［M］．许良英，范岱年，译．北京：商务印书馆，1976：541－542.

第二节 事实与现象的区别

事实与现象都是关于事物的，更准确地说，是关于“实事”的，即胡塞尔提到的“回到实事本身”中的“实事”。所谓“实事”包括客观的“事物”和发生的“事件”。实事是自在自为地存在的，而人站在不同的角度“看”实事，只能看到其某个方面。这时候，相对应，实事向人“侧显”，这就是人们看到的现象。人不可能从所有方面认识实事，真正达到完全的真实的实事，而只能相信实事还有许多的侧显未曾出现，需要不断拓展实事的丰富性，需要不断抛开前见回到实事本身，因此，胡塞尔提出“回到实事本身”。

现象即“实事”的侧显，也被称为实事的原初给予人的感性素材，是自在自为的实事与人的一种“照面”，所有人都可以看见，但并不一定引起看见的人的注意，可能一闪即逝。例如，在桌子上放着一杯水，所有人都可能看见，看见的时候就算是打了个照面，与这杯水打过照面的人并不都会注意到这杯水。事实是人在与现象的照面中或者说在看见的现象中的发现，例如，当人很渴的时候想起了这杯水，这杯水就成了解渴的相关物，并具有“可以喝”的本质。

简单地说，现象是实事的客观的自在自为的状态，与人的关系是看见、照面，没有任何人的意志的附着；而事实则是人的发现，是人的态度观照下的产物，所以被认为是人为的，是人的主观构造。

一、事实是人的态度和目的的相关项

世界上自在的事物和现象是无限的，而能够引起人们注意的也就是纳入人的认识范围的却是有限的。这是为什么？一方面，是因为人有主观能动性。胡塞尔说，“它是纯粹作为赋予它以存在意义的主体性之相关物而落入我们视线之中。”① 我们看到的事实是我们的意识的相关项，与我们的意识、态度、目的有关。另一方面，这些事实引起人们的关注还有一个条件，

① 胡塞尔．欧洲科学的危机与超越论的现象学［M］．王炳文，译．北京：商务印书馆，2001（12）：184.

就是在人们生活的具体境域中事物的有限性。人以自由的主观能动性捕捉到了有限的事物，使其成为“事实”。

通常来说，现象可分为自然现象和社会现象。月亮东升西落、刮风下雨、苹果落地、太阳是圆的、狗长四条腿、人的生死等都是自然现象；战争、犯罪、国家的产生与灭亡、贫富分化、通货膨胀等都是社会现象。人用感官直接感觉不到，需要借助仪器才能感觉到的，也是现象。例如，人借助显微镜观察到的细菌的形状、借助望远镜观察到的天体的形状，也都是现象。现象是正常人都能看到的。这些现象也可以是事实，但有一个重要的前提是人的态度和思维的介入，而其中首先是态度。

前面，我们提到的“松鼠很惹人喜欢，因为它的肉可以吃，皮可以做衣服”。其中，“松鼠”作为实事可以有很多的侧显，但为什么作者发现的是“肉可以吃，皮可以做衣服”？显然是因为其价值取向。“松鼠很惹人喜欢，因为它的肉可以吃，皮可以做衣服”这一句话，对于学生而言，既可以是一闪即逝的现象，也可以成为一种本质直观中的事实。那么，怎样才能成为本质直观？只有清楚作者这种说法的价值取向时，这句话才会成为体现作者价值取向的一种本质直观，也就是通常说的范例。

二、事实是一种人为的构造

这种范例或者说本质直观可以在与我们照面的现象中选择，也可以人为地创造，但无论如何形成，都是人为的构造。布封笔下的松鼠是作者带着自己的价值取向、思维方法和标准在与自然界的松鼠的照面中对其“肉可以吃，皮可以做衣服”的选择，所选择的内容显然是松鼠的特性中的某些“侧显”（松鼠的特性远比这些侧显的特性多）。因此，松鼠已经被纳入了布封的思想体系，成为人为的构造，而非原来自在自为意义上的松鼠了。布封笔下的“松鼠”是一种人为构造，但毕竟松鼠是客观存在的，还有一种人为构造的范例和本质直观则是在人们的经验世界里还没有看到的。例如，人们在自然界看到了大量的“红”之后，将各种红色由浅到深地排列，中间一些缺席的也就是在自然界尚未发现的红可以被人想象并配置出来。显然，无论是在现象选择还是想象创造出来的范例，本质直观都是人为构造的。正如胡塞尔所说的：“而‘艾多斯’，纯粹本质，可以在经验所与物中，在知觉、记忆，等等的所与物中被直接地例示，但它也可以在纯粹想象的所与物中被例示……我们可以从相应的经验直观开始，但也可以从非经验的、不把握事实存在的、而‘仅仅是想象’的直观开始（胡塞尔，1992年，第53页）。本质世界被直观，即是一个纯粹可能性的世界被直观，这种直观活动的基础不是肉眼之看而是心观，不是事实之观而是自由想象的活动，这种无限的自由想象活动中含括了经验事实的偶然之观。”① 本质直观可以在偶然的经验所与物中得到，也可以在纯粹想象中得到。如何具体理解“纯粹可能性”“自由想象”和“非经验的范本式直观”呢？例如，我在现实中看到一些红色，这就是关于红色的偶然的经验，但“我能”发挥自己的“自由想象”，从最深的红到最浅的红，其间有许多红是我从未见过的，但我确实能“看见”，它们必然都属于“红”，并且处于一个由浅入深的固定不变的无限的等级系列中。这个系列不完全依赖于具体的经验，具有先天性，具有超越具体经验的“纯粹可能性”，即本质经验。即使某种红色我从未在经验中见过，甚至也许世界上从未有过，我也可以根据这个系统在自由想象中先天地把它调配出来、“创造”出来。艺术家实际上就是这样创造出了无限丰富的色彩效果，同样，文学家也正是这样创作出了高于生活的但又活生生的人物形象，而科学家们则这样发明了飞机、电视，等等。

第三节　三种态度与三种事实

前面提到，事实是态度的相关项。在此对这个重要观点展开论述。现象学认为，人作为主体都具有意向性，意向性是连接先验主体性与自在自为世界的中介，其连接的结果是生活世界最终只不过是意向性活动的视域和构成物，成为先验意识或世界意识的相关项。由于人的意向性是绝对的，从而人对实事的认识的客观性以及生活世界的客观性在绝对意义上是不存在的。正是这种意向的相关性，生活世界以及人的认识不再是自在自为的，而成了先验主体性的精神生活的一种“成就”、一种“纯粹先验的现象”。

① 高秉江．胡塞尔的Eidos与柏拉图的idea［J］．哲学研究，2004（2）．

坚持这个意向相关性原则的哲学思考，才配享有“现象学”之名，或者说，现象学才能成立。于是，意向与态度成了现象学研究的焦点。现象学家舍勒在《现象学与认识论》一文中明确写道：“现象学首先既不是一门科学的名称，也不是哲学的代名词，而是一种精神审视的态度。只有采取这种态度，人才能直观或体验到否则就隐而不显的东西，即特殊事实的王国。我说的是态度而不是方法，方法是一种目标确定的、对事实进行思考的思维程序，如归纳法与演绎法；而在现象学中，问题却在于那些先于逻辑规定的、崭新的事实本身以及审视这些事实的方式。”① 显然，舍勒认为，在发现事实上，态度是第一位的。

既然如此，不同的态度就会形成不同的事实。那么，态度可以分类吗？又如何分类呢？胡塞尔、舍勒等在本质上都是根据人是否对自身在认识世界时的“前见”有所认识作为态度划分的依据，并由此区分出三种态度：科学的态度、自然的态度和纯粹的态度（笔者对“纯粹现象学的态度”的简称），相应的，事实也分为三类：科学的事实、自然的事实和纯粹的事实（相应的是“纯粹现象学的事实”的简称）。

这三种态度中要从科学的态度（这里指的是西方实证主义和客观主义等近代科学的态度）开始谈起，因为从某种意义上说，现象学是在对科学危机的反思中产生的。胡塞尔在《欧洲科学的危机与超越论的现象学》中分析，科学危机根本在于近代科学已丧失了它的“生活意义”或“生命意义”②，而这种危机产生的原因是科学的态度，即认为人通过一系列可靠的方法得到了客观的世界，从而满足和沉迷于实证主义和客观主义的方法与客观中，并且将人也当成了客观的“物”，这样便丧失了生活的意义和生命的意义。在科学的态度之下，人们往往认为科学研究得出的事实是客观的、绝对的。而实际上，任何一项科学研究都无法与人在生活世界中的需要、目的分开，都必然具有生活的意义和生命的意义。因此，近代科学的态度并不是真正的科学的态度。

---

① 刘小枫．舍勒选集［M］．上海：上海三联书店，1999：49.

② 胡塞尔．欧洲科学的危机与超越论的现象学［M］．王炳文，译．北京：商务印书馆，2001（12）：15.

在对近代科学产生的追根溯源中，“生活世界”自然浮出水面。因为按照胡塞尔的看法，近代科学就是从自然态度中的生活世界或生活世界的自然态度中一步步生长出来的，归根结底是自然态度的极端化。既然如此，那么要想彻底克服由近代科学的客观主义和实证主义造成的科学危机，就必须首先将科学还原到生活世界，将科学的态度还原到生活的态度。

这里需要解释的是“生活世界”这个概念。在现象学中，“生活世界”是自然态度下的世界，与科学态度下的科学世界，以及后面提到的纯粹态度下的先验世界相对应。

“自然的态度”，也被称为“自然的生活世界的态度”，是以对自然的存在的信仰为基础的，并将所生活的世界的存在与自然的存在相混同，当做“不言而喻的”事实和“不言而喻地有效的”“前提”① 接受下来，没有任何主动的审视。然而，从现象学的角度看，人的生活世界与自然的存在是截然不同的，它是人的先验意向的相关项。黑尔德进一步指出，人的生活世界与人的“原习惯”相关联，而其又与人的潜在意识有关，哲学的任务就是将这种原习惯暴露出来并加以批判。这使人想起培根提到的围困人的心灵的四种假象（族类的假象、洞穴的假象、市场的假象、剧场的假象）中的第一种假象。

> “族类假象植基于人性本身中，也即植基于人这一族和这一类中。若断言人的感官是事物的量尺，这是一句错误的话。”②
>
> “人类理解力依其本性容易倾向于把世界中的秩序性和规则性设想得比所见到的多一些。”③
>
> “人类理解力一经采取了一种意见之后（不论是作为已经公认的意见而加以采取或是作为合于己意而加以采取），便会牵引一切其他事物来支持，来强合于那个意见。”④

① 胡塞尔．欧洲科学的危机与超越论的现象学［M］．王炳文，译．北京：商务印书馆，2001（12）：125.

② 培根．新工具［M］．许宝骙，译．北京：商务印书馆，1984：19.

③ 同②：22.

④ 同②：23.

“人类理解力不是干燥的光，而是受到意志和各种情绪的灌浸的；由此就出来了一些可以称为‘如人所愿’的科学。大凡人对于他所愿其为真的东西，就比较容易去相信它。因此，他排拒困难的事物，由于不耐心于研究；他排拒清明的事物，因为它们对希望有所局限；他排拒自然中较深的事物，由于迷信；他排拒经验的光亮，由于自大和骄傲，唯恐自己的心灵看来似为琐屑无常的事物所占据；他排拒未为一般所相信的事物，由于要顺从流俗的意见。总之，情绪是有着无数的而且有时察觉不到的途径来沾染理解力的。”①

“人类理解力的最大障碍和扰乱却还是来自感官的迟钝性、不称职以及欺骗性；这表现在那打动感官的事物竟然能压倒那不直接打动感官的事物，纵然后者是更为重要。”②

因此，人的生活世界并不是客观的，而是人的主观愿望、潜意识或称原习惯的产物。要获得一个客观的世界，就必须将人的主观愿望、潜意识、原习惯等悬搁起来，也就是进行意识还原，即扬弃对超验的、独立于意识的“自在之物”的信念，返回到意识领域。这种将人的意识进行悬搁和还原的态度，就是一种纯粹的态度，即纯粹现象学的态度，实际是一种彻底的反思和批判的态度，即人的所有认识都是人的意向的相关项，而非真正的客观实在。只有抱有这样的彻底反思和批判的态度，才能真正客观地面对自然存在，才能不断发现世界，接近客观世界。因此，纯粹现象学的态度才是真正科学的态度。要走出科学的危机，不仅要将科学还原到生活世界，还要对生活世界进行意识的还原，将生活世界中人的意识进行悬搁和批判，才能获得客观的世界。也就是只有将先验世界搞清楚，才能将自然存在显现出来。

在科学的态度、自然的态度和纯粹现象学的态度中，胡塞尔认为，科学的态度与自然的态度在本质上是一种态度，即相信自己所认识和创造的世界是客观的，将科学的世界和生活的世界与自然存在混同，而纯粹的态度与前两种态度截然不同，关键在于区分了人的世界与自然存在的世界，

---

① 培根．新工具［M］．许宝骙，译．北京：商务印书馆，1984：24－25.

② 同①：26.

并认为只有做了这种区分才会走向客观。纯粹的态度实际上是一种谦卑的态度。如果人类自以为是，就必然高傲，必然以自我为中心，也就不可能看到真正的世界，所以，人要学会谦卑。

自然的事实相当于自然的经验状态下的常识中的事实，而科学事实是通过一系列科学方法证明的事实，纯粹的事实则是“暂时没有前见”的事实。所谓“暂时没有前见”的暂时是指新的事实不是在原有的“范式”中提出而发现事实的新的范式还没有被揭示出来的时间，因而，“没有前见”只是说前见还没有被揭示出来而已。相应的，纯粹的事实在现实中并不真正存在。因此，“没有前见”和“纯粹的事实”对于人类的认识来说不是现实，而是一种批判性的哲学追求，告诉人们现在已经发现的事实不是事实的全部，许多新的事实还没有发现。也正因为如此，舍勒将纯粹的事实或现象学的事实作为前两者的基础，本质上是一种推动“事实”发展的哲学基础：只有不断地彻底反思，人类才能不断发现新的事实。因此，在常规状态下，事实主要包括前两类，但科学革命的重要性及其愈来愈频繁地发生使得“纯粹的事实”越来越受到人们的重视。

那么，怎样才能接近纯粹的事实或者说没有前见的事实呢？首先，在信念上要相信“有多少显现，就有多少存在”而并不是别人已经发现的显现就代表了存在，也就是要相信“任何一个原初给予的直观”或者说“显现”，并将其设定为“知识的理所当然的来源”，然后在行动上要“回到实事面前”，逗留观察越多，最终还原越多，就越接近没有前见的事实了。例如，阅读莎士比亚的《哈姆雷特》，首先，要相信有一千位读者，就会有一千种对哈姆雷特的理解，《哈姆雷特》只有在这些理解中才有意义，或者说才会获得存在的意义；其次，要相信并不是别人的理解就代表了真正的哈姆雷特了，要相信自己阅读中的直观和理解；然后就是反复阅读作品，对《哈姆雷特》品味得越细致，越忠实于文本的阅读，那么你的理解也就越接近《哈姆雷特》本身。

在了解了科学的事实、自然的事实和纯粹的事实的内涵之后，我们从三种不同的事实的角度描述“桌子”，会使我们的理解更加具体生动。

作为科学事实的桌子：这张桌子是一件物体，它有一定的重量、颜色、高度、形状等；从不同的角度，在不同的照明和距离中来看，这件对象显示为不同的现象。这件物体的本质就在于它是一个“物质性的空间事物”。

作为自然事实的桌子：这张桌子是作为写字台、餐桌、缝纫桌等，与我们照面的，即我们是将其作为写字台或者餐桌、缝纫桌等接受的，并认为这是客观存在的。

作为纯粹现象学的桌子：这张桌子不仅可以写字、吃饭、缝纫等（意识还原），还可以做许多其他的用处，例如，可以坐，它便不再是桌子而变成椅子了；可以用来睡觉，它也不再是桌子而变成床了……

因此，可以看到，不同的态度决定了不同的事实，事实是态度的相关项。只有纯粹的态度才可能还原事实的多样性，才可能有更多的新的事实的创造，才能使每个人发现自己的事实。

第四节　事实本身就是知识

在四个层面的知识中，将事实作为了知识的第一层面，可问题是，事实是知识吗？如果是，为什么？而且，它在知识中具有怎样的实质性的地位？

我们常常将知识狭义地理解为概念原理或者由它们组成的理论，而实际上，任何一种理论都是从新的事实的发现开始的，并以一定数量的同类的事实以及一定量的不同类的事实为基础的。如果仅仅将概念和原理作为知识，就意味着仅仅将知识的结果或者说形式作为知识，知识就失去了生动的内容。这样的知识教学必然是枯燥的，让人厌烦和感到压抑的。因此，我们的知识教学需要为学生提供大量的现象，让学生或者帮助学生在现象中发现事实。否则，学生不仅会觉得学习是枯燥的，而且也无法构造属于自己的概念原理。

一、事实作为本质直观是一种先于定义和理想类型的概念

事实之所以本身是知识，首先是因为其本身是一种概念。

（一）事实是一种经验性的但却又是理性的概念

在传统哲学语境中，本质是与经验相对应的。经验是感性的直观呈现者，而本质是符号性意指的抽象本体；而在现象学中，本质不再是一种逻

辑抽象，而是一种直观，是一种经验，即事实，但是，是一种范本式的事实和经验。与本质相对应的是现象。“本质直观（eidetic reduction）中的本质（eidetic）是 eidos 的形容词形式，eidos 即是 idea，一种可以直观到的范本式的存在，它绝不是后来亚里士多德之后的纯逻辑概念。”① 因此，可以称事实为“本质经验”“本质直观”。以“经验性的”来形容事实，是因为作为一种概念，事实与其他概念（如定义）在存在形式上不同：其他概念是符号形式的而事实是经验性的。但事实在本质上却是理性的，正如前面论述的，事实是在一般的看中产生的，是一种本质直观和理性直观。

（二）事实即本质直观先于定义和理想类型

应该说，本质直观或者事实也是一种概括，是一种经验性的概括。所谓“经验性的概括”，是一种事例性的概括，例如，类似牡丹那样的都是花，这时的牡丹既是个别物，又是花的一般特征的例子，而且在人的头脑中正出现着类似牡丹的其他种类的花。这时的花在经验性概括中获得了一种经验性（事例性）的概念，没有定义，却是定义的基础，先于定义。也就是说，本质直观或者说事实是定义的基础。

关于事实即本质直观先于理想类型，由于“理想类型”概念在此还没有出现，不便于解释，将在后面加以论述。

二、事实在知识中的地位

知识是在一个新的事实和一系列新的事实的发现中形成的；没有事实，就没有真正的概念；因为有了事实，知识才有了明见性。

（一）从一个事实到一系列事实的发展过程就是理论形成的过程

正如“一般的看”是从第一个新的事实的发现开始一样，新的理论也是从第一个事实开始的。第一个事实的新发现由于与以往理论框架下的事实不同而将引起对以往理论的质疑以及新的假设的思考。新的假设的思考在本质上就是在个别物中看到了一种可能性的一般的个别。在这样一种纯

---

① 高秉江．胡塞尔的 Eidos 与柏拉图的 idea［J］．哲学研究，2004（2）．

粹的态度的驱使之下，人们会不懈地发现各种各样有关的事实（或在经验物中发现或在想象中构造并验证），逐渐发展成一系列的事实，也恰恰在这个过程中，本质变得更加明确清晰，概念和原理被确定，概念和原理的系统性即理论逐渐形成。

前面为说明“事实基于概念”曾引用过库恩关于氧的发现的一段论述，在此，我们可以再次阅读，其中，“氧”的发现与“氧化理论”的形成的关系可以作为事实的发现过程也就是理论的形成过程。

（二）能构造事实才说明掌握了概念

在教学中，如果教师不能提供给学生大量的现象，不能让学生能够在各种个别物中看到一般物即形成本质直观，那么学生对相应的定义的理解只能是干枯的、形式的、抽象的，甚至是压抑的；在学习中，如果学生仅仅记下了定义，而不能产生本质直观，即自己不能构造出事实，则还没有真正形成概念。概念、原理等实际上是本质经验的一种概括或者说是人们赋予本质经验的一种符号形式。本质经验是概念和原理的内容，而概念和原理是本质经验的形式。正是从形式的意义上，事实是人对事物的一种人为的构造。这种构造能力是人的主观能动性的体现。

（三）事实使得知识具有明见性

康德与胡塞尔都认为，可靠的知识必须奠基在直观的基础之上，通过直观——原本的被给予的明见性，保证了知识能够直接与可能的经验对象发生关系，并且最终才能够检验知识与经验对象的一致性，才不至于使得知识像以往的形而上学一样成为没有基础的“空中楼阁”。没有本质直观，不可能建构起真正的概念。胡塞尔更把直观当做现象学研究的最重要方法，即每一种原初给予的直观都是认识的合法源泉。

也就是说，只有通过事实，知识的明见性才得以可能。

9

关于概念和原理的概念性知识

对于概念的重要性，大家都非常熟悉。它是学术研究的基础，也是人们交流的基础。大家说的是一个词，但不是一个意思，或者互相不明白对方的词的意思，就不可能进行交流。对于知识而言，概念和原理是知识的基本形式和载体，方法、情感、态度、价值观都将凝结为概念和原理而得以集中，得以明确地表达。

对于“概念”，大家也都非常熟悉。例如，概念是人脑对事物本质特征的反映。但是，要进行概念教学，还需要对关于概念的有关知识有比较全面的了解。

第一节　概念及其存在形式

什么是概念？提到“概念”，人们想到的就是“定义”，可是，实际上，定义只是概念的一种存在形式。全面了解概念的存在形式，才能理解自然科学与人文社会科学的概念的不同，才能重视并有效地进行人文社会科学的概念教学。

一、关于概念的最基本的知识

（一）概念有内涵与外延

内涵是概念中思维对象的本质属性，而外延是概念所反映的具有本质属性的对象的范围。有了内涵和外延，就可以对概念进行分类、比较甚至运算了。弄清楚概念的内涵和外延是掌握概念的最基本的内容。

例：长江中上游地区植被破坏会对环境造成哪些不利影响？

学生答：砍伐森林会造成水土流失、土地沙漠化及次生盐碱化，从而造成气候变坏、环境恶化。

解析：显然，植被应该包括森林和草原，而学生把“植被”简单地理解为“森林”，没有掌握“植被”这个概念的内涵和外延。

在这个例子中，学生由于没有弄清楚概念的内涵和外延而出现了错误回答，说明概念的内涵和外延是掌握概念的最基本的内容。同时还需要反思，学生出现问题的原因是不是与教师在教学中没有清晰地说明“植被”概念的内涵与外延有关，是否与教师不清楚概念的内涵与外延是掌握概念的最基本的内容有关。

（二）概念的构成

概念通常包括四个方面：概念的名称、定义、例子和属性。以概念“圆”为例，词“圆”是概念的名称；“到定点的距离等于定长的点的集合叫做圆”是概念的定义；用圆规画出的圆、车轮的圆是“圆”的例子；是平面图形、封闭图形、存在一个圆心、圆心到圆上各点的距离为定长（半径），等等，是圆的属性。

二、假概念与真概念

说到“狗”这个词，大多数人头脑中都会出现许多自己见过的狗，这时的“狗”属于经验性概括。这种概括是以“表象”为基础的。表象是感知过的客观事物在脑中再现的形象，也就是说，这些形象都是在生活中实际存在或实际存在过的。这种概念主要是基于事物的表象之间的“重叠”而形成的共相，被称为“家族相似性”，不是真正的概念，被维果茨基称为“假概念”，但它是概念形成的基础。“犬，俗称狗，为一种常见的犬科哺乳动物，是狼的近亲，是一种已经被人类驯化的家畜……”这是对狗的一种概念界定。同样一个词，既可以是假概念，也可能是真概念。因此，区分假概念和真概念，是区分假概念教学与真概念教学的前提。

那么，假概念与真概念的区别是什么？维果茨基说，是思维基础。思维基础又是什么？维果茨基又说，是抽象的运用。抽象就是把某一事物的某一特征作为引人注目的优先特征。抽象的运用包括两个同时共生的含义，第一是本质直观的产生，第二是抽象物（其核心是本质直观）的运用。其中，最重要的是本质直观的产生。只有在看到了许多现实的经验中的“红”之后才会把握和发现事物的红的特征，但是是否真的理解和把握了红，关键还在于能否想象出一种现实中没有的红。只有在想象的“红”产生的那一刻，红的概念才算是真正形成了。想象的“红”的产生就是本质直观的产生，也就是抽象物或者说本质直观即构造的红的第一次运用。

因此，如果学生只是记住定义，而不能运用定义，则说明学生的概念还没有形成。当然，如果学生形成了定义的本质直观，又记住了概念并能清晰地表达出来，概念掌握得就更好了。

三、概念有三种存在形式——本质直观、定义、理想类型

提到“概念”，想到的可能是“定义”，但实际上，定义只是概念的一种存在形式。概念有三种存在形式。

一是本质直观。在前面的“关于事实的知识”部分已经对此进行了论述。本质直观是从经验直观开始的，其存在可以在经验直观中例示，也可以在纯粹的想象中例示，但即使在经验直观中例示也已经是理性直观。本质直观的最基本的特点就是形成了“范本”。例如，头脑中有了“圆”的范本，既可以在头脑中想象一个圆，也可以在盘子中看到一个圆。这种几何抽象的“圆”在生活中是不存在的，是人们想象和构造出来的，正因如此，康德称这种概念为“纯粹知性概念”。本质直观是以“范本”为基础的。康德将“范本”称为“先验图式”。有了本质直观，才有了真正的抽象，才可

能有真正的概念。在本质直观之后，概念的发展出现了两条道路：对于数学和自然科学，必须在本质直观或者说范本的基础上形成定义，才算是有了真正的概念；而社会和人文科学则出现了另一类概念“理想类型”。

二是定义。对于定义，大家都非常熟悉。亚里士多德在《论辩篇》中论述了什么是定义和应该怎样下定义的问题，他把定义规定为“表明事物的本质的短句”。因此，定义是概念的一种存在形式。相应的，“下定义”是揭示概念内涵的一种方法。定义有两种：一种是描述性定义，一种是说明性定义。大家非常熟悉的是后者。后者也被称为一种揭示事物本质的逻辑方法。这种逻辑方法一般是通过邻近的属概念加上种差（被定义项与其并重概念间的差异属性），简称“属加种差”方法，如“直径（被定义项）是通过圆心的（种差）弦（属概念）”。定义规则是：（1）定义项与被定义项必须外延同一；（2）定义不应循环；（3）定义不应以否定句陈述；（4）定义不应使用比喻。属加种差的方法是一种说明的方法。描述性定义就是用描述的方法揭示事物的本质。描述的方法很多，基本的是列举法和举例法。列举法例如，“我们在数物体的时候，用来表示物体个数的1、2、3、4、5……叫自然数”；“像1.25、0.726、0.005等都是小数”。举例法比如，画出一个标准的圆，然后说这就是圆。描述性定义通常在两种情况下出现：一种是考虑到理解者的理解水平而采用描述性定义，例如刚才提到的小学数学对自然数和小数的描述。随着学习水平的提高，学生最终才会掌握自然数和小数的数学定义。另一种情况是在没有上位的“属”以及“种差”的情况下只能采用描述定义。所有学科都存在这样的定义。以数学中的“集合”概念为例，教科书给出的“一般的，某些指定的对象集在一起就成为一个集合，也简称集”。这种概念是无法说明而只能描述的概念，但却是许多其他概念的基础。因此，说明性定义和描述性定义都是具有重要意义的揭示事物本质的方法。

三是理想类型。任何一门学科的知识都是由比较精确的概念构成的，概念的精确程度是学科成熟程度的标志。受数学和自然科学的影响，社会科学如果要想成为真正的科学，就必须建立起一套像自然科学一样的精确而严谨的概念工具或者说概念形式。但是，社会科学的研究对象不同于自然科学的研究对象，自然科学的研究对象是“实事”（事物及发生在事物上的现象），而社会科学的研究对象是人类自身的社会行动。首先，社会行动是基于不同动机的主体的行动；其次，社会行动是一个非常复杂的体系；再次，这种体系不可重复和复制。更重要的是，社会科学以及人文科学与数学和自然科学的任务不同，正如伽达默尔说的："历史认识的理想其实是，在现象的一次性和历史性的具体关系中去理解现象本身。在这种理解活动中，无论有怎样多的普遍经验在起作用，其目的并不是证明和扩大这些普遍经验以达到规律性的认识，如人类、民族、国家一般是怎样发展的，而是去理解这个人、这个民族、这个国家是怎样的，它们现在成为什么——概括地说，它们是怎样成为今天这样的。"① 因此，社会科学需要不同于数学与自然科学的概念工具或概念形式。这种概念工具或者概念形式，一方面要避免具有过于一般性的概念以防止抹杀现象；另一方面又要克服历史学家过分个体化、孤立化、特殊化的研究，进而无法进行现象之间的比较。由此，韦伯提出了"理想类型"②。那么，到底什么是理想类型呢？

"ideal types"既可以被译成"理想类型"，也可以被译成"理念类型"。这两种译法正好揭示了这一概念的两个相关的特征：其一，这种类型只存在于人的观念中而不是现实中，因此是一种理念；其二，这种类型是一种理想化的典型，现实中的社会现象只能与之近似，不会同其完全一致。所以，韦伯强调，"就其概念的纯洁性来说，这种精神建构不可能通过经验在现实世界的任何地方被发现。它是一种'乌托邦'（utopia）。"③以上两个方面集中说明了理想类型属于人的主观的建构。这种主观建构实际上是一种抽象的理论建构。理想类型没有概括、不试图概括也不可能概括现实事物的所有特征，而是为了研究的目的单向侧重概括了事物的一组或某种特征。用韦伯的话来说，"一种理想类型是通过单向（one - sided）突出事物的一点或几点，通过对大量弥散的、孤立的、时隐时现的具体的个别现象的综

① 汉斯 - 格奥尔格 · 伽达默尔．诠释学 1 · 真理与方法［M］．洪汉鼎，译．北京：商务印书馆，2007：13.

② "理想类型"的概念最初出现于韦伯 1904 年发表的"社会科学和社会政策中的'客观性'"一文中。

③ Weber，M. The Methodology of the Social Science［M］. New York：The Free Press，1949：90.

合形成的……”① 正因如此，理想类型为比较在某一方面或某几方面具有共性的现象提供了可能。例如，斯普郎格根据人的六种类型的价值取向而将人分为六类：经济型——求利（企业家）、理论型——求真（哲学家、科学家）、审美型——求美（艺术家）、社会型——求爱（教育家、慈善家）、政治型——求权（政治家）、宗教型——求圣（宗教家）。这些概括都是从分析人的价值追求这一目的出发进行的抽象，而每一种类型都是针对某一种价值追求而言的。有了这样的抽象，人们就可以对人进行相对的对比和分类了。尽管是一种主观的理论建构，理想类型却并不是凭空虚构的，常常以许多“原型”（经验直观）为基础。例如，鲁迅的小说《祝福》中的祥林嫂、柳妈、鲁四爷等都是以生活中的原型为基础的，但“艺术又高于生活”，艺术人物不同于生活中的原型。理想类型的现实性不仅在于有生活原型，更在于其“时代兴趣”。所谓“时代兴趣”，体现的是某个时代社会文化内在的人们普遍认可的目的—手段逻辑以及作者对这一目的—手段的看法。小说中的人物类型往往是作者从时代兴趣和写作目的出发构造的一种典型的理想的人物类型。这种人物类型由于突出了某些本质，进行理论抽象，同时又非常形象直观，所以能够帮助人们容易地理解人的精神、历史，也就更容易帮助人们对人与人之间的不同本质进行比较。

由于社会行动是人的目的—手段因果关系的连续体，要使对社会行动的描写或者说研究客观，关键在于暴露抽象与时代兴趣之间的关联，即抽象类型构造与文化意义即时代的价值取向以及作者的价值取向之间的关联。这是社会科学区别于自然科学的最主要的特征。因此，社会科学的研究对象就是人的行动的目的—手段关系。其理想类型也在于抽象出一定的目的—手段关系。

韦伯的“理想类型”概念出现于 1904 年，但在此之前就有许多大师以类似的概念工具来描述社会的变化了。从而相继出现了一对对凸显传统社会与现代社会不同本质的概念：圣西门的“古代社会—工业社会”，曼恩的“身份社会—契约社会”，斯宾塞的“尚武社会—工业社会”，马克思的“封建主义社会—资本主义社会”，滕尼斯的“社区—社会”，托克维尔的“贵

① Weber, M. The Methodology of the Social Science［M］. New York：The Free Press, 1949：90.

族制—民主制”，迪尔凯姆的“机械团结—有机团结”，等等。正因为如此，韦伯并不认为他提出理想类型（ideal type）是在建立一种新的概念建构方法，而只是将在实际上已被应用的这种方法或者说概念工具明示出来而已。但是，这种明示是具有重要意义的。没有这种明示，大多数研究者就不能自觉地意识到自己所应用的这种概念工具，其陈述就会显得含混和不精确，更不可能对自己的概念进行反思了。而且，他们在根本上就不可能暴露自己的目的—手段，从而使得他们的研究就不可能是真正客观的。

以上这些二元对立的概念还提醒我们，这种二元对立主要是因为在论述社会变迁的动力求助于某种单一的解释而造成的。这种简单的或者说单一的理想类型的价值在于便于人的认识，但却显然具有片面性，因此，人们在理解和使用这种概念工具时一定要充分考虑到它的片面性。只有随着不同的理想类型越来越丰富，人们对现代社会的本质的认识才会越来越全面。

另外，理想类型还有不同的层次：一个是单一的或者称部分的类型—单位的理想类型，如人物形象或者类似“科层制”等，第二层次是更为复杂的更为全局性的理想类型，例如，“资本主义发展”。“在需要做出非常复杂的因果推断（如分析新教伦理与现代资本主义的关系）时，必须把所涉及的历史个体分解成为很多类型—单位。”① 但是，这些类型—单位是如何相互作用的，又需要一种社会行动的合理化的构想。因此，第二种理想类型必须由两个方面的概念构成：类型—单位概念和一般概念。“一方面，有科层制、祭祀、手工业等的类型—单位；另一方面，有行动的合理性等一般化的理论范畴。”② 这里的“一般的概念”指的是因果关系的说明性的概念，可见，复杂的“理想类型”中包含着本质直观和因果说明。这也就证明了人文社会科学中既有“理解”也有“说明”。

这里需要解释的是，这里的因果关系的说明是假设性的，也就是，理想类型这样一种概念工具中隐含着一个非常重要的方法论概念：“或然性（或偶然性）（Probability）”。“对这些类型—单位在相关情况下的发展路线，必须一一进行或然性判断。做这些判断靠的是建构，因此，就每一个成分

① 帕森斯．社会行动的结构［M］．张明德，等，译．南京：译林出版社，2003：704.

② 同①：703.

的建构来说，对一种假设在客观上可能存在的具体情况作预言，就很自然地容易发生谬误，更不要说对所有这些成分的整体进行建构了。"① 因此，韦伯反复提醒人们，理想类型的使用是有危险的。实际上，理想类型的意义在于通过建构模型分析和理解人和社会。人文和社会科学很难用自然科学的精确的定义来界定和理解事物，理想模型通过本质直观的方式，为人们提供了一种界定和理解事物的形式。因此，它与定义是同等重要的概念方式或者说概念形式。

三者之间的关系。本质直观是定义和理想类型的基础。没有本质直观的定义和理想类型是没有"物质基础"的，是形而上的，因此，概念教学必须以学生形成本质直观为基础，否则，学生无法理解定义和小说中的人物。有了本质直观，就有了经验性的概念，但由于没有明确为定义或理想类型，概念处于一种不明示、不明确的状态，不利于进行比较等换算或使用。例如，当在经验的基础上产生了"圆"的本质直观，但只有清楚地以定义的方式表达出直观中的圆，如"到定点的距离为定长的点的集合"，人们才能形成关于圆的具体的测量和判断方法。同样，人们在经验中会认识到"物以类聚，人以群分""道不同，不相为谋"等，但只有清楚地根据价值取向的不同对人进行分类之后，人才具有具体的识别判断人的标准。

那么，定义与理想类型的区别是什么呢？显然，首先是界定方式不同，定义是一个判断句，是直接用句子这种非直观的方式做出界定，而理想类型则是通过创作出典型的人物、事件等直观方式表达所抽象的实事。其次，定义是直接抓住事物的某一本质特征说明其种属关系，而理想类型则主要描述的是社会行动的目的—手段关系。

四、数学、自然科学和人文社会科学概念教学的异同——说明性为主的概念还是本质直观为主的概念

提到概念，人们自然想到的常常是科学概念。有人将概念分为科学概念与非科学概念。科学概念特指以自然为研究对象，通过问题、假说、实验、推理、质疑等研究过程而形成的对某一事物本质的定义。其特征是唯

① 帕森斯．社会行动的结构［M］．张明德，等，译．南京：译林出版社，2003：704.

一、普遍、严格，甚至是以数学为基础的。否则，就是非科学概念。

例如，对于“甲状腺素机能亢进”这种疾病，过去被人们认识到可以服用海带来有效地治疗，而达到这个目的并不需要现代科学的解释。因此，为解决同样的问题，有两种途径：其一是通过自然观察，比如对人体某些部位异常现象的认识。然后，根据经验建议患者适当食用海带，从而治愈疾病。其二是科学方法。首先进行仪器检查，然后根据检查结果运用现代医学理论（比如内分泌理论）对病灶进行分析。发现病人是患有“甲状腺素机能亢进”。这种疾病的定义和分析完全是建立在现代医学理论之上的。因为发现病人缺乏碘元素，所以可以通过服用一些相应药物而治愈。

再举一个金属冶炼的例子。中世纪的铁匠可以打制锋利的长剑和坚硬的盔甲。他们通过给金属加温，并知道当温度到达一定高度时（当时并没有温度的科学定义，也没有温度计。温度是依靠对金属颜色的观察来确定的）金属有延展性。当在某种温度以上对金属淬火时，可以把硬度成倍地提高。用此方法，铁匠们可以制造精美的刀剑和工具。但是他们不知道为什么金属淬火之后会提高硬度，更不知道马氏体、奥氏体以及碳元素在金属中扩散的概念。因为这些概念是在现代科学中才有定义的。所以我们说古典的炼铁术不是科学，只是技术。①

在当今中文的概念里，“科学”一词已经被赋予“正确”的含义。一个事物是否正确，可以说是否“科学”。如果说中医不是科学，很容易被理解为中医不“正确”。显然，这是一种字面上的误解。②

概念不仅仅有科学概念，还有非科学概念。人文社会科学中，这种非科学概念占主要地位，但是，非科学概念并不是不正确的概念，这是特别需要指出的。此外，一些科学家还进一步指出，科学的概念不等于正确的

①② 时东陆. 科学的定义［J］. 科学，2007（5）.

概念①。也就是说，科学概念与正确概念是概念界定的不同方式。关于科学概念与非科学概念的区分，对应的主要是数学、自然科学的概念教学与人文社会科学的概念的区分，但是，这种区分并没有将这种区分的本质内涵揭示出来。那么，自然科学与人文社会科学的概念的区别主要是什么？

自然科学的概念以种属关系或因果关系的说明为主，其中也有本质直观，但本质直观是以范例的方式出现，对于这种概念，暂且称其为“说明性为主的概念”。例如，摩擦力就是物体在不光滑表面发生相对平移或有相对平移趋势所产生的相反作用力，而摩擦力的大小决定于两个值——垂直压力和摩擦系数。固定其中的一个值，另一个值与摩擦力都是成线性正比关系。公式是 $f=\mu N$。举例：日常生活中汽车在公路上行驶是靠汽车轮胎与地面的摩擦力向前行进的。

人文社会科学的概念往往以本质直观为主，也有因果关系的说明，但往往以背景知识的方式出现，对于这种概念，暂且称其为本质直观为主的概念。例如，小说《祝福》中的“柳妈”就是鲁迅通过人物的语言、行为、心理等描写而构造出来的代表社会上一类人物的形象。

“我问你：你那时怎么后来竟依了呢？”

“我么？……”

“你呀。我想：这总是你自己愿意了，不然……”

“阿阿，你不知道他力气多么大呀。”

“我不信。我不信你这么大的力气，真会拗他不过。你后来一定是自己肯了，倒推说他力气大。”

“阿阿，你……你倒自己试试看。”她笑了。

柳妈的打皱的脸也笑起来，使她蹙缩得像一个核桃，干枯的小眼睛一看祥林嫂的额角，又钉住她的眼。祥林嫂似很局促了，立刻敛了笑容，旋转眼光，自去看雪花。

---

① 对此不再论述，感兴趣的话，可看相关文章，例如，江晓原．试论科学与正确之关系——以托勒密与哥白尼学说为例［J］．上海交通大学学报（哲学社会科学版），2005（4）．

"祥林嫂，你实在不合算。"柳妈诡秘地说。"再一强，或者索性撞一个死，就好了。现在呢，你和你的第二个男人过活不到两年，倒落了一件大罪名。你想，你将来到阴司去，那两个死鬼的男人还要争，你给了谁好呢？阎罗大王只好把你锯开来，分给他们。我想，这真是……"

她脸上就显出恐怖的神色来，这是在山村里所未曾知道的。

"我想，你不如及早抵当。你到土地庙里去捐一条门槛，当做你的替身，给千人踏，万人跨，赎了这一世的罪名，免得死了去受苦。"

如果给"柳妈"下个定义，大致可以是：这是一位"吃素，不杀生的，只肯洗器皿"的"善女人"，可就是这样一个连动物都不杀的人，却是杀祥林嫂的直接凶手。这种定义是无法与描述的丰富性相比拟的，甚至是无法让人理解的。前面已经谈到过，如果说自然科学的主要任务是揭示规律，那人文社会科学的任务除了揭示规律外，还要理解"这类人""这个民族""这个社会"。不过，要理解"柳妈"这个人物，不仅需要生动的描述，还需要"一般的概念"，也就是关于"柳妈"这个人物的行为、语言以及性格形成的因果关系的背景知识。

自然科学的概念与人文社会科学的概念之间也有共同之处。首先，要成为概念，必须有本质直观的产生，无论是标准的圆还是"柳妈"都是一种本质直观。其次，自然科学概念以说明性概念为主，但仍然需要范例，人文社会科学以本质直观为主，但仍然需要说明。

第二节　概念之间的关系

我们都知道，只有搞清楚概念与概念之间的关系，才能把握原理，才能建立知识结构，而这是掌握知识的基础，是减轻学生知识学习负担的基本方式。那么，对于概念与概念之间的关系，教师们知道得比较多的是奥苏贝尔的上位概念与下位概念，而实际上，上位概念与下位概念仅仅揭示的是概念之间包含与被包含的关系，概念之间的重要的实质性关系并不为教师们了解。既然如此，就先再看看奥苏贝尔的上位概念与下位概念的关系的实质，然后再来分析和揭示一些大家不是非常熟悉和清晰的重要的概念之间的关系。

一、奥苏贝尔的上位概念与下位概念的本质关系

奥苏贝尔的上位概念和下位概念是从属于他的上位学习与下位学习的。根据将要学习的新内容与学习者已经知道的相关内容之间的关系，奥苏贝尔把学习分为下位学习（subordinatelearning）、上位学习（super - ordinatelearning）和并列结合学习（combinatoriallearning）三类。如果将要学习的新内容在包摄和概括水平上低于学习者原有认知结构中已有的相关内容，这时的学习就是下位学习或类属学习（subsumptivelearning）。如，若学生在学习正方形、长方形、三角形时已形成了轴对称图形的概念（已有知识），在学习圆时，“圆也是轴对称图形”这一命题（新知识）的学习，就是下位学习。从概念的角度看，商品的上位概念是劳动产品；商品的下位概念是货币。由此可见，所谓上位概念就是统摄性更强的概念，也就是说，“上位”与“下位”是包含与被包含的关系，或者说是总括与从属的关系。

二、每个学科的每个概念都在特定的范畴中

我们在教学生概念的时候，往往教的是具体的一个一个的概念，如“函数的性质”“意象”“气候”等。不少数学教师对函数性质的具体内涵熟之又熟，但却对“为什么函数的性质包括这样几项内容”回答不上来。而后者是对函数性质的前提性与总体性的认识。没有这些认识，只是一个一个具体概念地教，就会导致学生只是单纯地进入详细的细节而缺乏对整体的把握，从而造成学习在全局性把握上的被动。因此，概念教学应该更加自觉地在“总体”中进行。那么，“总体”是什么？是学科的范畴。那么，什么是范畴呢？简单地说，范畴是学科所研究的事物的特定的属性及特定属性之间的关系。例如，数学研究的是客观世界的空间形式和数量关系以及二者之间的关系。因此，相应的属性概念和关系概念就成为学科概念体系的基本内容。其中，由于事物的属性决定属性间的关系或者事物间的关系，因而，关系概念在客观上依赖于属性概念，也就是说，所有的概念最终都要追溯到属性概念，这在客观上进一步保障了学科概念体系的统一性，即“总体”的真正实现。

关于“每个学科的每个概念都在特定的范畴中”，将在第四部分做更加详细的论述，想立即了解这一内容可参看其中的“教学科要回到学科的范畴”，而关系概念与属性概念的关系，正是接下来要讨论的问题。

三、概念的层次性与基本概念

概念是有层次的，其中有基本概念。正由于概念有层次以及有基本概念，知识才能构成结构和体系。因此，理解概念的层次性以及什么样的概念是基本概念是一个基础性的问题。

（一）属性概念是概念中的根本概念

一般认为，从概念的界定对象的性质或者说概念的内涵的性质看，有三种概念：实体概念、属性概念和关系概念，从逻辑上说，也就是关于实体的概念、关于属性的概念和关于关系的概念。

1. 实体概念在本质上是关于实体的属性和关系的概念

什么是实体呢？从哲学的角度来说，凡是不依赖于其他存在的、不能被消灭、不能被创造的存在就是实体。哲学中的“实体”相当于“本体”。本体是指原本就存在的物体，是一切事物最原初的存在。唯物主义者认为，这样的实体只有一种——物质。唯心主义者则认为，精神是实体。真正的实体或者说绝对的实体也就是本体，实体和本体都是指宇宙客观存在的物质和上帝。被普遍认可的实体是物质。那么，自然界的动物、植物、水、土以及人造的房屋、汽车等具体事物是否属于实体呢？从哲学的角度看，不是。实体与物体、事物是不同的概念。物质的唯一特性是永恒的客观实在性，而“客观实在性”是物质与意识相比较而抽象出的唯一特有的共性。在哲学层面，物质作为唯一的被普遍认可的实体与物质的客观实在性是对应的，因此，实体已经是对物质的各种形态和属性的抽象了。

从逻辑学角度，实体指的是具体的物体、事物或事件，实体概念往往与属性概念相对。区分实体概念和属性概念，有助于正确表达思想，如，“你要多吃些营养”应表达为“你要多吃些营养品，多增加些营养”才合逻辑。营养品是实体概念，而营养是属性概念。所谓“实体概念”，如对事物本身的界定，这个事物既可以是客观存在的，也可以是人造的，既可以是具体的，也可以是抽象的，例如，“富士山”“‘八一’起义”“圆”“原子”“分子”“奶粉”“火车”等。其中，像“富士山”“‘八一’起义”这样的具体的实体概念也被称为具体概念。由于我们不可能全面认识事物的所有“侧面”，因而对任何事物的认识都只能是相对的，不可能形成绝对唯一的抽象，因此，任何一个具体概念都只能是对事物的某一个方面的属性的界定。比如，“富士山”是一座火山，“‘八一’起义”打响了武装反抗国民党反动派的第一枪，宣告了中国共产党领导的新型人民军队的诞生。像“圆”“分子”“奶粉”这样的实体概念是人们根据事物的本质构造出来的抽象的实体概念。这种抽象的实体概念需要通过属性和关系来加以界定。例如，“分子”是独立存在而保持物质化学性质的最小粒子；“圆”是到定点的距离等于定长的点的集合（或轨迹）；“奶粉”是一种营养品。回过来，我们再来回答“什么是实体”，实体是具有某种属性和关系的客观实在。

2. 关系概念取决于属性概念

事物之间的关系之所以发生首先取决于事物的属性。属性是由事物本身、内部结构等因素的特点所决定的，是客观的、绝对的，而关系是相对的，是由属性决定的，而且是有条件的。比如，人的“性别”是人的自然属性，是绝对的。一般来说，它决定着男女之间会结成连理，成为“夫妻”，这是一种关系。但是，并不是所有的男女都会结为夫妻。在网上读到马英卓先生的文章“研究物理的终极目的是属性”①，其中分析：运动是物质的根本属性；惯性、磁性、弹性等是物质的属性；“力”是关系概念；推、摩擦、碰撞等都是作用方式，都是关系词，与“力”加起来还是关系概念，如，推力、碰撞力等；惯性力、磁性力、弹性力是属性关系概念；“当我们已经获得了事物的属性（本质或本能）的认识（确切的认识）时，就已经是认识的‘最终结果’了。如果还要问属性来源于什么，就画蛇添足了。”②

从以上分析得到的实体概念、属性概念和关系概念的关系中，我们可以进一步得出，属性概念是最根本的概念。这也就启发我们，在概念教学中，只有追问到属性概念时，实体概念和关系概念才能算是讲到位的。因此，属性概念

①② 马英卓：研究物理的终极目的是属性［EB/OL］．（2007-01-10）［2009-05-20］．http://www.100paper.com/100paper/lixue/xulixue/20070621/19638.html.

应该是由概念构成的知识结构的基本概念，是概念教学的刨根问底的方向。

（二）一种特别的概念——纯粹本质直观的概念是最基本的概念

前面提到在没有上位的“属”以及“种差”的情况下只能采用描述的方法进行界定的概念。以数学中的“集合”概念为例，教科书给出的“一般的，某些指定的对象集在一起就成为一个集合，也简称集。”这种概念是纯粹本质直观的概念。这种概念是各学科的最基本的概念。所有学科都存在这样的概念，其无法说明而只能描述，但却是许多其他概念的基础。

四、名词概念与动词概念

提到概念，大家想到的是三角形、摩擦力等。这些都是名词概念，其实，除了名词概念外，还有动词概念，例如，假设、观察、实验、讨论、改良、变革、迁徙、适应等。动词概念往往与名词概念具有相应的关系，例如，观察的界定是由观察对象的界定决定的。如果忽略了动词概念的界定和理解，概念教学就是不完整的。并且，对动词理解得模糊直接会导致教师的教的行为和学生学的行为的模糊。关于这个问题，将在第四部分“知识教学中需要关注的问题”中的第六节“为什么课堂上的活动常常不够有效？——有效的动作、程序、动词均基于概念及概念的思维基础”做具体分析。

第三节　原理与规律、公理、定理、概念

对于原理，《辞海》的解释是：“通常指某一领域、部门或科学中具有普遍意义的基本规律。科学的原理以大量实践为基础，故其正确性多为实践所检验与确定。从科学的原理出发可以推演出各种具体的定理、命题等，从而对进一步实践起指导作用。”

确实，原理是规律的陈述。因此，要理解原理，在本质上需要理解的是规律。在后面“胡塞尔对观念、规律、科学和理论的分层”的介绍和分析中将对“规律”做深入的分析：规律包括自然规律（通常所说的科学规律）和理论规律。在此，主要就原理与公理、定理、概念的关系做一简单说明：原理的陈述形式是命题；原理以概念为基础；原理是方法的基础。

一、原理要以概念为基础

首先，对原理所论及的对象需要清楚明确的表述，其中包含对对象的某一属性的把握并能将这一属性用一个词准确地表达出来；其次，所谓规律往往涉及几个对象或者对象中几个属性之间的关系，前面提过关系是以属性为基础的。

例：长江中上游地区植被破坏会对环境造成哪些不利影响？

学生答：砍伐森林会造成水土流失、土地沙漠化及次生盐碱化，从而造成气候变坏，环境恶化。

解析：学生把水土流失、土地沙漠化、土地的次生盐碱化混答在一起是错误的。以上三种情况是在不同地区产生的不同的环境问题。"水土流失"是指降水量较大、地形坡度也较大的地区植被破坏后可能产生的环境问题；"土地沙漠化"是指降水量较小、风力较大的地区植被破坏后可能产生的环境问题。"土地次生盐碱化"一般是由于较干旱地区不合理灌溉造成的。

显然，在以上问题的答案中看到，学生对"水土流失""土地沙漠化"及"次生盐碱化"所含的概念和原理都不清楚。

二、原理有两个层次

原理有两个层次：公理和定理。公理是最基本的原理，定理是在公理基础上形成的。

（一）公理有两种

一种是纯粹经验本质直观的公理，也被称为非逻辑公理。

一般所说的公理是指经过人们长期实践检验、不需要证明同时也无法去证明的客观规律，如，在初中平面几何开篇所学的"两点确定一条并且只有一条直线""三点确定一个平面"等。正是在这些公理的基础上，才建立起了平面几何的诸多定理，并最终建立了平面几何这门学科。

这种公理的不需要证明同时也无法证明，说明了它的“纯粹”“经验性”。在传统认识论中，这种公理被认为是经验归纳的产物，即是从具体的、个别的现象中归纳抽象出的本质；而按照爱因斯坦以及现象学的说法，这种公理是本质直观的产物。爱因斯坦分析了公理 A 与直接经验 ε 的关系：A 以 ε 为基础，但是在 A 与 ε 之间不存在任何必然的逻辑联系，而是一种直觉的联系，它不是必然的，是可以改变的。也就是说，从经验材料到有逻辑的普遍原理之间并没有一条逻辑的道路，靠的是人的直觉，也就是现象学所说的本质直观。这种本质直观产生的前提又是什么呢？爱因斯坦认为是“全神贯注”，现象学认为是长时间的“逗留”。在前面“关于事实的知识”部分已经介绍，本质不是对具体、个别归纳抽象得到的，而是在“个别的看”的同时存在“一般的看”，只是这种“一般的看”是以“具体”为直观的。但无论如何，这种本质直观是一种经验直观，但同时又是一种理性直观。

本质直观的公理与前面提到的最基本的概念即纯本质直观的描述性定义相似，也是一种纯本质直观的描述性的最基本的原理。这种公理是一种经验性的假设，而且是无法证明的，可是却是人类知识大厦建立的基础。由此可见，人类的知识大厦的基础并不是绝对客观、牢固的，而是具有主观性并且相当脆弱。因此，人类必须不断对自己所设定的各种公理进行认真的反思。

另一种是纯粹演绎逻辑推理的公理，也被称为逻辑公理。

例如，亚里士多德的三段论。三段论是由两个包含着一个共同词项的性质判断推出另一个新的性质判断的演绎推理。任何一个三段论都包含三个不同的词项，分别叫：大项、小项和中项。在结论判断中作谓项的词项叫大项，大项通常用“P”来表示；在结论判断中作主项的词项叫做小项，小项通常用“S”来表示；在前提判断中出现两次而在结论判断中不出现的词项叫做中项，中项通常用“M”来表示。任何一个三段论都包含着三个不同的判断，即大前提，小前提和结论。其中，包含着大项的前提叫大前提；包含有小项的前提叫小前提；包含有大项和小项的判断叫做结论。三段论的词项有两个主要特点：第一，任何一个三段论，必须有也只能有三个不同的词项；第二，任何一个三段论，其中的每一个词项必须也只能在两个性质判断中各出现一次。例如，凡是金子都闪光，这是金子，所以闪光。

所有的人都是要死的，苏格拉底是人，所以苏格拉底是要死的（这是著名的苏格拉底的三段论）。

“演绎推理”除了三段论外还有假言推理和选言推理，它的本质上是结论在普遍性上不大于前提的推理，即小于等于前提的推理。演绎推理的正确性取决于两点：一是大前提的正确性；二是推理过程中结论不大于前提。这两个条件中，“大前提”是一个经验判断，如，“人都是要死的”“凡是金子都闪光”“大前提的正确”是经验判断的正确，它关系到纯粹演绎推理的正确性，但不属于纯粹演绎推理。纯粹演绎推理指的是在大前提正确的条件下按照演绎逻辑或者说规则进行推理，其结论必然正确。因此，这种纯粹演绎推理被称为必然的推理，推理的规则或者说原理通常被人们称为公理的方法。实际上，它本身就是一种公理，是一种先天的纯粹的公理。

（二）定理是纯粹本质直观的公理与纯粹演绎推理的公理结合的产物

公理是最基本的或者说第一层次的原理，而定理则是第二或者第三层次的原理，是从公理中产生的。那么，定理是怎样从公理中产生的呢？它是纯粹本质直观的公理与纯粹演绎推理的公理结合的产物。欧几里得的《几何原本》是用公理法建立起演绎的数学体系的最早典范。在这部著作里，全部几何知识都是从最初的几个公理出发、运用逻辑推理的方法形成一系列定理，并形成了一个比较严密的理论系统。

10

关于方法和方法论的方法性知识

方法通常被认为主要是靠人悟出来的，掌握方法的人常常被认为是有悟性的。“悟”似暗含“天机”之意，因此，“方法”常常给人以神秘感，从而使得不能掌握方法的人只能叹惜自己没有“悟出天机”的“天分”了。如果是这样，教育的可能性和人的后天发展的可能性就大大减小了，对学校而言，“生源的质量”也就变得极其重要了。由此可见，对方法的认识对教育的影响很大。那方法真的像人们想象的那样神秘吗？确实，掌握方法是一件不容易的事情，因为方法以原理为基础，而且方法里套着方法，但是，方法绝不神秘，方法是具有客观性的。

第一节　原理的层次性与方法的层次性

方法并不神秘，首先因为方法来自原理，即原理是方法的基础，原理的层次性决定着方法的层次性。在此，主要以胡塞尔对规律、科学和理论的分层为理论依据进行相应的方法的分层并理解原理的层次性是如何与方法的层次性相对应的。

一、原理是方法的基础

原理是规律，揭示着事物发生发展的因果关系或者目的—手段关系；而方法是一种程序，即先做什么后做什么的程序，这种程序的根本依据是事物的因果关系或目的—手段关系。关于方法和原理的关系在本质上与信息加工心理学所划分的陈述性知识（declarative knowledge）和程序性知识（procedural knowledge）相同。陈述性知识回答“是什么”“为什么”的问题，以命题形式表达公理、定理、公式、原理、性质等方面的内容；而程序性知识回答“怎么办”的问题，以“条件—行动”产生式表达行为的程序。其中，程序性知识的“条件—行动”是以陈述性知识表达的因果关系或目的—手段关系为基础的。（关于二者的关系，在后面的“程序性知识以陈述性知识为基础”中将有具体论述）因此，原理是方法的基础。其实，这是一个非常朴素的道理，不需要多做说明，但是，人们在谈到方法的时候却常常可能忘掉了它。当对方法的认识失去了这个最根本的基础的时候，方法就自然变得神秘了。当然，方法以原理为基础，但方法自身还有层次和系统问题，因此，方法的形成除了以原理为基础外还有自身的复杂性。不过，不同层次的方法以及方法的系统性又与原理的层次性和系统性有关。因此，理解原理、规律的层次性和系统性仍然是理解方法的层次性和系统性的基础。

可是，这里似乎出现了一个矛盾：在前面论述知识的四个层面时提到，概念和原理是由方法和方法论决定，而现在又提出方法产生于原理和规律，这是不是矛盾了？不是，规律是有层次的，高层次的规律决定低层次的规律，高层次的规律产生的方法会决定低层次的概念和原理。

二、胡塞尔对观念、规律、科学和理论的分层

胡塞尔是德国哲学家，现象学的奠基人。他所创立的现象学是20世纪最有影响的哲学流派之一，也是西方学术界公认的近代以来最重要的哲学思想。在笔者看来，他的《纯粹逻辑学导引》以及《现象学研究与认识论》等著作的最重要的价值在于对规律的层次以及人类的认识层次进行了划分，也就是对科学和理论进行了层次的划分，明确了纯粹逻辑学和纯粹现象学

在人类认识中的地位。并且，胡塞尔关于观念、规律、科学和理论的分层对于笔者理解方法的层次性和系统性具有重要的基础意义。

胡塞尔将人所认识的规律分为两类——自然规律和理论规律，将科学相应地分为两类——纯粹现象学和纯粹逻辑学构成的观念的科学与其他经验科学构成的实在的科学。

（一）观念是对认识自身的当下的把握

《辞海》对“观念”的解释是：

> ①看法、思想。思维活动的结果。②在英国经验派的哲学中，指人类意识或思维的对象，即感觉、知觉。唯物主义的经验论者洛克认为观念来自对外界事物或内心活动的观察；唯心主义的经验论者贝克莱否认观念来源于客观存在的事物，断言外界事物乃是观念的或“感觉的组合”。在客观唯心主义哲学中，观念指永恒不变而为现实世界之根源的独立存在、非物质的实体（柏拉图），或“自在而自为的真理——概念和客观性的绝对统一”（黑格尔，《小逻辑》）。一译“理念”。在康德的《纯粹理性批判》中，观念亦称“纯粹理性的概念”，指从知性产生而超越经验可能性之概念（“上帝”“自由”“灵魂不朽”），多被译为“理念”。①

确实，“观念”一词，在西方哲学史上有着悠久的历史，每个哲学流派都有对它的不同界定。例如，洛克提出观念是思维的对象，人能够意识到的思维对象有两个来源，因而有两套观念。

> 观念是思维的对象——人人既然都意识到，自己是在思想的，而且他在思想时，他的心是运用在心中那些观念上的，因此，我们分明知道，人在心中一定有一些观念，如“白、硬、甜、思、动、人、象、军、醉”，等等名词所表示的。②

---

① 辞海编辑委员会．辞海［M］．上海：上海辞书出版社，1979：1128.

② 洛克．人类理解论（上册）［M］．关文运，译．北京：商务印书馆，1981：68.

感觉的对象是观念的一个来源——第一点，我们的感官，在熟悉了特殊的可感的物象以后，能按照那些物象刺激感官的各种方式，把各种事物的清晰知觉传达于人心。因此，我们就得到黄、白、热、冷、软、硬、苦、甜以及一切所谓可感物等等观念。我所以说，各种感官能把这些观念传达在心中，亦就是说，它们把能产生知觉的那些东西传达在心中。我们观念的大部分，既导源于感官，既是由感官进到心中的，因此，我们便叫这个来源为“感觉”。

心理活动是观念的另一个来源——第二点，经验在供给理解以观念时，还有另一个源泉，因为我们在运用理解以考察它所获得的那些观念时，我们还知觉到自己有各种心理活动。我们的心灵在反省这些心理作用，考究这些心理作用时，它们便供给理解以另一套观念，而且所供给的那些观念是不能由外面得到的。属于这一类的观念，有知觉（perception）、思想（thinking）、怀疑（doubting）、信仰（believing）、推论（reasoning）、认识（knowing）、意欲（willing），以及人心的一切作用。……这种观念的来源是人人完全在其自身所有的；它虽然不同感官一样，与外物发生了关系，可是它和感官相似，所以亦正可以称为内在的感官。不过我既然叫前一种为感觉，所以应叫后一种为“反省”。①

而胡塞尔所指的观念主要是后者，即当认识事物时人对自身的认识的“当下”把握。

当下是在这个意义的当下，即：一个实事状态如何能够在这个或那个理解中根据它的种类的不同而作为个别的或一般的、经验的或观念的等等，而成为“当下的”。将所有原本地给予性的体验联结在一起的相似性导致了相似的话语：人们将明见性称为对自身被给予的（真实的）实事状态或者近似模糊地称为对真理的看、洞察、把握。正如在感知的领域中不看和不存在不是一回事一样，明见性的缺乏也并不意味着非真理性。对意指行为与被意指的自身的当下之物的一致性的体验、对现实的

① 帕森斯．社会行动的结构［M］．张明德，等，译．南京：译林出版社，2003：69.

> 陈述意义和自身被给予的实事状态之间的一致性的体验是明见性，而这种协调性的观念是真理。真理的观念性也构成了它的客观性。①

将胡塞尔的这段话大致翻译为："当下"的把握指的是人在接触事物中自然得到（即"原本被给予"）一种体验和认识时，能够对为什么这个事物能够给予自己这种体验和这种认识（即"被意指自身"）有一个比较清醒的把握。这种把握也就是一种观念活动，由于其在"被给予之物"和"被意指自身"之间来回活动，又被称为协调性的观念活动。这种观念被称为"协调性观念"，这种协调性决定了真理的客观性。

这种观念也被形象地称为"内感知"，是对人的思维本身的感知。

（二）区分自然规律和理论规律，观念科学是关于思维规范规律的理论规律的科学

所谓"自然规律"，就是人在认识事物中直接获得的规律。所有自然规律，也就是在经验研究中所获得的理论，都能对思维具有规范作用。因此，胡塞尔特别强调，观念科学不是一般的思维规范规律的科学，而是一门关于思维规范规律的理论规律的科学。

> 例如，著名的定律：$(a+b)(a-b)=a^2-b^2$ 便意味着，从任意的两个数字的和与差中得出的积与它们的二次方的差是相同的。这里谈的不是我们的判断以及判断应当如何操作的方式。我们这里所面临的是理论的规律而不是实际的规则。反之，如果我们来看一个相应的定律："只要获得两个数的平方的差，便可确定这两个数的和与差的积"，这样我们便相反地说出了一个实际的规则而不是一个理论规律。在这里，首先是通过对规范思维的引入，规律变成了规则；规则是规律的自命的、确然的结果，但在思想内涵上却不同于规律。我们在这里还可以往下走。很明显，以同样的方式，任何普遍真理，无论它属

① 埃德蒙德·胡塞尔，埃尔玛·霍伦斯坦．逻辑研究·第一卷·纯粹逻辑学导引［M］．倪梁康，译．上海：上海译文出版社，2006：186.

于哪一个理论领域，都可以用来论证正确判断的一般规范。在这点上，逻辑规律并不以任何方式显示自己有特别之处。根据它们的固有本性，它们不是规范的真理，而是理论的真理，并且作为这种真理，它们和所有其他科学的真理一样，可以被用来对判断进行规范。①

自然规律是一个受到经验论证的实时性存在或实时性事件的规则，它的对立面不是作为规定的规范规律，而是在一种纯粹建立在概念（观念、纯粹概念本质）之中并因此而是非经验的规律意义上的观念规律。形而上学逻辑学家们在谈到规范规律的时候所看到的是这种纯粹概念性的，并在此意义上先天的特征，就这点而论，他们的论据涉及了一些无疑是正确的东西。但是它们忽略了纯粹逻辑定律的理论特征，他们误解了由于其内容而被命定用来规定认识的理论规律与本身在根本上具有规定特征的规范规律之间的区别。②

也就是说，自然规律和理论规律都对人的思维具有规范作用，或者都可以被称为“思维的规范规律”，但是，二者对思维的规范的内容和性质是不一样的。前者对人在经验的思维过程中直接起规范作用，而后者则是在对思维规范的规律的分析中起作用。

（三）科学分为两大类：观念的科学和实在的科学

自然规律和理论规律对应的是科学的两大分类——实在的科学和观念的科学。实在的科学又被称为经验的科学，其研究所获得的自然规律必须是在对现象的某一特征的归纳基础上形成，因而是后天的，而且所有的结论都不是绝对的，都只能以“假说”形态存在。而观念的科学研究的是人的思维规范规律的逻辑性，其结论产生于逻辑分析中，因而是先天的，结论是绝对的。

在观念科学和实在科学之间存在着一个根本的、始终无法克服的区

① 埃德蒙德·胡塞尔，埃尔玛·霍伦斯坦．逻辑研究·第一卷·纯粹逻辑学导引［M］．倪梁康，译．上海：上海译文出版社，2006：154.

② 同①：162.

别。观念科学是先天科学，实在科学是经验科学。如果前者阐述的是那些带有明显的确定性建立在真正的总的概念之中的观念规律性的普遍性，那么后者则确定实在规律性的普遍性，并且这些普遍性的确定带有明显的、与事实的领域有关的或然性。普遍性概念的范围在前者那里是最低的种差的范围，在后者这里则是个体的、时间上确定的个别性的范围；在前者那里，最终的对象是观念的种类；在后者这里是经验的事实。显然在这里设定了在自然规律和观念规律之间，关于事实的普遍定律（它们也许伪装成总体定律；所有乌鸦都是黑的——这个乌鸦是黑的）和真正的总体定律（像纯粹数学的普遍定律这样的总体定律）之间，经验种群概念和观念的性属概念等等之间的根本区别。①

（四）纯粹现象学与纯粹逻辑学一起构成观念的科学

正因为关于思维规范规律的理论规律的研究是纯粹建立在观念逻辑基础上的，胡塞尔才将这种科学称为“纯粹逻辑学”。还有与纯粹逻辑学建设紧密相关的是纯粹现象学。通常，大家对纯粹逻辑学是比较了解的，但对纯粹现象学相对比较陌生。下面几段话能够帮助我们简要地了解纯粹现象学与纯粹逻辑学的关系以及纯粹现象学的研究内容。

现象学打开了“涌现出”纯粹逻辑学的基本概念和观念规律的“泉源”。只有在把握住这些基本概念和观念规律的来历的情况下，我们才能赋予它们以“明晰性”，这是认识批判地理解纯粹逻辑学的前提。②

但逻辑之物起先是以一种不完善的形态被给予我们的：概念是作为或多或少动摇不定的语词含义被给予我们，规律则因由概念构成而作为同样动摇不定的判断被给予我们。③

① 埃德蒙德·胡塞尔，埃尔玛·霍伦斯坦．逻辑研究·第一卷·纯粹逻辑学导引［M］．倪梁康，译．上海：上海译文出版社，2006：174.

② 埃德蒙德·胡塞尔，埃尔玛·霍伦斯坦．逻辑研究·第二卷·现象学研究与认识论［M］．倪梁康，译．上海：上海译文出版社，2006：4－5.

③ 同②：6.

因此，逻辑观念的这种被给予以及在它们之中构造起来的纯粹规律的被给予是无法令人满意的。由此而产生出从认识论上澄清逻辑观念、概念和规律的重大任务。现象学的分析便起始于此。①

说得明了些：纯粹现象学的主要任务是对语言表达进行逻辑的区别，将逻辑澄清后的语言交给纯粹逻辑学去研究。例如，“表达”是大家在生活中常用的一个词，也是在纯粹逻辑学中分析人们所表达的语言时必然要接触的词，但是，在日常生活中或者说进入纯粹逻辑学的“表达”一词是未经过分析的笼统的词。纯粹现象学的任务就是从实际的“表达”的存在状态的体验出发（纯粹现象）对这个词的来历进行考察，明确其所借助的对象以及所意指的含义并明确各种逻辑关系，最终将其变成一个具有明晰性的词，交给纯粹逻辑学，才可以在人的观念中有效地使用。胡塞尔对“表达”做过非常细致的分析：“每个表达都不仅仅表达某物，而且它也在言说某物；它不仅具有其含义，而且也与某些对象发生关系。这种关系在一定情况下是多层次的关系。但对象永远不会与含义完全一致。当然，含义与对象这两者只是因为给予表达以意义的心理行为的缘故才同属于表达。如果人们在这些‘表象’方面区分‘内容’和‘对象’，那么这指的也就是在表达方面的区分：表达所意指的或‘所陈述的’和表达所言说的。”② 这只是胡塞尔对“表达”一词的分析的片段。我们知道，在生活中，我们每天都在说着很多词，但这些词的含义常常是模糊、笼统的，这显然影响了人的思想的清晰性以及交流的清晰性。大体明白些意思，对人的生活还不至于有太大的影响，但对于思想的辨析与进步来说则是很大的障碍。对生活中重要的词的辨析是纯粹现象学的重要任务或者说是一种纯粹现象学的研究，可见，纯粹现象学的任务是多么繁重。胡塞尔就是终生从事这样一种研究的伟大学者。他的一段话比较清楚地表达了他的心志。

① 埃德蒙德·胡塞尔，埃尔玛·霍伦斯坦．逻辑研究·第二卷·现象学研究与认识论［M］．倪梁康，译．上海：上海译文出版社，2006：7.

② 同①：54.

但无论纯粹现象学，特别是逻辑体验的纯粹现象学所遇到的困难有多大，它们决不是那种使任何克服它们的企图都显得毫无指望的困难。目的明确、愿献身于这项伟大事业的一代研究者之间的坚定合作（我贸然做此判断）将会使这个领域中的最重要的问题、与这个领域的基本状态有关的问题得到充分的决断。这里是一组可及的、对于一门科学的哲学的实现来说根本性的发现。当然，这些发现缺乏那种耀眼夺目的光彩；它们缺乏在实际生活方面或在推动更高的情感需求方面直接可把握的有用性；它们还缺乏实验性方法所具有的显赫装置，正是借助于这些装置，实验心理学才赢得了信任和众多的合作者。①

纯粹现象学是纯粹逻辑学的基础，是联结生活经验、经验科学与纯粹逻辑学的桥梁，但它是纯粹认识性的、观念性的，是在对人的认识的体验中进行的对人的认识的反思和厘清，与纯粹逻辑学一起构成观念的科学。

（五）观念的科学才是真正的科学和真正的理论，是科学的根

前面提到自然规律和理论规律的区别，自然规律都是或然性的规律，而理论规律都是绝对性的规律，因此，研究理论规律的观念的科学才是真正的科学。更重要的是，“科学认识本身是来源于根据的认识”②，而所谓“根据”就是我们思维中所用的各种概念的名称的明确性和概念在论证过程中的有效性。观念科学就是“根据的学科”，因而是科学的科学。通常，人们将所有在经验探究中发现的自然规律都称为“理论”，实际上它们都是或然性的理论，只有探索理论规律的理论才是绝对性的理论。另外，观念科学研究的是“理论可能性的条件”，是关于理论的理论，因此是“真正的理论”。

正因为观念科学解决的是科学认识的根据，因此，观念科学是科学的根，自然也是实在科学或者说经验科学的根。

首先，各门科学中所运用的概念都需要通过观念科学加以澄清。

---

① 埃德蒙德·胡塞尔，埃尔玛·霍伦斯坦．逻辑研究·第二卷·现象学研究与认识论［M］．倪梁康，译．上海：上海译文出版社，2006：12.

② 埃德蒙德·胡塞尔，埃尔玛·霍伦斯坦．逻辑研究·第一卷·纯粹逻辑学导引［M］．倪梁康，译．上海：上海译文出版社，2006：229.

正如人们根据以上所述可以得知，我把纯粹逻辑规律理解为这样一些观念规律，这些观念规律纯粹地建立在概念、真理、命题、对象、性质、关系、联结、规律、事实，等等的意义（“本质”“内容”）之中。更一般地说，它们纯粹地建立在那些属于所有科学的遗产的概念之中，因为它们代表了作为基石的范畴，科学本身按其概念来说便是由这些基石构造起来的。①

也就是，各个学科都会在论述中用到“概念、真理、命题、对象、性质、关系、联结、规律、事实”这些词，这些词是学科具体概念和原理背后的概念，而这些背后的概念的澄清是非常重要的。这种澄清的任务，是观念科学工作的内容。

其次，观念科学是自然哲学、科学哲学的来源。

显而易见，纯粹现象学的认识“理论”而后又可以运用于所有那些自然的、在好的意义上“素朴的”科学，这些科学通过这种方式而转变为“哲学的”科学。换言之，它们转变成这样一些科学，这些科学所提供的是在任何一种可能的和可被要求的意义上受到澄清和保证的认识。至于实体科学，它也要在认识论上受到澄清，这项澄清工作也可被表达为：“自然哲学方面的”或“形而上学方面的”充分评价和利用。②

也就是说，纯粹现象学和纯粹逻辑学作为“根”将带动各门科学的哲学的各“系”的发展，从而推动各门科学的发展。不仅纯粹现象学，还有纯粹逻辑学，或者说整个观念科学是自然哲学、科学哲学的来源。

三、宏观上三个层次的方法

人们常常将方法作为实现目的的手段，但是当目的和目标都非常明确

---

① 埃德蒙德·胡塞尔，埃尔玛·霍伦斯坦．逻辑研究·第一卷·纯粹逻辑学导引［M］．倪梁康，译．上海：上海译文出版社，2006：121.

② 埃德蒙德·胡塞尔，埃尔玛·霍伦斯坦．逻辑研究·第二卷·现象学研究与认识论［M］．倪梁康，译．上海：上海译文出版社，2006：21.

并非常迫切时，又往往会出现一个现实问题：什么样的人能够从目的出发找到方法（显然这时的方法是实践中的具体的方法）？对此的回答是，方法是系统的、有层次的，只有理解了方法的系统，有了上位的方法，才更有可能具有实践中的具体的方法。

方法是有层次的，这是共识。但是，到底有几个层次的方法，看法则不尽相同。通常出现的关于方法的分层是：哲学方法、一般方法或称学科间方法（如系统方法）、学科特殊方法或称个别学科方法（如数形结合方法）、具体的手段性的方法（如调查法）。这样的分层总体上是一种描述性的分层而且分层的依据不是单一的，因而显得有些杂乱。而要真正理解并形成比较清晰的方法层次，需要揭示不同层次方法的本质特征并以本质特征标识方法。

在前面的思考中已经得出，方法是由事物的属性和关系决定的，也就是由规律决定，可以说，找到了规律，也就找到了方法。在学习胡塞尔的思想中进一步理解到，规律是有层次的，因此，方法的层次应该与规律的层次相对应。于是，可以得出以下层次划分。

（一）最高层次的方法是自然之法

最高层次的方法是由世界观直接决定的，世界观探讨的是整个世界的属性：世界是物质的还是精神的。这样的探讨直接决定着人与世界的关系：是以人为中心还是以世界为中心。随着人类的发展以及人们对人类与自然、宇宙关系的不断重新认识，人们越来越认识到，人在认识上最大的误区也是最难以克服的误区是自我中心。因此，能够在多大程度上摆脱自我中心是人的认识的客观性的一个重要前提和衡量维度。人必须放弃以人为中心思考问题的方式，要“回到实事本身”！

那么，放弃以人为中心，人类还能发展吗？史蒂芬·霍金明确指出：人类的思维，认知科学只有放弃以自身为宇宙的中心，真正让意识伴随着宇宙从无到有、由小至大地发展变化，才能最终理解宇宙，从而认识自我，认识生命与精神世界。

爱因斯坦认为，科学的发展以及一般的创造性精神活动的发展需要内心的自由，这种内心自由是大自然难得赋予的一种礼物，而内心自由来自人的理想和追求。他说："当我还是一个相当早熟的少年的时候，我就已经深切地意识到，大多数人终生无休止地追逐的那些希望和努力是毫无价值的。而且，我不久就发现了这种追逐的残酷，……每个人只是因为有个胃，就注定要参与这种追逐。……一个有理想、有感情的人却不能由此而得到满足。……由于读了通俗的科学书籍，我很快就相信……在我们之外有一个巨大的世界，它离开我们人类而独立存在，它在我们面前就像一个伟大而永恒的谜，然而至少部分地是我们的思维所能及的。对这个世界的凝视深思，就像得到解放一样吸引着我们，而且我不久就注意到，许多我所尊敬和钦佩的人，在专心从事这项事业中，找到了内心的自由和安宁。"他表示："我从来也没有为选择了这条道路而后悔过。"① 是啊！这种"内心自由"、对世界的"凝神深思"正是爱因斯坦思想创造的最根本的方法。

中国的道教思想"人法地，地法天，天法道，道法自然"源远流长，西方自古也有自然主义的思想传统，同时，科学史一再表明，忘我的"全神贯注"乃是一切创造性灵感和直觉产生的前提。因此，人们将自然之法作为最高层次的方法。这不是具体的方法，而是一种规范人的生活态度的方法，提醒人们要时刻反思自己是否又以自我为中心了，是否真正全神贯注地倾听着实事本身。

（二）第二层次的方法是观念的方法或者思辨的方法

这种方法是纯粹现象学与逻辑学中所揭示的关于思维规范的理论规律所生成的思维方法，是纯粹思辨的方法，具有封闭性和绝对性，与经验的方法相对。乍看起来，这种方法相当于通常所说的哲学的方法，但实际上还是应该以"观念的方法"或"思辨的方法"来表述它。通常，归纳法常常会被看做哲学层次的方法，可是从胡塞尔的界定看，情况就不一样了。归纳法是实验研究和实证研究的基本方法，通过它得出的结论只能是或然的结论，因而它只能属于经验方法，不在哲学思辨层次；而演绎法则是从公理出发的真正的逻辑推论，是真正哲学思辨层次的方法。

这种方法在根本上界定着"明见性""科学""本质"等，是科学的

① 李曙华．科学原创性如何可能？——爱因斯坦的哲学思想与宇宙宗教情感［J］．文史哲，2006（2）：148.

根。正如胡塞尔所说的：

> 哲学研究以完全不同的方法和安排为前提，同样，哲学研究要达到的是完全不同的目的。哲学不想插手特殊研究者的工作，而只想明察他在方法和实施方面的成就的意义和本质。对于哲学家来说，我们熟悉这个世界，我们拥有作为公式的规律，根据这些规律，我们可以预言事物未来的进程，可以重构事物过去的进程，但这还不够；他还要弄清“事物”“进程”“原因”“结果”“空间”“时间”等等的本质；此外，他还要弄清，这些本质对思维着它们的思维的本质，对认识着它们的认识的本质，对意指着它们的含义的本质等等具有哪些奇特的亲和性。如果说科学为了系统地解决它的问题而建造起各种理论，那么哲学家则要询问，理论的本质是什么，是什么使理论得以可能，如此等等。只有哲学研究才为自然研究者和数学家的科学成就提供了补充，从而使纯粹的和真正的理论认识得以完善。特殊研究者的发现术和哲学家的认识批判是相互补充的科学工作，只有通过这些科学工作，那种完整的、包容了所有本质关系的理论明察才能得以形成。①

当然，有人可能会说，科学的根应该在实践中。确实科学必须来源于实践探索，但是，科学思想的形成也必然有赖于人们思维的科学性。没有思维的明见性和逻辑性，人们对实践的认识必定是杂乱无章的，因此，思维的科学性也是科学的根。也正是从这个角度说，关于思维规范规律的理论规律所产生的方法是最高层次的方法。

但是，我们应该认识到，即使是纯粹逻辑学和纯粹现象学的研究也仍处于发展中，而且其发展无法离开经验科学的发展尤其是经验科学发展中所产生的新的概念的提供。正像胡塞尔所说的，经验科学与哲学是相互补充的。

---

① 埃德蒙德·胡塞尔，埃尔玛·霍伦斯坦．逻辑研究·第一卷·纯粹逻辑学导引［M］．倪梁康，译．上海：上海译文出版社，2006：252－253.

（三）第三层次的方法都是经验意义上的方法，层次划分的标准不再单一

除了纯粹逻辑学和纯粹现象学所揭示的关于思维规范的理论规律所生成的思维方法外，其他方法都是经验意义或者说经验层次上的方法。经验层次的方法在或然性的程度上可能会有高低之分，但在或然性的本质特征上是同等的。

四、经验方法的分类

但是，在现实中，各种经验方法之间又会存在一些差异，有必要对这些差异做出分析以便更好地理解方法。不过，显然，这些差异的标准已经不再是或然与必然的区别、经验和思辨的区别，所以，我们需要从另外一些角度分析这些差异或者说层次。

（一）从方法所运用的领域来划分，可以分为一般方法（或者称学科间方法）和学科特殊方法（或称个别学科方法）两个层次

一般的方法就是所有领域都通用的方法。这种方法主要来自于“横断科学”所揭示的事物的属性和事物间的关系。所谓“横断科学”是从客观世界的诸多物质结构及其运动形式中，抽出某一特定的共同方面作为研究对象的科学，如旧三论和新三论——信息论、控制论、系统论、协同论、突变论、耗散结构理论。这些科学所揭示的规律必然对人的思维和行为产生规范作用，从而使人的思维和行为进入一种追求有效的“工艺”状态，自然转换成了方法。这些方法适用于所有学科的研究以及所有领域的包括经营、管理等各项工作。而学科的特殊方法是只能在学科研究以及与学科相应的领域中运用的方法。这种划分方法是最常见的，也是最显而易见的，但是，经验意义上的方法的划分远非这样简单，还有许多思考的维度。

（二）从揭示事物本质的远近程度或者说具体操作程度划分，方法可以分为三个层次

从揭示事物本质的远近程度或者说具体操作程度划分，方法可以分为研究事物过程中获取和处理各种资源和信息的具体方法、关于研究事物的

过程的规范的方法以及直接从事物的规律得出的方法，这样三个层次。

这三个层次是在研究事物的过程中由表及里、由远及近排列的。“研究事物过程中获取和处理各种资源和信息的具体方法”指的是通常所说的文献法、调研法、访谈法等。“关于研究事物的过程的规范的方法”就是我们通常所说的研究方法——提问、假设、论证、结论等。“直接从事物的规律得出的方法”是指在认识事物的属性和关系中发现规律而获得的，例如，根据学习成绩主要受学生的学习动机和学习方法影响，学校邀请杰出青年到学校为学生作报告，同时还给学生开了学法课。离事物本质远的方法要服务于离事物本质近的方法，也就是说，在研究过程中采取什么具体的获取和处理各种资源和信息的方法要取决于研究对象和研究内容的性质，取决于研究对象的基本规律。

（三）从存在形态看，方法可以分为原理和技术两个层次的方法

以“光谱法”为例，它首先是原理形态的方法：测量由物质内部发生量子化的能级之间的跃迁而产生的发射、吸收或散射并对辐射的波长和强度进行分析的方法，可分为原子光谱法和分子光谱法。其次，它又是一种技术形态的方法：任何气态、液态、固态样品均可进行红外光谱测定，这是其他仪器分析方法难以做到的。其实，任何方法都是以原理为基础的，在原理的基础上找到象征原理的典型事实，并以此对事物进行判断就成了原理层次的方法；将原理和事实转化为物质形态的手段就形成了技术层次的方法。

第二节　方法的功能、本质、产生及其客观性

在教学工作中，我们常常说：不要“授人以鱼”，而要“授人以渔”，其中的“渔”指的就是方法。大家都知道方法很重要，但方法总是给人以高超的印象，让人感觉可望而不可即，从而阻碍了人们对方法的追求。因此，了解方法的本质，还方法原本简单的本来面目，非常重要。那么，方法真的简单吗？方法的具体内容是复杂的，但其本质是简单的，而且其复杂性中也蕴涵着简单。

方法给人以神秘感，主要是因为它的内涵的笼统和模糊。笼统和模糊

而同时又为人们特别渴望，共同造就了这种神秘感。而这种神秘感反过来便阻碍了人们对方法的追求的勇气。其实，无论从功能、本质看，还是从产生看，方法都是具体和客观的。

一、从功能上看，方法是一种实现目标的有效性和确保思维和行为的可靠性的“工艺”

方法产生于目的的追求中，在根本上是实现目的的手段。这种手段也就是方法，其存在价值在于能否确切地、有效地实现目的，即方法的有效性。可以说，有效性是方法的一个重要的功能特点。

不过，这里需要稍作一些具体的分析。方法的产生依赖于目的的确定性，即当目的可以转译为具体的目标的时候只有目的确定为具体的目标的时候，具体的方法才有可能产生。这也说明了一点：方法一定是具体的。具体目标是产生方法的必要条件，但不是充分条件，产生方法还需要一些非常重要的条件。首先，在客观上，要有相应的资源存在；其次，在主观上，人要能从目标出发看到资源，即看到资源与目标之间的联系，同时还能看到资源与资源之间的关系等。方法是什么？在实践层面上看，方法就是围绕目标发现资源的过程的关键“步骤”，以及在目标与资源之间的“桥梁”，也可以说，方法是有效实现目标的过程的“工艺”。

在方法实现目标的有效性的功能中，还蕴涵着一个内在重要的功能，就是可靠性。可靠性或者说真实性（也就是胡塞尔提到的明见性）是实现有效性的前提。培根正是从这种可靠性出发提出归纳法的，因此，在下面的文字中，我们可以感受到他对归纳法的严肃态度。

> “关于我的方法，做起来虽然困难，说明却很容易。它是这样的：我提议建立一列通到准确性的循序渐进的阶梯。感官的证验，在某种校正过程的帮助和防护之下，我是要保留使用的。至于那继感官活动而起的心灵动作，大部分我都加以排斥：我要直接以简单的感官知觉为起点，另外开辟一条新的准确的通路，让心灵循以行进。”①

① 培根．新工具［M］．许宝骙，译．北京：商务印书馆，1984：2.

“但我们实应遵循一个正当的上升阶梯，不打岔，不躐等，一步一步，由特殊的东西进至较低的原理，然后再进至中级原理，一个比一个高，最后上升到最普遍的原理；这样，亦只有这样，我们才能对科学有好的希望。”①

正是因为方法所具有的对于实现目的的可靠性和有效性的功能，在西方，人们将其称为“工艺”。

二、从本质上看，方法是规律转化而成的对思维与行为的规范

在关于胡塞尔的对规律、认识、科学和理论的思想的学习和梳理中，我们了解到，无论是自然规律还是理论规律都能对人的思维和行为的路径和过程起到规范的作用，而这种规范就是方法。那么，规律是从哪里得来的呢？当然可以说，是从实践中总结出来的，但是，更确切地说，应该是，自然规律是对事物的属性和关系的概括，理论规律是在思维规范规律的推理和论证中或者说思辨中形成的。

这里需要说明一个问题，通常来说，或者从前面已经论述到的四个知识层面的关系来说，概念和原理是由方法和方法论决定的，可是在这里又提出方法产生于规律，这是不是矛盾了？不是，规律是有层次的，高层次的规律决定低层次的规律，高层次的规律产生的方法会决定低层次的概念和原理。

三、从产生的角度看，方法或是由事物的属性和关系决定的，或是由思维规范规律的推理和论证决定的

方法的产生是两个方面共同作用的结果：一个方面是方法产生的动机原因，一个方面是方法产生的客观来源。作为人的行动的组成部分，方法是由人的目的、目标或者遭遇的解决问题的需要等各种动机推动产生的，这也就是前面分析过的作为目的—手段的决定意义的方法。但是，人的动机只能说明方法的重要性，而不能解决方法的形成，因而在这里主要探讨方法的客观来源。

---

① 培根．新工具［M］．许宝骙，译．北京：商务印书馆，1984：81.

前面已经明确，方法在总体上分成观念的方法（或称哲学思辨的方法）和实在的方法（或称经验的方法）。两种方法的产生不同：后者主要来源于对事物的属性以及事物间的关系的判断，而前者主要来源于纯粹概念或者观念的逻辑推理和论证。

实在的方法主要由事物的属性和关系决定。从具体学科的方法看，物理学科中研究微观物质的运动时在缺乏相应的仪器的情况下，采用的是借助宏观研究微观的方法，主要依据的是物质运动的相似性。从跨越各学科的一般方法看，大家非常熟悉的系统论又被称为系统方法。系统论认为，世界上的所有事物都处于系统中，并且其自身也是系统。系统的定义通常为：由若干要素以一定结构形式联结构成的具有某种功能的有机整体。在这个定义中包括了系统、要素、结构、功能四个概念，表明了要素与要素、要素与系统、系统与环境三方面的关系。系统论认为，整体性、关联性、等级结构性、动态平衡性、时序性等是所有系统的共同的基本特征。系统论由于揭示了客观事物作为系统存在的普遍性以及相应的规律，因而为人们研究作为系统的事物提供了一个基本的研究方法即系统方法。贝塔朗菲对此曾做过说明，System Approach 直译为系统方法，也可译成系统论。系统方法在本质上是研究事物之间关系的方法。

观念的方法则主要由纯粹观念的推理和论证决定。例如，在回答“人在心灵中的独白是不是表达”这个问题时，胡塞尔进行了这样的推理：

> 在每一个名称上，我们都可以区分这个名称所“传诉”的东西（即那种心理体验）和这个名称所意指的东西（意义、称谓表象的“内容”）和这个名称所称呼的东西（表象对象）。我们必定也会在所有表达那里发现类似的区别并且仔细地研究它们的本质。在表达那里，我们也可以区分“表达”和“指号”这些概念，与此并不矛盾的是，在生动的话语中，表达同时也可以作为指号起作用。①
>
> 一旦把握到了这一层关系，人们就会认识到，所有在交往话语中

① 埃德蒙德·胡塞尔，埃尔玛·霍伦斯坦．逻辑研究·第二卷·现象学研究与认识论［M］．倪梁康，译．上海：上海译文出版社，2006：40.

> 的表达都是作为指号在起作用。对于听者来说，这些表达是说者“思想”的符号，就是说，它们是说者的赋予意义的心理体验，也就是那些包含在告之意向中的心理体验。①
>
> 诚然，在孤独的话语中，人们在某种意义上也在说，而且，他自己将自己理解为说者，甚至将自己理解为对自己的说者，这肯定也是可能的。就像某人对自己说：你这事儿干糟了，你不能再这样干下去。但在真正的、交往的意义上，人们在这种情况中是不说的，他不告知自己什么，他只是将自己想象为说者和告知者。在自言自语时，语词绝不可能用它的标志心理行为此在的指号功能服务于我们，因为这种指示在这里毫无意义。我们自己就在同一时刻里体验着这些行为。②

概括上面三段话的分析：表达必须同时作为“指号”起作用，而自言自语中的话语没有指示，因此不属于表达。回答“人在心灵中的独白是不是表达”这个问题的方法就存在于以上推理和论证中。

在此还需要补充的是，之所以说实在的方法“主要”来源于对事物的属性以及事物间的关系的判断，观念的方法“主要”来源于纯粹概念或者观念的逻辑推理和论证，是因为实在的方法是否科学还需要推理和论证作为根据，同时观念的方法也需要经验科学不断提供各种自然的概念（只有借助这些概念，观念科学才能进行纯粹概念的推理和论证，才能获得观念的方法）。也就是说，经验的方法产生有两个根：一个是经验归纳和经验直觉，另一个是纯粹概念的推理和论证。

四、方法的客观性及其意义：方法成为人类共同的、平等的财富，方法的培养有了客观努力的方向

方法的本质、产生以及功能决定了方法的客观性（或被称为中立性）。正是因为方法的客观性，方法才成为整个人类——不论民族、国家和制度共有的精神财富。并且，方法的客观精神成为人类超越任何世俗价值、谋

---

① 埃德蒙德·胡塞尔，埃尔玛·霍伦斯坦．逻辑研究·第二卷·现象学研究与认识论［M］．倪梁康，译．上海：上海译文出版社，2006：41.

② 同①：44－45.

求平等的准则。比如，古希腊欧几里得的《几何原本》从几条不言自明的公理出发，通过逻辑的链条，推导出成百上千条定理，其影响所及远远超出了数学乃至科学的领域，对人类社会的进步和发展有不可估量的作用。美国《独立宣言》宣布，“我们认为下述真理是不言而喻的：人人被造而平等，造物主赋予了他们若干不可让渡的权利，其中包括生命权、自由权和追求幸福的权利。为了保障这些权利，才在他们中间建立了政府，而政府的正当权力，则来自被统治者的同意。任何形式的政府一旦对这些目标的实现起破坏作用时，人民便有权予以更换或废除，以建立一个新的政府。”可见，“人人生而平等”成为人类共同遵守的公理。

在现实中，方法比比皆是，但有的人看得见，有的人看不见，常常看似奇巧、神秘。根据“方法是由事物的属性以及事物间的关系决定的”或者“方法是由推理和论证决定的”，方法不再是神秘之物，教师对学生的方法的培养也就有了清晰的路径，学生获得方法也有了客观的努力方向。

第三节 方法、方法论与方法的系统性

前面说了，方法是有层次的，最高层次的方法来自世界观，这是为什么？世界观是怎样影响着方法？在生活中，我们分明感受到方法的随机性、灵活性和个人性，期间还会有什么规律？为什么出现了像“质的研究方法”这样的综合的研究方法？如何帮助学生理解和逐渐掌握方法的系统性？本节将试图回答这些问题。

一、方法与方法论不同

方法和方法论都是大家非常熟悉的概念，但是二者是截然不同的。就我们所了解的方法就非常多，归纳法、演绎法、实验法、调查法、文献法、质的研究方法、行动研究法、系统方法、非线性方法以及光谱法、离散法、数形结合的方法，等等。这些方法都是人类在认识和改造世界的过程中逐渐积累发展起来的，是人类智力活动的工具。但是，当我们遇到问题时必然会遇到方法的选择问题，而其前提是我们对这些方法的整理，并且在选择某种方法的时候都要有清晰的依据。对方法的整理、说明工作实际上就

是方法的体系化和理论化的工作，这就是方法论的工作内容。

如果说方法是对人的思维和行为的规范，方法论则是对方法的规范，即对方法的选择、使用以及方法体系的构建的规范。因此，在哲学上人们通常将方法论称为真正的理论。

在通常的教学观察中发现，教师们在教授着各种方法，但缺乏关于方法的知识，更缺乏方法论的知识。因此，教师教给学生的方法主要也是具体的方法，这些方法缺乏整理，就自然会杂乱地堆放在学生的头脑中，影响学生的发展。因此，学习和研究方法性知识对于教学是非常重要的。

二、世界观决定方法论

在哲学上一直是这样说的：哲学是世界观与方法论的统一；世界观决定方法论；一定的世界观作为思想原则在具体的认识和实践活动中表现为方法论。如何理解这样的结论？我们先回到“世界观”“方法”“方法论”的定义。

我们都知道，世界观是人们对整个世界以及人与世界的关系的总的看法和根本观点。也就是说，世界观所涉及的问题是关于世界的最普遍、最一般的问题，例如，世界是物质的还是精神的，物质与精神的关系如何；世界是无限的还是有限的，有限与无限的关系是什么；世界以何种形态存在和发展，发展的动力、方向和道路是什么；人能否认识世界，人的思维与存在的关系是什么……

在关于方法本质的分析中得出，方法是规律转化而成的思维和行为的规范，而规律来自两个方面：经验科学的自然规律和观念科学的理论规律。那么，规律又来自哪里？我们也分析过，来自事物（或者概念）的属性和关系。“世界是物质的还是精神的”实质上探讨的是关于整个世界的属性，而“思维与存在的关系”探讨的是世界与人的关系，因此，世界观决定了人的“根本的方法”。这里出现了一个描述性的概念“根本的方法”，即在世界观中思考世界的基本属性和人与世界关系中得出的方法。接下来，需要思考的是，这种“根本的方法”与方法论有什么关系？

在前面的分析中得出：方法论是对方法的规范，即对方法体系、方法选择和方法使用的规范。但是，在任何历史时期，人类的方法论都不是一个，而是多元的，并且处于相互博弈也相互补充和发展的状态。也就是说，不仅有许许多多的方法，也有许多的方法论。任何一种方法论都在做着方法的选择和创造，规定方法的使用规范以及构建方法体系的工作。这里有一个问题需要思考：每一种方法论选择和创造方法，规定方法使用规范和构建方法体系的依据是什么？显然，依据的是世界观，依据的是对整个世界的属性和人与世界的看法。正因如此，关于这些基本问题的不同看法便成为不同哲学思想流派的分界线，例如，唯物主义与唯心主义、可知论与不可知论、理性主义与经验主义、一元主义与二元主义，等等。

其实，所有的哲学流派都是在不同的世界观下建构着自己的方法论。以女性主义田野方法论为例，它认为女性与男性应该平等，因而针对社会中以及研究过程中男性与女性的不平等现象，坚持被研究者为主体，以改善被研究者的生活为研究的终极目标，以落实两性平等互重为研究过程的基本原则，选择了实证研究方法并将这种方法的“客观”“普遍定律”“第一手资料”奉为绝对真理，实际上是以被研究的女性为本的方法论。

哲学家、科学家、艺术家的方法论是处在不断变化中的，其原因就是在研究过程中，他们对世界的看法在发生改变。其中，人与世界的关系的看法的改变将改变人的根本的方法即方法论。随着人类的发展以及人类与自然、宇宙关系的不断重新认识，人们越来越认识到，人必须放弃以人为中心思考问题的方式，要“回到实事本身”！史蒂芬·霍金则明确指出：人类的思维，认知科学只有放弃以自身为宇宙的中心，真正让意识伴随着宇宙从无到有、由小至大地发展变化，才能最终理解宇宙，从而认识自我，认识生命与精神世界。

世界观就是这样通过对世界的基本属性和人与世界的关系的基本认识决定着方法论，也正是这个意义上，世界观与方法论统一并形成了哲学。

三、方法的外在的随机性与内在的客观性的关系

前面关于方法的论述中，方法的客观性得到了比较充分的表达：方法的产生有两个根，一个是实践中对事物属性和关系的概括，另一个是纯粹观念的分析。任何一种方法都处于方法系统中，只有系统的方法才能保证方法的总体的正确性。

但是，在现实生活中，我们又分明感到方法的随机性。恰恰是这种“随机性”，使得方法看上去很神秘。而在很长一段时间，笔者曾将这种随

机性认作方法的一种性质，在理解了方法的客观性之后，觉得有必要对过去的认识进行一次澄清。也许这个澄清过程对大家会有所帮助，所以就将这个澄清过程呈现出来。以下两段话是自己原来的认识，现在看来可以被看做是对现实中的方法的存在状态的描述。

> 我们在遭遇相同的问题的情况下，对问题的认知以及做出的反应却可能是不一样的。每个人自觉不自觉地都存在自己的方法，即自己独特的认识事物和改造事物的方法。在工作和生活中，大多数人并不能自觉地意识和认识自己的方法（哈耶克所说的“知道如何”的“默会知识”）。人们的方法通常是与当地社会的制度和运行机制相一致的。在某种意义上说，大多数人的方法在总体上是被动的。而只有很少的一部分人能够自觉地意识、认识甚至反思自己认识世界和改造世界的方法。
>
> 这里所说的每个人的方法以及由此可能的关于方法的知识都具有很强的实践性、情景性、机理性、价值性、个人性。所谓实践性，是指方法是在解决问题和谋求生存的、大量的、具体的、烦琐的甚至痛苦的尝试错误的进步过程中形成的，不仅如此，实践性还意味着对历史逻辑和实践逻辑（超越简单的演绎和归纳的情景、差异、关系）的尊重；所谓情景性，是指每一种方法都生成于个人某一个实际问题的解决的迫切需要和个人所能够寻找到的解决问题的可能的资源（包括知识、技术和人际关系等）；所谓机理性，是指方法形成于解决实际问题的生存压力之下，是与生存息息相关的，生存危机越是严重或者生存危机意识越强，个人的独特的方法形成的可能性也就越大；所谓价值性，是指在解决问题和生存危机的过程中每个人的价值追求是不同的，例如，同样面对高考压力，有的校长、教师和家长在他们的内心一直有着清晰的、对学生素质发展的追求，而且这种追求所自加的压力从来没有低于过高考在他们心中的压力，因此，他们往往能够走出一条既能应对高考又能保证学生全面发展的道路来；所谓个人性，就是方法生成于个人独特的问题、资源、价值追求、实践过程中。当然，这种个人的方法与时代、与本土、与传统都是息息相关的，从而也就决定了个人方法的时代性、本土性。

在这一段话中，确实存在许多需要澄清的概念。首先，方法要与方法的动机分开。动机越强，或者说实践问题越迫切、生存压力越大，方法产生的必要性就越大，这是方法产生的条件，而不是方法本身的性质。方法的客观性决定了方法产生的可能性，正所谓“巧妇难为无米之炊”，普通的农民不可能造出原子弹。其次，方法要与价值分开。诚然，方法是为实现价值而服务的，但并不能得出“方法的价值性”，好的高考成绩并不是靠简单的拼就能得到的，还是要靠科学的方法。方法的实践性、情境性、个人性等“随机”特征形成的原因除去“动机”“价值”等因素外，主要在于创造和实施方法的人及其所在地区的资源的不同。前面说过，方法是目标与资源之间的桥梁。解决问题或者实现某一个具体的目标需要借助相关的资源，这取决于具体做事的人能否从目标出发去发现资源。这其中隐含着一个问题：为什么可以借助不同的资源？还是基于对事物的属性和关系的认识，即对事物规律以及事物间共同规律的把握。

作为有效利用各种资源实现目标的“工艺”的方法，是外在的功能形态的方法，这种外在功能形态的方法会表现出方法的实践性、情境性、机理性、价值性、个人性等特征。然而方法的内在本质特征仍然是由两个根以及层次性所决定的客观性。功能的“工艺”的方法源自内在的方法，否则便是“瞎猫碰死耗子”。

所以，真正的科学可以受灵感启发，但必须接受系统的方法的指导和审查，绝不是随机的甚至是投机的，必须是严肃认真、一丝不苟的。只有不断自觉地反思自己认识世界和改造世界的方法并主动发展自己的方法，人才可能获得真正的发展。方法的反思和创新，无论对于人类知识的增长还是人类生活的改善都是非常重要的。

四、一些新方法产生于对方法的系统性的追求

提到具体的研究方法，我们就自然会想到演绎法、实验法、归纳法、文献法、定量研究法、定性研究法，而现在流行的却是一些更综合的方法。在人文社会科学研究中流行的是质的研究方法、行动研究法等。质的研究方法和行动研究法的提出，实质意义在于人们进一步认识到了人类问题的复杂性，不再孤立地使用某一种方法，而是突出对事物的整体的质的探索。

以质的研究方法为例，它不是我们通常所说的定性方法，而是融多种方法于一体的方法。它通过实地观察、访谈等具体方法，搜集具体的材料，通过个案研究，了解和分析结构性问题（定性研究），同时，还要对研究者在结论获得中所扮演的重要角色有清醒的认识，要检视研究者的先见以什么面貌、经过什么渠道进入建构知识的过程。相应地，在自然科学研究中出现了“非线性思维”，克劳斯·迈因策尔对它的解释是：“它是一种跨学科方法论，以此来解释复杂系统中微观元素的非线性相互作用造成的某些宏观现象。光波、流体、云彩、化学波、植物、动物、群体、市场和脑细胞集合体，都可以形成以序参量为标志的宏观现象。它们不能还原到复杂系统的原子、分子、细胞、机体等微观水平上。事实上，它们代表了真实的宏观现象的属性，例如场电势、社会或经济力量、情感乃至思想。”① 这些方法的出现可以说是人类对方法论的认识和实践的重要的进步。

但是，这些新的综合方法的出现并不意味着对过去的分析的方法或者线性方法的否定。没有分析的方法或者说线性的方法，方法将处于混乱中，因此，新的综合方法必须以分析方法为基础。

五、概念的形成过程是方法发展的过程

从揭示事物本质的远近程度或者说具体操作程度划分，经验的方法可以分为三个层次：直接从事物的规律得出的方法、关于研究事物的过程的规范的方法以及研究事物过程中获取和处理各种资源和信息的具体方法。其中，“直接从事物的规律中得出的方法”是由事物的属性和关系决定的，而对事物的属性和关系的明确的把握具体体现在属性概念和关系概念的形成中，因此，直接从事物的规律得出的方法必须建立在属性概念和关系概念上。那么，属性概念和关系概念又是怎样来的呢？通过观察、实验等方法进行事物内部各要素的比较以及事物间的比较而获得，也就是说通过“研究事物过程中获取和处理各种资源和信息的具体方法”获得。那么如何才能比较科学地进行观察和实验呢？既要考虑“学科特殊方法”的指导

① 克劳斯·迈因策尔．复杂性中的思维［M］．曾国屏，译．北京：中央编译出版社，1999：导论部分．

（如物理的借助宏观研究微观的方法），也要考虑从事物的共同规律得出的“一般方法”（如系统方法）的指导作用等。但是，这时所获得的概念还只是自然的概念，还需要进行纯粹概念的分析，得到比较准确的概念，即需要通过观念的方法加以澄清，然后真正将其放入概念体系中。

也就是说，任何一个学科领域的明见性的概念的产生都需要经历各种层次的方法的指导或者说审查。当然，这是一个非常理想的过程，现实的许多概念都没有经历过如此严厉的审查。也正因为如此，我们常常会在认识过程中，或者在讨论过程中受困于概念或者说词语的困难。这也正是为什么语言分析哲学以及科学哲学兴起并日益受到重视的原因。

正是因为概念的形成和发展过程实际上是人的思维和行为得到各种方法的指导的过程，所以学生学习概念的过程也就是他们获得方法最恰当的过程。反过来，没有方法的获得，学生学到的概念就不是真正的具有明见性的概念。

11

关于价值的价值性知识

在前面几个方面的知识的分析中早已经涉及“价值”了，如事实与态度的关系、方法的价值性，等等。但是，关于这个重要的话题，有许多问题需要探讨：价值与知识的总体关系是什么？知识的产生与价值有什么关系？价值观与方法论的关系是什么？人的价值观是如何形成的？这些都是关于价值的价值性知识。本章主要集中在“价值和知识的关系”和“价值观及形成”两个方面展开论述。

第一节　价值与知识的关系

以往，人们认为，知识是绝对的、客观的、价值中立的。这样的观点现在遭到了批判，出现了中立化的知识观与价值化的知识观的对立。价值化的知识观认为，知识都是有价值倾向的。那么，知识的客观性就不存在了吗？其实，站在不同的角度看，价值与知识的关系会有所不同。另外，在知识的四个层面中，价值是最后一个层面，可是它显然与事实、概念和方法不是一类，那它与其他几个层面的知识的关系会有什么不同吗？另外，为什么要将价值作为一种明察的知识？回到我们的研究目的，它对于增进学生的理解力有什么帮助？

一、知识既有价值性也有客观性

（一）知识社会学对知识与价值的关系的探讨

"知识社会学"一词源于德文，为德国哲学和社会学大师舍勒（M. Scheler）首创。"知识社会学"的先驱则要追溯到马克思。他认为："不是人们的意识决定人们的社会存在，相反，是人们的社会存在决定人们的意识。"① 对于人文社会科学的社会存在基础，人们几乎没有争议，但是，自然科学知识在历史上一直被认为是一种"价值中立的"的"绝对的知识"。随着知识社会学研究的不断开展，这一认识也最终受到了冲击。晚年的维特根斯坦认为，我们是在加入群体、与他人互动中形成知识的，他人与群体是我们认知过程的具体语境，并构成了我们知识的信念及知识的全部内容，因此，知识就其本性而言是社会的，科学知识同样如此。哈贝马斯则进一步指出：人们发展知识包括自然科学知识都是为了满足人类某方面利益的需要，因此不可能不渗透利益因素。这种对科学知识的利益的揭露对于科学知识的感情中立假设是致命的一击。

其实，知识产生于人们的需要和利益，并不是一件"可耻"的事情，正如哈贝马斯所指出的，人类的利益动机才是维系科学活动的根本动力。认知主体不可能是被动地、无情感地面对客体，同样也不可能被动地、无情感地面对知识。因此，不仅知识的生产者是从自身的需要出发的，知识的学习者也需要从自己的"利益"出发。

但是，每一个人或一群人的知识产生与学习的"利益"并不完全是积极的、合理合法的，因此是需要反思的，也就是舍勒所说的需要进行"伦理明察"。

（二）价值与知识的关系的简约理解

知识与价值的关系是内在的、必然的，也是非常丰富的。所谓"内在

---

① 马克思，恩格斯．马克思恩格斯选集：第 2 卷［M］．北京：人民出版社，1995：82.

的”“必然的”，指的是无论从作为认识者主体的知识看，还是从作为认识对象的客体的知识看，都是有价值的。所谓“丰富的”，即任何知识都是多种价值需要推动形成的。在此，主要对二者内在的、必然的关系进行简单的阐述。

1. 站在主体的知识角度看，所有的知识都是价值性的

所掌握的知识对于人而言，要真正成为其生活和生命中的有机组成部分，从“客体”转化为“主体”的，必然是从其需要和利益出发的，必然是价值的。就知识的创造而言同样如此，所有的知识都是人创造的，也必定是在一定的需要和利益的驱动下实现的，也必然是价值的。当然，学习者要真正建构起自己的知识也需要进行知识的价值建构。

无论是东方还是西方，都将高尚的道德、宽阔的胸怀与知识联系在一起。中国文化中一直强调道德与知识的关系。人的知识的创造来自人的激情，创发于人的本心之诚明，是人心灵价值自觉能力的一种表现。在西方也早有道德即最大的智慧的“知德统一”观。所谓“客体的知识”是指没有被人吸纳或者说建构的外在于人的知识。

2. 站在客体的知识角度看，知识包括关于价值的知识都具有客观性

首先，数学、自然科学甚至一些社会科学的知识具有客观性和中立性。诚然，当这些知识作为手段在被人们运用时必然也是为目的服务的，而且在其产生时就是人们目的的产物，因而必然也是价值性的。但是这并不相互排斥，为目的服务的手段仍然可以保持其相对的独立性和客观性。由于人类目的的多样性，同一手段可以同时为多种目的服务，这也从反面证明了这些知识的中立性。

其次，社会上无论存在多少种价值观，都有其社会存在的客观合理性，而人的价值观是如何形成的，自然也存在规律。否则，人与人之间就不可能相互理解了。

二、价值规范并激发思维

在知识的四个层面中，价值显然与事实、概念、方法不是一类的，那它与它们的关系是什么呢？前面提到是决定和被决定的关系。可是，事实、概念、方法之间也是被决定和决定的关系，既然价值与它们不同，那它与

它们的关系也是同样性质的被决定与决定的关系吗？不是。

（一）思维方向比思维方法重要

一般来说，人们关注的是人的思维方法，而忽视了对思维方向的重视。当学习心理学时，大家主要关注的是对思维方法的研究，而实际上，皮亚杰和维果茨基首先关注的是思维方向，其次才是思维方法。皮亚杰分析道："自我中心主义、逼迫与合作——这是思维的三个方向。发展中的儿童思维不断地在这三者之间摇摆游离。成年人的思维也在不同程度上与这三个方面有关联，这取决于思维是否仍然是我向思维，或者已经植根于某种类型的社会组织。"① 在向西方学习的过程中，人们常常注意方法和技术的学习，忽略方法背后的精神的理解，正如余英时所指出的："国人所向慕于科学者也不全在西方人'为真理而真理'的精神，而在科学的实用，即技术的发展。这就是数十年来中国略染西风的知识分子都喜欢高谈'科学方法'之根本原因的所在。……他们对于……西方近代文化中之宗教、艺术、道德等精神基础则甚少措意。"② 然而，历史的现实是：西方近代科学的兴起乃源于文艺复兴与宗教改革，促成科学革命的力量首先是思想的运动，是民族精神的振兴和文化的再创。

（二）价值观"规范"（区别两种不同的"决定"）着方法论

通常，人们会笼统地说，世界观以及在世界观中形成的价值观会"决定"人们做事的方式方法。其实，这种笼统的说法是需要分析的。其一，世界观与价值观是两个不同性质的东西，关于世界观与价值观的关系将在后面论述；其二，方法是有层次的，价值观直接决定的是根本的方法，而根本的方法是方法论的核心，然后，方法论再影响方法；其三，"决定"有两个意义，第一是因果关系意义上的决定，第二是目的手段意义上的决定。世界观与方法论的决定关系是第一个意义上的，而价值观与方法论的关系则是第二个意义上的。目的手段关系意义的"决定"，其本质是基本价值的

① 维果茨基．维果茨基教育论著选［M］．余震球，选译．北京：人民教育出版社，2005：61.
② 余英时．文史传统与文化重建［M］．北京：生活·读书·新知三联书店，2004：60.

“规范”，更准确地说，价值观引导和规范着方法论，或者，方法论受价值观的引导和规范。

这里，需要插入一个说明：方法与方法论是不同的。前面我们说过，如果说方法是对人的思维和行为的规范，方法论则是对方法的规范，即对方法的选择、使用以及方法体系构建的规范。

也就是说，方法是对人的思维和行为的“规范”，方法论是对方法的“规范”，而这里又提出价值观“规范”着方法论。这些“规范”是一个含义吗？笔者的理解，是。方法对思维和行为的“规范”是因果关系的规范，即必须先做什么再做什么。而价值观对方法论的“规范”是目的手段关系的规范，即手段必须与目的一致。例如，为了放松一下自己，给自己放半天假去逛商场，但是，在买东西的时候，不知道为什么，售货员不太热情。这时候可能出现两种情况：一种情况是不在意，“友好地”沟通，买到自己想要的东西；另一种情况就是争执起来，产生不愉快。如果自己的价值观很明确，就会主导走向第一种情况，反之，则会走向第二种情况。就方法论对方法的“规范”而言，方法论对方法的选择显然受到价值观的影响，因而是目的手段的规范；而方法论对方法的使用又必须遵循方法的客观属性，又是因果关系意义的规范。所以，方法论对方法的“规范”兼有因果关系的规范和目的手段关系的规范，前一种规范也可以被称为“决定”，而后一种规范只能被称为“规范”。

区别以上两种意义的“规范”，或者区别决定与规范，对于方法的理解是非常重要的。前一种意义有可能会导致人们将方法与价值观理解为种属关系，即方法是从价值观中产生的，或者，价值观可以直接产生方法。显然，方法与价值观的根本性质是不同的：后者主要是主观的，而前者主要是客观的。前面已经谈到，方法追求的是有效，即使在价值观的规范下，也是在一定限度中追求有效。方法的客观性还在于，它必须依赖于对事物的客观属性以及事物的客观关系的把握和利用（也将在下面论述）。因此，方法是价值中立的，是客观的，不以人的价值判断和意志为转移的。

区别以上两种意义的“规范”，对于深入理解方法与方法论的区别以及方法、方法论和价值观的关系，也是非常重要的。相对而言，方法是价值中立的、客观的，而方法论是指向价值观的、并受到价值观规范的。

（三）价值是产生方法的一个必要的条件

既然，方法与价值不是种属关系，方法不能从价值中直接产生，那价值是不是对方法的产生没有影响了呢？不是，它是产生方法的一个必要条件。前面说了，价值为思维指明了方向。不仅如此，价值还为思维提供了激情和能量。价值转变为人的情感时，就产生了激情和能量，而这种激情和能量使思维更加敏锐。

三、价值是需要明察的知识

（一）价值需要明察

在此首先想到的是，德国现象伦理学家舍勒提出的“伦理明察”的思想。舍勒的“伦理明察”本质上就是价值明察。

1. 价值明察的意义在于有利于提升人的价值判断能力和对知识的彻底了解

舍勒伦理明察思想提出的基本依据是，人的所有伦常行为都是建立在价值认识的基础上的，“好的意愿”都是建立在“好的认识”基础上的。他认为，伦常明察始终有它的意向相关项：价值及其秩序（价值之间的本质结构联系）。舍勒是如何得出这个意向的相关项的呢？主要是在“感受活动”和“感受内容”的区分中获得的。“舍勒所说的‘伦常明察’，属于一种‘对某物的感受活动’（fühlen von etwas）。这里需要提到舍勒对感受活动与感受内容的三重划分：一是对状态意义上的感受内容的感受活动——我把它称为是只具有‘主观’感受内容的感受，二是对象的、情感的情绪-特征——我把它称为是具有‘主客合一’的感受内容的感受，三是对价值的感受——它可以称为是具有客观感受内容的感受。”① 也就是说，并不是

① 倪梁康．舍勒现象学伦理学中的“伦常明察”［EB/OL］．（2005－11－20）［2009－07－25］．http：//www. cnphenomenology. com/modules/article/view. article. php/c7/905.

所有的感受活动都能生成对价值的认识。在感受活动中，有的只能感受到一种状态，有的甚至能够融入这种状态中，有的则还能明确地认识到价值。能够在活动中直接认识和把握价值本身，就是伦理明察。也就是，价值成为伦理明察的意向相关项。因此，舍勒强调："任何一种感受状态都既不是价值，也不决定着价值，而至多只可能是价值的载体。"① 舍勒的这一思想有很大的启发意义。启发一：伦理明察在本质上就是价值明察。启发二：并不是所有人包括所有学生都能够在活动中明确认识到其中的价值。通常说的，有些有悟性的学生能够自觉地认识到，但那些悟性稍差些的学生却不能做到。针对这种现象，通常的做法是顺其自然。而舍勒的这一思想却告诉我们，可以通过明确其中的价值认识，帮助那些悟性差些的学生提高认识能力。其实，这就是"点拨"。在教师的"点拨"之后，学生就能够自觉地进行这种认识了。启示三也是进一步的启示：学生价值判断能力的提高有赖于学生价值明察能力的形成，也就是有赖于对各种感受活动中的价值的认识。其实，这也是一种价值反思能力。而这种能力是要以明确的系统的有关价值的知识为基础的。

不仅在伦理活动中需要价值明察，在知识学习中也需要价值明察。任何一种知识都是在一定"视域"中产生的，任何一种知识都是在思维中形成的，而价值观对人的"视域"和"思维方向"具有直接的引导意义，因而任何一种知识或者说观点（包括自然知识）背后都隐含着相应的价值观。事实也证明了这一点。过去，自然科学知识总是给人以"客观"的形象，而自然科学成果带来的一些严重的后果使人们猛醒：以人类为中心的自然科学应该反思自己的价值取向了。这就是价值观在知识体系中的地位。所以，后现代知识观认为，知识不是中立的、价值无涉的，而是价值有涉的。因此，要彻底了解一种知识就必须了解其背后的价值观。

2. 情感态度价值观的培养需要以教师对关于价值的知识的了解为前提

在第八次课程改革中将"情感态度价值观"作为课程目标中的一维，这是非常有意义的，但是对于教师们来说需要有一个理解的过程。其中，

① 倪梁康．舍勒现象学伦理学中的"伦常明察"［EB/OL］．（2005－11－20）［2009－07－25］．http：//www. cnphenomenology. com/modules/article/view. article. php/c7/905.

对价值的理解，即了解关于价值的知识，是一个需要学习的过程。

正因为这方面知识的缺乏，教师们在制定这一方面的目标的时候，想得更多的是爱国主义、集体主义、社会主义思想、理想信念教育等内容。这些内容属于意识形态的“核心价值观”的内容。学生的价值观培养要将意识形态的价值观的培养与生活价值观的培养结合起来，还要考虑社会价值规范与学生个人已有的价值观的互动。只有重视这种双向互动，价值观的培养才可能贯穿在教育教学的所有方面和全过程，也才能克服“讲一套做一套”的两张皮现象，取得实际的效果。

只有理解了价值观的外在结构与内在结构，教师们才能由表及里地观察和由内而外地培养学生的价值观，使价值观培养深入学生的内心世界；只有了解价值观形成的“主体条件”和环境“机遇”，教师们才能主动地观察学生的“主体条件”，为学生创造“机遇”；培养出斯普朗格所描述的具有不同类型价值观的学生；只有了解了价值行为中价值目标、价值手段和价值评价的关系，教师们才能判断学生是否真的形成了一以贯之的价值观。

（二）价值规范是最基本的社会知识

价值规范是社会规范的核心，是社会秩序的基础，属于公共知识，是所有人，尤其是学生必须学习的内容。

1. 价值规范与社会秩序

不同的人有不同的价值取向，但每个人都生活在社会中，生活在交往关系中，而交往关系本质上是一种价值关系。社会交往的秩序必须以一定的共同的规范为基础，而价值规范是社会规范的核心内容，因而也就是社会秩序的基础。每一个公民都必须遵循共同的社会规范包括价值规范。因此，价值规范是学生应该学习的基本的社会知识。

价值规范在社会发展中的重要性日益突出。首先，“自我中心”可以说是人类难以改变的一种先天的痼疾，这种痼疾决定了价值规范对于人类的必要性。人对地球的“征服”引发的各种灾难已经迫使人们重新思考科技以及人类行为的合理性限度。科学技术以及人类行动的伦理问题日益突出。其次，随着科学与工业的发展以及全球化的进程，人的行为的社会化程度空前提高，社会行动的整体性越来越强，“集体失范”的可能性也就越来越大，这也使得积极的价值规范的重要性日益突出。再次，在社会转型时期，旧的价值规范需要改造，而新的价值规范还没有完全形成，价值规范的研究和构建的意义就更为紧迫。

在党的十六届六中全会通过的《中共中央关于构建社会主义和谐社会若干重大问题的决定》中提出了“建设社会主义核心价值体系，形成全民族奋发向上的精神力量和团结和睦的精神纽带”的要求。具体内容是：“马克思主义指导思想，中国特色社会主义共同理想，以爱国主义为核心的民族精神和以改革创新为核心的时代精神，社会主义荣辱观，构成社会主义核心价值体系的基本内容。坚持把社会主义核心价值体系融入国民教育和精神文明建设全过程、贯穿现代化建设各方面。坚持用马克思主义中国化的最新成果武装全党、教育人民，用民族精神和时代精神凝聚力量、激发活力，倡导爱国主义、集体主义、社会主义思想，加强理想信念教育，加强国情和形势政策教育，不断增强对中国共产党领导、社会主义制度、改革开放事业、全面建设小康社会目标的信念和信心。加强马克思主义理论研究和建设，增强党的思想理论工作的创造力、说服力、感召力。坚持以社会主义核心价值体系引领社会思潮，尊重差异，包容多样，最大限度地形成社会思想共识。”

什么是核心价值观？“核心价值观在人们的价值观念体系中处于中心、主导、支配地位。它反映社会发展的内在要求，代表统治阶级的根本利益，起着规范行为、稳定秩序、提供精神动力的作用。”① 可见，核心价值观对于价值规范的构建以及社会秩序的构建具有基础和核心的意义。

2. 价值规范的双向互动与学生的社会化

价值规范是需要通过一系列的基本概念以及概念体系的建构来逐渐明确起来的，因此，价值规范和社会秩序既表现为一整套的社会制度，又表现为一种知识体系。而且，知识体系是社会制度构建的文本依据。知识体系的存在以及各种合理性的讨论能够提高社会秩序建构以及人的价值行为的理性化程度。也可以说，价值规范首先应该是一种知识体系。这些知识

① 贾英健．核心价值观及其功能［N］．光明日报，2007－11－03.

体系是所有社会人都需要学习的基本知识。

价值规范的学习过程不是一个简单的接受过程，而应该是双向的建构过程，即在对社会价值规范的认同基础上将其转化为个体价值规范的过程和不断地以个体价值规范适应和丰富社会价值规范的过程。社会的价值规范与个人的价值规范一直处于一种互动的状态。社会价值规范要在个体价值规范的丰富和认同中才能得到发展，个人的价值规范也需要在社会规范中丰富自身，并只有在社会规范的认可下才能得到发展。

以上这样一个价值规范的双向互动过程还引申出另一种相应的双向互动，即国家意识形态的核心价值观与人们普通的生活价值观之间的互动。仅仅强调意识形态的核心价值观而脱离生活价值观，价值观的学习和培养会缺乏生活基础，难以得到真正广泛的认同，而仅仅注重生活价值观而忽视意识形态的价值观则会使社会、国家、民族缺乏核心精神和凝聚力。

中小学生正处于价值观的形成时期和社会化的重要时期，价值规范的学习是一项基本的学习任务。但是，需要关注的是，这个学习过程也应该是社会价值规范与学生个人价值规范双向互动的过程。只有双向互动的学习才可能是真正有效的学习。

（三）价值判断本身和价值观如何形成都是知识

价值判断本身，包含对各种价值取向的理解，对如何进行价值判断的理解，就是一种知识；另外，人的价值观如何形成，也是知识。是否掌握这种知识直接影响人在现象和活动中进行价值本质抽象的能力。这些知识之所以被称为知识，是因为人的价值判断、人的价值观形成以及人的价值需求都是具有客观性的，是有规律可循的。

第二节　价值观及其形成

论述清楚价值与知识的关系并将其作为价值性知识的内容，在逻辑上很自然，将“价值观及其形成”作为价值性知识的理由是什么？很简单，新课程改革将“情感态度价值观”作为重要的课程与教学目标，是需要在所有知识教学中努力实现的，也就成了所有教师需要考虑和学习的内容。

只是关于这个方面的内容及其丰富性，在此只能略谈。

一、价值观、构成及分类

价值观是一个非常熟悉的概念，也可以说是一个非常生活化的概念，但又是一个让人觉得很有深意的概念。价值观具有统领生活的意义，也必然具有统领学生生活的意义，甚至，人们提出，教育在根本上是价值观的教育，因此，真正理解价值观，对于人来说，尤其对于教育工作者来说，具有非常重要的意义。

（一）价值观的外在构成、区别与分类

从表面上看，价值观是人对事物轻重缓急的衡量标准。价值观念是生活气息最浓、最活跃的一种观念，指导人的所有行为，渗透于人们日常的饮食起居、婚丧嫁娶、为人处世、工作娱乐等活动之中，成为人们活动的目标定向和判断事物的取舍标准。心理学将其作为人的个性倾向性的最高层次，因为价值观比需要具有更大的概括性，它指导着人的各方面行为并渗透于整个个性之中。

1. 一个人的价值观系统的构成——以人生价值观为核心的生活价值观系统

价值观涉及生活的所有方面，包括人生价值观、政治价值观、道德价值观、职业价值观、婚恋价值观、消费价值观、生育价值观、教育价值观、健康价值观、审美价值观、人际价值观、知识价值观，等等。一般来说，在一个人的观念中，这些价值观之间是一致的，构成一个相对稳定的价值观系统。其中，人生价值观占主导地位，其他价值观都朝向它，成为人生价值观的具体体现。

2. 全体文化中不同类型的价值观——核心价值观下的各种类型的价值观

一个人的价值观是一个复杂系统，人类整体的价值观系统更是一个复杂的系统。每个人的价值观之所以不一样，主要是因为主导价值观不同。根据主导价值观不同，可以对人们的价值观进行分类，而这对于人的理解、人的引导与教育、人类文化的理解、人类文化的创造以及组织的领导是非

常重要的。大家都知道，德国哲学家、文化学家、教育家也是组织行为学家斯普朗格在《人的类型》一书中提出了六种类型的价值取向：经济型——求利（企业家）、理论型——求真（哲学家、科学家）、审美型——求美（艺术家）、社会型——求爱（教育家、慈善家）、政治型——求权（政治家）、宗教型——求圣（宗教家）。这一理论影响很大，心理学家 G. W. 奥尔波特等人据此编制了《价值观研究量表》，用于测量和研究价值观。我们需要了解的是，斯普朗格是从文化与人的关联的角度提出这六种类型的。他认为，人类全体的文化与个人的文化的类型是相对应的。文化有国家、经济、学术、艺术、宗教等领域的区分，而作为追求各种价值的精神活动的人，相应地可以分为经济型、理论型、审美型、社会型、政治型与宗教型。

对人类的整体价值观系统的理解，仅仅有以上不同类型的价值观的分类和理解是不够的，还需要对人类、国家、民族核心价值观的思考。核心价值观也就是意识形态主流的价值观。核心价值观决定着一个国家和一个民族的精神力量，是不同类型人的共同指向和和睦的纽带。

3. 价值行为由价值目标、价值手段和价值评价构成

人的所有行为都是而且都首先是价值行为，人的价值观贯穿在行为的全过程，但在每一个阶段因回答的具体问题不同而分别表现为价值目标、价值手段和价值评价。价值目标、价值手段和价值评价相互联系，构成价值行为中价值观结构的统一整体。价值目标回答的是“人的行动是为了什么”的问题，而价值手段是为达到价值目标而采取的途径和方法，涉及的是“人怎样行动”的问题。价值手段是实现价值观的保证，它直接关系到选择什么样的方式。为了实现价值目标，个体需要对多种手段加以比较分析，选择最佳手段。价值评价是个体根据一定的价值标准对客观事物有无价值和价值大小做出的判断。它涉及“人的行动有无意义和意义大小”的问题。由价值评价，人们产生值得不值得、幸福不幸福的价值感和意义感，因而价值评价对价值目标手段的方向和程度以及相应的行为产生或促进或维持或阻止或改变的影响。

（二）价值观的内在本质、区别与分类

以上内容基本上都是从人的价值行为入手对价值观所做的描述性的经验分析，总体上揭示的是价值观的外在结构。但是，对价值观的理解还需要深入到人的“内心深处”。不理解价值观的“内核”，与价值观客观存在的深刻性是不相匹配的，也会导致价值观理解缺乏真正的客观性。那么，什么是内心深处？回答是：人格、自我。人的人格与自我在本质上是有区别的。

1. 自我中心还是社会中心

正像马斯洛所揭示的，自我实现是人的最高需求。正是这种需求强力推进着人去寻找实现自我价值的可能的途径。这是价值观形成中人在“主观”方面最重要的表现，而且随着年龄的增大和心理的成长日益显露为最重要的原因。而由于人的自我意识存在的客观性，这个看似主观的原因实质上是客观的。

人的自我价值实现绝不仅仅是自我中心的，而可能是社会中心的。正像后期马斯洛所强调的，自我实现的人应该倾向于服务社会而不是专注于自我；自我实现的人应该是爱他人的、谦逊的，并不将自己视为先知先觉者。人的发展过程是一个从自身利益走向他人利益的过程，而且只有走向他人利益才能真正实现自我，获得幸福感。不过，客观地说，人的自我实现仍然存在两种不同性质的状态，即自我中心性质的和社会中心性质的。这两种不同性质的自我实现的价值观念决定着人的价值观系统的总体性质是利己的还是利他的。一个自我中心的人，无论他表面上看上去是经济型的、理论型的、审美型的还是社会型的、政治型的和宗教型的，其所追求的价值相对于自我而言都具有工具的意义；而一个社会中心的人，则他所追求的价值由于利他性或者说社会性而成为真正的目的意义上的价值，而自我则被赋予了工具意义的价值。自我中心的人与社会中心的人的本质的区别在于，后者是具有献身精神的。应该说，只有以社会为中心的人才能将自我扩展开，才能真正实现自我。

从以上分析可以看到，价值观的内在核心是自我的意义，即是自我中心的自我还是社会中心的自我。而且，这种区别决定了人的价值观系统的总体性质。因此，从价值观的内在核心及自我的意义看，人的价值观总体

上可以分为两类：自我中心的价值观和社会中心的价值观。当然，这是一种理论分析。在实际存在的状况中，自我中心和社会中心常常是辩证地存在于一个人身上的，这是由人的个人性与社会性的辩证关系决定的。但这并不意味着不存在这样一种区分，在生命攸关甚至在利益攸关的关键时刻，是自我中心还是社会中心的这种本质区别会自然显现出来。

2. 社会中心还是人类中心

在区分了自我中心与社会中心的价值观之后，还需要进一步区分社会中心和人类中心的价值观。首先要肯定二者的一致性，即无论是社会中心还是人类中心的价值观都是利他主义的价值观。但是，二者又是有区别的：社会中心往往表现为对当前社会的关注，倾向于一种现实主义的态度，而人类中心则表现为一种超越国界、民族的，超越现实的，倾向于一种更为深远意义的理想主义态度。社会中心可以窄化到通常所说的本位主义的单位中心，而人类中心可以宽阔到人道主义。白求恩大夫等国际人士以及世界和平组织等国际组织的价值观系统从总体上应该是人类中心的。当然，在现实生活中，由于国家、民族、社会、单位的客观存在，社会中心的价值观是一种现实的需要，可是，从长远看，人类的共同的发展同样是必需的，因此，社会中心的价值观与人类中心的价值观是无法分开的，或者说是辩证存在的。但是，这样一种理论的分辨对于人们自觉地思考社会现实与人类长远发展的关系是有意义的，对于学生的教育也是具有意义的。

（三）价值观是一个有核心的复合体

任何人和任何组织的价值观都不是单一的，即使在生活的一个具体方面的价值观也不是单一的。以消费观为例，当具体为某事以及背后的某人消费时一定关系到对某人的看法，如果是为丈夫的母亲过生日买礼物的话，婚姻观、道德观以及生日观必然成为消费观的有机组成部分，还要加上购买物品时的审美观以及经济方面的考虑，等等。因此，前面对价值观的讨论是分析性的，而实际上，价值观是一个复合体。同意帕森斯所转述的韦伯的观点：

> 在无法找出恰当动机等主观原因的场合，也许可以以规律性来解

释，而这种规律性不管有多么大的可能是正确的，仍然是不可理解的。动机是“意义的复合体”，在行动者本人或研究者看来，这种意义复合体是他的态度或行动的充分有意义的理由。对于具体行动做出正确的因果解释，是指“正确地把握了它的表面过程和动机，二者的相互关系是‘可以理解的’”。①

也就是说，只有以“价值观是意义复合体”的认识为基础，对行动的表面过程和内在动机进行全面了解和把握，才有可能实现充分的理解（充分的理解永远是相对而言的）。

二、价值观怎样在环境中形成

我们知道，人的价值观是在环境中形成的，或者说，人的价值观是遗传和环境多种因素作用的结果。显然，仅仅了解这些还远远不够。环境指的是什么？遗传与环境的关系如何？价值观又怎样在环境中形成，也就是说，环境与人的价值观的关系是什么？笼统的说法无法指导我们的行动，我们需要具体的分析。当然，这里所做的分析只是一种尝试和努力，是自己理解这个问题的开端。

（一）遭遇、世界观与价值观的关系

人们一直将世界观、人生观和价值观联系在一起讲，并认为世界观决定着人生观和价值观。确实如此，人是在生活中接触和认识世界，不同的生活经历会形成不同的世界观，不同的世界观又会形成不同的人生观和价值观。从人的观念系统来看，世界观决定价值观，不过，继续往前回溯，在世界观之前的或者说形成世界观的是人的遭遇，即人的独特的生活经历。也就是说，是人的独特的遭遇决定着人的世界观，然后才是世界观决定价值观。这里采用了“遭遇”一词而没有用通常所用的“经历”一词，主要是因为想突出强调，只有那些独特的确实能够烙印在人的观念中的经历，也就是遭遇，才能真正决定人的世界观以及价值观。而且，期望通过“遭

① 帕森斯．社会行动的结构［M］．张明德，等，译．南京：译林出版社，2003：718.

遇”一词充分体现价值观形成过程中主客体之间的碰撞与互动，凸显主体与客体双方并置的重要性。

在世界观与价值观的关系上，我们不仅要看到前者对后者的决定作用，还要看到二者关系的另一面。当人的价值观一旦稳定之后，必然成为人生观的核心，并会反过来影响甚至左右人对世界的看法。不过，价值观一旦形成，很难改变，改变价值观的条件是需要经历不同于原来生活的生活，认识到了不同于原来世界的世界，即获得了新的视野。因此，世界观在总体上决定着价值观，但在价值观成熟并且稳定的时期，价值观会左右世界观。

另外，特别需要关注的是，世界观中关于人与世界的关系的看法决定着人的根本的价值观。前面分析过，世界观中或者说哲学中人与世界的关系的看法具有根本的方法论意义，其实，它首先具有根本的价值论的意义。只有真正理解人与自然、宇宙的关系的人，才能真正理解生命的意义，理解人性的意义，才能不对世界冷漠，才能不以自我为中心。

显然，在价值观的形成中，“遭遇”具有非常关键的意义。接下来的问题是，如何理解“遭遇”？如果不做深入的分析，我们的理解仍然会停留在笼统地说法中。

（二）在人的“主体条件”与环境的“机遇”的遭遇中形成价值观

人的价值观是在其遭遇中形成的。

1. 形成价值观的“主体条件”

前面已经分析过，自我实现是人的最高需求。正是这种需求强力推进着人去寻找实现自我价值的可能的途径。但是，人原初的主体性与天赋的兴趣和才能有关，也就是说，人的兴趣与才能是价值观形成的“主体条件”。这些条件是客观的。

即使在出生后不久，孩子也还是会表现出与其他生物不同的探究的本能，兴趣在人的生活中一直扮演着非常重要的角色。另外，兴趣在价值观中的地位随着社会进步会占据越来越重要的地位。笔者曾看到一份当代青年择业价值取向的调查报告，其中有一项结果：“当代青年的择业以人本化为核心取向，依据从高到低的被选率的前 9 项是：有兴趣（62.4%）、收入高（59.7%）、自己的才能得以发挥（41.6%）、有挑战性（40.9%）、福利好（28.2%）、时间灵活（26.3%）、轻松（19.3%）、社会地位高（17.9%）、稳定（17.7%），高级管理者与经理人、行业专家、教师、自由职业者等职业成为当代青年的前4种选择。”① 显然，在经济不够发展的地区，人们必须为温饱而奔跑的时候，兴趣不可能在生活中占据重要地位，而当经济发展到一定程度时，人们开始为了自己的兴趣和自由而生活，这是一种进步。当然，兴趣不是价值观，但对价值选择和价值实现起着重要的作用，可以说，兴趣是主体进行价值选择的一个客观依据，也是主体实现价值的可能性的一个客观条件。

除了兴趣之外，价值选择和价值实现的另一个客观条件是人的天赋才能。

傅雷两个儿子的成长道路是最典型的例子。傅雷发现长子傅聪有着一双“音乐的耳朵”，经过严格训练，将一个顽皮的小男孩培养成了一名优秀的音乐家；另一个儿子傅敏也曾很想当音乐家，并把精力大量投入到音乐学习上去，但经过刻苦努力却鲜有进步。此时，傅雷明智地认为，不是谁都能当一流的音乐大师。他对傅敏说：音乐是门独特的艺术，除了勤奋，更需悟性和天赋。傅敏听从了父亲的告诫，转移兴趣，后来成为一位出色的教育家。②

每个人都需要实现自我，但实现自我的方式则取决于许多客观的因素，兴趣、才能等就是属于主体方面的客观条件。在生活中可以看到，不同的人最终走上不同的道路，有的从政，有的做研究，有的经商，有的从事公益事业，等等，除去有外在环境的机遇的原因外，还有主体内在的兴趣、才能等客观条件的原因。

2. 形成价值观的环境“机遇”

现在再回过来看环境，环境中对人的价值观形成具有的意义是什么？

---

① 城市青年价值观调查：找工作兴趣第一收入第二［N］. 北京晚报，2005-03-30.

② 什么样的工作适合我［N］. 齐鲁晚报，2006-03-16.

也就是说，环境中包含着哪些对人的价值观的形成起着重要作用的因素？

环境中蕴涵着客观的需要。这种客观需要来自两个层面：一个是具体的发展任务。任何一个单位、社会在不同的发展阶段都有不同的发展任务。例如，经济发展到一定的阶段必然深层次地需要文化和学术的发展，自然也就会吸引更多的人发展文化、学术的价值倾向，或者说使得更多具有文化和学术兴趣和才能的人获得了将自己内在的价值愿望变成现实的可能。而那些兴趣和才能与社会发展阶段的发展任务不相一致的人只能改变自己，而缺乏适应性的人常常会发出“生不逢时”的感叹。另一个层面是一个国家、民族、组织的文化中蕴涵的客观的价值取向。这种组织的文化价值取向使得具有相应的兴趣、才能和价值取向的人如鱼得水，而那些与组织文化不一致的人则常常会处在“怀才不遇”的状态中。“得志”的或者“如鱼得水”的人，其价值观的形成就比较顺利，也比较稳定，而反之，“生不逢时”和“怀才不遇”的人，则其价值观常常处于一种冲突中，即环境要求的价值追求与主体的内在的价值追求的冲突中，价值观的形成需要相对更长的时期。

（三）遭遇的本质是主体条件与环境机遇的一致或冲突

人的一生，是一个不断理解“主体条件”，不断寻找与主体条件一致的环境机遇，或不断发展适应环境机遇的主体条件的过程。这个过程就是在自我实现的愿望的驱动下自我塑造的过程，也是自我价值观形成的过程。所以，从价值观的形成的角度看，遭遇的本质是主体条件与环境机遇的一致和冲突。“遭遇”在这里是一个中性词，而不是贬义词。

三、价值观形成的关键期

价值观形成的关键期在哪里？一般认为，是在进入高中阶段之后。确实，可以说，价值观正式登台是在高中之后。进入高中阶段后，学生开始直接考虑价值观问题了。“其原因是：①高中生认知能力的发展使他们开始能够分析各类社会事件，掌握各类社会标准，并以此标准来衡量各种现象；②进入高中以后，很快就要面临择业或在继续求学中进行专业选择等问题。而在对职业、生活方式以及个人发展方向等问题进行判断时，需以个人的价值观为前提；③高中生常体验到更为广泛的内心冲突和压力，面临较多方面的价值取向。例如，同伴团体中可能倾向于一种价值内容，而父母则倾向于另一种价值内容。高中生既想选择与同伴团体相同的价值内容以获得同龄人的认可，又不想与父母的期望相背离，在这种内心冲突的情况下，就强迫他们确立某种属于自己的价值观；④由于自我意识的高度发展，高中生能更充分地认识自己，更正确地对待社会生活中所发生的一切，从而能按照社会的要求，开始设计自己的人生。自我意识的发展成为确立价值观的一个不可缺少的条件。”①

不过，正像前面分析的，价值观的形成是一个复杂的过程。这个过程不仅与客观需要有关，还与主体条件有关。因此，主体条件的充分发现和发展也是价值观形成的客观条件，而这些主体条件则需要在更早的时期进行发现和发展，而且应该是学生的自我发现和发展。所以，从幼儿园开始就要开始帮助并引导学生学会发现和发展自己的兴趣和才能。

① 张进辅．论青年价值观的形成与引导［J］．西南大学学报（人文社会科学版），2007（3）．

第四部分

知识教学中相应问题的研究

所谓“相应”，就是相应于前面所做的各种理论论述尤其是一些核心观点。理论的意义在于解释现实中的问题并能够提出解决问题的方法，更重要的是，完整的理论自身就应该包括一些解决问题的操作性定义和案例。由于本书所提出的理论体系内容比较丰富并且还没有经受更多的实践的考验，所以在此只能就其中一些自认为比较重要的问题做一些向实践伸展或者说回馈的论述。

12

有关概念教学的几个问题

概念是学生学习的核心内容，概念教学出现问题应该算是教学中的大问题，当我们深入到教学中，还确实发现了一些重要的问题。在此，我们将这些问题以及相应的研究成果呈现给大家，其中有前人的成果的综述，也有我们自己的思考。

第一节　教概念要回到学科的范畴

概念教学是知识教学中的基础内容，非常重要。但是，在现实中，概念教学的结果往往是形成一个一个零散的客观的知识点。关于如何构建知识系统问题，后面会专门探讨。这里首先探讨的是如何将客观的概念变得让学生觉得有亲近感。将知识与生活相联系是大家普遍认可和正在实践的一种方法。但是，还有一种非常重要的方法应该引起重视，那就是引导学生理解概念的“来历”，即无论是教概念还是学概念都要回到学科的范畴去，回到学科所研究的事物的某些属性上去。

引言：一次函数图像的性质为什么是这样几条

听过一节初三数学“一次函数的图像和性质”的课。根据要求，教师应引导学生观察得出一次函数的性质。但是，在教学中却出现了几个需要探讨的问题。

第一个问题：正比例函数（特殊的一次函数）和一次函数图像的性质到底应该有几条？

正比例函数的图像的性质：

（1）当 $k>0$ 时，函数图像经过第一、三象限，y 随 x 的增大而增大；

（2）当 $k<0$ 时，函数图像经过第二、四象限，y 随 x 的增大而减小。

一次函数的性质：

（1）当 $k>0$ 时，y 随 x 的增大而增大；

（2）当 $k<0$ 时，y 随 x 的增大而减小。

这是课上教师的板书。正比例函数的图像的性质是两条，一次函数的图像的性质也是两条。可是，仔细想想，正比例函数的性质可以表述为四条：

（1）当 $k>0$ 时，函数图像经过第一、三象限；

（2）当 $k<0$ 时，函数图像经过第二、四象限；

（3）当 $k>0$ 时，y 随 x 的增大而增大；

（4）当 $k<0$ 时，y 随 x 的增大而减小。

一次函数的图像的性质可以表述为：

（1）当 $k>0$，$b>0$ 时，函数图像经过第一、二、三象限；

（2）当 $k>0$，$b<0$ 时，函数图像经过第一、四、三象限；

（3）当 $k<0$，$b>0$ 时，函数图像经过第一、二、四象限；

(4) 当 $k<0$，$b<0$ 时，函数图像经过第二、三、四象限；

(5) 当 $k>0$ 时，y 随 x 的增大而增大；

(6) 当 $k<0$ 时，y 随 x 的增大而减小。

在理解正比例函数的图像的性质时，学生感觉还比较容易，但在理解普通的一次函数的图像的性质，尤其是前四条时，学生就表现出“费力”了。如何能够突破这个难点呢？设想，如果在分析正比例函数的性质时，请学生观察直线均过“原点”，而在分析一次函数的图像的性质时回过头观察正比例函数与普通一次函数的区别在于“$b=0$”，二者在图像上的区别仅仅在于直线根据 b 的正负情况沿 y 轴上下平移，难点可能就比较容易解决了。于是想到，正比例函数的图像的性质可以再增加一条，结果为：

(1) 直线过原点；

(2) 当 $k>0$ 时，函数图像经过第一、三象限；

(3) 当 $k<0$ 时，函数图像经过第二、四象限；

(4) 当 $k>0$ 时，y 随 x 的增大而增大；

(5) 当 $k<0$ 时，y 随 x 的增大而减小。

一次函数的图像的性质则增加为 8 条：

(1) 当 $k>0$，$b=0$ 时，函数图像经过第一、三象限；

(2) 当 $k<0$，$b=0$ 时，函数图像经过第二、四象限；

(3) 当 $k>0$，$b>0$ 时，函数图像经过第一、二、三象限；

(4) 当 $k>0$，$b<0$ 时，函数图像经过第一、四、三象限；

(5) 当 $k<0$，$b>0$ 时，函数图像经过第一、二、四象限；

(6) 当 $k<0$，$b<0$ 时，函数图像经过第二、三、四象限；

(7) 当 $k>0$ 时，y 随 x 的增大而增大；

(8) 当 $k<0$ 时，y 随 x 的增大而减小。

虽然，性质的条数增多了，但更便于比较和掌握了。

第二个问题，正比例函数（特殊的一次函数）和一次函数的图像的性质为什么是这些内容？或者，“性质”指的是什么？曾经问过几位数学教师，他们几乎都没有回答上来。回答这个问题，就需要回到数学的本质和范畴上。因此，先要弄清楚数学研究的是什么？恩格斯在《反杜林论》中指出：“纯数学的对象是现实世界的空间形式和数量关系”。也就是说，数学要抽象出事物的各种空间形式，并且对每一种空间形式进行数量关系的界定。既然如此，一次函数图像的性质必然首先是其空间存在形式，而其空间存在形式首先是空间位置。空间位置是在平面坐标中描述的，平面坐标的要素就是原点、象限，因此，一次函数图像的性质首先与它们有关。空间存在形式其次是图像自身在坐标中的形态——“左低右高”或者“右低左高”。这样一些空间存在形式在数学中不仅要以图像的方式呈现，还需要用数量关系给予比较准确的描述。“左低右高”表述为“当 $k>0$ 时，y 随 x 的增大而增大”，而“右低左高”则表述为“当 $k<0$ 时，y 随 x 的增大而减小”。这样，就形成了一次函数图像的性质的全部内容。

第三个问题，是直接讲具体的性质内容还是应该从什么是函数图像的性质入手讲？一节课，教师一直领着学生逐条观察得出性质固然重要，但和学生一起探讨为什么一次函数的图像性质说的是这些内容，更为重要。这是在帮助学生知其所以然。这个“所以然”是由数学的研究对象和范畴决定的。

第四个问题，是教师如何备“概念课”？根据以上情况的分析，建议：（1）教师要备与概念相关的“性质”“属性”“公理”“定义”等概念；（2）要回到学科研究的特定的事物的属性和特定范畴中理解概念。

要完全理解这个案例，需要展开以下问题的讨论。

一、概念的形成是以认识对象的确立为前提的

可以说，到现在为止，世界上的任何一个事物或者“实事”都还没有完全被人类全面彻底地认识。人类的认识是一个不断接近事物或实事的过

程。这里特别在“事物”之外提到“实事”①，是因为后者包括事物、东西、事件等，更全面地表达了人类认识的范围。人类不仅需要认识自然，还要认识自己以及人类所创造的社会。不管人类的认识范围有多大，任何一个认识对象都不是“事物”（本书中的“事物”一词在一般情况下在含义上等同“实事”一词）的全部，而只是它的一个方面。也就是说，对象是实事的某个或某几个方面。

这里需要思考一个问题，事物或者实事是如何成为对象的？

> 在这个意义上可供参考的描述结构对整个科学都是十分重要的。但是，这些结构决不能详尽地表达科学概念化的全部内容。除非是纳入这样的图式，种种事实就无法加以描述。但是在这样的图示范围内描述事实，首先就起到那种明确勾勒出一个需要解释的“现象”的作用。也就是说，在大量凭经验可能观察到的材料中，我们选择那些既在这种图式范围内具有意义又“同属于一类”的材料。这样，它们就会共同有助于描述一项具体现象的若干基本方面的特性，从而使这一现象成为科学研究的对象。②

帕森斯认为，概念的形成是以对象的确立为前提，没有认识对象就不可能有对对象的认识，那事物又是如何成为对象的呢？这里需要一个“可供参考的描述结构”，这是一个富有启发的形象的说法，也就是说，人们一定是从一定的视角或者说在一定的框架中认识事物的。但是，这种“可供参考的描述结构”又是怎样形成的呢？到这里，“范畴”上台了。

二、范畴为整理感性材料，确立学科对象提供了框架

那么什么是范畴？

---

① “回到实事本身！”是现象学最响亮的口号（关于这个内容将在后面的知识教学部分的“给学生‘回到实事本身’，培养学生发现和想象事实的能力”中说明），“实事”相应地是现象学最重要的一个词语。“实事”，德语原文为 Sache，也可以译为“事情”“东西”“事物”等。提到“事物”，人们想到的常常是自然事物，而“实事”就不一样了。

② 帕森斯．社会行动的结构［M］．张明德，等，译．南京：译林出版社，2003：34.

作为认识论和逻辑学用语的“范畴”一词始于亚里士多德的《工具论·范畴篇》。在《范畴篇》中，亚里士多德把语言的表达形式分为“复合的”和“简单的”两种，复合的表达如“人跑”“人得胜”，简单的表达如“人”“跑”“得胜”等。按照现在的说法，“复合的”表达相当于或长或短的句子，“简单的”表达则相当于词。亚里士多德又将“一切非复合词”（“简单的表达”，也即词）分为“实体”“数量”“性质”“关系”“地点”“时间”“姿态”“状况”“活动”和“遭受”10类，并举例说明：“实体，如人和马；数量，如‘两肘长’‘三肘长’；性质，如‘白色的’‘有教养的’；关系，如‘一半’‘二倍’‘大于’；地点，如‘在吕克昂’‘在市场’；时间，如‘昨天’‘去年’；姿态，如‘躺着’‘坐着’；状况，如‘穿鞋的’‘贯甲的’；活动，如‘分割’‘点燃’；遭受，如‘被分割’‘被点燃’。”亚里士多德把这10类“非复合词”称之为10类 κατηγοριαs，汉语把这个词翻译为“范畴”，取《尚书·洪范》“洪范九畴”中的“范”“畴”二字组合而成。“洪范九畴”中的“范”意为方式、方法，“畴”意为同类、类别，合为“范畴”，有“方法的类型”之义。但是，作为“方法类型”的“范畴”一词主要反映的是由古希腊语 κατηγοριαs 一词衍生而来的 category（英语）一词的若干现代用义之一，严格地说，它并不能准确传达出亚里士多德所使用的 κατηγοριαs 一词的原初内涵。

Κατηγοριαs 是亚里士多德在著《范畴篇》时自撰的一个词语，衍生自另一个非常普通的古希腊惯用语 κατηγορειν。Κατηγορειν 在古希腊语中意为“反对某人的言说”“控诉”，其本身又由 κατα 与 αγορενειν 两个部分构成。Κατα 是古希腊语中一个普通的介词，意为“使……向下”，αγορενειν 意为证明或公开地说，合为 κατηγορειν 一词，使可表示“控诉”“反对之语”等义。一般说来，“控诉”（κατηγορειν）总是意味着要运用言语对一个事物或一件事情的本来面目进行描述和说明，而这也应该是亚里士多德依此创造的 κατηγοριαs 一词的基本用义。换言之，亚里士多德把表示“实体”“性质”“关系”“数量”等10类词称为 κατηγοριαs，即意在表明它们都是从某个方面描述、说明事物的词。亚里士多德在除 κατηγοριαs 之外，还经常使用与此相近的含有“肯定”“说明”之义的 κατηγορεισθαι 一词，这也可以从侧面说明他所造 κατηγοριαs 一词的主要用义。综合这些分析，亚里士多德在《范畴篇》使用的 κατηγοριαs 一词更适合译作“谓词”——“谓”意为说明，“谓词”即用于说明之词。①

后来到康德哲学中，范畴被界定为知性自身先天具有的纯概念，是整理感性材料的直观形式和悟性形式。康德的范畴有 12 个，分成 4 类：（1）量的范畴（统一性、多样性、全体性）；（2）质的范畴（实在性、否定性、限制性）；（3）关系的范畴（依附性与存在性、因果性与依存性、交互性）；（4）样式的范畴（可能性—不可能性、存在性—非存在性、必然性—偶然性）。黑格尔在《逻辑学》一书着重研究了范畴的运动和转化。他按照“正、反、合”的程序来安排范畴的结构，推演范畴的转化。

通过以上内容，我们可以知道，范畴是对事物所常常具有的不同侧面的概括，例如，事物都具有质、量，事物之间具有关系，事物存在的样式不同等。范畴的意义在于告诉我们事物可以从一些不同的侧面加以认识。

当然，范畴也是随着人的认识而不断改变的，例如，最初人们认为事物都以实体存在，但是后来认识到事物的存在样式是不同的，可以是实体，也可以不是实体。已经说了，人不可能认识事物的全部，而只能是认识事物的一两个侧面，范畴的意义就是为人们或者帮助人们确定认识的一些侧面，也就是将事物的不同侧面归为一类，即所谓认识和研究对象。回应帕森斯的观点，范畴恰好提供了“可供参考的描述结构”。也正因如此，康德认为范畴是整理感性材料的纯概念。实际上是概念前的概念，或者说是对对象和概念进行分类的概念，例如实体概念、属性概念或者数概念、空间概念等。

随着人们对事物的某一个侧面的不断探究，也就是在某个范畴之下将事物的某一方面作为稳定的研究对象，逐渐就形成和发展了“学科”。例

① 姚爱斌．“范畴”内涵清理与中国古代文论范畴研究对象的确定［J］．文艺理论研究，2008（1）．

如，将事物的空间形式和数量关系作为对象，从而产生了数学。每门成熟的学科都有自己特有的对象。例如哲学中的矛盾、现象和本质、必然和自由；经济学中的商品、交换；化学中的物质的组成、结构、性质和变化；自然地理的地理环境的特征、结构；社会学的社会行动、社会结构、社会过程；心理学中的心理过程和个性心理；等等。总而言之，在给学生讲学科的概念时始终要考虑到其上位的概念——“范畴”。

三、回到学科研究的特定的属性和范畴，学科味才浓，学生学得才更轻松

在课程改革中，由于活动增加，大家开始了对“学科味”的反思：有的时候，活动多了，学科味却少了。那么，什么是“学科味”？共识性的看法是，学科的性质和思维方法。什么是学科的性质？学科的性质应该是学科研究的本质内涵，也就是学科研究的特定的事物的属性，例如，数学所研究的空间形式和数量关系。什么是学科的思维方法？归根结底，每个学科的研究方法从总体上都是由研究对象决定的，就如同钉子的结构和钉的方法是由钉的对象的特征和钉的任务所决定的。“数形结合”或者说“数形转化”，是数学学科所创造的一种独特的数学方法，它与数学学科的研究对象是一致的。因此，学科研究的特定的事物的属性和范畴决定着学科的性质，也是各种方法产生的根本原因，从而也是“学科味”的来源。

如果教师们在讲每一个概念的时候都能带领学生回到学科的特定属性和范畴理解概念的“来历”，学生们就会对知识产生一种历史亲近感。不仅如此，当所有的概念的理解都朝向学科的特定属性和范畴时，整个学科的概念才能构成一个整体，学生也才会学得更加轻松。

第二节　真概念教学还是假概念教学

——维果茨基的概念发展阶段理论

以下是一节历史课板书的一部分。

> 第四节 中国民族资本主义的进一步发展
> 一、背景
> 1. 政治因素——辛亥革命
> 2. 社会因素——群众运动、实业救国
> 3. 国际因素——一战契机
> ……

这个板书中的“背景”还可以包括“经济因素”“文化因素”，等等，再“装进”去什么内容，似乎主要是看历史同行们通常的做法以及自己能想到什么了。“概况”同样如此。这种教学的结果是，学生为了保证自己得高分，就要尽可能将相关的内容“装”进去。

概念应该是具有清晰的界定的内涵，概念教学也应该是具有确定内涵的，但是，在现实概念界定或概念教学中却可能常常出现这种“概念框”现象。

引言：由“概念框”现象想到维果茨基的真假概念的理论

在教育界曾经流行过的一句话：“素质教育是个筐，什么都可以往里装”。这种什么都可以往概念里装的现象，我们不妨暂称其为“概念框”现象。这种现象在教学中也同样存在。

比如，教学后台的“概念框”现象：在指导教师们做课题的过程中我们会发现，教师经常使用的“学生差异”“学习困难”“学科核心思想”等概念似乎就是类似的“概念框”。教师们常常将自己理解的相关内容都装进这些概念中，却又往往觉得这样的概念自己都说不明白。可是，这些概念却会对教师的教学行为产生影响。例如，当学生在学习出现问题时，教师就会自然地将其归结为学生出现了“学习困难”；当教师在学科教学中认为某一内容非常重要时，就会自然地将其归结为“学科核心思想”。

再比如，教学中的“概念框”现象：在一些学科的教学中，经常会出现“背景”“概况”之类的概念，教师们也往往将自认为与之相关的内容都放进去。例如，语文学科教师总是要给学生介绍“背景”知识，除了惯例中的作者的名字、出生年代、××家、主要作品外，常常随意地将相关内

容都装进去。

不断面对这些类似概念的“概念框”，使我们认识到，这些概念可能不是真概念，而是一种假概念。如果真是这样，我们的教学中就可能有“假概念教学”现象。大家知道，概念是学生理解的基础，是教学的基本内容，如果存在“假概念教学”，那对教学质量将产生根本性的影响。因此，研究并区分真假概念及相应的教学，是一件非常重要的事情。但是如何区分真假概念呢？阅读《维果茨基教育论著选》，会发现他对这个问题有过系统的研究和思考。

作为苏联著名心理学家的维果茨基在《思维和言语》中的“概念发展的实验研究”部分提出了与“真概念”相对应的“混合物”“复合物”“假概念”“抽象物”“智力形成物”等，并有比较深入、系统的分析和论述。

一、词都具有概括性，但并不都能成为概念

维果茨基对概念的研究是以词的性质和意义为中心展开的。首先，他认为词都具有概括性。“一个词并不是与某一个别的事物有关系，而是与一批或一类事物有关系。因此，每一个词是一个隐藏的概括，任何词都是概括，从心理学的观点看，词义首先就是概况。”① 但是，维果茨基指出，并不是所有的概括都能形成概念，并不是所有的词都能被称为概念。具体而言，不论是混合物、复合物、抽象物还是概念，都是“智力形成物”，都是用词来表达。在外表上看上去一样，甚至大家可以用这个词进行交流，但词的内涵以及形成它的思维方式却不同，因此，需要判断词是否是概念以及处于概念发展的哪个阶段。

二、维果茨基从发生论即思维基础的角度研究概念的形成过程

从发生论的角度，维果茨基将研究的重点主要放在了概念发展的思维基础上，而形成真正概念需要两个根即两个思维基础：综合（复合）与分析（区分和抽象）。他说：“分析和综合，按照歌德的名言，像吸气和呼气一样，同样是彼此必需的。这一切也都同等程度地不仅适用于总的思维，

① 维果茨基．维果茨基教育论著选［M］．余震球，选译．北京：人民教育出版社，2005：11.

而且也适用于建立单个的概念。”① “只有在发展复合思维的同时掌握抽象过程才能导致儿童形成真正的概念。”② 具体来说，就是从复合和抽象两条线及其相互关系的性质来判断概念的发展的状况。这里需要说明的是：“事实上，二者是以融合的、合并的形式出现的，只是为了便于作科学分析我们才分开提出这两条路线，竭力想彻底地、最大限度清晰地研究每条线路。”③

三、人的概念发展可以分为四个阶段

所谓“概念发展的实验研究”，是指从发生学的角度研究人的概念的形成和发展过程。在实验研究基础上，维果茨基提出人的概念发展可以分为四个阶段，分别是混合物时期、复合物时期、抽象物时期以及概念时期，从发生形成来看就是三个阶段，即前三个阶段。

第一个阶段是“混合物”时期。“混合物”就是维果茨基所说的“混合性形象”，是笔者为了与复合物对应而在表达上又比较简单所确定的一种称呼。在这一时期，“儿童区分出来的一大堆物品连接在一起，但缺乏充足的内在基础，各组成部分之间缺乏充足的内在亲缘关系，这么一大堆的物品要求将词语或者代替它的符号的意义散漫地、无指向地扩散到儿童印象中外部有联系，但内部却并不能结合在一起的一系列因素。”④ 婴幼儿最初的“妈妈”就是这样的混合物形象，他们会将很多的东西都叫做“妈妈”，例如，遇到生人害怕的时候，看到一件自己喜欢的东西的时候，饿了的时候，等等。

第二个阶段是“复合物”时期。“复合物”是维果茨基对这一类事物的各种称呼，如，“复合体”“概念—复合物”中的一种。“如果说思维发展第一个时期的特点是建立混合性形象，对儿童来说，这种形象等同于我们的概念，那么，第二个时期的特点便是建立具有同样功能意义的复合体。这是向掌握概念迈出的新的一步，是儿童思维发展中远远地超越前一时期的新时期。这毫无疑义是儿童生活中意义重大的进步。这个向高级思维类型

① 维果茨基. 维果茨基教育论著选［M］. 余震球，选译. 北京：人民教育出版社，2005：167.
② 同①：172.
③ 同①：168.
④ 同①：132－133.

的过渡在于：作为混合形象基础的‘无条理的联系性’已为儿童所扬弃，他开始将同类物品积集组合，根据他发现的物品内部的客观联系的规律将它们综合成组。”“向这一思维类型过渡的儿童在一定程度上在克服自己的自我中心状态。他不再将自己印象的联系当做物品的联系，他沿着扬弃混合主义的道路，沿着征服客观思维的道路跨出了重要的一步。”“复合思维已经是有条理的思维，同时也是客观的思维。”①

第三个阶段是“抽象物”时期。“抽象物”包括维果茨基提到的“含混”的“共同体印象”和“潜在概念”，其中，“潜在概念”是维果茨基借用的他人研究中使用的概念。为了便于理解，凸显与复合物的并列关系，并强调维果茨基所说的“第二个根”即抽象在这个阶段的重要地位，笔者确定使用“抽象物”这一称呼。“我们上面所描述的儿童的复合思维，仅仅是儿童概念发展史上的第一个根。儿童概念发展还有第二个根。这第二个根形成儿童思维发展中第三个大阶段，这个阶段自身也像第二个阶段一样，又分解为一系列个别的时期或者段落。”②

第四个时期是“真正概念”时期。“这个真正概念的形成就是儿童思维发展中的第四个，也是最后一个时期。”③

四、“复合物”的五种类型（包括其中之一的假概念）

维果茨基通过实验的分析，得出五种类型的复合物：

第一种为联想复合物。其指的是，儿童根据物品的某一类似的醒目特征将各种物品归在一个复合物中。“复合体的第一个类型我们称之为联想型，因为它的基础是儿童在物品中（在实验中它是未来复合体的核心）所发现的任何特征的任何联想性联系。儿童能围绕这一核心建立完整的复合体，将各种各样的物品包括进这一复合体，有一些是基于它们与该物品有相同的颜色，另一些是基于有相同的形状，再有一些是基于有相同的体积，

① 维果茨基．维果茨基教育论著选［M］．余震球，选译．北京：人民教育出版社，2005：135－136.

② 同①：166.

③ 同①：172.

还有一些是基于对儿童有某个醒目的特异特征。”①

第二种为“成套收集品复合物”。在维果茨基著作的中译本中的直接称呼是“成套收集品”和“复合物—收集品”，是指儿童根据自己的生活体验将一套一套有用的物品归在一个复合物中，例如，提到餐具，儿童想到的是一套一套由碗、勺、筷子、盘等组成的具体物品。笔者确定这样的称呼是为了在文字表达上与其他称呼对应。“构成复合思维发展的第二阶段是将物品和物品的具体印象结合成特别的组合，这些组合在结构上非常像通常所称谓的成套收集品。这里各种具体物品按照一个特征在相互补充的基础上连接起来形成由各种不同的、相互补充的部分合成的统一整体。正是成分的多样性、相互补充和在收集基础上的结合，是思维发展中这一时期的特征。”②“杯、盘、匙、一套刀、叉、匙、碟等餐具，儿童的衣服，这一切都是儿童在自己的日常生活中碰到的自然复合体—收集品的样品。”③

第三种为“链式复合物”。它是指儿童根据两个物品的某个具体的类似特征将物品连接起来，尽管每两个物品之间进行连接所依据的特征不同或者说是在不断转移，但链子却形成了。“例如，儿童给一黄色的三角形样品挑选了几个多角体，然后，如果挑选出的这几个多角体的最后一个是蓝色的，儿童会再挑选蓝色的其他物体，例如，半圆形、圆形物体。”“词语的意义因此也按照复合的环节而转移，每一个环节一方面与前一个环节相连接，但另一方面，又和下一个环节相连接，而且这种类型的复合的最重要的区别在于同一个环节与前一个环节和后一个环节连接的方法或者联系的性质可能是完全不同的。”④

第四种为“非实际的链式复合物”。关于这种类型的名称，中译本的维果茨基作品相应章节中没有直接给出，是笔者根据自己的理解初步确定的。其内涵与“链式复合物”相似，区别在于它是在非实际的认识和思维中的“链式复合物”。“比如说，儿童给黄色三角形样品挑选的不仅是三角形，他还挑选了梯形，因为他觉得梯形是削去尖顶的三角形。接着又给梯形配上

① 维果茨基．维果茨基教育论著选［M］．余震球，选译．北京：人民教育出版社，2005：138.

② 同①：139.

③ 同①：140.

④ 同①：141.

了正方形，给正方形配上了六角形，给六角形配上了半圆形，然后是圆形。作为基本特征而采用的形式模糊了，变得不确定了，同样地，有时复合物的基础是弥漫性颜色特征时，颜色也会融合在一起。”① “儿童在这里进入了一个弥漫性概括的世界，一切特征都漂移不定，不知不觉地一个特征转化为另一个特征。这里没有固定的轮廓，这里起主导作用的是无限的复合物，由它们所连接的联系的广泛多样是惊人的。”②

第五种为“假概念”。同时也被维果茨基称为“概念—复合物”或“概念智力图”。在外部看，其包含的内容与概念一致，但就其内部的思维和理解看，却与概念不一致，在根本上还是一种复合物。“比如，儿童给提供的黄色三角样品挑选了实验材料中所具有的全部三角形。这一组物品完全能在抽象思维的基础上产生。概念或者三角形思想能够成为这一概括的基础。但事实上，正如研究所表明的那样，也正如实验分析所揭示的那样，儿童是在物品的具体的、实际的和直观的联系的基础上，也就是在简单联想基础上连接物品的。”③ “我们面前是概念的影子，它的轮廓。根据一位作者的形象的表达，‘无论如何也不能’把我们面前的这一形象‘看做简单的概念符号。它更接近于一幅画，一幅概念的智力画，是叙述概念的一个短篇故事’。”④ 假概念是复合思维的最后一个阶段，是最接近概念的，但却不是真概念。这个判断仍然是以思维基础分析为依据的，“如果我们认真地研究复合思维发展中的这一最后阶段，我们能看到，我们面前的一系列具体物品的复合连接，按其表型，也就是根据外部形象、外部特征的总和，完全和概念相一致，但根据其遗传本质，根据其产生和发展的条件，根据作为其基础的因果动力关系，它绝对不是概念。从外部方面看我们面前的是概念，从内部方面看则是复合物，所以我们称之为假概念。”⑤

---

① 维果茨基．维果茨基教育论著选［M］．余震球，选译．北京：人民教育出版社，2005：143.
② 同①：144.
③ 同①：145.
④ 同①：148.
⑤ 同①：145.

五、“抽象物”的两种类型

通过实验研究，维果茨基将“抽象物”的发展划分为两个时期，也就自然提出了抽象物的两个类型。

第一种为含混的“共同性印象”时期。此时，儿童开始将一些本质特征抽象出来成为注意中心，但这些特征被区分出来，主要是靠印象。“在自己的总和中反映出的与提供的样品最大限度相似的那些特征，成为注意的中心，从而似乎也就与处于注意边缘的其他特征相区别，并且似乎是从它们中抽象出来的。这里首次十分清楚地突出了抽象的过程，由于全组特征的抽象化并不是在精确地区分各个特征的基础上进行，而是根据模糊的共同性的印象而完成的，这个抽象过程经常带有含混的性质。”①

第二种为“潜在概念”时期。这时，儿童根据物品的具体的实际属性和功能意义，区分出一些特征并将它们作为优先特征。维果茨基主要借鉴了格罗斯、维尔纳等对潜在概念的界定，而在这些界定中更倾向于维尔纳等人的观点。“从这个观点看格罗斯是正确的，他将潜在概念理解为对普遍反应的定式。他拒绝认为这是儿童思维发展的特征，并根据遗传学观点将它归入智力前过程。”②“与格罗斯的潜在概念的不同之处在于，那里所说的是相似的印象，而这里所说的是相似的功能意义。那里潜在概念是在直观思维的领域里，而这里是在实践有效思维的领域里。维尔纳称之为运动概念或者动力概念，苛勒称之为功能意义的这类东西，大家都知道，在儿童思维中存在已相当久了。而且要到学龄前才结束。”“梅谢尔在自己的一部关于言语和思维的著作中引述了在这方面极其典型的、由一名一年级学生对抽象概念所下的定义。孩子说：‘理智，这就是当我感到热的时候，我也不喝水。’这类具体的功能意义构成了潜在概念的唯一的心理基础。”③

六、“混合物”“复合物”“抽象物”之间及其与“概念”的区别

“混合物”与“复合物”的区别在于：（1）混合思维的无条理与复合

---

① 维果茨基．维果茨基教育论著选［M］．余震球，选译．北京：人民教育出版社，2005：168.

② 同①：170.

③ 同①：171.

思维的有条理；（2）混合物主要建立在主观联系基础上，而复合物是建立在客观联系基础上。第二点是区别的关键。

“复合物”与“抽象物”的区别在于：（1）虽然都是概括的产物，但思维基础却不同，复合思维主要是感知的复合，而抽象思维则是以区分为主要特点；（2）复合物的特征充满着各种联系，而抽象物的主要特征是突出的；（3）复合物的特征是不稳定的，而抽象物的特征是稳定的；（4）复合物的各种特征之间是平等的、没有等级的，而抽象物的主要特征具有优先地位。

“复合物”与“概念”的区别在于：（1）复合物的抽象基础是薄弱的，而概念是同时建立在复合与抽象基础上的；（2）复合物的基础是联系的多样性，而概念的基础是联系的单一性；（3）复合物的各种特征之间是平等的，而概念的各种特征之间存在明确的等级关系；（4）概念高于形成它自己的具体事物，而复合物却不是；（5）假概念是“为他人”的，而真概念是“为自己”的。具体如维果茨基分析的：“儿童先是事实上开始运用和利用概念，然后才理解它们。‘自在’的和‘为他人’的概念的发展早于‘为自己’的概念。蕴涵在假概念里的‘自在’的和‘为他人’的概念，是真正的概念发展的主要的起作用的先决条件。”① （6）复合物的“词”主要起着将具体事物联系在一起的“家族名称”的作用，而其概念的“词”则是能够自如地注意一些特征的抽象的符号化。

“抽象物”与概念的区别在于：（1）抽象物只是在一系列物品中概括出来的一个注目的特征，仅此而已，而概念则是要在抽象出的特征的基础上充分运用这些特征，并以这种抽象特征的运用作为主要的思维方式；（2）相应的，抽象物主要是直观的或者实际有效的思维的产品，而概念是综合思维的结果。

七、真正的概念及对传统概念界定的批判

那么，到底什么是真正的概念？（1）维果茨基的“假概念”是五种复合物中的一种，是狭义的。如果我们将他提出的五种“复合物”和两种“抽象物”作为广义的假概念，那么真概念就是与这些假概念相对应的；

---

① 维果茨基．维果茨基教育论著选［M］．余震球，选译．北京：人民教育出版社，2005：151.

(2) 真正的概念是在人经历了从混合物到复合物再到抽象物后形成的智力操作结构;(3) 真正的概念是建立在复合和综合或者说联想和抽象这样两个基本智力功能之上的,二者缺一不可;(4) 真正的概念是自在、自为的,掌握概念的人可以自如地运用概念指导自己的区分和概括。

与此相对应,维果茨基对过去的概念界定进行了批判。传统的概念界定的主要观点有两个,维果茨基逐一进行了批判。

(1) 概念是从多个物体的相似中获得的。例如,“有一位心理学家把关于树木的概念作为例子。这个概念是由一系列近似的树的观念得来的。”① 这种观点在我们的现实理解中仍然存在一定的普遍性。维果茨基将这种概念的形成方式比作“集体照相”或者“家族相似”。“从这一观点看,概念形成的方式像哥尔顿集体照相一样,得到的是属于同一个家庭各种不同的面孔的家族照片。大家都知道,这一照相的基础在于:在同一个感光板上印上这一家庭各个成员的形象,这些形象相互叠放在一起,使这一家庭许多成员共有的、相似的、经常重复的脸部线条特别突出和明显,而偶然的、个人的、各个人不相同的线条相互重叠,相互磨灭,相互掩盖。”② 显然,这样的概念不可能是真正的概念。

(2) 儿童发展一般的名称要早于具体名称,因此概念很早就出现了。例如,“儿童当然首先是掌握词语‘花’,然后才掌握个别的一些花的名称。”③ 他将这种一般的名称或者一般的概念称为“一般的观念”。这种一般观念是假概念。其根本原因是,它们只是复合物,只有复合思维的基础,没有抽象思维的介入。

八、不仅儿童有假概念,成人也有假概念

维果茨基的“假概念”是五种复合物中的一种,是狭义的。如果我们将他提出的与真正的概念相区别的五种“复合物”和两种“抽象物”作为广义的假概念,对于我们思考真假概念问题在总体上比较方便。从这样的

---

① 维果茨基.维果茨基教育论著选[M].余震球,选译.北京:人民教育出版社,2005:176.

② 同①:176.

③ 同①:177.

广义的界定出发，不仅儿童有假概念，成人也有假概念。

主要原因在于概念的发展阶段不是截然划分的，也就是说，不是在一个阶段结束后才开始另一个阶段的，因此存在各发展阶段不同类型概念并存的情况。“发展的情况原本要复杂得多。各种发生形式都是共存的，好像在地壳里同时存在各种各样的地质时代的沉积层一样。”① “就连成年人，也像我们曾指出过的那样，并非始终都是用概念思维的。他的思维经常是在复合思维的层次上进行，有时甚至降到更为基本的、更为原始的形式。”②

学习了维果茨基的思想之后，我们可以断定，成人的概念中也有假概念，教师在概念教学中也可能会出现假概念教学。以教师的假概念去教学生概念，必然会影响学生的概念学习。因此，教师们需要诊断自己的概念教学是真概念教学还是假概念教学，诊断的主要依据是概念的思维基础。

第三节　如何理解概念的形成过程

在许多教师的教学中存在这样的现象和问题。大家都知道概念很重要，也清楚许多学生做不出题是因为概念不清而不能自如运用概念的结果，但是，用于概念教学的时间却常常很短，主要是因为将大量的时间用在了学生做题上。随着课程改革的进行，很多专家都提出，教学要重视学生概念的形成过程，要用更多的时间来保证形成过程的充分性。其实，许多教师对这样一种重要性与时间分配的矛盾、不合理是清楚的。教师们的问题在于，如何重视概念的形成过程？概念这么简洁，自然只能这样简洁地教给学生了，还能怎么教？也就是说，教师们不知道如何理解概念的形成过程，不知道从哪些方面入手重视概念的形成过程，或者说，不清楚重视的具体内容是什么。笔者根据自己的课堂观察和学习，认为以下几点是需要给予关注的。

一、概念不能给予——概念要在大量的事实积累与辨别中形成

有教师问：“怎样将我的知识转化为学生的知识？怎样将我理解的概念

① 维果茨基．维果茨基教育论著选［M］．余震球，选译．北京：人民教育出版社，2005：172.

② 同①：174.

转化为学生的概念?”仔细分析，这个问题中所包含的判断就值得反思。知识或者概念是不能直接给予学生的，“我的”知识或者概念也很难转化为“他的”知识或者概念，根本原因在于每个人的知识都必须经历一个形成发展的过程。“我”在“我的过程”中形成了“我的知识”，为了节约起见，将“我的知识”直接转化为“他的知识”，这肯定是不现实的。由于教学的时间有限，经历常常不可能是真实充分的，但无论如何，一个缩略的过程也是必要的。这个缩略过程的设计就是概念教学设计的主要内容。

我们知道，概念是在大量事实的积累与辨别中形成的，因此，学生的概念同样要在这样一个过程中形成。这个道理很简单，只是在教学中不要忽略就可以了。

二、概念不能一次学会——概念界定的学习只是概念形成和发展的开端

有的教师将教学分为两个部分：概念定义的学习和运用概念做题。可是，有经验的教师很清楚，定义之后的做题本质上是学生概念的巩固和发展。其实，做题的本质不是“巩固”，而是学生概念的“形成和发展”。概念界定的学习并不意味着概念形成了，而只是概念形成的开端。

有的学生在做题的过程中会自发地发展自己的概念，有的学生则不会。他们需要教师在他们的概念发展过程中给予启发和引导。如果教师认为概念界定的学习就意味着概念形成了，那么，这种启发和引导作用就不可能自觉地发生了。

三、概念学习不是新词语的学习——概念学习的本质是思维定式的不断建构

概念是人们对事物特有的本质属性的认识并以某些词语的组合加以表达。概念形成之后，人们就可以依据这些词语对某一事物是否属于概念中的事物做出明确的判断。其实，也就是使得人们对事物的认识和辨别变得简单明了。这在本质上就是建立一种思维定式。思维定式一旦形成，人的认识、辨别事物、解释事物的速度就加快，从而使得人的能力增强。因此，概念学习以及相应的思维定式对于人来说，是非常有意义的。

但是，需要注意的是，概念学习的难点不在新词语的学习，而在于思维定式的建构。尤其是，随着年龄的增长，概念会螺旋式不断上升。例如，

数学中的“函数”概念，学生在初中学，在高中还要学。高中的函数概念与初中的函数概念不同：初中是“变量说”，高中则是“对应说”，高中函数学习的关键在于突破原有的变量说，而要在变量说的基础上建构对应说，其在本质上就是要突破初中函数的“一个自变量变化后因变量必然发生变化”的思维定式，建构包含多样甚至无限的变化模式的、抽象程度更高的思维定式。正如维果茨基描述的：“它开始时是最简单类型的概括，随着自身的发展，儿童便从简单类型的概括转向越来越高级类型的概括，最终以形成真正的、确实的概念而完成这个过程。”①

四、谁在影响学生的概念学习——日常概念与科学概念

经常有教师抱怨，这个概念都讲了很多遍了，刚讲完带着做题的时候学生是会的，但过一段时间让他做，就不会了。这种现象似乎很普遍，是什么原因导致的呢？在这一部分，为了更好地理解，将以“超重”与“失重”的概念教学为例。

学生对“超重”的两次界定

学生在生活中大多都有过超重和失重的感觉。问学生什么时候有超重的感觉，什么时候有失重的感觉。大多数学生会回答：当电梯向上运动的时候，会有超重的感觉；当电梯向下运动的时候，会有失重的感觉。也就是说，超重与失重与物体的运动方向有关。这就是学生关于二者的日常概念。

如果再让学生仔细想想：当电梯向上运动时，只有一种状况吗？学生经过对自身体验的反思，很快就能回答：不是，有三种情况。可以分为启动阶段、中间阶段和停止阶段。这三个阶段都有超重的感觉吗？学生对自己的体验进行仔细分析后很容易地回答：不是，在第一阶段有超重的感觉，中间阶段是平衡的，停止阶段会有失重的感觉。看来刚才的回答不对。教师追问：这三阶段可以用物理的语言表达吗？

① 维果茨基．维果茨基教育论著选［M］．余震球，选译．北京：人民教育出版社，2005：186.

也就是说，三个阶段的区别的关键是什么？学生回答：加速度不同，第一阶段是加速阶段，第二阶段是匀速阶段，第三阶段是减速阶段。教师提示，如果都用加速度这一个指标表示，如何表达？学生讨论后回答：第一阶段是加速度方向向上的阶段，第二阶段是加速度为零的阶段，第三阶段是加速度方向向下的阶段。教师鼓励学生：看来我们有了新的更加正确的答案了，怎么表达呢？学生回答：超重与物体运动的加速度方向相关。

——根据一位物理教师的教学设计改编

我们在教给学生科学概念的时候，往往忽略了学生头脑中还有另外一种概念存在，皮亚杰称之为“自发概念”，维果茨基称之为“日常概念”或者“生活概念”。其实，维果茨基的“日常概念”也就是除真概念以外的各种假概念。在学生学习“超重”和“失重”之前，学生早就有了超重和失重的感觉，并且已经在生活中运用这两个词了，也就是说，在学习科学的“超重”和“失重”的概念之前，已经有了关于二者的日常概念或者生活概念了（也被称为前概念）。这种日常概念与科学概念同时并存的现象是相当普遍的。

日常概念的形成历史长，科学概念的教学时间却很短。教师在教科学概念的时候，学生似乎很清楚，题也能做对，但时间一长，科学概念忘了，自然就会用日常概念做题，而日常概念往往具有不科学性，自然也就把题做错了。这就是造成“当时教他的时候会，过一段时间又不会”现象的一个重要原因。

既然如此，在科学概念的教学中就必须重视学生日常概念的研究，并在教学中不仅要帮助学生形成科学概念，而且还要澄清日常概念。实际上，概念的建构过程就是日常概念的不断澄清过程以及在不断澄清中形成科学概念的过程。

这里，还需要分析一个问题。通常，科学概念的教学被理解为科学概念的直接教授，除了没有考虑日常概念的存在的原因之外，还有一个重要的原因是，认为日常概念是没有价值的，而人的概念发展过程是一个科学概念排挤日常概念的过程。这种观点是需要反思的，维果茨基就曾经对皮亚杰的这种观点进行了批判：“儿童智力发展对皮亚杰来说是由成年人较强有力的思维逐渐排挤儿童思维的独特的性质和特点的过程形成的。……随着年龄的增长儿童思维的特点从一个个领域排挤出去，它们日益减少，直至最终完全消失。发展过程不是被呈现为由基本的、原始的思维形式不断产生新的、较高级的、较复杂的、较接近于发达思维的特性的过程，而是呈现为逐渐地用一些形式排挤另一些形式的过程。……发展实质上归结为消亡。发展中的新事物来自外部。儿童自身的特点在他的智力发展历史上不起建设性的、积极的、进步的、形态形成的作用。"① 然而，日常概念是科学概念形成的基础，这正如维果茨基对概念发展过程所揭示的那样，人的概念有一个形成和发展的过程。科学概念需要在日常概念的基础上发展。这在“超重”与“失重”的科学概念的形成过程中也能够清晰地看到。

另外，如果能够进一步启发学生反思比较日常概念和科学概念的形成过程的不同，对于学生建构起属于自己的科学概念并在今后能够主动反思自己的概念，将具有重要的意义。笔者以超重与失重的日常概念与科学概念的不同为例尝试分析二者的不同。在日常概念中，学生认为超重与电梯的运动方向有关。其产生的心理基础是：第一，在电梯上升过程中客观上存在三种刺激和相应的三种知觉——超重的知觉、平衡的知觉以及失重的知觉，但人们往往记忆的是超重的知觉。这是为什么？在所有刺激中，第一刺激或者最强刺激会掩盖其他较弱的次要的刺激而被感知，笔者将其称为“强刺激感知”模式；第二，在电梯向上运动时，主要感知的是超重，而且电梯运动在先，感知在后，因此，电梯运动方面成为产生超重的原因。笔者将其称为“以现象先后为依据的因果判定”模式。而在科学概念中，超重被认为与加速度方向有关。其产生的心理基础是：第一，克服强刺激的“垄断”地位，区分和罗列所有的刺激和感知，并同等对待不同强度的刺激，也就是区分和罗列出超重、平衡、失重三种感知，并平等对待这三种感知。第二，不是简单从表面的先后关系上判断因果关系，而是要进一步分析不同刺激产生的不同原因，并发现和努力抽象出导致三种不同刺激或者说感知的同一个原因。也就是分析得出三种感知都是由于加速度的不同状况而产生的。如果能够这样帮助学生理解两种概念形成的思维基础不

① 维果茨基．维果茨基教育论著选［M］．余震球，选译．北京：人民教育出版社，2005：193.

同，学生将能够更加自主地展开学习。

五、概念学习不能孤立进行——学生“绕弯做题”的启示

我们先来看一个案例：

为什么学生绕着弯做题

题目：已知，如图，四边形 $ABCD$ 内接于圆，延长 AD、BC 相交于 E，点 F 是 BD 延长线上的点，且 DE 平分 $\angle CDF$。求证：$AB = AC$.

以下是绝大部分学生的证明思路和过程：

$\because \angle EDF = \angle ADB$，$\angle ADB = \angle ACB$，

$\therefore \angle EDF = \angle ACB$.

$\because \angle CDE = \angle DAC + \angle DCA$，

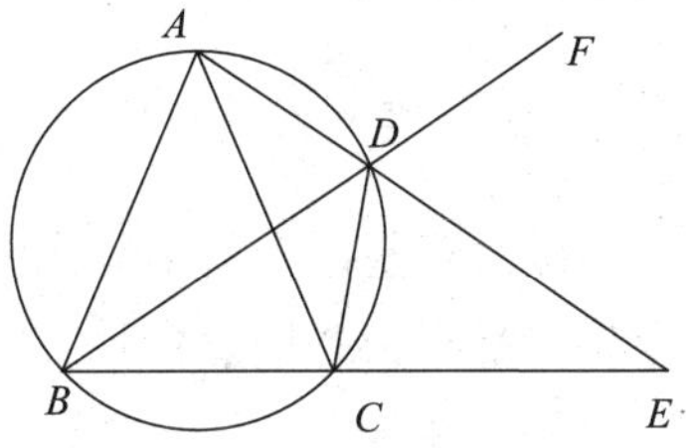

又 $\because \angle EDF = \angle CDE$，

$\therefore \angle DAC + \angle DCA = \angle ACB$.

$\because \angle ABC$ 对弧 ADC，

$\angle DAC + \angle DCA$ 也对着弧 ADC，

$\therefore \angle ABC = \angle DAC + \angle DCA$.

$\therefore \angle ABC = \angle ACB$，则 $AB = AC$.

还可以有另外一种证明思路和过程：

$\because ADE$ 为直线，

$\therefore \angle ADC + \angle CDE = 180°$.

$\angle ADC$ 对着弧 ABC，则 $\angle CDE$ 对着弧 ADC，

$\because \angle EDF = \angle EDC$，

$\therefore$ 弧 AB = 弧 ADC.

因此：$AB = AC$.

以上两种证明方法，显然第二种方法更加简单明了。但是，为什么学生没有想到第二种方法呢？学生的回答是：没有学过 $\angle CDE$ 这样的“圆周角”，不知道它对着弧 ADC。没有学过，大多数学生（都是学习成绩很好的

学生）为什么就想不到探究这样的“圆周角”呢？为什么有的学生会想到通过圆（360°）—直线（180°）而研究出这样的圆周角呢？笔者以为主要原因是，后者没有孤立地学习圆周角这个概念，而是始终在“圆（360°）—直线（180°）”这样的上位概念下思考“圆周角”，因此，当在研究圆周角出现困难时自然会向上位概念求助。另外，学生在学习圆周角只关注教师教的圆周角而对其他类型的圆周角却视而不见，相应的，教师在教圆周角时只教了比较典型的圆周角而忽略了引导学生思考其他的圆周角，正是这种局限性造成了学生做题思路的局限性。

在上面这个案例中，我们可以体会到在概念体系中学习概念的重要性。关于在概念体系中学习概念的重要性，大多数心理学家都是认同的，只是每个人的认识角度和深度不同。

（一）维果茨基的概念共同性以及经纬网络与概念转化和学习

维果茨基认为科学概念的本质特征是概念的系统性。也就是说，每一个概念都有相关概念相联系，形象地说，就是每个概念都有一个在概念体系中的经纬度。这个经纬度比较明确地说明了概念在整个概念体系中的位置。而概念的系统性的本质即概念之间的经纬网络的建立基础是概念的共同性和等同性。也就是说，概念经纬网络是根据概念之间的从属关系以及共同性程度的高低关系建立的。那么，什么是概念的共同性呢？概念的共同性与等同性又是什么关系呢？“这样，1 可以用 100 万减去 999999 来表示，也可以用任何相邻的数的差值来表示，也可用任何一个数与它自己的对比来表示，还有无数的其他方法。这是概念等同性规律的纯正例子。”①概念之间共同性程度越高，就越接近等同性。

那么，概念的共同性关系对概念学习具有什么意义呢？首先，“由于每一个概念都有共同性量度，也就产生了它对其他概念的关系，产生了从一些概念转化为另一些概念的可能性，产生了根据天数和多种多样的途径来

① 维果茨基．维果茨基教育论著选［M］．余震球，选译．北京：人民教育出版社，2005：271－272.

确定概念间的关系的可能性，产生了概念等同的可能性。”① 在概念之间转化的可能的基础上，概念的共同性量度（即共同性关系的多少）决定了用这一概念进行可能的思维活动的总数。“正如研究所表明的，共同性量度是任何概念的任何功能作用中首要的和起始的因素，也是像现象学分析所表明的，概念感受中首要的起始因素。当向我们提出一个概念时，比如哺乳动物这个概念，我们感受到的是：我们被置身于经纬线网络上的一个点，我们让我们思想占有一个位置，我们获得了出发的定位点，我们感受到我们随时准备从这一出发点往任何方向运动。这表现在，单独地在意识中产生的任何概念似乎是做好了许多这种准备，有许多进行一定的思维活动的倾向。因此意识中的任何一个概念是呈现在与它相应的共同性关系的背景上的一个实体。我们从这个背景里挑选我们的思维所需要的运动道路。因此共同性量度从功能方面决定了用这一概念进行可能的思维活动的总数。”②

（二）奥苏贝尔认为学习的意义在于建立概念之间的实质性联系

奥苏贝尔的有意义学习理论指出，意义学习（meaningful learning）主要在于学习者能够在新学的知识与他已有的知识之间建立非任意的实质性联系的意向。所谓“非任意的、实质性联系”，就是要找到一种不以自己意志为转移的、非主观的知识间的客观联系。概念、命题与原理的学习是最典型的意义学习，因为各种概念、命题、原理之间的联系往往是最典型的、非任意的、实质性的联系。因此，奥苏贝尔将如何帮助学生在概念体系中学习作为了他研究学习和认知的主要内容，并提出了众所周知的“同化”“上位概念”与“下位概念”的关系“认知内驱力”“先行组织者”等重要概念和思想。

“同化”（assimilation）是意义学习的机制，意义学习是通过新信息与学生认知结构中已有的有关概念的相互作用才得以发生的，这种相互作用导致了新旧知识意义的同化。这里的同化包含了皮亚杰的同化与顺应两个方面的内涵。同化是以三种不同的方式增强知识的保持的：（1）通过把已有

① 维果茨基．维果茨基教育论著选［M］．余震球，选译．北京：人民教育出版社，2005：271.
② 同①：272.

的有关概念作为固定点，从而使它们成为认知结构中高度稳定的、比较精确的观念。同时又使新知识也可以分享这种稳定性，获得新的意义；（2）由于在贮存阶段中，新知识与已有概念一直保持着实质性的联系，因而，这些起固定作用的概念可以防止新知识受以往知识、目前经验和将来遇到的类似概念的干扰；（3）由于新知识贮存在与认知结构中的有关概念的相互关系中，这就使得提取信息成为一种较有条理的过程，较少带有任意的性质。

“认知内驱力”（cognitive drive）就是指学生渴望认知、理解、掌握知识、运用知识的倾向，是成就动机三个组成部分（认知内驱力、自我—增强内驱力、附属内驱力）中最重要、最稳定的部分。

“先行组织者”（advance organizer）是基于对知识结构或者说概念之间的关系对知识建构的重要性提出来的。奥苏贝尔认为，认知结构对新知识获得和保持的影响因素主要有三个：（1）认知结构中的对新概念起固定作用的已有概念的可利用性；（2）新概念与同化它的已有概念之间的可辨别程度；（3）起固定作用的已有概念的稳定性和清晰性程度。“先行组织者”是一种教学策略，即在向学生传授新知识之前，给学生呈现一个短暂的、具有概括性和引导性的说明。这个概括性的说明或引导性材料用简单、清晰和概括的语言介绍新知识的内容和特点，并说明它与哪些旧知识有什么样的关系。这种教学策略已经成为我们教学过程中常用的一个步骤了。

笔者认为，奥苏贝尔的学习意义在本质上是要求学生追求知识的“客观”意义，其前提是他认为知识的客观意义是现成的、被公认的，因此是需要教给学生的，或者说是学生需要学习的。这样一种观点对于基础教育阶段的学生来说，从总体上是合理的，但过于强调了知识的客观性和绝对性，忽略了知识的主观性和相对性，相应地，也忽略了学生认识的主体性。

第四节　主题单元教学需要两类“概念聚合器”

中国传统课程主要是知识课程，知识课程在客观上必然使得教师们重视概念及概念教学。在课程改革中，以主题来整合教学内容从而形成课程单元的课程设计逐渐被纳入课程体系中。例如，语文学科的某一文化主题、英语学科的“话题”、思想品德学科的“框题”、历史学科的“专题”、化学学科中类似“盐”的主题，等等。

高中课改中出现了一些以主题为主线形成的选修模块。例如，政治课选修模块中的“国家和国际组织”“科学思维”“公民道德与伦理”等，化学课选修模块中的“化学与健康”“生活中的材料”“化学与环境保护”“化学与资源开发利用”“化学与材料的制造、应用”等，历史选修课明确地列出了六大主题：“历史上重大改革回眸”“近代社会的民主思想与实践”“20 世纪的战争与和平”“中外历史人物评说”“探索历史的奥秘”“世界文化遗产荟萃”。

主题单元教学的意义是非常突出的，主要在于能够将学科学习和生活紧密地联系起来，解决教学中经常出现的知识与生活相隔离的问题，体现学科知识的真实的生活意义，激发学生的学习愿望。但是，要真正实现主题单元教学的意义必须非常清楚它可能带来的一些根本问题，否则就可能会出现“新的没用好，旧的又没保住”的被动局面。因此，需要研究主题单元教学可能出现的问题。

一、主题单元教学实践中出现的主要问题是缺乏概念

高二语文人教版教材中由“《呐喊》自序”“《胡同文化》序”“《宽容》自序”“《名人传》序”四篇文章组成了一个单元。这个单元从语言知识上来说是以“序”为主题的，而在文化内涵上是以“文化的重要性”为主题的。但在多次听这部分内容的课中发现，授课教师本人由于对“文化”及“文化的意义”等概念缺乏了解而造成对文章涉及的文化现象以及作者的本意不能进行深入分析。在“《胡同文化》序”中，有的教师将胡同文化的核心理解为“封闭”和“忍”，而实际上这些只是文化的外在表现，其核心应该是文章中引用的老舍《茶馆》中的一句话“我都当了一辈子顺民了”。从“顺民”这个概念出发，就能够有效地将“封闭”“忍”等现象聚合在一起，并能真正理解胡同文化与皇权文化的关系以及胡同文化的本质内容了。

但是，这里需要特别说明的是，类似这样的“文化”概念的界定不是每天从事大量日常工作的一线教师的任务，而应该是教材编写者在类似教材说明书中提供的。在没有提供这样的材料的情况下，如果教师能够清楚

在主题教学中应该寻找一个恰当的概念进行教学才能使得主题教学具有真正的教育意义并朝着这个方向努力，那就有一个很好的开端了。

主题教学的优点是能够直接与学生生活相联系，容易激发学生的学习兴趣，但容易出现的问题是，教师和学生容易将主题当成话题泛泛而谈，使得整个教学没有聚焦点和深度，表面热热闹闹，但最终学生却说不出真正学到了什么。

二、美国课程专家认为主题课程单元教学需要“概念聚合器”

主题课程单元教学在美国的课程设计中非常普遍，因此，他们对这种课程也有着比较深入的反思。林恩·艾里克森（H. Lynn Erickson）曾协助美国各地中小学校进行课程规划和设计。她所写的《以概念为本的课程与教学》回顾了美国课程标准的变迁过程，分析了与课程标准问题有关联的美国课程设计的常用模式，并提出了以概念为本的课程与教学模式。她在书中提醒人们：“你可以把课程单元重心表述为话题性主题，但对于高水平的整合，你同样要为课程单元确立一个整合概念。”① “如果没有一个聚合概念，那么主题只能停留在较低的认知水平，这时学生总是试图对与主题相关的事实进行死记硬背。”②另外，她对主题课程的实施提出了中肯的建议：“课程标准转向要求培养知识性行为表现是朝正确方向跨出的一步。但是依据全国各地的课程大纲规定，这些具有知识性行为表现的培养又将会沦为表层的学习行为，除非我们改变课程与教学的重心，从讲授主题转移到‘使用’主题，以便教授和评价更深层的概念性理解。”③

三、核心概念与基本概念是“概念聚合器”的两个聚焦点

在平时与教师们的交往中发现，“核心概念”是一个常用词，是比笔者在概念体系中反复强调的“基本概念”使用频率高得多的概念。这迫使笔者开始认真分析这个词的实际内涵。于是，笔者首先问教师：什么是核心

---

① H. Lynn Erickson. 以概念为本的课程与教学［M］. 兰英，译. 北京：中国轻工业出版社，2003：84.

② 同①：85.

③ 同①：10.

概念？教师们往往回答：就是学科中最重要的概念。“怎么个重要?”回答是，它是很多概念的中心。显然，这仍然是一种描述。那好吧，就让我们从教师们所认定的实际的、具体的核心概念入手理解吧。

我在本单元的教学设计中确定的核心概念是商品。

商品是马克思主义劳动价值论的起点。只有了解什么是商品，商品有什么属性，才能了解经济生活其他方面的基本知识，懂得作为商品生产者和交换者的企业必须坚持面向市场生产，在交换中必须实行等价交换、平等竞争；作为中央银行为了使商品的价格真实地反映价值，“必须时刻牢记货币也是商品这一马克思主义的基本经济学原理，坚持纸币发行数额符合流通中实际需要的本身有价值的货币数额的原则，力求既防止通货膨胀，又不造成通货紧缩。”（《〈资本论〉的基本思想与理论逻辑》）而这一点在今天美国爆发金融危机后，显得尤为重要。只有这样才能真正实现价值规律——这只“看不见的手”的市场调节作用，引导我们经济生活向着健康、良性的状态前进。

商品是经济生活的学科逻辑的起点，在经济生活中有着重要的作用，是我们不能也不应该忽视的。

商品也是经济生活的生活逻辑的起点。无论是学生的学习生活还是一般人的日常生活都离不开商品。商品是消费的对象，作为一种司空见惯的经济现象，学生看到的只是琳琅满目、铺天盖地的具体商品，而对其内在的本质和规律，缺乏深刻的思考和正确的认识。课改新教材强调“力求引导学生在认识经济生活、参与经济生活的实践活动中，感受到经济生活领域应用学科知识、进行理性思考的价值和意义”（《教师教学用书》），所以我们应该把对经常出现在我们面前的消费对象——商品的认识上升到理性层面。

因此，我们有必要在“经济生活”一开始的单元就围绕着商品这个核心概念，讲清马克思主义有关劳动价值论的经济知识。

——这是一位政治教师在“商品、货币、价格”单元教学设计中的分析同意这位教师的观点：商品是这个单元的核心概念，而且总体上同意这位教师将其作为核心概念的理由说明，但也有一些不同的看法。

笔者之所以同意将商品作为核心概念的理由是：首先，它是人们在经济生活的聚焦点。所有人都是消费者，都需要购买商品，与消费者对应的是销售者和生产者，销售和生产的都是商品。因此，人们需要具有关于商品的知识。商品是人们有关经济生活的知识的聚焦点。其次，正因为它是经济生活的聚焦点，所以才自然成为学科研究的起点。商品是马克思主义劳动价值论的主要研究对象，也是各种经济理论的主要研究对象，从而成为理论形态的经济知识的聚合中心。

但是，不完全同意这位教师在分析中的一个判断："只有了解什么是商品，商品有什么属性，才能了解经济生活其他方面的基本知识……"这句话可能会造成误解：商品似乎是基本概念，而不是核心概念。事实上，这位教师在此用的"基本知识"不是指比商品更基本的知识，当然也不是商品的基本概念。关于这个"基本知识"的内涵，在此先不讨论，现在先分析商品这个核心概念的基本概念。

笔者以为，商品是核心概念，不是基本概念。要理解核心概念，必须弄清楚它的基本概念，就像这位教师实际上已经提到的那样："我们有必要在'经济生活'一开始的单元就围绕着商品这个核心概念，讲清马克思主义有关劳动价值论的经济知识。"那么，商品的基本概念是什么？马克思对商品的定义是："用来交换的劳动产品"。为什么需要交换？是因为商品具有使用价值。为什么可以交换？是因为商品具有价值。价值的本质是什么？是劳动。劳动或者说价值怎样才能交换？进行抽象和数学化，即将劳动和价值抽象为劳动量，而劳动量的多少和大小则是以劳动时间来计算的，于是产生了"社会必要劳动时间"。"社会必要劳动时间是在现有的社会正常的生产条件下，在社会平均的劳动熟练程度和劳动强度下制造某种使用价值所需的劳动时间。"① 同样的商品，由于社会必要劳动时间不同，竞争力不同。同样的商品而社会必要劳动时间不同是由于劳动者素质、管理水平、技术水平及背后的资本、原材料质量等生产中的各种要素造成的。这些要

① 马克思，恩格斯．马克思恩格斯全集：第23卷［M］．北京：人民出版社，1972：52.

素是社会必要劳动时间不同的原因，而不是属概念，“社会必要劳动时间”已经是经济学中一个没有属的概念，是商品的基本概念。这个基本概念聚合着生产的各种要素。

由此，我们可以看到，核心概念往往是人们在生活中通常关注的中心，因而也是各学科的主要研究对象，对它的理解就是整个学科发展的主要目标或者说任务，理解中需要大量概念作为基础。核心概念与前面提到的学科范畴接近。而基本概念则是在解释核心概念的过程中最终产生的在本学科中没有属的概念。而且，我们还可以看到，核心概念和基本概念在学科的两端成为学科知识的聚合器：一端是学科在生活中，例如，商品在生活中聚合着“生产者”“消费者”“银行”“市场”“货币”“竞争”等概念以及经济生活中大量具体的应用性的知识，如，等价交换、纸币发行原则等(这里回应前面的问题，政治教师所提到的“基本知识”可能就是这种知识)；另一端则在学科知识体系的深处，例如，“社会必要劳动时间”聚合着劳动者素质、管理水平、技术水平及背后的资本、原材料质量等生产中的各种要素。

我们还要看到，能够增进学生理解力的仍然是核心概念“商品”背后的基本概念“社会必要劳动时间”。当然，将二者结合起来是非常必要的，因为它们的结合在本质上是生活世界与理论世界的沟通，这也正是学科形成的原因和价值。

四、主题单元教学的两个功能

主题单元教学设计应该体现两个方面的功能：一方面是要充分发挥主题单元教学自身的优势，实现其在沟通知识与生活的关系、激发学生的真实的来自生活的学科兴趣，培养学生的学科综合素养上的功能；另一方面就是仍然要将主题单元教学作为传授学科知识的手段，即知识的功能。第一方面的功能可以被称为优势功能，第二方面的功能可以被称为基本功能。在实施主题单元教学中往往会特别关注第一方面的功能而可能忽视第二方面的功能。其实，两个方面是相辅相成的关系。

第五节　为什么课堂上的活动常常不够有效

——有效的动作、程序、动词均基于概念及概念的思维基础

在课程改革中，大家越来越重视让学生在活动中自主发展。但是常常会疑惑：活动多了，怎么保证活动的有效？这里，自然产生了一个问题：活动的有效指的是什么？通常情况下，在课堂上安排学生活动主要有两个目标：一个是在活动中形成或加深对知识的理解，另一个是在活动中形成运用知识的技能和能力。这两个目标的实现中蕴涵着两个前提：一个是活动要以概念为基础；另一个是要多角度地反复运用知识。课堂上的学生活动不够有效，大致与这两个前提条件的缺失或者不够有关。在此，主要分析第一种情况：活动多了而知识却得不到落实的原因在于忽视了活动中的概念。下面是一个小案例。

“摸”的是面积吗

记得有一次听数学课，内容是“面积”。老师告诉学生：“把你们的数学课本拿起来，摸摸封面的大小。”于是，看到学生们纷纷用自己的手在书的封面上摸来摸去，毫无目的。在摸的过程中，教师也没有具体的指导。下课后，笔者与教师讨论：摸的是面积吗？老师恍然大悟。对呀，学生们这样无目的地摸来摸去，摸到的只是书面的质感，是纸的感觉，或者，摸到的是平面，与面积无关。要让学生了解书面的大小，需要的是学生以自己手掌为面积的丈量单位，一个手掌一个手掌地“覆盖”。“覆盖”这个词可能是最恰当的。

在这个小案例中，我们可以具体地理解动作是与概念不可分的。

一、动词在句子中不能以词的形态独立使用

教师们在课堂上经常要发出各种指令：“请同学们观察一下”或者“请同学们讨论一下”等，于是，学生们便开始按照教师的指令开始活动。有时在

课堂上看到教师要求学生观察，但学生却并不清楚应该怎样观察，教师也没有清楚地告诉学生如何观察，结果学生不能从观察活动中获得所需要的结果。“观察”“讨论”都是动词。亚里士多德曾经说过：“一个词在其本身意义之外尚带着时间的概念者，称为动词。动词的任一部分都没有任何独立的意义。”① 也就是说，从语法上看，动词在句子中不能以词的形态独立使用，必须跟主语或者宾语等结合才能使用，也才有意义。例如，“观察”后面一定跟有一个词，如观察星体。“星体”决定了我们观察的手段和内容，我们必须借助各种望远镜，另外，观察星体什么又取决于我们研究星体的目的和我们对星体的基本理解。由此可见，动作的意义取决于动作对象，或者说取决于我们对动作对象的界定，也就是取决于动词后面的名词的概念。

“动作、程序、动词均基于概念”，这样一个提法其实与大家所熟悉的陈述性知识与程序性知识的关系是一致的。

二、程序性知识以陈述性知识为基础

大家都知道，从信息加工心理学的观点看，知识可以分为两大类：一类为陈述性知识（declarative knowledge），另一类为程序性知识（procedural knowledge）。陈述性知识主要是回答“是什么”“为什么”的问题，用于公理、定理、公式、原理、性质等方面内容的表达，其表征是命题（符号和概念）和图示（命题和知觉的共性编码）。程序性知识主要是回答“怎么办”的问题，其表征是“条件—行动’”的产生式。程序性知识是人类产生行动的认识前提，程序性知识是以陈述性知识为基础的，请看下面这个例子：

分数加法前三步的产生式表征②

p_1　　如果　　我的目标是要将分数相加，

　　　　　　　　且现在有两个分数，

① 杜建国，郭贵春．论“是”的意向构造性［J］．自然辩证法通讯，2005（5）．

② 路海东．教育心理学概论网络课程［EB/OL］．［2009 - 08 - 07］．http：//202.198.131.190/wlkc/xinlixue/disanzhangdiyijie2.htm.

	则	建立一个子目标，即求出它们的最小公分母。
p_2	如果	我的目的是要将分数相加， 且现在有两个分数， 且两个分数的最小公分母已知，
	则	用最小公分母除第一个分数的分母。
p_3	如果	我的目的是要将分数相加， 且现在有两个分数， 且两个分数的最小公分母已知， 且已得结果 1，
	则	以结果 1 乘第一个分数的分子和分母。

类似的例子还有很多。例如，学生在画函数图像时常常有困难，有的教师会将其判断为：学生动手能力差。实际上，学生的困难不是在作图的动手能力上，而是在如何取点上。不过，我们千万不要因为程序性知识以陈述性知识为基础，就认为只要掌握了陈述性知识就必然具有程序性知识。学生的陈述性知识还需要转换为程序性知识，而这恰恰是容易被教师们忽略的。

三、陈述性知识转换为程序性知识的关键不仅仅是变式，更在于陈述性知识形成的思维基础

从认知心理学角度看，陈述性知识转换为程序性知识主要有两个条件：一个是掌握陈述性知识；另一个是进行变式练习。程序性知识的本质特征在于它们能在不同于原先的学习情境中应用，而促进应用的关键是变式练习。不同类型的题目使得概念和规则的本质特征逐渐显示出来，相应的，变式练习使得学生对概念和规则形成更加丰富的、概括性程度更高的认识，从而使得运用概念和规则的情境具有更大的广泛性。这种观点在日常教学中影响很大。很多教师认为，多做题是成绩提高的关键。这种观点具有一定的合理性，但也存在一定的局限性。在现实中可以看到，进行变式练习越多、学生对概念和规则的认识就一定越深。如果仅仅期望通过变式练习让学生加深对概念的理解，这其实在某种意义上是在让学生自己悟出道理，

也就是让学生依靠自己的思维基础去悟出道理，这就必然出现学生的两极分化。

因此，陈述性知识转换为程序性知识的关键除了变式练习以外，更重要的是教师在讲授陈述性知识时或者是通过各种具体案例以帮助学生建构陈述性知识时要特别注意分析其思维基础。另外，在变式练习中也需要引导学生不断说出自己的思维过程并且在学生中积极讨论这种思维过程，才能实现通过变式练习加深对概念和规则的理解的目的。学生理解了知识的思维基础，才能知道思考问题的路径和运用知识的路径。

13

知识教学中的其他几个重要问题

第一节　知识教学首先要揭示知识的价值

一、教学首先要揭示知识的意义

所有的知识都是人类在一定的目的和需要之下发现的，而教学首先要揭示这种意义。只有揭示了这种意义，学生才能将知识与生活联系起来。下面是几个小案例：

【案例一】

为什么需要"克"这个单位

二年级数学中要学习"千克与克"，其中要建立"克"的质量观念。根据调研发现，学生们日常接触得比较多的是斤、两等已废止的单位，接触“克”比较少。因此，教师们在教学设计中将教学重点放在了对“克”的体验上：即如教材所指示的，直接用天平称 2 分的硬币，使学生直观地明白克是比千克更小的质量单位；再通过称一称，掂一掂 1 克的豆子，数一数有几粒，使学生进一步加深对 1 克的感悟；然后让学生想一想生活中还有哪些物体大约重 1 克，帮学生逐步形成克的质量观念；建立 1 克的质量观念后再让学生掂一掂 80 克的方便面、130 克的巧克力等物品，体会 100 克左右的物品大约有多重，最后出示 1 袋土豆片 200 克，5 袋重多少千克？这一问题引导学生思考，千克与克之间的关系。学生在解决实际问题的过程中知道了千克与克之间的化聚。

这个教学设计满足了学生对“克”的体验的需要，但是，想象一下，全班学生都在反复掂量这是 1 克还是 2 克，自然会产生一个问题：我们为什么要花这么多时间做这样一件事情呢？归根结底，“克”这个单位的重要意义是什么呢？在我们生活中的意义是什么呢？我们在什么情况下需要“克”这个单位呢？这使笔者想起药的剂量，想起世界卫生组织建议每天的食盐量应该控制在 5 克以下……于是，便想到了这样一个教学环节的设计：两份同样多的黄瓜，装在同样大小的两个盒子里，用盐、糖、醋拌好。之后，告诉学生们这是为两个班的学生准备的礼物，请学生们吃其中的一份。教师问学生们是否好吃，学生们说好吃并还想再吃，教师只好将给另外一个班的学生的黄瓜也给大家吃了。但是，这时候，学生们纷纷反映：“太咸了！”教师说：“怎么可能呢？两盒黄瓜的量一样多，盐放得也一样多呀?!”学生们怀疑：“老师，第二盒黄瓜的盐肯定比第一盒的多。”教师在学生的怀疑下将事先预备好的两盒黄瓜的盐拿出来请学生们看：“你们看，两份盐的量有区别吗?”学生们确实看不出，但是仍然坚持有区别而且这个区别很重要，因此问能不能称一称。这时，教师适时地向学生们推介天平，说明其特点和使用方法，然后让学生们操作，得出结果……通过这个过程，学生将真切地感受和理解到“克”的重要性和具体含义。

【案例二】

为什么动词很重要

小学三年级第五册有一篇课文“曼谷的小象”描述了这样一个故事：清晨，一辆汽车陷进了泥坑，司机正着急的时候，阿玲牵着一头小象过来了。她“拍拍”小象的鼻子，用脸“贴贴”它的扇子似的大耳朵，“指指”陷进泥坑的轮子，聪明的小象走到坑边，用它那十分有力的长鼻子东一撅，西一撬，很快就把汽车从泥坑中拉出来了。当司机一再表示感谢时，阿玲抽回了手，笑眯眯地摇了摇头，又走近小象，轻轻“摸”着它那长鼻子，“指指”车身上的污泥。小象转身走进金色的雾中，一会儿甩着长鼻子回来了，它伸直鼻子，冲着车身喷起了水，把污泥冲得干干净净，车身焕然一新。当司机再次表示感谢时，阿玲摆摆手，笑眯眯地用红润的脸蛋紧“贴”着小象的大耳朵。缓缓地走进已变得紫微微的晨雾里。

教师在教学中提示学生们要重视文章中出现的大量的动词，并请学生们根据自己的理解通过表演表达出对这些动词的理解。学生们的表演都很精彩，显然，教师对动词的关注以及采用的教学方式使得这节课出现了亮点。不过，是否还可以进一步在教师的心中追问这样的问题：为什么动词成为这篇文章的亮点？如何帮助学生理解这些动词的意义和重要性？如果能够进一步帮助学生理解这些问题，其意义如何？

笔者的思考是，这篇文章是描写人与动物之间发生的动人故事，而人与动物之间主要是通过动作来进行交流的，或者说，动作是人与动物之间交流的主要“语言”。因此，自然而然，动词就应该成为描写人与动物之间交流的主要用语，而本篇文章的作者恰恰做到了这一点，这也正是它成为一篇优秀文章的原因之一。那么，如何帮助学生理解这些动词的意义呢？可以请学生们讲述他们与小动物之间的故事，在他们的讲述中一定会出现大量的动词（人与动物之间主要通过动作交流），教师要及时发现并将学生们讲述中的精彩词语写在黑板上，然后让学生们对这些词进行分类，就可以发现其中有很多是动词，再请学生们讨论为什么会有这么多动词。最后，教师告诉学生们，今天我们要学的文章中也有很多的动词，让我们一起来看看发生了什么事情，作者用了哪些动词。

从学生与动物交流的实际出发帮助他们理解动词的意义和重要性之后，再让学生具体体会和表演每一个动词，深化了学生对动词的意义和使用情景的理解，便于学生灵活运用动词。

以上这样的案例编写起来比比皆是，教师们在教学中充分揭示每一种知识的意义和价值，能够深化学生对这一知识的理解，更能激发学生的学习兴趣。

二、背景性知识的意义在于其蕴涵的价值性知识

我们的教学中常常有关于“背景性知识”的介绍，是相对于“正文”的教学而言的。这种说法只是一种描述而不是界定，正是因为没有界定，使得大家对这种知识的性质和意义缺乏思考和深入的理解，以至于在教学中出示背景知识时显得突兀，甚至无所关指。例如，在讲解王羲之的《兰亭集序》时，我们大都会介绍王羲之乃中国书法文化中的书圣，却并不清楚也不去思考这与王羲之的《兰亭集序》有什么关系。现在，教材中经常出现的一些小资料往往都是背景资料，如在压强公式的后面附上了关于帕斯卡（压强公式的提出者）的资料，但教师却并不清楚怎样去用它。其实，背景实质上是研究者或者作者的生命经历，正是这种生命经历使得他们能够形成相应的方法、思想和发现。因此，也许我们就不应该称这些知识为背景。背景会给人以可有可无、相对独立的感觉。那么，怎样界定这种知识呢？

有知识论方面的学者，鉴于这些内容是个人性的、极其独特的，从而将其界定为“个人性知识”。其实，这种知识既有独特的个人性，又有当时当地的时代性和本土性。背景性知识到底是什么知识，要弄清楚这个问题，还是回到这些背景知识能够告诉我们什么以及人们使用背景知识的目的去考虑吧。

背景性知识，从表面上看，告诉我们的是作者或者研究者的生命经历，而正文表达的是作者或者研究者的主要发现以及发现背后的观点和方法，显然，生命经历告诉我们的主要是生命的价值追求。人们介绍“背景”的目的主要在于追问或者揭示对于“产生”个人的思维方法和观点在动机上

的原因。也就是说，背景性知识的根本意义在于其蕴涵着目的和价值。

三、人类的两大目的是人类共同的、根本的价值追求，也是所有学科共同的价值目标

我们生活在一个价值多元的社会，这使得我们对价值的选择、把握以及进行价值观教育变得比过去更加复杂。但是，多元价值观的存在状态并不意味着人类的价值观的存在是没有规律的。在网上看到一篇题为“人类的目的”的文章，其分析的思路非常清晰和系统，结论很明确，较有说服力，所以摘录几段供大家参考。

> “凡是人的活动都有目的，这个目的不是在活动之中（即以活动本身为目的），就是在活动之外。
>
> 现在我们要问：在人的无数的形形色色的目的当中，存在不存在一个可以称为人类目的的目的呢？
>
> 我认为，如果一个目的能够被称为人类目的，应该符合以下规定：
>
> 第一，从主体来说，……这个目的是包括各个种族、民族、阶级、集团、家庭、个人的全人类的总体目的，而不仅仅是某些个人、家庭、集团（含政党）、阶级、国家、民族的目的，也不仅仅是某个有限时间内的全体人类（即生活在这段时间内的所有的人）的目的。……第二，从人类活动的领域上说，这个目的是存在于人类一切活动领域中的目的，而不是仅仅存在于人类某一活动领域中的某一方面的目的，也不是经济目的、科技目的、政治目的、文化目的、军事目的，等等。第三，从目的存在的时间上说，这个目的是与人类同时产生并且只要有人类就不会消失的永恒的目的，即人类永远追求的目的，而不是暂时的目的，不是那种在有限实践中产生，随着自己的实现而消失的目的。第四，从目的之间的相互关系上说，这个目的处在目的序列的终点上，是人类所有目的中的最终目的或最后目的（最终或最后在这里是逻辑深度概念，而不是时间概念），人类所有的目的都在或远或近的距离上、间接或直接地指向这个目的。……在人类目的的四项规定中，终极性，亦即最高性、绝对性，是它的决定性的本质规定。”

"人所进行的目的在活动之外的活动很多，如物质生产活动、科学技术活动、经济管理活动、商业活动、政治活动、军事活动、法律活动、社会服务活动、教育和学习活动……唯物史观指出，在这些活动中，最基础的活动是物质生活资料的生产活动，其他活动则是由物质生产活动派生出来的活动。……显然，人类活动的最终目的不可能存在于那些派生出来的活动之中，而只可能存在于派生这些活动的物质生产活动之中。"

"马克思指出，物质生产活动的目的，是为了'维持和再生产自己的生命'。"

"人的物质生产活动，是根据对自然界的必然性的认识进行的，物质生产活动既是对人自己的一种支配，又是对外部自然界的一种支配。恩格斯说，根据对自然界的必然性的认识来支配自己和外部自然界，就是自由。"

"这样，人类进行物质生产活动的目的就有两个，一个是生存，另一个是自由。"

"人类的生存先于人类的目的。人类的生存作为物质存在的一种特殊形态，就像其他物质形态一样，本身是无目的的或者非目的的。"

"因此，认识自然界和支配自然界的活动，即自觉的自由的活动，是人类区别于其他一切动物的存在方式。人类的存在方式和人类的存在本身一样，也先于人类的目的，是自然的，无目的的。"

"我们已经证明生存和自由作为目的具有终极性，符合我们对人类目的的最本质的规定。"①

也就是说，生存和自由是所有目的的两个端点，是所有人共同的、根本的价值追求。纵观人类历史，人类的所有行为都是指向这两个目的的。这样一种对价值观的系统理解以及对于终极目的的具体理解对于我们从整体上考虑学生的价值观培养是具有重要意义的，同时，对于帮助学生在根

① 李延明. 人类的目的［EB/OL］.（2004－08－05）［2009－07－24］. http://www.sinology.cn/Article/2004/Article 686. html.

本上深刻理解人类目的和人的价值观也是具有重要意义的。

在历史教学中，各民族斗争与融合一直贯穿整个历史，如何理解这种斗争和融合的原因呢？归根结底，斗争与融合为的是生存和自由。例如，进入魏晋南北朝时期，汉族为了逃避战乱和苛重的税役，或迁往河西陇右，或随晋室南迁而偏居江左，甚至在传统的蛮、俚、僚、爨等族聚居区，也能看到他们的踪迹。这是为了生存，也是为了自由。所有的科学，无论是自然科学还是人文社会科学最终谋求的都是人类的生存和自由，历史是这样，数学也是这样。可以说，人类的共同的价值追求贯穿在所有学科中，因而应该是所有学科教学共同的价值目标。

第二节　知识结构的真假与教学程序

知识结构的重要性已经为所有教育工作者认同，因此，在教学中不要一个点一个点地教知识而是要教知识的结构以减轻学生的“知识负荷”并增进其理解力，已经是许多教师自觉的行为。但是，在课堂观察中发现，有不少教师教的是假的知识结构，这种假知识结构除了一些由于连线等外在形式的图示的作用而产生的便于记忆的好处外，一般对学生的理解力增进没有什么意义，因此，辨别知识结构的真假就成了一个非常重要的实践和理论问题了。

一、真假知识结构的辨别问题

真假知识结构辨别的首要问题是知识结构的真的标准问题。这个标准至少有两条：一是明，即清晰明了，所讲道理有条理，不笼统模糊；二是真，即真实可信，所讲道理符合实际，不虚假。第一个“明”直接表现为概念界定是否清晰，而本质在于事物之间的关系是否被理清以及人们在整理事物关系过程中的思维是否清楚；第二个“真”直接表现为理论是否能够指导实践，而本质在于知识的产生过程中各方利益是否达成了默契以及此过程中所采用的方法是否合理。因此，真假知识结构的问题便可以从以下三个方面加以分析和辨别了。

（一）真知识结构是在基本概念的基础上建构起来的

在前面关于概念教学的论述中已经分析得出了结论，不能孤立地学习一个概念，而是要在概念的经纬共同性关系中建立概念，实际上就是在强调知识结构在本质上是概念结构，也就是说，知识结构的真假与概念结构的真假有关。具体地说，真的知识结构是建立在基本概念基础上的，或者说，真的知识结构是在基本概念的追问中建构起来的。

1. 真知识结构是建立在真概念基础上的

在前面进行真假概念教学的分析和研究中，曾经出示过一节历史课板书的一部分，现在将其全部呈现：

第四节　中国民族资本主义的进一步发展

一、背景

1. 政治因素——辛亥革命

2. 社会因素——群众运动、实业救国

3. 国际因素——“一战”契机

二、概况（1912—1919 年）

1. 发展：数量多、规模大、速度快、获利厚；著名实业家

2. 局限：短暂、不平衡、社会制约

三、影响

无产阶级队伍的壮大

如果将其视为一种知识结构的表述的话（而且据调研，大多数学生确实将这个板书作为了知识结构），那么就有必要探讨这是不是一个真正的知识结构。

而要探讨这样一个问题，其前提是要弄清楚什么是真正的知识结构。对此，维果茨基和奥苏贝尔都有自己的回答。维果茨基对知识结构做了清晰的解释：“那样将能揭示，概念并不是按照复合体类型用众多的联想线条连接起来的，也不是按照感知的或设想的形象的结构原则联系的，而是按

照其本身的本性实质，按照与共同性关系的原则来联系的。"① 奥苏贝尔认为有效知识结构主要有两个条件：一是概念的清晰性和稳定性；二是概念之间的非主观的实质性联系。

根据维果茨基和奥苏贝尔的分析，真正的知识结构在本质上是根据真正的概念之间的共同性关系或者非主观的实质性关系确定的概念结构。另外，在此还须补充一点：真正的概念结构是以思维为基础的，而思维是以追问事物之间的本质性的联系为本质特征的。

以上这个知识结构存在的主要问题是：（1）概念之间的实质关系没有被凸显出来。例如，政治因素、社会因素、国际因素到底指的是什么？是不是还可以增加经济因素、文化因素之类的因素？如何是个穷尽？同样，"历史概况"与"历史背景"的关系不明确。如果考虑到"历史事件"及"发生条件"的一种被决定与决定的关系，将"历史背景"改为"历史条件"，"历史概况"改为"历史事件的概况"，关系可能就会更加凸显。而在此基础上分析历史条件中的关键性的条件，各种"因素"的关系也自然会从并列的罗列以至于似乎可以不断罗列的状态改变为一种实质性的关系。再具体分析，"'一战'契机"与"民族资本主义发展"的关系是什么？如果理解为"外国在华资本"与"民族资本"的"你强我弱"的关系，概念之间的实质性关系就更清楚一些。（2）其中所涉及的各种概念横线后面的解释（辛亥革命、群众运动、实业救国、"一战"契机等）都是一种类似维果茨基所说的"感知的""形象"，是一种复合体，包含多方面的内容，不是真概念，缺乏本质特征的揭示。因此，这也影响了概念之间实质关系的揭示。从实质上分析，民族资本主义发展的基本条件是"民族与国家意识""国家独立""资本的积累"，与这些条件相对应的是，反帝反封建的新文化运动唤醒了国人的民族和国家意识，辛亥革命在推翻清政府的同时将"国家的独立"作为了追求的目的，而实业救国是在积累"资本"。可以说，这一时期民族资本主义获得短暂发展的原因是这些条件，同时，不能得到持续发展的原因也是由于这些条件的局限性，比如，最关键的原因是辛亥革命没有真正完成国家独立的任务。（3）这段历史分析中所采用的马克思主

① 维果茨基. 维果茨基教育论著选［M］. 余震球，选译. 北京：人民教育出版社，2005：279.

义的历史分析方法或者说历史思维方法，在追问这段历史的各种历史事实之间的本质性联系中的作用时，没有被明确地展现出来。

存在以上问题的知识结构是一种模糊、可以随意添加内容的知识结构，不是一种真正的知识结构。它会妨碍学生历史思维的发展和真正的历史概念与历史知识结构的形成，是一种假知识结构。

这里，笔者试图建构一个真正的知识结构：

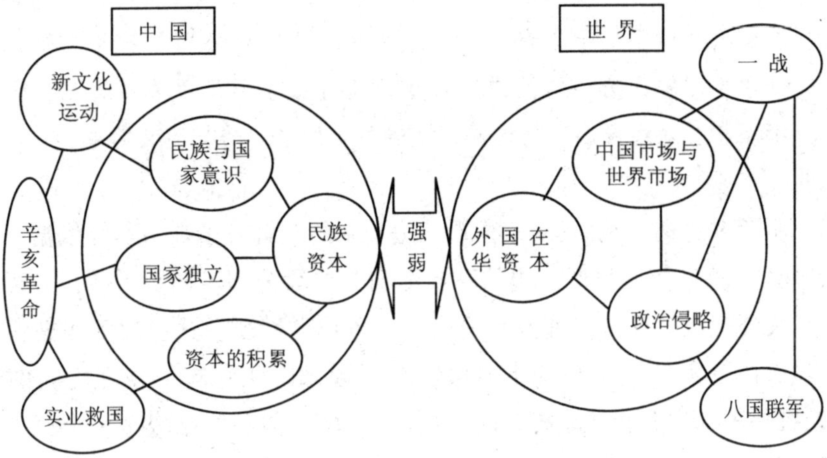

所谓真正的知识结构，要符合以下几条基本标准：（1）概念比较清晰和明确。上图最大的两个圆圈中的词语属于真概念，这两个圆圈外的词语属于维果茨基提到的一种对现象或者事件的知觉的复合体即前面曾经分析过的假概念。（2）概念之间的关系非常清晰并具有稳定性，例如，民族资本的发展必须以人民的民族和国家意识的觉醒、国家独立以及一定的经济实力为基础。归根结底，真正的知识结构在本质上是概念结构。

真正的知识结构使得学生能够掌握清晰的可以理解的知识，使得历史思维成为可能。

2. 概念讲透了吗——基本概念追问对于概念形成以及建构知识结构的重要性

在教学中常常会出现这样的情况：表面上讲了概念但由于没有讲清其中内含的更基本的概念而导致教师自以为讲清楚了概念而实际却没讲清楚，

从而使得学生不能真正掌握概念和知识结构。

解决这个问题的办法就是要养成不断追问基本概念的习惯：我要讲的这个概念是基本概念吗？它的基本概念是什么？

线段公理与三角形性质

有一位优秀的数学教师在讲“三角形任意两边之和大于第三边”时追问这一性质的依据是什么，一位学生答道：“两点之间距离最短。”这位教师对学生给予充分肯定，然后从“线段公理”的再理解入手帮助学生理解三角形的性质，同时又通过三角形三边关系的分析进一步加深学生对线段公理的理解，使得学生的学习透彻而又简单。

所谓“透彻”，就是对三角形三边关系的理解有了最基本的依据；所谓“简单”，就是将三角形三边的性质上归为线段公理。换句话说，只要理解了线段公理也就意味着理解和记住了三角形的性质。这位教师的做法实际上就是将三角形性质与基本概念联系了起来，建立起了概念之间的关系（及维果茨基的概念之间的共同性量度），两个原理归结成了一个原理，减轻了学生的知识负担。这就是在基本概念的追问中整理出了知识结构的意义。在本质上，知识结构就是概念结构。

3. 属性概念是实体概念和关系概念的基础

那么，如何追问基本概念呢？知道这样一个原理——属性概念是实体概念和关系概念的基础——对于寻找基本概念会有帮助（具体内容参见本书第三部分“关于概念和原理的概念性知识”中的“概念的层次性与基本概念”部分）。

（二）真知识结构是在知识的价值结构的充分揭示中呈现的

在此，我们重温一下前面分析价值与知识的关系时提到的晚年的维特根斯坦的观点：我们是在加入群体，与他人互动中形成知识的，他人与群体是我们认知过程的具体语境，并构成了我们知识的信念及知识的全部内容。科学知识社会学英国爱丁堡学派的创始人之一巴里·巴恩斯（Barry

Barnes）进一步指出，科学知识本质上是在个人偏爱与群体利益相协商的基础上形成的社会产品，有时是在民族利益驱动下得以建构的社会产品。因此，知识结构首先是价值结构，具体说，是知识产生过程中相关各方偏爱、利益等需要的价值追求的结构。

下面是一个小案例：

必须加上这一条

一次听初中历史课，题目是“海陆大通”，讲的是新航路开辟。教师在讲到新航路开辟的目的时主要强调的是“掠夺东方财富”，而在讲到其意义的时候主要提到的是“新世界的发现”“有的国家开始进入殖民半殖民的状态”等。这时，有一位学生举手并指出，目的和意义都应该加上一条：证明地球是圆的。下课后问他，为什么要特别强调这一条。他回答说，没有这一条，就是不行。理由是：为什么葡萄牙人沿着海岸线向南航行能够获得很多的财富，而西班牙人一定要冒更大的风险向西航行，只有加上这一条，就是当时哥伦布相信地球是圆的；还有，当时有迪亚士、麦哲伦等人，但为什么哥伦布的影响最大，就是因为他第一个向西航行了，是根据“地球是圆的”才会这样做的。学生的观点未必符实，但他的问题和推论所强调的东西却触动了我们：只有加上这一条，历史才是真实的。

其实，我们还可以沿着这个学生的思路继续想下去：在“海陆大通”的航行人员中，有人是国王的代表，有人是商人，有冒险家，有科学家。整个新航路开辟的过程就是各方利益协商的过程。

二、知识结构的教学程序问题

帮助学生整理知识结构的重要性，教师们都很清楚，但是，知识结构的教学程序问题却很少受到教师们的关注和自觉的探讨，因此，在教学实践中，大家就按照习惯在讲完一部分知识后进行知识结构的梳理。可是，这合理吗？

（一）知识结构的建构要从学习的起点开始

一般来说，教师们往往是在一个阶段的教学之后，在单元复习的时候，才要求学生总结梳理这一阶段的知识结构，这样的做法其实不尽合理。通过对教师的访谈了解到，之所以这样做的背后主要存在这样一种相应的观念：知识结构建立的前提是相应的知识点的获得。这种观念表面上看上去非常合理，但仔细推敲，发现背后还隐藏着一种更深的观念：学生在学习新知识时内心是空白的。显然这一观念是不合理的。首先，学生没有新的知识，但却一定有与新知识相关的旧的知识；其次，每位学生都有自己独特的认识世界以及学习新知识的方式。另外，我们回到知识本身，对新知识进行分析，新知识不应被理解为知识点的组合，而在本质上应该被理解为一种新的认识方式。因此，知识结构的建构应该贯穿教学的始终。

所谓“从学习的起点开始”，首先要在学习新知识之前研究学生已有的知识结构与新知识的关系，要研究新知识的思维基础与学生已有的思维基础的关系，在新知识教学中要以新旧知识的连接点为突破，以新知识所需要的思维基础的形成为重点，以帮助学生学会自己反思和梳理新旧知识的关系、新旧思维的关系为教学的根本目标。

其次，还要研究学生的生活经验与知识结构的关系。例如，新课程高一历史必修2中第1课“精耕细作农业生产模式的形成”。一开始可以先让学生从生活经验出发想象农业包括什么要素？土地、人、工具还有种子（这是从采集经济向种植经济转变的关键）、水（水利工程的重要性），这些要素缺一不可。然后，学生开始阅读教材，就不会陷入具体的细节中。在这个过程中再启发学生：农业的精耕细作指的是什么？是工具的改进，是水利工程的形成……最终，学生认识到，精耕细作农业生产模式是指农业生产要素的同步形成和发展，模式是一个由要素构成的系统。

（二）知识结构的根本意义在于在整体中讲述部分

笔者在以上问题的探讨中想起布鲁纳的一些话。

> 要在揭示自然现象或其他任何现象时，做到既是令人激动的，正

确的，又是有益的，可以理解的，这就需要把深刻的理解同详细正确结合起来。例如，我们查阅了物理学的某些教材，发现在陈述时虽然非常详细而正确，但因为作者对他们所介绍的学科缺乏足够深入的理解，所以结果等于零。①

正确而有启发性的说明，比部分正确因而过于复杂和过于拘束的解释，并不是更难理解，而是往往更加容易理解。②

一个民族为了生存，必须进行贸易。只要抓住了这个基本观念，那么美洲殖民地三角贸易这个似乎特殊的现象就更容易理解：它不单纯是在违犯英国贸易规定的气氛下进行糖浆、甘蔗、甜酒和奴隶的商业。③

布鲁纳批评当时的美国教材“详细而正确”却“缺乏足够深入的理解”，如果结合他说的“部分正确因而过于复杂和过于拘束的解释”，含义就比较清楚了。实际上，教材上的正确主要是“部分正确”，那什么是整体的正确呢？就是从基本概念出发，在整个知识结构中讲述部分，才是整体的正确，才可能有深入的理解。没有知识结构，学生学习了详细的内容却不知道这些内容应该附着在什么地方，所拥有的知识是零散的，在整体上的意义确实“等于零”。

布鲁纳将自己的思想应用到了当时正在研制的“人类学课程”的编制中。

本课程应始终认真探讨的有以下三个问题：

什么是人类的本性？

人类是如何获得它的本性的？

怎样能够使人类具有更多的人的特性？

……

① 布鲁纳．布鲁纳教育论著选［M］．邵瑞珍，等，译．北京：人民教育出版社，1989：34－35.

② 同①：35.

③ 同①：35.

在探索这三个问题时，我们进一步解释了五个课题，每个课题都同作为物种的人类的进化有密切联系；同时说明人和他自身可取得的更大进化潜力之间的区别。人类进化的五个伟大力量是工具制造、语言、社会组织，对延长的童年期的安排，要理解客观世界的强烈愿望①。

在知识结构中讲述部分，不仅应该成为讲授和学习的开始方式，还应该成为教材的编写方式。在每一部分之前应该有结构性的导语。有的教材的导语已经是这样的，但是，有的教材的导语还只是该部分内容的关键点的罗列，没有起到结构性的引导作用。

不知道是否是因为受到了20世纪60年代布鲁纳等人所领导的课程改革的影响，美国的中小学教学确实比较关注对知识结构整体的教学。例如：

整数、分数、百分数、小数同时教

中国小学数学教学是先教分数、小数（三年级），然后再教百分数（六年级），在学习的时候对学习的要求是能够计算；而在美国小学数学的教学要求是同时认识整数、百分数、分数和小数，并不要求计算，重点强调的是对“表示”及其意义的理解。

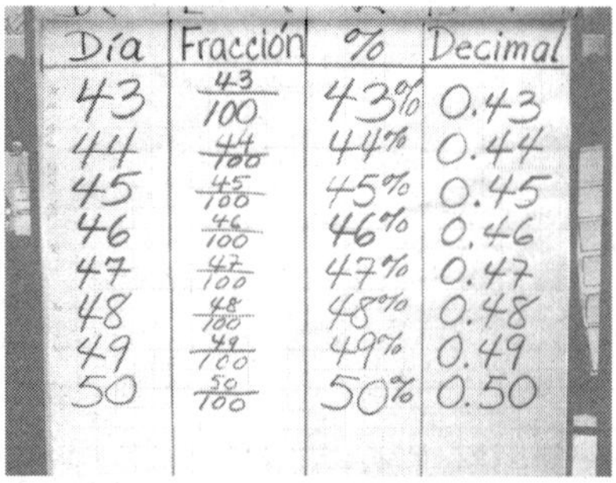

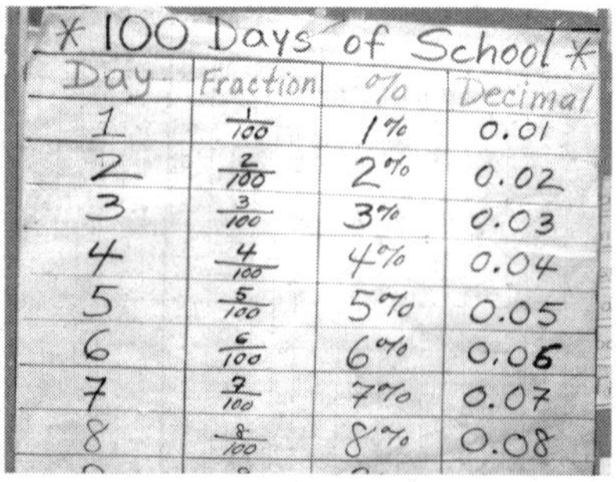

① 布鲁纳. 布鲁纳教育论著选［M］. 邵瑞珍，等，译. 北京：人民教育出版社，1989：165.

这使笔者联想起所听的一节小学五年级的关于“中位数”的数学课。教师根据教材，先教平均数，再教中位数，但是根据她自己的经验，觉得将平均数、中位数、众数一起教效果会更好。于是，这位教师向我们提出能不能同时教这三种数的问题。我们认为是可以的，并且这样教的效果会更好。因为原因很简单，平均数、中位数、众数都是描述数据的集中趋势的“特征数”，只是以不同方式为我们提供了同一组数据的面貌，它们的优缺点具有互补性，人们之所以发明这三种特征数，就是由于它们在解决问题中的互补性。因此，在一个问题情境中同时学习和运用这三种数，对于学生理解“集中趋势”“特征数”以及三种数之间的关系会起到更好的作用。

第三节　将知识放在恰当的情节中教

> 小熊把妈妈的化妆品拿到了书桌上。妈妈说：“小熊，把这个拿到卫生间去!”小熊好像没听见妈妈的命令，转身骑着他的扭扭车要走。妈妈随即又说道：“托马斯，胖总管命令你把这个重要的化妆品运送到卫生间去，注意，它很容易打碎，一定要小心!”小熊高兴地回过头来，欣然把化妆品放在他的扭扭车上，小心地把它载到了卫生间。然后又骑着扭扭车回来，对妈妈说：“妈妈，我是一个有用的小火车!”妈妈说：“对，小熊是个有用的小火车，是个听话的好宝宝!”（托马斯、胖总管是少儿节目“托马斯和朋友们”中的人物，讲的是一些小火车的故事，小熊非常喜欢，妈妈套用了这个故事的情节）
>
> 教育如果放在情节中，真的就变得多维了。
>
> ——课题组教师卢杨

这样的故事，听起来觉得很可爱，也很平常，一定不陌生，但却并不是所有妈妈都能经常这样做，更不是所有教育工作者都能经常这样做。这似乎是一个习惯问题。妈妈们没有养成这样的习惯，或者，教师们没有这样的习惯。其实，不完全是这样的。这其中仍然隐含着需要讨论的认识问题：为什么要这么绕？直接命令或者直接给予，效率更高。

另外，是创设情境还是创设情节？通常说的都是创设情境，为什么这儿提创设情节?

一、克伯屈的三种“共时性学习”

美国教育家杜威的弟子克伯屈指出了一个人们能够感受到却又被人们忽略的事实，即“共时性学习”的客观存在：在学习过程中，学生有三种学习同时发生——正学习、副学习和附学习。正学习（Primary）指一种作业的直接学习，如做一件衣服，即技能的学习；副学习（Associate）来自附带的暗示（Associate Suggestion），如衣服能不能洗，如何染色，即知识的学习；附学习（Concomitant）是指正学习进行时所伴随的态度、理想，如做衣服时应该“谨慎”，即态度的学习。设想，当学生做成一件衣服的时候，他应该掌握了做衣服的基本技能，学到了关于衣服的基本知识，而且也形成了谨慎的态度。这种“共时性学习”提出的意义是什么？它说明了在做一件事情的过程中，人的技能、知识和态度之间是有机关联的，正是这种有机关系可以成为我们课程设计的基本原理。例如，当我们发现有的学生学数学比较粗心的时候，既可以直接要求他下次做数学题更细心，也可以先让他学做衣服，在做衣服的过程中养成细心的态度和习惯。另外，当我们需要教给学生关于做衣服的基本知识的时候，可以有两种方式，一种是直接讲授做衣服的知识，另一种是通过让学生做衣服而教给他相关的知识。也就是说，知识传授的方式是两种。那么，哪种方式能够更好地帮助学生掌握知识呢？显然是后者，即在做中学。这个“做”，不是做题，而是做事。

二、嵌入有效行动的概念、原理和方法才可能真正明晰起来

为什么在做事中学到的知识更有效呢？道理很简单，知识本身就是在行动中产生的。怎样理解“嵌入有效行动的概念、原理才可能真正明晰起来”呢？一方面，嵌入有效行动中的概念、原理和方法与行动一致，并一起呈现，具有直观性，因而显得明晰；另一方面，在各种不同场景的类似的有效行动中嵌入的概念、原理和方法得到不断的充实和辨析，因而也逐渐变得更加稳定而明确；更重要的是，行动的成功能够直接体现知识的实际价值，让学生体会到知识的力量、自身的力量。因此提出，可以在行动

中进行“嵌入式”的学习。

“嵌入式学习”就是在行动中需要知识的时候学习知识，还原知识的实际价值，还原知识产生的问题情景；“嵌入式学习”就是经历知识的获得过程和验证过程，使学习者真正成为知识的主人。

其实，在做中学的道理，教师们大都知道，但在通常的教学中，教师们还是习惯于直接将知识教给学生。为什么会造成这种事与愿违的情况？从客观上说，知识教学的任务很重，没有时间让学生行动，因而只能让学生接受。从主观上说，有的教师会觉得直接教知识效率高。可是，我们知道，新授课的内容可能很快就讲完了，但为了帮助学生巩固新知识的“反复炒”的时间可没少花。其实，还不如将时间花在一开始的知识的行程上，让学生有比较充分的时间在行动中自主构建知识。另外，在主观上，还有一个问题，不少教师不清楚如何创设“行动”。

三、布鲁纳的“学习情节”

“情境”，大家都很熟悉，为什么要提情节？这是受到了布鲁纳的“学习情节”的启发。下面是布鲁纳在他的《教育过程》中关于学习情节的论述。

> 在学习任何一门学科时，常常有一连串的情节（episode），每个情节涉及获得、转换和评价三个过程。①
>
> 一个学习情节，时间可长可短，包含的观念可多可少。学习者愿意一个情节持续多久，这取决于此人期望从他的努力中获得什么，是为了获取像等第这样的外部事物，还是为了提高理解能力。②
>
> 一门课程中的单元意味着承认学习情节的重要性，尽管许多单元拖得很长而且没有理解上的高潮。关于怎样在不同学科里为不同学龄的儿童非常高明地设计合适的学习情节，研究之贫乏实在令人诧异。
>
> 关于学习中奖励和惩罚的作用，已经有过许多论著，但是对兴趣和好奇心作用以及发现的诱惑力，却很少论及。如果我们希望教师能

①② 布鲁纳. 布鲁纳教育论著选［M］. 邵瑞珍，等，译. 北京：人民教育出版社，1989：53.

> 使儿童习惯于愈来愈长的学习情节，那么，在详尽的课程计划中势必更要注重把加速认识和领会作为一种内在奖励的形式。有个方法议论得很少，这个方法就是引导学生能够学完艰难的教材单元。这个方法的目的是要鞭策学生竭尽全力地学习，使他得以发现圆满而有效地完成任务的愉快。①
>
> 在一个学习情节中，获得、转换和评价（即获得事实、处理这些事实和检核一个人的观念）应强调何种程度？……一位社会学科的教师已经在四年级学生中采用这个方法获得了很大成功。比如说，他先说文化发源于肥沃的河谷这个事实——唯一的“事实”，然后在课堂讨论中鼓励学生思索：为什么这是事实？为什么文化的发生多半不在多山之国？这样的做法实际上是发现的技巧，其效果在于儿童靠自己引出知识，接着能够对其来源、出处进行检核和估计，而且在这个过程中获得更多的新知识。显然这是学习情节的一种形式，它的适用性肯定是有限的。还有另外形式的情节吗？②
>
> 关于儿童学习情节如何形成，有许多细节可以讨论，不过已经谈论的问题，即足以表示他们的特点。由于这个课题是我们理解一门课程该怎样安排的中心问题，所以显然这方面的研究工作是头等重要的。③
>
> 首要的、明显的结论是人们在准备课程教材时必须率先考虑到下列问题：心理倾向、结构、序列和强化等，不管他是否在考虑撰写一本教科书，或做一个课时计划，或一个教学单元的安排，或教学大纲，或者，说实在的，哪怕是一次带有教学目的的谈话也当如此。④

显然，在布鲁纳看来，“学习情节”是课程与教学设计需要考虑的非常重要的内容。而且从上下文内容的联系中判断“情节”的含义主要有这样几条：（1）学习情节就是通常所说的学习单元；（2）学习情节即学习单元是课程安排的中心问题，也就是说课程就是由一个一个的学习情节构成的；

①② 布鲁纳．布鲁纳教育论著选［M］．邵瑞珍，等，译．北京：人民教育出版社，1989：54.

③ 同①：55.

④ 同①：161.

（3）学习情节应该能够激发学生内在的兴趣尤其是发现的诱惑力；（4）应该尽力让学生学习愈来愈长的学习情节，也就是学习愈来愈长的学习单元，而且只有能够激发学生内在兴趣并能够在这种兴趣推动下加速学习才能做到这一点；（5）就学生在学习情节中内在认知的发生发展过程可能存在这样一种形式：获得、转换和评价。获得即获得新的事实，转换即从事实中发现问题并就问题进行新知识的学习，评价是对新知识的合理性即真实性和恰切性进行评估。这只是一种形式，可能还存在其他形式；（6）学习情节的关键在于形成理解的高潮，增进理解力；（7）关于如此重要的学习情节的研究如此贫乏，因而倡导对学习情节的研究。

四、学习情节与学习情境的区别

"情境教学""学习情境""问题情境"等是教师们非常熟悉和常用的词，为什么要提出学习情节？情境（situation），在英文中总的来说指的是一种处境，即在一定时间内作用于生物的内外总刺激，而在戏剧和小说中则是指一种场面、局势。"Episode"是相对于"plot"的一个词，都是指戏剧和小说中的情节，"plot"指的是整个戏剧或小说的情节，而"episode"则是整个戏剧和小说的大情节中的一个一个的较为完整的片段和插曲。而不管是大情节还是片段的小情节，都包含起因、发展和结尾相对完整的过程。

通常所说的情境教学与情境这个词的含义是一致的，即利用生活中蕴涵着我们所需要的问题和知识的场景激发学生的学习愿望。其意义在于：（1）为学生学习抽象的知识提供了直观、生动的形象；（2）将学习与自己熟悉的经验联系，利于学生自己建构知识。但是，情境教学的局限在于仅仅关注一个具体的场面、局势、问题的创设，仅仅关注将学生带入到一种感兴趣或者思考的状态。也就是说，情境教学中的情景只负责了教学的起始或者中间的某一个环节的场景的创设，学生学习过程中的其他过程与这一个环节的情景可能没有太大的关系。这实际上会造成"情境"价值的有限性。可是，学生的学习应该是一个被激发之后能够持续探究并获得知识的过程，需要的是一个能够不断激发学生而贯穿学习始终的一系列有内在关联的情景，也就是情节。有些优秀的情境教学的研究者和教师，可能已经关注到了情节创设的重要性，但是这远远不够，只有在理论上将情节与情境的区别明确地指出来，才可能会更有利于大多数教师对情境教学特征与局限的把握和反思以及对情节教学的积极探索。

那么，什么是情节及情节的教学呢？除了布鲁纳关于学习情节的所有观点之外，还要再补充一点——情节既要有内在的学生认识发展的完整过程，还要考虑外在的故事的诱惑力和完整的过程。下面是将高一年级政治课关于经济学知识的第一单元“商品、货币、价格”放进情节中的一种尝试。

原来的安排是：

第一单元　商品、货币、价格

第一课时：关于商品和商品的基本属性
第二课时：货币
第三课时：纸币、通货膨胀和通货紧缩
第四课时：关于价值、价格、价值规律

放进情节后的安排是：

第一单元　如何制订买房计划——商品、货币、价格

第一部分：为什么要买房？——商品的使用价值
第二部分：怎样买到价格合适的房子——商品的价格是怎样确定的？
第三部分：用谁的钱买房？——货币
第四部分：何时买房合适？——通货膨胀
注：四部分不见得平均为四课时，只要在四课时内完成即可。每一部分的教学过程从问题的探究开始，以所获得的结论即知识的总结与评估结束。

第四节　给学生“回到实事本身”的机会，培养学生发现和想象事实的能力

教师们常常带着实物或者仪器进到教室，以它们作为“事实”说明事物的某一本质，然后做出概念和原理界定。其中，实物是为事实服务的，事实是为本质、概念服务的。这种教学的目的性和实效性很强，是优质的教学，也是与基础教育阶段学生学习的主要任务（继承）和方式（接受）相一致的。但是，这种目的性和实效性也是需要反思的。这种目的和实效教育了学生，却也束缚了学生。

一、我们需要新事实、新发现

我们需要一个稳定的世界，也需要一个发展的世界。没有发展，也就没有了意义。而发展是要以新的发现和发明为基础的。因此，我们需要新发现。

（一）教育中和教育之外常常有“意外”和“创造”

学生常常会在引导和训练中出现“意外”和“创造”。

一定要到大海“看日出”吗

一提“看日出”，人们就会想到大海，想到高山。“看日出”一定要去山顶或到海边吗？一个小学生写道：“在家里的阳台上看日出，太阳沿着高高的烟筒慢慢升起，像金色的甲壳虫在一个黑色的柱子上爬行。有的学生说，不仅可以看日出，还可以听日出，因为太阳是在公鸡的啼叫声中升起来的。除了听，还可以“触摸”日出，因为太阳是带着温度出来的？

一些受教育程度很低的人也常常会出现“意外”和“创造”。

为什么一位农民工拍出来的照片那么透彻

一位农民工在一所学校的电教部门工作，拍摄的照片被集成一个小集子，配上音乐，每一幅都是那么透彻、完美，被各大杂志抢用。这是为什么？

为什么会出现这些“意外”和“创造”？学生年龄越小，经验越少，偏见也越少。在大人眼里，“勺子”就是吃饭用的，但在孩子手里，却可以用来做很多事情。受教育程度高，素质更高，但受到的约束也更多，相反，受教育程度越低，受到的约束就越少，创造的空间有时反而大。不过，我们的反思不能走极端，不能因此怀疑受教育的意义。其实，受教育程度低的人的创造往往是在一些经验的领域中。

（二）人需要恢复自己“感受力”

以上类似的事情使我想起一篇文章，题目是“新闻报道如何接近‘事实本身’？——从胡塞尔、海德格尔的现象学角度反观客观报道规则”①，下面是文章的一些片段。

> 我们如何接近事物？一般人并不会轻易提出如此愚拙的问题，但艺术家和思想家却是严肃对待这种“愚拙”的人，胡塞尔和海氏就是这样一种要用愚拙的方式处理这个愚拙问题的人，而这种方式就是现象学。对此，胡塞尔首先提出了现象学原则，即“回到实事本身”，它被称为“一切原则中的原则”，这个原则包含了两层意思。
>
> ……按照胡氏现象学关于认识的“无前提性”或者“反思的彻底性”要求，记者在面对新闻事实时就不能带上自己的“信念”或“假设”去认识和判断，而只能是通过对事实本身进行彻底性的反思，达

① 刘顺利．新闻报道如何接近“事实本身”？——从胡塞尔、海德格尔的现象学角度反观客观报道规则［EB/OL］．（2004－05－05）［2009－07－24］．http：//www.cddc.net/shownews.asp?newsid＝6326.

到“无前提性”的直观还原或现象还原。……很多假新闻的出现就根源于记者把自己的“信念”或者“假设”都当做客观事实来报道。

……这个原则还包含着“要恢复和激活人的原初生动的感受力的呼声”。

……感受力对新闻报道的重要性是显而易见的。……感受力的强弱就在于记者能不能把自己的眼、耳、口、鼻、舌、身等人体的各个感官充分调动起来，调动得越积极充分，感受力就越强，对现场客观事实的感知就会越到位、越真实；其文本化结果对现场客观事实的“直观”还原也就越到位、越准确，现场报道也就越真实，新闻报道也就越接近“事实本身”。

确实，对于人来说，到了一定的年龄，具有一定的知识水平或者经验程度，是好事，可以按照“惯例”处理很多的事情，但也是坏事，就是会失去很多“原始的能力”，包括上面这篇文章中的“感受力”。因此，到了一定程度，人需要“反向”地做一些事情，这就是放弃所有的前提或者说彻底地反思。

(三) 人类发展需要新事实的发现

科学技术的发展，尤其需要新事实的发现。这是科学史上许多科学家都在不断提醒人们的事情。培根在《新工具》中就在反复强调这一点：

由论辩而建立起来的原理，不会对新事功的发现有什么效用，这是因为自然的精微远较论辩的精微高出多少倍。但由特殊的东西而适当地和循序地形成起来的原理，则会很容易地发现通到新的特殊的东西的道路，并从而使各门科学活跃起来。①

若期待用在旧事物上加添和移接一些新事物的做法来在科学中取得什么巨大的进步，这是无聊的空想。我们若是不愿意老兜圈子而仅

① 培根．新工具［M］．许宝骙，译．北京：商务印书馆，1984：13－14.

有极微小可鄙的进步，我们就必须在基础上重新开始。①

凡建筑在自然上面的东西都会生长和增加；凡建筑在意见上面的东西则只有变化而无增加。因此，那些学说假如不是像一棵植物扯断了根，而是保持紧密连接于自然的胎宫并继续从那里吸到营养，那么就不可能发生如我们现在所看到的两千年来的经过情况，就不可能是：各种科学都停立在原来的地方而几乎原封不动，不仅没有显然可见的增长，而且相反，只在最初创立者手中繁荣一时之后随即衰落下去。②

培根提醒人们，只有到自然中去观察事物，才会有新的发现，坐在屋子里展开讨论只能增加“意见”即看法而不是真的发现，西方科学的进步和发展说明了这一点。而且，他还提醒人们，自然的精微要比人们论辩的精微不知道要高出多少倍，也正因为如此，对自然的观察要比论辩重要得多，向自然学习，在观察中发现是科学进步的首要工作。其实，这其中还蕴涵着一种对自然的崇敬的态度。培根的提醒对于现在的科学研究和进步同样具有重要的意义：人类的科学进步和发展需要新事实的发现。

二、新事实、新发现产生于好奇、反常、逗留以及想象等

人需要新发现，人类需要新发现，那么，怎样才能产生新发现呢？主要有四种代表性的观点。

（一）发现产生于“好奇”

对于这种观点，许多思想家和科学家都做过批判。“首先，发现事实的过程被认为基本上不依赖于现有的那些‘理论’，是‘闲着没事干的好奇心’之类的种种冲动的结果。”③ 帕森斯正是针对这种看法，才提出区分事实与现象的必要性。他认为“事实”就是一种知识，事实的变化必然与理论的变化同步。他指出：“由此可见，我们关于该方面的事实的知识发生的

① 培根．新工具［M］．许宝骙，译．北京：商务印书馆，1984：16.

② 同①：52.

③ 帕森斯．社会行动的结构［M］．张明德，等，译．南京：译林出版社，2003：7.

任何重要的变化，必然会自行改变这个理论体系中至少一个命题的陈述，并由于这种变化的必然逻辑结果，在较大或较小程度上改变其他命题的陈述。这就是说，理论体系的结构发生了变化。”①

那么，如何看待这种观点以及对这种观点的批判呢？科学是一个发展的过程，是一个从经验到科学的连续的过程，现在的科学世界也同样是这样一个复杂程度和精确程度相对而言的一个连续的存在。理论也是一个相对应的连续的存在。在这个存在中，靠近经验一端，好奇的作用空间就可能更大。而在科学程度很高的一端，简单的好奇肯定是不可能起什么作用了。

这里还有一个问题，就是怎样理解“好奇”。有不少人说，好奇是科学家的一个素质。这又怎么理解？有人说，好奇就是感兴趣，有了兴趣，就会思考，然后才可能有新的发现。可是，这还是没有对好奇做出解释。笔者认为，“好奇”是一种无“设防”，无“偏见”地对待事物的态度，尤其是对不常见事物的优先态度，例如，通常好奇的人说的“我先看看”。“好奇”常常会与“探险”联系在一起，还包含一种喜欢超越现实的态度。如果将“好奇”理解为所有发现的一种基本态度，而不是发现的方式、方法或者途径，可能更合理些。

（二）发现发生于预见中的“反常”以及对范式的彻底批判

这是库恩的观点：新事实的发现在于对原有的理论和范式的预见中的“反常”以及对范式的彻底批判。

> 常规科学的目的不在于事实或理论的新颖性，而当常规科学成功时，也无新颖性的发现可言。但科学研究却不断地发现新的始料不及的现象，而且基本的新理论也一再地为科学家们所发现。历史甚至提示出，科学事业已经发展出了一套强有力的独特技巧，以产生这类令

① 帕森斯．社会行动的结构［M］．张明德，等，译．南京：译林出版社，2003：8.

人惊讶的现象和理论。①

那么，“强有力的独特技巧”是什么呢？这是与常规科学建立的专业化过程有关的。

> 这个专业化的进程，一方面使科学家的视野受到极大的限制，并使范式变化受到相当严重的阻碍。科学已日益变得僵硬。另一方面，在由于范式的指引而使科学家团体的注意力集中的那些领域内，常规科学导致了资料的详尽，也导致了任何其他方式都不能达到的观察—理论相一致的精确性。此外，这种详细的资料和观察—理论相一致的精确性具有的价值，超越了它们本身并不总是很高的固有的价值。没有主要为起预见作用而建构起来的特殊仪器，最终导致新事物的结果就不可能发生。即使当这些仪器存在时，新事物也只能对那些精确知道他将预期的是什么，能够认识到某个地方出了差错的人才会突现。反常只在范式提供的背景下显现出来。范式越精确，涵盖面越广，那么它作为对反常的一个指示器就越灵敏。②

“强有力的独特技巧”就是批判。但是，库恩在此特别强调了批判的基础是“详尽的资料”和“观察—理论相一致的精确性”，也就是范式的精确性。范式的精确性为批判的彻底性提出了要求，也提供了可能。

（三）发现新事实需要“回到实事本身”

“回到实事本身！”是现象学最响亮的口号。

> 胡塞尔，尤其是以后的海德格尔也将这种精神概括为“面对实事本身！”这一现象学的座右铭。它很快成为现象学运动的各成员的共

---

① 托马斯·库恩．科学革命的结构［M］．金吾伦，胡新和，译．北京：北京大学出版社，2003：48.

② 同①：60.

识。如汉娜·阿伦特（H. Arendt）所言："胡塞尔和他的'面对实事本身'的号召……首先是为舍勒，稍后又为海德格尔提供了某种依据。这里的共同之处在于——用海德格尔的话来说——他们能够'在一个被传授的对象和一个被思考的对象之间'做出区分，并且，对他们来说，被传授的对象是无关紧要的。"这种排斥任何中介而直接把握实事本身的要求无疑是现象学精神的一个重要内涵，无论这个中介是来自权威，还是源于习性。作为一种思维态度，它使现象学能够有别于哲学史上任何一个其他的哲学流派和思潮。①

"实事"②，德语原文为"Sache"，也可以译为"事情""东西""事物"等。它与人相对应，尤其与人对实事的表象和认识相区别，是与"为人""为我们"或"为我"相对立的自在的存在。"本身"一词针对的是事物的"自在"。"回到实事本身"就是要求正确对待事物的独立性和自在性。

可是，怎样才能做到呢？事物本身内含丰富性，但这些丰富性却并不显现出来（所谓"克制"），只有当人专心"逗留"于其面前，以安宁的心态对待事物，事物的一些内在丰富性才可能显现出来。"逗留"就是"回到实事本身"的一种具体方式，但是，海德格尔说，遗憾的是，"常人"并不逗留在任何实事那里，而是放任自己从一个事务到下一个事务，追逐不停。只有那些真正热爱自然、热爱艺术或者说热爱某种事物的人，才可能在事物面前逗留。当然，也只有他们才能够看到别人看不到的事物的一些内在的丰富性，最终，也往往就是他们能获得更多的自由。对于"常人"来说，虽然不会逗留，但可以尝试以一种灵活的看和问的方式，从各种不同的方向了解事物，发现新的事实。

（四）新事实还产生于"想象"

从现象学角度来看，事实总是有限的，但本质却可以是无限的。就像

① 倪梁康．何谓现象学精神［EB/OL］.（2003-01-22）［2009-07-26］. http://www.cnphenomenology.com/modules/article/view.article.php/c7/392.

② 有人将其翻译为"事实"，在前面的引文中就有这样的表达，为了尊重原文，没有修改，但这种翻译不符合其内涵。

前面提到的，在生活中看到的实际的红是非常有限的，但在事实直观中可以获得本质直观，即构造一个纯粹可能性的红的系列，然后调配出我们喜欢的红。这种调配出来的红就是人创造的一种新事实。现在，在我们的生活世界里有两个红的世界，一个是客观自在的红的世界，一个是人构造出来的红的世界。我们的整个的生活世界也可以分为两个世界，一个是客观自在的世界，一个是人构造的世界。构造的世界是由“新事实”构成的，是人根据本质的理解自由想象出来的。

这里有一个问题，什么是“本质”？年龄很小的孩子为什么也可以想象和调配出自己喜欢的红？难道他也能把握本质？按照传统的理解，本质是对事物普遍特征的概括。概括肯定是一件不容易的事情，但现象学却提出了另一种关于“本质”的理解。本质也是经验，即本质经验。当现象经验达到一定量的时候自然就会形成本质经验。也就是说，当孩子见过许多的红色后自然会将它们由浅到深的方式排列在一起，形成关于红色的本质经验，然后根据想象补充进去有缺失的红色，构成一个系统相对完整的红的系列。这样，对本质的理解的重心就从“概括”和“概念”转移到了事实的“积累”，即从最终的行为和结果转移到了过程和内容，赋予了本质以生动的原生性，更加“严格”，也更加“合理”。“严格”指的是对思维的内容和过程进行精细的描述。“现象学迫使人们去严格地思维和精确地描述，它‘用本质概念和规律性的本质陈述将那些在本质直观中直接被把握的本质和建立在这些本质中的本质联系描述性地、纯粹地表述出来’。”① 关注思维的内容和过程而不仅仅是思维的最终行为和结果，思维与内容结合，本质不再仅仅是形式，自然更“合理”。另外，思维和本质就不再那么神秘，自然也就消除了对于人性的异化和压迫，恢复了“常人”把握本质的可能性，这是更“合理”的深层意义。

由此也解决了内心存在的一个问题：为什么一个受教育程度高的人最终与一个受教育程度低的人在某些事情上领会的道理一样深（只不过前者能表达出来）？这是因为本质是事实经验积累到一定程度而形成的。正如俗

① 倪梁康．何谓现象学精神［EB/OL］.（2003－01－22）［2009－07－26］. http：//www.cnphenomenology.com/modules/article/view.article.php/c7/392.

话说的，经历的事儿多了，也就悟出来了。一个受教育程度高的人，如果没有经历一定的事儿，即使学过道理，也并不真的能理解道理。

看来，想象的前提是本质的把握，而本质把握的条件是一定量的事实的积累。这样，“一定量的事实”就成了关键，“一定”是多少？通常的回答是，因人而异。显然，这种回答比较抽象。相对具体一些的回答是，因人的想象力而异。具体是这样分析的：红色系列有两部分组成，一部分是客观的事实的红色，一部分是想象的事实的红色，既然客观的红色少，想象的红色就要多。可是，根据前面的说法——想象就是要根据本质补充有缺失的红色——的话，想象要在本质把握之后，“一定”既然取决于想象，也就必然取决于本质了。这又绕回去了。其实，想象并不在本质把握之后，而是与本质把握同时发生。笔者同意这样的说法：“在表达中，内在的东西是直接出现。但是，这种内在的东西，即‘内在的本质’，却是第一个本真的实在。”① 人们对红色的第一次想象并调配出来，是红的内在本质的第一次本真的实在，因而，它们是同步的。

其实，不仅想象与内在本质的把握是同步的，事实的发现与想象、内在本质的把握也是同步的。只有当看（seeing）现象并试图梳理现象的过程中，突然领悟到本质的时候，现象才被“发现”和构造成了具有本质内涵的事实。

三、新事实发现的根本条件是“无前提性”和尊重实事

产生新事实的好奇、反常、逗留以及想象是“各自为政”的，还是存在一致性？我们简单回顾一下它们的内涵和特征。“好奇”是一种无“设防”、无“偏见”地对待事物的态度，尤其是对不常见事物的优先态度。“反常”是“观察—理论相一致的精确性”中发现的“不一致”的蛛丝马迹，是范式的精确性的背叛，其确立必须以范式的精确性的彻底批判为前提，与新范式的构造同步。“逗留”要求人从世俗的、功利的事务中超脱出来，以真诚的热爱的态度和安宁的心态对待事物，事物的一些内在丰富性

---

① 汉斯－格奥尔格·伽达默尔．诠释学 1·真理与方法［M］．洪汉鼎，译．北京：商务印书馆，2007：293.

才可能显现出来。“想象”标志着本质经验的形成，其条件是一定量的事实经验的积累，是向事实学习之后创造的本质直观。显然，它们之间存在着一致性：思维上的“无前提性”和态度上的“尊重实事”。

（一）人的“无前提性”的两种状态

人的“无前提性”有两种状态。一种是先天的，孩子和受教育程度低的人先天具有“无前提性”；另一种是后天的，成人的“无前提性”是以“彻底的反思性”为特征的。“彻底的反思性”也就是人们说的“祛蔽”。做到彻底反思对于人来说是非常不容易的，路径也有两条：一是彻底的理性的反思；二是忘我的全身心的投入。当然，在真实状况下，这两条路径不是绝对的，而是相互交融的。

批判和反思是可以训练的，但是，彻底的反思和忘我却不是简单的训练能达到的。另外，彻底的反思和忘我是一种理想境界，并不是现实状况。而且，从学术上来说，没有前见、没有自我的理论是不可能的，即使对于现象学家也是如此。狄尔泰和伽达默尔对历史学家兰克曾经做过这样的批判：“历史学家愈能够认识每一种现象特有的不可毁灭的价值，也就是说，愈能够历史地去思考，他的思想就愈接近上帝的思想。正是因为这一点，兰克曾经把历史学家的职业同牧师的职业相提并论。”① “正是在这种泛神论的背景里我们才能理解兰克所说他想消除自身这句著名的话。当然，正如狄尔泰所攻击的，这种自我消除实际上乃是把自我扩充成某个内在宇宙。”② 在伽达默尔和胡塞尔的争论中，我们也可以看到胡塞尔对伽达默尔的“前见”的揭示。人类实际上就是在“前见”中提出观点，又在不断地反思观点和前见的过程中形成新的前见和提出新的观点中发展的。因此，“彻底反思”和忘我更强调的是一种思维方向、一种胸怀。这种方向和胸怀对于研究者、对于人、对于人类都是非常重要的。

---

① 汉斯-格奥尔格·伽达默尔．诠释学1·真理与方法［M］．洪汉鼎，译．北京：商务印书馆，2007：290.

② 同①：291.

（二）由于自由和创造是人类的目的，因而真理和事物本身也成了目的

事物或者说“实事”总是作为人类的手段而出现，而实际上它们也是人的目的。

人的活动总是有目的的，因而理解人类的目的能够帮助人们克服进行各种事务或者说活动的盲目性。那么，人类的目的是什么？前面提到的题为“人类的目的”的文章的结论是：生存和自由是人类的目的。其实，自由和创造是人类的最终目的，已经成为了一种常识。

那么，什么是自由？或者说，人类怎样才能获得自由呢？唯物史观认为，自由就是对必然的认识，即对自然规律和社会规律的认识，也就是获得真理。也正因为如此，追求真理成了许多人一生的目标。用现象学的语言来说，所谓“自由”“真理”就是接近“实事”，其方法就是“回到实事本身”。于是，“事物本身”或者“实事本身”也成了目的。

四、创新人才要从小培养

我们的教育教学工作任务重，时间紧，因此，每一天、每一节课、每一项具体工作都要有明确的目的和设计。这是可以理解的，但是，教育还必须考虑为学生的生命和创造提供一定的自由空间。正因为这个原因，“过程”才成为高于其他目标的目标。

（一）我们国家需要创新人才

2006年1月10日，胡锦涛总书记在全国科学技术大会上做了题为“坚持走中国特色自主创新道路，为建设创新型国家而努力奋斗”的重要讲话。接着，2月9日，《国家中长期科学和技术发展规划纲要（2006—2020年）》（简称《规划纲要》）全文发布。《规划纲要》中指出，自主创新包括原始创新、集成创新和引进消化吸收再创新。“到2020年，我国科学技术发展的总体目标是：自主创新能力显著增强，科技促进经济社会发展和保障国家安全的能力显著增强，为全面建设小康社会提供强有力的支撑；基础科学和前沿技术研究综合实力显著增强，取得一批在世界具有重大影响的科学技术成果，进入创新型国家行列，为在本世纪中叶成为世界科技强国奠

定基础。”自主创新能力是小康社会强有力的支撑，只有成为创新型国家，我们国家才能成为世界科技强国。在全面建设小康社会的新时期，用科学发展观统领经济社会发展全局，以建设创新型国家为目标，不断提升国家的自主创新能力和国际竞争力已经成为指导未来发展的一项基本国策。

《胡锦涛在党的十七大上的报告》中“实现全面建设小康社会奋斗目标的新要求”的第一条和第四条都提到了创新人才培养。

> ——增强发展协调性，努力实现经济又好又快发展。转变发展方式取得重大进展，在优化结构、提高效益、降低消耗、保护环境的基础上，实现人均国内生产总值到2020年比2000年翻两番。社会主义市场经济体制更加完善。自主创新能力显著提高，科技进步对经济增长的贡献率大幅上升，进入创新型国家行列。居民消费率稳步提高，形成消费、投资、出口协调拉动的增长格局。城乡、区域协调互动发展机制和主体功能区布局基本形成。社会主义新农村建设取得重大进展。城镇人口比重明显增加。
>
> ——加快发展社会事业，全面改善人民生活。现代国民教育体系更加完善，终身教育体系基本形成，全民受教育程度和创新人才培养水平明显提高。社会就业更加充分。覆盖城乡居民的社会保障体系基本建立，人人享有基本生活保障。合理有序的收入分配格局基本形成，中等收入者占多数，绝对贫困现象基本消除。人人享有基本医疗卫生服务。社会管理体系更加健全。①

在第四条中，“全民受教育程度”和“创新人才培养水平”是并列提出的，而且要求是“明显提高”，可见要求的迫切性。

（二）基础教育的继承、训练、接受应该以创新、自由、探究为方向

提到创新人才培养，首先想到的是高等教育，想到著名科学家钱学森

① 胡锦涛．胡锦涛在中国共产党第十七次全国代表大会上的报告［C］．中国共产党第十七次全国代表大会，2007－10－24.

所说的，“现在中国没有完全发展起来，一个重要原因是没有一所大学能够按照培养科技发明创新人才的模式去办学，没有自己独特的新的东西，老是冒不出杰出人才，这是很大的问题。”① 2006 年 7 月 13 日，教育部部长周济在第三届中外大学校长论坛上做了题为“创新与高水平大学建设”的演讲，提出要“聚精会神抓好创新能力建设”。

实际上，从人才培养来说，高等教育与基础教育是不可能分割的。培养创新人才，基础教育同样有责任。科学研究的动力首先源于人们对于各种事物的好奇、热爱和探索精神。科学研究的成功取决于思维的灵活、求异、批判。这些态度和品质是人的人格的基本组成内容，应该是在青少年时期形成的。

在教育中，学生的“意外”和“创造”是常有的，常常令教师们惊喜，应该受到教育工作者的珍惜、呵护和培育。确实，从基础教育的任务来说，我们首先要将人类的文化知识传授给学生，对学生进行训练，让他们在继承中发展。但是，我们不能仅仅从基础教育阶段的任务看我们的工作，而要清楚教育在人才培养上的根本目标。继承是为了创新，训练是为了自由。既然这样，教育就要在继承、训练、接受的同时为创新、自由、探究留有空间。不仅如此，继承、训练、接受应该以创新、自由、探究为方向。否则，我们培养出来的人才就无法适应“小康社会”的要求，这已经是迫在眉睫的事情了。

（三）小学生也可以成为发现和发明者

小学生的主要任务是学习，即继承、掌握人类已有的基础知识。但是，随着教育改革的深入，大家常常讨论的是，掌握的是死的知识结论还是尽可能理解知识形成的方法，换句话说，是让小学生成为结论的接受者还是知识的发现者。我们可以结合下面的这个案例来展开讨论。

“长方体和正方体的体积”的学习中，学生可以发现什么？

碰巧，对这部分内容，笔者已经听过三次。教师的教学设计大体

① 沈荣华. 我国创新人才面临五大挑战［N］. 光明日报，2006-06-22.

相同。

教师先用一节课的时间教“1 立方厘米”“1 立方分米”等体积单位，然后再上这节课。具体步骤是：

（1）数一数长方体中有多少个“小方块”即体积单位（有排列不整齐的，需要学生补齐后再数）。

（2）用“小方块”摆出 1 ~2 个长方体。

（3）根据教师提供的几个长方体填表，如下表：

	长	宽	高
长方体 1			
长方体 2			
长方体 3			

（4）体积公式：$V=abh$，其中讨论正方体的体积公式。

（5）体积公式的应用和理解，例如，探讨土豆的体积如何获得。

从教学的具体设计看，虽然有对学生观察方法、动手能力、表达能力的培养，但是从总体上是教学生理解、接受和应用体积公式。1 立方厘米是教师给的，长宽高的表格是教师给的，学生的任务只是填写。需要探讨的问题是，学生能不能成为或者怎样成为发现者。

在这样一个内容的学习中，学生可以发现什么呢？

可以发现体积单位（因为学生已经有了长度和面积单位的基础知识）；

可以发现长方形的大小与三条不同的棱长有关；

可以命名这些不同的棱长为“长、宽、高”（学生已经有了长、宽的概念，而在日常生活中有高的概念，而且在课上有一位学生已经指出，因为正方体的三条棱长一样长所以还被称为棱长，而长方体的三条棱长不一样才需要分别被称为长、宽、高）；

可以发现体积公式；

还有在探讨土豆的体积时，学生完全可以不必惊诧于“将土豆放入水中”的方法的巧妙，而是通过自己的探索获得各种方法。课堂上，一位学生已经提出，先将土豆切成一个长方体，然后将剩余的捏合成一个长方体。按照这个思路拓展开去：为什么剩余的土豆可以“捏合”？因为它们很薄，有水分。看来与材质有关。什么材质的东西容易改变形状？液体。到这里，可以进一步让学生探讨：是否还有别的方法……最终，学生发现，“将土豆放入水中”就可以将固态（土豆）的物质的体积转换成液态（水）的物质的体积。这样，求出土豆的体积就容易多了。

如果这样探讨，一节课时间肯定不够。我们可以考虑将第一节“体积单位”的课也放在这个探讨中，而且探究的开端不是数长方体中的“小方块”，而是从一个大问题入手：如何计算摆在学生面前的长方体（上面没有任何单位或者小方块的提示）的大小？实际上，就是让学生回到实事。

这里的发现是相对于学生的认识而言的，也就是这些知识是学生通过自己的探索而发现的，而不是简单地接受来的。小学生学习的都是人类知识宝库中最基本、也是人类生活中最常用的知识，或者说是最接近常识的知识。因此，小学生发现这些知识的可能性也是比较大的。

小学阶段是学生性格、人格形成的关键时期。创新不仅是一种能力，更是一种人格特征，创新人才一定要从小培养，从小学的课堂教学做起。

五、给学生回到实事本身的机会，培养学生发现新事实的能力

“回到实事本身”是需要花费时间的，其价值具体何在？回到实事本身，学生就能够自动地成为发现者了吗？显然不是。

（一）“回到实事本身”

前面的大量论述说明，“回到实事本身”对于培养学生发现新事实的能力或者通常所说的创新能力是非常重要的，那么，怎样才能做到“回到实事本身”呢？

1. 给学生提供大量的现象，而不是仅仅给予规定中的“事实”

通常在教学中，教师给予的事实常常是所讲概念、原理的例子。例如，教学生乘法，教师就会出这样的题：16 个独立的正方形一共有多少条边？

有学生就会发现16个正方形逐一数并相加太麻烦，因而指出只要知道有16个4，然后16×4就可以了。正是因为提供的例子有限，学生对乘法的理解也就必然有限。设想，如果我们提供大量的不同类型的数的加法，其中有小数、分数等，学生会提出只要是相等的数，不管是整数还是小数、分数，都可以用乘法，学生对乘法的理解也自然拓宽了。

由于教师给予学生的事实的有限性，使得学生实际失去了在大量的现象中发现事实、形成本质直观以及本质判断能力的可能性。而且，这种有限性往往又与课后作业中大量拓宽了的事实不对应，再加上学生的本质直观能力没有真正形成，常常会造成学生在作业中出现挫败。

实际上，让学生接触不同类型的数的加法，也就是提供各种关于加法的现象，即加法的各种侧显。在本质上，就是还原给学生一个真实的加法世界，也就是“回到实事本身”，学生在这个世界里逗留便会有重要的事实（乘法或其他）的发现。

2. 问题越真实，就越接近实事，发现的空间越大

通过上面的案例我们可以体会到，培养学生发现和发明的能力，需要给学生更大的空间。这个大的空间显然不是物理空间，而是思想空间。它是由什么决定的呢？是由问题的真实性决定的。问题越真实，也就越缺乏抽象，其中需要抽象概括的东西，也就是需要发现发明的东西也就越多，因此，要回到实事本身。

3. “回到实事本身”根本在于鼓励学生热爱和观察事物

回到实事本身，就是要给学生自由探索事物的机会。所谓自由探索就是有一定的逗留的时间，这时候，事物不是人的工具，而是它本身。只有这种状态下，才可能有新的发现，学生的发现能力才能够有发展的空间。

前面说了，只有以热爱事物的安宁的心态在事物面前“逗留”或者说“把玩”，人才能发现一些新的现象。新的现象常常是在无意之间出现的。越是功利，人就越是会以自己固有的“前见”看事物，看到的就自然只会是过去看到的现象。因此，放弃功利实际上就是在放弃前见。当新的现象出现后，可能会引起人的好奇，但它并不能直接告诉我们什么，只有在现象经验积累到一定程度并在人的思维中被整理时才会产生本质把握。因此，不仅要有时间看到新现象，还需要有时间看到更多的类似的现象，发现才

能产生。显然，这需要很多时间。这对于现在的人尤其是学生根本是不可能的。可是，我们能不能在这种不可能中寻找一定的可能呢？

首先，教师要鼓励学生，在生活中看到新现象时一定要与大家分享。这种鼓励能够启发学生的好奇，而事物恰恰是在好奇中开启。

其次，当学生发现新的现象时要鼓励学生继续观察，当对这些现象有任何想法的时候同样要与大家分享。

另外，在讲概念之前，尽量让学生多观察现象（对于教师是事实，而对于学生则是现象），尽可能地让他们在现象的积累中形成对本质的领悟。

给学生回到实事本身的机会要给学生一定的时间，但绝不仅仅是给时间的问题，时间并不是一个绝对的客观的量，而是一个主体性的存在。“什么是时间”非常复杂，没有办法说清楚，但是，至少可以说，时间是相对的。给学生回到实事本身的机会更重要的是鼓励学生热爱事物、观察事物并及时表达他们的发现。

（二）要培养学生发现新事实的能力

看到新现象常常是在无意之间，但发现新事实却不是那么简单，它需要能力。

要培养学生发现新事实的能力首先就要培养学生彻底批判的能力。像库恩所说的，新事实的发现过程就是新概念和新的研究范式的确立过程，当然也是旧的概念和研究范式的彻底批判的过程。所谓“彻底的批判”首先是精确的批判，也就是“观察—理论的精确的一致性”中的不一致性的蛛丝马迹的发现。其次是对与这种不一致性相关的概念和范式在解释力上“无能”的充分揭露。这些批判的过程都是非常清楚明确的，是可以帮助学生通过思维的训练而发展的。

其次是要培养学生想象事实的能力。根据前面的分析，第一个对事实的想象是与对本质的真正把握同步的。本质经验实际上就是将现象的侧显组合成了一个具有本质意义的事实系统，但是客观自在的事实是有限的，需要通过想象出人造的事实，并将其补充进去，更加充分体现本质的事实系统才能不断确立。科学发现的过程就是这样。按照这样的理解，想象是有根据的，对事实的想象是在系统中的。当学生领悟到了“红”之后，第一个调配出来的红色就表明学生真的理解了“红”。我们可以鼓励他调配出更多的红色（不是通常所说的正红色），从中体会发现和创造的成功感。既然，想象是有根据的，那么，这种能力就是可以培养的。

（三）蜕变的研究性学习没有意义

近年来，我们国家提倡的研究性学习让学生提出自己感兴趣的问题，与自己的合作伙伴一起展开研究，多角度自由地展开自己探索，在某种意义上提供了这样的机会。但是，其中也存在一些值得探讨的问题。首先是时间不充分的问题。记得参加英国特色学校研讨会时了解到，大部分学校都拿出周五下午半天的时间让学生进行研究性学习。这点非常重要。如果没有充分的时间，学生就不可能在事物面前“逗留”，研究性学习在本质上就会成为一种应对任务的“急救章”，蜕变成一种从功利的角度都没有太大意义的任务。

（四）给学生自主的时间

给学生回到实事本身的机会，归根结底是给学生一定的探究的自由，具体来说就是给时间。

在安排时间上，可以有两种方式，一种是在学校提供固定的时间，另一种是请学生做出研究计划自行安排时间。但是学生自行安排时间也是有前提的，在根本上就是教师不能全部占满学生的时间。而这又有两种方式：一是作业量真正能够限制在一定的时间内，二是允许学生根据自己的研究需要，向教师提出申请，适当调整交作业的时间。

能不能再给我些时间

“意象”是什么？老师推荐了一些文章，让我们阅读，并要求阅读后完成一篇以“风”或者“水”为意象的文章。我读完了文章，但仍然不清楚意象是什么，更说不上写成文章了。可是，不完成作业，老师会怎么说呢？但是，我又确实完不成。第二天，我主动向老师说明了情况，问老师能不能再给我些时间。老师笑着答应了，但要求我尽快写出来。我太高兴了。

这位学生是认真的，一定会完成作业。而且可以相信，完成作业的时候一定是真正理解了意象的时候。

时间是主体性的，当时间掌握在学生手里的时候，时间就具有不同的意义。

第五节　学科中的“观念”及其教学

在研究概念及概念教学时，发现各学科教师经常提到“观念”。这些观念在学科中具有非常重要的地位和价值，显然不是一般的知识，那它们是什么呢？什么样的内容能够被称为“观念”呢？它们在学科中的意义具体又是什么呢？在教学中怎样教“观念”？在和教师们交流的过程中以及文献检索中发现，没有关于这些问题的具体回答，可是这又是一个非常重要的问题，必须研究的问题。在这一节里，尝试回答这个问题，以抛砖引玉。

一、区分总体的观念和具体的观念，学科中的观念是具体的观念

提到“观念”，实际上有两种意义上的观念。一种是哲学研究中的总体意义的观念，这种观念是作为人思维的对象而存在的，包括表象、想象、判断、概念、命题等。它与物质相对应，也就是常说的“观念的东西”和“物质的东西”，以“树”为例，实际的树是物质的东西，而头脑中表象中的树则是观念的东西。关于这一类的观念在前面学习胡塞尔的思想时有些涉及。另一种是具体的观念。我们常常说，要更新观念，其中的观念一定是具体的某个或某类观念，如消费观念、教育观念等。学科教师经常提到的观念都是后一种观念，即关于学科的观念。

需要说明的是，哲学中的观念就包括上述两种意义的观念，总体的观念和具体的观念。根据这节所探讨的问题，主要研究的是具体的观念。

二、集世界观、价值观、方法论及概念于一体涅槃而生的观念

世界观决定方法论，而价值观又会规范方法论，而任何一个具体的观念又必须以概念为基础，因而，哲学中会有许多四者四维一体的观念。我们以伽达默尔在《诠释学 1・真理与方法》中的几段话为素材来理解“四维一体”。

施莱尔马赫为反对启蒙运动和冷漠的理性主义而援引富有生命气息的情感，席勒为反对社会机械论而呼吁审美自由，黑格尔用生命（后期用精神）反抗“实证性”（Positivität），这一切都是对现代工业社会抗议的先声，这种抗议在本世纪初就使体验和经历这两个词发展成为几乎具有宗教色彩的神圣语词。①

因而，在狄尔泰这里就像在胡塞尔那里一样，在生命哲学中就像在现象学中一样，体验概念首先就表现为一个纯粹的认识论概念。这个概念在他们两人那里都是其目的论的意义上被采用的，而不是在概念上被规定。生命就是在体验中所表现的东西，这将只是说，生命就是我们所要返归的本源（das Letzte）。②

这个生命概念是从目的论上被思考的：生命对狄尔泰来说，完全意味着创造性（Produktivität）。由于生命客观化于意义构成物中，因而一切对意义的理解，就是“一种返回（Zurückübersetzen），即由生命的客观化物返回到它们由之产生的富有生气的生命性（Lebendigkeit）中”。所以体验概念构成了对客体的一切知识的认识论基础。③

如果某个东西不仅被经历过，而且它的经历存在还获得一种使自身具有继续存在意义的特征，那么这种东西就属于体验。以这种方式成为体验的东西，在艺术表现里就完全获得了一种新的存在状态（Seinsstand）。狄尔泰那部著名论著的标题《体验和诗》则以一种给人深刻印象的方式表述了这种关系。事实上，正是狄尔泰首先赋予这个词以一种概念性的功能，从而使得这个词不久发展成为一个受人喜爱的时兴词，并且成为一个令人如此容易了解的价值概念的名称，以致许多欧洲语言都采用了这个词作为外来词。④

在以上几段话中，可以按顺序摘出一些关键词：理性主义、生命、机械论、自由、工业社会、反抗、实证性、体验、返回、宗教色彩的词语、

① 伽达默尔．真理与方法［M］．洪汉鼎，译．上海：上海译文出版社，2004：92.

② 汉斯－格奥尔格·伽达默尔．诠释学1·真理与方法［M］．洪汉鼎，译．北京：商务印书馆，2007：92.

③④ 同①：96.

创造性、生命性、本源、概念、价值概念。在这些词中，最突出的显然是“体验”一词，因为作者在力图解释这个词被赋予的意义。对“现代工业社会”的“抗议”（世界观中对世界的看法的改变）使得与理性主义相对应的“非理性主义”凸显出来（世界观中人与世界关系的再认识的结果）；（在新的世界观的基础上）本源的“生命”在“非理性主义”中脱颖而出成为核心价值和目的（世界观决定了价值观）；“体验”原本是一种普通的方法，然而由于对生命的捍卫（以“抗议”的方式）成为“宗教色彩的词语”，并由于生命客观化于体验中的“创造性”和“生命性”而又成为有客观内涵的概念，并且是一个价值性的概念。就这样，“体验”涅槃成了一个集世界观、价值观、方法论和概念为一体的词语，成为一个极为重要的观念。在这个观念中已经融入了“非理性主义”“生命”“抗议”“生命性”等内涵。

在哲学中类似于“体验”的集世界观、价值观、方法论与概念为一体的观念很多，例如，胡塞尔的“回到实事本身”、海德格尔的“存在”等。应该说，所有哲学流派的思想体系中都会有一个这样的核心观念。不仅在哲学中，在各学科中也同样涅槃生成了四维一体的观念。

三、观念的形成：条件和标准

仔细考察“体验”一词可以进一步体会到，它之所以在内涵上集世界观、价值观、方法论、概念为一体，主要是因为其产生过程与这四者相关。这为理解观念的形成以及回答什么内容或者说什么词语可以被称为观念的标准提供了依据。

什么是观念？什么内容或者说什么词语可以成为观念？显然，通过上面的分析可以清楚地看到，观念与概念不同：概念在英文中是“concept”，而观念是“idea”。概念是对事物的属性或者事物间关系的界定，而观念则要复杂丰富得多。当然，二者也有联系：观念要以概念为基础（前面分析过）。但是，观念是怎样形成的呢？或者说观念形成的条件和标准是什么？在回答问题之前还是需要说明一下：这里所说的观念是前面提到的具体的观念。

观念的形成首先与世界观的改变有关，而人的世界观的改变又直接取决于人的遭遇。经历了一种完全不同的生活或者体会到从来没有过的挫折和痛苦会使人看到“另一个世界”并将其作为研究的对象，从而对世界产生新的根本的看法。我们都知道，在两次世界大战的重大的特殊遭遇中产生了以存在主义哲学为代表的非理性主义哲学流派和观念。人类生存环境的日益恶化给人类带来的严重危害使人们重新考虑人与自然的关系，提出了可持续发展的思想和观念。由此，我们可以得出，观念形成或者改变的条件是人遭遇了或者说发现了“另一个世界”并将其作为研究的主要对象。这其中蕴涵了三个条件：一个是遭遇，一个是新的研究对象，一个是人的自主意识或者主体意识。在生活中，经历遭遇的人很多，而且深刻的遭遇都会留下深刻的烙印；但是，如果遭遇中没有自主意识或者主体意识，就不可能将遭遇中的另一个世界作为研究对象；而没有明确的研究对象，也就不可能形成观念。其中，“遭遇”是观念形成的最重要的客观条件，而“自主意识”是观念形成的最重要的主观条件。自主意识的意义不仅在于研究对象的形成和改变，还在于在研究中对过去的价值观和方法论的批判。

与此相关，可以得出关于观念的一些基本标准：由于观念与遭遇有关，而遭遇是重大的、时代性的，因此，观念与时代的整体的思想相呼应；观念是关于研究对象的产物，而且这里的研究对象是总体的；观念不是概念，也不是一般的思想（观念与思想在一定情况下互用，但不意味着二者可以等同），而是集世界观、价值观、方法论和概念于一体的思想或者说词语。

四、体现学科哲学思想的“观念”及其意义

以上关于观念以及观念形成的分析是理解学科“观念”的基础。

（一）学科观念的判断标准

前面分析过，每个学科都是在研究事物的不同的属性中逐渐形成的，因此每个学科都有自己独特的研究对象。在长期的研究过程中，各学科逐渐形成了对于研究对象的知识体系和方法体系，并在此基础上形成了哲学层次上的学科思想，也就是大家所说的“观念”。这些哲学层次上的学科思想深深地扎根于学科，但又与不同时代的哲学思想相呼应，既受到社会的各种哲学思想尤其是主流思想（世界观和价值观）的影响，又向社会的哲学思想和主流思想提供思想内容。在这些分析中，我们可以得到一些基本

的判断：（1）观念一定是对学科的研究对象或者说研究范畴的思考的产物，新的观念则是对新的研究对象思考的产物；（2）这种思考上升到了哲学层次，即集世界观、价值观、方法论于一体；（3）并且这种思考与时代的哲学思想相呼应。至少符合这三条的思想才能被称为“观念”。

（二）学科观念的重要意义

大家都知道，“观念”在学科中的意义非常重要。但其重要性具体是什么还需要进一步了解。当然观念的重要性是由其成为“观念”的标准或者说属性决定的。首先，观念是与研究对象的确立和改变有关，因此，观念的改变伴随着基础研究内容的更新，规定着学科研究和学科发展的方向。其次，由于观念体现了核心价值观，而核心价值观将规范学科研究以及与学科有关的事业的发展的“道德伦理”界限，凡是违背核心价值观的手段以及具体目标都将遭到拒绝，其中包括了对方法和技术的选择。而且，观念的改变由于使基础研究内容得以更新从而会催生新的概念、方法和技术。这里需要对一些笼统的说法进行具体的辨析。例如，有人认为，学科的观念会“转化”为一系列具体的研究原则、概念、方法和技术。其实，通过以上分析已经可以比较清楚地看到，观念由于内含核心价值观而可以直接“转化”为学科的指导思想和原则，但是不能直接“转化”为概念、方法和技术。概念直接来自事物的属性和关系，方法来源于前面分析过的“两个根”，而技术是由概念和方法转化而成的。也就是说，概念、方法和技术都是产生于对研究对象的研究过程中的。那么，观念与概念、方法、技术的关系是什么呢？就是前面说到的，通过基础研究内容的更新而催生新的概念、方法和技术。

学科观念是学科研究中所产生的哲学思想，它不仅对本学科研究具有重要的意义，同时也丰富着人类的共同的哲学思想宝库。例如，环境科学研究中产生的“可持续发展”观念就成为人类共同的哲学思想和观念。当然，反过来，哲学研究中的观念会对所有学科的研究起到指导作用。实际上，由于时代背景相同，也就是遭遇相同，各学科的新观念以及哲学中的新观念常常会出现不约而同的共生现象。

无论是哲学思想中的“体验”和“回到实事本身”，还是环境科学研究中产生的“可持续发展”观念都已经成为了人们行动的指导思想和原则。

学科观念不仅是学科研究的指导思想和原则，也是人类生活中共有的相关行动的指导思想和原则。

五、这个时代的学科观念更关注人与世界的关系

从广义的角度看，所有的学科研究都是人所做的研究，都是从人的动机和目的出发的，而人是社会性的，因此，所有的学科研究都是基于社会需求的社会行动。每个学科都在不同的角度研究着客观世界以及人与世界的关系。在20世纪70年代以前，各学科主要关注的是客观世界的研究以及客观世界对于人类的价值的研究，而在那之后，即在人类面对各种恶劣的自然灾害之后，人类不得不关注人与客观世界的和谐相处的问题。例如，地理学科更加关注人地关系的研究，化学学科提出了绿色化学，等等。科学研究的行动动机和价值取向受到了来自客观世界的无情的拷问，并转化成为人类的自觉的反思。各学科研究中，人与自然、人与社会等成为学科研究对象的重要内容。正是在这个意义上，自然科学与人文社会科学的区别不再是绝对的。也正是在这个意义上，科学哲学获得了长足的发展，在科学发展中产生着越来越大的影响。科学哲学或者各学科的哲学思想（或称观念）就是科学或者学科研究以及相应的与学科相关的人类行动的指导思想。

我们还要进一步看到，人与世界的关系的重新认识将深层次影响人类对世界的看法。正如霍金指出的，只有当人类不再以自身为宇宙中心的时候，才有可能最终理解宇宙。世界观中包含着两个有机的组成部分，对世界的看法和对人与世界的关系的看法，二者相互影响和转化，而世界观是最根本的观念。因此，世界观的这种发展变化决定了观念的发展变化。把握这种趋势对于学科教师理解学科的发展趋势是非常有必要的。

六、学科观念的教学是学科教学的灵魂

“观念”不仅在学科中非常重要，更是培养学生学科素养的关键，是教师教得有学科味、学生学出学科味的关键，原因非常简单：观念是学科的灵魂。因此，“观念”教学应该成为教学研究中的一个重要内容。

在教学设计中常常看到教师们以“××观念”为教学目标，可是一节课很难实现培养一种观念的目标，那么如何理解“观念”的教学？根据观

念的性质和特点，观念教学需要根据以下几点来实施：（1）观念教学要围绕学科的研究对象和范畴展开；（2）要以学科史来说明观念的形成和变化，帮助学生理解观念的历史意义；（3）要围绕学科和生活的联系，理解观念在生活中的重要意义，并且这有利于学生对学科意义的理解；（4）要准确把握观念的基本概念；（5）要明确由观念转化而来的具体的原则以及由新的研究对象而产生的新的方法和技术。以上几点内容相互关联，应该成为整个学科教学的目标。它不是一节课就能够完成的，需要贯穿在整个学科教学中，通过每一节课的具体内容逐渐地实现。总之，观念教学是学科教学的灵魂。

为了具体表达对观念及其教学的理解，撰写了一个案例，供大家参考：

"绿色化学"的观念及其教学

化学是研究物质的性质、组成、结构、变化和应用的科学。在上个世纪 90 年代前，围绕这些对象，逐渐形成了一些重要的化学观念和观点。例如，物质观，即世界是由物质组成的，而物质是由元素构成的；转化观，即世界上的物质是通过反应而不断转化和变化的。但是，随着化学在生活中的应用越来越普遍以及应用中出现的各种危害到人类自身的问题，人们开始认真反思人与自然的关系。这种反思与人类在其他领域的反思是同步的。原因很简单：无论是哪个学科的科学家都生活在同一个世界，所有学科研究的都是这个同一的世界。当我们所研究的这个世界由于我们的研究成果的"应用"反过来惩罚人类的时候，人类才从自我中心走出来。人与自然的关系（不是自然为人所用的单向关系，而是人与自然和谐的双向关系）才真正成为学科的研究对象。在对这个对象的思考中，到 20 世纪 90 年代，化学家提出了"绿色化学"的观念。实际上，是世界的变化以及人的世界观的变化在改变着化学家的研究对象和研究的价值取向。

"绿色化学"观念深深地扎根于化学研究，但自提出之后很快汇入时代潮流，成为与化学有关的所有生活共享的观念。"1990 年，美国颁布了污染防止法案，将污染防止确立为美国的国策；1995 年，美国副总统戈尔宣布了国家环境技术战略，其目标是：到 2020 年，将废弃物减少 40% ~50%，每套装置消耗原材料减少 20% ~25%。1996 年，美国设立了总统绿色化学挑战奖……如此等等的政府行为极大地促进了绿色化学的蓬勃发展。日本也制订了新阳光计划，在环境技术的研究与开发领域，确立了环境无害制造技术、减少环境污染技术和二氧化碳固定与利用技术等绿色化学的内容。绿色化学的研究已成为国外企业、政府和学术界的重要研究方向。这对我国的化学业既是严峻的挑战又是发展的机遇。1995 年，中国科学院化学部确定了‘绿色化学与技术’的院士咨询课题。1996 年，召开了‘工业生产中绿色化学与技术’研讨会，并出版了《绿色化学与技术研讨会学术报告汇编》。1997 年，国家自然科学基金委员会与中国石油化工集团公司联合立项，资助了‘九五’重大基础研究项目‘环境友好石油化工催化化学反应工程’；中国科技大学绿色科技与开发中心在该校举行了专题讨论会，并出版了‘当前绿色科技中的一些重大问题’论文集；香山科学会议以‘可持续发展问题对科学的挑战——绿色化学’为主题召开了第 72 次学术讨论会。1998 年，在合肥举办了第一届国际绿色化学高级研讨会；《化学进展》杂志出版了‘绿色化学与技术’专辑；四川联合大学也成立了绿色化学与技术研究中心。近一年来，绿色化学的观念已逐渐在广大国民中传播，为了使这个观念深入人心，我们必须在知识经济时代到来之时，加强环保教育，大力提倡绿色化学教育。”①

化学反应的“原子经济性”（Atom economy）是“绿色化学”观念的基本概念，最早由美国斯坦福大学的 B. M. Trost 教授提出。“原子经济性”即在化学反应中究竟有多少原料的原子进入到了产品之中，这一标准既要求尽可能地节约不可再生资源，又要求最大限度地减少废弃物排放。理想的原子经济反应是原料分子中的原子百分之百地转变成产物，不产生副产物或废物，实现废物的“零排放”（Zero emission）。B. M. Trost 因为这个概念获得 1998 年美国“总统绿色化学挑战奖”的学术奖。

“绿色化学”观念已经具体化为化学研究和化学教学的原则：（1）防治污染的产生优于治理产生的污染；（2）原子经济性（设计的合成方法应将反应过程中所用的材料，尽可能全部地转化到最终产品

① 黄高凌. 知识经济时代的化学教育［J］. 鹭江职业大学学报，2001，9（3）：65－66.

中)；(3) 只要可行，应尽量采用对人类和环境低毒或无毒的合成路线；(4) 设计的化学品应能保留其功效，降低其毒性；(5) 应尽可能避免使用辅助物质（如溶剂、分离试剂等），如使用也应是无毒的；(6) 应考虑到能源消耗对环境和经济的影响，并应尽量少地使用能源（在常温、常压下进行）……这些（共12条）原则为化学研究指明了方向。

不仅如此，“绿色化学”催生了许多相关的新的研究领域、研究方法和研究技术，并成为化学工业和商业的新的运行模式的核心特征。

“绿色化学”观念的教学要紧扣人与自然的关系这个中心，以化学史的反思为基础理解绿色化学提出的背景以及在生活中的必要性，以“原子经济性”概念的把握为基础，并将所形成的化学研究的原则、方法以及技术作为整个化学教学的目标随时渗透在具体的化学学习内容和过程中。因此，“绿色化学”观念的形成不是一节课或者几节课就能完成的，而是贯穿在整个化学学习过程中。但这并不意味一节课的教学目标可以对此“袖手旁观”。相反，每一节课都要借助具体内容恰当地为这个目标做出努力，正所谓“勿以恶小而为之，勿以善小而不为”。

可以说，绿色化学是这个时代化学的灵魂，也是化学教学的灵魂。

所有学科都有类似“绿色化学”这样的观念，例如，地理学科的“人地观”，其内涵是：自然环境是人类活动的基础，人类的各种活动都要协调好与自然的关系。在“人地观”基础上形成了一个非常重要的观点，即可持续发展观。“人地观”与地理学的研究对象或者说范畴——地理事象与人地关系——直接对应。历史学科中的“全面的历史”的观念，所谓“全面的历史”观念，就是对历史的关注越全面、越系统，对历史的分析就越完整、越深入、越客观、越接近历史实际，也越有借鉴意义，它有利于弄清事物的完整过程，有利于揭示该事物发展变化的各种原因，与历史学科的研究对象同样直接对应。鉴于观念在学科中的重要性，各学科都需要深入、系统地研究观念的教学。

第六节　四个层面知识的教学

一个知识点一个知识点地教，这很清楚，但是四个层面的知识应该怎么教？而在四个层面中，事实性知识和概念性知识，教师们似乎都清楚怎么教，不太清楚的似乎是方法性知识和价值性知识应该怎么教。其实，只要我们真的理解了方法性知识和价值性知识的重要性以及四个层面知识之间的内在关系，我们就自然知道怎样去教了。

一、完整地教和学

所谓完整是指“事实、概念、方法与价值的一致性”和它们的同时出台。只有四个层面的完整性才能保证知识是活的、是主体的、能够生成能力的，否则所掌握的知识就是有缺失的。下面通过几个案例来说明。

【案例一】

《科学》学科中一些知识点的四个层面的完整性的意义

知识点 知识层面	物质科学（水的三态）	生命科学（新陈代谢）	宇宙与地球科学（四季变化与地球公转）
事实性知识	水在加热后会变成水汽	生物体要摄食、排泄	四季是不断变化的
概念性知识	水有固态、液态和气态三态的变化；物体的各种存在状态主要取决于温度、蒸发、汽化、融化、凝结等概念	新陈代谢； 新陈代谢是生命的基本特征之一	地球公转； 四季变化与地球公转有关——公转是如何引起四季变化的
方法性知识	人们是怎样发现水和不同的物质存在着不同的状态的——实验法	研究生命体是怎样得到延续的科学方法（例如，酶的能量与活力测定的方法）	人们是怎样进行研究的——模型和系统模拟的方法； 系统研究方法
价值性知识	三态变化、实验法的意义	新陈代谢对自身个体的意义	四季变化、系统模拟方法的意义

事实性知识即关于“什么怎么样”的知识，如“水有固态、液态和气态三态的变化”；“四季在不断更替”。这种知识在没有被解释和被理解时原本是与人照面的现象，只有在被后面的概念、方法和价值解释时，以及被自己在理解中建构起来的概念、方法和价值理解时，才能成为有价值的事实。

概念和原理的知识是用以解释事实的知识。概念是人对一类事物的本质特征的认识和揭示。当我们抓住事物的本质特征的时候，我们就真正开始了对事物的理解；而当我们用事物的本质特征去认识、鉴别和理解同类事物时，我们也就开始了对事物的解释。如，“物体的各种存在状态主要取决于温度，当温度变化时，水有凝结、汽化、融化等变化过程，就产生了三态变化”。关于几个概念之间关系的说明就是原理。例如，“一个物体的匀加速运动”是“力的作用”“时间”“位移”“速度”之间的关系的结果；“水的三态变化”是“温度的变化”“时间”“状态”之间的关系的结果。

科学的概念和原理必须是通过科学的方法获得的，只有学到背后的方法，才能把握学科独特的思维图示。

人们之所以研究三态问题、新陈代谢问题和地球公转问题，都是因为它们与生活息息相关。追问和揭示这种关系，才能真切体会知识的意义，也才知道何时需要这样的知识。

只有对四个层面的知识进行完整的教学，才能层层深入地增进学生的理解力，才能让学生学到活的知识，也才能使这些知识真正成为属于学生的知识。

【案例二】

一年级的品德与生活课——“我的手”与知识的四个层面

关注和研究手的角度很多，在小学一年级思想品德课中的“手”主要有两个角度：一是要帮助学生理解手的安全意义，学会爱护自己的手；二是要理解手的精神意义。我们分别从这两个角度分析：

	角度1	角度2
事实性的知识	手有五个指头，有手掌； 可以握紧拳头的手； 有残疾的手； 光滑的手与皲裂的手； 用手吃东西； 饭前洗手，便后洗手； 给手抹油，戴手套	灵巧的手与粗壮的手； 干净的手与脏的手； 年轻的手与年老的手； 各种各样的手以对比的方式出现
概念性的知识	完整的手的安全意义； 健康的手的安全意义； 干净的手的安全意义	美丽的手是勤快的手，给人以帮助的手
方法性的知识	手的健康与身体健康的不可分割性； 使用手和爱护手、发展自己的手的关系	从物质和精神两个角度来认识手的功能
价值性的知识	每个人都有一双可爱的不一样的手； 要爱护自己的手，让手变得更灵巧	生活、工作，人与人的相互关爱都离不开手； 希望自己有一双美丽的手

【案例三】

小学数学的“百分数的认识”与知识的四个层面

小学数学教学重视数学与生活的联系，即在生活中理解数学的意义，这为知识的四个层面的完整教学提供了更广阔的空间。下面所述仅是百分数与生活结合的一个很小的结合点，但处理得当，同样能够帮助学生完整地认识百分数。

以“喝什么酒更容易醉些？为什么那么容易看出来？你认为喝什么酒好？”为题，引导学生探究百分数所表示的意义。

事实性知识：“金威啤酒”“汾酒”“金冠米酒”的酒精度。

概念性知识：“酒精度”实际上就是酒精含量与酒的总量的百分比。

方法性知识：利用百分比进行比较。

价值性知识：妈妈只能喝点儿啤酒，爸爸可以稍微喝点儿白酒。

二、在主体间的对话中教和学

过去，传授知识主要是由教师将需要学生学习的知识单向度地传授给学生，虽然也会考虑知识对于学生的可接受性，但对这种可接受性的思考往往是比较随意的，缺乏一个分析的框架。关于四个层面的知识怎样教，最重要的教学方式是在要教的知识的四个层面与学生理解这些知识所基于的相应的四个层面知识之间进行对话和交流。具体说就是，在要教或学的事实与学生亲身经历的相关事实之间进行对话交流；在要教或学的科学概念与学生在生活中确立的日常概念之间进行对话和交流；在要教或学的方法与方法论与学生已有的思维和学习方法之间进行对话和交流；在要教或学的价值观念与学生在生活中形成的价值观念之间进行对话和交流。也就是说，教与学的过程是一个双向度的过程。基于这样的理解，我们对学生的“可接受性”（这样的提法还是将学生放在被动接受的地位上，也许还不如提“可理解性”或“可建构性”）的分析就有了一个大致的分析框架：学生理解和建构要学习的知识所基于的生活中的事实、日常概念、思维和学习方法与价值判断。

（一）单向度教学中，无论如何调动学生的积极性，学生在根本上都不是真正的学习主体

这次课程改革特别强调学生在课堂中的活动以及在活动中的体验，但笔者却发现了两种不同的体验及体验教学：第一种体验是教师要求学生在学习中获得的体验，第二种体验是学生在生活中获得的真实的体验；相应地，第一种体验教学是让学生体验教师希望或者要求学生体验的内容而忽视学生的真实体验，而第二种体验教学是在与学生一道挖掘其真实的体验之后再由此引导到教师希望学生获得的更高的体验。

春天是温柔的吗

记得听过一节小学语文课“春天的手”：春天的手温柔，掠过草地，草地变绿；吹过树枝，树叶变绿……语文老师戴着花编的帽子，展示着五彩缤纷的演示文稿，学生们洋溢在一片春光里。教师在想尽

各种办法让学生获得和表达“春天是温柔”的体验，而学生也竭尽全力地表达自己对“春天是温柔”的体验。整个课堂的气氛确实显得很活跃。可是，深入想一想就会发现，学生在根本上仍然是被动的。春天是温柔的么？正在上课的那天，由于接连下雨，天气很冷，可由于是春天，前两天比较热，穿的衣服不够多，坐在教室里直打哆嗦。这个春天好像不是很温柔。延展开去，在同一天，全国各地的气温可能会很不相同。东北佳木斯在4月份冰雪还没有彻底融化，内蒙古则可能是漫天风沙……作者是在什么地点、什么心情下写出了这么温柔的春天，我（学生）是在什么地点，我（学生）对春天的感觉是什么？如果我（学生）写春天的话，是仿照课文，还是写出自己的感受？恰恰在教师想尽办法让学生获得体验的过程中，学生的真实的体验被排除了学习过程之外，学生在根本上不是主体。

舍近求远的举例

听过一节关于“对称”的数学课。课前教师做了充分的准备，上课一开始就用投影仪向学生展示了凯旋门、教堂等对称建筑物的图片。可是，这显然是有些舍近求远了。在学生生活中的对称比比皆是：人的肢体的对称、教室内的各种对称等。如果直接从学生生活中的对称出发更能贴近学生，也更能体现我们对学生的尊重。

据笔者了解，上面两个例子的类似情况还是具有一定的普遍性的。其根本原因在于教师进行的是单向度的教学。

（二）理解只能在主体与主体真诚的对话中生成

希望通过教师单向度的讲授这样的教学方式使学生获得对知识的理解，是不现实的，因为这样的教学方式忽略了理解的前提条件，其结果很可能是教师的教和学生的学“擦肩而过”。

学生为什么笑

记得听过一节语文阅读课，讲的是沈从文先生写的“云南的歌会”。其间，教师问道，沈从文先生在这篇文章描写云南女孩子的美的文字在哪里？一个男孩子举手并被教师叫起，读道：“这种年轻女人在昆明附近村子中多得是，性情开朗活泼，劳动手脚勤快，长得一张黑中透红枣子脸，满口白白的糯米牙，穿了身毛蓝布衣裤，腰间围个钉满小银片扣花葱绿布围裙，脚下穿双云南乡下特有的绣花透孔鞋，油光光辫发盘在头上。不仅唱歌十分在行，而且大年初一和同伴各个村子里去打秋千（用马皮做成三丈来长的秋千条，悬挂在高树上），蹬个十来下就可平梁，还悠游自在，若无其事。”在读的过程中，有学生窃窃地笑。教师察觉到，问：“是不是很生动？为什么写得很生动？”这男孩又急急地举手，手高高的。教师再叫他起来，他说：“作者用吃的东西，例如红枣、糯米来描写人的美，所以很生动。”学生中又是一阵窃窃地笑……下课后，笔者请三位男生和两位女生留下，其中有回答问题的男孩，再问他们当时为什么笑。学生问：“能说实话吗？”老师说：“可以。”于是，实话出来了：“又红又黑的红枣脸怎么会美呢？”“荡秋千荡得平梁，是不是有点野呀？”看来，学生虽然跟着教师在逐字逐句阅读文章，但却没有真正地理解文章，真正的阅读并没有发生。太可惜了，如果当时在课堂上就追问学生，或者学生能够坦率地问出自己的问题就好了。可是，为什么没有发生这些行为呢？一是因为课堂教学的模式是单向度的教学，师生都已习惯了；二是教师没有能够全身心关注学生而不放过学生学习过程中的任何“可疑”之处；三是学生没有能够有勇气地说出自己的实话。看来，理解只能在主体与主体真诚的对话中生成。

“课堂教学中的理解”是学生与作者（这里的作者指文章的作者，也泛指各种原理的提出者）、学生与教师、学生与学生之间的理解。理解是有条件的。

理解的第一个条件是真诚地表达。正如德罗伊森的观点：“理解乃是对表达的理解。在表达中，内在的东西是直接出现的。但是，这种内在的东西，即‘内在的本质’，却是第一个本真的实在。”① 也正如狄尔泰所揭示的：“表达能够真正地包容更多的精神联系。它将生命从意识所未照亮的深渊中提升出来。”而且只有真诚地表达才是有意义的。“生命体验的表达不能归之于‘对—错’判断，毋宁归之于‘真诚—非真诚’判断。因为在表达和被表达的精神性意蕴之间，阻隔着遮瞒、撒谎和欺骗。”②

理解的第二个条件是具有相应的生命体验，只有具有这种体验，才可能真的理解对方表达的内容；第三个条件是有对事情的自我理解，只有有了自我理解，才能分辨并理解他人的见解，因此，伽达默尔将自我理解称为理解的“前理解”。

理解的第四个条件是有共同的需要和交往的需要，如狄尔泰指出的：“理解首先萌生于实践生命的利益活动中。在这儿，人们相互交往。他们必须使自己对他人变得易于理解。”③理解的第五个条件也是最重要的条件是相互信任、平等和尊重的关系。前面说过，真诚的表达是理解的前提，真诚的表达只能发生在相互信任、尊重、平等、友好、全身心投入而旁无杂念的主体之间。关于相互倾听，伽达默尔提醒道：“进行谈话并不要求否证别人，而是相反地要求真正考虑别人意见的实际力量。”④ 这实际上就是要真正尊重对方。

1. 真正的理解需要完成知识的四个层面的对话

表达和理解是有层次的。正像狄尔泰揭示的，表达“将生命从意识所未照亮的深渊中提升出来”，提升是有过程的，理解同样如此。知识的四个层面的划分提供了对提升过程的一种描述。而且，前面说过，只有完整地理解知识的四个层面，才能完整地理解知识。我们还以上面的案例来说明观点。

---

① 汉斯-格奥尔格·伽达默尔. 诠释学1·真理与方法［M］. 洪汉鼎，译. 北京：商务印书馆，2007：293.

②③ 狄尔泰. 对他人以及他人生命表达的理解［EB/OL］. 陈岸瑛，译. ［2009-07-24］. http：//time. dufe. edu. cn/xsshuku/tarensmbd. htm.

④ 同①：498.

什么是真正的阅读和理解

看来，学生没有理解沈从文先生对美的表达或者说理解。于是，教师问学生：“你觉得美的女孩子是什么样的?”学生说：“白白净净的，瓜子脸。”还有学生补充道：“文静的。”怎么才能帮助学生理解沈从文先生的看法呢？忽然想起身边有一位年轻的女老师，虽然在北京工作，却是来自云贵交界处的云南人，长得眉清目秀，白白净净，穿着也很时尚。赶紧问学生：“你们觉得这位老师漂亮吗?”学生几乎齐声回答：“漂亮。”“你们知道吗，她就是云南人，想不想听她说说云南?”这位教师是一位非常优秀的教师，一直在听刚才的课和谈话，所以很默契地说起自己小时候：云南海拔比较高，紫外线强，又生活在农村，我小时候就有一张又红又黑的红枣脸。在农村的生活和在城里是不一样的。举个例子吧。我们出去干活或者玩，有可能遇到蛇。在我们那里，遇到蛇，不让打死，怎么办？有一次，我就碰上了。跑？可能会惊动蛇，它的爬行速度很快，不行。又不让打死。幸好蛇还没发现我，离我也不远，我就看准了，一把抓住它的关键部位，然后使劲扔出去。现在想起来都后怕。不知道对你们理解沈从文的看法有没有帮助？学生们好像有了些感觉。

真正的阅读和理解是怎样实现的？首先是事实与事实的对话。沈从文先生描写的女孩子的具体细节（又红又黑）与学生心里想象的女孩子的美的具体细节（白白净净）的对话。这个对话的后面是两种不同的美的概念（勤劳活泼与文静）的对话；而不同的美的概念是由不同的生活方式、思维方式（农村的与城市的）决定的，因此要进行生活方式和思维方式的对话；不同的思维方式又是由不同的生活需要决定的，最终是生活需要的对话。四个层面的对话层层深入，直到价值层面，真正的阅读和理解才得以实现。

2. 在提问和追问中进行对话

在一次参加课题组活动时，笔者一进门就问道："张老师来了吗?"立即有教师回应："怎么只问张老师?心里只有张老师。"是的，当时心里首先想的只是张老师。于是，顺势向教师们解释，这就是提问的重要性。提问首先意味着提问者真正意识到了提问对象的存在及其意义。就像伽达默尔揭示的："问题的出现好像开启了被问东西的存在。因此展示这种被开启的存在的罗各斯已经就是一种答复。它自身的意义只出现在问题的意义中。"①

只有在提问和追问中不断层层深入，才能使意识从所未照亮的深渊中提升出来，通过对话得以辨析，逐渐明确为知识。例如，学生为什么读到"红枣脸"时会笑?经过追问，教师才能知道，学生也才能明白，自己的审美标准与沈先生的不同；再经追问，学生又知道原来生活方式不同，生活需要不同。这些不同原本就存在，甚或有些感觉，但通过追问，感觉被提升了出来，被明确了起来。在提问与追问之间，提问的本质是追问。伽达默尔说，提问艺术就是能继续提问的艺术。

问题，无论是自己的问题还是谈话伙伴的问题，都有可能意味着一种突破，"突然想到问题已经就是对普遍意见的平坦前沿的突破。"② 突破带来的将是视域的新的开拓。

对话教学，无论在东方还是西方，都历史悠久。人们甚至将对话作为教与学的基本方式，而对话在本质上都是问与答的对话。为什么要采用对话教学?为什么要在问与答中学习知识?其中一个重要的原因就在于，知识是辩证的。在问与答中才能更好地实现辩证的思维，真正理解知识。正如伽达默尔所分析的："知识从根本上说就是辩证的。只有具有问题的人才能有知识，但问题包含是与否，是如此和不是如此的对立。只是因为知识在这种广泛的意义上是辩证的，所以才能够有使是与否这种对立明确成为其对象的'辩证法'。"③

---

① 汉斯-格奥尔格·伽达默尔. 诠释学1·真理与方法［M］. 洪汉鼎，译. 北京：商务印书馆，2007：492.

② 同①：497.

③ 同①：495.

因此，对话必然是在问与答中进行。

三、不同层面的知识需要不同的教法

过去，教师教知识主要是讲知识，而现在要求教师注意让学生在探究活动中学习，但这并不意味着“活动”就比“讲”好。其实，无论是“讲”还是“活动”都是必要的，关键是在什么时候需要“讲”以及什么时候需要“活动”。采取什么样的教或者学的方式应该是有规律的，这正是大家一直在研究并需要继续不断深入研究的内容。

讲授是必要的，甚至是基本的教学方式，相应的，记忆也是必要的学习方式。但是，如果讲授几乎成了全部的教学方式和教学过程，相应的，记忆就几乎成了学生全部的学习方式和学习过程，那情况就非常糟糕了。之所以造成这种情况的原因很复杂，但其中一个重要的但可能被忽略的原因就是，教师们不清楚不同的知识需要不同的学习过程和相应的教授过程。

这个问题长期被忽视的重要原因是，传统的知识测量与评价主要是依据知识目标而进行的知识获得的结果的测量和评价。这种情况直到 20 世纪 70 年代以来现代认知心理学的建构主义对知识重新定义之后才发生变化。知识是个体通过与环境相互作用后获得的，是个体头脑的一种内部状态。在此定义的基础上，认知心理学根据知识在头脑中的表征特点的不同将知识分为两类：陈述性知识和程序性知识。前者以命题、命题网络和图式（按照事物的属性组合来储存知识的方式称为图式）的形式表征；后者则以产生式即“如果—则”或“如果—那么”的形式表征。

在此，我们不对这样的分类是否合理进行分析。而只能说，尽管这样的分类和研究是初步的，但这种对不同知识的不同的学习过程（或者说学习机制）的探索对于知识学习的进步是有重大意义的。大量研究结果已经表明，学习过程和方式在本质上是由知识的性质决定的。而笔者想进一步提出的是，知识的性质在根本上是由知识的产生性质决定的，也就是说，知识的产生方式决定了学生在学习知识时的基本的建构方式以及由此决定的教师教的基本方式。

同一个知识点在四个不同的层面上的性质是不同的，因此其学习过程相应也是不同的。在理论上说，最完整、最深刻的学习过程应该是经历四个不同层面知识的学习过程。但在实践中，所有的知识都这么学以及这么教是不可能的，而且也没有必要。不过，一个学科在每个学期在一个到两个知识点上让学生经历这样完整和深刻的学习是有重要意义的。

那么，四个层面知识的学习过程是怎么样的呢？学习过程和方式在本质上是由知识的性质尤其是知识的生成性质决定的。对此，简要地以列表方式表示。

不同层面知识的不同的学习过程

不同层面	不同性质	不同过程
事实性知识	事实性的现象、方法和技能	观察、描述、记忆
概念性知识	事实—概括—特征	归纳、抽象、辨别
方法性知识	目的（问题）—模式—资源	反思、探究、批判
价值性知识	目的—态度—情感	体验、换位思考

关于这个表格中的内容的真实性还有待于实践研究，笔者将在下一个阶段的研究中仔细进行探讨。但是，有一个结论也许现在就可以得到：教学过程应该是各种适当的活动和过程的有机结合。

后　记

这本书终于写完了。断断续续地写了四年多。如果说开端的话，实际上是在2003年与“新课程理念转化为优质教学实践的过程研究”课题一起开始的。当时，新一轮课程改革开始不到两年，北京市也进入了国家课改。在课改实践中，人们提出，新课程理念很好，但转化为教师的行为很难。到底难在什么地方？这需要研究。在李方院长的支持下，当时作为北京教育学院教科所所长的我，与冯华老师、伍芳辉老师等共同确定了这个课题，并采用双向选择的方式，召集了一批对课题有兴趣的老师参加研究。参加课题的老师先后有三十多位，覆盖十几个学科，一直坚持到现在的有二十多人。这本书的大多数观点都是笔者先讲给课题组老师们听的，也是先接受课题组老师们批判的。我和老师们在研究中结下了深厚的友谊。

在新课程理念转化为优质教学实践的研究过程中，我们发现了很多问题：针对学生的研究缺乏、教师对三维目标理解不透彻以及单元教学设计粗浅单一。在这些问题中，增进学生理解力的知识分类问题是基础性的问题，是诊断学生学习状况的基础，是分析三维目标之间有机关系的基础，也是单元教学设计的基础。

课程与教学论过去并不是笔者的研究领域，应该说是在现实需要的“逼迫”下走向这个研究领域的：教师们在课改实践中提出的问题实在太多了、太迫切了。笔者所研究的问题直接来自自己对实践问题的思考，这也使得笔者的研究域可能会与其他研究者有所不同，就算是教学知识论基础的一个视角吧。

在研究过程中涉及知识论的学习、现象学的学习、人文学科研究方法的学习，并且还要将这种学习与各学科教学中的一些问题联系起来思考。这些对于笔者来说都是非常艰难的。有时边学习，边与课题组的老师们交流，现学现卖，觉得像是鹦鹉学舌，但又觉得即使做点这样的搬运工，对于教学的知识论基础的建设，也是必要的。另外，在和各学科老师们交流的过程中常常会由于自己不懂学科的一些内容而露怯，但想到这是不同学科背景的人在一起交流难免出现的情形，再想想交流带来的巨大好处，也就释然了。

研究和写作的过程都不是一帆风顺的，但之所以能够坚持完成是因为我相信书中所思考的问题和思考的成果有重要意义，同时也是因为只有落在文字上的确凿的东西才能供人确凿地分析和批判。

完成这项研究，成了我和课题组的老师们在这几年中最重要的生活内容之一，课题研究的内容和方式都已融入我们的生活中。我和老师们已成为真正的朋友，写作的过程虽然艰辛，但非常愉快。

最后，我要感谢李方院长当年的决策和一直以来的支持，感谢课题组老师们对我的帮助、支持，感谢教育科学出版社几年来对我们课题成果的关注与支持。

出 版 人　所广一
责任编辑　杨晓琳　杨　巍
版式设计　贾艳凤
责任校对　张　珍
责任印制　曲凤玲

图书在版编目(CIP)数据

教什么知识:对教学的知识论基础的认识/季苹著.—
北京:教育科学出版社,2009.9(2013.3 重印)
ISBN 978-7-5041-4594-9

Ⅰ.教…　Ⅱ.季…　Ⅲ.中小学—教学研究　Ⅳ.G632.0

中国版本图书馆 CIP 数据核字(2009)第 135413 号

教什么知识
JIAO SHENME ZHISHI

出版发行	教育科学出版社		
社　址	北京·朝阳区安慧北里安园甲 9 号	市场部电话	010-64989009
邮　编	100101	编辑部电话	010-64981265
传　真	010-64891796	网　址	http://www.esph.com.cn
经　销	各地新华书店		
制　作	北京大有图文信息有限公司		
印　刷	北京中科印刷有限公司		
开　本	169 毫米×239 毫米　16 开	版　次	2009 年 9 月第 1 版
印　张	19.75	印　次	2013 年 3 月第 5 次印刷
字　数	297 千	印　数	9 001—12 000 册

智慧教师读本 ①
谁是最具成长力教师

聚焦片段教学

钟建林　余辉　等　编著

教育科学出版社
·北京·

本书编著委员会

主　任：钟建林　余　辉

编　委：姜承启　陈朝蔚

黄碧英　廖素娟

陈育平　江正强

林少华　何跃彪

序

片段教学：以异态反映常态

一

所谓片段教学，一般是截取某节课的某个局部的教学内容或围绕某个主题，让教师进行 10～20 分钟的教学，以展现教师的教学思想、教学能力和教学基本功。

近年来，片段教学成为教师基本素质评估的重要形式之一。在某些地方的“小高”、“小中高”、“特级”评选以及教师招聘考试中，片段教学已然成为重头戏。尤其是到了每年教师招聘的旺季，不少参与教师招聘考试的教师到处请教片段教学的“高手”。

虽然片段教学具有教研和考核的双重功能，但是目前片段教学还是主要应用于考核。因此，片段教学从诞生开始就受到了质疑，研究片段教学常常被误解为帮助教师应试。姑且不说是否为了“应试”，就片段教学而言，我们必须意识到以下几点。

第一，片段教学是以异态反映常态。教师通过短短的 10～20 分钟的教学，展现自己的教学功底、教学能力、教学思想，评委通过这短短的 10～20 分钟来评价教师素质，这些是通过异态教学来展现、评价常态教学。既然是以异态反映常态，就不可能完全真实、准确地反映教师的素质。因此，不能过分依赖片段教学评价。

第二，一切考查方式都是以异态反映常态。赫拉克利特说：“人不能两次踏进同一条河流。”世界万事万物是不断变化的，从这个角度说，任何事物当下的状态都不同于之前的状态，不同于今后的状态，因此以当下的状态反映前在的状态，或预测将来的状态，都是借助异态完成的。不论是结果性考查、过程性考查，还是两者结合的考查，其实质都是以异态考查常态。因此，一切考查方式都是异态的，对片段教学以异态考查常态无须惊异。

第三，任何考查方式都具有一定倾向性。考核的倾向性，简单地说，就是考核时更关注某个方面，受时代影响，也受考核目标影响。就教师考核而言，所谓的时代性，即不同时代的考核都带有鲜明的时代特征，如：20 世纪六七十年代，对教师的考核比较关注的是教师会不会解自己所教学年段的基本问题；20 世纪八九十年代，特别关注教师“三笔一画”等教学基本功；20 世纪末，特别关注教师的学历；21 世纪初开始关注教师的教材解读能力、学情分析能力，这与说课的流行是有重要关系的；现在，不仅关注教师分析教材和学生的能力，也特别注重教师的教学实践能力。除了这种时代倾向性的影响，考核还会受到考核目标影响，如有的学校希望招理论功底强的，有的学校希望招教学能力好的，有的学校则更注重教研引领能力。说课倾向于考查教师对教材、学情等的分析能力，片段教学则更倾向于考查教师的教学实践能力。

既然一切考核手段都是以异态反映常态水平，一切考核形式都是有倾向性的，那么我们既不能武断地拒绝片段教学，也不能过分地依赖片段教学。被考评者研究片段教学，以便自己在教学时扬长避短，取得理想的教学效果，这是无可厚非的。面对这种现象，组织考评者不能因为被考核者可能掌握“应试技巧”就放弃片段教学的形式，而应该研究如何避免被“钻空子”。只有双方都进行这种既对立又统一的研究，才能使片段教学的研究更趋成熟。

需要特别指出的是，任何事物刚开始出现时，肯定是局部的，是在某些特定条件下的，片段教学也不例外。我们有理由相信，随着对片段教学研究的深入，片段教学会逐步增强教研功能，甚至发展为一种有效的教研形式的。

二

我关注片段教学由来已久，但基本上是属于“被动关注”。由于工作的原因，不断地有教师向我索取片段教学的资料。于是，我开始关注片段教学的内容。几年前，网络上的内容非常少，于是在施茂枝、余辉、黄毕年、王芳、郭美兰、肖俊宇、邵巧治等老师的支持下，我们在2009年年底共同整理了一份关于片段教学的资料，并将相关的资料发表于我个人的博客“山声月影”。那组资料后来被不断地引用、转载。时至今日，网络上关于“片段教学”的内容已经不少了，有不少内容与那份资料相关。一些新增的内容比较零散，缺乏系统性，且主要以单个的案例为主。一些所谓的片段教学案例难以体现片段教学的特点。

福建省目前的“小中高”、“特级”、“名师培养对象”、“教学基本功比武”等重要评选或评比中都采用了片段教学的形式，全省有不少县市开展了关于片段教学的讲座。这些，促使我产生了对片段教学资料进行系统整理的想法。于是，在原来整理的资料的基础上策划了本书的写作提纲。本书力求做到两点：第一，尽量充实片段教学的理论。从片段教学的产生之日起，它便是偏向于实践，其目的是用于考查教师的实践能力，其形式多数是以现场教学的实践活动呈现，因此其相关理论比较欠缺。本书试图从“学”、“术”的辩证统一关系及教师素质等角度进行阐述，并对片段教学经验进行总结。第二，尽量寻找真实的案例。片段教学活动考查的是实践能力，过多的“纸上谈兵”或“坐而论道”与其形式和应用初衷是不相符的。基于源于实践指导实践的思想，我们分别以小学语文、小学数学、小学英语、中学语文、中学数学、中学英语为单元收集了片段教学实战中的案例，并进行针对性的评析。在收集案例时，我们力求使案例的内容分布在每个年级甚至是每一册，以期中小学语文、数学、英语三科的任何年级的教师都能找到与自己所在年级相关的案例。

在本书的编写过程中，余辉老师承担大量的编写工作，陈珊芬、姜承启、陈朝蔚、黄碧英、廖素娟、陈育平、江正强、林少华、何跃彪等付出了大量的心血，蔡凤梅、陈爱玉、陈登连、陈嘉琳、陈磊、方爱斌、方敏、巩凤兰、何丽霞、洪英、胡雅、黄玲、黄美珍、黄晓霞、姜馨、蒋莺青、雷正明、李长君、李海东、李玲玲、李明伟、李月美、林鸿、林娟、林聆、刘德美，刘佳利、刘静然、卢声怡、卢秀珍、吕晓霞、石青萍、唐少雄、万桂园、王文雁、王颖、翁鑫、吴昌榕、谢樱、徐国裕、许烨、薛美云、薛婷玲、杨帆、叶榕、俞秀琳、翟玉兰、詹秀英、张玲、张新春、张旭兰、郑美玲、周性勇等老师或提供案例或补充内容。感谢他们的共同付出，使本书终于能和大家见面。

由于在片段教学方面的系统研究还不多，本书编写团队的磨合和研究还不够，更由于本人相关知识和能力的不足，书稿虽初成，但难免存在诸多偏颇甚至错误，请诸君多指正。

钟建林　2012 年 6 月于福州

目录

第1章

片段教学因何而生

了解片段教学的产生背景、发展及其特点，有助于把握片段教学的实质。正如恩格斯所说，“历史从哪里开始，思想进程也应当从哪里开始”。[①] 本章让我们追根溯源，一起走进片段教学，解读片段教学的历史，了解片段教学所折射出的思想以及片段教学所蕴藏的对教师素质、教师考核关注点的变化。

第❶节　韩非、李斯的“学”与“术”

片段教学因何而生？有人会说，因教师考核而生。再问，教师考核何生片段教学？多数人未必能回答得上来。其实，片段教学的产生和流行，表面上是源于对教师教学实践能力的关注和重视，深层次的原因却是无法真实地反映教师素质，脱离教学实践的关于学科知识、教学理论、学情分析的教师素质考评。而蕴涵其后的则是关于学术对立统一的辩证思想。

“学术”——是当今社会使用颇多的一个词汇，然而如果有人问及究竟什么是“学术”并要求解释其真正含义的时候，常常会有人语无伦次或让人不知其所云。所谓“学术”，它首先不是一个单纯的词语，而是一个并列词语，是科学和技术的简称。亦可以简言之，“学术者，学+术也”。“学”是揭示事物的真理和规律，而“术”则是这种理性认识的具体应用。所谓“学者术之体，术者体之用”，阐述的就是这样一个道理。然而，“学”与“术”在社会实践中，并非总是并驾齐驱，或是同生共长。有学者而无术，或有术者而无学，从古至今比比皆是，可以说是屡见不鲜，二者平行发生的事例却并不常见。战国时期的孙膑，精通兵法、足智多谋，名闻于诸侯列国，他“学”能著千古名篇《孙膑兵法》，“术”能利用地脉、天文来排兵布阵，充分体现了他在军

① 恩格斯．卡尔·马克思《政治经济学批判：第一分册》［M］//马克思，恩格斯．马克思恩格斯全集：第2卷．北京：人民出版社，1995：43.

事上“学”与“术”的高度统一。而同为战国时期的赵括，谈起兵事来无人能及，只知道照搬兵书，却不知道如何变通，导致长平之战中被秦军大败，不仅断送了四十余万将士的性命和赵国前途，还留下一个“纸上谈兵”的千古笑柄，成为有“学”而无“术”的典型代表。由此可见，“学”与“术”的对立自古以来就已经客观存在，而这种对立表现在思想家韩非子和政治家李斯身上，显得格外引人注目。他们都曾经光彩夺目，却又都惨然而终，强烈的反差凭添了悲剧的色彩。

一、韩非：“学”惊霸主，“术”失机会

韩非是法家思想的集大成者，是一位对后世影响深远的著名思想家。他不仅善于思考，更善于用文字传播思想。根据史书的记载，出生贵族世家的韩非，看着韩国日渐衰弱，十分忧虑，于是就屡屡上书韩王，希望韩王能够通过变法图强，强盛国家。然而韩非始终未能说服韩王而得到重用，理论与实践、理想与现实的距离残酷地把这位思想家拒之门外。他的著作后来传到了秦国，秦王嬴政读后大为钦佩，由衷赞叹，可以说是未见韩非其人就已经被他的学说所折服。于是，就连嬴政这样一个非常怕死、一生都在追求长生不老的人也不由得发出感慨，“寡人得见此人，与之游，死不恨矣。”作为朝思暮想着一统天下的日后霸主秦始皇，为了得到区区一个韩非子，竟然不惜举一国之力攻打韩国，逼使韩国国君将韩非子送到了秦国，秦始皇这样做的目的就是寄希望于韩非子的思想来治理国家，使得秦国能够强盛起来并最终一统天下。韩非子的学问是毋庸置疑的，然而，当秦始皇迫不及待地见到韩非子后，他们的交流却很不顺畅。据传一方面是因为韩非子有口吃的毛病，不善言谈，另一方面是韩非子的口头表达能力很差，他的回答常常不得要领，不能够围绕秦始皇的问题展开论述，缺乏针对性。因此这次见面之后，秦始皇大失所望，失去了与韩非子深谈的兴趣，当然也就不可能重用韩非子了。然而韩非子之才，他的老同学李斯是深知的，出于嫉贤妒能，唯恐韩非子有朝一日会得到秦始皇的重用，于是李斯极尽诋毁、残害之能，最终逼得韩非子自杀身亡。

二、李斯："学"不闻名，"术"至宰相

李斯与韩非子同为著名思想家荀卿的弟子。他的代表作是散文《谏逐客书》，其他能够流传后世的文章极少。他们二人虽然都师从"思想家"荀子，但相比之下，韩非子思维深邃、学识过人，有"思想家"的感觉；而在李斯身上，思想和学术的成分似乎并不耀眼，反而是对思想和学识的运用非常成功。两人同为儒家思想家之弟子，又同为法家的代表性人物，不同的是韩非子是以"学"著称，李斯则是以"术"著称。李斯虽然学识不及韩非，但他善于运用，懂得把韩非子的治国之术化为秦国的治国方略加以谋划运用，最终帮助秦始皇成就了统一大业，从而得到秦始皇的重用，官拜宰相，可谓地位显赫，权倾朝野。从某种程度上，李斯比韩非子本人更能把韩非子的思想和学识应用于当时的秦国，并使之发挥到极致。

通过韩非子、李斯两人的命运，我们不难看到：虽然"学术"是统一、相互促进的，但是"学"与"术"有时又是分离的。对此，梁启超早在1911年就曾经写过一篇文章《学与术》，其中有一段写道："学也者，观察事物而发明其真理者也；术也者，取所发明之真理而致诸用者也。例如以石投水则沉，投以木则浮。观察此事实以证明水之有浮力，此物理也。应用此真理以驾驶船舶，则航海术也。研究人体之组织，辨别各器官之机能，此生理学也。应用此真理以疗治疾病，则医术也。学与术之区分及其相关系，凡百皆准此。"这是迄今为止看到的关于学术一词所作的最明晰的分析。学与术连用，学的内涵在于能够揭示出研究对象的因果联系，形成建立在累积知识基础上的理性认知，在学理上有所发明，所以"学"不只是学习，还包含着发现发明；"术"则是这种理性认知的具体运用，不只是技术，更重要的还在于实践和运用。因此，我们反对"学"与"术"相混淆或者"学"与"术"相分离，强调"学术"的统一和发展，这就需要我们做到"知行合一"，这也是中国重要的传统哲学思想。古代哲学家王阳明在《传习录》中就点出了"知"与"行"的辩证关系，"知之真切笃实处，即是行；行之明觉精察处，即是知。知行工夫，本不可离"。"真知即所以为行，不行不足谓

之知”，这也就是说，我们既要认识（“知”），又应当实践（“行”），将二者有机统一起来。应该说，有无“真知”固然重要，能否“行”且“行之明觉精察处”则更加关键。

无独有偶，被毛泽东同志誉为“学界泰斗，人世楷模”的蔡元培先生，也提出了“学为学理，术为应用”，“学为基本，术为枝叶”的观点。他明确指出应当“学以致用”。“致用”的前提是“学”，倘若不学，既无术，亦无用。对教师而言，有学识与善教学，同样不是一个概念。我国著名教育家陶行知先生就提出了具有前瞻性、实践性、先进性的“教学做合一”理论。他认为：“教而不做不能算教，学而不做不能算学。教与学都是以做为中心，在做上教的是先生，在做上学的是学生。”片段教学之所以应用于教师招聘考试和教师考核，反映到实际上就是教师考核形式关注的知识点和素质点的变化，就是要教师从以文化理论为中心，转移到以实践为中心，以期能够解决教师中存在的“眼高手低”现象，其实质就是强调学以致用。

第❷节　教师素质的主要指标

我们要真正了解片段教学产生的内动力，还必须分析教师的知识构成和教师素质的主要指标，因为不同考核形式关注的知识点和素质点是不同的。教师专业知识的构成在不同的时期有着不同的要求，因此教师素质的指标尤其是主要指标在不同的时期也有明显的区别。

我们国家大力倡导提高教师队伍的整体素质，重点在于加强中小学骨干教师队伍建设，优化教师结构，建设一支全面推进素质教育的高质量的教师队伍，迫切需要把提高教师实施素质教育的能力和水平作为师资培养、培训的重点，开展以培训全体教师为目标、骨干教师为重点的继续教育，以促进中小学教师整体素质的提高，造就一支思想好、业务水平高、创新能力强的高质量教师队伍，这是我国的教育方针和长期的战略目标。首先，让我们一起来回顾影响我国教师队伍发展的几个重大事件。

一、从影响我国教育的几个事件看提高教师素质

1. 民办教师队伍的整顿

在20世纪50年代中期，我国教师队伍中出现了大量的民办教师。1962年中共中央号召农村公办学校部分转为民办公助，使得民办教师剧增，1965年年底，我国的民办教师达180万人。“文化大革命”期间，随着大批农村公办小学改为民办，其公办教师也相应转为民办教师，加上师范院校停办，全国农村小学几乎全部是民办教师，1977年民办教师达到历史最高峰的491万人。

在这一时期，民办教师中“高小毕业”教小学，初中毕业教初中的现象比比皆是，有的教师甚至是先去听完别的有经验教师的课再回来“倒”给自己的学生。可见，这个时候正处于教师紧缺时期，对教师的专业知识没有太多的要求，只要能把自己所教的书本先于学生看懂，会讲出来就可以了。

不可否认，民办教师作为农村普及小学教育、补充师资不足的主要形式，成为中国当时特定历史条件下的中小学教师队伍的重要组成部分，曾经是农村普及九年制义务教育的一支重要力量，为发展我国农村教育事业作出了重大贡献。但我们同时也应该清醒地认识到这只是一种权宜之计。随着“基本普及九年义务教育、基本扫除青壮年文盲”和“全面贯彻教育方针、全面提高教育质量”的战略目标的推进，抓“两基”、促“两全”已然成为我国教育事业的“重中之重”，中小学师资短板效应凸显，提高教师素质理所当然地摆在关键位置。数量庞大、年龄偏大、素质偏低、队伍不稳的民办教师无疑成为影响我国教育事业发展的一个重要因素。对此，在1992年8月，国家教委、国家计委、人事部、财政部联合下发了《关于进一步改善和加强民办教师工作若干问题的意见》，明确提出了解决民办教师问题的“关、转、招、辞、退”五字方针。1994年的全国教育工作会议上，党中央、国务院明确提出，“争取到本世纪末基本解决民办教师问题”。解决民办教师问题从此有了历史性的转折。这不仅是党中央、国务院推进农村教育发展的一项重大决策，更是加强农村学校教师队伍建设，保“两基”、促“两全”的重

大举措，还是提升民办教师素质的重要措施。1997 年 9 月 7 日国务院办公厅印发《关于解决民办教师问题的通知》，进一步提出了解决目标：1997 年民办教师占全国中小学教师的比例要从 1996 年的 17% 减少到 12%，1998 年比例减少到 7%，1999 年比例减少到 3%，2000 年基本解决民办教师问题。第一，有计划地将合格民办教师转为公办教师。“九五”期间，国家每年安排 20 万人左右专项指标，至 2000 年 4 年共计 80 万人。第二，进一步扩大师范学校定向招收民办教师的数量，全国中等师范学校每年定向招收民办教师的数量达到中师招生总数的 20% 以上，有条件的地区达到 30% 以上。第三，坚决辞退不合格民办教师。对民办教师队伍的整顿，不仅妥善解决了民办教师问题，同时提升了这支队伍的整体素质，有效地促进了农村中小学教师队伍建设，有力地推动了我国农村教育事业发展目标的实现，充分体现了国家对提高教师素质的高度关注。

在落实民办教师问题的“关、转、招、辞、退”五字方针的同时，国家加大了师资培养力度，全国各地为数众多的师范院校快速地为教师队伍造血，输送了大批的师范人才，改变了我国农村基础教育过分依赖民办教师的局面。在这一时期，师范教育承担着提升教师专业素质的重要作用，他们以培养适合不分科的小学教育以及分科的中学教育的师资为主要目标，注重三笔一画基本功、美术音乐等基本素养的培训。所以，这个时候的师资主要看重的是小学教育的通识和基本功，教师的知识主要是中小学教育教学的基本知识，其基本素养主要是执行教学的能力。这一时期的师范教育是以学历教育为主，其隐性的前提是“只要接受了应有的师范教育就能做好教师”。

2. 从注重教师的学历教育到学历教育与非学历教育并举

教师教育是社会发展到一定阶段的产物，是基于社会的需要而产生的，是社会进步、普及教育、提高全民族文化素质的体现。

在相当长的一个历史阶段，人们对我国中小学教师队伍的基本评价是：数量不足、待遇太差、地位低下、素质不高、队伍不稳、民办教师数量庞大。由于我国中小学缺乏合格教师，教师队伍基础薄弱，与其他国家相比，我国对中小学教师的学历要求偏低，对中小学教师专业素养的要求也就不高。这直接导致教师的入职“门槛”过低，学历不高（存在许多教师学历不达标的突出问题），从而导致教师普遍存在收入不高，社会地位偏低，进而导致优秀高等院校学生不选择教师职业，这一切又导致教师专业素质整体低下，社会认同偏低……形成了一个恶性循环的怪圈。

20 世纪 80 年代以来，我国针对教师学历偏低、专业训练亟待强化的问题，对教师的学历提出了明确的要求，即小学教师必须具有中师学历，初中教师必须具有大专学历，高中教师必须具有本科学历。为此还建立了一套多规格、多层次、多形式的教师教育体系，对不具备合格学历的教师实行考核认证，颁发合格证书的制度，并于 1995 年年底颁布了《教师资格条例》。这一阶段，衡量一个合格教师的基本的检测指标就是学历是否达标。国家这一时期培养教师的侧重点也就放在了解决教师的学历上，一方面通过师范院校进行职前教师的学历教育，提高教师的入职“门槛”，教育学院则着重解决在职教师的学历不达标问题；另一方面，国家在加强高等师范教育的同时，通过自考、广播电视大学、业余大学等多种形式，大力发展成人教育，使中小学教师的学历达标率在不断攀升。1997 年还开始了教育硕士学位的试点工作。这一系列举措无疑为提高教师的素质打下了坚实的基石。截至 2005 年年底，全国普通小学、初中、高中专任教师的学历合格率分别达到了 98%、95%、83.5%，其中专科以上小学教师达到 56.3%，本科以上的初中教师达到 35.3%，研究生学历的高中教师达到 1.2%，教师学历合格率有了相当大的提高。然而，我们应该清醒地看到：正因为存在过度重视学历证书的状况，很多人把求学的目标设定为学历证书而不是真才实学，因此，导致正规的教师教育途径成为走过场，甚至成为无效的教师教育途径。中小学教师的学历达标率在不断攀升，学历是达标了，但是能力和知识增长了多少？与我们期待的高素质教师的差距还有多大？我国的成人教育质量没有得到社会的认可，这一切引起了政府高层的高度关注。为了促进有效教学，培养高素养的师资，许多专家学者对此做了大量的研究，对舒尔曼教授提出的PCK[①]的研究取得了可喜的成果（见图1）。应该说，在20世纪80年代中期提出的PCK理论，正是针对教师教育培养机构分离以及知识割裂所带来的弊端而提出。PCK理论告诉我们，一方面，在教师的职前教育（即教师的学历教育）上要注意其专业教育与学科教育的融合，以学科教学知识为核心理念来培养教师。虽然学科教学知识是一种实践性知识，但不能因其实践性就否认职前教育的作用。由于学科知识和特定年龄学生学习特征的相对稳定性，职前教师完全可能通过适当的方法获得学科教学知识。如果给师范生增加一年或者更长的实习期，使得"准教师"在实际的教学情境中不断持续提高自己的学科知识，无疑会提高我国教师的整体素质，加快教师的专业发展。另一方面，教师只有经过长期的学习、实践、进修、思考与钻研，才能达到炉火纯青的境界。学习是现代人的基本生存方式，在职进修是教师专业发展的基本途径。位于PCK塔尖的，是教师个人教学经验、教师学科内容知识和教育学专业知识的多方面整合的结果。这充分说明了教师专业能力的发展提高，既不是仅仅看学历的高低，也不是单纯地从教时间的累积，更需要重视教师的职后教育（即教师的非学历教育），做到教师的学历教育和职后教育并举。应该说，教师的专业发展是一个持续性的社会化和个性化的过程，教育专业能力的提升和发展是一个动态的、持续

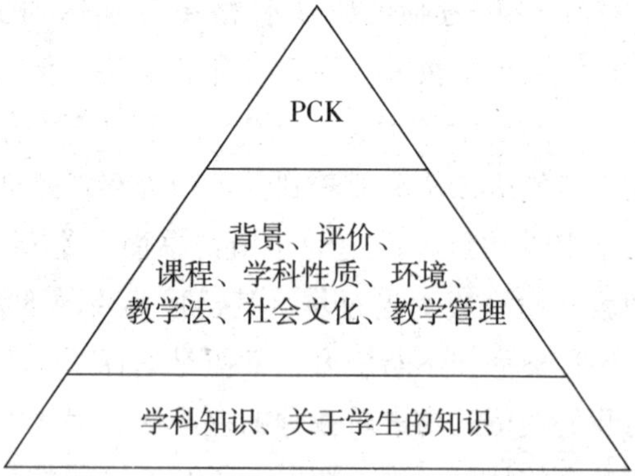

图1

① PCK是Pedagogical Content Knowlege的简称，这一术语是1986年舒尔曼教授首次提出的学科教学知识，其定义为"教师个人教学经验、教师学科内容知识和教育学的特殊整合"。

的、无止境的过程，具有多阶段的特征。虽然取得大学学历和教师资格证书，但并不意味着就能够成为一名合格的教师，教育教学工作所需要的专业能力更多的还是通过职后教育和自我学习而取得的。

要真正提高教师的内在素质，必须寻求促进教师专业发展的新方式，为教师专业发展提供帮助。为了解决学历教育与职后教育“两张皮”这一阻碍教师发展的“瓶颈”，经过20多年的努力，特别是1993年《中华人民共和国教师法》的颁布实施，从法制和体制上有力地保障和推动了中小学教师的学历教育和职后教育。我国由此进入了从单纯学历教育到学历教育与职后教育并重，从高等教育精英化，培养以高级专门人才为主到走向高等教育大众化，培养多样化人才为主的教师培养的快车道。我国教师队伍建设的发展正在从数量扩张型向质量优化型转变，由此拉开了以提高教师素质，促进教师专业发展为核心的教育改革的序幕。

3. 从发展“师范教育”到推进“教师教育”

在教育普及程度不高、教师需求量大、中小学缺乏合格教师、许多教师学历不达标的情况下，培养教师的着力点在学历教育方面，因此，国家大力发展师范教育，通过师范教育进行职前教师的学历教育，通过教育学院解决在职教师的学历达标教育。然而，师范教育课程不合理的结构体系中有关“教什么”的学科专业课的比例过大，占总课时的60%—75%，学校用大部分时间和精力提高学生的学科知识水平；而关于“如何教”的教育学、心理学等教育类的课程比例太小，低于总课时的10%。这样的课程设置导致教师的条件性知识与实践性知识缺失或不足。而这一现象随着教师学历达标率的提高和基础教育水平的提高，已然成为严重制约我国教育发展的因素之一。

1965年，联合国教科文组织、终身教育局局长、法国教育家保罗·朗格朗提出了著名的终身教育思想，1970年出版了《终身教育导论》。他认为，千百年来社会把人的一生划分为两半部分，前半部分接受教育、后半部分从事职业活动是没有科学根据的，不符合现代生活的实际情况，更不符合未来的要求，教育应贯彻于人的一生。我们处在“信息爆炸”、“知识爆炸”的时代，人类开始步入教育终身化、全民化、个性化的学习社会，终身教育观念深入人心。需要指出的是：社会科技的快速发展，对人才不但提出了量的要求，更提出了质的要求。师范教育的概念已经不能再局限于职前教育，而应被赋予终身教育的新理念，在逐步延长教师职前教育年限的同时，又不断拓展教师的在职教育并强化二者的有机联系，使之成为一体。教育如何适应社会的发展？如何培养社会发展所需的人才？关键在于从事教育工作的人员——教师的专业素养和专业能力。显然，师范教育已经不能满足培养教师的任务。针对这一新形势产生的新问题，变革教师培养体制，提高教师的专业素养和专业教育能力，成为教育改革不得不解决的首要问题。在终身教育的背景下，教师需要通过各种各样的培养、培训或在职进修活动的系统工程，来提升自身素质。因此，国家大力推进“教师教育”的进程，实现师资培养、培训的一体化。

“教师教育”的内涵丰富，从内容看包括人文科学教育、学科教育、专业教育和教学实践；从时间上划分包括职前教育和在职教育；从形式上看包括正规的大学教育和非正规的校本教师教育；从层次上看包括专科、本科和研究生教育。用“教师教育”代替“师范教育”来指称我国“培养教师的活动”更加准确，也更为科学。这表现在：一是“教师教育”是系统的教师培养活动。教师培养开始由高等院校承担，学历教育和在职进修并举，教师趋向于高学历化，师范院校不仅开展职前教育也开展在职教育，教育学院既开展在职教育，也开展职前教育。一些综合性大学开始设教育研究部门并着手教育研究生的培养。二是“教师教育”是专业化教育。教师教育不仅要求教师掌握所教学科的知识，同时还要求教师掌握作为教师的专业知识。教师教育着力要解决的正是教师应具备的专业知识、专业技能和专业实践能力的培养问题。三是“教师教育”是开放式教育。把“教师教育”作为专业教育，就可以把教师教育看做是与其他教育并列的教育，比如法律专业教育、工程专业教育等，不仅仅可以运用独立封闭的体制来发展，而且可以用开放的体制来发展，将教师教育纳入整个高等教育体系，将其作为高等教育的一部分，拓宽教师教育的渠道。四是“教师教育”是终身教育。信息化时代，促使教师的功能正在悄悄地发生着革命性变化：由“教师”变为

“导师”，教师的职能主要是帮助学生如何在信息化的世界中识别、鉴定、获取知识，指导学生掌握信息技术和形成终身学习的能力。因此，教师不仅要接受职前教育，而且要在职进修，终身学习。“教师教育”这一概念也涵盖了终身教育的思想。

如果说“师范教育”是一种局部的、狭隘的“小教育”的话，那么“教师教育”则是系统的“大教育”，体现了教师培养的整体性、专业性、开放性和终身性。整体性是把教师的培养、进修和提高看做是职前和在职的一体化或系统化工程；专业性是指教师不仅是一种职业，还是一种特殊的专业，教师培养是在学科基础上的专业训练；开放性是指教师教育是多元化的，从培养机构来看，可以独立设置教师教育院校来培养教师，也可以由综合性大学和专门的理工大学设教育学院来培养教师，还可以是以中小学校为本来培养教师；终身性是指教师不仅要进行职前学习，也要进行在职学习，终身都要学习。人类社会已经进入到学习化社会，要求教师终身不断地学习。所以，把“师范教育”转变为“教师教育”标志着我国教师培养走上一个新的历史台阶。这也是实施科教兴国战略、实现中华民族伟大复兴的必然举措。

二、从对教师知识结构的研究看教师素质的主要指标

教师的专业化素质结构，首先应适应我国的教育方针的需要，其次应适应现代课程的需要，最后应适应现代学生的需要。而高素质教师的典型特征是具有出色的教育表现和与之相适应的合理的知识结构。关于教师专业知识结构或构成的研究，是教师专业知识发展研究的重要问题之一，许多学者从不同角度对其进行了深刻分析和研究。那么，教师究竟需要哪些方面的知识呢？我们将比较典型的研究归结为下表。

学者姓名	教师所需知识的分类
舒尔曼	学科内容知识，一般性教学知识，课程知识，教学的内容知识，学习者及其特点的知识，教育环境的知识，关于教育目标、目的和价值以及它们的哲学和历史基础的知识

续表

学者姓名	教师所需知识的分类
林崇德	本体性知识（即教师所要教授的学科知识），条件性知识（如何教），实践性知识（教学经验），文化知识（教师掌握的教学背景知识）
叶　澜	人文、科学等基础性知识，专业知识及技能，教育学知识

上述关于教师的知识的分类，在一定程度上从不同角度解释了教师的知识结构的构成成分。对于教师的专业知识，不同研究者有不同的研究角度和研究方式。学术界对教师专业化素质构成的不同构想丰富了学术研究，为教师专业化发展提供了多种发展模式与方向。同时也说明了由于教师职业离成熟专业的标准还有一段差距，教师职业仍然是一个“形成中的专业”，教师专业化仍然是一个不断深化的历程，因此教师专业素质本身具有动态性、开放性的特征。这些不同的研究、分类虽然有所别，但是观点基本一致，都充分体现了教师的职业特性，其中林崇德的研究分类清晰，具有较强的可操作性，最受一线教师认可。下面让我们结合林崇德的研究对教师专业素质进行具体分析。

1. 教师的本体性知识

教师的本体性知识是指教师所具有的特定的学科知识，如语文知识、数学知识等，这是人们所普遍熟知的。教师的本体性知识应包括四个方面。第一，教师应对学科的基础知识有广泛而准确的理解，熟练掌握相关的技能、技巧。第二，教师要对与该学科相关的知识，尤其是相关点、性质、逻辑关系有基本的了解，与传授相关学科的教师在教学上进行协调，在组织学生开展的综合性活动中相互配合。第三，教师需要了解该学科的发展历史和趋势，了解该学科对于社会、人类发展的价值以及在人类生活实践中的多种表现形态。第四，教师需要掌握每一门学科所提供的独特的认识世界的视角、阈界、层次及思维的工具与方法，熟悉学科内科学家的创造发现过程和成功原因以及在他们身上展现出的科学精神和人格力量，这对于增强学生的精神力量和创造意识具有重要的、远远超出学科知识所能提供的价值。因此，对教师而言，要想成为一名合格的教师，就必须对学科知识有系统而深入的了解。

教师的本体性知识有四个要求：一是学科知识积累到一定的深度和广度；二是既懂得本学科的历史，又掌握该学科的新进展；三是与本学科相关的知识；四是能够把本学科知识变成自己的一种学科（学术）造诣，并能清楚表达出来。教师扎实的本体性知识不仅是教学取得良好效果的基本保证，也是指教师所具有的任教学科的专业知识，这是教师胜任岗位的基本保证。

2. 教师的条件性知识

条件性知识是指教师在教育教学过程中能够保证工作获得成功的教育科学知识和心理学知识。教育科学知识，既包括教育科学基础知识（例如，教育与社会生产力，教育与社会的政治、经济、文化以及与人的身心发展相互作用的规律，教育的本质、目标、任务和内容，全面发展教育的思想和观念，教育者与受教育者，德育基本理论，课程理论，教学的实施过程、组织形式、构成环节，教学的原则、模式、方法、手段、艺术风格，教学的检查与评价等），也包括国内外教育教学改革信息和动态的知识（例如，教育教学发展变化的历史沿革、目前状况、发展趋势，教育教学改革的最新成果，特别是课堂教学的革新、学习方法的指导、学习能力的培养等），还包括教育科学研究知识（例如，教育科学研究的过程、特点和类型，科研课题的选择，计划的编制，资料的收集整理分析，方法的选择运用，成果的表达等）。此外，还要懂得一些心理科学知识。这些条件性知识对于教师来说，是自身知识结构的重要组成部分，是创造性地从事教育教学工作的重要依据，是开展教育教学活动的基础和前提。具备这些知识有利于教师对本体性知识进行思考和重组，从而保证学科知识能够顺利地转化为学生易于理解和接受的知识，能够更加自如地进行创造性的教育教学活动。一个具有丰富的条件性知识的教师，必将极大地增强自己在教育教学工作中的创新能力。

教师的条件性知识要求教师具有教育学与心理学知识，包括学生身心发展的知识、教与学的知识和学生成绩评价的知识。这是教师成功教学的重要保障。

3. 教师的实践性知识

教师的实践性知识是指教师在面临实现有目的的行为中所具有的课堂情境知识以及与之相关的知识，更具体地说，这种知识是教师教学经验的长期积累。教师的教学不同于研究人员的科研活动，它具有明显的情境性。专家型教师面对内在不确定性的教学条件能作出复杂的解释与决定，能在具体思考后再采取适合特定情境的行为。在教育工作中，许多情况需要教师机智地对待，这种教育家教学的机智不是一成不变的，在一种情况下适宜的和必要的方法，在另一种情况下可能就是不恰当的。只有针对学生的特点和当时的情境合情合理地进行工作，才能表现出教师的教育机智来。在这些情境中，教师所采用的知识来自个人的教学实践，具有明显的经验性。而且实践性知识受一个人经历的影响，可以说是这些经历（包括个人的计划与目的以及人生经验）的累积效应。所以，这种知识的表达包含着丰富的细节，并以个体化的语言而存在。显然，关于教学的传统研究通常把教学看成是一种程式化的过程，严重忽视了实践知识，因而限制了研究成果的运用。

教师的实践性知识是一种临场性知识，是基于教师个人的经验积累，表现为教师对待和处理教育问题时体现的个人特征和教学智慧。个人的实践性知识不同于教育理论知识，它具有明显的情境性，是教师对复杂和不断变动的教育情境的一种判断和处理，它受个人的经历、意识、风格及行为方式的影响。对教师来说，具备丰富的实践性知识，懂得现代教育规律与教育教学技能，不仅是作为一名教师的特殊要求，也是其教育对象的特殊要求，是教师专业知识中不可缺少的部分。

4. 教师的文化知识

教师的文化性知识是指教师所拥有的有利于展开有效的教学工作的普通文化知识，包括深厚的文化基础和广博的文化视野。教师要具有广博深厚的文化基础和学术视野，这包括社会科学、自然科学以及人文学科的有关知识和理论。普通文化知识具有陶冶人文精神、提高人文素质的内在价值。它可以给教师以深厚的文化底蕴、高品位的人文素质和艺术的美感，形成富含学识的智者气质。广博的文化视野包括传统文化与现代文化、本土文化与外域文化、物质文化和精神文化等。文化知识的广泛性和深刻性在一定程度上决定着学生全面发展的效果。广博的文化性知识对于教师取得最佳的教育效果，具有与本体知识同样重要的价值，从而能够满足学生多方面的探究兴趣和发展需要，帮助学生了解丰富多彩的客观世界，帮助自己更好地理解所教学科知识与教育学科知识，如学习教育哲学就需要有思维哲学、伦理学、社会学、认识论、社会哲学等学科的知识基础。

教师丰富的文化知识不仅能扩展学生的精神世界，而且能激发学生的求知欲，事实上，学生的全面发展在很大程度上取决于教师广泛而深刻的文化背景知识。具体来说，教师的文化知识包括：基本哲学理论知识，包括辩证唯物主义和历史唯物主义的知识；现代科学和技术的一般常识，包括现代学科的一般原理和现代技术的本质内涵；社会科学的理论与观点，如法律的知识、民主的思想、经济学的观点和社会学的方法等。

叶澜教授认为，未来教师应该具有与时代精神相通的教育理念，并以此作为自己专业行为的基本理性支点；未来教师不应再局限于“学科知识＋教育学知识”的传统模式，而是强调多层复合的结构特征；社会赋予了未来教师更多的责任和权利，也提出了更高的要求和期望，教师要胜任就需要新的能力。叶澜教授把教师的教育理念、教师的知识结构、教师的能力结构三个方面综合的结果称为教育智能。具有教育智能，是未来教师专业素养达到成熟水平的标志，是上述诸方面专业要求在教师身上综合体现的结果。

对当前中小学教师知识结构现状与特点进行定量、实证的研究，我们会发现当前我国中小学教师知识结构存在一些问题。如中央广播电视大学出版社 2000 年出版的《现代教师学导论》第六章“现代教师的专业知识与专业能力”提出，现代教师知识结构存在如下问题。

（1）知识结构不合理，缺少条件性知识。所谓教师知识结构不合理，是指教师所掌握的各类知识所应达到的水平、发挥的功能与高质量完成教学活动的要求不一致。根据北京的某项调查结果表明，不少小学教师对学科知识的掌握好于条件性、实践性知识的掌握，这说明小学教师对教育学、心理学方面的知识及其在实践中的应用掌握得还比较差。

（2）本体性知识不过关。教师本体性知识的掌握情况虽然优于条件性知识和实践性知识，然而通过深入教学实际进行观察、了解，发现教师本体性知识的掌握情况也不容乐观，具体表现为不能很好地掌握所教学科知识的思想与本质内涵，不能将相关学科知识综合化等。

（3）文化知识单一。我国教师的文化素养普遍比较低。由于教师缺乏广博的文化背景知识，在教学过程中，学生就无法通过教师的讲课深入了解相关的知识，也就无法激发学生强烈的求知欲，无法拓展学生的精神世界。

（4）教师知识更新的速度落后于时代的要求。当今时代，信息传播与交换速度明显加快，知识的更新日新月异。由于我国教师教育的物质条件、管理体制以及教师自我完善能力等诸多因素的制约，限制了教师的知识更新速度。此外，教师的自我完善能力也不容忽视，教师的自我完善意识、自学能力、创新能力、参与教育科研的意识与能力等，都会极大地影响教师的知识更新。

根据对教师知识结构的研究，一语以蔽之：本体性知识就是学科知识，条件性知识就是教育理论，实践性知识就是教学经验，文化性知识就是综合人文知识。它们彼此之间的功能关系是：本体性知识是教师胜任工作的基本保证，条件性知识是教师成功教学的重要保障，实践性知识是教师专业发展的知识基础，文化性知识是教师智者气质的关键要素；教师条件性知识、文化性知识对本体性知识的传授起到一个理论性支撑作用；教师实践性知识对本体性知识、文化性知识的传授起到一个实践性指导作用；条件性知识可以解决教学过程处理问题的原则，而实践性知识可以解决教学过程处理问题的方式方法；文化性知识则可以提高教师的教学品位，在一定程度上决定着学生全面发展的效果。打个比方说：教师的本体性知识就好比“要给学生一杯水，教师就要有一桶水”中的“水”，条件性知识就好比“怎么倒水”，而实践性知识就是倒水过程中获取的经验。虽然我们一直都在重视教师是否拥有“一桶水”，但是由于诸多原因，教师的“一桶水”明显偏少或者“水质”偏差。因此，教师学科本体性知识的缺失或者缺乏是一个必须引起高度重视的问题，只有这样，我们才能够保证教师这“一桶水”不是“一潭死水”，而是源源不断的“活水”，而给学生的“一杯水”，更是长流常新的“自来水”。

第❸节　教师考核关注点之变

不同的历史背景下对教师的关注点是不同的，随着时代的变迁，对教师的要求也就不同。说课的兴起从某种程度就反映了鲜明的时代特征和对教师考核关注点的变化。

一、说课兴起的背景

1987 年年底，河南省新乡市红旗区为参加市“教坛新秀”的评比，需要选出本区的参赛选手，但因时值期末，课程已经结束，采用上课评比的方式选出参赛人员已不可能。这时有人提出选几节课，重点听一听教师的课堂教学设计。结果，大家听后都认为这种方式省时、高效、简便易行，而且还能考评出教师的业务素质、理论水平和教学能力。于是，借鉴戏剧界导演给演员“说戏”一词，把这种教研活动取名为“说课”。红旗区及时抓住这偶然所得，经过几年的试验、研究和推广，最后完成了由偶然到必然、由感性到理性、由自发到自觉的过程，形成了一套完整的说课体系，“说课”这个有着全新概念的名词和全新内容的教研形式，便随之闪亮地登上了我国广阔的教育教学大舞台。但是，如果我们结合当时的时代背景，理性地分析这一时期对教师的素质要求，我们不难发现：在 20 世纪 80 年代末出现的“说课”，看似偶然其实必然。因为它恰恰反映了当时对提高小学教师素质的关注和对教师能力提升的要求。

1985 年 5 月《中共中央关于教育体制改革的决定》中明确提出，“建立一支有足够数量的、合格而稳定的师资队伍，是实施义务教育、提高基础教育水平的根本大计”，“必须对现有教师进行认真的培训和考核，把发展师范教育和培训在职教师作为发展教育事业的战略措施”，明确提出发展教育必须首先发展师范教育。这是基于国家对于人才的迫切需要、对于人才战略的考量，师范教育被放在了非常重要的位置。但是，中等师范教育自身又存在着诸多问题。首先是课程门类少，课时少、我国中等师范教育课程长期沿用的是“老三门”的设置模式，即教育学、心理学、各科教学法，课程门类比较缺乏，很难起到培养合格教师的作用。其次是师范教育课程科目间缺乏有机联系。我国的高师教育类课程是以教育学、心理学、学科教学法三门学科进行分类讲授的，容易造成重复。此外，各门课程之间缺乏有机联系的现象，使得很多师范生不能把教育类知识作为一个整体来把握，也就很难形成一种综合的教育技能。此时中等师范教育培养出来的学生，呈现出本体知识欠缺、教学法能力较强的特点。这恰恰就是当时小学教师普遍存在的教学水平强于理论水平的根源所在。

针对当时的小学教师普遍存在的实践知识强于本体知识的现状，就需要将小学教师从对学科知识和教学法知识（条件性知识）的关注，引导到对理论知识（本体性知识）的关注；从对教育教学经验的关注，引导到对教育教学理论的关注。这也是为什么说课这种教研方式从诞生开始，就侧重于对教师理论层面的要求，可以说理论性之所以成为说课最突出的特点可谓“事出有因”。

二、说课活动的特点

说课是教师面对同行和专家，以科学的教育理论为指导，将自己对课标、教材的理解和把握、课堂教学程序的设计和安排、学习方式的选择和实践等一系列教育教学元素的确立及其理论依据进行阐述的一种教学研究活动。简言之，即说清楚做什么、怎样做、为什么这样做。众所周知，教师备课有显性因素与隐性因素，简单地说，显性因素主要是指选了什么素材、如何组织这些素材，即怎么做；而隐性因素则是指为什么选择这些素材、为什么这样组织，即为什么这么做。备课教案不必显现或无法显现其隐性因素，而说课讲稿则需要显现这些隐性因素。同时，教师在揭示这些隐性因素时，还须将感性认识上升到理性认识的高度，全面地、深刻地展现教师的备课成果。这就需要将备课中的隐性因素显性化，感性认识理性化，这就是说课的实质。

应该说，“说课”能够由小到大，由点到面，由不自觉到有计划、有目的地开展，逐渐成为一种被公认的实用性很强、简便易行的教研活动，具有省时、省空间和灵活的特点。一般45分钟的课堂教学仅用15～20分钟便可完成说课，这样不仅提高了教研活动的效率，而且解决了广大教师参加教研活动与日常教学工作繁忙的矛盾。另外，说课的课题不受教学计划的限制，具有较强的灵活性。在说课的过程中听课人可以通过“叫停”，对某些具体做法、某种教学技能、某条教学理论的引入展开讨论、分析。因此，说课是教师互相交流教学经验、共同提高教学能力的一条方便、可行的途径。而在另一个层面，说课的内容是理论与实践的高度融合，既介绍了一堂课的教学行为，又涉及与之相应的教育教学理论，能使听课人体会每个教学环节的理论依据，营造出一种平等和谐的教研氛围，使听课人在潜移默化中取人之长、补己之短，并使教研活动达到事半功倍的效果。说课具有以下鲜明的特点。

1. 理论性

理论性，是说课最突出的特点，也是说课之所以能促使教师钻研教学理论，提高理论素养的一个重要原因，还是说课有别于其他教研活动最突出的一个特征。说课的理论性主要体现在说课过程中，不但要求教师说出“教什么”和“怎样教”，更要求说清楚“为什么这样教”，让听者不仅知其然，还要知其所以然。这个“为什么这样教”，就是“说理”，它使得说课活动十分必然地带上了很强的理论性。因为要对“为什么这样教”作出解释，教师就必须综合运用教育学、心理学和教学法等教育教学理论知识去阐明其中的道理。这同备课、上课、写教案相比，自然要求更高，难度更大。与此同时，说课势必还要说教法、学法，这教法和学法自然也属于教育理论的范畴，因此，理论性是说课活动的第一个重要特点。

2. 合理性

何谓合理？合理就是符合常理，符合客观实际和事物的客观规律。就说课而言，要求教师在科学理论的指导下，大到教学目标的确定，教学程序的安排，教法、学法的选择；小到一个问题的设计，一道练习的安排，都不能随心所欲，而必须讲究一个“理”字，即必须讲究符合教学规律的“理”，学生学习方法的“理”和学科自身特点的“理”。人们也正是根据说课者在说课中所反映出来的“理”，如教学目标确定是否合理，教学时间分配是否合理，选择教法、学法是否合理等来评判说课的优劣。合理性既是说课的基本要求，也是说课区别于其他教研形式的又一个显著特点。

3. 综合性

说课的综合性，体现在三个方面：一是说课的内容具有综合性。就拿说课的基本内容来说，就包括说教材、说教法、说学法、说教学过程等。而其中的每一个基本内容，又各是几种内容的综合。如说教材，就包括教材的基本内容、编排特点、教材内容结构等。即使是“学法”这个相对比较小的基本内容，也包括学情分析和学法指导的理论依据及具体的指导方式等。二是说课中教师所反映出来的素质也是综合性的，如理论素养的高低、语言表达能力的强弱、教材处理艺术的优劣等。三是说课的评价也是综合性的。不能抓住一点不及其余，而要将各种说课的信息综合起来，通盘考虑。总之，说课的综合性，既使说课活动变得复杂，又使说课活动具备了多种功能，从而扩展了说课对于教学的指导功能。

4. 灵活性

说课与其他一些教研形式相比显得十分灵活。如说课的内容可多可少、可长可短，多到一个单元或一个章节，少到一个课时。另则，说课活动的组织十分灵活，它不受时间、地点、人数和教学进度、教师素质客观因素的任何限制，其时间可以是半天，也可以是一两天；地点可以在城市，也可以在农村；可以在有上千个座位的大礼堂里举行，也可以在一般的教室里进行；人数可以三五个，也可以是几十人、几百人，甚至上千人，说课的这种灵活性，使说课的适应性大为增加，它也是说课之所以受到广泛欢迎，并随之在全国各地普及的一个重要因素。

正因为说课这一鲜明的特点，使得这一新的教研活动形式，很快发展成为广大教师必备的教学基本功之一，并成为教师招聘面试过程中的常用形式。

三、说课的先进性与局限性

应该说，作为提升教师队伍素质的一种手段，学习并开展说课实践，无疑具有积极的意义。但是，理性而辩证地思考说课这一新的教研活动形式，我们也会发现：说课既有明显的先进性，也存在着自身难以克服的局限性。

1. 说课的先进性

说课的先进性首先表现在有助于夯实教师的教育教学理论基础。教育教学理论是说课的精髓。没有教育教学理论，说课就失去了应有的实际意义。说课活动的开展，促使教师从看教参、教案转移到认真学习、钻研教育教学理论上来，把刻苦学习教育学、心理学等理论知识作为一种直接的内在的心理需求。一改教学实践和教育理论脱节的现象，形成较浓厚的学习理论氛围。持之以恒，教师的理论水平无疑会极大提高。其次表现在有助于促进教师理论与实践的结合。说课要在理论的指导下进行。在说课过程中，对教材的理解和分析要以学科专业理论知识为基础，对学情的分析要以教育学、心理学理论为前提，对教法的设计要以现代教学论和学科教学法为指导，对于教学手段的运用还要结合现代教育技术，因此教师要把每一个教学环节上升到理论的高度。开展说课活动，可以促进教师对所学的理论知识进行分析、加工，用以指导说课实践，促进教育理论的内化并转化为教学技能。再次表现在有助于完善教学研究的组织形式。说课是有组织、有计划、有步骤的教研活动形式。它要求教师在搞好正常教学的同时，按照说课的要求投入精力研究教材，分析学情，提出教学设想，寻找理论依据，写成说课稿，促使教师苦练教学基本功，迅速提高教学能力与研究能力。面对说课教师，评委或教师不敢等闲视之，要尽力实现评说的真实准确，以较高的教育素养、鉴别能力进行高层次的切磋和交流，这就很自然地增强了教和研的深度，有利于教师认识教学规律，掌握教学研究的方法，提高教学研究的能力，有效地改变只教不研、教研脱节的现状，促使教和研的有机结合，和谐统一。最后就是有助于培养教师间的合作意识。长期以来，教学任务的完成主要由教师独立进行。不少教师奉行“个人主义”，自我封闭，与同事缺少必要的交流、合作的意识。新课程理念倡导同伴互助的专业成长方式。教师应具有这种意识才可能在教育教学中加以落实。面对同行说课，表面看是说课教师在进行个人“表演”，而实际上是所有参与者共同的研讨活动。说课活动为研讨活动提供了研究范例，增进了教师间的合作、交流，有助于培养教师们的合作意识，从而适应新课程改革的要求。

2. 说课的局限性

说课的局限性可以从教师参加教学评优活动中窥见一斑，一些教师抓住说课活动中“说教学内容”、“说教法运用”、“说学法指导”、“说教学过程”的基本常规要素，把这些要素有机组合，形成“说课的万能模式”。一些平日里上课平平的教师，却能够通过套用“三说”、“四说”或“五说”等模式化的说课程序，凭借自身良好的表演和演讲技巧，在说课时神采飞扬、挥洒自如。说教材、说教法、说学法，理念新颖，手段超前，开口就是三维目标、小组合作探究、个性化阅读、多媒体应用。而比照他们平日沉闷的课堂教学，肢解式的课文讲解，一支粉笔一块黑板的平板式教学手段，真是判若两人。不少地方为了解决教师的短缺问题，耗费了大量的人力、财力和精力，运用说课的方式进行教师招聘，选拔调进了经过说课面试被认为是非常优秀的教师，然而事实却让领导、专家大跌眼镜：他们竟是该学校最不受学生欢迎的教师，而且经过多次的课堂教学展示活动，证明确属平庸之极！为什么那么多的教师在实际课堂教学这个主阵地是那样的举步维艰，而在说课时却表现出高超的教学艺术呢？究其根本原因，就在于说课只能看到教师的备课能力、说课能力，更多体现的是一种“说”的能力，而无法体现“教”的能力。由于说课侧重的是考核教师系统地介绍备课情况，对于其中的教材分析、学情分析是否正确可以很容易地作出判断，对于教学设计是否科学合理就不好作出判断，而教学目标如何实现更是难以体现。而且说课不需要教师对课堂教学进程的调控，也不需要体现师生互动的教学机智。然而在课堂教学中，目标的确立、内容的分析、问题的设置、练习的安排及方法与手段的运用，恰恰都必须根据学生在课堂上的具体反应，才能够作出恰当的评价，正是因为说课的评价缺少了学生这一最为关键的参照物，才使得教师可以凭借三寸不烂之舌在“伯乐”面前将理论与实践进行“穿鞋戴帽”，也就在所难免地给人“坐而论道”、“纸上谈兵”的形式主义印象。这恰恰就是为什么教师具有高超的说课能力，但是教学能力低下的症结所在。也正因为说课“重理论、轻实践”这一自身难以克服的局限性，阻碍了其进一步发展。

第❹节　片段教学的演变发展

“嘴上练兵”的说课，既看不到教师在真实课堂上的临场发挥，也看不到教师驾驭课堂的艺术，更看不见学生对知识的理解、掌握的效果和学生实际思维的过程，凸显了说课形式脱离教学实践的弊端。而不同阶段教师的专业成长水平不同，需求也就不同。面对新入职的教师迫切需要提升实际教学能力，以适应素质教育这一教育发展形势的变化，客观上需要我们探索一种新的考评形式，以便为教师及时提供科学、全面的反馈信息，引导教师不断完善自我，逐步走向专业成熟。在这种背景下，片段教学应运而生。

一、片段教学的兴起背景

随着我国基础教育从应试教育向素质教育转轨，对教师素质提出了更高的要求。步入 20 世纪 90 年代中后期，随着教师的入职“门槛”不断提高，大量的高等师范学院毕业生竞聘小学教师岗位，在提升教师整体素质的同时，也显露出一定的问题：一方面是教师的学历层次和理论素养的提高，另一方面却是这些教师教学实践能力的弱化，究其根本原因在于高等师范院校对学生的实践课程普遍不够重视，也缺乏必要的制度保障和措施。根据不完全统计，我国现在的高等师范院校师范生在校四年的实践时间一般只有 6 ~ 8 周，有的学校甚至保证不了学生的基本实习活动。即使这时间不多的实习，也很难保证质量，具体表现为：(1) 由于实习学生较多，教师的指导工作很难跟上，学生实习基本上处于自主状态。有的高等师范院校实行分散实习，实习质量就更难以保证。(2) 实习学生缺乏必要的知识准备和基本教学技能，实习存在巨大的盲目性和被动性。(3) 实习学校或教师担心影响教学进度或质量，不敢让实习学生多上课，因此实习活动常常沦为“听课为主、改作业为主、辅导学生为主”与上课关系不大的教学实践活动。(4) 实习时间安排缺乏灵活性。我国高等师范院校学生的实习活动基本安排在毕业前的最后一学期连续进行。学生在遇到困难时穷于应付，很难有足够时间进行反思提高。而且高等师范院校课程评价机制主要还是以结果性评价为主，评价内容偏重于知识的掌握，对教学技能、技巧的评价几乎没有涉及。这一系列的问题直接导致了高等师范院校培养出来的师范生的本体性知识强于实践性知识，教育教学能力偏弱。针对这一时期师范生的本体性知识强于实践性知识的现状，引导教师从关注本体性知识转变到关注实践性经验知识就成为大势所趋。说课这种由教师实践性知识强于本体性知识而衍生出来的教师评价方式，由于侧重点放在了提高教师的理论水平，显然已经不能适应时代的发展变化要求，也就无法承担提升教师的教育教学技能、促进教师专业化发展的重任。在这样的背景下，脱离教学实践的说课逐渐走向消退，而植根于教学实践的片段教学随之兴起，可谓时代发展的必然。

二、片段教学的发展阶段

借鉴先进的微格教学理论，参照微格教学的形式，顺应教育改革和教学研究的发展变化而悄然兴起的片段教学，经历了“教学片段的产生与反思——教学片段的改进与实施”的发展阶段。

（一）第一阶段，教学片段的产生与反思

1. 教学片段的产生

早在 1998 年，南平市教师进修学校在中小学启动了旨在提高教师教学基本功的培训，确定的教师技能训练项目主要有：导课技能、提问技能、板书技能、教学语言技能、多媒体技术运用技能、讲解技能、结课技能、教学组织技能、组织练习技能等。因为是在假期进行的，无法

给参加培训的教师们提供有学生参与的真实课堂，而且参加培训的所有教师都要接受这些技能的训练，所需要的培训时间可想而知。在时间紧、任务重、又无法提供真实课堂的情况下，有没有一种可以借鉴的特殊组织形式，能够省时高效地完成培训任务呢？在学习并借鉴微格教学理论基础上，参照微格教学的实施形式，南平市教师进修学校提出了这样一个大胆的设想：从完整的课堂教学结构中，切出一个相对独立的部分（可以是某个教学程序、某个教学环节或者某个问题的教学），结合切出的这部分教学内容对教师进行针对性的教学技能训练，因为是选择课堂教学中的一个片段进行的，所以大家把这种研训的方式叫做“教学片段”。为了解决培训时间紧张的问题，就规定每位参训教师的教学片段时间为 10～15 分钟；为了加强真实性，就采取了让参加培训的教师扮演学生角色，作为教学片段过程中的听讲对象参与其中，再由指导教师、教研员和从参训教师中挑选出来的骨干作为教学片段的评价人员。按照以下流程进行教学片段：首先，由受训教师简要阐明自己准备进行的训练技能，根据所选择的教学内容思考教学设计所依据的教学思想；其次根据设计的教学预案来模拟真实的课堂展开教学，再次，所有参训教师根据受训教师的教学片段进行讨论、研究和交流，最后，由指导教师根据受训教师的教学片段情况作评点和指导。我们不难从这个研训过程看出：教学片段其实质就是一种模拟真实课堂的教学活动。这可以说是片段教学的发端。

2. 教学片段的反思

在现代教育理论指导下，南平市教师进修学校经过两年多时间的尝试和实践，总结出如下教学片段的特点：（1）理论联系实际。教学片段中教师模拟课堂的一系列活动，使教育教学理论得到具体地贯彻和体现。（2）目的明确。由于教学片段所用时间短，在规定的时间内只集中训练一两个教学技能，所以训练目的可以制定得更加明确、具体，更易于大家进行集中的讨论、研究和评价。（3）方向明确。教师可以把精力集中放在要掌握的教学技能上，从而突出了研训的重点，因而能够方向明确地指导和评价教师的教学实践活动。（4）易于控制。特殊的教学环境为实现培训目标提供了有利的条件。（5）反馈及时。当一个教学片段结束后，受训教师可以通过录像回放等方式及时进行自我分析和相互讨论评价，找出教学中的优点和不足。如果需要，还可以把有争议的片段用暂停、重放等方法把“毛病”找出来。(6) 副作用小。与真实的课堂教学相比较而言，即使教学片段失败，对扮演学生的人是没有影响的，不像真实课堂上会给学生的学习产生负面影响。(7) 心理压力小。教师的角色扮演者不必因为试教失败产生不良影响而担心。这将为他们下一步的教学打下良好的基础，增强自信心。

教学片段的尝试和实践运用表明，教学片段能够在一定程度上弥补并解决说课存在的教学设计是否科学无法检验，以及由于缺乏学生的参与看不到教师课堂教学随机应变展现教育机智的缺陷。教学片段的实践运用同时也暴露出一些问题：(1) 仅仅把教学片段训练看做技能训练是不客观、不公正、不全面的。因为它所涵盖的不仅仅是教学技能，还包括教材的分析、处理，教学活动与过程的设计，板书、操作、布白以及教学形式、方法、手段的选择应用。(2) 教学片段的提法本身具有模糊性、被动性，它强调教师从教学中截取片段，而不是由片段作教学。这样的提法不利于教师主动地、符合目的性和规律性地去把握教学目标、内容、过程和方法，去合理选择、应用相应教学技能。

应该说，教学片段的训练、探讨与运用，作为有效地提高教师的教学技能、提高师资水平和优化教学过程，确实发挥着积极的促进作用。无论在理论上还是在实践上，教学片段都应确立自己应有的地位和作用，它不仅应当在实践中存在，还应当在实践中进一步改进和完善，并且在实践中得到不断地发展和运用。

（二）第二阶段，教学片段的改进与实施

1. 片段教学的提出

针对教学片段所暴露出来的问题，南平市教师进修学校组织教研员进行了深入细致地反思和分析，大家意识到：与课堂教学一样，教学片段总是与一定的教学内容结合在一起，如果离开一定的教学内容，教学片段就会变成没有血肉的躯壳，失去生机与活力；如果离开一定的教学形式，教学片段就无法运作，因此，教学片段必须具备与其形式结构相

契合的内容结构。既然教学片段目前暴露的问题与课堂教学强调的“由内容决定形式，又通过形式呈现内容转化认知”是相悖的。那么，如何解决这一现实存在的问题呢？大家由百年国粹京剧的传承得到了启发。作为一门系统综合艺术的京剧，包括“唱、念、做、打”四种基本功和“手、眼、身、法、步”五种表演技法，称为“四功五法”。要演出全本戏，既费时费人又费事，因此在京剧的教学中，往往通过“折子戏”重点教授学习名家名段，靠的是“口传心授”的教学方法，由于这是京剧代表人物的拿手好戏，教起来得心应手，教学效果更为可观。“折子戏”就是针对本戏而言，选取其中的一折，或者一个片段。从内容上看，好的折子戏矛盾冲突尖锐激烈，人物形象鲜活生动，故事情节相对完整；在结构安排上，好的折子戏往往别出心裁、不落俗套，一下子就能紧紧抓住观众；从形式上看，京剧折子戏集中而突出地体现了京剧的艺术特征，即“生、旦、净、丑”的不同行当，“唱、念、做、打”的基本四功，充分体现了京剧艺术的特征。这些折子戏经过京剧艺术大师的精心创造，被赋予个人在表演艺术方面鲜明特色，逐渐成为京剧艺术流派的代表剧目。这应当说是京剧折子戏最重要的特点，也是它久演不衰、得以流传的重要原因。

从宏观看，一节课的教学是一个整体。根据系统理论，整体是由部分组成的，部分与部分之间是相互关联的，每一部分又是相对独立的。整体具有统摄整合部分的功能。反思正在进行的教学片段尝试，不难发现：在教学片段的训练中，选取的教学片段，相对于一节课教学，虽然是其中的一个部分，但又不是从一堂课中截取的一个片段，而是以这个片段所涉及的教材内容为教材，经过设计所进行的一个完整的教学过程。

从微观看，每一个教学片段是独立的整体，都具有一个相对完整的结构。因此，正在尝试进行的教学片段实质就是一种特殊的教学，不仅具有一般教学应有的目标、结构、性能，同时也具有教学基本功训练以及教研教改的意义。它虽然是一节课教学的某个部分，但本身又是一个相对完整的结构、相对独立的教学过程；它所涉及的教材内容不仅仅是一堂课教学目标和教材内容的浓缩，还有着自己的课题、相应的知识、能力和教育发展目标，有经过取舍组织的教材内容；它可以按一堂课的教材内容划分进行的某一层次教学，也可以按教学过程划分，围绕一定的任务进行的某些程序或某些步骤的教学，或者是把某一教材内容层次与相应的教学程序相联系进行的若干教学环节的教学。

为了弥补在教学片段实践中暴露出来的缺憾，使这种新的教研方式能够达到有利于教师由被动转为主动，又能促使教学基本功训练真正走向集约化的目标，基于上述理解，最终将教学片段定名为片段教学。由此可见，片段教学的提出，是一种观念、形式、内容相互融合的集约化的教学教研实践形式。

2. 片段教学的实施

片段教学提出之际，恰逢我国进入新一轮的基础教育课程改革，这次的基础教育课程改革，是一项长期而艰巨的系统工程，其规模之大，力度之强，都是前几次课程改革不能比拟的。因此，如何实施新课程改革工作，可以说任重而道远。南平市教师进修学校以《基础教育课程改革纲要（试行)》为依据，以转变教师角色为前提，以改变学生学习方式为核心，以培养学生综合素养为目标，确立了“以课程改革为主线，以片段教学为载体，以教师反思为前提，以互动合作为手段，以课程研究为中心，以专业引领为支撑，以教师发展为目标”的研训一体化的工作思路。

研训一体化是指以校本教研为手段，达到校本培训的目的，即以学校课程改革中的突出问题为研究对象，以学校教师为研训主体，以培训提升教师专业水平为目的的一种学习活动，它是将汲取理论滋养与扎根实践土壤高度结合起来的一种活动范式，其目的就是引导、帮助教师自觉主动地专业学习和反思，使其具备改进教育教学工作的方法、技能和素养，提高教育教学品质，从而为教师专业可持续发展奠定基础。其关键在于推动教师完成专业发展从被动卷入到自主进取的历程。针对进入新课程改革以来出现的课程改革理念淡薄、新课程实施能力不足、教师眼高手低、教学力不从心的现象，南平市教师进修学校以片段教学为抓手，从提高课程改革理念和课程实施能力入手，促进课程改革先进理念的落实，提高课堂教学的有效性，来保证教师的可持续发展。目的在于帮助教师由“教书匠”变为“研究者”。在片段教学活动的实施过程中，南平市教师进修学校以片段教学作为研训工作的载体，将教师的教学实践、教学研究和教师研修密切结合，将研训的起点放在唤醒教师对教学实践的思考上，最终的落脚点是促进教师的发展，促进学生的发展，促进学校的发展。

随着片段教学在中小学课程改革各项教研活动的广泛运用，其研训一体的应用价值和创新价值得到了充分的体现，片段教学不仅突出强调了理论和实践相结合，个人钻研和合作探索相结合，又融合了教师个人的教学特色和经验，同时还能吸收他人的智慧、经验以及当代教学理论的精华。片段教学通过教师“实践—反思—再实践—再反思”的循环过程，来不断发现和改进教学的效果，突出体现了实践反思、伙伴合作、专业引领的作用，不仅具有经济省时、形式灵活多样、不受时空限制、可以重复再现的显著特点，而且在教师与教师之间、教师与专家之间、教师与管理者之间形成一种平等交流、民主对话的良好氛围，使教学研讨的过程成为一个相互协商、建构与共同发展的过程。在深化新课程改革背景下教研工作的同时，得到了越来越多的教师和基层学校的认可，并被广泛运用到中小学各学科的教学研讨、教师评优以及进行的教师招聘考试之中，并逐步发展成为全市、全省乃至全国各地普遍开展的一项经常性的重要教研活动。

片段教学这个具有中国特色的教研形式，以其特有的短小精悍、玲珑剔透、入木三分、灵活便捷、内涵丰富、覆盖面广、迁移性强的优势，不仅能够窥一斑而知全豹，还能够牵一发而动全身，更为重要的是促进了教师通过自身的研训、创造，找到一条提升自己的课程实施能力和课程研究能力，从而提高课堂教学有效性的突破口，片段教学由此开拓了教师素质考核和教学研究形式创新发展的一个缤纷时空，从而在中国的教育研究领域确立起了自己的地位。

第2章

什么是片段教学

第❶节　片段教学的特征

所谓片段教学，一般是截取某节课的某个局部的教学内容，让教师进行 10 ~ 20 分钟的教学，以展现自己的教学思想、教学能力和教学基本功。《现代汉语词典》对“片段”的解释是“整体当中的一段”。那么，片段教学是否是课堂教学整体中的一段呢？片段教学作为衡量一个教师的基本素养的考评形式，是依附于整体课堂的“部件”，还是自成一统、别有洞天的“小小世界”？只有对片段教学本质特征有了深入的理解，才能对它有客观的认识。

一、教学结构的完整性：麻雀虽小，五脏俱全

课堂教学结构是指在一定的教育思想、教学理念指导下展开教学活动进程的结构形式。不同教师教同一教学内容，同一教师教不同教学内容，教学结构很少完全相同，但高度概括起来，课堂教学不外乎就是导入、新课、结课三大部分。

高水平的课堂教学，绝不满足于具体教学任务的完成和显性教学目标的实现，还致力于追求教学结构之美，力求构造出主线清晰、起承转合天衣无缝的教学环节链，给人以行云流水般的美感。常态教学如此，片段教学亦是如此。由于对“片段”二字产生误解，不少教师容易将其视为常态完整课的一个片段，导致教学结构不完整，甚至出现导入和结课的残缺。须知，片段教学也需要有相对完整的结构，导入、结课也是其重要的组成部分，是营造教学结构美的不可或缺的要素。

某教师进行人教版五年级下册《冬阳・童年・骆驼队》中“看骆驼咀嚼”的实境型片段教学，新课部分以“呆”为线索展开，让学生讨论“什么是呆”、“是什么让英子看呆了”、“英子是怎样的人”，线索清晰，层次分明，更重要的是精心设计了导入和结课。

导入

师：我们学习了《冬阳·童年·骆驼队》，课文勾勒了暖暖的冬阳下，悦耳的驼铃声中，缓缓而来，又渐渐远去的骆驼队。这是林海音在童年生活中最清晰的画面，如今这画面又浮现在她的心头。

师：默默地想，慢慢地写，又看见冬阳下的骆驼队走来了，又听见缓缓悦耳的驼铃声。童年重临于我的心头。（课件出示阅读内容）

师：在作者童年生活的画面里，你认为哪个镜头最有趣？（课件出示骆驼咀嚼、讨论铃铛用途、想为骆驼剪毛、询问骆驼去向的画面）

师：现在，就让我们跟随作者，也就是文中的英子一起去看看骆驼咀嚼的画面吧！

结课

师：多么有趣的镜头！多么天真的孩子！多么难忘的童年！长大后的英子还会这样做吗？

生：不会！

师：是的，“傻”只属于孩子，只属于童年！（新课环节，学生讨论“什么是呆”时，多数学生提到了“傻”）读——

生：夏天过去，秋天过去，冬天又来了，骆驼队又来了，童年却一去不还了，冬阳底下学骆驼咀嚼的傻事，我不会再做了。（课件出示阅读内容，并配有音乐）

《冬阳·童年·骆驼队》共有十多个自然段，第 4 自然段写“看骆驼咀嚼”。教学时，教师并不直奔这里，而是从回顾前面的学习内容入手，巧妙链接课文最后一个自然段的句子，导入新课。结课时，对本片段教学进行了小结，链接并让学生齐读课文倒数第 2 自然段的句子。导入和结课，独运匠心，首尾呼应，结构完整，余音袅袅，让人回味无穷，令人感受到氤氲的教学之美。

又如，某教师进行北师大四年级上册《正负数》一课中的“在数轴上认识正负数”片段教学时，作了这样的思考：把温度计横着放，充分利用学生熟悉的温度计这一数轴的“直观的生活模型”（事实上温度计已经具备了数轴的三要素：原点、正反方向、单位长度），将温度计加以合理地开发运用，改造为数轴，进而引导学生在数轴上认识正负数。基于这样的理解，教师按照“创设问题情境（温度计横着看）—激活学生思维，形成对正负数的认知—组织小组讨论，完善知识结构—片段教学小结”的结构，把片段教学串成一个清晰的活动主线，力求给听者呈现一个明确完整的教学结构。在主线清晰的基础上，教师进一步思考教学环节间的起承转接，特别是片段教学的导入语和小结语的设计，片段教学时间短这一特性决定了导语和结语的“短、平、快”的特点，寥寥数语就要实现前后知识或者数学与生活的有效链接，巧妙地把学生从“温故”引导到“知新”上。让我们一起欣赏这位教师的片段教学吧。

师：同学们，我们能在温度计上找出表示温度的正负数，可是现在淘气把温度计横着来看，你还能找到这些正负数吗？（教师略微停顿作倾听状）还能啊。那好，老师用这条横线表示横着的温度计（教师在黑板画出一条直线），这个温度计就可以看成是一条怎样的线呢？

生（教师模仿学生语气）：一条直线。

师：对了，是一条直线。它就变成了我们今天要学习的数轴了（教师在黑板画出一条直线，并标注对应的数字）。认真观察数轴，它和我们学过的线段有什么区别？说说你们的发现？（教师略微停顿作倾听状）

生（教师模仿学生语气）：我觉得线段图是线段，数轴是直线。线段图没有0，数轴有0，还有向右的箭头。

师：真聪明。同学们，我们已经知道温度计中的0表示水结成冰时的温度，是零上温度与零下温度的分界点。数轴上的0又表示什么呢？（教师略微停顿作倾听状）你的回答十分精彩。数轴上的0表示的是正负数的分界点。那么，我们一起观察数轴，现在，你还能找到这些正负数吗？说说你找到了哪些正负数？你是怎么找的？（教师略微停顿作倾听状）

生（教师模仿学生语气）：老师，我找到了+5，我先找到数轴中间的0，再往右数5格就是+5。

生（教师变换语气模仿又一学生）：老师，我也是先找到中间的0，再往左数3格找到了-3。

师：真聪明。我们一起观察数轴，以0为分界点，想一想：0左边有哪些数？0右边有哪些数？（教师略微停顿作倾听状）哇，这么多数啊！（出示事先准备好的小黑板）有点儿乱，老师请你们小组合作，试着用以前学过的分类方法把它们分分类。先在小组说说你打算怎样分？（教师略微停顿做巡视指导状）

生（教师模仿学生语气）：老师，我们组认为可以按大小来分，比0大的分一类，比0小的分一类。（教师模仿学生在黑板上进行分类，把同一类的数圈起来）

师：这样分可以吗？（教师略微停顿作倾听状）大家都认为可以这样分啊，老师同意大家的分法，你们认真观察这两类数，看看你有什么发现？（教师略微停顿做思考倾听状）

生（教师模仿学生语气）：比0大的数是正数，比0小的数是负数。

生（教师变换语气模仿又一学生）：正负数的个数是无限的。

师（做疑惑状）：老师有一个问题，0应该分在哪儿呢？（教师略微停顿作倾听状）

生（教师模仿学生语气）：老师，0比正数小，比负数大。

生（教师变换语气模仿又一学生）：老师，0既不是正数又不是负数。

师：同学们的回答真是太精彩了。是的，0既不是正数也不是负数。那么，我们一起观察数轴，-1左边有哪些数？这些数比-1大还是小？为什么？（教师略微停顿做思考倾听状）

生（教师模仿学生语气）：老师，-1左边有-2、-3、-4、-5等，-2比-1小，-3比-2小，越往左边数字越小。

师：太棒了。以0为分界点，越往左边，数字会——（越来越小）同样的道理，越往右边数字就会——（越来越大）刚才我们对正负数有了进一步的认识。老师请你们闭上眼睛想一想你头脑里的数轴，0在哪里？负数、正数在哪里？怎么画箭头？0的左边有多少个负数？它们的大小是怎样变化的？把你头脑里的数轴说给同桌听一听吧。（教师略微

停顿做巡视交流状）

师：同学们，我们刚才学习了数轴，大家一定要做到“心中有数”、“胸有成轴”。这个“数”就是“正负数”，这个“轴”就是“数轴”。

这个片段教学的导语设计巧妙链接了前后知识内容，起承转接做到天衣无缝，避免了片段教学容易产生的突兀感。而紧扣教学内容的精妙的结语设计，给人一种“言虽尽而意无穷”之感，就像幽幽古钟的余音，袅袅不绝地在听者的心中回响。

二、教学内容的多样性：一天游四季，十里不同天

如果说常态课的教学内容是一年四季，那么片段教学的内容也不应只是一个或两个季节，而应呈现出四季的变换和相应的美景——不是加大片段教学内容的容量和密度，将40分钟的教学容量浓缩成短课，而是合理选择和调配，使教学内容的类型呈现多样性。

如，阅读教学的课文具有很强的综合性，既有字词句段篇和语修逻等语文知识，即课文的形式；又有文章所反映的社会生活以及蕴涵其中的思想情感，即课文的内容。阅读教学的内容有不同类型，大致有人文内涵领悟点、语言训练点、思维引爆点三大类，每一大类还可细分，如语言训练点可分为语言形式的理解、积累和运用。如何确定和调配这些“点”，体现了教师的语文性质观、教学观和对教材的处理能力，也是教学评价的重要内容之一。因此，一般情况下，无论是常态教学，还是片段教学，都应兼顾类别不同的“点”。假如在常态教学中某篇课文有分属于三大类型的共10个“点”，有5个落在课文某个片段中，而巧合的是这5个“点”都属于其中某一类，并无不当。但若就这个片段设计并实施片段教学，也如此安排就很不合理，必须适当调整。人教版五年级下册《儿童诗两首》中《我想》写孩子美妙的幻想，想把小手安在桃树枝上，想把脚丫接在柳树根上，想把眼睛装在风筝上，想把自己种在土地上，表达了儿童对美的追求和向往。全诗五个小节，除最后一小节外，其余四个小节结构相同，且都用“我想把……”开头，朗朗上口，适合学生模仿创作。一般情况下，教师大多在教完第三或第四小节后安

排仿作练笔。但若是关于第一、二小节的片段教学，就可以在第二小节后安排练笔，从而实现教学内容类型的多样性。

“选好教学点，是片段教学成功的一半。”数学教学点的种类众多，包括生活经验的凭借点、知识的生长点、知识的延伸点、思维的爆发点、思维的发散点、技能的训练点等，片段教学如果选取的教学点太多，就像天上的星星，不停地闪，这样多的教学点和丰富的内容，反而使评委不知道你要学生掌握什么，教学内容就会像走马观花一样，一带而过，浅尝辄止，不能给评委留下深刻印象。正因为片段教学的时间短，更需要教师学会“舍”，正如俗话所说，有舍才有得。教师只有准确地选择2~3个教学点，并予以合理地优化组合，才能使片段教学做到细致而紧密、多元而精练。上面所举的“在数轴上认识正负数”片段教学例子，教师就是根据学生熟悉的温度计这一“生活的凭借点”，创设了“把温度计横着放”的教学情境导入片段教学；再从学生“知识的生长点”出发，引导学生通过数轴和线段的比较，形成数轴的初步感知；然后重点围绕“技能的训练点”，组织学生开展有效的质疑、交流、分类、小组讨论等数学活动；最终达成“在数轴上认识正负数”的片段教学目标。教师在这一片段对这些教学点的优化组合，做到精确不杂乱，具体不含糊，突出了教学的可行性、实践性。在体现教学内容多样化的同时，充分展示了教师的数学观、教学观和对教材的处理能力。

高水平的片段教学，总是合理地、艺术地选择和调配各种类型的“点”，不但能让评委或同行透过这个窗口感受到执教者对课程的理解和教学的能力，而且有助于营造跌宕起伏、疏密有致极具艺术感的教学节奏，让学生时而动情阅读，时而静思默想，时而议论纷纷，时而奋笔疾书，始终处于积极的学习状态。

三、教学手段的聚拢性：一两米下锅，三十六样家什

下锅之米不多，工具却一样不能少。片段教学容量虽小，但不能因此忽视教学手段、方法的灵活性和丰富性。根据教学内容的需要，采用丰富而恰当的教学手段，能高效地实现教学目标。教学手段的优化组合、灵活运用，既是创造教学美的重要条件，具有一定的审美性，也是

教学评价的重要指标之一。同样的课文片段，片段教学与常态教学相比较而言，“点”的类型更多样，因此各种教学手段、方法也应相应聚拢。

先看人教版五年级下册《我想》第一、二两个小节常态的教学实录——

师：出示“小手+桃树枝”，如果把你的小手安在桃树枝上，会长出什么呢？

生：我会长出稚嫩的花蕾，在阳光下尽情地绽放。

生：我会长出稚嫩的枝条，在春风春雨中尽情地生长。

师：此时的你会有些什么想法？

生：我会与树上的小鸟、桃树枝、桃树叶成为好朋友。

师：出示“脚丫+柳树根”，如果把你的脚丫接在柳树根上，又会长出什么呢？

生：我会长好多好多的根。

师：此时的你会有些什么愿望？

生：我会给人们遮阴，让我的同学在树下乘凉、读书……

这两个小节所采用的教学方式、方法完全一样，这在教学中应尽量避免。但由于全诗共有5个小节，如果是常态课，只要把后面3个小节改用其他不同的教学方式、方法，也还差强人意；若片段教学也如此，就有手段贫乏、方法单一之嫌，不说是败笔和大忌，至少也是重大的缺憾。某教师进行实境型片段教学，对第一小节中的“悠啊，悠”和第二小节中的“长啊，长”两处进行了这样的设计——

（一）

师：悠啊，悠——是怎样的悠？（晃、摇）

师：就这样悠啊，悠——你一抬起头来看见了什么？（阳光、蓝天、白云、小鸟）

师：就这样悠啊，悠——你一低下头来看见了什么？（小溪、野花、小鱼、碧野）

师：看到这美好的一切，你的心情怎么样呀？（快乐、自在、愉快）

师：我们一起带着一份自在，一份快乐，读——“悠啊，悠——悠出了声声春的歌唱。”

（二）

师：如果说“悠啊，悠”是慢慢的、缓缓的悠啊，那么——（停顿）聪明的孩子们，猜猜老师准备问什么？

生：“长啊，长”是怎样地长？

师：太聪明了！老师想问的正是这个问题。谁来回答？

生：急切地、迫不及待地、很快地长。

师：急切地、迫不及待地、很快地长，对这，你有什么问题想问？

生：为什么要这样急切地、迫不及待地、很快地长？

师：为什么要这样急切地、迫不及待地、很快地长？大家一起说。（出示：“我”想长成一座绿色的篷帐）

师：长成篷帐似的柳树是什么样的？你能用自己的语言向大家描绘吗？

对“悠啊，悠”，教师主要运用想象画面、入境体验的方式，引导学生领悟诗人的情感。而对“长啊，长”，教师主要创造问题情境，让学生自己提出问题，并通过交流解决问题，再辅以学生自己的语言描述，示现画面，领会诗人的情感。两处设计截然不同，充分展示了教师教学手段的丰富性和灵活性。

“内容决定形式，形式应服从于内容”，这是教学的辩证法。在数学片段教学的设计中，教师不仅要注意教学形式服从于教学内容，还要注意学生的学习方式与选取教学内容的关系，也就是说教师确定课堂教学方式不能一味地标新立异、求活求趣，更应从选定的特定教学内容出发，采取最恰当的教学方式进行优化组合。让我们一起看一个“平均数练习”的片段教学吧。

师：（指着装有6、7、5支铅笔的笔筒）同学们，平均每个笔筒有多少支铅笔？（稍停顿）你怎么这么快就算出来6支呢？（教师稍停顿作倾听状）

生（教师模仿学生语气）：老师，我不是算出来的，我是从7支的笔筒里拿一支铅笔放到5支的笔筒里，这样每个笔筒就都是6支铅笔了。

师：真是会思考的孩子啊。老师现在把三个笔筒的铅笔数量变成1、2、15支（边操作边说），你知道平均每个笔筒有多少支铅笔吗？（教师稍停顿作倾听状）

生（教师模仿学生语气）：老师，我先算出铅笔总数是18支，再除以3，求出了平均每个笔筒有6支铅笔。

师：（作疑惑状）你们都是用这种方法计算的？为什么你们不用移多补少的方法来解决问题？（教师稍停顿作倾听状）

生（教师模仿学生语气）：老师，三个笔筒铅笔数量的数字相差太大，用移多补少的方法不方便。

师：你说得真好。是的，我们计算平均数的时候，应该根据一组数的特点来灵活选择算法；接下来，老师请你们小组合作，铅笔数量不变，每个同学都随意地把这些铅笔放入笔筒里，其他同学要很快算出平均每个笔筒有多少支铅笔，想一想你有什么更合理、更简捷的好办法？看看你们都会有什么新的发现？（教师稍停顿作巡视交流状）

生（教师模仿学生语气）：老师，我知道了，因为铅笔总数不变，笔筒数量也没有变，所以不管怎么移动铅笔，都是把18平均分成3份，18÷3=6，所以平均每个笔筒都是6支铅笔。

在这个片段教学中，看似简单的求平均数问题，教师先出示数据接近的装有6、7、5支铅笔的笔筒，学生很直观地发现可以用移多补少的方法解决问题，很真实地体会了移多补少方法的价值，加深了学生对平均数的理解。接下来教师将三个笔筒的铅笔数量变成了1、2、15支，由于数据差距大，学生必然产生认知冲突：我还能够用移多补少的方法吗？怎么移？好像比较难。打破思维定式后，很自然想到用计算方法求平均数，体会到当数据相差较大时，用先求和，再求平均数的方法解决问题，从而理解了求平均数的普遍价值。紧接着，教师让学生小组合作、自主探究，让学生自己移动笔筒里的铅笔，探究更合理、更简捷的计算平均每个笔筒有多少支铅笔的好办法，看似重复劳动，好像没有什么思维价值，但是于无声处听惊雷，这一操作引发了学生的思考，大大提高了思维含量。学生通过操作、交流和积极思考，总结出：总数不变，平均分的份数不变，平均数也不变，从而对平均数的意义有了更加深刻的理解。教师根据教学内容，恰当而多样化的教学处理方式，省时而高效地“成就”鲜活的课堂教学。在这一过程中，不仅体现了教学手段的丰富性和灵活性，而且充分展示了教师体现和践行新课程理念的高超的教学艺术。

四、教学情境的准现场性：座中无童子，处处有学生

教师、学生、教材是教学不可或缺的三要素，没有学生就无所谓教学。因此，虚境型片段教学必须虚拟出学生的存在，营造出现场一般的氛围，让评委或同行产生置身现场的感受。当然，这“现场”毕竟不是真现场，姑且称之为准现场。那么，如何虚拟出不存在的学生，营造出准现场呢？

课堂中师生互动主要凭借言语来实现，学生言语的存在就象征着或相当程度上代表着学生的存在。生活中，我们常听到以下的对话：甲——小王明天要走了。乙——明天要走？这么快呀！“明天要走？”这是言语交际中的回声现象，语言学上叫回声问。回声问句源于对方的话语或内心所想，句式也与对方的话语相近，因此它具有这样的功能：即使没有看见甲，没有听见甲的原话，但只要看见乙，听见并理解乙的回话，便可以猜到甲的原话，并明白其义，同时也就感觉到甲的存在。师生交流时，教师一般不宜重复学生的原话，但少量、局部的重复，在所难免，也非常必要，因此，教师的回应语或评价语中往往包括着学生言语的部分内容。

以下是王崧舟在《一夜的工作》中的教学片段。

师：假如请你用一个词语来概括总理的一夜，你想用哪个词来概括？这是怎样的一夜？

生：辛苦。

师：（板书“辛苦”）王老师想问你，你是怎样想到用“辛苦”这个词的？

生：“厚厚的一叠”说明他的辛苦。

师：“厚厚”他没放过。这个词让他感受到辛苦。读书就应该这样。

生：繁忙。

师：（板书“繁忙”）请问，当你用“繁忙”这个词概括总理的一夜，你想到了什么？

学生的答案大部分包含在王老师的评价和回应中，虽与回声不全相同，但局部融入了回声的某些元素。若更多地注入回声元素，将这段对话适当改造，就成为下面这样。

师：假如请你用一个词语来概括总理的一夜，你想用哪个词？这是怎样的一夜？坐在后边的那位男孩，你来说一说。（稍停，以 1 秒钟左右的时间为宜，代表学生在作答。若遇到让学生练笔、讨论、默读或批注等，适当延长时间。下同）

师：“辛苦”，（板书）好的。王老师想问你，你是怎样想到用“辛苦”这个词的？（稍停）

师：你认为“厚厚的一叠”说明他的辛苦。同学们，“厚厚”这个词他没放过，让他感受到辛苦。读书就应该这样。边上的那位女同学，你说。（稍停）

师：哦，你用“繁忙”。（板书）请问，当你用“繁忙”这个词概括总理的一夜，你想到了什么？

以上是王老师教学的一个片段，不是片段教学。在王老师的教学中，他利用回声现象和板书，很好地凸显了学生回答的内容重点，这值得我们在进行虚境型片段教学时予以借鉴。将回声元素引入教师的回应语和评价语，教师的教态、语态都始终处于最自然的状态，更能让评委或同行如临现场。采用此法，以停顿代表学生作答等活动给执教者留下了思考的时间，将使教学实施更加从容。片段教学虽然没有学生的只言片语，但通过教师的回应和评价，仍然可以让学生的言语“言犹在耳”，使人产生学生似在现场的感觉。因此，可以将此法作为片段教学中虚拟学生存在的重要法宝。

教师的体态语言对营造准现场感也具有十分重要的意义。第一，恰到好处地走动。常态教学时，教师总是走动于教室，虚境型片段教学时，教师可在讲台附近自然地走动。尤其是虚拟学生默读、动手或讨论等环节，教师更应在讲台周围走动，以象征巡视。第二，合理分配目光。常态教学时，教师的目光总是紧随学生，说课则投向评委或同行。虚境型片段教学中，导入、过度、小结时目光应分配给评委或同行，与虚拟的学生个别交流时则应投给那位实无似有的学生。第三，强化手势的运用。尤其是指定虚拟的学生个别发言时，手势应指向“心中学生”的所在，若配以投去的目光，则更有助于营造恍若现场的感觉。

指定学生时应多用处所词，如“坐在后面的那位男孩”、“边上的那位女同学”，处所词彰显了空间感，言之凿凿地指出学生的所在，也让人仿佛置身真实课堂。此外，保持常态课上的音量，也具有一定的效果。

五、教学生成预设的全面性：先知先觉，全知全觉

任何形式的教学都无法回避预设与生成的问题。常态教学尽管也有精心的预设，但总是充满变数，难以完全预知，正如布卢姆所说，“人们无法预料到教学所产生的成果的全部范围”，这就需要教师机智应对，灵活变通。关注学情、恰当处理预设和生成的关系，便成为教学评价的重要内容之一。但虚境型片段教学没有学生的实际存在，没有情境中的学情，没有任何变数，教学完全按预设进行，无须进行任何变通。此时，教师是万能的“上帝”，对学生可能的反应，全知全觉，先知先觉。学生说什么，教师怎么说，一切都依计划而行。那么，没有实际的学生，没有真实的互动，如何显示教师对学情及生成的关注、把握和运用呢?

首先，由于虚境型片段教学不可能面对真正的学生，学生的发言、学生的活动、师生的交流根本没有办法进行，而片段教学的虚拟性又决定这些是必不可少的，因此教师只有加以预设，片段教学才能顺利进行。从这个意义看，对于教师而言，虚境型片段教学的教学预设和生成是先知先觉、全知全觉的。教师应该对“可能的生成”进行最切实际和尽可能充分的预设。不仅应与常态教学一样，根据学生的实际水平、身

心特点拟定学习任务，设计各种问题，而且应以此为基础预设学生的答案。例如《盘古开天地》中有这样一句话，“有一天，盘古突然醒了，他见周围一片漆黑，就抡起大斧头，朝眼前的黑暗猛劈过去”。这位教师的教学处理就拿捏得恰到好处。

师：老师把这句话改一下：“有一天，盘古突然醒了。他见周围一片漆黑，就拿起大斧头，朝眼前的黑暗，砍过去。”这样改行吗？左边那位把小手举得高高的女孩，你说？（稍停）

师：你认为不行，觉得这样没有力气。那么，用“抡”，用“猛劈”怎么就有力气了呢？（稍停）

师：“因为猛劈，就是要靠很重的力气朝前面劈过去。”是的，说得好！而且是“抡”起大斧头！请大家做一个“抡”的动作。（稍停）

师：同学们，盘古抡起斧子猛劈的时候，你仿佛看到他脸上的表情是怎样的？坐在最后排的男孩，你为什么一直没有举手？就你，来说吧！（稍停）

师：听清楚了吗？他说：“就是咬紧牙关，就是很用力！”请大家把掌声送给他。（稍停）

师：那就再请你把这种用力的感觉读出来吧。（稍停）

师：是有点儿猛，但还不够。前排这位眼睛亮晶晶的女孩，你来读，大家听一听，她读得够不够猛。

有些教师为了“扮靓”教学，刻意追求答案的精彩。不错，虚境教学与常态教学不同，存在着理想化的情形，只要教师能提出问题，虚拟的学生便可无所不能，要多出彩的答案都可以。但超出相应学段学生实际水平太高的答案未必能获得评委或同行的认同，其效果可能适得其反。请看以下片段教学实例。

师：同学们你们猜猜看老师的腰围大约是多少厘米？（教师稍停顿作倾听状）

生（模仿学生语气）：我猜是120厘米。

师（作不敢相信状）：120厘米呀。老师的腰有那么粗吗？那不成

水桶了，啊！（笑）

生（模仿学生语气）：我猜是75厘米。

师：同学们猜的答案真多。有猜70厘米的，有猜80厘米的，还有猜65厘米的，有什么办法验证谁估计得准确些呢？

生（模仿学生语气）：可以用皮尺量一下老师的腰围。

师：这个方法真好，你真是一个聪明的孩子。看来周长在我们生活中无处不在，而且周长的应用非常广泛。

在这个片段教学实例中，教师的片段教学预设处理就显得拿捏不当，让学生猜教师腰围并组织测量验证的活动，是常态教学中的一个典型片段，在常态教学中，这样的设计既能增强学习的趣味性，又能让学生感受到数学在现实世界中有着广泛的应用。但作为虚境型片段教学，这样的设计就显得有些做作，明显是属于照搬常态教学经典片段而忽略了虚境型片段教学特征的现象。

其次，应尽可能预设出即时生成的学情并拟定措施。教师既可以让某生进行朗读，停顿片刻后，通过评价该生朗读的长处与不足来完成虚拟的朗读情景。教师也可以提出一个问题让某生回答，停顿片刻后，通过评析该生的回答来完成虚拟的答题情景。教师还可以让学生进行讨论，并在课堂上稍作巡视，通过对不同观点的评论来完成虚拟的讨论情景。或者通过虚拟争论、虚拟质疑、虚拟辩论、虚拟活动等情景，使课堂教学师生互动、生生互动、生动活泼，给人置身其境的感觉。比如“那位把小手举得高高的”、“你为什么一直没有举手”、“听清楚了吗”、“这位眼睛亮晶晶的”，这些学情或透露出的学情都是生成性的。在常态教学中，眼观六路、耳听八方的教师总是即时捕捉、即时处理，不会事先预设这些学情，但在虚境型片段教学中先知先觉的教师对此应作出充分的预设和处置。值得一提的是，即时生成的学情还包括学生表现的不足和答案的错误，对此，教师也应预设并进行相应的引导和点拨。如此，对学情、对生成的关注就得到了彰显，也极大地增强了现场感。

最后，进行虚境型片段教学时，全知全觉的教师更要精心谋划，创造一些“节外生枝”的环节，展现自己发现、调控、处理生成资源的能力。教师可以策划一些学生的“意外想法”或“错误认识”，然后巧妙引导“学生”展开思考、探究、交流；也可以大胆地策划一些超越教材、“超出”教师预设但又是教学内容的延伸、学生疑惑所在的生成，并通过及时鼓励、引导，达到保护学生创新思维的火种，化解学生疑惑的效果；还可以虚拟学生参与、体验、感悟、思考、理解、讨论等教学环节，通过这样具体可操作的清晰活动主线，把教学活动串成一个整体，使片段教学过程合理流畅，富有层次感。

例如一位教师进行《角的度量》的片段教学时，精心策划了这样一个“节外生枝”的教学意外环节——

师：同学们，小明同学的量角器断成了两半，它还能量角吗？（教师稍停顿作倾听状）

生（教师模仿学生语气）：那小半块肯定不行了，因为已经没有了中心点了。

生（教师变换语气模仿另一学生）：老师，我认为可以量。那大半块上面有中心点，还有刻度啊。

师：可是他还没量的是个钝角，那大半块的量角器也不够用呀！怎样解决这个矛盾呢？请同学们小组合作商量一下，帮小明同学想想办法。(教师稍停顿作巡视交流状)

生（教师模仿学生语气）：老师，我们先用三角板在角内画出一个直角，然后量出余下角的度数。再把量得的度数加上90°，就是这个钝角的度数了。

生（教师变换语气模仿另一学生）：老师，我们先把这个钝角分成两个锐角，再分别量出两个锐角的度数后相加。

师：真聪明啊。最后一排的男生还有什么不同的方法，说说看。（稍停顿）哦，你先把这个钝角补成平角，量出补上角的度数，再用180°相减就行了。太棒了！同学们的办法可真多啊！

量角器断了，这种突如其来的课堂尴尬往往会使数学教师手足无措或草率处理。而案例中的这位教师，则采用“求助学生”的谦和方式，引发了其余学生充满创新意味的策略观点。由此，教学现场荡漾着一种浓郁的生命张力！

这个片段教学中预设的“小明同学的量角器断成了两半，它还能量角吗?”这一课堂“意外”，虽在意料之外，却也在情理之中，给课堂注入了活力，教师采用“求助学生”的谦和方式，引发了其余学生充满创新意味的策略观点，可谓工具虽断，思维敞亮。这样的课堂“意外”预设，不仅给评委展现了教师发现、调控、处理生成资源的能力，更彰显了教师的教学理念、智慧与艺术。

第❷节　片段教学的类型

从选题看，片段教学可分为自定和他定两种类型。自定型片段教学是由教师自己选择教学内容，他定型片段教学则由他人指定选题。自定型片段教学便于教师事先做好充分的准备，有利于展示教师的风采，提高教研活动的实效，教研活动多采用这种形式；他定型片段教学更能真实地反映上课教师个体的设计能力、应变能力，带有评比和考核性质的片段教学多采用这种形式。

从内容看，片段教学可分为节选和主题两种类型。节选型片段教学是从教材中选取某些片段进行教学；主题类是从某节课中抽取一个主题（或一个知识点、能力点，或一个教学环节）进行教学。

从场景看，片段教学可分为实境与虚境两种类型。实境型片段教学，即教师在真正的课堂中面对学生进行教学，具有更强的仿真性，能较客观地反映被测试者的常态教学水平；虚境型片段教学，即教师面对评委或参加教研活动的教师进行模拟教学。由于虚境型片段教学不受时空所限，操作方便，所以尽管有脱离学生主体之弊，但在现实中更频繁地被使用。

从目的看，片段教学可以分为评价型片段教学和教研型片段教学。评价型片段教学主要是用来考核教师的素质，对教师教学实践能力进行考核，具有鉴别、考核、选拔功能；教研型片段教学主要是为了对教学中某个环节或某类问题展开讨论而进行的教学研究活动，主要目的是交流和研究。

尽管从不同的角度，片段教学有不同的分类。但是，从目前看，片段教学主要还是用于评价，主要分为实境型和虚境型两种，又以虚境型片段教学为多。基于这样的认识，本部分将重点讨论实境型片段教学和虚境型片段教学的特点，并结合具体的教学实践展开分析。

一、实境型片段教学的特点

在实践中，不少教师认为实境型片段教学与常态教学没什么区别，因此完全按常态教学的思维和方式进行实境型片段教学，导致教学效果不佳。其实，实境型片段教学受特定主题、背景、目标、时空等因素的影响，与常态课堂教学还是有一定的区别。以下将采用与常态教学对比的方式，介绍实境型片段教学的特点。

1. 教学目标的拟定更精练

常态教学倡导目标多元化，即从知识与技能、过程与方法、情感与态度等角度拟定多元化的教学目标。而实境型片段教学内容少、时间短，这就决定了其教学目标应更加简练、集中、具体。若将常态课的多元教学目标简单地浓缩在实境型片段教学中，势必造成片段教学面面俱到，浮光掠影，缺乏针对性、深刻性。因此，片段教学不必完整地体现常态课的教学目标，而应根据片段教学的重点内容拟定精练的教学目标，做到精确不杂乱、具体不含混，突出教学目标的可行性、实践性。

例如，在“平行四边形面积计算的公式推导”片段教学中，某教师拟定了如下教学目标与活动。

片段教学目标	片段教学活动
通过观察、计算、操作、比较等活动，经历平行四边形面积计算公式的推导过程，提高抽象概括能力。	1. 观察多媒体演示，发现平行四边形的面积大小与它的底和高有关。
	2. 计算方格图示，猜测出平行四边形的面积等于底乘高。
	3. 动手操作学具，将平行四边形纸片剪拼成已学过的图形。
	4. 观察、比较、推导，概括出平行四边形的面积计算公式。

上述片段教学目标围绕着“公式推导”这一片段重点，以“在活动中探究数学”理念为指导，对常态教学的三维目标进行筛选、提炼，精练明了，其目标与具体的教学活动环节相对应，又显得具有很强的操作性、可测性。

2. 教学素材的选择更简洁

与常态课堂教学情境多样、素材丰富、资源厚实的特点相比，实境型片段教学受教学时间限制，一般要求教学素材简洁，不繁杂。有些教师为了展示自己的教学特色，片面追求“多”、“全”、“新”，过度地引入教学素材，导致教学内容臃肿，难以完成教学任务。教师要根据片段教学在全课中所处的地位，针对片段教学目标和学情特点，精心选择简洁的教学素材，并通过综合性运用，突出教学重点，突破教学难点。

例如，在“平行四边形面积计算的练习巩固”片段教学中，某教师以平行四边形纸卡为依托，开展了一系列富有挑战性的练习教学：(1) 让学生动手测量平行四边形纸卡的相关数据，计算出面积，然后对计算方法进行比较、评价，认识到平行四边形面积计算要注意底和高的对应。(2) 给出一个底边长 8 厘米，面积是 40 平方厘米的长方形纸卡，让学生求对应的高，通过对平行边形面积计算公式的逆用，进一步理解面积计算公式。(3) 要求学生利用平行四边形纸卡，画出和这个平行四边形（前一环节中出现的平行四边形）面积相等但是形状不同的平形四边形，在画的过程中体验“等底等高的平行四边形面积相等”。(4) 给出条件“一个平行四边形两条邻边长分别是 6 厘米、10 厘米（学生每人有一张对应的平行四边形纸卡），一条高是 8 厘米”，要求学生在平行四边形纸卡上画一画，找出相关数据再计算这个平行四边形的面积。这样的教学素材简单，有利于将主要精力用在突破重难点上，增强了片段教学目标的指向与达成度。

3. 教学活动的指导更细腻

在常态课堂教学中，教师放眼全课教学目标的达成，有较为充裕的教学时间，可倡导实践、自主、探究等主体型学习方式，以粗犷式指导推进教学。而实境型片段教学有着鲜明的目标性与强烈的时效性，教师应立足于片段教学目标的实现，慎用常态课堂教学中常使用的自主学习、合作学习以及太开放的探究学习等“费时”方法，而应在指导上更理性和细腻，把握好教学节奏，促进教学活动的明快推进。

例如，在“平行四边形面积计算的引入”片段教学中，对于教材呈现的“长方形与平行四边形花坛，哪个面积比较大”的内容，常态教学与片段教学中教师的指导应有所不同。

[常态教学]（1）求出长方形花坛的面积，然后思考长方形的面积该怎样计算。（2）思考怎样计算平行四边形花坛的面积。

[片段教学]（1）多媒体呈现长方形和平形四边形花坛的图形，让学生猜猜哪块地的面积比较大。（2）引导学生想一想可以怎样比较这两块地的面积，提出把两者的面积计算出来再比较。（3）给两个图形标上数据，让学生计算长方形面积，复习面积计算公式。（4）让学生类比迁移，猜测平形四边形面积怎样计算，因势利导地引入新课。

对比以上案例中教师的指导活动，可以看出片段教学中教师更加重视对教材内容的挖掘与运用，更加关注对教学生成的指导与疏通，使片段教学细腻、丰盈、流畅而隽永。

4. 教学脉络的处理更关联

一节常态的数学课相对比较独立、完整，即使没有揭示前后联系也可观全貌。而实境型片段教学截取其中一个片段或主题展开，如果就“片段”而教“片段”，势必会让听课者难以洞察全貌，无法整体把握。因此，片段教学应跳出“片段”，立足于全课甚至全单元的知识教学，对片段教学的首尾进行“前联后延”的处理，揭示片段教学脉络的前后关系。所谓“前联”，就是以简短的开场白代替复习铺垫、情境酝酿等功能，阐述清楚知识的“来时路”；“后延”就是在教学末尾进行拓展，清晰地阐述知识的“延展处”，让听者能感受到片段在整体教学中的联系与地位，进而了解执教者的整体思路。

例如，在进行“平行四边形面积计算的公式探究”片段教学时，教师可于课始简明交代：“我们学习了长方形面积的计算公式‘长乘宽’，对于平形四边形的面积计算，大家提出了‘底乘高’和‘邻边相乘’两种方法，到底哪种方法正确呢？下面，我们一起来探究平行四边形面积的计算公式。”在片段教学结束时，教师可进行这样的“后延”：（1）提示后续学习。师：“我们推导出了平行四边形面积计算公式，还要解决相关的数学问题才能真正巩固计算方法，提高计算能力。”（2）阐述学习意义。师：“在今天的数学学习中，我们第一次用转化的方法推导出了面积计算公式。这种方法很重要，在以后的几何公式学习中，我们将经常用它来解决问题！”这样“前联后延”地沟通联系，有利于清楚揭示片段教学内容与相关知识的联系及在全课中的地位，使片段教学更趋完整，富有结构性。

二、虚境型片段教学的特点

虚与实是中国传统文艺理论中一对重要的范畴。文学作品中，逼真描写的景、形、境等具体的事物，称为“实境”，由实境诱发的审美想象空间称为“虚境”。虚境是艺术创造的意向和目的，体现着艺术作品的审美效果。同时，虚境不可能凭空而生，要通过实境的具体描写来表现。虚境型片段教学的实质，就是教师将自己对某一片段的教学构想进行具体化和实践化的过程。片段教学没有学生，就必须通过虚拟学生的存在，虚拟学生的反应来推进教学，通过“虚”中带“实”来演绎虚境课堂。

1. 环节细致紧密，变“虚”为“实”，体现教学思路

在实境教学时，教师常常采用板块设计，留下较开放的“弹性空间”，为了给学生的个性发展留下足够的空间，为教学过程的动态生成创设条件。虚境型片段教学没有学生的参与，学生的发言、学生的活动、师生的交流等生成内容就无法如常态课堂一样自然生成，必须有教师来“代替”学生完成。如果虚境型片段教学也采用版块式、较开放的设计，就可能影响听课者对教师教学思路的了解。因此，虚境型片段教学要针对实境教学中的生成内容进行更细致的预设，并按照一定的顺序把生成信息呈现出来，通过真实、具体的环节来呈现虚拟生成的内容，从而确保虚境型片段教学的顺利实施，让听课者在清晰的教学流程和生成环节中清晰地了解执教者的教学思路、教学构想。

例子："用数对表示位置"教学片段。

师：（指板书"第3组，第2个"）这种描述方法已经比较简洁了，还能再进一步简化吗？能不能不用文字，只用数字和符号就把这个位置记录下来？试一试！（稍停顿，表示学生在尝试）

师：谁愿意把自己的方法写在黑板上吗？（眼光扫过教室、评委，作询问状）请把自己的想法写在黑板上！（教师模仿学生在黑板上写："三2"、"3，2"、"3（2）"、"3－2"、"3/2"、"3、2"……）

师：同学们的方法还真不少！（手指板书）一起来看看：这些记录方法有什么相同的地方？

生1（教师模仿）：老师，它们都表示第3组第2个，都有数字3和2。

生2（教师模仿）：老师，它们中间都有符号隔开。

师：你们观察得可真仔细，那为什么中间要隔开呢？（稍停顿，表示学生在回答。教师作倾听状）

师：××同学说得真好，因为不隔开就变成32了。同学们真了不起，你们的记录方法已经和数学家的方法很接近了。数学家是这样记录的［板书"（3，2）"］，这种记录方法称为"数对"，顾名思义就是用一对数来表示位置，读作"三、二"。

如果是实境型教学，这个环节教师只要设计成让学生用自己的方法表示"第3组，第2个"，然后根据课堂的动态生成进行针对性的调控即可。但虚境型片段教学时，学生的活动、学生的回答、师生交流的过程和该板书哪些"生成性"的内容都必须精心预设好，并且要预设出用怎样的节奏、语言表达，该配合怎样的肢体语言、表情，何时该停顿、停顿多久等。以上片段虽为虚境教学，但由于教师在这些方面进行了预设，仍然具有极强的现场性。另外，这个片段中，教师很好地运用了板书，对体现教学思路也起到了很好的辅助作用，从而真正让虚境型片段教学呈现出灵动的生机和跳跃的活力。令人遗憾的是，以上环节在预设时，对学生的学习心理捕捉得还不够，因此存在一些需要改进的地方。如教师让学生自主表示"第3组，第2个"，当学生用自己的方法表示出这一位置，而教师要求大家用（3，2）记录时，学生常常会问（即使没问也会纳闷）“为什么不用我们的方法呢”，尤其是在教师称赞“你们的记录方法已经和数学家的方法很接近”时，学生更会产生类似的疑问。况且，让学生辛辛苦苦地探究了自己的表示方法，然后撇开学生的探究成果，另出“新规”，既会让听课者觉得教师不尊重学生的思维成果，也会让听课者觉得这个教师课堂驾驭能力不强。针对这一问题，在提出用“（3，2）”表示后，还可以预设一个“质疑—交流”环节：“学生”提出质疑，教师组织“学生”讨论（3，2）比“三2”、“3，2”、“3（2）”、“3－2”、“3/2”、“3、2”更合理的地方。

2. 生成精心谋划，以“虚”显“实”，展现调控能力

众所周知，目前的片段教学主要是用来考核、选拔教师之用，作为教师重要素质之一的课堂调控能力无疑会成为听课者重点关注的内容之一。可是虚境型片段教学是教师的“独角戏”、一切都是教师预先设计好的，无法像常态课那样给教师提供展示自己课堂调控能力和随机应变教学机智的机会。因此，教师要精心谋划，创造一些“节外生枝”的生成性资源，充分展现自己的调控能力，展现自己发现、调控、处理生成资源的能力。

在虚境型片段教学中，教师可策划一个“意外”或是一个“错误”，然后对这个“意外”或“错误”进行巧妙地引导，就此展开思维、探讨，且使之与教学目标相结合，展现自己捕捉、利用有价值生成资源的教学机智。教师还可大胆地策划一些超越教材、“超出”教师预设但又是片段内容的延伸或延续，更是学生疑惑所在的生成，并通过及时鼓励，巧妙引导，达到化解学生的疑惑，保护学生创新思维的火种，激起学生对数学的学习兴趣和积极性的目的，从而让听课者领略到教师的知识底蕴和“激励点化”的驾驭智慧！并且在“顺水推舟”的基础上巧妙地与教学目标相结合，引导学生就此展开思维、探讨，碰撞出智慧的火花，展现出教者善于捕捉一瞬间有价值的信息，巧妙利用生成资源为教学资源的能力。

例子：顺势引导的机智。

师：刚才我们都画了射线，同桌两人比一比谁画的射线长？（略微停顿）

师：我们看到了同学们都在用尺子量自己射线的长度。认为自己画的射线长的小朋友请举手。（停顿，目光做观察学生状）这对同桌怎么两个人都举手？

生（教师模仿）：老师，他是刚刚延长的，其实前面是我的长。

师：他能够将自己画的射线延长，你会吗？

生（教师模仿）：会！

师（面向全班）：你们画的射线也能延长吗？（停顿）是的，大家的射线都能延长，我发现有些同学已经拿起笔和尺子在延长了。别急着画，请认真地思考一下：谁的射线长呀？（停顿片刻）

生1（教师模仿）：老师，一样长！

生2（教师模仿）：不对，射线没有长度。

“你们画的射线也能延长吗”，打开了学生思维的闸门。这一“意外”的策划不仅给课堂注入了活力，而且使“射线没有长度”的难点落到实处，更闪耀出教师正面激励、顺势引导的调控能力。

三、虚境型片段教学的典型形式

虚境型片段教学虽然在本质上是教学活动，但又与正常的教学活动有所不同。平时教学实践的实施对象是学生，而虚境型片段教学面对的却是同事、同行，甚至是评委。因此，在教学实施过程中就带有浓重的虚拟色彩。没有学生的教学活动如何进行，通过什么形式来反映师生双边的活动状况呢？这是最棘手却必须面对的难题。针对“虚境”这一特点，经过一段时间的摸索，以下三种基本形式被较广泛被应用。

1. 单口相声式

单口相声式，就是教师身兼师生双重身份，自问自答、自言自语，将教师的教与学生的反应清楚地展示出来的方式。在教学时，教师既要说出自己的教学流程，又要预设学生的回答再进行引导，这样就要求教师像说单口相声一样，要模仿学生的语气，甚至要模仿学生的表情动作，这样才能让听者听得明白。

人教版二年级上册《从现在开始》一课中，“猫头鹰当大王”一节有这么几句。“猫头鹰想自己成了‘万兽之王’，神气极了，立刻下令：‘从现在开始，你们都要跟我一样，白天休息，夜里做事！’”

采用单口相声式模拟教学“神气极了”一词可这样进行——

师：这段话中，猫头鹰的神情怎样？

生（由教师扮演学生并举手回答，下同）：老师，猫头鹰“神气极了”。

师：看看文中插图，从哪里能看出神气？

生：老师，从“挥着翅”、“瞪大眼”看出猫头鹰神气极了。

生：老师，从“昂着头”、“拍着胸”看出猫头鹰神气极了。

生：老师，从“眉飞色舞”、“目空一切”看出猫头鹰神气极了。

师：同学们，“神气极了”能否换个词——“（　　）极了”，（板书）使意思基本不变？

生：老师，我换成“得意极了”。

生：老师，我换成“狂妄极了”。

生：老师，我换成“疯狂极了”。

生：老师，我换成“骄傲极了”。

生：老师，我换成“搞笑极了”、“恐怖极了”、“威风极了”……

师：猫头鹰这么神气说了什么，谁能读出那种神气？

生：老师，我来读。（教师扮演学生神气活现进行朗读）

师：同学们，谁能表演“神气极了”的样子？

生：老师，我来表演。（教师代表学生表演）

师：日常生活中你见过神气极了的情况吗？请用“神气极了”来说话。

生：老师，邻居小弟弟新买了一把玩具手枪，别在腰间，大摇大摆，走来走去，神气极了……

运用单口相声式，学生的活动、发言，可以通过“老师，……”的开头语，与教师的教学语言清楚地区分开来，清晰地再现师生双方的活动情况。虚境型片段教学不求面面俱到，但求细致深入。教师要根据自己的专长，充分发挥自己的优势，尽己所能，抓住课文的重点、特点，力求做到火力集中、思路清晰、层次清楚，成为一名出色的单口相声演员。

2. 重复评价式

重复评价，就是通过教师重复学生的发言、评价学生的发言来展示师生双边的活动情况。如引导学生用“树”字组词——

师：同学们，谁能用“树”字来组词？

师（似乎面对学生，手势示意，下同）：哎呀，真不错，你组“松树”，你组“柏树”，你组“杨树”，你组“榕树”……

师：同学们，能不能不说两个字的树？

师：很有创新，你组“冬青树”，你组“梧桐树”，你组“落叶树”，你组“常青树”……

师：同学们，下面再组，能不能不说整棵的树？

师：嗯，你说“树干”，这只是树的一部分了，你组“树枝”，你组“树茎”，你想到了“树根”，你想到了“树皮”，你还想到了“树心”……

师：同学们，下面再组，能否不含树木的意思？

师：呵，真了不起，你说“树立”，树立就是直立，没有树木的意思了；你说“树人”，有一句话说“十年树木，百年树人”，你懂的真多！你说“树敌”，树敌太多，不利学习、工作和生活，我们提倡和为贵；你说“建树”，你长大以后一定会很有建树的……

通过这样重复学生的答问，并相机引导和评价，也能很好地展示师生的活动过程。由于重复评价式没有单口相声式形象生动，因此教师应有意识地将评委或班级课桌当成学生，时不时地用眼神、微笑、体态语自然地和他们交流。切忌站立不动，眼神无处可放，显得过于呆板、拘谨。

需要特别说明的是，这里的“重复”并非都是机械的重复，而要视教学情况而定，有时“重复”原话，有时“重复”大意。为了避免单一的“重复”，给人枯燥无味的感觉，执教者应在重复的同时加大针对性评价的力度，使课堂语言丰富，揭示出“学生发言”的核心和独到之处。

3. 转述说明式

有时也可以采用教师转换叙述方式，将学生的答案清晰转述出来。如，教师出示两个句子（小青蛙问：“你是谁？你在哪儿？”那只看不见的小青蛙也问：“你是谁？你在哪儿？”）并提问：“哪句话是小青蛙说的，哪句话是小青蛙听到的？”

师：有的学生说第一句是小青蛙说的，第二句是小青蛙听到的。你是从哪里知道的？

师：学生可能回答第二句话里有“看不见的小青蛙”，说明小青蛙没看见另一只青蛙，只是听到的。

师：太棒了。我们一起来读一读。（教师模拟学生读）

师：真好，同学们都能读出疑问句的语气，有的同学读第二句时，老师仿佛还看出他惊奇的样子。

为了节省时间，可少量地采用一些转述说明的方式。如上例中用“树”组词环节，用转述说明“学生可能还会组‘树龄、树种、树荫、树影、树形、树碑立传、树倒猢狲散’等，教师一一给予引导肯定”，省时且高效。在时间紧迫的情况下，这样的转述有利于展示更完整的环节。

这三种形式各有所长：单口相声式，把师生双边的互动完全模拟出来；重复评价式，教师的身份始终如一，可以保持自然教态；转述说明，可以补充一些需要让评委或同行了解的教与学的情况。选择何种方式，取决于教师个人的喜好、习惯和特长，擅长表演的教师可以选择单口相声式，不善于模拟学生语调的教师以重复评价式为佳。转述说明式一般只作为补充。就单次教学而言，可单一使用一种形式，也可融合起来运用几种形式，一切以能够清晰、顺畅地表现师生活动情况为目的。

第3章
怎样设计片段教学

第❶节　片段教学的误区

虽然片段教学用于考核教师的教学实践能力，但毕竟与真实的教学存在显著的区别，因此常常让一些教师手足无措。虚拟的场景、臆造的学习活动，失去了真实的课堂教学依托，使得不少教师茫然失措，产生了一些教学误区。分析、研究这些误区，可以帮我们找到通向片段教学的捷径。常见的片段教学误区主要有以下几种。

一、教学目标泛化

教学目标必须体现对课时目标的整体把握及与其他课时目标的关系，在进行片段教学前，教师应在准确把握知识点及课时教学目标的基础上，根据所选择的教学片段，将课时目标进行分解，细化出片段教学目标。进而恰到好处地在较短的时间内，以最优化的组合来完成既定的教学任务，把教学的亮点展示出来，促进片段教学目标的有效达成。片段教学目标要体现对课时目标的整体把握及与其他课时目标的关系，不能直接套用课时教学目标，也不能没有明确的目标，其目标要具体确切，不能求全、泛化。这样就能够确保在进行片段教学设计时，能够紧紧关注片段教学目标，提高目标的达成度。

例如，教学北师大版四年级上册《生活中的负数》中的“在数轴上认识正负数”这一片段，如果将《生活中的负数》全课的教学目标作为这一教学片段的教学目标，就没有针对性，也无法在这一片段教学中达成整课时的教学目标。教师应根据“在数轴上认识正负数”的片段，明确这一教学片段的教材安排意图和作用，细化出片段教学的明确目标：（1）借助学生熟悉的温度计，学习数轴，在数轴上认识正负数，使学生经历数学化、符号化的过程；（2）帮助学生进一步理解正负数的意义，知道0既不是正数，也不是负数的内涵，感受数学与生活的密切联系。

二、与说课杂糅或脱钩

片段教学是完整的微型课，有师生的双边活动，体现了课堂心理因素的相互作用，重在体现落实课堂教学行为，偏于实践；而说课重在“说”教学的依据、缘由，以说清楚怎样教和为什么这样教为主，偏于理性的阐述。片段教学产生于说课之后，目的就在于弥补说课坐而论道的不足。这两种形式相辅相成，共同成为考核教师业务水平的重要手段。但是不少教师没有搞清楚说课与片段教学的区别，在实践中容易出现两种误区：一是把说课与片段教学二者割裂开来，导致说课与片段教学脱钩。其突出的表现是：说课归说课，片段教学归片段教学。如有的教师选取的片段教学设计与说课中“说教学程序”这个环节相脱离，既不能用说课的理论来指导片段教学，也不能用片段教学来证明说课中教学设计理念的先进性、可行性、合理性，导致说课与片段教学脱钩。二是结构混乱表意不明，导致说课与片段教学杂糅。有的教师在片段教学中、重复说课中阐述的“我在教学中采取了什么样的教学方法”和“我准备采取的方法”等内容，仅仅强调和解释了这样教学的目的和依据，而没有阐述清楚教师是如何在较短的时间内，以最优化的组合，来完成既定的教学任务，恰到好处地引导学生进行探究式学习这一片段教学的精髓。把片段教学与说课混为一谈，导致片段教学的表意不明，产生说课与片段教学杂糅。还有的教师干脆将 40 分钟的教学容量浓缩成短课。

要避免片段教学与说课的脱钩或杂糅，教师要明确：片段教学不是加大内容的容量和密度，而是合理、艺术地选择和调配教学内容，让大家透过片段教学来考查执教者对教材的理解和教学的能力。教师一方面要准确把握片段教学和说课的特点，明确说课的关键在于说清楚“为什么这样教”，而片段教学的根本是“怎样教”；另一方面，教师撰写说课稿教学流程时，就要充分考虑自己将要进行的片段教学，提前对此进行重点规划。设计片段教学预案时，通过精心设计导入语、过渡语、总结语，精心设计师生问答、教师评议等教学语言，虚拟出学生的存在，做到教学过程有引有导、有问有答、有评有议，就像上常态课那样有声有色、连贯自然，营造出现场一般的氛围，让听者仿佛身临其境，充分感受到课堂教学效果。

三、无可操作性的教学设计

不少教师认为虚境型片段教学没有学生在场，教学是自导自演，只要自己的设计体现新理念就行，因此忽视片段教学的设计。在片段教学中操作性不强甚至不能操作的教学设计主要有两种倾向：一种倾向是过于注重形式创新，而淡化教学本质。某些教师为了体现和践行新课程的理念，不是根据教学内容设计教学流程，选择教学方法，而是让片段教学的内容迎合教学方式。如在导入新课时，为了体现数学与生活之间的联系，不管何种教学内容，一律以生活情境导入。另一种倾向是在既要说课又要进行片段教学时，大多数教师把精力放在说课稿的准备上，忽视片段教学方案的设计，以致说课头头是道，片段教学不知所措或条理不清。

在片段教学前，教师应重视片段教学的设计，力求创设具有较强可操作性的教学情境，虚拟学生参与、体验、感悟、思考、理解、讨论等教学环节，通过这样具体可操作的清晰活动主线，把教学活动串成一个统一的整体，使片段教学过程合理流畅，富有层次感。要设计出具体而又可操作的片段教学情境，然后通过设计一个个引导性的问题，逐步搭起学习活动的“脚手架”。教师要以问题作为互动过程的“导火线”，“引导学生”提出问题、分析问题，进而讨论、发现、建构知识，经历学习过程。教师只有设计出具体可操作的活动主线，片段教学才能在体现和践行新课程理念的同时，“成就”鲜活的课堂教学。

四、忽视师生双边活动

虚境型片段教学缺乏学生主体，有些教师进行片段教学时，干脆就淡化或放弃了师生的双边活动，代之以满堂灌的教法。虚境型片段教学看似是由教师一个人唱“独角戏”，但是教师绝不能只“读”或“背”教案，而应努力创设一种虚拟的情境，来突出师生互动。片段教学的互动情境有相当大一部分是通过评价来体现的，因此在备课时应充分地进行这方面的预设。如教师说完“下面请大家自由发言，谈谈自己学习的体会”后，如果立刻评价说“你的回答太棒了”、“你能够结合自己的理解来回答解决问题的方法，很好”，就会让听课教师莫名其妙，搞不明白学生的回答“棒”在何处，“好”在哪里。因此，教师在备课时应做好充分的预设，预设学生会说出的一些重点内容，在上课时把预设学生的回答重复一遍，然后再进行评价，如可以说“哦，你是说……你的回答很有见解”。当然，评价的目的不仅是转述预设学生回答的内容，还可以体现对学法等的指导，如提出“请同学们尝试计算，想一想你有几种不同的方法”后，评价“我发现有的同学自己解答完后，还和同桌交换看法，这是合作学习，应该坚持”，这种评价是对学生学习方法的指导；提出“老师想听听你们对这个问题的看法”后，评价“你的想法真独特！其他同学听懂他的回答了吗？你们能试着复述吗”，这种评价是引导学生学会倾听和交流。

进行虚境型片段教学时，教师要注意角色的转换，时而是教师，时而是学生，时而把听评课的教师看成学生；要注意语言的改变，时而转述学生的话语，时而对学生进行表扬评价；要注意教学方法的灵活选用，做到有问有讲、有讨论有评价、有组织有互动。教师只有做到“眼中无生心中有生”，才能虚拟出师生互动、生生互动的教学情境，也才有可能让听评课的教师产生现场看到了你上课的影子，仿佛进入了真实的课堂，感受到课堂教学效果。

五、把握不好教学时间

习惯了40分钟的课堂教学节奏，有的教师在进行片段教学时有头无尾，戛然而止，有的教师甚至来不及展开教学就超时了。把握教学时间，在片段教学时显得尤其重要。

首先，要合理取舍教学内容，不可贪多求全，太过细致。教师应深入分析教学片段的内容，抓住主要目标，做好重点内容的设计，尽量减少教学环节，减少不必要的情境。为了说明某个问题，同类的问题最好只出现一个，只要用好这一个问题情境就可以了。

其次，要十分注意导课语、环节间过渡语的设计，避免过于细致的导课及冗长的过渡语挤占分析重难点的时间。导课语和过渡语应尽量单刀直入，以便腾出更多的时间用来展开对重点内容的教学。

如果既要说课又要进行片段教学时，不能轻片段教学重说课。无论是设计说课稿、片段教学预案还是进行说课和片段教学，都不可平均使用力量，而要根据要求，合理安排两者的教学时间。如果没有具体要求，教师可以根据自己的实际情况，灵活安排，善教者就将片段教学的时间安排得长些，善说者就将片段教学的时间安排得短些。无论怎样安排，教师都要预设好片段教学的内容与节奏，确保在相应的时间内顺利呈现完整的思路，避免虎头蛇尾或有头无尾的情况发生。

第❷节　片段教学的设计

片段教学能够在招聘、职称评审、选拔课堂教学参赛者等考评方式中占有越来越重的分量，源于它具有教学仿真性，能在非常有限的时空内较客观地反映教师的实践水平。实践，是片段教学生存的土壤；指导实践，是研究片段教学的核心价值。通过对片段教学的实施策略的探讨，可以提高我们片段教学的实战能力。

一、片段教学的实施原则

片段教学是检查教师教学情况、评价教师教学水平、开展教学研讨和教学技能竞赛活动等行之有效的方法。教师要在规定的较短时间内展现自己的教学思想、教学能力和教学基本功，就要对片段教学进行严密合理的设计，因此片段教学设计与常态教学设计有明显的区别。笔者以为片段教学设计应注意“五性”。

1. 内容的适量性

片段教学的时间一般是 10～20 分钟，所选教学内容就不能太多，否则就无法出色地完成教学任务。因此，选择片段教学内容时要注意量体裁衣，绝不能因贪多而嚼不烂。教师要根据学生的实际水平、教学内容的难易度选择适量的内容。

例如，人教版四年级下册《三角形的内角和》的片段教学，可选择“引导学生探索三角形的内角和等于多少度”这个片段，根据学生的活动和教师的引导，设计三个活动：（1）让学生画出大小、形状不同的几个三角形，分别量出这些三角形三个内角的度数，并求出内角和，得出“大小、形状不同的三角形的内角和都接近180°”；（2）思考三角形的内角和是否正好等于180°，并把三角形的三个内角剪下来，拼在一起，组成一个平角，得到三角形的内角和是180°；（3）把三个内角折叠在一起，组成一个平角，得到三角形的内角和是180°。教学可分两次操作完成：第一次探究操作，组织学生通过测量、计算探究三角形的内角和，并得出猜想；第二次验证操作，组织学生通过拼或折的方法检验“三角形的内角和是180°”，并配上必要的提示或演示。这样让学生通过两次操作感受、体验探索过程，既能很好地体现算法多样化，让学生加深对三角形内角和的认识，又能优化教学，提高教学效率。而对于教材中三角形内角和的应用及相关巩固练习的内容则不宜安排在这个片段进行教学。

2. 目标的针对性

由于片段教学的内容只是课时教学内容的一部分，因此要正确处理好片段教学目标与课时教学目标之间的关系。片段教学目标要根据所教学的具体内容而定，要求更细更有针对性，而没有必要在一个片段教学中体现三维目标。因此要对课时目标进行全面把握，理清课时目标与片段目标的关系，对片段知识点对应的目标要有所侧重，定准片段教学目标。

例如，《三角形的内角和》的课时目标为：通过测量、剪拼、折叠等方法，探索和发现三角形的三个内角和等于180°；发展动手操作、观察比较、抽象概括的能力和初步的空间想象力；知道三角形两个角的度数，能求出第三个角的度数；在实践活动中体验探索的乐趣，体会转化迁移的思想方法；能应用三角形内角和的性质解决一些简单的问题。而“探索三角形的内角和等于多少度”片段教学目标可确定为：通过测量、剪拼、折叠等方法，经历探索和发现三角形的内角和等于180°的过程；

发展动手操作、观察比较、抽象概括的能力和初步的空间想象力；在实践活动中体验探索的乐趣，体验转化迁移的思想方法。

3. 重点的侧重性

课时教学的重点有时就是片段教学的全部内容，有时不全在片段教学中，因此片段教学必须集中时间和精力解决好教学片段中的重点问题。片段教学对重点的把握要以课时教学重点为本，并使各环节都服务并服从课时教学重点，做到既体现课时教学重点又有所侧重。

例如，“探索三角形的内角和等于多少度”片段教学不能让学生在测量三角形三个角的大小、计算三角形的内角和这些环节上花费太多时间和精力。一般情况下，学生很难通过测量得到准确结果，因此只要他们通过测量、计算，感受到三角形的内角和都接近180°就可以了。而应重点把握后面的探索、验证环节，把较多的时间和精力花在引导学生用剪、拼、折的方法验证“三角形的内角和是180°”上。

4. 结构的紧凑性

片段教学时间短，因此对教学结构安排更要紧凑，各个环节要一环扣一环。结构安排要求做到前后衔接，转折自然，重点突出，层次清楚。只有教学结构安排科学、紧凑，才能促进片段教学的最优化。

例如，“探索三角形的内角和等于多少度”这个教学片段，在安排测量与计算、剪拼和折叠这三个活动的教学结构时，要注意做好三个方面：提出的问题要层层深入，不断启发学生思考；分配时间要合理，如在“引导学生探索三角形的内角和等于多少度”这个片段中引导学生测量与计算活动大约用5分钟，引导学生剪拼、折叠等验证活动大约用10分钟，引导学生总结、归纳和拓展等环节大约用5分钟；要沟通知识之间的联系，形成知识网络，通过组织比较，沟通知识之间、方法之间的联系与区别，优化学生的认知结构。

5. 方法的适用性

教学方法包括教师教的方法和学生学的方法。在片段教学里时应采用不同的教学方法，但选择的教学方法必须最有利于学生掌握知识和形成技能，必须特别适用。同时，要注意各种方法的灵活选择，只有合理、灵活地使用教法与学法，使师生在教学中互动协调，产生教与学的共振，才能有效地提高片段教学效益。

例如，“探索三角形的内角和等于多少度”这个片段教学，根据教学内容的知识特点和学生的认知特点，教法可选择启发点拨法、演示法等，学法可选择尝试法、实验法、发现法、验证法、讨论法等。

二、片段教学的注意事项

如果把学校课堂比做一个绚丽的舞台，那么课堂上的“一节课”就是这个多姿舞台上师生倾情主演的一出戏、一段生命交响曲。如果说“课堂实录”是对一节课的全程直播，那么“片段教学”就是课堂教学“折子戏”的精彩绽放。片段教学立足课堂教学片段，以灵活多变的形式、清新隽永的语境、自主建构的认知开拓课堂教学创新发展的缤纷时空。

片段教学要在较短的时间里，表现教师的教学思想、教学能力和教学基本功，有时现场还没有学生，教师须在一个虚拟的场景里“传道授业解惑”，达到“手中无剑心中有剑”的境界。因此，搞好片段教学的方法应该是目标应依需而谋，程序要依法而用，内容要依经而念，风格要依技而展。

1. 目标应依需而谋

片段教学是在现代教育理论指导下，从教材内容入手，寻求最佳的角度切入，来安排恰当的教学活动。而教材中的每道例题、每幅插图都有其特定的教学目标和教育功能。在进行片段教学时，教师首先要准确把握教材意图，明确课时整体目标，然后根据选择的教学片段，将课时目标进行分解，细化为片段教学的目标，才能更好地促进片段教学目标的有效达成，促进学生的当前学习和后续发展。

例如，怎么制定“在数轴上认识正负数”的教学片段目标呢？如果将《生活中的负数》的教学目标作为这一教学片段的教学目标，显然是不现实的，也无法在这一片段教学中达成整课时的教学目标。这就需要教师依需而谋，根据选择的“在数轴上认识正负数”教学片段，明确选取的这一教学片段的教材安排意图和作用，细化出本片段教学明确的目标，从而确保在进行片段教学设计时，能够紧紧关注教学目标，逐本舍末，追求片段教学的高效。我们知道，在日常生活中，学生已经十分熟悉温度计，而温度计已经具备了数轴的三要素，即原点、正反方向、单位长度。如果教师能够将温度计加以合理地开发运用，改造为数轴，就可以达到“借助学生熟悉的温度计，学习数轴，在数轴上认识正负数，使学生经历数学化、符号化的过程”的目标，使学生“进一步理解正负数的意义，知道0既不是正数，也不是负数的内涵”，从中感受到“数学与生活的密切联系”的教学目标。

2. *程序要依法而用*

片段教学要求具有导向性，要能抓住教材重点，解决难点，“牵一发动全身”，以点带面；强调客观性，即从教师、教材、学生的实际出发；看整体性，既要依据片段教学内容去定目标，又要依据教学方法、实施过程去看效果。教师只有做好片段教学的程序设计，才能在片段教学时胸有成竹，做到有的放矢。因此，教师在片段教学中要在较短的时间内，以最优化的组合，来完成既定的教学任务，把教学的亮点展示出来，恰到好处地引导学生进行探究式学习，这正是片段教学的精髓。

片段教学是通过“单个片段”来演绎课堂教学的“折子戏”。因此，教师在设计片段教学方案时，应做到努力渗透新的课程改革理念——不是用书本去教书，而是力图利用书本这一媒介通过教师的引导去教人。在内容独立性的基础上，教学时可以考虑片段教学程序的相对完整性，可以是“学生参与活动—体验、感悟—交流—教师总结提升”，也可以是“案例引出问题—学生思考分析—讨论交流—教师总结提升”，还可以是“创设情境—学生思考判断—交流讨论—总结提升”，让学生通过有效的数学活动，在教师启发下对所提供的事例、问题思考，产生新的认识。

例如，在系统解读教材、准确把握目标的基础上，某教师教学“在数轴上认识正负数”时按“创设问题情境（温度计横着看）—启发学生对正负数的认识思辨—组织小组讨论，完善知识结构—片段教学小结”的程序展开教学，力求给听者一个明确完整的教学步骤。教学时，教师不是按照自己对课本内容的理解，把课本中的观点、知识灌输给学生，而是引导学生经过自己的参与、体验、感悟、思考、理解、接受甚至是形成课本中的观点、知识，是通过清晰的活动主线，把学习活动串成一个统一的整体，使片段教学过程合理流畅、有条不紊、富有层次感。

3. 内容得依经而念

古人云："技达于道者，艺也。"意思是说技巧若能够表达事物的本质属性与揭示事物的内在规律，入求真至善达美之境地，便堪称艺术。

片段教学的时间短，尤其需要集中时间和精力解决好重点问题，有时课时教学的重点就是片段教学的全部内容，有时又不全在片段教学中。教师只有在把握教学重点的基础上，根据片段教学内容科学合理地安排教学环节，力求做到起承转接自然，重点突出，层次清楚。"在数轴上认识正负数"片段教学中，"负数"的概念虽然是第一次出现且比较抽象，但学生对此并不是一无所知。学生经常会通过多种途径接收到天气温度的信息，对负数已有了初步的经验积累。教师精选数轴教学的切入点，通过把温度计横着放，充分利用学生熟悉的温度计这一数轴的"直观模型"（事实上温度计已经具备了数轴的三要素：原点、正反方向、单位长度），组织学生进行观察、探究、思辨，使学生对数轴的学习，有了深切的感悟，学生不仅理解了"理解正负数的意义以及 0 既不是正数，也不是负数"这一教学重点，在获得独特学习体验的基础上，还习得了学习数学的思想方法。

4. 风格要依人而展

"成为你自己"这句镌刻在奥林匹斯山石上的名言，应是每个教师教学风格的矢志不渝的追求。教学风格实际上就是对教师处理教学问题的行为方式的一种概括性描述。片段教学也是如此，只有有风格的教学，才能达到教学艺术美的境界。因此，片段教学也应该充分展示执教者的基本素质。执教者可以用板书来表现书法功力，可以用范读来表现朗读水平，可以用旁征博引来显示自己的知识面，还可以用自然的教态、饱满的精神、洋溢的激情去表现自己的教学感染力。教师可以通过灵活运用语言、表情、动作、心理活动、调控等手段，充分发挥教学语言的激励性，激发学生的思维和情感共鸣，展现自身的教学风格。

三、片段教学的实施策略

在考核教师专业素养时，为了更加全面、客观地考查教师的教育思想、教学能力、教学水平和教学基本功，多数教育管理者在综合考虑考核的全面性、实效性、可操作性及各种成本等因素后，陆续选择了虚境式片段教学的形式。因此，本部分讨论的策略主要针对虚境型片段教学（实境型片段教学可以参照以下策略以及本书第2章“片段教学的概况”中实境型片段教学的特点组织）。

策略一　合理虚拟活动，精心预设教学方案

有效的数学教学活动是教师教与学生学的统一。虚境式片段教学中，教师既要关注教师的教，又要考虑学生的学，同样是师生共同参与、交往互动的过程。而学生的学习必须由学习任务、学习评价、教学辅助媒体（教学资源）这三个要素激发。因此，教师必须精心预设教学方案，充分重视这些要素，使所虚拟的学生学习、应答、反馈显得真实合理，展示出自然流畅的教学过程。

请看下面的片段预设。

师：聪明的乌鸦往瓶子里放小石子，瓶子里的水为什么会升高呢？（明确学习任务）请你来说说。

师：哦，你是说，石子沉到瓶子的下面，瓶子里的一些空间被小石子占了，水位就升高了。真的会这样吗？我们来做个实验。（明确学习任务）

师：请同学们认真观察讲台上的两个杯子（出示教学辅助媒体），这是两个同样大小的杯子，1号杯子里倒满了水，2号杯子里放了一块鹅卵石。这时，如果把1号杯子里的水往2号杯子倒，会出现什么情况？（明确学习任务）

师：请你猜猜，也请你说一说。

师：哦，你们都认为1号杯子里的水还没倒完，2号杯子就满了。这是为什么呢？（明确学习任务）

生（教师虚拟学生的反馈，下同）：因为2号杯子里的一部分位置被鹅卵石占了。

生：因为2号杯子里的一些空间被鹅卵石占了，剩下的空间当然比

1 号杯子的空间小，所以，能装的水也少。

师：刚才这两个同学讲得非常棒（评价），他们用了“占”、“空间”这两个词。的确是这样的，2 号杯子里的空间被鹅卵石占据了一部分，剩余的空间就会比 1 号杯子的空间小，能装的水也少。也就是说，1 号杯子里的水还没倒完，2 号杯子就满了。

师：我们现在来验证一下同学们的猜测。（教师虚拟演示）结果果然与你们的猜测一样。

师：通过实验，我们发现鹅卵石这个物体是占有空间位置的，同样，生活中的其他物体也是占有空间位置的。现在，请同学们认真观察屏幕上的电视机、功放机、影碟机和手机四件物体，哪个物体占的空间大？（明确学习任务）

生：电视机所占的空间大。

师：电视机、功放机、影碟机和手机占有空间位置，讲台、课桌、我们每个人以及其他物体也都占有空间位置，仅仅是它们所占的空间大小不同而已。我们把“物体所占空间的大小叫做物体的体积”。（板书概念）

师：看一看、比一比，屏幕上的四件物体，哪个物体的体积最大？哪个物体的体积最小？（明确学习任务）

在实际课堂教学中，学习任务的提出、学习评价的运用、教学辅助媒体的选择，多数教师能把握自如，但在虚境式片段教学中，有些教师会出现不适应的现象。因为，这些要素的虚拟，既要顾及常态教学的需要，更应顾及虚拟教学的特定场景需要。学习任务（通常为供学生思考的问题或要求学生完成的操作）的选择要紧紧围绕与教学目标密切相关的重难点，学习任务的提出应该注意层次性和逻辑性，要能体现教师把握教学重难点和驾驭课堂的能力。教师的评价要根据课堂教学展开的需要使用，紧密指向学生的回答反馈，作出准确、合理的多样化评价，彰显教师的教学智慧和语言功底。教学辅助媒体的虚拟应精当形象，要让听者听得明白。经验不足的教师容易忽略虚拟教学媒体资源的运用，使得片段教学单调空洞，缺少真实感。

策略二　追求真实效果，彰显课堂教学艺术

追求真实效果是片段教学实施策略的核心问题之一。如何在虚拟课堂教学中让听者获得真实感，打动听者的心，获得较高的评价，需要借鉴课堂教学艺术，做些适当处理。

1. 详略得当，促使过程起伏有致

虚境式片段教学是教师对特殊的“学生”（领导、其他教师或评委）唱“独角戏”，教学过程中可以省略学生的观察、思考、实验、交流、练习等活动。所以，教师实施教学时要把握教学节奏，努力做到详略得当、主次分明，在简短的教学引入后，要尽快以主要学习任务为中心组织开展层次清晰、重点突出的教学，确保在规定的时间内（通常为15分钟）完成预定的教学任务，展示精彩的教学艺术。

师：同学们，知道“乌鸦喝水”的故事吗？（问题1）请你来说说这个故事。

师：这个同学的故事讲得真好！我们现在一起来看大屏幕，一边看一边思考，乌鸦是怎样喝到水的？为什么？（问题2）谁来回答这个问题呢？请你来。

师：聪明的乌鸦往瓶子里放小石子，瓶子里的水为什么会升高呢？（问题3）

师：哦，你是说，石子沉到瓶子的下面，瓶子里的一些位置被小石子占了，水位就升高了。真的会这样吗？（问题4）我们来做个实验。

以上教学片段是本课的引入部分，教师连续提了4个问题，前两个问题都没有正面表述出来，教师分别用了一句评价语和提新问题时的隐性回答，作了简化处理。问题3起着承上启下的作用，它的反馈不可省略，必须表达出来，教师在转述学生的应答后提出新问题，转入下一环节的教学。教师仅用一分钟左右的故事引入，唤醒学生的生活经验后，快速进入主要学习任务的教学，节奏把握准确。不少教师在进行虚境式片段教学时容易受平时的教学影响，或在学生活动环节停留时间过长，或提出的问题面面俱到，导致教学过程重点不突出，难点没突破，甚至没能完成既定的教学任务。因此，在教学节奏的把握上，必须详略得当，确保教学节奏流畅，教学过程起伏有致。

2. 拓宽思路，充分预设资源与应答

课堂教学是以课程资源和学生的应答、反馈来推进教学活动的，片段教学没有真实的学生，教师要在虚拟中与学生交往互动，体现课堂教学的真实感。所以，教师要尽可能预设好符合教学需要的课程资源和丰富多元的学生应答，以此来推进片段教学进程。另外，虚境式片段教学的备课时间有限。在有限的时间里教师应该拓宽思路，精心安排学习材料，设计一些学生精彩的应答，作为课程资源推进教学进程，以彰显教师充分预设学生学情的能力。

例如，认识体积单位的片段教学如下：

师：想一想，怎样比较功放机和影碟机（预设的资源）这两个长方体体积的大小呢?

生：我想，我们在学习比较平面图形面积的大小时，是用统一的面积单位来测量。那么，比较功放机、影碟机这两个长方体体积的大小，应该也要用统一的体积单位来测量吧!

师：太棒了！这个同学能利用过去的学习经验，想到“用统一的体积单位来测量”，他是用迁移学习法想到计量体积要用体积单位。再想一想，常用的面积单位有哪些?

……

师：想一想，生活中的哪些物体体积大约是 $1cm^3$。

生：一个手指尖的体积大约是 $1cm^3$。(板书“$1cm^3$”)

生：电脑键盘上每个键的厚度如果是1cm，那么每个键的体积就差不多是 $1cm^3$。

……

师：现在请大家闭上眼睛，想象一下 $1cm^3$、$1dm^3$、$1m^3$ 到底有多大?

生：棱长1cm的正方体体积是 $1cm^3$，大约是一个拇指的手指头那么大。

生： 棱长是 1dm 的正方体体积是 $1dm^3$，大约有老师讲台上两个粉笔盒合起来大。

生： 棱长是 1m 的正方体体积是 $1m^3$，大约是一台中型冰柜大。

上述片段教学中，教师在课程资源的预设上是用尽心智，教材只提供电视机、影碟机和手机三种直观材料，教师添加了长方体功放机，一方面增加"认识体积"的感性材料，另一方面在比较中自然过渡到体积单位的学习（教材是直接提出比较两个长方体体积大小）。学生在比较四种物体体积大小时，凭直觉就能看出电视机体积最大，手机体积最小，而功放机、影碟机这两种形状相同、体积相近的物体体积谁大谁小，怎样比较，更能激发学生进一步学习的欲望。同样，教师所预设的学生迁移学习法、联系生活实例建立 $1cm^3$、$1dm^3$、$1m^3$ 的体积单位概念和闭眼想象培养空间观念的内容，都是精心预设表现出来的教学亮点。

3. 从容机智，自然"扮演"师生角色

片段教学中如何自然地表达出学生的应答，才不会让教师本人觉得别扭，听者感到造作，出现不自然的捏造教学现象，这需要教师掌握从容机智转换师生双重角色的技巧。一般来说，对于学生的应答，教师可采用两种表述方式：一是教师运用转述，将学生的答案清晰地表达出来；二是教师模拟扮演，即类似单口相声、自问自答，答者适当变换语气语调、作出必要的停顿，以示区别。例如，上面"用两个杯子做倒水实验"前学生的猜测，教师就是用转述方式清晰表达出来的；而另两个学生回答"为什么 1 号杯子里的水还没倒完 2 号杯子就满了"，教师是用模拟扮演的方式表达出来的。

对于学生应答、反馈的两种表述方式，教师可以根据教学活动的需要、自身表达的习惯等灵活机智地选用。两种表述方式也可以从容交替使用，就像平时人与人之间的交谈会采用不同的句式说话一样，这能够使片段教学的氛围显得更丰富灵动。

4. 真心投入，努力营造教学氛围

虚境式片段教学没有学生参与，难以营造生动活泼的真实课堂教学氛围，怎样打动听者的心，让听者如入真实的课堂教学情境，是每位教师都必须思考的重要问题。为此，教师应该真心投入，借助课堂教学的艺术和自身的专业功底，努力做到声情并茂地展开教学。一般来说，营造课堂教学的真实感可以从几个方面着手：一是利用教师自身语言表达素养，恰到好处地描述出虚拟的场景和课程材料；二是通过交替使用学生应答的两种表述方式和适度转换学生的学习方式，改变沉闷的、单一的讲述形式；三是结合教学进程，适时、自然地穿插板书，给教学留下适当的安静空间，更逼近真实的教学，也展示教师书写基本功；四是恰当、自然地使用体态语言，努力营造与“学生”交往互动、生动活泼的真实课堂感。

策略三　注重以“虚”显“实”，营造课堂“实境”

没有学生在场的虚境型片段教学如何化虚为实、化静为动，营造课堂“实境感”呢？

1. 化虚为实，凸显“事物”

这里的“物”指的是跟教学活动相关的动态的人、静态的物或听到的声音等，具体指课堂里的学生、教学多媒体、实物、音乐等。虚境型片段教学的课堂，这些“物”都不存在，但教师应当有意识地虚拟显现，创造课堂的“实境感”，主要有以下方法。

（1）处所方位的指向。在指名学生发言、读书、板演等环节，教师可具体指出学生的位置，做到“眼中无生心中有生”，如“坐在边上的那位女同学”、“第三组手举得高高的那位男同学”等。这样既显示课堂的空间感，又让人感觉到学生的存在。

（2）体态语言的配合。教师恰当的体态语言对课堂教学具有增效作用，而在虚境型片段教学中，教师的体态语言还能积极营造真实课堂的氛围：走动巡视—教师在讲台周围走动，表明在关注学生学习或等待着学生的反应；手势指向—教师手势指向黑板、课件，指向虚拟的某个发言学生的座位，表明在执行教学指令；目光投向—教师的眼神、表情投向虚拟的学生座位，表明在与学生沟通交流；停顿稍候—在学生思考、发言、讨论、朗读时，在教师提问、启发、点拨后，应有稍微停顿的间歇，让人感觉学生在参与学习活动，教师在等待学生信息反馈，从而营造课堂现场感。

（3）多媒体手段的虚拟。恰当地运用多媒体是现代教学的必需，教师可以根据教学需要通过手势或语言虚拟正在使用课件、挂图、实物、音乐等，增强课堂真实感。

2. 以“虚”显“实”，转化“话语”

虚境型片段教学没有学生这一学习主体，缺少学生学习活动的回应，学生在课堂上的讨论、发言、朗读等语言，都必须通过教师的话语转化来实现，最简单易行的语言转化方法就是适当重复学生的回答，从而虚拟出师生互动、生生互动的场景。

例如，《搭石》中“清波漾漾、人影绰绰，给人画一般的美感”，某教师是这样进行教学的——

师：你们还从哪儿体会到画面的美呢？

师：清波漾漾、人影绰绰（板书这两个词）。这里的“绰”字是生字，在字典中有三种意思。请看屏幕。（教师手势提示）

师：同学们想一想，“人影绰绰”的“绰”字是什么意思？（稍停）

师：很好，是“姿态柔美”的意思。那么“人影绰绰”又怎么理解呢？

师：人们柔美的姿态倒映在清澈的溪水中，十分美丽。你理解得非常准确、到位。

师：现在大家想一想“清波漾漾、人影绰绰”在文中描绘的是怎样的画面？（稍停）

师：是啊，水清得可以看见水底的石头，一阵风吹来，水面漾起了波纹，人影倒映在水面上，美丽极了。你体会得真形象，你是在用想象来丰富，用心来体会这两个词语，这种方法值得大家学习。

师：这位同学也说得非常好！他说，仿佛看见清清的溪水漾起了粼粼的波纹，姿态柔美的人影倒映在水中，像画一样美。

师：听你们这么一描述，老师也感受到水光、人影两相和的美！谁来读读这个句子。这位眼睛亮晶晶的女同学，你来读。（稍停）

师：清波漾漾、人影绰绰，给人画一般的美感。真美，你的朗读把我们带进了画里。

上述片段教学，学生的回答、朗读等语言都是通过教师的重复来呈现，重复的话语应是重要的内容。通过教师的语言转化，我们可以清晰地听出“学生”的发言内容和朗读的语句，使虚拟型片段教学像常态课堂一样呈现。

3. “虚”、“实”相间，强化评价

评价是课堂教学必不可少的内容，也是虚境型片段教学体现学生存在的重要方法。如上述“搭石”片段中“你理解得非常准确、到位”、“你体会得真形象，你是在用想象来丰富，用心来体会这两个词语，这种方法值得大家学习”、“真美，你的朗读把我们带进了画里”等，就是教师对学生在理解词语、想象画面、朗读体会环节的学习活动的评价。这些恰当的评价再现了学生学习活动的情景，增强教学现场感。

虚境型片段教学场景相当一部分是通过教师的评价来体现，但评价话语如果脱离内容，单独使用，会给人空洞无物的感觉。例如，“现在请同学们默读课文，谈谈对这句话的体会”，如果紧接着就评价说“你能联系上下文来理解，这方法很好”、“你结合自身谈体会，很真诚”，虽然这两句评价本身没有错，但因为评价语未能与学生回答的内容相联系，让人听不明白，不了解学生的学习情况。因此，教师的评价语必须与学生的学习情景相融合，可以将学生对教学重点的回答话语先重复一遍，然后再进行评价。如，前文《搭石》片段教学的“是啊，水清得可以看见水底的石头，一阵风吹来，水面漾起了波纹，人影倒映在水面上，美丽极了。你体会得真形象，你是在用想象来丰富，用心来体会这两个词语，这种方法值得大家学习”，其中前一句是教师将学生想象画面情景的话语重复一遍，后一句是教师对学生学习方法、学习结果进行的评价肯定，两者紧密结合，使教师对学情、对生成的关注得到了彰显，也让听课教师仿佛进入真实的课堂情境。

4. 变“虚”为“实”，创设“情境”

教学是动态生成的过程，没有学生实际存在的片段教学，虽然无法像常态课一样自然生成，但教学过程完全按照教师预设的情境进行，不存在任何变数。因此，教师预设的动态生成情境，成为虚境型片段教学化“虚”为“实”的重要方法，也是教师教学水平的集中体现。变“虚”为“实”的常见方法有以下两种。

（1）预设常态下的教学情境，展示教学思路。教师应立足常态课堂，根据教材特点、学生实际对教学环节进行细致紧密的预设，预设教学目标、教学重难点、教法学法、教学步骤，特别是设计好学生的回答，使教学过程成为展示自己教学思路的过程。如上述《搭石》的教学片段中，教师精心预设学生理解“人影绰绰”的词义、想象“清波漾漾、人影绰绰”的画面，以及对学生的朗读指导等，都是根据学生的实际水平进行详细的预设，很好地展示了对“清波漾漾、人影绰绰”词语的字义理解—感受形象—朗读体会的教学过程，较为清晰地展示了教者的教学思路、教学构想。

（2）预设“意外但又合理”的教学情境，展现调控能力。虚境型片段教学，学生的一切反应都是精心设计，每个环节都是顺风顺水的，看似无法彰显教师的教学机智，其实不然。教师可以通过创设“意外但又合理”的教学环节，展现如何把握、利用动态生成，展现课堂随机应变的调控能力。如《一夜的工作》中一段话，“这时候，值班室的同志送来两杯热腾腾的绿茶，一小碟花生米，放在写字台上……”有位教师这样教学——

师：哪位同学朗读一下这段话？（稍停）

师：读得挺好，但大家听出来没有，刚才这位男同学把这段话中的哪一个字读漏了？

师：你听得真仔细，“一小碟花生米”中的“小”字读漏了。那么，这个“小”字能不能去掉呢？

师：不能。为什么不能去掉呢？请同学们小声读读这段文字，读后来交流。（稍停）

师：是啊，从这个“小”字看出了花生米少得可怜，只要用很小的碟子装就可以了。你真会动脑筋！

师：听清楚了吗？他说：从这个“小”字看出周总理吃的食物少，生活非常简朴。真会读书，他能从句子表面意思体会到人物的思想。

师：同学们，看来这个“小”字的作用真不小，以后读书可要仔细呀！

这位教师精心创设了学生朗读句子出现漏字的细节，“意外但又合理”的教学情境给课堂注入了活力。这个“小”字能不能去掉呢？教师顺势引导学生围绕这个问题读书、思考、交流，展示了自己即时捕捉、处理课堂资源的意识和对动态生成的把握、调控能力，也增强了虚境型片段教学的“实境感”。

策略四　追求完美表现，展示个人素养魅力

片段教学多用于教师招考、评聘职称、评优评先之时，是考核教师的一种重要方式。因此，教师应将自身最优秀的一面展示出来，使自己在片段教学中脱颖而出。

1. 关注形象美

虽然在评委手中的评分表里没有着装得当、举止得体这一评分栏，但人的形象是有隐性分值的，评委们还是会留意参赛者的整体面貌和着装。

（1）大方，着装得体。片段教学，不是选美大赛，也不是闲暇逛街，因此不需要浓妆艳抹，不应该穿吊带衣等过于暴露的服饰。南京市教育局曾下发《给南京市中小学教师15条礼仪建议》，明确提出教师着装“六忌”，即“忌脏、忌露、忌透、忌短、忌紧、忌异”，很有参考价值。一般来说，男选手可着正装、衬衫、针织衫、西裤；女选手穿套装、连衣裙、衬衫，针织衫搭裙子、裤子，头发不宜染成鲜艳的颜色，首饰不宜太多、太夸张；而英语课堂由于其非本土母语的特性，课堂常伴有游戏，在着装方面可适当活泼一些。总之，认清自己的气质，穿适合自己的衣服，穿适合学生心目中教师审美标准的服饰，用衣着来展示职业真我。

（2）亲和，体态自然。教师体态语是教师对学生进行教学和教育的一种工具，是教师所应当具备和合理运用的一套除口头语和书面语之外的语言。它是非语言交际中重要的一种，包括基本姿态（姿势和身势）、基本礼节动作以及人体各部分动作（如头部动作、眼神交流、面部表情等）所提供的交流信息。据心理学研究表明，人的表达靠55%的面部表情和体态语言+38%的声音+7%的单词，可见体态语言的重要性。如果选手不能使用体态语言来配合片段教学，用视觉形象来丰富所要传达的信息，只是一动不动、面无表情地站在那里滔滔不绝，那么就会很苍白无力。选手要使用辅助语言进行交流，努力使自己成为一个“善使服务、手舞足蹈、声情并茂”的多面手。尤其是语文、英语等学科，更需要教师成功地运用面部表情、体态语言等。

在片段教学中，只要选手一上场，评委们对他的实际能力和个人魅力的考查就会展开，不必太多刻意，自然大方是根本。即使不气宇轩昂，不伟岸高大，不美丽婀娜，也不要紧，因为只要做到抬头挺胸，温和微笑即可。在片段教学过程中，最好忘了评委的存在，视线可以越过评委头顶，身体略微前倾，面含微笑，双目环视想象中的学生；也可以通过专注地看着某一个方向，仿佛正面对着一个可爱的学生，表达这样一种信息“请你大胆地说吧！我很愿意听你发言”；甚至可以边侧耳倾听边微微点头，仿佛在享受学生的学习……

虚境型片段教学时无学生在场，但教师不可忽视师生之间情感交融，和谐、平等的师生关系亦应在这种如沐春风般的体态语言中展示出来。这既是教师对教学、对学生的一种热情，也是对待职业的一种积极的情感。其实，专注于教学，专注于可爱的学生，那么最佳举止状态就会自然而然地表现出来，就能够悄悄地感染评委。

2. 展示语言美

苏霍姆林斯基说：“教师的言语修养在很大程度上决定着学生在课堂上脑力劳动的效率。”从某种意义上说，片段教学因为学生的缺席而更像是一种语言的艺术。

（1）准确，恰如其分。准确是教学语言的灵魂。在片段教学中，选手要跨越时空，想象正和学生面对面，用准确的、精当的，学生能听得懂、领会到的英语进行教学。口语清晰、指令到位、言简意赅、用词准确、精当简练，就能给评委留下清晰而深刻的印象。

例如，闽教版第八册 Lesson 15 Unit 8，课题是 Farewell，主要新句型是“Let's…”有一选手一进考场（实境型片段教学），马上切入正题，揭示课题，教授新词 farewell。他深情地说：“We will go to a middle school soon. Let's say farewell to our school. And let's say farewell to our classmates. And let's say farewell to our teachers. And let's hug（教师做“拥抱”的示范动作）。”在教师简洁明了的语言中，情之所到，学生马上明白 farewell 的意思，带着惜别之情，学习 farewell。然后，他说“‘Let's have a farewell party.’学习‘Let's make a year book…’展开想象，‘Ten years late，Let's. . . Thirty years late，Let's…，十年、二十年后，让我们……”在情境中，选手没有多余的语言，只是用合理的想象，打开学生的思路，让学生可言可语、你言我语、能言能语。15 分钟下来，教师话语不多，但句句切到主题上，收到了良好的效果。

再如，一位教师讨论一道估算题的片段教学。

师：你们去商店买过学习用品吗？（稍停顿）都买过啊。（教师出示情景图，呈现两个数据：复读机 542 元、单车 387 元）那好，老师要买这两样东西，先要做什么？（稍停顿作倾听状）哦，你认为要先算出一共多少钱，他说先大约估一估要多少钱，你们同意谁的看法？为什么？

生（教师模仿学生语气）：老师，我认为应该先大约估一估要多少钱，因为买东西付钱的时候，才要算出一共多少钱的。

师：说得真好。我们买东西付钱的时候，才需要算出准确的钱数，只是准备购买的时候，我们通常大约估计要多少钱就可以了。老师请你们估一估，买这两样东西要多少钱？说出你的想法。

生（教师模仿学生语气）：老师，我把复读机的 542 元看成 500 元，单车 387 元接近 400 元，就看做 400 元，所以我估计 900 元。

师：真棒。其他同学还有其他的估法吗？（稍停顿作倾听状）

生（教师模仿学生语气）：老师，我把复读机的 542 元看成 550 元，单车 387 元也看做 350 元，我估计的也是 900 元。

师：这也是一种估法，但与前面相比哪种方法好？为什么？（稍停顿作思考状）大家都认为用第一种方法啊。老师也同意大家的观点，那么怎么列式呢？（稍停顿作倾听状，边板书边问）542 + 387 = 900，是这样吗？你们同意他的列式吗？说说理由。

生（教师模仿学生语气）：老师，我认为900是我们估计得大约数，和542+387不相等的。

师：你的发现很重要。900是我们估计的大约数，所以我们今天要引进一个新朋友（老师把黑板上算式中的=改成≈），这就是今天要给你们介绍的新符号——约等号。它很漂亮，你们想一想，它像什么？

这位教师就十分注意自己的教学语言，课堂语言比较精练；而且教师十分注意把握时机启发，做到“不愤不启，不悱不发”，充分发挥了教学语言的启发作用。

（2）生动，富有情趣。显然，准确是课堂语言的先行军，但准确的语言不一定能吸引学生的注意，生动的教学语言是激发学生兴趣的重要因素。如果选手拥有独特的幽默和智慧，并在片段教学中恰当运用它，就能引发现场的喜悦与欢愉，加强对所授知识的记忆和理解。把复杂的、抽象的教学内容以生动的、饶有兴趣的形式表现出来，赢得评委会心的“窃笑”，这样的片段教学就有了智慧和个性魅力的光彩。语言的生动形象还体现在语言的节奏感上，语调高低要适宜，语速快慢要适度；容易处，快节奏；重点处，慢节奏，有感染力。教师要通过富于变幻的旋律和抑扬顿挫、生动感人的声音来打动评委，别让他们失去兴趣，因为评委失去兴趣，就意味着选手将失去机会。

3. 凸显特色美

所有的人都希望自己能歌善舞、能画会写。一旦有人做到了，做好了，就会得到特别的关注。评委在总体评价选手综合素质时，对才艺的关注度是很高的，在片段教学中选手要充分展现个人特点，个人风格，扬己所长，避己所短。

（1）立竿见影的歌谣。选手在设计片段教学时可以结合自身的特长，让特长在片段教学中如行云流水、流水无痕、水到渠成的呈现。唱歌是教学尤其是英语和语文教学中常见的一种激趣、导学的方式，在唱歌的过程中能够有效地实现快速识记和积累的知识，达到立竿见影的效果。如闽教版小学英语第三册第十七课 Spring Festival 的新单词很多，有

get pocket monkey, go to the fair, a big dinner, make dumpling, Spring Festival 等，重难点句子有 How do you spend Spring Festival/We make dumpling/get pocket monkey/go to the fair/have a big dinner。如果唱功不错，那么许多现成的、朗朗上口的儿歌，就是很好的教学素材。如，歌曲《两只老虎》学生耳熟能详，把歌词改一改，帮助学生学新句子，掌握新词组。

1 2 3 1 | 1 2 3 1 | 3 4 5 – | 3 4 5 – |
How do you spend it? How do you spend it? Spring Festival. Spring Festival.

5. 6 5. 4 3 1 | 5. 6 5. 4 3 1 | 1 5 1 – | 1 5 1 – |
We have a big dinner. We have a big dinner. We make dumpling. We get pocket monkey.

在选手一展歌喉的同时，教学重难点、教学任务即时完成，那么选手的收益（成绩）一定颇丰。

（2）惟妙惟肖的简笔画。对教师来说，画简笔画是一项重要的技能。适当地运用简笔画进行教学，可以使学生的听觉和视觉在语言学习过程中有效结合。如果选手擅长简笔画，那么惟妙惟肖的寥寥几笔，迅速创造出生动有趣的学习情境，使片段教学的气氛变得轻松活跃，定能收到事半功倍的效果。

例如，某选手教学英语课的表情时，巧妙地运用了简笔画：

新知识　　I am sad　I am happy　I am angry　I am proud

形象的画面，鲜明的对比，使视觉和听觉能在语言学习过程中有效结合。

（3）画龙点睛的板书。片段教学中板书的功能十分重要。如果板书精美，选手要淋漓尽致地发挥板书的作用；如果板书能力还有所欠缺，就一定要努力练习，因为板书好是教师展示个人魅力的重要素养。板书设计要科学合理、言简意赅、条理性强。

如，某教师进行“平面图形的周长与面积”复习的片段教学时，在把握好知识间的纵横联系的基础上，伴随教师的课堂讲解与恰当板书，最终形成“平面图形的周长与面积”的知识结构的梳理（见下图）。教师在片段教学中的简笔画的运用，做到了视听结合，给评委留下了深刻的印象，充分展示教师在梳理知识、理解知识发展脉络的同时，将数学知识、方法和思想融为一体的教学能力和个人素质。

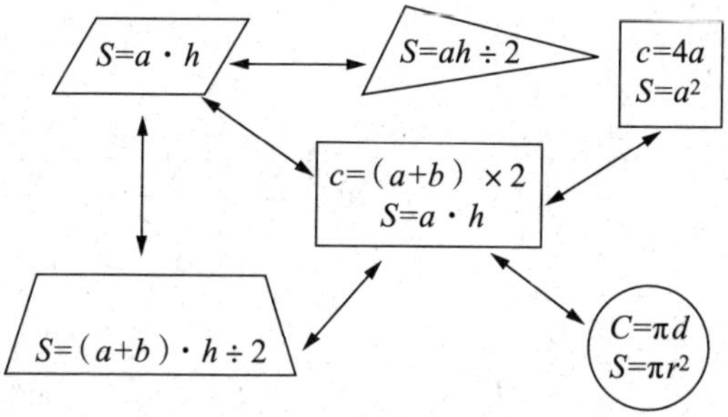

富有创意的板书还能帮助学生理解学习内容，呈现学习思路。美观实用的板书绝对是画龙点睛之笔，能够让评委眼前一亮，继而会心一笑。

第4章

怎样组织片段教学

第❶节　组织片段教学的要求

片段教学根据其目的，可以分为评价型片段教学和教研型片段教学。这两种目的的片段教学形式，对应的评价要求略有不同。

一、评价型片段教学的组织要求

评价型片段教学主要用来评比、选拔，因此要特别注意评价标准和程序的公正性以及评价标准的可测性，尽量减少主观因素对评价结果的影响。从某种程度上说，公正性是基本要求，而可测性是公正性的前提和保证。

1. 公正性

公正性是指在评价型片段教学的组织要做到公平公正。所有接受评价者的参评资源、评价要素、评价环境都要一致。由于片段教学不受教学进度、学生现状等因素的影响，因此，评价型的片段教学可以采用相同的内容供接受评价者教学，要求他们在相同的时间内完成教学设计，在相同的时间内完成教学活动。同时，组织者应做好保密工作。

2. 可测性

可测性是指片段教学可以测量，从选题、上课、评价体系上要让评委便于评价，能够科学准确地赋分。如以下的两份评价标准就具有一定的借鉴意义。

表1　片段教学测试标准及分值分配

评价内容	分值
语言表达准确、流畅、生动形象；概念明确、正确，讲解清楚，深入浅出；表达富于逻辑性；机敏，适应性强。	10
书写规范；字迹端正、清晰、美观；板书设计简洁、合理、新颖。	10
教态亲切自然，举止文明、庄重、大方、得体，有亲和力和感召力。	10

续表

评价内容	分值
突出学科特征，能够科学、全面、准确地把握教材、理解教材。教学目标明确，符合课标要求和学生实际，既注意面向全体，又重视因材施教。	10
教学方法新颖有创意，符合教学内容需要和学生认知规律。注重教师主导和学生主体作用的发挥，有利于调动学生学习积极性和主动性，有利于培养学生的自主创新精神。	10
渗透学法指导，有意识地引导和培养学生学会自主学习和合作学习，注重培养学生的实践能力和探究精神。	10
教学结构过程整体安排合理，教学环节紧凑，层次清楚有序，教学内容科学、充实、恰当，重点突出，难点得到有效地突破，三维目标有机整合。新的教育思想和教学理念体现充分。	20
手段使用、教具演示、实验操作、动作示范等科学、准确，有利于提高课堂效率，促进学生思考。	10
整体设计得当，时间分配合理，表达充分到位。	10

表 2　片段教学评价标准

评价标准	分值
教态大方得体，教风亲切自然。	10
语言标准，吐字清晰，简洁流畅。	10
板书规范，布局合理美观。	10
熟悉教材，脱稿授课。	10
内容清晰，进度适宜。	10
概念讲解正确，分析推理逻辑性强。	10
重点突出，难点突破，因材施教。	10
理论联系实际。	10
教法灵活多样，激发兴趣，启发思维。	5
信息广博，注重能力培养。	5
注重交流，师生互动。	5
教学手段先进，应用恰当。	5

二、教研型片段教学的组织要求

教研型片段教学主要是用来交流、研究，以提高教师个人或群体的教育教学水平为主要目标。因此教研型片段教学要具有一定的引领，要针对个人现状或群体困惑进行引领，不能为了教研而教研，而应该根据教师的需求组织片段教学活动。

1. 引领性

引领性是指在教研型片段教学组织时，要充分考虑受众（听课者）的构成，主题选取要贴近听课者教育教学实际，考虑对今后的教学起到引领作用，考虑教育教学工作发展的需要，从课堂教学的热点问题出发，引领教师提升教学水平。

2. 需求性

在教研型片段教学中，针对参与活动大多数教师的要求，找出教师课堂教学中的薄弱环节，研究教师实际需要和急需解决的问题，有的放矢地设计片段教学，解决教师课堂教学中存在的问题，给教师以示范性的引导。

第❷节　组织片段教学的实施

从功能看，片段教学可以分为教研型片段教学和评价型片段教学。由于功能不一样，这两者在组织方式方法上也有着明显的不同。无论是教研型还是评价型的片段教学，在内容的选择上都要遵循一些相同的原则，而在具体的组织工作上则有着不同。

一、片段教学内容的确定

片段教学的内容选择是否合理，影响着片段教学的考评效果或教研效果。片段教学之所以不同于常规的课堂教学，除在讲课时间上明显少于常规课堂外，在教学内容上也“明显少于”常规课堂。片段教学的内容主要分为节选与专题两种类型。

1. 节选型选题

节选型选题是从教材中选取某些片段进行教学，教者根据节选的内容确定教学目标，确定重点、难点，设计教学方案，实施课堂教学。

例如，根据人教版初中数学八年级上册《15.2　乘法公式》的内容，可以选取其中的《15.2.1　平方差公式》进行片段教学，要求教师重点教学推导出平方差公式的过程，讲完例1。教师可以从特殊到一般引出平方差公式，引导学生研究公式的特点，进而应用公式解题。

再如，根据人教版初中语文八年级上《故宫博物院》的内容，可能指定课文中的第四至第十自然段（从“进了太和门，就到紫禁城的中心……”到“……殿试的地方”）进行片段教学，以三大殿中的太和殿作为重点，详细介绍它的方位、外观、内部装饰以及功用，要求教师引导学生学习对具体说明对象的说明方法，学习作者如何处理三大殿在说明中的详略关系。

采用节选型选题时要注意：知识内容要相对独立，能形成一个小的知识体系，所涉及的基础知识不易太多，要使教师在规定的时间能够上完课。如果是虚境型教学，就不要把涉及学生探究的内容多的部分作为选题。

2. 专题型选题

专题型选题是从某节课中抽取一个专题（或一个知识点、能力点，或一个教学环节）让教师施教。目前，这类选题主要应用在教研型片段教学中。

例如，研究初中数学七年级下册《8.2　消元——二元一次方程组的解法》时，可将“代入消元法”作为教学内容，考查教师突破教学重点的能力；也可以就“消元”思想进行专题型教学，要求教师通过具体的“代入消元法”和“加减消元法”等的教学，引导学生进一步理解“消元”这一重要的数学思想。

又如，研究人教版初中语文八年级上《故宫博物院》时，可以要求教师引导学生学习“以空间为顺序”的说明方法。

针对同一篇课文或同一课时的内容，可以确定不同的片段教学内容，以反映出不同的考查点或研究点。当然，虽然目前各种考评中主要选用的节选的内容，但并不是说专题型内容就不能用于评价型片段教学。采用什么形式、什么内容，得根据考核要求和组织者的需求确定。

确定片段教学的内容时，要考虑所选内容的教学是否具有典型性，是否便于教学预演，是否有弹性设计空间，是否能在规定的时长内完成。同时，考虑到片段教学预案的设计一般是封闭式准备的，因此要尽量减少对教学辅助资源的需求，以便更真实地展现被试者的教学水平。如果是进行教研型片段教学，要尽量围绕教学实践或研究中的重点、难点展开，或者围绕某个教师的特色展开，或者围绕某个教师需要改进的地方展开，总之要有针对性，以便将教学研究落到实处，真正为教育教学服务。

二、教研型片段教学的实施

在具体的教研活动中，一般很少只进行片段教学这一项内容，而往往是培训、研讨、教学场景展示同时或交互进行，这里只谈在教研活动中片段教学这项内容的组织。

1. 活动的设计

“凡事预则立，不预则废”，和教研活动的整体设计一样，在片段教学这一部分，也要进行很好的设计。在一次教研活动中，一般都要确定一个明确的主题，而安排在其中的片段教学，往往是示范的范例或供研讨的案例，所以在确定片段教学的主题时，要考虑以下内容：首先，要考虑教研活动的主题和目标，在选题上要与之相呼应，在操作上要与之相衬托，起到烘托主题的作用。其次，要考虑参与者的需求，根据参与者的需求设计片段教学，使其发挥最大的作用。最后，要考虑片段教学的形式，根据培训者（授课者）的情况和活动目标，确定采用自定型还是他定型选题，根据教研活动的条件，确定实境型还是虚境型教学场景。

例如，“先学后教，当堂训练”的课堂教学模式是江苏洋思中学原校长、现河南沁阳永威学校校长蔡林森首创的，它的最大优点就是培养了学生的自学能力，变被动学习为主动学习，让学生真正成为课堂的主人，教师从“组织者、引导者、合作者”上升到“主持人”。它的一般课堂教学流程是：（1）出示学习目标；（2）给出自学指导；（3）学生自学；（4）检查自学效果；（5）学生更正（纠错改错）、讨论；（6）教师点拨、拓展；（7）课堂练习；（8）课堂小结；（9）当堂检测。实际教学中，后三个环节和常规教学差别不大，前六个环节多数教师把握不好，教学效果不理想。如果以此为主题进行教研活动，组织者除了从理论和实践操作方面进行辅导外，比较有效的方式是组织片段教学来形象展示这一模式。

2. *活动的组织*

在具体操作之前，还要根据活动的条件和目标，确定实境型还是虚境型。一般来说，如果条件允许，采用实景型比较有利。《基础教育课程改革纲要（试行）》中早已明确提出，"教师在教学过程中应与学生积极互动、共同发展"，"逐步实现教学内容的呈现方式、学生的学习方式、教师的教学方式和师生互动方式的变革"，所以，在进行片段教学时，最好组织实境型的片段教学，这样能够体现课堂上的师生互动，又能在课堂生成上体现教研活动的主题，同时，听课者在真实的课堂环境中更能感受到施教者所要展现的教育思想、教育理念和教学艺术，增强教研活动的效果。如果教研主题主要是展现教师的素质、教学策略和教学方法，也可以采用虚境型片段教学，这种形式优点在于灵活、及时，培训者可以在指导、辅导的同时，随时进行片段教学展示，并且展示之后还可以及时进行说明指导。

教研型片段教学的功能，在于组织教师研讨，在于培训和引导教师，所以要保证片段教学的成功，保证教研主题的落实，一般要提前给出选题，让参与者提前做好充分备课。为提高教研活动的效果，也可以事先把主题下发到全体听课教师，让他们也提前备课。这样，在听课过程中，他们就能自觉地和自己设计的方案相比较，在研讨中有话可说，有问题可提，增强活动效果。

3. *活动的反思*

教研活动的目的，在于提高教师的业务素质，提高教师的教育教学能力，所以这里所说的反思，不是指对片段教学本身优劣的评价，而是对片段教学这一教学形式对达成活动目标的反思。要反思片段教学在完成教研活动的主题、达成教研活动的目标方面是否达到了设计的效果，课程的设计与操作是否达到了预想的目标，选题的确定是否恰当，教学环境的设置（实境型或者虚境型）是否切合实际，参加活动的教师是否达到了培训（研讨）要求，也就是考虑教师的研培效果。"取法乎上，仅得乎中”，所以组织者不能期望通过一次活动就达到了所有目标，要考虑活动的不完善之处，在下一步工作时采取跟进措施，对于研讨类的活动，还要考虑研讨的成果如何推广应用。

三、评价型片段教学的组织

评价型片段教学用于教师选拔，比如新教师招聘、特级教师评选、高级职称评定，有时也用于教师的竞赛，所以评价型片段教学的形式比较确定和单一，选题是他定，内容一般是节选，根据实际（实境型还是虚境型）确定教学环境。

1. 活动的准备

评价型片段教学虽然形式比较确定和单一，但它对参评教师是非常重要的，甚至决定参评者的命运。所以，在设计和组织上更应该慎之又慎，“不谋万世者，不足谋一时；不谋全局者，不足谋一域”，虽然我们不敢说这是一项“万世”的工作，但就其评价教师特别是招聘新教师来说，确实是关乎子孙后代的大事，所以来不得半点疏忽大意。因此，在准备方面至少要做好以下几件事情。

（1）要选定评委，设定评委组长（主评委），这点和一般评课要求是一样的，这里不再赘述。

（2）根据环境条件和评定的时间要求确定是实境教学还是虚境教学。

（3）要对参评对象进行评估，为确定讲课的选题作准备，比如招聘新教师评课，没有课堂教学经验，对师生互动没有经历，对处理课堂生成也没有经验，要考查的是参评者潜质和发展能力，选择具有一般代表性的教学内容，可以采用虚境教学；对于特级教师评选，参评者是区域内经验丰富、能力强的教师，要优中选优，重点考查其教学思想、教学理念和教学艺术，这时应该选择具有挑战性的选题；教师竞赛的活动，实际上是要把参赛教师排队，这时最好选择较灵活的教学内容。

（4）确定选题。在评价型片段教学中，为保证选题质量和便于保密，一般由主评委确定选题。选题的基本要求是可操作性和可测性，使参评教师在规定时间内能够备好课，在规定的时间可以上完课，使评委便于区分优劣，便于准确量化赋分。

（5）要选定教学环境（评选场地），根据教学环境决定采用实境型还是虚境型教学。在具体操作中，要安排出相应的评选场地，比如教师休息室、准备室、赛场等。

（6）确定工作人员，比如联络、引导、备课管理、合分、公布成绩都要事先安排相应的人员并明确职责。

2. *活动的实施*

评价型片段教学的组织实际上和一般的评课没有本质上的区别。一般的操作程序是：参评者封闭式管理—抽签决定讲课顺序—到指定的准备室备课—讲课—公布参赛成绩。因此，这里只对重要的一些环节给以说明。在评价过程中要注意以下事项。

（1）加强管理，严格保密，不能出一点纰漏。在评选中，一点点的纰漏也可以导致评选的信度下降，甚至导致评选失败。

（2）对参评者进行封闭式管理的同时，要讲清要求。在有些地区，片段教学并不被大多数教师所熟悉，而对于招聘新教师的参评者来说，也不知道究竟要考评他们什么，因此要把要求讲清楚，使他们在备课和上课时能够有目标地进行准备和展示，这样，他们才能正常发挥，真实地展现出他们的素质和能力，进而增强评选的效度。

（3）优化活动环境，在评委选题、准备时间、教学资源、教学环境上要一致，使所有参评人员竞技环境相同。创设和谐宽松的展示环境，有助于参评者的正常发挥。

（4）保证公正、公平。公正当然是指评委评价赋分时公正，排除个人好恶的影响。公平就是对每个参评者要公平对待，抽签决定讲课顺序，抽签决定讲课内容。备课资源一致，用什么版本的教科书，提供什么参考资料，所有人都要一致。准备时间要一致，一般来说，片段教学的备课时间给 1 小时，讲课时间 10 ~ 15 分钟，一般不超过 20 分钟。如果有说课，说课多是安排在讲课之前，比如时间总体是 15 分钟，一般说课不超过 5 分钟，其余时间讲课。在评选过程中，所给的时间都是指上限，这点不但评委要把握好，事先也要和参评者讲清楚。公平的另一个重要的方面，是指选题要公平，主评委在确定选题时，如果是实境型片段教学要尽量做到选题的风格和难度一致或相近，避免因讲课内容差异过大而影响对参评者的评价；如果是虚境型教学，在封闭管理和严格保密的前提下，同时参评对象较少（或对每一天的参评对象），不妨选用同一内容。

（5）认定评价结果，确定入选人员，对评价整体工作作出评估。同时，要注意总结经验，注意积累和保存资料。一般说来，评价性质的资料都要保存一个较长的时间段备查。实境型片段教学的评价要结合学生的学习效果展开，因此，评委要出一组相应的检测题。在评委构成人员中，要设置专门的小组，在参评者讲完课后，要当场检测，即时评卷，即时合分，当场封存试卷。虚境型的教学由于没有学生，当然也无从谈起学习效果的评价。

第❸节　针对片段教学的评价

教研型片段教学，组织者只须针对这一“范例”或“案例”组织学习或研讨，一般不需要对教学本身做系统的评价。这里要说的片段教学的评价，是指对评价型片段教学的评价，对于一节片段教学，评委应该重点评价哪些内容，用什么标准去赋分。片段教学的评价，在本质上同于常规教学，这里只针对片段教学所固有的特点给予说明，与常规教学相类之同不做详述。

一、片段教学评价的内容

1. 教材的分析与处理

片段教学与常规教学的本质区别在于选取教材中的片段而不是完整的全部内容进行教学，但是，虽然是片段，在备课分析处理教材时也要通盘考虑，既要考虑选取的片段内容，又要考虑片段在课文中的地位和作用，还要考虑教学内容在整个教材体系中的地位、作用和前后知识的联系，更要考虑课标的要求。所以要重点考查执教者是否明确所选取的教学内容的迁移价值、认知价值和情感价值，根据所选片段在教材中的地位、作用，准确确定教学重点、教学难点，充分挖掘教材资源，进行科学的教学设计。如果片段教学前有说课评价，参评者要在说课时先谈教材的分析与处理；如果没有说课评价，只是片段教学，评委就要根据教者上课时的表现，来判断其对教材的理解，这一点，有经验的评委是不难做到的。

2. 教学目标

准确地确定教学目标是一节课成功的前提和保障。片段教学中教学目标的制定和常规教学也没有本质的区别。都是根据课程标准、教材和学生实际，全面、具体、明确地制定教学目标，各个层次的要求要准确、科学。但对于片段教学中教学目标的评价，除以上要求外，重点要关注教者是只根据眼前的“片段”来制定目标，还是能从一节课乃至一个单元考虑问题，能以“片段”的目标折射出课时乃至单元的整体教学目标。在虚境型片段教学中，还要看教者对学情的估量是否准确，特别是对学生已有知识体系、前在知识结构是否判定正确，这是准确确定教学目标的前提，特别在特级教师评选、高级教师评定时，更应该关注这一点。

3. 教学策略与教学方法

在具体评价过程中，教学策略和教学方法是评委最为关注的评价点，也是最能够体现参评者能力和水平的地方。教学目标和对教学内容的理解，科学设计教学程序，从课堂引入、新课教学、师生互动、能力培养、教学结束等方面合理设计，有助于实现教学目标，突出重点，突破难点，采用有效的教学手段与方法，安排有效的教学环节，创设怎样的问题与思维情境，及时进行教学评价与反馈，调动学生的学习积极性，把能力的培养与思想教育有机地结合，体现自己的教育思想、教学风格和教学艺术，从而实现教学目标，提高课堂教学效率。

除以上所说的一般情境外，要特别关注的是虚境型片段教学中，教师虚拟的师生互动环境。虚境型片段教学，没有学生，没有课堂的生成，课堂上展现的是教师备课时的预设，从这点可以反映出教者的素质和能力。在评价时，要特别注意教师预设的可行性与合理性，关注教者营造的虚拟互动环境、构建的虚拟互动关系、组织的具体虚拟互动场景以及对互动的提炼与归纳的可行性与可再现性，而不是“为赋新词强说愁”，透过虚拟环境，看教师真实的能力，避免非主流因素比如教师的自主表演能力强等因素影响评价的真实现性。

4. 能力训练

在片段教学中，一般没有时间安排完整的能力训练环节，尤其是虚境型片段教学，因为没有学生，更无法进行真实的能力训练，但教师需要设计这一环节，并且应该设计出与之相应的训练题目。评价者可以对教师选配的训练题和选择的训练方法进行评价。训练目标要明确、具体，与本课的教学目标一致。训练题的设计，面向全体学生，体现层次性。训练方法得当，有助于落实基础知识，形成基本技能，有助于学生能力的形成和思维品质的培养。

5. 教师素质

教师素质是成为一个合格教师乃至优秀教师的先决条件。一般来说，参加特级教师评选、高级职称评选的教师，素质方面是不会有太大问题的，但在招聘新教师时，这却是要重点考核的内容。传统的教师素质指教师的三大基本功，即教态、语言、板书。

教态对教师的课堂教学氛围有着重要的影响，教师的表情、肢体语言、一举一动、一颦一笑都会影响学生的学习情绪，学生年级越低，教师的教态影响就越大，所以在评价时不能不考虑。教师的课堂语言既是教学艺术的表现，又是学科素养的体现，教学语言要求简洁、精练、准确、生动，具有艺术性，富有感染力，并且要用学科术语。板书是学生感知信息的视觉渠道，对学生所学知识起着高度概括、提纲挈领、系统穿线的作用，要求板书内容系列化、结构整体化、表达情境化，设计要精巧、简洁、具有艺术美感，给学生强烈的感观印象。

6. 教学效果

教学效果是教学活动所追求的终极目标。无论什么样的课堂，没有好的教学效果都应该认为是一节失败的课。实境教学可以在课后对学生进行当场测评。虚境型片段教学现场没有学生，因而无法根据学生情况来进行评价，评价者只能根据经验、基于执教者的“教学呈现”情况来主观判断。因此，在虚境教学中，这点是否作为评价点，或占多大的权重，是组织者要考虑的问题。

二、片段教学评价的方向

在这里，同一类型的片段教学，哪怕是同一个选题，参评对象不同，评价的角度、方向、侧重点也不能完全相同。即使是采用同一个评价系统，对于不同的评价对象，对于不同的评价目标，每个测评点的权重设定也不应该一样。

1. 针对教研活动的评价

在教研活动中的片段教学，一般是起到“范例”、“案例”的作用，那么对它的评价主要是看教研活动研究的目的达成情况，当然也涉及对这一片段教学本身的评价，涉及对诸如教材的分析与处理、教学目标的确定、教学程序的设计、课堂预设与生成的策划等内容，但要根据教研活动的目标有所侧重，比如进行“同课异构”的教研活动，当然要侧重教学程序的设计。

2. 针对教师招聘的评价

教师招聘一般也有两种情况，一是新教师招聘，二是有一定经验的教师招聘。

对于是新教师的招聘，招聘对象是初出师范院校的毕业生，他们没有实践经验，只是参加过实习，至多是参加过顶岗实习，我们主要是看他们从事教师这一工作的基本素质和潜力，看其参加工作后的发展能力，所以一般来说，教师基本素质方面要重点考查，其次是考查其对教材的理解和教学程序的设计，因为这关乎教师的基本素养。而对于课堂的预设与生成、课堂应变能力则不需要做过多的考虑。

对于一般的教师招聘，因为他们有一定的教学经验，招聘单位往往是要选拔一些优秀人员、有发展潜力的人员充实教师队伍，则以上提到的评价内容一般要全面考查。

3. 针对优秀教师评选的评价

特优教师评选涉及的方面比较多，诸如特级教师评选、高级职称评定、骨干教师和学科带头人的认定以及各类教师比赛都包含在此类。因为这类的参评对象都是一个区域教师中的佼佼者，所以对他们的评价标准就应该相对高一些。要重点考查他们的教育思想、教育智慧，在这种思想和智慧下的教材分析能力、教学程序的设计和课堂的预设与生成，还要考查他们独有的教学风格与教学艺术，而一些基本素质方面往往不不是考查重点。

第5章

小学语文片段教学设计及评析

第❶节 《富饶的西沙群岛》

教学分析▶▶▶

本片段的教学内容为人教版三年级上册第22课《富饶的西沙群岛》第三四自然段。《富饶的西沙群岛》用准确生动、形象优美的语言介绍了西沙群岛的地理位置和美丽富饶，表达了作者对西沙群岛的热爱之情。该片段介绍了海底的水产资源，体现了西沙群岛的富饶。其教学目标为：通过朗读、想象帮助学生了解西沙群岛海底生物的特点，感受西沙群岛的富饶；引导学生抓住关键词句体会作者用词的准确性，了解段落的结构特点。从学情分析，学生对西沙群岛尤其是海底风光缺乏感性认知，因此教师创设情境，灵活运用多种方法引导学生理解重点词句，感悟、积累语言。

过程评析▶▶▶

一、激趣导入，唤起阅读期待

师：（板书课题）同学们，现在就让我们乘上飞机，去那富饶的西沙群岛欣赏美丽的海岛风光吧。看，西沙群岛到了，许多同学都觉得海底世界特别神秘，那我们就先穿上潜水衣，潜入这五光十色的海水中，尽情地寻找海底的生物朋友吧！

[本环节通过创设新奇有趣的情境，旨在激起学生的学习热情，使其沉浸于海底世界的情境之中，产生如临其境的学习效果。从考核层面看，“良好的开端是成功的一半”。开课伊始与众不同的导语，能起到先声夺人的作用。但在片段教学时，如何直观地呈现美丽的西沙群岛，是教师不得不面对的难题。]

二、抓关键词，感悟物产丰富

师：请同学们自由朗读课文第三四自然段，画出海底的物产名称。（教师稍停 1 秒钟，以示让学生朗读）

师：海底（板书："海底"）有哪些生物呢？

师：你们发现了珊瑚、海参、龙虾，还有鱼。（板书："珊瑚 海参 龙虾 鱼"）

师：看来，海底真是个大宝库！你最喜欢哪个生物朋友呢？轻声读读课文，把你最喜欢的海底物产圈起来，想象它们的样子吧。（此处稍停，以示给学生朗读和想象的时间）

师：把你喜欢的海底物产介绍给大家吧！

生（教师手指示意一生发言，并模仿学生的声音）：我最喜欢各种各样的珊瑚，因为它们有的像绽开的花朵，有的像分枝的鹿角。真是形态各异，美丽多姿。（板书："美丽多姿"）

师：你真会读书，既会引用课文的语句，又能说出自己的看法。

生（教师手指另一方向示意学生发言，并模仿学生慢条斯理地说话）：我最喜欢海参。在海底，海参的家族成员可多了，它们经常懒洋洋地蠕动着，像老人家一样。

师：你怎么知道海参的家族成员多呢？（稍停，以示学生回答）

师：你真棒，能抓住关键词"到处"和"懒洋洋"理解句子的意思。（板书："懒洋洋"）这"懒洋洋"写出了海参的特点。

生（教师手指第三个方向示意学生发言）：我最喜欢大龙虾，它那全身披甲的样子可真威武。（板书："威武"）

师：你体会到了龙虾的威武。

生（教师手指第四个方向示意学生发言）：我最喜欢活泼可爱的鱼儿。它们的兄弟姐妹多得数也数不清，每天都穿着漂亮的衣服在水里游来游去。

师：鱼儿的兄弟姐妹多得数也数不清，你是从哪些句子体会到的？（稍停，以示生在回答）

师：我们把这三句话画出来，一起读读吧。

生（教师模拟齐读）：鱼成群结队地在珊瑚丛中穿来穿去，好看极了。各种各样的鱼多得数不清。正像人们说的那样，西沙群岛的海里一半是水，一半是鱼。

师：你的小手举得那么高，有什么问题呢？哦，你想知道课文说"西沙群岛的海里一半是水，一半是鱼"，是不是真的水占一半，鱼占一半。爱提问的孩子是善于学习的孩子。谁当小老师解答他的疑问？

生（教师模仿学生的声音）：我认为这是一种夸张的手法，作者想强调西沙群岛的海里鱼很多，并不是真的水和鱼各占一半。

师：解答得真好，那你是怎么知道的？（稍停以示学生在回答）看来查找资料也是一种学习的好办法。想看这些数也数不清的鱼吗？

[本环节的教学旨在放手让学生自由选择喜欢的物产并交流。教师有效地组织、引导学生抓住文章的关键词，了解海底物产的不同特点，体会作者用词的准确性。教师通过模仿学生语调、指不同方向、转述等不同方法，展现预设的学情，手段较丰富。需要注意的是，教师连续指了四个不同的方向，但可能评委没有意识到是表示对不同学生的关注，如果在指不同方向的同时对学生的特点进行描述，比如"请第三排最左边的同学回答"，然后再模仿，可能会有更强的空间感和真实感。教师不仅预设了学生的回答，还体现了互动交流，体现了针对性评价和学法指导。]

三、想象描述，迁移写作方法

师：让我们潜入海底好好欣赏吧！（做动作虚拟播放视频）有什么感觉？你觉得西沙群岛的鱼真是名不虚传，多得数也数不清。这位同学觉得西沙群岛的鱼好美，看得他眼花缭乱。这么多的鱼，这么美的鱼（板书："又多又美"），我们一起用课文中的句子介绍一番吧。

师：鱼成群结队地在珊瑚丛中穿来穿去，好看极了。（教师分别手指四个小组，并模仿学生接读课文内容）有的全身布满彩色的条纹；有的头上长着一簇红缨；有的周身像插着好些扇子，游动的时候飘飘摇摇；有的眼睛圆溜溜的，身上长满了刺，鼓起气来像皮球一样圆。

师：除了这四种，你还会模仿课文描述一种刚才在视频中看到的鱼儿吗？

生（教师模仿学生回答）：有的穿着流行的波点裙，在珊瑚丛中快乐地嬉戏。

生（教师变换声调模仿另一生回答）：有的全身雪白，像白雪公主一样优雅。

师：看来大家好喜欢这些鱼儿，不光读得美，还说得生动。

[本环节旨在通过播放多媒体课件，帮助学生展开想象的翅膀，在描述观后感和补充鱼儿形态的过程中提高语文素养。虚拟播放视频，体现了教师的现代教育观念，弥补学生对海域物产缺乏感性认识的不足，突破教学难点。但是这种在考评现场无法展现的东西难免给评委“你想怎么说就怎么说”的感觉，如果能结合可以现场呈现的教材内容或图片教学，现场感和针对性会更强些。]

四、积累语言，习得记忆技巧

师：逛完这神奇的海底世界，你们想把文中优美的语句留在自己的脑海中吗？自己试试吧！（稍停，以示全班在尝试背诵）这位同学，你这么快就把第三自然段背下来了，有什么窍门吗？

生（教师模仿生回答）：老师，我是看着您的板书把课文背下来的。

师：你的背诵能力真强！看来，抓住关键词能帮助我们提高背诵的效率。老师再教给大家一种背诵方法，那就是借助段落的结构来记忆。大家看看第四自然，可以分为几层？对，这段先总述鱼多，再分别叙述各种鱼的样子，最后总述“各种各样的鱼多得数不清”。我们抓住这总分总的结构，就能很快记牢这一段。

师：欣赏完美丽神奇的海底世界，我们将浮出海面，漫步在细软的沙滩上。呈现在我们眼前的又将是怎样的风光呢？下节课我们再交流。

[语文教学要注重语言的积累、感悟和运用，注重基本技能的训练，给学生打下扎实的语文基础。该环节采用体验式学习方式，把朗读和训练相结合，背诵练习和文章结构学习相融合，先让学生在读中体验，再加以适当点拨，让学生在轻松愉快的氛围中积累语言。]

（案例提供：福建省福州市西峰小学吕晓霞老师）

第2节　《秋天的雨》

教学分析

《秋天的雨》是人教版三年级上册第三组课文中的一篇抒情意味很浓的散文。此片段教学选自第一课时，内容是课文的第二自然段，作者绘声绘色，传神摩态，表现了秋天的色彩美。词句（特别是丰富多彩的句式）学习和运用应当成为本段教学的重头戏。教学时要引导学生体会词句上如何表情达意的，并模仿运用句式。

过程评析

一、联系语境，巧解关键词

师：同学们，秋天的雨为我们打开了秋天的大门，映入我们眼帘的是一幅幅美丽的画面。我们先来看课文第二自然段，静静地读，说说这段话是围绕哪句话来写的？（教师稍停1秒钟，以示让学生阅读）请大家一块儿读——秋天的雨，有一盒五彩缤纷的颜料。这句话中有个关键词语，那就是——五彩缤纷。（模拟学生接读，板书："五彩缤纷"）

师：默读第二自然段，这段话中出现了哪些颜色？请用波浪线画出描写颜色的词语。（教师稍停1秒钟，以示学生在画词）大部分同学都找到了，你说有黄色、红色、金黄色，你还补充橙红色、紫红、淡黄、雪白。

师：找得真准。这么多的颜色，咱们可以用一个词语来概括，就是——五彩缤纷。看，我们联系这一段的课文内容一下子就理解了"五彩缤纷"这个词的意思。你们还能用其他的四字词语来形容吗？你说五颜六色，他说五光十色。能用学过的或者平时积累的词语来理解新的词语，也是学习词语的好办法。

师：在这段课文中，秋天把这些颜色分别给了谁呢？谁能用这个句式来说说。（教师手指黑板上方，以示引导学生看投影练习说）

师：我们一起看屏幕，把刚才这几个同学说的，按顺序一块来说一说：秋天把黄色给了银杏树，把红色给了枫树，把金黄色给了田野，把橙红色给了果树……

［在这个环节中，教师巧妙地引导学生联系语境，从本段中找出中心句，用“五彩缤纷”一词辐射全段，用多种方法理解关键词的意思，并借此整体感知全段。教师通过一次转述多个学生发言内容的方式体现对学生关注面的广度，而且对学法进行总结和指导。］

二、创设情境，赏读相结合

1. 美读句子

师：那课文是像我们说的这样简单吗？作者是怎么把这些景物写生动的呢？先来看看这一个景物：秋天把黄色给了银杏叶。课文中是怎么描写的？请一位同学先来读一读。

生（教师模拟学生朗读）：你看，它把黄色给了银杏树，黄黄的叶子像一把把小扇子，扇哪扇哪，扇走了夏天的炎热。

师：你发现作者是怎么写的？他说的是，作者展开了丰富的想象，用上了比喻。那么，请你美美地读一读这个句子吧。通过你的朗读我们听出来了——银杏叶真美！让我们一起到书中的插图找找看。是呀，这就是银杏叶，它真的像——扇子。（模拟学生接说）

师：你瞧，这满树的银杏叶在秋风的吹拂下，在秋雨的滋润下，全都变黄了。多美的景象呀，请大家一块读这句话。刚才我们边读边想象，把句子都读活了。谁能用这种方法把“它把红色给了枫树，红红的枫叶像一枚枚邮票，飘哇飘哇，邮来了秋天的凉爽”这个句子也读好，自己先练一练。好的，许多同学已经自信地举起了小手。你来，她也来。（教师手指不同方向，并稍停以示不同同学展示朗读）

2. 对比发现

师：同学们，老师把这两个句子放在一起，大家又有什么发现吗？你真是火眼金睛！一下子就发现了这两个句子是相同的句式。（手指黑板上方，以示引导学生看投影）“秋天把____给了____，____的______像______”你们能看着这个句式，把这两句话背一背吗？（稍停，以示学生在背诵）这几位同学流利的背诵赢得了我们的掌声，我相信在座的许多同学也都和他们一样出色！

3. 自主品读

师：同学们，这一段还有哪些景物的描写你觉得很生动，很吸引人。请你找出来，读一读。你来读——“金黄色是给田野的，看，田野像金色的海洋”。你说这句用了比喻的方法，写得很美，你也读得很美。他读的是这个句子——橙红色是给果树的，橘子、柿子你挤我碰，争着要人们去摘呢！

师：你发现“你挤我碰”这个词写得特别有意思，本来“你挤我碰”是用来写人的。现在这个词用在果树身上，很有趣。你说得真好！想象一下，你挤我碰的果子们会说些什么呢？你说，希望人们快点来摘我呀，好可爱的果子。你也来说，你想和伙伴们比美呢！一起来，把“争”的感受读出来！

师：我们继续交流。这位同学找到的是：菊花仙子得到的颜色就更多了，紫红的、淡黄的、雪白的……美丽的菊花在秋雨里频频点头。是啊，真美！菊花仙子得到的颜色有——紫红的、淡黄的、雪白的……（模拟学生接说）花仙子的颜色只有这三种吗？哦，你的眼睛真亮，发现了省略号，看出菊花仙子的颜色还很多。

4. 回归整体

师：刚才我们跟随着作者，推开秋天的大门，走进秋天，我们看到了——黄色的银杏叶、红红的枫叶、金黄的田野、橙红色的果树，五颜六色的菊花，构成了这样一幅美丽的画卷。所以作者在这一段的开头这样写道——秋天的雨，是一盒五彩缤纷的颜料。

[在这个环节中，教师采用范读、自由读、情境读、引读、评价读等形式，旨在引导学生发现作者词句的表达特点，体会这样写的好处，感受秋天之美和人心之乐。教师对学情进行了充分的预设，在进行片段教学时要注意通过手势、眼神，配以语言的指示，表达对不同学生的关注。同时，最好通过板书体现关键词或重点句。]

三、学以致用，模仿巧训练

师：秋雨带来的颜色可不止书上这几种呀，让我们也来模仿书上的句式，从葡萄、苹果、鸭梨这三幅图中选一个景物来写一写。（稍停，以示学生练写）许多同学都写好了，高举着小手，也都争着要说了。好，你先来——你说的是，秋天把紫色给了葡萄，可爱的葡萄像一串串珍珠，摇啊摇啊，摇来了秋天的喜悦。真棒，喜悦之情在你脸上荡漾。后面的那个男生，你来说。你说秋天把红色给了苹果，红彤彤的苹果像小朋友的笑脸，笑啊笑啊，笑出了人们的快乐。老师真喜欢你的笑脸和快乐！你也想说——金黄色是给鸭梨的，大大的鸭梨你挤我碰，好像在互相比美呢！你们说得真精彩，也让老师不得不向你们频频点头！（师做点头赞赏动作）

[在这一环节的教学中，教师以典型句式为依托，精心设计了教学程序，在学生认识、把握句式特点的基础上，进行模仿、迁移训练，体现多种学习方式的有效融合。]

（案例提供：福建省福州市钱塘小学叶榕老师）

第3节　《花钟》

教学分析

《花钟》是人教版三年级上册第四单元的第一篇课文。作者按照“归纳现象—揭示本质—实际运用”的思路，说明一天之内不同的花会在不同的时间开放及其原因，最后扩展开去，谈到植物学家修建“花钟”。片段教学内容为第二自然段，作者用生动的语言、不同的句式形象地描写了一天之内，不同的花开放的时间是不同的。该片段的教学目标为：正确、流利、有感情地朗读课文；学习观察周围事物的方法；在理解主要内容的基础上，感悟鲜花开放的不同表达方式；学习运用多样的句式表达。

过程评析

一、创设情境，整体感知，认识花名

师：同学们，今天这节课我们一起了解神奇的花钟，（教师板书课题）现在先让我们走入花的世界，去领略一下花的美丽与神奇吧！（教师手指黑板上方，以示多媒体播放）

师：你能用一个词来描绘一下你刚才看到的景象吗？你用鲜花朵朵；他说争奇斗艳；这位同学讲芬芳迷人。真美呀！谁能告诉大家，这个大花钟上又有哪些美丽的花呢？

师：对，这个大花钟上有牵牛花、睡莲、蔷薇花、午时花、万寿菊、烟草花、月光花、夜来香、昙花。让我们来认识一下这些花，（示意出示图片）让我们亲切地招呼招呼它们吧！

[本环节旨在通过精美的鲜花画面，激发学生的审美情趣，唤起学生求知的意趣，把学生带入最佳的学习状态。同时，引导学生整体感知，结合图片认识花名，教学设计富有层次性。但是，这里的多媒体应用在平时的教学中会比较自然，有现场感，在片段教学中容易给人为了展示手段而展示手段的感觉，不妨换成看教材中的图画或其他的方式。]

二、凭借语言，自读自悟，欣赏花美

师：这些美丽的花开放的时候是什么样的呢？默读课文第一自然段段，用波浪线画下来。

师：有些孩子已经举起了小手。你们画了哪个句子？谁来读一读？（稍停，以示学生汇报）

师：课文写9种花开，用了9种不同的写法。你喜欢哪一种，和你的同桌交流一下吧。

师：（教师手指示意一生发言）你喜欢牵牛花，因为作者写牵牛花像紫色的小喇叭，写得很生动。

师：（教师手指另一方向）她觉得作者用吹起紫色的小喇叭写出了

它开花时颜色和形状的特点，多有趣呀。你愿意来读读吗？（稍停顿）读得真美，还有其他喜欢的吗？

师： 你还喜欢睡莲，因为作者用了拟人手法，写了跟人一样从梦中醒来，写得很美。从美梦中醒来的睡莲一定很舒服，你能读一读吗？（稍停1秒）真是一朵美丽的睡莲。

师：（教师手指右方）你喜欢蔷薇花，因为它绽开笑脸，就是把它开花时的样子写出来了。（板书：“绽开笑脸”）

师： 孩子们，我们也来绽开自己的笑脸，比一比，谁最美？带着这个表情读。

生（教师模仿学生回答）：你喜欢昙花，发现作者把昙花当做了人。（板书“含笑一现”）

师： 同学们，谁知道昙花开放的特点？

生（教师模仿学生回答）：我从“一现”看出昙花开放时间应该很短暂。

师： 是呀，哪怕开放的时间很短，昙花也要含笑开放。有个成语也写了昙花的这个特点，是——昙花一现。（模拟学生接说）

师： 你喜欢烟草花，因为作者把它当做了人，说它从暮色中苏醒。你觉得这样的写法很生动。还有吗？哦，你喜欢月光花，因为它们舒展开自己的花瓣，一定很美。请女同学站起来，想象一下，你们就是那一朵朵美丽的月光花，你们怎么舒展美丽的花瓣，一边做动作，一边读。

师： 多美啊，老师的眼前出现了一大片月光花。作者怎么写万寿菊的？

生（教师模仿学生回答）：欣然怒放。

师： 怒是发怒的意思，“欣然怒放”的“怒”在这里是什么意思？万寿菊在这里怒放是说他生气吗？你说是很美丽，他说开得很鲜艳。（教师伸手示意，表示出示图片）一块儿看看，这就是欣然怒放的万寿菊，它的花瓣全打开了，开得多么有活力啊！让我们一起来读一读。

师： 欣然怒放的万寿菊多美呀，孩子们，通过想象我们仿佛看见了一朵朵美丽的鲜花在我们眼前绽放的样子。让我们合作来读一读这一段吧！凌晨四点，牵牛花——吹起了紫色的小喇叭（模拟学生接读，下同）；五点左右，艳丽的蔷薇——绽开了笑脸；七点，睡莲——从梦中醒来；中午十二点左右——午时花开放了；下午三点——万寿菊欣然怒放；傍晚六点，烟草花——在暮色中苏醒；月光花在七点左右——舒展开自己的花瓣；夜来香在晚上——八点开花；昙花却在九点左右——含笑一现……

师：课文用上了不同的词语、不同的说法写了9种花的开放，你觉得这样写好在哪儿？

师：你觉得这样写很生动。他说这样写很具体，把花开的不同样子都写出来了。同学们再默读这段话，认真看看这些写时间的词，你们有什么发现？（稍停）

师：你发现了这个是按照时间顺序来写的。作者写时间的词语按照时间的顺序从早到晚把这9种花开的时间写出来了。你还发现什么？

师：你发现了写时间的词语可以放在前面，也可以放在后面。这样，我们读起来更富于变化，更有节奏了。你的发现真了不起。有的时间词加了左右表示什么？（教师转述学生回答）表示大概的时间。作者的观察多细致啊，表达多准确啊！

［本环节教师抓住描写花开放的句子，让学生品味语言，自读自悟体会文章的语言美，领悟作者精妙的表达，在读中感悟，悟中促读，积累语言。教师以模仿、转述等方式呈现学生的发言，还辅以手势等增强现场感。需要注意的是片段教学时间有限，因此应尽量少问“你还发现了什么”之类的话，而直接以不同的人称代词“你”、“他”或不同的身份指认方式（如“这个高个子的男生”、“第二组的女生”等）呈现学生的回答。另外，“有的时间词加了左右表示什么？（教师转述学生回答）表示大概的时间”看似设计得很合理，但由于没有考虑如何在实施时体现的是“转述”，容易给人自问自答之感。］

三、积累语言，读写结合，描写花开

师：孩子们，同样写花开放，有那么多不同的表达方法，你们能不能也像课文中一样，写一写自己喜欢的一种花，写的时候，可以用上刚刚学的词语，也可以用上平时的积累。（稍停，以示学生练写）好，谁愿意把自己写的句子读给大家听。来，你先读——蒲公英张开了小伞。

生（教师手指右方，模仿学生回答）：玫瑰花露出了可爱的笑容。

生（教师手指左边，模仿学生回答）：蝴蝶花张开翅膀，在风中翩翩起舞……

师：同学们写得真美，这些比喻、拟人、生动的词语使句子顿时有了生命力。

[课堂的读写结合，既巩固所学知识，又引导学生学以致用。在考核时，应有意识地关注不同的学生。]

（案例提供：福建省福州市鼓楼区井大小学俞秀琳老师）

第4节　《猫》

教学分析

《猫》是四年级上册的一篇课文。本片段为教材的1～3自然段。作者老舍先生用朴实而传神的语言，贴切精当的修辞手法，通过一组组充满生活情趣的画面，生动形象地写出了猫的性格“古怪”，表达了对猫的喜爱之情。基于对写动物课文特点的把握，本片段教学设定的目标为：理解猫的特点，透过文字用心感悟作者对猫的爱怜之情，并领悟写法，同时不断丰富语言的积累。这些都是中年级阶段阅读的重点。

过程评析

一、简笔画导入

师：你们听——是什么动物的叫声？对了，是可爱的小猫。（教师画小猫的简笔画，并书写课题“猫”）你们喜欢猫吗？为什么？

师：你认为小猫能捉老鼠，为民除害。他觉得小猫的毛摸起来很柔顺。（说话时将手指向不同的方向）带着你们的喜爱之情再读一读课

题——猫。（手指向课题）

［导入时如果不能先“声”夺人，那就先来点诗情“画”意吧！以生动形象的简笔画导入，让猫的形象跃然纸上，也是执教者个人素质的展示。在片段教学时，有意但无痕地展示自己的特长，能为执教者提高印象分。］

二、整体感知

师：有一位大作家叫老舍，可喜欢猫了，还专门为它写了一篇文章，请同学们快速浏览课文，找出两个最能概括课文内容的句子。

师：你一下子就找到了，你认为是这两句（板书以下内容）：

猫的性格实在有些古怪。

小猫满月的时候更可爱，腿脚还不稳，可是已经学会淘气。

师：你可真会读书，我们在读课文时，也要像他一样，学会把长文章读短，可以用自己的话概括，也可以用课文中的重点句来概括。

师：我们先来看看猫的性格古怪这一部分（板书：“古怪”），请同学们默读 1 ~3 自然段，想想哪些语句可以体会到猫的性格古怪，可以在句旁做些批注，选择你最喜欢的一句话来交流读书体会。（教师离开讲台，以示观察学生静读）

［教学脉络特别清晰的文章时，可以引导学生进行重点句、重点词的概括，达到“牵一发而动全身”之效。在考核时，教师在转述学生语言时，还要及时给以恰当的评价，既体现对学情的回应，也体现对学法的关注。］

三、品读“古怪”，入情悟法

1. 概括特点，理解古怪

师：你从第一段的 2、3 句中体会到猫很老实。善于抓住关键词来概括，真好。你也说说，还有坐在最后一排的男生也来试试。（说话时转向不同的方向）

师：大家你一言、我一语，把概括猫特点的词语都找出来了，分别

是——（教师板书如下）

老实　　贪玩　　尽职

温柔可亲　　一声不出

胆小　　勇猛

师：请看屏幕，把这句话补充完整。（手指黑板上方，同时用 PPT 展示：这只猫既______又________，既______又________，既______又________，高兴时____________，不高兴时____________）

师：你发现了什么？你发现了词语的意思相反，性格矛盾，所以说它古怪。他认为温柔可亲、胆小等都是用来形容人的，这里用来形容猫，是拟人的手法，这样说明作者很爱猫。

师：你看，多有意思呀！作者用了拟人的手法，写出了猫相反的、矛盾的性格体现了它的古怪，表达了自己的喜爱之情。下面，我们通过朗读来将这只古怪的猫展现出来，选择你最喜欢的一个特点来读。

[让学生说出其中的一个特点并不难，难的是理解“古怪”是集很多矛盾的特点于一体。“既……又……”的总结，化难为易，让理解“古怪”水到渠成。这里关于 PPT 的设计需要慎重考虑：如果现场提供了电脑等设备，自然可以实现。但是现在的很多考核并没有为执教者提供电脑等设备。因此，也许“指”黑板上方能体现（但未必）是在出示 PPT，但如何呈现出 PPT 中的内容是教师执教前必须考虑的。]

2. 学习第一段

师：你读的是猫老实这一句，说说，你为什么要这样读？哦，“的确”一词说明是千真万确、名副其实。你懂得通过强调关键词来表达自己的体会，这是很好的朗读方法。他读的是写猫贪玩的句子，味道却不够。来，我们一起看看这个句子。（教师手指向屏幕）这里有组关联词“任凭……也……”你觉得能去掉吗？为什么？说得真好，用上这关联词更能体现猫的贪玩，把你的这种体会送到这个词语里，句子就读活了。（走向前一步，以示是倾听个别学生朗读……）

师：老舍先生对待如此贪玩的猫是什么态度呢？（PPT 出示：“说它贪玩吧，的确是呀，要不怎么会一天一夜不回家呢？”）他写这句话时，用词很有特点，自己先读一读，发现了什么？

师：你觉得用上语气词，显得很亲切，不是凶巴巴地责备。你说用上语气词，显得像说话一样自然。就像说话一样自然，谁还愿意读一读？（稍停，以示学生朗读）

师：让老舍先生如此喜爱的猫不仅贪玩，还很尽职呢？谁来读读这只猫是怎么尽职的？

师：你读得很投入，我们一起来看看课文的插图。谁来演演“屏息凝视”？（稍停，以示学生表演）演得真像，看来，这屏息是指——屏住呼吸。凝视是指——久久地一直看。（模拟学生接说）

师：一小时过去了，猫就这样——屏息凝视，两小时过去了，猫还在——屏息凝视，三小进过去了，猫依然——屏息凝视。就这样——一连就是几个钟头，非把老鼠等出来不可！（模拟学生接读）

师：你的小手举得这么高。哦，你说，从“非……不可……”这组关联词中体会到猫的决心和信心。真是会学习的孩子！猫既老实又贪玩，既贪玩又尽职，难怪作者说“猫的性格实在有些古怪”。回顾一下，我们是怎么读出猫的特点的？

师：是呀，抓关键词读，想象画面，通过朗读来体会。运用这样的方法，我们继续学习。

3. 学习第二、三两段

师：你读的是第二段的第二句。你们听出来了吗？他强调了哪个词？丰富多腔。作者写猫声音的词还有——长短不同，粗细各异，变化多端。想想，这么多的声音，是一次就全能观察清楚的吗？是呀，你说得要许多次，而且要很仔细地听。哦，你认为平时猫声让你觉得烦，可在作者眼里却成了歌唱家，说明作者对猫爱之深。体会得真好，高兴时，猫除了丰富多腔地叫唤着，还会（手指黑板上方，PPT 出示，模拟学生语气读）：它要是高兴，能比谁都温柔可亲：用身子蹭你的腿，把脖儿伸出来让你给它抓痒，或是在你写作的时候，跳上桌来，在稿纸上踩印几朵小梅花。读一读这句话，有疑问吗？可以抓住感兴趣的词语来提问。

师：什么是蹭？梅花指什么？大家一起来交流自己的看法吧！你认

为梅花是猫的小脚印，这样写说明老舍喜欢猫。他认为蹭是轻轻地摩擦，温柔地摩擦，会让人感觉很舒服。你想补充，觉得这个蹭是猫怕作者受伤，说明猫也爱作者。（说话时，转向不同的方向）

师：一朵梅花，一个蹭，你们就从中读出了一个“人爱猫，猫亲人”的美好意境。当然，这些可都是在它高兴时，它要是不高兴时——无论谁说多少好话，它一声也不出。（模拟学生接读）真是一只古怪的猫。

4. 体会写法、积累语言

师：书读得有滋有味了，咱们现在来回顾一下作者是怎么写出猫的古怪，表达喜爱之情呢?

师：拟人，生活中的小事例，关联词的使用，反语。（直接转述学生的答案）

师：当然，除了这些方法，更主要是离不开长期细致的观察。好的语言值得我们去积累，给大家一点时间，看谁能根据提示背一背你喜欢的部分。

[本环节的教学可看出，三段的学习，第一段体现“扶”，旨在让学生得意、得言，更得读书之法；第二、三段体现“放”，旨在让学生自主交流学习成果，自主质疑“梅花”与“蹭”。这里多媒体的运用同样需要审慎考虑。]

（案例提供：福建省福州市西峰小学谢樱老师）

第5节 《搭石》

教学分析

《搭石》是人教版四年级上册第六组的一篇精读课文。课文通过对摆搭石、走搭石等画面的描写，表现了乡亲们淳朴、勤恳、老幼相敬的可贵品质和一心为他人着想的美好品德，表达了作者对家乡人、家乡事的怀念赞美之情。本片段为课文的第 3 自然段。该片段的教学目标为：运用边读边想象画面、联系上下文、创设情境、联系生活体验等方法，理解“协调有序”等重点词句，体会搭石蕴涵的美，感受乡亲们的美好情感，并从中受到感染、熏陶。这篇文章所描绘的画面和学生的生活实际相差很远，阻碍着孩子们和文本的通畅对话。为此，教师要将读懂词句、体验语言的画面、体验美好的情感有机地融合在一起，让学生经历体验、感悟的过程，读出美的画面、美的语言、美的心灵，从而实现工具性和人文性的有机统一。

过程评析

一、激趣导入，找寻美

师：（板书：“搭石”、“用简笔画画出小溪”）同学们，你们还记得这一块块、一排排搭石吗？在家乡这条无名的小溪上，一排排搭石构成了家乡一道道美丽的风景。就让我们跟随着刘章爷爷，跟随着家乡的人们一块去走走搭石吧。请大家默读第 3 自然段，用波浪线画出家乡的人们走搭石的相关语句，再想一想那是一幅怎样的画面。同学们可以把找到的相关词句画出来，读一读，再和小组的同学说一说自己的体会。（教师稍停 1 秒钟，以示让学生朗读交流）

［课的伊始，教师用富有感染力的语言，激起学生的阅读兴趣。这是顺情而导，由情而发，自然切入重点。从考核的层面看，简单的几笔勾勒出一个小山村的情景图，这里不仅是透过简单的画面唤起学生表象，而且展示的是教师的基本功。］

二、诵读品味，欣赏美

师：在刚才的学习过程中，老师发现大家不但能自己认真读课文，画句子，而且能够主动地把自己的想法和小组成员交流。现在，咱们来交流交流。

师：你找的是“每当上工、下工，一行人走搭石的时候，动作是那么协调有序！前面的抬起脚来，后面的紧跟上去，踏踏的声音，像轻快的音乐；清波漾漾，人影绰绰，给人画一般的美感”。（板书：“行”）这是个多音字，读什么？

师：大家有的读 xíng，有的读 háng，意见不统一呀。排成很整齐的一队，叫做排成——行（háng）；这些在搭石上行走着的人叫——行（xíng）人。这还有几个词语要读准，一起读——“协调有序”、“清波漾漾”、“人影绰绰”（模仿学生读）。

师：从哪儿体会到这幅画面的美呢？你从“协调有序”这个词中体会到了这幅画面的美。怎样的动作才是协调有序的呢？

生（教师模仿学生回答）：就是很有顺序，配合得很好。

师：这是从字面上理解。

生（教师变换语气模仿学生发言）：就是“前面的抬起脚来，后面的紧跟上去，踏踏的声音，像轻快的音乐”。

师：你能联系课文内容来理解，真了不起。让我们加入到走搭石的人群中，咱们合作着读一读。

师：每当上工、下工，一行人走搭石的时候，动作是那么协调有序！前面的——抬起脚来（模仿学生接读），后面的——紧跟上去（模仿学生接读）。

师：（速度渐快）前面的——抬起脚来（模仿学生接读），后面的——紧跟上去（模仿学生接读）。（速度更快）前面的——抬起脚来（模仿学生接读），后面的——紧跟上去（模仿学生接读）。踏踏的声音，像——轻快的音乐（模仿学生回答）。

师：没有人踩脚，没有人跌入水中，该是有人指挥吧？（模仿学生接答）没有。

师：从这句话中，你感受到了怎样的美？

生（教师模仿学生回答）：我这句话中感受到了一种协调有序的美。（板书“协调有序”）

师：体会得好。你们还从哪儿体会到画面的美呢？

生（教师模仿学生回答）：我从“清波漾漾，人影绰绰”体会到画面的美，感受到水波和人影都很美。

师：那么“清波漾漾，人影绰绰”在文中描绘的是怎样的画面？

生（教师模仿学生的语气）：我好像看到水清得可以看见水底的石头，一阵风吹来，水面漾起了波纹，人影倒映在水面上，美丽极了。

师：你的想象力真丰富啊！（师手指另一处）你还想来描绘一下。

生（教师变换声调模仿另一学生回答）：我仿佛看见清清的溪水漾起了粼粼的波纹，姿态柔美的人影倒映在水中，像画一样。

师：听你这么一描述，我感受到水光、人影两相和的美！请你读这句话。（稍停，以示学生朗读）

师：你的朗读仿佛把我带到了画前，谁能把大家带进画里呢？你的小手举得这么高，请你来读。（稍停）读得多棒呀！仿佛把我们带入了美好的画中。全班一齐读。（教师稍停以示让学生朗读）真美！这真像是一幅美丽的画，你看老师把这段话这样排列，就变成一首小诗（手指黑板，以示播放课件），谁来配着音乐读？（模仿学生读出诗的韵律）每当/上工/下工/一行人/走搭石的时候/动作/是那么协调有序/前面的/抬起脚来/后面的/紧跟上去/踏踏的声音/像轻快的音乐/清波漾漾/人影绰绰/给人/画一般的美感。

师：同学们，刘章爷爷在大山里工作了13年，每年都有200多天走在搭石上，他怎能忘记这样的情景，一起读。（稍停）这一行人在搭石上走出了音乐美、画面美，走出了协调有序的美，这的确是家乡的一道风景。

[本环节对词语的教学，能联系语境创设情境，感性地学习。如“协调有序”地学习，通过创设走搭石的情境，让学生身临其境地体会“抬起脚来，紧跟上去”的和谐，不但体现对语言的深入品味和揣摩，还将读懂词句、想象语言的画面、体验美好的情感有机地融合在一起。同时从考评的角度看，教师始终应用鼓励性的语言，面向全体，关注每一个学生。]

三、以读促写，记录美

师：是啊，在作者刘章的家乡，美就是秋天里溪水中那一块块排列整齐的搭石，美就是乡亲们从搭石上协调有序地依次而过，其实，生活中到处充满了美。同学们，在我们的身边，你还发现了哪些协调有序的美呢？

师：你说在大扫除时和同学们团结协作是一种美。

师：他还没有机会发言，请他来说。

师：你真是生活的有心人，是啊，清晨的马路上，行人、车辆井然有序也是一种美。

师：那么，作者刘章是怎样写出这种美呢？

师：的确，是抓住画面美和声音美来描写。（板书："画面美"、"声音美"）

师：是的，美无处不在。你们看，（手指黑板以示播放课件）这些都是蕴藏在我们身边的美。课后，我们可以学习作者刘章的写法，也可以用自己喜欢的表达方法，记录下我们身边的美。这节课就要结束了，最后，请同学们一起读这段文字，再一次回味刘章家乡那淳朴的民风和美好的民情吧！

［此环节旨让学生从生活中发现美，学着作者的写法记录美，体现了"由'教教材'变成'用教材教'，由'教课文'变成用课文学语言、用语言"的教学理念。这里有意识地体现了对未发言的学生的关注。］

（案例提供：福建省福州市井大小学王文雁老师）

第⑥节　《桂林山水》

教学分析

《桂林山水》是人教版四年级下册第2课，以丰富多变的表现手法，生动形象地描绘了一幅景色奇异、色彩绚丽的山水画，抒发了作者对祖国壮丽河山的热爱与赞美之情。课文的第二自然段采用对比、排比、比喻的方法描述了漓江水"静、清、绿"的特点，其教学目标为：借助课文、多媒体，感受漓江水的美，培养热爱祖国、热爱大自然的感情；了解作者抓住景物特点，运用对比、排比、比喻手法描写景物的方法。根据中年级学生的特点，教师可采用创设情境、想象画面、读中品、品中悟的教学方法。

过程评析

一、初读课文，凭借画面，感知内容

师：人们都说："桂林山水甲天下。"（板书课题："桂林山水"）我们就随着作者一起泛舟漓江，去欣赏风光秀丽、闻名遐迩的漓江之水吧。（手指黑板上方，以示播放漓江山水风光）看，这就是漓江，请同学们边看边想，漓江的水给你留下什么印象？

师：你觉得漓江的水很干净、很清澈。他觉得漓江的水真美、真清，倒映着蓝天、白云，就像一幅美丽的画。想象可真丰富！这位小姑娘觉得漓江的水真绿，真蓝、就像诗中说的那样"春来江水绿如蓝"，美极了。你可真有诗意。

师：请同学们自由读第二自然段，用一句话概括第二段写了什么。（稍停）是的，第二段写了漓江水的特点。

[上课伊始便借助多媒体，能拉近学生与文本的距离，唤起学生对新知的向往，让他们一开始就进入最佳的学习状态。考核时，也体现了教师现代教育技术使用的意识。（手指黑板上方，以示播放漓江山水风光）这样的设计意图明确，但操作性手段不明确，即评委无法通过教师的"手指黑板上方"，准确地得出是在"播放漓江山水风光"，此处若直接引用教材等的相关画面，或者点明"请同学们边看这段关于漓江山水的视频边想……"，就会更有现场感、真实感，让评委更明白具体情节。]

二、再读课文，凭借语言，领悟写法

师：请默读第二段，想想作者是怎样写漓江水的特点，并画出来。

师：我看到有些同学画的是这些句子：漓江的水真静啊，静得让你感觉不到它在流动；漓江的水真清啊，清得可以看见江底的沙石；漓江的水真绿啊，绿得仿佛那是一块无瑕的翡翠。从这句话中，老师听出了你重读了“静”、“清”、“绿”这三个字，你能说说为什么这样读吗？

生（教师模仿学生的声音）：因为这句话就是围绕“静”、“清”、“绿”这三个特点来写漓江水的。

师：你体会到这句话写出了漓江水的特点是——静、清、绿。（模拟学生接答，板书：“静”、“清”、“绿”）你不但会读书，还很会思考。我们来比较这两个句子。（用手指黑板，口述两个句子）

A. 漓江的水真静啊，静得让你感觉不到它在流动；漓江的水真清啊，清得可以看见江底的沙石；漓江的水真绿啊，绿得仿佛那是一块无瑕的翡翠。

B. 漓江的水又静又清又绿。

师：请同学们读一读这两句话，想一想，你喜欢哪一句，为什么？（稍停，以示让学生朗读）说说你们的感受和体会。

生（教师手指示意一生发言，并模仿学生的发言）：我觉得第一句好。因为第一句作者用排比、比喻等方法来描写，把漓江水写得真美。

师：你是从表达方法上来说的。（板书：“排比、比喻”）

生（教师手指另一方向，并模仿学生的发言）：我也觉得第一句好。因为第一句用了三个感叹句，语气强烈，并且在感叹句后面补充说明了漓江水静得怎么样，清得怎么样，绿得怎么样，这样句子不但具体、生动，而且形象。

师：你表达得这么清晰、流畅，真棒！老师为你的进步而高兴。你能用读来表达对漓江的喜爱吗？（教师模仿学生的语气有感情地朗读）

师：你读得真好，我不禁陶醉了，也想和大家一起分享漓江水的美。我们来合作读读这句话吧。

师：漓江的水真静啊——静得让你感觉不到它在流动（模仿学生接读，下同）；漓江的水真清啊——清得可以看见江底的沙石；漓江的水真绿啊——绿得仿佛那是一块无瑕的翡翠。

师：漓江的水真美呀！你还能用这样的句式，说说漓江水的特点吗？（用手指屏幕方向，口述：漓江的水真______啊，______得______）

师：漓江的水真静啊，静得像熟睡的仙女。你说的真美呀！

生（教师手指左边，并模仿学生的发言）：漓江的水真清啊，清得可以看到游动的小鱼。

生（教师手指右边，并模仿学生的发言）：漓江的水真甜啊，甜得像一罐蜜糖。

生（教师手指后方，并模仿学生的发言）：漓江的水真平啊，平得像一面光滑的镜子。

师：多么美的漓江水啊，大家喜欢这样的水吗？就请大家自由读读，读出对漓江水的喜爱之情。（教师离开讲台，以示观察学生静读）谁来展示一下。

师：你喜欢漓江水的静，你读的声音小一些，语速慢一些。她喜欢漓江水的空灵、洁净，读的时候语调平缓、轻柔。各有自己的理解和感悟，真好！听你们的朗读是一种享受，你们不但读出了声，而且读出了情。课文第二自然段，你还读懂了什么或有什么疑问？

生（教师模仿学生语气提问）：课文写漓江水，为什么还要写大海和西湖呢？

师：会提问的孩子，就是聪明的孩子！谁乐意帮助他？（作观察状）好，你来帮助他。你认为因为大海和西湖已经很美，很壮观了，但跟漓江相比，漓江之水更显迷人。

师：这是运用了对比（板书："对比"）的方法，反衬出了漓江水的美。对同学的回答，你满意吗？

生（教师模仿学生的语气）：满意。

师：我们一起读读这句话。我看见过波澜壮阔的大海，玩赏过水平如镜的西湖，却从没看见过漓江这样的水。

师：我们继续交流。哦，你还读懂了最后一句，你觉得这是作者坐在木船上的感觉，再现了漓江之水的风姿。你真爱动脑筋，老师就喜欢你思考的样子！你来读读这句话吧。

生（教师模仿学生的语气读）：船桨激起的微波扩散出一道道水纹，才让你感觉到船在前进，岸在后移。

[本环节教师抓住排比句引导学生品味文章的语言美，领悟作者的

表达方法，让情感在朗读、仿说中飞扬，努力体现以学定教。这里体现了对不同层次学生的关注和对学生回答的反馈。“你还能用这样的句式，说说漓江水的特点吗？（用手指大屏幕方向，教师口述：漓江的水真______啊，______得______）”，这里为了体现多媒体的运用，导致表达不是太流畅。实际上，这里的多媒体使用是很低效甚至无效的。如果改为“你还能用‘漓江的水真______啊，______得______’（板书）的句式说说漓江水的特点吗？”就显得更简洁、明了。]

三、诵读段落，积累语言，掌握学法

师：刚才我们在学习第二段时，是按照这样的方法学习的：理解特点—领悟表达—积累语言。（板书）下节课，我们就用这样的方法继续学习第三段吧。

[杜威曾说：“教学绝不仅仅是一种简单的告诉，教学应该是一种过程的经历、一种体验、一种感悟。”教师在引导学生运用多种方法学完本段后实时进行学法小结，以便学生能迁移，在下文的学习中学以致用，培养语文学习能力。]

（案例提供：福建省福州市温泉小学蒋莺青老师）

第7节 《乡下人家》

教学分析

《乡下人家》是四年级下册第六组“走进田园，热爱乡村”中的精读课文。本文作者紧扣“独特、迷人”，描写了六幅田园风光的画卷，展现了朴实、自然、和谐，充满诗意的乡村生活，表达了对乡村生活的热爱和向往。基于本组课文的编排目的和本文的特点，根据学生的学情，本片段教学目标如下：抓住重点词句品读语段，感受作者写作上的特点；通过深入品读课文，感受到乡村生活的美好，在诵读中积累语言。

过程评析

一、回顾全文，明确学习重点

师：同学们，让我们回忆一下，课文为我们展现了乡下人家哪几幅美丽的画面呢？（边模拟学生发言，边板书“屋檐瓜架”、“鲜花轮绽”、“雨后春笋”、“鸡鸭觅食”、“院落晚霞”、“月明人静”）这么多幅美景各有各的特点，作者不禁在文中感叹道——乡下人家，无论什么时候，无论什么季节，都有一道独特、迷人的风景。（模仿学生读）

师：那作者是怎么把这么美的画面写出来的呢？让我们再次走进课文，到语言文字中去寻找它的独特、迷人。（板书“独特、迷人”）这节课呀，我们先学习课文的第一、二自然段。请大家默读这两个自然段，画出描写乡下人家风景独特、迷人的句子、词语，看看作者是怎么写的。把你的感受写在句子的旁边。（离开讲台，以示巡视学生默读情况）

[回顾全文旨在让学生对全文的结构有了整体的把握。“作者是怎么把这些美的画面写出来的呢”这一问题明确了学习目标，不仅留心作者写了什么，还关注作者是怎么写的，避免了“得意妄言”。]

二、品读第一自然段

师：谁来说说在第一自然段里你画了哪个句子？

生（教师模仿学生读）：我画了“当花儿落了的时候，藤上便结出了青的、红的瓜……可爱多了”。读了这一句，我的眼前仿佛出现了瓜藤满架的情景。

师：你读着句子，想象着画面，并且还有自己独特的读书感受。可真是个会读书的好孩子。

师：你提的问题真有思考价值：为什么说这种装饰“别有风趣”呢？我们先来关注一下这个句子中的“别有风趣、装饰”这两个词。谁能说说对两个词的理解？

生（教师模仿生发言，余同）：“别有风趣”就是另有别的趣味。

师：那“装饰”呢？（做手势请另一个学生起立）你们看，发夹就是她头上的装饰，这么一装饰使她看起来更加可爱了。那我们回头来看看文中说的“别有风趣的装饰”指的是什么？

师：你说的对，这别有风趣装饰就是——瓜架。那为什么说这种装饰“别有风趣”呢？

生：因为只有在农村才看得到这些东西，城里人不会用青、红的瓜来做装饰。

生：青、红的瓜色彩鲜艳，这种情景让人有走进大自然的感觉。

生：这些装饰一年四季都在变化，它们富有生命力。

师：是的，它们是富有生命力的。同学们，你们再来读读这句话，看看作者又是怎么写的？

生：我觉得作者是用青、红的瓜，碧绿的藤和叶与高楼门前蹲着一对石狮子和两根大旗杆作对比。

师：你真能干，发现了作者写作的奥妙。（板书：“对比”）

生：我感觉高楼门前蹲着的石狮子和竖着的大旗杆的这种装饰非常呆板，每天都是一样的，看久了就觉得腻。乡下人家种的瓜每天都会长，都看不腻。

师：对啊，这样一对比使我们强烈感受到这瓜和藤的可爱。那你们能读出这份可爱来吗？自己先试试。（稍停数秒，以示学生练读）谁先来展示一下你的朗读？

师：你读得很认真，如果语速再慢一点，可能就更可爱了。谁再来试试？你来。

师：让我们一起再来读一读这一段话，把这幅美景深深印在脑海中吧！

［本环节注重引导学生深入品读重点词句，体会文本表达的独特之处。设计中体现了课堂偶发的学生质疑，以及教师的教学应对。遗憾的是，“你提的问题真有思考价值：为什么说这种装饰‘别有风趣’呢……”出现得非常突兀，因为前面学生是在展示画的句子，并且呈现的句子跟“别有风趣”没有联系，让人有点莫名其妙。因此，如何过渡，还需要思考。］

三、品读第二自然段

师： 欣赏完了屋前，咱们再到门前去看看吧。作者又是怎么写的呢？谁找到了句子？（略停顿后做手势请生读）你来。

师： 你们从这句话中“依着时令”、“顺序开放”中读懂了什么呢？

师： 好，你读懂了这些花各自有自己开放的时间。她读懂了这些花是按照季节，有顺序地开放。（手指屏幕，表示用课件出示芍药、鸡冠花、大理菊的图片）春天来了，芍药花首先绽开了可爱的笑脸；随着夏天的到来，凤仙花、鸡冠花紧接着竞相开放；一阵秋风吹过，美丽的大丽菊也欣然怒放。这就是——依着时令，顺序开放。

生： 老师，为什么说这些花的开放朴素而华丽呢？

师： 你真是个爱动脑筋的孩子！你发现作者用一对反义词来形容这些花。（板书：“朴素、华丽”）

生： 老师，我能帮助她，因为这些花很普通，在公园、街道到处可见，并不华贵，所以说它们很朴素。但是花开起来又是鲜艳夺目、五彩缤纷的，很美，所以可以说很华丽。

师： 是呀，这些花很常见，乡民们随便地把它们种在门前，甚至连个花盆也没有，所以说——朴素（模仿生读）。可是，这些花开放时又是那么五彩缤纷、光彩夺目，所以作者才说——华丽。作者正是用了这么一对看似矛盾的词，让我们体会到了乡下人家门前这一派独特的农家风光！谁能美美地读读这句话？

师： 从你的朗读里我听出了赞美。房前鲜花让我们沉醉，让我们再去看看屋后那片是什么？

生： 几场春雨过后，到那里走走……探出头来。

生： 我觉得这是充满生机的竹子和笋，读了后好像它们就在我的面前出现了一样。

师： 你是从哪些地方感受到的？

师： 你真会读书，从一个“探”字就发现了作者用上了拟人的修辞手法。假如我把这个词换成“长出来”，怎么样？

师： 哦，你觉得显得比较单调了，他觉得句子变平淡了。

师：一个“探”字还让你联想到了什么呢？探出头来的小竹笋们会看到些什么，说些什么？

生：它们看到了缤纷世界，会争着说：“这春光真是美妙啊，还好钻出来了，不然错过了这美景就可惜了。”

师：你的想象力真丰富，带着我们看到了一群可爱的小竹笋！（板书：“探”）一个“探”字，让我们感受到了竹笋的内心世界，感受到了它的生机勃勃。那让我们一起带着喜爱之情来读一读这个句子吧。（稍停以示学生朗读）在乡下人家啊，房前屋后的瓜啊、藤啊，还有花儿、竹啊，都是一些很平常的东西。但是，在作者的笔下我们却读出了它们的——独特、迷人。（手指板书，模拟学生语气说）

师：难怪作者要这样的赞叹，一起读——乡下人家，无论什么时候，无论什么季节，都有一道独特、迷人的风景。

［本环节十分重视学生独特的阅读体验，引导学生到字里行间发掘作者遣词用句的匠心独运。考核时，教师还应注意及时评价学生。本环节的设计有两处需要改进：(1)“谁找到了句子？(略停顿后做手势请生读）你来。师：你们从这句话中‘依着时令’、‘顺序开放’中读懂了什么呢？”这段表述从“找句子”到“你来”，再到“读懂了什么”的过渡思路不清晰，需要细化。(2)“手指屏幕，表示用课件出示芍药、鸡冠花、大理菊的图片”中如何“手指”才让人知道是指屏幕，如何让人看出“表示课件出示芍药、鸡冠花、大理菊的图片”，这些都是高难度动作。］

（案例提供：福建省福州市井大小学黄晓霞老师）

第8节　《地震中的父与子》

教学分析

《地震中的父与子》是人教版五年级上册第六单元“父母的爱”中的精读课文。这个单元安排了四篇课文，旨在通过一个个生活中的故事让学生体会父母亲对孩子最无私的爱、最质朴的爱。《地震中的父与子》是一篇表现特殊环境下的父子之情的课文，内容浅显但内涵深刻，语言平实但令人震撼。本片段教学设计旨在引导学生从课文的具体描述中感受到父亲对儿子深沉的爱和儿子从父亲身上汲取的巨大精神力量，并且学会根据细节描写刻画人物形象的方法。

过程评析

一、领会语言艺术，理解积累应用

师：同学们，上节课我们走进了 1994 年美国洛杉矶的一场大地震中，认识了一对了不起的父子。他们在大地震发生之后没有放弃生的希望。他们对彼此不离不弃完全是因为一句话，大家找到是哪句话了吗？（稍停顿）请大家一块儿读——不论发生什么，我总会跟你在一起。

师：这句话中有个关键词语，那就是——“不论……总……”。你能用其他的关联词替换吗？（稍停顿，作倾听状）你用“无论……都……”替换，无论发生什么，我都会跟你在一起。很好。哦，后排那位男生是用“不管……也……”来替换，不管发生什么，我也会跟你在一起。同学们的替换都很准确，你们从这些句子中感受到了什么？

生（教师模仿学生的语气）：我感受到了这位父亲对孩子的关心和爱护是不受时间和空间限制的，即使环境再恶劣，他都会和他的孩子在一起，这是十分难能可贵的。

生（教师变换语调模仿学生）：我感受到了加上这类关联词后，父亲想表达出的保护孩子的那种信念更加坚定了，语气更加强烈了。而且，它还加上了感叹号。

师：说得很好！说明你们已经走进了这位父亲的内心。让我们一起再把这句话读一读，老师读前半句，你们接着读“不论发生什么，我总会跟你在一起”。从读中再一次体会出当时父子心中的那种默契，感受这对父子用锲而不舍、百折不挠的爱创造的奇迹吧。

［刘仁增老师认为：“以语言应用为核心的阅读教学着眼于学生言语能力的发展，讲求以语言带动内容，在丰富多彩的言语实践中，实现言

文兼得，以发展言语能力为价值取向，融工具性与人文性为一体，通过言语实践让学生‘亲历’和‘历练’。”① 这一片段中，教师从“不论……总……”这组关联词出发，引导学生在理解关联词含义的基础上进一步领悟关联词在表情达意上的作用，从而准确理解人物的内心感受。这是一个阶梯性的过程，能引导学生一步一步将文本内化为思想，从而达到刘老师所讲求的“以语言带动内容”。]

二、注重细节描写，感受人物形象

师：我们常说“细节决定成败”，细节就是很小、很细微的东西。文章中人物的动作、神态、外貌描写等都属于细节描写。这篇课文中，作者通过怎样的细节描写来刻画出这对父子的了不起呢？

生（教师模仿学生的语气）：“在混乱中，一位年轻的父亲安顿好受伤的妻子，便冲向他7岁儿子的学校”，这个句子说明父亲关爱孩子，担心孩子会有危险了。“冲”这个动词生动地体现了这位父亲急切的心情，他迫切地希望孩子能够平安。

生（教师又换一种语调）：老师，当看到教学楼已成为一片废墟时，他顿时感到眼前一片漆黑，大喊：“阿曼达，我的儿子。”我从这句话里的“喊”字，深深感受到父亲以为他已经失去儿子的那种悲痛心情。

生（教师模仿学生的语气）：老师，文章没有直接写“他挖了36小时”，而是通过“他挖了8小时、12小时、24小时、36小时，没人再来阻挡他。他满脸灰尘，双眼布满血丝，衣服破烂不堪，到处都是血迹”的描写，让我感受到了营救中挖掘的艰辛和营救过程的艰难。

师：说得太好了！这样描写，既突出了挖掘的艰辛，又表现出这位父亲在挽救孩子时的坚持不懈。这些细节虽小，但它们足以突出中心。这样的描写让我们看到了这是一位怎样的父亲？（教师稍停顿，以示让学生思考）

生（模仿学生语气深情地说）：锲而不舍、百折不挠的好父亲。

---

① 刘仁增．以“语言应用”为核心的阅读教学新视野［J］．课程·教材·教法，2009（11）．

师：你们还有什么补充的吗？（教师稍停顿，作倾听状）哦，你说是信守承诺、不离不弃的好父亲。他认为是一位无私关怀、创造奇迹的好父亲。大家说得多好啊。就是这么一位伟大的父亲，在地震中演绎出了一段人间奇迹。那么如果你是阿曼达，拥有这样一位好父亲，在废墟下，面对灾难，你会有怎样的表现呢？请同学们拿出练习本，以《废墟下的48小时》为题，写一个片段，注意能突出中心的地方放大写，以细节突出整体。

[阅读教学的重点是培养学生具有感受、理解、欣赏和评价的能力。崔峦老师曾经说过，“就小学阶段来说，主要是培养学生具有感受、理解、积累和运用的能力”。在这个教学中，教师充分挖掘教材的潜在资源——如何以课文为例子指导写作。从细节入手，先让学生明白何为细节，再让学生体会在文本中哪些描写属于细节描写，借着体会细节描写的作用，从而感受人物的高大形象。然后，引导学生直接以文本为资源，进行写作，提高写作能力。对“细节问题”的讨论，引领学生深入文本，自主阅读，找重点句，汇报交流，在教师点拨引导下品读感悟。简化教学环节，体现了阅读的整体性，提升了阅读的品质，凸显了简简单单教语文的理念。]

（案例提供：福建省福州市晋安第五中心小学姜馨老师）

第9节　《圆明园的毁灭》

教学分析

人教版五年级上册第七组精读课文《圆明园的毁灭》第3自然段主要是让学生精读感悟，理解作者怎样把圆明园的辉煌写具体，同时学习作者的表达方法，其教学目标定位为：通过多种方法，体会圆明园千姿百态的建筑特色；通过对图文等资料的感悟，体会圆明园是“园林艺术的瑰宝，建筑艺术的精华”；充分品味语言，激发对昔日圆明园的热爱之情。

过程评析

一、抓住词句，展开想象，体会表达精妙

师：默读第 3 自然段，想一想，作者是怎样一步步把圆明园的辉煌写具体的？在不懂的地方做上记号。（老师稍停，以示让学生自学）第 3 自然段写了什么呢？让我们细细地品一品吧！

师：课前预习单中我发现几位同学关注到了圆明园究竟有多大的问题，还收集了相关资料，请用简洁的语言说一说。

生：（老师模仿学生的声音，下同）圆明园是世界上最大的皇家园林。全园占地 5200 多亩，方圆 20 多里，范围相当于 640 多个足球场那么大。

师：非常好，语言精准，资料运用恰到好处。这么大的圆明园，有多少处景观？

生：150 多处景观。

师：如此多的景观，作者怎样才能把它写具体呢？数数第 3 自然段，作者用了几句话？

师：请用上“/”线做记号。

师：圆明园比起三坊七巷大得多！如果让你来写三坊七巷里有什么，你能用四句话写清楚吗？

生：不能。

师：作者的功夫真是了得！发现了吗？这段话前三句话写什么？

生：写园内的建筑。

师：最后一句呢？

生：写感受。

师：仔细读读这段话，看看都写了圆明园中的哪些美景？

生：圆明园中，有金碧辉煌的殿堂，也有玲珑剔透的亭台楼阁；有象征着热闹街市的“买卖街”，也有象征着田园风光的山乡村野。

师：也就是说，圆明园内建筑各有各的特点，真是——风格迥异。哪些词让你感受到风格迥异？

生：“金碧辉煌”、“玲珑剔透”、“热闹街市”、“田园风光”。

生：金碧辉煌的殿堂显得气势宏伟，而亭台楼阁则显得精巧细致。

师：对啊！“玲珑”指精巧细致；“剔透”指孔穴明晰；“玲珑剔透”是指精工制造、结构奇巧、内部镂空的手工艺品。在这里，说的是亭台楼阁显得——精巧细致。还有什么不同吗？

生：买卖街里吆喝声此起彼伏，热闹非凡；而山乡村野就显得宁静祥和了。

师：能抓住关键词来展开想象，这是个学习的好办法！把你们的体会带到这个句子中读一读。（教师稍停1秒钟，以示让学生朗读）

师：读得真不错！从你们的读中，老师仿佛看见了圆明园中建筑千姿百态。谁能试着背一背这句话？

[阅读教学是学生、教师、文本之间对话的过程。此环节旨在鼓励学生抓住词语，展开想象，感受文本语言的简洁优美，感受圆明园建筑风格迥异、应有尽有的特点。设计以朗读为中心，激情、移情，在有限的空间拓展无限的想象，在无限的想象中读出体验。教学伊始环节，教师提出“作者是怎样一步步把圆明园的辉煌写具体的”，“第3自然段写了什么呢”，如果在常态课堂中自然有学生的反馈，但在片段教学中，突然转到“课前预习单元中我发现几位同学关注到了圆明园究竟有多大的问题，还收集了相关资料”，就有点让人摸不着头脑了，因此此处的过渡环节还须细致设计。]

二、品味语言，学习表达，教出课文特点

师：接着，让我们看看第二句话。（用手指黑板上方，以示播放课件）

生：园中许多景物都是仿造各地名胜建造的，如，海宁的安澜园，苏州的狮子林，杭州西湖的平湖秋月、雷峰夕照；还有很多景物是根据古代诗人的诗情画意建造的，如，蓬莱瑶台，武陵春色。

师：圆明园既有仿造之景，又有诗情画意之景，真是一步一景，景景迷人啊！发现了吗？这个句子有什么特点？

生：先概括，再举例。

师：在学习上，你独有一双慧眼！这句话先写总的建筑，再用举例的方式，这种表达非常独特，我们写校园或写一些地方的景物，也可以用上这样的方法。

师：还有什么景作者没写到？

生：民族建筑、西洋景观。

师：是的，于是作者又补充了第三句话。（用手指黑板上方，以示播放课件）

生：园中不仅有民族建筑，还有西洋景观。

师：这个句子前半句总结前文，后半句写西洋景观，同学们，能根据老师提供的图片，发挥想象，试着学习这段第二句的表达方式，说一说园中的西洋景观吧。

生：园中不仅有民族建筑，还有西洋景观。如，海晏堂、远瀛观、万花阵、大水法……

[“教材内容”不等同于“教学内容”，教师不仅需要让学生了解课文“写了什么”，更要引领学生发现课文是“怎么写的”。阅读教学只有让学生既“会意”又“得言”，学生的语文素养才能不断得以提升。教师“用手指黑板上方”，评委就能读出是“以示课件出示”吗？很显然，不能。另外，从设计的前后内容看，此处预设的课件只是为了呈现课文的内容，并无必要性。因此，此处不妨直接改为板书，或者将“用手指黑板上方，以示播放课件”改为“我们一起把这句话读出来吧”。]

三、感悟“辉煌”，指导背诵，布置小练笔

师：这么多的建筑，难怪作者会发出感叹——漫步园内，有如漫游在天南海北，饱览着中外风景名胜；流连其间，仿佛置身在幻想的境界里。这句话写出了作者的感受。谁能读一读？（稍停）

师：多么美的感受，多么由衷的赞叹！我们漫步、我们饱览、我们流连、我们幻想，沉醉在这样一座圆满无缺的皇家园林；陶醉在这样一座明光普照的皇家园林。你们看——（教师手指黑板上方，以示播放视频）

师：读了文字，看了视频，你有什么要说的吗？

生：圆明园的美景真让人叹为观止！

师：好一个叹为观止！你想说？（教师稍停1秒钟，以示让另一学生说）

生：圆明园的美景让我太震撼了！

师：是啊！圆明园美得让无数人为之震撼！让这美景深深地印在我们心里吧，同桌试着背一背。（稍停）

师：三坊七巷被评为“中国十大历史文化名街”之一，请模仿这一自然段的写法，试着写一写。

[课题是“毁灭”，作者却用大量笔墨写辉煌。有了对“辉煌”的准确把握，相信学生对作者独特的表达方法已经有了明确的答案。而紧接着的小练笔训练，旨在让学生习得作者用字洗练的表达范式。“教师手指黑板上方”，能让评委会意是“以示播放视频”吗？显然，教师“手指黑板上方”，在设计者看来，有时是“以示播放课件”，有时是“以示播放视频”。在毫无其他辅助说明的情况下，这样的“以示”完全是想当然的、不切实际的。即便评委知道是表示在播放视频，但是设计中丝毫没有体现视频的内容，很容易给人为了视频而视频的感觉。另外，本设计完全采用由教师扮演学生发言的方式，且在扮演学生发言是没有用“老师，”等词语略加提示，若操作不好，就容易给人自说自话之感。]

（案例提供：福建省福州市洪山小学万桂园老师）

第⑩节 《草原》

教学分析

《草原》是人教版五年级下册第一组课文中的一篇融自然美、人情美和语言美为一体的感人文章。此片段教学的内容是课文的第一自然段，对草原美景的描写，如诗如画，令人陶醉，是美读品悟、激发体验的好材料。本设计力求做到多读少讲，把时间留给学生读书，让学生有感情地朗读课文、背诵第一自然段，在读中感知、感悟、升华、拓展，品味草原的辽阔壮美，并逐步受美的意境、美的情感、美的语言的熏陶。

过程评析

一、初读，感知美

师：通过前面的学习，我们知道了全文围绕“美”字写了两部分内容，一是风景美，二是人情美。（板书：“风景美、人情美”）我们先来领略草原的风景美。（稍停）

师：请同学们闭上眼睛，一边欣赏优美的音乐，一边听老师读课文，并在脑海中想象画面。听完后，告诉同学们，你好像看到了什么？（稍停，以示范读课文）

师：现在，请大家说说脑海中浮现出什么样的画面。

师：你看到了成群的牛羊在草原上自由地食草、嬉戏，显得悠闲自在。说得不错。这位同学看到的是无边无际的草原，到处翠色欲流，令人心旷神怡，令他流连忘返。

师：如果用两个字来概括这草原美景的特点，你觉得是什么？

师：你说“大”、“绿”，你也说“大”、“绿”。（板书：“大”、“绿”）

［本设计开篇即对教学内容在课文中的位置进行了交代，体现了对教学脉络的整体把握。同时，设计者能利用板书强化教学重点，这也值得借鉴。稍停，以示给学生阅读、思考、写作的时间，是片段教学中的常用策略。但本设计中“稍停，以示范读课文”，很显然是不太合适的方式。估计设计者是考虑到课文太长，占用时间太多，所以如此略过。其实，教师只要范读与本片段教学密切相关的内容即可。］

二、品读，感悟美

师：请同学们自由地读一读，找出最能体现草原大或绿的句子，美美地读一读，用心地写下读书的感受，并在小组内交流。（教师离开讲

台，以示观察学生静读）

师：说说文中最让你心动的景色，体会草原的大、草原的绿。

师：你从“在天底下，一碧千里，而并不茫茫”一句入手，从中体会到了草原非常大，还特别抓住了“一碧千里”这一关键词来体会草原的“大”，真会学习。

师：请大家看图片，一起感受这“一碧千里”的美景。草原的“大”，还可以用哪些词来形容呢？你说无边无际，他说广阔无垠。大家的词汇真丰富！

师：你也来补充。（稍停）很好，你还发现了这一句不仅写出草原的广阔无边，而且写出到处都是绿油油的，美丽极了。真是个会学习的孩子！请你也来美美地读一遍。

师：真棒！能不能把你的方法告诉大家，为什么你一读就让人感受到草原的大？

师：通过他的发言我知道了，要入情入境地用心去读，就像是真的到了草原一般。而且，他把“一碧千里”这一重点词读得非常慢，一——碧——千——里。咱们一起按照他这种方法来试一试。（稍停，以示朗读）

师：谁来继续交流别的句子？

生：我喜欢这一句：羊群一会儿上了小丘，一会儿又下来，走在哪里都像给无边的绿毯绣上了白色的大花。这一句用比喻手法感受此时草原上的无限生机，有静态的，也有动态的，充满活力。

师：是的。谁来接着说说作者把羊群比作什么，无边的绿毯又比喻什么。

生：作者把羊群比作白色的大花，而无边的绿毯比喻无边的草原。“绣”字用得传神，将两组比喻形象地结合起来。

生（教师换一种语调）：我还喜欢，“那些小丘的线条是那么柔美，就像只用绿色渲染，不用墨线勾勒的中国画那样，到处翠色欲流，轻轻流入云际”，特别是用“流入云际”写出了静止的小丘变成活动的小丘了，好像有了生命了。整个草原有动有静，更有生气了，有活力了。

师：说得好，它们真的在流动吗？

生：小丘虽然不会流动，但它的绿太诱人了，且起起伏伏，像缓缓的波浪，远远望去，会给人流动的感觉。

生（教师又换一种语调）：还有文中写“小丘的线条是那么柔美”，像只用绿色渲染的中国画那样，所以越看越觉得是翠色欲流。

师：那大家知道“渲染”、“勾勒”是什么意思吗？请读读文章下方的注释，谁来用粉笔试着画一画？（教师模仿学生进行板画、评议）

师：理解得不错，小丘的线条就是这么柔美。让我们一起轻柔地读一读。（稍停）

［本环节的设计注重感悟，让“读、品、悟”贯穿课堂，引导学生走进文本，理解内容，获得独特体验。］

师：草原如此之大，如此之绿，如此之美丽，真是令作者陶醉呀。他写道，“使我总想高歌一曲，表示我满心的愉快”，“这种境界，既使人惊叹，又叫人舒服，既愿久立四望，又想坐下低吟一道奇丽的小诗。在这境界里，连骏马和大牛都有时候静立不动，好像回味着草原的无限乐趣”。说说此时你心中的感受吧。

师：你觉得这草原太美了，太令人享受了。这位同学从“惊叹”、“舒服”、“久立四望”、“坐下低吟”等词语中感受到作者陶醉了。试想一下，如果你是作者，你惊叹的是什么？低吟的又是什么？

师：你想唱首歌《美丽的草原我的家》，那就唱吧。这位同学想吟诵一首诗，大家掌声欢迎。这位同学说得真好，连静立的牛马，都似乎被陶醉了，像人一样在享受和回味。这种拟人的写法增强了草原风光的感染力。让我们带着这样的理解，把这两句话有感情地读出来。

［本环节通过想象补充课文中的“空白”，促使学生进入课文情境，深入挖掘文本的意蕴，强化对文本的内心体验。］

三、诵读，升华美

师：让我们带着赞叹，带着兴奋，带着陶醉来朗读第一自然段。（稍停）读了这么多，大家会背了吗？把你最心动的句子背下来。你来试试。你也来背一背。

师：假如你是一位导游，你会怎样向游客来宣传草原的美景呢？想一想，写下你们的赞美吧！

[本环节的通读、拓展，既可以深化学生对文本的理解，又能丰富学生的想象，实现语言的积累与内化，一举多得。]

（案例提供：福建省福州市茶园山中心小学周性勇老师）

第⑪节 《自己的花是让别人看的》

教学分析

《自己的花是让别人看的》是人教版五年级下册第八组的一篇课文，是季羡林先生写的一篇精美隽永的短文。本设计针对的是课文的第三自然段，作者用优美生动的语言，描述了德国家家户户窗口都开满鲜花的情景，并抒发了自己的感慨，“人人为我，我为人人”。这种境界“颇耐人寻味”。本文像拉家常一样娓娓道来，在讲述德国风景民俗的同时，用最精练概括的语言点明了通俗易懂但又意味深长的哲理，读起来让人既开眼界，又回味无穷。本片段的教学目标：有感情地朗读课文，背诵课文第三自然段，积累课文中的优美语言；了解作者所介绍的德国风景，结合上下文与生活实际体会含义深刻的语句，潜移默化地受到“人人为我，我为人人”的教育。

过程评析

一、引发想象，初感“奇丽”

师：这节课，我们将跟随我国著名的文学家、语言学家季羡林爷爷走进德国，看看德国人是怎样养花的。（板书课题：“自己的花是让别人看的”）请闭上眼睛，听老师朗读课文第三自然段，大家边听边想，看看德国的街道给你留下什么印象？（教师稍停 1 秒钟，以示朗读片段）

生（教师手指后排位置后，模仿学生的语言）：我觉得街道很美，到处开着五颜六色的鲜花。

生：我仿佛看到各种鲜花争奇斗艳，还吸引来了大批的蝴蝶，围绕着各家各户的窗台翩翩起舞，行人不时驻足观赏。

师：你们的耳朵真灵，想象也真丰富，已经感受到了德国那奇丽的景色。（板书：“奇丽”）

［听读是一项重要的能力。本环节通过教师的范读培养学生的倾听能力，引导学生在听中整体感知，想象画面，从而初步感知德国奇丽的景色。考核时，教师应有意识关注不同的学生。此处教师的范读，不能通过“稍停”的方式“以示”，而应该读出来。另外“师手指后排位置”是想表示请后排的同学发言，如果能再指的同时说“请后排的那位同学……”，教学行为表达就会更清晰。］

二、读中激情，深悟“奇丽”

师：让我们一同走进季羡林爷爷的文字里，去看看德国那奇丽的景色吧！请大家自由朗读课文第三自然段，把表现奇丽景色的句子画下来。（稍停，以示让学生自主阅读）都读好了，让我们来交流一下吧！请你先说。（手指教室的后方）

生：我从“走过任何一条街，抬头向上看，家家户户的窗子前都是花团锦簇”、“姹紫嫣红”感受到德国街头景色的奇丽。

师：谁能具体地谈一谈，你从哪些词句感受到了德国街头景色的奇丽？

生：我从“花团锦簇、姹紫嫣红”这两个词中感受到在德国的街头，各种花交织在一起，真是五彩缤纷、娇艳绚丽。（板书：“花团锦簇”、“姹紫嫣红”）

师：读着这两个词语，你的眼前仿佛出现了怎样的画面？

生（教师手指前排）：我仿佛看到了花一大朵挨着一大朵，一大团花簇拥在我的眼前。

师：“簇拥”说得真传神。就是这样一朵挨着一朵，一簇接着一簇，一片连着一片。这么多的花，就像天空的彩虹那么绚烂，就像织不完的

锦缎那么绵延。请你读读这句话。（稍停，以示学生朗读）

生：我仿佛看到家家户户的窗子上鲜花怒放，红的似火、粉的像霞、白的如雪，五颜六色，缤纷多彩，美丽极了。

师：这就叫“姹紫嫣红”，带着这样的感觉，请你来读读。（稍停，以示让学生有感情地朗读）

师：你觉得她读得怎么样？

师：哦，她的朗读让你仿佛身临其境，能告诉大家你是怎么读的吗？

生：我刚才读的时候，眼前就仿佛有德国街道那些挨挨挤挤、缤纷美丽的花。

师：这就是秘诀——朗读的时候，边读着眼前的文字，脑中边出现文字所描绘的景象。再看看这段话，你还从哪儿感受到德国街头景色的奇丽？

生：我从“山荫道上”和“应接不暇”感受到这里景色的奇丽。

师：“山荫道”是什么，知道吗？

生：老师，我查过资料，山荫道本来是浙江的古道，两旁长满了花草树木，非常幽静美好。这里作者用“山荫道”是指德国街头非常优美，就如山荫道一样美不胜收。

师：真是会学习的孩子，不但查找资料，还能结合课文内容谈自己的理解，真了不起！那怎么理解“应接不暇”？（板书“应接不暇”）

生：我从“应接不暇”感受到这里的花特别多，多得眼睛都看不过来了。

生：因为上文有个“任何”和“家家户户”可以看出每一条街都开满了鲜花，每一个窗户都很美，每一朵花都很美，看得人眼花缭乱，不知先看哪儿才好。

师：能联系上下文学习，说得好极了。那么透过“如入山荫道上”和“应接不暇”你们体会到了观花人一种怎样的情感？

生：我感受到了观花的人希望一下子把所有美丽的花都看完，他们充满期待。

生：我觉得观花的人能欣赏到这么多的花，心情自然很高兴。可是没办法细细观赏，在欣喜中可能会有一丝丝的遗憾。

师：体会得真好，我们不仅要读懂文字表面的意思，还应读懂文字蕴涵的情感。让我们带上这样的情感再来读读这段话！（稍停，以示学生有感情地朗读）

师：你们的朗读仿佛把我带进了这样的画面，请看——（教师手指黑板上方，以示播放视频）让我们把这些美丽的画面带进句子，把这份美丽永留心间。（教师稍停，以示让学生背诵这两句话）

[本环节引导学生围绕“奇丽的景色”自读自悟，抓住“花团锦簇”、“姹紫嫣红”、“山荫道”、“应接不暇”等词语感悟“奇丽”，在语境中学习，在交流感悟、以读代讲的过程中，将“奇丽”的画面和语言同时积累了下来。“再看看这段话”的表达有点模糊，最好要指明。]

三、读思结合，感悟哲理

师：美丽的鲜花静静地绽放，浓郁的花香扑鼻而来，深深地呼吸着花的香甜气息，作者不仅陶醉其中，还深有感受。请读出作者感受的句子。

生：人人为我，我为人人。我觉得这一种境界是颇耐人寻味的。

师：读了这几句话，你的脑中产生怎样的疑问？（稍停）你问这一种境界指什么？他想知道为什么说这一种境界颇耐人寻味？爱提问的孩子都是聪明的孩子，谁能帮助他们解决这些问题呢？

生：这种境界就是课文中说的——“人人为我，我为人人”（板书）。

师：在这一段话中，你从哪些句子看出“人人为我”，又从哪些句子看出“我为人人”呢？

生：“在屋子里的时候，自己的花是让别人看的”体现了“我为人人”；“走在街上的时候，自己又看别人的花”体现了“人人为我”。

师：联系上下文，很快就明白了。你们真会读书！作者为什么说“这一种境界是颇耐人寻味的”？可以在小组中讨论一下。（稍停，以示学生在交流合作）

生：因为德国人每个人都为别人着想，别人的快乐就是他们的快乐，所以说这一种境界是颇耐人寻味的。

生： 德国人觉得把自己的劳动成果让给别人分享，那才是真正的快乐，所以说这一种境界是颇耐人寻味的。

师： 说得真好！我为人人，这是在奉献美；人人为我，这是在收获美。原来在奇丽的景色背后，竟隐藏着如此崇高的思想境界呀！同学们，在我们的生活中，有过类似的“人人为我，我为人人”的事吗？请拿起你的笔，简要写下其中的一件吧！（稍停，以示学生写话）请大家来交流交流，你来！

生： 今天我来打扫教室的卫生，给大家创造了一个干净的环境；明天别人来打扫教室的卫生，也为我带来了一个干净的环境。

师： 就这么习以为常的做值日生的小事中也有这种“人人为我，我为人人”的境界。

生： 前一段时间，班里要建一个图书角，同学们都把家里带来的书放入图书角，这样每个同学可以看到很多不同的书啦。

师： 是呀，季老先生从德国人养花的小事中，想到的是怎样与人相处，感悟到了生活的哲理。

[学贵有疑。本环节旨在引导学生结合上下文质疑、释疑，体会含义深刻的语句，并结合生活实际写话，以丰富对“人人为我，我为人人”这一美好境界的感悟。本环节的设计还体现了自主、合作、探究等多种学习方式的灵活运用。]

（案例提供：福建省福州市鼓楼教师进修学校陈朝蔚老师）

第⓬节　《老人与海鸥》

教学分析

人教版六年级上册《老人与海鸥》展示了“海鸥老人”与海鸥间令人动容的深情。本片段教学设计主要针对课文第二、三两个自然段，教学目标为：通过品析片段中作者对老人外貌、动作的细致描写，体会老人对海鸥的深情，初步领悟本文塑造人物的方法；通过对“有声有色”的理解，继续培养学生的想象力及语言表达能力。本设计将课堂的主动权交还学生，让他们自行潜入文字深处，读、疑、思、悟，真正“得意”、“得言”且“得法”。

过程评析

一、走近老人，初识人鸥情

师：今天我们要分享的，是一个真实的故事——老人与海鸥。（板书课题后教师作点击状，以示播放课件）这就是文中的主人公，人们口中的海鸥老人，看着老人与海鸥的这些画面，看着这尊雕像，你有什么疑惑？你想知道为什么海鸥和他如此亲近？穿红衣服的女生，你想知道人们为什么要为这个平凡百姓塑像。

师：是啊，这位普通的老者究竟有什么特别之处？请同学们自由读课文一到十三自然段，把它们画出来，并做好批注。

［学起于思，思源于疑。一个平凡的老人为何能得到人们如此的景仰？这是经教师描述，粗略了解了老人与海鸥的故事后，学生自然而然产生的困惑，也是进一步探究文本甚至其背后故事的动力。“作点击状，以示播放课件”如何真正让评委明白，还需要仔细推敲。另外，课件里面播放的是什么内容也需要让评委知道。当然，如果是教材里面的图，就不需要用到课件了。］

二、关注外貌，品味人鸥情

师：好，让大家分享你的想法。（稍停）

师：你从“他背已经驼了，穿一身褪色的过时布衣，背一个褪色的蓝布包，连装鸟食的大塑料袋也用得褪了色”这个句子发现了老人的外表很特别，衣物褪色了，塑料袋也褪色了，老人还舍不得换，多么俭朴的一位老人！带着你的理解读一读。（稍停）

师：外貌描写的语段咱们读过太多了，可作者不写五官，不写身材，偏偏就抓住三个“褪色”，谁还想就这点谈谈？中间戴眼镜这位男生。哦，你认为正是这三个“褪色”让老人在人群中特别醒目。

师：后排的这位女生你想补充，老人的工资那么少，他还愿意把大部分的工资花在海鸥身上，他真的很爱这些海鸥。你的预习工作做得不错。让咱们看看“褪色”背后的故事。（教师点击，以示播放课件）308元 、4块5毛、两毛钱、6颗鸡蛋，你们能猜猜这些数字的含义吗？

师：你知道308元是老人一个月的工资，而海鸥喜欢的饼干一斤就得4块5毛，老人家省吃俭用，唯一的奢侈是两毛钱一包的金沙江香烟。你知道得可真不少！你是怎么做到的？（稍停，以示倾听）看来查阅资料帮了你的大忙。

师：他知道6颗鸡蛋是老人走后，屋里最值钱的东西。孩子们，听到这里，你一定有很多的话想说。

师：你认为这老人太无私了。右边这位同学觉得老人宁可自己省吃俭用，也要给海鸥最好吃的东西，他真是把海鸥当做自己的儿女看待了。

师：所以孩子们，褪色的是老人的衣物，而不褪色的是什么？

生（教师手指后边）：褪色的是老人的衣物，不褪色的是老人对海鸥的爱。

生（教师手指右边）：褪色的是老人的衣物，不褪色的是老人的无私奉献。

生（教师手指左边）：褪色的是老人的衣物，不褪色的是海鸥对老人的爱。

师：有了更深的理解，一定会有更打动人心的朗读，试试看。（稍停，以示倾听）

[人群中的老人，因为三个“褪色”而特别。本环节对学生阅读写作方面的指导，是润物无声的——抓住特征塑造人物形象。学生关注到了外貌描写的特别，却未必懂得究其因、溯其源。因此，本环节“大做文章”是很有必要的。本环节旨在结合资料，引导学生读出“褪色”背后的故事，读懂老人的无私与深情，层层推进的对文字、对人物的品读。不过，从设计看，“教师点击，以示播放课件”需要进一步推敲：

课件出示的内容是什么？如果是关于老人背景的介绍，里面含有“308元”、“4块5毛”、“两毛钱”、“6颗鸡蛋”，那么“你们能猜猜这些数字的含义吗”就变得毫无意义；如果里面不含这些数字，还能介绍什么内容？跟这里的教学有多少关系？况且，如何让评委明白，教师的“以示播放课件”也是不得不考虑的问题。此环节若改为先呈现这些数字，让学生猜，然后提示看资料就能明白，就会比较顺畅。]

三、聚焦动作，深化人鸥情

师：除了外貌，老人还有什么特别之处？

生：第三自然段，老人喂海鸥的场景也非常特别。“人少的地方，是老人喂海鸥的领地。”老人为了给海鸥们一片自由啄食的空间，选了个人少的地方。

师：老人是如此的善良，你是如此的善解人意！

生：我想说的也是这段话，我读懂了老人和海鸥间的默契。“老人把饼干丁很小心地放在湖边的围栏上，退开一步，撮起嘴向鸥群呼唤。立刻便有一群海鸥应声而来，几下就扫得干干净净。老人顺着栏杆边走边放，海鸥依他的节奏起起落落，排成一片翻飞的白色，飞成一篇有声有色的乐谱”。

师：正如你所体会的默契，当老人手起，海鸥就（手扬起，并模仿学生接话）海鸥就飞起。老人手落，海鸥就（手放下，并模仿学生接话）海鸥就落下。老人走得快（快走两步，并模仿学生接话）海鸥就飞得快。老人放慢了节奏（放慢脚步，并模仿学生接话）海鸥也放慢了速度。所以，我们看到了，老人顺着栏杆（模拟学生接读）边走边放，海鸥依他的节奏起起落落，排成一片翻飞的白色，飞成一篇有声有色的乐谱。

师：如果你能听到这乐谱，你会发现其中有什么声音？

生：我会听到爱的旋律！

师：善于倾听的孩子！让同学们都倾听你的朗读。

生：我会听到海鸥扑扇翅膀的声音。

生：我会听到老人的呼唤和海鸥的回应。

生：我会听到老人和它们间亲切的交谈。

师：多么和谐的声音！让老师从你们的朗读中听到这份和谐！如果你置身于此时的翠湖，你能看到什么？你看到了翠湖边海鸥们起起落落的样子；他看到了老人慈祥的面容；她还看到了老人和海鸥配合默契的场面。多么和谐的声音，多么动人的画面！咱们说了这么多，作者只用了一个词来概括？（模拟学生接答）有声有色。

师：这有声有色的背后是老人的有情有义。有情有义，老人才能把普普通通的喂鸟的场景演绎成了一首歌，谁能读出这首歌的美妙？（稍停）

师：学到这儿，你明白了为什么我们能一眼就认出老人了吗？你总结得真到位！老人的外貌和喂鸥的动作都是他的特别之处。读书或是写作，都应注意捕捉特点。（板书："捕捉特点"）

[咬文嚼字，才可能读出文章的灵气，才可能感受语言文字的美妙。这段话中，老人把对海鸥的爱放在了每一个小心翼翼的动作中；老人与海鸥配合的默契，作者把它放在了"有声有色"一词里。本环节旨在引领学生关注老人的动作，展开合理的想象，水到渠成地理解"有声有色"，身临其境地感受了老人的有情有义。]

（案例提供：福建省福州市洪山小学薛美云老师）

第⑬节 《匆匆》

教学分析▶▶▶

人教版六年级下册《匆匆》紧扣"匆匆"二字，运用排比、拟人、比喻等多种修辞手法，细腻地刻画了时间流逝的踪迹，表达了作者对时光流逝的无奈和惋惜。课文的第三自然段采用排比、拟人的方法再现了日子是怎样的来去匆匆和稍纵即逝的。其教学目标为：借助课文、多媒体帮助学生感受时光匆匆，感受作者的无奈与惋惜；在阅读中积累语言，尝试学习作者具体描述日子来去匆匆的写作方法。阅读不但是为了让学生在理解的基础上积累，丰富感性认识，更是为了让学生通过多种形式的朗读把握课文的语言表达方法，从而激发学生运用祖国语言文字的兴趣。

过程评析

一、初读文本，整体感知，引出“匆匆”

师：孩子们，我们刚才美读第一自然段，作者在猜测、寻找日子到哪里呢？日子到底到了哪里了呢？聪明的孩子快到第三自然段里找找吧，并用笔画出来。（稍停，以示让学生默读，画句子）快来和大家一起分享你们找到的句子吧。

生：我找到的是：洗手的时候，日子从水盆里过去；吃饭的时候，日子从饭碗里过去；默默时，便从凝然的双眼前过去。我觉察他去的匆匆了，伸出手遮挽时，他又从遮挽着的手边过去，天黑时，我躺在床上，他便伶伶俐俐地从我身上跨过，从我脚边飞去了。等我睁开眼和太阳再见，这算又溜走了一日。我掩着面叹息，但是新来的日子的影儿又在叹息里闪过了。

师：哇，你找的可真全面啊。孩子们，发现了吗？这些句子分明在告诉我们一个词。

师：你说的是“匆匆”，他说的也是“匆匆”。是的，这些句子都在默默地向我们倾诉着时光——匆匆。（手指板书的课题“匆匆”）

[人们常说，不动笔墨不读书。本环节旨在通过默读、圈画，学生沉浸于文本，这很好地落实了学生与文本对话，也有助于培养学生良好的学习习惯。再让学生把几句话读成一个词，既培养了学生的高度概括的能力，又紧扣课题，引出“匆匆”。]

二、研读文本，领悟写法，感悟“匆匆”

师：哪些句子让你找到时光匆匆的影子？找你喜欢的句子读一读吧。（离开讲台，以示聆听学生朗读）

生（教师手指左边）：我觉察他去的匆匆了，伸出手遮挽时，他又从遮挽着的手边过去，天黑时，我躺在床上，他便伶伶俐俐地从我身上跨过，从我脚边飞去了。

师：这真是时光飞逝——匆匆哪！谁还想试试？

生（教师手指右边）：我掩着面叹息，但是新来的日子的影儿又在叹息里闪过了。

师：是啊，光阴似箭——匆匆哪！

生（教师手指前排）：洗手的时候，日子从水盆里过去；吃饭的时候，日子从饭碗里过去；默默时，便从凝然的双眼前过去。

师：是啊，光阴荏苒——匆匆哪！孩子们，"匆匆"不光在句子里，它还在每个词里呢？快找找。

师：你找到了"闪"，他找到了"飞"，而这位女生找到了"溜"。聪明的女孩，能说说为什么你找到了"溜"吗？听听，她说它就像一个调皮的小精灵一样偷偷地溜走了。多么富有诗意的说法呀。你们还能想到其他像这样形容小精灵一闪而过的词吗？

师：你想到了"拂"，他想到了"划"，这位同学想到了"掠"，咱们班的小作家真不少哪。接下来，就请同学们想想自己日子是怎么流逝的，仿照着写一写，争取用上你刚才想到的词。（稍离讲台，以示让学生仿写句子，教师巡视）好的，我们一起来分享吧。

生（教师手指前排）：写字的时候，日子从笔尖划过；画画的时候，日子从调色盘里闪过；打篮球的时候，日子从奔跑中越过。

师：从自己的课余生活找素材，真是生活的有心人哪。

生（教师手指后方）：早上我急匆匆去上学，日子就从我交替行走的双脚下过去了；中午我做作业时，日子就伶伶俐俐地从我本子前闪过；晚上我等爸爸妈妈下班，日子又从我期待的目光前跳过了。

师：你是个思路特别清晰的孩子，说话有序。刚才我们通过读、写，感受到时间的脚步真的是——匆匆。（手指板书）怪不得作者说，请大家一起读——太阳他有脚啊，轻轻悄悄地挪移了；我也茫茫然跟着旋转。能感受到吗？

生：因为时间过得非常快，所以作者感觉时间在不知不觉中过去了。

师：哪个词让你感觉到时间是不知不觉过去的？

师：你找到了"轻轻悄悄"，是啊，时间是非常快的，无声无息的。能把这种感觉读出来吗？

生：太阳他有脚啊，轻轻悄悄地挪移了；我也茫茫然跟着旋转。

[本环节紧扣"匆匆"剥离文本形式的个性，分为三个步骤：一是抓住体现匆匆的句子品读，二是抓住词感受匆匆，三是学生模仿着写时间如何流逝。这是学生由读作者转到读自己的一个过程，这时候，文字已不是仅仅回忆自己时光匆匆流逝，更有自己对于时光流逝的一种情感。学生更收获到朱自清先生是如何把无形的时光具体化、形象化的。]

三、诵读文本，悟情明理，思考"匆匆"

师：孩子们，面对时光飞逝，朱自清先生眼睁睁地看着自己的日子就这样过去了，心里感觉怎么样？

师：你体会到他的无奈，这位女生体会到他对逝去日子的惋惜，这位戴眼镜的男生体会到他的苦闷。你们都走进了朱自清先生的内心。让我们怀着无奈而惋惜的心情齐读课题——匆匆。（手指板书的课题）

[本环节再一次引导学生朗读，让他们将自读时的感受、课堂学习的收获融为一体，受到情感熏陶，获得思想启迪。]

（案例提供：福建省福州市鼓楼第二中心小学薛婷玲老师）

第6章

小学数学片段教学设计及评析

第❶节 《左右》

教学分析

《左右》是北师大版一年级上册第五单元《位置与顺序》的一个知识点，是在学生已经建立了“前后、上下”的空间观念的基础上进行学习的。“左右”空间观念的建立对于一年级学生来说是一个难点。为突破这个难点，《左右》的片段教学充分考虑到学生的认知特点，利用学生已有的经验，以活动作为主线，通过“玩一玩，唤起已有认知——摆一摆，积累活动经验——辨一辨，提升左右认识 ”三个环节，逐步深入地引导学生在丰富的数学操作活动中，认识“左右”的位置关系，理解和掌握“左右”的相对性，达成初步发展学生的空间观念，培养学生的观察能力的教学目标。

过程评析

一、玩一玩，唤起已有认知

师：小朋友们！你们想当聪明的机器人吗？下面我们玩个游戏——听指挥的机器人。听到老师的指令，机器人迅速作出相应动作，比一比看谁是最机灵的机器人。举起你的左手。（教师模仿学生将左手举起）举起你的右手；同学们真了不起。你们想挑战一些高难度的动作吗？都想啊。那好，挑战开始：拍拍你的左腿，拍拍你的右腿。（教师稍停顿，表示在观察学生完成的情况）加快速度，你们会做吗？左手摸左耳，右手摸右耳；左手抓右耳，右手抓左耳。（教师停顿片刻，表示在观察学生完成情况）请这位同学站起来再做一遍。

生（教师模仿学生做动作）：老师，他做错了，“右手抓左耳”他做成了“右手抓右耳”。

师：你观察得真仔细，你能做一下吗？

师：同学们在我们身上也有数学知识，那就是——左右。今天我们一起学习——左右。左右是一对好朋友，在我们的身上就有好多，它们是——（教师转过身与学生同一方向，做动作，让学生说左手、右手，左耳、右耳，左腿、右腿）

［在这个环节教学中，教师没有解释“左”和“右”，而是通过创设让学生当机器人的活动情境，从学生自己身体的左右的感知入手展开数学活动，让学生在充分感知自身左右的基础上，体验并理解左右的位置关系，从而感受到生活处处有数学，培养学习数学的亲近感。在本环节中，教师设计了学生做错动作的环节，这一点既体现了对学情的关注，也能反映出教师在课堂上的调控能力。这个环节，若是在常态课堂教学中一般较好处理。但作为虚境型片段教学，就较难把握，因为让学生模仿机器人和教师做动作、学生说，这样的设计使教师一直处于同时说和做的状态中，形式较为单一，把握起来不容易，需要教师有一定的“变音能力”。］

二、摆一摆，积累活动经验

师：请同学们在桌面上放上笔擦，笔擦的左边放上铅笔，笔擦的右边放上笔盒，在笔擦的右边、笔盒的左边摆上尺子，在笔盒的右边放上数学书。

师：同桌互相检查看谁摆的与老师一样。（教师稍停顿，表示同桌互相检查摆的结果）看着自己摆的学具，谁能说说最左边的是什么，最右边的是什么？（教师稍停顿，作倾听状）

生（教师仿生口音）：最左边的是铅笔，最右边的是书。

师：哪位小朋友也能根据自己摆的来说说笔擦是第几个？

生（教师仿学生口气）：老师，从左往右数，笔擦是第 2 个。

生（教师变换语气模仿另一学生）：老师，我是从右往左数的，笔擦是第 4 个。

师：（疑惑状）老师不明白了，怎么一会儿笔擦排第 2 个，一会儿又是排在第 4 个呢？谁愿意站起来大声地告诉大家你的发现？

生（教师模仿学生回答）：老师，我是从左往右数，她是从右往左数。数的方向不一样。

师：同学们说得真棒。（教师边说边竖起大拇指）谁来告诉老师：尺子的左边有什么？尺子的右边呢？

生（教师模仿学生口气）：老师，我知道，尺子的左边是笔擦，尺子的右边是笔盒。

师：真了不起，这些问题都被你们解决了。老师给你们一个自己创造的机会，你们根据自己的喜好重新摆放这些物品。摆完后，请你当解说员，用刚刚学习的左右知识向同桌介绍你摆放的物品。（稍停顿，教师作巡视交流状）真是会学习的孩子！刚才同学们用左右来介绍了自己摆的学具位置，今天放学回家后，你们也摆一摆这些学具，再给爸爸妈妈当一回解说员好吗？

[教师以数学活动为主线，密切数学与现实的联系，把静态的左右知识转化成动态的认知，让学生在充分感受左右知识的过程中自主地参与、探究和交流。学生在摆一摆、说一说活动中理解左右，从而培养学生的判断、思维、动手操作、合作交流及表达的能力。为了体现学生的回答，教师采取了模仿学生口音，以“老师”提示的方式，营造学生在场的感觉。虽然本环节教师体现了对学生学情活动的关注和回应，但是多停留在“想象”和“言说”的层面上。如果教师在学生相互检查后，在黑板上也摆出正确的结果，并且借助这一结果进行讲解，或者预先准备一些代表学生摆法的作业纸，在巡视学生后，再呈现在黑板上，效果可能会更好。]

三、辨一辨，提升左右认识

师：请同学们举起右手！（举起右手）老师举的是哪一只手呢？

生（教师模仿学生回答）：老师，你举手的方向和我们不一样，我觉得你举起的是左手。

生（教师模仿另一学生回答）：不对不对，老师举起的也是右手！

师：（疑惑状）老师举的到底是左手还是右手呢？（教师稍停顿，作倾听状）

生（教师模仿学生回答）：我认为老师举起的是右手，因为老师和我们是面对面的，手的方向和我们是相反的。

师：那你有什么办法让我举的右手和你们举的方向一样呢？

生（教师模仿学生回答）：老师，你转过身去，就和我们方向一样了。

师：真的吗？（边转身边说）老师举的是右手吗？

师：你们想再体验一下吗？老师请同桌同学面对面站立，举起你们的右手，说说你们看见了什么？

生（教师模仿学生回答）：老师，我们手举的方向不一样。

师：请女生转过身子。现在你们有什么发现？

生（教师模仿学生回答）：老师，我们手举的方向一样了。

师：看来，我们面对面时，方向是——相反的。

[左右位置的相对性是本课教学的难点。如果直接告诉学生"当我们面对面时，方向是相反的"，学生是很难想象与理解的。在这个环节中，通过"老师举的是哪一只手"和"怎样才能让老师举的右手的方向和同学举的方向一样"的问题思考，学生直观地感受位置的相对性；再通过"同桌同学面对面，都举起右手"的亲身体验、感受，加深学生对位置相对性的理解，左右相对性的认识可谓是"水到渠成"。]

（案例提供：福建省南平市实验小学陈爱玉老师）

第2节　《认识图形》

教学分析

《认识图形》是北师大版一年级下册第四单元的内容。在学习这一内容之前，学生已经学习了长方体、正方体、圆柱、球的立体图形，形成了一定的空间观念，具有一定的生活经验，比较关注自己周围的事物。《认识图形》的片段教学，根据学生的认知发展水平，安排了"摸一摸，直观感知面在体上——做一做，体验感悟面由体得"两个环节，重点是让学生体验“从立体到平面”的探究、建模过程，通过摸一摸、做一做等操作活动，在观察、操作、交流、合作等过程中，感悟体验“面在体上”、“面由体得”。

过程评析

一、摸一摸，直观感知“面在体上”

师：老师这里摆放了哪些立体图形？（出示长方体、正方体、三棱柱和圆柱）谁来说说在这些物体身上，你们都找到了哪些形状的图形朋友？（稍停顿，教师作倾听状）

师：这位男生从长方体上找到了长方形，我们一起来摸一摸长方形，说说你摸的感觉。（教师稍停顿）

生（教师模仿学生边摸边说）：老师，我摸长方形面的时候，它是平平的、滑滑的。

师：回答得真好。其他同学还有什么感觉呢？

生（教师模仿学生边摸边说）：老师，我摸的是长方形的四周，感觉它是直直的。

师：说得真好！长方形的面是平平的、滑滑的，它有四条边，是直直的。在其他立体图形上你们还找到了什么图形？（教师稍停顿，作倾听状）哦，你从正方体上找到了正方形，他从三棱柱找到了三角形和长方形，你从圆柱上找到了圆形，真棒。请你们摸一摸找到的正方形、三角形和圆形的面，说说你摸的感觉。

生（教师模仿学生边摸边说）：老师，我摸正方形的面的时候，感觉它们都是平平的、滑滑的。

师：说得真好！其他同学还有补充吗？（教师稍停顿，作倾听状）哦，你摸的是三角形的面，他摸的是圆形的面，你们的共同感觉是这些面都是平平的、滑滑的。你们真是聪明的孩子啊。

［在这一环节的教学中，教师根据学生已有的认知基础和年龄特点，让学生通过在学过的立体图形上找平面图形，再摸一摸找到的平面图形的表面，调动起学生的多种感官来初步感知这些物体的表面，获得对平

面图形的感性认识。本环节的教学既注重让学生以自己内心的体验来学习数学，培养学生的观察能力、运用数学进行交流的意识，又使学生初步感知这些实物（模型）的表面，获得对平面图形的感性认识，为学生在下一个环节的学习中更好地体验出“面在体上”、“面由体得”作了很好的铺垫。本环节中，教师以多种方式展示了预设的学生的可能回答，如直接模仿学生发言，通过“他”、“你”等方式转述学生的发言。]

二、做一做，体验感悟“面由体得”

师：刚才，我们从立体图形上找到了平面图形。同学们能不能小组合作，用老师给你们准备好的材料，想办法从立体图形上把平面图形“搬”到白纸上吗？（教师稍停顿作巡视交流状）哪个小组先来说说你们的想法？

生（教师边模仿边操作）：老师，我们小组是把长方体的盒子放在纸上，然后用水彩笔沿着长方体盒子的四周描一圈，就得到了一个长方形，你看，这是我们从长方体的盒子上描出的长方形。（教师模仿学生作展示状）

生（教师边模仿边操作）：老师，我们小组是把魔方放在纸上，先用铅笔描出正方形，再拿剪刀把它剪下来。你看，我们剪出的正方形漂亮吧。（教师模仿学生作展示状）

生（教师边模仿边操作）：老师，我们小组是把圆柱体的底面蘸上印泥后印在纸上，我们印出了一个圆形。（教师模仿学生作展示状）

生（教师边模仿边操作）：老师，我们小组是把三棱柱的底面蘸上印泥，再印在纸上，你瞧，这是我们印出的三角形。（教师模仿学生作展示状）

师：同学们想出的办法可真多！你们小组是用画的方法画出了长方形，他们组是用剪的方法剪出了正方形，还有的组是用印的方法得到了圆形和三角形。从立体图形上把平面图形“搬”到了白纸上，真聪明！

[从“体”到“面”是新教材的革新。为了实现让学生体验“面在体上”的目标，这个环节的片段教学中，在学生初步学会了从“体”上找“面”的方法，弄清了“体”与“面”关系的基础上，教师提出

“你能不能想办法从立体图形上把平面图形‘搬’到白纸上”这一具有开放性和挑战性的问题，让学生小组合作，在操作中体验，在体验中感悟，在感悟中发展，尝试找出怎样利用物体来描出平面图形的策略，帮助学生从具体实物操作和形象感知发展到抽象地认识图形，体验感悟到“面在体上”、“面由体得”，引导学生在操作过程中初步感知“体”与“面”的联系与区别。这个教学既体现了教学设计的层次性，又培养了学生合作的意识，进一步加深了学生对所学图形特征的认识。]

（案例提供：福建省南平市延平区实验小学詹秀英老师）

第3节　《快乐的动物》

教学分析

《快乐的动物》是北师大版二年级上册的教学内容，是在学生已经认识平均分与除法意义的基础上进行学习的。乘法的意义，有关倍数的应用题以及分数、百分数的应用题，都与“倍”的概念有很密切的联系，所以“倍”的概念建立至关重要。这个片段通过数形结合，让学生感知和理解“倍”的概念，使抽出的概念直观化、形象化、简单化，从摆图到看图再到摆脱直观，用数字说出倍数关系的过程反映出数形结合思想的渗透，在潜移默化中受到数学思想的熏陶。

过程评析

一、动手操作感知“倍”

师：（手指情境图）瞧，小猴子来了，小鸭子要和小猴子比一比。你从图中看到了什么？（教师稍停顿，作倾听状）哦，小猴子是每3只一组。小鸭子看到小猴子每3只一组，也想每3只一组，可以怎么分呢？请你拿出老师发给你的纸条，动手圈一圈，看鸭子里面有几个和猴子一

样多的数量?(教师稍停顿，作思考状)

生(教师模仿学生语气):老师，猴子有3只，是1个3。按照猴子的只数来数，每3只为一组，鸭子里可以圈出2组。

师:鸭子有6只，有2个3，我们就说鸭子只数是猴子只数的——2倍。你会列式吗?(教师稍停顿)都是6÷3=2。谁知道这里的6、3、2表示什么?(教师稍停顿，作倾听状)

生(教师模仿学生语气):老师，6是小鸭子的只数，3是小猴子的只数，2表示小鸭子的只数是小猴子只数的2倍。

师:真聪明!看，谁来了——小松鼠和小孔雀。小鸭子又要和他们比一比，请同学们自己动手摆一摆，思考:它们有倍的关系吗?把你的想法和同桌交流。(教师稍停顿，作巡视状)

生(教师模仿学生语气):老师，我先摆了2个圆片，表示小松鼠，接着在圆片下面用正方形纸片摆小鸭子，因为小鸭子有6只，所以我摆了3个2，我发现小鸭子是小松鼠的3倍。列式是6÷2=3。

生(教师变换语气模仿另一个学生):老师，我先摆了1个圆片，表示小孔雀，再摆小鸭子，小鸭子有6只，我在小孔雀下面摆了6个圆片，列式是6÷1=6，我认为小鸭子是小孔雀的6倍。

师:(作疑惑状)咦，老师不明白了，同样都是小鸭子跟它们比，为什么得出3倍、2倍、6倍，结果不一样呀?(教师稍停顿，以示让学生思考)

生(教师模仿学生语气):老师，小鸭子是6只。可是小猴子是3只，小孔雀是1只，小松鼠是2只，当然不一样了。

师:你的发现真了不起!同学们发现没有，同样都是小鸭子，跟小猴子、小松鼠和小孔雀比，可是小猴子、小松鼠和小孔雀的数量不同，也就是比较的标准不一样，所以倍的关系就不一样。

[由于学生第一次接触名词“倍”，而“倍”的概念比较抽象，这就需要教师给予正确的指导。这一片段教学中，教师有序、有目的地通过让学生画、圈、摆的操作活动，学生在教师的引导下，从图形到语言文字的表述，再到算式的理解，一步一步认识“倍”的含义。对于低年级的学生而言，教师只有将知识的条理层次剖析出来，指导学生进行有效操作，使学生通过活动来呈现知识的形成过程，学生的自主学习才是

有效的，才能在学习过程中体验到有序思考的方法。本环节中，教师充分预设了学生的行为，并且以模仿的方式呈现学生的典型回答，聚焦了倍的认识的难点。比较遗憾的是，教师在本环节忽略了教具和板书的运用。如果能在教学过程中，适时用教具摆出学生发言的内容，并对几种结果和问题进行板书，就能有效舒缓教学节奏，而且能使重点更清晰和完整地呈现在评委面前。]

二、自主探究理解“倍”

师：小鸡、小鸟也想知道他们和小松鼠之间有没有倍数关系，请同学们选择一种你喜欢的方式解决这一问题吧，把你的方法和结果说给小组的伙伴听。（教师稍停顿，作倾听状）谁愿意把你的方法介绍给全班同学听？

生（教师模仿学生的语气）：老师，我是用圈一圈的方法，先用2个圆片表示松鼠的只数，再用8个圆片表示小鸡的只数。我先把表示松鼠的2个圆片圈起来，再把表示小鸡的8个圆片2个2个地圈起来，发现了8里面有4个2，所以我得到了小鸡的只数是松鼠的4倍。

生（教师变换语气模仿另一学生）：我先画2个星星表示松鼠的只数，再画12个星星表示小鸟的只数。我把12个星星每2个分一组，发现能分成6组，说明12里面有6个2，所以我知道小鸟的只数是松鼠的6倍。

师：说得真精彩。除了用学具摆和画的方法，还可以用什么方法？（教师稍停顿，作倾听状）请最后排的那位男生来回答。

生（教师模仿学生语气）：老师，还可以用除法算。列式是$8 \div 2 = 4$，8表示8只小鸡，2表示2只小松鼠，4表示小鸡的只数是小松鼠的4倍。

生（教师模仿学生语气）：老师，我也是用除法算出小鸟只数是小松鼠几倍的。我是这样列式的，$12 \div 2 = 6$，12表示8只小鸟的只数，2表示2只小松鼠的只数，6表示小鸟的只数是小松鼠的6倍。

师：通过刚才的学习，我们认识了“倍”，知道了当两个数量在比较时，如果把一个数量看做一份，而另一个数量有这样的几份，就是它的几倍。求一个数是另一个数的几倍，就是求一个数里包含几个另一个数，我们可以用圈一圈或者摆一摆的方法，能圈同样的几份就是几倍，也可以用除法计算。

［学会质疑、独立思考、合作交流是学生学习数学的重要方式。这个片段中，教师放手让学生尝试动手操作，从操作活动中独立思考，深入探究，放手让学生寻找、发现数量的倍数关系，给予学生充分的时间和空间独立思考，进而让学生通过交流，充分表达自己的见解，达到对知识的梳理效果，同时也使得人人都有动口的机会，培养了学生与人交流的能力，培养了学生分析问题、解决问题的能力。本环节和前一环节一样，教师过多地停留在说的层面上，难免给人教学形式单一之感。教师如果在教学中结合一些教具、板书展开，效果会更好。］

（案例提供：福建省南平市扬真小学林娟老师）

第4节 《整百、整十数加减法的口算》

教学分析

《整百、整十数加减法的口算》是北师大版二年级下册第六单元“加与减（一）”第一课时的教学内容，在整册书的教学体系中有着承上启下的作用。整百、整十数的加减计算方法的学习，是在学生已经有了整十数相加减的学习经验和知识基础上学习的，是学生后续学习三位数的加减计算的重要基础。《整百、整十数加减法的口算》的片段教学通过“创设问题情境，发现问题——自主探索算法，解决问题”两个环节，着力引导学生多角度思考发现问题、提出问题，进行有效的探究活动，理解算理，掌握相应的口算和算法，体验到学习的快乐。

过程评析

一、创设问题情境，发现问题

师（手指情境图）：同学们，这里呈现了淘气搬新家要购买的电器。

你能根据图中的信息，提出什么数学问题？（稍停顿，以示学生在思考）我请这位手举得最快的男生来回答。

生（教师模仿学生的语气）：老师，我提的是加法问题，买一台洗衣机和一台电视机一共花多少元钱？

师：真好。还有和他不一样的问题吗？（教师作环视教室四周状）请第三组的那位女生回答。

生（教师又换一种语调，表示另一个学生发言）：老师，我提的是减法问题，买一台洗衣机比一台电视机便宜多少元钱？

生（教师模仿学生急促的语气）：老师老师，我还能提除法问题呢。一台电视机的价格是一台电风扇的几倍？

师：你还有什么补充？（稍停顿，教师作倾听状）哦，你提的问题是3 台洗衣机要多少钱？同学们真了不起！提出了这么多有价值的问题，那我们一起先来探究“买一台洗衣机和一台电视机一共花多少元”。

[这个环节的教学中，教师通过创设学生熟悉的生活情境，鼓励他们从现实情境中根据所提供的信息发现问题、解决问题，有效地激活了学生的思维，增强了学生的问题意识，较好地体现了数学学习的价值。美中不足的是，教师没有将学生的问题按层次整理并板书出来。]

二、自主探索算法，解决问题

师：谁能列出算式？（稍停顿，表示学生思考）你的列式是 500 + 800，他的列式是 800 + 500，都是正确的。怎么计算呢？请你们小组合作，先把你的想法和组里的同学交流交流。（停顿片刻，表示小组交流，教师作巡视状）第一组的同学开始介绍他们的算法了，其他小组同学可要认真听哦。

生（教师模仿学生的语气）：我们是用数钱的方法，先拿 8 张 100 元，再拿 5 张 100 元，合起来是 13 张 100 元，也就是 1300 元。

师：真聪明。第二小组的同学你们又是怎么计算的呢？

生（教师又换一种语调，表示另一个学生发言）：老师，我们小组是用摆计数器的方法得到 1300 元。

师：你们派个代表到讲台前来演示，让同学们明白你们是怎么用计数器算摆的。

生（教师边模仿学生的操作边说）：我们在计数器百位上先拨8，接着在百位上再拨5，一共拨了13个珠子，表示13个100，就是1300了。

师：你们能不能把刚才的操作过程用语言说出计算的过程呢？（稍停顿，作倾听状）

生（教师模仿学生兴奋的语气）：老师，这里的8和5都是百位上的数，表示8个一百加5个一百就是13个一百，所以500+800=1300。

师：说得真好！你们的方法是把相同数位上的数相加得到的。其他小组同学听明白了吗？（稍停顿）都明白了，那就让我们一起听听第三小组同学们的想法吧。

生（教师模仿学生得意的语气）：我们是用凑整千的方法得到。我们把500拆成200和300，800+200=1000，1000+300=1300。

师：第四组同学说说你们的不同想法吧。（教师稍停顿作倾听状）你们是把800拆成500和300，500+500=1000，1000+300=1300。其实，你们和第三小组的方法是一样的，都是先凑成整千数，只不过你们是用800和200凑成1000，他们是用500和500凑成1000。这种方法你们都懂了吗？好，请第五组的代表来说说你们的想法。

生（教师模仿学生自豪的语气）：老师，我们是用列竖式做的。

师：把你列好的算式展示给大家看看。（教师边展示竖式边说）你们也是把相同数位上的数相加得到了1300。

师：我们今天学的整百、整十数的加法，都是用几个百和几个百相加，同学们真了不起，想出了很多好方法。挑出你最喜欢的一种和你的同桌说说吧。

［计算教学理性回归的目标就是找到算理和算法的“平衡点”。由于学生的知识水平层次不一，这就决定了学生学习状态、思维方式以及学习结果的多样性。这个环节的教学中，教师充分预设学生的个性化解题思路，体现了对算法的多样性的关注，既让学生理解算理，又让学生掌握算法，并形成策略。特别在展示交流算法这一环节，教师利用分析、比较各种算法的相同点和不同点，让学生通过自我优化，找出了最优的

方法，很好地把握了算法多样化与算法最优化之间的平衡。这里教师对学生“得意”、“自豪”的语气模仿，变换声音表示不同学生等，过分依赖语言的变化体现针对不同的学生，难度较大。另外，教师虽然对各种算法进行了点评，但对算法的优化关注得还不够。]

（案例提供：福建省南平市胜利小学方敏老师）

第5节　《有余数的除法》

教学分析

本节课是人教版三年级上册第四单元的第二课时，是在学生学了表内除法、用竖式计算整除的除法后教学的。学生已经可以比较自如地用竖式计算整除的除法，对在整除的竖式计算中书写格式及各部分意义有一定的知识储备。本节课一个重要的目的是让学生通过类推的方法，得到有余数除法笔算的格式，理解各部分的意义，同时明白余数一定要比除数小这个道理。为以后的多位数除以一位数、多位数除以多位数做好知识的铺垫。本片段选自这节课的探究新知部分，这一部分的内容为以后进一步学习一位数除多位数打下基础，具有承上启下的作用。由于第一课时是结合具体情境理解表内除法竖式中每一步的实际含义，这正好是本课知识的生长点，因此本课的教学方法主要采用迁移法。

一、变换条件，引出剩余

师：同学们，老师手上有16根小棒，最多能摆出几个正方形？同学们算一算，请两个同学到黑板上写出算式并计算。（在黑板上写下完整竖式和横式16÷4=4，师指着黑板）大家都做完了，我们一起来看这位同学的竖式计算，请你说说竖式中每个数表示什么。

师：哦，我听明白了，他是说被除数 16 表示有 16 根小棒，下面的 16 则表示分掉的小棒，除数 4 表示摆一个正方形要 4 根小棒，商 4 是表示可以摆 4 个正方形。

师：咦，这位小朋友（指着 16 ÷ 4 =4）怎么没用竖式计算，直接写得数？

师（模仿学生的语气）：老师，这么简单，我一下子就能口算出来了，干嘛还要竖式计算。

师：（竖起大拇指）是个会动脑筋的孩子！

师：如果我再给你们 7 根小棒，最多能摆几个正方形呢？（稍停顿，看看四周，以示观察学情）怎么都没人举手，有困难吗？给你们 2 分钟，自己想办法解决这个问题。（稍停顿）那手举得这么高，就你（手指着），说说用什么办法解决这个问题。

生：老师，我用画一画的方法，画了 5 个正方形，还剩下 3 根小棒。

师：为了表达的规范，数学上统一用"……"这个符号来表示剩余。（板书："……"）余下来 3 个（板书："3"），我们把它叫做余数。（板书："余数"）

[教师通过教师的口头语言如"他"、"老师"和间歇停顿等方式来体现师生真切的教学情境。增加小棒从没有余数自然过渡到有余数的除法，顺其自然地引出了有余数的除法的问题情境。"（在黑板上写下完整竖式和横式 16 ÷4 =4，师指着黑板）大家都做完了，我们一起来看这位同学的竖式计算"这一环节容易使评委误以为是教师自己写的。因此，如果调整成"大家都做完了，我请刚才做得很快的这位同学把自己的做法写在黑板上。（教师代替学生在黑板上写下完整竖式和横式 16 ÷4 =4，师指着黑板）我们一起来看这位同学的竖式计算……"，效果会更好。]

二、生生互动，理解余数

师：老师也用画的方法，请看屏幕。还有别的方法吗？穿红色马夹的同学，你来说。（师身体微向前，点点头）哦，她画了 23 根小棒，用圈的方法，圈 5 个正方形，还剩下 3 根。什么？这个同学不用画也不用圈，在脑海中就能边摆边数？太厉害了。

师：23 根小棒，能摆几个正方形，能用算式表示出来吗？请同学们尝试一下，做完后各小组交流。（稍停顿）谁愿意上来写？坐在第二组的那位同学，这样吧，这五个同学一起来。（教师在黑板上模拟学生写下“4×5+3=23”、“23÷4=5 剩下 3 根”、“20÷4=5（个）”、“23-3÷4=5”、“23÷4=5……3”）大家觉得哪个算式更能表示这个过程？其他的算式为什么不好？

师：哦，他是觉得“23÷4=5 剩下 3 根”最好，很清楚表示剩下 3 根。这个女同学认为，第一种表示法中结果是 23，这样做是错误的。这个戴眼镜的男生说，题目中没有“20”这个数，不能用 20÷4，所以第三种表示法也是错的。什么？穿蓝衣服的这个同学，认为第四种如果加个小括号就对了？看来大家都有点拿不准啊。那么一起看看书吧。

师：从书中，你们看懂了什么？哦，他说“3”叫余数，他还能读出这道算式，真厉害！（指着 23÷4=5……3）还有什么不明白的吗？

生（教师模仿学生的声音）：你能说说这里的 23、4、5、3 分别表示什么吗？（学生答略）

生（教师又换一种语调，表示另一个学生发言）：5 和 3 后面要写单位吗？要写什么单位？（学生答略）

生（教师模仿学生的声音）：老师，中间为什么要点上六个点？（学生答不出来）

师：是为了把所得的商和剩下的数区别开来。同学们知道怎样写横式了，那竖式应该怎样写？请大家根据上节课学习的竖式的写法，试着写一写。请几位同学到黑板上写。（教师模拟学生在黑板上写竖式，有一个商写在被除数个位的上面，有一个没有写余数，有一个写对了）请大家评价黑板上的几种写法？也可以向他们提问题。（稍停顿）哦，你想问竖式中 20、5、3 分别表示什么？（学生答略）

师：这个“3”是表示剩下的，我们给它取个名字叫余数。同桌互相说说竖式和横式中每个数表示什么。

[教师通过虚拟争论、虚拟质疑、虚拟辩论、虚拟活动等情景，使课堂教学师生互动、生生互动，生动活泼，给人身临其境的感觉。本环节虽是虚拟情况，但是从设计中不难看出，教师关注的面比较广，对学

生在课堂上可能出现的情况预设得比较充分。为了体现对不同学生的关注，教师借助学生的特征，如“这个戴眼镜的男生”、“穿蓝衣服的这个同学”等，这样既能营造现场感，也能强化是对不同学生的关注。值得注意的是，“学生答略”、“学生回答不出来”这些在常态教学中经常碰到的现象，不宜在片段教学中使用。比如，“学生答略”，如果不重要，何必浪费时间？如果重要，省略了，评委怎么知道？如果重要且在执教时要呈现，就应该提前预设好，因为在虚境型片段教学中几乎全部是预设性生成。]

三、合作探究，建构关系

师：如果我再给你1根小棒，现在能摆几个正方形。（教师指着屏幕）刚才23根，摆5个正方形余3根。现在再添1根，可以摆多少个三角形？那么多同学都举手了，一起说。6个，为什么？

生（教师模仿）：老师，你再拿1根，我们正好又凑成4根，刚好再摆一个正方形。

师：如果23根小棒，再给你2根呢？3根呢？4根呢？5根呢？想象一下，然后在小组里交流。（稍停几秒，离开讲台以示巡视）小棒再添下去，有没有可能出现余数是4或5呢？为什么？（学生答略）

师：如果剩下的小棒和每份数一样或多，就可以继续分了，所以余数一定会比除数小。

[结合具体情境，讨论增加2、3、4、5根小棒的情况，旨在体现有余数、没有余数的变化过程，强化满4根分一份，剩余一定要比每份数小，从而凸显余数要比除数小这一原理。本片段教学，教师运用课堂教学语言，有声有色、灵活多变，前后连贯紧凑，过渡流畅自然。]

（案例提供：福建省漳州市南靖县龙山中心小学黄美珍老师）

第❻节　《什么是周长》

教学分析

《什么是周长》是北师大版三年级上册教材的内容，是在认识了三角形、平行四边形、长方形、正方形等平面图形的基础上展开的。通过对这部分内容的教学，学生初步感知周长的含义，为后续认识各种图形的周长及计算做好铺垫。在《什么是周长》的片段教学中，教师通过“借助实践操作，理解周长的含义——探究周长测量，内化周长的意义”两个层次的教学，在互动交流中，拓展了学生对周长的感性认识，让学生在理解周长的意义的同时进一步体验到学习周长的必要性，感受到周长与实际生活的密切联系。

过程评析

一、借助实践操作，理解周长的含义

师：你们能不能用剪一剪的办法，从纸片上剪下一个你最喜欢卡通人物来，说一说你是怎样剪的。（稍停顿，教师作巡视状）

生（教师模仿学生边比画边说）：我最喜欢孙悟空，我是沿着图片黑色的边剪的。

生（教师变换语气模仿学生边比画边说）：我最喜欢米老鼠，我是沿着它的边线剪的。

师：生活中，很多物体的面上都有边线，你能指一指课桌面、红领巾一周的长度吗？（教师稍停顿作巡视交流状）哦，你是这样指出课桌面的一周的边线。他是这样指出红领巾的一周的边线。想一想，我们在刚才的剪一剪、指一指活动中，有什么相同的地方呢？

生（教师模仿学生边指边说）：老师，剪卡通图片的时候，我把剪

刀像这样从卡通图片的这里开始，然后沿着卡通图片的边线剪一圈，当剪刀回到开始的地方，就剪下卡通图片了。

生（教师模仿学生边指边说）：老师，指一指和剪一剪一样，先要选择一个起点，然后顺一个方向一条边一条边地指，指到开始的地方，就是这个物体表面的周长。

师：说得真好！选择一个起点开始，沿着物体的边线一周，回到起点，就是物体表面一周的长度，我们把它叫做物体的周长。你们看老师画的简笔画，说一说这些简笔画一周的长度。（教师稍停顿，作倾听状）

生（教师模仿学生边比画边说）：老师是这样一笔画出小兔子的简笔画和蘑菇的简笔画的。

师：咦，怎么这么多同学举手？第一组最后那位女生说说有什么不同的看法？

生（教师模仿学生急促的语气）：老师老师，蘑菇的简笔画不是图形的周长。

师：（装糊涂）老师不明白了，怎么蘑菇的简笔画不是图形的周长呢？

生（教师模仿学生的语气）：蘑菇的简笔画没有回到起点，它没有封口。

师：你的这个发现非常重要。同学们，他告诉我们一个道理：从起点开始回到起点组成的图形是封闭图形，只有封闭图形才有周长啊。

[这个环节的教学中，教师通过剪下熟悉的卡通形象，指出课桌面、红领巾的一周边线，说一说这些简笔画一周的长度，让学生充分感知物体的一周边线，帮助学生把生活中对物体一周边线的零星感受，通过实践操作活动得到再现和进一步的体验，从而充分理解了周长所蕴涵的现实意义。不仅加深了学生对周长的理解与认识，同时发展了他们的数学思维。]

二、探究周长测量，内化周长的意义

师：同学们，刚才我们已经了解了周长的含义，你能从我们身边找一个例子说一说什么是周长吗？（教师稍停顿，以示学生寻找和思考）

哦，你找到课本封面，他找到黑板面，同学们找到这么多例子，那你们想不想知道我们的课本周长有多长吗？你有什么办法？请你们小组合作，先小组交流测量方法，再用多种方法测量，把测量结果填入实验报告单。（教师稍停顿，作巡视交流状）

生（教师模仿学生的语气）：老师，我们用尺子量出了课本的四条边的长度，再加起来得到 90 厘米。

生（教师模仿学生急促的语气边比画边说）：老师老师，我们是用线围了课本封面一圈，再把线拉直，然后用尺子量，得到课本封面一周的长是 90 厘米。

生（教师变换语调，模仿另一个学生的回答）：我们也是用线围的，但只围了一条长与一条宽，再将线翻过来，就得到了纸片的周长，也是 90 厘米。

师：咦，你的方法很独特。那你能说说你们这样做的道理吗？（教师稍停顿，作倾听状）

生（教师边模仿边说）：我们觉得课本的对边是相等的，所以只要围出课本的一条长与一条宽的，再把这条线对折过来，不就是四条边的总长吗？（教师稍停顿，作倾听状）

师：真棒！同学们有的用量，有的用围的方法得到长方形的周长。这些都是我们生活中经常用到的方法，比如做裤子的时候，裁缝就要量一量你腰围，也就是你腰一周的长度。你们猜猜看老师的腰围大约是多少厘米？（教师稍停顿作倾听状）

生（教师模仿学生语气）：我猜是 120 厘米。

师：（作不敢相信状）120 厘米呀。老师的腰有那么粗吗？那不成水桶了啊！（作笑状）

生（教师模仿学生语气）：我猜是 75 厘米。

师：同学们猜的答案真多。有猜 70 厘米的，有猜 80 厘米的，还有猜 65 厘米的，有什么办法验证谁估计得准确些呢？

生（教师模仿学生语气）：可以用皮尺量一下老师的腰围。

师：这个方法真好，你真是一个聪明的孩子。看来周长在我们生活中无处不在，而且周长的应用非常广泛。

[这个环节的教学，趋近学生的最近发展区，教师安排了具有一定挑战性的操作测量活动，让学生从已有的知识背景与生活经验出发，通过量一量、围一围，得出课本封面的周长，进一步拓宽学生对周长的感性认识，加深学生对周长的理解。学生猜教师腰围并测量验证的活动，是常态教学中的一个典型片段，既能增强学习的趣味性，又能让学生感受到数学在现实世界中的应用。但作为虚境型片段教学，此环节的设计就显得有些做作，明显是属于照搬常态教学经典片段而忽略了虚境型片段教学特征的现象。]

（案例提供：福建省建阳市西门小学雷正明老师）

第7节　《摆一摆》

教学分析

北师大版三年级下册第四单元《面积》中的《摆一摆》主要内容是“长方形、正方形的面积计算”，是后续学习平行四边形、三角形以及梯形面积计算的基础。为了让学生经历长方形面积公式的发现过程，《摆一摆》片段教学由学生估计长方形的面积大小产生的认知冲突中拉开序幕，通过“观察比较，感受面积变化——探究发现，理解计算方法”的环节，引导学生在数学活动的过程中，经历“比较—发现—实验—验证”的探究过程，体验玩中学数学的乐趣，有效地培养学生的空间观念和几何直观能力。

过程评析

一、观察比较，感受面积变化

师：老师带来了三幅画，漂亮吧。你们大胆地估计一下，这幅画的面积可能是多少？（教师稍停顿，以示学生观察思考）

生（教师模仿语气）：我认为可能是4平方分米。

生（教师变换语气）：我认为可能是8平方分米。

师：同学们有什么办法知道到底是多少平方分米呢？（稍停顿，以示倾听学生的回答）哦！你说得真好！可以用1平方分米的正方形来摆一摆。来！你来试试！（教师模仿做摆小正方形的动作）数数看，这幅画的面积是多少？

生（师模仿学生的声调说）：6平方分米。

师：谁还能来摆一摆，说说这两幅画的面积是多少呢。（稍停顿作倾听状）对了。第二幅画的面积是12平方分米，第三幅画的面积是20平方分米。同学们想想看，刚才三幅画的面积，有的大，有的小，凭你们的经验大胆地猜测一下，长方形的面积可能与它的什么有关系？

生（教师模仿学生语气）：我认为长方形的面积和它的周长有关系。

生（教师模仿学生急促的语气）：老师、老师，我认为长方形的面积和它的长有关系。

师：后排那位女生认为长方形的面积和它的宽有关系。到底长方形的面积大小与它的什么有关系呢？请同学们认真看课件演示，思考：长方形的宽不变，长发生变化，它的面积怎么变化？长方形的长不变，宽发生变化，它的面积怎么变化？长方形的长和宽都发生变化，它的面积怎么变化？（稍停顿，作观察思考状）

师：你发现长方形的宽不变的时候，长变大或小，面积也相应地变大或小；他发现的是长方形的长不变的时候，宽变大或小，面积也相应地变大或小；前排这位男生发现长方形的长和宽都变大（或变小）的时候，面积就变大（或变小）了。谁能用一句话概括你们的发现呢？

生（教师模仿学生语气）：老师，这说明长方形的面积与它的长、宽都有关系。

［本环节从学生对实物画面面积大小估测开始，引发学生认知的冲突，促使学生提出用“摆一摆”的策略进行探究。整个教学过程以“摆一摆”活动为基础，环环相扣、层层推进，并预设了学生或估、或数、或猜、或问、或思、或答的活动，无不体现新课程下学生经历知识形成过程、自主学习等教学理念。但是此案例在评比时实现的可能性值得担

忧，原因有两点：其一，准备面积为6、12、20平方分米的三张画的可能性不大；其二，“请同学们认真看课件演示”的可操作性不大。因为，片段教学评比一般是在封闭的条件下进行教学设计，而且限制时间（一般1小时左右），在那种条件下，要找20平方分米的图画，要设计课件，可行性不大。“想得到，做不到”，这也是在进行片段教学设计时，很多教师容易出现的错误。]

二、探究发现，理解计算方法

师：长方形的面积到底与它的长、宽有怎样的关系呢？请你们认真观察刚才教师出示的三幅画的长和宽，小组合作，把三幅画的长、宽和面积填写到老师为你们准备好的表格中，再思考，看看发现了什么。

生（教师模仿学生语气）：第一幅画的长是3分米，宽是2分米，3×2=6，长乘宽的积正好等于这个长方形的面积。

生（教师模仿学生兴奋的语气）：老师，我也发现这个规律了！您看，第二幅画的长是4分米，宽是3分米，4×3=12（平方分米），第三幅画的长是5分米，宽是4分米，5×4=20（平方分米）。

师：同学们都发现了这个规律啊，那么其他长方形的面积是不是也可以用“长×宽”来计算呢？请同学们以小组为单位进一步验证吧。（稍停顿，教师作巡视交流状）

师：你们小组发现其他长方形的面积与它的长和宽有什么关系？

生（教师模仿学生边演示边讲）：我们是用数方格的办法，一行有4个边长1厘米的正方形，一共有2行，4×2=8，所以长方形的面积是8平方厘米。

生（教师模仿学生边演示边讲）：老师，我们是用摆的办法算出面积的。我们一行摆了4个边长1厘米的正方形，摆了2行，共摆4×2=8（个），所以面积是8平方厘米。

生（教师模仿学生语气，充满信心、兴奋地说）：老师，我们小组是用先量后算的办法。我们先用尺子量出长方形的长4厘米，宽2厘米，根据前面发现的规律“长方形的面积＝长×宽”，算出面积是8平方厘米。

师：在“长方形的面积 = 长 × 宽”中，“长 × 宽”实际上表示的是什么？

生（教师模仿学生高兴地回答）：老师，“长 × 宽”实际上表示的是长方形中所包含的面积单位的个数，所以我们认为长方形的面积等于它的长乘以宽。

[学生的数学学习过程是以学生已有的知识和经验为基础的主动建构过程，只有学生主动参与到学习活动中，才是有效的教学。本片段中，教师展示了如何引导学生多种感官参与学习活动，最大限度地投入到观察、思考、操作、探究的活动中，亲历“做数学”的过程，获得长方形面积计算的方法。教学中，教师不仅重视探索长方形面积的计算方法，而且重视让学生感悟到“长 × 宽”的算理。这个案例有一个地方需要改进，即：教师应该呈现“把三幅画的长、宽和面积填写到老师为你们准备好的表格中”的结果，使评委能根据表格产生听课的心理预期。否则，由于上一环节，教师只是以转述的形式说第二、三幅的图的面积分别是12、20平方米，但到底第二幅图到底是 1 × 12、2 × 6，还是 3 × 4，并没有提示，评委听的时候就没有方向，教师预设学生得出“第二幅画的长是4分米，宽是3分米，4 × 3 = 12（平方分米），第三幅画的长是5分米，宽是4分米，5 × 4 = 20（平方分米）”也没有道理。]

（案例提供：福建省南平实验小学陈登连老师）

第8节　《确定位置（一）》

教学分析

《确定位置（一）》是北师大版四年级上册第六单元《方向与位置》的第一课时，既是认识图形知识的继续，又是后面学习直角坐标系等知识的基础；既是第一学段的发展，也是第三学段学习的铺垫，起着承前启后的作用。《确定位置（一）》片段教学通过“设境置疑，产生需要——逐步抽象，掌握方法”两个环节，让学生感受到确定位置的现实背景和需要，进而采用“数形结合”的思想，让学生通过体验、研究、类推等实践活动，经历用数对表示物体位置的知识形成过程，感悟理解确定物体位置的方法，为学生提供了一个观察空间的新视角，从而发展学生的空间观念和初步的推理能力，同时让学生真切地感受到生活中处处有数学，由此产生对数学的亲切感。

过程评析

一、设境置疑，产生需要

师：你们为什么说是四（1）的学生，而不说是四年级一班的学生呢？哦，这样比较简洁呀。既然这样，那我觉得还可以更简洁一些，就说一班的！

生（老师模仿学生迫不及待的语气）：不行！不行！光说一班，别人怎么知道是哪个年级的一班啊？这样不准确。

师：看来，在我们的生活中，不能为了简洁而简洁。简洁的同时，还得注意什么？对，还要注意准确。（作手指着屏幕状）请同学们看大屏幕，这是小青所在班级的座位图。仔细观察，小青在什么位置？想一想怎样用一句话准确地描述出小青的位置。（稍停顿，作倾听状）哦，你说是第三组第二个，他认为是第二组第二个。咦，怎么小青的位置没有变，同学们的说法不一样呢？看来，怎样才能准确、简洁地描述出小青的位置大有学问，我们就一起来学习——确定位置。

[这个环节的教学中，教师从学生已有的知识基础和生活经验切入，通过呈现学生比较熟悉的教室里有序排列的座位的场景，引导学生思考“小青在什么位置”。这样的情境让学生不仅能激活头脑中已有的描述物体位置的经验，而且能产生用一致的方式表示位置的需要。这里，教师借助“大屏幕”来呈现小学所在班级的座位图，如果是在平时的教学中是很容易做到的，但是在片段教学中可能有些难度，建议改成其他的便于直接画在黑板上的示意图或教材里的情境图。]

二、逐步抽象，掌握方法

师：刚才同学们用“第三组第二个”这种描述方法比较简洁的方法表示小青的位置，有没有比它更简洁的确定位置的方法呢？如果有，那又会是什么样的呢？下面的时间，我把这一任务留给四人小组，看看能不能集中大家的智慧，创造出一种更简洁，同时也很准确的方法。别忘了，把研究出的方法，记录在自己的作业本上。如能找到不同的方法，都可以记录下来！（教师作巡视交流状）哇，同学们的方法还真不少！（教师作手指黑板状）你们看，有的同学用“3　2”表示，有的同学用“3，2”、“3.2”表示，还有的同学用“(3，2)”、“3－2”、“3/2”、“(2，3)”来表示，这些方法似乎都挺简洁，到底该选哪一种呢？还是请大家来作评判吧。（教师稍停顿作倾听状）

生（教师模仿学生的语气）：老师，“3.2”不行，我会把它看成小数三点二的。

生（教师变换语气模仿另一学生）：老师，我认为“3－2”这种表示方法不行，感觉像3减去2。

生（教师变换语气模仿又一学生）：老师，我觉得“3/2”会误认为分数“二分之三”。

师：听了半天，老师听到的似乎都是批评的声音，难道刚才这些方法就没有一点值得肯定的地方吗？（教师稍停顿，作倾听状）

生（教师模仿学生语气）：它们都比原来表示位置的方法要简洁一些。

师：这就是一种进步！不过，除了简洁，难道就没有别的什么共同的地方？（教师稍停顿，以示等学生回答）哦，它们都有3和2这两个数啊。既然每一种方法里都这两个数，说明这两个数一定——很重要。为了便于观察和思考，我们可以把这里的每个人都看做一个点，那这里的3和2究竟各表示什么意思呢？

生（教师模仿学生的语气）：老师，这里的3应该表示第3排。

师：数学上，我们把竖着的排叫做列。从左往右起，这里第1列，这是——第2列、第3列、第4列、第5列、第6列，3表示小青在第3

排。那2呢?(稍停顿，作倾听状)

生(教师模仿学生的语气):老师，2表示第2行。

师:是的，数学上，横着的排就叫行。确定行，通常都是从前往后，这是第1行，这是——第2行、第3行、第4行、第5行、第6行。现在，确定了第3列，又确定了第2行，能最终确定小青的位置吗?

生(教师模仿学生的语气):老师，我认为小青的位置应该用(2，3)表示。

生(教师变换语气模仿另一学生):老师，我认为小青的位置应该用(3，2)表示。

师:到底用哪种表示方法表示呢?为什么?(稍停顿，作倾听状)这么多同学都同意(3，2)啊?真是太棒了。你绝对和数学家们心有灵犀!告诉大家，其实数学家们选择的就是(3，2)来表示小青的位置。为了避免误会，数学家作了这样的规定:以后凡是像这样用行数和列数来确定一个点的位置的，我们通常都将列数写在前面，行数写在后面，中间加上个逗号。后来，为了进一步作出区分，他们干脆又在列数和行数外面加上了一个小括号。现在，还会引起误会吗?像这样，用列数和行数所组成的一个数对来确定位置，就是我们今天学习的内容。

[这个环节，教师从学生和教学内容的实际出发，用学生的生活经验作为重要的课程学习资源，逐步将座位图抽象为点子图，有机渗透“数形结合”思想，把学习主动权真正交给学生，放手让学生自主探索，给予学生更多的思考时间和尝试机会，将静态的教学内容设计成动态的、开放的课堂，在让学生自主创造数对，体现其简便性的过程中，经历数对知识的形成过程，自主发现用数对这一方法表示位置的特点和规律，在实现知识自主建构的同时，使学生的思维不断地得到提升。为了避免针对同一问题多次模仿学生的回答，在这里采用了“有的同学用‘3 2’表示，有的同学用‘3，2’、‘3.2’表示，还有的同学用‘(3，2)’、‘3－2’、‘3/2’、‘(2，3)’来表示”一次转述多种内容的方式，这是一种有效的处理学生生成信息的方式。在本环节中，学生的“反对”意见，也可以以这种方式处理。“(教师作巡视交流状)哇，同学们的方法还真不少!(教师作手指黑板状)你们看，有的同学……”的可

操作性不强。由于片段教学基本上是教师的独角戏，因此在设计时必须预设清楚什么时候把那些表示方式写上去，否则就可能等到说“你们看”时，黑板上什么东西都没有，使教学无法顺畅进行。]

（案例提供：福建省南平师范附属小学黄玲老师）

第9节 《文具店》

教学分析

北师大版四年级下册《文具店》学习的是小数乘法的意义，是在学生已经学习过“元、角、分与小数”、“小数的意义”、“小数的加减法”和掌握了“整数乘法的意义”基础上进行教学的，是在整数乘法意义的基础上的进一步扩展。《文具店》片段教学通过“文具店”情境，引导学生提出数学问题，对“买4块橡皮多少元”展开讨论，列出算式，再让学生探索0.2×4等于多少。教材呈现的方法都利用了乘法的意义，分别运用了连加、元角分的转化和借助直观模型得出了结果，引导学生对这三种方法展开讨论，从而帮助学生进一步理解小数乘法的意义。

过程评析

一、创设情景，理解小数乘法的意义

师：同学们，欣欣文具店开业啦，说说你从图中你看到了什么？你能提出哪些问题？

生（教师模仿学生的语气）：老师，每块橡皮0.2元，买4块橡皮需要多少元？

生（教师变换语气模仿另一学生）：每把直尺0.4元，买2把直尺需要多少元？

生（教师变换语气模仿又一学生）：每支铅笔0.3元，买3支铅笔需要多少元？

师：第一位同学提出的问题怎么列式呢？

生（教师模仿学生的语气）：老师，我的列式是0.2×4。

师：0.2×4表示什么意义呢？说说你是怎么想的。

生（教师模仿学生的语气）：0.2×4这个算式表示求4个0.2是多少。

师：真了不起！同学们知道了求4块橡皮需要多少元，就是求4个0.2是多少，根据乘法的意义列式就是0.2×4。那第二位同学提出的问题怎么列式呢？算式表示什么意义呢？

生（教师模仿学生的语气）：老师，每把直尺0.4元，买2把直尺需要多少元？列式是0.2×4，根据乘法的意义，就是求2个0.4是多少。

师：真聪明。这就是我们今天要学习的——小数乘法。

[问题是学习的先导，情境是问题的外衣。在这个环节教学中，教师通过创设玩具店开业这一贴近学生生活的具体情境，拉近数学知识与实际生活之间的距离，既使学生体会到小数与日常生活的密切联系，又能够调动学生的兴趣，并根据生活经验提出有关数学问题——需要付出多少元，为后面的学习创设好条件。同时模仿多个学生的语言，对教师的挑战很大。如果教师觉得较难做到，不妨准备一些预先写上了学生回答内容的纸条，在执教时借“巡视”之机收上来，并依次贴在黑板上，以化解模仿之难。另外，这里说的“你从图中”的图如何呈现也是教师必须考虑的内容，否则给人突兀之感。此外，建议教师将问题和相应的列式同时板书出来。]

二、合作学习，探究小数乘法的算法

师：同学们，通过刚才的学习，我们知道了每块橡皮0.2元，买4块橡皮需要多少元？根据乘法的意义列式是0.2×4，那么买4块橡皮需要多少元呢？发挥你们的聪明才智，先独立思考，再小组合作探索0.2×4等于多少吧。（教师稍停顿，作巡视状）

生（教师模仿学生的语气）：老师，我们组是这样想的，0.2×4根据乘法的意义就是把4个0.2相加，所以0.2+0.2+0.2+0.2=0.8。

生（教师变换语气模仿另一学生）：老师，我们组是这样想的，运用单位换算的方法，把0.2元换成2角，4个2角是8角，8角就是0.8元，即2角×4=8角=0.8元。

师：真是聪明的孩子啊。你们小组是把0.2×4转化成学过的小数加法计算，用刚刚学过的小数加法知识解决了问题，这就叫做学以致用；他们小组是先把小数转化成整数来进行计算，是用转化的方法解决了问题，这叫做活学活用啊！其他小组还有不同的方法吗？

生（教师边模仿边说）：我们小组是用画图的方法，我们画一个正方形代表1元，再把这个正方形平均分成10份，每份就是0.1元，涂2小格就是0.2元，表示一块橡皮的价钱。4块橡皮一共涂了8小格，就是0.8元。

生（教师变换语气模仿另一学生）：老师，我们组也是画图的方法，我们画一条线段表示1元，平均分成10份，每2份就是0.2元，表示1块橡皮的价钱，8份就是0.8元，表示4块橡皮的价钱。

师：看来这两个组的想法也是一样的，虽然画的图不同，但表示的意义是相同的，真是灵活多变啊。你们组还有不同的想法啊，说给同学们听听。

生（教师变换语气边模仿边说）：老师，我们组是用竖式的方法计算的。（教师模仿学生板书竖式）0.2元就是2角，我们用竖式算出了2×4=8，8角就是0.8元。

生（教师模仿学生迫不及待的语气）：老师老师，我们组也是用竖式的方法计算的。（教师模仿学生板书竖式）我们想小数乘法和整数乘法列出的竖式应该一样，就是有一个数是小数。我们先算2×4=8，因为0.2当做2可以理解成先乘以了10，所以得到的8要除以10，得到0.8。

师：（竖起大拇指）了不得啊！以前我们学的都是整数乘法。现在你们不仅列出了小数乘法竖式，还解释得明明白白，并且得出了结果。这就是举一反三啊！通过刚才的学习，你们学到了什么知识？（教师稍停顿，作倾听状）说得真好。今天我们学习的小数乘法和整数乘法一样都表示求几个相同加数和的简便运算。大家还发现了一个小数和整数相乘，小数中有 1 位小数，它们的积中也有 1 位小数。

[学生并非是一张白纸，解决问题的方法也是多种多样的。这个环节的教学中，面对小数乘法这个全新的问题，教师预设学生从不同的角度，运用不同的方法去自由地寻求答案，在呈现算法多样化的同时，体现了数学化的过程，并且通过这一过程进一步探究小数乘法的意义和算理。在教学过程中，教师注重对学生的学法进行点拨和总结。“说得真好”这样的鼓励性话语是教师经常用的，一般来说，在常态教学中基本上是针对学生的回答作出的反馈，而在进行虚境型片段教学时如果没有具体呈现学生的回答内容，这样的鼓励就显得很空洞。同样的道理，如果没有呈现学生的具体回答，“通过刚才的学习，你们学到了什么知识”这样的问题也没有存在的必要。]

（案例提供：福建省南平市紫云小学卢秀珍老师）

第⑩节　《相遇问题》

教学分析

《相遇问题》是北师大版五年级上册的一个知识点，是在学生掌握了一个物体运动中的速度、时间和路程之间的数量关系的基础上教学的，是传统的教学内容。但北师大版相遇问题的教学与传统教学不同，它是根据速度、时间、路程三者之间的数量关系顺向思维，用列方程的方法解决相遇中求相遇时间的问题。《相遇问题》的片段教学，通过“联系生活，理解相遇的意义—联系实际，揭示相遇的本质—以图导式，建构起解题模型”三个教学环节，让学生理解相遇问题的本质，进而在已有行程问题的基础上理解相遇问题的特征，能够借助线段图突破找等量关系的教学难点，根据题中的等量关系列方程解决相遇问题，有效地实现知识的正迁移。

过程评析

一、联系生活，理解“相遇”的意义

师：同学们，用什么形式表示欢迎老师给你们上课呢？（教师模仿学生鼓掌）谢谢同学们的掌声。不知道你们发现了没有，鼓掌也是很有学问的，请你们回想一下：刚才鼓掌时两只手是怎样运动的呢？（稍停顿，教师作倾听状）

生（教师模仿学生的语气）：老师，鼓掌的时候两只手是从左右两端同时向中间运动，然后两只手的手心相对拍击在一起。

师：你的发现很有价值。原来鼓掌要考虑两只手开始运动的地方、时间、运动的方向以及运动的结果。数学上把两只手的手心相对拍击在一起叫做相遇。老师请这两位学生上台表演一下两个人从教室的前后同时出发到相遇的过程。大家注意观察他们的表演，体会什么是同时、相对、相遇。（稍停顿，教师用两只手模拟学生的表演）

师：哦，你认为同时就是两个人一起走。他认为相对就是两个人面对面。第一组最后一排的女生说相遇就是两位好朋友走到一起碰到了。

[“学起于思，思源于趣。”这个片段根据五年级学生的年龄特征、知识经验、能力水平、认知规律等因素，紧密联系学生的生活实际，巧妙通过鼓掌、学生表演的形式，创设有效的学习情境，激发学生的学习兴趣，让学生在愉悦的教学氛围中充分感知理解相遇问题的相关概念，体会相遇问题的特点。通过观察学生的走动来呈现相遇的情境，是常态教学中常用的情境。但用在此处，既无新意，亦有点牵强——既然要用两只手表示学生的走动，不妨直接让学生用两只手表示学生的相遇情况，或者借助一些教具直接在黑板上呈现相遇的情境，更符合虚拟情境的教学。]

二、联系实际，揭示“相遇”的本质

师：（出示情境图）认真观察，从这种情境中你得到了哪些数学信息？（稍停顿，教师作倾听状）

生（教师模仿学生的语气）：张叔叔要给王阿姨送画册，王阿姨去迎接张叔叔。

生（教师变换语调，表示另一个学生回答）：张叔叔和王阿姨约定两人同时坐车出发。遗址公园和天桥的距离是 50 千米。王阿姨乘坐的是面包车，面包车的速度是每小时 40 千米。张叔叔乘坐的是小轿车，小轿车的速度是每小时 60 千米。

师：为了便于我们观察理解，老师用一条线段表示遗址公园到天桥的距离，是 50 千米。（边说边画线段）请同学们拿出你的小汽车，两个人一组，演示一下他们是怎样做的，结果会怎样，边演示边想发现了什么。（教师稍停顿，作巡视状）通过你们的演示，哪个小组愿意说一说你们是怎么做的，有什么发现。

生（教师边比画边模仿学生的回答）：开始的时候是同时走的，方向是面对面的，也就是相对，可以说相向而行，结果是相遇了。

师：其他同学，你还有什么发现？（稍停顿，教师作倾听状）

生（教师模仿学生的语气）：老师，我发现面包车行驶得慢，小轿车行驶得快，所以小轿车行驶的路程比面包车行驶的路程要多，因此相遇的地点不在中间，而在偏向遗址公园的地方。

师：你的这个发现非常重要。（教师手指线段图）在这条线段上，他们的相遇点会在哪儿呢？说说你的理由。（稍停顿，教师作倾听状）

生（教师模仿学生的语气）：相遇地点应该是靠近遗址公园，我估计是在李庄附近。因为轿车的速度更快，所以轿车行的路程肯定超过一半。

师：（在线段图李庄的位置标示出相遇点）同学们说得真好，知道速度慢的，走的路程少些，速度快的走的路程多些。速度不同，所以不会在中点相遇，应在离面包车出发地近些的李庄相遇。

师：（教师手指线段图“天桥—李庄”）这一段该表示——小轿车行驶的路程。（教师手指线段图“遗址公园—李庄”）这段呢？对的，表示面包车行驶的路程。

[列方程解决问题的难点是数量关系，为了突破这个难点，这个环节通过让学生再次运用学具动手演示相遇的过程，从感知中抽象出相遇问题的特征。经过师生共同对知识的梳理，形成线段图，为学生的进一

步探究、理解相遇问题，打下了良好的知识、技能与经验的基础，又让学生在不知不觉中感悟数学知识。教师很好地结合板书，将重难点的教学展现在评委面前。]

三、以图导式，建构起解题模型

师：同学们刚才的发现非常重要，从线段图中我们可看出面包车和小轿车行驶的路程与全程之间有什么关系呢？

生（教师模仿学生的语气）：面包车行驶的路程 + 小轿车行驶的路程 = 50 千米。

师：你的发现很有价值。那么，求面包车行驶的路程列式是——速度 × 时间 = 路程。求小轿车行驶的路程也可以用同样的方法。同学们，请根据题中已有的条件解答问题，把你的列式写到黑板上。有不同列式的同学请自行写到黑板上。（师稍停顿，作巡视状）

师：谁来说说你列出方程 $60x+40x=50$ 的根据是什么，方程中的各部分表示什么？

生（教师模仿学生的语气）：老师，我们是根据“面包车行驶的路程 + 小轿车行驶的路程 = 50 千米”来列方程的，x 是我们设的相遇时间，$60x$ 表示小轿车行驶的路程，$40x$ 表示面包车行驶的路程，$60x+40x$ 表示总路程，总路程是 50 千米，我们列出的方程式是 $60x+40x=50$。

师：说得真好。谁再来说说 $(60+40)x=50$ 这个方程的依据和方程中的各部分表示什么？

生（教师模仿学生的语气）：$(60+40)$ 是小轿车和面包车的速度和，x 是我们设的相遇时间，小轿车和面包车的速度和乘以相遇时间是总路程，所以我们列出的方程式是 $(60+40)x=50$。

师：太棒了。同学们不仅会列方程解决问题，还能够说出列方程的根据。老师，真为你们感到高兴。你们会求出方程的解吗？试试看吧。（稍停顿，教师作巡视倾听状）哦，$x=0.5$，求出了相遇时间是 0.5 小时，相遇地点离遗址公园多远？你们会解答吗？

生（教师模仿学生的语气）：因为 $40x=40\times0.5=20$，所以相遇地点离遗址公园 20 千米。

师：刚才，我们用方程的方法解决了相遇时间以及相遇地点离遗址公园多远的问题，生活中还有许多类似相遇的问题，希望同学们能用今天学到的知识正确解答。根据线段图，你们还能提出什么问题？会解答吗？试试看吧。

［华罗庚先生说过，数缺形时少直观，形少数时难入微，数形结合百般好，割裂分家万事休。这个环节教学中，教师借助线段图的分析，帮助学生准确理解等量关系，建构起相遇问题的数学模型，从而正确列出方程解决了问题。学生在借助线段图找出数量关系式的过程中，学会了用“数形结合”的方法去理解实际问题，从而提高了用方程解决实际问题的能力，增强了用方程解决问题的意识。本环节中“把你的列式写到黑板上。有不同列式的同学请自行写到黑板上。（师稍停顿，作巡视状）”后面直接是针对黑板上的板书的发问，若是在常态教学中，自然有学生将答案写在黑板上。但是作为虚拟的片段教学，教师何时以何种方式将答案呈现在黑板上是必须考虑的。］

（案例提供：福建省武夷山市崇安中心小学李月美老师）

第⓫节　《蛋白质含量》

教学分析

《蛋白质含量》是北师大版五年级下册第六单元《百分数》中一个知识点，是在学生已学过分数、百分数意义和一些简单应用基础上教学的。与传统的“应用题”比较，新教材关于这一类的“解决问题”把相关的教学内容建立在更广阔的现实背景之上，凸显数学知识的应用价值。《蛋白质含量》的片段，充分利用教材提供“黄豆蛋白质含量”问题情境，通过“以形解数，理解百分数的概念意义——以形导式，构建百分数的解题模型”两个环节，根据直观图形理解百分数的意义，提炼数量关系，把抽象的数学语言和数量关系与直观的图形结合，构建了求一个数的百分之几是多少的解决问题的数学模型，这对于培养学生提出问题和解决问题的能力，体验数学学习的价值，都具有深远意义。

过程评析

一、以形解数，理解百分数的概念意义

师（故作神秘）：同学们，你们看老师带来的是什么？（黄豆）黄豆是我们生活中常见的营养食品，谁知道黄豆中含有什么营养成分？（教师稍停顿，作倾听状）

生（教师模仿学生的语气）：我知道黄豆里面有维生素、钙、磷、铁等矿物质。

生（教师变换语调表示另一个学生回答）：我还知道黄豆中有蛋白质成分呢。

师：你们知道的可真多啊。营养学家通过检测发现，黄豆中的蛋白质含量约占36%。你知道36%表示的意思吗？（教师稍停顿，作倾听状）

生（教师模仿学生的语气）：表示蛋白质的量占黄豆总量的36%。

师：说得真好。你们能在纸上用你喜欢的方式直观地表示出蛋白质含量占36%的意思吗？（教师稍停顿，作巡视状）

师：真是会思考的孩子啊。你用的是百格图，他用的是线段图，还有的同学用饼图来表示36%的意思，这些图都准确表示出了蛋白质的量是和黄豆总数的36%。

[类似这个环节的教学情境在常态教学中经常出现，旨在创设黄豆蛋白质含量的生活情境，让学生感知到生活中处处都有百分数，感受到百分数的应用价值，进而借助图形直观理解百分数的意义，为构建求一个数的百分之几是多少的解决问题数学模型做好必要的铺垫。但是，在虚境型片段教学中预设学生知道黄豆的成分等的回答有点偏离常态，对本课的教学也没有多少实质性的帮助。“知道黄豆中的蛋白质含量约占36%”这是极小概率事件，这样的设计会让评委觉得教师是为了表演而设计之感。教师完全可以设计其他情境引入百分数。]

二、以形导式，构建百分数的解题模型

师：同学们用图准确表示出了蛋白质的量是和黄豆总数的 36%。老师带来的黄豆重 250 克，根据我们画的图，你能提出什么数学问题呢？(稍停顿，教师作倾听状)

生（教师模仿学生的语气）：老师，我提的问题是：在 250 克黄豆中，蛋白质约有多少克？

师：谁能解决这个问题？（教师稍停顿作思考倾听状）哦，你想到的列式是 250×36% 啊，能把你的想法和同学们交流一下吗？

生（教师模仿学生的语气）：老师，您看我们画的线段图（教师模仿学生边比画边说），这条线段表示的是黄豆的总量，这一小段表示蛋白质的含量，它占黄豆总量的 36%。根据分数乘法的意义，求蛋白质的含量，就是求 250 克的 36% 是多少，所以列式是 250×36%。

师：说得真好。你们都理解了吗？（稍停顿）还有不同的方法吗？

生（教师变换语气模仿另一学生）：老师，我是根据百格图思考的，用这个 10×10 的正方形方格纸表示黄豆的总量，其中 36 格涂上红色，表示蛋白质的含量占 36%，我们从图中知道，求蛋白质的含量，就是求 250 克的 36% 是多少，所以列式是 250×36%。

生（教师变换语气模仿又一学生）：老师，我画的是饼图，用这个圆形表示黄豆的总量，把这个圆形的一部分涂上红色，表示蛋白质的含量占黄豆总量的 36%，从图中可以看出求蛋白质的含量就是求 250 克的 36% 是多少，所以我们的列式也是 250×36%。

师：你们的分析太棒了！根据蛋白质含量占 36%，同学们表示蛋白质含量这个百分数所用的图不同，有的同学是用线段图表示，有的同学是用百格图来表示，还有的同学是用饼图表示。虽然用的图形不同，但是我们都能够通过对直观图形的分析，根据分数乘法的意义，得到求蛋白质的含量是多少，就是求 250 克的 36% 是多少，顺利地解决了问题。

［新教材的解决问题代替了旧教材的应用题，目的之一就是为了去除学生解决问题习惯套类型的弊端。这个环节的教学根据学生已有的认知经验和规律，立足于数学的建模思想，从解决问题的思维角度来把握

蛋白质含量问题的实质，教师引导学生从线段图、百格图和饼图等直观图形的分析入手，把隐藏的数量关系清晰地展现出来，从而自主构建起解决百分数问题的数学模型，使学生领悟把生活中类似蛋白质含量的一类问题，可以转化成数学问题模型解决的数学思想方法。在本环节的设计中，教师借助板书直观地将百格图呈现在黑板上，不仅符合教学规律，也便于评委将图形与语言对照，理解教师的教学内容和层次。]

（案例提供：福建省南平实验小学胡雅老师）

第12节 《比的应用》

教学分析

《比的应用》是北师大版六年级上册的教学内容，是学生形成对比的完整认识的重要组成部分。除法、分数的认识，为学生认识比搭建了坚实的台阶，比的意义和化简比的学习，为比的应用铺平了道路，平均分方法的掌握和对平均分结果特点的理解为学生能够自主研究比的应用提供了策略上的可能。而比的应用的研究，也将为学生后续知识正比例的学习积累重要的感性经验。《比的应用》的片段教学，围绕“分一分——算一算”两个环节，让学生在现实的问题情境中，产生“平均分”不合理，怎么分更合理的思维碰撞，进而产生按比分配的需要，从而理解按比分配在生活中的实际应用。在自主探索的基础上，让学生经历探索解决问题策略的过程，感悟解决问题策略的多样性，能够运用合理的解题策略解决实际问题。

过程评析

一、“分一分”，深化理解比的意义

师：果园给幼儿园大班和小班的小朋友送来了橘子，你觉得怎么分

合理呢？（教师稍停顿以示学生思考）

生（教师模仿学生的语气）：老师，很简单的，每个班各分一半。

生（教师变换语气模仿另一学生）：老师，我觉得这个办法不行。要看幼儿园大班和小班的人数是不是一样，如果一样，这样分就合理，如果不一样，这样分就不合理了，人数多的班就会少分了啊。

师：你说得很有道理。老师做了调查，幼儿园大班有 30 人，小班有 20 人，想一想，如果我们把这些橘子平均分给这两个班，合理吗？（教师稍停顿作倾听状）都认为不合理啊，看来怎么分橘子还真是一门学问，到底怎么分合理呢？请你想一想，再和同桌说说你的想法。（教师稍停顿，以示学生交流思考）

生（教师模仿学生的语气）：老师，我是这样分的，1 个 1 个地分，直到分完为止。

生（教师变换语气模仿另一学生）：老师，这样分太麻烦了，我觉得应该这样分，大班分 30 个，小班分 20 个，直到分完。

生（教师模仿学生迫不及待的语气）：老师、老师，我们可以按人数比来分，幼儿园大班有 30 人，小班有 20 人，人数比就是 30∶20 = 3∶2，我们可以按 3∶2 分配这些橘子。

师：可是怎么按3∶2 来分配呢？请同学们小组合作，试着把用准备好的小棒按3∶2 这个“比”来分配，记录员做好记录，看看有什么发现。（教师稍停顿，作巡视状）

生（教师模仿学生的语气）：老师，我们发现，不论总数是多少，我们都可以先平均分成5 份，再按3∶2 这个“比”来分配就可以了。

师：（故作疑惑）哪来的5 啊？你根据3 +2 =5，得到要分 5 份啊。那为什么要3 +2？哦，老师明白了，你是说：根据两个班的人数比是3∶2，实际上就是把橘子总数按照3∶2 来分配，3 表示一个部分的量，2 表示另一个部分的量，把两个部分的量相加得到的5，表示总数一共是5 份，说得多好啊。同学们都理解了吗？

［按比分配是“平均分”问题的发展，平均分是按比分配的特例。这个片段教学环节，让学生置身于现实的问题情境中，体会到平均分的不合理性，从而产生按比分配的需要。进而，通过实际操作探究和交

流，初步沟通按比分与平均分的关系，打通人数比与橘子数量比之间的关系，使学生初步体会按比分的本质——每个“单位”分到同样多，深化了学生对比的意义的理解。本环节的设计充分体现了教师对学情的预测，并且进行了层次化地呈现。但按这种思路教学，仍不免让人纳闷：果园给幼儿园大班和小班的小朋友送来了橘子有多少个？多少个都不知道能按先分 30 再分 20 的分法依次进行吗？“不论总数是多少，我们都可以先平均分成 5 份”这个在理论上成立，但实际上对 $5n+m$（$m=1$，2，3，4）个苹果，学生怎么平均分成 5 份？其实，教材是按“3，2”、“6，4”、“30，20”这样逐步分，并最终呈现 140 个橘子，这样既体现了动态的过程，也解释了前面的“纳闷”。]

二、算一算，探索解决问题策略

师：刚才我们通过操作研究了怎么按 3∶2 来分配的问题，如果老师告诉大家一共有 140 个橘子，你们能提出什么数学问题？

生（教师模仿学生的语气）：老师，我提的问题是，大班小班各分到多少个橘子？

师：这是一个富有挑战性的问题，你们会解答吗？先独立思考，再和同桌交流想法，看看谁的办法多。（教师稍停顿，作思考状）请后排那位女生先说说你的思路。

生（教师变换语气模仿另一学生）：老师，我通过画图，把大班画成 3 份，小班画成 2 份，合在一起就表示总数有 5 份，可以先求出 1 份，再求出大班和小班分得的橘子数。

生（教师模仿学生的语气）：老师，我是这样解答的：$3+2=5$，$140\div5=28$，求出每份是 28 个橘子，大班是 3 份，$28\times3=84$，大班分到 84 个橘子，小班是 2 份，$28\times2=56$，小班分到 56 个橘子。

生（教师模仿另一学生迫不及待的语气）：老师，我有不同的想法，我先把 $3+2=5$，得出总数是 5 份，大班是 3 份，说明大班分的橘子数量占总数的 3/5，140 乘以 3/5 就可以求出大班分到 84 个橘子；小班是 2 份，说明小班分的橘子数量占总数的 2/5，把 140 乘以 2/5 就可以求出小班分到 56 个橘子。

师：真聪明。你们理解吗？谁来说说他们是怎么想的？

生（教师模仿学生的语气）：老师，第一位同学的思路是先根据比求出总份数，再把总数除以总份数，得到每一份的数量，最后根据比看大班有几份就乘以几。

生（教师变换语气模仿另一学生）：老师，第二位同学的思路是这样的：根据比求出总份数，再得出每个部分数是总数的几分之几，然后根据分数的意义求出结果。

师：说得真好。通过学习，同学们知道了根据比可以进行合理的分配，也懂得了怎样根据比进行分配，下面就用你们理解和喜欢的方法解决实际问题吧。

[这一环节在学生实际操作的经验基础上，展示让学生充分探索策略并进行交流的过程，渗透同一问题可以从不同角度思考、得到不同的解决策略的思想。教师基于教学经验对学情进行了充分的预设。如果教师能在说的同时适时进行必要的板书，不仅能够避免“一说到底”的尴尬，而且能更清晰地呈现学生的思维和自己的引导思路，使评委能借助板书强化印象。]

（案例提供：福建省南平市光泽县杭西小学洪英老师）

第⑬节　《圆锥的体积》

教学分析

《圆锥的体积》是北师大版六年级下册第一单元《圆柱和圆锥》中的内容，对中学继续学习复杂几何图形具有承前启后的作用。《圆锥的体积》片段教学，教师通过“怎样求圆锥的体积”这一开放性的问题，让学生联系已有的知识经验，采用“类比猜想—验证说理”的方法，在探索多种方法解决问题的同时，帮助学生理清探究策略的方向和合理性。学生经历观察、实验、猜想、证明等数学活动过程，探索出等底等高圆柱与圆锥体积关系，体验数学活动充满着探索和创造，从而在理解圆锥体积的计算方法的同时，不仅体验到解决问题策略的多样性，而且感受数学的严谨性以及数学结论的确定性。

过程评析

一、在类比中猜想

师：要求出这个圆锥的体积，你有什么好办法？（教师稍停顿，以示学生思考）

生（教师模仿学生的语气）：老师，我把圆锥体容器装满水，再把水倒入量杯中，量杯里水的体积就是这个圆锥的体积。

生（教师变换语气模仿另一学生）：把圆锥浸没在装有水的长方体容器中，量出水面上升的高度，把长方体的底面积乘以水面上升的高度，计算出上升的那一部分水的体积，也就是这个圆锥的体积。

师：这些想法都很好，运用了很重要的数学思想——转化的思想。但都有一定的局限性。我们能不能找到一种比较简捷的计算方法求出圆锥的体积呢？请你们大胆猜测。

生（教师模仿学生作迟疑状）：老师，我是这样想的：长方体、正方体、圆柱体的体积都是用底面积乘以高来计算的，圆锥的体积能不能也用底面积乘以高来计算呢？

师：这个想法很独特也很大胆，你们觉得这种方法可行吗？（教师稍停顿，以示学生思考）

生（教师模仿学生的语气）：我看不能。假如这个圆柱体和圆锥的底面积和高一样，如果用底面积乘以高来计算的话，算出的应该是圆柱的体积啊！

师：真聪明。假设也是学习数学的一种很重要的数学思想。假如让你在学过的立体图形中选一个来探索圆锥体积，你想选哪一个？为什么？

生（教师模仿学生的语气）：老师，我选择的是圆柱体，你看，圆柱有一个圆形底面，圆锥也有一个圆形的底面，其他立体图形的底面都不是圆形的。

师：（手指圆柱和圆锥）很好。你们能大胆猜测一下圆柱和圆锥的体积关系吗？（教师稍停顿，以示学生思考）哦，你说圆柱体是圆锥体积的 2 倍，他认为应该是 3 倍，还有的同学说是 4 倍、5 倍，到底圆柱体和圆锥的体积关系是多少倍呢？应该通过什么方法验证我们的猜想呢？对，可以实验。

[这个环节根据六年级学生喜欢挑战的特点，先提出“怎样求圆锥的体积”这一开放性的问题，基于学生已有的知识经验，根据知识间的相似点，预测学生的猜测和类比，引发不同结论，从而产生进一步操作验证的内在需求。这一环节存在两点需要改进的地方：第一，引入太突兀。一般情况下，片段教学的引入都比较间接、明快，但开头就“要求出这个圆锥的体积”让人感觉非常突兀，如果改为对相关知识进行简短的梳理，可能会更自然，同时也为探究方法埋下伏笔，为学生思考导向。第二，预设欠充分。“你有什么好办法”的预设太泛，这可能与前面的引入太开放有关。针对预设的学生答案的引导不太合理。当教师预设了学生的“水测法”后，教师的引导语“这些想法都很好，运用了很重要的数学思想——转化的思想。但都有一定的局限性。我们能不能找到一种比较简捷的计算方法求出圆锥的体积呢”，没有沟通“水测法”与教师所要引导的方法之间的关系，其实教师只要把导语改为“把圆锥体容器装满水，再把水倒入量杯中时，如果量杯没有刻度，选择怎样的量杯，更容易发现量杯的水量与圆锥体容器的关系？如果把圆锥体浸没在容器中，应该选择怎样的容器更便于探究他们之间的体积关系呢”，就使二者有关联了。否则的话，前面的预设内容就没有多少价值。]

二、在操作中验证

师：请同学们小组合作，用老师给你们准备的水、圆柱体容器、编号分别为 1、2、3 的圆锥容器的实验材料探索出圆柱和圆锥的关系，记录员做好实验记录单的记录。（教师稍停顿，作巡视交流状）

生（教师模仿学生的语气）：老师，我把编号 1 的圆锥体容器装满水，再把水倒入圆柱体容器中，倒了两次正好倒满，说明圆柱的体积是这个圆锥的体积的 2 倍。编号 2 的圆锥体容器装满水，再把水倒入圆柱体容器中，倒了三次正好倒满，说明圆柱的体积是这个圆锥的体积的3倍。编号3的圆锥体容器装满水，再把水倒入圆柱体容器中，倒了四次正好倒满，说明圆柱的体积是这个圆锥的体积的4倍。

生（教师变换语气模仿另一学生）：老师，我们组编号2的圆锥体容器实验和他们一样，用编号1和编号3的圆锥实验结果不同。编号1的圆锥体容器装满水，一次正好倒满圆柱体容器，说明圆柱的体积是这个圆锥的体积的1倍。编号3的圆锥体容器装满水，再把水倒入圆柱体容器中，倒了五次正好倒满，说明圆柱的体积是这个圆锥的体积的5倍。

师：（作惊讶状）咦，怎么各小组实验得到的结论不同呢？比较一下做实验的圆柱体和圆锥体，你们有什么发现？（教师稍停顿，以示学生思考）

生（教师模仿学生的语气）：老师，我发现每个组用编号2的圆锥体容器做的实验结果都一样，用其他编号的圆锥体容器做的实验结果不一样。

生（教师模仿学生迫不及待的语气）：老师、老师，我有新的发现，编号2的圆柱体和圆锥体的底面积和高相等，编号1的圆柱体和圆锥体的底面积相等但是高不相等；编号3的圆柱体和圆锥体的高相等但是底面积不相等。

师：你的发现很重要。的确，同学们进行实验的圆柱与圆锥分成等底等高、等底不等高、等高不等底、既不等底又不等高四种情况，实验材料不同，所以实验的结果不同。想一想，用哪种情况的圆柱与圆锥进行实验，得出的结论才是正确的呢？（教师稍停顿，以示学生思考）

师：对了，圆柱与圆锥只有在等底等高的情况下，圆柱体积是圆锥体积的3倍。现在你知道怎样计算圆锥的体积吗？请你试着推导出圆锥体体积的计算公式。

［数学的猜想是需要验证的。本环节充分展示了实验操作、合作交流、自主探究圆锥体积计算公式的形成过程，并通过反思不同的操作结果，发现问题、提出问题、分析问题和解决问题，聚焦探究等底等高的圆锥与圆柱的体积关系的过程。本环节如果作为常态教学的设计思路，

基本上没什么问题，但作为片段教学还需要改进。首先，测量方法在常态课堂可以通过学生的活动来呈现，但在片段教学中需要教师模拟学生的操作或示范操作。其次，学生探究的结果应该整体呈现出来，而不是在语言中片面、局部地呈现，因此教师宜预设“呈现学生反馈结果表”的环节，并将其呈现在黑板上。]

（案例提供：福建省南平师范附属小学刘德美老师）

第7章

小学英语片段教学设计及评析

第1节 Who're they

教学分析

闽教版三年级上册第五单元的第2课时在教学“询问他/她是谁”的基础上，教学“如何询问他们是谁”，并学习三个字母L，M，N及分别由这三个字母开头的三个动物的单词。同时，让学生初步感知单复数的区别。这节课的内容是对简单的句型、对话的提高。本课的教学重点是掌握新词they，are，lion，monkey，noodle并应用句型“Who're they? They're...and...”在情景中进行交流和应用。单复数学生是第一次接触，可能会存在混淆不清的状况，因此能否正确运用这两种句型，也就成了本课的一个难点。本设计从导入开始就在真实的情景中让学生去理解单数与复数的区别，并将复数的句型运用到字母的操练之中。同时引导学生了解如何运用、在什么情况下运用，让学生尽可能快地理解并进行简单的运用。

过程评析

一、营造轻松氛围，使旧知与新授自然对接

1. 对话引入

T: Good morning boys and girls. How are you?

S: Good morning, Ms Yang. I'm fine, thank you.

T: What's your name?

S: My name is...

T: Oh, I forgot so many students' name. （指着一个学生）Who is he?

S: He is ××.

T:（又指一个学生）Who is she?

S：She is ××.

T：（顺势指着两个学生）Who're they?

S：They're...

T：Who're they?

S：They're...

2. 游戏：窥一斑而见全豹

教师用PPT将教材上的人物图片逐部分展示出来。在呈现的过程中，引导学生问Who're they，猜出他们是谁的学生举手告诉大家They're...

[本环节旨在通过课前交流，创造轻松的课堂氛围，让学生在一个自然的、相对真实的情景中复习上节课学过的句型Who's he/she，同时为新授的知识点作铺垫，进而自然过渡到新句型的学习。本设计合理利用课程资源，准确、科学地把握教材内容，关注知识与生活的联系，让学生在真实的语境中感受语言，应用语言。如果作为针对常态教学的设计，教师只要针对课堂上学生的具体情况，灵活运用即可。但是片段教学的一切生成都应该在教师的预设中，因此应该少用My name is.../He is ××等模糊语句。同时特别需要说明的是片段教学具有较强的仿真性和模拟性，不能仅指出"教师用PPT将教材上的人物图片逐部分展示出来。在呈现的过程中，引导学生问Who're they，猜出他们是谁的学生举手告诉大家"，而必须设计出具体的教学呈现形式和程序。]

二、化整为零，使知识点的复习贯穿于课堂

S：Who're they?

T：You please.

S：They're Sally and her sister.

T：Clever. Follow me，sister.（复习家庭成员的单词，然后将单词卡片两两放在一起，让学生学会使用and这个词）Look，who're they?（用课件展示教师自己的全家福）

T：They're my father and mother. This is me.（让学生拿着自己家人的照片进行介绍）

[本环节改变以往在新授前一定要将本课出现的知识点复习完的套路，将复习贯穿于一堂课的始终，使每一步过渡都自然紧凑。同时也使新知识的重难点分散在各个环节，让学生的学习过程一步步深入。教师展示自己的家庭照片后，让学生结合自己家庭成员的照片，主动应用语言，达到语言学习的目的。遗憾的是，本环节和上一环节一样，有些教学行为不明。如“复习家庭成员的单词，然后将单词卡片两两放在一起，让学生学会使用 and 这个词”、“用课件展示教师自己的全家福”只呈现了“教什么”，没有说明“如何做到”，即缺少片段教学中的操作手段。]

三、独具匠心，使评价充分地服务于课堂

T：Let's look how many points you have got. Let's count together.

T：(呈现出拼图的样子) Who is he?

S：Shizi.

T：Yes，he is a lion. (相同方法教授单词 lion，monkey，noodles)

游戏：一触即发

游戏：拍手读

T：Look at “lion”，the first letter is L. Show me your fingers，let's write together. (相同方法教授 Mm，Nn. 播放课件继续学习这三个字母的书写与读音。对比印刷体和书写体的区别，让学生在本子上写三遍，针对问题及时纠正)

[本环节不但引导学生应用句型，还教授字母，使课文内容与字母教学衔接在一起。本环节的设计存在和前述相同的问题，不再赘述。]

(案例提供：福建省福州市群众路小学杨帆老师)

第2节 Parts of the Body

教学分析

本课为闽教版三年级下册第四单元的第一课时，是认识身体部位的四个课时中的第一课，其知识点为人体头部各部位的名称（head，face，eye，mouth，ear，nose，neck）以及句型（Touch your nose）。本片段教学设计以词汇教学为主，分为知词意、晓词音、识词形三个层次，即知道单词的意思、会听会说出单词并能认读和拼读单词。首先，“知词意”不应把词汇孤立出来单独教授，而应通过实物、图片、肢体语言、情境创设等方式呈现，让学生直观学习，自然认知。其次，“晓词音”分为“音”的输入与输出。“输入”即“听”词。教师应尽可能创造输入的机会，用各种语调、各种音量、各种媒体等方式呈现词的读音，让学生多听，为“输出”作准备。“输出”即“说”词。在有足够“输入”的情况下，让学生模仿读音，提高模仿兴趣和模仿能力，而不能在刚开始学习英语时就要求学生总结音标及读音规则。再次，“识词形”，其实就是识字的过程。三年级上册已经学完了英语的26个字母，整体认读单词可以向拼读单词过渡，为真正识好字，写好词打基础。

过程评析

一、知词意（复习与呈现）、晓词音（呈现与巩固）

T：Hello，boys and girls. Today is my birthday. Can you sing a birthday song for me?

S：OK.（跟录音唱生日歌）

T：Thank you very much. I have a birthday present in the bag. What's this? Can you guess?

S：A cake? /A kite? /A pencil-case?

[本环节以生日为背景，创设情境，既让学生唱英文歌曲热身，进入英语世界，又通过猜生日礼物制造悬念，吸引学生的注意力，引导学生在猜礼物的过程中复习已学过的词汇。“A cake? /A kite? /A pencil-case?”是教师直接模仿学生发言，还是转述不太明白。考虑到此处涉及几个学生的猜测，宜用回声的方式，以教师转述学生回答内容的方式呈现。]

T：Oh, look! It's a doll. He's Peter. He's a boy. He's a handsome boy. I like his nose. It's big.（指着娃娃的鼻子，用升降调反复带读几次后，出示相应单词卡片）And I like his mouth. It's small.（指着娃娃的嘴巴，带读时注意 th 组合读音的强调，用“大小声”游戏操练后，出示相应单词卡片。用类似方法呈现出其余五个表示部位的单词）

T：But now Peter is not so handsome. Why? Look at the screen. What's missing?（呈现缺少嘴巴的人物图片）

S：Mouth!（学生抢答，然后，教师呈现缺少鼻子的人物图片）

S：Nose!（教师依次呈现类似几幅图，巩固其余几个单词）

[本片段通过生日礼物娃娃漂亮的五官引出了本课的主题，让学生通过实物教具的展示，直观地“知词意”，省去教师解释和翻译的过程。在带读的过程中让学生“晓词音”，首先有“音”的输入，让学生听，然后是“音”的输出，让学生模仿跟读。What's missing 游戏环节通过快速阅图，快速说词，是对“知词意”和“晓词音”两个层次结合的巩固练习，可以检测和巩固学生词义的理解是否有混淆。本环节设计借助图片，清晰地呈现教学思路。需要注意的是“用类似方法呈现出其余五个表示部位的单词”，“依次呈现类似几幅图，巩固其余几个单词”宜形成具体的设计，否则到了执教时临时生成，会影响效果。另外，“学生抢答”如何实现，是设计者必须深入思考的问题。]

二、知词意、晓词音、识词形（巩固与拓展）

T：Let's play a game. I wrote some words of the parts of the body. But I forgot some letters. Can you help me? And this is a magic box. I think it can help you.（呈现一个魔法盒子，里面装有身体部位名称的单词）First, look at this word.（出示单词卡片 m ____ th）

S：Mouth.

T：Can you spell it?

S：Mouth, m-o-u-t-h, mouth.

T：Good!（翻到词卡背面显示完整的单词）Where is mouth? Can you stick here?（指向事先在黑板上画好的一个没有五官的头型。学生用磁扣将词卡贴到嘴巴相应的位置）

T：Good! You are so smart. Can you be a teacher and spell the word again?

S：OK. Mouth, m-o-u-t-h, mouth.

T：Now the whole class, follow him.

S：Mouth, m-o-u-t-h, mouth.

（用此方式练习其余单词）

[本环节旨在巩固所学，并将知词意、晓词音、识词形紧密地结合在一起。让学生在“魔法盒子”的帮助下补全单词，注意新词的拼写，拼读单词的过程，既强化词的“形”又巩固词的“音”；让学生将补充正确的词卡贴到黑板没有五官的头型中的相应位置，检测学生对“意”的掌握情况，让学生借助情境理解所学词汇。贴好单词后，请学生作为小老师带着全班学生拼读，既能培养带读学生的自信，又不会冷落其余的学生。]

（案例提供：福建省福州教育学院附属第一小学许烨老师）

第3节　Activities after Class

教学分析

闽教版二年级下册 Unit 4　Lesson 7 主要是掌握新词 basketball, football，ping-pong，pass，catch，shot，进一步巩固现在进行时的概念与结构，并掌握句型 What are they doing? They are playing basketball/playing/football/playing ping-pong/swimming/running/boating。同时，帮助学生了解各种体育运动和篮球运动的基本知识。本片段教学只选取导入部分、新知呈现的部分和课文第二部分的内容，主要目标是进一步巩固现在进行时的概念与结构，并掌握相关句型。

过程评析

一、复习旧知，轻松导入

1. Greetings

T：Good morning，boys and girls.

S：Good morning，teacher.

T：Let's have a revision.（播放 PPT）

2. Revisions

T：What's your favorite day?（面对不同的学生提问）

S：Saturday.

T：Good!

S：My favorite day is Friday.

T：Wonderful!

（用同样方式播放图片优美的 PPT，引导学生复习食物、水果，最后复习运动，引导学生观察 PPT 上呈现的动词现在分词，引入 chant：

Running，running，I am running.

Swimming，swimming，I am swimming.

Singing，singing，I am singing.

Dancing，dancing，I am dancing.

Drawing，drawing，I am drawing.

Jumping，jumping，I am jumping.

Boating，boating，I am boating.

带领全班学生一起做动作齐读 chant，引导学生说出 chant 中出现的

动词分词都是课后活动，导入新课，引出课题 Activities after Class，带读，板书）

3. 复习巩固现在分词的构成形式

T：Look at the screen，please. Can you find something?（教师有意识地引导学生观察 PPT，让学生说出 chant 之中的动词形式和句型，引出现在进行时的构成形式，教师进行补充并在 PPT 上呈现）

T：OK. Let's play a game.（PPT 呈现小游戏：考考你——说说下列动词的“ing”形式，请学生说出动词的现在分词，并自己说出相应的规律，教师进行补充并呈现在 PPT 上）

[四年级学生比较活泼好动、善于思考，因此本环节在讲解语法知识之时，以引导为主，有机地将游戏贯穿于教学之中，让学生通过自主学习、互助学习，掌握和巩固现在进行时的构成和现在分词的规律，让枯燥的语法学习变得生动活泼，为完成教学目标奠定坚实的基础。比较遗憾的是，本环节是在第 3 章片段教学误区中提到的“与说课杂糅”的典型设计。相比之下，说课常常只要说环节即可，考查时比较关注“做什么”；而片段教学需要对环节如何实施有比较具体的设计，考查时比较关注“怎么做”。因此，片段教学的设计有些像演电视剧的脚本，具体什么环节做什么事，说什么话，先做还是先说，在什么样的情境下完成等都需要明确。]

二、创设情境，呈现新知

T：Now let's play a guessing game. It's a ball. What's it? You can speak Chinese.

S：篮球、排球、乒乓球、羽毛球。

T：It's very small.

S：乒乓球、羽毛球。

（教师用 PPT 呈现答案——乒乓球 ping-pong 后，用升降调教读，有节奏地拼读操练，同时介绍乒乓球的另一种说法——table tennis，并提醒学生书写时应注意连字符。接着，配上打乒乓球的动作练习词组 play ping-pong）

T：Now let's guess another one. It's a ball. It's very big. What's it?（教学引导同上）

T：Now look at the screen. What's this?（PPT 分别呈现篮子和球的图片，利用构词法引出篮球 basketball。教师升降调教读，请个别学生拼读，配上打篮球动作练习词组 play basketball）

T：Please，look at the PPT.（借助 PPT，结合板书，引入句型 What are they doing? They are playing basketball/playing football/playing ping-pong/swimming/running/boating. 通过师生问答、生生问答、男女生问答等形式练习句型，巩固现在进行时的用法）

T：Now let's do an exercise. Open your books and turn to page 32，write down the numbers，then listen and say the numbers.（学生回答时，要求他们打开教材第 32 页，将六幅图标上顺序 1 ~ 6，根据视频播放的顺序说出相应的序号，并大声读出句子）

［本环节巧妙地设计猜谜游戏，利用构词法的特点，充分调动学生的思维能力，运用 TPR 练习词组，使学生在不知不觉中学会了新知。本环节设计的活动动静结合，让学生在各种各样的练习活动中掌握新知，既培养学生认真倾听的英语学习习惯，又检测学生们对新知的掌握程度。比较遗憾的是，本环节仍然采用的是“说课”的方式进行设计。将说课设计与片段教学设计混淆，必然导致将说课与片段教学混淆，因而影响考评成绩。因此，设计时必须在研究教材和学生的基础上认真研究片段教学的特点，尽可能做到“知课知己”、“先知先觉”。另外，说课与常态教学课也有很大的差别。作为常态教学，很多时候，我们只需要设计好大概的情况，预设基本的可能，然后根据课堂学生的反馈来开展教学。基于学情的具体反馈，推进、改进甚至更改教学进程，是常态教学的主要特点，因此常态教学课程具有很强的生成性和动态推进性。正是基于这样的考虑，动态生成成为现代课堂的主要特点，而动态调控成为现代课堂教学的主要调控手段。作为片段教学，缺少了学生的反馈，一切都是预先可以考虑的。因此，教师应尽可能设计出具体的进程。如果说常态教学是以预设生成为主的话，那么片段教学中预设生成是全部；如果说常态教学的调控能力是靠基于学生的现场表现来体现的话，

那么片段教学中调控能力主要是靠对学生可能出现情况的预设和应对策略来体现的。]

（案例提供：福建省福州市鼓楼第一中心小学陈磊老师）

第4节 Months of the Year

教学分析

闽教版五年级上册 Unit 7 Lesson 13 的核心教学内容是运用句型 What's your favorite month 及 When is your birthday 展开话题，学会表达自己最喜欢的月份及所学月份中的节日。针对五年级学生的认知特点和水平，本片段教学设计注重以学生的生活经验和兴趣为出发点，运用情境教学法、交际法、任务型教学法，通过感知、体验、实践、游戏等方法组织教学，有效激发学生的学习兴趣，让学生在交流中运用英语，化解难点，完成学习任务。本片段教学目标定位为：新学词汇 month, March, April, May, June；掌握句型 What's your favorite month? When is your birthday? It's in May. 梳理节日知识，丰富词汇量，积累相关的文化信息；增强学生的跨文化素养，开阔眼界，了解中西方节日。

过程评析

一、韵句热身，烘托气氛

T: Good morning, boys and girls, welcome to my class. I'm very happy because we'll have a wonderful English class together. OK, let's say and do the actions.

If you like English, please say A—B—C.

If you like running, please do with me.

If you like singing, please sing Do—Re—Mi.

If you are good children, please clap your hands.

[简单易懂、节奏感强、轻松有趣的Chant有助于学生的听、说、读的训练，吸引学生的注意力，营造出轻松愉快的课堂气氛，调动学生的积极性，为完成教学目标奠定良好的基础，达到“课伊始，趣即生”的教学效果。这样的情境在常态课堂中经常出现，的确可以活跃气氛，但在片段教学中实际上不太需要活跃气氛，因此可以省掉与教学内容无关纯“搞气氛”环节，以更简捷的方式切入。]

二、承上启下，合理铺垫

1. 新旧结合，识记词汇

T：What do you want to know after you read this title?

S（教师模仿男生语气）：What is month?

T：It's really hard to answer. But I think you are a clever boy. Thank you, sit down please. （作思考状） What is month? “Month” is one of the twelve divisions of the calendar year. It's a time unit of approximately 30 days. Look（出示日历），this is a calendar. How many months are there in a year? Let's count together. 1，2，3…12（边数边做手势）. Now you see, there are —12 months in a year. Twelve（加重语气） months make up a year.

T：（出示单词卡 month）It's a new word for you. Can you spell it? Show me your fingers, here we go. m-o-n-t-h（板书）. This is “month”, not “mouth”.（板书：month 与 mouth）

T：Look at this word “woman”, if I change a letter here. What is it? How to read it? （板书将 woman 单数变为 women 复数，教学 Women's Day）

T：You know, spring always begins with March and Women's Day is in March, too. Whose birthday is in March? Hands up, please.

S：My birthday is in March.

T：Your birthday is in March. Is March your favorite month?

S：Yes.

T：You were born in a nice month. Look at this word, “ar” makes sound/aː/. Can you read "March"?（出示词卡）

S：March ↗ March ↘.

T：Well done! March is the third month of the year. It's in spring.

2. 强化认读，巩固练习

（1）挖空新词中的元音字母，让学生拼写，巩固新词 month, March, April, May, June。

T：OK, my children, which letter or letters are missing? Fill in the blanks. Can you?（用手示意一个学生起来回答）

S：J-u-n-e.（重读字母 u 和 e，并板演于单词空白处）

T：Correct!（转向另一个学生）Would you like to have a try?

S：m-i-n-t-h.

T：Sorry. Try again.

S：m-o-n-t-h.

T：Is he right?

（2）集体练习 What's your favorite month? 及答句 It is March.

T：So if you want to know your friend's favorite month, you can ask…（有意停顿，提示学生说出问句）

S：What's your favorite month?（逐步板书完整的句型）

（3）巩固句型 When is your birthday? My birthday is in…

T：（指向后排的学生，向前两步站定）When is your birthday, girl?

S：（教师模仿女生口吻，张开五指）My birthday is in March.

T：Now sing the song, my young ladies and gentlemen. Are you ready?（拍手吟唱）When is your birthday?（播放两只老虎的背景音乐）

3. 文本阅读，理解语言

T：Now, you know my birthday. But, do you know when Sally's birthday is? When is Chen Ling's birthday? You can find the answers from the text. Please open your books. Let's have a look.（整体呈现课文录音材料）

[本环节旨在通过多样的练习方式与恰当的语境对话，让学生在开放性的活动中加深对课文知识的理解。巩固了新授句型，为后续的教学奠定了坚实的基础。]

三、文化渗透，情趣交融

1. 头脑风暴

T：What can you think of when we talk about the months? Maybe you can think of the festivals. What festivals do you know? Let's do a brainstorm.

S：Women's Day，Children's Day，Teachers' Day，Mid-Autumn Day.

2. 猜谜游戏

T：（指向教室多媒体展示台）Now look at the screen and try to guess. What festivals are they?（师复述 PPT 中的谜面）It's always in April. It's a Chinese festival. We remember dead people at this festival. We often go out to have a walk or have a trip.

S：Qing Ming Festival.

T：Good job!

3. 脱口秀

T：We learnt four months today. What's your favorite among these months? Give me your reason. OK?

S：My favorite month is June. Because Children's Day is in June.

T：A nice reason. And you can go to the park on Children's Day.

[本环节旨在通过趣味活动让学生将所学语言用到实际生活中去，拓展节日的相关知识，培养学生运用语言的能力，让学生不仅练习本课语言知识，还了解相关节日与月份的常识，锻炼学生的语言表达能力。]

（案例提供：福建省福州市钱塘小学林鸿老师）

第5节　Hobbies

教学分析

本片段教学的内容节选自闽教版五年级下册，要求学生能准确拼读新授词 these，those，collect，stamp，hobby，chess，listen，Australian，American，能运用新句型 What's your hobby?　I like … These/Those are… 进行实际交流，并介绍个人的爱好或询问他人的爱好。

学生在四年级时已经学习了 these 一词的用法以及 I like…的句型，因此本课中 those 在教学上就相对比较容易。另外，五年级的学生正处于英语学习的"敏感期"，很多学生已经不仅仅满足于课文知识的简单重复，而更加热衷于应用。因此，本环节比较注重真实的课堂情境与虚拟的网络信息平台相结合，使学生对英语文化有了一个从了解到真切交流的过程，提高语言的交际能力和运用能力。

过程评析▶▶▶

一、创设情境，自然导入

1. Greetings

T：（高高举起手中的一本集邮册，并用神秘的语气对学生说）Look here, this is my stamp album. I like collecting stamps.（翻开集邮册，一边翻，一边指着其中的邮票）These are Chinese stamps.（指着熊猫）This is a panda. It's so cute.（指着长城）And this is the Great Wall. It's a very famous wall. The Great Wall is one of the eight wonders of the world.（继续翻看，并简单讲解）These are American stamps, English stamps and Australian stamps. I like collecting stamps.

2. Teach "stamp"

T：I like collecting stamps. Look, stamp.（出示单词卡片）Read after me, stamp.

S：Stamp.

3. Topic

T：I like collecting stamps. Collecting stamps is my hobby. Today we'll talk about "Hobbies".（板书）Hobby means like doing sth. Do you like playing games? If you do well, I'll give a stamp to you.

［课的开始部分至关重要，直接影响着学生整节课的学习效果。五

年级的学生已经逐渐厌倦了以唱歌或童谣进入英语课学习的模式。因此，在本环节的设计上，教师一开始就出示集邮册，通过对邮册中各国邮票的介绍和部分邮票的放大图，让新词组 collect stamps 直观易懂，使学生对集邮产生好奇心，从而引出今天的课题 Hobbies。教师再用邮票进行评价的方式，更是将学生的学习热情推向一个高潮。不得不说，这是一个精彩的导入，简捷、高效。同时，不得不思考：片段教学毕竟没办法像平时的教学那样精心准备，如果没有集邮册（在考评的背景下能拿真正的集邮册教学的可能性非常小），该如何呈现这一环节，以怎样的形式替代？]

二、自然衔接，点滴渗透

T：OK，let's play a Guessing Game. Look at the screen carefully and guess what he is doing.（课件局部呈现人物动作或者将图片作模糊效果处理，让学生猜测，教师引导学生用 He/She is... 句型回答）

T：What is he doing? Is he jumping?（做出跳跃的动作）Is he dancing?（做出舞蹈的动作）Skipping?（做出跳绳的动作）

S：He is running.（学生在教师引导下做出跑步的动作）

T：Bingo! Running. A Chinese stamp（强调）for you. Running is good for your health. It's a very good exercise. Do you like running?

S：Yes/No.

T：I think running is your/his hobby. What's your hobby?

[游戏一直是活跃课堂气氛最好的手段。利用游戏引出新单词和句型能激发学生的学习兴趣，让他们善于表现自我，这是屡用屡见效的一种教学手段。本环节利用 Guessing Game 提高学生的注意力以及兴趣，在游戏的过程中就自然地引出新句型 I like...，为后面的教学埋下伏笔。本环节仍然有些地方需要进一步明确，如“课件局部呈现人物动作或者将图片作模糊效果处理，让学生猜测，教师引导学生用 He/She is...句型回答”、“学生在教师引导下做出跑步的动作”应如何实现？]

三、歌谣练习，手段多样

1. Teach “listen to music” and “play chess”

教师继续让学生猜测图片内容，引出 listen to music/play chess，并在游戏中教学 I like listening to music/playing chess.

2. Teach “like doing sth.”

由以上游戏，教师引导学生总结 like doing sth. 表示喜欢做某事。

3. Chant

T：（教师播放音乐）Football, football, I like playing football.

Music, music, I like listening to music.

…

Can you say a chant like this?

S: Chess, chess, I like playing chess.

Music, music, I like listening to music.

Kite, kite, I like flying a kite.

[“学起于思，思源于趣。”一节课40分钟，要想让学生的思维时刻处于兴奋状态，教学手段就必须多样化，让学生始终跟随着教师的指挥棒。在这个环节的设计上，随着 I like 句型的掌握，教师让学生将所学内容自编成歌谣进行巩固练习，既活跃课堂气氛，又达到提高学习效率的目的。总之，多样化的教学手段让学生久学不厌。很显然，本环节设计中的“教师继续让学生猜测图片内容，引出 listen to music/play chess，并在游戏中教学 I like listening to music/playing chess”，“由以上游戏，教师引导学生总结 like doing sth. 表示喜欢做某事”采用的是说课的方式，而不是针对片段教学的设计。]

四、注重能力，层层突破

1. Teach “What's your hobby?”

T: We have so many hobbies. What's your hobby?（学生自由回答各自的爱好）

2. Practise "What's your hobby? I like ..."

T: Now, let's practice.（课件中快速呈现学生的大头照，教师随即点击其中一张提问）What's your hobby?

S: I like ...

3. Teach "stamp/collect stamps"

T: We have so many hobbies.（课件里出示教师的相片）Do you know "What's Miss Chen's hobby?"

S: ...

T: Clever! I like collecting stamps. Collecting stamps is my hobby. Read after me, stamp/stamps/collect stamps/I like collecting stamps.

S: ...

[这个环节巧妙地使用多媒体技术，以学生大头照闪动的表现形式，创设有效的学习情境，让学生在愉悦的教学氛围中充分理解和感知本课的教学重点，更加突出本课的教学重点。比较遗憾的是，这里的设计更像是常态课的设计，即设计好教师的引导语，但不具体预设学生的回答，以便在课堂上见招拆招。但是，片段教学并没有真正的学生生成，因此学生可能有什么回答，宜提前思考。]

五、多元评价，紧扣中心

1. Teach "American/Australian"

T: Now, show me your stamps.（教师让学生展示在小组竞赛中得到的奖励，即邮票卡片，然后上台将邮票贴入黑板的邮册中，教师随即教授 a Chinese stamp/an English stamp/an American stamp/an Australian stamp。随后教师在小组评价表上板书 Chinese stamp/English stamp/American stamp/Australian stamp）

2. Teach "these/those"

T:（指着黑板上近处的邮册）Look here, these are Chinese/English stamps.（指着黑板上远处的邮册）Those are American/Australian stamps.

[本环节充分运用实物与多媒体技术，将真实的生活引入课堂，让学生通过复习、思考，感知、体验，实践、参与和合作的方式，总结出

句式的特点，掌握变化规律。教师运用实物来教学，一开始就分发邮票给学生，然后在这个环节中让学生“将邮票收入集邮册”，使这个环节更加异彩纷呈，更是再次紧扣本课的教学重点，自然而然学习本课的重点内容，最终达到教学所设计的目标。本环节仍然有部分采用的是说课的形式，需要进一步明确具体的课堂实施行为。]

（案例提供：福建省福州市台江第三中心小学陈嘉琳老师）

第6节 Getting Ready for a Trip

教学分析

本片段教学节选自六年级上册第3单元第5课。就语法而言，学生在四年级时已经学习了表示将来的will句型，故本片段中没有再详细讲解语法知识。本片段教学只要求学生能听懂、会说、会读新授重点词汇trip，waterfall，raft，hotel，能听懂、会用I will.../We will...与他人谈论自己的旅游计划。六年级的学生有了一定的英语基础知识和听说能力，好奇心强，求知欲旺盛，已不满足教师对课文的简单重复。因此，本设计注重运用灵活的教学方法，激发学生学习的兴趣；注重启发引导，培养学生自主能力。

过程评析

一、对话创设情境，导入新课

T：Boys and girls，what is the date today?

S（教师模仿学生的语气，下同）：It's September 26th.

T：So the National Day is coming soon. What will you do for this holiday?（稍停顿，作倾听状）

S：I'll fly the kite in the park.

T：I think it's interesting.

S：I'll visit my grandparents.

T：You really are a filial child.（指向另一学生）How about you?

S：我想去旅行。

T：Me too. I'll have a trip for this holiday.（拿出单词卡片 trip）So what's the meaning of trip?

S：旅行。

T：Yes, now follow me.（教师伸出食指向上比画，用升调朗读）Trip ↗.

S：Trip ↗.

T：（伸出食指向下比画，用降调朗读）Trip ↘.

S：Trip ↘.

T：Do you know where will I go?

S：England.

T：Sorry, it's in China.

S：Is it Beijing?

T：Sorry, it isn't the capital of China. It's in Fujian. It's very famous. Guess again.

S：Xiamen. Wuyishan.

T：（出示"玉女峰"图片）Look, it's—

S：Wuyishan.

[常言道："良好的开端是成功的一半。"好的开端能抓住学生的求知心理，激发其学习的兴趣。本环节采用师生之间谈话的方式创设真实语境，让学生有话想说—有话可说—有话敢说，再和学生开展自然的对话交流，使其不知不觉地投入到新知识的学习中去。本片段较好地利用图片、朗读等手段丰富教学手段，营造现场气氛。]

二、多媒体创设情境，激发学生的求知欲

T：Yes. Wuyishan is very beautiful. Come on, let's have a look.（教师播放"武夷山"短片）

1. 依据规则，快速识记

T：（指着其中的一幅画面）Look，what are these?

S：竹筏。

T：Yes，rafts. Now listen.（用夸张的嘴型，缓慢地说）Raft. Can you guess what letters in this words?（教师稍停顿，作倾听状）

S：r-a-f-t.

T：Very good.（拿出单词卡片 raft）Now spell it together.

S：r-a-f-t，raft.

T：（指着另一幅画面）Look，what do they do?

S：乘竹筏漂流。

T：Yes，they go on a raft trip.（拿出词卡片 go on a raft trip）Will you go on a raft trip if you go to Wuyishan?

S：Yes.

T：Now please say we'll go on a raft trip.

S：We'll go on a raft trip.（板书这句话）

2. 拓展思维，比较迁移

T：（指着其中的一幅画面）If you take a raft trip fleeting through the river，you will get quite a view of the mountains and the water. Look，the water falls down from the cliff.

T：Do you know "fall"?（边说单词 fall，边用手演示物体从上往下掉的样子）

S：落下。

T：（出示单词卡片 ball，tall，call）Right. Can you read these words?

S：ball，tall，call.

T：Now can you spell "fall"?（边说单词 fall，用手演示物体从上往下掉的样子）

S：f-a-l-l.

T：Now we can call it waterfall，waterfall. Do you know any famous waterfalls in China?（手指向一个位置）How about you?

S：Hukou Waterfall，Lushan Waterfall.

T：Yes.（手指向另一个位置）You，please.

S：Huangguoshu Waterfall.

T：That's right. Now spell waterfall together.

S：w-a-t-e-r-f-a-l-l，waterfall.（板书：waterfall）

T：There are many waterfalls in Wuyishan. So we'll see the waterfalls.（板书 We'll see the waterfalls）

3. 寓教于乐，轻松记忆

T：（指着一幅画面）In Wuyishan，we can go on a raft trip，see the mountains and the waterfalls. And we can stay at—

S：旅馆。

T：Yes，hotel.（出示卡片 h_ t_ l）OK，my children，listen carefully then tell me which letters are missing?（手指向一个位置）You，please.

S：O and e.

T：Excellent.（出示词卡 hotel）Spell together.

S：h-o-t-e-l.（板书：hotel）

T：Do you want to stay at the nice hotel?

S：Yes.

T：Now let's see who will stay at this nice hotel? Let's play the game "scissors，paper，stone"，OK?

S：OK.

T：Stand up，please. Let's say "a nice hotel" three times，then show our hands. A nice hotel，a nice hotel，a nice hotel.

T：（教师的手做剪刀状，巡视全班）Now only winners can stand up，others sit down please. Now let's say "stay at a nice hotel". Stay at a nice hotel，stay at a nice hotel，stay at a nice hotel.

T：（教师的手做拳头状，巡视全班）Now let's say "We'll stay at a nice hotel".（板书 We'll stay at a nice hotel）We'll stay at a nice hotel. We'll stay at a nice hotel. We'll stay at a nice hotel.

T：（教师的手做拳头状，巡视全班）Congratulations！You'll stay at a nice hotel.

S：Yeah，we'll stay at a nice hotel.

[本部分是本课时的重点，也是难点部分。教师运用图片等为学生创设真实的语言环境，缩短课堂与实际生活的距离，使学生犹如身临其境。由于本环节的任务构建在一定的语言环境中，所以学生在学习新单词、新句型时，不会感觉到单词、词组与句子的存在是孤立、毫无生趣的。相反，学生能够较快地把语音、语义与情境联系起来，了解每句话的含义。本环节不是单纯地让学生学会朗读和拼读，而是从音、形、意方面着手，让学生比较、迁移和记忆知识。对于句子练习的采用游戏法，这既可以满足学生爱动、好玩的心理，又可以活跃课堂气氛，增强学生对英语学习的兴趣。可以说，本片段实现了从重传授向重学生主动学习转变，从重语言知识讲解向重学生参与、感知语言学习过程转变，从重教师单向的输出向师生互动、生生互动的多向信息交流转变，从重单一的课本教学向开发利用课程资源转变。]

（案例提供：福建省福州市群众路小学张玲老师）

第7节　Shopping for Mother's Day

教学分析

Shopping for Mother's Day 是闽教版五年级下册第五单元的教学内容，以“Shopping for Mother's Day”为教学话题挖掘了有关Mother's Day 的话题的教育性。结合母亲节快要到来的时机，以送母亲节礼物为教学主线，以为母亲准备节日礼物的语言内容为媒介来体现语言背后的教育意义，对母亲的爱可以不仅限于物质上的礼物，更是精神上的关爱和尊敬，有效地延伸了传统关于母爱的教学内容，让学生有所学，有所感，有所悟。教学目标为：理解、学习和运用句型 I'll buy/give her…感受到伟大的母爱，激发学生对母亲的感激，对母亲的崇敬之心，对于母爱不仅是物质的回报，更是情感上的回报。

过程评析

一、学习句型 What will you do for your mother on Mother's Day? I'll buy/give her...

T: In May, here's a festival for Mothers. It's on the second Sunday of May. It's Mother's Day. When is Mother's Day this year?

S: It's on May 8th.

T: This year's Mother's Day is on May 8th. Mother's Day is a celebration in honor of all mothers. On Mother's Day, we can say "I love you" to our mother. Do you love your mother?

S: Yes.

T: Mother's Day is coming. I can show my love on that day. A present is love. I'll buy her a handbag. I think my mother will be very happy. （板书："I'll buy her a handbag"）

T: Please complete the sentence according to the picture. （示句型"I'll buy her..."及图片）

S: I'll buy her a watch.

T: I think your mothers will be very happy to see that. Anyone else?

S: I'll buy her some flowers.

T: Good idea. We can also say, I'll give her some flowers. （板书："I'll give her some flowers"） What will you do for your mother on Mother's Day? Please ask and answer with your deskmate.

[这个环节通过介绍母亲节，引出新授句型 I'll buy/give her...接着，教师自己做范例，利用图片进行替换练习，培养学生运用所学句型进行表达的能力。最后，让学生通过 pair work，尝试用 I'll buy/give her...的句型输出表达，在语言输入理解和语言输出表达的过程中引入对话：What will you do for your mother on Mother's Day? I'll buy/give her...让学生通过直面交流，形成听说能力。]

二、提炼语言的真正含义

T：Let's enjoy a poem. Then answer the question：what will the girl do for her mom on mother's Day?

S：She will buy her mother a ring.

S：She will buy her mother some flowers.

S：She will be merry when Mother's Day comes in May.

T：We love our mother very much. We can show our love to them. A present is love. But I think love can be a kiss or a hug. It can also be a smile or a helping hand.

T：In this mother's holiday what will you do for your mother on Mother's Day?

S：I'll sing a song for my mother.

T：I think you can sing very well. Anyone else?

S：I'll make a card for her.

T：A good idea. You can draw many beautiful pictures on it. And?

S：I'll give her a helping hand.

T：That's great. You are good children. You can do many things for your mother. I think your mothers will be very happy to see that.

T：This is a plan to show my love to my mother.（出示以下内容）

Mother's Day is coming.

I can show my love on that day.

A present is love.

I'll buy her some flowers.

Love is more than a present.

I'll give her a hug.

I think my mother will be very happy.

T：Please make a plan to show your love to your mother. Discuss in small groups first.（稍停，以示学生讨论）

S：A plan to show my love to my mother.

Mother's Day is coming.

I can show my love on that day.

A present is love.

I'll buy her a dress.

Love is more than a present.

I will give her a helping hand.

I think my mother will be very happy.

T: I think your mothers will be very happy. On Mother's Day, remember to give your mothers a big hug and say "I love you". When we were born, our mother loved us very much. She shows love to us. As we grow, we can show our love, too. A present is love. But I think love can be a kiss or a hug. It can also be a smile or a helping hand. Take your chance. Show your love.

[本环节通过一首小诗引导学生明白母亲节不仅在于一件物质上的礼物，更可以是行动上的支持，可以以自己独特的方式表达对母亲的爱。一句问候，一个关心，都会让母亲感到欣慰无比。从而总结出母亲的礼物——一个拥抱，一个问候，一个懂事的孩子。教育性目的隐性地融入了学习中。在学生完成情境中的输出表达后，教师通过一个母亲节计划，通过学生的小组讨论引导学生说出自己的母亲节计划，表达对母亲的爱。授课过程中不断复现的文本，为最后学生对于 Mother's Day 送给母亲的礼物的口头输出提供保证。文本中的 I'll buy/give her ...的高复现率真正体现了文本的复现性，帮助学生在情境中利用文本更进一步地习得知识，真正有所学，有所感，有所悟，最终得到人格的生成。]

（案例提供：福建省福州市仓山区实验小学林聆老师）

第8章 初中语文片段教学设计及评析

第❶节　《天上的街市》

教学分析

《天上的街市》是郭沫若的一首新诗，也是新诗的典范代表，被安排在七年级上册第六单元。诗人由现实中的街灯联想到天上的明星，再由天上的明星联想到街灯，进而想象天上的街市，想象过着幸福生活的牛郎织女。这首诗通过对天上美好生活的描绘，表现了诗人对旧时代黑暗现实的痛恨，对理想生活的向往，因此，在这首诗的学习中，对“联想和想象”这个知识点的把握变得非常重要。本片段教学的主要内容是对“联想和想象”这个知识点的把握，围绕“朗读，想象画面美——研讨，理解想象美——比较，感受情感美”三个环节，采用诵读法和比较法，着力引导学生正确区分联想和想象，进而理解诗歌中合理想象和联想对主题的表达作用。整个设计教学过程流畅，各个环节之间过渡自然，从感性到理性，符合学生的认知规律。教学目标为：通过朗读讨论，正确区分联想和想象；通过比较研究，理解合理想象对主题的表达作用。

过程评析

一、朗读，想象画面美

师：同学们，通过刚刚的朗读，我们仿佛看见一幅神奇温馨的画面：美丽的街市中陈列着无数的珍奇，幸福的牛郎织女在美丽的街市中闲逛。那在这幅画面中，作者都描绘了哪些景物呢？谁来说说看。

生（教师仿生语气，下同）：有街灯、明星、街市、珍奇、牛郎织女。

师：对！很好。（板书：“街灯”、“明星”、“街市”、“珍奇”、“牛郎织女”）

［本环节通过朗读，让学生初步了解诗歌的内容，并想象诗歌中的画面，初步感知诗歌的画面美，通过听觉来刺激学生的想象，培养学生由文字想象画面的能力。教师通过“刚刚的朗读”既拓展了评委对课堂教学活动的想象空间，也使教学的展开显得更自然。“有街灯、明星、街市、珍奇、牛郎织女”给人的感觉是一个学生说的，相关内容可以作如下调整：“师：第一组的这个男生说‘街灯’（板书：“街灯”），最后排的那个女生说‘明星’（板书：“明星”）……”这样调整后，不仅能体现对多个学生的关注，而且能使课堂具有浓浓的现场感。］

二、研讨，理解想象美

师：（指着板书）原来诗人在诗中描绘了这么多的景物，那么哪些是作者真正看见的，哪些只不过是作者想到的呢？

生：看到的有街灯、明星；想到的有美丽的街市、街市上陈列的珍奇、牛郎织女等。

生（教师变换语气，仿另一学生）：老师，想到还有街灯和明星呢！

师：咦？我有点糊涂了。为什么街灯和明星他们一个说是看到的，一个说是想到的？是谁错了呢？

生：老师，诗人是看到远远的街灯想到了无数的明星，看到天上的明星想到了无数的街灯。所以街灯和明星既是作者看见的，也是作者想到的。

师：哦，你这样说我就明白了。那作者在想到美丽的街市、街市上陈列的珍奇和牛郎织女也是用这样的方法吗？

生：好像不一样！前者是由看见的实景想到和这个景物很相似的另一个景物；而美丽的街市、街市上的珍奇以及牛郎织女是作者直接在脑海中产生的形象，事实上并没有这样的景物存在，这个形象是作者创造出来的。

师：说得真好。同学们，你们知道吗？这两种不同的“想”是有不同的名称的。（切换幻灯片，出示想象和联想两者的定义，同时指向幻灯）从此物想到了彼物的这种“想”我们称之为联想。而对脑中的事物加工、创造出新事物的这种“想”我们称之为想象。两者最大的区别在于联想必须有现成的事物，想象可以有也可以没有。那么谁来说说刚刚大家说的作者想到的那些景物哪些使用联想的方法，哪些是用想象的方法呢？

生：由远远的街灯想到了无数的明星以及看到天上的明星想到了无数的街灯的这种想是联想。而想到美丽的街市等，包括牛郎织女都是作者的想象。

师：看来你是理解了联想和想象的区别了。说得很正确呢！（板书："联想"、"想象"）

［联想和想象的区别是本课教学的一个难点。本环节旨在引导学生展开研讨，一步一步对两种不同的"想"进行分析，先用自己的话将联想和想象的区别说出来，然后教师集中归纳讲解这个知识点。这样的学习过程，既尊重了学生的主体地位，又发挥了教师的引导作用，比较符合学生的认知规律。"切换幻灯片，出示想象和联想两者的定义，同时指向幻灯片"有幻灯机的时候，评委比较容易明白。在没有幻灯机的时候，如何让评委明白此处的设计是需要进一步考虑的？］

三、比较，感受情感美

师：来，我们再把这首诗齐声朗读一遍吧。（稍停）大家读得真好。下面，我们一起来想想，在这首诗中，作者想象的牛郎织女的生活和你们所知道的传说中的牛郎织女的生活有什么不同？

生：传说中的牛郎织女，他们一年才能相会一次的。而诗中的牛郎织女是能自由地骑着牛儿来往的。

师：是啊（点头），你说得对，那作者为什么要这样想象呢？

生：是为了给牛郎织女一个完美的结局，传说中的牛郎织女太可怜了！

师：你说的很有创意，不过，只是这个原因吗？（稍停）看来这个问题有点难。那让老师给大家一个提示吧。（教师切换幻灯片，展示郭沫若创作这首诗的写作背景）看了这些内容，你们有什么想法呢？大胆说出来吧！

生：我觉得是因为那时候，国家很多人的生活都不幸福，所以作者在诗歌中将牛郎织女的生活想象得很幸福，表达的是自己的一种理想——对光明、自由、幸福、快乐生活的向往和追求。

师：你真棒啊！（板书："主题：对光明、自由、幸福、快乐生活的向往和追求。”）是啊，身处黑暗社会的作者仰望星空，想象了一幅牛郎织女自由、幸福、快乐生活的画面，从而表达了自己的一种愿望。那么，如果他在诗歌的最后写的是美丽嫦娥抱着玉兔在天街闲逛，你们感觉和想象牛郎织女的生活相比，哪一个更好？

生：用嫦娥不好，她只是一个人闲逛，表现不出那种幸福的感觉。

生（教师变换语气仿另一学生）：嗯，我也认为用嫦娥不好。虽然嫦娥和牛郎织女一样与亲人分离，但是嫦娥的孤单是自找的。当初她偷吃仙丹只为长生不老，于是一个人孤单的住在月宫中。而牛郎织女的分离是人为的。那个王母就像黑暗社会中的恶势力，强行将原本很幸福的两个人分开。作者如果想象嫦娥的话，对于诗歌主题的表达好像不是那么贴切，而牛郎织女，除了表达对光明、自由、幸福快乐生活的向往和追求之外，还能表达出作者对黑暗现实的痛恨和想要反抗的心理。

师：你说得真好，我们一起鼓掌为他加油吧！（鼓掌，板书：“对黑暗现实的痛恨”）从刚刚的比较分析中我们可以知道，就算是想象，也要注意切合文章或诗歌的主题展开合理的想象。这点希望大家在以后的写作中一定要多加注意。

［这个环节旨在引导学生理解诗歌的主题，并理解如何在诗歌中合理地进行想象。将嫦娥的故事与牛郎织女的故事比较，让学生明白，文章或诗歌中的想象是否合理，关键要看想象的内容对主题的表达效果。这个比较的环节，不仅仅对学生更好地理解诗歌的主题有很大的帮助，而且对于学生日后写作中合理运用想象和联想有很好的指导作用。］

（案例提供：福建省福州市第三十六中学吴昌榕老师）

第2节　《邓稼先》

教学分析

《邓稼先》这篇课文位于七年级下册第三单元，是美籍华裔物理学家诺贝尔物理学奖获得者杨振宁介绍两弹元勋邓稼先的一篇人物传记。但本文不是一篇单纯的人物传记，而是一位友人写给另一位友人最深情的挽歌。所以作者是从一个朋友的角度来真挚地怀念自己已故的友人。它展现在我们面前的是“退去了所有头衔名号之后普通而又真实的邓稼先”。也正因为这样，全文的结构在初读的时候显得比较杂乱无章。因此，理清文章的写作思路，把握文章结构安排的规律就显得很重要了。

本片段教学的重点是理清文章思路，把握文章结构安排的规律，围绕着“引导学生理解课文采用板块拼接式结构的写作方法”这个教学目标，通过“初步感知板块结构—研读讨论板块内容—深入探究板块关系”三个环节，用内容增添法，逐步引导学生形成理性的逻辑概念，真正理解文章各个板块之间的关系，理清文章的写作思路。同时，在指导阅读的同时也进行写作技巧的点拨，全面提高学生的语文素养。相应的教学目标为：速读课文，理解课文采用“板块”拼接式结构的写作方法；研读探讨，明白课文各个板块的作用和安排的规律。

过程评析

一、初步感知板块结构

师：同学们，通过刚刚的介绍，我们明白了这是杨振宁教授为邓稼先写的一篇人物传记。请大家想一想，这篇文章在样式上与我们以往学过的文章有什么不同？

生（教师仿生语气，下同）：这篇文章有六个独立的部分。

生：每个部分前都用了一个小标题来提示某个部分的主要内容。

师：对，这种结构形式叫“板块”拼接式。（板书：“结构——‘板块’拼接式”）这篇课文篇幅较长，但作者采用“板块”拼接的结构，巧立主题式的小标题，把课文分为六个部分，各部分之间既相互独立，又彼此联系。这一形式值得我们在今后的作文写作中加以探索、应用。

[这个环节主要让学生通过初步的感知，了解板块拼接式结构的基本形式特征，建立起这种文章结构模式的初步印象，同时给学生的作文结构模式增加一个新的“成员”。]

二、研读讨论板块内容

师：同学们，如果现在有本杂志想转载这篇文章，让更多的人都来认识一下邓稼先。但是因为版面不够，只能选择其中的一个板块刊登，让你们来挑选，你们会选哪个板块呢？

生：第二板块。

师：为什么？

生：因为这个板块简单地介绍了邓稼先的生平经历和贡献。

师：好！既然第二板块写的是这个内容，那么这个部分有什么作用呢？

生：应该是总领全文吧！

师：对！第二板块就是全文写作的总纲。（板书："2. 经历贡献——全文的总纲"）

师：那如果刚好这期的稿件量不够，又多空了两个版面出来，可以让你们在文中选三个板块来介绍邓稼先，你们选哪三个呢？

生：我觉得应该选第二、三、四板块。

师：说说原因吧！

生：第二板块肯定是要选的，因为它介绍了邓稼先的生平经历和贡献。第三板块用同奥本海默对比的方式突出地表现了邓稼先的气质、品格和奉献精神，第四板块则从另一角度，写出邓稼先贡献之大。

师：你真是太棒了！（鼓掌）是的，第三板块是第二板块的补充、延伸和扩展，而第四板块也是从另一角度对第二板块进行了拓展。（板书："3. 气质、品格和奉献精神——补充、延伸和拓展；4. 贡献大——从另一角度拓展"）既然三个板块就能将邓稼先从各个角度介绍清楚，那文章为什么还要写另外三个板块呢？那三个板块有什么作用？大家可以先在小组里探讨下，再说说自己的看法。

生：第一板块在100多年的中国历史乃至世界历史的背景上推出邓稼先这个人物，从而显出这个人物的伟大。作为开头，能让我们感受到宏大的场面。

生（教师变换语气仿另一学生）：第六板块引述作者写给邓稼先夫

人的电报及书信中的几段话，既是对邓稼先的总评价，同时也洋溢着作者对朋友的深情，这样的结尾更加有力。

生（教师再次变换语气仿另一学生）：第五板块通过描写，具体生动地展现了一个才智超凡、意志坚强、身先士卒、甘于奉献的邓稼先的形象，能让我们对他有更深的认识。

师：第2、5、7小组的同学说得真好！没错，第一板块是全文的“小引”，第五板块是第二板块的具体化，第六板块是全文的总结。（板书：“1. 影响——全文的小引；5. 形象——具体化；6. 评价——全文的总结”）

[这个环节设置几个假设性的问题，让学生在筛选内容的同时明白各个板块的内容所起的作用，从而为下一个分析板块结构关系的环节作出铺垫。在整个教学设计过程中，教师结合教学进程有顺序地板书，使课堂教学的脉络、层次清晰地呈现在评委面前。]

三、深入探究板块关系

师：好了，通过刚刚的学习，我们已经知道了课文六个板块的主要内容，那么大家想想，这六个板块的顺序可不可以调换呢？为什么？

生：我觉得不能调换。因为从板书来看，这六个部分是按照“总分总”的结构来安排的。

师：很棒！你懂得利用一切已有的信息，能注意到我在黑板上写的内容，很好！（板书：“总分总”）

师：（手指板书）大家看，尽管这篇文章采用了板块拼接式的结构，但在各板块顺序的安排上还是有一定规律的。因此，我们在写作文的时候，如果也采取这样的结构，一定要注意按一定的顺序来安排各个板块，不能因为板块有一定的独立性就随便安排各个板块的顺序，使全文真的变得杂乱无章了。

[这个环节旨在引导学生理解课文结构安排的内在规律，通过分析课文结构安排的特点，从阅读理解的指导迁移到写作技巧的点拨，读写结合，全面提高学生的语文素养。]

（案例提供：福建省福州市第三十六中学吴昌榕老师）

第3节　《背影》

教学分析

《背影》位于人教版八年级上册第二单元，是朱自清早期的散文代表作。作品采用纪实的手法，通过特定角度的背影去写父子间在那特殊的社会背景下的相怜相爱的感情。第六段是课文中最关键最厚实最深情的地方，本片段教学的内容是课文第六段。八年级学生具备了一定的阅读能力和情感体验，但在阅读中对于朴实文字中蕴涵的深情体会不深，对于主旨的把握仅流于表面，不能触动心灵。在写作中截取片段通过细致描写表现人物情感的方法掌握不够。因此，教师应对学生进行以下指导：紧密围绕所设计的问题，扣住文中关键性语句，结合当时的时代背景，联系自身的生活，体会理解文中的父子情；注意体会文中语言特点，加以积累、运用，加强语文基础；注意文中抓住人物特征的细节描写，把这种写法运用到具体写作中去，提高语文水平。教学目标为：学习抓住人物形象在特定环境下进行细致描写的特点；感悟背影抒发的真挚亲情，体会父子情深。

过程评析

一、朗读对比，感知背影

师：课文四次对背影的描写，哪一次给你留下的印象最深？

师：父亲爬上月台买橘时的背影给我们留下了深刻的印象。（板书："父亲买橘时的背影"）为什么呢？请同学们看课文第六节，听录音朗读，感受背影凝聚的深情。（放录音）请同学们来说一说，这节所写的背影是一个什么样的背影？请你在"背影"前加上定语，来表达你的印象或感受。

生（教师模仿学生的语气）：这是一个肥胖蹒跚的背影。

生（教师又换一种语调，表示另一个学生发言）：这是一个买橘时艰难的背影。

生（教师用手示意后排的学生发言）：这是一个催人泪下，感人至深的“背影”。

师：同学们有的从背影细节，有的从概括内容，有的从个人感受等方面说出了对背影的印象。请同学们拿起笔在书中第六节画出描写父亲背影的句子。（教师稍停片刻，以示等待学生）

师：下面老师来朗读这部分内容，听听看看老师的朗读内容与课本有什么不同？（教师朗读，故意漏掉的词语是“黑布”、“布”、“蹒跚地”、“慢慢”，故意将“攀”改成“抓”，“缩”改成“蹬”，“微倾”改成“倾斜”）

师：听完老师的朗读，同学们有啥感受吗？（教师稍停片刻，以示等待学生）哦，同学们认为没有原文的感情了。那课文哪些地方和老师读的不一样，请同学们指出。（教师模仿学生声音回答，板书：“黑布”、“布”、“蹒跚地”、“慢慢”、“攀”、“缩”、“微倾”）课文第六节作者是怎样描写背影的呢？为什么老师减换这些词就减损了背影感人的力量呢？

[这个环节首先通过录音配乐朗读将学生带入学习情境，走进文本，并且珍视学生的初步感受，让学生各抒己见。接着，通过将教师的朗读与课文对比，让学生在感性上体会文中质朴语言的魅力，产生为什么会有这种巨大差别的疑问，为下一环节咬文嚼字做铺垫。从设计看“课文四次对背影的描写，哪一次给你留下的印象最深”出现得有些突兀，最好在前面简要介绍一下原来学习的内容和程度。另外，“父亲爬上月台买橘时的背影给我们留下了深刻的印象”是谁说的表达不太清楚，建议在这句的前面加上类似“你说的是……”，强化一下是教师模仿学生说的。]

二、揣摩文字，研读背影

师：请同学们四人一小组合作探讨两个问题：作者是怎样描写、刻画父亲买橘子的背影的？黑板上的这些词有什么表达效果。（教师离开讲台，以示观察学生讨论情况）第三小组的代表说作者先写了父亲的衣着“戴着黑布小帽，穿着黑布大马褂，深青布棉袍”。文中突出“黑布”、“布”给人以压抑沉重的感觉。

师：所以说，这是一个——沉重的背影。（模拟学生接读，并板书“沉重”）我想提醒同学们注意一下文中的我穿的是什么颜色什么质地的衣服？

师：对了，“紫毛大衣”、“皮大衣”。文章抓住父亲的衣着，表现了一种青灰色的基调，营造的是一种惨淡的气氛，烘托了一种悲哀的情感。但在这种凄凉的气氛中，橘子的红、我身上大衣的紫色却是那样的夺目，那样的温暖！可见这“黑布”，这“布”不是可有可无的词，蕴涵深意啊。

师：第五小组的代表说作者接着又描写了父亲走路的姿势。“蹒跚”、“慢慢”写出了父亲腿脚不方便，动作不利索。这是一个蹒跚（板书：“蹒跚”）的背影。你们能体会到作者当时的心情吗？走路蹒跚的父亲要经过铁道，一不小心就会磕着碰着，一定是令人十分担心的！

师：第七小组的代表说作者还写了父亲爬月台时的动作。“攀”说明手用力支撑起身体向上。因为无物可抓，只能用手按住。“缩”字说明无处可蹬，脚是悬空的，这样全身的力量都在手上了。“微倾”写出了父亲要爬上月台那十分艰难但又十分努力的样子。（板书：“艰难”、“努力”）

师：请同学们想象这三个动词的过程，想象一下身负家庭重担、肥胖的、腿脚不灵便的父亲艰难努力而又心甘情愿为儿子买橘的画面，你感受到父亲无言的爱了吗？（板书：“爱子深情”）让我们一起深情朗读这一部分内容。

［本环节抓住“怎样的背影”这个主线，通过比较法、想象法引导学生注意文中形容词、动词的作用，培养学生对语言文字的敏感力，感受质朴文字背后的真情，学会如何进行细致描写。深情的语言、精当的板书都将促进学生更深入体会背影中的深情，同时采用了小组合作学习方式充分发挥学生学习的主动性，教师及时的引导显示了对学生学习过程的关注，体现了动态调控意识。］

三、联系实际，感悟背影

师：我们描写人物的肖像，常常以正面描写为主，本文的作者为什么不写父亲的正面，而只写父亲的背影呢？

师：你的回答有一定道理。背影这个角度很独特，独辟蹊径给人印象深刻。其他同学还有没有补充？假设你的父亲给你买橘子，这时你看到了他的背影，你会像作者一样感动得流下眼泪吗？（稍停）

师：你们都说不会流泪。因为你的父亲很健壮，不像文中的父亲身体肥胖、步履蹒跚，动作艰难。文中的父亲买橘时动作不便，你们还能不能体会到当时他的心情呢？

师：同学们现在开始学会联系上文思考问题了。失去亲人，失业、借债等境况使父亲的内心充满了忧愁。然而在这惨淡的光景中，父亲一如既往地爱护着自己的儿子。父亲在千辛万苦中为儿子所做的一切，比平常特别是顺境中所做的一切不知可贵多少倍。所以在特定环境下的背影感人至深。本文以小见大，将父母的“俯首甘为孺子牛”的挚爱全部凝聚在这个背影里。（板书：“细致之处见真情”）

[这个环节设计有两个用意。首先体现阅读与写作相辅相成的理念，通过研讨让学生明白了作者为什么要写背影，让学生的认识从感性上升到理性。其次调动学生现有的生活经验，让学生联系自身生活，深沉感悟背影之后的深情厚爱。中间适时地介入提问，一步步将学生的理解引向深入，情感引向高潮。]

（案例提供：福建省福州市第三十八中黄碧英老师）

第4节　《苏州园林》

教学分析

《苏州园林》是人教版八年级上册第三单元的一篇说明文。课文没有泛泛地介绍苏州园林的景物，而是抓住“游览者无论站在哪个点上，眼前总是一幅完美的图画”这一总体特征，从整体到局部，从大处到小处，作了富于艺术性的说明，从而使读者不仅了解了苏州园林的总体特征，又得到美的享受，是一篇很好的说明文的典范。教学时，教师应引导学生体会文章的结构美，体会文章的语言美，感知园林的画意美。本片段教学旨在引导学生了解苏州园林的特点，把握事物特征，掌握说明顺序，理解总分结构。

过程评析

一、导入，初识苏州园林

师：同学们喜欢旅游吗？都到过哪里？说说看。（教师示意学生回答）是啊，神州大地，幅员辽阔，江山如画，老师也很喜欢旅游。今天要给同学们介绍一个美丽的地方。介绍之前，请同学们对对子。上有天堂——下有苏杭（教师模仿学生回答，下同）。江南园林甲天下——苏州园林冠江南。窥苏州园林之一斑——见全国园林之全豹。

师：第一联，盛赞了苏州园林的美丽，第二、三联，写出了苏州园林在全国园林建筑中的地位。叶圣陶先生在《苏州园林》这篇课文中也指出了苏州园林是我国各地园林的标本。现在我们就跟随叶老的足迹走进苏州园林。（板书课题：“苏州园林”）

[本环节旨在先与学生一番平等对话——鼓励学生各抒己见，谈谈中国的名胜古迹，然后三副对联由浅入深，既激发学生学习兴趣，又突出苏州园林的地位，使学生对本文的说明对象——苏州园林在中国园林中的地位有初步的认识。虚境型片段教学只要教师能想到的学生回答似乎都能表现出来，因此有些教师喜欢设计一些新奇、别致的学生回答。这样的做法很不合适。本环节中，第二、三副对联，连阅读本设计的诸位教师都未必能对得上，因此将其设计为学生的生成性回答，就不太合理，应该改进。]

二、速读，进入苏州园林

师：请同学们速读课文，标出自然段的序号，自学生字词，找出概括苏州园林共同特征的句子。(教师走下讲台，以示巡视学生阅读情况)请同学们说说苏州园林是怎样的园林。

师：有的同学说苏州园林是“如画”的园林！也有的说是个“别出心裁”的园林。嗯，后排的那位同学说是“不讲究对称”的园林。现在老师考同学们一个词，看看能否写出来。请写出“丘壑”。(稍停) 看来有的同学被老师考倒了。这篇课文生字词不多，在学习时我们应抓住难写的易混的生字重点学习。

[本环节先让学生自主学习一段时间，让他们靠自己能力去探究，努力自学文中的生字词，自悟文中的精彩之处，接着教师根据学生学习情况，适当提醒，点拨方法，帮助学生。这样的教学既充分发挥学生的主体作用，又有效体现教师的引导作用，同时还展现教师的动态调控意识。]

三、研读，把握园林特征

师：园林的共同特征是什么？(稍停)

师：嗯，同学们眼光很敏锐。“无论使游览者站在哪个点上，眼前总是一幅完美的图画。”我把苏州园林的特点用三个字概括。(板书：“图画美”) 为达到这一目的，匠师们从哪些方面努力的？(稍停) 同学们一下子就找到答案了。请读出这句话——“他们讲究亭台轩榭的布局，讲究假山池沼的配合，讲究花草树木的映衬，讲究近景和远景的层次”。(板书这句话) 一看这句子，你会想到哪种修辞——排比。(模拟学生回答) 叶老先生是从哪些方面具体介绍苏州园林的这一特点的呢？请同学们再次阅读三、四、五、六段筛选相关信息。

生：从宫殿住房、假山池沼、栽种和修剪树木、花墙和廊子几个方面写。

师：浏览一下这几段，你会发现他们和这四个“讲究”是对应的。那剩下的几段是从哪个角度具体来写的呢？大家找找看。(稍停) 同学们找得很快，说明大家学会了抓住段落中的关键词或中心句来概括段意。第七段写角落的图画美，第八段写苏州园林的门和窗也讲究美感，第九段是从色彩的角度写的。(板书：“角落的图画美、门和窗也讲究美感、色彩的角度”）

师：这篇文章结构非常严谨，句句段段不离“图画美”三字，给了我们明晰的知识。至此，我们也就完成了本节课的第一个教学目标——抓住事物的特征。

师：现在讨论一下，这些句子中哪些是写整体，哪些是写局部，哪些是写细部？本文使用了什么说明顺序？

生：写整体的是——总是一幅完美的图画；写局部的是——亭台轩榭的布局、假山池沼的配合、花草树木的映衬、近景和远景的层次；写细部的是——角落的图画美，门和窗也讲究美感、色彩的角度。（板书：“整体—局部—细部”）

师：本文采用了什么说明结构，使用了什么说明顺序？

生：从总到分，从主到次。（教师板书“总—分，主—次”）

[学习过程应该是一个不断充实提高的过程，在积累知识的同时提高学习能力、提升语文素养。这个环节先让学生掌握阅读说明文的方法，使学习说明文事半功倍。接着，通过教师引导、小组讨论，落实教学目标——明确说明的对象，抓住对象的特征，理清说明的顺序。]

四、总结，强调学习成果

师：（手指板书“图画美”）可见，苏州园林无论是整体，还是每一个局部，甚至每一个细部，处处都注意图画美。作者反反复复用图画作比，目的在于强调苏州园林的总体特征。由此，我们在说明文的阅读和写作方面获得什么启示呢？

师：同学们思路清晰。是的，说明文阅读首先应明确说明的对象，抓住对象的特征，从各个角度说明，同时还要注意说明顺序。

[这个环节对所学的知识点再次强调，犹如叶老对苏州园林图画美这个特征的强调。从阅读理解的指导迁移到写作技巧的点拨，读写结合，让学生学有所得，学有所获。在板书方面，教师可以突破惯例，将板书设计成一把古色古香的扇子，与苏州园林的图画美映衬，用形式美吸引学生，又展现教师的独具匠心。]

（案例提供：福建省福州市第三十八中黄碧英老师）

第5节 《唐雎不辱使命》

教学分析

《唐雎不辱使命》位于人教版九年级上册第六单元，文章描写人物非常传神，塑造的唐雎这一人物形象不畏强暴、蔑视强权，敢于与专制暴君抗争，充满了不屈精神与正义之气。这篇课文的教学可以通过诵读帮助学生同古人展开心灵对话，理解古人特殊的思想感情，领会中华民族的那种“为追求理想、报效国家而不因祸福避趋之”的传统美德，让他们从杰出人物身上汲取力量，砥砺意志。本文是一篇经典的古代文学作品，又是一篇情节性、故事性很强的课文。初三学生已经有了一定的文言知识的储备，因此，在本片段教学将目标定位于“反复诵读，品味人物描写，把握人物性格”，设计以朗读为主，在反复诵读的基础上引导学生从分析唐雎和秦王的对话入手，达到对人物性格的认识和把握。具体教学目标为：赏析品味语言描写，体会不同人物的思想性格，学习作者塑造人物形象的方法；学习唐雎作为小国之臣却不畏强暴、敢于斗争、善于斗争的精神。

过程评析

一、品读人物对话

师：秦国强大安陵弱小，小小的安陵竟敢拒绝秦王的要求，显然如果打仗，弱小的安陵绝不是强秦的对手，所以出使秦国的唐雎如何表现就成了关键。现在我们来品读秦王与唐雎的对话，体会这两个人物语言的风采。在唐雎拜见秦王的过程中，与秦王有两次交锋。在这两次交锋中，秦王和唐雎各是如何表现的？我们要读出怎样的语气？

师：你说第一次交锋中，秦王气势汹汹地指责安陵君不同意易地，就是“逆寡人”、“轻寡人”的行为，并拿灭韩亡魏来威胁，由此可看出，秦王蛮不讲理，以势压人。说得很对，我们朗读时就要读出秦王霸道骄横的语气。

师：你说唐雎以“否，非若是也”一句针锋相对地予以驳斥，接着用“安陵君受地于先王而守之，虽千里不敢易也，岂直五百里哉”一句镇定自若地据理力辩，并断然回绝了秦王狂妄无理的要求。是的，所以我们在朗读时要读出唐雎冷静坚定的语气。（板书：“蛮不讲理，以势压人——针锋相对、镇定自若”）

师：请两位同学分别朗读第二段中秦王和唐雎的对话，体会人物语言所体现的不同性格。（稍停）这两位同学朗读得很有气势，读出了针锋相对的味道。第二次交锋，两个人物又是如何表现的？

生（教师模仿学生的语气，下同）：“公亦尝闻天子之怒乎”一句可以看出秦王此时怒气冲冲，并对唐雎进行恐吓。而“臣未尝闻也”表现出唐雎镇定自若，不为所动的性格特点。

师：（指向另一个同学）你说“天子之怒，伏尸百万，流血千里”更是表现出秦王想要以武力相威胁的骄横残暴。

师：（指向第三组第二排的男生）你说得对，唐雎的一句“大王尝闻布衣之怒乎”几乎是寸步不让。

师：（指向第二组第四排的男生）你说，“布衣之怒，亦免冠徒跣，以头抢地尔”表现了秦王对平民的极度轻视。而“此庸夫之怒也，非士之怒也”一句则写出唐雎断然驳掉秦王的诬蔑。然后再用三个排比句摆出专诸刺王僚、聂政刺韩傀、要离刺庆忌的事实，紧接着用“若士必怒，伏尸二人，流血五步，天下缟素，今日是也”一句狠狠打掉了秦王的嚣张气焰。说得真好，唐雎的这句话像滚木礌石般对准秦王打过去，以“二人”对“百万”、“五步”对“千里”，不给秦王一点喘息的时间，气氛之紧张，令人屏息。

师：这位同学还要补充，请讲，你说最后唐雎“挺剑而起”，紧紧逼住秦王，表现了他不畏强权，为国牺牲自我的精神。而从“色挠”、“长跪谢之”、“徒以有先生也”这些词可以看出秦王为唐雎气势所迫，于是极力称颂唐雎的胆识。

师：大家说得都很精彩。现在哪两位同学来朗读第三、四段中秦王和唐雎的对话，希望能读得同样精彩。（稍停）这两位同学的朗读铿锵有力。从他们的朗读中，我们知道了通过个性化的语言能再现人物的形象，给人以艺术的享受。

[秦王和唐雎的对话很精彩，因此本环节着重从对话入手，引导学生对人物的对话进行分析，揣摩唐雎和秦王在两次交锋的过程中体会到秦王的前倨后恭和唐雎的前恭后倨，体会到因为人物身份性格的不同，人物说话的语气也有差别。然后指导学生朗读，在诵读过程中把握住人物鲜明的性格，读出秦王的趾高气扬、骄傲自大及对安陵君和唐雎的蔑视与嘲讽，读出唐雎的机智聪明、不卑不亢、视死如归的英雄气概，让学生在反反复复的朗读中加深对课文的理解和对人物性格气质的把握。从设计本身看，开场白很突兀，需要重新设计。]

二、解读人物性格

师：秦王和唐雎各是什么样的人，从文中哪些词可以看出来？

生：秦王是一个骄横残暴、狂妄无理又外强中干的人。

师：你说从文中“不悦”、“怫然怒”、“天子之怒，伏尸百万”等词可以看出秦王的骄横残暴、狂妄无理，“色挠，长跪而谢之”可以看出秦王的外强中干。（手指第四组最后一排的男生，并模仿学生的语气）唐雎是一个从容镇定、不畏强权、敢于牺牲自我的勇士。

师：从文中哪里可以看出呢？你说唐雎以“布衣之怒”应对秦王的“天子之怒”，以“伏尸二人”应对秦王的“伏尸百万”可以看出唐雎的从容镇定、不畏强权，从“挺剑而起”看出他勇于牺牲，视死如归的气概。说得很好，让我们齐读课文，再次感受唐雎不畏强权的英雄气概。

师：同学们，我们学习了如何分析人物形象及如何用生动的语言、合理的表达方式表现人物形象。我们还与古人唐雎近距离的接触，一次次，我们为他的聪慧机智、能言善辩所振奋，为他的不畏强暴、蔑视强权所感染，为他的勇赴国难、视死如归所感动，为他的大义凛然、浩然正气所激励。我希望在今后的岁月里，唐雎的这些精神能伴随我们共同成长，使我们作为一个完整的人的内在本质精神得以弘扬，个性风采得以展示！

[本教学环节是在品读人物对话的基础上，结合文中关键词语去解读人物的性格，引导学生通过寻找关键词语，理解两个人物的形象和性格，说出自己的理解，作出自己的评价，充分感受唐雎为赴国难视死如归的英雄气概，并对中华民族的那种“为追求理想、报效国家而不因祸福避趋之”的传统美德有所感悟。]

（案例提供：福建省福州市第三十八中翁鑫老师）

第6节　《范进中举》

教学分析

《范进中举》位于人教版九年级上册第五单元，选自清代吴敬梓的长篇讽刺小说《儒林外史》。课文主要通过对比手法描写范进中举前后截然不同的境遇，运用了夸张、讽刺、对比等多种手法成功刻画了范进、胡屠户等丑陋形象，真实深刻地反映了封建科举制度对人心灵的荼毒。胡屠户是文中一个重要的人物，本片段教学的重点内容是胡屠户的形象分析。我们要想真正进入作品的意境，读出胡屠户这一形象的意味，就应该细读文本，重点抓住“范进中举前”和“范进中举后”胡屠户截然不同的两种态度，仔细品味胡屠户前倨后恭、欺贫爱富、趋炎附势、嗜钱如命、庸俗自私的典型市侩的性格。

初三学生已具备一定的小说常识和自学能力，并且已经学过了几个小说单元，已经能够了解小说的基本要素和主要特点。但阅读时感性认识较强，理性分析不足。本文内容生动、语言形象，学生容易被其情节和语言所吸引，但未必会从字里行间去深入体会精彩描写的作用和内涵。因此，教师应加强主导作用，引导学生多朗读多思考多讨论，在文本阅读中领会本文如何运用细节对人物进行描写，感受夸张、讽刺的艺术魅力。具体教学目标为：进行比较阅读，从比较中欣赏文学作品，感知人物形象；学习如何运用细节对人物进行描写，感受夸张讽刺的艺术魅力。

过程评析

一、速读，分析人物形象

师：请同学们快速阅读课文，从文中找出胡屠户对范进在中举前后的态度发生了怎样的变化？请同学们拿起笔边读边画出描写胡屠户的关键词句。

师：第三组第四排那位同学来回答。对，“中举”前称呼范进是“现世宝”、“烂忠厚没用的人”，“中举”后却尊称他为“贤婿老爷”、“姑老爷”。（板书：“现世宝”、“贤婿老爷”）大家再找找对范进的外貌和学问的评价有什么变化？

师：这位同学也找到了，范进找胡屠户借盘缠，胡屠户说他是“癞虾蟆想吃天鹅肉”，说他长的尖嘴猴腮。“中举”后却夸范进“才学又高，品貌又好”，“城里头那张府、周府的这些老爷，也没有我女婿这样一个体面的相貌”。（板书：“尖嘴猴腮”、“才学高，品貌好”）我们再看看胡屠户对范进的神态举止有什么变化？

师：第二组第三排那位女同学来回答。你说中举前胡屠户不停地挖苦范进，到日西时分才离去，临走时“吃的醺醺的”，“横披了衣服，腆着肚子”一副目中无人的样子。中举后不敢打范进，要喝两碗酒才敢打一个嘴巴，手都颤抖了，不敢打第二下。打完后还向郎中讨了个膏药贴在手掌上。这位同学不仅能够找出文中的描写，还能用自己的语言进行概述，回答得既简练又完整。

师：这位同学还要补充，请讲。（稍停）你说范进想考举人，但因为没有乡试的盘费，走去同丈人商议，被胡屠户一口啐在脸上，骂个狗血喷头，中举后胡屠户跟着范进回家时，见女婿衣裳后襟滚皱了许多，一路低着头替他扯了几十回。（板书：“醺醺的”、“横披”、“腆”、“啐”、“颤”、“懊恼”、“低着头”、“扯”）

［这个教学环节让学生快速阅读文本，寻找胡屠户对范进在中举前后态度的变化，通过比较，品味出字里行间蕴涵的丰富讽刺意味，从而洞悉胡屠户复杂多变的心理，为下一环节让学生更好地理解胡屠户矛盾统一的性格做铺垫。］

师：请同学们看黑板。哪位同学能够说说胡屠户的态度为什么会发生如此巨大的变化？

师：你说，因为范进的身份地位发生了变化，中举前范进不过是个秀才，只能当个教书先生糊口饭吃，不可能给胡屠户带来什么好处。中举后，就能够做官发财，而这些才是胡屠户最为看重的。说得好。的确，在胡屠户的眼里，谁能获得“功名富贵”，谁就有出息，就会受人尊敬。反之就会受人鄙视。同学们再想想这种变化仅仅是范进的身份地位的改变造成的吗？和胡屠户自己的性格有没有关系？

师：你说有关系，胡屠户是一个嫌贫爱富、趋炎附势的市侩，所以才会前倨后恭。第一组第五排那位男同学还有补充。（倾听该生回答，点头表示肯定）你说他自私虚伪，嗜钱如命，所以才对中举后范进的态度来了个180°的转变。

师：你还要补充，你说因为胡屠户头脑里根植着严重的封建等级观念，所以他才那样嫌贫爱富，前倨后恭。回答得很有道理。是的，正是因为胡屠户欺贫爱富、唯钱权是尊、庸俗自私的性格，导致他对范进的态度才会前后截然不同。亲戚都不过如此，更何况旁人了，在胡屠户的变化中，我们看到了当时社会世态之炎凉，人情之冷漠。（板书：“前倨后恭”、“趋炎附势”）

［本教学环节旨在引导学生理解胡屠户之“变”的深层原因，如从范进身份地位的变化来看，从胡屠户自身的性格角度去理解，提示学生人物的性格决定人物的言行举止。这样学生就能从胡屠户的市侩性上去理解和把握。这样的设计，不仅仅对学生更好地理解小说的人物有很大的帮助，而且对学生理解课文所描述的封建社会各阶层的病态心理和世态炎凉的现实有帮助。同时，也对学生日后写作中合理运用描写手法对人物进行刻画也有很好的借鉴作用。］

二、细读，赏析描写方法

师：本文对胡屠户最精彩的描写莫过于篇末对胡屠户接受范进赠银的描写了，大家一起读读这段话，看看这段描写精彩在哪里？（稍停，以示学生朗读）这位同学说“攥”、“缩”、“揣”这三个词很精彩，揭示了胡屠户言语和动作的矛盾：银子已经紧紧地攥在手里，嘴上却偏说不要，缩和揣更是暴露了这个市侩嗜钱如命的本性。

师：第二组第三排那位女同学来说说看。哦，你说胡屠户就是个贪图钱财的家伙！明明是怕钱到不了手，可嘴里却嘟嘟地说“怎好拿回去”。“攥”、“缩”、“揣”这几个动作，将他的灵魂给出卖了。

师：同学们都找到了作者精彩的语言描写，一个“攥”、一个“紧紧”，生动灵活地表示出胡屠户的爱钱如命和虚伪本性，“把拳头伸过来”表露了他的极度不愿意推辞而又不得不象征性地推辞，生怕别人真取了回去，举止着实幽默滑稽，道尽了作者心中的讽刺。“连忙”、“缩”、“揣”，动作描绘生动有力，把胡屠户嗜钱如命的丑恶灵魂塑造得淋漓尽致。

师：一部《儒林外史》实际上就是古代社会士人们的辛酸史，也是古代社会的一面镜子，它照出了士人们利欲熏心、热衷功名的丑恶嘴脸，也照出了社会上形形色色的人趋炎附势的丑态。胡屠户就是这样一个拜倒在“功名富贵”之下的趋炎附势的市侩典型。而这类令人齿冷的势利小人，在当时社会的芸芸众生中随处可见。也许，这就是我们的讽刺大师不肯放过，要狠加笔伐，以警后世的个中缘由吧。

[本教学环节设计的目的在于引导学生仔细品读语言，体会感受夸张讽刺的艺术魅力。胡屠户是吴敬梓辛辣嘲讽的一个市民阶层中的市侩典型，本环节引导学生通过对文中关键词句的赏读，对胡屠户的语言、神态、心理、动作进行分析，更好地领会本文的讽刺艺术。这样的设计能够抓住课文的重点，以学生为本，点拨思维，以探究为主线，在研讨中完成教学任务，效果明显。]

（案例提供：福建省福州市第三十八中翁鑫老师）

第9章

初中数学片段教学设计及评析

第1节 《一元一次方程》

教学分析

人教版七年级上册《一元一次方程》是在小学列简易方程解应用题的基础上，系统地学习列一元一次方程解应用题，打破了列算式时只能用已知数的限制。方程可以根据需要含有相关的已知数和未知数，比列算式考虑起来更直接、更自然，因而更有优越性。一元一次方程不仅是“方程家族”的基础，而且是今后学习其他方程、方程组、一次函数、二次函数的基础，因此学好本节课尤为重要。本片段教学的主要目标为：了解什么是方程，什么是一元一次方程；会列简单的实际问题方程；经历列一元一次方程解决简单的实际问题，培养分析问题、解决问题的能力；渗透方程思想。教学重点是一元一次方程的意义、列一元一次方程，教学难点是列一元一次方程。

过程评析

一、创设情境，引入新课

师：在现实生活中，我们经常遇到许多问题，你能用所学的知识解决它们吗？请看问题。（用多媒体展示。若现场没有多媒体，就以小黑板或板书的形式呈现）

问题1：小明的妈妈在超市买了5千克苹果和2千克橘子，共花20元钱。已知橘子每千克2.5元，求每千克苹果多少钱。

问题2：章前图中汽车匀速行驶途经王家庄、青山、秀水三地的时间如下表所示。

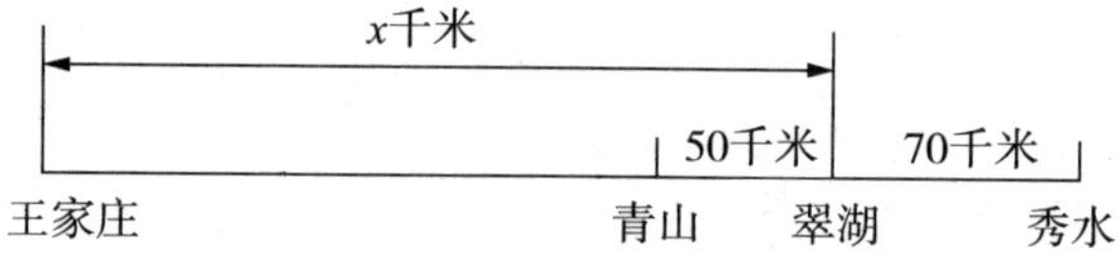

地名	时间
王家庄	10：00
青山	13：00
秀水	15：00

翠湖在青山、秀水两地之间，距青山 50 千米，距秀水 70 千米，王家庄离翠湖的路程有多远？

师：你们会用算术法解决这两个问题吗？先独立思考，然后回答。（稍停，以示让学生思考）

生（师模仿，下同）：问题 1：$(20-2.5\times2)\div5=3$，即每千克苹果 3 元；问题 2：$(50+70)\div2\times3+50=230$，即王家庄离翠湖的路程 230 千米。（教师板书算式）

师：比较用算术法对这两个问题的解答，你们有什么感受？

生：问题 2 比问题 1 难。（教师由此引出新课）

［本环节出示两个难易差别较大的问题，让学生用算术法解决，充分感受到用算术法解决比较复杂的实际问题的难度，从而为学习方程打下了“埋伏”，顺畅而自然。本环节充分利用板书将教学重点和预设的学生生成清晰地呈现在评委面前，同时通过教师的语言体现对学生独立思考的重视，这些值得借鉴。不过“问题 2 比问题 1 难”的预设太过简单和抽象。如果能通过学情预设具体地体现学生觉得难在何处，效果会更好。］

二、探索新知，学习新课

师：如果设王家庄到翠湖的路程为 x 千米，你能列出方程吗？（给学生充分探究的时间，教师参与小组讨论，并完成教材探究填空）

师：同学们，你们发现用算术法与用方程解决问题有什么不同吗？

生：老师，我认为算术法只能用已知数，而方程是根据问题中的等量关系列出的等式，其中既含有已知数，又含有用字母表示的未知数。

师：同学们，你们还能列出其他方程吗？如果能，你依据的是哪个相等关系？

生：还可以用根据问题中路程找等量关系，即如果设汽车的速度为x千米/时，列方程为$3x+50=5x-70$。

[本环节以学生为主体，教师为主导，不仅能培养学生的发散思维，而且能培养学生知难而进的良好品质。遗憾的是本环节的设计显得过于粗线条。如“给学生充分探究的时间，教师参与小组讨论，并完成教材探究填空”中，如何体现“给学生充分探究的时间”、“参与小组讨论”，完成教材中的内容是什么。这里有补充性的说明，读者能知道设计的大概意图，但评委如何听出来？难道边讲课边旁白，或边讲课边解释（这样的话，就与说课混淆）？]

师：请看例1。（用多媒体展示。若现场没有多媒体，就以小黑板或板书的形式呈现）

例1：根据下列问题，设出未知数并列出方程：

（1）用一根长24cm的铁丝围成一个正方形，正方形的边长是多少？

（2）一台计算机已使用1700小时，预计每月使用150小时，再经过多少月这台计算机的使用时间达到规定的检修时间2450小时？

（3）某校女生占全体学生数的52%，比男生多80人，这个学校有多少学生？

师：先独立完成思考、解决问题，三分钟后全班交流。（稍停）现在请大家开始逐题汇报。

生：（1）设正方形的边长为x cm，可以列出方程$4x=24$。（教师板书方程）

生：（2）设x月后这台计算机的使用时间达到2 450小时，由题意可得$150x+1700=2450$。（教师板书方程）

生：（3）设这个学校有学生x人，列方程为$52\%x-48\%x=80$。（教师板书方程）

师：同学们解答得很好。同学们，你们知道什么叫做方程吗？

生：含有未知数的等式叫做方程。

师：那么你们知道什么叫做一元一次方程吗？（板书方程及一元一次方程的定义）

（1）含有未知数的等式叫做方程。

（2）只含有一个未知数（元），未知数的次数都是 1，这样的方程叫做一元一次方程。

师：下列方程中一元一次方程有几个？（板书）

（1）$2x-5=3x$　　　　（2）$x^2-4x+1=0$

（3）$3x-y=12$　　　　（4）$7y+1=2y-3$。

生：有 2 个。

师：我们共同回顾前面的学习过程，哪位同学能归纳一下。

生：我们是通过分析实际问题中的数量关系，利用其中的相等关系列出方程，从而解决了实际问题。

[本环节旨在让学生用方程解决一些简单的问题，并学习一元一次方程，能很好地利用板书凸显教学思路，反映学生的生成，使学生在用方程解决问题的过程中自然而然地感悟一元一次方程的特点。如果能在以下方面改进一下，效果会更好：首先，充分利用课堂的生成资源。在正式教学概念前，本环节已经出现并且板书了多个方程，可是这些板书的结果仅仅作为记录而未加利用。因此，也就无法体现教师良好的资源整合意识和能力。其次，更加充分地发挥学生的主体作用。一元一次方程的特征还是比较明显的，不应该由教师直接告知，而应该让学生自己去观察、概括、总结。如果教学完例 1 后，引导学生观察、交流已经板书在黑板上的四个方程的特点，然后总结出一元一次方程的特点，再给出定义。这样的设计就能充分体现对知识形成过程的重视，对教学资源的有效利用，对学生主体地位的尊重。最后，有些预设过于简单。如判断有几个方程，只预设了“2 个”这一结果，还不够，应该对学生的判断过程进行充分的展示。]

（案例提供：吉林省桦甸市第五中学刘佳利老师）

第❷节　《三角形的内角》

教学分析

本教学片段是人教版七年级下册《三角形的内角》第二节第一课时，主要内容是掌握三角形的内角和定理，掌握辅助线的做法、定理的理论证明方式，是在三角形三边关系后对三角形角的关系的探究，为四边形的学习及后继学习奠定基础。教学目标为：探索和运用三角形的内角和定理，能应用定理解决简单的实际问题；初步掌握如何作辅助线；经历实验和动手操作过程，能用平行线的性质推出这一定理；通过观察、合作、思考、归纳、推断等过程得到数学结论，体验到数学充满探索及创造性。本片段教学的设计旨在让学生经历实验→思考→合作交流→总结→理论证明→运用的过程。

过程评析

一、创设情境，引入新课

师：同学们，在小学里我们已经学过了三角形的内角和，还记得三角形的内角和等于多少度吗？

生（教师模仿学生回答，下同）：180 度。

师：说一说怎么发现三角形内角和是 180 度的？同学们可以借助手中的三角形纸板说明。

生：老师，我是用拼接的方式得到的。（教师模仿学生的演示）

师：这节课我们在小学的基础上继续学习三角形的内角。（板书课题）

[小学学过三角形的内角和，学生也都知道三角形的内角和，因此本环节开篇点题，单刀直入地引导学生回顾小学学过的一些方法，为下

一环节做铺垫。特别需要说明的是，片段教学“时间宝贵”，因此在引入环节应追求简洁、明快的风格。在此基础上，尽可能体现知识的“前世”，体现知识的联系。这样的处理，一般能得到评委的肯定。]

二、合作交流，探索发现

1. 动手实践

师：请同学们将手中事先准备好的三角形纸板拿出来，探索三角形内角和为什么等于180度？请同学们把三角形的三个内角剪下来，让三个角顶点重合，再顺次拼接在一起，观察这个图形有什么特征，看看三个内角合并成了一个什么样的角。（学生边思考，边演示）

2. 汇报交流

师：小组内同学可以交流一下，看能找出几种说明方式，请准备好的学生把拼图粘在黑板上。（教师模仿学生在黑板上贴图）

师：请把图粘在黑板上的同学们分别上来说明你的思路，说明三个内角的和为什么等于180度。

生：我是把三角形的三个角剪下来后，把顶点重合，发现它们能拼成一个平角。

生：我是把三角形三个角分别折叠，把顶点重合，再把顶点都落在一边上，发现这三个角组成一个平角。

生：我是把一个角剪下来，把顶点与另一个角的顶点重合，并把一边也重合，从而发现有两条边平行，通过两直线平行，同旁内角互补得到的。

3. 证明结论

师：请同学回忆命题证明的基本步骤。（教师模仿学生，先画图，再写出已知，求证及证明的步骤）

师：很好，请同学们结合你手中的三角形及拼接方式写出已知、求证、证明的步骤。（教师模仿学生，把拼接的图形抽象成几何图形，并自主完成。教师进行指导，在此过程中引入辅助线的概念，对有困难的学生加以指导）

[本环节没有站在未知内角和为180度的角度考虑，而是在已经知

道的情况下进行的，从而让学生在已知中发现，很自然，不做作，通过实验操作及合作交流等方法，让学生经历了发现结论、思考怎样证明的过程，对学生的自主学习、积极探究起到了促进作用。本环节的设计还有以下地方需要改进：首先，营造更强的现场感。先展示后交流，这样的做法在常态教学中经常出现。因为常态教学有较强的师生互动性，大家也不觉得别扭。但是在片段教学设计时，此招慎用，否则可能就变成先是教师闷头贴东西，后是教师一直说。本环节中让学生把图都贴上去再汇报的环节若改成要求学生边贴上自己的图边说思路，现场感会更强。其次，体现证明的必要性。既然小学已经知道结果是180度，也已经用拼的方法得出三角形的内角和是180度，现在再学习、再证明价值何在？这体现了验证与证明的区别。其实在小学阶段，主要是感性的验证，只要学生觉得可以接受，“看起来是那样”即可。因此，小学才可以通过拼和测量的方法得到内角和是180度。但是拼上去只能是“看起来”是180度，测量只能是“非常接近180度”，这些都不是严格的证明。这也是再次学习的必要性和重要性的体现。但很显然，本环节的设计未引导学生对此进行思考，其前两种“证明”只是小学内容的“重复”。最后，教学重点没抓住。正如前面的分析所体现的，本课“能用平行线的性质推出这一定理”应该是重点，但在设计中“用平行线的性质”被淹没在多种方法之中，甚至连具体的思路都不太清晰。具体到设计，“教师进行指导，在此过程中引入辅助线的概念，对有困难的学生加以指导”一笔带过了本课需要重点讲解的方法。虽然下一环节的练习呈现了证明的过程，但仍不足以弥补此处的欠缺。]

三、实践应用，反馈练习

填空：求出下列内角的度数。

①在$\triangle ABC$中，$\angle A=35°$，$\angle B=43°$，则$\angle C=$________。

②在$\triangle ABC$中，$\angle A=30$，$\angle B=\angle C$，则$\angle B=$________。

③在$\triangle ABC$中，$\angle A:\angle B:\angle C=1:2:3$，则该$\triangle ABC$的三个内角分别为________。

[本环节针对不同的学生，通过练习巩固三角形内角和定理，提升

学生的应用能力。练习设计体现了较强的层次性。]

（案例提供：吉林省桦甸市第七中学何丽霞老师）

第3节 《函数》

教学分析

人教版八年级上册《变量与函数》中的《函数》主要是进行函数概念的教学，引导学生经历分析具体问题中变量如何单值对应的过程，通过对多个问题的分析，归纳出各问题中都具有关系的两个变量。在学生的认知发展水平和已有的知识经验基础上，本设计从激发学生的学习积极性、向学生提供充分的从事数学活动的机会、帮助他们自主探索与合作交流等方面进行了设计，从而达到掌握基本的数学知识与基本技能的目的。主要有以下几个环节：运用丰富的实例，使学生在大体情境中领悟函数概念的意义，弄清自变量与函数之间的关系；通过动手实践与探索，让学生参与函数概念的形成过程，以提高分析问题和解决问题的能力；引导学生探索实践问题中的数量关系，培养学生对学习数学的兴趣，并感受成功的喜悦，建立自信心。教学重点为函数概念的形成过程，难点为正确理解函数的概念。

过程评析

一、创设情境

师：同学们请看大屏幕，谁能完成屏幕中的问题，请举手。（出示问题）

问题1：汽车以60千米/小时的速度匀速行驶。行驶里程为s千米，行驶时间为t小时。试用含t的式子表示s。

生（教师模仿学生回答，下同）：老师，我根据“路程 = 速度 × 时间”可以得到 $s=60t$。

师：这个同学回答得很好。我们看下一道题，应该如何来解决呢?（出示问题）

问题2：已知每张电影票的售价为10元。如果早场售出150张，午场售出205张，晚场售出310张，那么三场电影的票房收入各为多少元?设一场电影售出 x 张票，票房收入为 y 元，怎样用含 x 的式子表示 y?

生：早场的票房收入应为 $150\times10=1500$ 元，中午的票房收入应为 $205\times10=2050$ 元，晚上的票房收入应为 $310\times10=3100$ 元。

生：老师，我说，当售出电影票 x 张时，票房收入应为 $y=10x$（元）。

师：回答非常好。那同一问题中的两个变量之间有什么联系吗?请大家先思考。（停顿一下，以示给学生思考的时间）生活中充满着许许多多变化的量，如弹簧的长度与所挂物体的质量，路程的距离与所用时间……了解这些关系，可以帮助我们更好地认识世界，下面我们就去研究一些有关变量的问题。（教师板书课题）

[本环节引导学生解决身边的实际问题，使学生初步体验在一个变化过程中的两个变量间的变化特点，初步理解函数的意义。在片段教学中，教师通常既要说教师自己的话，又要“代”学生的言，即扮演学生角色。这对教师提出了较高的要求，因此在“代言”时用上“老师……”的表达句，有利于评委区分清哪些话是代言的。从知识的角度看，本环节的设计略显单薄。函数与一般算式的最大区别，就是剥离了多个具体的情境和数据而得到的模型。因此，引入函数前，如果让学生经历多个具有相同数量关系的情境，然后从中抽象出相同的结构，引出函数，那么函数的特点和优越性就能得以体现。]

二、探究新知

师：现在我们分组完成下面的实验（出示实验要求），探究变量之间的关系，然后各组选派代表汇报。

实验要求：在一根弹簧秤上悬挂重物，改变并记录重物的质量。观察并记录弹簧长度的变化，填入下表。

悬挂重物的质量 m（kg）							
弹簧长度 l（cm）							

思考：如果弹簧原长 10cm，每挂 1kg 重物使弹簧伸长 0.5cm，怎样用包含重物质量 m（kg）的式子表示受力后的弹簧长度 l（cm）。

师：在这个动手实验中，有几个变量？

生：老师，我认为在这个问题中存在两个变量，分别是悬挂的重物质量和弹簧的长度。

师：回答得很好，那么在这两个变量中，哪个量随着哪个量的变化而变化呢？

生：老师，我认为弹簧的长度是随着悬挂重物的质量的变化而变化的。

生：老师，当悬挂重物的质量增加时，弹簧的长度增加；当悬挂重物的质量减少时，弹簧的长度变短。

师：回答得都很正确。当悬挂重物质量固定时，弹簧秤有长度吗？如果有，有几个长度呢？

生：当悬挂重物的质量固定时，弹簧秤有长度而且只有一个。

师：回答得很好。通过上面的实验，我们可得出两个变量互相联系，当其中一个变量取定一个值时，另一个变量就有唯一确定的值。由此我们得到函数的概念。（板书函数的概念）一般来说，在一个变化过程中，如果有两个变量 x 与 y，并且对于 x 的每一个确定的值，y 都有唯一确定的值与其对应，那么，我们就说 x 是自变量，y 是 x 的函数。如果当 $x=a$ 时 $y=b$，那么 b 叫做当自变量的值为 a 时的函数值。

[这个环节旨在让学生通过动手实验，实现数学与物理的学科综合，充分调动学生学习积极性，引导他们进一步深刻体会变量间的关系，培养学生动手能力和团结协作的品质。在经历充分的操作后，得出函数概念定义，几乎是水到渠成。这有助于学生体验“提出问题—建立模型—探索问题—解决问题”的探索思路，加深对函数定义的理解。这个环节本身的教学没有多少问题，但是如果前后联系起来看的话，我们不得不思考：创设情境的目的是什么？与本环节有什么关系？从目前来看，似

乎关系不大。因此，如果能将这两个环节统整到同一个情境中，就会使教学更具有整体感和层次感。]

（案例提供：吉林省桦甸市第七中学巩凤兰老师）

第4节　《平方差公式》

教学分析

本课是人教版八年级上册《乘法公式》单元第一节的教学，内容是平方差公式。在多项式乘法中，某些特殊形式的多项式相乘，可以写成公式的形式，就是乘法公式。平方差公式就是一个最基本、用途最广泛的公式。从多项式乘法到乘法公式体现了从一般到特殊的数学思想，能提高学生的归纳意识和能力。本节课难度不大，学生在计算过程中一般能发现规律，因此比较适合采用启发式教学。本设计的教学目标是理解平方差公式的意义，掌握平方差公式的结构特征，会运用平方差公式简化计算。学生学习的难点是，如何确定公式中的 a 和 b。

过程评析

一、创设情境

师：请同学们观察老师手中的正方形（出示如右图中的大正方形，边长为 a），我们在大正方形的内部截取一个边长为 b 的小正方形。剩余面积是多少？

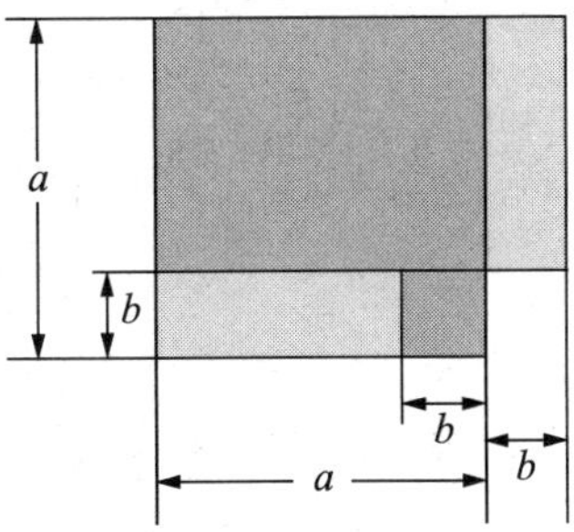

生（教师模仿学生回答，下同）：a^2-b^2。

师：现在我们把剩下的图形剪开后拼接成一个规则的长方形，请同学们用另一种方法表示出它的面积。

生：老师，我认为应该是 $(a+b)(a-b)$。

师：注意观察等式左右两边的特征，你能把得到的这个等式表示出来吗？(学生有的以小组为单位边讨论边作答，有的独立思考，学习气氛非常活跃)

生：老师，两个数的和乘以这两个数的差等于这两个数的平方差。也就是 $(a+b)(a-b)=a^2-b^2$。

师：很好，这就是本节课探究的课题。(板书平方差公式)

[本环节旨在通过设置情境问题，激发学生的求知欲和好奇心，让学生经历观察、归纳、概括的过程，探究出平方差公式，发展分析能力。同时，借助图形的面积，交待了平方差公式具有直观的几何意义，让学生体验数形结合思想，达到以形示数的效果。设计中有数形结合、板书，营造了较好的现场感；同时能较好地区分教师的话和学生的话。比较遗憾的是从知识的角度考量，本环节的设计需要改进。平方差公式代表了 $(a+b)(a-b)$ 这一类乘法算式的规律，需要学生尝试着去体悟、归纳、猜想、验证，而不能由教师简单告知。从这个角度看，本环节的设计忽略了平方差公式的形成过程，直接用数形结合验证公式的正确性。这显然是对教材缺少深入研究的表现，是对课改要求处理好过程与结果的关系理解不到位的表现。]

二、探索新知

师：通过刚才的探究，我们观察到了在多项式乘法，有的比较特殊，像 $(x+1)(x-1)$、$(m+2)(m-2)$，这些计算是比较特殊的，符合公式特征，可以直接运用公式计算，这样会很简便。看下面两个小题，你能判断出下列哪些可以使用平方差公式吗？(板书如下)

① $(a+b)(a-c)$

② $(x-2y)(x+y)$

生：我认为第1题不行，如果将 $(a-c)$ 改为 $(a-b)$，或将 $(a+b)$ 改为 $(a+c)$，才可以用公式。

生：老师，我认为第2题不行，没有两个数的和，应该将 $(x+y)$

改为（$x+2y$）。（教师引导学生观察平方差公式的特征）

师：请同学们判断下列使用平方差公式计算的结果对吗？（板书如下）

①（$a+2$）（$a-2$）$=a^2-2$

②（m^2+4）（m^2-4）$=m^2-4^2$

生：第1题不对，应该是减4，2应该是2的平方。

生：第2题也不对，结果中的m^2也应该平方，再减4的平方。

师：同学们说得很好，识别两个数是使用平方差公式的关键。

［本环节旨在通过练习、判断，让学生掌握平方差公式的使用条件和结构特点，从而正确掌握平方差公式，并有效运用平方差公式解决问题。如果在学生练习、交流后，引导他们用自己的语言描述平方差公式的特点，那么就可能生成用数字表示、用字母表示、用文字描述等多种形式和多种角度的“学生的平方差公式”。这样不仅能体现教师的预设水平和对学生数学表达能力的重视，而且能深化对平方差公式的理解，而不再是简单的操练。］

三、巩固新知

师：下面大家试着运用平方差公式来计算。（板书如下）

①（$2x+3$）（$2x-3$）

② 101×99

生：第1题等于$4x^2-9$。

生：第2题等于（$100+1$）（$100-1$）$=9999$。

师：你们回答得很好，第1题要注意识别两个数，平方之后不要计算错了。第2题要逆用平方差公式进行变形，这样会计算简便。

［本环节旨在通过拓展的、有梯度的练习，既暴露出学生的思维错误，又提高学生应用平方差公式解决计算问题的能力。值得商榷的有两点：第一，是否要指定用平方差公式进行计算。从某种程度上说，运用某个知识，不意味着一定是直接的使用，有时知道不能用，也是“用”的一种。指令性的计算，使得学生失去了判断的思维过程，失去了对平方差公式适用条件的省察。而从另外一个角度讲，不指定用平方差公式

计算，也许有学生用常规计算方法，有学生用平方差公式计算，这种自然生成的对比，正好可以成为强化平方差公式特点和优势的教学资源。况且，101 乘以两位有现成的口算方法，为什么一定要舍弃熟悉、简单的方法不用？第二，是否拔高了要求。姑且不考虑前述中关于 101 乘两位数的速算。根据实际经验，这种隐性的平方差公式，学生是较难掌握的。在刚引入平方差公式后，就出现如此高难度的问题恐怕不太合适。]

（案例提供：吉林省桦甸市第五中学王颖老师）

第5节 《圆周角》

教学分析

人教版九年级上册《圆》第 4 课时的内容是圆周角定理。这部分内容是在学习等腰三角形性质、三角形外角、圆心角、圆周角定义等知识的基础上学习的，又是今后学习圆内接四边形及探究圆中相似问题的基础，因此，在教学内容上起着承上启下的作用。同时，本节课的内容还是学生运用化归思想和分类讨论思想的良好素材，有利于培养学生的创新思维和探索精神。本设计的教学目标是：理解圆周角定理；会运用圆周角的定理解决简单的问题。重点是圆周角的定理及运用它们解题，难点是运用数学分类思想证明圆周角的定理，关键是探究圆周角的定理。

过程评析

一、创设情境，复习引入

师：上节课我们学习了圆心角、圆周角的有关知识，请先和同桌说说什么叫圆心角、圆周角。指出图 1 中所有的圆周角。

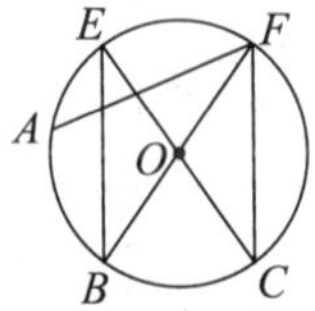

图 1

生（教师模仿学生回答，下同）：老师我知道 $\angle AFB$

是圆周角。

生： 老师还有好多呢，还有$\angle BFC$、$\angle AFC$、$\angle BEC$、$\angle EBF$、$\angle ECF$。

师： 很好！我们分别学习了圆心角和圆周角，希望大家不要把他们混淆起来。这节课，我们一起研究：当它们对着同一条弧时，彼此之间有着怎样的关系？（板书课题）

[本环节旨在复习圆心角、圆周角的知识，为继续学习新课作好铺垫。新课的引入承上启下，过渡自然，较好地体现了教学内容在知识体系中的地位。如果本环节也引导学生找一找圆心角，然后结合具体的角度聚焦相同弧对应的角，如$\angle BFC$与$\angle BOC$、$\angle BEC$与$\angle BOC$，无论是从理顺学生思维的角度还是从与下一环节的过渡看，效果都会更好。]

二、观察分析，探索新知

师： 现在请大家通过观察或度量的方法，思考下面的问题。（板书如下）

1. 一条弧所对的圆周角有多少个？
2. 同弧所对的圆周角的度数是否发生变化？
3. 同弧所对的圆周角与圆心角有什么关系？

师： 大家思考好了吗？现在让我们来交流思考结果吧。

生： 我通过画图知道一条弧上所对的圆周角有无数个，利用度量的方法得出同弧所对的圆周角是没有变化的。

生： 老师，我发现圆心角是圆周角的2倍。

师： 任意的圆周角和圆心角之间都有这个关系吗？要不要加上什么条件？

生： 必须是同一条弧所对的圆心角是圆周角的2倍。

师： 很好！那么这仅是我们从图中量出来的结论，我们暂且称之为“猜想”吧！这个结论是否成立，我们还有待于从理论上验证。下面请大家参照下图（如图2），图中圆周角$\angle ABC$的一边BC是$\odot O$的直径。请同学们先独立证明，然后交流。（稍停，以示让学生独立证明）

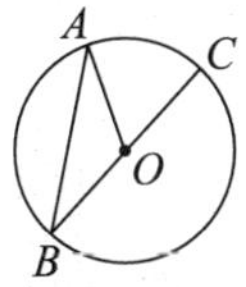

图2

师： 多数同学已经完成了，现在请第三排第二个同学板

演。(师模仿学生板演如下)

$\because OA=OB$，$\therefore \angle B=\angle A$。

又$\because \angle AOC=\angle B+\angle A$，$\therefore \angle AOC=2\angle B$。

师： 思路很清晰！但这仅是圆心在圆周角一边上的特殊情况，还有哪几种更为一般的情况呢？

师： 通过大家的交流，我们发现，还有以下两种情况。（板书图3、图4，不过没有添加辅助线）现在请先想一想，该怎么证明。不懂的可以问同桌或老师。(稍停)

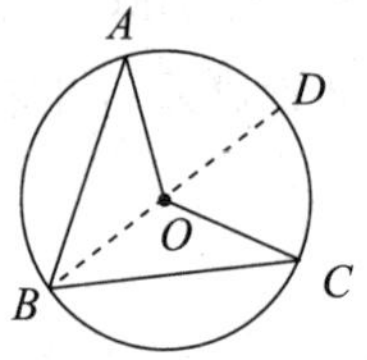

图3

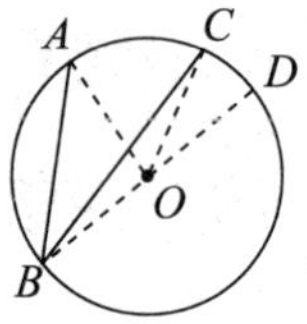

图4

生： 老师，我能证明出图3的情形。

师： 那请你说说看。

生： 连接BO并延长交$\odot O$于点D，利用图1的结论可得$\angle AOD=2\angle ABO$，$\angle DOC=2\angle OBC$，两个式子相加即可。

师： 的确如此哟！你真的很棒，用上已经有的结论帮我们更快地解决了问题。现在请同学们独立完成图4的证明，然后组内交流，检查正误。

师： 刚才我们通过猜想、分类的方式得到了圆周角与圆心角之间的关系。如果在图3中再画一个任意的圆周角$\angle AB'C$（板演），同样可证得它等于同弧所对的圆心角一半，因此，可以得出：同弧所对的圆周角是相等的（板书）。根据图2、图3、图4，请同学们总结归纳出圆周角定理。

生： 在同圆或等圆中，同弧或等弧所对的圆周角相等，都等于这条弧所对的圆心角的一半。(板书)

[本环节的设计具有以下几大特点：第一，探究味浓。教师呈现三个问题，引发学生的思考，为学生思维聚焦，并不断地引导学生独立思

考，尝试证明。第二，层次清晰。无论是问题的呈现，还是圆周角三种情况的呈现和证明都体现出较强的层次性。第三，指导适度。这里既有具有指向性的问题，也有学生自主的探究，还有针对思维和学法的点拨和引导。第四，注重思维外显。及时通过板书呈现出证明过程，有利于外化思维，使学生的思路更清晰、条理，也有利于学生用数学语言进行表达、交流。当然，本环节也有值得商榷的地方，即在总结时本设计是先得出圆周角相等，再得出圆心角是圆周角的 2 倍。这样得出的圆周角相等只能是图 3 情形下的圆周角相等，而不是所有情况下圆周角相等。因此，在总结时，应该调整二者的顺序。]

三、当堂训练，巩固新知

师：请同学看图 5 完成练习。（用小黑板逐题呈现）

图 5

1. 如图4，∠1、∠2、∠3、∠4 的大小关系是（　　）

A. ∠4 < ∠1 < ∠2 < ∠3

B. ∠4 < ∠1 = ∠3 < ∠2

C. ∠4 < ∠1 < ∠3 < ∠2

D. ∠4 < ∠1 < ∠3 = ∠2

2. 如图 6，*A*、*B* 是⊙*O* 的直径，*C*、*D*、*E* 都是圆上的点，则∠1 + ∠2 = ________。

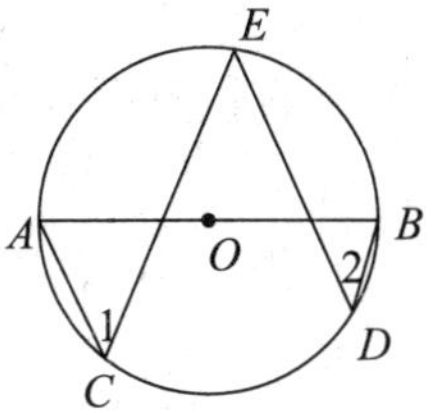

图 6

[本环节旨在通过练习，进一步巩固新知，加深学生对本节知识的理解，提高学生综合运用知识的能力。]

（案例提供：吉林省桦甸市三中刘静然老师）

第6节　《用配方法解一元二次方程》

教学分析

用配方法解一元二次方程是人教版九年级上册《降次——解一元二次方程》单元第二课时中的内容，它是在学习了完全平方公式、平方根的概念及用直接开平方法解一元二次方程的基础上学习的。这部分内容是学习用公式法解一元二次方程及探究二次函数的性质的基础，因此起着承上启下的作用。这个片段教学的目标是了解配方法的概念，会用配方法解二次项系数为1的一元二次方程，初步掌握配方的过程以及方法。教学的重点是用配方法解二次项系数为1的一元二次方程，难点是正确理解把x^2+ax形的代数式配成完全平方式，关键是通过配方将方程化为可直接降次的一元二次方程。

过程评析

一、创设情境，复习引入

师：上节课我们学习了利用直接开平方法解一元二次方程，谁能完成下面的习题。（板书方程1）

解方程1：$(x+1)^2=16$

生（师模仿学生回答，下同）：将方程直接开平方得到两个一元一次方程，即$x+1=\pm4$，分别解这两个方程，得到$x_1=3$，$x_2=-5$。

师：这个同学说得很好，看看下一个方程谁能完成？（板书方程2）

解方程2：$x^2+2x+1=16$

生：老师，将方程左边分解因式，得到方程1，接下来的解法就和他的解法相同了。

师：以上同学完成都做对了。现在请大家想一想：怎样将下面方程

"降次"化为一元一次方程?(板书方程3)

解方程3:$x^2+2x=15$

生:老师,我认为方程两边都加上1,便得到方程2,进而转化为方程1,就能得到两个一元一次方程了。

师:你回答得很好,从方程3到方程2的转化,叫做配方,这正是我们这节要学习的内容。(板书课题)

[本环节,首先复习直接开平方法解一元二次方程,为继续学习新课做好铺垫。接着,层层深入,充分体现面向全体学生,循序渐进的原则,使得新课的引入能承上启下,自然过渡。但本环节的设计太过细致,也容易给评委"牵着学生思维在教师预设的窄窄的通道上前进"的感觉。因此,如果增加一些开放性,效果可能会更好。]

二、观察分析,探索新知

师:一块矩形场地的长比宽多6cm,并且面积为$16cm^2$,这块地的长和宽分别是多少?

生:设宽为x厘米,则长为$(x+6)$厘米,可得到方程$x(x+6)=16$。

生:老师,我认为应把方程化成一般式,即$x^2+6x-16=0$。

师:以上说法都很好,怎样对方程$x^2+6x-16=0$左边进行配方呢?

生:我认为将两边都加上25,就得到$x^2+6x+9=25$,进而得到$(x+3)^2=25$,再直接开平方就行了。

师:谁还有不同的解法?你说说看。(指教室后排)

生:老师,我觉得可以将$x(x+6)=16$化简为$x^2+6x=16$,再在两边都加上9,得到$x^2+6x+9=16+9$,即$(x+3)^2=25$。这样更简单。

师:在上面等式的左边,常数项和一次项系数有什么关系?

生:老师,我认为常数项是一次项系数一半的平方。

师:很好。这种通过配成完全平方式的形式解一元二次方程的方法,叫做配方法。配方的目的是降次,把一元二次方程转化为两个一元一次方程。

[本环节设计了较符合真实学情的生成,即:虽然按照配方法的思

路，一般要把常数项放在方程的右边；但是，看到方程 $x(x+6)=16$ 时，多数学生想到要先把它化成 $x^2+6x-16=0$。针对这种普遍的学情，本环节预设了不同的表示方法，即 $x^2+6x=16$。这样既体现了学情的真实性和层次性，也体现了教学的层次性。配方法的难点——怎样根据一次项的系数确定配方结果，也是配方成功的关键，在本设计中虽然提到了，但是有点轻描淡写，这不能不说是一点遗憾。另外，“一块矩形场地的长比宽多 6cm，并且面积为 $16cm^2$”虽然披上了生活情境的外衣，但不过仅仅借助“地块”来表示长方形而已，仍然没有多少现实意义。如果能换上更具现实意义的情境，可能会更好。]

（案例提供：吉林省桦甸市第五中学李长君老师）

第10章

初中英语片段教学设计及评析

第❶节　Talk about People's Appearances

教学分析▶▶▶

本片段教学设计针对的是湘教版七年级上 Unit 2 Topic 2 Section A 中的内容，是在初步学习了询问颜色的表达法后，掌握用颜色描述人的外貌，同时学习 They look the same/They don't have the same looks 的句型，从而达到语言的综合应用。本片段教学采用的是情境教学，提炼重难点，巧妙启迪，层层递进的方法，帮助学生掌握用颜色描述人的外貌，进一步谈论同学们所熟悉的明星和老师，达到语言知识的综合应用。具体目标为：掌握本节课的词汇 both，right，black，blond，hair，look different，the same looks，look the same；掌握本节课的句型 They look the same/They don't have the same looks/He has black hair and black eyes；能够应用今天所学，描述一个人的外貌，达到语言的综合应用；了解中西方文化的差异；发展观察及分析比较的能力。

过程评析▶▶▶

一、提问，引入

T：Look，who is the boy? Right，he is Kangkang. Where is he from? Yes，China. What color is his hair? It's black，good. What color are his eyes? They are—black. Quite good.

[本环节通过问答有关前面认识的好朋友康康的情况来导入，巩固了 What color is it? /It's…的句型后，拉近教学内容和学生的距离。本环节的设计采用教师转述的方式呈现学生预设回答的内容，通过 yes，right，good 等词语既体现对学生的及时鼓励，又让评委清晰地感觉到问题代表的是教师，回答部分代表的是预设的学情。]

二、听音，填表

T：So，that's your good friend，Kangkang. Could you say something about him? Er... How about you，Tommy?

T：Yes，very good.

T：Today we are going to meet another two boys. Let's see who they are. Let's listen to the tape and fill in the form. （Students listen to the tape and fill in the form）

Name	Country	Hair	Eyes
Kangkang	China	black	black

T：Let's check your answer.

T：Right，they are Yukio and Michael. Yukio is from—Japan. Good. And how about Michael? The U. S. A. Michael's hair is—

[本环节将谈论的内容以表格的形式呈现，降低了听音的难度。教师在教学中通过点学生的姓名或使用 right 或 good 等表评价的词来转述学生的回答，能营造较强的现场感。遗憾的是当教师问完 Could you say something about him 后，仅以 very good 来回应，让听的人有点摸不着头脑。此处如果转述出 tommy 的具体内容，效果会更好。另外，在设计时还必须考虑在何时呈现表格的哪些内容，使板书与教学进度相一致，增强教学的层次感。]

三、描述三个男孩

1. Talk about Kangkang and Yukio

T：So，these are the three boys. First，let's see Kangkang and Yukio. Kangkang is from China. Yukio is from Japan. Look at their hair and eyes. What can you find?

T: Yes, black hair and black eyes.

T: So we can say: They both have black hair and black eyes. They both have the same looks. Here, both, what does it mean?

T: Right, 两者都。

T: Can you tell me where we should put it?

T: Quite good.

T: Let's talk about Kangkang and Yukio together.

2. The same way to talk about Kangkang and Michael

[在简单描述人的外貌后，引导学生分别描述 Kangkang 和 Yukio，引出 both, the same looks 的用法，然后描述 Kangkang 和 Michael。在这样的情境中学习新知识点，让学生更容易接受，也真正体现了教与学的有效整合。本环节仍然采用了教师转述的形式呈现预设的学生发言内容。遗憾的是针对 where we should put it 的反馈，只有 Quite good，无实质性内容，建议此处转述时顺便复述出具体的答案。]

四、听磁带，复述

[本环节旨在通过学生跟读，模仿语音、语调，夯实基础。但实际上，设计者并未提供任何具体的教学措施，只是说明了目的。这是将说课和片段教学混淆的原因所致。此处的设计至少要让评委知道让学生听的大概是什么内容，这可以通过教师的描述体现。]

五、找出重点表达

[设计者认为学生在前面已经掌握了本节课中重点句型，找出课文中的重点及有用的表达，能体现自主学习和探究学习的有效融合。但此处存在与上一环节相同的问题。]

六、谈论名人

T: We talked about three friends. Now let's go to see some famous people. Do you know them? Good. So who would you like to talk about? Group 1…Group 2…Group 3…and Group 4.

[此环节通过分组讨论再次把课堂气氛推向高潮，旨在提高学生运用语言的能力，培养学生自主、合作学习的能力。但这个环节的设计没有涉及具体内容，有说课套环节之嫌。作为片段教学，必须体现具体的教学行为。]

七、猜人物游戏

Guessing game: Ask the students to describe a teacher. Do not mention the teacher's name in the writing. Ask other students to guess who he/she is.

[设计者的意图是让学生联系身边亲近的人物来进行描述，充分利用现实生活中的学习资源，活学活用，描述自己的科任老师，让其他学生猜，对语言知识进行综合应用。这里采用的是对教学活动的概括式描述，采用的是说课的表述方式。特别需要注意的是“说课”只要说什么环节，要做什么事，要达到什么效果即可，而教学需要具体的可行性的行为、具体的内容、具体的环节和进程。]

（案例提供：福建省福州市教育学院第二附属中学廖素娟老师）

第❷节　Ask the Way and Give Directions

教学分析

本片段为仁爱版七年级 Unit 6 Topic 3 *Which is the way to the post office?* 的 Section B 部分，主要让学生学会谈论交通标志和交通设施，掌握一些问路和指路的句型。本片段教学只选取导入和新知识呈现的部分，主要通过课堂教学，掌握本课有关交通标志和设施的新词并呈现一些问路和指路的新句型与短语，同时树立交通安全意识。这个部分的知识也正是本课及本单元的重点学习内容。具体教学目标定位为：学习有关交通设施和交通标志的单词和短语，如 sidewalk，public phone，traffic lights，crosswalk，Turn left，No right turn，No left turn，Turn right，Go straight, No parking, No U-turn, Parking, Danger；进一步学习如何问路的句型 Excuse me, could you tell me the way to.../Excuse me, where is...；能够谈论各种交通标志和交通设施，能用问路指路的句型进行简短的会话；掌握各种交通标志的同时提醒学生注意交通安全，并且帮助学生树立乐于助人的情感意识。

过程评析

一、复习旧知，导入新课

1. 展示一张多媒体的地图并询问学生各个建筑物所在的方位

T（手指着地图上公园的位置提问）：Where is the park?（用手示意前排的一个学生起来回答）You, please.

S：It's next to the library.

T：Good! Sit down, please. Any volunteer?（用期待的眼神环顾四周，并用手示意坐在中间的一个学生起来回答）OK, you, please!

S：It's in front of the bank.

T：Well done! Thank you! Now Peter, can you?（鼓励后排一个学生起来）You may try.

S：It's behind the restaurant.

T：Excellent! All of you did a good job! Now, let's find how we can express the direction.（随着学生踊跃回答，教师板书展示表示方位的各种表达法，如下）

A：Where is ...?

B：It's next to/near/on the left of/in front of/behind/on/on the corner of/across/between ... and...

[本环节旨在通过多媒体课件和设问激活旧知识，创设轻松活跃的课堂气氛，通过简单开放的问题，让学生尽可能回顾方位词的表达法。设计体现了对教室中各个位置的学生的关注，希望让每一个学生动起来，主动参与学习。本环节的设计存在两点需要改进的地方：第一，教师预设了学生的回答，但是如何呈现学生的回答呢？是教师模仿学生，

还是教师转述学生，这在设计时必须明确。第二，“随着学生踊跃回答，教师板书展示表示方位的各种表达法”，怎样呈现学生的回答，如何体现学生的踊跃，怎样处理回答和板书的关系，这些都必须考虑。]

2. 在多媒体地图上展示一个动画小女孩的形象

T：（用很无助的口气问）I am new here. I don't know the way. Can you help me? Where is the bank? Could you tell me the way to the bank?

S：Go up this street to the end, and you'll find it on your left. （随着学生的回答，地图上的小女孩形象也跟着移动）

T：Thanks a lot. Could you tell me the way to the bookstore? Where is the bookstore?

S：Go along Xinhua Street and turn left at the first street. Go across the bridge. It's about one hundred meters along on the right. （随着学生的回答，地图上的小女孩形象也跟着移动）

T：Thank you very much. Which is the way to the park?

S：Sorry, I don't know.

T：Who knows?

S：Go along Xinhua Street and turn left at the second street. It's about 10 kilometers along on the left. （随着学生的回答，地图上的小女孩形象也跟着移动）

T：Well done, you all did a good job. Now let's review how to ask the way. （学生纷纷回答，教师板书，如下）

Excuse me, is there a bank near here?

Excuse me, how can I get to the bookstore?

Excuse me, which is the way to the post office?

Excuse me, where is Beitai Road?

Excuse me, could you tell me the way to Dinghao Building?

T：Let's read it together.

[本环节通过多媒体课件中的图片和人物创设迷路的人需要帮助的情景，让学生们很好地复习如何帮助人指路。由于经过之前的复习，学生能够很容易地回忆出已学习的问路句型，并进行复习巩固，为下面的

新课做好铺垫。本环节也有几点需要进一步明确：第一，如前一环节，如何呈现学生的回答，板书的内容。作为片段教学，具体的教学过程必须清楚，而不能只说要做什么，不考虑具体的实施措施和步骤。第二，这里设置的课件直观形象，但在片段教学的考评环境中较难实现。当条件限制无法使用多媒体课件，或来不及制作时，教师不妨采用简笔画和草图的方式直观地呈现。]

二、创设情境，呈现新知

1. 教师通过课件展示人行道、公用电话亭、交通灯、斑马线的图片

T：This morning when I go to school. I saw these objects on my way to school. Do you know what are these?

S：It's a crosswalk/sidewalk. They are public phones. /They are traffic lights.

T：（课件呈现答案 sidewalk，public phone，traffic light，crosswalk）Very good! Now please read the phrases together.

S：Sidewalk，public phone，traffic light，crosswalk.

T：Well done! Boys and girls，when we across the road，we must look left，look right and look left again. （教师向左向右看）Or when the traffic light turn red，we must stop，（向前一步站定）when the traffic light turn green，we must go. （向前走两步）Do you understand?

S：Yes!

2. 多媒体展示一些交通标志的图片

T：When I go to school，I can also see many traffic signs on the road. Do you know what's the meanings of these signs?（手指着“左拐”的图片）Now look at this sign，can you guess what's the meaning?

S：Turn left!

T：Yes. “左拐”，turn left. Very good. （指着其余的图片，让学生一一读出它们的英文表达）The whole class，please read the signs together.

S：Turn right. Go straight. No right turn. No left turn. No parking. Parking. No U-turn. Crosswalk. Danger.

T：Excellent!

3. 拿出交通标志的图片

T：Now, let's do a group competition. I have many signs on my hand. If you know, you can stand up and say it out and your group will get 1 point. Let's begin.（学生踊跃举手发言）

[本环节旨在通过师生互动问答激发学生掌握各种交通设施和交通标志的兴趣。小组竞赛能够最大程度地激发各组的团队意识，使知识掌握程度好的学生主动关心、帮助组内的同学，达到共同进步的目的，从而使程度中下的学生敢于开口发言，增强学习的自信。本设计能充分发挥多媒体技术的优越性，通过大量的图片和动画效果刺激学生的感官，符合学生的身心特点。但是，在片段教学的环境下，如何真正发挥多媒体教学的辅助价值，使多媒体教学行为落到实处，是设计者必须深入思考的。另外，诸如 It's a crosswalk/sidewalk. They are public phones/They are traffic lights 等预设了学生发言内容但没有预设学生发言方式的设计仍需要进一步明确课堂呈现形式。]

（案例提供：福建省福州教育学院第二附属中学廖素娟老师）

第3节　Express Certainty and Uncertainty

教学分析

本片段为湘教版八年级上册 Unit 4 Topic 2 Section A，主要是让学生掌握本课新词的 robot，scientist，appear，take the place of，situation，repair，machine，truck，mend，学习 be sure + that + 宾语从句的结构，并掌握句型 I'm sure robots can do some work faster and better than humans 和 Are you sure? Yes, I'm sure. /No, I'm not sure，同时帮助学生了解现代科技的产物——机器人，并谈论机器人的优点和缺点。本片段教学主要是针对导入部分、新知呈现部分和课文的第一部分内容，主要目的是让学生掌

握 be sure + that + 宾语从句的结构和相关句型。具体教学目标为：掌握本课新词 robot，scientist，appear，take the place of，situation，repair，machine，truck，mend；学习 be sure + that + 宾语从句的结构，并掌握句型；能在实际情境中使用 I'm sure that … 和 Are you sure? Yes，I'm sure. /No，I'm not sure；了解现代科技的产物——机器人，并能谈论机器人的优点和缺点。

过程评析

一、复习旧知，轻松导入

1. Greetings

T：Good morning，boys and girls.

S：Good morning，teacher.

T：Whose turn is it to make a duty report?

S：It's my turn. May I begin now?

T：Yes，please.

S：The air in the countryside is fresher than that in the city …（学生作关于“乡村和城市对比”的值日报告）

T：Good job！Nice pronunciation and beautiful intonation！

2. Leading-in

T：Now let's look at the screen. What can we call them?（呈现六张各种造型机器人的图片）

S：Robots！They are robots！

T：That's right. They are robots. But what can robots do for us? Do you know?（呈现机器人模仿人类行为的图片，并在黑板上画一个太阳的形状，在圆圈中写上 Robots can）Anyone else，please.

S：Play soccer.

T：Very good！Robots can play soccer.（在“太阳”的一条光线末端写上 play soccer）What else? Please?

S：Robots can teach students.（教师转身板书）

T：Well done！Any volunteers？You，please？（学生自愿起来回答，气氛热烈，直到将“太阳”每一条光线末端都写上动词短语为止）

T：接下来，我来问，你们来答。For example，我指 play soccer，问：“What can robots do for us？What's your answer？”

S：They can play soccer.

T：Excellent！Let's begin…

[本环节旨在通过课前的 Greetings 和 duty report，展示对学生学习习惯和常规的养成教育。但是在片段教学时间非常有限的时候，这种寒暄式的问候和与主题无关的 duty report 效果不会太好。如果设计能体现本次的 duty report 是与课时内容有关的，效果会更好。在 What can robots do for us 的处理方面，本设计独具一格，既有序呈现了预设的生成，又表现出一定的视觉美感。令人遗憾的是，如何体现“学生自愿起来回答，气氛热烈”等，恐怕做起来比说起来难，还需要设计者进一步思考。]

二、创设情境，呈现新知

1. Presentation

T：Robots can do all kinds of things instead of human. （板书：do … instead of …）Now，try to learn more about what robots can do for us. Ready？Go！（播放听力，共放两遍）

T：Now check the answers…（答案显示在屏幕上）接下来，我们用听力中的短语造句。For example. Robots can save people in danger. Now the whole class.

S：Robots can repair machines…

2. Consolidation

T：Class，there are two questions for you. 你知道科学家在什么时候发明了第一个机器人吗？你知道我们的小主人公康康上周末去哪了吗？Let's listen to the tape and find the answers. （播放课文录音一遍）

T：The first question，please.

S：In 1921.

T：Yes. Scientists invented the first robot in 1921. The second question.

S：He went to the Science Center last weekend.

T：Very good！Then let's watch the video to learn more.（播放课文视频）

T：接下来，我会再次播放录音，要求大家跟读，跟读的时候注意语音语调。（播放课文录音一遍）Then the whole class. Let's read together. Kangkang—begin.

T：Now，let's look at the screen.（呈现课文，其中的重要动词及动词短语被遮盖起来）下面，请同学们进行同桌之间的两两对话练习，接下来我会请几组的同学起来对话。Please.

T：注意 in some situations 中 situation 后的 s。One more group. Any volunteers?

T：Wonderful！现在加深难度，我再拿掉一个词。（单击屏幕，遮盖掉部分形容词）Who wants to have a try?

T：Good！Please. Wonderful！Now listen to me. I'm sure it will rain tomorrow.（教室外正在下雨）Are you sure?

S：I'm sure.

S：No，I'm not sure.

T：Very good. 下面请大家在文章中找出含有 be sure 的表达。

S：I'm sure（that）robots can do some work faster and better than humans.

S：Are you sure? Yes，quite sure. /No，I'm not sure.

T：Good. Let's do some practice. Now look at the screen.（屏幕呈现机器人做各做动作的图片，练习 I'm sure robots can …Are you sure? Yes，quite sure. No，I'm not sure.）

[八年级学生比较活泼好动、善于思考，因此在讲解语法知识 I'm sure（that）时，本设计以引导为主，有机地将练习贯穿其中，让学生通过自主学习、互助学习，掌握和巩固 be sure 句型，让枯燥的练习变得生动活泼，为完成教学目标奠定了更好的基础。本设计还存在诸多需要进一步完善的地方：第一，教师要求学生 Try to learn more about what robots can do for us 后，播放录音，紧接着是 Now check the answers，并将答案显示在屏幕上，显然中间需要补充问题的呈现环节。第二，Robots can repair machines…这里的省略是不合适的，宜通过教师的转述呈现预设的学生生成信息。第三，“其中的重要动词及动词短语被遮盖起来”是比较抽象的表达方式，需要具体呈现遮盖的是哪些词语，否则评委会听得莫名其妙。第四，“教室外正在下雨”这样的预设是否可行，是否有必要？第五，对 Are you sure? Yes, quite sure. No, I'm not sure 的练习，不应该仅仅停留在脱离情境的言说上，必须附以一定的情境性，即不能所有的问题都是两种对立答案都可以，只要套模式就行；而必须引导学生在掌握句型后，结合具体的情境判断是用 Yes, quite sure 合适，还是用 No, I'm not sure 合适。]

（案例提供：福建省福州教育学院第二附属中学廖素娟老师）

第4节　Talk about Suggestions of Dressing on Different Occasions

教学分析

湘教版八年级 Unit 8 Topic 2 Section B 主要介绍不同的场合穿不同服装的必要性及得体性，学习 It's ＋adj. ＋ that 从句和宾语从句。本片段教学选取导入和新知识呈现的部分进行教学，主要学习不同场合的穿着常识和 You should…句型。具体教学目标为：学习有关的单词和短语 suit, occasion, gatekeeper, correctly, customer, server；学习提建议，掌握 You should/have to/take off/wear；了解不同场合需要不同的着装，做到穿着得体。

过程评析

一、复习旧知，导入新课

1. 师生间进行问答，复习 Section A 的 3 部分不同的场合应该选择什么样的服饰

T：（多媒体课件呈现简的父亲的照片和一些场景）Hello, everyone!

He is Jane's father. Now he needs your help. Can you tell me what he should wear at the office?

S: Yes. I think he should wear an uniform.

T: Good! Can you tell me what he should wear on the Great Wall?

S: I think he should wear a T-shirt and a pair of jeans.

T: Correct! （用手示意前排的一位同学起来回答）Can you tell me what he should wear in winter?

S: I think he should wear an overcoat and a sweater.

T: You are right. （手指向后排的一位学生）Peter, please! Can you tell me what he should wear in windy days?

S: I think he should wear a windbreaker.

T: Well done! Everyone did a good job. Now I want you to practice this dialog with your partners. Do you understand?

S: Can you tell me what he should wear at home?

S: Yes. I think he should wear a T-shirt and shorts.

T: Great!（继续请几组学生来完成该对话）

[本环节通过多媒体课件和设问，激活旧知识，创设轻松活跃的课堂气氛，让学生尽可能给别人一些着装上的建议。本环节采用全班问答、个别提问和同桌问答等多种形式反复巩固已学的句型。本环节的设计有以下几点需要改进：第一，本环节利用多媒体课件呈现简的父亲的照片和一些场景，能增强教学的形象性。如果教师能逐一呈现，然后依次给出穿衣建议，现场的效果和层次感会更强些。第二，“继续请几组学生来完成该对话”明显是属于说课式的表达，作为片段教学，宜通过教师的转述概述不同的学生对话的内容。]

二、创设情境，呈现新知

T: Now, do you think people should wear different clothes on different occasion?

S: Yes!

T: But if some people don't know it, what will happen to them? （播放

录音，并回答多媒体屏幕上的四个问题）There are four different occasions. On the first occasion，the man wears jeans. Is it suitable?

S：No.

T：Very good. When people go to a hotel. He should wear a suit. Now，can you tell me what the man should wear in dialog 2?（示意一位坐在中间的学生起来回答）

S：I think he should wear the special shoes.

T：How clever! What should you do when you enter someone's home in Japan?（示意一位坐在后排的学生起来回答）

S：We should take off our shoes.

T：Great! Now the whole class，what happened to Kangkang? What should he wear on that occasion?

S：He should wear sports shoes.

T：Excellent!

[本环节旨在通过引导学生听短文，完成每个情境创设的问题的任务，训练学生的听力。本环节的设计思路还不太清晰，需要进一步“播放录音，并回答多媒体屏幕上的四个问题”的设计。因为结合前后的语境，评委能猜到录音的内容是 four different occasions，但是不太明白四个问题是指什么。根据目前的设计看，结合前后语境，表面给人的感觉是希望学生在四种不同的情境中思考 What will happen to them 或者 Is it suitable，实际可能是思考 What he should wear，而并非四个问题。遗憾的是，这里的四种不同情况也不太清晰，从下文只能清晰地得出第一、第三个情境分别是 go to a hotel，enter someone's home in Japan，而在第二、第四个情境中主人公 wear the special shoes，wear sports shoes，但到底是什么情境，评委不得而知。因此，本环节的层次性需要重新梳理。]

T：We've learned many sentences about suggestions. Can you find them?

S：Yes.（学生回答，教师板书如下）

You should wear a business suit.

You should take off your shoes when you enter someone´s home in Japan.

You should wear your sports shoes.

T: Very good! Now I have a question, "You should ..." 句型可以用在什么场合?

S: 提出建议的场合。

T: Very good! Now please make some sentences about "You should..." on your paper, and you can ask your partner or me for help.

T: Let's do a group competition. Please try to say some sentences about "You should..."（停顿一下，以示让学生思考）Who wants to try?

S: You should wear a pair of sports shoes.

T: Great! Anyone?

S: You should dress correctly.

T: Well done! Else, please.

S: You should drink more water.

T: Excellent!

（在比赛过程中，以小组为单位发言，以又好又快为标准评出优胜小组。同时，纠正学生出现的错误）

T: Well done! Congratulations to Group ×!

T: Now the whole class, please listen to 1a and read after it.

[经过前面的学习，学生对本节课的内容有了初步的感知，但要内化为自己的语言，学会使用它，还需要进一步的练习。因此本环节遵循由浅入深、由易到难的原则，设置了三个环节：找出文中句子，同桌讨论造句，小组竞赛 PK。需要注意的是，进行片段教学时一切都在教师预先的设计中，不可能有非预设的生成。因此，本环节中的板书不能只考虑最终的呈现结果，而必须设计出何时、如何呈现板书。另外，"在比赛过程中，以小组为单位发言，以又好又快为标准评出优胜小组。同时，纠正学生出现的错误"，这也是针对常态课堂的教学设计，或者类似说课的表述，在片段教学设计中是行不通的。如何呈现小组的比赛情况、评选过程和结果，纠正错误的具体行动，这些都是片段教学需要考查的具体内容，需要教师有具体可行的设计。]

（案例提供：福建省福州教育学院第二附属中学廖素娟老师）

第5节　Talk about the Importance of the Computer

教学分析

湘教版九年级上 Unit 4 Topic 1 Section C 中 1a 主要内容是谈论电脑在工作及娱乐上发挥的作用。Unit 4 整个单元都是讨论神奇的科学。Topic 1 的 Section C 是在前两节课谈论电脑控制了航天飞机的基础上出现的一篇阅读文章。本片段教学主要培养学生的跳读、细节阅读的能力和分析文章篇章结构的能力。在此基础上，让学生利用辩论的形式，讨论本课的一个重要话题——因特网，完成语言的输出。最后，自然过渡到写作任务。设计以教师的“导”为铺，力求体现学生主体作用，启发和引导学生积极参与，大胆实践，主动合作交流，以培养和发展学生的认知策略、调控策略和创新能力。具体教学目标为：掌握本节课的词汇 doubt，no doubt，tiny，cancel，connect，for instance，掌握本节课的句型，如 There's no doubt that computers are very useful.../Since the Internet came into being，people's lives have changed/They must be used properly；提高阅读技能，应用所学篇章结构及句型谈论因特网，达到语言的综合应用；很好地了解科技给人类带来的变化；学会正确地使用因特网。

过程评析

一、引入

Ask students to talk about the development of the Chinese space industry according to the pictures.

T：Hi，boys and girls，Unit 4 is about amazing science. So what have we learnt during the last two periods?

T：Right，the development of the Chinese space industry. Look at the man，very good，Yang Liwei. He is the first Chinese to travel into space. So we are proud of him. And we also feel very excited. And do you know what makes Chinese more excited recently?

T：Yeah，Tiangong Ⅰ and Shenzhou Ⅷ. Look，this is Tiangong Ⅰ. It was launched into space on September，29th. That's amazing，right? And do you know what they are mainly controlled by? Right，computers. Today，we are going to learn something about computers.

[本环节旨在进行课堂热身并复习旧知，借助图片，形象地呈现中国航天发展的几个重要阶段的图片，以此吸引学生的注意力，引入师生间的交际问答，直接切入本课重点内容的教学。教师使用肢体语言及 yeah，right，very good 等词来展示预设的学生回答，避免教师自说自话。]

二、阅读

1. Reading for the main idea of each paragraph and the best title of the article

T：Open your books，and turn to Page 81. Let's read the passage and finish two tasks. Task 1：Find out the topic sentence of each paragraph；Task 2：Find out the best title of the passage.

T：Have you got the topic sentence of each paragraph? Tom，what's your opinion? …Quite good.

T：How about the best title? Alice…Yeah，it's A. Oh，David，you have something to say? …You mean it talks about the advantages and disadvantages of computers. So what's the title? So the whole class，what do you think of David's idea? Perfect. Very good.

[本环节旨在通过略读，找出每段的中心句及找出最好的标题，了解、掌握 skimming 这一阅读技能，提高略读能力。设计以点出学生的具体姓名，来展示对学生的多种关注。比较遗憾的是，学生的回答以“…”省略了，无法很好地体现预设的学情，因此需要通过转述的方式呈现学生的可能性回答。]

2. Details: Reading to get information from the article

T: This time, let's read the passage carefully and finish 4 tasks. Let's come to Task 1.

Task 1: Read Para 2 and fill in the table.

Place	**The usage of computers**
1. In space	
2. In hospitals	
3. In factories	
4. In business	

T: So Row One, tell me your answer one by one... Good, next... well done... Now, task 2.

Task 2: Read Para 3 and fill in the table.

Place	**The usage of computers**
At home	

Task 3: Read Para 4 and answer a question: What problems can computers cause?

Task 4: Read aloud and learn some useful expressions.

(The same way, ask Row 2、3 and 4 to finish Task 2、3 and 4)

[这一环节是精读，为细节而读。本环节设计了 4 个任务，任务是一个一个递进的关系，先分段对每个段落进行细节阅读，有表格、有问题，设计形式多样，能激发学生学习的兴趣。从文中找到有关电脑优点和弊端的细节描写，完成表格及问题，能促进学生进一步理解文章的内容，提高阅读技能。本环节中如何呈现学生的回答，如何完成表格的具体教学行为还需要进一步明确。]

三、概括

Reading aloud and summarize the structure of the passage. （结构，不宜用概括）

T：Just now, we talked about the computers. So, that's the —title. Good. And how about these? Right, the advantages and disadvantages, that's the —body, good. Where's the beginning? Yeah, computers have become very important in many areas of work and leisure. So, is there an ending here? Yes? So, where is it? Tony. Good. Computers must be used properly. So that's the structure of this passage. Please retell it together. （教师边转述学生的回答，边完成如下表格）

Title：____________________		
Beginning		
Body	Advantages	
	Disadvantages	
Ending		

[本环节旨在通过大声朗读和分析篇章结构，让学生在朗读中感知、熟悉所学内容，分析文章的篇章结构，并根据结构复述课文，进行语言输出，进一步加深对课文的理解和掌握。这一环节是对课文知识的巩固性应用，为课文的拓展应用做好铺垫。本设计注意角色转换，时而转述学生的话，时而模拟学生的话，展现课堂的互动性。]

四、辩论

Ask some questions to talk about what we usually do on the Internet. Then divide them into two groups and have a debate about "Is the Internet good or bad for us".

T：Computers are very important to us. What do you often do on computers, Tommy? Listen to music. Alice? Watch movies. And how about you,

Jimmy? Oh, I know you are always fond of it. But don't spend too much time on playing computer games. So different students have different ideas about the Internet. Now let's have a debate. Group 1 and Group 2, you are for the idea that the Internet is good for us. Group 3 and Group 4, you are against the idea that the Internet is good for us. Clear? Go.

[本环节的辩论旨在让学生围绕因特网对人类的影响是好还是坏，完成语言输出，同时为写作做好准备。本环节的设计重点是辩论，但是从目前看只是引入辩论即止，无法很好体现教师的预设，如果能对学生的典型发言进行预设，教学效果会更好。]

（案例提供：福建省福州市第七中学石青萍老师）

第❻节　Talk about New Technologies and Inventions

教学分析

湘教版九年级上册 Unit 4 Topic 2 Section A 主要是掌握本课新词 rocket, metal, toothbrush, ink, recorder，复习一般现在时的被动语态，初步学习一般过去时的被动语态，并掌握短语 be made of/from, be used for 的用法。本片段教学重点是选取导入部分、新知呈现部分，主要目的是让学生复习一般现在时的被动语态，为初步学习一般过去时的被动语态，掌握一般过去时的被动语态结构 was/were + v. p. p.，掌握短语 be made of/from, be used for 的用法，并掌握相关句型。

过程评析

一、复习旧知，轻松导入

T: Boys and girls. 我们已经懂得了电脑在我们生活中扮演着很重要

的角色，下面请大家说说都有哪些重要性。Any volunteers?

S：Doctors use computers to find diseases easily.

T：Very good！这句话用我们学过的一般现在时被动语态怎么说？（师生对话，先让程度较好的学生起来作示范，引导学生尽量用被动语态叙述计算机的作用）

S：Computers are used by doctors to find diseases easily.

T：Wonderful！下面起来的同学也要用被动语态来讲。You，please.

S：Robots are controlled by computers to do dangerous work.

T：Well done！Now let's look at the screen. Do you know how the spaceships are sent up from the ground into space?（屏幕上呈现问题）

S：They are sent up by rockets.（屏幕上出现"火箭"的图片）

T：Look！This is a model rocket. What's it made of? What's it used for? Let's come to 1a and talk about it.（板书"rocket"并导入新课）

［复习与本节课学习内容有关的旧知识，为学习新内容作准备。对不同层次学生的回答都进行及时的鼓励和表扬，这样有助于学生更好的开口说英语。本环节中，预设的学生发言内容都是直接以师生对话形式表述的，教师在课堂中如何模仿，还需要进一步思考。另外，如何呈现图片、问题等，也需要进一步明确。］

二、创设情境，呈现新知

1. Presentation

T：What's it made of?（出示火箭模型）

S：It's made of 金属。

T：Yes，it's made of metal.（板书句型及生词，如下）

metal
What's it made of?
It's made of metal.

T：Do you know <u>what a rocket is used for?</u>

S：<u>It's used for sending spaceships into space.</u>

T：Yes，it's used for sending spaceships or <u>satellites</u> into space.（板书

句型，如下）

satellite

What is a rocket used for?

It's used for sending satellites or spaceships into space.

T：How do you say this（展示牙刷的图片）in English?

S：Sorry，I don't know.

T：OK，it is a toothbrush.（板书：toothbrush，领读并板书该单词及复数形式）

toothbrush

toothbrushes

T：What's it used for?

S：It's used for brushing teeth.

T：What's it made of?

S：It's made of plastic.

T：Very good! You're right. What's this in English?（摸出一瓶墨水）

S：Sorry，I don't know.

T：It's a bottle of ink.（板书 ink）

T：Do you know what the paper is used for?

S：It's used for writing.

T：How do you say this in English?

S：It's a piece of paper.

T：Can you tell me what it is made from?

S：Sorry，I can't.

T：Let me tell you. It is made from wood.（语速慢，重音放在 from。引导学生总结 be made of 与 be made from 的区别）

be made of ＋材料：表示原材料容易被看出。

be made from ＋材料：表示原材料经过化学变化，不易被看出。

T：Don't open your books. Listen to the tape carefully and try to find out the answers to the questions.（播放 1a 的录音，呈现如下问题。学生讨论

后，出示小黑板，核对答案）

（1） Why is Jane unhappy?

（2） Who made the model rocket?

（3） What is a rocket used for?

T：Open the books，listen to the tape and read after it. Pay attention to the pronunciation and intonation.（再播放 1a 录音，模仿学生跟读）

T：Boys and girls，let's find out the key words together，OK?（找出对话中的关键词，教师板书，然后让学生根据关键词两人对话，复述 1a）

Jane→unhappy/be not allowed to/be bad for

Kangkang→a model rocket/be made of metal

be used for/satellites or spaceships

learn… from…/wish/hope/come true

T：In 1b，we can see two dialogs. Read them carefully and pay attention to the sentence patterns，be made of，be made from and be used for. Make similar conversations in pairs.（引导学生认真阅读 1b 中的例子，然后仿照例子用实物编对话，完成 1b）

［本环节的设计能充分利用板书、模型、图片等增强教学的现场感，但在局部设计采用了说课的形式，只说要做什么，而未说明具体如何实现。如，“引导学生总结 be made of 与 be made from 的区别”是如何完成的；“出示小黑板，核对答案”中的答案是什么，如何呈现；“让学生根据关键词两人对话，复述 1a”，“引导学生认真阅读 1b 中的例子，然后仿照例子用实物编对话”对话是如何完成的，这些都需要进一步思考。在关于课堂教学设计方面，说课更倾向于阐述“要做什么”和“为什么做”即可，而片段教学更关注“如何做”。因此，本环节还需要在如何落实任务方面进一步思考。］

（案例提供：福建省福州教育学院第二附属中学廖素娟老师）

附　件

从一场辩论看片段教学的利弊

主题： 片段教学，利大还是弊大

时间： 2012 年 2 月 24 日晚 7：30—9：30

场所： 教学 110QQ 群（群号 51374433）

主持： 钟建林

片段教学既可以用于平常的教学研究，也可以用于教师素质考核。但是从目前的情况看，片段教学受到重视，主要是因为它已经成为一些地方的教育部门组织教师招聘、职称评审、教学竞赛等活动采取的重要方式。一般情况下，进行片段教学考评主要以他定型片段教学为主，而且通常以虚境型片段教学为主。

有人认为片段教学因其“时间短、虚拟性”等特点，无法全面展示教师个人业务素养；有些教师则认为片段教学有其“省时、省力、易操作”等显著优点，且同样能达到考核教师业务水平之效。片段教学究竟利弊如何？现在我们将其分解成几个小问题展开讨论。

片段教学能否真实反映教师的教学水平？

正方： 片段教学产生于说课之后。说课是以前考评教师教学实践能力的主要形式，但其内容、程式、步骤常常被固化，“说”与“教”的水平大相径庭。说课是静态研究，片段教学则是动态实施。片段教学顾名思义就是教学，因此它的核心不在于说清为什么要这样教，而在于教学步骤的实施、教学计划的实现。因此片段教学比说课更为灵动，更能立体地展现教师的教育教学理论功底、专业知识掌握程度及教学实施能力，更能体现教者的个性与智慧。片段教学因其时间短暂，故要求重点突出，节奏紧凑，容不得拖沓，这正是高效率课堂所追求的。高水平的片段教学，不但能合理地、艺术地选择和调配各种精彩的“点”，而且能营造跌宕起伏、疏密有致极具艺术感的教学节奏。透过这个窗口，评委可以感受到执教者对课程的理解及其独特的教学艺术。

反方：众所周知，教师教学水平主要包括教师的素质与技能、教学设计与实施、教学效果、教学风格与创新四方面。一言以蔽之，课堂教学水平评价主要以过程评价为主。虚境型片段教学并不能全面反映出教师的教学水平，尤其是不能体现教师驾驭课堂的能力。战国时期赵国人赵括的历史悲剧大家应该都熟悉吧！没有学生在场，教师自导自演得再好，也形同“纸上谈兵”，宛如“空中楼阁”。实境型片段因其教学内容的“片段性”与时间的“短期性”，教师容易忽略学生的年龄特点和心理特征，出现“操之过急”的情况。实境型片段教学只选择课堂中的某个点或几个点进行教学，并不全面。知识的传授、能力的培养没有时间上的保证，教学效果势必大打折扣。教师没有施展自我足够的空间和时间，教学水平自然得不到全面体现。

正方：片段教学不是从常态的教学设计中截取片段加以实施，不能因为将之与教学片段混同，就过分强调“片段性”的不完整一面；也不是常态完整课删枝剪叶的缩微版，不能认为是常态教学的“减缩版”，因此教学“操之过急”。片段教学是内容特定、课时长度特殊的微型课。10～20分钟的片段教学，足以展现教师解读教材、驾驭课堂的教学能力及板书、教态等教学基本功。首先，要将自己的教学构想在短时间内付诸实践，就必须具有很强的教材解读能力。教师要在整体把握教学内容的前提下，对文本进行由表及里、全方位、多角度的“推敲”，找到独特的切入点，巧妙地设计教学，才能收到事半功倍的效果。其次，教学是动态生成的。虚境型片段教学虽然没有学生实际存在，但是教师可以化虚为实，模拟教师施教和学生回答的过程，充分展现自己处理各种课堂生成所采取的策略，并在这一过程中集中体现教师的教学水平和课堂驾驭能力。因此，认为片段教学忽略学生的年龄特点和心理特征是没有逻辑的。

反方：虚境型片段教学是虚拟场景和臆造的学习活动，缺乏真实依托，很有点纸上谈兵的味道。脱离学生主体的教师个人表演，不管教师如何预设，终究只是空中楼阁。进行片段教学时，如果是现场准备，教师受条件、时间等限制，也不可能展示个人的真实教学水平。因此，片段教学考评结果的可信度很低。没有学生在场，所谓化虚为实的“动态生成”都只是教师一相情愿的自圆其说罢了。我们或许可以深入学生的认知世界之中，但我们无法深入学生的思维世界。动态的小生命个体，千奇百怪的想法随时都在考验我们教师的课堂应对能力。

正方：纸上谈兵的赵括有，但是有哪一个军事家不是先通过军事理论的学习、模拟战争的演练来提高谈兵能力，而是等到跟敌军肉搏了才去研究的？可见，赵括的存在，只是一个极端。有赵括，也有廉颇，更有孙子、孙膑、韩信等。认为片段教学有点纸上谈兵的味道，也是对片段教学和模拟练习的误解造成的。而从另一个角度看，能否真实反映教师的水平，永远是相对的，不可能是绝对的。如果不用考虑成本问题，当然是真实的课堂更能反映教师的真实水平。但是，如果认为片段教学受条件、时间限制不能真实地反映教师的教学水平，那么难道一节课就不受条件、时间的限制，能真实反映教师真实的水平吗？如此，一天课，一月课，就能保证一定真实反映教师的真实水平吗？很显然，教师的状态、学识、水平永远是在变化的，即使一天、一月甚至更久仍然有时间、条件限制。难道为了追求所谓真实的水平，我们需要听完一个教师一辈子的课才能下结论？况且，世间有哪种考评方式或活动是不受条件限制的？

反方：不可否认，虚境型片段教学是可以很好地考核一个教师的备课能力（即纸上谈兵）。但直接当做考核性质来衡量一位教师的全面的教学水平是不科学的，因为备课能力只属于教学水平的一部分。片段教学常常是从某节课中抽取一个主题（或一个知识点、能力点或一个教学环节）进行教学。如何选择和调配各种类型的“点”，让评委感受到执教老师理解教材的能力和教学能力？能否举例说明。

正方：如语文学科其教学内容有不同类型，大致有人文内涵领悟点、语言训练点、思维引爆点三大类。每一大类还可细分，如语言训练点可分为语言形式的理解、积累和运用。如何确定和调配这些“点”，体现了教师的语文性质观、教学观和对教材的处理能力，也是教学评价的重要内容之一。因此，一般情况下，无论是常态教学，还是片段教学，都应兼顾类别不同的“点”。高水平的片段教学，总是合理地、艺术地选择和调配各种类型的“点”，不但能让评委或同行透过这个窗口感受到执教者对课程的理解和教学的能力，而且有助于营造跌宕起伏、疏密有致极具艺术感的教学节奏，让学生时而动情阅读，时而静思默想，时而议论纷纷，时而奋笔疾书，始终处于积极的学习状态。

反方：对方一直在强调“营造跌宕起伏、疏密有致极具艺术感的教学节奏”，所谓的艺术感和协调性，都源自于教师一个人的“自导自演”的效果，如果有学生在场，学生会不会配合？肯不肯积极参与所谓的“时而动情阅读，时而静思默想，时而议论纷纷，时而奋笔疾书”？课堂教学能不能反映教师的真实教学水平呢？从以下案例或许可以一窥究竟。

常态课堂实录：

执教教师在黑板上写了一个“朝”。

师：同学们，看黑板上有什么？

生：有字。

师：这是什么字？

生：这是朝鲜的朝字。

师：不对！

生：这是朝气蓬勃的朝。

师：不对！

这时候学生开始挖空心思地回答，有学生说是中国字，有学生说是汉字。教师频频摇头。最后，恼火地指责：“都是傻瓜，这是多音字！”

片段教学纪实：

教师在黑板上写了一个“朝”字。

师：同学们，看黑板上有什么？

师： 哦，你想到了在“朝鲜”中读作“cháo”！

师： 这位同学想到了在“朝阳”中的读音为“zhāo”。

师： 我发现同学们知识面真宽，是的，这是个多音字。

从这两个鲜明对比的案例中，我们能清楚地看出同样是指向不明的问题，真实课堂上，学生揣摩不透教师的提问用意，容易造成跑题千里的情况。而在片段教学中，教师的“自圆其说”成功地遮掩了教师本身的诸多不足。这样的片段教学，还能说是如实地反映教师的真实教学水平吗？

正方： 对方的举例看似说明了片段教学被教师“操纵”的可能性很大。但实际上，存在以下问题：第一，“看黑板上有什么”这样的提问本来就大而不当，反映出教师教学语言功底较差。无论是常态教学还是片段教学，有水平的评委不会看不出问题的所在。因此，不会因为在片段教学中执教者能“自圆其说”，就认为这个问题是个好问题，而会对教师的每个教学行为作出相应评价。第二，在承认以上案例的真实性的基础上，我们可以判定进行片段教学教师比进行常态教学教师的课堂预设水平高。在片段教学中，执教者想到了学生可能生成的两种读音，意识到学生的回答反映了“朝”是多音字的本质。这种预设是合理的，符合学情的。而常态课堂实录中，学生回答“这是朝鲜的朝字”、“这是朝气蓬勃的朝”时，教师只会简单地回答“不对”，而忽略了学生的两种回答其实也蕴涵着“朝”字的两种读音，正好说明了“朝”是多音字。由于在教学中，教师僵化地希望学生明确点出“朝”的两种读音，甚至说出“朝是多音字”，才会导致课堂上学生不明，教师生气。对方所举的例子正好说明，没有充分的预设，即使是常态课堂教学也会低效，也会把学生逼得摸不着头脑。

片段教学实际上是一种教学预演能力，教学预演能力强的教师，能对课堂教学活动作出精心的预设，使教学行为有效进行。

片段教学能体现课堂结构的完整性吗？

反方： 首先，从内容上看，我们现在教材的编写者从知识的体系出发，每一节课的知识都是精心选择和认真设计的，我们硬是从中选出“为我所用”的“片段”，尽管出题者用心去考虑，讲课者认真去设计，但在具体操作中，特别是对于小学高年级和初高中的教材内容，总不免有“生吞活剥”、“支离破碎”之感。而这时，用一个上下不搭边的“片段”，还要求施教者整体设计目标，整体落实知识结构，是不是有点强人所难？其次，从时间上看，片段教学是 15 分钟左右，而我们日常上课是 40 分钟，要求执教者用短短的 15 分钟，有一个完整的课堂结构，这又是一个难以调解的矛盾。课堂教学是一门艺术，是艺术就应该有相应的完整性，一节好的课堂从课程引入、新课教与学，师生互动、能力训练、课程总结等诸方面都应该是完美的。但片段教学，哪怕是实境型的片段教学，在这么短的时间，要有这完整的结构，要么就是蜻蜓点水，要么就是浅尝辄止，怎么能够完整？由于结构的不完整，就不可能像真实课堂那样完整地展现出教师的素质。

正方：先针对对方的观点谈谈我方的看法。对方认为，教材的编写者从知识的体系出发，片段教学就是从中取“片段”，总不免有“生吞活剥”、“支离破碎”之感，还有点“上下不搭边”之感，因此要求整体落实知识结构，是强人所难。首先，对方认为片段就是“整体的切片”，就好像从萝卜等中切出一片一样，显然是对片段教学缺乏应有的了解。其次，课时内容也是知识体系中的点，这点与片段教学的内容点没有实质性的区别。因此，按照对方的逻辑思考，即便是常态教学的每一节课也是有问题的，也是强人所难的。这显然又是对教育教学方式缺乏理性认识的结果。至于对方认为，日常上课是 40 分钟，短短的 15 分钟就不能有完整的课堂结构，明显是以常态代替必然。试想，很多讲座是以 2 小时为单位的，现在大学有些课堂也是 2 节课时连上的，这是否说明 40 分钟的课时就不完整？原来的课时是 45 分钟，现在的课时是 40 分钟，这是否就说明现在的课不完整？英美国家的小学阶段多是 30 分钟一个课时，难道他们的课堂教学就不完整？可见，以教学时间的长短来论课堂教学是否完整，是没有根据的，站不住脚的。可见，对方认为片段教学是不完整，是误解了片段教学，将片段教学理解成了教学片段。其实，片段教学也是基于完整性设计的基础上，教师结合教材和抽象学情对教学活动的设计，是基于一节时间比常态课短的完整课堂。片段教学之于教学就像微博文章之于博客文章，微电影之于电影，因此也可以称为微课堂教学。不能因为“微”就认为不完整，正如不能认为小象比大象少了身体的某一部分一样。片段教学的实施，就是一个完整的教学过程，其完整性的含义主要包括两方面：第一，教师研究活动的完整性。片段教学不是简单地宣讲教案，还包括如同平时授课那样需要研究教材、学情—确定教学目标及教学重难点—设计教学预案—实际课堂教学的完整过程。实施教学设计，完成教学目标，因此进行片段教学时也要呈现清晰而又完整的教学实施过程。第二，课堂教学行为的完整性。片段教学不是常态教学过程的切片，不是常态课堂教学的突兀切入，而是有着常态课一样的起承转合，有着基本的引入—新授—练习—巩固—反思等环节。只是由于时间的特殊性，在“引入”、“练习”、“巩固”或“反思”的某个环节或某几个环节会显得比平时更简洁，教师只要预设出主要学情即可。况且，即使是常态课堂，课堂教学结构也不是固定不变的，而需要随教学目标、教学策略、学习评价、学情反馈的不同而变化的。

反方：在实境型片段教学中，如果该知识点是比较浅显的、易于理解的内容，学生还可勉强配合“演戏”。如果是内容较难、探究过程较复杂的知识点，那么学生只能傻眼盯着教师。在还没进入学习状态或思维尚未启动时，就得面临草草收场的结局。学生有其特有的年龄特征和学习规律，这样的仓促教学有违背教育规律之嫌。学生知识的建构需要在一次次的解构与重构的循环往复中内化而成，短短的 20 分钟，会实现多少教学目标，发挥多少教学的育人价值，学生创新能力的培养能有多少时空？这种为了节省评委的时间，而让学生充当“道具”的考量方式，我方是不敢苟同的。

正方：片段教学目前只在教学研究和教师考评时研究，可见不能将其和常态教学混淆，不能将其功能等同为常态教学功能。作为一种有效的教学研究手段，其目的不是以发展接受片段教学的学生的知识、能力、情感等为主，而是通过这些样本的研究，研究学情、探究教学规律、提高教师个人能力和水平。因此，在片段教学情境下的学生已经不同于常态教学下学生，这就像微格研究背景下的学生一样，他们充当的主要角色是实验样本，是本色的扮演。他们此时的主要目的是促进研究者水平的提升，而不是发展自身水平？而将片段教学作为考评方式，其目的主要是通过片段教学来考查教师的教育教学水平，在这里学生和多媒体、黑板等一样其主要功能是营造氛围，真实反映教师的教育教学水平，从某种程度上说，此时的学生就是考评的道具。在片段教学中，过分强调学生作为学习主题的价值，而忽略其作为研究样本的价值，是对片段教学功能和价值认识不到位造成的误解，是将片段教学功能等同于常态教学功能的表现。

反方：评价教师，无论是评特优教师也好，招聘新教师也好，其目的就是选拔，其本质就是测量，那么作为一个测量，最基本的原则就是保证其“信度”与“效度”。片段教学的时长一般为 10 ~ 20 分钟。短短的 20 分钟时间里，能有多少时间来应对课堂生成，应对变化呢？20 分钟该如何分布？是用来突出重点，还是攻破难点？如果连应对课堂生成，应对变化，突出重点，突破难点等都没办法充分展现，怎么让人相信其结果的有效性？

正方：这里，我们先来看一个笑话。话说农村刚有电视那会儿，有个农村老太婆看电视，很纳闷地问人们：“电视里的那个小姑娘，昨天才出生，今天咋就上小学了呢？这长得也太快了吧？哪有这种长法啊？”笑一笑，不妨思考一下：是否要让电视里的人以跟现实一样的速度成长才算真实？是否要呈现小女孩从出生到上小学的每一个细节事件？很显然，不需要。只要通过对小女孩从出生到上小学期间与剧情有关的事件的勾勒即可，而不必事无巨细地呈现。同样，在片段教学中尤其是在虚境型片段教学中，不必像常态课堂那样展现学生的成长。如，在常态课堂中学生阅读一篇课文、写一段话、进行一场英语对话或探究某一个数学规律可能需要几分钟甚至十几分钟，在片段教学中只需要点出相关的活动，并对反映执教者思想或教学要害的内容给予提示即可。因此，我们不难发现，在片段教学中，应对课堂生成、变化，突出重点，突破难点的具体时间分配更多体现的是一种对教学的预设，并不等于常态教学中的实际活动时间，有时能达到以片段教学中的“一”顶常态教学中的“十”的效果。至于如何分配时间，怎样呈现自己的应对策略或处理重难点环节，没有统一的模式可言，只能结合具体的教学内容和个性化设计呈现，这正好体现了片段教学者的教学水平。我们相信，有水平的评委或片段教学教研参与者不会发出类似农村老太婆那样的疑问，而会在片段教学与常态教学之间建立某种对应联系，而较理性地通过片段教学来评估执教者的水平或研究教学问题。

虚境型片段教学能反映教师课堂驾驭水平吗？

反方：任何形式的教学都无法回避预设与生成的问题。即使常态教学经过精心预设，也总是充满变数，难以完全预知。正如布卢姆所说"人们无法预料到教学所产生的成果的全部范围"，需要教师在课堂灵活应对。因此，关注学情、有效处理课堂预设和生成就成为教学评价的重要内容之一。但虚境型片段教学没有学生的实际存在，没有真实的学情，没有任何变数，教学完全按预设进行，无须进行任何变通。在虚境型片段教学中，教师是万能的，对学生可能出现的反应全知全觉，先知先觉。学生说什么、教师怎么说，一切都是按计划而行的。有些教师干脆就淡化或放弃了师生的双边活动，代之以满堂灌的教法，评委只能看出教师的预设情况，根本就谈不上课堂的驾驭问题。

正方：在虚境型片段教学中，虽然教学场景是虚拟的，实施过程是预设的，但正是这"预设性"能在一定程度上反映教师驾驭课堂的水平。片段教学实施前，教师需要深入研读文本，把握主旨；关注学生，掌握学情；用心揣摩，设计流程。在此过程中，教师能不断增强自己处理教学细节及应对教学过程中突发事件的能力。虚境型片段教学实施过程中，教师要对可能生成的学情进行充分预设，通过模拟师生对话或给予学生评价等方式，真实呈现课堂教学场景。这要求教师在备课时要吃透教材，找准学生知识的生长点，合理设计出教学预案；能根据学生的实际水平、身心特点拟定学习任务、设计各种问题，以此为基础预设学生可能出现的各种学习情况，并设计好相应的引导策略。越是预设得精到，成竹在胸，教师驾驭课堂的能力就越高。教育机智是教师驾驭课堂能力的集中体现，而教育智慧往往是在充分的预设中产生的。教师如何能面对课堂随机产生的问题控制自如？怎么做到不打腹稿就能针对某一问题流畅地发表自己的看法？前提条件就是在进行教学设计时，充分预设课堂上学生可能出现的问题。

反方：我们必须理性琢磨一下“教学”一词的定义。在《辞海》中，其定义是“教学，指教师传授和学生学习的共同活动”；在华中师院等五院校合编的《教育学》中，其定义为“教学是教师的教和学生的学所组成的一种教育活动”；有的论著认为“教学是教师的教和学生的学所组成的双边活动”。也就是说许多专著在定义“教学”时都强调了师生的双边活动。而虚境型片段教学根本没有学生的存在，没有双边活动可言，只能看做一种“准现场”教学行为。只要教师在课前做好充分的准备，并具备演员的天分，就能在模拟教学中如鱼得水，游刃有余。教师一会儿是教者身份，一会儿又是学生模样，自导自演，自问自答，不亦乐乎。演技高超者叫“自然”，而演技拙劣者就成了“做作”。教学“准现场”常常陷入“伪现场”之尴尬！教师想让课堂有多精彩就有多精彩，我的课堂我做主，哪还有“驾驭”的对象？缺少“双边活动”的驾驭水平根本无从谈起。

正方：能力是人们顺利完成某种活动所必备的个性心理特征。课堂驾驭能力是一种结构丰富的能力，它经由各种课堂活动体现出来。与学生交流是否顺畅、能否巧妙处理课堂各种生成自然是课堂驾驭能力的重要表现，但绝非是唯一表现。教师充满激情的上课状态、富于感染力的语言艺术、漂亮的板书设计、娴熟使用现代教育技术手段的能力，这些都是课堂驾驭能力的重要表现之一。而这些能力都可以在虚境型片段教学中得到反映。因此，认为缺少“双边活动”，就无法谈课堂驾驭水平是明显的对对话教学理论和“双边活动”的内涵缺少正确的认识。我们谈的对话教学和双边活动并不仅指双方手、口、眼、身、耳参与的动作交流，更包含着思维的碰撞、情感的交流，包含着同理心式的思考问题的方式，设身处地地体验对方的情感途径。在虚境型片段教学中，虽然师生双方动作的交流无法实现，但非动作交流部分仍然可以通过教师的有效预设实现。进一步，我们可以深入分析课堂生成的类型。一般而言，课堂生成可分为预设性生成和非预设性生成。处理非预设性生成的能力体现了教师课堂驾驭能力，但是课堂教学中的更多生成尤其是主要生成应该是一个有经验的教师可以预测到的。“驾驭”体现在对课堂学情的预设，以及根据预设要作出怎样的应对。从这个方面讲，虚境型片段教学看似是由教师一个人唱“独角戏”，但是教师绝不能只“读”或“背”教案，而是创设虚拟情境，突出师生互动，其中的互动情境有相当大一部分都是通过评价来体现的。如，教师说如果评价“你的回答太棒了”、“你能够结合自己的理解提出解决问题的方法，很好”，就会让听课教师莫名其妙，搞不明白学生的回答“棒”在何处，“好”在哪里。但是，教师如果充分预设学生可能回答的一些重点内容，在模拟上课时把预设的学生回答重复一遍，然后再进行评价，如可以说“哦，你是说……你的回答很有见解”，就不仅通过转述体现了对预设的学生回答，而且可以体现对学法等的指导。这样就可以体现出对“双边互动”的反馈，体现出自己的课堂驾驭能力。

反方：教师的价值在于课堂，鲜活的课堂生成才能真实地反映一个教师的教学素养、教育思想和教学智慧，面对鲜活的课堂，面对充满生机的学生，一个好的教师会马上进入状态的。面对充满生机的学生，和学生交流互动，一个优秀的教师，才会挥洒自如，才会热情奔放，才会酣畅淋漓。教师的生命在课堂，而这课堂，是指有学生的课堂。就是再有经验的教师，面对虚境型课堂教学，也只能搞一些预设，而这些预设，因为没有学生，没有真实的课堂环境，教师只能自说自话地表演，虽然这种预设在某种程度上反映了教师的处理教材能力和教学设计能力，毕竟不是教师能力和素质的全部。从评委方面讲：面对这种虚拟环境下的教师表演，也只能凭经验来判断这种预设的合理性和科学性，而这些判断，也不能排除有主观因素在起作用，不敢说就一定是客观的。在没有学生的课堂评价教师，就好比不用下水，在沙滩评选游泳冠军；就好比不用上战场，在营房里评选战斗英雄。

正方：这也是部分反对者的看法。这样的比喻存在两点值得商榷的地方。一方面，片段教学仍然要展示教师的上课进程和水平，不同于游泳者在沙滩上无法表现动作。要将教学和游泳类比，片段教学类似于在游泳池游泳，是属于控制条件比较明显的比赛；而常态教学，类似于在大江大海天然环境下的游泳。虽然泳池的冠军未必是大江大海的弄潮儿，但我们也不能否认泳池冠军的实力。另一方面，任何一支部队的战斗力除了在真实的战斗中提高，也都离不开战略战术理论的学习和研究，离不开虚拟战争和模拟战争的演练。众所周知，现代的军事力量并不是在实战中提高的，而是在演练和实习中提高的。事实也证明，军事演习已经成为了一种提高军队综合战斗力的有效手段。片段教学之于常规教学就相当于军事演习之于军事战争。

将片段教学作为重要的考评方式，利大还是弊大?

正方：片段教学作为重要考评方式是可行的。因为多数时候不需要兴师动众地调动学生，所以时间上时时皆宜，地点上随处可行，前期准备时策划简单，过程因素清晰可控，后期总结方便易行。现场上课真实地展现教学过程，直观地展示教师的教学水平，考评结果可信度较高，但受考评者众多时，运作上存在困难。说课节省了时间，也不需要学生，便于运作，但说课与真实的课堂存在差距，考评结果的可信度较低。为确保结果的可信度又便于操作，片段教学便应运而生。可见，在考评教师时，用片段教学的形式，确实是一种“低碳”的做法。片段教学作为重要考评方式是有效的。实境型片段教学能体现课堂结构的完整性，虚境型片段教学能反映教师的课堂驾驭水平，总而言之，片段教学能够真实地反映出教师的教学水平！片段教学“麻雀虽小，五脏俱全”、“一天游四季，十里不同天”、“一把米下锅，一摊子家伙”、“座中无童子，处处有学生”，完全可以做到结构上的完整性、内容上的多样性、手段上的丰富性，以及教学情境的准现场性，也是符合教育教学科学的。片段教学紧紧抓住了教学这个中心任务。既然观一叶而能知秋，从显微镜下的海绵标本中可以窥见浩瀚大海的奥妙，同样片段教学也完全可以作为对一位教师的重要考评方式！

反方：片段教学在用于教师评价时，其“利”无非就是“省时、省力、高效”，“不受时空限制，易于操作”；其弊端亦十分明显——无法完整地考查教师各方面的能力、无法准确地评价教师，而这两条正是它的致命弱点。实境型片段教学和真实课堂相比，失去了“不受时空限制，易于操作”的优势，虽因上课时间较短略显“高效”，但同时存在课堂结构不完整、不能全方位考查教师之弊端；虚境型片段教学中，教师对着评委自说自话，展示预设，是无法和真实课堂上鲜活的生成相提并论的，“准确地评价教师”也就无从谈起。考评教师的目的无非是选拔出优秀者，它的基本原则是公平、公正、真实、准确。“公平、公正”无论什么评价方式都可以做到，那么“省时、省力、高效”与“真实、准确”哪个更重要呢？这是显而易见的。在评价的问题上，追求“省时、省力、高效”，而冲击“真实、准确”是舍本求末，是一种非常有害的做法。失去真实的评价就是最大的不公。

正方：对方显然对片段教学没有真正的理解，因为在前面的辩论中，我们已经分析了片段教学的完整性，以及片段教学如何反映教师的教学水平。对方只是拒不承认片段教学的优越性而已，无法提出有力的说明，武断地认为片段教学不真实。片段教学是否能真实地反映教师的水平，我们可以通过一些已发生的真实教学评比的结果来略窥一二。

如，以下是2011年福建省首届中小学教师教学技能大赛（其中上课部分采用的也是片段教学）获奖名单：

一等奖

李　鹏　厦门市海沧育才小学

刘胜峰　厦门市实验小学

二等奖

叶传意　福鼎实验小学

李培芳　泉州第二实验小学

陈初澜　三明学院附属小学

游爱端　南靖县第二实验小学

获奖者中的前四名在其他活动中的获奖情况如下：

李　鹏　2009年全国小学数学课堂教学大赛一等奖获得者

刘胜峰　2009年华东六省一市教学大赛一等奖获得者

叶传意　中央教科所第十届小学数学课堂教学一等奖获得者

李培芳　2010年华东六省一市教学大赛一等奖获得者

片段教学能否反映教师的真实教学水平，从以上真实的案例不难看出一些情况。

片段教学是不是目前最理想的面试形式之一?

正方: 常态下的课堂教学最能反映教师的真实教育教学水平，但由于在招聘、考核等特定环境不可能提供学生的情况下，一般采用说课及片段教学的形式。说课的模式一般是说教材、说教法、说学法、说教学过程，这种形式更多考虑“怎样教”、“为什么这样教”的问题，教师容易套用一些自己并未真正内化的教育理论，造成模式化的现象，不容易看出教师驾驭课堂的能力。片段教学弥补了说课坐而论道的不足，成为考核教师业务水平的重要手段之一。片段教学更多考虑“怎样学”，在片段教学的过程中要体现出设计了怎样的问题，如何引导学生思考，预测学生出现什么情况，教师怎样应对，等等。可以说，片段教学由于模拟了课堂的进程，能较为客观地反映出教师的真实水平，特别是对教师解读教材、预测课堂能力的检测。片段教学的组织工作与实际课堂教学相比，要简单得多。无论是职称考核、教师招聘或是教师技能评比，参与者都不在少数。如果每位教师都要进行40分钟的完整教学，不仅需要的时间长，而且需要动用很多班级的学生，给正常的教学造成影响，这种用于考评教师的教学活动对接受学习的学生并无多大的实质性作用。如果，这些活动选在双休日进行，要组织一批学生进校配合上课，安全方面存在隐患，学生也得不到充分休息。因此，以实际课堂教学作为面试方式有其明显的局限性。而以片段教学（尤其是虚境型片段教学）作为面试方式便能克服这个问题。片段教学能较充分地展现教师个人基本功。一个完整的片段教学，需要教师在短时间之内备好课，这能体现教师理解教材、进行教学设计的基本功；需要教师在10～20分钟之内，生动地还原课堂教学，呈现自己的教学思路，展示自己普通话、粉笔字、语言表达、教学态势等各项基本功。时间虽短，可展现的内容却十分丰富。通过片段教学这种方式，仍能比较充分全面地考核一位教师的素质和能力。没有最好，只有更好。可以说，片段教学是目前最理想的面试形式之一。

随着片段教学研究的不断深入，教师们对片段教学逐渐形成了清晰的认识和定位，有了基本的理论建构。片段教学是当前最理想的面试形式之一，在把片段教学进行横向研究的同时，亦可对片段教学进行纵向的提升。如可增加课前主要设计的理论叙述，或课后几分钟的解析。值得一提的是，现在很多片段教学的研究有侧重研究评委的爱好等特点，这是一种错误导向。片段教学的主角仍是学生，教师眼里应该有一张张可爱生动的笑脸和一双双灵动的眼睛。只有以学生为对象和目的片段教学研究，才是有生命力的。好的片段教学犹如生动精彩的单口相声，是以教学为主线、学生为假设主体的，仍然能把评委思绪引入场景，使其随着讲解的深入情不自禁地举手或站起来回答问题，这是课堂教学的最高境界，也是片段教学的最高境界。随着片段教学研究的不断深入，片段教学将成为提升教师素养的主要手段之一。除了作为评价的主要方式，还可以作为独立磨课、小组磨课或小型指导课的主要形式。

反方：从衡量教师的重要指标来看，一位老师的教学能力中最重要的是教学实践能力，也就是说教师的驾驭课堂能力乃衡量教师优劣的重要指标。而片段教学，尤其是被大家广为应用的虚境型片段教学只是教师“一相情愿”的“自圆其说”，无法真实反映出教师的驾驭课堂生成的互动水平。从正确解读课堂的意义来看，课堂是生命成长的舞台，教师不应只是相声演员，而应该成为一名“组织者、引导者、参与者”。演员展示的是自己的本领，而课堂中教师不光在展示自己，更重要的是要引导学生去学习。演员可以按照固有的剧本、导演的安排，做着预设的程式化动作，一句台词可以说上百十年，还称经典；课堂教学是以德育人、以心养心、以智慧碰撞智慧的过程，但片段教学只是在渲染自己是如何地准确预测，单口式的说功会遮掩很多真实的场景。故此，片段教学不是目前最理想的面试形式之一。

正方：正如对方所言，教师应该是一个“组织者、引导者、参与者”，而能够设计出具有可行性的片段教学方案，体现的正是“组织者、引导者”的角色。任何一个好的课堂教学活动组织者都不可能是等到了课堂才开始“组织”、“引导”，而必须对主要活动做到“未雨绸缪”。那种相信只有突发事件的处理才能体现主要教学水平的观点明显是片面、经不起推敲的。作为参与者的角色，教师在预设、执教的过程中已经体现了，不仅体现了自己的参与，还通过对学生可能情况的预设体现了与学生的互动。这一点，在前面已经分析过，我方不再重复。因此，不是片段教学只是教师的一相情愿和自圆其说，而是对方固执地认为片段教学是那样。另一方面，对方认为片段教学中的教师只需要做演员即可，也是对片段教学中教师研究活动的完整性缺乏应有的了解。有人曾经比喻说一个好的教师应该同时具备编剧、导演、演员的三重角色。对方只注意到了在片段教学现场，执教者的演员角色，而忽略了在设计片段教学预案时执教者的编剧、导演角色。其实，一个完整的片段教学活动，执教者正是承担了编剧、导演、演员的三重角色，发挥了组织者、引导者和参与者的三重作用。可见，片段教学执教时的演员与真实的演员是不同的，不同之处在于执教者必须在自己承担编剧、导演工作的前提下自己演，这与“按照固有的剧本、导演的安排，做着预设的程式化动作”是有着本质的区别的。

反方：教师需要具备良好的专业素养，即教师在所执教的学科上有较为深厚的积累。以片段教学的方式来考评教师的专业素养，有点勉为其难。采用片段教学进行面试，并非最理想的形式之一。基于课堂动态性、生成性的特质考虑，真正进入学生课堂，用完整的知识点来进行教学考查应该是最理想的形式。

正方：关于是否能真实反映教师教学水平的分析在前面已经重复过，在此不再重复，建议对方具体看看相关的分析。在此只想简单地问对方一句：完整的知识点就能确保真实反映吗？有的考核，如福建省的特级教师评选每届约 240 人，“小中高”评选约 360 人，这还只是已进入省级终评的。就算是为应付其中的一项活动，也需要动用两三百个课时，按平均每天 6 节课算，每天要动用 40 ~ 60 个班级的全部学生和上课教师的整整一天，考虑到课程内容的影响，实际上要动用的班级可能还远不止这些。如果每个班平均三个评委，大约要动用 150 个评委完整地评审一天。如此大的成本，是否值得？况且我们必须思考，付出这么高的成本后，真实性到底提高了多少？从前面我们举例的福建省的片段教学比武优胜者和在其他各级实战比赛中的成绩，我们发现，其实片段教学的选拔结果与花费大量人力、物力成本的所谓常态课堂教学的结果是基本一致的。

反方：虚境型片段教学可模仿性超强，只需背熟已有的案例即可所向披靡。虚境片段教学中，教师也只不过在“背表演”，与说课又有何区别？

正方：很显然，对方并不了解说课和片段教学的区别。建议看看前面关于片段教学的发展部分的内容。我们简单地说，“说课”重在“说”，片段教学不仅要在通过设计完成“说”的部分，还要通过执教进行教学预演。有无预演是两者的本质区别。至于片段教学是不是“背表演”，我方在前面的分析中已经针对在完整的片段教学中教师承担的编剧、导演、演员角色及发挥组织者、引导者、参与者角色进行了分析，在此不再赘述。片段教学考验的是教师的教育教学功底和临场发挥水平。很多老师对于片段教学的内涵并未真正理解，对片段教学的研究还很不够，导致了许多误解。事实上，良好的片段教学能力离不开对常态教学的研究和常态教学经验的积累。有好的常态教学，才会有真正好的片段教学。我们更加有必要探寻片段教学的规律，在新理念、新思想的指导下，灵活地、创造性地设计教学结构，使之能在规定的时间内，取得课堂教学的最大效果。

主持人：近年来，片段教学作为一种考评形式在教师招聘、职称评审、选拔课堂教学参赛者等活动中得到广泛应用。片段教学是应需要在客观的考评条件下展示常态教学水平而生，以异态展示常态，是不得已而为之。但在更为科学的考评方式诞生之前，片段教学不失为可备选择的一种方式。其实，进行片段教学的目的是通过片段教学来观察、了解、评价教师的常态教学水平。追本溯源，提高常态教学水平才是有效实施片段教学的根本之道，因为良好的片段教学能力离不开对常态教学的研究和常态教学经验的积累。

片段教学目前主要用于教师招考和职称晋升等考评活动中，不少“备考”教师向实施过片段教学的同行讨教经验，向当过片段教学评委的专家讨教片段教学技巧，希望在短期内习得片段教学技巧，而且部分教师的确“速效”了。因此，虽然片段教学的应运而生自有其一定的合理性，但其弊端也不可忽视，其应用并未得到所有人的认可。

每一种花都有自己的姿态，每一种标准都能评选出一种最美的花。

因此从这种层面说，任何评价都有其合理性，当然也有其不足，否则的话，评价的结构就是一样的了。但是，这并不妨碍人们找到比较公认的或者可信的方法。从某种程度上说，能完全反映出教师真实水平的评价是不存在的，考评的结果并不等于真实的水平或价值，这是古往今来任何人都知道的，所以我们需要的是“合理”。另外，作为一线教师，必须正视考评这个形式，想回避是回避不了的。因此，研究如何去应对考评也是必需的。而作为片段教学考评的组织者也应该研究如何根据片段教学的利弊，做到趋利避弊，发挥这种考评方式的最大价值。同时，也不妨将这种考评方式与其他方式结合起来使用，相互补充。事实上，在目前的考评中，很少有单独将片段教学作为考评教师的唯一内容的。

出 版 人　所广一
责任编辑　闫　景
版式设计　沈晓萌
责任校对　贾静芳
责任印制　曲凤玲

图书在版编目(CIP)数据

聚焦片段教学/钟建林等编著.—北京:教育科学出版社,2012.6(2013.3 重印)
ISBN 978-7-5041-6587-9

Ⅰ.①聚…　Ⅱ.①钟…　Ⅲ.①中小学—教学研究　Ⅳ.①G632.0

中国版本图书馆 CIP 数据核字(2012)第 118062 号

聚焦片段教学
JUJIAO PIANDUAN JIAOXUE

出版发行	教育科学出版社		
社　　址	北京·朝阳区安慧北里安园甲 9 号	**市场部电话**	010-64989009
邮　　编	100101	**编辑部电话**	010-64989593
传　　真	010-64891796	**网　　址**	http://www.esph.com.cn
经　　销	各地新华书店		
制　　作	北京金奥都图文制作中心		
印　　刷	北京中科印刷有限公司		
开　　本	169 毫米×239 毫米　16 开	**版　　次**	2012 年 6 月第 1 版
印　　张	20.5	**印　　次**	2013 年 3 月第 2 次印刷
字　　数	294 千	**印　　数**	4 001—7 000 册

智慧教师读本①
谁是最具成长力教师

谁是最具成长力教师

教育时报社　编著

教育科学出版社
·北京·

丛书序

做中原教育崛起的发言人

中原崛起，教育为基；中原要崛起，首先教育要崛起。

2007年，《教育时报》在创刊20周年纪念特刊上首次提出了“中原教育崛起”的概念，意即河南教育事业快速、健康、科学发展，为经济社会发展提供强有力的智力支持和人才支撑，助力河南由教育大省向教育强省跨越。5年之后，《教育时报》创刊25周年之际将推出首套丛书，顺理成章地名之为“中原教育崛起丛书”。

《教育时报》创刊于1987年。25年来，这份河南省唯一的教育专业报，围绕省教育厅的中心工作，在河南教育报刊社的统一领导下，始终以高度的责任感和使命感为教育的科学发展鼓与呼，尤其是在近两年的办报实践中，更是明确地将自身定位于“中原教育崛起的发言人”，立足河南、面向全国，立足教育、面向社会，报道教育重大事件，评述教育改革新事，剖析教育热点难点，推出教师先进典型，营造良好舆论氛围，促进教育科学发展。报纸的这一定位得到了各级领导的高度肯定和广大读者的普遍认可。

既然是“发言人”，就一定要发好言，既要及时发言，还要准确发言，充分发挥教育主流媒体的舆论引导作用。在这方面，《教育时报》策划的“三平精神”主题报道无疑是最好的代表。

2010年全国“两会”期间，河南省委书记、省人大常委会主任卢展工提出了最能体现河南人特点的“三平精神”：平凡之中的伟大追求、平静之中的满腔热血、平常之中的极强烈责任感。《教育时报》旋即邀请教育系统的专家，以笔谈的形式在报纸上整版推出了《弘扬“三平精神”，为中原崛起提供智力支持》系列文章。随后，又创造性地提出了“三平教师”的概念，并在新闻版的头版醒目位置开设了《我们身边的“三平”教师》专栏，连续刊发一线教师献身教育、筑基育人的先进事迹。

“三平精神”主题报道开展一个月后，卢展工书记对《教育时报》作出重要批示："教师是一个崇高的职业，这种崇高就是体现在'三平精神'之中。《教育时报》能够从'三平精神'切入，开展对教师这个群体的宣传，以利教育事业的发展和教育对中原崛起的支撑和基础作用的发挥，希望能够持续下去。"不久，一年一度的河南省教育系统师德主题教育活动启动，主题就来自《教育时报》评论员文章的标题——学三平精神，做三平教师。目前这项活动仍在如火如荼地开展，本丛书中《讲台高于一切》一册对其阶段性成果进行了总结。

为了更好地满足读者的专业需要，《教育时报》先后创办了《课改导刊》和《管理周刊》。面向一线教师、教研员的《课改导刊》以"做教师专业成长的助推器"为宗旨；而以教育管理者、校长、班主任等为主要读者对象的《管理周刊》则致力于"做校长和班主任的新智囊"。两张专刊在办好报纸的同时，通过举办一系列活动，在打造中原教育创新发展的中坚团队、构建本土教师脱颖而出的推广平台方面作了许多有益的尝试。

2007 年，《管理周刊》提出了"学校新文化"的概念，倡导构建具有转型意义、重塑教育生产关系、解放教育生产力的教育新秩序，因之而生的"学校新文化发展论坛"迄今已经举办五届。《课改导刊》2008 年启动的"河南最具成长力教师"评选，已经成功举办了三届，不遗余力地把本土那些具有成长潜力的教师推到前台。为纪念改革开放 30 周年而策划的"寻找河南教育变革榜样力量"活动，意在召唤变革精神、普及变革理念、推动教育转型，影响深远。这三项品牌活动的成果，分别在本丛书的《学校新文化解码》《谁是最具成长力教师》《推动教育变革榜样力量》三册中得到了充分的展现。

就这样，《教育时报》在"做中原教育崛起的发言人"的理念引领下，"一体两翼"，立体开发，通过一系列独具专业价值的报道在业界赢得了口碑，同时靠一系列特色活动延伸了服务链条，实现了社会效益和经济效益的双丰收。蝉联三届"河南省十佳报纸"，连获八届"河南省一级报纸"，2011 年 4 月又再次在全国教育类报纸综合质量评比中获得第二名，这些荣誉可以说是对《教育时报》办报质量和发展水平最有力的肯定。

河南之于中国，犹如中国之于世界，因而这套"中原教育崛起丛书"对河南这个全国第一人口大省的教育所做的"一斑窥豹"的梳理和展现，无疑有着样本的研究价值和典型的借鉴意义。

2012 年元旦，《教育时报》将迎来 25 周岁的生日。烛光点亮之际，把前行路上的一些脚印收藏在这套丛书中吧，作为年轻的"80 后"，我们深感任重道远，自会风雨兼程。

编　者

2011 年 11 月

目录

通战　李慧香　侯长缨　武艳艳　卞洪建　张存敬　顾宇燕　赵　渝
李保国　袁景立　何丹龙　刘本举　韩素静　刘娟娟　张占营　姜峰基
毛广文　刘忠伟　王艳梅　宋　君　库亚鸽　李进有　张　洁　孙晓娜
胡　静　付以华　姚俊松　赵新亚　赵莉莉　张文娟　赵　惠

序一

序二

教师专业成长研究报告

"最具成长力教师" 媒体记录

目 录

范通战　李慧香　侯长缨　武艳艳　卞洪建　张存敬　顾宇燕　赵　渝
李保国　袁景立　何丹龙　刘本举　韩素静　刘娟娟　张占营　姜峰基
毛广文　刘忠伟　王艳梅　宋　君　库亚鸽　李进有　张　洁　孙晓娜
胡　静　付以华　姚俊松　赵新亚　赵莉莉　张文娟　赵　惠

范通战　李慧香　侯长缨　武艳艳　卞洪建　张存敬　顾宇燕　赵　渝
李保国　袁景立　何丹龙　刘本举　韩素静　刘娟娟　张占营　姜峰基
毛广文　刘忠伟　王艳梅　宋　君　库亚鸽　李进有　张　洁　孙晓娜
胡　静　付以华　姚俊松　赵新亚　赵莉莉　张文娟　赵　惠

后记

序一

生命因你而动听

张文质

在浩如烟海的图书之中再添上一本，不算什么重要的成就，况且这本《谁是最具成长力教师》记录的还是除了特定区域之外并不太为人知晓的一个非组织化的群体。他们虽然被命名为“河南最具成长力教师”，其实也就是再普通不过的一些“个人”，就在你身边，就在你的学校，甚至就是你的好朋友。在获得这样一种命名之前，他们更多是被自己和学生命名的，但不管怎么说，我们现在普遍缺少的就是特别张狂的教师——我是从正面、积极的意义上理解这个“张狂”的。不过话说回来，在各种宰制和重压之中，作为一个教师又如何有可能成为令人讶异的因其张狂而仍得到普遍认可的“民间英雄”？我且把这样的期待转向对教师而言更恰切的另一格：他们真实、自然，诚恳而有耐心，他们热爱自己的工作，默默地改善与改变自己，他们像树一样，终究变得富有活力、引人注目、让人称道。

我常常想，就这个时代而言，“教师”实在算不上什么好职业——这里我选择的是常识性的社会评价。把教师工作与艰辛、困难、忙碌、琐碎、压力重重等各种令人望而却步的词汇并置，其实也是再恰当不过的。美国曾有一位音乐学院毕业的学生，想找一个既能糊口又不影响自己作曲的工作，他选择了做中学教师，结果终其一生却无法写出什么像样的曲子来，因为他所有的时间几乎都耗费在学生身上，而这样的“耗费”大概是大多数教师的宿命——“这不是你的错，这是你的命”。这里的“命”放大一点说，也就是使命与天职。对好教师而言，这样的选择，以及因其如此选择而获得的生命的归依感与涵泳生命之中的幸福体验，往往会强化我们对自己的职业其实就是一种“命业”的认同。

刚才提到的美国教师的故事，来自一部有趣又感人至深的电影——《生命因你而动听》。这里我要继续说几句教师这个职业，我说的仍是与我要评论的这本书具有重要的相关性。教师这个职业，当然离不开一个人必要的才华与能力，但是对教师而言，更有意义的评价往往不在于他所谓的“才华”本身，而是，他所有的才华、坚守、付出等所投注的方向。也就是说，“教师”工作实际上是一种必须不断对象化的“成全性”的工作，再高明的教师，指的都不是他写了多少论文、获了什么奖、有什么样的荣誉——尽管这些也可能是一种标志，而是，他是怎样把自己的才华与热情不断地贯注于工作之中，无数的儿童又是如何因为这样的启迪、点醒与感召，“生命因你而动听”，所谓的成全的真义恰恰在于这里。也可以说，教师成长的故事，也因此美妙地转化成了学生成长的故事，只有那些心地良善、不断用心于教育理解力与生命智慧的教师，才有无数感人肺腑的教育故事，他们的教育自传是以自己生命写就的，同时又可以在学生那里得到余音缭绕的回响。

我曾荣幸地参与了教育时报社主持的“河南最具成长力教师”的评选工作，并有幸结识了其中不少入选的教师。我写下的这些文字，正是源于我从他们身上受到的感动。我们所从事的都是早就被“固定化”甚至“格式化”的小职业，也许根本就不能期待任何的“奇迹”，但仍可以从这一“小职业”中创造更大的格局。只问耕耘、不问收获，这也是基础教育的特点，一个人耐心地尽到了本分，这样的本分，恰恰就可能是很多人难以企及的境界。而这些坚守底层、努力奋斗而又自得其乐、最终大概能自成一格的教师，何尝不是一个个极具启发意义的教育范本？

也许我还要说，用这样比较“民间”的评选方式，去发现、肯定和呼应这些教师业已产生重要意义的劳动，并通过一本书——他们以自己的名字、生命的业绩、某种共同的价值观——集结在一起，也是令人欣慰的，我们不再惧怕孤单，我们仍是个体户、单干者，但我们也已彼此相知，并走到了一起。

（张文质：《明日教育论坛》主编，《福建论坛》执行主编，1+1教育网站创办人）

序二

从今天起，做一个幸福的人

刘　肖

记得你说
——从明天起，做一个幸福的人
面朝大海，春暖花开
总想问你
——为何要等到明天
为何不从今天起程

从今天起，每天读一卷书
在书中找寻自己昨天的痕迹
和明天的身影
在心里与主人公默默对话
将所有的困惑一一求证
这些书啊，一卷一卷累计成万卷
在字里行间从容穿行的你
便有了讲台上被放大的人生

从今天起，每天步行一里路
只为让阳光没有遮拦地
从眼睛射进心灵
再让这阳光从心底涌向指尖
黑板前，你的手势便有了温度
被你的手抚摸过的孩子的脸，红了

与你的眼对视过的孩子的眼，亮了
亮得足以照耀成长的万里征程

从今天起，每天更新一次博客
复制你一卷一卷读书的收获
粘贴你一里一里行走的享受
上传你从来不曾中断的关于幸福的
感悟和印证
然后告诉每一个好友和陌生人
告诉整个世界，也告诉自己
我是一名教师——一个幸福的人

何必，何必等到明天
夜太长，梦太多，明天太遥远
通往幸福的路
就从今天、就从此刻——起程

（原载2008年9月10日《教育时报》“教师节特刊”，作者系《教育时报》总编辑）

教师专业成长研究报告

教师专业成长是否有规律可循？优秀教师的成长过程能给我们什么启示？在“河南最具成长力教师”的身上，我们可以找到完善自我教育行为的方式和路径，促进自己的教育行为在较短周期内得到优化；通过对优秀教师成长阶段和成长品质的参照，我们可以确定自己的发展方向，规划自己的专业人生。

教师专业发展的可行途径

关于提高成长力的途径，其实很多教育专家早已点破。我们熟知的几位中外专家都曾给教师的专业成长列出过一些公式和途径——

华东师范大学叶澜教授给出了一个教师成长的途径。她说：一个教师写一辈子教案不一定成为名师，如果一个教师写三年的教学反思，就有可能成为名师。

新教育实验发起人朱永新教授直接开出了一张保单。他说：我开一个保险公司。投保条件是：教师每日三省吾身，写千字文一篇。一天所见、所闻、所读、所思无不可入文。理赔方式是：如投保方10年后未能跻身名师之列，公司愿以一赔百。

美国教育心理学家波斯纳也提出了一个教师专业成长的公式：成长＝经验＋反思。他认为，没有反思的经验是狭隘的经验，至多只能成为肤浅的知识。

通过对前三届“河南最具成长力教师”的研究和调查，我们发现关于教师专业成长的途径还可以补充很多：教师成长＝经验＋反思＋专业阅读＋专业写作＋公开课＋网络行走＋同伴互助……下面我们就以前三届“成长力教师”为例，来对教师的专业成长途径进行梳理。

途径一：阅读，为教育生命加温

如果教师并不感到自己是与夸美纽斯、卢梭、裴斯泰洛齐、乌申斯基、马卡连柯、苏霍姆林斯基等伟大教育家的精神息息相通的，那是怎么也算不得一个优秀的教师。

——苏联教育家阿莫纳什维利

在《“河南最具成长力教师”调查问卷》中，问到哪种途径对自己的促进作用最大时，超过80%的“成长力教师”都提到了专业阅读，并且把它放在了促进自身成长的首要位置。由此可见专业阅读对于教师成长的重要意义。一些老师会觉得，我们每天要上课、阅卷、改作业、写教案，还要应付学校的一些事情，管好孩子、老人，我们真的很不容易，也根本没有时间读书。然而，在被调查的30位“成长力教师”中，我们发现，他们每年的阅读量在100本左右的有3人，50本左右的有5人，30本左右的有6人，20本左右的有12人，10本左右的有4人。长垣县第二高中的李慧香老师，平时外出学习的机会少，就自己买书看，借书读；河南师范大学附属中学的张存敬老师为了能读书，在县城买不到的书有时候还专门跑到省城去买；濮阳市第一高中的刘本举老师，学校订阅的报纸和图书已经满足不了他阅读的欲望，就自费买来专业的期刊进行阅读……这样的例子在我们的“成长力教师”中还有很多很多。

那么，教师到底应该读哪些书呢？不同的专家会开出不同的书单。在这里，结合对“成长力教师”、“从教至今，对您影响最大的两本著作”的问卷调查，我们把他们读的书分成了三类：第一类是教育理论图书，在调查中90%的教师都不约而同地提到苏霍姆林斯基的著作。可以说，苏霍姆林斯基的著作，特别是《给教师的建议》这本书，是很多教师专业阅读的开始。另外，《陶行知教育名篇》《第五十六号教室的奇迹》也颇受教师的喜爱。要想成为一名优秀的教师，必须有深厚的理论素养。第二类是与学科密切相关的图书或者期刊，比如说《听余映潮讲课》《黄爱华与智慧课堂》等。在我们的问卷调查中，有30%的教师是从读学科教学专业类的图书开始的。他们在学科教学方面达到了一定高度以后，才开始进行系统的理论学习。第三类是中外名著，如《论语》《窗边的小豆豆》等，这一类的图书会让教师在教学过程中形成不同视角。

此外，在信息化不断发展的今天，网络走进了我们的生活，渐渐成为使用方便快捷、能够与人的思维同步的不可或缺的工具。在“成长力教师”中，85%的教师拥有自己的教育博客。这些教师通过开设博客、注册成为一些教育类网站的会员与同行们交流。如濮阳市油田第一小学的侯长缨老师在网上经常看帖、回帖、写帖，让她受到了许多名师的关注；商丘市梁园区双八镇第一中学的张占营老师自费买来电脑，通过网络和大师、名家交流，成为他成长的动力和感悟教育的行动方式。著名教育专家许锡良教授说：“现在从不上网的教师，不是好教师。”从“成长力教师”的成长过程中，我们发现网络的确是一个引领教师成长的好地方。在网络上，我们可以通过QQ、论坛、博客等多种形式，直接与大师、名家对话，与优秀教师交流，甚至能够寻找到中国乃至世界上最优秀的、最智慧的头脑进行交流。但是，网络再美，也只是一个工具。当你有了成长的欲望，想不断超越自己的时候，相信没有什么能阻挡你成长的脚步。

途径二：专业写作，“仅此而已”

其实只有我自己知道，我并不比千千万万的一些普通老师高明多少。如果硬要说我和大家有什么不一样的话，那就是我对体现教育的爱、执著、困惑、幸福、方法、技巧的故事进行了些思索，并把这些内容一点一滴地记载下来，还写成了书。仅此而已！

——特级教师李镇西

专业写作，表面看来，只是教师随时随地地把所思、所想、所感记录下来，其实是教师在书写自己的职业和生命传奇。

新教育实验的发起人朱永新教授也认为，专业写作可以作为实现教师专业发展的最优化的路径。“成长力教师”的成长路径也很好地证明了这一点。“成长力教师”的调查问卷显示，30位教师都有专业写作的习惯。根据调查显示，他们每年的写作量在20万字以上的有6人，10万~15万字的有12人，10万字以下的有12人；他们中有28位教师每年都会在公开刊物上发表文章。虽然每个人发表的篇数不同，但是他们都将发表作品视为自己的一种追求。就像华南师范大学刘良华教授所说的那样：“教师是否能够‘公开发表’自己的声音，已经成为影响教师的行动研究能够走多远的一个决定性因素。”由此可见，专业写作，对于教师成长的意义十分重大。

另外，在“成长力教师”的调查问卷中，我们发现，教师的专业写作呈现出了两个特点。

第一是“专业性”，即它是“面向教育事实本身”的写作，应该把它看做自己教育生涯的一部分，整个过程应该是写作磨砺、专业发展、教育生命对话的过程。在这里，需要特别指出的是，一些教师，特别是语文教师热衷于文学创作，而对专业写作并无多大兴趣。其实，二者对教师成长的作用是不同的。文学创作可以丰富一个人的情感体验，加强个人修养，这对教师的专业成长不能说没有意义。但正如刘良华教授所言：文学著作和创作对语文教师的专业成长不能说没有意义，但一个优秀的小说家或诗人未必是一个优秀的教师，这也是事实。所以，我们更提倡“面向教育事实本身”来记录自己的阅读日志、观察日志和行动研究日志，通过这些日志和反思来改进自己的教育实践。而叙事研究不同于文学意义上的讲故事，它的目的在于接近教育时空里发生的各种“真相”。所以，“讲故事”与教育叙事研究之间还存在一段距离。教师要努力实现一次跨越，实现从“现场文本”到“研究文本”的转变，努力从自己所关注的事件和经验中解读出内在的学术和理论意义。很多名师正是跨出了这一步，才踏上了“专业发展的快车道”。

第二是“日常性”，即教师把写作当做自己的需要并养成习惯，通过每一天的点点滴滴的写作来积累教育心得，而不是为了应付检查才去写总结和论文。如李慧香老师，她不仅勤写教育日记，而且还引导学生写循环日记。在此过程中，她不仅自己收获了这些“鲜活的”、“细小的”、“有重大研究意义和价值的思想材料”，而且每天与学生进行交流，也加深了师生之间的感情。作为一线教师，可以说每天都有或多或少、或深或浅而且又非常生动、珍贵及特有的实践和感受。拿起笔来，虽然只是一个小小的动作，但是却能促使写作者慢慢地摒弃外在的浮华和自己内心的浮躁。伟大的教育家苏霍姆林斯基也正是几十年如一日地坚持写教育日记，才使他的著作被后人称为“活的教育学”、“教育百科全书”。苏霍姆林斯基建议：每一位教师都要来写教育日记。教育日记并不是什么对它提出某些格式要求的官方文献，而是一种个人的随笔记录，在工作中就可以记。这些记录是思考和创造的源泉。

不管是哪种形式的写作，都请你拿起笔来吧！不管语言是否华美，不管结构是否严谨，只要你能够坚持写下去，你就会收获意想不到的惊喜！

途径三：教科研，通往职业幸福之路

如果想让教师的劳动能给教师带来乐趣，使天天上课不致变成一种单调乏味的义务，那么就引导每一位教师走上从事研究的幸福道路上来。

——苏联教育家苏霍姆林斯基

“教师成为研究者”、“教师专业化”、“做研究型教师”……这些提法如今已深入人心。正是在这些理念和精神的引领下，教育行业被赋予了研究的品质，“教育”与“研究”，构成了教师生涯的完整意义。

教师的教育研究要回归本原——教师的研究是日常教育教学背景下针对教育实践问题的研究，是融研究、学习与工作为一体的探索性实践。在这个基础上，“教师人人搞科研”才有可能，才有意义。其实，对一线教师而言，理论联系实际的最好方法，不是搞那些追风的所谓“课题”——“创新教育”的风来了，就研究创新教育，“研究性学习”的风来了，就搞研究性学习的课题；而是结合自己每一天的教育实践进行反思型研究，或者说，带着一个思考的大脑完成记录每一天平凡的教育琐事，这就是最好的研究。不要以为这样的研究档次低，苏霍姆林斯基正是几十年如一日结合自己的实践进行省察与反思，最终成了享誉世界的教育大家。从魏书生到李镇西，专家也好，名师也罢，回顾他们的成长，无一例外，教育科研都起到了不容忽视和不可替代的作用。只是这里所说的教育科研，既不同于课程专家的学术研究，也不同于实验室里的测验和计算，它更多的是源于教育实践的一种反思和行动。很多“成长力教师”也正是在这种研究的基础上，不断提升自己的教育素养，甚至形成了自己的教育思想体系。

南阳市油田实验小学的刘娟娟老师一次次磨课成功以后，开始将目光锁定在课题研究上。她说：“课堂，课题，这是鸟儿高飞的两翼，两翼同时扇动才更具成长的力量。”从“创新作文实验”到“研究型学习实验”再到“生命化教育实验”等课题的研究，成就了她从“活力课堂”到“活力语文”理念的发展，成就了她教师生命的成长。

从以上教师的身上，我们可以看到，要实现个人专业成长的突破，最有效的方法就是要从自己的实际出发，找到一个专业成长的着力点，即研究的课题，然后坚定不移地走下去。每个教师有不同的专业发展的着力点，不管着力点是什么，最重要的是真正去钻研。比如，语文老师可以深入研究唐诗宋词，数学老师可以研究数学与生活的联系，历史老师可以成为某一个朝代历史的专家，等等。研究，才能让自己不至于沦为一个“简单的劳动力”和教书匠。

途径四：制度引领，教师专业成长的点火器

仁圣之本，在乎制度而已。

——诗人白居易

在“成长力教师”的调查问卷中，谈到“您觉得目前自身的专业成长最需要什么样的外部支持”时，98%的教师都提到“引领”两个字——有的谈到的是学校的引领，有的谈到的是专家的引领，还有的谈到同伴的引领和帮助。现如今，引领的缺失或许是我们急需面对的一个大问题。说到对教师发展的专业引领，不能不说到特级教师余映潮。

有一位教师曾这样评论余映潮对教师的引领：知道余映潮老师，是从他的一个个杰出弟子开始的。不知从什么时候起，默默无闻的荆州市突然成了产生教师新秀的基地。诧异之后，慢慢才知道，荆州语文的这条船上，有一个“高人”在掌舵……1990年，余映潮牵头组织了荆州市语文课堂教学艺术研究会。从此，研究会每年要召开一次年会研讨语文课堂教学，而且每年一个主题。16年一路走来，研究也形成了一个“系列”：如何进行课题研究，课文的整体阅读教学设计，课堂提问设计的艺术，课文的切入、升华与强化，教材分析的艺术，课型创新的艺术，等等。余映潮说：“这16次会议意味着我要围绕16个专题作精细的研究，我总是在黑暗中摸索，而给予青年教师的都是光明的东西，我不会有所保留。”这个“系列”研究就是余映潮给青年教师的东西。我想，一个有教育理想、有发展愿望的语文教师，系统学习了余映潮给予的“系列”，再加上自己不断的反思、实践和感悟，是一定会迅速提高的。

然而，在现实中，我们是不是把教师的专业发展看成了教师“个人的私事”？一谈到教师的专业发展，就是要教师“多读书”、“多写教学反思”，比较重视的做法就是“传、帮、带”、“压担子”，而没有为教师的专业成长提供真正强有力的、持续不断的、有针对性的“引领”。还记得一位教师谈及专业成长时说，他多次在博客上提到“孤独”两字，这种孤独的心境很多青年教师都感同身受。一方面，教师专业成长带有明显的个人特征，在成长过程中，实践智慧的形成和思想的演变必须经由一段艰难的修炼和内化过程，在这个过程中，每一个有追求的老师都会体会到一种孤独。另一方面，一些学校“分

数至上”、“教学成绩至上”的理念，让这些成长中的教师在教育的理想和现实面前徘徊起来，时间长了，就会产生职业倦怠。另外，城乡之间教育资金、教学设施的差异以及学校对教师专业成长重视程度的差异，也会导致这些孤独心境的不断涌现。不可否认的是，教师专业发展的本质是自主发展，但是专业引领更不可或缺，它就像一个点火器，有了它，教师专业发展就会更快、更系统。

在学校中，校长扮演着重要的教师发展引领角色，他能让教师走上专注教学之路，对自己的教育人生充满期待。在教师教学专业技能的引领上，教研部门则责无旁贷。但愿这个问题能引起学校校长、教研部门的关注，真正承担起对教师专业发展的引领责任，把自己的学校、自己的教研区域也打造成名师成长的“基地”。

途径五：“磨课”，每一节课都用一生来准备

公开课是青年教师最好的炼炉，你会在宽泛的阅读中积淀自己，在众多师傅的搀扶下学会站立，在无数次的打磨中得到提升，久而久之，当你蓦然回首，就会发现在公开课的舞台上，你所成就的绝不仅仅是几节“代表作”，而是脚踏实地的精彩人生。

——特级教师窦桂梅

在“成长力教师”的调查问卷中，我们发现有40%的教师的专业成长道路是从磨课开始的。襄城县文昌小学的刘忠伟老师，24岁就成了一所农村小学的校长。多年来，他从未离开过教学一线，而是深入研究课堂教学，并取得了突出成绩。刘忠伟老师说，每一次赛课前的“磨课”都是一个痛苦的过程。2008年，他代表襄城县参加了许昌市优质课比赛。为了不影响学校管理工作，他牺牲了所有空闲时间。每讲一遍课，他就否定一次教学设计，就这样一遍遍地讲，一遍遍地否定，这一节课，他整整设计了60多篇教案，查遍了各个版本的教材，并且在家进行了上百次的演练。家人也成了他的忠实听众，甚至连他4岁的儿子都会对这节课说上几句。在刘忠伟老师看来，类似这样的“磨课”经历是“咀嚼新理念、尝试新教法的美好回忆”。

现如今，关于公开课、优质课评选的利弊，可以说是众说纷纭。其实，公开课、优质课本身并没有问题，“磨课”本身也没有问题，关键是着力点有没有找对：是单纯为了获奖而磨课，还是为了提升教学艺术而磨课。这是问题的关键。很多名师真正为众人所知，就是通过某一节公开课开始的。如果一个教

师在课堂上能够在知识的海洋里纵横捭阖，让学生在聆听中感受思想的冲击的话，那么，这不仅是教师的魅力所在，也是其价值所在。课堂是最能体现教师生命价值的地方。对教师来说，打磨课堂，就是打磨自己的教育人生。

途径六：职业规划，做最好的自己

人生就像是一块田地，你不去种花，它就会长草。

——谚语

当我们找寻到了成长的途径、有了成长的意愿的时候，就应该规划自己的专业人生，沿着适合自己的路径，通向一个“最好的自己”。范通战老师决定将“归真教育”实践到底；侯长缨老师打算精心雕琢她的家常课，让孩子们享受快乐而充实的课堂；付以华老师会将自己的“多元美术文化”融入课堂和学生的生活中……

如何规划自己的专业人生？著名教育专家李希贵说：“你可以先想好70岁你想干什么，达到什么程度，身边会有什么人……当这些明确了以后，你就会知道你50岁的时候自己应该在哪里，已经完成了些什么；再推想40岁、30岁以至于今天。”教师要成为一个“自我实现的人”，就要学会“终点思考”，要有成名成家的梦，制订一个“个人成长方案”，并按照这个方案执著前行。

德国诗人胡腾有一句诗：“心灵觉醒了，活着便是件快乐的事。”我们可以这样说：“教师的成长意识觉醒了，教书育人便是件快乐的事。”因为，只有个人成长意识觉醒了，才会有教育理念的重新启蒙，所有上面这些外在路径的终端，才会指向专业发展的根本——教师的内隐理论和个人的教育哲学：以研究的心态做教师，不满足于一般的“授课”，在自己的心中对于什么是有灵魂的教育、什么教育能指向一个更好的或更幸福的未来、什么知识最有价值等问题，有一个基本的判断。

当然，这些路径的背后，还有柴米油盐的困扰、名利浮躁的羁绊、惰性心理的作祟等，也因有了这些，成长便充满了挑战，成长的过程更难以复制。就像李镇西老师说的：李镇西你是学不会的。我们成为不了李镇西，但当我们窥探到了成长的途径，请怀着一种虔诚的教育情怀，在日复一日的常规教学中历练、坚守，相信我们一定可以成为最好的自己。

（原载2011年9月7日《教育时报》，作者：刘肖、任素影）

教师专业发展的主要阶段

教师专业发展不仅是一种结果，更是一个过程——不断自我启蒙、自我更新、自我超越的过程。这一过程贯穿于教师整个的职业生涯。但是，教师专业发展并不是一个简单的时间延续过程，伴随着这一历程的是教师专业内涵、教育理念和职业能力的持续改变。这一复杂的、非线性的动态发展过程，包括多个不同的阶段，各阶段教师专业发展的侧重点、目标、速度和成长策略各异，但都存在一定的关键期。本文在对前三届“河南最具成长力教师”访谈和调查问卷的基础上，参考国内外有关教师专业发展阶段性的研究，梳理和总结出优秀教师专业发展的阶段性特点及其超越的策略。

关于教师专业发展过程和阶段性的探讨，自20世纪60年代以来，一直是国外教育理论研究的焦点。我国学者在这一领域也开展了一些研究。参照教师职业生命周期理论的研究，综合教师成长历程中各方面的因素和总体专业水平的发展状况，我们在本文中参照北京教育学院邵宝祥教授的划分方法，以教育理念、教学能力的变化为标志，将教师专业发展阶段分为：适应阶段、成长阶段、称职阶段、成熟阶段。

需要说明的是，对教师专业发展阶段进行划分，只是便于讨论，便于教师了解自身职业生涯的发展轨迹，事实上，我们不能完全用时间概念来描述教师的成长过程，更不能简单地给某一个教师的成长过程划定阶段。

适应阶段（初始发展阶段）

一个师范生的书桌与一位教师的书桌之间的距离，虽然在直线跨度上很短，但是它却是这些年轻人在那么短的时间内所要跨越的一段最长的心理上的历程。

——美国学者卡瑞克和卡兰翰

初为人师，有抱负、有感动、有激情，同时也会有茫然、有无助，甚至有动摇。这是教师职业生涯的始发阶段，一些人可能是在没有完全作好心理准备的情况下，一下子从学生变成了教师。

根据《"河南最具成长力教师"调查问卷》结果显示，适应期的教师集中存在以下问题：1. 对学生的指导与课堂管理问题。如课堂上学生纪律如何管理、如何针对学生的特点因材施教、如何调动学生的积极性等问题。2. 教材处理问题。不知道怎么教、教什么。3. 与学生家长的交流沟通能力不强，对学校文化及不成文的规章制度缺乏了解。

初为人师，理想与现实总会有一些落差。濮阳市第四中学的姚俊松老师2000年走出师专校门。虽然初登讲台，但上师专时读过的苏霍姆林斯基的著作给了他很大的影响。他坚定地认为，教育就是要给予孩子平等的爱和尊重，和学生一起经历成长。第一年，姚俊松老师就带6个班的物理课。他的课堂教学像"玩"一样，常常带学生做一些有趣的实验，很少给学生布置大量的作业。姚老师不会以分数的高低来看待学生。课余和学生的交往，也像个大哥哥般亲切，丝毫没有老师的威严，因此很受学生的喜爱。一年时间很快就过去了，期末考试在与平行班和平行学校的对比中，姚俊松输得一塌糊涂。校长找他谈完话后，给了他一张《试聘通知书》，这就意味着第二年一年降为试用期，如果仍不理想，就要面临解聘。校长也给出了忠告："你非常有潜质，也很受学生喜爱，但教师不是孩子王，只有爱而没有智慧的教育是无力的。"

姚老师的这段经历很多老师并不陌生：那个充满激情和理想的青年，似乎就是昨天的自己。在接到那份《试聘通知书》后，姚俊松便决定通过"钻研教材—观摩光碟—反复磨课—参加比赛"这一途径来不断优化和提升自己的教学技能，在不搞题海战术的情况下，让学生轻松快乐地提高学习成绩。这种朴素而高远的教育理想，初为人师的人大多都有，但经过多年的打磨，你是否还保有这种坚定和激情？姚老师始终坚守着自己的教育理想，渐渐成长为

“日臻成熟的理想主义者”。

在适应期，很多老师因为有了初为人师的激情和抱负，便有了成长的无限可能。孟津县城关镇一中的武艳艳老师在参加工作的前两年，她的学习无处不在：看《新闻联播》时，她会跟着主持人说话，模仿主持人的发音、语调、神态；看名师的光盘时，她会反复地模仿名师的一句话、一个表情、一个手势；在备课时，她会同时翻阅四五种参考资料，在学校备不完的课就带回家备；在准备第二天的课时，她会在家里对着镜子先讲一遍甚至几遍……武老师说，这种“疯魔”的背后其实是自己对名师教学境界不可遏制的模仿和追求。虽然这个过程很苦，但她明白：“无论是成功时，还是失败时，我都会把艰辛的劳动看成是生命的必要。即使看似没有收获的指望，我也能心平气和地继续去耕种。”初为人师的这种钻劲很快让她适应了角色的转变，从教第一年，她就参加了城关镇举行的优质课比赛，并成为城关镇唯一的选手参加了县里的比赛，大家都说城关镇杀出了一匹黑马。

毕竟是初为人师，武艳艳也很明白自己课堂教学的短板所在：依葫芦画瓢、“目中无人”，即只关注自己的“教”，关注自己的课与名师的课像不像、设计得精彩不精彩，很难顾及学生的反应。这也是很多新任教师的教学关注点所在。但是，正是从教之初的这种历练和肯定，让武老师在专业起步的时候，就有了自信和方向。

对于适应阶段对教师专业发展的作用，美国国家教育研究所曾在其研究报告中提出：“一个人第一年教学的情况如何，对他所能达到的教学效能水平有重大影响，而且要持续数年；会影响到整个40年教师职业生涯中对教师行为起调节作用的教师态度；也确实会影响到教师是否继续留在教学专业的决策。”在适应期，作为教师个人来说，应该多听其他老师特别是名师的课，修炼教学基本功；作为学校来说，必须高度重视适应期教师的表现和感受，保护教师的积极性，创造机会引导教师专业发展，让他们明确方向、建立信心。一般来说，初任教师经过1~2年就能适应角色和环境的转变。

成长阶段（快速发展阶段）

职业发展像是在热带雨林中寻找出路，而不是在高速公路上开快车。我们每个人都要努力发现一条适合自己的、能实现自身职业理想的道路。

——美国学者贾隆格和伊森伯格

在“您觉得对于自身专业发展来说，最关键的阶段是什么?”这一项调查中，有89%的“成长力教师”的答案集中在“成长阶段”。这一时期的主要特征是：发愤图强、大量学习，以便尽快成为一名“胜任教师”。虽然教师专业发展一直是一个渐进的过程，但这一阶段相对来说是成长速度较快的，根据不同教师的发展情况大致为3～8年。

经过适应期的历练，教师的职业意识和专业态度已经建立，个人处理问题的能力也加强了，并有了不断完善自己的迫切需求，开始自觉地寻求和参与各种教师专业发展活动，大量学习与发展各种专业能力。对“成长力教师”的调查显示，此时教师的职业关注点和诉求主要集中在教学和课堂管理的技术层面，如大量阅读有关教学案例、课堂实录、班级管理等方面的图书，观摩名师课堂和优质课比赛，等等。同时，部分教师开始有意识地记录自己对教育教学的点滴感悟。

襄城县库庄乡第一中学的库亚鸽老师在从教几年之后，为了吸引更多学生热爱自己的课堂，她想尽办法提高自己的教学技术。那时候，学校把学习魏书生的材料下发到每位教师手中，要求写学习心得。通过学习，库老师学会了民主管理学生，学会了坚持把小事做好，学会了教学生自学教材……后来，库老师又从《特级教师风采录》中认识了于漪，把她视为又一个榜样。有段时间，她几乎天天读于漪老师的教学实录，课本的批注密密麻麻，每一节课怎么上、每一个问题怎么问都写在书上的空白处。2003年，库老师开始上网，学习电脑制作，在网上阅读Flash教程、PPT教程、绘声绘影教程、网页制作教程等，电脑技术大大提高。信息技术与学科整合成了她深入钻研的方向。“那时，我觉得有了完美的教学技术，自然就能游刃有余地驾驭课堂，教学成绩自然就会提高。”库老师的这段话是处于成长阶段的教师普遍的职业心理和发展状态。此阶段会对教师的教学能力与技巧提出要求，以尽快胜任课堂教学，所以教师较多关注课堂教学所需的知识、能力与技巧，以达到“学以致用”的效果。

这一时期是教师专业发展的快速时期、关键时期，因而需要学校和教育主管部门给予其更多的协助和引领。如开展公开课、优质课观摩活动，给青年教师提供展示自我的机会；组建“成长共同体”，让身边的优秀教师带领青年教师成长；让青年教师“走出去”，参加有关培训和报告会，开阔视野……如果在成长阶段教师没有得到适当的协助和引领，可能会延长青年教师在这个阶段的成长时间，更有甚者，可能会有个别教师走不出这个发展阶段，所谓“工作30年只是前3年的重复”即是例证。

称职阶段（高原阶段）

优秀是卓越最大的敌人。因为一旦你满足于自己的优秀，便是平庸的开始。

——特级教师高万祥

经过成长阶段的积淀，多数教师都能成为称职的教师：十年磨一剑，教学上逐渐形成了一套方法，甚至有了自己的风格，教学成绩稳定，奠定了在本学科、本学校的骨干地位，成为学生、家长、同事都信赖的教师。

但是，教师在进入称职阶段的同时，会进入一个平缓发展时期，即高原阶段。对“成长力教师”的调查结果显示，近80%的“成长力教师”都遇到过专业发展的高原阶段，且都是在进入称职阶段之后。

由于年龄的增长和现实的打磨，很多教师激情消退，发展方向开始模糊，发展动力明显不足，相当一部分人就此停下脚步。与此同时，职业倦怠开始滋生。焦作市中站区府城办事处造店回民学校的赵莉莉老师曾这样描述那时候的自己：每天上课说是照本宣科一点儿都不为过，改着作业发着牢骚，照着教参抄教案，还不耽误和别的老师说笑，盼着下课，盼着放学，盼着能逛街的星期天，“但有时也觉得很空虚、无聊，莫名地焦虑”。后来，她才知道这种状态叫“职业倦怠”。

职业倦怠是很多处于称职阶段的教师，甚至是后来很优秀的教师都曾经有过的职业体验。作为教师本人，关键是要有自我发展的意识和教育信仰，像赵莉莉老师那样，在感觉职业倦怠时敢于追问自己：“我的人生到底追求什么呢？怎样才能拥有职业幸福？一个教师的生命价值到底是什么呢？”超越高原阶段，就需要教师打开视野，不断否定自我、更新自我。

在教师专业发展的各个阶段，都需要有一些“关键事件”、“重要他人”起到引领的作用，特别是在高原阶段，更需要教师把握住这些发展契机，让自己在“顿悟”的基础上实现超越。在“成长力教师”突破专业发展瓶颈的经历中，“一个偶然的机会”往往会起到关键的作用。

“一个偶然的机会”，赵莉莉老师听了新教育实验教师常丽华的报告。赵老师没有料到，报告让自己“极为震撼”。常丽华的激情、优雅、自信以及诗一般的语言，还有呈现出来的学生绘画、诗歌作业等，将她原本“平静”的内心一下子搅乱了——“原来，教师可以这样活！学生能那么优秀！”于是她有了“对自己的人生而言，到底什么是有意义的事？”这样深层的追问。

“一个偶然的机会”，濮阳市油田第一小学的侯长缨老师在网上搜索教育教学方面的资料时，看到了“教育在线”论坛总版主李镇西的名字，马上钻进去一看——嗬！好大的世界！许多来自全国各地的优秀教育工作者，在这里共同探讨教育的真谛，她终于找到了一方属于自己的精神家园。在李镇西老师和众多网友的热情支持下，她幸运地当上了“李镇西之家”的副版主。她把这个机会当成一种动力，逼着自己学习、学习、再学习。一向自称“蜗牛”的侯老师，在网络的助推下加速前行。

“一个偶然的机会”，商丘市梁园区双八镇第一中学的张占营老师参加了河南省中学语文优秀教师、教研员研修班。其间，他目睹了余映潮、程翔、孟素琴等名家风采。“专家就是专家！”张老师感叹道。一直扎根农村、乐于默默探索的他，眼前霎时亮了起来：无限风光在险峰！就在那次研修班上，省教研室的孟素琴老师语重心长地分析了河南省教育发展状况，有喜有忧，担忧的分量还是很重的。她说：“省教育厅领导问我，在全国有影响力、叫得响的教师河南省有哪些？我能说出的还是那么三四个人，而像我们的邻省山东、湖北则有一大批名师队伍。”孟老师就在那个会上，向河南的语文教师提出了“知耻而后勇”的口号。就在孟老师激动人心的话语萦绕耳畔时，张占营就默默立下了誓言：“我要向孟老师所表扬的申宣成、常作印等老师学习，力争在5年内让自己也跨入这些已成长起来的教师行列中去。”张老师说，也就在那次学习回来后，他的教育人生才算真正起程。

其实，处在专业发展高原阶段的教师，并不是无所作为、静等机会的。对于拥有自己的教育理想和信念的教师来说，在以上这些“偶然的机会”背后，是教育经验的不断积累和沉淀，是不断地提升自己的实践品质和理论素养。在这一阶段，教师的专业视野已经不再局限于学科教学和技术层面的知识，而是逐渐有了教育理论的需要和自觉。

可以说，教育实践发展到一定水平之后，必然产生对教育理论的需求。就像濮阳市高新区实验学校的韩素静老师所说：“最初，只要求‘知其然’，但时间愈长，愈要求‘知其所以然’，而要解决‘知其所以然’，就是读教育理论。”进入称职阶段之后，每位教师都面临着理论与实践、知识与技能、局部与整体、专业能力与专业情意的整合协调、全面发展的问题。在千百次地游走于讲台之后，让自己回到教育的原点，给自己一个重新的启蒙，是教师走出高原阶段的必要选择。

“实践中，您觉得自己是否有对教育理论的需求?”在对“成长力教师”的这项调查中，绝大多数“成长力教师”回答为“有”，且很多教师加上了“强烈”二字。但同时，也有两位“成长力教师”回答“没有”，理由是“很多所谓的理论，对实践和操作没有指导意义”。理论脱离实践的现象的确存在，但一线教师对教育理论的盲目拒斥，和教育理论研究者对实践的不屑一样让人痛心。

成熟阶段（再发展阶段）

在专业发展的高级阶段，教师的专业发展动力转移到了专业发展自身，而不再受到外部评价或职业升迁的牵制，直接以专业发展为指向。

——华东师范大学教授叶澜

有的教师在成为称职教师、获得了一系列的荣誉之后，没有沉浸在成绩和荣誉中，而是在更高的层面上实现自我价值。在经历了自我否定和更新之后，迈入了成熟阶段，实现了教育生涯的再次起程。

一些教师觉得40岁就“船到桥头车到站”了，其实，40岁左右属于教师工作的最佳状态阶段，即处于创造性的教学阶段。处在此阶段的教师，已经形成了自己的教学风格和丰富的实践智慧，甚至可以总结、提炼自己的教育教学观点和理论。其专业发展的动力，更多的是来自自身的精神需求，一些外在的评价对他们的影响相对较弱。正如郑州市第六十二中学的赵渝老师谈到的“40岁心态”：“40岁左右，可能因为年龄问题，感到自己被边缘化了，有过灰心之感，但后来通过阅读越来越感觉个人生命的价值是不以年龄论的，于是坦然面对一切，不再计较外在评价。”

对于这些老师来说，学校最大的帮助和支持就是放手：给他们学术自由和思想自由。当教师回到教育的原点思考问题，当教师有了理论的准备和实践智慧的积累，当教师对教育的意义、对学科教学的意义、对什么知识最有价值，都有着清醒的意识时，他的教育生涯就注入了研究的态度，他的教育实践就会走出经验的局限，走向理论的体认和教育意义的真实追求。在这一阶段，教师在学术上的成功激发教师对教育进行深层次的思辨，跳出学科范围，开始思索构建自己理想中的教育。

武陟县实验中学的范通战老师在“活动式训练课型”研究的基础上，提出了“归真教育”，并积极引导学校教师大胆实践，将“活动”理念贯彻到学校的管理、德育、教研等多个方面，通过活动把僵化的教育激活，使变异的教育回归本真追求。他说：“教育教学不可能只依靠一种思想、模式或方法，教师应该‘广采博取，含英咀华’，大量吸收先进的教育教学思想，对它们进行哲学化思考，挖掘其核心，结合自己的教育教学实践，形成自己的教育思想，或创造一种适合自己的、自己擅长的教育教学方法。”有了这种心态和工作状态，成长就不会有终点。

库亚鸽老师在2008年通过网络加入了新教育教师专业发展项目，开始了真正的专业阅读。几乎每天晚上，库老师的灯都亮到深夜。灯光下，她每年专业阅读不少于100万字，密密麻麻的读书笔记写了一本又一本；她坚持写教学反思、教育随笔、教育案例，每年专业写作不低于10万字……当一位老师开始追寻教育文化的本源，检视各种教育理念的起源、发展、意义以及与教学的关系时，他便对教育教学有了自己的判断，也获得了专业自由。于是，库老师开始开发校本课程，构筑理想课堂，自主设计了“小小的天有大大的梦想”、“为中华之崛起而读书”、“热爱生命——汪国真诗歌之旅”、“我和春天有个约会”、“道路前面还是道路”等晨诵课程。库老师把这些课程资源推荐给全县参与新教育实验的教师，让它们开花结果，被许昌市语文教研员叶世慧称赞为“非常珍贵的教学资源”。

稍有遗憾的是，我们的“成长力教师”中还没有在全国有较大影响的名师。不过，这也正符合我们评选的初衷：关注青年教师，关注未来发展。我们的“成长力教师”的年龄多集中在30～40岁，大多正处于高原阶段向成熟阶段的迈进过程中，这些优秀的青年教师正通过不同的、适合自己的发展路径完善着自己。

教师专业发展阶段性超越的本质，不是获得了一张张荣誉证书，不是外在的职称等级加身，而是内在的职业心态的转变、专业视野的拓展、教育能力的提升，是教育思想和理念的启蒙、再启蒙，是对“小我”的否定，对“大我”的把握。

我们期待着“成长力教师”以及所有的优秀教师再次出发，从优秀走向卓越！

（原载2011年9月7日《教育时报》，作者：杨磊）

教师专业发展的核心品质

一位优秀教师的专业意识，集中体现其专业自我。这一点，主要从教师职业的自我认知、自我感受、自我设计方面来体现。其中，自我认知主要是指对教师角色、性质的认识。教师是什么？教师的特质是什么？教师自身的职业发展如何？而自我感受则是指教师对角色、性质以及自身教育效果的认识和评价，进而产生的专业自我的效能感，以及由此而产生的职业满足或职业倦怠等感受。自我设计是指教师在对职业自我的观察、评价以及感受的基础上对自身职业发展进程的设计。

教师在专业成长经历中，各种核心品质都会影响到自身的发展方向。综合前三届“河南最具成长力教师”的发展经历，我们不难发现，大家在职业理想、个性特质、执著精神、自我管理、合作意识等方面，体现出了许多共同的特征。

职业理想：我怎么看教师

内在价值发展的最高境界是充实与幸福的主体体验境界。在这样的境界里，外在价值和内在价值都体现为真、善、美统一的人类终极目标。

——南京师范大学教授杨启亮

“您选择报考师范院校或者选择做教师，是主动的还是被动的?”在对“成长力教师”的问卷调查中，大多数教师回答：主动的。

在回答“您有没有产生过改行的念头，目前有没有这样的念头”时，90%的被访者回答过去没有过改行的念头，所有的被访教师都回答目前没有改行的念头。

数字统计是冷漠的，但是，数字下面体现出的是这些教师对教育的坚定态度和火热情怀。当下，不少教师对于自身的职业满意度低，产生职业倦怠，缺乏热情，甚至有弃教改行的念头。这当然有很多的外部原因，但从内因上说，是教师缺乏职业认同所致。职业认同是教师产生职业追求、获取职业幸福的最基本条件。

一些人选择当教师是因为谋生需要，而不是因为教育事业的伟大，不是基于立志教育事业的选择。“成长力教师”的职业认同，是坚信以育人为己任，认为教育创造着人类的未来。基于这种认同，他们即便是遇到了困难和挫折，也不会轻言放弃。

“成长力教师”在回答问卷时都提到自己的教育理想，并对自己的理想充满憧憬。南阳油田第二小学的付以华老师写道：“一个人一生中能坚持做一件自己喜欢的事情，并且一直以一种激情去为之追求奋斗，这是一种莫大的幸福。”

虽然理想是一种完满状态，或许这种完满永远是理想，不可能真正实现，但这并不意味着我们不需要这种完满的理想。我们心中有没有这种理想，与我们从事的教育行动是有极大关系的。当我们胸怀理想，理想就会吸引着我们，督促着我们一步一步向着这个美好的境地走过去，我们便会提高自己的品位，升华自己的教育信念。

个性特质：专业发展的支撑

优秀教师应该具备的个性特质：热忱关怀、真诚直率、胸怀宽阔、作风民主、客观公正、自信自强、耐心自制、坚韧果断、热爱教育事业。

——辽宁师范大学教授韩进之

教育的对象是人，是一个个鲜活的生命体。教师作为同样的生命体，应在教育活动中进行生命体之间的交流活动，用一个智慧生命开启许多的智慧生命，用一个心灵唤醒许多心灵，用一种人格影响许多人的人格，用一种热情去温暖许多生命。教育的目的不仅是知识的丰富、智力的成长，还有情感的浸润、意志的砥砺、人格的完善、心灵的圆满，进而体验到一种精神上的幸福。所以，教师必须走出技术型、专业化的误区，全面关注学生的生命成长。同时，更要超越技术型、专业化背后的“知识传授”的观念。

我们不否认教师学科知识的掌握和教学技能的提高在教师专业发展中的作用，尤其是在新教师成长中的作用。但无论是谁，如果他的专业发展只走一条技术化的路子，最终会失去教育的“生命价值”。因为，教师职业主要不是技术型职业，教育技术不足以体现教育活动的真谛，教学技术不是教师职业实践的根本，不足以作为教师专业化的根据，无法支撑起教师专业化。那么，支撑教师专业化发展的主要依据是什么呢？最主要的，应该是教师的个性特质。这一点，在郑州市第六十二中学的赵渝老师身上体现得尤为突出。

特级教师高万祥曾为赵渝老师写道：“读您的事迹报道，让我有一种高山流水遇知音的感觉。‘读书、写博、驴行：一个都不能少’，语文教师的生活方式，实在是决定语文教学优劣高下的十分重要的因素啊！羡慕您，也羡慕您的学生。”

赵渝老师不仅课上得精彩，和学生心贴心，更难能可贵的是，他数年如一日地坚持写博文，写教学日记。像所有潜心探索新课改的教师一样，他酷爱读书。他家的书，书柜放不下，甚至堆满了床头。《夸美纽斯教育论著选》《斯宾塞教育论著选》《我的教师梦》《最佳课例研究》《莎士比亚戏剧集》《歌德谈话录》……一本一本被他“吃”进去，反复咀嚼，又孵化成文字，运用于课堂，催促着他在学习、改进、提高的良性轨道上阔步前进。

他的一言一行深深地影响着每一个学生，学生们心甘情愿做他的超级粉丝。几年来，赵渝老师已积累了两千多篇博文。他将自己写的一篇篇博文念给学生听，他把学生写的文章打印出来，让感到自卑的学生到讲台上念自己的文章、念老师给自己的寄语，主动去握学生的手，让学生昂起头来做人；他绝不局限于初中六册薄薄的课本，为了拓展学生的阅读面，他把自己的书借给学生看；他和学生一起读泰戈尔和惠特曼的诗；他给学生补充国学知识，讲《论语》《弟子规》《老子》《世说新语》和《人间词话》。

赵老师还有一项壮举，就是曾经骑着一辆破旧的单车从郑州出发去青岛、去上海，所到之处和当地的学生、家长交流学习和教子之道，还主动帮助不少家长转变观念，和孩子做朋友，把教育教学之花绽放到更广阔的土地上。

就是这样一位个性鲜明的老师，读书、写博、驴行天下，不仅在教学上得到学生的一致拥护，而且，在社会上拥有了一定的知名度。

合作意识：不再孤立无助

单个的人是软弱无力的，就像漂流的鲁滨逊一样。只有同别人一起，他才能完成许多事业。

——德国哲学家叔本华

新课程下的教师合作是教师工作特点的需要，是实施新课程标准和推行新教材的需要，是学生学习的需要，更是教师自身成长的需要。新课程下的教育教学不是仅限于学校、教室、课堂、课标和课本的严格范围之内，教师也不能仅限于三尺讲台之内的讲授，而是需要立足于学生的终身发展，着眼于学生的创新精神和实践能力的培养，去研究教材、指导教学。这就需要教师之间的合作，需要教师相互借鉴，共同探讨。

以商丘市第一实验小学赵新亚老师为例：

2001 年，中央电化教育馆“十五”规划课题、河南省重点课题“在多媒体与网络环境下，构建小学数学自主探索、协作交流的教学模式”正式开题。2006 年 3 月，在全国“十五”课题结题大会上，赵新亚带着课题组成员的重托，带着大家智慧的结晶，作为课题组代表汇报发言，详细介绍了课题的进展情况。对于课题组取得的科研成果，中央电化教育馆的相关领导给予了高度评价，最终获得了河南省第三名的好成绩。

2008 年，学校教科研中心成立，作为学校教科研中心的主任，赵新亚经常思考：如何让每位老师都树立起课题意识，借助课题研究这一载体，有效提升教师的专业素质和学校的办学品位。于是，赵老师在给老师们鼓劲儿、打气儿，动员大伙儿积极参与课题研究的同时，还请商丘市教研室领导对教师们进行课题培训，帮助大家走出“做课题难”的误区。目前学校的课题研究形势喜人：2009 年以来，学校共承担省级课题 9 项、市级课题 17 项，已结题 13 项。

正如美国学者波斯纳认为：教师的成长 = 经验 + 反思。这里所说的反思与通常所说的静坐冥想式的反思不同，它往往不是一个人的独处放松和回忆，而是一种需要认真思索乃至努力实现的过程，而且常常需要教师们合作进行。教师之间的专业切磋、协调合作，有利于改变个体孤立无助的现象，能变个体之间的竞争为集体合作。

执著精神：实现理想的必需

在人自我实现的创造性过程中，产生出一种所谓的“高峰体验”的情感，这个时候是人处于最激荡人心的时刻，是人的存在的最高、最完美、最和谐的状态，这时的人具有一种欣喜若狂、如醉如痴、销魂的感觉。

——美国心理学家马斯洛

马斯洛把“自我实现”看做人的最高需要。当这种需要得到满足时，人就会产生一种“高峰体验”，能够体验到最强的充实感、欣慰感和幸福感。胸怀教育理想的教师，经过不懈的努力和追求，一定会实现自己的教育理想，书写自己辉煌的教育人生。一个教师物质上可能并不富有，但当他体验到教育带给他内在的尊严和欢乐时，他在精神上一定是最幸福的。

我们再来看看赵新亚老师的经历：8 年前，赵新亚开始了她的“自主—创新”的教学实验之旅。

数学教学不能只一相情愿地传授知识，否则孩子们那充满生命灵性的奇思妙想岂不被知识的、逻辑的符号淹没了？怎么办？赵老师静下心来反复揣摩后，大胆地走进了自主性实验的天地：在课堂教学中，她转变教师角色，蹲下身来，用欣赏的眼光看待学生、发现学生；她时常给予学生一个个思维价值很高的、具有挑战性的问题，直入课堂研究主体，让孩子们在开放自由的学习空间，或进行大胆猜想，或借助学习材料合作探究，或以小组为单位有声有色地向全班汇报着他们的发现、他们的成果，或不时接受台下同学的提问质疑……这一切的一切，让她欣赏，让她陶醉，也让她形成了自己独特的教学风格和特色。

孩子们“活”起来了，课堂里充满着浓浓的学习气氛：他们敢于质疑，敢于挑战，把学习当成是一件快乐的事。“孩子们，你们是最棒的！”“老师，我们最喜欢数学了！”……一句句话语激励着她和学生们不断地成长。一路走来，一次次由市级到省级的课堂教学过关比赛，一节节省、市级的优质课、示范课，一场场各级各类比赛，让赵新亚得到了锤炼，让她的课堂教学艺术更加成熟。

无独有偶，安阳市人民大道小学的胡静老师，教的同样是小学数学，几乎有着同样的经历。

“在同龄人中，我觉得可能是因为勤奋，所以一直很幸运。”胡静老师说。刚参加工作时，为了开阔自己的视野，她就想到了要多看书。那时候，乡村小学教师普遍没有自费订阅报刊的意识，胡静是全校第一个自费订阅《小学数学教师》《小学教学》的老师。她常把刊物上的优秀教案、教学经验甚至一段好的开头、一句精彩的表扬语，都记下来认真琢磨，然后消化吸收，再运用到自己的课堂教学实践中去。

成功总是垂青有准备的人。1999 年，为了参加 9 月份河南省优质课大赛，暑假里，胡静几乎没有休息过一天，看书、研究成了她每天的必修课。她对每册教材都进行精心研究、细致揣摩，还写出两本备课详案。她说：“所有这些努力都为自己日后的游刃有余奠定了基础。”

毋庸置疑，虽在不同的地方，但是这些教师的成长轨迹却是惊人的重合，这就足以说明，教师成长的过程，是有其特殊的规律可循的。

河南师范大学附属中学的张存敬老师在谈到自己的经历时也说：6 年来，我一直在学习，丰厚的积淀承载着我专业成长的底蕴。教师学习的内容丰富多彩，比如对于教育理论的学习，很多教师多年来都积淀了一定的教育教学思想，形成了自己的教学行为习惯，但如果没有对教育理论的系统学习，就很容易忘情于自己的一时冲动之中，并凭情绪办事。所以我们应该通过各种专业理论知识的学习，形成关于教育的一种最初的思想观点和价值取向，并逐渐内化为自觉坚持的教育教学行为准则，直至递升为某种教育主张观念的信奉。

舞阳县第一实验小学的孙晓娜老师感悟道：“执著终能成就更好。18 年的从教生涯，我经历了‘自卑—自悟—自信—自傲—自省’五个阶段。”“师范毕业后我先在一所村小教学，1994 年被调入舞阳县第一实验小学。当时，与教学水平高、管理能力强的‘一实小’老师相比，我深深地感到了自卑。于是，很长时间内，我成了最谦虚的‘学生’，反复听老师们的课，一遍遍修改自己的教学设计，全身心扑到了教学上。就这样，我进入了自悟阶段。通过几年的实践学习，我的教育教学水平有了明显提高，我执教的公开课获市级一等奖。我逐渐认识到，只要注重学习，努力工作，我也能成为一名合格的数学教师，于是我进入了自信阶段。在教学实践中，我进一步探索教育教学规律，领悟到学生经历数学学习的过程，最核心的是思维的介入。我两次参加市教学技能大赛，均获一等奖。在一片赞扬与掌声中，我满足了，以为自己可以松口气了，不知不觉滑入自傲阶段。近几年，随着新课改的推进，我有幸参加了一些国家级、省级培训，聆听专家的专业引领与精心点拨，逐渐发现，自己的教学思想有片面性，是肤浅的！于是，我开始反思自己的教学，希望能经过自省阶段的反思、历练，达到课堂上挥洒自如，浑然天成，使教学成为艺术‘自然’阶段。”

其他老师在这方面都有着相同的体会，可见，坚持不懈地学习、钻研，对一位教师的成长有着至关重要的作用。

自我管理：永不停下脚步

我们生命的过程，就是做自己、成为自己的过程。

——美国心理学家罗杰斯

教师的自我管理首先要求自治。教师的自治主要表现在两个方面：一是善于促使自己去执行决定，战胜妨碍执行决定的一切因素；二是善于在实际行动中抑制消极情绪和冲动行为，自觉地控制、调节自己的行为。因此教师必须加强培养自我管理能力，在日常工作生活中自觉对自己的行为进行自我评价，有意识地经常坚持进行自我磨炼。

刘娟娟老师在谈到成长感悟时说道：在课堂人生中，我经历了这样的三个阶段——我为课苦，我为课狂，我为课甜。十多年前，是“我为课苦”的练课阶段，领导每周都要听我一节课。教材处理、重难点把握、教学流程设计……行吗？对吗？合适吗？不知道。苦恼、焦灼，手足无措。十年前，是“我为课狂”的赛课阶段，从油田一级一级的优质课中走出来，一节一节的参赛课中磨出来，我走向了省第四届优质课比赛的现场，获得一等奖之后，又先后到驻马店、信阳等地上邀请课，还有展示课、接待课，我像超人一样打磨着一节节课，幸福、狂热，顾不得疲倦。如今，是“我为课甜”的阶段。这“甜”，并不是我上的课节节精彩、堂堂成功，而是逐步找到了上课的感觉，把握住了课的基本脉搏，我懂得了我在为谁上课——为学生上课，为释放自我上课。这“甜”，是反思，是提升，是课后的收获和体验。这“甜”，是微微的甜，也是涩涩的苦；是开心的笑，也是淡淡的遗憾。三个阶段走来，我深深懂得了什么是好的教学。好的教学是对学生的亲切款待，是与学生亦教亦学的共舞，是心灵与心灵之间的默契与关联，是对学生本性保持着的开放、信任和期待。教与学，这伟大的事物，使我们的生命更完整、更美好。没有“独上高楼，望尽天涯路”的迷惑，没有“为伊消得人憔悴”的痛苦，怎能体验到“蓦然回首，那人却在灯火阑珊处”的幸福？我庆幸，在课堂教学的漫漫长路上，这感觉，我一一走过。从教二十多年，细品其中味，我想，这就是成长。如果用一个词来概括我对语文课堂的追求，那就是——活力。语文课堂应该是充满活力的课堂，不同时期的课，有我对“活力”的不同诠释。

胡静老师回顾自己二十多年的教学实践，也深深体会到：教育不是重复，而是创造，每个人也只有在这种不断超越自我的创造过程中，才能真正感悟出做教师的幸福。成长是我们生命中永恒的主题。不停下前行的脚步，我要成为最佳的我！

不得不说的话

经常遇到这样的追问：我们教师成长的目的是什么？教师成功的标志又是什么？

我们也深深思考：我们举办“河南最具成长力教师”的评选活动，是基于一种什么样的主张？要将教师们的专业成长引向何方？

这个问题很难有一个圆满的答案。直至目前而言，最好的答案是：追求教师的专业成长幸福。

曾经有过一个调查：什么是使人幸福的最重要因素？结果表明不是金钱、健康，甚至不是美满的爱情、婚姻和家庭。真正幸福的人只有两点是共同的：他们明确地知道自己的生活目标，同时他们也感受到自己正在稳步地向目标前进。

幸福是种感受和体验，也是一种实在的生活境遇。教师的教育幸福，不仅关系到教师本人职业生活的幸福，也关系到学生的幸福。这种专业成长的幸福感是建立在教师作为“人”和“职业者”的幸福之上的，是更高一层级的幸福，具有鲜明的创造性、利他性特征。

三届“成长力教师”的评选使我们感觉到，教师们都体现出了这种精神追求，在诸多方面显示出了优秀品质。

但是，尽管30位“成长力教师”表现出多个方面的优秀品质，现实存在的问题在一部分教师身上还是比较突出的：

1. 要增强职业规划意识，制订发展目标，包括阶段性的、长远的发展目标。30位教师中，明确说自己有职业规划的尚不足一半，清晰列举自己职业规划的教师更是少之又少，这在实践中具有突出的代表性。

2. 弄清自己的价值观、特长、教育教学风格，明确自己的发展阶段。这一点虽然只在部分“成长力教师”的问卷中有所显示，但也同样具有一定的代表性。

3. 要善于总结达成目标的过程中形成的经验教训，及时修正自己的认知和最终的职业目标。尽管绝大部分教师都能够意识到这一点，但是，能够上升到理论的层面主动剖析自己，并用于指导自己今后的目标达成的行动的，还为数不多。

（原载2011年9月7日《教育时报》，作者：李世超）

“最具成长力教师”媒体记录

成长，往往自关注身边榜样开始。“河南最具成长力教师”的成长故事，可谓鲜活的成长范本。不寻常的成长行动，成就着他们不一般的教育收获。不管是以寻找成长方式为目的的认真解读，还是着眼于优秀教师成长品质的全面解析，你都会有所悟、有所得。成长的智慧多是来自于以往的积累，学人助己则是我们之于未来的期待。

范通战

［成长档案］

学　　段：初中

学　　科：语文

学　　校：武陟县实验中学

教　　龄：23 年

成绩荣誉：国家级骨干教师，河南省义务教育课程改革先进个人，首届河南最具成长力教师

颁奖词：含英咀华，博学约取。以真教育熏陶真生命，以真生命激扬真教育。你，是一位真正的师者！

专家评语：归真教育是范老师为建构教育思想寻找到的一个支点。虽然我们现在还无法预测这个“点”在未来能变成什么，但我们有理由相信，只要范老师围绕这个支点不停地思考和实践，总有一天能依据它撬动中学语文。

——武凤霞（江苏省无锡市扬名中心小学副校长、特级教师）

成长感言：为灿烂生命奠基，为幸福生活铺路，做真教师，行真教育，育真人才，努力打造成功的实践范本，做一个归真教育的播火者。

归真教育的实践者

他身处教学一线，一年时间里却能在《中国教育报》《中国教师报》《教育时报》《师道》《新风教育》等报刊上发表教育教学文章五六十篇；他在《河南日报》上撰文揭批教育时弊，震动全县，引起全县教育改革大讨论；他有多次可以改变教书匠命运的机会，或做官，或做省报的编辑、记者，然而他对教育教学更感兴趣；他有自己的教育梦想，即为改变教育生态——激活师生的生命状态、提高师生的生活质量，多做些实事……

他叫范通战，武陟县实验中学一名语文教师，教科研室主任。2004 年，范通战从全市一万多名竞争者中脱颖而出，成为焦作市 23 名“科研型教师”中的一员，随后他又获得一系列沉甸甸的荣誉。范通战虽然在焦作市乃至河南省的基础教育界颇有些名气，但他认为，教师专业成长的标志并不是获得各种各样的荣誉，而是教师对于教育教学有自己的见解，形成自己的一套思想体系。“不可能人人都成为魏书生、李镇西，但是你一定要有自己的教育思想。”

寻找自己的成长标志

“谈成长，不能不说我对‘活动式训练课型’的研究。”范通战开门见山。

1994 年，范通战在新乡听了上海市名师陈钟梁的一节公开课《中国石拱桥》。这节课，陈钟梁拖堂十几分钟，有些教师就开始议论，“名师也不怎么样”，而范通战则看到了门道：阅读课文后，陈钟梁请学生到黑板上画石拱桥大拱、小拱的相对位置。学生一画，一时间兴致高涨，跃跃欲试，课堂气氛也迅速活跃起来。最后，学生在轻松愉悦的氛围中很快就分清了“两肩”、“两边”、“两端”、“两旁”等词的区别，一节课紧紧扣住了说明文语言表达准确性的主旨。

名师课堂上的这个细节让范通战很受触动，“活动”二字从此在他心里扎下了根。不过，他的“顿悟”还是在1995年秋天的一个午后，他读到《论语》中的一句：子曰：“赐也，女以予多学而识之者与?”对曰：“然，非与?”曰：“非也，予一以贯之。”

“那个时期，教育教学的各种提法、模式非常多，自己教学就是跟着风潮，东抄一下、西学一下，想照葫芦画瓢，却总画不成，教学累，也不出成绩。读到这一句时立刻又想到了陈钟梁的那节课，有一种豁然开朗的感觉，想自己的教学为什么不能让‘活动’一以贯之呢?”

范通战认为，教育教学不可能只依靠一种思想、模式或方法，教师应该“广采博取，含英咀华”，大量吸收先进的教育教学思想，对它们进行哲学化思考，挖掘其核心，结合自己的教育教学实践，形成自己的教育思想，或创造一种适合自己的、自己擅长的教育教学方法。

课堂教学：活动一以贯之

对于范通战的“活动一以贯之”，可能很多教师不屑一顾，甚至嗤之以鼻，因为新课程改革实施以来，活动成了课堂教学尤其是公开课上的一大景观，不过很多所谓的“活动”毫无意义，根本体现不出合作学习、探究学习的课改核心理念。

因此，范通战在向别人解释时常要费些口舌。他认为，对活动的理解不能简单化、片面化，以为学生肢体动了就是活动，“只有那些将学生的知、情、意、行与各类课程资源有机融合，在实施过程中学生乐于参与的活动，才是真活动。这样的活动才能激活学生积极昂扬的生命状态，学生在学习知识、发展能力的同时，还能真正体验学习的快乐”。

《给女儿的信》这篇课文选自苏霍姆林斯基写给自己14岁的女儿的信，在信中，苏翁就“什么是爱情”这个话题与女儿进行了交流。在这节课上，面对七年级的学生——十三四岁的少男少女、苏霍姆林斯基女儿的“同龄人”，范通战设计了三个活动：1. 请每位学生用一句话表达“什么是爱情”，用一张纸写下来，匿名，对折之后放到讲桌上；然后请5位学生走上讲台，各随机抽取一张“爱情答卷”，念给大家听，并作个短评。2. 认真阅读课文，重点围绕奶奶讲的童话故事，然后针对故事中所讲的三个阶段（1年之后、50年后、妻子去世之后），以“爱情就是那……”的句式，再分别用一句话来定义爱情，然后请学生们展示、相互评论。3. 请学生以“女儿”的身份，给“父亲”苏霍姆林斯基写一封回信。

范通战说，设计这三个活动就是为了引导学生初步去面对爱情、了解爱情和思考爱情，为其将来确立正确的爱情观奠定基础，另外活动中还蕴涵着对学生概括、写作、表达等能力的锻炼。

这节课上，自始至终，学生的思维都处于活跃状态，真正融入了课堂，即使是最俏皮的学生，也被深深地吸引。在活动的第一个交流阶段，一位学生读道：“爱情，就是一杯二锅头！”这个答案立刻引来哄堂大笑，有人高喊：“酒鬼！”有人趁势说：“我提醒每一位女同胞，将来千万别找这样的人！”教室里又是一阵大笑。范通战则适时引导：“这个同学对爱情有独到的理解。北京二锅头，浓烈、香醇、绵润，我想他未来的爱情生活一定会像二锅头那样让人感到回味无穷。”学生则在笑声中鼓掌称赞。

这样的精彩课例在范通战的“活动式课堂”上比比皆是。范通战说，他的目标就是想尽办法改变学生的精神状态，使他们快乐地学习、积极地学习，看到学生精神抖擞、充满自信、踊跃表现的样子，他真的感到教育是一个幸福的事业。

归真教育之梦

在校长郭玉珍、语文教研组组长任玉仙的大力支持以及同事们的通力合作下，2004 年，范通战的“活动式训练课型”研究获得省优秀教研成果一等奖。课题虽然结题，但是他对“活动”的研究并没有结束，他积极引导学校各功能室及全体教师大胆实践，将“活动”理念贯彻到学校的管理、德育、教研等多个方面。现在学校德育的活动特色已经凸显。另外，“校本教研活动化”的思路给学校的教科研工作注入了原动力。2008 年，学校语文教研组被焦作市教研室推荐为省优秀教研组——全市学校中仅有两个教研组获此殊荣。

范通战心中还一直在构想一个更大的计划，即通过活动把僵化的教育激活，使变异的教育回归本真追求。他将此命名为“归真教育”。

范通战认为，学生学习就是为了明天能生活得更幸福些，教师工作就是为了生活能更美满些，我们的学校教育就是要为师生的幸福美满生活注入一些原动力，然而教育的现状却与这样的初衷并不相符。“改变师生的生命状态，改善师生的校园生活质量，让师生享受今天、享受教育、享受生活、创造生活——这是生命价值的归真、生活的归真，亦是教育的归真。”

教育归于活动，师生的生命及生活状态就会发生质的转变；真正为生命奠基、为师生的幸福生活服务的教育就是“真”教育——这是归真教育提出的基本理念。范通战说，这种认识来自于活动式训练课堂上师生昂扬向上、智慧倾泻的生命气息的启发。

在筹备2005年的元旦联欢会时，范通战策划了一个活动。他对学生说：想在元旦前和班里的每一位同学用通信的方式交流一次，如果你在生活中、学习上或是其他方面有困惑、烦恼、忧愁和要求，都可以在来信中如实地写出来，也许在我们的心灵对话中，老师可以给你一点帮助。

范通战与学生关系一向很融洽，师生之间几乎没有什么心理隔阂，但范通战说之所以要搞这个活动，绝非头脑发热。因为随着初三课程压力的增大，他发现班内相当一部分学生每天都是心事重重的样子，即使是一些所谓的“好学生”也终日愁眉不展，还有极个别学生想干脆放弃学业，得过且过了。

由于策划得当，学生没有了顾忌，当天，范通战就收到了7封信，第二天收到了26封……范通战说，读着孩子们的一封封来信，心情十分沉重。“自以为与学生关系不错、了解学生，没想到孩子们的笑脸下竟隐藏着这么多心事！他们天天竟在这样的心牢中苦苦煎熬！”当他读到他的得意弟子之一的信时，完全惊呆了，信上写道：“每天生不如死，有好几次都不想读下去了。”“不知怎么想的，竟想到了人活在这世上究竟干吗……”

他为异化的教育愤慨，同时，为成长的心灵化解困惑的责任感陡增。在那十多天里，范通战推掉了教学工作以外的一切杂事，就连在《新风教育》主持专栏策划评稿工作也一度往后推，他的主要工作就是读信、回信。“那几天一直处于亢奋状态，一天5000字，每写出一封信，心底就会升腾起一种幸福的感觉，而且愈来愈强！我觉得，自己是在认认真真地做着为生命奠基的事业！”

范通战告诉记者，他现在的理想就是践行和完善自己的归真教育理念，真正实现教育与生活的有机融合，既让师生过上一种完整、幸福的教育生活，又使师生在真实的生活过程中接受教育，获得发展。

（原载2009年1月21日《教育时报》，作者：吴松超）

李慧香

［成长档案］

学　　段：高中

学　　科：语文

学　　校：长垣县第二高中

教　　龄：20年

成绩荣誉：全国优秀教师，全国优秀班主任，全国百佳语文教师，河南省学术技术带头人，首届河南最具成长力教师

颁奖词：十七年栉风沐雨，栽桃种李。你坚信只要心中有梦，贫瘠的土地也能结出累累硕果。在乡土讲台上耕耘，你无怨无悔。你让我们知道，一位农村教师也可以如此幸福！

专家评语：那四大本厚厚的学习剪报和近百篇教育教学论文、文学作品的发表，是李慧香孜孜不倦丰富自我、探究教学的见证。她是所有渴望成长的年轻教师的一个典范：凭一颗平常心，坐得住，学进去，不急功近利，不投机取巧，有追求，厚积薄发。

——肖川（北京师范大学教授）

成长感言：困难与挫折不是阻止我们成长的借口，懒惰与浮躁才是造成我们平庸的缘由。以教育的梦想为帆，撑起勤奋的长篙，向教育纵深处漫溯，坚韧不拔，乐此不疲。

在乡土气息里成长

魏巍笔下的蔡芸芝老师是李慧香在学生时代就开始崇拜的偶像。多年前，李慧香渴望能像蔡老师那样：美丽善良、慈爱公平，让孩子们做梦都想念；如今，站了17年讲台的李慧香，已经初步实现了这些理想。寻觅她虔诚地行走在那教书育人路上求索的背影，我们可以看出什么是坚韧、什么是执著。

2008年10月28日，记者来到长垣县第二中学李慧香的办公室，看到的是泥土剥落的墙壁，简易的炊具，低矮发黑的小煤炉摆在门口，屋子里则是大量的图书，厚厚的四大本报纸剪贴本，地上似乎有些潮湿，屋子光线有些暗。

虽然条件简陋，但这就是省学术技术带头人、教学标兵、教学技能大赛一等奖、市级技术能手、优秀教师、模范班主任、骨干教师等荣誉诞生的地方。

艰苦环境里，时刻不忘学习

1991年8月，李慧香中师毕业后被分配到一所偏僻的农村中学——长垣县方里乡中心中学——一家乡办老厂改造的学校。她在这所农村学校扎扎实实地教了6年书。

1997年8月，李慧香参加了长垣县第二中学的招聘考试，并以优异的成绩进入这所位于农村的高中。从初中到高中，李慧香感觉到压力很大。

有知识危机感的李慧香开始了天天读刊、读报、读名著的生活，凡是对教学有帮助的，她尤不涉猎。李慧香很会统筹时间，但教学和班级管理的事情多，尽管是长期住校，依然感觉时间很紧张。她常常是放学后边做饭、边看书，等到水开下米时才放下书本。有时她边做饭边听名家朗诵磁带，手里炒着菜，嘴里跟着录音读，做饭学习两不误，她说“心里充实，忙得开心”。

李慧香说自己有时候奢望做一个作家型、学者型的教师，但学校离县城远，消息闭塞，教研活动少，很少有外出学习的机会。不甘心原地踏步走、做井底之蛙的李慧香开始以书为师，买书看、借书读。她找来《给教师的一百条建议》《班主任工作艺术谈》《当代语文教学流派概观》等图书，如获至宝，潜心阅读，书上记得密密麻麻。除阅读教学理论专著，她还订阅了一些语文教学报刊，从多方面、多渠道来充实自己。

很快，手头的书、身边的书读完了，借来的书也读完了。于是，她的目光开始投向网络，本土教师常作印、浮利古等人的成长经历激励了她，乔叶等作家的生花妙笔吸引着她。读他们的文章，反思自己的教学之路，李慧香不由自主地拿起笔写生活感悟、写教育随笔，再忙碌也笔耕不辍。她在网上建了自己的主页——李慧香语文在线，建立与同仁交流的平台，渴望与外界深入沟通。在“李慧香语文在线”上，她将自己的课件、教案、论文、课题以专题的形式进行展示，以求与更多的同行交流。另外，她本人和学生的习作也以专栏呈现。主页上链接的教育网站和教育报刊之多让人感受到主人对教研的细致和专心。

扎实做学问，探究教学的艺术

令人惊异的是，在2002年之前，李慧香从未走出过校门。2002年，第一次走出校门到郑州市听课的李慧香聆听宁洪斌老师的课，学习了他在阅读教学中对学生进行的创造性思维训练，特别是引导学生对一个问题作多种多样的解释和回答，受益匪浅。她回忆说，当天回到宾馆，她兴奋得一夜没睡着，不停地反思自己以前对学生回答问题后的求同去异，后悔过去的闭门造车。也许，没有人能了解那一夜一个乡村女教师在宾馆里如何波澜壮阔地思索。回去后，李慧香尝试新教法，及时反思，把很多教学感悟形成了文字。

李慧香中师毕业，后来读了专科，又自学了中文本科，现在又准备进修研究生课程。面对部分进修教师应付差事、混张文凭了事的现状，李慧香有自己的选择。那些在大学进修的晚上，整个教学大楼往往只剩下她一人，默默地读书，认真地做笔记，从不言弃。她说：“有的人只图及格，我为的是多学点东西。”

“对我教学影响最大的是感情派的代表于漪老师。于漪老师对语文教育事业的热爱，对学生的熏陶感染和教学语言的声情并茂深深地吸引着我。我找来有关于漪老师教学理论的图书，如饥似渴地边读边悟，边在课堂上尝试，不仅通过课文的讲授塑造学生的人格，而且通过其他教学环节对学生进行感染熏陶。”李慧香说。

李慧香主张对学生进行“心教”，在日常学习中教学生如何做人。以心换心，以情换情，用自己的真情实意去教育学生，去滋润他们的心灵。李慧香总是以一种女性独有的审美形象出现在学生面前：得体的服饰，简单的淡妆，落落大方的教态，给学生一种赏心悦目的美感。她认为，美不是演员、歌星的专利，老师也应该把自己修饰得美一点。教学语调上，她也追求美感效应，如抑扬顿挫、富有感情、速度适宜等，平时注意学习赵忠祥的稳健、刘璐的激情、倪萍的感人、毕福剑的幽默，博采众长，以做到妙趣横生，唤起学生积极的情绪状态。

李慧香不但自己勤写教育日记，而且注意引导学生写循环日记。她说：“日记是一种长跑，坚持下来，能使人求真、向善、爱美。”学生每组准备一个日记本，组员轮流记录当天的感悟、收获，一周一收，及时点评，师生都得到了很好的交流，在不知不觉中也塑造了学生美的心灵。师生日记默默坚持了多年，在毕业时被学生争相收藏，到现在她一本也没能留下。

厚积能薄发，一切源于平时

“在前进的路上，主动搬开别人脚下的绊脚石，有时往往也是为自己铺路。”“教师不能在自己的教育生涯中体验到成就和价值，不能感受到与学生交往的快乐，他们又怎能对自己的生命有积极的体验，并在日常的教育教学活动中传达给学生?”在李慧香的报章剪贴本里，这样的读报心得随处可见。

从 2000 年开始，李慧香便开始了她的剪报学习，在读《教育时报》等教育报时，见到精彩的、短的文章，就抄下来；长的就剪下来，专门粘贴在一个八开的本子上，之后多次仔细地阅读，认真地圈点，再旁批自己的心得体会。如今她已积攒了十多个摘抄本、四个剪贴本。李慧香一有时间就翻看，天长日久，潜移默化，讲课时便能左右逢源、妙趣横生，所以在学生反馈会上得到一致好评，甚至吸引了其他班的学生到她所在的班听课。

为激发学生的写作兴趣，李慧香 1998 年就在校内组建了试飞文学社，把全校的文学爱好者组织在一起，定期活动：请县里知名人士谈写作，邀本校教师开讲座；写文章，选文章，改文章，荐文章，创办刊物。校报《蓝天》被推荐去参加比赛，获全国校报校刊大赛二等奖。近年来，她指导的学生作品在各种刊物发表，数十人次（篇）在全国、省、市、县获奖。她的作文课也变得越来越好上了。

能写，是学校领导、同事和每届学生对李慧香的评价。对教育事业的热爱，对学生的关爱，对求学之路的挚爱，对同事、朋友的友爱，对父母的深爱，对大自然的喜爱都流淌在李慧香的笔端。17 年来，她撰写的近百篇教育教学论文和文学作品在《教育时报》等 16 家报刊相继发表。

2004 年，李慧香抱着试试的心态参加了河南省教育厅学术技术带头人的选拔，当时她只是把自己发表的作品全部填在表上，没想到真的评上了。2006 年，李慧香参加新乡市优质课选拔赛，校内评选得了第一名后，她向新、老教师讨建议，及时改正、试讲，讲给孩子听，讲给爱人听，讲给自己听。县里来听，再修改、再试讲，推上去后，正式录课，获得了一等奖。

2007 年暑假，李慧香参加了第二届新乡市名师选拔考试，笔试、面试、答辩都比较顺利。用她的话说就是平时大量读书派上了用场。2008 年，李慧香又获得省教学技能大赛一等奖，被授予省“教学标兵”称号。

李慧香认为，一个具有成长力的教师，首先要有一颗进取心，不满足于现状，不断学习，甚至终身学习。其次还要有一颗责任心。责任心是做好事的基础，有了责任心，才会热爱教育，热爱学校，热爱学生，对工作尽职尽责。再次要有平和的心态。面对各种诱惑，要有平常心，坐得住、学进去。抱着急功近利的想法，学不了真东西。

有人曾问李慧香，名师你评上了，“中高”你也评上了，干吗还看书、写东西、参加比赛呢？李慧香说：“我不断努力，不断参与，不是为了这样、那样的荣誉，只是想不断地提高自己，完善自己。作为教师，我认为不读书便觉面目可憎；作为教师，要爱学生，尊重学生。学生的眼最亮，心是秤。”

（原载 2008 年 11 月 5 日《教育时报》，作者：代修鹏）

侯长缨

【成长档案】

学　　段:小学

学　　科:语文

学　　校:濮阳市油田第一小学

教　　龄:22年

成绩荣誉:全国优秀班主任,所带班的教室被评为全国新教育十佳教室,首届河南最具成长力教师

颁奖词:

如果教室是一条大船,当你在讲台上,用黑板升起风帆的时候,孩子们就开始了幸福之旅。多年之后,当孩子们长大,他们在梦中仍会铭记,当年你是怎样为他们指明了生命的航向。

专家评语:侯老师,你让我看到了希望。从快乐课堂到快乐的"读书小博士",从"蜗牛的家"到"快乐小荷",你以一个幸福的读书人和幸福的教书人的双重角色,演绎着令人羡慕的幸福的教育之旅。

——高万祥(江苏省中语会副会长、特级教师)

成长感言:成长是一段通向梦想的漫长旅程。不管遇到怎样的困难,若都能如飞蛾扑火般地向前冲,那么,当这一切过去,内心充盈的便是自己曾经存在过的满足感,是不曾虚度光阴的幸福感。

来，跟我踏上幸福之旅

侯长缨，这位名字有些英气、形象却颇温婉的女教师，对记者来说并不陌生。在河南省语文教师优质课大赛一等奖的讲台上，在河南省书香班级评选的颁奖会上，在名师李镇西的“收徒”仪式上，在校讯通首页推荐的博客“蜗牛的家”中，记者不止一次领略过她的风采。直到2009年4月的一个下午，在濮阳市油田第一小学（以下简称“油田一小”）二年级（3）班的教室里，记者终于有机会完整地听了一堂侯老师的课。

那间教室原本是学校公用的多媒体教室。由于侯长缨在教学中频繁使用多媒体，当新的多媒体教室启用后，这里就成了她所教班级的固定教室。那节课是阅读绘本《我的名字克丽桑丝美美菊花》。“喜欢你自己的名字吗?”“画出你的名字吧!”“请给你的名字编一个神奇的故事。”……一连串有趣的问题，把孩子们彻底吸引住了。

40分钟真快。当侯长缨以“让人们因我的存在而感到幸福”结束这节课时，我在她的语气、她的眉眼、她的神情里，真切地看到了一种属于教师的幸福。

这幸福，对侯长缨来说并非与生俱来。到底什么是幸福，曾经是一个让她迷惘的命题。

曾经，被动地踏上学习之旅

多年以前，当新课程改革如旋风一般吹来时，教了十几年书、一向自认为是优秀教师的侯长缨突然觉得自己不会上课了。在以往的课堂上，教师比较注重单纯的知识灌输，忽视学生主体地位的发挥和培养。而随着课改的深入，教师必须以多种角色出现在孩子们面前。原来的那一桶水，已经无法满足现在的课堂和孩子们的需要，教师要变成一片大海。

新课改开始后，油田一小就倡导打造学习型、研究型教师，要求每位教师每周至少要写两篇教学案例或教育札记。为完成校长布置的这个“作业”，侯长缨课余时间硬着头皮开始在学校统一发的本子上，记录自己在教学中的一些做法和思考。一学期下来，竟然写了满满的两本。这项为“应付作业”而不得不进行的学习，竟然使她被学校评为“首届好学上进十佳教师”。从此，她的教育日记写得更带劲儿了。

一个偶然的机会，侯长缨在网上搜索教育教学方面的资料时，看到了“教育在线”论坛总版主李镇西的名字，马上点击进去一看——嗬！好大的世界！许多论坛里的帖子都是成千上万。许多来自全国各地的优秀教育工作者，在这里共同探讨教育的真谛，她终于找到了一方属于自己的精神家园。

2003 年 8 月 10 日，是个让侯长缨难忘的日子。这一天，她注册了网名“快乐小荷”，正式成为“教育在线”的一员，开始了论坛生涯。业余时间，到“教育在线”看帖、回帖、写帖，成了她精神生活简单而丰富的方式。在这里，她与朱永新、李镇西、窦桂梅、薛瑞萍成了网友，名师们的鼓励给了侯长缨无穷的动力。

“教育在线”里有个“教育随笔”专栏，是侯长缨常去的驿站，那里有许多勤奋的老师开设了自己的专栏。在网友的鼓励下，她也在这里开垦了一块“自留地”，插上了“快乐尖尖角（小荷随笔）”的牌匾。从此，在网络上写教育日记成了侯老师每天晚上必做的一件事情，迄今为止她已经写了上百万字的教育随笔。由开始的每天逼迫自己写，到现在的每天都急于要表达，这其中的幸福只有与侯老师有相同经历的教师能体会到。

2003 年 12 月 28 日，又是一个让侯长缨永远难忘的日子。在李镇西老师和众多网友的热情支持下，她幸运地当上了“李镇西之家”的副版主。她把这个机会当成一种动力，逼着自己学习、学习、再学习。她的成长故事也先后被收录在《发生在“教育在线”的故事》和《教师专业成长的途径：30 位优秀教师的案例》两本书中。一向自称“蜗牛”的侯老师，在网络的助推下加速前行。

终于，自由地驰骋成长之旅

因为侯长缨在网上日渐活跃，被《成长》杂志注意到。2004 年暑假，她被《成长》杂志聘为特邀编辑，并到北京体验了十几天的编辑生活。也是在这个假期，在学校的支持下，她参加了在江苏省宝应市举办的“新教育实验第四届研讨会”，论文还在会上获了奖。自此，侯长缨的教育视野更加开阔。

2006 年，侯长缨到湖南岳阳参加了全国教师高级研修班。来自全国各地的有思想、有理想的教育英才汇集一室，他们独特的思想、敏锐的观察力，都让侯长缨为之震撼。当很多学员发表高见、滔滔不绝时，侯长缨却做了一个沉默者。不是她不想说，教育理论的匮乏让她的视野不够开阔，她感到前所未有的压力。

走出去，才知道自己只是井底之蛙。茫茫网海，高手云集，相比之下，自己似乎只是一个小水滴，一种严重的自卑感向侯长缨袭来。“我要读书！我要多多读书！”从外地回来，侯老师在心里无声地呐喊。

朱永新说：“一个人的精神发育史实质就是一个人的阅读史。”侯老师以前读书不算很多，有时捧起书来，也多是想给女儿做个样子。怎样缩短与网友的差距呢？怎样让自己的教育日记突破高原期呢？看来只有恶补了。教育专著，经典文学，儿童读本，一共读了多少书已经无法统计，但可以肯定的是，这几年侯老师读书的总量，超过了以前十几年读书量的总和。

书读多了，表达的欲望便更加强烈了。学校订有《少年儿童研究》，侯老师很喜欢这本杂志的风格。有一天，她对朋友说：“要是咱也能在这上面发表一篇文章该多好呀！”“你别想！那可是全国性的刊物，有那么多的优秀老师，哪能轮到咱们这些小老师呀！”朋友不以为然。她不服：“不试怎么知道行不行？”随后，她把自己平时写的文章寄给了《少年儿童研究》编辑部。

几个月后，收发室的老师交给侯老师一封厚厚的信件，里面是两本《少年儿童研究》杂志。她用颤抖的手翻开目录：侯长缨——“天哪！我的文章发表了！”

近年来，侯长缨陆续在《人民日报》《中国教师报》《少年儿童研究》《成长》《小学语文教学通讯》《教师之友》《教学案例》以及《教育时报》等报刊上发表教育随笔近百篇。一篇篇文章，如同一个个脚印，记录着她从崎岖到畅达的成长旅程。

永远，与学生分享幸福之旅

有一个网友说：“教育上的事儿，要想写得好，先要做得好才行。”对此，侯长缨深表认同。为打造特色班级，她进行了多种多样的尝试。这些尝试自然也为她的教育日记增添了不少内容和色彩。

语文教学，归根结底是让孩子们喜欢上阅读。各科目的学习，阅读是根。乘着新教育实验的春风，侯老师开始了营造书香班级的实验探索。

从一年级学完拼音后，侯老师就在全班开展了争当“读书小博士”活动。活动规定：每天在家里都要读书，不管长短，可以先从简单的儿歌读起，读够十篇由家长签字，然后可以到老师这里换一个绿色读书章；得够十个绿章，可以换一个红色读书章；得够十个红章，就成为班里的“读书小博士”了。一年级的小孩子是很注重眼前“利益”的，每次得到一个读书章，就会跟其他同学炫耀一番，这使得其他孩子也是你争我赶。班里孩子的读书热情被激发了，阅读成为多数孩子每天必吃的精神大餐。如果哪一节课的任务完成后还有时间，侯老师问大家想干什么？同学们就会异口同声地喊：“读课外书！”

背诵中华经典，传承民族文化，也是语文教学的一项重要工作。侯老师从一年级就开始坚持在班级开展“每日一诗”活动。到三年级为止，班里的孩子们已经会背两百多首儿歌、两百首儿童诗、一百首古诗、一百首宋词、一百首唐诗和小学生版的《论语》。二年级时，由他们全班参与排练的“赛诗会”节目曾在濮阳市古诗词诵读会上获得好评，特别是最后一个“点背”的环节，由观众当场从111首古诗词里面任意点一首，全班学生马上就能齐背出来，赢得了观众阵阵掌声。

2007年秋天，侯长缨重新接了一个一年级。她全身心地投入到新教育“毛虫与蝴蝶”儿童阶梯阅读的实验中，带领孩子们开始以一种全新的方式生活——晨诵，午读，暮省。侯老师选择的阅读作品都跟当下的生活相关联，关注孩子的生命状态，对学生进行无痕的教育。在每一个孩子生日来临的时候，侯老师都会把一首经典的儿童诗进行改编，把孩子的名字镶嵌在诗里，然后由全班同学郑重地齐诵。于是，这首独属于一个人的诗便进入了这个孩子的心灵。孩子们就在这样的大家庭中，快乐地学习，幸福地成长。

起初接这个班的时候，侯老师曾在心里默默地对学生们说：我知道，这必将是一条幸福之旅，沿途一定有无数美丽的风景，我多想和你们分享这些奇妙的感受。亲爱的孩子，来，跟老师一起上路吧。

（原载2009年6月3日《教育时报》，作者：刘肖、杨磊）

武艳艳

［成长档案］

学　　段：初中

学　　科：语文

学　　校：孟津县城关镇第一中学

教　　龄：12年

成绩荣誉：首届河南省名师，洛阳市五一劳动奖章获得者，首届河南最具成长力教师

颁奖词：

十年时间犹如惊鸿一瞥，你已然在讲台上修炼为神。疯魔背后是执著，坚守背后有大爱。当你把自己的生命融入孩子们的生命，你的人生便从此抵达无限之境！

专家评语：从模仿教学到独立教学，从独立教学到创造教学，我们看到了武艳艳清晰的成长路径，同样清晰的还有她对自身的强烈的职业规划和发展意识。

——张硕果（中原课改名师、2011年中国推动读书十大人物）

成长感言：在一次次历练与坚守中，我也在悄悄地成长。做一辈子老师，一辈子学做老师。

十年的历练与坚守

在从教的第四年，她获得了河南省优质课大赛一等奖；

在从教的第五年，她获得了全国优质录像课一等奖；

在从教的第六年，她被评为“洛阳市首届名师”；

在从教的第十年，她被授予洛阳市五一劳动奖章，被评为“河南省省级骨干教师”，并成为“河南省首届名师”中最年轻的一员。

……

孟津县城关镇一中的武艳艳老师是这样一个人：一手漂亮的粉笔字，一口圆润动听的普通话，一张亲和爱笑的脸庞……这些“先天”素质让武老师在从教的第一年（1999 年）就在城关镇优质课比赛中成为“一匹黑马”，并最终作为唯一的选手代表城关镇参加了孟津县的比赛。从此，武老师在优质课比赛中“一发不可收拾”，从孟津县第一名，到洛阳市第一名，到河南省一等奖，再到全国一等奖。她的优质课光盘还在全国发行。

从教十年，从教育生涯的一个个精彩“截面”来看，刚刚 30 岁的武艳艳，其专业成长过程用“一帆风顺”一词来形容再合适不过。然而，日常教育生活往往平淡而琐碎，十年潜心耕耘，在“一帆风顺”的背后，武老师又经过了怎样的历练、蜕变和坚守？

模仿教学阶段：不疯魔不成活

孟津县城关镇一中校长朱广厚用两个词总结武艳艳老师的成长秘诀：悟性、刻苦。

武老师的刻苦，有时甚至到了“疯魔”的程度。参加工作的前两三年，她的学习无处不在：看《新闻联播》时，她会跟着主持人说话，模仿主持人的发音、语调、神态；看名师的光盘时，她会反复地模仿名师的一句话、一个表情、一个手势；在备课时，她会同时翻阅四五种参考资料，在学校课备不完就带回家备；在准备第二天的课时，她会在家里对着镜子先讲一遍甚至几遍……武老师说，这种“疯魔”的背后其实是自己对名师教学境界不可遏制的模仿和追求。

这种刻苦很快便有了成效。武艳艳毕业后的第一年，城关镇就举行优质课比赛。“可能是我一口流利的普通话征服了评委，我成为城关镇唯一的选手参加了县里的比赛，大家都说城关镇杀出了一匹黑马。”

总结从教前两三年的教学，武老师用“模仿阶段”来概括，其特点是依葫芦画瓢、“目中无人”，即只关注自己的“教”，关注自己的课与名师的课像不像、设计得精彩不精彩，很难顾及学生的反应。

独立教学阶段：一个环节准备多种方法

2002 年，孟津县作为河南省第一批课改实验区整体推进了课程改革。“可以说，我是借课改的东风，从课堂中、从优质课中走出来的。”武艳艳老师说，新课改让她学会了反思、学会了批判、学会了“以学定教”、学会了脱离教参自己独立设计教学。

记者翻看了武老师以前的备课本。对《春》一课，她详细设计了四种导入方法：情境导入、诗歌导入、交流导入、听读导入。这四种导入方法并不是为某次优质课比赛而设计的，而只是一节常态语文课的设计。教不同的班级时，武老师会根据情况作出不同的选择。对每一节常态课，武老师都坚持进行“三次备课”：一是寒、暑假备下学期的课。在假期里研究课程标准，钻研下学期的教材，吃透编写意图，明白每节课在其单元和一册书中的作用和地位。二是提前两周备课，先不参阅任何资料，按自己的想法设计，常常对一个教学环节准备四五种方法，然后再参阅各种教参，加以对比，并同教研组同事一起研究。三是头一天晚上再熟悉教材和教学设计，充分考虑课堂上可能出现的问题和对策。

这种脱离了教参而独立设计的教学，让武老师的课堂有了自我。而参加河南省优质大赛并获得一等奖的经历，更坚定了她在教学上的自信。

那是 2003 年 9 月的一天。在南阳市委党校大礼堂比赛时，武老师被安排在第二天上午的第三节课。之前，台下的数千名听课老师可能有些审美疲劳，说话声不断。武老师要登台了，当大屏幕上打出“孟津县城关一中武艳艳”时，大家都在议论。因为其他选手都来自城市，仅武老师一人来自农村。开始上课了，武老师生动的导入、精彩的设计、巧妙的过渡、有趣的活动，深深吸引了刚认识的学生，也吸引了台下的老师。课堂结束了，掌声延续了很久，下来之后，许多人与武老师打招呼，让她签名……

创造教学阶段：一定要学理论，理论最有用

然而，这种自豪感却被一年之后的一件事一下子冲淡了。

2004 年暑假，武艳艳与华中师范大学的雷石教授、北京市某教研室的一位老师一起到沈阳，为沈阳市的老师进行新教材培训。武老师的任务是做示范课，雷教授和那位教研员负责讲理论。培训结束前，他们三人一起被请到了沈阳军区礼堂的主席台就座，准备回答台下老师们提的问题。“你是如何看待和处理分层教学的?”“你是如何处理语文工具性和人文性之间的关系的?”等问题让她不知如何应对。“我当时窘得不得了，不知道怎么应付过去了。那一刻我真后悔，认识到自己的无知，真正明白了县教研室杨建章老师一直叮嘱的‘你一定要学理论，理论最有用’这句话的含义。”武老师说，至今她还觉得挺对不起沈阳的老师。

正是这次“无地自容”的经历，深深触动了武老师。从优质课大赛中走出来的武艳艳，抛却了自己的优越感，去寻求新的超越和从容。她开始去看一些以前不想看、甚至有些排斥的理论图书。《给教师的一百条建议》《教育的理想与信念》《我的教育苦旅》《班主任兵法》《做研究型教师》等，武老师坚持每个月买一本这样的专著，并记下了六七本详细的读书笔记。

武老师将自己近几年的教学定位为“创造教学阶段”。在她的心里，还有一个更高的教学境界——形成自己独特的教学艺术风格。

“30 岁至 40 岁是事业的黄金年龄，有精力、有经验，我希望能够形成自己独特的教学艺术风格，从‘上神’到‘说神’（说设计、说理论依据）发展成‘写神’（专业写作），实现从教书匠到教育家的转变。”这是武老师给自己定的下一个十年规划。

（原载 2009 年 6 月 10 日《教育时报》，作者：杨磊）

卞洪建

【成长档案】

学　　段：高中

学　　科：语文

学　　校：商丘市第一高中

教　　龄：16年

成绩荣誉：河南省学术技术带头人，河南省省级骨干教师，首届河南最具成长力教师

颁奖词：当你在豫东一间小小的教室里思考『为中国教育做点什么』的时候，『管理语文』就成了『塑造灵魂』的同义词。当你带领孩子们进入语文教学最美的境界的时候，你就成了孩子们心中最美的语文！

专家评语：在面对高考的压力下，能让语文教学充满了生机与活力，让学生对语文学科产生永恒的兴趣，让“语文课成为学生高中生涯中最怀念的课、最期盼听的课”，这不能不说与卞洪建的管理艺术有关。作为一名中学教师能创造出属于自己的教学风格、教育的理念，是其走向专家型教师的前奏。

——蒋丽珠(郑州师范学院副校长、教授)

成长感言：教的主动权永远在教师，学的主动权永远在学生。教师对学生成长和发展的影响远远超出了课堂本身。

“管理语文”的理念和行动

他年轻。早在2000年，26岁的他就被中国教育学会中学语文教学专业委员会教学改革研究中心聘为研究员，被评为省骨干教师、省优质课教师。

他理性。从登上讲台起，他立志“为中国教育做点什么”。他坚持每月至少读一本教育专著，13年的积累中却并没有唯名家、唯权威至上。

他是语文教育研究者。他提出“管理语文”的概念，并把自己归纳的理论运用于教学实践中。

提出“管理语文”的概念

坐在面前的卞洪建不像34岁的人，因为他的鬓角竟已有了因操劳而生的白发。架在鼻梁上的眼镜，愈发衬托出他文质彬彬的书生气息。说起话来，音调不高、语速不快，但简洁利落、思路清晰。

“不让你喜欢，也不让你讨厌，不让你留恋，也不让你摒弃。”这就是卞洪建眼中当前语文学科的真实处境。

“自20世纪80年代以来，语文教学在求新、求实、求活方面作出了有益探索，语文学界也涌现出了魏书生、于漪、余映潮、韩军等许多卓有成效的教学改革者。但是，另一方面，我们又不得不承认，到目前为止，还没有一种让广大教师心服口服的高效的教学方法。各种各样的教法要么受施教者本身素质的影响较大，其他教师因为学识、经历、文化层次等诸多因素影响，无法推广和借鉴；要么是故弄玄虚，伪科学的因素太重，先天注定不能推广。”

卞洪建认为，随着时代的发展，鉴于语文学科自身的特点，必须对学生的实践性和社会性进行持久地培养，增加他们的知识储备，丰富他们的智力背景，从而提高他们的能力，真正提高学生的语文基本素养。

当前的语文研究，还不能说成“严格意义上的科学研究”，因为我们所做的仅仅是对于语文教学现状进行描述、批评或赞美，对专家的理论或学说进行接受或摒弃，并没有从事真正意义上的语文教学的建构工作。

卞洪建认为：“在整个教学活动中，教材仅仅是一个依托”，“教的主动权，永远在于教师；学的主动权，永远在于学生”，“教师对学生成长和发展的影响远远超出了课堂本身”。

在对当前语文教育界存在的种种问题进行深入思考之后，卞洪建摸索出一种语文教学的思路，他将其命名为“管理语文”。

“管理语文”是一种教育思想和教学模式

“管理语文就是以用长期实践的办法全面提高学生的各种能力为目标，以规范和组织为主要手段，具有高度民主灵活性、包容性、实践性和持久性，并以管理为总特征的语文教学方法。它首先是一种教育思想，其次才是在这种思想指导下的一种具体的教学模式。”卞洪建这样描述“管理语文”。

他说，所谓管理，包括管理学生的语文学习方法、学科知识和学习生活。“管理学生的语文学习方法”是使其学习方法科学化；“管理学生的语文知识”是使其丰富的知识系统化；“管理学生的学习生活”是指用科学的方法将系统的知识合理地进行组织和管理，使之形成一个“程序”，学生掌握了这个程序之后，即可自行运作。

卞洪建认为“管理语文”的意义在于，可以将大语文教育思想变成一种“操作程序”，可以将老师的个人风格对语文教学的影响压缩到最小的限度，可以将社会生活的“活水”引入课堂的教学，可以缩短农村学生和城市学生的“智力背景”，可以将课内学习和课外活动提到同等重要的位置。

在语文课堂管理上，他提出了九个原则：思维同步原则、实践参与原则、事例与理论共重原则、思维第一原则、精神养育精神原则、举三反一原则、过程第一原则、现代化原则和整体感知原则。

践行新时期“现代教师”的标准

新时期“现代教师”的界定标准是什么？卞洪建认为，这个标准至少要包含以下几个要素：是否有敏锐的洞察力，是否有科学的前瞻力，是否具备勇于探索的科学精神，是否有真抓实干的教育实践，是否善于进行理性的思考，是否形成了具有个人风格的朴素的教育思想。而他一直在向这些标准靠拢。

1995年，卞洪建从苏州铁道师范学院中文系毕业后被分到了虞城高中。2006年，他被调往商丘市第一高中。

从登上讲台的那天起，他就给自己订了一个计划：一年内要读20本教育教学专著，每一个阶段都要有业务总结，每一次考试都要做科学的归纳分析，要锤炼授课语言，形成自己的语言风格。

如今，课堂上他在妙语连珠、文采洋溢的同时不乏引人深思的哲思，每每让学生暗暗叫好。他是学校校报副主编，散文化、诗意化的教学及行文语言已成“卞式风格”。

值得一提的是，2008年高考是卞洪建收获最丰的一年。他所执教的班共有44人，除1人考试期间病重考上二本外，其余全部上一本线，其中有3人考上北大、1人考上清华。

现在，他已小有名气，但并没有靠着经验放松对自己的要求。他笔迹工整的教学反思本上，连哪一节课提问哪个学生、为什么要提问，他都记得清清楚楚。

成功源于热爱。卞洪建热爱教育工作，他在同即将走上讲台的学生谈心时说：教师作为一种职业，自有酸甜苦辣。如果能把自己对生活的理想转化为生活的一部分，那么所有的辛苦都是幸福的。我们在写教案的时候，如果能想到这既是一种付出又是一种耕耘；我们在批评学生的时候，如果能想到这既是在得罪一个人又是在塑造一个人；我们在跟操查寝的时候，如果能想到这既是一种规范又是一种滋润——我们就会更深刻、更透彻地了解教育，并理解教师。

（原载2008年10月15日《教育时报》，作者：杨晓谜、李卫东）

张存敬

［成长档案］

学　　段：初中

学　　科：数学

学　　校：河南师范大学附属中学

教　　龄：8 年

成绩荣誉：全国初中数学优质课一等奖，“国培计划”河南省骨干教师培训特聘讲师，首届河南最具成长力教师

颁奖词：

在生命的起点和终点之间，最短的常常并非直线。你把每一次失败，都看做是成功女神的心理测验。数学世界里你和孩子们携手共进，在曲折中追求超越，在缺憾中抵达圆满！

专家评语：工作仅 5 年，便无可争议地荣获全国赛课一等奖，我羡慕你的年轻有为，我也敬佩你对教育的忠诚和热情，我还特别欣赏你的人文情怀。以理想激发理想，以热情感染热情。在数学以外，你钟情于励志教育，你的数学教学和人文关怀因此更加精彩。

——**高万祥（江苏省中语会副会长、特级教师）**

成长感言：教师很平凡，就像一棵草，但我想小草脚下踩着的是整个地球，所以我们应该通过学习和研究去追求属于教师的专业尊严。

没有失败，只有暂时不成功

2008 年 12 月 3 日，记者在河南师范大学附属中学（以下简称“师大附中”）门口的黑板上看到了一张喜报：近日，由中国教育学会主办的第六届全国初中数学优质课比赛在桂林落幕，此活动每两年举办一次。我校张存敬老师代表河南省参加比赛，在全国各地 127 名选手中脱颖而出，最终获得一等奖，特向全校师生报喜！

此项比赛是中学数学教育高级别的优质课比赛，获得一等奖需要怎样的付出呢？

备战全国比赛，他在备课与“观赛”之间切换

当车轮的速度追赶着极限/你可曾感到/旋转与我们息息相关/精彩的平移与旋转/让我们的生活一片灿烂

学生用诗一般的语言总结了一节课的学习内容。这就是张存敬在全国获奖的《图形的旋转》一课的结尾片段。

在河南省省直中学优质课比赛时，张存敬上的是《勾股定理》，比赛挺顺利，得了一等奖第一名。省里比赛时，他抽到了《图形的旋转》这节课。这是新课改后教材增加的内容，在网上和手头的资料中找不到更多可借鉴的内容。让张老师最为难的就是不知道该怎么来设计这节课，很多问题专家也没有给出解答。于是，他去河南师范大学图书馆找，去师范大学请教专家，去网上找。滑秀林校长也提醒他，要利用教材而不是教手中的教材。张老师虽用的是人教版教材，但他还是花了大量的时间去了解北师大、华东师大版等不同版本的教材关于这节课的编排与设计。最后，张存敬老师对教材进行了大胆突破和

重组，并把教学目标定为：让学生通过具体实例认识旋转，理解旋转的概念并探究基本性质，让学生在经历对旋转图形的欣赏、分析、画图等过程后，掌握有关画图的操作技能，让学生在实验探究等数学活动中，体验数学的具体、生动、灵活，从数学的角度认识现实生活中的现象。在经历了两个月的艰苦努力之后，他得了一等奖。

接下来的全国比赛，更是让他常常陷入如何更好地改进教学的思考，甚至做梦都在想。张存敬特别爱看体育比赛，备战全国比赛时，正值北京举办奥运会，为节省时间，他便在转播表中选取好关键场次，定好表，到时间再看，看完后马上回来备课。他的这个暑假基本上就是在备课和看奥运会比赛这两个“频道”之间来回切换。

全国比赛时，专家们对他的这一课给了极高的评价。广西教育学院邓国显教授认为，这节课有深度、有特色、有新意、有内涵。

从省直属学校的比赛，到河南省的比赛，再到全国的比赛，历时 8 个月。这 8 个月里遇到了多少困难、付出了多少艰辛，只有张存敬自己知道。但他坚信，最后的比赛一定是无数次试讲中最好的一次，最完美的一次。

2003 年，从河南师范大学毕业，5 年的时间，张存敬就在全国比赛中取得了一等奖，这不能不说是让人羡慕的。可张老师却说，机会人人都有，我只不过是抓住了机会而已。

当名中学老师，他在现实与梦想之间选择

4 年大学生活的奋斗与体验让我坚信，我会成为一名受学生喜欢的优秀教师，我将在学生成长的过程中找到快乐，三尺讲台应是我拓展生命宽度、实现人生价值最大化的舞台。

这是张存敬大学毕业时自荐书上开头的一段话。

4 年的大学生活他全为实现这个梦想而努力。因此，当他毕业的时候，很顺利地与师大附中签了约，但两天之后，张存敬却被师大学报编辑部录用了。他陷入了一个痛苦的选择之中。

最终，他选择了自己的梦想。

来到附中后，学校给年轻教师提供了一个极为有利的成长空间。作为中国教育学会教师发展学校，每年都有专家来校讲课，这是张存敬的教育理论水平得以提高的土壤。学校组织开展“四课”（高级教师上示范课、一级教师上创

优课、二级教师上探索课，见习教师上汇报课）、“四研”（研究课题项目、研究课程教材、研究教学教法、研究学情学法）活动，促进了张老师的教学反思。滑校长提出的“没有充分的自学，就难以保证高度的自主；没有高度的自主，就难以保证精到的导学；没有精到的导学，就难以保证有效的教学；没有有效的教学，就难以保证高效的学习”的“导学自主”的课堂教学理念，让张老师对课堂的掌控更加有效。

用他自己的话来描述他这 5 年的成长就是：不断积累、不断反思、不断学习。

张存敬特别喜欢看书，有时甚至跑到郑州市去买书。《做最好的老师》《给数学教师的一百条建议》《名师备课经验》《教育中的心理效应》《今天怎样做教师》……这些书，他看了三四遍。

张存敬总是以一个研究者的姿态去听课。在听课前要对所听内容进行预设，自己会怎么上？难点在哪儿，怎么突破？课快听完时，要对课先进行一个评价，亮点是什么？缺点是什么？怎么改进？

张存敬正在读的教育硕士课程，让他能够系统地学习新知识，掌握学科的前沿，得到教育研究的培养，追寻教育规律与本质，掌握教育技能，提高他的知识高度，让他从更高的层次去看待中学教学。

“还有不会的同学，可以互相问一问，交流一下。”老师的话音刚落，学生们就小声交流起来，有的甚至离开了座位，从前面跑到后面找同学询问。不管是讲的学生，还是听的学生，都很认真，课堂井然有序。

这是记者在张存敬的《因式分解》这节课上见到的情境，张老师的课上得自然、流畅。让学生快乐地学习是张老师的追求。

多鼓励少抱怨，他和学生分享教育的快乐

遇到您是我生命的转折点。当其他老师都讨厌我，嫌我学习差、纪律差时，是您用鼓励和赞许将我拉起，帮我找回自信和自尊。

这是记者在毕业的学生给张存敬的留言簿上看到的内容。

2008 年 3 月，张存敬在新乡市教代会上提交的优秀提案，是关于励志教育的内容。他说，励志教育或信心教育，要比上课重要得多。因为老师教，学生不一定学；只有学生想学了，有兴趣学了，他才能学得好。教育应该不仅是提高学生的成绩，更重要的是在学习的过程中提高学生的学习兴趣，让学生学

会学习、学会做人，保持一个积极向上的心态。为此，他常常会——

去书店浏览成功学方面的书，平时看《青年文摘》等杂志时，遇到很好的文章，他就复印下来；他每周要给学生念上几篇，如《一米远的天堂》《人应该像树一样活着》《梦想的开始》等励志的文章。

经常跟学生进行励志谈话。这谈话是一对一的，一定是要在非常安静的环境里进行，每次不超过15分钟。查文洁同学初一时上课经常吃东西、迟到，学习成绩可想而知。可到了初三学习成绩却成了班里的第二名。原来有次张老师表扬了她一句话，具体什么内容，张存敬自己都忘记了。可对于查文洁来说，影响是深远的。其实那句表扬只是个开始，为了鼓励她，张存敬跟她谈了无数次话。

班里每天都会放一些励志的歌曲，如《隐形的翅膀》《相信自己》；班里还有励志的口号：今天我要拼，今天我要改变，超越自己，超越梦想，我们的极限是天空。

请一些优秀的学生作报告，特别是那些由“丑小鸭”转变到“白天鹅”的学生的报告。

对学生进行分层教育。学生学习程度差别非常大，如果教学提出同样的要求，肯定是不公平的，只会使差距越拉越大，到最后学生就没有信心了。张存敬允许基础弱的学生不做难的题目，并给他们相应的分数，以此来提高他们的自信心，让每个不同的孩子得到不同程度的发展。

从不抱怨学校给了他什么样的学生，也不抱怨学生考得多么差，张存敬的信条就是“接受我们不能改变的一切，改变我们能改变的一切”，埋怨只能有损于身体健康，自己要做的就是经常思考对策并不断完善。

记者在张存敬任教的班里的墙上看到了这样的话语：“没有失败，只有暂时不成功”；“对于朝着自己梦想不懈追求的人，全世界都会为他让路”；“现在打盹，你会做梦；现在努力，你会圆梦”。

这既是张存敬给学生们的鼓励，也是他给自己的鼓励。

（原载2008年12月10日《教育时报》，作者：张红梅）

顾宇燕

［成长档案］

学　　段：初中
学　　科：语文
学　　校：郑州市第四十四中学
教　　龄：19年
成绩荣誉：全国十佳班主任，全国优质课大赛一等奖，首届河南最具成长力教师

颁奖词：

当你的心中充盈着诗意，语文课堂就是一张充满期待的白纸。唐诗宋词都是意象，端午中秋皆为韵脚。当你用满腔诗意滋润着学生心田，语文课堂就成了一首最抒情的诗！

专家评语：感谢深得语文教学个中三昧的顾老师，是她，为我们打开一片更广阔的天空，让学生在语文学习的过程中找到诗意和幸福！

——代昆鹏（虞城县春来高中教师，全国优质课大赛一等奖获得者）

成长感言：不必强求学生做诗人，却必须培养一颗诗心。诗心就是灵心，也是对万物的爱心。

为语文课堂擎一盏诗意的灯

顾宇燕老师在她筹建的郑州市第四十四中国学教室——四味书轩里布置了一盏青铜的鹿鸣灯，灯名取意于“半卷经书伴晓灯，呦呦鹿鸣诗意生”。在顾老师心中，诗意是语文课堂的生命，是语文的源头活水。十余年耕耘，顾老师的诗意课堂与她创办的古诗文网站、“拿云诗社”，好似青青的莲子在校园这方水光潋滟的荷塘里萌芽、生长，如今已是莲叶田田、菡萏朵朵，与天光云影共徘徊，成为校园里最美的风景之一。

室不在大，有书满墙；楼不惧高，灯影摇窗。斯是陋室，诗乐徜徉。翰墨作门楣，丹青为帘裳。煮茶咏《锦瑟》，弹琴唱《国殇》。可以游网境、访诗乡。无浮嚣之乱耳，无碌碌之颓唐。树人三味屋，子凯杨柳堂。夫子曰：兴观群怨也！

读着顾老师这首有趣的《教室铭》，让我们走进她富于诗情画意的课堂和她用网络、动画营造的充满奇思妙想的古诗文情境吧！

诗吟只在耳东西

顾老师有一个有趣的比喻，她把自己比做《红楼梦》中的妙玉，把上课比做请学生喝茶。妙玉从梅花的蕊上收集冰魄雪魂，顾老师呢，则让那些拥有梅雪精神的诗行，如花蕊雪露静静地溶在用这一方厚土煅烧的中华青花瓷瓮内，在华夏千年的文明之火上，煮一壶茶，请学生静静地品尝。

有时这茶里还兼有一些酒的豪气。有一次，顾老师专门淘来一个青铜爵，请张飞飞同学执酒舞剑、陈秀秀同学弹古琴伴奏。一曲《酒狂》慷慨激昂，还真令人诗情诗意才下眉梢、又上心头。

校园里春风浩荡的时分，正是品雨前茶的好时候。顾老师会和学生一起设计春游问茶的计划，不过不是在乡间，而是在教室里。

学生一定忘不了那一次别样的诗村问茶之旅。那一节课上，顾老师抱来一把古琴，只见她轻抚琴弦，请学生将思绪随着电脑画面上溯千年，来到遥远的古代，在松石畔、溪草间听杏坛上的孔子边抚琴边教诲：小子何不学夫诗，诗可以兴、可以观、可以群、可以怨。其实诗词就在我们生活中，它就像我们在郊外春游踏青时遇到的小村庄。这时画面转变，来到一座小桥流水点缀的幽美村落。村前茶幡飘扬，上书“古诗村”。顾老师如导游一般对学生说：“让我们去讨一盏诗味浓郁的茶，好吗?”画面出现一道柴门，顾老师请学生一起敲击课桌，为“小扣柴扉”配音。然后小门慢慢开启：采菊东篱下，悠然见南山……

至于端午、中秋、重阳等中国传统节日，更是顾老师引领学生们品味诗经、楚辞的千古风流，感悟唐诗、宋词的旷世清韵的时分。

诗乐声声网上行

屈子云：“余既滋兰之九畹兮，又树蕙之百亩。”顾宇燕思忖：可否用“滋兰九畹”的思路来培育学生心中诗的根苗？于是，就有了取意李贺的诗句“少年心事当拿云”的“拿云诗社”的创建。诗社成立之后，开展了许多别开生面、生趣盎然的活动，像折桂吟月、沧海寻诗、网上寻春、踏雪寻梅等。

最有趣的是那次顾老师组织的纪念杜甫诞辰的网上诗会。每位学生都亲手把自己写的诗做成有动态效果的小课件在校园网上交流。诗上有画，还能不断变换，学生一下子就走到诗境中去了。“奇文共欣赏，网上诗境游”，最古老的琴音诗韵与最时代的网络技术相碰撞，竟能击出如此美丽的火花。

诗会中，李洋同学身着古装、手拿折扇，用生动的表演再现了一千二百多年前杜甫月夜吟诗的情形，戏剧和文学交辉的魅力，感染着在场的每一个人。小杜甫的形象在会后还被许多人津津乐道。

诗会的高潮是诗社的学生吟诗入茶，用杜甫等人的诗句来贯穿整个功夫茶的表演过程。只见缕缕茶香伴着行行诗赋：“晚来天欲雪，能饮一杯无”是敬茶；“寒夜客来茶当酒”是茶味；“此中有深意，欲辩已忘言”是诗味。正是：鼠标在握遂心愿，轻敲键，稚词嫩韵荧屏现。

学者余秋雨说，河南是华夏文化的门槛，中州这块厚重的热土中埋藏着近九千年历史的七音笛，三千年历史的编钟、青铜鼎、甲骨文……要怎样引导学生了解家乡文化的厚重与优美？

按照多元智能理论——孩子有多种能力，应该参考孩子的喜好来培养孩子的能力。顾老师想，我们为何不根据学生的音乐爱好来激发学生的兴趣呢？于是她组织了令全校学生深深铭记的“诗乐共舞校园风”活动。

几经周折，顾老师请来河南博物院华夏古乐队到校园和“拿云诗社”学生同台演出。当2003年正式被确立为人类口述及非物质文化遗产代表作的古琴，带着几千年来一脉相承的清淡古雅的民族音乐精髓，在校园奏起高山流水的时候，学生无不被祖国悠久璀璨的文化感动着、陶醉着。而这一切唯美的演出，都伴着学生和顾老师一起废寝忘食制作出的配有诗句的动画背景，一幅幅古画展现着诗意的境界和壮阔的画面，其中不乏顾老师和学生自己创作的诗句，现代科技和古代文化在孩子们的手中实现了极其完美的结合。

求索声声长在耳

2008年9月，顾老师代表郑州市第四十四中到登封市白坪乡中学支教。荷香缕缕，她又把她的荷塘种到了山间、种到了孩子们的心里。在顾老师的心中，她来支教的山间学校便是半亩清清浅浅的荷塘，水虽清浅却会因引来诗的清泉而暗香浮动。

在白坪的每一个日子里，顾宇燕老师想给可爱的孩子们的很多：重阳节、清明节领着孩子们去登高，去眺望巍巍嵩岳，去聆听嵩阳书院穿越千年的琅琅书声；去仰望古观星台周公和郭守敬照耀科学世界的亘古星辉……

山村孩子阅历浅，伍尔芙的、海明威的、徐志摩的……顾老师带来的百余本图书悄然走进了孩子们的案头，走进孩子们的心头。这一切也让她伸展思维的触角，在想象之树的枝丫上编织自己五彩斑斓的教育幻梦。

山间荷塘清如镜，育诗文，抚瑶琴，兴观群怨，小荷自亭亭。
求索声声长在耳，读离骚，忧黎民。
剑舞龙泉山上鸣，唱莲歌，咏性灵，稚词嫩曲，书声伴月明。
多元启智几滋味，香远送，尽豪英。

顾宇燕填的这首“江城子”，既是她在古诗词教学上大胆探索的深深感悟，也是一位语文教师站在历史的角度感受到的沉重责任。

（原载2009年4月22日《教育时报》，作者：李世超）

赵渝

【成长档案】

学　　段：初中

学　　科：语文

学　　校：郑州市第六十二中学

教　　龄：21年

成绩荣誉：郑州市骨干教师，郑州市中青年教师基本功大赛一等奖，首届河南最具成长力教师

颁奖词：读书养气，驴行天下。培育童心，课堂开花。你用自己的实践告诉世人：教师的生活原来可以如此快乐，语文的味道竟然可以如此『麻辣』！

专家评语：赵渝老师，读您的事迹报道，让我有一种高山流水遇知音的感觉。“读书、写博、驴行：一个都不能少”，语文教师的生活方式，实在是决定语文教学优劣高下的十分重要的因素啊！羡慕您，也羡慕您的学生。

——高万祥（江苏省中语会副会长、特级教师）

成长感言：成长，意味着生命的润泽；教育，意味着自我的完善。一直以来，我都沉浸于和学生共同学习共同成长的乐趣之中，这种非凡的乐趣深深吸引着我，它是我生命中最根本的意义。

来自心灵深处的语文味

每到开学第一天，郑州市第六十二中学的赵渝老师都会向学生这样自我介绍："我就是你们梦寐以求的好老师。很高兴认识大家，我的博客昵称叫'大提琴师'，这是我的名片。"说着就给学生发起名片来。他的脸上波澜不惊，可脑子反应奇快，他说出的很多话都被学生引为经典。但见他指着自己的秃脑门问学生："同学们，你们在这里看到了什么？""寸草不生"、"油光可鉴"、"聪明绝顶"……学生们七嘴八舌。他笑笑，用手指指如刀削般平整的后脑勺："这个呢？""万丈悬崖"、"鬼斧神工"、"壁立千仞"……学生们已经笑得前仰后合。他却一本正经地问："见过这么空前绝后的脑袋吗？""没见过。""那还愣着干什么？用你们的文字把它描绘出来呀。""啊？！"这就是赵老师的原生态课堂。

已年届不惑的赵渝，身上有着那么多的草根烙印：貌不惊人、少言寡语，翻开履历表，鲜有令人惊叹的荣誉。

但他又是那么与众不同，在学生、家长和同事们眼里，他可是一个不折不扣的"另类教师"。打开他在新浪网上的博客，博主简介一栏中赫然写着："大提琴师，当代麻辣教师之杰出代表。主攻'大忽悠语文教学法'、青少年成长策划。特长：超强攻心术、超强双手互搏术。爱好：单车'驴行'、蹦迪、吼摇滚。"且看他如何沉浸于那开满鲜花的语文课堂。

教师要打开学生的心门

赵渝说，他最喜欢"一切皆有可能"这句广告语，还有德国教育家第斯多惠的一句话："教育的艺术不在于传授本领，而在于激励、唤醒和鼓舞。"

这些就是最好的教学理念。他说：“每个学生的学习能力都像是潜在水下的冰山，与其埋怨他们所表现出来的迟钝与无知，不如设法激活他们大脑深处沉睡着的无穷的能量。”

“语文天生具有唤醒的功能，春天来了，我们会背‘山朗润起来了，水涨起来了，太阳的脸红起来了’；夜阑人静，我们会吟咏‘天阶夜色凉如水，卧看牵牛织女星’。”赵老师说，“当我们做老师的处处以语文的眼光来打量这个世界时，孩子们便在无形中得到了语文学习的真谛。”

为此，赵老师组织诗社，建立文学沙龙，让学生建博客，编个人作品集，把学生的语文作业本分别称做“汉本”（家庭作业本）、“唐本”（作文本）、“春秋本”（随笔本）。尤其值得一提的是学生们钟爱有加的“春秋本”，因文体、内容、格式不限，学生们戏称是“乱舞春秋”。别看是“乱舞”，不少学生舞得有章有法，气度不凡。大家乐于在这块自留地里纵情耕耘，也颇能创新，姓王的同学就将自己的本称为《王氏春秋》，姓李的就叫《李氏春秋》，自然地，吕少坤同学的随笔就叫《吕氏春秋》。内容就更是色彩斑斓，丰富多彩，生活气息扑面而来。张倩琦同学在自己的每一篇心情漫笔后都署上不同的名字，有时叫“病中琦”，有时叫“思中琦”，有时叫“乐中琦”，有时叫“困中琦”……而赵老师的批语更是情透纸背。对“困于心，衡于虑”的学生，赵老师殷切鼓舞。对不安心学习，幻想“乘桴浮于海”的学生，赵老师衷心告诫：“海上风大，建议改日出行。”对一篇抨击应试教育时弊的随笔，赵老师情之所至，抚今追昔，批语竟有2000余字……

赵老师的坦诚相见，让学生敬佩不已，更增添了对语文学习的一份责任。当一位学生因困倦想要放弃记录当日心得之时，他写道：“我没有理由就这样去睡觉，老师的鼓励和我内心的灵感要求我一定要将今日的感想跃然于‘春秋本’上。”就这样，没有任何强迫，学生们争相阅读课外读物，甚至打着手电筒在被窝里写诗、写小说。

思维训练：将学生引入语文深处

赵渝酷爱读书，博览群书之余，喜欢将所读所感与课堂教学实际相联系。他发现佛家所讲的“开悟”对语文课堂的思维训练极有益处，于是潜心思索，并结合当代语文教育专家宁鸿彬老师《走“思维训练”之路》一书的经验，得出了“入境—沉潜—顿悟—开花”的四步训练法。

赵老师介绍说，“用志不分，乃凝于神”，学习的秘诀就在于目标明确，全神贯注，之后方可能有举一反三、触类旁通之收效。而凝神的前提则是学生的思维必须入境。在一般情况下，教师依靠严格的纪律约束，强制学生入境，而这样的学习往往是被动的，也注定是不入心、不长久的。赵老师认为引领学生入境的方法很多，他个人最擅长的则是叙事法。赵老师凭着自己刻苦读书的硬功夫，把一个个动人的背景故事呈现于学生面前，使学生与作者顿生同呼吸、共命运之感。“作品往往是作者的心灵史”，赵老师解释说，抛弃背景，孤立地学习课文，无异于将作品置于不食人间烟火的荒岛之上。反之，从生动的故事切入，学生不仅很快入境，更可贵的是能引导学生打开通往课外语文的一扇天窗。

“沉潜”是一个渡苦向乐的过程，在此方面，赵老师十分强调共鸣。“嘤其鸣矣，求其友声。”他解释说，无病呻吟的文章不必读，但凡可读者必为心血凝聚之作。阅读就要做到心随文动，叙事、抒情、说理之文皆如此，即使是情意较少的说明文，亦要做到思与文共进退，绝无漠然读书而能有所彻悟之事。

“思想是桨，而顿悟则是荡漾的水花，不要祈求在某个地方等待学生的思路前来会合，只要船行桨起，浪花自会歌唱。”赵老师这番话是他对顿悟的理解，也是他对语文这门学科的解读。

顿悟之后，灿烂的课堂之花便将自由开放，思维的延展及发散原本是水到渠成的事情。赵老师训练学生进行仿写、改写、戏说、漫话、“乾坤大挪移”创作，学生们交上了《范进日记》《像庄子那样从容》《漫说语文课文中的“变”》《孔乙己地狱断想》……字里行间飞扬着他们未尽的思绪，文里文外流露出他们独特的个性。

读书、写博、“驴行”：一个都不能少

赵渝不仅课上得精彩，和学生心贴心，更难能可贵的是，他数年如一日地坚持写博客，写教学日记。像所有潜心探索新课改的教师一样，他酷爱读书。他家的书，书柜里放不下，就堆满了床头。《夸美纽斯教育论著选》《斯宾塞教育论著选》《我的教师梦》《最佳课例研究》《莎士比亚戏剧集》《歌德谈话录》……一本一本被他“吃”进去，反复咀嚼，又孵化成文字，运用于课堂，催促着他在学习、改进、提高的良性轨道上阔步前进。

他的一言一行深深地影响着每一位学生，学生们心甘情愿做他的超级粉丝。几年来，赵老师已积累了两千多篇博文。他将自己写的一篇篇博文念给学生听，他念《早读课，我忍不住想流泪》，学生禁不住歔欷泪下；他把学生写的文章打印出来，让感到自卑的学生到讲台上念自己的文章，念老师给自己的寄语，他还主动去握学生的手，让学生昂起头来做人；他绝不局限于初中六册薄薄的语文课本，为了拓展学生的阅读面，他把自己的书借给学生看；他和学生一起读泰戈尔和惠特曼的诗；他给学生补充国学知识，讲《论语》《弟子规》《老子》《世说新语》和《人间词话》……一届一届的学生离开学校，总不忘深情地回忆这位不同寻常的好老师！他们说："初中的生活，因为有了您而让我们备感温暖和振作。"

赵老师不倦地做着这一切，却很少想过要成名成家，他反感那种人为拔高的宣传，他认为教师应该过茶一样的生活，有茶一样的品格。他说他最大的快乐就是"读书养气，'驴行'天下，培育童心，课堂开花"。

说起"驴行"天下，熟悉赵渝的同事和朋友都知道，赵老师还有一项壮举，就是曾经骑着一辆破旧的单车从郑州出发去过青岛，去过上海，所到之处和当地的学生、家长交流教子之道，还主动帮助不少家长转变观念，和孩子做朋友，把教育教学之花绽放到更广阔的土地上。2008 年，他把自己热衷"驴行"的事儿写成《幸福在"驴行"路上》，参加《教育时报》举办的"教师的职业幸福感从哪里来"征文，得到大家交口称赞，并获得一等奖。此外，赵老师在郑州市的教师基本功大赛、教学优质课比赛中均获一等奖。

问赵渝今后的发展方向是什么，他说："我的心永远在课堂，我的快乐永远在课堂，但我感觉自己还有很多要学的东西，我希望自己未来十年读更多的书，发表更多的文章，将自己认定的语文之路走得润泽而有光彩！"

（原载 2009 年 1 月 14 日《教育时报》，作者：李世超）

李保国

【成长档案】

学　　段：高中

学　　科：生物

学　　校：洛阳市第二中学

教　　龄：14年

成绩荣誉：连续五年获得全国中学生生物奥林匹克竞赛优秀辅导教师，洛阳市模范工作者、业务标兵，首届河南最具成长力教师

颁奖词：生物课堂一经你对事业的热爱发酵，就成了让学生陶醉的美酒。每一次登上讲台，都是一场魅力发现的旅程。当你将孩子们引向生物科学的魅力之巅，孩子们发现，真正让他们陶醉的，不是黑板和粉笔，而是老师灵魂深处的大爱！

专家评语：我相信，今天您的学生陶醉在您的生物课堂，明天您的学生就会畅游在科学探索的海洋，攀登上科学研究的高峰。向您学习，您是生物素质教育和人文教育的楷模！

——高万祥（江苏省中语会副会长、特级教师）

成长感言：如果学生学习生物不仅仅是为应对考试，更是因为兴趣、因为生物的学科魅力，我就实现了自己的教学追求。

让学生陶醉于生物课堂

几年前，他教文科班的生物学科，所教的班在没有高考压力的情况下，在毕业会考时考得比理科班的生物成绩还好；现在，他教理科班的生物学科，各学科总成绩排在最后几名的学生中，总能看到几个生物学科考九十多分的情况。而他说，他更关注分数背后学生得到了什么。

李保国，洛阳市第二中学教师，从事了 12 年的生物教学，不断地挖掘着生物学科的独特魅力，不断地改进着自己的课堂教学。

变“用力教育”为“用心教育”

“为了研究遗传和变异的规律，孟德尔在一百多年前默默地种了 8 年的豌豆、一粒粒地数了 8 年的豌豆，直到他死后 35 年，他的研究成果才被科学界发现，孟德尔遗传定律的提出标志着生物学进入实验生物学阶段。从孟德尔身上，我们可以学习哪些品质和精神呢？……”

“今天我们又接触了一个新的名词——相对性状，这是遗传学中一个非常重要的概念。下面请同学们根据概念判断以下几种情况是否属于相对性状：狗的短毛与兔的长毛，人的身高与体重，两只兔的白毛……”

以上是记者随机听的李保国老师生物课中的两个片段，这节课讲的是《遗传的基本规律》的第一节内容。他所举的相对性状的一些例子、他让学生感悟的孟德尔可贵的科学精神，是教材上没有的内容。正是这些内容，让李保国的课堂与生活相联，因而课堂上总有学生积极的思考和会心的微笑；让生物学科与学生的精神发展相融，因而学生能够感受到生物知识背后的人文价值。李保国说，他是在努力地变“用力教育”为“用心教育”：“比如这节课，我如果不引领学生发现孟德尔身上可贵的研究品质，如果不举类似‘狗与兔’

的例子，这也可以说是一节完整的课，但学生对这一知识的理解可能就不会这么深刻。这就是‘用力教育’与‘用心教育’的区别。”

李保国的“用心”表现在教学生活的很多细节中。

在和李保国班上的几位学生聊天时，很多人都提到了他“个性化的评语”。这种评语几乎渗透到与学生接触的各个环节。记者随机翻开一页，上面写着：“其实你已经够优秀了，不要给自己太大的压力，只要正常发挥，你期末考试还是可以考过 90 分的。下一段的学习你要把握好以下三个环节……”就连平时学生的试卷上，李保国也不光是只打个分数。

记者在听课时还发现一个细节，李保国对讲课中所涉及的一些数字，如孟德尔豌豆实验中所数的豌豆数都记得非常准确。从中，我们也可以感受到他的“用心”。

挖掘生物学科的独特魅力

“高中阶段的生物课必修内容的学习实际上就是解决生物与非生物本质区别的六大特征，有谁觉得学不会的请举手?”没有一个学生举手。“大家有没有信心学好生物?”“有!”这是李保国在给学生上第一节生物课时的一个场景。学生的这种“信心”在期末考试时得到了印证——学生生物课的平均成绩在 85 分以上。这背后，是李保国对学科特点的深刻把握，是对一节节课的创新和打磨。

在讲《新陈代谢》时，他告诉学生们：“生物体的各种代谢活动是一个高度和谐的统一体。我们人体也是通过各种系统和谐的代谢来完成各项生命活动的，它们忠实地、一刻也不停地为人体的统一性工作着。所以我们要对得起自己高度和谐、统一、美妙绝伦的身体代谢机制。作为学生，我们就该聚精会神地去学习科学知识，以报答自己的生命体!”学生听后会心地笑笑，接下来听课就更加全神贯注了。

在讲《生殖与发育》内容时，李保国没有像一些老师那样回避青春期的一些敏感问题。他通过这一内容的教学，让学生懂得了珍惜生命和感恩。“同学们，通过对减数分裂过程和受精作用的学习，我们知道作为人类，男性可产生 2^{23} 种精子，女性可以产生 2^{23} 种卵细胞，加上受精时精子历经的路途‘遥远’，最终能与卵细胞结合的精子绝对是非常幸运的。下面请同学们思考这样一个问题：一对夫妇生育两个完全一样的孩子的概率是多大?”学生一片迷茫。“应该是 $1\div(2^{23}\times2^{23})$，等于 3000 亿分之一啊！同学们，我们能来到世间是多么的不容易啊！你们的父母又给了你一个那么和谐健康的身体、聪明灵活的大脑、英俊漂亮的外表。你们应该如何对待自己的父母呢?”

李保国还很注重将最新的生物科技信息介绍给学生。每年诺贝尔奖颁奖时，他都会将与生物学有关的获奖者的研究成果下载下来张贴在教室里。

两套可行的教学方案

李保国说，生物是一门非常微妙的学科：虽属理科，但有时“比文科还文，生物的一半是语文”；要考查起逻辑思维来，有时甚至比分析物理过程更复杂。所以，要学好生物学是需要综合素养的。

对此，李保国在实际教学中总结了两套切实可行的方案：一个是收集陷阱类试题，让学生学会咬文嚼字，让学生“文起来”；二是向学生渗透“五步做题法”，应对实验设计和生物理论的题型。“五步做题法”是：第一阶段，引导学生认真读题，迅速准确地从情境中提取有效信息，切忌走马观花，丢三落四；第二阶段，找出所给信息与课本知识的联系，考虑可以用哪些知识来解决该问题，这是解题的关键；第三阶段，根据自己的独立思考把自己的见解大胆地写出来；第四阶段，教师讲评时，无论自己答得怎么样，一定要把标准答案记在试题的旁边；第五阶段，在思路清晰的时候，认真比较自己写的答案和标准答案的差距，然后再从情境中感悟自己答案缺陷的原因，这一步是能力提升的关键，也是学生反映受益最大的经验。另外，李保国还结合学科特点，每做一次练习，均布置学生及时纠错的作业，要求他们以后少犯同样的错误。

不懈的努力和改革提高了教学效率，李保国所教的班连续多年来教学成绩都在理科学科排在首位，他也两次被学校授予“校长特别奖”。近几年来，他辅导学生参加各级各类生物竞赛，取得了骄人的成绩，数十次获得国家、省、市“优秀辅导教师”称号。此外，李保国还获得了洛阳市优质课大赛一等奖，在核心期刊《生物学教学》等杂志发表专业论文多篇，多次在全市教学研讨会上作经验介绍。

在这些成绩背后，李保国最得意的还是学生的学习热情：“让每个学生对学习生物都有高涨的热情和近乎陶醉的学习体验，这是我教学的最高追求。如果学生觉得学习生物学科不仅仅是因为要应对考试，更是因为兴趣、因为生物的学科魅力，那么我也就实现了自己的教学追求。”

（原载 2009 年 2 月 18 日《教育时报》，作者：杨磊）

袁景立

［成长档案］

学　　段：初中

学　　科：数学

学　　校：驻马店市第十一中学

教　　龄：17 年

成绩荣誉：全国初中青年数学教师优秀课比赛一等奖，首届河南最具成长力教师

颁奖词：

或许在一位数学教师眼中，人生就是一道需要求证的题目。教书育人用加法，个人生活用减法，乘以激情，除以惰性。你用自己特殊的计算规则，丈量出了一位优秀教师应该达到的道德与学术水平！

专家评语：他是一名用思想行走的数学教师。课堂实践，是他漫漫长路的基石；读书反思，是他滚滚向上的车轮；教育创新，是他凌空腾起的力量。如果说超越是一种财富，那么，袁景立老师就是富有的人。

——常作印（安阳市曙光学校教师、全国十佳教改新星）

成长感言：我坚信，教师的专业成长不在于学校给你提供了什么样的平台，而在于自己是否具有专业成长的欲望。

做一名优秀的数学教师

小时候，梦想着考上师范
师范时，梦想着再上几年大学
工作了，梦想着做一名优秀教师
行走着、思考着、快乐着
只想做个有梦的人

这是一名数学教师在自己的教育随笔集、博客首页上以诗歌的形式写下的序，质朴中透着脚踏实地，寥寥数语中饱含着一名教师成长的梦想。这名踏实教学、追逐梦想的年轻人叫袁景立，驻马店市第十一中学数学教师、业务副校长，河南省教学技能大赛教学标兵，河南省第一届中小学名师。

成长，只有起点，没有终点

1994 年，中师毕业的袁景立带着父母的嘱托走上讲台。作为村里第一个真正考上学的人，他不敢有丝毫懈怠，初登讲台就教两个班的数学课，担任班主任、团队干事。

夏天的中午同事休息时，袁景立却早早到校，和个别学生谈心，为学生辅导功课。那时的他，想得最多的就是使自己尽快成熟起来。

刚当上班主任，袁景立热情有余，经验不足。图书室的王永平老师给袁景立推荐了一本书《班主任工作一百法》。好学的袁景立如获至宝，从中懂得了做班主任工作不仅要有热情，还要有方法。在模仿中，袁景立的认识有了很大的提高，同时，也明白了哲学中所说的理论与实践的关系。学然后用，不久，袁景立在市优质课比赛中获得了一等奖，并被评为优秀班主任。

年轻的袁景立找到了阅读的感觉，成了图书馆里的常客。《北京教育》《中小学管理》《河南教育》《数学教师》等期刊他每期必读。静下心读书，一读就是几年。在不知不觉中，袁景立的视野变得开阔起来。

袁景立从1997年参加全市青年教师优质课大赛获得一等奖，直到2004年参加全市优质课大赛再次获得一等奖，这期间，他沉寂多年。市教研员李老师惋惜地说："别人这几年都出名了，你怎么就像蒸发了一样！"

事实上，袁景立一直在不断地充电，几年里，为提高专业水平，他利用业余时间，自学了中文专科、本科，之后又进修了数学专科、本科。为了能适应教育形势的发展，在学校很多人还没有电脑的时候，很多教师讲优质课还让别人操作课件时，他就借钱买了一台电脑，很多晚上他熬到深夜一两点，学习课件制作、光盘制作刻录。

2006年9月，袁景立参加河南省说课大赛。经历了多个不眠之夜，每天早晨5点多就起床对着电脑说课，将说课稿修改了7遍，结果他获得了一等奖。

成长，基于专业发展欲望

"青年教师的个人成长更主要的不在于学校给你提供了什么样的平台，而在于自己是否有专业发展的欲望，因为自主发展是专业发展的根本。青年教师不必担心自己的起点，而更应注重自己是否努力了。"谈到教师专业成长时，袁景立这样说。

袁景立举了卡西欧杯大赛的例子。"这一比赛让我体会到一个教师的成长，不能像以前一样借助于偶然，更多地在于平时积淀，多读书、勤学习。教师要有进步的愿望和行动。"

2008年11月24日，卡西欧杯大赛在桂林举行，袁景立作为河南省第一名参加了优质课展示。他补充说："之前可以说是经历了无数个不眠之夜，学做视频，接受本校教师的大力帮助，得到市教研室李刚老师，省教研室骆传枢主任、刘志凤老师的悉心指点。我深有感触，人的成长不是单打独斗的结果，而是大家共同努力的结晶。"

如今，做了副校长的袁景立正在努力把教育教学管理、班级管理、数学教学进行有机结合，通过学校推广洋思中学的"先学后教、当堂训练"的教学模式，思考着数学教学如何有效地和学生教育实现有机结合。

成长，在生活化的数学中

教学中，袁景立提倡生活化的数学，努力追求宽松、超前、自主、快乐的教学风格。

怎样让学生真正地喜爱数学、学好数学、会学数学呢？什么样的数学教学才是有智慧的教学呢？这是袁景立常常思考的问题。

教学中，袁景立努力追求“宽松、超前、自主、快乐”的风格。宽松就是创设民主、和谐、平等的教学环境，教师和学生真正互动；超前就是超前学习，超前思维；自主就是培养学生的自主学习能力，让他们学会真正地学习，从而能够体会到学习的快乐。

在日常教学中，袁景立有意识地鼓励学生挑战老师、挑战课本，培养科学质疑精神。他追求“框架建构、整体推进、局部完善”，站在系统的高度进行教学，着眼于数学知识之间的联系，让学生在类比和归纳中学习新知，注重解题方法和解题规律的探究，努力做到“一题多解、多题一解、多题归一”，追求先学后教、当堂训练。

在实践中，袁景立使用的是“情境导向—引导探究—练习释疑—作业小结”的教学程序。他介绍说，情境导向就是创设良好的生活情境，让学生体会到数学来源于生活，体现数学的应用意识，激发学生的学习兴趣，出示教学目标；引导探究是体现学生的自主学习，让学生自学，教师巡视，进行适当引导，合作探究，师生互动；练习释疑是让学生进行近似练习，板演并引导学生更正，注意体现解题方法和解题规律的探究，做到一题多解、多题一解、多题归一，体现数学知识之间的联系，培养运用知识解决问题的能力；作业小结是让学生当堂作业，合理安排，精心设计，注意分层，提高效率，减轻学生课业负担。在教学中，袁景立的学生经常会走上讲台为同学讲解，成了课堂的主人。

在一份总结中，袁景立这样写道——

曾经忙碌过，曾经努力过，热情不减，激情永存。面对前途也会感到迷茫，提高自己，如何提高？不断进步，如何进步？于是乎，在困惑中，我慢慢地走着。路，在脚下，前方已吹响号角，尽管会是困难重重，不怕，只管向前。

不怕，只管向前！袁景立正走在通往梦想的路上！

（原载2009年5月13日《教育时报》，作者：代修鹏）

何丹龙

【成长档案】

学　　段：中学
学　　科：生物
学　　校：郑州市第八中学郑东新区学校
教　　龄：20年
成绩荣誉：河南省特级教师，河南省名师，出版著作有《迷恋成长》《呵护心灵》《成长的足迹》等，第二届河南最具成长力教师

颁奖词：从『实习型』到『经验型』再到『科研型』，每一次蜕变，都如此艰难而灿烂。博采约取，厚积薄发。唯有师者的大爱如阳光普照，校园里一颗颗充满渴望的心灵，才能绿遍天涯。

专家评语：名师，是在艰苦的环境或自设的艰苦环境中成长起来的。何丹龙老师在职业道路上为自己设置了两种最艰苦而又最有奠基意义的成长环境，一是读书与自修，二是创作与写作。成长力之“最”，就在这二者之中，很难有比它们更能让一位教师具有实力的做法了。

——余映潮（湖北省荆州市教科院教研员、特级教师）

成长感言：教育教学是我的责任田。我是农村出身，不怕吃苦。做人，就要有一点创业的激情和成就感，做一个有思想、有主见，又能保持自己独立人格的人！

一位教师的成长 DNA

记者试着在百度中键入“何丹龙”三个字进行搜索，发现与郑州市第八中学郑东新区学校教师何丹龙相关的信息多达10页，有1060个信息链接。仔细研读这些关于何丹龙老师及其研究成果的内容，记者感受到的是这位教师的雄厚实力和不俗成就。

在自己的专著扉页上，何丹龙这样介绍自己：中共党员，1970年7月1日生。遗传学研究生班结业，学士学位，中学高级教师，国家二级心理咨询师，河南省生物学科骨干教师，河南省学术技术带头人，郑州市第二届百名“名教师”，郑州市教改积极分子、专业技术拔尖人才。

带着探寻的初衷，记者走进了何丹龙的办公室，试图去寻找这名优秀教师身上的“成长 DNA”。

采访中，回顾成长的过程，何丹龙深有感触地说自己经过了实习型教师、经验型教师和科研型教师三个成长阶段。言谈中，一个勤于反思的教师形象愈发清晰。反观何丹龙的一个个成长的脚印，记者感受到他的每一次进步无不浸透着对教育的痴迷。

中央党校经济管理专业本科文凭，河南师范大学英语专业本科文凭，河南教育学院生命科学专业本科文凭，河南大学生命科学学院遗传学研究生课程结业。一名生物教师为何有这样复杂的学历背景？

成长 DNA 之一：勤奋好学

生于偏僻山村，饱尝生活之苦、求学之难的何丹龙，从小就有当教师的理想。大学毕业后，何丹龙如愿以偿，走上了讲台。凭着火热的激情，他一人教一个毕业班英语、五个毕业班生物，每周 22 节正课。熟悉何丹龙的老师都能看出这个刻苦学习、认真钻研的年轻人对教育的痴迷和对成长的渴求。

何丹龙说："学校里最重要的'学生'其实是教师。如果一个教师不及时补充'营养'，就无法把本专业的最新知识传授给学生。"

何丹龙坚持并实践着一个观点：教师要与学生共同学习、一起成长。他抓住一切学习机会，向有经验的教师学习，甘当小学生，苦练基本功，成了学校工作量最大、听课最多的老师之一；他向专家学习，翻阅了大量教育教学论著和报纸、杂志，曾一年做了一百五十多万字的读书笔记；他进高校学习，利用高校系统化的教育体系，提高自身素质。

从 1993 年至今，平时工作忙、时间有限的何丹龙就利用假期，如饥似渴地学习专业理论知识，先后通过函授和自考取得了中央党校经济管理专业本科文凭、河南师范大学英语专业本科文凭、河南教育学院生命科学专业本科文凭并自考英语四级取得了理学学士学位，2001 年到 2004 年 12 月又在河南大学生命科学学院修完了遗传学研究生课程。

有了这些丰厚的积淀，加上认真苦练，勇于实践，何丹龙的教育教学越来越得心应手。在多次生物抽测中，何丹龙所带的班都以绝对的优势夺魁。

一次学校组织评选"学生最喜欢的老师"活动，在他所带课的几个班级中，有 70% 以上的学生选择了何丹龙。这让他很感动，也成了他继续努力的动力。由于用心探索、不断创新，他所做的公开课也多次获国家级、省级奖励。《中学生物教学》杂志用 5000 字的篇幅刊发了他的《我是怎样让学生爱上生物学的》一文。

何丹龙在《中国教育报》等 13 家教育报刊上经常发表教研文章，在《生物学通报》等国内 7 家生物学领域高端杂志发表论文百余篇，著有《迷恋成长》《呵护心灵》《成长的足迹》《生物天地》4 本著作。一名普通教师，怎样实现了专业反思和专业写作的对接？

成长 DNA 之二：善于钻研

完成了从实习型教师到经验型教师的角色转换，何丹龙并没有停下前进的脚步，他不是凭经验年复一年地走老路、躺在功劳簿上睡大觉，而是静下心来做更深入的思考，探索更加有效的教学方法和途径。

近年来，何丹龙对教材、实验方法和课堂教学模式的探索经验不断在核心期刊《生物学通报》《生物学教学》等杂志上发表，赢得了国内权威专家的一致好评。早在1996年，何丹龙就提出了促使学生学习方式从被动接受式向自主探索型转变的观点，率先尝试施行了“人人争当小先生”、“课前5分钟生物知识演讲”的活动，真正把学生变成了学习的主人，让学生站在前台唱主角。后来，《人人争当小先生》一文发表在《中学生物教学》杂志上，当时全国很多教师看到文章后都参考借鉴，“起到了专业引领作用”。

在关注生物课堂教学的同时，何丹龙更注重学生的生物学素养的提高，积极开辟第二课堂活动，既丰富了学生的生活，又开阔了学生的视野，提高了学生学习的兴趣。2000年6月，在全国中小学生环保科普征文活动中，他辅导的学生宋晓楠的作品获全国特等奖，他们也应邀参加了教育部组织的“九寨沟环保科普考察夏令营”。近年，何丹龙辅导的学生除获得生物奥赛奖外，每年还获得省、市级奖励。何丹龙自己在课堂创新中所做的自制教具也多次获得各种奖励。

另外，何丹龙还做了大量的科研课题。他主持的教育部“十五”重点课题“中华传统美德教育与学生心理品质形成的研究”于2008年通过专家验收、鉴定。他还有多个课题的研究获得省、市级奖励，多次获河南省科技成果奖。

何丹龙厚厚的文章剪贴本，记录了他十几年来对教育的理解、反思和感悟，显示出主人的写作功底，展现了主人瞬时捕捉住的教育教学灵感以及一些独到的见解、富有创意的设计。

自1996年起，何丹龙每年都在《德育报》《教师报》《中国德育》等报刊上发表关于学生心理辅导的文章；2006年取得了国家二级心理咨询师的资格认证；率先在学校建立了心理咨询室；2009年，他所做的心理健康公开课《信任之旅》被评为全国特等奖。作为生物教师，他如何由“专家”走向“杂家”？

成长DNA之三：富有个性

教师的一句话会改变学生的一生。何丹龙从亲身经历中体会到教师是用灵魂塑造灵魂、用人格影响人格的职业。他说，现在的中学生大多是独生子女，具有智商高、敏感、脆弱的特点。教师的一句话可能成就一个学生，也可能毁灭一个学生。

其实，从教之初，何丹龙就特别关注学生的心理健康。他说：生理、心理、伦理教育对孩子们同样重要，缺一不可。早在1996年，他的《用理解和信任作为沟通师生关系的纽带》一文发表于《德育报》的头版头条，就引发了关于师生关系定位的大讨论。自那时起，他每年都在《德育报》《中国教师报》《中国德育》等报刊上发表对学生进行心理辅导的文章。利用业余时间，何丹龙自费参加了心理咨询师的培训，并于2006年取得了国家二级心理咨询师的资格认证。这些，为何丹龙用科学、专业的理论帮助学生处理心理问题，走好人生之路，提供了更有效的服务，奠定了坚实的基础。

何丹龙率先在学校建立了心理咨询室，另外通过专栏、板报、电视讲座、团体辅导、个别咨询、问卷调查等方式做了大量的学生心理辅导工作。说起当初，何丹龙说："那时真是克服了种种困难。特别是在心理健康教育的起步阶段，没有现成的经验，没有教材，没有教师，我就发动各班班主任，开展丰富多彩的心理健康主题班会、队会活动，收到了意想不到的好效果。"

后来，何丹龙自己着手编写了校本心理健康教育教材——《呵护心灵》，书中通过24个心理小游戏，提示了许多道理，以学生喜闻乐见的形式让他们接受了心理团体辅导，净化了学生的心灵，提高了学生的心理自护能力。2008年在郑州市教研室心理健康工作会议上，何老师作了典型发言——《为学生的一生发展奠基》，深受与会者的好评。2009年，他所做的心理健康公开课《信任之旅》被评为全国特等奖。

采访最后，何丹龙说："教育教学是我的责任田。我是农村出身，不怕吃苦。做人，就要有一点创业的激情和成就感，做一个有思想、有主见，又能保持自己独立人格的人！"也许，这就是何丹龙耕耘不辍、不断进取的成长DNA！

（原载2009年9月30日《教育时报》，作者：代修鹏）

刘本举

【成长档案】

学　　段：高中

学　　科：生物

学　　校：濮阳市第一高级中学

教　　龄：16 年

成绩荣誉：河南省教育厅新课程实验指导专家组成员，河南省高中生物教研中心组成员，第二届河南最具成长力教师

颁奖词：当一门关于生命的科学真正融入了学生的生命，你的生命便有了理由，诗意地栖息于大地。谁才是学生的生命导师？你说自己不过是一缕春风，但是那些怒放的花朵怎会忘记是谁唤醒了他们，并和他们一起把生命歌唱？

专家评语：课堂不是老师表演的舞台而是学生的世界，课堂不靠老师讲而靠学生学。刘老师成功地在课堂上把自己“边缘”了，让学生动手参与并成为课堂的“主角”，这显示出刘老师教学的勇气。并不是每个老师都有这样的勇气。

——魏勇（北京十一中学教师）

成长感言：用心去经营和坚守自己的课堂，让属于自己的那片绿叶在灿烂的阳光下舒展出美丽的风景。

成长就是不断追寻存在的意义

刘本举和爱人李新梅同在濮阳市第一高级中学教生物。这对夫妻在学校创造了多项纪录——全校评了6名“功勋教师”，他俩都榜上有名；两人均获得过河南省优质课大赛一等奖，多次获得濮阳市优质课比赛第一名。他们更像是一对教学伙伴，因为他们在一起说得最多的是学生、是生物、是教育。夫妻俩人缘好，上班的路上，老师们一见他们就爱开玩笑：“在家还没说完，路上还说哩?”

从1998年10月在中学生物教学界最有影响力的《生物学通报》上发表第一篇论文起，刘本举在国家级期刊发表论文43篇。这让刘本举在中学生物教学界有了不小的名气，人民教育出版社多次邀请他与朱正威、郑春和、林祖荣等生物教学界专家名师合作编写图书。

他还被省教研室聘为高中生物教研中心组核心成员，被省教育厅聘为高中新课程实施指导组专家，连续几年参与河南省示范性高中调研考试的命题工作，2009年获得了市五 劳动奖章……每当别人称呼他“专家”时，刘本举总是“呵呵”一乐，说：“没啥，就是干了些活儿。”

“边缘人”的快乐与烦恼

不过，现在的“牛人”曾是学校的“边缘人”。1995年，刘本举从河南师范大学生物系毕业，在全国高考取消生物科考试、生物教师“过剩”的大背景下，他应聘到了家乡濮阳的这所新建高中，如愿成为了高中生物教师。

生物不是高考科目，在不少人心中自然不是“中心”，对于这一点，刘本举早有心理准备。但是，课堂上面对学生一双双亮晶晶的眼睛，他认为不管别人怎么看，自己的课永远不能敷衍了事。

课堂上他讲“脂类”，学生不仅学习了脂类的种类、元素构成和功能，还知道了生活中食用油的类别，知道了怎样调整食用油的种类才会吃得更健康，知道了饮食习惯与“生命第一杀手”——心脑血管疾病——的关系，知道了当时广告铺天盖地的“巨人脑黄金”、“深海鱼油”并不神秘，其主要成分不过是多不饱和脂肪酸……

在课外，刘本举还组织学生对校园内的植物进行分类、挂牌和制作标本活动。没有料到学生的热情会那么高，他们不仅自己查找资料、动手制作，为校园内的花草树木一一挂上名牌，还有的在上学的路上采来花草栽种，和同学们一起辨认、鉴别。

“学生带给我的感动和快乐，是一种很大的工作动力。”然而因为学生学习生物兴趣高涨而发生的一件事让刘本举始料未及，好似当头被泼了一盆冷水。那段时间，自习课的时间很多学生不看数学、英语、物理、化学，一门心思研究生物。这个现象在“升学率是天”的高中是不可思议的，有些老师和班主任对此很不满，就到校长那里说刘本举的“不是”。校长自然不会批评刘本举，但这件事让刘本举明白了——高考不考生物，自己只能是个“边缘人”。以后的课该怎么上，该怎么面对学生？刘本举迷茫了。

关上教室的门，课堂自己可以做主

困惑、郁闷之中，刘本举在一个同学那里发现了一本期刊——《生物学通报》。起初他只是随手翻看，没有想到一下子被震住了——同样的课，人家竟然是完全不同的讲法。刘本举一下子找到了今后努力的方向——提高自己，探索新的课堂教学方法。

没有老师引领，刘本举就跑到邮局为自己订阅了《生物学通报》《生物学教学》《中学生物教学》《中学生物学》等专业期刊，让这些期刊做自己的老师。这几种期刊刘本举一直订阅到今天，十几年积攒下来的五六百本期刊现在几乎摆满了一个书架。高考不考生物，反而变成了一件“好事”，刘本举放开手脚，大胆地在教学中实践自己的教学想法。他以探究性的活动和实验为设计主导，从提升学生科学素养和实践能力、联系现实生活、面向全体学生的角度架构教学。在新课程还未铺开的21世纪之初，他的这些理念和做法都是很超前的，且令人耳目一新，因此参加工作才五六年，第一次参加濮阳市和河南省的优质课大赛，就取得了第一名和一等奖的优异成绩。

2000年，有一件大事让刘本举很欣喜——从2001年起全国高考将恢复生物科考试——但他在喜中也有一丝担忧：自己的课能过“分数关”吗？以后还敢坚持让学生在课上做实验、在课外搞活动吗？不过，很快刘本举就自信起来：“自己的课堂尊重教育规律，一定能经得起考试的检验，一定要坚守住自己的课堂。”果然，在当年6月份的全市教学质量检测中，濮阳市第一高级中学的生物科成绩位居全市高中之首，平均分竟比第二名高出14分。

教真正的“生”物，做“生命”导师

生物科恢复高考之后，刘本举就一直教高三年级，且兼任班主任。2008年新学年，河南省启动高中新课程改革，刘本举非常高兴，找孙广文校长申请到一年级带新生。孙校长非常欣赏他的做法，鼓励他深入探索生物新课程的教学方式，推动学校的课堂教学改革。

任教高一年级之后，刘本举立即着手准备实施“蓄谋已久”的小组合作学习教学实验。经过十几年的课堂教学研究积累，刘本举自己总结出了一套基于“科学史”的“探究性”课堂教学策略：资料型探究活动、模型建构型探究活动、“问题串”型探究活动、实验设计与分析型探究活动；“基于‘科学史’”是筛选探究素材、整体架构课堂教学的一种战略思想，而不是把“科学史”当做教学内容之外的“赠品”，以“讲故事”的形式简单呈现。

那么，“探究”是否就是生物教学的全部？生物教学到底要追求什么呢？这是刘本举近来思考最多甚至是令他内心焦灼不已的问题。“十几年来，我在改造课堂、培养学生能力等方面下了很大工夫，甚至在感觉知识匮乏、力不从心的时候毫不犹豫地读研究生，拿到硕士学位，但现在我感觉努力方向似乎有些偏了。也不能说之前的努力没有一点价值，而是一直忽视了思考教育教学的根本目的是什么。”

2009年11月，在面向河南省高中生物教师的新课程跟进培训会上，刘本举给高一年级的老师做了新课程教学实施策略的讲座，其中他特意渗透了新近对生物教学要有“生命”、要有“人”、要关怀学生一生发展的思考，引起了教师们的共鸣，受到大家的一致好评。

“假如我早几年接触‘生命化教育’和‘新教育’，也许我就不是现在的我了。可生活没有那么多假如，我必须从现在起步，开始崭新的教育教学之旅。”刘本举说。

（原载2010年3月3日《教育时报》，作者：吴松超）

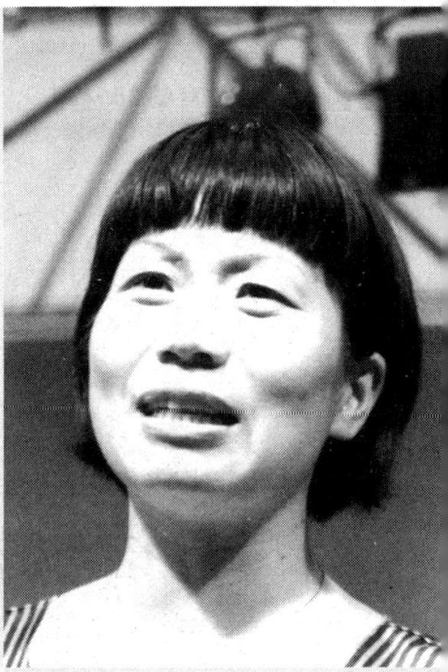

韩素静

【成长档案】

学　　段：初中

学　　科：语文

学　　校：濮阳市高新区实验学校

教　　龄：19 年

成绩荣誉：河南省名师，出版专著《与学生一起幸福成长》，第二届河南最具成长力教师

颁奖词：

十八年的语文课堂，十八万字的著作立身。以教师的幸福行文，以文学的心灵育人。有时候，不著一字，便可尽得风流。文学温暖了你的语文课堂，而你，温暖了学生的心房。

专家评语：韩素静老师的第一个特点是以“四个学会”（学会沉默、学会示弱、学会等待、学会放手）的方式坚守卢梭式的“消极教育”。第二个特点是超越教室，把课堂延伸到学校、社会。第三个特点是坚持和学生一起写作，把自己的散文、诗歌和学生的优秀作文一起粘贴到墙上。

——刘良华（华南师范大学教授）

成长感言：一个语文教师应该是文学的追随者、教育的践行者，在文字与课堂间诗意地行走。

语文教师要有一颗“文学心”

语文教师应在哪些方面多下工夫？是文学，还是教育？文学与教育之间到底是什么样的关系？弄清楚这些问题，濮阳市高新区实验学校的韩素静老师用了近20年的时间。

韩素静在语文教学的讲台上已经站了18年，是濮阳市语文学科带头人、濮阳市“农村骨干教师培训班”培训教师、河南省骨干教师，同时还是濮阳市青年作家协会会员，目前已发表作品18万余字。“语文教师一定要有一颗‘文学心’。一个不喜欢文学的语文教师怎样引领学生感受文学的魅力呢？”韩素静说，“对于文学与教育，我多年来走了一条‘曲折迂回’的道路。”

狂热的文学爱好者初为人师

说韩素静是个狂热的文学爱好者，一点儿也不为过。

读师范的三年时间，她几乎抓住一切可以利用的时间读书、写作，如饥似渴地在语言文字里汲取营养。“那时候，我怀揣着一个文学的梦。为了实现这个梦想，我几乎把图书室的所有文学作品都读了一遍，在坚持写日记的同时，还热衷于创作诗歌、散文和小学。你猜我三年里写了多少东西，二十多万字。哈哈！现在，那些笔记本的纸张已发黄、变脆，可搬了几次家我还像宝贝一样不舍得丢掉。”回忆起少女时代的文学梦，韩素静的脸上呈现出羞涩而又幸福的神情。

1992年，师范毕业后，韩素静到一所乡村中学教语文。从站上讲台那一刻起，她就暗下决心，要和学生一起领略语言文字的美，引领更多的学生走到文学的道路上来。她订了《中学语文教学参考》等杂志，认真琢磨教学设计，研究教材和学情。经过一段时间的努力，她上课不再紧张了，语言优美而且富有感染力，课堂气氛轻松、活跃，很受学生的欢迎。

1993 年 4 月，刚上班 8 个月的韩素静，被县教研室选中作为初中语文学科代表在全县巡回做课。同年 9 月，她自告奋勇参加了濮阳市优质课大赛，并获得了三等奖。刚工作不久便取得这样的成绩，韩素静不免有些沾沾自喜，认为搞好语文教学并不是什么难事。慢慢地，她又开始把精力放在自己的文学梦上。1994 年，处女作诗歌《夜读》在《濮阳日报》发表，这更是给了她追逐梦想前所未有的信心和勇气。教学之余，她大部分时间用来“爬格子”。

直到有一天，校领导的一番话给了她当头一棒。那是 1999 年，韩素静已调到濮阳市高新区实验学校工作。随着作品一篇篇变成铅字，她成了大家心中的“作家”、“才女教师”。然而，这些并没有得到学校领导的“认可”。那天，负责业务的刘校长拿着发表她作品的报纸，语重心长地告诉她：“喜欢文学是好事，但别忘了你首先是一位教师。我希望你能把手中的笔和教育结合起来，更多地关注你的学生和教学。”看着校领导离去的背影，韩素静陷入久久的沉思中。

从此，她迈开了探寻教育理想的步伐，家中的书柜上悄然多了一本本教育理论著作……

“四个学会”逼近教育理想

韩素静曾经读到过这样一个故事：一个魔鬼在人的必经之路放了一个箱子，凡路过的人，都要被他塞进箱子里。当每个人从这个箱子里出来时，奇怪的现象发生了——人全部变得一模一样。她说：“这个故事是在讽刺当今的教育，教师是魔鬼，箱子是学校。这是多么可悲的一件事情啊！教育的终极性目标是培养真正的人，让每个受过教育的人都能幸福地度过一生，所以教育必须触及学生心灵、张扬学生个性，而不是按照统一的标准来培养。”

卢梭在《爱弥儿》中说过：“什么是真正的教育？最好的教育就是什么也不做。”教育专家林格也曾毫不客气地指出：“教育者最好少一只手。”在持续、深入地拜读大师的教育理论著作后，韩素静逐渐意识到，要想让学生真正成为课堂的主人，教师必须做到“四个学会”——学会沉默、学会示弱、学会等待、学会放手。

在教学中，大家经常看到这样的现象：在一些教师眼里，学生还小什么都不懂，于是就反复地强调、指点、批评，从而剥夺了学生表达、分析、思考的权利。还有一些教师总习惯于高高在上，将自己置于强势的地位，面对孩子的错误总是疾言厉色，仿佛天下的真理都掌握在手。韩素静认为，其实，恰恰相反。教师学会沉默，才能让学生在亲自体验、充分思考的过程中成长；教师学会示弱，学生才会变得强大起来；教师学会等待，是对学生的尊重和理解，也是一个教育工作者应有的耐心与宽容；教师学会放手，才能给学生创设自主探索的空间，使学生主动参与教学、参与评价。

为了让学生自由健康地成长，韩老师还组织了丰富多彩的课外活动，和学生一起在活动中体验生活、感受幸福。

有一年，她组织了“小脚丫走濮阳”活动，带领学生参观了八都坊、御井、张挥公园、老城墙、“中华第一龙”遗址，让学生对濮阳市历史文化有了全面了解。孩子们在八都坊前静静地记录，在烧烤炉旁手忙脚乱地准备食物，在张挥公园嬉戏、玩耍。虽然骑了四十多公里的自行车大家都有些疲倦，但在活动结束时，学生还兴奋地向老师道再见……

还有一次，韩素静带领学生到濮阳市绿色庄园寻找春天，和学生一起动手给小鸟做了许多漂亮的巢。露宿一夜后，第二天又开展了“我用身体摆字母”活动。刚开始，孩子们有些不好意思，你推我搡的。在老师的开导下，他们慢慢打破男女性别的界限，大大方方地躺在草地上，用身体摆出“一（1）班”的图案。后来，有学生在作文中写道：蓝天白云，暖暖的春风，绿色的草地上，那用身体摆出的画面是那么的纯美……

快乐游走于文学与教育之间

如今，韩素静依然没有丢掉手中的笔，只是关注教育的文章所占的比例越来越重。

在她看来，文学的目的是使人的心灵变得更加美好，教育也是塑造人心灵的行为，一个语文教师应该是文学的追随者、教育的践行者。语文教师本身就应该是一部文学作品，其话语中应该有散文的清香，笔下应该有诗歌在流淌，眼神中应该浸染唐诗宋词的芬芳。

2007 年暑假，韩素静参加“濮阳市名师赴上海培训班”的培训。开班前，上海培训基地要求参加培训的教师提交一份教案，她就随手将一节随堂作文课的教案寄了过去。出发前一天，她接到电话通知，自己的教案被专家选中，培训期间要代表学员作观摩课。

上课开始，韩素静在黑板上写了大大的一个“病”字，然后问学生，如果以“病”为主题写作，你会写什么内容？请大家在纸上写出三个词语。学生纷纷回答：生病的经历、痛苦，或者是生病时体会到亲情、温暖、自由。韩素静继续引导：大家谈的都是与身体疾病有关的，那么人的精神和性格会不会生病呢？比如脆弱、怯懦、暴躁等。现在请大家再在纸上写出三个词语。随后，她继续引导：除了人会生病，大自然会不会生病呢？比如海啸、飓风、全球变暖？学生陷入沉思，她又接着引导：除了大自然，社会是否也会生病呢？比如浮躁、急功近利、亲情冷漠……随后，她又以“老师”为主题，对学生进行了思维训练。最终，她给学生亮出的作文题目是“财富”……

这节课受到了专家们的一致好评，认为这样的训练打开了学生的思路，使学生掌握了写作成功的一个非常重要的前提——思维开阔、立意新颖，这样学生写出的作文才会既有深度又有广度。

其实，韩素静的日常作文教学能够讲得如此精彩，缘于她多年来坚持和学生一起写作。她会把自己的散文、诗歌和学生的优秀作文一起粘贴到墙上，用实际行动告诉学生：写作就是这么简单，只要把真情实感写出来就可以了。她用笔记下对人生的思考和感悟，以及与学生交往的点点滴滴。学生从中读出老师对他们的浓浓爱意，也开始用日记、作文与老师交流。她带的最好的一个班级，一个学年下来，学生共发表文章二十余篇。

在韩素静的教育随笔中，记者读到这样一段文字：“语言大师林语堂曾经说过：‘在牛津、剑桥，那些老师怎么教学生？他们把学生叫来，一边抽着烟斗，一边天南海北地聊，学生被他们的烟和谈话熏着，就这样熏出来的。’一个语文教师，如果有了很厚的文学功底，即使不采用什么先进的教学手法，也可以凭借自己的实力去感染、熏陶学生，促进语文教学目标的实现……是文学为我的语文教育着上一抹暖色，使我在文学与教育间畅快地游走、诗意地生活。”

（原载2010年3月31日《教育时报》，作者：杨亚丽）

刘娟娟

【成长档案】

学　　段：小学

学　　科：语文

学　　校：河南油田实验小学

教　　龄：21 年

成绩荣誉：河南省名师，河南省优秀教师，第二届河南最具成长力教师

颁奖词：从中师生到教育硕士、从学校一等奖到全国一等奖，对你来说，只不过是一项有趣的成长跋涉课改实验。生活处处皆语文，语文时时有生活。活力课堂，只不过是你记录为师者幸福的日记。

专家评语：当一个人痴迷于自己事业的时候，世界上的一切都会与其事业有关。刘娟娟老师就是这样的一个人。语文教学与研究已经融入了她的生命，生活中的一切也就融入了她的语文教学。课堂与课题，形成一个稳稳当当的“人”字，展现着她语文人的风采。

——余映潮（湖北省荆州市教科院教研员、特级教师）

成长感言：幸福着语文的幸福，快乐着语文的快乐。

快乐着语文的快乐

从中师生到教育硕士，从校级一等奖到全国一等奖，从普通教师到河南省名师，她用她的努力诠释着成长。

中国教育电视山东台，播出过她执教的作文课；河南油田电视台，两次播出过她的教育故事；《教育时报》，连载过她的读书笔记；《河南石油报》，报道过她的教学理念；省教师培训活动、市教师节表彰，请她作过专题报告……

她，曾获河南省优秀教师，河南省师德先进个人，河南油田十大杰出青年，河南油田十大教科研标兵等称号。在河南油田实验小学，她教了完整的两轮毕业班，在小学毕业调研考试中，两次获得全油田第一的好成绩……

她，就是河南省名师、河南油田实验小学语文教师刘娟娟。

在赛课中思考：打造充满活力的语文课堂

6年，刘娟娟用6年时间，从学校的讲台踏入了省优质课的讲台、国家研讨会的讲台、中国教育电视山东台。之后，先后多次在各级各类教学活动中做课，《浪娃娃》《找风》《有趣的吸引力》《长征》《奇妙的“书”》等都深得与会教师的好评。

在一节节获奖课的背后，是她对于语文课的一段段思考，在她看来，语文课堂应该是充满活力的课堂。不同时期的课，印证着她对语文活力的不同诠释：

以《富饶的西沙群岛》为代表，她着力将语文活力定位在“语言文字的训练”，在于淇慧副校长的指导下，她确立的“三步训练”教学模式突出语言文字的训练，让学生在学中练，在练中学，学练结合，提高语文素养。

以《枫桥夜泊》为代表，她着力将语文活力定位在“教学方式和学习方式的变革”，她构建的“质疑漫谈”教学模式以“学生自主探究为核心”，通过学生自己质疑、自主解决、课上合作、课外延伸等形式，构建课内外联系、校内外沟通、学科间融合的大语文体系。“诗人为什么而愁?”“从哪里可以看出诗人很愁?”“你还知道谁为愁做过什么?”“你还知道哪些关于愁的名句?”一首28字的小诗，在刘娟娟的巧妙引导下，融入的却是古今中外名人的万缕愁绪，可谓牵一发而动全身。

以《绒毛小熊》为代表，她将语文活力定位在“自主、高效、充满生命活力”，让学生成为课堂的主人，把课堂的宝贵时间交给学生，建立有效的小组学习机制，让更多的学生在课堂展示自己的学习成果。从关注文本的发掘，到关注课堂方式的革命，再到如今课堂上学生生命个体的张扬；从“师本”到“生本”；目前，她对“活力课堂”的研究依然是“正在进行时”。

在研究中探索：尝试充满活力的语文实践

2003年，《激活学生个性创作》获省一等奖；2004年，《创新作文随笔集——雨点滴滴》获省二等奖；2005年，《积累运用》获省一等奖；2006年，《和新课程一起成长》获省二等奖；2007年，《课堂教学理念策略和方法的实验研究与探索》获省一等奖；2008年，《打造自主高效充满生命活力的课堂》获省一等奖……

以上所获奖项均是在河南省教育厅一年一度的教科研成果评比中取得的。在第一个成长期，她将目光锁定在课堂；在第二个成长期，她将目光锁定在课题。课堂、课题，这是鸟儿高飞的两翼，两翼同时扇动才更具成长的力量。

她先后承担过“创新作文实验”、“研究性学习实验”、“生命化教育实验”等课题，在课题研究中，她品尝着成长的快乐。

“创新作文实验”中，她所带的实验班级学生创造了两年发表文章将近一百篇的记录，她的作文课也在中国教育电视山东台播出。近几年来，她先后到南阳市、信阳市、郑州市等地做课并传授作文教学经验。

“研究性学习”也是她主持的实验之一。小学生会研究吗？小学生会写研究性论文吗？会！让我们看看在她的启发下学生的研究吧：学科领域，学生研究“会睡觉的花”，那是在奥运会前，学生根据自己对小区酢浆草和牵牛花开花时间的研究提出花有“开关”，研究突破此开关的基因，可以让中国创造百花迎奥运的绿色奥运庆典；社会领域，学生研究“单极化好还是多极化好”，他们罗列世界各国政党的建树，对一党制和多党制提出自己的看法；生活领域，学生研究“姓的来历”，追溯历史，联系古今，探寻姓氏的渊源；尤其是在“小干部　大干部”的研究中，学生们为了采访到局长——油田最大的干部，想办法利用职代会“堵”住了局长，采访成功，并成为新闻在油田电视台播出。教学生6年，想学生60年。以上这些研究性小论文的题目可能永远不会在试卷中出现，但是，在孩子语文学习的过程中，能有这样的体验是多么难得的财富！语文，能有这样的大视野，是多么富有魅力！

就是这样的研究，成就了她从“活力课堂”到“活力语文”理念的发展，成就了她教师生命的成长。

在感悟中享受：捕捉充满活力的语文气息

将生活中的平常小事和教育建立起强有力的关联是刘娟娟的“特异功能”。蓝天白云，雾霭虹霓，明星趣闻，体坛采风，街头小吃，孩童玩具，经过刘娟娟眼睛的捕捉，大脑的过滤，皆可为教育所用，皆是为教育而生。

女儿兴致勃勃地玩着磁铁，看到磁铁吸住了钥匙，女儿感到太神奇了，就问妈妈原因。在给女儿解释磁性和吸引力的过程中，一节关于吸引力的作文指导课在她脑中诞生了。课堂上，她巧妙点拨，高山、大海、花朵、水果、操场、雪花，都是孩子眼里的磁铁，高山吸引着树木扎根，大海吸引着鱼儿嬉戏，花朵吸引着蜜蜂跳舞，水果吸引着果农采摘。然后，她又引导把一句话展开说具体，一节从总写到分写的作文课就这样诞生了。这节课从学校公开课讲到油田观摩课再讲到市级示范课，无不给听课者耳目一新的感受，整个课堂实录也发表在刊物上。

这样的事例不胜枚举。父亲手术住院，她每天骑着自行车送饭，长长的公路、匆匆的车流，路上每时每刻都发生着故事，这路，不就是一本阅不尽的书吗？于是，她构思了一节语文综合实践课《奇妙的“书”》。和朋友吃羊肉串，她又根据羊肉串的特点指导学生作文“串”的技巧，以“春”做竹签，把一片片春光串起来：春花斗艳，碧草如茵，香润心田。从奥运会冠军戴花环的细节中她得到启示，给学生捡来无人认领的铅笔缠上彩条，取名“花环笔”，成了激励学生写好字的奖品。

这样的教育思考让刘娟娟兴奋、快乐、幸福，让她感受到了语文的无限活力和生机。她是一个热爱生活的语文老师，爱打球，爱唱歌。做合唱的领诵，做运动会的解说，都让她感受着生活的乐趣。但是，语文给了她更多的乐趣，“感受语文的魅力，享受教学的乐趣”是她的生活座右铭。她的博客也有一个幸福而乐观的名字：笑脸集。一直以来，她就是这样，幸福着语文的幸福，快乐着语文的快乐。

（原载2010年1月13日《教育时报》，作者：李世超）

张占营

［成长档案］

学　　段：初中

学　　科：语文

学　　校：商丘市梁园区双八镇第一中学

教　　龄：19年

成绩荣誉：第六届"语通杯"全国中语初中组教改新星，河南省首届名师，第二届河南最具成长力教师

颁奖词：在奔往聆听全国名师课堂的路上，你像一个信徒，虔诚而执著；站在自己的课堂上，你像一个信使，向学生和同事传递语文的灵动。十八年求索，无限风光在脚下。向前走吧，你的脚下是快乐的旅途！

专家评语：为力争在5年内跨入"成熟教师"行列，他开始了痴迷的读书生活；他自费南下北上观摩学习，身上洋溢着"志气"两个字。老师的志气是学生的福音！

——余映潮（湖北省荆州市教科院教研员、特级教师）

成长感言：勤于实践，善于思考，静心教书，享受语文。这是一种境界，也是一种追求。

那年春天，教育人生再次起程

教育人生的春天

2006年的春天，是商丘市梁园区双八镇第一中学张占营老师教育人生的春天。

张老师记得很清楚，那天是2006年3月14日，区教研室张振军主任电话通知他："省教研室要举办中学语文优秀教师、教研员研修班，全市10个名额，咱区我想推荐你参加。论资格，你年轻，还不是省级优质课教师。但我认为你教学基本功扎实，有一股钻劲，我相信在不长的几年里你会进步得更快，会取得很大的成绩……"那天晚上，张占营激动得半宿没睡着，想得更多的是怎么做才能不辜负张主任对他的期望。

2006年3月17日，张占营踏上了赴郑州的列车。在研修班学习期间，他目睹了余映潮、程翔、孟素琴等名家风采。"专家就是专家！"张老师感叹道。一直扎根农村、乐于默默探索的他，眼前霎时亮了起来：无限风光在险峰！

就在那次研修班上，省教研室的孟素琴老师语重心长地分析了河南省教育发展状况，有喜有忧，但忧的分量还是很重的。她说："省教育厅领导问我，在全国有影响力、叫得响的教师河南省有哪些？我能说出的还是那么三四个人，而像我们的邻省山东、湖北则有一大批名师队伍。"孟老师就在那个会上，向河南的语文老师提出了"知耻而后勇"的口号。

就在孟老师激动人心的话语萦绕耳畔时，张占营就默默立下了誓言："我要向孟老师所表扬的申宣成、常作印等老师学习，力争在5年内自己也跨入这些已成长起来的教师行列中去。"

张老师说，也就在那次学习回来后，他的教育人生才算真正起程。"因为我开始自觉地读书与写作，开始做一名静心教书的教育人，开始寻找教育的幸福与快乐。”

痴迷的读书、写作生活

从2006年春天，张占营开始了丰富的读书、写作生活。

他自费订阅了《教育时报·课改导刊》《语文教学通讯》《中学语文教学》等报刊，期期必读，认认真真写好读书笔记。现在，他已经写出了几百篇读书心得，共计三十多万字。

张老师说，教师要有当教育家的梦想。读《听余映潮老师讲课》《听李镇西老师讲课》《韩军与新语文教育》等书，追寻名师的人生经历，领略名师的风采，这让张老师很“冲动”。2007年，在农村没有宽带上网的情况下，他克服重重困难安装了电脑。暑假里，天气炎热，当别人在树下打麻将或到河边垂钓时，他却一个人待在家里，光着背，汗流浃背地学打字。后来，他通过网络开始与名家大师交流，吸纳他们的教育智慧。2009年9月在中华语文网开博以来，他至今已发表原创文章一百六十多篇，很多文章被置顶在网站的首页。2009年年底，他被中华语文网评为十大年度人物之一。

“北上南下”的学习之旅

从2006年春天，张占营开始了“北上南下”的学习之旅。

2006年8月，他在杂志上看到了全国中语会第22届年会的通知。农村教育经费紧张，再加上其他老师都没有出去学习，张老师觉得自己搞特殊也不好，便没给领导汇报此事，他与妻子商量，想自费参加。会务费三百元，加上差旅费、食宿费少说也得七八百元。那时他的工资每月仅八百多元，参加一次会议就是一个月的工资啊！

杂志通告上刊登的“陈金明教授作报告、袁卫星老师作报告、程翔老师讲公开课、苏立康老师评课”的会议内容深深吸引着他。8月4日晚上7点多，他起程赴会议地点——山东聊城。

在聊城的会议上，张占营目睹了专家名师的风采，并参观了全国课改名校——杜郎口中学。“这次听课花了几百元钱，值！”张老师说。

2006年以来，他十余次外出参加省级、国家级语文研讨会，很多时候是自费参加。其间他认识了魏书生、洪镇涛、苏立康、程翔、朱永新、袁卫星等许多名家大师，也产生了很多关于语文教学的思考。2009年10月底，他赴郑州市参加河南省中学语文优质课大赛，回来后进行整理、反思，写下了近万字共六个部分的《2009年河南省中学语文优质课大赛观课感想》。

“北上南下”的经历让张老师明白：听君一席话，胜读十年书；走出去，方能开阔视野；与名师交流，才能感悟教学艺术的真谛。

躬身教学的实践研究

从2006年春天开始，张占营用“静心教书、享受语文”来诠释着人生的价值和生命的意义。

面对农村课堂教学资源和课外学习资源的开发受到极大限制的困境，面对农村中学生学习内驱力较弱的实际情况，面对新课改以来语文课堂教学追求华丽包装的不良现象，张占营孜孜探求着农村中学语文有效教学的新思路。“走自己的路，适合自己的教学思想和教学策略才是最好的。”

张占营认为，把语文课上得实实在在，应成为每一个语文教师的教学底线和至高追求。他努力探索这样的教学风格：本色的语言课堂、平等的对话课堂、灵动的生命课堂。

以下是他执教《湖心亭看雪》的一个教学片段：

师：请同学们选读写西湖雪后奇景的语句，并进行品析。(学生活动三分钟)

生：“大雪三日，湖中人鸟声俱绝”，从听觉上着眼，写出了西湖大雪三日后的空阔、冷寂。

师：这里写出了西湖奇景之一——静。哪个词把这个“静”写出来了？

生：“绝”。

师：请圈画住这个字。谁来品析这个字的妙处？

生：一个“绝”字，写出了冰天雪地、万籁无声的森然寒意。

生：一个“绝”字，写出了雪后西湖的静寂。

师：老师把这句话改成“湖中人鸟声俱静”，和原句意思有什么区别？

生：“绝”给人以肃杀的寒意，改成“静”，感觉很温馨了。

师：我们常说“夜深人静”，多么安宁！而在纷纷扬扬的鹅毛大雪下了三天三夜后，在“冰天雪地风如虎，裸而泣者无栖所”的严冬，张岱用了一个“绝”字，除了极力渲染了一种冷寂之外，还流露出作者的什么情感？请联系作者的经历看。

生：已是大清王朝，张岱仍用“崇祯五年”叙事，“绝”字写出作者的悲伤情怀。

生：张岱是忠于大明的遗民，“绝”字流露出他淡淡的愁绪。

师：怀念故国，悠悠愁思。既然“愁”，作者为什么还要“独往湖心亭看雪”？

生：“独”字更显出作者的孤傲情怀。

师：“孤傲”是什么意思？可以查查词典。

生：孤僻高傲，超然。

师：对。别人喜欢做的事他不做，别人不喜欢做的事他去做，有种超乎寻常、悠远脱俗的“雅兴”。说说你在天寒地冻、寒气袭人的深夜会做什么。

生：我会围着火炉烤火，不不，在被窝里，盖着厚厚的两层被子。

师：是的，很多人都会这么做。而张岱却披着皮袍、抱着炉火独往湖心亭看雪，如同“王子猷居山阴，夜大雪，眠觉，开室，命酌酒。四望皎然，因起彷徨，咏左思《招隐诗》”一般，这是一种只有很少的人才能体会到的雅趣！我们再想，为什么张岱有如此雅兴？

生：是因为他内心豁达清净。

师：回应前文，“绝”也传达出作者心灵的宁静。写冰封雪盖之景就是为了抒旷达宁静之情。下面用自己的体会读出作者的情感……

品词会意的师生对话，生出了浓浓的语文味。“立足文本、品味语言、注重生成、丰富积累”，张占营这样坚持着自己的语文教学追求。

坚持听课评课是张占营参与教学实践的另一种方式。他每学期听课一百多节，有学习优秀教师讲课，有指导青年教师讲课。他还多次承担商丘市和梁园区中学语文教改示范课、观摩课，曾受邀到商丘各地讲课。身为梁园区中学语文青年教师读书会秘书长的张占营，通过筹办读书论坛、青年教师课堂教学大赛等活动，使梁园区中学语文教师团队焕发出了昂扬奋进的教研姿态。2006年以来，他本人荣获第四届全国中学语文优秀教师、河南省首届名师、河南省中学语文优质课教师、河南省骨干教师、商丘市首届中学语文教师技能大赛一等奖等多项荣誉。

2010 年的春天，他又被评为第六届“语通杯”全国中语初中组教改新星，他以不懈的探索实现了自己 2006 年春天的誓言。

他坚守着自己的人生格言：坚持，会让自己走得更远！

（原载 2010 年 3 月 24 日《教育时报》，作者：杨磊）

姜峰基

【成长档案】

学　　段：初中

学　　科：生物、信息技术

学　　校：开封市第二十七中学

教　　龄：16 年

成绩荣誉：全国生物优质课大赛一等奖获得者，河南省名师，第二届河南最具成长力教师

颁奖词：生物学或者信息技术，人脑或者电脑，在你手下都是一个个渴望歌唱的音符，你遵从智慧女神的召唤，谱写出学科整合的天籁之音。学科有边界，学习无边界；成绩有尽时，成长无尽时。

专家评语：生物老师中信息技术最好，信息技术老师中生物功底最强，姜老师用两个一等奖——“河南省生物优质课一等奖”和“河南省信息技术优质课一等奖”诠释了这句话的含义。他不但能够搞定人脑，还能搞定电脑，这样的老师比别人多一个脑，“最具成长力教师”当之无愧。

——魏勇（北京十一中学教师）

成长感言：成长是一个过程，更是一种状态。我有幸从事了一项陪伴生命成长的事业。对人类生命的敬畏使我不敢有丝毫懈怠，对学生的责任让我加速前行，跟上孩子成长的脚步。

学科有边界，学习无边界

他是生物学科教师，2008 年获得河南省生物优质课一等奖第一名。

他是信息技术课教师，2003 年获河南省信息技术优质课一等奖第一名，并被聘为河南省电教教材计算机多媒体课件评审委员会专家。

他参与和主持过多项国家级、省级科研课题，研究课题涉及生物学科、信息技术学科、研究性学习等多个领域，2006 年他被评为国家重点课题研究先进个人。

他说："我一向反对教师仅仅局限在自己学科内，不了解、不学习相关的其他知识。知识的贫乏是教师发展的最大敌人。"

开封市第二十七中学的姜峰基老师就这样幸福地行走在不同学科之间，用他的话说：学科整合，很大程度上不是技术层面的问题，而是一种理念。

只有你爱这门学科，学生才可能爱这门学科

在采访时，记者随机听了姜老师的一节七年级生物课。

"姜老师今天真帅。"一看见穿西装、打领带的姜老师，学生就七嘴八舌地赞美起来。一上课，姜老师给每位学生发了一颗话梅糖，学生迫不及待地吃了下去。"你们吃了话梅糖，得给我说说你们有什么反应，要不就成'白吃'了。"这么一说，学生兴趣高涨起来，争先恐后地说自己的反应：唾液增多。姜老师由此引入了这节课的内容"反射弧"。在讲解了反射弧的基本知识之后，姜老师让学生以小组为单位自己设计不同的反射过程，前提是不能有身体上的伤害。学生的情绪一下子被调动起来，设计出了膝跳反射、打手反射、声响反射等各种各样的反射过程。而后，姜老师又用课件展示了反射弧的一般原理。感受器、传入神经元、神经中枢、传出神经元、效应器，一经用 Flash 动

画演示，一个完整的反射过程就被直观、清晰地展现出来。原本抽象难懂的原理，在姜老师制作的课件的演示下，变得生动而有趣。接下来，姜老师又提出一个问题："你们有谁知道，在短跑项目中什么是抢跑?""枪响之前跑叫抢跑。"不少学生随口说道。一个学生站起来说："发令枪响前和枪响后0.1秒内起跑都是抢跑。"姜老师表扬了这个学生的博学，并解释了原因：人的反应是需要一定时间的，反应速度最快不过0.1秒。而后，姜老师又通过一个网络小游戏来让学生进行反应速度的比赛，学生踊跃参与……

课堂上，学生一直被预设的情境、直观的课件以及姜老师的讲解所吸引。课后记者了解到，教材中这一章节内容非常简单，课堂上所预设的情境和引入的知识，如让学生设计反射过程、引入有关抢跑的规定等，都是教材和教参中所没有的，课件的设计及制作也都是姜老师自己完成的。

生物学科是很多人认为的"小学科"，因不是中招考试科目而受到很多人甚至是生物学科老师的冷落。要想让课堂吸引学生、培养学生的学科情感，只有深挖生物学科的内在魅力、拓展教材的内容。这样的拓展需要不断地学习最新的相关知识，需要对课堂和学生有深度的关爱。姜老师说："只有你自己爱这门学科，学生才可能爱这门学科；只有你把自己当回事，别人才会把你当回事。"

生物学是研究人脑的，信息技术是研究电脑的

"你的课件做得真不错，是请社会上的电脑公司给你做的吧?"获得省生物优质课大赛一等奖第一名后，一些老师甚至评委都这样问姜峰基。"都是我自己做的，我同时也是学校的信息技术课老师。"姜老师回答。

生物学科和信息技术学科是有很大差别的，但在姜老师看来，二者是"很接近的"。有几年时间，姜老师都是同时上这两门课程。姜老师上大学期间，正是计算机技术飞速发展的时期，他自学了BASIC语言和数据库知识。当时，这种学习完全是兴趣所在，没有什么功利目的。他也没有想到，正是这个爱好，让自己的教育职业生涯有了别样的精彩。

1997年，也就是他毕业的第二年，没有任何学校领导给他布置任务，他自己在学校的386机器上编写了全校第一套分数录入和分析系统。只要把学生的分数录入，平均分、方差等各项指标就一目了然。这在当时是很先进的，这套系统学校沿用了近十年。2000年，由于学校信息技术课教师紧缺，学校领导找姜老师商量让他教这门课。当时姜老师有点犹豫，倒不是担心自己不能胜任这门课，而是放不下自己的生物教学，但他还是答应了。之后，他自费读了

河南大学信息技术学院的在职研究生。在此期间，还凭借自己对3D等软件的熟练运用，被聘为河南省电教教材计算机多媒体课件评审委员会专家，参与编写了省信息技术教材。

学科整合，换一个角度去思考

“学科整合，很大程度上不是技术层面的问题，而是一种理念。”姜老师就是在这一理念的指导下快乐地游走在学科与学科之间。现在，身为学校教导主任的他，常常给学校老师讲，不要只盯着自己学科内部的知识，而不了解、不学习相关的其他知识。

“我不知道如何整合，其他学科的东西我也不懂。”有老师提出这样的问题。姜老师这样解答：学科整合不是让你失去自己的学科特性，比如，政治学科在讲“人”的概念时就可以整合生物学科有关克隆人的知识，这会让学生对有关“人”的认识更深刻。这种整合，绝对不是让政治老师去上生物课。

研究性学习的开展，更是打破了学科的边界。从2005年开始，姜老师参与了国家“十五”规划课题“实施研究性学习的专题研究”，并指导学生开展了一系列的课题研究。比如，在讲过“反应速度”的知识之后，不少学生产生了这样一个问题：“反应速度快的学生是不是就聪明，学习成绩就会好?”针对这个问题，姜老师指导学生进行研究。学生自己分工、制表、测量、分析，最后撰写了《学习成绩与反应速度的关系调查报告》。这个课题的研究，涉及生物、数学、信息技术等多个学科的知识。在研究的过程中，学生提出问题、设计实验、收集材料、分析总结等能力得到了提高，最后研究成果也给学生很大的启发：反应速度与学习成绩并没有必然的正比关系。“成功是百分之一的天才加百分之九十九的勤奋获得的。”学生对这句名言也有了更深的认识。除此之外，姜老师还指导学生开展了“大树底下好乘凉”“学校生物园区的建立及管理”等课题研究。

从教15年来，凭借在工作中的突出表现，姜老师先后被评为河南省优秀教师、河南省学术技术带头人、河南省中学名师。“我感觉现在的一点点成绩首先归功于我所学的生物学专业本身就是一门包容性很强的学科。其次得益于信息技术对我思维方法的启发和技术技能的锻炼。”现在，打通学科边界、整合学习内容成了姜老师的一种思维习惯和教学方式，而这种习惯和方式，也决定了他教育人生的视野和宽度。

（原载2010年4月14日《教育时报》，作者：杨磊）

毛广文

【成长档案】

学　　段：高中

学　　科：物理

学　　校：开封高中

教　　龄：13 年

成绩荣誉：河南省“五一劳动奖章”获得者，河南省首届教师教育专家，河南省名师，第二届河南最具成长力教师

颁奖词：

当你以全身心悦纳学生的时候，孩子们便开始了悦纳社会。你明白，只有灵魂高洁，知识的利刃才能为人类谋福祉；你明白，孩子们的笑脸就是社会的明天。

专家评语：真正的“人师”关注的不是物质欲望的满足，而是人的精神世界的丰盈、人格魅力的养成。毛广文老师正是拥有这种情怀，智慧育人，严谨治学，让学生在自由民主的环境中成长，在自律中学会做人，做一个让社会悦纳的人。这就是他理解的教书育人的真谛！

——裴素青（洛阳外国语学校校长、特级教师）

成长感言：让学生成为社会悦纳的人。

成为社会悦纳的人

在开封高中校门口见到毛广文老师的时候，记者感到惊异：毛广文看起来比实际年龄要成熟。但是，翻看他记载着 49 项荣誉的省级名师申报材料，记者似乎找到 35 岁的毛广文“聪明绝顶”、“成熟”的原因所在。

“1998 年毕业于河南大学物理系物理教育专业，到开封高中物理组任教。担任班主任多年，历任备课组长、教研组长、学校学术委员会委员和师资培训处副主任。作为全国物理竞赛优秀辅导员，毛广文先后被评为河南省名师、省骨干教师、省学科技术带头人。2007 年，在河南省教育系统教学技能竞赛中以河南省第一名的成绩荣获特等奖，同时，担任《中学生导报》责任编辑。”

在走近毛广文的访谈中，一个睿智、幽默的青年教师形象不断清晰起来。智慧育人、扎实治学、迅速成长的毛广文魅力如茶，品其点滴即清香四溢。

管理：教学生成为社会悦纳的人

韩枫是开封高中 1013 班的学生。再有十来天就要参加高考了，这个时候谈起班主任毛广文，他满怀感激：“虽然毛老师只带了我们短暂而紧张的一年，但他倡导的成为社会悦纳的人的教诲，将使我在以后的日子里找到方向和动力。”

“成为社会悦纳的人”是毛广文的管理哲学，也是他 12 年来带领学生一起追寻的人生哲学。

毛广文是物理老师，在他看来，自己最重要的身份是教师，而不是物理教学者，教师首先要教学生学会做人。做毛广文的学生，要深刻理解这样几个字：仁、认、任、韧、忍、人。他解读说：“我们的学生要成为一个具有仁爱之心、具有责任感、能够认真对待每一件事情、能够忍受艰难困苦、具有坚忍不拔性格的人。”

“我是一个有良知的人：我将努力学习报答父母的养育之恩；我是一个优秀的学生：学会做事、学会做人；我保证：学习一分钟，战斗六十秒；我坚信：今天我努力，明天我成功。”这是毛广文班级的誓言。在每天早自习前，全班起立高唱国歌，宣读誓词。这在开封高中是独有的，极富个性。毛广文发现，宣誓能增强学生的自豪感和责任感，增进学生对父母、老师的感恩之情，能使学生以斗志昂扬的精神面貌开始一天的学习生活。

毛广文教学和教研任务都很重，但他说自己在班级管理上是轻松的，这得益于他的“班级管理、人人参与”的管理模式。在他的班级里，班委、团支委和全体学生共同进行班级管理。全体学生讨论制定了《开封高中1013班公约》。这些约定简明扼要，易学易懂。因为是自己制定的，所以每个学生都能严格遵守，对班风建设起到了较好的作用。

在不同的阶段，毛广文会要求学生提出不同的励志口号，对当前的学习进行及时引导。刚入校时是“雄关漫道真如铁，而今迈步从头越”，高二则是“深思出奇效，善悟疑云开”，高考前则提出“海阔天高”，“到全国各地去放飞理想”。这些口号具有阶段性、针对性和科学性。

知道如何做人，学生的主体意识就会增强，班级管理就会事半功倍。2004年，毛广文带的042班因学生王兵杰、高俊杰、张建伟积极协助抓获盗窃犯，被授予“河南省见义勇为先进集体”的荣誉称号，开封电视台对此进行了专题报道……

教学：物理要帮助学生解决问题

毛广文认为，物理要以解决生活中遇到的问题为切入点，这是它的学科特点决定的。学生郑郁标告诉记者：“毛老师的课总是结合生活中的小故事，从小事中带我们分析物理、学习物理。另外，他善于利用新闻和生活事件，讲解物理知识点。”

有些物理概念很抽象，比如功率，特别是功率推导式的理解及应用。如果只是通过几个简单的小例题，学生就很难真正理解。毛广文联系实际，以开封市三毛时代广场的电梯为例，对电梯功率的问题进行了设计与分析。之后，再联系《今日说法》节目中的案例进行延伸分析，学生对这一知识点的理解就更加透彻了。

毛广文总结道："不少学生认为物理难学，其实物理现象大都来源于生活，只要我们细心观察，就会发现物理离我们很近，物理很有趣。只要我们将身边的小事引入课堂，将理论与实际相结合，学生对物理的认识将不再是抽象与难学，而会是知识与兴趣同在、教师与学生共成长。"

物理课实验多，设计实验很费脑子。一次实验课下课后，毛广文心情很差，因为在钢球竖直上抛的小实验中，学生反映钢球太暗没看清——实验白做了。来到另外一个班级，毛广文看到桌上的黄色粉笔，眼前一亮，心想就用黄色粉笔头代替小钢球进行演示。

这次，粉笔头在空中划过一道亮丽的线——演示效果比上次好多了。正当毛广文高兴之余，一个学生嘀咕了一句：老师，这不叫竖直上"抛"，应该是竖直上"扔"。

毛广文灵机一动反问道："那如何演示抛呢？您能不能给我们演示一下呢？"他特意将"您"说得很清晰。

学生很得意："老师，其实很简单，你把扔粉笔的手挡住。由于惯性，粉笔不就脱手而出、主动飞出去了吗，也就是被抛出去了！"随着"啪"的一声，学生手中的粉笔脱手而出，竖直上抛，效果真的不错。

毛广文说："很好，你的建议给这个实验增添了声音，我用黄色的粉笔给这个实验增加了颜色，这个实验就变得有声有色了，对吧？"

"那当然，这个实验有我的创意，以后做这个实验，可得想着我！"

"行！这个实验以后就以你的名字命名，就叫××有声有色竖直上抛演示实验……"

在笑声中，学生开始了新的学习。记者从他的论文集里发现，物理课的严谨与逻辑性以及物理问题探索过程中学生思维的培养，都是毛广文的教研主题。

成长：扎扎实实积累成长的砖瓦

用开封高中高二生物老师武清平的话说，毛广文是属于聪明类型的。如果一个聪明人再有着勤奋的精神、老黄牛般的劲头，再加上细心和随和，不成功就是怪事了。

武清平对于毛广文的概括具有"权威性"，因为当年他们一起从开封高中保送到大学，然后再一起回到母校任教，其互相了解程度无人可比。

在毛广文的办公室，每被问及一个主题，毛广文总能有条理地通过大量的一手资料展示出来，由此可见其平时工作的细心和扎实。在他书柜的一个盒子里，放了近千张的知识卡片，那是他自工作以来积累的“宝贝”。这些读书笔记、摘要，包括管理智慧、教学艺术、教育哲思、个人灵感，每个都被编上了号，抽取的时候非常方便。毛广文说，自从用了网络，他的资料库建设开始电子化，更方便了，也更丰富和便捷了。

毛广文大学毕业，青涩期很短，原因有三：他是开封高中毕业的，熟悉母校；他工作认真，善于在身边寻找学习的榜样；物理组较早地让他挑教研重担。毛广文一毕业，就踏踏实实地跟着一位德高望重的老教师，认真听每一节课。整整三年，他就这样第一遍认识了教材。第二个三年，毛广文对教材进行了再次梳理，并坚持吸收他人所长，于是逐渐形成了幽默风趣、深入浅出的个人教学风格。

2005 年，是毛广文从教的第七年。这年，毛广文有了孩子，夜晚无法安睡；母亲做大手术，需要照顾；学校安排了四个毕业班的物理课，正课带辅导课每周共 40 节。就是在那一年，毛广文的头发大面积“失踪”。他说生活和工作真的挑战了自己的极限，迈过那个坎儿，遇到再大的困难也不怕了。也是在那一年，他的学生考了市理科状元。

据他的同事刘冉介绍，毛老师善于解决学生的思想问题，教育效果很不错。他每年都被学生评为“最满意教师”，送走了 6 届学生，其中有 6 人考入清华大学、北京大学。

如今，毛广文不仅要带毕业班，还担任学校师训处主任。因其治学严谨又为人谦逊，学校教研工作开展得丰富多彩。两年来，师训处先后编辑出版 6 本师资培训教材、18 期《教育科研文摘》，多次举办青年教师岗前培训、在岗教师的口语培训和多媒体技能培训等活动。2009 年，学校共有 13 项省级课题、6 项市级课题获得立项。物理组的一大批青年教师在毛广文的带领下，逐步成长起来。

现在，他负责的学校教研、班级管理与教学工作高效运转，同事悦纳、学生悦纳，毛广文幸福地行走在成长之路上。

（原载 2010 年 5 月 19 日《教育时报》，作者：代修鹏）

刘忠伟

［成长档案］

学　　段：小学

学　　科：数学

学　　校：襄城县文昌小学

教　　龄：15 年

成绩荣誉：河南省优质课大赛一等奖，河南省名师，河南省教学标兵，第二届河南最具成长力教师

颁奖词：十七岁登上乡村讲台，二十四岁担任校长，岁月见证你坚守中孤独的美丽。你以一个农村数学教师的读写，去与心灵对话，去寻自己的教育根。十年阅读，成就了你的自由表达，助你实现教育生命之品质的华丽转身。

专家评语：刘老师用读和写为自己营建了一个精神家园，让他在纷纷扰扰的现实生活中拥有了一片宁静的世界。梦想与坚持，也是所有成长力教师身上共同的 DNA。而刘老师的成长对于更多的“非语文老师”、尤其是小学“非语文老师”来说可能更具有范本意义。

——张硕果（中原课改名师、2011 年中国推动读书十大人物）

成长感言：选择坚守，就要有所舍弃，不骄不躁，保持生命的淳朴；选择坚守，就要享受孤独，让自己的生命在孤独中绽放美丽！

生命在坚守中绽放

17 岁，他师范毕业就登上了农村初中的讲台。一开始上课“腿都是哆嗦的”，因为，班里有几位学生比自己的年龄还大，而且还有儿时的玩伴。教师职业在未成年时便已开始……

24 岁，他成为了一所农村小学的校长。当时，他是全校教职工中年龄最小的。由于师资缺乏，数学、语文、英语、音乐课他都带过。阳光的心态和敬业的态度感染着每一位老师……

31 岁，由于教育管理能力和专业发展成绩突出，县教体局任命他为县城里师资条件最好的一所小学的副校长，主抓教学工作和教师培养……

2010 年 5 月的一天，在美丽的襄城县文昌小学，记者见到了刘忠伟老师。经过 15 年教育生涯的历练，32 岁的他，没有了最初的青涩，却依然年轻而阳光；取得了很多成绩，却依然保持了生命的淳朴。

在坚守中享受孤独的美丽

在刘忠伟新浪博客“山高人为峰”里浏览，记者发现，谈到专业成长，他多次提到“孤独”二字，其中一篇文章的题目就是“在坚守中享受孤独的美丽”。文中有这样的一段话：“选择坚守，就要有所舍弃，不骄不躁，保持生命的淳朴；选择坚守，就要享受孤独，让自己的生命在孤独中绽放美丽！”

与刘老师交谈，记者解读出“孤独”之于他有两层含义：一是教育专业成长带有明显的个人特征，成长过程中实践智慧的形成和思想的演变必须经由一段艰难的修炼和内化过程。在这个过程中，每一个有追求的教师都会体会到一种孤独。二是在农村这样的环境中，读书写作、“磨课”交流等并不被周围的一些人所认同，甚至会被视为是一种迂腐，在这种情况下坚守教育理想、寻求专业成长，更会感到一种孤独。但正如刘老师所言，他在享受这种孤独的美丽。

1995 年，年仅 17 岁的他从襄城县师范学校毕业后回乡任教。面对一张张破了洞的桌子、一块块掉了漆的黑板、一扇扇没有玻璃的窗户、一间间泥土筑成的昏暗教室，年少的他有过短暂的迷茫和徘徊。但出身教师世家的他一开始就对课堂有着一种朴素而高远的追求——不仅要做一个会上课的教师，而且要让自己享受课堂、让学生享受课堂。

十多年的农村教育生活单调而贫乏，但他从来没有放弃过成长的信念。这种宁静的心境、坚定的信念也让他收获了成长的果实。多年来，他所教班级的数学成绩在学校一直处于领先，他先后获得县、市、省级优质课大赛一等奖，主持了省级科研课题的研究，先后被评为许昌市学科带头人、省教学标兵、省骨干教师等。2009 年，他还被公众投票评为“感动襄城教育十大人物”之一。

数学老师的“读写生活”

谈到自己对数学教学的认识，刘忠伟随口说出了《小学教学》（数学版）2009 年第 10 期上的一篇有关“数学教学简约化”的文章，并能详细地说出文章的观点。这种阅读，应该是一种用心、深入、高效的阅读。

“当教师忙到没有时间看书思考的时候，教育的资源也就彻底枯竭了。”刘忠伟说，不管多忙，每天都要保证看书的时间。特别是在 2006 年参加了省级骨干教师培训之后，刘忠伟更深刻地认识到了教育理论的重要性。而后，他开始研读《黄爱华与智慧课堂》《魏书生文选》《走进新教育》《做最好的自己》等书。多年来，他还先后订阅了《小学教学》《河南教育》《小学数学教育》等十多种专业杂志，而且每本必读。

“与心灵对话寻找自己的根，与内在对比校准自己的神，追求完美的自我，追求不一样的人生，坚守自己的信念，去期盼、去梦想、去追寻……”阅读刘老师的博客，记者感觉到，他的文字显示出数学老师少有的感性、细腻和激情。刘忠伟老师将此“归功”于自己的阳光心态。“朱永新教授曾经说过，‘你的心里没有阳光，你的教育就不会辉煌’，我始终把这句话作为我的座右铭。作为一名教师，保持阳光的心态，你才会发现教育的天空很蓝，从事的职业很幸福，才会把饱满的工作热情投入到每一件事情中。”

刘忠伟每天都在用笔记录自己教育生活的点滴，他将专业写作定义为“为自己的教育生活留下剪影”。“对于数学教师或者更多的‘非语文教师’来说，不管文笔如何，都要敢于并习惯于拿起笔来。大量高品位的阅读以及自由深刻的抒写，将意味着你能够在反思教学中形成自己的风格，在教师专业发展道路上走得更远，离名师和专家型教师的距离更近。”这是刘老师专业发展的切身体会。

十多年的阅读积淀，演变为成百上千的课例，幻化成专业写作的自由表达。他撰写过的论文多次荣获国家和省级奖项。

让“赛课”为成长铺路

记者采访刘忠伟老师时，他刚参加完河南省小学数学优质课大赛。经过多次优质课大赛的磨炼，刘老师的课越来越追求返璞归真的效果：还原数学本色，让数学课堂简洁、清晰、丰富、深刻，进而实现课堂教学的优质和高效。

担任学校的管理工作多年来，刘忠伟从未离开过教学一线，而是深入研究课堂教学，并取得了突出的成绩：五次获得许昌市优质课大赛一等奖，两次获得许昌市教师技能大赛一等奖，一次获得河南省信息技术与学科整合优质课比赛一等奖。

每一次赛前的“磨课”都是一个艰苦的过程。2008 年，他代表襄城县参加了许昌市优质课评比活动。为不影响学校管理工作，他牺牲了所有空闲时间。每讲一遍课，他就否定一次教学设计，就这样一遍遍地讲、一遍遍地否定修改。这一节课，他一共设计了六十多篇教案，查遍了苏教版、北师大版、新世纪版等所有教材，并且在家进行了上百次的演练。在刘忠伟看来，类似这样“磨课”的经历是“咀嚼新理念、尝试新教法的美好回忆”。

在刘忠伟老师的博客里，2010 年新年之初有这样两篇文章——《我的2009》《畅想 2010》。阅读之后，记者发现，他对自己的专业人生有明晰的定位和目标，因而有一种恒久的前行动力和激情。

“你有没有职业倦怠的时候？”记者对这个问题很好奇。“好像真没有这样的时候。15 年的教师历程，凝聚着自己太多的汗水和心血，也使我品尝到教师职业带来的成功和喜悦，这让我更加喜欢小学教师这个身份。我想在小学数学教学的道路上走得更远！”

（原载 2010 年 6 月 2 日《教育时报》，作者：杨磊、冀永坤）

王艳梅

［成长档案］

学　　段：高中
学　　科：英语
学　　校：淇县高中
教　　龄：18 年
成绩荣誉：国家级骨干教师，河南省优质课大赛一等奖，第二届河南最具成长力教师

颁奖词：

五月的小麦和七月的高粱，能听到地道的美式口语，是你的梦想。从乡村讲台到英国高校，你的追求早已超越国界。你用一双无形的翅膀，带领乡村孩子飞越篱笆，去看世界。

专家评语：没有十年磨一剑的决心和毅力，一个农村英语教师想从优秀走到卓越是很难的。王艳梅老师的成长故事背后，更多的是为梦想日复一日地坚守。我想，这也是每一位渴望成长的教师必须要走的一条路。当然，这种对梦想的坚守还会把王老师带往更远的前方。

——张硕果(中原课改名师、2011 年中国推动读书十大人物)

成长感言：学会面带微笑才能享受生活，懂得播种快乐才能收获幸福。

学习力是第一生产力

她是一位农村英语老师，地道的美式口语让外教们纷纷称赞；她在 2006 年以前，最北到过安阳，最南到过郑州，最西到过洛阳，最东到过开封，却于 2008 年游学英国；她不关注学生成绩，学生却总能考得不错。

她就是淇县高中的王艳梅老师。

在赛课中“化茧成蝶”

学生时代，王艳梅的英语就很棒。刚踏上讲台时，她认为，把自己的知识传授给学生不是件太难的事情。但是，她很快发现，学得好和教得好完全是两码事。“把英语知识以学生能接受的方式表达出来，从而让他们理解，这是门大学问。”王艳梅说。之后，她就多听老教师的课，多看优秀课例，多请别人给自己的课提建议，希望能够成为受学生欢迎的“百科全书式”的教师。

2001 年，王艳梅参加学校的优质课比赛，教态从此发生了脱胎换骨的变化。“我以前上课都板着脸，不苟言笑。”她说，“因为有老师告诉我，对学生严肃些才能‘镇住’他们。”显然，比赛后，王艳梅“忘”了这条建议。

学生李阳芷告诉记者：“王老师很有耐心，对一个知识点会用不同的方法反复讲解，直到我们真正听懂为止。她原来可严厉了，后来说话的语调变得很柔和，总是笑眯眯的，我感觉很亲切。”

2002 年，她参加县里的优质课比赛，对英语交际教学法有了更深刻的认识。

2004 年，她参加鹤壁市和河南省的优质课比赛，均获得一等奖。“市里的优质课比赛有一项是‘说课’，可我根本不知道要说啥。”对于当时的她来说，

“说课”是一个新鲜而陌生的词语。王艳梅回忆道：“我多方查询，明白了什么是‘说课’后，就全力以赴地准备。”最终，她的“说课”以精彩的内容、生动的讲述而胜出。

目前，王艳梅一边攻读河南大学研究生课程，一边和同事一起承担国家“十一五”课题“激扬教育与多维分层模式研究”的研究。她深有感触地说：“我的成长之路就是一个不断学习的过程，用易中天先生的话来概括就是：我在搂草的时候打到了兔子，但是很多人只看到了兔子，没看到我搂了那么多的草。”

学习力是专业发展的核心竞争力

2005 年夏天，省教育学院的 40 天培训让王艳梅受益匪浅，帮助她重新梳理了自己的教育观。

“所有教学方法的思想基础都是一样的，而学生却是不一样的。”王艳梅侃侃而谈，“这个美国外教团队是全英文授课，他们认为学生大致分为四种类型：视觉型、听觉型、动觉型和综合型。大约 80% 的中国人都属于视觉型，也就是学习者只有亲眼见了，才能掌握得更扎实。俗话说，‘眼见为实’。我想，这和我们的教育方式、教育体制有关。”

也就是这个美国外教团队发现她的口语非常标准、流利。最后，在结业会上，王艳梅作为学员代表用英语进行了发言。

与很多学员的结业论文普遍关注教学方法不同，她关注的是教师队伍生存状态的优劣，论文题目是“中小学教师生存现状研究及对策”。对于这个过于宏大的课题，王艳梅有自己的认识：“我的选题可能不太讨巧，我也可能谈不出深刻的道理，但是我需要一个‘发声’的机会，说出平常没机会说的，那就是我希望更多的教师关注自身发展。人的生命不能变长，但是通过努力，我们可以把它变宽。”

2001 年，王艳梅在网上偶然了解到中小学优秀英语教师出国留学奖学金项目，这对一直待在农村高中任教的她实在有太大的吸引力。心存这个梦想，她就开始默默准备。终于，机会来了，2006 年夏天，她以河南省第一名的成绩获得了出国留学的资格。

2008 年 1 月，她踏出国门，来到英国布莱顿大学，开始了为期三个月的游学生活。王艳梅说那段时间的学习就是“囫囵吞枣”，来不及消化，只想多看、多听、多说。“中英两国文化上的冲击与碰撞让我更加坚定了自己的教学思想：教给学生的不仅仅是语言，更多的是语言背后的文化。”

是“经师”更是“人师”

“高中生的价值观、人生观、世界观正处于多变阶段，老师的正面引导，可以让他们顺利度过青春期。”校长苏瑞金说，“王老师多次带高三，经验非常丰富。她不会讲大道理，而是讲很多富有哲理的小故事。”

苏校长还告诉记者在游学英国时的一个小插曲。一次，王艳梅在公交车上碰到一位回国度假的教授，那位教授在浙江大学教授 MBA 课程。教授说：“我很奇怪中国的大学生对西方的商业管理了解很多，而对中国优秀的商业管理成功案例却认识很少，像范蠡、胡雪岩，包括阿里巴巴、百度。其实，身边值得学习的案例非常多。”王艳梅说：“英国作为一个发达国家，确实有很多先进的经验值得我们学习。但是，外国人也正在研究《三国演义》《西游记》，并把它们应用到管理实践中。所以，我们要继承传统文化，发扬民族精神，增强民族自豪感。”正是因为拥有这种极其强烈的民族情怀和较为出色的工作能力，王艳梅已经连续担任两届鹤壁市政协委员。

在她的英语日记本上，记者看到两段随想，是她在看过电影《Educating Rita》（《教导丽塔》）后写的：“The film gives rise to a question：Does knowledge really change a person? Is there really a better song to sing?”（这个电影向我们提出一个问题：知识真能改变一个人吗？真能让他过得更好吗?）“If you change yourself，you just have a different song to sing，not a better one. In fact，no matter what kind of life you choose to live，just be content and you'll be happy. ”（如果你改变自己，你只是有了不同的生活方式而已，而不是更好的。实际上，不管你选择哪种生活，只要你满意和开心就可以了。）

面对升学考试压力，她以前也是紧盯学生的分数和排名，可不知从什么时候起，王艳梅不再关注学生的考试成绩，而是教育学生凡事都要积极上进。“我的学生就是刷马桶，也要比别人刷得好。”她说，“就像电影《Educating Rita》给我的启示一样，我也告诉孩子们，如果能进大学继续深造当然很好，但如果进不去，没关系，只要能自食其力，你们就是老师的骄傲。”

（原载 2010 年 6 月 23 日《教育时报》，作者：梁金蓝）

宋君

【成长档案】

学　　段：小学

学　　科：数学

学　　校：郑州市金水区实验小学

教　　龄：16年

成绩荣誉：河南省首届名师，河南省学术技术带头人，第二届河南最具成长力教师

颁奖词：五年为界，你实现了教育人生的三次转变；四季轮回，你找到了教师的幸福通道。今日你老老实实做人，本本分分治学，俯下身子，甘做一头孺子牛，明日定是满眼桃李芬芳。经风雨，见世面，远处有宏图，脚下是正道。

专家评语：宋君老师的专业成长显示出三个真实的发展阶段，也分别经历了相应的“教育关键事件”。第一个五年的关键事件是“第一次在学校做公开课”和“研究教材”，开始对小学教材有了一个整体的把握，理出了知识之间的联系。第二个五年的关键事件是“参与新课程改革”并“养成读书习惯”。第三个五年的关键事件是“参与教学研究”并“写教育随笔”。

——刘良华（华南师范大学教授）

成长感言：在读书、写作、研究中，做一名有智慧、有思想的教师。

我走过幸福的三个五年

再有一个多月，郑州市金水区实验小学的宋君就要过35岁生日了。1975年3月出生于郑州的宋君，已有15年的教龄了。这名在同事和领导眼里扎实、执著的青年教师，身上的全国教科研先进个人、全国小学数学奥林匹克优秀指导教师、省首届名师、省骨干教师、省思想道德建设先进个人等荣誉标签也被熟悉他的人认为是实至名归。

无论是执教省、市、区观摩课，还是在CN类报刊上发表教育教学文章，无论是教科研论文在市级以上获奖，还是坚持记录了近120万字的教学随笔，宋君在15年教育旅途上的每个环节都有一个特质：行走着并幸福着。面对着宋君，你不得不佩服于他作为理科教师逻辑严密的推理能力，还有他像文科教师那样富于张力的表达力。

长足发展的第一个五年

——在书写反思中历练自我，做一个不断成长的教师

记者：15年，确实是个不短的时间段，回头看，是不是感慨良多？

宋君：15年，作为一名教师，我始终记着老师的嘱托：做一名研究型教师。我一直努力着、探索着。很幸运的是，有一批成熟、睿智的老师在我蹒跚学步时就给了我很好的指导与扶持。

第一次在学校做公开课，教研组的教师一起帮助我，时任校长陈斌给予了我耐心的指导，让我懂得了如何去钻研教材，如何耐心地和孩子交流……第一次在金水区讲课，当时我发烧到39度，当我走上讲台的时候，金水区原教研

室主任朱震东“上一节精彩的课”的话语，让我更加投入到课堂中。在我成长的历程中，区教育发展中心孙红星副主任给予我一次次的引领，让我在自己的教学之路上少走了许多弯路……

记者：这些无法抹去的记忆和成长经历，是不是都被你及时地捕捉住了？

宋君：是啊，正是这些教师、专家的无私引领，让我得到了有效发展。我一直认为，作为教师，无论我们的思想是多么贫乏，表达是多么笨拙，当我们拿起笔书写随笔，就会让我们变得更有智慧，让我们的课堂更精彩。

记者：这种有意识的记录活动，从你一踏入讲坛就开始了？

宋君：在这五年里，我开始对小学教材有了一个整体的把握。我静下心来把12本小学教材进行了通览，理出知识之间的联系，找来理论图书，研读名家教学艺术，思考如何为我所用……我认真书写教案，修改教案，进行深度备课，在批、圈、删、添的过程中，让教案更加贴近我的教学实际，更加有实效。在每篇教案的后面记下我在课堂中的所感所悟，每学期下来厚厚的七八本教案是我最充实的精神食粮。

坚持不懈的第二个五年

——在读书反思中汲取营养，做一个自我完善的教师

记者：走过第一个五年，也许你身上少了些青涩，多了些理性思索。到了2000年，郑州市金水区作为国家级首批课改实验区走进新课程，每个参与这一教改大潮的教师的成长肯定也会被打上课改烙印。

宋君：肯定的。随着新课程的推进，聆听着专家的报告，思考着新课程下的课堂教学，我和课改教师一起投入到新课程中，与课改年级的教师一起研究、交流。我不会放弃任何一次学习的机会，凡是我知道的专家报告、讲座，我都会去参加。

记者：在新课改中，遇到的不一定都是坦途，有这样的体会吗？当遇到发展的瓶颈时，是同伴互助，是阅读，还是反思能够助你？

宋君：当我们教研组在研究中遇到问题和挫折时，我们会一起想方法。随着研究的深入，我越来越觉得需要读书，我开始在图书馆中找寻多元智能的理论，在郑州市各大书店找寻倾情的书籍。

记者：阅读教育理论后进行内化，然后指导自己手头上的工作，再书写自己的教育反思，一个反刍过程算是完成了。阅读给你带来这样的幸福体会了吧？

宋君：2002年的暑假，我到金水区实验小学工作，当时蔡校长引领全校教师开始书写教学随笔。我在教学的过程中，坚持把自己对教育教学的思考和感悟及时梳理，坚持记教学随笔。时至今日，我所写的教学随笔已经近120万字，我把这些随笔整理成《享受诗意的教育》《享受智慧的教育》《在科研中成为研究型教师》三本文集，与许多教师一起分享。

记者：看来，你的幸福已经从这种分享活动中得到实现了，如果去总结这个五年，怎么做结语？

宋君：回忆几年的成长，我庆幸自己走上管理岗位后没有离开课堂，把上课作为享受的我很快乐，我没有放弃自身的专业成长，这五年是平平淡淡的五年，也是自己真心付出的五年，是我“醉心”阅读的五年，是我坚持不懈奋斗的五年，是我专业成长最快的五年。

深入思考的第三个五年

——在研究反思中梳理自我，做一个不断超越的教师

记者：如果把你前两个五年的成长关键词定为“反思”、“阅读”，那你能给自己第三个五年一个什么样的关键词？

宋君：研究。就是这个词吧。在这几年的教学中，感谢冯校长，是她让我更加深刻地理解了研究让教师的专业成长更迅速的道理。在这五年里，我得到了迅速的发展，我的教学有了一个质的飞跃，看待问题的视野更宽了，角度也更开阔了。在教学中，自己的教育智慧得到了开启，许多有想法、有创意的课也越来越多（有些虽然比较幼稚，但它是一种大胆的尝试），学生也越来越喜欢上我的数学课，我们一起沉醉在奇妙的数学课堂中。

记者：翻开你的教育随笔集，这些感受应该清晰地记录在案，甚至入心了！

宋君：作为教师，在书写自己的教育教学随笔的过程中，我有一种成长的喜悦，从最初的不知写什么到写得没有价值，到会选择有价值的问题进行思考，再到对一些问题有更深的思考，对一个问题连续不断地追问，书写课题研究状态下的思考。在这些感悟的过程中，我懂得了坚持就是一种智慧，在书写的过程中，我懂得了坚持书写教育教学随笔的确可以拉长幸福，使自己在书写的过程中体验幸福，拉长幸福的感受。

（原载2010年2月10日《教育时报》，作者：代修鹏）

库亚鸽

【成长档案】

学　　段：初中
学　　科：语文
学　　校：襄城县库庄乡第一初中
教　　龄：16 年
成绩荣誉：英特尔未来教育项目教学应用优秀成果奖全国一等奖获得者、第三届河南最具成长力教师

颁奖词：

作为乡村教师，您每年以百万字的阅读打底，南瓜般默默生长，淡定塑造教育人格；课堂上，您越过教学技术寻找专业自由，课如电影般精彩。乡村教室里，您视教育如生命般珍贵；人生舞台上，世界给您美丽的掌声！

专家评语：我喜欢像南瓜一样默默成长的乡村教师。生活不易，坚持很难，乡村教师更应该和童话、诗歌、艺术生活在一起，这既是自己的希望所在，一定也会惠泽乡村的孩子。

——**张文质（《明日教育论坛》主编，《福建论坛》执行主编，1+1 教育网站创办人）**

成长感言：因为渴望飞翔，所以锻炼翅膀；因为不甘平庸，所以风雨兼程也不彷徨。带着对语文教育的挚爱，重新做回真诚的孩子，默默地成长。

像南瓜一样默默成长

她如此平凡：中师毕业后回到自己的家乡，在乡村讲台上默默耕耘了16年……

她又如此独特：心无旁骛地行走在专业成长的路上，与魏书生、于漪、王荣生等名师心灵相通；与苏霍姆林斯基、佐藤学、帕尔默等教育家进行心灵交流；身在乡村学校，思想却在《哲学导论》《中国哲学史》《非理性的人》《时间简史》等图书中穿行……

襄城县库庄乡第一初中的库亚鸽老师，把自己比成一个南瓜：不说话，默默地成长着。记者听了库老师一节随堂课。在课堂上，她由内而外地散发出一种自信、淡定的魅力。

在心田里种下一颗南瓜的种子

——专业起步从阅读童话故事开始

洋葱、萝卜和西红柿/不相信世界上有南瓜这种东西/他们认为那是一种空想/南瓜不说话/默默地成长着

——舒比格《南瓜》

和很多老师的专业发展起步不同，库亚鸽的专业成长是从阅读童话故事开始的。最初读童话只是为了吸引学生。1994年，中师毕业的她走上襄城县库庄乡东库村小学的讲台，准备大笔书写自己的教育辉煌，却发现学生的知识仅仅局限于课本，几乎没有课外阅读。第一次给学生读郑渊洁的童话时，每一位

学生都瞪着好奇的眼睛，这让她备受鼓舞。她开始订阅《童话大王》《儿童文学》等杂志，还从学校图书室找来了《格林童话》《安徒生童话》等图书读给学生听，并让学生讨论、办手抄报、写阅读心得。过了一段时间，校长找库老师谈话，问她天天领着学生读故事会不会影响学习。她当时没敢理直气壮地说有很多东西都比成绩更重要，只是笑笑说："应该不会吧。"而家长的反馈，则让刚开始教学的库老师心里美滋滋的："我女儿回家说您讲课就像演电影一样精彩。"

时间长了，这些童话故事，如《绿野仙踪》《犟龟》《丑小鸭》等，都深深印在了库老师的心中。"童话的阅读重塑了我的教育人格，让我变得单纯、执著、不怕嘲讽和挫折，而这些，在别人眼中也许是十足的孩子式的傻气。"

农村小学的管理是比较松散的，不上课的老师可以不到学校去，但库老师坚持全天在校。除了和学生在一起，她就是在办公室里读读写写。她还记得有一次她的笔记本被一位老师发现后，那位老师带着嘲笑的口吻说："你天天写这些东西有啥用啊！"库老师只是笑笑，什么都没说。后来，她读到了舒比格的《南瓜》，便对自己说："就当自己是南瓜，默默地成长吧。"

像犟龟一样跋涉在路上

——从崇尚技术到寻求专业自由

犟龟要赶去参加狮王二十八世的婚礼，路途非常遥远。他上路了，不停地向前走。蜘蛛嘲笑他异想天开，蜗牛劝告他不如留下，壁虎告诉他婚礼已经取消，乌鸦说狮王已经去世……他都不肯止步，穿过树林，穿过沙漠，走过白天，走过黑夜……最终，他参加了狮王二十九世的婚礼。

——米切尔·恩德《犟龟》

1999年，库亚鸽调入了库庄乡第一初中。为了吸引更多学生热爱自己的课堂，库老师想尽办法提高自己的教学技术。

那时候，学校把学习魏书生的材料下发到每个教师手中，要求写学习心得。在这一过程中，库老师学会了民主管理学生，学会了坚持把小事做好，学会了教学生自学教材……后来，库老师又从《特级教师风采录》中认识了于漪，把她视为又一个榜样。有段时间，她几乎天天读于漪老师的教学实录，课本的批注密密麻麻，每一节课怎么上、每一个问题怎么问都写在书上的空白处。2003 年，库老师开始上网，学习计算机制作，在网上阅读 Flash 教程、PPT 教程、绘声绘影教程、网页制作教程等，计算机操作技术大大提高。信息技术与学科整合成了她深入钻研的方向。

“那时，我觉得有了完美的教学技术，就能游刃有余地驾驭课堂，教学成绩就会提高。”这样的目标库老师达到了：她所带班级的教学成绩一直名列前茅，她本人先后被评为襄城县优秀教师、许昌市教坛新秀。

但是，渐渐地，这样的教学却让库老师感受到了“痛苦”，总觉得自己的课堂缺少点什么——是的，缺少自己的想法，建立在对教学目标与教学手段正确认识的基础上的属于自己的想法。这种认识的超越，一方面来自于实践体验的积累，另一方面来自于《听王荣生教授评课》一书的影响：王荣生教授评课，更看重的是“教了什么”，而不是“怎么教的”。“那时我开始思考教学技术与教学内容之间的关系。后来参加了新教育‘理想课堂’的研课活动，我的目光常常聚焦于教学目标的设定与落实，觉得技术层面的东西乃是细枝末节的事。”

2008 年，通过网络，库老师加入了新教育教师专业发展项目，开始了真正的专业阅读：从《古文观止》《唐宋词十七讲》等语文本体性知识著作，到《爱心与教育》《问题学生诊疗手册》《做最好的班主任》等班级管理著作，再到《给教师的建议》《陶行知教育文集》《杜威教育名篇》《静悄悄的革命》等教育学著作，然后是《乌合之众》《非理性的人》《儿童的人格教育》《童话人格》等心理学著作，接着再读《哲学导论》《中国哲学史》《时间简史》《爱因斯坦的圣经》等哲学著作……

几乎每天晚上，库老师的灯都亮到深夜。灯光下，她每年专业阅读不少于 100 万字，密密麻麻的读书笔记写了一本又一本；她坚持写教学反思、教育随笔、教育案例，每年专业写作不低于 10 万字……

当一位老师开始追寻教育文化的本源，检视各种教育理念的起源、发展、意义以及与教学的关系时，他便对教育教学有了自己的判断，同时也获得了专业自由。库老师正在走向这种专业自由的状态。这种状态，也让她遇到了“人生的庆典”：2009 年，她被聘为新教育网络师范学院本科班《唐宋词十七讲》的讲师，被评为“感动襄城教育人物”；2010 年，她被聘为襄城县教师进修学校兼职教师，获得河南省教育系统教学技能竞赛一等奖，并被评为河南省多媒体课件培训优秀讲师、河南省教学标兵、河南省师德先进个人。

“读童话《犟龟》最大的感触便是——上了路，天天走，总会遇到隆重的庆典。我想，在专业成长的路上，我也要像犟龟一样，坚持不懈地走下去。”

向着远方，只顾风雨兼程

——在乡村教室里创造奇迹

我不去想/是否能够成功/既然选择了远方/便只顾风雨兼程

——汪国真《热爱生命》

从2008年开始，一直教初三的她主动要求教初一，并担任班主任跟班走。通过网络，她带领学生走进了新教育实验，营造书香班级，师生共读、共写共同生活，用“晨诵、午读、暮省”的生活方式，使学生过一种“幸福完整的教育生活”。她开始开发校本课程，构筑理想课堂，自主设计了“小小的天有大大的梦想”、“为中华之崛起而读书”、“热爱生命——汪国真诗歌之旅”、“我和春天有个约会”、“道路前面还是道路”等晨诵课程。库老师把这些课程资源推荐给全县参与新教育实验的教师，让它们开花结果，被许昌市语文教研员叶世慧称赞为“非常珍贵的教学资源”。

为了让名著润泽学生心灵，库老师还组织学生进行整本书共读，在指导学生进行阅读的过程中，又开展了《西游记》《小王子》《狼王梦》《三国演义》等独特的共读课程，让学生与书本对话，在对话中使阅读与学生的精神成长结合起来。

在八年级下学期学完《科学之光》单元后，她组织学生进行综合实践活动“创建我们的海底家园”，鼓励学生在科学的基础上大胆幻想，创建未来的海底家园。这一活动还参加了河南省信息技术与学科整合教学大赛决赛。库老师为学生设计了专题学习网站，让学生自主学习、合作探究、精彩展示。决赛现场，台下掌声阵阵。课后，参加现场观摩的老师纷纷向她请教校本课程开发和创新语文教学的问题。河南省中语会理事长孟素琴老师在评课时给予了这样的评价：“库老师能作出这个创造性的探索，首先打动我们的是她的创新精神……她在信息技术与学科整合方面做出了突出成绩。希望我们每个老师都向库老师学习，充分利用、整合身边的资源，使我们的教学迈上新的台阶。”这个活动被河南省电教馆推荐参加中央电教馆组织的英特尔未来教育项目教学应用优秀成果评比，获得了全国一等奖。

“我孜孜不倦地追求专业成长，为的是在教育教学中游刃有余，更好地引领农村孩子健康快乐地成长。我视教育如生命，我要在乡村教室里创造奇迹。”在通向专业自由的路上，库老师选择了远方。

（原载2011年3月5日《教育时报》，作者：杨磊、冀永坤）

学　　段：初中

学　　科：数学

学　　校：开封市求实中学

教　　龄：17年

成绩荣誉：奥林匹克数学竞赛国家级辅导员，第三届河南最具成长力教师

李进有

［成长档案］

颁奖词：

常有人感叹当教师是当牛做马，您却给出牛气教师的全新答案：牛在专业，将数学思想渗透在点滴教学；牛在魅力，乐将生活幽默哲学衣钵传人；牛在幸福，师待生如子友，生尊师为父兄。牛师真牛！

专家评语：李进有被学生公认为“牛师”是有道理的，我更相信学生的评价，其实要得到学生普遍的好评实非易事。作为数学教师，学生的好评往往都是针对教师智慧的深度的，这也是一种硬功夫，得来不易，既要有天分又要肯下工夫。

——张文质（《明日教育论坛》主编，《福建论坛》执行主编，1+1教育网站创办人）

成长感言：教育是一门艺术，其生命在于创新；教育是一门科学，其价值在于求真；教育是要用平平常常的心态、高高兴兴的情绪，快节奏、高效率地多做平凡、实在的事情。在教育前行的道路上，只有孜孜以求的进取，才能无愧于教师神圣的使命！

名校里的“牛师”

在开封市求实中学，数学教师李进有是学生们公认的“牛师”。

2011年4月初，记者走访了这位在参加工作的第三年就被评为“开封市青年教师新秀”，拥有“奥林匹克数学竞赛国家级辅导员、优秀辅导员”、开封市数学优质课一等奖获得者等众多光环的“牛师”……

“牛”在专业

谈起数学教学，很多教师认为就是讲题、做题、评卷、订错。李进有却特别重视数学思想。在他看来，数学课堂上真正起到纲举目张作用的是数学思想，只有用数学思想去指导教学，才能收到事半功倍的效果。

“数学思想有数形结合的思想、转化思想、分类讨论思想、方程思想、函数思想等。思想不是讲的，而是渗透的。数学课，离开做题不成为课堂，但实际上关键要看我们为什么要做这道题，如何解这道题，攻克这道题后能够起到什么样的作用，是在什么思想方法指导下完成的。”李进有说。

记者走进李进有所教的初三（7）班，听了一节随堂课。上课伊始，李老师跟学生复习了自己用顺口溜编成的圆中辅助线添加方法总结：圆中辅助线，千万莫乱添。弦与弦心距，径加Rt线。见直径想直角，顶点就在圆上边。见切线找切点，切点圆心连。直角对直角，四点能共圆。两圆相交切，弦切图上添。若有题目行不通，圆幂定理记心中。

这节课教的是一题多解、多题归一。通过学生自主思考、小组讨论、教师点拨等方式，短短40分钟，学生竟然找出了10种解题思路。这节课给记者的突出印象有三点：课上得张弛有度，学生思考充分；多数时间李进有不是站在讲台上而是站在教室中间，他非常注重学生间的交流；李进有授课语言风趣幽默，课堂气氛热烈。

长期深入研究数学名师孙维刚，是李进有专业发展的重要支撑。研究孙维刚使李进有的教学思想发生了根本性的改变，他不再按教材的编排顺序教学，而是按知识体系将教学内容分成几个模块，采用分类指导、强化常规、重点突击、做题抓点的方式进行教学。这种方式因在中招考试中收到奇效而在学校被广泛使用。

不仅如此，求实中学的奥赛教学改革也发端于李进有。2002 年，当时李进有刚进入求实中学一年，学校让他和其他 4 位老师教初二年级的数学奥赛班。此前学校一直都是每个老师负责教一个班。但李进有认为，一个人的精力毕竟是有限的，相比单兵作战，团队的战斗力更强，所谓术业有专攻，合作就成了强强结合。他提议同组教师共同合作，每个人负责一块儿教学内容，广泛且深入地研究，然后采用流水作业的方式共同完成 5 个班的教学辅导任务。这不仅能减轻每个教师的负担，还能使 5 个班的学生享有 5 位教师的教研成果。这个想法很快得到同组其他 4 位老师的认同。说干就干，大家背着校长分工合作，一年后一举拿下 2003 年河南省数学奥赛中全市 14 个满分中的 12 个；2004 年又拿下全国数学奥赛一等奖全市 6 个中的 5 个。2003 年起，求实中学其他学科的奥赛班也开始采取相同的教学辅导方式，均成绩卓著。后来，这种教学合作方式还被用于初中一、二年级语文学科的常规教学班，并获得很好的效果。

“牛”在魅力

初三（7）班的学生都当面称李进有为“老李”，这并无不敬之意，而是昵称。学生为老李总结了十大经典语录：

1. 做自己喜欢做的事是一种幸福和快乐，做自己不喜欢做的事是一种义务和责任。

2. 只要实现不滑坡，办法总比困难多。

3. 上帝给了我们黑色的心情，我们用它来寻找生活中的美景。

4. 欲知后事如何，请听下节分解。

5. 说话，上课别弄得恁沉重。

6. 这招儿有点复杂，有第三者，抓住第三者把他剔除就可以了。

7. 下面这招儿简单得很，魔术师都是这么玩儿的，见证奇迹的时刻到了。

8. 学生都是做题做死的。

9. 这道题你是蒙出来的，还是猜出来的？

10. 这个可以有（辅助线），这个真的有。

不仅语录经典，老李的故事也广为流传。学生杨航告诉记者："初二期末的时候，有天班主任忽然告诉我们，老李可能下学期教不了我们了，张校长想让他专心处理学校的事务。大家一听就急了，纷纷跑去找到老李，恳求他继续教我们。老李笑着对我们说：'咋会不教呢？要把你们教到毕业呢！当老师不讲课还有啥意思啊！'大家这才放了心。我们很幸运遇见了老李这样尽职尽责的好老师，也一定会跟着老李好好干、好好学。"

"老李也叫他小吴呢。"一个学生指着吴少恒同学笑着说。吴少恒说自己跟老李是哥们儿，是那种不打不相识的哥们儿。记者问是怎么打起来然后又怎么成朋友的。吴少恒挠挠头——记不清是哪天了，老李来到班里，脱下外套就开始讲课。讲到了证全等的时候，老李说："会证吧？会证就不讲了。"我说："说说吧！"老李就开始讲起证全等。我问："有这种证法吗？"老李说："小吴啊，咱总不能连证全等都不会吧？"后来课讲完了，老李下来检查作业，看到我写得很糟、很差，就开始教导我。我顶了两三句嘴之后，老李急了，说："你是真不会，还是装的？"我看他急了就没吭声。老李见我不吭声，就更急了，一巴掌拍在我的头上。虽然不是很疼，但我心里很不是滋味，对这件事有些耿耿于怀。没想到第二天老李过来上课时，对我面带笑容。上课铃响过之后他没有开始讲课，而是一本正经地当着全班同学向我道歉，为昨天的冲动而道歉。我心里所有的怨恨在那会儿都烟消云散了。那之后我们就成了朋友，没事儿我就会去找他聊天。

记者问其他几位学生遇到事是否也会去找老李，大家回答说班上同学都会去，没事儿也会去，有时就是闲聊，因为从老李身上他们能学到很多数学之外的东西，比如做人的责任感、乐观的心态、认真做事的态度、幽默的语言等。

"牛"在幸福

"每天早上睡醒了——首先想的是我还活着，这是一种幸福；想到活着还能有事干，就又加了点幸福；想到干的事还能得到同事和校长的认可，就更多了点幸福；想到干的事不仅得到领导和同事认可，自身价值还得到了实现，就觉得自己真是幸福啊！”这是李进有自创的快乐增值法。

李进有是个快乐的人，脸上总是挂着微笑，说话时往往笑声不断。他很享受教学，享受帮学生拨开迷雾时的得意一笑——“看懂了吧？”他很享受下面林立举起的手——“又看懂了？都会啊！”他很享受自己的学生又想出了一种解题的思路——每逢此时他都会大呼：“此处应该有掌声！”

他很享受同事和领导的认可。李进有说自己是因祸得福进入了求实中学，遇到了张建平这个非同一般的校长，她让每个求实人都觉得自己受到重视，让每个人的优势都能发挥得淋漓尽致。李进有是那种爱思考且常有新想法的人，由最初的怀疑到几次验证后的信服，他的想法通常很容易被同事接受并得到张校长的认可，这让他在工作中如鱼得水般的惬意。

他很享受良好的师生关系。虽然不是班主任，但李进有却赢得了学生超乎寻常的喜爱和信任。有事例为证：听课结束时，记者让李老师找几个学生座谈，当时几乎全班学生都高举手，他当即点所有学号尾数为 2 的学生去参加座谈。记者心中暗自称奇：如此自信！难道他有把握所有的学生都不会对自己有非议？座谈的结果印证了李老师的自信。可李进有是如何跟学生建立起这种信任的呢？在他的博客中记者找到了答案：

在一篇题为“爱的盲区”的博文中有这样一段文字：

教育的前提是什么？是关注、是无私的爱。没有爱就没有教育。我们经常说，我们老师是公平的。公平吗？我们的爱是有盲区的！

首先，我们的爱是有偏向的，是局部的。我们每天的工作重点是如何培养尖子生和如何转变学困生。我们对学困生的爱是变形的爱、是严格的爱。对那些盲区的中等生呢？我们对这个群体的爱是有限的。其次，我们的爱是单一的，是单向的。我们爱学生应该是全方位的、立体的，不仅关心他们的学习，更要关心他们的成长。只要是学生成长所需的，我们都应该关注。

为了一切学生，一切为了学生，为了学生的一切。只有减少爱的盲区，才能最大限度地做到。

李进有对学生的称呼通常有三种：孩子们、同学们、朋友们。学生对老李的感觉也有三种：父亲、牛师、朋友。

李进有说：遇到张建平这样的校长，是我的幸运；李进有的学生说：遇到老李这样的老师，是我们的幸运！

（原载 2011 年 4 月 13 日《教育时报》，作者：李若）

张洁

［成长档案］

学　　段：高中
学　　科：语文
学　　校：洛阳外国语学校
教　　龄：11 年
成绩荣誉：全国中语会中南六省论文一等奖获得者，河南省级优秀辅导教师，第三届河南最具成长力教师

颁奖词：

将理性之光赋予感性语文，将理想倾注莘莘学子，将灵魂投入青春岁月，您敢于诠释什么叫活力四射。师生共读典籍、共赏电影、共临自然的过程中，您不仅仅在摸索语文的道与术，更是在创造文化和人生！

专家评语：“你就像那冬天里的一把火，熊熊火焰燃烧着我”，学生不是知识的容器，而是待燃的火炬。读书、电影、社团、“驴友”……多彩的语文生活点燃了孩子们亮丽的人生。这样的语文课是歌，是诗，是画……成长也就成了最幸福的事。

——周枫琳（中原课改名师、河南师范大学附属中学教师）

成长感言：我与学子共同成长，并在教学中找到授课的乐趣，在感悟中找到生活的真谛，在挫折中找到独有的自己。

做极具感召力的教师

跨年级教高中两个班的语文课，同时担任这两个班的班主任，所教学科和班级成绩一直名列前茅；任学校团委书记，牵头组建校文学社、广播站、合唱团、书画社等社团，丰富了全校学生的课余生活；资深“驴友”，周末、假期或独自出行，或与学生和朋友一同登山寻访，并与学生分享沿途的风景和风土人情……洛阳外国语学校的张洁老师，对语文学科、对学生、对生活都怀有满腔热情。

临海滩者拾蚌蛤

从教11年的张洁老师，教龄并不算长，却获得了诸多荣誉。看似一帆风顺的成长之路，其间也有诸多艰辛。用张老师的话说，在从教的前三年，自己只能算是“临海滩者拾蚌蛤”，即在教学理念、教学方法上“乱拾一通”。“不过，也有歪打正着的感觉。”张老师笑着说。

一开始，张老师对教学本身的“授业解惑”不是很看重，倒是一心想着“传道”。2000年毕业一到学校，张老师就接手了一个“问题班”，学生很聪明，但是非常顽皮。虽然只是任课老师，但是张洁一心想着扭转学生学习的态度，所以说教很多，也碰壁不少。“那时我很想做点什么，所以无论学生怎样，自己从没有放弃的想法。”在这个过程中，张洁义务给学生补课，来校很早，回家很晚，有时中午也不回家，一门心思就想让学生好。“虽然不怎么得法，但这种态度感动了很多学生。学生从一开始的无所谓到最后觉得我挺负责，就开始喜欢我了，愿意与我共享他们的秘密。”

同时，在实际教学中，张老师发现“授业解惑”是很重要的。没有基本功，高考也过不了，说到底，应试教育至少算是种技巧型教育。所以，她向老教师请教，教学中的任何问题都不放过，哪怕是一个字的解释，也要追根究底。她邀请有经验的老师来听课，指出教学上的问题，并且重新研读大学教材《古代汉语》《现代汉语》等，重新梳理自己的知识体系。

另外，喜欢看书、看电影的张洁老师也把这种爱好带给了学生。《活着》《阿甘正传》《肖申克的救赎》《乱世佳人》《巴黎圣母院》《高三》等，从文艺片到纪录片再到名著改编，不同类型的电影都给学生看。“在大学有句话叫‘男不读周国平，女不读王小波’，但我都推荐，还有当时比较风靡的余杰、孔庆东，我也推荐。”张洁说。

“‘临海滩者拾蚌蛤’，收获虽然零散，但用心用情去将这些串起来，也将是一串美丽的项链。我感到自己是被学生所需要的人、所欣赏的人、所追逐的人。”张老师说。

历深海者擒蛟龙

“教师虽然是个职业，但却是一个充满理性光辉与理想色彩的职业，当我与学生都充满梦想的时候，一切教授不是最重要的，学生自己已经可以找到前行的方向了。”如何让学生自己找到前行的方向？这是张洁老师一直致力探索的。在语文教学的“道”与“术”的选择中，她更注重“道”的引领，即不是仅仅关注应试技巧、答题方法甚至是背会古文而已，而是让语文成为一门极为有趣、极为丰富、极具感召力的科目。

对应于“临海滩者拾蚌蛤”，记者用“历深海者擒蛟龙”来概括张老师在教育教学深处的探索。

教过一轮之后，张老师明显比之前在教学上游刃有余、胸有成竹。不会再像第一轮一样在书的每一页、每一行都写下要讲的话。最明显的变化是，之前需要各种教学资料来丰富自己的教学内容，抄袭别人的观点，现在不仅可以信手拈来运用资料，自己也开始归纳各种教法，并形成论文发表。

在张老师的办公桌上，有一大摞文学图书，这些都是学生刚还回来的。班里的每个学生，都可以到她这里借书。和以前一样，和学生一起看书、看电影，成了她引导学生进行“文化铺垫”的重要方式。她向学生推荐关于种族问题的《撞车》、生态与人性问题的《可可西里》等，并鼓励学生个人创作，把读到的和看到的记录下来用自己的眼光去审视。

每一年的春天或者秋天，她都会带学生去大学校园，走进大学教室，走进课堂，让学生去体会大学生活别样的色彩。她带领学生组编班内标语和粘贴中国画，让学生从中去感悟人生的真谛与生命的意义。在秋天，她组织大家将自己喜欢的格言写在飘落的黄叶上赠送给同学，在共同生活、学习的日子里，这成为大家彼此鼓励、同舟共济的“心灵鸡汤”。

“语文本应是一门极为有趣、极为丰富、极具感召力的科目，但是功利化的教学使学生对语文学习觉得无所谓，语文考试高低分差别不大更是让学生对学习语文不感兴趣。能真正地走进文学世界，才能让学生深悟语文学习的魅力。”张老师说。

在这种教育理念的引领下，近年来，张老师撰写的《呼唤人文——中学语文教学中的人文教育》《呼唤人文精神的复兴》《诗歌教学随想》《古典诗词教学的弊端与出路》等多篇文章在各种报刊发表和获奖；获得了河南省优质课一等奖、洛阳市优秀教师、洛阳市先进班集体班主任、洛阳市新长征突击手、洛阳市教育系统模范工作者等多项荣誉；擅长演讲的她还多次获得各级各类演讲比赛一等奖。

做极具感召力的教师

在洛阳外国语学校，所有的学生，不管张洁老师给不给他们上课，他们都认识活力四射的张洁老师。张洁让语文学科极具感召力，而各种社团活动也让张洁极具感召力。

早在教第一届学生的时候，张洁就和学生一起创办了第一期班报，并起名为“cuckoo”，摘抄名篇，记录学生的心路历程，当时张老师还自己出钱印了一期彩报。之后年级有班级创建了一个书屋，起名“守望者”，取自塞林格的《麦田守望者》。后来，张洁在其他语文组老师的支持下，将班报“cuckoo”正式更名，并出版民间校报《守望者》，一度成为学生的“心灵守望地”。而今，《守望者》已经是学校的官方校报了，具体由张洁老师牵头编发。

2006年，张洁开始担任学校团委书记。张老师说，到今天为止，她都感觉到能做这个工作是自己的幸运。因为在这个平台上，她充分感知到那些充满青春活力、拥有理想的学生是那么可爱可敬。她在学校组建了“阳光倾听时”广播站，每年仅应聘的学生就有数百人。

“这些活动的开展再一次让我看到学生教育的希望，因为无论学生的受教育程度如何，无论学生是否成绩优异，他们身上彰显出的能量都是不容忽视的。”

（原载2011年3月30日《教育时报》，作者：杨磊）

孙晓娜

【成长档案】

学　　段：小学

学　　科：数学

学　　校：舞阳县第一实验小学

教　　龄：18 年

成绩荣誉：河南省特级教师、河南省名师、河南省学术技术带头人、第三届河南最具成长力教师

颁奖词：

十八年，您从一名中师毕业生成长为河南省特级教师，心静如竹，努力扎根，用最初的心做永远的事。在您那里，生活是最大的数学教学资源库；在学生那里，数学是解决生活问题的最好答案。

专家评语：孙晓娜是一个博学、乐教、善研的教师。18 年的教育生涯，她心静如竹，努力扎根。从追求教学的技艺到探索教育智慧，从规划个人成长到思考团队共进，她淡定而坦然地寻找着生命的林子，用最初的心做永远的事。

——董文华（中原课改名师、鹤壁市山城区实验小学教师）

成长感言：心中充满阳光，在教育之路上不断前行，我有一种充实的快乐。我要用执著跑出自己的速度，成就最好的自我！

给未来成长的力量

一个人有梦想，全世界都会为他让路。

这是记者在采访完孙晓娜老师之后，对送站的孙晓娜最想说的一句话。可是到最后，这句话终未说出。记者感觉到，事实敌过千言。因为对这位能坚持学习、真爱学生、钻研善思的小学数学女教师而言，教育理想和教育情怀是蕴涵在一点一滴的教育生活之中的，她身上展现的成长的力量总是在自然而悄无声息地流淌。

学习的力量，课堂来感知

孙晓娜36岁时，教龄18年。回望18年的教育生活，谦逊的她说自己一直在学习，学着做好每一件跟教育息息相关的事情。

孙晓娜坦承自己这18年来经历了自卑、自悟、自信、自傲、自省五个阶段。1993年毕业于漯河师范学校，她第一年在一所村小教语文，1994年调入舞阳县第一实验小学（以下简称“一实小”）教数学。当时，与教学水平高、管理能力强的一实小的其他老师相比，孙晓娜深深地感到了自卑。于是，很长一段时间内，她成了最谦虚的“学生”，反复听老教师的课，一遍遍修改自己的教学设计，全身心扑到教学研究中。慢慢地，她有了自信心。

2003年和2004年，孙晓娜两次代表县里参加市教学技能大赛，均获一等奖。2005年，她代表漯河市参加河南省优质课大赛，执教的《分数大小的比较》一课，获省级优质课一等奖。她撰写的论文获国家级、省级一等奖和二等奖，辅导的学生多次获市级一等奖。在一片赞扬与掌声中，孙晓娜说自己有些骄傲了，以为可以松口气了。

随着新课改的推进，孙晓娜参加了一些国家级、省级培训学习活动。聆听专家名师的专业引领与精心点拨，她逐渐发觉，自己的教学思想很多方面是片面的、肤浅的！于是，孙晓娜开始反思自己的教学，把每节课都当做公开课准备，努力让学生在每节课上都能达到享受数学的境界。

舞阳县教研室主任张耀国介绍："晓娜热爱学习，在参加工作后，先后取得了专科、本科学历。2002 年 10 月，她考取了东北师范大学教育管理专业硕士研究生，是我们这里首位教小学的硕士研究生教师。"

孙晓娜善于向身边的老师学习，她认为学校教学经验丰富、责任心强的优秀教师，都是宝贵的学习资源。她积极参加市、县教育局组织的各种交流活动，经常坐在语文观摩课或英语优质课的讲台下，试图从这些课堂上体会到学科间的联系，整合学科之间的知识，为自己的数学教学注入新灵感。通过一次次的磨砺，她执教的示范课受到了专家的充分肯定，被河南省教育厅评为省级教研成果一等奖。2010 年 4 月，孙晓娜代表漯河市参加河南省小学数学优质课大赛，荣获一等奖。

如今，孙晓娜的课堂越来越开阔，要为全县小学教师做"新课程典型引路课"、示范课、观摩课，并在全县所有乡镇巡回做示范课，推动全县数学教学改革的纵深发展。"晓娜连续 6 年在新课程培训中为全县教师做专题讲座，所作的《新课程新理念》《与新课程同步成长》等报告，深入浅出，实效性强，老师们喜欢听。"学校副校长胡广坤介绍说。

大爱的力量，心灵来感知

孙晓娜对人和善，这是熟悉她的人公认的特点。从心灵深处流淌出的情感，展现在与人交往的每一个眼神、言语和动作中。

孙晓娜关爱学生，关注每一位学生的成长，以真情、真心、真诚教育和影响学生。班上有名男孩，父母离异后，他心情苦闷，多次和父亲发生"战争"，甚至离家出走。她把他请到家里，给他做饭、洗衣、补课，又进行心理疏导，鼓励他成为豁达向上、体谅父母的人。学生小勇（化名）自幼丧母，与身体残疾的爸爸艰难生活。她时常带小勇到家里吃饭，在生活上帮助他。小勇以优异的成绩考入高中时，她又悄悄为他准备好生活用品。

生活不是戏剧，但是生活中的变故却时刻考验着每一个人。2010 年 5 月的一天，孙晓娜家里出现重大变故，年轻的弟弟突然离世，正在学校上课的孙晓娜闻讯惊呆了，她立即准备请假回去。此时，不知情的校领导恰好通知她需要替一个有事的同事照看班级。“真是难以想象晓娜是以怎样的一种心情答应了学校的安排，并在下课后回去的。那需要对教育有着怎样一种情怀的人才能做到啊！”熟悉孙晓娜的县教研室教研员贾玲告诉记者。

在一次报告中，孙晓娜给出了那一刻所作抉择的些许缘由：“是社会的认可、家长的尊重、学生的爱戴，是大家的关心与鼓励，使我有勇气面对那时的困难，激励我更加兢兢业业、孜孜不倦。”

研究的力量，教育来感知

从 2006 年 4 月起，孙晓娜开始了“小学数学探究性学习”教学模式的研究。通过 3 年的实践和研究形成了“创设情境、提出问题—大胆猜想—自主探究、验证猜想—明理内化—联系生活、扩展升华”的探究性学习教学模式。2007 年 5 月，该课题被确定为省级重点研究课题。

舞阳县教育科技体育局副局长谢国彬告诉记者：“这一教学模式为学生创设了自主发展的空间，使学生真正成为学习的主人，并且让学生在数学活动中学会学习和掌握科学方法，注重培养学生的创新精神和实践能力，为学生的终身学习和可持续发展奠定基础。目前，全县大多数教师都在学习和借鉴这一模式进行教学，取得了阶段性的成果。”

正是对教学方式的探索与运用，使得孙晓娜的教学成绩优异，教学效果达到了一个更高的层次。张耀国介绍说：“‘小学数学探究性学习’教学模式注重培养学生的创新意识和实践能力，得到省、市教研部门的充分肯定，于 2008 年被评为省级研究成果一等奖。2009 年孙晓娜研究的课题‘高效合作学习的策略’，被确定为国家级研究课题，正稳步推进。”

多年的教学实践和研究，使孙晓娜的教学水平不断提高。2009 年，她参加河南省名师选拔，被确定为省级名师。近年来，她先后被评为省级学术技术带头人、省级骨干教师，2010 年又被评为河南省特级教师。

朴实为人、扎实进取，孙晓娜在自己热爱的讲台上快乐地教与学。18 年的积淀和涵养，为她新的出发蓄力。之于未来，记者相信，有梦想的人，全世界都会为他让路。坚持前行的人，前方必有迎接的盛典。

（原载 2011 年 4 月 6 日《教育时报》，作者：代修鹏）

胡静

[成长档案]

学　　段：小学
学　　科：数学
学　　校：安阳市人民大道小学
教　　龄：21年
成绩荣誉：河南省第四届优质课大赛一等奖获得者，河南省首届百千万工程骨干教师，第三届河南最具成长力教师

颁奖词：

没有什么比喜欢更有力量。喜欢这个职业，所以您能坚持勤奋；喜欢数学学科，所以您能不断创新；喜欢学生，所以您能不断得到正向的攀登力量。教育有大道，大道上有您！

专家评语：我们都听过一些报告，都读过一些书，但大多时候，我们却不能像胡静老师这样，能说出每一位报告者的报告风格和所读每一本书带给自己的影响。在布鲁姆的认知目标分类体系中，有“知道”、“领会”、“运用”、“分析”、“综合”和“评价”，读书、听报告都要学会“评价”，用心才能评价。

——陈大伟(成都大学师范学院副教授)

成长感言：成长是我们生命中永恒的主题，只要不停下前行的脚步，我们就永远会有收获的快乐。只要开始行动，就会有成功的可能。“我要成为最佳的我”是我永远的追求。

我要成为最佳的我

从教 20 年，先后数十次上县级、市级、省级观摩课，多次获得省、市优质课一等奖……

“我没有什么秘密，无非是勤奋、努力、细致。我从小就非常喜欢当老师，不知道是职业选择了我，还是我选择了职业。”一见面，安阳市人民大道小学的胡静就这样平静地告诉记者。

勤奋：可以走得更远

“在同龄人中，我觉得可能是因为勤奋，所以一直很幸运。”胡静老师说。刚参加工作时，为了开阔自己的视野，她就想到了要多看书。那时候，乡村小学教师普遍没有自费订阅报刊的意识，胡静是全校第一个自费订阅《小学数学教师》《小学教学》的老师。她常把刊物上的优秀教案、教学经验甚至一段好的开头、一句精彩的表扬语，都记下来认真琢磨，然后消化吸收，再运用到自己的课堂教学实践中去。

参加工作 20 多年来，胡静始终很重视学校举行的轮流试教活动，每次都精心准备。成功总是垂青于有准备的人。1999 年，为了参加 9 月份河南省优质课大赛，暑假里，胡静几乎没有休息过一天，看书、研究成了她每天的必修课。她把每册教材都进行精心研究、细致揣摩，还写出两本备课详案。她说：“所有这些努力都为自己日后的游刃有余奠定了基础。”

走进安阳市人民大道小学，胡静进一步认识到了走专业化道路的必要。她在思考：自己如何发展，如何成为一名研究型教师？她逼迫自己认真写好每一份教案、每一次教学反思、每一份案例分析、每一篇教学札记，让每一项工作在做之前、做之后都带上理性的思考和真诚的研究。“虽然写出来的东西还很稚嫩，但我坚信，如此坚持下去，我也能在数学教师的岗位上越走越踏实。”

成长：站在巨人肩上

2005 年，胡静来到安阳市人民大道小学。这个因主体教育而闻名全国的小学，到处洋溢着主体教育的气息。“在这里，我深刻地感受到学校文化的博大精深，这里的每个教师都那么积极向上，这里的每个孩子都那么自信阳光。”胡静回顾道。

多年的积淀，安阳市人民大道小学有着像呼吸一样自如的研究氛围：每学期的轮流试教，每周六的“大道论坛”，每学期的“主题策略研讨会”、“读书分享会”、“主题漫谈”、“头脑风暴会”……每次活动，老师们都畅所欲言、充分交流、激活思维、碰撞思想、产生智慧。

用欣赏的眼光看学生，胡静真正体会到学校那句教师寄语“因为有了你，我才喜欢当老师”的分量。她不停地反思自己、超越自己，要求自己不仅要专心于日常的教学活动，细心观察与思考教育教学中的问题，认真阅读教育教学理论专著，还要把自己的所思所想写出来与同事探讨。

这里还是亲近专家的地方。教育专家王策三、陈锁明、刘坚、孙笑天、张天晓、姚文俊、王文湛、刘可钦、钱志亮、武琼、陶继新等相继来学校听课、评课、作报告，带来前沿的教育理论和教育思想。每一次亲近专家，胡静都有独特的收获。

正是这种学习文化、研究文化使胡静的专业发展目标愈加清晰，在这种氛围中，她努力地、悄无声息地成长着。在学校开展的“向开放的课堂要效率，向高效的课堂要质量”的教学研究活动中，她结合自己所教的三年级孩子的年龄特点，探索出适合三年级学生的“预习六步法”并付诸实践，取得了相当好的效果。

随着思想观念的转变、眼界的开放，胡静在教学上方法更多了，点子也更活了。在“预习六步法”的基础上，胡静又推出了“解决问题五步法”、“自学路线图”等适合孩子们自主学习的方法，使孩子们的学习有“法”可循，为“向开放有效的课堂要效率”打好了基础。接着，她又在“名师、学科带头人引领课”、“市骨干教师观摩课”、“安阳市人民大道小学第二十届策略研讨课”、“北京校长参观汇报课”等一系列活动中，成功地完成了多节有研究价值的公开课，为自己的教学之路开辟了一条阳光大道。

胡静介绍说：“在安阳市人民大道小学学习、研究氛围的熏陶下，我也学会了智慧地进行工作。面对一年级的小不点时，我以训练课堂听课习惯为主，一句‘铃声一响，快进课堂，腰板挺直，眼看前方，两手放平，手放桌上’，使得孩子们在课堂上振奋而目标明确地进入学习状态；对中年级以后的孩子，我又提出这样的口号：‘我要发出响亮而干脆的声音，我要亮出明亮的眼神，我给腰杆向上的力量，我给自己向上的信念。’这口号激励孩子们自信地表达，使教学更有效。”

历练：处处都是起点

身处安阳市人民大道小学这所全国名校，总会面临着来自方方面面的压力。校长马丽娜说：“不进步就要挨打，不学习就要退化，不智慧工作就要被淘汰。”压力是显而易见的。

所有这些压力又变成了巨大的动力，特别是作为安阳市名师、安阳市学科技术带头人，胡静每天都在潜心探索。她说：“遇到问题的时候，我会静下心来阅读一些教育名家的教育专著，到书中寻找答案。读苏霍姆林斯基的《给教师的建议》，他理论联系实际的精辟论述，使我受益匪浅；读覃川老师的《今天怎样做老师》，他的旁征博引、精到点拨，使我懂得了什么是教育的智慧；读阿莫纳什维利的《学校无分数教育三部曲》，使我学到了把儿童吸引到教学和教育过程中来的各种方式、方法……”

这两年，安阳市人民大道小学开展师徒结对帮学活动，对善于研究教学的胡静来说又提出了新的挑战。当她看到本学期师徒结对的名单，并从师傅的行列中找到“胡静”这两个字时，心就“下沉”了很多。她深深地知道“师傅”这个称谓沉甸甸的分量。它是一份责任、一份期待，更是一份重托。青年教师刘凤敏要参加河南省优质课大赛了，胡静帮她一遍遍地试课、更改方案，最终刘老师获得了河南省优质课大赛一等奖；青年教师李建娜、杨梅林要做公开课了，胡静帮她们搜集资料、树立信心，一遍遍听她们试教、给她们辅导，最终她们都获得了安阳市优质课大赛的一等奖。王晓娟要参加区优质课比赛了，于是，选课、听课、评课又开始了……

（原载 2011 年 1 月 19 日《教育时报》，作者：李世超）

付以华

［成长档案］

学　　段：小学

学　　科：美术

学　　校：南阳市油田第二小学

教　　龄：20年

成绩荣誉：河南省音乐、美术教师基本功大赛一等奖，第三届河南最具成长力教师

颁奖词：如何画一幅好的成长图画，付以华告诉您需要多元构图。动脑读书，用眼寻美，迈脚去丈量，美就在前方。从春天到秋天，从诗歌到画卷，您的美好如此多元，带学生一起再出发吧！

专家评语：读书，与美术教师的工作有多密切？付以华老师为了解决教学上的一个问题，他会同时参看几本杂志的相关文章。训练学生的思维能力，本该是数学、语文学科的任务，然而付以华却在小学美术教育中寻找到了“多元美术文化”的切入点。他的美术课不单单在教室之内，也在春天的田野里、夏日的沙滩上、冬季的雪地里……

——孟素琴（河南省教研室中学语文研究员）

成长感言：一个人一生中能坚持做一件自己喜欢的事情，并且一直以一种激情去为之追求奋斗，这是一种莫大的幸福。

“童画”世界的追梦人

2010年5月21日，对南阳市油田第二小学美术老师付以华来说，有着特殊的意义：这一天，是他38岁生日；这一天，南阳市油田教育中心组织了由他执教的现场教学观摩会，多名小学校长、同行观摩了特色鲜明的《品味蔬果》的课堂教学。会后，有位老师感慨地说：“付以华老师所展示的不单单是学生那精美、富有创意的作品，更让我们看到了他对美术教育的执著和热爱。他的美术教学研究已经走到了本学科的前列，对其他学科的研究也具有一定的借鉴意义……”

付以华更是体会到了一种对自身价值的认同和作为一个教育者的成就感。这种价值的认同是付以华20年美术教学不懈追求的结果。在这条路上，他以自己无限的执著和热爱搭建出了一个梦幻般的“童画”王国。

“一个人一生中能坚持做一件自己喜欢的事情，并且一直以一种激情去为之追求奋斗，这是一种莫大的幸福。”

——付以华教学日记

带着困惑出发

1990年，付以华中师毕业，走上了教学岗位。那时，在他的头脑中美术课就是按照教材教孩子们画画而已。几年之后，他逐渐发觉自己的教学就像学生的画一样，单调没有一点儿新意。难道这就是自己向往的教育生活？

一个偶然的机会，付以华听了魏书生的学术报告，他终于明白困扰自己的是什么，那就是教师成长的动力与方向。从那天起，他开始思考教师成长的有效途径和方式，思考怎么成为一个好教师。

想法有了，但付诸教学实践，他才感到自己所掌握知识的贫乏。“带着问题去读书”，这是促使他读书的动力。他订阅了《中国中小学美术》《少儿美术》《中国校外教育·美术》《少年儿童研究》等几十种专业杂志。有时候为了某一个教学上的疑惑，他会找出两三年杂志刊登的相关问题放在一起进行研究、比较，从而使他对问题的研究、思考更加深入。

付以华认为，现代美术教育的多元化对美术教师的要求越来越高，教师必须具有完整的教育理论与专业的技能水平，那种会讲不会画或会画不会讲的教师都是“残缺”的。2008年，付以华如愿考上了中国美术学院高级研修班。他懂得了用一种更专业的课程意识与更高的发展视野去关注孩子一生的发展方向。后来，这些努力换来了省、市教学大赛特等奖以及教育名师等各项荣誉。

“美术重要的是建立在一种多元文化背景的学习，有效促进文化学科的提升，否则这种美术教育就是单薄的。”

——付以华教学日记

寻找合适的激发点

从美院回来，付以华开始重新审视自己的教学，并将新理念逐步贯穿到教学实践中。传统的美术教育总是以教师的“教”来决定学生的“学”，以“像”与“不像”来作为评价标准，以技术的高低来考核学生，而忽视了美术教育对学生独特思维能力的培养。伴随着一个个疑问，他在寻找一个更合适的切入点。

带着这种思路，一张撕破的废纸激发了他的灵感。地上扔了一张撕破的残纸，无意中捡了起来，看看像什么呢？突然感到某一个地方像一只鸟的特征，对了，飞翔的鸟。再换个角度：一只憨憨的野猪、神秘的古堡……越来越多的图像在他的头脑中产生了。于是，他利用图像的模糊性开始上下左右地观察、由此及彼地联想，从而创造形象，而这也成为训练学生创意思维的方法。通过反复实践，他逐渐探索出盲人摸象、一心十意、照猫画虎等多种创意联想的方法，开启了学生创意思维的灵性，课堂教学呈现令人欣喜的效果。后来，付以华把它作为一个专题来研究，并多次在南阳市油田教育中心进行交流、示范。

这种探索使他最终建立了一种“多元美术文化”课堂教学体系，主要包括教学环境的多元、课题设计的多元、教学材料的多元、教学表现的多元、教学方式的多元、教学评价的多元，将美术教学置于一种多元文化的学习氛围中，形成以文化为主线的“主题性”美术学习思路。在教学上，他不断创新：将每一个年级的上、下册教材放在一起统一备课，在把握基本的大纲要求上将经典的课题保留，并根据地域文化特色和学生的实际情况选择自编的教材，这样教学内容灵活，教材地域性强，学生的积极性非常高。他还向学校建议，将美术课合并成两堂大课连起来上，解决了课堂教学时间短、知识多的问题，并且有充足的时间让学生将课堂作业作为完整的作品去做。

每堂课下来，他都会随手记下这节课的优点与困惑，写下教学感悟。靠着这种零打碎敲的方法，他记下了许多教学思索与经验，编写了《多元美术教学》《儿童水墨教学》等校本教材，并先后在国家核心期刊发表多篇论文。2009 年，在首都师范大学美术教育研讨会上，教育部艺术教育委员会委员、首都师范大学教授杨景芝在看了他的研究资料后赞不绝口，并对他下一步的研究发展提出了建议。

“只有对生活充满激情的人才能在课堂上传递给学生良性的情感，才能用激情感染孩子，才能用美启发孩子的审美，所以享受生活才能享受改变。”

——付以华教学日记

用热爱点燃激情

付以华的课堂总是呈现给孩子最美的一面，无论课件设计，还是教学动态。每每听过他的课之后，听课教师感触最深的就是他的课潇洒、自然、富有激情，形成了一种轻松、敏锐、独特的课堂教学风格。在他看来，艺术教育不能是俯视的感觉，而应是一种平视的交流状态。付以华更愿意将课堂营造出一种茶馆似的氛围，以利于师生之间平等的交流。

每学期，付以华都会根据不同季节选择不同的教学环境。美术教学中的课堂经常是“东奔西走”，不断地变换教学环境。春天他带着孩子去看飘香的油菜花，夏天的沙滩成为孩子沙雕的乐园，冬天的雪地里他和孩子们一起撒欢……

这些活动的结果会以日记画、儿童故事画、写生文字、童谣诗歌等形式展现出来，这样不仅有利于培养孩子的观察力、记忆力，更重要的是可以促使孩子学会发现问题的方法。

“三十而立”，立什么？就是在内心建立心灵的自我价值体系，把一切学习用于自我成长。在“童画”世界，付以华找到了人生的起点，并将这个“童画”王国一点点建造起来，让这个王国充满梦幻的色彩。这些，对于付以华来说是最大的自豪和幸福。

（原载 2010 年 10 月 20 日《教育时报》，作者：李世超）

姚俊松

【成长档案】

学　　段：初中

学　　科：物理

学　　校：濮阳市第四中学

教　　龄：11年

成绩荣誉：全国物理优质课获奖教师，河南省名师，第三届河南最具成长力教师

颁奖词：阿基米德说：『给我一个支点，我就能撬动整个地球。』幸运的您早早地就找到了撬动课堂教学的支点。执教物理，年轻的您早早地将国家大奖放在身后再启程。敢立志，敢迈步，等待诗意的春天。有梦想，不彷徨，坚持在路上，大爱在心间。

专家评语：姚俊松老师不但“仰望星空”，燃烧着自己的教育理想，用丰厚的文化底蕴支撑起物理课堂的诗性；而且“脚踏实地”，用心构思自己的育人工作和学习生活，与学生一起享受着教育的快乐与幸福。我想说：“做姚老师的学生，真好！”

——常作印（安阳市曙光学校教师、全国十佳教改新星）

成长感言：理想是人生追求的目标，幸福是心灵归属的方向，为此付出的体验与坚持就是成长，而成长的魅力则源于如何将现实、理想和幸福重合在同一条直线上。

日臻成熟的理想主义者

对许多教师来讲，从“教书”到“育人”，往往是一个很难突破的成长瓶颈，有些教师甚至一生都没能“跳出学科看教育”，在教书匠的层次上止步不前。然而，对于濮阳市第四中学的姚俊松老师来讲，其成长经历则略显不同。

姚俊松是一个不折不扣的理想主义者，带着初恋般的炽热情感开启了教育人生，致力于给学生平等的爱和尊重。在理想遭遇现实打击后，姚老师开始注意提高教学技艺，并不断坚定自己“努力成长为教育家”的教育理想。

爱的教育纯真而稚嫩

“返校的前一天，我来到自家苹果园，挑了整整一下午，把园中最大的6个苹果摘了下来。告别父母，结束‘漫长’的中秋假期，我带着礼物回到了课堂。又红又大的苹果，一班一个，洗得干干净净，每个同学一块。就这样，6个苹果的甘甜传到了近300个孩子心中。多年后，一位学生回忆说，那是他有生以来吃过的最甜、最大，也是最特殊的一个苹果。这件事现在来看虽然有些幼稚，但它绝不是作秀，而是发自内心的对孩子真挚的爱。”

这是姚俊松教育日记中的一段话。姚老师说，那是2000年，他刚刚走出师专校门，到濮阳市第四中学做一名物理教师。虽然初登讲台，但师专时读到的苏霍姆林斯基的著作给了他很大的影响。他坚定地认为，教育就是要给予孩子平等的爱和尊重，和学生一起经历成长。

第一年，姚俊松就带6个班的物理课。他的课堂教学像“玩”一样，常常带学生做一些有趣的实验，很少给学生布置大量的作业。课余和学生的交往，也像个大哥哥般亲切，丝毫没有老师的威严。因此，很受学生喜爱。姚老师不会以分数的高低来区别对待学生。有同行指导他，要抓优秀学生的成绩，落后的学生该放弃就放弃，否则会影响整个班级的成绩。姚老师不以为然，依然尽心尽力地关注每一个学生的成长。正是由于这份超乎寻常的投入，越来越多的学生与他成了无话不谈的朋友。

一年时间很快就过去了，期末考试在平行班与平行学校的对比中，姚俊松输得一塌糊涂。校长找他谈完话后，给了一张《试聘通知书》，这就意味着明年一年降为试用期，如果仍不理想，就要面临解聘。“你非常有潜质，也很受学生喜爱，但教师不是孩子王，只有爱而没有智慧的教育是无力的。”校长的这番话，姚俊松至今都记忆犹新。

技能优化中羽翼渐丰

2002 年，濮阳市优质课大赛一等奖；2004 年，河南省优质课大赛一等奖；2005 年，全国物理教学观摩课大赛一等奖；2006 年，全国物理教学创新大赛一等奖；2008 年，河南省自制教具大赛一等奖……近几年，姚俊松共夺得各类优质课比赛一等奖十多次，有多节课例被制作成光盘全国发行，并被评为河南省骨干教师、河南省名师，与此同时，他还完成了安阳师范学院的本科和河南师范大学的硕士教育。2010 年，姚俊松刚刚 32 岁。

10 年前，接到那份《试聘通知书》后，姚俊松便决定通过“钻研教材—观摩光碟—反复磨课—参加比赛”这一途径来不断优化和提升自己的教学技能，在不搞题海战术的情况下，让学生轻松快乐地提高学习成绩。

“物理是一门以实验为基础的自然学科，这也就奠定了实验教学在这门学科教学中不可动摇的地位和作用。但是，因实验器材的制约，很多教师将学生分组实验简化为教师演示实验，将探究实验简化成验证性实验，导致实验激发不了学生的探究兴趣。于是，我就大胆打破实验室器材配备和统一使用的要求限制，将不同功用的分组实验器材优化组合，将不同学科的实验器材进行合理搭配，同时也利用身边的废物、边角料来开发实验器材。”姚俊松向记者介绍说。

在全国物理教学创新大赛上，姚俊松做的是《家庭电路》一课。为了提高学生的动手能力，他设计了一个传统的电闸刀，然后请学生亲自动手操作“更换保险丝”。“很多老师担心带电实验会危及学生安全，其实我们应该相信学生的自我保护能力。在课堂上，我只提示了一遍，要用胶布把线头包好，结果学生都做到了。当然，我还发明了一个简单的漏电保护器，它也会保护学生的安全。”姚俊松说，“物理教学就是要生活化，要提高学生的动手能力，让学生认识到物理有趣、有用，而不仅仅是学习书本上死的知识。”

当然，学生的教学成绩也有显著提升。不管在本校，还是在整个濮阳市，姚老师所带班级的成绩总是位居前列。

教育理想明晰而坚定

姚俊松目前的教育理想是什么呢？那就是成长为具有饱满的教育热情、深厚的教育理论和较高的教学实践修养，并用心灵去感触教育的真正的教育家。

回顾走过的路，姚俊松认为，对教师而言，“教书”是基础，而“育人”则是关键。一个教师如果要提高“教书”的能力，捷径是优质课比赛；如果要提高“育人”的能力，则最好从事班主任工作。这也是姚俊松从2005年以来担任班主任工作的深切体会。由于班主任工作出色，2006年，姚俊松开始担任学校团委书记一职，这使他与学生的心灵贴得更近了。

当班主任以后，姚老师坚持每天写一篇教育日记，记录学生成长的点滴，目前已写下近30万字。在教育类书籍的阅读上，他也从不曾懈怠，如阅读苏霍姆林斯基、陶行知、蔡元培、魏书生、王金战的著作以及畅销的《第56号教室的奇迹》《周国平论教育》《我的教师梦》等图书。接下来，他准备加入新教育实验的团队，与更多优秀教师一同前行，继续教育理论以及教育心理学著作的深度阅读，在形成属于自己的教育理论体系的基础上，将日常教育写作提升到理论反思的高度。

2011年5月份，姚俊松牵头，和市里的其他6位教师组建了一个“物理教师成长工作室”。工作室的主要作用是在实现自身成长的基础上，带领全市物理教师一起成长，共同追求更有魅力、更具价值的教育生活。目前，已经启动的工作有两项：一是成立课题“生活物理大课堂”，进行物理教学生活化的持续研究；二是建立“物理实验教学资料库”，搭建一个更好的交流平台，以实现资源共享。

“读书、反思、写作，不断地追求更优秀的自己，努力向教育家的境界靠近。有梦想，不彷徨，有爱在心间；心在飞，路还长，坚持在路上。”姚老师教育日记中的这段话给人无限的遐想。

（原载2010年11月17日《教育时报》，作者：杨亚丽）

赵新亚

【成长档案】

学　　段：小学

学　　科：数学

学　　校：商丘市第一实验小学

教　　龄：22年

成绩荣誉：河南省首届名师，河南省学科带头人，第三届河南最具成长力教师

颁奖词：因为智慧，你让不同的学生在数学上得到不同的发展；因为淡定，你过好平凡的每一天，却超越了平庸，有了精彩的光华。快乐是天性，也是信念，你在快乐中再前行，足见力量。

专家评语：作为教师的幸福和快乐在于，不仅自己幸福和快乐着，更让自己的学生幸福和快乐着，同时也在帮助同事的成长中幸福和快乐着。这恰恰就是她“要做就要做最好的”信念和执著的最好诠释。

——王洪成（河南教育学院教授）

成长感言：帮助每位学生成为最好的自己，用心品味教育给予的快乐。

美丽着数学的美丽

20 年前，一个 17 岁的稚气未脱的小姑娘，怀揣儿时的梦想，踏上了她梦寐以求的讲台，开始了教书育人的征程，她就是商丘市第一实验小学的数学教师赵新亚。每每静下心来梳理 20 年来教师生涯中的点点滴滴，她心头总有许多的感动在涌动、在弥漫。是的，一个人一生能选择自己喜欢的事业作为自己的职业，无疑是幸福的，是快乐的。让我们走近赵新亚老师，去分享她作为教师、作为一名数学教师的幸福和快乐吧。

享受课堂：倾听生命拔节的声音

赵新亚曾经看过这样一幅漫画，一群小学生背着书包愉快地走进校门，他们的脑袋是各种形状的：有方的、有圆的、还有三角的……但是当他们从学校出来时，脑袋都变成椭圆形的了。这幅漫画给她留下了很深的印象并让她思考：应该给孩子们怎样的课堂，才能让他们亲近数学，在快乐的学习生活中激扬思维，以彰显鲜活的个性、独特的创造力和思考的灵性呢？

有了思考，就有了努力的目标和方向，于是，8 年前，赵新亚开始了她的“自主—创新”的教学实验之旅。

数学教学不能只一相情愿地传授知识，否则孩子们那充满生命灵性的奇思妙想岂不被知识的、逻辑的符号淹没了？怎么办？赵老师静下心来反复揣摩后，她大胆地走进了自主性实验的天地：在课堂教学中，她转变教师角色，蹲下身来，用欣赏的眼光看待学生、发现学生；她时常给予学生一个个思维价值很高、具有挑战性的问题，直入课堂研究主题，让孩子们在开放自由的学习空间，或进行大胆猜想，或借助学习材料合作探究，或以小组为单位有声有色地向全班汇报着他们的发现、他们的成果，或不时接受台下同学的提问质疑……这一切的一切，让她欣赏，让她陶醉，也让她形成了自己独特的教学风格和特色。

孩子们“活”起来了，课堂里充满着浓浓的学习气氛：他们敢于质疑，敢于挑战，把学习当成是一件快乐的事。“孩子们，你们是最棒的！”“老师，我们最喜欢数学了！”……一句句的话语激励着她和学生们不断地成长。一路走来，赵新亚参加的各类优质课比赛越来越多。一次次由市级到省级的过关比赛，一节节省、市级的优质课、示范课，一场场各级各类的比赛，让赵新亚得到锤炼，让她的课堂教学艺术日趋成熟。

2008 年，赵新亚参加了商丘市举办的首届教师技能大赛和首届名师选拔活动，赛前她精心准备，把整册书的每节新授课都备成了精品课。功夫不负有心人，她在名师评选中荣获了商丘市首届名师，在首届教师技能大赛中取得了全市总分第二名的成绩。

赵新亚还多次承担省、市、区级大型公开课和示范课的任务，执教的课深得省、市教研员和与会教师的一致好评，曾三次获省级优质课一等奖，一次获省级优质课二等奖，五次获市级优质课一等奖。特别是 2006 年 5 月，她参加了由教育部在辽宁省举办的第五届全国新世纪小学数学课程与教学系列研讨会，并作为河南省唯一代表做大会展示课，获得了国家级一等奖。这是商丘市小学数学教师第一次代表河南省参加全国性的比赛。

读书反思：体验专业成长的快乐

有这样一句话赵新亚很欣赏：我希望自己拥有最出色的学生，所以我必须使自己成为最出色的教师。

赵新亚深深懂得“勤学才能发展，善思才会顿悟”、“教而不思则浅，思而不教则空”的道理，她时时浸润在学校实施的阅读工程所营造的浓厚的校园文化氛围中，因阅读而滋养心灵，因阅读而充裕生活。高阿莉校长每年都要精选一些书目推荐给每位教师去品读。这学期，高校长还拿出了自己当选全国劳模的奖金给每位教师买了一本书。细细数来，对名家经典名作的阅读，已经在不知不觉间让读书“像呼吸一样自然”，成为了生命中不可或缺的需要。

“学而不思则罔，思而不学则殆。”在整个大环境的熏陶下，赵新亚更有了学习的兴趣和动力，她涉猎的书籍广，从教育教学论著到《吴正宪与小学数学》《我这样教数学》等数学名家的作品，再到《小学数学教师》《小学教学设计》等教学杂志，都在她的精神家园里占有一席之地。她随时随地展卷，随时随地记录。因为她想在教学研究的领域中发出自己响亮而又独特的声音。

一次搬新家的事例，赵老师顺手拈来，也能生成教育智慧，《新居装饰》这节课的设计灵感就来源于此。借助学生帮老师进行新居的总体设计这一载体，学生了解老师的装修计划，登录网上建材中心，选购装修材料，做出工程预算。课堂上，大家时而畅所欲言，发表自己的见解；时而在网上查找其所需的各种资料，借助网络完成其感兴趣的课题；时而征求老师的意见，逐步完善自己的设想。而赵老师则在教师用机上浏览学生的学习情况，并给予适时的个别指导或小组指导。这节课例也为她撰写《浅议基于网络环境下的小学数学实践活动课的教学》提供了真实有效的素材。

赵新亚学习着、反思着、快乐着。她写出了上百篇教学札记和教学反思，近年来撰写的论文及教学案例分别在《小学教学》《河南教研》《河南教育》《小学青年教师》等刊物上发表。2004 年，她还登上了《小学青年教师》的封面。

以题促研：突破专业成长的瓶颈

2001 年，中央电教馆“十五”规划课题、河南省重点课题“在多媒体与网络环境下，构建小学数学自主探索、协作交流的教学模式”正式开题。2006 年 3 月，在全国“十五”课题结题大会上，赵新亚带着课题组成员的重托，带着大家智慧的结晶，作为课题组代表汇报发言，详细介绍了课题的进展情况。对于课题组取得的实践经验和科研成果，国家电教馆主任给予了高度评价。这一课题最终获得了河南省第三名的好成绩。

2008 年，学校教科研中心成立，作为学校教科研中心主任，赵新亚经常思考：如何让每位教师都树立起课题意识，借助课题研究这一载体，有效提升教师的专业素质和学校的办学品位？于是，赵老师在给老师们鼓劲、打气儿，动员大伙儿积极参与课题研究的同时，还请商丘市教研室领导对老师们进行课题培训，帮助大家走出“做课题难”的误区。

就这样，她工作着、实践着、收获着、喜悦着，“美丽着数学的美丽，快乐着成长的快乐”！

（原载 2011 年 5 月 11 日《教育时报》，作者：李世超）

赵莉莉

［成长档案］

学　　段：小学

学　　科：语文、数学

学　　校：焦作市中站区府城办事处造店回民学校

教　　龄：17年

成绩荣誉：全国新教育实验先进个人，第三届河南最具成长力教师

颁奖词：做新教育，给学生一间润泽的教室，您多像一个传经布道的圣者；不断寻找教师活着的生命意义，您流出的不仅仅是汗水，还有不俗与执著。您时刻唤醒自我与学生，向着最珍贵的润泽的儿童世界出发。

专家评语：赵老师被新教育实验和新教育实验的优秀教师常丽华感动，从此告别过去，走上了教学改革和自我发展的道路。她的成长故事启示我们：在成长的道路上，我们需要路标和榜样；而有了路标和榜样以后，我们又需要见贤思齐的行动，心动不如行动。

——陈大伟（成都大学师范学院副教授）

成长感言：我们处在什么位置不重要，重要的是要知道自己朝哪个方向走；我们曾经以怎样的方式走过来不重要，重要的是我们今后以怎样的方式行走。每个人前边的路都是空白的，怎样走，完全取决于自己。

给学生一间润泽的教室

教室外，水泥搅拌机、电焊机不时发出轰鸣，突然响起的切割钢筋的噪音令人抓狂，但赵莉莉和她的39名学生似乎已经习惯了，他们很陶醉地一遍遍地诵读着日本诗人金子美玲的诗歌，心灵徜徉在诗歌营造的世界里。每天清晨，他们都以“晨诵”的方式开启一天的校园生活，新教育人把这叫做“师生的彼此唤醒”。

学校的校舍抗震加固工程已经进行两个多月了，但从工程进度看，还得需要一段时间才能完工。学校只有两栋两层的教学楼，校舍少，也不能因施工而耽误学生上课，所以工程只能一栋楼一栋楼地干。“这是我们的临时教室，你看，那个地方还漏水。”赵莉莉说。

赵莉莉所在的学校是焦作市中站区府城办事处造店回民学校。校舍简单、资源短缺，但这些并不影响赵莉莉构建自己的教育梦——给学生一间润泽的教室。

追问内心：成长的启蒙

2007年8月，焦作市组织了一场新教育实验的启动培训会，邀请新教育实验的领导者朱永新教授以及优秀实验教师常丽华作报告。刚开始范围小，只确定了几所实验学校和为数不多的实验教师参与，因此这次培训会的规模不大，身处农村小学的赵莉莉自然不会从官方渠道得到参加培训的通知。

会议这天，赵莉莉接到了市中站区教研室的一个同学的电话：“我正在听朱永新老师的报告，内容可好了，你赶快来吧……”

赵莉莉赶上了听常丽华的报告。她没有料到，报告让自己“极为震撼”。

常丽华的激情、优雅、自信以及诗一般的语言，还有呈现出来的学生绘画、诗歌作业等，将她原本“平静”的内心一下子搅乱了——“原来，教师可以这样活！学生能那么优秀！”

赵莉莉曾这样描述那时候的自己：每天上课说是照本宣科一点都不为过，改着作业发着牢骚，照着教参抄教案，还不耽误和别的老师说笑，盼着下课，盼着放学，盼着能逛街的星期天，“但有时也觉得很空虚、无聊，莫名地焦虑”。后来，她才知道这种状态叫“职业倦怠”。

赵莉莉说：“常丽华老师打动我的，不是她现在的高度，而是她的成长过程，原先她也和我们一样普通。”

“我的人生到底追求什么呢？怎样才能拥有职业幸福？一个教师的生命价值到底是什么呢？”听着常丽华的报告，这些问题开始朦朦胧胧地在赵莉莉的头脑中闪现。

儿童文学名著《夏洛的网》借助蜘蛛夏洛说了一句发人深省的话：谁都知道人活着该做一点有意义的事。在后来的反思中，赵莉莉说，教师要成长，就要追问自己的内心——对自己的人生而言，到底什么是有意义的事。

新教育实验“个体户”

会后，赵莉莉专门跑到焦作市教科所，找到组织新教育实验的张硕果老师，说想参与新教育实验。赵莉莉的热情让张硕果很感动，也很振奋。造店回民学校不是实验学校，赵莉莉也不是“正式”的实验教师，但张硕果认为“新教育实验没有门槛，如果有，唯一的门槛就是行动，只要行动起来就是实验教师”，当即表示以后有什么活动会通知她参加。

新学年开学，赵莉莉鼓足勇气，找到校长曹冬冬，建议学校进行新教育实验。曹校长有点犹豫：一是学校条件差；二是村民文化程度不高，大多数忙于做小生意养家糊口，不像市里的学生家长那样普遍重视孩子的学习，想搞实验，可不是说说这么简单。赵莉莉看曹校长没有明确反对，就说：“实验先从我的班做起，咱们都不声张，做好了，在学校推广；做不好，学校怎么处置我都行。”

赵莉莉就这样做起了新教育实验的“个体户”。她心中既有美好憧憬带来的兴奋，又有点担心：实验纯属个人行为，如果影响了学生的成绩（她带的班升到了六年级），或者家长不理解、不支持，得自己一个人兜着。

新教育实验要求实验教师在“教育在线”论坛建立主题帖，上传实验记录、读书心得、教育随笔等，赵莉莉没有个人电脑，只能用学校的。办公室只有一台电脑，当时她操作电脑还不是很熟练，占用电脑的时间最长，所以一有老师要用电脑，她就先让人家用。后来为了不再和别人抢电脑，她干脆等到下午放学老师们都走了，才坐在电脑前忙活。

这一年冬天，每当赵莉莉回到家，家人早就吃完饭了。从学校到她家，有几里路没有路灯，她说自己一个人走在寒冷的冬夜里，非但不害怕，心里反而热乎乎的，有一种豪情在胸中。

小学错过的东西，永远无法弥补

2008 年，赵莉莉接了一年级的一个班。面对孩子们的天真可爱，她说自己心中时常有一种敬畏感：“自己的生命或许是卑微的，但自己在学生的心田播下什么样的种子，他们的人生在未来就会开什么样的花、结什么样的果。”每念及此，她就告诉自己：一定要在学生生命中播下读书的种子，以经典和精品文化滋润他们的成长。

赵莉莉“包班”，既教语文、数学两门课，同时还担任班主任——这样的工作量已经不少了，再搞新教育实验，在一些教师眼里简直就是冒傻气。但是，他们不知道，赵莉莉通过新教育实验得以走进教育“内部”，走进学生的心灵深处，其中的乐趣和快乐也是她此前为师十几年所没有体验到的。

一次上绘本课，王欢（化名）画了一个怪怪的雪人。在他画的时候，赵莉莉听到有孩子劝王欢：“现在不是冬天了，不能再画雪人了。”赵莉莉问王欢能不能讲一下自己的画。从王欢表达得不是很清楚的话中，赵莉莉“断章取义”地理解了：王欢不仅喜欢冬天下雪，还喜欢有一个雪人——一个能陪伴他的，哪怕是一个不会说话的朋友。“王欢的左手有残疾，可能因为这个原因，造成他在某种程度上与伙伴交往不畅，他很希望有个朋友。”在学生简单粗糙的写绘作品中，赵莉莉读出了很多深层次的东西：“孩子们画的、写的，其实是内心世界的部分呈现，能折射出教育存在的问题，需要我们去思考、去改善。”

这种解读视角的建立与赵莉莉阅读奥地利心理学家阿勒德的《儿童人格教育》、中国作家柯云路的《童话人格》等不无关系。“有些东西孩子可能并不能完全感知，但是作为陪着他们走过童年的教师，我必须先走进他们的心里。”赵莉莉同时感叹自己关于儿童心理的知识还很欠缺，“很需要高质量的专业阅读”。

美国传奇教师雷夫·艾斯奎斯所著的《第56号教室的奇迹》曾经风靡全国，这本书深深打动了赵莉莉，她写了18篇读书笔记，思考自己的为师之道。在2010年3月份的一次家长会上，她激动地讲起了雷夫：“我们和雷夫老师，我们的学生和雷夫的学生，不是因为教室的差别，而是因为‘教室里’的差别……”这次讲话成了赵莉莉建设润泽教室的宣言，家长们虽然对雷夫并不熟悉，但都深受赵莉莉的感染。

赵莉莉认为，雷夫老师的教室与自己的教室一样简陋，他的那些来自移民家庭、讲不好英语的学生与自己的学生极为相似，但雷夫的教室里能走出优秀的学生，就在于他把世界上最美好的东西呈现给了学生，教给了学生一生受益的东西，自己与雷夫的差距就在于对于教室内涵的理解不同。“我也想成为像雷夫一样的教师，给学生一间润泽的教室。”赵莉莉说，“润泽的教室，就是说教室里时刻有引领学生向善、向美的力量存在，有师生间的默契与和谐，这样才能给学生一个美好而充实的童年。”

从2010年年初开始，赵莉莉的润泽教室计划已经实施了三个行动：一是教给学生一套陈氏太极拳，二是让学生学会吹奏竖笛，三是让学生学习剪纸。这些行动并非依靠赵莉莉一己之力，学校的体育老师、美术老师以及曹校长等都给予了极大的支持。如今，她的三个行动已经取得了不小的成绩，“收获不在于学生掌握了一些技能，最有价值的是学生很快乐，体验到了成功，这种积极的体验会迁移到学生发展的很多方面”。

“按照计划，这个学期我还想做电影课程，因为校舍抗震加固只好延后了，另外我还想做‘新父母’课程。”赵莉莉说。随着各种实践的展开，她对儿童课程的整体建构有了一些思考：“新教育实验所提出的儿童课程的最大魅力就在于教师不用拘泥于实验所要求的，所有对学生发展有益的你都可以尝试。这才丰富了儿童课程，给学生一个真正的童年。”

“在小学里错过了的东西，是永远无法弥补的。”这是赵莉莉在苏霍姆林斯基《给教师的建议》里读到的一句话，她把这句话摘录出来，时刻提醒自己“谨记”。

（原载2010年11月24日《教育时报》，作者：吴松超）

张文娟

【成长档案】

学　　段：高中

学　　科：思想政治

学　　校：三门峡市第一高中

教　　龄：11年

成绩荣誉：河南省优质课大赛一等奖，第三届河南最具成长力教师

颁奖词：

把教育做得『有意思』，其实挺难，有意思既是思考力、是行动力，又是影响力。让政治课学习有意思，小话题，大课题。您努力而又宁静地化身桥梁，让学生穿过知识、获得技能，经历过程、获得方法，体会情感、形成价值。此中，真有意思！

专家评语：现实生活中有意思的事情很多，但能把政治课上得有滋有味并让学生发自内心地说出“有意思”的确不容易，然而张文娟老师却做到了！其实道理很简单，这缘于她首先把教书真正当做一件有意思的事情，然后用心去教，不断反思和探索，追求完美。

——王洪成（河南教育学院教授）

成长感言：用心教书，把教学工作看做一门艺术，精雕细琢，孜孜以求。做一个有意思的人，把教书当成一件有意思的事。

上有意思的政治课

“照搬教材教，是合格型教师；活用教材教，是优秀型教师；升华教材教，是专家型教师。”这是张文娟的指导教师、河南省特级教师高宏群常说的话。十余年来，张文娟对高老师的话深信不疑，在教学中，她狠抓备课，突出上课，注重课后辅导，把教学当做一门艺术，深入钻研，孜孜不倦。

宁静的沉思

张文娟至今还记得13年前，第一次走上讲台的经历。那时她还是一名大学四年级的学生，在一所高中实习。为了上好第一节课，她认真备课，教案足足写了15页，讲课的内容也背得滚瓜烂熟。本以为自己精心准备的课会受到学生的欢迎，但是学生的反应却出乎她的意料。她在讲台上认真地讲，学生却在睡觉，或者写别的作业，还有的在看课外书，大部分学生埋头在忙“自己的事”，听课的人寥寥无几。看到此景，站在讲台上的她，慌了神儿。她不知道自己是怎样草草上完了那节课，但是却清晰地记得学生安慰她的话：“老师别难过，我们只要考前好好背就行了。”学生的话犹如迎头的一盆凉水，让她从头凉到了脚，也让她更加没了自信。

尽管早就知道自己初上讲台，肯定会有许多不足，但是还从来没有料到会如此狼狈；尽管早就知道政治课在高中九门功课中，地位不如语文、数学和英语，逻辑性不如物理、化学和生物，趣味性不如地理和历史，但是没想到学生对政治课的学习，竟是如此轻视。高中的政治学科是不是真的“没意思”？带着疑问，张文娟没有再“敢”去上课，而是在听课之余，开始静静地沉思，思考如何巧妙导入新课、如何设计教学环节、如何寻找课堂的亮点、如何激发学生的学习热情。

无独有偶。一次电视上的魔术表演，启发了她。魔术表演，有导入，有铺垫，有高潮。观众之所以喜欢魔术是因为魔术有亮点、有美感，能启发人去思考。课堂也一样，如果没有疑问，没有亮点，学生的好奇心就不会被驱使，自然也就没有兴趣去学习。教师只有努力寻找课堂上的“亮点”，让“亮点”带动学生的“兴奋点”，才能活跃课堂，使课堂变得“有意思”。

时间过得真快，转眼实习即将期满，为了填写实习鉴定，学校要求所有的实习教师上公开课。至今她还记得那节课是《多种所有制经济共同发展》。为了上好这节课，找到课堂“亮点”，她利用课余时间，走访了学校附近数十位个体经营户。课堂上，她列举了这些个体户的经营模式和不同作用，让学生在熟悉的背景下切实体会到个体经济在方便人们生活、增加就业机会方面有不可替代的作用，同时也改变对个体经济的偏见。这节课上，睡觉的学生没了，学生由埋头上政治课，变为抬头上政治课。看到此景，她开心地笑了。回到大学校园的半年里，她并没有停止探索和思考，为了让自己未来的课堂“有意思”，她找来全套高中政治课本，熟悉教材知识，了解教材结构，买来优秀教案选集仔细研读，为自己即将走上的工作岗位作准备。

执著的追问

由于提前进行了思考和准备，走上工作岗位的张文娟，课堂组织生动活泼，受到了学生的欢迎，她也觉得自己的课堂“有点意思”。但是考试成绩一出来，张文娟傻眼了，应该记忆的基础知识，学生写得丢三落四。难道真的是自己能力有限？为什么总是事与愿违？张文娟又一次陷入深思。

经过认真反思，她发现课堂上学生只喜欢听她举例子，不喜欢听她讲理论。学生可真是“嘴馋”，对“有味道”的例子统统吸收，对“没味道”的具体知识却视而不见。政治课是一门理论性较强的课程，如何能将趣味性和理论性结合起来，让学生轻松掌握知识，张文娟开始了大胆的探索和尝试。课堂上，面对“馋嘴”的学生，她通过抢答、分组讨论、质疑对抗等课堂活动，让学生充分参与到教学中，让他们来对知识进行“烹调”，自己只作“指导”。学生在积极探索知识的过程中，不仅归纳了知识，记忆了知识，肯定了自己，也感觉“有些意思”。

在平时的教学中，她勇于探索，积极实践。参加工作的第三年，在河南省高中优质课大奖赛中，她组织学生进行了课堂辩论。由于辩题明晰，分工恰当，学生的主动性得到了充分的激发，课堂气氛活跃，课堂效果明显，她受到了与会专家的好评。她也在众多的优秀教师中脱颖而出，荣获一等奖，成为最年轻的获奖者。

参加了比赛，也获了奖，但是通过这次比赛张文娟却发现自己在教学上有很多不足，和许多优秀教师相比，自己的教学方法不够系统，教学逻辑还存在漏洞。要想克服自身的不足，一方面需要在教学中积极地改进，另一方面也需要自己不断地总结教学中的经验与教训，取长补短，促进自己的专业发展。在总结自己三年来的教学经验的基础上，张文娟开始撰写专业论文，提高和升华自己的专业技能。辛勤的努力，换来了累累硕果。她撰写的论文《浅谈哲学中的趣味教学》《千里之行，始于足下》《90后高中生德育状况调查分析及对策研究》获省级一等奖，参与研究的“文科综合教学模式研究”课题获省级一等奖。多篇文章在《中学生时事政治报》和《中国素质教育报》上发表，参与编写的《高中政治选修经济学专题详解》和2009版《新课标高中总复习导与练：政治》均已出版发行。

潜心的创造

转眼就是十年，高中政治全部教材的知识，张文娟已烂熟于心，课堂教学也驾轻就熟。然而，新一轮的课改正在全面展开，新的课程标准明确提出要实现知识与技能、过程与方法、情感态度与价值观的“三维目标”，要求对学生在学习中的主体地位高度重视和充分肯定。面对新课改的要求，张文娟又开始了新一轮的探索。

教室里，讲台变成了“舞台”，讲桌变成了“柜台”，学生你来我往，好不热闹。这不是戏剧学院的“表演课”，这是高一政治教材《存款储蓄与商业银行》这节课的“情景再现”环节。在这节课上，学生的身份发生了变化，有“储户”、“贷款人”、“银行职员”、“理财专家”，这些“演员”的表演生动形象。虽然偶尔也有吵有闹，但是学生的“吵”与“闹”都是紧紧围绕课堂内容展开的，课堂看似“乱糟糟”，学生感觉却“很有意思”，争先恐后地要求饰演“角色”。学生通过亲身体验，不仅掌握了知识，而且学会了灵活运用。在这个环节，教师是监制，学生是导演、是演员，内容紧扣教材，方式灵活生动，这种自导自演的课堂，学生最喜欢。要“表演”就必须有“台词”，

"台词"要说得好，就必须有"剧本"。围绕教材内容，编写故事，围绕故事情节，编写"剧本"，围绕"剧本"，学生要进行生活体验，课堂从教室延伸到了室外，现实生活的场景成为学生学习的课堂。从生活体验到课堂体验，学生在体验中升华认知，实现了对人的生存与发展的整体关怀。

"我参与，我快乐"，这是张文娟在课堂上时常鼓励学生的话。学生在课堂上充分参与，课堂就会变得创意无限，妙趣横生。有一天，张文娟在组织学生学习《矛盾即对立统一》这节课时，有位学生突然提出要和同桌进行赛跑。一开始张文娟有些不太明白学生的用意，但是她知道学生这样做一定有理由。于是她发动学生为两位"选手"腾出赛道。一场跑步比赛开始了，两个人争先恐后，你追我赶。突然张文娟明白了学生的意图，他们是想通过比赛形象地告诉同学们："矛盾双方相互依存，相互斗争。"果不其然，获胜方同学的发言一语中的："矛盾双方既对立又统一，感谢我的对手，是他让我加快了速度，取得了胜利。"学生的这一"创意"不仅使抽象的概念理解起来容易了许多，也让学生懂得了生活的道理。

"谢谢您有意思的政治课。"这是张文娟的学生、正在中国人民大学就读的郭威写给老师的话。让政治课"有意思"，让学生在学习政治的过程中觉得"更有意思"，为了这一看似简单的目标，张文娟思考着、探索着、追求着。

（原载 2011 年 4 月 20 日《教育时报》，作者：李世超）

赵惠

［成长档案］

学　　段：小学

学　　科：语文

学　　校：西峡县西坪镇第一小学

教　　龄：8 年

成绩荣誉：河南省小学语文青年教师教学能手评比第一名，首届河南最具成长力教师特别奖

颁奖词：

从山村小学的讲台，一步一步走上全国优质课大赛的赛场，您用短暂而辉煌的生命，生动地诠释了成长力的深刻内涵。而今，您的成长虽不幸中断，您的力量却传递给了更多正在成长的教师。

专家评语：赵惠老师走了，但他留下的一本本文集记录了他的思考，他留下的一节节优质课见证了他的优秀。虽然，赵老师的笑容永远定格在那个鲜花怒放的春天，但是所有有缘结识他的人都会记住他留下的誓言——山，勇者攀！

——武凤霞（江苏省无锡市扬名中心小学副校长、特级教师）

成长感言：天地生人，有一人当有一人之业；人生在世，生一日当尽一日之勤。

你是这样的人

打开你的博客，最后一篇博文上传的时间是2009年4月3日晚10时零4分，清明节假期的前夜。第二天就可以回家了，这应该是你期待已久的事情吧？能感到你按捺不住的兴奋和期待，在你所有的博文中，这肯定是最短的一篇，短到只有标题的8个字——“静静歇息，马上回来”。

谁会想到呢，你真的就此歇息了，当你还不满28岁的时候。

谁敢相信呢，你再也没有回来，在那个鲜花怒放的春天。

你的离去，在校园里，在网络上，激起一片追思的波澜。如此多的缅怀，如此多的留言，塑造出一位年轻教师勤奋上进、成果丰硕的形象，这形象近乎完美，完美得让人无法面对你已经离去的事实。

2009年4月8日，你离世后的第三天，记者从郑州市出发，一路向着西南，顺着你回家的路，追寻着你生命的踪迹，去发现、去确认，你到底是一个怎样的人……

你的老师说——
你是一个从不满足已有成绩，永远都在向上攀登的好学生

由于出发得晚，到达西峡县已经是深夜11点。县城一家冷清的小吃店里，记者边吃着简单的晚餐，边与一直等候我们到来的县教研室方华瑞老师交谈。这位一直被你称为“师傅”的领路人，此时尽量以平静的口吻勾勒着你成长的轨迹。

2000年的夏天，你毕业于南阳第二师范学校。上师范，就是想早点减轻

家里的负担；终于等到毕业，得到的却是暂不分配的待岗通知。带着委屈，你走进家门口的小学，做了一名代课教师。“那学校特别的偏僻，整个就在大山的怀抱中。第一次走上讲台，拿着语文课本，望着眼前这些质朴憨厚的山里娃，生性倔强的他下定决心，虽然自己不能改变许多，但一定能够做出许多。”

从你的博客里，我也不止一次看到那段生活的印记。在教学中，因为无法解决一些孩子提的问题，你开始觉得自己无法承受他们的期待之重。为了提高自己的教育教学水平，你广泛涉猎山区学校仅有的几份教育报刊，《小学教学》《河南教育》以及《教育时报》成了你课下的精神食粮。很快，你便成了学生们最喜爱的老师。

转眼到了 2004 年，已经结束代课生涯的你被调到西坪镇第一小学担任教导主任。“他常跟我津津乐道的，是那年到郑州观摩河南省第五届小学语文优质课大赛。那次比赛，河南油田实验小学的王晓惠是第一名。回到学校，他把王老师执教的《一个中国孩子的呼声》一课的实况录像认真研究了足有三十多遍。尽管当时教的是六年级语文，他却借用四年级的学生讲了两堂《一个中国孩子的呼声》，并请同事帮他录像，然后反复对比自己和王老师的课，一点一点查找自己的差距。”

2005 年春季，通过镇中心学校的选拔，你参加了全县小学语文优质课大赛。“作为县里的小学语文教研员，我就是在担任那次赛课的评委时认识了他。”方老师说，“在众多的参赛教师里，他虽然不是特别的出众，但在教学上有一股灵气，有一种语文教师的味道。我认定他是有培养前途的。那次赛课的成绩尽管不是很理想，但他没有灰心。回校后，他把自己的课堂向全校老师开放，请同事们提意见；他还把每节新授课都定为 37 分钟，留出 3 分钟收集学生听课的感受。”就这样，在与同事和学生直接的碰撞中，你迅速地成长着，并多次被评为“模范教师”、“优秀班主任”、“优秀教研工作者”。

2006 年春季，你再次参加全县小学语文优质课大赛。方老师说：“有备而来的他，这一回成功晋级南阳市小学语文优质课大赛。不久，又代表南阳市参加河南省小学语文优质课大赛，并取得了第二名的好成绩。那以后，他在公开课的舞台上一发不可收拾，先后在南阳市直和各县的近 20 所学校磨课，越来越成熟，也越来越有激情。”同年，你因执教《妈妈的爱》一课获得河南省品德与生活优质课大赛一等奖。

2007 年 11 月，作为南阳市的唯一代表，你参加了“河南省小学语文青年教师教学能手评比”。方老师说：“闭幕式上，是按照比赛的成绩倒着颁奖的。身边一同参赛的老师一个一个走上台去，最后只有他的名字还没被念到。当时我就坐在他旁边，看到他的眼泪一下子流了出来。”你以第一名的成绩站在了“十佳教师”的领奖台上。没有人能告诉我，你那一刻的泪水仅仅是因为获得殊荣的激动吗？你是否也想到了一路走来的那些埋头教研的日子，从磨课到相互的评议，从研讨到反复的提炼，从外出学习到不停地思考，从揣摩优秀的课例到自己重新备课……

2008 年 8 月，已经成为西坪镇中心校文科教研员的你，作为河南省的唯一代表，参加了在湖北省宜宾市举办的全国新课程语文教学观摩会，执教《瑞恩的梦想》一课。“这是他第一次走上全国的讲台，然而讲课的效果却不是很理想，只获得了二等奖。从讲台上下来，一看见我，他就哭了。如果找客观原因，可以说是正值暑假，不好找听课的学生，本是五年级的课程用的却是三年级的学生。但我也不客气地帮他找了主观上的原因，因为大会上来了不少知名的专家，他特别激动，课还没准备好呢，就急于去跟专家见面、合影……”

宜宾归来，你把此次赛课的过程和得失，认真地整理成一篇文章，交给方老师。你在文章中深刻地反思，教研是来不得半点浮躁的，只有踏踏实实，方能稳步前进。另外，对不同年级的学生，要根据具体情况调整标准，不能死板预设，而要灵活生成……

“多好的一棵苗子啊！从来都是抱着小学生的心态，从来都不满足已经取得的成绩，他这样一步一个台阶永是向上攀登的青年教师，还会有更大出息的。”说到这里，方老师怅然若失，“我就这样一直看着他向上走啊，走啊，怎么一眨眼就走丢了呢……”

你的学生说——

你是一位哪怕只上一节课就会让大家忘不掉的好老师

4 月 9 日早晨 6 时，沿着九曲十八弯的盘山公路，车向着你的家乡西坪镇木家垭村疾驶。右边是山，左边是河，初升的太阳给山影与河床都笼罩上一层淡淡的雾岚。我知道，就是这山这水给了你灵性，你对这山这水也有着非同寻常的依恋，所以你把自己在新浪网开的博客起名为“山娃”。

离你的家越来越近，车突然停了下来。镇中心校的老师指着一长溜粉碎的玻璃说，这就是三天前出事的地方。

4月4日，清明节放假，你回到家乡。4月6日，假期的最后一天，为了提前到校作开学的准备，你一大早就骑着摩托车，到镇上去赶发往郑州的过路车。就在这个上坡处，被一辆大型货车迎面撞上。1981年9月出生的你，将风华正茂的生命定格在了那个春天的早晨。

木家垭到了，上午9时，你的追悼会就在家门口举行。看到那么多来为你送行的质朴的孩子，我又想起你在一篇博文中记述的刚当代课教师时的一课："在村小学讲《草船借箭》，我让学生在熟读课文的基础上，引领他们制作道具，用细竹枝足足备了'十万只箭'。我将他们带到学校后院，以乒乓球台两边作为'江'的南北两岸，分组进行了一次别开生面的课本剧表演。在30分钟的时间内，孩子们创造性地体验文中的人物角色，将诸葛亮的神机妙算演得入木三分……"尽管当时你还是个不满20岁的中师毕业生，可看到这样的课堂，谁都会觉得做你的学生有多么幸福。

自2008年8月下旬开始，借着到河南省实验小学交流学习的机会，你又把这种幸福感带给了省城的孩子们。上第一堂课时，你在黑板上写下两个大大的字——"平等"。你说："老师和学生是平等的。要求你们做到的，我也一定做到。我们可以来个约定：你们今天的作业今天要按时完成，不要拖到明天；而老师明天的作业点评明天保证进行，决不拖到后天。让我们相互监督，好不好？"

4月9日下午5时，回到郑州后，记者直接来到省实验小学，想见见你最后教的一班孩子们。

我问学生们："除了'平等'，老师还给你们写过什么词？"

"责任。""聆听。""尊重。"孩子们此起彼伏地抢着说你跟他们认真探讨过的词语。他们还说，是你教给大家理解了"仰视"、"俯视"和"平视"。

五（2）班的冯宇凌同学给我讲了一个故事。以前，宇凌上课发言不够积极，在表现评价时得了"良"；后来宇凌在课堂上积极举手，可下一周她得的仍然是"良"。为什么呢？原来你每每提问时爱走到学生中间，坐在第一排的宇凌就常常在你的身后被忽略了。宇凌因为自己的进步得不到承认，哭着向妈妈诉说委屈。妈妈劝导了宇凌一番后，以"我进步了吗"为题，把这件事情写到了博客里。她们母女都没有想到，有心的你竟然看到了这篇博文，在向宇凌郑重道歉后，你又在自己的博客里写下深刻的反思。还记得吗？你那篇博文有着一个长长的标题："每一只高举的小手都是一颗对老师充满信任的心"。

跟你的学生交谈时，老师们也在一旁，说到你，言语里尽是感慨和佩服。

教务主任徐永梅说："别看他在山区小学教学，工资不高，可为了方便教研，2004 年他就花了 7000 元的‘巨资’购买了笔记本电脑。生活上省吃俭用，学习上他却毫不吝啬，2006 年、2008 年接连两次去太原和西安参加全国青年教师阅读教学观摩会，都是自费去的。别说农村教师，就是城里教师又有几个能做到?”

“他还从徐主任那儿把两次观摩会的 58 堂示范课的视频全部拷到自己的电脑里，一节一节地琢磨。这么用心的老师，课怎么会教不好?”范苇老师接过话头，“他不抽烟、不喝酒、不打牌，除了上课，就是读书、写文章。几乎没见他有什么应酬，所有的交往都与工作有关，所有的朋友都是教学上的朋友。他的博客几乎每天都在更新，如果哪天有事没有更新，他还要向博友们道歉。”

“前一段，为了准备省教研室安排的示范课，他硬是磨课磨了三周，光教案就写了 18 稿。从鹤壁讲课回来，他就累病了，高烧 39 度。”跟你搭班的数学老师唐莉说，“那段时间啊，在办公室跟他说话，他根本都听不见。有个老师出了个主意：谁要是说‘这篇课文该这么讲’，他保准抬头。于是，我就说：‘这篇课文啊……’话还没说完，他真的马上调过来头看着我。一屋子同事都哈哈大笑起来……”

说到这里，你的同事们又禁不住笑了起来。可我分明看到，那些眼睛里有晶莹的泪光在闪动……

一天一夜的连续采访后，记者又连夜通读你博客里所有的 216 篇文章，尝试着去发现、去解读你是一个怎样的人：你是一个永不满足已经征服的阶梯而一直向上攀登的人，你是一个即使尚不完美但一定是朝着完美方向努力的人，你是一个不能用长度而只能用质量来衡量生命的人，你是一个不需要刻意塑造而自有人格魅力的人……是的，你应该就是这样的人。

我和我们的报纸能做的还有一点，就是以工整的黑体字在这里记下一位英年早逝的优秀教师让人无法忘记、也永远不会忘记的名字，以表示我们崇高的敬意和无尽的追念——

你的名字叫——赵惠。

（原载 2009 年 4 月 15 日《教育时报》，作者：刘肖）

［记者手记］

力量，在成长中断后传递

在教育时报编辑部的邮箱里，有一篇征文和一册电子文集，它们有着同样的题目：“山，勇者攀”；他们来自同一作者：西峡县西坪镇中心学校赵惠。

在参加《教育时报》“谁是最具成长力的教师”评选的征文中，赵惠分“立根原在深山中”、“追寻路上竞中流”、“蓄势攀山走与思”三部分，回顾了自己从一名豫陕两省交界处偏远小镇的山村小学教师，成长为河南省十佳小学语文教师，并登上全国教学观摩会讲台的经历。其间折射出的一名青年教师的成长道路，可歌可泣，值得借鉴。

赵惠的电子文集分“成长手记”、“教学随笔”、“课堂实践”、“交流沟通”等六个章节，洋洋近十万字，记录着一名青年教师执著的探索和丰厚的积累。正如他在文集封面上的自题：“天地生人，有一人当有一人之业；人生在世，生一日当尽一日之勤。”

同时，“山，勇者攀”还作为赵惠“开博寄语”的标题，被他永远“置顶”于新浪博客的首页：“我的骨子已融入了大山给予的馈赠，我将带着感恩的心，继续上路，默默攀山。在教育教学的天地间，不仅要在课堂中实践，更要善于站在实践的层面去笔耕、去思考，如此才能实现母亲让我将来回报大山的殷切期待。前方应该会是更高的山，但一个响亮的声音在激励着我：勤奋、敬业、谨慎、向上！”

通读“山娃”（赵惠博客的昵称）的全部216篇博文，不难发现《教育时报》的身影。在他的“博客好友”中，《教育时报·课改导刊》、甚至记者的博客都赫然在目。他在题为“一次有益的尝试”的博文中写道：“今晚静坐许久，对《教育时报·课改导刊》‘谁是最具成长力教师’前期刊发的同行文章一一拜读。心动不如行动，在反思中我也可以把自己的心迹坛陈于文，参加这次征文比赛，算是一次有益尝试。近期全力撰写中，并向同行推荐此征文……”接着，赵老师把《教育时报》的征文启事在博客里全文转载。

在2009年1月7日的博文中，赵惠摘录了“谁是最具成长力教师”评委武凤霞、董文华，以及第一季上榜教师张存敬、李慧香、贾会彬、卞洪建、贾形的“成长寄语”。而在另一篇博文里，赵惠写下了自己的“成长感言”：“我最喜欢的三首歌：《在路上》《从头再来》《真心英雄》。歌词和旋律准确地解读了我工作以来的全部心路历程，今后仍将激励我前行。”

命运如此无常，赵惠参评“谁是最具成长力教师”的征文还没来得及刊出，年仅28岁的他却倒在了成长的中途。记者2009年4月9日专程赶赴西峡参加赵惠老师的追悼会，并带回长篇报道《你是这样的人》。加入“最具成长力教师”方阵，应该是赵老师未竟的一个心愿，让我们来帮他完成吧。

赵惠老师的成长之路尽管已戛然而止，但他那份“山，勇者攀”的力量却将在我们的教育队伍中执著传递，激励更多的青年教师在专业成长的道路上不断攀登、勇往直前。

（原载2009年4月15日《教育时报》，作者：刘肖）

教育名家谈教师成长

成长需要引领。当我们处于迷惘困顿之中，处于专业发展的高原阶段时，教育名家的点拨，会在晨曦中把我们唤醒，并给我们指一条通达自我完善、职业幸福的道路。让我们循着这条道路，在名家的引领下修炼为“最具成长力教师”。

教师应有积极的心态

肖　川

生活幸福，这是我们教育的重要追求。教师的幸福在很大程度上取决于心态。人生的苦或乐全在于我们自己怎样看待人生，你的思想就是你的生活。那么，究竟什么能够使我们的生活变得幸福、圆满呢？是心态，是态度！

为什么是心态呢？因为境由心生，环境是由你的态度“生长”出来的，用哲学的观点来讲，你的思想就是你的世界，你的思想就是你的处境。世界其实就是我们自己，痛苦与快乐，成就与失败，宽容与紧迫，其实全在于我们怎么看。因为我们是通过自己的观点去看世界，所以态度决定一切。

心态方面，重要的一点是要有感恩的心。有一首诗《我感恩》在西方广为流传。读了这首诗，你会发现，生活中一切的不如意，其实都有积极的一面。

有每夜与我抢被子的伴侣，因为那表示他不是和别人在一起；有只会看电视而不洗碗的青少年，因为那表示他乖乖在家而不是流离在外；我缴税，因为那表示我有工作；衣服越来越紧，那表示我吃得很好；有阴影陪我劳动，那表示我在明亮的阳光下；有待修整的草地、待修理的窗户和待修理的排水沟，那表示我有个家；能找到最远的那个停车位，因为那表示我还能走路，而且还有辆车；有巨额的电费账单，因为那表示我冷气吹得爽；教堂礼拜时我身后有五音不全的女士，因为那表示我还听得到；有一堆衣服要洗烫，因为那表示我有衣服穿；一天结束时感到疲劳和肌肉酸痛，因为那表示我还有拼命工作的能力；一大早被闹钟吵醒，那表示我还活着；最后，感恩过量的电子邮件，因为那表示有很多朋友在惦记着我。当你觉得人生很糟，那就再看一遍吧！

这首诗就是告诉我们怎样用积极的心态来看待世界。要不断给自己积极的心理暗示。生活是一面镜子，你对它笑，它就对你笑；你对它哭，它就对你哭。

所以，教师一定要保持积极乐观的心态。积极心态的表现有哪些呢？接受现实，悦纳自我，心存感激，追求卓越。

送给老师们八句话，作为我们幸福人生的指南：

快乐是一种美德——人与人之间，无论是积极的情绪还是消极的情绪，都会相互感染，没有人喜欢与整天愁眉不展、唉声叹气、满腹牢骚的人在一起，我们都喜欢与心态阳光、积极上进、能带给我们欢乐和精神力量的人交朋友。所以，不要让自己成为精神和情绪的"污染源"。

微笑是一种力量——微笑是超越国界和宗教信仰的最美的语言，微笑表达着我们对生活的感恩和赞美。教师脸上的微笑有多少，学生心中的阳光就有多少。

优秀是一种习惯——优秀的人一定有很多很多的好习惯，是这些好习惯成就了他。

成功是一种心态——能够发挥潜力就是成功，做最好的自己就是成功。在座的各位，我们不可能人人都成为名师，但是，每一个教师都可以成为一个成功的教师。

歌唱是心灵的阳光——好歌是我们人生旅途中芳香四溢、历久弥新的行囊。当我们的心中流淌着美妙的旋律时，我们会更有勇气和底气去面对人生的失意、困顿与挫折。

简单就是享受——学会过简单的生活，少一点无聊的应酬和虚假的客套。

清白是温柔的枕头——做人应清清白白、正直坦荡、光明磊落。

幸福是灵魂的香味——要想幸福就要有灵魂，要有灵魂就要有信仰。

最后，送给大家一首基督教歌词《眼光》。我们人人都有眼睛，但不是所有的人都有"眼光"——许多人是鼠目寸光、有眼无珠。今天在座的各位老师都是有"眼光"的人，因为大家懂得《教育时报》这次活动的意义所在。希望《教育时报》组织的"河南最具成长力教师"的评选活动能够长久地开展下去，引领更多的教师，让我们的教师队伍里涌现出更多的优秀教师。

不管天有多黑，星星还在夜里闪亮；
不管夜有多长，黎明早已在那头盼望；
不管山有多高，信心的歌把它踏在脚下；
不管路有多长，心中的爱仍可以走到云端。
谁能跨过艰难，谁能飞越沮丧，

谁能看见前面，仍然有梦可想。
上帝的心，看见希望，
你的心里要有眼光，喔，你的心里要有眼光。

肖川：北京师范大学教育学部教授，英国教育哲学协会会员。主要著作有《教育的理想与信念》《教育的智慧与真情》《教育的使命与责任》《教育的情趣与艺术》等。

（原载 2009 年 7 月 22 日《教育时报》）

伟大的教育者都是伟大的读书者

刘铁芳

我们今天的教育确实需要经典，因为教育的根基太浅。那么我们怎样打好根基呢？我认为，要增加经典对孩子的感染力。首先要弄清楚什么是经典，因为我们容易出现一种认知倾向，一说经典就是四书五经。经典当然包括本民族的传统文献经典，同样还包括世界各国的各种优秀文化成就。如古典音乐，就是一种古典的教育形式，是一种古典的文化形式的代表。所以，一方面，我们要理解经典的内涵；另一方面，我们要拓宽和界定经典的视野。

今天我们之所以需要经典文化，就是要立足于提升人性，以经典来启迪人性。美国前总统尼克松有一句名言："所有我认识的伟大的领导者几乎全都有一个共同的特征，那就是：他们全部都是伟大的读书者。"在这个意义上说，所有伟大的教育者，都是伟大的读书者。读书是提升我们生命境界的最重要的途径。对于学生来说也是这样的，我们要培养学生的阅读兴趣，培养学生对于经典文化的欣赏、学习喜好。

今天，我们教育中一个很大的问题就是我们的学生，包括本科生、研究生，都缺少一种接受经典、阅读经典的习惯和能力。这其实是阅读趣味的问题，我们从小就要培养孩子们一种纯正的阅读趣味和兴趣。一个人的阅读兴趣一开始就被弄坏了，以后再校正是非常困难的事情。关于阅读经典，我想推荐一套非常好的教材，那就是钱理群先生编辑的一套《新语文读本》，沿着这本书所提供的阅读轨迹有选择地进行阅读，我觉得对孩子们的生命成长是一种非常好的引领。

阅读是人获得教育的途径，我认为阅读是我们这个时代提升人性的最重要、最根本的一个形式。一个人的教育程度有多高，你就看他家里藏了多少书、藏的是什么书。我们的阅读水平远远落后于发达国家，所以我们的现代化进程需要很长的时间。这种状况与我们缺少阅读习惯是分不开的。所以，在这个意义上说，培养孩子们良好的阅读习惯和阅读趣味是非常重要的。

这里我讲一讲南非前总统曼德拉的故事。我觉得他是当今社会人格最伟大的人之一。他长期被关在监狱里，在监狱里他做了两件很有意义的事情。第一件事情：在他看来，监狱是最没有人性的地方，他要改变监狱，使监狱尊重人权，尊重人性。他是怎么做的呢？面对监狱长，任何时候他都笑脸相迎。只要监狱长站在不远处，曼德拉总是用友好的姿态和和蔼的言语问候他，同时也不会忘记问候他的太太和孩子。一年又一年，监狱长换了多个，曼德拉总是如此。有的监狱长也不拒绝这种问候了，并且会告诉曼德拉自己太太和孩子的近况。对于狱警，曼德拉说："我们认为，所有的人甚至监狱里的狱警，都可以改变。所以我们要尽最大努力，设法让他们改变对我们的看法。"曼德拉日益体会、体验了人类生活中的一个奥秘：应该承认，人的心灵深处都隐藏着正面而又善良的人性的种子，哪怕是在表现得最为凶恶的人群里也隐藏着这颗种子，只要有恰当的机缘，这颗种子就能够苏醒、发芽。

他做的第二件有意义的事情就是把监狱改造成为"大学"。他在监狱里参加各种各样的函授学习，并鼓励狱友们同样参加这样的学习。他后来被授予剑桥大学的荣誉学位，还有很多大学都授予他荣誉学位。这些都是实至名归。

这就是曼德拉人性闪光的地方。我想，对于学校而言，对于我们教师而言，曼德拉的故事是有启示意义的。

刘铁芳：湖南师范大学教育科学学院教授。著有《走向生活的教育哲学》《守望教育》《走在教育的边缘》《给教育一点形上的关怀——刘铁芳教育讲演录》等。

（原载 2009 年 7 月 22 日《教育时报》）

做中国最好的教师

高万祥

我今天讲座的题目是《做中国最好的教师》。在我看来，《教育时报》这次评选出的“最具成长力教师”，就是最好的教师——河南省最好的教师，中国最好的教师。他们是未来的教育专家、教育家。我的讲座还有一个副题《关于教师的阅读和专业成长》。在我看来，各行各业，古今中外，成功者往往是一个阅读者，我们的优秀教师，都是一个真正的读书人。只有先做好读书人，才能做好教书者。一个人如果停止了学习，无论他是20岁还是80岁，他都已经进入了老年。

这次活动的主题是解读教师“专业成长”、“职业修炼”、“事业成功”的密码，在我看来，读书、实践、行动、追求，一切的一切，源头活水就是教师的学习、阅读。实质上，这两天的报告会就是号召老师们读书的盛会。作为首届“河南最具成长力教师”评选活动的评委，我很感谢《教育时报》，很感谢这40位优秀教师。我为这些青年教师而感动，在他们身上，在许许多多的优秀教师身上，我概括出真正的教师、优秀的教师一定要具备的三个特征。第一，优秀教师一定是一个阅读者、是一个思想者、是一个行动者。第二，优秀教师共同的人格特征，一定是具有社会责任感。第三，一个优秀教师一定是一个拥有诗意情怀的人。下面，我结合这三个特征，尽可能把我认为最重要的一些好书推荐给大家，把我感受最深切的内容介绍给大家。

首先，我推荐大家读一点哲学和教育学方面的书。我首推《论语》。《论语》的内容很丰富，但百分之七八十的内容是讲君子之道、为人处世的。从这个角度说，《论语》是中国人的《圣经》，是中国人必读的书。在我看来，作为一个中国人，不管是否读过《论语》，不管是否识字，在我们的身上都流淌着儒家文化的精神血液，我们的道德观、伦理观、价值观，我们的一言一行都有意无意受到儒家文化的影响。

教育学方面，我首推苏霍姆林斯基的著作。苏霍姆林斯基是一个语文教师，是一个校长，他的著作让我感觉很亲切。他的全部教育思想的核心用一句话概括就是：培养全面发展、和谐发展的“大写”的人。苏霍姆林斯基认为，孩子心中的精神财富的核心就是欢乐和幸福的感觉。他说：“一个真正的人应当在灵魂深处有一份精神宝藏，这就是他通宵达旦地读过一二百本书。”一个孩子不读书，是这个孩子的悲哀；一个师生都不读书的学校，就是一座精神的牢狱。学校应该是书籍的王国，教师应该是精神的贵族。我也给老师们推荐陶行知的著作，推荐当代教育专家朱永新、李镇西、肖川、魏书生等人的著作。我还要给大家推荐一本有点另类、却是当代教育学著作里最好的书——《发现母亲》。做教师、做父母，都要读一读这本书。

其次，我推荐老师们读一些优秀的人物传记。比如《仁爱一生》，这是印度特蕾莎修女的传记。2002 年的寒假期间我流着泪读完了这本书，我毫不犹豫地买了 200 本。寒假过后开学第一天，我们每个老师的桌上都放着一本《仁爱一生》——我把这本书作为新年礼物送给老师们，因为读《仁爱一生》，是一次灵魂的洗礼。另外，我还推荐大家读一些真正的名校长、名教师的传记，像《张伯苓传》《陈嘉庚传》《夏丏尊传》等。

再次，我推荐大家读一些诗歌，读一些文学著作。不管是不是语文教师，我们身上都应该有一些书卷气，有一点诗意，有一点人文情怀。这次“河南最具成长力教师”的评选，我发现语文教师参与的特别多，因为语文教师能读、能说、能写，其实，我们各学科的教师，你要想在事业上有所成就，要想让自己有一个幸福的、完整的教育人生，就一定要读一点文学，读一点诗歌。台湾著名作家余光中说：“一个人可以不当诗人，但生活中一定要有诗意。”我认为，人的诗意、生活中的诗意，一是指人的真性情，二是指人的创造情怀和创造能力。因此，倡导阅读诗歌，也许就是在拯救我们中华民族的丰富情感和伟大的创造力。

高万祥：语文特级教师，全国优秀教师，江苏省中学语文教学研究会副会长，苏州市首届名校长，全国首届“推动读书十大人物”。出版专著《相约星期一》《高万祥与人文教育》《我的教育苦旅》《优秀教师的九堂必修课》等。

（原载 2009 年 7 月 22 日《教育时报》）

让生命在行走中绽放

武凤霞

作为“河南最具成长力教师”评选活动的评委，我是怀着深深的感动参与到活动中的。看到这次活动中涌现出来的优秀教师，我为河南省的教育事业感到自豪。行走在外地，我也会骄傲地说：我们河南省有这样一群教师，他们扎根教学一线，工作兢兢业业、勤勤恳恳，而且在不懈追求着成为一个有思想的人。

这些优秀教师，都是“行走”着的人，否则我们今天就不会相聚，冒着酷暑来交流教师的成长。支撑我们的是什么呢？我认为就是“行走”的欲望。如果要为我今天的报告拟定一个题目的话，那就是《让生命在行走中绽放》。

我很欣赏这样一句话：曾经以为，小鸟飞不过沧海，是因为没有飞越沧海的能力，十年以后我才明白，不是小鸟没有飞越沧海的能力，是因为沧海那边没有了等待……

“等待”是什么呢？是梦想。如果我们教师没有梦想，即使有再好的条件，也难以成长。教师要做一个追梦人。只要不让年轻时的梦想随岁月飘逝，成功总有一天会出现在你的面前。

我从师范学校毕业那一年，濮阳市刚建立，实验小学也还是一所“摇篮”中的学校，一个学生也没有，校长正在四处招兵买马。在实验小学的教师群体中，突然间，我找不到自己了。因为大家都一样年轻，都是千挑万选选拔出来的人。“在这个没有鸡只有鹤的地方，任何人也不要幻想能够鹤立鸡群，要想出类拔萃只有长成骆驼！”校长在第一次全体教师会议上铿锵有力的话语震动了我们每一个人。

第一次邀请校长听课，我上的是《刻舟求剑》。我自以为上得非常有创造性、很精彩，校长说："你10分钟就把课文讲完了，又用30分钟重复了一遍。这样重复学习的价值在哪里？"

……

一次次的失败让我明白了学习的重要，明白了路只能靠自己走，明白了把希望寄托在别人身上的人永远也长不出美丽的翅膀。我努力地工作、学习，虚心请教，关爱学生，练习朗读，学习书法，锻炼写作，憋了一口气要在学年末的考评中好好表现一下。在我的努力下，前几项成绩还不错。最后一项是写作考核。我并不惧怕写作，甚至写作还算是我的强项。我感觉24分的写作考核怎么也能拿到20分（优秀行列）。我很快就写完了，准备交卷，这时旁边一位老师借阅我的摘抄卡片，生性爽快的我毫不保留，悉数奉送。我美滋滋地交了卷子，期待着成绩揭晓，可万万没想到等来的却是一个刺眼的0分！

在我走上工作岗位的第一年，在我极力想证明自己存在价值的时候，这样大的挫折与打击就横在了我的面前。按照当时学校的制度，等待我的只有一条路：限期调离！

那天在校外的林荫道上我被校长逮了个正着。校长问我，除了实验小学是不是还有其他地方能去。我的心却出奇的平静，轻轻但清晰地回答说："在濮阳我没有熟人，离开这里我没有地方去。校长如果要我走，我就回老家。但如果您还相信自己的眼睛，就请再给我一次机会。"校长看看我没有说话，就走了。我知道，校长答应了我的请求。

后来一位知道内情的领导告诉我，单就文章而言我应该得到22分，但因为我的文章和那位向我借资料的老师的文章，在选题、例证等方面大同小异，校长说拿不准是谁抄谁的，于是，就各打了五十大板。

任何人的成功都不是一帆风顺的，要不然就不会有"如烟往事终成昨，阳光总在风雨后"的句子了。

和老师们交流，我经常会发现大家的各种"不如意"，比如学校没有教研环境，校长不重视自己，等等。但是，请问一问我们身边"行走"的人，哪一个没有经受过挫折呢？我们不但要有梦想，还要敢于面对挫折，不能轻易向挫折低头。这应是教师必须具备的优秀品质。

武凤霞：特级教师、国家级骨干教师、教师教育专家、江苏省无锡市扬名中心小学副校长。在《人民教育》《教育时报》等报刊发表文章一百多篇。

（原载2009年7月22日《教育时报》）

教师的三项修炼

刘良华

我今天给各位汇报的主题是“教师的三项修炼”。我重点讲三个部分：一是成为有信念的人，这是“立德”；二是成为教育改革者，这是“立功”；三是成为有作品的人，这是“立言”。整体的思路是：先要有“想法”，要有教育信念，就是“立德”；接下来要把想法变成“做法”，要有改革行动，就是要“立功”；最后要把自己的做法变成“说法”，要“立言”。

好教师是那些有自己的“教育信条”的人，然后逐步将自己的教育信念聚拢为自己的“关键词”。如果让我提出我个人的教育信念，让我来提出我个人聚拢的关键词，那么，我愿意从韩愈那里寻找关键词：一是“授业”，二是“解惑”，三是“传道”。

我所追求的“授业”至少包括三个更小的关键词：整体脉络（整体结构）、及时反馈、情感激励。

整体脉络意味着教师在备课时，最好把教学重点和教学难点严格分开。重点是教学的整体脉络、整体结构，难点是整体脉络中的某个难以解开的结点。任何母亲都是教语言的天才，母亲教孩子学说话的时候，她不会迁就孩子的听力水平而给孩子说一些低级的句子。她也不会因为孩子听不懂完整的句子就不敢给孩子讲完整的故事。恰恰相反，母亲总是在孩子还没有学会句子之前就给孩子讲完整的故事，在孩子还没有学会单词之前就已经开始跟孩子说完整的句子。除此之外，教学中的整体脉络、整体结构还意味着教师讲课时要有“语感”，有“节奏”。要渐入佳境。

授业的第二个要点是“及时反馈”。好教师会及时地让学生做练习，以此让学生及时地知道自己的学习结果。好教师会从学生的身体语言中读出学生的情绪，会从学生那里捕捉调整教学的信息。

授业的第三个要点是“情感激励”。教师最好经常提醒自己：教师的主要责任不是传授知识，也不是传授技能，教师的第一责任是让孩子过得有尊严。学生的第一需要是情感而不是知识。当情感出了问题，学生就会拒绝一切有关知识的说辞。教师就是影响人的职业，希望各位以情感激励的方式，成为影响学生的“重要他人”。

“授业”之后，重要的是“解惑”。解惑比授业更重要。教学的最低标准是能说会道，教学的最高境界是推动学生自治、自学。“智者不累”，好的教师类似“麦田里的守望者”。他的主要责任是引起学生自学，推动学生自治。

学生自治的第一个要素是学习自治，包括自学、自评、自测。自学是学习的唯一合法的定义。为了推动学生自学，教师最好把“预习”看得比“复习”更重要。为了推动学生自学，教师最好引导学生学会自我检测、自我评价，引导学生自己编制“模拟试卷”。在每次比较正式的考试之前，让每个学生编制模式试卷。让学生编制模式试卷比让学生“做试卷”更重要。编制模式试卷不是让学生猜题、压题，而是引导学生把握知识的整体脉络，领会知识的重点和难点。

学生自治的第二个要素是“职业生涯规划”。也许，在不远的将来，中国的中小学校将出现专门的“职业规划师”。

学生自治的第三个要素是学会自我管理、自我掌控，包括班级自治、学生社团自治和学校学生会自治。生活自理要从家庭教育开始。教师最好以适当的形式让家长明白：影响学生成绩的主要因素不是学校，而是家庭。

所谓“传道”，主要是指教师的人格魅力，包括教师的主动精神、乐观心态和情趣生活。接下来讲“教师的改革行动”和“教师如何把自己的改革行动写成研究报告”。

教育研究领域积累了种种研究方法，其实，经典的教育研究的“大方法”只有三个：一是哲学研究（主要包括本质研究和价值研究），典型标题是“要……”、“必须……”；二是实践研究（主要包括对策研究），典型标题是“……的对策”；三是科学研究（也称为实证研究、经验研究），典型标题是“……的几个类型”、“……对……的影响”。

对中小学教师而言，最好少做“哲学研究”和“实践研究”，多做“实证研究”。

刘良华：华南师范大学教授，“教育叙事研究”的倡导者。出版专著《校本行动研究》《教师成长》《教育研究方法：专题与案例》《教师专业成长——刘良华教育讲演录》等。

（原载2010年7月21日《教育时报》）

用课堂教学回答钱学森之问

魏 勇

“为什么我们的学校总是培养不出杰出人才?”这是我国航天事业的奠基人之一、被誉为“中国航天之父”的钱学森先生晚年对中国教育事业的追问。对于这个问题，2005 年 7 月 29 日，病榻上的钱学森向总理温家宝坦诚相告，说出了自己的答案：“现在中国没有完全发展起来，一个重要原因是没有一所大学能够按照培养科学技术发明创造人才的模式去办学，没有自己独特的创新的东西，老是冒不出杰出人才。这是很大的问题。”

2010 年 5 月 2 日，中外大学校长汇聚于在南京举行的“中外大学校长论坛”，谈到中国学校为什么总是培养不出杰出人才的问题时，耶鲁大学校长理查德·莱文认为：“目前中国大学的本科教育缺乏两个非常重要的因素。第一个是缺乏跨学科的广度；第二个是缺少对于批判性思维的培养。”

可见，对于中国的学校“为什么总是培养不出杰出人才”这个问题，中外教育专家是“英雄所见略同”的，即中国教育“缺少独特的创新的东西”，“缺少对于批判性思维的培养”。

那么，什么是批判性思维？我的看法是，批判性思维即通过学生的主动思考，对所学知识的真实性、精确性、过程、理论、背景、论据等进行个人的判断，从而对做什么和相信什么作出合理决策的思维认知过程。

我们为什么需要批判性思维？这是因为：（1）批判性思维有助于学生成为通情达理的人。（2）批判性思维是衡量学生学术潜能的重要指标。（3）未来的人才必须具备批判性地阅读、批判性地评估和思考以及清晰并有说服力地表达的能力。

在国外，从中小学到大学都非常注重对于学生批判性思维的培养及测试。

在美国最新的大学入学考试SAT（学术潜能考试）作文试题中，获得满分6分的评分标准之一是：有效而富有洞察力地发展作者自己的观点，表现出杰出的批判性思维，清晰地使用恰当的事例、推理，以及其他证据证明自己的立场。

1991年美国颁布了《国家教育目标报告》，要求各类学校“应培养大量的具有较高批判性思维能力、能有效交流、会解决问题的学生”。美国颁布的《国家科学教育标准》也规定：“学校教育的重点应是帮助学生掌握每天使用的多种技能，如创造性地解决问题，具有批判性思维能力和在工作中具有合作精神。”

而在我国，批判性思维的培养远未受到重视，而且，我们的课堂教学也常常因为缺乏建设性而不利于学生批判性思维的培养。培养学生的批判性思维应该主要在课堂上进行。课堂教学有两个基本问题：其一，教什么？其二，怎么教？培养学生的批判性思维能力，显然应该在解决这两个基本问题的过程中进行。

我们应该教给学生什么？教给学生知识，教会他们考试，还是教给他们各种能力？答案显然是后者。我的看法是，学生获得某一专业的知识，就像脑子里装进了一件物品，但这种“填充”在一个迅速变化的世界当中，从长远来讲并没有太多的价值。学生真正需要的是思考问题的方式，或者更进一步说，他们真正需要的是发现事物的本质联系的能力和批判性思维能力。

那么，我们如何在课堂教学过程中培养学生的这种批判性思维能力呢？毋庸置疑，首要的一点，是新课程理念所倡导的，让学生成为课堂的“主角”，成为学习的主人。教师要善于通过假设、分类讨论、逆向思维法、挑战教学法等层层追问、探究教科书的矛盾之处，以布置开放性作业等各种方式“挑事儿”，激起学生思维的动力和活力。例如“假设”。就一些历史事实提出相反方向的假设，请学生分析可能的结局：（1）如果没有发生“西安事变”，中国的历史可能会怎样？（2）如果周恩来无法到西安去处理“西安事变”事件，你认为派谁去最合适？为什么？（3）鸦片战争中，假如林则徐没有被罢官，中国会获得胜利吗？通过假设来培养学生的演绎能力和推理能力，增强学生的预见性和历史洞察能力。

课堂教学中，老师可以引导学生抓住中心思想和议题，判断论据的准确性和可靠性，判断推理的质量和逻辑的一致性，察觉出那些已经明说或未明说的偏见、立场、意图、假设及观点，从多种角度考察合理性，在更大的背景中检查适用性，评定事物的价值和意义，预测可能的后果……其最终的教学目标，应该是培养学生的批判性思维技能——这是现代创新型人才的核心能力之一。

只有做到了这一点，我们才能破解“钱学森之问”；或者说，若想破解“钱学森之问”，我们必须从课堂做起。

魏勇：北京十一学校特级教师，出版《用思想点燃课堂》等书。

（原载2010年7月21日《教育时报》）

老师，请读起来

薛瑞萍

学生持续的阅读热情究竟从哪里来？我概括为以下几个方面。

父母、教师首先要做一个发自内心热爱阅读的读书人，以一个书迷的姿态出现在孩子面前。从 1984 年 8 月参加工作到今天，我想得最多、做得最多的就是阅读。读完加拿大作家阿尔维托·曼古埃尔写的《阅读史》，我发现阅读原来可以这样轻松、有趣。我们这些善良而脆弱的普通人，终年挣扎于工作、生活的夹缝之中，辗转于焦虑、恐惧的压力之中，我们对于阅读的信念看似确定，然而远远不够坚定。面对现实，我们更多感到的是卑微、是迷茫、是孤独、是无力，所以我们需要用频繁的陈述、交流来养护我们的信念，汲取智慧和力量。都说中国人没有信仰，其实我们是有信仰的，我们信仰书籍的力量。

要想让孩子爱上读书、有持续的阅读热情，学校一定要把读书排到课程表中来，要让孩子有课外阅读的时间。有一件保底的事情，就是日有所诵，每天 10 分钟。一年级的诵读，我建议从童谣、童诗开始，因为孩子在快乐的背诵中就可以认识很多字。接着是唐诗、宋词、元曲，《诗经》《论语》《孟子》，然后是泰戈尔、列那尔、普里什尔……水滴石穿，六年一贯，用反复的活动扣启儿童天赋发展之门，用恒常的诵读磨炼聚精会神的智慧之剑。

然而，仅做这些是不够的。学习还应该有朗读，用朗读激发学生阅读的兴趣，提高学生高级语言能力。《全阅读》是专门为教师在课堂上为孩子朗读而编写的读本，有些文章是学生自己就可以阅读的，但是也有很多文章需要老师带着孩子在教室里朗读。另外，需要强调的是，我认为现在的孩子只读文学书是不够的。除了文学作品，我倡导学生读一些科普读物。我推荐老师阅读《万物简史》，我认为这是最好的一本科普书，因为它是可以朗读的科普书。

朗读是很好的阅读方式，我认为语文老师朗读几篇经典的文章要比单讲课文有益得多。

或许有的老师会说，阅读和朗读是语文老师的事情，其实不然。一位数学特级教师曾对我说，他小时候的数学课，最后的10分钟都是在听老师朗读《西游记》中度过的，当他开始站在讲台上时，他也采用了给学生朗读的方式。我认为，不管是哪一门学科，日有所诵、朗读，都是为了培养学生对语言的敏感性，老师和学生一起，用琅琅书声筑起班级里“语言的宫殿”和“精神的家园”。或许就在此刻，全国各地大大小小的教师培训班正在进行着，什么是有效的教师培训？我特别赞成一位年轻的教师对我说过的一句话：有效的教师培训就是培训结束以后，教师都有一种“我要读书”的强烈愿望。

最后，维持学生的阅读热情，老师还要充分相信和利用家长的力量，倡导亲子共读。老师千万不要怀疑家长希望孩子优秀的那颗心。每学期的家长会我都会提前一个月准备家长会的内容，我认为，家长会开得好，可以解决很多问题。因为所有的家长聚在一起，他们的心会被你点燃，所以你一定要珍惜。

家长会上，我会告诉家长，我在带着你们的孩子做什么，希望得到什么样的支持，给他们讲《小黑鱼》的故事，告诉他们成功的家庭教育应该是什么样的。然后，我会利用最安全、最有力的方法，从家长那里募集资金，建立班级书库，让班级拥有清洁充沛的精神水源。《第56号教师的奇迹》的作者雷夫说得好，哪怕最穷的学生，也要掏出一美元，为的是让家长对教师工作真正有所重视。

在我的这一届六年级学生毕业以前，我给他们写了一封信。我是很用心地写的。我告诉他们，决定一个国家的生活质量、幸福以及安全的指数，绝对不是人均收入，不是人均住房面积，更不是私家车的数量和出国旅游的人数，而是书店、书城、图书馆、阅览室的普及程度。现场的老师们，不管你教什么学科，我们需要秉承这一教育思想：面对孩子，我们知道自己该做什么——朗读、诵读、阅读起来，那么我们就是站在讲台上的民族脊梁，我们就无愧于时代所赋予的重任和儿童的期待，即使我们不是特级教师、先进教师，我们也是默默无闻的英雄教师！

薛瑞萍：网名“看云”，安徽省合肥市第62中学小学部语文教师。出版专著《给我一个班，我就心满意足了》《心平气和的一年级》《薛瑞萍读教育理论》等。

（原载2010年7月21日《教育时报》）

我的发展观

余映潮

“河南最具成长力教师”的评选活动和报告会是一个很有魅力的活动，这是在做一件大好事，帮助我们年轻的教师成长。我今天报告的主题是“把事业的阳光洒向自己”，我觉得今天的会议就是充满阳光、充满青春朝气的会议，充满学习热情和学术氛围的会议。

我之所以设这样一个命题，是有道理的。这个道理在于，我们把事业的阳光洒向自己，是为了让更多的教师沐浴在事业的阳光下，是为了让更多的学生受到阳光般的教育。

下面谈谈我的发展观。

一、珍视我的工作，珍爱我的工作

我对工作的态度是珍视和珍爱。这个没有大道理可讲，我最明确的感受就是，我热爱工作是因为我有工作。一个人，有一份工作，他就是幸福的。我从20岁到30岁是没有工作的，所以我深知没有工作的惶恐和无奈。我从未怨过我的工作是那样的忙碌、我的负担是那样的重。我在荆州工作了23年，我培养的农村中学语文教师，成为特级教师的就有8位。我是用我的热情、我的关注、我的技术来培养农村教师的。我对工作的态度可以用瞻前顾后、苦心孤诣、全力以赴、始终如一这些词语来形容。对工作的这种态度来源于我对生活的热爱，而不管命运将我抛向何方，不管生活给我什么样的地位。

二、富有创意地工作

我们不是说要把事业的阳光洒向自己吗？我们不是要成为“最具成长力教师”吗？因此我们需要富有创意地工作。我对有创意地工作是这样理解的：精神与智慧，耐心与细致，远大构想与步步为营，提升自己与发展别人。这个工作内涵对任何教师而言，都是有作用的，特别是“远大构想与步步为营”。我们本次会议还有一个重要的内容，就是“规划自己的专业人生”。一个人的成长是一定需要规划的。

三、坚持研究是提升自己真正的坦途

成为有成长力的教师，离不开10个字：时间、毅力、目标、方法、成果。耐力是一种智慧，优秀教师都是在艰苦的环境中或自设的艰苦环境中成长起来的。韧性就是激情，精华只能在严谨中收获。

四、在业务上要练好三种基本功

我用三个基本功来考核老师，其实是很简单的：（1）语文教师的第一功夫是读出教材的味道；（2）教学设计是教师的核心技术；（3）考试研究也是一种科学研究，这里面有着精深的学问。

五、在自身发展上追求三个层次

年轻教师要牢记六个字：技术、艺术、学术。这就是三个层次。技术：我们可以用一个成语来表现“技术”的含义——熟能生巧。艺术：我们可以用一个成语来表现“艺术”的含义——游刃有余。学术：我们可以用一个成语来表现“学术”的含义——见微知著。

六、名师成长要把握的两个关键点

这两个关键点是：课堂教学艺术、论文写作水平。

作为这次活动的评委，我发现一些老师没有“书面成果”。没有“书面成果”的人，你的思想结晶在哪里？你的传道授业的经验在哪里？你对自身发展的思考在哪里？当然这仅仅是一个方面，却是极其重要的。论文写作对于年轻教师的发展，一定是硬指标，不能含糊。如果对年轻教师不作论文写作的要求，那么这个老师可能在自己前进的道路上走得并不是很远就会销声匿迹。只有精于教学研究而且确有心得的人，才有可能获得论文成果。没有论文的写作，教学研究行之不远。

课堂教学艺术、论文写作水平，这是名师的一对翅膀，缺其中任何一只翅膀，我们都难以飞翔。但一定是课堂教学在前面，因为我们每天所面对的就是我们的教学工作。

七、没有业余时间就没有教学专家的产生

走向成功的基本前提：占有时间，勤奋积累。在工作状态中的中小学教师，成功的机会在8小时之外。教师应该充分利用一切可以利用的时间。

八、总有一种学习方法适合你

每一位教师都应该有自己喜爱的学习方法。个性化的学习方法与研究方法是真正的法宝。

九、磨炼深度决定发展高度

给自己多储备一些知识，让自己多增长一些学问，逼自己多锻炼一些能力。做一个治学勤苦的人，做一个思考深刻的人，做一个追求高度的人。

十、规划自己，塑造自己

凡是有雄心的老师，希望自己能做些事的老师，都必须规划自己。要坚持自我训练。大家可以猜一猜：64 岁的余映潮老师，在日常生活中自我训练什么内容？我在家里天天大声地朗读课文，只有这样，我在课堂上才能和学生有很好的诗意的交流。朗读课文就是我的一个基本功。我还要天天练钢笔字、练粉笔字。自我训练非常重要，必须长期坚持。

我经常告诉老师们，趁着你年轻时多做事，趁着你身体健康时多做事，趁着你心情很好时多做事，等等。对我自己来说，现在的我相对于“80 岁的我”也是年轻的，所以我也要“趁着年轻”多做事。大家请看我的 2007 年到 2017 年这 10 年的规划。为什么要有这 10 年的规划呢？是因为 2007 年我退休了，到 2017 年，我退休就 10 年了。我的规划是：第一，读 100 本学术著作；第二，读 1000 篇国家刊物上的教学论文；第三，写 100 篇长篇论文；第四，将我的课讲到第 80 个篇目；第五，将“映潮说课”这个小系列在网上发表 100 篇……这 10 年规划的指标其实我早就完成了，但是，有这个规划和没这个规划会产生两种完全不同的结果。

余映潮：湖北省荆州市教科院中学语文教研员，特级教师，全国优秀教师。国内著名语文杂志《中学语文》《中学语文教学参考》《语文教学通讯》《中学语文教学》等的封面人物。

（原载 2010 年 7 月 21 日《教育时报》）

教师成长最重要的能力就是思想力

陈大伟

付以华老师在读书的过程中，意识到一位美术老师不仅应该有美术的知识，还应该有美术教学的知识。赵莉莉老师受到的启示是专业成长一定要有榜样。孙晓娜老师读书更多，因为听报告、外出交流的机会比较多，很多时候她先是学一家，然后融会贯通，最后自成一家。

我今天看见这三位老师，可以说他们很阳光、很朝气、很帅气，但是更可贵的是他们年轻的心态和向上的姿态，他们渴望成长；以思想促成长，就是要动脑子。刚才付老师说他对“青蛙爬塔”的看法，就是你认定一件事情就要执著地做下去。付老师说的有一定的道理。但是我个人认为，确实应该“议”，那就是我爬上去到底有什么价值，我会把这个问题先弄清楚。

我以为，一个教师成长最重要的能力就是思想力，具体表现为：发现关系的研究能力，为我所用的转化能力（内化成长能力、外化实践能力、传播影响能力）以及创造教学的想象能力。

一、经验之思

对于教师专业成长，我们耳熟能详的是美国心理学家波斯纳的教师成长公式：教师成长 = 经验 + 反思。对于这个公式，人们关注较多的是反思，因为大家知道波斯纳对此的陈说：“没有反思的经验是狭隘的经验，至多只能成为肤浅的知识。如果教师仅满足于获得的经验而不对经验进行深入的思考，那么他的教学水平的发展将大受限制，甚至有所滑坡。”

问题是，要反思的经验从何而来？我们又如何获得经验？这里就涉及对经验的认识和理解。用做名词，经验是一种结果，它是经历某事以后获得做某事的知识和技能；用做动词，经验是一种行动，它是获得知识和技能的过程。

我们曾经乐观地估计：教师写三年的教学反思，就一定能成为名师。然而，新课程改革到现在已经经历了三个三年，我们的名师并没有雨后春笋般涌现出来。其原因是我们写的教学反思，只是描述了教学事件，并没有建立“行动”和“结果”之间联系的主动性。

二、反思之思

如果说经验的对象是行动和行动结果，经验的目的在于认识其间的关系，获得初步的经验的话，反思的对象则是经验。反思的目的在于审视和批判经验，使经验变得合理而有效。我们可以把改造经验的思考看成反思经验之思。

说到这里，我想起了“坐井观天”的故事。如果我们把“天不过井口那么大”看成青蛙的经验，要改造这一经验，从井里跳出来观察不失为一种有效的途径。然而，问题是，青蛙何以想到跳出井口？在这里，小鸟就成了推动者，它是不同于青蛙原有经验的新经验提供者。那么，什么是“小鸟”？我们可以说，书本是“小鸟”，所以教师就应该读书。

三、生活之思

在这里，我举一个例子。2001 年，我在北京参加一个培训，当时我们参加了天安门的升旗仪式。快开始的时候，一位东北老太太挤到我们中间说：“请前面的叔叔阿姨让一让，我们不进去了，让两个小闺女进去。”这是生活中发生的故事。然而，当你张开学习的毛孔，你便可以和教学导入结合起来。第一句：请前面的叔叔阿姨让一让——引起了学生的注意。第二句：我们不进去了——产生认知冲突，引起探究的兴趣。第三句：让两个小闺女进去——直奔主题，揭示教学目标。仅有的三句话，就抓住课堂导入的核心要素，顺利地实现了教学目标。

四、教育哲学之思

我把对教育根本问题进行终极的价值追问看成教育哲学之思。比如，我们天天和学生打交道，我们不妨问一问：什么是学生？学生学什么？教师教什么？

对这些问题进行追问，我找到了这样的答案：狭义的学生是在学校里，在成人和老师的帮助和影响下，学习生存的本领，获得生活的智慧，体验生命的意义、价值和尊严的人。当教师把这些东西作为自己的信念的时候，渐渐地你就会发现，你会变得脚下有根、心中有魂，你的教育生活就会变得有尊严。

陈大伟：成都大学师范学院副教授，所提出的“观课议课”成为“《人民教育》创刊 60 年报道过的重大事件”，有《校本研修面对面》等多本受一线教师欢迎的著作，被誉为教师教育的“桥梁专家”。

（原载 2011 年 5 月 25 日《教育时报》）

把你的生命折叠51次

韩　军

几位“最具成长力教师”的报告，我听得很入迷，深受感染，我也很想获得一个“最具成长力教师”的奖杯。我在他们这个年龄的时候，真的是没有取得他们这样的辉煌成绩。

对洛阳外国语学校的语文老师张洁，我用两个词来点评：一个是感性，一个是理性。张洁老师的魅力来自哪里呢？来自上进心，读了那么多的书，看过了那么多的电影，她上课的时候才有底蕴、有理性，对文本的把握才更深入。同时，她上课时又很感性，通过感性的手段，用自己的语言把教学内容描述给学生。从张老师身上我感受到了理性与感性的结合，希望老师们多一点理性，然后在课堂上感性地展示你的思想的能力和文化的底蕴。濮阳市第四中学的姚俊松老师身上也体现了两个关键词：文科和理科的结合。我到过很多学校，接触过的理科老师不计其数，我还真没有遇到像姚老师这样有魅力的理科老师，我一点也没有夸大。我可以想象他的课堂是多么的活跃，他的镇定自若和幽默，真的是一般的文科老师也不一定能达到的。他的魅力来自于什么呢？来自于他平时看了很多文科的书，听了很多文科的演讲，所以他上课的时候是以文科老师的面貌去展现理科的内容。理科老师最大的缺陷就是太古板、太严肃。理科老师要把课上得有魅力，就要读一点文学、历史方面的书。安阳市人民大道小学的胡静老师，让我想起了两个词：小艺、大气。小小的艺术，但却很大气。说起教小学，我和清华附小的窦桂梅老师曾经交流过说：并不是说，你教小学的课，你就不需要多大的学问，教清华大学的教授不一定能教好小学。窦桂梅老师也很赞成这个观点。我今天又从胡静老师身上感到了小学老师的大气。最后，我要对“最具成长力教师”说一句话：未来的特级教师，你们都是候选人。你们有远大的前程，我要向你们学习！

我今天讲的是《把你的生命折叠51次》。大家拿出一张纸来，折叠一次就增加一点厚度，我问问老师们，假如这个纸可以无限折叠，你们知道不知道，折叠了51次之后，这个纸的厚度有多厚了呢？是不是像桌子那么厚？像一层楼那么厚？我要把答案告诉大家，可能人家都感觉很惊奇，其实你们想的都太小了，这张纸折到51次的时候，是地球的表面到月球的表面那么厚。我通过这个题目想说明，每一位老师，都是微不足道的，但假如你每天一个行动，就像折纸，不要停下来，执著地去折叠，你就能走得很远很远。

我们每个人都要认识自己、打造自己。我首先说一下我个人的经历。我曾经是一个县城里的老师，1981年，我19岁的时候毕业于德州师专。由于当时的社会背景，师专毕业的时候，我的真实的知识水平还比不上现在的一个高中生。刚毕业时我做了播音员，当时不想做老师，觉得当播音员比当老师好多了。但还是有一个学校让我去当了老师，并不是我情愿的。之后我又到了曲阜师大。后来我又被评为区级教学能手、山东省教学能手、山东省名师。但是拿到这些称号之后，我仍然不想当老师，我考入了山东人民广播电台做主持人。人家拿着录取通知书去学校要我，我们学校的领导不让我走，于是我还是继续当老师。大家看我的书，我都把这些经历实实在在地写了。1993年，我被评为全国教育系统劳模；1994年，我被评为特级教师；1995年，我获得曾宪梓教育基金一等奖；1996年，我获得了国务院特殊津贴。我四十多岁的时候，又考上了博士。这就是我的简单经历，我的这些选择有被动的，有主动的。我在这里是想说，我没有多少经验，但有不少教训，这个教训就是：不犹豫，不糊涂，不犯傻，不犯浑。

我回过头来说，希望老师们不随波逐流，时刻清醒。在从教的路上，我并不是时刻都清醒，有时候会想着去做官，有时候想着去挣钱。老师们，要保持人格的独立，自己要能够把握住自己。

我再讲一个关键词：心态。人是什么呢？我感觉到，人是一种最喜欢比的动物，人时时刻刻处在与他人比的过程中：和同事比，和高中、大学的同学比。我发现，天下是一个大的山岭，站在自己的山头，都羡慕邻近的比自己高的那个山头。

在一个注重包装的时代，我们往往对别人的光鲜外表羡慕不已，而对自己的欠缺耿耿于怀。其实，没有一个人的生命是完美无缺的。我们不需要去与别人作无谓的比较，要珍惜自己所拥有的一切。不要再去羡慕别人如何如何，好好数数上天给你的恩典，你会发现你所拥有的绝对比没有的要多出许多。

韩军：特级教师，享受国务院特殊津贴的专家，新语文教育代表人物，全国教育系统劳模，曾宪梓教育基金全国一等奖获得者。

（原载 2011 年 5 月 25 日《教育时报》）

如何突破专业发展的瓶颈

孟素琴

在热爱数学的商丘市第一实验小学赵新亚老师的眼里，从教22年了，数学依然是美丽的，依然美丽着数学的美丽。对于与学生水乳交融的数学课堂，她说："我要教给学生数学的思想。"这就站在了很高的高度来看教学了。同样的，政治课在大家的眼里枯燥、无趣，甚至有些孩子对它比较厌烦，可是，三门峡市第一高中张文娟老师却把课上得妙趣横生。她说："我觉得，政治老师的心胸一定要开阔。"老师的心胸宽阔，才能带给学生宽阔的胸怀。对学生的热爱，对政治的热爱，对课堂的热爱，成就了前途无量的张文娟老师。

"最具成长力教师"的评选活动，抓住了诸多教育因素中最重要的一个环节——教师。

我们在座的老师，都在专业发展方面做得比较好，甚至是非常好。大家还有继续发展的空间。但是，也有不少老师碰到了专业发展的瓶颈。

瓶颈，有外部的，内部的。我们说内部的，说怎样突破。我想分几部分内容来探讨。

一、专业发展需要读书

一位在大赛中获过奖的高中语文教师，竟然不知道"王荣生"是谁。还有一位在大赛中获过奖的初中语文教师，没有读过余映潮老师的书，包括那本著名的《阅读教学艺术五十讲》。

我接触过不少在当地小有名气的老师，也看到过一些好课。能上好一节课是比较容易的，因为你会精心备课，你周围很多人会帮助你。特别是参加课堂教学大赛的时候，还有一个小团队为你服务。而要真正靠自己，上好每一节课，就不那么容易了。

要想有持续发展的后劲，就要读书学习。读本学科代表人物的专著和本学科的重要期刊。

所有在某一领域有成就的人，无不下过苦功。

一天可以，一周，一年，几年，二十几年，正是因为下了这样的工夫，才有成就。

二、专业发展需要行动

顾泠沅大力提倡并大规模推进行动研究、课堂观察、同伴互助、专业引领、行为跟进、反思性实践和教学研修范式更新等。教师的专业发展必须“行动”。

课堂教学是最重要的“行动”之一。上好课是教师的天职，是教师的立足之本。而研究教材，是上好课的前提条件之一。

一个上课水平不高的教师，无论如何不能被称为真正的优秀教师。

怎样上好课？如果按时间先后划分，上课分上课前、上课中、上课后，每一环节都有值得研究的内容。

先说上课之前，我们怎样备课？

自从有了教参，它就成了不少老师上课的重要依据，甚至成了唯一依据。看教参是必要的，但不能是唯一的。上课，要建立在独立研究教材，真正把教材读懂的基础之上。读懂教材，要有理论的、方法的指导。

河南省实验中学的陈云萍老师，曾经在省直中学教师的课堂教学比赛中，获得一等奖。一次抽到的课是《汉家寨》。这节课上过之后，陈老师并不满足。她在学习了福建师大孙绍振教授关于文本解读的理论后，重新备课，写了第二次教案。在又一次学习了孙教授的文艺理论后，她又写了《三读〈汉家寨〉》。

大家都熟悉的余映潮老师，为了备《祝福》，参看了三十多篇有关的研究文章。

比较这两种备课方式。余老师是广撷众家之长，最后形成自己独有的教学设计。

陈云萍老师的备课，则呈现这样一个过程特点：发现问题→寻求理论支撑→运用理论解释和解决问题→基于新的认识产生新的教学设计→实践检验→发现新的问题。

学会反思的教师，才是开始成熟的教师。学会运用理论进行反思的教师，才可能是最有成长力的教师。教师的成熟与否，与他运用教师理论解决教育问题的自觉程度成正比。

三、专业发展需要超越经验

教育科研能力，是教师专业发展能力的核心。

很多优秀教师有热情，也有奉献精神。我们在很多经验交流会上听到过他们生动的例子。

但是这些例子很多是在经验层面上的。如果一直在经验的水平上徘徊，很难再上一个台阶。这恐怕是制约专业发展的一个很难通过的瓶颈。

教师要研究学生学习成长的规律。

小学的识字教学。不少家长反映，老师布置的作业，一个字要写很多遍，写几十遍的都有。而有一项研究成果表明，一个生字写几遍效果最好呢？四遍。

拿各科老师都明白的阅读积累来说。不少推广阅读的人总是说，读书读得多，学生的语文水平一定会提高。但是究竟读多少，有没有一个量的指导？阅读水平对学生的智力成长会产生怎样的影响？有没有可以称得上“科学”的证据？

再说另一个方面的问题。我们在评一节课的时候，常常说到某某老师的课堂营造了很好的学习“氛围”。班里同学情绪饱满，有很高的学习热情，等等。那么，我们看到的现象，我们作出的结论，是否有科学依据呢？

韦钰同志有这样的实验结果：“脑科学研究发现，在大脑横切面上的海马区负责认知和情绪，这两点构成我们精神活动的两个主要部分。而情绪中包括的感觉、感情和表达对认知效果影响深远，因此学习过程必须考虑情绪的作用。”

四、要成为优秀教师团队建设的积极参与者

一所学校今年找一个先进，是张同志；三年后找一个先进，还是张同志；五年之后，十年之后，还是你一枝独秀，这就成问题了。如果一所学校只有你这么孤零零的一个最具成长力教师，那么，我感觉你比较危险了。

第一，像你这种干法的人，全校只有一个，更多的人都不跟你一样干，你不成了少数派了？这样你必然被孤立。

第二，你的很多理想，无法真正实现。比如，你想把学生培养成有爱心的、有科学探索精神的人，只靠你一个学科老师，能真正实现吗？

如果你能成为一个优秀团队中的一员，你就会跟大家一起前进，你的教育理想、育人目标才能真正实现。

孟素琴：全国中语会常务理事，河南省中语会理事长，原省教研室中学语文教研员，河南省特级教师，获河南省人民教师奖章。

（原载2011年5月25日《教育时报》）

教师怎样走才会成功

张文质

“成长力教师”才是真正的教育专家，他们通过个人的发现，以自己独特的生命成长，对当今的中国教育现状有着独到的见解。

开封求实中学李进有老师的顺口溜，实际上已经创造了另一种生命语言。这种语言看上去可能很朴素，但是它以另外一种形式和学生联系在一起。这种语言是属于个人的天才的创造。它能够让学生学好、考好，我相信，它也能够让学生的生命成长得更为丰富、更加充满前景。

襄城县库庄乡一中库亚鸽老师是一个能够把学生带向远方的人。我给她的评语是：她是一个飞翔者。一方面为学生指明了成长的方向，另一方面通过自己飞翔的姿态，成为学生成长的典范。

我们这次推选出来的教师有很多都来自于农村，这是我们很大的特点。看完他们的业绩，我很受感动。我认为他们很难，难就难在人在困难的时候很难坚守，坚守的时候很容易迷失方向，很容易丧失坚守的信念，很容易失去成长的动力。

我们不妨切入今天的话题：积极心理。

经常有老师问我，要我说说新课程改革到底是成功了，还是失败了。我说：我们需要思考，这些改革已经变革的是什么，不能变革的是什么。不能变革的是在学校内部，还是在学校外部。

我们必须回到中国当下的环境去考虑问题。

所谓的积极教育，恰恰是要回到生命本身去考虑。而我们所面临的教育状态、困境，必须当成常态来看待。

刚才听了两位老师的发言，我就在想，一方面，我们老师不要把自己的专业成长与学生日益发展的生命需求形成强大的落差，甚至形成尖锐的文化冲突；另一方面，教师对自己职业的严重不认同，对自己的成长丧失信心，就会使教师自己的精神状态产生严重问题。突破专业瓶颈，首先要有职业认同。好的教师，一定要是学生的生命启迪者。李进有老师，为什么说他很牛，牛就牛在学生对他生命教育的折服。教师一定要是引领者、启迪者。

孩子在美好教育的引领之下，就会变成文明的人、有素养的人、怀抱希望的人。教师和学校所做的努力，其实在课堂上所呈现出的就是能动的生命热情，表现出自信、积极参与的人生态度。

教师首先应该把自己的孩子当做一生中最重要的学生来加以培养。希望这孩子能够健康、健全、快乐、幸福。所谓的成功，就是他更幸福、更快乐，他活得更像一个人。这孩子首先是自己的孩子，所有的老师都必须有这样的意识，首先必须把自己的孩子教育成功，这就尽到了最基本的社会责任，有助于滋养教师的职业自豪感、自尊感。任何时候都不要忘记自己的孩子，不能忽视自己的孩子。

我们总是还没有去尝试就以为自己会失败，而消极正是我们人类最可怕的敌人。应该有个积极的态度，就是在任何时候都要努力使自己成为建设者。

教师要培养自己的适应力，要在动荡不安的环境下培养自己的适应力。无论在哪里，都要培养这种能力。不要在内心培植一个敌人，要用一种更开放、更有理解力、更慈悲的心态去理解我们难以理解的事情，最大的受益者一定是自己。克制自己的愤怒、克制自己的仇恨，把内心的弱点一点一滴地挤掉，收益的人会是自己、家人、孩子。

有的教师很有目标，有方向感。知道往哪里走比知道怎么走还重要。

人生、处境、文化等都是可以自身改变的，这一过程可能是痛苦的。因此老师不要追求你的教育能一定有效，不能这样把教育简单化。教育有历史的评价，也有当下的评价。越是小学教育越需要尊重历史的评价，要有历史感。在自我评价中，寻找内心的自我的赋予。

好老师很少是在学校孤立地成长的，他需要与其他人共同成长。在一定程度上，也会依赖于网络。有了网络，每一个人都会变成世界的中心、世界的焦点。每一个老师也都需要一个成功的榜样、伙伴，这样，可以获得更多的颖悟。好老师可以成为一种教育的个体户，但是永远也不要成为单干户。任何人都希望自己成为被人包容、理解的人，都希望得到别人的帮助。

张文质：《明日教育论坛》主编，《福建论坛》执行主编，1+1教育网站的创办人。生命化教育的倡导者，长期致力于基础教育和家庭教育的理论研究与探索。

（原载2011年5月25日《教育时报》）

后记

这一尊奖杯，颁给未来

当一家教育媒体试图去分析教师专业成长的路径，去尽量客观、科学地划分教师专业成长的阶段，以及就这些阶段呈现的特点，去总结和归纳具有成长力的教师所具有的、相同的成长品质的时候，他们其实是正在做一种可谓之链接未来的工作。

链接未来，无论是基于教师群体成长态势与教育媒体平台及时有效跟进研究的链接，还是教师个体基于自身发展阶段的起承转合，或者是自身发展途径与品质的选择、添加甚而修复的一种链接，都是一个在情感上需要各界呵护、在实践中需要不断完善的过程。

我们庆幸，在这样的链接历史与未来的过程中，在教师群体链接成长的困惑与喜悦的一个个瞬间，我们教育媒体在场。

教育媒体在参与中与教师群体一起感知成长的力量，同时充分展现教坛精英的成长品质，为的是期待更多的教师受到启发，从而在不断摸索链接自我成长的实践中行动起来，以高亢的声音告诉教育：成长，我们一线教师在场！

链接人物与读者：彰显媒体责任

“成就新型教师”，这是《教育时报·课改导刊》写在报头上的一句话，是一种办报思想，是一种编辑指向，也是一种时刻印记在教育媒体人行动中的职业追求。在实践中，我们深深感到，这简单的六个字，是需要花很长的时间、需要付出巨大的努力去诠释的。

成就新型教师，如何去成就，从教育媒体的角度，专业引领不可或缺。从理论层面去引领，及时有效地传播符合教育规律的各种经典及教育理论；从实践层面来引领，就需要集纳大量成功的教学实践案例、大批优秀的教师代表，让来自一线的鲜活的教育案例去唤醒依然在迷茫或者踟蹰的教育者，借鉴他人成功典范，构筑自身成长的体系。

“河南最具成长力教师”评选活动，就是用实践案例彰显优秀教师专业成长品质，呼唤更多教师谋求专业成长的一个成功策划，如今已经得到成千上万教师的响应和认同。

2008 年 10 月 8 日，“河南最具成长力教师”大型公益评选活动正式启动，到目前为止已成功举办三届，第四届评选正在如火如荼地进行着。

拉伸关注的视角，回望这项具有探索、创新意义的公益评选活动，过程中的点点滴滴，让人感受到的都是青年教师成长的信息、群体发展的态势。千余名候选人在自我专业发展道路上表现出来的昂扬与向上令人瞩目。我们最大的感受是，所有的评选环节设计，所有为这些环节努力的参与者，都在无言地作出某种表达。现在想来，那也许就是我们在以见证者的姿态，来表达对这些成长者的尊敬。

在评选活动的通告中我们这样写道：“我们将不遗余力地通过多种途径，发现本土那些具有成长潜力的老师，把他们推到前台，并期待着他们走得更远。作为专业教育新闻媒体，这正是我们的使命。能组织和参与这样的工作，也是专业教育媒体的无上光荣。”

我们始终认为，成长中的教师、“潜在的名师”，他们可能没有获得过很高的荣誉，但却受到学生的喜爱；他们可能没有形成自己完整的教育方法和思想体系，但却有着独特的做法和思路；他们可能目前还没有什么名气，但却在平凡而常新的教育生活中从未停止过有益的探索，一步步迈向更高的教育境界，乃至在一定范围内成为大家学习的榜样……

来自中原大地三尺讲台上的近千名教师参与了前三届的“河南最具成长力教师”评选活动，有 100 名优秀青年教师登上这一平台，展现了自己数年的教学实践过程，也展现了作为优秀教师的成长和思考。

为了展现这些优秀教师的成长点滴和初现的教育思想，《教育时报》通过多种途径发现“河南最具成长力教师”：主题征文，记者实地采访候选人并在《谁是最具成长力教师》栏目刊发报道。每一届评选活动均长达数月。这些优秀的青年教师代表涵盖河南省 18 个省辖市，三届评选中还有山东、江苏、湖北、广东、重庆等地的教师来稿来信参与。

向上的教师总是在寻找所有的发展路径，从一封封记录着教师成长足迹的信件中，编辑们感受到的不仅仅是他们参与的热情，更多的是这些教师或厚重或别样的成长探索。

在采访活动中与这些优秀的教师相遇，我们发现很多老师都在路上奔跑，他们奔跑的姿势和画面是那样的动人。用纸张记录他们奔跑的路径，告知更多渴望成长的教师，这样的使命感十分强烈。我们相信：身边的榜样的感召力是巨大的，身边榜样的成长足迹是可以被充分观摩和研究的。

正如《教育时报》总编辑刘肖在“河南最具成长力教师”颁奖典礼上提到的：“最具成长力教师”的报道和评选，就是要在教师专业发展起步的时候，由媒体和老师们一起来梳理成长的收获、讲述成长的故事、探寻成长的轨迹。作为河南唯一的教育专业报，我们致力于将河南本土的优秀教师推到一个广阔的平台上，让全社会去感知他们的优秀所在、去剖析他们身上共同的成长因素。这也是《教育时报》致力于“做中原教育崛起的发言人”的一个具体体现。

将这些青年教师的成长故事原生态地搬上报纸的平台，让广大的读者能够及时阅读到这些案例并思考成长的途径，第一阶段的链接工作得以建立。媒体的传播功能得到实现，媒体传播价值也在优秀的“成长力教师”与读者之间悄然衍生。

链接思想与行动：拓宽交流路径

优秀的“成长力教师”的成长案例与广大教师的链接，在时空上便于实现，而“成长力教师”、读者与先进教育思想的链接，则需要创设合适的情境，去激发“成长力教师”、读者与专家潜在的思想火花迸发，找到共性的东西，通过梳理和碰撞产生新的认知。

在策划推出“河南最具成长力教师”评选活动之初，我们就设想了评选活动的框架：

第一步，通过采访挖掘优秀的具有成长力的教师，通过报纸平台刊发这些教师的成长案例，供广大读者学习和参照，实现第一层级的传播。

第二步，通过评选座谈会、评委逐一点评选候选人成长亮点、研讨教师专业化成长的系列问题，形成共识和阶段性成果及时发布，实现第二层级传播。

第三步，举办一场非常隆重的颁奖典礼和主题式观摩研讨会，集中展示“成长力教师”的风采，让世人了解他们。在隆重而又务实的颁奖典礼和研讨会上，专家、教师，编者、读者济济一堂，共同感知成长的感动与密码，实现第三层级传播。

第四步，发挥成长力教师榜样引领的作用，在一定范围内举行专场报告会或观摩课，带给更多的教师专业成长的参照；及时分阶段整理出版反映成长力教师事迹的特刊、图书，追求第四层级的传播效应。

有了多维度的活动作载体，系列的思想碰撞和生成就有了可能。

比如，在评选期间，评选活动设置了三类评委。专家评委、读者评委、成长力教师评委。这样，既能在学术层面进行考量，也能在实践技艺上得到呼应，还能对参选人员本人进行伴随性成长历练。专家与人物之间、读者与人物之间、人物与人物之间都会自然形成一种思想链接的契机。

专家与人物的思想链接，发生在专家阅读人物成长故事文本的瞬间，理论与鲜活教育案例彼此印证。随后，专家的点评会在第一时间发布在报纸上，人物阅读到教育专家对于自己成长的点评和提醒，会进一步完善自身成长的实践。

专家评委中既有全国知名专家、河南高校专家，也有中原课改名师。这样一个综合性的专家评委队伍，既有放眼全国的教育视角，有师范院校教授的专业考量，也有河南省本土优秀名师的区域性实践感知。在评选中，专家评委保证了评选的科学性。在评选过程中，很多专家评委认真研究参选教师的材料，从中生发出很多令人深思的成长感言。专家评委武凤霞在评选感言中提出："一个有思想的教师一定是最具发展潜力的教师。很多老师在为建构自己的教育思想寻找一个支点。我们有理由相信，只要老师们围绕这个支点不停地思考和实践，总有一天能用它撬动教学这块巨石的一角。教育家就是这样在目标的诱惑下，在一路围绕支点思考和实践的过程中成长起来的。"

读者与人物的思想链接更多的是一种实践层面的相互印证和启发，同时，读者与人物会在情感共鸣、教育方法的探讨等层面实现思想链接。读者评委、河南师范大学附中的胡玉亮老师说："通过这一平台的影响，不仅有助于打造河南省的教育品牌，促进豫派本土专家的成熟，而且从这个平台上必将走出更多的优秀教师，涌现出更多的教坛新秀、杏坛才俊，形成一个河南省优秀教师群体。通过专家引领和'最具成长力教师'以个人经历传递成长的声音，诠释了教师专业成长与人生幸福的关系，有助于规划教师的职业生涯。在优化教育资源的同时，又开发了教育潜能。"

来自河北省广宗县第二中学的赵文芳老师在观摩"河南最具成长力教师"颁奖典礼和研讨会之后说：在会上，我们欣赏着十位"最具成长力教师"光鲜的形象，分享着他们的成长故事，感受着他们的优雅、智慧、快乐和幸福……原来，教师生涯还可以这样度过，似乎一双有力的手为我们的心灵打开了一扇窗，窗外是青山秀水、溪流潺潺伴着蝉鸣鸟啼的世界！

而人物之间的互相链接则是最值得书写的，每一位候选的教师一方面要在阅读其他候选老师的案例中找到优秀的成长因子，进行自我观照，形成思想的链接，还要投出自己宝贵的一票，对成长魅力的所在作出正确的判断，同时，他们还要与上届或下届的成长力教师在评选环节、颁奖环节、研讨环节进行思想链接，从而实现新的自我成长思想与实践的梳理，这十分有意义。

链接过去与未来：延伸成长意义

这一尊奖杯，颁给未来。

——这是首届“河南最具成长力教师”颁奖典礼报道的题目，它科学精准地描述了“河南最具成长力教师”评选活动的精神，得到了广大教师的深度认同。

记录这些优秀青年教师的过去，用现场的方式展示他们的成长魅力，与教育专家、媒体和优秀的同伴一起思考成长，期许一个更加开阔的未来。奖杯不会成为笼罩在头上的沉重光环，而是吹响了进一步前行的号角。

2010 年 7 月，省教育厅师范教育处尹洪斌处长在参加这一中原教育盛事时说：“举办这样一个颁奖典礼和观摩研讨会，是一个很好的工作载体和创新机制，它不仅为教师专业成长提供了一个很好的学习交流平台，而且能够让我们追寻获奖教师的心路历程，聆听专家的精彩演讲，感受专家和获奖老师的风采。这对于正在成长中的广大教师来说，也是一个很好的激励和鞭策。”

肖川、高万祥、武凤霞、刘铁芳、刘良华、魏勇、薛瑞萍、余映潮、张文质、韩军、陈大伟、孟素琴等专家学者，对“成长力教师”的专业成长历程都曾进行过精彩的现场点评，并围绕教师专业成长的热点、难点问题作学术报告。专家们认为，这一奖项，更多意义上是颁给未来的，期待着这些优秀的教师在专业成长的道路上走得更远、更快、更稳，同时，也期待有更多的优秀教师涌现出来。

“这是一场非常有意义的颁奖会，这是一场非常有学术价值的研讨会，对青年教师的成长具有积极的指导作用。《教育时报》勇于承担这一责任，让我心生敬意。”评选活动的专家评委、湖北省荆州市教科院教研员余映潮先生说。

张文质说：“我一直在关注《教育时报》的这个活动，一直期盼能够被邀请到会与老师们一起分享成长的喜悦。”韩军老师则要求：“请求组委会给我颁一个‘成长力教师’奖状，因为在我起步的时候，多么渴望能收到这样美好的奖项。”

站在台前的是优秀的“成长力教师”和专家的引领的身姿，是值得歌颂和研究的中原优秀教师群体，链接他们的是现在的教育媒体，站在台下和报纸前面的是千百万基层青年教师，他们专业化成长的愿望与行动昭示着未来中原教师成长、中原教育崛起的力量。

每次评选活动揭晓典礼和观摩会，河南省各地教育行政部门、广大一线教师都表现出了极大的学习和成长热情。很多市、县教育局和中小学校积极组织当地教师参加会议。一些教师不顾路途偏远，多次往编辑部打电话，要求参加这次盛典。与此同时，新疆、甘肃、重庆、黑龙江、河北、山东、安徽、湖北等地学校也组织教师来中原“学习河南教师的成长经验”……

安阳的一位赵老师说：“报社组织这样的活动，真是功德无量的事情。千余人的会场鸦雀无声的状态，说明了我们是多么需要这样的活动。这样的活动给了我们多么大的启发和震动！我们都感到收获很大，在现场心里面就想着，今后自己也一定要做‘最具成长力教师’。”

每一届报告会之后，报社通过出版特刊、专题讲座、举办座谈会、成立成长共同体、跟踪性征文等活动，进一步延伸对于往届“成长力教师”的关注，期盼他们走得更远；同时，进一步寻找着中原优秀的“成长力教师”并进行报道，塑造优秀教师群像，不断完善评选细节，创设更科学的评选设置，让优秀的青年教师完美绽放。在人物的链接上，在上下届评选设置的链接上，在成长理念的链接上，我们和广大教育工作者一起不遗余力地去创新。

让我们再次点击前三届“河南最具成长力教师”评选活动中曾被关注过的教师：赵惠、范通战、李慧香、侯长缨、武艳艳、卞洪建、张存敬、顾宇燕、赵渝、李保国、袁景立，何丹龙、刘本举、韩素静、刘娟娟、张占营、姜峰基、毛广文、刘忠伟、王艳梅、宋君，库亚鸽、李进有、张洁、孙晓娜、胡静、付以华、姚俊松、赵新亚、赵莉莉、张文娟，还有与之同行的70位优秀教师，我们还将关注更多的优秀青年教师，他们就在你的身边，包括正在阅读这本书的你……

对《谁是最具成长力教师》这本书，我们着意于对教师专业成长过程的解析，着意于对教师专业成长品质的追寻，但更多的是着意于未来，期许这些教师在专业发展的道路上走得更好，期许更多的优秀青年教师在教坛真正地实现师生教育生命的共同成长。

回望，那一尊奖杯颁给未来；展望，这一部书籍献给未来。若如是，无上荣光！

编　者

2011年11月

出 版 人　所广一
项目统筹　闫　景
责任编辑　刘　灿　闫　景
版式设计　杨　颖
责任校对　曲凤玲
责任印制　曲凤玲

图书在版编目(CIP)数据

谁是最具成长力教师/教育时报社编著.—北京:
教育科学出版社,2011.12(2013.3 重印)
ISBN 978-7-5041-6123-9

Ⅰ.①谁…　Ⅱ.①教…　Ⅲ.①中小学—教师—师资培
养　Ⅳ.①G635.12

中国版本图书馆 CIP 数据核字(2011)第 230525 号
图审字[2011]第 2078 号

谁是最具成长力教师
SHUI SHI ZUI JU CHENGZHANGLI JIAOSHI

出版发行	教育科学出版社		
社　址	北京·朝阳区安慧北里安园甲 9 号	**市场部电话**	010-64989009
邮　编	100101	**编辑部电话**	010-64981245
传　真	010-64891796	**网　址**	http://www.esph.com.cn
经　销	各地新华书店		
制　作	北京金奥都图文制作中心		
印　刷	北京中科印刷有限公司		
开　本	169 毫米×239 毫米　16 开	**版　次**	2011 年 12 月第 1 版
印　张	14	**印　次**	2013 年 3 月第 2 次印刷
字　数	235 千	**印　数**	8 001—11 000 册

智慧教师读本①
谁是最具成长力教师

始　终

——对教育及人生的一份心意

郑锦杭　著

教育科学出版社
·北　京·

郑锦杭

长期从事基础教育工作，
专业以外旁涉建筑、设计、电影和阅读文化，
尤其关注教育及社会文化还原问题。

少年时热爱文字写作，
对于本书的完成，
自称“折返回到了少时的自己”。

目录

楔子

从前，
所有的甜蜜与哀愁，
所有的勇敢与脆弱，
所有的跋涉与歇息，
原来，
都是在为了，
向着，
初来的自己，
进发。
征程，
这样遥远，
这样亲近。

人生，
始，
终。
这样奇妙。
无与伦比。

序章

不忘初心，方得始终

原野
秋风
高阳
我和一粟的斜影

我从自己，

明白了，

最初的所爱是最原始的。

人存于世，

到最后，

所有的，

都会回到自己，

回到初衷。

一个人的向往，
正是由他的童年、少年、青春，
及至后来，
一路上所领略过的自然，
所受过的教育，
所在过的校园，
所读过的书，
所经历过的事，
所遇见过的人，
影响而成……

我们每个人都有一只黑匣子，
里面承载了我们的经验历史。
我们不必等到灾难来临以后，
才去认识自己这只黑匣子。

世间一切，
包括人生，
其实是有机会认识黑匣子，
解开重重谜团和疑虑的——
只要，
尽早，
回去。

一

《华严经》说，不忘初心，方得始终。[①]

记得初发的心意，才可以，善始，善终。

二

事实上，世间一切，包括人生的途辙，常常，始而不终。

比如，前段时间，参加了一次讨论。

讨论的组织方，准备研发一个作文教学的高端培训品牌，推向市场。他们希望在作文教学领域有所作为和突破，并预期以“新东方”为目标和参考，研制课程，求图长期发展。

他们殷切，用心，邀请了大学教授、媒体记者、教育官员以及基础教育界的教师，一起研讨。受邀人士也很负责，在概念导入、模块设计、活动创意、目标对象、师资聘请、商业包装、宣传推广等方面，纷纷提议，讨论热烈、认真。但是，几乎都没有触及对作文本质的探讨。

人类学，有对作文本质的示意。它指出，“经历、故事、语言——这就是人类生活的全部内容”[②]。每个人，都有自己独特的经历，独特的故事，终其一生，都在通过语言讲述。口语的讲述，就是说话；书面语言

① 苹果公司联合创始人、前CEO史蒂夫·乔布斯说：“佛教中有一句话：初学者的心态；拥有初学者的心态是件了不起的事情。”他所说的“初学者的心态”，出自《华严经》“不忘初心，方得始终”，乔布斯深得精髓。2005年，乔布斯应邀在斯坦福大学演讲，他这样回忆自己过去的生活：“我总是把一切弄得一团糟，甚至想过逃离硅谷。但是，渐渐地，我开始有了一个想法，我仍然热爱我过去做的一切，于是，我决定从头开始。”

② 拉特斯. 人类学的邀请[M]. 王媛，徐默，译. 北京：北京大学出版社，2008：4.

的讲述，就是作文。其中，口语，随意；书面语言，规范，两者是不同的语言形式，会说话不等于会作文。所以，作文的本质，就是强调运用书面语言，讲述个人的生活，同时它也是组成个人生活的一部分。

既然如此，生活自在不休地上演，一切见闻、感受、遭遇……积微成著，随时恭候作文的讲述。但是，语言的运用，仰赖丰富的经验、接触和存储。比如，一个孩子，因为生长背景里时时处处都有很多人在说话，接触源丰富，刺激充分，存储充足，到了适龄，自然就会说话，有了口语能力，它不是一句一句教会的；同样，一个孩子的作文，也不是一句一句教会的，也需要来自阅读、朗读、演讲、电影等书面语言源的充分接触、刺激、存储，然后才能像说话那样自然而然地学会作文——所以，要用作文讲述生活，首先要能够调动既有的生活，同时，必须有大量的书面语言的输入。

对于作文，大多却往往脱离本质努力。不珍惜生活的恭候，不重视书面语言的输入，疑惑孩子能说会道却不会作文，经常用经过组织的游戏、活动、实践等虚设的情境和刻意的营造替代生活，执着于段落篇章的技巧、方法、分析，孩子不能形成向生活取材的意念，也不能补足书面语言的背景经验，无力用作文讲述生活。结果，费尽周章，竭力地“教”，孩子非但不以为作文本来就是生活的一部分，而且是生活多余且可怕的一部分。这是作文教学长期不能摆脱的尴尬。

此次的组织方，固然殷切、用心，各界人士也负责、认真，但都没有回到本质上。这将会再蹈覆辙。因为，本质以外的，哪怕做到了极致，都将徒劳无益。

据此，我提出，如果果然立意高远，必须首先回到本质上，考量怎样实现生活的调动和书面语言的输入，其他都是后位的。

大家，沉默。

然后，颔首。

也有犹疑，为难，担心是不是过于理想主义，脱离商业和市场——市场上，从来就不缺乏作文培训的机构，包括学校也从不曾停止过作文教学的努力，但是，迄今，确实还没有堪称作文教学的品牌，不是不够努力，甚至不是没有野心，是因为不得本质，总是徒劳。至于理想主义，乔布斯[①]说过，“我们的目标从来就不是打败竞争对手或者挣钱，我们的目标是做尽可能不平凡的事情或更伟大的事情”。这个并不想打败对手的人却打败了所有的对手，不想挣钱的人却挣了最多的钱，恰是得其纯粹，得其理想主义，所以直指人心。如果因为我们的坚持，一个人，从此能够像说话一样，从心所欲地用文章讲述自己的人生，回到人类生活的本质上，我们也许也就做了一件不平凡或者更伟大的事情。

讨论，有了转向。

组织方很慎重。事后，围绕本质，在方案的细节上一再推敲，尽其所能。

很多事物，往往就是这样，因为对本质的不解、疏离，或者不坚持，开始就犯下了错误，其心意和结果自然就南辕北辙，背道而驰。

虽然知易行难，但是，有了自觉，就毕竟有了希望。

---

① 史蒂夫·乔布斯是一名虔诚的佛教徒。在创办苹果公司之前，乔布斯一度不知道对自己的未来该如何决断，他既想去日本继续修习禅学，又无法放弃创业的理想，于是向禅师求教。而禅师则对他讲出了那则著名的禅宗故事——风吹幡动。“风吹幡动，有僧人说：‘是风动。’又有僧人说：‘是幡动。’六祖慧能说：‘不是风动，也不是幡动，而是心动。’”以后的人生历程中，乔布斯一直都在追随他的心灵。乔布斯从 1976 年创立苹果公司开始，除去中间不在职的 10 年，执掌苹果仍然长达 25 年之久，却每年领着 1 美元的年薪。在 NeXT 公司被收购时，他将所获的价值 150 万美元的股票以最低价出售，只留下象征性的 1 股。

又比如，我很吃惊地得知纽芬兰渔场已经不复存在。

纽芬兰渔场，是世界四大渔场之一，过去的地理考试中总会考到。

原来，这里鱼群丰饶，有着“踩着鳕鱼群的脊背就可上岸”的美誉，曾经“供养了欧洲”。而且，因为捕获量适中，并特意避开了鳕鱼群的产卵繁殖季节，保证了鱼群的繁衍和生态平衡，所以，历经了几百年的捕捞，这里丰富的鳕鱼资源却并没有受到什么影响，一直丰饶。后来，因为功利、贪婪、掠夺、不节制地长期疯狂捕捞，这个曾经让多少学生烂熟于心的世界大渔场，竟然成为了历史。①

一样是鳕鱼的天堂，一样以鳕鱼捕捞为经济命脉，一样遭遇了鱼群锐减的危机，挪威的巴伦支海渔场②，因为政府取之长远利益，及时拯救，经过等待，鱼群不仅回归，而且生物量甚至超过 25 年前。

灾难其实并非不可逆转。两相比较，毁灭性的罪孽，让人惊心，感伤。

---

① 纽芬兰渔场位于纽芬兰岛沿岸，这里人迹罕至，海岸线曲折，大陆架舒展，阳光集中，浮游生物繁盛，鱼群丰饶。1534 年，意大利航海探险家约翰·卡博特横跨大西洋经过时，惊奇地看到海水里密集得令人难以置信的鳕鱼群，他在日志中写道：“只要把石头放在篮子里，把它沉到水里，篮子里马上就装满了鳕鱼。”另一位船员则形容：“鱼群是那样的稠密，我们简直就是踩着鱼群的脊背走上岸的。”此后，这里生衍起捕鱼业，不仅解决了当时欧洲人的温饱问题，也挽救了当时被饮食禁忌所困的教会层，提供了 16 世纪欧洲贸易中最重要的商品，“供养了欧洲”。20 世纪五六十年代，纽芬兰渔场开始被成群结队的巨型机械化拖网渔轮所占领。它们狂热地捕捞，日夜不停，在鳕鱼生息的季节也不休止，庞大的拖网所过之处，鱼群在劫难逃，海底生态也被破坏殆尽。海域不断衰竭，政府及民众却没有及时悬崖勒马。终于，鱼群不再有时间繁衍，种群残存无几，渔民们惊恐地发现，渔场已经几乎无鱼可捕。此时，渔场已经伤害过甚，已经穷途末路，无论是禁渔，还是其他形形色色的补救措施，都为时已晚，没能再让它复活。这个曾经显赫 500 年的世界超级渔场，成为了历史。

② 巴伦支海渔场，位于挪威北部，与纽芬兰相似，有上千年的渔业历史。1989 年 10 月，挪威海洋生物学调研人员向政府报告了一个令人震惊的消息：巴伦支海的鳕鱼生物量降到了百年未有的低水平。挪威政府顶着巨大的压力，严格限制捕捞，并在 1990 年 1 月通过长期休渔的决议，成千上万的人因此在一夜之间由骄傲的船长和富裕的渔民变成了失业救济金的领取者。幸运的是，经过 3 年的痛苦等待，渔民们终于欣喜地看到鱼群的回归，鳕鱼生物量甚至超过了 25 年前。

再比如，思想家帕斯卡[①]指出，人既不是天使，也不是魔兽，但不幸的是，想成为天使的人往往变成了魔兽。[②]

有很多的人生，由于诱惑，由于迷失，穷尽努力，却变异了方向，非但没有成为天使，还险些成了魔兽，所以，世间，从来不乏误入歧途的悲剧、闹剧。所幸，也有很多的人生，渐渐迷途知返，所以，世间，也从来不乏返璞的平凡、温暖。

《诗经》说，靡不有初，鲜克有终。[③]

事情总有开头，却很少能到终了。

有的，失之本质的不解，脱离，不坚持，开始就已经错误。

有的，失之功利，贪婪，掠夺，不节制。

有的，失之诱惑，迷失。

通通，始而不终。

三

我从自己，明白了，最初的所爱是最原始的。

人存于世，到最后，所有的，都会回到自己，回到初衷。

---

① 布莱士·帕斯卡（Blaise Pascal，1623—1662），法国数学家、物理学家、思想家。在法国具有很高知名度的以马内利修女，深受帕斯卡思想的影响，她的著作《活着，为了什么？》（华宇译，深圳报业集团出版社出版）就以帕斯卡所著的《思想录》为主轴，深入探讨了人生存的意义，真诚地告诉我们：物质的消费无法解除生命的焦虑，精神的思维也无法克服存在的孤寂，终极的答案不在科学进展和理性之中，只有爱能够让我们带着我们的伟大和可悲，继续生活在喜乐之中。

② 以马内利修女. 活着，为了什么？[M]. 华宇，译. 深圳：深圳报业集团出版社，2008：32.

③《诗经·大雅·荡》：“荡荡上帝，下民之辟。疾威上帝，其命多辟。天生烝民，其命匪谌。靡不有初，鲜克有终。”意思是说做人、做事、做官没有人不肯善始，但很少有人善终。多用以告诫人们为人做事要善始善终。

我从教学，转向行政，再转向教育理论研究及教研管理[①]，转换之间，对前者不甚眷恋，对后来也不热切，其中半途而废的也不在意，好像铺排的一出戏，任凭有头阵没有末阵，所向含糊。

有人告诉我，“是因为这些都不是你最热爱的”。

是吗？

然后，我经历到三次契机。

第一次。

2010年，炎夏。

我整理旧物，翻到金华师范学校[②]毕业时的纪念册，打开的第一页，赫然三句落笔遒劲的留言：“读万卷书/行万里路/写盖世文章”，并落“郑航[③]同学勉之/杜康题”。这是我就读金华师范学校时的美术老师施成铎[④]给我的留言。

---

① 本人任教小学语文11年，曾任副校长，为浙江省教坛新秀、全国小学语文教学专业委员会先进工作者；后借调到杭州市下城区教育局，任办公室副主任；再后至今，从事教育理论研究工作，任中国教育科学研究院下城教育生态研究中心办公室主任，同时兼下城区教育研究发展中心副主任。一些师长对于本人不能坚持教学业务的深入，深表惋惜，也有人对本人不能专心行政发展，感到不解。

② 金华师范学校，习称金华师范，地处江南历史文化名城浙江金华。始建于1907年（清光绪三十三年），1913年（民国二年）改为省立，称浙江省立第七师范学校，1998年底与始办于1956年的义乌师范合并，并加盟金华职业技术学院。师范百年，历史悠久，人文底蕴独特，办学成绩卓著。

③ 应为“郑杭”，本人学生时期曾用名，老师题词中写的“郑航”为笔误。

④ 施成铎，号杜康，祖籍镇海，家学深厚，青年入湖北美术学院油画系，师从我国著名美术教育家杨力光教授和张振铎教授，才华横溢。1955年，仅21岁时，被错划为“右派”达几十年，至1987年落实政策后，在金华师范学校从事美术教育，直至退休。为金华书画“三怪”之一，品格刚烈不阿，书画作品气象雄伟，风格独特，造诣深厚，从不接受宣传，坚决不卖一字一画。

师范时候的自己，是怯怯的少年，其他默默，但会写文章[①]，无限热爱。施成铎老师年近六旬，个性凛然，语出辛辣，为当地负有盛名的书画家，一般人不敢接近。施老师认为，艺术是相通的，文学、美术即是如此。因此，没有美术所长的我，却得到了施老师的格外青睐。他从不曾过问或者鞭策过我的美术学习，却不断推荐我读书、看电影，又引荐我认识大学中文系的老师，以及报社的编辑、记者，一直砥砺我写好文章，并叮嘱“先做人，再做文章”，及至毕业分配的时候，他又为我奔走推荐……后来，我工作了，分配到了当地最好的学校。以后，专心工作，写过诸多教育教学的论文，却再也没有过其他创作，也再没有回去见过老师……一晃16年。

这16年来，公允地说，我尚能以“读万卷书/行万里路”自勉，但是，再也没有了写文章的自觉，完全空白，好像失忆。再看到施老师对自己“写盖世文章”的期许，恍如隔世，如梦大醒。

这16年来，究竟发生了什么，是什么力量，让我把自己少年时的所爱，忘得这样干净？

我发心重新写文章。

又没有落实。

——那年炎夏，工作了16年以后的自己，正在疑虑自己人生的主见，老师的留言，仿佛让我看到了一团光亮，但是这光亮，稍纵即逝。

---

① 本人师范学习期间，参加全国中学生文学夏令营征文选拔赛、全国中等师范生作文大赛、全国“华夏杯”中学生作文大赛、全国奥林匹克杯书法作文大赛、全国“文坛杯”作文大赛等多项全国比赛，获奖诸多，并在报刊上发表文章，堪称文学少年。

第二次。

2010 年年底，我和中国教育科学研究院驻下城专家组[①]一起，共同完成下城教育综合改革实验区[②]的部分研究工作。

大家意想不到的共识。不偏见，不保留，不芥蒂，真诚纯粹。

其中，刘惊铎教授[③]，总能举重若轻，既犀利，又活泼，对每一次的议题都能精准定义，生动譬喻，对我启迪最多。他总是强调，人的生命是有限的，要尽可能地做对生命有意义的事情。他总能在纷繁复杂的局面中，穿透现象，取其本质，经常从价值观的高度，引导大家从工作布局引发人生排阵的讨论、争议，催使大家从人生价值的角度思量工作，不再因为本质毫无意义的人事而浪费生命，让大家有完全不同以往的工作体验，并觉醒生命聚焦的意义。

这时，2012 年至。早春。在北京。偶然和教育科学出版社[④]李东总

---

① 中国教育科学研究院（2011 年 8 月 4 日由原中央教育科学研究所更为现名），教育部直属国家级综合性教育科学研究机构，一直着重为我国教育事业科学发展提供智力支持和理论贡献。2008 年，原中央教育科学研究所和下城区人民政府签署协议，成立全国首个教育综合改革实验区。中央教育科学研究所派专家常驻下城，开展研究与实践工作。

② 为适应我国教育改革发展形势的需要，整体推进区域性教育改革发展，探索具有中国特色的区域教育发展模式，本着“院区共建，整体推进，科研引领，创新发展”的方针，自 2008 年 5 月开始，中国教育科学研究院先后在东、中、西几个有代表性的区域成立了教育综合改革实验区。目前，共设立杭州下城、成都青羊、大连金州新区、深圳南山、宁波鄞州、重庆九龙坡 6 个教育综合改革实验区。《光明日报》2010 年 11 月 10 日专题报道文章的编者按指出：“一个具有中国特色，以小区域带动大区域，进而带动全国教育的整体均衡、优质发展的区域推进教育改革的新模式，已初见端倪并逐步成为引领国内区域教育改革发展的新亮点和创新品牌。”

③ 刘惊铎，教授，博士生导师，生态体验教育理论与实践模式的创立者。全国德育专业委员会委员，中宣部马克思主义理论建设工程审定专家，国务院和教育部咨询专家，中组部全国党政领导干部考核及结构化面试专家组成员，中共中央十七大、十八大报告调研和起草小组核心成员。

④ 教育科学出版社，由教育部主管、中国教育科学研究院主办，为国内外具有重要影响的教育科学专业出版社，出版了众多具有唯一性和权威性的教育理论品牌图书和各级各类教育精品教材，为推动我国教育改革与发展、提高教育科研人员和实践工作者的理论素养及实践能力发挥了重要作用。

编辑一面之交。李总编鼓励我写书。

我因而开始思考、酝酿。首先对自己做了辩证的分析：我多次转换工作，因为总是转换，每一种角色都没有达成足够的专业；也因为转换，不断切换看待教育的角度——教学时，微观；参与教育行政以后，趋向宏观整体；转向理论研究①以后，发散到很多教育以外的领域，看到教育在整个社会环境中的位置……不知不觉地，能够导入建筑、音乐、文学、电影等很多非教育的圈层，不拘束地把它们都和教育关联起来，使得圈外有圈，就像中国的山水画，没有特定的视点，走进去却可以发现很多角度——这意味着，自己失之专业，但是累积了多种教育层次的一些经验，貌似一直失焦，其实受益匪浅。

我以这些受益为基础，构思书的立意。其后，与李总编，及其麾下爱将刘灿老师，电话沟通这些意图，得到肯定，并相互共鸣，更受鼓励。其中，刘灿老师的内敛，以及他审美而纯粹的做书态度，让自己很为折服。再后，与李总编再度交流，他的识人、洞见、通达及理想主义，让我再受感召，他说："……你的各种工作经历，恰恰给了你难得的积淀，正因如此，更期待你的书……"

——一个资深的出版社总编辑，给予一个素昧平生的晚辈这样大胆的激励，恍若当年师范学校里的那个少年得到良师的砥砺，促我努力。

我直觉，从写书，生命的聚焦，忽然到来。

---

① 区域教育生态理论，系杭州市下城区的教育理论创新创新实践，本人从事其研究工作近三年。区域教育生态理论涉及了生命观、多样性、协同性、自主性、高位均衡、轻负优质、教育公平等一些基本特征，因而，其研究与实践，需要深入联系生态学、教育学、教育生态学、伦理学、社会学、人类学、哲学、佛学、美学、儒道等领域，这促使本人在工作的过程中，不断打开视域，广泛吸收。

第三次。

我开始潜下心做素材的整理，并对书中将会涉及的人、事、物，作深入的对话、记忆。其过程，不断地搅动自己的很多回忆，不断地带领自己一次又一次地回到最原点的自己。

其间，时隔18年，我终于再见到了施成铎老师。

老师丝毫不指责学生一去黄鹤，又好像这个学生根本就一直都在他的面前，一见面，就激昂地开场白："郑锦杭，我给你题字，我说'读万卷书、行万里路、写盖世文章'，是鼓励你的，这个要求是很高的，要做到这点是不容易的，要一辈子下功夫，像一些学者一样一辈子追求。我对你的要求是千斤的压力，不是泛泛的，你要承受得起，这不是一般的压力，这个期望大得不得了。"然后，就噼噼啪啪地说起我的过去，以及听说到的关于我的后来，对学生的关切、褒爱、期许，还像当年。

他向我推荐资中筠[①]的作品。资中筠认为，自己一以贯之的不变，就是珍惜和追求人格独立。她说，中国传统道德的最高境界就是"富贵不能淫，贫贱不能移，威武不能屈"[②]，但是，"今之知识分子……如果说，前三十年的思想改造主要是为威武所屈，那么现在有话语权的上层

① 资中筠，国际政治及美国研究专家，专业之外旁涉中西历史文化。近年来关注中国现代化问题，撰有大量随笔、杂文，并翻译英法文学著作多种，曾担任毛主席、周总理等国家领导人的翻译。在施成铎老师的推荐下，本人研读了资中筠自选集：《感时忧世》《士人风骨》《坐观天下》《不尽之思》《闲情记美》。

② 出自《孟子·滕文公下》第二章。战国时期，纵横家流行，他们凭着口才和机智，朝秦暮楚，合纵连横，游说诸侯，取得高官厚禄，所以有人认为他们是"大丈夫"。孟子对此很冷峻，他说："富贵不能淫，贫贱不能移，威武不能屈。此之谓大丈夫。"意思是，真正的大丈夫，要有坚定的信念，不为荣华富贵所诱惑，不为贫贱困苦所改变，不为威胁暴力所屈服，这样的人才称得起大丈夫。这三句话，对后世有深远影响，被称为骨气。

精英多为（富贵）名利所淫，而多数尚未站稳脚跟、忙于为稻粱谋者，则可以说是为贫贱所移”。[①]她说，知识分子要有“人格独立，不依附”的风骨——施老师自己就是这样的人，他借以激励我，不耽溺俗世功名，爱惜羽毛，毕生做一个有情操的人，其凛然辛辣，也不改当年。

老师的居室中，一大书房，一大画室，卧室里还有一整堵墙壁的书，恢宏的字、画、书以外，只还有阳台上丰饶而旺盛的各种植物，以及客厅中用以满足烹饪热爱[②]的两个硕大的冰箱，除此之外，极少其他物质的堆砌。在这里，主人旺盛的精神世界，几乎覆盖了生活的全部，根本不需要太多物质的存在，生活就可以如此丰沛、繁茂、朴素、芬芳。

我很震撼。

又从中比照出自己的浅薄。

我虽浅薄，但存向往。

一个人的向往，正是由他的童年、少年、青春，及至后来，一路上所领略过的自然，所受过的教育，所在过的校园，所读过的书，所经历过的事，所遇见过的人，影响而成……此情此景下，我仿佛回到了 18 年前那个认认真真的学生，曾经的自己，那时的梦想，那时的热爱，那时，所有让自己欣欣然奔向社会人生的勇气和力量，都在此时，越过时

---

① 资中筠. 士人风骨[M]. 桂林：广西师范大学出版社，2011：19. 该文中，资中筠呼吁：“知识分子需要解放自己，争取人格独立，减少依附性，坚决抵制颂圣文化，摆脱祈盼或仰望‘明君’的情结，努力面向公众，理直气壮地弘扬普世价值：人权、法治、自由、平等、宪政、民主，这可以说是今天的‘道统’，是自救和救国的需要，无关‘西化’或外部压力。不断撑开文化专制的缝隙，见缝插针地作一些扎实的启蒙工作，继承百年来先贤未竟事业，建设以民主和科学为取向的‘新文化’，假以时日，经过几代人的努力，民族精神振兴或许有望。”

② 施成铎老师酷爱美食，其烹饪技艺几乎等同书画的水准。他说，美食中有各种精要，一个不懂得美食的人，几乎不可能成为真正的大家。

光，一点一点地浮现、重现，催我清醒所向。

时隔这么多年，老师再以他的风骨，教诲了学生。

三次契机以后，我开始奋笔疾书，心怀热爱。

用了 18 年，我折返回到了少时的自己。

四

“我们已经走得太远，以至于忘记了为什么而出发。”[①]

忘了来路，忘了初衷，怎么终了？

香港文化教父、戏剧导演荣念曾[②]说：“我们每个人都有一只黑匣子，里面承载了我们的经验历史。我们不必等到灾难来临以后，才去认识自己这只黑匣子。”[③]

世间一切，包括人生，其实是有机会认识黑匣子，解开重重谜团和疑虑的——只要，尽早，回去。

我以为，这也是教育，及至人生的深意。

所以，以“始终”，思量教育，及至人生，但凭主观，多有局限，

① 语出黎巴嫩著名诗人纪伯伦。

② 荣念曾，香港当代文化中心主席，“进念·二十面体”艺术总监，香港设计中心董事，德国联邦十字丝带勋章得主。三十多年来，积极投入漫画、剧场、电影、视觉及装置等艺术创作，并致力于推动文化交流及创意教育事业，启发并带动了一批包括梁文道、林奕华、黄耀明、欧阳应霁、黄伟文、周耀辉、胡恩威等在内的现今香港的艺术及文化中坚。

③ 荣念曾. 好好学习 天天向上（荣念曾文集+概念漫画）[M]. 桂林：广西师范大学出版社，2012：71.

却诚恳表达对自己所投身的教育工作的一份心意，以及对自己人生的一份心意。

五

不忘初心，方得始终。
惟自始，
能至终。

世间一切，
包括人生的途辙，
总是如此。

立此存证。

2012 年夏

小时候
总是从村口的这条小路出发
走路上学
现在
小路已经模糊
无数次经过小路来回奔跑的童年
却
清晰如昨

第一章
自然的营养

他何以形成这样的风格?

因为他深受过自然的影响。

从安藤，

以及他的建筑理解，

可见，

自然，

已经深入了他的骨髓。

我也是通过安藤，

以及他的建筑，

第一次如此深刻地体认到，

自然，

原来有如此柔韧的力量，

可以这样深远地影响一个人的品性、价值观，

及至整个人生！

安藤忠雄[①]的建筑理解

对于建筑设计，我一直持有敏感。

一则，应该是出于秉性。

刚刚工作的时候，在单位逼仄的老楼上，分到了一间单人宿舍，小，暗，旧。自己珍惜地精心布置，要来别人家用旧的地毯铺上，到裁缝店定制成套的棉布印花床罩、被套和窗帘，再用一件手打的板材书柜做隔断，虽然极其简陋，但是洁净温暖。

90 年代末，有了第一套房子。请来装修队伍，大兴土木。自己翻找大量家居杂志，四处拼接、描摹，自行定下了田园风格：原木顶的餐厅、书房、阳台，餐厅的储酒格，小房间的榻榻米，客厅和餐厅之间青砖砌起的矮墙，都经自己口述，工人画图，再施工完成；客厅的壁炉更是从怎么运用木线条到整体造型，都是自己一连几天蹲在现场和木工一边讨论一边制成的……最终，整个家充满木色的朴素、舒适和放松，有朋友家装时干脆就此复制。

前些年，装修现在的家的时候，我和设计师一起探讨设计理念，从整体到细节，一起确定方案，尤其大胆地提出将客厅的主墙设计成内嵌式的书架，设计师调侃“书是最便宜的，放在客厅太寒碜了”，我坚持己见。完成以后，客厅整堵墙的书，连着开放式书房中的整排书柜，尤

---

① 安藤忠雄，当今最为活跃、最具影响力的世界建筑大师之一，是一位从未接受过正统的科班教育、完全依靠本人的才华禀赋和刻苦自学成才的设计大师。在 30 多年的时间里，他创作了近 150 项国际著名的建筑作品和方案，获得了包括有建筑学界诺贝尔奖之称的普利兹克奖等在内的一系列世界建筑大奖，其作品和理念广泛进入世界各个著名大学建筑系，成为年轻学子追捧的偶像。

见书卷的气势，加之简练、现代的家居风格，还很有时尚的感觉。后来，设计师在自己家里也做了这样的处理。过程中，我和设计师也成了挚友。她总说，我具备设计从业的很好资质——我并不懂设计专业，我只是关心家居一定是要能够尊重主人的心意，表达主人的风格和生活态度，这样，主人居其中，才会心生爱恋，热爱生活，这应该是天赋秉性的直觉。

二则，是深受梁思成①和林徽因②夫妇的影响。

我很倾慕梁思成和林徽因夫妇。

30 年代，金岳霖③题“梁上君子、林下美人”的对联赠于梁思成和林徽因。君子梁思成和美人林徽因，都是名门之后，经历繁华，一个内敛、敏锐、深厚、刚毅，一个集过人的美丽、才华和炽热的感情于一身，

---

① 梁思成，梁启超之子，中国著名建筑学家和建筑教育家，是中国建筑教育事业的开拓者和奠基者，也是新中国首都城市规划工作的推动者。

② 林徽因，建筑学家、作家，为中国第一位女性建筑学家，同时也被胡适誉为中国一代才女。30年代初，与夫婿梁思成用现代科学方法研究中国古代建筑，成为这个学术领域的开拓者，后来在这方面获得了巨大的学术成就，为中国古代建筑研究奠定了坚实的科学基础。她的文学著作包括散文、诗歌、小说、剧本、译文和书信等，其中代表作有《你是人间四月天》等。在林徽因的感情世界里有三个男人：一个是梁思成，一个是诗人徐志摩，一个是学界泰斗金岳霖。

③ 金岳霖（1895—1984），中国当代哲学大家，中国的逻辑学之父。对林徽因的至情深藏于一生，终身未娶，至死不悔。一次，林徽因哭丧着脸对梁思成说，她苦恼极了，因为自己同时爱上了两个人，不知如何是好。林徽因对梁思成毫不隐讳，坦诚得如同小妹求兄长指点迷津一般。梁思成自然矛盾痛苦至极，苦思一夜，比较了金岳霖优于自己的地方，他终于告诉妻子：她是自由的，如果她选择金岳霖，祝他们永远幸福。林徽因又原原本本把一切告诉了金岳霖。金岳霖的回答更是率直坦诚得令凡人惊异：“看来思成是真正爱你的。我不能去伤害一个真正爱你的人。我应该退出。”从那以后，他们三人毫无芥蒂，金岳霖仍旧跟他们毗邻而居，相互间更加信任，甚至梁思成林徽因吵架，也是找理性冷静的金岳霖仲裁。1955年4月2日，在林徽因的追悼会上，金岳霖题写挽联“一身诗意千寻瀑，万古人间四月天”。林徽因死后多年，一天，金岳霖郑重其事地邀请一些至交好友到北京饭店赴宴，众人大惑不解，开席前他宣布说：“今天是林徽因的生日！”顿使举座感叹唏嘘。暮年时，有人请金岳霖给林徽因的诗集再版写一些话，他说：“我所有的话，都应该同她自己说，我不能说，我没有机会同她自己说的话，我不愿意说，也不愿意有这种话。”

他们的挚友费正清[①]曾经这样概括他们："在我们历来结识的人士中，他们是最具有深厚的双重文化修养的。因为他们不仅受过正统的中国古典文化的教育，而且在欧洲和美国进行过深入学习和广泛的旅行。这使他们得以在学贯中西的基础上形成自己的审美兴趣和标准。"就是这样的君子、美人，成为了中国建筑学术的先行，且都既耐得住学术的清冷和寂寞，又受得了生活的艰辛和贫困，始终不渝地关怀祖国。抗战时期，他们一贫如洗，疾病缠身。当时，林徽因身患肺结核，梁思成则因青年时代的一次车祸的后遗症而使脊椎受伤，他们却仍不顾一切地在穷乡僻壤、荒寺古庙中不惮艰辛地考察古建筑，在极端艰苦的条件下致力于学术研究。其时，美国请他们夫妇去讲学，美国的朋友也劝他们到美国去工作并治病，他们说："我的祖国正在灾难中，我不能离开她；假使我必须死在刺刀或炸弹下，我要死在祖国的土地上。"[②]

我曾先后读过《梁思成、林徽因与我》《林徽因与梁思成》《莲灯微光里的梦——林徽因的一生》[③]《林徽因》[④]《细香常伴月静天——林徽因传》[⑤]《建筑宗师梁思成》[⑥]等关于他俩的多种版本的传记，沉浸其中。每每认为，林徽因是迄今为止自己心目中最为优秀、最具风华的女性，她的美丽，她天成的艺术家气质，她坚贞的科学精神，她段段佳话的感

① 费正清，美国最负盛名的中国问题观察家，美国中国近现代史研究领域泰斗，致力于中国问题研究长达50年。1932年初，费正清来华，一面进修汉语，一面在清华大学进行研究工作，其时，他和夫人费慰梅，共同结识了梁思成和林徽因夫妇，成为终身的挚友。

② 林洙. 梁思成、林徽因与我[M]. 北京：清华大学出版社，2004：152.

③ 陈学勇著，人民文学出版社2008年出版。

④ 张清平著，百花文艺出版社2002年出版。

⑤ 林杉著，国际文化出版公司2011年出版。

⑥ 林与舟著，湖南师范大学出版社2011年出版。

情世界，她全部的精神气质，无一人可以比拟；每每认为，梁思成堪称人格的典范，他对感情、对家庭、对学业、对事业、对党、对祖国的赤子之心，无与伦比；每每认为，他们情笃的婚姻、纯粹的人生、高尚的情操，真是给自己提供了一种心神向往的人生范式——也因为对他们的热爱，自然有了对建筑的关心，所谓爱屋及乌。

因为以上的缘故，我总是对建筑设计，多有留意。但凡和家居设计有关的时尚读物，总是逢见必买。也常常收集一些关系建筑的书籍，包括一些建筑家的传记，而且喜欢去找一些很有设计风格的商家、酒店，或者其他建筑，流连观望。出去旅游的时候，也总是对当地的建筑格外关注，有时，意外发现一些很有设计心意的所在，总是特别欣喜。而每次到北京，眼过恢宏的紫禁城，总会想起梁林夫妇在明清古城墙拆毁时曾经抚砖痛哭，为了挽救四朝古都仅存的完整牌楼街，林徽因甚至曾指着时任北京市副市长吴晗的鼻子大声谴责："你们真把古董给拆了，将来要后悔的！即使再把它恢复起来，充其量也只是假古董！"[①]——建筑，真的堪比史书！

然后，遇见了安藤忠雄。

---

① 1953年5月，北京市开始酝酿拆除牌楼，对古建筑的大规模拆除开始在这个城市蔓延。为了挽救四朝古都仅存的完整牌楼街不因政治因素而毁于一旦，梁思成与吴晗发生了激烈的争论。由于吴晗的言论，梁思成被气得当场失声痛哭。其后不久，林徽因与吴晗也发生了一次面对面的冲突，同济大学教授陈从周回忆道："她（指林徽因）指着吴晗的鼻子，大声谴责。虽然那时她肺病已重，喉音失嗓，然而在她的神情与气氛中，真是句句是深情。"牌楼今日早已随着文化浩劫一同烟消云散，但林徽因当日的金刚怒吼，必将永远环绕在每一名具有良知血性的中国学者心头。

安藤忠雄，是日本著名的建筑师。

我被他吸引，首先是因为一座叫“住吉的长屋”[①]的建筑。

住吉的长屋，由安藤忠雄设计，在只有43平方米的地基上建成，正面宽两间的混凝土厢式结构，房屋内外、墙壁和天花板，都是清水混凝土的表面，并把狭小的空间分成三等分，中间的部分不加天花板，当作中庭使用。也就是说，如果从一间房到另一间房，就必须先出门到外面，如遇下雨天，去卫生间还要打伞，同时，屋里还没有冷暖气的设备。

安藤忠雄从小住的，就是和住吉的长屋一样的典型长屋住宅。虽然称不上是居住质量佳的房子，但是因为有了西向的后院，保有了最低限度的通风和采光，在闷热的夏日傍晚，感受晚风吹过的清凉，或呆望着黄昏时分从后院流泻而入的短暂时光——这是虽然贫穷，但顺应四季变化而享受到的生活乐趣。所以，他认为“让生活融合在自然中才是住宅的本质，如果为了满足业主需求，只需充实房屋功能就好，那就只能盖出无趣的家了”。为了可以在生活空间中最大限度地体会自然严峻与温柔的变化，他才在设计中牺牲了方便的选项。他觉得，冬冷夏热是理所应当的自然现象。在住吉的长屋中，冷的话就多穿一件衣服；要是热，就脱一件衣服。天冷的时候，先生说“冷啊”，太太也会说“冷啊，怎么办呢”，接着两个人就会开始对话，并思考着该怎么办，理解“忍耐”，承受“不便”，其实是和整体幸福联系在一起的，这样“不依赖物质也能享有丰饶的生活”[②]。

---

① 长屋，日本大阪普通的一种住宅形式，其特点是以狭长、严格对称、一般是两间的宽度为一户，然后连着排列开来。住吉的长屋，位于大阪住吉区的一条老街上，此处的人口密度在第二次世界大战前已经达到饱和状态，后来，由于大量旧建筑的更新，大都改建成了独家独户的组装式住宅或集合式住宅。

② 30年后的今天，住吉长屋的业主夫妇仍然和刚刚完工时一样，以不变的生活方式继续住在那里。在安藤看来，这意味着，住吉的长屋足以说明“不依赖物质也能享有丰饶的生活。”

对此，我特别感动。是什么样的一个人，作为一个建筑家，会有这样很细腻生活、自然入微的建筑情怀？

我查找了很多资料，并阅读了《边走边思考——安藤忠雄的建筑人生》《建筑家安藤忠雄》[①]等书，随之进入了一个特别有个性，特别关怀自然的建筑世界。

安藤忠雄的建筑风格静谧而明朗，注重人、建筑、自然的内在联系。[②]安藤认为与自然共生的住吉的长屋，是自己所有建筑的原点，自己后来所有作品的理念，几乎都已经在住吉的长屋中进行过思考。

他何以形成这样的风格？

因为他深受过自然的影响。

小时候的安藤，放了学就到外尽情地玩耍，随意地探索游戏。要是去钓鱼，就不断地思考是钓鲫鱼还是鲤鱼，再反复思考哪种鱼饵最好；要是去捉蜻蜓，就考虑怎样的捕捉方法最好，由此学会了与自然的相处之道，也体验了进入危险的地方就会尝到苦头的感觉。安藤认为，自己小时候这种钓鱼或捉蜻蜓等户外娱乐的经历，对自己思考设计与大自然共存的建筑是很有帮助的。

20 岁的时候，安藤进行了一次环游日本的旅行。[③]旅程中，“我得到

① 两书中译本均由中信出版社出版。

② 安藤忠雄的很多作品，诸如让京都的水岸空间再度重生的 TIME'S；设计时决定高度不超出榉木行道树的表参道之丘；水泥墙面与水畔风景合二为一的本福寺水御堂；只靠自然光线采光的织田广喜美术馆；所有建筑都埋藏在地下的地中美术馆；在一面墙上开了一个十字形的洞而营造了特殊的光影效果的光之教堂，包括“住吉的长屋”，都体现了他这样的建筑风格。

③ 1963 年，安藤忠雄宁可节衣缩食，也要去搜购外文书与外文杂志，即使看不懂外文，只要翻翻书页，也能感受到时代的风潮，因为逐渐体会到建筑世界的广阔，就开始想亲自去体验建筑的空间。此行，他从大阪渡船到四国，绕到九州岛、广岛，然后北上，前往东北和北海道，主要目的就是遍览日本近代建筑巨擘丹下健三的建筑。

了超乎预期的感动；另一方面，散见各地的古老建筑，尤其是白川乡、飞驿高山当地传统民家的住宅，深深吸引着我。人们的生活在空间中具体成形，又与自然融为一体，形成难以撼动的风景。由日常生活所需而形成的丰富造型，与新时代建筑截然不同，让我感受到了静谧的感动”①。

随后，他又进行了第一次世界环游。②这次旅行中，他看到芬兰的建筑，在严苛的自然环境中，彻底排除了所有累赘，同时将美丽的光线与生活上的体贴等充沛的要素融入其中；他也生平第一次看到了地平线与海平面；他乘坐火车，看到了西伯利亚铁路上沿途绵延不断、一成不变的平原风景；他航行印度洋，体验到四面八方的空间全是一片汪洋，领悟地球风貌而得到的感动③；他看到印度的恒河中，火化的遗骸在沐浴的人们身旁顺水流过，人类生死交错，领悟到自己存在的渺小……这次旅行，让安藤忠雄不仅看到了建筑，感受到人的欲望，还近距离接触到大自然的美景，得到了宝贵的经验，这些成了他此后人生中无可取代的财产，也深刻地影响了他的建筑人生。

安藤说，以前，自己通过和周围的孩子玩或者和别人来往，和花草、

---

① 安藤忠雄．建筑家安藤忠雄[M]．龙国英，译．北京：中信出版社，2009：44.

② 1964年，日本开放一般国外自由观光不久，安藤忠雄决定去学习国外的建筑，那时既没有旅游指南，亲友中也没有人有国外观光经验，出发时，大家都觉得他“再也回不来了”。此行，安藤忠雄从横滨搭船到纳霍德卡，转乘火车经西伯利亚铁路前往莫斯科，从莫斯科到芬兰、法国、瑞士、意大利、希腊，再到西班牙，最后从南法的马赛搭MM线客货两用船绕经非洲的开普敦，再到马达加斯加、印度、菲律宾之后回国，为期7个月，几乎耗尽所有积蓄。

③ 安藤忠雄认为，如果像现在搭乘飞机移动两地，已经无法亲身体验这种感动，更是连考虑问题的时间都没有了。所以，在事务所里他经常让大家“走起来”，有时夜深了没有电车，他就会建议大家“走着回去”。有一次，在他的建议下，一些实习生差不多花了8个小时，从大阪走回到京都，多年以后，这些实习生说：“学生时代记忆最深刻的，就是花一晚上从大阪走回京都去。”安藤认为，在黑暗中漫步，看着太阳慢慢升起，可以有生存于世的真切感觉，同时，走在路上的时候自然会思考一些问题，有时会想“人生就这样下去好吗？”等等，于人特别地有意义。他的这些见地和此次旅程不无关联。

猫、狗等生物共同生存，懂得有生命的东西终会慢慢变老，因此，他会认为建筑师这种职业，对人类和社会要有爱，才能造好建筑。

……

因为和自然的息息相通，所以，在他的建筑中始终做到以自然为必备的要素，而且，总以此带给大众清澈、纯净的震动——从安藤，以及他的建筑理解，可见，自然，已经深入了他的骨髓。我也是通过安藤，以及他的建筑，第一次如此深刻地体认到，自然，原来有如此柔韧的力量，可以这样深远地影响一个人的品性、价值观，及至整个人生！

我也很庆幸自己因为秉性，因为有梁林夫妇的引领，而有了对建筑的敏感，使得自己有机会获得对自然这样深切的认识。从此，也常常让自己在一些思想困顿、虚弱的时候，总是能够回到自然，在自然的广袤、朴素而原始中，获得振作的力量。

他们的生命，

因为受馈于自然，

可以这样舒展，

泰然，

恣意，

自成一格，

因为自然始终是密封在他们生命里的“酵母”，

只待时间过去，

越翻腾，

越绚丽。

我们应该怎样向自然致意，

才也可以以它为酵母，

发酵出自己人生的盛宴，

回馈自己终于可以成为

虽然渺小，

但是强壮的，

自然的子民？

林语堂[①]和谭盾[②]的“酵母”

酵母，是发酵原。

在英文中，发酵（fermentation）这个词是从拉丁语 fervere 派生而来的，原意为“翻腾”，描述酵母作用于果汁或麦芽浸出液时的现象，形象而生动。

在酵母的作用下，食物翻腾，而后变化了味道和质地。于是，米饭变成米酒，牛奶变成酸奶，还有我们早上的面包、午后的普洱、晚餐的红酒等，都是这样发酵而成——只要材料具备，密封等候，时间过去，酵母，就会回馈出大自然这样千变万化的神奇、健康和美妙。

人生，也宛若始自“酵母”发酵而成的一场盛宴。

林语堂先生是农家的儿子，长于秀美的闽南坂仔山陵，童时的居处，

---

① 林语堂（1895—1976），著名作家、学者、翻译家、幽默大师。一生著述颇丰，在文学、语言学、历史和中外文化交流等众多领域都取得了巨大成就，影响极为广泛，在国际上享有文化使者的美誉。林语堂热爱家乡，在他的自传和许多著作中一再提到家乡，满怀深情地描绘家乡的山光水色和风俗人文。他在 76 岁时写的《我的家乡——漳州》中说：“我经常思念起自己儿时常去的河道，听河水流荡的声音，仰望高山，看山顶云彩的变幻。”

② 谭盾，著名作曲家、指挥家，以创新著称，被誉为东方的马可·波罗和中国的文化名片。出生于湖南长沙丝茅冲，曾在湖南乡下种田当农民，后进入湖南京剧团任演奏员。此后，逐渐深入音乐殿堂，赢得当今包括格文美尔古典作曲大奖、格莱美大奖和奥斯卡最佳原创音乐奖等最具影响的各大音乐奖项。约翰·凯奇（John Cage）评价他：“在欧洲或西方音乐中很少听到音乐作为一种自然之声的存在。因此，在我们的音乐中能听到人类在与自己对话。明显存在于谭盾音乐中的是那些我们置身其中而又久所未闻的自然之声。在东、西方将连成一体，成为共同家园的今天，谭盾的音乐正是我们所必需的。” 武满彻（Toru Takemitsu）说：“谭盾虽属于年轻一代的作曲家，但他那独特的个性及音乐的深度已在音乐史上留下了深深的足迹，他的音乐有着厚重的历史感和宏大的中国传统精神。他宽阔的音乐想象力，常常令人钦佩不已。在他的音乐里，我们听到了人类灵魂的声音。我确信，可以把他称为当代最杰出的作曲家之一。”

有山，有水，有农家生活，与自然有密切的接触。那时，家里有一眼井，屋后有一个菜园，早晨由父亲召集在此诵读，然后儿女们各人都分配有一份家庭劳作：女儿们负责做饭洗衣，每天下午，还要由屋后空地拿进来洗净晾干的衣服做好整理；儿子们负责扫地和清除房屋，还要从井中汲水，倾在一小沟而流到菜园小地中，灌溉菜蔬；除此以外，大家就会走到四面环绕着一起一伏的山陵的禾田中或河岸边，远望日落奇景……有时，夜里坐船，沉沉夜色中，两岸是看不绝的山景、禾田，与村落农家，晦冥的远景，掩映可见的对岸的灯光，口衔烟管、吞吐自如的船家，远处的箫声，水上的微波乘风，就如一幅天然的图画……在林语堂看来，这些，真是自己一生中最甜美的时光，“童年时这种与自然接近的经验，足为我一生知识的和道德的至为强有力的后盾”①。

林语堂对人生的态度与哲学，很能佐证他的这一说法。

他认为，大自然本身就是一间疗养院。在大自然的背景里，人类可以意识到自己的位分，认识到自己的渺小，去除掉许多愚蠢的野心和不必要的烦恼。其中，静默的山峰，静默的石头，静默的树木，都有精神治疗的力量。

他觉得，自己和草木为友，和土壤相亲，自己的灵魂很舒服地在泥土里蠕动，就已心满意足，很快乐。“当一个人悠闲陶醉于土地上时，他的心灵似乎那么轻松，好像是在天堂一般。事实上，他那六尺之躯，何尝离开土壤一寸一分呢？”②

他强调，自己一些健全的观念和简朴的思想，完全受之于童时的那些山陵。“那些青山，如果没有其他影响，至少曾令我远离政治，这已

---

① 林语堂. 人生不过如此[M]. 西安：陕西师范大学出版社，2007：3.

② 同上，第 1 页。

经是其功不小了……如果我会爱真、爱美，那就是因为我爱那些青山的缘故了。如果我能够向着社会上一般士绅阶级之孤立无助、依赖成性和不诚不实而微笑，也是因为那些青山。如果我能够窃笑踞居高位之愚妄和学院讨论之笨拙，都是因为那些青山。如果我自觉我自己能与我的祖先同信农村生活之美满和简朴，又如果我读中国诗歌而得有本能的感应，又如果我憎恶各种形式的骗子，而相信简朴的生活和高尚的思想，总是因为那些青山的缘故。”[①]

——或者，在于这位卓著的学者，自己童时所有亲密过的、包括青山在内的一切自然，就成了自己的“酵母”，一生都只是因此而“翻腾”。

我特别热爱他塑造过的一个人物——姚木兰[②]。姚木兰，才貌双全，而且天性活泼，生气充沛，又有逍遥、自由而不强求的品格，在大时代的沉浮动荡中，胸襟开阔，不退缩，不逃避，凛然，坚毅，有古代代父从军的木兰般的英气和信义。眼看姚木兰从富家生长享用一切物质的安适，后变为村妇，过幽雅山居的生活，及最后变为普通农民，成为忍苦、勇敢、伟大的民众中的一分子，洗尽铅华，归于最朴素，我由衷击节。

林语堂曾说：“若为女儿身，必做木兰也！”其实，姚木兰的身上是集中了他自己的人性理想：爱，忍耐，宽恕，舒展，朴素，自新，仿佛包容万千、生生不息的自然——显然地，他的这一人性理想，也是经由了“自然”这一酵母翻腾而成。

---

① 林语堂. 人生不过如此[M]. 西安：陕西师范大学出版社，2007：4.

② 小说《京华烟云》中的主人公。书中姚木兰出生在民国时期北京的一个书香门第，性格深受其父亲的影响但又不失独立，在抗日战争期间表现出英勇、坚韧、善良的精神。

通过电影，我知道了音乐家谭盾。

在李安[①]的《卧虎藏龙》[②]中，谭盾做了一部大写意的武打片音乐，融合马友友[③]的大提琴和中国胡琴进行演奏，营造出黯淡的空间，倾泻出忧伤而深沉的情绪，如泣如诉，又在委婉连绵中夹杂着粗犷奔驰的震撼，直至尾音中，大提琴声渐渐隐去，绕梁余音，江湖的意味深长、爱恨情仇强烈地拉扯住了人心，表达出了深入到内心的武打感觉。

在张艺谋的《英雄》[④]中，谭盾抱持北方大地的情怀，做出粗犷、沧桑、浪漫的声音，营造出近乎完美的、阳刚的、幽谷的音乐感受。其中，他把小提琴扭低了八度[⑤]，使得琴声好像发自几千年前的古弦子，表现出了嘶哑的蒙古长调的幽野、苍凉。有一段打击乐，他让所有打击乐手用指甲在鼓上面滑动，将滑出来的声音跟水的声音糅合在一起，于是，鼓声、叶子飘舞的声音、手指轻扬划破空气的声音齐上，让人在刀

① 李安，台湾著名导演。2000 年，执导《卧虎藏龙》获第 73 届奥斯卡金像奖最佳外语片奖，成为迄今唯一获此殊荣的华语电影。2006 年，执导《断背山》荣获第 78 届奥斯卡金像奖最佳导演奖，也是目前唯一获此殊荣的华人导演。演员李连杰曾经问李安：你为什么要拍动作电影？李安回答说：穷文富武……你拍文艺片，最多 100 万美金就能拍，拍动作片，最少 500 万到几千万美金才能拍，那作为导演来讲，当然是越多的资金在手上，越可以展示他的世界。这样的解释方法，让李连杰觉得非常有哲理，非常奇妙，也很有意思。

② 在第 73 届奥斯卡金像奖中，《卧虎藏龙》的音乐获得“最佳原创音乐奖”。

③ 马友友，大提琴演奏家，法国出生的华裔美国人，曾获得多座格莱美奖，为多部电影音乐配乐，包括李安导演的《卧虎藏龙》等。评论家认为马友友“无所不奏”，比一般的古典音乐家更为兼容并蓄。

④《英雄》2002 年上映，是中国最具争议的电影之一，开启了中国电影的“大片时代”。

⑤ 谭盾觉得张艺谋非常自信，也非常有艺术的手段。比起张艺谋在电影上实现理想的手段，他自己在音乐上实现理想的手段同样高明，而且大胆。在制作《英雄》的音乐时，张艺谋想听到那种沧桑，他问谭盾：“你用什么表现？”谭盾轻松地说：“我把帕尔曼那把小提琴给调低八度。”虽然没能动爱琴如命的帕尔曼的名琴，但任何一把浪漫的小提琴经他这样一调，就带上了嘶哑的蒙古长调的灵魂。

光剑影中感觉一种比声音更安静的声音。

在冯小刚的《夜宴》[①]中，谭盾让郎朗[②]用最低音区打击钢琴，用完全是重金属声音的音区，表现出清冷的、梦境的声音，传达出一种诗化的、深刻的孤独……

如此，三个导演电影中的江湖已经不再记得，谭盾的音乐却深入了心。

谭盾的音乐，远不止于此。

有一天，他站在上海水乡朱家角的河上，听到和水乐堂隔河相望的圆津禅院的僧人的吟唱，仿佛有天人合一的幻觉，他就决定以河流当琴弦，把建筑当乐器，创作了《水乐堂·天顶上的一滴水》[③]，演出的时候，把河水引进屋里，再流出去，同时引出彼岸禅院的禅颂，让观众和演出者犹如获得洗心的经历。

在《禅宗少林·音乐大典》[④]中，他去山里寻找很好的石头，寻找干枯的朽木，做成木鼓、木鱼，演出时，演员手上的乐器都是石头、木头做的，开始的第一个乐音，就是用嵩山石头敲出来的鸣响，然后将之与水声、风声、林涛、虫鸣等自然界的声响组合在一起，山谷共鸣，仿佛天籁，直指心性，表达出对自然的吟诵，对生命的眷爱，对万物的礼

---

①《夜宴》2006年上映。该片根据莎士比亚名剧《哈姆雷特》改编，故事背景是中国的五代十国时期，围绕宫廷斗争讲述权力、爱情、死亡的主题。

② 郎朗，国际著名钢琴家。

③ 朱家角，是距上海40公里的一个江南小镇。2011年5月13日，谭盾的创意之作《水乐堂》在此地上演。包括：序 天顶上的一滴水；第一幕 禅声与巴赫；第二幕 水摇滚；第三幕 弦乐四重奏与琵琶；第四幕 四季禅歌。

④《禅宗少林·音乐大典》，全球最大的山地实景演出，谭盾担纲艺术总监和音乐原创。演出分为《水乐》《木乐》《风乐》《光乐》《石乐》五个乐章，演出规模宏大，音画一体，直指禅性，每天晚上定时演出，成为中原文化旅游的一大亮点。

赞。在《鸟乐》[①]中，他干脆邀请鸟走进乐队“演唱”，完成了人与大自然、鸟类的音乐对话。

他曾经插队务农，那时候，天天闻泥土、听泥土，在泥土里种粮食、种蔬菜、种瓜果，天天盼望着丰收，期盼着泥土带来更多的希望。这样的经历给了他深刻的影响，他因此创作了《陶乐：大地之声》[②]，借泥土做乐器，奏出对大地的感恩。

谭盾把自己对音乐的理解和创造都归结于小时候在自然中奔跑的自己。从小，他生活于长沙郊区，习染湘西文化，农田菜地，奇怪的丘陵，河边洗衣服的堂客们的打水、唱歌、闲话，仿佛高山流水的山歌，看不完的红白喜事，赤着脚跟着乐队跑的孩子，只要能发声就成了乐器的锅碗瓢盆——这一切，就是自己音乐以及生命的根。他自己总在想小鸟和小提琴有什么关系，昆虫、老虎、大象和电脑有什么关系，松树和京韵大鼓有什么关系，“我的音乐就是跟自然对答……就是给山水听的，就是给松柏听的，就是给风云听的”[③]。

原来，这个把千年积累沉淀的中华音乐一步步融入了世界音乐殿堂

---

①《鸟乐》，渗透着天人合一的哲学，演奏形式也颇具仪式感。演奏时，乐手缓缓站起，各自提起鸟笼，笼中的画眉鸟自由、随意的叫声与人声相呼应，让观众仿佛置身于山林，营造了人与自然沟通、人与鸟对话的神奇意境；二胡、琵琶、唢呐、扬琴，各种乐器也随即加入到这场纯净、自然的和鸣中，现场万鸟齐鸣欢唱；然后，谭盾转身指挥全场观众用口哨模仿鸟叫，和鸟儿一起合唱；最后，人声、乐声、鸟声同时响起，烦躁欢腾后再一切归于宁静。据悉，谭盾花了10年时间才悟出了这首百人即兴的音乐环保作品。谭盾认为，鸟讲话是起承转合、喜怒哀乐、悲欢离合，有飞翔有梦想，存在它的思考和表达。他说：“从当初的空山鸟语、百鸟朝凤，我们的国乐就是从自然开始的。新时代的国乐一定要像当代对待国学那样，成为中国音乐的灵丹妙药。中国音乐往何处去？灵丹妙药就是回归自然。”

②《陶乐：大地之声》，是谭盾的有机音乐三部曲之一，另外还有《水乐》《纸乐》。

③ 2003年12月8日，央视《面对面》节目访谈中，记者提问谭盾：你看重你作品的是什么？是看重它的影响力还是看重它的音乐意义，还是看重你所讲的这种人文价值？谭盾回答：都有，因为作为一个艺术家，它不像纪康的时代，也不像竹林七贤早期，我的音乐就是跟自然对答。我的音乐不要任何人听，我的音乐就是给我自己听，就是给山水听的，就是给松柏听的，就是给风云听的。

的音乐家，他所有走过的寻音之路，都是因为体内总有“自然”这一发酵原在不休不止地翻腾。

我由此对自然敬畏。

我们有过多少机会，接受过多少草木、繁花、轻风、流水、飞鸟、走兽、霹雳、星空等自然生息的泽被？作为自然苍生，我们已经有多久以来一直被水泥、高楼、电子、机器等非自然的物质所遮蔽？我们还有没有能力回到朴素的自然？我们还可不可以像婴孩一样依偎到自然的怀中，重新生长？

仿佛林语堂，以及谭盾，他们的生命，因为受馈于自然，可以这样舒展，泰然，恣意，自成一格，因为自然始终是密封在他们生命里的“酵母”，只待时间过去，越翻腾，越绚丽。

——我们应该怎样向自然致意，才也可以以它为酵母，发酵出自己人生的盛宴，回馈自己终于可以成为虽然渺小，但是强壮的，自然的子民？

他在这里，
把自己整个交给自然，
进行着人生的探索、批判和振奋，
以寂寞而纯洁的瓦尔登湖为参数，
测出了自己天性的深浅，
洞彻了人生的更高原则。

它以稀世而珍贵的自然的力量，
赐给梭罗这样不朽的智慧，
以使得穿越一百五十多年的时光，
它还像那千年不变的甘洌的湖水一样，
沁人心脾，
让人只到达了一次，
就永志不再忘记：
寂寞而繁茂的自然，
总在注视着并施恩于宛如虫豸的你我。

寂静的《瓦尔登湖》[1]

好的书，总是能够给人以巨大的精神洗礼。

《瓦尔登湖》，就是如此。

瓦尔登湖[2]，是一个明亮的深绿色的湖，居于森林的中央，岁月悠久，深邃清澈，仿佛隐士一样，含蓄而自尊，神奇而纯洁。

它的水是透明的，水波明净得出奇，湖中的水族，都和自己生长在其中的水一样明亮而无垢，没有任何红尘的沾染。它的沿岸很不规则，一个个岬角相互交叠，岸边的每一棵树木都伸着强劲的枝丫尽力地向水边扩展，水洗湖岸，清洁，美丽。它的声息丰富却宁静：钟声，柔微甜美，仿佛是自然的旋律；黄昏的牛叫，仿佛游唱诗人的歌喉；夜鹰晚祷，叫枭叹息，猫头鹰嗥叫，潜水鸟哗笑，狐狸夜吠，此起彼伏，仿佛协奏。它只有很少的生物，不多的鱼，稀少的水草，零星飞禽爬兽，因而最大可能地免于了人的打搅，只是自己寂寞地繁茂着，最久地保持着自己的纯洁，稀世而珍贵。

在这稀世而珍贵的瓦尔登湖畔，梭罗[3]就地生活了两年两月。

在其中，他自己动手搭建房子，并在房子周围种豆、萝卜、玉米和

---

①《瓦尔登湖》，著名散文集，美国作家亨利·戴维·梭罗所著，出版于 1854 年。梭罗在书中，详尽地描述了他在瓦尔登湖湖畔，度过两年又两月的生活以及期间他的许多思考。梭罗研究专家哈丁（Walter Harding）曾说，《瓦尔登湖》内容丰厚、意义深远，它是简单生活的权威指南，是对大自然的真情描述，是向金钱社会的讨伐檄文，是传世久远的文学名著，是一部圣书。

② 在美国马萨诸塞州东部康科德城的南面，占地 64 英亩。

③ 亨利·戴维·梭罗（1817—1862），美国文化巨匠，“简朴生活”的宗师，提倡回归本心、亲近自然，这种思想不仅深深地影响了美国文化，也为整个世界带来了清新长风。梭罗是崇尚实践的朴素的唯物主义者，他投入林中，并非存心抵制现代文明，而是希望通过自己的实验，告诉人们不要为繁杂纷乱、光怪陆离的商品社会所迷惑，失去了生活的方向和意义。他用自己在瓦尔登湖的实践向世人证明了一个现实，即人们的确将生命的意义颠倒了。

马铃薯，然后拿这些到村子里去换大米，每年劳动六周，其余时间都用来阅读和思考，完全靠自己的双手生活。他把生活压缩到了最低的条件里，然后，发现，“一个人如果要简单地生活，只吃他自己收获的粮食，而且并不耕种得超过他的需要，也不必餍足地交换更奢侈、更昂贵的物品，那么他只要耕几平方的地就够了……而一切农场上的必要劳动，只要他夏天有空闲的时候略略做一做就够了；这样他就不会像目前的人们那样去和一头牛，或马，或母牛，或猪猡，捆绑在一起”，“要得到一个人所必需的食粮也极少麻烦，少到不可信的地步；而且一个人可以像动物一样地吃简单的食物，仍然保持康健和膂力……然而，人们常常挨饿，不是因为缺少必需品，而是因为缺少了奢侈品”，“根据信仰和经验，一个人要在世间谋生，如果生活得比较单纯而且聪明，那并不是苦事，而且还是一种消遣”[①]。

在其中，他只与禽兽为邻，经常在没有打扰的寂寞与宁静之中，凝神沉思，只有太阳的升起落下，会提醒他时间的流逝。他觉得，“我在这样的季节中生长，好像玉米生长在夜间一样，这比任何手上的劳动好得不知多少。这样做不是从我的生命里减去了时间，而是在我通常的时间里增添了许多，还超产了许多……”[②]他也渐渐体认到，任何大自然的事物中，都能找出最甜蜜温柔、最天真和鼓舞人的伴侣，只有大自然，才能使人彻底健全、宁静、满足，“太阳，风雨，夏天，冬天——大自然的不可描写的纯洁和恩惠，他们永远提供这么多的康健，这么多的欢乐！对我们人类这样地同情，如果有人为了正当的原因悲痛，那大自然也会受到感动，太阳暗淡了，风像活人一样悲叹，云端里落下泪雨，树木到

---

① 梭罗．瓦尔登湖[M]．徐迟，译．上海：上海译文出版社，2011：60，67，68．

② 同上，第 125 页。

仲夏脱下叶子，披上丧服，难道我不该与土地息息相通吗？我自己不也是一部分绿叶与青菜的泥土吗？”[①]

在其中，他一心一意地种豆，每天，在晨露中弄泥巴，在太阳直照下除耨、培土，因为没有牛马、雇工或小孩的帮助，也没有改良的农具，他的进度特别的慢，也因此跟豆子特别亲昵……他感受到，“当我的锄头叮当地打在石头上，音乐之声传到了树林和天空中，我的劳役有了这样的伴奏，立刻生产了无法计量的收获”[②]。

在其中，他渐渐找到了诸如 “社交往往廉价”、“最快的旅行是步行”、“大错都是自己铸成的”、“要不改初衷，终生努力”、“不要找新花样，无论是新朋友或新衣服，来麻烦你自己。找旧的，回到那里去，万物不变，是我们在变”、“只有真理，永不破敝” 等规律。[③]

总之，这两年两月，他在这里，把自己整个交给自然，进行着人生的探索、批判和振奋，以寂寞而纯洁的瓦尔登湖为参数，测出了自己天性的深浅，洞彻了人生的更高原则。

……

这些原则，动人衷肠。

我们身处的世界，这样热闹喧嚣，常常让人陷入期待与努力，每一次都以为“过了这一次，就好了”，事实上，每一次过了以后，下一次的期待与努力又已经紧跟而来，再一次开始“过了这一次，就好了”的幻觉，总是在马不停蹄的期待与努力中，怎么也“好”不了；再好的物

---

① 梭罗. 瓦尔登湖[M]. 徐迟，译. 上海：上海译文出版社，2011：154.

② 同上，第 176 页。

③ 同①，第 151、57、8、113、361、360 页。

质，买了，厌了，弃了，再买，再厌，再弃，就这样得来，又流去，再得来，再流去，无休无止，没有尽头……就好像《百年孤独》[①]中奥雷里亚诺·布恩迪亚上校[②]一样，征战无数，却越来越不知道为何而战；也好像书里活得最漫长的乌尔苏拉[③]一样，一次次重整荒废的家园，一次次重又腐朽破败归于徒劳，直至再也无暇也无力对抗。

梭罗说："我到林中去，因为我希望谨慎地生活，只面对生活的基本事实，看看我是否学得到生活要教育我的东西，免得到了临死的时候，才发现我根本就没有生活过。我不希望度过非生活的生活，生活是这样的可爱；我却也不愿意去修行过隐逸的生活，除非是万不得已。我要生活得深深地把生命的精髓都吸到，要生活得稳稳当当……以便根除一切非生活的东西……"[④]——瓦尔登湖，已经让他得如所愿。

他以他的所愿，提示我们完全可以取之简化，用朴素而正确的生活方式，抵御徒劳无功的挤压和侵蚀，将自己上升到更高级、更升华的生命中去。

这样的所向，动我衷肠。

---

① 《百年孤独》，是哥伦比亚作家加西亚·马尔克斯的代表作，也是拉丁美洲魔幻现实主义文学的代表作，被誉为"自《创世记》后值得全人类阅读的经典巨著"。《百年孤独》的故事，发生在虚构的马孔多镇，描述了布恩迪亚家族百年七代的兴衰、荣辱、爱恨、福祸，和文化与人性中根深蒂固的孤独，揭示一切始于无而又归于无，是拉丁美洲历史文化的浓缩投影。凭借《百年孤独》的巨大影响，加西亚·马尔克斯赢得了诺贝尔文学奖，奠定了世界文学大师的地位。诺贝尔文学奖颁奖辞说："加西亚·马尔克斯以小说作品创建了一个自己的世界、一个浓缩的宇宙，其中喧嚣纷乱却又生动可信的现实，折映了一片大陆及其人们的富足与贫困。"

② 奥雷里亚诺·布恩迪亚上校，《百年孤独》中何塞·阿尔卡蒂奥·布恩迪亚之次子，布恩迪亚家族第二代，以自由派的名义发动了32次起义，最后却遁入打造小金鱼的死循环中。

③ 乌尔苏拉，《百年孤独》中何塞·阿尔卡蒂奥·布恩迪亚之妻子，活了漫长的一百五十多年，执着于一次一次重整家宅，努力驱走荒芜、驱走冰冷、驱走孤独，一次次又眼看着家宅复于腐朽，直至死去。

④ 梭罗. 瓦尔登湖[M]. 徐迟，译. 上海：上海译文出版社，2011：101.

“最好的书能清楚地阐明你长久以来一直心有所感，却从来没有办法表达出来的那些东西……他比我们更了解我们自己。”[1]

“多少人在读了一本书之后，开始了他生活的新纪元。”[2]

寂静的《瓦尔登湖》之于我，就是如此。

感谢瓦尔登湖，它以稀世而珍贵的自然的力量，赐给梭罗这样不朽的智慧，以使得穿越一百五十多年的时光，它还像那千年不变的甘洌的湖水一样，沁人心脾，让人只到达了一次，就永志不再忘记：寂寞而繁茂的自然，总在注视着并施恩于宛如虫豸的你我。

“一个聪明人必须在不竭之源泉的大自然那里挖掘他的地窖。”[3]——愿大爱的自然，赐我们力量。

---

① 德波顿. 哲学的慰藉[M]. 资中筠，译. 上海：上海译文出版社，2004：3. 在此书中，德波顿针对与世不和、缺少钱财、受挫折、缺陷、伤心、困难六个不同的人生问题，以其特有的英国式的笔调引领我们进行了一次轻松的哲学之旅，典雅风趣，帮助我们走近苏格拉底、伊壁鸠鲁、蒙田、尼采、叔本华、拉斐尔等大师的精神世界，使我们发现，人生的悲苦、困顿和欲望引起的烦恼，都可以在哲学的智慧中找到慰藉。

② 梭罗. 瓦尔登湖[M]. 徐迟，译. 上海：上海译文出版社，2011：121.

③ 同上，第 110 页。

童年，

其实，

就是自己人生的底片。

它和自然联袂，

早早地给我着上了最纯正而坚固的底色，

所以，

后来的岁月中，

一切好的，

坏的，

奔流而过，

都在把我人生的正片，

越冲洗，

越鲜明。

走路上学

2011年。在丽江[①]。去泸沽湖[②]。

一路，一直都在山上盘旋。路，小，弯，都是石子，颠簸；山，高莽，惊心。五座山，盘旋了九个多小时，头晕得只能闭目，或者昏睡，但，只要睁开眼，无论何时，都是贴身而过的山林，青翠，峥嵘，还有黄浊的金沙江，仿佛藏龙穿山而过。车，仿佛就没有一刻直线地行驶过，有时，仿佛悬直了下坡，车上的人悬得都不敢叫出声；有时，往上冲了几次坡，又无奈地退回，人都下了车，踩着泥浆竭力地推；有时，被前路翻倒的车堵住了，焦灼中担心着自己车辆的命运。中途用餐，黑，乱，脏，所有的文明，土崩瓦解……就这样，惊心动魄，提心吊胆，又无可奈何地前行，挪移，终于，将近泸沽。

路，开始稍有平缓，路边的坡地上，间或有片片的马铃薯地，开放着小小的白花，在风中摇曳，很多的杂草、灌木，疯长。断断续续，有一些孩子，或者成群，或者三三两两，背着书包，远远地朝着我们敬礼。导游说，这里的老师教导孩子，是远方的来客给他们带来了财富，改变了他们的生活，所以，要记得感谢远方的来客。我的心头热辣冲涌。这些孩子，要走很远的路去上学，现在是放学结伴回家，高高矮矮，一色的黑，明显的物质匮乏，却眼神明亮，安静又仿佛向往地向我们致意，

---

① 丽江，位于云南省西北部云贵高原与青藏高原的连接部位。丽江古城又名大研镇，位于丽江坝中部，历史悠久，古朴自然，兼有水乡之容、山城之貌，为国家历史文化名城，被评为“中国最美的地方”。

② 泸沽湖，古称鲁窟海子，又名左所海，俗称亮海，位于四川省凉山彝族自治州盐源县与云南省丽江市宁蒗彝族自治县之间。湖面海拔约2690.75米，面积约48.45平方公里，是云南海拔最高的湖泊，也是中国最深的淡水湖之一。湖边的居民主要为摩梭人，也有部分纳西族和普米族同胞居住，摩梭人至今仍然保留着母系氏族婚姻制度。

身后是不尽的原野，青山——就像自己的童年，就像童年时的自己！

及至泸沽湖，就像从不曾被人惊扰过的圣地，遗世独立。湛蓝明净的湖水，湖面上水雾氤氲，轻轻升腾，白色的水鸟振翅倏忽，来自湖中岛上藏庙的诵经声悠远入心，四周群山静默，因为天色近晚，由淡而浓的薄暮中，方圆五十多平方公里的湖面上，只有我们一只划船在荡漾——那样的圣洁与极静而美，让你觉得一路所有的艰辛与疲惫都不悔，因为，那是你身与心的一路朝圣！

泸沽湖以后，很具体地忆起自己的童年，童年的自己。

童年，最为记忆犹新的，最深刻的，就是走路上学的那些情景。

浙中，属山陵地带，目之所及，群山起伏叠嶂。我们家，就在那群山中的一个山坳里。[1]山坳狭长，间或有开阔之地，一两里开外就会有一个村庄。村庄都不大，村子里，山以外，就是田地、水塘，还有沿着山脚流过的溪流，是再普通不过的一个小山村，村里一茬又一茬的孩子们却在其中健康活泼见风就长。

村里只有一个很小的学校，一个老师，一至二年级复式教学。所以，从三年级开始，我们这些孩子就要到别的村上学[2]，每天来回走十多里路。

---

① 为金华市武义县辖的一个自然村，处半山区，山峦连绵起伏，位于武义县东北部，与永康市交界，距武义县城 20 公里，1978 年始通公路，民风朴实。毗邻原全国最大的采莹企业浙江东风莹石集团公司（2004 年破产），仰赖丰富的莹石资源，上世纪八九十年代村民大多采矿营生，因为失之专业和规范，常常有塌方伤亡的事件，后来资源渐减，矿业萧条，村民渐渐外出务工，现随新农村建设，村貌渐趋现代。

② 为金华市武义县茭道镇朱王小学，是一所完小，满足周边远近十几个自然村的入学需求，学生每天走路上下学。现随农村地区中小学撤点并校的政策，已经撤销。

冬天。天还没亮。村里次第地亮起灯，暗黄的灯光下，劳顿的母亲在灶台边做饭。昨天的剩饭，喷上水，吱吱地热了，就大着嗓门叫醒孩子，催促着孩子赶紧吃。白饭，就些剩菜或者腌菜吃，有时放些酱油炒，格外地好吃，如果做蛋炒饭，那简直就是盛宴。有时，母亲没有起来，孩子们就自己张罗吃一点。常常，还没有吃完，就有别的孩子来招呼赶紧出发了，也有上一个村子里的孩子叫嚷着成群过来。于是，一边嚼着饭，一边急急忙忙背上书包，拎着饭盒，就上学去了。孩子们出发以后，天，还是黑魆魆的，大人们还要再睡上会儿，灯又次第灭了，村子里复于寂静。

天，冷。孩子们已经穿上家里最厚实的衣衫，却还是单薄，或者显得蠢笨。有的袖口露着一截几种颜色拼接的毛衣袖头，旧，而且掉线，不小心一扯就会散开一个豁口；有的裤腿短了，掉出里边一圈猪肝红色的厚厚的卫生棉裤脚，臃肿而可笑；有的各种花色的衣领子有好几层，却光着一个脖子，冷冽的风长侵直入；有的双手都长满冻疮，手指肿得又红又粗，甚至溃烂……大家搓手顿脚地走在路上，这条路大家天天来回，路上哪儿高，哪儿低，哪儿转弯拐角，哪儿有个缺口，哪儿边上有水沟，两边的田地里分别都有什么庄稼等，都已经相当熟稔。所以，尽管冬日的天亮得极慢，大家却能乘着黑色奔走自如。

大家一路东拉西扯，谁吃了酱油饭了，谁今天带了好吃的菜，谁没有做作业，昨晚又到谁家看电视了，村里哪家杀猪了，哪家的狗不见了，长长短短，稀里哗啦，滔滔不绝。有时，猛地蹿过一只野猫，或者远处的狗突然狂吠，都习以为常，只是有时候踩到一片水洼上的冰块，发出吱啦啦的声响，大家会暂时停下话题，恶作剧一样地一通猛踩，直到踩出污水烂泥，才又继续前进。

天微微地亮起，不断有其他村子的孩子陆续加入，队伍渐渐壮大。不同村的孩子中，很多都是同学，都很熟悉，有时候却会为某一矛盾各自为营，针锋相对。激烈的时候，不同的村各成一派，相互对骂、打架，会有些日子相互横眉冷对，甚至有些村子的孩子会埋伏前方，出其不意地攻击，引发“战火”纷飞。尤其是一些本来捣蛋的男孩，很是以此为乐，有时纯属挑衅，掀起“战事”，待到收兵时，天已大亮，学校也已经近在眼前。这样，从不觉得路途漫漫，单调、无趣。

孩子们这样，贫瘠，却快乐。

遇到下雪天，积雪深厚，还没有任何人走过，连动物的痕迹都很少，大家就亢奋地比赛在雪地上踩脚印，然后滚雪球，堆雪人，很多日子都不会融化，还要去掰路边树上、山坡岩石上挂着的冰凌，或者吃，或者玩——这样的冷冬，大人们不免担心孩子过分严寒，孩子们却娱乐其中，哪有天寒地冻的畏惧和举步维艰！

冬天如此，其他季节就更加自在无畏了。

春天，大地回暖，万物复苏，群山大地很快返绿，地里，紫色的苜蓿花一大片一大片地在春风中摇摆，油菜花一夜之间连绵盛放；山坡上，各种果树的花有的深，有的浅，仿佛浮云，杜鹃花火红、奔放、抢眼，就像烈焰；路边，铺满各色的野花，旁边的野菜、野草蓬勃旺盛。上下学时，孩子们穿行其间，有时扎花环，不分男女，戴在头上，挂在脖子上；有时摘杜鹃花大把大把地嚼；有时挖野菜，白白的石蒜、红褐的马齿苋、灰绿的苦叶菜、鲜嫩的马兰头、卷曲的蕨菜、细长的胡葱，晚上回家随便一烧都好吃得不得了……

夏天，沿路哗哗的河流，总让孩子们迟迟不肯回家。有一段河面特别开阔，两岸野草疯长，河水丰沛而且清澈，一放学，大家就直奔而来，卷起裤腿，弓着背，抓河蟹，抓鱼，抓虾，捡螺蛳，然后，男孩们会跑到远一些的地方游泳，女孩们在河边草地上，趴着写作业，或者玩些五花八门的游戏……直到最后的夕阳忽地沉下，天色转眼黯淡，才会想起回家的时间又晚了。于是，呼啦啦一群朝着袅袅炊烟的村庄撒腿狂奔。

秋天呢，地里，有收获后散落的番薯、豆荚、稻穗，随便找一垛起火的草木堆，噼里啪啦地煨熟了吃；山上，落满金黄的松针，一些灌木的枝丫枯败横倒，稍微捡一些，就可以拿回家烧火；偶尔，相互掩护，偷过不知哪家的板栗、柿子……

……

在孩子们看来，这样的世界何其丰饶。

那些年，在这段往返十多里的上学路上，我们，天天早出晚归，一天天，一年年，一起与这路途中的草木山水共同生息。村口老而苍劲的大樟树，河边破落的小庙，田间耕种的人们，天边的浮云，拂动的山风，所有的庄稼，路边的牛羊，都在每一个晨昏，看着我们来了又去，去了又来，大声地说笑、叫喊，满地地追跑，放肆，天真——仿佛，只要天继续亮起，夕阳继续坠落，我们就总会如约而至。

至今，想起来，我觉得自己的童年，就是整个地长在了这段无数次来回奔跑的路途上。

我想，后来，自己总能对很多文字所描述的，或其他艺术作品所表现的自然情景，感同身受，并对现实的自然风貌有所敏感，应该是和小时候，完整地经历过一天中，天是怎样亮起，又是怎样黑去的，四季里，春夏秋冬是怎样交替，又是怎样轮回的，这些充分、饱满、具体的感受有关系；自己总爱爬山，越高的山越能一鼓作气，而且，每每置身山林，都像得到治愈一般，总是神清气爽，应该是和自己本自山林有关系；无论在顺，在逆，自己总能保持勤奋、认真、勇敢、坚持的品质，以及乐观的精神，总是深切地热爱生活，挚爱亲人、朋友，保有纯真和赤子之心，应该是和自己从小受之广袤而深刻的自然，承受过自然的温柔和严厉，在其中明朗地生长过有关系。

将近泸沽湖路上的那些孩子们，就像那湛蓝明净的泸沽湖水，倒映出我的童年和童年的我，好比冲洗后的照片一样明晰。

童年，其实，就是自己人生的底片。

它和自然联袂，早早地给我着上了最纯正而坚固的底色，所以，后来的岁月中，一切好的，坏的，奔流而过，都在把我人生的正片，越冲洗，越鲜明。

——它们，是引流，导引我，就仿佛抵达泸沽湖的旅途一样，朝圣人生。

第二章
不止于艺

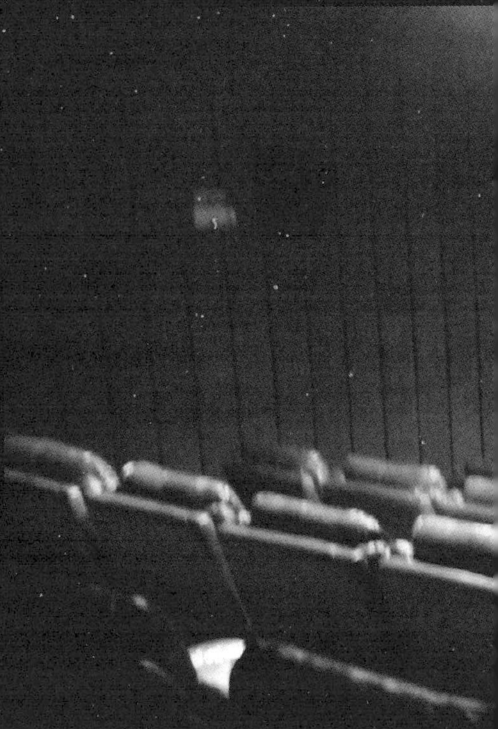

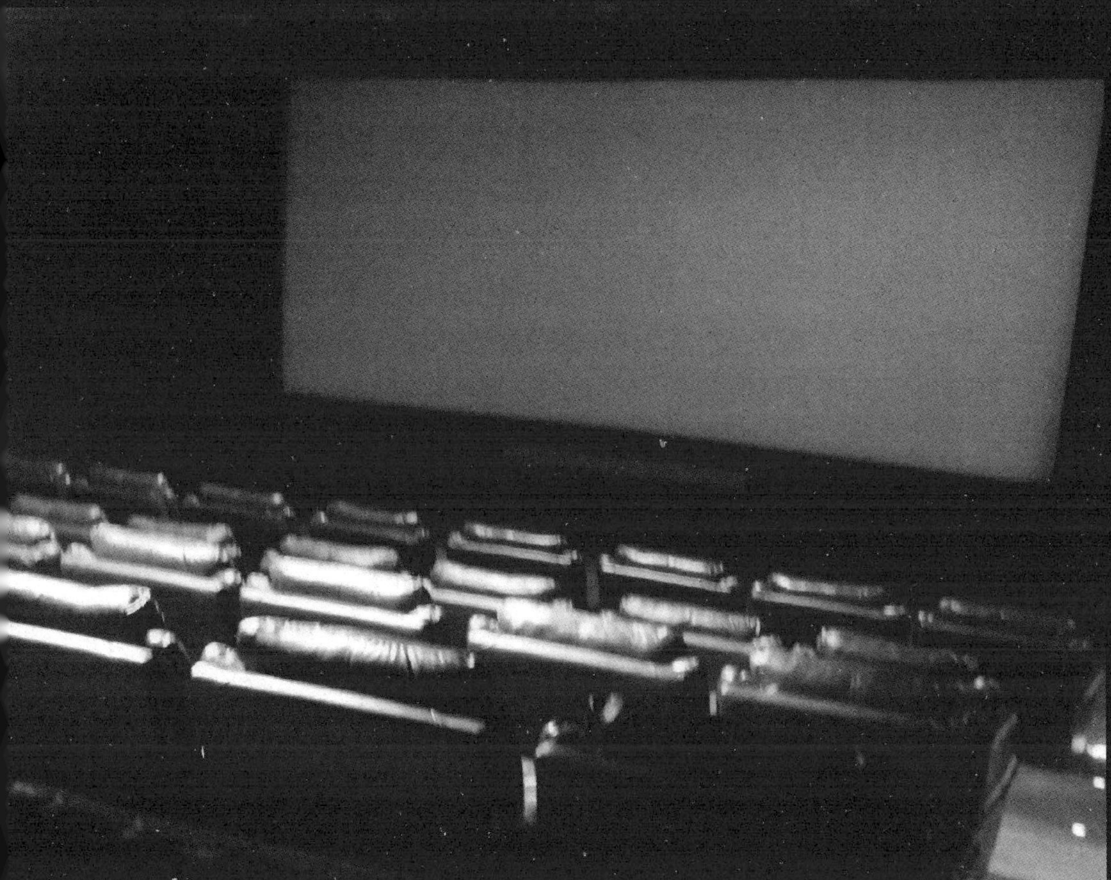

深邃的影院
无数种人生演在你的面前
让你对自己的人生
感知
预知

专业很重要，

但是，

只有专业，

往往就会流于狭窄、自大，

适当甚至大量的非专业补充，

其实会让你有一种宽广的精神，

可以帮助你见识

自己的专业在大社会、大世界中的位分，

让你能够建立起既深刻又谦卑的专业态度。

一个人如果要有所成，

乃成一个大家，

一定是，

有远不止于专业的深厚素养。

丘成桐[1]和数学之美

有一次应邀讲座，对象是当地全县的数学老师[2]。

我是小学语文教师出身，后来的工作也和数学教学毫无直接的关联，怎么给数学老师讲座？

我师范时的同学唐彩斌[3]，目前已经是浙江省内颇为知名的小学数学教学专家，因为去讲座的县正好是他的老家，去之前，和他说起的时候，他和我开玩笑说："你去讲数学？不要误导我们家乡人民啊！"

我还冷静。

这些年，自己越来越多地认识到，专业很重要，但是，只有专业，往往就会流于狭窄、自大，适当甚至大量的非专业补充，其实会让你有一种宽广的精神，可以帮助你见识自己的专业在大社会、大世界中的位分，让你能够建立起既深刻又谦卑的专业态度。

几乎所有的在自身领域有所成者，都有超越专业的情怀。比如，京剧大师梅兰芳[4]曾经向王梦白[5]和齐白石[6]两个大画家拜师学画，对于自

---

① 丘成桐（Shing-Tung Yau），著名华裔数学家，获得数学界的诺贝尔奖——菲尔兹奖，是迄今为止仅有的两个获得该奖的华人数学家之一。中国古典文学深深影响了丘成桐做学问的气质与修养，他喜欢将数学与文学进行比较，强调良好的文学修养对培养做学问的气质很重要，解除名利的束缚，使欣赏大自然的直觉毫无拘束地表露出来，是数学家养气最重要的一步。

② 2012 年 6 月，应金华兰溪市教师进修学校邀请，在全市数学教师 90 学时培训中作讲座，题为《不止于艺——关于生态课堂的一种思考》。

③ 唐彩斌，杭州现代小学数学教育研究中心主任，浙江省教坛新秀。

④ 梅兰芳（1894—1961），京剧大师。形成自己的艺术风格，世称"梅派"。

⑤ 王梦白 (1888—1934)，中国现代画家。1915 年，梅兰芳曾经向王梦白学习绘画，王梦白亲往梅宅，现场示范作画技巧。1924 年，梅兰芳的 30 岁生日，王梦白与凌植支、姚华、陈衡恪、齐白石等一起在梅宅合作绘画，王梦白画了一只张嘴的八哥，栩栩如生。此画是梅兰芳最珍爱的绘画作品，张挂于梅家的书房。

⑥ 齐白石 (1864—1957)，著名书画大师。梅兰芳先结识了名画家吴昌硕，接受了吴赠送的花卉画，从而开始对研习书画有了兴趣。梅兰芳越来越感到研习书画，不仅对戏剧服装的色彩、图案有直接的帮助，而且可以提高自己的艺术修养，变换气质，从画中汲取养料，以运用到戏曲舞台中去。因此，梅兰芳先后向王梦白学画花卉虫草，向姚茫父学画人物与神仙佛像。也在这期间，梅兰芳结识了齐白石，并与之订交。齐白石比梅兰芳年长 30 岁，时正寓居北京，梅向齐学画，为齐磨墨铺纸、舒笔取砚，执弟子礼甚恭。

己学画的动机，他说：我感觉到作画色彩的调和、布局的完整，与戏曲艺术有声息相通的地方，因为中国戏剧在服装、道具、化妆、表演上综合起来，可以说是一幅活动的彩墨画。再如，建筑学家梁思成学贯古今，兼通中西，他常常说作为一个建筑师要广而博，眼光要宽一点，知识面要宽一点，他在给学生讲课的时候，就常常涉及中外历史、语言、艺术、书法、音乐、佛教哲学、工程技术、城市规划等和建筑有关联的外围领域。

我以为，教学的修为其实是更为广泛而综合的。我不懂数学，但是，我可以尝试着和数学老师们交流、探讨一些非数学而实际又是大有益于数学的态度和认识，这对自己也应该是一种很好的打开。

于是，我就按这样的意旨准备这次讲座。

其中，我想起自己曾经在媒体上，看到关于数学家丘成桐的一次访谈，涉及“数学之美”——这让我有极深的印象。在我看来，枯燥、麻烦的数学，和“美”从来没有干系，可是，这位数学家竟然说，数学是美的。这是让我很讶异的一种视角。而且，在访谈文章中，还大致了解到这位数学家很有国学的功底，甚至以诗为名讴歌数学，这在我自己的经验中是罕见的，因此，对这位数学家存有了一定的记忆。

我想，以这次讲座的对象和意旨而言，这应该是很必要的素材。

由此，我开始查阅、参考关于丘成桐的资料，在其中，不但进一步学习到这位数学家的情操，更进一步体认到，一个人如果要有所成，乃成一个大家，一定是有远不止于专业的深厚素养的。

丘成桐的数学成就自然让人望其项背，而他在人文世界显示出来的造诣，理和文集于一人而产生的强烈的反差美，简直让人叹为观止。

他用“曾经沧海难为水，除却巫山不是云”[①]，描述自己一生从未放弃追寻至真至美的努力。

他用“苟余行之不迷，虽颠沛其何伤”[②]，以及“左轮朱殷，岂敢言病”[③]，勉励遇到困难时的自己。

他喜欢看《史记》《汉书》，并认为是这些历史书启发了自己做学问的方向。因为做学问的道路往往五花八门，走什么方向会影响学者的一生，复杂而现实的历史和做学问有很多类似之处，历史的事实教导了他在重要时刻如何决断。[④]

他从《琴苑要录》[⑤]中，体验俞伯牙[⑥]以感情推动学艺，使其琴艺三

---

① 出自元稹《离思五首》(其四)：“曾经沧海难为水，除却巫山不是云。取次花丛懒回顾，半缘修道半缘君。”后人引用这两句诗，多喻指对爱情的忠诚，说明非伊莫属，爱不另与。这两句诗还简缩为成语“曾经沧海”。

② 原句出自韩愈的《祭田横墓文》，意为：若我的行为是正确的，虽然人生颠沛流离、坎坷又有何妨呢？

③ 此句出自《左传》晋齐鞍之战，意为：左边的车轮都被我的血染成了黑红色，我哪敢说受伤？指不因为伤痛而影响意志和大局。

④ 年轻时候，丘成桐对于是留在度量几何的世界级重镇纽约石溪，还是去当时几何学几乎空白的斯坦福大学的抉择，就受到了汉高祖的启示，“刘邦去蜀，与项羽争霸，屡败屡战，犹驻军中原，无意返蜀，竟然成就了汉家四百多年的天下”，由此想到，度量几何局面太小，斯坦福大学能够提供更宏大的数学前景，因而，选择了后者。后来事实证明，这是正确的选择。

⑤《琴苑要录》，宋代研琴文献。

⑥ 俞伯牙，春秋战国时代楚国郢都（今湖北荆州）人，精通琴艺。伯牙随成连先生学古琴，他掌握了各种演奏技巧，但是老师感到他演奏时，常常是理解不深，单纯地把音符奏出来而已，少了点神韵，不能引起欣赏者的共鸣。老师想把他培养成一位真正的艺术家，就对伯牙说：“我的老师方子春，居住在东海，他能传授培养人情趣的方法。我带你前去，让他给你讲讲，能够大大提高你的艺术水平。”于是师徒两人备了干粮，驾船出发。到了东海蓬莱山后，老师对伯牙说：“你留在这里练琴，我去寻师父。”过了十天，老师还没回来，伯牙在岛上等得心焦，每天调琴之余，举目四眺。他面对浩瀚的大海，倾听澎湃的涛声，远望山林，郁郁葱葱，深远莫测，不时传来群鸟啁啾飞扑的声响，这些各有妙趣、音响奇特不一的景象，使他不觉心旷神怡，浮想翩翩，感到自己的情趣高尚了许多。他由此产生了创作激情，要把自己的感受谱成音乐，于是架起琴，把满腔激情倾注到琴弦上，一气呵成，谱写了一曲《高山流水》。老师摇船而返，听了他感情真切的演奏，高兴地说：“现在你已经是天下最出色的琴师了，你回去吧！”伯牙恍然大悟，原来这涛声鸟语就是最好的老师。此后，伯牙不断积累生活和艺术体会，终于成了天下操琴的高手。

年即成的经验，从而感悟到：做大学问者必有大感情，感情的培养是做大学问最重要的一部分……

他认为，简洁有力的定理使人喜悦，就如读《诗经》和《论语》一样，言短而意深。

他受王国维诗评的影响，认为数学家的工作不应该远离大自然的真和美。

他只要有空就看《红楼梦》①，想象作者的胸怀和澎湃丰富的感情，也由此常常想象在数学中如果能够创作同样的结构，是怎样伟大的事情；他也从《红楼梦》的故事结构中受到启发，想象是不是也可以用文学结构来作数学研究；他懂得《红楼梦》能够扣人心弦，是因为这部悲剧描述出家族的腐败、社会的不平、青春的无奈，是一个普罗众生的问题，好的数学也应当能接触到大自然中各种不同的现象，这样才能够深入，才能够传世，所以，数学创作也如写小说，总不能远离实际。

……

在读这些资料的时候，甚至让人错觉，这是一个文学家，而忘记，他原来是个数学家。

因其如此，一个数学家，却闪耀着熠熠的文学光辉，文学、数理交相辉映，完全没有相互隔阂的壁垒，大气，纯粹。他说："文学的最高境界，是美的境界，而数学也具有诗歌和散文的内在气质，达到一定的

① 《红楼梦》，是影响丘成桐很深刻的一部作品。因为他从小深受父亲家学的影响，在父亲的要求下读书练字，背诵古文诗词，读近代的文选，也读西方的作品，不仅读书，还要将书中的诗词记熟。其中，他对《三国演义》《水浒传》等，早早就有了兴趣，但是，并不喜欢《红楼梦》。后来，父亲早逝，家道遽变，深深触动丘成桐的感情。此时，他重新学习父亲开列的书单，研读古典文学和中国历史，再读到《红楼梦》，就能够以自己的经历和书中的人物、情景共鸣，很能理解曹雪芹笔下的大悲剧。从此以后，他反复读《红楼梦》，屡屡从中受益。

境界后，也能体会和享受到数学之美。数学既有文学性的方面，也有应用性的方面，我对这些都感兴趣，探讨它们之间妙趣横生的关系，让我真正享受到了研究数学的乐趣。”①

——“数学之美”，意在如此。

我记得自己最早任教的学校②，有学科开放、交融的风气。每每进行教学评比的时候，学校就会安排出时间，让所有学科的老师一起参加听评。有时，为了方便大家的参与，还用晚上的时间，以示评比的公开、公正，也是相互很好的学习、切磋。因此，老师之间，不存学科的分别。音乐老师，能对语文课不加保留地发表看法，体育老师对数学课也有见地，这样彼此互通，大家对各位老师的教学能力都有了解，都有共识。由此，真正优秀的老师，但凭努力，总能得到大家的首肯；矫饰存伪者，也总不能得人心。当时这所学校的教风学风，有纯粹的气度，就是与这样的风气正相关。这么多年过去了，不知道，这所学校还是否存有这样的风范？不过，后来，自己再见到的很多学校，总是，学科和学科之间，泾渭有别，互不往来——如果能有对丘成桐先生的了解，应该多少能认识到，这样行为的封闭和局限。

由此，我更加有了完成此次讲座的动力和底气，并最终以“不止于艺”为主题，借用这个原为艺术领域的用词，和数学老师们共同交流了“不要简单地局限于自己本专业的领域，要有所拓展”的治学精神和态

---

① 2005 年 11 月，丘成桐应邀在中科院数学所举行讲座，接受《光明日报》记者采访时所言。

② 为浙江省金华市环城小学。学校创建于 1954 年，1988 年 9 月被婺城区人民政府命名为金华第一实验小学，办学影响在当地一向首屈一指，深受社会群众推崇。本人在此就职任教 8 年，习染学校朴素、开放的精神，受益无穷。

度。讲座必定不成熟，但是，如果能够以此触动老师们有所打开，应该也是很有益的——什么时候，如果和唐彩斌同学再探讨这样的命题，他或者，也不会再顾虑一个完全没有数学背景的人去谈论数学的可能了。

由此，我也很钦佩发出邀请的当地教育机构领导。他们能够不介意我这样的角色给他们的数学老师讲课，其实，已经深得“不止于艺”的精神。

加西亚·马尔克斯[①]曾经说：“科学只是和科学家有关的想法本身是反科学的，正如诗歌只与诗人有关的想法是反诗歌的一样。对此，联合国教科文组织的表述不清，祸害不浅，让人误以为科学、教育、文化是三码事——但其实是一码事。”[②]

不止于艺，然后，触类旁通——这样的态度和修为，真的太重要了。

---

① 加西亚·马尔克斯，哥伦比亚作家，《百年孤独》作者。

② 出自 1985 年 11 月 29 日，加西亚·马尔克斯在古巴哈瓦那第二届“维护拉美各国主权”知识分子大会上的演讲《致千禧年》。

建筑家们，

无不以自己对人生、对人性、对自然、对家国的

理解、体察、热爱、忠贞，

吐露着建筑的芬芳。

从事一个行业，

何止技术性的训练、知识性的学习，

从业者们，

都有各自“十分繁难的问题”、“十分重大的责任”，

或大，

或小，

都在记录文化，

反照历史，

怎么能无知无畏，

随便出手？

建筑家和建筑工

朋友[1]和先生共同经营一家室内外装修设计事务所，主要承揽酒店、大厦等建筑外立面改造和室内装修设计。夫妻俩勤恳经营，在业内有了很好的口碑，也积下了一定的身家，但是，生活起行还是非常朴素，很少物质的挥霍和享乐。以至于我刚认识她时，觉得她根本没有什么设计师的气质，很不以为她有什么突出的设计能力，更不以为她是个有钱人。后来，在交流我家装修的设想以及施工过程中，知道她不是科班出身，没有经过系统的专业训练，但是很有直感和理解力，而且非常务实，很低调。

只是，她常常焦虑，总结起来，主要有两个原因。

第一，对行业的厌烦。她总是说，现在的建筑，尤其是商业建筑，毫无灵魂可言。一方面，话语权完全由业主控制，也就是为钱控制，钱在谁手里，就听谁的，可是，又有钱又有想法的业主几乎没有，大多急功近利，追求高性价比、高利润，常常都不容置疑地指挥你要达成某某国家某某建筑的样子、感觉，于是，设计师们就只有照抄照搬，根本没有创造和思考；另一方面，设计方的从业人员，也就是设计师们，大部分也是短视功利，他们投身这个行业，主要是冲着这个行业的高收入，他们自身也接受简单复制的设计要求，一二十天，就能完成一个方案，处处抄袭，完全省略考虑的过程，根本没有什么设计的思想追求——一个时下经济利益滚动最快的行业，一群急功近利的人，催生一堆荒谬、低级的建筑，她认为，自己长期在这样的群体中，除了赚到钱，什么都

---

① 为《安藤忠雄的建筑理解》一文中，因帮助家装设计而与我成为挚友的设计师。她的主业是酒店、大厦等建筑室内设计，家装设计只是朋友之间帮忙偶尔为之。

没有了。

第二，没有安全感。她说，目前的建筑行业，整个循环很不健康，建筑企业看似暴富，其实，越做越穷，每接一个项目都要带资、垫资进场，常常拆东墙补西墙，一旦业主出现问题，甚至会倾家荡产，而且，政府出台的政策也很不稳定，所以，整个行业并没有安全感。他们尽管只是承担建筑外立面改造和室内装修设计，风险相对较低，但终归是整个循环中的一部分，唇亡齿寒，一样不踏实。

有时，我和她谈论一些建筑家，如梁思成、安藤忠雄、柯布西耶[①]等，她总会自嘲地说，我们现在没有建筑家，我们充其量就是一群建筑工。

我觉得，她的焦灼，以及她对自己所在的群体所持的“建筑工”的态度，是很能反映当前我国建筑界时弊的。

目前，“建筑学已经混乱到了极点”[②]。

城市建筑，相互抄袭、复制，而且，什么都敢推翻，什么都敢搬进来。一方面，就像林徽因说的，疯狂地拆了很多真古董，又轰轰烈烈地兴建了很多假古董，什么风格的建筑都往一块儿堆，而且什么都弄得特别亮，特别大，特别高，拥挤、扎堆、突兀，真是旧的也没留下，新的

① 勒·柯布西耶（1887—1965），世界四大现代建筑大师之一。他对理想城市的诠释、对自然环境的领悟以及对传统的强烈信仰和崇敬都相当别具一格，他丰富多变的作品和充满激情的建筑哲学深刻地影响了20世纪的城市面貌和当代人的生活方式。

② 在《艺术世界》杂志的“谈话”栏目中，北京大学建筑学研究中心负责人、教授张永和，与独立策展人和艺术批评家粟宪庭进行主题为“建筑是不适合幽默的”的对话，其中，粟宪庭说：“长安街的建筑是中国丑陋建筑的陈列馆。北京的出租车司机很幽默，他们管海关大楼叫‘大裤子’，把交通部大楼叫‘大柱子’，把妇联大楼叫‘大肚子’，还有那个中旅大厦，乱七八糟的小盒子堆砌在一起，司机说它是北京最丑陋的建筑，群众的眼睛是雪亮的。”张永和接着说：“建筑学已混乱到了极点。有一建筑师批判长安街上的建筑，挨个儿骂。似乎骂得也挺对。全都不行，就剩下一个好的，又有中国传统又有中国现代，你猜他看中哪个了？就是‘大裤子’——海关。你看这个人就够混乱的。”

也没建好，品味可厌。尤其一些中等城市，或者小县城，明明民风朴素，节奏和缓，居之安逸，也斗志昂扬地模仿大城市，一个比一个高地盖大楼，而且追捧、效仿大城市的消费模式，开大商场、大超市，只有大的才是好的，根本不考量城市自身体量和需求，凭空增生空间的压力感、紧迫感，导致整个城市失衡，失调，破坏了根本。

更让人痛惜的是，农村建筑的异化。2010 年，到厦门旅游，特别选择乘坐杭州直达厦门的动车，这样，可以一路欣赏沿途的风光，领略风情。一路上，不断有一些村落闪过，但是，每过一个村子，好像都是上一个村庄的重现，都是一些砖墙的建筑，一般都是三四层，多是新造的房子，对城市住宅楼简单模仿。有些楼房还来不及粉刷，很扎眼地裸露着红色的墙。这些新楼房的旁边，或者背面，总是零乱地夹着一些旧房子，旧的面目不清，新的毫无特点，流露着盲目与急切。每个村庄都是如此，如果以它们为标识，浙北到闽南，全程就这一种风情，你根本分辨不清楚自己到了哪里。再加上，很多农田荒废，沿途植被以及农作物都很单一，不见田野的丰饶，更显见这些建筑的空洞。我的老家也是这样。我们小时候，村子里，大都是一个天井，围住着几户人家，有走廊，有弄堂，大家相互依存，很有生活的气息；现在，也到处都被这种红红的、空空的砖房所掩盖，所替代。也许这是中国农村现下最为流行的建筑了。总之，原来常常被人有所寄寓的农居、村落，已经全没有了田园牧歌的风味，完全失去了曾经静谧、淳朴的生态。

如果说，城市建筑的丑陋尚可归罪于商业经济的恶，我们农村建筑的异化，又该归罪于谁呢？

梁思成在创办清华建筑系的时候说："建筑师的知识要广博，要有哲学家的头脑、社会学家的眼光、工程师的精确与实践、心理学家的敏感、文学家的洞察力……但最本质的，他应当是一个有文化修养的综合艺术家。"①他告诉学生，建筑师的用户是世界上各行各业、各个地方来的人，有时甚至不知道自己的服务对象是谁，一个音乐家和一个矿工对住房的要求是很不相同的，所以要有一个非常广的知识面，应当什么都知道，不能想象一个不会跳舞的人能设计出一个好舞厅，一个不懂体育的人能设计出一个好的体育场。②他还在学生毕业的时候叮咛："现在你们毕业了……事实是'始业'……你们的业是什么？你们的业就是建筑师的业。建筑师的业是什么？直接地说是建筑物之创造，为社会解决衣食住三者中住的问题；间接地说，是文化的记录者，是历史的反照镜，所以你们的问题是十分的繁难，你们的责任是十分的重大。"③

这位建筑大家，自己毕生就是在身体力行这些建筑的良知良解。

他在青年时期就到过欧美许多国家，参观过各国古代和近代的城市和建筑，清楚地看到一个国家和民族都有它自己的传统文化，一个国家和地区的建筑也多具有自己的传统风格；他在 20 世纪 30 年代，就总结了近代国外建筑的发展和近百年中国建筑的状况，提出既反对全盘西化，将洋式建筑照搬进来，也反对那种完全仿古的做法，认为这绝不是中国新建筑的方向；他在 1945 年就写文章指出，在新中国成立以后数十年的时间，许多市镇农村恐怕要经历前所未有的突然发育，这种发育如果能够预先规划，善于引导，能使市镇健全，居民安乐，否则一旦犯

① 林与舟. 建筑宗师梁思成[M]. 长沙：湖南师范大学出版社，2011：187.

② 林洙. 梁思成、林徽因和我[M]. 北京：清华大学出版社，2004：180–181.

③ 1932 年，梁思成在给东北大学第一届毕业生的信中所写。

错，则百年难改，居民将受害无穷；他无私地保全了战火中的日本京都、奈良，他为了保留北京老城奔走呼吁，为之失声痛哭……

一个建筑家，是这样，不只所学渊博，而且真诚无邪，赤子之心！

其他，安藤忠雄，为了体验建筑世界的广阔，环游过国土、世界，从中实际了解和学习法规、社会制度、经济和建筑活动之间的关联性，而后，总能仰赖自然的土壤，和日本精神独有的美感意识，做出一件件让心灵非常丰裕的建筑。

建筑师登琨艳[①]，也曾经说过："一个建筑师要是不去读书，一定做不出有深度、有厚度、有思想的作品。没有深度、厚度、思想的作品，光靠美丽的外表是震撼不了人的。建筑可怕的地方就是它站出来的时候，它自己会说话，不用你解释，你多解释也是没有用的，好的就是好的，而你稍微有一点点做不好，马上就见真章……建筑永远站在那里，几百年以后还在那里，很可怕的，所以我现在都不敢乱出手。"[②]

建筑家们，无不以自己对人生、对人性、对自然、对家国的理解、体察、热爱、忠贞，吐露着建筑的芬芳。

---

① 登琨艳（1951— ），台湾著名建筑师，现居上海，成立上海环境设计工作室。曾游历欧洲大多城市，出版摄影文学评论书刊。1990 年结束欧洲流浪历程，并选择在上海落地生根。他选择了苏州河畔的一个旧仓库，并把它改装成工作室。此举吸引了很多人到他的工作室参观，并引起当地其他艺术工作者仿效，纷纷把周遭的仓库改建，从而成功阻止了上海市把这一带富有历史意义的建筑物推倒。就此，他获得联合国教科文组织颁奖，表扬他在保护文化方面的工作。其后，他获得上海市杨浦区区政府邀请，作为黄浦江畔旧工业区的改建工程的顾问。

② 引自《文化不会老——名家对谈录》（上海文艺出版社，2011）一书。文中，登琨艳和作家阿城对谈，屡屡表达"建筑是很可怕的，它绝对反映社会、时代、政治、人文与主事者的决策能力和良知"，"建筑人的修为是非常重要的，建筑牵扯太广，做一个剧院，或一个火车站，或一个小区，如果没有很好的学识，读过很多的书，看过走过很多的地方，怎么能跟业主谈？""建筑可以荣耀一个城市，也可以变成一个城市的耻辱"，触人警醒。

可是，在这个没有建筑家，只有“建筑工”的当下，大家任凭城市乡村无序发育，没有深度，没有厚度，没有思想，什么都敢出手，无知无畏，城市，怎么会不丑陋？乡村，怎么会不异化？

如果，如梁思成所寄语，“你们……是文化的记录者，是历史的反照镜”，我们的“建筑工”们，究竟记录了怎样的文化？反照了怎样的历史？

梁思成也说，“所以你们的问题是十分的繁难，你们的责任是十分的重大”，在所在的文化和历史下，“建筑工”们，拿什么担当“十分繁难的问题”、“十分重大的责任”？

我这个总是焦灼的设计师朋友，在她的QQ签名上，经常会转发她自己所关注的一些关于人生态度、价值取向的语段、文章，过上一段时间，也总会跟我说：“你快推荐些书给我看，这段时间，又不对了，必须看点书沉淀沉淀了。”终于换了辆车，消费了奢侈品[①]后，她又连连说，物质太腐朽了，过度消费是罪恶的。她一边抱怨着自己的行业，一边总向我表达，她是真的热爱设计，尽管半路出家，尽管很多混乱，但还是带给了她价值感。我说她没什么文化，吸收力却很强大，最宝贵的是，在滚滚的金钱中，一直保有朴素的品质。这或者，也是我们两个完全不同文化背景、不同生长背景的人，会成为挚友的基点。

我想，一个会对现状焦灼，又有吸收能力的，本质朴素，心有热爱

---

① 朋友夫妻俩，对于物质极不讲究，大概三年前，家产已经颇为丰厚，但她还挤公交车谈业务、跑工地，衣着也很简朴，外出用餐也从不追逐奢华。因为原有的车辆已经不能满足公司发展，才又添置一辆；在朋友的再三鼓动下，终于买了一块名表，是迄今仅有的一件奢侈品，而且她表示毫无再度消费的欲望。在物欲横流的今天，在膨胀的地产界，他们始终保持着这样平实的生活态度，实属不易。

的“建筑工”，是可贵于一般的。

建筑之综合，之广度和深度，注定一个有良知良解的建筑家，必定是要经过时间、经历、阅历，以及人文知识、经验的累积和淬炼而成，更何况，任何行业，在文化和历史的激流中，从来都不是孤立的，毕竟受限于种种。朋友的焦灼，积极处理，会成为觉悟的肇始。如果，“建筑工”们都能有这样的肇始，何尝不是建筑的希望？

所以，从事一个行业，何止技术性的训练、知识性的学习，从业者们，都有各自“十分繁难的问题”、“十分重大的责任”，或大，或小，都在记录文化，反照历史，怎么能无知无畏，随便出手？

建筑如此。

其他，一一如此。

人，

就是一段人生，

可是，

电影，

让你好像随之走过了无数段的人生，

你经历电影人物的或兴起，

或消亡，

就像自己经历了一样，

你的未来，

你的过去，

别人演在你的面前，

让你感知，

让你预知。

原来自己对电影没有甄别的能力，

是因为文化上的封闭和狭窄，

中国电影要有长进，

也是要突破文化的封闭和狭窄 ——

电影，

给了我文化上的补习和打开，

让我爱之更深。

专业就像海绵，

浸到什么颜色的海水里，

就会吸收到什么颜色。

自己涉猎电影、画画、话剧，等等，

跟设计并不直接相关，

但绝不矛盾，

它会让自己实现设计的方法不局限。

就像自己在做设计的时候，

想到电影里某一帧的画面、色彩、情绪，

会有似曾相识的感觉，

就会对自己的设计有启发，

自己的设计就会和不懂电影的人不一样。

非专业的东西，
是能够反哺专业的。

电影，

音乐，

以及一切艺术，

所传达出来的永不停息的感染，

让他认识到，

一切好的东西都是有生命气息的，

都是和人性相关的；

符合人性的都是美的，

也是人类应该选择的。

他希望，

自己和“米库”，

就是这种选择的一个影子，

一束光照。

爱电影

首先，我是爱看电影。

这是我和先生共同的喜好。

从青春少年，至今，一场连着一场地看电影，一直乐此不疲。以至于有了女儿以后，从抱在手上开始，就带着她一起泡影院。影院里的音效太穿透了，女儿害怕，就捂着她的耳朵，连哄带骗地让她看完。不知什么时候开始，不用再捂耳朵了，渐渐地，她还能对电影中的角色评头论足，看不懂的时候，就要求我解读给她听；有时，跟着电影中的情绪，忽然笑，忽然神伤。现在，则是她常常催促我们该看电影了，完全得了我们的真传——看电影，成了我们家庭的志趣。

开始的时候，看电影，只是消遣，只是兴致勃勃地看完一场电影，再看下一场电影，享受声光影中片刻的忘我与沉醉，至于电影的内容、人物，除了现场的一时冲击以外，很少记得，更很少回味。

慢慢地，对电影的镜头、人物、情感等细部的共鸣，开始深刻起来。

有时，电影中的一段音乐，久久地在心里激荡，就到处去找到这段音乐，一次次地重听，就像《红河谷》[①]中，宁静饰演的丹珠公主临死前一段清唱《次仁拉索》[②]，每一次听，都被那种空旷、纯真、无畏、

---

① 《红河谷》，冯小宁导演，1996 年上映。

② 《次仁拉索》，《红河谷》插曲，打动很多观众，歌词是：高高的雪山顶上次仁拉索/一朵格桑花开次仁拉索/含情默默绽放次仁拉索/顶峰抗寒雪雨次仁拉索/高高的雪山顶上次仁拉索/一朵格桑花开次仁拉索/轻轻传来声音次仁拉索/有我心上的人次仁拉索/让他迎来拉我次仁拉索/生活辛勤家园次仁拉索/青青的草原上有次仁拉索/有我心上的人次仁拉索/次仁拉索/高高的雪山/蓝蓝的湖水/青青的草原/格桑花开/英俊的小伙/心上的人/和我一起/走入家园/高高的雪山顶上次仁拉索/一朵格桑花开次仁拉索/含情默默绽放次仁拉索/顶峰抗寒雪雨次仁拉索/清清湖水里有次仁拉索/有芳香姑娘的心次仁拉索/高高牛羊雪山次仁拉索/宽阔青青的草原次仁拉索/蓝蓝的湖水里有次仁拉索/有芳香姑娘的心次仁拉索。

悲壮染到心的深处去。

有时，因为电影中一个人物的命运，总是不能平静。陈凯歌[1]执导的《梅兰芳》中，章子怡饰演的孟小冬[2]，就让自己的心意难平。孟小冬和梅兰芳，一个须生之皇，一个旦角之王，本来珠联璧合，可是因为流言，梅兰芳竟然退缩，不要了这桩来之不易的姻缘，以致孟小冬心灰意冷，几乎毁灭了这样一个无上优秀、骄傲的女性。对孟小冬的痛惜，使得我再提到梅兰芳，就觉得这个男人寡情，不堪提，很有偏见。

有时，电影的一段台词，突然就契合了自己彼时的心境，仿佛是借了电影中的角色，说出了自己的感触。《花木兰》[3]中赵薇[4]终于振作起

---

① 陈凯歌，中国第五代导演的代表人物之一。《梅兰芳》中邱如白的扮演者，演员孙红雷在一次访谈中说，与陈凯歌导演以及《梅兰芳》剧组在一起，让他感到很幸福，因为他们让他找到了真实的自己，让他真正地置身于自己的艺术追求。同时，他又感到很恐惧，因为他不知道一旦离开他们自己该怎么办、会怎么样。可见导演及剧组的艺术魅力。

② 孟小冬，著名京剧女老生演员，有老生皇帝（冬皇）之誉，师承余叔岩，是余门唯一的女弟子。扮相英俊，嗓音苍劲醇厚，高低宽窄咸宜，中气充沛，满宫满调，且无雌音。1927 年与梅兰芳结婚，1931 年离异。1950 年与杜月笙结为夫妇。1967 年，移居台北。1977 年辞世。

③ 《花木兰》，马楚成导演，2009 年上映。

④ 赵薇，演员。1998 年主演《还珠格格》走红，此后，出演的系列影视作品，以及个人的轨迹，伴随了众多人的记忆和成长。赵薇喜欢哲学，很多言辞，都流露着思辨、豁达、坦然，让人受益，很可贵，比如，她说“我的成功没有使用什么心机，善良是我的信念，我到今天，不是依靠男人，不是依靠权贵，也不是依靠势利，我就是靠一个大家不注意的戏，甚至琼瑶老师都不认为会轰动的戏出来了。我的成功很单纯，这就让我后来做很多事情很难去用世俗的手段。”“不要和消耗你的人在一起。人需要滋养你的力量，需要正面的能量，鼓励，理想，崇高的幸福的磁场。中国人非常注重这一点，凡是消耗你的阴暗的东西，他可以说这不吉利，叫你躲避它们。也就是常说的趋吉避凶。” “回头再看当年的‘小燕子’，我没有遗憾，觉得真是可贵……其实那时特别青春、大胆、无忌，错过那个年龄就再也做不到了。我把我的青春，不，应该说是天真和孩子气，非常强烈地记在这部戏里。”“人生就是由一个巨大的悲哀和许多微小的欢乐组成的，我能做的就是慢慢地积累这些小欢乐，用来对抗悲哀。”等等。美国好莱坞赞誉赵薇在《花木兰》中的演绎说：“马楚成很幸运有值得信赖的赵薇，她实际上一肩挑起整部影片超过她应承担的部分，使表演在坚强与脆弱之间准确地找到了平衡。”从《花木兰》开始，赵薇更受观众和业界的激赏认可。

来对将士们说："逃避，停止不了战争；害怕，只能让我们失去更多！从今以后，我会变得更加强大，保护你们每一个人。"在绝境中，她几乎嘶哑地壮烈陈词："我们大魏将士，永不屈服，绝不退让！身后就是家乡，我们要拼死守护她！今天，我们将血染沙场……将军可以叛我，士兵可以弃我，但我花木兰，绝不背叛国家！"赵薇坦率、真实，且越来越有思考，本来就是自己很喜爱的一个演员，这些台词仿佛是她从傻乎乎的纯真年代走到那时一路强大起来的心路独白，一下子就让那时心有迷茫、软弱的自己很受激励，闪回自己很多的成长经历。就为了这两段台词，我连看了三遍这部片子，每次到了这两段台词，都热泪盈眶，就是这部电影以后，我懂得一个人要强大自己的内心……

就这样，不断地随着电影，体味着人生，体味着人性，慢慢地认识到，人，就是一段人生，可是，电影，让你好像随之走过了无数段的人生，你经历电影人物的或兴起，或消亡，就像自己经历了一样，你的未来，你的过去，别人演在你的面前，让你感知，让你预知——于是，我明白了，电影，不只是简单的消遣，它是一种直观的文化形式，集中了导演、演员、镜头、时代的情怀、情感、思忖与兴奋，动人心魄，教人审美，让人思索。

有了这样的认识以后，我从爱看电影的阶段脱胎，爱上了电影。

我开始收集一些欧美老电影，并由此一气看了《肖申克的救赎》[①]

① 美国电影《肖申克的救赎》，弗兰克·达拉邦特导演，1994 年上映。影片在牢狱题材电影中突破了类型片的限制，拍出了同类作品罕见的人情味和温馨感觉，表现了一个关于体制化与反体制化、希望与绝望、灵魂救赎的深刻的主题，触及了人类灵魂最深处，经久不衰。

《美丽人生》[①]《阿甘正传》[②]《辛德勒的名单》[③]《巴顿将军》[④]《教父》[⑤]《甘地传》[⑥]《耶稣受难记》[⑦]《钢琴战曲》[⑧]《七宗

---

① 意大利电影《美丽人生》，罗伯托·贝尼尼自编自演，1997 年上映，奥斯卡最佳外语片。影片笑中有泪，将一个大时代小人物的故事，转化为一个扣人心弦的悲喜剧。

② 美国电影《阿甘正传》，罗伯特·泽米吉斯导演， 1994 年上映，奥斯卡最佳影片，展现历史与个人的约定，以小人物的经历透视美国政治社会史的史诗片。

③ 美国电影《辛德勒的名单》，史蒂文·斯皮尔伯格导演，1993 年上映， 奥斯卡最佳影片。真实再现了德国企业家奥斯卡·辛德勒在第二次世界大战期间，保护 1100 余名犹太人免遭法西斯杀害的真实的历史事件，描述了战争、种族、性、信仰、信念、金钱、同情、国家、生存、生活、觉醒、循环、困厄、侵犯、坚守、放弃，探寻和讴歌在特殊环境中的人性发展轨迹。是一个民族的创伤与心灵，是一部史诗，一段历史。影片中，阿蒙在 1943 年屠杀克拉科夫犹太人群体前、对士兵动员的演讲，撼人心魄，他说："今天是历史性的一天，今天将会被永远记住。很多年以后，年轻人将会用崇敬和好奇来询问今天发生的一切。今天是历史性的一天、并且你们就是其中的一部分。六百年前，欧洲黑死病流行，犹太人被指是病源，当时的波兰国王卡西米（Casimir the Great）大帝允许犹太人来到克拉科夫。于是，他们就来了，举家迁到这座城市，并在这里定居和发展起来。在商业、科学、教育和艺术等领域都取得了非凡的成就，没有他们——犹太人，也就没有克拉科夫的繁荣。六百年以来，犹太人占据着克拉科夫!! 然而这一切，会在今天夜里成为谣言并终结，就像从未发生过。所以，今天是历史性的一天!"

④ 美国电影《巴顿将军》，弗兰克林·斯凡那导演，1970 年上映，奥斯卡最佳影片。是一部以真人真事为依据的军事传记片，影片中大自然的优美景致和战争的氛围交织，具有强烈的视觉冲击。

⑤ 美国电影《教父》，弗朗西斯·福特·科波拉导演，1972 年上映，奥斯卡最佳影片。

⑥ 美国电影《甘地传》，理查德·阿滕伯勒导演，1982 年上映，奥斯卡最佳影片。影片用一种荡气回肠的写实拍摄手法表现了一代伟人甘地充满坎坷却坚定不移的一生。"这个盛大葬礼的死者，死时和他活着的时候一样。一个平民，没有任何的财富，没有任何的财产，也没有任何的官衔。圣雄甘地，既不是军事将领，也不是地方长官，也没有任何科学成就可以夸耀。也不是一名艺术家，然而世界各地人士，包括各界政府代表和高官贵人，在此齐聚一堂，向这位绑着缠腰布的棕肤色小个子致最后的敬意，他领导印度走向自由，诚如马歇尔所说：圣雄甘地，是人类良心的代言者，他就是使得谦逊及真理的力量，能够战胜帝国。爱因斯坦说：后代子孙将无法相信，世上曾活生生的出现过这号人物。"这是影片中，在甘地被刺杀后，西方记者的现场报道词，这段话，可以说是甘地的讣告，简短却有力地概括了他的传奇色彩般的一生。

⑦ 美国电影《耶稣受难记》，梅尔·吉布森导演，2004 年上映。影片带来巨大的宗教压力，引起了电影界和宗教界的群起反应，成为当年最受争议的电影。

⑧ 波兰电影《钢琴战曲》，罗曼·波兰斯基导演，2002 年上映。童年从纳粹的追捕下逃生的经历，是导演波兰斯基人生中最重要的一部分，在很大程度上塑造了他的整个价值观念。这部电影融入了他个人的感悟，影片中，钢琴家第二次世界大战期间颠沛流离的生活映射出了他本人的成长体验，他说："这是我创作生涯中最重要的作品。情感上，它不能与我过去的任何作品相比较，因为它把我带回了那个我仍然铭记的时代。"

罪》[①]《老无所依》[②]《雨人》[③]《西西里的美丽传说》[④]《无耻混蛋》[⑤]《柏林苍穹下》[⑥]等几十部影片，由此得到完全不同以往的观影经验。

原来，我看的大多是国产影片。尽管国产电影一直饱受诟病，有的导演一直冲击奥斯卡[⑦]，一直无功而返，很受恶评，但是，我还是认为，国产影片这些年还是很有增色的。我觉得，一部电影，毕竟集结了导演、演员等电影人对于文化的全部理解，我们通过电影，接触到了一部分文化，这就是电影很好的价值了，所以，不必过于厚非。

---

① 美国电影《七宗罪》，大卫·芬奇导演，1995 年上映。七宗罪，正式译名为七罪宗，属于人类恶行的分类，分别是傲慢、妒忌、暴怒、懒惰、贪婪、贪食及色欲。影片描述一个连环杀手和两个警探的故事，这个杀手精通古典文学，他精心设计了一套向邪恶世界挑战的方法：根据西方古典文学的说法，人有七宗罪，他为每一宗罪找到一个代表人物，然后用以毒攻毒的方式置该人于死地。影片的结尾，威廉姆·索莫尔西特说："海明威说，'这是个美好的世界，值得我们为之奋斗'，我同意后半句。"让人深省。

② 美国电影《老无所依》，乔尔·科恩、伊桑·科恩导演，2007 年上映，奥斯卡最佳影片。影片中，在一个完全堕落的世界里，暴力的元凶至始至终都逍遥法外。警长感到无力而绝望，作为本来是维护社会治安的执法者，现在却变得束手无策，完全失去了作用，他一面惊异于社会的变化、人性和法制观念的没落，一面感叹世界已超出他们的控制之外，怀念那曾有的公平、正义和人性的温暖。

③ 美国电影《雨人》，巴里·莱文森导演，1988 年上映，奥斯卡最佳影片。

④ 意大利电影《西西里的美丽传说》，朱塞佩·托纳多雷导演，2000 年上映。

⑤ 美国电影《无耻混蛋》，昆汀·塔伦蒂诺导演，2009 年上映。

⑥ 德国电影《柏林苍穹下》，维姆·文德斯导演，1987 年上映。影片中经常出现的两段诗，引人思考。第一段"当孩子还是孩子时/他总爱问/为什么我只是我/而不是你/阳光下的生命/难道不是梦吗/当孩子还是孩子时/他只看到苹果和面包/他以为那就是他最大的快乐/长大后/快乐越来越少了/只有在工作之后才有快乐的片刻/当孩子只是孩子时/糖果就是糖果/就是这样/在核桃树下/他张开手/非常激动/他总是等待着/朝一棵树扔一个树枝/就像扔火箭一样……"第二段"爱情来也/我们沉醉在爱情中/缠绵悱恻/爱/既在漆黑的夜晚/也在朗朗的白昼/此刻更如火如荼/谁主谁从/我中有她/她中有我/世人谁敢称从未与人相爱/我正沐浴在爱河中/人类无法长生不老/ 此情此景却可万古长存/那一晚我知道什么叫惊讶/她飘然而至/带我归家/我终于找到归宿/姻缘际会/际会唯此一回/此爱却天长地久/此情此景/至死方休/我将与之生死相随/我们俩的故事曲折奇异/男女相爱的力量终令我由神变人/我/终于/知道/作为天使/所不了解的/事。"

⑦ 奥斯卡金像奖（Academy Award），被视为电影界的权威，不仅反映美国电影艺术的发展进程，而且对世界许多国家的电影艺术有着不可忽视的影响。不过，获得奥斯卡提名的演员和电影的风格总是受到历史和政治因素的影响，并且大多数奥斯卡获奖影片或提名影片，都以宏大的视觉风格及伪实的画面来炫耀电影华而不实的制作价值，因而，也受诟病。

现在，我却有了比对。

我发现了差异。

比如，我原来以为张艺谋[①]的《金陵十三钗》[②]，场面、视角、寓意，都很可取。看了《辛德勒的名单》《钢琴战曲》《西西里的美丽传说》以后，却知道了，张导演还没有能够真正地体察人性，他是在利用或者误解了人性，这既出于功利心，也出于文化的浅薄，不能被普世价值所认同。总体看来，欧美的电影，常常在关切一个人，或者一个家庭，关切他们在时代中的价值观、态度，所有的历史、事件都随之展开，人性的挖掘细腻、深刻，他们通过人物命运客观地记录时代，反照时代，动人心弦；中国的电影，比较主观，有很多的意识形态，很多的人伦情感判断，很多导演的、民族的、艺术渲染的情绪，叙事宏大，深重的主题庞杂交错，个人命运淹没其中，人性的处理轻率、微小、强加，难得人心。

这些经验，让我看到了电影和电影之间的距离，也发现自己原来真是看了不少的烂片。原来自己对电影没有甄别的能力，是因为文化上的封闭和狭窄；中国电影要有长进，也是要突破文化的封闭和狭窄——电影，给了我文化上的补习和打开，让我爱之更深。

这时候，我遇见了“米库”[③]。

---

① 张艺谋，中国标志性电影人，每部作品上映都能引起舆论的高度关注。

②《金陵十三钗》，张艺谋导演，2011 年上映，热映，热评，张艺谋视之为自己“耗时最长、耗资最大、耗费心血最多的一部电影”。影片中故事过度演绎，故事的核心，妓女们牺牲自己拯救女学生的这个抉择，过于赋予、强加，是这部电影最大的遗憾。

③ 杭州米库文化创意有限公司，位于杭州市拱墅区和睦路 2 号杭州元谷创意园内。2010 年成立，倡导生活艺术化的理念，依托中国美术学院，力图打造一流的艺术品与创意产品交流平台。所属的米库文化机构主要涉及黑胶唱片收藏、古典乐推广、视听设备等领域，并在内部配备专业听音室，定期举办音乐、电影、摄影、绘画等各类形式的艺术活动。

很钟情。

“米库”，位于杭州湖墅南路。这里是一片文化创意园区，原来是一个废旧的工厂。“米库”居其中，很文艺。

第一次到“米库”，是应安排到这里讨论工作。乍一到，很有艺术感，挑高的空间，丰富的色块，散落的美式家具，美院学生的版画、陶艺作品，很学院派的工作人员，是很有气息的一个所在。然后，工作讨论之余，发现，还有二楼，上去，有琴房，有长长的走廊，有咖啡座，突然，觉得这个地方的头绪、线索比较多，不明白是一个什么用意的场所。这时候，工作人员又给我们打开一扇门，是一个有三四十平米左右的影院，只有两排单座的牛皮沙发，延续美式风格，两侧高高的两排木头架子上，码着齐整的黑胶碟片，硕大的银幕，工作人员介绍说，其中的音效设备，包括音箱的木框都是自己动手做的。我们在惊咋中，坐下观感电影，很有质地的音效，震撼的画面，丝毫不逊于大影院，而且，很私人化，很享受。

仅是如此，“米库”还不足以动人。

晚上，“米库”的主人，请我们在旁边一家饭馆用餐。饭馆在弄堂里，没有店名，简陋，但是洁净，据说已经做了十几年了，做的菜就像自己家里炒的一样。对比奢华的酒店和很多精致的餐厅，这里很私家、落胃[①]，见惯排场的领导们也吃得很有兴致。

晚饭后，主人留我们再听音乐。于是，再回小影院。主人向我们介绍影院中的黑胶。他自己钟爱音乐，这些黑胶都是他从各个国家收集而

---

① 落胃，杭州方言，用在吃食上面，意为舒服扎实，不拿腔拿调。

来，有些，还借助了使馆的力量。他说，这些音箱是手工做成，声音不会像商业的那样浑，也不会那么震撼，但是很干净，听再久，都不会让人疲劳。他放了一张黑胶给我们听，声音顿时像水一样舒缓地倾泻出来，很清澈，很蓝调，他自己显然投入了，不时给我们解说音乐的意境，但他马上又发现，在座的好像并不能够欣赏，就立即停下，说他们这里存了很多好电影，建议我们看电影。

是《微观世界》①。一开始，觉得和央视《人与自然》②很像，不同的是在这么大的银幕上播放，很多倍地放大，加上干干净净的音效，视觉上特别有效果而已。主人说，这是法国导演雅克·贝汉③的纪录片，拍于 80 年代，拍得纤细入微，而且唯美、感性，把昆虫世界拍得很人性。再往下看，果然如此。黎明，薄雾中，蚱蜢、青虫、天牛、蝴蝶、毛毛虫，都已苏醒，或飞，或跳，或在狭长的草叶上蠕动；毛毛虫的触角上，轻微晃动的蜘蛛网上，都挂满晶莹的晨露；蜜蜂开始忙碌；两只蜗牛相濡以沫，相互缠绵；屎壳郎推着粪球屡败屡战，终于成功；干涸的大地上，壮观的蜈蚣队伍纪律严明地找水；蚂蚁分工有序地垒食，瞬时降临的暴雨，仿佛巨大的鼓点打击并翻滚着水面，让你惊叹微小的世界里原来这样丰富，仿佛人类世界，有精彩，有惊心动魄……整部电影，没有旁白，只有音乐，以及画面，让你倾倒。

我很为“米库”倾倒。我还远远没有了解它，包括它的主人，但我

---

① 法国纪录片《微观世界》，雅克·贝汉导演，2003 年上映。影片筹备时间长达 20 年，使用显微技巧拍摄，关注昆虫世界里的芸芸众生，将森林下、草丛下的世界无数倍放大，昆虫、草叶、水滴无不纤毫毕现，竟成壮观，一经推出，即引起巨大轰动。

② 中央电视台综合频道科教类节目，1994 年 5 月 11 日开播，宗旨是“讴歌生命，关注环境”，主要介绍动物、植物、自然知识以及探索人与自然之间的相互影响及作用。

③ 雅克·贝汉，曾经是欧洲著名的男演员，后来成为纪录片大师，他的“天·地·人”三部曲：《微观世界》《喜马拉雅》和《迁徙的鸟》，使他留名影史。

已经感受到了一种情怀，很稀有的情怀。

过了段时间，我到“米库”拷贝电影。

是“米库”的一个工作人员，田震坤[①]，帮助我拷贝。一边拷贝，田震坤一边跟我聊天。

他是山东人，就读中国美术学院[②]，是“米库”唯一一个还在校的员工，不过，今年就要毕业了。

他说“米库”的电影，很多都是他下载的，他自己特别喜欢电影，对电影也有自己的态度。他不喜欢看国产的，以及好莱坞制作的，那些很娱乐性的、流俗于商业的电影。他喜欢的是重视小关系、小情怀的电影，他喜欢这种电影里的故事。这些故事中的细节，片片断断地形成整体的意识渗透，很亲切，很没压力，却总能和自己的人生有某种契合，从而产生共鸣。法国、以色列、伊朗、日本这些国家有很多这样的电影。他说烂片们，总是他是他的，你是你的，故事是故事，观众是观众，很割裂，和观影者没有交流，不过烂片也让你在对电影甄别的经验上有积累；他说电影有非常强的凝聚力，“米库”定期组织主题性的观影活动，很小众，但是爱电影的人得到了交流，很有意义；他说电影有替代性的经验，好的电影会让你成为更好的人，他自己从电影中，受益良多……

我问他，学什么专业？

他说，综合艺术专业。绘画、摄影、影像、设计、话剧，都有涉及，自己都很喜欢。

---

① 田震坤，2012年毕业于中国美术学院综合艺术专业，现任职于米库文化创意公司，为某品牌特邀设计师，钟心于设计艺术实践。

② 中国美术学院，位于杭州，我国第一所综合性的国立高等艺术学府，蜚声海内外，联合国承认学历的中国唯一美术类大学。

我再问他，那你工作做什么呢？

他说，设计。最后，肯定都会落回到设计上。

他说，专业就像海绵，浸到什么颜色的海水里，就会吸收到什么颜色。自己涉猎电影、画画、话剧，等等，跟设计并不直接相关，但绝不矛盾，它会让自己实现设计的方法不局限。就像自己在做设计的时候，想到电影里某一帧的画面、色彩、情绪，会有似曾相识的感觉，就会对自己的设计有启发，自己的设计就会和不懂电影的人不一样。比如，一个卖早点的人，他喜欢电影，那么当他投入到自己从事的卖早点这个专业时，所激发的想象力，和其他卖早点的肯定有区别。所以，非专业的东西，是能够反哺专业的。

我很是钦佩这个青年。他高个子，戴着眼镜，说话慢慢吞吞，表达平静丰富，做事不急不躁，年纪轻轻，有这么完整的见地、稳定的态度，有种台湾优质青年那种很有教养的气质——爱电影的田震坤，和别的青年真的有很大的区别。

受田震坤的影响，我开始更加有选择地看电影。我开始关注他说的“小关系、小情怀”的电影，陆续看了雅克·贝汉的另外两部作品《迁徙的鸟》[①]《喜马拉雅》[②]以及《七武士》[③]《罗

---

① 《迁徙的鸟》，雅克·贝汉导演，2002 年出品，里程碑式的纪录片。影片重点环绕候鸟南迁北移的旅程，讲述候鸟如何克服自然环境，在大风沙中寻找出正确方向、在冰天雪地中如何保护自己、在汪洋浩瀚海洋中如何猎食……如此困窘，候鸟都要逐一克服，逐一面对，叫人尊敬。

② 《喜马拉雅》，雅克·贝汉导演，1999 年出品。本片是法国、尼泊尔、瑞士和英国四国合拍的剧情与纪录大片，他们历经长途跋涉 13500 公里，深入海拔 27000 米高山，忍受高达 65 度的日夜温差，历经 9 个月难以言喻的艰辛拍摄而成。片中的全部演员都是临时在当地选出来的藏族同胞。影片内容蕴含了深刻的寓意和启发，展现了藏族人独有的崇敬天地、与大自然合作的信仰及生活观，以及人与大自然间循环相生的真谛。

③ 日本电影《七武士》，黑泽明导演，1954 年上映。黑泽明通过《七武士》，构造了一个包含着深刻隐喻的寓言，揭示了日本武士阶层的特殊生存状态与必然消亡的历史趋势。整部作品充分流露着黑泽明式的人道精神。

生门》[①]《纳德和西敏：一次别离》[②]《生命之树》[③]《童年往事》[④]《桃姐》[⑤]《观音山》[⑥]，无不如此。我发现，“小关系、小情怀”的电影，

① 日本电影《罗生门》，黑泽明导演，1950 年上映，奥斯卡最佳外语片。影片中，一个武士和他妻子路过荒山，遭遇了不测，妻子被侮辱，而武士惨遭杀害。惨案如何酿成？凶手、妻子、借武士亡魂来做证的女巫，都各有说法，真相只有一个，但是各人提供证词的目的却各有不同，为了美化自己的道德，减轻自己的罪恶，掩饰自己的过失，人人都开始叙述一个美化自己的故事版本，荒山上的惨案，成了一团拨不开、看不清的迷雾。谈论完毕，雨过天晴，砍柴人在罗生门旁发现一个哭泣的弃婴，他决定收养下来，抱着婴孩往夕阳深处走去。影片描写了人性中丑恶的一面，揭示了人的不可信赖性和不可知性，然而其结尾的转折又将原有的对整个世界的绝望一改成为最终强调人的可信，赞扬人道主义的胜利和道德的复兴。

② 伊朗电影《纳德和西敏：一次别离》，阿斯哈·法哈蒂导演，2011 年上映。本片对整个伊朗社会进行了一次白描，通过一对夫妻的离婚间接反映了现代与传统、道德与法律、诚实与谎言、婚姻与爱情、父母与子女、移民与留守等众多问题的离别，扎根现实，剖析了人性、道德、宗教和社会阶层之间的深刻命题。这部电影再次证明，一部好电影并不一定非得大投入、大制作。伊朗电影受意大利新现实主义影响巨大，风格写实，镜头语言朴素，追求纯净的影像风格和简单明快的叙事，电影主题往往是对本土现实、本土文化和本土体验的殷切关怀，导演们的创作灵感讲究来源于个人的生活体验、价值观和世界观，艺术之根植于伊朗传统文化的土壤之中，因为伊朗素有“诗人之邦”的称号，诗意也从很多导演的骨子里渗透到作品的每一帧画面里，也成了影迷对伊朗电影印象的一部分。《纳德和西敏：一次别离》堪称伊朗电影的代表作。

③ 美国电影《生命之树》，泰伦斯·马力克导演，2011 年上映。本片忠告人们：生命的真谛就在于家庭之中。电影的诸多台词富有意涵，如，“直到你学会了如何去爱，否则你的生命将稍纵即逝。” “生命之路有两条，一条是本性之路，另一条是慈悲之路，你必须做出自己的选择。”

④ 中国台湾电影《童年往事》，侯孝贤导演，1986 年上映。影片虽然是侯孝贤的个人化经历，有着主观的叙事线索，但他却坚持以客观的第三者姿态去铺排整个故事的画面，冷静地注视着自己的成长岁月，平实地追溯自己曾经的欢喜与忧伤，成为台湾数十年政治、经济、社会变化的证言。

⑤ 中国香港电影《桃姐》，许鞍华导演，2012 年上映。电影剧情简单、平实，娓娓道来了一个小人物的晚年境遇，但却直抵人们的灵魂深处，有现实的残酷，也有如春的温暖。导演许鞍华说：“我不擅长拍大场面、大动作的电影，那种真的不适合我。但我很想探讨一下传统的人际关系跟现在有什么不同，那时候的人们是怎么对待老人的，人和人之间是怎么相处的，而现在的年轻人为什么会失去一些东西。”《桃姐》即是导演完成的这样一次探讨。

⑥ 中国电影《观音山》，李玉导演，2011 年上映。李玉，被称为女版姜文，有独特的电影个性和思考。演员范冰冰主演《观音山》获封东京电影节影后说：“每个好角色、好演员背后都有一个懂她的导演，而我的导演就是李玉。”对于电影，李玉有过这样的感受，她说：“我觉得电影帮了我，它让我看到了我自己，看到那些呈现出来，你才知道，有些东西，在你心里已经扎了根，甚至在你不知道的时候，长成了大树。”李玉坚持做有情怀的电影，她讲过：“韩寒有句话，特别有意思，他觉得一部好的电影最重要的是有情怀，一部有情怀的电影，即使节奏慢一点，也会吸引你，就像看女孩脱衣服，只要你身材好，脱得快与脱得慢没有关系。”

很少修饰，很简单，它们专心地“凝视”着人，入其深渊，穿透表象，表达人在疼痛、困境中的生存本质，是其所是，娓娓道出敏感、脆弱，而又永不磨灭的人性，仿佛就在叙述你的人生，你所在的世界，让你不由得反观自身——这些，让我在电影的世界里更进一步，并且，影响到了我对待人、事、物的态度。

对于“米库”的主人，我开始有了敬意。这个人，手工建设了一个影院，对电影很有自己的鉴赏，能够招募田震坤这样的员工，有对电影传播的倡导，但他的内容又不止有电影，又不像纯艺术人士，有不简单之处。

后来，和主人，有了一次对话。

主人，孙锴[①]。原来是成功的商人。前几年，到尼泊尔，转山。近半个月，徒步上山，脚受伤了，放弃坐山上的小飞机，还是坚持徒步下山，过程的艰辛，山上的垭口，都和自己的一段段人生契合，有时站在山上禁不住热泪滚滚，有很多的领悟。回来以后，决定重启人生，前生为生计战斗，今后，为信仰和理想努力。

于是，2010 年初，创建了“米库”。创建的时候，没有任何思路。就想到，大米，是很重要的中国文化元素，一粒粒米，不停地煮，就会有很强的黏合度。所以，“米库”，就是大米的仓库，希望在这个仓库里，会有绘画、陶艺、电影、音乐、茶道、图书、咖啡等各种各样的元素，这每个元素都是一粒米，但是能够彼此黏合。因为自小对艺术的敏感、喜爱，所以，“米库”的元素，都源自艺术——因而，“米库”的由来，基于他自己人生的觉醒和兴趣，是偶然，也是必然。

---

① 孙锴，原经营实业，现从事艺术文化产业，“米库”创始人。

孙锴说，“米库”的内容是文化，和原来自己为商已经很不一样，而且，文化产业，本来就需要发酵的时间，需要全新的视角、想法，会很麻烦。现在，“米库”已经受到媒体、社会、官方的关注，但是完全还没有盈利，不过，自己有足够的耐心给它时间。他选择和籍籍无名的学生合作，推介他们的各类作品，是在用自己以前从商的经验，糅合文化，让文化和市场黏合，让理想和现实交织。他希望“米库”，渐渐呈现出来的是一个文化的综合体，代表的是一种生活的方式和理想。现在，只是开始。

他说，电影，音乐，以及一切艺术，所传达出来的永不停息的感染，让他认识到，一切好的东西都是有生命气息的，都是和人性相关的；符合人性的都是美的，也是人类应该选择的。他希望，自己和“米库”，就是这种选择的一个影子，一束光照。

我不敢相信，眼前这个人只有初中毕业。但他绝不张扬，纯粹，诚恳，用语简练、确切，淡然地请领导在小餐馆用餐，约定的时间一分不差地出现，教导刚刚小学毕业的儿子要建立起“身心健康；法律和道德；上进与友善；爱与家庭”的人生准则，有过很成功的商业，拥有很高级的精神世界——他很郑重地说，人可以选择教育，也可以不选择教育，这应该从属教育思考的一部分。这对教育，提出了一个很挑战的命题。

米库。田震坤。孙锴。

让我钟爱。

因为电影对他们的附着、影响。

因为他们已经高于电影的情怀。

看《赤壁》[1]的时候，那时才三岁的女儿突然指着战争的画面说："妈妈，他们在擂鼓出征。"我问她怎么会说"擂鼓出征"，她说："《花木兰》里就是这么说的。"

有一次，我在抱怨先生懒惰，女儿就教导父亲："爸爸，《七宗罪》里不是说，懒惰也是一种罪吗？"

暑假里，安排旅游，女儿想到草原去，她说："我想到草原去拍摄《微观世界》里的昆虫。"

——电影，已经在影响女儿的世界。

我原来，只是直觉，电影，对于女儿肯定会有所教益，所以，从小就毫不迟疑地让她走进。现在，我更加明确无误，将会让女儿更加的深入其中。

自己，更是如此。

---

① 《赤壁》，吴宇森导演，2009 年上映。

一本书，
仿佛一个世界，
打开它们，
仿佛就洞开了许多世界的大门，
他们让你欢欣，
让你鼓舞，
让你思考，
让你伤悲
……
让你明明身在一个地方，
却遍及了无数个世界；
让你明明只有一次生命，
却体验了无数种人生；
让你明明只有一个人，
却在和无数智者比肩——
他们仿佛父母一样慈悲，
无论你到了哪里，
无论你骄傲与失落，
他们从来不曾停止过供给，
让你总气力不尽地，
不尽地，
生长……

万丈红尘是道场。

书的终极意义，

在于辅你不尽地修为，

仿佛忠贞的伴侣。

阅读，越读[①]

我爱看书。程度跟男人喝酒、抽烟差不多。有一次，我看到一个烟灰缸，上面写着“要我戒烟，我会发癫”，很有意思，就把它买下来，放在书桌上。我想，这借用到我身上，就是“要我戒书，我会发癫”。

因为书多，家里装修的时候，除了一个独立书房以外，客厅也设计成大书房的模样，一排墙壁全都是书，茶几是美式的，上下两层像书桌一样大，下面一层可以囤很多书，另外还有两个藤制的小书架，专门存放各类杂志。总之，触手可及之处，总有书，仿佛坐拥书城。

伴随着人生内容的转换，我看书，大致有过三个阶段。

第一阶段，是学生时期。那时，是文学少年，通读文学作品，如饥似渴。其中《飘》[②]和《平凡的世界》[③]两部作品，给少年的自己很深刻的激励，对自己后来个性品质的形成有巨大的影响，反复一读再读。

---

① 越读，即越界阅读，也就是超越局限、跨越领域的阅读。比如，一个出版人士，日常阅读的书单，不仅有出版专业的书目，还有其他经济、管理、哲学、文学、艺术、科学、政治等多领域的书目；一个做美术的，不仅读绘画的书，也涉及音乐、地理、建筑等，这就是越读行为。

② 《飘》，又名《乱世佳人》，玛格丽特·米切尔著。小说的女主人公斯佳丽，在乱世中，从骄傲、虚荣的贵族小姐蜕变为一位成熟坚强的女性，予人激励，尤其斯佳丽在小说结尾所说：“不管怎么说，明天又是另一天了。”意味深远，给人力量。

③ 《平凡的世界》，路遥著。《平凡的世界》在中国20世纪70年代中期到80年代中期近十年间的广阔背景上，刻画了当时社会各阶层众多普通人的形象，劳动与爱情、挫折与追求、痛苦与欢乐、日常生活与巨大社会冲突纷繁地交织在一起，深刻地展示了普通人在大时代历史进程中所走过的艰难曲折的道路，被誉为“激励千万青年的不朽经典”。小说还没有完成的时候，中央人民广播电台就开始连播，在许多城市还出现了排队购买这部作品的现象，在读者中产生的巨大影响绵延不绝。路遥说：“作家最大的才智应是能够在日常细碎的生活中演绎出让人心灵震颤的巨大内容。”《平凡的世界》就是这样让人心灵震颤。

第二阶段，是怀孕以后。刚参加工作的时候，专注教学，一心读各类教学用书，乏善可陈。怀孕时，在家休息了一年，那一年工作停摆，自己重新回到书堆里，首先把学生时期读过的所有书几乎重新通读了一遍，然后，又集中阅读了一批新书[①]，开始对历史、国学、传记、佛学文化类书籍有所涉猎。就读书而言，这段日子，可以说是多年断层以后的恶补，那种仿佛昔日重来的幸福，以及新的涉猎带来的开阔，再次激荡起自己读书的热忱。此后，再无停顿。后来，抽调至教育局办公室，工作所需，又有涉及大量的政治读物。总之，这个阶段，相距学生时期，姗姗来迟，但是，开始有所丰富。

第三阶段，2008 年以后至今。这一年开始，我转向教育理论研究工作，因为研究涉及的内容比较综合，我开始接触到生态学、哲学、社会学、伦理学、人类学、美学等更多领域的书籍，知识结构得到大量补充。同时，也由此对生命的意义有了更多的思考，生活态度也更趋审美。然后，出于个人志趣，触角又伸及建筑设计、影视传媒、时尚生活、禅宗、成人绘本等领域。至此，读书的角度几乎完全打开，人生也随之有了更多层次的眼量。

这些阶段中，每一类，每一本书，都仿佛一块块垫脚石，不知不觉中在垫高自己对这个世界的看待。

比如，建筑设计类。因为对建筑大师梁思成和他夫人林徽因的格外倾慕，就先后读了梁思成的《大拙至美》《中国建筑史》《佛像的历史》以及他们俩各种版本的传记。其中，因为林徽因在历史上的两段感情佳

---

① 主要有《胡适的声音》《胡适口述自传》《往事并不如烟》《非常道》《生命的不可思议》《李叔同说佛》《一代才子钱钟书》《我们仨》，等等。

话，又关注了哲学家金岳霖和诗人徐志摩[1]，读了《金岳霖回忆录》和《小脚与西服——张幼仪与徐志摩的家变》等相关书籍。这样，对于梁林夫妇的建筑思想，以及个人情操都有比较全面的了解。其他，还读了《建筑家安藤忠雄》《边走边思考——安藤忠雄的建筑人生》《家：我的私宅论》《无印良品》《设计私生活》《建筑笔记》……这些书，让我慢慢地认识到，建筑，是与人及自然息息相关的存在，关系到历史、文化、审美、人性，需要深层的思想，它是一种有态度的表达，对建筑的轻忽，必然导致紊乱的建筑产物。

比如，影视传媒类。通过《青年电影手册》《众妙——阅读电影之美》《陪他看电影》《有声默片》《反好莱坞——欧洲电影十大师》《伟大的电影》《伍迪·艾伦与哲学》，以及《蛤蟆的油》《等云到——与黑泽明导演在一起》《小津》《张艺谋的作业》等一些导演的传记，逐渐了解到一些电影世界的精神。如，日本的著名导演黑泽明，对待电影艺术，敬业、精进，几近极致，他对灯光的要求特别高，拍摄外景的时候，依靠的就是自然光，于是很多时候要等乌云散开、阳光出来时才能进行拍摄，而有时候又恰恰相反，要等乌云盖顶的时刻再拍，不能相差分毫。我才知道，正是因为有这种“等云到”的态度，我们的电影大师们才能给我们奉献上那些经典的视觉的盛宴。

比如，哲学类。得益《形而上学》《哲学的慰藉》《笛卡尔思辨哲学》

① 徐志摩（1897—1931），现代诗人、散文家。梁启超曾规劝徐志摩停止对林徽因的追求，徐志摩说：“我将在茫茫人海中，寻找我人生之唯一伴侣。得之，我幸，不得，我命。如此而已。”在徐志摩逝世四周年的纪念日，林徽因发表了一篇悼文，最后一段写道：“我们的作品会不会活在那一些我们从来不认识的人，我们作品的读者，散在各时、各处互相不认识的孤单的人心里……朋友，你们不要过于看轻这种间接的生存，许多热情的人会为你的存在，而增加生的意识。伤心的仅是那些你最亲热的朋友和同兴趣的努力者，你不在他们中间的事实，将永远是个不能填补的空虚。”极尽哀恸，缅怀。

《叔本华思想随笔》[①]《沉思录》《哲学家在想什么》《我们缺什么——尼采的人生哲学》《中西哲学十五章》《我思故我在》，等等，受到哲学精神的影响，思维方法趋向理智，自己更加客观、理性，能够尽可能辩证地看待问题，然后，降低了陷入纠结的频度。

还有，禅宗类。《枯木开花——圣严法师传》《雪中足迹——圣严法师自传》《心的依止》[②]《赐我甘露》《正见》[③]《证悟》[④]《此刻是一枝

---

① 叔本华. 叔本华思想随笔[M]. 韦启昌，译. 上海：上海人民出版社，2008. 其中，许多思想都触动本人，如“具备一流思想能力的人所带有的特质标记，就是他们所作出的判断都是直截了当、绝不含糊……这些人在思想的王国就像王侯一样地具有一种王者般的直截了当；而其他人却迂回拐弯、顾左右而言他……”（第 10 页），“写出矫饰、造作的文字就像是精心穿戴一番以免被人看做是普通平民，但真正的绅士哪怕是穿着最不起眼的衣服，也很少会有被认错的危险。因此，正如人们从一个人艳丽、太过挺括的衣着看出这是一个俗人一样，从矫饰、虚浮的文体就可以认出平庸的作者”（第 82 页），“简单和朴实是所有优美艺术都要谨守的法则，因为简单和朴实，甚至和伟大、崇高也是协调、一致的”（第 84 页），“朴实的风格始终是为天才准备的礼服，正如赤裸是美丽身体的特权一样”（第 85 页），等等。

② 凯玛. 心的依止[M]. 庄国彬，译. 深圳：深圳报业集团出版社，2009. 其中，“我们应该把自己的生命当作是全人教育的过程。其他的人生目的都是错误的”（第 29 页），“佛经常提到：心灵应该柔软、随顺、可锤炼而且坚定”（第 42 页），“说话不应该夸张，或是太巧言令色。那是虚伪的，但是有些人却习以为常”（第 55 页），“独处的心最大的价值是泰然自若”（第 71 页），“温柔、爱和关怀……婴儿离不开它们，其实我们也一样”（第 115 页），等观点，对人很有开示。

③ 宗萨蒋扬钦哲仁波切. 正见［M］. 姚仁喜，译. 北京：中国友谊出版公司，2007. 作者在序中说：“……除了几个不长的朝代，几世纪以来，极度实用主义的中国人采用了儒家，而非佛家或道家，以至于道家几乎了无踪迹了。这是很令人伤心的事，因为即使是《道德经》的只言片语，都是无价的。我对儒与道所知有限，但是我的猜测是，儒家所提供的是常识，因此实际的中国人喜好儒家；而道与佛提供的确是超越常识的智慧。它不能带来即刻的获利，但是如果中国人能看到拥抱智慧的长远利益，我有信心中国人会再度拥抱佛教。毕竟，这是一个与文殊师利及观世音两位大菩萨有深厚渊源的民族啊!”他对佛教的主张，让本人很震惊，也从此对佛文化所涉及的面向、解释的问题，指出的方向，有了正确的认识。

④ 阿姜查. 证悟[M]. 赖隆彦，译. 深圳：深圳报业集团出版社，2009. 其中，“中道的见解能够帮助我们淡然处世，所谓的淡然不是厌倦、冷漠和反感，而是回避没有结果与没有意义的痛苦。此外，它也能帮助我们去除执着。通过中道，人们可以转而寻求值得信赖与有意义的事物，能够自制与正念地生活，得到自在与解脱，回到平静与喜悦的自然状态”（第 15 页），“我们已经不再年轻，应该及时住手，转而寻求平静与恬淡，我们已经做够了世间的荒唐事，现在，该是停止的时候了，不是吗？”（第 59 页），等教导，催人觉醒。

花》《佛教伦理学》《中国历史中的佛教》《静谧之心》《爱与寂寞》《生而为人》……这一类的书，首先矫正了我的认识，原来禅宗文化不是一种消极处世的态度，而是一种科学精神。然后，在其中，自己的态度、情绪变得中性、公允、平静。如，《佛教伦理学》中有这么一段话：生命泛指一切有情，从昆虫到人/无论何种生命/柔弱或健壮，高大、勇猛或适中/短、小或庞大，毫无例外/可见或不可见/远居或近处/已出生的或将出生的/让所有生命幸福——让我顿时对各种生命有一种很折中的情感。

还有，美学类。从艾柯的《美的历史》、李泽厚的《美的历程》、宗白华的《美学与意境》和《美学散步》、周国平编译的《悲剧的诞生——尼采美学文选》等书中，体认到一曲悲歌，千人泣下，一幅画境，行者驻足，“真能结合人类情绪感觉的一致者，厥唯艺术而已”[①]，体认到“自然无往而不美”[②]，对自然、对艺术由衷地爱而神往，而自然与艺术的舒展，则直接启迪了自己心性的舒展。

其他。诸如，收集各种版本的毛泽东传记[③]、蒋介石传记[④]，对比两个人的格局、性情，看着历史因此的开阖，很有洞明；收藏台湾著名绘

---

① 宗白华. 美学与意境[M]. 南京：江苏文艺出版社，2009：11.

② 宗白华. 美学与意境[M]. 南京：江苏文艺出版社，2009：41. 作者进而说：“什么叫做美？……‘自然’是美的，这是事实……所以自然始终是一切美的源泉，是一切艺术的范本。艺术最后的目的，不外乎将这种瞬息变化、起灭无常的‘自然美的印象’，借着图画、雕刻的作用，扣留下来，使它普遍化、永久化。”

③ 如罗斯·特里尔的《毛泽东传》，斯图尔特·R. 施拉姆的《毛泽东的思想》等。其中，施拉姆说：“必须承认，正是那些使他在夺取政权期间成为一位伟大的军事和政治领袖的品质，使毛泽东在创造一个新的社会主义中国的能力方面具有局限性。”

④ 如布赖恩·克罗泽的《蒋介石传》，师永刚、杨素的《蒋介石 1887—1975 图传》，黄仁宇的《从大历史的角度读蒋介石日记》，师永刚、张凡的《蒋介石 1887—1975》等。其中，布赖恩·克罗泽说：“对蒋介石的一生进行总结，蒋介石有自己的勇气、精力和领袖品质，他不仅是一个有很大缺陷的人物，而且从希腊悲剧的意义上讲，他是一个悲剧性的人物。他的悲剧是他个人造成的。”

本作家几米[①]的所有作品，一册都不落下，和女儿一起看，感受他那种很情绪化、很意识流的文字和图画，很放松；还有十多年一直坚持买时尚杂志，接受流行风气的一些刺激，也能让自己保持对生活和美的一种敏感度……

总之，一本书，仿佛一个世界，打开它们，仿佛就洞开了许多世界的大门，他们让你欢欣，让你鼓舞，让你思考，让你伤悲……让你明明身在一个地方，却遍及了无数个世界；让你明明只有一次生命，却体验了无数种人生；让你明明只有一个人，却在和无数智者比肩——他们仿佛父母一样慈悲，无论你到了哪里，无论你骄傲与失落，他们从来不曾停止过供给，让你总气力不尽地，不尽地，生长……

有一次，我读到了一本书《阅读的所在》，其中有一篇是郝明义[②]对詹宏志[③]的访谈。这两个人都是台湾很具个人魅力的著名出版人。

---

① 几米，台湾著名绘本作家。几米用敏锐细腻的心去感受周遭的人与事，将情感、思绪藉由绘画传达对大千世界的看法，引领着每一位欣赏他作品的人看到并相信世界上的美与善，同时也反映了现代人生活中的点点滴滴，因此每个人都能在他的故事中找到一个映照和寄托。我们收藏并阅读他的系列作品，如《森林里的秘密》《微笑的鱼》《向左走，向右走》《月亮忘记了》《森林唱游》《我的心中每天开出一朵花》《地下铁》《照相本子》《1. 2. 3. 木头人》《我只能为你画一张小卡片》《布瓜的世界》《幸运儿》《你们我们他们》《又寂寞又美好》《遗失了一只猫》《小蝴蝶小披风》《蓝石头》《我的错都是大人的错》《几米创作10年精选》《躲进世界的角落》《星空》《我不是完美小孩》《世界别为我担心》《镜子里的小孩》《时光电影院》，等等，女儿尤其喜爱作品中的绘画，也被故事吸引，经常一个人反复翻阅，陶醉其中。除几米以外，朱德庸、幕容引刀、蔡志忠，也是很优秀的绘本作家，有《绝对小孩》《大家都有病》《阿狸梦之城堡》等很多优秀的绘本作品。

② 郝明义，台湾最具个人魅力的出版人，历任台湾时报出版公司总经理，台湾商务印书馆总经理兼总编辑，现任大块文化出版公司董事长。他引进了昆德拉、村上春树、卡尔维诺，打造了《相约星期二》《情商 EQ》等超级畅销书，也是蔡志忠、朱德庸、几米等知名漫画家的幕后推手。著有《越读者》《一只牡羊的金刚经笔记》等。

③ 詹宏志，台湾著名资深编辑、出版人、电影人、作家，被称为是台湾媒体的教父，曾任联合报副刊总主编、中国时报周刊总编辑、远流出版社总经理、台湾滚石唱片总经理、城邦出版控股集团董事长等职。

访谈中，詹宏志说：“看书对我来说像是酗酒一样，无可救药的陷溺……我没有其他知识来源，也很少跟活人接触，是书里头讲的故事，让人向往的行动、概念跟某些生活的情节，不知不觉地引诱了我。”“人生苦短，不是有那么多机缘来接触那么多东西，书就变成了一种替代性的经验，可能有点皮毛、有点空虚，但它给我机会让一辈子可以过二十辈子的经验……我读书的目的不是为了书，而是对于一个更大世界的向往……”

对照我自己的读书经历，我对詹宏志的这些话特别有共鸣。

我看待自己，别无所长，会读书而已。

小时候，家里办厂，原材料里有废旧的图书，所以，工厂有一个巨大的仓库，仓库里全都是书。那时的农村，物质、文化都极其匮乏，我们家的孩子却因此拥有了一个硕大的书库。这个书库，赋予我的童年，糊里糊涂地有了太多关于《少年文艺》《蓓蕾》《十月》《花城》《芙蓉》《山海经》《半月谈》《碧血剑》《红楼梦》[①]等书刊的阅读经验，与年龄实际全不相符。

我想，以童年对一个人终身深远的影响，这些经验，应该就是我嗜书如命的发端。而且，这样的发端，对于后来的自己有很多的成全。

比如，毕业时因为写作的突出得以留城；工作以后因为良好的语文敏感，得以早早成长；毫无经验，从事到理论研究……这些，都多受于读过的很多书，受于这很多书给自己造就的语文资质和个性禀赋。尤其，

---

① 这些杂志、图书，都是当时很有限但很有品质的读物，很多成年人都有相关的阅读记忆。其中，《少年文艺》创刊于1953年，由宋庆龄题写刊名，是新中国成立以来创刊最早的儿童文学刊物，在全国少年读者和家长中具有广泛影响，是很多成年人的阅读回忆；《十月》杂志是我国著名文学杂志，1978 年创刊，北京十月文艺出版社出版，是目前国内唯一集短篇、中篇、长篇小说（每年六期长篇小说版）、散文、诗歌、报告文学于一身的著名大刊；《芙蓉》杂志，创于 1980 年，湖南文艺出版社编辑出版。

随着年龄的增长，越来越多地认识到人存于世的繁杂、不堪、无常，我真的庆幸自己，好在读书，好在会读书，让有很多局限的自己也总有安身于滚滚时代和社会中的能力。

所以，读到詹宏志的话，我特别感动，感动于这个世界上有自己的同类，让自己更有保持的信心。

然后，很有机缘，就在看到那篇访谈后不久，郝明义先生到杭州来做讲座，主题是《越界阅读的人生之路》。我前往，并由此接触到了“越读”的概念。

对于越读的意义，郝明义作这样的形容：“太初时代的原始人们硬是和同伴嚼着各种浆果、水果和树叶，顶过饥饿的痛苦——就在他们为了同一批食料而争抢不已时，环绕四周的食源之丰富，却远超出他们的想头……他们身处丰饶之中，却逐渐饥饿至死。我们置身人类有史以来，前所未有的丰饶的阅读时代……只有懂得超越界限的读者，才能尽享广阔天地的一切丰饶，否则，局限于既有观念与习惯，只能茫然失措，和那个‘身处丰饶之中，却逐渐饥饿至死’的原始人没有什么不同。赶快解放自我，越界阅读，越界梦想。只怕不开始，永远不怕晚。”

……

我很欣喜。

我欣喜。这简直就是给我的读书人生作了一个强有力的注解。

我尤其欣喜。又遇见同类。

这让我深信，在这个世界上，肯定有很多我们这一类存在着，或远，或近，声气相投，相互致意。

另外，对于书，我很挑剔。我从来不在网上买书，也不喜欢网上阅读，一直都是到实体书店选书，每一次，在林立的纸质图书前，静伫，翻看，与中意的书一见如故，都是很享受的过程。慢慢地，发现，一本好书很自然会通过它的封面，它的装帧，它的纸张，散发出光芒，它们往往干净，质朴，低调安分地存在……凭此下手，从不出错。我也从来不读成功学类的图书，我认为这些书会让人沾染功利的习气。书，可以养气，但是，有的书，养的是正气，有的书，养的是不良之气。“坏的东西无论如何少读也嫌太多，而好的作品无论怎样多读也嫌太少。劣书是损害我们精神思想的毒药。”[①]所以，书，也有善恶之分，良莠不齐，总是和一些不良之气的书为伍，就和交友不慎一样糟糕。

有人反问我，你怎么有时间看书？我尽量少应酬，工作以外，生活简单，每天回家，尤其是等到女儿睡着以后，就是读书的大好时光；其他，出差的路上，候人、候场的时候，因为不善于与人东拉西扯，看书就是让自己避免尴尬的最好选择；冗长的会议，也是看书的好时候……我觉得，我们固然要付出艰辛的努力才可以在这个世界上安身立命，但还有更多的时间是在琐碎之中被无端地消耗，是书，让我取之琐碎，截留出了很多时间。

有些朋友，很优秀，却不免常常因为生活的困顿、工作的各种不如意，幽怨、耽溺，纠缠不休。我总是会对他们说，去看书吧，人间的很多悲剧都是没文化造成的。这并不意味着我有什么超凡脱俗，只是书中的那么多世界、那么多人生告诉我们，个人苦痛放之世界其实都很普遍，

---

① 叔本华. 叔本华美学随笔[M]. 韦启昌，译. 上海：上海人民出版社，2009: 20. 叔本华还说：“阅读好书的前提条件之一就是不要读坏书，因为生命是短暂的，时间和精力都极其有限。”“没有什么比阅读古老的经典作品更能使我们神清气爽的了。”

普通如我，当然也不会例外，惟其如此，我也不会没有意义地去放大，去执着。所以，我总是说，书，是最好的镇定剂。朋友们有所尝试以后，也都慢慢对此有了认同。

——所谓，万丈红尘是道场。书的终极意义，在于辅你不尽地修为，仿佛忠贞的伴侣。

这是我从阅读至越读的心得。

是为录。

第三章
老师们

恩師留念

你，

有没有想到过，

可以去成为他人的“最好的老师”？

你，

有没有重视过，

老师和学生的情谊?

你，

是不是懂得过，

自己的品格、性情、情操，

才是可能给得起学生的最宝贵的财富?

不止是学校的老师，
每一个位分上的人，
或者都在扮演着为人师者的角色，
都应该考虑到自己的所言、所行，
有可能让受众产生的爱与憎——
是不是真的无能为力，
能不能以此检点自己，
可不可以与人正能量，
取决于人心，
而非社会。

黑泽明[①]和他的老师

老师，对学生，最大的意义是什么？

不是精湛的教艺。

不是教会了学生多少知识。

而是，老师的品格、性情、情操，对学生产生了终身的影响。

这是黑泽明和他的老师，作出的诠释。

法国著名导演让·雷诺阿[②]，在自传中说："我们这么引以为豪的个性，实际上是由种种复杂的因素形成的。比如，上幼儿园的时候在那里遇到的小朋友，第一次读的小说的主人公，有时甚至从表兄乌瑾饲养的那条猎犬那里得到了启发。我们并不是光凭自己就能生活得很充实……我从自己的记忆之中，找出了许许多多曾经使我得以有今日的力量，以及与这种力量有关的人和发生的事。"[③]

① 黑泽明，日本著名导演，被称为"电影天皇"，奥斯卡终身成就奖，影响了很多电影人，是东方世界电影业中高山仰止的标志性人物。他的作品总是触及人类情感秘密的主题，交融朴素、深刻和震撼，仔细精微地透视着历史烽烟中的世情和人心。美国导演斯蒂芬·斯皮尔伯格曾说："黑泽明就是电影界的莎士比亚。"张艺谋说："黑泽明使我明白，当走向外面的世界时，要保持中国人自己的性格和风格，这是他给亚洲电影人上的很重要的一课。"日本、伊朗的导演们一直以小成本制作反映人性深处的主题而著名，而黑泽明可以说是其中的先驱者和最杰出者。

② 让·雷诺阿(1894—1979)，被誉为"法国电影之父"。其作品广泛涉猎法国文化、历史、社会等诸多领域。让·雷诺阿说过："没有坚定的个人哲学，就无法拍出好影片。"一位长期研究雷诺阿的法国学者认为："雷诺阿的个人哲学之所以始终深深地感动我们，是由于它的普遍性，由于它超越了社会和政治理想的限制，肯定了人类之爱以及快乐和游戏的至高无上。"

③ 黑泽明. 蛤蟆的油[M]. 李正伦，译. 海口：南海出版社，2006：2.

一直敬仰他的黑泽明，受此激发，也写了自传《蛤蟆的油》[①]，并在自传中讲述了帮助他成长过的诸多力量。老师，就是其中一股极其重要的力量。

力量之一，立川静治老师。

黑泽明小时候，智力发育缓慢，性格乖僻，老师把他当作需要特殊对待的学生来看，同学也常常嘲笑他，他觉得学校生活就像在地狱受罪一样痛苦。

他转学以后的班主任，立川静治老师，却给了他很多的庇护和自信。

立川老师崇尚自由，以鲜活的感性及创造精神从事教育。比如，他上图画课，从来都不会只是死板地按照教育方针，用平平淡淡的画做范本，让学生按照常识忠实地临摹，谁临摹得最像谁就得最高分。他总是鼓励学生，自己随便画最喜欢的，喜欢什么样就画什么样，把孩子们的个性很巧妙地引导出来，让每个孩子都闪出光彩。

有一次，图画课，黑泽明不惜折断铅笔，涂上唾液，很认真、很使劲地完成了一幅画，同学却都报以讥讽，而立川老师却大大地夸奖了黑泽明。黑泽明回忆："夸奖的内容我不记得了……但是，从此以后，尽管我不喜欢上学，但只要这一天有图画课，便总是迫不及待似的，急急忙忙到学校去……我喜欢上了画画，我什么都画，而且越画越好，与此

---

① 《蛤蟆的油》，日本著名电影导演黑泽明的自传，2006 年出版。日本民间流传着这样一个故事：在深山里，有一种特别的蛤蟆，它和同类相比，不仅外表更丑，而且还多长了几条腿。人们抓到它后，将其放在镜前或玻璃箱内，蛤蟆一看到自己丑陋不堪的外表，不禁吓出一身油。这种油，也是民间用来治疗烧伤烫伤的珍贵药材。晚年回首往事，黑泽明自喻是只站在镜前的蛤蟆，发现自己从前的种种不堪，吓出一身油——这油的结晶就是这部《蛤蟆的油》。

同时，其他课程的成绩也很快提高了。”[①]后来，黑泽明还当上了班长。

那时，有个同学植草圭之助[②]，也是个性格大与人殊的孩子，很爱哭，很懦弱，成绩也差，是黑泽明最好的朋友。立川老师很赞赏黑泽明和植草之间彼此热忱相待的关系，竟然决定让植草当副班长，和黑泽明互为左右。因为立川老师认为，植草是个懦弱儿童的样本，但身上有沉睡未醒的才能，他要让植草尽可能快地开出灿烂的“花”，所以把他“移栽”到了副班长这个“盆”里，而且放在向阳之处。不久，植草真的写出了让老师大吃一惊、十分精彩的长篇作文。

后来，立川老师不再教他们了[③]，可是，黑泽明和植草仍然每天必到老师家，接受立川老师尊重个性的自由教育和师母诚心诚意的款待。每天如此，而且都把这件事当作最愉快和最充实的活动。

《蛤蟆的油》中，记录了这样一件事，那是很多年以后的事情了，那时候，黑泽明已经成为了颇有盛名的导演，植草则成了这位导演的编剧，书上写道——

《美好星期天》[④]上映了。几天以后，我接到一张明信片。

---

① 黑泽明. 蛤蟆的油[M]. 李正伦，译. 海口：南海出版社，2006：21.

② 植草圭之助，日本小说家、剧作家，导演黑泽明的发小，终身与黑泽明有不解的缘分，两人合作过影片《美好星期天》。

③ 当时为日本大正时期，教育循规蹈矩，“老师”几乎是“可怕的人”的代名词，立川这样的老师，是很稀有的。黑泽明转校之后大概两年半左右，立川老师全新的教育方针与校长的保守发生了正面冲突，不久立川老师辞职了，后来被另外的学校聘请，培养了许多有才华的学生。

④ 《美好星期天》，黑泽明导演，植草圭之助编剧，1947 年上映。黑泽明与植草重逢时已经是成名的导演，时隔二十五年，两人再次“联席而坐”的时候，合作写了《美好的星期天》的剧本。黑泽明在《蛤蟆的油》中写道：“我们在写作过程中渐渐注意到，尽管两人表面上变了，精神和意志却一如往昔。我们朝夕相处，从对方将近中年的神态中，各自看到了自己少年时代的影子。二十五年星霜虽然像梦一般逝去，现在，我们又回到了互称小圭、小黑的时代。”黑泽明电影的出场人物大都是盛气凌人的武士，但本片却一反常态，用愉快的笔触，写一对年轻、充满忧愁的恋人在星期天怎样把种种烦恼抛诸脑后的经过，叫人看得心往神怡。

那明信片开头是这样写的：

影片《美好星期天》放完，影院灯亮了。观众都站起来，但是，有一个坐着不动在抽泣的老人……

我接下去看，情不自禁地要喊出声来。

这位抽泣的老人原来是立川老师！

就是那位非常疼爱我和植草、精心栽培过我们的立川老师！

立川老师在明信片上继续写道：

我从片头字幕上出现“编剧植草圭之助、导演黑泽明”开始，就热泪滚滚，以至银幕模糊了。

我立刻和植草联系，决定请立川老师到公司宿舍来吃饭。

我们俩有二十五年没有和立川老师一起吃饭了。遗憾的是，老师瘦小干枯，牙也不结实了，吃肉好像很费劲。我想关照一下给他弄些软的来，刚站起来他就连忙制止，他说：仅仅看到你们俩就是一次盛宴。

植草和我恭谨地坐在老师面前。

老师仔细地看着我们，不住“嗯嗯”着点头赞许。

我目不转睛看着老师，眼睛渐渐遮住我的视线，老师的面孔变得模糊不清。①

书中的这个片段，所传达出来的一个学生对于老师的深情，以及一个老师对于学生的心意，这种师生情谊，让我感动。现在，各种名目的评比、荣誉、论文、公开课、更高的学历要求等，直接关系到老师们的收入、晋升、名誉，大家为之所困，穷于搏取，穷于应付，很多的精力被分配到无关学生的内容上，留给学生的已经所剩有限。更有一些被冠

① 黑泽明. 蛤蟆的油[M]. 李正伦，译. 海口：南海出版社，2006：228–229.

以“名师”的老师，沉迷声名，四处巡讲，仿佛走穴，自己的学生无暇顾全……还有多少人还在重视师生的情谊？还有多少人懂得师生情谊的珍贵？

黑泽明说：“从前的老师中，有许多具有自由精神、个性突出的人物。相比之下，如今的老师，职员式的太多了。确切地说，不是职员式的老师太多，而是官僚式的老师太多了。接受这种人的教育，能有什么用呢？”①

我深深认同。也省思自己为人师的时候，也曾随波逐流，非常汗颜。

力量之二，导演山本嘉次郎②。

黑泽明意外地进入了电影界③，一开始，就碰到了他终生难忘的恩师——山本嘉次郎。

黑泽明给山本嘉次郎做过 8 年的副导演。

在山本的剧组中，黑泽明得到了真正的锻炼。

山本对副导演的人选固执到令人吃惊的程度。要提拔新人当副导演的时候，他对其人的品格、素质，一定反复调查研究，直到一清二楚后才作决定。但是，对一旦决定录用的副导演，不论其工龄长短、资历深浅，均一视同仁，认真听取他们的意见。黑泽明在山本摄制组工作期间，每天都心情舒畅，而且充实，有什么意见都直言无忌，而且大多被采纳，

---

① 黑泽明．蛤蟆的油[M]．李正伦，译．海口：南海出版社，2006：86.

② 山本嘉次郎（1902—1974），黑泽明的恩师，黑泽明曾给他当过 8 年的副导演，代表作《藤十郎之恋》《希望的蓝天》《四个爱情故事》等。

③ 黑泽明练过剑道，学过美术，参加过无产者的非法政治活动。后来，在急于就业的焦急和降格以求的心情中，于 26 岁，通过考试进入电影制片厂，对日本电影界一无所知的黑泽明由此进入影坛。起初，刚刚考进制片厂做副导演的工作并不令人满意，以至于黑泽明想一走了之，但山本嘉次郎的出现，彻底改变了他的命运，他遇到了一生中最好的老师。

所以工作上很有干劲。同时，山本对于追随他的副导演，绝不干改变他们个性的事，而是一心一意地着力于发掘他们的个性，丝毫不让他们有师从学习的拘束心情，让他们充分地发展自己。黑泽明后来的作品根本就不像他，就是最好的证据。

山本为了让黑泽明积累及时和恰到好处地指挥摄影、照明、录音、美工、服装、道具、化装等部门，以及指导演员表演等导演工作的经验，常常信赖地让他代理导演。山本也告诫黑泽明，如果想当导演，就得先学着写剧本。等到黑泽明凑合能写剧本的时候，又让他做剪辑，做后期配音。《蛤蟆的油》中写道：

当时有声电影尚在初期，关于影像与音响的相乘关系，我认为像山本先生这样认真思考的导演还是不多的。他可能是想把这些教给我，所以《藤十郎之恋》的后期配音就全委派给了我。结果他看过样片之后，让我从头返工。

这对我来说是一次打击。我感到自己在大庭广众之下出足了丑。

重新后期配音所花的时间和精力，实在吓人；另一方面，我也无颜面对与后期配音有关的摄制组人员。

糟糕的是，究竟哪里错了，我仍然不太清楚。

为了寻找连我自己都没有弄清楚的错误，我一卷一卷地找，翻来覆去地看。结果，好不容易才找到并纠正了。

山本先生看了样片，只是简单地说了声“OK”。

我对这位山本先生十分不满。

我觉得他把什么事情都压在我的头上，而且随便发号施令，令人生气。但是这种心情很快就消失了。

举行《藤十郎之恋》完成招待会的时候，山本夫人对我说：“他可高兴了，说黑泽君能写剧本，又能委以导演工作，剪辑、后期配音全行，大可放心。”

我不禁热泪盈眶。

山本先生是我最好的老师。[①]

山本导演淡泊名利，性格坦率直爽，是个兴趣广泛、多才多艺的导演，也是一个美食家，他精通美食，甚至说，连好吃不好吃这种简单评价都说不准的人，不够做人的资格。这个“最好的老师”，对黑泽明不惜心血着意培养，却说：“我对黑泽君，只教会他喝酒了。”[②]

一个无私的人，无私地使一个人终身受益。初出茅庐的时候，全心教诲，功成名就的时候，没有任何居功。他，视他，就是青睐、信赖，莫逆知心，如己出，如挚友。一个人的一生中，有这样一位“最好的老师”，何其有幸。

其他，还有很多老师，导演，制片，都很理解黑泽明，都伸出温暖的手让他发挥出自己的个性，都爱护、关怀、栽培过他。这些，都是促进黑泽明成长的汩汩的力量。

黑泽明说，自己完全就是这些老师们一手培养起来的。

这些老师是黑泽明毕生受用的正能量。

是黑泽明吉人天相，总是遇到好的老师吗？

不全然。

这位和他的电影一样绝对而纯粹的导演，个性强烈，好恶分明，在

---

① 黑泽明. 蛤蟆的油[M]. 李正伦，译. 海口：南海出版社，2006：161.

② 同上，第 149 页。

自传中也直言不讳自己遭遇过的糟糕的“老师”，小学一二年级时总是让他难堪的老师，立川老师离开以后处处诋毁立川老师的新班主任，中学时候强加意志、关系始终不洽的教官，制片厂里傲慢的总务部长，内务省吹毛求疵、指手画脚的检察官，《罗生门》拍摄时百般刁难、收获盛誉以后却腆着脸把别人的成就记在自己功劳簿上的出品公司经理，等等，都在此列，他都毫不客气地表以愤恨和不容忍。

对此，黑泽明有鲜明的态度，他说：“认为犯罪者之所以产生是由于社会有缺陷的观点，就算有一半道理，并据此而为犯罪者辩护，也不过是一种诡辩而已，因为它无视生活在有缺陷的社会之中而并不走向犯罪的人。”①他认为，恶的社会中，也有诚实而善良的人，人性的恶，最终还是归罪于人自己，最终该鞭挞的是人。因为对人性如此的洞彻，即便师长，他也一样疾恶如仇。这就仿佛他的那些电影，总在反映人性深处的主题，总在刺破人性的伪装，他对世俗浮生里人性恶的披露与人性善的关怀同样令人战栗。

这位导演大师，自己已经为世人高山仰止，但是，回顾自己一生的时候，却不惜用大量的篇幅回忆了自己的老师，爱有之，憎有之——师者，在人一生中的分量，可见一斑。

这足以让师者们深深地思忖：

自己是令学生爱了？还是憎了？

具体而言，在人生的日复一日中，在大众意志的捆绑中，在功名利禄的驱使中，在社会的急流中，在这个繁华世界中：

你，有没有想到过，可以去成为他人的“最好的老师”？

---

① 黑泽明. 蛤蟆的油[M]. 李正伦，译. 海口：南海出版社，2006：233.

你，有没有重视过，老师和学生的情谊？

你，是不是懂得过，自己的品格、性情、情操，才是可能给得起学生的最宝贵的财富？

这应该是黑泽明和他的老师所作出的诠释，给我们的启迪。

其实，不止是学校的老师，每一个位分上的人，或者都在扮演着为人师者的角色，都应该考虑到自己的所言、所行，有可能让受众产生的爱与憎——是不是真的无能为力，能不能以此检点自己，可不可以与人正能量，取决于人心，而非社会。

这也应该是黑泽明和他的老师所作出的诠释，给我们的警戒。

生命就像河流，
会途经很多地方，
每到一地，
进入过这条河流的人的数量多到无法计算。
有的人，
似浮叶，
随波逐流，
转瞬消逝，
不曾对你的生命构成过任何影响；
有的人，
如磐石，
默默地铺成你的河床，
永远助你激流勇进，
奔腾流淌。

——我的这些老师们，
就是用了他们的品格、性情、情操，
默默地铺成了我生命的河床，
指引了我生命的流向。

每一个生命，

每一条河流，

自始，

至终，

要途经多少地方，

要怎么勇敢，

要怎样才能不息地流淌？

如果你愿意——

请告诉她流向，

给她如磐石的力量！

我的老师们

我的小学老师，李仙娥[①]，是一位代课老师[②]，二十左右的年纪，年轻，美丽，男同学调皮，收服不了的时候，她的脸就会唰地涨红，对女同学则毫不拘束。李老师的家，临近县城，离我们学校有四十多里路，所以，平时她都住在学校，周末才回一次家。有一次周末，她带着我们十几个女同学一起回家，那是我们这些山里的丫头第一次集体出远门。老师带着我们坐车、逛县城，晚上就挤在她家的床上睡。此行，具体的记忆很模糊了，但是老师和我们的亲密不会忘却。

我们就读的学校，是一所完小，远远近近有十多个村庄的孩子，都要走路到学校上学，放学，再走路回家，远一些的，每天来回有二十多里路，天天如此。[③]当时，小学毕业参加县里统考，成绩好的学生会被县里的重点中学录取，其他人就入读所在的乡初中。我们学校能被录取到重点中学的学生很少，每年都只有一两个。为了让学生安心地学习、备考，学校就安排毕业班的学生住校。所有的孩子住在一间大教室里，全部打地铺。晚上，会有老鼠从我们身上哧哧哧地溜过，吓得我们大叫；

---

① 李仙娥老师，1986 年始在朱王小学代课，时年 19 岁，1995 年经考试转为正式教师编制，1996 年调至茭道中心小学，因为身体原因于今年办理病退。在书稿将要完成时，本人辗转联系到了李老师，老师也还能记得学生，师生往昔，是人生巨大的财富。

② 代课老师即指没有事业编制的临时教师，是我国教师队伍中的特殊群体，是我国教育发展在一定历史条件下的产物，他们不具备公办教师的身份，不享有国家给予公办教师的的政治和经济待遇，多数是上世纪 80 年代到 90 年代进入代课岗位。代课教师的存在，帮助地方政府在有限的财政资源下，承担起国家义务教育的重担，使得一些办不了学校的地方有了学校，原本接受不了义务教育的学生有了书读，改革开放三十年来，国民整体素养提升，国家经济社会迅速发展，背后与代课教师的汗水和心血息息相关，因此，代课教师尽管待遇和社会地位低，但是，在一定程度上，为国家义务教育的普及，为国家整体实力的提高，做出了巨大的贡献。2010 年，教育部清退代课教师的消息成为社会热点。

③ 详见前文《走路上学》。

窗外就是田野，有时一阵突然的风声，或者屋顶瓦片陡然松动滑了一下，或者其他莫名的声响，加上男同学的添油加醋，大家就会惊乍得不敢睡觉。

我大概是班里成绩最好的学生了，学校为了保证重点中学的录取率，保障我有更好的学习精力，就让我住到了李老师的宿舍里。一开始，是我一个，后来，又来了几个，再后来，李老师仅仅一小间的宿舍里几乎挤满了学生。她就这样和我们挤着住。那时候我们多脏、多吵，但是，记忆中，老师从来没有抱怨过，而且，每天吃饭，她都会让我们和她一起分享她那份不多的教工伙食。一直到我们毕业了，老师别说没有收到过一分钱，就连家长送的一棵菜也没有。后来，我果然考上了重点中学，却并没有懂得过去谢谢李老师，而且，至今，我再也没有见到过她。

现在，这所学校在农村地区中小学“撤点并校”的政策下，已经撤销，不复存在。有时，目睹一些现状，我总会想，现在的学校是越来越集成，越来越大了，尤其发达城市，学校的建设已经高度现代，但是，像李老师这样和学生亲密无私的老师，却越来越少了。

我初中时的体育老师，徐启刚，是个快退休的老教师，是我们县体训队的教练，胖胖的，很慈祥，对同学总是很鼓励，是很多学生运动员的伯乐。我们这所中学，是县重点，同时，体育很突出。学校在城郊，紧邻江水，围墙外就是旷野，操场格外大，400 米的跑道，还有宽阔的草地、浓密的树丛，单双杆等体育器械很齐全。每天清早，各个班的学生以班级为单位整齐地晨跑，学校运动队的学生在不厌其烦地训练，每年的运动会全员参与，人人有比赛。总之，体育活动很活跃，但凡走过操场，总可以看到徐老师和其他体育老师在上课，或者指导训练。

我比别的同学早一年上学，个子小，体能也差，体育总是很糟糕。比如，跳远，很难得能够成功跳进沙坑里；铅球，从来就没有达标过；晨跑的时候，中途会偷偷躲到跑道边的树丛里，最后一圈才又回到队伍里，蒙混过关。每次体育考试，徐老师都要很忧虑地说："哎呀，郑杭啊，你真是糟糕啊，怎么办呢？"他经常一边摇头一边让我铅球再多扔几次，或者跳远再来两次，结果还是让他摇头，所以，每次走在学校看见我，就会一边摇头一边叫住我说，你啊，平时要多锻炼啊！

尽管如此，我却好像从来没有因为体育的落后烦恼过。这是因为，实际上，每年的成绩单上，从来没有出现过体育不及格的恶果。同时，徐老师也从来不曾在课上给过我任何的难堪，没导致同学的嘲笑，所以，我从来没有因为体育不好有过什么负担。我不知道，当年如果徐老师真的给我评定体育成绩不及格，对我个人的求学生活会有怎样的影响？当年的徐老师，如果在课上经常奚落或训斥我，会给我的心里留下怎样的障碍？老师当年的爱护，甚至是包庇，真的是保全了我很健康的学生生涯。

15 岁，我入读金华师范学校。学校风气开明，除一般文化课学习以外，着重培养学生的普通话、口语、三笔字[①]、声乐、教材教法等教师的基本能力，非常推崇学生的个性，音乐、体育、美术的特长学生风头劲猛，很为风靡。因为大部分学生都来自农村，原来只会拼命读书考试，突然来到这样丰富、宽松、活泼的空气中，接触到很多从来不知的内容，原来很多沉睡的细胞被纷纷激活，整个校园的气息尤其朝气、健康、舒

① 三笔字为毛笔字、硬笔字、粉笔字。

展。老师说，之所以让学生什么都学，是因为将来，我们大都要回到农村，有的人很可能一个人就要承担一个班级甚至一个学校所有学科的教学，必须有全面的能力。学生却并不能预知将来的艰苦，只是在其中一个劲地生长。

在这里，我其他方面都很沉默，文字所长则一发不收，一直是文学选读课代表。但是，这门课的老师，胡彦[①]，对我最深刻的影响，却不在文学指导上。

胡老师尤其爱美。她热情，活泼亲切，上课轻松，深受学生喜欢。不过，那时每天的文选课，大家最关心的，却是老师今天会穿什么样的衣服。因为，胡老师的衣服几乎每天都不重样，而且，美而有气质。所以，她的服装，从色彩，到款式，以及她的妆容、发型，都是我们女同学经常议论的话题，因为对于我们这些从农村来的、不经世面的孩子，胡老师无疑给我们开启了相当绚丽的一个世界。因为我是课代表，有更多亲近老师的机会，更多地观察到老师一些很精心的生活细节：她自己布置的房间，自己动手做的窗帘，房间中别出心裁的摆设，等等，都很被吸引。所以，我虽和胡老师感情不错，我却说不出老师对我文学长进的意义，但可以肯定她是我在美学上、生活审美上的绝对的启蒙老师。

前不久，再见到胡老师的时候，还是长裙，长发，明媚的笑颜。现在，她调到了农学院，用她自己的话说，整天和花草虫鱼这些会跑、会跳、会飞的打交道，才发现，这些是再适合自己不过的。她把家也搬到了远郊，整个院子都是草木，生活热情较之以前有增不减。我说了她对我的影响，她特别开心，她说，她现在更多地认识到生活的情趣、美感，

① 本人在读时，胡彦老师为金华师范学校讲师，现为金华职业技术学院农学院党委书记。

要远远强过单一的知识对人生的意义，如果她以前就有这种意识，她会更加乐意在这方面对我们的感染。她现在也是学院的书记，做老师、学生思想工作的时候，都有很多这些意识的传递。老师已然奔五，还是这样青春、积极，依然是教我热爱生活的榜样。

在金华师范学校，我也遇到了施成铎老师。

施老师家学深厚，禀赋极高，人生坎坷，形就他刚烈、生辣、不阿的品格，并成酣畅淋漓、沉着痛快、雄浑开阔的书风。他的书画，深得业内的敬佩，也得达官贵人的爱慕，但是，他从不接受宣传，也坚决不卖一字一画。他说自己的字画绝对不会变成一分钱。他总是直言，振聋发聩，他说自己是社会的清洁剂、吸尘器，容不得乌七八糟的东西，哪怕鞭子打着，枪口对着，也不会闭嘴，不会说违心的话。他从不谋利益功名，却会为了自己爱惜的学生，追着领导举荐，甚至不惜让学生拿着自己的字画求门。

这样的一位老师，可以想见，在校园中的独树一帜。

他的气度、作风，也很震慑学生。

上课的时候，他拎来香蕉、苹果，或者其他实物，让我们素描，自己在一边溜达，谁都不敢造次。有时他走开，大家趁机哇哇叫，但都还竖着耳朵听他回来的脚步声，一有声响，立时肃静。其实，他完全看穿这些把戏，不过，他总说："我们这里不是美术学院，你不喜欢画画没关系，但是不要妨碍别人，只要你规规矩矩，我不会教训的，但是吊儿郎当的我是不会放过他的。"

他在学校的橱窗中读到我的文章，便对这个美术课上毫不起眼的学生另眼相看。从此，我总能常常得到他的教诲。

他对我说：“你不喜欢画画没关系，你画不好也没有关系，你不当画家，但是可以做一个美术鉴赏家，你写文章，要有这方面的素养。就像我画画写字，也要懂得舞蹈的韵律、音乐的美、建筑的力度，由此下笔才有节奏、章法、力量。一个写文章的人，未必是画家，但他的鉴赏能力可以超过画家本人，两者是相通的。”

他屡屡引荐我认识当地文化艺术界的人士，要求我要有视野，有眼光，有吸收。他经常带着我和其他几个他青睐的美术专长的学生，去看张艺谋、陈凯歌等优秀导演的电影，回来再要求我们写影评，砥砺我们敏锐而丰富的感受能力。

我和另外一个同学参加了他的婚礼。已逾花甲的他，和小自己三十多岁的学生结为伉俪。婚礼只在简陋的家中举行，来人除至亲，就是文艺界的至交，规格朴素、风雅而高贵。因为平时都有很多的往来，我和同学都深知师母品性朴实无华，才气内秀，见证过他们相互支持的感情。当时年纪小，婚礼上只是高高兴兴地作些帮忙，并不懂得这在当时算是一场惊世骇俗的婚恋。直到现在，他们的儿子，已经是英俊的青年，老师说自己人生坎坷，这是上天终于开眼，给了他生命的涅槃，他与师母忘年而深沉的感情，已经是这俗世中的佳话。

将要毕业的时候，老师比我自己还着急我的去向[①]，他对我说：“我不是领导，无权无势，但是我会为你的工作奔走。”终于尘埃落定的时候，他叮咛我：“要记住，对你来讲，当个好老师是必定的，但你，更重要的是做人，做文章。”

18 年过去了，他很高兴我终于又开始写文章。

---

① 老师认为，再好的资质，如果没有好的环境和条件，就会被消磨，所以，他总为自己青睐的学生争取尽量好的工作去向。我这样受到老师的支持，终生难忘。

他对我说：“我自己首先是一个知识分子，其次才是一个艺术家，我是一个人文知识分子，自由派知识分子。我们做学问的人就要纯粹以做学问为主，跟官场，跟商家，要保持距离。我们要透过我们锐利的眼睛来观察生活，能对看到的东西表述我们的一种看法，也就是一种人文关怀，这才是我们知识分子所应该具备的东西。你不要消耗自己的资质，不要去做没有必要的社交，浪费时间，否则就太可惜了。你现在做文章，一定要认真用心，既要抓紧，也不要草率。”

老师七十多岁了，他认为自己在艺术上还是没有达到自己要求的境界，还要抓紧努力，要有更高的造诣。他每天闭门写字，这几年多写小楷，大尺幅的宣纸上，蝇头楷体仿佛印刷一样齐整，又比过印刷无数倍的铿锵有力，完全不是狂草的张扬，但是同样不同凡响。他说，生活可以安贫乐道，事业却要贪得无厌，这是最珍贵最珍贵的。事业追求就像一个和尚，要念好经，一定要把外界完全丢掉。老师也绝不古板，一边也噼里啪啦地回忆自己还组建过篮球队；年轻时声乐很得武汉音乐学院老师的激赏；说自己的语言天赋，让各地的人瞠目结舌，随口讲了几句，果然地道；谈到自己完全不亚于书画水准的烹饪，更加滔滔不绝，对生活也仿佛对艺术一样至爱至情。

老师总说，看到一个好的学生，就像发现一件绝好的作品一样高兴，加以举荐，是义不容辞的，这是一个真正的老师、一个真正的知识分子本来就应有的美德——我和他告别的时候，他和他儿子一起送我上车，看着他们父子亲昵的背影，我由衷地为老师感到幸福，我也由衷地觉得自己多么有幸，有这样好的老师。

我会谨记老师的教诲。

还有一位老师，金华市教研室小学语文教研员，毛玉文，在我心里，非常珍重。

毛老师，长得像梁咏琪[1]，气质超脱、干净，很有教学见地。执教有四五年的时候，毛老师注意到了我的课。那时候，我的教学还非常稚嫩，但是，她对我说，锦杭，只要给你一个讲台，你就是很有光彩的。就这样，我和毛老师素不相识，她却从此开始帮助我磨砺教学。记得有一次，参加一次优质课的选拔，毛老师指导我怎么说课，有几次都磨到大半夜，后来比赛的时候，她跟我说："你在台上讲的时候，我真的觉得你的每一个字、每一句话就像是从我心口突突突地蹦出来一样。"在我教学业务的成长过程中，毛老师给过我无数次这样投入而毫无保留的指导，其情其景，永不磨灭。

对此，毛老师这样说过："……她很认真很会琢磨，自己想不通的话半夜里都会打电话来。因为实在太晚了，我先生会问，干什么的？我说：她备课备不下去了。她很单纯，那个时候的她不会顾及那么多，不会想着太晚了不好，只要她认定的东西就会很专注，她很追求完美，很理想化，很有毅力，很能坚持。现在，这样的小姑娘不多了。年轻人为了搞懂教育教研的某个问题，这么刻苦，没有瞻前顾后，这需要勇气，要很勇敢。这是很可贵的。一个人能够很纯粹地做事，是很不容易的，凡人的杂念是很多的。

"我有段时间受伤住院了，她也要到医院来找我磨课。她就是这样。在我看来这是挺可贵的，也很可爱。我觉得年轻的时候，那个阶段是很可贵很可爱的，如果年轻的时候就很懒散是很不好的。她就是想把事情

---

① 梁咏琪，歌手，演员，形象清新，有"玉女"之誉。

做好，想把课上好，把学生教好，她这个出发点一点也没错啊，她这个时候需要帮助，周围能够帮助她的都应该去帮助……”[①]

字字句句，都是对鲁莽、无知的年轻人的包涵、鼓励。

毛老师不拘权威，重视思维的开拓和理念的构建，带出过很多优秀的老师。她说，和这些老师共同磨课、创造的时光，也是她自己人生中最幸福的时光。事实上，毛老师远非只是在教学上有主张，她很年轻的时候就是市政协常委，也经受过身体病痛的重创，由此，对政治、世界、人生、人性、人格的看待都非常的坚定、成熟、公允，温柔的外表下，是很有张力、气节、大义的内心。所以，她对教学的推动，对老师的激励，是格外的深刻、深远，不止是指导人教课，更指导人走向正确的人生——她对我有过的影响，让我一生珍重。

其他，中学时的语文老师董则丽[②]，班主任王朝晖[③]，也给过我无私的关怀。金华师范学校的班主任胡靖平[④]，给过我很大的帮助。实习指

---

① 2012年6月，本人回到金华看望老师，老师向随行的朋友谈及往事，这样说到。

② 董则丽老师，本人初中一至二年级的语文老师，心性爽直，教学风格严肃认真。其时，本人为语文课代表，得到老师的诸多鼓励，尤其师范毕业的时候，老师还为我将来的工作方向予以悉心的指引，永志不忘。

③ 王朝晖老师，工作第一年即带我们班级，非常用心。那时候，我们的学习压力很大，每天，从早起晨练，然后早自习，到晚上晚自习结束，王老师从来都是第一个出现，最后一个离开，尤其到了初三，经常是晚自习结束以后，他还会留在办公室里，开放他的办公室，让一些还需要复习功课的学生有地方继续学习。后来，我们这个班，创下了我们学校最好的中考成绩。在我们毕业以后，每次到金华，王老师总会来看看我们几个在金华师范念书的学生。后来，参加工作了，只要路过，他也总会到我工作的学校来看看。直至现在，他身从地方教育主管部门的行政岗位，但是，只要到杭州，都还要来看看我这个学生。从无知的少年，到现在人到中年，一路上，一直有这样一个良师一直默默地关注着你的成长，并以你的每一项成绩为荣，是一种宝贵的人生财富。

④ 胡靖平老师，为体育老师，因为当时学校体育课，安排男女同学分开授课，所以，并没有受过老师教学的影响。胡老师个性散淡，待学生亲切自然，在班级管理上，秉持宽松、民主的作风，提供学生极尽生长的空间。对于本人的毕业选择，胡老师给予了恳切的支持，不能忘怀。

导老师洪益华[①]、挚友王稼毓[②]、原浙江师范大学党委书记毛华岳[③]等师长，真诚纯粹，也都给过我很多工作的指导和人生的力量。中国教育科学研究院的李嘉骏、刘惊铎、祝新宇[④]，三位老师，真挚坦荡，情谊深厚，给我很多知识结构的补充、很多强烈思辨色彩的思维锻炼、很多相互激赏的感染，非常珍贵。

生命就像河流，会途经很多地方，每到一地，进入过这条河流的人的数量多到无法计算。有的人，似浮叶，随波逐流，转瞬消逝，不曾对你的生命构成过任何影响；有的人，如磐石，默默地铺成你的河床，永远助你激流勇进，奔腾流淌。

——我的这些老师们，就是用了他们的品格、性情、情操，默默地铺成了我生命的河床，指引了我生命的流向。

记得有一次，和一些久居城市的人，到农村吃菜，因陋就简，大家却赞不绝口，大呼小叫地说：茭白吃起来怎么这么鲜甜呢！啊，这是新鲜的黄花菜，我已经多少年没吃了！哎呀，茄子也特别好吃呢！诸如此类，仿佛绝味。此时，城市里应有尽有，甚至精致、奢华，几乎穷尽餐

---

① 洪益华老师，任教金华市环城小学，金华市教坛新秀。思想活跃，人生态度积极昂扬，富有生活热忱，教学水平突出。本人在洪老师的班级实习，受其感染。毕业后分配到该校，在教学业务上得其启蒙，尤其，本人执教的第一次教研课《十里长街送总理》，即是洪老师手把手地指导。此外，经常一起交流人生体悟，是难得的良师益友。

② 王稼毓，军人，本人到杭州以后第一个挚交的朋友，在工作生活上给予本人无限的温暖、鼓励与支持。

③ 毛华岳书记，现已退休。旷达耿直，器重本人的语文资质，本人就学期间及工作以后，经常受之引导。2002 年，本人由金华调至杭州，他很为担忧，很不同意，惋惜本人原有的成长基础。其知遇及激励，始终牢记。

④ 李嘉骏（全国著名小学数学教学专家）、刘惊铎及祝新宇（中国教育科学研究院驻下城教育综合改革实验区专家组组长）三位专家共事将近两年，其间，相互包容、肯定，他们学术风气高尚，对本人的人生观、价值观产生了重要影响。

饮极致的饮食，顿时黯然失色。

怎么会如此呢？

其实，就饮食而言，最要紧的是食材本身要地道。所谓地道，最早的释义就是“大地的特征和规律”。

农家的菜，应着时令生长，承受阳光雨露，汲取泥土的有机养分，和各种昆虫一起生长，符合“大地的特征和规律”，气质健康，成分饱满，自然，新鲜，很地道，当然怎么做都好吃。就像我们小时候，家家户户都有菜园地，菜地里，辣椒、大蒜、生姜、葱、黄瓜、茄子、西红柿、豆角、冬瓜、南瓜、马铃薯、苋菜、蒿菜、卷心菜……一年四季，赶着趟生长，有的在架子上挂着，有的在匍匐的藤蔓上卧着，有的在泥土下老老实实地待着，现摘现烧，那种味觉记忆，哪怕是现在的农家菜也远不能比拟的。因为，那时候的土地、种子、空气，都远远比之现在更加健康，取之萃华生长的食材，自然更加地道。

可是，城市里的菜，反季节，人工催熟，还经过长途运输，甚至冷藏，已经不符合“大地的特征和规律”。不地道的食材，再怎么精雕细琢，都不过形式主义，徒有虚表。

地道的，不地道的，两者相遇，当然高下立见。

所以，地道的食材，才是真正赐人口福的保证。这是做菜的本质。也所以，要做好菜，还是要把注意力放在本质上。

做菜如此。

为师也是。

为师的本质，在于授业、育人。要在传授知识的同时，以自己的品格、性情、情操，表率，激励学生的人生成长。

有的人，似磐石。在其本质，成了学生生命的河床。

有的人，如浮叶。注意力大大地转移、分散，背离本质，徒有虚表，只在学生的生命河流中轻浮逝去。

两者，地道，不地道，一样高下立见。

每一个生命，
每一条河流，
自始，至终，
要途经过多少地方，
要怎么勇敢，
要怎么样才能不息地流淌？

如果你愿意——
请告诉她流向，
给她如磐石的力量！

《镜花缘》中说：

“世间孽子、孤臣、义夫、节妇，

其贤不肖往往只在一念之差。”

一切事情，

一切人，

都是不容易，

心念有别，

成贤不肖。

所以，

尤其不容易，

尤其一念贤不肖，

就更加要把为人师的心念，

声声分明，

念念不忘！

为人师

2001年，我执教七年。那一年，出于交流的要求，我整理了文章《从青苹果到红苹果》[①]。现在再看当时的材料，心情，文字，都还青涩，但是，记录了自己的青春，记录了自己为人师的初衷、努力、热爱，可以印证自己为人师的行为思想。我在此全文照录。

从青苹果到红苹果

各位老师：

大家好！

今年暑假，7月23日，我到北京参加了第三届全国中青年小学语文教师多种教学风格展示会，在那儿我作为浙江省的代表上了课。回来以后，8月16日，在婺城区新老师分配动员大会上给新老师们讲了自己从教以来的一些感受和体验。当我忙碌而又平静地置身于这些看上去很美、做起来很有意义的事情当中时，我总会情不自禁地怀想起一些琐碎的往事，而这些往事会在我沉默的瞬间像海潮一样一浪一浪地打过自己的心头，让我感受到心灵的震颤。

1990年的冬天，我还是个初三的学生，那一年，我作为我们武义县中学生的代表到金华来参加市中学生的现场作文竞赛。那是我第一次来金华，也是我第一次看到了比我们武义县城更大的城市，尽管那个时候的金华远远没有今天美丽，但它还是以我前所未见的方式深深地吸引了

① 《从青苹果到红苹果》，个人成长经验介绍材料，在2001年金华市婺城区新教师分配动员大会以及部分学校教师培训学习中作交流。随后，金华教育电视台《青年》栏目，以此为脚本，制作了个人专题片，在其年教师节播出。

我。记得那个时候，紧张的比赛结束以后，陪我一起来的语文老师就兴致勃勃地带着我游玩这座陌生而又庞大的城市。当时我们从住的西峰旅馆到人民广场，到原来的金华县新华书店，又到儿童公园，我记得那时自己好像跟着老师走了很多很多路，我惊叹于这个城市怎么有如此之大，让我怎么走也走不到头：那高高的天桥下轰隆隆开过的又长又重的火车，那大大的广场上数不尽的水仙花、水仙球，那热闹的人群中时不时走过的一对对穿戴优雅漂亮的青年男女，那喧嚣的第一百货公司中楼梯转角有趣的哈哈镜，那高高的书架前静静看书的学生，还有公园里一切好玩的项目……过了这么多年，我已经全然忘记自己当时作文竞赛得奖的兴奋和荣耀，可是这一切就像一张张干干净净的黑白照片一样清晰无比又异常深刻地留在我的记忆当中。新鲜、惊奇、兴奋，都不足以言表少年的我当时的感受。记得那个时候我对老师说："我如果能到这儿读书，有多好。"我那亲爱的老师告诉我："这儿有一所金华师范学校，明年你可以来报考。"从此，我就有了对金师最初的印象。这印象在我当时的脑海里占据了一个多么重要的位置，我固执又天真地认为，只要是座城市的学校，一切都是美好的。

我那时候就读于武义第三中学[①]，从这儿毕业考上类似于金师[②]、卫校[③]这些中专学校的学生们，是老师们心目中的骄子，更是我们这些后

① 武义第三中学，创建于1976年，始设于武义江北上邵村地界，时名为"武义县城关中学"。1982年3月迁到武义江南白洋渡，1984年6月升格为"浙江省武义第三中学"，2003年8月迁移到武义县城。本人于1988年9月至1991年6月，在该校完成初中的学业。那时，学校的围墙外就是开阔的武义江，以及葳蕤的原野，还有江畔连绵的森林，紧张的学业以外，学生经常能够投身自然。美术老师也常常带学生在野外写生，养成生气勃勃、健康成长的气派。

② 金师，即金华师范学校。本人于1991年9月至1994年6月在此完成中等师范学业。

③ 卫校，浙江省金华卫生学校，金华职业技术学院医学院前身，其时，和金华师范学校一样，是很多初三学生报考中专的选择。

来者心目中的楷模和渴望。当时他们有信寄来的时候，老师们总会骄傲而又认真地念给我们听，以此激励和鞭策我们这些农村的孩子能更加发愤地学习，走上像他们一样光荣的道路。1991 年的春天，金师 93 届的一位学长又寄信来了。他在信中说他现在在金师生活得又轻松又愉快，常常可以打球，周末还可以看电影，再也用不着像初中时那么辛苦了。这对当时还深陷于山一样高的作业，还有无边无际的考试中的我们而言，是一种多么巨大的诱惑。而且这位学长还随信寄来了一张照片，老师让我们互相传看。当照片传到我手上的时候，照片上赫然醒目的一片美丽的桃花、碧绿的草地、水波荡漾的水池、精美别致的一座小亭子迅速地抓住了我的眼睛，其实我后来才知道这不过是婺州公园美丽的一角，可那个时候我愚蠢而又可爱地认为这就是金华师范美丽的校园。那一刻，我是多么羡慕照片上那位微笑着的学长，心想，能在这样美丽的校园中成长是多么令人向往。于是“金华师范”从此，牢固地占据了我的心灵。

就是因为这样一种简单得不能再简单的理由、愿望和向往，半年以后，我就成为了一名师范生。又过了三年，我毕业分配到环城小学任教，直至现在，为人师整整七年。有时候我不得不感叹：一个人的命运真的就像一部长长的书稿，在某一章某一节上，某个看起来云淡风轻的细节竟然可以那样令人刻骨铭心，而且对于你而言至关重要，因为它从此就铺就或者改变了你一生的人生轨迹。

在后来七年的打磨和跋涉当中，同样也有过一样简单的愿望、理由和向往，同样有过很多看起来微不足道的细节和片段，可它们都让我深深地怀念和眷恋，因为它们所给予我的启迪，让我终生受益。在这个过程中，我常常非常庆幸自己曾经拥有过非常朴素和简单的少年时代，在少年那片纯净无比的天空的恩泽下，我选择了教书这个职业。之所以感到庆幸，是因为在这个过程中，我发现“教书”这个职业，让我选择了一种可以像平凡人一样活着，却可以像诗人一样体验着、像哲人一样思考着的生活方式，这让我觉得幸福又甜蜜。

1994年9月1日，我迎来了我的第一批学生。记得那天早上，我很早就在教室里等着学生来报到，心里又紧张又兴奋。后来就有两个家长牵着一个小孩在教室门口张望了一会儿，我向他们打招呼，可是他们又走了。再后来，学生陆陆续续都来报名了，他们又回来了，也办理了报名手续，我当时就觉得非常奇怪。后来，有一次，就是这两个家长跟我说：“郑老师，实在不瞒您说，我们那天带着孩子来报到，怎么看也不相信您就是我们孩子的老师，我们交了那么多钱进环城小学，学校就给我们派了这么小的一个老师，我们真是不放心哪！”那时我才恍然大悟。想想也是，刚刚走出校门，一脸的稚气不说，当时我还留着童发，一排刘海儿非常整齐，戴着一副眼镜，个子又小，自己是极力地摆出了一副老师的样子，其实怎么看怎么幼稚，也难怪那些家长对我是一万个不放心。

开学的第二天，我就带着学生大扫除。我吩咐女同学把桌子往教室前边靠，又叫男同学拎水准备冲刷地板。听起来这么简单的一件事，让我这个刚刚走马上任的班主任指挥起五十几个比我更加初生牛犊不怕虎的一年级的小朋友，是意想不到的艰难。这些小家伙在家里根本就没干过活，再加上也许从来没有见过这么多人共同参与的劳动场面，他们分不清东南西北，却一个个都兴奋得不得了。我事先交代的要求和他们的兴奋相比，简直是太苍白了。劳动一开始，教室里马上乱成一团，到处都是你喊我、我叫你的声音，我发现自己根本就没有办法指导他们和控制他们，也只能扯着嗓门大喊大叫，东奔西跑。等我好不容易让他们安静下来，教室早已经是汪洋一片了。于是我又拿起扫帚站到教室中央，准备号召他们和我一起把这些水扫出教室，我大声地说："你们不要再倒水了……"可怜我话还没说完，二十几只小水桶就齐刷刷地朝我泼过来，其结果，教室里的水当然是更满了，我大半个人也湿了，那是一个完全失控的场面。后来，我干脆把他们通通赶出教室，然后自己一个人一点一点地收拾残局。那一刻，我悲哀地发现，我自认为很多充分的准备、计划、设想，在这些孩子面前全部都土崩瓦解了，我不知道将来还会有多少麻烦，也不知道自己该怎样去对付。

我就这样在家长们的疑惑和不信任中，狼狈无比、手忙脚乱地拉开了自己教书生涯的序幕，迈开了万里长征的第一步。

那个时候，当我遇上困难的时候，虽然旁边的老师们总会热情而耐心地帮助我，可我自己还是常常会一个人躲起来哭鼻子，哭完了擦干眼泪去上课。但是不管怎么样，无论是教学还是班级管理，我从来都没有过丝毫的懈怠。后来，这个班无论是行为规范还是竞赛获奖乃至整个班级风貌，在学校都是有口皆碑，每个学期都被评为文明示范班。这其中，有我和学生的默契配合、共同努力，也得益于那批家长对我的关爱、支持、体谅。当这批学生毕业的时候，就有家长跟我说："郑老师，我们是看着你跟我们的孩子一块长大的。"的确，在这批家长眼里，我是他们孩子的老师，也是他们眼里的一个孩子，他们曾经包容过我因为年轻气盛以及刚刚参加工作不懂事而造成的许多疏忽与错误，他们就像我亲爱的长辈一样宽厚地关爱着我、支持着我，帮助我走过了开始那一段最不知道方向、最艰难的日子。尽管其中也有一些家长要求过于苛刻，我也忍受过一些误解与委屈，可我始终坚信，家长对于老师的感情其实非常质朴，我愿意把他们当作我人生道路上的良师诤友，愿意和他们平等地交流，我更愿意以我加倍的努力去爱他们的孩子，教好他们的孩子，也因为如此，我也赢得了他们加倍的厚爱。

然而，真正地让我意识到教书育人，不仅有知识、有理性、有思想，更有情有意，是在这批学生毕业的时候。记得毕业的学生互相留影留言，接着一个个表演节目，都很高兴。后来一个女同学站起来唱“长亭外，古道边，芳草碧连天……”，唱着唱着，就哭着唱不下去了。下面的同学接下去唱，唱着唱着，也唱不下去了，也哭了。我也忍不住像孩子一样哭起来，多少往事就在那一瞬间像纷纷大雪一样在我心头纷涌而来：我的嗓子容易哑，学生放在讲台的润喉片长年不断；每年冬天，我的手都要长冻疮，我的学生们就到处帮我找治冻疮的药膏；学生捣蛋，我大发雷霆，他们就会懂事地看着我，乞求我的原谅；每一次取得成绩，我总是和他们一起欢呼雀跃……我看着他们一点点长大，可是这与我同呼吸共命运、朝夕相处了五年，共度了我最具青春激情的五年时光的学生，从此，真的要离我而去了！也许是因为自己曾经以全部热情全身心地投入，因为自己与这些孩子曾经荣辱与共走过弥足珍贵的五年，所以，那一刻我也像孩子一样泪流满面。

后来，我迎来了现在这个班的学生。有那么一段时间我曾经试图在他们身上寻找已经毕业的那些学生的影子，寻找我自己以前的影子，可是我发现，无论是学生还是我自己，我都无法寻找到两个可以完全重叠的影子。而这个时候的自己已经能够镇定、从容、安详地面对生活所展示出来的每一种不同的姿态。于是，我豁然开朗：在我的生命当中，学生对于我而言，将永远是光、是火、是水、是土、是出鞘的利剑、是心底的长歌、是无边的芳草，然而，涓涓细流终归大海，他们必定要走向更广阔的天地，我应该为他们祝福，我更应该让现在的还有我将来所有的学生延续我生命中所有的热情与激情。

我就一直这样努力着、坚持着，在一些坎坷、一些失落、一些伤心、一些收获、一些喜悦和一些取舍之间，我常常会告诫自己：不抱怨、不放弃、不松懈。在这个过程当中，我曾经获得全国小语会先进工作者、浙江省教坛新秀、金华市教改之星、金华市教育学会新秀等荣誉，也曾经随市优秀青年教师巡回讲课团到各县市上过许多课。然而随着时间的推移，我越来越深刻地体味到，这些似看上去乎很美的光环，实在不是我所追求的至高目标，真正令我倍感珍贵的是自己在这些过程中的经历、体验、收获、提升，和因此而获得的对于教学信念和人生价值、意义、方向、准则越来越清晰的认识与理解。我记得，多少次为了上好一节课，为了在每一次比赛当中能够更充分、更完全、更准确地展现我的信念，传递我的追求，有过多少个不眠之夜，有一段时间根本就已经忘记了周末、假日等一切休息日的概念，一个教案、一份稿子一次次地修改，一次次地完善，寂寞又枯燥，自己就这样常常处于不间断的紧张状态中暗无天日，其中还要坚强地面对一些失败、一些挫折、一些否定。许多时候，自己坚持的信念仿佛就要崩溃，于是又命令自己一点一点重新捡起。可也就是在这样的煎熬当中，旁边许多使我受益无穷的师长给予了我鼓励和信心。我发现自己的脚步越来越坚定、越来越从容，而且我发现，自己的青春并没有因此丧失和磨蚀她应有的快乐与多情，反而因此显得更加丰富、美丽。只要有空，我就会去喝咖啡、听音乐、看书，到外面吹吹风，看看天上自由飞翔的小鸟……我会很用心地去感受着这一切普通得不能再普通的事物，用自己敏感的心灵触摸着一切关于青春的气息。我相信，相对于天天沉浸于这些当中的人而言，我更懂得珍惜这一切。我觉得自己这样生活着，繁忙、充实而又宁静，在这其中我的精神可以自由驰骋，灵魂可以自由舒展。我觉得这样很好，我很喜欢。

我认为，这一切和我的学生一样，是我一生享之不尽的财富，它丰富了我的心灵，也让我真正地懂得了一个人的胸襟应该像大海一样广阔。我沉浸在这种忘我的澄明之中，自信自己的生命会因此升腾、超越、回归。

记得作家路遥说过这么一段话：“是的，人的生命力正是在这样煎熬中强大起来的，想想看，当沙漠和荒原用它严酷的自然条件淘汰了大部分植物的时候，少女般秀丽的红柳和勇士般强壮的牛蒡却顽强地生长起来——因此，满怀激情的诗人们才会不厌其烦、高歌低吟地赞美它们。”[①] 从无忧无虑的童年、少年，到走上工作岗位，我们每一个人都已经发生了多么巨大的改变。工作中有莽撞，有冒失，有挫败，有失落，有迷茫，有困惑，也有面对一次次的挑战所表现出来的退缩……然而，我们教书育人，真的不仅仅是向学生展示技能、展示知识、展示文化，更要展示自己的人格魅力和精神境界，一次投入就是一次体验、一次积累、一次提高，这对于教书和做人都是如此。我想，假使这一切来临的时候，我们每一个人都能够不急于抱怨，不轻易放弃，也不草率地去鄙薄别人，那么，有一天，当我们含泪带微笑地诉说往事的时候，发现自己不仅培养了他人，而且在这其中超越了教师这份职业的本身，获取了对人生意义的领悟，从而以自己独特而优美的姿势影响着我们可爱的学生，那有

① 摘自《平凡的世界》。这本书中有许多像这样让人为之震颤的语段，如：“有了希望，人就会产生激情，并可以义无反顾地为之付出代价，在这个过程中，才能真正体会到人生的意义。什么是人生？人生就是永不休止的奋斗！只有选定了目标并在奋斗中感到自己的努力没有虚掷，这样的生活才是充实的，精神也可以永远年轻。”“我们出身于农民家庭——永远不要鄙薄我们的出身，它给我们带来的好处，将一生受用不尽。”“多少美好的东西消失了，毁灭了。世界像什么事也没有发生。生活继续着，可是，生活中的每一个人却在不断地失去自己最珍贵的东西，生活依然美好，人的痛苦却时时发生。”等等，都是作者笔之所至，水到渠成，仿佛至理名言，被人铭记，成为人生的指引。

多好。

我记得自己每一次去买水果，都会被那些醒目的大大的红苹果深深地吸引，然后毫不犹豫地买下。我想，如果把我们的人生岁月比作一只苹果，开始的时候，总是青青的、涩涩的，可是充满着生命的张力，如果能顶着风雨，忍耐着，坚持着，不断地吸收阳光雨露等一切养分，渐渐地就会红润起来，不仅色彩艳丽，而且芳香诱人。当然，这需要一个过程，这个过程也许短暂，也许会很漫长，但是没有这个过程，哪来人生岁月的美丽芬芳？张爱玲说："出名要趁早。"我想对大家也对我自己说："一切都要趁年轻，从青苹果到红苹果，让我们一起努力吧！"

隔了这么多年的文字，往事就像电影一样一帧一帧地回放。

我在课堂，整十一年。

十一年，为人师，有很多感动。

在我的婚礼上，浩浩荡荡地来了一队不速之客——是我已经毕业一年了的第一批学生，几乎全班一起不邀而来。就像家长说的，我是跟他们的孩子一块儿长大的，这些孩子，我天天盯着他们的时候，他们也总是狡黠地关注着我，几乎是我和先生恋爱的见证。他们告诉我，毕业以后，他们在不同学校、不同的班级，每次只要碰上面，就一定要相互打听我什么时候结婚，有几次都差点错传，所以我婚礼的日期他们早就已经口口相传。这些孩子是我在婚礼上得到的最幸福的礼物。

有的家长和我结下了深厚的情谊。他们和我，从老师与家长，成了挚友，也仿佛亲人，毫不隔阂。孩子早就毕业很多年了，我们的感情却日深，一直至今，全无世俗意义的相互求图，非常纯粹。

有的老教师，耿直诚恳，毫不介意地提点过我。有的年轻老师，认真，单纯，因为听过我的课，因为有对我课堂的认同，就和我真挚交流，相互切磋，共同长进，一起激扬青春。

十一年，为人师，也有很多惭愧。

做老师的时候，年纪轻，脾气急躁，生活阅历浅薄，也没有为人母的经验，不懂得呵护孩子的娇嫩，常常对学生没有耐心，过于严厉，也不能完全体恤身为家长的父母心，很多工作粗糙、任性。尤其后来，因为常常参加比赛，做公开课，大大影响关注学生的精力，刚刚调到杭州时，很多不适应，影响教学的专注。同时，我觉得自己当时的教学理解远不成熟，有很多缺憾。所以，我常常反思并惭愧，也在此，向所有教之不周的学生深深致歉。

很多的学生家长，给过我很多的包涵、支持、鼓励，很多的同事、领导，给过我很多指导、帮助，我处事怠慢，并没有表达应有的感激，也很惭愧。

十一年，为人师，也有很多心痛。

我最早工作的时候，感受到学校朴素正直的风气，并在这样的风气中完成最初的成长，对待工作心怀赤诚，尤其对教学心怀虔诚。后来却也目睹到封闭、缺乏公允、耽溺名利、官僚作风、职业感情淡漠、人际诡谲、人心势力等现象，觉得这个最应该关怀人性的群体，却恰恰对人性的关怀意识最为淡薄和狭窄，真是大大地背离了教育的精神，很痛惜。

……

这些感动、惭愧、心痛，连同《从青苹果到红苹果》，就是自己为人师的真实写照。这些有过光荣、有过困惑的岁月，记录着自己生命河流途经的峥嵘。

而今，有时，我会想到，如果自己再为人师，肯定比以前要做得好。

更多的时候，我则很清醒，其实自己越来越没有了再为人师的自信，因为自己已经越来越多地知道，为人师要求的襟怀、学养、品格，非一般人能够达到，自己并不足以为师。

念念之间，知道了为人师，其实，真不容易。

《镜花缘》中说："世间孽子、孤臣、义夫、节妇，其贤不肖往往只在一念之差。"[①]

一切事情，一切人，都是不容易，心念有别，成贤不肖。

所以，尤其不容易，尤其一念贤不肖，就更加要把为人师的心念，声声分明，念念不忘！

共勉之。

---

① 出自《镜花缘》第九十回。《镜花缘》，清代百回长篇小说，作者为清代著名小说家李汝珍。一念之差，说的是只要心里的感觉一变化，这一念之转变，就能让结果差之千里。一念成魔，一念成佛，用以提醒人的心念要分明、清明。

第四章
学校的坚持

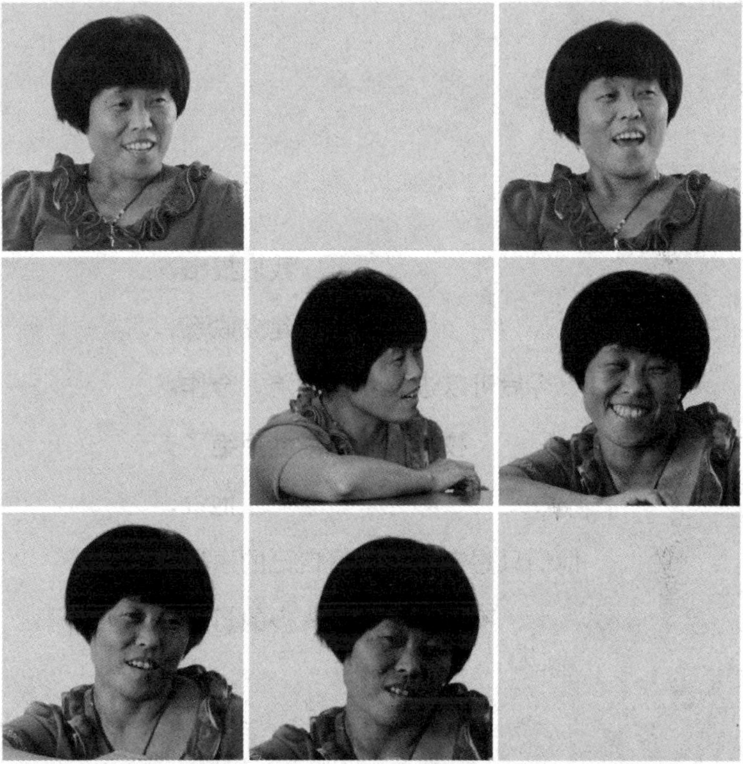

李老师受访时
总是紧张、羞涩
保持着一种鲜见的单纯
这里的许多老师
都像李老师这样.
从青春
到盛年
到老去
一直忠诚山村的教育事业
是令人崇敬的教育的芬芳

我们提出，
和学校建立联系，
今后可以进一步地交流、合作。
校长不假思索地拒绝了，
他说，
他们只想安静地做好自己的事情，
不想受到外界太多的打扰。

这个安静的国度，

这里像小动物一样生息的人们，

在这里已经习惯朴素生活的唐老师，

从这里回去过普通人生活的精英女主持，

这里能张能弛的群众，

这里不被纷扰的校园——

都在指示着这本书中所传达的一种人性的归属：

不要太多聒噪，

不要太多胜负，

不要太多追逐。

如果遵从人性所向，

首先，

个人要有理解人之为人的视野，

而国家，

要有从人类生存发展的历史演变规律治国的深刻。

在德国
——也记德国的学校

2009年。赴德国。

经历到强烈的冲击和记忆。

从杭州萧山机场，到北京，再从首都机场飞慕尼黑[①]，十多个小时的飞行，让我第一次有对“遥远”的真切感受。有一段时间，睡去，醒来，再睡去，再醒来，凭窗瞭望，始终是大片大片荒芜苍凉的地貌，裸露的地表，绵绵不绝，久久不变，仿佛离世。很长很长的时间以后，才终于穿越，再又远远地看到有植被覆盖的山脉，勾勒其中的江河，城市的缩影，终于又有人间烟火。世界的浩瀚深远，人的渺小卑微，都那么真实。直到飞机降落，感觉自己真的是经过了长长的丈量，越过千山万水，来到了彼世。

我们住在慕尼黑城郊的泰戈尔（tegensee）湖畔，阿尔卑斯山腰上的一座农庄里。农庄静谧，馥郁。四周，没有边际地伸张着厚实、绵软的草地；稍稍往上，浓密苍翠的树林一直绵延到远方；往下，疏散着安静而色彩浓郁的屋顶；再往下，就是湛蓝湛蓝的湖水；水面上，白色的帆船缓缓地浮动，纯洁的天鹅近着来人无动于衷地轻轻游曳，其他飞鸟在

---

① 慕尼黑，德国巴伐利亚州首府，保留着原巴伐利亚王国都城的古朴风情，被称作“百万人的村庄”。第二次世界大战期间，慕尼黑曾经先后遭到盟军的71次空袭，市区建筑四分之一以上受到破坏，许多地方被夷为平地。1945年，被美国占领以后，与其他被战争摧毁的德国城市相比较，慕尼黑特别小心翼翼地按照原貌完全重建起来，甚至保持了战前的街道格局，而且新建许多造型独特的建筑，使城市有了进一步发展。

空中灵动，每一个瞬间，每一个角度，全景，一切，所有，都像活着的油画，经过大自然随意地泼甩，垂滴就成。目之所及，只有蜿蜒在草地间的公路是裸露的，偶尔有车经过，偶尔有人走动。清晨，农庄的主人早早就把成群的奶牛放到了山坡，远远传来清脆的铃铛声；纱幔一样的薄雾从草地上升腾，缠绕，晶莹的晨露裹着草木、泥土的气息，一直延伸到房间的窗台上。每一个窗台上都盛开着鲜花，女主人从院子的苹果树上采摘果实，预备给客人醒来享用——原来只在画册里看到过的风景，就这样近在眼前，仿佛佳人，一直遥望，突然到来。

我们到湖边的一家疗养院进行体检。[①]

疗养院，仿佛花园，没有围墙，直接通向湖边。年轻的护士，脚步轻盈，总是恬静地微笑，每一项检查，都有礼貌的提示和私密的隔离，给予身体至高的尊重，甚至让你前所未有地体认到身体原来是这样的尊贵而美丽。有时听到门上轻轻地叩了一声，只要没有人去开门，再不会有第二声叩击，让你以为刚才的声响是错觉。休息的时候，我们坐在户外，草地、鲜花匍匐到你的脚上，叶片直接落在头顶、肩上，成群的麻雀安详地和我们对视，仿佛与同类致意一样。

是的，在这里，人，就像森林中的小动物一样，安静地生息，既不会轻易地去打搅他人，也不会轻易地被他人打搅，真正就像葳蕤的自然中的一类，和其他的类别，不分轩轻。

负责我们行程的是一位中年的女士，唐老师。

唐老师，及先生，原来都是北京大学的高才生，先生原来就职新华

---

① 此行，为自由行，以赴德疗养之名获签证。因此，行程中，有了这项安排。据介绍，很多好莱坞明星、足球明星以及赛车明星，都会选择到这里休养。

社，唐老师在北京大学留校任教。后来，选择出国，来到德国，已近二十年。现在，先生是西门子公司的总裁助理，工作需要，常常往返中德。唐老师就随先生两地访学，没有固定的工作。目前，有时在大学兼职，大部分时间是照顾两个孩子；有时，应朋友或使馆的要求，帮助接待国内访德的客人。德国文化排外，但是，唐老师一家已经融入社会主流，在当地很受尊重。可是，唐老师的气质，却朴素至极，如果没有深入的交流，会以为她是一个再普通不过的家庭妇女；先生也是如此，言语平静，穿着简单，丝毫感受不到全球著名企业高管的优越与傲慢。同行的人，甚至觉得他们太土了，惋惜他们远在他国，浪费才华，并没有能够体现人生的价值，认为他们如果还在国内，肯定已经双双功成名就。

唐老师平静地和我说，她大量的时间，都倾注在一双儿女的身上，悉心照顾他们的生活，每天读书给他们听，不曾错过他们的每一个成长细节。她说她儿子、女儿的个性都非常健康，尤其语言能力出众，品格端正。在她看来，这样的人生价值高于功名的成就。她说，她曾经接待过来自中央电视台的一位女主持，女主持三十几岁，精英气质，是国内职场女强人的形象，细节奢华精致，言谈举止咄咄，风头健盛。有一天，唐老师陪她在一个广场上散步，和暖的阳光下，人们或者坐在椅子上看书、出神，或者倚在一边，聆听露天乐者的演奏、歌唱，有些年轻的妈妈推着婴儿车走过，喃喃低语，有些鸟雀在地上轻轻跳跃……女主持突然对唐老师说："我在干什么？"她说，自己在国内冲锋陷阵，每天都像一个战士一样，光鲜亮丽，也疲惫不堪，年华在不能松弛的紧迫中哗哗哗地过去，眼看着这里的人，这样安适、平静，突然发现人原来是可以这样生活的，她要结束她原来的生活。这位女主持回国以后，辞职，然后结婚，生子，过普通人的生活。

每次，随先生回国，唐老师都倍感国内发展的活力，看到社会经济的蓬勃，看到国人的兴奋、热切，看到诱人的希望和机会，看到很多旧友同学斗志昂扬……但是，唐老师却不敢选择留在国内，她已经习惯了在德国，这种朴素的日常生活。

在德国的全程，不断地看到保护完整的中世纪建筑①，看到古老的街头，辚辚而过的马车，看到岁月久长、芬芳美丽的小镇，看到高度现代文明的制造企业②，看到历史与现代的交相辉映，看到其中的人们总是面容平静、眼神清澈，即便是一个餐馆的服务员，也总是洋溢着欢愉的神情。

慕尼黑啤酒节③上，来自德国各个州的人们盛装出席，有的似衣着考究的古代贵族公爵、王妃贵妇，有的似阿尔卑斯山下的牧童，有的似莱茵河畔的磨房主、科隆教堂的修女、北德普鲁士的老翁，有的很朴实地穿着农民过节穿的衣服；很多年轻的小伙子，身着棕色背带皮裤、亚麻长袜，十分英俊，姑娘们穿着柔软的亚麻小白衬衣、绣花的背带长裙，风情万种……他们三五成群，低声轻语，欢乐而有序地往一个方向集

① 巴伐利亚州是德国具有千年历史和最古老传统的州，是德国唯一一个在 1945 年纳粹德国崩溃后疆域按原样保留下来的州，有许多巴洛克和哥特式建筑，它们是欧洲文艺复兴时期的典型代表。同时，也有许多现代建筑，如慕尼黑的宝马公司总部、奥林匹亚体育场和安联球场就是其杰出的代表。

② 此行，我们参观了宝马公司和西门子公司，尤其宝马的生产流水线，其精密、精湛、高科技，让我们叹为观止。

③ 慕尼黑啤酒节（The Munich Oktoberfest）原名“十月节”，起源 1810 年 10 月 12 日，因在这个节日期间主要的饮料是啤酒，所以人们习惯性地称其为啤酒节。每年九月末到十月初在德国的慕尼黑举行，持续两周，是慕尼黑一年中最盛大的活动，也是世界三大啤酒节之一。

中而去，仿佛河流，欢快又沉静地涌动。到了啤酒帐篷[1]里，他们却顿时狂热奔放。可以容纳几千人的帐篷舒适气派，人山人海，乐队的演奏响彻全场，身穿巴伐利亚民族服装的女服务员，举着装满啤酒的大酒杯忙碌地穿梭，酒后的人们载歌载舞，有的干脆站在椅子上，甚至桌子上，放肆地舞动，热烈疯狂的空气淹没一切。

一个民族，极致宁静，极致奔放，可张，可弛，强烈的反差的美感，摄人心魄。

唐老师带我们走访了两所学校。

第一所，是小学。就在我们住的农庄的不远处，步行就到。

校长是三个孩子的母亲。孩子长大以后，才又出来工作，应聘了这所学校的校长。上级对学校一年一度的工作进行部署，除此以外，学校不再有其他检查、督导。社会、家长都十分熟知、认可学校的管理规章，很少需要相关的交涉，所以，校长每周的工作时间里，最多只有四个小时的时间在履行校长的职责，其他时间，都在课堂任课教学，和其他老师没什么两样。老师们全心全意地教学，教学以外，是相互地学习，或者接受专业技能提升的培训，收入均等，没有荣誉或职称的评比，没有学生考试成绩的压力。我们疑惑地问，那么，怎样评价一位老师的好差呢？校长说，他们没有对老师的考核评价，学生毕业了，很多年以后，

① 啤酒帐篷，德语称作“Bierzelten”，比一般的帐篷装修更大，也更豪华。为了招徕本国顾客和接待来慕尼黑旅游的外国客人，慕尼黑的八大啤酒厂在节前就在特蕾泽大广场上搭起巨大的啤酒大篷。每个帐篷里放有长条木桌和板凳，大篷的一端还有一个临时舞台，由民间乐队演奏欢乐的民间乐曲。帐篷一般可容纳三四千人，最大的有7000个座位。每一个啤酒棚一般都只提供一个酿酒厂的啤酒，为了突出自己的与众不同，每个啤酒厂都努力把自己的那个啤酒棚修建得富有特色而舒适气派。在十月节期间，各帐篷里都由身穿巴伐利亚民族服装的女服务员给顾客送酒，虽然她们看上去都很苗条，但却力大无比，双手可拿10只装满啤酒的大酒杯。

成为了对社会有价值的人，这就是对老师最高的褒扬。[①]

对照起来，我国基础教育界的校长们，负荷繁复。每年要接受办学水平、办学规范，以及卫生、收费等系统内外各级各部门的检查无数，与各级部门、领导周旋成为校长的主要工作。此外，还要经常往来于社会各界，大量应酬，处理招生、入学等事务，迎来送往，投放到教育教学管理上的精力已经非常有限，坚持课堂教学的更是寥寥无几。基础教育界的老师，按照各种评比、荣誉、职称，以及学生的成绩，界定优异，并且关系到收入的高低，所以，用在教学以外的心思、心机很多[②]——师者的差异，这样显著。

第二所，是中学。我们坐车前往。

所过之处，绵绵的草地，亘远的山脉，慵懒的奶牛，远远有人在滑翔。天，蓝得透明，好像一直在画中前行。在一座古堡前下车。古堡浑厚、古拙，绿树掩映，伫立在绵延不尽的绿野之中，仿佛一位望族的老者，安详，神秘，高贵。不远就是一座村落。我们正想找人打听学校的所在，一位男士骑着自行车过来，停下。他说，这就是我们要到的学校，

① 德国义务教育的传统建构在美国黑人民权运动领袖马丁·路德·金思想的影响下，是世界上最早设立国民教育系统的国家之一。马丁·路德·金说：“一个国家的繁荣，不取决于她的国库之殷实，不取决于她的城堡之坚固，也不取决于她的公共设施之华丽；而取决于她的公民的文明素养，即在于人民所受的教育，人民的远见卓识和品格的高下。这才是真正的利害所在，真正的力量所在。”为此，德国政府很有“教育立国”气度。目前，德国实行十二年义务教育制（巴伐利亚州为十三年）。在德国，产业工人和农民的收入水平与其他阶层相差不大，在社会权利方面完全平等，很少有人因为自己的工人或农民身份而感到抬不起头，事实上，正是大批经过职业培训的熟练技术工人和技术农民使德国产品成为高品质的代名词，所以，德国家长也不会对自己的孩子说类似“读不好书，你就去做工人、做农民”这样的话。在德国，中小学教师有非常不错的收入，位居全世界第二，且不存在职称差别，收入差别也很小。

② 2008 年，《人民教育》到下城区作专题采访。其间，本人和记者探讨，教师不得不投身到各种名目的评比和荣誉的竞争之中，为名利所困，学生想必也都看在眼里，事实上，就等于从小在接受对功名利禄的追逐教育，以至于非但教师不能纯粹教书育人，学生反而从小沾染功利的习气，这是现行教育体制之大弊病。

他就是学校的老师。他热情地告诉我们，他是艺术学院的高才生，二十多年前，有一天，他途经这所学校，为之所动，就申请留下任教；二十多年过去了，从来没有想过离开，从来不曾厌倦，会在这里一直到老。

这是一所寄宿学校。学校院子里，高大的树，丰富的花草，一道道拱门，木质的老楼梯，木质的老地板，有很深重的岁月的痕迹；每间教室里只有十几个孩子，教室周围是大大的书架，好像图书室；走廊上磨旧的休息椅，记录着很多时光；每间宿舍，只住两个孩子，房间里，孩子的物品琳琅满目，大都放着一件乐器，还有高尔夫球具①；餐厅精巧，好像七个小矮人的木屋。离着几十米开外，有一幢现代建筑的两层楼房，是学校的实验区，学生可以到这里进行各种实验学习。楼房后面平缓的草地，就是学生练习马术、高尔夫的所在。

校长，高，瘦，严谨，和淡，典型的德国气质。他的办公室，老榆木的壁橱，洁白的布艺沙发，大大的三角钢琴。他礼节性地向我们介绍学校的特点，尤其强调这是一所艺术特长学校，这里的每一个孩子都能够娴熟地演奏两种以上的乐器，每天都有音乐学习的课程，孩子们得到音乐艺术气息的浸染，精神活泼高雅。校长本人就具有深厚的音乐修养。我们提出，和学校建立联系，今后可以进一步地交流、合作。校长不假思索地拒绝了，他说，他们只想安静地做好自己的事情，不想受到外界太多的打扰。

我们愕然。又肃然起敬。我们很多的学校，无不以广泛地宣传，四处地交流、合作，尤其是国际的结对，为办学发展的重要指征，争先恐后地向外，频频“打扰”他人，也欢迎他人频频来“打扰”，财力、物

---

① 我们以为，在德期间，目之所及的任何一片草地都可以满足高尔夫球运动的条件。这应该就是学校普及高尔夫球运动的基础。

力、人力、精力的消耗很多，不知道还有多少人还记得“安静地做好自己的事情”？

离开学校，再回眸，我觉得，这就好像是很久很久以前，遗落的一个童话世界，远离尘嚣，不被纷扰。

此行，我随身携带阅读《与神对话》[①]。

仿佛巧合，其中的很多语段，为此行带给我的冲击和记忆，作了注解。

书中说：“话语真的是效率最低的交流仪。它们最容易招来错误的解释，最容易令人误会。原因在哪里呢？这跟话语的本质有关。话语仅是声浪而已；它们是表达感受、思维和经验的噪音。它们是符号、标记、

---

① 尼尔·唐纳德·沃尔什所著《与神对话》是第二次世界大战后最畅销的图书之一。沃尔什曾是电台主播、报纸记者和主编，并创办了属于自己的公关和市场营销公司，正当事业蒸蒸日上的时候，突然的车祸和失败的婚姻使他跌到了人生的谷底，过着餐风宿露、以捡易拉罐维生的日子，然后他写出了这本曾雄踞《纽约时报》畅销书排行榜两年半之久的《与神对话》，由此他的人生重新走到了巅峰，甚至他的灵魂也来到了前所未有的境界。他说：“这本书涉及了我们曾经问过的大部分问题（如果不是全部的话）：关于生活和爱、目的和功能、人和人的关系、善和恶、罪行和罪恶、原谅和超度，通往天堂和地狱的道路……各种事情。它直接探讨了性、能量、金钱、子女、婚姻、离异、生命工程、健康、从前、以后……每一件事情。它探索了战争和和平，了解和不了解，给予和索取，快乐和痛苦。它关注了具体与抽象，可见与不可见，真理和非真理。”几乎每个看过这本书的读者都会感到极其震撼，并推荐给身边的人。演员刘德华这样说过：“我又不是铁人，当然也会累啊，不过心累就比身体累需要更多些时间来调整自己。人总会有很多压力及烦恼，不过不要自寻烦恼，也不要钻牛角尖，要从多方面去看待一件事情。只要把问题简单化，你就会找到答案。我的减压方法，就是去打保龄，看看书，喝一杯咖啡或泡一个热水浴，都会轻松很多。最近我看完四册的《与神对话》，这本书不是说宗教，只是说生命，人生路上的一切及整个世界的变化。神说了很多我从来不曾想过的问题，也回答了很多我一直想不通的东西。如果你初看此书，看几页可能不太懂，但请别把它放下来，有空的时候慢慢看，我已全部看完，不过一年后再看可能又有不一样的领悟。”本人读到《与神对话》的时候，它在国内还没有任何声誉，大约半年以后，突然风靡，很多报刊杂志都作了大量的推介。

标志。它们不是真实。它们不是真正的东西。”[①]

“你受到的教育让你生活在怕中。你曾经听说最合适的才能生存，最强大的才能获胜，最聪明的才能成功……所以你拼命想成为最合适的、最强大的、最聪明的——以这样或那样的方式——如果认为自己在哪个方面较为逊色，你便会怕失败，因为人们跟你说过，逊色就等于失败。”[②]

“不久之前，你还只想停留在现在的生活里。如今你只想离开。这是很好的标志……不久之前，你茫然地度日，仿佛你的生活没有目标。如今你认识到生活确实没有目标，除非你给他一个。这是很好的标志……不久之前，你追名逐利。如今你追求单纯而美好地成为你的自我。这是非常好的标志。”[③]

……

这个安静的国度，这里像小动物一样生息的人们，在这里已经习惯朴素生活的唐老师，从这里回去过普通人生活的精英女主持，这里能张能弛的群众，这里不被纷扰的校园——都在指示着这本书中所传达的一种人性的归属：不要太多聒噪，不要太多胜负，不要太多追逐。

我们常常会把国与国的差异，归于国情和文化的差异。

其实，不止于此。

人类学指出：“每个人都因为他自己视野的局限而看到有限的世界，所以，若不能相对地看待他人，就很难理解这个文化；若不能理解实践

① 沃尔什. 与神对话[M]. 李继宏，译. 上海：上海书店出版社，2009：5.

② 同上，第 23–24 页。

③ 同①，第 193 页。

这个文化的人也是人，就很难理解人之为人。”[1]

根本的，还是人的差异。

有一则逸闻，所指更为深刻。

据说，德国前总理施罗德[2]访华，他问邓朴方[3]：“邓先生，我可以为贵国做些什么？”邓朴方思索后回答：“您做不了什么。在我们国家，仅我的这支队伍，就超过你们国家的国民总数。”[4]

人类最早依靠狩猎采集，生存，繁衍，因为食物有限，人口增长有限。结果，10000—12000年前，农业发展，犯下人类历史上最糟糕的错误[5]，“和采用农业相伴或由其导致的人口的相对快速增长，是人类历史上最重大的人口学事件之一。它标志着采集狩猎群体所建立的人口平衡的结束，也开启了一段几乎是持续不断的人口增长时期，引发了一系列

① 拉斯特. 人类学的邀请[M]. 王媛，徐默，译. 北京：北京大学出版社，2008：42. 本书的扉页上，引用了英国社会人类学家马林诺夫斯基的一段话：“若我们怀着敬意去真正了解其他人（即使是野蛮人）的基本观点……我们无疑会拓展自己的眼光。如果我们不能摆脱我们生来便接受的风俗、信仰和偏见的束缚，我们便不可能最终达到苏格拉底那种‘认识自己’的智慧。就这一最要紧的事情而言，养成能用他人的眼光去看他们的信仰和价值的习惯，比什么都更能给我们以启迪。当今之世……所有被珍视和宣传为宗教、科学与文明最高成就的理想已随风而逝，有文明的人类从来没有什么时候比现在更需要宽容。人的科学以它最细致和深邃的形态，应该在理解其人类的观念的基础上，指引我们达到这种见识、慷慨和宽大。”可见人类学对于如何更好地生存教益良多。

② 格哈德·施罗德，1998—2005年任德国总理，在位期间大力推动了与中国的关系，其本人每年皆访问中国，并对北京立场予以理解和支持，促使中国成为德国一大贸易伙伴。

③ 邓朴方，邓小平长子，中国残疾人联合会主席团主席，中国残疾人福利基金会会长。

④ 其时，德国人口总数约为8254万，我国各类残疾人总数约达8400万。邓朴方此言在某种程度上，指出中国问题的矛盾集中在人口众多上。

⑤ 美国演化生物学家贾雷德·戴蒙德所说。引自：拉斯特. 人类学的邀请[M]. 王媛，徐默，译. 北京：北京大学出版社，2008：139. 原文为：“研究农业起源的考古学家，已经为我们重建了那个至关重要的时期，想当年，我们的祖先犯下了人类历史上最糟糕的错误。他们被迫在限制人口与增加粮食生产之间做出抉择，他们选择了后者，结果导致饥馑、战争与暴政。在人类历史上，狩猎采集者们采取了最成功的，也是历史最久的生活方式……迄今，农业令人眩目的模样，带给我们的，只是祸福相倚，令人无计回避。”

急速的相关变化，这些变化成功地导致政治化、大规模都市文化的出现，以及最终工业全球化文化的出现”[①]。也就是说，人类为人口的增长付出了沉重的代价，我们今天所面对的人类问题，其根源在于很久以前开始的人口激长。

推而言之，作为人口重国，我们国家的问题，更深入的根本，或者还在于人口。在这样的现实面前，诚如邓朴方所言，别人做不了什么。

所以，如果遵从人性所向，首先，个人要有理解人之为人的视野，而国家，要有从人类生存发展的历史演变规律治国的深刻。

回国以后很久，我不能从异国的情境中抽离，即便生活重又回到旧轨，重新置身拥挤、嘈杂、紧迫、疯狂追求的世界，我的内心，已经从此坚信，在这个世界上，身为人，是有不要太多聒噪、不要太多胜负、不要太多追逐地生存着的可能的，因为，同在这个世界上，已经有很多人这样存在。

① 拉斯特．人类学的邀请[M]．王媛，徐默，译．北京：北京大学出版社，2008：138．引用美国人类学家约翰·博德利的观点。

他们的耐心，
尽力，
投入，
专业，
写照着对一切生命的慈爱、尊重。

这些细节，

让我经验到朴素、纯洁、美好的感知，

与既往从书本上、历史上、媒体上，

获得的对日本国的印象，

大相径庭。

跳出民族立场的干扰，
了解对手，
看清现实，
改善自我，
有更为巨大的正面意义。

只是我个人，
总会频频想起，
以前其他媒介上，
所见的日式鞠躬，
以及在日本期间，
所见的各种极尽谦卑。
我总以为，
无论出于什么缘由，
一个随处随时卑躬屈膝的人，
其压制、隐藏的人格，
总是让人不愉悦的，
及至一个民族，
也是如此。

这或者，
是我的偏见。

日本细节
——也记日本的学校

我曾经随中国基础教育教职员访日团[①]，考察日本的基础教育，走访了东京、大阪、京都、冈田等地，接触到当地教育行政部门，不同类型的城市、乡村，不同类型的中小学校，也接触到文化艺术活动，并有机会深入市民家庭，体验当地的寻常生活。

其中，有很多的细节，让我领略到日本的文化个性。

此次考察，由联合国教科文组织亚洲文化中心（ACCU）负责，得到了日本文部科学省、中国驻日本大使馆教育处及驻大阪总领事馆教育室的重视，全程，很受礼遇。官员、翻译、陪同，以及学校校长、教师，乃至市民家庭，对我们都一律恭迎。入住、饮食，以及途中的引导等，都周详、体贴，他们的温和、恭谨，以及所过各地目睹的安宁、祥和，让你无从找到历史中那个暴戾的民族的印记。

他们严谨而内向。

着装正式，包括街头步履匆匆的上班族，基本上都是职业装，色调素净，一丝不苟。讲解、介绍的时候，简洁、平实，从来没有夸张的口吻。神色平和、干净，很少表情的变化，但是在你有需要的时候，总是致以和煦甚至谦卑的笑容。安静地存在，仿佛生性寡言，很少主动攀谈。

① 该团应日本文部科学省的邀请，由中国教育部国际司组织，各省教育厅（教委）报送人选并经批准后成行。具体安排由联合国教科文组织亚洲文化中心（ACCU）负责。访问旨在考察日本的教育体系，加强中日教师间的交流与友谊，促进两国中小学的合作。

安排细密，从不纰漏。一切设施、用品，精巧、细致，但绝不铺张。我们所到的学校，课堂中的老师，从不因为我们的到来中止讲课，人来人往，好像什么都没有发生，始终平静地进行教学。一切都显得节制、克制。

他们近似洁癖。

到处都有消毒液，每当上车或下车的时候，翻译和陪同总会不厌其烦地请我们进行手部的消毒，以至于后来，靠近车门就会本能地去取消毒液。无论幼儿园，还是中小学，孩子们进学校的第一件事情就是换上学校统一准备的鞋子，使得整个校园绝无泥垢，几乎处处都像我们居家的地面一样洁净而舒适。我们也屡屡一进校就换上拖鞋，仿佛进家那样，走过整个校园，是一种很奇特的体验。酒店房间，以及各种服务场所，自然是纤尘不染，即使是普通的街道，甚至于乡村的房前屋后，都干干净净，好像从来就没有垃圾的产生、存在。

他们关怀自然。

岛国土地资源十分有限，但是他们的教学楼都在五层以下，体量适宜，在环境中安分地存在，绝不突兀。在东京社会声誉最好的一所小学，操场保留了最原始风貌的泥土地。校长说，这样可以让孩子经常接触到泥土的气息，总有机会和自然亲密。有一所学校的走廊的栏杆上，竟然扎着一束一束的稻谷，这是因为日本国内稻谷资源渐渐减少，为了让孩子们有对稻谷的直接认识，并因此产生感情，懂得珍惜，学校就在教学楼顶围筑的平台上，种植了几十盆水稻，让每个班级认养几盆，精心照顾，等到成熟的时候，就进行收割、展示，让每个孩子都感受到收获的幸福。

他们极大地重视民众的生命平等。

日本国家宪法规定“国民平等地享有接受符合其能力的教育的权利……义务教育是无偿的”[①]，因此，明确义务教育的根本在于：一是机会均等，无一人例外，所有公民都享有机会，所有地区的任何环境都享有机会；二是确保水平，保证必要的最低限度的标准；三是无偿制，实施全额免学费，达到全员完全入学程度。其中，着重强调“不能因地区的财政能力或家长的所得而产生差别”。所以，我们看到的学校，无论是城市的，还是乡村的，无论规模大小，几乎都拥有相同的设施，置身乡村的学校也完全感受着同等的现代文明，不存在资源的竞争和比对。尤其是他们的“特别支援教育”，即特殊教育，让人震撼而感动。其对象包括肢体障碍儿童、智力障碍儿童和情绪障碍儿童，一个县里往往都有几十所专门的学校，其资源配置远远高于一般普通学校，直至高中阶段全部免费。我们看到，有的学校，只为4名情绪障碍儿童就专门编了一个特教班，并配备2名教职员专门服务；有的学校共有7名教职员专门服务于学校6名障碍儿童，我们看到这7名教职员专心致志地为这6名儿童表演皮影戏，以此让他们感受声、光、色和动作，得到身心的感知，他们的耐心，尽力，投入，专业，写照着对一切生命的慈爱、尊重。

他们很传统。

每所学校都会介绍第一任校长的办学思想、风格，并以继承发扬了这样的思想、风格而骄傲。陈列室里没有奖杯、奖状，都是一些已经陈旧的文字、图片资料，以及学校发展过程中使用过的各种用品、用具，亲切地记录着学校的历史。每个学校都开设着剑道、茶道、柔道等国家

---

① 2009年10月14日，日本文部科学省初等中等教育局、初等中等教育企划科与访日团交流日本的小学、初中教育，其中对此有详尽的介绍。

文化传承的课程，并且都非常重视书道[①]，很多教室的走廊上都展示着一叠叠学生平时练习的作品，其认真、努力、坚持，甚至让我们发祥地汗颜。学校开设生活课，让女生学习缝纫、手工，男生学习劳作，还让男女生共同完成生活的某一项任务，从小就体验将来家庭生活的内容，知道家庭美满仰仗相互的支持，从小就有担当家庭的责任感。我们所到的市民家庭，在城郊，三代同堂，长者是当地德高望重的教育专家，庄重慈祥，儿子继承了父辈的事业，谦逊和淡，媳妇操持家务，恭顺温良，孩子们天真活泼，一家人尊长有序，敬老爱幼，完全没有相互的冒犯，流淌着传统家庭的平实、温暖。

他们有纤细优美的感性。

经常可见富有美感意识的情调。在城市的街角，经常可以看见簇生的花草，绽放着明媚的光芒；乡村的沿途，地形和缓，空气清朗，徐风撩人，目之所及，山间田野中的物种极其丰富，火红的柿子树，壮硕的庄稼，丰饶的蔬果，没有一处荒芜，一路的风光层次多变，呈现着自然的饱满丰盛，呈现着国度的殷实安康。城市中，常常有和服盛装的女性，缓缓前行，很多的街道完整地保留了古老的建筑，甚至恍惚让人觉得回到了中国的唐朝。他们经受艺术的浸染，一所小学的画室堪比我们国内

① 日本重视对别国文化的海纳、传播，注重把它们与本土文化融合。日本书道是日本书法的综合艺术，它追求意境、情操和艺术美，最早是从中国而来，一位名叫王仁的人去往日本，带去了系统的汉字和汉文的典籍，从此日本人开始学汉文。到了推古天皇朝代，日本与隋朝建立了邦交，随着留学生和留学僧的归国而带去了中国书法。后来日本又开始崇拜王羲之，这对于日本书法的形成有着很大的影响。到后期的假名书法出现时，书道有了自己的特色。当今，日本的书道依然兴盛，每年1月2日举行用毛笔书写新年贺词和吉祥祝福的诗歌的“开笔试毫”活动。此外，还举办各种观摩比赛，全国各地都设有书道教室和学习班，文部省还规定，日本中小学每个年级都必须学习汉字，高中毕业生应该认识整个“当用”汉字表里的2000字，不仅能读，还要会写。受过大学教育的日本人，认识的汉字要更多。

专业高校的设置，除合唱、乐器等寻常的音乐教学以外，几乎所有的学校都有完整的乐队，训练有素，学校中随时飘来悠扬的乐音。途中，我们邀请翻译以及随同唱歌，万万没想到那样沉静少言，甚至貌似普通的职业女性，竟然那样富有专业水准，歌声和婉清亮，仿佛和音，可见国民的艺术素养。

……

这些细节，让我经验到朴素、纯洁、美好的感知，与既往从书本上、历史上、媒体上，获得的对日本国的印象，大相径庭。

然而，还有两个细节，又让我有截然不同的经验。

首先，是在国家剧院观赏到的音乐剧《狮子王》[①]。这场取材异国的演出，在编排上、舞美上、音效上，以及演员的演绎上，那种绚丽、华丽、激亢，都达到了艺术的极致。演员们很多段深情、激越的对白、演唱，都完全突破语言的障碍，让观者共鸣，久久不能自已。我震撼于一个日常中那样克制、严谨、温和的民族，到了舞台上竟然有这样喷薄的爆发力、渲染力，竟然可以这样狂放，几近原始的蛮热，仿佛两极——我忽然觉得，日本这个国度，有着和德国一致的特质。这两个国家，一个最西方，一个最东方，两个方向经济最为成功、高度现代文明的国家，都有极尽严谨的一面，又都有极尽热烈的一面，在文化面相上都有传统和现代的并存，两个一手造就大规模战争，又一手造就战败后的经济奇迹的国家，这样相似！战争，以及历史，都已经渐行渐远，但是，国家

①《狮子王》，美国华特迪士尼公司的经典动画长片。主角为一头名叫“辛巴”（Simba）的狮子。故事从莎士比亚的《哈姆雷特》中获得灵感，成为迪士尼动画的里程碑作品之一。

民族狂热的因子并没有改变，只是，经过时间的洗礼，曾经的挑衅，已经转向其他的形式。

此外，无论在中小学，我们总是看到学生在练习剑道[①]。我们看到，身形尚弱的孩子们，身着宽大的剑道服，带着防护具，全身肃穆，他人并不能看到本人的分毫神色，只见他们在教练的命令下，一次次左右开弓地劈刺，一次次喝叫着左右交叉砍向对方的面具。看到他们每一次毫不迟疑地奋力下手，我在一边都会感觉到心陡然抽紧，仿佛砍下去的就是毫不设防的人身——即便有防护在身，要是换了自己，也还是不能有下手的勇气。一个民族，自少年起，就这样驯化子民的决心、意志和承受，可怕。据说，每每地震来临的时候，日本的孩子们在老师的指导下，都能十分镇定地躲到桌子下面，没有尖叫和慌乱，一切仿佛早有准备般有条不紊，或许就是因为日本人从小受到磨炼意志的训练，从而具备了忍受苦难的精神。

他们一面和驯，向美，一面蛮热，黜武。

无论如何，我都很迷惑，一个国家这样完全相左的民族性格。

---

① 剑道，从武士的重要武术剑术中派生而出的日本击剑运动。日本人面对压力，常常会以暴力方式寻找发泄口，剑道就成了重要的选择。因为不能取胜的一方会觉得受到很大的羞辱，所以他们都会暗自磨炼，以达成报仇的心愿。第二次世界大战战败后的日本，认定剑道为残酷恐怖的武技，与射击、铳剑术等，全面禁止练习，一般人所拥有的护具，全部被没收并予焚毁。1954 年，全日本剑道联盟成立，为剑道的复兴和现代化做出了巨大贡献。

后来，我在《菊与刀》[①]中，得到了一些理解。

“菊”是日本皇家家徽，“刀”是武士道[②]的象征，前者恬静淡美，温雅哀婉，后者凶狠决绝，诉诸暴力，两个内涵迥异的意象，隐喻了日本国民的矛盾人格，以及日本文化的双重性。对此，作者鲁思·本尼迪克特概括说：“日本人的性情与行为方式是极其矛盾的，他们既生性好斗又异常温和；既推崇武力又追求美感；既桀骜自尊又谦逊有礼；既冥顽不化又柔弱善变；既性情温顺又不轻易任人摆布；既忠诚不阿又极易叛变；既勇敢又怯懦；既保守又乐于接受新生事物。”[③]

《菊与刀》，本来是第二次世界大战期间，本尼迪克特受命美国战时情报局进行日本民族性研究完成的一份报告。因为关乎国家关系的政策制定，报告极其慎重、严肃、冷静精确地分析总结了日本人的民族性，为美国政府制定战后日本治理的政策提供了预见和建议，也成为研究日本的一个范本。我从中也体认到，虽然我们曾经深受日本侵战的伤害，

---

①《菊与刀》于1946年出版，是美国女人类学家鲁思·本尼迪克特于第二次世界大战后受命于美国政府完成的报告。当时美国政府急于制定关于战后日本治理的政策，需要了解两大问题：第一，日本政府会不会投降？第二，如果日本投降，美国要不要保留日本政府机构及天皇？本尼迪克特根据文化类型理论，运用文化人类学的方法，调查了战时拘禁在美国的日本人，同时也收集了大量有关日本的文艺学术作品，完成了报告，并推断：日本政府会投降；美国不能以直接的方式统治日本；美国需要保存并运用日本原有的政府机构。在战争结束后，她的预见和建议得到了证实和采纳。1946年，本尼迪克特把报告整理出版后，在日本反响强烈。1951年，这本书被列入日本《现代教养文库》，被称作现代日本学的鼻祖关于日本研究的经典著作。

② 武士道，以为主君不怕死、不要命的觉悟为根本，强调“毫不留念地死，毫不顾忌地死，毫不犹豫地死”，为主君毫无保留地舍命献身的精神。在武士道精神的影响下，日本人崇尚死亡的本身就是精神上的胜利。因此，在战争中，他们坚持不投降主义，视荣誉就是拼战至死，所以有发起集体自杀式的进攻，拒绝救援，以死亡洗清耻辱等行为。日本过去曾有“花推樱花，人推武士”的说法，他们认为樱花最美的时候并非是盛开的时候，而是凋谢的时候，樱花花期不长，但凋谢有个特点，就是一夜之间满山的樱花全部凋谢，没有一朵花留恋枝头，这是日本武士崇尚的精神境界，也反映为至高理想抛却生死，即宛若樱花般稍纵即逝的民族性格。

③ 本尼迪克特. 菊与刀[M]. 南星越，译. 海口：南海出版社，2007：16.

迄今，还在遭受诸如钓鱼岛事件的种种挑衅，不过，跳出民族立场的干扰，了解对手，看清现实，改善自我，有更为巨大的正面意义。

黑泽明的自传《蛤蟆的油》中，也有这样一段记录：

一九四五年八月十五日，为了听天皇宣读诏书的广播，我被叫到制片厂。那时我在路上看到的情景是永远难忘的。

去的时候，从祖师谷到制片厂的商店街上，感觉真有一亿人抱着宁为玉碎的觉悟一般，非常紧张。有的老板拿出日本刀，拔刀出鞘，目不转睛地看着那刀身。

我早就料想到，这次是结束战争的宣言。看到眼前这种情景，我就想，日本究竟会发生什么事呢？

然而，在制片厂听完战争结束诏书后回家的路上，那气氛完全变了，商店街的人们仿佛处于节日的前夜一般，都在喜不自胜地干活。

这究竟是日本人性格中的韧性，还是软弱？

我只能认为，日本人的性格中至少有着两个方面。

我自己身上也有。

假使不是宣布战争结束的诏书，而是号召举国玉碎的什么书，那么，我在去的路上看到的那些人，可能已经一个个都死掉了。恐怕我也难免一死。

我们接受了以看中自我为恶性、以抛弃自我为良知的教育，习惯与接受这种教育，甚至毫不怀疑。

我想没有自我完善，就永远不会有自由主义、民主主义。

……[1]

① 黑泽明. 蛤蟆的油[M]. 李正伦，译. 海口：南海出版社，2006：214–215.

我想，对于日本而言，地理资源的匮乏，自然灾难的深重，导致的悲怆、苦难，或者都迫使了他们主动抵御，强占，并且坚忍，不惜牺牲，以求安全、生存。也许，这样的发端，慢慢地就演变成了一种民族自性。而今的日本，依然闪烁着双极的魅惑，或者，是已经开始走在了“自我完善”的道路上。

只是我个人，总会频频想起，以前其他媒介上，所见的日式鞠躬，以及在日本期间，所见的各种极尽谦卑。我总以为，无论出于什么缘由，一个随处随时卑躬屈膝的人，其压制、隐藏的人格，总是让人不愉悦的，及至一个民族，也是如此。

这或者，是我的偏见。

农村教育，

曾经，

现在，

将来，

都在为我们这个农村人口占到

国民总数一半以上的国度，

尽献力量，

支持着这个辽阔的国家，

国泰民安。

它们贫乏，

简陋，

却不影响教育使命的承载。

所以，

我一直有试图从农村学校反观教育的愿望。

我原来以为，

在现代社会各种功利、物质的摧毁下，

已经不再有从前那样默默而无私奉献的老师，

没有想到，

在远山中，

依然还有这样令人尊敬的群体，

他们就像这深山中总是盛开的山花，

从不招摇，

一直芬芳。

人存于世，

不只有向着更大，

更远，

更多，

才叫追求。

有一种追求，

向着自己，

向着朴素，

平实，

珍贵，

催人反思。

一极，

是先进，

一极，

还落后。

对比起来，

先进的一极，

执着向外求索，

高尖行进，

很多的努力，

却恰恰遮蔽和遗落了很多教育的真意；

落后的这一极，

贫怆，

而能够一心一意教育教学，

很少雕琢、覆盖，

反而像深山中不经人为侵扰的自然原貌一样，

天然芬芳。

一种芬芳
——记武义县新宅镇中心小学[①]

同学王晓东[②]，与我从初中到师范，都是同班同学。

王同学，英俊，明朗，初中，及至师范，都是班级的活跃人物，在音乐、体育，以及其他学业上，都表现出突出的素质。初中时候，大家埋头苦读，男女同学泾渭分明，我和王同学几乎没有任何交集。到了师范，也算是身在异地的同乡，加上原来就是同学的缘故，交流稍多；直至师范返乡实习的期间，在将要毕业离别的情绪的渲染下，七八个同乡同学从各个实习所在的学校相互频繁往来，常常一起惆怅未来不知的人生，这样，才有了相互更多的了解。后来，大家各奔东西，茫然地奔向社会人生的洪流，其中，和王同学，一直都还有断断续续的联系。其间，王同学，在毕业三四年以后，从农村的学校，调至县城的实验小学。然后，其他同学随着在教学业务上显现身手，不断被委以校长等管理职务，或者陆续前往更大的城市，等等等等，王同学却一直安分地居于小县城的学校，一直守着学校一个普通老师的本分。我曾经鼓励他向着更大的城市、更好的学校发展，他却始终处之不动。

我一直以为，以王同学的资质，这样不能勇于突破发展，是很大的遗憾。

去年夏天，见到王同学。他说，他已经到乡下支教，而且是当地最

---

① 武义县地处浙江中部，金衢盆地东南，为浙江省 28 个经济欠发达地区之一。武义县新宅镇中心小学位于武义县南部山区，新宅镇新宅村，为农村寄宿制学校，学校现有班级 12 个，教职员工 42 人，学生 418 人，学生全部为留守儿童。

② 王晓东，先后任教于武义县邵宅初中、武义县实验小学，2011 年 9 月，赴武义县新宅镇中心小学支教。

为偏远、最为落后的一所农村寄宿制学校，在校学生百分百都是留守儿童。他去支教，是县里出于职称晋升的要求。不过，支教学校的选择有很多，有的就在城郊，他却主动选择了这样一所学校。他希望自己既然要到乡村，就到最乡村去。他讲到学校的各种匮乏，也讲到学校的各种朴素而感动。由此，我对王同学内在的朴实有新的认识，很是敬佩。

因为自己从小受的就是农村学校教育，却一样得到健康的人生启蒙，对照后来居于城市，看到现代教育中教者与受教者的种种病态，就常常会想到，农村教育，曾经，现在，将来，都在为我们这个农村人口占到国民总数一半以上的国度，尽献力量，支持着这个辽阔的国家，国泰民安。它们贫乏，简陋，却不影响教育使命的承载。所以，我一直有试图从农村学校反观教育的愿望。也因此，受到王同学的触动，就特别希望有机会能够到达这所学校。

这所学校，就是武义县新宅镇中心小学。

几经努力，我终于和研究同事们一起成行，来到学校。

学校距离县城 20 多公里，海拔 800 多米，是全县海拔最高的学校。出了县城，公路慢慢由宽渐窄，两侧的田野青翠，山峦夹道，层层叠叠地引着道路向着深山前行，跋涉，深入。翘首高高的山头上，云雾弥漫，路上的气息清澈而静谧。还不曾谋面的学校，仿佛这里深居的隐士，引人前进。学校，或许遥远、简陋，但是，它何其奢侈，坐拥这样繁茂的自然，总在自然中生息，这是多少高度现代化的学校，求之而不能得的天资。

一段陡坡缓缓攀行，我们都轻微地感觉到气压变化导致的不适。陡坡以后，不远，就到了学校所在的村。村落并不很大，兴建了很多新的楼房，可以感受到山村发展变化的生气。穿村而过的溪流两边，一小块一小块的菜地，还在传达着村野的厚道、淳朴。

孩子们，面貌天真。

我们到了学校门口，少先队员代表就迎过来给我们系上红领巾，他们腼腆又欢乐地向我们敬队礼。尤其意外的是，深山中的校园，竟然有阵仗整齐的铜管乐队！青山，原野，红领巾飘扬的孩子，热烈的铜管乐，交织着热切和真挚，一瞬之间，就让我热泪盈眶，我们怎么承受得起这样的礼遇？

我们给孩子们准备了一些图书，宣布捐赠的时候，孩子们齐齐低声地惊呼，黑黑的面庞上，清亮的眼神，闪着毫不掩饰的喜悦，透发着抑制不住的渴望。这些孩子们，高高矮矮地排着队，憨实，健康。那样的眼神，那样的喜悦，那样的渴望，那样干净，已经很少能够见到。

孩子们的父母长年在外地务工，平时，多由家里的老人照看，上学期间寄宿在学校，完全仰赖学校的管理。宿舍，已经得到很多的赞助，整齐，洁净，但毕竟还是很简陋，上下铺的床，高年级的孩子在上铺，低年级的孩子在下铺，大的带着小的，彼此照顾，尽管缺失父母悉心的照料，却有兄弟姐妹一样手足般的情谊。食堂，相比起以前的农村学校，已经很宽敞，也有专门的工作人员在负责，可是，我们看了他们用的午餐，一份蔬菜，一份菜汤，实在非常有限，看着让人揪心，孩子们自己却并没感觉到不够丰足，满足地用完饭后，就三五成群地到操场上游戏起来，完全天真的气派。

老师们，朴实无华。

这里很少年轻教师，很多都是经历八九十年代代课，后经转正的老师，大多已经中老年。我们在给孩子们发放图书的时候，老师们站在孩子们队伍的旁边，沉默又有几分羞涩地微笑，衣着、神色都很质朴，仿佛长年守护庄稼的敦厚的农民。

这里的老师和孩子们一样住校，只有周末的时候，才回家。每天晚上，他们就像给自己的孩子一样辅导作业，又像父母一样照顾他们的生活，催促他们早睡。有时候，学生生病了，就把学生带在身边睡觉，常常还要连夜带到医院就诊……老师们所做的这一切，并没教育行政的强制规定，也没有任何额外的补贴，是自然地延承了以前代课时就需要住校的习惯。[①]学校提议大家轮流值班，这样可以有更多的时间回到家里时，老师们都拒绝了，他们已经习惯这样的生活，完全自觉自愿。

有一位李老师，从1985年，只有17岁时，开始代课，到1995年转为公办教师，到现在已经四十多岁，却保持着一种鲜见的单纯。她和我们交谈的时候，总是紧张、羞涩。她说自己刚刚代课的时候，一个人背着米和铺盖，翻过几座山，才到了任教的学校。学校只有她一个老师，一个由二十几个学生组成的复式班，什么课都要上，还要自己到山上捡柴火，做饭。实在忍受不住的时候，还逃跑过，是在父亲的逼迫下才又坚持下来。代课时候的工资，从最开始的每月28块钱，涨到30块，再涨到 80 块，直到转为公办教师以后，觉得人生已经非常满足，代课时

① 新宅镇中心小学，先后撤拼了沿溪小学、和尚弄小学、塘头小学、李阳小学、乌门小学、东巨小学、茶坑小学等数十所学校，这些撤并的学校分散在辖区的各个村落，规模小，地理位置更为荒远，交通很多不便，教师均长期住校，以校为家。目前，新宅镇中心小学的教师队伍，就由这些撤并学校原来的师资整合而来。学校虽然扩容发展，但老师们原来的传统风格不受影响，没有改变。

候的艰辛、清寒，现在越来越高的教学要求而致的压力，都不足挂齿。她只是遗憾自己总是在学校里，对自己的孩子，并没有很多地尽到母亲的责任，所幸，丈夫一直都很理解、支持。这里的许多老师，都像李老师这样，从青春，到盛年，到老去，一直忠诚山村的教育事业，他们的世界，这样简朴。

我原来以为，在现代社会各种功利、物质的摧毁下，已经不再有从前那样默默而无私奉献的老师，没有想到，在远山中，依然还有这样令人尊敬的群体，他们就像这深山中的总是盛开的山花，从不招摇，一直芬芳。

校长，满怀热忱。

校长钟建昌[①]，年轻，精干，一直是县里少先队工作的领雁，学生时代起唯一的梦想、唯一的志愿，就是当老师。从最开始在农村执教，后来到县城学校，又被抽调到教育局锻炼，现在，又重新回到农村，始终对教育工作充满热爱和激情。在向学生和老师介绍我们的时候，他完全就像一个大队辅导员一样鼓动、煽情，和大家自然互动，完全没有一般校长那样的严肃，瞬时让人感受到学校的活力和激昂。

在学校里，钟校长以“认真做好每件事，快乐过好每一天”要求自己，砥砺师生，希望把学校建设成温馨家园式的农村寄宿制学校，让缺少父母关爱的孩子们总能感受到家庭一样的温暖。他设法给每一个孩子过生日，尽管只有一碗面条和同学们简单的祝福，孩子们也倍感愉悦；

① 钟建昌，先后任教于武义县下杨小学、俞源小学、桐山小学，1992年调入武义实验小学任教语文，同时，任学校的少先队辅导员，2008年调到武义县教育局教育科，任县少先队总辅导员，2010年始任新宅镇中心小学校长。

他也给这里的老师过生日，很多老教师几乎是平生第一次感受过生日的幸福；他发挥自己少先队工作所长，让孩子们把红领巾挂起来，队歌唱起来，组织开展各种生动活泼的队活动，让这些山里的孩子们总是葆有积极昂扬的精神，并渐渐展示像城里孩子一样热情大方的风貌，学校的铜管乐队就由他自己一手建立；他带动学校，早读时书声琅琅，中午全校统一练习书法，下午学生总有安安静静阅读的时间，晚上老师学生一起收看“新闻联播”；他最喜欢和孩子们在一起，操场上，教室里，走廊间，都有他和学生交流、游戏、运动的身影；他多方努力，争取社会的支持，极大地改善了学校的办学条件，还建立起学校的图书馆；他用自己的热忱，激发着老师、孩子的热忱……

钟校长说，自己对于教育是浑身的热爱，这里让他回到了自己少时理想的原点，更有坚守的力量。他希望通过自己的努力，让这里的孩子，并不因为地理、物质、文化的差异，而丧失很多应有的教育；他也希望通过自己的努力，让从事教育的老师以及领导，能够明白，不管是城里的还是农村的孩子，都一样需要我们思考，我们的教育真正是在教孩子什么？

钟校长的希望，使这所僻远、深居的学校，流淌着传统的安静，又生发着革新的气象，默默，却不保守。

王同学告诉我，到这所学校，经常受到心灵的冲击。比如，六一节的时候，各界人士到学校来慰问，问孩子们最想要什么礼物，有的孩子说，最想要爸爸妈妈在身边；学校要求孩子介绍家长的时候，有些孩子都本能地介绍起爷爷奶奶，和爸爸妈妈的感情很陌生；学生周末回家，也没有人照料洗刷，天气热的时候，学生宿舍就会有呛人的气味……老师们却从不嫌弃这些孩子，总是默默地像对待自己的孩子一样尽心，家长把孩子放在学校很安心。王同学说，自己也是在农村长大，有深厚的乡土情结，从来不向往钢筋水泥的丛林城市，觉得小却安宁的县城让自己由衷地喜欢而踏实。他觉得现代城市中很多光怪陆离的发展变化，不是让人兴奋、愉悦，反而让人觉得惊心、失落。他没有去追求这些热闹、繁华，是因为他其实比很多人更了解其中的空洞和虚幻。他一直安于自己的生活，从来都没有离开自己的内心太远，觉得幸福、平静。在这所学校的支教经历，让他常常想起小时的自己，常常受到各种感染，总能带着更多的感动为师从教，意义非凡。

很多年的同学，我却才第一次这样深刻地认识到他的世界。

多少人，在社会人生的洪流中，晕头转向地被裹挟着，越冲越远，越是追求，越是颠沛，越是疲惫，越是繁复。我的同学，原来并没有辜负他的资质，事实上，他是选择了一种最简单、最接近人生意义的方式，比起很多人，他反而几乎从来没有流失过自己优秀的禀赋。人存于世，不只有向着更大，更远，更多，才叫追求。有一种追求，向着自己，向着朴素，平实，珍贵，催人反思。

这所学校，这所学校中的孩子、老师、校长，以及王同学，让我们触动良多。

同事鹿伟，在手记中写道："……在这里，教师除了认真教学，关切学生，再无其他。这让我想起，有一次去杭州某名校听一节数学课，听课结束后，该校校长斩钉截铁地说，刚刚上课的老师，是他们学校最差的老师，从小县城来，观念很落后。该校一位所谓最优秀的数学老师，也在一旁毫不客气地指责上课老师不够灵活，不能创新。上课老师嗫嚅着自责，局促而谦卑。可是，在一旁听课的我们，却看到这个老师很努力地想把这节课上好，而且虽然到了下课时间，他也很有耐心地总结这节课的重难点。他的课是上得不那么充分，也没有运用很先进的教学手段，可是他努力、尽职，难道这就是最差的老师吗？看着时尚强势的校长，一边玩着手机，一边有一搭没一搭地和我们交流，听到这种嫌恶老师的态度，真是感到无比的刺耳与嘲讽……没有基本的品格，没有基本的尊重，有再先进的理念，再先进的技术，又能够教给学生什么？”

另一位同事张海静，也记录说：“在这个小小的山区学校，老师们几十年如一日，不知物欲繁华，想的就只有这些孩子们的健康快乐，因为在乎得很单纯，他们才会这样尽心地教学，一心想着让学校成为孩子们不舍得离开的家……这些多少城市学校苦苦追寻的目标，在这里却这样自然地达到了。当教育真正只在乎孩子的时候，就不会那么困难重重了吧。当我们在为先进的现代教育寻找出路的时候，遥远的山区小学里却已然先行抵达，没有经过现代化的侵染，或许也是一种幸福吧……这个被重山环绕的山顶上的小学，给了许多家庭和孩子希望，也给了我们一个可以追忆反思的地方……”

在我看来，这里地势高远，不能经常接受上级的视察、检查，不用应酬，很少有外来的交流，反而可以全身心地做教育了。

后来，我们一直和学校保持着联系，并开始关注、思考教育两极的问题。

我们置身社会经济活跃的省会城市，接触到一切表征着高度现代化、高度开放、前沿的教育思想、理念、手段、行为，体现着教育文明的长进，这是教育的一极；同时，我们到达深山中的留守儿童学校，在现代文明还很少波及的校园，看到几乎没有修饰的教育，没有太多思想的研究，没有技术、手段，袒露着最原始的教育风貌，这是教育的另一极。一极，是先进，一极，还落后。对比起来，先进的一极，执着向外求索，高尖行进，很多的努力，却恰恰遮蔽和遗落了很多教育的真意；落后的这一极，贫怆，而能够一心一意教育教学，没有雕琢、覆盖，反而像深山中不经人为侵扰的自然原貌一样，天然芬芳。

这样的两极，催促我们思索，究竟什么才是先进？什么才是落后？

不管怎样，我确信了一种教育的芬芳。

我也确信，这种芬芳，会一直启迪人洞明教育，甚至人生。

衷心地感谢王同学，引领我，得到这样的领受。

教学时候
备课的手稿
反复修改的教案
工作的笔记本
记录了自己
那些过程中
教学的历练
人生的修为

第五章
教学：全部人格的总和

我不愿意对自己的作品再说什么。

想要说的，

作品里已经说过了，

若再多言就是画蛇添足。

它的导演，

究竟要有怎样的审美，

怎样的情怀，

怎样的精神世界，

怎样的耐心，

怎样的坚持，

怎样的价值观，

怎样的人格，

才可以奉献出这样纯粹而让人叹为观止的作品？

教学本身，
就好比一个老师的作品，
也是一个老师全部人格的总和。
你关切什么，
你追求什么，
你重视什么，
你的课堂就会呈现出什么！
你不用说话，
你的课堂已经说出了你的全部！

所以，
对一个老师而言，
更重要的，
是应该常常问自己，
你知不知道，
你自己的课堂，
说出了什么？
或者说，
你还想让你的课堂，
能够再说些什么？

为什么会有《微观世界》？

教学活动中，有一项内容，是说课[①]。说课，需要教师能够系统地解说自己对具体课程的理解，阐述自己的教学观点，表述自己具体执教某课题的教学设想、方法、策略以及理论依据，从中能够反映出教师的理论素养、教学思维和表达能力，所以，说课也被视为考量教师能力的重要方式。目前，说课也经常被列为教学研讨、评比或者教师招聘的重要内容之一。

我最早接触到说课，是 1998 年，参加金华市“教改之星”[②]评比的时候。

那次评比，为了减少干扰，以示公正，特别安排在异地进行。首轮，要求参评教师到绍兴进行说课。此前，我从来没有接受到过任何关于说课的培训、学习，所在学校也还不曾有涉及说课的教学活动，对于说课的认知是空白。评比通知仓促，我并没有来得及有所请教，匆匆就整理了一堆自己认为可能可以得到启发的参考书，赶赴绍兴。

那时，我只身前往，坐的是火车。在火车上，我既顾不上观赏沿途

① 说课，最早于 1987 年由河南省新乡市红旗区教研室提出。说课往往是在教研活动，或者教学观摩比赛中，由讲课教师向听课的老师，或者教研员，以及其他评委等人员，口头表述其教学设想及其理论依据。简言之，就是讲课教师向大家说明自己是怎样教学，又是为什么这样教学的，以达到交流、研讨的目的。实践表明，说课，有利于提高教师素质、教学质量及教研实效，是教学、教研改革，以及教师专业成长的有效途径之一，但是，也存在纸上谈兵的局限。

② 此项评比由浙江省教育科学研究院组织，经各市教育学会、实验学校分会、实验学校分会各成员学校申报、初评，审核的基础上，限额推荐申报，再经浙江省评选委员会根据课堂教学、说课、教学论文、教改业绩等综合评价，评出浙江省“教改之星”金、银、铜奖获得者。本人此次参加的评比为市级初评。

的风景，也顾不上车厢内的拥挤嘈杂，打开行李包，一路哗啦哗啦地翻书，做笔记，大致整理出一个自己认为可以用于说课的提纲[①]，包括“我对教材的理解；我对目标的认识；我对教法的思考”三大部分。还拟了一个便于灵活套用的表述模式，比如，教材理解部分有“我说课的课题是……，这是一篇……的文章，既可通过对课文的阅读理解对学生进行全面的语言文字训练，更是一篇使学生受到深刻思想情感熏陶、陶冶学生情操的极佳教材。本篇课文……，旨在通过本篇课文的学习，帮助学生掌握本单元训练重点，即……，从而，促进学生更好地学习语文知识，落实大纲要求，体现了单元重点训练项目要求，反映了本课的教学特点，揭示了本课教学中所应突破的重点和难点，如……等等，可以有效地帮助学生加深对本单元训练重点的理解和巩固……”。目标认识部分有“……因而，为了提高语言文字训练的质量，并且更好地在教学中落实学生的主体地位，讲究人文教学，把情的感染、理的启迪、美的熏陶与语言文字训练有机地结合，本篇课文制定了如下教学目标……”。教法思考部分有“……鉴于以上理解、认识，结合本课教学重难点，本课的教学方法我注重体现以下特点……”。现在看来，很基本，甚至呆板，但在那时，已经是竭尽了自己对教学的微薄的认识。

就这样，我是在火车上完成了对说课的初次理解。待到下了火车，提着满满的书、沉重不堪的行李，慌忙赶到入住的宾馆，马上就进行评比抽签，立即照着路上整理出的提纲生搬硬套，次日一早就上了赛场，结果竟然入围了复赛。每每想起这次经历，我总是非常庆幸，当时火车

① 在撰写本书的过程中，还找到了当时的手稿，它完整地记录、再现了彼时自己的经历，格外珍贵。

车速的缓慢[①]，让我得以有足够的时间，在行程中完成这样一次完全没有经验的思考准备，并取得成效；如果是现在的高铁，或者动车，我匆匆上车，匆匆下车，匆匆到兵荒马乱的现场，反而失之备战的时间，所以，乘坐火车的途中就弥足珍贵了。

这次以后，我的说课，竟然被用于示范，常常被其他老师学习、运用。在后来的教学、研讨中，对于说课，我又渐次深入理解，有时，说课的精彩甚至胜于上课。[②]公允地说，通过说课，对自己的教学作出解释、说明、交代，这的的确确促使我厘清自己的教学主张，然后渐渐有相对鲜明的教学态度，它对个人的教学成熟是有助益的。

慢慢地，我却对说课产生了疑虑。

越来越多的人开始推崇教学的思想、理念，有的课堂教学并没有让学生以及听课老师得到理解，却被称道有思想、有理念，执教者的说课，也确实让人感受到其教学思考、见地的深刻和个性。与此相应，说课，也越来越成为大家评判一个教师思想能力的依据。但是，反观自己的课堂教学，或者观摩其他教师的教学，我常常都会想，如果一节课的教学现场，并不能让学生体验到兴趣，受到感染，不能让听课的老师有所共鸣，那么，它再有思想，再有理念，说得再好，又有什么意义？就像我自己，有时候，很精心地设计了一节课，在理念层面上有充分而独到的依据和阐释，但是教学实际并不能达到设计的预期，课堂中，教师和学

---

① 有一次驾车在高速上，我不禁说，古时候，马车嗒嗒嗒地缓缓行进，后来，火车哐当哐当，也不是很快，大家照样生存、生活，而且，因为交通工具的速度缓慢，大家的节奏也自然随之松弛，并不会像现在这样总是心急火燎。回忆此次，我显然是受益于当时缓慢的车速。慢，在很多时候是值得怀念的。

② 2001 年，本人参加浙江省小学语文青年教师优质课评比，执教《狼和小羊》，浙江省小语会会长、著名特级教师沈大安老师认为，其时，本人在课后进行的说课很可取，尤胜讲课。同种情形，多次出现。

生的情绪脱节，有时候，课堂效果甚至让人沮丧，这样的课，有什么意义？

有位老师[①]，曾经教诲我说："学生喜欢的教学，才是好的教学。一节课，如果不能得到学生的喜欢，就不能称之为好的课。"道理很浅白，我很认同。

所以，我渐渐地想，与其在说课的自圆其说上很多努力，不如更多地去关切课堂中学生真正的学习感受。

就此，对于说课，疑虑重重。

后来，读到黑泽明导演对于自己作品的态度，很受启发。

黑泽明说："我不愿意对自己的作品再说什么。想要说的，作品里已经说过了，若再多言就是画蛇添足。但也常有这种情况，自己以为在作品里说过的事情，并没有得到大多数观众的理解，所以就这部作品，自然会产生略加说明的想法。但是，尽管如此，我还是常常耐着性子保持沉默。为什么呢？因为我相信，如果我在作品里谈的问题是正确的，那就一定会有人理解。"[②]

想要说的，作品里已经说过了。

作品本身，就表达了全部。

所以，再多言，就是画蛇添足。

所以，常常耐着性子保持沉默。

这样的态度，我通过《微观世界》，有很深刻的认识。

---

① 为浙江省教研室中小幼部主任、小学语文教研员、特级教师滕春友。

② 黑泽明. 蛤蟆的油[M]. 李正伦，译. 海口：南海出版社，2006：253.

我一再地观看《微观世界》，每一次都为之沉醉，每一次都有仿佛初见的怦然。

它的画面，唯美，且高度保真，精确到毫厘不爽。小景深下，叶脉纤毫毕现，草茎上晶莹的水珠串串排列，在阳光的照射下，从饱满，到渐渐涸竭、蒸干，花朵摇曳轻放，藤本植物缓缓攀缘寻找依附；甲虫不厌其烦地梳理触角，青虫蠕动，蝴蝶破茧，蜻蜓点水，小水洼好似汪洋，许多虫子在其中，飞跃，划游，打斗，争夺，试探，猎捕；突然，风卷，云压，风吹草低，急雨过来，泥浆四起，群虫仓皇，惊心动魄，而后，雨后初霁，草地勃发，一切复于静谧，复于忙碌；黄昏时，夕阳隐退，暮色层层深重，虫草疲惫将歇；夜色中，月色下，星空浩瀚，万籁俱寂；待到黎明，晨雾轻起，一切复于苏醒、热闹……

它细腻地传达出生命存在的情意。龟裂的大地上，毛毛虫列队迁徙，纪律严明，从一队变阵为两队，再形成一圈，又聚成一团、一堆，仿佛在患难中抱团；蚂蚁们忙忙碌碌，不知疲倦地采收食物，辛勤囤积粮食，为着栖息生存奔波；屎壳郎，推着粪球，百折不挠，艰辛，智慧，费力，也费思量；两只蜗牛，温柔地相拥，交颈，缠绵，依恋，仿佛旁若无人的爱情；狭路相逢的天牛，像君子一样相互致意，然后勇猛地较量，搏击，步步紧逼，像骁勇的斗士互不退让；守株待兔的蜘蛛，一不留神就丢了性命的蚱蜢，骤雨击起的泥浆翻滚中，惊惶的蚂蚁、瓢虫，可见生着的险恶……

它的声音，是天籁。全片，经常在艳阳下，花草树木之间，听到嗡嗡的声音，好像蜂鸣，好像群虫振翅，有一些躁动的气息，仿佛切割了空气一样的震颤，这是童年燥热的夏日里经常可以听到的自然的原音，逼真到让人不可置信。音乐在其中，或倾诉，或推波助澜。影片开始的时候，法语童声合唱清澈圣洁；而后，有似小提琴的伴音，作为藤本植物一圈一圈攀援的背景；蜗牛的爱情，相伴着激越而有张力的女声咏叹；定音鼓，敲响大地龟裂的序曲，然后，交相着沙锤、手鼓，烘托毛毛虫的长征；随着屎壳郎的且战且败，且败且战，或者鼓点声着急，或者提琴悠扬；疾雨时，紧凑的弦乐齐奏，仿佛遭受灌顶大祸……

这样一部电影，每一帧，都是静静地淌过人性，其中的众生，和我们没有分别，都是一样的宇宙自然的子民。

这样一部电影，费时十五年研究规划，两年设置器材设计，三年实际拍摄，最后剪辑成七十三分钟，成为不朽的杰作。

这样一部电影，它的导演，究竟要有怎样的审美，怎样的情怀，怎样的精神世界，怎样的耐心，怎样的坚持，怎样的价值观，怎样的人格，才可以奉献出这样纯粹而让人叹为观止的作品？

它的导演，是雅克·贝汉。

雅克·贝汉，有不受戒律的精神。他出生于法国，受父母的影响，很早从影，之后成为欧洲知名的男演员，演艺事业如日中天，他却认为，演员总受导演的支配，无法全部表达自己的思想，因此改行做了导演和制片人，并把目光投向自然，出品了《微观世界》《迁徙的鸟》《喜马拉雅》等系列影片，创造世界纪录片电影的巅峰。他说："电影是一项冒险，我热爱自己选择的一切题材，喜欢把那些元素组织在一起，喜欢有选择元素的自由。我对于自然、鸟类、昆虫和政治都一无所知，我也不是为了自己的政治观点而拍摄电影。我只是想在电影中讲述那些人类会对此感兴趣的故事。"①

---

①《人物》杂志. 雅克·贝汉与《迁徙的鸟》——在追寻与见证之间[EB/OL].（2004-03-08）[2012-09-29]. http://news.sina.com.cn/cl/2004-03-08/16443003942.shtml.

他不会带着分别心看待其他生物，有着“不二”的境界。他认为大自然才是最好的影院。他说，人类并非独处于世界之上，我们与别的物种生活在一起，这些物种也都有着生存的权利。他觉得自己的每一次拍摄，都是对其他物种美丽与自由的一次致敬；拍摄时，就好像和鱼一起游，与鸟一起飞，自己和它们是一体的。①

他对自己作为纪录片导演的事业，充满热爱、哲思和情感。他说：“作为纪录片导演，你所能做的一切就是准备好，期待你所能梦想的镜头光临，去捕捉美好的瞬间。而你如果真正喜欢一件事，你每天、每时、每刻、每秒都期待这件美好的事情出现，当它在你的等待中终于出现的时候，你的感觉是无法用言语来形容的。如果你最终捕捉到那精彩的瞬间，你会感觉无比的畅快……捕捉那些镜头是非常难的，你要随时注意到机器、灯光、人员、角度都要到位。有时为拍摄一分钟的镜头，我们至少要花整整两个月的时间。因为那个镜头是一个特殊的镜头，不过我们所有的工作人员都充满了耐心，都对这项工作很执着。对于这样的工作，一个人不仅要有能力，他还要是一个哲人……对于我来说，重要的既不是拍摄角度的美丽，也不是拍摄手法的新颖，而是情感，这是唯一重要的事情。在你的一生当中，你会经历很多事情，但是当这件事情涉及情感的时候，你就会有回忆。我所做的就是试图给人们留下回忆。”②

---

① 对于为何选择拍摄纪录片，雅克·贝汉说：“因为纪录片最为真实，纪录片是生活的见证……纪录片才会获取真实、获取自然最美好的瞬间。《迁徙的鸟》中第一次和鸟儿一起飞翔的那个摄影师，我问他飞翔的感觉如何，他一句也说不出来，倒是一刹那泪如雨下，这就是人类最亲密接触自然之后最原始的感动。”因为《迁徙的鸟》，雅克·贝汉感触地说：“人总是在改变，而鸟却从来不……鸟儿从来不说什么，它们只是坚持去飞……鸟儿对于迁徙是如此地执着，对于自由是如此地渴望，它们从来就不停止振翅的飞翔。”

② 王卉. 天籁的歌谣“天·地·人”与雅克·贝汉[EB/OL].（2011-08-09）[2012-09-29]. http://jishi. cntv. cn/program/yakebeihan/20110809/100764_3. shtml.

——首先要有思想的美，然后才可能有形式的美。①

——你若想观照神与美，先要你自己似神而美。②

正是因为，有导演自身世界的美，他才能够把这样一个世界呈现给我们，才有了《微观世界》的美。

而且，对于这样的美，他几乎不作说明，却得到了全世界观众的理解。

《微观世界》全片，仅有几句旁白："这是黎明时分，地球某处的一片草原，草原下隐藏的是像星球般巨大的世界，茂草变成了一片森林，小石头就像高山，小小水滴形如汪洋大海，时间以不同的方式流逝，一小时像过了一天，一天像过了一季，一季像过了一生，要想探究这个世界，我们必须得保持静默，倾听这奇迹……"此外，只有画面，只有音乐……

他的另一部作品《鸟的迁徙》，更少旁白："候鸟的故事，是一个关于承诺的故事，一个对于归来的承诺。它们的旅程千里迢迢，经历了危机重重，只为一个目的：生存。"此外，只有画面，只有音乐……

在雅克·贝汉的世界里，语言，是多余的。

这与黑泽明的态度，何其相似。

---

① 中国教育科学研究院驻下城教育综合改革实验区专家组组长，祝新宇博士，在一次会议发言上强调思想先行在实践中的重要性，其中，他引用了自己的导师教导过他的一句话，即"首先要有思想的美，然后才可能有形式的美"。

② 宗白华. 美学与意境[M]. 南京：江苏文艺出版社，2008：90. 原文为，普罗亭诺斯说："没有眼睛能看见日光，假使它不是日光性的。没有心灵能看见美，假使他自己不是美的。你若想观照神与美，先要你自己似神而美。"

电影作品本身，已经就是导演全部人格的总和。任何说明，都不及作品自身的说服力。

电影，和教学，或者异曲同工。教学本身，就好比一个老师的作品，也是一个老师全部人格的总和。你在关切什么，你在追求什么，你在重视什么，你的课堂就会呈现出什么！你不用说话，你的课堂已经说出了你的全部！

所以，对于一个老师而言，更重要的，是应该常常问自己，你知不知道，你自己的课堂，说出了什么？或者说，你还想让你的课堂，能够再说些什么？

所以，与其说课，不如让课自己说话。

如果，一定要说课，那就要尽量地通过它，反思、完善自己的人格世界，并最终呈现于课堂，总是以自己人格世界的总和，去缔造学生喜爱的课堂，就像《微观世界》一样，对于观众，不言自美。退而言之，就像黑泽明说的“……在作品里谈的问题是正确的，那就一定会有人理解”，总是传达着正向人格力量的课堂，哪怕形式上有所欠缺，也一定会得到理解。

否则，再精彩绝伦的说课，也是多余的，甚至画蛇添足。

这让我得到解疑。

也提供了我对待教学的一种警示。

一个教师，
在教学中，
对学生的一句评价，
他对某个教学环节的处理，
他引用到的一段话、一个人，
他或者充沛，
或者淡定的情绪表达……
他在教学过程中的一切言行、情感、态度，
其实，
都和他自己的人生经验、性情品质、价值取向，
息息相关。
可以说，
一个教师的教学境界，
就是他自己整个人格世界的反映。

一个人选择怎样的人生，
会有怎样的心境，
抱持怎样的态度，
总是深受了自己走过的生命行旅的影响，
如此形成的人格世界，
自然无从比拟、效仿。
所以，
要上好课，
学习以外，
更重要的应该是丰富并锤炼自己的生命。

教学，
远不只是在完成一节课的授课任务，
而是在调动一个教师“全部生活的精华”：
你遇到过的一个人，
你走过的一个地方，
你经历的一件事情，
你拥有过的一种物品，
你发生过的喜怒哀乐，
即便你听到过的一节课，
都影响到了你的教学境界。

这样的精华，
这样的境界，
无从复制。

只有自己无止境地修为。

不可复制的课堂

刚刚工作的时候，有过一件很糗的事情。

那时，刚一工作，就担任班主任以及一个班的语文教学，拿着语文教科书，却对“a，o，e，i，u，ü”，或者“人，口，手”等课文很是发愁，不知道怎么样才可以把这样简单的几个拼音或者几个汉字，按要求上成几个课时。在自己看来，这样简单的内容，不消用多少时间就讲完了，怎么也不可能讲上几节课。可是，课时又分明安排着。每天的课都像轱辘一样地转着，自己却并没有完全知道怎样把课讲下去。因为初来乍到，同事之间还很生疏，也根本不敢向其他有经验的老教师请教。

为此，真是一筹莫展。

另外有一位老师，和我一样，是新老师，遇到了同样的困难。经过商议，我们决定乘着下班的时间，偷偷地拿走同办公室一位老教师[①]的备课本，复印下来，然后就凭借这份复印来的材料，抄袭教案，支持着完成了最开始的教学任务。其间，因为害怕被备课本的主人发现，常常提心吊胆。后来，渐渐教学入门，大家也彼此熟识以后，才把这件事告诉了主人，主人豁达大笑，并不责怪，我们才算放下了心。

尽管是糗事，却帮助我们完成了教学的起步。

起步以后，慢慢地知道，只是抄袭一份教案，其实，距离教学的达成是远远不够的。

---

① 为金华市环城小学朱丹老师，一直真心感谢她对此事的宽容原谅。

这样的认知，来自于后来参加的很多教学观摩学习。

对于教学观摩学习，老师们都非常渴望而珍惜。

有时候，被安排到外地参加某一项教学评比或研讨活动，在学校领导或者教研员的带领下，前往的老师们都热切地期待着将会领略到的教学盛宴。风尘仆仆地到了活动地点，完全无暇当地的游览，只是全心全意地和来自各地的观摩老师们，往往是齐集在大大的礼堂里，悉心地听取每一节课。每每为了一节课的精彩与否，以及授课教师的素质高低，展开讨论、争议；常常也会共同被其中某一位授课教师的风采吸引，如果有大家公认的名师的讲课，就更加心意虔诚地聆听，此后很长一段时间，都会常常回味。有时候，这样的活动安排在自己所在的学校进行，那就抱着“近水楼台先得月”的珍惜心情，想方设法和其他老师协调时间，极力能够全程学习。有时候，只是学校自己组织的校本教研，甚至只是年级组内的一次教研，都十分重视……

在这些观摩学习中，看到有的教学设计总有突破，独到，新颖；有的课堂情绪感人至深；有的课堂驾驭纯熟，炉火纯青；有的教学层次迭进，内涵深厚……总会折服，羡慕，向往，决心运用于自己的教学。

但是，往往不能成功。

哪怕，一字不漏地，原原本本地，把观摩课的所有环节，照搬到自己的课堂上，也总达不到那样的感觉，成效。

对此，老师们常常说，这是学不会的。

为什么是学不会的？既然学不会，为什么又总组织大家相互观摩学习呢？观摩学习，究竟给大家什么教益呢？

关于这些问题，有一位老师[①]的提问，作了一种回答。

在一次教研活动[②]中，这位老师提问大家："你们在教学观摩学习的时候，都会在笔记上记些什么？"大家有的说，记的是这节课的教学环节；有的说，记的是这节课有特色的教学亮点；有的说，记的是这节课重点的问题，还有作业设计，等等。我说，我着重记的是这节课讲课教师的课堂语言，比如，他在起承转合时的用语，他对学生的评价，他对问题陈述解说的用词，等等。老师对我报以肯定，他说，一个教师的课堂语言，尤其可以真正显见这个教师的教学理念、态度、涵养，也就是一个教师的教学境界，这是我们在学习的时候，特别应该重视的。这也是我所认为的，我很高兴和老师的共识。

老师的提问，其实在启迪大家，参与教学观摩学习，更重要的目的，是体味授课教师的教学境界，并由此激发自己教学境界的觉醒，成熟，升华，而非简单的技艺效仿。所以，简单照搬，只是取其表面，当然，失之神采。

这以后，再参加观摩学习，我就越发深刻地体味到，一个教师，在教学中，对学生的一句评价，他对某个教学环节的处理，他引用到的一段话、一个人，他或者充沛，或者淡定的情绪表达……他在教学过程中的一切言行、情感、态度，其实，都和他自己的人生经验、性情品质、价值取向，息息相关。可以说，一个教师的教学境界，就是他自己整个人格世界的反映。

人格世界，当然，是"学不会的"。

---

① 为杭州市上城区教育学院学科研究部主任、语文教研员缪华良老师。

② 为杭州市长寿桥小学组织的一次校本教研活动，缪华良老师为活动的特邀专家。其时，本人在该校任教。

所以，课堂教学，不可复制。

也所以，自己以前，偷偷地复印、抄袭别人的教案，真是连教学的皮毛都还没有够到。所幸，那样幼稚而狼狈的阶段也得到了理解和包涵。

2010 年，因为相关评审的要求，我到学校执教了一节公开课。内容选择了以前自己讲过的一节作文课《议“少年不识愁滋味”》。①课上完以后，有听课老师说，我离开课堂这么久了，课还是上得很好。这样的褒扬，让我有所回忆。

我记得自己以前上公开课的时候，总是很紧张。课前，反复地备课，一遍又一遍地试讲，模拟教学实景，设想种种会出现的现场可能，甚至对学生可能会有的表现的评价都作预设，字斟句酌，唯恐纰漏，还要和将要上课班级的学生充分交流、互动，做一些和上课相关内容的准备、铺垫。然后，实际教学的时候，基本上就是照着教案演出，总是生怕哪个环节上突发意外，失去控制。如果能够照着教案安然无恙地完成教学，就算大功告成，上课的情绪则都要比平时激昂。有时，同样一节课，因为换到不同的学校不同的班级执教，也要如此这般一次。同时，又十分在意听课者对自己的评价，患得患失。因此，每一次的公开课都要耗费很多的时间、精力，上得很累。

可是，这次上课，自己并没有很多准备，事先也没有接触学生，只是对原有的教案稍加温习，就进课堂了。课堂上，也没有担心学生能不能跟着教案走，觉得只要有教学的主线，课堂就不可能失控，也没有顾虑他人的看待，情绪很常态，教学的达成很自然，整体的驾驭是从容的。

---

① 2005 年，应要求，本人在下城区“浙江省教坛新秀”教学展示活动中执教作文课《议“少年不识愁滋味”》，该课堂教学实录及教学点评后来发表在当年的《教育信息报》上。

此时的我，脱离课堂教学已近五年。其间，经历了女儿出生[①]，工作转向机关行政[②]，再转向理论研究[③]等过程，生活和工作的内容与以前相比，有了很多的切换。在这些切换的过程中，自己的生活态度、人生观，都悄然地发生了一些改变。是这些改变，使得自己再步入课堂的时候，突然就从容了。而这样的从容，是自己在以前教学的时候，反反复复、费尽思量而没有得到的。

这应该是“离开课堂这么久了，课还是上得很好”的解释。

圣严法师[④]的证悟，和这样的解释有着相通之处。

法师少时，家境贫寒，“我们全家住在同一个房间里，和衣而睡，床实际上是四支木桩支撑着的木板组合而成，上面铺着干草，再盖上棉布被子。早饭是玉米或燕麦粥，有时是没有味道的，因为没钱买盐”，“记忆中，无论任何季节，再怎么努力耕种，收成永远不够我们吃”。[⑤]

他目睹过洪水带来的灾害，“……在洪水退去的地区，其他人家也只剩下残留的茅草屋顶。被冲毁的东西漂浮在水上，饿得半死的狗和猫啃

---

① 2005年7月，本人怀孕，因为妊娠剧吐，反复住院，后来一直请假休息，对于健康有了深刻的认识。2006年4月，女儿出生，增加了照顾女儿、和保姆相处等很多新的生活内容，其过程，使得自己的生活重心较之以前有了很多调整。

② 2006年7月，本人抽调至教育局机关从事办公室文字工作，因为此前近一年与社会脱节，加之本人非党员对政治陌生、行政经验有限等原因，一开始工作很困难。后来，随着工作的适应，行为方式以及思维方式都发生了一些转变。

③ 2008年8月开始，本人专职负责区域教育生态理论研究与实践统筹工作，工作的内容、形式，由原来办公室的喧闹、繁杂转为安静甚至寂寞，对自己的心性有很大的考验。

④ 圣严法师，1930年出生于江苏省南通市，1943年出家修行，2009年圆寂。世界著名的佛教大师、宗教界精神领袖、教育家、慈善家、学者，著名佛教道场法鼓山的创办人，长年在国外为推动心灵环保、种族和谐及世界和平等工作不遗余力。在自传《雪中足迹》的序言中说：“我的一生宛如一部中国近代史缩影。”

⑤ 圣严法师. 雪中足迹[M]. 释常悟，李青苑，译. 西安：陕西师范大学出版社，2009：15，27.

噬着残骸，人的尸体在水波上浮浮沉沉。他们的衣服全部被扒光了，躯体开始肿胀、腐烂……我亲身目睹的惨象，就像释迦牟尼佛证悟的道理一样：世间危脆，长处动乱；生死流转，犹如苦海。”①

他经历到内战的民不聊生，“国民党的军队进驻我们的寺院……很快地，国民党的军人害怕起游击队，因此当他们进城时，便会换穿贫民衣服，并要我陪着。他们是衣裳褴褛的一群，除了美制的武器，就没有别的东西了。他们军饷微薄，常常挨饿，士气长久低迷，他们把古老寺院的门板拆下来当床；打烂了无价的古董桌椅，拿去当柴烧；殴打僧众……他们拆毁寺院，使乡间陷入恐惧，寺院无法再待下去了，所以我们一个一个相继离开……”②

就在圣严法师离开狼山③，前往上海的路上，他证悟到：“……当时中国在嘈杂动乱中面对未来，我的心却是平静的，但这平静的心不是来自于了知阐释无常与变异的佛教经典，而是我经历了水患、战争、贫穷和永远吃不饱的饥饿。这些让我了解到，人生是危险的，也是珍贵的……”④

这时，法师，15 岁。

此后，法师从一个平凡的少年，一直走上不平凡的宗教之路，成就人间佛学，照亮俗世，普度众生，总在人心彷徨不安时，即时提供安心的力量——而法师一生的智慧、慈悲，和少时证悟的平静一样，总是源自自己走过困境、历经欢喜的生命行旅。

一个人选择怎样的人生，会有怎样的心境，抱持怎样的态度，总是

---

① 圣严法师．雪中足迹[M]．释常悟，李青苑，译．西安：陕西师范大学出版社，2009：17–18.

② 同上，第 50–51 页．

③ 1943 年，圣严法师在江苏南通狼山广教寺出家，时年 14 岁。狼山灵峰独秀，被古来兵家视为天然的江防要塞，亦为苏北民众进香的佛教圣地。圣严法师在狼山仅居住至 1944 年 10 月间，便去了一趟上海，之后再回到狼山，直到 1946 年春天，再又离开至上海，从此再没回到南通。而最后将要离开之时，狼山已被当时抗日的国民党军队连番驻防，狼山已不复见昔日的香火鼎盛。

④ 同①，第 55 页。

深受了自己走过的生命行旅的影响，如此形成的人格世界，自然无从比拟、效仿。所以，要上好课，学习以外，更重要的应该是丰富并锤炼自己的生命。如果说，自己“离开课堂这么久了，课还是上得很好”，很大一部分就是得益了生命的历练。

创意设计师包益民[①]，对于自己的创意设计的卖价总是令人咋舌，引用印度一个导演的话作了说明：“你出了一个价格，不是只买到我的导演能力来替你工作的这段时间，而是买到我过去所有生活精华的结晶——我喝过的每一口酒、品过的每一杯咖啡、吃过的每一餐美食、看过的每一本书……你买的是我全部生活的精华，怎么会不贵？”[②]

教学，远不只是在完成一节课的授课任务，而是在调动一个教师“全部生活的精华”：你遇到过的一个人，你走过的一个地方，你经历的一件事情，你拥有过的一种物品，你发生过的喜怒哀乐，即便你听到过的一节课，都影响到了你的教学境界。

这样的精华，这样的境界，无从复制。

只有自己无止境地修为。

① 包益民，台湾人，世界知名的创意设计师，华人创意教父，其作品获得超过 80 个以上的世界大奖奖项肯定，2004 年出版自传《天下没有怀才不遇这回事》，畅销一时。

② 摘自 2011 年 3 月《时尚》中的杂志人物专访文章《对话亚洲顶尖创意人包益民：保持饥饿，保持天真》。

我觉得这样的课堂，

没有了技术辅助的机械，

却有了一种充满人工的真挚，

就像听妈妈讲故事，

总是比听录音机讲故事亲切、温暖一样，

教学情意特别浓厚。

多少“原貌”的舞台，
都一直存在，
也一直空着，
是谁，
会刚好跳上去?
阿原，
那节朴素的课，
“FR”，
都不是在创造舞台，
而只是刚好跳上了一个本来就有的舞台，
凭借信念，
凭借人品，
凭借情怀。

社会人心，
终究都是应该跳回到“原貌”的舞台上的。

我们觉得，
逝去的“FR”，
以及那两年全心投入，
不计收益，
辛苦却也欢欣的岁月，
不仅慰藉了自己，
也曾经与他人慰藉，
推己及人，
也是完成了“最光荣的任务”。

“FR”[①]的情怀

朋友[②]深受生着的各种困扰，决意做一家以书籍为主题的会所，希冀从书籍的沉香藏美中，获得慰藉和力量。

她把会所做成了一个放大的家庭书房。

其中，装修设计风格既有欧式的写意、浓烈，又有中式的低调、精湛，中西合璧，独到大气。室内，深蓝、灰紫、明黄为主的丰富色调，温暖的壁炉，散放的沙发，自助式的茶点，客厅布局的阅读区，儿童活动室，实木的地板，各种舒适的坐垫，等等，都是居家的设置。图书结构上，成人图书和儿童图书各占半壁江山。常常有一家人一起过来，大人孩子各看自己的书；或是大人挑了可看的书，陪孩子一起阅读；还有一家人席地而坐，一起轻声诵读……其情其景，甜蜜、温馨。总之，整个会所仿佛一个硕大的家庭书房，来者陷在其中，随着低低的音乐，不知不觉就过了大半天，仿佛回家，松弛，沉醉。

她希望通过这样的所在，不仅营造浮世繁华的沉静，更能够生长家庭的温情，让家庭细胞借由书的熏染、滋养，健康地发育。所以，她还决意推动一项可以传达家庭阅读力量的公益活动。

受她感染和邀请，我们共同进行这项公益活动的策划、思量。

---

① F即family家庭，R即reading阅读，“FR”，即“家庭阅读”，为自发性公益性活动，旨在带动参与家庭能够定时、定点、定群体地进行家庭阅读，传递家庭阅读仪式化的力量，传递完整的读书价值取向。

② 即《安藤忠雄的建筑理解》及《建筑师和建筑工》两篇文章中的设计师朋友。她曾经常常因为生活与工作的种种矛盾不能释怀，陷入反复的纠结，一度精神萎顿。后经书会以及“FR”活动的投入，面貌焕然，仿佛新生。

我们首先大量学习、参考，受到了很多启示。

我们受到了日本图画书[①]之父松居直先生[②]的启示。

先生说：

……用功读书是为了什么？

那还用说？当然是为了获得好成绩！

获得好成绩又为了什么？

为了进好学校呀！

进好学校以后呢？

毕业以后就可以找到一份好工作呀！

找到好工作，又能怎么样呢？

当然就能拥有安定的生活和良好的社会地位啰。

为什么要有安定的生活和良好的社会地位呢？

这个嘛，因为这样才能幸福呀！

只要在经济上不虞匮乏，在社会上受到肯定，又建立了自己的家庭，就会很幸福的。

---

① 图画书，又称绘本，是用图画与文字共同叙述一个故事，表达特定情感、主题的读本。十七世纪发起于欧洲，二十世纪三十年代，绘本的主流传向美国，五六十年代，开始在韩国、日本兴起，七十年代，台湾也开始了绘本阅读，随后引起绘本阅读的热潮，中国大陆于2008年左右始引进绘本，受到学校教育和部分中高端家庭的关注和推崇。绘本最值得强调的就是它的文学性和艺术性，它的文字较少，要达到精练，用简短的文字构筑出一个故事，以及活泼，符合孩子们的语言习惯，为此，作者往往对文字仔细推敲，再三锤炼；同时，绘本利用图讲故事的方式，把原本属于高雅层次、仅供少数人欣赏的绘画艺术带给大众，尤其是孩子，这些图都经由插画家精心手绘，讲究绘画的技法和风格，讲究图的精美和细节，是一种独创性的艺术，可以说，好的绘本中每一页图画都堪称艺术精品，使孩子得到审美的启蒙与激发。

② 松居直，日本图画书之父，杰出的图画书出版家、创作者，是“亲子共读图画书”的实践者与最佳代言人，有《我的图画书论》《看图画书的眼睛》《幸福的种子》《桃太郎》《木匠和鬼六》《信号灯眨眼睛》等作品。

这样真的就会幸福吗？许多表面上看起来幸福美满的家庭，家里的每个成员却不知道自己活着有什么意义，也没有尝过幸福的滋味，成天生活在不安和不满的痛苦深渊中，还有不少家庭，全家人感情疏离，各自为政，过着孤独而寂寞的日子。

幸福到底是什么？

有一些话，是父母必须对孩子说的，为了使他们健康地成长，将来能够靠自己的力量过活。例如：人活着到底是为了什么？该追求什么？“活着”的真谛何在？从孩子很小的时候起，父母就应该向他们灌输这些道理，让他们深深刻在孩子的心里。

念书给孩子听，也就是为了传达这些观念。

我从孩子们很小的时候开始，到他们十岁左右，一直念书给他们听，从没间断过……孩子们长大以后，我才真正了解到，当时我用自己的声音、自己的语言讲了这么多的故事的意义在哪里。我也发现，通过念这些书，我已经在他们小时候，把一个做父亲的想对孩子们说的话说完了。

对一个人来讲，什么是真正的幸福？活着的意义到底在哪里？人应该靠什么活下去？这一本又一本的故事书，已经用不同的方式把答案说得一清二楚了。

这就是书。

……[1]

从而，我们认识到，书，原来从来都是最朴素、最便宜、最有效的教育手段。

① 松居直．幸福的种子[M]．刘涤昭，译．济南：明天出版社，2008：爱的语言．

先生还认为，“图画书的文字都经过精心挑选与整理，字字饱含艺术家们丰富的情感与理性认识。”“图画书让我关心绘画，并引导我发现画的美与乐趣。”“图画书不是让孩子自己看的书，而是大人读给孩子听的书……读的人对书的了解愈深，共鸣愈强烈，听的人（孩子）愈能深入书中，丰富自己的经验。”“父母如果在念图画书的过程中，自己也开始喜欢图画书的话，这将是儿女的福气。”①

这催使我们去学习、了解绘本。我们知道了，绘本中，字画无界限，用图画和文字一起讲述故事，画中有话，仿佛合奏；绘本中，年龄，无界限，它是“大人念给孩子听的书”，一边念，一边听，就好像大人和孩子手牵手走过了很多故事国，共同分享了一段充满温暖语言的美好时光，然后，大人也会不自觉地陶醉其中，开始喜欢上绘本，所以，长幼咸宜，大小无界；绘本中，幸福，无界限，爱上绘本的大人，全心全意地和孩子共同分享绘本，让孩子在生动的语言和审美的绘画中温暖而艺术地成长，其实是在借助绘本说尽了自己想对孩子说的话语，赐给了孩子莫大的福气，也等于赐给了自己莫大的福气，你中有我，幸福无界。

于是，我们坚定了用书传达温暖与力量的决心。并且，决定，选择绘本作为活动主体的书籍。由此，也建立起“绘本馆”②，志在传播、普及绘本文化。

---

① 松居直．幸福的种子[M]．刘涤昭，译．济南：明天出版社，2008：6，24，31，65–66.

② 开设在会所的二楼，齐集美国、英国、德国、法国、比利时、荷兰、丹麦、澳大利亚、日本、韩国、中国等各个国家的优秀绘本，并引进原版绘本，共飨读者。馆内，设沙发、坐垫、桌椅，开放伴读室，可读、可听、可视、可玩，并定期组织“FR·绘本故事会”，带领参与家庭徜徉绘本的世界。

我们也受到了《朗读手册》[①]的启示。

手册中说："人与书并不是先天互相吸引的。开始时，必须有媒介——父母、亲戚、邻居、老师或图书管理员，将书带到孩子的世界。""研究儿童听的专家表示，孩子的阅读能力和听力在八年级时会达到相同的程度。在这之前，通常听力比阅读能力强。因此，孩子能够听懂并理解那些复杂、有趣的故事，却无法自己看懂故事书……听故事时，除了家长和孩子（或老师和学生）的情感交流之外，你同时也将较高程度的词灌输到他们的耳朵里，最后，他们会把这些词传输到大脑，并记忆下来，进而增强他们的阅读能力。""目前学校开设的写作课程的缺点就是，忽略了许多年前雅各布·巴赞提出的观点：写作和说话都是一种模仿的经验，耳朵听到的和眼睛看到的文字，会变成我们说出来的话或写出来的文章……如果你没有经常读到一些好的作品，又怎么可能写出一些复杂、有深度，或简洁但切中主旨的文章呢？而你什么时候最常看一些好的作品？是当你不断阅读的时候。""一个青少年如果没有听过大量正式且条理清晰的演讲，他可能无法口齿清楚地表达自己的意思。"[②]

我们由此懂得，我们将来策划的活动，不仅将帮助到家庭亲情的增进，还会帮助到孩子从此建立起和书的感情，也会帮助到孩子的语言发展，解决阅读理解和作文表达的一些问题。对于活动的意义，有了更多的信心。

---

①《朗读手册》是美国著名的阅读研究专家吉姆·崔利斯数十年儿童阅读指导研究与实践的总结。于1979年初版，5次修订，被美国数十所教育院校选为指定教材，并迅速被引进到中国、日本、韩国、澳大利亚、英国、西班牙等国家。书中通过众多具体、可信的案例，指出孩子在阅读过程中可能遇到的问题及解决方案，阐明了朗读的作用、方法和注意事项等。它帮助无数家长、老师解决了棘手的教育难题，让无数孩子成为终生爱书人。

② 崔利斯. 朗读手册[M]. 沙永玲，麦奇美，麦倩宜，译. 海口：南海出版社，2009：29，64，69，72–73.

我们还受到了《小王子》[①]的启示。

小王子在沙漠、山岩和雪地上走了很长时间以后，遇见了狐狸[②]。

狐狸停下来，久久地注视着小王子：

“请你……驯养我吧！”他说。

“我很愿意，”小王子回答说，“可是我时间不多了。我得去找朋友，还得去了解许多东西。”

“只有驯养过的东西，你才会了解它，”狐狸说，“人们也没有时间去了解任何东西。他们总到商店去购买现成的东西。但是不存在出售朋友的商店，所以人们也就不会有朋友。你如果想要有个朋友，就驯养我吧!”

“那么应当做些什么呢？”小王子说。

“应当很有耐心，”狐狸回答说，“你先坐在草地上，离我稍远些，就像这样。我从眼角里瞅你，而你什么也别说。语言是误解的根源。不过，每天你都可以坐得离我稍稍近一些……”

第二天，小王子又来了。

“最好你能在同一时间来，”狐狸说，“比如说，下午四点钟吧，那么我在三点钟就会开始感到幸福了。时间越来越近，我就越来越幸福。到了四点钟，我会兴奋得坐立不安，幸福原来也很折磨人的！可要是你随便什么时候来，我就没法知道什么时候该准备好我的心情……还是得有个仪式。”

---

①《小王子》，世界著名童话小说，法国作家圣埃克絮佩里 1942 写成。书中以一位飞行员作为故事叙述者，讲述了主人公小王子从自己星球出发前往地球的过程中，所经历的各种历险。作者以小王子的孩子式的眼光，透视出成人的空虚、盲目和愚妄，用浅显天真的语言写出了人类的孤独寂寞、没有根基、随风流浪的命运。同时，也表达出作者对金钱关系的批判，对真善美的讴歌。作者说：这本书是献给长成了大人的从前那个孩子。迄今，《小王子》在全世界成为大人、小孩，东方人、西方人都爱读的作品。

② 该书中，狐狸作为象征，寓藏“肉眼看不见事物的本质，只有用心灵才能洞察一切”的意义。

“什么是仪式？”小王子问。

“这也是一件经常被忽略的事情，”狐狸说，“就是定下一个日子，使它不同于其他的日子，定下一个时间，使它不同于其他的时间。比如说，猎人有一种仪式，每星期四他们都和村里的姑娘跳舞。所以呢，星期四就是个美妙的日子！这一天我总要到葡萄地里转悠转悠。要是猎人们随时跳舞，每天不就都一模一样，我不也就没有假期了吗？”

……[①]

就这样，小王子驯养了狐狸。从此，狐狸不再是普通的狐狸，王子也不再是普通的王子，他们互相需要，依依不舍。

我们为之感动，并懂得了，驯养即建立关系。我们希望通过我们将来的活动，能和某一部分孩子、某一部分家庭建立关系，让他们对于参与到活动中来，有一种仪式感、幸福感，认为这样一个地方，这样一个时间，这样一些人，在一起共同开展活动，是不同于其他的地方、其他的时间、其他的人、其他的活动的；不久以后，他们会对此依恋，甚至于参与过的孩子，在他长大以后，还会怀想起来，觉得这些对自己的童年有过特别的影响。

……

怀抱着这些启示，我们创意了“FR”读书会，并确立了“用耳朵爱上书”的核心理念，采取“讲故事+朗读+说话”的基本模式，宗旨在于，通过有计划的、长期的序列性家庭阅读文化推广活动，定时、定点、定

① 圣埃克絮佩里. 小王子[M]. 周克希，译. 上海：上海译文出版社，2011：94–97.

群体地进行家庭阅读，传递家庭阅读仪式化的力量。

开始的时候，遇到了一些问题。

我们请到一些著名的特级教师或者教育专家主持活动，有年长的，有年轻的。他们往往把活动做成了语文教学，将故事、情节进行分解，也运用 ppt 等辅助技术，并按课堂教学的模式实施活动，显得教条，并不能够符合我们的初衷。

我们就开始尝试自己来组织活动。具体过程就是，让来的孩子或者依偎着父母亲，或者坐在父母亲的腿上、怀抱里，主持人全程只是把事先挑选好的书，一本一本地读给大家听。读的过程中，很少打断，也不作提问，保证情节、情绪的完整、连贯，孩子和父母，渐渐地就被牵引，专注地聆听，并随着其中情绪情感的变化有各种神态的转变，忽然喜，忽然沉默，忽然又轻松起来，等等，大家都深深地全息沉浸。此外，主持人偶尔作些衔接式的对话，孩子们纷纷揣测接下去的情节，几乎不能按捺。一本书读完了，再作些情感体验的交流和语言的迁移，并不作书本意涵的过多分析，意在其中，不言自明。有时，选择其中的一本书，或者某一本书中的部分环节，请孩子，或者父母，或者孩子和父母一起读，看着大脑袋抵着小脑袋，大大小小认真朗读的情形，真的觉得温暖、动人。

渐渐地，慕名而来的孩子越来越多，有些家庭就开始固定地来参加活动。有的妈妈说，孩子在家里从来不肯大声地读课文，到了这里，却读得有滋有味；有的爸爸说，从来没有这样亲昵地和孩子一起读过书，这样的活动，让他补上了一个父亲对于孩子更多的亲爱；有的孩子，原来并没有很多地看书，来了以后，和书渐渐亲密，爱上了看书；有的孩子，语言能力比较薄弱，从此，渐渐增强，并且丰富，关键是，敢于表达了……

就这样，只有书，只有声音，再没有任何其他的辅助手段，最简单、最朴素的方式，却抵达了我们自己最初的心意，也触动了人心。

这项活动，持续了近两年，组织近 50 场，参加人次达到 1000 多，近 500 个家庭，推介图书近 200 册，以自己的小志趣，波及给了大社会一定正向的影响。

在台湾，有一个品牌——阿原[1]。

它的产品，讲求“原汁原味”。比如，它的主创产品肥皂，纯天然，纯手工，选用台湾“阳明山国家公园”全无污染的山泉水，再以食用油（橄榄油、椰子油）为基底，加上菊花、茶叶、柠檬、艾草、左手草……台湾原生的药草植物和开花野草，完全不含界面活性剂等化学添加物。每一块手工皂，要经过 18 道工序、45 天的孕育，从塑形、冷凝皂化、脱模，到裁切、印记，都靠勤奋的双手，不放石蜡加速硬化，也完全不使用机器。产品的包装，也是简单、朴实，没有多余的缀饰，整体的品相让人直觉到朴素、还原、归真的真诚。这样的产品，迅速赢得了大家的青睐。

“阿原”的创办人江荣原[2]说：“台湾社会喧嚣、人心浮动，在过度

---

① 阿原，创于 2005 年，是台湾引以为傲的国宝级品牌。以台湾青草药手作皂为起点，选用台湾青草药为主题，融合东方养生思维、爱惜人身与善待环境的理念，以植物为师，遵依土地伦理，致力实践失落的劳动力美学，延续有温度的工艺感动。现已从朴实的手作皂延伸至水态产品，陆续推出洗头水、素面水、乳霜、精油等洗护和皮肤调理系列用品。

② 江荣原，阿原创办人，曾从事公司业务、杂志编辑、广告推广。中年离开滚滚红尘，身心松懈后，过去累积的各种问题一时全部涌现，表现在皮肤上的是湿疹、过敏性皮炎等症状，一碰到含防腐剂等化学物质的清洁用品更是奇痒难耐，为此，开始自制手工肥皂，以“清洁是一种修行”的诉求，传达“爱惜人身，将心比心”的信念。目前，“阿原”已经成为台湾领导品牌之一。

自由后有一种回头收敛、被重整的渴望，而阿原肥皂想展露的正好是一种安定的力量。”[①]他认为花哨的包装是摧毁本我的糖衣毒药，不但会混淆事物真实的面貌，更会让人习惯虚假与浮夸，他希望透过原始的面貌，让大家回归最原始单纯的人心。这是“阿原”品牌发想的动力与信念。

有一次，听到一节课。[②]整节课，没有任何辅助手段，一支粉笔，一块黑板，一个老师和一群学生很自然地提问答疑、对话。有时候，孩子说话颠三倒四，老师就耐心地帮助他说清楚为止，费了好些时间。其他孩子也很体谅这个同学，很耐心地等待。老师写板书的时候，学生乌溜溜地看着，好像在家里看妈妈烧菜一样，很是专注。我觉得这样的课堂，没有了技术辅助的机械，却有了一种充满人工的真挚，就像听妈妈讲故事，总是比听录音机讲故事亲切、温暖一样，教学情意特别浓厚。我和他们的局长[③]交流说，这个老师的课很朴素，真的很好。局长跟我说：“在我们这里，如果一个老师很刻意地设计课堂，做作地教学的话，那是会被人看低他的人品的。”对比起时下常常讲求“先进”，总是很多表面热闹的课堂，这样的教学主导，让人敬佩。

联系起来，我觉得，无论是“阿原”，还是这样朴素的课堂，都是在用“原貌”，深入了人心。

“FR”，也是如此。

对于“阿原”的崛起，江荣原有过这样的形容，他说：“舞台不是我

---

① 摘自2009年1月《台湾光华杂志》中的《台湾的好品味——阿原肥皂》一文。

② 2010年4月，赴江苏张家港考察教育，参加了当地的“生态课堂”教学展示活动，其中，听到了这节课。

③ 为张家港市教育局黄大龙副局长，致力“生态课堂”的研究及推动。

创造的，它空着，我只是刚好跳上去而已。”[①]

多少“原貌”的舞台，都一直存在，也一直空着，是谁，会刚好跳上去？阿原，那节朴素的课，“FR”，都不是在创造舞台，而只是刚好跳上了一个本来就有的舞台，凭借信念，凭借人品，凭借情怀。

社会人心，终究都是应该跳回到“原貌”的舞台上的。

两年以后，由于精力所限，朋友将会所转为公司商务活动的场地，不再对外经营。“FR”，也就此告了段落。

朋友及我，都深深地感受到，这两年的意义非同寻常，在其中，我们获得了对人生、对生活的另一种看待，收获到对原来困扰的疗愈，收获到一种在浮世中生着的定力，感觉到，尽管会所以及“FR”，都在远去，消逝，但是，人生却更加沉静而辽阔，仿佛长长的画卷，才在徐徐地打开……

导演伊丹万作[②]说过：“与人慰藉，这才是电影所能够完成的最光荣的任务。”[③]

我们觉得，逝去的“FR”，以及那两年全心投入，不计收益，辛苦却也欢欣的岁月，不仅慰藉了自己，也曾经与他人慰藉，推己及人，也是完成了“最光荣的任务”。

谨以此文，铭记有“FR”的岁月。

---

① 摘自2009年1月《台湾光华杂志》中的《台湾的好品味——阿原肥皂》一文。

② 伊丹万作（1900—1946），日本著名作家和电影导演。

③ 野上照代. 等云到[M]. 吴菲，译. 上海：上海人民出版社，2010：224.

也谨此，和大家共同砥砺，尽我们的所能，去完成更多“最光荣的任务”。

无论教学。

无论其他。

教学境界，
人生境界，
都不是一蹴而就的。

一个人，
一个教师，
必定是要走过很多的无知，
认真，
很多的突破，
疑惑，
才会渐渐地臻于独立，
才可以终于淬成人生的精华，
才可以终于奉献出凝聚“全部生活的精华”的教学，
以及其他。

所以，
尚且稚嫩的时候，
不必妄自菲薄。
已经成熟起来了，
也不必妄自尊大。

无论是教学，

还是其他，

长成了大人的孩子，

如果经由努力，

能够尽可能地扶持尚且稚嫩的孩子，

在将来，

尽可能少地“默默忍受，默默摸索，默默绝望”，

才是更重要的教育，

更重要的功德。

这是一种期许。

从《十里长街送总理》[1]到《议“少年不识愁滋味”》[2]

教学时期，每一次执教过的公开课[3]，都好比自己人生中的一个段落。

《十里长街送总理》，是一个段落。

这是我首次承担语文教学的公开课。

接到任务的时候，又兴奋，又紧张。

兴奋的是，在语文教学上，一直都是在观瞻别人，终于自己也可以成为主角，想象起来，有暗暗的虚荣。

紧张的是，我并不知道自己应该去上什么课文，进而，也不知道应该怎样去完成讲课，一时间，就像无头苍蝇一样，无从下手，于是，反而可能丢脸的担心，很快就淹没了此前的虚荣心，无比惶恐。

当时，我们年级的语文教研组长洪益华[4]老师，因为原来是我实习时候的指导老师，后来又成了同事，对我向来关心，她看我着急，又很混乱，就不厌其烦地指导我选择课文[5]，以及备课的思路和各种注意事项。

---

① 《十里长街送总理》，为浙江教育出版社义务教育五年制小学课本（试用），语文第九册中的第21篇课文。1998年，应学校教研活动的要求，执教本课文的公开课。这是本人从教四年多后，第一次承担语文教学公开课。此前，承担过思想品德、班会活动的公开课，但是，不能承担自己主要学科的公开课，一直是一种不足。此后，本人在区、市两级的相关研讨活动中，先后三次再度执教这节课。

② 《议“少年不识愁滋味”》的简要情况，在《不可复制的课堂》一文中已有说明。

③ 公开课，是面向特定人群作正式的公开的课程讲授形式，是展示教学水平，交流教学经验的研究活动，有的是评比性质，有的是观摩性质，有的是教研性质。每次公开课，主题鲜明、任务明确，除了学生参加外，一般还有领导、教研员、专家及其他老师参加。每一个教师的教学生涯中，都多少会经历到各种公开课的承担。本人曾经承担各级各类公开课60余节次。

④ 洪益华老师的简介，在前文《我的老师们》中已经述及。

⑤ 执教公开课的老师，一般可以自行选择适合个人特点，或者适于体现教学主旨的课文内容，以利于取得最佳的教学效果。

在我选定《十里长街送总理》以后，她又把自己以前讲授这篇课文的教案的手稿给我，供我参考。

我全心地投入准备。

马上要试教[①]了，我请洪老师再检查我的教案，并告诉她，自己准备得还不充分，恐怕别人笑话，试教的时候，除她以外，不想再请别的老师或者领导来听课了。洪老师突然震怒，毫不客气地对我说："我真没想到，你竟然就一字不改地完全用了我的教案，我这个教案，是以前自己一次又一次磨出来的，是给你参考的，你竟然就全文照搬了!你有自己的思考吗?试教，本来就是请别人来帮助你发现问题，指出不足，你竟然还为了面子，就不请人来听课，那你还试教什么？"

当时，我并不十分懂得，我照搬教案，以及担心他人笑话，有什么过分，所以，也就并不十分明白，洪老师为什么那么生气，甚至发怒。这之后，还有怎样的细节，以及最后具体是怎样完成教学的，已经想不起来。总之，洪老师还是不计前嫌地继续指导我，我依然几乎原封不动地用了老师的教案，完成了这次公开课的任务，也得到了好评。

洪老师对我说："你还是很有悟性的。"

当时，我也并不十分懂得，她说我有悟性是什么意思。

……

后来，慢慢明白，老师震怒，是因为我竟然没有丝毫自己的教学理解，而且，不能勇于暴露问题，肤浅虚荣。而那份教案里，其实凝结了老师自己很多的情感、态度、思考和倾注，我不曾经历到这些，简单照用，竟然也能表现，就像一个演员，虽然没有那样的人生体验，但是凭

① 试教，即模拟教学，形似演出前的排练，通常会有相关的老师、领导来听课，然后一起商榷值得肯定之处，或者还待完善之处，有时，也只有执教老师自己一人进行，目的都是为正式上课作好充分的准备。

借剧本，也完成了相应的演出，这也算是一种悟性吧！

对于《十里长街送总理》，除这些以外，还能够回忆起来的，就是自己在一次又一次试讲的时候，总会因为课文的情感，泪流满面，常常拿着课文读着读着，就哽咽。实际教学的时候，学生也受到感染，禁不住悲泣。

所以，那时候的自己，对于教学，是懵懂无知，然而，也是单纯认真的。

懵懂无知，而单纯认真，也正是反映了，那时候，自己初涉人生的心性。

《狼和小羊》[①]，也是一个段落。

那时，我刚刚评下浙江省教坛新秀[②]，其中，经过层层推荐、评比，经受一次又一次现场制作课件、现场写论文、现场备课等考验，仿佛经历了长长的跋涉，终于登上了渴望的山峰，顿时松懈，也很满足。

此时，毛玉文[③]老师提醒我，并不能至此就停止对教学的追求，真正的教学，以及一个真正优秀的教师，还应该经受更多的锤炼。

于是，决心开始投入到又一次的教学评比之中。

---

①《狼和小羊》，为浙江教育出版社义务教育六年制小学课本语文第四册中的第36篇课文。2001年3月至11月，本人先后在金华市小学语文阅读教学评比、第三届全国中青年小学语文教师课堂教学多种风格展示会、浙江省第四届中青年教师阅读教学优质课评比中执教本课文，在此期间，试教无数。中国阅读教学研究会会长曾祥芹在点评此课时说："(《狼和小羊》一课）这样以读代讲，以读促解，以读悟法，以读动情，切实做到了在读中感知，在读中体会，在读中感悟，引人进入'得意者越乎语言，悟理者超乎文字'的境界，真正显示了阅读课的本色。"

② 浙江省教坛新秀，由浙江省教育厅组织评审，四年一届，获评人数甚少，为优秀青年教师的涌现、发展创造条件，是广大青年教师努力的方向。2000年，本人被评为浙江省小学语文教坛新秀。

③ 毛玉文老师，在前文《我的老师们》一文中有记录。

这次，选择了《狼和小羊》。

万万没有想到，一次决心，一节课，竟然从年初，一直延续到年末，完成区级的评比，然后再到市级，再到省级，还有全国，仿佛漫漫征途。

在其中，我得到很多突破。

这一次，毛老师对我进行了全面的教学指导。她教我深度地分析教材，反复和我一起进行关于语文教学、阅读教学思想理念层面的讨论，字斟句酌地研究说课的思路，一再推敲教学目标的表述，琢磨教学语言的简练而丰富，调教我的板书，专门请人提升我的普通话以及范读能力，经常和我推及对生活、对人生的看待……从中，我第一次认识到，一篇课文，就像一个人，都有自己的个性特点，唯有对其准确认识，才能进行驾驭；我第一次认识到，厘清自己的教学思想比上课更重要，课文无非是个例子[①]，不管什么样的课文，都要能够反映出自己的教学思想；我第一次认识到，说课重在反映思想，而不应该在具体的教学情节上赘述，混淆和上课的界别；我第一次认识到，教学目标是教学的宗旨，其表述，即便一字之差，都会造成完全背离的方向，绝不能随意；我第一次认识到，课堂的时间是珍贵的，一个环节，一句话，一个字，都要有明确的指向，不能随意浪费；第一次认识到，上课，远远不止于对课的理解认识，是一个人全面素质的综合……

除毛老师以外，对于《狼和小羊》的教学，还有很多人都给予了无私的指导和支持，我也第一次认识到，好的教学，是很多人智慧的反映。

……

---

① 1978 年，教育家叶圣陶先生，在一次语文教学研讨会上提出“课文无非是个例子”，见《叶圣陶教育文集》第三卷，人民教育出版社 1994 年版。此次，本人的领悟，却并不是来自书面，而是在实际中切身地感受到的。

在其中，我也遭遇很多疑惑。

我不断地参加到各级的教学评比之中，无数次地试教，无数次地调整，得到意志品质的锻炼，但是，因为作同一内容的反复讲授，到了后期，很难再有突破，觉得疲惫；参加评比的教师及其教学，在一定程度上代表一地学科教学的水平，因而，大家对于评比都极其重视，但是，其中一次评比的时候，身经百战的我在讲台上，突然脑子一片空白，嗓子发紧，教学又亢奋又干涩，一反常态，结果糟糕，随行的领导、老师，非常诧异，我自己也不能解释。总之，很多的努力因为临场的反常，付诸流水，有很多辜负，这也让我对于众目睽睽下的讲课，开始有不可名状的退却；此外，评比中，常有非教学因素的左右，或者，有时，听专家评课，我并不以为他是对的，可是，他却是评比的标准，内心有不认同；因为屡屡投入到评比的准备，也经常出差，又影响到日常教学的精力；我越来越觉得这样的上课，就像演戏，自己就像演员……总之，对于评比的意义，产生了无数的疑惑。

……

那一年，就这样，围绕着《狼和小羊》这个绝对的主题，在很多的突破和很多的疑惑中，行进，度过。

那个人生段落，正是如此，开始有了一些突破，也开始有了一些疑惑，开始体验到各种各样汹涌而来的经验，不复以前那样完全懵懂，对自己的教学，以及后来的人生，都产生了很大的影响。

《议“少年不识愁滋味”》，又是一个段落。

这是一节作文课，完全是我自己独立完成的一次公开课。

这次公开课以后，照例向听课的老师、专家说课，当时的说课也是完全自己独立整理，我是这么说的：

我记得台湾作家罗兰曾经说过：如果要问我写作的动机，我想最恰当的说法，大概是因为我要“捕捉我心情的刹那”。上课就像写一篇文章一样，也有动机，我个人上课的动机，往往来源于我自己最渴望向学生传递的意念、情感。

设计并实施这节课，动机有三。

第一，我偶然读到米沃什的《礼物》[①]，非常喜欢。我的学生快要毕业了，我很想通过某种形式，把这首诗推荐给他们，不求甚解，但能捕捉到感觉，产生共振，留下痕迹。

第二，我想到学生在周记中常常流露出一些焦虑、不愉悦，这是他们的生活体验，可以作为教学的凭借，又谋和《礼物》的意味。所以，决定融和两者上一节作文课。

第三，有人告诉我，小孩是没什么烦恼的，再说写烦恼的事上课感觉不轻松，不好。但是，我不想放弃自己的初衷，于是，开始设想相对活泼的方式，希望能够自然激发学生倾吐的冲动，也自然实现《礼物》的推荐。最后，确定了《议“少年不识愁滋味”》这个选题。

我想，我的上课动机也就体现了我自己对作文学习一直以来的理解，也是三点。

第一，儿童很小，但有自己的世界，有他们自己对世界的认识、感受，以及由此产生的情感、态度，学习的目的首先就在于激活他们的这

① 米沃什（1911—2004），生于乱世，出生贵族，少年时期经历了第二次世界大战；33 岁参加了华沙起义，目睹二十多万人在两个星期内一一死去；40 岁，叛走他国，先后流亡法国、美国 30 多年，被国人视为“无耻的叛国者”，也长期被美国人怀疑是“苏联的间谍”；69 岁，获得诺贝尔文学奖，享有极高的声誉。《礼物》，清晰，简单，但是意味深长，包含了人到老年，饱经沧桑之后获得的智慧与欢乐，中间有巨大的安慰力量。

些生活体验、积累，这样的习作才能透发儿童生命的本真。

第二，鲁迅先生说：“文章应该怎样做，我说不出来，因为自己的作文是由于多看和练习，此外并无心得或方法的。”“孩子学说话并不是一句一句教会的，写作也不是一句一句教会的。”学习的目的不要企图通过某种方法整齐划一，而要给予适度自由的内容和形式，让学生自由倾吐，有“练习”的愿望和冲动。

第三，苏霍姆林斯基说：“关于一个人，一种行为，一种现象，一种事，你心里怎么想就怎么说，任何时候也不要去猜测别人听了你的话会对你怎么样，这样猜测会使你变成一个虚伪的人，阿谀奉承的人，甚至是卑鄙的人。”教育的最终目的是人的教育，作文的过程如果仿佛道德教育一般经常对学生倾吐的内容作错与对的教条评判，堵塞他们的写作源泉，必将使学生丧失兴趣。采用熏陶的方式具化情感态度的引领、渗透，留下痕迹，才是“文成人亦成”。

我想，作文是特别个性化的行为，我宁愿我的学生写出的作文可能粗糙，可能不成章法，但是纯真、自由，不忸怩，不造作。我希望这样的理解，能渐渐地让作文成为他们生活的一部分，且是愉快的一部分。今天的教学就是我常态的作文教学，和大家探讨。

其中，反映出来，自己在教学的动机、实施和理解上，已经开始有了一些独立的精神。

那时候，我经历了工作的调动、城市的迁徙、不同城市文化的冲击、工作生活节奏的调整，经历母亲早逝①的变故，经历很多变化以后的一

① 本人母亲，1995年，患肝硬化；2002年，癌变做了手术；2003年4月，恶化病逝，仅52岁。母亲一生勤劳、智慧、坚强，因为本人于2002年调至杭州，离母亲远，在她病重病危期间，不能经常照顾，无限遗憾，伤痛，哀思。

些世情，也从这些经受中，受到各种教诲，人生开始仿佛风中的蒲苇草，柔弱，却坚韧，可以承受很多风向的面对。

所以，《议“少年不识愁滋味”》这节课中引用了诗歌《礼物》，对那时的自己有很多的提示和鼓励：

如此幸福的一天。
雾一早就散了，
我在花园里干活。
蜂鸟停在忍冬花上。
这世上没有一样东西我想占有。
我知道没有一个人值得我羡慕。
任何我曾遭受的不幸，
我都已忘记。
想到故我今我同为一个人并不使我难为情。
在我身上没有痛苦。
直起腰来，
望见蓝色的大海和帆影。

所以，《议“少年不识愁滋味”》中所反映出来的独立精神，其实意涵了自己的又一个人生段落。

如果以美术学习譬喻，《十里长街送总理》的时候，自己是欣欣然到来的学生，刚刚起笔临摹；《狼和小羊》的时候，可以在老师手把手的指导下写生，对于眼前的景物，有模糊的审美；《议“少年不识愁滋味”》的时候，自己已然可以创作。

从临摹，到写生，到创作，人生，轰然之间，过去了十多年。

十多年过去，人生仿佛岩层，开始一层层地丰富，深厚。

《议“少年不识愁滋味”》以后，我离开了教学岗位，人生开始面向各种各样其他形式的“公开课”，它们依然像人生中的一个个段落，在时光的流水中，沉积下人生的岩层，并使之总在丰富，总在深厚。

从这些，可以深知，教学境界，人生境界，都不是一蹴而就的。

一个人，一个教师，必定是要走过很多的无知，认真，很多的突破，疑惑，才会渐渐地臻于独立，才可以终于淬成人生的精华，才可以终于奉献出凝聚“全部生活的精华”的教学，以及其他。

所以，尚且稚嫩的时候，不必妄自菲薄。

已经成熟起来了，也不必妄自尊大。

“我们一生中总要遭遇到离开心爱的人的痛苦，那可能是分手，也可能是死亡，对此即使我们早有准备也无力承担。人类唯一应该接受的教育就是如何面对这种痛苦，但是从来没有人教给过我，我们都是独个地默默忍受，默默摸索，默默绝望。”①

在人生的各个段落中，我自己体味到过精彩，体味到过荣光，也肯定体味到过，形同“离开心爱的人”那样，“即使我们早有准备也无力承担”的痛苦，也有过“默默忍受，默默摸索，默默绝望”的时候。我不知道，对于我们人类而言，由稚嫩，而成熟，到底要在人生的岩层里，深埋进多少这样的痛苦，这样的时候？

我却以为，无论是教学，还是其他，长成了大人的孩子，如果经

① 廖一梅. 悲观主义的花朵[M]. 北京：新星出版社，2008：224. 廖一梅，为中国近年来备受瞩目的编剧、作家，著有《悲观主义的花朵》《魔山》《琥珀+恋爱的犀牛》等作品。

由努力，能够尽可能地扶持尚且稚嫩的孩子，在将来，尽可能少地“默默忍受，默默摸索，默默绝望”，才是更重要的教育，更重要的功德。

这是一种期许。

第六章
童年，天真未凿

一粟

尚小

却总是予我正确的影响

我们和孩子的相遇

是给了相互的新生

我们是遇到了共同的困难，
是所有孩子在成长的过程中都会遇到的困难，
将来还会有各种各样这样的困难，
考验到家长的智慧。
于是，
我提醒自己，
首先要始终对现行教育抱有冷静的态度，
其次，
一粟已然开始了又一个新的人生阶段，
自己要准备充足陪伴她这个人生阶段的能量。

我们和孩子的相遇，

是给了相互的新生。

女儿“一粟”

女儿“一粟”，取意“沧海一粟”。寄寓她，能够明了，人就像大海中的一粒小米，非常渺小，但都有自己的价值。期许她，能够做一个，虽然渺小，但是有价值的人。

一粟，给我很多教导。

她教会我爱惜人身。

怀孕的时候，我一直剧吐[①]，吐到脱水，不能任何进食，甚至两次住进医院，后来有所缓解，但还是一直吐，吐到生的那一天。

只能请假休息。

医生说，这主要是受到体质、脾胃，以及情绪的影响。

此前，我常常很不节制地工作，尤其参加评比或者执教其他公开课的时候，就会接连地熬夜，不休不眠，透支身体；也经常饮食不规律，常常不吃早饭，胃部本来屡会有些不适；个性偏于情绪化，瞬间喜怒，求全责备，常常急躁。

休息期间，停止了所有的工作，不再挂碍工作的一切得失，也不再操心其他事务，只是静养，安心地看书，或者，随意地散步，看看风景。能够进食以后，总是和保姆一起筹划饮食，偶尔和朋友没有边际地谈谈……前所未有的静好，不知不觉地修身。

---

① 诊断为妊娠剧吐。在妊娠早期，少数孕妇会出现频繁而剧烈的恶心呕吐，并会持续存在、进行性加重，常常影响到正常的工作和生活，严重时甚至会危及生命，这种现象在医学上称为妊娠剧吐。病理上多由脾胃虚寒、精神紧张所致。

一粟出生以后，体质远胜以前，并且养成了规律的习惯，性情有很大的转变，工作及生活态度迅速和淡，仿佛新生。

这是因为，一粟，还未曾谋面，就已经告诫我，人身平安的珍贵。

此前，我从不认为健康之于年轻的自己，有什么迫切；此后，我一直以为，自己的健康是可以赐予一粟幸福的首要，不再轻易为其他干扰。并且，常常劝诫很多痴妄、执着的人，首先保重人身。

她教会我体恤宽容。

我们一直请保姆照顾一粟。

保姆常常用各种办法让我们为难，每每都用提薪的办法平息。

有一次，保姆过分。她依然不满意我们给的工资，然后，以将回到老家不再工作为由，辞退我们。而后，我们竟然看到她在小区里，抱着别家的孩子，原来，她是跳槽到薪资更为优厚的人家。我们气愤，无奈，又尴尬，既为过去对她的善待不值，又怀疑是不是自己存在问题，总之，很郁闷。万万没有想到，我们还没有来得及找到新的保姆，这个保姆又来央求我们一定让她回来，因为她到别家以后，才倍感我们对她的宽待。

家人坚决不同意，听闻消息的朋友，也一致反对。

我却接受。实事求是地说，保姆对一粟的照顾是用心的，无论是睡觉、饮食、洗卫，乃至对整个家的操持，都是勤劳细致的；最重要的是，一粟尚小，她已经习惯这个保姆，并且有了依赖，让她回来，或者是对一粟影响最小的选择。至于大人，应该在此时，放下偏见，一切以孩子为重。何况，保姆应该不是出于恶意，只是受了更大利益的驱使，既然出门在外，也是因为生活所需吧！

我特别就此向育儿的专家咨询。专家支持我的意见，她告诉我，只有母亲，才会这样深切地顾虑孩子，在这样的事件中，意气用事，最多殃及的是孩子。

我不再犹豫地，就让保姆回来了，完全不计前嫌。后来，再有一些不对，也总是以一粟为考量，并不计较。

保姆一直照顾一粟到四岁，我很感谢。

这样的过程，让我对人的看待，不仅有了客观、中肯，也有了妥协、退让，慢慢地，有对人体恤宽容的精神。这在过去的自己，是远远没有的。

能够如此，因由一粟。

她教会我勇敢。

一粟让我体验到，一个人对你无限地依恋、无条件地需要。

小的时候，她在你身上蹭，爬，长大一些，还是朝着你钻，抓，有时像个火车头一样冲向你，你时时刻刻，要能够和她一起活动，一起娱乐。我在以前，穿着相对细腻，常常裙装飘摇，自从有了一粟以后，清一色牛仔休闲裤，随时可以和她一起跑，跳，爬，形象大为利落。

一粟还很小，就能很清楚且准确地表达自己的不适，生病的时候并不哭闹，她会明确地说："妈妈，我觉得头部有点疼，肚子也不舒服。"等等，我们就知道应该怎样处置。再长大一些，她还会根据自己的感受，确定需不需要上医院，而且意见往往都是正确的。有时候，发烧厉害，她就像小猫一样软软地依偎着你，让你无论怎样疲惫或者无措，都会立刻振作起来，去照顾她，无微不至地关怀她。我原来，因为对先生的依赖，生活能力很退化，但是，一旦一粟需要，一切能力都会顿时精进，甚至勇猛。有时，先生不在，我带她看病，能够一手拎着各种物品，一手抱着她噌噌地上楼梯，那样的气力从何而来，我自己都觉得不可思议。

有时，遇到一些困顿，会有放弃或退却的心情，但是想到应该给一粟总是积极的榜样，想要有更多的能力保护一粟，就会勇于面对和担当。

以前毛玉文老师曾经说起过，女人一旦有了孩子，就会像老母鸡一样，变得很有力量，很勇敢。她说自己原来仿佛不食人间烟火，女儿却让她蜕变得坚韧，强大。我想，我正是在走向了这样的蜕变。

这样一个小小的人，她还这样弱小，她将会长大，她总在天天活泼地激发你的生活热忱，她这样需要你，依恋你，让你自觉地有了勇敢的心。

她教会我理智。

我有两次对待一粟的粗暴行为。

第一次。一粟将要托班，还不能独立用餐。诱导不成，决定强制。她不自己吃饭，我大声呵斥，因为前所未有，她受到惊吓，但并不就范。于是，用力打手，仅仅一下，她就吓得连声说："妈妈，宝宝吃饭。"于是，"暴力"之下，她眼泪汪汪地第一次自己用完了餐。下一次，依样炮制，她突然说"打妈妈"，然后噼里啪啦地在我身上不停地挥舞拳头。我怒目相向，她也瞪着我，不躲避。我盛怒，她突然大哭，一边张开手叫着"妈妈抱宝宝……"。那一瞬，我本能地抱起她。她蜷缩在我的怀里，喂了几口饭后，就疲倦地睡着了。我冷静下来，意识到，如此之下，一粟会被传染到惊恐、焦虑、缺乏安全的情绪，能不能独立吃饭，比起这些，微不足道。从此，勒令自己，不再有同样的行为。而后，吃饭的问题，也完全没有影响到一粟兴高采烈地投入到幼儿园的生活。后来，一粟一直松弛，快乐，明朗，每天早上睁开眼睛就会说："美好的一天又开始了。”

第二次。一粟遇到了读拼音的障碍。原来很伶俐的孩子，读起拼音来，常常迟疑着拼不下去，好不容易拼读出来又是错的，还经常张冠李戴，等等。一遍，一遍，速度缓慢，不能达到学校的要求，怎样启发都无效，磨尽我的耐心，终于抓狂，我向她咆哮。

她呆呆地说：“妈妈，我没有办法。”

我更加咆哮。

她含着眼泪说：“妈妈，我想给你一个礼物。”[①]

我坚定地说：“没用的。”

她问：“那怎么办呢？”

我狠狠地说：“读下去。”

她嘀咕着：“可是我真的觉得读拼音很痛苦。”一边，坚持着又读起来。

又没有读好，我又咆哮。

“妈妈，我想问你一个问题，”她突然很平静地说，“你到底爱不爱我？”

我硬着头皮和她完成了拼读任务。陪她睡觉的时候，向她解释，学习最重要的目的不是掌握知识，而是在掌握知识的过程中，学到了一些思维的方法，得到了意志的锻炼，会有对问题承担和解决的能力，希望她能够有学好拼音的信心，然后告诉她，无论什么样的事情，无论学习的好差，哪怕犯错误，都不会影响到妈妈对她的爱，妈妈的粗暴也是一种爱的方式，妈妈也希望不要经常用到这样的方式。一粟听了，哇哇哇

① 一粟给的礼物是拥抱。每当我生气的时候，一粟就会说：“妈妈，我想给你一个礼物。”然后，就过来拥抱我，一般，我就此平息。这成为我和一粟之间相互谅解的一种方式。

地哭。她接受了解释，但显然心有余悸。我一直和她沟通，直到她渐渐安静地入睡。

我筋疲力尽，发现自己的心境受到了严重的挑战，想到刚才连连咆哮的可憎面目，连自己都后怕，甚至打击到自己的信心，不知道一粟是否可以承受过去。第二天，看到一粟还是如常地去上学，一路蹦蹦跳跳，回来叽叽喳喳地说个没完没了，侥幸应该没有很大的影响。

后来，在班级 QQ 群上，看到几乎所有的家长都在焦虑孩子读拼音的问题，有的留言说“孩子已经没有信心了，总说拼音我是不行的”，有的说“又读哭了”，有的说“我的嗓子都读哑了，他还不会”……我想，我们是遇到了共同的困难，是所有孩子在成长的过程中都会遇到的困难，将来还会有各种各样这样的困难，考验到家长的智慧。于是，我提醒自己，首先要始终对现行教育抱有冷静的态度，其次，一粟已然开始了又一个新的人生阶段，自己要准备充足陪伴她这个人生阶段的能量。

后来，一粟的拼音自然流利了，她说：“妈妈，你是野兽。不过，我要谢谢野兽。”

我很欣慰一粟的开朗。我惭愧自己曾经是“野兽”。我希望自己能够有智慧，使得每一天醒来睁开眼睛，总能听到一粟说：“美好的一天又开始了。”

幸亏一粟，让我在粗暴以后，能够及时地臻于理智。

她教会我正向。

在很多阶段，一粟都有一些言语，让我们觉得惊讶，惊喜。

有一天，在西湖边，她突然口齿清晰地说：“我陶醉了。”（两岁，刚开口说话不久）

有一天，她一边玩玩具，一边念："多多岛，被漂亮的蔚蓝大海包围。岛上有绿油油的田地和金色的沙滩，还有小河、溪流，很多鸟儿在树上歌唱，这里有风车和一座煤矿，迎接游客到岛上观光的码头，岛上还有很多很多的人车路线，刚刚是谁经过这条铁轨呢？是托马斯。"这是动画片《托马斯和他的朋友们》[①]中每一集片头的旁白，她念得声情并茂，有很好的语感，完全是自己模仿着背了出来。（三岁）

她参加完讲故事比赛，对我说："妈妈，我不想离开刚才的舞台。"我问为什么，她说："因为我觉得，舞台就像大海一样，我像被海水包围了一样。"不仅有准确的感受力，而且有准确表达的能力。（四岁）

我说："上天怎么对我这么好，给我这么好的一个女儿。"一粟说："妈妈，你的口才怎么这么好？"（四岁）

有一天，和朋友一起吃饭，聊天，谈到人生的追求，一粟插话说："要想做自己喜欢的事，首先要做自己不喜欢的事。"其辩证哲理让人吓一跳。（六岁）

看了《中国好声音》[②]，我和一粟说，这个节目中，人们因为热爱音乐，所以那样努力，那样让人感动，一个人如果有热爱，就会拼尽努力。我问她："你仔细想想，你最热爱的是什么？"她很认真地思考后说："编故事。因为编故事，很自由，而且，我现在已经不会像裹脚布一样又长又臭了。"[③]（七岁）

---

①《托马斯和他的朋友们》，英国益智童话，传递"做个真正有用的人"的价值观。2009 年引进中国以后，深受家长和小朋友的喜爱。

②《中国好声音——The Voice of China》，是大型励志专业音乐评论节目，源于荷兰节目《The Voice of Holland》，于 2012 年 7 月 13 日正式在浙江卫视播出。节目传达出很多真挚、朴素、热爱、追求等正向能量，触动人心，引发广泛关注。我们平时极少看电视，但是推荐一粟观看本节目，希望她受到感染。

③ 此前，一粟总是喜欢给我们讲述她自己编的故事，常常没完没了，我提醒她，讲故事、写文章，最应该防止的就是"像裹脚布一样又长又臭"，并向她说明这是毛主席的观点。

我出差回来，一粟向我抱怨，爸爸送他上学，总是急匆匆地催促她进校门，这让她觉得很无趣。第二天，我送她上学。快到学校门口，她说：“这才是更美好的感觉。”我说：“什么才是更美好的感觉？”她说：“就是这样呀，你牵着我的手，耐心地送我到学校门口，然后说再见，这才是更美好的感觉呀！”（七岁）

……

她的这些言语，反映出良好的语感、情意，而且有一定的思考能力。让我认识到，自己从她尚在襁褓，就给她念儿歌，讲故事，但凡外出，总是不断地向她描述所见所感，长大一些，更加坚持给她读书，并且常常不断地和她对话，而且，经常强调“你要把话说完整”，“你应该说得更清楚”，“你这么说，我很明白”，等等，应该是提供了她丰富的语言刺激和存储，使她自然地形成了表达能力，而且受到了很多优秀作品中良好品质情操的影响。“我们在襁褓的时候，一定也是沉浸在母亲温暖的话语中逐渐成长的。我们长大以后，也用同样的话语来养育自己的子女。因为每天生活在洋溢着感情的语言中，婴儿才能成为‘人’。”①这更加佐证我的坚持，是在为一粟种下了“幸福的种子”。②这启示我在看待很多涉及语言、情感品质教育的时候，总能有坚定的意见，甚至启示我对于说话及作文教学有深入的审视。③

一粟个性活泼，经常有不思前因后果的莽撞行为，我总要因此批评

---

① 松居直. 幸福的种子[M]. 刘涤昭，译. 济南：明天出版社，2008：3.

②《幸福的种子》一书中说：“父母亲用自己的口，将这些（图画书）文字一句一句地说给婴儿听，就像一粒一粒地播下语言的种子。当一粒种子在孩子的心中扎根的时候，亲子之间就建立起了无法切断的亲密关系。真正让父母与子女密切联系在一起的不是户口簿或出生证明，而是温柔的、人性化的语言。”我与之不谋而合，更得到鼓励。

③ 序章《不忘初心，方得始终》文中，涉及对作文教学的意见，就有发自一粟的思考。

她，她总是乐呵呵地说：“嗨，谁让我是白羊座[①]呢？白羊座就是很冲动的嘛！我是冲动的小白羊呀！”有时，她没有做好事情，我让她再做，她就说：“谁都不是完美的小孩呀！你为什么总是要求我完美呢？”……诸如此类，常常都会提醒我，理性地要求和教育。

一粟喜欢音乐，琵琶[②]、大提琴[③]，都很喜爱，也表现出良好的节奏、音准、乐感，家里播放音乐的时候，她就会随之起舞，尤其喜欢热烈奔放的乐曲，她认为这样强烈的舞蹈是最快乐的；她喜欢练习毛笔书法[④]，我唯恐她辛苦，她说，不辛苦啊，而且我觉得写毛笔大字可以让我的胆子更大，又能让我安静，有很多很好的方面呢；她一有空就不停地画画，我们从不干涉，让她想怎么画就怎么画，后来，我问她是否请老师教，她说：“不用了，不用了，我觉得自己画得已经够好了，而且我这样画很自由，老师教了，就不能这样自由了……”她的这些艺术喜爱以及感觉，以及其中透发的昂扬生机和纯真无邪，都常常在唤起并且激发我的生命活力和内心的真挚情感。我甚至觉得，是一粟在带领着我认识到艺术世界的美好和隽永，让我补习上了艺术的修养。

---

① 一粟的生日为2006年4月3日，为白羊座。星座解说，白羊座具有朝气蓬勃、热情坦率、勇敢冲动等特点。一粟偶然接触到星座，非常好奇，因而了解到自己所属的星座及特点。

② 一粟5岁时，反复要求我们让她学习乐器。因为一粟热情活泼，有时尚特质，我们希望她学习民乐，中和气质，也接受到民族文化的熏染。学习以前，我们先和她一起全面地了解琵琶的文化，然后，她欣然同意。学习以后，老师认为她入门很快，并询问我们是用什么方法练习的，我们的方法并无特别之处，应该是得益于一粟自己的资质。

③ 一粟的琵琶老师，认为一粟有很好的乐感，乐器的感觉优良，建议我们一定让她再学一门乐器，否则很浪费。我们担心一粟辛苦，很犹疑，在老师的一再建议下，又选择了大提琴，都是弦乐，但有中西的差异、结合。一粟也很喜欢。上小学以后，由于时间、精力的限制，我们建议一粟停止大提琴的学习，她不同意，具体解释以后，勉强同意暂时停止，表示，以后还会继续学习。

④ 我始终认为女孩子练习书法，是尤其大气的，对她的文化内涵，和将来的人生，都会有深刻的影响。几经了解，让一粟开始学习书法，不想，一粟由衷喜爱。

……

这些，点点滴滴，都催使着我总是能够正向地思考、选择、行为，以此，才可以跟进一粟的成长，与之顺应。

总之，我不断地觉得，自从一粟到来，她的存在，就一直不断地挑战自己的信仰和局限，不断地赋予自己机会，看清自己对于世情的执迷不悟，然后能够大胆放弃。她让我总是不得不保持清醒，常常反思、自省，直到超然物外，顺其自然，这样才不至于沉迷在过去失效的观念中，并使得生命境界因此升华。

我常常认为，不是我在教养一粟，而是一粟在教养我。

我们和孩子的相遇，是给了相互的新生。

我期许一粟，可以做一个，虽然渺小，但是有价值的人。

我觉得，她现在就已经做到。

她虽然还这么小，这么小，却已经正确地影响到了她的母亲，对于这个人而言，她已经价值非凡。

我为她骄傲。

妈妈是我与天使的第一次相遇。

爸爸是我对无畏的第一次经验。

他们是最高尚的人。

他们用自己的勤劳，

简朴，

勇敢，

坚强，

奉献给儿女最单纯明亮的童年、少年。

他们不乏对美好生活、浪漫人生的追求、向往，

奉献给儿女不止谋生的理想主义精神。

他们的高尚，

在日后，

成了儿女人生巨流中的中流砥柱，

使得他们在巨流中难免晃荡，

但都能归于岿然。

一切的教育，
一切做人，
首先都要有为人父母、
为人儿女的慈悲和赤诚。

这样的教育，
以及人生，
才会总是闪耀人性的光辉。

父母的修为

妈妈是我与天使的第一次相遇。

爸爸是我对无畏的第一次经验。[①]

关于我的爸爸，我在金华师范学校读书的时候，写过一篇文章《你醉了么，父亲》[②]。文章如下：

你醉了么，父亲

你微驼着背拎着行囊在晚秋的凉风里走着，无人的路上有无尽的衰草、颤抖的枯叶，我感到透彻肺腑的悲凉——你醉了么，父亲？

你说那年你才八岁，你的父亲我的爷爷就在一天晚上突然失常，没有捱过多久就撇下你走进了荒野的孤冢。

你说那年你生了一场大病，你的母亲我苦苦的奶奶舍不得花一分钱，流着泪给你煮了一碗厚厚的土面条[③]。你活下来了，你五岁的弟弟却永远地闭上了眼睛离你而去。

你说你只读了四年书，家里没钱啊，你说。

你说小时候你常望着天空发呆，白茫茫的天上却总是玻璃一般什么也没有。

……

后来有了这个家，有了我们三个小鬼，你就用听来的编的还有你自

① 沃尔什．与神对话[M]．李继宏，译．上海：上海书店出版社，2009：扉页．

② 此文于 1993 年获第六届全国中学中专生文学夏令营选拔赛最高奖——蓓蕾奖。此项赛事，在当时很受关注、重视，很多当时获奖的少年，成年后依然活跃在文学界，并得到良好的发展。本人因此得到在写作上更多的鼓励。

③ 是江浙一带家庭中手工做的一种面条，类似于北方的手擀面，但不完全一样。

己的故事串联起我们流鼻涕的童年。

清明，雨纷纷扬扬的时候，杜鹃花开满了山头，你带着我们走在那条湿漉漉的路上。纸钱飘飞烟雾缭绕中，你一锹锹地往那坟上添土，看那金黄的火苗呼呼地吞噬黄纸，黑色的烟灰蝴蝶般地飘扬，你把青烟袅袅的黄香恭敬地插在坟脚上，告诉我们，爷爷活着的时候很可怜。

……

三个小鬼慢慢地长大，你的故事开始发黄发旧。你不再雷吼般地骂我们也不再打我们，你一天天地变得沉默。

你说你曾经年轻过，你能够吹笛画画，能够挑上两百斤的担子不说累，能够帮人家垒泥房不要一分钱。

你的女儿给你买回一管七孔的竹笛，你只是默默地抚摸着上面乌黑的光泽说："买这东西啥用？"你说你都忘了该怎么吹，说这话时你那神情有孩子般的羞涩。

你说家酿的黄酒很醇很厚很好喝。有一次你喝醉了，你说你红红的日子醉在红红的酒里，一天不喝酒你的日子就没法过。

……

什么时候你的心开始不再宁静。

你颤抖地捧着小女儿上中专的通知书，落榜的大女儿却在房间里哭泣。你妻子要办厂，你说不行不行，厂却依旧开得红红火火。你刚转回心意支持工厂，却连遭亏损，你揪心的痛苦沿着树皮般粗裂的大手烙上我的心灵。

你只顾低头喝酒，一杯接着一杯，谁挡你都不听，你醉得天昏地暗，你爬满皱纹的眼角却有眼泪。

我扶住你摇摇晃晃的肩膀，你说你没醉没醉。

你躺在床上说你活得这么累却没有好收成，你忽然沉默说你是一派酒言，你像对自己又像对我们说，明天的日子一定会好过。

在倦鸟归巢的黄昏里，我的眼里蓄满了泪水，我说，你醉了么，父亲？

你说你没醉没醉。

关于我的妈妈，在她病逝，无限哀思的时候，我写过文章《眷恋——献给母亲》[①]。文章如下：

眷恋

——献给母亲

母亲对于我们，对于生活，对于这个世界都应该有着无限的眷恋。

我们生长的村落饴享着附近矿区所波及的繁荣，在我们很小的时候就有了可以自我满足的一点点富庶。然而其代价是惨烈的，从童年到少年，不断地有熟知的乡邻突然地就远离了我们，有的甚至是我们幼时的伙伴，而在瞬间吞噬他们生命的，可能是幽深的矿井，可能是意外断裂的井绳，甚至可能只是一块陡然间砸下的矿石。许多经常是在昨天或者早上各自出门前还一起谈笑风生的鲜活的生命，经常就这样没有任何征兆地消失了。然而，更令人揪心的是，往往在苍苍的老人或者年幼的孩子哭干全部的眼泪，或者是亲友们沉沉的叹息之后，人们依然平静地来往于矿山与村落之间。每每多情的夕阳弥漫在村落的山间田野的时候，沾满矿泥的人们就陆续地回家了，路上总有他们疲惫但又快乐的欢笑，谁也不知道，或者谁也不曾去想过，明天又会有哪一个兄弟姐妹会永远

① 此文发表于2003年5月18日，《浙江日报》。

地离开自己？尽管这样的悲剧经常地就在身边重复上演。——所以，当年的乡邻们引以为豪的一点点的富庶，承载着许多脆弱而又廉价的生命，比贫穷更为可怜。

母亲却睿智而又坚强。在跟随父亲穿梭于矿区，浸泡在如榨汁般流淌不尽的汗水中几年之后，母亲终于违抗父亲的意志决定不再靠近矿区。时逢几个外乡来的人在村里兴办鞭炮厂，母亲就成了厂里的一员。在那些外乡人干瘪了所有曾经的热情，因为折腾不出任何希望，在人们甚至于漠不关心的嘲笑中离去的时候，母亲竟然以无比廉价的投入经营起这实在乏善可陈的厂子。周围多的是疑惑，也有的是奚落，包括父亲也是如此。毕竟，那时侯，只是 80 年代中后期，这时候，尤其是乡村的人们，闭塞而又蒙昧，何况，鞭炮厂一样布满着危险。母亲却镇定自若，从学习、培训，到专业知识的考试，到产品推销渠道的联络，一步一步，一丝不苟、井然有序地操作着。起初，她曾经无数次用自行车载着用厚实的麻袋装着的鞭炮跋涉于邻近的村落，常常在我们点亮温暖的灯光后，在我们围着热气渐渐微弱的晚餐的耐心等待中，踩着寂寂的夜色疲惫地归来，又在卖尽鞭炮后的一小堆钱币中露出甜美的笑。就是那许多一小堆一小堆用红红的鞭炮换回的钱币，支撑起了母亲生活的信念。尽管曾经，简易的厂房因为连续的大雨而倒塌；尽管曾经，一年的劳作因合同的疏漏而血本无归……母亲都不屈不挠地一路坚持着，没有眼泪，没有抱怨，十几年如一日。在那些岁月里，多少熟悉的人因为矿石不可抗拒的利润日渐富裕，可又有多少熟悉的人依然断断续续地在矿区丧失了生命，或者落下了终生的残疾；在那些岁月里，父亲在几番踌躇后终于早早地离开了矿区与母亲风雨同行，共享峥嵘；在那些岁月里，母亲不允许我们三个孩子像许多农村的孩子一样承担繁重的农活，在我们许多少时的朋友在烈日下沉默地穿走于粗粝的生活时，母亲倾其所有铺就我们可以自由成长的求学之路；在那些岁月里，我们曾经惊讶于小学不曾毕业的母亲竟然能辅导我们完成复杂的几何题，我们也曾经惊讶于要求我们每天都要将房间收拾得一尘不染的母亲怎能忍受一年又一年的风里来雨里去；在那些岁月里，我们在母亲安详注视的瞳仁里无遮无拦放放肆肆地幸福成长，直至一个个都远离了乡野的泥土，来到了城市工作、安家……

是的，那样的岁月里，肯定浸淫着许多心力交瘁的贫穷与多难，也肯定纵横着许多无边无际的希望；那样的岁月里肯定有许多热泪在我们看不见的时候在母亲的脸上静静地流淌，也肯定有许多踏实的欢乐在我们不知道的时候在母亲宽厚的心里如蝴蝶一样美丽地飞翔……

……

在许多次莫名的头痛、乏力之后母亲被确诊为肝硬化。那是 1995 年，母亲 44 岁，积淀着多少苦难的、吝啬的生活刚刚对她绽放出些许轻松的、美丽的笑靥，似乎转瞬又将迅速地凋谢。母亲哭了，无助地，泪水雨一样滂沱。天道酬情，坚持天天吃药，坚持定期检查，母亲平安地生活着，看着我们一个个地工作，操持着为儿子买房，为女儿做美丽的嫁衣，仿佛她一直安康，曾经的病情只是一个谎言。我们都暗自庆幸着，一边奔波着自己的工作与生活。

去年的五一，母亲在很长一段时间的不适之后，终于告诉我们她“有点”不舒服，累，不会吃。我们一边抱怨她不早说，一边慌忙将她送到医院。此时，肝硬化已病变为肝癌。无边的恐惧包围着我们，母亲在我们躲闪的眼睛里猜测着自己的病情，无论转过背会流下多少眼泪，我们始终告诉母亲，仅仅是肝硬化有点加重而已，不必多心。母亲似信非信，更多的又仿佛也像我们一样不愿相信，顺从地配合着做手术。那时，她的凝血功能已经极差，手术后很久刀口依然有几巴掌大黑黑的淤青，而且当时，手术反应很强，她几乎不能进食。然而，又一次的，母亲又挺过来了。去年9月，我来到了杭州。母亲的身体竟然比手术前强健多了，她在电话里一次次地告诉我她对我的牵挂。11月，与父亲一起来到杭州小住，为我们的新居很是高兴。春节，我们一起在杭州度过。啊，我们应该怎样感谢生活，我们的母亲在几经劫难后，依然能够和我们一起共度春秋！

今年的三八节，母亲再一次来到杭州，却已经迅速地消瘦。这一次，癌细胞已经全面扩散，我们伸出手竭力地想留住母亲，依然期待奇迹再现。母亲自己也依然坚强，吃更多的药，而且已经开始忍受肝痛的折磨，她依然有许多自己的安排、期待，仿佛明天还有很远很远。然而，这一次，她，真的，真的，真的离开了我们，永远。那是今年的4月24日，带着52岁的盛年遗憾，母亲，我们生命中的丰碑，永远地离开了我们。

母亲曾经告诉过我们，三个孩子是她这一生最大的成就，看着孩子化蛹为蝶，一切苦难、病痛都甘甜。母亲啊，你曾经奔波于三个校园为我们送衣被；你曾经无数次准备好丰盛的菜肴伫立在村口像迎接贵客一样迎接我们回家；你曾经和我们一起牵着手走在灰白但是繁华的城市街道上，一脸宁静的微笑；你曾经隐忍着钻心的疼痛，甚至连说话都费力的时候还平静地宽慰我们说，放心，妈妈会好的……只是，现在，当我们和父亲一起站在这片你和我们一起种下的已经森森的杉树林中的时候，你说，将来这片林子必定要留给我们的话仿佛就在耳畔，可是，你已经再也看不见我们纷飞的眼泪；当我们和父亲一起走在这个书写着你的奋斗与拼搏的村落中，温暖的往昔清晰可辨，可是，你已经再也看不见我们心如刀绞的疼痛；当我们和父亲一起锁上熟悉的大门，走下熟悉的台阶，又一次作别你耗尽一生的心力与我们共建的家园的时候，仿佛你依然与我们同行，可是，你已经再也看不见我们止不住的伤悲，再也看不见我们的心真的仿佛一无所有的夜空一样苍凉、空洞……

穿越过那些写满寂寞、贫穷、荒凉的岁月，穿越过那些爬满将近 9 年的触目惊心的病痛的岁月，母亲仿佛幼时的田野上不需要营养落地就能生根发芽的花儿，而且是那遍地芬芳中最为夺目的一朵，只要你愿意抬头看看山野上那些美丽动情的草木石头，你就能看见她总是摇曳着柔韧的花茎在劲风中舞蹈、微笑，覆盖着夺目的睿智与坚强。

所以，我相信，母亲尽管走了，可是她对于我们，对于生活，对于这个世界肯定有着无限的眷恋。

母亲，你说，我说得对不对？

我的爸爸和妈妈，他们是中国社会再普通不过的农民，经历过解放初期，“大跃进”，“文革”，分田到户，改革开放等历史的穷苦、混乱、希望，经历过所有中国式农民的卑微、沉重和苦难。

但他们是最高尚的人。

他们用自己的勤劳，简朴，勇敢，坚强，奉献给儿女最单纯明亮的童年、少年。他们不乏对美好生活、浪漫人生的追求、向往，奉献给儿女不止谋生的理想主义精神。

他们的高尚，在日后，成了儿女人生巨流中的中流砥柱，使得他们在巨流中难免晃荡，但都能归于岿然。

无论是《你醉了么，父亲》中的岁月，无论是《眷恋——献给母亲》中的岁月，以及这些岁月中暗藏过的所有欢欣与痛苦，都已经不可避免地远去、过去，有些文字读起来，觉得那样遥远，那样不再熟悉，甚至忘记自己曾经有过那些少年的凝重和深沉，好像没有发生过一样……岁月让我们的生活变得富足，让我们的容颜改变，让我们已经有能力，不再有爸爸妈妈的反复叮咛，也能够在这个世界上越走越远。

但是，不管走得有多远，永远：

妈妈是我与天使的第一次相遇。

爸爸是我对无畏的第一次经验。

每个孩子，都会长大。

长大以后的孩子，又会有自己的孩子。

长大以后的孩子，要怎么样修为，才可以让自己的孩子，永远认为：

妈妈是我与天使的第一次相遇。

爸爸是我对无畏的第一次经验。

——我在本书的最后一章，涉及女儿“一粟”，以及父母的修为，希望自己，及至他人，总能认识到，一切的教育，一切做人，首先都要有为人父母、为人儿女的慈悲和赤诚。

这样的教育，以及人生，才会总是闪耀人性的光辉。

童年，

是一切人生的原点。

对这个原点，

留白越多，

或者将来就有越多美好人生的可能。

留白[1]的美

在台湾。[2]

最感动的，是看到完全保持自然原貌的河道。[3]

夏末，秋将至。随处可见的河流，已近枯水期，宽阔的河床，水流已经很浅，袒露着大片的沙石，岸边杂草丛生，已经有将要枯衰的情形，有的疯长后挤挤挨挨，有的又很稀落，有的匍匐，有的还昂扬，没有任何一处经过修饰、加工[4]，完全原生的形态，静默地表达着四季轮回水涨水落生生不息的生命力，仿佛童年家乡那些健康丰美的小河。

其实，在台湾，即便在繁华现代的城市，也常常看到横生杂长的草丛，树木自在，没有修葺、造作。公路的沿途，也几乎没有整齐的人工绿化带。游客很多的山上，道路两边的草木旁枝斜逸，放肆着野性，并不因为人类的到来刻意规整逢迎。

这个社会，这样很少对自然人为地干涉、干扰，看着有些凌乱，却体现着人与自然相安无事的精神气质，让人见识到原原本本的自然面貌，油然升起处之其中和一切生灵共生的悲悯和感动。有人说，“台湾不是自然风光最美丽的地方，但一定是人与自然共处得最好的地方”[5]，

---

① 留白，指书画艺术创作中为使整个作品画面、章法更为协调精美，而有意留下相应的空白，留有想象的空间。

② 2012 年，本人有机会赴到台湾。

③ 台湾多山，且雨量充沛，给岛上的河流发育创造了良好的条件，独流入海的大小河川达 608 条，且水势湍急，多瀑布，水力资源极为丰富。

④ 国内，尤其是城镇的很多河道，都已经经人工修整、装饰，多有人造的水坝，工整的绿化带，不能再感受到河流四季生息的常态。

⑤ 在返程飞机上，偶然阅读到的机舱杂志中有文章作相关的描述，只是不曾记录杂志名称及文章题目、作者。

是最为贴切的评述。

在台湾。

最目瞪口呆的，是来到“伍角船板”餐厅[①]。

导游说，我们将要到一家“乱七八糟”的餐厅，这家乱七八糟的餐厅却吸引了台湾本土，甚至全世界各地的一些名人专程前来。

因为是夜晚，外观并不清楚，只是仿佛宏大的一团根须。服务生在一个貌似岩洞的入口导引，我们盘旋进去，果然是一个豁然开朗、盘根错节的壮丽洞穴，其中无所不在的陶塑、木雕、水泥雕、铁雕，以及粗粝的石墙、参天的老树、破烂的木板、潋滟的池塘、幽居的游鱼等造型、装饰、摆设、布局，其夸张、狂野、妩媚、古老、神秘、荒诞、深邃、杂糅到登峰造极，颠覆你对一切餐厅的认知，穷尽你所有的想象，你也肯定不曾到达过这样的幻境，导游用“乱七八糟”形容也是一种词穷。我们说：“哦，这个老板肯定是在做梦的时候，梦到过这样的地方，然后她把梦造成了现实。”除此以外，再不能有其他的思路推理这样一个建筑的形成。

老板谢丽香[②]形容自己“是个超孤独的人”。从小，父母就没有施压要她在学业上表现良好，相反地，鼓励她去追求自己的兴趣。因为不用像其他孩子一样必须每天花很多时间读书，所以她有很多空出来的时间

① “伍角船板”餐厅创建者，台湾建筑设计师谢丽香自行设计建造了餐厅以后，苦恼于要为餐厅取一个响亮又名副其实的名字，有一天，她看见沙滩上搁浅着一块船板，上头还嵌着一枚台湾早期的伍角硬币，这时她的思绪就像触电般，想出了“伍角船板”这个独特的餐厅名称。目前，该餐厅已有6家连锁餐厅，各个奇幻异常。

② 谢丽香，台湾著名建筑设计师、素人艺术家，有媒体称之为“当代中国的毕加索”。评论以为，谢丽香就像“伍角船板”的漂流木，在岁月里头漂浮，在人世历练里冲刷、浸泡，然后，总能让大众永远可以期待到制式之外的建筑语言。

做白日梦。她说“梦是唯一的真实”，她的脑袋里总是充满一个又一个的梦幻，这些梦幻最后在建筑上表现出来。她从来没有上过一堂建筑课，无师自通学会建筑与建造。她没有课本遵照，喜欢玩弄她所想到的各种疯狂不羁的想法，然后她创造出了疯狂的“伍角船板”，简直誓不惊人死不休。

在台湾，其实，有很多类似于谢丽香，类似于“伍角船板”这样疯狂的人、疯狂的地方，文化创意琳琅满目，比如，我们曾经到达过的“纸箱王”休闲园区[①]，妖怪村[②]，等等，无不体现着极致的自由创造精神。

台湾社会肯定不尽完美，甚至也有种种弊端，可是，它对自然，以及民众的很少干预，就有了让自然自在生长，让民众自由发挥的空间，呈现了这样一种涌动生命原力的社会面貌。

这是一种社会大留白的精神。

我在思量完成“始终”这个主题的过程中，所涉及的不忘初心，方得始终；自然的营养；不止于艺；老师们；学校的坚持；教学：全部人格的总和；等等，其中所希望表达的朴素、还原、归真主义，也有一种对“留白”精神的向往。

今年暑假，我请一粟支持我完成书稿，原谅不能像过去那样经常陪

① “纸箱王”，台湾知名的连锁企业，在台湾已有 13 个主题园区与门市。目前，大陆首家“纸箱王”落户江苏省周庄古镇，并对游客开放。

② 妖怪村，位于台湾中部溪头森林游乐，仿日本鸟取县妖怪村，将整条没落的老街重新改装为日式茅顶木屋建筑风格，高挂日式灯笼，同时把每家商店都包装成具有“妖怪色彩”的特色商店，堪称“鬼点子造村”的典范。

伴她活动、外出旅游等，希望她能安排好自己的活动。一粟说，没问题。于是，我自己常常凝神专注，很多时候，并不知道她在做什么。有时候，听到她在小房间咿咿呀呀地唱歌；有时候，看到她歪在客厅的懒人沙发上，趴在地板上看书，还念念有词；有时候，会很长时间的安静；有时候她会突然跑过来要送我礼物，无非大大的拥抱，或者一张图画，又或者请我同意让她也在书房里看书，消解一下无聊……

有一天，她拿着iPhone自拍，然后给我播放，其中是这么一段完全自创的内容：

我给大家念一首诗，诗的题目是“幼儿园”。蟋蟀的幼儿园在哪儿/在草地上，还是在树枝上/小鸟的幼儿园在哪儿/在树上，还是在天上/青蛙的幼儿园在哪儿/在荷叶上，还是在水蜡烛丛里/哈哈/都不是/都在我们的幼儿园里。别忘了，我叫杜一粟哦！

又有一天，她请我帮她录像，原来，她从画册上剪下很多昆虫的图形，把它们一一粘在塑料吸管上，做成了小木偶，她现在要开始演木偶剧了。她立起一本书，作为幕布，然后让人物一一出场，有模有样地说着：“第一幕……第二幕……第三幕……”完成了一场很完整的剧目。

又有一天，她问：“妈妈，你的书快写完了吗？”

我说：“还要一些时间。”

她不屑地说：“嗨，怎么还没有写完？我都要开始写书了！”

我很惊讶：“你写什么书？”

她说：“我已经想好题目了，前言也想好了……”

我追问：“你怎么知道书有‘前言’？”

“我看了那么多书，书上不是都有前言的吗？我当然知道了！”

……

这些不乏精彩的构思、立意、表达，全无指导，就在我不能留神的时候，完全由一粟自己，自娱自乐地创造，发展……只有这样短短时间的“留白”，她竟然能够回馈出这么多的意外！我本来担心这段时间一粟会失之管束，而我现在并不以为，我时时耳提面命，谆谆教导，一定可以及上一粟自己这样的薄发！

童年，是一切人生的原点，

对这个原点，留白越多，或者将来就有越多美好人生的可能。

所以，最后以“童年，天真未凿”收笔。

寄寓，一切的教育，一切的人生，大美。

不再赘语。

后记

《始终》，收笔以后，影院正值淡季的沉寂，一直没有吸引到自己的电影。

买来李玉导演的《二次曝光》[①]的影碟，连看两遍。

又等到李安导演的《少年派的奇幻漂流》[②]，以及冯小刚导演的《1942》[③]，也都连看两遍。

这些电影中涉及的生命的伟大与轻微，时代的汹涌与急促，人性的柔软与罪恶，以及成长，创伤，疼痛，救赎，生存，信仰，爱……以及导演表达出的对族类的同情，体恤，冀望，都让我沉浸。

一边，也继续读书。

马良先生的《坦白书》[④]，很有意趣，也有忧伤，揭着人心，他坦白说：我读小学的时候总不做作业/但都会给老师一个合理的解释/例如作业本掉进井里了/我把它藏到缝纫机下面的洞里不见了/或者我妈烧饭时厨房着火烧掉了/还有写完了字迹自己消失等/那位老太太老师从不戳穿我/每次都微笑着等我给她一个理由/记得当时很得意自己的聪明/可是如今想起来就想哭/真的。他简直坦白出了最为朴素而让人动容的教育真义。

---

① 2012年9月29日上映。彼时，《始终》尚未收笔，不能分出心神，错过了影片上映的时间。

② 2012年11月22日上映。

③ 2012年11月29日上映。

④ 马良，艺术家，中国当代最具影响力的观念摄影师之一。在《坦白书》（湖南文艺出版社2012年版）中，马良记录了对童年的回忆，也分享了对摄影、绘画等艺术创作的感悟，对理想、对生活的深入思考，全书共收录了80余件作品图录，手稿、草图、绘画、摄影作品、装置作品、收藏品一并囊括于书中，真实、丰富。

《建筑·城市·思想——库哈斯&奥布里斯特中国访谈录》[①]，让我接触到中国当代社会精英的关切与思想，觉悟到，人生其实无非两种，一种随波逐流了，一种选择成为了时代洪流的中流砥柱。

《山丘上的修道院——科比意的最后风景》[②]，以及《十年一〈观〉》[③]，记录一个人可以为着仅仅一件事情，投入十年，甚至几十年，让我惊叹。

还重读了原来所有的杨绛先生的作品[④]，以及《杨绛传》[⑤]，重新体味先生为妻的贤惠，为母的慈爱，为人的自然朴素，为学者的深湛纯洁，敬慕先生“我和谁都不争、和谁争我都不屑；我爱大自然，其次就是艺术……”[⑥]，终于感知到自己最为希望的，是可以像先生这样活着，老去。

……

电影及书，一如既往，如长河，滔滔不绝地为我指引。

感谢电影的导演，书的作者，总以他们的识见、情怀、热爱，洗礼着人生的情操。

---

① 欧宁编，商务印书馆2012年出版。书中涉及三十位大中华地区的政策制定者、企业家、经济学家、艺术家、建筑师、媒体工作者、智库成员和社会行动者等各界精英，涉及中国当代社会发展的背景下城市建筑、规划与文化以及城市文化与思想的历史、现状与未来展望。

② 范毅舜著，本事文化股份有限公司2012年出版。范毅舜，国际知名摄影家，倾二十余年的摄影功力，沉淀长达三年，终于完成本书。他以驻院艺术家身份，带着相机深入廊香教堂与拉图雷特修道院，书中收录的上百幅精彩影像，几乎全都是世界首次得见的取景与角度，读者有幸得以感受这两座建筑的美与伟大。此外，本书以独特方式诉说建筑与宗教的故事，世所罕见。

③ 罗毓嘉等著，国立中正文化中心2010年出版。《观》为台湾著名编舞家林丽珍倾尽十年的舞蹈剧，被喻为“悲悯自然的身体史诗”。

④ 《走到人生边上》《我们仨》《杨绛作品集》等。

⑤ 罗银胜著，文化艺术出版社2005年出版。

⑥ 杨绛先生曾借翻译英国诗人兰德的诗，写下自己无声的心语：“我和谁都不争、和谁争我都不屑；我爱大自然，其次就是艺术；我双手烤着生命之火取暖；火萎了，我也准备走了。”

我写作《始终》，也希望抱持这样的心意，只恐不尽意。

感谢李东总编的无私、厚爱。

感谢责编刘灿和池春燕的认同、建议，以及他们字字句句的审读、修正。

感谢装帧设计田震坤的倾力操刀。

感谢施成铎老师的期许、勉励。

感谢刘惊铎、祝新宇、娄振山、戴国文、潘薇、王稼毓、胡一凡、杜鹏叶、罗芳草、张海静、鹿伟等师友、同事的关心、协助。

感谢先生杜渐全心全意的支持、照顾。

感谢女儿一粟天真无邪的陪伴、激励。

姐姐郑慧君想要先睹书稿不得，是因为我希望聊以完整的《始终》，略微回奉父母深爱，手足同情，补上歉意。

我大体宿命，对于自然、生辰、属相、血型、星座、佛旨，都有信望。

本命年，周围人事仿佛真的跌宕绵缠，我却仿佛因为倾注到几乎贯穿全年的《始终》中，置身事外，趋吉避凶。

人生的折返，也许，真的是大福佑。

2012 年初冬

出 版 人 所广一
责任编辑 刘 灿 池春燕
版式设计 田震坤 沈晓萌
责任校对 贾静芳
责任印制 曲凤玲

图书在版编目(CIP)数据

始终:对教育及人生的一份心意/郑锦杭著.—北京:教育科学出版社,2013.1(2013.3重印)
ISBN 978-7-5041-7216-7

Ⅰ.①始… Ⅱ.①郑… Ⅲ.①教育-随笔-中国-文集 Ⅳ.①G52-53

中国版本图书馆CIP数据核字(2012)第290414号

始终——对教育及人生的一份心意
SHIZHONG——DUI JIAOYU JI RENSHENG DE YI FEN XINYI

出版发行	教育科学出版社		
社 址	北京·朝阳区安慧北里安园甲9号	市场部电话	010-64989009
邮 编	100101	编辑部电话	010-64989441
传 真	010-64891796	网 址	http://www.esph.com.cn
经 销	各地新华书店		
制 作	国民灰色图文中心		
印 刷	北京中科印刷有限公司		
开 本	169毫米×239毫米 16开	版 次	2013年1月第1版
印 张	17.75	印 次	2013年3月第2次印刷
字 数	203千	印 数	5 701—8 700册

智慧教师读本①
谁是最具成长力教师

教师培训师专业修炼

余新 著

教育科学出版社
·北 京·

序

北京教育学院院长　李方

胡锦涛同志在全国教育工作会议上的讲话中提出:“教育大计,教师为本。要把加强教师队伍建设作为教育事业发展最重要的基础工作来抓。”围绕“教育事业发展最重要的基础工作”,《国家中长期教育改革和发展纲要(2010—2020年)》将加强教师队伍建设作为“纲要”实施的重要保障措施;2011年《教育部关于大力加强中小学教师培训工作的意见》又明确提出,今后5年对全国1000多万教师进行每人不少于360学时的全员培训;同时,通过“国培计划”起到示范引领作用,全面推动全国各省市教师培训呈现出良好的发展态势。

面对繁重的培训任务和严格的规范要求,加强教师培训的师资队伍建设,不仅成为保障培训数量和质量的紧迫任务,也成为建立中国特色教师教育体系、实现内涵发展、人才强教的重大战略举措。为此,我们不妨作个简略的数据分析:5年360学时的全员培训,平均每年每位教师参训72学时;全国1000万中小学教师,按50人组成一个教学班,将有200万个教学班;200万个教学班均以72学时计算,全年需要提供1.44亿学时的培训课程;如按每位教师年均教学工作量为300学时计算,全国全年总计200万个教学班、1.44亿培训学时,起码需要48万名专兼职培训教师。即便通过网络远程大规模培训的方式,可极大缓解师资与课程资源的不足,但远程教学同样需要高质量的培训者与管理者。显然,培训者队伍建设成为影响教师培训质量的关键因素。

目前,教师培训的专职性、专任型与专业化的师资储备明显不足,且缺少对于教师专业发展规律、在职教师工作与学习的特点和需求、教师培训的特性和规范等的专门研究,导致培训课程理论与实践脱节,培训形式与方法同教师专业发展需求不相适合。即便是专职培训者,也面临着培训专业化的挑战,需要在通晓"学科教学"本体性知识的同时,遵循成人教育规律,掌握培训教学与管理方面的条件性知识,具备教师培训的实践智慧。

近年来,经历"国培计划"与北京市中小学校长、教师培训重大项目的锻炼与洗礼,北京教育学院中青年学者余新同志集教师培训的设计者、组织者、实施者、管理者与评估者的多重实践体验与深刻思考研究,撰写了《教师培训师专业修炼》一书,描述了教师培训师的角色特点、专业职责、能力素养和专业发展特征,并辅以教师培训师成长的实践案例,重点从培训需求分析、培训方案设计、培训课程开发、培训方法选择和培训绩效评估等五个方面阐释了教师培训师的五项专业能力,以全新的视角绘制了教师培训师专业化发展的成功路径。

书中提出了"教师培训师"的全新概念,着重阐述了以下观点。

第一,教师培训师是践行高素质专业化教师队伍建设的专业主力军。教师专业化需要教师培训专业化的支持,而教师培训专业化的重要条件是从事教师培训者的专业化,即实现从兼职到专职、从专任到专业、从任务单一型教师到多重任务复合型培训师的转型。伴随着高等师范院校"职前职后一体化"内涵发展的大趋势,高师院校与地方培训机构亟待建立一支稳定的教师培训师队伍,并结合教师培训实践建立教师培训师的培养制度。

第二,教师培训师是现代教师教育与人力资源开发领域的跨界职业。目前的教师教育,无论职前的四年培养,还是入职后的数十年培训,其内容和形式都比较重视学科知识的传递和补充,缺少为成人专业学习与工作改进服务的绩效意识与行为发展引领。而教师培训与其他专业领域的专业技术人员培训乃至企业在职员工培训，同属于成人职业教育范畴，教师培训的目的与任务同企业培训所倡导的“促进学习与改进绩效”理念大致相同。作者把人力资源管理领域的培训师概念引入教师教育领域，研究教师培训者的专业化发展新路径，不啻为一项创造性的探索。

第三，教师培训师承担着培训管理者、研发者和实施者等多重角色。既要立足于教育教学专家和学校管理专家的角色定位，担当教师的教师和学校管理干部的教师，把培训工作从学习的角度延伸到工作绩效的提高；又要肩负起教师培训师和培训管理师的双重角色，驾驭培训项目的设计、实施、管理与考核等完整过程，把培训工作从关注培训内容扩展到关注培训策略、方法和技术手段。可以预见，教师培训师将会扮演更多的新角色，如心理咨询师、课程设计师、课堂教学顾问、教育咨询师、课程资源开发与供应师等。本书提出的教师培训师的五项专业修炼，实际预示着专业角色的转变和素质能力的提升。

第四，倡导建立教师培训师的资格认证制度。最新颁布的《国家教育事业发展第十二个五年规划》在强调“实施五年一周期的教师全员培训。各地制定教师培训规划，以农村教师为重点，开展分层分类分岗培训”的同时，已经明确要求“改进教师培训体制机制。完善教师培训项目管理制度和质量评估机制，建立健全教师培训项目招投标机制，建立教师培训机构资质认证制度。创新教师培训模式，采取短期集中、带薪脱产研修、远程教育、海外研修和校本研修等多种方式开展教师培训。建立教师培训与教师考核、教师资格再注册和职务聘任等相挂钩的机制”。显然，教师培训的成效，取决于培训师资队伍的建设；教师培训师的队伍建设与专业发展，取决于相应制度（如资格认证、专业建制与编制、专业职称与进修培训等制度与机制）的确立与完善；而在职教师培训的高度专业化，决定了教师培训师的专业地位。

综上所述，本书涉及前沿理论的探索、培训经验的提炼和制度创新的倡导，为加强教师队伍建设、落实好“教育事业发展最重要的基础工作”提供了有益的借鉴，必将引起教师教育领域专家同仁们的高度关注，进而促进教师培训的实践探索与理论研究；也必将有助于建立中国特色教师教育体系，进而推动教师培训者与管理者的队伍建设与专业发展。

目　录

第1章 何谓教师培训师

本章学习导语

如果一个人是正确的，他的世界就会是正确的

牧师正在准备讲道的文稿，他的小儿子却在一边吵闹不休。

牧师无可奈何，便顺手拾起一本旧杂志，把一幅色彩鲜艳的世界地图撕成碎片，丢在地上，说道："约翰，如果你能拼好这张地图，我就给你2角5分钱。"牧师认为这样会使约翰花费整整一上午时间，这样自己就可以静下来思考问题了。

但是，没过10分钟，儿子就敲开了他的房门，手里拿着拼得完完整整的地图。牧师对约翰如此之快地拼好那份世界地图感到十分惊奇。他问道："孩子，你怎么这么快就拼好了这份地图呢？"

"啊，"小约翰说，"这很容易。在另一面有一个人的照片，我就把这个人的照片拼在一起，然后把它翻过来。我想这个人是正确的，那么，这个世界也就是正确的。"

牧师微笑起来，给了他的儿子2角5分钱，对他说："谢谢你！你帮助我准备好了明天讲道的题目：如果一个人是正确的，他的世界就会是正确的。"

如果一个人是正确的，他的世界就会是正确的！这个故事带给我们重要示：如果教师是正确的，教育就会是正确的；同样的道理，如果教师培训师是正确的，服务于教师学习与工作的教师培训就会是正确的。教师培训就是倍增更多正确的教师和正确的教育活动，从而更有效地服务于和谐社会发展与人力资源强国建设。

教师专业化需要教师培训专业化的支持，而教师培训专业化的重要条件是教师培训师的专业化——他们通过接受过长期的专业教育和专门训练，掌握系统的培训专业知识和技能，具备教师培训工作所需要的专业性、自主性和不可替代性的专业能力。

这类专业化人员就是本书带着教师培训专业化理想所研究的对象——教师培训师。

第一节 教师培训师专业角色

教育改革与发展对教师队伍建设和素质提升的要求空前提高，教师培训工作既有着巨大的社会需求，也面临着极大的质量挑战。随着各级政府增大教师培训经费投入，教师培训项目和规模迅速增长，越来越多的中小学教师有机会参加各级各类的培训活动。教师培训规模与学习机会问题解决后接踵而至的便是培训质量提升问题。以针对性和实效性为质量特征的教师培训工作，呼唤着教师培训专业化，由此要求教师培训者逐渐实现向教师培训师的角色转换：从兼职到专职、从专门到专业、从任务单一型教师到任务多重型培训师。

一、教师培训师的定义

当前，我国中小学教师继续教育，已经从以知识补偿为中心的成人学历教育逐渐过渡到以教师专业化发展为特征的成人非学历教育（培训），两类教育存在较大区别（见表1－1）。以往的学历教育模式显然不能照搬到非学历的继续教育之中，教师培训有其独特的规律。

表1－1 成人学历教育和非学历教育区别

类型	学历教育特征	非学历教育（培训）特征
施教者	教师	培训师
目标	高素质、通识性	高绩效、专业化
内容	系统性、知识补偿	针对性、问题解决
方式	渐进式、间接经验积累	裂变式、直接经验生成
时间	阶段性、长时段	终身性、短时段
预期结果	学以致用	用以致学
评价方式	作业质量、考试分数、论文	参与度、满意度、转化度
结果认定	毕业证书	业务能力和工作绩效改进

教师培训与企业培训同属成人职业教育范畴，教师培训的目的和任务与企业培训所倡导的“促进学习和改进绩效”理念日益趋同。因此，我们不妨把企业培训师的概念引荐到教师培训领域，塑造教师培训师的角色，探寻教师培训者的专业化发展新路径，为教师培训专业化奠定基础。

培训师在中国企业界中尚属比较新鲜的职业，一般统称在培训领域具备一定专业知识与技能的特长者。国家和一些地方的劳动和社会保障部门，已经把培训师正式列入国家职业大典和职业资格证书体系，并先后颁布了相关职业标准和能力鉴定要求。

2002 年，国家劳动和社会保障部发布《企业培训师国家职业标准》，意味着培训师作为一种新的职业在企业中正式登台亮相。根据《企业培训师国家职业标准》，企业培训师的职业定义是“能够结合经济、技术发展和就业要求，研究开发针对新职业（工种）的培训项目，以及根据企业生产、经营需要，掌握并运用现代培训理念和手段，策划、开发培训项目，制订、实施培训计划，并从事培训咨询和教学活动的人员。”①

2004 年，上海市劳动与社会保障局开发了《培训师职业标准（试行）》，对培训师职业作以下界定：“培训师是在任何类型的组织中，能够运用现代培训理念和手段，策划开发、营销培训项目，制订、实施培训计划，从事培训教学、培训管理和培训咨询活动的人员。”②

本书把教师培训师界定为：在教师教育机构中，接受过长期的专业教育和专门训练，掌握系统的教育科学知识和专业培训技能，能够运用现代教育与培训理念和手段，从事教师培训的需求分析、方案设计、课程开发、教学组织、管理服务、领导咨询等培训与管理活动的专业人员。这类专业人员通过接受教师培训方面的专业训练，能够胜任开发与管理教师培训项目、制订与实施教师培训方案和监测与评估教师培训质量等专业化培训工作。

教师培训师将来应获得普通教师资格和培训师的双重资格认定，或得到具有教师培训师资格认定权力的权威机构的统一认定。教师培训师

---

① 张敏，王晓平. 培训师制度的国际比较[J]. 继续教育，2006(6)：60－61.

② 黄健，熊燕. 培训师——21 世纪的职业新宠[J]. 教育发展研究，2005(3)：45.

的职业特征主要体现在教师培训工作的专业性和自主性上，是普通教师、企业培训师或社会其他领域工作人员不可替代的。

二、教师培训师的角色

（一）传统培训师基本角色①

传统培训师的基本职业角色主要包括三种类别：培训管理者、培训开发者和培训实施者（见图 1－1）。

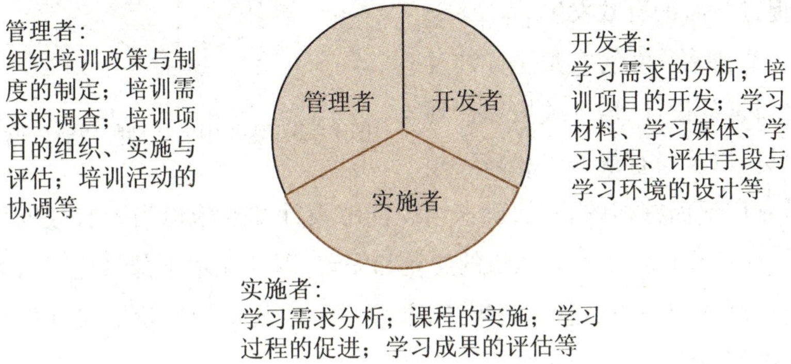

图 1－1　传统培训师的基本职业角色

在培训实践中，一位培训师可能担任一个或兼任两个、三个角色的多重工作。

（二）现代培训师的角色特征②

英国培训专家罗杰·贝内特（Roger Bennett）从培训的“实施与促进”和“维持与变革”两个维度对变化中的现代培训师角色及各种角色之间的相互关系作了精准的分析，较好地呈现了现代培训功能的发展路向（见图 1－2）。

“培训实施者”即培训讲师，主要任务包括课堂教学、实验室工作、小群体工作、个人工作计划执行情况监督和其他直接影响学习过程的所有

① 参见：黄健. 培训师[M]. 北京：中国劳动社会保障出版社，2008：5.
② 同①，第 5—7 页。

活动。

“培训提供者”角色的主要任务是设计、保持和实施培训计划，涉及培训需求分析、学习目标设定、课程设计、培训方法的选择、培训课程和活动的评估等。该角色还要帮助培训实施者开展培训活动，促进学习的有效发生。

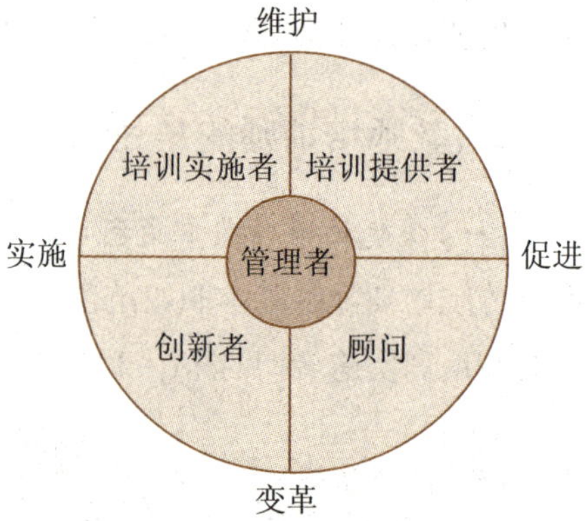

图 1－2　变化中的培训师职业角色

“管理者”角色主要任务涉及培训目标的设计、培训政策和计划的制订，以及与直线部门和高层领导建立广泛而密切的联系，确保组织能够设计和实施恰当而有效的培训活动；还涉及培训工作者队伍的建立和完善，以及在培训部门建立有效的领导体制和顺畅的信息交流渠道，并建立一定的培训质量监督标准和良好的控制流程。

“创新者”角色强调变革，强调培训应与企业长期发展战略建立紧密的联系。

“顾问”角色的任务是帮助组织分析各方面现存的问题，提出和评估最终解决这些问题的培训对策。作为顾问，应该与培训提供者、培训实施者等角色密切合作，以确保每个培训项目的有效实施。

根据贝内特的研究，“培训实施者”和“培训提供者”侧重于对培训的维持维度，其作用是维持既定培训绩效。“顾问”和“创新者”主要处于变化的维度，他们关注变化，引领变化，并致力于提出解决问题的对策。“管理者”角色处于两个维度的中间，与其他四个角色的关系相当密切，主要对组织内整个培训体系进行计划、组织、控制和改善。

美国培训专家伊莱恩 · 比斯（Elaine Biech）博士指出，培训师的角色是不断变化的，在培训舞台上经常出现新的角色。这些角色包括：职业生涯指导者、首席学习官、能力专家、计算机培训设计者、持续学习指导者、企业培训师、课程软件设计师、课程开发专家、执行指导者、工作绩效咨询员、工作绩效技能专家、工作绩效改进专家、推动者、教育设计者、教育技术专家、讲师、知识经理、领导培训师、战略规划经理、媒介设计师、多媒介工程师、组织发展专家、工作绩效分析家、技术培训师、培训领导者、劳动力差异性指导者等。

针对时代变化，美国培训专家吉列·爱格兰(Gilley Eggland)就培训师的职业角色进行了系统研究，并高度概括了现代培训师的四类职业角色，即管理者、教学设计专家、实施者、咨询顾问，并规定了每种职业角色相应的职业任务，(见表1－2)。

表1－2 培训师的四类职业角色及其职业任务①

管理者	教学设计专家	实施者	咨询顾问
培训战略	学习理论	活动设计	企业发展与变革
培训规划	需求分析	课程实施	培训战略
培训营销	教材编写	学习促进	需求分析
培训政策与制度	媒体设计	行为改变	团队协作
培训评估	培训评估	成果评估	培训咨询

不难看出，现代培训师的职业角色是多重的、动态的、立体的。他们不仅要充当传统的讲师，而且兼任培训项目开发、管理、咨询、领导和技术服务的部分角色；不仅要确保人们获得知识、技能或是转变态度，而且要使培训体现出提升员工的工作绩效；不仅要帮助组织制定战略构想和开发人力资源，而且要参与、领导组织变革与战略决策。

现代培训作为人力资本元素已经成为重要的生产力，培训师在现代社会的知识服务、知识管理和知识创造过程中作为智力资源的生产者而存在。

(三)教师培训师的角色特征

教师培训师的工作横跨“教师”与“培训”两个交叉业务领域。“教

① 黄健.培训师[M].北京:中国劳动社会保障出版社,2008:7.

师”维度由“教师学习”和“教师工作”两个关键节点构成;“培训”维度包含“培训内容”和“培训方略” 两个关键节点。两个维度和四个关键点形成教师培训师的四大角色空间,即培训讲师、培训管理师、教育教学专家、学校管理专家(见图1-3)。

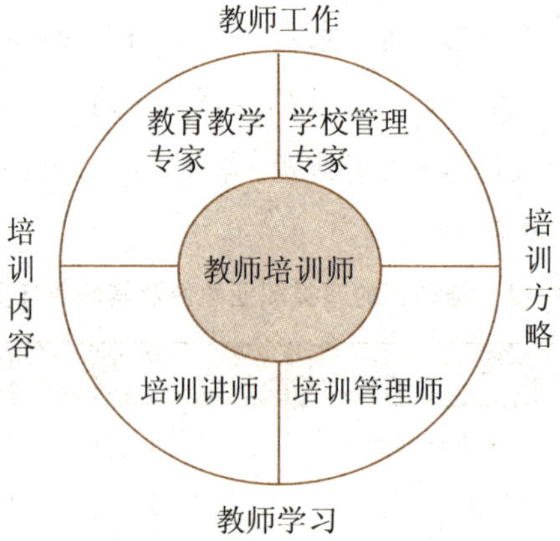

图1-3　教师培训师职业角色

培训讲师角色:培训讲师主要是在理解学生、理解课程、理解教材、理解教法的基础上理解教育和教学,进而理解教师学习,以此开发和实施教师培训课程。其主要任务是围绕教师培训专题内容,诊断教师学习需求、设计培训教学内容与方法、提供教师学习资源、组织教师学习活动、监测教师学习质量和指导教师有效学习。

培训管理师角色:培训管理师主要是从培训方略角度,对培训活动进行规划、组织、控制和改进,其任务主要包括制订培训计划、政策和制度,开发、设计和发展培训项目,安排、组织、协调培训需要的人财物资源,监测和评估培训质量,以及提供与培训管理活动相关的支持。

教育教学专家角色:教育教学专家主要是把教师培训服务延展到为教师工作提供学校教育教学专业咨询与指导。其任务包括:诊断教师工作问题、指导教师教学活动、评价课堂教学效果、促进教师将学习结果转化为工作行为和提供其他有关学校教育教学专业方面的咨询与帮助等。

学校管理专家角色:学校管理专家主要把教师培训服务延展到与教

师工作紧密相关的学校人力资源开发与管理的咨询与指导。其任务包括:为学校组织发展与人力资源开发提供咨询,指导教师制订职业生涯规划,帮助开发教师校本培训项目,协助建设教师学习共同体,以及为学校人力资源发展提供其他专业指导和帮助等。

在以上四个角色中,有的培训师可能担任一种角色,但更多的培训师可能兼任两种、三种甚至四种角色。随着教师培训专业化标准的要求越来越高,教师培训师的专业知识与技能将朝着纵横两个方向发展,既要把教师培训工作从教师学习角度延伸到教师工作绩效提高——站位于教育教学专家角色高度担当培训讲师和站位于学校管理专家角色高度担当培训管理师,又要把教师培训从关注培训内容延伸到关注培训方略——兼任教师培训师和培训管理师双重角色,贯穿学校教育教学与学校管理两大专业领域。

可以预见,随着教育改革日渐深入,教育事业发展步伐加快,教师培训师将会扮演更多新的角色,除了心理咨询师、课程设计师、课堂教学顾问、教育咨询师等这些已经存在的工作角色以外,教师培训师的工作还将引领着传统学科教师身份和角色的转变和发展。例如,如果中小学教师将来如同医生、律师、工程师等专业工作者那样分工进一步细化,除了在学科分类基础上的学科教师外,学校教育将需要更多解决学生学习兴趣培养、学习方法指导、学习习惯养成、学习质量评价、学习生涯规划等问题的学习指导类的"专科"教师,也可能需要能够从事学生网迷、早恋、课堂违纪、校园暴力等不良行为矫治类工作的"专科"教师,还可能需要专门解决"后现代"不可预知的教育异化类问题的"专科"教师。那么,这些"专科"教师的培训就需要大量的"专科"教练和教育专家。

教师培训师作为教师的教师,要引领教师的专业化发展,就需要在教育培训工作的变革与发展上有所作为,从仅仅关注教师学习情况,转变为从更广意义上注重教师学习和知识的创造与共享。未来,教师培训师会继续致力于开发培训项目,向教师传授具体的知识和技能,同时也会更加关注教师工作绩效的提升,帮助教师适应社会发展和学校教育变革带来的各种机遇和挑战。

第二节　教师培训师专业职责

教师培训师的专业职责主要体现在项目管理、课程开发和培训教学三个业务领域，工作内容比较多样、交叉、系统、综合，而普通行政管理人员、课程研究人员和一般教师的工作职责相对比较单一。

一、承担教师培训的项目管理职责

教师培训师需要学习项目管理理论，掌握项目管理方法和工具，积极探索教师培训项目开发与管理的规律，开展教师培训项目的规划、开发、实施、管理和创新工作，主要承担以下项目管理职责：

(1)项目规划。研究社会发展和教育改革需要，调研教师队伍现状和学校组织发展需求，制订教师培训规划和设计教师培训体系。

(2)项目开发。掌握教师队伍建设政策，遵循教师专业发展规律，开发分层、分岗、分类的系列教师培训项目，编制各种培训项目的实施与管理计划。

(3)项目实施。承担项目组织实施任务。负责指导、组织和协调项目团队制订项目实施方案、招生计划、教学计划、管理计划和经费执行预算。

(4)项目管理。对内负责项目的进度控制和质量监测，对外负责项目与相关部门的沟通协调工作。履行项目经费管理和业务审批的一定职责。

(5)项目创新。负责项目团队建设与发展任务，组织项目团队开展研究和工作经验交流活动，不断探索培训项目的理论创新、制度创新和实践创新之路。

二、承担教师培训的课程开发职责

教师培训师需要积极开展教师培训课程的研究工作，掌握课程开发流程、技术和工具，善于根据变化中的学员需要开发和完善培训课程，承担以下工作职责：

(1)开展培训需求分析。运用有效的调研方法了解学员学习需求、学习风格、学习兴趣和学习基础，为培训课程设计做好准备。

(2)设计培训课程。设计课程目标，明确预期学习结果；编写课程大纲，设计专题内容和培训方法；编写详细课时计划和学习活动计划，准备培训手册和学员手册；设计培训场所和学习环境，准备培训工具等。

(3)开发课程资源。包括开发培训课程需要的师资资源、观摩实践和临堂学习资源、参观考察资源、网络学习资源、教材与阅读资料以及培训需要的相关物质资源。

(4)评价课程效果。分别从评价教师教学和学员学习的角度，运用多种方式有效监测和评估课程实施效果。

(5)不断完善课程。研究培训课程理论，综合运用各类反馈信息，反思和总结课程实践经验，探索新的学习需求，完善课程内容，改进课程实施方法，使课程在实践中持续发展。

三、主持教师培训的教学活动

教师培训师需要根据项目安排和课程设置承担备课、上课、课后跟进、培训研究等培训工作，并加强学员的思想品德教育。具体承担以下教学职责：

(1)备好课。全面了解培训项目目标和任务要求，主动了解成人学员学情，积极开发多种培训资源，认真准备教案和有关教学材料。

(2)上好课。把握学员学习需求和成人学习规律，创新培训模式，掌握专业培训方法，运用多种培训技巧和现代培训技术，有效组织课堂教学与培训实践活动，保障培训质量和教学效果。

(3)课后跟进。认真指导学员的结业论文或设计，为学员提出有价值的指导意见；开展培训后的追踪指导活动，促进学习成果有效转化到工作实践之中；采取可能的措施，为学员学习提供其他的持续性帮助。

(4)教学研究。积极参加项目和学科组织的集体备课活动，开展教学研究，总结培训与教学经验，并不断学习，更新专业知识，提高专业能力。

链接 1－1 北京教育学院教师培训项目负责人岗位职责

总项目负责人是培训项目的设计申报、组织实施、质量管理、经费管理、总结自评、项目团队建设的第一责任人，主要职责包括：

(1)承担项目开发和申报任务。在二级学院或职能部门的指导下负责组建项目团队，指导和组织人员调研、撰写项目申报书和编制经费预算，接受财政评审中心的评审。

(2)承担项目组织实施任务。负责指导、组织和协调各子项目和学科项目团队制订项目实施方案、招生计划、教学计划、管理计划和经费执行预算，参加实施方案的评审。根据通过的实施方案组织项目的实施。组织项目的研究工作。

(3)承担项目管理的内外协调任务。负责项目与主管领导、职能部门、院外合作单位的沟通协调工作，定期组织召开项目团队工作例会，研究和解决培训与管理实施过程中的问题。

(4)承担项目质量内部管理任务。负责对项目进度和质量的全面管理。制定项目内部管理制度，明确项目内部管理人员工作职责，对培训项目的教学质量、培训效果进行监控、检查和自评，撰写总结评估报告。积极配合学院和上级组织的质量监测、教学督导、绩效考评活动。

(5)承担项目经费管理任务。负责指导和审核子项目经费的申报预算和执行预算的编制工作，严格按照上级部门要求和学院财务管理规定审批项目经费支出，经费使用情况做到公开、透明，接受有关部门的监督和审计。

(6)履行项目的业务审批的一定职责。承担各子项目教学工作、重大培训业务活动和经费使用申请等向学院报批前的审核任务。

(7)没有设立子项目和学科项目的项目负责人，同时承担本规定中有关子项目和学科项目的岗位职责。

资料来源：《北京教育学院继续教育项目团队成员工作职责及管理规定》，系北京教育学院 2011 年内部文件。

第三节　教师培训师专业素质

一、教师培训师的素质结构

关于专业人员的素质含义，可谓仁者见仁，智者见智。《辞海》对“素质”一词的定义为：（1）人的生理上的原来的特点；（2）事物本来的性质；（3）完成某种活动所必需的基本条件。这里从人才学和人力资源管理角度将“素质”定义为驱动员工产生优秀工作绩效的各种个性特征的集合，它反映的是可以通过不同方式表现出来的员工的知识、技能、个性与驱动力等。素质是判断一个人能否胜任某项工作的起点，是决定并区别绩效差异的个人特征。

美国著名心理学家、哈佛大学教授麦克利兰（D. C. McClelland）于1973年提出了一个著名的“胜任力”概念及其分类和模型。1993年，美国学者斯潘塞博士（Lyle M. Spencer & Signe M. Spencer）设计的“素质冰山模型”（Iceberg Competence Model），对人的素质作了非常深刻的研究，为我们研究教师培训师这类复合型人才提供了理论支持（见图1－4）。

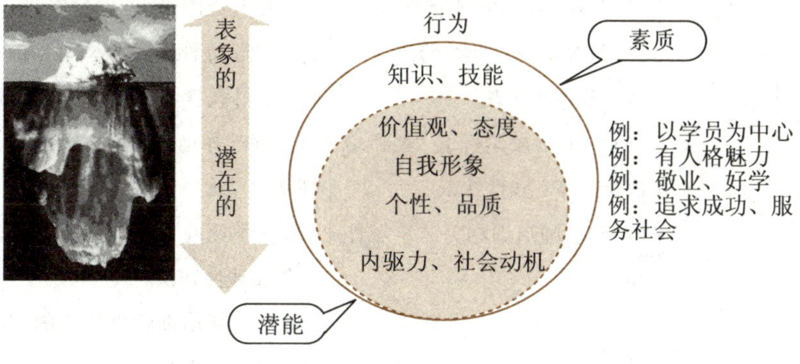

图1－4　教师培训师素质要素的冰山模型

根据胜任力的显现程度不同，可以将胜任力分为两类，即外显胜任力和内隐胜任力。

外显胜任力主要包括知识和技能等，是胜任力冰山结构中的水上部分。这部分胜任力容易被感知和后天培养，是对胜任者基础素质的要求，是有效执行工作所必需的，所以外显胜任力也被称为基准性胜任力(Threshold Competence)。

内隐胜任力主要包括价值观、态度、自我形象、个性、动机等，是胜任力冰山结构中的水下部分。它们不易被感知并且难以培养，是区分绩效优异者和绩效平平者的关键因素，因此，内隐胜任力也被叫做鉴别性胜任力(Differentiating Competence)。

胜任力模型是针对职业表现优异要求组合起来的胜任力结构，描述有效完成特定企业的具体工作所需要的知识、技能和特征的独特组合。它描绘能够鉴别绩效优异者与绩效一般者的动机、特质、技能和能力，以及特定工作岗位或层级所要求的组织行为特征。[①]

在此，我们基于教师培训师素质要素的冰山模型来描绘教师培训师的素质特征(见表1－3)。

表1－3　教师培训师的素质特征

角色 维度		教师培训讲师	教师培训管理师
表象的	知识	(1)学科教育学的本体性知识 (2)教育学、心理学、管理学等培训条件性知识 (3)中小学教学经验、教师培训经验等实践性知识 (4)与教师培训相关的广域性知识	(1)人力资源管理、项目管理、教育管理学等管理学的本体性知识 (2)学科教育学、成人心理学、经济管理学等培训管理方面的条件性知识 (3)教学经验、培训经验、管理经验等实践性知识 (4)与教师培训管理相关的广域性知识

① 张兰霞，闵琳琳，方永瑞. 基于胜任力的人力资源管理模式[J]. 东北大学学报:社会科学版,2006(1):16.

（续表）

角色 维度		教师培训讲师	教师培训管理师
表象的	技能	(1)信息技术应用、人际交往、自我学习、语言表达等基础技能 (2)学习需求分析、课程设计、教案编写、课堂教学、学习指导等培训专业通用技能 (3)培训专项、专门学科、专题内容或特别方式等不同领域涉及的个人技能特长	(1)信息技术应用、人际交往、自我学习、语言表达等培训管理需要的基础技能 (2)运用项目开发、组织协调、质量监测、效果评估等涉及的方法和工具来解决培训管理问题的专业技能 (3)在培训管理活动中体现的个人技能专长，如团队建设办法、工作流程开发、信息化管理手段等
潜在的	价值观和态度	(1)自我方面：严谨、谦虚、好学等 (2)对待他人方面：鼓励、尊重、宽容等 (3)工作职业方面：敬业、专业化、持续创新等 (4)对待集体：团队合作、作贡献、守望等 (5)对待社会方面：守法、服务等	(1)自我方面：示范、以身作则、好学等 (2)对待他人方面：鼓励、尊重、宽容等 (3)工作职业方面：敬业、专业化、持续创新等 (4)对待集体：团队合作、作贡献、守望等 (5)对待社会方面：守法、服务等
	自我认知	(1)自信乐观 (2)善于学习 (3)尽职尽责 (4)热爱专业 (5)求知欲强等	(1)善待他人 (2)效率高 (3)尽职尽责 (4)以身作则 (5)善于学习等

（续表）

维度 \ 角色		教师培训讲师	教师培训管理师
潜在的	个性品质	(1)亲和力 (2)灵活性 (3)严谨细心 (4)创造力 (5)幽默等	(1)亲和力 (2)计划性 (3)思维敏捷 (4)灵活性 (5)幽默等
	内驱力 社会动机	(1)为人师表 (2)关爱学员 (3)追求卓越 (4)创造培训影响力 (5)服务和回报社会等	(1)组织利益最大化 (2)守住质量生命线 (3)追求卓越 (4)开发教育人力资源潜能 (5)服务和回报社会等

知识是指个人在某一特定领域拥有的事实型与经验型信息。教师培训师的知识可以分为本体性知识、条件性知识、实践性知识和广域性知识。

技能是指结构化地运用知识完成某项具体工作的能力，即对某一特定领域所需技术与知识的掌握情况。教师培训师的知识可以分为基础技能、培训专业通用技能和个人技能特长。

价值观和态度体现出人们稳定的行为方式与风格，在此，我们把教师培训师的价值观和态度分为自我方面、对待他人方面、对待工作职业方面、对待集体方面和对待社会方面等五个维度。

自我认知是指一个人对待自我的认识和看法及由此形成的自我印象，如教师培训师认定的自信乐观、善于学习、尽职尽责、热爱专业、求知欲强等自我认知概念。

个性品质是指个性、身体特征对环境和各种信息所表现出来的持续反应。品质与动机可以预测个人在长期无人监督情况下的工作状态。对教师培训师来说，养成具有亲和力、处事灵活、办事严谨细心、计划性强、创造力强、富有幽默感等个性品质非常重要。

内驱力社会动机是指在一个特定领域中的自然而持续的想法和偏好，它们将驱动、引导和决定一个人的外在行动。为人师表、关爱学员、追求卓越、坚守质量、生命线、创造培训影响力、组织利益最大化、服务和回报社会等，都是教师培训师走向专业化的重要支撑力量。

素质冰山模型对人的素质作了非常深刻的研究，对我们研究教师培训师的素质具有巨大的参考价值。冰山水面以上的部分是知识与技能，水面以下则是通常我们所说的"潜能"，从上到下，随着深度的逐渐加深，每一种素质对人的行为的影响逐渐加强。潜在的素质不易被人感知，培养和挖掘潜在素质很困难，而且成本很高，收效周期很长。但是高素质人才的培养本身是一个长期的过程，千万不能急功近利。我们绝不能因为人的潜在素质不易察觉、开发困难，就放弃进一步的研究，就不投入大量的精力去开发和培养。因此，作为复合型人才的教师培训师开发与培养，既要注重对其专业知识、技能和工作行为方面的专门培训，又要重视对其价值观、态度、自我认知、个性品质、社会动机和职业内驱力的长期培养。

二、教师培训师的专业能力结构

能力是指人们顺利完成某种活动的心理特性，分为一般能力（如观察力、判断力、想象力等）和专业能力。

教师培训师的专业能力是指培训师在从事教师培训工作的过程中，有效解决工作问题所必备的培训与管理能力，可以被视为培训师的知识、技能、态度、个性品质、动机等素质要素在执行工作任务过程中的综合体现。

下面我们在了解欧美培训师专业能力结构的基础上，分析教师培训师的专业能力结构。

（一）欧美培训师的专业能力结构

在美国劳工部汇编的《职业能力分类辞典》（*Dictionary of Occupational*

Title）中根据岗位分类的策略，把培训师职业分为三个子类：培训讲师、培训课程设计者、培训管理者。根据从业人员主要职责的不同，美国培训、绩效、讲授标准国际委员会（The International Board of Standards for Training, Performance and Instruction）从从业基础素质、分析与规划、教学方法与策略、设计与发展、评估、管理等六个方面，对培训师职业的三个子类提出不同的职业能力要求（见表1-4）。①

表1-4　美国培训师的专业能力要求

角色 职业能力	培训讲师	培训课程设计者	培训管理者
从业基础素质	（1）有效的沟通 （2）遵守法律法规和职业道德 （3）及时学习更新职业所需的知识技能 （4）建立并保持职业声誉	（1）有效的沟通 （2）遵守法律法规和职业道德 （3）及时学习更新职业所需的知识 （4）应用已有的研究成果来设计培训课程 （5）基本的调查、研究能力	（1）有效的沟通 （2）遵守法律法规和职业道德 （3）及时学习更新职业所需的知识技能 （4）维护支持培训运作的关系网络
分析与规划	（1）准备教学材料和方法 （2）教学准备	（1）进行需求评估分析 （2）明确目标人群和环境特点 （3）设计课程体系和所需辅助讲授技术手段 （4）课程体系和培训需求、环境要求紧密联系	（1）发展并研制培训战略规划 （2）利用绩效分析以改善组织 （3）促进并管理组织变革

① 张敏，王晓平．培训师制度的国际比较［J］．继续教育，2006（6）：60-61．

（续表）

职业能力＼角色	培训讲师	培训课程设计者	培训管理者
教学方法与策略	(1)激发学习者热情 (2)良好的演讲技巧 (3)有效的提问技巧 (4)及时给予反馈并理清疑问 (5)促进对知识技能的灵活掌握和应用 (6)利用媒体和技术丰富学习过程和效果		
设计与发展		(1)根据培训选择合适的设计架构 (2)根据培训内容选择合适的培训方法 (3)选择合适的培训方法	(1)在培训项目设计中应用教学设计原理 (2)应用现代科技手段监测培训效果
评估	(1)评估学习过程与效果 (2)评估教学效果	评估教学效果	评估培训效果
管理	(1)能够管理教学环境,处理各种突发问题 (2)通过合理使用技术管理教学过程	(1)规划并管理培训设计项目,并负责其具体实施 (2)团队内部协作能力	在培训过程中应用领导力、管理技能和商业经营技能

在英国，培训师也有实施者、管理者和协调者之分。英国的国家职业资格（NVQ）一般分为5个等级。但由于培训师的专业性较强，没有一般简单职业所共有的1和2两个较低的等级，而只有3、4、5三个等级。每个等级的职能和能力要求如下（见表1－5）。①

表1－5　英国培训师专业能力要求

等级	目标岗位	职能	能力要求
3	培训课程直接提供者	（1）培训的具体实施 （2）培训设计与评价	（1）确认学习者个人学习的需求 （2）设计培训与开发计划 （3）准备培训材料 （4）创造良好的学习氛围 （5）促进个体的学习 （6）评价培训项目 （7）评价自己的绩效
4	培训课程与培训服务的提供者、咨询者、组织人力资源开发的顾问	（1）实施学习计划 （2）开发学习计划 （3）学习与培训咨询 （4）评估学习结果和学习计划 （5）实施组织人力资源 （6）开发人力资源项目 （7）实施咨询与评估人力资源项目与战略	（1）确定不同个体的学习目标、学习需求以及学习风格 （2）设计学习计划 （3）创造良好的学习环境 （4）与学习者协调学习计划 （5）监控和评价学习者学习过程 （6）评价和改善培训与发展计划 （7）明确组织的培训需求 （8）为实现这些需求制订计划 （9）提供平等的学习氛围 （10）评价和完善培训与开发计划 （11）评价自己的工作绩效

① 黄健，熊燕．培训师——21世纪的职业新宠［J］．教育发展研究，2005（3）：45.

（续表）

等级	目标岗位	职能	能力要求
5	培训与人力资源开发的战略家（领导或顾问）	(1)管理组织的人力资源开发与培训 (2)进行组织战略的咨询	(1)将人力资源开发纳入组织战略 (2)明确组织人力资源需求 (3)制订人力资源政策与计划 (4)实施人力资源开发计划 (5)评价人力资源开发的有效性，并提出改进的建议 (6)监督和控制资源 (7)建立和改进组织文化 (8)遵循职业和道德准则 (9)评价和提高自己的绩效 (10)选择性单元 (11)开发培训与开发新方法

欧盟最新职业教育专业人才的能力结构标准，对职业教育中培训师的能力结构标准进行了明确的说明，重点关注其所从事的活动和相应的必备能力，主要包括行政管理、培训、发展与质量保障以及网络协作四个部分（见表1－6）。①

表1－6　欧盟培训师的能力标准

一级领域	二级分类	所从事的活动	必备能力
行政管理	组织、计划	(1)计算成本 (2)预算 (3)参与学校招生工作 (4)对学习者成绩、组织计划持续评估	(1)了解公司的主要业务流程和管理规定 (2)具备预算知识和能力 (3)具有系统性和组织性 (4)具备评价、评估知识和能力 (5)具备信息与通信技术能力

① 罗尧. 欧盟职业教育培训师能力结构新框架解析［J］. 石油教育，2010(6)：58－61.

（续表）

一级领域	二级分类	所从事的活动	必备能力
行政管理	项目管理	(1)撰写工作计划 (2)为培训活动准备资料 (3)与职业技术培训学院协调、合作	(1)了解公司的主要业务流程和管理规定 (2)具有项目管理知识和技能 (3)具备团队精神和沟通能力 (4)具有项目培训的知识，了解流程
培训	计划与准备	(1)分析学习者和公司的培训需求 (2)为接受学习者准备工作场所 (3)制订个人培训方案 (4)用不同的方法制订培训方案	(1)了解课程目标和学习结果 (2)了解学习理论和教学方法/策略 (3)了解培训设计方法和原则 (4)了解培训需求的工具，分析方法和进程 (5)在专业领域更新发展
	学习指导	(1)熟悉对学习者的组织、安排和原则 (2)组织团队合作 (3)实行以培训者为中心的学习 (4)指导学习 (5)个体培训 (6)扮演和接受作为指导者和教练的角色 (7)协调工作场所的矛盾 (8)指导、支持、激发学习动机	(1)了解课程目标和学习结果 (2)具备工学结合的能力 (3)了解学习理论和教学方法/策略 (4)有效使用不同的教学工具 (5)了解教室管理理论和实践 (6)了解职业领域 (7)在专业领域更新发展 (8)具备激发学习者学习主动性的能力 (9)具备个体指导的能力 (10)了解指导技能 (11)具备处理矛盾，多样化管理的能力 (12)具备社交能力

（续表）

一级领域	二级分类	所从事的活动	必备能力
培训	评估与评价	(1)对学习者的学习成绩进行评估 (2)计划和组织考试 (3)对学习者需求作出反馈	(1)了解职业领域和相关法律法规 (2)了解评估原则、工具和技术 (3)使用和开发有效的评价/评估工具 (4)具备人际交往能力
发展与质量保障	个人发展	(1)关注专业领域最新发展 (2)制订长期的专业发展计划 (3)参与持续职业发展活动 (4)跟踪最新的教学发展趋势	(1)意识到专业发展对自身工作的重要性 (2)满足个人专业发展需求(职业、教育学、教学法) (3)能够将新知识融入培训活动
	工作场所/公司发展	(1)参与有利于部门和机构发展的活动 (2)为公司开发培训条件	(1)了解和培训相关的法律法规 (2)知道机构发展的重要性 (3)知道开发培训条件对培训质量的重要性 (4)具备交际能力
	质量保障	(1)致力于公司的质量管理 (2)报告学习者的学习进程 (3)致力于质量管理工具的设计	(1)了解与培训相关的立法和法规 (2)了解质量管理准则、体系、理论和工具 (3)了解评估原则和技能 (4)能够将质量管理的结果运用于工作和公司培训活动中

（续表）

一级领域	二级分类	所从事的活动	必备能力
发展与质量保障	质量保障	(4)监控培训 (5)参加同行评议 (6)评估培训进程和培训项目 (7)自评	(5)有系统性,有计划性 (6)具备认定和分析培训进程的能力 (7)了解如何运用自评和质量保障结果改进自我行动 (8)具备交流、交际能力
网络协作	内部协作网络	(1)公司内发起和参与内部网络协作与合作 (2)参加内部会议 (3)与同事合作开展培训	(1)了解如何开展团队合作与协作 (2)具备交流、交际能力 (3)能够与他人合作并给予他人支持 (4)积极主持、参加会议
	外部协作网络	(1)与本地和全国的机构(公立学校和劳动力市场)合作 (2)与职业教育培训机构合作 (3)致力于与外部教育机构的合作 (4)致力于专业领域合作 (5)参加国际性网络协作,进行项目合作	(1)能够识别并找到应该保持联络的国内、国际机构进行合作 (2)了解如何将国际性视野整合到培训中 (3)懂外语和外国文化 (4)了解欧盟项目和相关工具(ECVET,EQF,Europass) (5)具备交际、交流能力 (6)积极主持、参加会议

从欧美国家的培训师职责和专业能力要求来看，现代培训师职业能力具有复合型特征，远远超越普通教师和一般行政管理人员具备的基本职业能力，不仅包括学习需求分析、课程开发、教学设计、活动组织、学习指导等培训课程与教学实施能力，而且涵盖培训需求分析、项目设计、资源开发、质量监控和评估等培训项目开发与实施所需要的培训管理专业能力。随着培训功能的“战略化”和培训方式的“技术化”，培训师的专业能力将逐渐向组织发展、业务咨询、团队领导和现代技术开发与应用等方面延伸。

（二）教师培训师的专业能力结构

如前所述，教师培训师主要承担四类专业角色（培训讲师、培训管理师、教育教学专家、学校管理专家）和三项领域工作职责（项目管理、课程开发和培训教学），借鉴欧美国家的培训师职责和专业能力要求，在此提出教师培训师应该具备的十项专业能力，如图 1 –5 所示。

教师培训专业能力网状结构以“需求分析—效果评估”、“方案设计—课程开发”、“教学实施—管理实施”和“团队建设—个人学习研究”四个能力轴线为基础，构成培训师的十项专业能力，即培训需求分析能力、培训方案设计能力、培训课程开发能力、培训教学实施能力、培训管理实施能力、培训效果评估能力、培训团队建设能力、培训师个人学习研究能力、教育教学咨询指导能力和学校管理咨询指导能力。

其中前八项专业能力被设定“4 级”标准：“1”为初级能力标准，“2”为中级能力标准，“3”为高级能力标准，“4”为专家级能力标准。

现实中，每位教师培训师的专业能力状况都存在差异，形成培训师的个人专业特征和风格。从图 1 –5 中以最深线条描绘的培训师能力案例中可以看出，该培训师是典型的培训讲师而非培训管理师，其特长主要在培训课程开发、培训教学实施和学习研究能力方面，但是培训管理类能力相对较弱。

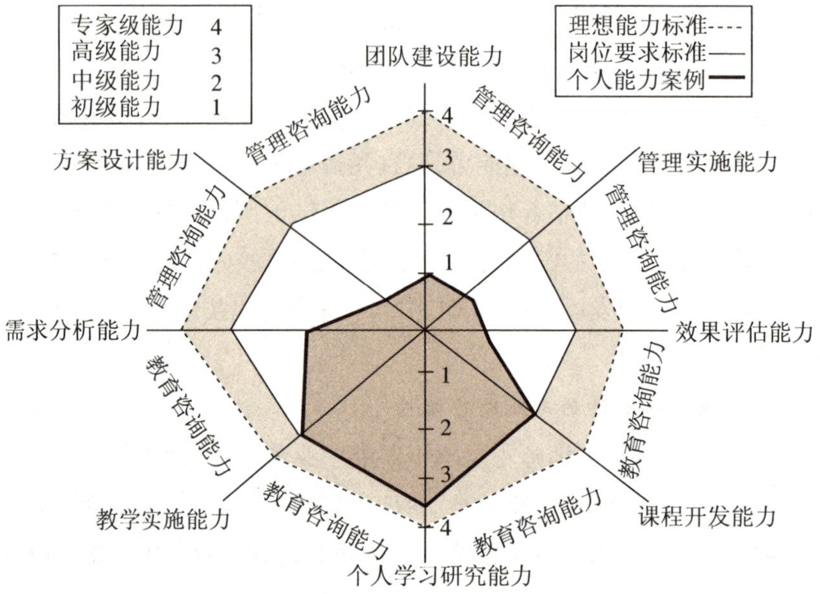

图 1－5　教师培训师专业能力网状结构

教师培训师十项专业能力从内容维度来看又可分为三种类型：第一类是基础专业能力，这里指培训团队建设能力和培训师个人学习与研究能力，是很多行业和工作领域的专业人员必须具备的，在本书中不再单独阐述；第二类是通用专业能力，这里指培训需求分析能力、培训方案设计能力、培训课程开发能力、培训教学实施能力、培训管理实施能力和培训效果评估能力，在本书的后面各章节中，将重点介绍教师培训师的这六项能力；第三类是专家咨询能力，指的是教育教学咨询指导能力和学校管理咨询指导能力，是教师培训师在专业发展巅峰阶段体现的专业特长，今后，随着“战略化”培训理念的普遍认识和深入研究，教师培训界同行将逐渐关注教师培训师的专家咨询职责和能力。

第四节　教师培训师专业发展

一、教师培训师的职业前幕

当前由于缺少对“教师培训师”的职业资格认定，“教师培训师”的概念仍未被业界运用，大家一般多用“教师培训者”指代从事教师培训的专业人员。因此，我们这里就从教师培训者的职业发展现状出发，来探讨教师培训师的专业发展状况。

从教师培训者的现状来看，教师培训者可以分为培训教师和培训管理者两类人员，每类人员实际存在着五个类型（见表1－7）。

表1－7　教师培训者分类

教师培训者	
培训教师	培训管理者
传统教学型	行政事务型
学术研究型	教学业务型
学校实践型	培训经验型
培训师型	培训管理师型
咨询专家型	咨询专家型

在教师培训实践中，存在五种类型的教师培训者，即传统教学型、学术研究型、学校实践型、培训师型和咨询专家型。他们来自高等学校、教育学院、教师进修学校和中小学校等不同类型的教师教育机构和教育实践一线。在实际工作中，五类人员的培训风格和专业化程度体现出较大差异。

■ 传统教学型培训教师：受传统的学历教育或中小学教学方式影响，注重讲授艺术与方法，把教师培训课堂仅视为知识补充场所。虽然普通课堂教学经验丰富，但缺乏对成人学习规律的关注和把握，培训方式单一，且对培训内容研究的学术深度不够。

■ 学术研究型培训教师:这类培训者多来自大学和科研机构,学历较高,培训内容主要是把自己从事的学科建设或教育课题研究成果转化为专题讲座或报告。他们对教师学习和工作所涉及的某个学科或专题领域有较深研究,培训内容理论性强,但在培训课堂上容易以自我讲授为中心,比较注重表达自己的学术理论观点,容易缺少对培训对象需求的把握和学习效果的关注,是典型的重视培训内容、忽视培训方法的培训者代表。

■ 学校实践型培训教师:这类培训者大多来自中小学专家型的教师、校长和教研员队伍。他们有着丰富的中小学教育教学一线实践经验,善于运用教育教学实践案例,关注教师工作绩效,并通过组织研修活动解决学校和课堂教学的实践问题,但往往对培训的专业化和教师学习内容的系统性、前沿性、全面性和发展性方面把握不够。

■ 培训师型培训教师:这类培训者把教师培训视为专业化工作,既关注培训内容的学习价值,又关注教师作为成人的学习规律,他们在长期专业训练和培训实践经验积累的基础上,能对以上三类培训者工作风格扬长避短,使教师培训工作超越一般培训意义上知识补偿性的学科教学范畴,是兼顾培训内容与培训方法双重有效性的培训者代表。

■ 咨询专家型培训教师:这类培训者是培训教师的最高境界和职业阶段,其个体角色特征类同上述的"教育教学专家"。

以上五种类型的培训教师角色风格构成矩阵,培训师型和咨询专家型培训教师代表着当今教师培训者的专业化发展方向(见图 1－6)。

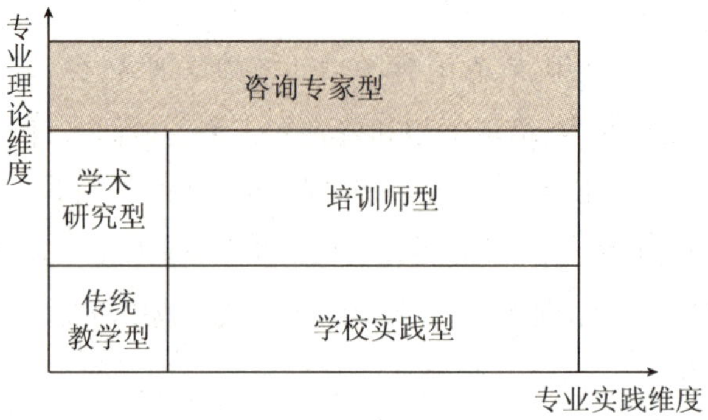

图 1－6　培训教师的矩阵角色风格

随着教师培训的专业化发展,项目管理制被引入教师培训行业。教师培训管理者在教师培训的项目规划、开发、实施、质量监测与评估等活动中面临着管理专业化的挑战。同时,也逐渐产生具有不同管理风格的教师培训管理者,主要存在着五种类型的角色风格,即行政事务型、教学业务型、培训经验型、培训管理师型和咨询专家型。

■ 行政事务型培训管理者:此类管理者以培训项目秘书、班主任和其他普通行政人员为主,其主要任务是协助培训项目主管或负责人,承担培训项目的日常教务和行政事务方面的管理与服务工作,例如通知培训活动,预订和准备培训场地、交通、食宿、活动用品,服务和管理培训学员,整理培训档案等方面的具体任务。

■ 教学业务型培训管理者:这类管理者多为从教师转岗到培训管理的工作人员,或教学与行政管理双肩挑的管理干部。其主要任务是参与或负责课程开发、制订教学计划、设计培训活动、遴选和聘请培训教师、观察和测评教学效果等教学管理事务,有的还兼任具体教学任务。

■ 培训经验型培训管理者:他们长期从事教师培训行政管理工作,具有丰富的教师培训经验。他们主要负责开展教师培训的行政组织、协调和管理工作,落实培训项目计划和完成培训任务。

■ 培训管理师型培训管理者:这类管理者把教师培训管理视为专业化工作,通常以专业化的项目管理的理念和方法管理教师培训工作。具备较强的培训需求分析、培训方案设计、培训课程开发和培训项目质量监控与评估能力。

■ 咨询专家型培训管理者:这类管理者主要是教师培训领域的专家型领导和领导型专家,能准确地把握教育教学、教师教育、培训与管理等方面的发展规律,培训管理经验丰富,能在教师培训与管理活动中发挥专业引领和咨询指导作用。

以上五种类型的教师培训管理者角色风格构成矩阵。培训管理师型和咨询专家型教师培训管理者代表着当今教师培训管理者的专业化发展方向(见图1-7)。

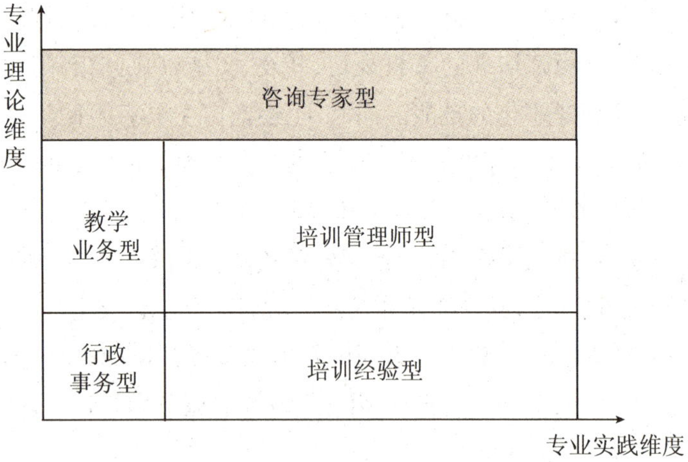

图 1 －7　培训管理者的矩阵角色风格

二、教师培训师的职业发展阶段

我国高等师范教育和教师继续教育领域有着庞大的教师培训者队伍，其中孕育着教师培训师的后备军。

随着高等师范院校对教师职前职后一体化内涵发展和教师培训“专门化”的关注，高等师范院校亟待建立一支稳定的教师培训者队伍，并在教师培训工作实践中建立教师培训师的培养制度，以弥补这类社会急需人才的空白。只有其成人继续教育学院能逐渐建立起一支稳定的教师培训者队伍，“教师培训师”职业才有可能进入高等院校“服务社会”的人才培养视野。如果高等院校的教师培训者依旧处于培训“雇佣军”或“游击队”状态，那么，教师培训师的职业角色将长期被标榜知识创新的学术殿堂拒之门外，其后备期将会无限延长。

近几年，各级政府高度重视教师继续教育，培训经费逐年倍增，特别是项目管理制已经引入国家级和部分省市地方的教师培训工作之中，教师培训专业化和管理专业化备受关注。随着教师学历教育向非学历教育的转型，以独立设置的成人高等师范院校和地方教师研修学院为主的教师培训专门机构，已经建立起一支稳定的教师培训者队伍，专门承担教师培训工作，为教师培训师提供了生长的土壤。一部分教师培训者在实践经验中“自学成才”,逐渐朝着“教师培训师”角色转换,但是还有相当一部分教师培训者仍然处于“培训专业化”的摸索之中。我国目前尚未建立教师培训师职业认证制度,教师培训师的培训制度亟待建立。

一般来说,教师培训师的职业发展要经历以下五个重要发展阶段(见图1－8)。

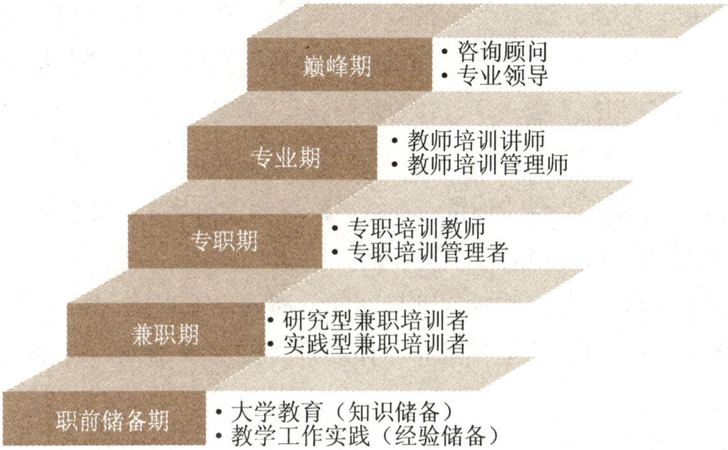

图1－8　教师培训师的职业发展阶段

■ 职前储备期(阶段1):职前储备期主要是为今后从事教师培训工作储备有关培训内容方面的本体性知识和培训方法方面的教学实践经验,包括在学校期间完成高等教育,掌握学科教育、教育学、教育心理学等方面系统知识,以及在高等院校和中小学任教,积累课堂教学的实践经验。由于教师培训师职业尚未得到社会统一认证而独立出来,所以,大多数将来走向培训师行业的人员无论在大学期间,还是在开始踏上普通课堂教学讲台时,都是在无意识地为将来可能从事教师培训工作而储备知识和经验。

■ 兼职期(阶段2):这个时期把教师培训作为第二职业或兼任工作任务。从人员来源来看,有两类兼职培训者。一类兼职培训者是高校教师和研究人员,其主要工作是从事学术理论研究和学历教育;另一类兼职培训者是来自中小学教育教学实践一线的教研员和优秀教师、校长。

从培训内容和培训方法两个维度来看，兼职培训者的培训水平可分为四类：第一类是胜任型。其培训内容和培训方法都深受学员们欢迎，培训效果较好，初步显露出教师培训师的才能。第二类是学究型。他们拥有教师学习所需要的知识和技能，在培训内容方面体现出专业特长和优势，但是其培训方法不符合成人学习规律，虽然其培训内容有一定专业水平，但是由于培训方法不当导致学员学习效果不好。第三类是经验型。其培训内容聚焦中小学教师工作现场和教师关注的实践问题，培训方法也能照顾到教师作为成人学习者的发展特征，但是，由于其学术水平的局限性，导致培训效果只能满足教师学习者短时需求，无法解决实践背后的深层次问题。第四类是平庸型。其培训内容和方法皆与中小学教师学习需求存在差距，需要大幅度提升与改进。

前三类兼职培训者如果得到培训师方面的专业训练，在工作实践与个人学习交替中加强专业反思与工作改进，将来都可能成为专业的教师培训师。

■ 专职期（阶段3）：专职期的培训者是把教师培训作为第一职业和专门工作任务。有两大因素把教师培训者从兼职阶段推向专职阶段。

第一是组织机构变革因素，其中包括三种情况。其一是部分省级教育学院从学历教育到教师培训业务转型，使得机构内部分人员专职从事教师培训与管理工作。其二是高等院校因为承办教师培训任务量增大，逐渐形成一支专职培训管理人员和培训教师的队伍。其三是区县教师进修和教研机构改革，重组教师培训与管理的专职人员，教研员和培训者整合起来向承担教研和培训双重任务的研训员或研修员角色转变。

第二是人才流动因素。一方面，来自高等院校的高学历毕业生流入教师培训机构，成为专门从事教师培训工作的专职培训者；另一方面是少数中小学优秀教师调入教师培训机构专门从事培训工作。这两类专职培训者各有专业特长与不足，在培训工作初期表现出类似兼职培训者的四类水平，但是，在专门的培训组织氛围和专业同伴的影响下，他们在教师培训专业化方面逐渐成熟，呈现出以下特征。

其一是专业分工逐渐明显。他们按工作分工归属到培训项目管理团队（项目负责人、学科负责人、项目秘书、继教班主任等）和专职讲师团队（学科负责人、指导教师、讲师等），并按岗位承担各自不同的工作任务。

其二是专业能力逐渐形成。他们能根据项目操作与管理规律开展教师培训活动，在工作实践中掌握了培训需求分析、方案设计、资源开发、组织实施、质量监控与评估等基本专业技能，并初步具备培训管理能力。他们的培训方法有了极大改进，能有意识地基于成人学习规律开发和设计教师培训课程，组织教学和培训活动，深入学员工作现场追踪和转化培训成果。

其三，专业归属感逐渐增强。他们逐渐认同教师培训者作为教师的教师——这个教育界不可替代的职业角色；他们崇尚教师培训者"顶天立地"、"理论实践化、实践理论化"、"做教育理论与教育实践的桥梁"、"崛起于中间地带"等的职业理念；他们在制定、实施、遵守和完善有关教师培训规划、政策、管理办法、管理制度中成长。

然而，专职期教师培训者由于缺少培训师的培训技能专门训练和专业机构资质认定，仍然处于教师培训师的职业前期。

■ 专业期（阶段4）：这个时期教师培训者的培训专业化能力基本形成，达到专业培训讲师和培训管理师的职业角色标准要求（参见本章第二节、第三节内容）。其职业特征体现出：职业稳定，把教师培训作为专业任务完成；专业兴趣浓厚，具有积极的专业情意和职业奉献精神；专业知识系统，专业技能全面，问题解决能力强，工作得心应手；善于学习和吸收培训同行经验，保持专业持续发展；具备引领和指导培训者同行能力，不断积累培训的实践性智慧和拓展教师培训的工作视野；等等。

■ 巅峰期（阶段5）：这个时期教师培训者的培训专业化能力达到巅峰发展阶段，具备超越"学科"抵达"培训开发"领域的能力，能够从"全科"角度准确把握教师专业发展和教师培训的共同规律，在教师培训规划、培训系统设计、培训质量控制与绩效评估等方面，具有系统的专业知识和技能、丰富的实践性智慧和专业领导力，成为贯通教育教学、学校管理、教师培训等领域的咨询专家和专业顾问。

教师培训师的职业发展阶段体现出教师培训者队伍成长与发展的宝塔层级（见图1-9）。从塔底到塔尖，每级培训者的成长因素，既有外因的作用,如培训机构用人机制改革、高等院校培养项目创新、高校教师和培训师资格认证体制发展等;又有内因的作用,如培训者善于学习和总结反思培训规律和经验等。

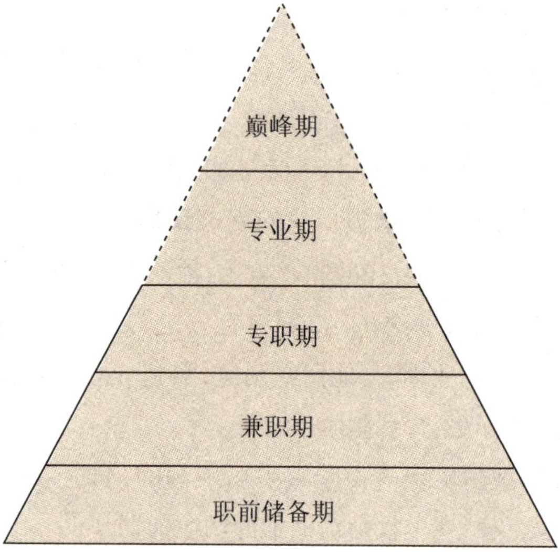

图1-9　教师培训者队伍专业成长与发展层级

就教师教育来说,职前培养阶段历经4年,但是职后专业发展需要经过10年、20年、30年甚至更久。

今天,教师培训专业发展的“专业期”和“巅峰期”仍然处于“冬眠”状态。铸造教师培训师的发展母机,为中小学教师几十年的学习建设一支专业化教师培训师队伍,需要教育主管部门加快观念转变和制度创新,建立教师培训师职业标准和资格认证制度,为教师培训师的专业发展提供制度保障;也需要教师教育机构加强培训专业化研究和培训实践创新,建设有利于教师培训师专业成长与发展的培训文化和组织环境。

如果你是一位教师培训者,请你不要等待,行动起来,加入在你前面的那些成功的教师培训师队伍里,朝着自己选择的专业发展方向前进。

每一个教育工作者都要坚信:如果教师是正确的,教育就会是正确的;如果教师培训师是正确的,服务于教师学习与工作的教师培训事业就是正确的。

第2章 教师培训基本问题

本章学习导语

洞穴囚犯

有一群人世世代代居住在一个洞穴里，他们从出生时起就被铁链锁在固定地点，犹如囚徒，甚至连脖子也被锁住，不能回头或环顾，只能面壁直视眼前的场景。在他们身后，有一堆火，在火与囚徒之间有一堵矮墙，墙后有人举着各种各样的雕像走过，火光将这些雕像投影在囚徒面对的洞壁上，形成多元的、变动着的影像。囚徒们的一生都犹如在看皮影戏，他们不能相互观望，不知道自己的模样，也不能回头看到造成影像的原因，他们都以为眼前晃动的影像就是真实的事物，用不同的名字称呼它们，仿佛这些影像就是真实的人、动物和植物。

有一个囚徒偶然挣脱了锁链，他移动脚步，回过头来，生平第一次看到炫目的光亮，火光会使他感到刺眼的痛楚，使他看不清原先已经习以为常的影像。经过一段时间的适应，他终于能够分清影像和雕像，明白雕像比影像更真实，影像是火造成的投影。他不顾刺目的疼痛，逼近火光，走向洞口。后来有人把他从陡峭的洞口拉出洞外。当他第一次看到阳光下真实的事物时，再次眼花缭乱，甚于初见火光时所受的痛苦。他只能慢慢适应阳光的照耀，先看阴影，再看水中映像，进而看事物本身，抬头看天上的月亮和星辰，最后直接观察太阳。

为了解放他的同胞，这个解放了的囚徒义无反顾地回到洞穴里。他从光明处来到黑暗处，已不能适应晃动的影像。别人会因为他看不清影像而嘲笑他，说他在外面弄坏了眼睛不合算。没有人相信他在外面看到的东西，他不得不与他们争论幻觉和真理、偶像和原型的区分，因此激起众怒，人们恨不得把他处死。

以上是柏拉图在《理想国》第七卷里举出的洞穴囚犯寓言，以隐喻来告诉我们，“形式”其实就是那阳光照耀下的实物，而我们的感官世界所能感受到的不过是那白墙上的影子而已。缺乏理性的人能看到的只是那些影子，而哲学家则在真理的阳光下看到外部事物。

柏拉图认为，自然界中有形的东西是流动的，但是构成这些有形物质的“形式”或“理念”却是永恒不变的。他指出，当我们说到“马”时，我们没有指任何一匹马，而是称任何一种马。而“马”的含义本身独立于各种马（“有形的”），它不存在于空间和时间中，因此是永恒的。但是某一匹特定的、有形的、存在于“感官世界”的马，却是“流动”的，会死亡，会腐烂。

今天，当我们在从事教师培训工作时，主要是针对某门学科、某个学段和特定学习对象的教师开展培训。培训者主要关注教学对象在该学科领域的知识、教学技能或能力的培养与培训，而缺少对教师作为成人所需要的“培训”与“学习”的本质特征和内在规律的重视。只重视学科内容而轻视培训形式的结果，是导致学员在培训期间的心理震动往往是暂时感受，所获得的知识只是短时的记忆碎片和难以迁移的技术经验，而无法获得那些终生受益、永恒不变的教育教学理念与方法。

对教师培训师来说，一个特定的培训项目和培训活动是可见的、暂时的，但是，培训本身是终身的、永恒的。本章与大家共同探究培训的几个基本问题：培训是什么？为什么要培训？培训谁？培训什么？依据什么培训？

第一节 培训是什么

“培训”意为“培养和训练”。在当代，“培训”已经成为广义教育的一个重要概念，是学历教育的一种补充形式，其内涵从早期强调技能训练，扩展到个体知识和技能提升、工作态度和方式转变乃至人力资源开发与管理手段等所需要的学习。

英国官方的培训委员会给培训下的定义是“通过正式的、有组织的或有指导的方式，而不是一般监督、工作革新或经验，获得与工作要求相关的知识和技能的过程”①。

教师培训是有目标、有计划、有指导地组织教师参加与教育教学工作相关的学习活动，旨在改进和发展他们的专业知识、专业技能、专业态度、专业能力和工作行为，从而开发教师人力资源潜能，以适应教育改革和发展需要。

教师培训在有效支持和促进教师学习和专业化成长过程中，有效实现了学校组织发展和教师个体专业发展的双重目标。教师培训具有专业性、实践性、终身性、生产性、针对性与实效性等重要特征。

一、教师培训的专业性

工作的专业性体现在专业人员在专业组织中凭借着专业知识、专业技能、专业精神和专业能力，从事着专业性劳动，在社会发展中发挥着的独特作用。教师培训的专业性应体现出以下几方面特征。

第一，从社会功能来看，教师培训应为开发教育人力资源，发挥先导性、保障性、持续性的作用。它通过提供专业性服务，提升教师专业化水平，进而促进教育改革和发展，在推动社会发展中体现着不可或缺的社会功能。

① 黄健. 助理培训师[M]. 北京：中国劳动社会保障出版社，2008：3.

第二，从专业组织来看，教师培训应在各级教育行政体制中设有专门管理机构负责教师培训管理工作，并通过权威性专业培训机构承担培训任务。我国综合性大学、师范院校、教师进修机构、中小学校等构成合作、开放的教师培训机构体系，各自在教师培训领域中发挥独特的作用。

第三，从专业知识和专业技能来看，教师培训应形成完善的教师培训专业理论和成熟的教师培训专业技能，并且被从业人员所掌握。教师培训师通过把握学科规律、教师专业发展规律和培训自身规律，所形成的教师培训行业要求的独特职业能力和工作模式，应既不同于综合性大学和师范大学的培养方式，也不同于企业界的员工培训。

第四，从专业精神和专业理想来看，教师培训应该成为一项由教师教育与现代人力资源开发与管理两大职业领域交叉的朝阳行业。随着教育优先发展战略的确定和教师培训专业化的推进，教师培训将会成为现代社会有声望的职业。

第五，从教师培训专业性的“实然”特征来看，教师培训师的专业性面临着诸多问题与挑战。以上四个方面体现着教师培训专业性的“应然”特征，而从“实然”特征来看，教师培训专业性正遭遇着另一面的危机，如业余性、半专业性、非专业性，主要体现在以下方面：

◆ 教师培训者的入职标准缺失，行业标准不清，兼职培训者超过专职培训者，教师培训师制度尚待建立；

◆ 教师培训者的知识体系有待完善，培训能力亟待提高，还需要接受更多的专业训练；

◆ 教师培训者的专业自主性不够，对行政管理部门过分依赖，缺少专业组织归属；

◆ 教师培训理论在教育学或管理学领域尚未成为独立的分支学科，教师培训的实践工作还未能充分满足教师学习需求。

二、教师培训的实践性

某些知识的掌握需要和实践结合，而另一些知识需要长期的专业理论学习，而且，许多知识和经验也需要在工作中长时间积累。也就是说，学习和工作可以相互促进。

教师的某些专业技能既需要知识，又需要经验，而这些又可以分别从学校学习和工作中获得。教师在教育教学活动中用到的数学、语文、英语、物理学、化学等学科知识，以及教育学、心理学等条件性知识，需要长期的专业化学习。就这点来说，当前的教师培训做得还不够。关于教师专业发展的培训应该主要在教师工作中进行，把培训所提供的在职学习嵌入教师的实践工作中，体现出学习既从实践中来，又到实践中去的特点。

中国的大学每年都在大批量地“生产”新教师。无论是来自综合性大学，还是来自师范大学和师范学院，且不论这些学过了数学、语文、英语等学科知识的大学生是否掌握了该学科的知识，我们需要质问的是掌握了数学知识就等于会教数学了吗？从掌握一门学科到会教一门学科之间距离究竟多长？需要多长时间才能把这个差距缩短到可以忽略不计的程度？通常，我们习惯把一个学习过某一专业的大学生安置在一个学校中，他在第一天进校门时就被领进教室，推向讲台，于是他便回忆着当年他的老师是怎么教他的，凭借着自己的灵感开始了他的职业生涯。至于教师资格培训和岗位胜任力培训的环节在一些地区到了被忽略不计的地步。

教师培训不是脱离实践的填鸭式的知识灌输，也不是无视学习者需求的独白式讲座，而是一种基于教师实践的学习共同体活动。教师培训师作为学员的学习合作伙伴和支持者，在教师专业化成长实践中发挥着引导、促进、帮助和咨询的作用。

三、教师培训的终身性

教师培训已经建立了一个由三个阶段构成的制度系统：就职前培训、就职培训和在职培训。就职前培训主要是指大学生在获得规定学历后接受的教师资格训练；就职培训指获得教师资格证书后进入教学工作岗位时接受有经验同行的指导和引领；在职培训是在职前教师教育、教师入职辅导基础上的专业继续教育。“师范教育或师资培训可以包括下述三个阶段：就职前培训、就职培训和在职培训。现在，人们把这三个阶段看成

是一脉相连的三个组成部分。”①(见图2－1)

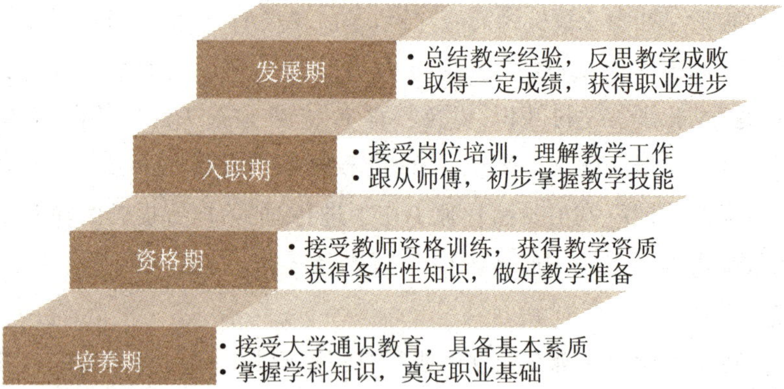

图2－1　中小学教师专业发展台阶

国内不少业内人士把这个系统的就职前培训往前延伸到职前培养阶段，倡导“教师教育职前、职后一体化”制度②。实际上，教师培训“职前、职后一体化”的本质不是要简单追求培训机构和培训形式的统一化和大学化，而是要加强研究三个阶段教师学习内容的有机联系与差异，特别是要在制度和实践层面，进一步把握好它们在教师培训每个阶段的内在规律及其差异性需求，通过走内涵发展之路，实现教师培训“职前、职后一体化”，从而推进教师教育发展。③

通常，我们走进餐馆吃饭会首先选择喜欢的菜肴，然后由厨师帮助我们选择盛装菜肴的各类不同功能、不同样式的餐具，而非先订餐具后点菜。如果我们只是注重“教师教育职前、职后一体化”的机构与形式，而不去深入探究一体化需要解决的内涵与内容问题，那与就餐前先订餐具后根据餐具做菜有何区别？

---

① 胡森. 国际教育百科全书：第5卷[M]. 贵阳：贵州教育出版社，1990：16－19.

② 参见：朱旭东，胡艳. 中国教育改革30年：教师教育卷[M]. 北京：北京师范大学出版社，2008：68－70.

③ 余新. 影响教师培训有效性的五个基本环节[J]. 北京教育学院学报，2009，(6)：71.

职前培养阶段的师范毕业生在学科素养和基本素质方面需要打下坚实的基础，把相关知识和能力储备起来；就职前教师资格证书培训需要给予未来后备教师的教育学、心理学、学科教学法等条件性知识，使之具备与教师基本资格相符的教育专业能力；就职培训需要教师在学校工作岗位上跟从专门的指导教师，获得教育教学岗位的基本胜任力；在职培训是为了适应社会发展和知识更新的再学习、再变化、再发展，而不只是对过去几个职业发展阶段的再补课。如果有这样的教师，工作几年后发现大学时期没有把学科知识基础打牢，或者教师资格证书的专业含金量不足，或者还不清楚如何备课，那么，这些问题不是完全依靠教师继续教育所能解决的，而要深究教师培养、聘用与管理体制自身的问题。

法国教育家保罗·朗格朗提出终身教育思想后，"持续性教师教育"理念被普遍接受，发达国家把"终身教育"思想引入教师教育领域，将职前教师培养和职后教师培训终身化有机结合，教师教育贯彻教师职业生涯的全部过程。① 教师培训为教师的终身学习提供全程服务和全方位支持。

四、教师培训的生产性

教师培训是一种对教师进行人力资源开发的智力投资活动。在加工资源（培训场地、设施和教具等硬件）得到基本保证的前提下，它主要通过智力资源的投入、应用和转换的方式，实现以人影响人、以智力资源再生智力资源的目标。

智力资源是教师培训的核心资源，其载体主要为专业化的培训师资、培训课程、培训技术，以及支持、保障和推动教师培训专业化的培训制度与政策。"人影响人、以智力资源再生智力资源"，不仅体现为培训师对培训学员的影响和学员获得的培训收获，而且包括学员把自己的教育经验和实践智慧带到培训情境之中，通过师生和生生彼此之间的分享、交流和学习，生成新的学习资源和成果。

---

① 教育部师范教育司. 教师专业化理论与实践[M]. 修订版. 北京：人民教育出版社，2003：1 -2.

教师培训通过投资于教师而使学生受益，倍增学校教育助推社会和人的发展过程中的力量。教师培训已经成为知识社会的重要生产力，是我们今天为明天需要的“巧智力”(Smart Intelligence)作出的智力投资。

五、教师培训的针对性与实效性

教师培训本质上是要回答“教师培训是什么和不是什么”的问题。首先还需要澄清教师培训与演讲、讲座、教研指导的区别。

培训不是演讲。培训师在传播知识和技能时有演讲的成分，但不是滔滔不绝地独白讲授，而是将其渗透在训练之中，更加关注学习者的理解与掌握。

培训不同于讲座。讲座是报告人针对某一专题进行观点陈述和系统论证，让大家心悦诚服。培训不在于理论证明，而是让学员掌握经过实践检验的新知识和新观点，并能应用于实践工作中。从方式上看，如果说演讲和讲座以单向式沟通为主导，那么，培训则强调更多的参与互动成分。

培训和教研指导都是基于学员的实践工作需求而开展的促进教师学习的活动，两者同样重要，只是工作重心不同。教研指导侧重课堂教学的具体行为的调整和完善，关注解决眼前已经出现的“一时”问题，虽然属于短线工作，但是最为急需。培训则强调解决教师专业发展的根基问题，预见、设计、教会教师专业发展“一世”所需的知识、技能、方法等内容，虽然属于长线工作，但是最为根本。培训和教研指导在教师专业发展中相得益彰，且不能彼此替代。如何把培训与教研工作扬长避短，发挥“研训一体”的整合效应，值得教师培训师进一步关注与研究。

总之，培训与演讲、讲座、教研指导的根本区别是，培训是针对最合适的对象、以最合适形式、传授最合适的内容，以获得可评估的效果，强调对象、内容和形式等学习要素高度统一下产生的实用效果，而不仅仅关注单一要素的“科学性”。

第二节 为什么培训

一、教师培训的历史发展

在古代官学和私学等教育实体中，教师无须经过专门的教师培训机构培训，当时也没有从事专业化训练的教师培训机构或师范教育。“在早期的欧洲教育中，退伍军人、家庭主妇甚至有了一点儿文字知识的社会闲杂人员都可以充任教师。”①

18 世纪 60 年代发生的第一次技术革命，要求数以万计的“生产工作者比闭塞无知的农奴更有文化，更加伶俐，能够懂得机器和正确使用机器”。出于近代普及义务教育的需要，许多国家设置专门的师范学校，采用“学徒制”，对教师开展短期职业训练。可以说，这是正规化教师培训的起源。

如果说 17 世纪的教师培训是“1.0版本”，那么，18 世纪末期大大改观的教师培训专业化可谓升级到“2.0 版本”。这时教育理论有了长足发展，教学方法渐成体系，教学经验积累丰富，教师培训除了学科文化知识的相关课程外，还开设了教育学、心理学、教学实习等方面的课程。②

19 世纪末期到 20 世纪中叶，第二次工业技术革命把师范学校推向师范学院发展阶段，教师培训专业化再次升级，我们将之比喻为“3.0 版本”，这一版本呈现出以下特征：大学和学院承担着培养教师的重要角色，通过师范学院培养教师的“定向型师范教育”和通过普通大学培养师资的“非定向型师范教育”并存；强调学科专业水平的“学术性”和教育专业水平的“师范性”争鸣；兼顾职前正规教育的“培养”和职后非正规教育的

① 教育部师范教育司. 教师专业化理论与实践[M]. 修订版. 北京：人民教育出版社，2003：19－20.

② 参见：教育部师范教育司. 教师专业化理论与实践[M]. 修订版. 北京：人民教育出版社，2003：21.

“培训”。“3.0 版”教师培训制度形成，主要由三个重要阶段构成：就职前资格培训、就职岗位能力培训和在职专业继续教育。具体内容如前所述。

师范教育制度所提供的专业训练，为教师职业初步确立了专业地位。然而，20 世纪 60 年代以后，发达国家在教师数量扩展问题得到解决的同时，质量问题日益凸显。教师的专业地位受到质疑。有人认为教师培训时间短、社会地位低、团体专有权难以确立、特有专业知识少、专业自主权缺乏，教师职业是“准专业”或“边际专业”，不像医生、律师那样达到完全专业化水准。

20 世纪中叶以前，教学工作已经发展到由兼职到专职，再由专职到初步专业化。教师培训经历了由“1.0 版”到“2.0 版”，再到“3.0 版”的两次升级。人们期待教师培训完成第三次升级——进入完全专业化阶段，通过“4.0版”的教师培训促进教学工作完成专业化升级，达到完全专业化程度。

“4.0 版”的教师培训意义在于教师因为得到专业化培训而获得专业资格和能力，不仅掌握教育教学必要的专业知识，而且具备教书育人方面的专业能力和专业精神，学会不断适应教育改革和发展的需要，最终作为成熟的专业人员，承担不可或缺的社会责任。

二、教师培训发展的社会背景

现代管理学大师彼得·德鲁克在《后资本主义社会》中提出，我们正进入知识社会，知识替代了农业社会的土地、工业社会的资本，已经成为第一生产要素和社会进步的核心力量。

知识在不断更新。英国科学家詹姆斯·马丁认为人类的科学知识在 19 世纪每 50 年增长 1 倍，20 世纪中叶每 10 年增长 1 倍，20 世纪 70 年代每 5 年增长 1 倍。目前，专家估计每 3 年增长 1 倍。在许多领域，知识的“半衰退期”约为 5 年，即在学校学到的东西有一半在 5 年内就会过时。

知识社会也是一个学习型社会——人们学习意识普遍化和学习行为社会化的新型社会。社会所有成员在一生的任何阶段，都能按照社会要求和个人意愿，利用各种教育资源，享受各种学习和训练机会。学习型社会具有四个基本特征。①

第一是学习性。学习成为个人生活和社会生活的重要组成部分，各种社会组织和群体都成为“学习组织”。

第二是主体性。学习是一种生活方式和生活习惯，是学习者自身需要的、主动的、志愿的活动。

第三是终身性。社会与人的发展变化是无止境的，学习活动延续于人的一生。

第四是服务性。学习的途径、方法、手段多样，社会有组织地为公民提供各种学习机会和条件。

教师学习是指在人为努力或外部干预下的教师专业能力的一种相对持久的变化过程，体现出知识获得、经验反思、行为转变三种变化状态。知识化、学习化社会对教师发展与培训提出期望。首先，教师要成为终身学习者，培训为其提供适合的学习环境和条件；其次，教师要把工作、学习一体化，培训致力于解决教师实际工作中的问题，在解决问题中体现学习；再次，教师从被动接受培训项目转化为主动参与学习项目，培训基于教师学习需求而开展；最后，教师要树立自主学习习惯，培训师要能唤起教师学习的内驱力。

学校是知识传播的场所，更是把知识作为第一生产要素提供给教育服务对象的机构。一名走出大学校门已经10年的中小学教师如果不经常更新自己的知识和教育观念，必定要落伍。

链接2－1　两代教师的学习经历

我的家庭有多位教师。父亲、弟弟、妹妹皆为中小学教师，妻子和我曾经做过中小学教师。我们都有着不同的培训经历。以妹妹为例，1987年，她从中等师范毕业，当了8年小学教师之后，参加在职学习，获得大专文凭，调入一所中学任教。3年后，又参加本科学历进修。在

① 张敏．教师学习理论与实践［M］．杭州：浙江大学出版社，2008：12－13．

她工作的第13个年头(2000年)完成了本科学历后,她并没有停止学习。近10年,与她的很多同事一样,在全国推进新课程改革的背景下,出于工作岗位和学校组织的要求,以及个人工作调动和职称晋级的需要,她持续不断地参加了各种教师在职培训。今后还会有培训和学习机会等待着她……

父亲大人情况大有不同。他老人家是位中学语文教师,1962年大学中文系毕业,1998年光荣退休。在36年教育生涯中,他从未返回过大学接受教师培训。我戏称他是位"一次学习,终身传道"的好老师。可是,退休后,父亲反而参加过两次培训班,不过这些培训不是以教师身份参加的,而是他为丰富老年生活作出的选择:一次是社区组织的书法培训;另一次是自愿缴纳学费去学习气功。

教育变革对教师职业带来巨大冲击与挑战。改革所倡导的理念反映了新的人才素质观,社会要求教师能拥有这些观念,并在实践中落实。在新课程改革背景下,教材的改变、教法的调整和观念的转变,要求教师"必需步出自己实践的舒适地带,接受对自己信念和价值的挑战,并最终改变他们"①。

然而,教师并不会顺利地接受和完成教育改革赋予他们的使命。相反,许多发展中国家教师排斥改革。归纳起来主要有以下5种原因:第一,教师没有看到问题;第二,教师拒绝增加他们工作复杂性的改革;第三,改革的设计者和教师对"什么是有效教学"的看法不一致;第四,教育系统的组织结构不利于改革;第五,改革本身存在的问题只有在大规模实施时才能表现出来。②

中国教师在参与教学改革时更加尴尬和艰难。很多教师成长于传统

---

① 操太圣,卢乃贵. 抗拒与合作:课程改革情境下的教师改变[J]. 课程·教材·教法,2003(1):72.

② 陆瑾. 教师排斥改革怎么办?——发展中国家教改的一个两难问题[J]. 上海中小学管理,1999(10):33-34.

的教育环境，自己却承担着变革教育的使命；由于传统学习评价体系与新课程改革的不协调，教师处于两难境地；另外，新课程改革涉及大量教育教学理念，但是教师工作繁忙，难以系统地学习和掌握这些理论，同时，教师自己所信奉的实践性知识被边缘化。教师需要改革设计家们的理解，并在学习方面得到培训组织方的切实帮助，才能逐步由愿意积极参与改革，到掌握新方法适应改革，成为改革的排头兵，甚至发展为改革的推动者和引领者，改变过去一直作为改革被动者的角色。有实效的教师培训体现着对教师的理解和关怀，为教师成长提供"助推器"、"加油站"、"高速路"，通过帮助和促进教师学习来推进教育改革从理想转变为现实。

20 世纪初期的新课程改革，留给我们很多关于教师培训的经验教训。尽管我们在课改中提出了一个重要理念，"先培训，后上岗；不培训，不上岗"，但是，这种培训内容是否切合教师实际工作的需要？培训方式是否关注教师作为成人的学习心理规律？培训是否真正有助于广大教师科学理解新课程理念、及时掌握新课程所要求的教学方法和技能、有效实施新课程标准？如果我们用"命令"、"制度"或"条件"等外在压力驱使教师们走进培训课堂，但培训课程又不能有效地帮助他们解决眼前的问题，培训理念、内容和方式等本身与新课改精神相悖，那么，这种培训很难为这场新课程改革运动发挥积极支持和促进作用。

链接 2－2　各国关注教师在职教育的主要理由

教师在职教育是 20 世纪 70 年代开始发展起来的，并越来越受国际社会关注。各国对教师在职教育的关注主要基于以下理由：(1) 他们相信教育的实践需要同国家及当地社会的需要更紧密地联系起来；(2) 教育的变革若忽视了教师在职教育和培训这一方面，通常不会成功；(3) 像其他成年人一样，教师需要继续教育，以跟上现代社会变化；(4) 在某些国家，对于那些比起现在的教学新手，受过较少基础教育和训练的人的教学质量和职业培训正受到日益增长的关注；(5) 人口统计的趋势已经减少了对新教师的需求，切断了新思想的一个重要来源，减少了职业前景,把注意集中在那些已经在职的教师身上。

资料来源:胡森. 国际教育百科全书:第5卷[M]. 贵阳:贵州教育出版社,1990:100.

在今天的教育改革与发展时期,我们对教师培训的期望超过过去任何时代。高素质、专业化的教师队伍是高质量教育的根本保障,是从人力资源大国走向人力资源强国的奠基石。百年大计,教育为本;教育大计,教师为本;教师大计,学习为本。教师培训为教师学习搭建了重要的智力平台,承担着时代赋予重要使命。

三、教师培训的主要功能

教师培训具有积极的"正向功能",我们可以从教师个体发展、学校组织发展、教育自身改革与发展、社会人力资源开发等角度去认识,但是,不能忽视低效和无效教师培训带来的"负向功能"。同时,教师培训还存在着"显性功能"与"隐性功能"。

(一)对教师个体发展的促进功能

教师从入职资格的获得到教育教学工作岗位的定向,再到职后专业发展的不同阶段,都经历着一个学习和变化过程。教师培训就是为不同阶段的学习和变化提供服务和支持,促进教师获得必要的专业知识、专业技能、专业能力和专业精神,并不断调整自己的工作行为。在国际师范教育实践中,"专业化"的培训大约经历了知识范式、能力范式、情感范式、"建构论"范式、"批判论"范式和"反思论"范式等六种范式的变迁。[①] 每种范式都在强调教师培训对促进教师专业发展的差异价值取向和不同服务重心。

(二)教师培训对学校组织发展的保障功能

教师是学校发展的第一资源——人力资源的主体,教师培训是通过

① 朱小蔓. 谈谈"教师专业化成长"[J]. 南通师范学院学报:哲学社会科学版,2001(3):88-89.

对人力资源的投资为学校组织获取有价值的智力资源提供保障。教师就职前培训成为保证学校人力资源质量的首要关口,排除学校聘用不合格教师的可能性;教师就职培训是新教师岗位定向的主要途径,由此获得学校的组织文化、核心价值观、基本工作技能,帮助新教师加快适应学校组织环境和岗位工作要求;教师的在职培训目的是保持教师“持续的专业发展”(Continuous Professional Development),为学校教育教学带来变革元素和发展活力。

(三)对教育改革和发展的推进功能

改革和发展是现代教育事业的永恒主题,教师成为实现教育改革和发展目标的一个重要影响因素。教育改革是为一个理想结果而推进变化的过程,如果教师不理解这个理想,对教育改革措施感到迷茫,甚至产生消极排斥情绪,那么教育改革对他们而言就可能只是一张难以施工的图纸。教师培训就是要让教师理解这张图纸并积极学会实施,有效参与教育改革过程,并发挥中流砥柱的作用。

(四)教师培训对社会人力资源的开发功能

如果说“教育和培训是人力资本最重要的投资”[①],那么,毋庸置疑,教师培训在基础教育改革和发展中发挥先导性作用,具有人力资本投资的双重价值。它既是对社会特定专业技术人群——教师的人力资源开发的资本投资,又是对国家实现从人口大国向人力资源强国转变的重要措施——发展基础教育的人力资本投资。所以,教师培训是生产力。

(五)教师培训的负向功能和隐性功能

以上四点无疑是教师培训的“正向功能”,体现的是对教师个人和各类组织发展的“贡献性”作用。然而,这种作用的产生是有条件的,并不是所有教师培训都能发挥“正向功能”的。正如上文提到的“培训无用论”观点,虽然比较偏激,但确实存在着教师培训不仅低效而且产生“负向功能”的现象,如培训带来的工学矛盾,加大教师心理压力;学术权威霸占培训活动的话语权,窒息教师作为学习者的积极性和创造性;技术理性权威湮

① 贝克尔. 人力资本理论[M]. 郭虹,等,译. 北京:中信出版社,2007:2.

灭教师们实践性智慧的创生，等等。

教师培训的“隐性功能”与“显性功能”相对，是伴随着“显性功能”所出现的非预期功能。

例如，某一连续10天的培训者团队研修项目，预期目标是帮助学习者获得教师培训管理的知识和技能，但是，部分学习者的最大学习收获体现在该项目管理团队和培训教师的专业精神对其影响深远。这是培训的非预期目标。

又如，某一农村教师培训项目的预期结果是提高教师的专业水平和开阔他们与同行交往的视野，但是，它加速了优秀教师在培训后从农村流向城市，从普通学校流向较好学校，给教育均衡发展带来新的问题。这是非预期结果。

“显性和隐性功能的区分是相对的，一旦隐性的潜性功能被有意识地开发、利用，就转变了显性教育功能。”①

第三节 培训谁

对于一个有效教师培训项目来说，“培训谁”问题背后蕴涵着需要对“谁”的意义再认识。为此，培训师需要在培训前对学员情况展开以下深度调研与分析：第一，根据学员专业素质特征进行角色划分，了解其身份特征；第二，根据学员工作岗位要求进行角色划分，分析其岗位胜任力与职责特征；第三，根据学员的专业发展水平进行学习者类型划分，分析其学习基础和学习特征。

就普遍意义的教师培训而言，培训师可以从以下三个方面广义研究培训对象。

① 全国十二所重点师范大学. 教育学基础[M]. 北京：教育科学出版社，2002：32.

一、分岗、分层、分类的培训对象

“十二五”时期，教育部确定了分岗、分层、分类的全员教师培训体系。从岗位分类看，培训对象包括学科教师、班主任教师，以及年级组长、教研组长、大队辅导员、团队干部等专兼职教学管理者。他们因岗位职责和工作任务差异，对培训产生不同需求，同时，还共同面临着如何更好地适应当前教育改革和发展的共同要求。

从教师专业发展水平差异来看，培训对象来自入职阶段、成长阶段、成熟阶段和发展阶段。① 他们在不同专业发展阶段面临着不同的挑战和学习需求，教师培训应体现出针对性，例如，对于入职阶段教师开展岗位培训；对于成长阶段和成熟阶段的教师根据学习需求开展各类专业拓展培训；而对于发展阶段的教师，通常设计高级研究班，帮助他们提炼教育教学经验，促进其教学领导力的发展。

分类培训对象主要来自基于某项专题学习任务或为了推进某项教育教学改革计划而开展的培训项目，如校本培训和新课改培训。这里的学员可能来自上述所列的不同岗位或不同层次的教师群体。

在终身学习理念和全员教师培训政策背景下，教师培训对象从制度上已经扩大到全员范围。如何根据培训对象特征，科学建构分岗、分层、分类的教师培训体系，成为教师培训制度建设的重要内容。

二、自燃、易燃、可燃、不燃的学习者

孔子认为学习者存在四种状态：“生而知之者，上也；学而知之者，次也；困而学之，又其次也；困而不学，民斯其为下矣。”与此对应，在教师培训对象中也存在处于自燃状态、易燃状态、可燃状态和不燃状态的学习者。

自燃状态的学习者，指那些求知欲强烈、学习积极主动的学员教师，

① 关于教师职业专长发展阶段研究存在着不同理论结果，专家们提出不同划分阶段。参见：张学民. 教师职业发展与培训[M]. 北京：知识产权出版社，2007：45－64.

他们习惯于自学和工作反思，善于寻找和把握适合自己专业兴趣和职业发展的学习机会，把培训视为专业成长平台，并擅长通过培训生成自己的专业智慧。

易燃状态的学习者，指那些易于受培训环境和学习氛围影响的学习者，他们具有较大的学习潜力和拓展空间，虽然不像前者那样积极主动寻找学习机会，但是，一旦给予阳光，他们就会发出灿烂光辉，需要组织部门为他们提供更多的培训机会。

可燃状态的学习者，指那些具有学习潜力，但没有得到充分激发的学习者。这可能是培训出了问题，或者因为培训的方式不适合学习者，或者是培训的内容远离学习者需要，或者是培训的环境和条件具有约束性，扼杀了其学习动机，结果学习者容易处于不燃状态。他们需要培训者为他们精心设计适合的培训项目以促进其专业进步。对于可燃状态的学习者，我们可以通过改善培训，通过培训者的智慧点燃教师学习者的智慧，把可燃状态转化为易燃状态，甚至引导上自燃状态的轨道。

不燃状态的学习者，指那些缺乏学习热情和职业发展动机的学习者。任凭培训怎么燃烧，他就是不着。这种情况完全由于学习者自身的缘故，或者是缺少积极学习的心智模式，或者是不具备培训要求的基本条件，或者是学习者存在着其他不愿或不能学习的原因。对于不燃状态的学习者，我们要认识到培训不是万能的，培训不能替代管理。今天，教师退出机制、教师资格再认证制度等就在某种程度上昭示着那些不燃状态的学习者将被管理机制所淘汰，离开教师队伍。

实际上，上述四类学习者，在教师群体中呈现“枣核”状分布，即两头人群较少，中间群体较大。教师培训师要坚信绝大多数教师学习者是可燃的，关键是我们要学会用培训智慧去点燃他们教育教学智慧。

三、专家型、经验型、帮助型和问题型学员

从培训对象的专业水平来看，在实际培训工作中经常出现以下四类学员：专家型、经验型、帮助型和问题型。他们在专业特征和学习需求上存在明显差异，适合在不同的培训项目中学习（见表 2 - 1）。

表2－1 学员类型

类型	专业特征	学习需求	培训对象
专家型学员	初步显示出自己的教学专长和实践性智慧，但不擅长经验提炼和理论构建	希望提炼自己工作经验，提升研究能力，发展教学领导力	高端培训项目中的骨干教师、学科带头人、特级教师
经验型学员	已经具备专门的教学知识与技能，但需要进一步提高，达到更高的专业化水平	需要在知识、技能、能力、思维、心理、行为等方面获得拓展	拓展性培训项目中的熟练教师、学校骨干教师等
帮助型学员	具备良好的工作态度，但缺少足够的知识和技能。需要提供针对性的培训，以达到教学岗位和学校组织的基本要求	需要教育教学的基本方法、得到技能上的培训，并胜任工作岗位基本要求	上岗培训项目中的新入职教师或担任新学科、新任务的教师
问题型学员	既没有与培训主题相关的经验，也没有积极的培训学习动机，同时缺少专业发展和工作改进的愿望	为培训而培训，是培训工作中尽量避免面对或需要重点转化的对象	唯继教学分、唯行政摊派和其他缘由被动参加培训的学员

以上四类学员特征为教师培训师在培训目标设定、培训课程开发、培训方法选择、培训组织管理方面提供了参考。

第四节 培训什么

教师培训的目的是为建设高素质专业化的教师队伍服务，帮助教师解决工作上的问题，培训内容应该关照到在现代教师在专业知识、专业技能、专业态度和专业能力等方面的缺失，同时考虑到培训能引导教师行为变化与发展（见图2－2）。

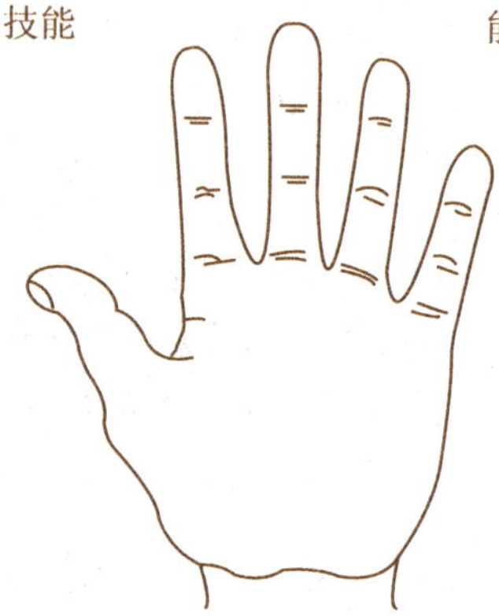

图2－2　教师培训内容五要素

一、知识（Knowledge）

知识是由概念、定义、原则、方法、公式等构成的体系，是人类对已知过程和事件的认识成果，可以通过培训形式传播，帮助学习者在短时间内掌握。

在发展中国家，由于教师的文化程度不高，知识成为教师培训的主要内容。我国以学历补偿为目的的中小学教师进修，学习内容主要为（学科）知识。

20世纪80年代，在西方发达国家，教师专业化运动兴起，很多学者提出教师“知识基础”的命题。为强化教师行业标准，人们思考教师应该具有怎样的知识基础、教师培训的核心知识内容应该是什么。

美国舒尔曼教授认为教学需要7种知识的支撑：(1)学科内容知识，(2)通用教学法知识，(3)课程知识，(4)学科教学法知识，(5)学生知识，(6)教育情境知识，(7)有关教育目的和宗旨等知识。舒尔曼强调学科内容知识、通用教学法知识和学科教学法知识是师范教育和教师职业教育培训的基础,也是专家教师必备的知识结构。①

我国学者林崇德、申继亮、辛涛认为教师的知识结构包括三类知识:本体性知识、条件性知识和实践性知识。教师本体性知识是其从事教学活动的基础,也是教师在课堂教学中传授的核心内容,尽管很多研究认为教师本体知识与有效组织课堂教学活动之间不存在直接相关,但教师的学科知识必须达到一定的水准,丰富的学科知识是有效组织课堂教学活动的必要条件。教育学和心理学等条件性知识,可促进学科知识转化到课堂教学之中,使教师的教学活动符合教育学规律和儿童青少年的身心发展规律。实践性知识是教师在其教学实践中积累的经验性知识,具有情境性、个人性、综合性、缄默性和内容特定性的特征,在解决实际问题时发挥了很大的作用。

国外学者研究表明,专家教师和新手教师在教学专长方面的主要区别在于掌握知识的数量和经验的积累,以及各自大脑对知识的组织和加工方面的差异。巴恩斯(Barnes)认为,是否经过系统的知识培训对教师的职业发展是非常重要的,经过知识培训的新手教师通常能够建构系统的知识结构,这对其教学实践也有很大帮助,而没有经过系统知识培训的新手教师在实际教学工作中的表现就差一些。②

教师知识基础和知识结构的研究为教师知识培训提供了认识条件,但是,就一个特定的培训项目来说,培训什么领域的知识?如何选择培训的知识内容?怎样处理培训中新旧知识之间的连贯性和新知识之间的逻辑性?培训的知识与学员已有经验有何联系?这些知识对学员改善实际工作的价值何在?这些关于知识培训的问题,既是每位教师培训者长期研究的重要课题,也是每次培训项目在实践中需要慎重考虑的内容。

二、技能(Skills)

技能是习得的、与实践相关的动作或操作方式,体现做事的熟练程度

① 张学民. 教师职业发展与培训[M]. 北京:知识产权出版社,2007:1,28.

② 同①,第2页。

和技巧。

教学技能是指教师运用自己的专业知识和经验顺利完成某种教学任务的活动方式，包括一般教学技能（口语、观察、体态、书写、朗读等）、基本教学技能（导入、提问、讲解、强化、变化等）、综合教学技能（组织、指导、反应、评价等）和教学技巧、风格四个层次。关于教学技能的类型，各国存在着不同的分类（见表2－2）。

表2－2　四国教学技能分类①

国别	英国	美国	日本	澳大利亚
机构或人员	安德鲁·特洛特	斯坦福大学	东京学芸大学	悉尼大学
教学技能分类	(1)变化技能 (2)导入技能 (3)强化技能 (4)提问技能 (5)例证技能 (6)说明技能	(1)变化的技能 (2)导入的技能 (3)总结的技能 (4)非语言性启发的技能 (5)调动学生参与的技能 (6)频繁提问的技能 (7)探索性提问的技能 (8)高层次提问的技能 (9)分散性提问的技能 (10)确认的技能 (11)例证的技能 (12)运用资料的技能	(1)导入的技能 (2)展开的技能 (3)变化的技能 (4)总结的技能 (5)例证的技能 (6)确认的技能 (7)演示的技能 (8)板书的技能 (9)提问的技能	(1)强化的技能 (2)一般提问的技能 (3)变化的技能 (4)讲解的技能 (5)导入与结束的技能 (6)高层次提问的技能 (7)课堂管理与组织技能 (8)小组讨论指导的技能 (9)个别指导的技能

① 孟宪凯. 教学技能有效训练[M]. 北京：北京出版社，2007：13－14.

（续表）

国别	英国	美国	日本	澳大利亚
教学技能分类		(13)有计划地重复技能 (14)交流的完整性技能		(10)发现法指导及创造力培养的技能

以上各个方面的教学技能又包括若干子级教学技能，构成复杂的教学行为系统。它既包括在教学理论基础上，按照一定方式进行反复练习或由于模仿而形成的初级教学技能，也包括在教学理论基础上因多次练习而形成的达到自动化水平的高级教学技能，即教学技巧。

教师教学技能一方面可以通过教师经验积累、反复实践、自觉控制和校正而形成，另一方面也可以在培训教师指导下借助有策略的练习和操作而习得。

技能培训是我国教师培训的重要内容。我国通常采用微格教学、课例研修、教学基本功展示、教学活动观摩等方式，对师范生和在职进修教师进行技能训练，行之有效地促进教师专业能力发展。

三、能力(Abilities)

能力是指人们顺利完成某种活动的心理特性，分为一般能力（如观察力、判断力、想象力等）和专业能力。

教师能力是指教师在从事教育教学工作过程中，有效解决工作问题必备的教育教学能力，可以被看为教师知识、技能和态度的综合体。

从教学论的理论逻辑来看，教学能力包括教学设计能力、教学实施能力、教学评价能力，教学改进能力；从教师专业发展的实践逻辑来看，教学专业能力包括备课能力、说课能力、上课能力、讲课能力、评议课能力。另外，中国教师在学校中承担的角色是多样的，所以还需考虑教师的教育能力,包括班级管理能力、班会组织能力、与家长和社区沟通协调的能力等。[1]

美国国际培训、绩效、教学标准委员会(International Board of Standards for Training, Performance and Instruction)提出较为宽泛的教师能力概念,统合了教师必备的专业知识、技能与态度。2004 年修订的《教师能力标准》(*Instructor Competencies: Standards for Face-to-Face*),从专业基础、计划与准备、教学方法与策略、评估与评价、教学管理等 5 个能力维度,描述了教师能力标准的 18 项能力以及 98 条具体绩效指标[2],在教师教育目标和内容方面提供了重要参考。

对于教师培训来说,重要的是在认识教师基本专业能力的基础上,考虑教育改革与发展对教师岗位提出的新的能力要求与教师专业能力现状之间的差距,以及培训填补此类差距的可能性。一方面,培训者需要具有对能力培训需求的敏感性,明确哪些能力对教师改进工作绩效来说是最重要、最紧急的;另一方面,应该研究学习者的潜能或能力倾向性,知道哪些能力是在现有培训条件下能帮助学习者可形成与达到的。

四、中介变量(Intervening Variables)——态度、情感、价值观

现代教师培训越来越关注培训绩效,不仅要看培训后教师掌握的知识、技能和能力,还要看培训给教师工作行为带来的影响与变化。知识、技能和能力要转变为行为,还需要一系列的中介变量的作用。这些中介变量主要包括态度、情感、价值观。

态度是人们在自身道德观和价值观基础上形成的对事物的评价和行为倾向。教师以什么样的态度面对学生,影响着学生的成长;以什么样的态度对待工作,决定着工作的成败。倘若教师掌握了扎实的知识和过硬的技能,但缺少积极的工作态度,那么,教学工作将很难取得成效。

---

① 朱旭东. 教师教育标准体系的建立:未来教师教育的方向[J]. 教育研究,2010(6):30.

② 克莱因,等. 教师能力标准[M]. 顾小清,译. 上海:华东师范大学出版社,2007:18-23.

态度培训的主要目标是解决“愿”的问题，旨在促进教师认识自己的社会角色，明确职业道德规范；正确看待学生，学会建立良好的师生关系；正确看待自己与同事的关系，学会团队合作；正视生活生存环境和工作压力，学会心理调适；正确看待教育教学工作面临的挑战、变化和责任，愿意积极努力改善工作。

情感培训的主要目标是解决“爱”的问题，旨在促进教师认知情感教育的意义，体验情感教育的价值，掌握情感教育的方法，为教师形成情感教育的工作习惯和能力提供认知、情境和方法方面的学习支持。

链接 2－3　教师的情感教育

20 世纪 70 年代，教师情感教育受到西方学者的关注，专家们认为“教师的情感特征（而不是教师的认知特征）”最能体现出教师能力的“强弱”，“最有成就的教师不仅仅应该精通业务，而且还必须具备了解自己、了解他人的能力，他们既要有教学技能又要有人际交往技能”。

教师情感教育计划提出了两个基本培训目标：提高自我意识和他人意识；提高人际关系技能。

一些教师情感教育计划采用了人本主义培训方法，如角色扮演、有指导地想象经历、游戏和模拟、联合决策、解决冲突、小组训练及心理治疗，在实际培训中取得了良好效果。专家报告一项教师情感教育的评价时说：“由受过情感教育培训的一组教师所教学生在以默读理解测验为检验标准的阅读方面，比对照组有显著进步；情感组的学生逃学情况比对比组少近一半，迟到现象少 1/3。”

资料来源：中央教育科学研究所比较教育研究室．简明国际教育百科全书：教学：下[M]．北京：教育科学出版社，1990：78.

价值观培训的主要目标是解决“魂”的问题，旨在促进教师形成正确的价值观念，培育他们的价值理性，丰富他们的价值情感，激励他们树立积极的价值判断和选择能力以及价值信念，为教师将价值观念有机地融入到日常工作和生活中，形成优秀的价值品质奠定基础。

链接2-4 教师的基本价值品质及其形成

教育的灵魂取决于教师的灵魂，如果教师的灵魂不够高尚，那么他们所从事的教育工作也必然是“缺乏灵魂的教育”(education without soul)；在这种教育环境中学生所获得的成就也是“没有灵魂的成就”(excellence without soul)。因此，唤醒教师的灵魂就成为唤醒教育的灵魂的一个必要条件。从学理上说，教师的灵魂是什么呢？仔细思量，应该就是教师必备的一些基本价值品质，是教师从事教育工作所不可缺少的基本价值品质，也是教师在开展教育教学活动和构建有教育意义的师生关系时所不可缺少的基本价值品质。

教师的专业发展不单单表现在教师的学科知识和管理能力方面，还表现在教师的专业态度和伦理方面。教师的基本价值品质构成了教师专业态度和伦理发展的基础。如果教师的基本价值品质缺失的话，教师专业态度和伦理的发展、教育理想和使命感的获得就根本谈不上。

参照教师所从事的主要工作类型，我们将教师的基本价值品质粗略地做如下划分。第一，与学生有关的基本价值品质，如“平等”、“信任”、“希望”、“爱”、“公正”、“宽容”、“同情”、“民主”等。第二，与同事有关的基本价值品质，如“关怀”、“赞美”、“信任”、“团结”、“谦逊”等。第三，与实际工作有关的价值品质，如“投入”、“敏锐”、“理性”、“自主”、“反思”、“创造”、“信仰”等。

如何形成和提升教师的上述基本价值品质呢？第一，通过案例研究的方式，帮助教师理解这些价值品质为何是“基本的”。第二，通过他者的视角，帮助教师认识到青少年学生、同事、家长期望他们具有哪些重要的价值品质。第三，通过促进教师的自我反思来帮助他们真切地体会基本价值品质与教育教学和管理工作以及自身成长之间的内在关系。第四，通过营造崇尚这些基本价值品质的学校文化氛围促进广大教师对这些基本价值品质的认同，把教师基本价值品质的提升作为学校校本培训和师资队伍建设的重要内容和任务。

资料来源：石中英. 教师的基本价值品质及其形成[J]. 中国教师. 2009(1):6-8.

心理学研究和大量成功培训案例表明，态度、情感、价值观是可以改变的。培训能促进教师形成积极工作态度，培训能点燃教师热爱教育的激情，培训也能帮助教师调整不当的价值观念。但需要注意的是，积极的态度、情感、价值观不能仅靠培训，更关键的要靠管理工作本身，体现管理育人。因为，培训能激发动力，但动力的持续和发挥要靠管理，专业化和人性化的学校工作环境、教育制度环境、社会文化环境是良好师德品质形成的保障，否则，培训得来的态度、情感、价值观，会“来得快，去得快”，甚至让教师更加失望，更加消极。

“师德为先”是我国教师专业标准的重要理念之一，教师培训要在师德教育上有更新突破、更大作为、更多贡献。“在一个学习化的社会，在一个终身学习的时代，在一个归根结底任何学习都以学习者为主体的时代，我们更需要去研究的是人究竟是怎样发生道德学习的？人是否有道德学习的潜能？怎么对待、怎么开发、怎么去呵护、怎么去发掘这种道德潜能？”①培训作为教师学习的一个重要途径，是单独开发有关态度、情感、价值观方面的培训项目②，还是在各种学科知识、技能和能力培训项目中渗透这些中介变量元素？如何将教师的知识、技能与这些中介变量通过培训的嫁接作用，促进教师专业能力和专业精神在实际工作中获得提升，为高素质专业化教师队伍作出贡献，应是我们教师培训内容的重中之重。

五、行为(Behavior)

行为培训即包括培训期间的行为训练和活动指导，又包括培训后的工作行为跟踪和指导。

从培训绩效来看，行为变化是培训最关心的事情。教师在培训中获得的知识、技能、能力，在积极的态度、情感、价值观等中介变量作用下，需

① 朱小蔓．道德学习与脑培养[J]．沈阳师范大学学报：社会科学版，2005(2)：8.

② 有一个由国际非政府组织举办的专门针对教师价值品质的培训项目，在全世界很多国家实施，详细情况可登录其网站(http://livingvalueseducation. org/home)查阅。

要转化为教育教学中的实际工作行为，体现出对学生学习进步、教师同行成长、学校组织变革与发展的持续的积极影响和有效作用。

缺少行为培训，培训中容易出现只有“感动”、“激动”和“心动”，而没有“行动”的现象，这样培训效果将会弱化、衰竭甚至消失。

泰勒主张：“工作可以被研究，可以被分析，可以被分割成为一系列的简单重复动作，每个分割动作都要以最好的办法，用最节省的时间，使用最适当的工具去完成。”培训诞生了！在此前，人们都崇尚技艺师徒、父子传授。①

学校教学工作能否这样？或者某些工作环节是否可以被研究，找出规律，总结经验、案例，提供工具，进而通过培训使教师掌握这些工具，改进教育教学？这将成为培训的重要内容。

教师培训的五大培训内容——知识、技能、能力、态度等中间变量和行为，犹如手上的五指，单独一个元素产生的力量是有限的，只有紧紧地攥在一起，形成合力，才能有效解决教育教学中的问题。

很多优秀教师之所以优秀，正是因为善于凭借经验将这五大元素整合，生成自己独特的教育教学智慧。教师培训的内容，一方面是促进教师在知识、技能、能力、中间变量、行为等方面获得提升；另一方面是帮助他们善于学习和应用这些培训内容，拓展他们的创造性思维方法和问题解决能力。

今天，企业界售后服务的理念值得教师培训师反思与借鉴。我们的教师教育，无论是培养还是培训，如果变成售后概不负责，那么，我们的顾客就不会满意。遗憾的是教师教育问责制度还未形成，我们作为教师的教师，需要在职业道德上加强自我约束，强化社会责任感，不停反思教师教育如何才能做得有效，并在教师专业发展的行动中发力。

---

① 德鲁克. 后资本主义社会[M]. 傅振焜，译. 北京：东方出版社，2009：18.

第五节 依据什么培训

对教师培训师来说，学科和学科教育学属于从事教师培训工作的本体性知识。涉及“培训专业化”方面的知识，如培训学、成人教育学、学习心理学、社会心理学等则属于条件性知识，它们帮助培训师更有效地把学科和学科教育学知识传递给教师学习者。教师培训师在培训与管理工作中长期积累下来的经验非常重要，是培训师实践性智慧的重要部分。成功的培训师不仅具备这些条件性知识和实践经验，而且善于针对培训中的具体问题，遵循教师培训规律，统合这些知识与经验，最终寻找到解决问题的有效方法。

一、教师培训遵循的原则

（一）实效性原则

教师培训本质上是促进教师有效学习，学习效果通过培训产出和学习收益体现，无论从投资组织方还是学习者个体的角度，都要讲究培训在时间、经费、精力方面的投入所带来的培训效果与收益。教师培训属于智力投资，其投入成本不仅仅包括可以明确计算的会计成本，还应纳入机会成本。培训产出不能仅仅以即时的学习成果来衡量，更不能纯粹以传统的经济核算方式来评价，它包括多层的学习效果和长期潜在发展的因素。

贯彻实效性原则，教师培训师一方面要树立教师培训的“绩效意识”，预测培训要达到哪些可以实现的目标？解决什么最有价值的问题？为利益相关者带来哪些可见和潜在的收益？另一方面要掌握教师培训的“核心技术”，包括培训项目的研发能力，培训质量的监控办法，培训课程的开发技巧，多种培训方法的有效运用等。另外，通过“追踪指导”、“绩效评估”、“再培训与行为跟进”等训后持续性服务，实现“外在要求转化为内在需求”、“外在知识转化为内在能力”和“内在素质转化外在行为”这三个转化。

（二）针对性原则

"针对性"是"实效性"的基本前提条件，教师培训必须做到针对和满足学员的特定学习需求，才能保证培训的"实效性"。这些特定需求可能体现为知识方面的，也可能是技能方面的，还可能是综合能力方面的，甚至是专业伦理方面的。

贯彻针对性原则，教师培训师要在以下方面把握学习需求的差异性：不同专业发展阶段（新手期、成熟期、发展期等）、不同学科教学领域（语文、数学、英语等）、不同教育角色岗位（班主任、学科组长、年级组长、心理辅导员等）、不同区域（农村与城市、东部与西部、少数民族聚集地与普通地区等）、不同类型学校（小学、初中和高中，职业中学与普通中学等）及不同学员个体等。

另外，面对不同时期的教育问题焦点、重点、难点，教师培训需要不同程度地体现社会、政府和其他教育消费者对教师专业发展的诉求。因而，教师培训师应在有限的培训投入和培训条件下，面对具体培训对象的多样化需求，通过设定明确培训项目，采取因材施教方法，聚焦培训可能解决的特定问题，针对学习者个性化需求，给予智力方面的支持。

（三）以人为本原则

教师培训要尊重和满足教师个体学习需要，基于教师学员丰富的工作经验和生活经验，激发教师学员的高层次学习动机，充分发展他们的潜能和积极进取的自我概念、价值观念和态度体系，从而促使教师自觉地开展终身学习。

贯彻以人为本原则，教师培训师要研究和掌握教师作为成人的学习规律，充分认识到教师学习的自主性，发挥教师在学习中的自我导向作用，避免以培训"操纵"教师学习；认识到教师培训的实践性，在培训中加强实践性环节，提高教师解决各种实际问题的能力，避免以知识为中心的培训导致隔靴搔痒、收效甚微；认识到教师作为成人学习者的社会阅历非常丰富，学员之间的知识水平、实践经验、专业背景、工作环境各有千秋，要注重引导学员相互切磋，激发学员们的思想火花，避免"一言堂"培训剥夺学员参与交流的机会；认识到教师承担着学校、家庭和社会等多种角色，难免成为一个功利主义学习者，而且常常伴随着心理焦虑、工作与生活压力、工学矛盾等问题，教师培训者不仅要提供便捷、实用和有效的培训服务，而且要在培训的细微环节上施以人文关怀，避免僵化的制度和冰冷的态度妨碍教师战胜各种困难和建立学习信仰。

（四）创新性原则

教师培训是为教师专业化发展提供的一种持续的专业性补给服务。随着过去学历进修“知识补偿”性任务的完成，其服务产品已经远远超过教师培训师过去在大学里获得的“老本”，不再是一劳永逸的“贩卖”，而是在实际工作中的知识积累，或者在重返大学期间的知识升级，抑或在工作与学习交替进行中的知识创新。

今天，面对“实践导向”、“问题中心”和“能力为本”的培训需求特征，大学“批发”的知识产品已经越来越不适宜直接供应给教师培训课堂这一“市场”。如果说在大学里得到的东西有价值的话，那么，至少要经过一个加工环节——把学术研究与理论创新开发成教师学习的培训产品，摒弃“生硬”的材料和“堆砌”的观点。此外，教师培训师日积月累积攒下来的个体经验，对于教师学习者来说，虽然极其宝贵，但在不断变化的教育改革和发展环境中，它所能给予教师们用来“充电”的能量只是“杯水车薪”。

贯彻创新性原则，教师培训师要把教师培训作为专门的学科领域，通过知识加工、经验积累、工作反思、专业研究等方式，把知识创新作为培训服务产品进行深度研发，为教师持续学习的“加油站”提供智力能源；超越教师当前需求，开发教师培训课程与资源，以引领教师适应面向未来发展的培训课程；遵循教师学习规律，以促进教师用主动学习替代被动培训。

（五）发展性原则

发展性原则首先体现在教师培训兼顾着个体发展和组织发展的双重目标，即通过培训帮助教师学习者改善工作，以促进他们的学生发展和学校组织发展，进而为教育发展和社会进步作出更大贡献。其次体现在教师培训不仅要满足教师当前岗位工作问题解决的基本需要，而且要着眼适应未来可持续性发展的潜在需求,为教师终身学习和专业化发展服务。最后体现在教师培训师自身的专业化和可持续性的发展问题。如果教师培训师自身不能与时俱进,达不到专业化程度,那么,也就很难引领教师专业化发展。

贯彻发展性原则,教师培训师要基于内涵发展和可持续性发展的理念,走教师培训专业化道路。教师培训师不仅要把握学科发展规律,而且要研究教师专业化发展和成人教育规律,深入开展教师培训理论、培训政策和培训实践方面的系统研究,推进教师培训专业化。

二、教师培训的理论基础

教师培训本质上是一种教育学习活动。教师培训师只有掌握学习原理,遵循认知规律,培训活动才能有所依据,使得培训科学合理,产生积极效果。同时,教师培训师需要认识到,中小学教师属于有工作经验的成人,教师培训与一般的基础教育和普通高等教育相比有自己的特点。掌握学习理论,把握成人学习和培训自身规律,是教师培训的重要理论根基。

下面介绍与教师培训紧密相关的五种理论,以便教师培训师理解教师学习的内在规律,为做好教师培训打下坚实的理论基础。

(一)学习心理学的启示

学习心理学揭示人的学习心理规律,为培训提供了理论指导。当前,目标理论、需求理论、期望理论和强化理论为培训界所普遍关注。

1. 目标理论

目标理论包括目标设定理论和目标导向理论。

目标设定理论认为,一个人的行为方式由其有意识的目标和意图所决定。目标会通过引导精力和注意力的分配,支持长时间的努力,激励个人为达到目标而进行战略开发来影响行为方式。只有人们全心全意为目标而努力,目标才能带来高绩效。

目标设定理论对教师培训项目设计带来重要启示:教师培训师给学员提供具体的、富有挑战性的、可实现的、能测评的目标,将有助于学员有效学习。

目标导向理论认为，培训中存在着知识导向和绩效导向两种不同类型的学习者。坚持知识导向的受训者认为，真正成功的培训应该提高自己完成任务的素质和能力，培训者应该关注受训者是如何学习的，而不是受训者的绩效如何。坚持绩效导向的受训者认为，培训的成功在于相对于他人而言学习所导致的更高绩效，而不是学习本身。目标导向会影响受训者在学习中所投入的精力多少和学习动力大小。

目标导向理论对教师培训项目实施带来重要启示：基于理论学习的教师培训与基于实践问题解决的教研活动，是当今教师学习与专业发展的两种选择路径和目标导向。教师培训师针对不同目标导向，需要通过研训一体的工作模式有效解决系统知识学习和工作绩效提高的双重目标，实现"鱼"与"熊掌"兼得。

2. 需求理论

需求理论解释了学员对一种学习成果的价值取向。马斯洛的需求理论注重的是生理需求、社交需求和成长需求。他认为，人们首先要满足低层次需求，然后随着低层次需求的满足，才会追求更高层次的需求。麦克莱兰的需求理论主要强调成就需求、归属需求和权力需求，这些需求可以通过学习来实现。成就需求与达到并维持自己设定的成就标准相关；归属需求关注的是建立和保持紧密联系并为他人所接受；权力需求关心的是取得信任、影响和声誉。

需求理论带给教师培训师的启示：其一，为激励学习者学习，培训师要了解受训者的需求，并使培训内容与这些需求相一致；其二，培训师要为受训者提供更多选择培训项目和课程的自由，体现出培训的供需一致；其三，受训者在很多情况下不知道自己需要的是什么，培训师应研究和开发培训项目，展示和引导受训者的学习需求。

3. 期望理论

期望理论认为一个人的行为基于"行为预期"、"实现手段"和"效价"三个因素。"行为预期"是指相信完成一个行为的意图与实际执行结果之间有关的想法（受训者认为自己能学会吗）；“实现手段”是指认为执行给定的行为与特定成果之间存在关联（受训者相信能够获得承诺的培训成果吗）；“效价”是指一个人对一种成果的评价（与培训相关的成果有价值吗）。

期望理论带给教师培训师的启示：有效培训可能在以下情况发生，即学员相信自己能够完成培训项目内容（行为预期），培训与自己教育教学工作改进、专业发展、学历学位提高和职称晋升等成果有关（实现手段），并且学员认为这些成果是有价值的（效价）。

4. 强化理论

强化理论认为，人们受到激励去实施或避免某些行为是由于这些行为过去导致的结果。正强化是对满意行为成果的加强，负强化是对不良结果的排除。

强化理论带给教师培训师的启示：为了让学员获得知识、改变行为方式或调整心智模式，培训师要知道学员认为哪些成果属于正向成果，哪些属于负向成果。然后培训师把学员希望得到的成果与培训目标连接起来。学员参加培训可以获得几种好处，这些好处可能是与工作相关的问题解决方法和技能，也可能是与自己职位提升和薪酬增加相关的学分或文凭，还可能是与自己专业素养提高紧密相关的知识和体验。培训师设计培训课程要充分考虑学习者掌握这些培训内容后获得的好处，以便提高培训的有效性。

（二）成人教育学的发现

美国著名的成人教育学家诺尔斯（Malcol S. Knowles）于 1967 年提出“帮助成人学习的艺术和科学”——“成人教育学”概念。其理论的出发点是区分成人和儿童（包括在校学习的青少年）在身心发展和社会生活方面的质的区别，通过分析成人学习活动和儿童学习活动的差别，诺尔斯提出了确立其理论的四个基本论点。

首先，成人学习心理倾向于自主学习。诺尔斯认为成人学习者和儿童在学习的主动性上，存在着显著差别。在儿童的学习活动中，教师决定学习目的、学习内容、学习计划和教学方法，儿童的学习被动地依赖教师的教学活动。在成人的学习活动中，学习者的自主性和独立性在很大程度上取代了对教师的依赖性。成熟的成人学习者在多数情况下有能力自己选择学习内容，自己制订学习计划。虽然个别情况下仍然依赖教师的帮助，但是在主导的心理需要上，他们更倾向于独立自主地进行学习。

其次，成人的认知过程以经验学习为主。诺尔斯认为，个体生活经验对儿童与成年人的学习活动的影响存在着很大差异。对儿童而言，生活经验主要来自成人（主要是教师和家长），并且很不丰富和很不全面。因此儿童的生活经验对其学习活动的影响是十分有限的。对成人而言，情况则大不相同。随着个体的成熟和实践活动的增加，成人的社会生活经验日益丰富，这些经验对个体学习所起的作用也日益增大。对成人来说，在社会生活中积累的经验为学习提供了丰富的资源，学习活动不是以教师的传授为主要途径，而是更多地借助自己的经验来理解和掌握知识。

再次，成人的学习任务体现为完善社会角色。成人的学习任务已经由青少年时期的以身心发展为主，转变为以完成一定的社会职责为主。青少年的学习任务主要是促进其身心成熟与发展，他们必须按照社会的统一要求学习掌握最基础的知识。对成人而言，学习的任务是促使其更有效地完成他所承担的社会职责。由于成人学习主要是为了完成他的社会角色任务，因而对学习要求的针对性很强。成人学习的这一特点要求成人教育在课程设置、教学方法选择等方面，必须适应成人社会角色发展的需要，即成人自我实现的需要。

最后，成人的学习目的主要为解决问题。青少年的学习目的主要指向未来的生活，为将来工作准备知识，而成人的学习目的在于直接运用所学知识解决当前的现实问题，因而教育活动对成人而言应该是一个十分明确的学以致用的过程。成人学习者能够针对社会生活中的具体问题进行学习，并带有通过学习解决实际问题的强烈愿望。

诺尔斯的学习理论首次明确划分出现代成人教育与普通学校教育（青少年教育）的区别。这种区分的主要依据是成人与儿童在社会生活和心理活动特点（主要是人格特点）上存在的质的差异。在此之前的成人教育理论却忽视了这个差异，更多地是在普通学校教育理论的指导下进行的。诺尔斯的成人学习理论对我们研究和实施教师培训有重要的启发和借鉴意义。

其一，教师培训机制要以有效激励为特征。教师培训与学习给教师带来的利益一旦被他们所理解并且为之而付出，教师便会产生巨大的学习内驱力，逐渐形成自主学习习惯。这些利益体现在培训后工作绩效的提高和学历学位提升带来的工资待遇的改善，特别是由培训而强化的职业归属感，将促进教师实现工作、生活和学习三维空间的自然和谐。如果“行政化”培训不能帮助建构这种和谐关系，甚至打破其平衡，教师自主学习的局面将很难实现，甚至导致工学矛盾、培训与学习脱节，培训成为教师额外负担而不是教师“福利”等问题，那么，这将很容易葬送“专业化”培训的正向社会功能。

其二，教师培训目标要以问题解决为导向。如果说职前教师培养的目的主要是提高教师基本素质和专业基础素养，把系统知识学习作为在校期间的主要教育目标，那么，教师职后培训则需要着眼教师工作实践中遇到的问题及问题解决的方法，关注学员培训后回到工作岗位上学以致用体现的绩效目标。然而，我们发现，培训中设置的这些问题的解决方法，是否能够被学员们在培训期间掌握，这与职前他们本应该习得的专业基础知识紧密相关，有时候甚至成为决定因素。因此，培训目标定位在是补偿他们过去失去的基础知识，还是拓展他们新的能力，抑或单独开发“补课”项目，设法帮助那些“教非所学者”提高教育教学工作能力，尽快从专业资格合格迈向岗位能力胜任的专业台阶，都需要设计有针对性的培训课程，以有效解决学习者在工作中面临的各种问题。

其三，教师培训内容要以案例为载体。传统的教师职前教育主要局限是大学时期教师培养给予那些准教师的原理，并不能直接转化成将来处理课堂实践问题的能力，而在职教师培训项目的弊端是，在有限的培训时间内很难有效传递大量系统的、前沿的教育教学理论和方法。学员的直接经验与要获得的间接经验之间需要以教学案例为载体，建立理论知识实践化和实践知识理论化的转化桥梁。这些以案例为载体的培训内容体现出实践导向的培训特征，即源于对教育实践者发展的需求分析，基于对实践的真实问题与现实条件的准确把握，归于实践者的专业发展、现实问题的解决以及实践性理论的生成。

（三）社会学习理论的借鉴

美国心理学家班杜拉（Albert Bandura）关注探讨个人的认知、行为与环境因素三者及其交互作用对人类行为的影响，着眼于观察学习和自我调节在引发人的行为中的作用，重视人的行为和环境的相互作用。他提出的以下社会学习论观点值得教师培训师思考与借鉴。

第一是“观察学习”的概念。班杜拉认为，人的行为，特别是人的复杂行为主要是后天习得的。行为的习得既受遗传因素和生理因素的制约，又受后天经验环境的影响。生理因素和后天经验的影响在决定行为时微妙地交织在一起，很难将两者截然分开。班杜拉认为行为习得有两种不同的过程：一种是通过直接经验获得行为反应模式的过程，他把这种行为习得过程称为“通过反应的结果所进行的学习”，即我们所说的直接经验的学习；另一种是通过观察示范者的行为而习得行为的过程，班杜拉将它称为“通过示范所进行的学习”，即我们所说的间接经验的学习。

班杜拉的社会学习理论所强调的即是这种观察学习或模仿学习。在观察学习的过程中，人们获得了示范活动的象征性表象，并引导适当的操作。观察学习的全过程由四个阶段（或四个子过程）构成。注意过程是观察学习的起始环节，在注意过程中，示范者行动本身的特征、观察者本人的认知特征以及观察者和示范者之间的关系等诸多因素影响着学习的效果。在观察学习的保持阶段，示范者虽然不再出现，但他的行为仍给观察者以影响。要使示范行为在记忆中保持，需要把示范行为以符号的形式表象化。通过符号这一媒介，短暂的榜样示范就能够被保持在长时记忆中。观察学习的第三个阶段是把记忆中的符号和表象转换成适当的行为，即再现以前所观察到的示范行为。这一过程涉及运动再生的认知组织和根据信息反馈对行为的调整等一系列认知的和行为的操作。能够再现示范行为之后,观察学习者(或模仿者)是否能够经常表现出示范行为要受到行为结果因素的影响。行为结果包括外部强化、自我强化和替代性强化。班杜拉把这三种强化作用看成是学习者再现示范行为的动机力量。

第二是“交互决定论”。班杜拉的社会学习理论还详细论述了决定人类行为的诸种因素。班杜拉将这些决定人类行为的因素概括为两大类:决定行为的先行因素和决定行为的结果因素。

决定行为的先行因素包括学习的遗传机制、以环境刺激信息为基础的对行为的预期、社会的预兆性线索等。决定行为的结果因素包括替代性强化(观察者看到榜样或他人受到强化,从而使自己也倾向于作出榜样的行为)和自我强化(当人们达到了自己制定的标准时,他们以自己能够控制的奖赏来加强和维持自己行动的过程)。

为了解释说明人类行为,心理学家提出了各种理论。班杜拉对其中的环境决定论和个人决定论提出了批判,并提出了自己的交互决定论,即强调在社会学习过程中行为、认知和环境三者的交互作用。

环境决定论认为行为(B)是由作用于有机体的环境刺激(E)决定的,即 $B=f(E)$;个人决定论认为环境取决于个体如何对其发生作用,即 $E=f(B)$;班杜拉则认为行为、环境与个体的认知(P)之间的影响是相互的,但他同时反驳了“单向的相互作用”即行为是个体变量与环境变量的函数,即 $B=f(P,E)$,认为行为本身是个体认知与环境相互作用的一种副产品,即 $B=f(P*E)$。班杜拉指出,行为、个体(主要指认知和其他个人的因素)和环境是“你中有我,我中有你”的,不能把某一个因素放在比其他因素重要的位置,尽管在有些情境中,某一个因素可能起支配作用。他把这种观点称为“交互决定论”。

第三是“自我调节理论”。班杜拉认为自我调节是个人的内在强化过程,是个体通过将自己对行为的计划和预期与行为的现实成果加以对比和评价,来调节自己行为的过程。人能依照自我确立的内部标准来调节自己的行为。按照班杜拉的观点,自我具备提供参照机制的认知框架和知觉、评价及调节行为等能力。他认为人的行为不仅要受外在因素的影响,也受通过自我生成的内在因素的调节。自我调节由自我观察、自我判断和自我反应三个过程组成，经过上述三个过程，个体完成内在因素对行为的调节。

第四是“自我效能理论”。自我效能是指个体对自己能否在一定水平上完成某一活动所具有的能力判断、信念或主体自我把握与感受。也就是个体在面临某一任务活动时的胜任感及其自信、自珍、自尊等方面的感受。自我效能也可称作“自我效能感”、“自我信念”、“自我效能期待”等。

班杜拉指出:“效能预期不只影响活动和场合的选择，也对努力程度产生影响。被知觉到的效能预期是人们遇到应急情况时选择什么活动、花费多大力气、支持多长时间的努力的主要决定者。”班杜拉对自我效能的形成条件及其对行为的影响进行了大量的研究，指出自我效能的形成主要受五种因素的影响，包括:(1)行为的成败经验(成功的经验可以提高自我效能感，使个体对自己的能力充满信心，反之，多次的失败会降低对自己能力的评估，使人丧失信心)。(2)替代性经验(个体能够通过观察他人的行为获得关于自我可能性的认识)。(3)言语劝说(他人的暗示、说服性告诫、建议、劝告以及自我规劝)。(4)情绪的唤起(在充满紧张、危险的场合或负荷较大的情况下，情绪易于唤起，高度的情绪唤起和紧张的生理状态会降低对成功的预期水准)。(5)情境条件(当个体进入一个陌生而易引起焦虑的情境中时，会降低自我效能的水平与强度)。

第五是关于“德育价值”。班杜拉强调观察学习在人的行为获得中的作用。认为人的多数行为是通过观察别人的行为和行为的结果而学得的。依靠观察学习可以迅速掌握大量的行为模式。

班杜拉重视榜样的作用。人的行为可以通过观察学习过程获得。但是获得什么样的行为以及行为的表现如何，则有赖于榜样的作用。榜样是否具有魅力、是否拥有奖赏、榜样行为的复杂程度、榜样行为的结果和榜样与观察者的人际关系都将影响观察者的行为表现。

班杜拉强调自我调节的作用。人的行为不仅受外界行为结果的影响，而且更重要的是受自我引发的行为结果的影响，即自我调节的影响。自我调节主要是通过设立目标、自我评价，从而引发动机功能来调节行为的。

班杜拉主张奖励较高的自信心。一个人对自己应付各种情境能力的自信程度,在人的能动作用中起着重要作用。它将决定一个人是否愿意面临困难的情境,应付困难的程度以及个人面临困难情境的持久性。如果一个人对自己的能力有较高的预期,在面临困难时往往会勇往直前,愿意付出较大的努力,坚持较久的时间;如果一个人对自己的能力缺乏自信,往往会产生焦虑、不安和逃避行为。因此,改变人的回避行为,建立较高的自信心是十分必要的。

班杜拉的学习理论为教师培训经常采取的现场观摩、课例研修、同伴研修、名师示范、师傅带徒弟等培训与学习方式提供了重要的理论支撑,同时也为教师培训师深入研究和创新情境式、体验式、参与式、建构式等培训模式带来借鉴和启发。

(四)经验之塔理论的意义

美国视听教育家戴尔1946年写了一本书《视听教学法》,其中提出了"经验之塔"的理论,认为经验有的是通过直接方式、有的是通过间接方式得来的。各种经验,大致可根据其抽象程度,分为三大类(抽象、观察和做的经验)、十个层次(见图2-3)。

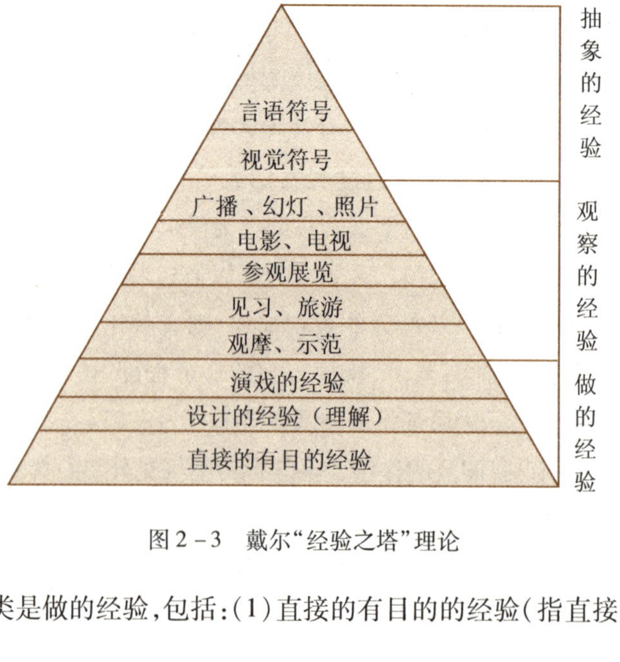

图2-3 戴尔"经验之塔"理论

第一类是做的经验,包括:(1)直接的有目的的经验(指直接与真实事物本身接触取得的经验，是通过对真实事物的看、听、尝、摸和嗅，即通过直接感知获得的具体经验）。(2)设计的经验（指通过模型、标本等学习间接材料获得的经验。模型、标本等是通过人工设计、仿造的事物，与真实事物的大小和复杂程度有所不同，但在教学上应用比真实事物易于领会）。(3)演戏的经验（指把一些事情编成戏剧，让学生在戏中扮演一个角色，使他们在尽可能接近真实的情景中去获得经验。参加演戏与看戏不同，演戏可以使人们参与重复的经验，而看戏是获得观察的经验）。

第二类是观察的经验，包括：(4)观摩、示范（指看别人怎么做，通过这种方式可以知道一件事是怎么做的，以后，他可以自己动手去做）。(5)见习、旅游（例如野外旅行可以看到真实事物的各种景象）。(6)参观展览（展览是供人们看的，使人们通过观察获得经验）。(7)电视、电影（荧屏上的事物是真实事物的替代，通过看电视或看电影，可以获得一种替代的经验）。(8)广播、幻灯、照片（它们可以分别提供听觉的与视觉的经验，与电影、电视提供的视听经验相比，抽象层次更高一些）。

第三类是抽象的经验，包括：(9)视觉符号（主要指图表、地图等。它们已不能反映事物的实在形态，而是一种抽象的代表，如地图上的曲线代表河流，线条代表铁路等）。(10)言语符号（包括口头语言与书面语言的符号。言语符号是一种抽象化了的代表事物或观念的符号）。

在"经验之塔"中，我们看到，学习者开始是在实际经验中作为一名参与者，然后是作为一名真实事件的观察者，接着是作为一名间接事物的观察者（提供一些媒体来呈现这些事件），观察到的是真实事物的替代物，最后，学习者观察到的是一个事件的抽象符号。戴尔认为，学生积累了一些具体经验，并能够理解真实事物的抽象表现形式，在这个基础上，才能有效地参加更加抽象的教学活动。

戴尔"经验之塔"理论带给教师培训师的重要启示有以下几点。

(1)宝塔最底层的经验最具体，越往上升则越抽象。但不是说任何经验都必须经过从底层到顶层的阶梯，也不是说下一层的经验比上一层的经验更有用。划分阶层是为了说明各个经验的具体或抽象的程度。事实上，教师培训活动内容和方式呈现出各个层次交叉和混搭的特征。

（2）教育教学应从具体经验下手，逐步上升到抽象。有效的学习之路应该充满具体经验。教育教学最大的失败，在于使学生记住许多普通法则和概念时，没有具体的经验来作为它们的支柱。一个培训项目、培训课程、培训的单元活动，根据时间和培训需求，设计一定的具体经验方面的活动和练习，更有助于学员理解和掌握抽象的理念和知识。

（3）教育教学不能止于具体经验，而要向抽象和普遍发展，要形成概念。概念可供推理之用，是最经济的思维工具，它把人们探求真理的智力简单化、经济化。培训不仅着眼于技能目标，而且更重要的是通过技能目标的实现升华到能力目标。

（4）宝塔中各层、各类的经验获得方式，都值得培训师们去发现其特殊的价值和意义。在培训中，应用各种教学媒体，可以使学员的学习更为具体，从而形成更好的抽象。教师培训课程与教学形态的多样性、互补性、混合性的价值和潜能，需要培训师创造性地设计和开发。

（5）单纯地相信和应用某一层次的学习方式，势必带来局限。面对面与远程在线培训模式、直接经验与间接经验培训内容、内容为先与方式为先，不是非此即彼的选择，而是需要进行结合、互补和兼顾。

（五）培训迁移理论的价值

1. 概念

培训迁移是指学员将在培训的环境中学习到的知识、技能、态度等有效地应用到工作中去的程度。培训迁移过程可以划分为三个关键阶段：（1）培训前的动机与愿望（指趋向掌握培训课程的有意努力）；（2）培训过程中的学习状态与结果（指掌握培训课程内容的过程和在培训中内化的学习成果）；（3）培训后的迁移结果（指参训者接受培训后在实际工作中的表现及其产生的工作绩效）。[①]

① 陈霞. 培训迁移理论视角下提高教师培训实效性的策略[J]. 教育发展研究，2007(7):77－80.

2. 培训迁移要素

参训者通过把培训中学到的知识、技能运用到实际工作中，可以提高个人的工作绩效和组织的工作绩效。然而，对于大多数学员来说，要将在培训情境中的所学应用到工作情境中去并非易事，这其间受到很多因素的影响。为了增强培训迁移的效果，就必须研究影响培训迁移的因素（见图 2－4）。

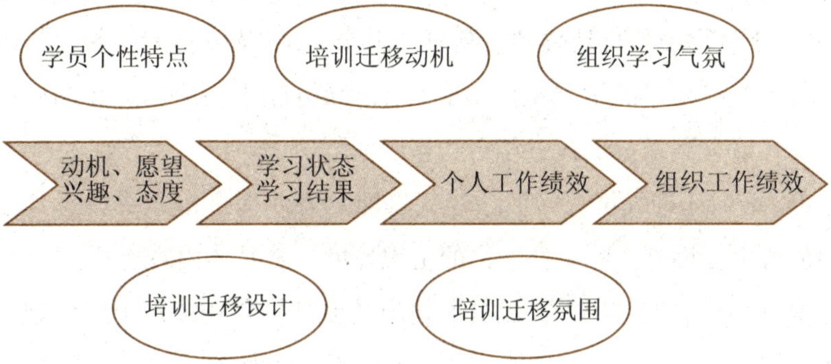

图 2－4　培训迁移模型：过程与要素

（1）学员的个性特点。那些认为通过个人努力可以控制组织结果的内控制源的人更易在工作中受重用；具有好的职业生涯计划和高水平的工作投入的学员更加有可能去学习和应用新的东西；个人对组织目标、价值观、愿意付出工作努力以及维持组织成员身份的程度，影响培训前动机以及培训在完成关键工作活动中的应用。

（2）培训迁移动机。参训者是否愿意并最终将培训所学应用到实际工作中并转化为工作绩效，取决于他们运用这些知识的难易程度、运用这些知识为他们带来的有价值回报的大小等。当运用有关知识与技能的难度越小，而有价值的回报越大时，参训者的迁移动机就越强。

（3）培训迁移设计。培训迁移可以分为近迁移和远迁移。近迁移是指将学习应用于相似的情境中。增加近迁移的主要途径有：与实际工作情境一致的培训内容和培训项目，过度学习，强调工作任务的程序性等。远迁移是指通过培训掌握原理以便能够解决新情境中的问题。有助于远迁移的主要途径有:学员充分理解基本原理、概念以及他们所学习的技能和行为的假设,学员在很多种情境下练习以及使用新的技能,鼓励学员在他们自己选择的情境中讨论和应用培训所学,鼓励学员在培训后将其所学应用于新的情境等。①

(4)组织学习氛围。在学习氛围浓郁的学校组织中,学校管理者重视学校的可持续发展,关注教师专业发展水平的不断提高,能随时随地对教师进行指导;教师上进心强,能够抓住一切可以利用的机会进行学习提高,并乐于将学习所得迁移到教育教学工作中,保持较高的创新性与协作性。持续学习是组织学习氛围最突出的特征。研究表明,具有这种特征的工作环境有利于员工在工作中迁移培训所学。②

(5)培训迁移气氛。培训迁移气氛即阻碍或促进组织成员将其在培训中的所学运用到实际工作中去的组织环境。其具体内容包括:(1)培训迁移气氛必须要拥有用于提醒员工并为其提供机会在工作中应用培训所学的情境线索,包括目标线索(比如,上级设置目标要求受训者应用培训所学的内容)、社会线索(比如,上司或同事积极肯定或对应用培训所学反应消极)、任务线索(比如,设备、资金和时间等的提供)、自我控制线索(比如,员工的自主权如何);(2)培训迁移气氛还必须拥有能影响学员将来应用培训所学的结果线索,即受训者在实际工作中应用所学后得到的各种反馈,包括无反馈(比如,主管领导既不支持也不反对在工作中应用培训所学技能)、惩罚(比如,主管者公开反对受训者在工作中应用所学技能)、正反馈(比如,应用培训所学技能的受训者会得到表扬和奖励)。积极的培训迁移气氛能使培训迁移获得良好的效果。③

---

① 冯明,陶祁. 培训迁移的有关理论和研究[J]. 南开管理评论,2002(3):24 - 26.

② 吴怡,龙立荣. 培训迁移影响因素分析及其管理策略[J]. 华东经济管理,2006(2):68 - 72.

③ 王鹏,杨化冬,时勘. 培训迁移效果影响因素的初步研究[J]. 心理科学,2002(1):69 - 72.

3. 培训迁移理论的启示

培训迁移理论启示我们，在促进参训教师进行培训迁移时必须关注培训前、培训中、培训后的整个过程。具体来说，以下方面值得关注。

第一，基于教师学习需求，正确引导培训动机。只有当参训教师愿意并且真正从培训中获得有关知识、技能与态度时，培训迁移才有可能发生。培训内容与学员实际需要的一致性程度直接影响着学员培训的积极性和学习的投入程度。因此，在把握具体对象的培训需求方面，教师培训师需要多方面搜集学员的培训需求信息，对不同学员的需要、培训期望、个性特征等作深入的分析。对学员的培训需求把握得越准确，培训规划就越有针对性，越能满足培训学员的需要。同时，教师培训师要有意识地引导教师在一定的背景下思考、讨论业务目标，积极地与自己的工作业绩相结合，引导教师不仅仅重视培训阶段的短暂成绩，更要关注培训后工作效果的改进与实际的业绩，指导受训者能运用所学的知识，并能改善自己的行为。

第二，采取研训一体化的培训模式，建立学习情境和工作情境的超级链接。根据支持近迁移的等同因素理论，培训可以通过改进与实际情境相对应的刺激、反应和条件等因素的程度来增强培训效果。也就是说，培训情境与工作情境越接近，培训的效果就越好。在研训一体化的培训模式中，教师的教学现场就是培训现场、教学研究的现场，教师的培训与教师的实际教学工作融为一体，学习与应用融为一体，从而避免了由于培训环境与工作环境之间的差异而产生的对培训迁移的阻碍。

第三，培养参训教师的学习迁移能力，关注培训结果对工作绩效的影响。(1)在培训过程中注重应用能力的培养，通过实际的案例分析让受训者用所学的知识去分析问题和解决问题；通过实际的和模拟的机会和场景让受训者亲身实践培训中所强调的行为和态度在实际工作中的应用方法及其效果；通过真实的设备和模拟的设施让受训者演练新的技术和技能。(2)在培训过程中要使受训者的学习内容与实际工作联系起来，使受训者在学习过程中将重点放在回到工作岗位之后如何运用（如要求学员设计在本单位应用的方案、预测可能遇到的问题等），突出受训者具体应用这些知识的方法,甚至是具体步骤。(3)在培训过程中要通过预测转化中可能出现的问题和存在的困难,使受训者对转化的困难及问题心中有数。(4)在学员回到工作岗位后需要为其提供持续的专家跟踪支持,为其提供具体而及时的指导,帮助其克服难题。(5)学校需要为学员的培训迁移提供实践的机会和资源的支持。

第四,建立师干联动培训模式,创造支持培训迁移的学校组织氛围。迁移气氛模型揭示,学校领导对参训教师应用培训所学的关注和支持程度,以及对应用培训所学的参训教师的反馈直接影响着参训教师在工作中应用培训所学的积极性和效果。为了促进培训的迁移、提高培训的实效性,学校领导必须创造支持培训迁移的学校氛围。一方面,学校领导应制订有关支持培训迁移的政策,包括时间、设备、技术支持等,并明确关于应用培训所学的奖励措施。另一方面,学校要打造浓厚的学习氛围以及支持性的同事关系。和谐的人际关系以及崇尚学习、创新的学习氛围能够使学员毫无顾忌地投入培训迁移之中。

第五,加强对培训迁移效果的测量与反馈,提升培训的影响力。人们之所以把培训所学应用到工作中去,是因为他预期到这会给他带来所希望的某种回报或满足他某方面的需要。因此,需要建立起培训迁移与组织汇报之间的联系,这就需要对培训迁移的结果进行测量和反馈。对迁移结果的反馈包括两个部分,一是对迁移的结果进行评估,即培训的内容得到转化比例;转化的效果如何;产生的直接和间接的经济效益、社会效益或其他边际效益有多大等。二是根据这种转化的结果给予适当的奖励,可以激发学员进行培训迁移的愿望。

三、教师培训的里程碑

对教师培训师来说,一方面要基于"教师专业化"的研究,掌握学习心理学、成人教育学、社会心理学等理论知识;另一方面要重视"培训专业化"的能力修炼,在教师培训项目管理的五大里程碑方面获得和提升五项专业化培训能力,即培训需求分析能力、培训方案设计能力、培训课程开发能力、培训方法应用能力和培训效果评估能力。

如图 2－5 所示，每个里程碑都是培训专业化系统中不可缺少的支柱，彼此连接，环环相扣，构成教师培训项目实施运行的闭环系统。

一方面，这个培训专业化系统的运行依赖于教师培训管理机构的制度保障。如果培训机构不为培训需求、方案设计、课程开发、培训方法变革和效果评估提供人力资源、物力、财力、组织建设、管理制度和硬件条件等任何一个方面的支持，那么，这个系统就不能良性运转，甚至根本无法启动。

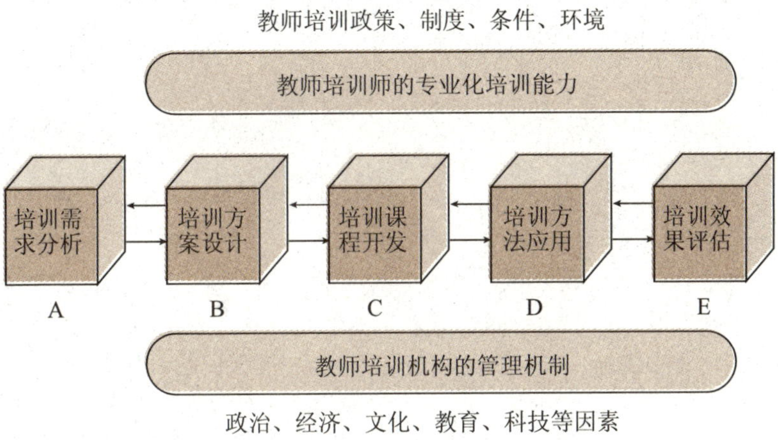

图 2－5　教师培训项目管理五大里程碑

另一方面，我们也可发现，这个培训专业化系统的运行也离不开专业化培训者智力资源的支持。教师培训师在五大里程碑方面的价值认同和专业能力直接影响着每个里程碑的实施质量。比如，如果培训师不能理解需求分析的价值，不会或不愿去作培训需求分析，那么，按需施教在其培训活动中就很难得到实现；如果我们设计的方案出了问题，或目标不明确，或课程与目标不一致，或培训时间安排不得当，那么，培训的针对性和实效性将得不到保障；我们还可以假设，如果培训师在培训课程与培训方法方面缺少专业性，那么其培训质量将得不到保证；如果培训师不能有效开展质量监测和培训效果评估，那么，培训项目在运行中会缺失控制动力和风险防范与管理机制。

人与制度都是环境的产物，但不是消极被动的适应，而是积极主动的结果。对于教师培训师来说，社会政治、经济、文化、教育、科技等背景下的教师培训政策、制度、条件和环境等因素，是提供专业修炼的气场与环境。可以说，教师培训师的专业修炼过程，修行于五大里程碑之中，修成于对五大里程碑之外各要素的理解与把握。

据此，本书将在后面的五个章节中对教师培训师的五项专业能力分别予以阐述。

第3章 如何开展教师培训需求分析

本章学习导语

流浪汉的需求

每当夜幕降临时，在德国城市汉诺威主要的几条街道上，商店和超市的走廊里都会睡着一些流浪汉。夏天还可以，但是一到冬天，流浪汉们的日子就不好过了。

为此，从2005年起，每年一到冬季，汉诺威市的警察便会在晚上巡逻时，试图劝服流浪汉住到由政府提供的相对暖和的救济站，但是流浪汉们并不领情，把破旧的毯子往身上一盖，在地铺上就睡着了。

在2011年新年来临前的一个晚上，在警察局长和好几家媒体记者的陪同下，汉诺威市市长亲自来到流浪汉的面前，为他们派发新年红包以表慰问。

市长来到一个年纪较大的流浪汉面前，嘘寒问暖了好一阵子，但是这个流浪汉显得有些懒得搭理市长。市长急了，最后问道："你们最需要什么？我们一定尽力满足。"这个流浪汉估计是被问烦了，有些愤懑地回答道："你们每年都问同样的问题，但是我们最需要的不是红包、食物、棉被和关心，而是安宁！我们希望夜晚睡觉时，不会被没完没了的汽车喇叭声吵得难以入眠，我们只需要仅有星光在头顶上的宁静夜色。"

最需要的竟然是夜晚的安宁！这大大出乎所有人的预料。第二天，这条新闻一经报道，极大地震撼了汉诺威市的市民。市长说："我们以为他们最缺少的是温暖和食物，却忘记了他们真正需要的是尊重——对他们好梦的尊重！"

其实，生活中我们经常会遭遇类似的尴尬局面。对于席间不胜酒力的客人，主人总愿劝上几杯方算罢休；给不愿抽烟的对方热情递过一支香烟，往往换来的是拒绝；好心提醒同事注意改正工作中的错误细节，由于表达方式的错误可能会导致一场长期误会……

由于服务方与需求方信息不对等的缘由，我们有时会犯类似的错误。商业街不能了解顾客需要，商品就卖不出去；生产部门没有及时把握市场需求，产品就会积压；医生不能正确诊断病因，就很难把握病人身体需要怎样的治疗；家长缺少对青春期孩子的了解，不懂得他们成长期间的心理规律与需要，教育与关爱就可能不被理解、不被接受，甚至会遭到孩子叛逆性排斥。

作为教师培训师，如果不能准确把握教师们的学习需求，没有为学习者提供适合的培训内容及方式，那么，我们的培训质量和培训效果从一开始就不能得到保证。

无论是培训设计，还是培训组织实施，抑或具体的培训教学活动，都要把如何有效满足培训需求作为基本标准和依据。优秀的教师培训师就是那些善于科学诊断、准确把握和有效满足教师学习需求的教育者，他们总是把需求分析置于所有培训活动的黄金原则之首。

本章主要解释培训需求分析的基本含义，透视四个需求分析维度，介绍八个需求分析方法，与你共同进入教师培训师的第一项专业修炼——提高培训需求分析能力。

第一节 教师培训需求分析概述

一、教师培训需求分析的意义与作用

当我们要开发一个教师培训项目或决定进行培训的时候，我们需要预先考虑“为什么培训”、“培训谁”、“培训什么”、“需要谁来培训”、“如何培训”、“培训要达到什么效果”等培训中的核心问题。

如果这些问题没有考虑清楚就开展培训，那么这个培训从一开始就会缺少针对性和实效性，很难达到预期效果。提前找到这些问题的答案就是培训需求分析的工作内容。

所谓培训需求分析，是指在规划和设计培训项目或培训活动之前，培训者采用各种方法和技术，通过收集和分析各种信息，确定培训对象的工作现状与应达目标之间的差距，寻找产生差距的原因，并进一步从这些原因中找到那些可以通过培训来解决的学员知识、技能、态度、能力和行为等方面的问题，为开展培训活动提供依据。

根据以上定义，我们很容易把握培训需求分析在整个培训项目开发过程中的重要地位。在时间上，它是培训开发工作的开端；在空间上，它占据基础的位置。有了开端，其后环节才能逐渐开展；有了基础，才有上升的可能。好的开端和扎实的基础，是培训顺利启动、有效进行的基本前提。而缺少或质量低的培训需求分析则从一开始就注定了培训的无效和低效。

培训需求分析既是培训的出发点，又是培训的归宿。具体来说，其意义与作用体现在以下几个方面。

第一，培训需求分析是整个培训系统设计的首要环节，为培训目标设定、课程内容设计、教学方法选择、培训效果评估等各个环节工作提供基本依据。

第二，培训需求分析在广泛调查和征求意见的过程中，赢得培训对象和

培训委托方对培训工作的理解和支持,获得更多的协作,消减更多的阻力。

第三,培训需求分析帮助学校了解教师个体职业发展需求,帮助培训对象了解自己知识、技能和能力现状与需要改进的问题,有利于学校组织制订人力资源发展规划和指导教师本人明确学习目标和方向。

第四,培训需求分析强化培训者之间对培训工作的共识和协作意识,促进培训者全面把握培训的环境和条件,关注培训可解决的具体问题和预期实现的目标。

第五,培训需求分析能够找出绩效差距,分析问题原因所在,提供培训前测数据,预测培训投入,确定培训价值和成本。

二、教师培训需求分析的范畴

由于教师培训是个系统性工作,其需求分析的范畴可以指向特定区域、特定阶段、特定教师群体的普遍性培训需求,例如,我们经常谈的"'十二五'期间北京地区教师培训需求分析";也可以指向某个特定项目所界定的特定教师群体的某些方面学习需求,例如,"'国培计划'(2010)——教师培训管理者团队研修项目的培训需求分析";还可以指向培训者在备课时所考虑到的某次培训活动所针对的特定学习对象的具体需求情况,例如,在某院校为来自湖南省的50位教师培训管理者作一次"教师培训项目方案设计"专题培训,要确定这50位学员的学习需求是什么。

当我们开展培训需求分析时,一般要涉及以下三个方面。

(一)全员教师基本情况分析

无论是作培训规划,还是设计培训项目,我们都要关注对全员教师基本情况的分析,以便把握培训需求的普遍性和多样性。所分析的问题至少应该包括以下内容。

- 有多少人需要参加学习和培训?
- 他们各自需要参加什么类型的学习和培训?
- 如何从分岗、分层、分类、分期、分班角度区别学习对象的需求差异?

◆ 各种类型学习的人员分布情况、数量如何？

◆ 在培训资源有限条件下，如何对重点支持的培训对象进行排序？

◆ 预备受训对象的职务、工作岗位、工作经历、工作需求等情况如何？

◆ 他们在工作中有哪些成功经验或失败挫折？

◆ 他们的年龄、性别、健康状况、学历等背景情况如何？

◆ 他们的实际能力与岗位要求之间的差距到底有多大？

◆ 哪些学习需求是培训能解决的问题？哪些是培训不能解决的？

（二）学员学习基础分析

◆ 学员对培训的期望和态度是什么？

◆ 学员需要培训帮助他们解决哪些特定问题？

◆ 学员对将要培训内容的了解和熟悉程度如何？

◆ 学员能把哪些已有的经验和所学的知识应用于培训中？

◆ 学员对培训者和培训机构的了解程度如何？

◆ 学员在培训中面临的主要困难是什么？

◆ 培训者如何化解这些困难或帮助其克服？

◆ 学员还有什么特殊需要希望通过培训予以满足？

（三）培训环境因素分析

◆学员单位领导是否支持他们参加培训？

◆学员单位对这次培训有什么期望？培训能否满足他们这种期望？

◆培训课程内容能否满足学员的需要？

◆培训机构及培训项目的食宿和学习环境能否令学员满意？

◆学员之间及其与培训者的交流机会有多大？是否便捷？

◆学员对参加培训有什么顾虑和具体困难？

◆培训对学员个人和单位发展是否有积极意义？

◆培训是否符合培训委托机构、举办机构、派出学员机构、学员本人等所有相关利益方的利益诉求？

以上三个方面提出的26个问题，可以作为培训师在设计培训需求调研内容的参考，如果能根据实际需要有选择地把它们转换成为调查问卷、访谈提纲、前测试题、分析作品等形式，那么，这些问题反馈的分析结果将更有助于我们把握学习者和培训相关人的培训需求。

三、教师培训需求分析的参与主体

为保证教师培训的实效性，培训应体现供求双方一致，即培训方所提供的培训服务适合需求方的需要；需求方的需要从培训方那里能够获得。教师培训需求分析的参与主体为来自双方的不同角色。一般来讲，参加教师培训需求分析的人员主要有以下几类。

（一）培训管理者

培训机构和培训项目的管理者承担着项目开发的重要责任，他们作为培训需求分析的发起者、设计者、组织者、协调者，成为教师培训需求分析的主要成员。在一些培训项目中往往缺少规范的需求分析，很大原因是培训管理者对培训需求分析的重要性认识不够，不愿把时间、人力和财力投入这个首要的培训环节之中，结果导致培训从一开始就面临无效或低效的风险。

（二）学校管理者

学校管理者对学校组织发展、学员工作岗位和学员工作绩效都比较清楚，作为培训消费者代表，可以判断学校需要哪类培训、哪些人参加培训、培训应该针对教育教学实践中的哪些问题等。学校管理者参与教师培训需求分析，有助于改变学校盲目派人、教师被动受训的局面，从需求方来促进培训的针对性。

（三）培训者

培训者对教师专业发展、教育教学理论与实践、教师培训课程与教学等问题要有专门研究，能从培训专业化角度设计和运用需求调查工具，并能把各方关于教师培训需求的认识系统地整理归类，形成教师培训需求分析报告。另外，培训者参与教师培训需求分析，也能极大促进培训教学活动密切结合学习者需要，避免培训者的填鸭式讲座，避免培训课堂与学习者工作情境——中小学课堂之间的严重脱节，从而有力保障培训目标的达成。

（四）学员本人

学员非常清楚自己需要学习什么，需要解决哪些问题，需要培训方提供什么学习条件和环境。尽管他们的需要不能代表学校组织和工作岗位等其他层面的培训需求，但他们提供的需求信息能直接反映出学习者的学习基础，对培训方案设计和课程内容安排有重要价值。

（五）外界专家

邀请外界专家参与教师培训需求分析工作，是教师培训在智力资源投入方面的一项举措。外界专家不仅具有丰富的学术知识和实践经验，以及宽广的政策视野，而且“旁观者清”，他们对教育改革和发展研究、学校发展诊断、课堂教学实践问题进行分析，能够对教师培训需求分析提出有价值的建议。

各省市自治区、地方市县在制订教师培训区域性五年规划或年度计划时，教育主管部门和教师培训机构应该成立教师培训需求调研小组，组织有关专家力量，开展培训需求调研工作，为培训实施工作做好充分准备。

培训项目组可以组织培训主讲教师、管理人员和外部专家组成培训需求调研团队，针对该培训项目涉及的培训对象、培训政策、培训资源等内容开展需求调研与分析工作。

总之，教师培训工作涉及培训院校、中小学校和教育主管部门等众多机构，需要这些机构、培训机构的相关部门以及各类人员通力合作，形成良性机制，共同关注和诊断教师培训需求。

四、影响教师培训需求的因素

（一）常规性影响因素

常规性影响因素主要是指在确定培训需求时要考虑的一般因素，目前常见于以下主要方面。

- 社会政治、经济、文化发展对教师培训需求的影响。
- 教育改革和发展对教师培训需求的影响。
- 学校发展规划与目标对教师培训需求的影响。

◆ 教师个人职业发展规划对教师培训需求的影响。

◆ 培训资源与条件对教师培训需求的影响。

(二)事件性影响因素

事件性影响因素具有一定的特殊性,往往新的教育政策和改革措施会促进新的教师培训需求产生,事件性影响因素目前常见于以下主要方面。

◆ 新出台的教育政策对教师培训需求的影响。

◆ 新课程、新教材、新教改的试行对教师培训需求的影响。

◆ 新教师入职和新工作岗位对教师培训需求的影响。

◆ 校园突发事件对教师培训需求的影响。

◆ 新任校长的重视程度对教师培训需求的影响。

不同于企业界培训需求的影响因素主要表现在员工绩效、市场竞争和企业发展方面,影响教师培训需求因素主要来自教育行政和学校管理方。教育行政主导的教师培训需求,较大程度体现教育主管部门的意志,便于通过培训促进教师全面贯彻教育政策,自上而下推进教育改革,但是也容易导致培训需求与实际工作绩效的改进要求之间脱节,使得培训实效性在培训需求分析环节就遭遇衰竭。

因此,我们在关注常规性影响因素和事件性影响因素的同时,还要重视教师工作、教师学习心理、教师个性学习特征等方面的调查与研究,兼顾自下而上的需求渠道。

第二节 教师培训需求分析维度

教师培训需求分析一般从社会需求、组织需求、工作需求和人员需求四个维度开展,虽然其内容各有侧重,但是整个培训需求是一个有机体,其内在联系可以通过以下的冰山模型体现出来(见图 3－1)。

人员需求包括学习者、项目委托方和培训机构主管人员等对培训的主观期待，是整个培训需求系统显露的冰山之角，往往容易被发现。教师培训师需要以社会发展的宏观需求为基础，深入研究和发现冰山之下的组织培训需求和工作培训需求，是今天教师培训专业化要攻克的重要课题。

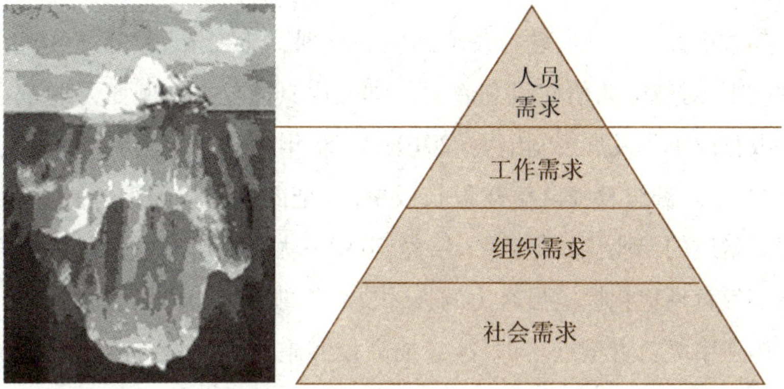

图 3－1　教师培训需求分析的冰山模型

一、社会发展维度的教师培训需求分析

（一）从社会发展需要看教师培训的宏观需求

从社会发展层面分析教师培训需求，就是要回答教师培训的宏观社会背景是什么；培训政策依据有哪些；要实现哪些社会价值；对社会政治、经济、文化、教育的发展发挥什么作用；产生哪些影响等。

强国必须强教，强教必须强师。当前我国国民经济和社会发展、教育改革和发展的政策与形势，为教师培训工作提供了前所未有的大好机遇。

《中华人民共和国国民经济和社会发展第十二个五年规划纲要》提出“实施科教兴国战略和人才强国战略”，加快教育改革发展。“严格教师资质，加强师德师风建设，提高校长和教师专业化水平，鼓励优秀人才终身从教。”

《国家中长期教育改革和发展规划纲要（2010—2020 年）》提出了“到 2020 年，基本实现教育现代化，基本形成学习型社会，进入人力资源强国行列”的教育改革和发展的战略目标，并把“加强教师队伍建设”作为教育改革和发展的重要保障措施，强调要“建设高素质教师队伍”，“加强师德建设”，“提高教师业务水平”，“加强教师教育，深化教师教育改革，创新培养模式，增强实习实践环节，强化师德修养和教学能力训练，提高教师培养质量”。

各省市关于中长期教育改革和发展规划、“十二五”教师继续教育规划的政策，对教师队伍建设和教师培训提出具体要求。例如，《北京市中长期教育改革和发展规划纲要（2010—2020 年）》提出“坚持以德为先、能力为主，建立健全教师队伍建设长效机制，全面提升教师综合素养，着力构建高素质的专业化教师队伍，培养、造就一大批名师、名校长，为全面推进首都教育现代化提供强有力的人才支持”，明确要求“加强教师培训工作。构建市级负责重点培训、区县或高校实施全员培训，分层分岗、研训结合的教师培训体系，建立教师带薪脱产培训机制，加强教师培训基地和课程建设，切实提高教师培训的实效性、针对性。实施‘优秀中青年骨干教师发展计划’和‘万名教师境外培训计划’，加强中青年骨干教师境外培训。更新教育观念，提高教育教学能力”。

《北京市“十二五”时期中小学教师继续教育工作指导意见》提出“十二五”期间北京市中小学教师培训工作指导思想为：以邓小平理论和“三个代表”重要思想为指导，深入贯彻落实科学发展观，围绕国家和北京市教育改革与发展的任务，按照教师专业发展的规律和需求，坚持“专业引领、突出重点、开放多元、服务教师”的原则，整体规划、统筹管理全市的中小学教师培训，完善分学科、分学段、分层次的教师终身学习和发展体系，突出师德素养和教育教学能力的提升，加大对新任教师、农村教师培训和基础教育名师名家培养的力度，努力实现新一轮教师培训的科学发展，促进首都教育质量的全面提升。

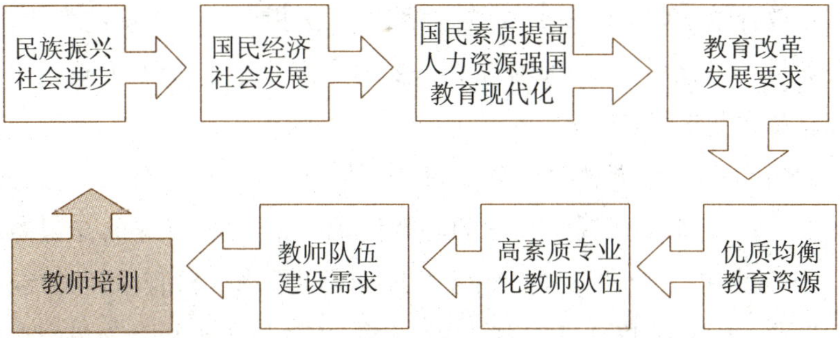

图 3－2　社会发展层面的教师培训需求分析路径

参照以上社会发展层面的教师培训需求分析路径，我们需要明确以下问题。

◆ 民族振兴、社会进步、国民经济和社会发展对教育改革发展提出什么要求？教师培训如何在此背景下适应教育改革发展需要，以体现其服务社会的功能与价值？

◆ 国家和地方的教育改革和发展政策对教师队伍建设提出什么要求？教师培训如何服务于优质均衡教育资源的配备和扩大？

◆ 在新形势下，教师队伍建设面临什么问题和挑战？教师培训在这些问题和挑战面前如何把握机遇？

◆ 教师培训能否为高素质专业化教师队伍建设作出贡献？能作出什么贡献？如何提高培训质量和培训专业化程度？

◆ 如何理解教师培训的社会需求？如何把教师培训的愿景建立在更好地服务于实现教育现代化、提高国民素质和建设人力资源强国的基础上？

（二）从教师专业发展规律看教师培训的客观需求

教师作为专业人员和终身学习的观念正在被人们接受。1996 年联合国教科文组织和世界劳工组织发表了一份划时代的文献——《关于教师地位的建议》，强调“教育工作应被视为一种专业。这种专业要求教师经过严格且持续不断地学习，才能获得并维持专业知识和专门技能，从而提供公共服务”。1994 年颁布的《中华人民共和国教师法》明确规定“教师是履行教育教学职责的专业人员”。谁也无法指望一次职前的专业教育就能满足一名教师几十年职业生涯需要的全部的专业知识、专业技术、专业理念和专业素养。

1948年美国全国教育协会强调,作为一个“专业”,应该符合八条评判标准:(1)专业实践属于高度的心智活动;(2)具备特殊的知识领域;(3)受过专门的专业训练;(4)经常不断地在职进修;(5)视工作为终身从事的事业;(6)行业内部自主制订规范标准;(7)以服务社会为最高目标;(8)设有健全的专业组织。其中的(3)和(4)两条标准说明了专业人员进行终身学习的必要性。

一些教育研究者和教育工作者发现,教师的专业定位不能靠别人的施舍,也不能简单依靠政府或国际组织的认定。教师的专业定位必须靠广大教师的学习、奋斗和发展去赢得,必须依靠教育工作者努力建构不可替代的教育科学体系,从而使教师的教育教学实践真正建立在坚实有效的专业知识和专业技术的基础上,使教师成为难以被他人(未受教师专业训练者)替代的人。[①]

我国于2012年制订和正式颁布了幼儿园、小学、中学教师专业标准,各专业标准基于“师德为先、学生为本、能力为重和终身学习”的基本理念,从“专业理念与师德”、“专业知识”和“专业能力”三个维度,提出了关于教师专业素养的若干条基本要求。文件明确指出:教师专业标准是中小学教师实施教育教学行为的基本规范,是引领中小学教师专业发展的基本准则,是中小学教师培养、准入、培训、考核等工作的重要依据。

基于上述理解,从教师专业发展规律开展教师培训需求分析,我们需要关注下面几个问题。

(1)既然教师学习已成为教师专业发展的必要条件,那么,教师培训如何有效促进教师学习?如何使教师培训为教师课堂教学和其他教育教学工作改进服务?如何把培训、学习和工作三要素紧密连接起来,形成相

---

① Fessler R,Christensen J C. 教师职业生涯周期[M]. 董丽敏,等,译. 北京:中国轻工业出版社,2005:Ⅶ.

互促进的“铁三角”?

(2)教师的专业素质包括专业知识、专业技能、专业态度、专业能力、专业伦理、专业行为特征等方面,教师培训是聚焦其中某个方面或兼顾几个甚至全部要素?教师培训的定位是在为这些要素的缺失而零星补课,还是完善和重构一个认知系统,抑或为其搭建生长平台?

(3)教师专业成长历经不同的发展阶段,教师培训师如何甄别教师专业发展水平和相应的学习需求?教师培训如何针对不同发展阶段特征和学习需求设计多样性培训项目,并提供有针对性的培训服务?

(4)教师作为专业工作者的专长形成和发展如果是元认知、学习技能、思维技能、知识储备、发展动机五要素相互作用、共同促进的结果,那么,教师培训如何理解这些要素的意义并建构促进教师专长发展的学习和培训模式?

(5)如何避免培训脱离教师专业发展轨道现象?如何克服为培训而培训的现象?如何把“培训是生产力”的价值理念转化为“培训是教育人力资源开发”的有效投资行为?

二、学校组织维度的培训需求分析

(一)学校组织维度培训需求的引发缘由

深入学校实际,我们常常可以发觉教师培训的必要性。在教师办公室和学校课堂发生的一些问题和事件,总是给我们带来这样的启迪:尽管有些是学校管理的原因导致,但是也有很多问题可以通过教师培训来解决!下面是若干引发教师培训的情况。

1. 增加新教师

每次招聘新教师后,都需要进行培训。新教师从大学里带来了许多新鲜知识,但是大学没有教给他们传递这些知识的技能,更无法帮助他们通过体验真实教学情境获得教书育人的方法。即使新教师掌握了这些教育教学技能,他们也十分需要尽快了解自己所到学校的文化和核心价值观念,以及学校的一系列规章制度和要求。

2. 提高教学质量

教师素质是教学质量提高的关键,而培训是教师素质提高的重要途径之一。有效的教师培训不仅能够增添教师的知识和技能,而且能开阔教师的工作视野,为教师的创造性劳动提供新的思维工具。

3. 改革课程与教学

如果课程与教学改革是自上而下地开展,那么,教师理解并有效地在行动中贯彻和执行改革要求,则是其成功的保证。因此,每轮课程与教学改革,都重视开展教师培训。

4. 解决学校新问题

学校在变化的复杂环境中存在与发展,时常会出现新的问题,包括学生思想波动、安全意识差、心理问题多、违章违纪、学习困难等很多方面。有很多问题使教师感到非常棘手或难以解决。教师培训就是要帮助教师在学习中解决这些问题,并在解决问题中掌握并提高教育学生的能力与艺术。

(二)学校组织维度培训需求分析的框架

这一维度的分析主要是通过对学校发展目标、学校培训资源、学校组织特征、学校组织环境和学校管理者态度等因素进行分析,准确地找出学校组织存在的问题和问题产生的根源,以确定教师培训是否解决这些问题的最有效的方法。

1. 学校发展目标

学校发展目标深刻影响着学校人力资源开发和培训活动。明确的学校发展目标对教师培训的规划和设计起着决定性作用。比如,当学校决定其发展目标为通过实施“新课程”打造“特色校”时,教师培训就必须围绕如何实施“新课程”和如何建设“特色校”展开。无论是校本培训还是派出教师到校外培训,学习目标越清晰地与组织发展目标保持一致,培训需求就越有指向性。假如学校发展目标不够清晰,那么,教师培训就很难针对学校发展需求而开展。

2. 学校培训资源

学校培训资源是指学校愿意或者可能投入培训活动的组织资源,其主要形式包括培训经费、培训时间、培训师资、设备设施等物质条件。首先，培训经费影响到校本培训的范围、深度和形式，也影响到派出参加校外培训人员的数量和规模。其次，人力资源状况是培训需求分析的关键内容，学校中有多少人可以做兼职培训者、全体教师有多少人需要及时培训、学校能为教师提供多长学习时间等，也是我们作培训规划时必须清楚的基础性信息。另外，学校有哪些可以用于教师培训的物质、教室、设施设备等也必须纳入资源分析的范围。

3. 学校组织特征

学校组织特征对培训成功与否起着重要作用。当教师培训计划与学校组织的核心价值观不一致时，培训效果就很难得到保证。例如，如果广大教师已经认同和适应学校组织结构，学校组织结构无需改变时，那么，教师无此方面相应的培训需求，任何关于学校组织结构的培训内容则无多大价值。再如，如果学校的组织文化存在问题，需要改革，那么，就会蕴藏着某种培训需求。如果学校的组织文化基本上是适应组织发展方向的，那么我们的培训活动就要尽可能地与其保持一致，这可以使我们的培训活动产生事半功倍的效果。总之，我们需要把学校组织特征纳入教师培训需求分析范围。分析目的，一是为了适应它，二是为了改进它。至于多大程度适应，多大程度改进，则取决于分析的结果。

4. 学校组织环境

学校组织处于多方面、多变化的环境中。政治环境、经济环境、文化环境、科技环境、社会环境和教育环境的变化，对学校组织变革都会产生不同程度的影响，进而对教师培训带来需求或对教师培训提出新的要求。例如，人力资源强国建设战略对高素质专业化教师队伍的要求，教育部2011 年出台今后五年全员教师培训的政策，由此学校将根据政策要求和工作需要，整体规划和设计本校全体教师五年继续教育方案。

5. 学校管理者态度

学校管理者态度包括校长在内的学校各级管理者对教师培训的支持具有十分重要的作用。如果管理者对教师参与培训活动抱着积极正确的态度，愿意向受训教师提供有关如何在工作中有效利用培训中学到的知识、技能、行为方式的信息，并为参训教师提供在实际工作中应用培训所学习内容的机会，那么，培训就会对学习者的行为变化带来影响，教师个体培训需求与学校组织需要更容易一致起来。

（三）学校组织维度培训需求分析的任务清单

学校组织层面培训需求分析有很强的针对性和目的性。它要把握学校的发展目标，了解学校人力资源的数量、质量和开发潜力，理清学校可能用于培训的各种资源和实施培训的能力，认知学校运作机制和价值体系，为培训必要性程度的判断、培训规划的设计、培训目标的制订、培训内容的选择和培训活动的组织等提供客观依据。要达到以上目标，使得分析活动更具有操作性，可以使用以下三个方面的分析任务清单。

1. 分析学校组织发展目标的任务清单

为获得学校组织发展目标方面信息，我们可以利用下面的任务清单。

（1）学校处于何种发展水平？下一步目标是规范学校办学制度，走向稳步发展；还是立足当前已经取得的成绩，致力于优质卓越；还是独辟蹊径，办出特色？

（2）学校在实现上述目标过程中将会体现什么优势和劣势？

（3）学校为此已经或将要采取什么变革措施？

（4）学校是否打算引进何种教学管理机制、课程变革方案、教改实验或其他教育思想？何时会提出具体实施办法？

（5）学校教育教学和管理工作面临的最棘手的问题是什么？

（6）社会和家长对学校发展有什么期待？学校管理者和教师们是否意识到这些期待？

（7）制约学校教育教学质量的瓶颈在哪里？

基于以上七个方面的问题，学校校长和其他管理者有何打算？学校学科教研组、年级组、德育组、教科室、培训部等部门将会采取什么措施？

2. 分析学校人力资源状况的任务清单

为获得学校人力资源状况的信息，我们可以利用下面的任务清单。

（1）学校是否有成文的教师队伍建设规划？如有，教师队伍的优势和劣势，以及队伍建设目标是什么？

（2）学校是否有系统的教师工作分析？如何界定每个教师的岗位任务？如何分析教师的知识、技能、态度、能力等状况？教师的教育理念和教学方法需要哪些更新？教育教学技能需要哪些提高？

（3）每个教师是否有清晰的职业生涯发展规划？学校如何支持教师法实现其规划？

（4）学校如何激励教师积极工作？

（5）学校如何评估教师工作绩效？

（6）还有其他哪些关于教师人力资源开发的问题值得关注？

3. 分析学校教师培训工作的任务清单

（1）学校变革和发展方面的哪些问题能通过教师培训解决？哪些问题是教师培训解决不了，需要以学校管理方面找原因的？谁负责调研和掌握学校教师培训需求？

（2）教师培训目标是否切合学校组织发展目标和人力资源建设目标的要求？是否关注到相关利益者的利益诉求？

（3）学校如何开展校本培训？如何实施送派学习计划？如何开展分类、分层、分岗的培训计划？

（4）教师培训课程是否有针对性和实效性？谁负责开发教师培训的课程与资源？

（5）什么样的培训方式最适合教师学习？哪些培训方式容易发引教师消极学习状态？

（6）教师在培训中学习的内容是否有机会应用在学校教育教学中？学校对教师培训和学习的效果有无评价方法？

（7）校长是否支持教师培训？学校是否有一定的制度保障教师培训和学习？学校是如何支持解决教师培训中面临的工学矛盾的？

（8）教师在校内和校外的学习机会有多大？能从学校获得多大程度的学习支持？学校每年在教师培训方面的投入有多大？

（9）学校的管理制度、组织文化、工作环境等是否有利于教师职业的可持续发展？

（10）还有哪些关于教师培训工作的问题值得关注？

学校组织发展目标分析和人力资源分析的任务清单，是从比较宏观的视角帮助培训者了解教师培训的学校环境和背景，这对教师培训意义很大。因为教师培训都作为人力资源管理过程链（人力资源规划—招聘—甄选—定向—培训—绩效考评—职业发展—优秀员工）的重要环节，都不能离开对学校组织目标的关注和人力资源管理的支持。教师培训工作分析的任务清单比较具体，但是，还需要培训者根据培训需求分析的具体任务加以修改和完善。

三、教师工作维度的培训需求分析

工作层面的培训需求分析是对组织层面的培训需求分析的深化。如果说，组织层面的培训需求分析主要是确定实现组织目标所要求的培训项目及其目标和内容，那么，工作层面的培训需求分析则是围绕教师某种特定工作或活动，确定保证其有效实施所需要的培训目标。组织层面的培训需求分析的结果告诉我们，为了实现组织的发展目标，哪些部门、哪些工作、哪些岗位需要通过培训改善其绩效。工作层面的培训需求分析则进一步探究这些部门、工作、岗位的性质、特征及其对教师专业素质的要求，以进一步明确培训类型与内容、培训重要性排序以及培训所要达到的目标。

（一）工作维度的培训需求分析的内容

工作层面的培训需求分析可以从不同方面开展，一般来说，我们可以考虑以下问题。

1. 工作任务的专业要求

教师工作具有专业性，对教师专业素质有较高要求。了解教师工作的专业化特征、发展阶段及其对教师专业素质结构、专业素养内容的要求，有助于从工作任务的普遍需求角度来系统把握教师培训内容的深度和广度。如今教师的专业知识结构、专业能力特征、专业情意要求都是教师培训需求分析的重要内容。这也是教师培训师为什么既要把握学科教学规律，又要超越学科把握教师专业发展普遍规律的原因。

2. 工作任务的改革创新

教师工作总是在不断适应时代发展的变化情况。学科知识发展，信息技术革新，新教育政策颁布，青年人的社会观念变化，社会发展对教育的新要求，这些因素要求教师工作不断迎接挑战，改革创新教学工作，同时也需要学习充电和接受培训。分析教师工作变化的原因、表现和特征，有助于提高培训工作的前瞻性，在科学预测基础上开发面向当前和未来的教师培训项目。

3. 工作任务的岗位差异

根据教学工作的需要，学校中有一些特殊岗位，如班主任、教研组长、心理健康教师、生活辅导员、年级组长、德育主任、科研主任等，因为岗位差异，他们对教师培训的需求不一。另外，一些新手教师、骨干教师、“教非所学”教师等群体也会因为各自工作不同的需要，对教师培训产生不同需求。工作层面的培训需求分析要了解教师工作任务的岗位差异，以便开发分岗、分层、分类的培训项目。

4. 工作任务的特殊性

每项工作任务都有其特殊性质，教师工作更是如此。从培训项目开发角度来看，教师培训师除了需要考虑上面提及的三个问题以外，还应关注教师工作任务的特殊性。例如，教师工作是以人育人、以爱育爱的工作，教学知识和技能培训固然不可缺少，但师德建设更为重要。教师培训能否有效促进师德发展？哪些是培训能做到的，哪些是培训做不到的？如何对教师的情感、态度与价值观开展培训？又如，教师工作对学生产生的影响既具有即时性，又具有长远性。哪些工作要求教师立竿见影，哪些工作要求教师润物细无声？教师培训师能否针对教师工作的即时性和长远性特征，在诊断教师工作效果基础上开发相应的项目或提供培训活动？

（二）工作维度的培训需求分析程序

1. 通过工作分析，撰写详细的工作说明书

工作分析是指通过收集、整理、研究有关工作信息，对工作的整体、各个组成部分及其内在结构与联系形成一个比较清楚、深入和全面的认识。例如，该项工作在全校、本学科、本年级工作中位置如何？除了备课、上课、批改作业、班级管理、教研活动等工作外，还有哪些其他具体任务，其

中占用时间和精力最多的是什么任务？难度最大的在哪个环节？工作的中心和关键在哪里？岗位职责有什么特殊要求？等等。

工作分析的结果是撰写一份工作说明书，其内容主要包括工作简介和任职资格说明。建立在详尽工作分析基础上的高质量工作说明书，是对教师进行人力资源管理的基础性工作。它为教师培训需求分析提供了帮助，但是不能替代对教师现有状况的深入调查和研究。

工作分析是人力资源管理的基础条件，也是教师培训需求分析的重要依据。如果地方教育主管部门的人力资源管理机构和学校缺少对教师岗位工作的深入分析和描述，那么，教师培训师必须从自己的培训工作需要出发，做好这些方面的弥补工作。我们既要重视对教师岗位工作的普遍问题开展研究，认识到一般性问题的规律，又要对教师岗位工作具体问题开展调查，掌握特殊性问题的规律。

2. 列出工作中包含的具体任务

每项工作通常包括一系列或一组更细的任务。在作培训需求分析时，要列出工作任务清单、每项任务的执行标准、工作执行的实际绩效。培训师从这三个方面对教师具体任务进行观察和分析，可以发现教师工作中存在的缺陷，进而确定哪些是培训可以帮助弥补的，或是通过培训能够促进教师逐步改善的。

目前，国内一些教师教育同行开始研究教师专业发展标准，这将为教师工作任务分析提供重要依据和参考。不过，教师工作任务所关注的内容更加微观，教师培训师需要从培训目标指向的具体问题出发，走进中小学校，深入教师群体和学生群体中，去研究培训应为教师有效工作做些什么和如何做得更加到位。

3. 明确任职资格条件

要有效完成工作任务，教师必须具备相应专业知识、专业技能、专业能力、专业精神，并在工作行为中充分体现出这些专业素养。教师培训就是要帮助教师具备这些条件。

以上方面的内容有着深刻的内涵，也是今天教师专业发展研究的范畴。教师培训者既要以学科为基础考虑教师作为学习者的培训需求，又要超越学科整体把握教师任职资格条件的底线和上限,从而更好地设计培训课程和内容。

4. 确定培训能够完成的任务

工作任务标准和任职资格条件与教师工作实际状况之间产生的落差,就是培训师应该关注的重点问题。但是,这些问题并不都能通过培训解决。这里需要分析两个层次的问题。

第一,不是所有绩效问题都是由于教师的知识、技能、能力、态度等原因导致的,有些是源于学校管理或教育政策本身的问题,而这些问题不是培训部门能够解决的。比如,教师的工作态度问题。培训者师可以引导他们形成积极的工作态度,但是如果学校管理者和学校管理环境缺少对教师积极的态度引导和有效激励,那么,再好的态度培训都将失效,甚至学员接受培训后反而更加反感自己的工作环境。

第二,不是所有教师的知识、能力、技能、态度、技能和绩效问题都可以通过培训来有效解决的,有些成本太高,有些效果有限。比如,在教师入职前缺少学科方面的基础知识,如果希望通过短期集中培训予以解决,那么,人力资源管理过程就会出现又一次错误——由招聘导致的失误,祈求培训来弥补,也就是说,对不具备和不能具备资格的教师希望短期培训就能够解决基本素质问题是亡羊补牢,因为短期培训对此类教师的学科知识补课是杯水车薪,教师的学科素养知识基础主要依靠职前教师培养阶段奠定的。

教师培训应该着重分析培训能够完成的任务,并针对这些任务考虑设计不同的培训内容和方式。

例如,教师培训师应考虑到学员掌握不同类型的知识需要不同的学习方式和不一样的时间。就知识方面的培训任务而言,陈述性知识(关于"是什么"、"为什么"的知识)可以通过自学指导、课堂讲授和理解方式,根据内容量的大小可以用一节课和多节课完成;程序性知识(关于"怎样做"知识)比较适合采用"任务驱动"和"行动学习"等方式,在"做中学",必须经历一个过程;策略性知识(关于"如何做"与"如何思维"的知识)则需要帮助学习者提供"情境体验"、"工作迁移"和"问题反思"的学习环境,促进他们自我反思，而不是通过在培训课堂上直接告知结果能够实现的。

又如，教师培训师应该抓住制约教师专业能力形成和发展的"关节点"，确定培训任务。能力问题不是一两次短期培训就能够解决的，一个人的现有能力实际上是其以往学习和经历的结果，是长期形成的。培训要解决教师工作能力与工作要求之间的差距问题，培训师首先要考虑遴选培训对象，即寻找需求一致的学习群体作为最合适培训的对象，然后分析出制约其专业能力的"关节点"。

5. 进行培训需求排序

与工作有关的培训需求是多方面的，在培训资源有限的情况下如何高效配置这些资源，排序是必要的。

通常，教师培训师从培训任务的重要性程度和紧迫性程度考虑需求排序。把重要的且紧迫的培训任务排在前列；然后考虑那些重要的但不紧迫的，或紧迫的但不重要的培训任务；把那些既不重要又不紧迫的任务排除在本次培训之外。

但是，往往由于教师培训师对两个方面重要性的价值判断不同，培训需求排序存在着一定差异。这就需要培训师在作需求分析的过程中，发挥团队作用，多多听取培训委托方、学校校长、学习者本人、培训专家等不同方面的意见和建议，避免个人决策带来的局限。

四、人员维度的培训需求分析

在完成组织分析和工作分析之后，培训需求分析的重点就要转向学员，通常是针对那些特定岗位、承担特定工作任务的特定教师群体或个体，分析其现有状况与应有状况之间的差距以及差距产生的原因，确定他们是否需要培训以及培训的内容。

（一）人员维度分析类型

人员层面的培训需求分析分为两种：判别性人员分析和诊断性人员分析。

判别性人员分析用来判断教师个体的总体专业发展水平（或阶段），通常可以把教师个体纳入新手型、熟练型、胜任型、精干型和专家型等不同等级来分析其教师学习和培训的需求。我们可以通过制订和参照若干等级教师专业发展标准，作为培训要达到的标准，由此确定培训对象、学习内容和培训方法等系统性培训需求。

诊断性人员分析要进一步寻找教师工作绩效表现背后的原因，尤其是了解教师知识、技能、能力和态度等因素如何影响教师的教育教学水平。我们可以通过分析某一学科或某一岗位教师群体在教育教学中普遍存在的问题及其主要原因，寻找通过培训来解决问题的办法，由此确定学习主题、培训目标和重点内容等有针对性的培训需求。

两种类型的人员分析在教师培训实践中各有利弊，需要在工作实践中根据实际情况结合应用，取长补短。

判别性人员分析的主要优点表现为系统性，研究者或培训者把教师培训的需求系统地进行分类，并建立各类培训应然的标准，有利于为分层、分类、分岗的教师培训项目开发提供需求依据。判别性人员分析不足之处表现为培训者在缺少科学的判别依据和专业的培训标准的情况下，容易产生主观性，忽视教师培训需求特殊性和针对性的分析。

诊断性人员分析的主要优点表现为针对性，研究者或培训者根据特定培训对象开展问题诊断，准确把握教师培训的现实需求，有利于聚焦培训主题，解决学习者的现实问题，提高培训的针对性。不足之处在于分析成本较大，需要投入较大的人力、物力、财力，而且对时间期限控制较严。

（二）人员维度分析内容

1. 专业发展阶段

教师专业发展是一个动态变化的过程，在每个发展阶段，其专业发展需求都有所不同。许多国内外研究者都致力于探寻教师专业发展的阶段性特征，这些研究成果为教师培训需求的人员分析提供了重要的依据和参考。①

2. 基本素质特征

明确教师专业发展的基本标准，分析教师的知识、技能和能力等方面的基本素质情况，把两者进行对照，发现其中的明显差距和原因，寻找培

① 张学民. 教师职业发展与培训[M]. 北京：知识产权出版社，2007：45 - 64.

训能够解决的问题，是培训需求分析的重要内容。

3. 年龄特征

关注教师年龄状况，对于确定培训需求的意义主要在于两个方面：一是接受培训的教师年龄越小，受训后的收益就越长，对培训的积极性就越大；二是不同年龄阶段的教师，接受新知识、新技能的成本和能力不一样。为了增强培训效果，一般倾向于选派或接受年轻教师参加培训；为了体现培训的权利和待遇，那些作出贡献较大的中年教师容易获得较多的培训机会。

4. 工作经验

教师培训需求分析的重要内容是掌握教师作为学习者已有的工作经验，以便培训能够促进学习者在学习情境与工作情境之间创建超链接，帮助教师基于原有的工作经验参加学习培训，同时在原有认知经验基础上建构新的经验和心智模式。

5. 学习心理

有效培训的重要前提是把握学员学习心理，促进学员形成积极的学习动机、兴趣和态度。教师作为成人学习者，其学习心理不同于青少年。有的教师学习动机来自外部，他们的学习是一个被动的知识消费过程，在培训需求中依赖外部定向；有的教师学习动机来自内部，他们的学习具备自我导向和调整机制，能根据自身情况主动提出培训需求。

（三）人员维度分析的信息来源

对教师个体的培训需求分析，需要培训委托方、施训方和第三方评价机构等多方面的资料。

1. 培训委托方

培训委托方主要包括学校和教育主管部门。通常学校最易掌握教师的个体培训需求信息，主要通过以下途径，统筹兼顾，取长补短。

（1）教研活动。教师在教研活动中遇到的工作难题，或教研员发现教师工作中的问题，通过培训可以解决的，便成为培训的需求。

（2）工作观察。学校教学管理人员可以在日常工作中观察教师工作行为、工作条件和工作结果，从而判断出哪些是培训可以解决的，哪些是管理可以解决的。观察活动本身虽然具有主观性,但是,它是第一手材料,比较可靠。

(3)关键事件。对教师工作中特别成功或特别失败的行为或活动进行分析,了解其特征及其出现的原因。关键事件分析作为工作案例的特殊性研究,虽然不具备普遍性,但是,它可以为教师培训提供有针对性的需求。

(4)绩效考核。教师工作评估和经验总结能够提供反映一定问题的数据,如班风问题、教学事故、家长满意度、教研缺勤率等方面出现的消极情况,可能成为校本培训的重要需求。同时,建立对教师工作成绩和专业发展的有效评价机制,分析发现教师工作绩效提高或下降的情况及其原因,从中可能发现培训需求。

2. 施训方

施训方的培训者主要通过以下途径掌握教师个体培训需求,环环相扣,层层深入。

(1)针对目标学员的训前问卷调查。提前开展对目标学员的训前问卷调查,是掌握培训需求的重要方法。它有利于学员提前了解培训项目和进入学习状态,也有利于施训方在准确掌握学员需求后完善培训方案和备课。

(2)网络调研。教育信息化为教师培训管理拓展了时空。施训方可以提前为学员搭建远程交流平台,通过网络形式实施传统的问卷调研和问题访谈,也可以把项目简介和预习内容提前发布给学员。

(3)知识、技能、能力测试。根据培训项目需要,编制测试问卷,不要把与培训无关的内容列入测试范围。为保证测试的信度和效度,测试内容和形式要根据测试学的基本原理加以设计。另外,要注意,不是教师的所有知识、技能、能力都可以通过测试来把握的,测试结果只能作为一种培训需求分析的参考。

(4)学员作品分析。关于技能训练、行为改进、绩效提升方面的培训,问卷调查、测试和网络调研不能全部、真实、准确地反映学员学习的基础和起点,通过作品分析途径获得的信息更有价值。这些信息不仅是培训期间教师了解学情的依据,而且可以作为培训后绩效考评的参照比较。

学员参加培训前后提交作品的差异和变化，在一定程度上反映着培训在学习层面的效果。

(5)现场访谈与交流。培训目标是否设置得当，培训内容是否适合学员需要，培训方法是否有效，学员最有发言权。在培训项目启动后，与学员进行深度的交流和沟通，不仅可以获得许多与培训需求相关的信息，同时也具有激励作用。

3. 第三方评价机构

随着教师培训专业化程度的提高，培训需求分析任务可以委托给专门评价机构，它们使用多种手段对人员进行全面的、科学的观察和分析，并作出需求评价。评价机构的费用较高，受培训预算限制，无法普遍使用，但重大或高端培训项目的学员需求分析应考虑使用，通过培训专业化的分工与合作模式，保证培训质量和效果。

五、培训需求分析的整合模型和工作路径

（一）培训需求分析的整合模型

四个维度的需求分析有一个先后顺序和逐步展开的过程。一般来说，首先，以社会宏观需求分析为基础，这有助于把培训需求分析置于培训战略之上，为培训组织需求、工作需求和人员需求确定方向和范围。其次，要考虑到组织需求分析和人员需求分析的优先顺序。考虑到需求分析需要一定成本，不是所有工作和人员都进行需求分析，因此，要优先考虑组织层面的培训需求分析。再次，以工作需求为基础，兼顾组织需求和人员需求。通常，我们会遇到组织需求和个人需求不一致的情况。由“教师培训需求分析的弓箭模型”（见图 3－3）可见，当组织和人员对某项培训需求均高时，并与工作需求一致，培训项目属于培训需求“优先满足”型。如果组织需求高，人员需求低，该项目培训属于“必要满足”型，组织将创造培训条件，努力为之立项。如果组织需求低，人员需求高，该项目培训属于“可能满足”型，组织将根据培训资源和实际情况决定是否立项。如果组织需求和人员需求均低，则该项目培训“可有可无”。

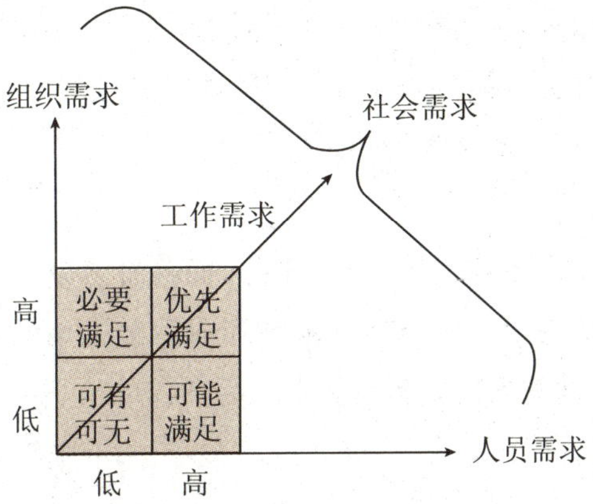

图 3－3　教师培训需求分析的弓箭模型

（二）培训需求分析的工作路径

教师培训需求分析的“冰山模型”和“弓箭模型”，从不同角度为我们整合组织、工作岗位、人员三方的共同培训需求提供理论指导。在实际工作中，我们可以按照以下路径开展培训需求分析工作。

1. 进行需求排序

认真区分和筛选各种培训需求信息；哪些是真正需求，哪些是假象需求；哪些是普遍需求，哪些是个体需求；哪些是短期需求，哪些是长期需求；哪些是目前需求，哪些是未来需求；哪些是紧急需求，哪些是不紧急需求；哪些是重要需求，哪些是次要需求；等等。特别是对于那些既重要又紧急的培训需求要优先排序。

2. 进行需求确认

培训组织方召开由培训管理人员、培训教师、培训顾问组成的项目专业家小组会议，必要时邀请培训委托方、学员代表参加，专门研究培训需求排序结果，最终达成一致意见，以此作为培训的目标。在培训需求确认过程中，要抛弃那些培训解决不了的问题，把注意力集中在那些通过培训能够解决的问题上；同时抵制一次解决全部问题的诱惑和设想。

3. 进行需求偏差纠正

在实际培训过程中，由于学员学习状态、培训教师、培训课程和培训环境等变化，实施方案已经确认的培训需求可能还会出现偏差。因此，培训管理者要密切关注新的培训需求，在培训实施过程中建立监测机制，对出现的种种偏差进行及时改进和纠正。

4. 进行需求结果评估

为保证教师培训的针对性和实效性，培训需求分析工作不仅要贯穿培训始终，而且要在培训项目启动前和完成后加强培训需求评估。启动前和完成后的培训需求评估各有侧重。启动前的培训需求评估主要为培训目标和培训课程的确定奠定基础，而完成后的培训需求评估，主要配合培训项目绩效考评工作，监测培训项目的达成度，即培训需求定位是否准确、培训需求是否都得到满足或多大程度得到满足。

第三节 教师培训需求分析方法

教师培训需求分析工作包括两个方面的内容：一是收集培训需求信息；二是整理和分析这些信息，以确定培训目标。这两个方面的工作都需要方法的支撑，没有切实可行的方法，教师培训需求分析任务便无法完成。下面是常用的教师培训需求分析方法。

一、访谈法

访谈法是通过与被访谈人面对面的交谈来获取培训需求的信息。访谈的对象可以是教师所在学校的校长、家长、学生、同事或主管部门的有关领导，也可以是教师本人。

在访谈开始前，要确定到底需要何种信息，然后再准备访谈提纲。访谈提出的问题可以是开放式的，也可以是封闭式的。封闭式的访谈结果比较容易分析，但是开放式的访谈能够发现更能说明问题的事实。访谈可以是结构式的，即以标准模式向所有被访谈人提出同样问题，也可以是非结构式的，即针对不同对象提出不同的开放式问题。一般情况下是两种方式相结合，即以结构式访谈为主，非结构式访谈为辅。

访谈法需要专门技巧，应用时应该注意以下几点：(1)要明确访谈目标，确定"什么信息是最有价值的，是必须得到的"。(2)准备好访谈提纲，以便启发、引导访谈人讨论关键信息，防止谈话活动跑题。(3)营造融洽互信的访谈氛围，避免产生敌意或抵制性情绪，有利于收集到正确的信息。

二、问卷调查法

问卷调查法是以标准化的问卷形式列出一组问题，要求调查对象就问题进行打分或是非选择。当需要进行培训需求分析的人员较多，并且时间较为紧迫时，则可以精心准备一份问卷，以电子邮件、信函、传真或直接发放的方式，让被访谈人填写，也可以在进行面谈和电话访谈时由访谈人员填写。

问卷调查采取步骤包括：(1)列出希望了解的事项清单；(2)根据需要，封闭式和开放式问题各占一定比例；(3)对问卷进行编辑，最终成文；(4)请别人帮助审查问卷，并提出完善意见和建议；(5)在小范围内对问卷进行模拟测试，并对使用结果进行评估；(6)对问卷进行必要的修改完善；(7)正式投入使用，开展调查活动。

问卷调查法操作简易，适用范围较广，便于总结报告，而且成本较低，但是，它缺少个性发挥空间，调查内容深度不够。因此，通常会把访谈法与问卷调查法结合使用，通过访谈法弥补问卷调查的不足。

三、观察法

观察法是指培训师和培训管理者通过与学员一起工作，或深入学员的工作现场，如教室、实验室、办公室、会议室等，或通过校长和学员同事对其工作进行观察、评价后确定培训需求的方法。

观察法有助于直接发现学员的长处、不足以及工作中的难点。但是，观察法得出的结论往往容易成为主观的判断结果。为此，应用观察法开展需求分析时，要注意以下几点：(1)确定供观察活动应用的客观科学的评价标准和指标,减少主观性;(2)事先与被观察者做好充分沟通,获得理解和支持,同时,要淡化观察者角色,以便观察内容处于常态;(3)对连续观察过程的记录进行全程分析或对集体观察获得的信息进行深入讨论,保证观察结果最有效。

四、关键事件法

关键事件法是指对学校组织目标实现、工作绩效提高或教师个体专业发展起较大促进作用或阻碍作用的有重大影响的事件。如某项教改实验、某次教学观摩、某次教学评估、某次获奖经历、某次招生结果、某位骨干教师调离、某次家长会调查、某次校园安全事件、某次法律纠纷案件等。这些重大事件的背后都潜存着教师队伍建设和发展的很多问题。一部分问题是通过培训能够解决的,即在培训需求的内容范围之内,当然一部分问题是通过学校管理途径才能解决的,也有一部分需要教师通过自学或返回大学继续提高学历等主观努力途径解决。

采用关键事件法进行分析时要注意以下三点:(1)要建立关键事件的档案制度,记录并保存好关键事件的重要信息,包括事件发生的时间、地点、原因、背景,对学生、教师、学校、家长、社会等各方的积极或消极影响,以及关键成为后果等;(2)对每学期的关键事件作定期分析,从中发现与学校组织目标实现、工作绩效提高或教师个体专业发展相关的培训需求;(3)可以把该分析方法与访谈法、问卷调查法结合,通过任务访谈和问卷调查形式,深入挖掘关键事件中的培训需求信息。

五、绩效分析法

绩效分析法就是对教师既有的工作成绩和学校组织期望的绩效标准进行对照,找出差距,然后分析差距产生的原因,确定培训是否能消除这些差距及其原因,从而提高工作绩效。

培训的重要目的是改进工作绩效,减少或消除实际绩效与期望绩效之间的差距。因此,绩效评估对培训需求分析的意义重大,它不仅有助于获得将来的培训需求信息,而且也便于掌握过去培训需求的实现情况。

应用绩效分析法时需要把握以下四个方面:(1)把教师专业发展标准或明确规定的工作绩效标准作为考核的基线;(2)集中关注希望达到的业绩;(3)确定未达到理想业绩水平的原因;(4)发现能够达到理想业绩的培训需求。

六、经验预计法

经验预计法是指凭借丰富的培训与管理经验预计通用性或规律性的培训需求的方法。

如新教师的入职培训,其组织需求主要表现在熟悉学校组织环境、学校发展规划、工作目标、规章制度等,岗位需求主要表现在熟悉课标和教材、学会撰写教案、掌握基本教学方法和课堂组织技能等。而骨干教师的培训需求更多表现在理论前沿把握、实践问题研究、教育教学经验提炼、专业辐射引领作用发挥和教学领导力发展等。

经验预计法在实际工作中容易出现主观性和片面性,因此,经验预计法需要建立在长期实践和一定研究的基础上,并注重发挥团队作用,体现专家经验和集体智慧。

七、头脑风暴法

头脑风暴法的实质是让有关人员集中在一起,围绕一个问题,群策群力,尽可能地引出更多不同观点,相互启发。

头脑风暴法的重要步骤包括以下几点:(1)召集有关人员围桌而坐,人数不宜过多,一般为十几人;(2)让大家就工作中的某个问题,尽快想出尽可能多的培训需求,在一段时间内进行无拘无束的讨论;(3)在讨论过程中,提倡提出不同办法,不许批评或反驳,观点越多,思路越广;(4)记录所有的观点、办法或方案,不作结论,强调方案产生的过程;(5)对每条需求信息根据重要性和紧迫程度进行排序,筛选出培训需求结果。

应用头脑风暴法做教师培训需求分析时,活动主持人要善于营造讨论气氛,鼓励大家踊跃发言,引导大家围绕主题,防止跑题,必要时可以在现场寻找一位人员充当助理,协助作记录、准备讨论工具等。参加人员可以为中小学教师、校长,可以为专门培训院校的专业培训者,也可以为大学理论专家,抑或教育主管部门的管理人员。每次可以召集同类人员,也可以召集异类人员。

八、专项测评法

专项测评法是一种高度专门化的问卷调查法,它通过选择专项测评表来测评教师的专业知识、技能、能力或其他方面的专业化程度,由此判断教师培训需求。

然而,由于缺少用于教师培训的专业化测评表,这项工作几乎是一片空白。假如医院里各个科室没有测评病人的分项标准、依据和方法,那么医生的专业化程度就会受到怀疑,将沦落为以"包治百病"自诩的江湖医生。假如法官和律师没有评判各项犯罪的分项标准、证据和方法,那么可能法律制度要倒退几百年甚至上千年。假如教师培训机构缺少对教师专业发展和工作绩效标准的认识和研究,没有教师工作问题诊断、专业能力检测、学习需求分析的专项测评方法,我们和教师培训的局外人会如何评价教师培训的专业化制度呢?由此可以断定我们的培训专业化还有很长的道路要走。

不过,有的培训师开始尝试应用自己设计的前测试题,通过测试成绩分析教师专业知识水平,从而推测培训需求。

经过分析可以发现,以上收集培训需求信息的方法各有优缺点,因此,在实际操作过程中要取长补短,灵活应用。为获得客观、真实、准确的培训需求信息,应综合采纳几种方法。

此外,有必要从被培训者的参与程度、学校管理者参与程度、需求分析时间和经费成本等角度,对以上各种收集培训需求信息的方法进行比较,选择最适合的调研方法,最大程度地保证培训效果。

第4章 如何设计教师培训项目方案

本章学习导语

"水立方"方案设计

国家游泳中心"水立方"位于北京奥林匹克公园内，总建筑面积65000—80000平方米，与中轴线另一侧的国家体育场遥相呼应、相得益彰，以和谐的面貌把主场区的气氛推向高潮。其功能完全满足2008年奥运会游泳、跳水、花样游泳、水球等赛事要求，可容纳座席17000个，且易于赛后运营。"水立方"已成为北京最大的、具有国际先进水平的多功能游泳、运动、健身、休闲中心，成为奥林匹克运动留给北京的宝贵遗产和北京城市建设的新亮点。

"水立方"，是一座新颖别致的奥林匹克建筑，作为2008年北京奥运会标志性建筑之一，是唯一由港澳台同胞和华侨华人捐资建设的奥运场馆，蕴涵着"百年奥运，中华圆梦"的深刻文化内涵。

"水立方"设计方案由中澳两国建筑师合作完成，从十个参赛方案中脱颖而出。方形是中国古代城市建筑最基本的形态，它体现的是中国文化中以纲常伦理为代表的社会生活规则。"天圆地方"的设计哲学催生了"水立方"，而这个"方盒子"又能够最佳体现国家游泳中心的多功能要求。它以冰晶状的亮丽身姿，装点景观如画的奥林匹克公园轻灵、宁静、具有诗意的气氛，一个正方体，简洁明快又富有神秘感，融汇了中国传统文化和现代科技。传统文化与建筑功能就这样实现了完美结合。

“水立方”的建筑成就首先取决于精湛的方案设计。它给我们的培训项目带来了重要的启发：教师培训项目犹如一项建筑项目那样需要一份精美的设计方案。虽然一份精良的设计方案并不等于有效的培训项目，但有效的培训项目必须要有一份较好的培训方案作为培训项目的施工蓝图。方案设计是培训项目成功的先决条件之一。

优秀培训师不仅是培训实施者，而且也担负着培训开发者和管理者的角色，甚至成为培训咨询顾问。针对特定培训对象的学习需求和组织机构的资源条件，设计一份有效的教师培训方案，既是教师培训师系统思维能力的表现，也是教师培训师走向培训专业化道路的成功标志。

本章主要解释培训方案设计的基本含义，介绍培训方案核心要素的设计内容和培训方案设计的工作方法，与你共同进入教师培训师的第二项专业修炼——提高培训方案设计能力。

第一节 教师培训项目方案设计概述

培训项目方案设计就是在培训需求分析基础上，以系统思维对培训项目的各个核心元素（包括培训项目定位、培训主题、培训目标、培训对象、培训原则、培训课程、培训模式、培训师资、培训时间、评价方式、预期成果和经费预算等）进行整体分析、计划、安排和部署。

培训方案设计是培训活动的行动指南，它使得项目委托方能理解培训项目的设计意图、方向、路径、方法、目的，并与承办方达成共识，各自从不同角度去理解和支持培训；它将帮助培训者提前分析培训将来可能出现的问题，统筹安排培训项目的各项活动及任务，避免冲突、遗漏和差错；它为学员提供了学习地图，促使他们了解和领会培训预设的学习目标、课程计划、学习环境、学习条件和预期研修成果等，从而有助于实现从培训到学习的转化，为生成培训效果做好充分准备。

如果培训方案设计得不够科学，那么在培训尚未启动之际就会为培训质量和效果埋下陷阱。培训方案设计的常见问题包括：（1）培训方案的主题和目标表述模糊，培训项目没有标志，导致培训定位不明；（2）培训方案的预期目标、课程设计、预期培训成果之间不一致，培训项目没有统筹计划，导致培训思路缺乏逻辑性；（3）培训方案设计不理想，没有充分考虑到培训项目资源条件，导致培训计划缺乏操作性；（4）培训师资配备了“名师名家”，但是没有结合学员学习需求和学习目标，培训内容与学习需求之间出现落差，导致培训缺乏针对性；（5）培训方案缺少设计，主观性强、随意性大、流于形式，有悖于教师培训规律，导致培训缺乏专业性。

第二节 教师培训项目方案核心要素设计

教师培训项目方案设计一方面要处理好培训项目的内外各层系统问题;另一方面也要把握好培训项目的各个核心要素,包括培训项目定位、培训主题、培训目标、培训对象、培训原则、培训课程、培训模式、培训师资、培训时间、评价方式、预期成果和经费预算等。水桶能盛多少水,并不取决于最长的那块木板,而是取决于最短的那块木板。为避免培训中出现"短板效应",我们需要分别研究培训方案每个核心要素的正确性。

一、项目定位:宏观把握,系统思维

培训项目定位主要从培训需求方面来界定项目的培训对象和培训需求,进而确定培训项目的学员规模、招生范围、学习周期和培训模式。

(一)培训对象定位

就培训对象定位来说,我们可以从教师的任教学段、岗位角色、教龄年段、专业发展水平、工作单位地理区域、规模范围等几个方面,确定项目学习对象的规模与范围。

通常,培训对象分类越细,培训目标与任务越容易明确下来,培训针对性也就越容易凸显。反之,如果培训对象宽泛,定位不清,那么,培训从方案一开始就会无的放矢,失去针对性。使用表 4-1 有助于我们界定培训对象的类型和范围。

表 4-1 教师培训对象定位经纬度

经度	任教学段	岗位角色	教龄年段	发展水平	单位区域	规模范围
纬度	◆幼儿园 ◆小学 ◆初中 ◆高中 ◆其他	◆班主任 ◆教研组长 ◆心理教师 ◆科任教师 ◆培训者 ◆其他	◆1—3 ◆4—10 ◆11—20 ◆20+ ◆其他	◆适应期 ◆成长期 ◆成熟期 ◆发展期 ◆创造期	◆农村 ◆城镇 ◆市区 ◆其他	◆全员 ◆非全员

（二）培训内容定位

就培训需求内容的层次定位来说，我们可以把培训分为新岗位适应、原岗位拓展和高级研修培训三大层次（经度）。每个层次又可以分为若干领域（纬度）（见表4－2）。在特定时间、特定经费、特定资源和特定条件下，培训项目尽可能地聚焦培训需求领域，否则，就会出现“老虎吃天，无处下口”的困境。

如果要考虑培训周期和时间跨度，按年度甚至2—3年的培训周期设计培训项目，那么，我们不妨考虑设计系列化培训内容专题。不过，对于一个学习者来说，教师培训项目的周期太长，不易接受。

表4－2　教师培训内容定位经纬度

经度	新岗位适应培训	原岗位拓展培训	高级研修培训
纬度	◆资格培训 ◆入职培训 ◆转岗培训 ◆晋升培训 ◆其他	◆知识拓展 ◆技能拓展 ◆心理拓展 ◆能力拓展 ◆行为拓展 ◆其他	◆专题探究性研修 ◆协作交流性研修 ◆经验提炼性研修 ◆发展领导力研修 ◆其他

（三）培训模式定位

就培训模式定位来说，我们可以从学员学习时间安排方式、学习途径、培训承办机构类型、培训任务特征和培训方式等方面，设计培训项目的实施模式（见表4－3）。

表4－3　教师培训模式定位经纬度

经度	学习时间	学习途径	培训机构	培训任务	培训方式
纬度	◆短期集中 —节假日 —工作日 ◆长期分散 —脱产 —半脱产	◆面授 ◆远程技术 ◆混合 ◆自学指导 ◆工作现场 ◆其他	◆大学 ◆学院 ◆校本 ◆企业 ◆伙伴 ◆其他	◆素质导向 ◆绩效导向 ◆改革导向 ◆其他	◆讲座 ◆参与 ◆现场 ◆行动 ◆其他

培训模式定位要考虑到以下因素:(1)委托方的培训要求;(2)学员的学习需求;(3)承办方的培训资源和条件;(4)培训模式的自身利弊点;(5)培训者关于培训的价值取向。

一个项目培训定位设计得好,直接关系到项目的成功。培训定位设计往往涉及委托方、承办方、学习方的利益和价值诉求。因此,培训者要深入做好培训需求调研,广泛征求各方意见,聘请专家给予指导,周密考虑影响项目成功的因素,集体研究和确定项目定位。

二、培训主题选择:聚焦、聚焦再聚焦

一旦培训项目定位下来,设计者就要把设计任务重心从框架设计转移到内容设计。培训主题是内容设计的首要问题。

"培训主题"是对培训将要解决的主要问题所涉及的培训内容领域的聚焦,一般提炼为一句话,甚至在项目名称中通过一两个关键词就能体现出来。

培训主题设计通常需要基于三个"前沿"和两个"是否"来判断,这五个要素构成甄别培训主题的五个"筛子"(见图4-1)。

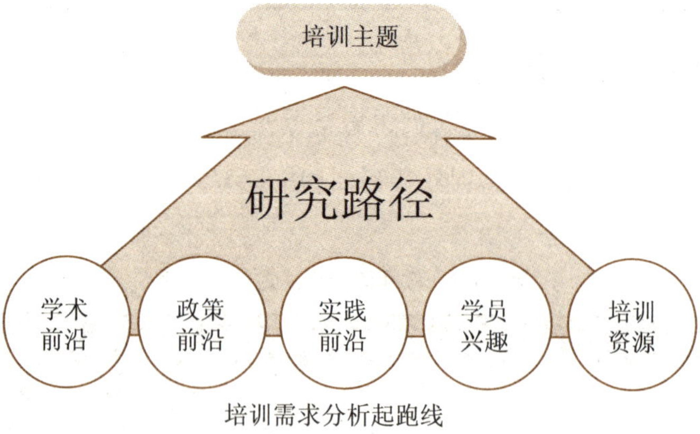

图4-1　确定教师培训主题的五项依据

第一是要把握学术理论研究的前沿。教师培训师需要了解学术界关于基础教育的实践问题和政策问题的研究动态,掌握相关理论研究的最

新成果和信息，并探索和发现教育教学的有关规律。强化理论与实践之间的转化意识，致力于把理论问题实践化和实践问题理论化，由此寻找具有创新意义、核心技术含量高的培训主题。

第二是要把握教育实践前沿。教师培训师需要长期关注中小学的学生学习、课堂教学、教师专业发展、课程教材、学校管理等基层实践凸显的重点、难点和焦点问题。强化培训的问题解决意识，把教师工作岗位的实践问题转化为培训学习需求和研修内容，体现培训在教师的工作情境和学习情境之间建立的超链接：在工作情境中遇到的问题，通过培训学习来解决；在学习情境中的培训主题与工作需求紧密联系，由此寻找具有实践意义、突出问题解决的培训主题。

第三是要把握教育政策前沿。教师培训师需要深刻领会教育改革和发展的方针政策，及时掌握教育行政关于教师培训的规划、计划和意见。强化培训服务社会发展和教育改革意识，把社会对教育发展和教师队伍建设的期望转化为培训机构的责任和任务，体现出教师培训与社会责任和公共事业利益，由此寻找富有时代意义、社会需求强的培训主题。

教师培训师需要在以上三个“前沿”领域寻找问题交叉点，按照最紧急且最重要原则，对培训需求分析结果进行优先排序，甄别出本次培训将要解决的1—3个核心问题。

接着，便要考虑到两个“是否”。一是学员是否感兴趣；二是现有培训能力和资源是否满足解决这些核心问题的基本条件。每人都希望自己设计的培训方案能够“点石成金”，但实际上是做不到的，培训机构及其团队经常面对这样困境。因此，针对上述被诊断出的核心问题，方案设计者要考虑是否掌握解决上述核心问题的核心技术，是否具备或能够开发一些有效的培训资源，如课程资源、师资、物资设备、实践基地、项目经费等。对上述核心问题再做二次排序，确定哪一两个问题属于最重要、最紧急、可操作的问题。

链接4-1　培训主题样例——教师培训管理工具箱

北京教育学院于2009—2012年成功举办了"国培计划"——培训管理者团队研修项目，该培训班把研修主题确定为"教师培训管理工具箱及其应用"，主要考虑以下五点。

一是基于学员需求——教师培训管理者职业发展要求他们，从行政管理到项目管理，从课程开发到项目开发，从政策了解到实际操作技能。

二是基于工作需求——教师培训工作要求培训管理者的工作重心从职前培养到职前职后一体化，从理论殿堂到实践前沿，从教师培训行政化到教师培训专业化。

三是基于组织需求——当时"国培计划"急需一批有项目管理执行能力的行政管理者和培训专家能在中西部有效实施"国培计划"项目。

四是基于北京教育学院资源。多年来积累了教师培训项目管理方面的丰富经验和案例，并开发了一系列培训管理工具。

五是基于北京教育学院培训能力与研究成果。有一支潜心研究和践行教师培训专业化的教学团队和管理服务团队。

培训主题的提出是团队协作和集体承诺的结果。培训团队需要集体研究、反复推敲培训主题所涉及问题的内涵、外延、范畴、培训价值和意义。对于培训周期较长的项目，还需要研究和确定培训主题的结构化和系统性问题，整体设计一级主题下的二级或三级主题（见表4-4），以避免因描述得"泛泛"或"较多"而不能聚焦。如果把"提高教师综合素质"、"教师专业化发展"、"语文教师提高培训"、"数学教师教法培训"等作为一个短期集中培训项目的培训主题，就显得宽泛、笼统、模糊，缺少针对性。

表 4－4　教师培训主题列表举例

项目类型	培训主题举例	培训对象建议	培训时间建议
新教师培训	理解新学校组织文化	入职第一周	3 天
	如何备课	入职第一学期	7—10 天
	岗位胜任力	入职第一年	1—3 个月
骨干教师培训	如何开展职业发展规划	学校骨干	5—7 天
	如何做好学科带头人	市级学科骨干	15—30 天
	提升教学领导力	学科带头人	3—10 月(半脱产)
班主任教师培训	班主任管理规程	普通班主任教师	1—2 天
	班级文化建设	熟练班主任教师	7—10 天
	中学班集体建设的行为学习	全员班主任	3—10 月(半脱产)
幼儿园教师培训	岗位职责培训	新教师	1—2 天
	提高教师人际沟通能力	全体	7—10 天
	蒙台梭利教学法	骨干教师	1—3 个月
教师培训者培训	如何设计培训方案	项目负责人	5—7 天
	培训管理工具箱应用	培训管理者	10—15 天
	教师培训专业化能力提升	全体培训者	1 年(半脱产)
校本培训	如何制订学校特色学习的行动计划	全体	1—2 天
	如何开发学校特色学习的校本研修项目	全体	5—7 天
	学校特色学习的行动学习	全体	1—2 个学期

三、培训目标阐述:既清晰明确又可操作

如果说培训主题是培训要解决的问题领域和范围,那么,培训目标是该问题领域中具体可见的航标。“目标”中的“目”表示“眼睛”,“标”表示“标杆”或“指示牌”,“目标”就是用眼睛能看见的“标杆”或“指示牌”。

教师培训目标是关于该项目的受训群体在培训后期望达到的总体效

果，具体体现在知识、技能、能力、态度、行为等方面的变化和发展状态。它主要分析培训具体解决什么问题，解决到什么程度。例如，学员通过培训了解什么，掌握了什么，学会了干什么，产生了哪些改变，等等。

培训目标是实施培训方案的导航灯。有了明确的培训总体目标和各层次的具体目标，对于培训师来说，就容易确定施教计划，有的放矢，积极为实现培训目标而教学；对于受训者来说，就会理解培训活动的意义与价值，建立自己的具体学习目标，积极配合和参与培训活动。相反，如果培训目标不明确，则易造成培训师与受训者之间供需信息不对称，偏离培训的期望，造成人力、物力、时间和精力的浪费和培训成本的提高，从而可能导致培训的失败。

可见，培训目标对培训方案来说，是继培训主题之后的先导因素。只有明确了目标才有可能科学设计培训方案的课程资源、培训方式、预期成果等其他各个部分。

有效培训目标应既便于学员理解和接受，也便于培训师实施操作、监测评估和实现预期目标。在培训实施方案中，制订明确的培训目标并准确地表述出来，非常关键。

在阐述培训目标时，通常采用“ABCD”格式，即“行为主体（Audience）在什么样的环境下（Condition）做什么样的行为（Behavior）可以达到什么样的水平（Degree）” 。例如，在一项技能培训活动中，培训目标描述如下，“在培训结束后，学员（行为主体）学会装配投影仪部件，写出所有零件（执行行为），在不看厂家说明书情况下（执行条件）能在10分钟内装好投影仪（执行标准）”（见链接4－2）。

在阐述培训目标时，可以先描述培训总体目标，再陈述具体目标。培训总目标是宏观且较抽象的，需要不断分层次细化，使其具体化，具有可操作性。

但是，描述目标时，切忌抽象、模糊、庞大和泛泛而谈。如“提高学员综合素质”、“发展学员各项能力”、“提升学员教育教学水平”、“增加学员的理论知识和实践经验”等。这些套话式内容几乎是任何教师培训项目的培训期望和目的，不为某个培训项目所特有的目标，也不符合培训目标

"ABCD"的表述格式,因此,在实施方案中不宜以培训目标出现。

链接4-2 三个教师培训目标的表述样例

样例1:北京教育学院2010年承办的"国培计划"——中小学教师培训管理团队研修项目的培训目标表述为:在培训结束后,学员(行为主体)能够通过10天的参与式研修活动,学会使用6组教师培训管理工具(执行行为),能结合本单位工作情况(执行条件)制订一份改进教师培训管理工作的行动计划,并将其运用于中西部的区教师培训项目的设计、开发、实施和管理活动中(执行标准)。

样例2:北京教育学院近两年所承办的有关省市委托的培训者培训短期集中项目,其培训目标表述为:在培训结束后,学员(行为主体)能够通过6天的参与式研修活动,学会应用教师培训管理工具,设计一份教师培训实施方案(执行行为),并能在今后3年结合当地情况(执行条件)将其运用于本地区教师培训活动中(执行标准)不断完善。

样例3:某校班主任校本培训项目的培训目标表述为:该校班主任(行为主体)通过两天的集中培训和研修,认识到有影响力班主任应该具备的十大品质,感受到班主任工作的意义与价值,掌握"班级管理行动计划"的设计方法,(执行行为),结合自己的班级管理工作实践,(执行条件)设计一份班主任工作改进的年度行动计划,并能有效实施(执行标准)。

为了检核培训目标描述得是否得当,通常采用"SMART"工具,即培训目标描述内容要符合以下五个特征。

一是具体的(Specific)。用动词描述培训对象行为变化情况,通过清晰、精练和准确的文字表述出来。

二是可评估的(Measurable)。培训目标与培训预期成果要一致,预测出何时产出何种成果,尽可能用数字明确地表述出来。

三是能实现的(Achievable)。目标易于实现,能够使培训者和被培训者在培训过程中清楚地体会到整个培训活动是按照计划稳步前行和逐步达成的。

四是切合实际的(Realistic)。培训目标与学员的生活经验和认知背景相符,并与其个人兴趣、专业发展、岗位工作等利益紧密相关,能够引发培训者学习内驱力,愿意为此奋斗,容易在实践中实现。

五是限定时间(Time Bound)。培训目标体现出在特定时间或分阶段要达成的培训与学习效果。

某班主任培训项目的培训目标表述为"通过培训,使中学骨干班主任能够达到以下培训目标:(1)深刻领会科学的与时俱进的教育理念和班级管理理念;(2)提升从事德育教学与班级管理的实践能力和教育研究能力;(3)在本学校和所在地区内发挥引领与示范作用;(4)充分利用和挖掘培训学员内部的教学资源,实现班主任培训的可持续发展"。

以上目标表述显然不符合SMART特征,是个病例。这四点显然不是培训目标,而是培训者的目的、意图和希望。如"提升从事德育教学和班级管理的实践能力和教育研究能力",不妨改为"学员培训后能够掌握班级文化建设的三种主要模式,结合本人工作实践采集三个典型案例加以分析;培训结束后,学员学会制订自己班级文化建设年度行动计划,并能用于今后实践工作中"。这里的"三个模式"、"三个案例"和"一项行动计划",显然体现出"具体的"、"可评估的"、"能实现的"、"切合实际的"和"限定时间的"五大特征,"看得见","摸得着",很容易成为培训者和学习者共同的实践目标。如果这些目标能够按预期培训计划实现,那么"提升从事德育教学和班级管理的实践能力和教育研究能力"便能由虚到实,培训目标的操作性便容易落实。

四、培训课程设计:以终为始、路径便捷

每次有效的培训犹如学习者在培训者引导下的一次愉快而颇有收获的旅行,有美丽的风景,也有动人的故事和难忘的印象,更有来自导游的启发和"驴友们"的友情。培训课程就像旅行路线图,学习者沿着这条路径获取知识,掌握技能,提升能力,发展思维,感悟智慧,在不同程度上导致行为方式的改变和心智模式的变化与发展。每位旅行者尽管行程相

同，但各自获得的体验和感悟不同。事实上，抵达旅行目的地并不重要，重要的是在过程中的美好体验和心灵收获——这些过程之物，便是旅途真正所得，培训课程也是如此。

培训课程设计实质上就是为学习者绘制一份以终为始的行动学习导图。如果说培训需求分析确定了的学习者出发点，培训目标指明了一个能用眼睛看见的“标杆”或“目的地”，那么，课程便是由培训者组织、引导学员从学习出发点到达那个“标杆”或“目的地”之间的行动路径。

例如，我们选择“高效课堂”作为培训研修的主题（见图4－2），那么，需要为“如何创建高效课堂”找到一个问题解决的路径。图中由八个课程模块组合的学习路径便是我们所说的课程设计。

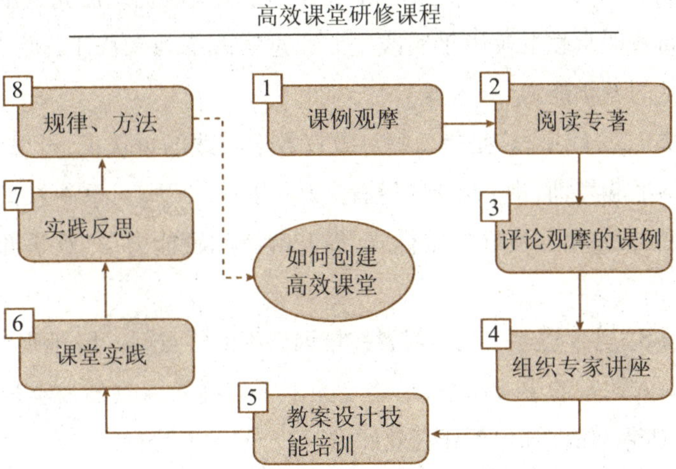

图4－2　高效课堂研修课程

模块1“课例观摩”是指在培训开始选择一个高效课堂的课例提供学员们观看、感受、体验，形成高效课堂的实际概念和问题意识，开始学习的第一次认知建构。

模块2“阅读专著”是指指导学员阅读有关高效课堂的文本材料，带着模块1学习时产生的问题，系统了解高效课堂的理论概念和原理，产生高效课堂的抽象概念和更多问题，进入学习的第二次认知建构。

模块3“评论观摩的课例”是指培训师指导学员在自己已有经验基础上把模块1和模块2的学习联系起来，理论联系实践，梳理出对高效课堂的基本认识和困惑，形成学习的基础，产生求知愿望和更多学习期待，呈现学习的第三次认知建构。

模块4“组织专家讲座”活动是建立在前三次学习基础上的，实际上是帮助学员将知识进一步“打包”，掌握高效课堂的基本概念和原理，体现认知结构从同化到顺应的过渡变化。

模块5“教案设计技能培训”是培训师帮助学员获得高校课程教学技能的训练活动。模块5是缩小知识掌握与知识应用之间存在的距离的培训课程和学习活动。

模块6“课堂实践”是培训师指导学员将模块5训练后完成的培训成果——高效课堂教案应用于实践中。通过实践练习和修正，进一步形成高效课堂的教学能力。

模块7“实践反思”是指教师对教育教学实践的再认识、再思考，并以此来总结经验教训，进一步提高教育教学水平。教师反思的意义在于认识和改变自己，培养良好思维模式，提升解决问题能力，有效掌握一种学习方法。

模块8“规律、方法”是学习者在培训课程的终点站。培训师和学员参加这次高效课堂的学习旅行，最终是为了掌握高效课堂的教学规律和有效方法，达到解决“如何创建高效课堂”这个问题的目标。

链接4－3　教师反思的意义

一、认识和改变自己

这种学习方法的提出本身就是建立在思考“如何改变性格”这个议题的基础上，通过对思想的追本溯源可以达到认识自我和改变自我的目的，集体反思学习最终就是要改变我们的思想、行为和性格。从无意识到有意识，从有意识到潜意识和下意识，这个过程本身就是认知、理解、学习、行动、习惯的过程。集体反思学习的方法可以实现这个过程，让优秀变成一种习惯。

二、培养良好思维模式

集体探讨是打破思维定式、突破思维局限的有效方法，我们每一个人的思维有其局限性，这是我们的成长、教育、经验、学习等多种因素共同决定的，而且一旦拥有就会固化从而变得根深蒂固。有时候大家不能理解别人不一样的想法，而这种不一样的想法就代表了不一样的心智模式、不同的思维模式，通过反思学习可以修正我们的思维模式和心智模式。世界应该是多元的，也允许不同的声音存在，我们应该包容各种思想和思维。

三、提升解决问题能力

这种解决和分析问题的思路和做法毫无疑问可以锻炼和提升我们解决问题的工作能力，我们循着这种思路可以彻底找到问题发生的根源，以及找出预防问题的有效方法。这种方法与企业中所倡导的全员持续改善的管理手法也不谋而合，不论是理念还是方法，都是一脉相承，只是集体反思学习有更进一步的深入。

四、掌握一种学习方法

反思作为哲人们的工作方法，越来越被我们普通人所使用，特别是管理者。反思是经验学习的工具，经历必须经过反思，才能升华为经验知识。生活和工作都需要反思，其实我们每一个人无时无刻不在思考中，但对思想的思考还是需要进一步加强。

从课程设计基本原理和成人学习特征来看，教师培训课程设计应该关注以下五个方面的问题。

第一，课程结构呈现模块化特征。设计者要充分考虑培训课程如何在培训目标和培训预期成果之间搭建桥梁。教师培训不同于大学培养阶段强调系统知识学习，而是强调解决实践问题方法的习得和能力提高，因此，课程主要体现出由模块、专题和单元组合的结构化特征，即培训项目围绕培训主题，针对培训目标和预期成果，进一步运用统合的思想，首先设计出结构化的课程模块，其次在模块中设计若干系列性专题，最后每个专题内容再细分为多形态的单元活动。各课程模块之间、各模块的专题之间、各专题的单元活动之间，呈现出清晰的逻辑结构。如果说每个课程模块都是个风景区，那么每个专题都是旅游点，这些单元活动便是到达旅游地的每个观光点（见表4－5）。

表4－5　教师培训课程结构化设计模型

<table>
<tr><th>模块课程</th><th>专题课程</th><th>单元活动</th><th>备注</th></tr>
<tr><td rowspan="8">模块1</td><td rowspan="3">专题1</td><td>单元1</td><td rowspan="21">1. 模块课程、专题课程和单元活动的课时根据培训项目周期和培训内容确定。通常，单元活动时间可以10—30分钟为单位；专题课程时间可以1—4个小时为单位；模块课程可以1—3天为单位
2. 各单元活动形式可以根据单元目标、内容、对象和培训条件等因素，选择集体讲座、分组讨论、课例研修、现场观摩、网络指导等其中一种或多种培训教学形式
3. 各模块、各专题、各单元之间构成结构化、逻辑化、层次化的体系</td></tr>
<tr><td>单元2</td></tr>
<tr><td>单元3</td></tr>
<tr><td rowspan="2">专题2</td><td>单元4</td></tr>
<tr><td>单元5</td></tr>
<tr><td rowspan="3">专题3</td><td>单元6</td></tr>
<tr><td>单元7</td></tr>
<tr><td>单元8</td></tr>
<tr><td rowspan="8">模块2</td><td rowspan="2">专题4</td><td>单元9</td></tr>
<tr><td>单元10</td></tr>
<tr><td rowspan="3">专题5</td><td>单元11</td></tr>
<tr><td>单元12</td></tr>
<tr><td>单元13</td></tr>
<tr><td rowspan="2">专题6</td><td>单元14</td></tr>
<tr><td>单元15</td></tr>
<tr><td>专题7</td><td>单元16</td></tr>
<tr><td rowspan="5">模块3</td><td>专题8</td><td>单元17</td></tr>
<tr><td rowspan="2">专题9</td><td>单元18</td></tr>
<tr><td>单元19</td></tr>
<tr><td rowspan="2">专题10</td><td>单元20</td></tr>
<tr><td>单元21</td></tr>
</table>

第二，课程内容编排符合成人学习特征。成人学习要遵循自愿、经

验、自主和行动四大原则。教师作为成年人在学习中带着实践经验、工作难题、实用目的来参加培训，他们具备自学能力，愿意参与问题交流，但更需要有效指导，他们不习惯被动接受大量系统知识，反对灌输，排斥自己几十年形成的心智模式在一节课或几天内被彻底改造。因此，建议培训课程按以下逻辑顺序安排活动内容：(1)呈现学习案例材料；(2)设计学习体验情境；(3)引发共鸣与思考；(4)提供方法和技术支持；(5)获得解决问题的方法和能力。

第三，课程形态呈现多样化。基于教师作为学习者而不是被动受训者的培训理念，有效教师培训一般体现教师学习的以下五大特征：(1)学习心向的积极性；(2)学习内容的有意义；(3)学习时间的便捷性；(4)学习方式的适宜性；(5)学习条件的援助性。为此，培训课程需要呈现多种形态相结合，如知识、技能、能力、思维、心理和行为等各类素质拓展课程相结合；理论学习课程和实践操作课程相结合；现场面授课程与网络虚拟课程相结合。

第四，课程进度安排得短、平、快。课程进度是指培训课程开展所需的实际时间以及具体安排。培训课程所需的时间过长会影响学员工作和休息，而且令人疲惫，难以获得良好的培训效果；时间过短则可能使大量学习内容难以被学员吸收和消化。因此，课程设计者要以人为本，把课程进度安排得短、平、快，特别注意以下几点：(1)集中学习周期不宜过长，不要超过5天。5天以上的学习项目，要设计培训期间的间歇时间，供学习者通过休息、娱乐和其他活动形式来调整学习心理。(2)每天的学习要点最多不要超过5个，以3个为最佳。各学习要点之间的逻辑性越强，越能帮助学习者记忆和掌握。(3)上午学员精力充沛，可多安排理论学习，下午最好多安排实践与观摩活动。(4)每天要留出半小时时间用来答疑、学员评教或处理当天突发问题。(5)课程进度要基于培训经验和学习情境，具有一定弹性。

第五，课程设计应克服五大缺陷。(1)课程设置缺少科学依据。对培训课程规划和专业化培训标准重视不够，对课程规划的四大基础(社会力量、人的发展理论、学习的本质和知识的本质)研究不够，课程体系不够健全。(2)课程形态单一。深受大学和中小学的传统学科课程影响,重视知识补偿式的学科理论课程,忽视能力拓展和行为转化的实践活动课程。(3)课程之间无逻辑联系,甚至存在冲突。课程内容与培训主题、培训目标和培训预期成果相脱节,各专题讲座和单元活动之间缺乏逻辑性,培训活动安排随意性大,甚至因人(培训者)设课,大杂烩式课程容易引导学员误入迷宫。(4)重内容轻方法。单一关注课标解读、教材文本分析、教法研究等学科教育内容,培训课程不能走出职前培养课程的"系统知识"窠臼,忽视成人学习规律和培训自身规律下的培训方法要求,成人学习特征和"培训"实践特色不鲜明。(5)缺乏创造性。习惯模仿和因循守旧,不善于设计个性化、情境化、生成性培训课程,忽视培训机构内外优质培训资源的灵活嵌入和有效整合,培训课程观念更新速度慢,"核心技术"含量不够。

五、培训成果预设:种瓜得瓜、种豆得豆

培训成果是培训投入后的产出形式,既是学员学习时生成的收获,也是培训师在培训投入后水到渠成的产出结果。在培训方案中预设教师培训成果要注意以下几个方面。

第一,培训成果体现出培训投入与培训产出的前后因果联系。培训成果应该与需求分析、主题确定、目标设置、课程实施等培训投入要素首尾呼应、一线贯穿,体现培训需求得到满足的表现、培训主题涉及问题解决的程度、培训目标达成的情况以及培训课程生成的结果。

第二,培训成果采用量化作品的表述形式。培训成果形式包括在培训目标引导下学员的学习作品,如研修论文、工作设计、艺术创作、课例汇集、行动计划等,也包括培训师的工作作品,如项目绩效报告、汇报展示活动、论文论著、音像作品、再生培训资源等。如果能够确定培训后要完成的作品数量、类别和名称,则更有利于培训有效实施与评估。

第三,培训成果兼顾学员与项目本身的双向收获。学员的学习成果是培训项目的首要产出形式,但是培训项目自身的研修成果也是非常重要的,它是项目可持续性发展的重要条件和标志。通常预设两类培训成

果,有助于我们倍增培训项目绩效和价值。

第四,培训成果凸显着项目带来的显性与隐性的变化特征。无论是学习作品,还是工作作品,一方面,它们是体现学习者和培训者在项目前后的变化证据,如经过培训完成的优秀作品;另一方面,也是变化的程度和形态,例如,一件作品和多件作品说明培训成果的数量差异,作品本身及其质量分析体现可见价值和意义,是培训的显性成果;而那些作品背后所呈现的价值和将来产生的持续变化与影响,是培训的隐性成果。

第五,预设的培训成果要摸得到、看得见、用得上。避免两个误区:一是成果与培训目标混淆。虽然培训方案一般要求目标与成果一致,但目标不等于成果。例如,如果说“学员培训后学会设计课例研修活动”是某个培训方案所设置的培训目标,那么培训成果可能为“学员经培训所完成的达到培训标准要求的若干份课例研修的行动方案”、“若干课例研修设计案例”或“一本关于如何开展课例研修的论文集”等具体产出。二是成果与学员工作改进脱节。培训成果要体现出学习者如何把培训内容转化为学习结果,如何把学习结果应用于工作绩效提高。如果培训成果与工作绩效脱节,那么培训的针对性和实效性就难实现。

第三节 教师培训项目方案设计工作方法

一、开展团队作业

教师培训专业化的重要标志是有一支专门从事教师培训工作的专业化队伍,其专业能力具有不可替代性。他们的专业性不仅体现在精通某门特定学科专业、学科教育学方面,而且熟知培训学或人力资源管理知识。这支专业化队伍将成为未来的新型交叉学科“教师培训学”的专门人才,也就是我们今天呼唤的教师培训师。

方案设计能力是教师培训师的重要专业能力之一。鉴于目前教师培训师队伍正处于初生或成长阶段，以团队作业方式开展培训方案设计工作尤为必要。项目负责人在设计培训方案的过程中，首先有必要组织本部门同事共同研究讨论，出台培训方案草案；其次要及时向由学科专家、培训专家、中小学一线优秀教师组成的专家团队咨询；最后再吸取各方专家意见和建议，从规范性、专业性、创造性、可操作性、实效性等方面进一步将之完善。

二、理解顶层设计

教师培训顶层设计是指国家和地方教师培训主管部门，针对规模较大、周期较长、涉及面较广的大型培训项目提出的宏观规划。其主要内容一般包括培训背景和社会需求、培训标准和要求、培训工作任务和指导思想、培训对象和项目体系、培训制度和机制、培训主要措施和对策、培训资源和条件保障等。

链接 4－4 “国培计划”顶层设计思路

“国培计划”即“中小学教师国家级培训计划”，由教育部、财政部于 2010 年开始全面实施，是提高中小学教师特别是农村教师队伍整体素质的重要举措。

“国培计划”包括“中小学教师示范性培训项目”和“中西部农村骨干教师培训项目”两项内容。2010—2012 年中央财政每年投入 5.5 亿元支持“国培计划”的实施。“中小学教师示范性培训项目”是由中央本级财政每年划拨 5000 万元专项经费支持，教育部直接组织实施面向各省（区、市）的中小学教师示范性培训，主要包括中小学骨干教师研修、培训团队研修、中小学教师远程培训、班主任教师培训、中小学紧缺薄弱学科教师培训等示范性项目。项目将为全国中小学教师培训培养骨干，作出示范，并开发和提供一批优质培训课程教学资源，为“中西部农村骨干教师培训项目”和中小学教师专业发展提供有力支持。

“中西部农村骨干教师培训项目”主要包括农村中小学教师置换

脱产研修、农村中小学教师短期集中培训、农村中小学教师远程培训。该项目是在教育部、财政部统筹规划和指导下,2010 年由中央财政安排专项资金 5 亿元,采取转移支付的方式支持中西部省份按照“国培计划”总体要求实施的。在对中西部农村义务教育教师进行有针对性培训的同时,引导地方完善教师培训体系,加大农村教师培训力度,提高农村教师的教学能力和专业水平。

实施“国培计划”旨在发挥示范引领、“雪中送炭”和促进改革的作用。通过该计划培训一批“种子”教师,使他们在推进素质教育和教师培训方面发挥骨干示范作用;开发教师培训优质资源,创新教师培训模式和方法,推动全国大规模中小学教师培训的开展;重点支持中西部农村教师培训,引导和鼓励地方完善教师培训体系,加大农村教师培训力度,显著提高农村教师队伍素质;促进教师教育改革,推动高等师范院校面向基础教育,服务基础教育。

通常,各级政府教师主管部门多以正式文件的形式向社会和培训机构发布有关教师培训的指导意见或规划。例如,教育部制定和颁布的《教育部关于大力加强中小学教师培训工作的意见》《中学教师专业标准(试行)》《小学教师专业标准(试行)》等文件;各省市地方关于“十二五”时期中小学教师继续教育工作实施意见和规划,都是教师培训顶层设计的重要依据。

顶层设计对特定培训项目的实施方案设计提供政策依据、社会需求导向、培训制度框架、实施条件保障和行动实施指南。

三、让实施方案落地

链接 4－5　北京市教师培训项目实施方案模板

一、项目背景(政策依据、培训需求)

二、培训主题

三、培训目标(总目标、具体目标)

四、培训对象(群体、人数、特征)

五、培训原则

六、培训课程(模块、专题、内容要点、课程结构说明)

七、培训模式与方式(总体模式、具体实施方式)

八、培训师资(来源、人数、结构、层次)

九、教学计划(课表:时间、专题名称、教学方式、教师姓名、地点)

十、过程考评与成果考核(过程考核事项与要求,成果及考核要求)

十一、项目组组织、分工与职责

十二、管理活动计划(时间、活动事项、活动方式、负责人、参与人员、地点)

十三、内部质量监测计划(时间、内容、方式、人员、地点)

附:经费执行预算

项目委托方、项目管理团队、教师教学团队、项目服务团队和专家咨询团队等五方以不同方式对培训方案设计的深入参与,不仅有助于完善实施方案内容,更有助于方案在实施中得到充分理解和支持。项目负责人帮助项目利益相关方了解培训的实施方案,更是培训能够落地的基本前提。

培训方案作为项目运行的施工图,需要明确每个实施步骤、实施活动、实施环节的时间、地点、任务、目标、投入资源、结果产出、责任人和参与人员等相关要素。如果培训方案的操作路径清楚,相关人员就能在信息对称的状态下工作。

培训方案要避免主观主义的缺陷。培训方案不能落地的主要原因表现为实施方案为一人构思文稿,脱离培训机构实施条件,脱离学员实际学习需求,忽视团队集体智慧,忽视实施过程细节安排。

第5章 如何开发教师培训课程

本章学习导语

两条路

新年的夜晚。一位老人伫立在窗前。他悲戚地举目遥望苍天，繁星宛若玉色的百合漂浮在澄静的湖面上。老人又低头看看地面，几个比他自己更加无望的生命正走向它们的归宿——坟墓。老人在通往那块地方的路上，也已经消磨掉六十个寒暑了。在那旅途中，他除了有过失和懊悔之外，再也没有得到任何别的东西。他老态龙钟，头脑空虚，心绪忧郁，一把年纪折磨着老人。

年轻时代的情景浮现在老人眼前，他回想起那庄严的时刻，父亲将他置于两条道路的入口—— 一条路通往阳光灿烂的升平世界，田野里丰收在望，柔和悦耳的歌声四方回荡；另一条路却将行人引入漆黑的无底深渊，从那里涌流出来的是毒液而不是泉水，蛇蟒到处蠕动，吐着舌箭。

老人仰望天空，苦恼地失声喊道："青春啊，回来！父亲哟，把我重新放回人生的入口吧，我会选择一条正路的！"可是，父亲以及他自己的黄金时代却一去不复返了。

……

依然在人生的大门口徘徊逡巡，踌躇着不知该走哪条路的人们，记住吧，等到岁月流逝，你们在黢黑的山路上步履踉跄时，再来痛苦地叫喊："青春啊，回来！还我韶华！"那只能是徒劳的了。

这是德国作家里克特的一篇励志散文故事，劝导和警醒人们慎重选择自己的青春道路。事实上，培训课程恰似文中提到的人生道路。有效课程如同“一条通往阳光灿烂的升平世界之路”，既能帮助学习者在专业生涯中获得披荆斩棘的能力，不断克服和解决工作上的问题，又能将学习者引向积极人生，促进良好个性心理品质的形成，抵达教育教学的成功彼岸。相反地，无效课程就像“一条将行人引入漆黑的无底深渊之路”，给学习者带来的是麻木、焦虑、失望、惆怅、悲观的情绪，以及排斥、抵触、拒绝培训的厌学心理。

课程开发能力是培训师的核心技能，也是培训师走向培训专业化的必备条件。优秀培训师深知课程的价值与意义，往往都有自己开发的品牌课程，充分运用培训专业理论知识和专业技能技巧，既精心设计培训内容，又不断优选培训方法；既善于借鉴别人培训经验，又勤于反思自己培训实践。只有通过长时间积累与提炼，经过几十次甚至几百次的课堂锤炼，一门精品培训课程才会诞生。

本章主要解释教师培训课程开发的理论基础，介绍培训课程开发模型和流程，列举课程计划编写的要素及其方法，与你共同进入教师培训师的第三项专业修炼——提高培训课程开发能力。

第一节 教师培训课程开发基础

培训课程开发是指为达到培训目标而对培训内容、培训方式、培训媒介、培训资源等一系列培训因素进行创造和改进的过程,可以分为确定课程目标、组织课程内容、实施课程、评价课程四个基本阶段。

培训师卓越的课程开发能力的形成有赖于在了解培训课程概念的基础上,理解课程开发模型和课程开发流程,并掌握课程设计所需要的具体技能和方法。

一、理解教师培训课程的概念

教师培训课程是培训者所组织、学员所体验的经验总和。它既来源于教师在培训活动中提供的各种资料、传授的言语信息、呈现的观摩现场、营造的学习气场,也来源于学员在学习过程中的聆听、发问、交流、反思、行动等积极状态,以及师生在互动过程中所生成的体验情境、正式和非正式的交往环境。

教师培训课程作为成人的学习经验,远远超越以书本理论知识为中心的学科课程范畴。它主要是综合性课程,体现出以树立科学教育理念为先导、以支持教师学习为目的、以改进学校工作为目标、以研究教育教学实践问题为导向、以选择多种形态知识为载体的特征。

二、重视教师培训课程的基础

教师培训课程规划以四大要素——社会需要、成人发展规律、教师学习规律、知识与经验的价值为支撑。这些因素成为教师培训课程开发的重要理论依据。

社会需要是任何课程开发的最高价值取向,教师培训课程也不例外。教师培训课程首要回答的问题包括:培训课程将把教师引到哪里去?如何通过培训课程影响教师,进而间接影响他们的学生融入和传承社会文化？如何在培训课程的开发、设计和实施中有效体现其社会价值和时代价值？这些问题正是教师培训社会需求分析所要解决的。

成人发展理论为教师培训课程开发提供心理逻辑依据。成人与青少年在身心发展规律方面存在巨大差别，成人培训课程需要关注到他们学习中的共同性，如由于成人在经验基础上为解决问题而学习，并追求学习的短期效果，所以，成人培训课程需要能在工作情境与教育情境之间建立超级连接，让培训课程关注到工作岗位需求，让工作岗位问题能在培训课程中找到答案。此外，成人学习心理存在巨大的差异，可能是因为工作岗位不同而产生不同的学习需求，也可能是因为个性特征的不同而对学习抱有不同的态度与动机，还可能因为学习条件和环境的不同而倾向于不同的学习方式。因此，多样化、选择性、便捷式、针对性、实用性的课程最容易满足成人差异性的学习需要。

教师学习规律涉及教师学习的本质、外部条件、内在心理活动等问题的探讨，这为教师培训课程内容设计和培训方法选择提供了重要依据。教师学习是在知识补偿过程中的被动知识消费，还是在经验反思过程中的经验建构，抑或在实践中生成和创造知识？由此，教师培训课程形态主要是系统知识传授的学科课程，还是以经验统领的活动课程，抑或参与式、体验性、情境化的综合课程？教师究竟应该学习什么，如何有效学习，学习动机如何，学习能力怎样，实际学到了什么，学习与工作应用之间迁移条件有哪些，等等，这些都是教师培训课程开发所要考量的心理逻辑。

知识的本质是教师培训课程开发的内容逻辑的起点。对于教师和教师培训来说，关键的问题是，什么知识与经验最有价值？哪些知识与经验是为教师专业长远发展奠定基础的？哪些是服务于教师眼前工作绩效提高的？能否把兼顾教师素养提升和工作绩效改进的双重培训目标的知识和经验融入培训课程之中？那些教师专业必需的本体性知识、条件性知识和实践性知识，在职前培养、资格训练和岗位培训、在职继续教育等不同学习阶段的内容重点是什么？具体到一个培训项目来说，培训课程开发还需考虑工作与学习的交替，实践经验反思与学习的交替，技能训练、知识记忆与巩固、情感感化与态度转变的内容融合等问题。

三、强化教师培训课程的"培训"元素

在规划教师培训课程时，尽管社会需要、成人发展规律、教师学习规律、知识本质这四个要素都非常重要，但是每个要素的受重视程度却存在差异。

20世纪八九十年代，由于相当数量的教师在职前没有接受过高等教育，知识补偿和学历提高成为我国教师继续教育的关注焦点，教师培训课程偏向于专题理论学习和学科知识传授。2000年以后，随着素质教育和新课程改革的发展，要求教师们熟知有关课程标准和探究性学习等新知识，从而掀起了有关教育理论和新课标培训的热潮，培训课程逐渐关注到教师的条件性知识，教师专业化研究得到重视。然而，教师培训专业化的意识既没有随着对教师专业化发展研究的升温而觉醒，也没有从企业界有关培训的成功经验和案例中获得启发，教师培训课程长期远离"培训"的行业规律，固守着"学科教学"的工作惯性。

教师培训课程内容应存在两次专业升级。一是从学科知识及其教法升级到学科教育。知识传递是教育的基础，但不是教育的终极目的。教师在培训过程中扩充本体知识和提高传授技能固然重要，但更重要的是理解每门知识传授共同的终极目标是为了儿童的发展。教师不仅要学会如何教学，更重要的是学会如何通过教学渠道去教育学生。二是从兼顾学科知识和学科教育内容升级到关注教师学习与培训方法本身。任何有效的课程都是内容与方法的统一。如果说我们为教师学习设计了一些价值很大的培训内容，那么，我们必须考虑这些内容如何被教师所接受，并行之有效地转化为教师工作实践中的教育生产力。

当前，有关教师学习和成人教育的因素并没有得到教师培训课程开发者的充分重视。多数教师培训者仍把自己的专业定位停滞在语文、数学、英语等学科内部，而不能拓展或转换到语文教师教育、数学教师教育、英语教师教育等领域。对培训内容本身的关注大大超过对培训需求、培训方法和培训效果评价的研究，成为教师培训课程开发的重大观念障碍。

因此，开发教师培训课程需要进一步理解"教师"、"培训"和"课程"

各自的独特意义，并在分析社会需要、成人发展规律、教师学习规律、知识本质四要素的基础上，凸显“专业化培训”的特征，以使所开发教师培训课程进入培训专业化轨道之中。

第二节　教师培训课程开发模型

培训课程开发理论与实践发展到今天，出现了很多模型，其中有代表性的课程开发模型包括“教学系统设计模型”、“绩效干预模型”和“以能力为中心的教育与培训模型”。

一、教学系统设计模型（Instructional System Design Model）

教学系统设计模型（见图5－1）是以传播理论、学习理论、教学理论为基础，运用系统理论观点和知识，从培训现状分析和学习方案设计出发，开发培训课程的一种理论和方法。教学系统设计模型的操作步骤及内容如下。

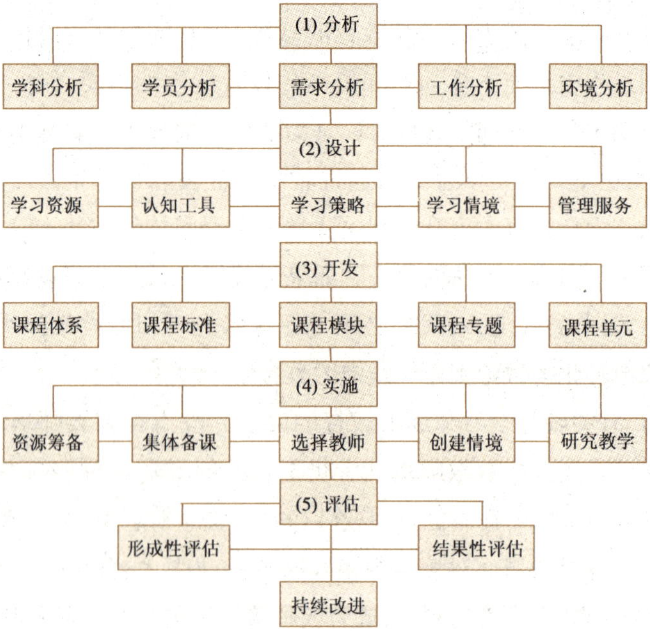

图5－1　教学系统设计模型

(1)分析:对学科内容、学员状况、培训相关需求、组织工作情况和环境进行全方位的基线分析,为课程开发提供必要的基础。

(2)设计:针对分析结果,选择学习资源和认知开发工具,准备必要的学习情境和管理服务,设计有效学习策略。

(3)开发:根据设计内容开发课程,包括课程体系构建,课程标准制订,课程模块、课程专题和课程单元的内容选择和组织。

(4)实施:实施开发的课程,重视教师为学员学习创建积极参与的学习情境,帮助学员在体验中获得能力。

(5)评估:监测培训实施质量和效果,通过形成性评价和结果性评价,评估课程实施效果,并将评估反馈结果作为继续完善课程的重要依据。

教学系统设计模型强调培训课程与实际学习需要和学习基础结合,与传统的以知识为中心的学科课程相比差异很大(见表5-1)。

表5-1　教学系统设计模型与传统学科课程的比较

事项	教学系统设计模型	传统的学科课程
立足点	学习需要	知识传授
课程原则	以学员为中心	以教师为中心
课程目标	可以测量	不可测量
活动过程	体验式、参与式、情境式学习	教师讲授、学员听讲为主
实施方式	灵活多样、资源丰富	课堂
评价	多方评价	学员评议
结果	与工作需求紧密结合	以系统知识为主,但很少用于工作

二、绩效干预模型(Human Performance Technology Model)

绩效干预模型(见图5-2)是以行为心理学、人力资源管理学、组织管理学等理论为基础,通过确定绩效差距,设计和开发培训课程的一种操作方式。

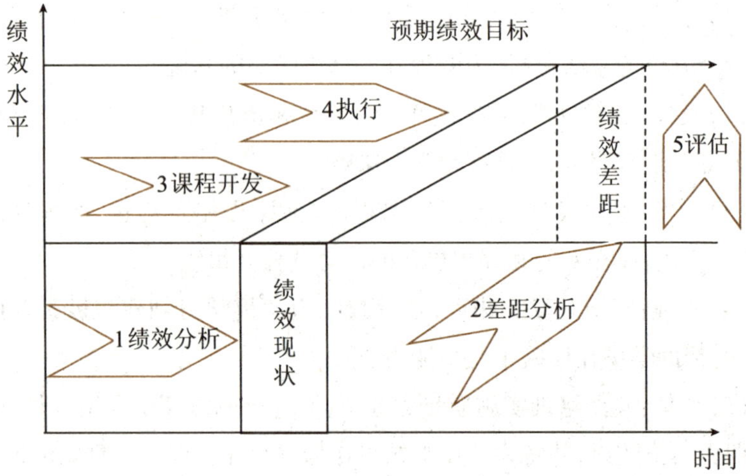

图 5－2 绩效干预模型

绩效干预模型的操作步骤及内容如下：

(1)绩效分析:从组织分析、岗位分析、环境分析等方面发现学习者工作绩效现状。

(2)差距分析:把绩效现状与工作标准和预期目标对照,描述绩效差距并分析其产生的原因。

(3)课程开发:基于绩效改进的培训目标,开发促进员工发展的课程和课程实施的支持系统(包括人力资源政策、财务、岗位人员安置等)。

(4)执行:实施开发的课程和变革人力资源管理政策,把培训作为重要的资本投入生产过程之中。

(5)评估:评估课程投入成本与产出效益。

绩效干预的课程开发模型是基于绩效目标导向的培训理念,关注课程是为眼前的工作绩效改进服务而不是为提高学员素质实现长远目标。

三、以能力为中心的教育与培训模型(Competency Based Education and Training Model)

能力中心模型是以某一工作岗位所需的能力作为开发课程的标准,并将学习者获得相关能力作为培训的宗旨。这种开发模型强调根据工作特征建立各种能力系统，一般由若干项综合能力构成，每个综合能力由若干专项能力构成，一个专项能力又由知识、技能、态度、经验构成。

表5－2以教师培训师的五项工作任务和六级能力要项组成的二维矩阵为依据，共计开发三十门教师培训师的培训课程。其中以五项任务为基础，可以把培训师课程分为五大课程模块，即培训需求分析、培训方案设计、培训资源开发、培训组织实施和培训监测评估；每个模块按能力要项水平，可以形成六级课程专题。例如，就“培训需求分析”模块的六级能力培训来说，在培训中可以开发出“如何理解教师培训需求分析(1－A)”、“教师培训需求分析工具箱培训(2－A)”、“教师培训需求分析方法库培训(3－A)”、“教师培训需求分析的行动指导(4－A)”、“教师培训需求分析案例研究(5－A)”、“如何指导培训者学会做需求分析(6－A)”等。

表5－2　教师培训师的培训课程分类

能力要项 / 工作任务	1 理解概念	2 掌握工具	3 技能操作	4 工作改善	5 研究反思	6 培训指导
A 培训需求分析	1－A	2－A	3－A	4－A	5－A	6－A
B 培训方案设计	1－B	2－B	3－B	4－B	5－B	6－B
C 培训资源开发	1－C	2－C	3－C	4－C	5－C	6－C
D 培训组织实施	1－D	2－D	3－D	4－D	5－D	6－D
E 培训监测评估	1－E	2－E	3－E	4－E	5－E	6－E

第三节　教师培训课程开发流程

课程开发是课程形成、实施、评价和发展的全部过程，涉及课程基本要素及其组织形式和方法的安排设计。为便于课程管理部门和培训师理解课程开发的活动内容和步骤，下面介绍教师培训课程开发的基本流程(见图5－3)。

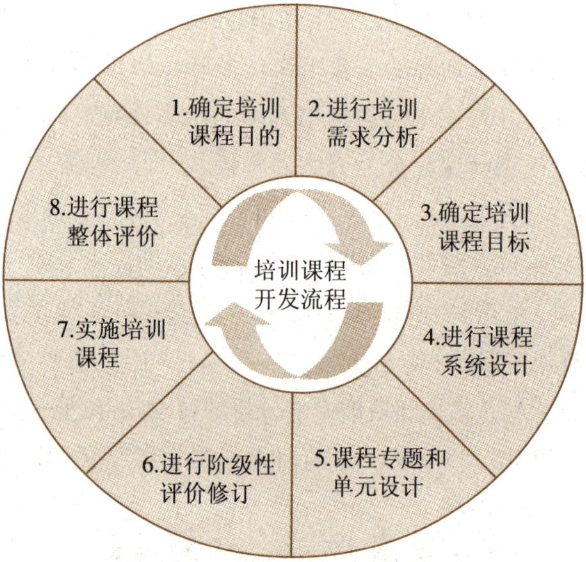

图 5－3　教师培训课程开发的基本流程

一、确定培训课程目的

课程目的是在项目背景下说明学员为什么要培训，对课程目标、范围、对象和内容起指导作用。

二、进行培训需求分析

培训需求分析是课程开发的起点，用来判断组织和个人是否需要培训和需要哪些方面培训的重要依据。

三、确定培训课程目标

培训课程目标说明学员通过培训应达到的具体标准，具有可达、可测、可评的特征，不像课程目的那样比较宏观、抽象。

四、进行课程系统设计

课程系统设计是针对某一专题或某一类的培训需求所开发的课程建

构，具体设计任务包括确定经费预算、划分课程模块、安排课程进度、设计课程形态、选定培训场所等。

五、课程专题和单元设计

课程专题和单元设计是在课程系统设计基础上，具体确定各模块的每一专题和单元的培训内容、方法和材料的过程。各专题之间、各单元之间的内容与课程目标相照应，具有逻辑性。

六、进行阶段性评价修订

在完成课程专题和单元设计后，需要对课程目的、培训需求分析、课程目标、课程系统设计、专题和单元设计进行阶段性评价和修订，以便为课程实施做好充分准备。

七、实施培训课程

实施培训课程包括培训教学、培训管理和培训服务三个方面的工作。培训教学主要包括培训方式选择、教学技巧应用、课堂时间调控、学习氛围营造等方面。培训管理包括培训师的选择、培训质量监测、培训效果评估等。培训服务包括培训场地安置、教学设施设备准备、学员学习档案管理等。培训课程实施往往需要一个培训团队与培训师互相配合支持。

八、进行课程整体评价

培训课程整体评价是在课程实施后对课程全过程进行总结和判断，重点分析培训目标达成度、学员满意度及其原因。课程整体评价的主要目的是进一步完善培训课程的结构、形态、内容和资源。

第四节 教师培训课程计划编写

开发一个完整的课程，一般会从简单到复杂、从概貌到细节，依次编写五种文档，即课程简介、课程大纲、培训师教案、学员手册和幻灯片，形成课程计划的主要内容。

一、课程简介

课程简介是简要描述课程全貌的文档，一般包括课程名称、课程目标、培训对象、培训时间、培训师简介等五个部分。课程简介主要为学员和培训组织机构提供参考信息。

（一）课程名称

课程名称是用关键词、短语或短句对课程内容作出的最精练而简洁的表述，应突出课程标识性内容，如“如何设计教师培训实施方案”、“基于核心概念理解的高中地理教材分析”、“小学教师如何制订职业生涯规划”等。课程名称不能含混不清，如“教材分析”、“参观考察”、“追踪指导”等表述，令人感到这些是不确定的或者是太笼统的课程内容。

（二）课程目标

课程目标是指在课程结束时希望学员在知识、技能、态度、能力和行为等方面达到的水平。例如，“学员理解职业生涯规划的意义和价值，掌握制订职业生涯规划的方法，学会制订自己未来五年的教师专业发展规划”。

如果你的目标太大，最好把它分为几个小目标，然后在不同的培训课程中实现。目标要避免仅仅是培训者想做的，而不是参训者想做的；目标不要听起来内容丰富，但实际上意义却是含混不清的。

当你定好目标后，要问问自己“这个目标学员在课程结束后能够达到吗？是否有足够时间让学员实践，以达到这个目标？我能在培训后测量出这个目标的达成度吗？”这些问题可以帮助你避免把目标仅仅作为培训师主观意图，而不能成为学员可理解、可操作、可实现的目标。

（三）培训对象

为确保培训具有针对性，以顺利实现培训目标与培训效果，培训师有必要从学员工作岗位和专业水平两个方面界定该课程的主要授课对象范围，如学习对象是普通学科教师、班主任还是教学管理人员；是入职期教师、熟练期教师、成长期教师或发展期的教师，还是其中几个专业发展阶段的教师。有的课程需要对培训对象提出特殊的要求，比如外语水平、工龄、年龄和学习能力等。

界定培训课程的培训对象有助于培训管理方和学员根据自身实际情况选择最适合的课程，使他们“选对了路，上对了车”。

培训师在开展培训前，有必要详细了解自己的培训对象，如学员数量、工作岗位状况、教育背景、工作经历、本次学习期待等。培训师根据了解的情况，用学员容易接受的方式和比较感兴趣的内容来准备教案和组织培训。

（四）培训时间

培训时间包括培训课程总时长和单元时间分配。告知培训时间有助于成人学员提前做好工作安排、心理准备和课程内容预习。

链接 5－1　“教师职业生涯规划”一天的课程时间安排

上午

09:00—10:00	案例研讨
10:00—10:30	教师教授
10:30—10:40	课间休息
10:40—11:30	教师教授
11:30—11:50	学员讨论

中午

12:00—14:00	午餐休息

下午

14:00—15:00　教师教授

15:00—15:30　学员讨论

15:30—15:40　课间休息

15:40—16:30　教师指导学员作业

16:30—16:50　课程总结

（五）培训师简介

在培训课上，培训师和学员之间相互认识和了解是保证培训课程成功的前提之一，因此，培训师简介是课程简介的一个重要组成部分。

培训师简介内容包括：培训师姓名、学历、工作经历、培训经历。如果增加一点有关培训师的专业特长、有影响力培训课程和学术成果的内容，有助于展现培训师的实力，增强学员的认同感。如果培训师已经建立了自己的微博、博客、个人专业网页，不妨把这些地址一并提前介绍给学员。但是，与培训无关的信息在培训师简介中应该少提或不提。

二、课程大纲

课程大纲是在明确培训目标和对象之后，培训师对培训内容和方式的初步构思，为课程设定了一个框架，便于充实和延伸。课程大纲既是为学员和培训组织机构提供的培训内容概要，也是培训师备课内容的路线和思路。培训师在编写课程大纲时，一般遵循以下五个主要步骤（见图5－4）。

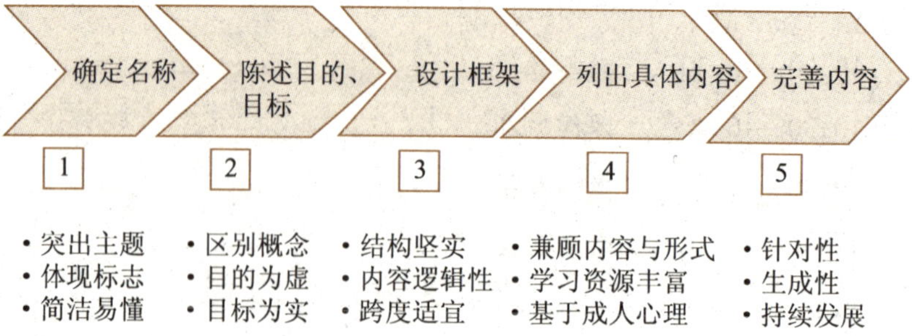

图5－4　课程大纲编写流程

（一）确定课程名称

课程名称要突出课程主题或主要内容，以关键词体现出标志性，表述得简洁并易于他人理解。

（二）陈述课程目的、目标

课程目的（Aim）是培训师通过课程要实现的培训意图和主观意愿。如果说课程目标（Goal）可以表述为"学员理解职业生涯规划的意义和价值，掌握制订职业生涯规划的方法，学会制订自己未来五年的职业发展规划"，那么"强化学员的专业发展意识和提高其职业生涯规划能力"就可以作为课程目的。可见，课程目的比较主观、抽象，对课程目标制定起着宏观指导作用，而课程目标比较客观、具体，是课程目的转化为实践的微观体现。关于目标的表述方式可以参考第四章"如何设计教师培训方案"。

（三）设计提纲框架

根据培训目标和对象，以提纲形式为课程搭建一个结构坚实、内容科学的框架，包括内容跨度适宜的一级标题和二级标题。培训师本人勾勒出清晰的课程结构，注意各级标题之间的内容逻辑，以便于学员容易理解和掌握。例如，一个针对教师培训者培训课程《教师培训项目开发与管理》（8—12 课时）的提纲框架，就是由五大里程碑和十个核心问题共同建构，不仅体现出整个课程的内容体系，还呈现出该课程的核心观点。

链接 5－2 《教师培训项目开发与管理》课程框架

- 培训需求分析（里程碑 1）

  问题 1：培训谁？（whom）

  问题 2：培训什么？（what）

- 培训方案设计（里程碑 2）

  问题 3：培训主题是什么？（what subject）

  问题 4：培训需要达到的具体目标是什么？（for what）

- 培训资源开发（里程碑 3）

  问题 5：通过什么课程计划和路径达到目标？（through what）

问题6:谁培训?(who)

- 培训活动实施(里程碑4)

问题7:如何计划、组织、控制?(how to POC)

问题8:如何培训?(how to deliver)

- 培训绩效评估(里程碑5)

问题9:如何进行培训质量过程监测?(how well)

问题10:如何评估培训效果?(how well)

编制人:余新(北京教育学院　2012年1月23日)

(四)列出具体内容

"具体内容"是在一级标题和二级标题基础上对课程内容的展开。培训师一方面要考虑呈现哪些最有价值的课程内容材料,另一方面还要选择最适合成人学习心理特征的方式方法,做到课程内容与形式的统一。

例如,教师培训项目开发与管理课程的其中一个二级标题是"问题5:通过什么课程计划和路径达到目标?(through what)",其课程内容根据时间先后顺序分以下五个活动呈现出来。

(1)阅读文献:提前阅读有关课程理论和成人学习心理学的文献(查阅资料略),在本次上课前完成两份读书笔记:一是关于课程定义的学者观点;二是成人学习心理特征的学者观点。文献阅读作为培训前的学习准备。

(2)案例介绍:"新加坡小学汉语教师海外研修项目"课程安排,主要由主题参观、现场观摩、校园体验、专题讨论和作业等系列组合活动,体现出情境性、参与性、生成性、探究性等建构主义所主张的课程特征。

(3)问题研讨:该项目课程安排与你参与过的项目有何异同?你认为有效培训课程的系数变量包括哪些?成人培训课程与职前教育和中小学学生课程有何区别?教师培训课程包括哪些形态?

(4)理论讲授:课程的定义、成人学习心理特征、教师培训课程的系数变量和特征。

(5)练习活动:请修改完善你参与的某个项目的教师培训课程作业。

该部分课程采用(1)阅读文献+(2)案例介绍+(3)问题研讨+(4)理论讲授+(5)练习活动的形式,突出案例教学、情境体验和概念建构的教育理念,其主要目的是帮助教师培训师理解和设计有效的教师培训课程,学习对象主要是那些具有培训课程开发经验但其观念比较囿于传统讲授课程的培训者。

如果该部分课程内容以"(4)理论讲授"为课程的主要内容和活动起点,突出理论知识的传授和灌输,那么,该课程要突出的实效性会很难得到保证。因为,我们都知道一个简单的道理:用传统的教学方法教人怎样掌握现代的教学方法很难;相反地让学习者置身于现代方法学习情境之中进行体验学习更加有效,这就是教师培训师培训项目中经常采用的"以法授法"的培训方式。

(五)完善调整内容

在课程投入实施之前,培训师需要针对具体的学习对象、目标、条件、内容、方式、资源等课程要素,修改完善课程大纲,以便课程更具有针对性。

每次课程实施过程中生成的培训知识和经验又可以及时地被吸纳到课程大纲之中,作为课程改进的智慧源泉。

课程大纲应该是一个不断充实、调整、完善的培训资源。培训师在不断完善课程大纲的过程中打造出精品课程。

三、培训师教案

课程简介和课程大纲完成后,培训师需要根据课程大纲思路,按照培训课程时间分配来进行资料收集和课程编排,准备好自己的培训教案。无论是课堂培训和现场观摩,还是远程培训,所有的培训教学活动都要对开场、主体和结尾三个阶段做好设计和准备。

(一)开场

良好的开头是成功的一半。精彩的开场方式和内容将给学员学习状态和培训效果带来积极的影响,如很快化解师生之间、学员之间的陌生感,打破沉闷乏味或紧张的课堂环境,营造课堂轻松愉悦和鼓励参与的氛围,调动学员对课程的兴趣和信任感,等等。两种不同类型培训教学活动的开场方式可参见表5－3。

表5－3　两类培训开场方式

类型	方式	内容说明	注意事项
课堂培训	自我介绍	实事求是介绍专业背景和特长，提高学员对培训师的认同，拉近师生距离	切忌用时过长，骄傲炫耀，避免一开始就让学员产生不好印象
	直奔主题	开门见山讲授培训内容，让学员感到简洁高效	适宜于学员学习动机积极并对培训内容有一定专业基础的培训班
	案例故事	通过案例故事引起学员的学习趣味，营造轻松的课堂气氛	故事不宜太长，要与培训主题紧密相关，把寓意表现出来
	破冰游戏	通过游戏开展破冰活动可以消除学员之间的隔阂，组建学习小组，为参与式教学营造愉悦氛围和做好分组准备	准备好适宜的场地和必要的教具，让学员明了游戏规则，掌握好时间
	双向沟通	通过提问、对话，广泛地与学员交流，相互认识，相互了解学习需求与培训计划	适于班额小的培训课堂
现场观摩	场外准备	为避免影响观摩现场正常教学秩序，可以提前在场外组织学员了解现场观摩的目的、任务分工、重点事项和有关客串人员等	提前准备好有关观摩活动的背景材料和有关注意事项
	场内准备	帮助学员身临其境地了解观摩现场的物理环境和有关客串人员，明了观摩目的和任务	开场准备活动简短，严格掌握时间，注意介绍到在场的每个人
	内外结合	把场内外准备结合起来	根据观摩条件和环境，把两部分活动时间和内容分配好

无论采用哪种方式开场，概述培训目的、重要性和内容是必不可少的。

1. 目的

学员为什么花费自己的工作或休息时间坐在这里接受培训？这次培训活动能给学员带来什么？要解决学员学习和工作中的什么问题？这些关于培训目的的问题也是学员学习的原因，开头就要取得学员的理解和感悟，以便调动他们的学习动机。

2. 重要性

这次培训的紧迫性和必要性是什么？对学员的工作有何价值和意义？如果不参加这次培训活动或者达不到培训目标，会对学员专业发展和工作带来什么消极影响或危害？这些关于培训重要性的问题在培训开头通过不同形式渗透在学员思想之中，以便强化他们的学习动机。

3. 内容概述

大概介绍培训主要内容、结构、方法、注意事项等，帮助学员了解和驾驭培训活动的全貌，在培训过程中发挥学习主动性。

（二）主体

主体部分是培训课程的“核心技术”，占用培训时间最长。对于课堂培训活动来说，主体部分的编写方式是：先列出课程第一个一级要点，再引出各个分论点，每个分论点下列出一系列论据来支撑，然后对第一个一级要点进行小结，再过渡到第二个一级要点，按同样顺序和方式开展下去，直到完成所有要点。

一次培训要达到的目标可能包括知识、技能、态度等多个方面，也可能重点在其中一个或几个方面。就知识类目标而言，也绝非通过单一内容和方式就能有效实现。

为此，培训师在课程主体内容中应该考虑到文本类知识、陈述性知识、演讲类知识、讨论类知识、操作类知识的有效混搭，并将案例、故事、游戏、参观、论坛、沙龙、阅读等活动情境嵌入重要学术观点陈述和理论知识学习活动之中，建构一个最经济、最适宜、最有效的课程内容体系，避免以单一的知识形态呈现课程内容带来的弊端（见表5－4）。

表 5－4　教师培训课程的知识形态特征

知识形态	教师	学员	积极效果	弊端	补充条件	必要条件
文本类知识	准备指导	阅读	学习便捷，知识系统，速度适宜	缺少集体氛围，信息源单一，没有互动气场	文本易得，可读性强	(1)材料有意义 (2)学员有动机 (3)方式易接受
讲述类知识	讲授答疑	聆听	知识系统，高效快捷，具有学术权威	缺少针对性、操作性，被动性强，容易疲劳	掌握演讲技巧和课堂组织方法	
观摩类知识	协调指导	观察	情境性、体验性、应用性强，易调动多种感官	知识不系统，带有不确定性	学习资源要便捷、具有生成潜力	
讨论类知识	组织指导	发言	表达机会多，相互启发	耗时较长，缺少系统知识和技能训练	创建讨论情境、问题指导	
操作类知识	演示指导	模拟	多种感官体验、技能训练，实用性强	知识容量少，耗时较长	学员具备技能基础，教师技术指导	

请用以下问题测试你对自己课程主体内容的准备情况。

(1)你的课程主体内容包括几类知识？各类知识之间的逻辑顺序和构建思路是什么？

(2)你是否掌握和具备课程主体内容实现的三个必要条件？你是否创建各类知识学习的补充条件？

(3)针对不同类型的知识学习，你的角色和作用是什么？学员的角色和作用是什么？你和学员之间配合默契吗？

(4)你能预测到培训后每类知识学习的积极效果吗？

(5)你能排除每类知识学习的弊端和风险吗？

培训师在准备课程主体内容时，要从学员需求、动机和培训资源条件角度，经常反思课程内容和方式的针对性和实效性，不要想当然地认为自己设计的内容都能被学员接受和获得。

其实，在“知道”、“理解”和“行动”之间，存在巨大差距，培训师不能仅限于帮助学员达到“知道”水平的培训目标，而且要帮助他们在“理解”中，朝着“行动”水平的目标前进，以获得更大的专业发展。

(三)结尾

好的结尾是圆满结束培训活动的标志，可以强化以下培训效果：总结培训要点，加强学员记忆；激发学员继续学习热情，激励学员根据培训内容去行动；加深培训印象，提升培训项目、课程、教师的影响力。培训师可以参考以下培训结尾方法（见表5－5）。

表5－5　培训结尾方法

结尾方式	内容说明	注意事项
重申重点	简要概括和回顾培训内容要点，强化培训重点，帮助学员记忆	要简明扼要，突出重点，与培训课程一级标题对应
故事寓意	运用哲理性故事，突出培训主题，引发学员对培训内容的思考	故事要简短、风趣、幽默，并易于学员理解其寓意
名言点睛	在培训主题和内容顺畅完成后，可以引用名人格言，作为培训结尾的点睛之笔	名言要精练、寓意深远，并贴切培训主题
问题设问	运用2—3个设问或思考题，引发学员对培训内容的回顾和反思，帮助学员检测学习效果	问题要对应于培训要点，难易度适合，有助学员培训后反思

（续表）

结尾方式	内容说明	注意事项
行动导向	由培训师或学员的领导，根据培训目标指导编制行动计划或布置培训后的工作，体现学以致用和师干联动	一般作为最后一门课程的结尾方式。提前做好施训方与委托方之间的沟通协调

无论是培训教案的开头、结尾，还是主体部分，都需要具有创造性，以满足不同个性学员的学习需求和他们持续变化的工作要求。

培训师要永远记住：这个世界唯一不变的是不断变化，培训没有固定的方式与内容，在终身学习状态下要“打移动靶子”。

四、学员手册

学员手册是为学员参加培训提供的学习讲义。学员可以通过它了解培训课程的目标、内容框架、教学计划，还可以用来在上课时记录每个单元的知识要点、心得体会、疑难问题、作业和下次活动注意事项等。

培训师可以根据培训项目需要，结合成人学习特点，采用活页形式，重点考虑以下要素来编写学员手册。

（一）封面

封面可以设计得简洁大方，标明培训项目或课程名称，施训单位名称、标志和培训时间。若能为该项目设计一个寓意深刻、美观大方的标识，则更能体现培训文化和学员手册的个性风格。

（二）扉页

扉页是学员一翻开手册就容易读到的内容，要把最重要、比较醒目的文字和图片放在这里。如一句培训学习的励志格言、一封致学员的学习倡议书、本次培训目标、课程框架思维导图等。

（三）主体

学员手册的主体部分包括项目背景材料和课堂学习随记。

项目背景材料包括学习目标、培训课程表、培训方案、作息时间表、生活服务指南、培训须知等信息文档。这些是成人学习希望获取的资料信息，它们不仅能促进学员更好地掌握培训内容，而且发挥着服务管理作用。

课堂学习随记是根据培训课程实施进度，为每个单元学习活动准备的1—2页记录纸。课堂学习随记部分要给学员留下足够的空白，供学员把学习要点、心得、问题等记录下来，以便理解、记忆、生成。也可以把学员评教单附上，帮助学员在每单元学习后按评价指标和问题要求，及时评价培训效果和反思学习成果。

学员手册的结尾部分可以汇集培训主讲教师简介、学员通讯录、项目管理团队通讯录等内容，最好再留下若干页空白纸，以备记录增加的相关内容。

（四）活页

活页是培训师在培训过程中，根据课程进度与需要向学员分发的补充学习资料，如研修案例、讨论问题、游戏材料、补充阅读、教师PPT等。

链接5－3　活页发放注意事项

- ◆掌握活页发放时间，应是培训进行到相应课程内容时
- ◆发放活页资料前应向学员讲清使用活页资料的目的和方法
- ◆提前做好资料的准备工作，避免临时出现差错或数量不足
- ◆培训师应该注意活页发放现场程序控制，避免出现混乱局面
- ◆活页资料如有需要回收的，还应做好回收工作

资料来源：黄健．培训师[M]．北京：中国劳动社会保障出版社，2008：143.

活页是教师培训课程的重要扩展资源，有助于拓宽学员的学习视野和深度，使其增强学习兴趣，从而更有效地理解培训内容。

为便于学员保存活页内容,学员手册可以全部采用活页夹形式。

(五)学员手册样例

1. 封面

“国培计划”(2011)——培训团队研修项目

中小学教师培训管理者团队研修班

学员研修手册

学员姓名 ______________

学员单位 ______________

北京教育学院 2011 年 10 月

2. 目录

目　　录

3. 扉页内容

致学员一封信

尊敬的各位学员：

欢迎您加入“国培计划”——2011年北京教育学院中小学教师培训管理者团队研修班！

我们首先希望您了解这次研修班10天的行动目标和计划。也希望您从教师培训管理者角度思考：我是谁？我从哪里来，要到哪里去？我带来了什么，将要带回什么？

我们期待着您带着您渊博的学识和独到的见解，正式地和非正式地，畅谈您在教师培训领域的真知灼见，把您的知识、经验和智慧贡献给研修团队！

我们更期待着您带着您的微笑和欣赏他人的心情，珍惜这次与全国教师培训管理同人相识、相知、相学的机会，有意识地和无意识地传递着您的真诚、友谊和合作精神，为了这个研修共同体的持续成长和发展倍增您的价值元素。

在北京秋意正浓的十月，“国培计划”为我们搭建了经验分享、观点交流、智慧共生的平台，相信我们会在此努力，学有所思，学有所获，学有所用，共同为我国教师培训与管理专业化作出最大贡献！

一次相识、相知、相学，终生同道、同志、同行！

“国培计划(2011)——培训团队研修项目”

北京教育学院中小学教师培训管理者班项目组

2011年10月18日

4. 培训目标

了解我们的培训目标

通过10天的参与式研修活动，以“教师培训管理方法”为研修主题：

◆研修教师培训管理的政策、理论和实践案例。

◆体验教师培训管理的活动与情境。

◆掌握教师培训管理的有关方法。

◆结合岗位实际，生成一份“创新教师培训管理的行动计划”，将其运用于今后三年教师培训项目的项目开发、实施和质量管理活动中。

5. 课程计划(内容略)

时间/地点	活动专题	活动方式	主讲教师	学习提示

6. 项目实施方案(内容略)

7. 学员研修守则

学员研修守则

为了保证研修目标的顺利实现，也为了保证学员优质完成研修任务，特制定以下守则，要求每位学员自觉遵守执行以下要点。

一、管理要求

1. 服从项目组和班委会的统一管理。

2. 保管好个人物品，爱护公共财物、设施，自觉维护教室、房间的环境卫生。

3. 如有身体不适或其他困难，请及时与项目管理人员联系。

二、学习要求

1. 熟知项目实施方案和学员守则，明确学习内容和学习任务。

2. 遵守考勤制度，不无故缺课、旷课，不迟到、不早退；若有特殊原因不能上课，请向项目负责人请假。

3. 遵守课堂纪律，不得在课堂上随意出入教室或接打电话。

4. 主动学习，积极参与，每日做好听课记录，如实填写培训评价，认真完成作业。

5. 学员考核依据为：出勤情况、研修日志、作业。

8. 学员生活指南

学员生活指南

一、作息安排

早餐：7:15—8:00（北京教育学院食堂一层）

上午：8:30—11:45（北京教育学院南楼503）

中餐：11:45—12:30（北京教育学院食堂一层）

下午：14 :30—17:30（北京教育学院南楼503）

晚餐:17:45—18:45(北京教育学院食堂一层)

自习:19:00—21:00(宾馆房间)

二、就餐规定

1. 自觉维护餐厅就餐秩序,做到文明就餐。

2. 注意保持餐厅卫生,不乱倒剩菜剩饭。

3. 爱护餐厅内的公物和设施,不随意损坏。

4. 用餐后,请自觉将公共餐具送到指定地点,不得将餐具带出食堂。

三、住宿要求

1. 自觉遵守培训作息时间,每天晚上10点前必须归宿,不得擅自在外留宿。如因有特殊情况不能返回,应事先告知班主任。

2. 按时就寝,保证睡眠,夜间不要大声喧哗,不得干扰他人学习、休息。

3. 注意安全,防火防盗。人走断电,关好门窗。

四、其他要求

1. 学员在培训期(10月18—27日)外消费和培训期内非项目组提供的服务消费,由个人直接与宾馆工作人员联系,费用自理。

2. 提前预订返程车票、机票,咨询电话:* * * * * * * * *(机票)。

9. 学员通讯录

学员通讯录

序号	省别	姓名	性别	工作单位	职称	职务	联系电话
1							
2							
3							
⋮							
N							

10. 常用电话

项目管理组

序号	姓名	性别	工作职责	联系电话	邮箱
1			项目负责人		
2			项目业务助理		
3			项目秘书		
4			项目业务助理		
5			班主任		

后勤保障组

序号	姓名	性别	部门	联系电话	备注
1			食堂		
2			医务室		
3			电教		
4			网络维护		
5	饭店前台				

网络资源

班级公共邮箱	
虚拟研修室	

11. 研修日志

活动时间		研修方式	
主题		主讲/主持人	
学习记录与反思	一、活动内容		

（续表）

活动时间		研修方式	
主题		主讲/主持人	
学习记录与反思	二、研修反思 1. 本次培训最有价值的 3 个知识点 2. 本次培训最深切的 3 点体验感受 3. 本次培训对我工作改进的 1 个行动借鉴		
评价	一、我对该次培训：□很满意 □满意 □一般 □不满意 二、对该次培训的改进建议		

五、幻灯片

幻灯片是培训师借助课程大纲通过 PowerPoint 文件形式向学员所展示的讲课提纲。它是集文字、图片、声音、音像等于一体的演示文稿。

幻灯片编制主要包括字体字号、颜色、图表、声音、动态效果、附件等选用和链接等内容。培训师需要专门学习和实践 PowerPoint 软件使用方法，并能结合培训内容与方式的需要，通过思维导图、Flash 等软件工具，制作效果精良的幻灯片，让培训活动取得事半功倍的效果。

培训师制作和使用幻灯片时要尽量做到：(1) 简单、清楚、明了，每一页只表达一个主题，并不超过 10 行文字，每行不超过 10 个字；(2) 利用不同颜色来活跃气氛，但每篇不超过 3 种不同颜色；(3) 巧用图表、图片、艺术字等，借助精美模板，表现寓意和突出重点，但要避免模糊不清；(4) 编制完成后要检测幻灯片的文字、图片、声音、音像的效果，保证上课时不出现意外效果；(5)投影距离要保证最后和最边座位的学员看清，不要用身体、鼠标或其他物体干扰学员视线，运用无线遥控播放器，能收到良好效果。

链接 5－4 PPT 制作注意事项

为保证制作 PPT 的质量和效果，制作过程中应注意以下几点。

■PPT 的编写不能与讲解割裂开来，每一页 PPT 都能体现准备讲解的思路，要符合讲解的逻辑性，也要方便学员根据 PPT 来判断培训师的整体思路。

■PPT 编写要多用图，少用文字，因为一旦使用文字，就容易产生照本宣科的情况，而图是需要培训师去介绍的。

■如果一定要用文字，多用不规则文本框，这样使用的效果与使用图表是一样的，而不要简单地编号，一成不变。

■即使只能用呆板的编号方式，也要多使用自定义动画来配合讲解的先后顺序，从而突出讲解的重点。

■每张幻灯片文字不要太多，没有人愿意盯着本来就不大的投影布上的小字去认真辨认，这样也会分散学员的注意力。

资料来源：黄健. 培训师[M]. 北京：中国劳动社会保障出版社，2008：154.

第6章 如何选择和运用教师培训方法

本章学习导语

不龟手之药

宋国有个人善于制作冻疮药，能使手不受冻开裂，他家世世代代以漂洗丝絮为职业。有个外来人听说防冻药的事，愿意出一百两黄金购买他的药方。

宋人便召集族人商议道："我家祖祖辈辈干漂洗丝絮的工作，收入不过几两金。现在一下子就可以卖得一百两黄金，还是把药方卖给他吧。"

外来人买到了防冻药方，凭此游说吴王。这时，越国侵略吴国，吴王就派此人统率部队。数九寒冬与越军在水上作战，打败越军，于是吴王割地封赏他。

同样是能够使手免于冻裂的药方，有人因此受吴王封赏，有人却不过用它使自己不再终生干漂洗丝絮的苦力。这就是由于利用方法上存在差异。

以上故事出自《庄子·内篇·逍遥游》。同样是能使手不被冻伤的药，宋国人世世代代干着漂洗丝絮的苦力，结果始终贫困清苦；而吴国用于军事作战，则可以战胜敌人。由此可见，同样一件事物，由于使用场合和对象不同，其结果和收效大不一样。

如今，在教师培训活动中，针对同样的培训项目，面对同类的培训对象和学习需求，由于培训师们所选择的培训方法不同，在培训效果上就会产生较大的差异。

理解、设计和运用培训方法，是教师培训师提高培训教学能力的关键，也是有效实施培训课程和取得预期培训效果的根本保证。

很多培训方法已经为培训师们所熟知，但是，能否灵活运用这些培训方法，使之在实践中创造性地落地，还存在水平高低的区别。

本章根据教师培训方法的应用特征，介绍教师培训常用的五类主要方法，并予以比较分析，与你共同进入教师培训师的第四项专业修炼——提高教师培训方法的选择与运用能力。

第一节 教师培训方法概述

就教师培训师的专业发展来说,学科学识才艺固然重要,但掌握科学的培训方法更为重要。如何把自己的学识才艺有效地传播、传递给学员们?如何帮助学员把培训内容转化为学习成果,把学习成果应用到中小学工作实践中?如何催化中小学教师的教育教学的实践智慧?教师培训方法的灵活应用和选择成为提高教师培训效果的重要环节。

随着教师培训理论的不断发展和培训实践的不断创新,各种培训方法日渐成熟。国内外培训界往往采用不同的维度阐述培训方法。有的按培训内容来阐述培训方法:包括以传授知识为主的培训方法(如课堂讲授、视听法等),以开发技能为主的培训方法(如游戏训练、实践法、案例法等),以改变态度和行为为主的培训方法(如角色扮演、拓展训练等)。有的按学员学习方式来阐述培训方法:包括脱产学习(如集中讲授、自主学习、学历进修),半脱产学习(如行动学习、参观考察等)和在职学习(如师带徒、工作现场学习等)。还有的按培训技术和手段来阐述培训方法:包括传统培训方法(如讲授法、研讨法、传递法、自主学习和团队建设法等)和现代培训方法(如远程学习、拓展训练、混合式培训等)。

教师培训常用的五类主要方法,包括讲授法、研讨法、传递法、自我指导学习和团队建设法。

一、讲授法(Presentation Methods)

讲授法是培训师主要运用语言向受训者传授系统学习内容的培训方法,通常在以下培训情况中采用:(1)向学员介绍系统理论知识和新的教育教学技能;(2)阐明和强调培训学习内容的要点和重点;(3)介绍培训内容的相关背景知识;(4)澄清学员学习中的困惑和问题,提供问题解决办法;(5)在培训时做开场白和培训后总结。

(一)讲授方式

讲授法是比较常用的培训方法,一般分为三种讲授方式:灌输式讲授、启发式讲授和点评式讲授。

1. 灌输式讲授

教师在讲台上讲解，学生在台下听讲、记笔记。信息完全是从教师一方传出，学员只是被动接受。采用灌输式讲授不要求学员参与，培训师主要依靠精彩的培训内容和良好的口头表达能力来吸引学员注意力，否则，时间久了学员容易疲劳和注意力下降。

2. 启发式讲授

启发式讲授是培训师以提问方式让学员思考和回答，然后进行总结，不像灌输式讲授那样一开始就将问题、分析和结论和盘托出。在启发式讲授过程中，培训师和学员之间有一定的交流，学员有一定的参与。善于提问和引导学员思考是启发式讲授成功的关键。

3. 点评式讲授

培训师课前将讲课讲义、辅助材料、学习要点等提前发给学员，要求学员充分预习和完成学习任务，上课时培训师只是讲解重点、难点和回答学员的问题。采用点评式讲授，大大提高学员学习的自主性、参与性和针对性，但是培训内容的信息量相对有限。点评式讲授要求培训师课前做好充分准备和在课堂上灵活解决生成性问题。

（二）讲授法的优缺点

传统的培训大都依赖于讲授法，它主要有以下优点：首先是经济高效。可以由一个人同时向一大群学员培训，传递信息比较密集，效率比较高，有利于学员系统掌握有关知识。其次是有利于培训师发挥作用。培训师可以控制讲授的内容和方式，对学员的知识学习、能力训练、思维启迪和方法示范等方面起着主导作用，而且能准确把握时间进度。最后是易于操作。一般培训主题确定后，只需要根据讲授内容确定相应的主讲人，提供一间合适的教室，确定培训时间，召集学员到场即可，学员数量可多可少。

但是，讲授法也有很多弊端。首先是学员被动学习。讲授法的培训过程是由培训师控制内容和进度，师生之间交流和反馈不够，学员之间也缺少相互作用和学习交流，过多的讲授容易使学员产生抵触情绪。其次是缺少直观体验。讲授法仅仅利用语言,从理论上传授知识和技能,不能给学员提供感性认识,可能对培训内容的理解和迁移带来障碍。再次是记忆效果相对不佳。单纯的灌输、单问的信息交流,不利于学习内容的消化和记忆。最后是针对性不强。讲授法针对学员的普遍性问题,采用统一内容、同一方法进行培训,难以照顾到每个学员的具体需求、个别问题和学习方式的差异。

(三)讲授法的实施要点

讲授法作为最基础的培训方法,应用范围很广,但也存在明显缺点。为使讲授法能充分发挥作用,收到较好效果,操作时需要注意以下几个方面。

1. 提前布置教室座位

如果需要突出教师作用,便于教师控制和学生集中精力,那么,最好采用学生全部面向教室前面的传统布置方式;如果需要突出学生的位置,便于学生能够相互影响和交流,形成活跃的课堂气氛,那么,可以根据学员人数和教室空间情况,选择环形布置法、鱼骨刺布置法、U 形布置法或 V 形布置法。

2. 精心准备讲授内容

培训师应深入了解培训对象的学习兴趣和内在动机,仔细分析他们的学习能力、工作状况、职业发展需求等问题,确定适宜的培训目标、讲授内容和讲授方式,形成具体的授课计划。

3. 严格控制讲授时间

每段讲授时间不要太长,最好一次控制在 20 分钟之内。每 20 分钟的讲授内容不应该超过 3—5 个要点,以便学员有吸收、思考和质疑的时间,达到有效记忆和理解的效果。

4. 灵活调节课堂气氛

为了调节学员一直处于紧张听讲状态的左脑,讲授过程中可以增加课堂提问、简短故事、幽默笑话、演示活动、身体运动等小活动,以激发学员的右脑思维,为继续积极投入下阶段听讲做好准备。

5. 善于利用多种媒介辅助教学

通常学员担心记不住讲授内容,在讲授过程中因忙于记笔记而不能注意听讲和思考问题。为避免此类现象发生,教师可以在讲授前或下课后发给学员阅读材料、讲稿提纲、幻灯片讲义,以供他们仔细咀嚼消化。教师也可以通过图文并茂的幻灯片和录音、录像等教辅材料,调整学员左右脑思维的活动状态。

二、研讨法(Discussion Methods)

研讨法是教师培训师组织学员站在相互平等的立场上发言,彼此倾听他人讲话,同时把自己的知识和见解讲给他人听,通过集体交流的形式共同解决问题的培训方法。

通常在以下培训情况中采用研讨法:(1)顺应成人学习心理需要,为学员提供表达自己观点的机会;(2)汇谈和收集大家观点,挖掘集体智慧;(3)澄清问题事实、加深对问题的理解,以达成统一意见;(4)通过相互交流,促进学员学习反思和加深对知识的理解和记忆;(5)激发学员学习兴趣,调整课堂学习气氛,作为讲授课的辅助方法。

(一)研讨方式

研讨法也是培训师常用的培训方法,以下几种研讨方式值得尝试:“头脑风暴”、“世界咖啡”、“案例研讨”、“主题辩论”。

1. 头脑风暴

头脑风暴法出自“头脑风暴”一词。所谓头脑风暴(Brain - storming)最早是精神病理学上的用语,是针对精神病患者的精神错乱状态而言的,现在转而指无限制的自由联想和讨论,其目的在于产生新观念或激发创新设想。

头脑风暴法又可分为直接头脑风暴法(通常简称为头脑风暴法)和质疑头脑风暴法(也称反头脑风暴法)。前者是尽可能激发学员群体决策和提出创造性观点,产生尽可能多设想的方法。后者则是对前者提出的设想、方案逐一质疑,分析其现实可行性的方法。

采用头脑风暴法组织集体研讨时，培训师作为活动主持人和书记员，一般按照以下操作程序来组织活动。

第一，准备阶段。培训师应事先对所议问题进行一定的研究，弄清问题的实质，找到问题的关键，设定解决问题所要达到的目标。然后将培训的时间、地点、所要解决的问题、可供参考的资料和设想、需要达到的目标等事宜一并提前告知学员，让大家做好充分的准备。

第二，热身阶段。这个阶段的目的是创造一种自由、宽松、祥和的氛围，使大家得以放松，进入一种无拘无束的状态。主持人宣布开始后，先说明讨论活动规则，然后随便谈点有趣的话题或问题，让大家的思维处于轻松和活跃的状态。如果所提问题与活动主题有着某种联系，人们便会轻松自如地导入讨论议题，效果自然更好。

第三，明确问题。培训师扼要地介绍有待解决的问题。介绍时须简洁、明确，不可过分周全，否则，过多的信息会限制学员的思维，干扰思维创新和想象力的发挥。

第四，重新表述问题。经过一段讨论后，大家对问题已经有了较深程度的理解。这时，为了使大家对问题的表述能够具有新角度、新思维，培训师或书记员要记录大家的发言，并对发言记录进行整理。通过记录的整理和归纳，找出富有创意的见解以及具有启发性的表述，供下一步畅谈时参考。

第五，畅谈阶段。畅谈是头脑风暴法的创意阶段。为了使大家能够畅所欲言，需要制定的规则是：其一，不要私下交谈，以免分散注意力。其二，不妨碍他人发言，不去评论他人发言，每人只谈自己的想法。其三，发表见解时要简单明了，一次发言只谈一种见解。主持人首先要向大家宣布这些规则，随后导引大家自由发言，自由想象，自由发挥，使彼此相互启发、相互补充，真正做到知无不言，言无不尽，畅所欲言，然后将发言记录进行整理。

第六，筛选阶段。培训活动结束后的一两天内，培训师应进一步了解学员培训后的新想法和新思路，以补充培训记录。然后将大家的想法整理成若干方案，经过多次反复比较和优中择优，最后确定 1—3 个最佳方案。这些最佳方案往往是多种创意的优势组合，是集体智慧的结晶。

一次成功的头脑风暴除了要严格遵守程序要求，更为关键的是研讨方式要体现出以下几个特点。

第一，自由畅谈。参加者不应该受任何条条框框的限制，应放松思想，让思维自由驰骋，从不同角度、不同层次、不同方位大胆地展开想象，尽可能标新立异，与众不同，提出独创性的想法。

第二，延迟评判。头脑风暴法必须坚持当场不对任何设想作出评价的原则。既不能肯定某个设想，又不能否定某个设想，也不能对某个设想发表评论性意见，一切评价和判断都要延迟到会议结束以后才能进行。这样做一方面是为了防止评判约束与会者的积极思维，破坏自由畅谈的有利气氛；另一方面是为了集中精力先开发设想，避免提前进行应该在后阶段做的工作，不让影响创造性设想的不利因素大量产生。

第三，禁止批评。绝对禁止批评是头脑风暴法应该遵循的一个重要原则。参加头脑风暴活动的每个人都不得对别人的设想提出批评意见，因为批评对创造性思维无疑会产生抑制作用。同时，发言人的自我批评也在禁止之列。有些人习惯用一些自谦之词，这些自我批评性质的说法同样会破坏会场气氛，影响自由畅想。

第四，追求数量。头脑风暴会议的目标是获得尽可能多的设想，追求数量是它的首要任务。每位学员都要抓紧时间多思考，多提设想，至于设想的质量问题，自可留到会后的设想处理阶段去解决。在某种意义上，设想的质量和数量密切相关，产生的设想越多，其中的创造性设想就可能越多。

第五，善于激发。主持头脑风暴法的培训师，要比较熟悉所讨论问题的背景，掌握头脑风暴法的处理程序和处理方法。主持者的发言应能激起参加者的思维“灵感”，促使学员感到急需回答培训师提出的问题。通常在“头脑风暴”开始时，主持者需要采取询问的做法，因为主持者很难在培训开始 5—10 分钟内创造一个自由交换意见的气氛，并激起参加者踊跃发言。主持者的主动活动也只局限于培训开始之时，一旦参加者被鼓励起来以后，新的设想就会源源不断地涌现出来。这时，主持者只需根据“头脑风暴”的原则进行适当引导即可。应当指出，发言量越大，意见越多，所论问题越广越深，出现有价值设想的概率就越大。

2. 世界咖啡

“世界咖啡”由美国人朱安妮塔·布朗和戴维·伊萨克共同创造，本是在商业界、教育界、政府机关和国际组织中采用的跨界式的深度汇谈的会议模式。如今，世界咖啡作为一种有效的集体讨论方式，已经被应用于各种培训活动之中。它通过营造大家聚在一起喝咖啡聊天的情境和氛围，让不同专业背景、不同职务、不同部门的一群人坐在一起，进行心无挂碍的轻松交流和畅谈，针对一个或数个主题，发表各自的见解，互相碰撞意见，激发出意想不到的创新点子和集体智慧。教师培训师组织“世界咖啡”活动的工作步骤如下。

第一，理解“世界咖啡”的含义和基本应用原理。可以通过认真阅读《世界咖啡——创造集体智慧的汇谈方法》①一书，了解“世界咖啡”的活动案例和方法，创造性地运用到教师培训活动中。

第二，确定“世界咖啡”的适用范围。一般来说，“世界咖啡”活动比较适用于以下几种培训情况：(1)帮助大家获得各自观点，集体生成对问题的认识；(2)加深小组成员的相互关系、彼此了解和对结果的共同责任；(3)为培训师与学员之间建立有意义的良性互动；(4)聚集集体智慧来解决共同难题，激发创造性思维；(5)让第一次参与集体汇谈者体验到集体性智力劳动和民主式学习气氛，实现价值教育目的。

第三，制订“世界咖啡”活动实施方案。一旦确定要通过“世界咖啡”形式组织培训活动，培训师应该提前做好相关准备，包括确定培训对象规模、汇谈主题、培训场地布置、培训设施和教具学具、培训时间和其他方面的培训服务支持等。

---

① 参见：布朗，伊萨克，等. 世界咖啡——创造集体智慧的汇谈方法[M]. 郝耀伟，译. 北京：机械工业出版社，2010.

链接 6-1 "国培计划"引入"世界咖啡"模式

本报讯 "喝'世界咖啡',取培训真经。"10月27日,一种名为"世界咖啡"的新型培训模式,成为刚刚从"国培计划(2011)中小学教师培训管理者培训班"结业的96名学员赞口不绝的话题。

"在淡淡的咖啡香气中,我们这些来自不同区域、不同岗位、不同专业背景的学员,围坐在咖啡店'老板'周围,围绕一个'话题'侃侃而谈,开出一串长长的'品名',在'拿来'与'给予'的交换中,让深藏的思想碰撞出火花,形成集体的智慧。"来自贵州省幼儿师资培训中心的学员翟理红被这种"人人参与、真诚友好、共同学习"的培训模式深深地吸引住了,"这是一种在培训中值得深化的形式"。

据承接此次"中小学教师培训管理者团队研修"项目的北京教育学院项目负责人余新介绍,以"跨界"为特色的深度汇谈式会议模式——"世界咖啡",是首次被引入该院的培训工作。"我们希望将这种企业中经常采用的有效培训模式,创造性地引入干部、教师的培训中。"

据悉,该培训模式是不同专业背景、不同职务、不同部门的一群人,针对数个主题,发表各自的见解,互相进行观点碰撞,激发出意想不到的创新点子。

"世界咖啡"理念创始人、美国麻省理工学院斯隆管理学院朱安妮塔·布朗博士认为:现实社会中存在太多无果而终的交谈。"这种模式是让参与者从对个人风格、学习方式和情感智商所有这些我们惯用的评判人的方式的关注中解放出来。"她在其著作《世界咖啡:创造集体智慧的汇谈方法》中阐述。

"在多重对话中,我们对问题有了重新发现,解决问题的渠道随之更加畅通、丰富,更重要的是,这种培训让我们在一种新的情境中重塑了教师培训价值观。"来自吉林省教育学院的学员李子良"喝"完"咖啡"后意犹未尽地说。

资料来源:雷玲."世界咖啡"跨界,"调味"传统培训[N].现代教育报,2011-11-02(2).

第四，掌握实施过程中的主要环节和注意事项。通常，“世界咖啡”培训活动时间周期可长可短，下面是为期半天的“世界咖啡”培训活动议程案例。

链接6－2　“世界咖啡”培训活动议程案例

08:30—08:50　培训师介绍讨论主题和活动步骤，并提出有关注意事项。（20分钟内完成）

08:50—09:30　学员布置自己的咖啡桌，大家推选桌长，桌长组织讨论，每人轮流发言（每次发言1—3分钟左右）；本桌把讨论出的5个观点写在白纸上；桌长留下，其他成员带着5条观点分散到其他咖啡桌交流和“淘宝”。（40分钟内完成）

09:30—09:50　桌长热情接待来访学员，首先扼要介绍本桌首轮汇谈的5个观点；来宾分别介绍自己咖啡桌的五个观点，对新到咖啡桌的5个观点发表意见和建议；桌长记录、补充、完善本桌上述5条观点，并开始准备5分钟的汇报内容。（20分钟内完成）

09:50—10:00　桌长继续留下，其他成员第二次分散到第一轮没去过的不同咖啡桌，以上轮一样的方式交流。（10分钟内完成）

10:00—10:15　休息和自由交流。（10分钟内完成）

10:15—10:25　各桌于10:15回到本桌，桌长与本桌学员一起讨论和完善本桌的5个观点，推荐一位代表在全班做3—5分钟的集体汇报，交流讨论收获和感受。

10:15—11:30　各桌代表分别向全班作汇报交流，也可以增加学员代表点评活动环节，最后，主持教师根据实际学习需要进行归纳和总结。

第五，把握“世界咖啡”活动原则。（1）明确汇谈内容；（2）创造热情友好的氛围；（3）探索相关问题；（4）鼓励每个人的投入与贡献；（5）吸收多元文化，接受不同观点；（6）共同审议不同的模式、观点和深层次的问题;(7)收获、分享共同成果。[1]

3. 案例研讨

案例研讨来源于20世纪初哈佛大学创造的案例教学法,即围绕一定的培训目的把真实的情景加以典型化处理,形成供学员思考分析和决断的案例(通常为书面、视频或现场形式),通过独立研究和相互讨论的方式来提高学员分析问题和解决问题的能力的一种方法。案例研讨有一个基本的假设前提,即学员能够通过对这些过程的研究与发现来进行学习,在必要的时候回忆出并应用这些知识与技能。案例研讨非常适合于开发分析、综合评估等高级智能。这些智能通常是管理者、医生和其他的专业人员所必需的。

案例研讨一般包括以下两种讨论方式。

其一是小组分组案例研讨。其实施程序包括组成学习小组、决定分组讨论时间、开始阶段提供实施纲要、实施过程进行巡视和检讨分组讨论情形。小组分组案例研讨的时机一般在全班讨论之前开展,其目的是为学生提供更多公平的讨论发言机会,或者在案例过于复杂、具有高难度时进行预热。

其二是全班案例研讨。实施程序包括开始讨论阶段(提出案例症结或确定案例的事实和议题),综合讨论阶段(运用“问”与“答”的方式,针对“分析的问题、挑战的问题、行动的问题、假设的问题、预测的问题和与课程相关的问题”,进行自由开放的讨论活动),归纳结论阶段(归纳学习者的不同观点和想法,并做总结,提出综合和概要的说明和整理)。

全班案例研讨是案例讨论的核心,也是案例教学经常采用的方式。一般在学习者阅读和熟悉案例之后即可进行全班讨论。如果事先安排了小组讨论,那么在全班案例讨论前,最好安排一段时间由各小组现场汇报讨论结果,然后再进行全班案例讨论。[2]

---

① 布朗,伊萨克,等.世界咖啡——创造集体智慧的汇谈方法[M].郝耀伟,译.北京:机械工业出版社,2010:145-148.

② 张民杰.案例教学法[M].北京:九州出版社,2006:103-109.

案例研讨的优点包括:(1)能够实现教学相长。一方面,培训师是整个教学的主导者,掌握着教学进程,引导学员思考,组织讨论研究,进行总结、归纳。另一方面,在教学中通过共同研讨,不但可以发现自己的弱点,而且可以从学员那里了解到大量的感性材料。(2)能够调动学员学习主动性。由于不断变换教学形式,学员大脑兴奋不断转移,注意力能够得到及时调节,有利于学员精神始终维持最佳状态。(3)生动具体、直观易学。案例研讨的最大特点是它的真实性,由于教学内容是具体的实例,加之采用是形象、直观、生动的形式,给人以身临其境之感,易于学习和理解。(4)能够集思广益。培训师在课堂上不是"独唱",而是和大家一起讨论思考;学员在课堂上也不是忙于记笔记,而是共同探讨问题。由于调动了集体的智慧和力量,研讨容易开阔思路,收到良好的效果。

当然,案例研讨也存在不足之处,主要表现在两个方面:其一是案例的来源往往不能满足培训的需要。研究和编制一个好的案例,至少需要两三个月的时间。而且编写一个有效的案例需要相当的技能和经验。因此,案例可能不适合现实情况的需要。这是阻碍案例研讨推广和普及的一个主要原因。其二是案例研讨需要较多的培训时间,对培训师和学员的要求也比较高。

因此,培训师在组织案例研讨时应注意以下几个问题:(1)案例研讨应尽量摒弃主观臆想的成分,培训师要掌握会场,引导讨论方向,为此,平时要特别注意培养驾驭和引导培训现场的能力。(2)案例研讨耗时较多,因而案例选择要精练,开始组织案例讨论时要做好充分准备。(3)学员一般都具有实践经验,不必担心讨论不起来,但一定要有理论知识作底衬,即案例研讨一定要在理论学习的基础上进行。

4. 主题辩论

主题辩论是以学员为主体,以反向思维和发散性思维为特征,组织小组或全班成员围绕特定的论题辩驳问难,各抒己见,互相学习,在辩论中主动获取知识、提高认识的一种研讨方法。

主题辩论把辩论赛引入培训教学，采用外部强化手段，激发学生内部学习需要和动机，营造外部的竞争和合作气氛；强有力的任务驱动，能增进学员的交往合作智能。这是传统的课堂教学无法达到的。

主题辩论具有以下几个教学特征：(1)能为培训师提供交流和反思机会；(2)能将课堂预设和生成有机结合；(3)课堂辩论会激发出创造的火花，使课堂变得更生动；(4)能将培训师主导与学生自主有机结合；(5)能将竞争和合作有机结合；(6)能改变肤浅的课堂讨论，提高学生的逻辑思辨能力、表达能力以及民主意识。

教学方式的改变，需要教学条件做出相应改变。主题辩论培训课堂课桌椅的摆放不同于一般的课堂，它突出了小组合作、生生互学的特点。因为传统课堂教学是教师为中心，因此课桌椅的摆放整齐，学生全部面朝讲台，突出教师的中心地位。辩论式教学则不然，因为是辩论，就要有正反方，首先学生要有正反两大阵营。其次是小组合作，每方都有不同的合作小组，因此课桌椅摆放以体现、方便小组合作为主。主辩者站在讲台两侧，后援团各据一方，再以小组为单位围坐，既分又合，适合学生交流。

（二）研讨法的优缺点

研讨法的优点包括：(1)为每人提供表达意见的机会，有利于学员积极思考、培养学员的分析问题和语言表达能力；(2)多向式交流，培训师与学员、学员与学员之间相互交流、启发，从而在集体经验中学习，容易生成新的观点和收获；(3)通过提问、回答、辩论、总结、倾听等方式，相互启发，加深对培训内容的理解，激发学习兴趣和动机；(4)小组讨论能使学员产生归属感，集体讨论容易使学员感受到集体的力量和智慧。

研讨法的缺点包括：(1)讨论的形式优先，讨论的内容往往容易被忽视；(2)讨论不易深入，没有经过慎重考虑的发言容易充斥于课堂；(3)与讲授法比较，讨论花费时间较长；(4)少数人的意见容易占上风，有时容易误导学习方向。

（三）研讨法的实施要点

为了提高研讨效果，培训师要发挥设计、组织、引导、激励、促进、掌控等方面的积极作用，使得研讨法的运用能够扬长避短。培训师要特别做到以下几点。

1. 研讨题目要合适

研讨题目能体现培训内容的核心主题，应与学员实际工作紧密联系，反映实际工作中普遍存在的问题或亟待解决的问题；题目具有启发性，能引导学员开展丰富的思维活动，激发学员的创造性认识；题目难度适当，结合培训目标和内容，根据学员知识和能力水平确定；题目陈述要简明扼要，不要因为表达不清而影响讨论的方向。

2. 要做好充分准备

培训前要制订研讨计划，准备研讨材料，明确研讨问题，预计研讨过程中可能出现的问题并制订各种应对措施，准备研讨结束前的总结。

3. 要创造良好的学习气氛

培训师要引导大家允许不同意见、观点的存在，使学员感到自己受尊重；要让学员自己去讨论，培训师的介入要恰到好处，避免过度与不及；培训师要发挥对研讨的引导作用，如讨论偏离主题时，应及时纠正，如出现冷场时，可以提出引导性问题帮助学员思考与辩论。

4. 要鼓励每位学员踊跃发言

培训师要注意观察研讨现场，鼓励每位学员积极参与研讨，鼓励学员发表独到见解，并及时给予肯定。

5. 要掌控好研讨时间和节奏

培训师要根据研讨任务，指导学员合理分配研讨时间，提醒研讨活动进度，引导研讨按照预期设计的时间和发展轨迹进行。

三、传递法

传递法（Hands－on Methods）指培训师通过特定的实践活动传递教育教学技能、态度、能力的培训方法。这类方法包括行为示范法、角色扮演法、现场法等。

传递法在应用于以下情况时十分理想:开发特定技能,理解技能和行为如何运用于工作之中,亲身经历任务完成的全过程,或处理工作中产生的人际关系问题。

(一)传递方式

1.行为示范法(Behavior Modeling)①

行为示范是指向受训者提供一个演示关键行为的示范者,然后给他们机会去实践这些关键行为的培训方法。

行为示范以社会学习理论为理论基础,强调学习是通过观察示范者演示的行为及替代强化情境而发生的。行为示范更适于学习某一技能或行为,而不太适合于理论知识的学习。

行为示范包括以下三个活动步骤:(1)介绍。通过录像演示关键行为;介绍技能模型的理论基础;组织受训者讨论应用这些技能的经历。(2)技能准备与开发。观看示范演示;参与角色扮演;接受有关键行为的执行状态的开头或录像反馈。(3)应用规则。设定改进目标;明确可应用关键行为的情形;承诺关键行为在实际工作中的应用。

在教师培训实践中,行为示范培训方法更多地被应用在体育、美术、音乐、英语、语文、通用技术和信息技术等学科领域之中。每期行为示范培训都包括关键行为的基础理论讲解,观看示范者演示关键行为的录像带,使用角色扮演的实践机会,对录像中示范者的行为进行评价和用于说明如何将关键行为应用于工作当中的规划过程。在实践过程中,培训师要学员提出反馈,让学员知道他们的行为与示范者所演示的关键行为的接近程度。行为示范培训项目开发包括以下四个核心任务。

第一,明确关键行为。关键行为是指完成一项任务所必需的一组行为。例如,如果培训师通过行为示范方式培训学员"KJ 法",那么,链接6－3中关于"KJ 法"操作程序的六个步骤所构成的一系列关键行为,即为行为演示的重点,要求学员认真观看和模仿。

---

① 参见:德诺伊.雇员培训与开发[M].徐芳,译.北京:中国人民大学出版社,2007:206－208.

链接 6－3　"KJ 法"的操作程序

培训师确定好培训地址，并准备好黑板、卡片、笔、橡皮擦、回形针、钉书机、胶带等用品，按照以下操作程序组织讨论活动。

(1) 宣布议题，展开讨论，让大家畅所欲言，将各种创意依次简要地写在黑板上。

(2) 再将每个创意简化为两三句关键语，记在卡片上。

(3) 将写好的卡片排列在桌子上，所有与会人员需认真考察，按内容分类，每类做一提要性导卡，内容无法归类的可另放一旁。

(4) 根据分类导卡上的提要，将内容相近的卡片组再归入一大组中，然后从中提炼出创意的核心思想，再填写到大组导卡上去。

(5) 按照分类学原则，按从大组到小组的顺序，将分类卡片用钉书钉或胶带固定排列在一张大纸上，然后用铅笔标示出各卡片内容意义上的关系。这种图解形式有助于人们启发思考，举一反三。如果人们认为所形成的图解不甚理想，可以重新分组，重新编排，重新进行图解标示。

(6) 对卡片分组图解形成文字说明与规律性总结。此类文字总结材料可以弥补以往的疏漏，从中获得新的启示，发现新的创意。因此，从卡片分组到图解再到文字说明的过程可以经过多次反复，以求从中获得新的发现，直到形成令人满意的创意为止。

第二，设计示范演示。示范演示为受训者提供了他们将要进行模仿的一组关键行为。网络视频录像如今已经成为示范演示的主要方法。有效的示范演示具有六个特征：(1) 演示能清楚地展示关键行为，音乐和场景不会干扰受训者观看和理解关键行为；(2) 示范者对于受训者来说是可信的；(3) 提供一些对关键行为的解释和说明；(4) 每种关键行为至少播放两遍；(5) 回顾全部系列关键行为；(6) 提供正确使用关键行为和错误使用关键行为的两种示范，体现不使用关键行为而失败的结果。

第三，提供实践机会。可以让受训者演练并思考关键行为，或者将受训者置于必须使用关键行为的情景中。在角色演练时，最好采用分组形式，将2—3人或者更多人组成小组，互相观摩，多次练习，形成同伴互学、助学的学习氛围。培训师发挥指导作用，特别是向受训者提供反馈，如采取正强化方式，表扬那些执行正确行为的学员，对于模仿失误的行为给予及时纠偏。

第四，促进培训成果转化。通过指导学员制订关于在工作中运用关键行为的行动计划来保证培训成果转化。培训师可跟踪学员的行动计划执行情况，也可以让学员同伴之间组成合作小组，互相督促和定期交流。如果条件允许，培训师可以组织培训成果转化的交流与展示活动，进一步总结成果转化的经验和行为示范的培训效果。

2. 角色扮演法

角色扮演法是在一个模拟真实工作的情境中，由学员扮演不同的角色，去处理各种问题，以此帮助学员获得学习体验和提高行动能力的培训方法。

角色扮演法是由集体心理疗法发展而来的，比较适用于达成以下培训目标：(1)通过营造真实的问题情境，强化学员的职业角色和专业发展需求，激发学员学习动机。(2)通过换位和多位思考，重塑和调整学员的心智模式，转变学员的态度和思维方式。(3)通过“做”获得体验和行为调整，培养学员问题解决能力。

下面以培训班主任教师与学生的有效沟通技能为例，介绍角色扮演法的操作步骤。

第一步：培训准备。如其他培训方法那样，培训师在实施角色扮演法之前要做一系列培训准备，主要包括以下方面。

第一，确定演练的主题和内容。例如，如果培训师把“班主任教师与学生的有效沟通技能”作为角色扮演活动的主题，那么，与此主题相关的具体演示活动目标、扮演活动环节和方法等内容，都需要培训师提前做好准备。

第二，设定角色。例如，这个扮演活动的主要角色为班主任和学生，假设班主任是哪个学段的，性别是女或是男，是否为经验型或新手型班主任，以及需要选择多少学员扮演学生，学生角色的个性特征等，都需要培训师根据培训目标来设计和确定。

第三，准备资料。培训师要为角色扮演者准备演练指导，包括解释角色特点、背景、态度及如何扮演好角色等，就表演内容提供明确的表演剧本或表演的基本框架。为观察者准备观察指导，包括角色扮演的背景资料、观察者的检查提纲、建议提问的问题等。

培训师应该制订一份角色扮演法的完整课程计划及时间安排，周密考虑演示活动所需的道具和材料等必要的培训课程资源和条件。

另外，最好能准备好摄像机记录演练的全部过程，以便课后观察和分析。

第二步：演练准备。为了保证演练达到预期效果，使作为观察者的其他学员获得有价值的学习情境和足够的研讨分析信息，演练前的准备十分必要。有经验的培训师通常会注意做好以下几方面的准备。

第一，背景介绍。培训师介绍角色扮演法的基本内容、操作方法和应该注意的问题，介绍本次活动的主题和预期目标。

第二，角色分派。学员可以自愿报名，或按照实际工作岗位指派，或随机选择。除了演示者外，其他学员均作为观察者，或做好轮流担当扮演者的准备。

第三，演示指导。培训师指导演示者准备角色。如培训师在指导一位扮演学生的学员时可以指出："设想你是一位中学生，今天上午对班主任教师的批评怀有消极情绪，下午班主任教师找你谈话时就把上午的情绪表现出来。"

第四，预热活动。演练前做一些热身活动，如演示者通过自我介绍、三分钟演讲、相互问候等方式，寻找所扮演角色的感觉，以引导大家共同创造一个轻松愉快的学习气氛。

第三步：演练活动。这是角色扮演法培训的主要部分，一般通过以下六个主要环节完成。

第一，培训师介绍演练的特定情境和角色特点，全体学员认真聆听。

第二，演示者开始表演，表演结束后全体观察者鼓掌。

第三，表演结束后，观察者组织小组讨论，对演示者的表演活动进行分析评价，评价内容包括两项以上优点和不足以及今后角色应该注意的问题。各小组对于讨论内容加以整理。

第四，各小组代表发言，最好采用“三明治”式的发言内容结构，即“优点＋不足＋改进建议”。

第五，重新演出，或重播录像，对问题予以确认，培训师对各组评论进行评价。

第六，角色扮演者发表对自己和对方角色的感想及今后的改进方法，各组讨论该活动的学习成果。

为使角色扮演更有效，培训师需要在角色扮演前、扮演期间、扮演后从事许多活动，以下几点需要特别注意。

第一，明确角色扮演中三个重要角色的主要任务。导演——培训师作为导演，指导整个演练过程，起着组织和指导作用；演示者——学员无论是自愿或者指定，其积极主动的情绪非常重要；观察者——多数学员承担仔细观察整个表演过程并进行分析、评价的任务，是演示法培训课程的主角。

第二，在角色扮演之前，培训师向学员说明活动目的是非常关键的，这能使得他们感到活动更有意义，更愿意去学习；向学员说明角色扮演方法、各种角色情况及活动时间安排，有时通过一个录像提供角色扮演案例，帮助扮演者迅速掌握扮演方法和要求，更有利于收到预期效果。

第三，在培训活动期间，培训师监控好活动时间、受训者的感情投入程度及各个观察小组的关注焦点。

第四，在角色扮演结束时，培训师要组织好提问，学员相互讨论和交流角色扮演活动的感受、对待问题情境的见解、学到的东西、获得的经验、实践工作中采取的行动，以及演示情景和结果与实际工作情况之间的联系等。学员通过观察后的体验与反思更能生成演示法的培训效果。

第五，角色扮演法需要进一步借鉴电影、戏剧、小品等文艺形式所具有的感人魅力，深入挖掘培训环境和表演情境对学员产生的感染力和影响力，从而倍增培训的效果和教育价值。同时，角色扮演法可以辅以讲授、研讨、案例研究等方法，以增强培训的效果。

3. 现场法

现场法（On－the－job Training，OJT）又称现场培训，是指组织学员在教育教学工作现场（如中小学课堂、教学实验室、课外活动、同行办公室和其他教学与管理活动现场等），通过观察并仿效同事、同行或师傅工作时的行为来学习的培训方法。我们在教师培训中采用的追踪指导、课例研修、师傅带徒等培训方式都属于现场培训。

现场法适用于以下五类学员：（1）新入职教师。他们具备系统的专业知识，但缺少教育教学的实践经验和相关技能，不熟悉工作环境。（2）新任务教师。在推行新课程标准、数字化教学等教育改革计划时，培训有经验的教师进行专业能力升级，以适应新的工作需要。可以在同一个单位开展，也可以采取外派岗位挂职或访学等形式。（3）新岗教师，即有一定教育教学工作经验，但原先从事的工作与现在从事或兼任的工作完全不同的换岗或晋升的新岗教师。包括那些首次成为班主任、教研组长、年级组长、毕业班教师、跨学科教师等的专任教师和兼职管理人员。（4）有相关工作经验的新聘任教师。例如，一位新来的英语教师，原来可能在职业高中工作过，现在来到一所小学教英语，虽然英语教学工作有相似之处，但仍然需要对小学英语教学对象、教学内容和教学方法加以熟悉。（5）需要改善工作绩效的其他教师，例如，近年来，北京市推行的“农村教师研修工作站培训”①和湖北省推行的“农村骨干教师跟岗培训”②，都采用名校导师带教方式，让参训学员离开自己学校，通过“零距离”的观察和体验进一步提升教育教学能力。

我国台湾地区的李汉雄博士提出了现场培训的六种方法（见表6－1），即说明、见习、实习、分担、代理、承办。这六大方法的应用过程实

① 参见：钟亚妮．农村教师研修工作站培训模式研究［G］//李方．教师培训研究与评论：第1辑．北京：北京师范大学出版社，2010：55－61.

② 参见：黄颂，李贤智．解析农村骨干教师跟岗培训的有效策略［G］//李方．教师培训研究与评论：第2辑．北京：北京师范大学出版社，2011：188－195.

际是将受训者从对工作的完全陌生状态引导至完全进入角色，可供新教师培训借鉴。

表 6－1　现场培训的六种方法①

六阶段		内容	重点
a	说明	针对培训项目说明意义和内容，让他理解	在充分协商中进行指导：(1)让其提问、重视交流；(2)尽可能向其展示；(3)一边确认对方是否了解一边进行
b	见习	上司或老员工做给他看，让他掌握要领，暂时不让他本人动手	(1)让他特别注意重要的部分；(2)示范完成后，针对培训内容指导者与受训者就心得体会进行交流
c	实习	在上司或老员工协助下完成指定的工作，上司或老员工根据受训者工作中的具体表现随时给予指导	让他有充分的自信：(1)工作的开展应由易到难；(2)让他在做的过程中把握要领；(3)让他切身感受工作氛围
d	分担	让他与指导者共同分担一项工作，使其有机会进一步锻炼	让他具备独立工作的自信：(1)让受训者大胆实践，不要怕其犯错误；(2)随时对受训者给予指导
e	代理	制造机会让他代理和该项能力关系密切的某项工作	指导者要信任与关心：(1)受训者已经具备相应能力应当放手；(2)要求受训者遇到困难时立刻报告，指导者给予指导
f	承办	由代理到正式让他负责，担当和该项能力相关的某项工作	指导者要尊重本人意愿和自主性：(1)受训者开始承办时，指导者注意观察；(2)遇到问题时让其思考原因、对策；(3)及时给予鼓励

① 参见：郭京生，潘立. 人员培训实务［M］. 北京：机械工业出版社，2010：103－104.

教师培训师在开展现场培训时，不能想当然地认为受训者只要跟在名师后面就能达到预期的学习目标和培训成果。为保证有效性，现场培训应该从粗犷式走向精细化，具体包括以下措施。

第一，必须采用结构化形式，对说明、见习、实习、分担、代理、承办等培训工作环节进行周密安排，关注每个环节的实际效果。

第二，要选用可信赖的培训者、最适合的管理者或同事来作为行为或技能的示范者，对于特定的关键行为开展交流、实践、反馈和强化活动。

第三，树立领导者成为培训者的理念，明确规定培养下属是各级领导的重要职责，对各级领导进行如何培养下属的培训，以为现场培训提供培训者资源。

第四，人事部门要将现场培训与受训者的个人专业发展规划、工作绩效考核联系起来，以激发受训者的学习动机。同时，要定期检查现场培训情况，为克服现场培训出现的偏差或干扰提供管理保障。

第五，将现场培训与课堂培训结合起来，以课堂培训弥补现场培训不能提供系统理论知识、没有足够的时间讨论问题、缺少集体学习情境等不足。

现场培训的评价应该从多个角度进行，其中包括：(1)考评受训者的工作成绩和水平是否提高；(2)观察受训者的态度、行为是否发生变化；(3)聆听受训者培训后的感受；(4)向受训者的同事、学生、家长、学校领导等相关人员了解其培训后的变化。现场培训的评价特点是通过指导者和受训者之间的交流得出结论。如果确认培训后未收到预期效果，指导者和受训者应共同查找原因，重新制订培训计划。

(二)传递法优缺点

1. 优点

第一，与讲授法和研讨法相比，传递法与学员的实际工作的联系更加直接和紧密，学习过程更加直观和真实，对学习内容的理解和记忆更深刻，并能及时获得学习结果的反馈。

第二，传递法中呈现的案例故事、行为模仿、任务驱动、现场观摩和真实问题，容易吸引成人学习者，比较符合成人的学习心理规律，具有基于工作经验、注重培训实效、热衷活动参与、关注学习结果和行为转化等特点。

第三，传递法有助于受训者理解技能和行为如何运用于工作之中，亲身经历工作任务完成的全过程，或亲自处理工作中遇到的实际问题，容易在掌握工作技能的同时提高工作认识和态度，进而形成相应的工作能力。

第四，无论是示范行为、角色扮演，还是现场培训，都有利于学员之间加强合作，增进学员之间的理解、交流，从而共同营造同行切磋、同伴学习、相互分享的培训情境。

第五，传递法比较活泼，形式不拘一格，而且为培训师和学员学习活动方式留有较大的创造空间，因此，容易调动学员的学习动机和积极性。

2. 缺点

第一，传递法不适于传授系统的理论知识和深入研讨系列性问题，单位时间内呈现给学员的新知识、新理念等信息量有限。

第二，传递法需要特定的学习条件、环境和资源，不像讲授法和研讨法相对简单。示范行为和角色扮演的培训准备工作费时较长，现场培训对工作现场和同行指导者的要求标准比较专业。

第三，传递法往往受非计划因素影响，个别或少数学员的消极心理情绪和不配合行为容易干扰其他学员的学习状态，可能会为培训带来风险。这对培训师的个性心理品质、人际交往能力、培训现场机智应变能力都是很大的挑战。

（三）传递法实施要点

传递法是要求学习者积极参与的培训方法，在实施中要注意以下几点。

1. 培训任务要适合

传递法适用于实现开发特定技能、转变学习者行为和态度、形成一定工作能力等目标，所以，从一开始选择传递法作为主要培训方法时，就要明确培训目的和任务是否适合。

2. 培训内容要周密计划

传递法的活动干扰因素较多，容易产生“会看的，看门道；不会看的，看热闹”的局面。如果能在周密的计划下组织各种传递法培训活动，那么，比较能够保证培训效果。

3. 培训现场和环境要做好设计

传递法的成效很大程度上取决于学员对学习环境的良好感受和学习情境的积极建构。培训师对培训地点选择、活动空间布置、培训时间长短安排、培训设施和培训资料准备等方面，都要考虑如何为学员提供适宜的学习环境，各个要素都可能对参与式培训带来积极的或不利的影响。

4. 培训师要有灵活的应变能力

传递法既是对培训师组织协调和沟通交流能力的考验，也是对其灵活应变能力的挑战。培训师要备好可供替换的互动活动方案及备选指导内容，同时要善于观察，注重细节，随时留意学员的情绪变化和细微表现，学会灵活地处理偶然性，在偶然中引导出必然。

另外，传递法要与讲授法、研讨法等其他培训方法配合应用，取长补短。

四、自我指导学习

自我指导学习（Self－directed Learning），又称自我导向性学习，是指由学员全权负责学习，什么时候学习、学习什么具体内容、如何安排学习进度等都由受训者决定。培训师只是提供辅助，包括负责评估他们的学习情况、回答提出的问题、提供学习参考资源和建立学习平台。

自我指导学习的适用范围：从培训内容看，比较适用于知识的习得和技能的练习；从培训体系看，既适用于岗前培训，又适用于在岗培训，新老教师都可以通过自学掌握必备的知识和技能。

（一）实施方式

从培训角度来看，自我指导学习并不是放任自流，而是实施培训计划的一种方法，因此，有必要对自我指导学习进行有效的组织，一般采用以下三种方式。

1. 阅读指导

阅读指导是指培训师在培训需求分析基础上制订培训计划、确定培训目标,然后指定与培训项目需求和培训目标相匹配的学习材料让学员自学的培训方法。通常,培训师在指导学员阅读活动时需要注意以下几个方面。

第一,选定合适的学习资料。这些学习材料要切合培训目标和学习需求,可以是培训项目组选编的学习资料,如教学设计模板、课程标准文本、学校规章制度、教育法律法规等,也可以是书籍、杂志和音像制品等。

第二,规定学习的完成时间和具体要求。如果阅读活动作为嵌入培训项目中的一部分,那么,学习时间就需要根据整个培训计划安排的进展节奏作出规定。培训师还提出相关阅读学习要求,以便阅读学习与前后培训内容衔接起来。

第三,监控学习过程与结果。阅读任务布置好以后,培训师需要采取积极的措施和办法帮助和促进学员顺利学习下去,期间举行学习交流会和座谈会让学员交流学习心得,有助于学习深化;要求学员定期提交学习报告,有助于督促学员掌握学习进度;举办网络和电话答疑,有助于帮助学员解决学习中的难题和鼓励学员坚持下去;考试是评价学习成果的基本手段,虽然往往不受成人学员欢迎和理解,但是,培训师通过考试给予明确要求和适当压力也会促进学员学习。

2. 网络学习

网络学习(E-learning)是指通过在线计算机和互联网开展教学和传递学习课程的方式。网络学习包括基于网络培训、远程学习、虚拟课堂、任务支持、仿真模拟培训以及学习入门等多种方式①。

网络学习需要具备以下具体条件:(1)建立便捷的学习管理系统平台,作为学习资源与信息管理的工具;(2)学员拥有个人电脑及上网条件,便于超越学习时空限制;(3)提供丰富的网络课程,包括根据培训需求建构课程体系、提供课程内容和学习指南;(4)配备在线培训师和网络教务人员,保证必要的教学指导、信息管理、技术服务;(5)形成网络学习的激

---

① 德诺伊.雇员培训与开发[M]徐芳,译.北京:中国人民大学出版社,2007:233.

励机制和各项评价制度,保障网络学习的质量和预期效果。

网络学习虽然不完全是自我指导学习,但是可以作为自我指导学习的重要实施方式之一。它具有以下学习优势:(1)学员可以在自己选定的时间学习;(2)学员可以在自己选定的空间学习;(3)便于学员与指导者之间的交流;(4)信息量大,学习资源丰富,选择性强;(5)学习内容易于保存;(6)学习成本相对较低,且有利于解决工学矛盾。

然而,网络学习也有自身的劣势:(1)培训目标受到局限,主要适合知识方面的培训,其他方面的目标较难实现;(2)课程内容比较呆板,很难根据学员的具体情况进行调整;(3)学习进程主要依赖学员自觉,难以统一控制;(4)缺少学员与同伴之间、学员与培训者之间的面对面沟通,不具备集体学习气场的感染力。

如果网络学习能与其他培训形式有效结合,形成"混合式学习",那么,网络学习不仅能充分发挥自我指导学习的重要作用,而且能克服自身的不足,发挥超越网络学习的知识传递传统功能。

3. 电视教育

电视教育是指运用电视媒介开展的视听合一的教育形式。一方面,通过专门的电视教育系统组织教育活动,如我国的中央广播电视大学教育学院、各个省市地方电视大学组织教师通过电视开展的学习活动;另一方面也包括电视自身发挥的教育功能,如中国教育电视台和其他各类电视台等,不同程度地发挥着教育作用。

在国外,许多企业都拥有自己的闭路电视教育系统,课程是分类设置的,每次课一般会在不同时间段多次播放,学员可以选择合适的时间进行学习。

电视教育以传播科学知识、传承优秀文化、传递教育信息、传播先进教育理念为己任,通过新闻信息、资讯服务、访谈对话、纪录片、综艺节目、情景剧等节目形态,完成与目标观众群之间的交流。

由于电视教育具有特殊的传播特征,如传播内容、形态的多元化,强大的传播优势,强烈的渗透性,成本低廉,弥补体制内教育的不足,因此,电视教育在自我指导学习方面发挥着独特作用。[①]

（二）自我指导学习的优缺点

自我指导学习的主要优点是能够让学员自行制订学习进度并接受有关学习绩效的反馈。这对于教师专业发展来说有着特别的意义和价值，主要体现在以下五个方面。[②]

第一，自我指导学习有利于激发和保持教师专业发展的积极性。哲学与心理学的研究表明，自主性是人之主体性和能动性的实质性内涵，是"人格成长"的核心要素，每一个人都有追求自主意志和自由意志的欲望，都不愿意被客体和外界环境所宰制与限定。自我指导学习能使教师根据自己的基础、兴趣和需要，自主地确定学习的目标、内容、方式以及学习的发动、监控和终结等，使教师拥有充分的专业发展自主权和决策权。这种以教师为本位的思想和活动，能充分尊重教师的自主意志，尊重教师的感受，尊重教师的需要，尊重教师的人格，尊重教师的行为习惯和行为方式，也就能有效地激发和维持投身教师专业学习和发展的积极性和主动性，而且教师积极性、主动性和自主性的充分发挥，反过来也会提升对自己的选择负责、对自己的行为负责的理性意识和责任意识，促使教师努力克服各种困难和障碍，使学习和发展能持续不断地进行下去。

第二，自我指导学习有利于适应教师专业发展的个性化需求。由于每位教师的遗传素质、个性特征、认知风格以及所受的教育、知识结构、家庭环境、生活经历、志向抱负等方面都有不同之处，使得教师之间必然存在一定差异。而且，每一位教师所处的专业发展阶段不同，所处的工作环境不同，所关注的问题不同，也都会导致教师之间的差异；同时，教师又是一个不断变化与发展的个体，其特点、爱好、兴趣和需要也是不断变化与发展的。这一切必然使教师们在学习与专业发展上表现出很大的不同。因此，只有适合教师个体的风格、特点与需求的学习与发展活动，对教师

---

① 张冠文. 电视教育功能探析[J]. 中国成人教育，2004(1)：51－52.

② 李广平，于杨，宫勋. 自我导向性学习与教师专业发展[J]. 外国教育研究，2005(6)：43－44.

来说才有意义。自我指导学习是由教师自己确立、发起、实施和监控的学习活动,这样的学习在学习风格、学习进度、学习方法和资源利用等方面能最大限度地满足和适应教师的个体需要和特点,能充分考虑教师的实际状况,由教师按自己的意愿来作决定,也必将更具个性化、更有针对性。

第三,自我指导学习有利于教师建构个人实践知识。有关教师知识的研究表明,教师的教育理论知识和学科专业知识都不能直接对教学质量起决定作用,只有将这些知识转化为教师的个人实践知识,才能对教师的教学发挥最大的影响力。教师的个人实践知识一般是指教师真正信奉的,并在其教育教学实践中实际使用和(或)表现出来的对教育教学的认识。教师对这类知识虽然缺乏明确的意识,但它却是教师教学实践的基础,是教师实践智慧的源泉,在教师的教学工作中发挥着不可替代的作用。教师的实践知识通常呈内隐状态。它基于教师的个人经验和个性特征,镶嵌在教师日常的教育教学情境和行动中,深藏在知识冰山的下部,具有隐蔽性、非系统性、缄默性等特点。因而这类知识不能通过传授或从旁观察的方式来学习,它的形成是一个逐渐积累的过程,是一个需要教师主动建构和反思的过程。[①] 而教师的自我指导学习正可以克服知识传授的局限,发挥教师建构知识的积极性和创造性,由教师自己选择学习的问题,在自己已有知识和经验的基础上,按照自己的方式去反思经验、诠释理论,从而生产和建构出能有效指导教师实践的个性化的知识和理论。

第四,自我指导学习有利于提高教师参与专业发展的可能性。长期以来,培训经费不足和教师的工学矛盾,是影响教师接受在职培训和参与专业发展的两大障碍。虽然,各级政府十分重视教师的在职继续教育和专业发展,也对教师在职教育经费的支出作了严格规定,但由于我国经济发展的不平衡,很多地区教师的继续教育经费难以保障,这一问题在经济不发达省份,尤其是在贫困地区更为严重。教师的自我指导学习虽然也需要借助他人的辅导、支持和帮助,也需要适当接受专家的培训和参与集

① 陈向明.实践性知识:教师专业发展的知识基础[J].北京大学教育评论,2003(1):105.

中的活动，但它以教师自我为导向，由教师自己来实施，其费用支出比集中接受统一培训要少得多，政府、学校和教师的负担会轻很多，教师参与的可能性和积极性就会相应地提高。另外，一般来说，中小学的人员编制比较紧，教师的教学工作负担比较重，即使教师具有专业发展的愿望和积极性，也有接受在职培训的经费保障，但往往会因脱离不开教学工作，而使学习搁浅。自我指导学习以教师为主体，以教师工作的学校为主要场所，由教师结合实际工作中的问题来设计和实施，可以有效地缓和或解决工学矛盾，提高学习与发展的效率。

第五，自我指导学习有利于增强教师专业发展活动的实效性。传统教师在职培训和专业发展的规模化、标准化与统一化等外在性特征无法顾及教师个体状况和实际需要，因此带来了专业发展目标单一、针对性不强、效果不佳等问题，在相当大的程度上影响了教师的专业成长与发展。自我指导学习是由教师自己确定目标、选择内容，这样，教师就可以根据自己的意愿，针对自己的实际状况进行学习。教师往往选择自己最需要学习和补充、对自己教学工作最有价值以及最能解决实际问题的知识领域和教学技能作为学习对象。这种基于问题的学习，需要教师对问题情境进行深入的分析之后，搜集与问题相关的知识、经验、案例和各种相关信息，并调动高级思维能力，综合运用各种知识、技能和方法，加深对问题的理解和认识，从而提高解决问题的能力。

自我指导学习的主要不足在于：(1)它要求受训者必须愿意自学，也就是说受训者要有学习动力；(2)培训师的主体作用会受到限制，往往处于被动指导状态，团队学习、集体氛围、同伴互助、情境体验等培训活动很难有效组织起来；(3)从培训组织机构来说，除了把材料阅读指导嵌入培训项目以外，绝大多数自我指导学习的独立实施项目，如网络学习和电视教育，会导致高开发成本，而且其开发时间也比其他类型的培训项目更长。

(三)自我指导学习的项目开发

对于教师培训师来说，掌握自我指导学习项目开发方法十分必要，以下是开发一个自我指导学习项目的主要步骤。

第一，进行教师工作分析，以确认教师工作包括的任务。工作分析是指通过收集、整理、研究有关工作信息，对工作的整体、各个组成部分及其内在结构与联系有一个比较清楚、深入和全面的认识。每项工作通常包括一系列或一组更细的任务。培训师要列出工作任务清单、每项任务的执行标准、工作执行的实际绩效，用以发现教师工作中存在的缺陷，进而确定哪些问题是培训可以帮助弥补的，或者通过培训能够促进教师逐步改善的(参见本书第三章内容)。

第二，列出与任务直接相关的、以学员为中心的学习目标。因为学习目标取代了培训者或指导者的地位，它们必须指明哪些信息是重要的，学员应该采取哪些行动，以及掌握哪些内容。

第三，开发学习内容。学习内容一方面要按照以学员为中心的学习目标来制定，包括提供电视录像学习用的脚本、计算机培训用的教学视频、阅读指导用的书籍和资料。另一方面还要考虑沟通培训内容所需要的媒介，如资料文本、录像机、计算机、网站等。

第四，将开发内容分为若干部分或单元。第一部分要从学习目标开始，并包括评估学员学习行为的方法。每一部分还要配有实践练习、学习方法指导和参考资料目录等。

第五，开发评估内容，包括对学员的评估及自我指导学习内容评估。对学员的评估要以学习目标为依据，监测学习目标的达成度。对自我学习内容评估包括判断所学内容是否便于应用，材料是否过时，是否按照预期利用了评估内容，以及学员是否掌握了学习目标。①

社会进步和发展所需要的高素质、专业化教师，既要是“知识人”，又要是“道德人”。为此，教师应该积极参与学习，而不是为了获得继续教育学分和迫于工作压力接受培训，教育主管部门、教师培训机构和教师所在学校应该尽早意识到：利用新技术提供一个有利于自我指导学习的“硬平台”固然重要，但是如何从成人教育学、培训管理学、教育工程学角度，开

① 德诺伊. 雇员培训与开发[M]. 徐芳，译. 北京：中国人民大学出版社，2007：200－201.

发一系列便于教师自学的“巧项目”(Smart Project),更是迫在眉睫。

五、团队建设法

团队建设法(Group Building Methods)是用以提高受训者技能和团队工作有效性的培训方法。团队建设法包括体验学习、户外培训和行动学习。

团队建设法让受训者共享各种观点和经历,建立集体统一性,了解人际关系的力量,并审视自身和同事的优缺点,从而高效实现心智模式的转变与发展,这是演示法和传递法不可比拟的。

团队建设法注重帮助团队提高技能,以保证有效的团队合作。这种培训方法中的大多数培训技术都有助于提高团队工作绩效,建立新的团队,促进团队之间的理解和联系。所有培训都包括对团队功能的感受、认知、信念的检验,集体讨论和制订行动计划,将培训内容用于工作以提高团队绩效。

(一)团队建设方式

1. 体验学习①

体验学习的相关理论源远流长,其研究史可追溯到杜威、皮亚杰、勒温、詹姆斯、荣格、弗莱尔、罗杰斯等人,但集大成者却是美国的体验学习专家大卫·库伯(David A. Kolb)。库伯从哲学、心理学、生理学等多种不同学科详尽地阐述了自己对体验学习的看法。

首先,库伯把体验学习看做由具体体验,经反思观察、抽象概括与行动应用并再回到具体体验所组成的完整过程。在这个过程中,学习者首先通过亲身的参与产生了感觉或感受;接着通过对刚才亲身经历或是通过交流、讨论观察到的感觉或感受进行分析、思考和评价,明确自己刚才学到了什么、发现了什么。然后,学习者把反思和观察到的结果进一步抽象,形成一般性的结论或理论,或者是对刚才所发现的现象和问题进行因

① 参见:石雷山,王灿明. 大卫·库伯的体验学习[J]. 教育理论与实践,2009(10):49-45.

果解释。最后,学习者还要在新的情境中检验结论或理论假设的正确性、合理性。如果检验得到了证实,学习暂告结束,即学生只要把刚才发现的结论迁移到其他情境中加以应用就可以了。如果检验没有得到证实,将会导向新一轮的具体体验,一个新的学习循环又开始了。因此,体验学习的过程又被人们形象地称为“体验学习圈”(见图6-1)。

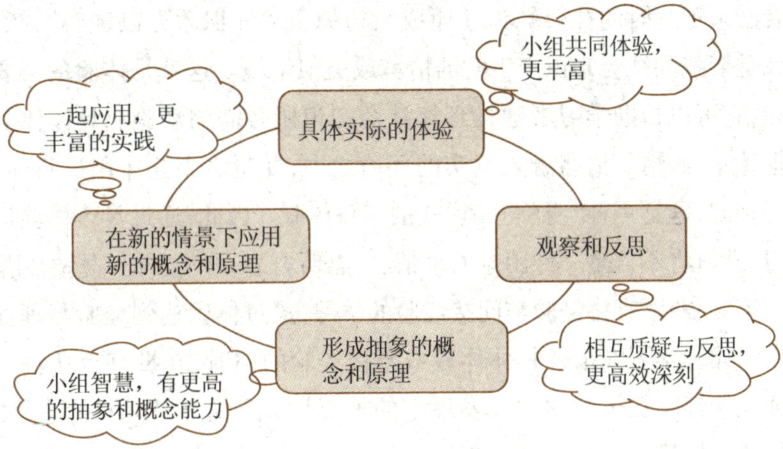

图6-1 库伯“体验学习圈”

其次,学习可以由“体验学习圈”中的任何一点进入。尽管库伯一直都非常强调体验在学习中的重要性,但他也反复强调学习者不必总是从具体体验开始。

再次,“体验学习圈”需要学习者的体验、反思、思维和行动的全部参与,并要对学习情境和学习要求作出相应的回应。因此,体验学习理论把学习看做对情感、知觉、符号和行为的整合,是对知、情、意、行的统一,同时还把学习看做一个开放的系统,是学习者的内部经验与外部环境不断交换的结果。

最后,“体验学习圈”只是一种理想化的学习过程。学习者由具体体验经反思观察、抽象概括与行动应用,再回到具体体验中,这是一种理想化的学习模型。在实际的学习过程中,很少有学习者能够解决所有的辩证对立冲突,而经常习惯于以一种固定的方式对外部环境作出反应。

体验学习理论对有效组织成人学习活动和开展教师培训项目有着重要的启发和指导价值。

第一，具体体验架起了社会知识向个人知识转化的桥梁，提高了学习者的学习实效性。学习者在课堂上的学习可以看做由社会知识向个人知识转化的过程。然而，仅靠简单的识记和储存是不能完成这个转化的，学习者必须把此时的社会知识还原成当初的个人知识才可以理解其意义，也就是要找到社会知识产生时的情境或类似情境。这就是体验的必要之所在，它可以帮助学习者建构理解社会知识所必需的经验。具体体验通过把感觉、心情与情绪融入真实的环境之中，并与之相互作用进行体验。毫无疑问，这是一种"身临其境"式的亲身体验。因此，通过具体体验进行学习，学习将不再是一件困难的事情。"吾听吾忘，吾见吾记，吾做吾悟。"

第二，兼顾直接经验与间接经验的学习，通过体验达到经验与理性的统一。体验学习在重视具体体验或直接经验的同时，并没有否认抽象概括或间接经验在个体学习和发展中的重要性。事实上，库伯一直试图通过体验的转换来达到经验与理性的统一。在体验的转换中，学习者需要辩证解决具体与抽象、反思与行动之间的双重对立。在体验学习理论看来，任何单一方面都难以获得事实的真相。

第三，有效学习是由具体体验、反思观察、抽象概括与行动应用所组成的完整过程。在体验学习中，我们不是简单地停留于学习者的体验，而是要通过学习者对体验进行反思和观察，以形成富有意义的结论。至此，学习者的学习并没有结束。一个完整的体验学习过程还要求学习者把所得的结论应用于新的情境，在新的情境中检验结论的正确性。这样，学习者势必又会产生新的体验，从而使原有的结论或得到证实，或被修改，或形成一个新的结论。

第四，有效学习是由学习者选择自己最适合的学习方式实现的。体验学习要求学习者能够运用四种不同类型的学习能力：具体体验能力使得个体能够超越实际的情境；反思观察能力允许个体对各种不同的体验进行反思；抽象概括能力用于符号表征或对过去的体验进行解释；行动应用能力用于检验建立在先前理论解释基础上的假设，以期能够解决实践中的问题。但是,学习者在具体的学习情境中经常倾向于选择某一种或某几种学习能力。例如,有些人以较为具体、此时此地的方式获取新信息,而其他人却以符号、抽象的方式获取新信息;有些人可能有意识地通过内部反思加工经验,而其他人却通过操纵情景或以外部行动加工经验。学习者在发展过程中喜欢以自己偏爱的方式进行学习,从而扬长避短,充分发挥学习的优势。

体验学习培训项目要获得成功,培训师必须遵循以下几条原则。

第一,保证培训与一个要解决的具体问题相联系。这个问题可能是我们在组织教师教研活动中应着手解决的,也可能是培训需求调研发现的。如果我们把学员们亟待解决和共同关注的工作实践问题,作为体验学习的进入情境,那么团队学习的氛围就很容易创建。

第二,唤起学员积极的学习情绪和探究意愿。培训要让学员处于并不轻松的状态,但不能过度紧张。既要鼓起学员的学习士气,又要帮助学员理解学习的意义。学员彼此从学习探究角度互相质疑,容易产生深刻高效的观察与反思效果。

第三,培训师要组织多种形态的学习活动。学员有充分机会在参与、讨论、交流和反思中学习,是经验学习的重要条件。既要有聆听、观察、阅读、记录等信息输入式的学习活动,更要有叙说、质问、演示等信息输出式的学习活动。

第四,帮助学员理解体验学习的方式和项目期待。培训一开始就要明确项目目标、学习结果和学员的学习角色,广泛征求学员对学习目标、活动安排、组织形式等方面意见和建议。

第五,需要对培训项目进行评估。培训项目若采用体验学习法,则必须把该项目学习与学员态度、行为变化以及其他工作绩效结合起来,检测出本轮学习的成果和收获。每一轮体验学习圈中的学习成果和收获都将成为下一轮学习提高的基础和准备。

2. 户外培训

户外培训又叫"冒险性学习"或"拓展训练",就是以团队为单位和个人发展为目标的可以在教室环境以外进行的学习、练习和模拟活动,既包括许多集体育和冒险为一体的活动，如拔河、滑雪、徒步、野营、潜水、冲浪、溜冰、跳伞等，又包括体现游戏和训练特征的户外模拟活动，如蜘蛛网、孤岛求生、高空跨越等。

户外培训适用于教师培训的以下情况：(1)为经验丰富的骨干教师设置思维拓展培训项目；(2)为学校机构重组或轮岗学习开发校本培训；(3)培训教师的团队协作精神，人际交往能力，责任、尊重、自信等价值观念；(4)作为一种培训方法，为培训班级开展破冰分组，加快学员之间彼此认识和了解，以便形成团队协作学习氛围。

这种培训起源于20世纪40年代的英国。当时英国军舰在遭到德国潜艇袭击后沉没，大批水兵因此丧生。但总有少数人能在灾难中幸存下来。后来人们发现，这些幸存者并不是体能最好的人，而是求生意志强、海上经验最丰富的人。他们顽强抗争，终于活到获救的那一刻。于是拓展训练的独特创意和训练方式逐渐被推广开来，训练对象也由最初的海员扩大到军人、学生、工商业人员等各类群体；20世纪70年代被企业界所关注，如今在成人培训和学校教育中也开展起来。早先的户外培训重视个人技能的提高，而不是团队精神的培养。但现在这种现象已得到扭转。户外培训既用来发展高水平的个人管理技能和领导能力，又被看做团队建设的重要方法。在实际应用中，存在四个级别的户外培训标准。

第一级别是传统的以课堂互动式培训活动为主，以传授知识和技能、完成特定任务为目的的活动，如班级破冰分组活动、培训课前热身活动、游戏或肢体演示活动等。

第二级别是低风险的户外培训活动，着重提高组织沟通能力、增强集体协作和团队合作精神等，如蜘蛛网活动。

第三级别是也是低风险的户外培训活动，但多侧重在团队支持和同伴鼓励信任下对个人能力发起挑战。

第四级别是高风险的户外培训活动和野地培训项目。主要目的是使培训学员更多地了解自己，理解和他人的关系，更深入地认识自己的能力和潜能，培养自我尊重、足智多谋、立场坚定的品性等。

链接 6－4　团队协作的活动样例：鸡蛋从天而降

◆目的：体现小组成员的创造力和团队精神。

◆准备物品与场地：每组鸡蛋 1 个，小气球 1 只，塑料袋 1 只，竹签 4 根，塑料匙、叉各 2 只，橡皮筋 6 条；以 3 层楼及楼下空地为活动场地。

◆将学员分为 3 人一组。

◆培训师把上述物品发给每组学员，而后让学员在 25 分钟后到 3 层楼的指定地点把鸡蛋抛下，为了不让鸡蛋摔破，可以用所给的材料来设计保护伞。

◆操作时，每组留下一位学员在 3 楼抛下鸡蛋，其他学员可以在楼下空地观察及检查落下的鸡蛋是否完好。

◆鸡蛋保持完好的小组是优胜者，可以组织多个优胜组进行决赛，培训师可以给胜出者一些小礼物作为奖励。

◆比赛完成后，培训师组织大家讨论：你们小组的创意是怎样得来的？在小组协作过程中大家的协调程度如何？你在该项活动中最深的感受是什么？

资料来源：林思宁. 体验式学习[M]. 北京：北京大学出版社，2006：43－47.

在设计户外项目和组织实施时，培训师要注意把握好以下几点：

第一，充分掌握项目培训需求。许多成功的户外培训项目有详细的指导说明、既定方向、适合对象等具体说明。为了使培训更加具有针对性，培训师在了解委托方培训需求的基础上，可以根据学习需要帮助学员设计和选择上述不同级别标准的户外项目。

第二，明确户外培训目标。培训师和组织方要认识到这样一个事实：如果项目目标不明确，设计不合理，那么它只能起到娱乐作用。这样学员会感到很愉快，但是他们可能什么也学不到。

第三，确保户外培训的一系列活动顺序设计合理。从一个独立的户外培训项目来说，通常包括破冰启动、活动体验、反思分享和总结应用四个主要环节。每个环节由若干活动按一定顺序开展，如破冰启动环节包括介绍教练团队、介绍学习方式、介绍课程安排、学员相互介绍等具体活动，每个活动还需要阐明应注意的细节。

链接6－5　如何组织分享活动？

◆尽可能围成一个圆圈坐下，让每个成员都能看到对方。

◆避免学员躺下或不雅坐姿，保持团队在这个圆圈中有一个积极的群体状态。

◆尽可能让每位参与者都有表达意见的机会。

◆避免无谓的争执，以免影响活动气氛。提醒作冗长发言者，多听听他人意见——眼睛不看他也是一种要求他结束发言的方式。

◆尽可能让每个成员对自己的行为负责。

◆没有人应该被强迫去做任何事。有时候，成员会被鼓励尝试新的事物，但无论什么时候，他们都有权利说“不”或者弃权。

资料来源：林思宁．体验式学习[M]．北京：北京大学出版社，2006：124－125.

第四，提供足够的活动和讲解时间。当计算团队讨论所需时间时，尽可能准确地核算，然后加上一段机动时间。时间过剩比时间紧要好，讨论耗时较长比活动缺乏讨论要好。

第五，重点关注学员的体验和总结反馈。户外培训的关键是要利用训练对学员的心灵冲击，让其体会到团队与组织的关系、个人与团队的关系、个人成长对集体（或学校组织）的贡献。培训后的回顾与分析能进一步让培训带来的感受在学员心中生根、发芽和蔚然成林。另外，通过总结反馈，将学员培训过程中的照片、活动感言、片段、关键事件等反映出来，让学员持久保存对户外培训的记忆，不断领会其中的道理，进而将培训经验运用到工作中去。

第六，将授课培训与户外拓展训练相结合。室内授课便于学员获得知识，户外拓展训练可以促进学员知识、技能和态度的整合并形成能力。课内讲授式培训与户外体验式培训是相辅相成的。

3. 行动学习

行动学习通过一套完善的框架，保证小组成员能够在高效解决实际存在的问题的过程中进行学习和实现发展。行动学习的力量来源于小组成员对已有知识和经验的相互质疑和在行动基础上的深刻反思。因此，行动学习可以表述为以下公式：AL = P + Q + R + I，即行动学习（Action Learning）= 结构化知识（Programmed Knowledge）+ 质疑（Insightful Questions）+ 反思（Reflection）+ 执行（Implementation）。

行动学习是一种综合的学习模式，包含四类重要的学习过程：(1)学习知识：从已有的知识中学习；(2)体验经验：从个人的经验中学习；(3)团队学习：从小组其他成员的经验中学习；(4)探索性地解决问题：在解决实际问题的过程中学习。

行动学习的适用范围比较广泛，特别是运用在建设学习型组织、促进个人专业发展、提升组织领导力、加强团队建设和解决组织问题五个领域（见图6－2），已经成为世界范围内人才培养的重要途径。

行动学习的五类重要应用

解决组织问题	加强团队建设	提升组织领导力	促进个人专业发展	建设学习型组织
• 行动学习是解决复杂困难问题的有效方法 • 问题越富有挑战性，行动学习越能发挥作用 • 业绩提升是行动学习必然的副产品	• 行动学习采用的就是团队工作和学习方式 • 行动学习过程可以形成非常有效的团队工作技巧和习惯 • 行动学习促进了沟通，密切了感情	• 行动学习已经成为培养管理和领导人才的最重要的途径 • 行动学习以解决实际存在的问题为导向，在解决问题的过程中使领导力得到升华 • 行动学习鼓励领导者采用催化技术，能更好地凝聚人的智慧，并增加执行能力	• 行动学习将个人成长作为最重要的目标之一 • 行动学习中的质疑和反思使每个人认识问题的能力都产生质的飞跃 • 行动学习促进成员之间相互学习	• 行动学习参与性强，持续性好，是组织变革的重要方式 • 行动学习变革组织的变化，使质疑反思和学习成为组织的自觉行为 • 行动学习鼓励系统思维，而这正是学习型组织的核心

图6－2　行动学习的五类重要应用

行动学习方法在教师培训领域得到国内外教育专家们的关注。日本教育研究者在探讨教师专业发展时提出了一个包括“提出问题、制订计划、采取行动、进行观察、反思和修改计划”六个实践性循环过程的授业研究模式。我国香港地区在100多所学校推行一种研究人员与中小学教师共同参与、致力于改善课堂教与学的教学研究活动；上海市教科院顾泠沅先生等人提出了“三阶段两反思”的“行动教育”，强调把行动学习作为提升教师在职教育有效性的策略。

链接6-6　日、港、沪三种教学研究活动及启示

日本的“授业研究”：日本的研究者在探讨教师专业发展中形成的看法是：“让教师走进课堂同学生一起做研究。”日本学校教师在职培训的基本途径就是授业研究，他们认为：“这种教学研究活动比其他形式的在职教育更能有效地发展教师的能力、提高教学质量、促进学生学习，以及促进教师对学校中未来共同利益关系的认识。”“授业研究”是一个包括“提出问题、制订计划、采取行动、进行观察、反思和修改计划”的实践性的循环过程。

香港地区的“课堂学习研究”：香港教育学院“院校协作和课堂学习研究中心”于2000年正式提出“课堂学习研究”，是迄今为止超过100所学校推行的一种研究人员与中小学教师共同参与、致力于以改善课堂教与学为目标的教学研究活动。学者们意识到，“校本课程的推行，不应仅限于课程选材，还必须付诸课堂的实践及评估，发展校本课程也并非个别教师可以独力承担的，必须依靠教师们的协作以及外来的支持才能取得成效”。在借鉴日本的授业研究和中国内地传统教研活动后，他们认为：“如果能推动教师间互相协作、针对学习内容做出研究，往往能对学生的学习带来较佳的成效。”

上海的“行动教育”：“行动教育”(Action Education)是上海市教科院于2002年开发的教师在职教育模式。这一模式针对教师在职教育的顽症，即教师在参加了短期课程培训、单元式工作坊、教学观摩和研讨会等活动后很难把所学到的知识和技能运用到日常课堂教学中，提出“三阶段两反思”的“行动教育”。行动教育的核心理念是“实践反思、专业引领、行为改进”，具有三个要素：(1)课例，它是行动的载体；(2)合作平台，研究者与教师的合作平台主要有课例讨论、情境设计、行为反省；(3)运作过程，整个流程包括原行为、新设计、新行为三个阶段，期间有两轮在寻找差距中反思与调整。这样的流程多次往复，达到螺旋式的上升。

资料来源：杨玉东．日、港、沪三种教学研究活动及启示[J]．教育发展研究，2006(6A):43－47.

行动学习法一般有七个关键步骤(见图6－3)。

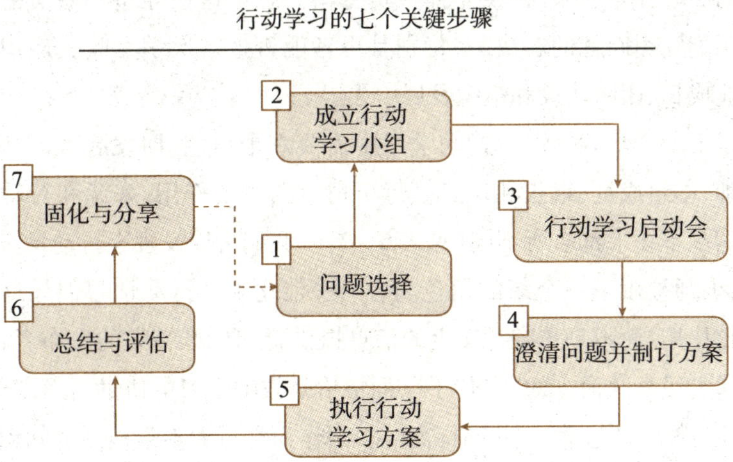

图6－3　行动学习的七个关键步骤

第一步骤：项目发起和问题选择。由发起人向全体成员说明组织面临的困难、存在的问题、所要执行的任务。

第二步骤：成立行动小组。行动学习团队一般由4—8人组成，可以是涉及同一问题的各部门代表，也可以是来自组织的不同职能部门，带着各自需要解决的问题。

第三步骤：行动学习启动会。由召集人组织各小组分析所面临的问题、思考解决问题的行动计划，并与其他小组交流。全体成员通过“誓师大会”形式,正式启动行动学习计划。

第四步骤:在催化师(即培训师)的指导下,各小组进一步澄清所要解决的问题及其症结所在,并就小组行动目标、活动安排、策略方法、预期成果等内容达成共识,最终制订一份行动学习的实施方案。

第五步骤:执行行动学习方案。各小组采用讨论学习与工作实践交错的形式,反复举行聚会、研讨、学习、实践活动,直到问题解决。

第六步骤:总结与评估。各小组可以在催化师和专家的指导下进一步总结反思小组工作经验和事物发展规律、问题解决原理。通过小组内自评和外部组织评价方式,评估行动学习的效果。

第七步骤:固化与分享。各小组采取小组或个体形式,把行动学习过程中的经验提炼出来,以供全体成员分享。思考这些经验和做法能否推广应用到同类问题的解决中,特别是思考能否把本次学习收获应用到个人专业成长、团队建设和组织发展中去。

以上七个步骤体现出行动学习中需要六个角色,即发起人、召集人、催化师、小组成员、组长和专家。每个角色的主要作用、来源和行动学习对其的基本要求都有所不同(见表6-2)。我们可以发现在行动学习方法中,培训师被赋予一个新的角色名称——催化师。行动学习倡导培训师的催化作用,而不是传统意义上的信息提供者和标准答案的发布者,也不是传递上级行政命令的“二传手”,而恰恰是教师学习的协助者与合作者,帮助并与教师一起学习,共同提高。教师作为学习者不是被动的知识消费者,而是问题研究的参与者、问题解决方法的发现者和教育智慧的创造者。

表6-2 行动学习的六个角色

角色名称	主要作用	来源	基本要求
发起人	在组织内发起和推动行动学习	组织的高层领导,很多情况下是最高领导	深刻认识行动学习的意义和价值,具有推动组织变革的决心

（续表）

角色名称	主要作用	来源	基本要求
召集人	具体管理和监督行动学习过程，为行动学习提供资源	一般由发起人委派，发起人也可以作为召集人	认识行动学习的价值，具有良好的沟通和协调能力，有一定的调配资源的能力
催化师	行动学习的设计和过程把握	可以来自内部，也可以外聘	具备催化技巧，良好的沟通和协调能力，做事认真，有热情，有稳定的心理素质
小组成员	解决问题的主体，并致力于自身的学习与发展	组织内部为主，有时候也从外部引进少量小组成员	对问题有基本的认识，关注问题的解决，有学习的承诺，专业背景体现互补性
组长	在催化师的指导下，具体组织小组研讨，负责行动学习小组行动计划的落实	组织内部，一般由相关职位的经理人员或业务骨干担任	掌握一般催化技巧，具有负责精神和协调能力
专家	阶段性为行动学习小组提供理论或专业支持的人	一般来自外部的咨询公司、科研院所、政府主管部门、行业协会，也可以来自组织内部	对所请教的问题有很深的理论功底或了解最新的发展动态和信息

要想确保行动学习法取得良好的学习效果，除了按照严格的程序来组织学习活动外，还必须具备以下五个必要条件。[1]

① 参见：林存华．行动学习法的利弊与实施要点［J］．中国浦东干部学院学报，2009(9)：124－125.

第一，领导充分重视。领导作为行动学习的发起人，要深刻认识到行动学习的意义和价值，具有推动组织变革的决心，才能使组织的内行动学习得到及时发起和强力推动。领导对行动学习培训的重视是保证组织者、参与者重视并积极参与，保证资源投入和相关方面支持的关键。领导的关怀重视也能有效改变部分学员不重视行动学习的心态，比如因工作任务的重要性、挑战性和紧迫性而把行动学习置于次要地位。所以，领导充分重视是成功开展学习的重要条件。

第二，合理的问题设计。在行动学习中，组织者和学员要选择自己在行动学习中所要分析和解决的问题。合理选择问题进行设计，是影响行动学习效果的基本因素。在设计研究问题时，必须避免下列情况：(1)把问题的范围定得太广泛；(2)选择特别琐碎的、不值得花费较多时间的问题；(3) 选择超出学员水平的技术及技能问题；(4)选择不能引起学员学习兴趣的问题；(5)选择涉及机密或不在学员职权范围内的问题。

第三，充分的资源投入。行动学习法的开展，需要充足的时间、经费等方面的投入。行动学习法的周期一般较长，它要求学员在繁重的日常工作之余，抽出专门时间投入行动学习中。同时，行动学习中通常会有大量的调查研究，而外出调研所产生的费用，往往高于在教室里听课需要支付的费用。因此，行动学习法的费用一般要高于其他大多数培训方法所产生的费用。

第四，有效的组织管理是行动学习法成功开展的有力保障。行动学习的组织者，无论是培训部门、人力资源管理部门还是综合管理部门，都要能够理解行动学习的精髓，有效地、精心地组织行动学习活动，使行动学习真正做出实效，达到预期的效果，而不是成为“走过场”的一种形式。另外，行动学习法的开展，需要一套切实可行的管理、激励和评价制度，以确保学员积极主动地参与到行动学习中。

第五，良好的学习氛围。良好的学习氛围是保证行动学习效果的一个必不可少的条件。对于行动学习来说，良好的学习的氛围或组织文化应该是：创造学习条件；进行好的实践；允许失败。要创造良好的学习氛围，组织者、培训者和学习者还必须尊重行动学习法背后的价值观，即对自己、对他人诚实,尊重他人与他人的观点,对自己的行为负责等。这种氛围能够帮助行动学习小组变成一个有效的学习团体,并最终变成一个有效的自我促进小组,从而帮助每个行动学习小组与学员完成行动学习的目标,提高每个学员解决问题的能力。

(二)团队建设法的优缺点

与传统培训方法相比,团队建设法的主要优点表现为:(1)既便于学习者个人专业能力的提升,又有利于组织工作绩效的提高;(2)既能从学习者的实践经验出发,注重调动和发挥学员的主动性、积极性,体现培训的针对性,又能超越个体经验,关注学习者的态度转变和心智模式形成,体现培训的实效性;(3)既吸收了讨论法、模拟法、案例法和讲授法等传统培训方法,又可以整合现代远程学习或在线学习方式。

目前,很多知名企业都通过团队建设法来解决组织的疑难杂症,提高员工的工作绩效水平,然而,在教师培训领域,团队建设法还未得到广泛重视,究其原因主要包括以下三点。

第一,对培训师要求严格。体验学习、户外训练和行动学习法对培训师提出了严格的要求,要求培训师能够组织、协调学员进行一系列有效的学习活动。培训师不只是站在权威的讲台上"传道、授业、解惑",更要能创设和营造良好的学习气氛和环境,机智灵活地引导学习者去综合分析和解决问题。因为无论何种培训形式,学习最终是通过学习者自己完成的。在团队建设法中,培训师可以不是本行业的专家,但必须是培训方面的专家,有效地扮演管理师、教练员、催化师等角色。他应通过对培训过程的设计,激发、促进和辅助学习者内部学习过程的发生和进行,使有效的学习发生在每个学习者身上。

第二,难以获取系统知识。作为一种重在解决问题、提升学员能力、转变学员态度的培训方法,团队建设法在知识传授方面并不具有优势。虽然团队建设法并不排斥对知识的学习,但是学员在体验学习、户外训练和行动学习中所学的知识,仅仅是团队建设需要用或可能用到的知识,而不是较为系统的、全面的知识。所以,团队建设法所呈现的知识是零散的、片断的,并不利于系统知识的学习,期待通过团队建设法来获取系统知识是不现实的。而且,每个学员在团队建设法学习中形成的缄默知识,具有很强的个性化色彩,很难为他人共享。

第三,对学习者要求很高。如果学员从进入培训班开始,就抱着原有的陈旧观念甚至错误观念,那么团队建设法可能会受到学员的抵制。户外培训要求学员勇敢面对各种冒险活动,克服自己的心理障碍,打破几十年形成的心理模式去面对新的问题情境。体验学习和行动学习对学员提出了相当高的要求,例如要求学员要有工作经验,并善于交流。在体验和行动过程中,每一个学员都要运用自己的生活和工作经验来发现问题,提出解决问题的种种方案,然后进行分析、讨论。

第二节 教师培训方法比较与选择

每种教师培训方法都有各自的优缺点。为了提高培训质量和学习效果,培训师需要根据具体情况选择培训方法,而把几种培训方法"混搭"使用,扬长避短,培训效果更佳。

一、按对培训目标的有效性比较各种培训方法

虽然教师培训方法对培训目标实现程度的影响还未得到正式评估,但是,基于多年来的培训实践,结合上述五类培训方法的概念和特征上,我们可以看出各类培训方法都有各自的适用范围,对学习成果的影响也有相当大的交叉重叠(见表6-3)。

表6-3 按对培训目标的有效性比较各种培训方法

目标 方法	知识获取	技能习得	态度变化	能力提高	行为转变
讲授法	强	弱	一般	弱	弱
研讨法	一般	弱	一般	一般	弱

（续表）

方法＼目标	知识获取	技能习得	态度变化	能力提高	行为转变
传递法	弱	强	一般	一般	强
自我指导学习	强	弱	弱	弱	弱
团队建设法	弱	一般	强	强	强

第一，如果培训目标定位为帮助学员获得知识，而不考虑这些知识对其本人行为、态度和能力的影响效果，一般选择讲授法和自我指导学习。

第二，团队建设法比较独特，既有利于个人学习，也有利于组织学习，而且对学员的态度转变、能力提高和行为变化最为有效。这也是一些企业和学校为建设学习型组织和希望通过培训提高员工工作绩效而选择团队建设法的主要原因。

第三，大多数传递法能比讲授法提供更好的学习环境并有利于培训成果转化，所以，如果培训者不受培训经费的限制，可选择传递法而不是讲授法。

第四，研讨法除了对技能训练没有明显效果外，在知识获取、态度变化、能力提高和行为转变等培训目标实现上都处于中间水平。实际上培训者在应用其他培训方法时都或多或少的辅助以研讨法，也就是说，研讨法单独起到的作用似乎不十分明显，但是适时选择，特别是与其他培训方法结合起来，会收到单纯使用研讨法无法产生的效果。

二、按受训者参与程度比较各种培训方法

有效教师培训通常是在学员与培训师之间的互动活动过程实现的。从学员对培训活动的外显参与度来说，理论上存在以培训者为中心和以学员为中心的两类培训方法，但实际上培训课堂都一定程度上在两类极端方法之间变换，除非那些课堂是满堂灌或放任自流的。

从以上五类培训方法来看，自我指导学习和团队建设法体现出较高

的学员参与度，其主要培训目的是提高能力和转变态度；而讲授法给予学员的参与机会较少，培训目的往往倾向于知识传播方面；传递法和讨论法的学员参与度居中，主要用于训练技能和提升理念认识，由于培训师驾驭能力、组织方法、学员学习风格等因素的影响，这两类培训方法最容易活跃于培训者和学员之间，其效果有时是积极的，有时可能是消极的（见图6－4）。

北京教育学院"国培计划"培训管理者培训团队在近几年的教师培训实践中，曾经对学员课堂参与度与课程满意度的相关性做过统计与分析[①]，结果发现既有学员课堂参与度与课程满意度之间存在正相关的培训班案例（见图6－5），也有课堂参与度与课程满意度之间相关性不明显的培训班案例（见图6－6），未曾发现课堂参与度与课程满意度之间呈负相关的培训班案例。

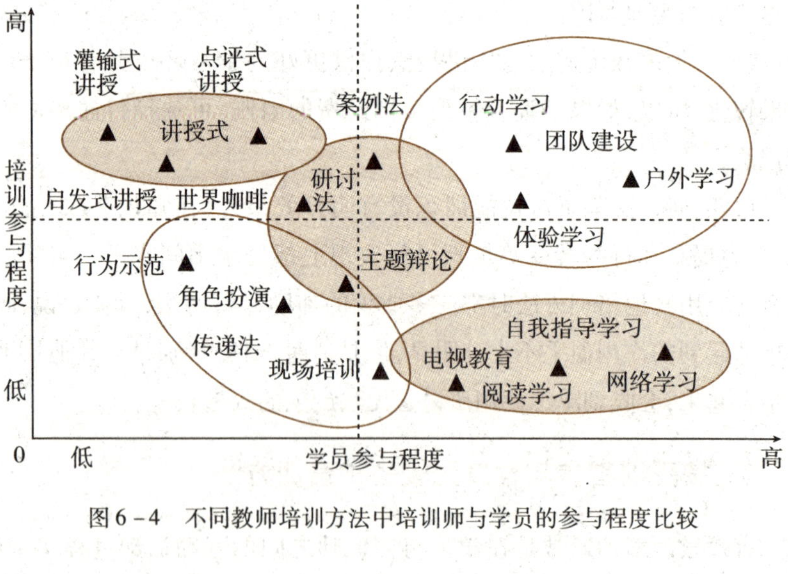

图6－4　不同教师培训方法中培训师与学员的参与程度比较

① 这里的课堂参与度主要是指学员以主动提问，积极发言等外显行为方式参与课堂学习活动的频次。

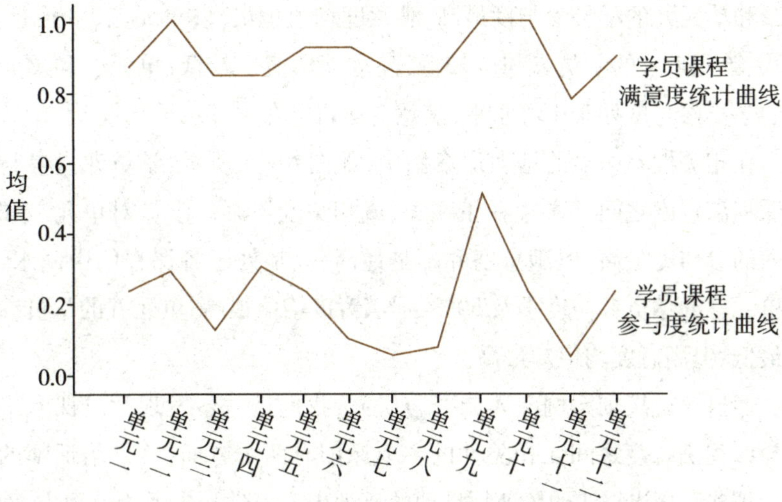

图 6－5　学员课堂参与度与课程满意度之间呈正相关的案例

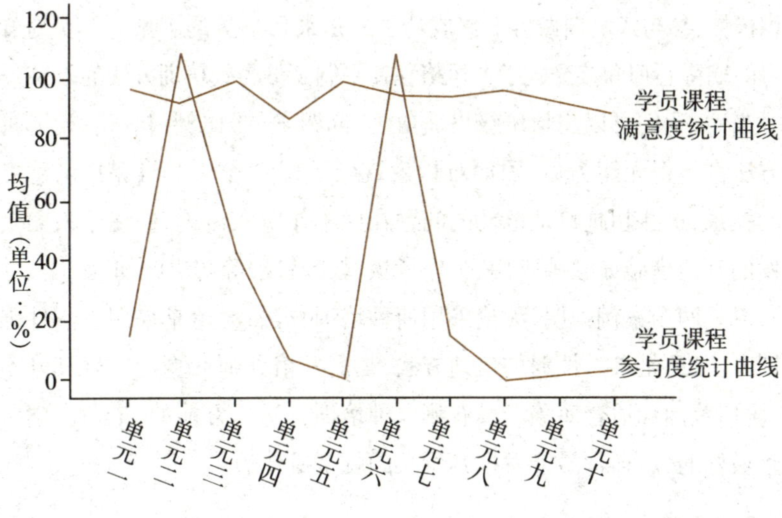

图 6－6　学员课堂参与度与课程满意度之间相关性不明显的案例

在呈正相关的培训班案例中，教师采用那些能调动学员参与学习积极性的方法，一般容易提高学员对该教师及其课程的满意度；相反地，那些灌输式培训、被动学习的方法通常不受学员欢迎。如图 6－5 所示，单元二和单元九的学员参与度最高，满意度均值也最高；单元三、单元七、单元八、单元十一的学员参与度较低，满意度均值也较低；单元一和单元十二的学员参与度处于中等水平，满意度均值也在中等水平。

在相关性不明显的培训班案例中，如图6－6所示，学员课堂参与度与课程满意度之间并不存在正相关，或相关性不强。学员对单元二和单元六的参与度最高，但满意度并不是最高，只是处于各课程的中间水平；而单元三的学员参与度不及50%，但满意度均值很高，单元五的学员参与度最低，但满意度均值却最高。

通过对此培训案例深入调查与研究，我们进一步发现学员课堂参与度与课程满意度之间无相关性的主要原因有两个方面：一是培训师的因素。那些采用讲授法的培训师呈现的培训内容对学员来说价值很大，而且培训师的表达能力很好，讲授法应用得非常成功；那些使用参与度强的培训方法的培训师没有真正掌握参与式培训方法，不善于组织和调动学员学习的积极性，参与式培训做得不够成功。二是来自学员的因素。学员对知识学习的期待心理和接受式学习风格往往限制了参与式培训方法的效果。

当然，我们可以想象班级里面由于“问题学员”比例很大，无论哪种培训方法都显得无能为力，因而难以发现学员课堂参与度与课程满意度之间的关系，这些超越培训范畴的问题在此不作深入讨论，应属于人力资源开发的其他措施如教师聘用、工作考核、教师管理等解决的问题。

以上两个案例说明，无论采用何种培训方法，无论是采用参与性强的培训方法，还是参与性弱的培训方法，都需要培训师认真把握好其基本用法、应用范围和适合对象。没有哪一种培训方法是万能的，最适合学员的就是最好的，培训师最能发挥其所长的就是最佳的。

三、影响教师培训方法选择的主要因素

教学有法，但无定法。究竟需要选择何种培训方法，通常需要考虑如下几个因素。

第一，学习目标。学习目标对培训方法的选择有直接影响。在教师培训过程中应该是向学员传递知识，还是应该让他们积极地增长和创造

知识？是把他们的专业素质放在培训目标首位，还是把工作绩效提高作为培训主要目的？是关注他们知识、技能和情感态度等方面其中一个目标的达成，还是兼顾多维目标的同时有着重点的培训方向？表6-3列举了不同方法所侧重的培训目标。

第二，所需时间。有的培训所需时间较短，如讲授法、视听教学、观摩学习等；有的培训实施的时间较长，如行动学习、拓展训练、自主指导学习等。这就需要培训组织方和培训师根据学员所能投入的时间长短来选择培训方法。

第三，所需经费。有的培训方法需要的培训经费较少，如讲授法、研讨法、阅读指导等；有的需要经费较多，如现场培训、拓展训练、网络学习等，不仅需要在培训硬件资源上投入较多，而且智力资源方面的投入也不少。

第四，学员数量。当学员人数不多时，小组讨论和角色扮演是比较好的选择，但当学员人数众多时，讲授法和网络学习可能比较适当。学员人数不仅影响培训方法的选择，而且影响培训效果。

第五，学员学习基础。学习方法的选择要考虑到学员本身的知识基础和学习能力。如果学员不善于表达或不习惯研讨的培训风格，那么，一开始就采用辩论和小组讨论方法将难以取得预期的学习效果。

第六，相关技术和实践资源的支持。网络学习和电视教育都需要培训技术和平台的支持；拓展训练和“世界咖啡”则需要特定的培训设备、空间和学习环境；现场培训和课堂观摩不仅需要工作实践的研修案例和情境，更需要专业的实践指导教师和同行客串。

四、培训方法的选择与建议

作为一名培训师或培训管理者，在培训工作中经常需要选择一种培训方法。在大量可供选择的培训方法面前，你可能因循守旧，习惯于那些最便利的或过去一直沿用的培训方法；你也可能会想挑战自我，通过培训方法的变换和创新增强培训效果，但又感到手足无措；你可能已经能够娴熟运用几种培训方法，感悟到培训方法的意义与功效。

对于教师培训新手来说，我们不妨重点了解每种培训方法基本概念、实施方式、优点与不足、适用范围、需要的支持条件。这可能有利于我们在实践中不断提升培训方法的应用水平。

对于从事教师培训多年的"老战士"来说，不妨回顾和反思一下我们经常使用的培训方法有哪些，这些培训方法是如何支持我们把培训内容转化为学员们学习成果和工作绩效的。为了挖掘你的培训潜力，你不妨尝试或创造条件实施一种新的培训方法。

对于优秀的培训师来说，你有哪些培训方法在实践中经常得到学员们的认可？你是否在培训实践中创造了一些新的培训方法？从优秀到卓越的方法就是把你的培训方法以案例、论文或其他形式体现出来，供培训同行们分享，助人自助！

无论如何，对完美培训方法的追求应该永无止境，当然，我们始终没有否认培训内容的重要性；相反地，应始终坚信培训内容是首要的，优秀的培训方法就是为有效体现培训内容而服务的。

读到这里，你可能有点疲倦，下面就让我们一起分享《庄子》中的一个故事——"鲁侯养鸟"，然后结束本章内容的学习。

链接6－7　鲁侯养鸟

从前，一支海鸟飞到鲁国都城郊外停息下来，鲁国国君让人把海鸟接到太庙里，用美酒招待，奏《九韵》之乐让它高兴，用牛、羊、猪肉作为它的膳食。海鸟竟眼花缭乱，忧心悲伤，不愿吃一块肉，不愿饮一杯酒，三天就死了。这是按人的习性来养鸟，不是按鸟的习性来养鸟啊。按鸟的习性来养鸟，就是应当让鸟栖息于深山老林，游戏于水中沙洲，浮游于江河湖泽，啄食泥鳅和小鱼，随鸟群的队列而止息，从容自在地生活。

教师培训的方法不是随培训师的喜好而定，而是要基于学员的学习需求和工作要求，要遵循成人学习规律、学科教育发展规律和教师培训规律，最终让培训效果来检验培训方法适合与否。

第7章 如何评估教师培训效果

本章学习导语

制度的力量

18世纪末期，英国政府实行一项移民政策，决定把犯了罪的英国人统统发配到澳洲去。英国政府实行的办法是根据上船的犯人数支付船主费用。当时那些运送犯人的船只大多是用一些很破旧的货船改装的，船上设备简陋，没有什么医疗药品，更没有医生。船主为了牟取暴利，尽可能地多装人，使船上条件十分恶劣。一旦船只离开了岸，船主按人数拿到了政府的钱，对于这些人能否能远涉重洋活着到达澳洲就不管不问了。

有些船主为了降低费用，甚至故意断水断食。3年以后，英国政府发现：运往澳洲的犯人在船上的死亡率达12%，其中最严重的一艘船上的死亡率竟高达37%。英国政府费了大笔资金，却没能达到大批移民的目的。

英国政府想了很多办法。每一艘船上都派一名政府官员监督，再派一名医生负责犯人的医疗卫生，同时对犯人在船上的生活标准作了硬性的规定。但是，死亡率不仅没有降下来，有的船上的监督官员和医生竟然也不明不白地死了。原来一些船主为了贪图暴利，贿赂官员，如果官员不同流合污就被扔到大海里喂鱼了。

政府支出了监督费用，却照样死人。政府又采取新办法，把船主都召集起来进行教育培训，教育他们要珍惜生命，要理解去澳洲开发是为了英国的长远大计，不要把金钱看得比生命还重要，但是情况依然没有好转，死亡率一直居高不下。

一位英国议员认为是那些私人船主钻了制度的空子。而制度的缺陷在于政府给予船主报酬是以上船人数来计算的。他提出从改变制度开始：政府以到澳洲上岸的人数为准计算报酬，不论你在英国上船装多少人，到了澳洲上岸的时候再清点人数支付报酬。

问题迎刃而解。船主主动请医生跟船，在船上准备药品，改善生活，尽可能地让每一个上船的人都健康地到达澳洲。一个人就意味着一份收入。

这个故事告诉我们，绩效考核的导向作用很重要。英国政府开始制定了移民政策，花钱雇人输送人员出去，并且支出了监督费用，却还是无法降低死亡率。转而进行教育培训，结果情况仍然没有好转。这说明虽然“做了”，但并不等于产生了预期的“结果”。后来采取基于结果的支付政策，问题才迎刃而解。

今天，我们开展教师培训活动也是如此。一项培训活动投入了大量的人力、财力和物力，但并不等于所有学员都很满意；学员对培训的满意度很高，但不等于掌握了必要的专业知识和技能；学员学习收获很大也不等于培训后能将所学内容全部有效地应用在教育教学工作实践中。

本章试图借鉴企业界培训评估已取得的经验，结合教师培训项目的运行与管理特征，与你共同进入教师培训师的第五项修炼——提高培训效果评估能力。

第一节 教师培训效果评估概述

教师培训师经常作为培训项目评审专家参与到一些项目绩效评估工作中，同时，也作为培训项目的负责人或直接实施者，成为被评审对象，接受外围评估。无论我们是何种身份，都需要正确认识教师培训效果评估的内涵、意义、功能、障碍和实施主体。

一、培训效果评估的内涵

培训效果是指培训活动给培训对象、派送单位、培训委托方、培训机构、培训投资方等相关培训利益者带来的正面效应。

对于培训对象，即中小学教师来说，通过教师培训，掌握了新的知识或提高了工作技能，促进了工作态度、能力和行为的积极变化与发展，在其专业化素质得到提升的同时，自身价值也得到提高。

对于派送单位，即学员所在学校来说，通过教师培训，学校可持续性发展需要的智力资源潜能获得了开发，工作效率和教育教学质量的提高得到了人力资源的保障，学校组织目标、岗位工作标准和学校组织组织文化也将会受到进一步认同。

对于培训委托方[①]来说，通过教师培训，各级政府在教育资源公平配置和优质资源开发方面的宏观调控和指导作用得到体现，教育为社会政治、经济、科技、文化发展服务的功能得到强化，教育改革和发展计划的实施所需要的人力资源得到补给和充实。

对于培训机构来说，每期培训项目、每次培训活动，都是培训经验积累的过程，可以提高组织地位，带来部门利益，提升培训者和培训管理者

① 教师培训委托方通常包括各级教育行政机构，如国家教育部、直辖市教育委员会、省教育厅、地方教育局分别是国家级、省级和地方教师培训项目的委托方。中小学校也有可能既是学员派送单位，也是教师培训直接委托方。

的专业化水平。

对于培训投资方[①]来说，通过教师培训，培训投资方得到利益回报，包括社会利益和经济利益两个方面。政府投资者既希望培训产生近期效果，又希望获得远期边际效益，因为教师培训体现的效果可能是即时的，但也有长期效果——培训对教育、政治、经济、文化等社会发展带来的持久影响力。至于教师培训的经济利益，主要是通过社会利益间接实现的，而不同于企业培训那样直接关注培训投入带来的生产效率的提高和利润明显的增长。社会私营财团对教师培训的投资同样应该把社会利益的实现置于首位，因为这种投资行为多数为公益性质，而不是营利性的。如果教师作为独立培训投资方，愿意通过本人支付全部培训成本而选择培训项目，那么，他们更加看重培训带来的远期工资回报。这类培训投资与回报是在实现个人经济利益的同时也体现出培训的社会效益。

培训与培训效果之间没有必然联系。有些培训没有效果甚至产生负面效果。例如，有的培训项目由于培训方法和培训内容不适合学员学习需求，学员收获较少，同时学员对培训投入了时间、精力，却没有得到回报，往往容易产生不良情绪。有的培训项目帮助学员获得了新的知识和技能，但是由于在学校工作中没有机会实践，久而久之就会衰竭和荒废。有的培训项目只是学员个体被独立派出，要么是学校管理人员的培训成果转化得不到没有接受培训的教师的配合，要么是教师的培训成果转化得不到没有接受培训的管理人员的理解，学校组织对培训成果转化缺少有效支持。此外，还有的培训项目可能会导致教师干部队伍的不稳定。

绝大多数教师培训都是有效果的。有的效果明显，有的效果平平；有的对教师本人素质提高效果明显，有的对学校工作和组织发展发挥作用；有的培训项目影响力大，有的项目影响力小。为了了解一个培训项目是否有效果，有哪些效果，效果有多大，就需要评估培训效果。

关于培训效果评估的内涵，不同学者有不同的定义。泰勒认为，培训

① 教师培训投资方通常包括代表各级政府管理公共资金的财政管理部门（国家财政和地方财政）、社会私营财团、学习者个人。

效果评估的过程就是将学员培训后的行为表现与培训目标所要求的行为规范进行比较,以判断受训者行为改变的程度和培训目标实现的程度。① 沃尔、伯德和拉克姆不仅关注结果评估,而且重视培训前评估。他们认为培训评估应该包括投入评估和产出评估两个方面:投入评估主要考虑"什么样的培训方案最可能使学员发生变化"这样的问题,属于培训师在组织培训前要考虑的一系列问题,包括选择什么培训方法,投入什么内外部资源,采用什么方式,设定什么目标,对什么人进行培训等;产出评估主要考虑"培训带来什么样的变化结果",属于培训过程和培训后要考虑的一系列问题,包括即期反应、即期产出、中间产出和最终产出。② 戈尔茨坦强调评估过程的活动,提出培训效果评估就是"系统地收集必要的描述性和判断性信息,以帮助作出选择、使用和修改培训目标的决策"。

综合学者们的观点,培训效果评估的概念可以理解为:针对一个具体的培训项目,培训投资方、委托方或组织方等通过系统地收集和分析资料,对培训的投入情况、培训产出的效果、培训效果的价值及其价值的大小等作出判断,其目的在于指导今后的培训决策和培训活动。

作为培训师,无论培训效果及其评估有什么样定义,我们怎样理解其内涵,都需要通过培训效果评估来找到以下问题的答案。

- 培训满足了学员的学习需要吗?
- 培训达到了既定的目标吗?
- 培训结束后,学员的行为有所改变吗?
- 学员行为的改变是否是培训的结果?
- 学员将培训中所学到的东西运用于实际工作中了吗?
- 学员在培训中所学到的东西使他的工作更加有效吗?
- 培训对学员的学校组织和学校同事产生了积极影响吗?

培训师正是借助培训评估活动来反思培训需求分析、培训方案设计、

① 许丽娟. 员工培训与发展[M]. 上海:华东理工大学出版社,2008:171.

② 这一观点受1967年柯克·帕迪克(Kirk Patrick)提出的柯氏评估模型影响,详见本章第四节。

培训资源配置、培训活动组织实施和培训后追踪指导等培训输入环节的得失，进一步反思培训本身和考虑培训成果转化应用问题，为今后培训做更好的准备。

二、培训效果评估的意义与功能

教师培训师要对自己主持的培训项目和组织的培训活动负责，并且能衡量和辨明自己的培训工作对中小学教师专业发展和学校工作改进所作出的贡献。培训师要从培训利益相关者角度出发，看到培训效果评估的意义，换位思考“为什么要评估培训效果”和“评估究竟有哪些好处”。

（一）从培训投资方角度

培训效果评估如果能够进一步阐明培训对国民素质提高、国家经济发展、社会政治稳定等方面产生的直接或间接作用与影响，那么，往往能使政府的教育和财政主管部门——作为公立教师培训的投资方代表提高对教师培训的积极性和重视程度。另外，培训评估所反映的教师培训后业务水平提高、工作绩效改进、学校组织发展，能充分体现教师培训是学校教育的有益投资，是为了促进社会进步与人的发展而进行的人力资源开发。

（二）从学员角度

培训效果评估是对学员学习的激励方式，也是培训活动的控制措施。有些评估活动是在培训过程中穿插进行的，内容涉及学员出勤、参与度、学习成果情况等。这些过程性评估一方面鼓励表现好的学员，另一方面也是对表现不理想学员的约束。如果组织方能调动学员参与评估活动，发挥学员对培训质量的监督作用，那么，培训效果评估也能激发学员的学习积极性和培训参与度，收获更多、更好的学习成果。

（三）从培训项目角度

培训效果评估可以帮助培训组织者获得如何改进培训项目的信息。这也是培训评估最直接、最普遍的意义。评估提供的信息是多方面的，如培训需求分析与项目定位是否准确，培训内容是否满足学员的要求，培训师甄选是否恰当，培训组织实施是否存在问题，培训目标是否得到有效实现,培训管理是否还需要改善等问题,都将对今后项目的改进提供建设性意见。

(四)从培训组织机构角度

培训效果评估虽然是投资方或委托方对培训组织机构的激励与控制手段,但是培训机构可以借助培训效果评估结果向上级主管部门、投资方或委托方展示培训工作绩效,以便获得更多的支持。另外,培训组织方也可以借助外部评估机制建立与完善组织内部机构培训质量监测制度。

(五)从培训师角度

培训效果评估可以比较客观地评价培训师的工作。一般来说,培训效果反映了培训师的水平和对待工作的态度。对培训效果的检测评估,有助于培训师对自我工作进行反思和检查,进一步提高自己的培训专业化水平。

教师培训师在开展培训评估工作的过程中,要理解培训效果评估的以上五点意义,坚信培训效果评估对培训活动的所有相关利益方都是有益的。同时需要在整个教师培训系统中,认识到培训效果评估的以下三大功能。①

一是激励功能。无论是对参训者还是培训者,培训效果评估不仅能够使他们更加明确培训的目标和努力方向,更能激发他们的凝聚力和朝着既定目标努力的意愿。培训效果评估在给参训双方带来压力的同时,更能使他们把外在压力变为自觉动力,进而保证培训的效果。

二是诊断功能。通过培训效果评估,可以对培训对象是否满意,检测培训方案是否具有成效,对培训目标是否实现、培训方法是否恰当、培训内容是否适宜等进行测量与估计。如果没有科学严谨、操作便捷的培训效果评估体系,培训工作的效果就很难得到保证。

三是导向功能。通过培训效果评估,可以发现培训系统的各个环节存在的问题,为后续培训工作的改进提供依据,以便不断提高培训专业化水平。

---

① 参见:王冬凌.建构教师培训效果评估模式的内涵与策略[J].大连教育学院学报,2011(4):4.

三、培训效果评估的障碍

以上之所以要强调培训效果评估的意义与功能，一个现实的原因就是培训效果评估经常被忽视，或流于形式。阻碍培训效果评估的原因通常有以下几种。

（一）投入较大

培训效果评估需要投入大量的人力、物力和时间。如果培训效果评估的结果与培训机构及其人员的工作和利益没有直接关系，或该关系没有被充分认识到，那么，用于培训效果评估的经费通常会被取消，评估工作因此无法得不到保障。

（二）难度太大

教师培训评估是一项专业化程度较高的工作。如果说学习反应和学习结果层面的评估比较容易把握的话，那么行为层面和结果层面的评估操作较难。如何收集评估需要的信息、资料和数据？哪些渠道提供的信息是安全可靠的？影响学员工作行为和组织绩效的原因是多方面的，哪些是培训导致的，哪些是其他因素影响的结果？有些培训效果需要经过一段过程或周期才能显现，而评估通常在培训结束时或结束后不久就要开展。

（三）人际复杂

由于技术上的困难使得评估结果不能完全反映培训的效果，无法令人完全信服，甚至产生人际纠纷和利益冲突。一方面，如果评估结论不能令人满意，那么此项目的决策者、组织实施者包括培训师会觉得不舒服甚至担心自己的利益受到损失。另一方面，评估方一般都是同事关系，因此评估时往往会照顾对方的面子，使得评估流于形式。

（四）忽视结果

即使投入了大量资源、牺牲了人际关系后获得的评估结果是比较客观和准确的，但是许多培训机构决策者看过培训报告和结论后，就封存起来了，似乎是为了评估而评估，既没有认真研究评估结果对今后改进培训的启发，也没有把评估结果反馈给培训项目的相关人员作培训反思。长期下去，大家会失去对培训评估的重视，乃至随便应付这项工作。

（五）制度障碍

一些教师培训项目或活动的评估工作没有得到足够重视是由于培训机构的制度所限。长期以来，教师培训管理者把教师培训活动简单理解为：发个通知把学员招进来，打几个电话请几位专家作作报告，学员和专家一离场培训班就结束。在此培训观念指导下，培训机构既缺少培训质量监测和绩效评估制度，又没有对培训评估工作给予人力、财力的投入。即使培训师有开展培训评估的愿望，培训制度也不会支持。

以上障碍都是客观存在的。但我们分析以上五个障碍不是为忽略培训效果评估寻找理由，而是为了更好地消除这些障碍。教师培训师通过学习和掌握评估知识和技能，通过精心策划培训效果评估方案和促进培训管理机制变革等方式，均可在一定程度上消除以上障碍，实现评估在培训中的价值。

四、培训效果评估的类型

对培训效果评估类型进行分析，可以帮助我们进一步理解其内涵与意义。我们可以从不同角度划分培训效果评估类型。例如，根据评估主体不同，可以分为内部绩效评估与外部绩效评估；根据评估方法不同，可以分为定量化评估和定性化评估；根据评估目的不同，可以分为激励性评估、控制性评估、审定性评估、改进性评估和决策性评估等。这里重点介绍根据培训评估活动时段所划分的五类培训绩效评估。

（一）培训开始时评估

培训一启动时就对学员的知识、技能、态度、能力、行为等进行评估，类似培训的前测活动。可以采用试卷测试、学员作品分析、工作访谈等方法，以了解学员培训时的起点与基础。其主要目的不是评估培训本身，而是为今后的培训效果评估提供参照物，便于在培训结束时开展培训前后的对比分析。

（二）培训过程中评估

对于较长期的培训项目来说，培训进行期间对学员学习情况和培训师教学情况通常要安排几次评估活动，通常采用的方法包括项目组测试学员对课程满意度、组织质量自评研讨会、督学专家督导培训活动、撰写阶段性质量分析报告等。培训过程中评估目的是掌握学员阶段性学习效果和对培训师的满意度，以便调整和改进培训安排，如更换培训师、调整培训内容、完善教学方法、加强培训管理和学员思想工作等。

（三）培训结束时评估

培训结束时评估是最普遍的。其内容一是由培训机构或培训师提出和实施的对学员学习效果的考核，对学员开展培训后测、收集学员结业设计或结业论文等；二是了解学员对整个培训项目的评价和建议，如测试学员对项目的满意度；三是对项目业务和财务的绩效情况进行综合评估，分为内部绩效评估与外部绩效评估。

（四）培训结束一段时间后评估

如果说培训过程中的评估和培训结束时的评估，主要评估学员的学习参与情况与学习成果，那么培训结束一段时间后评估主要是为了检验培训时的学习成果在教师教育教学工作岗位上的应用和迁移情况。其主要评估方法通常采用360度访谈，即访谈学员工作所在学校的校长、同事、学生甚至家长，考察其培训后一段时间的工作行为变化，分析哪些变化主要是由培训引起的；也可以采用与学员合作研究的形式，以学员的课例或其他工作任务为研究对象，共同开展工作分析，发现过去培训对其产生的意义与价值。

（五）培训结束较长时间后评估

教师培训效果在时间上具有长期的滞后性。知识和观念的内化不是一蹴而就的，是在学习和工作的过程中反复消化的；其外化更是在工作中逐渐地实现的。教师培训对学员产生的专业发展影响力可能会持续很久，甚至是终身性的；教师培训对学校组织发展、学生发展和教育发展更是隐性的、复杂的。这就决定了在培训周期内，无论是过程评估还是终结性评估都很难把教师培训效果完整体现出来。培训结束较长时间后评估与培训结束一段时间后评估相比，更加困难，成本也更高。

后两种评估目前处于冰点，还没有得到普遍关注，今后随着对教师培训组织绩效和社会影响力的关注以及教师培训专业化程度的深入推进，教师培训效果的长期评估将被提上培训工作的重要议程，至少在每一个五年计划结束后，一个培训项目需要在此方面做点尝试。

教师培训师需要对不同类型的培训效果评估有所了解，掌握其评估方法，以便针对不同评估目的和任务要求设计评估方案并予以实施，或者准确理解外部评估机构的评估要求以顺利接受考评。

五、培训效果评估的主体

谁来进行培训效果评估，是影响评估质量的重要因素。一般来说，培训评估活动是由评估者和参与者共同完成的。

根据评估者与培训组织之间的关系，可以把评估者分为内部评估者和外部评估者两类人员。内部评估者隶属于实施培训项目的组织本身，可能是专门从事教师培训评估的部门，如教学督导室、项目办公室、教师培训中心、教务处等教学管理或培训管理机构，也可能从几个部门抽调部分人员组成临时项目评估工作小组。外部评估者是来自项目组织以外的评估人员，如大学、研究机构、其他培训机构和中小学实践一线专家，或专门的教育评估咨询机构的专业人员。

通常选择评估者要考虑内、外部评估者各自的优势与劣势（见表7－1），取长补短、相互补充，而不是非此即彼。

表7－1　内部评估者和外部评估者的特征比较①

序号	比较项目	内部评估者	外部评估者
1	有关培训项目的知识	了解透彻	相对模糊
2	评估的技术知识	相对薄弱	比较丰富
3	项目人员的信任和合作	容易	困难

① 汪群，王全蓉．培训管理［M］．上海：上海交通大学出版社，2006：205.

（续表）

序号	比较项目	内部评估者	外部评估者
4	评估结果的利用	实际可行	易被接受
5	评估结果的客观性	相对主观	相对客观
6	适用范围	易引起抗拒心理，流于形式	建设性评估

培训评估不仅是评估者的事，在培训评估过程中还需要培训者、培训管理者、学员和培训组织的上级主管部门领导等人的参与。就教师培训项目的评估来说，项目负责人（经理）、培训讲师、学员、培训机构职能部门业务管理层、培训机构高级管理层、培训机构外的上级领导等评估参与者发挥着各自不同的作用。

表7－2　评估参与者比较

评估参与者	作用与意义	弊端	对策建议
项目负责人（经理）	组织团队成员及时提供评估材料；参与项目答辩，介绍项目有关情况；理解评估过程，获得评估反馈后改进今后培训管理工作	提供的信息不完整或不真实，容易干扰评估专家判断，影响评估的信度	完善项目管理制度，加强评估方面的培训
培训讲师	补充提供有关评估需要的信息，以及有利于深入了解项目、活动的大量研究素材；理解评估目标、过程结果，获得评估反馈后改进培训教学工作	缺乏对培训管理的积极性，不愿意参加评估活动	加强培训，提高认识
学员	直接提供评估需要的信息；增强项目团队提供信息的信度	学员信息的信度控制成本较大；学员参与的评估内容受到限制	改进评估技术与手段，建立远程评估平台，及时获得学员对培训效果的反馈信息

（续表）

评估参与者	作用与意义	弊端	对策建议
培训机构业务职能部门管理层	承担评估组织工作，为培训评估提供支持保障；可能更了解项目管理过程，增强评估的效果；及时获得评估反馈，有利于改进管理工作	如无其他人员参与，培训信度无法得到保证	培训机构建立规范的评估制度，健全评估机制，避免业务职能部门管理层独立评估
培训机构高级管理层	获得组织高层支持，增强评估效果；帮助开展评估方案的顶层设计，有效指导工作；使得评估结论更易被利用，推动培训转化工作；培训管理成绩与问题易被决策层及时了解，为培训机制和组织变革创造基础	可能没有时间；缺乏培训专业知识，可能干扰评估；容易主导培训专家的评估意见	评估组织部门提前做好培训评估的计划、协调和沟通工作；高层领导班子把培训评估列入工作任务之中
培训机构外的上级领导	获得组织外领导支持，增强评估效果；主动建立外部监督机制，有利于提高评估信度；能及时让上级领导部门和培训委托方获得培训效果方面的信息，有利于培训机构今后的活动得到更多政策支持	可能没有时间；缺乏培训专业知识，可能干扰评估；容易束缚培训专家的广泛评估意见	评估组织部门提前做好培训评估的计划、协调和沟通工作；必要时在相关评估环节实施领导回避制度

调动培训利益相关者积极参与培训效果评估活动，其意义不仅仅在

于发挥他们在评估中的积极作用，更重要的是通过他们参与评估活动，培训机构和项目将得到更多的政策支持、管理保障、民主参与、需求信息、工作理解和实践智慧，同时也有利于培训参与者更好地学习反思和改进各自工作。

有学者提出最好把教师培训评估交给培训机构外的第三方来做。坚持这种观点的人主要从评估的效果信度控制角度出发，希望借此提高培训评估的专业化水平。如果能够寻找到具有专业化水平的教师培训评估机构，且比较经济，那么，这的确是一项正确的选择。然而，就我国目前的教师培训评估来说，实现第三方评估可能需要历经一段时间和创造一些有效条件：包括建立专业化第三方评估机构，加大培训评估经费投入，完善培训机构机制体制以增强其对第三方评估的适应与配合，防止第三方评估机构功利性与不适当行为等，以改善教师培训绩效评估机构本身之“绩效”。

教师培训师可能会以一种或多种角色成为培训效果的评估者和参与者，或者作为培训评估管理者，承担培训评估的组织任务；或者作为项目负责人接受外界评估；或者作为培训评估专家去评估其他项目。这都要求培训师正确认识自己在评估活动中的角色定位，在评估方案设计、组织管理、配合协作、专家咨询等方面发挥积极作用。

第二节　教师培训效果评估理论基础

教师培训效果评估的理论依据，至少包括培训评估理论、成人学习理论和教师专业发展理论三个方面。比较成熟的培训效果评估模型多基于对企业培训案例的研究而建立。虽然企业员工培训与教师培训有着差异，但是两者都属于成人教育与学习的范畴，应该说存在一些共性，因此，我们不妨基于成人学习和教师专业发展特征，从企业培训评估模型中寻找一些启发。

一、企业培训评估模型对教师培训评估的启示

培训评估模型是对评估内容的基本结构和基本程序的反映。由于不同研究者的研究背景和角度不同,其培训评估观存在区别,至少有三种不同观点:其一是“整体评估”观,认为培训评估模型不仅仅是对培训产出和效果进行评估,而且对整个培训项目的各个方面和环节进行评估,至少包括培训投入、过程和产出三个方面的评估。其二是“层次评估”观,认为培训评估模型就是对不同层次的培训产出和效果进行归纳、整理。其三是“成果评估”观,认为培训评估模型是建立在衡量认知成果、技能成果、情感成果、绩效成果及投资回报率五类培训成果的基础上的,而不主张分层开展。

(一)整体评估模型①

“整体评估”观认为,由于培训项目主要要素和培训过程主要环节得到质量保障从而导致培训结果的有效,因此,培训整体评估模型的特点在于对整个培训项目的各个方面和环节进行评估,而不是仅仅对培训项目的产出或效果进行评估。常见的此类模型有以下几种。

1. CIPP 评估模型

美国学者斯塔弗尔比姆(Stufflebeam,D. L.)1967 年在反思泰勒行为目标模式的基础上提出了 CIPP 模型。CIPP 评估模型包括四项评估活动:(1)背景评估(Context Evaluation),(2)输入评估(Input Evaluation),(3)过程评估(Process Evaluation),(4)成果评估(Product Evaluation),简称 CIPP 评估模型。该模型认为培训评估涉及的基本内容包括以下方面。

◆背景评估。CIPP 模型对背景评估的内容界定为:了解相关环境,诊断特殊问题,分析培训需求,确定培训需求,鉴别培训机会,制订培训目标等。其中确定培训需求和设定培训目标是主要任务。

◆输入评估。输入评估包含的事项有:收集培训资源信息,评估培训

① 参见:许丽娟. 员工培训与发展[M]. 上海:华东理工大学出版社,2008:182 - 183.

资源，确定如何有效使用现有资源才能达到培训目标，确定项目规划和设计的总体策略是否需要外部资源的协助。

◆过程评估。过程评估的目的是为那些负责实施培训项目的人们提供信息反馈，以及时地、不断地修正或改进培训项目的执行过程。

◆成果评估。成果评估的主要任务是对培训活动所达到的目标进行衡量和解释。特别需要认定的是，成果评估并不限于培训结束以后，它既可以在培训以后进行，也可以在培训之中进行。

CIPP 评估模型有着显著的特点。尤其重要的是它的全程性、过程性和反馈性特点。

所谓全程性特点，就是它真正将评估活动贯穿于整个培训过程的每个环节。或者说，它与培训活动的任何一个步骤都发生连接：背景评估对应于确定培训需求和确定培训目标环节；输入评估对应于决定培训战略和设计与计划培训步骤；过程评估对应于执行培训的步骤。

所谓过程性特点，其集中表现是提出对培训项目的执行过程进行监控。从而使培训项目实施过程中可能导致失败的潜在原因、不利因素以及培训目标之间尚存的距离等情况变得清晰明朗，也更使培训项目在执行过程中能够不断据此作出适时适当的战略、策略调整或方式、方法改进。

所谓反馈性特点，即 CIPP 模式明确提出了成果评估既可以在培训以后进行，也可以在培训之中进行。也就是说，CIPP 模式不仅希望培训以后进行成果评估，使其反馈意义更多地作用于后续的培训项目，同样还希望在培训之中进行成果评估，以使其反馈意义更多地作用于正在实施着的培训活动。实践表明，培训执行中的成果评估一方面将再次为改善和促进培训进程提供更多有益的依据和动力，另一方面将有助于充分挖掘学员的学习潜能和强化学员的学习动机。

2. 布林克霍夫模型

布林克霍夫（Brinkerhoff）构建的评估模型更加详细，他将评估分为六个方面。

◆培训目标设定评估，如培训目标是否是组织发展和学员工作所需要的。

◆培训项目策划评估，如培训内容和培训方法是否匹配。

◆培训项目实施评估，如培训计划在多大程度上得到了贯彻执行。

◆培训即时结果评估，如培训结束后学员得到了什么，得到了多少。

◆培训使用结果评估，如学员是否将培训中学到的知识、技能运用到工作中去，即培训有没有改变学员的工作行为和工作状态以及改变的程度有多大。

◆培训影响和价值评估，如培训对组织绩效提高、工作质量提高等方面产生了哪些影响。

3. 布什内尔模型

布什内尔（Bushnell）提出的模型将培训评估内容分为四个阶段。

◆投入，这里的投入是广义的，还包括受训者的资质和培训者的能力。

◆过程，包括培训项目的策划和实施。

◆产出，包括受训者满意度、获得的知识和技能、工作能力的提高。

◆结果，指培训对组织的影响，包括培训对利润、生产率和客户满意度的影响。

以上三个培训评估模型从培训投入培训产出整个过程的角度关注评估培训效果，使得评估结果能体现出“既知其然，又知其所以然”，这无疑对培训前期准备、过程调整和今后培训工作改进都有帮助。

虽然整体评估模型主要应用在企业培训领域，其中一些评价内容，如利润、生产率、服务质量等不适用于教师培训项目的评估，但是，他们提出的培训评估的基本概念和若干内容维度，如需求评估、方案评估、实施评估、资源评估、效果评估等，对教师培训项目的质量监测和绩效评估有重要启发，非常值得方兴未艾的教师培训项目评估工作借鉴。

（二）层次评估模型

柯克帕特里克（Kirkpatirck）于1967年提出培训效果四层次评估模型，简称“柯氏评估模型”，属于培训评估领域最有影响的理论，其培训评估内容限定在四个层次的产出，即“反应”、“学习”、“行为”和“结果”（见表7－3）。

表 7-3 柯氏评估模型

评估顺序	评估层次	评估重点内容
1	学员反应	学员满意度
2	学习成果	学员在知识、技能、态度、行为等方面的收获
3	工作行为	工作行为的改进
4	工作结果	学员的经营业绩、组织的生产率和绩效变化

“学员反应”简称“反应”，是指学员对培训项目的主观感受，如对培训材料、培训师、培训方式、培训设备和培训场所等的看法和满意度。

“学习成果”简称“成果”，是测量学员对培训所涉及的原理、事实、技能、技术的掌握程度。

“工作行为”简称“行为”，是测量学员所学知识和技能转化为工作行为的程度，即学员回到工作岗位后是否运用了所学的知识和技能，包括是否愿意用或是否有机会用。

“工作结果”简称“结果”，是评估培训带来的组织绩效，如节约了多少成本，减少了多少事故，提高了多大效率，增加了多少利润等。

柯克帕特里克认为，这四个层次之间既有明确的区别，又有内在的联系，主要体现出以下几个特征。

第一，评估顺序依次为“反应”、“成果”、“行为”和“结果”。一般来说，不了解学员“学习成果”和“工作行为”的改善，是很难进行“结果”层面的评估的。

第二，各层次评估表现为前者是后者的基础。一个各方面都让学员感到不满意的培训项目，不可能带来理想的学习收获和行为改善。

第三，评估难度逐渐加大。较后的评估建立在较前的评估基础之上，需要在原有的信息基础上收集进一步的信息和资料，数据越来越多，变量间的关系越来越复杂，评估结果的可靠性越来越难以把握。

第四，评估的普遍性是递减的。“反应”评估使用最为广泛，而“结果”

评估由于可行性问题，在实践中很少使用。

第五，评估的价值是递增的。如果说评估“学员反应”、“学习成果”、“工作行为”是手段的话，那么，经营业绩即“工作结果”层面的评估是培训评估的终极目的。

“柯氏评估模型”是影响最大、使用最普遍的一种培训效果评估模型。后来，人们在此基础上把评估内容范围扩大到第五层“投资回报率”和第六层“无形收益”，进一步发展了“柯氏评估模型”。

“柯氏评估模型”启发我们如何对教师培训效果进行分层评估。

第一，在“学员反应”方面，通过考勤方式，记录学员的出勤状况，作为培训评价的基点；利用课堂观察，把握学员的学习状态和学习心理，评价学员的外在表现；开展问卷调查与访谈活动，测评学员满意度，收集学员对培训的意见与建议，深入了解学员对培训的态度与反应。

第二，在“学习成果”方面，通过纸笔测试来了解学员的知识掌握情况；还可以通过分析学员提交的培训结业作品，进一步评估学员的知识应用能力。

第三，在“工作行为”方面，教师培训师经常组织的课堂观摩、课例研修、同课异构等实践研修活动，既是一种有效的学习研修方式，也是问效于学员行动或行为之中的评估方法。学习结果能否迁移到工作行为中以及迁移程度大小，是培训效果评估的重要层面。

第四，在“工作结果”方面，通过360度访谈、学校组织发展因素分析、重要事件分析等方式，以评估教师培训对学校组织发展、学生发展、教师团队建设等方面的影响力，从而在深层次上评估教师培训的有效性。

“柯氏评估模型”说明培训效果可以通过逐层分析的方式评估出来，但并不意味着每个培训项目都会自然产生四个层次的培训效果。对教师培训来说，最有效的培训是能逐层生成培训效果，特别是将培训迁移到学员工作实践中的效果，而不是仅仅停留在课堂学习状态上，更不是只关注培训师的输出。最理想的培训结果应该是培训师的一份输出能唤起和催生学员的两份参与、三份生成、四份行动和无限持续的变化与发展，如图7－1中的培训效果倍增线所示。最糟糕的培训体现是相反情况：培训师的过多无效输出导致学员缺少参与机会，学习成果生成困难，培训成果迁移缺乏执行条件，培训输出对学员工作行为和工作结果很少起到积极作用，甚至产生负向影响力，如图 7－1 中的培训效果衰竭线所示。

（三）成果评估模型

柯氏评估理论尽管在培训界具有很大影响，但是，也受到了人们的一些质疑，主要体现在以下三个方面：第一，研究并没有发现框架中每一个层次成果都是由前一个层次成果所引起的，也没有证据表明各个层级的重要性是不同的。第二，这个模型没有考虑培训效果评估的目的。培训评估所用的成果必须与培训需求、项目学习目标以及培训战略出发点相联系。第三，运用这种方法意味着成果可以而且必须以一种有序的方式来收集，也就是说，必须先衡量“反应”才能接着衡量“学习”、“行为”和“结果”。事实上，学习成果和学习反应的收集大致在同一时间段进行。

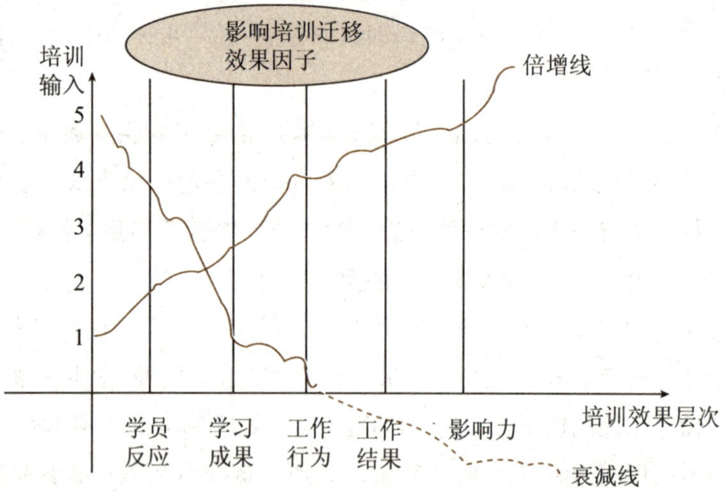

图 7－1　教师培训效果迁移曲线

由于这些质疑的存在，无论是培训实践人员还是理论研究人员都认为需要一个更全面的培训标准模型。诺伊（Noe）的关于培训成果的评估模型即是一项新的探索。

诺伊于 1999 年提出五类培训成果，即认知成果、技能成果、情感成果、绩效成果及投资回报率。他认为培训评估模型是建立在对五类培训成果的衡量基础上的(见表 7 -4)。

表 7 -4 评估培训项目使用的成果

成果	举例	测量方式	测量内容
认知成果	• 安全规则 • 电子学原理 • 评估面谈的步骤	• 笔试 • 工作样本测试	• 获取的知识
技能成果	• 使用拼图 • 倾听技能 • 指导技能 • 飞机着陆	• 观察 • 工作样本测试 • 等级评定	• 行为方式 • 技能
情感成果	• 对培训的满意度 • 对其他文化的信仰	• 访谈 • 焦点小组 • 态度调查	• 动机 • 对培训项目反应 • 态度
绩效成果	• 缺勤率 • 事故发生率 • 专利	• 观察 • 从信息系统或绩效记录中收集数据	• 公司收益
投资回报率	• 收益值	• 确认并比较项目的成本和收益	• 培训的经济价值

认知成果用来衡量学员对培训项目中强调的原理、事实、技术、程序或流程的熟悉程度,包括柯氏评估模型的第二层次"学习"的标准——衡量的是学员从项目中学到了什么。一般情况下,使用笔试来评价认知成果。例如,在教师培训中,教师培训师可以用一份试卷来检测学员们关于"新课标中三维目标的基本含义"、"教学方案设计模板的主要元素"、"小

学教师专业标准的60条基本要求”等培训中要求掌握的知识点。

技能成果用于评价技术性或运动性技能和行为的水平，包括技能的获得与学习及技能在工作中的应用两个方面，与柯氏评估模型的第二层次“学习”、第三层次“行为”有关。技能成果主要通过观察法和工作样本测试来判断。例如，培训师通常采用面批审阅方式来检核学员关于“教学方案设计技能”的掌握程度，或者通过课堂观摩形式来评估学员应用培训后所设计新方案的课堂教学技能。

情感成果包括态度和动机，是学员对培训项目的反映或感性认识，包括对培训内容、培训方式、培训环境、培训师等方面的满意度。这些感觉可能从一开始参加培训就会产生，持续存在很久，甚至项目结束后很长一段时间都不会消失。因此，情感成果可能体现在柯氏评估模型的每个层次结果中。人们一般通过问卷调查、访谈的方式评价学员对培训项目若干方面的满意度。在教师培训实践中，学员的满意度通常不与学习和培训成果转化完全成正比，甚至两者关系不大，也就是大家通常说所的现象——“培训前激动，培训中感动，培训后不动”。之所以出现这种现象，并不是说情感成果在培训中没有价值，而是表明培训评估要关注和评估培训后的行为转化条件及其成果。

绩效成果对于企业来说就是培训所带来的收益情况，包括雇员的流动率和事故率的下降引起的成本降低、产量的提高、产品质量提高和服务水平改善等。对于教师培训来说，绩效成果主要体现在教学方法改进、学生学习质量提高、学术研究氛围加强、学校学习型组织获得新的发展等。然而，由于学校教育工作的成效具有滞后性、间接性、隐藏性和复杂性的特征，所以，教师培训绩效成果不易在培训结束后就很快地被全面测量出来。如何有效评估教师培训的绩效成果，是今天教师培训师面临的一个重要课题。

投资回报率是指培训的货币受益与培训成本的比较。这对企业经营来说非常重要。然而，教师培训是属于非营利性公共事业，一般不考虑投资回报率问题，从评估角度来说更多关注的是培训经费投入后的活动行为和活动结果产出，以及培训对学校组织发展、教育发展和社会发展的影响力等因素。

成果评估模型对我们建立基于培训目标的教师培训项目评估带来启发。如果我们从认知、技能、情感、绩效等维度来确定教师培训目标,那么,我们非常必要在培训结果或培训方面关注这些维度的目标达成情况,找出培训目标与培训效果的前后内在逻辑关系。

以上三种企业培训评估模型为教师培训效果评估标准提供了三种不同的维度,可供教师培训师根据评估目的和需要予以选择与借鉴。

二、基于成人学习特征的培训评估焦点问题

在众多的成人学习理论研究成果中,美国著名成人教育家诺尔斯的成人教育思想是成人学习理论的主要代表。诺尔斯于1967年提出了"成人教育学"概念并在《现代成人教育的实践:从普通教育学到成人教育学》一书中提出了成人学习的四个基本原理。他把成人教育学定义为"帮助成人学习的艺术和科学"。其理论的出发点是区分成人和儿童(包括在校学习的青少年)在身心发展和社会生活方面的质的区别(见表7-5),通过分析成人学习活动和儿童学习活动的差异,诺尔斯提出了确立其理论的四个基本论点。

表7-5 儿童教育学与成人教育学的区别

事项	(儿童)教育学模式	成人教育学模式
学习者自身	依赖性个性	自我指导
学习者的经验	很少有有价值的经验	有更多的、不同种类的经验可以用于学习过程
学习的准备	升级	社会角色方面的发展性任务
时间观	以未来为中心	以现在为中心
学习的组织	学科中心	问题中心

一是自主学习。随着个体的不断成熟,人的自我概念逐渐从依赖型人格向独立型人格转化。学习也从依赖性学习向自我指导性学习转变。成人渴望在他人的帮助下,主动分析自己的学习需求,选择学习内容,采用适当的学习策略并评价学习结果。

二是经验学习。成人在社会生活中积累了丰富的经验，这些经验为成人学习提供了丰富的资源。成人的社会生活经验越丰富，这些经验对成人的学习所起的作用也越大。成人的学习活动从认知过程来看更多的是借助自己的经验来理解和掌握知识，绝不是以教师的传授为主要途径。

三是任务学习。成人学习具有很强的目的性，成人渴望运用所学知识解决职业生涯中面临的实际问题。因此，成人作为被培训者更喜欢任务驱动学习，喜欢以解决问题为中心的学习，学以致用是成人学习的根本动机和学习目的。

四是角色学习。成人把学习看做完善职业生涯，更好地履行特定的社会责任，更好地满足社会期望的一种有效途径。对成人而言，其学习的任务就是从个人所承担的社会角色出发，通过学习促使自己更有效地履行自身所承担的社会责任，提高社会威望。

基于成人学习理论，如果我们以教师培训的目标、内容、形式、结果和评估方式建立评估维度，那么，可以考虑每个评估维度与成人学习特征的切合性，全面分析教师培训项目可能产生的效果和实际产生的效果（见表7－6）。

表7－6　基于成人学习特征的教师培训评估框架

评估维度 学习特征	培训目标	培训内容	培训形式	培训结果	评估方式
自主学习	是否和多大程度体现学员自主学习需求	是否和多大程度提供学习内容选择	是否和如何发挥和调动学员学习主动性与积极性	是否和多大程度是学员培训中自主生成的	
经验学习	是否和多大程度关照学员基础与能力	是否和多大程度体现学员过去经验	是否和如何组织实践性、体验式的案例学习	是否和多大程度体现出经验改造与升华	

（续表）

评估维度 / 学习特征	培训目标	培训内容	培训形式	培训结果	评估方式
任务学习	是否和如何设置明确的学习任务	是否和如何设置问题解决情境	是否和如何组织任务驱动的行动学习	是否和多大程度体现问题解决或任务完成	将定量、定性的多元评估方式结合结合起来
角色学习	是否和如何体现出学员的专业发展需要	是否和多大程度结合学员工作内容	是否和如何利于学员过程参与和培训后迁移	是否和多大程度促进学员角色变化与发展	

教师在职培训属于成人学习范畴，既不同于中小学的素质教育，又有别于普通高等院校的学历教育，因此教师培训效果的衡量标准有其特殊性，在培训目标、内容、形式、结果和评估方式等评估维度方面都要基于成人学习特征来考虑。

三、基于教师专业发展阶段特征的培训评估依据

（一）教师专业发展阶段特征

教师作为专业教学人员，要经历一个由不成熟到逐渐成熟的专业发展过程，学者们提出了不同的教师专业发展阶段观点（见表7－7）。

表7－7　教师专业发展阶段划分

序号	专家	教师专业发展阶段划分
1	富勒	职前关注、生存关注、教学情境关注、学生关注
2	利思伍德	迷信权威、墨守成规、自我觉醒、自主有效

（续表）

序号	专家	教师专业发展阶段划分
3	莱赛	蜜月阶段、取经阶段、危机阶段、突围阶段
4	费斯勒	职前期、入职期、能力建构期、热情与成长期、职业挫折期、职业稳定和停滞期、职业衰退期、职业退出期
5	申继亮	专业认同、专业适应、专业成熟、专家

如果我们以其中某个教师专业发展阶段理论为基础而开发一个具体的教师培训项目，或者从其他角度重新划分阶段并将其作为教师培训项目设立的依据，那么，我们有必要针对该理论视阈下的特定发展阶段的教师培训项目研发一个培训质量监测和效果评估办法。例如，以富勒理论为例，对于“职前关注期”、“ 生存关注期”、“教学情境关注期”和“学生关注期”等不同阶段的教师培训项目，在开展培训效果评估时，就需要我们考虑其阶段差异性。

（二）教师培训阶段特征

教师在专业化过程中一般要经过就职前培训、就职培训和在职培训三个教师培训阶段。“就职前培训”主要是指大学生中获得规定学历者接受的教师资格训练，培训目标和内容侧重于系统的知识获得；“就职培训”是获得教师资格证书者进入教学工作岗位接受有经验的同行的指导和引领，培训重心在技能训练和习得；“在职培训”是在职前教师教育、教师入职辅导基础上的专业继续教育，培训任务会呈现多样化特征，包括知识补偿性学习、技能更新式训练、基于问题解决的能力培训、师德素养提升、思维拓展和情感态度转变方面培训等。

因此，在不同阶段、不同任务下的教师培训效果评估标准、评估内容和评估方法应该存在差异。比如，对于就职前培训、就职培训，我们借鉴诺伊的培训成果评估模型，可以分别从认知成果和技能成果的角度开展培训效果评估；对于教师在职培训的效果，我们更适合借鉴柯氏层次评估模型,从“反应”、“学习”、“行为”和“结果”四个方面逐级分层评估。

(三)教师专业标准

教师专业标准是指国家教育机构依据一定教育目的和教师培养目标制订的有关教师培养、培训和教育工作的指导性文件。它具体规定了教师专业素质结构的核心要素、基本要求,以及实施准则和方法。

我国由教育部2012年制定的《中学教师专业标准(试行)》和《小学教师专业标准(试行)》(以下统称教师专业标准),都是基于“师德为先、学生为本、能力为重和终身学习”的基本理念,从“专业理念与师德”、“专业知识”和“专业能力”三个维度,提出了关于教师专业素养的若干条基本要求。文件明确指出该教师专业标准是中小学教师实施教育教学行为的基本规范,是引领中小学教师专业发展的基本准则,是中小学教师培养、准入、培训、考核等工作的重要依据。

教师专业标准对于教师培训效果评估来说,提供了培训效果评估参照标准。第一,教师专业标准提出的中小学教师专业标准的“维度”、“领域”和“基本要求”,可以为建构教师培训效果评价指标体系所参考。第二,教师专业标准提出的教师专业发展的应然目标与教师专业素养现状之间的实际差距,可以成为教师培训需求评估的主要依据,因为评估的重要内容就是发现预期目标与实际结果之间的差距大小及差距产生的原因。第三,教师专业标准关于教师专业素养的具体要求,既是教师培训方案设计、培训目标设置、培训课程开发的重要依据,又是培训方案、培训目标和培训课程等培训项目纳入评估的内容。

四、教师培训效果的特殊性

虽然企业培训评估为我们提供了可供借鉴的评估模型,但是,我们必须特别关注教师培训效果的特殊性。教师培训既不同于物质生产,又不同于企业中基于技能形成的培训,其培训效果的特殊性主要体现在以下三个方面。

第一,教师培训效果在时间上具有长期的滞后性。知识和观念的内化不是一蹴而就的,而是要经过学习和工作过程中的反复消化的,其外化更是在工作中逐渐地实现的。教师培训对学员产生的专业发展影响力可能会持续很久甚至终身。这就决定了在培训的周期内,无论是过程评估还是终结性评估都很难把教师培训效果完整体现出来。

第二,教师培训效果在内容上具有多样复杂性。教师培训的效果体现为教师情感、态度、价值观、知识、技能、能力等许多方面的变化与发展。知识、技能、能力能够在一定程度上开展量化测量和评估,而情感、态度、价值观等非智力的因素则很难量化评估。这就决定了对教师培训效果的评估需要把定量分析和定性分析结合起来,并借助和开发科学的评价标准和工具。

第三,教师培训效果在表现形式上具有多方主体性。教师因得到有效培训而发生教育教学行为方式的变化与发展,其行为对多重对象产生积极影响,主要包括学生、同事、校长、家长,乃至培训师;还包括他(她)的教研室、年级组和学校等不同层级的组织机构。因此,对教师培训效果的评估可以考虑参考360度评价法,通过对教师培训对象相关利益方,进行深度访谈,发现培训的边际效果。

第三节　教师培训效果评估主要环节

如何开展教师培训效果评估?从哪里开始着手?具体如何操作?这些是培训师最为关注的问题。一般来说,有效的教师培训效果评估应该包括以下主要环节(见图7-2)。

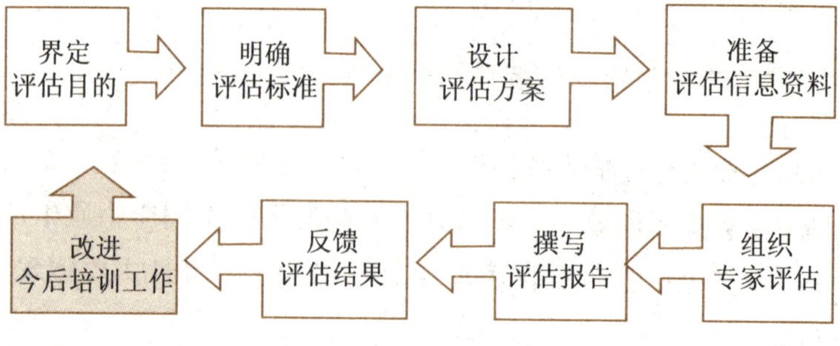

图7-2　教师培训效果评估流程

培训讲师和培训管理师在培训效果评估活动环节中的工作职责不同，培训讲师主要从培训教学效果角度去理解与开展评估，而培训管理师则是从整个培训项目的绩效角度出发予以评估。下面假设培训师作为培训效果评估的培训管理者角色，要组织一次项目评估活动，我们一起探讨如何把握教师培训效果评估的八个主要环节。

一、界定评估目的

在培训评估实施前，培训师必须界定好评估目的。这不但影响到数据收集方法和所要收集的数据类型，而且有利于统一培训效果评估相关利益方的意见，使得评估有个良好开端。教师培训效果评估的目的包括以下几点。

◆评估培训项目的可行性。即对是否实施培训项目的决策提供参考的评估，涉及培训方案中培训目标与组织需求的一致程度、培训内容适合学习者需求的程度、各种成本结构和资源分配情况等内容，主要以评估培训方案的合理性为主要评估目的。

◆评估培训项目的针对性。即对正在进行的项目进行修正的评估，涉及培训课程实施进度、学员学习状态与反馈、项目管理与服务质量等内容，主要以监测实施质量和改进培训活动为目的。

◆评估培训项目的有效性。即对完成项目效果的评估，涉及学员的学习成果及其在工作中转化情况、培训对学员所在组织的影响等内容，这是最常见的评估目的。

二、明确评估标准

评估标准是进行培训评估的依据。一般的评估标准制定要经过以下几个阶段。

◆目标分解。制定评估标准前要对评价的事项进行恰当的分解，要求分解出的事项内涵明确，外延清晰，便于操作。

◆拟订具体标准。对评价事项进行具体分解后，对各子项进行广泛调研，收集和明确评价要素，然后进行比较分析，筛选合理要素，应用通俗易懂和量化的可操作标准。

◆标准讨论。评估标准制订后，不应急于实施，而要组织相关人员进行讨论、审议，充分听取大家的意见与建议，尽量让使用者理解和接受标准的内容。

◆实验调整。为稳妥起见，可先在小范围内试行，根据出现的问题对标准进行完善和修正。

三、设计评估方案

评估方案是围绕评估目标制订的评估工作详细计划。一般从回答以下几个问题着手：为什么要评估、评估什么、谁来评估、哪里评估、何时评估、如何评估等。在制订评估方案时最好由培训项目的实施人员、培训管理人员、培训评估人员和应用人员共同研制，如有可能，最好邀请外部专业评估顾问参与指导，以确保培训评估方案的科学性和可操作性。

评估方案内容设计要服务于评估目的。如果为了获知培训绩效，证明学习者通过该培训项目在知识、技能、态度、能力、行为等方面的变化、改善或提高，那么，可以应用行为分析方法，通过前测、后测、设立参照组等方式，设计培训评估方案（见表 7－8）。

表 7－8 培训效果评估方案设计类型

方案设计类型		评估对象	培训前是否评估	培训后是否评估
1	仅有后测、无对照组	受训组	否	是
2	既有前测、又有后测	受训组	是	是
3	有对照组的后测	受训组	否	是
		对照组	否	是
4	有对照组的前后测	受训组	是	是
		对照组	是	是
5	所罗门四小组设计	受训组 A	是	是
		对照组 A	是	是
		受训组 B	否	是
		对照组 B	否	是
6	时间序列设计	受训组	是	是，多次

（一）仅有后测、无对照组的设计

这种评估只收集培训后的学员成果，即仅在受训者参加培训后对其进行测量。它可以了解学员的学习成果，但由于不知道培训前学员的学业水平如何，很难判断出学员的学习成果有多少是这次培训的成效。

（二）既有前测、又有后测的设计

这种设计是通过前测与后测的对比分析，发现培训前后变化程度来说明培训的效果。前后测的方式可以有作品分析、问题访谈、面试、工作观察、水平考试等多种形式。这种评估的不足之处在于很难排除培训外其他因素对学员变化的影响。

（三）有对照组的后测设计

这种设计仅在后测设计基础上增加对照组，目的在于用对照组来比较和受训组之间的差异，用来恒定一些培训外的干扰因素，但与第一种设计存在同样的问题，即对学员以往水平没有测定，很难评估到真正的学习效果。

（四）有对照组的前后测设计

这种设计采用对照组和受训组进行比较，并且对这两个组都进行培训前和培训后的测量，这样可以排除一些其他因素对学员变化的影响，更加明确地看出培训的效果。

（五）所罗门四小组设计

这种设计综合运用前三种设计，分别对一个受训组和另一个对照组进行培训前后的成果对比分析，然后再对另一个受训组和另一个对照组只进行培训后测定，由此可以把干扰培训效果的其他因素的影响降到最低。

（六）时间序列设计

时间序列设计是指在培训前后每隔一段时间就检测一次培训成果。它的假设前提是如果受训者在培训后持续地表现某种变化，则认为这种变化就是培训引起的。

以上六种培训效果评估设计都存在一定局限。如何选择培训评估的设计方案，是选择投入大、评估结论精确可靠的方案还是选择投入相对较小但评估质量也较低的方案，一般要根据实际需要来选择。培训师需要充分考虑培训项目的培训目标、学员规模、评估人员专业技术状况、评估费用、评估时间等因素，根据评估目的和条件选择合适的评估方案。以下情况通常需要或可以考虑采纳正式的、规范的、高成本的评估。

◆需要利用评估结果进一步改进培训项目。

◆需要利用评估结果比较不同的培训项目。

◆需要证实培训的实效性。

◆培训项目规模较大、投入较大，需要延续开展必要的研究。

◆评估有足够的技术、时间和资金的保证。

四、准备评估信息资料

培训评估要依据一定的资料信息，既包括需求分析报告、培训项目申报和实施方案、在项目实施过程中经费使用的支撑材料、学员对培训课程满意度、学员培训成果等培训历史资料，又包括评估期间收集的现场信息。这些资料信息根据不同的评估目的、评估标准和具体内容要求，可以采用不同的信息收集方法，这里归纳为资料收集、观察收集、访谈收集、问卷调查收集四种（见表7－9）。

表7－9　教师培训评估的信息收集方法举例

方法	内容	渠道
资料收集	上级部门立项批示 培训机构相关管理文件 培训需求分析报告 培训项目申报书和实施方案 在项目实施过程中经费使用的支撑材料（会议记录、现场记录、录像资料、照片等） 学员对培训课程满意度 学员培训后提交的培训成果 ……	培训管理机构 项目管理团队

（续表）

方法	内容	渠道
观察收集	培训组织准备工作的观察 培训实施现场的观察 学员出勤情况的观察 学员培训现场反应情况的观察 培训后一段时间学员变化的观察 学员将培训成果应用在工作中的观察 ……	培训管理部门 培训评估组
访谈收集	访谈学员 访谈培训讲师 访谈培训管理者 访谈学员单位的校长、其他同事和学生 ……	培训管理部门 培训评估组
问卷调查收集	培训需求调查 培训组织调查 培训内容和形式调查 培训教师水平与能力调查 培训效果综合调查 ……	培训项目组 培训管理部门 培训评估组

信息收集完毕后，需要按照培训评估要求对信息资料进行整理分析并对分析结果进行解释。特别需要关注这些信息资料对培训效果评估质量的影响，如相关度、信度、效度和可行性。

（一）相关度

相关度是指培训评估收集的信息资料所反映的培训成果与培训项目所强调的培训预期目标或成果之间的相关程度。培训成果是学员学习或培训效果的有效衡量尺度，因此，我们需要根据培训实施方案设定的培训目标和学员学习目标来收集相关资料和信息。例如，我们的培训目标设定的是“帮助学员掌握三维目标下的教学方案设计技能”，如果要为培训评估收集学员培训后学习成果的资料，那么，该资料就要符合本次培训与学习目标的要求，体现“三维目标”和“教学方案设计”的内容。如果这里提交的不是“三维目标下的教学方案设计”或与本项目的培训目标和学习目标不紧密相关的学员论文，那么，信息资料就会导致培训成果评估缺少相关度。

（二）信度

信度是指用于收集评估资料和信息的衡量工具的准确性和精确性，即在不同时间点重复衡量相同的事物和个人，两次或多次的评估结果的相同程度。例如，如果对同一项目的全体学员运用同一项目满意度评价工具在两次不同时间和场合进行相同的满意度调查统计，满意度评价结果却大相径庭，说明这种评估方式缺乏信度。

（三）效度

效度是指评估手段能否将所要评估的对象的属性和特征反映出来以及反映的准确程度。例如，如果学员培训前后对“三维目标下的教学方案设计”方面的知识理解、工作技能和工作态度都有了很大提高和改善，但收集的资料信息不能反映出来，或反映的指数与实际情况差距很大，这样就会影响评估的效度。

（四）可行性

可行性是指收集评估资料信息的难易程度。一些教师培训项目绩效评估中没有包括学员培训后的工作行为和组织成效方面的培训成果，就是因为收集这些信息资料需要消耗太多时间、精力和财力。

五、组织专家评估

培训项目一旦结束，就要执行评估方案，包括确定评估时机、告知评估对象、组织评估专家团队、决定评估方法等。

（一）确定评估时机

评估时机最好考虑到便于项目的及时评估，又要考虑到评估对象的准备时间与条件。一般来说，在项目结束后一段时间内，因项目周期长短不同而选择不同评估时机。项目周期在一个月以内的短期集中培训项目，宜于项目结束后1—2周内开展；而1年以上的长期项目则宜于项目结束后1—2个月内开展评估。如果一个项目既要进行内部评估，又要进行外部评估，那么，内部评估需要提前开展，以便运用内部评估的反馈结果帮助项目组完善评估信息，更好地接受外部评估。

（二）告知评估对象

评估对象的积极参与和配合是做好评估工作的必要条件。项目评估管理部门需要提前告知评估对象，明确评估要求、配合准备事项、具体时间地点、评估当天活动流程等情况。评估对象在评估活动中通常承担着提供必要评估材料、简要汇报培训成效、接受评估专家问询等任务。

（三）组织评估专家团队

如本节前文所述，通常选择评估者要考虑内、外部评估者各自的优势与劣势，取长补短、相互补充。此外，还需要考虑评估专家团队的以下四个特征。

◆专业结构搭配相对合理，包括教师教育、学科教育、培训管理三个领域。

◆具有教师培训评估经验，理解教师培训评估目的、评估标准、评估方法。

◆比较了解培训评估项目，最好前期参加过该项目的申报方案和实施方案评审、质量监测、教学督导与咨询等活动。

◆能客观公正地评价每个项目。

（四）决定评估方法

教师培训效果评估方法一般包括培训档案材料审核分析、项目接受专家质询、实地现场审核等。在内部评估中，评估对象甚至可以参与到评估专家的讨论活动之中，通过与评估专家的深入对话和交流，共同总结和反思培训效果，这样会有利于双方工作的开展与改进。

六、撰写评估报告

培训评估报告是对整个评估过程的反映，也是向评估对象反馈评估结果的重要内容与形式。教师培训效果评估报告可以包括导言、评估实施过程与方法、评估结果、分析评估结果、评估结论、附录等内容要素。

（一）导言

导言要求简明扼要，内容不宜过长，一般包括被评估项目概况、评估目的与预期目标、评估类型、评估内容重点、预期评估结果等。

（二）评估实施过程与方法

该部分主要说明如何制订和实施评估方案的主要过程，它主要包括以下几点内容。

◆培训评估工作方案的依据。

◆评估工具的来源，自编还是统一编制。

◆数据收集和信息调查的内容及其范围。

◆调查测试方法，对问卷质量进行信度、效度、难度、区分度的评估说明，以表明本次测试结果的可靠性；简要说明评估者的情况。

（三）评估结果

阐明评估结果是培训评估报告的主要部分，它主要包括以下几点内容。

◆简要说明评估调查结果与期待目标之间关系，并将有关客观数据作为客观事实写出。例如，针对培训经费使用合理性的期待目标，可以列出经费使用非常合理、比较合理、不合理的主要事项，并以附上相关数据分析表。

◆定量分析与定性分析相结合，严格核实有关数据资料，注意图表的正确格式，采用统计分析技术，从数量变化中说明结论。例如，对培训项目的实效性评估结果，可以从学员学习效果的前后测对比分析结果和学员满意度测评结果中开展定量分析，同时对深入学员所在单位访谈的反馈情况做质性分析，两者分析结合起来更有说服力。

◆以陈述事实为主，突出强调评估结果的客观性和准确性。

（四）分析评估结果

这个部分是评估报告的最关键的内容。报告撰写者既要解释评估得出的结果，又要回应导言中提出的问题。一份高质量的评估分析就是一项有价值的研究，一份好的评估报告就是一项较好的科研成果。分析评估结果一般包括以下几点内容。

◆解释评估结果。针对上述评估结果，逐条解释其含义，以便评估委托方和被评估方都能理解这些结果的意义，并从中认识到其对改进培训项目的价值。

◆依据结果进行综合分析，多重比较，特别注意评估结果与预期目标不符或相差很大，甚至出现相反结果的情况，并尽可能找出导致这种差异的原因。

◆提出本次培训评估的意义及价值，并通过讨论分析指出其应用价值，以作为评估委托方和上级的决策依据。

◆客观地分析培训项目中存在的问题和局限，明确指出不足之处，并提出项目改进的建议、对策、方法等方面参考意见。

（五）评估结论

这是培训评估报告正文的最后一个部分。主要是概括全部评估结果，使报告阅读者对本项目评估的结果有一个简明而全面的认识。一般定性评估结论要求语言准确、客观、精练，切忌夸大事实和模糊不清。有的培训项目评估要求按评定等级给出明确结论。评定等级可以根据评估方案要求设定为“优秀”、“良好”、“合格”和“不合格”四个等级，也可以设定为“合格”和“不合格”两个等级。还有的项目评估方案设定了分值，并根据分值设定不同的评定等级。

（六）附录

这是评估报告的末尾部分，主要是将评估所使用的资料附在报告正文后以备查，包括“调查问卷”、“访谈提纲”、“参考文献”、“评估工具”、“补充说明”等。

七、反馈评估结果

培训评估不是为了“通过验收”，也不是将评估结果提交给培训管理部门或领导决策机构就算完成了任务，而是要为培训计划的有效执行和为今后培训的改进提供相关信息。因此，建立培训评估结果反馈机制非常重要。

（一）评估结果反馈到所有相关利益方

在教师培训项目管理系统中，培训项目的所有相关利益方都兼任着评估方和被评估方双重角色。学员有权评价培训师的课程与管理，由培训组织部门将满意度及时反馈给培训师，同时学员也要接受培训师和培训组织部门的评价，及时获得学习结果的评估信息；培训组织部门既是评估的参与者，也是被评估者，其培训管理情况也是评估的重要内容，需要得到评估结果反馈以进一步改进培训管理工作；学员所在单位将学员的工作表现和组织绩效反馈给培训机构，指出培训工作的优点和不足，以帮助培训机构改进工作；培训政策决策者可以从学员、学员所在单位、培训机构那里获得培训效果的信息，也可以从评估报告中直接了解情况，为今后决策提供参考。因此，培训评估报告应该传递给学员、培训师、培训项目负责人、培训决策人。

（二）评估结果反馈贯穿培训全过程

培训前的需求评估结果反馈给项目具体实施者和培训师，便于把握学习者需求，以完善培训方案和为即将开展的培训活动做好充分的准备；培训中的评估反馈是把学员阶段性学习效果和对培训师的满意度告知培训管理者和培训讲师本人，有利于及时调整和改进培训安排，如调整培训内容、完善教学方法、更换培训师、加强培训管理和学员思想工作等；培训后的反馈更加重要，旨在帮助项目管理与实施的所有相关者改进今后的培训工作。

（三）评估结果反馈方式要畅通、及时、便捷、高效

培训机构要建立畅通的评估结果反馈渠道，以便相关人员及时发布和获得培训评估反馈的信息。同时，只有便捷和高效地寻找和提取评估反馈信息，培训评估的结果才能得到最充分的应用。目前，很多教师培训机构和管理部门都建立了教师培训远程管理平台，从技术上改进了培训评估结果反馈方式，但是，人们对教师培训评估及其结果反馈的重视仍然不够，这也是教师培训专业化过程中亟待解决的问题。

八、改进今后培训工作

培训效果评估的终极目的是改进今后培训工作。从培训效果评估目的确定到评估结果反馈构成了一个完整的培训评估循环系统。每个循环系统螺旋式地把培训质量推向前进。因此,持续开展评估,并将评估结果及时应用在下一个培训周期项目的改进中,这便是培训评估的真正意义和价值所在。

后 记

梳理培训管理思绪，反思培训教学经验，分享培训研究成果，请教培训研修同人，共寻培训专业规律，为本书写作之缘由。

人到中年，本该不惑，然而，近几年我对教师培训管理与教学工作的职业兴趣日趋浓厚，并发现了一些问题和作了思考。这些问题因在北京教育学院期间的不同工作岗位调换而产生，这些思考因受北京教育学院教师培训事业的蓬勃发展而启发。

1995—2001 年，我带着 6 年中学英语教学工作经历和 3 年教育学硕士研究生学习经历，来到北京教育学院的中小学校长培训工作岗位，主要工作任务是向中小学校长讲授比较教育学和外国教育史两门成人学历教育课程和担任班主任。20 个世纪 90 年代，我们这些刚刚毕业的硕士生从未接受过成人教育法和培训专业化训练，一出校门就登上成人高校讲坛，并能顺利度过了“职业生存期”，其主要缘由是老学员们对成人学历补偿教育如饥似渴的学习态度，以及教育管理系老教师们对青年教师们的业务引领和扶持。今天回忆起来，仍令我感动和怀念。

2001—2003 年，我被北京市教委和北京教育学院公派留学美国，攻读 MBA 学位，学习非营利组织管理。在留学期间，无论是 MBA 课程内容，如项目管理（Project Manangement）、筹资学（Fundraising）、申报书写作（Grants Writing）、市场学（Marketing）、人力资源培训与开发（Human Resource Training and Development）等，还是美国教授们基于结果的成人教育理念与方法，都对我如今从事的教师培训管理工作帮助很大。记得给我上筹资学的两位教授当时就是美国红十字协会筹资专家，他们的教学目标不仅是要求学生掌握筹资策略与方法方面的理论，而且要求学生学完后具备实际应用能力，要求 3 人一组共同完成一份项目筹资方案。教授评判作业的主要标准是判断这个筹资方案能否成功地筹集到项目资金，而不是去欣赏学生们作业中虚无缥缈的宏伟计划。他们喜欢用"案例分析"、"课堂文稿演示"、"小队教学"和"练习指导"等适合成人学习特征的教学方法，帮助学生们不断完善各自设计的筹资方案，通过"同学小组辩论"和"专家点评"的学习方式来检验和评价每组学员设计的筹资方案的可行性。留美期间，就国内中小学校长教师培训问题，我时常默默追问自己：我们用什么样的培训才能促进中小学教师和校长解决问题、学会工作和提高绩效，而不是仅仅局限于向他们传授知识和讲述道理？

2004—2007年，我转岗到学院外事办公室，从事外事管理的行政工作，并连续几年承担"北京市中小学校长中英合作培训项目"协调组织和教学实施任务。这个项目由我院与英国使馆文化处合作举办，对中小学校长开展两周短期集中培训，培训者都是获得教师培训师资格认证的英国大学教授或中小学校长。当时有两件事给我留下的印象最深：一是培训前英国培训师列出了一个参与式活动用品清单，要我开班前准备好；另一是培训教室的"圆桌课堂"和"参与式"学习情境。我和学员们被英国培训师组织的角色扮演、游戏活动、案例研讨等培训活动所吸引，每天下午从1点培训到5点，大家无一感到倦意。为什么培训师的课堂令这些年过半百的校长学员们学习起来兴奋不已，而传统讲授课堂往往使他们听起课来昏昏欲睡？可以说，在这四年内，我深深感受到培训教学有着很大的创新空间，成人院校教师不仅需要一般课堂教学能力，而且应该具备培训师的专业培训能力。我们既要重视研究培训内容是否适合中小学教师干部工作需要，更要重视研究培训方法是否符合成人学习者的心理特征和发展规律！

自2008年以来，我被安排到学院教务处处长岗位，直接涉足教师培训的管理、研究和教学工作，并连续几年承担北京市中小学教师培训者培训项目负责人。2009年开始，在北京教育学院院长李方教授、副院长钟祖荣教授等培训专家引领下，我带领教务处的同事们连续几年成功举办了"教育部'国培计划'——培训管理者团队研修项目"，同时还承担过来自吉林、辽宁、陕西、河南、天津、湖北、湖南、浙江、广东、海南等省、市、地区的培训者团队研修委托培训项目,培训效果得到近千位来自全国各地的教师培训者及专家同行的一致好评。几年的教师培训与管理工作使我更加坚信:教师专业化需要教师培训专业化,教师培训专业化则需要教师培训者的专业化,而教师培训者的专业化有必要借鉴企业培训师的培养模式,开展有关培训方面的专业训练和学习,创新教师培训理念与方法,不断修炼成为合格的教师培训师。

时下,教师培训者根据职业角色和来源分为兼职与专职两类,前者来自普通高等院校、研究机构、行政决策部门和中小学一线,主要是以客串讲师身份参与教师培训活动,后者主要来自省市教育学院、地方教师进修机构和普通高等院校的继续教育学院。在专、兼职的每类教师培训者中,就其培训专业能力来说,都存在专业与非专业两类人员,培训专业化水平参差不齐。

非专业教师培训者的工作缺陷表现为培训内容理论脱离实践需求,实践经验缺少理论升华和引领示范;培训方法单一,不会调动学员的学习兴趣;培训目标不清晰,培训效果缺少针对性、实效性和发展性。专业的教师培训者即为教师培训师,其工作特征则表现为从精通学科教育教学,转向既精通学科教育教学又精通培训与项目开发;从课堂教学的单一性工作,转向课程开发、教学实施和培训管理的综合性工作;从关注培训方案、课程资源、教学活动等输入点,转向关注学习状态、学习结果、工作应用效果、组织绩效提高等输出点。

牧师、医生和律师属于古老而又典型的职业,而培训师如工程师、建筑师、会计师、经理人等职业那样,是近现代社会产生的新专业。无论是老专业还是新专业都是需要特殊智能来完成的职业。

一般教师(或教授)通过传递知识,帮助学生理解和掌握知识,学生经过长期教育的培养阶段才能体现出变化和发展;教师培训师的工作不但离不开传递知识,而且更能体现"自己要教会其他教师们会教"的职业能力特征,自己不仅会教,还能根据具体目标在相对较短的时限内完成规定培训任务和达到预期培训效果。可以说,一般教师(或教授)往往局限于"教学"本身,尽管是普通中小学或大学的合格教师,甚至是优秀教师,但不一定都是能胜任培训工作的专业化培训者;因为教师培训师不仅要是合格教师或优秀教师,还要是专业的培训者,更加关注“教学”后的效果层面,即培训后教师们的变化、发展以及带来的工作绩效改进情况。

教师培训师,顾名思义,特指培训教师的培训师,其专业属性具有跨界特征,至少包括学科专业、教育教学、培训管理三大领域,这个乘积公式寓意三者之关系:教师培训师 = 学科专家 × 教育专家 × 培训专家。也就是说,教师培训师不仅要是学科才艺精湛的学科专家,而且是能理解和把握教育教学规律的教育教学专家,同时能够认识和遵循成人学习规律和教师专业发展规律,具备专业化培训能力,成为培训专家。在教师培训专业化起步时期,一位培训者可能很难短时间内达到教师培训师这样的标准,但是,只要我们以敬业、专业、乐业之心作培训,并整合项目团队的力量,距该标准便近在咫尺。

回顾到这里,我不得不“Hold”住思绪,借此机会表达我的由衷感谢。这本书稿的完成,虽然是自己工作与学习的思考结果,但更重要的是得益于很多人的帮助,得益于很多团队的支持。

首先要感谢北京教育学院领导和各部门同事共同为我营造了良好的专业发展空间!马宪平书记多次激励我完成专著,李方院长专业引领我一路向前,钟祖荣副院长悉心指导我精益求精做好培训,刘枫云副书记、郭世安副书记、卢晖书记、许志矛副院长、张彦春副院长和杨志成副院长给予我培训管理工作很多支持,教务处和其他部门的同事们,通过点点滴滴的事件都在积极影响着我去不断思考教师培训管理问题。我虽然没有“吸功大法”,但是,我的确从他们身上汲取了很多培训管理方面的精神食粮和智慧营养。北京教育学院的同事们成为这本书稿一大重要思想来源。

其次要感谢全国中小学和幼儿园干部教师培训者同行、学员们为我提供的业务交流与学习机会!他们有的来自北京市各区县教师培训机构,有的属于我院承办的“国培计划”——培训管理者团队研修项目学员,有的参加过我院承办的教师培训者培训委托项目,有的在当地听过我的培训者培训讲座或参加过我主持的其他培训活动,还有 1 万多名是我从未见过面的网络培训项目学员。每次备课都是同他们跨越时空的神交;每次上课都是与他们愉悦对话;每次下课都能从他们那里获得培训灵感。本书很多内容就是他们带给我的学习收获和工作反思。实际上,成人学习最有效的方法是自己认真做讲师。赠人玫瑰,手有余香。可以说,全国教师培训者同行、学员们成为这本书稿的另一重要思想来源。

再次要感谢本书引用文献的所有作者们给予的启发!我经常在一些培训管理情境中遇到各种现实问题,不知道如何解释其原因、如何表达其概念、如何归纳其方法,大家的文献往往会给出我惊喜的启示与答案;我既仰慕管理学、心理学和教育学领域的一些名家名著,也喜欢漫步于非专业"闲书杂文",可能是某个章节、某句话语、某个故事、某个观点,经常启发我的培训灵感,使我从中找到专业思想共鸣。我期望掬起他们的智慧,通过此书把这些共鸣与全国教师培训者同行们分享。

最后,我要特别感谢教育科学出版社教师教育编辑部的刘灿主任和闫景编辑为本书出版付出的辛苦与智慧!无论是本书选题策划,还是封面设计,以及文中字句斟酌和页面编排,都体现了他们精益求精的专业态度。

本人在此书首次提出"教师培训师"概念后,既诚惶诚恐,又满怀期待。此前很少有人对培训师与教师教育开展跨界研究,把企业经验引入教师教育领域是否科学,还要进一步通过教师培训实践来验证。教师培训师的职业理念还处于萌芽阶段,期盼有更多的教师培训同行能加入教师培训师修炼行列,在培训政策改进、培训制度机制完善、培训实践创新、培训理论探究和培训文化发展等方面,给予教师培训师队伍建设更多的支持与呵护,为进一步探寻我国教师教育创新和发展之路作出更大的贡献。由于本人水平不够、精力有限,书中一定存在不足和尚待完善之处,恳请读者批评指正。

余 新

2012 年暑期于北京亦庄

出 版 人　所广一
责任编辑　闫　景
版式设计　博祥图文　郝晓红
责任校对　贾静芳
责任印制　曲凤玲

图书在版编目(CIP)数据

教师培训师专业修炼/余新著. —北京:教育科学出版社,2012.9(2013.3重印)
ISBN 978-7-5041-6914-3

Ⅰ.①教… Ⅱ.①余… Ⅲ.①教师培训—研究 Ⅳ.①G451.2

中国版本图书馆CIP数据核字(2012)第183729号

教师培训师专业修炼
JIAOSHI PEIXUNSHI ZHUANYE XIULIAN

出版发行	教育科学出版社		
社　址	北京·朝阳区安慧北里安园甲9号	**市场部电话**	010-64989009
邮　编	100101	**编辑部电话**	010-64989593
传　真	010-64891796	**网　址**	http://www.esph.com.cn
经　销	各地新华书店		
制　作	北京博祥图文设计中心		
印　刷	北京中科印刷有限公司		
开　本	169毫米×239毫米　16开	**版　次**	2012年9月第1版
印　张	17	**印　次**	2013年3月第2次印刷
字　数	240千	**印　数**	5 201—8 200册

如有印装质量问题,请到所购图书销售部门联系调换。

智慧教师读本①
谁是最具成长力教师

大家不同　大家都好

陶西平　著

教育科学出版社
·北　京·

出 版 人　所广一
责任编辑　刘　灿　欧阳国焰
版式设计　红十月工作室　孙欢欢
责任校对　贾静芳
责任印制　曲凤玲

图书在版编目(CIP)数据

大家不同　大家都好／陶西平著.—北京:教育科学出版社,2012.11(2013.3 重印)
ISBN 978-7-5041-6992-1
Ⅰ.①大…　Ⅱ.①陶…　Ⅲ.①教育—文集　Ⅳ.①G4-53
中国版本图书馆 CIP 数据核字(2012)第 232465 号

大家不同　大家都好
DAJIA BU TONG DAJIA DOU HAO

出版发行	教育科学出版社		
社　址	北京·朝阳区安慧北里安园甲 9 号	市场部电话	010-64989009
邮　编	100101	编辑部电话	010-64989527
传　真	010-64891796	网　址	http://www.esph.com.cn
经　销	各地新华书店		
制　作	北京大有图文信息有限公司		
印　刷	北京中科印刷有限公司		
开　本	169 毫米×239 毫米　16 开	版　次	2012 年 11 月第 1 版
印　张	13	印　次	2013 年 3 月第 4 次印刷
字　数	180 千	印　数	8 601—11 600 册

自 序

在我书房里，面对书桌的墙壁上，挂着赵朴初先生写的一幅字。除了署名和年月日以外，其实他只写了一个字：“悟”。但这一个“悟”字，却成为我时时追求而又永远无法达到的境界。我想来想去，“悟”应该就是一个从反思到创新的过程。

社会转型期的教育转型是一个充满生机、充满困惑、充满骄人的业绩又充满恼人的失误的过程。生活在这一时期的教育工作者，面对的是多重困难、多种主张，频传的喜报，也时常有告急的文书。而这给我们提供了广阔的思索空间和实践园地，中国的教育工作者正行进在从反思到创新的“悟”的道路上。

人们常说，教育的公平、质量和活力是当今社会对教育关注的三大热点，每个热点都有争论，争论双方都有不同的理论与实践支撑。而这正在改变着一花独放的冷清局面，孕育着百花齐放的春天的到来。千校一面、千人一面的同质化教育正在被“大家不同，大家都好”的新的气象所取代，教育管理也正由善于管理“相同”，向着善于管理“不同”转变，这种“不同”之间的交流、交锋和交融，为教育事业的发展带来了蓬勃生气与无限活力。这是一种极为可喜而又可贵的探索。当然，在这种探索的过程中，也需要不断地进行反思，反思不是为了怀旧，而是为了创新。在对历史的反思中汲取营养，在对现实的反思中汲取智慧，从而使我们的创新能够更为理性，能够有着更为坚实的步伐。

在计划经济体制向市场经济体制转变的过程中，伴随着不同利益格局的形成和不同社会角色的产生，在一些领域，社会矛盾出现了加剧的动向。教育的公平，提供了每个人公平发展的机会，提供了社会阶层之间流动的重要途径，从而也就成为缓解社会矛盾的润滑剂，成为和谐社会的基石。但由于历史形成的教育现状并不能真正体现教育公平，推进基础教育的均衡发展就成为当前教育事业改革与发展的关键问题。从中央到地方，从政府到民间，为此做出了不懈的努力。但是，在推进均衡发展的过程中，遇到了一系列理论和实践问题需要回答，这些问题引起了教育界的广泛关注并产生了激烈的争论。这些争论促使我们反思，而正是在反思过程中孕育着教育的创新。

全面建设小康社会的宏伟目标，鼓舞着亿万人民为中华民族的和平崛起而奋斗。它迫切要求教育加快推动人口负担向人力资源、人力资本转化。过去的教育体制已经难以适应这种需求，从而影响着高素质劳动者、高水平专门人才的培养，影响着拔尖创新人才的涌现。于是，各种教育变革的主张都活跃起来。否定传统教育的弊端，树立现代教育的观念，并以此全面推进素质教育和课程改革，就成为时代的潮流。但是，在推进素质教育与课程改革的过程中，也遇到了一系列理论和实践问题需要回答，这些问题也引起了教育界的广泛关注和激烈争论。这些争论促使我们反思，而正是在反思过程中孕育着教育的创新。

教育改革是一股世界性的潮流，从上个世纪后半期起，世界各国几乎都启动了自己国家的教育改革。由于经济全球化的带动，各国的教育都具有不同程度的开放性，国家之间不断地加强着教育信息的、人员的以及其他资源的交流，这种相互交流为各国教育思想、教育体制、教育内容、教育方式的改革提供了可贵的借鉴。我国的教育改革包括课程改革，在不少方面吸取了发达国家的教育理念与经验，从而拓展了视野，深化了认识，加快了改革的步伐。但是，在推进教育国际化的进程中，也同样遇到许多理论与实践问题需要回答，这些问题同样引起了教育界的广泛关注和激烈争论。这些争论同样促使我们反思，而正是在反思过程中孕育着教育的创新。

……

因为如此，教育需要在反思中创新。

千百万教育工作者正在为中国的教育发展面临的问题进行着探索，而这种探索正是在为构建具有中国特色的社会主义教育体系添砖加瓦。这就是我们教育工作者面临的态势。虽然有时也会使我们感到忧虑，但更多的是使我们感到肩头的责任。

这些年来，在参与教育改革与发展的进程中，对一些问题我零零碎碎地发表了一些看法，这些漫笔多数都已在各种报刊上刊载。现在选取一部分编成两个集子，也是作为一种反思，希望能为今后大家的教育创新提供一些参考。

编辑过程中，得到了沙培宁、贾伟等同志的热情帮助，在此谨致以由衷的谢意。

2012 年 3 月 12 日于北京

目 录 Contents

第一辑　在多元中立主导

第二辑　千头万绪瘦身急

第三辑　大家不同　大家都好

第四辑 做爬起来最快的人

第五辑　幸福从哪里开始

第一辑

在多元中立主导

当前我们注重启迪学生的智慧，注重培养学生的兴趣，这些无疑都是培养优秀人才之必需。但绝不能把智慧的启迪、兴趣的培养与良好道德的形成对立起来。正如一位美国朋友对我说的那样：道德比智慧更重要，如果说智慧应当更多一点，那就是要懂得道德比智慧重要。

只有学科教师也成为骨干的学校德育队伍，才是强有力的德育队伍；只有学科教学也积极参与的德育工作，才是更有实效的德育工作。

一日生活音乐化

北京市教育局与北京音乐家协会、北京日报社联合举办的幼儿音乐征集评奖活动圆满结束了。这次活动，不仅充实了幼儿园音乐教育的教材，而且引起了全社会对幼教事业的关心和支持，对北京市幼儿音乐教育的发展起了重要推动作用。

加强幼儿音乐教育，是深化幼儿园教育改革的重要措施。目前，全市各类型幼儿园3800多所，发展很不平衡，有的幼儿园仍然停留在“看孩子”的水平。即使在一些师资条件较好、有一定办园基础的幼儿园，音乐教育也存在着一些亟待解决的问题。如对音乐教育的作用缺乏充分认识，把音乐活动仅仅当做娱乐的手段，注重对幼儿唱歌、跳舞能力的训练，忽视对幼儿节奏感和音乐感受力、理解力等基本音乐素质的培养；把音乐教育局限在课堂教学中，忽视日常生活中对幼儿的音乐熏陶；忽视在音乐活动中对幼儿进行品德和情感教育等。

这些问题，反映出整个幼教工作迫切需要改革。近几年，幼教改革在理论上一直把“注重日常生活教育”作为重点，但实际工作中，并没有明显的突破。我们提出加强幼儿音乐教育的改革，就是从音乐教育入手，着眼于对整个幼教工作的改革。通过对幼儿园某一方面工作的突破，带动其他各方面工作的进步。

具体来说，我认为，幼儿音乐教育应当从以下三个方面进一步加强。

一要充分发挥音乐的教育作用。音乐对于儿童具有强烈的感染力，最容易引起他们的感情共鸣。当儿童尚不能理解语言的含义时，就已经能从音乐的旋律中感受丰富多彩的生活。可以说，儿童最早接受教育就是从感受音乐开始的。因此，我国古代就把“乐”作为重要的教育内容，重视音乐教育一直是我国教育的好传统。音乐教育不仅可以提高幼儿的艺术修养，而且可以促进他们身心的和谐发展。音乐旋律的美，可以唤起他们对美好生活的热爱；音乐节奏的美，可以使幼儿的身体与精神产生共感共鸣，发展动作的协调性；音乐和声的美，可以使幼儿感受事物的和谐统一，培养合作精神……因此，我们提出发挥音乐的教育作用，就是要通过丰富多彩的音乐活动，促进幼儿素质的全面提高。特别要把陶冶幼儿的情感、培养良好品德、塑造健康人格作为音乐教育的重要目的。坚决纠正那种把音乐教育单纯当做传授知识、培养唱歌和跳舞技能的倾向。

二要把音乐教育贯穿于幼儿的一日生活之中。音乐课只能完成音乐教育的一部分任务，大量的工作要通过日常生活来进行。幼儿园要为孩子创设接触各种优秀音乐作品的环境，使幼儿的生活、游戏、劳动都有优美的音乐伴随，实现一日生活音乐化。长期的音乐熏陶，不仅可以培养幼儿对音乐的爱好，提高他们的音乐素质，而且使幼儿的生活充满情趣，使他们在愉快的情绪和积极的心理状态下保持探索的兴趣和创造的热情。

三要大力加强幼儿音乐教材的建设。现行的幼儿园音乐教材，包含很多优秀作品，但是其中新作品比较少，适合幼儿开展各种活动的游戏音乐、律动音乐、舞蹈音乐、节奏音乐等比较少，不能满足当前幼儿园教育工作实际需要，迫切需要进一步充实和完善。这次征集活动只是一个开端，今后还要做大量工作，使我们的音乐教材更加符合幼儿教育发展的需要。音乐教材既要满足音乐教学的需要，又要适应幼儿一日生活中各种活动的需要。加强幼儿园音乐教材建设，需要全社会的共同努力，我们一方面倡导音乐家们积极为孩子们创作，同时也希望幼儿教师能不断地发现和传播好作品，并根据实际工作的需要，亲自创编音乐教材。

我相信，经过广大幼教工作者的努力，在社会各界的关心和支持下，北京市的幼儿音乐教育一定能够得到很大的发展，并使整个幼教工作呈现新的面貌。

（原载《学前教育》1988 年第 12 期）

为学前教育注入充沛的活力

在去年举行的亚洲北京教育论坛的闭幕式上，美国著名经济学家、诺贝尔奖获得者詹姆斯·赫克曼（James Heckman）教授在他的演讲中提出了一个发人深省的观点：世界各国都应当调整教育的投入结构，将投入的重点转向学前教育。他从经济学的角度指出，现在各国对学前教育的投入最少，但学前教育却是各级各类教育中效益最高的教育，因为婴幼儿阶段对人的一生发展影响最大。

当代中国的学前教育正处于一个蓬勃发展的历史阶段，全社会对学前教育的认识逐步加深，学前教育总体规模稳步发展，教学研究不断推进。

与此同时，我国学前教育界的思想也空前活跃。学前教育领域传播着多种教育理论、观点，多种经验、做法，进行着多种改革的实验。

在广泛学习、借鉴和探讨的基础上，一些关于学前教育的重要观点取得了较为普遍的认同，比如以下一些观点。

追求幼儿教育的均衡发展和整体发展。学前教育虽是非义务教育，但应当是全员教育，要努力体现社会公平。幼儿园教育作为基础教育的重要一环，不仅要与小学密切衔接，而且要与基础教育的其他阶段构成一个不可分割的整体，并作为构建终身教育体系的初始阶段。

倡导“以儿童为中心”的儿童观。转变传统的单向灌输性的教育模式，尊重孩子的独立人格及其成长的自发性、自主性和自觉性，使其内在的潜能和活力得到恰如其分的激发。

树立促进孩子全面和谐发展的教育目标。从将幼儿的发展等同于智力发展的错误倾向，转向促进幼儿富有个性的全面发展，特别是幼儿社会性和情感的发展，以及幼儿主动性、创造性、批判性思维、责任感等的培养。

倡导教学做合一的教育途径。将以往教、学、做割裂的传统教学方法整合起来，调动幼儿的各种感官参与学习，在做中学；强调整体化的课程设计，把项目活动作为幼儿学习的过程，为幼儿设计的课程必须是互相联系的，具有整体性，而不是相互割裂的。

注重个别学习与合作学习相结合。幼儿的学习不是独立建构的，而是在诸多条件下，主要是在与家长和教师、同伴的互动过程中建构的，社会与家长应当积极参与幼儿园的教育活动。

重视幼儿园的环境建设。环境是幼儿园的第三位老师，幼儿教育由复杂的互动关系构成，环境中各个因素的参与，是许多互动关系实现的关键。

这些学前教育观念，积聚了中外教育家的理论精华，秉承了传统教育中的优秀因子，又紧密结合现实，结合国情，富有鲜明的中国特色和时代精神。

国内外幼儿教育思想和实践经验的传播，正在冲击着原有的传统理念，冲击着传统的教育实践和评价，对学前教育的改革与发展产生重要的指导意义。这必将有助于解除幼教工作者面临的前进中的困惑，推动我国学前教育向着科学化、开放化、多元化、多样化发展，从而使赫克曼认为是效益最高的学前教育园地，展现充沛的生机与活力。

（原载《基础教育参考》2005 年第 4 期）

珍重花样的年华

这是一个令人振奋的生长季节，眼看着天天都在长高，透着虎虎生气；这是一个令人困惑的变化季节，今天满面春风，明天又会满怀惆怅。这就是孩子们的初中时代，一段必须百般珍重的花样年华。

任何一个教育阶段的重要性都取决于它任务的特殊性。就像一棵树，生根、发芽、开花、结果，每一个阶段都有自身担负的使命，都对生命的成长起着重要的作用。哪一个阶段出现了问题，都会使生命的链条断裂，从而对成长产生至关重要的影响。初中教育正是终身教育中一个承担特殊责任的学段，它必须引起全社会的高度关注。

但是，初中教育实际并没有引起应有的重视。在一些家长看来，小学是打基础，重要；高中是出口，更重要。这两个学段都是实实在在的。而初中不过是小学通向高中的桥梁，是个过渡性阶段。在一些地区的教育部门看来，“重点”中学、“示范”中学主要是高中，初中只不过是一个点缀，很少有把一所独立初中视为地区教育的掌上明珠的。在一些“名校”看来，举办初中，不过是为了给自己的高中提供生源，或者以高中的名气举办初中，招徕一些择校学生，以补充预算外的教育经费而已。

因此，关注初中教育，提高初中教育质量就成为深化教育改革，全面推进素质教育的重要课题。

初中建设的首要任务就是定位。中国自 1896 年盛宣怀创办南洋公学才开始有三段办学的组织，在 1898 年的官方规定中才开始出现中学的名称，直到 1922 年民国政府的壬戌学制才规定中学分初、高二级。作为学制规定的我国初级中学，虽然只有 80 多年的历史，但是，已成为教育事业的重要组成部分。它是现行义务教育的最后阶段，是进行基础教育的关键时期。这一时期的教育，是法定的国民教育，要面向全体适龄青少年，培养他们作为一个国民应有的全面的素质，同时为他们进入高一级学校学习和参加生产劳动做好准备，也为学生的终身学习与发展奠定基础。同时，初中教育是影响一个人健康发展的非常时期。这一时期，学生的生理、心理发生急剧变化，自我意识显著增强，是养成良好的行为习惯，确立有个性特点的思维方式，树立正确的人生观、世界观的重要阶段。初中教育，不仅影响学生的基础素质，也影响学生的兴趣、爱好、特长，甚至未来的人生走向。所以，不能只把初中看成是小学的“帽”，高中的“靴”，它是一个承担相对独立任务的教育阶段。

初中建设面临的又一重要课题是导向。在相当长的时期里，不少初中单纯以帮助学生升学为己任，而且主要为学生升入普通高中为目标，在进行课程改革以后，仍然摆脱不了这种桎梏。这样，容易导致只重视有可能升入普通高中的学生，而忽视面向全体学生；只重视与中考相关学科的教学，而忽视学生的全面素质的提高。于是，在学生最为活跃的生长期，进行了一种死气沉沉的教育。基于初中的义务教育性质，首先必须坚持教育公平，使所有学生享有接受初中教育的平等权利。政府有责任逐步推进公办初中的均衡发展，要采取措施努力缩小而不是强化公办初中学校之间的差距。同时，要高度重视提高初中教育的质量，促进学生的全面发展，切实打好学生的素质基础，不仅为普通高中输送合格的新生，也为职业学历教育和职业培训输送良好的生源。因此，优质均衡发展是初中教育的正确导向，是减少学生流失、巩固义务教育、提高国民素质的基本途径。

初中建设的关键在于深化教育改革。当前，初中的教育改革发展很不平衡。相当一部分学校仍停留在一种二元体系的状态，一方面，在进行课程改革，也产生了一些有声有色的观摩课例；但另一方面，相当多的常态课仍然是老样子，至于毕业班的教学则依然故我，甚至出现违背教育规律的片面应考体制变本加厉的现象。培养学生自信、自主、自立、自强，培养学生尊重自己、尊重他人、尊重自然、尊重社会，是初中教育的重要任务，完成这一任务既不能错过初中阶段这一重要时机，又必须符合初中学生的年龄特征。这就需要深化教育改革，推动教育创新，使初中教育的节奏符合初中学生发展的节律，从而将初中阶段的素质教育建立在科学的基础之上。

面对学生的花样年华，我们应当珍重。所有的初中教育工作者应当清醒地认识肩负的神圣使命，通过我们的创造性劳动，使苗圃里的每一朵花都能挺过寒霜，耐住风雪，在春天里鲜艳地绽放。

（原载《初中教育研究》2006 年第 1 期）

人品与学识同步卓越
——高中教育的理性追求

有人说，在国民教育体系中普通高中是个“瓶颈”。这大概是义务教育普及后，初中毕业的学生要求升入普通高中的人数越来越多，高校扩招后，对普通高中毕业的生源需求也越来越大，而普通高中的现实规模难以满足这种需求的缘故。

高中阶段教育承上启下，既是初中后的第一次分流，又将面临高中后的第二次分流。由于处在两次分流之间，因此，它对一个人一生的发展方向有着重要的影响。而人对发展方向的选择，最终会受到社会需求的制约。

普通高中是高中阶段教育的重要组成部分，它和职业教育按照一定的比例形成高中阶段教育的合理结构。而这种结构是由社会发展的需求决定的，教育结构的失衡将会影响到人才结构的失衡，最终导致经济与社会发展的失衡。因此，普通教育和职业教育犹如鸟之两翼，两翼同样健壮，才能腾飞。当前，应当理性地对待近几年来普通高中的快速发展，更应理性地对待社会上出现的“普高热”，要通过积极引导，保持普通高中的合理规模，防止由于教育结构失衡而带来社会动荡。

普通高中承担着在九年义务教育之后继续进行基础教育的任务，它要为高一级学校输送合格的新生，为进入工作岗位的人打好素质基础，更是终身教育的重要奠基阶段。因此，高中的教育质量既关系着国民素质的提高，又关系着创新人才的培养，对我国创新型国家的建设有着至关重要的作用。

提高普通高中的教育质量首先遇到的是质量观的问题。人们习惯于用高等学校入学考试的成绩来判定学校和学生的水平，但同时也认识到只凭一纸试题有片面性，而高等学校招生方式的变革又只能是一个渐进的过程。因此，在相当长的时间里，将实施素质教育和应对高校招生考试对立起来的观念，给教育工作者带来极大的困惑。经过近年来的实践，人们逐渐认识到，以违反教育规律的做法单纯追求升学率，会影响人的全面发展，但是，不应忽视以科学的方法努力提高教学水平和学习质量。于是，一批学校响亮地提出了“追求人品与学识同步卓越”的口号，作为普通高中深化教育改革，全面推进素质教育的方向。他们在正确理念的指导下，努力探索提高学生学业成绩和全面提高学生素质相结合的途径，把本来不应对立而又长期处于对立状态的问题在教育实践中统一起来，取得了真实和可喜的成效。虽然，现在这种探索还不能说已经成为普遍认同的追求，但它却体现了一种新的思考，一种新的突破。

示范高中在普通高中建设的历程中，发挥过重要的作用。新中国成立以来，在特定的历史条件下，从举办重点中学到举办示范高中，形成了一批优质教育资源。这是一笔宝贵的财富，为我们现在拓展优质教育资源，促进均衡发展奠定了基础。今天，我们有必要也有条件将示范学校的建设和全面提高地区各级各类学校的教育质量统一起来。示范高中应当打破自成一统的封闭状态，通过充分发挥理念、教师和设施的辐射作用，实现地区内的优质资源共享，带动并促进地区整体教育质量的提高。

高中教育的改革应当改变传统的思维模式，朝着实现全面提高、双赢共好的方向发展。只要党委和政府积极引导，社会创造良好的舆论环境，学校以积极的心态进行理性的探索，教师专业化的进度不断加快，高中教育一定能够培养出一批又一批人品与学识全面发展的人，普通高中这一教育难题也一定会逐步得到破解。

（原载《基础教育参考》2006 年第 1 期）

要带着感情抓好农村教育

今年9月，美国耶鲁大学一位教授在提出的报告中说：中国的人力资源将使中国的经济保持50年左右的繁荣。这和许多外国朋友的估计一样，中国雄厚的劳动力资源优势是参与国际竞争的强有力的支撑。

我国的劳动力资源主要在农村，我国的农村劳动力有5亿人左右。按中国的可耕地面积计算，如果平均一个劳动力种10亩地，2亿人也就够了。目前，约有1.2亿人从事乡镇企业生产，还有约9400万人外出打工。这样估算，农村至少还有1亿以上的剩余劳动力。

近几年，城乡收入拉大的趋势没有得到有效缓解，农业、农村、农民问题已成为我国全面建设小康社会面临的首要问题。因为没有8亿农民的全面小康，也就没有中国的全面小康。

全面建设小康的重点在农村，难点也在农村，而关键在于提高农民的素质。

农村地区的教育，特别是基础教育至关重要。我国实施九年义务教育取得了举世瞩目的成绩，但西部某些地区“普九”任务依然十分艰巨。截至2002年，全国有431个县尚未“普九”，其中372个县集中在西部地区。即使在占全国人口50%左右的已经“普九”的中西部农村地区，由于学校办学条件较差，教师队伍不稳定，公用经费不足，再加上教学内容不完全适合农村地区发展的需要，教学质量也难以保证。部分农村辍学率居高不下。

农村富余劳动力在城乡之间双向流动就业，是增加农民收入和推进城镇化建设的重要途径，是解决“三农”问题的重要出路。但现在从农村出来的不少人，陷入了“升学无路，就业无门，创业无术，经商无钱”的困境。其原因就在于从土地上转移出来的农村劳动力，从事第二、三产业的占到94.5%，转移到外地仍然从事农业的仅有5.5%。农民迫切需要的是良好的素质和第二、三产业的专业技能。而农村教育无论是在提高基础素质还是培养专业技能上，都与需求之间存在很大差距。根据一项调查显示，目前城市打工者的文化程度：文盲占 1.9%，小学占 19.1%，初中占 62.9%，高中以上仅占 16.4%。而从 1996 年到 2000 年，全国农村地区职业高中在校生数却由 67 万人下降到 55 万人。其中，经济欠发达的中西部地区职业教育滑坡更为严重。因此，农民即使走出农村，踏进城镇，也难以长久地生存与发展。

由此可见，加快农村教育事业的发展与改革，已成为十分紧迫的任务。

令人振奋的是，最近国务院召开了全国农村教育工作会议，专门研究部署农村教育工作，这在新中国历史上还是第一次。

会上，温家宝总理在充满激情的讲话中强调，发展农村教育，有利于提高农村人口的素质，有利于缩小社会差别和实现社会公平，有助于积累国民经济增长的后劲。没有农村全面“普九”，没有农民素质的全面提高，就很难实现全面小康。他的讲话进一步明确了农村教育在教育全局工作中重中之重的地位。

会议确立了三项具体目标：坚决打赢西部地区“两基”攻坚战；巩固“两基”成果，全面普及九年义务教育和全面提高义务教育质量；进一步深化农村教育综合改革，努力实现教育为农业、农村和农民服务。这三项鼓舞人心的目标充分体现了：办好农村教育，要一手抓发展，一手抓改革。

发展农村教育的“瓶颈”在于经费，刚刚闭幕的党的十六届三中全会作出的《中共中央关于完善社会主义市场经济体制若干问题的决定》中再次重申，要巩固和完善以县级政府管理为主的农村义务教育管理体制。而《国务院关于进一步加强农村教育工作的决定》中也再次重申这一点，同时更进一步指出：国家新增教育、卫生、文化等公共事业支出主要用于农村。这样，完善农村教育经费的投入体制，为农村教育的发展提供了切实的保障。

同时，也正如温家宝总理深刻指出的那样，当前要大力推进农村学校的教育教学改革、“农科教结合”和“三教统筹”的综合改革。随着社会主义市场经济体制的完善和城乡一体化步伐的加快，还要统筹城市优质教育资源支援农村，促进城乡协调均衡发展。

在看到农村教育面临的光辉前景的时候，我不由得想起一位负责农村教育工作的朋友，他是贵州省毕节地区热心于教育事业的专员。他对我说，他有这样的一番思考：沿海地区计划生育搞得好，但过些年会早于毕节进入老龄化社会，会产生对老年护理业的强烈需求。而毕节地区地少人多，到那时，可以有足够的劳动力向沿海地区转移。因此，他筹划要发展毕节地区的老年护理专业，培养专业护理人员，打造毕节老年护理业的品牌，从而为本地区劳动力的转移和致富做好准备。从他的话里，我感受到了他为农村发展、农民致富呕心沥血的深情。我想，我们的各级领导和教育工作者确实都应该像他那样带着感情来贯彻全国农村教育工作会议精神，抓好关系国家发展和民族未来的农村教育工作。

（原载《北京教育（普教版）》2003 年第 12 期）

维护职业教育的尊严

最近，见到一位在中外合作企业工作的同志，他愤愤地对我说，外方声称派了一位著名专家来指导工作，其实来的不过是一个高级技工，言下大有上当受骗之意。在他的头脑里，技工和专家完全是两个毫不相关的概念。

我想，这大概也反映出我们不少人的人才观。在一些人的心目中，“蓝领”的地位总是低于“白领”。我们的人才管理，“白领”和“蓝领”分别属于两个政府部门。在技术工人的职业资格系列里，技师、高级技师地位虽高，甚至可以享受相当于工程师的待遇，但也不过是比照“白领”的专业技术人员系列而已。因此，也就导致在社会上仍然相当普遍地存在着职业有高低贵贱之分的观念。其实，实践早就证明，学术研究型和应用技能型的人才，同样是经济与社会发展的动力，同样是创新力的源泉，而数以亿计的高素质的劳动者更将是我国最宝贵的人力资源。缺乏优秀的技能型人才和大批高素质劳动者，已经严重地制约着我国经济和社会发展的速度与水平。

这种人才观又导致一种教育观的产生，那就是普通教育是培养“白领”的，职业教育是培养“蓝领”的。一些地区和部门，虽然口里说普通教育和职业教育就好像一个人的两条腿，两条腿应当一般粗，但实际上始终把普通教育看做主体，职业教育看做旁支。无论是教育规划、学校布局，还是经费分配、招生安排，总是以职业教育服从普通教育为原则。个别地区甚至认为重视教育就是要发展普通教育，一度出现职业教育的大幅度滑坡。在一些城市，引进人才的标准不仅是根据学历、学位，甚至还要求是在“211 工程”大学或者是省部级院校毕业的，至于技能型人才的引进，则条件相当苛刻，只是由于近年来紧缺，才开了点小口。当然，这也必然会影响到许多人对高中阶段及其以后教育分流的看法，他们不是把分流看做职业发展方向的不同选择，而是把它看做一个人一生苦乐命运的转折。职业教育在国民教育体系中的地位被不适当地降低了，其中的职业培训则往往更难进入领导者关注的视野。

这种教育观又导致一种学生观的产生。那就是接受普通教育的是好学生，接受职业教育的是差学生。当前，我们的选拔方式无论对职业教育还是对普通教育都是通过同一次考试来进行的，而这次考试又主要是考查学生用纸笔解答问题的能力。用同一个标准同一种方法去评价不同类型的人才显然是不合理的。因为在解决不同问题的时候，不同的学生有着不同的优势智能。如果用解决问题和动手操作的能力作为标准进行选拔，肯定会产生与用纸笔解答问题不同的另一种结果。所以，进入职业学校学习的学生，他们都有自己的优势智能，只要我们肯于发现和善于发现，就会看到他们都有着成才的潜质，将来都有可能成为某一领域的领先者。无数事实也早已证明了这一点。

我在瑞士考察教育工作时，发现他们的学生从小学四年级起，就开始逐步分流，向技能领域发展的学生和家长并没有什么屈辱感，不像我们有些人对接受职业教育的学生就像看见一群失败者一样投以异样的目光。究其原因是他们对技能型人才和研究型人才，对职业教育和普通教育，对职业学校的学生和普通学校的学生没有两样看待。“条条大路通罗马”的观念已深入人心。

现在，全国已经出现加强职业教育发展的良好势头，我想，应当下决心从政府各部门开始，引导全社会树立正确的人才观、教育观和学生观，并以正确的观念指导政策的制定和影响人们的行为。从而还技能型人才应有的地位，维护职业教育应有的尊严。

（原载《北京教育（普教版）》2005 年第 11 期）

由“京菜文化”想到的

北京市外事学校被中国烹饪协会确定为京菜研究中心，并且主办了京菜论坛，对京菜文化进行研讨。这是职业教育的一种创新，一种勇气，一种追求。

京菜研究中心的建立与京菜论坛的举办，不仅为京菜文化的传承与发展搭建了广阔的平台，而且也为学生素质的提高与教师的专业发展，为职业教育与社会、企业、专家的紧密结合搭建了广阔的平台。

北京外事服务学校脱开多年来京菜是不是一个独立的菜系的争论，毅然举起了京菜文化的旗帜。

北京的京城地位和历史变迁的复杂性，决定了它有面向不同社会阶层的饮食，宫廷、王府、市井；有面向不同民族的饮食，汉族、满族、蒙古族、回族；有不同的饮食渊源，鲁菜、扬州菜、清真菜、蒙古菜、满族菜等。因此，京菜既是一种组合，又是一种融合。北京外事服务学校将京菜作为一种文化提出，正是因为看到作为京味文化的重要组成部分的京菜文化的独特性。京菜体现了多元性，展现了包容之美、融合之美、和谐之美；京菜体现了开放性，充分吸收全国各地、各民族的精华，然后加以融合，实现再创造，推陈出新；京菜体现了地方特色与民族特色的统一，既具有北京地方菜系的特点，又体现中华民族菜系的精华，世界上很难有像京菜这样“杂色”纷呈、百味俱全、几乎囊括烹调的全部技艺的美味佳肴；京菜更是体现了京味文化深厚的历史底蕴，京菜的发展伴随着北京历史的变迁，每一种京菜都演绎着一段历史，每一道京菜都讲述着一个故事，充分展现了现实与浪漫的完美结合。

京菜文化是北京文化的组成部分，也是首都文化的组成部分。首都文化的基本特征，就是广泛吸收全国最好的元素加以融合、创新，再以形成的最好的文化影响全国。

因此，以烹调作为主打专业的职业学校倡导、弘扬、研究、发展这种文化，具有十分重要的意义。

职业教育是培养高素质的应用型、技能型人才的教育。这种人才，不仅要有扎实的基本技能，而且要熟练掌握专门技能，这样才能成为具有特色的专业工作者。专业工作者的基本特征就是具有不可替代性，因此加强特色培养，是造就高素质劳动者的重要途径。京菜的深入开掘，使地方特色彰显于教育过程之中，这不仅对继承与弘扬京菜具有重要意义，而且对培养新一代烹饪专业人员具有重要价值。

烹饪归根结底是一种文化，是一种艺术，正如绘画不能只懂技法而没有修养一样，技能教育也不能让学生只会操作而没有文化。京菜文化的研究以及与教学的结合，为技能教育注入了文化元素，可以激发学生的兴趣，提高学生的格调、品位，从而为学生未来的专业发展奠定良好的基础。

开展专业研究是教师专业发展的重要途径，教师不仅应当是知识与技能的传授者，还应当是知识与技能的开拓者。因此，开展研究活动可以使教师自身的发展从凝固状态变为流动状态，使学校教育变为一股清泉、一湾活水，永远洋溢着青春的活力。

全国不少职业学校都有烹饪专业，但同质化现象非常普遍，因此，加强某一方面的专业研究，在某一领域变得卓越，就能形成学校的特色、品牌和传统。这是学校实现超越式发展的重要途径。

职业教育是直接为社会服务的教育，它不仅应当培养服务消费的人，还应当培养引导消费的人。这就需要教育与社会紧密结合。京菜研究即实现了这样的结合，提出了研究社会的课题。企业是目前京菜继承、开发的实践者，有着丰富的京菜资源，不同企业又有不同的专业特长，所以，京菜研究只有在与企业紧密结合的基础上，才有可能取得更为全面的认识，并将研究成果转化为现实生产力。

专家引领是开展京菜研究与教学活动的力量源泉，所以学校需要充分依靠、借助专家的智慧与经验。京菜发展的历史上出现过一批著名的创业者、企业家，一批享誉京城、名扬中外的名厨，他们中的一些人仍然在世，有的还工作在一线。这些人既为我们提供了京菜研究的资源，同时他们本身也应当成为京菜研究的重要内容。

北京市外事学校通过开展京菜研究推动学校的专业建设，这是一个好的开端与示范。这样的探索，无疑有助于维护职业教育的尊严，提高职业教育的品位。

（原载《中小学管理》2008 年第 12 期）

对反思的反思

最近，部分地区的教育行政部门对《三字经》和《弟子规》等启蒙读物进入学校教材作出了一些规定，要求删除部分不符合时代精神和现代道德观念的语句。有些同志认为行政部门不应强令对这些经典进行删减，有些同志觉得难以把握什么内容应当删除，于是引起了一场争论。

对进入教材的教学内容，根据教学对象的接受能力，进行适度的删减和适当的改动，或者作出新的解读，这是处理教材应有的原则。但是，由于这次涉及的是与国学相关的著作，所以掀起的波澜就大一些。

其实，《弟子规》本身也是经过修订改编才成书的。这本书原名《训蒙文》，原作者李毓秀是清朝康熙年间的秀才。他以《论语》《学而》所表述的伦理为原则，列述了弟子在家、出外、待人、接物与学习中应该恪守的规范。后来经过清朝贾存仁修订改编，改名《弟子规》，全书正文1080个字，360句，3个字一句，简明押韵，内容涉及日常生活中的113件事情，浅显易懂，易学易做，因而成为启蒙养正、教育孩子的读物。

教育行政部门这次作出的规定，实际上是一种反思，是对前一阶段反思的反思。

从“五四”运动高举反帝反封建的大旗，“打倒孔家店”，到“文化大革命”批林批孔，我们对我国传统文化，特别是儒家文化进行了持续半个多世纪的批判。近年来，人们试图对这段历史进行新的评价。从19世纪的西学东渐到20世纪后期的对外开放，西方科学文化的广泛传播促进了中国的革命、改革与发展，形成了社会文化的多样化，但同时也带来了一些负面的影响，这激发了人们进行中外文化比较的热情。同时，在社会转型期，价值取向的多元、信仰危机的出现、道德观念的混乱、行为规则的无序，也引发了人们对重塑社会主流价值观的思考。而教育事业的发展在取得了举世瞩目的成就的同时，也遇到诸多新的难题，特别是在如何教会学生做人做事的问题上，理论与实践困惑并存。这一切都促使人们重新探索教育的途径，特别是对中华传统文化的价值进行深度反思。

这种反思的积极成果之一就是“国学热”的再度兴起。20世纪初兴起的“国学热”，到20世纪80年代又开始萌发，90年代再次掀起直到现在。这是对中华传统文化的反思与正视，是对中华传统文化在现代中国乃至世界多元文化中的重新定位。

经过反思，人们充分认识到国学的人文价值。国学是五千年中华文化的精髓，承载着中华民族优秀传统文化的核心价值体系，是对数千年来中国人思维方式、行为方式、生活方式的高度总结，是世界文化宝库中的瑰宝。在构建社会主义和谐社会、建设社会主义核心价值体系、大力弘扬中华民族优秀传统文化的今天，倡导国学无疑有着重要的现实意义和深远的历史意义。

于是，国学研究得到加强，国学教育得到重视。国学博大精深的体系中所包含的思想理论和科学智慧，得到进一步开掘。同时，国学的倡导对社会文化与学校文化建设都产生了积极的影响，在国际文化交流中也发挥了巨大的作用。特别是国学启蒙教育如雨后春笋般在中小学和校外教育中开展起来。

随着国学教育的广泛开展，人们的认识不断深化，各界又开始对前一阶段的反思成果进行反思，提出一系列在国学教育实践中遇到的新问题。比如：如何确立国学教育在教育体系中的定位，如何明确国学教育的价值取向，如何界定国学教育的内涵与外延，如何在国学教育中取其精华、弃其糟粕，实现优秀传统与时代精神的统一、理论与实践的统一、继承与创新的统一，等等。

因此，教育行政部门某些限制性规定的出台，正是对近年来国学教育实践进行反思的成果；由上述种种新问题引发的争论，反映出我们正在以更加理性、更加成熟的态度，对待国学和国学教育。

扬清激浊、革故鼎新，是任何时代文明发展进步的基本规律。通过不断的反思、求索，使国学和国学教育真正发挥其传承中华民族美德、增强民族文化认同、树立民族文化自信、打造国家和民族软实力、提升国民人文素养和创新能力的作用，这才是我们所期盼的。

（原载《中小学管理》2011 年第 6 期）

一场有意义的争论

最近，一所小学编写的关于性健康教育的教材引起了一场争论。有人认为，教材的编写体现了对学生身心发展的关怀，值得肯定；有人认为，这极易产生对学生的误导，负面影响很大，应予纠正。而这场争论又正好发生在关于性健康教育的国际研讨会在京召开之时，因此，更引起了社会各界和媒体的广泛关注。

其实，对学校要不要进行性健康教育和怎样进行性健康教育，人们一直有着不同的看法。《中华人民共和国人口与计划生育法》明确规定："学校应当在学生中，以符合受教育者特征的适当方式，有计划地开展生理卫生教育、青春期教育或者性健康教育。"因此，学校进行相关教育不仅有法可依，而且是法定的任务。但怎样才是"符合受教育者特征的适当方式"，教育界、卫生界、计生界、法律界的人士，从各自角度出发提出的主张却不尽相同。大家的分歧在于，将基础教育领域性健康教育所涉及的行为底线定在哪里？是以性法制、性道德为底线的伦理教育呢，还是以性生理和性心理为底线的卫生教育？前者因为符合我国传统的道德观念，所以容易被大多数家长接受。但是，客观存在的严酷现实是，以艾滋病为主的性疾患愈益蔓延，因性罪错造成的早孕现象屡屡出现。无视现实的挑战、忽视生理和心理教育，同样会产生严重的后果。因此，近年来，相当一部分人认为，应当将伦理教育与卫生教育结合起来，将性健康教育作为全面素质教育的一个组成部分。

我想，以"符合受教育者特征的适当方式"进行性健康教育应当坚持两条原则：一要"适应"，二要"适合"。

一要"适应"。伴随时代的发展，人们的生存方式、生活方式、道德观念和人际关系都在发生变化。因此，我们的教育必须适应这种变化，才能真正有效地发挥促进人的社会化进程的作用，才能真正有效地发挥保障人的健康成长的作用。

随着人们物质生活水平的提高，随着学生信息获取来源的大大拓宽，各年龄段学生的发育期和成熟期都相应提前。比如：女生的初潮，已经从原来大多在初中时到来，提前到大多在小学高年级时到来，而且这种提前的趋势还在继续。因此，性健康教育必须适应这种变化，相应地调整教育内容。同时，艾滋病的威胁愈益呈现低龄化的态势，性传播是其传染的重要途径之一，因此，加强性健康教育也是抵制艾滋病传播的需要。再者，当下的社会生活不断变化，传播媒介日益丰富，人的观念越加开放，因此，合理地进行相关的教育，包括树立良好的道德观念和法制观念，也是适应提高人的生活质量、推动社会和谐发展的需要。总之，“适应”，是建构性健康教育体系的重要原则之一。

二要“适合”。首先，要适合我国国情。性健康教育要依照中国的法律和中国人的道德准则进行，不能超越现行法律和道德的框架。比如：国内外专家对涉及生育政策问题和涉及性取向问题的教育，可能有不同的看法，我们在选择教育方式时必须以符合中国的法律和道德规范为前提。其次，要适合学生的身心特点。性健康教育的内容要适合不同年龄学生的身心发展特点，将性法制、性道德、性生理、性心理有机地结合起来；性健康教育的方式要适合不同学段学生的接受能力，让学生能够理解，乐于接受。最后，要符合科学规律。性健康教育和许多教育活动一样，是一把“双刃剑”：可以发挥积极的引导作用，使学生获得科学的认知，进而促进其健康发展；也可能产生消极的诱导作用，可能诱发某些学生（如有强烈的好奇心理和逆反心理的学生）的不健康的行为。因此，要善于把握内容、方式的尺度，依照科学规律进行教育。总之，“适合”，是建构性健康教育体系的又一个重要原则。

这场争论是一件好事，它促进了各界对性健康教育的关注，也有助于我们深化对性健康教育的认识。我们应当善于整合社会、家庭、学校的力量，形成性健康教育的合力，以推动我国性健康教育的科学发展。

（原载《中小学管理》2011 年第 10 期）

大义、大气与大师

北京市西城区的同志们经过几年的开掘、整理，出版了一本少有的系统研究区域教育思想发展史的著作——《西城教育思想录》。

翻开这本沉甸甸的书，我仿佛看到了一部厚重的中国近现代教育发展史。先辈的开拓、后人的耕耘历历在目，时代的变迁、思潮的激荡发人深省，而理念的深邃、经验的广博又给我们以深刻的启迪。由于亲身经历了其中半个多世纪的教育变迁，所以，我对书中所描述的百年教育史备感亲切。

现代教育传入中国起于晚清，那时北京是首都，所以从某种意义上说，北京是现代教育机构的重要发端地。3000多年的建城史和800多年政治活动中心的历史积淀，名家云集、文人荟萃形成的文化传统，为北京现代教育事业的发展奠定了坚实的基础。国际交往频繁引入的大量现代教育理念、高等教育的率先发展培养了一大批优秀的师资力量，又为北京基础教育的发展注入了活力。于是，一种融中华传统和西方理念为一体的中国式的现代教育自然率先在北京应运而生。而“西城”作为行政区划的概念百年来虽几经变迁，但作为地域概念，它却在相当长的时间里，一直是国家中央机构的所在地，因此自然形成了教育事业发展的区位优势。历代西城教育工作者殚精竭虑、奋力拼搏，充分发挥了这种优势，从而沉淀了西城教育的特色，形成了西城教育的传统，为全市乃至全国提供了宝贵的经验。

《西城教育思想录》真实地记录了这一段历程，生动地提炼了这一种精神。其中使我感受最深的是六个字：大义、大气、大师。

西城教育深明大义。这种大义表现在始终坚守爱国主义传统和对走在教育前沿的不懈追求。无论是在国家危难时期，还是在国家兴盛时期，西城教育工作者始终以一种高度的爱国主义情怀哺育新的一代。一批批民族英雄、革命志士从这里走向战场，一批批建设大军、创业英才从这里走向社会。西城教育工作者在学生心中播撒的种子，在无数人成年后开出了鲜艳的花朵、结出了丰硕的果实。西城教育始终坚持先进的教育理念、先进的教育内容、先进的教育方法，从而赢得了很高的教育质量，享有了良好的社会声誉。不甘落后且从不落后，这是西城教育工作者的追求，也是他们得到的回报。今天，在社会价值观多元化、学校价值取向复杂化的背景下，我们更感到这种深明大义的教育传统的可贵。

西城教育胸怀大气。这种大气表现为始终从育人的大局出发，始终尊重教育规律。教育当然要讲投入产出，但教育流程的最终目的在于促进人的全面健康的发展，在于为国家培养合格的人才。西城教育坚持面向未来，反对短视行为，防止斤斤计较于一事的得失、津津乐道于一时的成就。这为遵循教育规律奠定了思想基础。西城的许多学校都把坚持正确的教育思想放在办学的首位，并将其贯穿于整个办学实践之中。在西城，“大气培育大器”成为历代许多教育工作者的共识。有了大气的胸怀，我们才能正视教育存在的弊端，才能勇于推进教育的改革和实验，才能为高品位、高素质人才的成长提供肥沃的土壤。今天，当极端的片面性和狭隘的功利主义已深深侵蚀着教育肌体的时候，当学校教育由于违背规律而受到种种惩罚的时候，我们更感到这种胸怀大气的教育风格的可贵。

西城教育尊重大师。这种对大师的尊重不仅在于礼遇名师蔚然成风，更在于为他们的成长提供自由的学术空气。“西城的教师”，不仅已经成为北京赞誉西城教育的口头禅，也成为西城教育永不褪色的教育品牌。那些品德高尚、学识渊博、教艺精湛而又各具特色的名师，带动着整个教师队伍的成长，也推动着整体教育水平的提升。而他们正是由于有自主发展的空间和自由创造的天地，才能够脱颖而出。我曾亲身感受过那些大师们的人格魅力和学识魅力，他们在学生心中刻下了永不磨灭的印记。西城曾经涌现的以及现在仍在一线的名师就像夜空中颗颗耀眼的明星，他们和无数繁星交相辉映，装点着美丽的星空。今天，当我们最需要教育家办学而许多校长和教师又被种种烦琐事务困扰而无法专心办学的时候，我们更感到这种尊重大师的教育气度的可贵。

深明大义、胸怀大气、尊重大师，在《西城教育思想录》中体现得十分充分而深刻。所以，这本书既是少见的记录一个地区教育发展历程的著作，更是一本具有鲜明的时代意义的生动的教材，很值得我们认真地品读。

（原载《中小学管理》2011 年第 4 期）

整合学校德育的骨干力量

中小学德育工作的骨干力量，传统提法是三支队伍——政治教师、团队干部和班主任。多年来，这三支骨干力量在学校德育工作中发挥了重要作用，因此，进一步加强这三支队伍的建设，无疑是增强德育实效性的重要环节。

但是，现在看来，只强调这三支队伍是骨干力量，已经产生一定程度的负面影响，有时，甚至削弱了学校德育整体功能的发挥，影响了学校德育的和谐与丰满。

按照我们的管理习惯，重要的事情都应当由专人负责。德育当然是重要的事情，因此，从教育行政部门到学校，就需要形成一个相对独立的德育工作体系，于是，由教育行政部门的德育管理部门，到学校的德育管理干部，再到三支队伍，就形成这样一个体系。当然，有了这样一个体系，上级抓德育工作就有了抓手。为了使这些同志专心于德育工作，在评定职称时，还专门设置了德育系列，有德育职称的同志就成为德育的专门人才。于是，久而久之，大家习以为常，德育也就变成这三支队伍的事情了。

但不容忽视的是，当我们将德育看做是这三支队伍的责任的同时，却往往将学校的其他成员，特别是任课教师，排除在德育骨干之外。这样就造成学校的德育工作逐渐自外于学校教学工作，学校德育队伍逐渐自外于学科教师队伍，学校的德育活动逐渐自外于学科教学活动，学校的德育评价也就逐渐自外于学校的教学评价了。

所以，从一个角度看，重视三支队伍建设，德育有了专人负责，看似加强，但从另一个角度看，相当多的教师不把德育当成自己的事，使德育工作和教学工作脱节，甚至对立起来，德育又谈何加强呢？

德育是教人做人的教育，是学校教育的重要培养目标，对于基础教育来说，德育更是为了奠定人一生最重要的基础。因此，它是每位教师的责任，必须贯穿于学校全部教学工作之中，特别是学生参与时间最多的课堂教学之中。所有学科都蕴涵着丰富的德育资源，所有教师的身教言教都对学生的思想、品德、价值取向有着重要的影响，所以，全体学科教师都应当是德育工作的骨干力量。

有人认为，强调三支队伍是骨干力量的同时，没有排除学科教师的作用。但实践证明，三支队伍尽管承担着德育的重要责任，但难以成为整个教师队伍进行德育的骨干。他们对学科教师的教学活动，难于指导、难于组织，甚至难于施加影响。实际上，任课教师与班主任、团队干部和政治教师是从不同的角度在学校德育工作中发挥骨干作用的。任课教师是从各自学科教学的角度，班主任从学科管理的角度，团队干部从学生组织的角度，政治课教师从政治、法律和道德修养学科的角度，分别承担而又相互协调着进行德育。

有人认为，如果都是骨干，还有什么骨干可言。实际上，因为学校德育是整个未成年人思想道德建设的一个部分，需要有骨干来协调社会、社区与家庭，需要有骨干来组织学生。学科教师和班主任、团队干部、政治课教师同样需要利用社会教育资源，调动社会力量，和家长协调对学生进行教育；不仅需要在学科教学中有目的地进行德育，同样也需要组织学生开展相关的德育活动，所以，他们都是德育工作的骨干。对学科教师的评价，同样应当把德育工作的成绩放在重要的位置。

三支骨干力量提法的形成，有它的历史过程。现在审视起来，我认为是在德育难于贯穿于学校全部教育教学活动的情况下的一种退而求其次的提法，是中小学德育工作对成年人政治工作体制的简单模仿，也是德育管理干部难于介入学科教学、只得寻求形成相对独立的德育工作体系的产物。

要增强教育的实效性，就必须整合学校德育的力量，当然也就必须紧紧抓住学校德育的全部骨干。所以，建立在校长领导下，以学科教师、班主任、团队干部、政治课教师为骨干，由社区和家长参与的德育工作体制，就成为加强与改进学校德育的重要环节。

因此我想说，只有学科教师也成为骨干的学校德育队伍，才是强有力的德育队伍；只有学科教学也积极参与的德育工作，才是更有实效的德育工作。

（原载《北京教育（普教版）》2004 年第 12 期）

德育流程：一个值得重视的探讨课题

德育作为教育目标，既贯穿于教育过程，又体现于教育成果。但在基础教育阶段，影响一个学生思想品德成长的必然因素却又往往令人难以准确把握。所以，一些同志强调德育“回归自然”，主张不要刻意进行什么思想品德教育，把学生思想品德的成长，寄托于环境的潜移默化，采取“无为而教”的态度。不过，多数同志则认为，德育是一项自觉的主动的教育过程，它的教育成果与过程的科学性有着密切的关系，因此，不少学校和教师进行了关于德育流程的探讨。

这种探讨的价值在于，它试图在理论和实践结合的层面上，将德育工作规程化，使其成为为了实现教育目标而进行的实实在在的操作程序，从而进一步提高教育工作者进行德育的自觉性，进一步发挥教育工作者在德育过程中的能动作用。

科学的德育目标体系是德育流程的基础。在过去相当长的时间里，德育目标体系的研究存在着两个问题：一是将德育简单地等同于政治教育，以政治教育的体系代替德育体系，从而造成脱离学生的年龄特点进行口号式的教育，很小的孩子讲出他们自己不懂、成年人听了好笑的政治口号；二是认为教育要从小抓起，因而将许多教育都纳入学校德育体系，各政府部门甚至社会团体，都希望将自己主管的工作，纳入学校的教育环节，都希望编写大纲，出版教材，组织活动，结果，德育目标总是在做加法，造成学校德育体系的庞杂和臃肿。

今年 9 月我参加日本教科文联盟第 60 次大会，听到日本一个地区在小学进行国际理解教育的体系介绍，受到一些启发。这个地区的小学国际理解教育体系是：一、二年级使学生理解家庭、学校；三年级了解所在城市；四年级了解所在省区（日本称做县）；五年级了解日本；六年级了解世界。这种体系至少体现出：由近及远，由浅入深，从具体到抽象，从局部到整体，既符合年龄特点，又符合认知规律，既形成一个完整体系，又有年级分工。我想，这种建立目标体系的原则，值得我们借鉴。

清晰的"德育点"是德育流程的关键。长期以来，德育工作存在的一个问题是虽有目标，但实现目标有着很大的随意性，想到哪里就做到哪里，想到多少就做多少，想不到也就不做了。特别是在课堂教学中进行德育，更主要是凭教师的自觉。所以，经常是我们说了应当进行这样那样的教育，其实，根本得不到落实。

最近，在吉林省长春市的一个区，听到他们关于学科教学"德育点"的研究，很受启发。他们发动各年级、各学科的教师，借鉴抓知识点的教学经验，对所有教材所蕴涵的具有德育价值的"德育点"进行开掘，并经过整理，编印出来，作为教师在教学中进行德育的依据。

这样一来，学科教学的德育目标和内容都具体化了，每位教师的德育责任也都明确了，不仅变成了可操作的，也变成了可评价的。我想，学科教学应当这样，学校的德育基地、传统德育活动也应当这样，都要有明确的"德育点"。

有了德育的目标体系，有了明确的"德育点"，德育流程就有了主线，就有了相对稳定的格局。当然，实际运行，必须要因地制宜、与时俱进。

除了教材、德育基地、德育传统活动等稳定的德育资源外，教育环境总会不断变化，会有新的情况、新的问题、新的形式、新的资源出现。将相对稳定的德育目标体系和不断变化的教育环境进行整合，就形成实际的德育流程。

学校和教师把握清晰的德育流程，有利于增强德育的科学性，有利于增强德育的实在性，是增强德育针对性和实效性的根本途径。

加强与改进学校德育不能只是停留在一般性的号召和提几条原则，

需要研究点实实在在的问题，我想，德育流程的探讨应当是一个值得重视的课题。

（原载《北京教育（普教版）》2005 年第 1 期）

加强与改进学校德育的必然要求

社会主义荣辱观是对社会主义道德标准的高度概括，是公民道德建设和培养社会主义事业的建设者和接班人的重要内容，树立社会主义荣辱观是加强与改进学校德育的必然要求。

德育是学校教育的重要工作，更是学校教育的首要目标。长期以来，不少地区和学校只把德育看做学校的一项专门工作，形成了相对独立于教学工作之外的体系。这样，就使德育作为教育目标的地位变得模糊了，德育成为一部分德育工作者的职责。而实际上，德育作为教育目标，和智育、体育、美育一样，应当贯穿于学校的全部教育教学活动之中，成为全部教育教学活动的首要目标，成为全体教育工作者的责任。因此，树立社会主义荣辱观作为一个教育目标，同样应当贯穿于全部教育教学活动之中，成为全体教育工作者的责任。我们要开展多种多样的宣传教育活动、社会实践活动，但这些活动必须融入学校的整体教育工作之中，特别是要作为一种价值观融入学科教学活动之中，只有这样，才能最终形成良好的校风与社会道德新风。

学校加强德育需要形成稳定的格局和流程，同样，进行社会主义荣辱观教育也需要形成稳定的格局和流程，这是增强实效性和针对性的保证。一些地区和学校虽然强调德育的重要地位，但是，没有稳定的格局与流程作保证，常常是领导布置一下抓一下，遇到问题不得不抓就抓一下，随意性很大。一个好的德育工作格局至少应当包括德育体系、“德育点”、“德育场”和德育队伍，而一个好的德育工作流程应当是“常”与“变”的有机结合。

学校德育体系由从低学段到高学段的纵向体系和学校家庭社会一体化的横向体系构成。从低学段到高学段的纵向体系，应当体现由近及远，由浅入深，从具体到抽象，从局部到整体，既符合年龄特点，又符合认知规律，既形成一个完整的体系，又有学段和年级分工的原则。学校家庭社会一体化的横向体系则应当是一个以学校教育为主导，以家庭教育为基础，以社区教育为依托的开放型德育体系，形成目标一致、内容衔接、功能互补、关系和谐的三位一体的教育网络。有了这样的体系，德育和社会主义荣辱观教育才有了能够转化为实践的可操作的方案。

学校"德育点"的研究，借鉴了学科教学"知识点"和"技能点"研究的经验。教师把握住"知识点"和"技能点"，就能有目的地开展教学活动；同样，如果把握住"德育点"，就可以有目的地开展德育活动。因此，除了德育课程之外，开掘"德育点"是一些地区和学校加强与改进德育的重要经验。其中包括对各学科教学"德育点"、传统活动"德育点"、行为规范"德育点"、社会实践"德育点"，以及其他教育资源"德育点"的开掘。"德育点"的开掘以及社会主义荣辱观"教育点"的开掘，是落实德育责任、提高德育质量的重要环节。

学校"德育场"的建设，是为了改善与创造良好的德育环境，为学生的健康成长提供阳光和雨露。学校文化建设是"德育场"建设的核心。我们要推进学校物质文化、行为文化、制度文化和精神文化的建设，以体现学校的价值取向，最终使全体成员对学校的主流价值观有一个基本的认同。优化社会环境是"德育场"建设的关键。要通过党委和政府的统筹，实现学校、家庭、社会三个"教育场"的协调一致，包括价值观和教育理念的协调一致、政策制度与目标指向的协调一致、多种教育资源利用的协调一致、多元教育主体所实施的教育措施和教育行为的协调一致。

在学校德育队伍中，德育管理人员、班主任、政治课与思想品德课教师、团队干部当然是重要的力量，但全体教职员工都应当是德育的骨干力量，都有通过教育教学和管理，协调学校、家庭、社会进行德育的责任。学校的德育应当由校长领导，形成全校上下相互配合、步调一致的工作队伍。从某种角度看，只有当全体教职员工都能自觉提高自身的思想道德水平和行为规范水平，都把加强德育当做是自己的责任的时候，增强德育的实效性才不会是一句空话。

在学校的德育工作流程中，“常”就是相对稳定的部分，由相对稳定的德育体系、德育资源、“德育点”、“德育场”和德育队伍组成。而“变”则是指变化着的新的形势、新的动态、新的资源。德育的流程要体现“常”与“变”的有机整合。

社会主义荣辱观的教育为学校德育提出了新的课题，也为学校德育注入了新的活力。以此扎扎实实地加强与改进学校德育，必将促进真、善、美的社会主义道德新风的形成。

（原载《基础教育参考》2006 年第 5 期）

在多元中立主导
——坚持社会主义核心价值观的导向

在多元文化背景下，坚持核心价值观的导向，是当前学校德育工作面临的严峻挑战。

价值观是社会成员用来评价事物以及选择追求目标的准则，是决定人们行为的内部动力。个人的价值观形成了个人的价值取向和行为定式，而社会共同认可的普遍的价值标准，就形成了一个社会普遍的行为模式。

改革开放以来，社会价值观多元化促进了思想活跃、观念碰撞、文化交融，对于经济的发展和社会的进步起到了重要的推动作用。但是，由于价值主体、价值标准、价值取向等越来越多元化，自然就会出现多元价值观对社会核心价值观的冲击，在社会转型时期，“核心价值观”与“多元价值观”的这种张力关系将长期存在。

目前学生价值观的现状应当引起我们对价值观教育目标的达成度的反思。一个省会城市进行了中小学生思想道德状况调查。其主要结果是：乐于助人、团结互助、尊老爱幼等传统美德仍为未成年人广泛推崇，但同时显现出中小学生在金钱观念、职业向往和学习目的等方面的很强的功利性。有18.9%的未成年人认为金钱在人的一生中最重要，31.6%的人不愿当普通劳动者。脑力劳动、收入高的职业是中小学生职业向往的热点，普通劳动者的选择比例则非常低。只有23.8%的中小学生选择了现在的学习是为了“将来为祖国多作贡献”，而近60%的中小学生把“未来有个好职业、高收入、过舒适生活”作为自己的学习目的。因此，该市相关部门认为，现代教育中“轻道德重智力”问题日趋明显。

西方国家在价值观教育方面的教训值得我们借鉴。新西兰在2006年提出重塑价值观教育，这应当给我们许多启示。新西兰以前也和其他西方国家一样主张价值相对主义，认为个人是道德价值标准的创造者和评判者，不存在凌驾于个体之上的价值标准。对于学校而言，没有责任和必要对个体施加价值观影响，学校对价值观教育应该保持中立的立场。但是，价值相对主义给新西兰社会带来了巨大的危机：从20世纪60年代到90年代，虽然新西兰GDP增长了一倍，政府在教育和卫生方面的投入也有了显著的增长，但与此同时，新西兰的犯罪率增加了4倍，青少年自杀率增加了4倍，30%的儿童生活在单亲家庭。2006年新西兰教育部颁布了2007年课程草案，就一改以往的主张，特别强调价值观教育的重要性，提出必须将基础价值观教育融入到学校各门课程的教学当中。并且明确提出新西兰的学校应教育学生具有以下八种价值观：追求卓越、创新与好奇、多样化、尊重他人、公正、团结合作、关心环境、诚实正直。从2004年到2008年，澳大利亚也进行了类似的为期4年的价值观教育计划。

教育是价值引导和价值创造的过程，因此学校应当坚持在各种教学活动中，培育学生正确的价值观念。党的十六届六中全会明确指出，社会主义核心价值体系的基本内容是马克思主义指导思想，中国特色社会主义共同理想，以爱国主义为核心的民族精神，以改革创新为核心的时代精神和社会主义荣辱观。社会主义核心价值观是我国民族优秀传统价值观与现代进步价值观的融合，因此，必须旗帜鲜明地坚持核心价值观导向，并将这种导向贯穿于全部教育教学活动之中。教育的重要任务就在于使社会主义核心价值观通过教育活动成为社会的主流价值观。

但是，我们应当看到，现在，在教学活动中能否旗帜鲜明地坚持社会主义核心价值观导向的问题，依然需要引起我们的高度重视。

陶行知先生说过：千教万教教人求真，千学万学学做真人。一位年轻的作家说过一句引起我们对教学活动深思的话，他说：人生的第一次说谎常常是从写作文开始的。其实，几乎所有地区关于社会道德问题的调查报告都说，社会存在的第一位的道德问题是诚信问题。但很少关注教育过程中的诚信教育存在着许多不容忽视的偏颇。当前我们注重启迪学生的智慧，注重培养学生的兴趣，这些无疑都是培养优秀人才之必需。但绝不能把智慧的启迪、兴趣的培养与良好道德的形成对立起来。正如一位美国朋友对我说的那样：道德比智慧更重要，如果说智慧应当更多一点，那就是要懂得道德比智慧重要。

当然，我们要正确看待和处理社会价值导向与学生多样化价值观之间的差异与矛盾，应当尊重差异，包容多样，对学生受多样化价值观的影响加以引导和调节。既要启发学生独立思考，又要引导学生明辨是非。

正如美国学者拉思斯(E. R. Louis)在《价值与教学》一书中指出的："每个人都有自己的价值观，每个人都按他个人的价值观行事，学校教育的根本任务在于抓住价值观，发展学生的道德意识、判断和选择能力。要让学生在内部的道德冲突中澄清自己的价值观，反对公式化的说教和死板的灌输。"

刘延东同志在谈到文化问题时说，我们要"在多元中立主导、在多样中谋共识"。我想这应当成为我们进行价值观教育的基本原则。

（原载《中国德育》2010 年第 4 期）

将美育融于学校教育全过程

在全面推进素质教育的进程中，大家对美育在学校教育中的地位问题已经逐步取得共识，在教育实践方面也取得了很大进展，但加强与改进美育仍然是我们在全面贯彻国家的教育方针中面临的重要课题。

《中共中央、国务院关于深化教育改革全面推进素质教育的决定》指出："美育不仅能陶冶情操，提高素养，而且有助于开发智力，对于促进学生全面发展具有不可替代的作用。要尽快改变学校美育工作薄弱的状况，将美育融入学校教育全过程。"《决定》对美育在学校教育中的地位和作用以及实施途径作出了明确而又深刻的阐述。

美育和德育、智育、体育等一样，首先是教育的目标，是为了培养身心全面发展的人。美育的功能就是运用自然界存在的和人类社会创造的一切美，来美化人的自身，陶冶人的情操，使人的情感得到开发与升华、丰富与充实，并渗透到整个内心世界与生活中去，提升审美情趣，形成健康的生活方式。

加强和改进学校美育的关键是准确把握美育的功能定位，将美育融于学校教育的全过程之中。

艺术教育不等同于美育，但艺术教育是进行美育的重要途径，它在培养学生的审美观，提升学生欣赏美、创造美的能力等方面具有特殊的作用。

我国学校艺术教育的整体水平在不断提高，但是也存在着不容忽视的问题。有些学校艺术教学的课时常常被挤占，教学设施得不到应有的保证，教师的专业化水平不高；有些学校在艺术教育中不重视世界优秀文化的弘扬与我国民族文化的传承，出现了品位低俗化的现象；还有些学校和家长为了给学生升学时创造一些有利条件，片面强化音乐、美术等技能训练，造成艺术教育的功能异化。所以，加强与改进学校的艺术教育是当前全面提高学生基础素质的重要环节。

但是，现在在学校教育中普遍存在的问题是，不把美育看成是贯穿于学校全部教育活动中的教育目标，而只把它看成是艺术教师的工作。一方面忽视了在各学科的教学中渗透美育，因而不重视对教学内容中美的资源的开掘，甚至将饱含情感的教材肢解为枯燥乏味的知识片断；不重视教育的美学原则在教学过程中的运用，忽视协调学生在学习过程中的情感心理，忽视教与学的和谐。另一方面，忽视了美育与德育、智育、体育等之间的有机联系，因而不重视以情感激发学生学习的兴趣、调动他们的学习积极性和主动性；不重视发展学生的形象思维，以全面提高学生的思维能力，启迪学生的智慧；不重视知识、情感与行为的有机结合，因而难以实现真、善、美的统一，难以使学生的素质通过内化得到全面提升。

学校的教育环境是陶冶学生情操的熔炉，环境的美是无声的教材。学校应当把校园文化建设作为加强美育的重要工作。有的同志主张要让每一块地面、每一面墙壁都会说话，这是对的。其实每一所学校的地面和墙壁都在说话，只不过不一定都向学生传达着美的信息。学校条件的差异并不最终决定美感的差异，关键在于我们用什么样的理念和品位来布局。当然，我们更要注重学校人与人之间的和谐与学校运行的节奏与韵律。

将美育融入学校教育的全过程，决定性的因素是教师。素质教育不仅对提升学生的全面素质提出了较高的要求，而且首先对提升教师的全面素质提出了较高的要求。一方面教师要重视自身的素质和形象，教师对学生怀有真挚的情感，具有良好的师德、气质、风度，其本身就是最好的美育。另一方面，教师要调整自身的知识结构、道德心理结构和审美心理结构，提高自身的美育素养，增强自身的美育意识和美育能力。同时，美育不是教师的单向灌输活动，教师与学生各自有着对美的不同感受，因此教育过程应当成为教师与学生互相激发、互相交流的互动过程。

人们常说，生活中不是缺少美，而是缺少发现美的眼睛。其实，教育中也不是缺少美，而是缺少自觉地进行美育。我们将美育的目标最终转化为自觉的教育活动，就是在创造美的教育。

（原载《基础教育参考》2006 年第 4 期）

一份珍贵的礼物

《北京日报》教育专版五月份重点探讨如何帮助孩子自理自强，发表了许多很有见地的文章，我觉得，这的确是献给今年六一儿童节的一份珍贵礼物。

（一）

现在许多做父母的人，对孩子充满爱心，对他们的生活无微不至地关心，对他们遇到的挫折无比担心，这是完全可以理解的。但是，只有爱心、关心和担心是难以培养出具有自强精神、自理能力的下一代的。这里，恐怕需要来一番转化。

爱心应当化作苦心。爱孩子是教育孩子的情感基础，没有爱就没有教育。父母在对子女的爱里充满着真诚的期望，期望他们将来成为一个有作为的人。但是，只有期望的爱显然不是完全的爱，还必须有将期望变成现实的努力。这就需要父母有在爱心基础上的一番苦心，那就是要明白怎样才能使孩子将来成为有所作为的人，并且付之于实践。

关心应当化作“忍心”。下一代人的健康成长需要长辈的关心，因为他们是未成年人，他们还没有独立生活。但是，未成年人总有一天要成年，现在没有独立生活，将来总要独立生活。如何使他们顺利地完成这个成长过程是父母最应该关心的问题。所以，真正关心子女的父母应当“忍心”让孩子去做那些现在不会做，但将来应当会做的事情。

担心应当化作耐心。当孩子们自己去干自己的事的时候，总免不了会出现这样或者那样的差错，从而引起父母的担心。但是，应该想到，“行是知之始，知是行之成”，孩子们经历的失败正是他们成长的阶梯，父母应当耐心地加以引导和给予鼓励，使他们逐渐从实践中练就自理本领，从挫折中培育自强精神。

早在70年前，陶行知先生就写过这样一首白话诗，“滴自己的汗，吃自己的饭，自己的事自己干。靠人、靠天、靠祖上，不算是好汉”。这首诗曾被许多青少年当做座右铭，激励他们自理、自强。

如今，确实到了该让现在的孩子们牢牢记住这首诗的时候了。

（二）

1995年北京家庭教育指导行动的主题是：教育子女自理、自强。自理是指自我服务、自我管理、自我约束、自我发展的能力。自强是指蓬勃向上，奋斗不息的精神。培养这种精神与能力，不仅是家庭教育永恒的课题，而且有着鲜明的时代意义。

自理自强是跨世纪人才的重要素质。为了迎接21世纪面临的挑战，为了保证国家民族的繁荣昌盛，我们必须弘扬自力更生、奋发图强的民族精神，必须具备在激烈的国际竞争中立于不败之地的能力。自理自强正是这种精神与能力在下一代身上的体现。也只有具备这种精神与能力的人，才能适应在社会主义市场经济体制下生存与发展的需要。

自理自强是每个社会成员成熟的标志。子女的成长实际是从依靠父母养育到独立生活的过程。培养自理能力与自强精神正是完成这一过程至关重要的因素。

培养子女自理自强也是克服当前家庭教育弊端的关键。由于独生子女家庭增多，在相当一部分独生子女身上存在着被称为“四二一”的综合征，就是祖父母、外祖父母4个人，父母2个人围着一个孩子转，从而造成孩子受到过多的溺爱，产生过多的依赖，缺乏自强精神，缺乏自理能力。

所以，我们希望通过这次的家庭教育指导行动，引起做父母的和社会各界对培养下一代自理自强的高度重视。

要通过广泛宣传转变教育观念。父母对子女的义务是教育子女学会独立生活，而不是代替子女生活。要教育子女从小以自立为荣，以依赖为耻；以勤劳为荣，以懒惰为耻。

要从子女的年龄特点出发，培养自理的本领与习惯，从而孕育其自强的精神。要教会孩子做力所能及的事，而且凡是经过努力可以做到的事，都要放手让孩子去做，并严格要求孩子必须自己去做好。

（三）

健康的心理是做人与成才的基础，家长应当帮助孩子从小就打好这一基础，而自信心是一个人重要的心理品质。我们所说的自信，就是指：相信自己可以实现理想，从而树立远大志向；相信自己可以取得成功，从而培养踏实的态度；相信自己可以克服困难，从而保持乐观的情绪；相信自己可以改正错误，从而具有进取的精神。有了这种自信，才能勇于开拓、勇于创新、勇于拼搏，才能不骄、不躁、不馁。国家的富强、社会的进步需要公民具有这种自信，个人的健康成长也需要这种自信。在社会的激烈竞争中，具有这种自信就尤为重要。

保护与培养孩子的自信心是父母的重要责任。家长应当提供子女独立活动的机会，只有通过独立活动才能减少孩子的依赖心理，树立对自己的信心。家长应当以激励作为促使孩子进步的主要动力，只有让孩子在被肯定中认识自己的能力，才能为自信奠定坚实的思想基础。家长还应当善于帮助孩子树立实事求是的态度，只有正确地认识世界和认识自己，才不至于陷入盲目的自信。

（原载 1995 年 5 月《当代家庭教育报》）

读懂孩子

——《亲情传递》序

在万众一心、同抗“非典”的特殊时期，我看到了这本书稿。我不由想到，这时，有许多孩子正待在家里受着父母的呵护，亲情从没有像现在这样在父母的心中如此澎湃地涌动。家长们把对子女的深切的爱，化作切切实实的行动。为了孩子们的健康，他们学习科学的保健知识，掌握有效的防护方法，观察孩子的动态变化，采取各种有针对性的措施，使孩子们平安地闯过急流险滩。

正是情感与科学的交融，使我们取得了非常时期的胜利。我想，当我们的生活的航船重又驶入平缓的河流的时候，我们不应忘记这难得的经历给我们的宝贵启示。那就是珍视情感，同时要珍视科学；热爱孩子，同时要读懂孩子。

一个孩子就是一本书，需要我们认真地去读。

孩子的共性我们要读懂。0—3岁婴幼儿的早期经验对一个人的未来发展有着深刻的影响，而儿童和少年时期的经历对一个人自觉心理、行为的形成起着关键性的作用，青年前期则已经勾画出一个人价值观、世界观的基本轮廓。在这些孩子成长的关键期，外部的正确介入可以产生积极的推动作用，外部的错误介入也可以产生消极的负面影响。家长应当怎样合理介入呢？这是一本应当读懂的书。

孩子的个性我们要读懂。当我们拿着一纸用同一尺度衡量所有学生的成绩单时，我们应当想到其实孩子之间是很不一样的。不同的孩子有着不同的潜能，智能是多元的。每个孩子都有自己的优势智能，父母要善于发现它，发展它，并用以促进其弱势智能的提升。他们步入社会以后遇到的种种问题，绝不是仅用成绩单上所表现出的才能可以解决的。看到了孩子的潜能，也就看到了孩子成才的希望和方向。我的孩子究竟是怎样的呢？这是一本应当读懂的书。

孩子的心态我们要读懂。不少家长说，孩子放学回家，除了做作业，就是围着“三机”转：先拿起电话机，和同学说悄悄话；再打开电视机，看看他们的心中偶像；然后坐在计算机前，上网聊天。围着“三机”转，本身就是一种心态的反映。“三机”都是信息渠道，种种信息通过这“三机”进入孩子的脑海，又会激起多少波澜，又会引发多少喜怒哀乐，又会产生多少放弃与追求。孩子的心态究竟如何？这是一本应当读懂的书。

当然，孩子的教育我们更要读懂。有人说，现在家长有着双重担心：一怕孩子成绩不好，上得慢；二怕孩子品德不好，下得快。因此，多数家长有在家庭教育上花工夫的愿望，但多数家长进行教育靠的是传统的育儿经验，靠的是点滴的家教知识，靠的是个人想当然的直觉。所以，家庭教育目标缺乏理性，内容脱离现实，方法因循守旧，普遍存在着多种误区。孩子的教育究竟应当怎样进行？这更是一本应当读懂的书。

很高兴看到有关方面编选了这本书。这里汇集了《当代家庭教育报》近年来发表过的文章，有专家的论述，有现状的调研，有经验的评介。这些文章从不同视角，向家长提供许多可贵的借鉴。孩子是很难读懂的，希望这本书对大家读懂自己的孩子能够有所帮助。

（写于 2003 年 5 月 10 日，收入《一路走来——陶西平教育漫笔》）

为了孩子

（一）

家庭教育不仅是教育的一部分，而且是非常重要的一个部分。在 2004 年北京教育论坛的闭幕式上，诺贝尔经济学奖获得者——美国的赫克曼教授在讲演中提出：研究证明，我们应当大幅度地调整教育投入的结构，要把投入的重点转向人的婴幼儿和童年时期，因为这个时期教育投入的回报，远远高于以后的教育投入。毫无疑问，这一时期的教育，家庭承担着重要的责任。

父母关心爱护自己的孩子是培养孩子良好品德和行为的感情基础，但爱而不教就达不到教育的目的，教而无方就达不到应有的教育效果。现在做父母的人，难于从实践中积累教子的经验，所以，加强对家庭教育的指导，就显得十分必要了。

父母希望自己的孩子长大成才，希望孩子学到更多的知识和技能，但往往并不真正了解自己的孩子。父母希望把自己的孩子培养成为全才，结果常常脱离了孩子身心发展的实际水平，违背了孩子生理和心理的发展规律。每个孩子都有所不同，家长应该根据自己孩子的具体情况，采取适当的方法，进行有针对性的教育。因此，要指导家长全面了解孩子，在这一基础上选择合适的教育内容和有效的教育方法，因势利导，量力而行，循序渐进，才能取得良好的教育效果。

家长在教育孩子过程中，不仅要了解孩子，懂得规律，同时也要以自己的行为给孩子作出榜样。既重视言教，更要注重身教，把二者统一起来。实际上，家长在家庭教育过程中，既是教育者，也是受教育者，家庭教育其实就是父母和孩子在亲子互动中共同发展的过程。

孩子良好品德和行为习惯的养成不是讲一两次道理或做一两次练习就可以办到的，而是要反复实践，不断强化，才能巩固。因此，懂得了方法，不等于进行了教育，要持之以恒，才能取得良好的效果。在这里，家庭成员对孩子教育的态度和要求的一致性，就成为孩子健康成长的重要条件。孩子的思想品德和行为习惯的形成既是一个长期发展的过程，又是一个持续完善的过程。因此，懂得家庭教育的规律应当是所有家庭成员的事，这就更加凸显了家庭教育指导的必要性。

非常高兴北京市在市委、市政府领导同志的支持下，在《当代家庭教育报》编辑部同志们的努力下，编写出了《为了孩子——北京市未成年人思想道德建设家长指导读本》一书。这是落实加强未成年人思想道德建设工作的一件十分有意义的事，这本书依据教育原则向家长提供了许多有用的教育方法。当然，教有法，无定法，还希望家长们结合自己的教子实践进行探索，为家庭教育提供更为丰富的经验。

（二）

现在的幼儿，当他们步入社会的时候，已经是21世纪的二三十年代。那时候，我们的祖国正向着实现第二步战略目标前进。社会对于人提出了更高的要求，人对于自身的发展也提出了更高的要求。我们的家庭教育应当为今天的孩子打下未来能够适应和满足这些要求的基础，这是实施素质教育的出发点。

父爱和母爱是最真诚的，他们愿意为了孩子奉献自己的一切。但是，爱的着眼点和着力点有所不同。

有些人着眼于和着力于孩子现在的幸福，他们让孩子吃得好，穿得好，只要能让孩子快乐，自己可以承担一切，包括本应当让孩子经受的锻炼。特别是现在的年轻父母，他们更有着要使自己童年时失去的东西在孩子的身上得到补偿的心理。我想，这是一种可贵的爱，但还不是一种伟大的爱。

有些人则不同，他们关心孩子今天的幸福，更关心孩子一生的幸福。因为未来的幸福取决于孩子将来步入社会以后所发挥的作用的性质与水平，取决于孩子将来自身发展的程度。所以，做父母的更着眼于和着力于为孩子的将来打好基础。我想，这才是一种伟大的爱，一种深刻的爱。

能够和孩子相伴终身的是存在于他身上的内在的稳定的品质，这就是我们通常所说的素质。一般说来，思想道德素质、科学文化素质、身体心理素质、劳动技能素质是一个人的基础素质。培养这些基础素质要靠社会、学校和家庭的共同努力，对于婴幼儿来说，家庭起着至关重要的作用。

孩子是通过父母的言行的濡染、周边环境的影响、自身行动的积累而逐步内化为内在的稳定的品质的。因此，“树大自然直”是不符合客观规律的。科学的育儿过程才是培养孩子良好素质的必由之路。

我衷心地希望今日年轻的父母，通过科学的育儿过程为孩子打下良好的素质基础。这才是尽到了做父母的对国家和对子女的责任。

（三）

“再穷不能穷教育，再苦不能苦孩子”，这句话倾注了党和政府对教育事业的关怀，凝聚着人民群众对下一代的深情。为了实现这个愿望，我们已经做了许多努力，取得了骄人的成绩。但当我们迈进新世纪的大门的时候，却真诚地希望，要让我们的下一代能够吃得苦中苦。

最近，我到一所军事院校考察。学院的首长告诉我，近几年高中毕业生报考军事院校的热情很高，入学学员的总体质量好于以往，特别是文化水平明显提高，竞争意识明显增强。但是，最大的问题在于有相当一部分学员吃不了苦，既缺乏吃苦的精神，也缺乏吃苦的能力。不少学员要经过 2—3 年的教育和训练才能达到部队吃苦的要求，也有个别学员因为吃不了苦而中途退学。这种情况从一个侧面反映出我们基础教育的薄弱环节。

新世纪的活力在于充满竞争。迎接各种竞争的挑战，需要我们的民族、我们的人民，也需要每一个人有吃苦耐劳的精神与能力。要有拼搏的勇气、坚强的毅力和强壮的身体，才有可能在激烈的持续的竞争中赢得胜利。

我们为孩子创造良好的学习和生活条件，对他们的成长当然是有利的。但同时也必须重视为孩子锻炼肯于吃苦、能够吃苦创造条件。只有这样才能使他们的人格更加完善，才能使他们步入社会以后可以独立生存并不断进取。

减轻学生过重的课业负担，是全面推进素质教育的重要环节。“减负”是把不必要的、影响学生身心健康的课业负担减下来，而这正是为了给学生的全面发展创造条件，使学生的意志培养和体质增强成为可能。“减负”绝不是放任自流，更不应该以学生今天的无所事事，一身轻松，换得明天进入社会以后的素质缺憾。

新的世纪开始了，我们仍然要以高度的责任感，以“再苦不能苦孩子”为目标，为他们创造更好的生活条件。但同时，也一定要下狠心严格要求他们，使他们成为真正能够“吃得苦中苦”的一代强者。

（四）

当今，在相当多的家庭里，独生子女已跃居中心位置。父母乃至祖父母、外祖父母，都把百倍的关心投向孩子。这里有发自内心的热爱、无微不至的照顾，还有充满热情的期望。但是，在饱受关心的孩子的心中却往往缺少了对别人的关心。所以，让孩子学会关心已成为当前教育，特别是家庭教育的重要课题。

让孩子学会关心是人类生存发展的需要，也是个人生存与发展的需要。中华民族 12 亿人口生活在祖国的大地上，全人类共同生活在一个“地球村”里，国家与国家的联系、民族与民族的联系、人与人的联系已成为人类生存与发展的必要条件。同时，任何个人对他人的关心都是形成他的合作能力的前提，而合作能力则是市场经济条件下，生存与竞争能力的重要体现。所以，为了人类，为了国家，也为了孩子自己，需要让他们学会关心。

让孩子学会关心既是继承我国优良传统道德的基础工程，也是当代社会主义精神文明建设的基础工程。我国传统的优良道德，无论是“孝”、“悌”，还是“忠”、“信”，尽管不同时代有着不同的历史内涵，但是在人们的心目中，对他人的关心直至舍己为人，一直是这些优良道德的灵魂。当代社会主义精神文明建设的重要内容是树立良好的社会公德、职业道德和家庭伦理道德，而关心家庭成员，关心社会成员，关心服务对象，是树立为人民服务人生观的起点，是萌生共产主义世界观的基础。所以，为了发扬优良的道德传统，为了孩子的健康成长，应当让他们学会关心。

让孩子学会关心是学校教育与社会教育的责任，更是家庭教育的责任。关心他人是人的基础素质，是进行全面素质教育的主要内容，因此学校有着重要责任。而社会，特别是社会文化所倡导的价值观，对形成孩子关心他人的品质也有着重要影响。但孩子的启蒙教师还是家长，孩子常常是以家长的是非为是非，以家长的好恶为好恶的，所以，家庭教育承担着更为重要的责任。家长在给予孩子关心的同时，必须让孩子也学会关心，让孩子接受爱的同时，也学会爱。

当然，让孩子学会关心，也和家庭教育的其他内容一样，需要家长言传身教。但，更应强调的是家长应当具有自觉进行这种教育的意识，创造进行这种教育的条件，和经常对施行这种教育的效果进行评价。为此，社会和学校也应当对家长进行必要的指导。

（原载北京市未成年人思想道德建设家长指导读本《为了孩子》）

在家庭中开展信息素养教育

当今的教育已经明显地呈现多元化的趋势。一方面，教育已经超出了学校教育的范围，孩子成长受着多重教育主体的影响；另一方面，随着科技的发展，孩子获取知识的渠道更加丰富。所有这些都促进或制约着孩子个体的发展，尤其是电脑、网络等信息教育的运用程度，日益成为影响孩子产生发展差异的一个重要因素。

家庭是孩子生活的主要场所，也是孩子独立接触电脑最多的场所。据调查，我国大中城市电脑普及率达到70%以上，充分说明了电脑、网络等对孩子成长的影响以及家庭对培养孩子信息素养的重要作用。

电脑、网络对孩子拓展视野、丰富知识的积极作用，已成为广大家长的共识。然而“网瘾”、“网恋”等问题带来的负面影响，又使相当多家长闻“网”却步、进退两难，对网络潜在的危险非常担忧，以至于禁止孩子上网、用电脑，无意中剥夺了孩子获得信息教育的机会。

作为获取知识、运用信息的一种能力，信息教育是孩子在信息时代所必须具备的生存和发展的基础，如果缺乏科学、正确的引导，这种能力产生的作用可能走向反面。面对电脑和网络对教育的冲击和影响，家长如何应对，成为家庭教育的一个新课题。

在全球信息化的今天，孩子应当在适应电脑的环境中成长。解决电脑给孩子带来的负面影响，不是堵，而是疏，是引导。让孩子们尽早科学地接触、掌握电脑，获取信息、知识，提高自身综合能力，免于沉迷网络游戏的困境，是广大家长的迫切需求。在家庭中开展信息素质教育，加强家庭信息素质教育的指导显得尤为必要。

为孩子营造一个健康、安全的信息环境，是全社会的责任，更是每一个家长对孩子的健康成长的责任。这种责任体现在两个方面：一是引导和帮助，引导孩子科学上网，限时使用，培养孩子良好的使用电脑习惯，提高孩子自控能力，给孩子推荐一些健康的网站、成熟的教育软件。帮助孩子达到寓学于乐、丰富知识的目的。二是学习和关注，家长要学习电脑，最好能为孩子进行技术指导，作孩子的示范；增加和孩子沟通的共同语言。经常关注孩子浏览频繁的网站、使用各种学习软件的效果，以便及时发现问题。

在家庭中开展信息素质教育，是培养未来人才的需要。家长要担负起这一重任，创造条件，科学引导，让孩子与时代同步成长。

（写于 2008 年 9 月 3 日）

要加强对家庭教育的指导

家庭是人生的第一所学校，父母是孩子的第一位教师。广义的基础教育，不仅包括学校教育，也包括家庭教育。这是因为家庭、父母对孩子的影响，不仅早于学校，也深于学校。国内外所有关于早期教育对人一生发展的重大意义的研究成果，无不强调家庭在早期教育中的重要地位。

当代家庭教育有着良好的条件，也面临着诸多挑战。

党和政府对儿童、少年、青年的成长给予了极大关注，家庭生活水平的提高为孩子的健康发展奠定了物质基础，独生子女一代寄托着家庭更大的关爱和期望，家长整体素质的提高也为进行科学的家庭教育创造了条件。这一切不仅推动了父母对家庭教育的重视和关注，也大大改善了父母进行家庭教育的方式。家庭教育的总体水平在不断地提高。

新时期的家庭教育也出现许多新的问题。家长价值取向的多元直接影响子女的价值判断，从而干扰了孩子良好的道德品质的发展，对独生子女的过高期望催生了对子女的繁杂的“超重教育”，从而影响了孩子全面素质的提高。过度的无微不至的关怀与呵护造成对孩子的娇惯与放纵，使孩子难于养成良好的习惯和独立、自强不息的精神。相对封闭的居住环境使孩子缺少更多的社会交往，使孩子缺乏合作意识与社会适应能力。过去，在多子女的家庭里，父母可以在抚育子女的过程中积累一些经验，现在的父母都只能从头学起。

机遇和挑战并存，凸显出家庭教育指导的重要性。家庭教育指导就是为了不使每个孩子输在起跑线上。

最近，有些专家批评“不让孩子输在起跑线上”的提法，认为这是误导。并且举出一些著名人物，他们小时候并不出色。我想，如果单纯从孩子考试分数高低论输赢看，是有道理的。但是我们绝不能因此而忽视早期教育和基础教育的重要作用，更不能陷入“教育虚无主义”。

如果抛开某些人理解的“输赢就是能不能获得高分或者考上好的学校”，我想，不让孩子输在起跑线上，主要有以下两重含义。

一是要推进教育的公平，让所有的孩子都有平等地接受教育的机会。教育公平是社会公平的基础，而基础教育是教育的起点，不能让孩子由于失去接受教育的机会而输在起跑线上。

二要推进科学的教育，要进行符合身心发展规律的教育，促使孩子的全面素质和个性特长都得到发展，不能由于违背教育规律，而造成孩子品德、智力、体质发展的偏颇，从而输在起跑线上。

总之，既不要简单地夸大人生初始阶段的决定作用，更不要机械割裂人的各个发展阶段的相互联系和影响，从而淡化教育的功能。

这使我们更加明确了家庭教育研究与指导的方向，那就是传承与创新相结合，普及与提高相结合，以此推进首都家庭教育的现代化。

我们要将国内外家庭教育研究的成果与时代精神相结合，与当前出现的新情况、面对的新问题相结合，深化教育研究，创新教育方式，推动家庭教育的科学化发展。

我们要协调各界形成合力，特别是建立和谐一致的家校关系，扩大家庭教育指导的普及面，使更多的家庭树立正确的教育观念，掌握正确的教育方法，提高家庭教育的水平。

（2012 年 1 月 17 日在北京家庭教育研究会代表大会上的讲话）

第二辑 千头万绪瘦身急

我想，教育工作实在太需要这种“精益理论”了。一是我们所做的事情要切实从存在的问题出发，最后达到解决问题的目的。不应当只考虑我们做了多少事，付出了多少辛苦，而不考虑这样做究竟有没有解决问题和解决了多少问题。教育现在面临的问题很多，我们应当将精力集中到解决这些问题上来。

我们嘴里常讲『以人为本』，但一到实际工作中，却常常不把人的需要放在第一位，而总是以怎样少给管理者带来麻烦为出发点。

热情与期望

——由“皮格马利翁效应”想到的

在古希腊神话中，皮格马利翁是一位善于雕刻的国王，由于他把全部热情与期望倾注在自己雕刻的美丽少女身上，日久天长，塑像竟活了起来。后来，人们常把热情与期望可以促成自我实现的现象称之为“皮格马利翁效应”。

当代心理学家罗森塔尔 (Robert Rosenthal) 和雅各布森 (Edith Jacobson) 在课堂教学中做过一次有趣的皮格马利翁效应实验。他们对一所小学 1—6 年级的学生进行了一次智力测验，然后并未评卷，而是随机从各班抽取 20% 的学生组成试验组。并有意告诉每个班的教师，这些学生是未来的花朵，有很大的学习潜力。8 个月后，再对学生进行一次测验，实验组学生的成绩比其他学生有更大的提高。研究者分析，由于教师受到实验者暗示，不仅对这些学生抱有特殊的期望，而且通过态度、表情、体贴与更多的提高、辅导等行为方式，将期待的信息传递给他们，使学生受到鼓舞，从而更加信赖教师，并给教师以积极的反馈。这种反馈又激起教师更大的热情，最终使这些学生取得较他人更大的进步。

诚然，学生学习成绩的进步取决于多种因素，不可能单纯由教师的期望决定。但是，教师的热情与期望是学生进步的重要动力则是不容置疑的真理。

当前，基础教育存在的主要弊端就是不能立足于提高全体学生的素质。这种教育思想渗透于从学前教育开始的各级基础教育之中。在这种教育思想的影响下，教师不是从对学生的区分中选择相应的教育方法，而是因对学生的区分产生对学生的不同情感。对自己认为是优秀的学生就偏爱，对自己认为的差生，或者通常称为“双差生”——品德和学习都不好的学生，则鄙弃、厌恶，甚至讽刺、体罚。

这样，一些孩子总是在赞美声中成长，而另一些孩子则从上幼儿园起，就听不到老师一句亲切的话语，看不到老师一丝亲切的目光，受不到表扬，却经常遭到贬斥。不少孩子正是在这样的处境中，从小产生“我不如人”的自卑心理，丧失对自己的信心，也丧失对教师的信任，从而不思进取。而这样的表现，又会造成教师更强烈的反感，产生恶性循环。

实践证明，教师对学生的热情、期待与信心，必将渗透于教师的行为，并且作为信息传递给学生，学生通过接受这些信息形成对自己的评价，进而支配自身的行为。所以，教师在了解和分析学生实际情况的基础上，产生对学生恰如其分的期待，并寄以高度热情，会促使学生向好的方向发展。反之，教师对学生的漠然与冷淡，很容易造成学生的自暴自弃。

由此可见，面向全体学生，全面提高教育质量，必须重视教师对学生的情感。教师要把关怀与期待送给每一位学生，对那些“后进”的学生往往需要给予更多的爱。教师每当看到学生身上缺点的时候，同时应该想到自己的期望与热情正是他克服缺点的动力。所以，优秀的教师在“后进”学生面前，更多的不是责备，而是自责。

愿我们的教师对待学生，都能像皮格马利翁对待自己的雕像那样，倾注全部的深情与期待，使孩子们从小就能在内心中充满取得成功的自信。

（原载 1995 年 5 月 3 日《北京日报》）

要十分珍惜“优质教育资源”

最近，有不少地区为了提高优质教育资源的效益，使更多的学生能够在具有优质教育资源的学校里就读，都在通过各种途径扩大这类学校的规模。这是一项正确的决策，受到了社会各界的欢迎。高兴之余，也有的同志有些担心这项工作不能扎扎实实地推进，致使达不到预期的目的。

一般所说的“优质教育资源”，多数指的是一些名校。这些学校有着良好的校园环境、先进的教学设施、优秀的师资队伍、科学的管理制度，并通过多年的办学实践，形成了优良的办学传统和良好的校风，从而赢得了社会美誉。当然，由此也使得这些名校有着比其他学校更好的生源。

这些名校的存在，对推进教育事业的改革与发展发挥了重要的作用。它们是示范的窗口，实验的基地，培养优秀管理人员和教师的摇篮；它们引领着教育的潮流，激发了竞争的活力，在一定程度上标志着一个地区教育的最高水平。

正因为如此，这些名校也就必然成为学生最向往的地方，他们把能够进入这类学校学习当做是最大的幸福。

教育的投入要求取得更大的社会效益，名校的规模太小，会影响效益的提高；社会有着对名校的强烈需求，名校的规模太小，就无法满足这种需求。而基础教育的均衡发展又是我国实现教育公平的重要方式，学校之间的差距过大，不利于发展均衡。因此，通过适度扩大名校规模，来提高教育的效益、满足社会的需求、促进教育的均衡发展，是一个明智之举。

近几年，各地通过名校扩大招生规模、名校与基础薄弱学校合并、名校开办分校等多种形式，使得名校规模不断得到扩大，产生了很好的社会效果。

但是，名校之所以有“名”的一个重要原因，是有着与其规模相适应的办学条件。有一位校长幽默地说，一所名校好像一杯喷香的浓茶，你向里面加水，加多了也就变成了淡茶，香气也淡了。如果无限制地加下去，就会变成白开水，香气也就没有了。他说，我们千万不要做把“浓茶”变成“白开水”的事。

这位校长的话是有道理的。不是名校增加了多少学生，都仍然可以保持原有的水平，发挥原有的作用。更不是任何一所学校只要挂上了名校的牌子，就自然地成为名校了。教育的均衡发展是要使基础薄弱的学校提高水平，并不是让名校降低水平。我们追求的是积极的“均衡”，绝不是消极的“均衡”。最近，有些地区由于在名校扩招的工作中存在一定的盲目性，某些名校已经开始出现“浓茶变淡”的趋势。

在名校扩招过程中还出现了一些很值得探讨的现象。其中最引起社会关注的有两点：一是班额过大，无法进行正常教学，更难于因材施教；二是再次选拔，使学生由追求进入名校，变成追求进入重点班、实验班。由于进入这些班要通过考试选拔，部分学生又陷入原有的“应试”怪圈。

许多名校由于学校建设规模扩大，部分建校经费要由自己筹措、偿还，而且由于维持运行的经费大大增加，不得不多收择校生，这就更加大了办学的困难。

我想，茶只有一杯，要喝的人多，总是要加水的。但既要让更多的人喝上茶，又要保持茶的香气，不外乎两种办法。一种办法是虽然加水，但不要一下子加得太多。另一种办法是在加水的同时，也要相应地加茶叶。

名校扩大招生规模以后，生源状况发生变化在所难免。学校要根据变化了的学生情况与时俱进，通过不断提高教育水平来解决。但也不宜由于规模的急剧变化，使学校无法保持原有的传统与特色。扩大规模应当坚持渐进和适度的原则，如果名校失去了传统与特色，也就失去了原有的优势，难以发挥名校的作用。

名校扩大规模又应当是一个发展的过程。在这个过程中，最重要的是做好三件事。第一，是保证必需的投入，使生均校舍面积、生均教学设施不至于减少，生均公用经费不至于下降。第二，是加强管理人员的配备和培养，使学校的管理水平能够适应扩大规模后的需要。第三，也是最重要的一点，要大力加强师资队伍的建设，使教师的教育教学水平不断地得到提高。名校归根结底还是“有名师之谓也”。我想，以上这些都是保持“浓茶”香气必须要加的“茶叶”。

没有规模谈不上效益，我们需要有规模的效益。但没有效益也谈不上规模，我们还需要有效益的规模。在教育事业的发展过程中，我们始终要紧紧地把握住规模与效益的统一，始终要十分珍惜我们的

“优质教育资源”。

（原载《北京教育（普教版）》2003 年第 5 期）

要认认真真在“统”上下工夫

有的同志说，现在的教育工作必须抓好两个“统”字，一是统计，二是统筹。我看不无道理。

统计提供量化的信息，是我们判断形势和进行决策的重要依据。统计不实，则可能导致错误地估计形势，更可能由此造成决策的失误。

关系教育事业发展的两大重要指标：一个是涉及学生入学情况的指标，它是我国教育发展水平的标志；另一个是涉及教育投入的指标，它是我国教育发展能力的标志。但不少同志恰恰对这两项指标的统计数据很不放心。

最近，有一个县级市并入省会城市，有关部门对这个原县级市的教育状况进行了一次调查，发现与该县原来报告的数字有很大差距。其中小学生辍学率一项竟然高出了好几倍，听来令人悚然。实际上，不少地区都有类似的情况出现，特别是中西部农村地区初中辍学率迅速上升的趋势，已引起社会广泛关注，但很难了解到反映真实情况的数据。

每年各级政府都要向人大报告教育经费实现“三个增长”的情况，但有些地区至今并无统一的计算口径，存在着相当程度的随意性，很难反映真实的投入情况。有些地方申报教室危房数量的本领更是令人惊叹。如果是为了迎接义务教育检查，则危房数字少得可喜；如果是为了争取整修危房的拨款，则危房数量又大得可怕。

教育统计存在的问题，究其原因，一是统计不尽规范；二是现行的统计规范不尽合理；三是没有认真执行有关规范；四，恐怕也是最主要的原因，有些同志出于某种需要有意利用统计工作，甚至践踏法制。

统计工作从来就不是一个单纯的技术问题。“非典”期间，统计工作的失误已经让我们付出了沉重的代价。健全教育统计工作的规范，加强对教育统计工作的监督，实行对统计失误责任的追究，已势在必行。

如果说统计是进行决策的重要依据，统筹则是执行决策的重要方式。在一段时间里，有针对性地重点解决一方面的问题，或者把某一方面的工作整合为一项工程来做，无疑是一种有效的工作方法。但我们如果不重视与相关方面的协调，则常常会将复杂的事情简单化，结果是问题解决不了，工程也难以奏效。

我们曾多次提出减轻学生过重的课业负担，颁布过许多行政命令，采取过不少强制手段，但至今学生的负担并没有真正减轻过。有的虽然在校内有所减轻，但校外的各科同步补习的负担又加上来，有的则在校内仍以公开或隐蔽的方式增加着课业负担。学生负担之所以重，并不只源于缺乏明确的制度，还有许多相关因素制约以及更深层次的原因，因此需要有对加强正确教育思想引导、改革招生考试制度、改进课堂教学工作、提高教师业务水平、协调社会与家庭教育等方面的综合考虑，还需要对社会转型期的利益驱动机制以及社会文化观念指向做更深入的研究。

我们曾多次提出整治学校收费的混乱现象，这无疑是规范公益性事业的必要措施。但这一现象的屡禁不止，也并不简单地由于校长们的法制观念淡漠，同样有许多相关因素制约以及更深层次的原因。现行的生均公用经费标准，并不能真正保证学校的运行和发展，现行的教师工资尚难稳定教师队伍，学校需要自筹部分办学经费，已是普遍现象。有些学校依靠政府投入修建了校舍、购置了教学设施，但相应增加的运行费用却需要自行解决。有些学校则连改善学校办学条件的贷款也需要自行偿还。现实强烈地呼唤着我们，必须把主要精力用在建设符合我国国情的教育投入体制上。

统筹是解决问题的基础，可能不易立竿见影，还需要时间，需要战略思考，但多年的经验告诉我们，头痛医头、脚痛医脚是无法祛除病根的。

看来，要解决统计不实、统筹不力的问题，我们还得认认真真地在“统”上下工夫。

（原载《北京教育（普教版）》2003 年第 11 期）

正视“大班化”走向

当教育界正在探讨“小班化”教学对推进教育改革和提高教育质量的重要作用时，相当一部分地区实际上正在蔓延着“大班化”的趋势，因此不能不引起人们的关注。

据教育部公布的资料显示，全国普通初中大班额现象有所加剧，连续几年均呈增长态势。2002 年，全国普通初中班数共有 116.51 万个，其中 60—65 人的大班 32.21 万个，占总班数的 27.65%；66 人以上的超大班 27.24 万个，占总班数的 23.38%。大班和超大班加起来，占总班数的一半以上。不少地区小学也同样出现大班化趋势，有的一个班学生多达七八十人，甚至上百人。

有些同志认为，这是因为目前正值入学高峰期，所以会出现暂时的大班现象。预计过若干年后，入学会转入低潮，如果现在盲目增加校舍和教学设施，将来会造成巨大的浪费。当学生人数减少之后，大班现象自然会消失。

我想，这种说法，听起来仿佛有道理，但问题恐怕没这么简单。首先，对“大班”现象不应当这样看。谁都明白，一定的班额和一定的质量之间是有着密切的关系的，合理的班额是办学条件标准的必要构成因素，而保证必要的办学条件是法律规定的政府责任。且不必说要因材施教，进行差别教学，也且不必说要教学互动，进行研究性学习，就是一般性地完成教学任务，学生人数过多，也是难以保证的。因此，制定和执行班额标准，是保证教育质量，特别是巩固和提高义务教育水平的重要环节。面对学生数量的变化，当然可以实行弹性班额，但是这种弹性不能是随意的，必须有规定的幅度。北京市曾经规定公立小学班额 40 人、初中 45 人，二者的最高班额不得超过 50 人。最高班额的规定是一个时期对达到规定质量要求的最低保障，突破了最低保障，就难以达到规定的质量。因此，实施义务教育，政府就有责任使学校的班额控制在弹性班额允许的幅度之内。怕在学校高峰期增加校舍和教学设施造成今后的浪费，抛开其他因素不谈，至少是一个观念问题。现在，增加必要的投入，采取多种措施保证实现规定班额，是有办法的，待到学生入学高峰期过去，再对多余资源进行调整、重组，也是有办法的。只不过这样做，困难一些，费事一些。我们嘴里常讲“以人为本”，但一到实际工作中，却常常不把人的需要放在第一位，而总是以怎样少给管理者带来麻烦为出发点。于是，在从长远布局着想的堂皇的理由下，现在学生学习的必要条件被忽视了，被搁置了，被损害了。

再有，“大班”现象出现的原因，并不单纯由于学生的入学高峰，还由于存在着来自多方面的压力。

有经费的压力。据教育部统计，2001 年，全国小学年生均公用经费为 218 元，其中财政预算内为 45 元；初中年生均公用经费为 404 元，其中财政预算内为 83 元。全国 30% 的县初中年生均公用经费中的财政支出不足 15 元，10% 的县初中公用经费中的财政支出为零，11% 的县小学公用经费中的财政支出为零。公用经费不足，促使着学校不得不通过扩大班额来节约开支。

有编制的压力。现在学校的编制是以师生比定编，而不是以班师比定编。按照现在的中小学教师编制标准，学校落实人员安排，是很困难的。课程改革对教学活动的多样化要求，学校承担着几乎是无限的责任，这些都对教师的职责要求不断提高。教师需要进修培训，教师要请病假事假，按规定的标准也基本没能留有编制余地。因此，在根据学生人数确定教师编制总量之后，不少学校只有用扩大班额，减少班数的办法，缓解工作安排中的种种困难。

有择校的压力。许多小学入学高峰已经过去的地区，部分办学水平较高的学校，仍然存在着“大班化”的现象。因为，社会对优质教育资源的需求与优质教育资源的匮乏形成了强烈的反差。要求入学的人数太多，学校难于抗拒来自社会各方面，甚至来自上级的送孩子入学的压力。因此，常常在超员招生之后，还要连续不断地接受新生入学，造成超员再超员。

凡此种种原因，“大班化”已绝非一种将会自然消失的暂时现象。即使在入学高峰过去之后，如果其他体制因素不解决，它仍然会保持一种驱动的机制，形成一种“大班化”，至少是小不下来的惯性。

所以，认为目前的“大班化”走向是正常的，是暂时的，是可以允许的，是不违背相关法律的，我看都是危险的。我们必须清醒地正视“大班化”走向。

（原载《北京教育（普教版）》2004 年第 5 期）

又逢“金榜”题名时

高考即将临近，各地对“状元”的炒作又将开始，年复一年的炒作不断升温，不由得让人心中升起几丝无奈，几许惆怅！

中国的科举制度有 1300 年左右的历史，出过 700 多个状元，那时的状元是指殿试的第一甲第一名。现在，一个地区在高考中总分最高的学生，也被誉为当地的新科“状元”，于是就有了省级、地市级，甚至县级的“状元”。当了“状元”当然是件值得高兴的事，出了“状元”的地区和学校当然也很光彩，但把这样一件事夸张到无以复加的地步，实在令人忧虑。

且不说现行的高校招生办法中，有一部分优秀学生可以直接升入高校，并不参加高考。就是在参加考试的学生中，能够得到总分第一也存在着极大的偶然性，几乎没有一个学生在考前可以预测自己能够取得总分第一，也没有一个学校可以预测某一个学生能中“状元”。“状元”只不过是在一批学习成绩优秀的学生中，临场发挥得相对比别人好的人而已。更何况，这种选拔基本上还停留于在现行的并不完善的教育体制内，用相对单一的标准来衡量学生。其实，一个人在学校里的学业成绩与他步入社会以后的成就之间的相关系数有多大，我虽然还没有见过我国的相应数据，但见到的西方某些心理学家的统计，也不过是 20% 左右。因此，将“状元”夸大为奇才，实在没有必要。

既然如此，为什么又会对“状元”大肆炒作呢？很显然，需要炒作的并不是“状元”自己。

有些地区的领导热衷于炒作。他们把出“状元”当做衡量本地区教育水平的标志，用出了“状元”来证明本地区教育水平的标志，用出了“状元”来证明本地区教育水平处于领先地位，本地区取得了令人瞩目的政绩。于是，在出了“状元”之后，一片欢庆、一路赞扬、一系列奖励。反之，如果今年没有出“状元”，则认为教育质量降低了，于是一片埋怨、一路责怪、一连串告诫。其实，有些地区出了一个“状元”，反倒一好遮百丑，掩盖了这个地区实际存在的教育的薄弱环节。结果以不断地对“状元”的追求，取代了扎扎实实地推进教育事业的改革与发展。

有些学校热衷于炒作。出于各方的压力，也出于自身的某些想法，有些学校也把出了“状元”当做骄人的业绩来渲染，甚至说什么已总结出本校出“状元”的必然性，以此来提高学校的地位和声誉。为了保持“状元的摇篮”的称号，有些学校不惜专门组织一部分学生，对他们采取特殊的安排，进行夺取“状元”的攻关演练。更有甚者，为了贪图虚名，在毕业前，有些学校用引进外地或者外校优秀学生的办法，来扩充攻关的“种子选手”的队伍。

有些企业热衷于炒作。所谓“打高考牌，发状元财”，已经成为一部分企业的生意经。出版社盯住了“状元”，要出写他们的成长经历、学习经验、身边琐事、应考诀窍的书。甚至在图书展销会上，请“状元”演讲，让这名“状元”在总结经验时说“要在高考中取得好成绩，最好选取某某出版社的参考书”。房地产业盯住了状元，要在他们的新建小区前向“状元”颁发巨额奖金，以“状元”作为小区的形象大使。

有些地区要搞金榜文化节，要给“状元”披红挂彩、跨马游街，续写中国科举时代的状元谱，以招徕游客。一些单位邀请“状元”出席各种活动，有的人甚至成为“状元”的专门“经纪人”，负责出场费的谈判。

有些媒体热衷于炒作。近几年，这种炒作还有愈演愈烈之势。连篇累牍的对新科“状元”的曲曲赞歌，对出了“状元”的地区和学校的声声颂扬，其实无益于“状元”的健康成长，也无益于学校的全面发展，更无益于对全社会教育方向的正确引导。这种炒作强化了以“应试”为唯一目的教育，在教育改革艰难进行的途中，又平添了许多阻力。

有些同志觉得这种现象的出现在社会转型期是难以避免的，但我想，各级领导、各类学校、各种媒体正是引领教育改革方向的人，而现在却正是部分领导、部分学校、部分媒体在热衷于炒作。无怪乎有些同志慨叹：中国教育的问题在于，正是那些深知“应试教育”弊端的人，将“应试教育”推向了极致。

我仍然相信，这种炒作会逐渐冷下来。但这需要更多的呐喊、更多的呼吁。深愿再逢“金榜”题名时，我们能多些欢乐，少些忧虑。

（原载《北京教育（普教版）》2004 年第 6 期）

要树立规则意识

教育事业的全面、协调、可持续发展需要秩序，需要规则。没有规则和规则意识作为基础，和谐就是一句空话。

现在，教育已成为社会关注的热点话题之一，大家关注教育公平，关注教育质量，关注教育效益，也关注与上述问题相关的教育秩序。有些同志认为，教育事业在发展过程中某些方面出现了无序状态，亟待清理整顿；但也有些同志感到，无序的整顿反而会加重无序，甚至产生新的无序。我想，这就更加凸显出规则意识的重要性。

强化规则意识，首先要有合理的规则。

合理的规则应当尊重规则形成的历史过程。所有的规则都有自己形成和发展的历史，比如，我们在不同时期依照当时的背景发布过相关的文件来指导改革，这就逐渐形成一定的行为规则。当我们遇到新的情况和问题需要对规则进行调整的时候，不应当脱离历史背景看问题，更不应当只根据现在的需要来简单地判断原有规则的是非功过。再有，为了推进改革，我们曾经允许、鼓励甚至倡导过进行某些改革实验，一些地区和学校进行了有益的探索，有的取得了成功的经验，有的并不成功，甚至出现了不少问题，我们在清理时，应当全面衡量、兴利除弊，既要建立和维护良好的秩序，又要巩固改革的成果，保护改革的积极性。不要在泼掉盆里的污水的同时，把盆里的孩子也一起泼掉。

合理的规则应当首先讲清要怎样做，然后再讲不要怎样做。有些同志觉得我们对不许怎样做讲得多，对应当怎样做讲得少，所以使得基层的同志不知道问题到底应当怎样解决。我们习惯于出了问题，发个通知，规定为了防止出问题要“几不准”，这是必要的，但“不准”说得多了，学校就往往不知所措和无所适从。有些问题是客观存在的，总要采取一定的办法解决。有了解决问题的办法和规则，不去执行，那当然会乱，当然应该整顿。而如果没有提出解决问题的办法，也就是没有提出解决问题的规则，或者这些规则实际上解决不了问题，那同样容易出现“乱”的现象。

强化规则意识，就要坚持按照规则办事。

我们有些部门或者学校的负责同志，包括有些学校的教师和工作人员，无视规则，我行我素，这是造成“乱”的重要原因之一。有些同志出于好意，想做成几件好事，但因为缺乏规则意识，结果违反了相关规定，造成了失误，影响了工作。也有些同志，明知规定此事不可为而故意为之，或者总抱有一种侥幸心理，认为惯例如此，别人也常这样做，结果伤害了群众的利益，产生了不良的社会影响。当然，也有个别人为了私利违法犯纪，甚至触犯刑律，严重破坏了正常的教育秩序和社会秩序。按照规则办事，是社会和谐的基础，也是教育和谐的基础。和谐社会必须具有同一性，这种同一性就表现在有社会认同的主流价值观和体现这种价值观的法律法规、道德准则，同时，决策者要依照规则决策，办事者要依照规则办事。如果社会成员都能够依照规则行事，社会就会形成良好的秩序，也就会有和谐。否则，必然会给社会和教育事业的发展带来混乱。

强化规则意识，还必须坚持按照规则监督。

健全监督机制、完善监督体制是落实规则的重要保证。在推进学校管理体制改革和研究现代学校制度建设的过程中，我们一方面要加强教育内部自我约束机制的建设，包括实行决策的民主化，增加信息的透明度，完善教育的督导评估制度等；另一方面，要加强教育外部的监督，如人大和政协的依法监督、媒体的舆论监督、纪律监察部门依照有关规定进行的监督等。但是，监督也应当有规则意识。当前对学校工作的多头检查，已成为影响学校正常工作秩序的因素之一，而检查标准的随意性、检查方式的不规范性，实际也在降低规则的权威性。

教育是一项关系国家前途和命运的大事，也是关系每一个家庭、每一个公民生存与发展的大事，教育需要改革，教育又需要秩序，因此，为了教育事业的持续健康发展，我们呼吁大家都努力增强规则意识。

（原载《北京教育（普教版）》2006年第6期）

构建和谐的家校关系

今年6月下旬的一个星期天，我参加了英国伦敦里士满地区的一所国际学校的活动，这个活动是由学校的家长委员会组织的。

一进校门，就有家长向进入学校者收取一英镑的活动参与费。原来，今天的活动是家长委员会为学校筹款。社区的群众都可以参加，但必须先买“门票”，我们也不例外。

校园里熙熙攘攘，到处是摊位，俨然一个热闹的超市。这个超市的售货员和顾客几乎都是学生或者家长。在一个摊位上，一位家长满头大汗地做着点心，周边有几位家长和学生付了钱买来津津有味地吃着。一个摊位在推销家长们制作的冷饮；一个摊位在推销家长们捐来的玩具；另一个摊位卖着家长们捐来的盆花；还有一个摊位，家长竟然在组织小足球有奖射门竞赛活动。进入教室，这里是售书摊，那里卖着音像制品；还有一个角落琳琅满目，那里摆放着家长们捐来的首饰，大家可以任意选购。

我们在这个校园的“庙会”里找到了校长，一个满头金发的中年男子。别人都在忙忙碌碌，他却显得很悠闲。我们和他攀谈起来，才知道家长委员会经常组织这样的活动。

家长委员会组织这种活动，首先是为学校募集款项。募集的钱交给学校，用来改善办学条件，或者组织学生参观、远足。同时，它也是社区的一种文化活动，增进家长和学校的沟通以及居民之间的交流。家长把对孩子的教育看成是学校和自己共同担负的责任，所以，他们和学校才有着如此水乳交融的关系。

看到家长们欢快而又繁忙的身影、热情而又真挚的面孔，我很感慨，也很羡慕。

教育下一代本是社会、家庭、学校共同的责任。如果三者形成合力，则可以为孩子创造一个良好的成长环境与氛围；如果相互掣肘，则教育效果将大大降低；如果总是处于矛盾百出的状态，则其本身就是在伤害孩子的心灵。因此，社会、家庭与学校关系的和谐是教育事业发展的重要原则。

现在，有些现象令人忧虑。

家长对学校教育有不少意见。一些家长认为学校没有承担起教育孩子的全部责任，教育质量不高，学生负担过重，教师态度不好，安全措施不力，对学生存在的某些问题处理不当。

学校对部分家长也有些看法。学校认为一些家长对孩子的要求不切实际，教育观念存在偏差，对孩子的偏袒多于对孩子符合教育规律的关爱，对学校工作支持不够而指责过多。

我想，存在这些现象是正常的，但令人担心的是，由于缺乏解决这些问题的意愿和机制，造成家校关系不甚和谐甚至十分紧张。

有些校长和教师在家长会上，当众指责某些学生和他们的家长，令家长十分难堪；有些教师把学生存在的问题归咎于家庭教育，甚至出现有辱家长尊严的语言；有的教师不了解学生家庭的特殊情况，缺乏对家长的理解和谅解。

而有些家长认为教育孩子只是学校的责任，出了任何问题都应当学校承担责任；有些家长对学校在工作中或者教师在教育过程中出现的问题，不是善意地提出意见，而是动辄要媒体曝光，甚至动用关系要政府干预；有些家长甚至采取抵制学校或者教师的办法，使学校教育秩序受到严重干扰。

造成这种现象的原因是对家校关系缺乏明确的认识，家校之间缺乏沟通。

学校和家长都是为学生发展服务的主体，只有相辅相成，才能相得益彰。无论是公办学校还是民办学校，家长与学校之间都不是交易的关系，绝不能简单地把教育看成是购买教育服务。因此，学校和家长之间要相互支持、相互协作。出了问题要多一些沟通，多一分理解。要想到，当家长或学校把对方放到对立面的时候，无论争执结果谁胜谁负，到头来，受伤害的都是孩子。

我们需要形成家校沟通的多种渠道，建立家校沟通的机构与机制，使家长更多地了解学校教育的情况，参与支持学校教育的活动，做到家长与学校之间不仅在认识上一致，而且在感情上融洽。

学校和家长都应当主动为家校关系的和谐作出努力，社区应当成为和谐家校关系的媒介，社会舆论应当多做一些有利于促进家校关系和谐发展的事，家校关系和谐了，教育的和谐发展也就有了重要的保证。

（原载《北京教育（普教版）》2006 年第 11 期）

千头万绪瘦身急

最近看到一则消息：某县政府决定，年底各单位的工作总结和个人总结，都要求只写一张纸，只要列出全年做的主要工作、主要经验、主要问题的标题即可。除了需特殊说明者外，都不需要展开来写，更不许写官话、套话。北京西城区教委去年年终也规定，各科室的总结一般不要超过 400 字。我想，这真是做了一件切中时弊的大事。正如许多人都明白体重过高容易得各种疾病所以需要减肥一样，我们的工作，包括教育工作，也真的需要瘦身了。

现在，虽然都说要下大力气认真解决学生负担过重的问题，但实际上也没有用多少精力来研究这个问题。因为岂止是学生负担重，教师、校长、教育行政部门的领导也都忙得不亦乐乎。

不少教育界的同人对我说，“文山、会海、检查风”已经使他们不堪重负。

海南一所实验幼儿园的一位老师说，他们在推行无纸化工作，一日生活日志、教育教学工作日志、学生成长日志和其他一些资料都要输入电脑，每人每学期将其制作成一个光盘保存。这本是件好事。但是，上级领导来检查工作，一般是不打开光盘看的，所以为了迎接检查，园里要求教师将光盘里的所有内容都打印出来，装订好，以便领导翻阅。结果为做此事，去年寒暑假教师都不能休息。

北京一位校长告诉我，去年一年他们迎接各种检查十几次。检查来自不同的上级机关，但内容很多是重复的。每项检查都关乎学校的荣誉，所以不得不高度重视。每项检查都要看相关资料是否完备，甚至要从接待工作看学校对这项检查是否足够重视，所以，学校都要兴师动众地做准备。上级机关的口号是“以检查促工作”，学校只好提“以迎评上水平”。这位校长说，我们每个月几乎都是在迎接检查中度过的。

教育行政部门的同志也并不轻松。一个地区教育工委的领导告诉我，他去年一年大概参加了500多个会议，有时，一天要赶三四个会。会上纷繁复杂的内容，大多要向下传达，不少还要形成文件。因此，准备报告、起草文件，就成为一件没完没了的“重要”工作。除了机关的同志要加班加点之外，教育科研部门的同志也要投入相当大的精力。由于无暇深入调研，所以报告和文件也常常是秀才们闭门造车的成果。

这使我想起最近看到的一份资料。美国麻省理工学院教授沃麦克（James P. Womack）与英国精益企业研究院院长琼斯（Daniel T. Jones）合著了一本书，名叫《精益解决方案》。他们将其共同创造的“精益理论”从生产性企业扩展到服务性行业。这种理论的精髓就是：精简生产过程中不必要的部分，从而创造更大的效益。“精益生产”英文是 lean production，而 lean 就有“瘦”和“紧凑”的含义，所谓“精益”，就如同给企业“瘦身”。沃麦克博士说，他在对企业进行考察时，经常发现“人们在非常卖力地犯错误”。他认为这是由于企业很少考虑两个问题，即“你为什么这样做”、“如果你不这样做会怎么样”。 也就是说，没有首先看看存在的问题是什么，再看看怎样来解决这些问题。

我想，教育工作实在太需要这种“精益理论”了。

一是我们所做的事情要切实从存在的问题出发，最后达到解决问题的目的。不应当只考虑我们做了多少事，付出了多少辛苦，而不考虑这样做究竟有没有解决问题和解决了多少问题。教育现在面临的问题很多，我们应当将精力集中到解决这些问题上来。

二是我们要切实精简工作过程中不必要的部分。如果教育的每一层都在给下级吃过多的食物，而同时又都在等着上级给自己减肥，不肯从自身做起，那么，教育效益是提高不了的。每一层都应当下决心为下级瘦身。当然，这首先要从领导机关和机关领导做起，不是真正必要的文件不发，不是真正必要的会议不开，不是真正必要的检查不搞，加强对相关部门的统筹、协调，树立精益观念，努力实现瘦身。道理很简单，如果所有人都深陷于“文山、会海、检查风”之中而不能自拔，不就是在“非常卖力地犯错误”吗？

《尚书·大禹谟》中说："临下以简。"古代开明的统治者尚且懂得管理下级应当采取最简便的方法，我们更有责任引领教育事业走出一条轻装前进之路。

（原载《中小学管理》2007 年第 4 期）

知快守慢

听四川的朋友说，成都市在被评为最佳休闲城市后，总结出成都休闲文化的理念：张弛有度，知快守慢。

我想，这一理念不仅诠释了休闲文化的深刻内涵，更揭示了一种处世和处事的积极心态。文武之道，一张一弛，"张弛有度"倡导了一种合理的节奏；理解要快，落实要稳，"知快守慢"倡导了一种扎实的作风。在浮躁之风弥漫的今天，我们实在是太需要这种文化了。

教育需要跨越式发展，但跨越是为了发展，而发展必须明确方向、符合规律。现在，一种将"以快为好"作为唯一价值取向的"快文化"，在某些地区存在甚至蔓延，其主要表现如下。

表现之一是决策者不认真调查研究。决策要当机立断，但前提是要对机遇有准确的把握。现在，新的情况和新的问题不断出现，决策者单凭过去积累的经验很难作出正确的判断。因此，认真调查就成为至关重要的环节。记得十多年前，北京参与了国际 IEA 项目的调查，动员了许多同志对全市近万名幼儿逐个面谈进行测试，结果发现，有若干项指标，在园幼儿均低于未上幼儿园的孩子，这使不少人对幼儿园教育的效能产生怀疑。这一大大出乎人们预料的结果，引起幼教界对改进幼儿教育的关注，也使教育行政部门进一步体会到调查研究的重要性。现在，有些地区的教育管理者在决策时不做调查研究，或根据经验推断，或根据理论演绎，即使做些调查，也常是为了给已有结论提供佐证。这种轻率的态度确实贻害不浅。

表现之二是决策者缺乏系统的思考。现在，教育是个热门话题，社会各界议论纷纷，新闻媒体评论不断，人大代表、政协委员广泛关注，这是一件好事。大家的意见和建议对我们改进教育工作有重要的参考价值。但是，教育是一项系统工程，一个因素的调整往往会引起另一个因素的反应，从而造成整个系统的波动。所以，我们对教育的改革与发展，必须作系统的思考，要充分考虑各项相关因素对整体的影响，从整体的改革思路出发，提出解决具体问题的方案。头疼医头、脚疼医脚的做法，常常会在注意一种倾向的同时，忽视了被掩盖着的另一种倾向。现在，有些地区的教育决策者急于应对各方面就某些具体问题提出的意见，匆忙决策，结果是：一个方案出台不久即引发许多新的问题，不得不再匆忙提出新的应对方案，朝令夕改。

表现之三是决策者缺乏科学、民主决策的意识。我们要减少决策的盲目性，就必须将决策的科学化和民主化结合起来，请各方面的专家和实际工作者参与研究。事实上，决策责任制是实现决策科学化和民主化的前提，而我们现在的问题是，只重视执行的责任，而忽视决策的责任，这就会助长决策者的主观臆断。现在，有些地区的教育决策只是领导者个人的一种想法，未经充分论证，就作为本地区的一项政策颁行；有的则只考虑需要，不研究可能，结果在实践中无法贯彻执行。

表现之四是决策者不认真进行试验。教育的问题，从来都是理论和实践紧密联系的问题。实行或者推广未经实践检验的政策与方法，往往会产生不良的后果。同样的政策或方法，在不同地区实行后常常会产生不同的效果。因此，我们需要认真进行试验。当年，中央决定建立承担教育试验任务的景山学校时，有关领导同志就曾经指出，教育的问题要“一切经过试验”。现在，有些地区在进行教育决策时只是请几位专家讨论一下，然后再请几位笔杆子起草一个方案，未经试验就立即颁行。还有的地区不考虑各地实际情况的差别，对其他地方的经验不加分析，就大面积推广，结果也无法达到预期的效果。

以上种种做法看起来“快”，实际上反而“慢”。认真调查研究，进行系统思考，科学民主决策，一切通过试验，当然都需要时间。但是，这种“慢”是为了使改革与发展的方向更明确，更符合教育规律，从而减少反复，加快健康发展的步伐。因此，这种“慢”反倒能产生“快”的效果。

我们希望教育的面貌日新月异，但不愿看到教育的政策日新月异，“知快守慢”应当成为当前教育事业改革与发展的重要原则。

（原载《中小学管理》2007 年第 6 期）

谈“习惯性保护”

2009 年教师节，党和国家领导人接见了优秀教育工作者的代表，刘延东同志在讲话中指出，要把改革创新作为教育事业发展的强大动力。

在促进教师专业发展的过程中，学习型组织的建设是重要保障。传统的教师培训、教学观摩与研究，新兴的校本学习、校本教研，以及近期发展很快的境外考察、网络教研、跨校教研等，都对提高教师的专业水平发挥了重要作用。

学习资源的拓展、教研方式的改进，对学习型组织的建设都是重要的。但是，创造良好的学习文化和教研文化，却是需要我们更加关注的问题。

在学习型组织中，每位教师都是学习的主体，而学习的目的是为了学校愿景的实现，每位教师都是在实现学校目标的过程中，体现自身价值的。因此，创新应当是推动教育事业发展的不竭动力。

学习型组织的倡导者彼得·圣吉（Peter M. Senge）曾经指出，创新的过程实际是一种结构性冲突的解决过程。也就是说，当你受到外力的作用产生一种创新的冲动时，会形成一种创造拉力，但与此同时，常常也会形成一种情绪张力，这种张力就是对旧东西的“习惯性保护”。只有创造拉力战胜情绪张力，创新才能够实现。

情绪张力形成的“习惯性保护”，常常表现为多种形式。

“习惯性保护”之一——否定个人的观点就等于否定个人。常常出现这种情况，某位教师否定了一种创新尝试，有些人对他的观点有看法，但如果直接提出，怕被误认为是否定这位教师，更怕被认为是对这位教师不尊重，于是，就保持缄默了。其实，活跃的学习空气，就在于大家的畅所欲言，观点的交锋并不是对个人的否定和不尊重。在教育创新的过程中，我们必须将“对人”与“对事”区分开来，这样才可能做到知无不言，言无不尽。

“习惯性保护”之二——“是谁”大于“是什么”。真理是客观的，并非天然地站在领导者一边。但是，在教育创新过程中，常常出现这种情况，只要领导否定了，专家否定了，讨论也就结束了。领导或专家的讲话就是结论。现在，对一件事的评价，常常是由一批专家下结论。其实，在很多情况下，教师并不一定同意专家的意见，但因为专家是权威，所以也就只能言听计从了。我多次主张对专家的评价进行再评价，就是要请教师对专家的评价发表意见，这样才不至于以权势掩盖真理。

“习惯性保护”之三——推理重于实证。这是一种“短平快”的研究风气。我们在进行教育创新时，常常发现用推理取代实际验证的现象。有些人只凭一些逻辑演绎、主观臆测就下结论。甚至对一些重要的教育观点、教育现象或者教学活动，不经实践检验就轻易地作出肯定或者否定的判断。再加上现在有一种“跟风”的毛病，很可能就形成一种浪潮。这是一种极不严肃的学术风气，严重阻碍了教育创新的健康发展。

“习惯性保护”之四——“看见了”就等于“看清了”。有些人常常对一种创新的实践吹毛求疵，抓住一点不及其余，看到一点点问题就全盘否定。他们认为“看到了”就等于“看清了”。其实，人们经常可能以偏概全，因为许多人总是不肯用更多的时间进行深入的调研、全面的分析，这使得一些富有价值的创新被轻易地扼杀在摇篮中。

2006 年 4 月 18 日，当时的美国总统布什签署总统行政命令：成立国家数学咨询委员会，研究如何最有效地利用科学研究的成果改进数学的教与学。这个委员会在2008年的报告中提出了看法与建议，其中体现了一种精神，就是长期以来，教育研究比较多地限于形而上的哲学层面，我们的教育学和课程论体系成为一种逻辑推演体系，成为一种“象牙塔”内的学问。因此，哪怕是一个看似简单、不证自明的观点，也要经过实证研究来证明。为此，应重点鼓励与支持开展严谨、实证的数学教育科学研究，这很可以为我们所借鉴。

民主与平等的氛围、实事求是的学风，是基于创新的学习与研究的基本要求。没有民主平等的氛围和实事求是的态度，就不可能有观念的碰撞、理念的融合、方法的比较和鉴别，也就不可能消除学习与研究中的思想障碍，减少对旧东西的“习惯性保护”。因此，必须大力倡导民主、平等、求实的学习文化。只有这样，才可能真正推动教育的创新，推动教育的改革与发展。

（原载《中小学管理》2009年第12期）

多为孩子用点心思

最近，台湾一位教育界的朋友寄给我一篇发表在台湾报刊上的短文，读来很有意思。其中一段是这样写的：

“我儿子正在读高二，考了一道历史题：成吉思汗的继承人窝阔台，公元哪一年死的？最远打到哪儿？儿子答不出来，我帮他查找数据，所以到现在我都记得，是打到今天的匈牙利附近。在一次偶然的机会，我发现美国学校考世界史时，这方面的内容不是这样考的。他们出的题目是：成吉思汗的继承人窝阔台，当初如果没有死，那么欧洲会发生什么变化？试从经济、政治、社会三方面分析。有个学生是这样回答的：‘这位蒙古领导人如果当初没有死，那么可怕的黑死病就不会被带到欧洲去，后来才知道那个东西是老鼠身上的跳蚤引起的鼠疫。如果没有黑死病，神父跟修女就不会死亡。神父跟修女如果没有死亡，人们就不会怀疑上帝的存在。如果没有怀疑上帝的存在，就不会有意大利佛罗伦萨的文艺复兴。如果没有文艺复兴，西班牙、南欧就不会强大，西班牙无敌舰队就不可能建立。如果西班牙、意大利不够强大，盎格鲁-撒克逊就会提早200年强大，日耳曼就会控制中欧，奥匈帝国就不可能存在。’教师一看，说：‘棒，分析得好。’但他们没有分数，只有等级——A！其实，这种题老师是没有标准答案的，可是大家都要思考。”

这篇短文的标题是《人家在培养能力，我们在灌输知识——大人啊，多为孩子用点心思吧！》

文章说的是台湾的教育，但文中的情况我们并不陌生。这里有一个海峡两岸共同遇到的人才培养模式问题，就是如何处理教学过程中知识和能力的关系。

首先，尽管我们近年来一直强调培养能力，但是从总体上看，我们的教学还是很难摆脱知识本位教育模式的窠臼。我们的教学活动在很大程度上还是一种知识循环：教师将书本知识传授给学生，学生记住这些知识，然后在考试时再把它们答给教师。教学过程中几乎没有什么增值。学生需要死记硬背的东西很多。从深层次分析，这是学生课业负担过重的主要原因之一。当然，掌握广博的知识是形成能力的基础，但是，以学习知识、特别是死记硬背的知识为目的，肯定是无法培养创新型人才的。《国家中长期教育改革和发展规划纲要（2010—2020年）（公开征求意见稿）》（以下简称《纲要》）明确提出：“坚持能力为重。优化知识结构，丰富社会实践，强化能力培养。着力提高学生的学习能力、实践能力、创新能力，教育学生学会知识技能，学会动手动脑，学会生存生活，学会做事做人，促进学生主动适应社会，开创美好未来。”这从一个侧面回应了培养什么人的时代要求，明确了教学改革的核心价值取向。

同时，尽管我们近年来一直强调启发式教学，但是学生在教学过程中，表面的、局部的、浅层的思考多，而真正深入地分析和思考问题的机会少。多年来，我们善于帮助学生在掌握知识的过程中分散难点，从而将一个完整的问题化解为一个个小的问题，这种小步子、阶梯式的教法，固然也是一种思维训练，但是由于其缺乏整体性，学生很少进行比较完整的独立思考，所以也就难于真正提高思维能力。可以说，要让学生产生好的、创新性的想法，就必须先使他们有许多想法。而对我们的学生而言，在教学过程中主动提出许多想法的机会就更少。印度在中学所有学科的课堂教学中都推行“高级思维技能”培养（包括理解技能和批判性思维），强调以应用为基础的问题解决，反对机械学习。以色列教育部门在中学实施“优秀2000计划”，目的是树立学生的创新观念，使学生具有数学的、技术的、经济的综合思维能力。可见，加强学生思维能力的培养已经成为当前各国教学改革亟待解决的问题。《纲要》提出：“注重学思结合。倡导启发式、探究式、讨论式、参与式教学，帮助学生学会学习。激发学生的好奇心，培养学生的兴趣爱好，营造独立思考、自由探索的良好环境。”这正切中教育的时弊，在回答怎样培养人的问题上体现出鲜明的针对性和导向性。

总之，为了创新人才培养模式，真正做到学思结合，我们还需要作很多努力。正如前面所引文章的副标题所说，我们在教学改革上，确实应当“多为孩子用点心思”了。

（原载《中小学管理》2010年第4期）

教育的荒漠化

北京的三月，恰逢我接待日本教育家大田尧先生来访之时，沙尘暴袭来，漫天风沙几乎让人睁不开眼，喘不过气。见面后，我们不由得谈起风沙这个话题。我说，土地荒漠化威胁着人类的生存，大田先生表示赞同。但他话锋一转，忧虑地说，他更担心日本教育的荒漠化。

那天正好是大田先生的生日，他已经92岁，但依然精神矍铄。他毕生从事教育工作，曾经连续三届担任日本教育学会会长，在日本教育界享有崇高的威望。近年来，他又热心从事日中友好交流活动。前几年，我曾和他一道参加清华大学举办的素质教育论坛，就推进素质教育问题交换了意见。他提出许多深刻的见解，比如：他认为，一个人不可能按照别人的愿望被培养成别人所希望成为的那种人，教育只能从不同人的实际出发，为他们各自的发展创造条件。他的这种立足于人的本质特征来研究教育的个性化的主张，确实给我们很多启发。我很敬重他，因此对他的有关日本教育荒漠化的见解，很是关注。

他说，在许多日本孩子的心中，一是缺乏对他人的关心，二是缺乏对自然界的关心，他们的心灵已经成了一片沙漠。在日本孩子当中，很少有人知道自己的邻居姓什么、是做什么工作的、家里有几口人。孩子们被封闭于家庭和学校狭小的圈子里，很少到大自然中去，了解我们赖以生存的活生生的世界。他说，关心他人、关心自然，是人类持续发展的基本伦理，但是，我们的教育却只为孩子们创造了一个“无机的”环境，教育的荒漠化是孩子的心灵成为沙漠的重要原因。

对于现在日本文部科学省正在纠正近年来实行的“宽松教育”的措施，大田尧先生也不无担心。他怕在关注提高学习质量的同时，更加快教育荒漠化的进程。

其实，大田尧先生的忧虑，同样也是我们的忧虑。中国的孩子们对自然和他人的关心亦日渐淡漠，这不也同样对我们的教育敲响了警钟吗?

记得20多年前，市场经济发展初期，我曾受教育部派遣，带领一个代表团去美国考察初等教育，考察的重点是，美国的学校如何培养孩子的竞争能力。从夏威夷到东、西海岸，我们访问了许多小学和幼儿园，每到一处都提同样的问题，但结果是，很少有校长能够给出明确的答案。只是在纽约的银行街学校，校长果断地回答了我们的问题——培养孩子的合作能力。他说，只有会合作，才有竞争力。当时，大家对这个回答感到难以理解，因为，我们习惯于将竞争看成是压倒别人之后脱颖而出。

虽然多年过去了，但这种陈旧的观念仍然贯穿于我们实际存在的“应试教育”体制中。学生心目中缺少对他人的理解、宽容、关心和尊重，学校缺少一种融洽、和谐、互敬、互爱的氛围。有人说，智商反映人在自然界生存的能力，情商反映人在社会中生存的能力，虽然我们的教育并不一定有助于提高学生的智商，但我们对提高智商的关注远远多于对提高情商的关注却是不争的事实。同时，城市化进程带来的居住条件的封闭、信息化发展催生的虚拟世界的诞生，也更加剧了部分学生内心的空虚和孤独。

哥本哈根世界气候大会体现了全世界对地球气候变暖的关注。人类是自然界的一部分，自然界又是人类赖以生存的环境与条件。因此，引导学生关心与尊重大自然是教育最重要、最基本的任务。联合国教科文组织提出“教育为了可持续发展”的理念，就是将教育的目的定位于为人类的可持续发展服务。但是，我们虽然在课程改革中强调了社会实践，强调了让学生走出校门、走进大自然，而实际的教学安排却使得学生难有亲近自然的时间和机会。还有，如何统筹校外活动与安全保障的关系、如何倡导家长减少学生在校外的不必要的学习负担，都是短时间内难以处理的问题。这样，相当多的学生就很难享受到漫步田野山川、遨游江河湖海、欣赏树木花草、呼吸新鲜空气的幸福，也就难以珍爱、保护我们赖以生存与发展的大自然。

我国中长期教育改革与发展规划纲要已经将培养学生适应社会的能力、进行可持续发展教育提到日程上来，这是现代教育理念的重要体现。我相信，我们的教育一定能够避免荒漠化的危险，还孩子们一片心灵的绿洲。

（原载《中小学管理》2010 年第 6 期）

异化的质量监测损害教育

建立科学的质量监测体系是掌握区域内教育质量动态发展水平的重要途径，它可为制定和调整教育政策提供重要依据，进而引领教育事业发展和改革的方向，指导学校和教师改进教育教学工作，以持续提高教育质量。

目前，从国家到地方都在对质量监测工作进行探索，通过借鉴国际质量监测的科研成果和实践经验，制定了不同类型的指标体系，试验了多种监测方法，取得了不少可喜的成果。

但是，质量监测是一把“双刃剑”，科学的质量监测可以成为深化教育改革，全面推进素质教育的有力武器，而违背科学规律的质量监测也可以成为维护错误教育思想和陈旧教育体系的工具。当前，确立质量监测的正确导向已成为基础教育必须面对的重要课题。

正确的质量监测导向取决于各级领导、教研人员和科研人员的科学质量观、过程观和功能观。当前在建立健全质量监测体系的实践中有几种倾向值得关注。

一是将质量监测变成学科考试。以部分学科的考试成绩作为衡量教育质量唯一依据的片面质量观已成为某些地区质量监测的实际指导思想。这些地区没有全面的质量监测指标体系，有的只是部分学科的考试，或者虽然形式上也有一套看似全面的体系，但形同虚设。质量监测本来应当是依据科学方法抽样并在较长周期里进行，但在不少地区已经成为学年甚至学期的统一考试或者变相统考。特别是在小学已经解除了小升初考试的压力之后，部分地区的质量监测已经成为应试教育新的生长点。

二是将质量监测变成分数排队。部分地区行政管理和教学研究人员没有深化教育改革全面推进素质教育的强烈意愿和能力，却将以质量监测为名的统考作为掌控学校的重要方法。部分地区对统考结果进行分数排队，公布或变相公布排队结果。尤甚的是，区域内对学校排队，学校又对班级和教师排队，有的甚至逐题排队。在这种情况下，不少学校，包括一部分本来走在教育改革前列、办学特色初步形成的学校，在排队的压力下，不得不重新回到应试教育的轨道。

三是将质量监测变成绩效考核。部分地区将监测考试后的分数排队变成对学校教育工作考核的重要甚至唯一依据。有些地区将排队结果张榜公布，有些地区在大会上依照名次进行表扬和批评，个别地区还规定对排名靠后的学校，要由教育行政部门负责人对该校校长进行约谈。在绩效工资实施后，部分地区将排名结果与学校和校长的绩效工资挂钩，在校内则与班主任和任课教师的绩效工资挂钩。这样一来必然引导教师将考试成绩作为评价学生的唯一标准。

质量监测的科学性与有效性是密切相关的，上述的种种现象实际造成质量监测的功能异化。学生课业负担过重有诸多因素，但在学校内部，相当程度上是一种压力传导。在进行质量监测的名义下，区域向学校施压，学校向教师施压，教师必然也会将压力转给学生。这是至今包括小学在内课业压力仍然难以减轻的重要原因之一。笔者在调研中发现，有的老师甚至对学生说“如果哪位同学在这次统测中和我过不去，不要怪我和你过不去”。

联合国教科文组织正在制定普通教育的质量监测与评价体系，质量观成为首要的问题。《国家中长期教育改革和发展规划纲要（2010—2020年）》已将建立教育质量监测体系作为重要任务，同样应当把正确的指导思想放在首位。必须加强引导，深化研究，避免使质量监测成为应试教育的新载体，更不能使质量监测成为基础教育、特别是在小学全面推进素质教育的制度性障碍。

（原载2012年4月5日《中国教育报》）

第三辑

大家不同 大家都好

“大家不同，大家都好”应该包含两重意思：一方面是虽然大家不同，但是大家都好；另一方面是因为大家不同，所以大家都更好。前者表达了事物因包容而绚丽多彩，后者描绘了事物因交融而百花争艳。

其实，中国并不缺教育家，因为中国有许多懂得教育规律，而且认认真真按照教育规律办学的教育工作者；有许多为了中国的社会主义现代化建设，为了中国教育事业的繁荣，敢于创新、善于创新的人。问题在于，我们必须为他们提供创造的空间，而这一点正是我们最为缺之的。

该换换脑筋了！

全面实施素质教育，在宏观上有管理体制问题，激励机制问题，学校教育、社会教育、家庭教育的协调问题，学制、课程设置、教学大纲的制定等问题；在微观上有学校管理问题，教师组织教育教学活动问题，直至对每一个学生的教育问题。这些问题无论宏观还是微观无不由教育思想支配。教育活动总是在一定教育思想指导下进行的。

因此，在实施素质教育的过程中，要以马克思主义的教育观，以邓小平同志的建设有中国特色社会主义理论，包括教育理论为武器，结合实际，着重在认识上实现三个统一。

首先，要把培养优秀人才和提高劳动者素质的任务统一起来。我国社会主义现代化建设，既依赖于科技进步，又依赖于劳动者素质的提高。基础教育是普及的教育，它要为两个提高，即提高知识分子的数量和质量与提高劳动者素质打好基础，它又要为适应两个提高的需要不断提高普及的水平。因此，多出人才，出好人才与提高劳动者素质的任务，不是对立的，而是统一的，统一于提高民族素质这一伟大的目标中，统一于打素质基础这一基本任务中。片面强调“英才”教育，不仅导致广大受教育者素质的提高得不到应有重视，同时也使一些“英才”的种子在考分这唯一的选拔标准下过早就被淘汰。而被选中的“英才”苗子，也由于基础素质不坚实，而难以成才。

其次，要把群体培养目标和个体发展目标统一起来。基础教育要将党的教育方针具体化为培养目标，并依此确定每个学段和学年的教育要求，这样才能有计划有步骤地施教。在这里，最重要的是明确基础素质的要求，同时创造每一个受教育者都能得到发展的条件。

要认真分析作为公民必须具备的共同素质结构，也就是基础素质的内涵，这应当成为基础教育的群体培养目标。这种素质结构必须充分考虑民族文化传统的因素以及时代要求的因素。对思想道德、科学文化、身体心理和劳动技能等基本素质都要有明确的基本要求。邓小平同志一贯强调教育要面向未来，要适应未来科技进步、社会发展和国际竞争的需要。因此，我们必须重视基础素质中的时代要求，如法制观念、科技意识、竞争意识、合作能力、外语运用能力、计算机运用能力、社会交往能力等的培养。

与此同时，必须看到群体目标最终要落实到不同的学生身上，在落实过程中要从每个学生的实际出发，使他在达到基础素质要求的同时，发展符合个人特点的素质，以增强个人未来社会生活中的特殊适应能力，并创造在未来社会生活中确定个人位置的条件。因此，在教育活动中，特别是现行大班教学的形式下，教师面对的不能只是一个班，而应是一个个不同的学生。还必须坚持共性和个性的统一，坚持因材施教，这是实现素质教育的重要思想基础。

最后，要把重视教育结果和重视教育过程统一起来。教育的现效不单纯以分数为标志，而教育的现效又不等于教育的后效，教育的后效才是教育结果的最终体现。所以，必须重视由教育思想支配的教育过程，重视教育过程和教育过程中反映出来的教育思想。因为真正良好的教育效果，存在于正确教育思想指导下的教育过程之中。

为了推动教育思想的转变，必须将教育思想的学习、宣传提到重要的议事日程上来。没有各级领导、广大教育工作者，乃至全社会对教育思想的广泛学习讨论，很难在全面实施素质教育的改革实践中取得认识的统一。而没有较为广泛的思想基础，改革必将遇到重重思想阻力而难以推进。因此，要通过多种形式做好教育思想的学习、宣传工作，要把教育思想的学习作为师范院校和继续教育的一门主课。

（原载 1995 年 2 月 20 日《光明日报》）

着眼于未来　着力于素质

“素质”现在是从老百姓到领导人都在关心的话题，这是件好事。一方面大家关心能否培养优秀的政治家、科学家、艺术家……这些人的素质对整个民族的发展有很大影响；另一方面，大家更为关注劳动者的素质、全民的素质。提高民族素质已成为中国社会进步的核心问题，因为依靠科技进步和劳动者素质的提高是实现经济转轨的关键。

教育在提高民族素质方面发挥着重要的作用。但从目前看，大家对现状并不满意。现在青年人存在的许多素质缺陷，引起人们对教育的反思。

素质是什么？以前多是指人先天的生理品质。现在多指包括后天形成的在人一生中长期稳定的起作用的品质。长期以来，我们的教育比较重视知识灌输，其实，单纯的知识传授是浅层次的教育，真正能长期起作用的是基本素质的培养。

现在教育开始重视素质问题，这是认识上的升华。这种认识越来越趋于本质，趋于全面，趋于深入。过去我们讲国家的成绩，较多地强调国民生产总值，而现在更强调综合国力，后者比前者更反映本质。教育也如此，过去过于强调分数，但用分数衡量教育效果并不能全面考查学生，而素质教育却重在综合考查，考查学生各种基本品质的综合水平。

基础教育是对全体公民的、不定向的、非专业的、最基本的教育。从这个意义上讲，基础教育就是基本素质的教育。

从这一点出发考察当前的基础教育现状，的确存在不少问题。应该提高认识，以素质教育为目标，对基础教育进行改革。

首先，是提高进行素质教育的自觉性。现在的教育对眼前的结果比较重视，对长远的效果，尤其是对面向下个世纪的一代代人的素质考虑较少；对学生以分数表示的学习成绩比较重视，而对内化在学生身上长期起作用的东西考虑较少。这样，教育就无法主动发挥全面提高学生素质的功能。

其次，教育是面向全体还是面向少数人这个问题必须解决。从目前的体制看，教育选拔功能很强。当然，基础教育有为培养优秀人才打好素质基础的责任，但更重要的任务是提高整个教育对象群体的水平。是选拔适合教育的学生，还是选择适合学生的教育，这是教育观念的问题。我认为素质教育就是选择适合学生的教育，让每一个学生都能有所发展。教师应该是伯乐，但不能只是伯乐。伯乐只是把好马挑出来，其余的马淘汰掉。教师应该让所有的学生都在自身的基础上得到发展。选拔功能不是基础教育的唯一功能，教育不意味着选拔出几个尖子就行了，要面向所有的学生，这样才能提高全民素质。

再次，要重视教育过程。我们现在比较重视眼前的教育结果，衡量学生、教师往往用以分数表示的成绩。教育必须着眼于未来，因为教育效果是滞后的。今天教育的真正效果要看将来他们走入社会后发挥的社会功能的水平，而这取决于真正落实在他们身上的综合素质。正如我们是用今天社会上的成年人的整体素质来评价五六十年代的教育一样。

教育不重视眼前的结果是不行的，但只重视眼前结果也是不行的。因为长远起作用的东西往往是存在于教育过程中的。我们希望孩子都是 100 分，但通过什么样的途径得到 100 分是我们更应当重视的。陶行知先生说过："千教万教教人求真，千学万学学做真人。"这就是强调教育过程能否教学生求真知，做真人。求真能达到 100 分，求假也能拿 100 分。一个班纪律好，要看是如何达到的。是自觉的，还是强迫的，是师生之间互相尊重、互相理解的基础上形成的，还是靠伤害学生身心达到的。有时候，表面好的效果，长远看起来却是不好的。

因此，可以说，没有科学的过程就没有真正的素质教育。

（原载 1995 年 6 月 13 日《中学时事报》）

重提家访

近两年，不少地区谈论着两个关于“家访”的话题，一个是对“电子家访”问世的欣喜，一个是对传统家访回归的欢呼。由于一些地区的教育行政部门和学校重新颁行了关于教师家访的制度，两个话题发生了碰撞，从而引发了一场热烈的争论。

这场争论看似对家访以及家访的方式莫衷一是，实际都反映出社会各界对当前处理好在学生发展过程中，学校和家庭之间关系的关注。

近年来，部分学校与家长之间的关系有些淡漠。造成淡漠的原因很多。比如：学校注重学生课业学习成绩，而忽视学生身心全面发展的倾向；社会上某些不正确的价值观对教师敬业精神的影响；部分学校班级人数增加，大班或超大班不断出现，学生居住日益分散，使得部分学校和教师疏于或者难于与家长进行更多的联系；再加上部分同志对学校与家庭的联系只停留在一般的信息发布上，即使有些联系也容易采取过于简单化的方式。于是，许多家长开始怀念当年的“家访”。

家访曾是学校通过教师主动与家庭沟通的重要方式。许多优秀的教师常常是通过家访了解学生的生活环境、校外表现，以此调整自己的教育行为，并指导家长配合学校教育，使学生能在学校教育与家庭教育和谐的氛围中，达到全面发展的要求，在这一过程中，既有信息的交流，也有情感的沟通，产生了良好的教育效果。当然，也有的老师家访不甚得法，也有的家长不善于配合，有时也会造成几丝尴尬和些许遗憾。但人们回忆起来的时候，心底仍会油然而生一股温馨。

其实，现在学校与家庭的关系有着比过去更为深刻的意义。首先，现代学校制度要求学校树立社区服务的观念，要求家长参与学校的管理和监督。因此，学校与家长之间的联系，不仅是对家庭教育的指导，也是接受家长对学校的指导和帮助。同时，为了面向每个学生，促进每个学生的个性发展，就必须因材施教。学校与家庭之间的联系是为了充分了解学生成长的特殊环境，从而为其个性的发展创造条件。因此，通过家访加强学校与家长的联系又有其以人为本的鲜明的时代意义。

因此，我认为这场争论主要不在于用什么方式家访，而是一种对学校加强与家庭联系的强烈呼唤。

广西南宁的全员家访活动，浙江舟山百名校长万名教师家访活动，湖南宁乡万名教师家访“劝学”活动，山东济南的“教师家访月”活动以及天津南开区上万名教师走进万户学生家庭进行新学期第一次家访等，都是对这种呼唤的响应。

当然，与此同时，随着信息时代的来临，信息手段也自然应用于家访。上海兴起的“电子家访”，广州市、武汉市、南京市部分学校的网上家访，沈阳市出现的“QQ 班主任”和“鼠标家访”，汕头市出现通过互联网与家长联系的“绿色通道”，福州市出现的“家校通”网站，以及北京不少学校开通的与家长联系的“语音电话”，也都是对加强学校与家庭联系的响应。

家访方式难说孰优孰劣，而是各具特点。在对家访的意义有了充分的认识，并有了足够的重视之后，采取的家访方式，应当因地制宜、因事制宜、因人制宜。

“网上家访”当然很好，但能够具备网上联系条件的教师与家长在有些地区数量是不多的，因此，目前，还不能成为主要的家访方式，还不得不要求教师走街串户。

有些通用的信息、共性的指导，可以在网上向家长发布，有些简单沟通，可以发个 E-mail 进行，这些无疑既便捷又省时。但有些对孩子教育的更深入的探讨，对学生家庭环境的更直观的体验，甚至通过直接情感交流感化学生心灵，取得家长的理解与支持，则必须面对面地进行沟通。当然，教师自身和家访对象的客观条件，也影响着家访方式的选择。有些同志提出，由于目前年轻父母保护家庭隐私的观念日益增强，因此，不希望老师进入家门。又由于生活节奏加快，一些家长工作很忙，流动性大，难于与教师见面。我想教师也应当给予理解。不过，我们也应当引导家长明白，作为监护人，必须把对子女的教育责任摆在优先考虑的位置。

因此，根据具体情况，以实效为原则，采取以“上门”为主，多种形式结合的“家访”方式，我想是有益的。

某些地区的教育行政部门或者学校建立了“教师家访制度”，规定了对教师家访的具体要求，并以此作为考察教师业绩的重要依据。我想，这恐怕首先是为了纠正近年来严重忽视家访的果断措施，试图以制度唤起并逐步强化对家访的重视。当然，家访也和其他教育、教学工作有共同之处，是一种教师的教育行为。因此，在加强管理的同时，努力提高教师的自觉性和主动性，并不断探讨家访艺术，交流家访经验，使教师既做到尽力而为，又做到量力而行，这要比简单地统计家访次数有效得多。

重提家访，使我们听到了素质教育推进的脚步声。研究好这个既有时代精神又有优秀传统的教育课题，一定会给我们的教育注入新的活力。

（原载2003年11月9日《中国教育报》）

把欢乐送给孩子们

儿童节送给孩子的最好的礼物莫过于欢乐。那本是他们应有的，却不是常有的，对有的孩子来说，甚至是少有的。不是因为贫穷，不是因为饥饿，这些早已远离了他们；他们缺少欢乐，常常是由于来自大人们“过度”的关爱和不当的教诲。

我想将对孩子们童年欢乐的祝愿，化做对大人们的期盼，期盼学校、家庭、社会都能清醒地降福于我们的孩子。

盼望让孩子们在参与中体验人生。孩子不是一个容器，不能每天听任我们灌输；孩子不是一只摇柄，不能无休止地重复同一个动作。他们需要有更多的对教学活动的主动参与，对现实生活的主动参与，对社会实践的主动参与，从而获得书本知识以外的更为生动的体验。这是我们应当送给他们的体验的欢乐。

盼望让孩子们在展示中享受成功。要给每一个孩子展示自己的机会，要相信每一个孩子都有自己的优势智能。我们不能用一把尺子衡量所有的孩子，用它选拔出一批童星。我们要用心搭建一个一个的平台，使所有的孩子都能享受成功，不让一个孩子留在被遗忘的角落。他们只有享受了成功，才会相信自己能够成功。这是我们应当送给他们的成功的欢乐。

盼望让孩子们在合作中发展个性。生活在这个充满竞争与挑战的时代，孩子们必须学会合作。在合作中懂得对人的尊重，在合作中体会集体的力量，在合作中知道什么是爱与关怀，进而在合作中发展自己。我们要使孩子张扬的不是排他，不是乖张，而是张扬能与人共进的个性。这是我们应当送给他们的合作的欢乐。

盼望让孩子们在宽松中求得和谐。烦琐的课外作业，对学业成绩的苛求，还有培养那些孩子本没有兴趣的“兴趣”，以及媒体连篇累牍的关于升学考试的报导，这些沉重的压力，压向孩子们的肩头，压在孩子们的心头。他们难以取得身体与心理的和谐，难以取得品德与智力的和谐，难以取得自身与环境的和谐。我们有责任营造宽松的氛围，让孩子们在宽松中心情愉悦，让孩子们在宽松中全面发展，让孩子们在宽松中健康成长。这是我们应当送给他们的和谐的欢乐。

在这个有着那样多期盼的节日里，我希望充满关爱的老师、充满仁慈的父母、充满公正的舆论，都能将自己的关爱之心、仁慈之心、公正之心，化做一种崇高的理念、一种切实的行动，真正给孩子们送去更多的欢乐。

（原载 2004 年 6 月 1 日《现代教育报》）

引领·激励·求索
——祝贺《中国教育报》创刊20周年

我也算是教育战线的一个老兵了，近20年是我国教育事业发生历史性变化的时期，多少经历过这场深刻变革的同志都会和我一样，时刻感到他们的身边有一位忠实的朋友，那就是这份始终在发挥着引领、激励和求索功能的《中国教育报》。

一份好的教育报刊应当始终引领教育事业发展与改革的正确方向，扶持具有生命活力的新生事物，遏制影响教育事业健康发展的态势蔓延。应当说《中国教育报》成功地做到了这一点。近几年，基础教育出现了一些引起人们特别关注的问题。从全国范围看，贫困地区和部分少数民族地区的教育发展严重滞后，流动人口和其他弱势人群子女入学存在困难。从部分已经普及义务教育的地区内部看，利用公共教育经费举办的学校水平差距过大，而财政经费投入的指向，有促使这种差距加大的趋势，造成公民接受政府提供的优质教育机会极不公平。在相当一部分地区教育非均衡化发展加剧的时候，《中国教育报》集中力量报道，并连续发表评论，对这种动向进行猛烈抨击，对基础教育的均衡发展发出了热切的呼唤。并深刻指出，基础教育均衡发展是中国特色社会主义教育发展方式的重要原则，是社会公平的重要体现。《中国教育报》通过对我国教育发展方式的重要原则的宣传，推动了各级政府将基础教育均衡发展的问题提到了重要的议事日程上来，发挥了强有力的引领作用。

一份好的教育报刊又应当始终树立人们的信心，鼓舞人们的斗志，使广大教育工作者保持朝气蓬勃的精神状态，去迎接挑战，去克服困难。《中国教育报》也成功地做到了这一点。20世纪90年代中期以后，职业教育特别是中等职业教育出现了发展过程中的低谷。由于东南亚金融危机的影响，由于产业结构的调整，由于普通高等和中等教育的扩招，使得不少地区职业学校招生人数下降，毕业生就业难度加大，职业教育，特别是中等职业教育发展暂时陷入困境。于是职教战线的有些同志就产生了怨气，出现了低沉的情绪。当不少职业教育工作者感到自己已被遗忘在角落的时候，《中国教育报》及时多次组织了关于职业教育发展问题的讨论，发表了许多专家和一线教育工作者的文章，理智地分析形势，清醒地寻求对策。指出中国的社会主义现代化需要发达的职业教育，职业教育将在教育体系中永远占有重要的地位。但职业教育面对新的挑战和新的机遇所提出的一系列新的课题，又必须加快自身的改革步伐。社会将通过曲折的历程重新认识与评价职业教育的重要地位与作用，而职业教育则需经过艰苦的探索重新显示自身不可取代的社会功能与价值。《中国教育报》的倡导，为职业教育的发展提供了理论支撑，也鼓舞了广大职教工作者振奋精神，重塑自身，创造新的辉煌。

一份好的教育报刊应当是一个敞开的窗口，民主的园地，能够在这里看到多样的见解，听到不同的声音，从而有助于人们经过比较鉴别，达到真理性的认识。《中国教育报》也为此进行了不懈的努力。《中国教育报》对《民办教育促进法》立法进程的每一步都发出了回响。由于《民办教育促进法》是我国第一部规范民办教育的法律，因此，各界对立法宗旨，适用范围，以及民办教育的地位、性质、管理和权益等问题的认识，都存在着分歧。其中对有些问题，比如民办学校的产权和举办者可否取得合理回报等，还有着较大的分歧。《中国教育报》伴随立法进程的脉搏，不断地对相关问题展开讨论，对热点问题发表了许多见解不同的文章，为立法者提供了从理论到实践的选择依据。使得这样一部具有里程碑意义的法律，虽历经波折，终于得以通过。为促进我国民办教育的蓬勃健康发展，作出了重要贡献。

我想对年满 20 周岁的《中国教育报》道一声：生日快乐！我更祝愿再过 20 年，当《中国教育报》进入不惑之年的时候，会为教育事业的改革与发展发挥更大的引领、激励和求索的作用，为我国全面建设小康社会的伟大事业，作出更多的贡献。

（原载 2003 年 7 月 5 日《中国教育报》）

创设学校良好的外部环境

当前我国中小学直接的外部环境，最主要的一是和上级党委、政府及教育行政部门的关系，二是和社区、家长的关系。

学校应当成为在上级党委、政府及教育行政部门领导下的独立单位，应当成为依照法律法规的规定进行办学的独立实体。公立学校既要有在上级领导下依照有关规定进行的组织行为，又要有依照学校实际情况进行的自组织行为，从而在贯彻统一的要求过程中，形成自己的办学特色。上级党委和政府及教育行政部门，应当努力创造这样一种学校工作的外部环境。

这样一种外部环境的创设，各地发展情况是很不平衡的。有些地区，公办学校只被看做是上级的神经末梢，是落实上级工作计划和相关规定的执行单位，学校全部工作都是执行规定的组织行为。有些地区名义上虽然给学校放权，但实际上对学校的要求，包括教育职能和其他社会职能的要求，都十分具体，学校基本上处于被动应付上级布置的各项任务的位置。

一切要求的落实，在校内的责任人无疑是校长。有不少工作上级甚至与校长签订了责任状。在这样一些地区，校长可能需要花相当多的时间参加各种会议，花相当多的时间应付上级的要求，而没有时间深入实际研究教育教学工作。校长宣布的各项决定也常常并不是校长的决策，不过是转达上级的布置而已，其中有些甚至连校长本人也不一定赞成。这样一些地区，学校之间同质化的状况往往十分明显，学校难于形成办学特色。

也有些地区，上级缺乏对学校工作进行必要的督导评估，使学校活动长期停留在自组织状态，甚至无组织状态。学校缺乏对落实党和政府的方针、政策的责任意识。这些地区的校长虽然拥有相当多的裁量权，但由于缺乏监督机制，容易造成决策失误，甚至出现违纪、违法的情况。

学校和社区及家长的关系，是近年来逐渐被认识和予以重视的问题。多数中小学校是直接为社区服务的教育机构，家长是学校的服务对象。因此加强学校和社区、家长的联系，不仅是工作方式的转变，更是建设现代学校制度的关键问题。目前，一些地区进行了社区代表、家长委员会参与学校管理的实验，这是一项有益的探索。但总体上看，学校为社区、家长服务的体制保证，校长对社区和家长负责的机制保证都尚未形成，形成学校公益性、服务性的原则还难以充分体现。

上述情况，虽然是学校与外部的关系，但都对学校自身的管理有着深刻的影响，也都与校长的工作有着密切的关联。从我国当前情况看，在改进上级对学校的领导方式的过程中，给予学校更多的办学自主权，使学校能够有更多的自主发展空间，同时进一步形成社区、家长参与学校管理的体制，是改善学校外部环境的重要课题，也是健全校长负责制的重要条件。

（原载 2004 年 9 月 7 日《中国教育报》）

教育策划创造未来的教育

随着教育改革攻坚战的拉开，特别是教育管理体制和办学体制改革力度的不断加大，学校教育已经开始步入自主管理的新时代，办学者必须具有战略思维和运筹谋划的素养。古人云：“凡事预则立，不预则废”。我国一批专家、学者、校长见微知著，以超前的战略眼光，及时预期到教育竞争不断加剧，教育市场日益完善，是我国教育改革发展的必然结果。为此，他们大胆呼吁教育必须引入现代策划新理念，必须尽快建构教育策划理论体系，以适应教育改革发展的理论和实践需要。

教育策划一提出，便受到全国一大批专家、学者、教育行政干部、中小学校长等学校经营管理者的重视，在全国各地，开设教育策划知识讲座、举办教育策划学术报告的地区越来越多，甚至连一些商业培训机构也开办了教育策划培训班。

教育策划是教育管理中的一个重要环节，它是通过对地区、学校的深度调研、系统整合、整体设计，来为地区、学校提供战略和策略构想，提供办学思路以及技术路径。

教育策划涉及的有意思的问题很多。比如，在全程策划方面，要借鉴海尔的“三只眼理论”——一只眼盯着社会的需求，一只眼盯着学校内部的管理，一只眼盯着政府的政策变化，这样才能把握态势和变数，与时俱进地调整策略。又如面对非常情况的危机策划，要讲究战略柔性，寻找突破。在“非典”时期，北京市在停课期间推出“空中课堂”，不但满足了社会的教育需求，又借机发展了远程教育，是成功的教育策划。再如，面对竞争激烈的错位策划，要学会差异性选择。现在的教育，趋同明显，相同的理念、相同的追升学率的目标、相同的“套路”甚至“兵法”，但是家长、学生却有着强烈的求异心理和求异需求，“分”和“率”上的硬性竞争将逐渐被“特色”、“品牌”等软性竞争所代替。这就要善于借鉴企业的“错位经营”理念，设计学校的办学特色，从而搭建新的平台，形成自己的优势。

中国教育学会教育管理分会于 2004 年 4 月成功主办了全国首届教育策划学术研讨会，在全国唱响了教育策划理论研究与实践探索的主旋律。会后，教育策划学术委员会秘书处应大专院校、教育科研工作者、中小学管理干部的要求，及时在全国组织一批专家、学者编写出了一本有特色的教育策划教材，为教育改革发展，为教育管理理论创新，为教育策划学科建设作出了贡献。

普及教育策划理论知识，依我看，这个任务至少包括两个方面的内容：一是要在借鉴企业、文化等策划教材的基础上，把教育策划推进到以贴近我国教育实际，对我国教育改革发展和学校市场运作有直接指导意义的教育策划系列课程教材体系的建设上；二是要架设好教育策划理论与教育策划实践之间的金桥，做好教育策划知识普及、教育咨询诊断、学校品牌推广、科研成果转换、策划理论提升等工作，为学校发展和教育创新服务。

高尔基说过：科学的、大胆的活动是没有止境的，也不应该有止境。这本书的编写，应该说是一种科学的、大胆的活动，同样不应该有止境。一批专家、学者奉献给读者的这本教育策划教材，既是前一个阶段进展的小结，同时也是新的开始。我想该书的作者会以极大的热情，通过不断修订，使教育策划的教材体系更完整，内容更先进，成为国内外教育策划学科新发展及实践新探索的生动展示！

（原载《教育策划》2004 年第 10 期）

在继承中创新

孙维刚同志是我国基础教育战线的杰出代表，他为贯彻国家的教育方针，全面提高教育质量奉献出毕生的精力。这位教育家的教育思想以及他在教育实践中创造的经验，为我国正在推进的素质教育和课程改革提供了宝贵的借鉴。

中国的教育必须在继承中创新，这是纪念孙维刚同志的重要的现实意义。我们正在进行一场顺应时代潮流的教育变革，这场变革关系着国家的前途和命运，但这场变革并不是对原有教育的全盘否定，而是在继承原有教育优秀传统的基础上，克服我国传统教育存在的弊端，从而实现对我国教育事业的完善。近百年来，为完善中国的教育，许多优秀的教育工作者进行了不懈的努力和大胆的探索，这种探索在新中国成立以来得到了党和政府的倡导和有力的支持。教育改革的先驱者们在探索的过程中，产生了富有见地的理论，积累了丰富的实践经验，当然也出现过困惑，付出过代价。当前全面推进素质教育的提出，课程改革的推进，使这种探索的进程进入了一个新的阶段，这是多年来改革进程的延续，是在继承基础之上的创新。在我国近代长达百年的教育探索的进程中，涌现出一批教育家，他们的理论与实践引领着教育改革的时代潮流，为发展中国的教育事业作出了重要贡献。孙维刚同志正是这批教育家中的杰出代表之一。今天纪念孙维刚同志，不只是对他的教育成就的肯定，不只是要用孙维刚的教育思想充实我国的教育思想宝库，更重要的是表明我们要坚持在继承的基础上创新的决心。我们只有旗帜鲜明地反对教育改革过程中的历史虚无主义，才能使我国的教育改革建立在坚实的基础之上，才不会由于缺乏对我国教育的记忆，使教育的改革与发展显得苍白无力。

一切为了育人，这是孙维刚教育思想的核心。由此形成了他的教育价值观、教育哲学，乃至教学论、学科教学论体系，形成了他的人才观、学生观、教学观、评价观体系，也形成了他的教育个性和特色。孙维刚在政治工作、社会活动、宏观教育、微观教育等多个层面创造了卓越的业绩。但他的全部活动都体现了一切为了育人的教育思想。育一切人，育好一切人是他的一切为了育人思想的深刻内涵。育一切人，表现在他不主张基础教育要择天下英才而教之，而应当是为所有未经选择的每一个学生打好基础。育好一切人表现在他紧紧把握住教人做人和育人成才的教育目标上，他的全部教育活动都是为这一目标服务的。我们平时讲教书育人，往往解释成既要教书又要育人，但在孙维刚那里，全部教育活动，包括教书都是为了育人，所以才形成了他的十分独特的教学风格。加里宁说过数学是思想的体操，这精辟地概括了数学在培养学生逻辑思维能力中的作用。孙维刚作为一位优秀的数学教师，他不仅把数学这一思想体操发展得更为完整，更为体系化，而且把数学课当做是育人的熔炉，在数学教学中，塑造着人的灵魂，铸造着学生健全的人格。这是孙维刚教育思想最为突出之点，也是以人为本思想在学科教学中的高度体现。

孙维刚的教育理论与实践，还解决了一个人们长期争论不休的问题，即教育质量能不能经得起从多个角度评价？孙维刚的教育质量，无论从做人的角度，还是知识技能角度、能力智力角度，都经得起检验。他的学生既有着较为全面的素质，又可以在选拔考试中取得优异的成绩。这充分说明全面提高学生素质是提高学生实际水平的关键。我们固然应当关注评价与考试制度的改革，但更应当像孙维刚那样，始终坚持通过自身的努力实现对素质教育的更为完美的追求。

教师队伍建设的关键在于提高教师的素养，这是孙维刚同志给我们的重要启示。教育是科学，因为它存在共性，存在着普遍的规律；教育又是艺术，因为它存在着个性，存在着鲜明的特色。还有人说，教育不只是科学和艺术，还是一种修炼。那就是说要在求索中体验，在实践中积累，从而形成深厚的文化底蕴和坚实的能力基础。我想，这就是素养。孙维刚同志正是由于有了这种素养，才能够把理论和实践统一起来，把科学和艺术统一起来，把共性和个性统一起来，把良好的师德和高超的育人能力统一起来。并从他的独到的教育见解出发，产生了他独具特色的教育方法，从而形成了他的鲜明的个性。我想，这就是他成功的关键，也是所有教师学习的榜样。推进素质教育和课程改革的关键问题之一就是教师的不适应，而教师的不适应关键在于素养不够高。所以，我们应当从师范教育、继续教育、教师管理以及校本培训等方面着力提高教师的素养，更要把教师集体建设成为学习型组织，鼓励每位教师把教学、学习和科研紧密结合起来，不断积累，成为一个自觉提高自身素养的优秀教师。

孙维刚同志离开我们已经三年了，我想，学习他的精神，实现他的教育理想，应当是对他最好的纪念。

（原载 2005 年 1 月 24 日《中国教育报》）

引导人的生命发展方向

以人为本的科学发展观调整着我们的教育观念，使我们把为人的发展服务与为社会的经济和文化发展服务统一起来，从而将人的发展推向了教育的中心位置。人是以生命的形式存在和发展的，因此，教育就应当承担起引导生命发展方向的责任。

于是，人们开始关注生命教育，关注教育与生命的关系。

今年是联合国可持续发展教育十年（2005—2014 年）的第一年，这是一项为了人类的可持续发展而开展的教育活动，它旨在以可持续发展的理念影响决策和人们的行为。

其实，可持续发展教育就是一种关于价值观的教育，它的核心理念是“尊重”。要尊重他人，包括当代人和后代人，尊重差异性与多样性，尊重环境，尊重我们星球上的资源，当然，也包括要尊重自己。只有这样，人类才可能持续发展，也只有这样，才能体现人的生命发展的正确方向。

所以，以“尊重”的理念引导人的生命发展方向是教育面临的重要课题。生命教育应当使学生从环境的、经济的、社会的以及贯穿于其中的文化的层面，学会尊重，学会把握生命发展的正确方向。

生命教育是科学教育。要帮助学生了解自己，了解自己的身心发展规律，了解自己生命的意义；要帮助学生了解社会，了解社会生活准则对自身生活和对他人生活的作用，了解作为公民应有的权利与义务；要帮助学生了解我们生活的地球，了解保护环境与资源对人类生存与发展的意义；要帮助学生了解光辉灿烂的中华文明和世界存在的丰富多彩的多元文化。从而使学生充分理解生命的价值，并自觉地体现自身的生命价值。

生命教育是情感教育。要创造适合学生健康成长的环境与氛围，使学生体验展现自身才华，克服面临困难所带来的身心愉悦；使学生体验为社会作出奉献，为他人提供帮助带来的欣慰；使学生体验与自然和谐相处，欣赏文化的深邃与绚丽所带来的享受。从而使他们珍爱生命、乐观进取、充满自信、富有成就感。

生命教育更是实践教育。学生在参加生产劳动与社会实践过程中领会人生的意义，在理想与现实的碰撞中锻炼意志，在参与公益事业与社会活动中培养社会责任感，在人际交往过程中学会理解与合作，在反复实践的积累过程中养成良好的生活习惯与心理素质，从而使自己能够在广阔的天地中自如地迸发出生命的火花。

当然，生命教育是在互动中实现的。学生在与自然环境、社会环境的交互作用中加深对生命价值的理解。特别是在与家长、教师、同学以及其他社会成员的互动中，显现并强化着自己的独立人格。在互动过程中，社会、家庭、学校都必须高度重视对学生独立性、自主性的尊重，必须最大限度地减少对学生发展的负面影响，防止对学生的心理伤害，并应以教师、家长以及其他社会成员的行为树立学生寻求生命价值的榜样。

在社会处于转型期的今天，我们要高度重视引导学生生命发展的正确方向，同时提供学生自主发展的广阔空间，使生命教育成为和谐的充满生命活力的教育，这样，才能真正促使每个人以优美的旋律谱写自己的生命之歌。

（原载《基础教育参考》2005 年第 7 期）

创造教育事业发展的良好生态

学校教育的发展需要良好的生态环境，正如树木生长需要阳光、雨露一样。

我想，创造教育事业发展的良好生态环境应当具备四个条件：一是坚持依法治教，二是倡导尊师重教，三是保证必要投入，四是形成良好的舆论氛围。

国家的法律、法规是教育事业改革与发展的依据。凡是法律、法规规定必须做的，学校就要坚决执行；凡是法律、法规没有规定不可以做的，学校就可以进行实验；凡是法律、法规保障的权利，任何人都不得侵犯。只有有了这样的法制环境，学校才能够在规范自身办学行为的同时，充分发挥自主精神和创造力。因此，有关部门随意出台不符合法律、法规的规定，随意干预应当属于学校自主权限的办学行为，都会破坏学校的教育生态。当然，法律、法规也可能不尽完善，但这需要依照程序提请修改，任何人绝不能因此就置法律、法规于不顾。依法治教是教育事业有序发展的根本保证。

一个国家尊师重教的社会风气是这个国家文明程度的重要标志。我国的学校教育为提高国民素质和培养优秀人才发挥了重大作用，为经济的发展和社会的进步作出了巨大的贡献。广大教育工作者在推进教育改革、提高教育质量的过程中，呕心沥血、艰苦奋斗的动人事迹不断涌现，可歌可泣。教育事业理应受到重视，教师理应受到尊重。我们绝不能因为有些学校存在这样或那样的问题，有些教师有过这样或那样的过错，就贬低教育、贬低教师。在对学校和教师进行必要的舆论监督的同时，我们更要提倡媒体广泛宣传学校教育取得的成就，树立教育工作者的光辉形象。尊师重教是教育事业蓬勃发展的社会基础。

教育投入是学校教育赖以生存和发展的条件。当前，公办学校的教育投入体制正在发生深刻的变化。过去，当全面统筹经济建设和社会事业的发展观还没有完全树立、政府财力较弱的时候，我们的思维方式是，首先确立教育事业发展的目标，然后千方百计地去筹集经费以实现这个目标。为此，我们曾经提出“财、税、费、产、社、基”作为多渠道筹集教育经费的途径，曾经大力发展校办企业以弥补教育经费的不足和稳定教师队伍，曾经提出“人民教育人民办”的口号，动员广大群众参与兴办农村学校，曾经通过“希望工程”来发展贫困地区的义务教育事业，也曾经进行过办学体制改革的探索，以实现教育经费的社会分担，甚至不惜举债来改善学校的办学条件。正是教育界和广大群众承担了按照现在的标准来看不应由他们承担的责任，才使得我国在20世纪末基本普及了九年义务教育，才推动了一大批优质教育资源的形成，才促成了我国教育事业令世人瞩目的大发展。现在，随着情况的变化，我们有必要也有可能逐步实现由政府财政承担公办基础教育发展的责任，这是投入体制的历史性的转变。因此，我们的思维方式也应当相应地加以调整，这就是，发展的目标必须首先得到政府经费的支持才可以付诸实施。只有这样，才能维护正常的社会秩序，才能使教育事业在法制化的轨道上前进。完成这一转变，就为教育事业的发展创造了更为良好的生态环境。当然，实现这一转变的任务是艰巨的，当新的体制开始建立，而投入的保证尚难到位的时候，学校有可能承担规范经费渠道与经费实际不足的双重压力。这就需要政府与社会给予学校更多的理解、关心与支持。

全面实施素质教育的实质就是落实国家的教育方针，这不仅需要学校深化教育改革，也需要全社会创造良好的舆论环境。我们一方面看到媒体指责现行学校教育存在学生负担过重、忽视学生全面发展的弊端；另一方面又看到媒体对高考神圣化的宣传，对“状元”明星式的渲染，以及连篇累牍的考题预测、升学辅导的广告。我们一方面看到媒体对学生道德成长状况的忧虑；另一方面又看到不利于学生健康发展的文化在各种媒体上传播。学校需要一个有助于落实国家教育方针的氛围，学生需要一个能够汲取营养并将营养内化为自身素质的环境。因此，我们迫切需要有责任感的社会舆论的形成。

教育事业的发展得益于曾经有过的良好的外部条件，教育在实现新的腾飞的时候，需要更为和谐的生态环境。我们深望，温暖阳光的照耀、和煦春风的吹拂能催开教育事业更为艳丽的花朵。

（原载《北京教育（普教版）》2006 年第 7 期）

爱满天下

有一天，陶行知先生看见一个男生要用砖头砸同学，就叫他到办公室。陶行知先生简单了解了一下情况后，来到办公室，学生已经到了。一见面，他先掏出一块糖给这位同学，然后说：“这是奖励你的，因为你按时来了。”接着又掏出一块糖给这个男生，说：“这也是奖励你的，因为我不让你打人，你就住手了，说明你尊重我。”陶行知又说：“你要打人，是因为他欺侮女同学，说明你有正义感。”说完，又给了他第三块糖。这时，男生哭了，他说：“校长，我错了，我不应该打他。”于是，陶行知又拿出第四块糖给他，说：“你承认了错误，应当奖励。我们的谈话也就可以结束了。”

陶行知先生墓前的牌坊上刻着他亲自题写过的“爱满天下”四个大字，这是他对理想社会境界的追求，也是对教育工作者广阔胸襟的描绘。而他那对天下的爱，原是渗透在点点滴滴之中的。

在丝丝细雨中，我们走进哈尔滨一所小学的校园。一队穿着轮滑服的孩子，个个精神抖擞，鼓掌欢迎我们。校长说，本来孩子们准备用轮滑表演欢迎我们这些远方来的客人，但是，考虑到细雨已把地面润湿，所以为了学生的安全，学校就把这项表演取消了。听说轮滑是这所学校学生的特长，没有看到他们的表演，我们当然有些遗憾，但是，校长把孩子们的安全放在第一位，却使我们非常感动。在这所学校楼道的墙上，挂着一幅幅学生活动的照片。校长对我们说，虽然有许多领导都曾来校参观，但是学校并没有在楼道的墙上悬挂他们视察的照片。学校把这块天地留给了孩子们——全校一千多个学生，每个人都能从墙上找到自己的笑脸。

在安徽合肥，我去参观一所专门为农民工子女就读设立的中学。崭新的校舍、完备的设施，使我们惊诧，而校长和教师对农民工子女的那份深情，更让我们感动。农民工子女上学问题，在相当多的地方还没有得到妥善解决，即使解决较好的，也不过是作为一种安置。但是在这里，农民工子女得到的不只是受教育的机会，还有千分深情，万分关爱。校长和教师专门研究这些孩子的特点和需要，对他们体贴得无微不至。甚至，把培养他们理发、洗澡等良好的日常生活习惯也当做一件大事来抓。经过有针对性的帮助，这些孩子的人格得到健全发展，学习成绩也都有大幅度的提高。孩子们在这里得到了爱，也学会了爱。要离开学校时，我从一间教室的窗口望去，教室里正在开班会，黑板上用大字写着班会的主题：“我爱我家”。校长和教师希望帮助这些家境不好的孩子从小就懂得热爱自己的家，他们的良苦用心为我们诠释了何谓“爱满天下”。

我们去过山西省一个山区贫困县，当地县委和政府决定从并不富裕的财政经费中拨出专款，并从社会上筹集了一笔笔资金，用来为寄宿制学校的学生每天无偿提供一个鸡蛋，每周无偿提供二两肉，以保障孩子们的营养。孩子们吃到了在家里都难以吃到的东西，都愿意来寄宿制学校读书。“一个鸡蛋二两肉”成为县委和政府关心教育的佳话，也成为拳拳爱心的见证。

由此，我又想到另外一件“小事”。

一天，我在一所学校听课，课的主题是：快乐学数学。老师很善于调动孩子的情绪，欢声笑语溢满教室，三维目标在教学过程中得到充分体现。但是，我发现教室里的学生人数明显偏少。一问才知道，有一部分学生没有被“安排”来上这节课。当时，我的心就一沉。我想，那些没有来上课的学生会快乐吗？一个细节的疏失，往往会使一群学生失去爱。

我们常常把“没有爱就没有教育”挂在嘴边，但又常常将它变成不着边际的宣言。爱是点点滴滴的，情是实实在在的，正是那点点滴滴渗透的深深的爱，那实实在在融入的浓浓的情，才是教育的真谛，才是教育工作者神圣的追求。

（原载《中小学管理》2007年第2期）

学校的效能

近年来，社会各界对学校的效能问题给予了广泛的关注。关注的热点在于：一是学校教育究竟对人的发展发挥了怎样的作用，二是如何评价一所学校对学生发展所作的贡献。

大约20年前，美国的一批学者就学校教育对人未来发展产生的影响进行了调查研究，得出的结论是：学校教育与人步入社会以后的成就并没有多大的相关。当然，还有许多学者分别作了不同的研究，得出了不同的结论。于是，学校教育的效能问题就成为许多专家的重要的研究课题。

前不久，中央电视台就浙商现象进行了探讨。一代浙商在特定的历史条件下成为我国市场经济发展的生力军。他们的勇气、魄力与智慧成就了他们在商海搏击中的伟业。但是，那一代创业者的学历不少只是初中毕业水平。一位浙江的朋友对我说，他家是书香门第，在市场经济大潮涌动的时候，他的家族里没有人敢下海。这不得不使我们想到，学校教育固然可以对人的发展起到重要的推动作用，但是，也有可能会对人的发展产生负效应。

十几年前，北京的幼教界曾经参与了国际 IEA 项目的研究。上百人与近万名幼儿逐个面谈，进行测试，结果发现，有若干项指标，在园幼儿均低于未上幼儿园的孩子。这使教育工作者产生了对幼儿园教育的质疑。上述结果至少说明，幼儿园不当的教育行为也会对幼儿的发展产生负效应。

这些都表明，我们有必要从宏观上研究学校教育的效能问题。学校教育的效能是指学校教育实现教育目标的程度。在充分肯定学校教育的正效应的同时，我们也要看到不合理的学校教育行为可能对学生产生负效应。只有这样，我们才能更加明确教育改革的方向。

长期以来，有关部门对教育效能的评价始终引导着学校发展的方向。其中在教育目标上，教育效能评价的分歧主要在于是应以学生的学业成绩为基准，还是以学生全面发展的状况为基准；在教育效果上，教育效能评价的分歧主要在于是重视终结性的水平，还是重视发展性的水平。

在全面推进素质教育的进程中，建立素质教育评价体系是至关重要的问题。以量化和描述相结合的方式衡量学校提高学生全面素质的能力的研究正在进行中。当然，由于用考试的方式检验学生的学业成绩仍然是一种必要的手段，所以，恰当地确定考试成绩在素质教育评价体系中的地位，是一个需要妥善解决的问题。将考试评价与素质评价对立起来，会使我们在教育改革推进的过程中产生严重的困惑。

学校教育的效能最重要的是体现在学校的教育能力上，即体现在学校促进学生发展的幅度上。因此，只以学生接受学校教育的终结水平评价学校的教育效能，并不能充分体现学校的教育能力。现在，许多国家都在探索将由学生基础决定的预期成绩与学生取得的实际成绩进行比较，以此来评价学校的教育效能。我国也有不少地区在进行诸多层次的发展性评价实验。这些都有助于学校效能评价的科学化。

研究学校的教育效能，归根结底是为了把握提高学校效能的关键因素，从而不断提高学校教育的效能水平。因此，我们一方面要从宏观层面上研究学校教育的体制、结构、教育思想、教育内容、教育方法等对教育效能的影响，从而推进学校教育制度对社会发展和人的发展的效能水平的提高；另一方面要从学校层面研究学校管理、教师队伍建设、学校文化建设，以及学校、社会、家庭教育的结合等对教育效能的影响，从而提高学校自身对学生发展的教育效能水平。

在关注教育投入的同时，更加关注教育的效能，这无疑是我国教育事业蓬勃发展的重要标志。

（原载《基础教育参考》2007年第6期）

知心与知音

那是20年前，1987年，当时的北京教育行政学院决定出版一个刊物，计划将此刊物作为院刊，主要用来发表院内教师的文章。当时的北京市教育局有关领导和相关同志考虑到全国还没有一本专门为中小学管理干部服务的杂志，所以经研究决定，面向全国中小学教育管理者办刊，并将刊物定名为《中小学管理》。

今年是《中小学管理》创刊20周年。如今这本刊物已成为许多中小学校长案头和学校阅览室必备之物，它所传递的信息、所介绍的成果、所发出的呼吁、所抒发的情怀，已经在许多中小学管理干部中产生反响，并引起共鸣。

在庆祝《中小学管理》创刊20周年这个令人激动和振奋的日子里，我最想表达的是对这本刊物的主要服务对象——中小学校长队伍的敬意。中小学校长是我国基础教育的顶梁柱，他们引领着一所所学校发展的方向，推动着一所所学校不断奋进。正是因为有这样一批批开拓进取、鞠躬尽瘁的校长，我国的基础教育才可能取得如此辉煌的成就。

我国的校长队伍是一个值得全社会敬重的群体。

校长队伍的忠诚值得我们敬重。新中国成立以来，我国的中小学教育经历了改革、发展、转型的历程，社会和家长对基础教育的要求越来越高，学校教育所肩负的责任也越来越重。校长们秉承国家的意志，面对社会的期望和家长的重托，以高度的热情、饱满的精神，忘我地工作，不辱使命。特别是在我国特定的历史条件下，校长还要承担许多本不应由学校承担的责任，接受许多本不应由校长接受的指责。在这种情况下，他们仍能爱其所爱、无怨无悔。这种对国家和民族教育事业的忠诚，值得我们敬重。

校长队伍的智慧值得我们敬重。我国教育事业的改革与发展正处于重要的转型时期。我们完成了让所有适龄儿童少年都接受义务教育的历史使命，又面临保证他们接受有质量的教育的艰巨任务。基础教育课程改革已经在义务教育阶段全面推进，并在高中教育阶段渐次启动。面对基础教育由规模发展向内涵发展、由重点发展向均衡发展、由同质发展向特色发展转变的历史性变化，我们的校长队伍正以其特有的智慧实现着教育的创新。

校长队伍的情意值得我们敬重。校长是学校教学活动的组织者，是学生教育的领衔人。他们要关注教师的团队建设，关注教师的专业成长，还要关注教师的生活质量；他们要关注学生的全面发展，关注学生的个性特长，还要关注学生的饱暖安全。我们的校长队伍正是怀着对教师和学生的深情厚谊，展现着“以人为本”的博大情怀。

20 年来，《中小学管理》正是怀着对我国中小学校长队伍的无比崇敬来做好服务工作的。刊物修筑了一座沟通与交流的桥梁，搭建了一个争鸣与融会的平台，在客观上促进了中小学管理队伍的成长。

许多专家、学者和第一线的工作者，许多在杂志社工作过的同仁们，为这个刊物付出了许多心血、流淌过许多汗水。正是由于他们的努力，刊物才得以健康地从童年走向青年。在此，我也向他们致以由衷的谢意！

中国教育改革发展之路很长，中小学管理的探究之路也很长。《中小学管理》将永远与我们的校长们同行，永远做校长们的知心与知音。

（写于2007年8月8日，收入《追梦人——陶西平教育漫笔》）

“大气成就大器”

为了纪念建校100周年，北京四中在北京举行了一次教育论坛，海峡两岸的100多位名校校长参加了论坛。在论坛上，北京四中校长刘长铭同志作了一个关于四中教育传统的报告。他用一句非常精练和精彩的话概括了四中的教育传统，那就是“大气成就大器”。

我的六年中学生活是在四中度过的，多年来也有不少同学试图总结四中的教育传统，但是，像刘校长这样的概括，我还是第一次听到。听了以后，的确感到概括得很大气。

好的教育确实应该是“大气”的教育。这种“大气”是指广阔的视野、长远的目标、深厚的底蕴、高雅的品位，是一种为造就高素质人才的“大器”奠定基础的教育价值观。

“大气”的教育价值观体现了教育的多重维度。在时间上，不只顾眼前，更考虑长远；不单纯计较一时一事的得失，更考虑持续发展的需要。在空间上，不只局限于小范围内的成就，更着眼于国家的前途、人类的命运。在发展上，不炫耀点滴的亮点，而更关注厚重的积累。

当前，社会上存在着教育价值观被严重扭曲的蔓延态势，在这种背景下，倡导“大气”的教育，无疑为我们带来了一股清新的空气。

相对于“大气”的教育，我们确实存在着“小气”的教育，而且这种“小气”的教育价值观，在相当程度上制约着我国教育事业的发展。

“小气”的教育，只顾眼前的得失，而不考虑长远的需要。比如，为了单纯提高学生的应考水平，不惜不间断地对学生施加心理压力，无限制地加重学生的课业负担。结果，学生的一时应考成绩提高了，但学生的终身学习兴趣却降低了。

“小气”的教育，计较局部的成就，而忽视整体水平的提高。比如，为了在各种体育比赛中获得好名次，采取单纯有选择地培养优秀运动员的策略，而不重视全体学生体质的增强。结果，学校在各种运动会上得到的奖牌很多，但全体学生的体质基础和锻炼意识却很薄弱。

“小气”的教育，炫耀点滴的亮点，而不关注厚重的积累。比如，有些学校在教师管理中单纯以一次观摩课论得失、以一项课题的成果定成败，并夸大其中的亮点而不及其余。结果，学校形成了追求一举成名的风气，而不去扎实地进行学术和教学的长期探索和积累，造成教师缺乏底蕴而失之于浅薄。

这种“小气”的教育价值观的存在，在某种程度上迎合了社会的心理，也适应了现行的某些评价方式，但是，它却严重地降低了教育的格调和品质。

办“大气”的教育需要“大气”的人，在学校内部，要有“大气”的校长，要有“大气”的教师。在学校外部，要有“大气”的领导和“大气”的群众。当然，社会舆论也应当“大气”起来。这样，中国的教育事业才能焕发出蓬勃的生机与活力。

就一所学校而言，“大气”还需要从校长做起。没有“大气”的校长很难带出“大气”的教师队伍，而没有“大气”的教师队伍，就谈不上培养出“大器”的学生。

在这里，我还想谈一点对校长话语系统的感受。我们常讲校长应当是教育创新的推动者。但是，长期以来，我们却很少听到校长用自己的语言来表达自己的思想。看了许多校长关于学校办学思想的表述，大同小异，落俗套者甚多，一般多是引用这种或者那种权威的语言。所以，教育的理念常令人觉得缺乏生气与新意。刘长铭校长自己也说，“大气”可能是内涵不一定十分清晰的科学概念，但他觉得这个概念比较准确地表达了他对四中办学传统的感知和认同。我想，如果请一位教育专家帮助总结，他很可能会用一套传统的术语取代这种鲜活的表述，并且还会说，那才是上升到了理论的层次。这大概也是具有中国特色的教育理论宝库相对贫乏的原因之一。

学习理论当然重要，我也不是不赞成建立规范科学的教育话语系统，但是，术语绝不能生搬硬套，更不能强拉硬扯。校长需要有自己的办学思想，而且应当会用自己的语言表达自己的思想，专家们也应当允许并鼓励校长们用自己的语言表达自己的思想。这样，我们的教育思想才会更加活跃起来，一批教育专家型的校长也才会健康成长。

由此，我更感到刘长铭校长提出办“大气”教育的可贵。

（原载《北京教育（普教版）》2007年第10期）

“大家不同，大家都好”

前不久，英国特色学校年会和中英特色学校论坛在北京举行，来自20多个国家的校长们济济一堂，共同探讨特色学校的建设问题。

倾听着专家们深刻的见解和生动的经验，我不禁想起日本女作家金子美铃写过的一首著名的诗，题目是《我和小鸟和铃》。

虽然我展开双臂，
也绝不能飞上天空，
会飞的小鸟却不能像我，
在大地上奔跑。

虽然我晃动身体，
也不会发出美妙的声音，
会响的铃却不能像我，
会唱许多歌谣。

铃和小鸟，还有我，
大家不同，大家都好。

我想，“大家不同，大家都好”，这不仅是尊重多元文化的体现，也是尊重多元教育的体现。特色学校的存在与发展，正是“大家不同，大家都好”这种理念在教育中的升华。

“大家不同，大家都好”应该包含两重意思：一方面是虽然大家不同，但是大家都好。另一方面是因为大家不同，所以大家都更好。前者表达了事物因包容而绚丽多彩，后者描绘了事物因交融而百花争艳。

“大家不同”。在教育均衡发展过程中，这是一个十分值得关注的问题。有些人认为，教育公平就是让所有人接受所谓无差别的教育。而实际上，教育公平是要提供给所有人公平的接受教育的机会，特别是对政府财政提供的公共教育经费形成的教育资源应当进行公平的配置。但是，多元智能理论从一种教育哲学的角度告诉我们，人与人有着不同的智能结构，因此，人与人是有差别的。对有差别的人进行无差别的教育，本身就是不公平的。同时，学校之间即使在办学条件大致相当的情况下，也应当有各自的特色，这样才可能形成教育的活力。具有不同特色的学校，特别是在基础教育阶段的学校，其教育的核心价值并没有什么不同，都要符合各个国家教育的共同目标和共同规律。但是每个特色学校的教育附加价值却会有区别，而教育的附加价值正是学校的优势所在，也是学校品牌的体现。

“大家都好”。这是我们对所有具有特色的学校的评价。学校可能形成自身不同的特色，有文化特色，有区位特色，有体制特色，当然，英国特色学校倡导的是学科特色。学科特色的形成并没有改变学校的性质，并没有使这所学校变成一所专门的学校，而只是以一个优势的学科带动学校整体水平的提高。我在英国参观了不同的特色学校，有的是语言特色，有的是数学特色，有的是艺术特色，也有的是劳动技能特色。这些学校学科特色不同，但确实都很好。他们用特色提升学校品质，打造学校品牌，增强学校凝聚力，发挥优势学科对学校其他同类学科的引领和辐射作用，当然，也为培养某一方面的人才创造了一定的条件。

因此，特色学校虽然不同，但确实“大家都好”。“大家都好”，当然，整个教育事业也就会好。所以，创建特色学校，是学校优质发展的一个途径，也是整个教育事业优质发展的一个途径。

现在，我们关注教育公平，整顿教育秩序，教育正在朝着规范化的方向发展。但是，我们也要看到，一种忽视地区特色，忽视学校特色，力图实现一种理念、一种模式“大一统”局面的管理思想在随之蔓延。不少地区只不过要求学校成为简单的执行机构。在此背景下，学校不需要创意，不需要个性。不少管理者满足于学校循规蹈矩、整齐划一，而不少改革者又希望以他们所倡导的模式取代旧的模式，使其成为新的唯一。我想，这大概与现代学校制度建设的目标相去甚远，与国际教育事业发展的潮流也相去甚远吧。

所以，我觉得，中国的教育，还是应当通过鼓励“大家不同”，进而实现“大家都好”！

（原载《中小学管理》2007 年第 11 期）

谁是 Wang Wei？

2007 年美国物理学会主席在美国的权威物理学杂志上发表了一篇文章，题目是《谁是 Wang Wei？》。文章的大意是说在美国的杂志上发表文章的中国学者的名字都是使用英文字母来表示的，他举例说，像用英文字母表示的 Wang Wei 在中国可以找出许多用不同汉字表示的人名，我们很难判断 Wang Wei 到底是谁。所以他建议，今后美国物理学杂志再发表中国学者的文章时，要用汉字写出作者的名字。

美国的物理学杂志采用了这个建议，在 2008 年发表北京大学年轻教授孟杰关于核物理研究的文章时，就第一次用汉字署了作者的名字。美国物理学会主席在给孟杰的信中说，这对于美国的物理学界和中国的物理学界都是一件有划时代意义的大事。

虽然，据说在中国仅叫“王伟”的就有 28 万多人，即使用汉字署名也不一定分得清作者是谁，但我想，这确实是一件了不起的大事，这件事不仅给我们以极大的鼓舞，也应当引起我们深刻的反思。

国力的强势支撑着语言文字的强势。过去，尽管世界上使用汉语言文字的人最多，但是汉语并没有成为国际交流中广泛使用的语言和文字，那是因为我们还没有足够的实力和国际影响力。如今我们的国家正在和平发展，经济的快速增长、国力的日益增强、国际地位的提高、国际交往的扩大都使得汉语言文字越来越受到重视，一些重要的国际组织已经开始把汉语作为官方语言，不少国家掀起了学习汉语的热潮，以传播中华文明为宗旨的孔子学院如雨后春笋般在许多国家建立起来。如今，国际权威的科学杂志也开始用汉字为中国作者署名，这充分体现了由于中国的崛起而对使用汉字的中国的尊重，我们为此而感到自豪。

更令我们感到自豪的是，这种变化体现在美国权威的科学杂志上，这更充分地表明国际科学界对中国的科学成就和科学家的尊重。过去，当我们的科技发展还处于十分落后的状态时，国际上没有多少人关注中国和中国的科学家。现在，我国在科学技术领域不断取得创新性成果，在某些科学前沿领域也取得了令世人瞩目的进展，这就使得国际科学界不得不对中国的科研成果和科学家刮目相看。由此可见，只有不断地发展，不断地为世界作出贡献，才能赢得别人的尊重。

就以这次在美国物理学杂志上改写历史的孟杰教授来说，他虽然只有 41 岁，但已是教育部“长江”特聘教授和国外多所大学的兼职教授，担任多种学术刊物的编委。他在原子核的手征对称性、晕现象、共振态和赝自旋等方面都有原创性贡献。我想，美国物理学杂志挑选他来实现这一转变不是偶然的，而是基于他的科学贡献的。由此可见，拔尖创新人才不仅是推动我国社会发展的重要力量，也是我们作为一个大国对世界作出应有贡献，从而赢得世界尊重的重要资源。

我国正在实现由人力资源大国向人力资源强国的转变，教育是实现这一转变的基础性工程。我国现在已有将近 2.6 亿的在读人口，是一个教育大国，但还不能算是一个教育强国。这不仅是因为我们的劳动者平均受教育年限才八年多，远远低于发达国家的平均水平，更因为我们的教育理念、教育内容、教育方法都还落后于时代发展的需要，特别是我们缺少拔尖创新人才，更缺少学术界的大师级人物。这不能不使教育工作者感到肩上责任的重大。

我国的传统基础教育有着不少优势，但学生独立思考能力、创新能力和实践能力的培养始终是一个薄弱的环节。一位专家曾说，教育和培训不同，培训是让学生掌握已有的知识和技能，以适应现实世界的需要，而教育是要让学生学会创造未来。我们现在的学校还是培训式的多，真正立足于教育的少。因此，这更加凸显出实施素质教育、推进教育改革的必要性。

我想，总有一天我们会看到，教育为更多的科学家走向世界、为大师级人物的诞生奠定坚实的基础。那时候，我们的学者恐怕不只是能用汉字在权威杂志上署名，会有更多的人在科学发展史上谱写新的光辉篇章。我们憧憬这一天的到来，更应当为这一天的到来作出实实在在的努力。

（原载《中小学管理》2008 年第 3 期）

向素质教育的先驱致敬

我手中捧着一份珍贵的文献——1986 年 4 月制定的《北京八中学生素质大纲（试行草案）》（以下简称《大纲》），限于当时的条件，草案是油印本。刻版的人就是《大纲》的起草者，时任北京八中校长的陶祖伟同志。这是我所见到的最早的关于素质教育的完整的实施方案。拜读这个《大纲》，我惊叹起草者对素质教育的深刻理解，更敬佩他推进素质教育的坚定信念。

其实早在 1983 年，陶祖伟同志就多次与我谈过他的素质教育理念，他用最精辟而又最朴素的语言表述他的教育追求：“着眼于未来，着力于素质”。他在应邀去各地演讲时，对当时以传授知识和技能为唯一目的、以记忆和背诵为主要学习方式的教学活动进行了有力的批判。他高举素质教育的大旗，努力将自己的主张付诸北京八中的教育实践。这份《大纲》的制定，标志着20世纪80年代，北京八中的素质教育就已经由理念进入到可操作的实施层面。

草案的扉页上明确地写出了制定《大纲》的宗旨："考虑到跨世纪中国和世界的需要，考虑到新一代的民族素质（应该是中西文化兼收并蓄的），考虑到人才培养的多维性和整体性，考虑到中学任务和八中实际可能，特制定本大纲，作为具有八中特殊性的培养目标。"

《大纲》明确了在八中实施素质教育的期望目标、主要手段和考核方法。

期望目标包括23项：(1）有高尚的道德行为。(2）初步树立起法制观念，懂得立法、执法、守法的意义，了解法律的基础知识，养成自觉遵纪守法的习惯。(3）有爱国主义情感。(4）有正确的人生观和较坚定的政治信仰。乐于为集体、为人民作贡献，坚信社会主义、共产主义必胜。理解中国共产党和它的党员是实现这个理想的领导力量和战斗先锋。(5）有较高的哲学素养和理论思维能力。能初步做到从发展上、本质上考察问题。(6）有自信、自强的意志品质和能力。有很强的进取精神。很少依赖心理，能以理智支配自己。坚信自己能够干一番事业。不掩饰缺点，肯于自我否定。敢于竞争，勇于超越，不怕困难，不惜代价，不达目的，绝不罢休。(7)时效观念较强。(8）热心于社会服务，并有一定的宣传、组织和活动能力。(9）具有吃苦耐劳、艰苦奋斗的传统品格。(10）初步理解社交原则，有基本的社交能力，善于与人合作。(11）关注国际事务。(12）有良好的学习习惯、科学的学习方法、严谨的学习态度和较强的自学能力。(13) 热爱科学，各科基础知识、基本技能掌握牢靠。(14) 知识面较宽，横向联系能力强。(15) 文学修养比较高。(16) 外国语听说能力强。(17) 初步掌握计算机、英文打字和科技摄影技术。(18)掌握声乐的基本知识和技巧，能用科学方法演唱；并初步掌握一种键盘乐器；懂得基本的乐理和乐史。(19）掌握素描和国画的基本技巧，对中外名家、名画有常识性的了解。(20）有高雅的审美情趣。(21）无慢性疾病，身体健康，适应力强。(22) 在耐力、力量、速度、柔韧和灵巧方面，达到国家二级标准。(23) 有体育爱好，掌握一项健身项目，会游泳。

这 23 项期望目标，不仅体现了德、智、体、美全面发展的教育方针，而且将其化为具体要求。在这里，“素质”不是一个抽象的概念，而是有着极为丰富内涵的形象。现在看来，这些要求依然具有现实的高度，闪烁着时代的光辉。

《大纲》还明确了不同年级落实每项目标的主要手段。比如：落实“有高尚的道德行为”的目标，初一年级的主要手段是：(1) 贯彻实施自编的《八中学生道德行为规范》。以政治课为主，班主任、少先队和年级教师协同一致，并求得家长方面的配合。(2) 实行“记功、记错”制度，作为相应的管理办法，与上述行为规范配套。再比如：落实“时效观念较强”的目标，各年级、各处室、各组织的主要手段是：(1) 在教师和学生中，自上而下开展“守时活动”，上课、下课、各种会议和活动坚持守时。(2) 大力开展“遵守时刻，珍惜时间”的宣传教育活动。(3) 总结推广“效率日”活动。

对主要实施手段的明确，将推进素质教育的责任落实到每个年级、每个人。而且，《大纲》还对评价的主体和评价的方法作了原则性的规定，这就使素质教育真正成为一所学校全体成员和全部教育教学活动的灵魂。

当我们隆重纪念改革开放 30 年的时候，我在北京八中的领导们的帮助下，找到了这份文献。它记录着先驱者对中国教育改革与发展的苦苦求索。陶祖伟同志早已离开了我们，他当年所倡导的素质教育已经成为我国教育事业的主题。但是，我们也时时感到惭愧，因为至今仍有许多学校领导者的认识，还远未达到他当年的高度。

（原载《中小学管理》2009 年第 3 期）

教育有什么用?

早就听说北京东直门中学金帆管弦乐团的演奏水平很高，但一直没有机会去听。最近，正好到这所学校去讨论学校文化建设问题，应校长之邀，听乐团演奏了一曲格林卡的《鲁斯兰与柳德米拉》。同学们那样投入、那样准确地诠释着这首名曲。我深深地为他们饱满的热情和对作品的深刻理解而感动。而更令人感动的是乐团现任指导教师秦熙。他对我说，他中学时代就是金帆交响乐团的乐手，当年我曾经多次听过他所在乐团的演奏。后来，他出于兴趣，上大学就报考了音乐专业，毕业后又到中学担任音乐教师，并指挥中学生金帆管弦乐团。我这次能来听他指挥的乐团演奏，他非常激动。

这不禁使我想起 20 多年前的往事。那时，北京中小学的艺术教育还相当薄弱，除了个别校外教育机构外，学校里没有多少文艺社团活动，流行音乐占领了学生课余生活的主要阵地。为了提高学生的艺术品位、陶冶学生的情操、推动群众性艺术活动的开展，北京市教育局决定首先在一部分学校中成立一些高水平的文艺团体，以发挥引领作用。经过一段时间的筹备，民乐、管弦乐、舞蹈、钢鼓乐、合唱等文艺团体相继在一些学校成立起来。这些文艺社团统称“金帆艺术团”，寓意是：扬起理想的风帆，驶向成才的彼岸。当时就有人问，开展这些活动有什么用？今天，秦熙老师对艺术教育活动的传承与发展，算是给那些提问者一个响亮的回答吧！

走出东直门中学的校门，我又想起一件令我深受触动的事。

那是 20 世纪 90 年代初，台北市立第一女子高级中学的乐仪队到内地访问，这是一个有较长历史和较高素养的学生表演团体，他们在北京的演出给人们留下了深刻的印象。而当时，北京除了少先队的鼓乐队以外，中小学还没有行进的乐仪表演团体。因为乐仪队表演既要求学生有较高的演奏水平、较好的身体条件，还要有很强的合作意识与合作能力。我们看到这项艺术活动很有教育价值，就倡导北京有条件的学校尝试开展这项活动。近20年过去了，2009年春节，我非常高兴地看到这项倡导取得的成果。

2009年春节期间，澳大利亚悉尼市政府依照惯例，为华人、华侨举行了欢度佳节的传统活动——花车游行。每年这项活动都会有极少数“法轮功”分子捣乱，今年他们也雇了一些乐手，吹吹打打，试图制造混乱。但是，一支身着镶着金边的白色礼服、在指挥引领下行进的铜管乐队阔步走上街头。他们以风发的意气，雄壮的乐曲，精心编排、不断变换的队形，吸引了悉尼街头观礼的广大市民。市民们用欢呼声、喝彩声，表达了对这支队伍的高度赞扬，没有人再去理睬那些捣乱者。这支乐队就是北京学校的行进乐队之一——北京二中的铜管乐队。孩子们用自己的才华为祖国赢得了荣誉。

由此我想到，教育当然是有目的的活动，但我们不可对教育的目的作简单的理解。我们常常遇到有人质疑：学这个有什么用，学那个有什么用。这使我想起一个传说——据说，富兰克林用风筝在雷雨天取电成功时，旁边有一位抱着小孙儿的老奶奶问富兰克林：这有什么用？富兰克林反问老奶奶：您抚养孙儿长大，他将来有什么用？老奶奶回答说：我现在说不出，但他长大了肯定会有用！富兰克林说：我的发现也是一样，我现在说不出它有什么用，但我相信，它将来总会有用处。后来，电的使用几乎改变了整个世界的生产方式和生活方式。

其实教育就是这样，也许我们不能简单地回答所有教育活动的直接用处，但是只要我们为学生打好基础，将来总会对他的一生发展有用。所以，我们的目光不能只局限于教育活动的简单的实用价值，这大概才是真正“大气”的教育吧。

（原载《中小学管理》2009年第6期）

给“多元”留下更大的空间

2009 年年初，新加坡理工大学邀我去讲学。借此机会，我参观了据我所知是我国内地第一所在国外举办的进行学历教育的中国国际学校——汉合学校。汉合学校是北京汇佳教育集团经新加坡教育部批准举办的从幼儿园到高中的一所学校，招收的学生既有包括华裔在内的亚裔新加坡人子女，也有其他亚洲国家和欧美国家的孩子。虽然目前学校规模还不算大，学校的主要教学语言是英语，但教学内容中融入了大量的中国文化，正是这一特点，使不少家长对这所学校非常青睐。

其时，北京正是春寒料峭，新加坡却已是花团锦簇、绿树成荫。汉合学校像一个大花园，十分美丽。学校专门从中国国内选聘了一批优秀教师，他们在那里不仅教学生汉语，而且更注重传播中国文化。我观看了一些白皮肤的孩子用汉语表演的演绎中国成语的木偶剧，他们兴致盎然，演得惟妙惟肖。我还参观了学校专门开设的介绍中国历史、建筑，甚至烹饪的教室。难怪家长们也愿意常来这里学习。

漫步在校园中，我不由得产生了一种自豪感。中国的学历教育已经开始走出国门、走向世界，教育的国际化已经翻开了新的一页，这是一件多么了不起的事情！

学校的举办者王志泽先生向我介绍，汇佳教育集团是经过国内相关部门批准，在海外投资举办学校的。其实，就在国外举办学历教育学校而言，目前我国尚无明确的政策，但相关部门有了批准进行这项实验的勇气，也就为未来扩大中国基础教育在世界的影响积累了经验。所以，汇佳教育集团在国外举办这所学校值得称道，相关部门批准其在国外举办这所学校同样值得称道。

温家宝总理多次强调，中国应当有更多的教育家来办学。其实，中国并不缺教育家，因为中国有许多懂得教育规律，而且认认真真按照教育规律办学的教育工作者，有许多为了中国的社会主义现代化建设，为了中国教育事业的繁荣，敢于创新、善于创新的人。问题在于，我们必须为他们提供创造的空间，而这一点正是我们最为缺乏的。

最近，有些同志开玩笑地跟我说：中国所有的重大变革都始于农村，然后才是农村包围城市。革命战争时期如此，改革开放时代亦如此，现在在教育改革中引起广泛关注的洋思经验、杜郎口经验、东庐经验也都来自农村，这可能是中国特色。虽然这位同志的玩笑话讲得并不全面，但细想也不是全无道理。我想，因为管理部门离农村远一些，所以农村的自主空间就大一些，这可能是农村易于变革的原因之一吧。

改革开放 30 年来，在党的正确的思想路线的指引下，教育战线进行了许多改革的尝试，涉及办学体制、管理体制、教育结构、教育思想、教育内容、教育方法等诸多方面。许多尝试在点上有所突破，积累了可贵的经验，但其中有不少改革在一次次的整顿中被清理掉，理由是它们不规范。于是，上一届领导同志推动的改革，到了下一届领导那里就被以规范化为名，变成了整顿的对象，有的人甚至将这种折腾当做政绩。

规范化是教育事业健康发展的重要条件，但是，把规范化变成“一刀切”，的确是一些领导同志的可怕的观念。他们没有管理多元发展的理念，更没有管理多元发展的能力，于是，就采用最简单的管理办法，发个通知——一刀切下去。殊不知，他们在切掉污秽的同时，常常也切掉了美丽，切掉了教育家们创造美的激情。

我们正在推动政府职能的转变，其核心是由管制型政府转化为服务型政府。一个服务型政府是不能用“一刀切”的简单办法来管理一个大国或者一个地区的教育事业的。法律法规是基本的行为规则，必须遵守。但在不违反法律法规的前提下，管理部门应当学会服务于多元发展，而不是容不得任何“另类”的存在。何况，有的清理整顿，不过是一些部门的一纸通知，本身就不一定合法。

中国的教育事业需要更多的创新，需要更多的具有个性的创造激情，我们有责任留下更大的创造空间。要使教育家们不被那些无视教育规律、容不得半点不同的“一刀切”式的管理捆住手脚，那才是中国教育家之大幸，当然，更是中国教育事业之大幸。

（原载《中小学管理》2009 年第 12 期）

主动地创造未来

联合国教科文组织亚太地区教育革新为发展服务计划（United Nations Educational，Scientific and Cultural Organization-Asia-Pacific Educational Innovation for Development Services Plan，UNESCO-APEID）教育创新奖的设立是一项顺应时代要求的创举，有着深远的意义。

教育从来没有像现在这样广泛地涉及社会不同利益群体，从而引起广泛关注，也从来没有像现在这样不断出现新的矛盾，成为发展中国家和发达国家共同的社会难题。

发展中国家在推进全民教育方面取得了重大进展，在扩大教育规模，特别是在普及义务教育方面取得了令世人瞩目的成绩，与此同时，教育的公平与教育的质量问题就凸显出来。城乡之间、不同群体之间存在着很大的差距，学生的课业负担重，教学质量低，引起了广泛关注。

同样，在亚太地区的发达国家，教育问题也成为社会关注的焦点，日本正在纠正近年来推行的"宽松教育"的改革，表明发达国家教育改革的反复性。

今年 3 月，我会见曾连续三届担任日本教育学会会长的日本教育家大田尧先生，正值北京沙尘暴袭来，漫天风沙几乎让人睁不开眼。见面以后我们不由得不谈起风沙这个话题。我说，土地荒漠化威胁着人类的生存，他却忧虑地说他更担心日本教育的荒漠化。

他说，在许多日本孩子的心中，一缺乏对他人的关心，二缺乏对自然界的关心，心灵已经成为一片沙漠。日本的孩子很少有人知道自己的邻居姓什么，有几口人，是做什么工作的。同时，只是封闭于家庭和学校狭小的圈子里，很少到大自然中去，了解我们赖以生存的活生生的世界。他说，关心他人，关心自然，是人类持续发展的基本伦理，但我们的教育却只为孩子们创造了一个“无机的”环境，教育的荒漠化是孩子的心灵成为沙漠的重要原因。

各国都共同面对诸多教育难题需要破解，因此，教育的改革与创新已经成为各国政府和社会各界人士推动教育工作的动力和主题。我们很赞赏UNESCO总干事伊琳娜·博科娃（Irina Bokova）在2009年11月世界教育创新峰会上的讲话中提出的“全球教育需要创新”的论断。她说：21世纪的教育需要重大创新，这是因为我们的世界正在变得越来越复杂、越来越融合，知识驱动性也越来越强。在这种情形下，我们必须就教育的目的、学习的内容、为什么学习以及如何学习开展批判的、持续的交流和对话。

UNESCO-APEID教育创新奖的设立，符合联合国教科文组织的宗旨，顺应时代对教育的要求，对于弘扬创新精神，促进教育改革，推动亚太地区教育事业的不断发展有着重要的意义。

UNESCO-APEID教育创新奖的评选应当坚持引领性、新颖性、显效性和激励性相结合。

引领性。教育家是在特定的历史背景下，从理论和实践相结合的角度，回答了一个或几个教育难题的人，因此，创新奖应当重视获奖者对该国家或者地区教育事业发展的引领作用。

新颖性。教育创新是指首次提出或者进行的，并实际取得了促使教育发生良性变化的教育理论和改革实践，因此，应当不是一般地重复已有的传统，应当给人们以新的启示。

显效性。教育创新应当重在创新的实效，其理论应当经过实践检验，应当在一定范围内取得良好的效果，与传统的和其他同类的做法有着较为明显的优势。

激励性。设立创新奖是为了促进亚太地区的教育创新，从总体上看，当前亚太地区发展中国家的教育改革是在效仿西方国家经验的背景下进行，因此在借鉴的同时鼓励从实际出发进行创造有着重要意义。所以，既要坚持评价标准，又要从发挥激励作用出发，将“从严”和

“有利”结合起来是必要的。

教育要“面向未来”，就必须倡导教育活动的创新，教育不应被动地走向未来，而应当主动地创造未来。为此，我想应当感谢 UNESCO-APEID 和中国教科文组织全委会发起的这项创新性的活动。

（2010 年 4 月 26 日在 UNESCO-APEID 教育创新奖第一次评委会会议上的讲话）

创造和展现当代汉字之美

规范汉字的书法比赛已经是第二届了，这项活动的开展越来越让我们感到意义深远。我觉得规范汉字书法是在创造和展现当代汉字之美、当代汉字书法艺术之美。

书法是汉字的书写艺术，历经三千余年的发展而长盛不衰，成为中国文化的重要代表，是流动的建筑、凝固的音乐，是中华民族的文化瑰宝，也是世界艺术园地的奇葩。

中国书法在去年正式列入“人类非物质文化遗产代表作名录”。这一方面显示出我国书法艺术的魅力，另一方面也预示书法艺术面临继承与发展的困境。我国当代的书法家继承了中国优秀的文化传统，为弘扬我国传统的书法艺术作出了重要贡献。

传统书法以繁体汉字为载体，在历史发展过程中形成了一套丰富完备的理论和技法体系，有着深厚的历史积淀，充分体现了繁体汉字的美学价值。但是，当代汉字的书法艺术，却正处于萌动期。

当代汉字多数是传统汉字，少数是简化汉字，它在迅速提高中华民族整体文化水平方面，作出了不可磨灭的贡献。它的实用价值已被普遍承认，但是，它的美学价值却尚待开掘。

我认为，规范汉字书法比赛的意义不仅在于进一步强化汉字书写的规范化，更重要的是在创造当代汉字的书法艺术，并展现当代书法艺术之美。其实，每个时代的书法都有自己鲜明的特色：晋人尚韵，唐人尚法，宋人尚意，元、明、清尚态。当代汉字书法同样应该体现时代的风格。创造包括简体字在内的当代汉字书法之美，应当是现代青年的历史责任。“大道至简”，中国书法本来就是以至简至赅的形体，呈现博大精深的内涵。因此，“简”不会制约美的展现。

我相信，我们会有一代代书法家继续发扬我国传统的书法艺术，我也相信，会有新一代的书法家在继承传统书法艺术的同时，为传统书法艺术注入当代汉字书法的活力，从而，使得作为中华民族文化代表的书法，始终具有时代风格，始终与实用紧密相连，始终与大众息息相关。

（2010 年 5 月 19 日在全国第二届规范汉字书法比赛新闻发布会上的讲话）

中美教育交流的鉴证

十天前，我和成都锦江区教育界的朋友们研究教育规划，他们告诉我成都最好的幼儿园是第三幼儿园，它的前身是 1914 年加拿大教会创办的树基儿童学园。在 20 世纪 40 年代树基幼儿园融入了中国文化，探索着幼儿教育中国化之路。这位探索者是当时的园长，毕业于哥伦比亚大学的教育硕士蒋良玉女士。

五天前，我参加北京市私立汇佳学校的毕业典礼，我为一个同学发毕业证书，问她考上哪个大学哪个专业，她很骄傲地告诉我是哥伦比亚大学人类学专业。

由此可见哥大对中国教育影响之深。

哥伦比亚大学是世界最具声望的高等学府之一，也是最早接收中国留学生的美国大学之一。诺贝尔和平奖获得者尼古拉斯·默里·巴特勒（Nicholas Murray Butter）创立的教育学院于 1898 年加入哥伦比亚大学。到今天，哥伦比亚大学教育学院已经成为全世界最大、课程设置最全面的教育学院之一。

哥伦比亚大学与中国的教育有着深长的渊源。从 19 世纪末以来，一大批影响中国的人物曾经就读于哥伦比亚大学：像顾维钧、梅光迪、闻一多、胡适、马寅初、冯友兰、陈衡哲、徐志摩、潘光旦、吴健雄、李政道、张志让等著名的学者和大师，他们对中国的政治、经济、社会发展产生了重大影响。

毕业于哥伦比亚大学教育学院的一些著名学者，更对中国教育事业的发展作出了不可磨灭的贡献。

中国近代历史上伟大的人民教育家陶行知；

中国第一位女大学校长杨荫榆；

中国第一位由中国人举办的私立大学校长张伯苓；

中华民国第一任教育部长蒋梦麟；

中国第一位在综合大学里举办师范教育的成功典范郭秉文；

中国教育学会名誉会长、全国幼儿教育研究会名誉会长陈鹤琴；

……

他们都毕业于哥大教育学院。

近 30 年来，中国的改革开放推动了教育事业的发展。中国和美国的教育交流是对外开放的最重要领域之一，而其中中国教育界和哥伦比亚大学的交往，又成为中美教育交流的桥梁和纽带。一大批有志于教育事业的青年争相进入哥大学习，一大批毕业于哥大的学生活跃于中国教育改革理论与实践的前沿，一大批哥大毕业的专家和学者成为领导中国教育改革与发展的中坚力量。而当代中美在学术研讨、校长和教师培训等各个领域的交流几乎都离不开哥大的参与、支持与帮助。从某种意义上说，近百年来，中国教育事业的发展受哥伦比亚大学教育学院的影响至深，今后这种教育交流也将继续发挥相互促进、共同提高的更大的作用。中国第一位获得哥伦比亚大学教育学院授予的“教育与人类发展杰出贡献奖”的郝克明教授，中国被授予哥大教育学院荣誉教授的顾明远会长应当是这种交流与合作的有力见证，而今天纪念活动的举行，必将把这种交流推进到一个更新的阶段。

祝愿中国和哥大的教育交流开出更加艳丽的花朵，结出更加丰硕的果实，中美教育界携手并肩共同走向新的更加辉煌的百年。

（2010 年 6 月 24 日在哥伦比亚大学师范学院与现代中国教育交流与合作百年历程纪念座谈会上的致辞）

第四辑 做爬起来最快的人

澳大利亚悉尼的麦考尔大学的校长曾经向我讲过一个故事。该校一位残疾同学学会了滑雪，并且参加了北美的滑雪比赛。比赛时，她先跌倒了，后来其他的参赛者也先后跌倒了。她爬起来继续滑行，最后第一个到达终点，得了冠军。赛后，她说，我的胜利不是因为滑得最快，而是因为跌倒了爬起来最快。这位校长说，我们要求所有的同学记住，人总会跌倒，但我们必须做一个爬起来最快的人。

只有在尊重学生、为学生的主动发展服务的过程中，教师才可能实现自身的专业成长。

弘扬家庭的诚信美德

（一）

带着十六大给予我们的信念和智慧、鼓舞和力量，我们跨入了全面建设小康社会，加快推进社会主义现代化的新的一年，我想，在新的一年里，我们应当大力倡导弘扬家庭的诚信美德。

有人说，现在人们最关心的是两件事：房子和孩子。人们的积蓄也主要用来做这两件事。孩子上学不仅关系他受教育的程度，而且关系他未来在社会上的发展。所以，家长不惜自己吃尽千辛万苦，也要让孩子学习好，能够考上一个好学校。这种愿望当然是好的。可是，如果忘了对孩子的教育还有更重要的东西，常常会后悔莫及。

今年北京市的一个区级法院，受理了四件同一所著名高校学生发生的案件，这些学生有的是当地高考的前几名，有的中学时被评为优秀学生。他们出问题的根子都在于欺骗。其中有一位同学甚至对他担任家教的家庭进行诈骗。负责这几件案子的法官说起这些学生，十分痛心。他们的父母从外地来北京领走被判缓刑的孩子时，悲痛欲绝。

良好的品德是做人的基础，而诚信又是良好品德的基础。许多孩子学坏，都是从欺骗开始的。

现在社会上存在的弄虚作假、不守信约的现象，大家既司空见惯，又深受其害。由此导致的“信用危机”，不仅严重地影响到社会道德水平的提高，也影响到社会主义市场经济的健康发展。江泽民同志在十六大报告中，把“诚实守信”作为全面建设小康社会过程中思想道德建设的重点，并要求把这一重点贯穿于社会公德、职业道德和家庭美德的建设中，确实有着极强的现实意义。

为社会着想，为家庭着想，新年伊始，我们做父母的都应当把家庭的诚信美德弘扬起来。

现代的家庭教育观，已经不单是家长教育孩子，应当是家长和孩子共同提高。对孩子的教育也不应是简单的说教，更重要的是家长的行为，是家长行为中体现出的价值观念。孩子常常从家长的言谈举止中，找到自身的价值判断标准，从而学会怎样做人。

所以，弘扬诚信美德，不能只是让孩子做到诚信，而是要以诚信作为立家之本。只是想做给孩子看是不行的，也是不可能做到的。必须把家庭的道德建设和对孩子的教育统一起来，使家里的每一个人都成为诚信美德的身体力行者。

在对孩子的教育中，我们千万不要忽视一些简单化做法带来的后果，教育的失误往往就掩藏其中。

有的家长为了鼓励孩子取得好的学习成绩，常常对孩子许愿。等孩子真的实现了要求，家长又不“还愿”了。我不赞成采取“许愿”的办法来调动孩子的学习积极性。但是，如果答应了又不去做，那孩子就会认为你在欺骗他，不仅丧失了他对你的信任，而且也会模仿你的做法来骗你或者别人。

有的家长为了让孩子达到某些要求或者让孩子不要做某些事情，就对孩子使用一些威胁或者恐吓的话语。当然，这只是吓一吓而已。一次两次也许管一点用，时间长了，也就不起作用了。你一张嘴，他就知道你在吓唬他，他也会从你身上学会吓唬别人。如果，你真的对他体罚或者变相体罚，那以后他为了避免遭罚，就更容易瞒你骗你。

这些教子琐事看起来不大，可是日积月累，就会在孩子身上潜移默化，最后就有可能成为大事。

所以，我衷心地希望诚信美德在社会、学校得以弘扬，更衷心地希望每个家庭都能成为诚信之家，让诚信之风能够伴着我们奔向全方位的高水平的小康社会。

（二）

家庭教育面临着越来越多的问题，也拓展着越来越广阔的空间，这为丰富和发展家庭教育提出了需要和提供了可能。当然，也对家长提出了越来越高的要求。

但是，家长不可能都是教育专家，不可能在精通教育思想、教育内容和教育方法之后，再来养育和教育孩子。因此，我们的责任是指导他们在千头万绪之中，把握住最重要的、最根本的东西。我想，应当把培养下一代的责任感，作为家长的主要责任。

责任感是做人的基础。要想子女成为一个好人，就应当教育他（她）成为对自己负责、对他人负责、对家庭负责、对我们生活的地球负责的人。人自身的发展，人与人的交往，人对社会的贡献，都来自明确并且认真履行自己的责任。人的道德自律、遵纪守法也要靠着责任感。

责任感也是成才的基础。进取精神、科学态度、创新能力是优秀人才的可贵品质，但是离开了责任心，这些都会成为无源之水、无本之木。任何聪明才智，只有建立在强烈的责任心基础上，才可能迸发出耀眼的火花，否则，只能是徒有其表。

责任感更是一个真诚的人的标志。其言必信，其行必果，言行如一，表里如一，是一个受到别人尊重与信赖的基本条件，也是社会健康的营养液和净化剂。陶行知先生说过："千教万教教人求真，千学万学学做真人。"真人一定得是有责任感的人。

家长对子女的期望莫过于学会做人，能够成才。那么，首先就要帮助子女成为一个具有责任感的人。这种责任感的教育应当而且完全可以渗透在一时一事、一言一行之中。只要心中有了这根"弦"，我们就可以抓住根本，打好基础，就可以减少教育的盲目性。

社会的种种辉煌，无不闪烁着高度责任感的光芒，而社会的诸多阴暗，又无不反映出由不负责任而产生的后果，缺乏真诚更是人们深感痛心的人格病态。一个国家的强盛靠着全民的责任感，一个人的发展靠着自身的责任心。

我们认真学习江泽民同志关于教育问题的重要讲话，应当把指导家长培养孩子责任感当做一个重要的课题来研究，从而体现我们的教育价值观。

（原载2003年1月28日《当代家庭教育报》）

宝剑锋自磨砺出

当校园重又回荡学生们爽朗的笑声，重又晃动老师们忙碌的身影，大家都意识到，经过多少个激动人心的日日夜夜，我们已经取得战胜SARS的主动权。

SARS是一场灾难，但抗击SARS的经历却是一笔宝贵的财富。经过这一场战斗洗礼的学生们，他们上了一生中难得的一课。这一课的内容是极其广泛而又极其深刻的，其核心在于使学生们重新审视和认识了自己的价值观，从内心深处体验到责任的价值、科学的价值和精神的价值。

学生们从进入幼儿园起就知道热爱祖国，但可能从没有像今天这样感到祖国和自己是那样的贴近，那样的息息相关。今天，他们会懂得一个负责任的党和政府在突如其来的灾难面前，会以怎样的大无畏的英雄气概，调动一切力量，采取果断措施，筑起捍卫人民生命与健康的长城；会怎样从广大群众的利益出发，周到细致地安排扶危解困、衣食住行；会怎样统揽全局，筹划抗击SARS的斗争与经济、文化和社会事业的发展；会怎样承担起一个大国对世界的责任。今天，他们会深切感受到什么是医务工作者的责任。奋战在第一线的医护人员，为了履行自己的神圣职责，有人日夜奋战，累得爬不起来；有人告别了亲人，置身于病毒肆虐的环境之中；更有人为了别人的生存，而献出了自己宝贵的生命。今天，他们也会更深切地体会到什么是公民的责任。在灾难面前，每个人的安全都紧紧地连在一起，每个人的利益都紧紧地连在一起。祖国有难，每个公民不能也不可能置身事外，都应当遵守法纪、遵守社会公德，并尽其所能为社会作出自己的贡献。学生们学过毛泽东同志写的《纪念白求恩》，但曾经认为那些都是发生在遥远的战争年代，甚至认为那些都已经是不合时宜的价值观。而如今，众多抗击SARS英雄的名字会永远铭记在他们的心中，他们会真切地体验到什么是“毫不利己，专门利人”，什么是“对人民的极端的热忱”，什么是“对工作的极端的负责任”。责任是必须承担的义务和承诺。我们曾经担心不负责任的社会风气蔓延，更担心我们的下一代缺乏社会责任感，我想，我们应当抓住这次难得的机会，使学生们的经验得以升华、认识得以深化，通过锤炼造就负责任的新一代。

战胜 SARS 的重要武器是科学。学生曾经以高度的热情学习科学知识，但直接的目的往往是能够在考试中很好地解答问题。在抗击 SARS 的斗争中，他们会更深刻地认识到，学习科学的最终目的不是解答问题，而是解决问题。人类还面临许许多多的问题需要解决，其中不少直接关系到人类是否能够生存和发展的问题，并没有现成的答案。因此，记住现成的结论固然需要，但更重要的，一是培养自己求实的态度，认识到在现实生活提出的种种问题面前，来不得半点虚伪和骄傲；二是培养自己创新的精神，善于发现问题，不满足于追求对已知的把握，而是把更多的热情倾注于对未知领域的求索；三是培养自己实践的能力，在参与实践的过程中，使理想变成现实，使问题得到解决。科学的价值在于使我们认识世界、改造世界，促进人与自然、社会以及人自身的协调发展，从而造福于人类。我们应当抓住这一难得的机会，引导学生更加热爱科学，更加努力地培养自己的求实态度、创新精神和实践能力。

抗击 SARS 也使我们更深刻地感受到精神的伟大力量。在加快经济发展的过程中，精神的作用曾一度被不自觉地淡化了，而今天无数可歌可泣的英雄事迹，深深地教育着我们，激励着我们，使我们深刻地认识到人的确是要有一点精神的。我们应当引导学生勇于拼搏，自然的灾难、社会的动荡、人生的坎坷总是难免的，关键在于人要有不屈不挠的精神，要以坚强的意志去奋力抗争，坚信办法总比问题多，从而永葆不竭的前进动力。我们应当引导学生学会关爱，在灾难面前，相互鼓励、相互支持、相互关心、相互帮助蔚为风尚，亲情、友情，人与人之间的真爱得到发扬。这充实的情感和正确的态度，正是一个人高尚道德和健全人格的重要体现。我们要引导学生树立自信，面对突如其来的自然灾害，面对难以预料的突发事件，面对个人遭遇的种种不幸，应当学会沉着应对，善于保持良好的心态，而不要陷入悲观失望，甚至慌乱失控。这是一个人成熟的表现，也是一个社会成熟的基础。

在抗击SARS的进程中，自始至终受到最大关怀的是学校，受到最多保护的是学生。我们应当引导学生看到祖国、人民对他们的期望，未来对他们的期望。宝剑锋自磨砺出。经过这次磨砺，我们应当培养出大有作为的一代。

（原载《北京教育（普教版）》2003年7—8月合刊）

坚持弘扬和培育民族精神

最近，听到一些科学家在议论一个很有意思的话题。

工业化对人类社会的发展起到了巨大的推动作用，但同时也对人类社会进行了报复，集中表现在由于自然资源和生态环境遭到严重破坏所带来的巨大灾难。现在，我们跨进了信息社会，当信息化给我们的生存方式带来巨大变化的同时，可能给人带来什么样的报复呢？当然，现在对此进行准确的判断可能为时过早，但工业化过程中由于缺乏预见所导致的深刻教训，已使我们认识到必须未雨绸缪。

有些专家预测，复杂系统的脆弱性可能给我们带来新的灾难。“9·11”事件、北美和欧洲部分地区停电所造成的社会生活瘫痪，已经说明，当信息化将整个社会连在一起成为一个大系统的时候，它的某一环节很可能是脆弱的。如果我们不能使复杂系统的每一个环节都强壮起来，则一个环节的失控，就可能造成整个系统的瘫痪。因此，这有可能是信息化对人类的报复。

也有些专家则认为，必须以与自然相和谐的方式来生活。而人不但是自然人，同时也是社会人。人类不仅生活在一个自然空间，同时也生活在一个人文社会的空间。因此，作为人类生存和发展的各种外界条件的总和的生态环境，除了自然生态环境之外，还有反映价值观念的生活方式、历史传统、文学艺术、风俗习惯等文化生态环境。文化生态既是人类生存发展中所创造的物质和精神财富的总和，又对人类自身的生存和发展产生巨大影响。人类的生存发展离不开良好的自然生态，同样也离不开良好的文化生态。文化生态对于人的品格的形成、人的素质的培养，具有重要的影响和作用。一个民族的文化和民族精神是一个民族兴衰存亡的标志，是一个民族的灵魂。一个民族所生活的文化生态被破坏所形成的民族精神传统被割断，必将深远地影响到自身的发展。

应当说，我们的民族文化和民族精神确实面临着严峻的挑战。一方面，互联网以及其他强势传媒在促进文化的交流与融合，在促进我们汲取与借鉴西方先进文明的同时，也在大量地传播西方文化中的消极文化、低格调文化，甚至垃圾文化。而文化生态环境的污染将给社会带来严重的恶果，因为长期处于这种恶化了的环境之中，社会精神会受到伤害，国民素质会受到腐蚀，最终可能导致民族精神的衰亡。另一方面，弘扬民族传统文化和民族精神还没有得到足够的重视。民族传统文化载体的保护滞后，民族文化包括国学的研究滞后，民族文化和民族精神的教育也同样滞后。当然，现代文化生态建设，不只是传统意义上的祖先文化的世代共享和内部传承，而是在广泛地沟通与交流过程中的结构性重建。但毫无疑问，我们必须为维护中华民族文化在世界多元文化中的不可替代的地位而努力。

因此，大力开展继承与发扬民族精神的教育，应当成为当前和今后一个时期学校教育的一项重大而又紧迫的任务。这对于确保党和国家事业后继有人，对于全面建设小康社会目标的实现和中华民族的伟大复兴，有着极为重要的意义。

不断创新教育形式、方法、途径和手段，不断采取切实有力的措施，通过课程改革、主题教育活动和社会实践活动，把继承、发扬民族传统文化，弘扬、培育民族精神的工作，抓实抓好抓出成效，无疑是当前全体教育工作者肩负的一项神圣的使命。

（原载《北京教育（普教版）》2004 年第 3 期）

在学会合作中张扬个性

前些日子，我参观一所名校。在校园的墙上，在走廊的两侧，悬挂着一幅幅精美的学生绘画作品，这些绘画展示着孩子们的才华，也体现着校园浓浓的文化氛围。在深感兴奋的同时，我想起大约20年前的一件往事，并由此产生了许多联想。

当年，我和部分教育界的同仁作为中国初等教育代表团的成员去考察美国的小学教育。由于刚刚改革开放，所以，我们确定的考察重点是美国小学如何培养学生在商品经济条件下的竞争能力。每参观一所学校，我们总要问校长这个问题："你们是怎样培养学生的竞争能力的？"出乎我们意料的是，许多美国校长竟然回答不上来。这使我们深感不解，一个竞争这样激烈的国家的校长竟然答不出这样基本的问题。后来，在纽约的银行街学校，校长听了我们的问题后，想了一想，对我们说："我们教育他们学会合作，因为会合作是在竞争中最重要的能力。"听了之后，有的代表团成员先是茫然，后是恍然，原来，我们对竞争能力竟然有着那样不同的理解。

后来，去德国考察职业教育，德国以"双元制"为主体的职业教育的重要任务是对学生"关键能力"的培养，而作为培养目标的五项"关键能力"之一，就是合作能力。他们认为，现在无论完成何种任务，离开合作，几乎都是不可能的，所以，必须使每个学生学会合作。

由此我想到，我们的教育改革，正处于从过去只重视对学生共性要求向重视学生个性发展的转变过程之中，这是以人为本的体现，是一个了不起的进步。但什么是发展学生个性，发展什么个性，怎样发展个性，却仍有许多值得研究的问题。

我国一位在法国著名乐团担任大提琴首席的音乐家曾经说过，如果从北京挑五位学提琴的学生，每位单独进行演奏，常常比巴黎挑出的五位学生水平高，但是，如果让五位学生合奏，则巴黎学生经常会比我们的学生和谐得多。他说，他们的教育很重视人与人之间的和谐。

这位艺术家的看法，不仅切中我们的音乐教育存在的问题，也切中整个教育存在的问题。

我们在鼓励学生张扬个性的时候，比较重视的是对每个学生的个人能力的展示，当然，这已经是很大的进步了。但由于我们往往只重视创设学生个体相互间竞争的平台，从而造成学生之间只有相互超越的关系，而缺乏相互合作的意识，甚至肤浅地认为竞争就是个人的排他过程。从班级的分数排队，到各项竞赛排名次，几乎都是如此。即使是在学生进行的物理、化学、生物实验中，我们追求的也只是创造条件，由 8 人一组变为 4 人一组，由 4 人一组变为 2 人一组，最好是一人一组单独进行。我们对学生作业的基本要求，也是必须独立完成。应该说，其中有些做法是必要的，但很显然，只这样做是绝对不够的。

还是在那所银行街学校，校长介绍，为了培养学生的合作能力，教师经常设计一些作业，学生必须合作才能完成。教师还专门设计一些只有合作才能完成的理化实验。在德国的一所工厂里，我们看到一个学生小组正在一起讨论制造一个部件的设计方案，并研究每个学生在制造过程中的分工。完成任务后，他们还要对学生的表现，其中包括合作意识和合作能力进行评估。

很高兴在课程改革中，我们开始倡导合作学习，我想，学会合作不能只是停留在安排一些合作学习活动上。在我们实现社会主义现代化的进程中，在每个公民健全人格形成的过程中，合作作为一种时代精神和基础能力十分重要，而针对我国的情况，培养这种精神和能力更具有深刻的现实意义。因此，学会合作是当代学校的一个重要教育目标，是科学发展观的深刻体现，应当作为一种理念印在教育者的心头，渗透在全部的教育过程中。

于是，我不禁又想起 20 年前在美国和后来在其他一些国家和地区看到的挂在校园里的图画。除了个人作品之外，有许多是集体创作的。有的画面是一棵大树，树干是画的，而树叶是每个孩子用自己的小手蘸上绿色颜料按上的手印组成的。有的画面是一条彩色的道路，这是孩子们用自己的手，各自蘸上不同颜色的颜料按上手印汇集而成的。

这些作品往往被放在学校最醒目的位置，孩子们指着它自豪地说："这是我们的创作。"透过这些稚嫩的作品，我深深地感悟到它的伟大教育价值。

我想，我们的孩子如果不仅懂得以创造"我"的成绩自豪，更懂得以创造"我们"的成绩自豪，那才应当是我们教育工作者真正引以为自豪的事。

（原载《北京教育（普教版）》2004 年 7—8 月合刊）

可贵的"平起平坐"

（一）

北京十一学校新盖了一座教学楼。这座教学楼的二层是教师的办公室，办公室的两端是教师的备课用房，中间部分除了一排排计算机是教师备课的现代化工具，一圈圆沙发是教师集体备课之用，还设了许多排火车车厢式的双向座位。我问校长这是做什么用的，他说，师生可以面对面坐下来谈。

好一个"坐下来谈"！

长期以来，多数学校师生之间已经形成了一种固定的谈话形式，老师坐在办公桌后，学生站在办公桌旁，而且要规规矩矩地站好，听从老师的"耳提面命"。仿佛这样才能体现学生的受教育地位。学生绝对不能和老师"平起平坐"。

十一学校正在试图通过室内布局和陈设的改变创造一个"师生平起平坐"的条件。这是何等了不起的现代教育思想的体现！

当老师和学生对坐谈心的时候，他就不只是把学生看成灌输的对象，而是会把学生看成交流的对象；他就不会只是感到自己有高于学生的地位，也会感到面对的是和自己平等的"人"；他就不只感到要对学生严格，同时也会感到要对学生尊重。而这一切都为学生健全人格的形成创造了良好的条件。学生坐在教师的对面，他的心理压力会解除许多，他的思维会活跃许多，他会学会沟通，也会学会尊重。这种民主化的教育方式，是培养学生健康的心理、创新精神以及自觉意识的重要途径。

我们常常担心孩子由于心理压力过重而产生心理障碍，甚至导致心理疾患。殊不知，我们许多出自善良愿望但并不尊重孩子的教育方式，却往往正在形成孩子的心理负担。

学校如此，家长也是如此。有话让孩子坐下再和他说，我想这是改变不良教育方式的一个好的开端。愿可贵的与孩子“平起平坐”的观念能成为广大教师和家长的共识。请都来改变一下过去的习惯，谈话时让孩子坐下来。

（二）

当谈起社会上存在的许多不良习惯时，人们一方面会极度不满，怨声载道，一方面又会觉得积习难改，无可奈何。当谈起学校德育工作时，人们一方面会抱怨缺乏针对性和实效性，一方面又会对脱离生活，脱离实际的灌输习以为常。这就是教育面对的尴尬。

《中共中央、国务院关于进一步加强和改进未成年人思想道德建设的若干意见》提出，学校德育的任务之一应当是“从规范行为习惯做起，培养良好道德品质和文明行为”。这是让我们把悬在半空中的德育落在地上，扎扎实实地为提高民族素质做点实实在在的事。但是我们对许多重要的指导性意见，常常习惯于付之一说，却并不热心地付之于行。

联合国教科文组织最近提出，中学教育的任务之一是培养负责任的公民，而缺乏责任感也正是我们对新一代人素质的担心。这种责任感，绝不能单靠说教形成，必须从一点一滴的行为习惯的养成做起。要把养成良好的习惯放到学校工作十分重要的位置，从制定规范，到制度保证，到严格要求，最后形成自觉。这并不是简单地做到桌椅码放整齐，地面保持干净的问题，而是深刻地体现了心中有集体、心中有他人的意识，懂得为人做事的基本道理，具备文明生活的基本素养，体现了一种对社会、对他人，也是对自己的责任感。

教师对学生进行良好行为习惯培养的重要途径，不是居高临下的指责，而是自身行为的示范。而对教师最好的激励，则是校长的模范行为。我想，这不单纯是一个教育方法问题，更是充分体现了“学校是教师和学生共同成长的地方”这种现代教育理念。其实，学校德育实效性的关键就在于教师品德的不断自我完善。

（写于 2004 年 8 月，收入《一路走来——陶西平教育漫笔》）

为“图钉式”人才打好基础

最近，从一份资料上看到，北京一位院士在弥留之际发出这样的感叹：“一个国家，一般建国不超过 50 年就会产生至少一个诺贝尔奖得主。苏联 1917 年建国，1956 年获得第一个诺贝尔奖，用了 39 年时间；波兰用了46年；巴基斯坦29年；印度30年……近代发明大到航天飞机、计算机，小到易拉罐、圆珠笔，都不是出自中国人之手。这不能不说我们的教育还存在着有待进一步剔除的缺陷。”

这“有待进一步剔除的缺陷”是什么，是值得每一位教育工作者深思的问题。

近年来，我们的教育方针是明确的，基础教育的任务也是清晰的，但为什么落实起来并不尽如人意？特别是，尽管反复强调创新精神的培养，但在实际教学活动中进展总是不大。

我想，有三个问题是应当研究的。

一是对国家教育方针的领会。我们常常把教育方针要求的“全面发展”片面地理解为“均衡发展”。人的全面素质是人的发展的基础，而人的个性素质也是人的发展的基础。一个全面发展的人应当是指德、智、体、美等都达到一定的素质和能力要求，而其中某些方面的素质和能力更为突出，这才是真正意义上的全面。那些只重视素质均衡，而忽视个性发展的教育，不是真正的全面发展的教育。

二是对基础教育任务的理解。我们常常只把基础教育理解为打好各种素质基础的教育，而忽视基础教育也是打好个性特长基础的教育。一个人不可能在他接受基础教育的阶段，只是均衡地发展，完成基础教育之后，才开始发展自己的个性，顿悟自己的兴趣、爱好与特长。相反，基础教育这一年龄段，正是为一个人的禀赋、才能奠定基础的关键时期。那些只重视为学生素质的均衡发展奠定基础，而忽视为学生的个性特长奠定基础的教育，也不是真正的基础教育。

三是受教育评价的制约。我们的教育评价，经常习惯于鼓励均衡。我们以各科考试的总成绩作为选拔高一级学校新生的主要标准，这从促使学生学好各门功课角度来看，是必要的，但从鼓励学生发展自己的兴趣、特长来看，则是不利的。现在虽然采取了一些补充的办法，但导向作用明显是不够的。

因此，由于理解上的这些片面性，我们的教育方式习惯于“填平补齐”。一个学生如果体育成绩好了，就要提醒他注意学习；如果语文成绩好了，就要提醒他注意数学；如果认为他“骄傲”，就提醒他谦虚；如果他爱说，就提醒他收敛……用这种“填平补齐”的方式，我们培养了许多被“标准化”了的人才。这样的培养方式，有些同志形容像做元宵馅那样，用一个模子磕出来一般大小的方块。而用这种方式培养出来的人，往往看似均衡，实则平庸。因为人本来就是不一样的，有突出成就的人除了有全面的基础之外，几乎都有自己鲜明的个性，而社会需要的人才，也是多种多样的。

我想，我们的基础教育必须重视学生素质的全面提高，这一点丝毫不能动摇，况且我们的现状离这一要求还有很大差距。但同时，又必须认识到，只是向这一方向努力，是远远不够的，还必须高度重视学生个性的发展。我们要变“填平补齐”为“扬长补短”，在重视学生达到全面素质基本要求的同时，充分鼓励和引导学生张扬自己的个性。

所以，我要一再提倡基础教育应当为培养“图钉式”人才打好基础。图钉由图钉帽和图钉针组成，缺一不可。宽厚的素质就像图钉帽，精专的个性特长就像图钉针，两者的紧密结合，才能像图钉牢牢地钉在墙上那样，为未来的创新型人才打下真正全面的基础。

说到这里，我想起了“全纳教育”的新理念。过去，对残疾儿童的教育，我们着重于帮助他们克服视力、听力以及其他生理方面的困难，使他们能够获得生存能力。而现在，则在重视这些的同时，更加重视每个残疾儿童的智能优势，并引导他们的优势得以充分发挥，使他们能够获得成功。这对基础教育应当扬长补短，该是很有力的佐证。

（原载《北京教育（普教版）》2004 年第 11 期）

要做爬起来最快的人

有一则寓言，说的是这样一个故事。有两只青蛙掉在了一个坑底，它们想跳出来，但是坑太深，跳起来很吃力。坑上有许多青蛙就对他们喊，不要跳了，跳也白费力气。一只青蛙不跳了，趴在坑底，太阳逐渐升高，它被晒死了。另一只青蛙在它们的喊声中越跳越欢，最终一跃跳出深坑。坑上的青蛙过来问它，我们让你不要跳了，你为什么越跳越欢呢？这只青蛙说，我的听力不好，我还以为你们在喊加油呢！这则寓言深刻地告诉我们，嘲讽带来怠惰，激励产生自信。

在教学活动中形成以激励为主的动力机制，应当是我们的动力观的核心。正确的激励，既可以使学生从教师的赞许中增强信心，又可以从教师的肯定中明辨方向，同时有助于在一种和谐的氛围中，促进学生身心的健康发展。因此，教师绝不要吝啬有效的表扬。

有效的表扬必然是坚持原则的表扬。我想，至少以下四条原则是十分重要的。

一是一贯性原则。这是基于对学生的热爱、理解和信心产生的一种始终如一的态度，即总是以欣赏的眼光看待学生的优点。这是一种心态，而不是一种故意做出来的姿态。有些教师当有人听课或者参观的时候，显得十分和蔼可亲，对学生赞不绝口，但客人一走，脸就沉了下来，又开始对学生冷言冷语，甚至恶言恶语。所以，一贯性原则是检验教师的情感真实性的重要尺度。

二是普遍性原则。这是基于为所有学生的持续发展服务的教育观所产生的责任意识。在微观领域里教育的公平就体现在学生在教学活动过程中的参与机会和展示机会的普遍性。受到鼓励和表扬不应当只是一部分学生的权利。有些教师对自己比较喜欢的学生的优点十分敏感，于是这部分学生经常受到表扬，但对另一部分自己不太喜欢的学生的缺点又过于注意，这部分学生就很少有受到表扬的机会。教师的这种态度常常成为刺激学生学习成绩和表现分化的重要原因。所以，普遍性原则是检验教师教育责任感的重要尺度。

三是归因性原则。这是教师基于对学生的了解和对教育规律的认识所体现的教育能力，也就是我们平时常说的表扬要表扬得是地方。有些教师，也经常表扬学生，但是往往是一种信口表扬，比如，动不动就说，“某某同学回答得真好”、“某某小朋友真聪明”、“某某同学真了不起”、“某某小朋友真乖”，等等。其中有些并没有说清应当受到表扬的真正原因，有些甚至于把应当受到表扬的原因扭曲了。结果，受表扬者自己不知道好在哪里，其他人也不知道应当向这位同学学习什么。这样的表扬就带有相当程度的盲目性，难以发挥激励作用。所以，归因性原则是检验教师教育能力的重要尺度。

四是适时性原则。这是教师基于实践的积累形成的对表扬的有效时机的把握，也就是我们平时说的表扬要表扬得是时候。有时表扬需要及时，有时表扬需要延时。及时可以通过表扬的层次性，使学生的积极性不断得到提升。但有时延时反倒可以取得更好的激励效果。有的教师在课堂上提出一个问题，许多同学举手要回答，教师对一位同学的回答很满意，立刻说“某某同学的想法真好，和老师的一样”。其他同学一听，举起的手都放下了，不再发表不同的意见。没有把握好表扬的时机，反而挫伤了更多同学的积极性。所以，适时性原则是检验教师教育素养的重要尺度。

坚持以激励为动力，并不排除对学生进行批评，以及按照规定对个别学生进行必要的处分，但是批评和处分也应贯彻激励原则。

澳大利亚悉尼麦考尔大学的校长曾经向我讲过一个故事。该校一位残疾同学学会了滑雪，并且参加了北美的滑雪比赛。比赛时，她先跌倒了，后来其他的参赛者也先后跌倒了。她爬起来继续滑行，最后第一个到达终点，得了冠军。赛后，她说，我的胜利不是因为滑得最快，而是因为跌倒了爬起来最快。这位校长说，我们要求所有的同学记住，人总会跌倒，但我们必须做一个爬起来最快的人。

做一个爬起来最快的人。我想，这深化了激励的深刻内涵，更生动地体现了激励的人文意义。

（原载《北京教育（普教版）》2005 年第 9 期）

少年强则国强

学生的身心健康既是素质教育的重要目标，又是学生全面素质的载体。充沛的体力、饱满的精神、坚强的意志、和谐的人际关系，是一个人高素质的表征，更是一个民族高素质的体现。因此，增强学生的体质、为学生的终身发展奠定坚实的基础，是全面贯彻国家的教育方针的重要环节。

近年来，由于人民生活水平普遍提高，营养状况大大改善，体育场地和体育设施的建设步伐加快，体育工作得到了加强，所以学生的体质在不少方面发生了可喜的变化。但是，全面增强学生的体质仍然是一项艰巨的任务。

体育工作自身当然需要不断改进，特别是要努力克服体育教学竞技化、体育教育应试化的倾向，正确处理好体育锻炼与保障安全的关系。要以增强学生体质为宗旨，切实提高学生进行体育锻炼的自觉性、主动性与实效性。卫生工作当然也需要加强，要根据学生的年龄特点加强学校的生理卫生教育、青春期教育和性健康教育。要倡导科学营养、合理膳食，保障食品的卫生与安全。要大力加强眼保健工作，控制日益提高的近视率和近视的低龄化。

但是，我们同样应当给予特别关注的是学生的心理健康。世界卫生组织确定的健康的内涵是：机体（身体）健康，心理（精神）健康，社会适应能力强。心理健康是健康的重要组成部分，而且它往往既是机体疾患的重要诱因，又是机体康复的重要条件。遗憾的是，我们目前的心理健康教育还存在不少问题。

我们试图加强学校的心理健康教育，开设必要的课程，开展心理咨询，特别是在学生参加重大的考试之前，努力减轻他们的心理压力。但是，我们却常常忘记，造成学生心理障碍的重要因素之一正是我们教育工作自身的缺陷。

当前，培养学生健康的心理，需要调整我们的教育观念和教育行为，其中关键是要处理好结果的愉悦和过程的愉悦的关系。

传统的教育观念重视追求结果的愉悦。典型的说法是：学习过程的“苦”是为了将来的“甜”。所谓“严师出高徒”、“棒打出孝子”、“吃得苦中苦，方为人上人”等，都已成为人们公认的真理。于是，无论是教师还是家长，都强制学生树立“远大”的目标，接受沉重的课业负担，承受来自各方面的心理压力。教师和父母常把自己所做的一切，甚至包括对学生身心所施加的几近残酷的压力，都归结为“为了孩子好”这种善良的愿望。孩子们勤攀书山、苦渡学海，为了圆自己的，甚至不是自己的而是老师的、家长的一个梦。结果不少学生在这场竞争的途中丧失了乐观和自信，厌倦了拼搏和追求，身心受到严重伤害。

我们应该倡导动机、过程与效果的统一。要高度重视教育的过程，特别是要重视教育过程中学生的心理体验，使学生始终保持乐观向上的心态。只有这样，学生才能形成持续发展的心理动因，才能通过过程的积淀，最终形成良好的基础素质。实践证明，动机、过程与效果的统一，才是符合客观规律的，才能有真正的结果的愉悦。

科学地安排教学工作，将关注学生的身心健康贯穿于学校的全部教育教学活动之中，是全面推进素质教育和课程改革的基本原则。我们必须努力提高各学科课堂教学的效益，合理安排好学生的学习和活动，使学生保有身心自主发展的空间与时间。

创造良好的学校文化氛围，使学校的各种人际关系和谐、融洽，特别是师生之间相互理解、相互尊重，是学生身心健康发展的必要条件。学校文化就是学校的生态环境，学生就像一棵棵小树，生长在沙漠里就会枯萎，而生长在天蓝水美的沃野就会枝繁叶茂。

培养健康的一代代新人是全体教育工作者的责任，教育工作者自身的身心健康对学生有着潜移默化的影响。我们要引导教师树立正确的功利观、学生观和过程观，关注教师的身心健康发展，使学生永远面对有活力、有魅力的教师，这本身就是最好的教育。

“少年强则国强”，为了中华民族的崛起，我们需要也有责任培养体魄健康、意志坚强、乐观进取的亿万青少年。

（原载《基础教育参考》2006 年第 7 期）

塑造更好的自己

2006 年 9 月 9 日，在清华大学举行了中日素质教育论坛。多年担任日本教育学会会长的资深教育家大田尧先生和我先后在论坛上演讲。大田尧先生已 80 多岁，依然精神矍铄，他的演讲发人深省。

他说，日本虽然没有素质教育的提法，但有类似素质教育的理念。他认为，日本开放早于中国，中国从西方引进的一些概念，多数经由日本翻译而来。有些翻译得好，有些翻译得不好。比如“教育”这个词日本就没有翻译好。他认为，人是不能依照我们的愿望去“教”和“育”的，我们也不可能按照自己的愿望把人塑造成我们所设想的样子，每个人只能依照其自身的个性发展。

虽然我们的见解不尽相同，但听了他的演讲后，我还是觉得得到很多启示。

长期以来，我们不少教育工作者把教育方针理解为教育模式。德、智、体、美，本来是指人的基础素质的结构要素，但是，却被当成了人的培养规格。一些学校制定出每个方面的指标要求，并以此作为培养目标。他们不问学生的禀赋如何，试图使所有的青少年在基础教育阶段都达到这些规格要求。在他们看来，这就是教育。这样，即形成了一种以均衡发展代替全面发展，又以平均发展代替均衡发展的教育观念。于是，素质教育由一种扬长补短的教育变成了一种填平补齐的教育。为了让学生达到统一的规定要求，教育者常常要抑制学生发挥优势，而着眼于为其弥补不足。正如在许多年前一些教育专家就曾指出的那样，我们的教育就好像是在制作元宵馅，将馅压在一个个木格子里，最后倒出来的是大小相同的方块。

但实际上，我们又从来没有培养出理想的一模一样的全面发展的人。每个人总会有某些方面的优势，又总会有某些方面的不足。这充分说明，人生来即具有不同的智能结构，成为人才的人总是那些基础素质良好而优势智能得到充分发挥的人。所以，全面发展不仅指基础素质的全面发展，而且指基础素质与个性特长的全面发展。就像我们经常比喻的，基础素质就像图钉帽，个性特长就像图钉针，帽与针结合才可称为图钉，基础与特长结合才可称为人才。所以，我们切不可不顾不同学生的个性与特长，用统一的模式去培养人。

从这个意义上看，确如大田尧先生所言，教育本是学生自身主动发展的过程。树立他的自信，适应他的需求，激发他的兴趣，然后，引导他塑造更好的自己，这才是真正的教育，才是家长和教师应当承担的责任。以家长和教师的主观设计与安排代替学生的主动发展，以家长和教师对学生的刚性要求与规范代替学生的自觉行为，这些都有悖于教育的真谛。

教育学是人学，脱离了人的发展就不是教育；脱离了研究人，特别是脱离了研究不同类型、不同个体的人的发展，就不是真正的教育学。最近，我参加了一所小学举办的教师专业发展论坛，教师们发言踊跃，生动活泼。最后，主持人指着桌上放着的十个插满鲜花的花瓶，请老师们列举自己认为对教师专业发展来说最重要的因素，然后将其写成纸条分别贴在每个花瓶上。老师们写了“刻苦自学”、“专家引领”、“相互沟通”、“网上教研”、“树立理想”等9条。在欣喜之余，我望着桌上第十个未被贴上纸条的花瓶感到些许遗憾，那里本来应当贴上一张写着“尊重学生”四个大字的纸条。因为只有在尊重学生、为学生的主动发展服务的过程中，教师才可能实现自身的专业成长，而这常常被我们所忽略。

一位民乐专家在和我谈起中西乐器的比较时认为，中国传统乐器的表现力有着更多的不确定性，如古筝、二胡、琵琶、唢呐等的发音都会因演奏者技巧与情感的不同而体现出鲜明的个性。同一个音可以有许多不同的表现方式，这和西洋乐器有着明显的不同。这让我不禁想到，如果我们的教育也能像演奏中国乐器一样，充分把握和展现每个学生鲜明的个性，那将会交汇成多么华彩的乐章啊！

（原载《中小学管理》2007年第5期）

关注学生的心理感受

我们常讲，做事要符合教育规律。我想，我们所有涉及教育的活动都应当首先关注学生的心理感受。

一位高中校长对我说，最近有关部门要求“三限生”在高中入学时一次性缴纳三年的所有学费，以后每学期只缴杂费。这样一来，“三限生”在高中三年的每个学期开学时，都会感受到自己与其他同学的不同。其实，“三限生”只是在入学考试时分数稍低一些，一般来说，经过一两个学期的努力，他们的学习成绩就会有很大的变化。但实行上述缴费办法后，这些学生在整个高中阶段都会被贴上“三限生”的标签。这位校长说，不知道这项规定的制定者是否想过学生的心理感受。

我相信，这项规定的制定者的初衷是维护学生的利益，但是，常常有许多出于对学生关怀的举措，却由于不考虑学生的心理感受而达不到预期的效果，甚至产生许多负效应。

从教育研究者的角度看，对不同背景的学生的特性进行专门的研究，从而寻找更适合于他们的教育途径，无疑是必要的。有些学生由于其生理或某些方面存在特殊性，所以构成了一个特殊的群体，需要接受特殊的教育。比如，智残、肢残儿童，再比如，一些智力确实超常的儿童等。即使是对这些学生，我们也倡导施行随班就读等主流化的教育方式，以帮助他们融入主流人群，避免其产生心理障碍。

现在的问题是，我们常常把那些与其他学生并没有生理和心理差异的学生加以特殊化，把他们当做一个特殊的群体来对待。

比如，将家庭贫困的孩子编在一个班，或者成立一个专门的学校让他们就读。其实，这些孩子并没有接受特殊教育的必要。过去，享受助学金的学生不是和其他学生一道编班学习的吗？在某个上述类型的学校里，我看见学生宿舍的墙上贴着“每日四问”。第一个“问”就是：“你忘记你来自哪里了吗？”当然，学校这样设计的目的是让学生记住自己来自贫困家庭，应当心存感恩之心，并将感恩之心变成励志的动力，而事实上，这样做可能使学生形成强大的心理压力。一位这种类型学校的校长对我说，有些学生由此产生了逆反心理，他们认为社会不公平，为什么别人可以正常地生活，而自己的一举一动都要受到约束。有些这种类型的学校甚至出现了犯罪率上升的现象。

再比如，全社会都关注的流动人口子女的教育问题。从体制上解决这些孩子的受教育问题，无疑是政府的责任，是教育公平的体现，也是执行义务教育法的底线。但是，保证他们的受教育机会与将他们看成特殊的教育群体并不是一回事，与给他们中的每一个个体都贴上一个特殊的标签更不是一回事。农民外出打工，其子女随行，我们称之为“流动儿童”；其子女留在家乡，我们称之为“留守儿童”。社会对他们的特殊关怀，应当在不给他们带来心理伤害的前提下进行。不是每个孩子都愿意让人把自己看成是弱势群体中的一员的，他们需要关怀，但他们更需要的是人格上的平等。

还有，我们的教育研究对是否构成具有共性特征，特别是具有不良共性特征的群体划分，需要更多的实证支撑。比如，独生子女的研究，单亲家庭子女的研究等。这种研究不应当停留在一般性的演绎推理上，而需要做全面、深入的调查。在教育活动中，我们特别要避免随意给孩子贴上这样或那样的标签，而使他们在心理上疏离于主流群体。

我们的孩子需要更多的关爱，但我们绝不能人为地将孩子切割成不同的群体，来体现这种关爱的特殊性。要时时想到学生的心理感受，把关爱蕴涵于正常的教育活动之中。我们不要认为只要动机是善良的效果就一定好。其实，教育本身就是一个过程，学生接受教育就是在体验过程。如果我们不重视对过程的研究，或者将某种具有宣传意义的过程等同于教育过程，那就会违背学生身心发展的规律，造成对学生的心理伤害，甚至产生适得其反的效果。

现在，出现了一种偏好特殊群体划分的动向，我想，在这种情况下，我们采取任何教育举措时，都要考虑一下学生的心理感受，以使每个学生都能享受一个愉快的、接受关爱的教育过程。

（原载《中小学管理》2007 年第 9 期）

人格的魅力

前不久，第六届东亚儿童艺术节在中国沈阳落幕，这是东亚地区少年儿童的一次盛会，它为与会的东亚地区的孩子们带来了无穷的欢乐。和每届艺术节一样，给孩子们送来欢乐的还有他们心目中的偶像——著名日本影星栗原小卷。她走到哪里，哪里就是一片欢声笑语。

她哪里只是孩子们的偶像，正如沈阳市一位领导同志所说，在中国，她的名气可能比日本首相的名气还大。当年，一部《望乡》引起了无数观众对日本军国主义的无比仇恨，对战争受害者命运的深切同情。影片中栗原小卷所扮演的女记者受到无数观众的热爱与敬佩。这种热爱与敬佩源于她的美丽，源于扮演者高超的演技，更源于她有一颗正直、善良的心。影片播出后，栗原小卷的形象几乎成为和平与正义的化身。

正因为如此，联合国教科文组织称她为“Artist for Peace ”——“为了和平的艺术家”，我国亦称她为联合国教科文组织的“和平形象大使”。

于是，在从事繁忙的业务活动的同时，她总要抽出大量的时间来完成她的使命，为推动世界的和平与发展而不遗余力。

2001 年在北京举行的第一届东亚儿童艺术节上我与她初识。那次，除中国外，还有朝鲜、蒙古、韩国、日本以及香港地区和澳门地区的代表团参加了由联合国教科文组织举办的儿童艺术节。在夏夜的天坛举行的开幕式上，栗原小卷朗诵了她写给孩子们的诗，那么深情，那么感人，全场响起了热烈的欢呼声。从那以后，我们每年都要见面，因为每一次儿童艺术节她都会参加。交往多了，我才知道真正的明星原来是这样的。

六年了，无论是在中国的北京、澳门还是沈阳，也无论是在韩国的水原、日本的福岗还是蒙古的乌兰巴托，在每次儿童艺术节的开幕式上，她都要献上一首自己写的诗，用美妙的诗句表达她对孩子们的爱、对持久和平的期盼。我最初以为她现在可能演出活动少一些、时间宽裕一些。今年我特意问她最近在忙些什么，她说去年刚拍完一部电影《远方国家来的男人》，今年 7 月 23 日举行了首映式，在这部电影里，她还用中文演唱了《在那遥远的地方》。今年上半年，她为一部描述三千里行程的电视栏目配音和配唱。现在正在排练一部舞台剧，回去以后就要公演，所以，在沈阳期间，她每天还要抽空背台词。

东亚儿童艺术节也曾多次邀请中国的演艺界知名人士参加，但他们大都以档期安排很紧、抽不出时间为由谢绝了。原来栗原小卷的档期也是满满的。但是，我想，在她的心中也许有着一个不可动摇的档期，那就是对世人的承诺和对社会的责任，那就是一个艺术家内心的良知。

每次儿童艺术节期间，她总要练习用各国的语言向大家问好。凡是请求和她合影的，无论是路遇的行人还是与会的小朋友，也无论是司机还是警卫人员，她都愉快地答应。去年，在乌兰巴托露天广场举行儿童艺术节的晚宴时，因为是吃自助餐，所以孩子们要排队取食物，她就主动为孩子们盛汤，一连半个多小时，一勺一勺地将汤盛到一个个孩子的碗里。在晚霞的映照下，我觉得她的形象是那么端庄、那么秀丽。今年，在儿童艺术节的闭幕式上，只安排她和孩子们见面说两句话，时间一共不到两分钟，这对于一位著名的演员来讲，根本不算一回事。但是当天上午，她主动要求放弃参观游览活动，去现场和孩子们一道进行排练。

明星在许多人的心目中都有一道神圣的光环，明星的一言一行、一举一动似乎都应当不同凡响。但是栗原小卷给我的感觉却是那么朴实、那么平和。她和我们普通人一样与大家相处，她尽自己的力量做了一个有良知的人应该做的事。但正是这种朴实、这种平和，使她赢得了那么多的人对她发自内心的热爱和尊敬。我想，这大概就是人格的魅力。

从她的身上，我仿佛对素质教育有了更深的理解。我们需要培养博学多才、技艺精湛、能力超强、智慧超群的人，但这一切都要立足于让学生学会做人。如果我们脱离学会做人这个前提，如果我们忘却了涵养人的内心良知，那么，即使我们培养出很多各式各样的“明星”，他们也难以在人们的心中成为人格的榜样，而素质教育也会失去它所追求的真谛。

（原载《中小学管理》2007 年第 10 期）

学习奥林匹克精神

“同一个世界，同一个梦想”的口号已经深深地印刻在每一个中国人的心底。中华民族用微笑去迎接奥运的到来，13 亿人民用期待百年的心去点燃火炬！ 2008，令所有中国人激情飞舞的一年 ……

《万国公报》预告了1900年第2届巴黎奥林匹克运动会，这是中国对奥林匹克最早的记载。1909年春天，刚刚从欧洲考察归来的南开大学校长张伯苓回到天津，他用幻灯机给大学生们放映了第4届奥运会的照片，“奥林匹克”这个名词从那时开始在中国流传。1932年，在爱国将领张学良的资助下，刘长春成为中国历史上参加奥运会的第一人。1936年，柏林奥运会，进入撑竿跳决赛的中国运动员竟买不起比赛用杆。1948年，伦敦奥运会，中国代表团是参赛中唯一住不起奥运村的……这不堪回首的一页，已被我们翻过。

1979年，中国恢复了在国际奥委会的合法席位。2001年7月13日，2008年奥林匹克盛会选择了中国北京，中国人百年的梦想终于实现了。这是世界对我们国家的经济、科技和综合国力的一种肯定，是中国在提高国际地位方面所矗立起的又一座里程碑，是中华民族伟大复兴历程中又一大盛事。

国际奥委会前主席萨马兰奇曾说过：“奥林匹克主义的灵魂是教育，离开了教育，奥林匹克主义就不可能达到其崇高的目标。”奥运会是一个重要的教育契机，孩子亲历奥运会，学习奥林匹克精神，这个经历必定在孩子的一生中产生深远影响。

奥林匹克精神就是相互了解、友谊、团结和公平竞争的精神。

要让孩子们学会自我挑战和公平竞争。奥林匹克精神是一种“更快、更强、更高”的自我挑战精神，也是公平、公正、平等的体育竞技精神。这种自我挑战精神和公平竞争精神将有力地促进孩子们的自我完善和社会交往。

要让孩子们培养一种良好的生活态度。奥林匹克精神强调人通过自我锻炼、自我参与而拥有健康的体魄、乐观的精神和对美好生活的热爱与追求。这种生活态度将有力地促进孩子们拥有自信和战胜困难。

要让孩子们努力追求身心的全面发展。奥林匹克宪章指出，“奥林匹克主义是将身、心和精神方面的各种品质均衡地结合起来，并使之得到提高的一种人生哲学。”这种哲学将有力地促进孩子们身体与心灵、精神与品质得到完满的和谐，潜能与美德得到充分的开发。

要让孩子们树立正确的价值观念。奥林匹克倡导一种和谐、自由、健康、积极的现代价值观。主张从奋斗中体验乐趣、从优秀榜样中学习做人，要有对人类的文明与优良秩序的最大尊重，要有对优良道德与伦理规范的继承与发扬。这种价值观将有力地促进孩子们追求人类与环境的协调共处、个人与社会的协调发展。

在全球化时代，奥林匹克精神已经成为全人类共同的财富。现在，北京奥运的胜利举办，使这一宝贵的世界精神文化遗产更加绚丽多彩。深望我们的孩子们能在这一学习奥林匹克精神的终身难忘的经历中，成长的速度更快，成长的水平更高，成长的力度更强。

（原载《中小学管理》2009 年第 4 期）

素质教育就是培养好习惯

在山东济南有一所以培养加工类技能型人才为主要目标的历城第二职业学校。在学校车间式课堂的墙壁上，大字书写着学生必须养成的一百个习惯。这些习惯都是工作中的细节，但他们的做法却让我们一下子明白：学生养成了这些好习惯，就能成为一个高素质的技能型人才；学校培养这些好习惯，就是在成功地实施素质教育。

素质教育从部分教育工作者的倡导到成为国家法定的教育目标，都是为了更好地解决培养什么人和怎样培养人的问题。但是在实践中，这一目标的实现并未取得令人满意的进展。于是大家的责怪点就集中到“应试教育”所造成的学生学习负担过重、学校没有更多的时间和空间提高学生的全面素质上来。而且，由于招生考试制度的改革受着诸多因素的制约，学生学习负担的大幅度减轻不是一下子就可以实现的，所以，实施素质教育就变成了一个几乎陷于无解的难题。

与此同时，素质教育的研究越来越升入学术的殿堂，人们对素质教育的解读越来越深奥晦涩，渐渐地，素质教育究竟要培养什么样的人、怎样去培养，变得越来越说不清、道不明了。于是，学校有的观望、等待，无所作为；有的把素质教育当做一个筐，什么都往里面装；有的提出课内打好基础，课外提高素质……

爱因斯坦曾风趣地说："如果人们已经忘记了他们在学校里所学的一切，那么剩下的就是教育。"那剩下的是什么呢？只能是在学校里养成的习惯。这就深刻地印证了叶圣陶先生所说的："教育是什么？往简单方面说，就是培养习惯。"所以，我们现在应当旗帜鲜明地倡导："素质教育是什么？往简单方面说，就是培养好习惯。"

联合国教科文组织指出，21 世纪教育的使命是帮助学生学会做人、学会做事、学会学习、学会共处。我们推进素质教育也就是要培养学生做人、做事、学习、共处的好的思维习惯和行为习惯。个人有了好的思维习惯和行为习惯，个人的素质就得到了提高，就为一生的发展奠定了坚实的基础；多数人有了好的思维习惯和行为习惯，国民的素质就得到了提高，就为建设和谐社会与人力资源强国奠定了坚实的基础。

养成好习惯是实实在在的素质教育。习惯受潜意识支配，而意识的积累就会成为潜意识，根深蒂固地埋进大脑深处，内化为人的素质。良好道德的培育，需要通过认知能力的提升、情感的培养、意志的形成、行动的落实等德育过程来实现，而知、情、意、行最终要归结为养成一种习惯，否则就会被学生"忘掉"而不会"剩下"，也就不会真正成为教育的成果。素质教育最终是要通过培养好习惯，对孩子一生的行为产生影响，成为他们一生持续发展的力量。

著名教育家曼恩（Horace Mann）说："习惯仿佛一根缆绳，我们每天给它缠上一股新索，它就会变得牢不可破。"习惯，是由于无数次地重复或练习而逐步固定下来，变成自动化或半自动化了的行为方式。中小学时期是青少年生理心理发育、变化的重要时期，正是培养良好思维习惯和行为习惯的最佳时期。因此，在推进素质教育的过程中，重视养成教育的地位与作用，无疑是关键。这就需要我们有针对性地确立培养学生良好习惯的内涵和途径，并将其贯穿于学校全体教育工作者的教育活动之中。当然，前提是教师自身良好思维习惯和行为习惯的养成，以及教师良好教育思维方式和教育行为方式习惯的养成，也就是教师自身素质的提高。因此，培养学生的良好习惯是教育创新应当突出的课题，是教师教育的重要内容，也是学校特色形成的重要标志。

美国心理学家威廉·詹姆士（William James）有一句格言："播下一个行动，收获一种习惯；播下一种习惯，收获一种性格；播下一种性格，收获一种命运。"可以说，性格决定命运，而习惯决定性格。因此，我们全部的教育活动都应当把培养好习惯作为主要的任务，作为实施素质教育的主要追求。这样，素质教育就会成为看得见、摸得着、可以评价、可以检验的教育。尽管我们也还是需要大力改善各种外部环境，但素质教育在现有条件下仍然可以成为大有可为，并产生实效的有目的的教育活动。

（原载《中小学管理》2009 年第 4 期）

培养学生适应社会的能力

在英国访问期间，我曾和英国特色学校促进会的朋友探讨有关教育的种种问题。我向他们请教对加德纳（Howard Gardner）多元智能理论的看法。他们说：多元智能理论提出不同的人有不同的智能结构，每个人都有自己的优势智能和弱势智能，因此，教育和教学应当适应不同学生的智能结构特点，这对教育改革是有重要的指导意义的。但是，当学生步入社会以后，社会并不会去适应每一个人，因此，忽视对学生适应社会能力培养的教育也是不完整的教育。

当然，我认为他们对多元智能理论的看法也有不全面的地方，因为加德纳很重视人的自我认识智能和人际关系智能等社会智能的发展，这些智能都有助于提高人适应社会的能力。但他们对培养学生适应社会的能力的重视，却对我们的教育改革有重要的警示意义。

培养学生适应社会的能力之所以重要，首先是因为在社会转型期，社会变动加快、价值取向多元、竞争日趋激烈、就业难度加大等因素常给人造成巨大的精神压力，从而考验着人的承受能力。同时，主要由独生子女构成的新一代，受到的关怀呵护增多，批评指责减少；在家庭独处增多，与社会交往减少。这些使得他们承受和调适心理压力的能力相对减弱。再加上近些年来，我们的教育改革强调培养学生自信、自立、自强，强调以激励为主的教育方式，这些都是正确的，但在实施过程中，有些学校和教师也不同程度地产生了忽视培养学生适应社会能力的偏向。因此，学生进入社会以后，往往会产生诸多难以适应社会环境的问题。

当前，许多受到社会广泛关注的问题值得教育界的同志们重视。比如：一些青年对社会缺乏责任感，对个人发展与社会进步的关系，对自身成长与国家命运的关系，缺乏明确的认识。一些青年生存意识和生存能力不强，对前途有着美好的憧憬，但又缺乏对现实的清醒的认识，于是常常陷入困惑和苦闷之中。一些青年缺乏交往的能力，缺乏合作的精神，难以在集体中与人和谐相处，更有少数青年产生了轻生的念头，甚至有反社会的倾向。

有一位家长对我说，他的孩子在一所著名的小学读三年级，由于经常受到表扬，所以很自信，但这种自信又常常变成自负，听不得一点不同意见，受不了一点批评。因此，这位家长觉得，在孩子自信的背后实际上潜藏着一种脆弱。

教育是使人社会化的过程，当我们的学生步入社会后，他应当成为能够适应社会环境的公民，应当以一种健全的人格生活在社会之中。世界卫生组织提出“健康不仅是躯体没有疾病，还要心理健康、社会适应良好和有道德”。因此，培养学生适应社会的能力是促进学生全面发展的、重要的、不可或缺的组成部分。

温家宝总理指出：“要加强爱国主义和理想信念教育，培养学生增强社会责任感，报效祖国，服务社会。”他还指出：“同时要讲人的自我和谐，要使人对自己的认识符合客观实际，适应社会的要求，正确对待金钱、名利，正确对待进退，正确对待荣辱。”因此，培养学生适应社会的能力，重点应在两个方面：一是社会责任感，二是自我和谐。

要培养学生的社会责任感。我们要引导学生对自己负责、对他人负责、对家庭负责、对集体负责、对社会负责、对国家负责，以一种负责的态度对待人生，以一种负责的态度行使自己的权利，履行自己的义务。

要促进学生的自我和谐。我们要引导学生正确认识自己，既不妄自菲薄，又不妄自尊大；既要树立远大理想，又要使理想符合客观实际；既要重视个人的性向和志趣，又要使自己的性向和志趣适应社会的要求；既要勇于进取，又要能够经受挫折和失败的考验。

教育之所以是一项复杂的工程，重要原因之一是其有着诸多相互关联而又相互制约的因素。当我们努力实现认定的价值追求的时候，常常会出现一种倾向掩盖另一种倾向的问题，即为了克服一种片面性，又产生了新的片面性。因此，在注重因材施教以创造适合学生发展的教育的同时，引导学生学会适应社会的需求，这无疑又是对我们教育智慧的一种考验。

（原载《中小学管理》2010 年第 2 期）

“鸟笼逻辑”

有人说，如果你想让一个人买一只鸟，就先请他在他的房间挂一个鸟笼，这样，只要朋友来访就会问他：为什么鸟笼是空的？笼里的鸟飞走了吗？笼里的鸟死去了吗？久而久之，那人也就会想，是应该买一只鸟放进去了。人们将这种现象称之为“鸟笼逻辑”。也就是说，人们通常的逻辑是：鸟笼就是用来装鸟的。其实，鸟笼不装鸟也可以作为一种纯粹的装饰品。

大多数时候，人们都会受制于一种惯性思维。这种惯性思维能够帮助我们迅速、快捷地认知和适应周围的世界，同时也有助于我们遵守社会认同的行为规则。但是，如果它成为一种刻板的思维定式，就会使人难于突破常规，进行新的创造。因此，培养学生良好的思维习惯，应当成为中小学养成教育的重要内容。

思维习惯是人们长期养成的相对定型的思维方式，是人重要的素质基础，影响着人的发展。良好的思维习惯推动着人的自我突破，不良的思维习惯制约着人的自我超越。正如俄国教育家乌申斯基所说："好习惯是人在神经系统中存放的资本，这个资本会不断地增长，一个人毕生就可以享用它的利息。而坏习惯是道德上无法偿还的债务，这种债务能以不断增长的利息折磨人，使他最好的创举失败，并把他引到道德破产的地步。"

学生惯性思维的形成，与学校教学有着密切的关系。原来以应试为目的和以知识授受为途径的教学，由于考题答案唯一，所以教师特别重视帮助学生掌握标准答案，而忽视学生发散思维和批判性思维的培养。在推进课程改革的过程中，学生的自学能力得到加强，但多数也只限于获取知识能力的提升。而思维能力的提升不仅取决于如何获取信息，更取决于如何处理信息。因此，从整体上说，我们的教学过程很容易使学生形成相对单一的惯性思维。

发散思维和批判性思维的培养是形成良好思维习惯的重要方面，是培养学生创新精神和创新能力的基础，而这正是我们的教学中最为缺乏的。

发散性思维是思维活跃程度的重要体现。在教学过程中，学生思维的流畅性表现在他们很容易地产生大量的想法、观点；学生思维的变通性表现在他们能够对同一问题提出许多性质不同的办法和途径，且一旦思维出现困难，能主动地改变思路；而学生思维的创新性则表现在每个学生的答案都具有相当程度的个性成分。但是，在我们的课堂教学过程中，有时教师只是出于分解知识难点的目的，提出的问题极为简单，学生不需要思索即可回答；有时虽然学生纷纷举手抢答，但答案并无两样；有时教师甚至对感到陌生但很有个性的答案不予鼓励。这样，学生的思维方式就会凝固在单一的惯性思维上，发散性思维很难发展起来。

批判性思维是执著探求真理的良好的思维品质。它不是否定一切，而是一种为决定相信什么或做什么，而用充分的理性和客观的事实进行合理反省的思维。在教学过程中，它表现为学生不盲目接受课本和教师的结论，经过思考，勇于提出新的问题和新的见解。但是，在以学习知识为目的的教学中，教师常常把学生没有问题看做一种满意的教学。为了保持课堂教学的流畅性，特别是在信息技术更多地运用于课堂教学以后，有些教师怕打乱课前的教学设计，因此，不希望课堂上出现生成性的问题。有些教师甚至为回答不出学生提出的有创意的问题而感到难堪。这样，学生的批判性思维怎样发展？

创新型人才的培养是我国进入人力资源强国的关键因素，良好的思维方式是创新型人才的素质基础，而发散性思维和批判性思维则是良好的思维方式的重要内涵。令人担忧的是，我们长期以来形成的许多思维定式已经根深蒂固；如果惯性思维方式始终是我们的主流思维方式，那么，创新型国家的建设就会受到严重制约。因此，对于中小学来讲，像培养学生良好的行为习惯一样，把培养学生良好的思维习惯提到重要的日程上来，借以深化课程改革，无疑是当务之急。

（原载《中小学管理》2010 年第 8 期）

教育必须坚持引导青少年树立正确价值观

在社会急剧变革时期，我们的生活形态、生活方式、工作方法、人际关系等，无不在急速的变迁中，社会逐渐富裕，生活方式逐渐多元化，家庭功能逐渐改变，传统道德逐渐失去规范作用等，这些变化都对青少年的价值观念产生很大的影响。青少年价值观念的变化是当前教育事业面临的巨大挑战。

受社会多元价值观的影响，青少年中出现了多重人格现象。表现为学生行为的无常性，学生发展中的智德分离、知行分离，以及学生年龄增长与道德成长的负相关等。同时，面对生活中各种相互矛盾的要素，正处于身心发展期的学生很难作出正确的道德判断。这种多重人格现象既是社会价值观多元性的折射，也是青少年生理心理特征在特定时期的反映。两者的交融既给青少年带来困惑，也向教育工作者提出了需要破解的难题。

近年来，社会变迁对青少年价值观念注入许多积极的因素，但是也有值得关注的变化。表现在：就目的性价值来看，青少年的价值观从对社会价值的重视开始转向对个人价值的重视；就青少年心目中工具性价值的内涵来看，能力价值改变很大。传统的能力价值如勤奋、能干、真诚等的地位在青少年心目中开始淡化，而人际关系、自我宣扬，甚至粉饰、欺骗等病态心理，已经开始萌生。

这就进一步揭示了现代社会，特别现代教育肩负着的重大使命——引导当代青少年树立正确的价值观，并且需要由此而进行相应的教育变革。教育是价值引导和价值创造的过程，教育事业的发展与改革在促进青少年核心价值观的形成，并反过来影响社会价值认同的良性变化方面有着巨大的积极作用。因此，学校必须在各种学习活动中，注意培育学生正确的价值观念。

最近，新加坡教育部长提出，鉴于国际局势的大变动，新加坡未来 20 年的教育将以价值为导向，培养有价值观和有竞争力的新一代国人。他认为所谓“价值”，包括“自我价值”、“道义价值”和“公民职责价值”。“自我价值”给予学生自信心和自我意识，培养他们坚忍不拔的意志力；“道义价值”培养学生在多元种族、多元文化的社会，尊重、负责、关怀和赏识他人；“公民职责价值”则培养学生成为坚强、有毅力、有知识、有见闻，国家有难，能奋起捍卫祖国的好公民。

在我国，学校教育坚持社会主义核心价值观的导向，是使社会主义核心价值观成为社会主流价值观的基础和重要保证。

社会主义核心价值观所包含的马克思主义指导思想、中国特色社会主义共同理想、以爱国主义为核心的民族精神、以改革创新为核心的时代精神以及社会主义的荣辱观，是我国民族优秀传统价值观与现代进步价值观的融合。

中华民族优良传统文化所蕴涵的人与自然、人与社会、人与人关系的基本价值观，至今依然具有强大的生命力，它是我们民族的宝贵遗产和永不枯竭的教育资源。我们应当以此改变道德教育目标的失序和混乱状态，以此作为形成社会稳定的价值取向的重要依据。因此，弘扬中华文化、传承中华美德、培育民族精神应当是学校的重要任务。

青少年价值体系中改变的部分，往往是受到时代前进、社会变迁、对外开放的影响。我们必须注意体察青少年的价值观的时代特征，在传承优良的民族文化的同时，因应新的形态，适应新的变化，以创造适合青少年身心发展需求的有效教育。实现民族传统与时代精神的融合是构建社会核心价值的出发点和归宿。我们既要有对中华优良文化传统的认同，同时又要有跟上时代发展步伐的紧迫感。

我们要以大教育观推进学校、家庭、社会三位一体教育体制的建立。要重视学校的文化建设，以一种鲜明的文化方式促进学生道德的发展。要以社会主义核心价值体系教育为主线，通过学校文化建设为学生铸魂、求雅、立行，从而为学生的一生奠定政治信念和道德理念之基础，提高情操气质之品位，养成健康行为之习惯。要通过多种形式，密切家校关系，形成和谐的家校协作氛围，将学校的正面教育与家庭教育的持续性、情感性有机地结合起来，促进学生良好品德的形成和内化。社会环境的变迁会给学生价值观的形成带来负面影响，但社会蕴藏的丰富的教育资源又会为学生的成长提供良好的营养。动员社会各界为学生展现一片蔚蓝的天空，使所有有利于学生发展的教育资源充分地为学生的发展服务。要通过形成引导学生深入社会实际、参加社会实践的机制，拓展学生的视野，丰富课余的生活，为学生提供更多的道德实践体验的平台，使学生从体验中感悟，从感悟中提升自身的素养。

（原载《中国教育学刊》2012 年第 4 期）

第五辑 幸福从哪里开始

“减负提质”是一项系统工程，但要学校引领；是一个漫长的过程，但要从学校开始。学校内部“减负”确有成效，是转变家长和社会认识的开端，是形成合力的基础。

从长远看，最终解决可持续发展问题的最锐利的武器是教育，是培养一代高素质的、具有可持续发展思想与能力的公民。

走出“二元体系”的困惑

前些日子，我去日本开会，和日本朋友谈起教育的现状。他们说，现在日本的教育实际上已经形成了着眼于学生发展的学校教育和着眼于学生升学的校外教育两个并存的体系。这种“二元体系”的存在，使得文部省提出的教育改革目标并没有取得预期的效果。

一位高中毕业生的家长告诉我，他的孩子在一所国立高中读书，学校推行宽松教育，课程进行了改革，重视学生参加实践，学生社团活动十分活跃，学校教育已经摆脱了一切为了升学的局面。但由于高等学校的招生考试并没有多大变化，升学辅导的任务只得由校内转到了校外。学生如果准备考大学必须要上补习学校，不上补习学校是很难考上大学的，所以 90% 以上的学生都要进补习学校。补习学校是独立设置的，有些补习学校为了通过提高升学率来提高社会声誉，规定学生入学也要经过考试选拔。这些补习学校除了对毕业年级学生进行补习外，还对从小学起的各年级各学科的知识进行补习。补习学校有的叫“学塾”，有的叫“学院”，其中有些如“河合塾”、“骏台塾”、“代代木”等已成为补习学校的知名品牌，并且在全国连锁经营。这位家长说，他的孩子读国立高中每年缴十二三万日元，但到了高三连平时寒暑假的全科补习，一年需要花费一百五十万日元。家长不堪经济重负，学生不堪学业重负。因为补习学校的教师辅导高考有经验，所以东京有的国立高中也要请补习学校的教师到校为学生进行辅导。

日本的情况说明，即使学校推进了着力于提高学生素质的宽松教育，学生也逃脱不了“应试教育”的折磨。教育最终形成了相互对立的“二元体系”。究其原因，在于他们的教育改革初衷，没有能真正贯彻到教育的各个环节中去，没有成为协调发展的系统工程。

当教育改革的目标确立之后，有三个环节是至关重要的。

一是服务于改革目标的课程体系的建立。课程体系是教育思想的集中体现，课程改革的理念体现了这个国家经济和社会发展以及人的发展的价值取向，体现了这个国家的教育方针，体现了对原有教育传统的批判与继承，体现了时代特征。从某种意义上讲，一个国家的学校教育功能主要是通过课程来实现的。建立新的课程体系，就是实现教育思想、教育内容、教育方法、教育技术的系列的变革。

二是服务于改革目标的教师队伍的建设。教师是教育活动的组织者，教师的教育理念以及由此决定的教育方法，教师把握教学内容和驾驭教育进程的能力，决定着改革的成败。因此，无论是培养教师的师范教育，还是提高在职教师的继续教育，都必须围绕着推动新的课程体系的实施进行。

三是服务于改革目标的评价体系的落实。评价既是激励改革的动力，又是校正方向的准绳。在高一级学校的新生需要选拔的时候，它又是选拔的工具。因此，从某种意义上讲，教育改革的指挥棒握在教育评价手中。问题在于评价体系的激励功能、校正功能和选拔功能必须统一。绝不能评价改革时是一套标准、一套办法，进行选拔时又是另一套标准、另一套办法。

教育改革有了这三个环节，就像是三匹马拉一辆车。如果单匹马都朝着一个方向用力，车就能快速前进；如果各奔东西，车就会止步不前。日本正是由于三匹马没有形成合力，最终使教育陷入“二元体系”的困境。

最近，北京的一些校长和老师跟我谈起教育工作时，也同样感到有些困惑。

他们说，学校内部的教育改革正在推进，多数教师对实施素质教育的必要性有了共识，但在课程改革的实践中，观念的改变十分艰苦，而师范院校培养的新教师又不甚适应当前的课程改革。特别是中高考的内容和方式与课程改革的理念还有相当距离，为了应付中考和高考，学校又不得不提出一些要求，另行安排一系列措施，其中有些也明知道不符合素质教育的原则。

与此同时，校外的升学辅导和补习业也正在蓬勃发展。有免费的补习学校和补习班，有函授为主的网校，有为毕业生准备的复读班，也有从小学到高中各年级的同步辅导班。应当说，这些补习和辅导中有相当一部分不同程度地存在着违背素质教育原则的片面性，有些甚至十分严重。

有些同志感到，我们实际上也已经开始出现两种体系并存的现象，和日本暂时不同的是这两种体系既同时存在于校外，也同时存在于校内。两根指挥棒都在起作用。

有的同志还说，现在是素质教育搞得热热闹闹，“应试教育”搞得扎扎实实，甚至于实施素质教育的经验，也必须用中考、高考的成绩来验证，才能得到承认。因此，虽然有两根指挥棒，但还是一根软、一根硬。

这使我想到，我们的教育改革一定要吸取日本的经验和教训。课程改革、教师培训和招生考试是为了同一目标的三件大事，必须统筹协调。如果各讲各的理、各唱各的调，不仅改革难以取得成效，到头来还会亏了国家、苦了学生。

我想，我们的各级领导，各个学校都务须增强统筹意识，努力使各个环节形成合力。必须把工夫下在协调发展而不是各自为战上。三匹马拉车齐心协力，朝着同一方向奋进，才有可能使我们的教育事业走出“二元体系”的困惑。

（原载《北京教育（普教版）》2003 年第 4 期）

聚焦高考

高考，这是一个有时被神圣化，有时又被妖魔化了的话题。每年当高考考期到来的时候，社会方方面面几乎都在为高考让路，工地可以为此而停止夜间施工，出租车可以将迟到的考生免费送到考场，因为人人都把高考看成是一件神圣的大事。但当谈起中小学学生负担过重，升学压力过大，以及基础教育产生的种种弊端的时候，许多人又往往把不完善的高考制度看做是祸根。

高考改革，这是一个人人都认为十分必要，而又都觉得很难进行的课题。人们可以历数现行高考制度的种种不合理，说明必须改革；也可以提出许多改革的设想，以体现我们的追求；但一进入操作层面，则很少听到大家都能赞许或者认同的方案。

这一切说明高考既是一个多种相关因素交织在一起的问题，又是一个牵涉到不同人群切身利害关系的问题，因此，既要积极寻求兴利除弊的途径，又要从我国国情出发，迈出稳健的改革步伐。

高考的主体功能在于选拔适于进一步接受高等教育的学生，但由于它是在学生接受基础教育结束后进行的，所以自然派生出监测基础教育教学质量和引导基础教育改革方向的功能，从而造成高考功能的多元化。这种功能的多元化，极大地增加了高考改革的复杂性和难度。

高考的选拔功能重在公平。因此，在重视各学科考核要求的前提下，对高考命题的信度、效度和区分度要有准确把握，高考的评卷要尽可能减少随意性，以高考分数为主要依据的高校招生录取工作，要不受其他因素的干扰。

高考的监测与导向功能则重在全面。高考能否全面评价学生的素质基础，能否全面考核学生的能力，高校录取能否综合评价学生的全面素质，这些是影响基础教育发展的重要因素。我们常说高考是指挥棒，是因为人们往往会单纯用高考成绩评价基础教育水平，会单纯用高考内容与方式引导基础教育的教学方向。

于是，我们就听到了两种对高考的强烈呼唤。一种是对公平的呼唤。呼唤实现在考分面前人人平等，不应有地区差别，不应有政策倾斜，一切以考试分数作为衡量学生水平的唯一标准。另一种则是对导向的呼唤。呼唤不应以高考成绩作为评价学生的唯一标准，以促进基础教育改变目前的一方面以改革的面貌推进素质教育，另一方面又以违背教育规律的做法应试的二元体系的现状。

这说明，实现以选拔为主，选拔、监测与导向功能的统一，是高考改革的基本方向，而实现这种统一无疑是一项系统工程。它需要在人事、劳动和教育部门之间协调人才观和人才标准，它需要在基础教育、高等教育之间协调评价观和评价手段，它需要在领导干部和社会媒体当中协调政绩观和对教育的导向，它还要善于借鉴国外的先进经验和面对传统文化观念的挑战。

我们已经迈出了可喜的改革步伐，当然这种改革是艰难的。当我们试图通过改变考试科目设置和调整命题方式来检测学生的能力水平的时候，会发现教学活动已经采取了与初衷相违背的相应的对策；当我们试图在考试成绩之外，提出对学生思想品德和参加社会实践的鉴定要求时，我们会发现不高的社会诚信度已对评价的公平产生了严重的干扰。

但是，这终究是中国教育改革无法回避的难关。如果我们都能聚焦高考，而又以冷静的目光、清醒的思索和持续的实践来探索改革之路，难关总是可以逾越的。

（原载《基础教育参考》2005 年第 6 期）

不要“片面”　不要“过重”
——现阶段素质教育的务实追求

在推进素质教育的进程中，不少学校进行了有益探索，并取得了成功的经验，使我们深受鼓舞。但从总体上估价推进素质教育进展情况的时候，大家却又总觉得不尽如人意。现实与人们对推进素质教育的许多预期相比，似乎还有相当大的距离。于是，推进素质教育就逐渐成为社会关注的热点问题之一。

素质教育的提出本身就是拨乱反正的成果。在“文化大革命”结束以后，针对“文革”中批判所谓的“三中心”，即批判以书本知识、课堂教学、教师为中心，首先入手的改革就是抓好基础知识学习与基本技能训练，“抓好双基”成为教改的第一个口号。伴随着高考制度的恢复，随之而来的就是学业负担过重，影响学生的全面发展。针对这种片面性，同时受世界教育改革潮流的影响，教育改革相继提出“抓好双基，培养能力”，“抓好双基，培养能力，发展智力”，“抓好双基，培养能力，发展智力，开发非智力因素”等目标，教育改革的内涵越来越丰富。在1983年前后，部分学校开始提出“着眼于未来，着力于素质”的教育改革目标。一时间，素质教育引起了教育界的广泛响应，当然，也由此引发了一场激烈的争论。直至中央作出深化教育改革，全面推进素质教育的决定，将素质教育理念化和政策化以后，认识才逐步统一。

但是，素质教育的推进是一项社会系统工程，涉及劳动人事制度、考试选拔制度、社会舆论导向、办学体制改革、教育结构调整、教师教育制度以及人们的文化观念，这种整体改革不是短时间可以完成的。于是，就出现了两种情绪：一种是急躁，希望通过发一两个文件，进行几次检查，就把问题解决；另一种是等待，反正问题单靠学校也解决不了，索性等着大环境的改善吧。急躁引出盲目作为，等待引出无所作为，都无助于素质教育的推进。

我想，素质教育是全面贯彻教育方针的深刻变革，它既有体现面向全体学生，以德育为核心，以培养创新精神和实践能力为重点，提高学生全面素质的长远的目标，又有克服当前存在的片面追求考试成绩和升学率，学生课业负担过重的现实针对性。在普及九年义务教育的过程中，我们制定了办学条件基本标准，作为现阶段义务教育达标的要求，对于推动义务教育的发展起到了重要的促进作用。在推进素质教育的过程中，我们同样也应当制定阶段性的目标和基本标准，以期取得素质教育的阶段性成果。这个阶段性目标和基本标准，应当立足于达到不要片面追求考试成绩和升学率，不要造成学生课业负担过重。

不要“片面”，我想基本标准有两条：一条是要有对学生生活的全面安排。学校应当制订全面安排学生思想道德教育、课业学习、体育锻炼、课外活动、社会实践的计划，切实付诸实施，并努力提高活动的质量。另一条是学校应当面向所有学生安排教育教学活动，使所有的学生都有参加教育教学活动的机会，都能在原基础上得到发展。

不要“过重”，我想基本标准也有两条：一条是减轻学生过重身体负担。要把教师的精力引导到教学上来，引导到课堂教学上来，引导到课堂教学改革上来，努力提高学生的课堂学习质量和课堂教学效益，保证学生每天一小时的体育锻炼和按其年龄需要的睡眠时间。另一条是减轻学生过重的心理压力。要避免采取不适当的增大学生不必要心理压力的举措，要建立以增强信心为主的激励机制和和谐愉悦的校园氛围。

树立素质教育的阶段性目标和基本标准，是为了防止我们提出许多脱离现实的过高要求而使相当一部分学校望而却步，也不使有些学校因难于解脱现实的困扰而不敢作为，更不使有些学校明知其应为和可为而不为之。

树立素质教育的阶段性目标和基本标准，不是退却而是前进，是搭建通向教育理想的阶梯。它有助于提高素质教育的总体水平，同时相当一部分学校在达到基本要求的基础上，完全可以进行新的更高层次的探索，引领素质教育的方向和向着新的阶段性目标前进。

当然，树立素质教育阶段性目标和基本标准也有助于统一对素质教育的认识和行动的步调，使推进素质教育成为在政府主导下，学校、家庭、社会共同努力的，看得见，摸得着，可以检测又可以督导的教育行为。

如果“片面”、“过重”这一多年来教育界面临的难题，能在实现素质教育阶段性目标和基本标准的过程中得到解决，那么这无疑是一种坚持务实精神推进素质教育的巨大成果。

（原载《北京教育（普教版）》2005 年第 12 期）

ESD——教育功能的新定位

我国在北京和许多地区广泛开展的 EPD（Environment, Population and Sustainable Development）教育，最近将要顺应世界潮流改称

ESD(Education for Sustainable Development)。在这一名称变化的背后，我们看到的是教育功能的新的定位。

发展，是人类永恒的主题。人类社会在发展中不断前进，而发展观也在与时俱进。教育从来都是随着时代的发展而不断调整着自己的功能定位的。

20 世纪 70 年代以后，面对环境的日益恶化、资源的日趋耗竭、贫困的日益加剧等一系列突出问题，联合国从民间机构手中接过了“可持续发展”的大旗，并明确提出要变革人类沿袭已久的生产方式和生活方式。20 世纪 90 年代初，联合国通过了《21 世纪议程》等重要文件。2002 年，可持续发展世界首脑会议在南非召开，会议通过了《可持续发展世界首脑会议实施计划》这一重要文件。正如联合国秘书长科菲·安南在会后所说，我们生活在同一个星球上，由一个决定我们生活的生态、社会、经济和文化关系的微妙而错综复杂的网络，把我们联系在一起。我们要实现可持续发展，就必须对所有生命依存的生态系统、对彼此作为整个人类大家庭的一分子以及对我们的子孙后代承担更大的责任。

伴随着人们对可持续发展的认识的深化，联合国教科文组织于 1998 年确定了一个影响深远的国际合作项目——环境、人口、可持续发展教育 (也即 EPD)。 2002 年，联合国大会通过决议，将 2005 年至 2014 年定为“联合国教育为了可持续发展十年”，联合国教科文组织在 2004 年 8 月制订了“联合国教育为了可持续发展十年”的国际实施方案，从 2005 年 4 月开始实施。ESD——教育为了可持续发展，成为新世纪全球的教育目标。我们看到，从应当进行可持续发展教育，到教育为了可持续发展，教育有了新的功能定位。从某种意义上讲，教育又开始了一场革命性的变革。

教育为人类可持续发展服务，这是历史赋予当代教育的历史使命。ESD 的基本理念就是，要改变人类的生存方式就必须从基础做起，通过教育形成人的可持续发展的认识和能力。也就是说，从长远看，最终解决可持续发展问题的最锐利的武器是教育，是培养一代高素质的、具有可持续发展思想与能力的公民。这就要求我们将可持续发展的价值观全方位地渗透到教育活动之中，促进人们行为的改变，以建设一个面向所有人，包括当代人和后代人的更加可持续的、公正的社会。

因此，ESD 基本上是关于价值观的教育，其核心价值就是尊重：尊重他人——包括当代人和后代人，尊重差异性与多样性，尊重环境，尊重我们星球上的资源。这四个“尊重”，应当贯穿于全部教育活动之中，使千百万人形成新的态度和价值观，从而促发新的决策和新的行动，使可持续发展成为一个更利于实现的理想。

我国推进 ESD，就是要在科学发展观的指导下，进一步深化教育改革，全面推进素质教育。ESD 为人的素质和素质教育注入了新的内涵，进一步强化了素质教育的人文精神和时代意义。我们应当将 ESD 与课程改革紧密结合起来，与加强和改进德育紧密结合起来，与学校文化建设紧密结合起来，与社会实践紧密结合起来，与教育科研紧密结合起来。不断推进观念的转变、情感的培养、行为的规范、环境的建设和评价的完善，使 ESD 成为理论与实践相结合的富有生命活力的教育。

党的十六大提出的全面建设小康社会的远景目标之一是：“可持续发展能力不断增强，生态环境得到改善，资源利用率明显提高，促进人与自然的和谐，推动整个社会走上生产发展，生活富裕，生态良好的文明发展道路。”深刻认识教育功能的新的定位，推进教育的改革与创新，是实现全面建设小康社会目标的重要途径。我们希望 ESD 能够产生预期的效果，即让所有人都认识到：“必须将明天看做是属于我们所有人的一天，否则明天将不属于任何一个人。”

（原载《北京教育（普教版）》2006 年第 4 期）

为了每一位学生的发展

基础教育课程改革是新时期贯彻落实党的教育方针的重大决策，

是实施素质教育的重要载体和关键环节。课程改革从点上实验到全面铺开，从义务教育阶段延伸到普通高中教育阶段，从学校实验上升到政府行为，使我国学校教学的面貌发生了具有深远影响的转变。

课程改革的核心理念是促进全体学生的全面发展。在保持我国基础教育传统优势的前提下，强调加强与改进学校德育，强调创新精神和实践能力的培养，强调研究学生身心发展规律并体现时代性的要求。

苏霍姆林斯基在《把整个心灵献给孩子》一书中曾说过："教育，这首先是人学。不了解孩子——不了解孩子的智力发展，不了解他的思维、兴趣、爱好、才能、禀赋、倾向，就谈不上教育。"课程改革坚持为学生全面发展服务的理念，就应当坚持通过了解学生、研究学生、从学生的实际出发，来实现教学模式的转变。

课程标准的制定和教材的编写体现国家的教育方针，体现国家对国民素质的基本要求，也体现学生的年龄特点和身心发展规律。这些特点和规律当然具有普遍性，但是不同地区、不同民族、不同成长环境的学生仍然会有各自的特点。因此，课程标准和教材在适应国家的共性要求的同时，也必须充分考虑不同的教育需求。对于我们这样一个教育大国来说，在推行课程标准和编写教材的过程中，在保证共性要求的前提下充分体现不同的教育需求，是落实为所有学生发展服务的教育理念的重要保证。

课程改革改变着课堂教学的面貌，努力实现着从以传授知识为主向以培养能力和提高全面素质为主的转变。课堂教学在教学目标上，不仅要重视知识和技能，情感、态度和价值观，而且要重视过程和方法。加强对课堂教学呈现方式和互动方式的研究，无疑是探讨新教育理念指导下的课堂教学模式的重要课题，但这种研究应当首先着眼于了解每个年龄段学生的身心发展的共性特点，同时应当了解学生的个性特征。每个学生都有他的优势智能，都有适合于他的学习方式，课堂教学方式方法的多样化正是以学生的智能类型和水平的差异为基础的。因此，只有适应不同学生的不同需求，进而使所有学生的潜能都得到开发的课才是好课。

"以人为本"使我们对教育的本质有了更为清醒的认识。这种认识体现在课程改革之中，就是以学生的发展为本。不了解学生的特点和需求，脱离了为学生的发展服务，也就背离了素质教育的目的和课程改革的初衷，也就背离了教师专业发展的方向。

当前，课程改革正在深入进行，教师专业发展的步伐也不断加快，这就更需要我们强化为所有学生发展服务的意识。有些地区和学校倡导加强对学生的个案研究、对学生类型特点的研究、做学生成长记录、研究大班化背景下的个性化教学、研究引导不同类型学生发展的多元化教学模式，这些都体现了课程改革理念的生命力，展现出一幅幅绚丽多彩的教育画卷。

当然，我们也必须关注在课程改革过程中的某些形式主义倾向。比如，不去认真了解学生、研究学生，不重视学生的差异和特点，试图用一般化的标准来建立和评价新的教学模式。有时，尽管课堂教学的过程可能是流畅的，结构可能是严谨的，表达方式可能是生动的甚至是华丽的，但往往缺少课程改革的灵魂——了解所有学生的需求，为所有学生的发展服务。

使每个学生在原有的基础上发生良性转变、得到较大幅度的提高，这是教育的责任，是教育工作者的任务。名师就是在长期与学生互动的过程中，得到学生、家长和社会信任与尊重的人，教师不可能脱离学生的发展而一举成名。在进一步推动课程改革的进程中，我们有责任引导教师用更多的精力去了解学生、研究学生。

（原载《基础教育参考》2007年第3期）

一切经过实验

新年之初，景山学校为贺鸿琛等八位教师举行了从教五十周年或六十周年的隆重的庆祝活动，学校送给每位教师一个晶莹剔透的水晶鼎，我想，他们是希望以此来铭记这些老教师为教育事业所作出的贡献吧!

景山学校是中央为了促进教育改革、推动教育创新，在20世纪60年代初创建的实验学校。多年来，这所学校一直承担着教改实验的任务，在我国教育事业发展的进程中发挥着引领作用。当年，为了积聚从事教育改革的朝气蓬勃的力量，从北京师范大学和部分省市抽调了一批年轻人，他们成为景山学校教师队伍的骨干和教改的先锋。如今，这些当初的年轻人历经风雨沧桑，披肝沥胆，呕心沥血，数十年如一日辛勤耕耘，在取得了累累硕果的同时，也已两鬓如霜。

在庆祝会上，望着他们矍铄的面庞、自豪的神情，我心中油然升起一种敬意。在去年庆祝教师节的时候，温家宝总理曾经说过:“尊师重教，尊师在前。”从这些老师的身上，我们更加深刻地领会到教师在整个教育事业发展过程中的重要地位和作用。

崇高的奉献精神和严谨的科学态度是对这些教师优秀品格的准确概括，也是我国教师所具有的优良传统。

无私奉献凝聚着这些教师对祖国的忠诚。在社会主义市场经济体制建立的过程中，人们的就业观和职业观都在改变。随着人才市场供求关系的变化，适应个人发展的需求，希望调整岗位、变换职业已是一种正常的事。但是，像教师这样的职业，需要一个人多年积累、长期探索才可能取得成就。而从事这样的职业是清苦的，当然又是快乐的。当年，一批有识之士和有志之士就选择了终身从教，这不是他们的职业观念迂腐，而是他们的职业品格崇高。在教师专业发展已成为当代教师教育的主流课题的时候，我们应当引导接受师范教育的学生和进入教育岗位的年轻教师树立终身从事教育事业的远大志向，像老一辈优秀教师那样，在一生无私无悔的奉献中铸就辉煌。

科学态度体现着这些教师对事业的追求。中国的教育有着传统的优势，但也存在着不适应时代发展的局限。为了中华民族的伟大复兴，教育必须改革。但是，世界上只有可资借鉴的教育理念和经验，并不存在可以照搬的教育模式。所以，教育改革必须从我国的实际出发，与我国的教育实践紧密结合。作为承担引领教育改革任务的教师，他们担负着探索未来教育的使命。在基础教育的各个领域，他们勇敢地突破旧的教育观念的桎梏，突破旧的教育体制和方法的束缚，成为教育改革的先驱。但是，任何改革的道路都不是平坦的，改革者会遇到来自各个方面的阻力。面对重重困难，这些教师无所畏惧、迎难而上，始终没有停止前进的步伐，在拼搏中展现了他们的勇气、才华与智慧。当前，我国教育改革的大潮风起云涌，新一代的教师应当发扬这种勇于创新的科学精神，为开拓中国教育事业现代化的新局面义无反顾，作出自己应有的贡献。

科学态度的核心是从实际出发，实事求是。这些教师并不希冀通过一两篇论文描述一下自己的教育理想，也不希求做好一两节课来赢得人们的赞誉，他们遵循当初领导同志对景山学校做出的“一切经过实验”的指示精神，兢兢业业、扎扎实实地承担起各项实验任务。一方面，教育实验的重要特点就是实验的周期长，一轮教材实验短则五六年，长则十几年。它需要实验者静得下心来，耐得住打磨。另一方面，教育实验的成果需要经过检验才可以推广，而这种检验，不仅需要时日，而且需要求实，教育的效果无法立竿见影，难以日新月异，教育是一个潜移默化的过程。这些教师以一种极端负责的态度，慎重地确定实验步骤，审慎地评价实验成果，绝不稍有进展就将效果无限放大，不负责任地加以推广。当前，深化教育改革、全面推进素质教育已成为关系国家前途和民族命运的大事，这就需要我们学习老一辈教育工作者求真务实的科学态度，为教育事业的稳步发展，为社会的和谐稳定，肩负起我们应尽的责任。

任何人都不应当忘记老一辈教育工作者留给我们的奉献精神和科学态度，这应当成为推动教育事业改革与发展的宝贵财富。

（原载《北京教育（普教版）》2007年第3期）

从“十一学校现象”想到的

北京十一学校的教育改革始终受到教育界乃至社会各界的关注。当由校长承办学校第二轮协议规定的期限已满的时候，专家们对学校进行了评估，对校长承办期间所取得的成就给予了高度的评价，这使得这项改革更加引人注目，在教育界几乎成为一种“十一学校现象”。

十一学校改革的个案给我们最大的启示就是告诉了我们，适度扩大公立学校的办学自主权以后会产生怎样的结果。其实，他们进行的实验所涉及的问题正是现代学校制度研究的中心课题。

十一学校是一所公立学校，它所进行的改革，无论是开始的公立学校转变运行机制的实验，还是后来的“国有民办”的实验，始终都没有改变学校的公立性质，学校的全部资产始终属于国家所有。但是，实验的关键课题在于由校长按照国家的法律法规承办学校。开始，校长以公职人员身份承办；后来，校长以自然人的身份承办。在承办期间，代表国有资产管理者的国家机关与学校的承办方签订协议，明确承办期限和各自的责任与权利、义务；承办学校的校长依照协议对教育行政部门负责，教育行政部门定期对校长的办学情况和协议执行情况进行评估。

这项改革实验前后已经进行十余年了。在这十余年里，教育行政部门授予校长较大的办学自主权。学校在保证贯彻执行国家教育方针和国家与北京市要求必须遵守的相关规定的前提下，自主招生，自主用人，自筹运行经费，自主进行各项教育教学改革实验。通过扩大学校办学自主权推动学校的发展正是“十一学校现象”的精髓。

正因为有了学校办学自主权的扩大，十一学校才可能以最快的速度实现跨越式发展。学校进行了学制改革实验、教学模式改革实验、教师教育改革实验、学生综合素质评价实验等，最近，又在全国中小学中第一个建立了博士后项目工作站，启动了建设“培养—研究型学校”的实验。通过这些实验，他们使一所本不出名的学校成为北京市的一所名校，成为许多家长和学生向往的地方。

十一学校的实践证明，扩大学校的办学自主权仍是当前学校改革与发展的重要课题。长期以来，校长习惯于听从上级指示而较少独立思考，习惯于走同质化道路而较少关注自己的特色，习惯于执行而较少创新。中央领导同志多次强调，要提倡教育家办学。如果校长只是一个执行者，那他就永远不可能成为教育家；如果把一位教育家只放在执行者的位置，那他也就无法展现教育家的本色。

“十一学校现象”说明教育行政部门应当成为教育改革的倡导者和支持者。北京市海淀区的教育行政部门具有远见卓识，多年来一直领导并推动着这项实验。他们认为，学校百花争艳、各具特色是教育事业繁荣的表现；他们重视对教育改革实验的个案研究，努力从中探索规律性的东西；他们敢于放权，尊重校长在办学过程中的地位和作用；他们始终把教育创新看做是中国教育事业发展的生命力之所在。

“十一学校现象”说明校长是一所学校改革与发展的关键。好的校长应当是对教育事业无限忠诚、对教育改革执著追求、德才兼备、无私无畏的人，校长的素质决定学校的品质，校长的水平决定学校的发展。正是由于十一学校的李金初校长是这样的好同志，所以十一学校扩大学校办学自主权的实验才得以成功。当然，反过来说，也正是由于扩大了学校的办学自主权，所以好的校长才有了成长的土壤与环境。

“十一学校现象”说明教育改革始终是一个不断发展、不断完善的过程。学校在改革的不同时期会有不同的主要矛盾。善于抓住每个时期的主要矛盾，进行有针对性的改革实验，又善于根据情况的变化，不断对改革进行调整，使学校始终站在教育事业发展的前沿，这是十一学校改革精神的实质。从开始进行收费制度的改革实验，到进行教育模式的改革，进而进行教师队伍建设的改革，再到进行建设研究型学校的改革实验，十一学校的改革步步深化，可以说，他们始终都没有停止过改革的步伐。

十一学校进行的实验是一个成功的个案，他们的具体做法可能并不适用于所有的学校，但是，他们所表现出的实事求是的跨越式发展的追求，他们对扩大学校办学自主权的必要性与可能性的验证，却具有深刻的普遍意义。

（原载《北京教育（普教版）》2007年第12期）

给他们多一点偏爱

大约两年前，我曾到安徽合肥包河区了解那里推进教育均衡发展的情况。当时印象最深的是，该区在推进教育均衡发展的过程中，把重点放在扶植薄弱学校和弱势群体上，通过建设流动人口子女教育示范学校，推动教师队伍的专业发展。

现在各地都在抓流动人口子女的教育问题，也创造了不少好的经验，但一般都还停留在为这些学生提供就读的机会上，而合肥包河区已经把流动人口子女定点就读的学校作为高水平、高质量的学校来建设。这体现了一种很先进的理念，那就是：没有对薄弱学校的倾斜，就不可能改变长期以来形成的教育的非均衡状态；只有对薄弱的地方多倾斜一点，对处于弱势地位的孩子多偏爱一点，才可能真正推动教育的均衡发展。

1998年，英国工党的竞选口号是"教育，教育，教育"，连喊3个"教育"，得到了选民的支持。上台以后，英国工党采取的推动教育公平的具体措施，就是要在教育基础最薄弱的地区，特别是移民聚居的地区建200所条件最好的学校。我去参观过其中一所学校。应该讲，我们现在还很少有学校能够具备那样的办学条件。学校提供给所有学生每人一台笔记本电脑，学校的每个角落都安装了路由器，全校任何地方都可以无线上网。这样，老师每人一台笔记本电脑，可以在学校的任何一个地方办公；学生每人一台笔记本电脑，做完作业可以随时发给老师，老师批阅后，当时就可以给他发回来。家长如果想了解孩子的学习情况也很方便，一连上局域网就可以看到孩子的作业和老师的批改情况。最初，我们以为这所条件优越、设施良好的学校是一所贵族学校，其实不然。英国朋友告诉我们，建设这样的学校，是英国政府在英格兰地区推进教育公平的重要措施。因为他们认为，越是基础薄弱地区的学生，学习条件就越差。要使这些地区的学生的学习条件与那些条件比较好的地区接近，就必须花更大的力量对他们所在地区和学校的教育加以扶植。因此，他们要把最好的学校建在教育基础最薄弱、学生最需要的地方。

英国政府所倡导的这种理念，我在合肥包河区的二十九中看到了。这所学校有比较好的办学条件和比较优秀的师资队伍，有很浓郁的人文氛围，有针对流动人口子女的教育科研课题。学校通过努力，实现了大幅度的教育增值。

在加强流动人口子女教育的过程中，这所学校教师队伍的整体水平得到了很大的提高。由于学生构成具有特殊性，所以教师的关注点很自然地转到研究学生上来。学校全部的教学活动都有着极强的针对性，如集中探讨怎样对这类学生进行思想品德教育、怎样提高学生的学习质量等。学校不是一般性地研究课堂教学，而是具体研究课堂教学怎样适应这类学生的需要。流动人口子女当中的一些特殊学生存在这样或者那样的问题，学校领导干部就通过联系这些学生，研究他们的特点，帮助他们改进和提高。学校还针对一些学生有许多不良习惯的问题，对学生进行有针对性的养成教育。在这里，我们看到了教育的真正意义，那就是始终面对学生，帮助学生成长。在这一过程中，教师的教育教学水平也得到了真正的提高。

不少学校把流动人口子女看成是负担，但合肥二十九中把流动人口子女看做形成学校品牌的最好的资源，通过探索流动人口子女教育规律、研究流动人口子女教育特点而形成本校的办学特色。学校也正是通过这项研究取得的成绩而成为全国的名校。他们的经验非常宝贵，值得我们借鉴。

（原载《中小学管理》2009 年第 2 期）

释放学习的力量

山东青岛市市南区经过将近一年的研讨，提出了全区教育发展的理念——释放学习的力量，并将其作为区域内学校文化建设的共同价值取向。这种从以行政性管理为主到以理念性引领为先的转变，是行政部门对教育工作领导走向成熟的重要标志。

联合国教科文组织国际教育局专家诺雷托·奥伯特（Renato Opertti）曾说过，当前世界各国教育改革与发展的共识之一是：教育是社会问题，它涉及大量的利益相关者。也就是说，教育的政策不是教育界自身就能决定的，它必须充分考虑到各种利益群体对教育的要求。事实上，社会各界对教育改革与发展的看法从来都是不同的，有些观点甚至截然相反，这在一定程度上造成了学校层面的认识混乱。基于这种背景，区域行政部门提出一种明确的理念，来引导区域内教育事业的发展，无疑会发挥主导性、激励性、凝聚性的作用。因此，青岛市市南区抓住这一关键环节作出决定，是适时而又正确的。

1968 年，美国学者罗伯特·哈钦斯（Robert Hutchins）首次提出“学习型社会”的理念，1972 年，联合国教科文组织在《学会生存——教育世界的今天和明天》中正式把“学习型社会”作为未来社会形态的构想提出来。什么是“学习型社会”？许多专家都作过解读，但我认为，顾明远先生用一句最简明的话作了准确的概括：“学习型社会”就是以学习求发展的社会。我想，这也是对“释放学习的力量”的最好的解读，即以学习求发展。一方面是要学习，一方面是要通过学习促进发展。市南区用这样的理念统一区域内学校的认识，目的是通过有明确的追求、自觉的动力、广泛的资源、科学的方法的学习，使全区的教育事业取得持续发展的实效。

明确的追求是释放学习力量的目标。失去了目标，学习也就失去了应有的价值。当前和今后相当一段时间里，全面推进素质教育是基础教育工作的主题，因此，也应当成为我们明确的学习目标。实施素质教育正处在国家推进、重点突破的过程中，虽然我们在一些方面有所进步，但还没有从根本上解决新中国成立以来教育积累的诸多难题。因此，紧紧围绕培养什么样的人和怎样培养人这个素质教育的主题学习，使释放学习的力量有了明确的目标。

创新的意识是释放学习力量的动力。培养创新型人才是世界各国学校教育面临的共同课题。创新的教育需要教育的创新，增强创新意识，是释放学习力量的动力。学习型组织就是创新的组织，就是使今天比昨天更好、明天比今天更好的组织。因此，当学习是为了在教育活动中实现各种创新的时候，学习就有了动力，而持续的教育创新要求我们持续地学习，因而，释放学习的力量就有了不竭的动力。

广泛的资源是释放学习力量的条件。资源是一切事业发展必不可少的条件，更是提高学校有效教育能力的重要保证。没有资源的有力支撑，再好的学习计划、教育创新都是空谈。而教育责任的重大与学校资源的短缺之间的反差、师生教与学需求的旺盛与学校供给能力不足之间的矛盾，一直是困扰学校的问题。没有一所学校的内部学习资源足以达到满足任何一位学习者需求的程度。要解决这些问题，就必须多元化地寻求学习资源的注入。因此，所有学校都应当从全国乃至全球多个学校和其他领域甚至竞争者那里获取学习资源，以形成一个广泛的学习系统。学习资源的拓展必将推动教育资源的拓展，推动学校教育与家庭教育、社会教育的结合。学习资源的开放性为释放学习的力量提供了重要的条件保证。

科学的方法是释放学习力量的途径。在学习中，要把握好知识的内化与外化的关系，要运用好个人学习与组织学习、实践学习与交互学习的学习方式，更要消除释放学习的力量的种种习惯性障碍。智慧的教育需要教育的智慧，教育的智慧需要学习的智慧。掌握科学的学习方法是释放学习力量的有效途径。

青岛市市南区在教育改革与发展方面已经做出了许多成绩，但他们仍把学习作为区域学校文化建设的核心，这是一种远见、一种大气。他们的做法值得我们学习与借鉴。

（原载《中小学管理》2009 年第 10 期）

实现课业负担的有效减轻

最近，国家考试中心进行了一项研究，用国际上相当多的国家采用的国际学生学力水平评估的 PISA2009 试题，对我国十个省市的学生进行抽样测试。学生普遍感到这次测试非常新鲜、有趣。北京的一位考生很有感想，在试卷上写了一段话："很好，很实用。平日的考卷一般都是重复已学习的知识，很死板。这张试卷应用性很强。希望今后在学校里能再次看到这样的试卷，不应使用那种死板而且在生活中没有用的试卷啦！更希望今后的考试不再有许多死记硬背的东西，不只是专注于书上死板的知识和世界，拿死记硬背的分给学生分类。"

我想，"专注于书上死板的知识和世界，拿死记硬背的分给学生分类"，真是一语中的，指出了当前教学与考核的弊端。实际上，学生课业负担过重固然有体制外的原因，但教学自身的原因也绝不可忽视，学生有那么多的东西需要记和背，然后才能去应考，负担怎能减轻呢？

减轻学生课业负担是国家和全社会都关注的热门话题，它关系学生的全面发展与健康成长。为此，不少地区作了许多硬性规定，比如：限定各年级课外作业的时间，不得课外补课，不得增加教学难度等，并且处理了一些违反规定的校长和教师。这些限制性措施作为一种制度建设，应当说有积极意义。但是，从长远看，如果校长和教师长期处于被动的、受制约的地位，那么，他们投身教育改革、提高教育质量的积极性和主动性是会受到影响的。

减轻学生课业负担的最终目的是提高教育质量、促进学生全面发展。深化教育教学改革、提高课堂教学质量才是减轻学生过重课业负担的根本途径。因此，校长和教师应当成为减轻学生课业负担、提高教育质量的主力军。

胡锦涛总书记提出今后应当“着力提高教育质量”，温家宝总理提出要深化教学改革，学思结合，知行统一。我想，当我们真正以培养学生学思结合、知行统一为目的进行教学和考核的时候，教育教学质量才能真正提高，学生的那些不必要的负担也才可能从根本上减下来。

所以，我们应当将减轻负担和深化改革、提高质量统一起来。素质教育是高素质教师进行的教育，必须把减负的着力点放在动员广大教师推进教学改革，特别是课堂教学改革上来，充分发挥广大教师促进教育改革、减轻学生过重的课业负担、提高教育质量的能动作用。北京十一学校总结20年改革的历史经验，其中之一就是：教师不是改革的对象，而是改革的动力。我想，这并不是说教师不要改变自己，而是应当在投身教育教学改革实践中的自我完善。没有教师自觉地、积极地参与，只靠强制性措施，任何教育目标最终都会落空。

2007年经济合作与发展组织(OECD)发表了“国际学生学力评估调查结果”，日本学生的数理成绩大幅度下滑。这次评估结果出来后，日本社会怨声四起，纷纷要求政府恢复原来的教育制度，想方设法提高学生的学力。日本文部科学省2009年2月公布了中小学教学标准的学习指导大纲的修正案。修改后的教学大纲，增加了授课时间，小学增加5%，初中增加4%；其中数学（算术）增加18%，理科增加23%。小学从2011年、初中从2012年春季开始，将全面实施新的教学大纲。我国目前的国情和日本不同，但日本的教训告诉我们，解决有关学生课业负担的问题，与提高教育质量紧密相连。

所以，减轻学生的课业负担可以有一些必要的限制性措施，但必须标本兼治，切不可急功近利、舍本逐末，更不能因此挫伤广大校长和教师的积极性和主动性。减轻学生课业负担不能孤立地去抓，事实证明，与教育教学改革、提高教育质量割裂开来的“减轻”只能取得一时的表面的效果。各级领导既要有“只争朝夕”的精神，又要有“急事慢做”的策略，要以高度负责的态度，将加强教师队伍建设、引导和推动教育教学改革、提高课堂教学质量作为主要方向，通过长期不懈的努力，最终实现学生课业负担真正、有效的减轻。

（原载《中小学管理》2010 年第 3 期）

宝贵的财富

天津市第七中学（以下简称七中）的经验是一份宝贵的财富，为学校教育提供了可贵的借鉴。它体现了四个重要的特点，就是文化建设与特色发展的紧密结合；优秀传统与时代精神的紧密结合；科学精神与人文精神的紧密结合；理念引领与实践落实紧密结合。

首先是文化建设与特色发展的紧密结合。

学校文化是学校的价值观体系，是通过精神、物质、制度和环境的建设体现学校的办学理念。学校文化建设的目的在于保证学校在不断变化的环境中持续发展。学校文化建设主要为了提高学校内部成员的凝聚力和对外部环境的影响力。通过共同价值观及理念的贯彻落实来增强对内部的凝聚力，通过学校形象以及服务文化的塑造来形成对外部环境的影响力。七中近年来高度重视学校文化建设，努力培育学校文化，从而形成了良好声誉，续写了学校的辉煌。

特色是学校价值取向的集中体现，核心价值与附加价值的统一。学校的特色有办学理念特色、办学模式特色、优势学科特色、学校文化特色等。新加坡教育部长说“学校要形成一个领域的卓越”，“一个领域的卓越”是对特色生动的阐释。七中正是在全面落实国家教育方针、培养目标的同时，突出了“卓越”文化建设，从而形成了鲜明的特色。

第二是优秀传统与时代精神的紧密结合。

学校文化的生命力在于继承与创新的结合。文化需要传承，没有传承也就没有持续发展；文化也需要创新，没有创新就无法适应变化了时代。文化是人类适应环境的能力，同时也是将这种能力延续下去的能力，需要继承与创新的结合。

七中建校已经有将近60年的历史，是天津市和全国的一所名校，有着优良的办学传统，厚重的历史积淀，七中正是将这一财富作为续写辉煌的基础和起点。但同时，在价值观多元化，多元价值观与核心价值观形成了张力关系的今天，七中又坚持以社会主义核心价值观引领学校文化建设，体现了价值取向的先进性。在学校的精神文化、制度文化、管理文化的建设过程中，品正、技精、行实、风和的提出和落实，既体现优秀的传统也跳动着时代脉搏。核心价值观的引领，推动着社会主流价值观的形成，充分发挥了学校教育的社会功能。

第三是科学精神与人文精神的紧密结合。

科学精神体现在尊重规律。七中重视在教育理论基础上的实践，基于对教育规律的探究，对学校文化建设规律的探究，提出了并实现了教育理论与教育行为的统一。五个“注重”，学校的制度建设，学校内部管理结构的调整，教师的继续教育，以及学校教育科研的开展等都体现了这种科学精神。从而增强了学校发展的主动性、自觉性，使学校不是盲目地走向未来，而是科学地创造未来。

人文精神体现在尊重人。文化建设的核心是人的建设，是提高人的素质，创造和谐氛围的建设。七中提出“制度规范人，精神感召人，文化熏陶人”，提出“四求”，特别是明确学校的一切工作是为了教师的发展，为了学生的发展，正是尊重人、重视人的建设的充分体现。

七中提出“用民主集中来约束人，用情感注入来激励人”，从而促进学校的和谐文化的建设，这是科学精神与人文精神紧密结合的生动体现。因为和谐社会的基本条件就是同一性、包容性与调适性。七中既坚持规则约束，又坚持人文关爱，从而以和谐促进了学校的健康发展。

第四是理念引领与实践落实紧密结合。

近年来，我国学校文化建设取得了很大进展，表现在普遍提高了认识水平和重视的程度；在理论与实践上进行了广泛的探索；在校园环境建设上取得较大变化；涌现了一批学校文化建设的示范学校。

但是，学校文化的建设目的不同程度地存在着问题。

一种是单纯为了树立学校形象和打造学校品牌。这些学校文化建设的工作大都是为了宣传学校的需要。

一种是单纯为了贯彻学校领导或是上级的指示，这些学校的文化建设主要就是宣传领导本人和领导观点。

一种是单纯跟风。因为大家都在做，至于目的作用是什么，并没有认真考虑。

一种是把学校文化当做口头禅。确立了冠冕堂皇的价值理念体系，但实际言行不一。

七中学校文化建设不仅体现了先进的办学理念，更展现了“态为基，行求实”的良好作风，他们的学校文化建设让我们看到了作风务实，工作扎实，有实心、明实理、讲实话、办实事的力量。这在当前浮夸盛行的情况下是难能可贵的。领导作风是学校风气形成的关键因素，领导风范是学校师生良好行为的依据，从这里我们也看到了一位优秀的校长对学校发展的影响。

我想祝贺七中学校文化建设和特色发展取得的成绩，也衷心希望七中成为先进教育思想的代表，教育改革的典范，培养优秀中学生的摇篮，为落实《国家中长期教育改革与发展规划纲要（2010—2020年)》，为促进我国教育事业的发展和教育质量的提高作出更大的贡献。

（2010 年 5 月 20 日在天津市学校文化建设会议上的讲话）

世界城市里的教育

世界城市应当是教育事业最发达的城市。世界城市的教育承担着提高市民的综合素质，促进多元文化的发展与交融，以及发挥城市软实力的影响的作用。北京市朝阳区建设世界城市的试点应当高度重视教育事业的发展。

世界城市作为世界网络的重要结点，是国际合作发达，国际人才聚集，国际交往频繁的地区。地区的社会环境、文化环境、生态环境和服务环境应当是最好的。而这种文明和谐环境建设的重要条件之一，是提高居民的综合素质。大力提高居民的综合素质首先依靠教育，要通过发展教育事业，提高居民的思想道德素质、科学文化素质和身体心理素质。其中尤其应当把社会主义核心价值观的教育放在首位。社会和谐的要素有：同一性，即有共同遵守的行为规则；包容性，即有包容多样的胸怀；调适性，即有化解矛盾的能力。使社会主义核心价值观成为区域内的主流价值观，必须依靠教育。所以，朝阳区应当着力推进教育的改革与发展，在普及十五年学校教育的同时，加强学习型社区的建设，促进终身教育的发展。并着力提高教育质量，特别是着力提高学生和居民的综合素质。有了居民综合素质的提高，世界城市的建设才不会成为表面文章，才有持续发展的保障。

世界城市应当承载着国际交流中心的使命，而作为国际交流的中心，应当有多元文化的发展与交融。朝阳区是我国最大的使馆区，最大的金融和商业中心之一，具有加强国际交流的自然优势。但由于原来农村所占面积较大，对外开放的意识和能力、广度和力度也受到一定的制约。所以，进一步在教育事业中，特别是在学校教育中扩大对外开放，是促进多元文化发展与交融的重要途径。要加强全球化背景下的国际理解教育，培养具有多元文化之间相互尊重和相互吸纳精神与能力的地球村民；要适应经济全球化过程中对人才的需要，加强国际化人才的培养；要加强多元文化的了解、沟通、尊重、借鉴，促进和谐世界的构建；要加强国际教育交流，促进教育事业的改革与发展；同时为国际人才交流创造条件，搭建平台。为此，朝阳区应当在引进国外优质教育资源，加强中外办学的合作，提高区域内教师的外语能力，加强国际理解教育和多元文化教育课程与教材的建设方面有突破性的进展。

世界城市应当是扩大国家软实力的世界影响的城市。世界城市不仅要有经济等硬实力的世界影响，而且要有文化教育等软实力的世界影响。因此，一方面应当通过文明和谐社会的构建，让世界了解中华现代文明的价值，促进世界的和谐；另一方面，应当主动宣传中华文明，成为传播中华文明的窗口。所以，应当主动创建为外国人举办的国际学校，和中外学生均可就读的国际学校，促进文明通过学校教育传播。要加强区域内学校的对外交流，与多国建立兄弟学校和姊妹学校，并加强经常性的网络互动。还要搭建国际教育交流的平台，成为重要国际教育论坛的举办地，从而从这里发出影响世界教育的声音。

当然，推进适应世界城市的教育事业的发展，关键在于解放思想，只有从原有的单纯应试教育的束缚中解放出来，从过去的封闭式的教育中解放出来，有更宽阔的视野，有更博大的胸怀，才有可能进行较大胆的教育改革，才有可能进行有效的教育创新。

（2010 年 7 月 21 日在北京市朝阳区世界城市教育论坛上的讲话）

学与“被教”

最近，一份资料显示，国外许多企业都愿意聘用中国人担任执行部门的职务，因为中国人能够很好地领会领导的意图，认真制订落实决策任务所需的方案，并最终保证计划的完成。这当然是一种肯定，但我们也能从中听出弦外之音：中国人难以在决策和创新的岗位上发挥更大的作用。这个信息当然不一定全面，但确实从一个侧面反映了我国人力资源的现状，而且从更深层次上讲，也反映了我国教育的薄弱环节。

2010 年 9 月，在西安高新第一中学举办的国际教育论坛上，牛津大学校长的代表柯林斯教授的发言更印证了这一判断。他说：在牛津大学学习的中国学生展示的是良好的中国基础教育。中国的基础教育比今天的西方教育更多地强调让学生获取主要技能，这些对学生在任何一所知名大学进一步学习都是必需的。如果一定要我强调中西方基础教育的不同之处，那么我想说，西方学生是“自己学”而不是“被教”。

我想，他的话精辟地点出了我国基础教育的优势与弊端，即重视学生对主要学科知识和技能的掌握，但忽视学习过程中学生的主体地位。由此我想到，改变学生从小形成的被动状态，不仅是教育改革和课程改革的关键，也是我国人力资源开发和创新型人才培养的首要任务。

教育必须有爱，但在不同的文化中，爱的方式的确有很大不同。我国家长把“再苦不能苦孩子”当做至理名言，把无微不至的关怀当做神圣的职责，为孩子设计人生的道路，甚至代替孩子做一切本该由他自己做的事。我国教师则负责传道、授业、解惑，学生的“道”要靠教师“传”，“业”要靠教师“授”，“惑”要靠教师“解”。特别是在长期以应试为主要目的的教学中，考试的标准答案掌握在教师手中，即意味着真理在教师手中，能记住教师话的学生就是好学生。我们的孩子就是在这种被动的情况下度过他们的青少年时代的。在这种框架下，好学生无疑是好的执行者，但很难成为有自主精神和创新能力的人才。

一位在美国生活多年的女士曾这样介绍美国的婴幼儿教育：美国人十分重视人的独立性和自力更生精神，因此，从孩子一岁半起，就开始培养他们的自我服务技能。美国人认为，自我服务技能的掌握，可以增强婴幼儿的独立性和成功感，使婴幼儿和家长都受益。婴幼儿的自我服务技能包括：系鞋带、穿衣服、扣纽扣、拉拉链、洗脸、刷牙、梳头、吃饭、上厕所等。美国幼教工作者非常强调为婴幼儿提供大量的机会，要求家长密切配合，以使婴幼儿的自我服务技能在家里尽可能得到强化。这种实践确实值得我们借鉴。

当然，更重要的是支配这种实践背后的理念。也是这位女士介绍，在美国，尊重孩子不仅仅是因为他们年龄小，需要爱护、关心和培养，更因为他们从出生起就是一个独立的个体，有自己独立的意愿和个性。无论是父母还是教师，都没有特权去支配或限制他们的行为。特别是孩子在以后的成长中，在大多数情况下，师长都不可能代替他们对客观事物作出选择，所以要让孩子感到“自己是自己的主人”。

“自己是自己的主人”，这是对以人为本的诠释，是具有高度责任感的体现，更是一种最深刻的爱。父母对子女不仅应当爱在眼前，更应当爱在未来。

杜威在《我的教育信条》中说过："儿童自己的本能和能力为一切教育提供了素材，并指出了起点。除了教育者的努力是同儿童不依赖教育者而自己主动进行的一些活动联系以外，教育便变成外来的压力。这样的教育固然可能产生一些表面的效果，但实在不能称它为教育……如果它碰巧能与儿童的活动相一致，便可以起到作用；如果不是，那么它将会遇到阻力、不协调，或者束缚了儿童的天性。"

我们在推进素质教育的过程中强调面向全体学生，在课程改革中强调突出学生的主体地位，并且对探究性学习、合作学习以及社会实践活动给予了安排，取得了一定的成效。但是，实现学生从"被教"到"自己学"的转变，还要以教师实现从"教"到"为学生的学习和发展服务"的转变为前提。这需要社会和家长的认同，需要突破应试文化的重重包围，的确不是一件容易的事。但如果我们始终做一些表面文章而不触及这一根本问题，那么，不仅创新型人才的培养会受到影响，而且教育从扭曲回到原点也依然是一种梦想。

（原载《中小学管理》2010 年第 11 期）

万类霜天竞自由
——普通高中多样化发展的走向

《国家中长期教育改革和发展规划纲要（2010—2020 年）》提出要推动普通高中多样化发展，这是高中教育改革的重要举措。一年来，各地百花齐放，高中教育打破了多年的沉寂，成为教育创新最为活跃的领域。

高中教育的改革集中体现在办学体制和育人模式的多样化上，而多样化的走向大致体现在四个方面：借鉴高等教育，融合职业教育，引入国际教育，服务个人发展。

第一是借鉴高等教育。普通高中采用了高等教育的三大基本教育模式：走班制、学分制和导师制。实行走班制的学校，一般都采取必修与选修并存的方式，必修课程按行政班上课，选修课程实行“走班”。也有一些学校开发了教学班级管理系统，借助现代信息技术平台，实行全面的“走班制”。学分制让学校如同一个教育超市，学生可以根据自己的兴趣爱好、学习潜质自主安排学习。学生修满学分，可以提前毕业。实行导师制的学校，导师不仅要指导学生的学习，还要指导他们的思想、生活，以更好地贯彻全员育人、全过程育人、全方位育人的现代教育理念。这种制度要求在师生之间建立一种“导学”关系，因材施教。这是高中教育模式的新探索。

第二是融合职业教育。主要是在普通高中引入职业教育课程和举办综合高中。综合高中是高中阶段普职融通的一种新的教育模式，培养具有普通高中文化基础和中等职业教育专业知识与专业技能、具有继续学习能力和一定就业能力的毕业生。综合高中整体设置有关课程，合理设置普通高中文化课程和专业技术课程，使两者一体化。这是高中多元功能的新探索。

第三是引入国际教育。主要是引入国际课程体系或课程，或者引入国外评价认证项目。国际课程设立的初衷大多是服务于那些随父母在全球流动的孩子，保证他们学业的连贯性。在国内，这些课程的引进，多是为准备出国留学的中国学生服务——在国内学习国际课程，随后以国际课程的学分、成绩申请国外大学。目前我国引进的国际课程主要有三类：一是国际组织开发的课程。这类课程通用性强，自成体系，而且比较严密，如 IB、PGA 课程等。二是国际性的考试课程。如 A-LEVEL、ACT 课程等，学生通过考试，就可以去相关国家申请高一级学校就读。三是国别课程。如美国的 AP 课程、SAT 考试等，是美国大学入学时参考的课程或考试。AP 多是资优学生申请进入名牌大学的考试，SAT 相当于中国的高中学业水平考试。一些地区和学校也尝试引进与借鉴国外与境外中小学教育评价项目与学校认证项目，如 ISO9000 和 CITA 等。这是满足社会多种需求的新探索。

第四是服务个人发展。主要是分层教学、个别教学以及举办特色学校和特色班级。分层教学有班内分层和分层走班，分层走班模式将部分学科分成几个层次，组成新的教学集体。个别教学是在课堂教学的基础上，教师针对不同学生的情况进行个别辅导的教学组织形式，它既包括对绩优学生的个别提高，也包括对学习困难学生的个别辅导。学校以建设优势学科或服务不同对象为重点，在教学设施、师资配备、课程设置等方面为学校或班级形成优势或特色创造条件，为高中生提供多样化的选择。通过对某一个特色学科领域的全面建设来促进和带动学校整体教学质量的提高，继而辐射和推动学校所在社区的文化发展。这是尊重学生个性发展的新探索。

高中教育的多样化发展，是一种历史的需求——从规模发展到内涵发展；是一种目标的深化——从教育目标到培养目标；是一种观念的改变——从追求划一到追求多样；是一种能力的释放——从注重整体到注重个体。

“看万山红遍，层林尽染；漫江碧透，百舸争流。鹰击长空，鱼翔浅底，万类霜天竞自由。”我国普通高中教育应该也一定能够呈现出学校百花齐放、学生英才辈出的局面。

（原载《中小学管理》2011 年第 9 期）

新教育的摇篮效应

在“新教育”刚刚起步的时候，我曾经说过，这会引起一场鲶鱼效应，那就是会在教育常规的池水里搅动起一场波澜，现在看不仅是“风乍起，吹皱一池春水”，而且是“惊涛拍岸，卷起千堆雪”。我看，现在的新教育已经发挥了一种“摇篮效应”，在它不断的摇动下，成长起一种新的理念，成长起一个实践体系，成长起一支教改队伍，成长起一批优秀学生。

新教育实验给我们的深刻启示，一是新教育的社会性。新教育的宗旨是要让我们的孩子最终能够真正融入社会，具有强烈的社会责任感、使命感、正义感。二是新教育的人本性。新教育主张为了一切的人，为了人的一切。关注人的生存状态，关注人的发展空间，关注学生、教师、校长、家长以及社会上所有人的发展。而且强调尊重人的个性发展。三是新教育的人文性。教师作为人类灵魂的工程师，首先要使学生成为有灵魂的人。新教育倡导真正关注人类的问题、人类的命运、人类文明的进程、人类文化的发展延续，倡导用人类几千年创造的精神财富浸润学生的心灵，并且让中华文明在我们这一代人的手中更加繁荣。四是新教育的实践性。当前的教育缺少反思，但更缺少的是理性的反思，而最缺少的是反思后所采取的切实的补过和提升的行动。新教育重在实践，重在实验，用具体的可操作的行为，指导教育活动，使教育改革成为看得见、摸得着的事情。五是新教育的激励性。新教育实验引导和鼓励校长和教师超越自我。不消极等待，不怨天尤人。鼓励大家都应该有自己的梦，都应该给自己一种挑战自我的勇气，一种超越自我的精神，在耕耘中赢得收获。

温家宝总理在全国教育工作会议上的讲话中说："要倡导教育家办学。教育的发展有其自身的规律。一个好老师，可以教出一批好孩子；一个好校长，可以成就一所好学校；一批教育家，可以影响国家和民族的未来。我国教育事业要兴旺发达，一个重要条件就是让真正懂得教育的人来办教育。因为他们尊重、敬畏教育的规律和价值。"我们的教育事业在前进中存在着诸多困难和问题，这些困难和问题的产生，其中重要原因之一是我们常常做许多违背教育规律的事。违背教育规律的人，有的出于不懂得教育规律，有的出于不认同教育规律，有的出于以长官意志代替教育规律，有的甚至出于以不正确的政绩观支配下的决策取代教育规律。结果有时造成困难难于克服，问题难以解决；有时造成一种倾向掩盖了另一种倾向；有时造成困难更多，问题更多。我们之所以要尊重规律，是因为教育是有规律可循的，教育规律有的是多种科学研究成果的综合反映，有着复杂的机理；有的其实已经成为常识，人人都能明白。我们许多优秀的教育工作者就是凭着对教育规律的尊重，为许多学生成功的一生奠定了坚实的基础。我们之所以要敬畏规律，是因为违背规律是要受到惩罚的。大到宏观或者中观决策，小到上一节课，处理一件事，帮助一位同学，违背规律常常取得相反的结果，甚至造成全局失误，或者造成终身遗憾。多年来，这样的教训，我们已有很多，苦头也不知吃过多少。我常说，素质教育就是高素质老师进行的教育，我想再补充一句，尊重和敬畏教育规律是高素质老师最重要的条件。正是基于这种理念，我们应当始终不渝地把对规律的把握作为教育改革的前提。

我们对规律的认识总是一个不断完善、不断深化的过程，前人为此作出的努力，为我们积累了丰厚的精神财富。但时代的变迁、社会的进步，使教育事业面对许多新的不适应，产生许多新的困惑，而新的科学研究成果的不断涌现，又引起我们对原有规律的思考。于是对规律把握的过程也就伴随着对规律不断探索的过程。我们面对当前教育的许多困惑，需要探索问题的症结所在。教育研究就是要立足于探索规律，我们现在进行了许多课题研究，也评出了许多奖项，写出了许多论文，但真正立足于对规律探索的并不多。特别是对我们面临的许多困惑，往往并不热心于从教育规律上找原因，而是只想采用简单的行政命令办法解决问题，并把这种简单的行政命令称之为教育改革。我想，这是教育改革的悲哀。

我们的时代需要教育家，我们的时代也最有可能产生教育家。回顾人类的历史，在古代，无论是希腊、罗马的教育家苏格拉底、柏拉图、亚里士多德，还是中国的孔子、孟子、荀子；在近代，无论是西方的杜威，还是中国的陶行知，都是产生于社会的转型期。因为在社会转型期，教育的变革往往滞后于社会的变革，于是产生诸多不适应，提出许多需要回答的问题。能够从理论和实践相结合的角度回答其中一两个问题的，我想就是教育家。现在，我国正处于社会转型期，尽管教育事业取得了令世人瞩目的伟大成就，但社会对教育也从未像现在这样存在那么多的不满，提出那么多的问题，从教育的公平、教育的质量到教育的目的、培养的目标，从办学的理念、办学的体制到教育的内容、教育的方法，从内涵发展、特色发展到提高国际化水平，这些问题都要求我们这一代教育工作者从理论与实践结合的角度，用实际的成果和成效来回答。因此，中国现在最需要教育家，也最有可能产生教育家。参与新教育实验的有许多位理论工作者，也有许多位校长和教师，你们多年来积累了丰富的实践经验，又有着深厚的理论功底，特别是有着对教育事业的忠诚和对教育真谛的追求，以一种高度的社会责任感，为探求教育规律，贡献了自己的辛劳与智慧。大家多年来如一日，从不懈怠，永不放弃，这就是教育家的意志，这就是教育家的情怀。教育家是在理论与实践相结合，历史与现实相结合的过程中进行教育创新的人。现在有一种风气，就是科研人员和教研人员只是关起门来做文章，既不深入实际调查研究，又不踏踏实实地进行教育实验，靠东抄抄、西引引就做结论，却希望被人称作教育家。我想，这样的教育家我们少些也罢。新教育始终坚持教育实验，并在实践中取得明显的成效，这才是教育家应走的道路。我们期盼在新教育实验过程中有更多的教育家涌现。

《国家中长期教育改革和发展规划纲要（2010—2020年）》吹响了中国教育向新的高度进军的号角，我们期待着新教育实验坚持继承和发扬中华民族优秀文化传统，高扬时代发展所需的改革和创新精神，用教育改革实验的新的成就，成为中国先进教育思想的代表，教育改革的指南，新世纪教育成长的摇篮。

（2011年9月18日在鄂尔多斯新教育年会上的讲话）

幸福从哪里开始?

现在许多同志都提出，应当提升我国小学生的幸福指数，这使我们倍感温暖。那么，小学生的幸福从哪里开始?

近年来，小学教育改革取得了可喜的成果，但教育内部和外部对小学教育的焦虑仍在继续加深。教育焦虑的存在，说明社会和教育界仍然坚守着正确的教育价值观，并以此评价当下的教育现象。这是值得庆幸的。但不容回避的是，虽然“能上学”的问题已基本解决，但小学教育主要价值的实现——为培养学生做人、培养能力、培养良好习惯奠定坚实基础——并不尽如人意，素质教育的推进步履蹒跚。小学教育承载的压力过大、小学生的课业负担过重，已成为部分地区的顽症，甚至有愈演愈烈之势。因此，当务之急是要解放小学教育，解放小学生。

为此，我们要下决心抓好以下三个关键环节的工作。

第一，学校引领，形成合力。无疑，“减负”需要政府统筹，综合治理，但学校必须发挥引领作用，才可能形成合力。现在有些同志认为，由于家长和社会的教育观念存在片面性，所以，单靠学校“减负”无法奏效，即使学校将负担减下来，家长还是会把负担加上去；也有些同志认为，只有彻底解决课外辅导机构加给学生的负担，才能真正解放学生。这些看法不无道理，但由此得出学校无能为力、难有作为的结论，则是问题长期难以解决的症结所在。因为如果学校没有传递给家长和社会正确的观念和信息，那么，我们是很难改变家长和社会的认识的。《国家中长期教育改革和发展规划纲要（2010—2020年）》明确提出学校必须率先实现“减负”。由此可见，“减负提质”是一项系统工程，但要由学校引领；是一个漫长的过程，但要从学校开始。学校内部“减负”确有成效，是转变家长和社会认识的开端，是形成合力的基础。

第二，突出主题，标本兼治。“减负”本身就是提高教育质量的重要措施，应当成为现阶段小学教育改革的主题。减轻了过重的课业负担，也就给学生创造了健康发展的条件。而真正有效的“减负”，必须从提高课堂教学质量入手。要把教师的积极性引导到课堂教学改革上来，并以“让学生在课堂上学会、学好”作为课堂教学改革的重要尺度，把不留和少留课外作业作为评价教师业绩的重要标准。现在，在教学改革中，“加法思维”已成为一种思维定式，教学改革就是看又增加了什么内容、什么方法、什么活动，很少考虑“做加法”后可能付出的代价，更很少考虑应当减少什么。丰田公司曾经倡导“精益管理”，即最大限度减少不必要的环节以提高效益。教学研究也应当树立“精益”（“减法”）理念，减去所有不必要的教学内容和环节，真正提高课堂教学效率。过去，许多优秀教师教学法的精髓之一就是在课堂上解决问题，不留或少留作业。我们不能丢掉这些宝贵的传统。

第三，淡化竞争，立足长远。芬兰在小学教育阶段不倡导竞争，特别不在制度上强化竞争意识，这给我们以有益的启示。小学阶段是奠定人生基础的阶段，不应过早强化竞争；要引导学校淡出功利，立足长远。

各级政府和教育行政部门应减少并统一规范各部门对小学的检查评比，保证小学集中精力办学；同时，了解学科教学情况的测试应主要由任课教师进行，应取消小学阶段一切整班建制参加的统一考试，更不能以此作为考核学校和教师的依据。要进行科学的、以调整教学策略为目的的质量监测；推进以“提高课堂教学质量，减轻课外作业负担”为主题的教育科研、教学研究和教师继续教育，总结、表彰、宣传“减负提质”的典型，推广先进学校的成功经验。

学校要以培养学生做人为主线，以培养能力为导向，以培养良好习惯为检验尺度，组织教育活动，不得随意增加小学课程内容；小学低年级原则上不留课外作业，中高年级课外作业不超过一小时，学校要严格检查教师留作业的数量和质量；取消一切“家长作业”（允许教师给家长布置本应由教师完成的教学工作，是放任教师加大作业量的重要原因之一）。

我想，小学生的幸福就应当从我们切切实实的“减负提质”开始。

（原载《中小学管理》2011 年第 12 期）

轻松学习，快乐成长

“轻松地学习，快乐地成长”是北京市朝阳实验小学（以下简称实验小学）的基本教育理念。这一理念有着极强的针对性。这是小学教育面对的既具有战略性又具有挑战性的课题，需要教育工作者认真来回答。

小学教育改革的进展十分可喜，但教育内部和外部对小学教育的焦虑仍在继续加深。教育焦虑的产生是因为社会和教育界仍然坚守正确的教育价值观，并且以这种价值观来评价教育现象，这一点是值得庆幸的。但是，不容回避的是，虽然我们能上学的问题已经解决，办学条件也已大大改善，但小学教育的主要价值：为培养学生做人，培养能力，培养良好习惯奠定坚实基础，使孩子们健康快乐地成长，其实现却不尽如人意，素质教育的推进步履蹒跚。

当前教学中存在的直接影响小学生健康成长的两个关键因素。第一是目标导向问题。尽管课程改革已推进多年，但由于受"升学教育"和考试压力等大环境的影响，许多学校、教师仍然走重知识、轻能力特别是轻情感、态度价值观的老路，把对知识的掌握当做对学生学习进行评价最直接最重要的一把尺子，而忽视为学生终身幸福奠定基础。第二是课堂低效问题。在课堂上常常出现简单知识复杂教、重复教，部分学生被忽视或受到不公平的评价的现象；学生的学习方式有了一些变化，但整体上没有根本性的改变；在教学过程中依然存在着对以考试成绩表示的结果的关注胜于对思维过程的关注等普遍现象。而这些问题，直接导致课后留更多的作业来弥补课堂教学的不足，从而加重了学生的课业负担，影响了学生的身心健康。

陈立华校长和她的团队紧紧围绕这两个需要破解的难题构建自己的教育理念和教育方式，体现了当代教育工作者直面现实问题的高度的责任感。

面对教育目标问题，我非常欣赏实验小学"要为幸福的人生奠基"的提法。特别是将这一目标的内涵具体化，提出：幸福人生从健康起航，幸福人生让习惯护航，幸福人生乘能力远航。这就把基础教育打好基础的重点鲜明地突出出来，那就是打好健康基础、习惯基础和能力基础。他们以这一教育目标来确定教育行为，就使素质教育活化成真实的教育，不仅回归了教育本源，而且提升了教育的价值。

面对负担过重的问题。实验小学长期以来就以教师科学地教，作为学生轻松地学的前提。将提高课堂教学质量，增强课堂教学的有效性，作为减轻学生负担，提高教育质量的主要途径。他们落实科学地教和轻松地学，注重把握好三个关系：教与学的辩证关系；知识与能力的辩证关系；教学与工具的辩证关系。

一是把握教与学的辩证关系。通过注重能力培养和增强教学的针对性，来提高课堂教学的质量和效率，从而减轻了学生课外作业负担。教师科学地教就是教师“会教”与“教会”的统一，就如哥伦比大学教育学院前院长阿瑟·莱文所说，要将好的教学过程与好的教学效果统一起来，作为衡量教师课堂教学的尺度。这样就不会出现所谓“堤内损失堤外补”，课堂教学效率不高而依靠大量留作业来弥补。今年 9 月 17 日美国《波士顿环球报》刊登了一篇文章——《该不该留家庭作业》，文章说：跟校车和午间休息一样，家庭作业是美国教育必不可少的一步，孩子们有多怕家庭作业，大多数家长就有多爱它。文章指出一项新研究对这种老师和家长心目中的教育必需品提出疑问，两名研究者对 2.5 万名 8 年级学生的学习进行了考察，发现每周多学 75 分钟数学的孩子成绩平均可提高 3%，但对其他学科没有任何改善。新研究指出，美国孩子做了至少 150 年的家庭作业，可家庭作业到底对孩子有什么帮助，仍是一团迷雾。文章最后说，老师不应该只是为了让孩子有事情可做而布置缺乏针对性的作业。

二是把握知识与能力的辩证关系。提出了“知识与技能是一枚硬币的正反两面，而能力是技能高水平的综合”的观点。在教学中把握从记忆、积累，内化形成技能，发展为能力的辩证过程。注重学思结合，举一反三，触类旁通，发展学生的思维能力，帮助学生学会学习，营造培养能力，即将知识转化为能力的良好环境。

三是把握教学与工具的辩证关系。以信息化促进对教学过程与效果信息的了解、分析、判断，进而对共性问题、个性问题、班级问题准确定位，从而对改进普遍教学、个别教学和班级教学方法，提供了依据，大大提高了教学的质量与效率。这是推进教学现代化、信息化的十分有意义的探索。

实验小学倡导的“科学地教，轻松地学”正是落实《国家中长期教育改革和发展规划纲要（2010—2020 年）》所强调的育人模式基础上的转变。这体现出实验小学一贯的教育境界，那就是淡化功利，立足长远。其实，芬兰小学教育阶段就不倡导竞争，特别不在制度上强化竞争意识，这给我们提供了有益的借鉴。小学阶段是奠定人生基础的阶段，学校应当为每位学生提供一个打好基础和发展个性的良好环境，从而创造适合学生的教育。校长只有引导全校淡出功利，立足长远，才能走出一条发展优质小学教育的道路。

（2011 年 12 月 2 日在北京市朝阳区实验小学
陈立华校长办学实践研讨会上的讲话）

谈“精致教育”

前不久参加了北京市东城区北京五中分校杨春林校长办学思想与办学实践研讨会，很受启发。

杨校长和她的团队提出并践行“精致教育”，不仅很有新意，也是求实精神和创新精神完美结合的产物，更是北京市东城区“精品教育”思想的生动体现。

我体会，北京五中分校“精致教育”的提出是基于三个基本考虑——

一是从初中教育的地位和作用出发，提出“精致教育”思想。截至 2010 年年底，全国初中在校生为 5279.33 万人，任课教师为 352.3 万人，我国已拥有世界上规模最大的初中教育。但是，在整个基础教育体系中，初中仍然是最为薄弱的环节：名校相对较少，各界关注不够，质量亟待提高。因此，要提升基础教育的整体水平，尤其应当关注初中教育。北京五中分校正是以高度的热情和责任感，把办好优质初中作为目标。“精致教育”的提出，反映了他们按照高标准、高要求，将初中教育做精、做强的决心与信心。

当前初中教育普遍存在三个问题：一是教育目标的盲目性，二是教育方式的应试性，三是教育过程的粗放型。“精致教育”的提出者站在初中教育的前沿，从对初中教育的认识出发，确定教育目标，减少了盲目性；从整体构建初中教育体系入手，转变了单纯应试的教育模式；强调做细到人、落实到位，以过程的精致取代了粗放。

二是从把握初中学生的特点出发，提出“精致教育”思想。他们认真分析了初中学生的生理和心理特点、家庭状况特点、环境影响特点。初中学生叛逆性与可塑性并存，抑郁自卑与独立自信并存，良性改变和恶性发展的可能并存。这一时期，既是他们发展的加速期，又是危险期，不同的学生极易出现不同的发展状态，出现明显的分化。因此，我们在规划学校发展时，必须充分考虑到学生青春期的身心发展特点，考虑到学校的课程难度、应试任务等给学生带来的压力，考虑到社会的“负诱惑”往往大于学校的“正约束”，考虑到新一代父母的价值观对学生的影响……因此，初中教育既要全面规划，又要因人制宜；只有做实、做细、做精致，才能为学生一生的发展奠定坚实的基础。所以，“精致教育”的提出既切中要害，又切中时弊。

三是从学校的实际状况出发，提出“精致教育”思想。北京五中分校虽然建校时间不长，但承继着五中深厚的文化底蕴。学校地处中心城区，面积不大，拓展很难，因此，不宜采取“做大”的思路。而“山不在高，有仙则名；校不在大，做精则名”，杨校长和她的团队所选择的正是一个扬长避短、在中心城区实现学校优质发展的正确策略。

五中分校践行“精致教育”思想，不仅使学校形成了自己的特色，同时也为初中教育发展提供了宝贵的经验。他们在将“精致教育”思想转化为教育实践的过程中，突出了三个重点——

一是整体构思。他们构建了“精致教育”的三个相互关联的体系：精致的德育体系——奠定学生“做人”的基础；精致的多元课程体系——夯实学生的素质基础；精致的特色活动体系——发展学生的个性特长。三个体系相辅相成，突出了素质教育的重点，即在“做人”上加强品德修养，在“成才”上发展个性特长；同时，也落实了实施素质教育的途径，就是将完善课程体系和开展多项活动结合起来，既促进学生全面素质的提升，又为其个性发展搭建平台。

二是落实到位。将“精致教育”思想落实到每个岗位、每位教师。他们不仅想得精致，而且做得精致。每件事都力求做得完美，做得出色。北京五中分校正是在这样“敢为人先，处处争先”精神的引领下，创造出令人鼓舞的业绩。

三是做细到人。“精致教育”的核心与灵魂是以人为本、成就每一位学生。北京五中分校在实施“精致教育”过程中，确实树立了“每个学生都重要”的理念，不同的学生在这里都能获得自信，潜能都会得到开发，这样即回归了教育的本源。

“精致教育”体现了高度的社会责任感、高度的人文精神和高度的教育智慧的结合。我相信，在“精致教育”理念的引领下，一定会涌现出更多的精品学校。

（原载《中小学管理》2012 年第 2 期）

小鸟之歌

李吉林

小鸟是黎明的歌手，呼扇着翅膀去迎接清晨的第一道阳光。小鸟的歌是会飞的歌。

孩子喜欢小鸟，孩子羡慕小鸟，他们人虽小却心存高远，总想什么时候长上一对翅膀飞向远方。他们不会像小鸡那样，因为有了一把食，一个温暖的窝，就忘却飞翔。他们连做梦也想变成小鸟，飞过小河，飞过大树，飞过高山，飞向高高的蓝天……这是孩子心中的小鸟之歌。

情境教育，就是给孩子添翼，用情感扇动想象的翅膀，让孩子的思维飞起来，让孩子的心儿飞起来，快乐地飞向美的、智慧的、无限光明的童话般的王国。这是我心中的小鸟之歌。

情境教育为“小鸟之歌”而歌。

目录

MU LU

WOMEN SHI ZHANGDA DE ERTONG

序

枝繁叶茂的情境教育

中国教育科学研究院院长　袁振国

李吉林老师是从教育一线走出来的、我国土生土长的教育家。她历经三十多年创立发展起来的情境教育，是一笔非常宝贵的财富，更是一座值得深入挖掘和持续开发的矿藏。今天拿到这部书稿，我非常欣喜地看到一大批优秀青年教师在李老师的引领下，在情境教育的实践中快速成长起来，成为名师、特级教师。我由衷地为此感到高兴，因为他们是情境教育学派的一支生力军，昭示着情境教育美好的未来。

在这24位老师中，有李吉林老师的嫡传弟子，长期在李老师身边学习情境教育、实践情境教育，常常能聆听李老师的教诲和指点；也有慕名而来，拜李老师为师，通过阅读李老师的著作了解情境教育的思想、方法，诚挚地向李老师请教，求得他们在实践情境教育的过程中遇到的问题的解答。有工作在幼儿园、小学的，还有在高校搞理论研究的。这个构成恰恰说明了李吉林老师情境教育的影响之广泛和在教育领域的普适价值。是情境教育的意蕴和李老师本人的人格魅力，赢得了众多的追随者。而我也多次为他们所记录的故事和细节感动。一如施建平老师回忆：随李老师跟班学习的两年，竟然听课四五百节之多；亦如吴云霞老师记述的：从设计教案到上课的服装，甚至一个小小的动作，事无巨细，李老师都牵挂在心；还有炎炎夏日李老师新近写成的那一叠厚厚的手稿带给徒弟的震撼；和那一捆捆至今依然保存完好的30年前学生的作文本……人说教师言传身教，李老师带徒亦是如此啊。

我想正是李老师对教育事业薪火相传的使命感和责任感的驱动，使她对青年教师的培养这般尽心尽力、全心全意；使她早在 1990 年就开创性地成立了“青年教师培训中心”，这大概可以算是开全国校本教师培训的先河了。而且他们的培训活动是那样丰富多彩、令人向往。看到书中好几位老师回忆起那段时光都充满了幸福感：练书法、画简笔画、读书，周末到野外爬山、划船，老师们做完了“假期作业”，有展示、评奖，还发奖品，这是多么充满意趣和活力的学习生活！在李老师的带领下，这群年轻人个个都有“成长规划”，有明确的努力方向；师德、教学基本功、教学艺术、教育理论、教育科研，思想、业务素质的方方面面都得到了提高。老师们的字里行间也让我看到了，李老师是怎样想方设法地为青年教师创造机会，鼓励和帮助他们把握住机会，从而取得一个一个成功，树立起自信。她的科研与培训相结合的培养模式，使青年教师们得以唱主角、挑大梁，在不断深入的实践中发挥才智，积极创造，脱颖而出。我认为这种培训方式，是非常成功的经验，它可以让青年老师们扬其长，补其短，人尽其才，各显所能，相互促进，值得学校领导们借鉴并且应该在全国大力推广。可以说今天这群青年教师能够成长为特级教师、校长、学科教学带头人，李老师创立的这个培训中心起到了重要的奠基作用。

透过这 24 位教师的论文和教学案例，我看到了他们对李老师情境教育思想的领会、内化和传承。他们巧妙地创设情境激起儿童浓厚的学习兴趣，引导儿童深入地体会情境从而获得智慧与情感的共同发展。他们的课堂无不体现出李老师情境教育所倡导的“真、美、情、思”的特点。而在这些共性的基础上，每位老师又都有所侧重，有其专攻。像周益民老师对“诗化语文”的研究，于强老师对“儿童言语生命自我发展”的探索，生家琦老师对“数学学习与生活联系”问题的思考等，都是对情境教育的发展与创新。

同时，我更看到了他们在创新和探索的过程中，始终不离“为了儿童、理解儿童、研究儿童”的情境教育的理念和宗旨。这一点是十分可贵的。我以为这也正是李老师的研究、情境教育的发展能够获得极大成功，几十年来一直走在中国教育前沿，始终符合育人规律，没有偏离方向的根本所在。因为一切教育研究的最终目的都是为了使学生获得生动活泼的全面发展。情境教育的研究扎根实践，尊重儿童学习规律，符合儿童身心特点，真正让儿童成为了学习的主体。她的研究者们沿着这条正确的道路前行，必将取得更多科学的新成果。

江苏省教育科学研究院副院长杨九俊先生曾指出：“李老师是一所教师进修学校。”此言不虚。这本书为我们呈现的24位青年教师在李老师指导和影响下的成长经历，以及他们的教育科研路径，综合对照起来看恰是一组很好的教师成长与发展的样本，为建立科研型、学者型的教师队伍提供了范例。

情境教育如同一棵枝繁叶茂的大树，李老师的研究探索支撑起了树干，同时将养分输送给一片片新叶；而这些新叶舒展、汇集，必将托起一朵朵绿色的云。我们今天看到的这样一支既拥有崇高的教育理想，又具备创新能力的实践与研究的队伍，必定会推动情境教育的蓬勃发展，也将成为进一步推动我国素质教育发展的不可或缺的中坚力量之一。

我，长大的儿童[①]

李吉林

上了小学的孙女儿对我说："奶奶，我发现你像个小孩子，我喜欢和你玩。"听罢孙女的话，我是何等的惊喜！因为儿童说我像儿童，大概我是真的有点像儿童了。这对当小学老师的我来说，我认定是一种赞誉。其实，在我的内心，自我评价便是：长大的儿童。

穷孩子也会想象

我像所有的人一样，曾经是儿童。尽管我的童年是清苦的，我仍然享

① 发表于《人民教育》2003 年第 17 期。

受到作为儿童特有的幸福和快乐。

父亲早逝。小时候，我们住的房子又矮又小，石灰粉的墙壁早已灰黄。当我独个儿睡在床上时，我会呆呆地看着那斑驳的墙壁，想象着小屋里没有的世界：那是一个和尚披着飘飘欲仙的袈裟向我走来，那宽大的袖子里藏着什么呢？那是一棵长果子的大树，许多小鸟正向它飞来，回到自己的家……这正像茅盾先生《天窗》中的主人公，努力地想从天窗中的一块蓝天，想象外面的世界。

在破损的墙壁上，母亲还为我买了一张西洋年画。画上是一个小女孩，骑着一匹大白马，脚上穿着一双高帮的靴子，沿着花丛正向前走。我看着冥想：她骑着马儿到哪儿去呢？经过花丛，前面大概就是一间精致的小屋——小屋里一定有架风琴，等着她去弹奏——自从我在幼儿园认识了风琴，它就成了儿时希冀的奢侈之物；我又想那双靴子一定挺结实，倘若我穿上了它，奶奶就不必眯着老花眼为我纳鞋底了。啊，穷孩子也会向往美好的生活。这虽然是瞬间的，虚幻的，但感觉是真切的。

小时候，我没有洋娃娃，没有布狗熊，更没有“汽车”、积木。记得过年的时候，叔父给我买了个小拨浪鼓，圆圆的鼓面上画着红圈圈，两边的细绳子系着两个小鼓槌，只要转着鼓柄，就“拨浪拨浪”地响起来。那情景就像一个扎着辫子的小姑娘在跳舞给我看；春天来了，和邻居家的孩子用一张正方形的厚纸，插上两根芦苇，做成一只土制的风筝，奔到空地上，跟着摇摇摆摆上天的风筝心儿也欢跳不已。最难忘的是母亲给我买过一只万花筒，圆圆的筒子裹着蓝底红花的纸，上面有一个小圆孔，只要举起它，眯起一只眼，手一转动，啊，就看到一幅想象不到的精彩的画，再一转，又是一幅，层出不穷。在我眼里，那简直是摘下的星空；是无数用珍珠嵌起来的矮人国宫殿；是诚实的孩子用老人给的斧子劈开的宝石山……我真是爱不释手呀。那小小的万花筒曾勾起我多少奇妙而美丽的幻想。

现在想起来，造物主是公正的，它把想象的翅膀不分贫富贵贱，同样赋予了穷孩子。

话得说回来，冷漠的现实也催逼着穷孩子快快长大。春天是野菜长势最盛的季节，放学回来，我常常提着小篮子和几个小伙伴一起到河边、田埂挖野菜。小小年纪，我已经知道枸杞新冒出来的头最嫩，而荠菜开出了小白花就老了；马兰头一长一大片，不必一根一根地摘，可以一把一把地采；野苋菜则要小心地一片一片地摘，要不就要被尖尖的刺划着手。太阳落到山的背后了，晚霞送着我们回家，吃晚饭的时候，端上我摘来的鲜嫩的野菜，看着母亲的微笑，心里萌生了一种能做小帮手的快乐。

童年渐渐离我远去，我一心想减轻母亲的负担，早一点能给母亲带来安定的生活。女师快毕业了，班上的同学都可以考大学，我作为一名成绩优秀的学生，又何尝不想迈进高等学府的门槛呢。但是为了母亲，在大学与小学之间，我选择了小学。教数学的吴老校长说："你工作了，每月工资大概是 28 元。你和母亲的生活也够了。"

我生活在儿童的世界里

1956 年的初秋，我走进了小学，终于能挣钱了，能养活母亲了！在放弃上大学的同时，我尝到了作为女儿履行责任的一种快慰。

当然挣钱绝不是我生活的目的，我虽不敢有远大的抱负，但心里一直对自己说：当老师，就得当好老师，当孩子喜欢的老师。来到附小，我被校长分到六（四）班担任班主任，教语文和音乐。开学前，我就把教案背得滚瓜烂熟，连走路也美美地念着，想象着自己和孩子们第一次见面时的表情和喜悦。第二天，我满怀着美好的情感走进教室。当时十八岁的我，也就比班上的孩子大几岁，他们用新奇的目光看着我，接着是一阵小声的议论，目光充满了疑惑。在孩子的眼里，他们感觉不到我这个当老师的威严，而我，装也装不起来。红扑扑的圆脸上明明白白地写着：我喜欢你们。班上闹了好一阵，我不止一次伤心地哭过，但还是挺过来了。活动课上，我和他们一起唱歌，帮他们排节目，和他们一起转"巨人步"，甚至和男孩儿踢足球。冬天的课间，接过他们手中的毽子，踢给他们看，我能踢出许多花式，一连几十个，孩子们兴奋地在一旁为我数数。上课，我更是想出许多办法吸引他们，把课上得生动有趣。孩子们心中是有一杆秤的，渐渐地他们觉得这小老师还不错，开始喜欢我了，喜欢上我的课了。转眼间他们快升中学了，那年作文试题是《我的班主任》，他们中很多人写了我，而且考的成绩还不错；有的还悄悄地送给我照片，作为留念。

一年的奋斗，终于向前迈了一步，深感到在学校读书时候的"高分"并不能简单换取工作的"高分"，老师的工作没有现成的公式可套的。我没有用教师的"尊严"压服他们，而是用爱、用真挚的爱去沟通，去融合了他们。我曾经写过一篇散文，描述这一段经历，题目就是《学生给我上的第一课》。

小学老师的生涯，让我幸福地生活在儿童的世界里。看到孩子的笑脸，我觉得自己在花丛中看花儿朵朵；听到他们的叫声，我仿佛来到小鸟的王国里听啾啾鸟鸣；想到他们的明天，又觉得像在小树林里徜徉。孩子们每日在我的身边，他们的眼睛却忽闪在我的心里，那是会说话的眼睛，是好奇，是求知，是灵性，是多情，是纯真，那里面蕴藏着娇嫩的宝贝，那是不能忽略，不能挫伤，不能压抑的。

课间，我常常会久久地看着他们，他们不停地奔跑着，叫喊着，欢笑着，脸上挂着汗珠，头上冒着腾腾的热气；下雨天，他们故意在水潭里跑来跑去。我真担心泥水浸湿鞋袜，他们却若无其事地任水花溅湿裤管。冬天哪儿有冰凌，哪儿有积雪，哪儿就有小手在捧呀，捏呀，我看见冰雪从他们的手里挂下了水滴，他们呵着气，冻得小手发红，但绝不舍得轻易扔下。我知道，这就是孩子！他们是校园里的主角，因为有了他们，才有学校，校园里才有笑脸、笑声、笑语，才让你不断感受到不可遏制的勃勃的生命力；让你不断地聆听着最动听、最富生趣的交响乐，而蹦跳的音符就是儿童生命的火花，智慧的火花。

在月朗星稀的晚上，独坐灯下，我蓦然觉得自己是最幸福的，每日正是和这世界上最纯真、最可爱的人生活在一起，自己的工作就是为这些小花、小树浇水、施肥，让他们快快长大，诗情画意没有穷尽。我在儿童的世界里，不断地编织着美丽的童话和小诗。你说它伟大，教的全是小孩；你说它渺小，它却影响一个人长大后的几十年。生活在儿童的世界里的幸福感，无与伦比。

我在爱孩子中长大了

在儿童的世界里，我在爱孩子中，渐渐长大了。我把这种爱，升华成自己的理念，又把它细化成自己的行为。

虽然我仍像孩子那样容易动情，然而，我的情感深沉了，在理性的支撑下，稳定了，执著了。正是这样的情感让我在小学里扎了根。市里歌舞团要我去，国家跳伞队觉得我合适，也有中学示意让我过去，但是我看山看水小学最美，儿童最让我爱恋。从此我像农民忠实地守着自己的园地，不断地耕耘，不断地播种，不断地收获。泥土般的气息，稻谷似的芳香，仿佛又有清粼粼的河水流淌，让我享受着田园诗人一般的纯净与甜美。

在儿童的世界里，在爱孩子中，我长大了，我懂得了一个老师的责任。我常常想，一个语文老师不仅是要孩子学好语文，还得给他们一个丰富的精神世界。让他们从小懂得热爱自己的祖国，懂得除了自己外，还有许多人，要懂得给他人带来快乐，有一颗善良的心，崇尚美好，憎恶丑陋。我深知这其中的许多品质，是在纯真的孩提时期就应该开始培养的，而又完全可以在孩子学习祖国语言文化的过程中去渗透，去影响，去强化。我深知小学语文教学应该是人的教育的重要的一个部分，那是人的语文学习，这正是几十年来我一直追求的一种完美境界。只是昔日朦胧，今日清晰，以至急切罢了。

小学语文把我带到一个美好的境界中，我也通过小学语文教学把孩子带到了宽阔而多姿多彩的空间里，我的情感与课文作者共鸣，我的心与孩子相通。情境教学——情境教育——情境课程，正是在对孩子，对自己终身从事的事业的爱中，在对小学语文，小学教育日益加深的感悟中，在一心想着让孩子发展得早一点，好一点，全面一点，充分一点的强烈的愿望中，产生和发展起来的。倘若忘掉了孩子，那是任你怎样苦思冥想也是想不出来的。多少次多少回，我把孩子带入课文描写的情境，课文语言在情境中有了形象，有了生命，有了汉字语言最讲究的神韵。我和孩子们常常沉浸其中，甚至忘我了。下课铃声一响，孩子们不约而同地喊起来："怎么，下课了!""李老师我们不下课，我们继续上!"下课了，孩子仍然围着我不肯离去，一定要把课堂上想说的而没来得及说的话告诉我，才感到一种满足。这种场合往往是争先恐后的，此时此刻，我能不陶醉吗？我的心和孩子的心贴得更近了。情境教育的"缩短心理距离"正是在这一次又一次真实的感受中提升出来的。这使我很自然地想到郭沫若在《女神》中写的诗句：我寻求到"那与我的燃烧点相等的人"，"把他们的心弦拨动，把他们的智光点燃吧"！

我虽然仍像孩子那样喜欢无拘无束，但是我却有了意志，能管住自己了。我年轻时原本喜欢打球，排球、羽毛球、乒乓球都喜欢！甚至一个人拿着篮球在雨中投篮，也挺潇洒的，"球，快乐的精灵"！渐渐地，我忙起来了，要看的书多起来了，因为我深知一个小学的实际工作者的薄弱之处，便是缺少理论。我懂得了一个小学老师应该自觉地走理论与实践相结合的道路。我想到了就去做。我学会了放弃，学会了做减法。我几乎不打球了。寒暑假，我婉言谢绝一次次的邀请和疗养，利用这相对集中的空余时间读书，学习文学的、心理学的、教育学的、美学的、教学论的、中国的、外国的，甚至古代的，我总尽力去读。我只恨自己读得少，我随时做些读书笔记，边读边想：如何让书上的理论活起来，为我所用。一以贯之的认真的态度，伴随着这种真挚情感的实践，使我有了许多感受、认识、主张和思想，于是我就拿起笔去写，写随笔，写散文，写经验，写论文，也写了专著，这些成果后来在全国得了很多奖，然而这都不是我的初衷。我觉得通过概括，通过写，把零乱的思路，浅表的认识，变得条理化，清晰了，深刻了。当然，说起来容易，做起来确实不是那么简单，除了“文革”前的十篇文章，以后发表的文章，出版的专著，都不是40岁以前写的，更多的是在50岁以后写的。我作为女儿，作为妻子，作为母亲，当然现在又是奶奶和外婆，家庭中的多种角色，加在一起的责任和负担是足够一个女人所承受的。这时需要的就是意志。我的个人经历告诉我情感会产生信念，便会转化成意志，并且有勇气拒绝当校长、推掉当全国小学语文研究会的理事长，换届时主动向组织提出不再担任江苏省人大常委会的委员，我想我的时间属于孩子，属于小学教育。

正是出于对儿童的爱，使我不怕吃苦，不怕麻烦。意志使我体验到作为人的一种力量。我觉得意志会使情感持续，稳定，强化。我想心理学上可能并不这样写，情感与意志是人心理的两大区域，其实在一个人的内心世界里，两者却难以一分为二，它们是互动的，是相互影响的。

永远像儿童多么好

眼下，我已是年过花甲的人了，不要说是儿童，就是青年，中年，我都沾不到边了，岁月已经无情地把我推到了老人的行列。但是，我感觉到我的心仍然是年轻的，真正领悟到什么叫“赤子之心”。我总感到世界还是那样的美好，一切都是那么新鲜，仿佛是第一次看到。

我仍然像孩子一样，怀着强烈的求知欲望，什么都想知道，什么都想学。《学习的革命》，“建构主义”的丛书：科学精神与人文主义结合的新论，有关课程的书、脑科学的书，我都想学。即使中国神舟飞船上天了，四号，五号，什么时候载人，我都关心。美国哥伦比亚号为什么会失事，俄罗斯太平号又怎能准确地在预定地点解体、降落，世界这么大，新知识像浪潮向我涌来，我永远只能抓一点芝麻，大西瓜是搬不动了。但能抓一点芝麻，总比两手空空要好得多。我十分警惕老人的封闭，封闭就停滞，停滞就萎缩。只要像孩子那样，憧憬着未来，敞开自己的心怀，便能不断地呼吸到新的空气，吮吸新的营养，而这一切都是教孩子所必需的。

我仍然像儿童一样，常常睁大眼睛看着这多彩的世界，用儿童的心灵去感受，去体验，心里想着许多问题。外出坐在车上常常从田边驶过，看着田野里开着黄花的向日葵，看着同样开着黄花的丝瓜花、南瓜花、西瓜花、黄瓜花，又想到麦子，稻子成熟了，都是金黄色的，这是为什么呢？多少回没有想出答案。有一次似乎顿悟了，啊，莫非他们都是太阳的孩子！太阳用金色的阳光给人类和世界万物带来温暖和光明，又用它的金色哺育了瓜果谷黍，奉献给人类。

当我站在高处看到大树时，我都希望能意外发现一只鸟窝，那里一定会有鸟妈妈和她孵出来的孩子，说不定还有几枚可爱的鸟蛋。我家院子里有一棵大槐树，仿佛小鸟知道我这个老小孩的心思。去年居然造访我家，两只小鸟不停地飞来飞去，衔着树枝枯草在枝叶间搭窝造房。我像孩子那样兴奋极了，不断地提醒小孙子蹑手蹑脚地从树下轻轻过去，千万别惊动小鸟，让他们在这小小的庭院里安家落户。啊！我们的家，不就成了小鸟的家了吗！小鸟是令人羡慕的，它们都有一对翅膀，蝴蝶、蜜蜂也让孩子想入非非，我甚至在心里说："花蝴蝶，小蜜蜂，你们能把翅膀借给孩子吗？"天真地做着孩子的美梦。

夏天又来了，我仍然像往年一样，从街上买回两只蝈蝈，听着蝈蝈的歌声，挑逗起蝉的鸣叫，哈，他们对歌了，他们都是夏日的"歌手"，倘若没有他们，夏天似乎寂寞多了。冬天了，我总是像孩子一样巴望着下雪，倘若早晨起来看到屋上一片白，我会情不自禁地大声报告家人："下雪了！"马上赶到学校，雪战早已经开始，真希望孩子的雪团扔在我的脸上，我的身上，让银色的粉末沾着我的眉毛，沾在我紫红的棉袄上，那该多带劲儿！于是，我想到雪花是"冬爷爷"给孩子带来的礼物。我围着一条白色的围巾走进教室，我成了"冬爷爷"，装着粗声粗气的嗓子，向孩子们问好，孩子们也向"冬爷爷"问好。一堂观察说话课，在充满童话色彩的师生对话中别有情趣地进行着。

我常常就是这样，像孩子般怀着一颗好奇心去设计教学，童心帮助我想出许多好办法，那是最受孩子欢迎的好办法，它让我不止一次地获得成功，享受到当语文老师，从事小学教育的快乐。教学《捞铁牛》，我想孩子一定要知道怀丙究竟是怎么捞起铁牛的？我就和孩子们在沙坑里做起了“实验”。一个个圆圆的脑袋聚在一起，其中也有我，这时我显然不像老师，而是孩子王，是他们的伙伴，津津有味地操作，看着浮力把埋在沙里的“铁牛”捞起来。教学《鱼和潜水艇》，孩子对仿生学一定感兴趣，人类的进一步发展也少不了仿生学。我找来大大小小的十几只瓶子，专心致志地模拟潜水艇和潜水艇中的“柜子”，大瓶子，小瓶子，装进水，又倒掉；这一组沉下去，浮不起来；那一组浮起来又沉不下去，几十次地调试，我不厌其烦做得津津有味。哈！终于成功了！这一种劲头或者是一种痴情，我自己也觉得和我的年龄十分不相称。

儿童的眼睛，儿童的情感，儿童的心理，构筑了我的内心世界。是的，正是儿童，是童心，给了我智慧。我想说：爱会产生智慧，爱与智慧改变人生。

我爱儿童，一辈子爱。如今我已不是儿童，但喜似儿童，我只不过是个长大的儿童。我多么喜欢自己永远像儿童！

施建平

Shi Jian Ping

特级教师。1980年毕业于江苏省南通师范学校。现任江苏情境教育研究所副所长、江苏省南通师范学校第二附属小学（以下简称“二附小”、“通师二附”或“二附”）副校长、全国小学语文教学研究会学术委员会委员、南通市小学语文教学研究会会长。多年来，他获得了全国优秀教师、全国科研型教师、江苏省有突出贡献的中青年专家等称号，并被评为江苏省“333工程”科学技术带头人。另外，获南通市人民科教奖、南通市英才奖，被评为南通市“226高层次人才培养工程”首批中青年首席专家、南通市首届名教师，被聘为南通市中小学名师培养导师团成员。近期被确定为“江苏人民教育家培养工程”首批培养对象。

成长之路

带着梦想高飞

题记：竖一架天梯，登上云端；点一串星光，把梦照亮。

我时常在想，决定一个教师事业成功与否的关键是什么呢？具体到每个教师也许不尽相同，但有一点应该是共同的，那就是想成为一个卓越的教师，他（她）的内心必须有坚定的教育理想与信念，必须有坚守自己梦想的勇气与激情。

年轻时不能没有梦想

1980 年 8 月，19 岁的我离开南通师范学校走进了二附小的大门。当我第一次跨进教室面对几十双天真明亮的眼睛时，我便在心里暗暗地立下了一个志向，就是要当一名好教师。尽管那时自己对好教师的认识还是模糊的、肤浅的，甚至是片面的，但我深知，只有尽自己的努力把学生教好，自己站在讲台上时心里才能踏实，才能坦然地正视孩子们纯真的目光。

应该说我是幸运的，工作后第二年就成了全国著名特级教师李吉林老师的徒弟。对于一个正在教学迷途上摸索的青年教师来说，最迫切需要的就是有人及时给予指点。在随李老师跟班学习的两年间，我每天和学生一样端坐在教室里听李老师的课，共听了四五百节课。从那时起，我心中的梦想也更为明晰起来，那就是成为一名像李老师那样卓越的教师，将自己的一生献给钟爱的教育事业。我想，如果我们准备当一辈子教师，那么，做一个深受学生喜爱、家长欢迎的教师，成为教育教学的专家，实现自己的教育理想就应该成为我们毕生的追求。

我觉得，教师在成就孩子们的梦想的同时，不能丢失了自己的梦想。

因为，有梦的生活才不会觉得重，有梦的岁月才不会觉得空。

用恒心把梦照亮

基于当一名出色的教师这一朴素的想法，我开始努力充实自己。参加工作的最初两年，我以适应教育教学工作为重点。两年后，我开始了一系列的进修学习。1982 年至 1985 年参加了北京语言文学自修大学的学习，1985 年至 1986 年参加了中华青少年创造教育函授学校的学习，1987 年至 1989 年参加了中科院心理学研究所“儿童心理与教育”专业的学习，同时在南通教育学院进修获得中文大专文凭。2001 年，去广东教育学院参加了国家级骨干教师培训班的学习。2002 年至 2005 年完成了中央电大汉语言文学本科专业课程的学习。除了进行系统的进修，我还购买了大量教育学、心理学、教学论、课程论以及语文教学等方面的书籍。家里的书橱由 20 世纪 80 年代的三四张到 90 年代的七八张到现在的十八张，书在家里占据的空间越来越大。此外，我还订阅了近 10 种教育教学刊物用于学习。其实，这一切都是围绕着我的目标——建立一个学者型教师的知识结构展开的。因为我觉得在这个结构中应该包括精深的学科专业知识，教育科学、心理科学知识，基本的美学、哲学知识，广博的相关学科的知识。我觉得，教师是应该有点书卷气的。

一谈学习，有人往往会说没有时间。我想，虽然人跑不过时间，但是可以在自己拥有的时间里快走几步。青年时代是人的一生中最美好的年华，世界上所有的美好都有有效期。所以，我们应该使学习成为一种习惯，成为生活的一部分，不能让荒草长满我们的岁月。

梦在飞，心在追

现在各级教育部门对教师的专业成长都极为重视，给教师们创造了大量的机会，搭建了许多展示的舞台。一旦机遇降临，我们应该紧紧抓牢，并每次都尽努力跳出心中的高度。记得 1988 年末，南通市举办首届小学语文青年教师教学比赛，要求独立封闭式备课。学校让我参加。我觉得这是一次难得的机遇。记得当时执教的课文是《鲨鱼》，我精心设计，用活动的图画创设情境取得了较好的教学效果，获得了代表南通参加江苏省小学语文青年教师教学竞赛的资格。在省里比赛时，我执教的是《马可波罗游记》。为找寻相关资料，我用了半天时间，跑了五家图书馆，脚底都跑出了泡。课上，我充分利用补充材料较好地突破了教学重点，化解了难点，又一次获得了成功，当时就被省里推选为代表江苏参加全国小学语文中青年教师教学竞赛的两名选手之一。在准备全国比赛的过程中，为取得最佳教学效果，我在李吉林老师的指导下三次改选课文，最后决定讲授古诗《泊船瓜洲》。在试讲过程中又三次改变教学方案。《泊船瓜洲》一课的教案我一共写了 14 遍，而每一遍都凝聚着李吉林老师的智慧和心血。为准备参加这次大赛，我先后写掉 8 开大白纸 300 余张，达 15 万字。那时候没有电脑，全都是手写的“真迹”。记得在赴青岛参赛的火车上，我还在两节车厢的过道里记教案。在那堂课上，我巧妙地引导学生在情境中想象诗的意境、体会诗人的情感，上出了特色，又获了一等奖。上完课，我独自一人来到青岛的大海边看海。我迎着海风，听着海浪拍打着礁石发出的轰响，任由水雾扑面而来。这时，透过蒙蒙的水雾，我发现一只海鸥正迎着几米高的涌浪搏击、飞翔……

几次赛事让我明白了一个道理，那就是机遇如同一匹飞驰而来的快马，我们应该不失时机地跨上去。只有这样，我们才能驰骋于更广阔的生命空间。但平时我们必须练好骑马的本领。我越来越坚信，真正能埋没一个人的，只有他自己。

寻找一个梦想出发的港口

作为一名教师，我们每天都在从事着相同的工作，特别是几年教下来，教材熟了，教案熟了，课就教得随意了，每天都在重复昨天的故事，这样，渐渐地就成了名副其实的教书匠。如何改变这种状况呢？我想我们可以给自己确定一个研究的方向。我分到南通师范二附小的时候，李吉林老师已经开始了情境教学的实验与研究。研究过程中，李老师既注意从国外的情境认知等理论中吸收营养，又重视从中国古代文化中汲取精华，从而走出了一条具有中国特色同时体现世界教育潮流的情境教育之路。成为李老师的徒弟后，我深深感到情境教育是一座富矿，其中有许多宝藏尚未被开掘。同时，我觉得自己作为李老师的弟子有责任沿着情境教育之路走下去。于是，我便将情境教学、情境教育作为自己的研究领域。工作至今，我运用情境教学上了五六十节研究课，围绕情境教学发表了六十余万字的总结、教案、论文。课程改革开始后，我借着课改的东风，着力开发情境课程，仅情境作文课程一项我就带领老师们开发了《施老师作文课堂》《小学语文同步随文小练笔》《变脸作文》（同题多角度作文指导）等四十余册书籍，还创办了一份公开发行的情境作文刊物《今天写什么》，构建了较为完整的情境作文的操作体系。

找一个自己喜爱的研究领域，就是找一个梦想可以出发的港口。这样，我们就可以驶进新的航程，每天都可以见到新的景象，产生新的体验，得到新的启迪，每天都能找寻到“黎明的感觉”。

梦想总有成真时

有付出就有回报。1994 年，我 32 岁时成为当时江苏省最年轻的特级教师，后又破格晋升为中学高级教师。多年来，我获得了全国优秀教师、全国科研型教师、江苏省有突出贡献的中青年专家，南通市人民科教奖、南通市英才奖、南通市首届名教师等奖励、称号，并当选为全国小学语文教学研究会学术委员会委员、南通市小学语文教学研究会会长，2009 年被评选为江苏人民教育家培养工程培养对象。《小学青年教师》《江苏教育报》等报刊也对我作了专题报道，《小学作文创新教学》杂志更是以十万余字的篇幅推出了我的“情境作文专集”。到目前为止，我主编并出版的各种阅读、作文、活动等课程开发类书籍已达百余册，合计一千余万字，另有 58 集教学讲座、3 节课例分别在中国教育电视台和江苏教育电视台播出，拍摄的 16 个小时的《特级教师辅导》也由电化教育出版社和人民教育出版社制成 VCD 向全国发行。这些年来，我还应邀到北京、上海、黑龙江、内蒙古、海南等 24 个省市、自治区讲学百余场，听课教师达十万余人。

成长之路总是艰辛的，漫长的，我们必须认准方向，脚踏实地，一步一个脚印走下去。面对外面精彩的世界，我们要耐得住寂寞。因为人是唯一会自设陷阱，用饵来引诱自己，再一脚踩进去的动物，我们一辈子最好少给自己设几个陷阱。

回顾自己的成长历程，我深深感到，我能取得这样一些成绩，与李吉林老师的悉心培养是密不可分的。工作之初的跟班学习使我少走了许多弯路，成长过程中的指导、鼓励使我较快地进入了发展的快车道，而提速过程中的适时“助推”则帮助我进入了一个更为广阔的发展空间。

朋友们，生命没有彩排，只有一次精彩。让我们铭记心中的梦想，轻装上阵，向着明天快跑，在不断超越自我的过程中获得更深的幸福体验。

教研撷萃

关注成长中的儿童
——浅谈语文情境教学的设计理念①

摘　要：语文情境教学强调从文本出发，从儿童出发，在优化的情境中，让学生享受学习的乐趣，进行语言的实践，获得情感的陶冶，得到智慧的启迪，提升语言的素养，并促使儿童全面而充分的发展。

关键词：语文；儿童；情境；设计

情境教学是儿童教育家李吉林在20世纪70年代末创立的，虽说至今已有三十多个年头了，但情境教学不但没有随着时间的推移逐渐消亡，反而越来越彰显出她持久的、蓬勃的生命力。正如中央教育科学研究所原所长朱小蔓所说，情境已成为“时代的话语”。长期的教学实践也告诉我们，优化的情境可以激活教学中的各种元素。在情境中，书本上的文字活了、师生的经验活了，智力、能力活了，情感活了，精神和生命也活了。而之所以能有这样的效果，其根本原因就在于情境教学对儿童这一正在成长中的有着无限发展可能性的生命的关注。具体说来，我们在设计语文情境教学时主要遵循了这样一些基本理念：

一、汲取文中的精神力量

现代社会物质文明迅猛发展，各类信息铺天盖地，人心普遍较为浮躁。孩子的心灵正处在拔节期，纷繁复杂的现实世界，错综交织的社会问题，必然会对孩子的思想、情感、心理等产生诸多影响。语文学科是发展

① 本文参考了李吉林老师的《小学语文情境教学》《李吉林与情境教育》《为了儿童的学习》《情境课程的操作与案例》等著作。

儿童心灵的学科，教师是儿童心灵的开启者。我们认为对儿童的教育不宜采用刚性“楔入”的方法，因为这样的教育是无法真正抵达孩子的内心的，自然也不可能取得良好而持久的效果。情境教学强调情感是语文教学的生命，教学中应该通过激发情感、熏陶感染，触动孩子的真情，点亮孩子的心灯。

《普罗米修斯盗火》一文讲述了普罗米修斯冒着危险从天上盗取火种，从而推动人类文明向前迈进的故事，表现了普罗米修斯不畏强暴、为民造福、甘愿受罚的英雄壮举和崇高境界。教学时，我们通过反复朗读、描述渲染、想象体验等方式让学生获取真切的感受。如在教学普罗米修斯“受罚”一部分时，我们先让学生自读课文中的相关内容，继而出示普罗米修斯的画像，配以教师动情的描述并加上风声、雷声以及鹫鹰的叫声等帮助学生展开想象，充分感受，然后让学生交流想象到的情景，并对着画像赞一赞普罗米修斯，最后，集体诵读赞颂普罗米修斯的诗歌。这样，就形成了从唤醒到激发再到深化最后到升华这样一条情感的线索，在课堂上激起了情感的潮涌，实现了师生心灵的共振，使教学具有了震撼人心的力量。学生们在充分感受的基础上，也深深体会到了普罗米修斯的崇高与伟大。

在平时的教学中，我们发现有不少课仍然停留在说教的层面上，没能真正触动孩子的情感。这样的教育犹如空口吃盐，不但难以下咽，而且有害无益，造成了学生人格的双重性。不少学生说道理时滔滔不绝，但就是落实不到行动上。我们认为最好的教育来源于内心的触动。因而情境教学十分重视挖掘和利用教材中的精神元素，设置情感线索，使课堂上涌动真情，直入心扉，提升他们高远的境界。情境教学正是试图通过优化情境促使儿童语言与精神同步成长，为孩子们在童年时代种上一支“精神疫苗”。我觉得，我们教师应该带着孩子成为追赶太阳的人，这样，即使将来我们身处黑暗，身上也能闪烁着阳光。

二、催开心田的满园花朵

不知大家有没有发现，当孩子们走进小学上一年级时，他们一张张脸上洋溢着的是抑制不住的兴奋，他们的笑容是那么灿烂，那么动人。而当他们上完六年小学走出校门时，我们看到其中一部分孩子已变得黯然神伤，那种最可贵的童真似乎已离他们远去。我想，走进小学时他们脸上有笑容，是因为他们的心中有梦想，而忧伤的神情则反映出他们失去自信和希望后的痛楚与无奈。我认为，作为教师一个重要的职责就是要为孩子护梦、为孩子造梦、帮他们圆梦。现在，我们许多孩子从一年级开始就已经快乐不起来了。上了中学，更是连睡一个甜美的觉也变成了一种奢望。我们都知道，在人的一生中，享受快乐最多的无疑是童年时代，如果这个时段孩子们得不到足够的快乐，那么也就意味着他们一生的快乐被打了个大大的折扣。情境教学认为，学校不仅仅是学生获取知识、提高能力的场所，也是他们体验人生的地方。教育不应仅仅指向明天的幸福，也应为孩子创造当下的幸福生活。所以，我们倡导优化学习情境，把课上到孩子的心里去，使他们感到学习原本就是一件快乐的事，从而使学习成为一种真正的鲜活的生活。

《蛇与庄稼》一课通过蛇与庄稼、猫与苜蓿、吐痰与患肺结核之间的关系反映事物是相互联系的，说明只有弄清了事物间的联系才能把事情看准，做好。在教这一课时，我以课文中提到的有个地方在一次海啸后接连几年收成都不好，而后来在老农们买回一批蛇放到田里后当年就获得了丰收这一奇怪的事情导入，一下子激发了学生的好奇心。为了让学生充分理解蛇、田鼠、庄稼三者的关系，我在学生自主研读课文的基础上，让四排学生分别担当蛇、田鼠、庄稼和老农四种角色，通过教师的描述重现当时的情景：海啸来时，蛇被淹死，而老鼠逃到高处，海啸过后，老鼠毫无顾忌地糟蹋庄稼，直到老农买回蛇才治住了鼠害，庄稼终于获得丰收。其间让学生根据担当的角色进行演示、表达，学生不仅自主理清了事物之间的联系，还从这样的角色体验中充分感受到了学习的乐趣。

苏霍姆林斯基曾深刻地指出："让学生每天 10 至 12 小时坐在那里读书、听课、思考、记忆、回想、再现，以便能回答教师的问题——这真是一种无法胜任的、使人精疲力竭的劳动，它归根结底会摧残学生的体力和智力，使学生对知识产生冷漠和漠不关心的态度……"对儿童来说，兴趣是学习过程中最现实、最活跃、最重要的成分，巧妙地创设情境可以使学生对学习内容感到惊讶、有趣、美好，从而对学习内容本身产生兴趣，获得学习的内驱力。情境教学强调教学要能催开孩子心田的满园花朵，使学习真正成为一种享受，成为怡人心境的精神漫游。

三、保持心灵的飞扬状态

当今社会的竞争越来越激烈了，这使得创新精神和能力的培养成了摆在我们广大教育工作者面前的一个迫切需要解决的问题。但创新精神和能力的培养不可能一蹴而就，必须依靠平时的打磨。每个孩子身上都蕴藏着无穷的创造潜能，这些沉睡的潜能需要我们去激发，去唤醒。正如美国心理学家詹姆斯所说："他们的创造潜能犹如埋藏在深山大海的座座金山，等待我们去开发和利用。"情境教学强调在情境中活化教学，使课堂充满活力、充满张力、充满魅力，使教学活动具有理智的挑战，使课堂成为智慧的加工厂，从而创造出高效而灵动的课堂。

在教学《赤壁之战》一文中火烧曹营一段时，我在学生初步学习课文的基础上创设了火攻曹营的情境。我让学生扮演黄盖，而我则扮演黄盖手下的一员将领，在一路上向"黄盖"请教问题。我根据课文内容提出了这样五个问题：(1) 黄将军，今天东南风这么急，江上波浪这么大，依我之见，还是待到风平浪静之时再去曹营吧！(2) 黄将军，我们去假降，一下子去20条船，这么多，岂不容易引起曹军的怀疑？(3) 黄将军，火攻靠的是我们这船，这小船拴于船尾，岂不累赘？(4) 黄将军，周都督率领大队兵船跟在我们后面又为何故？如引起曹操的怀疑该如何是好？(5) 现在，距敌营已不到两里，黄将军为何偏偏在此时命令兵士点着芦苇呢？由于学生扮演了黄盖这一主要角色，自然不愿被"我"这位"手下"问倒，于是纷纷开动脑筋，寻找答案，相互补充，共同回答我的问题，从而全面准确地理解了火攻这一计策的巧妙周密之处。在这样的情境中，学生的思维被激活了，于是，智慧的清泉便喷涌而出。

情境教学主张在教学过程中尊重孩子生命的姿态。因而，在教学中，我们总是努力为孩子创造自由、民主、宽松的环境，给孩子的心灵以自由呼吸的空间，舒展生命的空间，使他们能够像鲁迅先生在《无声的中国》一文中所期待的那样"大胆地说话，勇敢地进行，忘掉了一切利害……将自己的真心的话发表出来"。我们觉得对种子来说，土壤的情况是最重要的。否则，再生动的芽儿也会烂掉。我们的语文教学就应该成为最适宜种子生长的土壤。此外，在学习过程中，我们总是十分尊重孩子的自主性，让每个孩子都成为他自己。我们认为如果学生没有自主的意识和能力，那么，他们将来就无法铺展和延伸他们的生活和精神道路。尊重了孩子的自主性，也就保护了他们发展的最大可能性。我们的教学活动带给学生的不应是心灵的压抑，而应是心灵的解放。我们认为，语文学习本质上应该是精神自由空间的拓展。

四、挖掘词句的生命能量

在英语强势霸权的冲击下，现在汉语的生存状态不佳，再加上应试对母语魅力的消解，许多学生对语文学习没有兴趣，抱着一种无所谓的态度，这种对母语的冷漠是可怕的，也是可悲的。孩子从小说汉语，上了那么多年的语文课，连对母语的基本情感都没能形成，这反映出语文教学的深重危机。其实，汉语可以说是人类文明史上最重要的奇迹，是世界上最优秀的、最具表现力的语言之一，那么，谁来拯救这世上最美的语言呢？我觉得，作为孩子语言学习的启蒙者和指导者的中小学语文教师有着义不容辞的责任。那么，我们又该如何拯救呢？很重要的一条就是我们要想方设法激活汉语，充分挖掘汉语词句中蕴涵的生命能量，向孩子们展示汉语的内涵与活力、文采与气韵。

老舍先生所写的《我们家的猫》是一篇充满情趣，充分体现作者对家中的猫深深爱意的短文。第一自然段通过写猫既老实又贪玩、虽贪玩却尽职，突出了猫的古怪。为了让学生充分体会猫古怪的特点，我先让学生根据课文中的描写展开想象，我根据学生的回答用简笔画勾勒出了猫的三种情态，然后抓住文中的相关词语，采用不同的方法引导学生深入感受。比如，在学习“尽职”这一部分时，先引导学生找出文中最能体现猫工作尽职的“屏息凝视”一词，接着，让学生对照着简笔画，抓住猫的眼睛、耳朵、爪子、尾巴等描述猫“屏息凝视”守在洞口的样子，然后，让学生亲身体验“屏息凝视”一分钟的感受，在与课文中“一连几个钟头”的对比中体会猫对工作的尽心、认真。最后，启发学生读出自己的理解。这样，作者笔下的猫便活灵活现地展现在了学生眼前。

在依托情境帮助学生理解、感悟语言的同时，我们十分重视引导学生在情境中运用语言。如《望月》一课中出现了许多描写月亮的诗句，在教学中我们又相机补充复习了有关的诗句，以此帮助学生积累。但我们的教学没有就此为止，而是出示了几幅表现不同意境的月亮的幻灯片，借助教师的导语将学生带入这些场景里运用学过的诗句。我们认为，当学生积累的语言材料能在他们眼前出现相关的情境时从脑海中一下子“蹦”出来，那么，这些材料才能算作真正掌握了。

语言是民族的根，所以，语文课程标准把“全面提高学生的语文素养”作为基本理念的第一条提了出来。“素养”是一种内在的、综合的、稳定的品质或修养，是以整体的形式表现出来的。而情境同样是丰富的、生动的，也是以整体的方式作用于学生的，这种情境与素养的对应性，使情境教学在培养学生的语文素养方面起到了独特的作用。文章的精华在词句之中，词句中有情感，有气韵，有抱负，而这一切是不会自动显露出来的。情境教学主张抓住文中的重点词句，让学生在情境中触摸语言的“肌肤”，用心灵拥抱语言、感受语言、体味语言，并在情境中引导学生运用，从而使学生真切地体会到母语的精妙与魅力。

五、拓展儿童的生活疆域

传统的语文教学往往局限在书本世界里，在教学过程中，只把学生当做一个“认知体”，忽视了对学生生活全域的观照，忽视了学生的生活体验，割裂了语文学习与现实世界的“血脉”，使得语文教学丧失了应有的生活意义和生命价值。情境教学重视开拓语文学习的疆域，将学生带入生活情境中去感受、体验、理解、领悟、表达，这就促进了儿童与人类社会文化之间生命精神能量的转换和创造性的生成，有利于学生完满精神世界的建构。

在中秋佳节来临之际，我们在课堂上补充教学了与月亮相关的童谣、诗文、故事。八月十五的晚上，我们将学生带到了家乡的母亲河——濠河边，以濠河夜景为背景，充分利用水上平台等场地，创设最佳赏月情境，开展中华诗文诵读活动，用月光洗涤心灵、陶冶美好情感、弘扬传统文化、增强民族记忆。我们将活动取名为“月色·水影·琴心”。我们先带领学生们在河边观赏天上、水中及树梢头的月亮，体会月到中秋分外明的美好情景；接着，让学生诵读课堂上学的古诗文，讲《嫦娥奔月》等神话故事，用家乡话说有关月亮的童谣，使学生体会到月光是最明亮的语言；然后，让学生边赏月边听《彩云追月》《春江花月夜》《月光下的凤尾竹》等曲子，倾听这流泻的月光，其后，我们引导学生对着月亮提问题、说向往，表达月亮带给我们的无尽思索；最后，大家一同品尝月饼，品味月光的味道。活动中，学生由天上最亮的圆月感受到了地上最美的生活。

当然，情境教学还强调引进时代的活水丰富语文学习的内涵。每年我们都要组织学生观看中央电视台“感动中国十大人物”的颁奖典礼，并将相关事迹材料和颁奖词收集后印发给学生作为语文课上的学习材料，引导学生领会这些人身上体现出的精神特质。在此基础上组织学生去寻找生活中的感动。学生们有的从学校守门的老校工身上看到了对工作的高度的责任心；有的从学校送水工扛着水桶上楼的背影上感受到了劳动的艰辛；有的从十字路口忙着指挥车辆的交警身上感受到了工作的辛劳；有的从晚回家时妈妈打开的那盏楼道里的灯感受到了母爱的温馨；有的从砖堆中冒出的小草身上感受到了生命的顽强……

语文与生活有着天然的密切的联系。情境教学强调回归学生的生活世界，带领学生到生活这一语言的源头去学习，这样学生学得的语言是与生活的景象紧密联系在一起的，因而更鲜活，更有意义，也更有价值。我们常常以语文学科为主导，联合其他学科开展主题性情境活动。这些活动丰富了孩子的内在体验和心智，拓展了他们生活与心灵的疆域，构建了学生与世界之间全面丰富、生动活泼的意义联系。

总的说来，情境教学主张从儿童出发的，强调关注孩子的一生。这就要求我们教师，尤其是语文教师，视野不能只有黑板那么大，视线也不能只有教鞭那么长，而必须时常仰望点什么，多看一些令人崇敬和感动的东西。我想，只有这样才能改变孩子的人生，也才能提升我们自己的人生。

课堂采风

小音符漫游记

[设计意图]

童话的宫殿是依靠奇妙的想象建成的，所以，本次习作我试图努力让每个孩子都成为一只自由自在的想象鸟。在设计时，我主要是从以下三个方面入手的：一是伸张飞翔的翅膀。在课的开始给出一个有趣的开头，出示小音符的卡通图案，试图通过这样的方法让学生调整好起飞的姿态与心态。二是拓展飞行的天空。在教学过程中我引导学生想象小音符可能会去哪些地方，在那些地方做什么，以此尽可能大地开拓想象的空间。三是助添飞升的力量。在具体想象小音符在某个地方做什么的时候，通过指点让学生的想象更深入、更形象、更美妙。

[教学重点]

引导学生自由充分地展开想象。

[教学过程]

一、揭示童话人物

我们不少同学特别爱读童话，也特别爱编童话。在这节课上，我们一起来编个童话故事。同学们一定想问，这次故事的主人翁是谁呢？瞧，就是它——小音符。（出示小音符的卡通形象）

二、导入童话故事

那么，这小音符身上究竟发生了一个怎样的故事呢？这个故事又是怎么发生的呢？请听我一一道来——

有一次，音乐老师正带领同学们练声。“咪咪咪——吗吗吗——”同学们聚精会神地练着。可是，练的时间一长，音乐书上的小音符不乐意了，它们觉得这样的生活太单调，太无趣了，简直难以忍受。于是，它们便趁着老师和同学们不注意，悄悄地从音乐书上跳了下来，神不知鬼不觉地从音乐教室的门缝里钻了出去。老师、同学们依然在一板一眼地练声，谁也没有发现从书中出走的小音符。

［点评］选取小音符作为学生想象的对象，一是因为音符来自学生的生活，他们比较熟悉；二是因为小音符的灵动，客观上可以给学生提供较大的想象空间。而给出故事的开头，则意在一下激发学生的兴趣，力求取得先声夺人的效果。

三、想象童话情节

(1) 那么，离开了音乐书，离开了音乐教室，小音符会到哪儿去呢？

(小音符来到操场上、教室里、广场上、森林里、小河边、小朋友家，等等)

(2) 在小音符漫游途中又有着怎样的经历、奇遇呢？今天这节课上就让我们开动脑筋，张开想象的翅膀想一想，写一篇《小音符漫游记》。

(3) 小音符离开音乐教室后来到了哪里？就让我们先说说小音符到操场上以后所经历的事吧。(小音符可能会来到学校的操场上。也许此时操场上正进行着一场紧张激烈的篮球夺冠赛。场边，同学们的加油声此起彼伏，小音符深受感染，加入了拉拉队的行列，为场上的队员呐喊助威。也许，操场上同学们正在排练集体舞，大家正为缺少伴奏音乐而发愁呢，小音符见状立刻奏起美妙的乐曲，同学们越跳越有劲，越跳越高兴……)

(4) 那么，在教室里小音符又做了些什么呢？(小音符可能会来到教室。也许，这时同学们正在朗读一篇优美的抒情散文，小音符马上给同学们配上了一段曲子，在音乐的渲染下，同学们的情感被激发了出来，一下子读得好多了，大家都非常感谢小音符的帮助。也许课堂上同学们正在写作文，许多同学因思路不畅而皱起眉头，小音符立刻奏起了一段轻音乐，在舒缓的乐曲声中，同学们的眉头渐渐舒展开来，“沙沙”地写了起来……)

(5) 出了学校，小音符又会去哪儿呢？在那儿又发生了什么事儿呢？

请同学们前后四人一组交流一下。

学生小组交流。

（6）谁来说说在你的想象中，小音符来到了哪里？做了些什么？

生：离开喧闹的城市，小音符也许会来到郊外的田野上。此时，田野里一片丰收的景象，高粱红了，棉花白了，麦田金黄，农民们挑着担抑制不住内心的喜悦——或唱着山歌或喊着号子在田间忙碌，小音符便和着农民伯伯们的旋律与他们一同欢唱。

生：小音符也许会来到森林里。它们被一阵阵悦耳动听的鸟鸣声所吸引，过去一看，原来这儿正在进行鸟类演唱比赛。小音符为鸟儿们伴奏，于是，鸟儿们的歌声显得更清脆更甜美了。

生：我补充一下，比赛结束后，小音符不禁有些口干舌燥，于是，它们来到小溪边喝了几口甘甜的溪水。

师：那么，小音符喝过溪水后，又会怎么做呢？

生：喝过水，它们拾一片树叶放在水面上，再跳上树叶在小溪里冲浪，一路上与溪水一同欢快地歌唱。

生：它们会一个猛子扎进溪水中嬉戏，和小虾聊天，教小鱼儿唱歌……

师：天色渐渐暗下来了，小音符继续飘游，它们还会到哪儿去呢？

生：它们在途中会被一阵叮叮咚咚的钢琴声所吸引，透过窗户，它们看到了一位练琴的小姑娘。可能是这一段曲子特别难，小姑娘怎么也弹不好，这令她十分苦恼。于是，小音符跳到了钢琴里帮助小姑娘。小姑娘终于将这段曲子练好了，女孩儿高兴极了。小音符也在琴中偷偷地乐。

生：小音符会被钟楼上“当当当”的钟声吸引住了，它们飞上钟楼，或抓着或骑着在时针和分针上玩儿。

生：或许，它们还会在钟敲响时调皮地多敲一下，与人们开个玩笑。大家还以为是耳朵听错了，而这时小音符却心中暗喜。

生：小音符被路上行人的手机铃声所吸引，钻进行人的口袋里探个究竟。

（7）除了上面这些地方，小音符还会去哪里呢？

（小音符还可能到果园，乘上火车，飞往大海，奔向太空……）

（8）小结：凡是你们的想象能抵达的地方，小音符都能到达。在写的过程中，我们应该注意，小音符这一主人翁的主要特点是与声音相关，所以在想象时应注意突出这一点。当然，小音符还有其他一些特点，如个儿小、分量轻等。如果我们在故事中能注意这些的话，就可以将故事编得更贴切、更生动、更有趣。

[在指导学生想象的过程中，我着力“引爆”学生的思维，拓展畅想的天空，体验想象的美好，使孩子们心中的小音符能飞得更远、经历更奇特。]

四、讨论开头结尾

编童话故事要注意交代故事的起因、经过、结果，将故事写完整。

我们这篇童话的开头除了可以从音乐课上同学们练声写起外，还可以怎么开头呢？

在你的想象中，这个童话的结局是怎样的呢？

（可以是小音符悄无声息地回到了音乐书上，同学和老师谁也没有发现小音符外出漫游的事，也可以是小音符就在那女孩儿家或是它们认为应该待的其他地方待了下来，等等）

五、自拟童话题目

这个童话故事，可以用小音符漫游记为题，也可以取其他题目，你打算取什么题目呢？（小音符历险记、快乐的小音符、神奇的小音符、小音符出游记、贪玩的小音符、小音符之歌、小音符找家、七个小音符、我是一个小音符等）

[点评] 每个题目后面都藏着一个独特的故事，让学生取题，正是为了凸显故事的独创性。

六、讲述童话故事

小音符所到的地方很多，我们在一个故事里不可能全部写下来，可以从同学们刚才所讲的小音符到的地方中选择一两个写下来。在写之前，我请同学讲一讲。

指明一至两位学生连贯讲述故事。

师生点评。

七、自编童话故事

同学们在编写故事时可以像刚才同学讲的那样写，不过，老师更希望同学们各自选择感兴趣的情节来写。写这篇童话的总要求是想象丰富、故事完整。下面，就请同学们写下你们心中这个有趣的童话故事。

写完后，请同学们自己读两遍，看看是否通顺。

[课后反思]

回过头来看这堂课，我感到童话写作成功与否的关键是想象空间的构造。在构造这一空间时，我觉得应该注意这样几个方面：1. 精选“良种”。选择什么样的事物、话题作为想象的对象，在某种程度上决定了最终想象所能抵达的境地。优良的想象之种是获得丰收的想象之果的保证。本课以小音符作为想象的事物为学生展开丰富的想象提供了可能。2. 搭好“藤架”。“藤架”的结构与大小，决定了“藤叶”攀爬的高度和铺展的广度。而“藤架”的搭建应该在教师的引导下让学生自主完成。本课在教学的开始就引导学生想象小音符离开音乐教室后会去哪里，每拓展一处地方其实也就开辟了一片想象的天地，拓展地方的多少影响着这次教学“格局”的大小。3. 播洒“阳光”。藤叶只有在光合作用下才能茁壮成长，因而在学生想象的过程中，我们应该多表扬、多鼓励，这样才能使学生乐于想象，而想象时的情感状态同样决定着“藤蔓”的茂盛程度。4. 催开“花朵”。在指导学生想象的过程中，教师还要善于捕捉课堂上的一些“生长点”，进行“打磨”，催开这些“花苞”，使其“绽放”。如小音符在森林里给百鸟伴奏，在小溪里冲浪、扎猛子等。有了这些美妙的“花朵”，师生共同构建的这个想象空间才显得更加美丽，也才会更有魅力。就这一课来讲，在想象的空间的构造方面无论是“结构”还是“节点”还远未达到理想的境界。

吴云霞

Wu Yun Xia

江苏省南通师范学校第二附属小学（以下简称“通师二附”或“二附”）副校长、江苏省特级教师、中学高级教师。崇川区学科带头人，师从著名教育家李吉林老师。三十年来，接受李老师情境教育思想熏陶，爱事业、爱儿童，并积极传播情境教育思想。参加了李吉林老师主持的“九五”、“十五”、“十一五”国家规划重点课题的研究，是情境德育课题主持人，曾应邀至北京、甘肃、上海、山东、浙江等地上示范课、作讲座，发表、获奖论文数十篇，为全国优秀少先队辅导员、江苏省“星星火炬”银质奖章获得者、省德育先进工作者、南通市优秀教育工作者。

成长之路

绿叶无声亦有情

题记：种子有了根，才会发芽；叶子有了根的供养，才会长大。所以，叶尖永远朝下——向着她心灵的方向呼唤：根啊，我永远将您铭记！瞧，您的样子，成了我血管的模样！

我知道，我只是一片叶子，一片绿色的叶子。是根，默默地把生命的触须扎进那片肥沃的土地，给予我养分；是根，高高地支撑起了树干的威严，给予我信念和力量。为了枝头绿色的希望，根，用自己博大的胸怀，盘根错节的强劲生命升腾起地面上那朵朵绿色的云。

这深深的根，就是我的恩师——李吉林老师；这枝繁叶茂的大树——就是享誉中外的情境教育。

无悔的选择

20 世纪 80 年代的第一个春天，我以总分第一的优异成绩于南通师范毕业。当时，摆在我面前的有两条路可以选择：一是去市区的中学当一名中学语文教师；一是去通师二附，拜李吉林老师为师。当时我与李吉林老师未曾谋面，但她的名字我早已如雷贯耳：全国首批特级教师，著名的语文教育专家、情境教育的创立人……我心中充满着对她的崇拜和仰慕之情。终于有机会同心目中的偶像零距离地面对面了。李老师微笑地挪过凳子，让我坐下，又微笑着问："你就是那个总分第一的同学？""你家住在哪儿？"……如唠家常般平和，李老师亲切和蔼，仿佛早已熟悉。李老师那么平易近人，没有一点儿"名人"的派头架子，如师长般坦诚，似亲友般和气。我顿感轻松，也就作出了这一生的抉择。

恍然间，我似乎明白，对同事或学生，要真诚、坦率，要尊重、平等，这样才能叩开一扇扇封闭的心门。童蒙初开，我的心中播下了绿色的种子。我充满了美好的憧憬，犹如枝头的嫩叶，追求生命阳光的沐浴，渴求雨露的滋润，只为了伸展心中那个永远悠长的梦……

在珠媚园里，在二附这块沃土上，我辛勤耕耘30年，无怨无悔，在心底千万次地庆幸自己选择了李老师，选择了通师二附，选择了一条通往教育成功的幸福之路！

雏燕展翅

从工作的第一天起，我就和李老师在一起，我天天看着她，暗暗地效仿她的举手投足。李老师上课时的表情、姿态，我都牢记在心，回家后对着镜子一遍又一遍地反复练习。镜子前，站着的是年轻的我；镜子后，仿佛是李老师亲切的笑脸。我悄悄地笑了，暗暗地对自己说：我一定要全方位地学习李老师，人品、师德、教学技艺……

工作后的第二个学期，学校安排我面对全市小学语文老师上一堂公开课。刚刚走上三尺讲台的我特别紧张，手足无措。是李老师微笑着拍拍我的肩膀说："别担心，我们一起努力，第一炮一定能打响，一定能成功！"我顿时感到有了主心骨，又充满了信心。以后的日子里，李老师大部分时间总是和我在一起。夜晚，漆黑的校园里，一间办公室透出明亮的灯光，犹如一双聪慧的眼睛，给人光明和力量。灯光下，是李老师手把手地和我一起分析、研究教材，设计教案，从教学目标到教学过程设计，从细节处理到教前准备，她的眼里熬出了血丝，嗓子也沙哑了，但依然放弃休息，和我一起备课到很晚……每次试教，无论多忙，李老师总是第一个坐在教室最前排。课前，她微笑地看着我；课上，她频频点头鼓励我；课后，她又站在教育家的高度，给我提出了许多宝贵的意见；以一个教育家的远见卓识，运筹帷幄，为我制定"作战策略"。事无巨细，她都牵挂在心，上课的服装、手势，甚至连一个小小的动作，都为我一一考虑周全。临上课前，她还拉着我的手给我打气："小吴，你准备得很充分，肯定能上好！"铃声响起，接触到李老师那满怀期待和鼓励的目光，刹那间，我抛开一切担忧，深吸一口气，自信而爽朗地喊出："上课！"……

转眼间，30年过去了。往事仍历历在目。每每想起这些，我的心头总会涌上一股暖流，触动着心灵深处那块最柔软的地方。李老师，您不是母亲，胜似母亲，把您的母爱无私地奉献给弟子，只求得我们的专业成长与个人发展。您说："我是一个播种者，也是一个收获者：思想的、情感的、事业的……"绿叶在根的滋养下，会肆意成长，茁壮旺盛，自由摇曳，一如我，吸收情境教育的丰厚养分，享受情境教育的醇厚情感，在历次的锻炼和磨砺中，在您的亲切关爱和呵斥下，我将和孩子们一起演奏出一支支最曼妙、最和谐的乐曲。

浪尖弄潮

南京师范大学郭亨杰教授这样评价李老师说，她的过人之处在于，她不仅自己充满探究精神，而且能激发学生的探究精神，使学生经常保持着一股积极探究的内动力。作为李老师的学生之一，我想，我应该是受益最多的了。

我工作的热情猛涨，内在的潜力被极大地激发。"德育情境"成为我开展情境教育研究的突破口。1990年，我又送走了一个毕业班后，主动向校长请缨：任教一个全校闻名的脏乱差班级。这个班级中，有号称"四大金刚"的小徐、小葛等同学，他们因不止一次留级，年龄大、个头大，谁的账都不买，家长也奈何不得。

接下来的日子，我全身心地扑在班上，知心姐姐信箱、班级读报长廊、小蜜蜂读书角、小队争先排行榜……创设浓郁的班级德育情境，将这群孩子的兴趣、热情和精力都转移到班集体建设中来。我又组织了丰富的活动：春天，我们一起走进田野，去看满地金黄的油菜花；夏天，我们泛舟濠河，感受家乡的美景；秋天，我们一起采橘子、摘葡萄，享受丰收的喜悦；冬天，我和孩子们一起打仗、堆雪人……操场上，回响着我们欢乐的笑声；田野里，留下了我们轻快的脚印……

我和学生的心贴得更紧了。"四大金刚"也渐渐地成了我的得力助手。我常常利用休息时间与他们谈心，有事没事找他们说说话，他们爱玩，我就陪他们打篮球、踢足球；徐刚的钢笔找不着了，我把自己的笔送给他；从来不做作业的程晨即便写了一个字，我也大张旗鼓地表扬，我告诉他写一个总比一个不写好；周末，我带他们来我家，一起包馄饨吃，叫他们给我的女儿讲故事……运动会上他们大显身手，夺得年级之冠，伸展蓬勃旺盛的生命能量，也大大鼓舞了班级的士气。

一系列的德育情境，正是将教育的视野无限扩大，将教育的形式多样转化，极大地调动了儿童的积极性，一旦儿童成为主体，德育过程就进入了一个良性的动态变化与发展状态。儿童会主动接纳知识，主动思考研究，主动操作训练，其主体的道德品质也会随之不断成熟、完善起来。

学期结束，我任教的这个班被评为校级文明班。我和孩子们一起把这块奖牌端端正正地贴在教室的最前方，教室里响起了经久不息的热烈的掌声。

李吉林老师说："教师应对孩子多一点宽容，多一点尊重，多一点关爱，应该给成长一点礼貌。"我满腔热情投入每一天的工作，把爱和智慧融入孩子们的心田。

那个骄阳似火的七月，班上学生个个合格毕业，如愿以偿领到了鲜红的毕业证书。当家长领着孩子与我告别时，他们有太多太多的感动、太多太多的激动。但我更想说，应该感谢的是李老师，是她给予我方向，给予我智慧，给予我力量。

雅斯贝尔斯说："教育是一棵树摇动另一棵树，一朵云推动另一朵云，一个心灵唤醒另一个心灵。"摇动、推动、唤醒……其间，有热量在扩散，有情愫在弥漫，有种子在生根，有芬芳在吐蕊。绿叶，沙沙沙，交汇出一支美妙的森林之歌。

在李老师的带领下，我边学习、边实践、边研究，参与了李老师主持的情境教育"十五"、"十一五"德育课题的研究，担任了子课题研究的主持人：江苏省课题"野外情境课程的实验与研究"、"十五"课题"优化情境，提高德育的实效性"、"十一五"课题"儿童道德学习的实验与研究"。

在情境教育的理论提出以活动促进发展的主张后，我组织开展的一系列主题性大单元综合教育活动也逐渐成熟，成为一种有特色、有魅力、有品质、有实效的教育活动。

"我感动，我行动""我爱长江，我爱濠河""做长翅膀的小博士""爱心跨国界　真情助灾童""铭记历史　珍爱和平""中国近代第一城""情系汶川""迎奥运　讲文明　勤锻炼　争进步"……这些多姿多彩的活动，主题鲜明，与社会时代同行，与儿童生活贴近，畅想无限，欢乐无限。学生在活动中成为主人，他们激情投入，主动参与，对道德内化产生了巨大影响。

一路前行，一路思考。我采集思绪的火花，撰写了《主题性大单元活动的开发与研究》《让儿童在自主活动中成长》《班主任情感教育的重要载体》《大单元情境课程提升德育整体效应的实践与思考》《发挥大单元情境课程能动作用，提高小学德育的整体效应》《主题大单元情景课程的开发与研究》……或在全国、省、市级比赛获一等奖，或发表在《江苏教育》《中国德育》《中国教育报》《小学语文教学研究》等报刊上，组织开发了学校德育教材《中国近代第一城》《我和孩子的故事》《铭记抗战》《情系奥运》《祖国，我的母亲》。看着学生捧着这些书本，津津有味地读着，美美地想着，乐乐地做着，我喜从心中来。

在德育情境中，一切是那么自然，那么自在，恰似清风，恰如细雨，我慢慢地走进儿童的内心，走近教育的本真。我们在心底里生长出更多的自我追求，自我规范，自我约束，在心中恒久坚守那份对教育的承诺、对教育的激情、对教育的不由自主的爱以及对自己的一份期许。这些被教育、被孩子所召唤出来的东西，是真正的内心的愉悦，是教师生命幸福的源泉。

绿叶有情

如今，走进通师二附校园，你会看到，这里环境优雅，镜亭、珠媚园、情智楼，翠竹摇曳、鲜花绽放，鸟鸣啾啾，处处浸润着浓郁的文化氛围。“你为小草绕绕路，小草向你点头笑”这样的警示语都出自学生之手，楼道上一双双上行、下行标识的小脚印，也是学生利用双休日自发贴制的。学生讲文明，有礼貌，处处干净有序，人人谦让有礼。

走进我们的班级，门上是各班同学精心设计的班徽、班级口号，窗户挂着“优秀班级”的奖牌，教室里有图书角、生物角，一排排整齐的图书，一盆盆鲜艳的花草，无不昭示着班主任精心建设班级文化，班级已成为师生共同成长的精神家园。

2004 年，全国第 13 届班集体建设研讨会在我校召开，我精心组织全校 67 个班级向研讨会的领导专家开设了班会课，班会主题鲜明，有以

“扬起自信风帆”为题，有以“与心相约”为题，有以“诚信伴我行”为题……67个班级67个主题，内容的丰富，形式的多样，令与会代表耳目一新，大为赞叹。在总结表彰会上，全国班集体研究中心主任唐云增老先生说：“一个学校有如此大的气魄，对外全面开放，没有一定的功底和实力是不可能有这样的勇气的。”

和德育结缘，始于担任班主任、经历德育处主任、成为分管德育副校长，其间，更多的是繁杂、琐碎还有烦恼。然而，我时刻提醒自己：能否离教师近一点，再近一点，更近一点，从而帮助每一个教师体验这种教育的幸福呢？细致、亲和、踏实，逐渐成为我的工作作风，轰轰烈烈不是我的本意，实实在在的收获才是我的追求。

没有得失可以计较，没有荣辱可以在意。随着年轮悄无声息地递增，我和伙伴们过着绿叶一样的从教生活：春天嫩绿，夏天肥美，秋天变黄，冬日飘零——回归大树地下的根。无需叩问明天的收获，我无悔的是，我做了我能做的，我尽力做了我能做好的。

30年，弹指一挥间。我不过是天地间至微的生命。然而，在我工作的时候，我思考过，行动过，也因此留下过点点印痕。即使是一片绿叶，无声无息，也有自己的位置，我依然会像叶子一样成长，哪怕化作春泥，让情境教育的大树更加茁壮、葱翠。

感谢李吉林老师，当年那个腼腆的小女孩，终于成为了这样一个老师；感谢情境教育，造就了一批批有美感、爱生活、富于创造的学生。

身后，是一片繁茂的树林。

绿叶婆娑，奏响了一曲动听的欢歌。

教研撷萃

主题性大单元教育
——促进儿童道德成长的思考与实践①

摘　要：活动是儿童的天性，是他们的素质、个性发展的根基。主题性大单元教育活动以德育为先导，以语文学科为龙头，以课堂教学为中心，以儿童活动为途径，围绕同一主题，将教育活动中的“相似块”有机结合，从各个不同角度，共同营造健康向上的氛围。多年来，“主题性大单元教育”进一步系统化、课程化，与生活融通、与学科联动、与时代精神紧密结合。学生在一次次的活动中，逐步形成了良好的道德品质。

关键词：主题性大单元；活动情境；道德成长

道德教育是当今社会人们关注的一个热点问题。许多道德失落的现象，尤其是青少年的极端行为一再引起我们的反思：学校究竟应该如何使道德教育从认知层面真正深入到儿童的内心，落实到儿童的日常行为中？

我校是李吉林老师情境教育思想的发源地，早在1990年，李老师就提出：“克服思想品德教育中抽象、空洞的说教方式。优化德育情境，激起儿童道德情感，动情晓理，并通过相关的社会实践活动，引导儿童践行，把知、情、意、行统一起来。”（《李吉林文集》卷三）当时在李老师的具体指导下，我们一方面在思想品德课上对学生进行行为训练，通过各种生活中道德情境的模拟，让学生活动其中，真切体验道德行为，培养道德情感和道德意识；另一方面，初步形成了一学期2～3次的“主题性大单元教育”模式。

所谓“主题性大单元教育”是以德育为先导，以课堂教学为中心，以

① 本文在成文过程中，部分观点参考了李吉林老师的《为儿童的学习》《情境教育的诗篇》《李吉林文集》等著作中的内容。

儿童活动为途径，围绕同一主题，将教育活动中的“相似块”有机结合，从各个不同角度，共同营造健康向上的氛围。这样，就能将分立的课程发生的影响进行优化组合，充分发挥并协调它们的功能。从教学到教育，从课堂到课外，从校园到校外，在特定德育目标的引导下，协调运作，相互迁移，相互补充，最大限度地追求教育的整体效益。

经过二十多年的实践、反思、发展，我们不但有了大量鲜活的“主题性大单元教育活动”案例，更归纳、总结出实施“主题性大单元教育活动”的有效策略：活动主题要富有道德内涵和时代精神；活动内容要能够覆盖比较宽广的学科空间；活动方式要注意贴近儿童的生活和兴趣；另外，十分重要的就是要确保学生活动主体的地位，即充分发挥学生的自主性与创造性。只有遵循了以上几条，良好的道德精神才能从不同学科、各个角度，以儿童喜爱的方式，通过他们自身的行动，不知不觉地内化为他们的情感和意识，从而收到道德教育的实效。下面就这四点具体地谈一谈其操作及意义。

一、明确主题，体现道德内涵及时代精神

“主题性大单元教育活动”是以德育为先导的，因此，主题的确定必须要体现道德内涵，也就是在活动设计之初就要有明确的道德教育目标，这样才能对整个活动起到道德引领的作用。例如，我们曾经举办过“情系灾区，我们共伸援手”、“喜迎奥运盛会　争当文明使者”、“我们爱祖国妈妈”、“节水，在我们身边”等活动。从这些活动的标题中就能看出其蕴涵的德育目标。再比如，“欢欢喜喜闹元宵”，指导思想就是要让学生了解、热爱祖国的传统文化；“走进科学王国，放飞童年梦想”则是让学生从小养成爱科学、求真知、有理想的美好品质。总之，这些活动的道德内涵，在活动前老师们就应该十分明确的。

在列举的这些活动中，可以看到“情系灾区，我们共伸援手”、“喜迎奥运盛会　争当文明使者”等主题具有鲜明的时代特征，与当下发生在社会生活中的重大事件有着紧密的联系。这也是我们在设计主题时特意考虑的。因为儿童虽然身在校园，可他们将来还是要成为社会的一员，对于这些富有重大意义的事件，他们不应该“不闻不问”，“一心只读圣贤书”，所以，我们应当让他们从小养成关注社会、关心他人的责任感。

2008 年 5 月 12 日，四川汶川地区遭遇了史无前例的 8 级地震，很多

房屋在瞬间倒塌，很多生命在地震中消逝，很多人在等待着救助。这是一次巨大的灾难，但同时也应该让它成为使我们的孩子心灵受到震撼和影响的教育事件。于是，学校在第一时间组织开展了“情系灾区，我们共伸援手”的主题教育活动。大队部先在学校小喜鹊广播台播送了这一消息，并向全体少先队员发出倡议。接着，各班立即开展了“情系汶川”的主题班队会，交流、了解地震的严重灾情。晚上，布置的一项作业就是收看关于地震的报道。第二天，师生们纷纷捐款，全校共捐三十一万余元，以最快的速度送往红十字会，送往灾区。之后，每天的晨会大家都在交流最新的救灾情况。品德课上，老师带领孩子们重温救灾中涌现的感人事迹，学习官兵、志愿者们奋不顾身抢险救灾的忘我精神，感受众志成城的伟大力量。孩子们也从这些具体的事件中，领悟到中华民族自强不息的民族精神。科学课上，老师讲授地震原理，一起学习地震自救知识及灾后防护措施。作文课上，孩子们写下一篇篇感人的习作，一首首发自肺腑的诗歌，用文字表达对伤者的同情、对逝者的哀悼。他们有的感动于那份无私的母爱：地震中的母亲用生命拯救了自己的孩子；有的感动于解放军叔叔的不畏艰辛：整个晚上睡在寒冷而布满乱石的路边。孩子们用最诚挚的祝福，为灾民、为祖国祈祷。整个活动中，充满了浓浓的情意，师生都受到了精神的洗礼。

主题鲜明而富有道德内涵及时代精神的大单元教育活动，把儿童与社会联系起来。“神五”、“神六”成功发射，对孩子们来说不再仅仅只是一个重大的客观历史事件，而是通过“神六真神，英雄真棒”、“我是长翅膀小博士”这样的主题活动，成为儿童效仿英雄从小树立远大理想、探索科学奥秘的起点。同样，迎接奥运盛会的契机，则为孩子们养成文明礼仪习惯提供了推动力。孩子们就在这一次次的活动中触摸到客观世界、社会生活的发展和变化，并以主人翁的姿态亲身参与其中，为他们日后人格发展的社会化奠定了基础。

二、丰富内容，让学科与学科联动

“主题性大单元教育活动”之所以能够取得明显的效果，是有赖于它各方面影响力结合所带来的“力度”。叶圣陶先生曾指出，传统教育因为分立了的缘故，每种课程往往偏于一个境界，教育的最终目标却在种种境界的综合，就是说，使各个分立的课程所发生的影响纠结在一块儿，构成了有机体似的境界，让学生的身心都沉浸其中。因此，李吉林老师首创的“主题性大单元教育活动”正是围绕同一主题，拓展教育的宽度，将学科与学科联动起来，整合各科的影响力，增强教育力度。

具体地说，就是各科老师都来寻找与主题相关的课程资源，设计内容丰富的教学活动。例如，2008 年秋季，学校五年级组开展的“我们捧了个大丰收娃娃”主题性大单元活动。这个活动的出发点就是要让长期居住在城市里的孩子们走进乡间，走进田野，去感受“丰收”这个金秋特有的美景，体会农民劳作的艰辛、丰收的喜悦和粮食成果的来之不易。于是，数学老师们带领学生来到如皋长青沙农场感受丰收的壮美景象。孩子们掏出准备好的皮尺、线绳，丈量农田面积，计算丰收数据，无不为粮食产量的巨大而惊叹。他们还尝试了推磨、称谷、碾米等农活，切实体验了一把“小农人”的力不从心。学校还邀请到农业局的专家，为孩子们做农业科普知识的讲座。而语文课上，关于农业新科技的科普文章的讨论更加热火朝天；作文课上，一篇篇构思新颖、想象大胆奇特的丰收童话作文层出不穷。美术课上，“未来丰收美景”的构想化作缤纷的图画，可爱的丰收节吉祥物纷纷“出炉”，节徽设计新颖精巧，一个个生动有趣的丰收娃娃创意无限；音乐课上，各民族轻快动听的旋律都奏出丰收的喜悦；体育课上，小“农民”们正摩拳擦掌训练着各项模拟劳动技能……孩子们完全沉浸在喜迎丰收的欢乐气氛中。多学科联动带来的是极其丰富的活动内容和孩子们多彩的创作成果。以丰收为主题的学生书画、摄影、日记、手工作品展，不仅吸引了全校孩子们驻足欣赏，还赢得了前来参观的领导、专家们的声声赞誉。

很多学生在日记中反映出来：通过这次活动，他们了解了家乡的农业新貌，农产品的来之不易，以及国家农业新科技的美好前景。这些都增强了他们热爱劳动、珍惜粮食的意识。道德教育的目标就在这一个个具体生动的活动作用下达成了。这再一次证明，德育不是靠说教、灌输，而是要靠潜移默化的影响。只有真正被儿童接纳的、认同的，才能够走进他们的心灵深处。情境教育的主题性大单元活动，正是充分利用了情境的影响力，从各个学科让学生获得丰富、多重的感受和体验，这样，他们形成的道德意识才不会是单薄的、脆弱的。

三、融通生活，激发儿童的兴趣

兴趣是最好的老师。情境的美、智、趣正是吸引儿童投身活动之中的关键因素。为此，我们在设计活动时，非常重要的一个环节就是思考：如何让活动体现美、智、趣的特点。我们从儿童的角度，揣摩儿童的兴趣和需要。儿童喜欢色彩鲜明的形象，儿童喜欢竞赛，儿童喜欢无拘无束的想象，儿童希望获得成功的体验……种种思路使得我们设计出符合儿童审美、需要的活动形式。

像三年级开展的“海洋之旅”主题性大单元教育活动中就有：模仿海洋生物游动、爬行的“海洋运动会”，这让孩子们在无穷的趣味中充分地活动了四肢。还有科学课上的走进海底世界、认识海洋生物，孩子们通过观察海洋生物标本，观看海底图片和录像，了解了许多深海异景和海洋生物的奇闻趣事，常常能够激起他们阵阵惊异的欢呼。《海底世界》《海底的冷灯》这些描写海底奇异景物的文章，则引起孩子们美妙的想象，他们仿佛在老师的带领下潜入了深海，探寻那里无尽的奥秘。还有不少同学画出了色彩斑斓的海底城市，唱起了《小螺号》等优美动听的与海洋有关的歌曲。有的中队则举行了海洋知识竞赛，发起了保护海洋环境的倡议。这些活动都深受儿童的喜爱，海洋的美丽富饶，海洋的神秘精彩都给孩子们留下了深刻的印象，直接促成了他们珍惜海洋、爱护海洋的愿望。

其实，生活中蕴涵着无数美的场景、美的事件，大自然中的趣味是无穷无尽的。主题性大单元教育活动的源泉就是周围世界，依托这个源泉我们可以给孩子带来许许多多的精神养料。儿童则在渐次认识周围世界的过程中，逐步感受生活的丰富多彩，培养起热爱自然、热爱社会生活的情感。

例如，春天来了，一二年级老师确定的主题是“我们在春天里聚会”。孩子们在课堂上学的是《春姑娘来了》《春雨的彩笔》《放风筝》《小蝌蚪找妈妈》这些美丽的、有趣的描写春天的诗歌、短文、童话；在校园里，在放学的路上，感受到的也是春天生机盎然、姹紫嫣红的美景。观察说话课上，他们在老师的带领下去小河边看柳树，看河里的小鸭子。美术课上，他们学画校园里的小花、小草。孩子们还制作了“小草青青，亲亲小草”等许多引导全校同学爱护花草树木的小警示牌，甚至有的班级的小朋友分成了小组轮流看护一片花圃或是草地。从课堂到校园到野外，构成了一个宽阔而多彩的春光无限的大课堂。

世界节水日期间，我们又引导高年级的学生关注“水”这个日常生活中最常见、最普通的事物，去作一作社会调查，看看自己家里、亲戚邻居家里每月的用水情况，有多少浪费现象，又有多少水是可以重复利用的。再让孩子们去网上了解水资源的现状，看看缺水地区的人们是怎样生活的。通过自己的亲身体验、查阅资料、调查了解，孩子们意识到水资源的宝贵和节水的必要性。他们有的制作了节水小报；有的举行了节水自主队会，用演讲、讲故事、表演小品等形式表达自己对节水的认识；还有的用绚丽的色彩、巧妙的构思，创作了节水宣传画，他们绘制的这些宣传画连起来达百米之长。更可贵的是孩子们还能在生活中提醒家人自觉节水，使学校教育的效应扩散到了家庭、社会。可见，如果我们很好地调动了孩子的积极性，他们是会自发创造出许多生动新颖的形式，进而更加深入地推动自我道德行为形成的。

四、引导实践，确保儿童主体地位

节水活动的案例已经可以使我们看到儿童潜在的智慧和自我教育的力量。这种潜能是非常可贵的，正是这种力量引导着儿童人格的逐步形成。我们的主题性大单元教育活动一直十分注重儿童的自主性。知情意行是一个完整的教育过程，彼此之间相互渗透、相互促进，而关键还是要落实到践行上。没有儿童的参与，没有他们的亲身体验和实践，就不可能有他们主观能动性的激活。只有确保了儿童的主体地位，让他们在情境中充分地活动起来，才能达到教育的最终目的。因此，在主题性大单元教育活动开展的过程中，处处可以见到孩子活跃的身影，以及他们智慧的显现。

黑板报的布置、教室的美化、吉祥物的确定、设计，都是孩子们自己动手、自己寻找材料完成的。“丰收节”上那些扎着辫子的萝卜娃娃、戴着帽子的南瓜博士、被掏空了瓤子的镂空南瓜灯，几个水果拼成的小熊、小狗，无不是孩子奇思妙想的杰作。在“我是长翅膀的小博士”主题活动中，六年级的同学在劳技课上学习了基本的“制作火箭模型”的方法后，自己设计制作出大大小小、各式各样的“火箭”，最大的一个有一米多高，旁边还配上了“推进器”。看着这个“巨大”的火箭，低年级的小朋友们都不禁惊叹、雀跃。元宵节操场上挂满了四年级孩子们自己做的灯笼，莲花灯、兔儿灯，纸糊的、雪碧瓶改装的，还有他们收集来的几百条灯谜，将这个传统佳节在校园里搞得有声有色、热热闹闹。

三月，结合学雷锋日和妇女节，我们引导孩子关心他人、体贴妈妈。就有同学在老师的带领下来到幼儿园，帮助小朋友穿衣、整理床铺、收拾房间，为小朋友表演故事，同小朋友开展游戏。而妇女节低年级的同学则为妈妈泡上一杯热茶，送上一句祝福的话；高年级的同学有的烧一样妈妈爱吃的菜，有的在劳技课上为妈妈织一条围巾。许多妈妈给老师写信，打电话，述说她们的感动。

十月，我们开展“爱祖国，爱家乡”的主题活动，让孩子们去收集资料开一个小小交流会。于是，他们从报纸上、电视上、网络上找来许许多多反映祖国发展喜人成就的数据；有的还下载了图片，翻出了老照片；还有的采访了爸爸、妈妈、爷爷、奶奶，了解过去到今天的诸多变化；甚至有学生来到家乡的港口，拍摄照片，采访那里的工作人员，询问家乡船舶运输货物的情况。

孩子们在实践中接触自然、了解社会、锻炼能力、进而获得了深刻的体验，领悟了其中的道理。正像李吉林老师说的：“情境作为人为优化的环境，其实质就是促使儿童能动地活动其中的环境。”

主题明确、内容丰富、形式多样、儿童自主的“主题性大单元教育活动”，每学期都会在各年级以及全校范围内展开。这一系列既生动又深刻的教育情境，对儿童道德品质的整体协调发展产生了巨大的影响。结合行为训练课以及各科教学中道德内容的渗透，六年下来，儿童全面、健康的优良品质基本形成。当然，德育工作是一项十分复杂而前景广阔的系统工程，随着时代的发展、社会的变革、价值观的日益多元，我们必将面临许多道德教育的新问题。这有待我们进一步的探索与研究。

课堂采风

长征精神代代传

为继承和发扬长征精神，红军长征胜利70周年之际，我们精心组织开展了“长征精神代代传”主题大单元教育活动，充分发挥主题性大单元教育活动主题鲜明、资源整合、全体参与、学科联动的优势，通过丰富多彩的活动，引导学生走进长征历史，体会长征艰辛，学习长征英雄，发扬长征精神，为孩子心灵矗立起一座永恒的丰碑。

一、营造氛围，了解长征历史

长征历史对于当今学生来说，显得遥远和陌生。因此，活动伊始，我们采用多种形式力求缩短这一心理距离和时空距离，让学生能身临其境地追寻长征的足迹，了解长征的历史。

我们以“红军长征”为主题，布置学校和班级环境，制作小喜鹊广播台和红领巾电视台的节目，在走廊过道间展示出触目惊心的长征历史图片，在课余时间播放具有穿透灵魂力的歌曲——《长征组歌》。利用品德与生活、品德与社会，以及晨会、班队会等德育课程，宣讲长征的历史背景，艰难历程和伟大意义；举办长征故事会、演讲会、诗歌朗诵会、知识竞赛。高年级学生还组织故事团到低年级宣讲；组织观看《突破乌江》《遵义会议》《大渡河》等长征题材的影视片，并引导中高年级学生写观后感；指导学生网上学习，查阅资料，高年级同学利用网上资料编印小报，组织长征小报评比。

浓郁的教育氛围，使人为环境—活动主题—学生心理产生契合和统一。学生置身在这一情境中，耳濡目染，激发起探寻红色记忆的愿望。长征精神也会鲜明地烙印在他们幼小的心灵上。

二、开发课程，感悟长征艰辛

主题性大单元教育活动特别强调学科联动和课程开发，通过围绕主题，统整教学，从而产生强大的教育合力；而且，学生活动只有与学科教学和课程开发相结合，才会有根基和依托，才能推进活动扎实有效地开展。因此，我们根据“长征精神代代传”这一活动主题，积极开发课程，开展教学。

语文学科重新编选了一组课文单元，低段：《我们也要当红军》《艰苦的岁月》《倔强的小红军》；中段：《菩萨兵》《草地夜行》《飞夺泸定桥》《丰碑》；高段：《长征》《彭德怀和他的大黑骡子》《金色的鱼钩》《三人行》。这些课文叙述了长征时期的背景以及红军战士勇往直前的可歌可泣的感人故事，在主题性大单元综合教育活动营造的浓郁氛围中，学生对长征背景和意义有了较为深入的了解，因而更能入情入境，品赏语言的意味和美感，形象地感悟长征路途的艰辛和长征精神的伟大。又由于是相关主题课文结合在一起，更能强化学生的感知和认识，使学生的情感在不断生成、抒发和蕴积中达到升华。另外，我们还注重开发课外阅读课程，向学生推荐一批长征书目，利用每周一次的阅读指导课，指导学生开展主题阅读，在阅读中品味，在品味中感悟，让心灵得到洗礼，让精神得到升华，并组织中高年级学生写读后感，交流读书体会。

中央红军长征历时368天，平均每天行军37公里，纵横11个省市，打过大小战斗300多次。为此，我们对原有教学内容进行了调整、补充和整合，开发出“数字长征”课程，从解读长征数据、了解长征历史、描绘长征路线、体会长征曲折、测算长征距离、感悟长征艰辛等方面，让学生通过算一算、画一画、测一测、写一写，触摸长征历史，烙刻红色记忆，感悟民族精神。

如低年级主要将长征的相关数据与长度单位的学习结合起来，让学生感受长征路途之远，历时之久。中年级则以长征行走的距离、歼灭敌军的人数等作为素材，进行多位数的认、读、写教学，同时，利用这些数据编写数学应用题，从而具体形象地体会到当时环境的险恶和生活的艰苦。让高年级学生制作从长征开始到结束人数变化的折线统计图；收集当年敌我兵力的数据，进行整理，制成条形统计图。“数字长征”课程的开发和实施，使这些数字不再抽象，不再冰冷，它们已被赋予了生命和情感，具有极强的穿透力和震撼力，不仅让学生在历史的情境中扎实地、灵活地、富有创造性地学习到相关的数学知识，而且让学生在思索、演算、操作中触摸到数字长征，经历血与火的体验，从而使这段红色历史烙刻心中，永不磨灭。

另外，在音乐课上，我们教唱《爷爷为我打月饼》等适合儿童学唱的歌曲，配以动人的故事，激起儿童对老红军的缅怀与敬仰之情；在电脑课上，我们带学生进入“纪念红军长征胜利七十周年”的专题网站，引导学生获取大量信息，让学生在广阔的时空中感受长征的艰难与伟大；在科学课上，我们重组教材，以红军长征途中的自然环境为重点，带领学生开展研究性学习；在英语课上，我们发动高年级学生搜集外国友人在长征途中的故事，编写教材，让学生体会“长征是地球上的红飘带”；在美术课上，我们指导学生设计一枚“长征胜利 70 周年”的纪念邮票或首日封，利用陶泥捏制红军艰苦环境中使用过的草鞋、水壶等随身物品。

三、指导践行，弘扬长征精神

长征精神内涵极为丰富，需要我们用整个心灵去领悟、去体验。对于小学生而言，我们觉得最贴近最重要的是在平时的学习和生活中弘扬不怕困难的精神，遇到困难和挫折，不退缩，不气馁，奋勇前行，战胜一个又一个“堡垒”。

在体育课上，我们模拟开展军事游戏，进行严格的队列训练、体能训练，让学生身临其境，体验红军严明的纪律、昂扬的斗志和坚忍不拔的精神。我们还结合秋游开展了模拟长征夜行军活动。六年级学生扮演小红军角色，凌晨四点半从学校出发，兵分两路，分别代表红一方面军和红四方面军，沿途创设了突破乌江天险、飞夺泸定桥、翻越大雪山、走过草地和会师吴起镇等典型场景，让学生真切经历长征艰辛的历程，用实际行动继承和发扬长征精神。

学生活动感言

二万五千里长征路，红军走了多少路，就流了多少汗！巍峨的雪山掩盖了革命烈士的躯体，却埋藏不了他们满腔为国为民的赤诚之心；茫茫的沼泽地吞噬了革命烈士的身躯，却掩藏不住他们的信念；如雨的子弹夺去了革命烈士的生命，却夺不去他们的精神！他们是英雄，他们是路标，他们是丰碑！可歌可泣的事迹，可赞可叹的信念，可敬可畏的军魂！我能不被他们感动、不被他们震撼吗？他们是永恒的，因为信念永存，长征的精神永存！

——小越

家长感言

参加了孩子学校开展的“纪念长征七十周年”主题活动后，感慨良多。本来孩子回来邀请我去参加，我心里还直犯嘀咕：长征别说这些孩子了，就是我们了解得也不够多。学校开展这类活动离孩子的生活是不是太远了？

不过，我想错了。来到学校，我发现操场上摆放了各种器材，孩子向我介绍：“妈妈，您看，这里是瑞金，红军长征的始发地；那里是乌江，红军强渡乌江，到达遵义，开了著名的遵义会议；那是赤水，红军四渡赤水，损失惨重；那是大渡河上的泸定桥，妈妈，《飞夺泸定桥》你们小时候学过吧？然后红军过草地，翻雪山，妈妈，您知道吗，夹金山终年积雪，空气稀薄，我们学过一篇课文《丰碑》，可感人了！那个终点就是吴起镇，在那里红军胜利会师……”

听着孩子如数家珍的介绍，看着孩子流露出的崇敬眼神，我知道孩子对长征的认识是深入到心底里的。在他的心中，长征不再只是一个遥远的事件，这里有牺牲，有感动，有苦难中的勇气，有对理想执著的追寻。也许因为阅历尚浅，孩子并不能完全领会其中的残酷，但是我们不都是经历过年少时光革命理想主义的阶段吗？我们不希望孩子在生活中经历苦难，但是希望孩子有迎接苦难的心理准备，有战胜苦难的坚定决心，也有直面人生的勇气和能力，这些正是学校开展纪念长征活动的真正目的吧。

——小颖

黄美华

Huang Mei Hua

江苏省小学音乐特级教师，全国模范教师。1987年分配到南通师范学校第二附属小学（以下简称“通师二附”或“二附”）从事音乐教学工作，本科毕业，中学高级教师。全国科研型教师、江苏省优秀教育工作者、南通市专业技术拔尖人才、“226高层次人才培养工程”中青年科学技术带头人，2008年获南通市园丁奖，是南通市中小学名师第一梯队培养对象。1997年获南通市音乐教师基本功大赛总分第一，1998年在江苏省优课评比中获一等奖第一名，2002年参加全国基础教育示范课比赛获一等奖。参加小学音乐教材及教参（大纲版、国标版）编写工作，任分册主编。独立编写的《小学音乐综合活动》第一、第二册，已由江苏少年儿童出版社出版。

成长之路

乘着歌声的翅膀

每当有人问我，你在哪里工作？我总会很自豪地说：江苏省南通师范学校第二附属小学，和李吉林老师在同一所学校。我觉得在南通师范第二附属小学这所百年名校工作，是我的幸福。和李老师在一起工作是一件很自豪、很光荣的事情。

一

1987 年，我以全部 5 分的成绩从师范学校音乐班毕业，来到二附小当了一名音乐教师，开始了我的教师生涯。那一年，我 18 岁。

当时，李吉林老师正在进行情境教学实验，其他老师也都在课堂上使用情境教学法。在老师们精心创设的情境中，孩子们仿佛被施了魔法，专注、投入、动情，我用仰慕的眼光看着老教师们那井然有序而又热闹非凡的课堂。

1990 年，学校成立了青年教师培训中心，中心的导师就是李吉林老师。我们在李老师的带领下，练书法、画简笔画、读书、写文章。每年的寒暑假，和孩子一样要完成一定数量的“假期作业”。新学期来到了，大家将自己的作业展示出来，李老师给我们评奖，发奖品。一个小小的圆形镇尺，是我荣获一等奖的奖品，我一直珍藏着。几年下来，我真的觉得自己进步了，字写得大气了，文章发表了，上课时随手拈来的简笔画让孩子们惊叹：“老师，您画得真好。”这一切得益于我们的“青培中心”，这里有一整套培训教育的规划和体系，使每个老师都得到最优化的发展；得益于李老师的人格魅力，因为李吉林老师的影响力，很多专家学者慕名来到南通，走进了通师二附，和二附的老师们面对面，使我们有机会站在大师的肩上远眺；得益于学校领导的支持，当时学校很困难，领导们全力支持，挤出钱让我们外出学习、自我发展，使大家一直走在教改的前沿。

李老师经常鼓励我们要挤时间学习，不断充实自己。1991 年，我以总分第一的成绩考入了南通教育学院音乐大专班，冬练三九，夏练三伏，我以优秀毕业生的身份从学校毕业。当师范大学开始对小学教师招生的时候，我又考取了南京师范大学音乐学院。本科函授，给我打开了一个更加宽广的天地，博学的教授、丰富的资源、严谨的学风，让我知道音乐的学习永无止境。

二

我潜心研究课堂教学，针对不同年龄段儿童的认知规律，精心设计组织教学，鼓励低年级的孩子在唱游课中创编动作，用“跳五线谱房子”、“给小音符家送信”、“钓鱼”等生动有趣的情境活动来学习五线谱知识，大力倡导“与众不同”和“表现自我”。让中年级的学生竖笛和合唱同时起步，利用迁移的原理，让学生用吹竖笛的气息来唱歌，用唱歌的感觉来吹竖笛，孩子的歌声越来越悠扬，笛声越来越有韵味。在高年级的音乐教学中，我特别注重学生学习方法和思维方法的培养，音乐文化的涵养，我将学习内容分成若干个单元：如“京剧的研究”、“让世界唱响江苏民歌”、“我最喜欢的一位音乐家”等，鼓励学生自由组合，进行研究性学习。此外，我还积极改革考试方法，将竖笛考级、小组音乐会、知识竞赛等生动活泼的形式带入课堂，孩子们爱上了上音乐课，音乐课成了孩子们的最爱。在学校关工委组织的评选中，我也多次被评为“孩子最喜欢的老师”。

虽然上课有了很大进步，但是，每次参加教学比赛，都与一等奖无缘。经常屈居二等奖，让我很受伤。

1997 年 6 月，学校派我参加南通市音乐教师基本功大赛，为了在比赛中取得好成绩，我给自己制定了一套满负荷工作时间表：白天在学校利用课余时间准备教案，试教，晚上回家再练习基本功，钻研理论……吹竖笛是我的弱项，可以说几乎不会吹，加上孩子小，家务多，我常常半夜一两点起床，关紧门躲在厨房里吹。虽然自己作了充分准备，但是以往比赛“失败的阴影”一直笼罩着我，我向学校领导和李老师说出了我的担忧。基本功比赛安排在晚上 7 点钟开始。12 月的南通非常寒冷，从学校直接赶来的吴校长用一只烤红薯充饥，陪我到比赛结束。在教学比赛的时候，李吉林老师放下手上的工作，拿了一条板凳坐在教室的后面听我上课，给我鼓劲。这次比赛，我获得了总分第一以及声乐、钢琴、竖笛、上课四个单项都是第一的好成绩。

1998年，我执教《走近贝多芬》一课参加比赛。这节课在全市获得第一名，在江苏省获得第一名，录像课在全国基础教育示范课比赛中获一等奖。记得在南京力学小学上课的时候，所有的评委老师都为我鼓掌，说我上得好——一个小学教师能把贝多芬讲得如此感人，真不简单。

评委老师认为我的身上有一种气质，一种难能可贵的“音乐气质”。我知道，这种音乐的气质来源于读书。课前，我阅读了世界各国文学家撰写的各种版本的《贝多芬传》，从哲学的高度重新关注贝多芬苦难而辉煌的一生；用音乐鉴赏家的眼光从贝多芬的音乐曲库中采撷了最璀璨夺目的“花朵”呈现给我的学生；结合学生的身心发展规律将小语课本上的《月光曲的传说》和空灵纯美的钢琴奏鸣曲《月光曲》融合在一起作为新课的导入；最后，请学生用二百多年前贝多芬的音乐作背景，设计主题活动：孩子们噙着热泪，怀着对“乐圣”的景仰，对和平的企盼，唱着圣洁的《欢乐颂》，感情也随之升华。

成功的体验让我更加坚信自己当好一名音乐教师的选择。当一名好的音乐教师，不仅需要扎实的专业技能，更需要高尚的师德和深厚的文化底蕴。这就需要不断学习，不断充实和完善自己，完善学科文化的建构，完善学科知识的建构，完善其他学科知识的建构，完善自我人格素养的建构。只有这样，才能成为孩子精神世界的领航员。

三

自己成功了，不忘记给予我无私帮助的领导和同事们。没有他们的帮助和支持，我不会成功；没有二附这个一流团队的支撑，不会有如此丰硕的成果。

自己成功了，不会忘记我是这个一流团队中的一员，我要以自己的努力为这个团队增光添彩。

我是学校音乐学科组长，时刻把学校的音乐教育教学工作放在首位。学校的艺术活动开展得红红火火，每年有很多的演出、比赛任务和重大活动的献词任务，每次我都积极踊跃地承担下来，利用课余时间和双休日休息的时间进行排练，圆满出色地完成任务。通过我的努力，“百灵鸟合唱团”在省市获得很多的一等奖，多次被市委宣传部等单位邀请参加大型文艺演出，且节目放在首要位置。我辅导的学生获全国、省、市一等奖的达二十余人次。每年一次的校园艺术节是我最忙的时候，组织学科教师评选校园“十佳歌手”、“十佳小舞蹈家”、“十佳演奏家”，在“六一”节期间进行表彰。活动的高潮是我组织学校艺术团的孩子献演一台精彩的文艺演出，为了使演出顺利进行，我总是在前一天的深夜来到演出现场，和工人一起装台、协调，等全部就绪，我才放心。当太阳升起来的时候，我又精神抖擞地投入到演出当中。到今年，艺术节已成功举办了十届。本学期，我们承办的“南通市‘2+1’现场推进会”、“国际汉语推广基地活动——南通论坛”、“省区域教育现代化验收”、“国家教育部艺术教育调研”等几次大型现场会，都以节目精致、学生艺术素养高、参与面广等特色，给众多来宾带来了震撼，留下了深刻的印象。

“一枝独秀”不是我的追求，我期待的是“百花齐放春满园”。音乐学科有12位专职教师，无论谁上课都特别喜欢找我帮忙。我白天的时间奉献给了学生，晚上和同事们挑灯夜战，一遍遍听试讲，修改教案，八点到凌晨都是我的回家时间，我的丈夫也很忙，年幼的女儿只好陪妈妈一起工作。近年来，辅导青年教师参加江苏省音乐学科比赛获一等奖6人次，如陈耀华老师获江苏省音乐优课评比一等奖，李丹老师获江苏省说课比赛一等奖，黄缨岚老师获江苏省音乐录像课比赛一等奖，蔡华翔老师获江苏省教师技能大赛一等奖，刘维娜老师获省“教海探行”论文比赛一等奖，并应邀参加现场课展示，《走进摇滚》获一致好评。学科所有老师都已经获得南通市音乐学科比赛一等奖，音乐学科每年都被评为学校优秀学科，连续两届获得崇川区优秀备课组称号，我和李丹、刘维娜、姜陈晨、陈耀华等徒弟被评为南通市的优秀师徒。

四

比赛的成功让我站到了一个更高的平台。1999年，我被省教研室邀请参加新版小学音乐教材的编写工作，和南京师范大学的邓林教授主编七、八两册教材，并撰写了中高年级的教参达五万余字。2002年起，又担任了国标版音乐教材的分册主编。省教研室多次邀请我对省内外的音乐教研员和音乐教师作讲座，因为我来自一线，所作的讲座深受大家欢迎，许多想法被大家称为“金点子”。南通师院、南通师范学校、市教研室等单位也十余次邀请我为大学生和在职教师上课、作讲座。2004 年 1 月，我独立编写了《小学音乐综合活动》第一、第二册，由江苏少年儿童出版社出版。

国家新一轮基础教育课程改革浪潮迭起，我没有满足于自己已取得的成绩，也没有局限于教材文本的束缚，而在乡土文化中寻找资源，将南通号子——这一下里巴人式的地方文化引入神圣的音乐殿堂，让它成为音乐课程资源，把学生引向本土，引向生活，引向淳朴，引向历史，给沉闷太久的音乐课堂吹来一股清风！为了使学生对地方文化有更深入的了解和理解，感受乡土文化的独特魅力，我还用南通号子的旋律作为基本素材，创作了民乐、交响、摇滚等不同风格的 MIDI 作品让学生欣赏，让学生扮演小挑夫、小农民感受劳动号子的韵味，然后，创造性地理解音乐，运用音乐美化生活。该课在南通电视台教育视窗作为“好课公开上”的第一课向全市市民播出。2004 年 4 月，我所上的音乐课《家乡的歌》被中央电教馆拍摄成录像在中央教育电视台播出。2007 年，为江苏省优质教育资源送教下乡活动，拍摄了 10 节音乐录像课。

所有这些成绩的取得，我觉得都离不开“情境”二字。“情境”让音乐教育熠熠生辉，它犹如一个巨大的“磁场”将孩子牢牢吸引，身临其境地参与各种音乐活动，满怀情感地表达对音乐的感悟。音乐情境教学极大地激活了儿童的心理潜能，唤起他们巨大的学习热情，孩子们轻松、快乐地获得音乐的基本知识和技能，了解音乐的历史和文化内涵，培养审美情操，促进了个性的完善和发展。

五

有人说，教师的成长在课题研究。早在 20 世纪 90 年代，我带领音乐学科全体老师就参加了李吉林老师主持的国家“九五”重点课题的研究，当时，我们的子课题为“儿童音乐审美情境的创设与研究”。该子课题被评为南通市教育科研重点课题。在结题活动中，我和学科老师一起出色地完成了向来宾展示学生音乐素质的任务，得到省内外专家的一致好评。由于我们的出色表现，省里将很多重大活动都放在我们学校进行。后来，我又参加了李吉林老师主持的“十五”、“十一五”国家重点课题的研究，从情境教学到情境教育，到情境课程，我在学习中实践，在实践中收获成功。我主持的子课题多次被评为优秀子课题，撰写的结题报告在省市论文评比中多次荣获一等奖。

教师搞科研的目的是为了解决教学中的实际问题，通过自己的研究切实提高课堂效益，让学生受益。

每年开学，我都喜欢将学生所用的教材拿过来研读一下，找到语文和音乐的契合点，为学生开发音乐课程资源，先后上了《古诗新韵》《音乐中的长征》《长江之歌》等课。一方面，借助语文学科的力量，缩短孩子的现实生活与音乐世界之间的距离，做到新课程所倡导的综合；另一方面，能够使孩子从不同的艺术角度感悟相同题材的教学内容，这样的结合给孩子带来的体验更加深刻，带来的震撼更加强烈。为此，我还申报了微型课题——“让音乐和语文手拉手”。

六

2004 年，我被评为全国模范教师，2005 年，我被评为江苏省小学音乐特级教师，2007 年，被破格评为中学高级教师，2008 年，被授予南通市园丁奖。我拿到的这些荣誉都是各级行政部门的最高奖，在南通市小学音乐教师中，我是唯一获得这些荣誉的老师。很多老师对我说：小黄，现在可以歇口气了。我自问，这么多年来，对于“荣誉”从没有刻意追求，拿到荣誉也不代表自己已经到达了顶峰，生命的意义就在于不停地攀登与超越。

当南通市教育局开始遴选名师第一梯队培养对象的时候，我也参加了，但是落选了。吴校长知道这个消息之后，非常着急。她找教育局，询问我落选的原因——论文的档次不高。知道了自己的薄弱之处，就找到了新的突破口——读书、反思、写作。在吴校长的努力下，名师团破例同意让我旁听。我非常珍惜这来之不易的学习机会，冒着酷暑参加暑期研修，完成外出讲学、上示范课等任务，刻苦读书写作，不断提升自己的理论素养。2009 年暑期，为了编写校本教材《京剧》，我自己购买了有关京剧的书籍和光碟，认真研读。从图文并茂的《中国京剧》《美丽的京剧》《声飞色舞——京剧密码解读》等书中了解京剧的历史，感受京剧的文化；从《京剧知识一点通》《传统京剧故事》等书中品味京剧是如何用自己独特的艺术方式来讲故事，提升人们生活情趣和品质的；从《梅兰芳传》《我的父亲梅兰芳》《程砚秋传》等书中，了解艺术家们为了艺术，为了创新，为了让世界了解中国国粹，刻苦钻研，历经千辛万苦的精神。

我还购置了一批京剧光碟，从经典的名家名段，到新编的现代戏；从卡拉 OK 到艺术讲解；从著名的四大名旦、四大须生的原声光盘，到为他们的原声进行的声配像，可谓“应有尽有”，就好比将众多优秀的艺术家请回家给自己当老师。我们认真欣赏，细心揣摩，体会京剧艺术独特的韵味和魅力。从一个京剧门外汉，变成了“小专家”，这使我在开展“京剧进课堂”活动时，有了底蕴和灵气。展示课《梨园撷英——走近旦角》先后在南通市京剧研讨会、名师团教学展示会上亮相，获一致好评。一位新加坡学生在听了我的课以后，给我留言：“谢谢老师，让我了解了中国京剧。”

南通市名师团给我们每位培养对象聘请了导师，帮助我们进入成长的快车道，帮助我们提出自己的教学主张，形成自己的教学风格。朱嘉耀团长和我的导师们根据我的情况反复斟酌，为我的音乐教学找到了几个关键词——主题性、情境、文化。虽然只是几个关键词，却为我的音乐教学打开了思路，指明了方向。我以此为契机，申报了课题——“小学音乐主题性文化情境课程的开发与研究”，被评为省“十一五”重点课题。在 2008 年《新课程》、2009 年《江苏教育》各发表了一万字的专版，阐述了自己的教学主张和教学思想。

《乘着歌声的翅膀》是音乐大师门德尔松的经典之作。音乐描绘了诗人带着爱人飞向美丽的幸福花园的美好意境。而我，回顾这 23 年的教育历程，又何尝不是在美、智、趣的情境中乘着歌声的翅膀，带着我心爱的学生，与同事们一起，用挚爱与深情，用执著与创造，跨过艰辛与坎坷，追寻美妙的音乐胜境，追寻迷人的教育风景，追寻生命的华彩芬芳……

教研撷萃

情境，为儿童的音乐学习插上翅膀

摘　要：情境，实质上是人为优化了的环境，是促使儿童能动地活动于其中的环境。在优化的情境中开发音乐课程，在充满美感和智慧的环境氛围中，让音乐与儿童的情感、心理发生共鸣契合，从而促进他们主动地投入音乐活动，激发儿童的音乐潜能，提高他们的音乐审美素养。

关键词：情境；儿童；音乐学习

音乐教育是一种与美感相结合的教育，是渗透于人的心灵的情感教育。那么，如何让这种音乐教育的美渗透到学生的心田呢？著名儿童教育家李吉林老师在1996年明确提出开发情境课程，又在2002年申报了国家“十五”重点课题“情境课程的开发与研究”。我们在李老师的引领、裹挟、搀扶下，参加了子课题的研究。

李吉林老师说：“情境，实质上是人为优化了的环境，是促使儿童能动地活动于其中的环境。”我们在优化的情境中开发音乐课程，在充满美感和智慧的环境氛围中，让音乐与儿童的情感、心理发生共鸣契合，从而促进儿童主动地投入音乐活动，激发他们的音乐潜能，提高其音乐审美素养。

一、情境创设，激发儿童音乐学习的兴趣

德国著名美学家席勒通过对游戏和审美自由之间关系的比较研究，在他的《美育书简》中，首先提出了艺术起源于游戏的观点，认为艺术是一种以创造形式外观为目的的审美自由的游戏。童心是天真烂漫的，童趣是发自天性的，席勒认为儿童天生具有这种游戏冲动。

实验组教师从身边的教材入手，通过创设生动有趣的游戏情境，让儿童在情境中彰显美好的天性，开发巨大的潜能。如教波兰儿童歌曲《粉刷匠》一课时，一开始教师就为孩子们设置了一个漂亮的颇具童话色彩的“节奏娃娃的家”，每天都能从里面传出美妙动听的声音，将孩子们带入情境，倾听声音，他们睁大眼睛，新奇地看着、听着，从节奏小房子里传出的节奏就是新授歌曲中要求学生掌握的节奏。教师问：“小朋友，谁能把这个节奏模仿出来？”学生或拍或读，很快地把这些节奏都反映出来了，在童话情境中进行与新授内容相应的节奏训练，既激发了学生的审美情趣，又为新授做好了铺垫。“世界是通过形象进入人的意识的，儿童年龄小，经验有限，生活中的形象再现得越明显，越具体，对他们的思想影响就越强烈。”儿童对音乐的感受与他们的生活经验是紧密联系在一起的，创设生动可感的生活情趣，调动儿童熟知的生活经验，让他们边想边活动，进入教师精心设计的情境中体验情感、训练技能。《粉刷匠》以轻松风趣的曲调和活泼幽默的歌词相配合，描绘了小粉刷匠愉快劳动的生动情景。为将这一情境再现出来，使学生身临其境地感受劳动的快乐以及与这种氛围和情境相应的节奏，教师巧妙地以“节奏娃娃的家”外面装饰得很漂亮，里面还没有粉刷作过渡，引导学生担当“小粉刷匠”的角色。“你们愿意为节奏娃娃帮忙，替它们粉刷房子吗？”“你想怎样刷呢？”有的孩子飞快地刷（×× ×× 刷刷 刷刷），有的孩子很有力地刷（× × 刷刷），有的孩子划着圈很仔细地刷（×— 刷—），儿童的积极性被调动了起来，想出了很多的粉刷动作。教师从他们的粉刷动作中提炼了节奏，然后，再让他们看着节奏谱将节奏用乐器或徒手反映出来。学生在这种担当角色的活动中成为学习的主体，为进一步理解歌曲、掌握技能奠定了基础。

儿童是最富有情感的，真情总是激荡在儿童纯真的心灵间，在客观环境的作用下，儿童很容易将自己的情感移入所感知的对象。情境教育正是利用儿童心灵上这一最宝贵的特点，最大限度地发挥了情感的纽带和驱动效应，利用移情作用，形成身临其境的主观感受，且在加深情感体验中陶冶情操。与此同时，音乐本是最富有情感的艺术。音乐的情感本性决定了音乐教育中创设情境以发挥情感的驱动作用的最大可能性与必然性。

二、情境涵泳，促进儿童音乐文化的感悟

“主题性大单元活动”是李吉林老师很早就倡导的，她提出“学校各科以德育为主导，把思想品德教育渗透到各科教学中去，同时把语文教学与思想品德、班队会、野外教育连成整体，带动其他学科进行主题性大单元教育，每学期2～3次。”“主题性大单元活动”就是在一个大主题的引领下，各科“协同作战”，这种不同活动空间的教育的一致性，提高了教育的效应，真正做到了让儿童整个身心沉浸其中。儿童在各科教师为他们精心创设的主题性的情境中激情投入、充分活动。教师也在最大限度地发挥自己的聪明才智，一个个充满才情的活动方案应运而生，一切来得那么自然、顺畅，丝毫没觉得是负担。

记得在主题性大单元活动“我爱长江，我爱濠河”的活动中，音乐教师也不甘落后，先用河南民歌《编花篮》的音调填词创作了《夸家乡》的歌曲让学生演唱：“夸，夸，夸家乡，我的家乡在南通，生我养我是南通城，我是地道的南通人……”孩子们在异地民歌的旋律中，尽情地表达着对自己家乡的热爱，可能是因为曲调流畅，歌词朗朗上口，孩子们越唱越开心，嗓门也越来越大。作为音乐老师的我们，尤感不足。于是，教师在乡土文化中寻找资源，从南通号子——这一地方音乐文化形式中获得启示，并通过创造性的劳动（收集、选编等），将这一下里巴人式的地方文化引入神圣的音乐殿堂，让它成为音乐课程资源，把学生引向本土，引向生活，引向淳朴，引向历史。同时，使得学生对地方文化有了深入的了解和认识，感受到乡土文化的独特魅力，最后，创造性地理解运用音乐美化生活。

音乐课上，教师从学生刚刚学习的江苏民歌入手，让学生尽情展示自己的研究成果，师生互动感受丰富多彩的江苏民歌，自然引到“这么多著名的江苏民歌中，没有一首是我们家乡南通的民歌”。在揭示本课课题之后，教师与学生一起欣赏南通打麦号子《嗨唔包》，并且让学生说听后的感受。其实，这正是培养学生对音乐的一种直觉性感受，直觉可以使人一下子直接触及事物的本质。事实上，学生听后感受到南通号子的“土”味——一种乡土文化的质朴、原始和野性。接着，通过语言创设情境，让学生分别以“打麦手”、“小纤夫”、“小挑夫”的角色，在模拟的劳动情境中体验号子的产生及其变化。多种形式的感受，学生情不自禁地进入到

洋溢着浓郁乡土气息的地方文化氛围里，他们对南通号子有了更深刻的理解和体验，对号子的感受也在这个过程中逐步强化着。他们感受到，人类劳动是滋生音乐文化最肥沃的土壤，理解了劳动和美，劳动和生活本原的关系，激发了学生对乡土文化的好奇、敬重和热爱。

美国音乐教育家萨帝丝·科尔曼在“创造性音乐教学”实验后发现：要满足孩子自然、本能的对音乐的渴望，在发展他的音乐感受力和音乐理解力的同时，给予他最大的快乐！孩子的快乐从何而来？从创造中来！音乐课除了培养学生的音乐素养之外，发展学生智慧、着眼创造性则是更高的境界。在这堂课上，学生兴趣盎然，激情四射，为什么？就是因为学生在经历着创造的欢欣过程。学生在欣赏和演唱了《南通号子》之后，教师又把学生的注意引到对歌词的创作中来。学生在聆听了“夕阳红”合唱团演唱的《南通号子》后，分组创作歌词，其中不乏对音韵进行了良好把握的学生、对歌词的优美进行了推敲的学生，学生的创造性在这里得到了充分的体现。

在学生对南通号子的旋律和歌词有了理解之后，教师没有因此停止不前，而是继续把学生引向深入，进行更为综合的创造性活动。教师先通过播放民乐、交响、摇滚等不同形式的南通号子，让学生感受音乐家的创造，强化学生的创造冲动。学生对音乐有着天然的领悟能力，特别对摇滚情有独钟，他们随着音乐旋律扭动起来，摇摆起来……此时，他们已经进到一种“不吐不快”的境地了。于是接下来学生带着对音乐的理解，创造性地运用音乐设计排练儿童版《相聚南通》的晚会，这个活动成为了学生创造的乐园！学生以小组为单位，改编创作着：他们让姑娘们踩着《南通号子》的鼓点跳享誉全国的《海安花鼓》；在交响版的《南通号子》中动情地吟诵着优美的《濠河漫咏》；在动感十足的摇滚《南通号子》中走起“猫步”，展示南通特产——蓝印花布……汇报表演充分展现了学生的创造性，尽显着他们的智慧和才情，精彩极了！

“情动于中而形于言，言之不足故嗟叹之，嗟叹之不足故咏歌之，咏歌之不足，则手之舞之，足之蹈之也。”在主题大单元活动中开发的音乐课程，让儿童全身心沉浸其中，加上从班级到全校到处弥漫着爱祖国、爱家乡的热烈向上的情感，促使儿童按捺不住热烈的情绪主动投入其中，尽情用音乐表达对家乡的热爱。

三、情境体验，提升儿童的音乐审美修养

卢梭在《爱弥儿》中说得好：“教学的艺术是使学生喜欢你所教的东西。”所谓“喜欢”，就是能够从中获得一种满足感、解放感、提升感。曾经在一节音乐课上听孩子循规蹈矩地演唱20世纪华人经典歌曲《让我们荡起双桨》，优美动听的旋律很难让现在“见多识广”的孩子达到兴奋极点。在音乐课最后，老师又播放了一首花儿乐队演唱的摇滚版《让我们荡起双桨》。这时，你再看孩子们，一个个从位置上站了起来，模仿着MTV中的歌手，双腿微微叉开，双手抱着他们想象中的吉他，像专业乐手那样有节奏地动情地扭动着身体，陶醉地“吼唱”起来……挪威音乐教育家布约克·沃尔德说：“摇滚它诉诸感官而又充满幻想，动心而又易变，粗犷而又反叛，热烈而又脆弱，天真而又热烈。它是追求绝对诚恳的娱乐，是青少年混沌的日常生活中所架起的一座沟通外部世界与内在世界的音乐彩虹桥。”

笔者认为摇滚音乐中的激情和快节奏，产生了能够喊醒孩子们内心世界的快乐音符。儿童具有好动的天性，追求绝对的自由。同时，儿童具有天生的鉴别力，他们知道自己什么时候应该把“它”弄清楚。也许很多人对于“摇滚”能否进入课堂持有异议，但是，当我们将这个课程开发出来，让儿童走进摇滚，他们在其中所获得的巨大快乐，是难以想象的。因为摇滚音乐的特点与孩子们的心理、个性如此相符，在摇滚乐中，孩子能够真切地感受自己从外在生理到内在精神与这种音乐的契合。

在江苏省“教海探航”论文比赛的颁奖现场，江苏省南通师范二附小的刘维娜老师，带领孩子去感受摇滚音乐的魅力。

她从自己家乡原汁原味的民歌开始，通过与摇滚版的民歌进行比较，将学生带入摇滚音乐的世界，揭示出课题。接着进入第二部分欣赏、介绍摇滚。孩子们在欣赏了著名摇滚巨星表演的摇滚时，仿佛领悟到了摇滚的表演方式，他们竟然也模仿歌星怀抱吉他、摇头晃脑的样子表演起来。接着，孩子们表演自己的摇滚。在孩子们欣赏了与他们一般大小的儿童表演的摇滚时，他们的创作激情达到了极点，他们手抱简易吉他，双腿交叉，像真正的摇滚乐手那样摇头晃脑、有节奏地扭动着骨盆，用摇滚歌手特有的粗犷的声音酣畅淋漓地唱起了他们童年的歌。

在音乐情境课程的开发中，我们超越课本、超越传统，用儿童的眼光看世界，追逐当代孩子的思维动向及热点，关注他们审美趋向的变化，开发了《初会琵琶》《和STOMP乐队打着玩》《我说流行歌曲》《我为家乡打广告》等一系列符合孩子生理和心理特点的、激动他们心灵的音乐课程资源。它是一种点燃的艺术，如同普罗米修斯从天庭盗来的圣火那样点燃起学生心灵的火焰，烧灼学生的感知、想象、思考，释放出感情的力量、意志的力量、智慧的力量、道德的力量，释放出自我实现的力量，有如一个强大的引擎，推动学生不停地提高、提升。

四、情境评价，使每个儿童都得到发展

通过考试评估学生学业水平，是学校教育的重要组成部分。传统的音乐考试是教师根据自己的意愿给学生打个分数，这种“去情境性”的评价随意性大，其单一性、终极性的弊端，严重阻碍了学生学习音乐的兴趣和素质教育的深入发展。教师通过音乐情境性课程评价资源的开发，让孩子在情境中考试，在考试中学习，使他们更加喜欢上音乐课，更好地促进了创新意识和实践能力的形成。尤其是国家减负通告中指出取消音乐期末考试，这种过程性、开放式、多样化的评价方法更加显现出它的优势。

1. 小组音乐会

传统的唱歌考核是一个一个地唱，学生显得呆板而被动；笔者则采取了小组音乐会的方法，鼓励全体参加，发挥特长，小组同学自己选择曲目和演出形式，唱歌、演奏器乐、表演音乐剧等，然后师生共同当评委，给表演的同学评等，评选出最佳节目和最佳表演者。

在孩子的心目中，考试变成联欢会，变成他们自由展示才华的舞台。他们在考前反复练习，你挑我的缺点，我说你的毛病，互相帮助共同提高。有的同学将搁置多年的电子琴搬出来，用不太灵活的手指练习为同学伴奏，希望能够在音乐会中出其不意地获胜。有的则带来了自己在校外学习的长笛、黑管、小号、萨克斯等，这些乐器平时学生只能从录像和图片中看到，现在亲眼看到自己的同学演奏，不由得从心里发出感叹：这个同学真能干。教师利用这个有利时机向学生介绍该乐器的一些基本知识，边演边讲，大家感到非常亲切，轻松地获得了很多知识。

小组音乐会还锻炼了一批小能人，他们先组织部分骨干出主意想办法，拿出演出方案，然后再组织全组同学排练，成为大家的“领头雁”。一些有特长的孩子也有了展示自己的舞台，为了能够再出精品，他们平时的练习更加自觉刻苦。小组音乐会对一些能力较弱的孩子来说是一次自我教育和提高，在这个过程中他们的歌唱自信心和学习责任感不断增强。小组音乐会还加强了学生之间的沟通和交往，他们在交往中产生思想碰撞，获得多方面的提高。首先是合作能力的提高，随着时代发展，“团队精神”尤显重要，他们在一起积极寻找适宜本组的考试形式和内容，然后共同努力一起完成。其次是对音乐的理解和表现能力的提高，在反复演唱中对歌曲有了更新的认识，积极主动地用自己的动作和声音诠释音乐。第三是师生在民主平等的氛围中轻松活泼地观赏节目，打分和评选最佳演员，不仅提高了学生的欣赏水平，也加强了师生间的沟通，使原本紧张的考试变成愉悦、充满情趣和创意的活动。

2. 竖笛考级

“考级”是当今社会的时髦词，专家们对此褒贬不一。我们将考级纳入竖笛教学中，确实提高了学生的兴趣和演奏水平，受到大家的欢迎。我们结合教学制定了学校的竖笛考级曲目，学期开始就将本学期拟达到的级别和曲目分发下去，集体教学、分层教学和自学相结合。让会吹的同学当组长，组员去组长那里通过，形成一个“考核网络”，对通过的学生打☆表扬，比一比谁的☆最多。每次音乐课后，孩子们都不愿意离开教室，争着向我报喜：“老师，我又会吹××曲子了。”“老师我可以通过×级了。”

通过竖笛考级，孩子们的演奏水平、识谱能力、表现能力和创作能力有了很大的提高。有的用竖笛创作曲子，有的用竖笛为同学伴奏，有的则将听过的流行歌曲或电视剧插曲用竖笛吹奏出来。学生们爱吹乐吹竖笛，“竖笛考级”已成为大家乐意参加的活动。

3. 知识竞赛

音乐基本知识的教学一直是教师头疼的问题。虽然采用很多方法，学生仍不感兴趣。将音乐基本知识和音乐欣赏的考核用小组知识竞赛的方式进行，解决了这一难题。为了使自己的一组能在班级中获胜，孩子们不仅主动地学习课本上的音乐知识，而且还找了许多课外书来阅读，如《名曲逸话》《音乐家传记》等，扩大自己的知识面。教师将本学期的知识点预先设置成分值不等的操作题和竞答题，将学生的座位排成电视中知识竞赛的形状，每组一件打击乐器作为抢答器。抢答题部分可以是听辨名曲主题、说出各种音乐记号的名称、音符的时值等，操作题可以是视唱、听音，按照要求创编乐曲或节奏，讲讲音乐家的故事或名言等。以知识竞赛的方法考核学生的音乐知识，是学生复习和探索新知的过程，也有利于帮助他们灵活扎实地掌握基本知识和技能，提高实际操作能力。他们主动参与，愉快应考，趣味答题，乐在其中。

当然，音乐情境性评价的方法还有很多很多。如低年级同学听音乐做动作，听音乐编故事；中年级同学为课文或诗歌选配合适的歌曲或音乐；高年级的同学则鼓励他们找自己感兴趣的课题作一些专题研究，如“××乐器的研究”，“×剧的研究”，一段时间后，将研究成果展示出来，让大家“资源共享”。情境性评价保证了儿童在音乐教育教学活动中的主体地位，他们在已创设的特定的教学活动中担当角色，显得那样的激动和快乐。

“情境课程是座富矿。”它让情境教育真正走入了音乐教学活动中，使学生在优化的情境中，如临其境地进入音乐语言所表达的情感世界，充分感受、细细品味，在情感的感动中，产生道德的力量，形成美好的情操。“情境课程是座富矿。”它让老师情不自禁地和孩子一起融入情境，将自己的情感倾注其中，自觉成为课程的开发者和创生者，开发出更多的教育资源，使孩子的心灵不断得到浸润、滋养，使自己的专业得到更好的成长。

课堂采风

过新年

（苏少版小学音乐第三册）

[设计意图]

《过新年》是一首热烈欢快、富有民族风格的歌曲。歌曲采用了汉族民间音调和秧歌舞的节奏特点，曲调欢快活泼，尤其是歌中模拟锣鼓音响的衬词“咚咚呛”的反复，为歌曲增添了热烈欢快的节日气氛，生动形象地描绘了孩子们喜气洋洋过新年的欢乐情景。音乐是最富情感的艺术，她在表达人类心声，抒发人们情感等方面具有不可替代的作用。在教学中，我力图创设生动可感的情境，为学生营造浓浓的过新年氛围，让他们在情境中学会演唱歌曲，用自己的“筷子鼓槌”敲出鼓和钹的“咚锵”声，在筷子的另一头系上彩带，踏着秧歌步舞动起来，表现热烈喜庆的情绪，愉悦身心。

音乐是一种特殊的文化符号，她凝聚了人类的智慧、才能、情感、天赋、人格等。新年是中国人的传统节日，凝结着中华民族悠久的历史和灿烂的文化，在课中，我将音乐纳入“年文化”的背景中，让学生在音乐中度过象征着热闹、团圆的新年。

[教学过程]

一、营造氛围，让学生主动进入情境

1. （播放《春节序曲》，在音乐声中老师贴春联——新年纳余庆　佳节号长春）

师：小朋友，老师在干什么呀？

生：贴春联。

师：人们喜欢在什么时候贴春联呢？

生：过新年的时候。

师：是啊，过新年了，人们喜欢把新年祝福贴在门上了。黄老师贴的这副春联是我国最早的春联，是五代的一个叫孟昶的人写的，距今1300多年的历史。我们一起来读一读。

生：（齐读）新年纳余庆，佳节号长春。

师：新的一年又接受新的福气，美好的节日叫春节，意味着温暖的春天永驻人间。

[点评] 本课是为江苏省小学音乐教材拍摄的一节示范课，当时正值盛夏，没有丝毫年的气息。如何为二年级的孩子创设情境营造浓郁的过新年的氛围，成为我教学设计中需要突破的第一个难点。李吉林老师说：情境是一种人为优化了的环境，是促使儿童能动地活动于其中的环境。它力图改变环境对儿童疏远性和敌对性。基于这样的认识，我预先在黑板上贴了一块白布，将绿色的黑板遮盖起来，然后粘上画着瓦片的卡纸，最后在屋檐下挂几个大红灯笼。在热热闹闹的《春节序曲》音乐中，教师贴出了我国最早的一副春联。简单的布置，让教室一下子有了“年味”；精心的设计，更是体现了教师的智慧和文化底蕴。李吉林说：儿童是通过形象认识世界的。教师通过模拟情境，让学生浸染在“过新年”的氛围中，获得真切的感受。只有感受真切，才能入境，才能激情。

2. 揭示课题

师：春联贴好了，还少一副横批。（老师贴横批）我们一起读一读。

生：（齐读）过新年。

[点评] 本课的课题“过新年”被巧妙地藏在春联的横批里。学生读春联，就是在朗读课题。教师精心创设的情境让学生沉浸其中，享受着过年带来的快乐。

二、情境学唱

1. 情境律动，体验年文化

师：过新年了，小朋友最开心。（播放《过新年》伴奏音乐，PPT展现过年的风俗图片：放鞭炮、包饺子、搓元宵、舞龙灯、舞狮子、扭秧歌、跑旱船……)

师：过年了，你们也穿上漂亮的衣服尽情地跳啊、笑啊，开心极了。现在，请大家跟着音乐将你们在新年中最喜欢做的事表现出来。

[学生在音乐声中表现自己过新年的样子，教师与学生交流，询问表现的是什么。提醒学生跟着音乐的韵律，提示情绪。]

[学生展示，师生评价]

[点评] 音乐是听觉的艺术。在情境中欣赏，调动了学生的情感活动。他们在音乐中自由想象，用律动表现自己是如何过新年，以及过新年的快乐之情。音乐又具有不确定性的特点，同样的音乐不同人欣赏会产生不同的感受，因此，音乐最能激发人的浮想联翩，激发人的创造性，伸展孩子的灵性。孩子们和着音乐的韵律放鞭炮、包饺子、搓元宵……体验着歌曲的情绪，表达着创造的快乐。

师：黄老师也想来参加你们的新年活动。请猜一猜，我在新年里最喜欢做什么？(老师随着音乐扭秧歌)

生：跳舞。

师：这种舞蹈叫“秧歌”。我们一起在音乐声中扭秧歌过新年，好不好？

[教师指导学生学跳秧歌舞，提示按照音乐的韵律做动作，在音乐声中尽情表达过年的快乐之情。]

[点评] 歌曲《过新年》采用了汉族民间音调和秧歌舞的节奏特点，热烈欢快。我们的孩子生活在南方，没有扭秧歌的生活体验。教师以“参加过新年活动”为由，跳起秧歌舞，让学生体验了音乐与舞蹈的巧妙结合。孩子在欢快、热烈的音乐声中借助秧歌舞，领略了人们过新年时载歌载舞、敲锣打鼓的喜庆场面，不仅多次聆听了歌曲，熟悉歌曲旋律，又为下一环节的节奏活动和学唱歌曲作了情感铺垫。

2. 在情境中学习认识打击乐器锣、鼓、镲，学习演奏锣鼓经

师：我们今天来学习一首新歌《过新年》。大家注意听听歌曲中是怎样来表现过新年的热闹和快乐的？

生1：我听出了鼓和锣的声音。

生2：歌曲中有“咚咚锵”的声音。

师：(出示鼓）这是鼓。我们来听听锣的声音（老师敲击)。歌曲中的什么声音是鼓发出来的？

生：咚。

师：过年了，大家敲起锣打起鼓，真开心。谁愿意来当敲鼓的小孩子？（邀请学生上来敲鼓，表现过年时的开心，同时引导其他学生倾听鼓发出的声音，进行模拟表现）

师：鼓的肚皮里空空的，圆圆的，我们一起将嘴巴张得圆圆的，发出一个好听的“咚”。

［老师敲击鼓，学生聆听，并用“咚”模仿出来。］

A. ×× ×× | × 0 |

B. × × | ×× × |

C. × × | ×× 0 | × × | × 0 |

［用同样的方法学习敲击锣和镲］

师：音乐中用锣和鼓发出的声音来表现——过年的热闹和人们过新年时的欢乐心情。锣、鼓、镲一起演奏发出的声音很强，能传到很远的地方。

［生模仿“呛、呛、呛”］

师：将锣鼓敲出的声音用文字的形式写出来，叫锣鼓经。乐队里的演奏家都喜欢按照锣鼓经敲击，我们也来当一名小小演奏家。

3. 用轻快有弹性的声音模唱锣鼓经，用筷子模拟鼓槌边唱边奏

［点评］ 李吉林老师说：活动是儿童的天性，是他们的素质、个性发展的根基。没有孩子的活动，就不可能迈出人生的第一步。静静地欣赏是音乐活动，热热闹闹地游戏更是一种音乐活动。在这个环节中，我仍然注重让学生聆听歌曲。通过聆听，发现歌曲蕴涵的锣鼓节奏，然后扮演敲鼓的小孩，敲击小鼓表现过年的开心和热闹。引导倾听鼓的声音，将嘴巴张得圆圆的，模拟鼓发出的“咚咚”声，学习歌曲中的锣鼓经。在老师精心创设的情境中，通过一环扣一环的活动，学生全身心地投入，伴随着情感主动地参与教学活动，进行音乐知识的学习和技能的训练。

三、跟老师模唱歌曲《过新年》

（1）欣赏老师范唱《过新年》。

（2）在这首歌曲中，藏着我们刚才学过的三段锣鼓经，听老师唱一唱。当听到锣鼓经的地方，就跟着节奏敲锣打鼓。

（3）跟老师模唱歌曲，努力做到轻快、有弹性。

（4）用师生接龙的方式检测学生学习情况。

（5）鼓励学生思考，用怎样的力度表现锣鼓经更好听？

如锣鼓经（1）（2）p；锣鼓经（3）mp——mf——f

四、合作表演，表现升华

（1）这首歌曲具有汉族秧歌的特点，演唱的时候，我们可以边扭秧歌，边将绸带（筷子的一头缠着彩带）挥舞起来。其他同学可以用筷子的另一头敲击锣鼓节奏为他们伴奏。

（2）学生分组讨论，按照角色练习。

（3）合作表演。（学生根据自己的愿望，扮演锣鼓队员或舞蹈队员。每个队员都要演唱歌曲）

[点评] 李吉林老师把活动看做是“主体与环境相统一的过程”。在教学的最后环节，让儿童将自己过新年时，敲锣打鼓、放鞭炮、贴春联等亲身感受表达出来，他们在情境中自由活动，施展天性，释放蕴藏的情感和智慧。在这个环节创设情境，有效地激发了学生感受美、表现美、创造美的情趣，获得了更加丰富的情感提升。

[课后反思]

我一直在追寻一种迷人的音乐教育的胜境。在这个胜境里，孩子们学得兴致勃勃，音乐的素养和气质不断提升；在这个胜境里，教师们教得不知疲倦，在学生进步的同时，自己的专业也得到很好的发展。这个胜境其实就是音乐教师精心创设的情境，在这个胜境中的音乐课充满了“浓浓的音乐味”、“厚厚的文化味”、“甜甜的儿童味”。

一、紧扣学科特点，让课堂充满浓浓的音乐味

音乐是听觉的艺术。有专家说，歌曲不是教会的，是听会的。音乐教师的作用就是设计不同的活动让学生去关注音乐、欣赏音乐，也就是说要解决好两个问题：“听什么”和“怎么听”。在本课中，教师创设过新年的情境，让学生跟着音乐将自己在新年中最喜欢做的事表现出来，孩子们放鞭炮、包饺子、舞龙灯……忙得不亦乐乎。歌曲是二拍子的，非常适合

律动，孩子们在律动中欣赏、表现，对歌曲有了初步了解，这是第一次“听”。《过新年》采用了汉族民间音调和秧歌舞的节奏特点，虽说南方的孩子没有这样的生活体验，但教师在歌声中“扭秧歌”，请学生猜“老师最喜欢做什么”，然后师生一起扭秧歌迎新年。这是第二次“听”。这首歌曲虽然短小，但音乐极富特色——在每一句歌词后面都要加上一句“锣鼓经”，更加增添了过年的热闹气氛。教师请学生聆听锣鼓镲敲出的节奏，并随着鼓声将节奏表现出来，然后配上歌曲一起演奏。这是第三次“听”。在情境中多次聆听，使学生全身心投入，不仅熟悉了歌曲旋律，也为进一步学习歌曲作好了情感铺垫。

二、挖掘文化内涵，让课堂充满厚厚的文化味

美国华盛顿大学的坎姆·贝尔教授认为，学习音乐不仅仅是学习音乐的本身，更是学习一种文化，其中蕴藏在音乐背后的对人类影响深远的文化。因此，我们的音乐课要善于挖掘音乐作品中的文化内涵，以文化为“源泉”，让音乐课散发“厚厚的文化味”。拍摄这节课的时间是在夏天。教师精心设计，通过音乐渲染，在黑板上添加瓦片、对联、灯笼等，创设过年的情境，使学生一下子感受到了年的气息。一幅一千三百多年前的春联让孩子们感受到了中国文化的源远流长。更加巧妙的是，教师将课题嵌入横批中，让学生在情境中不知不觉地受到中华传统文化的浸染。中国幅员辽阔，各地的文化风俗不尽相同。教师通过 PPT，让学生快速浏览各地不同的新年风情，然后，请学生在音乐声中自由律动表现过新年的情景，接着教师根据歌曲的风格特点，与学生一起学跳秧歌舞，感受北方人民过新年的文化习俗。

“以文化为源”，就是将学生的音乐学习纳入一个文化背景中，在文化中学习音乐，通过音乐了解文化。“以文化为源”，就是将相关的文化有机融入音乐教学内容，找准相关文化的切入点，合理取舍相关文化的有关内容，切忌乱贴“文化标签”。“以文化为源”，就是希望教师在一个文化主题的引领下，整合相关的课程内容，引导学生在原有认知、体验的基础上，更加关注音乐与文化的密切联系，通过文化阐释升华音乐的意义，充分发挥音乐的各种功能，使音乐教育在学生的全面发展中发挥更大的作用。

三、面向全体学生，让课堂充满甜甜的儿童味

音乐学习不同于某些书本知识的学习，必须通过音乐实践活动来完成。音乐学习的过程就是儿童参与音乐活动的过程。只有让学生充分活动起来，积极参与其中，才能让他们享受音乐带来的美感，享受音乐课带来的快乐。

在这节音乐课中，针对低年级儿童活泼好动的特点，我设计了一个有趣的“道具”——一头扎着条状彩色皱纹纸的一双筷子。在学习锣鼓经的环节，筷子就是一副鼓槌，学生边唱边奏，很快地掌握了歌曲的节奏。在学跳秧歌舞的环节中，将筷子反过来拿，让上面的条状皱纹纸舞动起来，犹如彩绸一般，渲染了节日的气氛。在这个环节中，教师为孩子创设了一种促使他们主动参与的情境，将活动的操作性和审美的愉悦性融为一体，让学生始终带着一种“高涨的激动的情绪”来学习音乐、体验音乐、表现音乐。

热热闹闹地活动是一种参与，安安静静地聆听、探究、思考也是一种参与。只有始终关注学生，以儿童为本，把他们的思维和情感积极调动起来，让学生真正参与，真正实践，才能上出真正有“甜甜儿童味”的高效的音乐课。

陈志萍

Chen Zhi Ping

江苏省南通师范学校第二附属小学（以下简称“通师二附”）副校长、中学高级教师，本科学历，南通市小学语文骨干教师。省优秀少先队辅导员、市优秀教育工作者、区文明职工标兵。二十多年来接受了情境教育思想的熏陶，李吉林老师对儿童的热爱，对教育事业的执著，深深地影响着她。参加了李老师主持的“九五”、“十五”、“十一五”国家规划重点课题的研究，上各级各类公开课四十余节，被邀请至北京、广东、新疆等地上示范课，传播情境教育思想。发表、获奖论文三十多篇。

成长之路

李老师为我打开一扇窗

题记：我爱小池，也爱溪流，那是因为我爱它们的“清”和“远”。然而，生活里也少不了涌浪；倘若没有涌浪，便辜负了人生。我喜爱涌浪的一往无前，向往大海的奔腾汹涌……——李吉林

李老师是奔腾的涌浪，我愿是一朵浪花，追随涌浪，永远前行。

幸福地起航

秋天的一个傍晚，风儿吹得梧桐树叶“沙沙”响，我和几个同学站在南通中学的校门口等着看一个人。“来了，来了！”顺着同学们指的方向，我看到了她，穿着枣红色风衣，短发略显蓬松，肩上一个大挎包，非常精神地走在巷子里。

她，就是让我感到好奇的李吉林老师。好有气质的老师！我一直目送她走到中学堂街的尽头。

这是32年前的一幕。

1978年秋季，南通中学在“文革”后首次对全市招收初中生，当时在郊区小学上学的我被录取了。走进通中的校园，我内心满是自豪。可是，作文课上，我却发现班上有一批同学作文写得特别好，让我好羡慕。经打听，原来他们来自通师二附，据说有一位叫李吉林的老师作文教得特别好，她家就住在通中附近，每天都从通中前走过。我就请同学带我在校门口守望这个让我觉得有些神秘的老师。望着李老师的背影，我默默地天真地想：要是我也是她的学生，现在的作文也一定写得很好，也会展览在

学校的橱窗里……我心里隐约有种东西在萌动。

初中毕业，在别人羡慕的高分前，在同学不解的目光中，我放弃了重点高中，选择了南通师范学校。在师范，我知道了南通小学教育界有“五朵金花”，其中一朵就是李吉林老师。少年轻狂，人人都有宏图大志，都想成为“五朵金花”一样的好老师，我在心中也立下壮志。幸运的是，我在师范的两次实习，都是走进通师二附的校园，都近距离地看到了李吉林老师，并聆听了她执教的《桂林山水》一课。那假想旅行的导入，那娓娓动听的朗读，那简洁而又传神的简笔画，把我们带到了桂林，让我这个从未出过远门的学生也能尽情欣赏着甲天下的山水，忍不住跟着轻声诵读：漓江的水真静啊，静得让你感觉不到它在流动；漓江的水真清啊……啊，我终于享受到做李老师的学生的美妙感觉，心中免不了产生奢望：要是能永远这样，学习、工作在李老师身边该多好啊！

有了这样朴实的想法，实习期间我认真而努力，汇报课得到好评，被时任校长成尚荣先生留在了通师二附。更幸运的是，刚刚踏上三尺讲台，就和李老师在同一个年级，我的夙愿实现了，我是多么激动！那是1984年，正好是李老师情境教学的第二轮实验的开始。

开学后不久，为了让孩子们感受秋天丰收的快乐，体会果农的辛劳，李老师带领我们开展“秋天的果园”活动。学校周边没有合适的果园，李老师就带我们创设一个果园，找来大张的白纸，在上面画上苹果树、梨树、橘子树，贴在黑板上，钉上小钉子，可以挂果子，从住校老师家借来几盆石榴，李老师从家里搬来小橘子树，将孩子们带来的各种水果小心地系上细线，借用幼儿园的一块小操场，经过精心的摆放，“果园”终于出现在眼前。在这样的情境中，上一堂观察、说话、阅读综合课。整堂课孩子们在“秋天的果园”里快乐地拼读，争先恐后地发言，在香甜的水果中感受果农劳动的辛劳和丰收的喜悦。快乐洋溢在每个孩子的脸上，老师们都说好像在过节。这让我大开眼界。在我做学生的记忆里，课历来是在教室里读呀、写呀、算啊，没想到语文课可以上得这样开心快乐，而又收获多多。我初出茅庐，下决心一定要跟着李老师好好学做老师。

就这样，天天跟在李老师后面备课、谈课、听课，开展各种活动，编写、刻印补充阅读材料，忙得不亦乐乎。同年级的还有李老师的开门徒弟吴云霞老师，老教师储淑云、潘玲、杨悌老师等，他们像长辈，像大姐姐一样关心、帮助我。我感觉生活在这样的集体中真幸福，让我在初为人师之时就感受到做老师的快乐，这样的好心情一直伴随我到现在。常常有人问我怎么就天天乐呵呵的，有用不完的劲儿，我想原因就在这初为人师的幸福感受中。就这样，我的教师生涯幸福地起航了。

用儿童的眼睛看世界

1992 年金秋的文峰公园各色菊花盛开，我带着蹒跚学步的女儿来玩耍，发现在一块草坪上有一座搭起来的小草屋，小小的，背靠假山，不远处有几只白羊的雕塑，多有童话色彩。我就坐在草地上给女儿讲《狼和小羊》，她听得很凝神，唱歌时，还趴到小草屋上看个究竟。回家的路上，我就在想，如果把学生也带来，坐在草地上，围着小屋子听故事，也一定很高兴。

又到了野外活动的时候，和孩子们观察完菊花，我就让大家自由地散坐在草地上，听故事、讲故事，效果非常好。回学校的路上，我又在想，孩子们听了故事，也可以自己编故事。

那时，我们分成学习小组进行读书、研究活动，李老师到各组轮流指导。记得那次我们讨论后，我写出了观察说话课编童话故事《聪明的小山羊》的初步设想，拿着去请李老师指点。李老师看了教案，建议我将训练的句式再简单些，因为教的是二年级上学期的课，而且开学才一个多月。李老师边改边说：“备课的时候心中要有孩子，要在原有的基础上有所提高，但步子不能太大。要让孩子们跳一跳，摘得到。”

我记着：心中要有孩子。对教案进行了修改，带着教案和制作的茅草屋教具，又来找李老师。李老师看了，高兴地对我说：“好，这样的教具就有我们情境教学简约的特点。”她看了教案又说：“我给提个建议，在窗户的位置背后加一层，让这扇窗户能打开。”李老师边示意演示边告诉我：当窗户打开，出现可爱的小羊时，孩子们会感到非常新奇，观察的角度也随之改变，他们就再也不是坐在课堂里的学生了，而成了躲在屋里的小羊了。孩子们在这样的情境中，很容易就完成了角色的转变。我说，我怎么就没想到。李老师笑着说：“做老师，什么时候都要用儿童的眼睛看世界，要站在儿童的角度想问题，你的办法就多了。”我红着脸，心里牢牢记住了：用儿童的眼睛看世界，站在儿童的角度想问题。这堂课上得特别成功，孩子们的发言非常精彩，真没想到，在优化的情境中，孩子们的语言变得如此美妙，对付大灰狼的办法让人意想不到。李老师推荐我带着这堂课来到江都、齐齐哈尔等地和几个老师一起为骨干教师培训上示范课，教学效果非常好。李老师的话和实践的成功让我增强了自信和探索的勇气。

多年来，我一直记着李老师的话，并努力实践着，多次在学校举行的珠娟杯教学竞赛中获一等奖，把阅读课《咕咚》带到了北京海淀区进行交流；在情境教育研讨会上执教《扫雪》《小蝌蚪找妈妈》都受到好评；在南通市语文教师教材培训会上执教《小猪变形记》，得到师生的热烈欢迎。同时，将情境教育的理念运用到了品德教育的课堂，先后在南通市思想品德教学研讨会上执教《在家做个好孩子》《保护有益动物》《在餐桌上》，都取得了很好的效果。并由此展开了研究，将情境教学思想渗透进德育，开始情境德育的探索，与老师合写了情境德育的结题报告《优化德育情境，培养良好道德》。接着又有幸参加李老师主持的国家“十五”课题“情境课程的开发与研究”，主持子课题“情境过渡课程”，并撰写了结题报告“幼小衔接情境过渡课程的实践探索”，现在正全力参加李老师主持的全国“十一五”课题“情境教育与儿童学习”的研究。

李老师不仅帮我在这堂课上开了一扇窗，而且在我的教育人生之路上开了一扇窗。透过这扇窗，我看到了基于儿童的教育的新天地。每当我在教育教学上遇到难点，遇到困难时，只要用儿童的眼睛看世界，站在儿童的立场想问题，我总能找到解决的办法。透过这扇窗，我找到了做小学老师的快乐。每天走进校园，和孩子们在一起，总感觉是那样的幸福。

成尚荣所长说李老师的情境教育是一座富矿，一口深藏的水井。我总鼓励自己，透过这扇窗去挖掘这座矿，开掘这口井。

做永远的学习者

2003年的暑假，我有幸在李老师身边编教材，天天和李老师在一起。这一待，让我大吃一惊，李老师每天早晨早早到校，中午才离开，下午顶着烈日又到了校，夕阳西下才离开，天天如此，双休日也一样。都放假了，她怎么还天天到校，在忙什么？我很好奇，常常探头看看，几乎每次都看到这样的镜头：李老师时而伏案疾书，时而翻阅身边的资料……原来在撰写书稿。暑假快结束的那天，李老师从办公室里搬出了厚厚的一摞手稿，高兴地甩着手说："啊，好了！""天哪，这么厚，这么多，是本什么书？"我惊讶得不知问什么。"书名还没最后定呢。"

后来才知道，这就是《情境教育的诗篇》。从我收藏的书来看，这应该是李老师的第九本书了。当我拿到这本书时，我如饥似渴地读了起来，不停地翻阅着，一个个熟悉的镜头，一张张熟悉的照片，在眼前闪现，让我激动不已，而又惭愧至极。

清楚地记得1984年国庆节，全校老师聚集在会堂里，李老师捧出了她的第一本专著《训练语言与发展智力》送给我们。打开封面，我受宠若惊，扉页上是李老师漂亮的行书："陈志萍同志指正。"我一个黄毛丫头，刚刚学做老师一个月，何德何能？我觉得手里沉甸甸的，默默下决心，一定要做李老师一样的好老师，将来哪一天也能写一本自己的书。以后的日子里，我仔细研读这本书，仿着课例上课。但我发现，李老师上课从不照搬自己原有的教案，即便是在我们看来非常完美的，已经公开发行了的。每次开课前，她都会拿着自己的教案到备课组听大家的意见，然后再修改、试教，一直到临上课前还在改。她说，教学就是这样，需要不断改进，不断吸取新的东西，因为孩子是活的。李老师是这样说的，也是这样做的，更是这样要求我们的。

1990年，学校成立了青年教师培训中心，李老师收徒了。那期间我生病住院没能参加，心想，这次好机会要擦肩而过了。我没有想到的是，回校后的第一天，李老师就告诉我：把你的名额留着呢！我心头热热的，使劲地点着头，说："我一定好好努力，不辜负您的期望。"在培训中心，我格外努力，认真完成布置的作业，读书、练书法、画简笔画。我深知，这些都是做一个好老师必备的基本功。每次作业李老师都亲自看，还评奖，发奖品，谁都不甘落后。我多次被评为优秀学员，专业上有了较快的提高。

李老师向我们提出：要以学习为荣，以研究为乐，以儿童的发展为心灵的寄托！她给我们讲自己成长的经历，写论文的经验，一次又一次地和我们一起设计活动，评讲案例，进行读书交流等。李老师就是大家的标杆，像一块磁石吸引着大家。有一次，为了赶着参加活动，把孩子从幼儿园送回家，我连人带车摔到了河里，浑身湿透、脏透了，回到家，冲洗干净又赶到学校参加培训活动。我明白了一个道理：师傅领进门，修行在个人。少参加一次活动，就少了一次学习的机会。在培训中心，大家都主动接受李老师引领，并互相学习，逐渐成长起来。我先后被评为“崇川区骨干教师”、“学科教学带头人”和“南通市骨干教师”。

任何时候，遇到任何困难，李老师都不低头；任何时候，得到任何荣誉，李老师都不自满，就是到今天，成为了教育家，她仍然在孜孜不倦地学习。2009 年 12 月，中央教育科学研究所邓友超主任和中国教育发展中心杨银付主任来到情境教育研究所，在跟他们交谈时，李老师非常认真地说：“一线的老师最缺的还是理论的指导，在这方面，我永远是小学生……”李老师就是这样，把自己放得最低，做一个不倦的学习者、思考者。她的学习、她的思考只有一个出发点，带着一种特殊的情感，那就是，对儿童、对教育发自内心的热爱。

李老师是奔腾的涌浪，我想，自己做不了涌浪，做一朵平凡的浪花总可以。我愿是朵浪花，追赶涌浪，永不停息：像李老师一样，做一个永远的学习者，带着情感，带着对儿童、对教育发自内心的热爱。

教研撷萃

幼小衔接情境过渡课程的实践探索①

摘　要：为了衔接好幼儿教育和小学教育，针对学龄初期儿童刚离开幼儿园的特点，又根据小学教育的实际要求，增设情境过渡课程，将课程从时间、空间，课型的内容、形式等多方面作了调整，让初入学的儿童对新的学习环境、学习生活，尽快地从适应到喜爱，为整个小学阶段的学习，作精神上和行为上的铺垫，帮助儿童迈好小学生发展阶梯的第一步。

关键词：幼小衔接；情境；过渡课程；喜爱

早在20世纪80年代初，情境教育的创始人李吉林老师就高瞻远瞩，以她对儿童的无限热爱，对教育超人的敏锐力，提出了幼小衔接试验。当时她亲自到幼儿园了解情况，并到幼儿园去实践。在第一轮实验后，创造性地在幼儿园和小学之间设置了一个过渡环节——过渡课。第二轮实验一开始，在新生初入学的2～3周里，李老师根据儿童的适应程度及教学计划的可能性，规划过渡课。开设过渡课，目的很简单，“就是搞好学前教育和小学教育的衔接，让一年级刚入学的小朋友能较好地适应新的学习环境，进而喜欢小学生活，顺利步入小学阶段的学习生活。”

经过二十多年的实践，在李老师的带领下，我们不断完善做法，过渡课已经成为情境课程中重要的一部分。

一、情境过渡课程的类型

人一生的发展是连续的，根据生理、心理发展的不同特点，又可以分

① 本论文写作过程中参考了李吉林老师的《情境教育的诗篇》《李吉林小学语文情境教学—情境教育》等著作中的观点。

为不同的阶段。各阶段之间是相互联系、逐步过渡的。针对学龄初期儿童刚离开幼儿园的特点，又根据小学教育的实际要求，在过渡期间，我们将课程作了以下的调整。

1. 长短课结合，主要学科分设多种课型

在幼儿园大班每堂课只有30分钟，而且多以游戏为主，可以说是在玩中学的。因此，我们减缩过渡课期间上课的时间，由40分钟减为30分钟，课间休息由原来的10分钟增加到20分钟。每天下午，一课之后安排20分钟的短课，以游戏为主，有唱游课、行为训练课、故事会、阅读等。这样从上课的时间上逐步适应。

主要的学科根据学习的要求和儿童的特点又分设多种课型，语文设拼音识字课、注音阅读课、观察说话课，及“观察、说话、阅读”综合课等多种课型。数学增设了趣味数学课、野外数学启蒙课，使授课形式多样化、趣味化。

2. 室内外结合，增设户外活动时间

一年级入学后，除体育课、课间十分钟，孩子们几乎都在教室那小小的天地里读书、写字、读拼音、掰着手指做数学，与幼儿园以观察、体操、唱歌、舞蹈、游戏等活动为主的生活截然不同。为了能将两者的反差通过过渡期来平衡，仅仅将室内课定为30分钟是不够的，为此还增设户外活动，开展野外活动，将各科教学融入其中，在真实的生活情境进行综合运用，极大地调动了孩子们的积极性。

室内课运用各种手段，创设生动情境，把艺术的直观和感觉训练引进启蒙教育，增强教学内容的形象性、趣味性以及实际操作性。在拼音教学时，充分利用儿歌，顺口溜帮助形象记形，通过担当角色，做各种各样的游戏，训练熟练拼读，还教有趣的手指字母，感受字母的笔画、笔顺。

拼音教完后，将整个的复习设计成一个闯关的游戏，将声母、韵母、整体认读音节及一些拼写规则分设在各个关口，只有闯关成功的小朋友才可以吃到拼音王国的国王给我们准备的丰盛的晚餐，引导孩子在玩中思、乐中学，使认知过程和情感熏陶融为一体。这样，孩子学习拼音兴趣很浓厚，一环紧接着一环，都为了同一个目标而努力着。孩子在游戏中练习巩固，可以说是快快乐乐地学，轻轻松松地巩固。

根据一年级孩子学习汉字的心理特点，又根据苏教版教材没有象形字启蒙的特点，我们还设计了一套“笔画积木”，帮助儿童识字，让孩子享受学习汉字的乐趣。汉字教学从笔画开始，用纸剪出常用的笔画，再带着一起玩笔画，拼出许多汉字，初步体会汉字的奥妙，增强学汉字的兴趣。

户外活动以认识校园、熟悉环境、引导观察、指导说话为主要任务，如第一课，认识校园，教学《校园美》。带领孩子观察、认识校园。先来到校门口，好好地看一看学校的大门、校牌，读一读学校的名字，知道自己所在的学校，增强自豪感。接着，再带孩子们漫步校园，去仔细欣赏美丽的校园。那高高的树、绿绿的草、争奇斗艳的花儿一下子吸引了孩子，他们在观察中发现了校园的美。这里和幼儿园不同的是，幼儿园可能观察完成，教学任务就完成了；而到了一年级，这时，教孩子学习阅读课文《校园美》。拼拼读读，在真实生动的情境中，在绿树、红花、小草的身旁，孩子们非常容易地学会了这篇短文，复习了拼音，培养了观察能力，同时，也培养起孩子对新的学习环境的亲切感、逐步感受自己的校园美丽，取得一举多得的理想效果。第二次则带入操场，在操场上玩耍，再说说玩儿了些什么，感觉怎么样，体会操场的作用，懂得操场的用途。接着，先后参观图书馆、橱窗等。这种教学形式与幼儿园“认识世界”、“观察环境”很相似，但学习书面语言的目的更明显，做到既接近幼儿园，又高于幼儿园，提早阅读也就从这儿开始了。

3. **校内外结合，定期开展野外活动**

过渡课期间，每周带孩子走出校门，来到野外广阔的天地，把课堂带到了小河边观察家乡的小河，来到古老的光孝塔下，聆听悠扬的铃铛声，来到高楼林立的新村数新房，感受新村的繁荣。野外活动是将儿童带进大自然，熟悉周围的世界，对周围世界熟悉的过程也就获得周围事物的表象。

每次野外活动前，我们都要实地勘查地形，选择观察角度，设计导语和最佳观察程序，现场备课，根据活动的内容，各学科的老师各择相关联的重点，共同制定方案，活动时所有学科老师都到场，每班由一位老师主讲，其余老师准备咨询。

第一次野外活动我们就选定在学校旁的濠河边，我们坐在河边的小树林里，语文老师引导大家有顺序地观察清清的河水，猜想着水中的鱼虾，看看横跨在河上的大桥，讲讲桥由小石桥变为大桥的历史，猜想着穿过桥洞后，河水将流向哪里，欣赏河岸边静静开放的知名和不知名的小花、各种大大小小的树木。等观察结束，《弯弯的小河》这篇短文的意思也就完全理解了，这时，将课文悬挂出来，孩子们读起来是那么亲切，那么入情，他们已不仅仅是个读者，分明是作者、欣赏者。数学老师则结合新教材引导孩子从数学的角度看眼前的景物，巩固“前后、左右、上下”等方位词，再数数河的这边有几棵树，对岸有几棵树，两边加起来一共有多少树。在这样的活动中，让孩子们感受数学就在我们身边。英语老师则适时地教孩子几个单词：flower（花）、tree（树）、river（小河）……音乐老师带着孩子在花圃边、柳树下唱着《柳树姑娘》，寻找着生活中的声音，欢乐的笑声久久回荡在濠河边。美术老师则和孩子一起趴在草地上，坐在大树下画家乡的小河，还比比谁眼中的小河最美。这时的彩笔便有了生命和神韵，挥洒得那么自如。

紧接着我们又进行了“秋天的果园”、“走进丰收的农庄”、“秋叶的故事”、“数新房”一系列的幼小过渡阶段野外情境课程的开发。

这样，把观察和阅读、说话结合起来，孩子的想象力得到了培养。同时，将数学、英语、音乐等学科内容融合进来，带有鲜明的综合性，让孩子们真切地感受到各门功课的相通性，所获得的知识、感受再也不是零散琐碎的了。这种课程之所以取得好的教学效果，是因为适应了低年级孩子，尤其是刚入学孩子的心理特点。

4. 家校结合，家长学校同时开学，拓展课程空间

孩子入学，有的家长跟着紧张，有的则顺其自然，也有的不知为孩子做什么准备。针对这种情况，在新生入学初期，我们的家长学校也开学了，因为家长配合学校帮助孩子做些心理准备和行为习惯方面的训练，很有必要，幼小衔接，需要家校配合，在教育观念和方法上形成合力。

我们请来有经验的老师、专家，为家长作“帮助孩子迈好小学生活的第一步”的讲座，从日常学习习惯、行为习惯、语文学习、数学起步等多方面作出具体的指导。家长学校第一课结束，给一年级新生家长发了一封信，以便更好地配合落实。

二、情境过渡课程时间上的设定

1. 幼儿园、小学手拉手

随着我国幼教事业的蓬勃发展，义务教育的普及，从20世纪90年代开始，幼小衔接问题便受到普遍重视。在大量的调查研究基础上，专家们认为幼小衔接的过渡期在儿童入学前半年和入学后最初半年。幼小衔接不是谁靠谁，而是幼儿园和小学都要靠儿童的发展规律。幼小衔接的关键是要遵循教育的规律，幼儿教育要按幼儿年龄特点进行，小学教育要按小学生年龄特点进行；幼小衔接的核心是要找到“奠基阶段”的内容，而不是简单地在幼儿园和小学之间增加一个环节。在这期间，幼儿园、小学及家庭应围绕“学习适应能力、社会适应能力”，让两个学段手拉手，为儿童做一般的和特殊的两个方面连续的准备，以帮助儿童实现两个不同教育阶段的顺利过渡。

2. 午间、课间多休息

一年级新生入学正是夏末秋初，天气往往还很炎热，全天上课对他们来说容易疲惫。为确保下午上课精力充沛，又与幼儿园衔接，下午上课推迟50分钟，为2点50分，让他们中午能踏实地睡个午觉。生物钟能逐渐调整过来。课间20分钟的休息则引导孩子上厕所、饮水、做下一课的准备，课间游戏、认识新伙伴等，熟悉、巩固日常行为习惯。

这些看似琐碎的、不值一提的小事，在初入学的孩子看来，可能会影响他一整天的学习。让孩子们熟悉生活环境、人际关系，可以解除紧张情绪，从生理和心理上为新的学习生活提供了保证。从这层意义上看，课间无疑也成了过渡时期的课程资源。课间其实是教师尤其是班主任老师最忙的时候。

三、情境过渡课程的成效

1. 过渡课的调查

过渡课的开设，实现了低幼衔接，由于学习内容、形式，既接近于幼儿园的学习生活，让孩子感到亲切，又高于幼儿园的学习内容，跳一跳，可以做得到，让孩子感到新鲜，所以使孩子很快适应了新的学习、生活环境，而且对学习产生了兴趣。过渡课结束，我们对家长进行了问卷调查，问卷的内容包括四个方面：

（1）你认为开设过渡课有必要吗？100%的家长认为过渡课很有必要。

（2）过渡课从四个方面着手实施你觉得如何？家长们从孩子入学后的变化中感到很满意：①学校能就孩子的特点，细心安排学生的生活及课程，本身就证明这是一所好的学校。②学校为了让孩子顺利过渡，所实施的过渡课是及时、科学、有效的。③从家长学校中我们知道了如何更好地培养孩子，同时，作为家长应该做孩子学习、生活上的榜样……

（3）你的孩子适应了小学生活了吗？主要表现在哪些方面？大多数孩子都适应了新的学习环境，也有还没有完全适应的。适应的主要表现在：①孩子的起居时间，知道早睡早起，不能赖床。②责任心：按要求完成作业，自己做完作业整理书包，自己能做的事自己做。③交往能力变强了：每天放学主动与家长交流学校的新鲜事，愿意结交新朋友了。④上进心强了，关心班级的星星榜了，企盼取得荣誉和好成绩了。⑤开始喜欢阅读了。

（4）对过渡课您还有哪些建议？家长们的主要建议是：①加强孩子的品德教育。②教给孩子面对紧急情况的处理方法，比如，陌生人来接，应该怎样做等。③在生活方面，引导孩子自立、自强，彻底摆脱幼儿园小朋友的那种依赖性。④过渡课期间的野外活动、户外活动能够继续下去。

其实，虽然过渡课结束了，只是形式上，如作息时间结束，但帮助孩子过渡的意识并没有结束，将渗透在半年中。

2. 来自家长的真切感受

- 自从你上一年级以来，爸爸和妈妈发现儿子变得有知识了，懂礼貌了，你热爱集体，自己的事情能自己做。你不但能剪出图案奇特的窗花，还能拉出优美的乐曲；不但热爱身边的花草树木，还乐于观察科学知识与原理；你喜欢读《吹牛大王历险记》和其他各种对自己有益的书，你非常热爱和平。孩子，爸爸、妈妈觉得你的优点太多了……

- 经常问问女儿：“上学高兴吗？”“快乐吗？”女儿每次都会说：“上学真有意思。”原以为女儿上学后，她的苦日子就要来了。没想到，通过一个月的学习、生活，她不但学习到了新的知识和本领，而且人也变得精神了，阳光了。看着女儿手舞足蹈地讲着学校发生的趣事，真是欣慰。

谢谢老师！

• 从你上学的第一天开始，我们就时刻关注着你的每一步成长。我们看到了，你努力写下的一个又一个字；我们听到了，你流畅地背下的一篇篇课文、一首首唐诗和一个个数学口诀；我们收到了你精心做出的一个又一个手工艺品。也许那些字歪歪斜斜，也许那些课文、唐诗和数学口诀很容易，也许那些手工艺品很粗糙，但是，那是你的劳动成果。我们为它们感到自豪，更为你而骄傲！

• 昊昊，你现在是个勇敢的男子汉了，对吗？因为你敢一个人睡一个房间。在陈老师的督促下，昊昊在任何时候写字都不马虎了，字写得越来越好了，而且现在变得越来越爱看书了，我们的儿子进步真大啊！不过希望你继续保持哦！

• 一个开学后不久生病在家的孩子这样说道：挂完水，妈妈要带我去吃肯德基，我说："我不去，我想到学校里去。"唉，生病真不好。

从家长的片言只语中，从孩子的童音中，我们感到过渡课收到良好的成效。过渡课的实施，虽只有短短的四星期左右，但它让儿童对新的学习环境、学习生活，从适应到喜爱，为整个小学阶段的学习，作了精神上和行为上的铺垫，迈出了小学生发展阶梯的第一步。

课堂采风

小猪变形记

（绘本　自选）

2006年外语教学与研究出版社
［英］本·科特 文/图；金波 审译
一年级第二学期

［设计意图］

“课外阅读总量不少于5万字。”这是课标对小学1—2年级课外阅读量的要求。有了一定量，如何实现质的飞跃，儿童的阅读兴趣和阅读方法就成为关键。“绘本阅读”作为一种新的阅读形式正逐渐走进小学校园，走近孩子。绘本潜伏着的内涵很丰富，同时，图文并茂，画面精心设计，更符合儿童形象性思维的特点，尤其适合小学低段的孩子阅读。它对激发孩子的阅读兴趣，开拓孩子的想象空间，提高孩子的审美能力有很大的积极作用。在指导阅读时渗透一定的读书方法，有利于阅读能力的提高。绘本阅读，开辟了孩子课外阅读的新空间，让孩子快乐阅读。

［教学要求］

通过想象，师生共同阅读，在阅读中体会，在体会中阅读；在阅读中懂得做自己最幸福。引导学生努力做最好的自己，才能获得快乐幸福。

［教学片段］

教学片段一：简介图书，激发兴趣

师：你们看，就是这本书——《小猪变形记》。今天我们就来读这本书。读一本书，我们首先要读它的封面，这就是书的封面，封面上是谁？

生：一只可爱的小猪。

师：明明是小猪，为什么要打扮成这样？

生1：想去参加化装舞会。

生2：想学小鸟飞行。

师：你们真会想，想的也很有意思。那“小猪变形记”这是书的什么？

生：书的名字。

师：读了书名，你知道这本书主要说谁的事？

生：我知道主要是说小猪的事。

师：小猪要干什么？

生：小猪要变形。(板书：变形记)

师：变形，是怎么回事？

生1：就是把自己的样子变一变。

生2：就像孙悟空一样变来变去。

师：“小猪变形记”就是讲小猪改变了自己的模样发生的故事。我们再看看封面上的小猪变成什么了？

生：小猪把自己变成了小鸟，好肥的小鸟。

师：他用什么办法让自己变成了鸟？

生：他把羽毛绑在手上，就成了翅膀，尾巴上也绑了几根羽毛，就像小鸟的尾巴了。

师：还真有那么一点像鸟。小猪多会动脑筋。看来在英国作家本·科特先生创作的这本书里，小猪还挺聪明的，所以我国著名的儿童诗人金波爷爷将它推荐给了我们。你们看，这右下角还写着“聪明豆绘本系列”，这套书一共有九本，这是其中的一本，这儿还写着“献给最最聪明的孩子”。看来读完这本书，我们将会变得更聪明的。

[**点评**] 绘本的封面有许多信息，它常常凸显着作品的个性，给儿童留下某种悬念。而儿童往往会忽略封面，急于翻开书来看。针对这样的情况，设计和儿童一起仔细读封面，读懂书名，读出图中小猪的智慧，读明作者、推荐者的意图，并由此及彼，自然地推荐整套的书，不露痕迹。

教学片段二：师生共读，体会方法

师：打开书，你看到了什么？（板书：看）

生：小猪靠在树下。

师：你看看图，再想想：小猪一个人靠在这棵高高的树下，心情怎样？（板书：想）

生：小猪一点也不开心。

师：从哪儿看出来的？

生1：他一点精神也没有，好像生了病一样。

生2：他一只手放在旁边，一只手玩着野花，没事可干的样子。

师：你们读图可真仔细。不过，我们光猜想还不够，他到底为啥不开心呢？还要来读读书上的介绍。（板书：读）

出示文字一：

这一天，小猪觉得很无聊。“真烦。”他嘟囔着，“烦，烦，烦，烦，烦！总该有点什么好玩的事吧，我去找找看！”

于是，他小跑着出去了。

师：谁来读读？

生：（读）这一天，小猪觉得很无聊。“真烦。”他嘟囔着，“烦，烦，烦，烦，烦！总该有点什么好玩的事吧，我去找找看！”于是，他小跑着出去了。

师：读得很流畅，真不错。那什么样就是嘟囔？我们看看图再想想。

[生看图]

生1：我想“嘟囔”就是自己和自己说话。

生2：我想还应该是不止说了一遍，对，应该是连续不断的。

师：那小猪嘟囔什么呢？有几个“烦”？

生1：他在嘟囔“烦”，一共嘟囔了五个“烦”。

师：从这五个“烦”中，你感觉小猪心里怎样？

生1：我感觉小猪很孤单。

生2：我觉得小猪很无聊，因为没什么好玩的。

生3：我认为小猪有些烦恼。

师：是呀，谁来做小猪嘟囔这五个“烦”？

生：烦，烦，烦，烦，烦！总该有点什么好玩的事吧，我去找找看！

（语速较快）

师：没什么好玩的事，真是挺让人心烦的，我们感觉到烦了，谁再来试试。

生：烦，烦，烦，烦，烦！总该有点什么好玩的事吧，我去找找看！（语速较慢）

师：不仅听出了你心里的“烦”，还从你的脸上看出了“烦”。

师：刚才我们在读这一页时遇到“嘟囔”这个词不大明白，就再看看图想想，再来读，就读懂了。读书就是要这样边看图边想，边想边读文。谁再把这一页读读，读出小猪心中的“烦”。

生：（朗读）这一天，小猪觉得很无聊。“真烦。”他嘟囔着，“烦，烦，烦，烦，烦！总该有点什么好玩的事吧，我去找找看！”于是，他小跑着出去了。

[点评] 课标在低段阅读目标中提出“借助读物中的图画阅读”，绘本阅读是极好的达成这一目标的载体。在这里通过“看、想、读、再看图、再读”，读懂了图画和文字。尤其是理解“嘟囔”的意思和五个“烦”的朗读指导，充分发挥了绘本的作用，画面上只有小猪一个人，满脸的不开心，耷拉着嘴巴。透过画面可以直观地感受到小猪内心的“烦”，朗读时，让孩子们读出自己独特的感受，如第一个孩子读得比较快，第二个孩子语速慢了很多，但都表达了内心的无聊、烦恼，老师都给予了肯定。阅读是学生的个性化行为，老师让学生在朗读实践中，用自己的方式表达感受，是对学生的尊重。

教学片段三：师生共读，体会方法

师：小猪就这样踩着高跷散步去了，路上他又遇见了谁？

生：（齐）斑马。

师：你猜猜他会怎样介绍自己？（板书：猜）

生：嘿，斑马，瞧我这模样多像长颈鹿！

师：想想，小猪现在已经把自己变成了谁？

生：（齐）长颈鹿。

师：那小猪会怎样介绍自己，谁来试试？

生：斑马兄弟，你好，我是长颈鹿，瞧，我长得多高啊！

师：介绍时语气怎样，还会有什么动作？谁来试试？

生：（挥手，大声）斑马兄弟，你好，我是长颈鹿，（指着腿，骄傲地）瞧我长得多高啊！

师：好一个“长颈鹿”。斑马看到的真是一只长颈鹿吗？如果你是斑马，你会怎样告诉小猪？

生1：你不是长颈鹿，你再装还是小猪。

生2：小猪，你不是长颈鹿。你那么胖，踩在高跷上，摔下来会很疼的，快下来吧。

师：我发现，我们小朋友有点像写书的本·科特先生了，看看图就能猜想得和他写的差不多。你们来看。

[点评] 这是小猪第一次想办法“变形”后出游，情绪发生了很大变化。怎样让孩子们感受这种内心的变化？课上通过“猜”，引导角色转换，走进小猪当时出游的情境，大胆猜想小猪与斑马之间的对话，充分体现了绘本阅读的独特优势，那细细的、高高的高跷，让人有种随时可能摔下的感觉，孩子们有感而发，想象合情合理，调动了学生自主探究与语文实践活动的积极性，充分感受绘本阅读的情与趣。老师一句“有点像写书的本·科特先生了”，是对创作的最高褒奖，更增添了学生阅读、创作的自信。

教学片段四：（课中操《郊游》后）想象变形方法，学编故事

师：路上，你遇到谁了？你想变成它吗？用什么办法变呢？结果怎么样？

生1：路上，我看见老虎很威风地在奔跑，我想做兽中之王多光宗耀祖啊！我就在额头上写上一个大大的“王”字，找来毛贴在身上。我撒开腿拼命地跑，怎么也赶不上老虎，累得趴在地上直喘气。

生2：我遇见了小兔，红红的眼睛，雪白的毛，多漂亮。做小兔一定特别美。我就把眼睛贴上红塑料纸，把耳朵扎紧竖起来，前面两只脚缩进来，一蹦一跳地走，才跳了几下，我的后腿感觉要断了，看见的东西都好像着了火，把我吓了个半死。

师：小朋友真会动脑筋，做小猪都做得入神了，不过，我觉得你们更像创作这本书的本·科特先生，把你们说的写下来，再画上画就可以做书的后面几页了。你们觉得自己怎么样？

生1：好了不起。

生2：太伟大了，我也可以写书了。

［点评］绘本故事第一部分的学习轻松愉快，旋律优美又活泼的课中操，营造宽松而又充满激情的课堂情境，在这样的氛围中，孩子们大胆想象和表达着自己的“变形”方法和感受。老师对学生个人体验的尊重，调动了孩子们的创作热情，激发了孩子们的阅读欲望。接下来的阅读就带有验证性，满足了好奇心。

［教学反思］

绘本阅读，快乐阅读

“给孩子们讲道理，还不如为他们讲一个故事”，一个生动的故事带给他们的震撼和思考，可能比生硬的说教要管用得多。绘本以其简练生动的语言和精致优美的绘画紧密搭配的独特优势为儿童所青睐。于是我在阅读课上和孩子们一起读绘本。

1. 快乐阅读，培养兴趣

孩子如果对绘本有浓厚的兴趣，就会产生强烈的阅读欲望，阅读起来乐此不疲。这就要精选出符合孩子们阅读的绘本。2008 年是猪年，我抓住这一时间节点，和孩子们在新年的氛围里读《小猪变形记》再合适不过：生活环境营造了“猪年”的大情境，走到哪里都可以看到各种各样的“猪”，形象可爱，讨人喜欢，首先从心理上就接受了绘本的主人公；绘本内容也贴近孩子们的生活，这只小猪满脑子奇异的想象，用各种办法模仿其他动物，但都以闹剧告终，后受到另一头猪的启发，找到了真正属于猪的乐趣，多像一个调皮的孩子。在这样的大情境中，读着这样一本色调欢快明亮，表现极为夸张，内容荒诞又充满童趣的富有哲理的书，怎能不快乐？

2. 自主阅读，激发想象

教学中我始终注意创设各种机会激发孩子们想象的热情。我引导学生一边欣赏画面，一边猜测内容，一边验证故事情节。自始至终都用“想象猜测”这一线索，牢牢吸引孩子的兴趣点。我总是在引导学生欣赏画面的关键之处戛然而止，让他们猜猜后面的故事，他们凭着自己对前文的理解，创编出不同的、但又合情理的、属于自己的故事。当小猪踩着高跷行走，和斑马进行了一番对话后，我提醒："小猪听了这番话，开心吗？""他气呼呼地走开了，你猜猜，接下来会发生什么？"有的说砸到玻璃上了，有的说绊倒了晾衣架，有的猜摔了个四脚朝天，总之，都明白小猪这样太危险，不合适。

我尊重每个孩子的不同感受，并积极鼓励他们参与到编写故事中来，想出与作者不同的或更有意思的情节，创设情境让他们将自己变成故事中的角色——小猪，体验变形的感受。在欣赏完小猪的第一次变形后，我利用课中操的机会帮助孩子们进行角色转换："让我们这一群小猪手拉着手，唱着歌一起去郊游。郊游的路上，你会碰到谁，你又想变成谁呢？"以此推动每个人联系自己的生活，想象小猪变形的故事，把几个人的想象连起来，这就是班级版的《小猪变形记》。谁见了，都会受到鼓舞，增强信心。

3. 适当训练，掌握方法

我们的目标是培养孩子们对绘本阅读的兴趣，而不是单纯地喜欢听故事。授之以鱼不如授之以渔，提高孩子们绘本阅读的能动性，方法的掌握必不可少。

绘本阅读以班级读书会的形式开展，有别于亲子阅读。从读的形式来讲，它有师生共读、教师引读、生生合作读、学生自主阅读等。从意义上来讲，班级读书会还应发挥教师的指导作用。在绘本阅读教学中，教师还应该结合绘本教给孩子阅读的方法，如读书首先要读封面，从封面和书名中猜想故事的内容；在遇到不大明白的地方，就再看看图想想，再来读，就读懂了。读绘本就要这样边看图边想，边想边读文。同时，在班级读书会的开展中还应引导孩子们学会分享其他同学的阅读心得。

绘本阅读，快乐阅读，让我们和孩子们一起阅读绘本，乘着想象的翅膀，在这片辽阔的天空中自由飞翔。

张洪涛

Zhang Hong Tao

师从全国著名儿童教育家李吉林老师。本科学历，小学高级教师，南通市骨干教师、崇川区学科带头人，南通师范学校第二附属小学（以下简称“通师二附”）科研处主任。从教23年来，矢志不渝地忠诚于教育事业，爱生善教，长期坚守教学第一线，担任语文、品德与社会等教学工作，教学业绩突出。曾多次荣获全国、省、市现场教学比赛一等奖。近几年致力于儿童“情境作文”的实践与研究，主持市级重点课题——“儿童游戏情境作文教学研究”，已取得初步研究成果。先后发表论文、出版著作一百五十多万字。指导学生在全国各地报刊发表习作一千五百余篇，习作获奖的学生六百余人次。数十次被评为“全国小学生作文优秀指导老师”。

成长之路

我，“长不大”的儿童

题记：对于母亲，我永远是一个孩子；对于孩子，我愿他们能从心底深处感受到老师总是处在“童年状态”。

记不清楚是多少次了，我的恩师李吉林老师如孩子般兴奋地又递给我一本崭新的、散发着油墨清香的杂志，说是要与我分享她的又一篇近作。近作的文题叫“我，长大的儿童”。当我以一个晚辈的虔诚接过杂志，一口气读完那洋洋洒洒的数千字，我的心被深深触动了，仿佛不是在读一篇文章，而是在重温一段经历，接受一种思想，触摸一种情感。我甚至与李老师产生了一份忘年交的感觉，李老师自我评价是“长大的儿童”。我何尝不也是一个儿童呢？过去是，现在还是。只不过，李老师已“长大”，而我，却似乎怎么也长不大。

现在，请您走进我的生活情境。

“野生”的孩子登上了三尺讲台

我出生在一个贫苦的农民家庭。父母不识字，整日的面朝黄土背朝天，辛苦地劳作“挣工分”，只要能让我们吃饱、穿暖，父母就不怎么管我们了。我们也就少了很多约束，几乎是以一种“纯天然”的姿态一天天长大。我属猴，童年的我真是猴气十足！在那个没有玩具、没有糖果相伴的童年里，天空居然也是五彩缤纷的，童年的乐园里充满了野趣。

李吉林老师似乎很愿意和我们谈论童年，与她备课时，不时会“扯”到这个话题，我讲我的，她讲她的。有一次，我向她“坦白”了两件事。

原以为不登大雅之堂的“轶事”会让李老师啼笑皆非，没想到李老师却大加“赞赏”，说：“童年的活动是快乐的源泉，是创造的源泉，童年没有游戏，没有活动，人生注定是沉重的。你和师傅差不多，我童年时也是‘野’的。”哈哈，真好！有李老师这样的“知音”，我又有得玩儿了！

工作最初的几年就是这样度过的，值得欣慰的是那时学生似乎都很喜欢我，喜欢我上课跟他们胡吹乱侃，喜欢我带他们疯玩，喜欢我农民子弟特有的厚道，能容忍他们的调皮，包容他们的一些小错误。在他们毕业好多年后，在他们也为人父、为人母后与我的交往中，他们对小学时与我一起玩耍的记忆依然那样清晰，而且津津乐道，我才知道：回忆儿时，想不起来的可能是知识，最能回想起的竟然是一个个活动的场景，活动是儿童快乐的源泉。快乐，是童年的主旋律！

顽皮的教师当上了“班长”

1990 年，一个春暖花开的日子，由李吉林老师倡导并亲任导师的省内第一个以学校为单位的青年教师培训中心在通师二附宣告成立。

记得中心成立之前，许多青年教师纷纷撰写拜师报告，表达渴望发展的强烈心愿。我在这样的氛围感染下，也以一份言辞恳切的拜师报告而有幸成为中心的一员。记得我的报告中有这么几句：“我们年轻人就像水上的皮球，压一压，就能往上蹦跳起来；不压，就只能永远在水面上随波逐流。”没想到李老师对我的这几句话大加赞赏，还在恳谈会上给予了点评，说：小张虽然有些贪玩，但内心还是要求上进的，这几句话写得比较深刻，有点哲理。当时，我有点受宠若惊的感觉。表扬的力量就这么神奇。我横下一条心，想：既然“不喜随波逐流”，那就接受培训吧。

没想到，一开始培训，李老师就给我们带上了“紧箍咒”，她要求我们每人制定一份“个人成长规划”，还要制定一张“作息时间表”，并嘱咐我们严格执行。李老师还亲自制定了详尽的培训计划，每周二与周五的下午都要活动。培训内容分成教学基本功、教学艺术、教育理论、教育科研四大块儿，李老师根据小学语文教学课文中常见的文体进行分类，讲授如何运用情境教学教好诗歌、散文、童话、寓言和常识性课文等。除此之外，每年的寒暑假我们还要完成大量的假期作业。作业有简笔画、书法、读书笔记、论文随笔等。

那时，我们的培训进行得很正常，还常常利用晚上的时间开展活动。记得有一个冬夜，屋外寒风呼呼，屋内虽没有空调，却依然热气腾腾。我们在李老师的指导下，撰写“腊梅节”的主题教育活动方案。因为先前有了对学校腊梅园的细致观察，有了对腊梅精神的真切感悟，有了对儿童成长的一份期盼，情由境生，我们心潮激荡，笔端似有暗香飘浮，倾泻于稿纸之上。我设计的方案得到了李老师的肯定，多个环节在后来的全校活动中得到了实施。我初步尝到了成功的喜悦。

中心成立的第三年，李老师提议我担任培训中心的班长，负责一些常务工作。我又一次受宠若惊，心里却很明白：这是李老师有意在培养我的责任心、锻炼我的能力。我是不是也该“收收心”了？人的行动总是受思想支配的。当了班长以后，尽管我还有些贪玩，但该做的工作还是完成得井井有条，也多次受到李老师的表扬。后来，我才知道，李老师不但能充分认识儿童，李老师也十分了解我们青年教师。她根本就不会用行政手段来“强迫”我们做什么，她常说：“用人就要用人所长。”她始终看到的是一个人身上的闪光点，她的赏识就是给我们的一种无形的鞭策与激励，更为重要的是她的人格魅力深深感染了我们。尽管那时李老师早已功成名就，但她还在不知疲倦地学习、研究，不断地有新的成果涌现，这怎能不让我们由衷敬佩呢？

培训一晃就是 8 年，其间我与李老师开玩笑似的说：“我们是读了硕士、再读博士，现在都读博士后了。”李老师说：“学习是一辈子的事。”我们都把这句话牢牢地记在了心里。

第一次跟李老师出远门

2007 年 5 月 9 日至 13 日，我和唐颖颖老师跟随李老师去香港讲学，因为李老师的地位，我们所到之处都受到了最高规格的接待和最热情的服务。香港中国语文课程与教学学会的梁振威会长告诉我们：他十分敬重李吉林老师，敬重李老师的学识与人品，他很希望将情境教学引入香港，提高香港语文教育的水平。梁会长很健谈，边开车边告诉李老师，他最近正在从事小学生“经历作文”的课题研究，希望李老师能助他一臂之力，将这一课题在全港推向深入。李老师告诉我们：经历作文和情境作文的理念是一脉相承的，情境作文的范畴比经历作文更广些。

在接待晚宴上，香港中文大学教育学院李子建院长说：李吉林老师是尊贵的客人。我研读过李老师的书，有的人称得上是教育专家，而李老师不能用教育专家来形容，李老师是真正的教育家，李老师的研究不仅仅是小学语文，涉及的面很广，是大教育。理应受到格外的重视。

5月12日上午9：30至12：00，李吉林老师在香港教统局演讲大厅作了“情境教育与课堂教学”的专题讲座。这是一次面向全港教师的活动。李子建院长亲自致欢迎词，他高度评价了李吉林老师和她创立的情境教育，认为李吉林老师此次访港将对香港的中国语文教学产生深远的意义。

演讲厅设备先进，座无虚席。内地在香港中文大学进修的几名博士后闻讯也来听李老师的报告。李老师为此次讲座作了精心准备，制作了生动的演示文稿。她讲得很投入，好几次即兴作画，甚至还兴致勃勃地扮演起角色。大厅内不断响起热烈的掌声与笑声。李老师饱含真情，深入浅出地讲述了情境教学的探索历程、情境教育的理论构架、情境课程的内容与操作要义。听讲座的老师们在接受媒体采访时说：李吉林老师将内地的小学语文的课程和教学的改革经验传播到香港，有助于我们拓展课程视野，给我们提供了一个专业反思和成长的平台，让我们分享到优秀的教学文化，必将惠及全港学校和学生。这一席话说得我们心里热乎乎的，香港老师的学习热情激励着我们——近水楼台先得月，我们就在李老师身边，更应好好地汲取情境教育的滋养，开掘情境教育的富矿，为自身的专业成长，为儿童的全面发展而不懈努力！

李吉林老师曾多次把孩子比喻成小鸟，她说：“情境教育就是给孩子添翼，用情感扇动想象的翅膀，让孩子的思维飞起来，让孩子的心儿飞起来，快乐地飞向美丽的、智慧的、无限光明的童话般的王国。这是我心中的小鸟之歌。”此刻，我似乎感到我也是一只小鸟，虽然飞得不高，但已经振动了翅膀，自由、快乐地向着蓝天飞。

在长期跟随李老师学习的日子里，我听到的最多的、最温馨的话就是李老师对我说：“洪涛，你和我儿子一样大。”我发现，每每这么说时，李老师慈爱的目光中都满怀着欣赏与期待。是呀，对于母亲，我永远是一个长不大的孩子，是母亲永远的牵挂。我正在母亲深情的注视中，在情境教育的大道上，一路向着远方……

教研撷萃

游戏精神：小学生情境想象作文的价值追求[①]

摘　要：儿童的想象是最美的思维游戏。受种种影响，儿童的想象正在弱化，需要“拯救”。想象是儿童的需要，游戏是儿童的基本生存方式。儿童的想象精神与游戏精神是契合的，我们应在游戏精神的观照下，进行想象性习作的教学。通过感知情境，丰厚儿童的表象积累；通过对教学情境的优化以及儿童对角色的担当等手段，让想象性作文的教学走向高效，成为儿童生命的表达，为儿童未来的发展奠基。

关键词：游戏精神；想象作文；情境；价值追求

[背景]

一、儿童的想象是人类思维最美丽的花朵

妈妈，月亮真馋呀，天天夜里到屋后的水坑里偷喝水。

怎么？妈妈，你不信？真的。你看，原先坑里满满的水，都快叫它喝干了呢。

妈妈，我真的不骗你。你看，过去月亮扁扁的肚子，喝得像小西瓜一样圆绷绷了。

你笑了，妈妈。你说，它还会慢慢吐出来的，当吐尽最后一滴月辉，它便瘦死了。

噢，妈妈，我知道了：月亮是个好孩子，它喝的是水，吐出的月辉凝成露珠，挂在早晨的草叶上了。

---

① 本论文写作过程中参考了 H. 加登纳的《艺术与人的发展》（光明日报出版社，1988）一书的观点。

什么什么？那露珠是奶水，小孩子的梦就是它喂大哩？嘻嘻，那月亮就成了奶瓶子啦……

——节选自王士学《童心小世界》

每次读这篇美文，我的心中都有一种莫名的感动。我的眼前幻现出一个可爱的、玩耍着的儿童形象。从儿童天真幼稚的言语中，我们看到了在这个美丽的月夜，儿童想象的翅膀自由自在地张开，乘着月光飞翔。那些常见的景物，都被涂上了鲜明的儿童心理色彩。儿童眼中的世界充满了诗情画意，奇特而瑰丽。尤其让我感动的是“那露珠是奶水，小孩子的梦就是它喂大哩？”喂大孩子的梦——一句富有教育哲理的隽语，启迪着我们为了儿童、为了儿童如此曼妙的想象，我们该做些什么？

二、花朵凋零知多少？谁还在“喂大孩子的梦”？

从多年的教育教学实践中我们发现：随着年级的升高，儿童的想象力由果敢大胆、丰富多彩弱化为谨小慎微、苍白无趣；源自于自然生命冲动的奇思妙想正在被中规中矩的“标准话语”而替代，更有甚者，较多儿童的大脑已演变成“死记硬背”的存储器，而懒得去思考、想象。这是为什么呢？毫无疑问跟教育有着极大的关系。原因何在？一方面，现在的规范化教育使得无论在学校、家庭还是社会，教育目标更多是强化知识养成，这就在很大程度上限制了孩子的天性和童趣，限制了孩子们综合素质的发展。学习的压力让他们的闲暇时间少得可怜。另一方面，是孩子们的生存环境使然。独生子女相对封闭的单元楼房、冰冷的防盗门隔绝了以前开放式的居住环境；富裕起来的家长们开始更多地从物质方面满足孩子的需求，却往往忽略了孩子爱玩、爱动的天性。电脑虚拟游戏代替了以前鲜活生动的游戏。因此，孙云晓在《中国儿童想象力危机报告》中大声疾呼：“多项调查表明，中国青少年想象力的发展受到了极大的束缚，已经到了需要全社会关注甚至拯救的地步。”

三、一个美国妈妈告诉我们

再来看一个大家都很熟悉的例子。

1968年，美国内华达州一位叫伊迪丝的3岁小女孩告诉妈妈，她已经认识礼品盒上“OPEN”的第一个字母“O”，这位妈妈很吃惊，问她是怎么认识的。伊迪丝告诉妈妈是她的幼儿园老师薇拉小姐教的。母亲一纸诉状把薇拉小姐所在的劳拉三世幼儿园告上了法庭，理由是该幼儿园剥夺了伊迪丝的想象力。因为她的女儿在认识“O”之前，能把“O”说成太阳、足球、鸟蛋之类的圆形东西，然而自从劳拉三世幼儿园教她识读了26个字母，伊迪丝便失去了这种能力。她要求该幼儿园对这种后果负责，赔偿伊迪丝精神伤残费1000万美元。最后的结果出人意料：伊迪丝的母亲胜诉了。

——摘自孙云晓网站

美国的法院对看似荒诞的事情进行了“想象力至上”的判决表明：西方教育已经将想象力的发展放到了神圣不容侵犯的重要位置。爱因斯坦说：“想象力比知识更为重要，因为知识是有限的，而想象力概括着世界的一切。”他的话给我们带来了很大的启发：无论社会文化、教育文化和教育观念，都要将想象力当做宝贵的教育资源，当做值得放大，值得尊重的能力和魅力象征。我们的老师和家长应该像美国妈妈那样保护孩子的想象力。

［思考］

一、想象是儿童的生活需要，捍卫童年首先要捍卫儿童的想象

想象是儿童的天性。从儿童的生存情况看，他们更多地生活在物我一体、精神现实不分的状态中。他们对世界的认识方式首先就是想象式的。

刘晓东先生说：想象使儿童从现实的束缚中解脱出来，在现实世界中，儿童必须谨守常规，听从教导，而在想象的王国里，儿童是自己的主人，是心灵自由的。儿童的世界是想象的世界，在想象的世界与现实的世界中，儿童自由地穿行，没有一丁点的张力感，儿童生活在自己的想象的世界里，想象成了儿童的一种生活需要，成了儿童的一种本真的生活状态。

可以说，想象中的儿童是美丽的、自然的，处于想象世界的儿童是自由的、快乐的。适合的教育就是最好的教育，关注需要、满足需要的教育

可谓适合。因此，我们无需刻意去要求儿童“张开想象的翅膀”，我们只需剪去束缚“翅膀”的绳索，给予“翅膀”以广阔的天空。如果说还要做些什么的话，那就让我们的教育成为一缕轻风，将翅膀托举；那就让我们学学阿基米德，给儿童一个“撬开地球的支点”，儿童就能够在属于自己的世界里释放出巨大的想象能量。

为了儿童的需要，顺应和尊重他们的天性，我们理应将想象力的养护置于核心的地位，捍卫童年首先要养护儿童的想象力。

二、游戏是儿童的基本生存方式，是儿童内在精神的体现

席勒说过：“只有当人充分是人的时候，他才游戏；只有当人游戏的时候，他才完全是人。”好玩也是儿童的天性。游戏是他们的一种存在方式，游戏之于儿童，是其生活本身，游戏的意义即生活的意义，游戏是纯粹的生活，生活是纯粹的游戏，儿童也正是通过游戏体现并确证着自己的存在。

游戏是儿童认识世界的独特方式，是他最自然的学习方式。而真正吸引儿童的是游戏的内在精神——游戏精神。在儿童的生活中，游戏是一种精神的体现，游戏是儿童理解、体验、超越生活的方式。儿童在各种各样的游戏活动中，获得对生活世界的认识，获得与人交往的基本能力，获得智慧潜能的滋养生发，获得丰富独特的情感体验，获得弥足珍贵的游戏精神！

儿童的“游戏精神”是指体现儿童游戏活动诸特点的一种心理状态，以及在这种心理状态支配下儿童对待事物的主观态度。

三、儿童的想象其实就是一种游戏，想象精神就是游戏精神

儿童想象力的发展与儿童游戏有关，因为游戏在很大程度上就是一种假想，它能够为儿童营造一个属于儿童本身的梦想世界。儿童在游戏中通常会用一种东西代替另一种东西。一根树枝在儿童的胯下就是一匹马，一个洋娃娃就是儿童有情感的伙伴，儿童在游戏的世界里常常忘却了本我，依靠想象的力量，变成了各种各样的角色。也是在这样的“演变”中，他们的想象之翼张得大大的、飞得高高的，他们在游戏中尽情释放着生命活力。

四、情境想象作文更是一种符号性的游戏，需要游戏精神的观照

《语文课程标准》针对写作教学提出建议：要鼓励学生写想象中的事物，激发他们展开想象和幻想，发挥自己的创造性。为学生的自主写作提供有利条件和广阔空间，减少对学生写作的束缚，鼓励自由表达和有创意的表达。可见，写想象性作文已成为我国语文教育的目标之一，成为作文教学的一种模式。如果再从儿童的生理、心理发展的特点去考量，我们以为情境想象作文应在儿童习作中占据至高的位置。

想象作文就是把人脑中加工改造而创造的新形象用语言文字表达出来。情境想象作文中的情境指的是人性化的教育环境，是特别适应儿童作为一个完整的人全身心地活动其中的教育环境。

和其他作文一样，情境想象作文的目的也是为了儿童的生活需要，为了儿童表达自我的需要。它需要有一种自由自主、自愿自觉的精神；有一种感受体验、愉悦快乐的精神；有一种超越现实、自我满足的精神。“游戏精神”是具有儿童精神特点的一种心理状态，而写作行为是主体内在精神的书面表达形式，因此，写作教育应充分重视游戏精神对儿童写作行为的影响，某种程度就是要求写作教育要渗透游戏精神。因此，情境想象作文最能彰显游戏精神，也最需要渗透游戏精神。

[策略]

一、在情境中感知，丰富表象积累

1. 大自然是儿童想象的游乐园

李吉林老师认为，进行想象作文训练很重要的有两条：一是要选取美好的事物，因为美好的事物最容易激起儿童美好的情感；二是要能引起儿童的创作欲望。“如何发现引起学生创作欲望的美好事物？”生活中不是缺少美，而是缺少美的发现。李老师的话告诉我们：观察是想象的基础，只有勤于观察，努力感知，丰富积累，才能垫高想象的基点。

于是，我们经常带领儿童去打开大自然绿色的课本。在蓝天下尽情游戏。放风筝、拔萝卜、挖蟋蟀、采野花、探蚁窝、打雪仗……儿童在大自然中“多识鸟木虫鱼之名”，他们与小鸟说悄悄话，他们和秋风捉迷藏，

他们想乘上一朵白云，他们想假如我只有蚂蚁那么大……他们在大自然中“寂然凝虑，思接千载，悄焉动容，视通万里”。于是，一篇篇诸如《我是一朵小雪花》《萝卜娃娃看到了田野》《我和桂花姑娘比美》《小鸟不再哭泣》《秋虫音乐会》等想象文跃然纸上，鲜活而丰富。

2. 幻想作品是打开想象之门的金钥匙

梅子涵说过，童年阅读的文学书就是在种植童话，就是把非常奇异的想象力、非常美妙的心愿、非常善意的爱惜搁入自己的脑子里，搁进自己的思维和精神里。我们提倡儿童多多阅读科幻、童话、神话等作品。童话通过丰富的想象、幻想和夸张塑造拟人化形象，离奇的故事情节、变形的人物形象与儿童心理最为吻合。科幻作品张扬的是一种生命精神，是对固有的现实生活的超越和解放，它为儿童想象的世界打开了一扇窗。这些作品能以其生动的形象、有趣的情节、活泼的笔法，把儿童引进那个他们欲探知的世界，从而激发他们的好奇心和求知欲，引起他们强烈的认知兴趣，丰富儿童的认知世界。

另外，凡是此类优秀的作品，作家在创作时就有着一种“游戏心态”，优秀的儿童文学作家总能借助这点，借助幻想、夸张等艺术手法，塑造契合儿童审美心理结构的文学形象，创造儿童文学的审美价值，使得这些作品浸润着“游戏精神”，这与儿童的想象精神是契合的。对于想象的发生来说，丰厚的学识和阅历是其“物质”基础，有了这样的基础，儿童的想象就有了“坐标”。

二、优化教学情境，让师生都成为“游戏人”

文艺心理学的研究表明，游戏态度是作家进行创造性写作的一个重要条件，它打破现实环境对艺术思维的种种束缚，可以使作家在高度自由的情景中去尝试人、事、物的各种可能性，从而创造出独特的艺术形象。“游戏精神”作为儿童的主体精神，在儿童写作活动中的作用则更为重要。因此，我们要营造出符合儿童“游戏精神”的自由宽松环境，激发儿童想象性习作的潜能的重要保证。正如加登纳在《艺术与人的发展》中说的那样：“儿童的创作性写作须有一个前提条件，那就是，教室里的空气必须是轻松、愉快、无拘束的。如果处于‘紧张状态’，那对所有的孩子都是一种窒息……儿童必须了解，拼写与标点都不重要……应当鼓励孩子们游戏，鼓励他们‘放开胆子’实验。”

我们要还游戏以本来面目，在教学中让游戏的精神品格——主体、自由、创造精神彰显出来，即“教学如游戏”。教学如游戏，意味着教学要超越功利，教与学都要以愉悦为目的；意味着教学要走出控制的阴影，教师和学生都要在心灵的自由选择下，选择自己的行为和责任；意味着在教学中只有平等和敞开的“你”、“我”，规则源于教师与学生的共建与分享。此时，教师和学生都是极具游戏精神的人（游戏人），一旦师生都成为“游戏人”，那么想象的空间以及“力度”将会趋于无限大。

三、角色担当、情感伴随是放飞儿童想象的最优手段

皮亚杰说：“游戏就是把真实的东西转变为他想要的东西，从而使他的自我得到满足。他重新生活在他所喜欢的生活中，他解决了所有的一切冲突。尤其是他借助一些虚构的故事来补偿和改善世界。”游戏总是在假想的情境中进行，一切都是虚拟的、想象的。儿童可以超越现实，超越时空，无须受限于现实的时间、地点等客观条件，没有什么不被允许，没有什么不可能，没有什么实现不了。

笔者曾经执教过《××的自述》的想象性作文指导。在设计教学时，我认识到：在儿童眼中一切都是有生命的，当学生通过想象赋予周围熟悉的事物以生命，学生思维与情感的闸门也就打开了。教学中，我们首先要做的事就是创设情境，给孩子一个静静想象的时间与空间，让孩子闭上眼睛尽情驰骋，沉浸于角色之中。然后，就是引导学生在抓住特征、有序表达的同时，说出自己认为最有意思的话，从而拓展自述体作文的一些写法。

我发现：当儿童真正进入特定的情境，当儿童与角色融为一体，儿童的本真就毫无遮掩地显露了出来。儿童的语言就从心底喷发。这是我非常想看到的情景。

儿童原本就是具有灵性的人，所以，他们需要的不是被塑造，而是被唤醒、激发和升华。悉心保护孩子弥足珍贵的灵性是我在教学中十分注意的问题。设计、执教本课时，我清楚地认识到儿童有他们的思维方式，有他们的精神世界。我应给孩子的心灵以广阔的自由呼吸的空间。在习作中放飞他们灵动的心，让他们袒露真诚、说真话、抒真情、恢复

语言的活力，做到人文合一。让每个孩子都能通过习作散发出他们生命的原味。

现在，回忆起儿童的“自述”，我感到浪漫和诗意曾经于课堂中弥散，我与孩子的游戏精神都在一次难忘的习作历程中尽情释放。因此，我最想说：作文课堂，让孩子自述！

四、多样化的训练方式能有效拓宽想象空间

为了使写作教学最大限度地开发儿童天赋的精神资源，小学阶段应选择最能体现儿童“游戏精神”的童话、故事作为基本的训练文体。可以说，在人的潜意识里，很早就对故事的基本形式具备了某些固有的概念，儿童在正式开始学习写作之前就有了对这一文体丰富的感性认识。更为重要的是，童话和故事可以充分满足儿童的“游戏精神”，从而使写作训练在张扬儿童主体精神上，具有了可操作性。

当然，想象性习作的训练方式还有很多，比如说续写、补写、改写、词语拼盘、听音响写作文、看图画写作文，等等，这些都有一些实践的经验，取得了良好的效果，在此不一一赘述。

简短的结语：

儿童的想象性习作更是如此！我们要像呵护幼儿学步一样，用欣赏、新奇的眼光去看待，慎谈“合理”，这样，儿童想象的翅膀才会越发轻盈。

儿童的世界是用想象构建起来的诗意盎然的世界，让儿童在游戏精神笼罩下放开想象，是对儿童生命的一种关怀，既为当下，更为未来，因此，儿童情境想象作文教学的意义已经超越了作文本身！

课堂采风

水

（苏教国标版五年级下册）

[设计意图]

苏教版五年级下册的《水》这篇课文是作家马朝虎的名篇。全文笔调清新，文字纯净，行文从容。看似不经意的笔墨文字，传达出作者深厚的文学功底和极高的语言素养。文章纯美，描写细腻，语调亦是那么乐观，虽然作者儿时的故乡是个缺水之地，小时候也曾饱受过缺水之苦，但流淌在他笔下的却是活泼泼的文字，快乐、有趣、轻松。因此，细读这篇课文正是要着眼于品味水之珍贵，感受水之幸福，共筑美好家园这个结构线、情感线和主旨线；着力于学生语文素养的提升这个教学最本质处进行教学设计。我们也认识到，在我们这个长三角地区的学生的生活词典中，只能查阅到“青山绿水、水波浩渺、源源不断、用之不竭”的生活语境。他们很难想到作者这样淋雨就是痛痛快快洗澡的感受，也很难想到马朝虎四兄弟尽情享受母亲一勺清凉之水的舒服与痛快，更难体会到作家乐观、向上的生活态度。这就需要我们通过多种手段创设情境，将学生带入课文情境，行进在那个缺水的村子，缩短学生与教材的距离，特别是情感的距离，促使学生进入文本世界，与文本、作者产生心灵对话，在情感共鸣中，体悟文章的内涵，受到人文熏陶。

教学片段一：捕捉镜头，体会缺水之“苦”

师：我们也知道了课文的1、3小节，就着重写出了人们的缺水之苦和盼水之切。那么他们究竟怎样缺水和盼水呢？老师现在请同学们当一回摄影记者，走进作家生活的地方去拍摄，看谁有一双敏锐的眼睛，善于捕捉特别的情景或微小的物品，拍下他们缺水之苦和盼水之切的特写镜头。大家可以看看课文，也可以同桌商量商量。

生：我拍下了当地人们辛辛苦苦挖水井的镜头。那时候，骄阳似火，大地干裂，就像乌龟壳一样。那些人们为了吃上一点点水，辛辛苦苦在骄阳下挖了十几天，他们奋力地挖着水井，希望能喝上一点清凉的水。

师：可以说得简洁一点，把你说的这些话并成一句话，那就是我拍下了骄阳下挖井的人们。

生：我拍下了人们到10公里外的小泉里挑水的情景。

生：我拍下了一条干涸的小河。

师：在这个村庄里，你会拍下很多很多的特别的情景，还有些微小的事物，再看一看，还拍下了些什么？我看哪一个同学眼光最敏锐！

生：我拍下了村子里树叶上打了蔫儿的黄叶子。

生：我拍下了炎炎烈日下，孩子们望着水窖那渴望的眼睛。

生：我拍下了缺水人家水窖里薄薄的存水和水污渍。

师：水窖上还有些微小的东西，你们有没有看到？

生：我拍下了锁住水窖的锁。

师：有锁就会有什么？

生：（齐）钥匙。

生：我拍下了他母亲腰带上象征权威的钥匙。

师：刚才同学们一交流，我觉得我们这些小摄影师拍得都十分丰富。老师归纳一下大家所拍下的镜头主要集中在两个地方：一是泉眼边，二是村庄里。我们先到泉眼边看一看。

（多媒体出示课文第一小节，略）

师：从这一组组镜头中我们看到了一串数字，哪些数字让你感到了震惊？

生：十公里之外。

生：一个小时。

生：一担。

生：一个村子的人吃水。

生：一处很小的泉眼。

[老师课件点击学生刚才说到的数字]

师：（引读）这些数字是让我们触目惊心的。你们看，取水的人是那么多——

生：（齐）一个村子的人。

师：路途那么遥远是——

生：十公里之外。

师：（齐）水源这么小——

生：（齐）一处很小的泉眼。

师：取水的时间那么长——

生：（齐）排上一个小时的长队。

师：取水的数量这么少——

生：（齐）才可以挑上一担回家。

师：那炎炎的烈日，长长的山路，小小的泉眼，漫长的等待让我们感受到水成了村子里——

生：（齐）最珍贵的东西。

师：（板书）最珍贵的。

师：让我们一起把这种感受读出来吧！

[生齐读第一小节]

师：刚才你们还在村子里拍下一些特别有意味的镜头。你们看，这是什么？

（课件出示水窖图）

师：“窖”是收藏东西的地洞或坑。水窖呢？那时候家家户户都建有水窖，用来在下雨天储水，以备今后很长一段时间使用。

师：（出示带锁的水窖图）刚才有位摄影记者拍到了“锁”这个物具。请你说说为什么要拍锁？

生：因为这个锁代表了权威，它锁住了当时孩子们对水的渴望。

师：母亲用一把大锁锁住了水窖，也锁住了我们对水的渴望。可这对水的渴望又怎是一把锁能锁住的呀！

师：有一位摄影记者拍到母亲腰带上那把钥匙。课文里为什么说这把钥匙象征着权威以及幸福与痛快？

生：只有这把锁才能打开水窖，所以锁象征着权威。

生：因为打开水窖，当母亲舀起水往他们身上浇的时候，这时候对于生长在干旱地区的孩子来说，是最幸福的时刻了。

师：还有一个镜头，同学们没有拍到，你们看我给你们准备了什么？

（点击课件）

生：一把勺子。

师：母亲用一勺水给我们洗澡，说明了什么？

生：这勺子里盛满了水，这勺子也就与众不同。这勺子水如果能浇在这些干旱地区的孩子们的身上，那么他们拥有的就是莫大的幸福。

师：仅仅是一勺水，就能给他们带来幸福，你理解得真透。

师：这一个个特写镜头以及五个令人震惊的数字（多媒体出示图与数字）看上去微不足道，但给我们的印象却很深刻，这就是细节的力量（板书：细节）。这些细节描写，让我们真切地感受到——

生：水，成了村子里最珍贵的东西。

师：老师把刚才大家拍的镜头配上了文字说明，合并在一起。请大家听着音乐，通过朗读进一步体会缺水给村民们带来的不便和煎熬。请一个同学读，其他同学在心里读，在心里体会。

[学生读课件出示的文字]

[点评] 在课的起始阶段让学生担任摄影记者，走进作家生活的地方去拍摄，让学生以这样的学习方式去研读文本，用一双敏锐的眼睛去捕捉特别的情景或微小的物品，拍下他们缺水之苦和盼水之切的特写镜头。这样转换角色探究文本，既满足了儿童兴趣，也促使儿童进入具体的课文情境，关注课文中描写的事物，为后面抓住了一个个特写镜头以及五个令人震惊的数字揭示“细节”写法的教学作了铺垫。

教学片段二：连线作家，领悟水之蕴涵

师：仅仅是一场雨，仅仅是一勺水却给同学们带来诗一般的感觉。本来生活在这样一个缺水的小山村，童年的记忆应该是苦涩的，可作家马叔叔却用大段的如水一般活泼的文字，写出了快乐，还两次写出了母亲的笑。

（师出示多媒体，略）

师：如果说戏水、浴水的情景，好像苦根上结出了两个甜甜的果实；母亲的两次微笑，又好像是贫瘠的沙漠中开出的两朵灿烂的花。这篇文章就像缓缓流淌的水，需要我们张开心灵的毛孔去吸吮，作者为什么要这样写呢？前面我们也提到了这个问题，现在你能说说为什么吗？猜一猜？

生：我想这样写更能衬托出水的珍贵。

师：一定有这个意思在里面，以乐来衬苦。

生：我觉得这是一种反衬的写法，用有水的乐来衬托没水的苦。

师：还有其他意思吗？“我出生在一个缺水的地方，但我却感受到水的快乐？”那是什么原因呢？

生：也许是想告诉我们水的珍贵。

生：我觉得也许能警示人们要珍惜水资源。

生：我觉得快乐与出生的地方是没有关系的，只要你有一颗快乐的心。

师：同学们真有悟性！你们说的正是作者所要表达的。请看作者关于这篇文章的一段话。

（师出示多媒体）

我写这篇散文不仅仅是要教育人们珍惜水资源，更是想告诉人们无论在什么环境下都要乐观、向上。

——摘自马朝虎的访谈录

生：齐读。

师：（板书）乐观、向上。

[点评] 本来生活在这样一个缺水的小山村，童年的记忆应该是苦涩的，可作者谈苦的文字仅仅只有一小节，大段的文字都在回忆自己的乐。这样的反差究竟意味着什么？于是，我找寻作者的一些生平资料及其他文字。随着阅读的展开，也似有所悟：人是无法选择自己的出生地的，但可以选择面对生活的方式。作者无可选择地出生在那样一个贫穷的小山村，但祖祖辈辈、老老少少那种“笑对人生的生活态度”深深感染了他。是啊，我们无法选择自己的出生地，但我们可以选择自己面对生活的态度，作者难道不是通过文本传达这样一种信息吗？于是，我将教学的目光锁定在“乐观、向上”的生活态度上，这既是我们对文本的一种个性化的把握，也是在力图通过这样的解读点亮学生的心灵，点亮我们的课堂。

附：专家评述

《水》之三味

南京市琅琊路小学特级教师　　戚韵东

一、《水》之一味：了无痕迹气韵流

我想，教语文的最高境界应该是让学生感受不到自己是在学语文，而这正是张老师这节课最突出的特点。这首先表现在他时时刻刻都在为学生营造一种氛围，让学生感觉到自己就行进在北方那个缺水的小村子里，感受着乡亲们的“缺水之苦”、“享水之乐”。

张老师在教学每一环节的推进处精心创设了情境，激发了学生的阅读兴趣，学生的思维与文本碰撞犹如小河中不时激起的朵朵浪花，清新而亮丽。平添了无数崭新的生命力。音乐的渲染、图画的展示、角色体验，让学生自主学习、充分体验。实现语言与情感的内化。

二、《水》之二味：于细微处见真淳

张老师在教学中紧紧扣住课文的语言，在一个又一个的教学细节中引领学生在文字与情感中走了个来回。

细节一：出示了第一自然段后，张老师问：“从这一组镜头中我们看到了一串数字，哪些数字让你感到了震惊?”面对学生的回答，张老师告诉大家：“这些数字真可以说是触目惊心。”继而领读。“一串数字”，一个追问。让我们都感受到水成了村子里最珍贵的东西。

细节二：精妙的朗读指导。朗读是语文课堂上不可或缺的学习方式。在这一课的教学中，张老师非常注重指导学生朗读，让学生根据不同的需要，用不同的语气尝试读出自己的感受。“让我们在这舒缓悠扬的乐声中朗读这首诗，表达这诗一般的美好感受吧!”……这样的指导中透着一份随意，随意中镶嵌着一份精致，精致中蕴涵着巧妙的点拨，这就是语言的魅力。

细节三：在感悟“享水之乐”时，张老师说：“亲身感受到了那里人们缺水之苦和盼水之切，但我们细细体会却能感受到课文着重写的是水给人们带来的快乐。”这是对文本的精准解读。而如何充分感受这份快乐呢？请看张老师的设计——“我发现你们都像被晒干的狗尾巴草一样了。我们那儿是鱼米之乡，也有狗尾巴草，它长得蓬蓬勃勃。可你们这儿的狗尾巴草却像晒干了似的显得怎么样？你能用一个词语形容一下吗？”多么有意思的比较，学生的心中升起盎然的生趣，于是，在接下来的教学流程中，学生们在接受张老师的“采访”中细腻地表达出雨中洗澡的舒畅与幸福。张老师很好地担当了在平等对话中首席的角色，主动地、机敏地发挥引导作用，引领着学生的感悟步步提升。

细节四：再看这三处：(1)“这一个个特写镜头以及五个令人震惊的数字看上去微不足道，但给我们的印象却很深刻，这就是细节的力量（板书：细节）。”(2)“你们说了自己在雨中的行动、语言以及热烈的情绪，你们说的就是场景（板书：场景）。”(3)“在炎炎夏日，用这样的方式洗澡也许特别舒畅。你们能说说自己的感受吗？看谁能用恰当的、生动的词语来表达自己真实的细腻的感受。”语文味是什么？王崧舟老师说：“‘语文味’就是守住语文本体的一亩三分地。语文的本体是什么？显然不是语言文字所承载的内容，即‘写的是什么’。而是用什么样的语言形式来承载这些内容，即‘怎么写的’。语文要学的就是这个，‘语文味’所指的就是‘这个味’。”张老师引导学生体悟语言文字的同时，告诉学生什么是“细节”，什么是“场景”，该怎样用恰当生动的词语来表达真实细腻的感受，很好地体现了“在实践中学习语文、运用语文”的新课程理念。

三、《水》之三味：花枝摇曳展缤纷

有人说，一节好课，就像一棵树，每个环节，如同树上的枝干与花叶，液汁流转，一枝摇，百枝摇。就这堂课而言。张老师在引导学生关注文本语言的妙处外，还把目光锁定在“乐观、向上”的生活态度上，这是教者对文本的一种高度把握。

“你们看戏水、浴水的情景，就好像是苦根上结出了两个甜甜的果实”；“母亲的两次微笑，又好像是贫瘠的沙漠中开出的两朵灿烂的花。”是呀，本来生活在这样一个缺水的小山村，童年的记忆应该是苦涩的，可作家却用大段的如水一般活泼的文字写出了快乐。“张开心灵的毛孔去吸吮这雨水。想一想，作者为什么要这样写呢？”张老师随意一摇。摇下了一片落英缤纷。

是呀，如此凸显“快乐”，是想让孩子们的心灵浸染书香，获得的是对人生的感悟！

此外，在这节课上，张老师表现出的丰厚的人文底蕴和广阔的阅读视野也一如生姿的花叶，在课堂流淌的气韵中散发芬芳。

——为了帮助学生感受雨水带来的幸福感受，张老师变换了文字的排列方式，使之变成了一首小诗。

——为了帮助学生准确地理解文本的主旨，张老师把马朝虎的访谈录片段提供给学生：“我写这篇散文不仅仅是要教育人们珍惜水资源，更是想告诉人们无论在什么环境下都要乐观、向上。”

——为了进一步感受作者所要传递的这份乐观、向上的生活态度，张老师摘录了马朝虎先生在其他作品中相同意蕴的文字，强化了阅读结果，开阔了学生的视野，体察了人文的滋养，展现了语文的魅力。

这样的课堂，既有深度，又有温度，既有大气的泼墨写意，又有精致的工笔细描。张洪涛老师对于《水》一课的阐释，体现了他对语文教学的理解和追求。听了张老师的课，我想：我们的老师如果能像张洪涛老师一样拥有丰厚的人文底蕴和热爱语文教学的激情，就一定会创造出无限精彩的课堂！

唐颖颖

Tang Ying Ying

任教于江苏省南通师范学校第二附属小学（以下简称“通师二附”）。小学高级教师、南通市骨干教师。曾获全国“科研型教师”、江苏省“学习成才女标兵”、江苏省“青年教师新秀”等称号。

工作后，拜全国著名特级教师李吉林为师，为使情境教学更具魅力展开了深入探索。曾参加全国小学语文阅读观摩比赛、第二届全国小学计算机辅助教学观摩课展示会、江苏省青年教师情境教学优课评选并获奖。多次在全国、省、市范围内上公开课。撰写论文在全国、省、市比赛中获奖。多篇文章在《人民教育》《光明日报》《中国教师报》《小学语文教师》《小学语文教学》《江苏教育》等报刊上发表。

成长之路

沐浴着情境教育成长

我是通师二附的一名普通的语文教师。每当想起自己的成长经历，我总觉得自己是幸福的，因为我能生活、工作在通师二附这个团结、奋发、向上的集体中，能一直在教育家李吉林老师的亲自指点下学习、工作。我深感自豪，因为我工作后仍选择了与学习、研究，在情境教育这片沃土上，我不断学习、成长，学习和研究给了我丰厚的回报。

一、理想在情境的土壤中播种

2008 年国庆节，这是一个美好而特殊的日子。我们这群三十六七岁的中年人走进通师二附校园，时光仿佛又回到了三十年前，当我们还是六七岁的孩子时，也是这么欢笑着走进学校，来到李吉林老师的实验班学习。小学阶段五年的学习、五年的成长、五年难忘的童真时光……今天大家又欢聚在李老师身边，交流、研讨，回忆过去，展望未来。而如今的我已经像李老师一样，成为一名幸福的小学教师，并且是那么幸运地跟她在一起工作，在我所熟悉的母校里工作。

当我们来到李老师的办公室，她那张很大的书桌上已经整整齐齐地摆放好我们当年的作文本。从一年级的写一句话，二年级的观察日记，到四五年级的作文，每个人都有厚厚的一叠。我们欣喜地翻看着，大声地朗读着。所有人都惊叹李老师竟会把我们的习作完整地保存了三十年！这是我们成长的足迹，更凝结着李老师对事业、对学生最深沉的爱。

我们围在李老师身边，七嘴八舌地回忆着小学生活。尽管已经过去很多年，但大家的记忆都那么清晰，那一幕幕动人的情景仿佛就在昨天……我们听着，看着，聊着，坐在人群中的我是别样的幸福与自豪——为能遇到李老师这样的杰出的启蒙老师，为自己也能成为一名让孩子们喜爱的小学老师。

正是从小受到情境教学的滋养、熏陶，我们班的同学大多对语文有着较强的兴趣，也奠定了我们比较坚实的语文基本功。我就很喜欢语文课，也喜欢观察，喜欢提问。李老师精湛的教艺和对学生的热爱，让我觉得当老师是件有趣、有意思的事情。于是，我幼小的心灵便埋下了一颗理想的种子——长大了也要做一位像李老师那样的人民教师。

二、教艺在不断的磨炼中提升

一个人的成长离不开自我锻炼。工作中，我常主动给自己找难题，主动给自己压担子，主动给自己设目标。

2002 年秋天，李吉林“情境教学—情境教育”九五课题隆重结题。来自全国各地的教育专家齐聚一堂，活动中我接受了新的挑战，上阅读课“水乡歌”。这篇课文是苏教版小学语文第三册中的一篇文字优美的小诗，用什么方式展现风光秀丽的水乡，湖面上行驶的“千条船，万只驳”呢？用多媒体还是课文插图？正当我拿不定主意时，李老师提醒我：情境的创设，应该是低耗高效的，用最少的花费、最简约的方式，达到最佳的效果。李老师拿来白纸，几笔勾画出船的轮廓，把纸叠起来，再拿剪刀一剪，一只只白帆船就栩栩如生地出现了。课上，我用黑板画描绘了水乡的背景，和孩子们一起担当船民、渔民，将课前做的小纸船“驶”进“水乡”。当孩子们“驾驶”着自己的小船纷纷驶进河中、湖中时，孩子们的眼前呈现出的不再是老师提供的、静止的图画，而是老师和大家共同创设的、大家融入其中的具体而生动的情境，这时的学习活动便充满了生活气息，仿佛有了灵气，变得鲜活起来。学生们也都兴致勃勃地读起了诗“千条船，万只驳，白帆片片像云朵”。

在学完小诗后，我联系到当时正在南通召开的全国港口经济洽谈会，创设了让一部分孩子当小导游、另一部分孩子担当来宾、由小导游带着客人们坐着游船游濠河的情境。要求小导游根据投影即时向客人介绍濠河沿岸的景物。这一环节的设计犹如点睛之笔，从课堂上学生们眉飞色舞的神情中，我看到了孩子们思维碰撞的火花。这不仅锻炼了他们搜集处理信息的能力和口头表达能力，而且又一次激起了孩子们对家乡的热爱。语文的工具性、人文性在这堂课上得到了有机、有效的结合。

一次次的课堂实践中，我通过创设富有美感、智慧和童趣的情境，将知识嵌于情境、生活现于情境、训练融于情境、思想寓于情境，在优化的情境中学生获得了学习的快乐、合作的快乐、创造的快乐。在学生成长的同时，我的教学能力也有了很快的提高。

为了拓宽我们的视野，让我们在更广阔的天地里经受考验，李老师还经常利用外出讲学的机会带上我们，让我们有机会在全国、省、市范围内上公开课。工作20年，我应邀先后到香港、北京、杭州、广州、哈尔滨、咸阳、济宁、泰兴等地上课、讲学，受到广泛好评。在一次次的实践锻炼中，我的课堂教学能力有了更快的提高。我听到了自己生命成长中拔节的声响。

三、探索在更新的境界中延展

我从沉醉于情境之中，到慢慢了解它、运用它，再到积极参与其中研究它、实践它，逐渐进入一个新的境界。

李老师关注我们的教学，也引导着我们的研究。1995年，我送走了第一届毕业班之后，又接了一届新生。我对李老师提出的优化语文课程结构——低年级“识字、阅读、作文”三线同时起步，有了更进一步的认识。我一遍遍研读李老师的著作，并在教学中实践，有了新的收获。写下了论文《把观察、阅读与说话结合起来，促进学生语文能力的发展》。这篇论文在1996年江苏省“教海探航”论文竞赛中获得了一等奖。

正如李老师常说的那样：实践有一个过程。光靠摸索做不深也做不长，只有把学习理论和探索的实践结合起来，才会产生新的认识。

2007年，我满怀激情地申报了李老师国家教育部“十一五”课题的子课题“情境教育与低年级儿童学习的实验与研究”。围绕课题，我和课题组的老师们进行了大量的理论学习。各种教育教学杂志、书籍和李老师的教育专著，为我带来了全新的视野。每周一下午放学后，我们就来到情境教育研究所，在李老师的指导下，交流学习心得，提出研究困惑，制定研究方案。我们畅所欲言，各抒己见，常常忘记了时间。李老师常常鼓励我们充满自信地去想、去做，只有自信地、快乐地想，才能越来越聪明；也常常提醒我们要从学生的角度去思考，要研究怎样针对学生的学来设计教师的教，更常常会在最关键的时候为我们出谋划策，指明研究的方向。

在学习的基础上，我又将课题研究融入日常的教学工作中：我和课题组的老师一起去幼儿园大班了解学生入学前的情况；我们对一年级新生进行了识字调查；我们从学生的实际出发，打破传统的教学方法，重组教材内容，增设情境识字课，有效地提高了低年级识字教学的效率。在学生获得进步的同时，我撰写的论文“从儿童实际出发，有效提高识字教学效率”也在《人民教育》上发表。

工作中，我阅读着，思考着，实践着，并收获着。撰写的论文在省、市获奖，并发表在《江苏教育》《小学语文教学》《小学语文研究》等报刊上。

也许我还不是一棵参天大树，但我却在情境教育的光辉下努力地伸展着枝叶，不停地成长着、成长着……

回顾我成长的每一步，除了平实，再想不出其他的词来形容。不过，作为一个平凡的人，致力于一项平凡的工作，只有将平凡的事情做得不平凡，才能显现出自身独有的价值。追求卓越是我的目标，而其间的过程还是要归结到“踏实”、“勤恳”这些最平凡的字眼上。也许，这是最可贵、最生动的成长情境。二十年的教师生涯使我坚定了追求语文教学最高境界的信心，也使我深深感到：小学不小，小学园地，大有作为。

教研撷萃

从儿童实际出发，有效提高识字教学效率

摘　要：识字是小学低年级的教学重点，从一年级新生的实际出发，探索一条提高识字教学效率的有效途径。首先，通过测查，摸清儿童识字现状，调整重组教学内容，让学生感受汉字造字的奥秘，帮助他们迈好写字的第一步；其次，通过问卷调查，利用学生识字规律，增设情境识字课，带学生熟悉自己生活的环境、走进多彩的大自然、进入更丰富的模拟空间；再次，遵循学习规律，通过自主探究，识用结合，有效提高识字效率。

关键词：儿童学习；遵循规律；情境识字；提高效率

识字是阅读和写作的基础，是小学低年级的教学重点。语文新课程标准明确指出："小学一二年级识字量要求达到1600—1800个。喜欢学习汉字，有主动识字的愿望。"如何使识字教学达到增量不增负，就必须了解：从儿童的实际出发，探索研究提高识字效率的有效途径。

一、摸清儿童识字现状，调整重组教学内容

多少年来，一年级孩子入学后，教师便按课本安排的识字内容逐一教学。这似乎是天经地义的事。但是一年级的新生是否一个字不认识呢？事实告诉我们不少孩子在学前已经有意无意地识了一些字，但究竟认识多少，孩子间又有多大的差异，我们心中无数。为提高识字教学的实效，我们商定从调查摸底入手。首先，从教材的生字表中挑选出620个字，对新入学的一年级155个小朋友进行了识字量的测试，让一年级孩子逐个认读。

通过测查，我们不得不为之惊讶：调查告诉我们，一年级新生在学前

已掌握了一定数量的汉字，最多的能完全认识测试中的620个汉字，平均识字竟然达到200个左右，最少的也认识了26个字。面对儿童的识字现状，如果仍从“一”开始，每天重复几个简单的汉字，必定不能满足现代社会中孩子们日益增长的信息量需求，会挫伤大多数学生识字起步阶段兴趣的萌芽。

下面是155名学生学前识字情况的数据：

识字调查统计表

识字个数	人　数	百分比（%）
600个字以上	4	2.58
500～600个字	4	2.58
400～500个字	4	2.58
300～400个字	11	7.09
200～300个字	18	11.61
100～200个字	45	29.03
100个字以下	69	44.51

针对这样的情况，我们对教学内容进行了重新组合。

1. **感受汉字造字的奥秘，激发学生识字兴趣**

通过测试，我们发现，尽管小朋友识字的进度不完全一致，但一些常见的、简单的独体字每个孩子都会认。如，大、小、上、下、日、月等，因此，结合拼音教学，我就通过增加象形字、会意字的教学，让学生充分感受汉字造字的奥妙。

例如，增加了：“日月水火、山石田土”一课。课上，我引导学生感受象形字的演变规律，形象而逼真的简笔画→简洁而形似的象形字→端正而神似的楷书字，使孩子们豁然开朗：哦，原来汉字是这么来的！通过生动的画面到方正的汉字的逐渐演变，让学生将头脑中的资源与眼前所见的画面产生联系，从而激起学生探索祖国文字奥妙的欲望，对学习汉字产生浓厚的兴趣。下课了，孩子们兴犹未尽，争着问还有哪些字是从图形变来的。从孩子们一张张兴奋的笑脸上，我明显感受到他们对汉字的喜爱。

2. **开设“识字乐园”，让学生在“玩”中识字**

在调查中，我还发现，有一部分简单的合体字三分之二的孩子会认，但三分之一识字量较少的孩子还很陌生。由此，我就把这些生字进行组合，在拼音教学结束时开设“识字乐园”，用游戏互动的形式让学生认识、巩固这部分汉字。

例如，闯关游戏。将生字设在各个关口，学生分小组集体闯关，在闯关过程中可以互相帮助，只有集体闯关成功，这组的小朋友才可以得到汉字国王准备的礼物。

教育家洛克说过：“教育儿童的主要技巧是把儿童应做的事，也都变成一种游戏似的。”在“识字乐园”中，我让学生通过担当角色，做各种各样的游戏：“摘果子”“找朋友”、“你演我猜”、“汉字妈妈找娃娃”、“邮递员送信”等，如，“摘果子”让孩子上台当小果农，把果树上会识的“苹果字”摘下来，读一读。比比，谁摘的果子多，谁读的字准确。这样的游戏，充分发挥了学生学习的主动性和积极性，能以“自我实现”的方式满足当众展示的欲望，体验成功的喜悦。

游戏是儿童的天堂，可以满足他们好动好玩的心理。孩子们就在游戏的过程快快乐乐地学习汉字，轻轻松松地巩固汉字。

3. **调整教学重点，帮助学生迈好写字的第一步**

拼音教学结束后，就进入识字教学阶段。由于此前对汉字进行的一系列铺垫学习，在识字教学之初，课本中要求掌握的生字在字音、字形和字义方面对孩子们来说都不算太难，而写字对于一年级的小学生来说难度是不小的。

因此，我们就把教学重点放在写字上。从练习执笔、练习写基本笔画开始，并了解字的基本结构，正确掌握笔画笔顺，注意字的间架结构，并养成端正的写字姿势。这样突出了学龄初期儿童识字的难点，帮助孩子减小写字的难度，迈好写字的第一步。

二、利用学生识字规律，增设情境识字课

孩子在入学以前就认识了这么多汉字，那这些字又是如何习得的，学生识字时候有些什么经验呢？于是，我们又进行了第二次识字调查，让学

生讲讲自己印象最深的识字故事，由爸爸妈妈记录下来。下面是几个特别有趣的识字故事。

- 我和好朋友一起下棋，我输了，伤心地哭起来。爷爷走过来，笑着说："小轩，我让你猜一个字：一只小狗张开了两张嘴巴，这是什么字？"我猜不出来，爷爷就说："一只小狗就是犬，两张嘴巴就是两个口，合起来不就是'哭'吗？"啊，我明白了，原来爷爷在笑话我。不过，从此以后，我却牢牢记住了"哭"这个字。

- 春节前，我和爸爸一起在门上贴"福"字，爸爸说"福"字要倒过来贴，表示"福"到来了，祝愿新的一年幸福美满，我就把"福"字看了又看，认了又认。

- 一天，我陪妈妈到理发店理发。我看到理发店的门上贴着"汤发"两个字，我就问妈妈："头发还能做汤啊？"理发店的阿姨笑着说："应该是烫发，烫下面的火字底被调皮的小朋友撕掉了，才闹了这个笑话。谢谢你的提醒，我马上把它改掉。"就这样，我认识了"烫发"的"烫"字。

通过这次调查，我发现学生识字的载体不仅仅是教材，学生识字的途径也不仅限于课堂学习。可以说，生活就是学生自主识字的源泉。他们在生活中识字的途径也是多种多样的，例如，利用商店、广告、公交站牌，社区中的文化、金融、邮电设施，旅游时的标语，各种食品的包装、电视中的字幕识字；猜谜语、编儿歌、看对联识字；也有阅读中识字；练习书法时识字……这些信息给我们的识字教学打开了另一扇窗户。我们充分利用儿童自己识字的经验，开设了情境识字课，让学生在生活情境、模拟情境中学习，让有意识字与无意识字结合，提高识字的兴趣与效率。

1. 情境识字课，带学生熟悉自己生活的环境

孩子们进入校园的第一堂室外课，就是认识校园。以往我们只是带着小朋友认识校园中的各种建筑、熟悉校园中的环境，可是当你换个角度去看时，整个校园就是一个充满活力的识字乐园："学校"、"大楼"、班级的名称，花坛中的警示语，校门口的画廊、板报……例如，学生心语中的"美美地想　乐乐地做"很快就能学会。这些平时并不引人注意的课程资源，在老师设计引导下，已经为孩子成功地在校园里上了识字的第一课，孩子们非常兴奋。

我们编写了家庭识字教材，通过家长会与家长沟通，调动起家长参与的积极性，家长把家庭里的各种常用物品名称制成卡片，分别贴在实物上，让学生在课余时间对照实物认字。我们还鼓励孩子们把家中购买的物品、自己吃的食品、玩具、文具包装上认识的字剪下来，贴在小本子上，这就成了孩子们自己编的“识字书”，内容形式充满了生活气息，都十分有趣。这样字与实物结合，学生就在无意中记住了这些字，毫不增加学习负担。

2. 情境识字课，带学生走进多彩的大自然

大自然中清澈的小河、碧绿的草地，高大的楼房、宽阔的马路、古老的宝塔……都是学生识字的最形象的教材。每次野外活动前，我总要先进行实地观察，选取孩子们感兴趣的、熟悉易懂的事物，把事物的名称或描写它们特点的字词写成识字卡片，然后，我就带着孩子来到大自然中学习字词。

一次，我们站在濠河边，看着清清的河水，我出示了一组词语：小河　水波　浪花。我问学生：“你们发现这几个字有什么共同的地方吗？为什么？”孩子们纷纷说：“河、波、浪，都有三点水旁。”“我知道因为它们都和水有关，所以是三点水旁的字。”“那你们还知道哪些三点水旁的字呢？”“清清的河水中‘清’是三点水旁的字。”“河里驶来一条渔船，‘渔’是三点水旁的字。”“小河流入长江，又流入大海，‘江’‘海’都是三点水旁的字。”……

在大自然的情境中，学生从抽象、虚拟的课本方块字中解脱出来，他们在与自然的交流中有意识地留心记录周围的世界，自主地、主动地识字，与此同时，思维力、创造力、想象力都得到了发展。

3. 情境识字课，带学生进入更丰富的模拟空间

在自然的、实地的情境中识字，效果之佳是显而易见的，但有时由于场地、时间的局限，不能在现实生活中一一找到合适的情境。于是，我们就创设一种与现实生活相似的模拟情境，在另一个富有生趣的场景中识字。

金秋时节，我们在童话楼底楼布置了秋天的果园。在布置完果园后，我们又给各种水果写上标签，孩子们在果园中认识水果的同时，也在无意识字。这时，我结合教了“果”、“园”、“香蕉”的“香”、“苹果”的

“苹”。孩子们很快地发现，“果”就是一只果子挂在果树的上头；“果园”就是种着许多果树的地方，它的四周都有果树包围着，因此“园”是全包围的字。在这样丰富而又鲜活的情境中，儿童的语言也随之变得精彩，十分灵动。下面摘引孩子们即兴的发言。

“苹果娃娃脸蛋红彤彤，像个害羞的小姑娘”；

“金黄的梨子挂满了枝头，把树枝都压弯了”；

“大块头柚子娃娃，它圆圆的肚子里藏着鲜嫩的果肉，我真想尝一尝”；

“香蕉弯弯的，像月亮，又像小船。”

……

接着，学习课文《秋天的果园》——

秋天的果园

秋天，各种果子熟了。苹果、梨子和柿子挂满枝头。一阵凉风吹来，果园里飘出甜甜的香味。

孩子们在这样模拟的生动的情境中，在果实累累的树下，在甜甜的果香中，非常轻松地学会了这篇短文。

《语文课程标准》指出：“识字教学要将儿童熟识的语言因素作为主要材料，同时充分利用儿童的生活经验。”情境识字课，为学生构建了开放的学习环境，把孩子带入生活情境或是精心设计的模拟情境中。情境以它丰富的美感，鲜明的形象，伴以教师的情感渲染，来激发儿童的学习的兴趣。学生观察情境，学习生字，运用习得的词语说话；拓展阅读有关的儿歌、美文，在阅读中进一步巩固字词。异常活跃的思维，特别丰富的情感，使他们的身心得到了充分的发展，识字教学获得高效。

三、自主探究，注重识用结合

新课标强调：“学生是语文学习的主人。在教学过程中，要加强学生自主的语文实践活动，引导他们在实践中主动地获取知识，形成能力。”

识字教学中，我创设良好的自主学习情境，把识记字形的主动权还给学生，充分发挥其主体性，引导他们自己想办法，发现行之有效的识记方法，并在实践中运用，形成识字能力。

如，在教“清、晴、情、睛、蜻、请”这一组形声字时，我用简笔画创设了小朋友野外活动的情境，把这几个字分别写在相应的事物旁边，让学生看着图和字，自己想办法记住这一组生字。学生通过观察思考，发现了这组形声字在字义和字形、字音方面的联系，并想到了各种记忆的好办法：有的给字换偏旁记忆；有的在“青”字边画上各种不同的图画来记忆；有的编儿歌记忆：小河哗哗流水“清”，太阳出来天气“晴”，文明礼貌先用“请”，读书写字用眼“睛”，帮助伙伴献真“情”，害虫飞来有“蜻”蜓。有的编“青”与“氵、日、忄、目、虫、讠”交朋友的故事记忆……通过自主探究学习，学生不仅很好地掌握了汉字，而且加深理解了形旁对汉字表意所起的作用。

课堂上我十分注意引导学生选择自己最喜欢的方法识记汉字，每次认字时，我总是这样问学生：你有什么好办法记住这个字？这样不仅提高识字的效率，培养了识字能力，更重要的是为学生今后独立识字打下了基础。

《语文课程标准》指出：“识字教学要充分利用儿童的生活经验，注重教给识字方法，力求识用结合，运用多种形象直观的手段，创设丰富多彩的教学情境。”教学中，我创设情境，调动儿童眼、口、鼻、手、身体等多种感官，鼓励学生编顺口溜、做动作、编字谜、画图画、听故事、改编歌词等多种方式学习生字，使汉字符号变得具体可感，自然而然地唤起学生的注意力，激发学生识字的兴趣，让识字过程变成儿童认识事理、感受汉字形体美和意境美的过程。

学生学完了拼音，有了一定数量的汉字积累后，我们通过布置每天的拼拼读读作业，鼓励孩子借助拼音读一些短小的儿歌、童谣、谜语等。要求把不认识的字圈出来，在多次反复拼读中不断再现生字，在不知不觉中掌握常用汉字。

我还鼓励孩子阅读，享受识了字能读书的快乐。我成立了班级图书角，把课外读物根据难易程度分成不同等级：第一等级，短小的图文拼音读物；第二等级，有少量插图的拼音读物；第三等级，没有拼音的儿童经典名著。根据学生汉字掌握的情况，分层向学生推荐读物。阅读时，允许孩子们“连猜带想”或是“不求甚解”，每读完一本书，签字记录，定期评出班上最爱读书的小朋友，并给予奖励。学生完成了一个等级的阅读后，及时增加难度升入下一等级，进入更大的识字空间。这样，买书、读书成为孩子们的一种乐趣。

课外阅读是学生独立自主地运用识字方法，扩展、巩固识字的实践过程，它能够在巩固识字的同时大量识字。一个学期下来，孩子平均读书15本，最多的小朋友读了42本。

近一学期以来，我们从儿童的实际出发，调整重组教学内容、增设情境识字课、鼓励学生自主探究、注重识用结合，有效地提高了识字教学效率。学期末，通过再一次调查，课本中要求掌握的123个字默写正确率为98.7%，30%的学生识字量达1000个以上，62%的学生识字量达到500个字以上，8%的学生识字量达300个。我们惊喜地发现，从儿童实际出发，在情境中识字，确实是提高识字教学效率的重要而有效的途径。

课堂采风

丰收娃娃

（观察、想象、说话综合课）

[设计意图]

金秋十月，学校开展了“丰收节”活动。我们课题组的老师共同策划了以认识秋天、了解秋天、感受丰收喜悦、体验劳动付出的辛劳为主题的系列情境活动——“走进金色的田野”。活动中，我们有意识地把语文、数学、音乐、美术等多个学科整合起来。在野外活动时，语文老师带领学生看收割、拔萝卜，采访老农了解农作物的生长过程；数学老师结合教材中“认识长度单位”这一单元，就地取材，教孩子围着用走一走量一量，手拉手连一连的方法估算稻田的周长；回到学校后，美术老师又教孩子们用秋天成熟的果实制作可爱的“丰收娃娃”，音乐老师教唱丰收娃娃歌。

活动后，孩子们对于“秋天”是个“丰收的季节”有了更真切的认识，特别是当他们捧着亲手制作的丰收娃娃时，都迫不及待地给娃娃取名，希望与别人分享快乐。于是，这堂观察、想象、说话综合课就应运而生了。这一课，首先要让学生展示自己的丰收娃娃，介绍自己做丰收娃娃的过程，主要训练把制作过程说清楚。接着，要让孩子们担当角色，扮演一个丰收娃娃，创设丰收娃娃在农家小院里聚会的情境，聚会中丰收娃娃介绍自己，结交朋友，也学会感谢，这一环节主要进行口语交际训练。最后，让聚会中出现一个神秘人物——一只神奇的宝葫芦，这一情境的设计也是本堂课的亮点，通过一段充满幻想的音乐渲染，让孩子们展开想象：葫芦里会蹦出什么？会飞出什么？把什么放进葫芦里，让它永远出不来？这堂课就是让孩子在美、智、趣的情境中观察、想象，进行语言训练。

[案例呈现]

情境再现一：

（1）今天大家都把课前制作的丰收娃娃带来了，唐老师也带来了好多丰收娃娃。举起来给大家看看，小组里再互相观察。告诉大家，你带来了什么娃娃？

（2）请你说说。把它举得高高的。（我带来了________。）

生：我带来了精美的茄子娃娃。

生：我带来了一位从新疆来的高贵美丽的南瓜公主。

师：举起来给大家看看，头上还带着皇冠呢！还有吗？

生：我带来了一个聪明的玉米博士。

师：说得真好。同学们带来的丰收娃娃各不相同，那你们能把几样丰收娃娃连起来说吗？动动脑筋。

生：同学们带来的丰收娃娃各不相同，有的带来了可爱的茄子娃娃，有的带来了高贵的南瓜公主，还有的带来了知识渊博的玉米博士。

师：好的。她用了有的……有的……还有的……这样的句式来说的，说得很好。哪一位同学，也能像她这样说。如果你一下子想不出这么多，可以看看同桌前后带来了什么！

生：同学们带来的丰收娃娃各不相同，有远道而来的南瓜公主、美丽的天鹅公主，还有披着粉红色头发的辣椒娃娃。

师：（出示幻灯句式）有谁能用这样的句式说说：我们带来了什么……带来了什么……还带来了什么。谁来说说看？

生：我们带来了白发苍苍的玉米爷爷，带来了神奇的南瓜公主，还带来了活泼可爱的西葫芦小姐。丰收娃娃真可爱啊！

[点评] 兴趣是推动学习的内在力量，让学生在轻松愉快的精神状态下，饶有兴趣地表达，是语言训练的第一步。通过展示学生的作品，激发他们的兴趣，并相继进行句式训练，使兴趣直接推动学生积极的语言表达。

情境再现二：

大家打扮的丰收娃娃这么可爱，这么神气，活灵活现。那你是怎样打扮的？我们来交流交流。

生：我做的是一个围裙妈妈，我请妈妈到菜市场买了一个圆圆胖胖的大南瓜。接着我把南瓜洗了洗，擦干净后，拿一些黑色和红色的卡纸来装她的头发、眼睛和嘴巴。把黑色的卡纸剪成锯齿状，贴在南瓜的顶端。再拿一朵漂亮的红花贴在头发上，这样，一个美丽的头发就做成了。我又拿黑色卡纸剪成月牙形，做她的眼睛。再拿红色卡纸做她的嘴巴。接着，我拿家里的纸，在南瓜娃娃上缝上几针，这样一个围裙妈妈就在我的手上诞生了。

师：她一口气说了一长串的话，说得很好。我知道，这个小朋友在说的时候特别想用上一些表示制作先后的词儿，（出示幻灯：先……接着……然后……）同学们可以用上这些词，把你制作的过程说得更清楚，更有条理。还可以说说，做完之后，这个娃娃是什么模样的。现在，大家可以拿着自己的娃娃一边看，一边学着说一说。

生：我先拿来一根胡萝卜，接着从玩具柜里翻出一个小娃娃的脑袋，再把小娃娃的脑袋固定在萝卜的顶端，然后又用黄色的布剪了两朵小花当她的手，最后拿一颗珍珠扎在她的胸前。一个萝卜娃娃就在我手中诞生了。

生：我做了一个南瓜娃娃。我先用棕红色的毛线粘在南瓜的头部，这样她的头发就做成了。接着我把一只蝴蝶结贴在她的身上，可觉得，只装一个蝴蝶结怎么会好看呢？于是，我又用蓝色的卡纸裹在娃娃的身上，成了蓝衣服。然后，我拿出黑色和红色的卡纸，做成娃娃的眼睛、鼻子和嘴巴。这样，一个南瓜娃娃就在我的手里诞生了。

师：南瓜娃娃仿佛在对你说什么？

生：她仿佛在对我说，谢谢你，让我看到了这样漂亮的世界。

师：说得真好。唐老师特别要表扬你，不仅说了你做的过程，还说了在做的当中是怎么想的。

［点评］瑞士心理学家皮亚杰认为，知识不是通过教师传授得到的，而是通过意义建构的方式而获得。让学生交流如何打扮丰收娃娃，正是为他们创设了一个乐于探究的学习情境。在交流的过程中，提供句式，教给方法，使学生的表达在有序的思维中朝着有利于意义建构的方向发展。

情境再现三：

（1）听得出来，大家都十分喜爱丰收娃娃，就让我们当丰收娃娃好吗？你想当什么娃娃？现在你就是南瓜娃娃、萝卜娃娃、丝瓜娃娃、红薯娃娃，你们这些丰收娃娃，今天就在这个农家小院里聚会，大家还不太相识，你想和大伙儿说些什么？

(问好、自我介绍)

提示：在生活中，如果我们和不怎么熟悉的小朋友聚在一起，应该说点儿什么？

提示：怎样介绍自己？

(介绍自己的名字，在哪里长大，家在什么地方，还有哪些兄弟姐妹，有什么本领。)

（2）通过刚才的讨论知道了，我们这些不大相识的丰收娃娃聚在一起，可以互相问好，再作自我介绍，说说自己的名字，家在哪里，家里有哪些兄弟姐妹，自己有什么本领，还可以发出邀请，或向别人提问。现在就请你们在小组里商量商量。

（3）学生表演。

师：丰收娃娃们，你们来自不同的地方，一起聚集到这个农家小院里来做客。我们不大相识，来打个招呼吧。我们在对话的时候，要热情礼貌，声音响亮一点。

生1234：你好。

师：认识了，成了好朋友还可以握握手！

男生1：我叫青椒娃娃，你叫什么名字？

男生2：我叫茄子娃娃。

女生1：你好。我叫玉米娃娃。我的家住在高高的玉米秆上，在那里能看到许多东西呢。我怎么从来没见过你啊？你叫什么名字？

女生2：我叫红薯娃娃，因为我生长在黑黝黝的泥土里，所以你没见过我。很高兴认识你。

女生1：我也很高兴认识你。下次一定要到我家来玩儿。

女生2：好的。

女生1：下个星期一，在玉米秆上，不见不散哦。

（4）评价：你觉得哪些丰收娃娃说得好。

（5）提示：丰收娃娃们，我们聚会真快乐！在这个欢乐的时候你还想到了谁？有没有想一想，怎么会长得这么大、这么好的？在你的成长过程中，有谁帮助了你？你要感谢谁呢？

（感谢太阳公公、雨露姐姐、风伯伯、土壤妈妈、辛勤劳作的农民伯伯）

（6）你想怎么说？

提示：要是和太阳公公、土壤妈妈直接对话，就可以用“你”，会说吗？

谢谢你________，是你____________。

（7）丰收娃娃们，我们欢聚在一起，认识了许多朋友，大家非常高兴。我们一起唱起来、跳起来吧！（学生唱歌，做课中操）

［点评］“言为心声，情动辞发”是语言表达应有的状态。在丰收娃娃聚会的情境中，让学生担当角色，进行自我介绍，和朋友对话。角色的转换，使他们觉得自己就是丰收娃娃。在情感的驱动下，学生语言表达情真意切，很是生动。

情境再现四：

（1）过渡：我们参加了丰收娃娃的聚会，认识了许多丰收娃娃，还唱歌、说儿歌，多么快乐！就在这个聚会中，又来了一个神秘的朋友，它也是丰收娃娃。想知道它是谁吗？

（2）（出示葫芦）看！葫芦可神奇啦，你喜欢葫芦吗？

（3）同学们都特别喜欢葫芦，都想仔细瞧瞧葫芦，想摸摸葫芦。老师这儿有几只葫芦，分给大家。（分葫芦）

（4）宝葫芦的样子真可爱。你们四人一组，大家轻轻地摸一摸葫芦，仔细地看着葫芦，再摇一摇，听，（摇动葫芦，葫芦发出“沙啦，沙啦”的声音）葫芦是不是想告诉你什么呢？

（5）（放音乐）描述，启发想象：现在，听着音乐，闭上眼睛，展开我们想象的翅膀，葫芦里面发出“沙啦，沙啦”的响声，那里面究竟是什么呢？小朋友美美地想象。如果打开宝葫芦的盖子，你希望里面喷出来什么？或者跳出来什么？

生：葫芦一打开，葫芦籽三五成群地蹦出来，有的在叶子上滑滑梯，有的在屋顶上看书，还有的在桌子上睡懒觉。

生：我希望葫芦里蹦出一朵七色花。

师：这是一朵美丽的七色花，你要用七色花做什么呢？

生：给盲人一双明亮的眼睛，让他看到美丽的世界。

师：非常好！你是个很有爱心的孩子。还有吗？

（出示句示：我凝神地望着葫芦，看着看着，我多么想____________）

生：我凝神地望着葫芦，看着看着，我多么想葫芦里跳出许多金币，让没有钱的人得到快乐。

生：我凝神地望着葫芦，看着看着，我多么想葫芦里有一屋子的冰淇淋。

生：我凝神地望着葫芦，看着看着，我多么想葫芦里蹦出一支马良的神笔，我要画好多好多的树，让空气不再污染。

生：我凝神地望着葫芦，看着看着，我也很想从葫芦里蹦出一支马良的神笔，我要给穷人画一幢房子，我要给盲人画一双眼睛，我要给小兔画上满山坡的嫩草，我要给蝴蝶和蜜蜂画上满山坡的鲜花。

（6）还可以想想把什么坏东西放到葫芦里，把它关紧，让它永远出不来。

（7）课后，我们还可以用葫芦编一个小小的童话故事讲给小伙伴听。

[点评] 李吉林老师指出："孩子是富有想象的。世界在孩子的想象中，充满着奇异的色彩，就像童话一般。""我们应该帮助他们飞向蓝天，潜入大海，越过崇山峻岭，跨过历史的长河……从而让儿童潜在的创造才能得以施展。"在丰收娃娃聚会的高潮，神奇的葫芦娃娃的出现，为学生拓展了思维可以自由驰骋的空间。他们将眼前的情景与记忆中的表象加以组合，创造出新的形象，走进了新的天地，从而，语言表达随着思维的开拓更加丰富，闪烁着智慧的火花。

生家琦

Sheng Jia Qi

本科学历，南通师范学校附属第二小学（以下简称“通师二附”）数学教师，中学高级教师，南通市学科带头人，南通市“226高层次人才培养工程”中青年科学技术带头人，国家二级心理咨询师。2001年参加中小学骨干教师国家级培训班学习。公开教学、讲座四十余节次，拍摄教学录像课多节，多篇论文在省级刊物发表。曾获江苏省小学青年教师教学基本功大赛一等奖第一名、江苏省“教海探航”征文比赛一等奖。参与李吉林老师主持的国家级重点课题实验，主持“创设数学活动情境的实践策略”课题实验，取得初步成果。

成长之路

温暖相随

题记：温暖，冬日里的一轮暖阳；温暖，沙漠中的一片绿洲；温暖，大雨时的一把花伞。对青年教师来说，温暖是初上讲台时的鼓励，温暖是获取成功时的提醒，温暖是成长路上的指引。

回忆是温暖的。

1988年，我从南京晓庄师范学校大专班毕业。我选择了心目中向往已久的学校——南通师范学校第二附属小学。

工作的第二个月，学校安排我向无锡师范学校大专生开课，在易康华老师的指导下执教“分数的基本性质”，获得好评。工作第二年，我代表学校去海门参加教学交流，在黄银土老师的指导下执教“四则混合运算”，针对较为单调枯燥的教学内容，黄老师指导我用接力赛和熊猫找妈妈等生动活泼、儿童喜爱的形式呈现，有效地激发学生的学习积极性，教学效果好，受到听课老师好评。初出茅庐获得成功让我知道了在数学教学中利用故事、童话角色创设情境可以调动学生学习数学的兴趣。

1990年，李老师和数学老师交流如何创设情境导入新课。我介绍了自己教学“商不变的规律”一课时通过讲述猴王分桃的故事导入新课，有效吸引学生积极投入学习。李老师大力鼓励了我，在一次课题实验研讨会上安排我和几位语文老师一起向专家汇报，汇报得到了专家的认可和赞许。由此，激发了我在数学教学中创设情境的热情和信心，教学实践也让我认识到儿童喜闻乐见的故事、童话对激发、调动儿童数学学习兴趣的作用。

1993年，学校推荐我参加首届南通市小学青年教师教学基本功大赛。我在李庆明老师的指导下大量阅读教育哲学、教育心理学、儿童心理学等书籍，练习书法、朗诵等教学基本功；程六秀、王泽等老师悉心指导我钻研教材，琢磨教法；时任校长助理、现任学校校长吴和平提供后勤保障，全力支持，热忱关心。令我意外的是李吉林老师百忙中竟主动关心我这个年轻教师（而且是不同学科的年轻教师）的备赛情况，多次听我朗诵、指导要领，提醒我无论是朗诵还是上课都要真情投入，要以情激情、自然而不造作。

1993 年 10 月，我与来自全省的 127 名优秀选手相聚仪征市，进行江苏省小学青年教师教学基本功大赛的角逐。这是一次集语文、数学、音乐、美术、体育等多种学科为一体的综合性比武。第一轮四个比赛项目完成之后，我的成绩已名列前茅。比赛的最后环节是上课，课题为“用字母表示数”。我努力创设情境使教学生动，与生活联系紧密、富有新意的导入方式不仅引发了学生对这个原本抽象的教学内容的学习兴趣，也使评委感到眼前一亮。最终，我以总分第一的好成绩获得了这项盛况空前的比赛的一等奖，被《江苏教育》等多家媒体誉为“状元”。

十七年后，回忆比赛，很多细节都已随时间的推移而淡忘，一直铭记于心且常常温暖着我的，是比赛前夕李老师主动将儿媳妇的新衣服借给我作参赛服。我穿着李老师借给我的这身服装说课、上课，一路领先，穿着这身服装走上了全省比赛的最高领奖台。

比赛归来，当鲜花和掌声纷拥而至时，李老师又一次与我促膝交流，在鼓励的同时，提醒我：成功不是最终的目的，追求才是不变的主题。随着成绩的取得，荣誉和机会将纷至沓来，年轻人要保持清醒的头脑和持续发展、不断进取的热情，要像小溪流一样永远向着前方奔涌。

工作的前五年，我送走三届毕业生。1993 年，学校安排我教一年级，这是我第一次也是迄今为止唯一一次教一年级。教高年级学生我得心应手，所带班级成绩总是名列前茅，教一年级还真不太适应，面对一群课堂注意力集中不了几分钟的小不点儿，我着急而又无奈。

怎样让教学像磁石一样吸引孩子？我每天都在思索。幸运的是这时学校将我班作为李老师全国教育科研重点课题实验点班，作为点班①老师我常常有机会参加课题组会议，聆听李老师及一些专家的研讨，受到很多启发。我还向和我搭班教语文的吴云霞老师（李吉林老师的第一位徒弟）请

---

① 点班，即实验定点班级。

教，仔细观察、揣摩她的语文课，于是，我在教学中也尝试通过用语言描述来创设情境，通过让孩子们进行角色扮演提高他们参与学习的积极性。低年级计算教学所占篇幅较大，我常常通过编童话将原本干巴巴的计算题变成一个有趣的、孩子们感兴趣的问题，让孩子们想办法帮他们喜欢的小动物或动画人物解决问题，将一节课所要教学的内容通过连贯的童话情境来贯穿，这样，孩子们的学习随着故事情节的发展自然推进，逐步深入。如在进行《表内除法的整理与复习》教学时，我在黑板上以简笔画勾勒出森林背景图，带小朋友到森林里参加小动物们的数学比赛，将要复习的数学内容融入其中，孩子自始至终主动地投入学习活动。“儿童的活动受兴趣和需要的支配，一切有效的活动必须以孩子的某种兴趣作先决条件。”（皮亚杰）儿童在这样的愉悦的状态下学习数学，既培养了他们对数学的兴趣，也促进了他们的思维发展。1994 年这节课作为南通市小学数学观摩课获得了与会代表的一致好评。

1998 年 3 月，李老师指导我执教的《体积的意义和体积的单位》，明确指出：老师要改编脱离生活实际和儿童经验的教材，使教学素材贴近生活，贴近儿童。根据李老师的建议，我从儿童熟悉的童话《乌鸦喝水》导入，借助低年级语文课中学习过的童话帮助儿童感受体积的意义。教学过程中，用具有现实意义的同时也是儿童熟悉的素材——儿童每天放书包的抽屉，常常可以看到在“花盆里种花”等代替教材在杯子里装沙子作为体积概念的引入素材，有效地缩短了教材与儿童的心理距离和儿童生活的距离。上课时，孩子们感到数学就在生活中，陌生感消失，亲切感随之产生，学得有滋有味。这节课获得了老师们的一致好评，2000 年被评为小学数学素质教育典型课例，由河南省电教馆拍摄，向全国发行。通过这节课的研究，在李老师的启发下，我认识到教师与教材的关系，从此，在平时的教学中有了合理调整、创造性使用教材的意识。

1999 年，李老师指导青年教师陈建林教学《体积知识在生活中的应用》一课，我参与备课学习。研究过程中，李老师明确指出：“数学的学习必需不断地引领儿童去思考、去探究。我们创设的情境，应具有鲜明的探究特点，有利于儿童思维的发展。”“探究并不意味着抽象，并非仅仅是逻辑。儿童学数学，应该伴随着生动形象去探究，也就是在情境中探究，在境中生情，以情启智，这样，儿童的探究就可以伴随着乐趣，探究便易于产生顿悟。”我深受启发，在教学中努力创设问题情境引导学生去探究，模拟现实生活情境引导学生去操作。1999 年，教学《圆的周长》一课，通过创设环环相扣的问题情境激发学生的问题意识，将动手实践、自主探究贯穿课的始终，让学生不仅经历“猜想——操作——验证——应用”圆的周长公式的探索论证过程，而且在这个过程中理解和掌握其中蕴涵的数学思想方法，形成自己对数学知识的理解与运用。这节课分别对全校数学老师和北京市校长代表团开放，受到一致好评。

之后，我继续进行探索实践，其中《长方形的周长》一课被收入《全国中小学优秀教师系列课堂教学实录》（教育部电化教育音像出版社），获得首届百千万工程全国基础教育资源选拔与展播二等奖。

2001 年，我参加国家跨世纪园丁工程国家级骨干教师培训班。在研修阶段开展“创设数学活动情境对提高小学生数学学习效果的实验与研究”课题实验，2002 年，我撰写的结题报告获得西南师范大学答辩专家组的一致好评，我的课题实验评为“优”（全班仅 5 人获优），答辩结束后西南师范大学教科院教育学教研室主任朱德全教授还特意找到我，进一步肯定我在课题研究上取得的成果，鼓励我继续深入开展研究。

2003 年，学校安排我由科研处转到教学处，全面负责数学教学，我和全体数学教师一起致力于数学情境教学实践、数学情境课程开发的探索。自 2003 年起指导青年教师连续八届获得全省最具权威性的数学教学比赛一等奖，其中有三位教师又获得全国教学比赛一等奖。

这些比赛课有一个共同点——体现了情境教育的理念。

时光如白驹过隙。转眼间，我在珠媚园已耕耘了二十几个春秋，回顾走过的路，我要感谢通师二附这片沃土，感谢情境教育思想给我的滋养，感谢领导、老师对我的关爱，更要感谢李吉林老师的榜样示范、学术引领和多年如一日的信任、激励。回顾走过的道路，往事总温暖着我的心怀。

教研撷萃

延展教材空间　体验鲜活数学

摘　要：小小的课堂，薄薄的教材，难以满足学生成长的需求。数学教学改革应注意延展教材空间，通过还原知识真实背景，突出知识内在价值，沟通知识多元联系，将数学与儿童生活紧密结合起来，将数学学科与其他学科综合起来，促使儿童、数学、生活三者融为一体，使数学充满活力，成为学生心中的向往。

关键词：情境；活动；活化；趣化；深化

“情境教育主张让儿童走进生活世界的源泉中去，从中汲取鲜活的知识经验，探寻知识与生活世界之间存在着的循环往复的有机联系，去感悟一个有血有肉的知识体，而不是一个一个的知识点。”儿童教育家李吉林老师的这一鲜明主张提示我们，数学教学改革应注意延展教材空间，把数学当做充满智慧、灵性和创造性的活动而不是毫无生气的符号的堆砌和排列，使数学不再囿于书本、教室，而是将数学与现实生活紧密地结合起来，将数学课堂与家庭、社会融通起来，将数学学科与其他学科综合起来，促使儿童、数学、社会三者融为一体，这样，学生能更好地形成数学来自于生活，又运用于生活的认识，在体验鲜活数学的同时，产生数学学习的内在动力。

一、还原知识真实背景，活化数学教学

1. 给数学知识进行生活原型配对，让学生在模拟化的生活场景中愉快地学习

李吉林老师曾指出，我们要还理科的本来面目，把“数”与生活结合起来，在生活的情境中，理解“数与形”的关系，在模拟的情境中加以操作，强化理科的应用性、趣味性。强调在形象思维的伴随下，训练发展逻

辑思维能力。

小学生学习的数学很多都与现实生活有着密切的联系。数学教学应将教学内容与现实生活沟通和融合，引导学生将数学知识进行生活原型配对，让学生在真实的或模拟的情境中学习、运用数学。

如教学《认识东南西北》时，老师根据太阳从东方升起的现象，在教室东面黑板上挂出一个“太阳”，创设出太阳升起，小朋友早晨高高兴兴上学去的情境，并以此情境为依托，朗诵儿歌：“早晨起床，登上山冈。面对太阳，辨别方向。前面是东，后面是西；左面是北，右面是南。”孩子们在这种生活情境中跃跃欲试、兴趣盎然，学得轻松、学得愉快。接着老师又提问：“学校开展野外活动，你准备去哪里玩儿?”根据学生发言，老师在教室四周挂出南通的景点标牌，让学生在椅子搭成的模拟街道中边走边说：“我从学校出发，向____走，到____去。”接着又创设“送外地来通客人去××”、“送老人去长桥、钟楼”等生活情境，让学生在情境中应用，在情境中巩固，在笑声中理解并应用“东、西、南、北”。学生始终兴趣浓厚，思维积极，仿佛置身于现实生活中。

模拟的生活情境，使逻辑的、抽象的教学内容，一下子变得那样生动形象、具体真切起来，不仅可以让学生主动地投入学习过程，而且能有效地培养学生数学的应用能力。

2. 展示数学在生活中发生、发展的历史轨迹，让学生感受数学知识产生的过程

数学和其他学科一样，是人类文明的重要组成部分，渗透着浓郁的文化性和美感，我们在教学中要努力还原、再现数学发生、发展的历史轨迹，让学生从文化的视角欣赏数学，感悟数学。

如教学《认识负数》时，创设水果市场进货和出货的情境，让学生思考怎样表示“运进苹果2吨，后来又运出香梨2吨”，由此，引出区分一组具有相反意义的量的多种方法，并通过介绍历史上表达负数的方式，比较得出运用数学的符号表达它们的关系最为简单、方便和准确，从而引出现代数学中负数的表达方式。

这样的设计变“告知”为“发现”，变索然无味为丰富多彩，突出了数学发展的历史过程，学生的思维经历了创造的过程，走进了一个富有文化色彩的、审美的数学新天地，也凸显了学习知识的必要性，使数学知识“活”了起来。

二、彰显知识本原功能，趣化数学教学

1. 开展丰富多彩的野外活动，让数学学习场所由封闭的教室拓宽到开阔的大自然

卢梭曾说：“没有呼吸到花的薰香，见到枝叶的美丽，阔步于润湿和柔软的草坪上，哪里能使他的感觉欢悦啊！”数学教育家弗赖登塔尔曾告诫我们：“不要忘记数学在社会中扮演的角色，在过去、现在一直到将来，教数学的教师不可能浮在半空中，而学数学的学生也必然是属于社会的。”学生的数学学习不应该是从课本到课本的简单模式，数学学习的课堂应拓展到大自然，拓展到城市街道、乡村中，只有这样，才能更好地让学生体验到知识的内在价值。

我们结合时令、教材内容，先后开展了丰富多彩的野外活动，如到濠东绿地和孩子一起“数一数”身边的大树、林中的座椅……“比一比”楼房的高矮，大树影子的长短……按形状、颜色等将树叶“分一分”，再用“上、下、前、后、左、右”说一说小朋友、小鸟间的位置关系。结合到乡村“拔萝卜”，到野外“找春天”等活动，我们带领学生开展步测，测量、计算土地面积，估计萝卜个数、编数学题等活动。在认识路线图、认识方位、认识千米时，就让学生到城市街道去辨认、体验、实际行走。这些做法有效克服了长期以来教育阻隔儿童与自然亲密关系的严重弊端，充分发挥了自然的源泉作用，利用自然之美以及与自然相关的人文景观之美，帮助儿童走出封闭的教室和校园，融入广阔天地，在与野外世界的对话、沟通中，学习和体验数学。

又如五年级学生学习了平面图形面积计算之后，要进一步认识“公顷”与“平方千米”这两个大的土地面积单位。如何帮助学生有效建立关于1公顷与1平方千米这两个大的土地面积单位表象？我们将学生带出常规的、传统的数学课堂，精心选择了园博园，组织开展了野外实践活动。引导学生用数学的眼光观察周围的数学元素，实地寻找与思考，测量与计算。活动中，孩子们有的测量，有的记录，有的计算，他们边实践，边体验，边观察，边估算，忙得不亦乐乎。因为园博园每个园区的占地面积都大约是1公顷，他们通过观察、步测、目测，牢固地建立了1公顷的表象；通过测量、估算各种形状的花圃面积，计算大约多少个这样的花圃

面积是1公顷，真正体验到1公顷的实际大小。他们漫步走过整个园博园，纷纷感到园区美而开阔，这时，我们告诉他们整个园博园占地48.3公顷，还不到0.5平方千米，两个多一些的园博园占地才1平方千米。由此，他们对1平方千米的大小才有了具体形象的概念。这次活动，不仅帮助孩子们具体感知了1公顷、1平方千米的实际大小，通过观察、测量、计算，感受到平面图形在日常生活中的广泛运用，而且通过小组活动有效培养了他们的合作能力、协调能力。孩子们十分喜欢蓝天下的数学课堂新天地，他们又一次惊喜地发现数学学习是这样有趣、有用。美丽的野外，激起了孩子们的潜在智慧，给孩子们创造了实践的理想空间。

2. 组织多种数学实践活动，让知识技能的巩固由书本习题的单调操练拓展为生活中的活学活用

数学的学习不应该是从习题到习题的机械往复，应该创造机会让学生将学到的知识运用于解决生活中的真实问题，结合学习内容组织多种数学实践活动不失为一种有效的方法。如“我当家庭理财员”、“我家选用分时计价电费划算吗”、“我为木桶做个底”、“我会测量圆形花坛面积啦!”的实践活动，让学生体会知识的价值。

学习“利率”、“折扣”后，我们组织了“乐陶陶跳蚤市场”数学实践活动，先后安排了理财讲座、调查超市促销方式、向家长宣传征集商品、引导学生分组成立“淘宝铺”，确定组内成员的分工、制定详细的经营方案和营业额分配，做到每个学生都能熟悉商品价格、折扣和计算方法，能根据现场情况准确迅速地计算出成交价。活动当天，操场上人头攒动，各个摊位上的小商品琳琅满目：书籍、文具、模型、摆设……应有尽有。“小老板们”各显神通，推出了诱人的促销方式：买几送几、打折、抽奖、大转盘……他们有的手舞足蹈地夸赞着自己的商品，有的幸福地数着自己辛辛苦苦赚来的一张张纸币和那闪亮亮的硬币，到处洋溢着浓浓的市场味儿。活动后创造性理财，有的将“营业额的5%缴纳营业税用于班级建设，95%以小组名义存入银行，作为假日小队活动经费”；有的把“营业额的60%为饮泉小学（如东一所贫困小学）建立班级书架，还有40%作为班级基金，奖励学习进步的同学”；还有的用“营业额的70%购买树种，植树节为校园添绿，30%为自己添置几本新书”……

活动解放了学生的头脑，解放了学生的手脚，在自由的天地里，学生应用数学解决问题，学会与同伴交往，感受着思考和创造的愉悦。

三、沟通知识多元联系，深化数学教学

1. 在多学科综合活动中让学生领悟数学的价值

小小的课堂，薄薄的教材，是无法满足学生成长需求的。加强学科知识之间的联系与综合是课程改革的明确要求。我们围绕一定的主题，全校各学科动员起来，既分又合，内在贯通，设计出丰富多彩的综合教育活动。如在“我感动、我行动”教育活动中，语文老师指导学生学习颁奖词，数学老师则让学生结合“感动中国十大人物”的先进事迹开展“数字化解读”。将与感动中国人物有关的数据编写成题目，如利用水稻之父袁隆平培植出的杂交水稻亩产量、过去水稻亩产量、中国人均粮食需求量等数据，计算1000亩杂交水稻可以比过去多养活多少人，从中感受这一科技成果对社会的贡献。通过几种数据的比较，具体研究刘翔奔跑的速度，体验他所创造的中国体育运动的新篇章等，从数字中感受中华民族的精神和力量。在“我爱家乡、我爱濠河”教育活动中，让学生“通过数据看南通”。在“欢欢喜喜闹元宵”主题大单元活动中，学生们围绕“做灯笼、挂灯笼、出灯谜”出题，围绕“品元宵”出题，围绕“猜灯谜、观灯笼、领奖品”出题，活动自编出的数学题令人叹为观止。

数学综合活动涉及科学、美术、思品、生活等内容，但其落脚点在于全面提高学生的数学素养，在学习方式上，体现实践性学习、探究性学习、合作性学习、体验学习等多种学习方法的综合。教师以活动的方式组织学生合作探究有价值的内容和问题，以此培养学生的兴趣，兴趣增加热情，热情提升欲望，欲望催发行动，在行动中领悟数学的价值。

2. 在数学文化节活动中提升数学的品位与素养

数学对数学家而言，是理论；对其他学科而言，是工具；数学对所有的人而言，还是一种思维方式，是一种文化精神，它是人类文明发展史上一颗璀璨的明珠。正如M. 克莱因所说：“数学一直是形成现代文化的主要力量，同时又是这种文化极其重要的因素。”因此，我们在数学情境课程中，不仅对儿童进行认知的教育，还渗透审美的、文化的、情感的熏陶，把感受数学文化与丰富儿童的精神世界结合起来，促进儿童素质的全面和谐发展。

为了更好地让学生初步了解数学科学与人类社会发展之间的相互作

用，体会数学的科学价值、应用价值、人文价值，开阔视野，受到优秀文化的熏陶，领会数学的美学价值，从而提高自身的文化素养和创新意识。我们组织数学文化节活动，通过生动活泼、丰富多彩的活动，让学生感悟数学丰厚的文化底蕴，感受数学无穷的魅力，体会数学不仅有用，而且有趣、好玩，激发学生“爱数学，数学有无尽的乐趣；学数学，数学有无穷的奥妙；用数学，数学有无限的空间”的积极情感，在全校掀起“人人学数学、爱数学”的高潮，提升学生的数学素养。结合学习内容和儿童年龄特点，分别开展“说一说数学家的名言、讲一讲数学故事、看一看数学小常识、猜一猜数学谜语、玩一玩数学游戏”等活动，组织数学故事大王比赛，数学童话、数学相声、数学小品的表演。精心选择多个主题，进行班级环境布置，有数学小报展，数学儿歌天地，数学笑话林，数学谜语世界，数学对联，数学名言，数学游戏，数学名题荟萃等，营造浓郁的数学文化氛围，吸引孩子们走进奇妙的数学王国。将孩子们自己编写的数学童话、数学小品、数学相声、数学诗歌等编辑成册，形成校本数学教材《数海拾贝》《数学乐》《走进数学百花园》等。

生动活泼、丰富多彩的活动让学生感悟数学丰厚的文化底蕴，感受数学无穷的魅力，体会数学不仅有用，而且有趣、好玩，激发学生学数学、用数学、爱数学的积极情感。

我们还开设数学专题讲座、数学小论坛，宣讲数学故事和数学家的成长历程，介绍数学文明发展史中的重大事件、趣闻轶事中的人文精神，使学生从这些事实中感受数学家的伟大，数学发展史的曲折，培养学生对未知事物的好奇心理，对原有观念的质疑批判意识，尊重事实和坚持真理的科学精神。通过数学故事阐述数学知识产生和发展的过程，故事中所蕴涵的数学思想方法为学生的自我探究提供了很好的示范，成为有效的学习资源。学科的互动和整合，极大丰富了数学的内涵和外延，学生在亲身经历的活动中，更好地了解和感悟数学的真谛、思想、趣味和价值，能够获得对数学的全新认识。

抽象性是数学的重要特点，也是造成学生理解困难，进而畏惧数学的原因之一。我们觉得只有将数学教学的内容、时间、空间广泛地延展出去，走向生活、走向自然、走向学生、走向真实，才能像网络一般使教育空间通过课程紧密地联系起来，才能使数学充满灵动和活力，成为学生心中的向往。

课堂采风

解决问题的策略——倒过来推想

（义务教育课程标准实验教科书苏教版五年级下册）

［设计意图］

“解决问题的策略”是数学新课程的教学内容。苏教版课程标准实验教科书从四年级（上册）到六年级（下册），每一册都编排了一个“解决问题的策略”单元。“倒过来推想”是五年级下册的教学内容。“倒过来推想”所蕴涵的数学教学的本原性问题就是过程或运算的可逆思想以及相应的互逆运算，即“倒过来推想”包含两层含义，其中一层意味着解题的整体思路是逆向的，要从事情发展的结果往回推理；另一层是意味着每一步的解法是逆运算，原来是加的要变减，原来是减的要变加，原来是乘的要变除，原来是除法的就要变乘法。

苏教版小学数学教材副主审沈重予先生在《浅谈“解决问题的策略”的教材和教法》一文中曾明确指出：“策略是对方法的本质认识”，“策略是主体心理活动的产物，是体验的结果”，“学生的策略只能从自己的内部萌生，不能从外部输入”。因此，关于解决问题策略的教学，其意义不仅在于让学生掌握某个问题的具体解法，更重要的是在解决问题的过程中经历策略的形成和对策略的体验，让学生通过学习形成良好的“策略意识”。

基于以上认识，我们在教学内容的处理上，注意通过对解决问题策略方法的引导、创新和运用，让学生感悟、体验解决问题的策略思想。

教学情境一：情境导入，体验策略

（出示画面）一杯茶，倒出一些，还剩 160 毫升。原来杯中的茶有多少毫升？

师：谁知道？有什么困难？

生：不知道倒出多少。

师：是的，求原来有多少，不仅要知道现在的，还要知道变化情况。（出示：倒出40毫升。现在你知道原有多少茶吗？）

生：用160毫升加上40毫升等于200毫升。［出示算式：原来有160+40=200（毫升）］

师：题目说倒出40毫升，为什么用加法？

生1：因为现在剩下160毫升，而原来的茶比现在多，所以用加法。

生2：因为倒出了40毫升，要求原来的茶，只要将倒出的40毫升茶倒回去。

师："倒回去"的说法很有想象力，请大家在头脑中想象一下变化过程，先是一杯，倒出……剩下……要求原有多少毫升，要将倒出的……（倒回去）（一边说，一边比画）一起看，将倒出的40毫升茶倒回去（画面演示）。

教学情境二：自主探究，学习策略

教学例1

（1）出示问题引导思考：一杯茶先倒出40毫升，然后又倒进60毫升，现在杯中有茶160毫升。原来杯中有茶多少毫升？

这个问题与刚才的问题相比有什么不同？

（2）指导整理信息的方法。遇到变化复杂一些的信息，我们可以摘录条件和问题，使题目简洁一些。

根据学生回答，出示摘录的条件和问题。

（3）先想象再自主尝试。根据这些信息，先在脑中想象一下，再在草稿本上试一试。

（4）交流解决问题的方法及思考。

（5）这个结果正确吗？怎样检验？在小组里说说你的想法。

小结：解决这样的问题，需要倒过来推想，检验的时候，则按原来的变化顺序推算。

填一填

$$(\quad)\xrightarrow{+40}(\quad)\xrightarrow{-30}(20)$$

$$(\quad)\xrightarrow{\div 7}(\quad)\xrightarrow{\times 9}(54)$$

每一题说说先填哪个括号里的数，是怎么想的。

这两题的思考方向是怎样的？（从后往前）计算方法是怎样的？（逆运算）

总结方法

同学们回过头来想想，刚才算茶的毫升数，填数字谜，都是怎么想的？

今天这堂课我们就重点来探讨像这样从结果出发，根据题中的变化步骤一步一步倒过去思考的解决问题策略。

倒过来推想，也就是我们数学中常说的倒推、还原。

教学例 2

师：这儿有两杯茶，从图中你可以了解到哪些信息？

(演示倒茶，补上信息：甲杯倒入乙杯 40 毫升)

这样一倒，什么变了？什么没变？

你知道原来两杯各有多少毫升吗？你打算用什么策略来解决？为什么？

师：请同学们独立解决问题，在练习纸上填表。做好之后自我检验并在小组里交流自己的想法。

引导比较

师：刚才我们研究了关于倒茶的三个问题，能说说这三个问题有什么不一样的地方吗？

师：解决这三个问题又有什么相同的地方？

师：为什么解决这三个问题，都运用倒推的策略？

教学情境三：联系生活，应用策略

练一练

(1) 小明早上穿衣洗漱要用 10 分钟，吃早餐也要用 10 分钟，到学校要走 15 分钟，要在 8：00 到达学校。小明最迟要几点几分起床？

（2）一个池塘内有一小片水浮莲，每一天在水面的面积都是前一天的两倍。10 天刚好把整个池塘遮满了。试问，这一小片水浮莲长到能遮住半个池塘用了几天？

（3）小军收集了一些画片，他拿出画片的一半还多 1 张，送给小明，自己还剩 25 张。小军原来有多少张画片？

辨一辨

（1）一辆公共汽车从起点站出发时有乘客 54 人。中途下车 12 人，又上车 18 人，这时车上有乘客多少人？

（2）一辆公共汽车从起点站出发后，中途下车 12 人，又上车 18 人，这时车上有乘客 60 人。这辆公共汽车出发时有乘客多少人？

通过这两题的比较，你发现怎样的题目适合用“倒过来推想”的策略解决？

小结：已知结果和变化情况求原来的问题，适合根据变化步骤用“倒过来推想”的策略去解决。

教学情境四：趣味练习，喜爱策略

玩一玩　破译密码

A. 用 4 张数字卡片组成一个密码反扣在桌上；

B. 任意交换几次位置，再翻开；

C. 请同桌猜原来的密码，猜中后交换玩一次。

交流游戏经验：如果同桌交换三次、四次甚至更多次卡片的位置，怎样能猜中密码？要注意些什么？

总结：要注意原来的变化顺序，后变化的先还原，先变化的后还原，一步一步倒过去推。

读一读　算一算

李白街上走，提壶去买酒。
遇店加一倍，见花喝一斗。
三遇店和花，喝光壶中酒。
借问此壶中，原有多少酒？

[教学反思]

策略作为解决问题的计策、谋略，它的丰富内涵是“镶嵌”在具体情境中的。这节课通过让学生在情境中体验策略，在情境中理解策略的内涵和特点，在情境中应用策略，在游戏情境中认识策略的作用，进而喜爱上倒过来推想的策略。具体有以下几个特点。

一、在熟悉的情境中初步体会策略

形成策略需要自主体验，过去的解题经历，是形成策略的宝贵资源。教学策略，要在问题情境里激活相关的方法。本节课一开始，以学生熟悉的倒茶为素材，出示一个缺少信息的问题，引发学生对变化过程的关注，揭示了倒推问题的三要素：原来状态、变化过程和结果，使学生感受到这类问题的结构特征，师生在互动对话中建构数学模型；再通过“题目说的是倒出，为什么用加法解决”的追问，引导学生通过想象感悟到求原有多少茶就要将倒出的茶倒回去，让学生在熟悉的问题中初步体验倒过来推想的策略，为广泛、灵活地应用策略解决问题奠定了基础。

二、在现实的问题情境中认识策略

有效的数学教学，应该让学生亲身经历将实际问题抽象成数学模型并进行解释与应用的过程。解决问题的策略不能直接从外部输入，只能在方法的实施过程中通过体验获得。因此，必须让学生经历策略的形成过程。

学生通过对准备题的解答，初步感受倒过来推想的策略后，在准备题的基础上加以变化，增加变化步骤，出示例 1。例 1 呈现的茶减少后又倒进的变化情境，和生活中茶喝掉一些再续茶的现实习惯，是完全吻合的。可见，问题情境是有现实基础和现实意义的，现实的问题更能激发学生探究的热情。呈现问题后引导比较例题和准备题之间的区别，及时点拨学生根据茶的变化情况整理信息，通过教师的有效引导让学生厘清事情的变化次序与变化方式，尤其是由文字摘录到符号摘录的发展，更能有效、清晰地让学生感受倒推法有很强的逻辑顺序。为增加学生的感性认识，讨论此例题后并不急于总结方法，而是通过填一填的练习及两个问题的思考——解决这两个问题的思考方向和计算方法分别是怎样的？促进学生对倒推策略数学本原性的认识，再通过比较倒茶和填一填练习中解决问题过程的共同点，使学生在丰富体验的基础上自发感悟到倒过来推想是解决这类问题的思考要领，倒过去算（做）是解决这类问题的办法，倒推是一种解决问题的策略。

三、在生活情境中应用策略

解决问题策略的学习是基于解决问题、为了解决问题的，策略是超越具体问题而存在的。学生所形成的解决问题的策略从具体问题中来，对具体问题必然还存在着一定的依赖性。所以，例题教学之后，学生初步了解倒推策略的内涵和思考要领之后，组织练一练，让学生在推算起床时间、赠送画片等生活情境中练习运用策略解决问题，将陈述性知识转化为程序性知识；安排辨一辨的练习，让学生清晰把握策略的适用条件。引导学生领悟到倒推策略对于解决特定问题的独特价值，从不同角度帮助学生形成倒推策略。

四、在游戏情境中进一步体验策略

李吉林老师曾说：“一旦儿童的认识活动有情感相伴，就会产生一种向着教学目标的‘力’。”在策略巩固阶段安排玩一玩破译密码的游戏能激发学生的学习兴趣，这个游戏具有直观性和操作性，游戏能否成功取决于对倒推顺序的正确把握。对学生来说，新颖的问题具有挑战性，他们在游戏中自发增加难度，交换三次、四次甚至更多次卡片，在逐次倒推后破译密码，深深体验到应用倒推策略的注意点，同时，也深深感受到倒推策略的价值，从会用策略到爱用策略。

五、在反思情境中超越策略

策略的有效形成必然伴随着对自己行为的不断反思。学生在解决问题的过程中获得经验，只有借助反思，他们才能有意识地了解自身行为后面潜藏的数学实质，才能使其思维真正深入到数学化的过程之中。策略学习的反思活动将带来元认知能力的提升。

本节课多次引导学生进行反思，既有解决某个问题后的反思，又有一节课后的反思。如三个关于倒茶的问题解决之后，引导思考三个问题有什么不同？思考方法有什么相同点？为什么都可以用倒过来推想的策略解决？练一练3解决关于赠送画片的问题后引导思考，解决这个问题对你有什么启示？运用倒过来推想的策略解决问题要注意些什么？辨一辨之后思考什么样的问题适合运用倒过来推想的策略？一节课后引导学生思考策略的内涵、特点、适用问题、关键点等，这样的过程，实质上是学生对学习的一种自我监控。如此不断地自我评价、自我调控，让学生把解决问题的一些具体经验提升为数学思考，不断增强运用策略解决问题的有效性和自觉性，进一步提高解决问题的能力。

[参考文献]

王岚. 2009. “解决问题的策略”教学的意义建构［J］. 江苏教育（2）.

顾文彬

Gu Wen Bin

本科学历，中学高级教师。现担任学校培训处主任、南通市教育学会小学数学专业委员会理事，南通高等师范学校客座导师，崇川区学科带头人，被聘为崇川区中小学研修中心兼职教师。担任李吉林情境教学第二轮实验班的数学教学工作，不断进行数学情境教学的探索和研究。1992年，参加南通市小学数学优课评比获一等奖，2001年，参加江苏省教育学会组织的数学教学优课评选获一等奖。先后在省市级杂志发表论文和教案数十篇。

曾应邀去西安、兰州、东莞、连云港等地上公开课、作讲座。指导十多名青年教师参加国家、省、市各级各类数学优课比赛均获一等奖，多次被评为全国“华杯赛”优秀教练员。

成长之路

情境教育让我学会备课

题记：

昨夜西风凋碧树。独上高楼，望尽天涯路。

衣带渐宽终不悔，为伊消得人憔悴。

众里寻他千百度，蓦然回首，那人却在，灯火阑珊处。

2009 年 5 月，在河南洛阳举办的全国小学数学优课评比，我参与指导的顾娟老师执教的《认识负数》一课，代表江苏省参赛荣获一等奖第一名。这堂课之所以能取得如此好的成绩，我想除了顾娟老师个人过硬的教学基本功和课堂应变能力外，离不开这节课设计中的几个亮点，特别是生活情境、问题情境的设计，以及数学文化的渗透。我不由想起了李吉林老师以及她带领我们数学学科老师走过的情境数学教学的探索之路。

在通师上学时就久闻李吉林老师的大名以及她的语文情境教学。当时通师二附就成为了我向往的地方，算我运气好，两次实习都被安排在通师二附，当时心里美滋滋的。担任我指导老师的是王本熙老师、王泽老师和顾学玖老师，从他们身上我知道了什么是认真和严谨。毕业分配时，幸运女神再次光顾我，我被分配到通师二附工作，当时心里别提有多高兴了。但同时也感到有一种无形的压力，我深深知道要想尽快地融入这个优秀的团体自己要学的东西太多了，自己一定要加倍努力才行。好在工作的头两年，南通师范学校的徐寿昌老师、周庆康老师和孙国春老师每周三都来听我一堂数学随堂课，然后再作点评。经过两年的磨炼，我基本上能胜任小学数学教学工作，教学水平也有了明显的提高。

工作第三年，我被安排到李吉林老师的第二轮实验班教三年级数学（当时是五年制）。我一边教数学，一边在李吉林老师那里做些整理资料的工作。那段时间李老师对我的工作和生活都非常关心，这让我至今记忆犹新。

一、模拟现实生活的情境

李吉林老师虽然是研究语文教学的，但她一直很关心我们的数学教学，她一直想将情境教学法推广到数学学科。一次我在上《长方体和正方体的表面积》公开课时，李老师也来听了这堂课。说实话，这堂课上了以后，我自我感觉良好，其他数学老师也给予了高度的评价。但李老师听了以后，感到这堂课所讲的数学知识没有和学生的生活联系在一起，课堂知识太理性化。课后，李老师找到我，她把我领去看图书箱，我一看就明白了，兴奋地说："好，有办法了！"随即李老师和我又找来图书馆的老师，跟他了解学校一共要多少个图书箱。紧接着，李老师就和我开始备课。我们从学生的生活出发，创设了在"爱书周"里做图书箱的情境。上课了，孩子们希望的图书箱展现在他们眼前，我让学生担任角色做总务处的老师，让他们计算：给学校36个班配备图书箱，要多少三夹板？孩子们被带到一个和自己生活相通的情境中来学习、认识长方体和正方体的表面积，他们自己霎时变成了总务主任，成了学校的当家人，真是新奇有趣。因为生活的需要，他们去研究身边的数学问题："总务主任"用尺亲自测量一个图书箱的长多少，宽多少，高多少。数据有了，再计算图书箱的表面积是多少？制作一个需要多少面积的三夹板。学校36个班，又需要多少呢？在直接源于生活的情境中，学生们很快就明白了长方体和正方体的表面积计算方法，又巧妙地将这个知识运用到生活中去。这节课上得很成功，孩子们始终兴趣盎然。

我们从这节课的成功想下去，感悟到数学其实就在孩子们的身边，就在我们的生活中，我们可以在生活中找到它。由此，我们便很自然地找到了数学学科创设情境的一条途径，那就是把生活带进数学的课堂。这堂课也是李老师直接参与我们学校数学情境教育研究的开始。

从这一新思路出发，在"爱国月"里，结合主题性大单元活动，李老师又和我备了《多位数的读法和写法》一课。百万、千万、亿这样的多位数，对于孩子来说是很陌生的，他们并没有这样的概念，读起来不容易，写起来也易错，而且单纯的数字学起来挺乏味的。我们想数字只有让它根植到社会生活中去，它才是有意义的、有价值的。当时，国庆来临，我们就想报纸上关于我们国家近五年来经济发展情况的报道很多，粮食、钢铁、煤炭、汽车、电等产量分别是多少，又分别增长了多少，很多数据都是多位数。李老师就和我商量，让孩子们课前去搜集相关数据，让他们比较具体地了解伟大祖国经济不断发展的喜人形势。其实这也是一种社会调查，一种活生生的思想教育，让数学知识和祖国的经济发展结合起来。上课了，孩子们将收集到的数据在小组里交流，然后汇集起来，创设了一个“祖国经济大发展展览会”的情境。要办展览会就要根据数据制作图表，由此引导学生去写多位数，而且要求准确、清楚、端正。于是，孩子们兴致勃勃地在下面练着，认真地写着一个个多位数。然后，有的画表格，有的写数字，“展览会”很快就筹备好了，孩子们也在热烈的情绪中反复地写着、练着多位数的写法。展览会要开幕了，就得有讲解员，孩子们纷纷举手，要求担当讲解员。讲解员的讲解要声音响亮，口齿清楚，报告数字必须准确无误。就在这角色扮演中，孩子们领悟到读多位数要眼快、口快，并主动积极地练习报告多位数的本领。在听读的同时，也为祖国经济发展的惊人速度而欢欣鼓舞。这样，将数学学习和儿童的生活、和社会的发展联系起来，既让儿童懂得了祖国这五年来的辉煌成就，又让他们掌握了多位数的写法、读法，所学的知识及时地运用到了实际生活之中。

通过这两堂课的研究，我明白了数学来源于生活。教师应引导学生在生活中发现数学，让数学与生活结合，在真实的或模拟的生活情境中学习数学、运用数学。

二、创设解决问题的情境

在这两堂课研究的基础上，我们和关勇老师向李吉林老师请教，共同探讨了平行四边形面积计算的教学设计。李老师说：传统的教学仅告诉学生什么是平行四边形，平行四边形的面积公式是什么，然后进行练习，这便是最常见的离开了生活、纯认知的、很难有灵感的教学。所以，我们将教学目标确定为：（1）创设探究情境，激发学生的探究热情。（2）在学生自己探索的基础上，理解和掌握平行四边形面积的计算公式，并会用公式解决生活中的实际问题。（3）通过公式的推导，培养学生操作、观察、分析和推理的能力。

我们知道“个体发展过程是群体发展过程的重现”，这条生物学上的原理在数学学习中也是成立的，即数学发展的历程也应在个人身上重现。

所以，学习数学的最好方法是进行再创造。这节课，创设的是探究情境，让学生扮演小数学家，从长方形面积计算公式出发，通过自己量、剪、移、拼等过程，在动手、观察、比较中得出平行四边形面积计算公式，真正发挥学生的主体作用。这样做，第一，激发了学生的求知欲望；第二，平行四边形面积公式的推导蕴涵着“转化”的数学思想，对今后学习三角形、梯形面积计算公式、小数乘除法的计算法则等，均具有重要意义；第三，在探索中，学生体验到成功的快乐；第四，达到教学的最高境界，学生会学、乐学。

通过这堂课的研究，我们知道“数学公式”不再是老师告诉的，而是通过学生担当向往的角色，在探究中自己发现的，运用起来就倍感亲切而难以淡忘。对人类文明史进程的初步的体验，把数学知识、数学文化和探究精神在情境中融成一体。这样重演再现人类研究、创造出平行四边形公式的最初阶段的情境，体验人类发明发展进程中生动的一幕，充分显现出教学内容的美感。数学老师从体现美的角度设计思考，可以使数学教学更具人性化、变得丰富多彩。

三、再现知识产生的情境

将生活展现、实物演示和艺术手段结合起来，重演再现人类发明数学公式的情境，感受数学的文化性和美感性，以此来实现数学教育中数学知识的获取，数学技艺的掌握与数学文化、数学美感的熏陶三重功能，从而丰富儿童的精神世界。

和关勇老师一起备了《平行四边形面积》一课后，我对在数学教学中如何创设情境心中有了点儿底，情境数学将“数”与“形”结合，“数”与“生活”结合，“数学知识”与“数学文化”结合，让儿童在身边发现数学，使原来颇为遥远而陌生、敬而远之以致畏惧的数学变得亲近，似曾相识，可以理解和捉摸，由此培养起学生对数学的热爱。

2001 年我运用我们前面的研究成果，上了《圆的面积》一课，荣获江苏省教育学会举办的优课评比一等奖。

这是人教版数学第十一册的内容，通过这堂课的学习要使学生知道圆的面积的含义，理解和掌握圆的面积计算公式，并能够正确地计算圆的面积，培养学生的动手操作能力、类比推理能力和概括能力。本课设计力图通过创设一个生活情境（欣赏一幅美丽的画面），让学生用数学的眼光去发现其中蕴涵的数学知识（牛把能吃到的草全部吃掉，草地上将留下一个圆），学生感到数学就在生活当中，生活中处处充满着数学。再通过创设一个问题情境（这头牛能吃到的草地的面积是多少），让学生在动脑、动手操作的基础上，运用转化的思想将圆转化成已经学过的各种图形（传统教材只将圆转化成长方形），从而推导出圆面积的计算公式，并能运用公式解决实际问题。本节课教学目的明确，教法、学法得当，教学内容从学生的身边生活事件引发，创设贴近学生生活的情境，使学生兴趣盎然，教学活动充分发挥了学生的主体和教师的主导作用，体现了主导和主体的有机结合。在学生遇到困难时，教师因势利导，提供有关信息资料，帮助学生解决困难，避免学生学习时的盲目性。本节课对圆面积公式的推导不局限于书本上的一种方法，让学生大胆地想，大胆地做，充分发挥学生的学习潜力和主观能动性，运用多种方法得到圆的计算公式。

四、营造有情有趣的情境

《圆的面积》一课荣获江苏省教育学会举办的优课评比一等奖后，大大地增强了我们的研究信心，后来我先后和六名数学老师反复研究精心备了六堂数学课先后参加江苏省优课评比连续六年获一等奖，其中顾娟老师执教的《认识负数》一课还代表江苏省参加全国优课评比荣获一等奖第一名。

下面我就把柳晓梅老师上的《用字母表示数》和顾娟老师上的《认识负数》两课中怎样运用情境的设计构想与大家一起分享：

《用字母表示数》是苏教国标版第八册第106页的内容。教材通过两个例题让学生分别体验、掌握乘法和加法两种不同关系中用字母表示数的方法，体会用字母表示数的概括性。

学生是带着自己的生活经验走进数学课堂的，对字母的认识，学生并不是一张白纸，比如，英文字母、特定标志、一些公式，等等。但像KFC——肯德基，CCTV——中央电视台等这样看上去和生活联系很紧的素材，仅仅是英文字母的缩写，是日常生活语言中的专有名词。而在数学上，字母作为数学符号有两种作用：（1）作为专有名词，例如，自然数集合用N表示；（2）字母可以作为一个数的不确定名词，即变量。这一课的教学要让学生经历把简单的实际问题用含有字母的式子进行表达的抽象过程，能用含有字母的式子表示简单的数量关系和计算公式，初步学习用代数符号语言进行表述交流，体会用字母表示数的简洁性和概括性，发展符号感。让学生理解含有字母的式子既可以表示数量间的关系，也可以表示一个结果，是本课教学的难点。

本课是学生由“自然语言”向“代数语言”过渡的起始课。因为其抽象性，对学生的学习提出了较大的挑战。建构主义认为，学习总是与一定的情境相联系的，良好的学习情境能促进学生更好地发展。因而在设计本课例时，我们注重数学教学中情境的优化选择，追求在教学中既体现数学的学科特点，又能兼顾儿童的学习心理——在数青蛙儿歌的过程中，挖掘简单中蕴涵的丰富，创设充满数学味的情境；在玩数学魔盒的游戏中触摸数学的本质，创设富有探究性的情境；把知识镶嵌在背景中，创设浸泽着情趣的故事情境。

和李老师一次次备课的过程，也就是我们一步步探索数学情境教学的过程。通过长期的探究和摸索，我们总结了在数学课堂教学中，创设情境的几种有效途径：（1）再现知识产生的情境；（2）创设解决问题的情境；（3）模拟现实生活的情境；（4）利用故事、角色等艺术手段创设有情有趣的情境，从而提高数学课堂教学的有效性。而我正是在这样的过程中学会备课，不断地成长起来的。

教研撷萃

优化操作情境，促进儿童“空间与图形”知识的内化建构

摘　要：“智慧在指尖”，儿童的学习离不开动手操作。“空间与图形”领域的学习更需要教师通过优化情境，开展操作活动来促进儿童几何知识的内化与建构。为促进儿童“空间与图形”知识的有效内化与建构，主要从以下三个方面优化情境，层层递进，通过操作引起认知矛盾，激发内驱力；通过操作引导反身抽象，经历实物操作、表象操作和符号操作等环节；通过操作引发主体意识，培养能动品格。

关键词：优化情境；实物操作；表象操作；符号操作；内化与建构

在小学数学中，“空间与图形”作为数学课程内容的四个领域之一，是培养学生初步的创新精神和实践能力的一个重要学习内容。《数学课程标准》中指出：“动手实践、自主探索与合作交流是学生学习数学的重要方式。”“在教学中，应注重使学生通过观察、操作、推理等手段，逐步认识简单几何体和平面图形的形状、大小、位置关系及变换；应注重通过观察物体、认识方向、制作模型、设计图案等活动，发展学生的空间观念。”基于儿童好奇爱动的天性和“空间与图形”知识木身的特性，这一领域的学习中教师应该为儿童提供更多的操作机会，让儿童在亲身经历，在动手操作的过程中促进知识的内化建构。

当然，由从操作到内化并不是一条简单的线性因果关系。笔者认为，创设操作情境，吸引儿童主动介入操作活动，并在丰富多样的操作活动中经历过程与体验实例，才能有效地促进儿童“空间与图形”知识的内化建构。

一、在实物操作情境中引发认知冲突，激活学习内驱

实物操作（或实物性操作）主要是外部的现实的动作的摆弄、触摸、

割补、拼接等。根据小学生形象思维为主导的特点，创设贴近儿童生活的实物操作情境，往往能激发他们极大的好奇心和兴趣。但是儿童的好奇心和兴趣带有很大的自我中心成分，对它的利用应当是有限度的、有指向的。通过操作激发学生的学习动机，关键在于引起学生的新旧知识的矛盾冲突，产生“认知不协调”。新知识的获得在某种意义上讲，是已有知识结构的一种发展。当已有的知识不适合新问题的解决时，学生就会产生认知矛盾或认知不协调。这种矛盾是推动认识发展的内在动力。由它激起的学习动机最为持久，因而也最有助于知识的内化。

【案例 1】教学“圆的周长”时，教师创设情境让学生测量生活中树干、自行车车轮的周长。学生通过把铁丝围成的圆圈截开拉直、或用绳子围着圆绕圈、或测量自行车轮沿地上直线滚一圈的长度等模拟操作，逐步产生困惑，感到用这些测量圆周长的方法的不便和烦琐，形成需要更简单的方法的求知欲。

【案例 2】教学“圆的面积”，需要引导学生辩证地认识曲线与直线的关系，视圆为方、化曲为直。它与学生的日常观念是矛盾的，单靠老师讲述或直观演示，学生并不能体会和解决这种矛盾。这时教师让学生亲自动手操作，把圆逐渐细分，使各个小扇形的弧逐渐变“直”。

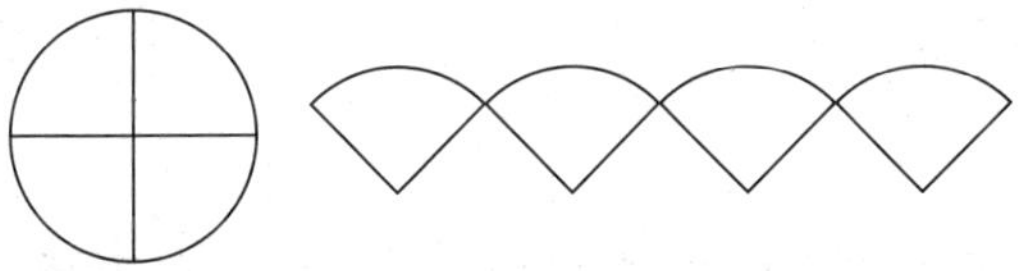

学生在连续的操作过程中，随着图形的变化产生巨大的惊奇和大胆的想象（如继续细分、“弧”越变越直）。

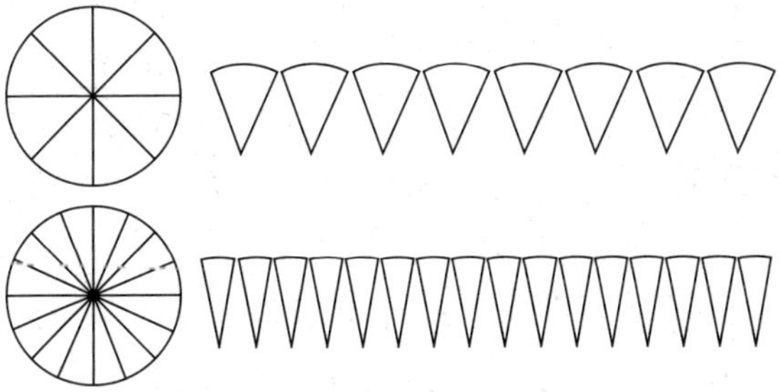

操作情境中蕴涵的认知矛盾运动，驱使学生渴望得到最终的正确解答，这就为知识的内化奠定了动力基础。

需要指出的是，在操作基础上形成的认知矛盾不仅是为内化提供非认知条件，而且在很多情况下还为内化提供认知条件。也就是说，认知矛盾的转化直接导致新知的内化。在“空间与图形”知识的教学中，大量新知识都是以操作为基础，并由旧知转化或迁移而来的。像圆的面积的计算公式可以通过拼三角形、长方形、平行四边形、梯形等操作活动，借助已有的面积计算知识进行推导。

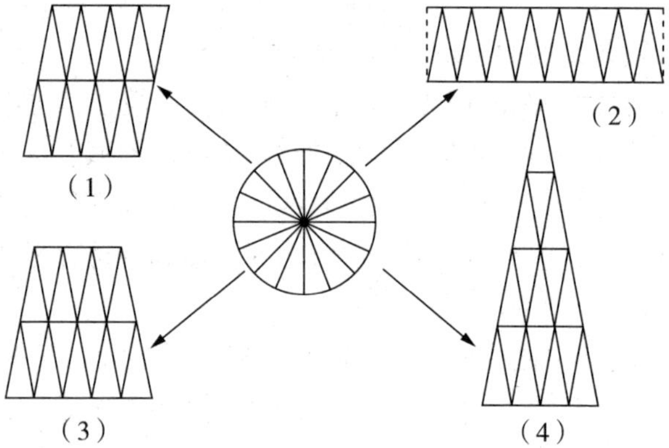

圆柱体的表面积的计算公式可以通过纸封圆柱形铁罐的制作活动，引导学生利用已有的圆面积、长方形面积计算知识加以推导，如此等等。由此可见，通过实物操作引发认知矛盾，学生印象鲜明，记忆牢固，内驱强烈。

二、在表象操作情境中引导反身抽象，构建活动原理

表象操作主要是具体形象的逻辑思考和语言的表达，是由低级到高级、由具体到概括、由外部到内部逐步转化。“反身抽象”（也叫反省抽象、反思抽象）是对主体动作自身的协调、重组、再建。实物性操作只是内化的起点，它所体现的思维还是运作性的。由此而产生的“概念”、“判断”乃至“推理”完全离不开特定的具体动作，因而远不能揭示知识的内在联系与法则。所以，在经历了实物操作，充分体验的基础上，“空间与图形”知识的学习还需通过进一步创设情境，引导学生摆脱实际动作，进入较高级的表象操作阶段，或者在体验的同时就引导学生进行表象操作，由动手到动眼再到动口的有机连动的情境操作模式，将有效地帮助学生实现知识的内化建构。

【案例3】教学长方形面积的计算时，教师为学生提供了充分操作的时间和空间，在连续进行实物性操作后（用面积单位摆满一个长方形。通过数出所摆面积单位的个数知道面积的平方数、根据长方形已知的长和宽只摆一行和一列的面积单位、根据每排所摆的个数和所摆的排数通过乘法计算求得面积的平方数，并说出每个长方形每排面积单位的个数及排数与长方形的长和宽之间有什么关系），再通过多媒体课件演示，让学生摆脱实物性的摆弄，在幻灯显示的新情境中进行表象操作，观察几个大小不同的长方形，根据图形已知的长与宽，在感知与想象的领域完成操作：沿长摆几个面积单位，沿宽摆几排，一共摆多少个面积单位，面积是多少。

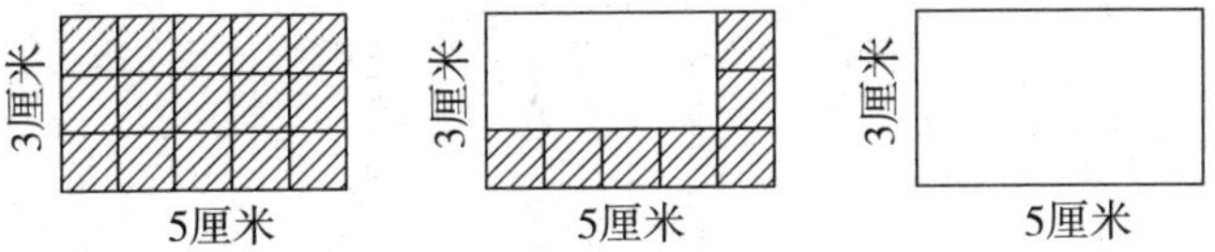

在表象操作情境中引导反身抽象是知识内化建构的关键环节，这一阶段应特别注意两点：(1) 充分利用情境加强观察的指导。学生观察是与教师的直观演示相关的一种活动，教师无论是进行实物性操作演示，还是运用幻灯片等手段成设情境进行演示，都应当辅以语言的说明和指导，以规范调控学生的感知，使之与思维初步融合，培养学生的观察力和直觉思维力。(2) 充分利用情境进行必要的联想和想象练习。“空间与图形”领域教学的一项重要任务是培养儿童的空间观念。它离不开实物操作、观察，同样也离不开联想和想象，而且联想和想象由于摆脱了眼前的实在的形象，对具有某种概括性的表象进行操作，抽象程度已大大提高，因此更有利于儿童知识的内化建构。如对图形进行割补、填缺、移位、转化、作辅助线等，启发学生进行想象，获得最佳的效果，并发展空间想象力。

三、在符号操作情境中引领主体意识，培养能动品格

表象操作虽然具有一定的概括水平，但它仍然离不开具体形象的支撑，而内化最终是在符号操作的层次上完成的。因此教师还要创设情境，引导学生对表象进行加工、整理，通过分析综合、分类比较、抽象概括、判断推理等思维活动，在符号操作的水平上理解、内化新知。

上文中【案例3】在开展实物操作和表象操作后，由于情境的作用学生将水到渠成地进入符号操作阶段。

师：同学们，说说你们刚才是怎么摆的？

师：有什么发现呢？

学生汇报自己的发现：通过观察，我们发现每行的个数相当于长方体的长，排的行数相当于长方体的宽，叠的层数相当于长方体的高。

教师板书：

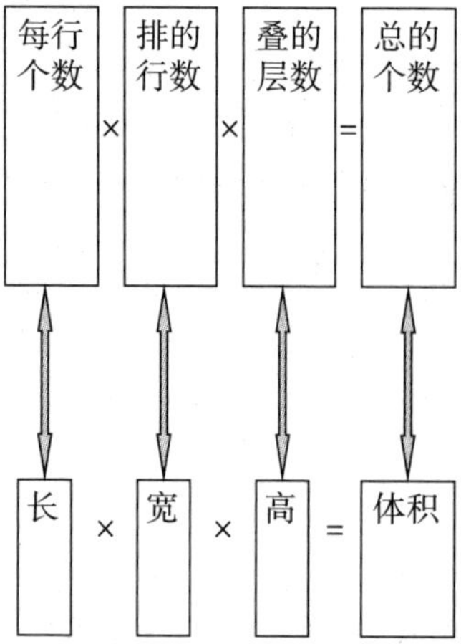

让学生观察、思考、讨论：“长方形的面积与什么有关”、“面积的平方数与长和宽的长度有什么关系”、“求长方形的面积需要知道哪些条件”等问题。学生在情境中充分感知、仔细观察、展开想象，通过分析比较、归纳总结出长方形面积计算公式，实现了由感性认识到理性认识的飞跃，知识的内化建构也顺利完成。

为了检验学生思维的抽象化、符号化程度，有时还可以通过为学生提供具有无关特性干扰的例证（包括肯定例证和否定例证）让他们给予判断。

【案例4】教学平行线时，通过实物操作、观察演示使学生从总体上了解两条直线的几种位置关系，并从中分离出“平行”这一种情况。在分类的背景中初步引入概念，为思维活动的深入奠定良好的基础。而后，教师出示铁轨、双杠、练习本的两条长边和两条宽边等图形，让学生在观察的基础上进行归纳推理，找出平行线的共同特征，从而揭示平行线的概念。与此同时，还可以让学生深入地思考并用语言表达出垂线和平行线的不同，以强化概念的内涵。在学生建立平行线的概念后，让学生举出生活中平行线的实例，并提供各种肯定例证的变式和否定例证（如立交桥上下两辆汽车行驶的路线也不会相交，但不是平行线），让学生辨别，并说明理由，进一步完善平行线的概念（强调在同一平面内），检查学生在概念、符号水平上对知识的内化状况。

操作活动本质上是主体性的，它的施动者是学生本人。而优化的操作情境能更有效地诱发学生的兴趣，激活推动学习活动的最重要的主观因素和认知矛盾，有助于建立学生主体的认知结构，发展其思维能力，培养其能动品格。

当然，学生的操作活动毕竟处于教师的指导之下。它是否真正体现出学生的主体性，在很大意义上取决于教师的指导艺术。在教学过程中，教师可以从以下几个方面培养学生学习几何知识的主体性：

（1）鼓励学生独立操作、主动发现。这样可以使学生独立提出假设、操作验证、推导演算等，从中经历获取知识的动态过程，从而提高内化的质量。如教圆锥的体积时可以让学生先进行大胆的猜测，然后再去动手操作和验证。

（2）鼓励学生发散思维、标新立异。这不仅可以发展儿童的主动性，而且有助于发展其认知的风格和个性，推动创造性思维的发展。

【案例5】教学三角形面积公式，有的学生用割补法把三角形拼成长方形，有的则用折纸法把三角形折成两个重叠的长方形，从而殊途同归地利用旧知推导出三角形的面积计算公式。

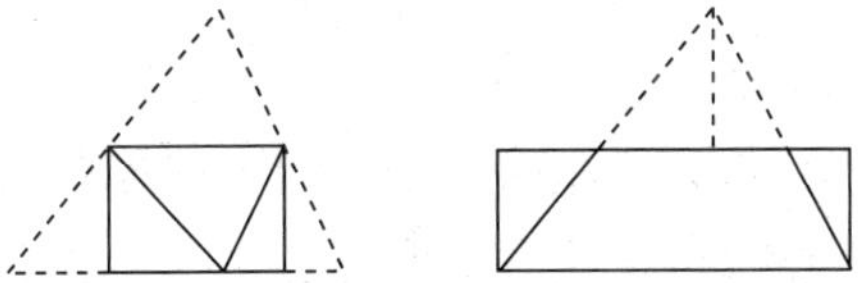

这些独立发表的见解，都可以视为创造而加以热情地鼓励和肯定。这对培养学生良好的思维品质，加速小学生几何知识的构建和内化无疑具有莫大的益处。

（3）鼓励学生交流思想，纠误自正。学生的独立操作与思考，难免会出现疏漏、片面、混沌不清乃至错误。对此，教师应从保护学生探索的积极性、发挥学生群体自我教育的立场出发，因势利导地组织学生展开讨论与争辩，切忌轻率否定。例如，教环形面积的计算，有学生提出把环形从中间拉开，可以拉成梯形，再利用梯形的面积公式来计算环形面积。这一想法并不恰当，但也有合理成分。教师就此组织学生讨论，有的学生认为环形拉不成梯形，有的学生认为可以想象成梯形等。因为环形的内外圆部都可以拉直，面积没变。教师充分肯定这一想象的合理性，但同时也指出这种想象在实际操作中的困难，并不失时机地引导学生用割补法推导上述公式。让学生互相启发、讨论，最终找到解决问题的方法。

当然，鼓励不等于放任。相反，它深刻地体现了教师的主导作用的发挥。它要求教师在鼓励学生进行独立主动的操作过程中，于学生认知活动的关键处也即前面所说的认知矛盾、认知困惑处进行点拨、启发、指导。事实证明，这种点拨、启发和指导最有助于引发学生主动探究的意向，从而加快知识内化的进程。

【案例6】教学三角形内角和时，教师首先利用学生错误的日常直觉印象设疑，让学生比较三个面积、周长差异较显著的三角形，说出哪个三角形内角和最大、最小。在众说纷纭，相持不下的情况下教师适时引导，组织学生开展量、折、剪、拼等操作活动，使学生恍然大悟，在验证的愉悦中了解了三角形内角和的大小与边的长短、面积的大小无关，进而掌握知识的内涵。

从上述案例的剖析中可见，优化操作情境绝不是为了简单的操作训练，而是“以渗透着教育者目的、充满美感和智慧的情境促使儿童主动地投入其中，主动地活动，让他们在活动中获得充分的发展”（李吉林语）。在优化的操作情境中，引导学生开展操作活动，可以鼓励学生经历观察、操作、交流、讨论、推理、表述等过程，充分调动学生思考的主动性和积极性，提高学生合作交流的能力和质量，培养学生的团队合作精神及自主探究的学习习惯，形成有效的学习目的。为了实现高效操作，我们创设的情境表现形式是多样的，但无论选用哪种形式，都是“为了儿童的学习”，促进知识的内化建构。

课堂采风

圆的面积

（苏教国标版第十一册）

[设计意图]

这是苏教国标版数学第十一册的内容。这堂课的学习，学生要知道圆的面积的含义，理解和掌握圆的面积计算公式，并能够正确地计算圆的面积，培养学生的动手操作能力、类比推理能力和概括能力。本课设计力图通过创设一个生活情境（欣赏一幅美丽的画面），让学生用数学的眼光去发现其中蕴涵的数学知识（牛把能吃到的草全部吃掉，草地上将留下一个圆），学生感到数学就在生活当中，生活中处处充满着数学。再通过创设一个问题情境（这头牛能吃到的草地的面积是多少），让学生在动脑、动手操作的基础上，运用转化的思想将圆转化成已经学过的各种图形（传统教材只将圆转化成长方形），从而推导出圆面积的计算公式，并能运用公式解决实际问题。

[教学过程]

设计构想1：通过让学生欣赏一幅美丽的画面，让学生用数学的眼光去联想到圆心、半径以及圆的大小，在不知不觉中让学生进入探究的过程中。

一、创设情境，导入新课

（1）先请同学们和老师一起来欣赏一幅美丽的画面。

（出示：一头牛被绳子拴着在草地上悠闲地吃着青草）看着这头被绳子拴着吃草的牛，如果我们用数学的眼光去欣赏这幅画，你会联想到什么？

[点评] 学生看到这幅画面，都非常兴奋，有的学生都叫了起来“太美了”。这时老师话锋一转，如果我们用数学的眼光去欣赏这幅画，你会联想到什么？立即将学生的注意力转移到与数学有关的问题上去，学生回答：木桩就是圆的圆心，绳长就是圆的半径，如果牛把能吃到的草全部吃掉，草地上将留下一个圆。

（2）提问：牛能吃到的草地的大小与什么有关系？有怎样的关系？（绳子越长圆越大，绳子越短圆越小。）

（3）通过刚才的讨论和演示，你发现圆的面积大小与圆的什么有直接关系？（电脑演示，圆的半径加大了，圆的面积就变大，圆的半径缩短了，圆的面积就变小了）

[点评] 课始通过牛吃草的美丽画面，让学生既欣赏了美丽的画面，又用数学的目光初步感知圆的大小与半径的关系。

设计构想2：数学的发展离不开猜想，很多数学问题都是从猜想开始，所以在这里安排让学生猜测圆的面积与半径的关系，为学生以后掌握科学的学习方法打下基础。猜测也是有一定依据的，为了避免学生盲目乱猜，老师提供了以下两幅图，帮助学生进行合理的猜测。

（4）进一步讨论、猜测圆的面积与半径的关系。

①出示画面：

以圆的半径为边长画一个正方形，这个正方形的面积是多少？（r^2）

②让学生估测圆的面积大概是这个正方形面积的几倍？

③出示画面：

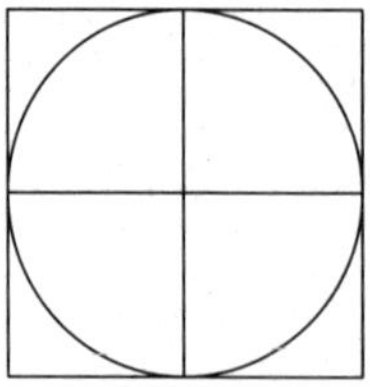

图1

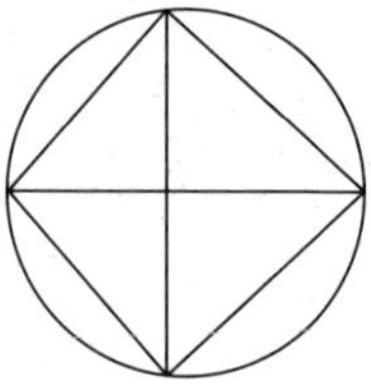

图2

（图1中圆的面积比圆半径平方的4倍要小，图2中圆的面积比圆半径平方的2倍要大）

［点评］这两幅图为学生的合理猜测提供了有力的支撑。

板书：$2r^2$ < 圆的面积 < $4r^2$

设计构想3：让学生通过回忆旧知，理解“转化”的思想，为探讨圆的面积计算公式作了很好的铺垫。

二、设疑探讨，推导公式

（1）设疑：圆的面积究竟与它的半径有怎样的关系呢？我们就要推导出圆面积的计算公式。

（2）回忆旧知。

现在请大家一下子就找出圆的面积计算公式，你们会有困难吗？

这样，我们不妨先回忆一下平行四边形、三角形、梯形的面积计算公式是怎样推导出来的。（学生边说教师边演示）

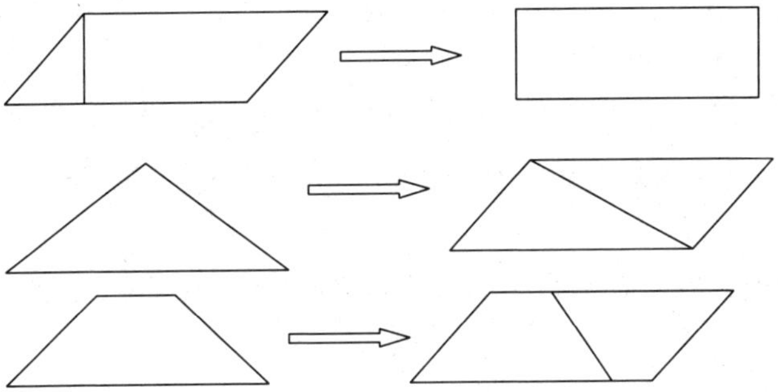

设计构想4：转化是小学数学中一种常用的思想，通过以上学生的回忆让学生概括出这三种图形的面积推导过程都是将未知转化为已知，从而为推导圆的面积计算公式做有力的铺垫。

提问：

（1）这三种图形在推导它们的面积计算公式时，有什么共同的特点？

（都是将未知的转化为已知的）

（教师板书：转化）

（2）你准备将圆转化为哪种你已学过的图形？

学生回答一个，教师演示一个。

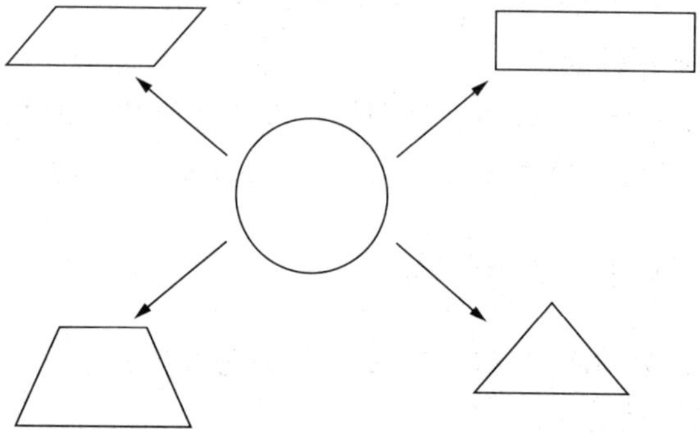

[点评] 以学生为主体，让他将圆转化为任意一种已学过的图形，不局限于长方形，从而拓展了学生的思路，进行发散性思维训练。

设计构想5：先让学生大胆尝试，当学生遇到困难时，教师再通过多媒体演示进行适时点拨，让学生初步感受化曲为直的思想，为学生再次操作提供方法的指导。

（1）学生初步尝试。

每位学生用手中的圆和剪刀来剪拼成已学过的图形。

（这里让学生大胆尝试，允许失败，不怕失败，培养学生良好的心理素质）

教师及时提问：你觉得将圆转化为这些已学过的图形，最大的困难在哪里？

那怎么办呢？

别着急，先请大家观察一组图，看看从中能不能得到什么启示？

电脑演示：先将圆平分成4份，再连在一起。

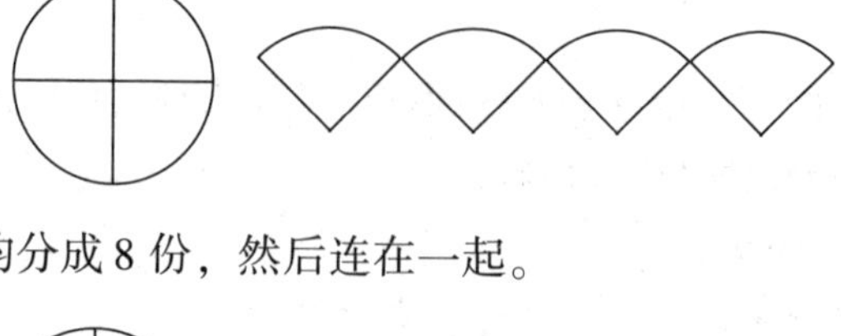

再将圆平均分成8份，然后连在一起。

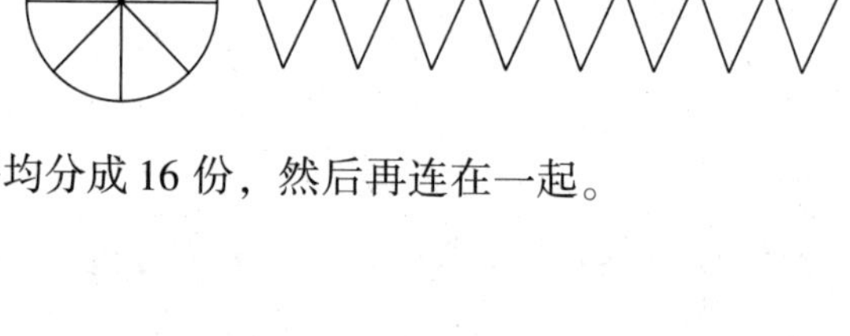

再将圆平均分成16份，然后再连在一起。

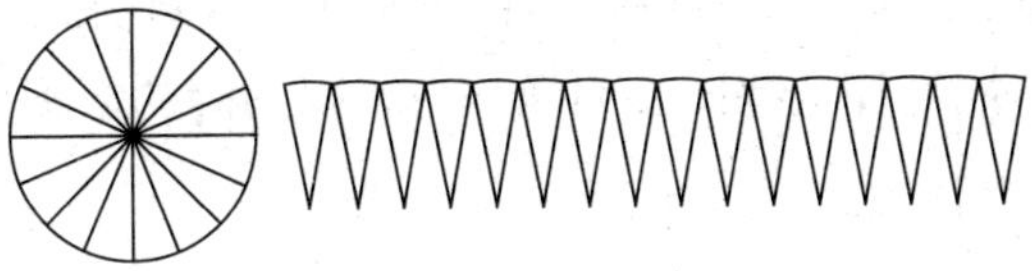

请学生观察上面一条线的变化，并发现规律。(越来越平直)

照这样，如果把圆平均分成32份，64份……想象一下，这条线会越来越怎样？如果再继续分下去直到分到无穷多，这条线就变成一条什么线？(线段)

[点评] 通过多媒体演示，使学生为之豁然开朗，知道将圆分的份数越多，拼成的图形的上边就越接近一条线段，从而为“化圆为方”作了很好的铺垫。

(2) 学生再次尝试，分小组合作。

下面就请大家拿出另一张圆纸片沿图上的半径把它分成16等份，然后拼成近似的三角形、长方形、平行四边形或梯形。

[点评] 让学生小组分工，剪的剪，拼的拼，培养他们的合作能力、动手操作能力、思维能力。

设计构想6：突破传统教材中将圆只转化成长方形的单一方法，让学生大胆地想象和操作，从而将圆转化成多种已学过的平面图形，让学生通过交流体验到数学思维方法的多样性。

(1) 展示学生的拼图。(让小组将拼成的图拿上来展示并讲解)

生1：我们是将这些小扇形拼成了一个平行四边形。(如图2)

生2 (急切地)：老师，我们也是将这些小扇形拼成了平行四边形，但是和第一组同学不同，我们拼成的平行四边形摆了两层高，底边上就只有4个小扇形。

生3：我们拼成了一个很高的三角形，底边上摆了四个小扇形，一共摆了四层，你们看！

生4：老师，我们摆成了一个梯形，上底有3个小扇形，下底有5个小扇形，大家看，就是这样摆的。

师：大家表现得非常棒！让我们再一起来看一下这几种拼的方法。

(2) 讨论：如果分的份数越多，就会越接近长方形、三角形、平行四边形或梯形，如果分得无限多时，圆就转化成了这些图形。

设计构想7：先让学生比较出圆和转化后的平面图形的关系，计算出转化后的每种图形的面积，然后归纳得到圆面积计算公式。

（1）师生共同计算这些图形的面积，并得到圆的面积计算公式。

图（1）：$\frac{2\pi r}{4}\times 2r=\pi r^2$

图（2）：$\frac{2\pi r}{2}\times r=\pi r^2$

图（3）：$2\pi r\times\frac{3}{16}+2\pi r\times\frac{5}{16}\times 2r\times\frac{1}{2}=\pi r^2$

图（4）：$\frac{2\pi r}{4}\times 4r\times\frac{1}{2}=\pi r^2$

总结归纳圆的面积计算公式：$S=\pi r^2$

[点评] 让学生自己计算自己所拼的图的面积，得出共同的圆的面积计算公式，学生异常兴奋，每组学生都有成功感。

对照学生估测结果，并告诉学生如果正方形面积是20平方厘米，那么圆的面积是多少？

[点评] 呼应前文，加深学生理解记忆：圆的面积是边长为r的正方形面积的π倍。

设计构想8：照应上文，首尾呼应，让学生掌握运用面积计算公式求圆形草地的面积。

三、运用公式，计算面积

（1）要计算圆的面积要知道什么条件？

如果牛绳长10米，这个圆的面积是多少？

$3.14\times 10^2=314$（平方米）

（2）学生自学例题，质疑问难。

例3：一个圆的半径是4厘米，它的面积是多少平方厘米？

四、课堂总结

通过这堂课你学到了什么知识？懂得了什么道理？

[点评] 让学生自我总结，自我反思，总结学法。

设计构想9：设计这样一个思维训练，既培养了学生的逆向思维能力，同时又使得学生进一步掌握圆与转化后的长方形之间的关系，让学生体验到数学探究过程的重要性。

五、拓展思考

把一个半径是 4 厘米的圆剪成一个近似的长方形，这个长方形的长是多少厘米？宽是多少厘米？这个圆的面积是多少平方厘米？

[点评] 让学生进一步理解长方形的长是圆周长的一半，宽是圆的半径，使学生对圆的面积计算公式有更深的认识。

[教学反思]

本节课教学目的明确，教法、学法得当，教学内容从学生的身边生活事件引发，创设贴近学生生活的情境，使学生兴趣盎然，教学活动充分发挥了学生的主体和教师的主导作用，体现了主导和主体的有机结合。在学生遇到困难时，教师因势利导，提供有关信息资料，帮助学生解决困难，避免学生学习时的盲目性。本节课对圆面积公式的推导不局限于书本上的一种方法，让学生大胆地想，大胆地做，充分发挥学生的学习潜力和主观能动性，运用多种方法得到圆的计算公式。

柳小梅

Liu Xiao Mei

江苏省南通师范学校第二附属小学（以下简称“通师二附”）科研处副主任。小学高级教师，南通市教坛新秀，南通市崇川区名师共同体培养对象，崇川区师德标兵。曾获全国第六届深化课堂教学改革录像课评比一等奖，江苏省课堂教学比赛一等奖，执教全国、省、市级观摩课二十余节，两次代表情境教学流派参加“全国四大流派课堂教学展示”活动。《老师，您更在乎什么》《走出认识误区　创设数学味的情境》等三十多篇文章在《人民教育》《中国教育报》等报刊上发表，多篇论文获省市一等奖。

成长之路

在情境的天空下长大

题记：我爱小池，也爱溪流，那是因为我爱它们的“清”和“远”。然而，生活里也少不了涌浪；倘若没有涌浪，便辜负了人生……于是，我便向往大海的奔腾……——李吉林

从教13年，我的教龄不长，教学经历却可以说是“曲折多舛”。1998年，在海安实小刚参加工作希望教语文，学校却误以为“五年制普师”不分科，安排我教数学。2000年，我调至通师二附，学校却又因为需要，安排我教语文。两年后（2002年），在我自己的一再坚持和李吉林老师以及学校领导的关心下，我重新开始了我的数学教学和研究。

扪心自问：我是一个不甘平庸的人，所以我时时提醒自己，不要让碌碌无为淹没了自己！现在想来，也许就是这个最朴实的想法成为我最初努力的动力，也让我在以后的坚持中有了自己的目标。

一、榜样：心中的航灯

2003年，我的教育日记中有下面这样一段记录。

学生考试，我静静地阅读《用心成长　享受课堂》。虞大明，浙江的一个优秀语文教师。他说：“我渴望成为名师，所以，我用我的心去成长，我用我的心去享受课堂。回头去望，有遗憾，有喜悦，有汗水的飞扬！”

其实，渴望成为名师，又何尝不是我的梦想。

我读贲友林的《此岸与彼岸》，万玮的《班主任兵法》，读《刘可钦与主体教育》《黄爱华与智慧课堂》《吴正宪与小学数学》，读徐斌的《另类课堂》……从这些优秀教师的身上，我读懂了：爱是教师一生的功课，责任是永远的习题。

走近李吉林老师，我更是被她对理想追求的执著和激情所感染。

下面是我在听李老师讲话后的点滴思考——

2002 年 9 月 18 日　　星期三

感觉每一次听李老师讲话，都有一种好像充了气一样的激情。是的，李老师本身就是个榜样，65 岁的人，还在孜孜不倦地学习、钻研，比我们哪一个年轻人都勤奋、刻苦，我们是不是该汗颜呢？只要和她一比，你便没有理由不用功，没有理由不勤奋、不上进。

随着教改的进一步深入，我也越来越深地体验到李老师教育理论的精辟和高度的前瞻性。校本课程、综合实践活动等新课标中才提出的东西，在李老师的情境教育理论框架中早已构建并开始实施。看来，对情境教育理论，我还要好好系统地再多读几遍李老师的那几本书，去触摸它最精髓的地方。

更难得的是，每一次听李老师讲话，你都能吸收到许多鲜活的东西——李老师还在一直不断地学习着，并不断地在反思着，在反思中修正着自己，完善着自己……

2002 年 12 月 4 日　　星期三

李老师的话也总能激励人。“平时没人来听你课，要当成是很好的机会。没人听自己就可以放开上，多种方法、方式都可以试一试。就是不能老一套，要有新的。记住儿童自主，思维是核心。”朴实的话语，流露出对我们年轻人的殷殷希望。

提到“代课”，李老师说四十多岁时，她代一堂体育课，和学生一起前滚翻、后滚翻。学生回家问自己的父母：“爸爸，你会不会翻跟头？”“我们李老师会！”在学生眼里，老师表现出了本学科以外的能力，尤其是在学生眼里，和敬爱的老师一起玩儿，是一件非常有吸引力的事情。

这使我也不由想到了我们经常要碰到的代课问题。有多少教师能像李老师这样来代课？大多数情况是学生在叹息中、在失望中，我们老师却假装视而不见。

以学生为主体，这句话说的时候，人皆可引。然而，从代课这一无意识的举动中才是考验了教师是不是真正把儿童放在最重要的位置。以后的代课，我定会尽自己可能地、小心地捧起孩子们的期盼，和他们一起上该上的课，真正地做一回“代课老师”。

从李老师身上，我真正读懂了什么是对儿童真挚的爱，什么是对教育深沉的爱。李老师经常对我们说，应当给儿童快乐而灿烂的童年。这样的儿童观深深影响了我，也改变了我的行走方式。

二、课堂：磨炼羽翼的舞台

对教师而言，课堂教学是其职业生活最基本的构成部分。作为一个教师，最在乎的一定是自己在课堂中的状态。到二附小工作，教了两年语文改教数学后，我要求自己每年至少上一节公开课。2006 年，我执教的《用字母表示数》一课，经过层层选拔参加了江苏省教研室组织的比赛。

平时，李老师常谦虚地笑说自己不懂数学，但在这次备赛过程中，李老师却给了我不少指导。记得一个双休日，我到学校备课，看到李老师像平常一样仍然步行来到研究所。我专门去向她请教课堂教学语言的问题，李老师一边示范着说给我听，一边指出，教师应该根据学生课堂上的实际表现，发自内心融入真情地来评价孩子的表现，而不应是套用课前设计好的几个冷冰冰的表扬词。我连连点头。李老师和我交流着她对数学的理解，她说，好的数学课，课堂是生动、活泼的。不仅有教师语言的讲解、严密的逻辑推理，还有儿童感到生动有趣的形象感受。知识是无限的，而关键的知识则不是无限的。教师只在最关键处、最紧要处花些力气。李老师还提醒我，教学要能恰到好处地兼顾儿童的特点与数学学科自身的特点。这是我们在创设情境时应该紧握的一把金钥匙。

在情境教育理论的指导下，我的这一课获得了江苏省教学竞赛一等奖。2009 年，这一课参加全国第六届深化课堂教学改革录像课评比再次获得一等奖。

2009 年，全国四大教学流派在北京同台同课题会课。李老师又把我推上更大的舞台。

观摩课、比赛课，从校级到区市级，到省级，到全国，每一个新的高度，对我来说既是挑战，也是磨砺。这个过程是艰辛的，但又时时让我体会到成长的快乐。前行的道路上，李老师的叮咛、关切，更让我体验到来自长者关怀的温暖，成为召唤我奋力前行的力量。

三、思与行：行走的两只脚

2003 年，我申请参加李老师子课题研究的点班。从实践情况看，虽然自己当时不会规范地进行课题研究，但在课题组的督促下一直在坚持做着。同时，有了课题组阶段交流中的启发，我觉得自己变得敏锐了。研究中我的论文《冲出惯性，走进数学学习新境界》获得省“教海探航”一等奖。

李老师经常跟我们说，要研究，实践后要总结，写是一个整理思路的过程，是一个不断提升的过程。我高度认同，我觉得一个教师的思考力决定了他行走的宽度和深度。下面我以自己的“一堂课和 4 篇论文”为例。

一堂课：《用字母表示数》

参加省教学比赛执教的《用字母表示数》获得了一等奖后，我没有沉浸在获奖的喜悦中，而是把它作为再加工的素材，先后 4 次从不同的角度对之进行了反思，写了 4 篇论文，而每篇论文都得到李老师的指导。

第一篇：《走出认识误区　创设数学味的情境》——发表于《中国教育学刊》。

2007 年—2008 年，因为对情境的误读误用，小数界大量批判情境的文章铺天盖地。短短的几年内，同样的一个数学命题从“万人宠爱”跌入“千夫所指”，这巨大的转折引起了我的思考。我来自情境教育的发源地，我更有责任思考并厘清：是情境这一命题本身的价值问题，还是我们对命题的内涵及操作的认识发生了偏差？

第二篇：《从深度上挖掘　从宽度上拓展》——发表于《中国教育报》。

2008 年，针对用教材教和教教材的讨论，我回顾并深挖自己当时执教这一课时把握教材的思路。咀嚼和思考中，《李吉林文集》中有关解读教材的观点给了我不少启发。我提出，《超越，从“包含”出发》，我们谈创造性地使用教材，要在对教材编写意图读懂、悟透的前提下，首先保证能教好教材，再谈用教材教。在能包含教材素材原有功能基础上，再去对教材拓展和延伸。

第三篇：《我的一次课堂创意经历》——江苏省“教海探航”获奖。

2006 年—2009 年，两年多了，课中“神奇的数学魔盒”，这一环节持续获得关注，真的出乎我的意料！以至于一位朋友开玩笑说：“在全国，‘魔盒’比‘柳小梅’出名。”在和李老师交流了有关数学探究情境的话题后，我写了《我的一次课堂创意经历》回顾数学魔盒诞生的一波三折。

第四篇：《儿童立场：课堂创意成功的基石》——2009 年南通市教师专业成长论文竞赛一等奖。

李老师说，正因为你爱学生，你才会千方百计创新思想、方法、课程，满足学生成长的需求。对儿童的认识，将成为一个教师成长的内部动力。一切研究的归宿应该在儿童。由此，对《用字母表示数》这一课的成功创意，我的思考又往前迈进了一步，我领悟到：儿童立场，是课堂创意成功的基石。

按照李老师的指导，我不断地学习、实践、感悟、思考。工作以来，我的三十多篇教育论文和心得陆续发表在《人民教育》《小学教学》《中小学数学》等刊物上。

如果说自己今天算是取得了一点点成绩的话，我要说，没有李老师，就没有这一点点的成绩，是李老师教会我如何爱儿童，如何把对儿童的爱转化为成长中的动力，如何把研究与日常繁杂、琐碎的工作结合起来，成为教育教学生活的一部分。李老师引领我在情境的天空下逐渐长大，我期待自己能真正走进儿童的世界，找寻到儿童学习的秘密，以实现心中的教学理想——让课堂成为师生最向往的时刻！

教研撷萃

冲出惯性，走进数学学习新境界

摘　要：新教育时代的到来，平等对话、分享成功是教学过程中师生共同追求的境界和体验。实现自主学习、合作学习、探究学习和有意义的接受学习相结合，是我们课堂教学改革的重要目标。实践中，我们要突破教的惯性、学的惯性、评的惯性、练的惯性，走进数学学习的新境界。

关键词：惯性；教学方式；新境界

"从来如此，便对么？"

鲁迅笔下，"狂人"向旧世界发出振聋发聩的呐喊。

新教育时代的到来，平等对话、分享成功是教学过程中师生共同追求的境界和体验。实现自主学习、合作学习、探究学习和有意义的接受学习相结合，是我们课堂教学改革的重要目标。然而，当前中小学数学教学领域，一些陈旧观念和习惯倾向仍然有相当大的影响，此时，教师应该有"狂人"向"从来如此"挑战的勇气，冲破"惯性"，和学生共同走进数学学习的新境界。

一、突破教的惯性——"我当学生的助手"

［**惯性**］

"教师讲、学生听，课上讲、课后练"，审视这样的教学方式，其长处是，学生能按知识的逻辑序列比较系统地接受课本知识，整个教学过程都能按教师意图展开。但在这个过程中，学生的参与是被动的，学生付出的精力主要用于消化理解教师所讲，学生头脑中复制的是教师的言语。

［突破］

《全日制义务教育数学课程标准》（以下简称《数学课程标准》）指出：“学生是数学学习的主人，教师要改变以例题、示范、讲解为主的教学方式，引导学生投入到探索与交流的学习活动之中。”

下面是教学《三角形面积计算》的一个片段。

我：“刚才，同学们用分、合两种思路，把两个完全一样的三角形转化成我们已经学过的平行四边形、长方形，推导出三角形的面积计算公式。如果只用一个三角形，你能想办法推导出三角形的面积计算公式吗?”

（学生有的独立思考，有的同桌讨论，有的小组研究）

小怡：“我用的是一个等腰三角形。我发现，用剪拼的方法可以把一个等腰三角形剪拼成长方形。”（如图1）难能可贵的是，她能把推导的过程说得很具体、准确。

“我有补充！也可以拼成一个平行四边形！”小烨迫不及待地在下面喊出来。见大家没明白，他一下子跑到讲台前，画了起来。（如图2）哦，原来拼到下面就成了一个平行四边形。

我与学生一起体验到发现的愉悦，台下，抢着要说的人更多了。

小婧：“我能用任意一个三角形来说明，连接两边的中点，剪下三角形的一个角，可以拼成一个平行四边形。”（如图3）同学们报以热烈的掌声。

小可一直很着急地在举着手，我便请他说。“我用的也是任意三角形。”他一边说，已经情不自禁地从座位上走上讲台，拿起大三角尺画了起来。看到他使用大三角尺有些手忙脚乱，我主动请缨：“我做你的助手吧。”底下有学生调皮地说：“是助教！”等我帮他画完三角形，许可有模有样地讲起来：“我发现任意一个三角形都可以转化成长方形来研究。取两边的中点，这样就可以了。”（如图4）学生的内在潜力真让我惊叹。

小岫是班上的数学权威，她的手到现在还举在那儿，“你还有?”“对！”她很自信地走上讲台。“我要一个直角三角形，不是等腰直角三角形。用折叠的方法可以把这个三角形折叠成两个互相重合的长方形（如图5)，这个长方形的面积是三角形面积的一半。”

小阳是个机灵鬼，经常有出其不意的想法。“其实任何一个三角形都可以折叠成两个互相重叠的长方形（如图6)。”

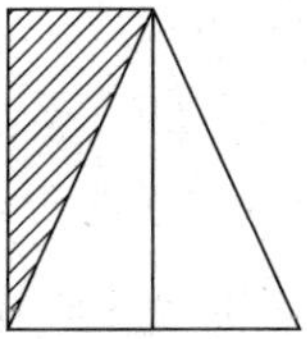
图1

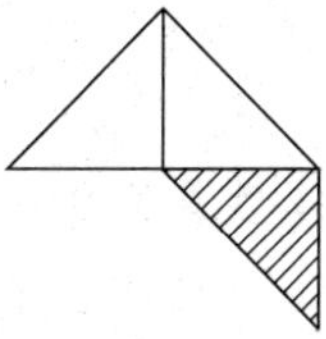
图2

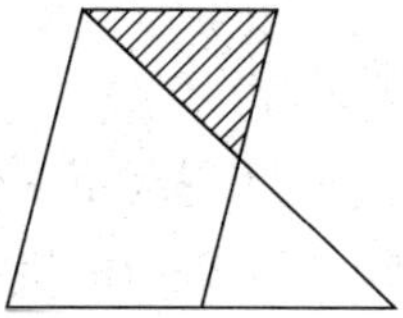
图3

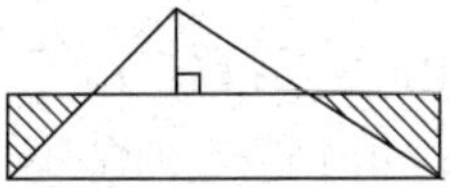
图4

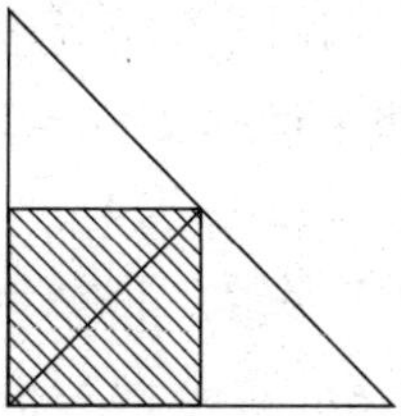
图5

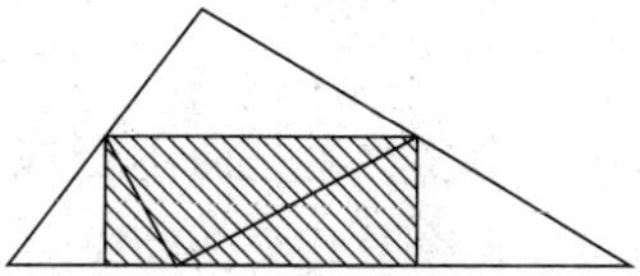
图6

下课的音乐铃声已经响起了，还有小手举在那儿。学生当老师的感觉越来越兴奋，我这个助手的感觉也越来越好。

［**反思**］

平等对话、分享成功是我课堂教学的追求。因而课堂上，我竭尽所能地把思考的空间和时间留给学生，努力引导学生经历“做数学”的过程。沉思、猜测、讨论、交流，独立思考后的小组合作是有效的，沟通与合作中诞生了一个个富有个性的解决方案。学生情不自禁地“上台”，教师有意识地“下台”，使传统意义上的教师教和学生学不断让位于师生互教互学，生生合作互动，彼此形成一个真正的学习共同体。这正符合了新课程的一个思想：数学教学是师生之间、学生之间交往互动与共同发展的过程。让我们不懈追求课堂上师生间的平等对话、分享成功，使学生真正成为课堂的主人。

二、突破学的惯性——“我们一起来探究”

［**惯性**］

传统的数学教学中有太多的机械、沉闷和程式化，缺乏生气、乐趣和对好奇心的刺激。于是，学习可无需智慧，只需认真听讲和单纯记忆，读书可不必深入思考，做题可不必诘问创新。学生学习过程中的个性思考、主动获取、发现探究被“拒之门外”。

[**突破**]

新一轮的课程改革提倡学习方式多样化。改变学生的学习方式就要努力把数学学习过程中的发现、探究、猜想、质疑等活动凸显出来，实现学习的自主性、合作性、研究性和批判性。

一天早晨，我刚到教室，就看到几个学生围在黑板前讨论。原来，他们发现：350 ÷ 28，用竖式算和用简便方法算结果不同。

用简便方法算　　350 ÷ 28 = 350 ÷ 7 ÷ 4 = 50 ÷ 4 = 12……2

用竖式算　　350 ÷ 28 = 12……14

其实，这是商不变规律中被除数、除数同时缩小相同的倍数，商不变，而余数却会变的原因，但这一知识下学期才会学到。几个学生的争论吸引了全班学生的参与。在每个人的据理力争中，我深深感受到了孩子们自己要研究的欲望是多么强烈！我索性引导学生第二天回家继续探索——自己去研究余数究竟是几，并用自己的方法来说明自己的观点。研究的结果让我惊喜——

用竖式做正确。因为 350 ÷ 28 用简便算法把 28 看做 7 × 4，再用 350 ÷ 7 = 50，50 ÷ 4 = 12……2。表面上这样做是正确的，但 28 缩小 7 倍，350 也同时缩小 7 倍。我通过举了很多例子发现，这样做商是不会变，但余数会跟着缩小 7 倍了。

——小男

我发现两种方法最后的除法计算中除数不同。竖式里的除数是 28，余数是它的一半 14。简算中最后除数是 4，余数是 2，也是除数的一半。如果商用小数来表示，答案就相同了。

——小阳

竖式算的结果正确。我们可以分别检验一下，如果根据“被除数 = 商 × 除数 + 余数”把两种算法都改成横式，分别是：350 = 28 × 12 + 14（正确），350 = 28 × 12 + 2（错误）。

——小然

[**反思**]

培养学生的自主探索能力，除了要保证学生自主探索的时间，给予自主思维的空间外，教师还要选好恰当的内容引导学生深入探究。特别是要坚持在有一定思维含量的问题上，组织学生进行“再创造”式的探究式学习。

从学生的研究报告看，虽然他们的论证只是只言片语，也许他们的文字还不够严谨，可看到这些朴实甚至显得有些“朴拙”的文字我仍然会感动。我感动于孩子们尝试研究的高涨的热情，我感动于孩子们研讨探究数学问题的执著！让我们一起来呵护这幼小的新苗，给他们鼓励的掌声，给他们欣赏的目光！

三、突破评的惯性——“我来写数学日记”

［惯性］

一张纸、一支笔、几道题决定一个孩子的命运，这是我们司空见惯的以考试为核心的评价方式。考试后的“排队”有激励，但也使许多原本充满学习热情的学生开始怀疑起自己的能力，变得越来越不自信。这样的评价偏重对学生知识技能的考查，缺少对学生情感态度的关注；偏重数学学习的结果，缺少对学生发展进程的关注。

［突破］

评价应有助于学生认识自我、建立自信，有助于教师改进教学。《数学课程标准》指出：应建立评价目标多元、评价方法多样的评价体系。本学期，我尝试一种新的评价形式——指导学生写数学日记。

通过日记的形式，学生们可以记下自己学习中的欣喜、困惑，记下自己感兴趣的数学话题，记下自己在生活中应用数学解决问题的思考过程……

数学是千变万化的，我们不能只拘泥于书上的知识，不能只“啃”书本。我最喜欢的数学作业就是查找和阅读数学资料。

——小林

看到同龄人在报刊上发表的数学小论文，我心里痒痒的，我也想拿起笔，记叙我的数学生活。

——小迪（摘自班级数学日记集《我喜欢的数学作业》）

这几天，我发觉自己《分数的初步认识》这单元学得还不错，可能是很简单的缘故吧。但是，我缺乏耐心，我的书写也常常困扰着我。我读过贾岛的一首诗：“二句三年得，一吟双泪流。知音如不赏，归卧故山秋。”

贾岛的两句诗想了三年才写好，可我的两道题有时想三分钟就不耐烦了。还有，我常常把“0”写成“6”，“7”写成“1”……这些就是我的耐心程度和书写的状况，我下定决心要改掉这些坏习惯，让同学们对我刮目相看。

——小达（摘自班级数学日记集《多彩感悟》）

星期三上课时，乐欣提出了一个有趣的问题：为什么很多比赛中，在评委打分后算平均分时总要去掉一个最高分和一个最低分？老师让我们自己先研究一下。放学回家的路上，我还沉浸在这道题中。回到家，我和爷爷一起讨论。我举出几个数字来研究，爷爷给我打了个比方：假如我是评委，你是我的孙子，你歌唱得不好我也给你打了10分；假设你有个仇人，给你打得很低；其他评委给你个正常打分。裁判觉得，我给你打的分数太高，你那个仇人给你打的分数太低，于是，便把我和你仇人打的分数去掉，算出其他几位评委的平均分，就是你的最后得分了。听了爷爷的这一番话，我豁然开朗起来。原来，去掉最高分和最低分，可以使平均分更加接近真实水平，这种制度还可以很好地避免裁判有私心呢！数学的作用可真大。

——小尘《为什么要去掉一个最高分和一个最低分》（摘自班级数学日记文集《生活·数学》）

[**反思**]

写数学日记，搞数学研究，做趣味性作业……这是学生的所爱。一切发展学生的改革行动都应该从了解学生的需要开始。

在数学日记中，孩子们能自觉地把生活与数学联系起来，运用学习的知识去解决生活中的问题，当生活中遇到问题时又反求诸数学。在数学日记中，孩子们用笔记下数学学习中的感受。质疑、反思、总结，这些研究者应有的气质，在孩子们身上渐渐显现，反思能力在日渐提高。如此坚持下去，他们终将有一个善于用数学思维来思考世界的大脑！

从实践来看，写数学日记为学生提供了一个用自己的语言表达数学思想方法和情感的机会，是一个评价自己的能力、反思自己解决问题策略的平台。（马云鹏，2002）从这个角度来说，数学日记不仅可用于评价学生对知识的理解，而且也可用于评价学生的思维方式。同时，在这一过程中，学生的数学交流能力、自我反思能力也都会得到提高。

四、突破练的惯性——“自己的作业自己布置”

[惯性]

教师布置作业，学生完成，这似乎是天经地义的。但实际上还是会衍生出有关课业负担的问题，面对老师统一布置的作业，优生觉得学习就是简单重复、机械计算，后进生觉得课余时间被作业挤满，根本没有自己支配时间的权利。于是，一切只能按照“大多数”为标准，排斥了各层次的学生在练习中的个性。

[突破]

面对这一现状，我不禁反思：我布置的作业，学生会感到负担重吗？对每一个学生而言，究竟多少时间的作业才是适量的呢？学生能明白我布置每一项作业的良苦用心吗？

我决定把布置作业的权利下放给学生。第二天早上一进班，许多学生就忙不迭地把昨天的自留作业给我看。

我的第一个作业是整理第四单元的概念，因为这一单元概念特别多，好久没有复习了，应该自己复习一下。加深记忆了还要会灵活运用概念来判断，所以我又给自己布置了第二个作业：出10道判断题。

——小程

我平时学习认真，基础扎实，但做提高题方面欠缺。所以，今天我布置了自学“奥林匹克”的作业。我估计做完我的作业，需要到7点钟。但我提前完成了作业，这是我抓紧时间的缘故。

——小尧

我的计算老是出错，只有几次拿到满分。我决定给自己布置：把收在《错题集》上的题目重做一遍。

——小惠

统计孩子的自我评价，超过80%的孩子对自己布置的作业很满意。因为有了对自己认识的思考，产生了“要我做”与“我要做”的不同效果。

从家长评价时透出的惊喜中，这种布置作业方式产生的效果也可见一斑。

希望黄雪将这一好现象真正变成自己的好习惯。

——小雪家长

大有进步！做任何事都要自觉主动，只有这样才能学到更多的知识。

——小丽家长

如果胡亦尧能天天如此，她的学习成绩定能更上一层楼！

——小尧家长

［**反思**］

学生自留的作业，从课内到课外，从本学科到别的学科，从复习巩固到预习新知，从针对性的补习到选择性的提高发展性练习，其涉及面之广、针对性之强是教师一人布置作业所达不到的。

让学生给自己布置作业，每一个学生都要根据自己的需要有针对性地进行设计。自己需要布置什么作业，自己喜欢什么形式，这样的思考都是儿童逐渐认识自我的过程。做完作业再进行自我评价，更会帮助他们进一步正确地认识自己。

每一个孩子都希望自己是成功者，都期待着收获肯定和赞誉。在这次实践中，以学生为中心，家长、教师都及时地给予了评价、激励。在老师和父母的共同关注下，孩子们陶醉在成功的喜悦中，在他们幼小的心灵里留下的是自信、希望和不断努力的目标。这最终会促使学生学会选择，形成个性，体验成长的快乐。

马卡连柯曾经说过：在教育工作中是“必然要冒险的，因为拒绝冒险，那就等于拒绝创造”。我要说，创造中必然要有冲出“惯性”的勇气，冲出“惯性”的束缚。这样，才能与学生一起走进数学学习的新境界。

［参考文献］

马云鹏. 2002. 探索促进学生发展的数学课程评价方式［J］. 小学青年教师（9）.

课堂采风

用字母表示数

（苏教国标版教材，四年级下册）

［设计意图］

本课是学生由“自然语言”向“代数语言”过渡的起始课。这一课的教学要让学生经历把简单的实际问题用含有字母的式子进行表达的抽象过程，能用含有字母的式子表示简单的数量关系和计算公式，初步学习用代数符号语言进行表述交流，体会用字母表示数的简洁性和概括性，发展符号感。让学生理解含有字母的式子既可以表示数量间的关系，也可以表示一个结果，是本课教学的难点。

建构主义认为，学习总是与一定的情境相联系的，良好的学习情境能促进学生更好地发展。因而课堂教学中情境的创设为越来越多的老师所重视，李吉林老师曾明确地说过：教学要能恰到好处地兼顾儿童的特点与数学学科自身的特点。这是我们在创设情境时应该紧握的一把金钥匙。有效情境的创设，是保证数学课堂高效生动的重要途径。我们在设计本课例时，特别注重数学教学中情境的优化选择，注重兼顾儿童所需要的生动形象与数学的抽象深刻。

在课的一开始，我通过一个公式设疑导入，让学生初步体会字母具有的概括性。接下来，在熟悉的数青蛙儿歌中开始对字母的研究。

在接下来的学习中，我注重让学生在情境中体验、掌握用字母表示数的方法，进一步体会用字母表示数的简洁和概括。我根据儿童的特点设计不同的活动来创设情境，实现这一目标。（1）创设玩“数学魔盒”的游戏情境，让学生在玩一玩中，学习用含有字母的式子表示数及乘法关系。（2）在师生互动中玩猜猜年龄的游戏。让学生在猜一猜中，学习用含有字母的式子表示数及加、减法关系。（3）说一说，用含有字母的式子表示计算公式。(4) 在故事情境中学习含有字母的乘法式子中的简写规则。

在练习巩固中，我创设了一个整体的练习情境：游玩快乐广场。把数学问题巧妙地贯穿到生活馆、音乐吧、智慧屋等不同的场景中，孩子们自己选择、巩固、提高、应用，整个活动过程充满运用的乐趣，在解决实际问题中感受字母表示数的价值。

[教学片段]

教学片段一：

(出示)

1 只青蛙 1 张嘴，2 只青蛙 2 张嘴，3 只青蛙 3 张嘴……

谁有本领将复杂的问题变简单。用一句话表示出这首儿歌？

生 1：几只青蛙几张嘴。

生 2：无数只青蛙无数张嘴。

生 3：n 只青蛙 n 张嘴。

师：这几种方法中，你比较喜欢哪一种？

在比较中，初步感受字母的作用。(揭示课题)

[点评一] 数青蛙的烦琐，让学生产生了追求简约的需要。教师引导学生在具体—概括—回到具体的层层体验中经历符号化的过程，初步体会到用字母表示数的必要性和优越性。通过“自然语言”和“代数语言”的对比，学生实现了由算术思维向代数思维的过渡，并能感悟此中“代数语言”的作用。

学生在这一过程中能自己发现问题，挑战性地解决问题，还因为教师在设计时把青蛙儿歌分步出示。如果完整地呈现：“一只青蛙一张嘴，两只眼睛四条腿……”涉及的数量关系太复杂，在用字母表示数时，对学生来说，想一下子表述清楚是有很大难度的！教师只有根据学生的年龄特点和认知特点，深刻地把握教材，才能帮助学生找到恰当的建构新知的生长点，从而使“自主探究、自主创造”成为可能。

教学片段二：

1. 师：(出示数学魔盒介绍规则) 老师今天还带来了一个魔盒，我们

来玩个魔术。当你从左边放进一个数，经过魔盒的加工马上可以吐出另外一个数。(学生个个跃跃欲试)

生1：我想放进5（边说边输入）。(伴随着神奇的乐声，魔盒吐出了10）接着，3位学生分别输入3、12、200，学生猜测后，魔盒分别吐出6、24和400。

师：好像已经有人发现了魔盒的秘密？

生：出来的数是进去数的2倍。

师：出来的数是进去数的2倍，是这种关系吗？

2. 检验，概括关系

小组讨论：能不能用一个式子概括出这种关系？

学生汇报：$b\times2$ 这个式子不仅能表示出来的数，从中还能看出，出来的数是进去数的2倍。

3. 打开魔盒，揭示秘密

小结：在这儿，我们看到进去的数在变，出来的数也在变，但 $a\times2$ 所表示的关系却始终不变，正如科学家开普勒所说（出示），数学是研究千变万化中不变的关系。

练习：摆小棒。

请同学们把课本翻到第106页，完成例1。

[点评二] 小学生都喜欢做游戏，创设一个与学生知识背景密切相关，又是学生感兴趣的游戏情境，能最大程度地唤起学生的主体意识，让学生自主调动已有的知识、经验、策略去体验和理解知识，激活学生的思维，引发学生探索，使学习活动生动有效、事半功倍。产生要解决问题的需要，是学生自主探究最大的动力。本课我紧紧围绕两个中心“为什么要让学生学习字母表示数?”“如何让学生体会到学习用字母表示数的意义?”来组织教学。让学生在玩中掌握用字母表示数的方法，理解含有字母的式子可以表示数及数量间的关系，有效地解决了小学生学习用字母表示数这个难点。借助生动的载体逐步深入，学生在玩中经历建模过程。

教学片段三：

学习用字母表示乘法关系中的简写规则。

录音动画介绍规则。

录音内容：这天的早朝上，0国王正在听小不点儿乘号汇报工作：

“陛下，因为我和X很相近，许多人总把我们混淆。请陛下想出一个对策才行啊。”

于是，0国王传下口令：加号、减号、除号先行退朝，乘号留下议事。第二天的早朝上，0国王宣布了3条制度。

（1）在含有字母的式子里，数和字母中间的乘号可以记做小圆点，也可以省略不写。如$X\times2$或$2\times X$都可以记做$2\cdot X$或$2X$，但要注意，在省略乘号时，要把数写在字母的前面。

（2）1与任何字母相乘时，1可以省略不写。如$1\times b$或$b\times1$都记做b。

（3）字母和字母相乘，中间的乘号也可以记做小圆点或省略不写。如$a\times b$记做$a\cdot b$或ab；两个相同的字母相乘，如$b\times b$记做b^2，读做b的平方。

从此，数学界就有了这样的规则。

（1）回顾。

（2）应用规则讨论黑板上两个字母公式的简写。

（3）口答题练习。

（4）判断练习。

[点评三] 调动多感官参与，在一个有趣的童话情境中学习简写规则，这样学习和自学几个例子的效果肯定大不一样。同时，这一生动的形式仍然体现了数学味：为数学教学服务，用模糊手法解释了“为什么这样简写”、“为什么只有乘法简写”等疑问。

[教学反思]

这节课概括起来最大的一个特点是：选择生动形象的知识载体。这些载体本身又富有较浓的数学色彩，所以恰到好处地兼顾了学生的年龄特点和数学学科本身的特点，让数学课堂生动、深刻。具体体现在以下三方面。

一、挖掘简单中蕴涵的丰富，创设充满数学味的情境

本课的导入没有选用如KFC——肯德基，CCTV——中央电视台等这样看上去和生活联系很紧的素材，而用“预测身高”这样一个数学公式来导入。这样的导入，是一次“力透纸背”的选择，做这样的选择，无疑更符合数学课的研究逻辑，更有数学味。为了情境而用生活还是选用更数学化的素材来设计，需要教师站得更高，看得更远。

从简单中挖掘深刻与丰富，教师的退出成就学生的创造。从“一只青

蛙一张嘴”开始研究，并“逼”学生自己创造出字母来概括，在这一过程中学生更真切地感受：为什么要用字母来表示数？“一只青蛙一张嘴”之中也蕴涵着一个简单的正比例函数变化的思想，从这里开始研究更易让学生经历数学知识产生与发展的过程。在简单中挖掘出丰富的内涵，似“幼稚”却是一次数学化的提升。

二、在游戏中触摸数学的本质，创设富有探究性的情境

教者设计了一个神奇的魔盒，魔盒本身是一个蕴涵函数思想的载体，这一与学生生活经验相关联的游戏场景，激起了学生极大的探究欲望，学生对探寻魔盒的奥秘充满了向往。教学实践中，小小的魔盒发挥了神奇的作用，学生边玩边自觉地思考，在一次次验证的过程中，教者引导孩子试着用算式来表示结果，为理解含有字母的式子可以表示结果做好铺垫。这样在教师适时地点拨和引导下，学生借助具体的数发现了魔盒的秘密，同时，概括进去的数和吐出的数之间的关系，再次体验了用字母表示数的概括性，经历了建立数学模型的过程。

魔盒的神奇还表现在：输入魔盒的数可以是学生学过的整数、小数或分数。进而让学生明确：用字母表示的数是已经学过的所有的数，不局限于整数。

三、把知识镶嵌在背景中，创设浸泽着情趣的故事情境

“用字母表示数”的一些简写规则，也是本课学生学习的一大难点。教者试着以儿童的眼光看问题，以一颗童心接近孩子，在全面深入研究学生和钻研教材的基础上，充分发挥教师的智慧，把简写规则这样的规定性知识设计成一个有情趣的情境，镶嵌在一个有趣的童话情境中。

一个有效的教学情境可以沟通教师与学生的心灵，充分调动学生的既有经验，使之在兴趣的驱动下，主动参与到学习活动中去。因此，在教学实践中，教师应选择最生动形象的知识载体，创设有效的教学情境。

丁 伟

Ding Wei

小学语文教师。1976年出生，江苏如皋人。1996年毕业于如皋师范第一届大专班。毕业后在南通师范学校第二附属小学（以下简称“通师二附”）工作至今，担任学校的语文老师、班主任。工作后师从李吉林老师，学习情境教育。

成长之路

与李吉林老师相遇

题记：来到这个世界要感谢的人很多，感谢父母给了我生命，感谢朋友肝胆相照，感谢孩子延续了我的生命，感谢老师指引了前进的方向。

1995年，我在如皋这个江北小城读师范。虽然已经读了四年，但逢到实习，站在真实的讲台上，仍然只会照着教案去念，念得好便是课上得好。心中也知好课绝不是这样的，那该是什么样的？还没出茅庐的我不知道答案。春暖花开的时候，学校请来了当时全国著名的特级教师李吉林老师给我们作报告。我们像以前一样带着本子走进礼堂准备认真地听，认真地记录。翻开前面的记录，看着挺有成就感，条理清晰，字迹工整，还有红笔标注的要点。比谁记得多记得全是我们当时私下里比赛的一个内容。因为我的字写得漂亮，常常能在差不多情形下夺冠。今天我还要好好记。在师范生真诚的掌声中，李老师走上报告台。我们抬头仰望着高高的报告台上的她，个子不高，短头发，比以前来作报告的人好看。学校领导介绍了李老师的成就后，台下的掌声更热烈了。李老师的声音也好听，不记得她是怎样开始的，也不记得她是如何结束的，只记得报告完了大家拼命地鼓掌。回到教室一看记录本，发现这次记得最少，别说几小点，就连框架的几大点都不全。再看看别人的也差不多。今天是怎么啦？回忆报告，李老师好像是没怎么说：今天我讲五大点，第一大点是……第二大点是……李老师好像讲了好多故事，我们只顾着听故事了。大家私下议论，都喜欢听这样的报告。

我们在师范学校的院墙里，学习着教师的各项技能和文化知识。却不知道院墙外，来给我们作报告的李吉林老师已经自创教育流派——情境教育，轰动全国。她凭借着几十年的实验研究，实践摸索，如今总结经验，提升理论，自成一派，在众多新老教育思想和流派中独树一帜。当时我的老师汪政敏锐地感觉到，不但要请进来，还要走出去，不但要有专家的理论指导，更要亲临生动的课堂，广纳不同教育模式的思想。于是，我们全班 42 人坐着大巴来到了李老师所在的通师二附听课。当时的交通还不发达，我们颠簸了两三个小时才来到现在只需 40 分钟就能到达的南通市区。走进二附小，教学楼并不比我们当地小学的高，操场也是黑黑的沙土，只是一些亭台、拱门、花圃、葡萄架的安放和点缀让人觉得安静古朴，很想找一块石凳坐下来，听听小花园里的鸟鸣，看看草地上默默绽放的野花。据说，当时和我们一起听课的还有南通师范的学生。上课的并不是李老师本人，是李老师的徒弟。上课的地点在镜心楼三楼大厅，这个地方以后几年一直作为对外课堂展示和全校集会的唯一场所，直到新的高大的教学楼拔地而起。今天，镜心楼三楼摆放着两张乒乓球台和几件健身器械，空荡荡的，说个话都有回声。有时，我路过那里，会停下来看一会儿。在这儿，我接受了情境教育的启蒙，也曾像我的师哥师姐那样运用情境教育授课对外展示。这个大厅承载了太多岁月和往事，够它慢慢地回忆。听完李老师徒弟的课后，我们便在二附小的校园里溜达。就在那葡萄架下，我们遇见了李老师。她穿着一件铁锈红的外套，烫着头发，真好看。见一群人喊她，便点头微笑，高声说：你们好！看样子，南通师范的学生跟李老师熟多了，唉，真羡慕他们啊！我们目送着李老师离去，好半天才回过神来。高高在上的专家近在眼前，对于毛头师范生来说真是件大事。即使这样，心中也未敢萌发在李老师的身边工作，做李老师徒弟的奢念。我们顺道游了一下狼山和江边，坐着大巴回去了。

一年后，我毕业了，于是，尝试着投档外地的小学。谁想，我竟然被分配到了曾想听鸟鸣看花开的通师二附——李吉林老师所在的学校。我可以尽情地坐下，听鸟啾虫鸣，看花开花落。事实也如此，我的宿舍就在校园内，春夏秋冬，寒来暑往，下班后，学校渐渐安静下来，亭台里、藤架下、拱门边、草地上，我们几个宿校教师任意流连，我们拥有整个校园。更幸福的是我得到了李老师的教诲和指导。李老师指导我备《可爱的草塘》。那时计算机不普及，学校的老师习惯用八开的大白纸竖着对折，折出一道道横印，顺着横印写字，右边统一空出三四厘米。李老师就在这空处写下她的意见和想法。我根据李老师的点拨，重写教案。李老师反复修改，我反复写教案。那一摞八开的白纸现已发黄，最近搬家我把它搬进了我的新书橱。就在镜心楼三楼，我在李老师的悉心指导下执教《可爱的草塘》一课，给师范的学弟学妹们示范。看着他们在下面七嘴八舌的济济一堂，我想到了两年前的自己。李老师说我课上得不错，很有潜质。现在想想那是李老师对一个青年教师的鼓励和包容，它让一个刚刚启航的新手带着自信和希望出发了。这时的李老师接到全国各地的邀请，请她传经送宝，请她播撒情境教育的种子。李老师带上初出茅庐的我去盐城，去上海，去北京，去新疆……连我自己都替李老师担心，这么年轻的教师，经验又不足，如何能传达情境教育的精髓。李老师搞实验的同时，却敢于在情境教育的花园里开辟一块留做青年教师的试验田，让他们尝试，失败，再尝试……谁有这么宽广的胸襟？我在一次次的备课和展示中获得了先于别人的成长。最重要的成长是我学会了像李老师那样去包容我的学生，用发展的眼光去看我的学生，不断地给我的学生创造机会和搭建舞台。我想李老师成功的原因是因为她心中有爱，爱学生，爱事业，爱同事，爱生活。情境教育的发展也许我并不能出多少力，但李老师的精神我应该继承下去。

2003 年，学校让我参加市里的一个教学比赛。由于态度上不重视，比赛成绩不理想。大家都说：不是平时上课挺多的吗？怎么上成这样？我最不敢面对的是李老师，她一定很难过。可李老师没有找我，这件事就这样过去了。一个多月后，李老师找我过去，让我备《装满昆虫的衣袋》，在校内展示，并说：把这堂课备好，上好，打个翻身仗！李老师怕我就此消极，就此放弃，要我重振旗鼓。内心的感激不想过多表达，让人质疑它的真诚，但并不代表它会消减。在这本书里，我实在不敢跟施建平老师他们在一起，悬殊太大，攀高的嫌疑太明显。作为李老师的徒弟，我只想梳理这么多年来李老师对我的关心帮助，表达内心真实的想法。

教研撷萃

启发的奥秘
——教学艺术对话录

摘　要：孔子曰："不愤不启，不悱不发。举一隅不以三隅反，则不复也。"现当代有影响的教育流派或教育思想都力图达到孔夫子所说的境界，让教育成为启发人类智慧的艺术。启发的奥妙又在于它虚实相生的张力结构，教学要巧妙布白，引而不发，把新旧知识经验的相互作用贯穿启发教学的始终。

关键词：虚实相生；布白；启疑；启思；启悟

甲：第斯多惠说过："教学的艺术不在于传授的本领，而在于激励、唤醒、鼓舞。"他更有"一个坏的教师奉送真理，一个好的教师则教人发现真理"的至理名言。苏霍姆林斯基也在《教育的艺术》中告诫"每一个教师都应该成为学生智慧的能干的启迪者"，否则，"学校就会不成其为学校"。我觉得，这些话都道出了启发在教学中的极端重要性。能不能说，教学艺术本质上就是启发的艺术呢？

乙：你来自教学第一线，你的分析与结论定为活生生的教学实际所支持，不会错。我想，启发之所以不单单是一种技术、一门科学，而且更是艺术，乃是因为，启发通过巧妙的暗示作用激活了人的潜意识和无意识活动；启发借助某种神奇的诱导机制激起了人的高涨的情感反应；启发以其"虚实相生"的张力结构（或意境氛围）为接受者、学习者提供了想象、思索、创造的自由空间。所有这些，不都是与艺术的本性相契合的吗？

甲：我特别欣赏启发具有一种"虚实相生的张力结构"这一说法。我认为，启发的巧与拙、有与无，以及启发儿童智慧、人格的诸功能，全在于这一个"张力结构"。教师的提问倘若云遮雾罩，玄奥诡异，便是太"虚"，它会令学生莫名其妙，不堪其难。这自然谈不上教学的艺术。但倘若提问的尽是学生不费思量就能对答的问题，太“实”如赘疣，了无生气，则无法令学生产生回味、联想、畅思和自求自得的乐趣，也就更谈不上什么教学的艺术。因此，我觉得，教学应提倡一点“虚”，应当讲究一点“布白”的艺术，应当努力营造一种意味隽永、气韵生动的情境。提问或指导要留有余地，使学生通过积极能动和独立的思考去填补“空白”，因“虚”得“实”，抟“虚”为“实”，获取知识，增长智慧。孟子说“君子引而不发，跃如也”，大概就有这个意思吧。我认为，教学中的“布白”就是启发艺术的奥秘。

乙：你的基本精神我赞同。不过，说“布白”就是启发的奥秘，似乎还停留在表面。我觉得这个“布白”的背后还有奥秘在。揭开这个奥秘，才算得上真正把握启发艺术的“正法眼藏”。

甲：愿闻其详。

乙：我想你在教学中一定采用过不少启发的方法与手段。如悬念启发啦，情境启发啦，归谬启发啦，原型启发啦，设疑启发啦，对比启发啦……不消说，这些启发无一例外地包含了“布白”的成分。但你可曾注意到：不管哪一种启发，哪一种“布白”，实质上都是因为造成了学生心理结构中新旧知识经验的某种矛盾冲突，才引起学生的疑惑、惊异、好奇和探究。也就是说，你制造的悬念、你创设的情境、你不动声色的归谬等，如果能唤起学生旧的知识经验的回忆，并使之感受到旧知的局部不适用甚至干扰而产生困惑和解脱困惑的冲动，或者能积极地提取旧知识中那些适用的部分来解决新问题、获取新知识，那么，你的教学就一定是启发式的。无论你用什么方法、手段启发，万变不离其宗，这才是启发艺术的奥秘哩！

甲：诚如所言。可不是么，悬念启发以故意“打结”、“收包袱”的策略将事物发展的某个关键环节或部分“悬搁”起来，无非是为了引起学生对自己已有的知识经验、思维习惯的质疑与反思，进而产生探索的愿望与悬想；情境启发以生动的场景、浓郁的氛围来感染学生，就是要激活学生的深层体验和情绪回忆，使之与教材新知发生感同身受的共鸣，连类而及，产生情感的迁移；归谬启发，采用欲抑故扬的手段将学生已有的错误或完全不适用的知识经验加以引申，激起学生强烈的自我怀疑、自我否定的意识，以及解脱困境的愿望；原型启发则充分利用新旧知识经验之间的相似性，诱发学生的类似联想、模仿或趋同的心向。如此等等，要害都在新旧知识的矛盾与相互作用上。我现在明白了，所谓“布白”，所谓“引而不发”，实质上就是使学生在新的问题情境中意识到自身知识经验的某些“空白”，意识到自己的知识经验的边际之外还有一块与旧知识有关联又有差异或矛盾的新的未知地带，等待着自己去“开垦”、“耕耘”。

乙：当然，教师在启发中所引起的新旧知识经验的矛盾应当遵循一定的尺度。如果学生感到这种矛盾太过尖锐，根本无法恰当地利用旧知识来缓解和解决新的问题，就会发生严重的学习障碍，甚至导致恶性循环。因此，教师启发中提出的新问题或新课题，只能是稍稍高于旧知。它既使旧知感到某种不适应，又使旧知具备一定程度的可利用性。只有这样，学生的知识经验系统才能像滚雪球一样良性增长。

甲：那么，如何启发引导学生开垦、耕耘那块新的未知地带呢？

乙：概言之，要把新旧知识经验的相互作用贯穿启发教学的始终。具体说来，可分启疑、启思、启悟三个阶段来加以操作。“疑是思之始，学之端。”启疑阶段应设法引起学生的认知困惑，形成“问题意识”，并使这种困惑和意识转化为学习的动机。孔子说“不愤不启，不悱不发。举一隅不以三隅反，则不复也。”这里的“愤”“悱”状态，就是认知困惑的表现。启思阶段，是在激发动机的基础上，继续通过启发，引起学生的主动思维活动，使新旧知识经验发生类比、对比、联合、整合、同化等相互作用。在这儿，教师授以思维方法，引导学生抽象概括事物的内在本质和规律至关重要。因为只有这样才能使学生产生“举一反三”的迁移效应，才能使教学进入“启悟”的阶段。教学发展到使学生自求自悟，也就臻于更完善的艺术境界了。

课堂采风

拐弯处的回头

[设计意图]

这篇教材是典型的欲扬先抑的写法，父亲那么多看似不爱儿子的举动其实都饱含着对儿子深沉的爱。教学时我从重点段落第4小节入手，循着文中“弟弟”的情感脉络，同样也是读者的情感思路，先带领学生体会父亲表面上不爱，再感受父亲爱得深沉。教学自然而然形成一个回环往复，从第4小节到全文，再回到第4小节。学生也在回环往复的朗读、思考、体悟中完成了理解的深入。

[教学重点]

联系生活经历理解课文，感受理解文中父爱的深沉。

[教学片段]

片段一

（1）请同学们快速浏览课文，找一找哪一小节集中表现了爸爸表面上不爱弟弟，其实心里很爱弟弟。

（2）交流出示：爸爸依然笃定地一步一步向前走去，好像没有什么东西会让他回头……可是当他走到拐弯处，就在他侧身向左拐弯的刹那，好像不经意似的悄悄回过头来，很快地瞟了弟弟他们一眼，然后才消失在拐弯后面。

（3）指名读。

（4）你们从哪些词读出爸爸不爱弟弟？

- 理解："笃定"在字典上的解释是从容不迫，不慌不忙。
- 正如课文所说：好像没有什么东西会让他回头。

你们觉得有什么东西能让爸爸回头呢？（儿子，儿子的伤。相机提问弟弟伤势如何？指读第1小节）

- 不经意

不经意是什么意思？不在意。

爸爸不在意什么？

- "很快地瞟"

"瞟"就是——看，怎样的看叫瞟呢？很快地看，不在意地看。

那你们认为爸爸应该怎么看呢？（走近看，慢慢看，仔细看，好好看，关切地看，心疼地看）

爸爸只是很快地瞟了一眼，确实不关心弟弟。

- 齐读第4小节。

（5）学习第二小节。

过渡：你能在课文其他段落中找到这位爸爸似乎不爱自己的儿子？

出示：不料，爸爸并没有安慰他，只是简单地交代几句便自己走了。

- 我们同学如果摔了，伤了，见了自己的爸爸妈妈，你会怎么做？说些什么？

生交流。

文中的弟弟跟同学们差不多年纪，他也想得到爸爸的安慰。所以在家附近的巷口碰见了爸爸。于是（引读——他一边跷起扎了绷带的脚给爸爸看，一边哭丧着脸诉苦，满以为会收获一点同情与怜爱）

指导朗读：读出弟弟当时满心的期待、渴望，可再读一遍。

- 弟弟收获了同情和怜爱吗？弟弟像你们一样得到同情和怜爱了吗？

理解：不料，爸爸并没有安慰他，只是简单交代几句，便自己走了。

你觉得爸爸会简单的交代几句什么？（回家不要乱跑，妈妈马上会回家的，让其他同学早点回家，自己小心点……）

一句安慰也没有！满心的期待，等来的却是平平淡淡的这几句简单交代，太让人——

你们已经体会到弟弟当时的心情。

- 齐读：弟弟很伤心，很委屈，也很生气。他觉得爸爸一点也不关心他，一点也不爱他。

片段二

爸爸真的像他表现出来的那样，不爱弟弟吗？（板书）

课文似乎无处不在写爸爸不爱弟弟，你们从哪儿读出爸爸爱弟弟呢？

出示：爸爸依然笃定地一步一步向前走去，好像没有什么东西会让他回头……可是当他走到拐弯处，就在他侧身向左拐弯的刹那，好像不经意似的悄悄回过头来，很快地瞟了弟弟他们一眼，然后才消失在拐弯后面。

点评：咱们又回到了这一段，谁来读一读？你们从哪些词读出爸爸对弟弟的爱？

- 好像　好像

其实爸爸的步伐并不笃定，并不是不关心不牵挂不心疼，爸爸回头要看的有很多。

好像不经意其实很经意。

- 悄悄

爸爸默默地关心，不想让弟弟发现。

- 很快地瞟

爸爸回头看什么？（看儿子，看儿子怎么样了？看儿子回家了吗？）

对于父亲而言，儿子永远都看不够，何况还是受了伤的儿子。

- 出示对比句子：爸爸一步一步向前走去，没有什么东西会让他回头。可是，当他走到拐弯处，回过头来，看了弟弟他们一眼。

（指读）

课文主要写，你觉得怎么样？（爸爸真的不爱弟弟了）

而课文是要写爸爸爱弟弟的，所以除了把“悄悄回头”“很快地瞟”这些细节写好，还要有“好像”这样的词为写爱弟弟做好铺垫。看似不爱，其实爱得深沉。

- 语言训练

原来当弟弟很伤心，很委屈，也很生气的时候

爸爸很（　　），很（　　），也很（　　）。

就像弟弟的同学劝导的那样：“别生气，大部分老爸都这样，其实他很爱你，只是不善于表达罢了。不信你看，等会儿你爸爸走到前面拐弯的时候，他一定会回头看你。”（齐读）

• 语言训练

爸爸

儿子

• 孩子，现在你还觉得爸爸的脚步笃定吗？

你还觉得爸爸几句交代简单吗？

现在，你还会说爸爸不关心你，不爱你吗？

有一种爱，它是无言的，在当时往往无法细诉，然而，它让你在过后的日子里越体会越有味道，一生一世忘不了，它就是那宽广无边的父爱。

理解：省略号

这一段中的省略号表达了爸爸和弟弟内心复杂的情绪。

• （配乐朗读）

片段三

（1）课文学到这儿，老师再来问你们，作者为什么以“拐弯处的回头”为题呢？

（对于作者来说，父爱就是拐弯处的回头）

总结：是，父爱有时是一句平淡的话语，有时是默默的注视，有时就是一个简单的动作。

父爱其实很简单。有人说它像茶，平淡而亲切，让人自然清新。

（2）齐读课题。

现在我们读这个题目，一定有着很深的体会。

（3）课文拓展。

老师抛砖引玉，谈谈自己的父亲（配乐）。

其实每个父亲表达爱的方式是不一样的。有《背影》中什么都想帮儿子做的朱自清的父亲，有汪曾祺这样多年父子成兄弟的父亲，也有像梅子涵这样和孩子一起成长的爸爸。你的爸爸是什么样儿的呢？爸爸的什么话，什么动作曾经让你感到他特别爱你？

（学生谈父爱）

（4）配乐朗读诗歌。

父爱是校门口的翘首等待

父爱是足球场上一起挥汗如雨

父爱是举起又放下的巴掌

父爱是温和的注视
父爱如伞，为你遮风挡雨
父爱如雨，为你濯（zhuó）洗心灵
父爱如路，伴你走完人生。

［课后反思］

《拐弯处的回头》教学中教师的主导思路

这篇教材让人有种似曾相识的感觉，应该是《读者》之类的杂志上的文章，喜欢用细节或出人意料的结局触动人们的某些情结，从而达到情感的共鸣。上网溜达，发现文章的作者发过多次原创声明，原因是被选刊、摘录、借用、编入 N 次，不知人民教育出版社有没有付给这位作者版权费。看来此篇文章获得大多数人的认同是毋庸置疑的。那如何获得十来岁小学生的认同呢？这是我当前首要考虑的。

仔细研读教材，发现文章几乎什么事情都没有写，就写了一个“回头”，那自然没法按一般记叙文去教，那教什么呢？文章对五年级的学生来说没有理解上的难度，作为教师，教的意义和价值在哪里？我不能把学生自己就能读懂弄明白归入我的教学成果，我应该打开一扇门，帮助学生去他们自己无法到达的更美妙的地方。这才是课堂上教师的存在意义。那更美妙的地方在哪儿呢？我怎样才能带领学生顺利到达呢？

我想起了我的父亲，一位再平凡不过的父亲，一位令他的孩子非常怕他的父亲，即使他的孩子现在已经为人母了。在我的记忆里，爸爸从来没有抱过我、安慰过我，甚至连一个微笑都不曾有过，我见到的爸爸永远是严肃的、严厉的、不容置疑的。我也曾想：爸爸爱我吗？直到有一天……那时，我的女儿刚刚出生，全家人都沉浸在小生命诞生的喜悦中，大家忙里忙外，一切的主题就是我的女儿。中午吃饭的时候，爸爸突然端上一碗面独独放在我面前，用再平常不过的语气说：今天你过生日。所有的人都因为忙碌而忘记了我的生日，包括我自己，可是父亲没有忘，他记得清清楚楚。想到这儿，我不禁泪盈眼眶。都说父爱如河，从来都是静静地流淌。我知道了，这堂课最美妙的地方应该在学生情感的深处，那是一个时空交汇的地方，那是一个记忆的瞬间定格，那是一个情感迸发的沸点，而我和父亲的故事则是牵着学生前往的一双温暖的大手。如果再有相应的音乐一路相送，我一定会成功地将学生带到他们情感的深处。这一刻，我似乎有点明白了，教学的一切形式都因内容而存在，皮之不存，毛将焉附？

我不再过多地关注如何教，而是紧紧地扣住文章的主要内容“父爱”，从重点段落第4小节入手，循着文中“弟弟”的情感脉络，同样也是读者的情感思路，先体会父亲表面上不爱，再感受父亲爱得深沉。教学自然而然形成一个回环往复，从第4小节到全文，再回到第4小节。文章的文字表达颇似文中父亲的表达方式，看似在写不爱，如“简单交代”、“笃定地一步一步向前走”、“不经意似的”、“很快地瞟”，慢慢读来，其实又都在写父亲爱得深，爱得用心良苦。学生在回环往复的朗读、思考、体悟中完成了理解的深入。这时候将他们带进那扇门完全顺应了学生的情感需求。学生主体地位的确定靠的还是教师的“导”。

在班得瑞《追梦人》的旋律中，我真诚地讲述着我和父亲的故事，学生的情感被点燃，他们从前半堂课的活跃、思辨转入沉静、思索。我清晰地听到一股涌动的激流正撞击着他们的胸膛——他们要表达！如何从老师的故事中走出来感受属于自己的那份父爱？我告诉学生：其实每个父亲表达爱的方式都是不一样的。有《背影》中什么都想帮儿子做的父亲，有汪曾祺这样多年父子成兄弟的父亲，也有像梅子涵这样和孩子一起成长的爸爸。不知道生活中你有没有好好体会爸爸对你的爱？爸爸曾经说过什么，做过什么，甚至就像课文中一个简单的动作让你感到他特别爱你。终于学生的情感找到了决口，喷涌而出。

作为教师，在这堂课上，我真切地感受到自己在启发学生情感时发挥了巨大作用！

祝　禧

Zhu Xi

江苏省海门市东洲小学校长，美学硕士。江苏省中小学教材审定委员会成员。江苏省特级教师，中学高级教师，李吉林老师的徒弟，“文化语文”倡导者。全国中文核心期刊《语文教学通讯》封面人物。南通市教育局认定的“南通市中青年名师工作室”领衔名师。获江苏省首届基础教育优秀成果一等奖。在全国各地上课、报告六十余场。在省级以上报刊发表论文九十余篇。有《小学语文教学活动化研究》《祝禧讲语文》等著作。

成长之路

美丽的“金蔷薇”

题记：苏联作家巴乌斯托夫斯基《金蔷薇》的故事很耐人寻味，故事中老清洁工用一生的心血收集金粉，为自己心爱的人锻造“金蔷薇”，老清洁工说“这样的‘金蔷薇’在世界上不多”，“可是谁家要有它，就一定有福。不止是这家人，就是谁碰一碰这朵蔷薇都有福。”后来，金蔷薇到了老文学家手里，文学家用几十年的时间来寻觅无数的细沙，锻造自己的金蔷薇——中篇小说，长篇小说，因为“金蔷薇”能给人带来幸福！李吉林老师和她的情境教育就是我生命中的“金蔷薇”，不仅是我，任何接触过这“金蔷薇”的老师、儿童和我一样都是有福的！

做一个“长大的儿童”

1992 年，我来到了刚刚创办的海门市东洲小学做教导主任。当时受凯洛夫教学思想的影响，课堂呆板而封闭，我苦苦思索着课堂如何生动起来。偶然，我读到了李吉林老师的教案选，一个个“情境”下的课堂生动“美丽”，我犹如迷途的羔羊找到了回家的路。记得在通师上学时，我就听李老师执教《桂林山水》，那一举手一投足，都是那么优雅、亲切，好听的声音，简笔画的神韵一直“粘”着我！

于是，我找来李老师关于“情境”“活动”的文章来读。在教学中尝试用角色扮演活动，让儿童的眼、耳、手、口、脑都动起来，课堂果然变得活泼起来。我申报了江苏省级课题“小学语文教学活动化研究”，走上了教育科研的道路。我和同伴们一起努力改变师生间单向度的授受关系状态，设计了角色扮演、小组学习、音乐绘画、讨论争辩等多样活动，让儿童“兴趣识字、广泛阅读、自主作文”。

1996年秋天，我要参加南通市阅读课比赛。在李庆明老师的介绍下，我第一次近距离见到了仰慕已久的李老师，聆听李老师的教导。记得李老师穿着一件漂亮的碎花连衣裙，和我们围坐在一起，在秋日的阳光下，那么平和从容。她娓娓地讲着怎样去解读《我要的是葫芦》，怎样通过角色表演进行语言的感悟、体验，怎样引导学生在寓言故事中获得智慧的启迪。看着李老师一走进教材，讲话时的表情、语气、神态是那么生动，那么富有感染力，敬意油然而生，这就是大师风范！那个初秋，我用心去感悟，在已经上了年纪的李吉林老师身上重新认识了童心、童真、童趣以及包含着的无穷无尽的生动形象。

2000年9月10日，第16个教师节，还是一个金色的季节，李吉林老师郑重宣布正式收我为徒弟。我是李老师为数不多的校外徒弟之一，我幸福极了！我可以经常到她身边，聆听她的教导。每每坐在李老师身边，就会觉得一股股力量在生长。2001年，我的“小学语文教学活动化研究”课题成熟了，结题那天，李老师来到了现场，以“教学中让儿童充分活动”为题，给我们讲述了活动在语文课堂上的意义和作用，并且还为我的专著《小学语文教学活动化研究》亲笔提了书名。

李吉林老师让我在教学技艺的把握上熟练起来，让我知道怎样用语言去感染学生，用多样的教学组织形式去吸引学生，用生动的教学手段去启迪学生的智慧与美感。教学是为儿童展开的，教师就是一个长大的儿童。

教学“要把儿童教聪明了”

李老师一直说，要把儿童教聪明了！怎么样才能把儿童教聪明呢？我借鉴李老师的主题大单元情境课程的经验，带领老师们开始语文综合实践课程的研究。李吉林老师积极倡导野外教育，她说：“当儿童走进大自然宽阔的世界时，大自然那无与伦比的美感连同大自然种种景象所包容的、所显示的因果关系，都会引起儿童的喜悦、惊叹和思考。”伟大的教育家在带领孩子们去自然之前，心中已经拥有了大自然的美。走进生活，让儿童变得聪明起来！

我们建设了以生活为源泉、活动为根基、综合为特征、文化为追求的语文综合活动课程，让语文教育走进学生真实的生活。将文本中、生活中一系列鲜活的事实，生动的直观感受和大量的信息建构起来，感悟母语的生动与伟大，使国本教材校本化、生本化。当我把主编的语文综合实践活动指导用书《走进语林》给李老师看时，她笑着说：“祝禧不错！很勤奋，好好努力啊！”

2003 年，我获得省第四届新世纪园丁征文大赛一等奖，组委会安排我在颁奖活动中执教展示课。我选择了《望月》。如何引领孩子们在文学中漫步，在美的意境中徜徉，获得丰富的感觉呢？我决定把教学语言设计得非常诗意。当我把教案给李老师看时，她说，语言挺美的，但适合成人，不适合儿童。意见虽短，但击中要害！李老师曾说，“老师的语言是启迪儿童智慧的火种。就因为我是个老师，我的情感对于学生来说是一个典范，要去传递情感，要去启迪智慧。”李老师的心中有儿童，教学是为了儿童的学习，为了儿童的发展！在李老师的指导下，我作了深度修改。课上得很成功，也成就了我“文化语文”教学主张的提出。

2008 年 12 月，由南通市教育局、南通市名师导师团策划并主办的“祝禧文化语文”教学展示活动举行了，来自全国、省市级的教科院所、大学研究机构的专家学者来到东洲小学，李老师也来了。李老师在活动中语重心长地说，“工具性和人文性的统一是语文的基本特点，母语不仅需要传承，更重要的是要能读书，能写字，能写文章，能和人交流，这是工具。这个工具孩子们要使用一辈子，语文不仅是工具，还有文化。那么工具和人文又不是相加的，它是融合的，统一的，有机结合的”，“对现行的国家教材怎么理解文化性，祝禧是可以通过努力解决这些问题的。”每一次，李老师总是用温暖的话语不断激励我。

警惕女人的脆弱和碌碌无为

李吉林老师曾说，要“警惕女人的脆弱和碌碌无为”，它也一直提醒着我的神经。我从李老师身上读到了什么是生活，什么是幸福的内涵。

李老师站在学生面前就是一部生动、丰富、深刻的教科书，就是语文！我行吗？小学课程改革的综合化发展方向，昭示着小学老师必须有综合的文化素养、大学的视野！素养怎么来？教师得先种文化的大树。李老师身上洋溢着的优雅与美丽的气质，是读书与思考带来的，我也要培植文化的大树！我 2007 年考取了苏州大学美学硕士。当我把这个好消息告诉李老师时，她笑了，说："好好读啊！你比我们幸运，赶上了好时代，好机会，好好读书！"以后，每回假日，我都要到李老师家汇报自己的学习和工作情况，每一次，都是在李老师的办公室见到她，一年三百六十五天，不知道哪一天是李老师的休息日。

李老师是我成长道路上的"贵人"，她给了我导师的引领，也给了我母亲般的关怀！她见我适合穿中式衣服，特意给我买了紫红色的呢料做了一件，高高的立领，中式的盘扣，没有量体裁衣却那么合身合体！李老师知道我做校长很辛苦，常叮嘱我要注意身体，也常嘱咐我校长要做好，语文教育不能放弃，好好地把学校里的老师都带上来。

李老师用慈爱和智慧帮助着我，引领着我成长。中央教育科学研究所教育实验研究中心高峡老师曾经问李老师：祝禧是你的学生，文化语文应该和情境教育之间有一种很深的渊源。你对祝禧提出的"文化语文"有什么看法？李老师笑着说：我为年轻人喝彩，为他们鼓劲，为他们加油！我希望我的学生超过自己，我希望后来者居上，我希望有比我更优秀的更多的名师。这是多么无私的大爱呀！

多年来，李老师给我的远不只是一句话、一堂课、一本书……她用对党和人民教育事业的无限忠诚教会我如何对待教育，对待儿童；她用教学一线教师的勇气和魄力，让我明白如何警惕自己的脆弱。李老师曾说："我常常倚在这神奇的门扇旁，用孩子的眼睛去看呀，揣摩着孩子的心理去想呀！"我希望自己也用这样的看，寻找到那闪烁着圣洁光辉的"童年的眼睛"，并透过一双双明亮的眸子发现那个神奇迷人的儿童世界。

李老师用她的"金蔷薇"教会了我如何寻觅它们——无数的细沙，收集着，熔成合金，来锻造自己的金蔷薇，并为每一个触摸它的老师和儿童、家庭和社会带去幸福、欢乐和自由。愿教育的"金蔷薇"如同永世不没的太阳一般光辉灿烂，永远美丽！

教研撷萃

文化，语文的一面旗帜

摘　要：语文，是用语言为基石和载体编制的文化。文化，是语文的特质和灵魂。但是，语文教育中缺文化现象仍十分严重。文化语文，应成为语文的一面旗帜。语文教学要用文化来观照语文，追寻语文的情调和性灵，基于儿童的生态教学，回归民族的古典情结，走进生活的灌木林，真正把语文当做文化的载体来开发，从而体现皮尔森说过的文化不是一个名词，而是一个动词的习得积累的过程。

关键词：文化；语文；儿童；教学

文化是语文的土壤

“文化”一词最初的意义，是耕种、练习、居住、留心和注意、敬神等。文化人类学家泰勒在《原始文化》一书中说对文化或文明作过解释，大意是作为一个社会的成员所获得的知识、信仰、艺术、法律、道德、习俗及其他能力与习惯的综合体。（泰勒，1992）斯宾格勒也说文化有如空气，无处不在，就像“田野里的野花一样”，是“活生生的自然”，是“生命的精华”。

语文是什么？是用语言为基石和载体编制的文化。语文本身承载着文化，又是在文化的土壤中生长着的。文化是语文的特质和灵魂，语文理应反映丰富的人文内涵，陶冶学生健康的情趣、情调、情怀和情操，使学生领略文化的丰厚博大。既然语文本身承载着上下五千年人类宏博的文化结晶，还会有“没有文化”的语文吗？

但是，“文化语文”的提出仍然是极为必要的。如果博大精深、薪火相传数千年的人类文明进步遗产，不能很好地传承给我们的后代，人类社会便会回到“蛮荒”时代。“文化语文”是针对语文教育中缺文化现象提出。它是“文化视野”中的语文，是用“文化”来观照的语文，是对文化特性、文化灵魂、文化精神的理解和强调，是真正把语文当做文化的载体来开发的课程。希望将来有一天能把“语文”前的“文化”一词去掉，还语文本来的面目。

一、文化语文：追寻语文的情调与性灵

当下的一些语文教学，太过注重字词的考订、章句的拆解、知识的传授和思想的灌输。字词句章篇的传授固然必要，但绝不是语文教学的全部，甚至也不是最终目的，或者说这些只是语文教育最终目的的基础。对于语文教学来说，这“基础”之上还有蓝天白云、清风朗月、河汉星野、太虚无极。因为，“在那些具体的、固定的字词句章之外，还有一些无定形的、形而上的东西，对于语文来说即那些属于氛围、情调、格调、气韵、神采一类的因素，那些属于性灵与精神的因素。”（鲁枢元，2006）

二、文化语文：基于儿童的生态教学

挪威音乐学教授让－罗尔·布约克沃尔德在《本能的缪斯——激活潜在的艺术灵性》一书中说：“‘本能的缪斯’是儿童与生俱来的一种以韵律、节奏和运动为表征的生存性力量和创造性力量。当生命的力量遇到学校教育的理性时，连续性就被打断了。”（朱自强，2001）

如今，知识概念化，组织程序结构化，内容简单化，教学的一切都可预测可控制，这表面上是关注儿童的发展，其实忽视了儿童自身的特点。因为在儿童时代，个体还没有发生主体与客体的对峙，儿童世界自身的各个发展要素，例如身与心、感性与理性、情感与认知、意识与无意识等也没有发生成人意义上的分离。

“文化语文”教学关注儿童获得知识的圆融与统整，关注儿童学习的文化关涉和价值关怀，也即与一定的境域文化特别是儿童文化所体现的情感指向、行为习惯、话语方式相关联，而不单纯是一些事实性、工具性、逻辑性的概念、范畴和规则的陈述；关注教学过程中的体验性、建构性、生成性，而不是静止地、现成地、外在地把知识呈现在儿童面前；关注儿

童的兴趣爱好和个体差异，不片面强调知识的权威性、标准的客观性。尊重个体差异，鼓励儿童以独特的方式参与到语文课程的学习和创造中来，享受语言文字的意趣和神韵，提高语文素养。

三、文化语文：回归民族的古典情结

学者李庆明指出，中国文化是“境界论”的。“情境”（意境、境界）可以说是中国传统文化的核心范畴。他强调教学中应该有激荡人心的情感力量，又有文化的濡染和积淀；既强调语文学习内容的历史性和经典性，又强调高贵的精神内涵和经久不衰的影响力；既强调哲思与追问和深度思考，又强调慧根的开启，思想的升华，悟性的生长，强调中国民族文化中的审美感受、情绪记忆、自由想象、心灵沉思、精神陶冶、言语情意表达等多方面相互交织融合。这对我们理解和实践“文化语文”有很大的借鉴意义。基于“境界论”基础上的“文化语文”站在感受民族文化中诗意的“温度”，史意的“厚度”和思意的“深度”的角度，通过从文本或多种途径接受传统与现代文化的哺育和滋养，走进汉语世界迷人的童话、绮丽的诗歌、精彩的小说，乃至民歌、民谣、成语、谚语、俗语、对联、童谣、儿歌。在一定的语境中听说读写，不断积累感悟和体察，在与传统和现代文化的对话和晤谈中，明白重情境、重具象、重神韵、重意会、重诗趣、重虚实的汉语特点，掌握汉语极其灵活和高度自由的表达方式，渐渐积淀起民族的语言、民族的喜怒哀乐，民族的心理、民族的精神以及对多元文化的感受，形成超越生物机体禀性的学养和人格，达到“精神上的天人合一”。

四、文化语文：走进生活的灌木林

儿童的语文学习，离不开经典的书本文化的阅读。但是，书本也可以成为一种束缚，因为它只提供了一种语言符号（文语）的承载。按照现象学的思想，语言在本质上是栖居在大地上的。在中国的思想家、哲学家看来，语言是人的本性的活的见证，它与人生活的具体文化情境、情态和情致须臾不可分离。所以，语文教学要走进“生活的灌木林”。其次，语文与其他形态的人类文化之间存在着水乳交融的关联，从儿童的视角，与历史、美学、诗学、艺术乃至哲学启蒙牵手，把相关的文、诗、史巧妙地组合，使课堂教学中充满史韵、哲思和诗意。当然，学生个体语文素养的培养是一个循序渐进的过程，最初的口语文化到后续的阅读、写作的语文化都是个体经验不断积累的过程。综观语文教材，许多教学内容可以主题统领，互相关联。这种综合能让学生获得一种“敞亮”，感悟同主题下的学习内容在表达形式、审美意蕴、价值取向等多层面上的丰富和差异。

捕捉教学的哲学气质

——以《开天辟地》为例

在世界巨大而辉煌的文学遗产中，神话是很重要也是很令人感兴趣的一部分。它反映了人类童年时代的思维方式，展示了人类智力发展过程的起点。多少个世纪以来，神话哺育了艺术和哲学的生长乃至一个民族的成长。

有意思的是，许多学者在儿童时期和人类的童年期找到了许多相似点。我国当代著名文化人类学家俞建章、叶舒宪认为，“神话思维与儿童思维之间不仅仅具有表面上的相似性，它们在逻辑结构、运演方向等方面确有许多共同的规律性因素。”并指出：“在皮亚杰的许多著作中，像‘万物有灵观’‘法术’‘人为主义’‘目的论’等宗教术语也随处可见。不言而喻，这些术语不是用来指称儿童的信仰的，而是借以阐发早期思维发展中的规律性现象的。”（俞建章 等，1988）照此说法，儿童的思维，在本质上和人类的童年期思维是一样的。

儿童的精神世界和日常生活中总是发生和充斥着各种具有哲学意味的内容和事件，洋溢着哲学的气质。儿童思维和神话思维一样，可以彻底摆脱世俗的羁绊，驰骋想象，自由地在“生命的社会”中翱翔。“这是什么呀?”“这是为什么呀?”“后来怎样了?”“为什么会这样的?”儿童的“打破沙锅问到底”的天性从本质上说就是哲学意义上的“想入非非”。与儿童不同的是，原始人的问题不会有“大人”提供理智的答案，只能依靠自己有限的经验和认知能力来满足解释的强烈需要。解释的结果就构成了五光十色的神话世界，通过神话世界的符号中介作用，人同宇宙、社会与自然、主体同现实世界重新建立其和谐关系。

文化语文的一个重要任务是把“儿童教聪明了。”这里的聪明就是我们所说的心智的聪颖与灵慧。神话教学就是引领儿童在哲学的思辨中，在有趣的有意义的追问中，获得心灵的启示和心领意会的顿悟。

《开天辟地》是中国的创世神话，讲述了创世英雄盘古开天辟地、垂死化身的故事。教学时我选择了讲故事的方式，通过讲述引发儿童一次次的追问和思辨。

在讲述“开天辟地背后的故事”时问同学们：“你们有没有想过盘古开天辟地的故事是怎么来的？让我们把时光倒流，来到很久很久以前刀耕火种的年代，人们在地球上耕地、种植、打猎……忽然有一天，人们的意识中有了这样的问题：诶，我们天天生活的这个世界是怎么来的呢？天和地是怎么来的呢？于是先民们开始问自己，问天空，问大地。我们来扮演先民问一问‘天’，问一问‘地’。”孩子们的“问天”“问地”同两千多年前，伟大诗人屈原的《天问》很相似，“遂古之初，谁传道之，上下未形，何由考之……”文化就是追寻本源，本源论带来了无尽的哲思。从“世界是从哪里来的？”“我们是从哪里来的？”这一世界级的大难题中追根问底，感受先民们从自发的感受到自觉的追问的转变。经历这种追问，无疑会大大促进学生哲思的萌发，这同人类的童年自我意识的萌发在本质上是一致的。我们的语文教学中就要捕捉这种哲学气质，就是要帮助儿童建立起属于他们自己的生存宗教或神学。

在审美中经历

——以《推开窗儿》为例

在中国园林文化中，“窗”是极具代表性的空间艺术。美学家宗白华先生在《美学散步》中说：“中国诗人多爱从窗户庭阶，词人尤爱从帘、屏、栏杆、镜以吐纳世界景物。我们有‘天地为庐’的宇宙观。老子曰：‘不出户，知天下。不窥牖，见天道。’庄子曰：‘瞻彼阕者，虚室生白。’孔子曰：‘谁能出不由户，何莫由斯道也？’中国这种移远就近，由近知远的空间意识，已经成为我们宇宙观的特色了。”

窗儿正是反映这种宇宙观的文化艺术形式。它虚实相间、空灵结合，是人与自然和谐相处的美的体现。窗文化留给后代享用不尽的财富。从中国文人的古诗中，我们便知这种文化的影响力：“云生梁栋间，风出窗户里”、“窗中列远岫，庭际俯乔林”、“隔窗云雾生衣上，卷幔山泉入境中”、“山月临窗近，天河入户低”……

像这样极具艺术和文学特质的文化，能否为中华儿女不断传承呢？一个小学语文老师，能否突破现有教材的局限，让这样博大精深文化的窗儿、亭儿、台儿、楼儿等艺术形式在儿童的心里留下美的印记呢？主题性阅读课《推开窗儿》便应运而生了，这种课型是国家课程校本化实施的重要方面，也是文化语文阅读课程的重要内容。《推开窗儿》教学内容包括文学层面的表现“窗”的现代诗歌、儿歌、韵文、散文和古诗，这些集中编制在《推开窗儿》文学读本中；艺术层面的园林建筑风景，漏窗、花窗画面以及古琴雅韵等，这些集中体现在《推开窗儿》教学时多媒体展示的音诗画中。

教学时我以诗人圣野的儿童诗《神奇的窗子》和严友梅的《打开小窗》为精读诗，加上多首小诗、散文的朗读、品味、想象并创造性地进行语言训练，感受风儿、花香、阳光、绿色破窗而入的神奇，感受窗中风景的美妙。而后在空灵的伴有雨声的音乐声中，我背诵茅盾先生《天窗》的片段，把儿童带入神秘、梦幻的夜空，想象自己“飞出天窗，看到、听到、想到”的奇幻画面，想象自己和星星月亮玩耍的情景，这时的“天窗”已经成了孩子们心儿自由飞翔的进出口了。接着，我追问“窗”字是怎么来的？窗的古文字是怎么写的？以前的“窗”就叫“窗”吗？孩子们饶有兴趣地描画猜测，享受古人的造字意趣，“囱”和“牖”字的出现，以及“在墙为牖，在屋为囱”的说法，给了儿童无限的审美趣味。集体吟诵带有“窗”的古诗句，尤其阅读明代小诗“一琴几上闲，数竹窗外碧。帘户寂无人，春风自吹入”，屋内古琴，窗外绿竹，小小的窗儿，让绿意漫进来，把风和太阳逗引进来，仿佛流动着一种节奏和旋律。这种静与动，情与景，空与灵，虚与实的美的现象，推开了儿童心中的多彩的阅读之窗。这种极富我国民族特色的窗文化，让每一个儿童都多了一双文化的眼睛，相信孩子们以后看到窗，读到窗，会有一种特殊的敏感，会用一种文化的眼睛去看窗。

这种“看”让儿童的眼睛一点一点地醒来，洞见、发现、觉察、醒目，那么纯洁地保持在认识与存在之间。“清风明月本无价，近山远水皆有情。”一切艺术都是抒情的，文学和艺术都是相通的。朱光潜认为“美”字只有一个意义，就是事物现形象于直觉的一个特点，它都是“抒情的表现”。欣赏中国园林文化，是一种高品位的文化艺术享受，人们的性情能在文学艺术意境的甘泉中得到养育，这种如鱼得水似的欢乐也当属儿童拥有。

荷兰著名的哲学家皮尔森（Peursen）说过一句意味深长的话：“‘文化’不是一个名词，而是一个动词。”也就是说，文化是一种习得、积累的过程，它熔在我们的日常教学中。回到“文化”的最初意义“敬神”上，我想象这样的文化语文教育情境：在广袤的大地上，老师和孩子们就是一棵棵正在长大的树，既吮着大地，又直上蓝天，树间明月、树下小河、枝头清风白云、枝间鸟雀筑巢，这是一种充盈着诗意的高贵又平实的栖居，一种最温润的对母语的热爱。

［参考文献］

［1］鲁枢元. 2006. 文学教育是性灵教育［J］. 文学教育，2006（21）.

［2］泰勒. 1992. 原始文化［M］. 连树声，译. 上海：上海文艺出版社：1.

［3］俞建章，叶舒宪. 1988. 符号：语言与艺术［M］. 上海：上海人民出版社：133，135.

［4］朱自强. 2001. 小学语文文学教育［M］. 长春：东北师范大学出版社：44.

课堂采风

望月，在文学中漫步

[苏教国标版五（下）《望月》]

苏教版五年级（下）《望月》，是一个独特的、充满了生动而丰富的文学和美学气质的作品，“月印万川”的印象尤为明显。散文笔触下的月亮女神柔美、仁慈，古诗视野中的月光清幽、圣洁，而小外甥充满纯真的童心与幻想的话语，则从童话的视角展示了孩子眼中纯真、会说话的月亮。这幅“月光”“江水”“孩子”的画面，不正印证了“自然与人共在，明月与人共生”、“文化与人俱在”的“清幽旷远”的文化意境吗？这一轮圆月，温柔地散发着的不就是我们民族的圣洁、仁慈与祥和吗？“望月”的意象很容易让人联想到举目望月时的神情和气质，想到虔诚与膜拜时的平和、静穆与高贵，“望月”的神情也成了对中国文化虔敬与忠诚的意象转化。月亮是什么？月亮是一篇隽永的散文；是一首古老的诗歌；是一个浪漫的童话。

如何引领孩子们在文学中漫步，感受散文、诗歌和童话不一样的文化情韵和意趣呢？如何通过教学让孩子们在美的意境中徜徉，获得丰富的感觉呢？基于以上对教材的认识，我作了如下教学。

教学片段一

[设计意图]

《望月》第一部分展示了一幅安详朦胧的江中月色图。要想在学生的心灵深处留下月神文化美的痕迹，靠那种喋喋不休的讲解，层层剥茧的分析是无济于事的，需要将学生引入体验和陶冶的文化情境，用美去浸润、感染学生的心灵。借助多媒体画面，配以德彪西的《月光曲》，用文学的语言引领学生走入月光下。多媒体展现的情境中，师生声情并茂的诵读，力图在学生的心灵荡起无限的遐思，放飞情思。在美陶冶下的学生，会从心灵的懵懂和沉睡中醒来，感到天地自然与我的同在，月光和心灵的共鸣，言谈中也能洋溢人性的光辉。

[教学片段]

师：我们欣赏过日出喷薄的壮阔，也赞叹过晚霞满天的绚丽，那么月光的美是一种怎样的美呢？自己轻声朗读课文第二自然段。[生自由朗读课文]

生：月光的美是一种安详的美。文中说，月亮出来了，安详地吐洒着她的清辉，真像母亲安详地、慈爱地看着我们。

生：月光的美是一种宁静的美。多么宁静而祥和的月夜啊！我被深深地陶醉了。

生：我觉得月光的美还是一种朦胧的美。

师：我们坐在江轮的甲板上，江轮缓缓地行驶着，你们觉得是江轮在动呢，还是黑色的剪影在动呢？

生：我觉得是江轮在动。

生：我觉得是黑色的剪影在动。

师：一切都是朦朦胧胧的。江轮继续缓缓地驶着，你们看江两岸，看见了什么？

生：我们看见了芦荡、树林和山峰的黑色剪影。

师：这黑色的剪影也是朦朦胧胧。月光为它们镀上了一层银色的花边，就更是朦朦胧胧的了。我请一位同学把这两句话连起来，读出这种朦胧的美，让我们来欣赏。

[生有感情地朗读]

师：同学们欣赏着月光安详的、跳动的、朦胧的美，我们仿佛在聆听一首优雅的月光曲。我们连起来读这段文字，读出这种美的意境。

[生有感情地朗读，十分投入]

[教学反思]

李吉林老师强调情境的创设有四个要点：形真、情切、意远、理蕴。

我围绕着四个要点创设情境。悠扬的乐曲伴随着江轮缓缓前行，芦荡、树林和山峰的黑色剪影轻轻后移，仿佛怕扰乱了这宁静的江水，这如水的月光。在这如诗如画的散文世界里，任何的问题都是多余的，唯有一次次表演性、体验性的朗读，才能让儿童走进语言诗意的世界，把月下江景的神秘、神奇和神情表现得淋漓尽致，产生类似于“高峰体验”的生活。“去拜访个人意义的天堂。”此情此景中，儿童的心灵荡起无限的遐思：“宁静的美”、“朦胧的美”、“晶莹的美”、“安详的美”、“跳跃的美”……这时的儿童是否也已经感到从心灵的懵懂和沉睡中醒来，感到天地自然与我的同在，月光和心灵产生了共鸣呢？

教学片段二

[设计意图]

中华民族的月亮文化是一条源远流长、亘古不息的长河。河水滔滔，不舍昼夜，孕育了浩瀚悠远的华夏经典，无孔不入地渗透于五千年古国文明长河的最深处，消融在中国人的血液和骨髓里。《望月》的第二部分，是“我”和小外甥的月下吟诗。为了让学生走进传统，走进经典，要把学生带入吟诗的清幽旷远的气氛中，感受月下吟诗的美好，寻求自身在文化熏陶中心灵的顿悟，体验沉浸于传统文化的心灵愉悦，从而培养更为宽阔敦厚的文化心灵。

[教学片段]

师：凝望着天上的月亮，每个人都会沉思，都会陶醉，都会在心中涌动起浓浓的诗情。我们的祖国是一个诗的国度，古往今来，月亮一直被反复地吟诵着。明月几时有，把酒问青天……（师生齐诵）不知天上宫阙，今夕是何年……

师：写月亮的诗多如繁星，小外甥就知道许许多多，他在甲板上跟舅舅你一句我一句地吟诵起来。同桌一个做舅舅，一个做小外甥，读读下面的内容。读之前，想一想，在月下吟诗，应该在一种怎样的气氛里呢？他们吟诵的每一句诗又应该读出怎样的情趣呢？

[生同桌分角色读诗]

师：谁愿意上来扮演舅舅和小外甥的？（请出两位同学）同学们看他

们对诗对得怎么样？（引）我的小外甥聪明好学，爱幻想，和他交谈是一件很愉快的事情。小外甥开始向舅舅挑战吧！

“小外甥”：我们来对诗吧，写月亮的。

［“我”点头］

“小外甥”：少时不识月，呼作白玉盘。

“我”：明月几时有，把酒问青天。

“小外甥”：床前明月光，疑是地上霜。

“我”：野旷天低树，江清月近人。

“小外甥”：月落乌啼霜满天，江枫渔火对愁眠。

“我”：峨眉山月半轮秋，影入平羌江水流。

师：古人说得好，一切景语皆情语呀！

［教学反思］

月亮诗是一种特别的情境，是入情入景，借景生情的艺术。教学中，千百年前在同一轮月光下吟诵的诗句此时在现代儿童的耳边回响。那么多凝聚着诗人丰富情感的“月亮诗”，就是一种“有意味的形式”，“有意味”在给人的感觉、知觉、情绪、心境都不一样，它可以溶解社会的、历史的、民族的、自然的、文化的内涵来品味与咀嚼。在《春江花月夜》的乐曲声中对诗，师生一起感受“月下吟诗，一种多么美好的感觉。”让传统文化扣响每个人的心灵。王国维称“一切景语皆情语”，诗的本质并非“语词的组合与排列”，并不是段落构成与句子的多层次、多角度、多方向、多维度的支架和空间，而是在这些支架和空间中弥散着、生长着的情感，是从作者进而是读者的内心深处生发出来的情思，而不是语言本身所固有的。

教学片段三

［设计意图］

文章最后部分，小外甥充满童真与幻想的话语，又把学生带入童话的世界，他们在经历了一次传统文化的洗礼后，回到天真烂漫的童年时代，寻找月亮之趣。童年的快乐是和月亮婆婆紧密相连的。童话的意义正是童年特有的精神和幻想的体现。伴随着迈克·杰克逊《童年时代》的美妙吟唱，营造浓浓的童话情境，展现童年特有的创造想象天赋，想象自己飞向神奇的月亮，此情此景中，促发儿童的笔尖驰骋在思想的河流中，在一篇篇洋溢自己真情实感的散文、诗歌、童话的即兴创作中，逐步建构起自己的“月亮文化”。这就是智慧的操练！

[教学片段]

师：祝老师想先问问你们，你们不止一次深情地凝望过月亮，在你眼里，月亮像什么？

生：像圆饼，像小船。

生：像香蕉。

师：小外甥说的和我们都不一样，他说月亮像什么？

生：像天的眼睛。

师：舅舅惊讶了，祝老师在备课的时候也惊讶了！他把月亮比作了天的眼睛，太美妙了！你觉得月亮怎么就像天的眼睛呢？

生：月亮就像一只明亮的眼睛，看着大地。

师：月亮怎么看大地，看我们呢？

生：它的眼睛会变，有时用大大的眼睛看我们，有时又眯着眼睛看我们。

师：多么爱幻想的小外甥呀！他深情地看，美美地想，会蹦出这么智慧的火花，这么奇特的语言。谁能像小外甥一样绘声绘色地说这段话？自己先读读。

[生自由练读]

师：小外甥用童话的眼睛去看月亮，用童话的语言去说月亮，用童话的心灵去感受月亮。深深地打动了我们每一个人。让我们也张开幻想的翅膀飞向月亮！（音乐起）用我们散文的语言，诗歌的语言，童话的语言写出自己的月亮诗篇。

[孩子们用飞快的速度写下心中的月亮，亮晶晶的瞳子里光彩熠熠]

师：同学们，把你们心中涌动的对月亮的热情抒发出来吧！谁先来？

生：“我静静地坐在写字台前做着题。无意间，我抬起头，圆圆的月亮正好从我的窗子里探出脑袋，好似一面明晃晃的镜子，镶嵌在没有一丝云彩的天空上。月亮，你是在喊我吗？否则你的眼睛为什么那么清澈晶莹？……”（小雯）

生：“青黑色的天空中，月亮大如金盘，光华灿烂，像娃娃的脸，稚气十足。忽然，飘来了朵朵淡云轻轻地遮住了月亮，只看见月亮在云层中穿行闪光。她挤啊，使劲想钻出来。一阵凉风吹散了云雾，月亮重新露出了她秀丽的脸蛋，像小姑娘撩去了披在额上的乌发向人们露出笑脸……”（小婷）

生：月亮穿一身洁白出现在深蓝色的夜空中，为走夜路的人照明，壮胆。月亮就像一位慈祥的老奶奶，当我们伤心哭泣时，耐心地安慰。月亮如同一个奶油饼，让我们产生无限的遐想。月亮，你是我们永远的好朋友！（小杰）

……

[教学反思]

智慧非知识、技能，不能靠传授解决，它要靠启迪。课上的多媒体展现的神奇的童话世界，把儿童带入满怀憧憬的情境中。画面所展示的奇幻的景象和神奇的力量，让每一个人为之感动。这就是童年时代！“儿童文学的天职在于塑造民族未来的性格。”（王泉根，1996）安排这样的画面与音乐，既是对纯真诗意的童话世界的诠释，更是张开幻想翅膀飞向月亮的象征。孩子们“飞向月亮”的隐喻，象征着孩子们向往美好的希望和未来，象征着对于文化的追寻和探索。

王力先生曾说，中西语言之差异，一为“人治的也”，一为“法治的也”。确乎与英语之重形式建构迥异。汉语情趣盎然，意境遥深，虚实相生，具有独特的人文内涵。因之，汉语教育应当有与之相应的取向与策略的选择。用李庆明老师的话说：“祝禧执教的《望月》一课，抓住月亮与中国文学艺术乃至中国文化的内在联系，营造具有丰富文化意蕴的教学情境，引领学生步入诗化的阅读境域，流连于月亮文化的神韵之中，在充满情趣的诵读、感受和品味中，悦目赏心，启智怡神，或沉醉于夜幕月色的安详、朦胧，或浸淫于月下咏诗的清幽旷远，或驰骋于月亮童话的神奇美丽，表现了对语文教育别具特色的文化追求。”

[参考文献]

王泉根. 1996. 中国当代儿童文学论选［M］. 北京：接力出版社：279.

王笑梅

Wang Xiao Mei

南通市通州区实验小学校长、书记，通州区教育局副局长，中学高级教师。全国优秀教师，全国名校长，江苏省特级教师，江苏省劳动模范，《中小学校长》《江苏教育》封面人物。多次执教全国、省市级公开课，数次应邀去北京、上海等地上示范课并作讲座。撰写的七十多篇论文五十多万字在《人民教育》《江苏教育》等国家、省级报刊发表。目前主持江苏省“小学生命语文”的理论与实践研究。

成长之路

梦想的翅膀

题记：借我一双翅膀，让梦想飞翔。

“一望无边的绿地上，一位美丽的老师夹着书稿，在活泼的孩童簇拥下快乐地徜徉，花香袅袅，笑语琅琅……”那是我童年的梦中，出现过无数遍的场景。哲人说：在每一个人的心灵深处，都藏着一幅美丽的图画，那是梦的希冀，那是生命最原始的印刻。

让梦起航

1981 年，我考进南通师范。

亲朋好友一片惋惜——因为我那远远超过重点中学录取分数的中考分数，也因为我当时拥有的人人艳羡的国家定量户口。15 岁的我，全然无暇理会别人的叹息，因为我小小的心中，深藏着童年的梦——我是那么喜欢父母的职业，那么喜欢从小到大一直生活其间的校园，当一名光荣的教师，是我生命中最美的梦想。

读师范的年龄，正是追星的年龄，不过我崇拜的偶像，不是什么影视明星，而是当时闪耀在南通教坛的明星——南通教育的五朵金花：李吉林、陈锡珍、亓浦香、杨秀兰、张育新。五朵金花，无一例外地都是通师的校友，五朵金花所在的学校，都处在通师校园两公里半径内。近水楼台，李老师等一批名师的引领，为我们的终身专业成长，打下了最坚实、最久远的基础。

记得李吉林老师第一次给我们作报告，是在通师的大礼堂。李老师给我们讲她与教育的情缘，讲她的情境教学，讲她出访日本讲学的见闻感想。两个小时的报告，带给我们无尽的心灵震撼，留给我们一连串的惊叹，激起我们无尽的遐想。一名小学老师，居然可以漂洋过海，去日本讲学，这在当时还尚未开放的20世纪80年代初，对从没有走出过南通的我们来说，简直就是奇迹。李老师为了自己喜欢的事业，放弃了好多令人羡慕的职业，潜心于三尺讲台。李老师从一年级到六年级的大循环教学，将懵懂无知的幼童培养成聪慧独立的少年，赢得了孩子一辈子的崇敬，教师是个多么令人敬重的崇高职业啊！李老师的报告，向我们诠释了什么是职业尊严，什么是人生价值，什么是事业追寻。李老师的报告，让我童年的梦想变得清晰：工作后一定要像李老师那样，做最好的老师，做最好的自己！

心中的梦不再缥缈。于是，师范的三年，我在勤学苦练中度过。我和伙伴们一起，练普通话，练书法，练弹琴，练画画……在紧张的节奏中，我们练习着一名合格小学教师应该拥有的十八般武艺，完成着一名师范生“说写弹唱，琴棋书画”的能力构建。

童年的梦想，在苦练中起航；青春的激情，燃烧在那梦开始的地方……

梦在心中　路在课堂

1984年，我走进通州实验小学的校园。

有些惋惜，与李吉林老师所在的南通师范学校第二附属小学失之交臂。其实，我与二附有很深的渊源——我的第一堂公开课，在二附；我平生第一次上报纸，在二附（我和孩子在二附的操场上嬉戏的场景被《中国教育报》的记者抢拍到，刊登在《中国教育报》上）。记得实习结束时，我和班上的孩子们都哭得稀里哗啦，在爱做梦的年龄，我心目中的未来学校，就是像二附这样既拥有大师又拥有大楼的美丽校园。但最终，我回到了通州，是被爱才心切的老校长抢回来的。

非常幸运，我在工作的第三个年头成为李吉林情境教学实验班的老师。于是，李吉林老师，这位我仰慕的教育大师，亲切平和地走到了我的眼前。从此，我有机会经常出入二附的校园，有机会零距离观赏李老师的课堂，可以随时和李老师交流。走近大师的日子，使我有了近水楼台的优势，也更加珍惜这份优势。

最让我沉醉的是李老师的课堂：《小小的船》《萤火虫》《桂林山水》……一节节精彩的课例，如诗如画，带着我走进美好的意境。我沉迷于李老师的教学艺术，对她的课堂无限憧憬，我难以置信，怎么可以将孩子教得这么可爱聪明，怎么可以将课堂营造得如此缤纷活泼？至今还不时忆起李老师的《萤火虫》，整堂课洋溢着童话的色彩、美好的诗意、浪漫的情趣、丰富的哲思。课堂伊始，李老师寥寥数笔，黑板上立刻呈现出夏夜、草地、星空、缤纷的花草还有萤火虫——那夏天的精灵，提着小灯笼，在夏夜低飞，像撒落在丛林里的绿色宝石……我们都深深沉醉在这个美丽的童话世界里。

细细体味，李老师课堂的一切精彩，都源自她“童心的视野”，站在儿童的角度，是李老师教学的本源。有了大师的引领，我的教学少费了许多思量，少走了很多弯路。“像牛闯进了菜园，初尝菜味，大口大口地吃个不停”。我学着把李老师的课，完完整整地拷贝给自己班里的孩子。记得在一个秋天的早晨，我把课堂搬到了室外。在假山旁，花园边，我和孩子们一边观赏美景，一边品读文字：“花园里，有绿树，有红花，还有青青的小草。”秋高气爽，桂花含香，孩子们边朗读，边表演，课堂亦诗亦画，特别富有情趣和美感。孩子们高兴地说：“我们喜欢王老师的课。”家长们夸赞说：“这位老师小小年纪有大作为。”领导同事也对我欣赏有加，夸我的课教得灵动创新。我知道，大师身边耳濡目染所收获的知识，已渐渐化做我教学生涯的神奇营养。

观察——模仿——实践——反思，我在课堂教学的实践中，领略着教育的风景；在情境课堂的追寻中，领悟着情境教学的真谛。我努力学习李老师，做一个藏在孩子心中的老师，“从儿童的视野审视教材，用儿童的思维感悟文字，以儿童的认知设计流程，让儿童的灵感充溢课堂”，让课堂“真正走进儿童心灵、打动儿童心灵”。对名师课堂的吸纳与体悟，对教学的专注与投入，对儿童的理解与关注，使我的课堂逐渐别具特色，课堂成为我和孩子生命成长的沃土，成为我萌发思想的土壤和个性张扬的天地。我努力探寻着语文课堂的和谐美、节奏美、情境美、韵味美，使自己的课堂努力成为“儿童的课堂、生命的课堂”。

梦在心中，路在课堂。美丽的梦想，在课堂延展……

情境实验　梦的伊甸园

1986—1994 年，我跟着李老师做实验。

细数了一下，前后有 9 年的时间，占了我教学生涯的三分之一还多。

非常怀念和李老师一起搞实验的日子。从“语文情境教学—情境教育—情境课程”的实践探索与研究，我一路追随，一路揣摩，一路欣赏，一路收获。

喜欢读李老师的散文，喜欢听李老师讲教育故事，尤其喜欢听李老师的报告。她总能用最感性的语言演讲最理性的思想，一切枯燥的理论，在李老师的口中都变得那么明晰和生动，充满文学的色彩和艺术的韵味。至今还记得她用诗一样的语言描述情境教育的理想，用浅显易懂的语言讲述实验的操作策略，甚至还记得她讲怎样起早看日出，怎样为寻找写作素材走过秋天的庄稼地，如何策划大型综合展示活动“萝卜娃娃看到的世界”……李老师的报告，让我的视野从语文小课堂投向了天地大课堂。

在实验点班，我尝试进行低年级“识字、阅读、作文”三线并进实验，探索小学语文提前读写的佳径；我尝试在中高年级进行大单元组合教学，将大量的美文组合让学生阅读，极大地提高了阅读的效率；我组织开展系列野外情境活动，丰富孩子的感受和体验，促进孩子自由流畅地表达……

在长达九年的“李吉林情境教学”实验研究中，我感受着情境教学思想的博大精深，领悟着情境教学的精髓，惊叹于情境教学的丰富内涵，流连于情境教学实验的美好境界。在不断的实验摸索过程中，我逐渐从开始一招一式的模仿过渡到自主领悟后的创造，情境教学思想与我内心深处对语文教学的理解达成了契合，我逐渐形成了自己的风格，探索出一条指导学生从阅读到写作的成功之路。

为了解决学生作文难的问题，我进行了愉快作文的实践：春暖花开的季节，我和孩子们漫步乡间，做一支麦笛，采几朵野花，捉一只蟛蜞，编一顶柳帽，田野跋涉，河滩嬉戏，负重远行，草地休憩……夏天，我带孩子们去听蝉的鸣叫，看露水滚动的荷叶，踩一踩雨后的水洼，扑进深草丛中捉几只乱跳的蚱蜢……秋天，到校园里拾几片落叶，躺在草地上欣赏天上飘忽不定、各具姿态的云朵……无数次和孩子们一起亲近大自然，不断地感知着周围明丽的世界，孩子们思维的小溪便潺潺地源源不断地流淌起来，智慧也就开始生根、发芽……大自然成为我进行“绿色作文”实验的天然情境场，多彩的生活丰富着孩子们的感受和表达。我的快乐作文实验因此成效显著：孩子们人人喜欢作文，个个发表作文，孩子们自己办报纸，出专集，童稚的习作留下了孩子们生命的记忆，多彩的活动绚丽着他们斑斓的童年。

教改实验之路，让平常的日子变得充实而富有，让我的内心变得温馨而满足。我和孩子一起，看花开花落，春夏交替，鸟叫虫鸣。天然的乐章让我生命的每一秒都变得生动多姿；积极的探索实验，把我带入梦的伊甸园，有梦的日子天天天蓝。

借我翅膀　让梦飞翔

2003 年，我通过公开竞聘，成为学校的校长。

很多人惋惜：这么好的业务，当校长怕是要荒废了。是的，在人们眼里，行政与学术几乎很难兼顾。而钟情学术的我，偏偏要在行政与学术间走平衡，于是，“当校长，也当名师”、“做教师成长路上的校长”成为我新的梦想。

南通市名师第一梯队培养对象遴选，我丢下包袱，自我加压，和其他青年教师一起参加封闭备课、现场抽签上课、论文答辩等多个项目，历时一天半，通过专家打分、测评、考查，我最终得以入选。于是，我又可以在李老师等导师的带领下，追寻我的语文教学改革之梦。根据导师团的要求，我完成个人规划，确定了研究课题，开辟了个人博客，每年定期参加会课，定期提交论文。结合自己多年的语文教学实践，我尝试提出了小学“生命语文”的教学主张。这项课题成为省“十一五”教育科研立项课题，学校众多老师成为“生命语文”的响应者和实践者。我和教师一起观摩实验课，举行沙龙研讨，激烈碰撞争鸣，共同界定“生命语文”的内涵，探讨“生命语文”课堂的特质。我的办公室常常夜间灯火通明，映照的是我和伙伴们围坐在一起研讨的身影。我用自己双倍的努力证明：公务繁忙不是校长远离业务的托词，学术研究和行政管理可以双轨并行。李老师欣喜地注视着我的成长，多次鼓励我、帮助我、支持我，为我自己和学校老师的成长增添羽翼。

“南通市校长论坛”现场会在我校召开，作为校长，我推出一本自己的集子《细雨微澜》，邀请李老师为书写序。因为书稿完成得比较迟，现场会又赶着出书，所以留给李老师的撰稿时间只有两天。我实在难以启齿，李老师却全然没在意，一口应允。第三天，我还在睡梦中，南通已经通知去看稿。我原以为李老师是应景之作，结果却大大出乎我所料，短短的两天时间，李老师不仅通读了书稿，还对书稿的章节提出了精妙的修改意见。“序”写得真实真诚，饱含着对后辈教师的尊重、爱和呵护。记得“序”中有这样一段话：“俗话说，‘文如其人’，笑梅是‘名如其人’。她永远是微笑的，因为她自信，因为她热爱，她成了教育园地的一枝灿烂的笑梅。而‘笑’的后面正是因为心中的‘甜’和‘爱’。”记得我拿着稿子乐乐地读了一遍又一遍，心中充溢的满是欣喜和感激……李老师的激励，就是无形的翅膀，让我的梦想自由飞翔。

作为校长，我更关注与教师群体的共生同长，从学术个体——建立学术圈——建构学术场，我通过行政完成了对学术的放大功能，学校教师队伍建设成果喜人。2006 年，我利用“五一”长假，在体育馆举行了一次“江海诗情全国名师走进通州大型教学观摩活动”，将全国最知名的语文特级教师窦桂梅、孙双金、薛法根等请到通州，让全校教师坐在家门口欣赏全国一流的课堂教学。为提高活动的品位，提升活动对学校教师的影响力，我特地邀请李老师出席开幕式并讲话。记得那天一大早，李老师就从南通赶到通州，在准备室，顾不上寒暄，拿出讲稿，握着铅笔，一字一句细细修改、斟酌。开幕式上，她入情入境，激情演讲，向来自全省各地的老师诠释理想课堂，对老师们利用“五一”长假享受课堂教学大餐倍加赞赏。她的讲话，给参会的老师们极大的鼓励，让我这个组织策划者倍感欣慰。李老师充满激情的演讲，是无形的翅膀，让我“当教师成长路上的校长”的梦想高高飞翔。

很喜欢李老师的一段精彩语录：“情境教育，就是给孩子添翼，用情感扇动想象的翅膀，让孩子的思维飞起来，让孩子的心儿飞起来，快乐地飞向美的、智慧的、无限光明的童话般的王国。”其实，李老师何止给孩子添翼，她最擅长的是给青年教师添翼。她的“情境教育”、“情境课程”中吸引了全校许多教师参加；她创办的“青培中心”薪火相传；她的实验点班学校，带出了一支优秀的队伍……而我和我校的老师们，都是幸运的“翅膀得主”。

因为拥有了飞翔的翅膀，我在教育的晴空下，轻歌曼舞，舞出了生命的诗意、梦想的辉煌。渐渐地，我的身影开始频频出现在“全国首届女校长高峰论坛”、“中国两岸语文教学论坛”、“中国长三角名校长高峰论坛”、“名校的生长与超越”、“赢在执行力”等诸多在全国具有很大影响力论坛的报告席上；我的多篇学术论文散见于《人民教育》《中小学管理》等全国中文核心期刊；《江苏教育》“名校长研究”、“特级教师”等栏目分两次、用了二十多个页面共计三万多字专题介绍我的教学主张和管理哲学；我数次应邀到全国各地执教公开课和作讲座，北京、长春、张家界、济南、合肥等多个城市留下了我的精彩课堂和教学思想；我成为全国优秀教师、江苏省特级教师、江苏省劳动模范、全国名校长、中国长三角最具影响力的校长；成为《中小学管理》《江苏教育》《小学青年教师》等在全国具有很大发行量的杂志的封面人物。

梦想开花，无限芬芳。

心的翅膀　梦想的天堂

一直惊异，为什么这么多年来，展现在我眼前的李老师，每一天都是新的？她如何挑战人类生理节律，在五十岁的年龄，开始进入学习的黄金期，成为智慧的常青树？她如何拥有永远的激情，创造着“永远在路上”求索的一个又一个神奇？

我想起李老师的家，那个古老的四合院，青砖黑瓦，满院的花草，宁静芬芳。处闹市之中，却仿佛置身世外桃源，足可以捕捉到主人超然于尘世的心迹。是啊，心里宁静的人是可以做出大事业的，内心空灵才会有思想的充实。

我又想起早年在李老师家中见到的一个细节：冬夜，在她的书桌边，开放着一朵倒挂的神奇的萝卜花。我很是纳闷，那个时节，萝卜何以开花？那萝卜，如何可以倒挂着往下开花？那倒挂的萝卜，又怎么可以开出不是萝卜的花？现在回头思量，答案其实很简单：那是一个科学种植小实验吧。只有一个热爱生活的人，一个富有情趣的人，一个具有诗心的人，才会创造出如此的生活奇迹和种种的美好。

我想起那日，李老师即将为南通师范高等学校的学生基本功汇报会讲话。在隔壁的准备室，她像孩童那样试着演讲，满脸的投入和纯真。然后，在正式的舞台上，我又一次欣赏到了李老师的诗情画意：“小学很小，但是很大；小学很浅，但是很深。”她再一次打动了我。

想起今年《江苏教育》暑期合刊，封面是李老师的大幅照片，一身大红的毛衣，绚丽夺目；一双眸子纯净透亮，闪着童真；一脸笑容灿烂舒畅，溢着慈祥。我以为，这是我见过的最美的肖像，胜过所有明星大腕。一个美丽的充满魅力的老人，不，应该是一个美丽的老小孩。

——一切的美丽，都源自她超然纯净的心灵。绘于笔下，凝于心中。我此刻终于恍然大悟：张开心灵的羽翼，才能达到梦想的天堂。

所以，当今天，我拥有了一个个荣誉称号，当我获得了一项项大奖，发表了一篇篇文章……在外人看来，我似乎已经圆了梦，但是我内心却很清楚：那些都仅仅是成长的外在标志——唯有心灵的成长，才能帮我真正圆梦。

我想起那个生命原始的印刻，那个想过无数遍的自己内心深处的风景，哦，梦想的天堂，几多遥远……

每一个梦想都有翅膀。

用内心的成长丰满我的羽翼，引领我抵达梦想的天堂。

教研撷萃

让语文润泽儿童的生命[①]

摘　要：生命语文，站在生命的高度，将幸福作为至高的教育价值，不仅指向语文知识的增长，更指向儿童生命的生长和发展，指向儿童灵魂的生长和精神的发育。生命语文，尊崇儿童的生命天性，激发儿童的生命灵性，催生儿童的生命个性。生命语文，贯穿孩子人生，丰富孩子人生，润泽孩子人生，成就孩子人生。生命语文的追求，充满着浪漫的色彩。

关键词：语文；儿童；生命；成长

语文贯穿生命。没有哪个学科像语文那样强烈地影响着人的精神世界，影响着人生命的质量和品位，影响着人的终身幸福。生命语文，超越认知的语文、程序的语文、规律的语文、理智的语文、模式的语文、符号的语文，站在生命的高度，将幸福作为至高的教育价值，不仅指向语文知识的增长，更指向儿童生命的生长和发展，指向儿童灵魂的生长和精神的发育。生命语文，贯穿孩子的人生，丰富孩子的人生，润泽孩子的人生，成就孩子的人生。

一、尊崇儿童生命天性

童年是生命的源头。儿童生命体内包含单纯、率真、顽皮、任性、好奇等天性；包含着独特的想象力、神奇的人性美和无尽的可塑性；包含着快乐原则、游戏精神；还表现为思维的、语言的、创造的、学习的本能等。

---

① 本论文写作过程中参考了刘晓东的《儿童教育新论》、李燕的《游戏与儿童发展》、李吉林的《为儿童的学习》、冯建军的《生命与教育》等著作。

生命语文，珍视童年生命价值，尊崇儿童生命天性，倡导营造适合生命成长的环境，舒展、珍重、期待、保护和引导儿童可贵的天性，使语文学习的过程成为点化与润泽生命、使生命焕发光彩的过程。

1. 挖掘天性，欣赏童言

海德格尔曾说："人类是具有语言能力的生灵，他与植物和动物迥然不同。"儿童语言的发展跟生命的发展是同步的，儿童具有言语天性、言语个性，语言是儿童生命的本能；儿童对语言有一种天然的期盼与渴望，他们总想用语言表达自己对世界的惊奇，他们总盼望学会没有听过的新鲜有趣的话语；儿童对语言具有天然的美感，童语天真无邪，憨态可掬，洋溢着童趣，率直地表现出童心的世界。

生命语文欣赏儿童语言的多样和丰富，保护儿童语言的灵动和独特，提倡挖掘孩子生命中的天然纯净和美，保护儿童对语文的敏感和丰富，营造学习语文的绿色生态，纯化儿童的语言，守护童言的美丽。

2. 破译密码，亲近童心

"学生在来教室时，也带来了他们对世界的已有看法。"孩子的大脑是一个神秘的宝库，即使是幼小的孩子，对语言的理解也具有丰厚的积聚；他们感悟文字，总是和生活联系在一起，和他们所感兴趣的、觉得惊奇的事物联系在一起，是一种个体经验、感受的自由表达；他们没有成人的种种约束，拥有自然和天真的世界。依着自己的学习天性来思考，闪烁着童心的光辉。

生命语文倡导以儿童为本位，循着儿童的心性，潜入儿童的生命空间，抵达儿童心灵的秘密花园，解读儿童的语言密码；生命语文倡导尊重孩子的思维结果和心理感受，珍视学生的独特体验和理解，亲近童心，保护童年，捍卫生命未来的无限可能性。

3. 嬉乐游戏，存储童趣

游戏是儿童的天性，是儿童的工作。生命语文崇尚自然，汲取"天人合一"的理念，倡导打开大地之窗，让孩子尽情嬉乐自然，在细数泥土的呢喃、聆听花开的静响、观赏落叶的缤纷中感受生命的神奇，并对自然中一切的生命肃然起敬。

生命语文提倡把丰富多彩的嬉游活动纳入童年生活，纳入课程。踩水洼、堆雪人、玩泥巴、摘苞米、放风筝、做苇笛等嬉乐文化课程资源，让儿童自身的生命变得更为可爱和乐趣无穷，使儿童的生活变得快乐、丰富而轻盈。通过嬉乐活动丰富孩子的童年体验，为孩子一生存储最宝贵的不可再生的体验性语文资源，通过活动体验润泽心灵，纯净精神，引领道德。

尊重儿童生命的天性，让儿童学习和运用言语的活动，成为一种充满着欢欣和喜悦的自然而然的生命活动。尊重儿童生命的天性，让儿童学习和运用言语的所有活动，都是童年生命的舒张；尊重儿童生命的天性，让儿童学习和运用言语的所有活动，都使儿童感觉真正生活在“童年”里。

二、激发儿童生命灵性

1. 让文本灵动，滋养生命

从生命语文的视角解读文本，文本是有生命的，文本是有情感的，文本是有灵魂的。有时候一个词就是一幅画，一个词就是一首诗，一个词就是一个童话。生命语文的文本解读，要求教师用心体悟，让语言文字活起来，与作品的灵魂对话，获得生命至真的感受；生命语文的文本解读，要求教师遵循文本本身生命的光泽，品出隐藏在字词句段背后的生命的律动和情趣。生命语文的文本阅读，不仅关注对语言文字的品味鉴赏，更让孩子在文字的丛林里作精神的穿行；生命语文的文本解读，通过温暖的文字折射出生命的阳光、弹奏出生命的欢歌，滋养和丰富着孩子的生命。

通过阅读经典、感悟文本，培养孩子向善的心向，引导探寻人类人文精神的亮点，沐浴人性的光辉，使孩子对人生的理解充满理想，富有激情，走向深刻。

2. 让课堂灵动，启迪生命

生命语文的课堂，尊重生命的主体发展，注重创设生动鲜活的课堂情境，努力让孩子进入“投入、倾注、热力四射、兴味盎然”的积极生命存在状态，让课堂成为师生张扬生命活力、抒写生命灵性的乐土；生命语文致力营造“和谐自然、快乐余裕”的课堂氛围，让孩子情之所动，意之所至，如行云流水、清风鸟鸣；生命语文注重教学空间的博大与悠远，让童稚的生命通过小课堂去纵横古今，视接千里，体味生命的韵味隽永。

生命语文，要求老师拥有“角度一变境界大开”的妙语，拥有“柳暗花明、豁然开朗”的妙手，盘点记忆的仓库，打通思维的隧道，开启情感的闸门，挖掘心灵的泉眼，让感情的溪流淙淙、智慧的清泉喷涌、道德的绿波荡漾。

生命语文的课堂，应该是一场师生心灵的约会，孩子的生命与教师的生命对接，孩子的心灵与作者的心灵对流，思想激活思想，智慧启迪智慧，心灵打动心灵，情感丰富情感，善良引发善良，感动催生感动，崇高唤醒崇高，正义呼唤正义……生命语文的课堂，是心曲的回廊，是灵魂的通道——弥漫着感动，充满着发现，洋溢着“默契”和“心领神会”，伴随着“令人惊叹的深刻”和“超卓的探求精神”，传递着“从心底的肃然起敬”和“油然而生的崇高之情”，充盈着“怦然心动”和“此时无声胜有声”的美妙……

生命语文是活的语文、灵动的语文、趣味的语文。生命语文的课堂，是生动活泼的课堂，是思维鲜活的课堂，是时时感受到生命脉搏跳动的课堂。

3. 让阅读灵动，润泽生命

生命语文，倡导用阅读去铺陈生命、积淀生命、滋养生命、丰盈生命；倡导在阅读中体验他人，在阅读中感受幸福，在阅读中提升文化品位、审美情趣和文学素养。生命语文强调根据儿童生命的成长节律适时阅读。语文的学习是有季节性的，儿童的阅读也是有季节性的。生命语文倡导将童话、童谣、寓言、诗歌、小说，将中外所有经典名著巧妙、精心地散落在孩子生命成长的要道，引领学生适时与经典相遇，让孩子在最旺盛的生命花期里尽情吸纳，获得心灵的滋养和精神的沐浴，培养孩子良好的个性、健全的人格和丰富的精神世界；生命语文把语文学习的过程当做充满魅力的灵魂探险和精神漫游，并在这个过程中体验生命的律动，收获审美的愉悦快乐。

生命语文还倡导阅读的自由灵动，把学生牧养在言语的沃野上，让孩子在文学、文化的大自然中流连，自由、主动、独立地阅读自己喜欢的、自己选择的文学作品，真实、真诚、真挚地感悟、体察和关注，无拘无束、心游万仞。这样的阅读出于自主自愿，符合学生的生命需要，学生的阅读活动与生命活动融为一体，阅读过程便成为充满活力的生命过程。自由阅读让儿童的语文学习充盈着浓郁的诗情，流淌诗的韵律，让儿童的语文学习变得情味盎然，让儿童的生命变得意味深长。生命语文的自由阅读，启迪智慧、陶冶性情、温暖心灵、充盈精神、润泽生命，达成生命的自我实现，成就儿童快乐的人生。

三、催生儿童生命个性

1. 尊重个体性

生命是能动的、流动的。生命语文认为决定个体命运的不是时代、社会、缘分、环境、思想、好坏等，更多在个体的性情，因此生命语文倡导催生儿童生命个性。

（1）读出自己。阅读的主体是“人”，同读一篇文章，每个人产生的感悟是不同的，因为这些感悟浸染着“人”这个阅读主体的个人色彩和审美取向。同一个人在不同的时期读同一篇文章，感悟也是有变化的。因为每一句精彩的言说，都是从生命中流淌出来的；言语的解读与创造，都包含着鲜活的生命感悟。生命语文倡导在阅读中提炼出属于自己的东西，读书在于读自己，发现别人的时候发现自己。读出人家的味道，更要读出自己的人生思考，读出自己的人生进步。

（2）说出自己。“语言是存在的家”，语言是精神的家，语言是人灵魂的家。生命语文认为“一个人的语言，体现了一个人的气质”，一个人拥有何种品质的话语资源，意味着拥有何种品质的人生。生命语文倡导通过经典诗句的反复吟咏，让孩子沉浸于雅致语言的芬芳里：“盈盈一水间，脉脉不得语”、“明月松间照，清泉石上流”、“满园春色关不住，一枝红杏出墙来”……孩子长期生活在这种语言所筑居的“家”中，不断感受这种美好语言对心灵的颤动、撞击，潜移默化地被滋润，从而拥有“腹有诗书气自华”的高雅气质。

（3）口语能力与生命终身相伴。一个人的口语交际能力，是开放心灵的特征，是幸福人生的前提和基础。生命语文把乐于表达、善于表达设为语文重要的教学目标，鼓励学生去除各种束缚，打破条条框框，仁者见仁，智者见智，主动表达，自由表达。生命语文注重培养良好的语感、规范的用语、优雅的举止、表达的风格，让表达成为每个生命的常态，让表达成为孩子每一天的必修功课，让人们能在孩子每天的表达中听到生命成长拔节的声音。

（4）写出自己。生命语文将写作视为生命的流泻、情感的喷发、心灵的倾诉、思维的闪光。倡导顺应儿童的自然天性与表达冲动，即时倾吐，直抒胸臆，自由写作。倡导让孩子的笔触自由地出入现实的世界和想象的世界，一草一树都入字，一风一雨皆成文。不必太多在乎文字句段的小节，更注重表达的淋漓酣畅；不必过多强求篇章语法的指导，更注重生命情态的激发。让孩子性情所至、文思泉涌，体味“一吐为快”的惬意、“我手写我心”的潇洒、“不让笔头受委屈”的自觉；让孩子把思考倾注笔端，把情感流泻纸上，体味“我思故我在，我写故我快”的精彩；让孩子把写作作为生命的需要，把写作作为生命每一天的存在常态，让孩子通过写作储蓄童年、绵延生命，让生命永远亮丽。

2. **关怀独特性**

生命是独特的、充满个性的。“世界上没有完全相同的两片树叶。”儿童作为生命体，由于有着不同的成长环境、生活经历、智力特征、能力结构、情趣爱好等，其语文素养的外在表现也是独具个性，有的能言会道，有的善于观察，有的想象独特，有的擅长写作。生命语文摈弃整齐划一的发展模式，提倡以儿童为主体，尊重儿童的个性，尊重儿童的差异，尊重儿童的思想，注重激发孩子的主体性、创造性，强调关怀儿童独特个性，扬长避短，成就特色儿童，成就每个儿童生命的卓越。

关怀儿童生命的独特，要渗透在教师日常的每一个理念、每一个细节、每一项评价中；关怀儿童生命的独特，要从关注每一个学生开始，要从尊重每一个学生开始，要从善待每一个学生开始，要从满足每个生命的需求开始，要从开启每一个学生的智慧开始，要从相信每一个生命的意义开始，要从成全每一个生命发展开始，要从创造宽松、和谐、有安全感的教学环境开始，要从改善与学生交往的方式开始，要从改善教学策略开始，要从改善对学生的评价方式开始……生命语文，构建立体的评价体系，另起一行，多一个第一；添一把尺子，多一个优秀……生命语文，关注个体的生命，为了每一个生命，成全每一个生命。

3. **相信潜能**

生命具有超越生命的能力，生命过程是不断超越生命本身、不断发展自身的过程。人是世界上具有最大丰富性和主动性的生命，儿童是最具有多种发展可能的人。语文学科的各项训练使儿童发展的潜在可能性转化为现实的存在。

生命语文唤醒儿童自我发展的内在动力，创造一个有助于儿童生命安全、生命舒展、生命涌动、生命创造的环境，营造一个崇尚民主、开放、多元包容的氛围，让每个学生学习语文的心灵都更为自由。“唤醒沉睡的潜能，激活封存的记忆，开启幽闭的心智，放飞囚禁的情愫。”让每一个孩子的语言潜能都得到充分的开发，让每一个孩子在人格上都得到最大的享受，让每一个孩子都找到自己是好孩子的感觉，让孩子觉得每天都有新进步，让语文学习的过程成为孩子超越自我、超越生命的过程。如果说儿童的潜能是一座沉睡的冰山，那么语文老师应该成为破冰的人。

生命语文的追求，充满着浪漫的色彩；生命语文的理想，表达了语文教育工作者的生命情怀；生命语文的追寻，我们永远在路上。

课堂采风

槐乡五月

（苏教版第六册）

（一）

[设计意图]

儿童是天生的幻想家和诗人，语言是他们的“魔杖”，指向哪里，哪里就似乎变成了诗。本教学环节，从儿童出发，尊重儿童的诗意天性，激发孩子参加创造性的想象活动，让儿童固有的诗情与课文的画意相融合。

[教学片段]

出示句子：“嗡嗡嗡，小蜜蜂飞来了，采走了香的粉，酿出了甜的蜜。劈啪啪，孩子们跑来了，篮儿挎走白生生的槐花，心里装着喜盈盈的满足。”

师：同学们喜欢读吗？说说为什么。

生：因为我喜欢蜜蜂，所以我喜欢这句话。

生：很活泼，很优美。

生：我读着就闻到香味了。

生：我觉得这两个句子都是从声音开始，很整齐，很像诗。

[语文课堂，应该从儿童出发，跟着儿童的感觉走。此处让儿童自主言说喜欢的理由，有利于教者领略儿童的视野。]

师：是啊，富有韵律美，富有节奏感，像诗一样的语言，不，其实就是一首诗。（分行显示）

嗡嗡嗡……
小蜜蜂飞来了，
采走了香的粉，
酿出了甜的蜜。

劈啪啪……
孩子们跑来了，
篮儿挎走白生生的槐花，
心里装着喜盈盈的满足。
……

[转换一种形式，让孩子眼前一亮，直接激发了孩子有感情朗读的欲望。]

师：呵，这么一变，还真的成了一首诗。我们一起再读一读，感受一下诗一样的韵味。

师：还有谁也被槐花吸引来了？你也能像这样用诗一样的语言来描述吗？比比谁想得最独特，说得最美。

（学生四人小组现场讨论，派一个代表记录）

[伴随着舒缓的音乐，孩子们静心凝神，调动已知，开启想象，童心飞扬，灵感闪耀。]

师：写完的小组派代表向大家汇报。

生：沙沙沙，
小蝴蝶飞来啦，
在槐树上
翩翩起舞呢！

师：哟，老师感觉还真有点诗味儿，而且学着课文，从声音开始。真不错！谁还愿意汇报？

[肯定欣赏的同时，不忘规律的揭示，很好地发挥了评价语的导向功能。]

生：喳喳喳，
一群小鸟飞来了，
叼走槐花瓣，
垒成了槐花窝。

师：呵，小鸟的槐花窝，多精彩的构思！

生：蹦蹦蹦，
小蚂蚱跳来了，
跳上了槐花瓣，
做一个甜美的梦……

师：连小蚂蚱都陶醉在槐花世界里，多有诗意呀！

生：呼呼呼，
风阿姨吹来了，
摇着槐花的叶，
吹出阵阵槐花香。

师：太好了，不写动物，想到了风儿，很有创意，别人都不这么想呢！

生：滴滴滴，
小露珠滚来了，
亲吻槐花的脸，
滋润着槐花的花瓣。

师：好美的意境啊！

生：哈哈哈，
孩子们奔向槐花树，
唱啊，跳啊，
尽情欢乐！

师：多热闹啊，比课文里写得还有趣呢！看来你们都是天生的小诗人，每个人都能作诗。谢谢你们，可爱的小诗人！

[孩子“大胆奇特的想象”，源自教师营造的良好的氛围，孩子们展现诗性之际，正是感悟最深之时。]

[教学反思]

哲人说得好：正是儿童承袭了人类最初的诗性性格，他们的智慧既指向了眼睛看到的地方，也指向心灵看到的地方。本环节教学，我将课文转换成儿童喜欢的诗歌形式，引导孩子欣赏课文的韵律，感悟课文的诗境。课文对槐花的描写，作者留下了许多艺术的“空白”，如“嗡嗡嗡……小蜜蜂飞来了……”“劈啪啪……孩子们跑来了……”给孩子留下了无限美妙的想象空间。读文中诗一样美妙的句子，不仅带领学生细细咀嚼，读出滋味，而且启发、引导学生尝试创造和表达。“还有谁也被槐花吸引来了？你也能像课文那样用诗一样的语言来描述吗？”这一环节是对课文意境的进一步深化，是对课文内容的再度创造。通过模仿创作诗歌，充分引导孩子们发挥想象力，调动孩子平常的生活积累和知识积累，听弦外之音，会言外之意，拓展、丰富、充实课文内容，变抽象的语言文字为可爱活泼的形象、悦耳动听的声音，不仅展示出文本如诗般动人的语言美，更让文本背后的意境美和诗意美与当下的课堂完美融合，雅致了学生的生命，诠释出生命语文的内蕴与真谛，在培养孩子语感的同时，锻炼孩子的多元思维，激发他们热爱生活、热爱语文的感情。

（二）

[设计意图]

儿童天生的缪斯性，决定了儿童理解感悟文字的独特性。本教学环节，通过一个“飘”字，牵一发而动全身，引导孩子读出文字背后的画面、情感和意蕴，让语言文字活起来。

[教学片段]

出示句子：“槐乡的小姑娘变得更俊俏了，她们的衣襟上别着槐花，发辫上戴着槐花，她们飘到哪里，哪里就会有一阵阵清香。”

师：喜欢读这句话吗？谁来读一读？

（多媒体课件出示这段文字，教师点击键盘，“飘”字从句中飘起来再落入句中）

师：作者写错了吧？人——怎么会飘呢？

[水尝无华，相荡乃成涟漪；石本无火，相击而发灵光。“飘”字在荧屏上动态的飘与落，已经吸引了孩子的眼球，而老师看似不经意的自言自语，恰似“荡水、击石”，在孩子心田掀起涟漪]

生：小姑娘衣襟上别着槐花，发辫上戴着槐花，小姑娘一走，槐花跟着飘起来，小姑娘也跟着飘起来。

师：哦，我明白了，是人随花飘。

生：小姑娘喜欢穿裙子，一跑，裙子掀起来，感觉在飘动。

师：哦，飘的是裙子，飘的是感觉。

生：这里的“飘”指的是小姑娘人在走，身上槐花的香气在飘。

师：有道理。

生：小姑娘跑起来动作非常轻快，感觉像在飘。

生：槐花飘香的季节，小姑娘特别兴奋，有一种飘飘然的感觉。

师：真不错，你由“飘”这个动作想到了人的心情，水平真高！

[孩子的发言或属于“无心”，老师的评价却“有意”，善于捕捉，巧妙引领，课堂走向师生心灵共通的方向。]

生：在槐花世界里，小姑娘跑得很慢，飘飘欲仙。

师：如入仙境，多么美好的意境。是啊，这里的“飘”是飘散的花香，是飘逸的体态，更是飘飞的心情，一个“飘”字用得多精彩呀！

[一个“飘”字，师生演绎得活泼、生动、丰富、深刻，教者用心体悟教材，巧妙的设计让孩子有了灵感，让字词有了生命，让教学有了情趣，让课堂有了活力、充满诗的灵动。]

[教学反思]

从生命语文的视角解读教材，文字是有生命的、有情感的、有灵魂的。教学前，抓住了本段文字之魂“飘”字，进行了精心挖掘、深度品读，将其定位为课堂孩子的思考点和生长点。但在转化为课堂教学方式时，我智慧地“藏巧露拙”，通过多媒体动感的画面，吸引注意，唤醒童心，以教师自言自语的设问，巧妙地设置充满挑战的情境，唤起儿童思考的热情。孩子们从花儿飘、裙子飘、花香飘、身体飘联想到快乐心情的飘飞和沉醉槐花世界的飘飘欲仙，花在飘、人在飘、心在飘，师生共同徜徉在槐花飘香的仙境。孩子的思维灵动，课堂氛围也随着飘逸流动起来。

七叶诗派老诗人郑敏教授说：“每个汉字都像一张充满感情向人们诉说着生活的脸。我们往往可以从这张脸上直接读出它的喜怒哀乐、思想情感。”在孩子们眼中，一个词就是一幅画，一个词就是一首诗，一个词就是一个童话。这个教学环节，因为老师循着儿童的视野，以儿童喜欢的方式，顺着童心的路径，最终引领孩子读懂了汉字的脸，品出了隐藏在字词句段背后的生命的律动和情趣。

李伟忠
Li Wei Zhong

1990年毕业于江苏省南通师范学校五年制大专班。教育硕士，中学高级教师，江苏省小学语文特级教师，南通市第一梯队名师培养对象，现任启东市教育局教科室主任。

致力于小学语文“情理课堂”研究。2001年，参加了国家级小学语文骨干教师培训，执教的《题西林壁》《恐龙》均获得全国“创新杯”课堂教学艺术大赛一等奖。2006年11月，执教的《鼎湖山听泉》获全国第六届小学青年教师阅读教学比赛一等奖。主编《素质教育新教案》，参与苏教版小学语文第十一册教师教学用书编写。近年来，到全国各地作课五十余次。

成长之路

我是一条语文的鱼

题记：意大利艺术理论家阿尔贝蒂向往海，感叹自己不能像鱼一样，他说："我没有腮，不能到海上去。"我也没有腮，但汲取着语文的丰厚滋养，畅游于语文的浩瀚海洋，我觉得，我就是一条语文的鱼。

一往情深，矢志不渝

一个不热爱教育的教师绝不会成为一位优秀的教师。

1990年夏天，作为学校五年制大专班的优秀毕业生，怀着对教育事业的满腔热忱，我走出了江苏省南通师范的校园。这是一所值得骄傲的学校，不仅仅因为此时学校正承担着国家首轮"五年一贯制"大专学历小学教师培养的试点工作，格外引人关注，更在于她是全国第一所中等师范学校，有着笃实的教育传统和深厚的人文积淀。

在南通师范学习时，南通师范学校附属第二小学的李吉林老师正执著于小学语文情境教学研究，李老师执教的《萤火虫》等研究课，通过形象的情境创设把我们带到童话般的美妙世界，让我们感受到情境的美、语文的美、教学的美，心中生成一个美丽的梦、一个教育家的梦。

作为南通师范首位大专班的学生会主席，我有着三年多的学生活动的组织和管理工作经验，因而显得更加成熟与老练。当时学校缺乏一位管理老师，领导商量后决定让我留校。考虑到自己曾经立下的要成为小学教育名师的人生志向，我毅然选择了回家乡启东从事小学教育工作。因为一线的学校是我心灵的牧场，是我成长的根基，是我希望的田野。

1993 年冬，启东市委组织部想从教育系统引进人才。这对年仅 23 岁就已任校长助理的我来说，自然有着许多的优势。是执著于教育事业的长期发展，还是从事将来的机关工作？这是对我教育理想的一次严峻的考验。这时，李吉林老师的一席话使我明晰了人生的方向，找准了奋斗的目标，增强了我前进的动力：你是一位具有很强潜质的好教师，如果在教育这个领域里坚持努力下去，一定会取得不菲的成绩……

二次跨越，厚积薄发

教师始终是在以自我的整个气象影响学生、影响课堂。

1993 年，江苏省举办全省小学青年教师教学基本功比赛。我代表学校参加启东、南通的城镇组比赛。期间，接受了李吉林、张兴华等南通名师的专项指导。李老师结合自身的成长经历阐述了教师个人发展的必由之路——确定目标、勤于思考、不断提高。至今还清晰记得当时有这样一个细节，我在朗读一段文字时，将“纤细”读成了“qiānxì”，李老师极其认真地指出了我的错误，并且细致地分析了“纤”字的读音规律：“纤”字只有解释为拉船用的绳子时，才读“qiàn”，在其他词语中都读“xiān”。李老师这般严谨的治学态度给我后期的教学工作带来了巨大的影响。集训的两个月时间，正值酷暑，躲进小楼，耐住寂寞，研读教育学、心理学、教育理论书籍，苦练钢笔字、毛笔字等教学基本功，锤炼钢琴弹唱、竹笛演奏、美术字书写等特长表演技能……这段艰苦非凡的强化练习给我今后的教育生活增添了许多的自信，也实现了我教育生涯的第一次真正意义的跨越。

2001—2002 年，我有幸参加了在广西师范大学进行的第三期国家级小学语文骨干教师的培训。沐浴了我国基础教育第八次课程改革的第一缕春风，聆听了朱小蔓、袁振国、肖川、郑金洲、支玉恒、靳家彦等教育大家的报告，与孙双金、刘云生、景洪春等小语教育精英为同窗，互相学习、共同切磋、一起发展。培训期间，读到李吉林老师的《一个值得倡导的教学原则：美感性》，受她的“美能激智”、“美能冶情”、“美能育德”等观点的启发，我把本轮培训的研究课题确定为“小学语文教学中的审美教育探究”，将语文阅读与审美活动相结合，充分挖掘小学语文教学活动中的审美因素，通过利用审美媒介创设审美情境，重视朗读教学凸显审美形象，发掘内在美点揭示审美情趣，开辟审美通道启发审美想象，设计审美议题诱发审美体验，确定审美目标展开审美鉴赏，注重适时提升尝试审美创造等途径，优化教学方法，提高教学效率。培训结束，经考核，我获得了“优秀学员”称号。两年时间的集中与分散的“国培”，是我教育生涯的第二次跨越，那是一次洗礼、一次蜕变，更是一次飞跃。

李老师说：“名师的成长因素是多元的。”工作中一些看似恬然的顺应，实际上成为一种力量的蓄积。正是这样的历程，使我才有可能更多地涉猎书法、篆刻、绘画等艺术门类，才有可能更多地参与各种大型活动的主持策划工作，才有可能以数学的眼光审视语文，以美学的视角透视课堂。日渐丰厚的人文基础促成了我课堂教学的自然、生动、诗意和灵动。

三大会课，崭露头角

教学的成熟需要天长日久的艰辛磨砺，教育技艺的质的飞跃基于平日的量的累积。

2003 年暑假，全国第七届“创新杯”教学艺术大赛在新疆哈密举行。经过一个月的精心准备，我带去了苏轼的《题西林壁》，受李吉林老师情境教学思想的启发，教学时注重诗的情趣和理趣，将诗与画、诗与乐、诗与情有机结合，给师生极好的艺术享受，获得了一等奖。著名小学语文特级教师赵景瑞评价说：“我看到了一位优秀的小伙，沉稳中透出机智，平和中蕴涵激情，多元素的融合将古诗教得这般的生动有趣。”次年，我应邀参加了在北京的全国教学课堂创新大赛，执教了《恐龙》，课堂中充分调动学生的学习积极性，从学生的兴趣入手，按照李吉林老师的情境教育理论巧妙创设教学情境，注重直观画面的再现，启发学生情境会话，将说明文教得生动活泼、情趣盎然，又获得了一等奖。

2006 年 11 月，由全国小语会组织的全国第六届小学青年教师阅读教学比赛在武汉进行。我代表江苏参赛，抽到的课题是苏教版五年级的《鼎湖山听泉》，准备时间为一个多月。那段时间，教案一稿又一稿地在案头垒起；那段时间，我办公室里的灯不知亮到深夜几点……不知多少次拿着教案与众多老师和专家商量，然后一遍又一遍地修改。比赛前，我带着较多困惑走进了二附小李吉林老师的办公室。她非常热情地接待了我，极其专注地听我试讲，逐字逐句地给我解析。精妙的语言、生动的画面、悦耳的旋律，给我创设了充满诗意的课堂情境，让我豁然开朗：我走进了美丽的鼎湖山，听到了美妙的泉水声……终于以“精彩的教学设计，精爽的教学风格”获得一等奖。

2008年11月，南通市第一梯队名师教学风格展示活动在通州进行。我执教的是《姥姥的剪纸》一课。在上课准备的17天时间里，我记下了一万多字的研课日志。我觉得，对一个教师来讲，磨课的过程是一个交流启发、反思创新的过程，也是专业成长的过程。这次展示是我追求语文课堂“真、善、美”的有效实践，旨在探寻语文课堂教学中求真、崇善、尚美的途径。在整理教学反思时，李吉林老师的情境教育思想和孙双金老师的情智语文主张使我萌生出了“情理课堂”的教学构想。

四方之志，畅情遨游

名师，在不断实践中生存，在刻苦锻炼中成长，在不懈追求中成熟。

2006年6月，经过材料申报、论文答辩、现场上课等环节的严格考核，我入选了南通市名师培养第一梯队。这是南通市教育局着力培养南通名师的重大工程。我非常珍惜这个机会，因为可以与李吉林、成尚荣、施建平、许新海、许友兰、袁炳飞等导师面对面地交流与学习。导师团为我们的学习与锻炼精心打造了许多成长平台，我通过系统地阅读、自觉地实践、不断地探索，逐步明确了自己的专业研究方向，围绕着专著阅读、课堂教学、课题研究、论文发表、博客更新等“忙并快乐着”。

2008年，我提出了“情理课堂”的教学主张，倡导小学语文课堂应该激发情感、创设情境、凸显情趣、遵从文理、注重学理、传授道理。李吉林老师对我的观点又提出了许多有效的指导，并激励我在语文教学之路上走得更远、走得更坚实。

面对如此博大纷繁、群雄并起的语文世界，我要做一条很努力的鱼，要把视线之前的对岸当成下一个旅程的起点，心怀梦想，果敢探索，执著追求，寻找心中希冀的梦。

教研撷萃

情理课堂：一种现实而有效的小学语文教学走向

摘　要：情理课堂是一种中和的小学语文教学主张，是指在课堂教学中既注重情感、情境、情趣等感性因素，又凸显文理、学理、道理等理性成分，力求课堂教学活动入情入理、情理相融。在教学时，教师应努力做到激发情感、创设情境、凸显情趣、遵从文理、注重学理、传授道理。这种情理共生的课堂，巧妙地解决了“教什么”和“怎么教”的问题，有效地促进了“人文性”与“工具性”的和谐统一。

关键词：情理共生；有效；走向

2007 年始，我尝试小学语文课堂的感性和理性的实践与研究，逐步探索出一条有效的教学路径，提出了“情理课堂”的教学主张。

一、“情理课堂”的研究背景

1. 小学语文课堂教学的尴尬现状

关于小学语文课堂教学，始终存在着两种不同的声音。

（1）小学语文课堂应该是感性的。

小学语文是情感性学科，语言文字在记载知识的同时，还刻画形象、表达情感、传递态度。因此，在小学语文课堂教学中，感性无处不在。然而，在新课改“感性语文”的大旗下，许多教师又有新的困惑，他们不敢在课堂上涉及有关文章的分析、结构的解剖、方法的指导等理性范畴，唯恐扣上“老传统”的帽子，致使语文教学效益严重滑坡。

（2）小学语文课堂不能没有理性。

新课改之后的课堂愈来愈明显地呈现出“重情轻理”的倾向，突出表现为语文课堂的理趣的欠缺和语文学习的理性的忽视。语文教学理当纠正以往语文教育中过分理性，但也不应该从一个极端走向另一个极端。其实，在语文教学中，我们不能忽略一些理性思维的培养，比如，怀疑、批判、思辨、探索、逻辑，等等，相比较我国传统的感悟文化而言，这些理性思维或许正是我们所缺少的而又必须补上的。于是，许多小学语文教学专家又呼唤“理性的回归”。

2. 情境教学理论的启发指导

李吉林老师提出的小学语文情境教学主要有四个特点：一是形真。就是把课文所写的景物形象真切地再现出来，以鲜明生动的形象，强化学生的感知过程，能为学生所接受。引导学生感知形象，只有感受亲切，才能入境。二是情切。即情真意切，情感参与认知活动，教学以情感为纽带，贯穿在整个教学过程中的师生的情感随着课文情感的起伏而推进、延续。三是意远。即意境广远，形成想象契机，有效地发挥学生的想象力。四是理寓其中。从教材中心出发，由教材内容决定情境教学的形式，创设富有内涵的具有内在联系的有意义的情境，使教学活动不仅是对感性的、对事物现象的认识，而且是对事物本质及其相互关系的认识。(金忠明，2004)

情境教学所倡导的“情切”，就是强调情感因素，让真情实感参与认知活动。“理寓其中”就是追求教学的理性深刻，强调对事物本质及其相互关系的认识。情境教学既注重了“情”，又关注了“理”，正确体现了理性与感性，认识与情感的辩证关系。这样的教学才是有血有肉的、入情入理的。

3. 人性和谐发展的现实要求

人性中包含着“感性”和“理性”。我们的细腻丰富的情感为我们带来的“感性”，使我们的精神世界变得精彩纷呈。而理性的“思”又是我们分析研究现实物质世界和探寻物质世界规律的前提。“感性”好比人的骨骼，“理性”好比人的血肉，血肉依附于骨骼而生长，但是骨骼以血肉为动力产生动作，骨骼是血肉的支撑，而血肉的存在是骨骼存在的意义……这一切构成了完整的鲜活的生命。

人的整个生命历程，就是“感性”与“理性”的不断转化和互相作用的过程，而人生的最高境界就是“感性”与“理性”的和谐，为人处世的最佳状况便是“情”与“理”圆融。

二、“情理课堂”的要义概说

情，在心理学上称为情感，指人们的思想观念、行为准则、价值取向等在心理活动上的表现和反映，是对客观事物的一种心理状态。

理，通俗地讲就是道理。从某种意义上说，与感性相对应的，所有理性的东西都可以称为理，通常不以人的喜怒哀乐为转移。在日常生活中，“理性”通常代表着一种冲动的克制，一份平静的心态和一种宠辱不惊的人生境界。

情理，从人性的角度来分析：“情”指的是人的本体生命、意欲冲动，“理”指的是抽象思维、社会规则。从儒学的角度来分析：中国文化精髓的情理精神，是一种合感性与理性为一体的圆融（或中庸）。从教学的角度来分析：情理就是指在教学时关注感性与理性。所谓感性就是重视教学的情感因素和学习的直觉感悟，所谓的理性是指教学中要有理性思维的参与，要有思辨色彩闪耀其间，要能穿透文本的表层意义，在感性中理性地提升。

情理课堂，是指在课堂教学中既注重情感、情境、情趣等感性因素，又凸显文理、学理、道理等理性成分，力求课堂教学活动入情入理、情理相融。更形象地说，课堂以理为骨、以情为肉，使小学语文课堂教学骨肉丰满。

三、“情理课堂”的理论支撑

1. 文学的本质属性

文学是人学。离开了人，文学便失去了存在的意义。实际上，文学所描写的内容，都是人的内心世界的展现，即便描写的是大自然的美，也离不开人。像朱自清的《春》，在春草、春花、春风、春雨的背后，仍然是“落地的娃娃”、“花枝招展的小姑娘”、“健壮的青年”。文学只要表现了人的心灵，就脱不开“情”，离不开“理”。就任何一部作品而言，都包含着情与理两方面因素，因为没有理的基础，情便无从产生，即便是表面看来纯抒情的作品，其中仍有理性的影子。

2. **心理学的相关理论**

从心理学的角度看，理性是指人利用概念进行推理、判断的心理机制，感性是指人的感知、想象、情感、灵感、直觉等心理机制与功能。感性认识是对事物现象的认识，理性认识是对事物本质的认识。现代脑科学也告诉我们：人的大脑两半球中，左半球主理性思考，右半球主情感活动。法国哲学家卢梭倡导感性的自然主义教育，他认为，2～12 岁的儿童处在“理智睡眠时期”，但卢梭没有否认这一时期儿童的“理智”的存在，这“理智”正是儿童发展的潜动力。

3. **儒学的情理精神**

儒学思想是中国传统文化的主流，而情理精神则是儒家文化的精髓。儒家的“情理精神”更多表现为中庸。在中国人的社会生活中，遵循“情理精神”，凡事多替对方考虑：给对方留面子是合乎情理的，否则，就是不合乎情理的；做事情不要做到极端，要留有余地是合乎情理的，反之，就是不合乎情理的。正是由于中国文化中间灌注着、充盈着这种“情理精神”，所以中国人处世原则是讲究中庸、追求和谐，对人的教育、劝导、安慰是动之以情、晓之以理，所动的情是天理人情，所晓之理是人情天理。(肖群忠，2006)

4. **教学论的基本观点**

现代教学论认为，学生掌握知识的过程是一个感性认识和理性认识有机结合的过程。只有学生的感性认识丰富，表现清晰，想象生动，形成理性认识及理解书本理论观点才容易、才可靠。反之，就会感到困难、不真实。另外，教学过程是教师与学生情感与理性共同参与的活动，它兼有艺术性和科学性的特点。对教师来说，教师对教学目标的理解、教学方法和教学内容的选择、与学生的互动等都带有个人的情感色彩，同时，这些环节也是教师发挥各种理性作用的过程。对学生来说，教学过程不是学生被动学习的过程，而是学生对学习的内容、方法和学习目标进行认识和反思的过程，而这个过程正是学生个体情意能量发挥的过程。

四、“情理课堂”的操作要素

情理课堂有六个要素：情感、情境、情趣、文理、学理、道理。教师层面上的操作要领是：激发情感、创设情境、凸显情趣、遵从文理、注重学理、传授道理。

1. **激发情感**

情感性是小学语文教学情理课堂的主要特征。“情感如同肥沃的土壤，知识的种子就播种在这个土壤上。”（苏霍姆林斯基）语言是情感的载体，凡是出色的文学作品，语言文字必然是作者情感的最贴切的符号，美的语言给人如闻其声、如临其境之感。喜欢不喜欢语文、热爱不热爱语文、痴迷不痴迷语文，始终是衡量学生语文素养的首要标准和核心价值。

另外，语文的学习是一种认识活动，小学语文教学的过程是师生情感流动的过程，“感人心者，莫先乎情”（白居易），缺乏情感的认识是机械的、表层的、苍白的、短暂的，课堂也就缺少了生气和乐趣，学生也就丢失了对智慧的挑战和对知识的好奇。学生的思想只有被浓厚的情感渗透时，才能获得认知的力量，引起积极的注意、深入的思考和持久的记忆。在教学中，教师应充分利用情感因素，使之成为课堂教学的动力，成为师生生命的有意义的构成部分。

2. **创设情境**

创设情境是语文情理课堂的重要手段。情境就其广义来理解，是指作用于学习主体，产生一定的情感反应的客观环境。情境教学法是指在教学过程中，教师有目的地引入或创设具有一定情绪色彩的、以形象为主体的生动具体的场景，以引起学生一定的态度体验，从而帮助学生理解教材，并使学生的心理机能得到发展的教学方法。

情境作用于人的感官，可以产生一系列心智活动。所以，在语文课堂教学中合理地创设生动情境，可以让学生在轻松的气氛中激活思维、接受知识，在探究的乐趣中诱发动机、增长力量，在审美的体验中丰富感受、陶冶情感，在多样的活动中开阔视野、展现个性。从而有效地提高了课堂教学效益。

3. **凸显情趣**

情趣即情调和趣味。在课堂中，师生的一颦一笑、课堂的一张一弛之间，教育者的匠心随着一种内在的韵味迅速地传导给每一位学生，一种可

意会不可言传的美妙将教学推向至真至纯之境，给学生以润物细无声的感染，这就是情趣。（李伟忠，2010）

教学中的情趣，似乎更侧重于“趣”。情趣应该契合小学生的学习心理，是指向小学生的课堂发展的。因为它是学生热爱学习的基础，是学生学习的内在动力。课堂情趣源自教材中提供的生动文本，它们是情趣萌生的客观基础；课堂情趣源自教师的教学语言、教学的组织形式、师生的互动水平，它们是情趣发展的必然条件；课堂情趣源自特定教学情境中的问题因素、情感因素和认知建构水平，它们是情趣盎然的决定因素。教学时，教师应该运用多种教学手段，充分调动与激发学生的求知欲望，努力让课堂充满情趣，使学生在趣味中获知、在求知中得趣、在情趣中悟理。

4. 遵从文理

这的“文理”是指文本自身所蕴涵的作者的思路、作品的文路以及语言文字的结构特色等，是语文作为工具性学科的本质特征。一篇好作品不仅具有形象性，也有其内在的逻辑和思路，这是文章的骨架，它可能是显性的，也可能是隐性的。教师要引导学生深入文章的内部，把握和领会作者的思路和文章的逻辑，这样才能深刻地理解课文的内涵。小学教材中的文本都具有独特的结构形式和语言章法，是学生学习与借鉴的重要范本。

目前，小学语文课堂教学效率不高，其原因之一就是一些教师在教学中忽略了基本的“文理”分析，虽教得面面俱到，却把一篇完整的课文解析得支离破碎，使学生得不到完整的艺术感受，失去了对语文学习的兴趣，课堂获益甚少。

5. 注重学理

“学理”有三层含义：一是指语文教学要符合小学生的心理特征；二是指语文教学要符合母语教学的规律；三是指学生应通过语文学习掌握方法、悟得规律、发展思维能力。

小学生学习语文，讲“套路”，也要得法，更应注重学习规律。教学论认为，教师教学不仅仅是向学生传授基本知识、培养基本技能，还负有向学生传授学习规律和学习方法方面的有关知识、指导学生培养良好的学习习惯和优秀的学习品质等重要职责。强调学理的课堂就是要变重“教”

为重“学”，应着力去训练学生学会思考、学会找规律、学会归纳总结、学会建立知识架构。要“授之以渔”，突出学生的学习主体性，让学生逐步掌握合理的方法，能自主地进行语文学习活动，从而有效地获得语文知识和技能，逐步建立起正确的语文思维体系、语文知识体系和学习方法体系，实现自身语文素养的全面发展。

6. 传授道理

“师者，所以传道，授业，解惑也。”“传道”是教师的首要职责，也是教育的基本功能。因此，在课堂中明白道理、悟得真理、理解哲理，是语文情理课堂的基本价值取向。新课堂倡导“感悟”，教师要组织学生用心感受、深度解读文本，去悟道，去明理。

文学是人学，文风体现着作者的思想情操和道德风尚。在语文课堂中，不仅要“读有字书”，还要“识没字理”，要识的“理”有很多：人情冷暖、社会百态、处世态度、人生追求……让学生在丰富的文本世界里，走过亘古蛮荒，跨越时空长河，与那些高尚的人物和深刻的思想进行心灵的沟通和思维的碰撞，使学生得到人生的净化和灵魂的泅渡，在习得知识、培养智慧的同时聪慧明理、学会做人。

五、“情理课堂”的实践意义

语文情理课堂的实践，解决了目前小学语文课堂的较多的认知困惑与教学偏颇，有利于提高语文课堂的教学质量和效率。具体体现在以下三个方面。

1. 促进了“感性”与“理性”的有机融合

小学语文教学，过于理性会显得刻板，过于感性会显得散乱，应该努力寻找一个最佳的平衡点，让二者能够相得益彰。而语文情理课堂，就找到了这个“点”，它注重感性的情感、情境、情趣，更不放弃理性的文理、学理、道理，既有情的陶冶，也有理的觉悟，让我们既看到学生个性化的感悟，也看到学生深层次的思索，不仅让学生构建了一个丰富的情感世界，还创造了一个深沉的理性世界。

2. 促进了“人文性”与“工具性”的和谐统一

工具性与人文性的统一，是语文课程的基本特点。

语文情理课堂既强调人文性的情感、情趣，注重工具性的文理及学理。所以，遵从文理，注重学理，顺应作品的文路，特别关注文本语言文字的结构特色，通过语文活动来掌握方法、悟得规律、发展思维、形成能力，就可以实现人文性与工具性的和谐统一。

3. 促进了“情趣”与“理趣”的自然渗透

情理课堂，既重视情趣，又关注理趣。我们在尊重学生多元感悟的同时，对一些错误的观点应予果断地纠正；我们在追求感性、形象、想象的生动有趣的同时也要学会欣赏理性、抽象思维的逻辑魅力；我们在看课堂诗意盎然、情节跌宕的同时，也应该去关注课堂的布局合理、结构严密……唯有如此，才能达到情理共生、自然和谐的教学佳境。

[参考文献]

[1] 金忠明. 2004. 教育的十大基本问题 [M]. 上海：上海教育出版社：63.
[2] 李伟忠. 2009. 情理，语文教学的迫切追求 [J]. 教育情报参考：38.
[3] 肖群忠. 2006. 伦理与传统 [M]. 北京：人民出版社：237.

课堂采风

追求情理共生的教学佳境

[苏教版第六册（上）《姥姥的剪纸》]

[教学片段]

片段一

生：第二自然段中，有这么一句话：一把普普通通的剪刀，一张普普通通的彩纸，在姥姥的手里翻来折去，便要什么就有什么了，人物、动物、植物、器物，无所不能。我从“翻来折去”、“要什么有什么”这两个词语中，感受到姥姥剪纸水平的高超。

[出示这段文字]

师：是啊！简直在表演魔术。

[出示批注：“魔术师耶!”]

师：这段文字中，你们还圈画到哪些词语？

生：我圈画的是两个“普普通通”。

师：给大家讲讲你圈画的原因。

生：姥姥用的剪纸工具没有什么特别的。越是普通，越能说明姥姥的了不起。

师：（引读）一把普普通通的——一张普普通通的——在姥姥的手里——

[课堂情趣的来源之一是课文中所隐含的故事情节、人物性格、知识道理以及关键词句，它们是情趣教学的客观基础。对于文中的这个关键句子，教师提示学生紧紧扣住“普普通通”来细细品味，以感受姥姥剪纸技艺的高超。在语文教学中，虽然不可能做到对文中的所有的文字进行一一

品析，但对于一些重点语句，老师应该不惜时间地讲深讲透，语文的情趣和魅力就在这儿。]

片段二

师：我们还可以从哪儿感受到姥姥神奇的剪纸手艺？

生：我从小就听人啧啧赞叹："你姥姥神了，剪猫像猫……"

师：假如你的姥姥有这般手艺，你的心情如何？

生：骄傲。

生：自豪。

生：得意。

师：现在换上"我"字，骄傲、自豪、神气地读读这句话。

[一生有感情朗读]

师：听出点自豪了。谁再来！

[一生有感情朗读]

师：瞧你得意的样子！

[一生有感情朗读]

师：是啊！我姥姥太了不起啦！咱们一块儿来夸夸我姥姥——

[生一起有感情朗读]

师：姥姥还会剪些什么呢？请你按照这样的句式说说姥姥剪的人物、动物、植物、器物。

(出示填空：我姥姥神了，剪____像____，剪____像____，剪________，剪________)

[同桌讨论后交流]

生：我姥姥神了，剪猫像猫，剪狗像狗，剪架飞机能飞翔，剪艘轮船能载物。

师：不错！姥姥能剪动物和器物。还能剪什么？

生：我姥姥神了，剪苹果像苹果，剪桃子像桃子，剪只竹篮能打水，剪把扫帚能扫地。

(生大笑)

师：姥姥剪的"竹篮能打水"，也太神了吧！

生：我姥姥神了，剪花像花，剪草像草，剪只蝴蝶能飞舞，剪头骏马能奔跑。

师：不错！不错！你们的想象力真丰富。我们再来看看课文中的句子，作者描写的都是动物。你们能不能都来描写植物？谁给改一改？

生：我姥姥神了，剪花像花，剪草像草，剪朵梅花能傲霜。

师：谁再来补充？

生：剪朵荷花能乘凉。

片段三

师：姥姥的剪纸手艺为什么如此“神奇”？咱们快速读读课文的4～6自然段。

生：（朗读）“数九隆冬剪，三伏盛夏剪，日光下剪，月光下剪，灯光下剪，甚至摸黑剪。”

[出示这段文字]

师：这段文字很有特色，你发现了吗？

生：这句话中有好多“剪”字。

师：共有几个？

生：6个。

师：我们读读看。（引读）数九隆冬——剪，三伏盛夏——剪，日光下——剪，月光下——剪，灯光下——剪，甚至摸黑——剪。

师：这么多剪字，说明了什么？

生：姥姥在不断练习。

师：所以，姥姥感悟道：“熟能生巧，总剪，手都有准头了！”“熟能生巧”，剪纸是这样，做其他事情是不是也是如此？

[许多学生点头]

师：你来谈谈体会。

生：我练毛笔字，起初写得很难看，后来多练几遍，逐渐就好看了。

生：我学弹琴，开始很生疏，经过几天反复练习后，就熟练了。

师：熟能生巧，多练习，就能盲弹啦！

[点评] 这段教学特别关注语言的表现形式——文理紧紧扣住六个“剪”字，对关键语句进行品读与感悟，让学生自主亲近语言文字，领会姥姥的技艺高超，深入开展多样化的语言实践。对于“熟能生巧”这个词语的理解，打破习惯问学生“这个词语的意思是什么，你能用来造个句子吗？”的做法，而采用让学生联系生活，链接学生的生活情境，举例说说

生活中“熟能生巧”之事，有效提升了学生运用语言的能力。

片段四

师：哪些作品“拴”住了我？请你用直尺画出文中描写剪纸作品的语句。

生：我抢过来看了，是一只顽皮的小兔子骑在一头温顺的老牛背上。

生：姥姥又剪出一幅：一头老牛和一只兔子在草地上啃食青草。

生：从那时候起，我总是缠着姥姥剪兔子和老牛——蹦跳的兔子，奔跑的兔子，睡觉的兔子；拉车的老牛，耕地的老牛……

[出示这三句话]

师：你能读懂姥姥的这些剪纸作品的寓意吗？

生：第二句是说我和姥姥在一个锅里吃饭呐！

生：第一句中，“小兔子”是指“我”，“老牛”是指“姥姥”。姥姥经常背着我玩儿。

生：“兔子”指“我”，总是在玩耍，“老牛”指“姥姥”，总是在干活儿。

师：拴住“我”的仅仅是这些剪纸作品吗？

生：是姥姥对我的一片真情。

师：这份情感深深地融入语言文字中，我们来读好这些文字。

[师生角色朗读，感受温情]

师：姥姥的剪纸拴住了我天真烂漫的幼年，拴住顽皮捣蛋的童年。

[《假如爱有天意》音乐起]

(师有感情地朗读第13自然段)

(出示剪纸图)

师：这定定地站着的，出神地望着远方的老牛仿佛在说——

生：孩子，你可要经常回来看看哟。

生：孩子，天气转冷了，记着多穿点衣服，可不要受凉啦。

……

师：这欢蹦远去的兔子仿佛在说——

生：姥姥，我会永远记着您的。

生：姥姥，您也要当心自己的身体，祝您永远快乐，永远健康！

[点评] 这段教学将情境教学演绎得十分精彩：先通过对抽象语言的

朗读，想象出老牛和小兔子在一起的生动画面，再配以感人的音乐进行深情范读来激发情感，最后，启发学生看图进行想象说话来升华主题。以情感为动力，以体验为途径，以想象为依托，让学生的认知与情感和谐统一，促进学生产生一系列的心智活动，发展其思维能力，构建了有意义学习的语文课堂。

［案例启示］

《姥姥的剪纸》一课，作者以剪纸为线索组织材料，将读者一步步引入一个充满亲情的世界。文章语言优美，情感饱满，理蕴其中，是一篇情理交融的佳作。在教学过程中，引导学生品文，入“境”，通“情”，达“理”，完成了情与理的合璧，充分展示了情理课堂的魅力。具体说来，这一课在情与理方面突出了以下三点。

一、情理并重，全面关注

情感和理性是人性中最重要的元素，但在当前的课堂上，普遍存在着情的过度渲染与理的淡化缺失现象。教学时，在让学生充分体会姥姥炉火纯青的“剪纸神功”的基础上，引导学生通过“有求必应”、“谁开口都行”等词语感受姥姥的为人，感受她的“德艺双馨”，继而又引导学生探讨姥姥的剪纸手艺为什么这么神奇，从而揭示出熟能生巧的道理。还让学生结合自己的生活和学习列举熟能生巧的例子。教学时不仅注意引导学生充分感受文字所表达的形象与情感，而且十分注意启发学生体悟文字背后蕴涵的东西，对情与理的全面关注有助于完满人性教育的达成。

二、情理交织，形神兼备

人是理性和情感相统一的“有意识的存在物”。在这节课上，十分注意将情与理交织在一起推进教学过程。如，在指名读了课文的一至三自然段后，让学生说说初步感受，进而让学生用一个字来概括、提炼。在让学生体会姥姥的剪纸手艺神在哪里时，要求学生仔细读课文，用笔画出相关文字，并在文字旁写上批注，引导学生边读边悟。学生汇报时则引导他们反复朗读，并让学生说说假如你的姥姥有这般手艺你的心情会怎样，再让学生用骄傲、自豪的语气读相关语句，将自己的理解通过朗读表达出来。这样，朗读、理解、感悟、概括等交替进行，逐步将学生对文本的理解引向了深入。这样的课堂，学生感受深切，理解深刻。

三、情理相生，浑然天成

情与理是相辅相成的，情中蕴理，理可导情。在教学中，先引导学生在充分阅读课文的基础上体会姥姥剪纸的“神”，接着，借助于学生对姥姥高超剪纸技艺深深的佩服之情引导学生将“神”具体化，模仿课文中的句式“剪________像________”进行说话练习。在学习姥姥用剪纸“拴”住“我”的心一段时，抓住老牛与兔子的剪纸作品启发学生展开想象、扮演角色、进行对话、动情表达、感悟亲情，并用作者笑源的话深化学生对亲情的认识。从这里我们可以看到情可生理、理可生情，我们应该让诗情和理趣在课堂上实现深度交融并相互生发。

总体看来，课堂情中有理、理中含情、情理并茂，只有情理交融的课堂才有活力，才能出彩。其实，情理课堂的价值不仅在于能改变课堂教学的面貌，也不仅在于能促进学生知识的掌握和能力的提升，更在于对培养既充满热情又热爱真理的“通情达理”的人的教育目标的追寻。

董一红

Dong Yi Hong

本科学历，江苏省南通师范学校第一附属小学副校长，江苏省特级教师，中学高级教师。江苏省优秀教育工作者，南通市第一梯队名师培养对象，南通市专业技术拔尖人才。全国教育科学规划“十一五”重点项目“情境教育与儿童学习的实验与研究”子课题——“情境创设与小学语文个性化学习研究”主持人。参加由中央教育科学研究所、全国中语会等六家单位联合举办的首届“个性杯”语文课堂教学大赛，获特等奖。《人民教育》等杂志曾专门推介。

成长之路

难忘李老师的教诲

题记： 她，是岁月中明媚的阳光，让那些深浅欹斜的脚印，闪现出奇异的光亮，让那些平凡无奇的生命，拥有甜蜜的梦想，焕发出绚丽的色彩……

常常感谢命运对我的眷顾，虽然师范毕业后没能到李老师所在的学校工作，但是我却非常幸运地成为了李老师的学生，得到了李老师的厚爱与手把手的教导。李老师对我的影响是无法用语言来表达的。李老师的话深深地铭刻在我的心里。

学习要主动，你来约我哟！

2006 年，我进入了南通市名师第一梯队，李老师成了我们的导师。一天，李老师得知我正在备《望月》一课，走过来柔声说："小董，学习要主动，需要我帮助时你来约我哟！"我愣住了。一个蜚声国内外的我们仰慕已久的教育家对我这样的无名小辈竟是这样的亲切、谦和。

记得 20 世纪 80 年代，我踏进南通师范学校大门的第一天，就在校门口巨大的宣传栏上，看到李吉林老师的巨幅照片和名字。本来学校安排邀请李老师给我们师范新生作报告的，可是李老师在外讲学，我们没能如愿。

二十多年来，李老师指引着我们师范生前进的方向，我们这些师范生都是李老师的粉丝，李老师是我们的偶像，让我们远远地望着、艳羡着……如今，李老师就这么近距离地在我的面前，那么平易近人，那么和蔼可亲，我幸福得有点眩晕。

我当然不会放弃这请教的好机会。和李老师相约，我来到了她的办公室，李老师正在忙碌着，却立刻放下手中的稿子为我倒上茶，还不住歉意地说没为我准备好吃的。

很快我们进入正题，她认真地为我讲教材，专注地倾听我对教学设计的想法，不放过一个细节。当我说到“请两个同学演小外甥和舅舅的对诗”时，李老师说：“你可以这样创设情境：请这两个同学站到屏幕前——现在你们就站在轮船甲板上，望着江水和明月，吟诵着关于月亮的诗呢。”这样一个小小的细节，使我的眼前顿时出现了“月下江上吟诗”的画面。课堂上，孩子们在这样的情境下吟诵得有滋有味，场面情趣盎然，给听课者留下了很深的印象。我不禁想：原来，真正的大家就是这样谦逊、可亲的，原来情境创设并不是那么高深莫测的，教育家就是这样不放过每一个细节的，每一个细微处都是值得研究的。

随后是试教，李老师亲自帮我联系安排好试教班级、地点、多媒体设备等。从那以后，我成了李老师办公室的常客，幸福地成为了李老师的学生。

我正月初三就开始工作了

2008 年我 40 岁了。“40 岁了，作为女人，可以歇歇了。”我悄悄地对自己说。安逸对我来说是有诱惑力的。然而，这种想法被李老师不经意间彻底改变了。

那是那年的正月初五早上，我手捧精心挑选的鲜花给李老师拜年。李老师百忙之中为我们付出了很多，但是她总是不允许我们回报什么，我唯有用鲜花和真诚的心来表达对李老师发自内心的谢意和真诚的祝福！

走进李老师家的院子，映入眼帘的是一片翠竹、几盆别致的盆景，院子显得那么清幽、雅致，一如李老师的为人。落座后，李老师捧出家里仅有的一套共八本的《李吉林文集》送给了我，临走又似乎是不经意地说了句：“小董，我正月初三就开始工作了。”

我心里一动：李老师已经年过七十，她还在朝着梦想马不停蹄，我也要把寒假利用好。

我如饥似渴地拜读那八本《李吉林文集》，惊讶地发现：李老师的情境教学研究始于 1978 年，那年她已经四十岁了！四十岁的她迈开了情境探索的脚步。为了开展实验，她毅然走进校长办公室，向校长提出从从未教过的一年级开始，进行“情境教学”的研究，她要把十年“文化大革命”耽误的青春夺回来。于是，黎明前的北濠桥上出现了她等待日出的身影；乡间小道上留下了她寻觅的足迹；华师大的校园里多了一个虚心求教的常客……

读到这里，我不由得想：我探索的脚步也才刚刚迈开，怎能停止？我才四十，一切才刚起步，我要像李老师那样，不断前行。

“小董，我正月初三就开始工作了。”这句话从此不断地鞭策着我，使我不敢懈怠。

你这不是贴标签吗？

在全国教育科学规划“十一五”教育部重点课题情境教育与儿童学习的实验与研究第三次推进会上，蒙李老师厚爱，我有机会执教研究课《我和祖父的园子》。

备课前，我认真研读教材，读了大量有关萧红的资料，又学习了其他老师的课堂实录（其中不少是特级教师的课堂实录），最后，设计了课堂初步构想来到李老师的办公室向李老师请教。当我说道：“范读课文，让学生说说小萧红给你留下了什么印象”时，李老师果断地说：“你这不是贴标签吗？课文还没有好好读，语言文字所描绘的画面还没有具体地去感受，这时候谈印象，不是孩子真切地体会到的，只能是贴标签。要先创设情境，走进语言文字所描绘的画面中……要以儿童为本，关注学生是怎么学的。”

一语点醒梦中人，怪不得前面我观看的几堂课的录像，让我觉得课文被肢解得支离破碎，整堂课少有朗朗的读书声，更没有能还原萧红童年时在祖父园子里淘气的有趣的画面，原来原因就在这里，如果我是学生，走出这样的课堂，脑海里留下的只有“顽皮、淘气”等概念性的词语，却没有那生动的画面，感受不到那散文诗一样的语言的魅力……我豁然开朗，有一种醍醐灌顶的感觉！

随后，在李老师的指导下，我在具体的情境创设上动脑筋，在还原小萧红童年趣事的画面上下工夫。这次教学获得了成功，课堂上充分尊重学生，创设了多种情境，孩子们学得投入，似乎一个个都成了那活泼、淘气、自由的小萧红，在祖父的园子里快乐戏耍……课堂上生机勃勃，对萧红及其祖父的形象的感悟水到渠成……下课了，孩子们纷纷围上来说：“老师，课文我会背了呢！”随后声情并茂、绘声绘色地背诵了起来。我惊呆了，感叹于情境教学的巨大魅力！我忽然明白了，我们平时的许多课堂沉闷、学生提不起劲儿的原因。

“你这不是贴标签吗?”感谢李老师毫不留情、一针见血的提醒！就是这样言简意赅的一句话，从此改变了我的过于理性、枯燥的课堂，从此，我的每堂课都是生机勃勃的，从此，我周围的老师们的课堂也渐渐变得生机勃勃。

你很智慧，你要向着更高的目标努力！

在李老师的指导下，我的教育教学观念不再落后，课堂教学水平也有了明显提高。我一天天自信起来。

但是，也许每个人的内心深处都有自卑的角落，我也一样。我常常觉得自己书读得不够多，底蕴不够深厚，智力水平一般般……我常常惊讶于自己竟然能够取得今天的成绩。

就在这时，李老师在一次备课后对我说：“董一红，你是很有智慧的！”我惊讶地望着李老师。李老师肯定地说：“是的，我常跟办公室的老师这样提起你的。你功底深厚，又能不断创新，自己很会动脑筋，你的课上得很不错……你要不断总结，把点点滴滴写下来，你要向着更高的目标努力……”

2010 年 4 月 27 日，南通电视台拍摄了我上课的几个镜头，并采访了我，就在我为电视屏幕上的自己讲话不够从容、不够流畅而懊恼时，李老师兴奋地打来电话，给我打气：你的课堂上学生的状态非常好，采访你时，你的话也讲得很好，人的形象也很美，很不错……

惊讶于李老师的目光是那么有穿透力，总能看到我的心底，每次在我最需要的时候，给予我最需要的东西，给予我巨大的力量。每次得到德高望重的教育家——李老师这样的肯定与鼓励，我都如获至宝，浑身充满了力量，并把目标定得更加高远！

……

难忘李老师的教诲！敬爱的李老师，我深深地感谢您！

教研撷萃

从脑科学角度看促进个性发展的情境创设
——《谈谈姓名》比较教学有感

摘　要：从脑科学的角度来看，我们创设的让人轻松的情境、促使合作的情境、昂扬的情境、多感官参与的情境、缩短距离的情境，能促进学生个性的发展。

关键词：脑科学；情境创设；个性发展

语言的交流活动离不开语言情境。创设怎样的情境有利于培养学生的个性化的思维和表达？情境是怎样作用于人的大脑来提高语言表达能力的呢？飞速发展的脑科学研究对教育理论与实践领域正产生着越来越深入的影响。如何运用脑科学成果有效地改进教育？我在口语交际《谈谈姓名》这一课中，观察了不同的教学设计下的学生不同的学习状态，得到了点滴启示，并试从脑科学的角度来分析情境的创设对学生个性发展的影响。

一、创设让人轻松的情境，进入低激活水平状态，激活个性思维

以下是我的两次导入。

第一次教学：

师：我姓董，名一红，谁来说一说，我的名字有些什么意思呢？［学生面面相觑，无人敢发言］

第二次教学：

师：我姓董，名一红，唉，你们猜，我出生的时候，我的爸爸妈妈为什么给我取名为“一红”呢？［学生们略一沉思，纷纷举手］

生1：我猜，您的爸爸妈妈希望您能成一个大红人。（众笑）

生2：我猜，您的爸爸妈妈希望您的脸色红润。

生3：我猜，您的爸爸妈妈希望您能一炮走红。(众笑)

生4："满园春色关不住，一枝红杏出墙来"，我想，您就是那一枝红杏。您的爸爸妈妈希望您长得漂亮一些。(众大笑)

生5：红色是爱国的颜色，希望您做个爱国的人。

师：留取丹心照汗青，是吧?

生6：可能是您的爸爸妈妈希望您一生平平安安，红红火火。(众笑)

(生发言热烈，意犹未尽)

师：同学们说得都有道理。小时候，爸爸妈妈告诉我，红色代表革命、代表胜利、代表成功。爸爸妈妈希望我学业、事业有成，"万绿丛中一点红"，我挺喜欢这个名字的，所以，这个名字就一直用到今天。听了四（1）班同学的发言，我才知道，原来我名字中有这么丰富的含义。还真得谢谢同学们，谢谢大家!

[生鼓掌]

师：同学们，咱们思考问题，就要像刚才那样，敢想，可以从不同的角度去想，要有自己的想法。记住了吗?

以上两次不同的导入，效果的不同是显而易见的。第一次"谁来说一说，我的名字有些什么意思呢"，话题生硬而客观，激发不了学生的兴趣，且没有学生发表个性化观点的余地。第二次教学的成功，首先在于一个"猜"字。"猜一猜"决定了创设的是游戏的情境，既然是游戏，那么，环境是轻松的，儿童天生爱游戏，所以，这个导入有吸引力，话题一抛，所有孩子都在饶有兴趣地思考。随后孩子们轻松而富个性化的猜测，激活了课堂，让课堂充满轻松愉快的欢笑声。虽然创造性地表达自己的观点有一定难度，富有挑战性，但在这里，这一有难度的话题融化在欢笑声里。

脑科学研究表明：脑神经 A10，又叫快乐神经，A10 神经是影响人类心理活动的重要组成部分，因为它是唯一一条全线贯通下丘脑、边缘系统、大脑新皮质三部分的神经，所以一旦它被激活，人就会情绪高涨、干劲十足、思维敏捷、记忆力明显增强，产生无比的快感。脑神经 A10 作为一种快乐神经，却不是无缘无故产生的。也就是说，脑神经 A10 功能的发挥，必须依赖一个人快乐的心境。当一个人心境恶劣的时候，脑神经 A10 是无论如何也不能发挥作用的。(靳天民，2008)

最新的脑科学研究进一步证实，大脑皮质激活水平低时，特别是前额叶的低激活水平，是产生创造性思维的最佳状态。皮质激活水平低时，脑电图一般表现为低振幅的 δ 波和 θ 波。δ 波一般在人闭目养神、内心十分平静时出现，θ 波在接近睡着时出现，这些都表明低皮质激活在人神经非常放松的状态时出现。这就需要教育者创设让学生充分放松、有利于低激活水平的学习氛围，让学生的灵感迸发出来，激发出他们的创造性思维。

正因为此，第一种教学设计，让学生手足无措，不知该说什么，话题干巴，且缺少主观发挥的空间，学生的快乐神经如何能被激活！心理又如何能放松呢！可见，创设让学生心理轻松的情境，有助于个性化思维的激活。

实践表明：创设亲、助、和的人际情境或者美、趣、智的教学情境，都能唤醒学生的快乐神经，都有助于进入低激活水平，激活学生个性化思维。(徐艳 等，2004)

二、创设促使合作的情境，进入社会性场景，丰富个性认识

说完老师名字的含义，该孩子们说说他们的名字的含义了。这个环节的两次不同的教学，也带来了不同的效果。

第一次教学：

师：谁来介绍一下，爸爸妈妈给你取的名字有点什么意思？

生：我叫陈斌，爸爸妈妈给我取这个名字，是希望我能文能武。

师：他的名字中还有什么意思，谁能补充？

[无一人举手]

师：我们继续，谁介绍自己的名字？

生：我叫顾桐宇。爸爸妈妈说，“桐”是梧桐树的桐，希望我像梧桐一样挺拔，成为国家有用的人才；“宇”是希望我的学问像宇宙一样广阔无边。

师：他的名字中还有什么意思，谁能补充？

[无一人举手]

生：我叫张兆，“瑞雪兆丰年”的“兆”，“兆”是爸爸妈妈祝福我吉祥如意，还表示我是下雪天生的。

生 1：我补充：她的名字倒过来看，就是“兆张”，希望她能“照章”行事。

（众笑）

（无人能再补充）

第二次教学：

师：你们的名字中有些什么意思呢，下面我们全班一起来交流。先来聊聊谁的名字呢？朱曦吧，你现在就是小老师了，你的名字有些什么意思，由你来请同学说一说，最后你再介绍你爸爸妈妈当初的想法。

朱曦：谁来猜一猜，我名字中包含了哪些意思？

生1：有个诗人叫朱熹，“胜日寻芳泗水滨，无边光景一时新，等闲识得东风面，万紫千红总是春”就是他写的。你父母可能希望你像诗人那样有才华。

朱曦：你真了不起，你的发言富有诗意，还很独到。

生2：从“曦”的“日”字旁，我猜你有可能是早上出生的。

朱曦：你观察得很仔细，说得有道理，我还真是早上出生的。

生3：“曦”代表清晨的阳光，他们希望你成为一个健康、有活力的阳光男孩。

朱曦：你真会动脑筋，你真棒！

生4：我理解，“朱曦”的谐音就是“主席”。（众大笑）希望你施展才华，为国家效力，做国家的栋梁之才。

朱曦：我自己觉得，“曦”把“日”去掉就是王羲之的“羲”，再加上“日”字旁，就代表比王羲之更上一层楼。（众大笑）

……

较第一次教学，第二次教学设计上，主要的不同在于：（1）交换顺序，拓宽了空间。让同学先说名字的看法，主人最后介绍当初的想法，拓宽了同学们个性化理解的空间。（2）改变方式，进行了合作。第二次变原先的师生一问一答，为生生合作，让学生进入合作游戏的情境。教学效果的不同是显而易见的，第一教学课堂沉闷，思维空间狭窄；第二次教学显得生机勃勃，充满活力，孩子们争先恐后，课堂上充满欢声笑语，无论是说名字的含义还是即兴的评价，都闪耀着智慧的光辉。

究其原因，第一次教学，师生上课式的对话，有点像过去的说话课，且名字主人率先介绍名字的含义，在客观上缩小了个性发挥的广度。而第二次教学，先创设了“生生合作猜名字意思”的游戏，后告知原本的意思，学生个性化发挥的余地比较大，创设让学生放松、有利于低激活水平的合作学习氛围，激发了他们的创造性思维。在轻松的合作氛围中，同学们观点的互相补充启发，使学生的思路打开了，认识不断提高。（袁爱玲等，2007）

因此，我们不仅要创设宽广的个性发挥的空间，创设让学生个性放松的氛围，更要注意创设促进合作的情境，丰富个性认识。

三、创设昂扬的情境，进入挑战性环境，提高个性思维能力

上面合作学习的这个环节，在第二次教学中进行得比较顺利，但总觉得有点遗憾。遗憾在哪儿呢？我在思考，似乎是那一成不变的教学模式：猜一猜——公布父母当初的看法。15 分钟的对话，课堂虽热闹，但缺少进一步的挑战与提升，缺少激发学生兴奋点的“兴奋剂”。于是，在第三次教学中，我在第二次教学的基础上，又创设了富有挑战性的情境，取得了比第二次更好的教学效果，训练个性思维能力。

师：下面老师要给你们增加一点难度了，请小老师先介绍父母对名字意思的看法，看你们谁有本事还能补充，能看出他名字中还含有什么意思。

生（金一铜）：我叫金一铜。父母希望我在奥运会上争取得金牌，至少拿铜牌。（众笑）

生 1：“铜”和“桐”同音，希望你是一棵参天大树，“一”代表最好，希望他是第一名。

生 2：按照美国人的说法，先说名字，后说姓：一铜金，一“桶”金，希望你能拥有属于自己的一桶金。

生（金一铜）：你说得真好，谢谢！

生 3：“铜”和“桐”同音，希望你像梧桐树那样挺拔坚强。

……

在这个教学环节，虽然仍在进行有关名字含义个性化认识的练习，但名字的主人先介绍，意味着能补充的范围缩小了，容易看出来的含义让主人先说了，要再补充，难度加大了。然而，这个富有挑战性的环节在“谁有本事补充？”这句话的挑战，激起了孩子们的斗志。他们从不同的角度去揣摩，个性的火花飞溅。脑科学研究发现：挑战能促进学习。（田学岭，2006）当环境富于挑战，并鼓舞孩子们勇于探索，脑的学习效果最好。当学生有了一定的基础，那么教者要设法创造富有挑战性的教学环境，促进

并帮助儿童勇敢地挑战与接受挑战，提高个性思维能力，促进个性发展。

四、创设多感官参与情境，进入情绪情感推动状态，产生个性化认知成果

这个环节是就“姚明、成龙、刘翔、梅映雪”四个人的名字发表评论，说说他们的名字取得怎么样，发表各自不同的见解。

第一次教学，我只是提到了这四个人，学生反应平平，甚至有些散乱和开小差。

第二次教学，我利用多媒体出示了几张幻灯片：姚明目光炯炯正欲投篮，成龙英姿飒爽挥拳习武，刘翔似展翅的雄鹰正飞跃栏杆，梅映雪小妹妹目光明亮、聪明可爱。画面一出示，孩子们兴奋得坐不住了，激动得异口同声地喊出了他们的名字。

下面是第二次教学的片段实录。

师：你觉得他们的名字取得怎么样？你挑一个来说说。

[生争先恐后，迫不及待，小手如林，有的甚至跳了起来]

生 1：我说成龙的名字，人们常说“望子成龙”，他的名字中寄托了成功的愿望和祝福。

生 2：我觉得梅映雪的名字取得好。因为梅花傲霜斗雪，说明意志坚定。

生 3：“映雪”，古时候有个囊萤映雪的故事。“囊萤”是说车胤家里穷，没钱买灯油，又想晚上读书，就在夏天晚上抓一把萤火虫来当灯读书；映雪是说孙康冬天夜里利用雪映出的光亮看书。

师：你懂得真多。那么父母给她取名为“映雪”是希望她——

生 3：学习勤奋。(掌声)

生 4：我喜欢刘翔的名字。“翔”是飞翔，希望在人生道路上，他能像鹰一样展翅飞翔。

生 5：我喜欢姚明，也想说说姚明的名字，他的父母希望他成为举世闻名的明星，他也实现了父母的愿望。

……

在喜爱的情感、热烈的情绪的推动下，课堂又一次掀起了高潮。基于脑的学习观认为，情绪情感是学习的发动机、控制器，情绪情感在探寻知识的意义、构建新的认知结构过程中起巨大的推动作用。

课堂上令孩子们喜爱的画面的出示，调动了学生多感官参与。学生的情感情绪，使同学们走出了低谷，个性化思维又一次得到了发展。学习主要依赖的感觉通道有视觉、听觉和运动知觉。学习新内容时，参与学习的感官越多，学生越可能掌握。教师调动多感官参与的方法有使用图画、音乐、实物演示等刺激，为学生创造身临其境的机会等。参与学习的感官越多，学生学习的机会就越多。

这一对比显示：我们要善于创设如视觉、听觉、味觉、触觉等多感官参与的有强度的教学情境，调动学生情绪情感，促进个性化认知成果的产生。

五、创设缩短距离的情境（李吉林，2006），消除威胁信号，保证个性实践活动的成功

在这堂课的最后，我设计了采访的实践活动。

第一次教学：

师：同学们一定注意到了，我们的课堂来了许多客人，他们是来自于全省各地，他们的姓名一定是个丰富多彩的世界。下面请同学去采访两位老师。

只见同学们迟疑地走下舞台，离客人远远的，犹豫着，4 分钟以后，只有七八位同学有收获。

第二次教学：

师：同学们一定注意到了，我们的课堂来了许多客人，他们来自于全省各地，他们的姓名一定是个丰富多彩的世界。这个机会咱们不能错过，咱们去采访一下，敢不敢？

生：敢！（异口同声，但底气不足）

师：那么，咱们现在先准备一下，我们在采访时要注意些什么呢？要了解他们的姓名，你们可以提些什么问题呢？采访完了后，我们可以跟他们说些什么呢？

生：……

师：告诉你们一个秘密，他们都是老师，老师最爱的就是学生，你们勇敢地去采访吧，他们一定会支持你们的。

孩子们很快确定了采访对象，迅速进入实践活动状态。3 分钟后——

师：孩子们有收获吗？

生：……（纷纷举手，发言踊跃）

师：谁愿意让大家分享你的成果呀？

心理学家罗杰斯认为，心理安全与心理自由是创造性人才成长的两个前提条件。在第一次教学中，学生对采访的内容、方法、要求是模糊的，对将要采访的对象是陌生的，学生对实践内容、方法和环境都有距离感，这种距离使学生缺少心理安全和心理自由感。脑科学研究表明：挑战能促进学习，但是也会妨碍学习。（宁彦峰，2003）当脑收到“威胁”信号，它就会转化为一种原始的求生模式，学习会被抑制。当环境富于挑战，并鼓舞孩子们勇于探索，脑的学习效果最好。第二次教学成功的原因就在于老师帮助学生消除了这几种距离感，消除了距离感给学生心理带来的威胁，使学生的实践活动得以顺利进行，并取得了成功。（脑健康促进组委会，2007）

所以，教师要善于创设缩短距离的情境，缩短人与人之间的距离，缩短学生与实践活动方法、活动内容之间的距离，创造心理安全与心理自由的环境，消除“威胁”信号，保证个性实践活动的成功。

[参考文献]

[1] 靳天民. 2008. 人脑使用手册 [M]. 北京：中国画报出版社：67－69.

[2] 李吉林. 2006. 李吉林文集：第三卷 [M]. 北京：人民教育出版社：158.

[3] 脑健康促进组委会. 2007. 健脑比健身更重要 [M]. 长春：吉林科学技术出版社.

[4] 宁彦峰. 2003. 课堂里的脑科学——给教师的12条建议 [J]. 素质教育大参考 (10)：34－35.

[5] 田学岭. 2006. 构建基于脑的教学模式 [J]. 郑州大学学报 (6).

[6] 徐艳，张杨. 2004. 脑科学研究新进展对创造性思维培养的启示 [J]. 教育探索 (8)：11－12.

[7] 袁爱玲，肖丹. 2007. 经脑科学透视的儿童早期教育之误识与误行 [J]. 华南师范大学学报：社会科学版 (4).

[8] 赵晓龙，李永伟. 2003. 脑科学的发展与新时期语文教学 [J]. 中学语文教学 (12)：14－15.

课堂采风

望　月

（苏教国标版五年级）

[设计理念]

一切从学生出发，给学生创设不同的情境，引导学生与文本对话，使其进入课文所描绘的情境中，从而提高语文素养。

一、唤醒积累，导入新课

今天我们一起来上一堂关于月亮的课。同学们，你们喜欢看月亮吗？你们觉得月亮像什么呢？

你们是在哪儿看过月亮的呢？有没有在江上、轮船上看过月亮呢？今天我们就随着著名作家赵丽宏去江上《望月》，这篇散文讲的就是舅舅和小外甥在江上看月亮的情景。

[点评] 利用儿童的经验唤起儿童的亲切感，拉近学生与课文的心理距离。

二、范读引入，初入情境

师生共读：课文里只有“我”和小外甥两个人，董老师想请你们和老师一起来读全文，请男同学一起读小外甥的话，女同学一起读舅舅的话，老师读叙述部分，试试看，好吗？小外甥的话是从第几自然段开始的呢，找一找。

[范读课文，学生参与一起读课文，教师入情入境地朗读，形成一种推动力，让学生想象的翅膀扇动起来，使他们如入其境，初步体验到月夜

的美。]

三、品读文字，欣赏画面

（1）同学们，夜深人静的时候，江上月色真是一幅优美的画卷，你们看到了吗？在第几自然段？现在，就让我们走进这一片江上月色。各自轻声读第二自然段，边读边想象画面，你仿佛看到了些什么呢？

[点评] 想象的展开，一下子缩短了学生与教材描写的那个情境的时空的距离。

你们读着课文仿佛看到些什么呢？（根据学生情况分步或整体出示多媒体画面）

[点评] 多媒体画面的设计使学生觉得“美”，觉得有“趣”，这一优化的情境，使学生产生审美愉悦，加深了学生对教材的情感体验，充分调动了学生学习的积极性和主动性。

（2）你从哪些词语中感受到了月夜的美丽？能把这份美通过朗读表现出来吗？

（3）配乐朗读。

四、感悟形象，体悟诗情

1. 月下对诗，爱吟月

江上月色是这样的美，瞧，你们和作者一样，都被深深地吸引住了！偶然一回头，画面中又进来一个人，是谁呀？“今人不见古时月，今月曾经照古人”，望着圆圆的月亮，伴着如水的月光，小外甥和舅舅进行了生动的对话，（多媒体出现小外甥）在甲板上，他们还做了一件非常有趣的事情，那就是——对诗。他们对得有情有趣的，也把我们吸引住了。这些诗句你们大多是学过的，同桌一个演舅舅，一个演小外甥，进行对诗，看谁能把月亮的美和对诗的情趣表现出来。

此时此刻，你们就站在甲板上，望着那轮明月对诗。

[这里的情境创设，让学生沉醉在文本营造的气氛中。体会月下对诗的美好。体会小外甥的可爱。]

第12自然段的“……”让你明白了什么呢？古诗中那么多写月亮的诗，小外甥几乎都会背呀，而且对答如流，真不简单呢！

2. 月下模样，爱望月

多可爱的小外甥啊！快速浏览课文。小外甥什么样子你看到了吗？小外甥说什么你听到了吗？

交流：小外甥什么样子你看到了吗？

这句话本来也可以说“又仰起头望着天上的月亮”，这里加上一个“凝”，一个“出神”，给你什么感觉呢？

小结：小外甥不仅会熟练地背那么多关于月亮的诗，他还专注地望着月亮出神，几乎忘记了周围的一切。小外甥对月亮的爱可是不一般呢！你能把他专注、可爱的样子读好吗？

（扣住关键字眼“凝望”、“出神”进行咀嚼。这个咀嚼品味不是孤立进行的，而是把它放在已经创设的江上月夜这个优美的情境之中，放在课文表现的整个意境之中，来体会小外甥对月亮的喜爱，在情境中落实教材的语言文字。）

3. 月下谈月，爱喻月

交流：小外甥说什么你听到了吗？

（1）“是月亮把我叫醒了。”读读小外甥的这一句，你有什么疑惑吗？听了小外甥的话，你有什么感觉？

小结：“叫醒了”，小外甥语出惊人！这是诗的语言啊！

（2）“像眼睛，天的眼睛。”同学们，你们刚才把月亮比做什么呢？“少时不识月，呼作白玉盘。”大诗人李白早就把月亮比做白玉盘，小外甥把它比做“眼睛，天的眼睛”，你喜欢谁的比喻，为什么？看谁？看什么？

小结：“像眼睛，天的眼睛。”在小外甥的眼中，月亮是有生命的，有感情的，是会说话的。他望着月亮，觉得月亮在看着大地，看着长江，也看着他；他喜欢月亮，觉得月亮也喜欢他。真是“江清月近人”呢！

［点评］引领学生去品词品句，引导学生质疑，启迪学生思维；通过品读，学生自己读懂了：小外甥对月亮的喜爱，使月亮有了生命，有了情感。

（3）小外甥绘声绘色地给我们讲述，仿佛在讲一个生动有趣的故事。（多媒体出示文字：这是明亮的眼睛。它很喜欢看我们大地，所以每一次闭上了，又都忍不住偷偷睁开，每个月都要圆圆地睁大一次）读一读，哪些词语让你感到特别生动有趣？什么样的讲述才是绘声绘色的？自己再读一读，在下面先练，看谁不用看书就能把故事的大概绘声绘色地讲一讲？老师在上面看，看谁讲得绘声绘色。

现在，我们都来做一做小外甥，都来绘声绘色地讲一讲这个有趣的故事，加上动作，讲给同桌听听。请一位同学到前面来讲一讲，注意，能不能把小外甥打着呵欠说的“月亮困了，睁不开眼睛了”连着一起表演。

小结：多可爱的小外甥啊！小外甥年纪虽小，却语出惊人，句句都是诗的语言啊！他简直就是个神童！有人说：“天才就是强烈的兴趣和顽强的入迷”，是清朗的月光激活了小外甥心中艺术的激情，是小外甥对月亮的喜爱赋予月亮以生命、情感。正是小外甥心中对月亮的无比喜爱，赋予小男孩以智慧。

(4) 最后，让我们回顾全文，课文的哪些语句，让你感受到小外甥对月亮的那份爱和由此激发的智慧，选一句最喜欢的读一读。相信，爱也能激发你朗读的智慧。

五、链接生活，拓展延伸

(1) 受小外甥的感染，作者一个人留在甲板上，久久地凝视着月亮消失的地方，轻轻地展开了幻想的翅膀……课文最后是个省略号，他在幻想什么呢？课文没有写，我们回去也在这样的夜晚，想着小外甥惊人的回答，凝望着月亮，也轻轻展开想象的翅膀，来体会省略号的含义。这就是今天的第一项作业。

[点评] 这样设计旨在把学生引入生活，帮助学生到生活的情境中去体验，到生活的源泉中去获取丰富的感受，为以后的小练笔作好生活的积累。

(2)（出示《宿建德江》全诗），第二个作业：这首诗我们还没有学过，课后打开《古诗文诵读》自学这首诗，并搜集其他写月光的诗句读一读。

[教学反思]

一、把准学生，引入情境

记得第一次教《望月》一课，我是这样创设情境、导入新课的：“同学们，在晴朗的夜空，总能看到一轮明月或一弯新月悬挂在黑色的天幕上，(月夜图和舒缓的音乐渐起) 华夏千年的历史，自始至终都被这柔和的月光照临着。翻开中国两千多年的文化史，不难发现，有一种特殊的现象，那就是无论是文人墨客、音乐家还是民间的普通百姓，几乎都对月亮表现出特有的青睐。你知道一些与月亮有关的传说故事或乐曲、诗句、文章吗？今天我们就来学习著名作家赵丽宏的散文《望月》。”一开始，我对自己这样的情境创设沾沾自喜，觉得特别美，特别有文化……没想到的是，走进课堂，那么美的音乐、那么美的图片，却没有激发起学生关于月亮的诗情，他们一个个面面相觑。李老师看出了我的疑惑，指出：你的导入是不符合学生的年龄特点、远离他们的已有水平的。

于是，李老师指导我用随意的聊天式的开头：“同学们，你们喜欢看月亮吗？你们觉得月亮像什么呢？……”“像月饼”、“像眉毛”、“像镜子”、“像小船”……学生不再漠然，话匣子一下子被打开了，思维活跃起来。这样的教学利用儿童的经验，一下子拉近了学生与课文的心理距离。儿童生活中经历过的，他们就会觉得特别亲切，教学从这儿入手，引导学生渐渐地进入课文所描绘的情境中。

由此，我深深地体会到：不能“把准”学生，实际教学时就会无的放矢；而能否“把准”学生，取决于教师是否把学生放在心里，把学生放在心里的什么地方。只有眼里有学生，“把准”学生，才能引导学生入情入境，课堂才有可能高效。

二、品读语言，浸润于情境

在学习课文第二自然段描写江上月色的那一段文字时，我引导学生品一品“从哪些词语中感受到了月夜的美丽？能把这份美通过朗读表现出来吗？”引导、启发学生通过自己的思维活动进入课文语言所描绘的情境，学生只有通过自己的思考，才能真正弄清课文所描绘的意境。接下来的配乐朗读，进一步把学生带到特定情境中，体验和感受江上月夜的美，加深了学生的审美感受。

美国教学专家梅里尔·哈明（Merril Harmin）提出教学创新必须“以学生为本”，应具有五个方面的品质，其中“诱发学生饶有兴趣地参与教学的‘活力’”是其中之一。在教学“江上吟诗”那个部分时，我一开始创设“让学生站在座位上分角色吟诵”这样的情境，效果平平，学生虽然把诗吟诵得富有节奏，但是却没有美感。后来，李老师说是不是可以这样创设情境：请两个同学站到屏幕前——现在你们就站在轮船甲板上，望着江水和明月，吟诵着关于月亮的诗呢，你能把两人对诗的情趣通过吟诵表现出来吗？这样一个小小的改动，使孩子们的眼前顿时出现了“月下江上吟诗”的画面，他们浸润在这样的月色里，品味着吟诗的情趣。课堂上，孩子们在这样的情境下饶有兴趣地体会月下对诗的美好，体会小外甥的可爱，吟诵得有滋有味，场面情趣盎然，给听课者留下了很深的印象。

在感悟小外甥绘声绘色地给我们讲述的“这是明亮的眼睛。它很喜欢看我们大地，所以每一次闭上了，又忍不住偷偷睁开，每个月都要圆圆地睁大一次。”这一段文字时，让学生通过扮演角色、通过绘声绘色地讲这个故事，使教材中的角色活灵活现地出现在学生的眼前，情绪推向高潮，加深了对喜爱月亮、对充满智慧的小外甥的认识和体验，同时在情境中加深了对“绘声绘色”这个词的理解，在情境中对复述课文语言进行了训练。

品读语言，能帮助学生沉浸于文字所描绘的情境中。

三、走向生活，体验情境

数学家波利亚（Polya，George）说：“教师在课堂上讲了一些什么并不重要，而学生想了和学了些什么更重要千万倍。”教师只要用心去贴近学生，就能够意识到学生的不足和需要。

最后一个自然段“作者久久地凝视着月亮消失的地方，轻轻地展开了幻想的翅膀……”课文最后是个省略号，他在幻想什么呢？在这节课上没有回答这个问题，而且站在学生的角度想一想，学生也不太好回答。因为学生缺少感受，缺少积累。况且别人在幻想些什么又如何知道。因此我引导学生回去也在这样的夜晚，想着小外甥惊人的回答，凝望着月亮，也轻轻展开想象的翅膀，来体会省略号的含义。这样设计旨在把学生引入生活，帮助学生到生活的情境中去体验，到生活的源泉中去获取丰富的感受，为以后的小练笔作好生活的积累。

张宏云

Zhang Hong Yun

1966年生，江苏省南通市通州区通州幼儿园园长，中学高级教师，中国学前教育研究会会员，江苏省特级教师。积极参与情境教育课题活动，先后主持省、市级教育课题研究，曾在《学前教育研究》《早期教育》《教育导刊》等杂志上发表论文二十多篇，近30次在省、市级教研活动中作讲座，并组织了二十多次公开教学，受到专家的高度评价。

成长之路

成长在儿童的情境里

题记：我不是农民，却是一个播种者；我不把谷子撒进泥土，却把另一种金色的种子播在孩子的心田上——那是一块奇异的土地，播上理想的种子，便会获得令人称奇的收获。——李吉林

又到三月。窗外依旧散发着其特有的气息：柳条儿不断地冒出一片片柔嫩的绿芽儿，五颜六色的花儿争先恐后地装点着初春的幼儿园，“娃娃家”、“手工坊”、“读书廊”里满是孩子们跳动的身影，一缕缕轻柔的阳光裹挟着孩子们铜铃般的喧闹声，填满了幼儿园的所有空间……25 年来，对幼儿教育的执著追求，尤其是近几年来在李老师情境教育思想熏染中的不断探索，让我一次又一次地感受着行走在幼儿情境教育里的惬意与幸福。

选　择

在选择前行的方向时，许多人总是处在一种随缘的意识中。我选择幼儿教育同样如此。

1981 年，初中毕业，在同学们纷纷报填高中志愿时，学业成绩优异的我却在升学志愿书上毫不犹豫地选择了海门师范的幼师专业。听说将来是当幼儿教师的，同学们都笑了起来，我也笑了。

师范三年，是充实的，更是充满情趣的。我认识了“教育”，更认识了幼儿教育是“叶的事业”。1984 年，我以优异的毕业成绩走进了当时通州唯一的局直幼儿园——实验幼儿园，开始了我为之自豪而不懈努力的追梦之旅。

启　航

我时常告诫自己，既然选择了，不仅仅要做好，更应该要做优。当初孩童般的选择，更多的是出于天真与幼稚，如今真的走进孩子们中间，那就需要一份真实的职业操守和不倦的职业追求。

那个时候，作为通州唯一的上档次且享受公助的幼儿园，我所在的幼儿园每学期都要承担对乡镇幼儿园教学指导的任务。因为刚刚毕业，再加上我的性格和干劲，任务自然就落在了我的头上。因为专业教师少，公开课的教案制定都得靠自己摸索和领悟；也正是在一次次的教学展示中，我不断地在幼儿教学的领域里有着施展身手的机会。

为了上好公开课，我总会查阅大量的资料，且时常在幼儿园清园后，一个人面对空空的教室，一遍又一遍地讲课，不断地琢磨和修正，从教案的制定到每一句教学语言的设计，我都要花上几天的时间。特别是课堂教学中的教具，我都自己动手，精心制作。

一次次的教学展示、一次次的自我超越，每次的公开教学，虽然很辛苦，但对我来说都是一次深度的撞击、一次有效的提升。因为公开课多了，我也就逐步形成了轻松、活泼、开放的教学风格，在通州也有了小名气。工作不到一年，我就获得全县（当时为南通县）幼儿园青年教师比武第一名，并接二连三地获得上课、说课、教师基本功等多项比赛的一等奖。

前　行

刚刚走上工作岗位，面临着的是如何适应儿童的需要、真正地成为儿童成长的伙伴。我时常幻想着，那么多可爱的小精灵围在我身边，我和他们一起玩“过家家”的游戏，一起将手中五彩的卡纸折剪出一个个可爱的小动物，这应该是多么快乐的教育生活呀！几年工作下来，我才发现，美好的幻想必定需要一种信念的支撑和理论的牵引，单靠所谓的尝试与实践还不能进入专业发展的轨道，还不能找到幼儿教育真正的门径。

于是，我开始寻找我的教育之路。

1992 年，也就从那时起，我从一本又一本幼教辅导资料中走了出来，开始走上了一条研究与实践并行的教育之路。

因为是第一次接触科学研究，寻找自己的那片芳园地。不久，我的第一篇课题论文完成了，并作为幼儿园的唯一代表参加了“丹阳会议”的交流，竟然还得到南京师范大学刁培锷教授的高度评价。从此，在教学中关注问题、研究问题成为我的行走方式，我先后对“幼儿创造性思维的培养”、“幼儿园综合课程”、“农村幼儿卫生现状的调查”、“影响幼儿口语发展的因素分析与对策”等进行了系统研究，所撰写的数十篇研究文章先后在《中国妇女报》《学前教育研究》《教育导刊》《心理与教育》等报刊上发表。1997 年，我还应邀参加编写了由南京师范大学出版社出版的 21 世纪班主任文库《幼儿园班级管理》。

也就是在这样的研究过程中，我获得了许多难得的培训机会，多次聆听了多位教育名家的讲学。也就是在这样的聆听中，我第一次有机会聆听了李吉林老师的报告，也就是在那一次聆听中，我再次敞亮了前行的路径。

那是 2005 年的春天，通州“名师之路”教育科研协会第四期特级教师论坛如期举行。李吉林老师声情并茂的演讲，深深感动了在座的每一位协会会员，我忝列其中，不时为李老师执著的教育情怀、真挚的儿童情愫和深邃的教育视野所陶醉。三个小时的报告，我沉醉在李老师精彩的报告中，“情境教学”、“情境教育”的思想不断地撞击着我的心扉，这不就是我苦苦寻找的教育之情、教学之境吗？情境既然可以走进小学语文的课堂，那为什么不可以走进充满着幻想和神奇的幼儿课堂呢？情境可以走进基础教育的领域，那为什么不可以走进童话般的幼儿园呢？

感动于这样一种无意的邂逅，也就从那时候开始，我开始关注李吉林老师，让“情境”走进了我的教学和我的管理。2006 年，“十一五”的起始年，我毫不犹豫地加入了李吉林老师“情境教育与儿童发展的实践研究”的团队，开始了情境教育思想在幼儿教育中的应用和研究。

追　随

“每一个儿童都是在一个十分具体的环境中成长起来的，儿童的生活空间，便是他的成长环境，环境与其间活动的人群，构成了一个静态与动态，物质与精神交织在一起的儿童生活空间。”（李吉林）

2006 年暑假，我对幼儿园进行了环境改造，园内所有建筑都用回廊的方式连成一个整体。回廊内，十多个极具儿童化的植物角、手工角、阅读角遍布其中，墙壁上是幼儿最喜欢的童话故事的插图，地面用“肯德基”专用地砖铺陈，这样的环境创设，更是让孩子们流连驻足。

有了这样的环境创设，情境教育便可以真正找到一条回家的路了。

面对丰富多彩的教育生活，我用心观察，用情思考，着力从看似周而复始的生活中寻找新意。每次教学活动结束后，我都会认真梳理教学的成功与不足。为了能够走上一条成长的快车道，我放弃了闲适的业余时间，对幼儿园课程及教材仔细研读，积极承担省、市教育研究活动，近几年来执教省市级公开课、作专题讲座三十余次。2007 年，在李吉林老师的指导下，将情境教育的理论与幼儿的早期阅读作为新的研究点，进行了“幼儿情境阅读与幼儿发展的园本实践研究”，业已取得了丰厚的阶段性成果。

2007 年，我参加了南通市园长课堂教学比赛，执教了大班艺术欣赏《脸部彩绘》，生动的课堂现场，特别是教学情境的成功创设，获得了评委组专家的高度赞赏，并获得了一等奖。

2009 年 4 月，在李吉林团队的共同策划下，我和同伴们承办了全国教育科学重点课题“情境教育与儿童学习的实验与研究”现场推进会，在推进会上，我作了题为“让幼儿生活在情境阅读世界里”的发言，在发言中，我将情境教育在幼儿教育中的应用，从情境教育的理论到幼儿心理特征的剖析、从幼儿园阅读情境创设到情境阅读的教学，我逐渐建构了幼儿情境阅读的框架。一节节充满情趣和意境的课堂教学，一场场充满理性的沙龙展示，让到会的领导专家们称赞不已。亲临会场的李吉林老师，更是对我教学特色、办学思想给予了高度评价，并为我今后的研究指明了方向。

行走在教育的天地里，成长在幼儿的情境里，我时常为自己的点滴进步兴奋不已，更为自己能够在情境教育的园地里找到一份属于自己的领域而自豪。前行的路还很长，但我坚信，我会像李吉林老师一样，用爱播种，用情浇灌，一定会在幼儿教育的园地里收获更多的成功。

教研撷萃

幼儿情境阅读的特质及组织策略

摘　要：幼儿早期阅读是幼儿园语言教学活动中的常规性内容，依据李吉林情境教育的理论，采用鲜活而具体的图画情境、语言描述、表演情境等情境阅读方式，将最大限度地唤起幼儿阅读的兴趣，使幼儿在适合自己的阅读的世界里学习、想象和创造，大大提高了幼儿早期阅读的有效性。

关键词：阅读情境；特质；策略与原则

随着《幼儿园教育指导纲要》的试行和实施，早期阅读已经成为幼儿园语言教学活动的常规性内容，也成为幼儿教育的研究者们研究聚焦的项目。于是，各种早期阅读的研究活动蓬勃展开，各种早期阅读教学的路径相继被打通，幼儿早期阅读的成效日益彰显，大量的研究成果也随之涌现。其中，尤为值得称道的是，依据马克思关于人在活动与环境相互作用和谐统一中获得全面发展的哲学原理构建的李吉林情境教育，为幼儿园的早期阅读提供了一条崭新的路径和有效通道，让幼儿园的早期阅读活动充满了勃勃生机。

一、幼儿早期阅读应根植于情境教育

幼儿在早期阅读活动中，首先，应该获得的是兴趣的满足，生动、幽默、风趣的故事是幼儿游戏性阅读体验的保证；其次，是阅读理解的满足感，简单重复的故事，可预测可验证的情节可以增强幼儿对故事理解的胜任感，从而促使其形成足够的阅读信心；最后，是阅读过程中的思维挑战，通过对于图画的判断和推测，形成对故事的整体预期和对一些情节的预测，并在阅读过程中不断加以验证和修正，进而使其阅读过程变成一个

边阅读边思考的主动学习过程，成为一个不断接受思维挑战和促进内在思维发展的过程。(任新春 等，2009)

幼儿早期阅读的效果，在很大程度上取决于教师对幼儿阅读学习的关注。如果教师能够将幼儿的早期阅读与幼儿在意的事物建立联系，那么，幼儿早期阅读就会变得轻松自如了。《幼儿园教育指导纲要（试行)》中也指出：环境是重要的教育资源，应通过环境的创设和利用，有效地促进幼儿的发展。由此可见，幼儿的早期阅读应该倡导一种情境式的阅读，应该使其深深地扎根于情境教育之中。这也是同幼儿自身思维的特点密切相关的。幼儿的思维发展正处于具体形象阶段，他们对周围世界充满着好奇心和探究的欲望，并且总是通过具体事物或具体的情境来了解和认识周围世界，进而建立起与周围世界的各种联系的。而情境教育最大的特点，就是将抽象的阅读文本具体化为相匹配的情境，通过运用图画情境、音乐情境、表演情境或现实生活的典型场景，直接诉诸儿童的感官和他们的内心世界。这正符合幼儿的认知特点和规律，正符合幼儿的兴趣和需求。以此作为幼儿早期阅读的手段或途径，必将有效地激发幼儿调动其已有的生活经验，帮助其更好地理解阅读内容，同时使其探究欲望得到满足，从而在整体上实现幼儿早期阅读的优化。

二、幼儿早期情境阅读的主要特质

李吉林老师的情境教育之情境，是有情之境，是一个师生互动、有情有趣的网络的广阔空间。根据李吉林老师的情境教育的基本理念，幼儿早期情境阅读主要具有以下方面的特征。

1. 幼儿情境阅读的形象性

形象性是情境阅读的典型特点。阅读中创设的情境，讲究与幼儿的思维特点相吻合，与幼儿生活经验相和谐，要能够吸引幼儿的注意力，激发幼儿的兴趣，能够勾起幼儿的已有经验。如阅读中使用的图片、图卡、头饰、臂饰、手偶等，或是创设的背景场景、提供的实物情景，都是具体、形象、生动的，是幼儿直接可以读懂、直接可以运用的阅读信息。在幼儿情境阅读中，现代信息技术媒体也有其不可替代的作用，尤其是PPT、Flash创设的动态环境，色彩鲜艳、画面清晰，更为幼儿的情境阅读提供了形象而灵动的材料。

2. 幼儿情境阅读的互动性

互动性是幼儿情境阅读的核心要素。在现实的情境中，幼儿的视觉、听觉、感受和思维是同时进行的，由此在他们的记忆里留下的不仅有表象、概念，而且有思想、情感和内心感受。所有这些使幼儿的形象思维活跃，在最佳的心理状态中获得阅读的体悟或体验。（李吉林，2004）在幼儿情境阅读中，幼儿所接触到的每一个信息刺激都是感性的、直接的、具体的，更是他们感兴趣的，幼儿通过与材料的互动（观察材料、运用材料等），与同伴的互动（与同伴讨论问题，把想到的事情与同伴说说、与同伴共同表演等），与老师的互动（幼儿与老师的对话、幼儿与老师的表演等），感受体验阅读，吸收内化阅读，从而使幼儿潜在的智慧得到发展、精神世界得到丰富、完美人格得到培养。

3. 幼儿情境阅读的操作性

操作性是幼儿情境阅读的基本特质。在幼儿园的早期情境阅读活动中，除了“读”和“说”的阅读形式外，还倡导“做”和“演”的动态阅读。“做”是情境阅读中重要的一部分，它体现了教师的民主性。在情境创设中，教师会让幼儿参与其中，如幼儿在老师的指导下，共同收集材料，有个性的装饰材料等。“演”是情境阅读中幼儿最喜欢的形式，能最大限度地满足幼儿好动、好表现的欲望。幼儿通过扮演角色、表演作品、体验情境，充分发挥了其主动性和创造性，既发展了其语言表达能力，也增进了其对文学美的感受能力，促进了其内心美的情感的生发与升华。

4. 幼儿情境阅读的共享性

共享性是幼儿情境阅读的一般特征。幼儿在情境阅读活动中，共同创设情境，共同进入情境，互享情境阅读的愉悦，互享情境带来的生动画面。在情境阅读中，幼儿之间的讨论、交流、表演、互动与分享，共同构成了幼儿情境阅读五彩缤纷的世界，他们共享着各自对作品的不同理解，也共享着各自心中由阅读而激发起的美好感情。

三、幼儿早期情境阅读的组织原则

幼儿早期情境阅读的有效开展，还必须遵循以下原则。

1. **层次性原则**

在幼儿早期情境阅读活动组织中，教师应针对幼儿的年龄层次，区别对待，创设符合幼儿年龄特点的生动具体的情境；教师要根据阅读的内容及主题目标需要创设情境，有利于激发幼儿凭借情境的具体支撑，运用已有的经验引进并建构新的经验，并从阅读中获取认知和审美。阅读情境投放的材料要支持并有助于幼儿获得阅读成功，提高阅读的效率和质量。如小班以图画、动画为主创设阅读情境，重在教师的生动表演和幼儿的模仿式的表演；中、大班逐渐减少图片的出现，重在让幼儿在角色表演情境中，进行丰富而合理的想象，并可以进行续编和创编等，以培养幼儿独立阅读的能力和丰富的想象能力。

2. **健康性原则**

蒙台梭利认为，儿童是一个精神的胚胎，他需要自己特殊的环境，正如一个肉体的胚胎需要母亲的子宫并在那里发育一样，精神的胚胎也需要外界环境的保护；这种环境充满着爱的温暖，有着丰富的营养，在这种环境中所有的东西都倾向于欢迎它，而不会对它有害。(蒙台梭利，2005)

因此阅读情境的提供，要为幼儿提供成熟的语言样本，有助于幼儿获得成熟的语言；要为幼儿展示阅读作品所蕴涵的丰富的道德资源，有助于幼儿人格的健康发展。

3. **真实性原则**

幼儿的学习是基于生活情境的学习，是借助于真实的生活经验的学习，情境阅读要建立在幼儿生活经验基础之上，不能脱离幼儿生活实际及已具备的经验，一定是幼儿所能接受、所乐于接受的作品。

4. **趣味性原则**

在幼儿的内心世界，潜意识占重要的位置和比重。他们有一种游戏心态、童话和神话的心态，有一种梦想和想象中的世界。阅读优秀文学作品，不仅可以让儿童获得维系心理健康所必需的精神享受，而且与儿童的精神世界相吻合，可以满足儿童深层的心理需要。（刘晓东，2002）因此，情境创设应关注幼儿阅读的游戏性、趣味性，通过情境中的游戏化活动，达到教育的效果。

四、幼儿早期情境阅读的组织策略

1. 运用图画展现情境，启发幼儿根据已有经验参与阅读

在幼儿园的情境阅读教学中，图画情境的创设运用最为广泛。它符合幼儿的学习特点，具有趣味性，能增进幼儿对作品的理解，化解幼儿阅读中的难度。

图画式情境展现的情境具体、直接，可让幼儿有亲切感，幼儿在此情境中，与图片的互动更直接、便捷，语言表达也会更流畅，一般更适合小班幼儿。运用现代化信息技术中的 PPT、Flash 创设的图画情境，以其鲜艳的色彩与同步的音响效果，对幼儿的吸引力很强，幼儿往往会有一种身临其境的感觉，能迅速地融入情境，展开想象与讲述。如在进行《春天的色彩》散文阅读活动中，我们首先用 PPT 为幼儿创设了一个如诗如画的春天情境，让幼儿在模拟的春天里，主动地去寻找、发现春天的色彩，接着再带领幼儿来到自然界，身临其境具体地感受春天的色彩与美丽，架起图文与现实的桥梁，从而使幼儿真正地感受到作品中的优美意境，产生热爱大自然的情感。

2. 运用语言描述情境，激发幼儿在阅读中展开想象

在早期阅读中，外国经典童话和国内经典幼儿文学作品，由于内容多，有的篇幅相对较长，难以用一个场景来表现，因此较适合运用语言描述情境来展现其内容，表达其意境。有时，我们也称其为回归“口耳相传”式的“情境阅读”。语言描述情境也常穿插运用于其他情境阅读中，一般都由教师用生动形象的口头语言，配之适宜的肢体语言，把文本具体形象地呈现给幼儿。幼儿在“口耳相传”式的语言描述“情境阅读”中，始终关注老师的神情及表现，一方面倾听着故事生动的情节，一方面在脑海中展开丰富的想象，有利于培育智慧与悟性。

3. 运用表演再造情境，满足幼儿阅读的兴趣和审美需要

表演是幼儿游戏的一种形式，深为幼儿所喜爱。在幼儿情境阅读中，适当安排幼儿表演作品，既满足了幼儿体验作品内在情感的需要，发展了

语言表达能力，又激发了幼儿表现文学美和创造文学美的情感，同时，对幼儿阅读理解有很好的补充和强化作用。

表演情境可放在作品呈现之前，用于导入阅读活动。幼儿通过观看具体的表现情境，迅速集中注意力，进而更好地进入作品、理解作品。情境表演更多的是放到作品呈现后，幼儿已经接触了作品，为促进对作品的深层次理解而进行的自我表演。教师根据作品和表演需要，提供丰富、充足的材料，供幼儿表演选择和利用，表演的材料不一定多么精致与贵重，只要比较形象就可以，甚至可以是半成品或某一替代品。表演的形式是多样的，可以是师幼一起、同伴一起，也可以是单独表演。在角色的分配上坚持自愿原则，不断交换角色，来丰富幼儿对作品中各个人物的了解。

如绘本图书《换一换》，讲述的是动物交换声音的故事，它来自于儿童的天真想法，被成人的慧眼发现了，又用成人的智慧加以再创造，就变成了以幽默见长的趣味横生的故事。故事中出现的“叽叽”、“吱吱”、“哼哼”、“呱呱”、“汪汪”、“喵喵”等象声词，是幼儿最喜欢又是最想模仿的声音。教师带幼儿接触了《换一换》以后，通过让幼儿选择挂不同的胸饰，扮演小动物，学习表演小鸡、小猪、小狗、花猫等动物的叫声和动作。幼儿在游戏式的表演情境中，心情愉悦，表演积极，相互合作，模仿动物的叫声惟妙惟肖，既满足了幼儿对动物的喜爱之情，又使幼儿在表演游戏中获得了更多的认知。

表演的时间亦可由集体活动时间延伸到区域活动中，让幼儿有自主表演的自由空间，教师只要在区域中提供表演的道具，幼儿就会在游戏时间自由选择，自由组合，自主表演，使阅读活动得到延伸。

表演情境一般会配上适合的音乐，通过音乐来渲染情境，视觉、听觉、动觉同时作用于幼儿，幼儿产生身临其境的感受，对阅读充满着美感和向往，幼儿在表演中迁移经验，表现和创造着文学的美、生活的美。

4. 运用物态渲染情境，营造幼儿自主阅读的氛围

物理环境是文化的一部分，也是支持和促进幼儿学习的场所，更是展现和解释幼儿学习的场所。它往往是在幼儿自然生活中呈现的，直接对幼儿的感觉产生刺激，引发他们自觉进入阅读情境，进行自主阅读。

在幼儿园，物态情境的创设是情境阅读重要的组成部分。这种物态情境，是由幼儿学习、生活的角落所形成的一个个小的情境组合而成，它可以是一个个读书走廊、一个个小书吧，或者是一个个小书袋、一个个阅读主题墙、一个个阅读推荐栏……在这样的物态情境中，幼儿处在与环境相互依存、相互作用的状态，网络式地链接着、相互联动着，他们可以随时观察、随时阅读，可以随即想象、随即表演，可以随兴交流、随兴互动。

如在读书长廊里创设“彩色的鸟”立体书，一只只不同颜色的鸟，吸引着幼儿多少次专注的眼神，激起幼儿多少回的猜想，走过来走过去，幼儿沉浸在情境中，想象的翅膀悄然展开，彩色的鸟飞了起来……

充满教育内涵、充满智慧和美感的物态情境，将观察与思维、观察与想象结合起来，使幼儿仔细观察、积极思维，通过内心的顿悟，习得了阅读的智慧。

[参考文献]

[1] 李吉林. 2004. 情境教育的诗篇 [M]. 北京：高等教育出版社.

[2] 刘晓东. 2002. 解放儿童 [M]. 北京：新华出版社.

[3] 蒙台梭利. 2005. 童年的秘密 [M]. 马荣根，译. 北京：人民教育出版社.

[4] 王丹，杨广学. 2009. 人种志方法在幼儿教育研究中的运用 [J]. 幼儿教育 (1-2).

[5] 伍新春，孙莉莉. 2009. 从争论到综合 [J]. 学前教育 (1).

[6] 颜晓燕. 2009. 早期阅读教学的特征 [J]. 学前教育研究 (1).

课堂采风

大班艺术活动：脸部彩绘

［设计意图］

当2008年北京奥运的圣火点燃之际，举国欢腾。商场、马路上到处可见奥运图标及宣传语，人们每天都通过互联网、电视等多种媒介，了解、关注着奥运进程、火炬的传递等准备工作。我班的孩子们也不例外，他们也都欢呼着、雀跃着，每天聊得最多的话题就是奥运赛事，模仿最多的动作也是奥运活动中的各个比赛项目动作。如何在全国人民都对奥运盛况极其期待与祝愿的大背景下，也将孩子们这种对奥运的热情加以提升，化为对我国健儿的深深祝福与对奥运的无限向往，我们设计了一系列的迎奥运主题活动，奥运标记、奥运吉祥物、奥运儿歌、奥运运动名称，等等。奥运赛场上许多拉拉队成员都喜欢在脸上画丰富的彩绘，来表达对奥运的祝福，我们把这个有趣的脸部彩绘有机地纳入奥运主题活动中，以推动我班奥运主题活动的深入开展。

在教学中，教师运用了情境教育的理论，采用图画情境、表演情境，激发幼儿对脸部彩绘的兴趣，满足幼儿的审美需求。

［活动过程］

一、图画展示与欣赏，展现脸部彩绘的美

1. 观看土著人的电影片段

师：小朋友，今天，老师给你们带来了一个特别的电影片段，让我们一起来欣赏！

师：这个电影里的人有什么特别的地方？他们的打扮有什么特别的

地方？

幼：他们在跳舞，他们的脸上有花纹……

指导语：这个电影片段讲的是一个土著部落在欢送客人时所举行的一个仪式，他们在欢送客人的时候，会穿上特别的服装，跳起独特的舞蹈，最特别的是他们在脸上涂上了各种彩色的花纹，这是一种脸部彩绘。

［**点评**］儿童审美能力的培养是从感受美开始的，也就是一定要通过儿童自己的视觉、听觉、触觉、运动觉感知对象之美、自身之美。教学以动态的影片导入，将幼儿带入充满异域风情的狂欢情境中，在欣赏土著人的电影片段中，幼儿初步接触彩绘脸谱，并对脸部彩绘有了直观而最初的印象，再通过教师的指导语引起幼儿对脸部彩绘的关注，激起幼儿对脸部彩绘产生好奇、产生兴趣。

2. 看四组彩绘脸谱特写幻灯片

师：除了土著人喜欢脸部彩绘外，还有什么人也喜欢脸部彩绘呢？让我们一起来看一看。

（1）播放“京剧脸谱”——孙悟空、包公、小丑、铁镜公主。

（2）播放“球迷脸谱”——国旗、五角星、球拍、五连环。

（3）播放“模特脸部彩绘艺术”。

（4）播放“幼儿脸部彩绘”。

指导语：真美呀！脸部彩绘大家都喜欢，脸上进行的彩绘内容非常丰富，有国旗、和平鸽、五连环、京字小人……而且这些图案的颜色也很亮丽，有红的、白的、黄的……各种颜色。这些图案有的画在额头上，有的画在脸颊上，有的画在眼睛旁，真是有趣极了。看，我们小朋友也可以做脸部彩绘呢！

［**点评**］通过连续地欣赏各种特写彩绘脸谱，让幼儿进一步了解脸部彩绘，激发了幼儿对脸部彩绘的兴趣。京剧脸谱是国粹，给幼儿传递的是文化，在开始就让幼儿留下深刻印象，在欣赏这组彩绘脸谱时，幼儿表现得较为安静；球迷的脸谱是最常见的，表达的是兴奋、热情、热烈，此时幼儿已经按捺不住心中的兴奋，在老师的引导下，积极地表达观察到的彩绘色彩与画面内容，表达心中的感受；模特儿脸部彩绘艺术，给孩子眼前一亮的感觉，给幼儿注入了艺术的惊讶与震撼，幼儿会脱口而出：漂亮！小朋友脸部彩绘使高雅的艺术走进了幼儿的生活。幼儿在欣赏、审美的同时沉浸在美的感染中，幼儿一下子被美所包围、所浸润，自己想去表现

美、创造美的欲望被调动、被激起。

二、自主操作与体验，感受脸部彩绘的美

1. 教师示范脸部彩绘

师：现在我们也来画个奇妙的脸部彩绘，做一名奥运拉拉队队员。(幼儿出现迟疑、惊讶的表情，一时无法接受在自己脸上涂鸦的提议)

师：张老师先做我们大二班第一个奥运拉拉队成员，我要在脸上彩绘啦！(教师在幼儿惊讶的眼神中，熟练而迅速地绘制了一面大大的、斜着飘扬的五星红旗)

幼：哇……（全体幼儿一阵欢呼，刚才的迟疑一扫而尽，展现出跃跃欲试的模样)

师：漂亮吗？

幼：漂亮！(情不自禁地拍着小手)

师：奥运，加油！中国，加油！

2. 幼儿进行脸部彩绘

师：你想在自己脸上彩绘上什么图案？

幼儿甲：我要在脸上画一个五连环。

师：哦，你要画五种颜色的五连环呀？那准备画脸上哪一个部位呢？

幼儿甲：画在鼻子上。

师：你第一个环打算画鼻子上，第二个环呢？

幼儿甲：画鼻子左边。

师：很好，你还可以画鼻子的上面、下面或者右面呢，一会你再仔细想想，想好就可以动手啦。

[幼儿间互相讨论并交流自己构想的脸部彩绘内容]

指导语：刚才小朋友都设想了自己脸谱的图案，还想好了画的位置，老师为你们准备了小镜子和脸彩棒，请小朋友们拿上脸彩棒，选择好颜色，照着前面的镜子，开始在脸上彩绘了！

(教师巡视，作适当鼓励、引导，用摄像机逐一拍摄下幼儿完成的彩绘脸谱，并传输到电脑上制成幻灯片)

[点评] 教师的示范，创设了一个真实的彩绘情境，让幼儿从电影中、从幻灯片中走向了生活。随着老师脸部的变化，幼儿不仅了解了彩绘的方

法，更惊喜地感到彩绘带来的愉悦。在好奇与惊喜中那跃跃欲试的内驱力油然而生。在这种力的推动下，幼儿将先前获得的脸部彩绘所有表象进行结合、重组，进入自主创造的想象情境之中。教师的示范和充满激情的语言诱导，为幼儿渲染了一种融洽和谐、充满自信、无拘无束的氛围。此时，幼儿表现出一种积极的、欢快的情绪，思维活动进入最佳心理状态，从而积极地、主动地把脸谱形象想象与技能技巧的训练结合起来，以自己特有的方式大胆地表现与创造，小脸在自己画笔下，慢慢地变化，孩子们对着镜子笑着、乐着，体验脸部彩绘带来的愉悦。

三、欣赏互动与表演，分享脸部彩绘的美

1. 互相欣赏，评价作品

师：啊，小朋友们画得真好！看这儿——（教师打出幻灯片）

幼：×××画的是五星红旗，×××画的是小蝴蝶，真好看！……

师：小朋友们互相看看。

(教师参与、欣赏并鼓励)

幼：你画的老虎真神气！……

评述：通过教师与幼儿、幼儿与幼儿间的交流与欣赏来展示与评价作品，这种分享式的评价方式，让幼儿从同伴的欣赏和肯定中发现了自己，感到自己的力量，创造的智慧便会逐渐得到增长。同时，在分享中，幼儿又欣赏到同伴的佳作，思维受到触动，又拓宽了创造思维的空间，激起了更多的奇思妙想。

2. 游戏表演，分享愉悦

师：现在我们都是神气的拉拉队成员了，我们一起为北京奥运加油，好吗？说一句加油的话？

幼：好啊！

[老师和小朋友一起选择道具，装扮自己。播放音乐，老师和幼儿一起表演拉拉队并结束活动。]

幼：奥运加油！中国加油！中国第一！……

师：你还想为哪一个奥运健儿加油吗？

幼：李宁加油！姚明加油！刘翔加油！……

评述：幼儿喜欢表演，也喜欢看别人表演。在表演中幼儿变为“他角

色”，那种新异感、好奇心，使他们激动不已。以“拉拉队表演”为载体，让幼儿将心中的喜悦以游戏形式表现出来，在音乐的衬托中，展示自己、愉悦自己、成功自己。口号的呼喊又使活动的主题更加鲜明，也使幼儿的爱国情感得到宣扬和升华。

[活动反思]

脸谱是我国悠久的传统文化遗产，丰富的色彩和细致的构图无不体现了浓郁的民族特色，具有很强的视觉魅力和审美趣味。李吉林老师说：“儿童是爱美的，儿童是爱活动的，儿童具有潜在的智慧。”《幼儿园教育指导纲要（试行）》也指出：“要让幼儿感受生活中的美，大胆体验与表现美……”大班艺术活动“脸部彩绘”的尝试，让我有了很多感悟。

一、场景具有生动的情境性

李吉林认为，儿童的发展是在一定的情境中发生的，情境成为学生构建知识的一个不可缺少的资源和运用经验、运用知识的不可替代的现实场景。“脸部彩绘”这个教学活动之所以为孩子们热衷并兴奋，一个重要的原因就是因为课的主题有着一个良好的社会大背景。其次，活动室的布置更使活动有了具体的情境：空中吊着和平鸽塑形以及奥运五连环等，幼儿操作时，电脑里不断出现的有关奥运的脸部彩绘 PPT、循环播放的奥运赛场的运动背景音乐。孩子们伴随着形象，带着热烈的情感去想象、去思维。

二、幼儿具有积极的参与性

涂鸦是幼儿生来就爱的一项活动，而面部彩绘更是他们见过而从未实践过的一项活动。因此，当他们初次见到视频中的脸部彩绘，一个个都被吸引了，全神贯注地看着视频上的每一个彩绘动作与图案画面、音乐浑然一体，打破时间、空间、地域的界限，驰骋中外，跨越古今，让幼儿在美的意境中漫步，审美教育在潜移默化中进行。整个教学活动，彩绘的内容不仅为幼儿热衷并感兴趣，而且都是幼儿平时生活中经常能看到的，主题活动中，也多次接触并用捏塑、拼图等形式进行过的活动，图案的熟悉为他们自己进行脸部镜面彩绘提供了可能，更为图案位置、角度的创新提供了条件，使得最后幼儿脸部彩绘图案的位置、角度精彩纷呈，产生了一个非常有震撼力的视觉效果，渲染了强烈的情感气氛，使之后的爱国教育也水到渠成。

三、活动具有持续的愉悦性

在整个活动中，具有强烈视觉冲击力的彩绘视频、幻灯片、一张张各式彩绘脸谱出现在孩子的眼前，深深地吸引了幼儿的注意力。多媒体教具的运用，快速便捷，使幼儿驰骋中外、穿越时空、沉浸在美的世界里。幼儿间的相互讲述，构想彩绘图案的位置与内容，通过与同伴的思维碰撞和老师的引导，获得想象中的愉悦感。在动手操作中，幼儿大胆尝试，最大限度地将幼儿创造的积极性调动了起来，让幼儿充分获得实践中的愉悦。这个过程不仅是一个学习实践的螺旋上升过程，更是情感发展的螺旋上升过程：由一种向往、神秘、惊叹的愉悦发展到设计图像的想象愉悦，到最后操作体验与最后完成的成功快乐，从欣赏到尝试到分享，从图画情境到绘画情境到表演情境，步步推进，步步深入，培养了幼儿感受美、体验美、表现和创造美的鉴赏艺术的能力。

四、教师具有民主平等性

在整个活动过程中，教师从容地引领幼儿欣赏彩绘脸谱，并激发情趣，引发欲望。从跟幼儿一起欣赏彩绘视频，到评述彩绘内容，再到彩绘图案的构想……教师一直是以一个合作者、引导者的平等身份出现的。尤其是能充分注意到幼儿对初次进行脸部彩绘的排斥心理，及时地改变原来模式，增添教师亲自示范的环节，为的就是消除幼儿对在自己脸部进行彩绘的顾虑，更好地带动幼儿参与活动的热情。

杨川美
Yang Chuan Mei

江苏省海门市实验小学校长，党支部书记。本科学历，中学高级教师，南通市名师第一梯队培养对象，南通市音乐学科带头人。曾获“江苏省首届师德先进个人”、“南通市教育创新先进个人”、“南通市三八红旗手”、“海门市功勋校长”等殊荣。参加省、全国的教学大赛并荣获一等奖。近二十篇文章在国家、省级刊物上发表。应邀赴云南、新疆、广西及江苏各地执教观摩课。

近年来，学校获海门市教育质量百分考核一等奖第一名，南通市文明学校，江苏省文明学校，江苏省优秀家长学校，全国校园文艺展演一等奖，全国小发明一等奖等荣誉。

成长之路

在如歌的岁月里成长

扎实的基本功让我拥有了舞台

1987年，我从南通师范学校毕业。在毫无准备的情况下，我居然被海门实验小学这所享誉省内外的名校相中。这应该是非常令人高兴、激动的事，但是，除了稍有些自豪外，我却怎么也高兴不起来。因为在小学教一辈子音乐完全不是我最初的理想和愿望。我的计划是在离家不远的一所农村完中——麒麟中学边工作边学习，两年后参加高考，进入大学继续学习钟爱的音乐，为自己创造更高的发展平台。在既自豪又遗憾的复杂情绪下，我走进了海门实验小学的大门，迷迷糊糊地拉开了这道至关重要的人生帷幕。

最初的教学工作令我措手不及，一周二十节课和全校几乎所有的音乐课外活动辅导都落在我一个人的身上。更糟糕的是，学校为了留住优秀教师，竟然不支持年轻教师参加高考，我沮丧极了！就在彷徨、失落的时候，社会活动向我招起了手。我报名参加海门市第一、二届青年歌手大奖赛，经过初赛、复赛、决赛，凭借师范练就的声乐功底我顺利获得一等奖，很快成了当地知名的“歌唱家”；然后又参加广播电视局组织的演讲比赛，过五关斩六将，经过几轮的淘汰赛，也顺利获得了一等奖；我还参加了教育局组织的青年教师书法大赛，轻松获得二等奖……

一次次站在高高的领奖台上，我的名字一次次和实验小学紧紧相连。渐渐地，我感受到，当我取得成绩的时候，实验小学的每一个人都如亲人般真诚地祝福我，鼓励我，并以我为荣。而我，也在纯洁的孩子们中间，在一天天快乐而有成就的教学活动中找到了自己的存在价值，爱上了这份普通却有意义的工作。

赶超一流的品质为成长加油、提速

20世纪80年代末，艺术专业教师很紧缺。我校虽说有三个专职音乐教师，但两位前辈一个任教导主任，一个任电教管理员。就剩下我一个全职音乐教师。所以，我一到学校，全校所有的音乐课外辅导任务都落在我的肩上。每年“六一”儿童节行政部门都要组织大型的文艺会演，所有学校都不甘落后，都想在活动中一展学校素质教育的成果。像海门实验小学这样当地的龙头学校，更有一种不拿第一不罢休的架势。我一人要在课余时间独立担负合唱、重唱、舞蹈、器乐合奏这么繁多的辅导任务，而且目标都瞄准一等奖，对于一个初出茅庐，没有任何工作经验的小姑娘来说，是多么艰巨的任务和沉重的压力啊！然而，初生牛犊不怕虎。在压力和挑战面前我没有任何紧张、惧怕、退缩。相反，我把任务和竞争当做了锤炼本领、展示才能、体现自身价值的机会和平台。我始终充满着自信、激情和斗志，我坚信凭我的专业水平和工作精神，一定能为学校带来荣誉。于是，早晨、中午、傍晚、星期天轮番进行。光埋头做事还不行，我时刻提醒自己必须“抬头看路”。于是，一有空闲就认真学习：留心少儿电视，常常把好节目录制下来仔细观赏回味，汲取精华，触发灵感；主动向兄弟学校的音乐老教师学习请教，学习他们课外艺术辅导的经验，了解他们的辅导水平和审美品位，在此基础上充分放大自己的长处，做到人无我有、人有我精、人精我特。好运总是垂青于有准备之人。通过长期的熏陶和训练，孩子的艺术感觉和表现能力突飞猛进，一个个一等奖“花落”我校。日复一日，年复一年。在音乐课外活动的领地上我孜孜以求、辛勤耕耘，不断学习、总结、创新，创造了全国一等奖、登上CCTV和国际交流展演的舞台等前所未有的成绩。一个个桂冠，一项项荣誉，让我倍感自信，倍感工作的幸福和快乐；同时也积淀了我许许多多课外实践活动的宝贵经验，使我对艺术作品的理解、处理更为深入和细腻，更重要的是，它不断地激发了我的成长内驱和潜在智慧。

当一个人的能力、品质、作风得到了领导、同事的肯定和信任后，机遇和荣誉都会不断地涌来，而责任、压力、挑战也会随之更多。我庆幸来到了处处弥漫着教研气息的海门实验小学，庆幸拥有一群热心帮助、指导、支持我的亲人般的同事。在他们毫无保留的、手把手的指导下，市基本功比赛一等奖、省基本功比赛一等奖、省优课评比一等奖、全国优课评比二等奖……那一本本浸满了汗水与泪水的大红证书，充分见证了我的付出与成长。

正是这比赛过程中的一次次锤炼、磨砺，让我拥有了足够的自信，让我练就了不怕吃苦、不断超越的优良品质，也让我感受到了教师的人生价值，使我登攀的脚步更快、更实、更坚定。

“情境”为我插上了飞翔的翅膀

如果说，扎实的基本功、赶超一流的品质让我拥有了舞台，使我那颗飘浮的心快乐安“家”，那么真正让我享受职业幸福，为我插上飞翔翅膀的便是“情境教育”。

与“情境教育”的认识、探索和实践，缘于李吉林老师的一节课——《弯弯的月亮小小的船》。那是多么灵动、诗意、润泽的课堂！我深深地为之吸引，并产生了一种强烈的愿望——一定要改变当前的课堂！

当时的音乐教学理念落后、守旧，过分注重音乐知识技能的训练而忽略孩子的审美体验，忽略教学的情趣性、生活性、互动性；关注音乐优等生的学习辅导，而忽略普通学生的音乐学习兴趣和学习水平，音乐课成了乏味的技能训练课，少数精英学生的专业课。

如何改变才能使音乐课堂充满情趣、活力与审美气息？李老师的《萤火虫》《弯弯的月亮小小的船》《长征》等课例给了我极大的冲击和启发，朦朦胧胧我似乎找到了一种感觉，触手可及可又一下找不到方向。于是，我开始认真学习李吉林老师的《情境教学实验与研究》《情境教育的诗篇》等，体悟其中的核心理念和操作策略。其中，李老师的一句话让我茅塞顿开：“把知识、技能镶嵌在情境中，这样儿童的探究就可以伴随着乐趣，探究就易于产生顿悟。”好一个“镶嵌”！我兴奋极了，立即在《赛船》这一课上展开实践。我把课堂中要掌握的节奏镶嵌在孩子们熟悉、喜爱的童话故事情境里，创编了一个“龟兔赛跑”的后续故事：把“× × ×”这一节奏化做蹦蹦跳跳的小兔子形象，“× ×”化缓慢、老实的乌龟形象，“× –”化小猴裁判的哨声。于是，我让一个学生来扮演小猴裁判，让第一、第二组的同学手持沙球敲击“× ×”来扮演乌龟，第三、第四组的同学手持双响筒敲击“×××”扮演小兔子，把教室想象成了龟兔赛跑的现场，当裁判小猴的哨声“× -”一落，同学们伴随着“小猴”有节奏的加油声开始各自的节奏演奏。当抽象的节奏练习变成了起伏跌宕、情趣盎然的音乐情境活动时，孩子们简直成了音乐的天使，他们积极参与，热情投入，节奏精确，没有任何误差，俨然是一曲节奏交响乐，课堂成了欢乐的海洋、审美的殿堂！

通过这节课的成功执教，我充分感受到了“情境”的魅力，我就像一个孩子发现了新大陆一样，无比激动与兴奋。于是“情境”款款地走进我的课堂。每堂课都有我用心创设、优化的情境吸引着学生，引领学生走进审美的殿堂。孩子们在或生动，或美轮美奂的情境中汲取音乐的营养，接受美的熏陶和音乐知识技能的培养，而我也在“情境教育”理论的学习、实践的磨砺过程中得到了成长。在江苏省中小学音乐优课选拔赛中，《夏天的池塘》一课凭借着最优的情境和审美意境我获得了一等奖第一名。并以江苏唯一的代表，参加教育部体卫艺司组织的音乐现场课评比。

伴随着一个个成功的喜悦，我对“情境教育”的实验和研究更为投入和深入。我认为，音乐中包含着三样东西：乐、境和情，而境是乐和情的起源，所谓境生情，情生乐，乐中可见境和情。音乐教学，就是要力求让孩子们在感受音乐、表现音乐、创造音乐的过程中做到乐、情、境三者皆具，且相互交融，相得益彰。于是，我尝试以情境为中介和手段，把乐和情有机融合。

一是聆听音乐，想象、描绘情境，启发学生建构属于自己的音乐理解，让乐与境相呼应。当欣赏者进入了情境的欣赏，就会带入自己的感情。如我在执教《西藏风情》一课时，一开始就带领孩子进入一个特定的审美意境，使乐与境有机对接、呼应，催生感情。

师：今天老师带来了两首非常动听的歌，让我们一起随着优美的歌声走进一个民族，感受这个民族的独特魅力。要求边听音乐，边想象画面。

播放《走进西藏》《青藏高原》片段。

师生投入地欣赏。

师：通过歌曲的欣赏，知道今天我们要走进的是哪个民族吗？

生：藏族。

师：在听歌的过程中，你的眼前仿佛出现了怎样的画面？

生：仿佛来到了青藏高原，站在一望无际的草原上放声高歌。

……

师：是啊，那高原激越的旋律，仿佛把我们带进了壮阔的雪域、无边的草原。这堂课就让我们随着歌声一同走进美丽的西藏。

二是看情境想音乐，让学生在看着情境的同时，享受音乐在心中默默流淌的感觉，此时此刻，境与乐在无声的交融中达到和谐和统一，情也就随着此乐此境油然而生。如《拾稻穗的小姑娘》是苏教版第九册教材中的一首歌。作品通过惟妙惟肖的歌词、委婉抒情的旋律、舒缓的节奏和恰到好处的装饰音等要素，表现了一个勤劳纯朴、俏丽柔美的农村小女孩的形象。为了能引领学生去深入地探究作品是通过哪些音乐要素来表现音乐形象的，并能淋漓尽致地用歌声表现女孩的这种俏丽和柔美，我安排了这样一个环节：请学校舞蹈队的一名女生借助相应的道具，随着极轻的伴奏音乐，用舞姿来展现拾稻穗的小姑娘在田间劳动时的那种手挎小篮，小辫晃晃的柔美形象，全班同学随着她的表演，不出声地演唱歌曲。这样，孩子就能不受客观声音缺陷的影响，尽情地让歌声在心底柔柔地流淌，增强孩子的审美体验。

三是表现音乐再现情境，让学生在深度理解作品之后，充分地表现和创造，以达到乐、情、境三者皆具，相互交融，相得益彰的美好境界。如我在执教《草原放歌》时，当学生在老师的引领下了解了蒙古族长调显著的三个特点后，再创设情境，用已有的音乐知识和技能来演绎《草原上升起不落的太阳》，表现情境，效果更佳。

师：当一个牧民在放声高歌时，他的同伴情不自禁地想为他伴奏，这时他的身边没有乐器，你们猜他会用什么为同伴伴奏？

生：拍手、跺脚、挥动羊鞭……

师：他还会用自己的声音来打节奏，你听，为我们伴奏的牧民来了——

（师演示由弱到强的伴奏声：× $\underline{××}$ | × × | × $\underline{××}$ | × × |
嘿嗬嗬 嘿 嗬 嘿嗬嗬 嘿 嗬）

师：他们从哪里来？

生：从远处闻歌赶来。

（师演示由强到弱的伴奏声：× $\underline{××}$ | × × | × $\underline{××}$ | × × |
嘿嗬嗬 嘿 嗬 嘿嗬嗬 嘿 嗬）

师：现在呢？

生：渐渐远去，回家了。

（启发学生想象和理解不同的力度表现所呈现的不同情境）

师：现在你们来扮演伴奏的牧民，看着我指挥的手势，当我的动作有力且幅度大，那么就强，当我的动作幅度逐渐变小，力度逐渐变弱时，那么你们的声音也就逐渐变弱。

师：老师有个建议，就是在歌曲结束时加上一个尾声。

（师示范演唱放慢速度的，并加上了长调元素的尾句“我就骄傲地告诉她，这是我的家乡。”在“乡”这一长音上再加上牧民们的伴唱，你觉得应该是由弱到强的那句，还是由强到弱的那句？为什么？）

生：由强到弱的那句。这样歌曲在余音缭绕中结束，很美。

生：我也这么认为，表现出一群牧民放牧一天后，愉快地回家了。

师：我们现在就来合作演唱这首歌曲，你觉得由弱到强的牧民伴唱要不要加入？安排在哪里？为什么？

生：我觉得需要的，可以安排在一开始，表现牧民听到歌声后由远而近赶来的情境。

师：现在进行合作表演。

（老师来担任放声高歌的牧民，以一段悠扬的具有长调特点的引子展开，请男生来表演伴唱的牧民，当你们听到我悠扬的歌声，就从四面八方赶来，伴唱声由弱到强，请女生和我一起演唱两段歌词，尾声由我来演唱，最后在由强到弱的伴唱声中结束。）

有了“情境教育”的理论武装和实践积累，对课堂教学的研究就有了一定的高度和深度，因此常常会对自己的实践和音乐教育的普遍状况进行反思，提出批判性的思考意见。撰写的《学生不喜欢音乐课的成因探析》《小学音乐审美体验与知识技能相结合的教学研究》《营造艺术氛围，浓郁文化气息》等文相继发表于国家及省级刊物。这无疑是对我认真学习实践、总结反思的最好褒奖和莫大鼓励，也使我对课堂教学的研究产生了更大的兴趣和更深入的愿望与动力。于是，学习了《中国著名音乐特级教师教学思想录》，如饥似渴地学习米黎明、冯培英、彭其畹、陈蓓蕾等老一辈特级教师的教学思想、理论和实践，他们的每一个观点，每一个案例都如甘泉滋润着我的心田。在此基础上，我又认真学习了奥尔夫、柯达伊等国外音乐教育家的教育理论，了解发达国家小学音乐教育的思想和状况，把他们的理论精髓有效地嫁接到我的课堂，开发了《打麦号子》《西藏风情》《草原放歌》《有趣的声音》《牧童》《海门山歌》等近二十节具有地方和校本特色的音乐课。其中《西藏风情》《草原放歌》分别获得全国现场优课评比一、二等奖。

记得李老师在《为了儿童的学习》一书中所说："为了儿童的学习，我围绕'情境'这一课题的探索不知不觉已经度过了30年的时光，连自己都惊讶于我对小学教育、对儿童学习的执著和痴情。这30年是我最为成熟和最可享受人生的岁月，我把她倾情交付给儿童的学习。今天回望的时候，我的感受可用三个关键词表达：甘愿、值得、快乐。"如今，也是我人生中最为成熟和最可享受的岁月，我不仅要深入学习、实践李老师的"情境教育"理论。更要学习李老师"一切为了儿童的学习"的执著精神和严谨的科研态度，并以澄明的审美心灵观照外在世界的丰富和内心世界的善美，在如歌的研究岁月里，和孩子们共同创造幸福的、美好的、诗意的教育生活。

教研撷萃

浅谈音乐教学中的“真、实、趣、美”

摘　要：教学是一门科学，也是一门艺术，如何实现科学性与艺术性的完美结合？追求和创造“真、实、趣、美”的课堂是达成这一理想目标的一条有效途径。

关键词：审美体验；技能练习；教学方式；教学语言；“真、实、趣、美”

教学是一门科学，需要正确的思想、求真的态度、扎实的作风和科学的方法；教学也是一门艺术，离不开适宜的情境、情感的助推、艺术的手段和独到的方式。音乐教学尤为如此。如何将音乐教学中的技能训练与审美体验和谐交融，以实现科学性与艺术性的完美结合？我认为追求和创造“真、实、趣、美”的课堂是达成这一理想目标的一条有效途径。

一、审美体验要真

要让孩子真正地走进音乐，感受和理解音乐内蕴的美，就必须展开有效的审美体验活动。审美体验是音乐教学的核心环节，是孩子在审美感知的基础上，对音乐作品情感的体验过程。然而，我们常常把审美体验简单地与“活动”等同起来，以为有了活动就有了音乐的内心体验。的确，活动是审美体验的载体，但必须是有效的体验活动才能促进孩子的音乐理解和发展，如果仅仅是为了追求课堂的表面“热闹”而组织的审美体验活动，即使学生“动”起来了，课堂气氛“活”了，那也是舍本求末，不可能获得真正意义上的审美理解。

如苏教版第二册教材第八单元《夏天的池塘》，其中有三拍子的歌曲《萤火虫》和二拍子的歌曲《爱唱歌的小青蛙》。很显然，编者的意图是通过两首歌曲的学唱，感受二拍子和三拍子的不同节拍特点以及所表现的不同音乐情绪，从而培养孩子的审美能力。为了达成这一教学目标，我设计了这样的系列体验活动：一是审美感知活动：模仿游戏。老师用不同的动作表现二拍子和三拍子，让学生模仿。在这一活动中启发学生不仅要模仿出老师的不同动作，还要模仿出其中的强弱和韵律。然后让学生为两组动作选择不同的图形：●○●○；●○○●○○，并说出为什么。接着老师小结：第一组动作是两拍为一个单位的，如图一；第二组动作是三拍为一个单位的，如图二。因为拍数不同，所以强弱、韵律都不一样。再让学生用动作来体验和表现其不同的节拍韵律。审美感知是音乐学习的初级阶段，也是整个审美活动的基础。有了实实在在的感知后就会产生真真实实的体验。二是审美体验活动。老师让孩子听辨两首熟悉的歌曲《火车开啦》和《柳树姑娘》，说出哪一首歌是二拍子，哪一首是三拍子的，并用合适的动作来表现其韵律。这种把刚刚感知到的音乐知识即学即用，不仅巩固了音乐知识，同时使体验活动更为深入。三是拓展性实践：审美理解。在学唱新歌《萤火虫》前加上这样的一段引入：夜幕降临了，舞蹈明星萤火虫就要上台跳舞了。可是她正为找不到合适的音乐而犯愁呢！老师这里有两段动听的音乐，但不知道哪一段适合萤火虫的舞蹈，你们来帮她选一选好吗？接着老师弹奏三拍子《萤火虫》和二拍子《爱唱歌的小青蛙》的旋律，并说出为什么要选这段音乐的理由。以上教学把审美感知、审美体验、审美理解相互渗透、交互作用，使孩子们鲜明地感受到二拍子、三拍子的节拍特点、表现的音乐情绪和形象，这样有效的实践活动才是真正的审美体验。

×× | ×× |	××× | ××× |
一二　一二	一二三　一二三
强弱　强弱	强弱弱　强弱弱
图一	图二

二、技能练习要实

音乐作为一门学科，有它独特的知识体系。它以节奏、音高、音色、强弱、织体等许多音乐要素构成了一个个奇妙无比的情感世界，给人以无限的遐想和美感。要让学生能够自主地感受、理解和表达音乐内在的情感，就必须掌握这些基本的音乐知识、具备基本的音乐能力。如节奏和音高，是音乐缺一不可的基本要素，也是学习音乐的基础和关键，需要长期的、有计划的有效训练。我在教学六年级《愉快的春游》一课时，以“呼唤春天”的练习为主线，进行了扎实、有效的技能训练。

1. 听音练习（上下行音阶、单音、旋律音程）

上行音阶。

师：学习音乐离不开音乐的耳朵，下面我们一起来练一练我们的耳朵，听听老师琴上弹的是什么音，再用美妙的声音唱出来。

师：同学们模唱得很准。再仔细听琴声，在这个上行的音阶里你有没有听出什么变化？这种变化给你什么感觉？

生：声音由弱变强，感觉很有热情、很奔放。

下行音阶。

师：听出这里的变化了吗？又带给你什么感觉？

生：声音变弱了，觉得把感情包裹起来了。

师：是的，情感变含蓄了。

……

2. 发声练习

1 2 3 4 | 5 6 7 1 | 1 7 6 5 | 4 3 2 1 |

春 天 来 了　春 天 来 了，春 天 来 了　春 天 来 了

1 3 | 5 1 | 1 5 | 3 1 | 1 4 | 6 1 ‖

春 天　来 了，春 天　来 了，春 天　来 了！

师：看来同学们都有一双音乐的耳朵。下面我们一起做个呼唤春天的练习，让春天离我们更近一些。学着老师的样子来呼唤（逐句跟老师学唱）。

师：老师在呼唤的时候音量有什么变化？为什么要进行这样的变化？

生：老师是由弱变强的，表现出春天来了大自然一片勃勃的生机。

生：表现了春天来了人们激动的心情。

师：第三句跟前两句相比节奏有何不同？为什么要不同？

生：节奏放宽了，感觉春天就像潮水一样向我们涌来。

师：是的，表现出一股春天特有的力量。

师：最后一句又有什么变化？表现什么？

生：逐渐放慢了，有一种结束的感觉，而且觉得有一种力量。

师：看来同学们对音乐的感觉还真不错。下面我们来完整地练唱，一

要注意自己的声音，柔声演唱，二要唱出情感，唱出春天的生机。

在以上环节中，我把情感自始至终渗透进听音训练、发声训练之中，使这些原本很枯燥的专业练习变得生动而富有韵味，孩子们在情感的带动下就能扎扎实实地接受到音乐技能的训练。

三、教学方式要趣

在教学中，当我们有了对教材内容的深度解读，准确定位了教学目标，精心准备了教学素材和过程以后，如何达到教学的最佳效果？歌曲《拾稻穗的小姑娘》的两次不同效果的执教，让我深深体会到，教学方式方法在达成教学目标过程中所起的重要作用。在这一教学中我设置了“让学生体会和表现作品的柔美”这一教学目标。第一次教学进行到让学生说说歌曲除了歌词还有哪些地方让你感受到了小姑娘的活泼、柔美时就卡壳了。于是，在第二次教学中，我灵机一动，提出了一个非常有趣的设想，竟然起到了意想不到的效果。

师：除了歌词还有哪些地方让你感受到了小姑娘的可爱和柔美？

（一片安静）

师：歌词的确写得特别棒，把小姑娘的形象表现得惟妙惟肖。那现在要是老师把歌名改成《拾稻穗的小男孩》，把歌词也改了，看看这首歌能不能成为《拾稻穗的小男孩》，好不好？

老师演唱：拾稻穗的小男孩，赤脚走在田埂上，头上戴顶小草帽，手臂上挽着小竹篮……

（学生开怀大笑）

师：你们笑什么呢？

生：老师，歌词改了还是不能成为《拾稻穗的小男孩》，这样太娘娘腔了。

师：娘娘腔在哪里？

生：在下滑音的地方，加上了下滑音一点男孩子的阳刚之气都没有了。

生：还有倚音的地方也有这种感觉。

师：那现在你们知道作者除了通过歌词，还通过什么来表现小姑娘的形象的？

生：装饰音。

师：同学们真棒！看来装饰音在这首歌曲中起的作用还真不小呢，现在你们知道演唱好这首歌的关键是什么了吗？

生：装饰音。

师：那就用你们的歌声来表现吧。（演唱歌曲，果然有了味道）

师：唱得真好！那现在我们要是把歌词改了，再把装饰音去掉，你认为这首歌能不能成为《拾稻穗的小男孩》？

……

其实，这首音乐作品不仅仅通过节奏、速度和装饰音来表现音乐形象，还有调式、旋律等很多要素。改歌名和歌词只是引导孩子去认识、探究音乐的一种有趣的方式方法和切入口。正因为这一有趣的问题才激发了孩子强烈的探究音乐的兴趣，才有了教学过程中的一系列音乐体验活动，也才会高效地完成预设的教学目标。

四、教学语言要美

事实证明，教师生动形象的语言，不仅可以把抽象的学习内容化为具体的，把静止的画面变为动态的，而且还能激起学生丰富的想象力和强烈的审美情感。

《踏雪寻梅》一课中一段巧妙的语言过渡让我记忆犹新："梅花的魅力不仅在于她的美，她的香，更在于她不畏严寒、不惧风雪，在天寒地冻的世界里静静等待春的到来的高贵品质。所以许多文人雅士都对梅花情有独钟，用不同的艺术形式赞美、讴歌她，今天，老师就给大家带来一首歌曲——《踏雪寻梅》。"为了让学生理解歌词内容，我又让孩子闭上眼睛想象画面："我来到了一片银装素裹的世界，到处飘着梅花的清香，在书房读书的我被梅花的香味吸引，带上小毛驴随着梅花的香气一路寻去，小毛驴也和我一样悠然自得，脖子上的小铃铛发出清脆的叮当声。我边赏雪景边想，等我寻到梅花，采上一束放在美丽的花瓶里，每天伴着我的读书声和我的琴声那该多美啊！"这种如诗如画的教学语言就能使学生很好地把音乐形象同自己的现实生活进行联系和想象，就能很好地引领孩子进入到美妙的音乐之中。

其实，我们的现实生活中不缺少美和美的情感，也不缺少发现美的眼睛，只是我们缺少了一种发现美、表现美的激情和执著，而美的语言，恰恰能燃起这份发现美、表现美的激情，它是美和美的情感的最佳催生剂，有了它，课堂就会灵动、润泽，充满审美意蕴。

课堂采风

西藏风情

（苏教版音乐教材第八册）

[设计意图]

《西藏风情》这一课是根据苏教版音乐教材第八册中的《我的家在日喀则》改编而成的。原教材的编写意图是通过演唱歌曲、学敲藏鼓来了解西藏、感受西藏的歌曲风格，激发学生热爱民族音乐的情感。显然，要实现这一目的，仅凭教材提供的素材是远远不够的。于是，在设计本节课时我基于以下几个问题展开思考：（1）如何围绕教学目标整合资源？（2）如何凸显学生学习的自主性？（3）如何遵循音乐的认知规律引领孩子认识、感受音乐？（4）组织怎样的体验活动才不会泛化为形式而深入孩子的内心？通过重新把握教材，合理开发整合相关资源，认真研究学生的已有经验和现实需要，确定了如下教学目标：（1）通过听、唱等体验活动，感受西藏歌曲高远、绵长、激越、奔放的风格特点；（2）引领学生结合自身已有的知识经验思考这一特点的形成因素；（3）通过对《我的家在日喀则》这首歌曲的编排处理和演唱，进一步感受和表现藏族歌曲的特点，提升孩子的音乐素养。

[教学片段]

片段一：欣赏引入，营造审美意境

师：今天老师带来了几首非常动听的歌，让我们一起来欣赏——
（播放《走进西藏》《青藏高原》《珠穆朗玛》片段）
[师生投入地欣赏]

师：发现这三首歌都是歌唱哪里的？

带给你怎样的感受？

生：非常热情。

……

师：老师也非常喜欢。那高原激越的旋律，仿佛把我带进了壮阔的雪域、无边的草原。这堂课就让我们随着歌声一同走进美丽的西藏。

[点评] 美妙的旋律、动听的歌曲，再辅以优质的音响和画面，使课的一开始就铺上了一层绚丽的审美色彩，此时音乐与情境有机对接、呼应，情感随之催生。孩子们如痴如醉，个个沉浸在美妙的歌声里。

片段二：听唱结合，感受藏歌特点

师：谁知道西藏位于我国的哪里？

生：西南部。

师：对于西藏你们还了解些什么？

生：西藏的平均海拔很高，约4000米，被称为“世界屋脊”。

……

师：除了刚才欣赏的三首歌，你们还知道哪些西藏歌曲？能不能唱几句？

生：《我的家在日喀则》《家乡》。

师：老师也准备了一首藏族歌曲《北京的金山上》，想听吗？

[掌声响起]

老师感情充沛地演唱

[又一次掌声响起]

师：藏族有一位非常著名的女高音歌唱家，她的歌声曾经响遍中国的每一个角落，知道她的名字吗？

[生摇头]

她叫才旦卓玛，今天我把这位慈祥的卓玛奶奶“请”到了我们的现场，她还要为我们演唱原汁原味的藏族歌曲呢！

(播放《翻身农奴把歌唱》)

[点评] 从孩子的已知经验出发，逐渐积累，层层深入，充分激发孩子对藏族歌曲的兴趣，感受藏族歌曲的特点。

片段三：自主探究，分析藏歌特点

师：通过刚才的欣赏和演唱，你觉得藏族歌曲给你留下了怎样的感觉？

生：音很高，而且很长。（老师板书：高远、绵长）

生：好像直着嗓子唱的。

生：很热情奔放。（老师板书：热情奔放）

师：这就是藏族歌曲的特点：高远、绵长、热情奔放。

师：那么为什么会形成这样的特点呢？请你结合我们已知的西藏的地理风貌、风土人情讨论讨论，谈谈你们的想法。

[小组讨论激烈]

生：因为西藏有很多的高山，在山上，人们互相对话必须放开嗓子才能让对方听见，特别是不在一个山上的话就喊得更响。

生：我想西藏的海拔最高，那么就离太阳的距离最近，太阳照下来火辣辣的，所以西藏人的性格也是火辣辣的，唱的歌也就特别热情奔放。

生：西藏气候寒冷，常常要喝烈酒来取暖，所以人的性格被酒精熏得粗犷、豪放。

生：所以乘着酒兴歌声就更加奔放。

师：听了同学们的发言让我想起这样一句话：一方山水养育一方儿女。是西藏壮阔的雪域，无边的草原孕育了勤劳善良、热情奔放的藏族人民，进而创造出了独特的藏族歌曲。

[点评] 通过多种形式的体验活动，学生对藏族歌曲风格特点的初步认识已建立。但学生仍处于一种“知其然”而不“知其所以然”的朦胧状态。这时，老师因势利导，通过富有激励性、挑战性的设问来启发、诱导、点拨，孩子们思维活跃，讨论激烈，充分历经了一个愉悦、自主、生成性的过程，藏族歌曲的风格特点及形成原因水到渠成，浓郁的文化气息也由此渐渐地弥散。当然藏族歌曲的风格特点及形成原因不是小学生三言两语就能分析、概括得了的，但是鼓励孩子用现有的智慧大胆探索，大胆表达探索的结果，肯定孩子的有效探索是非常重要的教育，更是可贵的教育。

片段四：合作创造，表现歌曲风格

师：你觉得《我的家在日喀则》这首歌曲中哪一句最具有高远绵长、激越奔放的风格特点？应该如何唱好它？

生：是节奏最舒展的那句。我认为七拍的长音要唱得饱满。

生：要表现出藏族人民的乐观。

生：下滑音要干脆有精神。

师：你能示范一下吗？

(学生评价，老师指导演唱：

1 3 | 2 - | 2 - | 2 - | 2 0 |

听 呀 啦 啊！)

师（进一步启发）：除了气息悠长，声音饱满外，还能为这个长音配上些什么衬词，使这句更加激情豪迈。

生（讨论形成方案）：

| 1 3 | 2 - | 2 - | 2 - | 2 0 |

| 0 0 | × × | 0×× | × × | × 0 |

嗨 嗨 嗨嗨 嗨 嗨 嗨 嗨

(在老师的指导下进行音乐实践和制作)

师：除了这个地方加上衬词外，还可以在哪里配上衬词？

……

[点评] 美国教育哲学家埃里奥特说：“表演者的理解力不是通过他（她）对自己的所为做出的叙述来展现的，而是通过他（她）的表演行动的成果质量以及表演行为得以展现的。”的确，儿童的音乐素养（对音乐的理解力、表现力等）是通过表演来呈现和提升的。以上环节中，教师恰到好处地创设实践、制作音乐的情境，让孩子们在自主、合作、创造、习练的过程中表现藏族民歌的风格，提升音乐素养。

片段五：趣味练习，检测学习效果

师：今天我们随着音乐一起来到了美丽的西藏，唱了西藏的歌，跳了西藏的舞，为了检测大家的学习效果，我带来了几道趣味题：

1. 藏族有一位著名的女高音歌唱家，她是

A. 德德玛　　　　B. 才旦卓玛　　　　C. 关牧村

2. 下列乐器中哪一件是藏族乐器？

A. 伽倻琴　　　　B. 马头琴　　　　C. 柄鼓

3. 欣赏舞蹈片段，说出哪一段是藏族舞？

（略：傣族舞、新疆舞、藏族舞）

4. 下列三首歌曲哪一首是藏族民歌？

A. 《转圆圈》　　B. 《道拉基》　　C. 《三个宝贝》

5. 藏语“扎西得勒”译成汉语是？

A. 您好　　　　B. 吉祥如意　　　　C. 谢谢

总结：祝贺大家回答正确！祝同学们扎西得勒！

［**点评**］富有趣味性、挑战性的抢答是孩子们的最爱。这一环节不仅是对本节课的一个学习检测，更是为学生提供了一个活学活用的平台。通过对照、对比、讨论，学生能更好地巩固本节课所掌握的藏族民歌风格。

［教学反思］

在新课程改革的背景下，我们的音乐课堂教学究竟要让孩子获得些什么呢？我认为，引领孩子们自由、快乐地徜徉在音乐文化艺术的长河里，自主地、自信地去认识美、感受美、表现美、创造美，从而获得情智的共生才是音乐教学的宗旨。而实现这一宗旨的前提是必须处理好以下几种关系。

1. 艺术性和综合性的关系

综合是新课程的一大理念，在各科教学中，老师们或多或少地体现着这种理念。但综合不是拼盘，不是简单的叠加，不是牵强附会，不是主次不分，而是有机、艺术的融合。本课中我进行了艺术各要素的融合，我把歌、舞、地理风貌、风土人情融为一体，目的是让孩子感受西藏歌曲的风格特点，了解其形成因素。本课中的综合是为了更好地实现教学目标、凸显艺术性的一个手段。

2. 内容与形式的关系

课堂教学是一门艺术。既然是艺术它就离不开一定的形式和手段的辅助作用，尤其是音乐教学，它是通过情感和审美来达到育人的目的的。而情感和审美都需要特定的情境，因此创设情境，优化情境对于提高音乐教学效率有着积极的意义。因此，音乐教学中的内容和形式是目的和手段的关系。然而，由于当前的一些青年教师盲目模仿，急功近利，缺少学习和理性的思考，呈现了热闹、浮躁、肤浅、做作的课堂实况，使音乐课变味成游戏课、活动课。并把简单的复杂化，复杂的简单化，最后学生一无所获，还美其名曰“在游戏中学习音乐”。这种普遍的现象往往会蒙蔽我们的双眼，因此处理好内容与形式的关系是成功音乐课的前提条件。朴实、简约而富有美感一直是我所追求的课堂教学风格。本课中我没有别出心裁的花样，每一种体验活动都力求朴素高效、贴近孩子、深入内心。努力地用音乐本身的美、教师的音乐素养、恰到好处的听辨方式来吸引学生，打动学生。比如，静静地听、投入地唱、激情地舞、富有趣味性和挑战性的练习，等等。

3. 审美体验与知识技能的关系

这也正是音乐课堂教学最难把握的地方。音乐是情感的艺术，音乐教育的最终目的是通过音乐、通过情感陶冶孩子的情操，纯洁孩子的心灵，培养良好的审美情趣，最终达到育人的目的。音乐又是一门科学，它有它的知识体系和内在规律，要想感受和鉴赏音乐的美必须要有一定的音乐知识和技能基础。然而，过分地注重音乐知识和技能的训练就会使音乐课枯燥乏味而失去魅力。相反，一味地强调感受和体验忽视基本的音乐知识和技能，这样的感受和体验也只能是空中楼阁、信马由缰。因此处理好审美体验和知识技能间的关系，把握音乐的认知规律是音乐课堂教学成功的关键。本课中，我遵循了感性——理性——感性的音乐认知规律。课的一开始就从感性入手，抛出了三首非常典型的学生又比较熟悉的歌，把孩子一下带进了美丽的雪域高原。接着让他们说知道的西藏知识、唱西藏的歌，特别是听原汁原味的藏族歌曲，然后让孩子们思考讨论西藏歌曲的风格特点以及形成此特点的要素。最后再让孩子们用自己课堂里获得的理性知识来指导自己的歌唱表现。整个过程孩子们沉浸在快乐的体验和表现中，很好地实现了课堂教学的目标。

刘 昕

Liu Xin

1976年出生，南通市城中小学副校长。江苏省首届基础教育教学成果二等奖获得者，南通市学科带头人，南通市第一梯队名师培养对象，南通市优秀教育工作者，南通市崇川区名师发展对象，先后执教区、市、省级公开课二十余节。在首届全国信息技术与学科整合课堂教学竞赛中荣获语文组一等奖；获江苏省课堂教学竞赛一等奖。在省级以上刊物发表教育教学类文章七十余篇。出版了两部个人专著——《语文课堂：我与学生的美丽徜徉》《守望的神情：关于一个孩子的语文教学笔记》。

成长之路

你给我种下了一个梦

一

题记： 我不是农民，却是一个播种者；我不把谷子撒进泥土，却把另一种金色的种子播在孩子的心田上——那是一块奇异的土地，播上理想的种子，便会获得令人惊奇的收获。——李吉林

遥远而模糊的想象，是星辰

知道李老师的时候，我在如皋师范学校上学。有一天，小学教学法老师发给我们一本不是教材的书，这本书有着浅浅的绿色封面，娟秀而美丽的题字——情境教学实验与研究，她使稚嫩的我第一次知道了有一个很有名的女老师，她叫李吉林。

那时候，我们只在小学语文教学法的课堂上听老师讲解小学语文教学的一些片段，再有就是自己童年和少年时代关于课堂的记忆，真正的课堂教学还没有得到实践。由于从小阅读的兴趣和积累，以及父亲是中学语文教师的原因，语文教师的身份对我充满诱惑，进入师范学习后，对语文课堂的想象一直在我的脑海中反复出现和变化着，但我能肯定的是，小学语文课堂一定是美丽的，孩子们对此一定是喜欢的，那是一个语言的童话王国。但是，懵懂的我尚不知道用怎样的方法来建起这美丽的城堡，我应该怎么做呢？我又能做些什么呢？我非常想知道，可是我却什么都不知道。

然而，灵感被开启常常只因为某一种机缘或是某一个特殊的时刻，如

闪电划过夜空带来令人震颤的明亮。《情境教学研究》带给我的正是这样一种令我激动的启蒙。

“语文教学在运用情境教学后，不再是那薄薄的一本教材，不再是那没完没了的单调重复的各种习题和可有可无的乏味的问答；学生的视野，学生的思想，也不再是被禁锢在小小的教室里，那丰富有趣的教学内容、鲜明生动的形象，真切感人的情意以及耐人寻味的哲理，使教学变为具有吸引力的、有趣而有意义的活动。这是由情境教学本身具有‘形真’、‘情切’、‘意远’、‘理寓其中’的特点所决定的。”

给我的是开满薰衣草的开阔田园。

“以生活展现情境”、“以实物演示情境”、“以图画再现情境”、“以音乐渲染情境”、“以表演体会情境”、“以语言描绘情境”，给我的是一杆亮闪闪的小仙女的魔杖。

到了有机会实习走进课堂的时候，我生搬硬套地把书中介绍的课例“占为己有”地给了学生，孩子们的愉快给了我十倍甚至百倍的欢喜。

于是，我读呀，读呀，反复地读，读着文字的时候，我常想象着这个烫着短发、有着湖水般清澈目光的女教师在课堂的行走，我想着她摸着孩子脑袋的模样，我想象着她等待在北濠桥畔为孩子们守望太阳跃出的眼神，我想象着，想象着……

多么遥远而模糊的想象，却灿如星辰。

李吉林，一个美丽的名字在稚嫩的心弦上留下永远的声音。

二

多少次，多少回，小鸟之歌在我心中鸣唱。歌声中，儿童的眼睛，儿童的智慧，儿童的情感，让我激动不已。此情此境，如诗如画，我仿佛也是诗人，饱含着深情，在儿童的心田上，写着明天的诗句。

——李吉林

咫尺却天涯的距离，是明月

1996年的夏天，我师范五年的学习结束了，带着简单的行李我来到通师三附这所年轻的学校。从此我享受着和孩子们在一起的幸福，尽管这种幸福中总隐隐地夹杂着不胜力量的担心。《小学语文情境教学法》仍然是我很好的老师，甚至在年级里上研究课时成了一种技术的依赖。李吉林老师的名字在我的心里默默地成了一份强烈的渴望，就在工作了一年以后，这份渴望因为我的一位同学而变得有些焦灼。

我的好朋友丁丁（昵称）和我一起毕业，一起从如皋走到了南通，她被分配到李老师工作的南通师范学校第二附属小学。她经常到我家来玩儿，一个周末，她又到我家来，聊到很晚了，我们准备睡觉，她却说："你先睡吧，我还要把教案整理一遍。"我很不解："这么晚了，明天做吧！""不行，明天李老师要看的。""李老师？哪个李老师，你这么在乎？""李吉林老师，她是我的师傅。""她是你的师傅啊？""对呀，她要带我出去上课了。"

直到今天，我依然可以清晰地记得当时我和丁丁的对话。我相信，在那一刻，我的眼神一定闪亮闪亮，盛着满满的羡慕。那晚，看着好友趴在桌上备课的身影，我难以入睡。不用说做李老师的徒弟，就连见到她跟她说几句话，对于刚刚成为一个小老师的我都是奢望。但是我却执著地对这个"奢望"抱着希望。

后来陆陆续续有机会听到李老师的报告，尤其是在一次南通市教育学会组织的青年教师培训会议上，我聆听着李老师娓娓地讲述她的成长经历，聆听她动情地讲述着"情境教学"的诞生和成长的一路故事，我的心微微地颤动，脚行走的方向却更加明确。我也要做这样的老师，成不了教育家没有关系，成不了一个好的语文老师将会是我人生最大的遗憾，就在那一刻，我看到了一个吹着蒲公英的女孩鼓着腮帮在田野里放飞梦想……

我开始比同龄人更努力地行走在语文课堂教学之路上。

可是，在我如一棵破土的幼苗已开始生长的时候，我依然无缘得到李老师手把手的教导，但是我已经可以很多次地聆听她的报告，看到她的笑容，读到她的新近出版的专著——《情境教育的诗篇》。

我期待着一个缘分的到来，我守望着一个机缘的到来，即使只是偶然。

咫尺天涯的期待是灼热的，咫尺天涯的距离是美丽的，李老师对我来说，比星辰更明亮，那是一轮皎洁的月亮。

三

我伫立窗前，凝望着枝头蹦跳的小鸟。这小生灵望着远方，唧唧地叫着。忽地，它呼扇着灵活的双翼，箭似的飞向蓝天。它舒展双翼，在浩瀚的天宇飞得好不自在！转眼间，它飞得无影无踪……我呆望着。倘若我是诗人，我就为之歌唱，小鸟的心，永远憧憬着远方；感谢造物，为小鸟添上神奇的翅膀！

——李吉林

盈盈一水间的相望，是惠风

在情境教育理念和操作模式的直接观照中，我，一个年轻的小学教师在语文课堂不断拔节生长。

2009年的春天，我开始着手把这十余年来的磨课结集起来，作为对自己在语文课堂快乐行走的一个过程性的回顾，并以此为起点，开始漫长的磨炼。也想和我身边的年轻伙伴分享这踩着砂粒前行的别样情怀。又想把她送给一路同行、一路凝望的我的老师们，谢谢他们深情的目光。就这样，经过五个月的写作，我的第一本个人专著《语文课堂：我与学生的美丽徜徉》由陕西人民教育出版社正式出版了。

我像看着自己的孩子一样那么开心又珍惜，我认真地罗列着我想要赠送的人的名字，一张张熟悉的脸、一个个亲切的笑容不断地浮现在我的眼前，当所有的名字都写完了，直到所有老师、朋友的书都已经赠送了，我才迟疑地在我的书上工工整整写上“李吉林老师斧正　刘昕敬赠”十一个字，写完后，我迟迟地不知道用哪一种方式送到李老师的手上，仰望得太久了，仰望的距离已经被时间拉得很绵长，于是，胆怯更深。后来，我把书托给二附的杨校长，请她转交李老师，杨校长欣然同意但又问：“李老师很好的，你为什么不自己送去呢？”我笑了却说不出为什么，没有勇气走过去的主要原因只有一个，我没有资格走向自己心中的月亮，这个想法让我想起一句流行歌曲的歌词“因为爱不敢爱”，也许并不恰当，可是我当时的心情就是这样。

书送出去有一段时间了，偶有一天遇到我的师傅严清先生，他说："李老师可能会请你加入《我们是长大的儿童》一书的写作。"我愣着了，看着师傅半天没说话，师傅说："你嘴张那么大干嘛？"我回过神几乎是嗫嚅着说："怎么可能啊？李老师又不认识我。"师傅大笑："李老师认识你，她怎么不认识你呢？你上次在二附上课，她就跟我说你的素质不错。前几天，她主动跟我说，'刘昕的书我看过了，这孩子文章写得真好，语言真活呀'。"师傅接着说："等到李老师说她要准备做集子的时候，我就推荐你，她欣然同意，并又一次夸你呢！"一时间，心底忽然升起一股淡淡如细烟的忧伤，这么久这么久了，从工作到现在十二年的期盼，今天会从师傅的笑声中、从师傅的转述中没有任何预想地让我触摸到。敬爱的李老师，谢谢您！谢谢您不着痕迹的关注！谢谢您原来一直看着我！

我们的相望原来只在盈盈一水之间啊！

您就在对面，如一缕惠风，悠长而温暖。

四

我终于拿定主意，决定带领孩子们走出小小的教室，走出封闭的课堂，走进周围的世界，到大自然宽厚的怀抱中去。为此，我迈开双脚到田埂上，到小河旁，去寻找我心中理想的教学场景。

——李吉林

洒满枫树林的明亮，是阳光

2009 年 5 月，经过南通市名师培养第一梯队导师团的严格遴选，我有幸成为其中的一员，洋溢着幸福感的同时更觉充实和学习的迫切。根据导师的要求，我们每一个名师培养对象都必须要明确自己的专业成长方向，确定自己的研究课题。

于是，我开始认真地回顾和梳理自己十二年语文教学中的思考，对自己的语文教学进行诊断并对今后的语文教学走向作出明确的判断。但是以一个怎样最合适的课题为抓手，支撑起自己的研究始终未能定音。

2010 年 1 月 15 日，南通市第一梯队名师培养对象预备队专业成长方向小学组研讨会在我任教的通师三附召开了。在这个会议上，名师培养对象必须一一陈述自己的专业发展方向设想，导师们会一一诊断并提出修正意见。我作好了充分的发言准备，期望会议结束后，能基本明确自己的课题。

我预想到经过导师们的这一次大会诊，我一定会有很大的收获，我却怎么也没有想到，我不仅收获到了课题的论证，还收获到了和我敬爱的儿童教育家对话的机会，收获到了她的亲自指导——李吉林老师，她来到了我们学校，她坐在了我的面前，她看着我，娓娓地说着我的课题……

“美是自由的象征，审美的语文课堂必将是顺应儿童天性自由成长的课堂，儿童语文学习中的审美观照，不仅是引导孩子发现语文学习诸多因素中的审美元素，享受美丽，更是通过语文学习引导孩子学会发现生活中、生命成长历程中的美，从而感受美，最终享受美丽人生的方法和途径，这是我们必须终身为之付出心血的目标。

刘老师做的课题以及她在课题研究中所作出的不懈努力都显示了儿童语文学习中审美教育的重要价值，这个课题是一个完全符合儿童语文学习规律和母语学习特征并且具有不断生长可能性的一个研究方向，我鼓励刘老师和她的团队继续稳步地把课题向课堂范式进行推进。我建议把课题名称稍作修改，改成‘小学语文审美入境的价值探寻与策略研究’，你们看如何？”

我的眼里一定有泪光闪动，让我怎样感谢你，当我走向你的时候，我原想撷取一枚红叶，你却给了我整个枫林。

因为你给我种下了一个梦。

教研撷萃

走向美的语文课堂
——小学语文课堂审美教育的策略研究

摘　要：美的课堂一定表现为：儿童灵性的舒展；师生与作品的水乳交融；师生对话的和谐氤氲；师生因共沐母语精神所显现的文化气质。走向美的语文课堂不是浅显地展示教学形式的浅显的美，她是以更自由的态势让儿童主体学习得以更好地实现。在美的语文课堂里，语文学习成为儿童愉悦的精神之旅，语文教学走向审美的境界。

关键词：教材审美；儿童关注；元素转接；策略

美的根源是什么？李泽厚先生认为在于“自然的人化”。美是只有在主观实践与客观现实交互作用的意义上才可实现的主客观的统一。

黑格尔的《精神现象学》和李泽厚先生的《美学三书》都认为：自由的形式就是美的形式。就内容而言，美是现实以自由形式对实践的肯定，就形式而言，美是现实肯定实践的自由形式。所以美是自由的形式。

这就是说，自由不是任性。那么，自由是什么？从主体性实践哲学看，自由是由于对必然的支配，使人具有普遍形式（规律）的力量。真正的自由必须是具有客观有效性的伟大行动力量。（宗白华，2009）这种力量之所以自由，正在于它符合或掌握了客观规律。孔子说“从心所欲不逾矩”，庄子有庖丁解牛的故事，艺术讲究“无法而法，是为至法”，实际都在说明无论现实生活还是艺术实践中，这种在客观行动上驾驭普遍规律的主体实践所达到的自由形式，才是美的创造或美的境界。人的主观目的性和客观规律性完全交融在一起，有法表现为无法，目的表现为无目的。所以自由（人的本质）与自由的形式（美的本质）并不是天赐的，也不是自然存在的，更不是某种主观象征，它是人类和个体通过长期实践所建立起来的客观力量和活动。

一、什么是“美的语文课堂”

理解了“美”是什么？理解美的根源与美的形式，我们才可能比较清晰地对语文课堂进行恰当的描述。

美的语文课堂一定是能够发展儿童的母语情感和能力，让儿童的语言素质从潜在可能变为实践中的现实；让语文承载的人类文明真正营养儿童的人性，让文化催生儿童的人格成长。美的语文课堂中，伴着语言学习的道德与审美的因素渗入到儿童的心田中。人们的性情在文学作品意境的甘泉中得到养育，这种如鱼得水似的欢乐为师生共同拥有。

美的课堂一定表现为：儿童灵性的舒展；师生与作品的水乳交融；师生对话的和谐氤氲；师生因共沐母语精神所显现的文化气质。走向美的语文课堂不是浅显地展示教学形式的浅显的美，她是以更自由的态势让儿童主体学习得以更好地实现，使语文课堂成为儿童愉悦的精神之旅，使语文学科教学走向审美的理想。

二、为什么要让语文课堂走向审美

1. 审美教育是素质教育的要求

美育是素质教育的重要组成部分，也是实施素质教育的有效形式。它可涉及人的素质的诸多方面，为实现人的全面素质提供了生动的教育手段和教育内容。美育是以各种审美现象为媒介的施教者与受教者双方共同参与和运作的教育活动。美育的施教媒介范围很广泛，自然美、社会美、艺术美、科学美等审美现象，都可成为施教媒介。美育以其独特的超越性的审美自由功能，融合渗入的其他素质，有效地实现以美启真、以美储善、以美养身的功能，美化生活实践和自然环境，从审美层面培养人自由地把握和创造形式的能力；从精神层面培养人一种超越精神与情怀，不断超越实利意识，提升人生境界，逐步获得人生自由，从而完善人性建构，使人的各种素质得到自由和谐的全面发展。（梅宝树，2004）

人类文化心理结构包括智力结构（真）、意志结构（善）、审美结构（美），它们的内容是具体的、历史的，随着社会不断发展而变化，它们的形式却是全人类共有的，具有普遍性。正因为人类文化心理结构具有共同性、普遍性，不同国家、民族、阶层的人们，在追求真善美时才有共识，才有比较近似的看法。正因为人类文化心理结构的内容是具体的、历史的，不同国家、民族、阶层在追求真善美时才有差异，才有不同的见识和看法。文化心理结构作为人类心理的普遍形式，落实在个体心理上，构成创造性的心理机能，智力结构可走向自由直观；意志结构可走向自由选择；审美结构可走向自由快意。有了这种创造性的心理机能，人类个体才能有高超的全面素质和非凡的创造能力，人类群体在改造客观世界中才能自由地生存。工具的异化不在于工具本身，而在于使用工具的人偏离了人文精神，在于人的文化心理结构的异化，从而才出现人类在改造客观世界中的负面效应。作为“真”的智力结构，它包括知识、科学、技术；作为“善”的意志结构，它包括思想、信念、道德；作为“美”的审美结构，它包括情感、审美、艺术，它们既相互矛盾，又相互交融，形成一个立体的网状的动态结构。在这里，审美结构起着中介、桥梁或高层次的沟通作用，联结着智力结构和意志结构，使三者之间相互作用和彼此渗透，从而形成人类完整的文化心理结构和个体的完整人性。

2. 语文教学承载着审美教育的责任

语文课程的性质与地位决定着语文教学的使命。我们来看《语文课程标准》的阐释：“语文是重要的交际工具，是人类文化的重要组成部分。工具性和人文性的统一，是语文课程的基本特点。”语文本身是具有审美功能的，是合适的审美教育的载体和途径。

“语文课程应培育学生热爱祖国语言文字的思想感情，指导学生正确地理解和运用祖国语文，丰富语言的积累，培养语感，发展思维，使他们具有适应实际需要的识字、写字能力、阅读能力、写作能力、口语交际能力。语文课程还应重视提高学生的品德修养和审美情趣，使他们逐步形成良好的个性和健全的人格，促进德、智、体、美的和谐发展。”语文课程承载着审美教育的重要任务。

“语文课程丰富的人文内涵对学生精神领域的影响是深广的，学生对语文材料的反应又往往是多元的。因此，应该重视语文的熏陶感染作用，注意教学内容的价值取向，同时也应尊重学生在学习过程中的独特体验。语文是实践性很强的课程，应着重培养学生的语文实践能力，而培养这种能力的主要途径也应是语文实践，不宜刻意追求语文知识的系统和完整。语文又是母语教育课程，学习资源和实践机会无处不在，无时不有。因而，应该让学生更多地直接接触语文材料，在大量的语文实践中掌握运用语文的规律。”语文教学运用美学的原理和方法。

3. 语文教材是可供挖掘的“美”的富矿

教母语也就是在教民族的文化，在传递民族的思想、民族的情感。这种传承不是空中楼阁，而是交际和思维的工具，它更是人的生存空间、生存条件与生存方式。一个民族的后代必将在民族精神、民族文化、民族性格的继承和发扬中前进，这是无法回避也不能回避的。于是，教材在教师、学生、文化多元的传承中成为最重要的介质。今天的教材以极其饱满的姿态体现着真正的大语文观，语文学什么？语文课程到底承载着怎样的责任和使命？一篇篇洋溢着浓郁民族文化气息的选文正默默地告诉我们，接纳我们，让我们得以牵着学生走进“秦时明月”，聆听“盛唐之音”，一同徜徉在母语的河流……

民族文化中所包含的“自然美”、“社会美”、“历史美”无一不流淌在今天的语文教材中。我们要做的是怎样引领儿童触摸到“美”。为什么圆明园的断壁残垣是美的？为什么人们愿意去观赏它？因为它记录了实践的艰辛历史，凝冻了过去生活的印痕，使人能得到一种深沉的历史感受。青铜器为什么不擦光才显得“美”，因为它身上的斑斑绿苔记录了历史的沉埋，使它的社会美增添了更深沉的力量。教材看似如此薄薄几本，殊不知她是如此浩渺的美学长卷，如此深邃的智慧积淀。

教材语言是被隔离的情境符号，让学生走向自由精神享受的语文教学，必须经过教师的引领，包括对文本的解读、教学方式方法的探究，关注语文习得过程中的儿童学习状态和方式，等等，努力使语文学习成为自由的形式。

三、怎样激活语文课堂审美因素

1. 教材审美策略

语文教师教语文，当然不可能脱离汉语，但这并不意味着每个老师都能毫无阻隔地走进汉语，不能说他每次都能深入到汉语的内部，体会到她的博大精深、丰富美丽，体会到她所传达出的来自远古的人文精神，更不要说与汉语和谐相处，并将她介绍给学生，与学生一起共沐母语的神光。在当今这个图像的时代、网络的时代，做到这些就更不容易了。但是我们必须要朝着这个方向努力。真正地扣住了汉语文本来进行教学，将文本作为一个生气灌注的整体，努力寻找她的心跳与气息，进而找到与她生命共舞的节律，与她对话交流的频率。所以，面对不同的文本，我们的教学设计也是不一样的，不能为了建立并守住自己的所谓教学模式、教学风格而削足适履地以不变应万变地去伤害文本，或将文本格式化。我们要寻找与文本贴近、呼应的方式。有时是点到为止的写意，有时是反复徜徉的细究，有时，可以和文本走得很近，与文本了无罅隙，有时又走得很远，与文本遥遥相望。只有这样的灵活多变，才能让学生领悟到母语的摇曳多姿与无穷魅力。

对母语诗性的把握，是需要通过艺术审美的手段的。想象、移情、对话、意会、补白等有效的途径，达到作品“悦耳悦目”、“悦心悦意”、“悦神悦志”的审美作用。“悦耳悦目”——诉诸感官的愉快体验；“悦心悦意”——审美经验中最常见、最大量、最普遍的形态，几乎全部文学作品和绝大部分艺术作品都呈现、服务、创造着这种审美形态。通过耳目、愉悦走向内在心灵；“悦神悦志”——这大概是人类所具有的最高等级的审美能力，是在道德基础上达到某种超道德的人生感性境界。

语文课堂的审美是母语诗性的最大程度的理解和继承。“悦心悦意”的功能尤为突出，教学“美”的旨归也正在于此。“看齐白石的画，感到的不仅是草木虫鱼，而能唤起那种清新放浪的春天般的生活的快慰和喜悦；听柴可夫斯基的音乐，感到的也不只是交响乐，而是听到那种如托尔斯泰所说的‘俄罗斯的眼泪和苦难’，那种动人心魄的生命的哀伤。也正因为这样，你才可能对着这些看来似无意义的草木虫鱼和音响，而低回流连不能去了。”（李泽厚，1994）文学作品的阅读更是如此，总应该是让孩子们通过有限的感知形象，不自觉地感受到某些更深远的东西，从而提高我们的心意境界，这样才能带来真正意义的心灵的愉悦，并沉淀于一个人成长的全部过程，和生命共存的愉悦。

2. 儿童关注策略

要始终把母语与我们的社会生活、学生的日常生活联系在一起，语文教学长期以来缺乏生气与活力，得不到学生的喜爱，问题就在于我们教的是纸上的文字，课堂中的语言，是与鲜活丰沛的社会生活隔膜的。学生上课时接触到的是一种语言，离开课堂进入的又是另一种语言生活。孩子们无法将前者纳入他们的心智与日常交往，因而也无法参与到他们的精神成长。我们要意识到这些问题，所以，我们尽可能地拓宽教学领域，搭建富有生活气息的学习平台。更为关键的是要经常注意引导学生通过语言再返回生活，将生活引入语言现场，在这种语言与生活的互动中激发起孩子们的想象与情感活动，强化他们在语言和经验上的双重体验，同时辅助以共时性的当代阅读，使孩子们真正地意识到他们所学习的语言是生动的、有生命的，或者更确切地说，他们不是将语言作为学习的对象，而是与它共处，他们就生活在语言之中。

语文学习引入生活现场或把生活现场通过情境复苏的方式引入课堂，学生的对话与交往便多了起来，也活了起来。“人是人与人的世界”，在人与人的交往、活动中构成审美的要素，并分享其带来的愉悦感受，审美的语文课堂就必定是十分重视交往的课堂（师与生的交往；生与生的交往；师生与教材的交往与对话等）。

3. 学科元素转接策略

艺术学科的课程性质和任务就是进行艺术教育。小学主要包括音乐、美术学科（当然艺术形式和艺术作品还包括文学，这与语文教学密不可分）。

艺术教育是美育的最主要形式。艺术教育是受教者通过对艺术作品的感性形式的观照、欣赏、品味，在受教者意识中生成美的意象，一方面通过审美使感性、情感得到净化，一方面通过认知、教化使人的理性得到深化与提高。艺术教育的活动实施必须通过审美活动进行，即要立足于从艺术作品的感性形式本身出发，通过审美走向感悟、解读。

语文课程和音乐、美术等艺术教育学科似乎是并行的两条道路，但是无论是作为审美对象还是审美功能，在美育的部分是重叠的，在这里它们交集。语文教材中的作品是艺术作品，确切地说是文学艺术作品。唐诗宋词和歌词、旋律、色彩、线条一样是情感本体世界。它们都展示了人类心理——情感本体的不断充实、更新、扩展和成长的历史。

美的语文课堂必定是追求艺术性追求的文学审美的课堂。用艺术的情感去靠近语言文本，听到作者的心跳也听到自己的脉息，文学审美是语文课堂的艺术性追求。追求美的意象、美的语言、美的意境。

文学三美的实现，在很大程度上必须让艺术注入。儿童教育家李吉林老师在情境教学实践伊始就明确地提出了“让艺术走进语文教学，满足儿童的审美需求”。她在《情境教育的诗篇》中这样说：“我清楚地知道，教材中的这些美文，是以语言为中介，以抽象的符号呈现教学画面的；而单纯的符号会使教学索然无味。因此如何使教材蕴涵的美再现在孩子面前，显得十分必要。接着，我又想，创设美的教学情境，进行阅读教学，其途径是什么呢？我从孩子们喜欢的、喜爱的艺术现象进一步思考——孩子们为什么喜欢画画，喜欢唱歌，喜欢舞蹈，喜欢看戏、演戏？那不正是因为这些艺术活动都蕴涵着美，展现着美吗？不正是因为美能带给孩子们快乐吗？艺术总是通过完美的艺术形象，抒发艺术家强烈的爱和憎，让观众在获得审美愉悦的同时，心灵受到震动，感受到一种力量。”（李吉林，2004）

“我们的小学语文教学，几乎每一篇课文都向孩子们展示了生活中的美，人性的美，历史的社会美，有形有情。”“从宽泛的意义上讲，每一篇课文本身就是文学作品。文学与艺术就是有着剪不断的渊源。因此，让艺术走进课堂，走进语文教学，并不牵强附会。”“艺术是形象的，艺术是美的，艺术是有情的。当然我们的课堂，不是舞台，不是画室。不能把舞台艺术、绘画艺术硬搬进课堂。艺术与教育毕竟是两个不同的范畴，然而两者却是相通的。教育应该利用艺术，将艺术引进教育，使教育成为学习者主动地乐于参与的活动。”

所以语文教学无论是作品，还是语文课堂上的教师和学生都具有艺术的气质和表现艺术的能力，都会使语文课堂真正成为审美的课堂。（鲁枢元，2006）

［参考文献］

［1］李吉林．2004. 情境教育的诗篇［M］. 北京：高等教育出版社：51，52.

［2］李泽厚．1994. 美的历程［M］. 合肥：安徽文艺出版社：525.

［3］鲁枢元．2006. 文学教育是性灵教育［J］. 文学教育（21）.

［4］梅宝树．2004. 面向新世纪的美育与素质教育［M］. 北京：人民出版社：21.

［5］宗白华．2009. 中西美学论集［M］. 南京：南京大学出版社：69.

课堂采风

触摸春天（第二课时）

（人教版第八册）

［设计意图］

这篇课文篇幅短小精悍，语言简洁，意境隽美，所蕴涵的道理非常深刻。选编这篇课文的意图，一是引导学生体会盲童对生活的热爱，感受作者对生命的关爱；二是学习联系上下文和生活实际，理解含义深刻的句子，并体会其表达效果，增加语言积累。教学的重点是深入体会一些关键语句的含义，教学难点是感悟作者揭示的深刻道理。

学生理解的难点在哪儿？

我们设想即使学生能抓住“睁着眼睛的蝴蝶被这个盲女孩神奇的灵性抓住了”，那么这神奇的灵性到底指的什么？“灵性”是一个很空泛的概念性的词，是很难捉住的词语，即使是在意象中也很难捉住。

“蝴蝶在她的手指间扑腾，安静的脸上充满了惊讶。这是一次全新的经历，安静的心灵来到了一个她完全没有体验过的地方。”这全新的经历指的是什么？这个心灵完全没有体验过的地方在哪里？是个怎样的地方呢？

当蝴蝶飞走的时候，作者有这样的描述：“此刻安静的心上，一定划过一条美丽的弧线，蝴蝶在她八岁的人生划过一道极其优美的曲线，述说着飞翔的概念。”这句话该怎样理解呢？为什么说蝴蝶的飞翔在安静的人生划了一道美丽的弧线呢？飞翔的概念在这里又该是怎样的解读？

教材至少有三个内在的规定性：作者的，要表达什么？教者的，我怎么教？儿童的，假如我是儿童，我怎么读文本？而这三个角度的焦点就是我对文本解读的核心。

我记得李吉林老师曾经对我们说过：只要脑子里有儿童，就能够解读好文本。关注儿童的前提，是关注文化，关注文本的解读。我要用文本勾起我和儿童交流的共同兴趣。至少要找到我们共同关注可以交流的话题，并引导学生和文本进行深度的交流。当我从文本的深处走出来的时候，随之而来的思考自然就是我应该用怎样的方式，提供学生在文本中行走的道路，一条浅浅的，可以让学生款款而行，却又能和文本进行对话的路径。

在处理教材时必须有一个“浅”出的过程，找准教学的切入点，而这个点要能起到“以点带面”“牵一发而动全身”的作用。从我与文本对话时提出的系列问题中，寻找到最容易进入的一个问题——“灵性”。于是我考虑围绕“灵性”一词展开课文的板块学习。

[教学片段]

板块一：体验“灵性”的表现。

师：读了这四小节，盲孩子安静给你留下什么印象？找出课文中的词语。

师：什么叫灵性呢？为什么你会说安静是一个灵性的孩子？再快速默读课文，画出有关句子，在重点词语下面可以打上着重号。

(学生汇报)

师：老师把这些句子都写在屏幕上。请同学们各自读读屏幕上的这些句子。你能感受到安静的灵性吗？如果你感受到了，你就读一读，让大家来分享你的理解。先在下面试试！

(师出示)

(1) 安静在花丛中穿梭。她走得很流畅，没有一点儿磕磕绊绊。

(2) 安静在一株月季花前停下来。她慢慢地伸出双手，在花香的引导下，极其准确地伸向一朵沾着露珠的月季花。

(3) 我几乎要喊出声来，因为那朵月季花上正停着一只花蝴蝶。

(4) 安静的手指悄然合拢，竟然拢住了那只蝴蝶，真是个奇迹！睁着眼睛的蝴蝶被这个盲女孩儿神奇的灵性抓住了。

(指名读)

(学生评点)

师：“走得流畅，没有磕磕绊绊”——是啊，她如流水轻风般在花间穿梭，丝毫没有因为看不见而磕磕绊绊，你来读好这句话。

师：“极其准确”，“准确”前加上一个“极其”，可不可以换一个词，比如，“很”或者“非常”？程度够不够？

师：不够啊！谁来读好这句话？

师：作者看到这一幕，几乎要喊出声来，但他没有出声，而是在心里________地喊道：“睁着眼睛的蝴蝶被这个盲女孩神奇的灵性抓住了。”

(学生填词朗读)

师：他为什么要这样喊？理解，再读。

生：惊讶地喊：因为太不可思议了，睁着眼睛的蝴蝶被安静抓住了。

激动地喊：真是没有想到啊，为安静的灵性感到激动。

大声地喊：控制不住激动的心情！

板块二：追问“灵性”的来源。

师：多灵性的一个孩子，我读到这里的时候，很想和安静交流交流，我有很多话想对她说，我有问题想问问她，同学们也有和老师同样想法的吗？有的，请举手。

生：您想跟安静说什么呢？

师：安静真的就比其他所有的盲孩子都要聪明吗？还是上天赋予她特殊的灵性，让这个盲孩子竟然捉住了蝴蝶？拥有了前所未有的全新体验？(生：不是。）那是为什么呢？谁能帮安静回答这个问题？从课文的哪一自然段能找到答案？

(读课文第二自然段)

(指名回答)

生：她整天流连在花香中，她对这儿太熟悉了。

她一定也跌过跟头，甚至跌了很多次，但是她还是一次一次地来触摸花朵、触摸春天。

她没有像有的盲孩子一样封闭自己，她非常快乐地在春天的园子里玩耍。

师：是呀，捉住蝴蝶让我们惊讶，这似乎只是一个偶然，其实这奇迹的产生却是必然的。因为这神奇的灵性来自于什么——来自对生活的热爱。

板块三：感受生命的颤动。

师：对春天的爱，对生活的爱让安静有了一次全新的体验，到底是一种怎样的体验？让我们走近安静，走进她的内心。

（出示第4自然段）

安静的手指悄然合拢，竟然拢住了那只蝴蝶，真是个奇迹！睁着眼睛的蝴蝶被这个盲女孩儿神奇的灵性抓住了。蝴蝶在她的手指间扑腾，安静的脸上充满了惊讶。这是一次全新的经历，安静的心灵来到了一个她完全没有体验过的地方。

（指名读）

师：蝴蝶是春天的精灵，人们说它是会飞的花朵。她是盲孩子，她见过蝴蝶美丽的模样吗？见过蝴蝶在春天里的翩翩起舞吗？是啊！她更没有感受过蝴蝶在手心里扑腾的感觉。所以，安静的脸上充满——

师：同学们，假如你是安静，请你闭上眼睛，静静地体会此刻蝴蝶扑腾带给你的感受。

师：把你的感受和大家交流交流。

生：啊，花儿也会动呢！

啊，它在动呢！

天啊，小东西，你是蝴蝶吗？

啊，多么奇妙的感觉，这是有生命的！

这一定是花中的蝴蝶，是蝴蝶，她有翅膀，她的翅膀在我的手心里扑打着呢！

我要告诉妈妈，我一定抓住了一只漂亮的蝴蝶！

我要告诉所有的人，有生命在我的手心里，我从来没有这样的感觉！

春天是会动的！春天是有生命的！……

师：这些都是安静以前从来没有经历过的。（引读）这是一次——

师：今天，安静知道了，春天不仅________，还________。谁想说？

（指导朗读）

师：我静静地站在一旁看着安静，我看见____________千言万语汇成一句话——

我静静地站在一旁，看着安静，我仿佛看见了——她多姿多彩的内心世界，一瞬间，我深深地感动着。

板块四：体验生命的展翅。

（出示第6自然段）

在春天的深处，安静细细地感受着春光。许久，她张开手指，蝴蝶扑闪着翅膀飞走了，安静仰起头来张望。此刻安静的心上，一定划过一条美丽的弧线，蝴蝶在她八岁的人生划过一道极其优美的曲线，述说着飞翔的概念。在春天的深处，安静细细地感受着春光，感受着扑腾着的蝴蝶带给她的全新的体验。

师：(引读）许久——

生：许久，她张开手指，蝴蝶扑闪着翅膀飞走了，安静仰起头来张望。此刻安静的心上，一定划过一条美丽的弧线，蝴蝶在她八岁的人生划过一道极其优美的曲线，述说着飞翔的概念。

师：安静张开手指，蝴蝶扑闪着翅膀飞走了，安静仰起头来张望。她在张望什么呢？她能望见吗？(辩论一下，让学生明白心灵是盲人的眼睛)

师：她用心灵的眼睛望见蝴蝶在春天里怎样飞翔？

生：高高地飞翔。

师：是的，飞翔是有高度的。

生：快乐地飞翔。

师：对，飞翔是愉快的。

生：美丽地飞翔。

师：这是飞翔的姿态。

生：自由地飞翔。

师：飞翔是自由的，是不受约束的！感受着蝴蝶的飞翔，安静心里会想些什么呢？

生：我也想飞。

我如果也能像蝴蝶一样高高地飞翔那该多好呀！

师：如果安静在人生的天空飞翔，她需要一对怎样的翅膀？

师：是的，此刻，她的心似乎也和蝴蝶一样在春天的阳光下高高地、自由地、快乐地飞翔！

师：蝴蝶不仅给了她飞翔的概念，还给了她飞翔的愿望！

[教学反思]

四个板块的教学不断递进，层层深入，随着教学的不断深入，让学生渐渐明白，这个盲女孩眼睛虽然瞎了，但她心灵的窗户并没有关闭，她是在用她的“灵性”，她的全部身心来感受多姿多彩的世界，在她的内心世界里，同样是一片明媚动人的景色，同样地热爱生活。正像文章所说的

“谁都有生活的权利，谁都可以创造一个属于自己的缤纷世界”。引导学生理解、再现文本中的形象，把握这些形象的实质和内涵，帮助学生表达内心的独特感受。

学生在与文本人物（安静、作者）的对话过程中，对内涵的理解和把握。通过不同层次的引导语，将学生读懂难说的句子通过读的方式呈现出来，把学生领进文本，运用想象参与文本中的活动，设身处地地体验人物、感受人物，在反复的品读中深化感受，理解文本，生成独具个性特点的情感和体验。纵观整堂课，在引领学生读懂文字的基础上，充分激活了原本凝固的语言文字，使整堂课、整个课堂涌动着“生命的灵性”。

这节课的教学设计和实施，我努力地带着对审美的语文课堂的向往，挖掘着语文课堂的审美因素。我的理想的语文课堂是儿童灵性的舒展；师生与作品的水乳交融；师生对话的和谐氤氲；师生因共沐母语精神所显现的文化气质。走向美的语文课堂不是浅显地展示教学形式的浅显的美，她是以更自由的态势让儿童主体学习得以更好地实现，使语文课堂成为儿童愉悦的精神之旅，使语文学科走向审美的理想。我努力地通过想象、移情、对话、补白等情境教学要素的激活来把握母语诗性的审美特征，努力地把语言引入到生活现场；同时注意了引入艺术的元素，本节课，在对音乐的选择上，我也很用心地去做。一段精心挑选的小提琴，我在聆听的时候，心似乎飞了起来，那份空灵与美好，让我确定它就是课文的声音。

陆红兵

Lu Hong Bing

江苏省南通师范学校第一附属小学副校长，曾任江苏省南通师范学校第二附属小学科研处主任。小学语文高级教师，崇川区学科带头人，江苏省语文学科优秀青年教师。从教以来，一直精心学习、钻研情境教育理论，参与情境教育的实验与研究，追求课堂教学深刻而生动，追求智慧与文化，先后参加崇川区、南通市、江苏省、华东地区课堂教学竞赛，均获一等奖。曾到四川、广东、新疆、上海，以及无锡、连云港、海门等地上课，均获好评。撰写论文三十多篇在《小学语文教学论坛》《小学语文》《小学教学》《江苏教育》《江苏教育研究》等刊物上发表，在省“教海探航”、“师陶杯”征文中均获一等奖。

成长之路

情境教育：让我在课堂上“立”了起来

题记：行走于课堂，情境教育的思想给我站直的力量；徜徉于情境，课堂教学的探索给我前行的智慧。情境课堂里，我和孩子一起成长。

1997 年，我跨入了历史悠久、底蕴深厚的南通师范学校第二附属小学。从此，我将成为珠媚园的一棵小苗，童年的梦想在这里成了现实，内心的激动无以言表。更令我兴奋的是，这是一方情境教育的沃土，仰慕已久的李吉林老师将成为我身边的师长，在这里将汲取到更多的营养。

认识自我：在课堂里找到自己的位置

迎接我的是一群活泼、可爱，却也同样调皮的三年级的孩子。为了“镇”住他们，我没忘“好心人”的提醒：“开始给他们点下马威，要不，后果难以收拾!”因此，我那虽显稚气的脸上轻易不敢挂上几丝笑容。孩子们似乎很快就觉察到了这一点，隐隐觉得我这个新老师不大好“欺负”。

好景并不长，这样的“稳定”并没有持续太长的时间。我的声音渐渐无法唬住这帮调皮蛋。我的课堂开始嘈杂。不到半学期，刚登讲台的那股新奇与兴奋渐渐淡去。教室里，我迷失了方向。

依稀记得一个下午，我鼓足勇气第一次与李老师近距离交流。谈话结束前，李老师反复地叮嘱我，老师绝不仅仅是上课，一定要做一个学习者、思考者、研究者，这样你才能站好讲台；教一辈子的书，如果不思考，没有自己的思想，永远只能是个“教书匠”。

简单的几句话似醍醐灌顶，翻开李老师的著作，再一次受益匪浅。

我不是农民，却是一个播种者；我不把谷子撒进泥土，却把另一种金色的种子播在孩子的心田上——那是一块奇异的土地，播上理想的种子，便会获得令人惊奇的收获。（《我是播种者》）

我一遍遍读着、想着，心中越来越清晰地感到，要站稳讲台，不是靠师范的那点积累，不是靠空洞的说教，不是靠居高临下的呵斥，我必须成为一个不懈的学习者、辛勤的播种者，童心永存的大孩子。只有这样，教育的生活中才会激起几朵浪花。

我要学会去当一名播种者。我深知，课堂上播撒的绝不仅仅是知识，还有思想、情感、智慧、快乐……孩子的心田最适合这些“种子”的成长。我需要播种者的勤劳，更需要播种者的期望。我要学会去精心地培育、细心地呵护，欣喜地看着自己的小苗一天天地成长。

渐渐地，我也成了一个孩子，我知道这是我最重要的身份和位置。上课时，我喜欢走到孩子们的中间，我愿意侧着身子倾听他们的见解，有时会与他们展开“争辩”，讲台和课桌“物理高度”的差距渐渐被忽略。

情境教育让我在课堂上找到了自己的位置。

感受快乐：与学生一起在情境中享受学习

学校“青年教师培训中心”里，李老师娓娓地讲述着情境教育的探索历程，情境教学的理论与操作要义，从情境教学到情境教育的发展，为我们解决教学实践中遇到的各种难题，开展教学设计比赛……

学习和实践，让我越来越清晰地认识到：课堂上，创设富有美感、智慧和童趣的情境、将知识嵌于情境、生活现于情境、训练融于情境、思想寓于情境，这样，儿童的课堂学习与活动就会有机地结合起来，就能促进学生积极的情感参与，使学生学习情绪高涨，也可以更加扎实有效地训练学生的语文基本能力，提高学生语文的综合素养。

2001 年春，李老师面对新一轮课程改革初期教师教学实践中的迷茫，用两节精彩的示范课《大海》为我们引航。上课的情景至今仍历历在目，李老师用简单的水粉画、自制的帆船以及各类鱼虾，与孩子一起创设情境。在李老师的语言描绘中，“白帆点点”、“鱼虾满船”的情境呈现在大家的面前，教学的难点一下子突破了。简洁的手段充分展示了诗歌所描绘的深远意境，孩子们通过活动、感悟，领会了诗歌的意境，理解了课文内容，沉浸在学习的无比快乐之中。

此后，情境的创设成了我每一次备课必须思考的问题，成为我课堂快乐和智慧的源泉。江苏省“和谐教育”年会上，我与孩子们一起再现《螳螂捕蝉》的故事，孩子们在欢乐的表演中体会故事角色的内心活动；在学校“纪念红军长征 70 周年”主题大单元活动中，我执教长征故事《丰碑》，课堂上，我运用简笔画、音乐，加上动情的描绘，带着孩子一起体验雪山的严寒，感受军需处长先人后己的崇高品质；区“导航杯”教学展示活动中，《爷爷的芦笛》笛声悠悠，我们一起感受爷爷笛声的神奇魅力，欣赏着语言的优美流畅，汲取着勇敢的力量……课堂不仅是孩子一次学习过程，还是一次次美妙的精神之旅。

情境教育让我在课堂上获得了快乐的体验。

倾心儿童：顺着孩子的思想前行

随着时代的发展，“学习”日益成为受人瞩目的关键词，甚至成为当今世界全方位改革的支点和聚焦点。李吉林老师紧跟时代的步伐，成功申报全国教育科学规划“十一五”重点课题“情境教育与儿童学习的实验与研究”。

我有幸旁听和参加课题研究的有关会议、研讨，并申报了子课题“语文课堂中，情境优化与儿童学习的实践与研究”，重在从语文教学的课堂实践出发，探索如何通过情境的优化促进儿童的有效学习。通过相关理论的阅读，我深刻认识到，课堂的核心是学生的学习，只有始终关注学生的学，根据学生的认知结构、情感特点、能力水平等展开的教学才可能是有效的教学，顺学而教、以学定教应该是课堂教学的一个基本原则。教学实践也表明，从儿童出发的课堂，孩子的学习具有更强的主动性，学习的效果有显著提高。

2007 年春，南通市小学语文教材培训活动在我校举行，安排我来上一节观摩课。初选课文《苹果里的五角星》后，我请李老师指导。李老师认真阅读教材后，语重心长地跟我说，这是一次市级培训活动，就要给大家一个导向——我们的课堂必须从孩子出发，根据孩子的特点来展开。然后仔细跟我解读了教材，在理解教材内涵的同时，李老师说得最多的就是："我们应该不停地问自己，这些内容哪些是孩子需要掌握的，哪些是孩子已经掌握的，哪些是孩子学习的难点。"

教学中，我与孩子们一起走进了故事，再现了"苹果里的五角星"这个极富魅力的图案，并感受着"魅力"的来源——创造力。这样，学习《织梦的孩子》，孩子们进一步明白，创造不仅是思维的变化，还需要无畏的精神和不懈的探索。教学获得了与会代表的一致好评，大家觉得，由于该课的设计充分考虑到学生的学习水平，突出了教学的重点，恰当的拓展加深了孩子对创造力的认识，大大提高了教学的效率。

其后，在省苏教版语文教材培训活动上，我执教四年级的《推敲》一课，同样根据学生的理解水平突出了两个场景的再现和学习：一是贾岛街头推敲，二是月夜访友不遇。

情境教育让我在课堂尝到了成功的滋味。

走向深度：寻求没有天花板的感觉

2009 年 11 月，上海、南京、无锡、南通四城区会课活动在美丽的江南小城无锡拉开帷幕。我走进连元街小学，与那里的孩子一起学习《厄运打不垮的信念》。课毕，原国家督学、江苏省教育科学研究所所长成尚荣先生在评点中对我的课堂给予充分的肯定，指出我对课文的解读深刻，教学有深度，这种深度适合并能有效促进儿童的发展，成所长称之为"儿童深度"。我深知这是先生对我的一种鼓励，但对课堂教学中"儿童深度"的追求正是我内心的一种期望，只是"深度"之于小学生曾一度引起不少争议，甚至遭致批判，因此渐渐被"遮蔽"、被"埋没"。先生的发掘与肯定又一次坚定了我内心对小学语文课堂教学深度追求的信心，课堂中，包括小学生的课堂，我们应该共同去寻找一种没有天花板的感觉。

李吉林老师曾在接受《教育研究》记者采访时说："小学语文虽浅尤深，一篇篇课文，实际上展示了一个丰富的情感世界，既富有诗意，又蕴涵哲理，充满着美感和智慧。"语文教材的深度决定了语文教学中必须具有一定的深度，教学中要用思想去启发思想，用浅近的方式去启发深刻。"儿童深度"是在儿童立场上，从儿童出发的，适应儿童并促进儿童发展的目标、要求、内容的，应该成为情境教学中的一种自觉。

在课堂上，儿童深度具体表现为思维的深度，学生乐于想，敢于想，善于想，课堂上能够听到孩子“自己的声音”，能够对文本、对教师、对权威进行质疑。儿童深度还表现为建构的深度。学生要能够关注文字表达背后的方式，文章内容背后的意义。这样的理解也许不全面，甚至不完全恰当，但这样的方向一定是有益于学生的发展的。

教学《孔子游春》，我们共同创设情境，呈现春意盎然的泗水河畔，再现师生论水谈志的景象，进而让孩子们在这样的情境中也来发表自己对水的理解；教学《夹竹桃》时，在欣赏夹竹桃美丽的同时，感受它的韧性，进而走进季羡林先生的生活，了解他那充满“韧性”的人生历程，感受其人格的魅力……实践表明，孩子们需要这样的深度，这正是课堂上孩子的“最近发展区”。

情境教育促使我在课堂上不断去思考，去探索。

不觉中，十多年一晃而过，相对于珠媚园里的“这片林子”，我仍显得矮小瘦弱，但可以坚定而自豪地说，我一直在不断成长着、茁壮着。三尺讲台前，从手足无措到得心应手，是情境教育让我在课堂上明白了教师的角色，是情境教育让我在课堂上找到了自己的位置，是情境教育让我在课堂上鼓起了信心，是情境教育让我在课堂上享受着快乐……情境教育让我自豪、自信地在课堂上“立”了起来。我愿乘着“情境教育”这艘“中国制造”的舰艇驶向教育理想的彼岸。

教研撷萃

导而弗牵　开而弗达

——谈教师对学生感悟的导引

摘　要：感悟式的阅读一改传统的反映论的阅读观，变以接受、理解为主要特征的阅读为主动积极的意义建构的阅读。但学生感悟过程中教师的缺场使感悟成为了一种课堂的“摆设”，“浅感悟”、“假感悟”等现象开始出现。情境教学十分注重学生在情境中的自主感悟，同时也从不忽视教师在学生感悟过程中合适地、恰当地、智慧地导引。本文结合具体的教学实践，从教师导引的智慧和策略具体展开论述。

关键词：情境教学；感悟；导引；智慧

一、学生感悟过程中的教师导引的定义

1. 感悟过程中教师导引的缺失现状

有教师认为，既然感悟是个体的心理过程，教学中就应该由学生“自觉”、“自省”、“自悟”。“学生自读课文——画出感动的句子——写下自己的感想——相互交流——感情朗读”，这样的教学设计常常被通用于各种不同类型的文本，似乎已经成了阅读教学过程中学生感悟的一种基本的、典型的教学程序。

就其表象而言，学生的阅读是自主的，尊重了学生的个体感受。但其结果往往是，学生的阅读在“原地”转了个圈，感悟一般比较肤浅，阅读水平仍停留在原有的基础上。即使偶有精彩发言，也往往是个别学生的表现，全体学生的发展目标仍然难以实现，而造成这一结果的关键原因就在于学生感悟过程中的教师缺场——缺少了教师的有效导引。

2. 感悟过程中教师导引意义的理解

《礼记·学记》指出：“道（导）而弗牵，强而弗抑，开而弗达。”这

句话强调将学习的主动权让给学生。但从另一个角度考虑，并不是说以“学生主体”的教学就不需要教师的“导”，而是导引要适时、适度，导引的方式要恰当、巧妙。教师“导”任何时候都不能缺场，甚至任何时候都不能有丝毫的轻慢。

（1）教师导引是“感悟”本质的体现

感悟应该包括“感”和“悟”两个心理过程。《说文解字》云：“感，动人心也。从心，咸声。”“悟，觉也，从心，吾声。”《辞海》这样解释“感悟”：“受到感动而醒悟。”就是在某种事物的触发下，而产生的情感上的共鸣、认识上的飞跃、思想上的升华。

“感悟”两字均从“心”，强调的应该是内心的触动和体验，而点燃那根“导火索”自然成了学生“感悟”生发的关键，正所谓“感事明理”、“感物兴怀”、“感文而发”。

（2）教师导引是“感悟”链接的要求

从心理学角度而言，“感是人脑对事物个别属性的认识，是一切较高级、较复杂的心理现象的基础，是人的全部心理现象的基础”。“悟是人脑对客观事物反复地揣摩、思索、探求，通过分析、比较、抽象、概括而得出结论的一种认识活动过程。”（彭聃龄，2011）

感悟的核心是“悟”，而“悟”是以“感”为前提、基础，是“感”的提升、创造。可以说，离开了“感”的“悟”就成了无本之木、无源之水，“感”若不深，“悟”则无门，“感”与“悟”需要链接。

因此，在感悟教学中，教师必须首先引领学生先“感”，深入文本，充分地感知语言，感受形象，为学生的“悟”打好基础。

（3）教师导引是“感悟”深化的关键

感悟是以学生原有的阅读经验、生活积累等诸多意义项为基础，以文本本身的意义结构为原型，综合出一个更有代表性的意义体。教师导引就是促使文本和学生阅读经验、生活经验等意义项之间的融合，对学生的感悟起到正催化的作用。而找到有效的方式则显得尤为重要。阅读教学中学生感悟的导引方式指向文本的内容，又连接着学生的生活。方式是感性和理性之间的链接，是语文工具与人文整合的手段，是学生感悟走向深入的关键。

二、学生感悟过程中导引的教师智慧

基于以上理解，我们可以形成这样的共识：自主的感悟不能离开教师的导引，而导引方式的选择、运用影响着甚至决定着学生感悟的广度、深度。因此，导引的教师智慧自然成了学生感悟过程中一个十分重要的因素。

智慧是“对事物能认识、辨析、判断处理和发明创造的能力”（《辞海》）。它不是显性的知识，不是智商，也不同于平时常说的“聪明”。教育智慧研究的专家马克斯·范梅南也认为：“展现智慧的人似乎都具有在复杂而微妙的情境中迅速地、十分有把握地和恰当地行动的能力。”（范梅南，2001）田慧生博士将教育的智慧分为知性智慧（对教育场景、过程的直觉把握、整体感知和反应能力）、理性智慧（对教育问题的理性思考和规律的认识和把握）、情感智慧（在教师的职业感、道德感、人际交往和师爱基础上形成的特殊智慧）、实践智慧（是在个体经验感悟、教学反思基础上形成的教育智慧）。（田慧生，2005）

因此，课堂中的教师智慧应该是教师对课堂的状态，特别是对学生在学习过程中的反映所表现出的一种敏锐、准确地把握和调控。至少体现在以下几个方面。

1. 对学生感悟的倾听——理解儿童真挚的话语

叶澜教授曾说：要学会倾听孩子们的每一个问题，每一句话语，善于捕捉每一个孩子的思维火花。倾听是课堂上师生之间平等交流的前提，是教师正确导引的基础。

然而，在当今许多教师的课堂上仍不同程度地存在着三种“失聪”的现象：第一种现象为教师“一言堂”，虽一再遭到批评，但在平时的课堂并未杜绝；第二种现象为课堂“假繁荣”，课堂气氛热烈，学生发言积极，但讨论没有深入，学习缺乏深度；第三种现象为教师、学生双方交替进行的“自言自语”，看上去在进行着相互的交流，但并不是真正的理解与相互的沟通。

倾听不仅是将话语权交给学生，而且是要用心去倾听，带着思考去倾听，移情性地倾听，听出学生的感悟、思想和愿望等，在倾听中理解，在倾听中交流，在倾听中沟通。只有这样，才能为真正的师生交流和教师导引奠定扎实的基础。

2. 对学生感悟的感悟——直抵儿童内心的世界

教师要引导学生在阅读中感悟，自己必须要善于感悟。阅读中感悟的主体显然是学生，教师在导引中首先要融入学生，正如成尚荣先生提出的“教育应站在儿童的立场上”。“从儿童出发”应该是课堂的智慧的根基，教师要用儿童的眼睛去阅读，用儿童的视角去思考，用儿童的心灵去感悟。(成尚荣，2007) 教师满怀着一颗童心才能够顺应儿童的思维，才能够有效地导引儿童更好地感悟。

教师感悟的程度也直接影响和决定着学生感悟的深度，因此，教师在阅读和教学中要结合自己的阅读经验和生活经验提升对文本的感悟。阅读文本时不要拘泥于教学参考书，尽可能地从多个视角去思考，既要结合文本的背景、作者的处境，也要联系现实的生活，特别重要的是仍然要站在儿童一边解读文本，在阅读、感悟的同时考虑到儿童的思维结构、认知水平、生活经验等。

3. 对学生感悟的激励——唤醒儿童沉睡的智慧

情感是智慧的重要组成部分，为智慧的生成提供了强大的动力，维系着智慧的发展。事实也表明，课堂上，学生学习的情绪直接影响着学习的进展和结果。

在学生感悟过程中教师该做些什么呢？第斯多惠告诉我们：教学艺术的本质在于激励、鼓舞和唤醒。教师对学生感悟的导引不是告诉，不是牵引，激励是其根本的原则之一。

通过激励，必然激起学生学习的兴趣，学生自主学习的情绪才会高涨，情绪高涨才会思维活跃，思维活跃才会感悟深刻。正如布鲁纳所说：“学习的最好刺激乃是对学习材料的兴趣。”

课堂中，教师的激励应该特别注意以下几点：即时——善于捕捉到每一个精彩的瞬间；真诚——激励语应该具有针对性，态度是诚恳的，语言是丰富的，还具有一定的启发性；全面——“好教师有一千种鼓励的方式方法”，教师要善于将这些鼓励送进孩子的心里。

4. 对学生感悟的点拨——照亮儿童前行的方向

在感悟式的阅读教学中，教师完全是学生的合作者、支持者。萧伯纳说过：我不是你的老师，只是一个伴侣而已。你向我问路，我指向我们俩的前方。由于学生的阅历的限制和认识的差异，阅读过程中偶尔会“走错路”或“迷路”——感悟偏离了文本，游离了主题等。此时，教师不是任其前进，应该通过巧妙的点拨，让学生重新找准前行的方向。

在引导过程中要“点”得恰到好处、卓有成效，有两点特别关键。一是把握时机。古人所谓“不愤不启，不悱不发”，就是要在学生的思绪遭遇困难或困惑时去点拨他们。二是方法巧妙。暗示应该是一种很重要的方法。因为感悟有赖于人的无意识、潜意识的心理活动，而这种心理活动的活跃离不开暗示。暗示可以是教师的神情、语言、体态等多种不同的形式。

三、学生感悟过程中导引的教师策略

1. 品析词句：立足文本生感悟

汉语表达具有鲜明的民族文化特色，讲究意象和意境。汉语可以借助语言文字表达物象，通过物象去反映内心感受。因此，叶圣陶老先生强调：文字是一道桥梁，通过它，读者才能和作者会面，而且了解作者的心情，和作者的心情相契合。教学中，我们可以抓住文中的关键词句，通过反复地“读”，反复地“品”，“使心入于境，情会于物”，才能心领神会，通达“悟”的境界。

《推敲》是苏教版第七册的一篇课文，学生初读课文后，对贾岛斟词酌句的精益求精有了一个初步的印象。如何让学生深入感受到这一点，我引导学生抓住课文中的关键词句“贾岛骑在毛驴上比比划划，竟然闯进了仪仗队中”体会，设计中我紧扣“闯”字而展开：首先让学生通过阅读，初步感受到这个“闯”字用得很特别，接着结合学生的生活经验体会此处的“闯”带有“冒犯”、“闯祸”之意，然后又补充了一个类似的故事强化学生的感受。最后，让学生再交流从这个“闯”字中读出了什么。学生对贾岛思考时的全神贯注自然有了深刻的感悟。

教学中，我们应该根据文本的特点，有选择地抓住文本中的关键词句，通过意思的理解、用法的比较、意境的体会等感受用词的精妙，从而加深对文章的感悟。

2. **丰富形象：再现生活促感悟**

生活是培养学生感悟能力的一块沃土。感悟教学同样应该以生活作为语文教学的源头活水。文字是凝练而高度概括的，提供生动的画面等，充分调动学生已有的生活学习经验，适当地引导学生展开联想或想象，通过具体可感、触手可及的鲜明形象可以触发学生的感悟。借助形象、生活显化文字，也是深化对课文的感悟和理解的一个重要方法。

下面是我在教学《孔子游春》时的一段实录。

师：我们听了孔子的这段论述，当我们再次走近碧波荡漾的小河、浩瀚无边的长江、奔腾不止的小溪、波澜壮阔的大海，大家一定会有不少新的感悟。(多媒体画面呈现不同的流水景象，写下感悟并交流)

生：水清澈见底，似君子一样光明磊落。

生：水平如镜，宽阔平坦，好像君子有博大的情怀。

生：水有坚定的意念，它不畏艰险，勇往直前，不达到目的不放弃。

……

上述片段，通过多媒体集中再现了生活中不同水的景象，引发了学生的思考，仿照课文对水的品质进行概括，学生的感悟水到渠成。学生的表达既有深度，又有新意。

教学中，我们可以通过出示图片、动画演示、现场简笔画等多种方式将抽象的文字转化为形象的画面，再现生活情境，从而帮助学生进行感悟。

3. **创设情境：转化角色引发感悟**

通过情境的创设、氛围的营造，让学生“身临其境”，是触发学生感悟的有效手段。情境教学实验表明，学生通过角色转换，可以最大限度地缩小学生与文本中人物的心理距离，以促进学生真心地阅读，真切地体会，真实地感受，真情地感悟。

在指导阅读《织梦的孩子》一文时，我创设情境，首先出示一幅帆船航海的图片，并播放海浪声，配以声情并茂的语言描述，学生被带到了一片茫茫大海之上。不知不觉中，他们已经成为了课文的主人公哥伦布和随行的水手，对话中进一步增强了他们的角色意识，体会到海上行驶的艰难和危险，从而对哥伦布为了理想无所畏惧有了一个深刻的感悟。

“海风吹不垮他的意志，巨浪挡不了他的理想，哥伦布不愧是伟大的航海家。”

“理想距离我们有多远，哥伦布用行动告诉我们，只要我们鼓足勇气不断前进，它就在眼前。”

苏霍姆林斯基认为：“从本质上讲，儿童个个都是天生的艺术家。”在教学中，教师要充分利用学生的这一特点，让学生担当故事中的角色，学生在表演体会中融入自己对教材内涵的理解和再创造，这无疑会促进学生对教材的感悟。

[参考文献]

[1] 成尚荣. 2007. 儿童立场：教育从这里出发 [J]. 教育研究 (23)：5－9.

[2] 范梅南. 2001. 教学机智——教育智慧的意蕴 [M]. 李树英，译. 北京：教育科学出版社：165.

[3] 彭聃龄. 2001. 普通心理学 [M]. 北京：北京师范大学出版社：74－75.

[4] 田慧生. 2005. 时代呼唤教育智慧及智慧型教师 [J]. 教育研究 (2)：52.

课堂采风

姥姥的剪纸

（苏教国标版语文第十一册第12课）

［设计意图］

剪纸作为我国的民间艺术历史悠久，具有浓郁的乡土气息。但是，《姥姥的剪纸》一文的重点并不在剪纸，应理解为“剪纸的姥姥”，剪纸在文中只是一条线索，一个载体，文本解读的重点是姥姥。姥姥剪纸的技艺高超，而且她慈祥善良，邻里乡亲有求必应，更重要的是，剪纸把“我”和姥姥紧紧地“拴”在了一起，使祖孙俩的情感交融为一体。作者关于姥姥的剪纸的回忆既体现着姥姥对“我”的关爱，也表达着“我”对姥姥的思念。

基于这样的理解，我认为本课教学的重点应该是借助文本，通过反复品读，凭借剪纸，走近课文中的人物，感受姥姥剪纸的高超技艺及其原因，并充分体会“我”与姥姥之间的浓浓情意，进而引导学生感悟亲情、珍惜亲情。

教学片段：品味祖孙情意

（轻声读读课文7—13自然段，概括作者还回忆了哪几件童年时期与姥姥剪纸有关的事情。）

师：首先，让我们一起走进作者童年的盛夏，姥姥怕我溜到河里游泳出危险便用剪纸把我拴在屋檐下，这儿有个字用得很特别，哪个词？

生：（齐）拴。

师：很好，你们都发现了，知道“拴”本来是什么意思吗？

生：就是用绳子把一个物体固定或锁在一个地方。

师：不错，基本说对了。课前，陆老师特意查了一下字典，字典上是这样解释的：用绳子等绕在物体上，再打上结。（师动作演示）比如说，将一匹马拴在一棵树上。那么，姥姥现在是用“剪纸”将“我”拴在屋檐下。姥姥的剪纸怎么会有这么大的吸引力，能拴住我这个“调皮蛋”呢？我想，只有我们走进课文，走进作者童年的生活才能够真正体会到。

请同学们看看课文中的插图，听着极富北方乡土气息的音乐，再默读课文，想想当时的情景。

（出示插图，在轻松的音乐中，学生默读课文）

师：读着，读着，你仿佛看到了怎样的情景？

生：我仿佛看到在窑洞的外面挂着金灿灿的玉米和火红的辣椒，窑洞内姥姥正坐在床上剪纸，一边剪纸，一边给她的小外孙讲故事，小外孙饶有兴趣地看着姥姥。

师：这个姥姥和“我”多么亲密啊！还有谁说一说？

生：我仿佛看见阳光透过窗户，姥姥盘腿坐在席子上，一手拿着剪刀，一手拿着剪纸，乐呵呵地给作者讲着剪纸的故事，作者一边看着姥姥，一只小手放在嘴里吮吸着，充满好奇地望着姥姥。

师：我发现你真会想，连姥姥和蔼可亲的笑容也看到了。看着看着，“我”就入迷了，于是，就忘记去游泳，忘记去踢足球了。还有谁说一说？

生：我看见了，在密云多雨的盛夏，姥姥和作者一起坐在屋内的席子上，姥姥戴着老花镜，嘴里哼着小曲，拿着剪刀，拿着彩纸，刷刷地在剪纸呢，一下，两下，三下……不一会儿工夫，一只活泼可爱的小兔子就出现在作者面前，作者把指头含在嘴里，津津有味地看着，手里拿着活蹦乱跳的小兔子笑了。

师：看来呀，“我”喜欢姥姥的剪纸，也喜欢姥姥和蔼可亲的笑容，喜欢姥姥边剪纸边轻轻地哼唱，也喜欢姥姥讲述的各种各样的故事，和姥姥一起剪纸，真是太有意思了，是吗？

同学特别会想，读着，读着，我们仿佛看到了课文中描述的情景，想到了作者童年时候的生活，让我们试着通过朗读把当时的情景展现出来，好吗？

（师生分角色朗读）

[点评] 好一个“拴”字！童年的“我”被牢牢地吸引住了。教学中

从“拴”字入手，通过画面展示、音乐渲染，引导学生在情境中展开丰富的想象。一个字变成了一幅幅形象而生动的画面，学生自然有了更深刻的感受。

师：现在你们觉得剪纸为什么能“拴”住贪玩、调皮的我？或者说是什么拴住了顽皮的“我”？

生：因为剪纸对我有吸引力，作者也喜欢姥姥甜蜜的笑，还有剪纸的“刷刷”声，所以能够吸引他。

师：我帮你概括一下，也就是说我喜欢姥姥的剪纸，也喜欢姥姥的笑。还有吗？

生：我觉得主要是因为作者对姥姥高超的剪纸技术感兴趣，所以能拴住他。

生：我觉得是亲情，剪纸中包含着姥姥对我浓浓的爱意。

师：是呀，那浓浓的情谊，深深地感染着我们。再请最后一个同学。

生：我觉得剪纸是一个载体，姥姥通过剪纸表达出对作者浓浓的爱意，她是用剪纸拴住了作者的心和作者的思想。

师：我觉得你是作者的知音。

[点评] 教师适当的导引，激起学生的思维。学生透过文字，挖掘文字的“内涵”，充分感受到“拴”的力量之源。

师：正因为这样，我常常让姥姥为我剪纸，课本中用了一个什么字告诉我们？哪个词？

生（齐）：缠着。

师：如果你是外孙，会怎样“缠”着姥姥？

生：我会缠在姥姥身边，说：“姥姥，姥姥你给我剪一幅，剪一幅嘛！”

师（扮姥姥）：我已经剪了好久了，你怎么还要，休息一会儿行吗？

生：不行！就最后一幅嘛……

师：好，就最后一幅！这幅剪了我就不剪了。

生：这一幅要剪大一点！

（学生继续“缠”）

生：姥姥，我最喜欢兔子和老牛，姥姥就给我剪一个嘛！

师：那我就再给你剪一个兔子和老牛！这是最后一幅，剪完我可就不剪了！

生：不行，不行！

生：(拉扯的动作) 姥姥，你就再给我剪一幅嘛！

师：姥姥还有很多事儿要做，碗没洗，先洗个碗，行吗？

生：哎呀，碗什么时候都可以洗，你先给我剪嘛。

师：好好，姥姥先给你剪！

[点评] 这里又抓了一个“缠”字。与体会“拴”不一样的是，此次，教师和学生在情境中同时转换了角色，俨然成为了文中的姥姥和“我”，在有趣的对话中再现了当时的情景！

师：于是，姥姥总是不停地剪，一幅幅兔子和老牛的作品诞生了。(出示图片) 蹦跳的兔子，奔跑的兔子……

(生接下去读)

师：那时候，“我”还很小，也许无法理解为什么在姥姥的剪刀之下，兔子总是在玩耍，老牛总是在干活儿。但是，总感到跟姥姥在一起的时刻总是那样的——

生：温馨。

生：快乐。

生：惬意。

生：幸福。

生：满心愉悦。

师：“我”多想再回到姥姥身边，再回到“我”的童年呀！让我们一起再来读一读，这回我来读叙述部分，请男同学读“我”的话，女同学读姥姥的话。

[师生分角色朗读]

学习第 13 自然段。

师：就这样，姥姥的剪纸一直陪伴着我的童年，伴随着我渐渐长大。后来我上学了，小学、中学、大学——越走越远了。但我还是不断收到姥姥寄来的剪纸。其中有一幅是这样的（图片、音乐，师描述）：一头老牛定定地站着，出神地望着一只欢蹦着远去的小兔子，联结它们的是一片开阔的草地。看到这样的剪纸，我思绪万千，仿佛听到姥姥的声音，姥姥在说什么？

生：孙儿，有空回来看看，姥姥想着你呢！

师：姥姥时刻想着孙儿。

生：孙儿，你大胆地去吧，但也要一路小心哟。

师：希望自己的孙儿到外面去闯一闯。

生：孙儿，不用担心，一直往前走吧，爱拼才会赢！姥姥永远在你身后支持你！

师：姥姥永远是她背后的力量！

生：孙儿，慢慢走，别摔着了！摔着了，姥姥在家等着你呢！

师：充满着深情，充满着爱意。

生：孙儿，好好努力，一定要考上一个好大学。

师：我想我一定不会辜负姥姥的期望。

生：孙儿，你要早日成才啊！

师：是的，“我”一定会好好努力，将来用自己的实力报答姥姥的。

生：孙儿，无论你走到哪里，都不要忘记我。

师：孙儿不会忘记姥姥，姥姥也永远不会忘记自己的孙儿。看来透过这幅剪纸，我们读懂了姥姥的心声，读懂了姥姥对“我”的期待。请大家给这幅剪纸作品取个题目。

生：“回眸”吧。

师：解释一下。

生：因为兔子要离开了，它手上抱着玉米，在它离开之前回头望了一眼老牛，它深情的眼神充满了浓浓的爱意，所以我取名“回眸”。

师：兔子回头看着老牛，老牛也回头看着兔子，它们的情永远连在一起，所以取名“回眸”，想得很好，还有吗？

生：“一路平安”。这是老牛望着兔子，仿佛在默默地为兔子祝福，愿它一路平安。

师：这也是姥姥对“我”的祝愿——“一路平安”。

生：“情深”。因为姥姥对我有着深深的爱，希望我一路平安，同时，希望我能有很大的成就，所以也可以取名为“情深”。

生：“期盼”。因为这幅剪纸中老牛深情地望着小兔子，老牛就像姥姥，小兔子就像作者，姥姥对作者有着浓浓的期盼和望子成龙的心情，蕴涵着姥姥对孙儿的期盼。

生：我觉得可以取名为“千里情相连”。因为我读出了姥姥对孙儿的爱，即使孙儿远在他方，姥姥也一定会和他“千里情相连”的。

师：再远的距离，都无法阻隔我和姥姥之间的情意，我觉得这个题目取得也非常好。刚才同学们说得都很不错，有人也用书本上的一个词来做题目，那就是“联结”。我在想，书上为什么没有用我们常用的“连接”呢？为什么是“联结”？开动脑筋想一想。

生：我觉得用“联结”的是姥姥与作者之间浓浓的爱。

师：你觉得这个“联结”充满着情谊。

生：“连接”好像是人必须在一起，而“联结”是代表着内心的爱在交流。

生：我觉得“连接”只是物体上的联系，而“联结”是心灵上的沟通，心灵上的联系。

[点评] 无声的“老牛兔子”剪纸图，表达的却是无限的深情。姥姥的“千言万语”都包含在这张剪纸之中，这应该成为教学中的一个重要资源。教学中，通过对这一环节的“补白”：学生为剪纸配音和取题，道出了剪纸中的“话语”，更表达出了剪纸中的“情感”。

[教学后记]

这一课的教学，我根据情境教学的原理，根据儿童情感活动的特点展开，摈弃了传统教学喋喋不休的分析，运用多种手段，带领学生一起进入课文的情境，在情境中充分地感受、体验、表达。情感不仅是促成课文理解和语言训练的手段，更是本课的一个重要目标。

一、激情：让学生的心弦动起来

儿童的情感是十分丰富的，情境的创设让真情激荡于儿童纯真的心灵间。教学中，我充分利用画面，呈现祖孙俩一起的温馨场景、生动有趣的剪纸图、姥姥的画像等；利用音乐，在或悠扬轻松、或深沉感人的乐曲中引导学生想象；利用充满激情的语言描述、导语的设计、教学的过渡、朗读的指导、全课的总结……丰富的手段，不断激起学生情感的涟漪，随着课堂的推进，学生的情绪也逐步高昂，学习渐入佳境。

二、移情：唤醒朦胧的生活体验

移情就是能设身处地地站在别人的角度，理解和欣赏别人的感情。我认为教学中的移情就是将文中的人物的情感与学生的情感联系在一起。本课教学中，一方面联系学生的生活体验来感受文中的人物，如教学中利用学生“耍赖”的生活体验体会祖孙情；另一方面引导学生成为文中的角色去体验。课堂上，我一次次带着学生一起进入情境，学生在情境中转换了角色，与姥姥展开对话，学生的感受真切、自然、细腻。

三、悟情：嚼出语言文字的味道

课文是情感的载体。每一篇好的文章，都充盈着作者的情感，奔涌着作者的思潮。在一字一句之间，情感被渗透、被传达、被倾诉。教学中，教师首先要善于感受到文字中的温度，并通过适当的导引，当学生感受到这种温度，语言文字的品味自然成为其重要的方式。因此，我紧紧抓住“拴”、“缠”、“联结”等关键的字眼，通过想象、比较、情境再现等多种方式体会这些用词的精妙，感受这些词语中所包含的情感。

四、传情：倾听孩子的真心表达

课堂上激动学生的是情，打动学生的是情，震撼学生的也是情！语文课堂应该给学生以情思的滋养和心灵的启迪，成为激荡、抒唱学生情感的海洋。在这一课中没有繁琐的提问，支离破碎的分析讲解，取而代之的是多形式、多层次对话，一遍又一遍地朗读，以及精心设计的句式训练，而且这些教学的设计都十分注重学生情感的激发，学生饱含真情地感受、体会、表达，在读中思考，在说中感悟。

刘卫锋

Liu Wei Feng

南通市教育局局直骨干教师，曾获南通市小学教师专业技能竞赛语文专业一等奖。多年致力于“专题性文化课程的开发”和“文本细读”的实践与研究，在省级以上刊物发表文章七十余篇，代表作有《专题性文化课程的开发》《文化意味：语文课的一种价值追求》《文本细读方法散论》等。

成长之路

小楼三层能望远

在南通师范第二附属小学已走过的百余年里，良师如林，李吉林老师无疑是一棵参天大树。我 1999 年走上工作岗位，教师职业生涯的最初八年是在通师二附度过的，我在心底感谢通师二附给予我的滋养。是学校，为我的发展提供了很多机会，让我视野开阔；是学校，赋予了我一份宽怀，让我在广阔的空间里自由搏击，激情创造。在二附，有许多的事值得铭记，有许多的人值得感谢，这里单讲李吉林老师及其情境教育给予我专业上的滋养和启迪。

听李老师话科研

在师范求学期间，李吉林老师的声名已经如雷贯耳。记得学校当时发给我们一本《小学语文情境教学》，就是老师的著作，上面有她的画像，出自范曾之手。到了二附，我能感受到大家对李老师的敬重弥漫在校园的每一个角落。她办公的地方在镜心楼顶楼东侧，虽然只是三层的楼，但在大家的心目中，那里无疑代表着一种学术的高度。所以，走进那里，聆听李老师的教诲往往成为教师们的一种幸福。当然，那里的门向每一位教师敞开，因为李老师喜欢和教师们在一起，无所不谈。

李老师奖掖后学，学校也十分支持李老师的科研工作，所以我们这些年轻教师得以有机会到情境教育研究所在她身边工作。工作以后的一段时间，我一边在学校上课，一边在研究所理论部兼职。我已记不起第一次登上三楼情境教育研究所的准确时间，但我曾一次又一次登临，每一次都能从那里获得诸多教益。李老师是一个随和的人，她认为平等宽松的氛围有助于激发人的创造性，因此研究所虽然也有事务性的工作，但是因为有了定期召开的例会、理论学习和研讨，大家觉得生活很丰富，合作很融洽，许多智慧的火花常常在不经意的交谈中迸射出来。

2002 年 3 月 30 日的例会，着重就“优化情境，提高德育的实效性”（中国教育学会课题）和“开发情境课程的实验与研究”（全国教育规划课题）的分层管理进行了讨论部署。当时，李吉林老师有几点意见非常好，我记在了本子上。她说，“德育要有实效，要内化，变成行为的，变成情感的”，“年级课题要考虑层次性、阶段性”，“孩子究竟得到了什么？是德育活动应思考的问题”，谈到学习和向专家请教，她要求大家“先自学专家理论，武装自己，然后听专家介绍。谈到研究，她说要“开展理论学习，结合理论学习来探索工作。”她的这种走自己的路，自力更生的态度深深感染了大家。

在课题研究的重要节点，或者教学研究进入一个高位有停滞不前的苗头时，她总是想尽办法努力推动，乃至身体力行做好表率。

记得 2002 年 9 月，连续召开了多次科研工作会议。9 月 9 日她召集学校领导及有关处的负责人，就“开发情境课程的实验与研究”课题申报材料中的课题论证部分，再次带领大家学习情境课程的四大理论支撑，指出学科情境课程要突出“镶嵌在情境之中”。

9 月 12 日的会议，她再次强调，将知识点镶嵌在“情境”之中，使学生进入其中，老师转变角色，成为指导者、合作者……（实现）师生间的真情交融，师生互动。吴和平校长也适时提出：“希望各位从困惑中解脱出来，坚信不改革就没有出路，从事务中解脱出来，不研究就没有特色，组织全校老师加强学习，更新观念，学习新课标，实践情境教育的成果。”副校长、主任们也纷纷表态。

在这次会议上，我就教材课程资源开发作了交流，提出以“文化专题”的形式整合教材，与“单元组合”相融，使学生既在习作上有帮助，同时获得文化的熏陶。

最后，李老师再次强调，要“坚定不移搞科研，儿童的发展包括特殊能力、一般能力，两者应互相融合统一，而不是对立。”“对‘情境’的理解要加深，一切知识存在于情境之中，一切知识运用于情境之中。”“情境课程的五块是不同的领域，但其设置的目的是一致的，用‘美智趣’构建生活的世界，利用儿童经验，强调体验，突出‘个性’，使学生成为人、社会、自然的融合，和谐统一，构成自主性、社会性、自然性相统一的新主体。”要通过科研调动学生的主动性，开发创造性，从而确保质量，向四十分钟要质量。要抓本质：调动学生主体性；抓关键：基础知识少而精；抓手段：教学形象、鲜明、生动，在优化的情境中理解和运用，教学与现实生活相沟通。

9 月 28 日，两大课题开题论证会在二附成功举行，情境教育研究和学校发展历程中的一件大事终于在大家的齐心协力下办成了！李老师当然功不可没。她的这种认准了目标就奋力进击、百折不回的执著让我心生敬意——干事业，是需要一种忘我的精神的！

学李老师做研究

在研究所期间，我参与了李老师文集前期整理的部分工作，得以有机会阅读了李老师教育生涯各个阶段的研究成果，对她的专业成长轨迹有了全景式的了解，她志于教育事业、不断追求学术高度的进取精神，激励着我用激情去创造，用智慧去耕耘，用板凳一坐十年冷的勤勉严谨治学。

2000 年前后，研究性学习如火如荼，我专题收集和学习了教育报刊上的相关文章，并尝试引导学生掌握此种方法。为此，我编辑了若干研究性学习指导课程资料，注意发挥材料的范例作用，希望在潜移默化中使学生学会如何呈现自己的研究成果，还设计了一些实践活动，如“菊花”的专题研究、寻访南通寺街古建筑等，让学生在实践中形成研究性学习能力。在实践基础上，我撰写了论文《语文研究性学习的探索与思考》，发表在《现代中小学教育》杂志上。这一阶段的探索为我后来的课程开发实践积累了经验，随着探索的深入，我的课程实践与研究的思路逐渐清晰。

2002 年年底，李老师主持的“情境课程的开发与研究”开题了，也使我在课程方面的探索有了一个新的视角，并最终确定了“专题性文化课程”的研究方向。

记得那年 10 月 9 日全校业务学习时，李吉林老师围绕“开题了，老师们如何做呢?”作了指导，向教师们提出了“以学习为荣，以钻研为乐，以儿童的发展为心灵的寄托”的期望。

在这种精神的感召下，我的课题研究也一发不可收，在教育教学实践中不断走向深入。2003 年，我先后开发实施了专题性文化课程《诗中的童年》《雪的况味》等，据此撰写的文章发表在多家教育杂志上，课题研究进入了条理化时期。

这一年，基于对“课程的开发过程中，课程资源的选择，教材的建设是重要的环节”的体认，我辑选了《专题性文化课程语文读本》，整理了《专题性文化实践活动作业设计案例》，完成了一系列的探索与实践，并以《专题性文化课程的开发与研究》为题进行了阶段性的总结。

2003 年 9 月以后，我结合现有教材，以专题性文化课程的整合理念，统整课程资源，进行专题性文化课程的“课堂教学实践”。

在文化课堂等领域的不断探索，促使我在 2005 年 1 月对 2004 年度“专题性文化课程的开发与研究”作了回顾，并撰写了《文化意味：语文课的一种价值追求》，发表在2005 年的《语文教学通讯》上，在这篇文章里，我通过数个来自实践的案例，初步阐释了自己在文化课堂领域的想法。

那段时间，我还找到一条适合叙述自己实践的表达方式，那就是文化课程实践叙事。此后，论文、课程故事这两种表达形式，一直贯穿了我的研究探索之路。

2007 年 9 月，从小学到教育局机关，工作的变动，使我那曾经在教育教学田野里耕作的辛勤和自得，转为另一种劳作与体验，角色的转换并没有一下子扭转近十年来逐渐形成的对教育教学创新实践与研究的惯性痴迷。我想，固守的不在于所谓的研究成果，而在乎一种精神，一种敏锐的洞察，一种热情的关注，一种潜心的行动……它不会因为所处的安逸就变得庸碌起来，也不会因为闲居的从容就变得麻木起来，也不会因为新境的陆离就变得茫然起来！

常想起李老师在那栋三层小楼为年轻教师的题字——

珍惜青春年华，追求幸福人生！

教研撷萃

野外情境课程的理论与实践创新刍议

摘　要：文章梳理了李吉林野外情境课程不断探索和发展的创新过程，从学校实践的层面与其他课程改革探索相比较，揭示出野外情境课程的独特个性特征。在分析了野外情境课程的研究范式后，指出其对教师专业发展的启示意义，即植根实践土壤，在日常的教育教学中积极探索，不断反思，超越自我。要在整体的教育视野下全面关注儿童的个性发展，引领儿童走上幸福的自主成长之路，让自然、社会的美养育儿童纯真的心灵。

关键词：野外情境课程；实践；创新

一、野外情境课程的内容及演进

经过 20 世纪 80 年代及 90 年代中期十多年的开发与研究，李吉林老师终于在 1996 年初步提出了情境课程的主张。具体内容包括基础区域的学科情境课程、综合领域的主题性大单元情境课程、源泉领域的野外情境课程，以及衔接领域的过渡性情境课程。这四者既相对独立，又具有紧密的联系。野外情境课程在情境课程体系中具有特殊的地位和意义，孩子在大自然的怀抱里感受到了美，获得了丰富的感性材料，一次又一次接触思维和活的言语的源泉，展开了联想、想象和逻辑的分析推理。这些活生生的信息资源，大大地丰富了课堂上的认识活动。野外情境的源头作用被发现了，这“活水便源源而来，儿童的心田、知识的仓库，都可以不断地得到补充、滋润、运转”。所以，李吉林认为野外情境课程的意义在于“对儿童心灵的塑造”。(李吉林，2004)[364]

野外情境课程的探索经历了一个不断发展的创新过程。早在 20 世纪

70年代末李吉林老师就提出了开展野外活动的设想，并开始有意识地将学生带入大自然这所蓝天下的学校。但当时开展野外活动还只是帮助学生获得学习语言的材料。李吉林觉得学生每天从家里到学校，从书本到作业，远离了大自然和广阔的生活天地，阻隔了语言与生活的联系，造成了生活与语言两个信号系统的失衡，使儿童的思维缺乏形象，造成了语言的干瘪乏味。同时，李吉林老师又从婴幼儿口头语言的自然习得得到启发，大自然的丰富滋养，具体生活情境中感知觉迅速发展的事实，使得李吉林深感“应该顺乎自然，利用儿童学习语言的经验，让儿童回归大自然，投入周围世界宽阔而丰厚的怀抱中去。”（李吉林，2004）[343]另外，解决学生作文素材的匮乏问题也是当时开展野外活动的动因，自然界的日月星辰、风霜雨雪、山川田野等都是作文的绝好素材，应该充分利用。在这一阶段，对野外活动的认识局限于语文教学领域，只是将其作为配合语文学习一种手段来看待。但是随着情境教学向情境教育的拓展，野外活动的内容也随之丰富起来。李吉林老师及其同事逐渐发现，除了语文学习需要得到大自然滋润，学习其他科目同样需要联系自然世界。野外活动可以丰富、补充各科的学习内容，因而在野外活动中，各个学科渐渐走到了一起。而且他们感到，野外活动可以培养学生热爱大自然的情感，提高他们的动手能力，锻炼他们的意志。在这一阶段，他们关注各科知识与大自然的联系，这就丰富了野外活动的内涵，提高了野外活动的效益。这一阶段，他们不仅关注野外活动与知识学习的关系，同时，开始关注野外教育活动对学生能力的锻炼、人格培养的作用。这一阶段，野外活动的开展渐渐变为教师的自觉行为，学校对每学期开展野外活动有了数量上的要求，野外活动进入课表，成为江苏省南通师范学校第二附属小学的特色课程。随着观察体验大自然活动的不断深化，他们对带领儿童亲近自然的意义也有了进一步的认识。他们认为，人是自然之子，是从大自然中孕育诞生的，人与自然有着天然的联系。大自然不仅是人类赖以生存和发展不可缺少的物质环境，也是丰富人类精神世界的重要源泉。带孩子走进大自然，不仅是为了学习知识、培养能力的需要，更为了打开孩子的眼界，让他们保持一颗纯真的童心，获得一双发现美的眼睛，还为了引导学生感受大自然背后的精神，那无与伦比的博大气质，那些顽强生存的繁衍不息的生命现象，并在大自然的熏陶中获得心灵的自由与解脱，匡正后工业化社会带给人类某些功能的退化，情感的缺陷和人性的扭曲，获得大度与大气，获得生命的

提升。（施建平，2005）

二、野外情境课程的理论与实践创新

野外情境课程的实践与提出在今天看来，依然是极具教育意义的创新之举，更不要提20世纪八九十年代了。那时我国的课程设置情形如何呢？那还是学科课程一统天下的局面，而且当时“中小学设置的学科课程还带有科目本位课程的烙印”，其缺点随着时代的更新也越发表现出来，主要表现为：（1）对新的科学技术的基本成果的隔膜；（2）学科之间缺乏横向联系，不利于学生从整体上认识世界，难以培养学生综合运用知识的能力；（3）学生很难接触社会实际，不易获得必要的直接经验。为此，有专家提出，为了克服学科课程的缺点，一方面要加强学科课程内部有关科目之间的横向联系；另一方面应辅以必要的新型活动课程。（廖哲勋，1991）[159]在这样的时代背景之下，李吉林老师无论是在语文情境教学的探索实践阶段，还是此后向情境教育拓展的发展阶段所进行的野外活动就不仅是教学论意义范畴的创新，还具有了积极的课程论意义。因为野外情境课程是优化了的野外活动，但是，诚如李吉林所指出的那样：“野外情境课程并不意味着走出校门到了野外，就是野外情境课程。是课程，必须有明确的目标，有具体的内容和有序的过程。”（李吉林，2004）[356]于是，我们发现野外情境课程在课程设计上的精心创造。首先是“求近、求美、求宽，优选场景”，课程设计具有极强的目的性、极高的计划性，野外情境课程区别于一般性的野外活动正在于其谨严的预设、精心的筹谋。“求近”，立足于教育对象儿童的身心特点，绝不凌节而施；“求美”，表现出野外情境课程鲜明的价值追求，也体现了一种境界；“求宽”，则是从综合野外情境课程要素的角度，特别强调了对学生思维广阔性的发展旨趣。其次，是“观察、思维、实践，综合进行”，“认知、情感、意志，协同发展”的课程实施策略，它们直指儿童在野外情境中的经验历程，沟通了个性形成阶段的重要领域。当专家们还在文字的层面构想“我们提倡的活动课程是以马克思主义教育观为指导的、在改造实用主义活动课程的基础上建立的新型活动课程。这种活动课程的新颖之处在于：着眼于促进学生的个性自主和谐地发展，以学生的直接经验和最新信息为主要内容，以培养学生的能力为主要任务；具有实践性、开放性、即时性、灵活性等突出特点；符合学生的需要和我国社会发展的需要”（廖哲勋，1991）[168]时，李吉林老师已经通过野外情境课程的实践诠释着她对“儿童的个性发展”的理解和追求：人类是大自然之子，孩子们是大自然宠爱的幼子。大自然的诗、大自然的画，大自然的音乐对儿童的情感、意识以及智慧，起着难以估量的重要作用。

与同在学校实践层面的其他课程改革探索相比，野外情境课程依然表现出自身独特的个性特征。20 世纪八九十年代，天津市上海道小学在大课程的理念下进行了课程结构改革的探索与实践，构建了以学科课程、活动课程、潜在课程为主要内容的大课程体系。其活动课程在操作分析上表现为常规性活动课、综合性活动课、补偿性活动课、尝试性活动课、发展性活动课，按活动内容的性质分设思想品德类、学科类、科技类、文艺类、劳技类、体育类六大项。（任树纲 等，1996）[64]该课程实践在阐述活动课程在大课程体系中的地位时说：（1）活动课程是大课程体系的重要组成部分；（2）活动课程与学科课程相辅相成、互相渗透；（3）活动课程是潜在课程的重要载体。（任树纲 等，1996）[131-132]从他们的理论与实践中发现，他们主要还是基于校内生活，赋予各种活动以课程意义，而且打上了学科的痕迹。与情境课程体系中的主题性大单元情境课程的学科教学环节有某种相似，但始终未能达到野外情境课程的课程设计思路与课程内容设置。大课程的提出及体系化与情境课程的提出与系统化差不多是同一个时期，但是，我们发现情境课程在内涵上较大课程的理论与实践来得更为深广。特别是野外情境课程教育意义的揭示，已然站在人的本质健康以及和谐发展的高度上加以论述。在这样的基础上，野外情境课程与情境课程体系中的其他领域的关系也就不仅条分缕析，而且显示出自身教育“源泉”的地位与优势。它“结合学科教学，提供源泉”、“结合主题性大单元教育，丰富感知”、“结合时令，愉悦身心”。“在这些真实的情境中，儿童感受真切，情绪热烈，思维活跃，为学习各科知识获取了丰富的源泉。”（任树纲 等，1996）[123-126]杜威早就意识到，任何材料，如果不是从先前在儿童生活中占据重要地位的事情中引出，就会流于贫乏和无生命力。它们不过是一些儿童在学校中被要求研究和学习的象形文字而已。因此，杜威认为：表象是教学的重要工具。主张学校教育在教学能通过符号的媒介完全地传达事物和观念以前，必须提供许多真正的情境，个人参与这个情境，领会材料的意义和材料所传达的问题。野外情境课程实施过程中的学生置身于广袤的大自然，他们的感官直接与自然万物息息相通，勃勃的生命力也放射着激情与智慧。充满生活情绪的表象，带着绚丽色彩与音响，深深留在儿童的记忆中，激发着他们在现场不容自遏的表达，到了学科课堂教学时，这些鲜活的表象又跃升至儿童整个的心灵空间，符号与象征物建立起自然流畅的联系。儿童在野外情境中亲身实践操作，此时，即使是与逻辑数理的融合，也迸发出新的意义。杜威当年深深忧虑着的那些“割裂”在这样的课程经验中不复存在，野外情境课程实现了“感情上的生动的联系和活动的连接，把儿童亲身的各种经验综合在一起”。毫无疑问，它的教育价值远胜过纯粹为了补充学科教学而开展的学科类活动所起的作用。因为这种基于野外情境熏染的经验是融合了“知情意行”的综合性感受，是个人世界与大千世界相交通的全面性体验，不仅仅为了某项技能的形成，也不仅仅为了某个知识点的经验具体化，而是对整个人格的濡染。

需要指出的是，野外情境并不单指大自然的环境，而是社会、自然环境的统一体。在野外情境课程的探索过程中，我们可以看到李吉林带领学生观察风雪中的架线工劳作、亲历市府对先进科技工作者的颁奖典礼、到牛奶场参观了解牛奶的生产过程，体验劳动者的辛勤付出和成功创造。从这个意义上看，野外情境课程的实践与探索创造性地综合了卢梭的自然主义和维果茨基社会文化历史主义心理学说的科学内核，在儿童的个性培养方面赋予了自然、社会的双重滋养，因为“所谓个性应被看做是个体在一定的生理和心理素质基础上，在一定社会历史条件下，通过社会实践活动形成和发展起来的，表明个体在社会实践中所持的态度和行为的综合特征”。（戴汝潜 等，1989）野外情境课程，也因此在“儿童—知识—社会”的完美建构方面奠定了纽带性的重要作用。

野外情境课程为儿童与自然建立起制度化的联系平台，使得儿童在多半显得有些狭隘的学校生活中有了走出围城的契机，回到那个曾经滋养了人类童年的广阔天地，暂时远离了符号世界的压迫与逼仄，将整个心灵放养在青山绿水和纷繁但却真实的社会情境之中。儿童也因此获得了自然的滋养、社会的召唤。由此可见，野外情境课程的理论与实践创新，从课程发展、课程研究的角度看，是学术与实践的双重超越；从课程目标与教育价值及课程要素的角度看，依然是消弭了学问与做人相间离、自然与社会相对立的创新的课程设计。

三、野外情境课程的研究范式及意义

有学者将20世纪世界各国纷繁复杂的课程理论流派分为四大类：常规性课程理论、描述性课程理论、实践性课程理论、纯粹课程理论。它们的研究范式也各具特色。根据野外情境课程的实践性特点，本文着重将其与常规性课程理论、实践性课程理论作比较性阐述，试图揭示出野外情境课程独特的研究范式对现今教师专业发展的创新性启示意义。

常规性课程理论的基本特征是直接依附于实践。随着课程探究的深入，有人指出这种理论的缺陷之一就是它很容易沉溺于各种烦琐事物并可能受日常经验所局限。因为，实践的超越性很大程度上依赖于理论对现实的反思，当理论消失了其相对独立性之后，表面上看来在联系实践，但本质上很有可能已背离了实践的要求。（单丁，1998）[3]野外情境课程的提出与发展是与实践紧密联系在一起的，那么它是否也落入“日常经验的局限”呢？它又是如何在反思的介入下完成了实践到理论再到实践的超越？从野外情境课程的内容演进来看，我们发现它在不断地发展，趋向于完善，臻乎完美的建构。野外实践活动的开展，源于李吉林老师对当时教育教学现状的反思，她试图找到一条高效的儿童语言学习之路，于是，巴甫洛夫的信号学说、儿童语言自然习得的事实催生了她的野外活动的创意实施，结果，李吉林老师发现了野外活动对儿童在认知、情感、意志等方面的巨大发展作用。随后，基于情境教学向情境教育的拓展的整体思考，她通过对情境教学探索阶段的成功实践的理性反思，发现了各科教学与野外活动的关联，自觉地吸纳了卢梭、杜威、苏霍姆林斯基等教育家的课程思想，融入自己基于中国传统文化精髓“意境说”的理解，并进一步将其置于情境课程体系之中加以诠释。至此，我们发现，李吉林在野外情境课程领域的探索并不完全等同于常规性课程理论，因为，实践与理论在保持自身独立性的同时，是那样自然而贴切地联系在一起。野外情境课程的探索立足于实践，但并不完全依附于它。

实践性课程理论的基本特征是绝对回归实践。它赋予每一具体实践情境的特殊性以绝对意义，倡导对具体实践情境的理解与相互作用。在实践性课程理论看来，实践过程与理论创造过程是直接同一的，实践者就是研究者，实践者不仅能够创造理论而且最有资格创造理论。（单丁，1998）[6]实践范式所探究的问题来源于研究者所实际体验到的困惑或者是实践情境中“事件的状态”；实践范式的方法是与具体情境中“事件的状态”进行相互作用，研究者即情境的实际参与者，在“生活经验”之中、在与实际情境的“际遇”之中进行研究；实践范式探究的结果是“情境性的特殊的洞察”、“增加了的意义”以及“方向感”。（单丁，1998）[234-235]如此看来，野外情境课程的探索与“实践范式”也有诸多的共同旨趣。但是，它与实践性课程论的界限却是显而易见的。野外情境课程的探索，乃至李吉林老师情境教学—情境教育的探索，可以说在某种意义上体现了实践性课程理论“实践者就是研究者，实践者不仅能够创造理论而且最有资格创造理论”的主张，李吉林老师本人毫不讳言情境教学—情境教育的探索是实践的产物，它起源于对当时教育教学弊端的改革，是对有效教学途径的创新。所以，我们可以从李吉林老师的著作里读到她作为“现场的亲历者”对现实教育教学情境的优化、设计，体悟到她在现场中的思考、创造、革新，还有她的理论的嬗变、发展、超越。她 50 年来一直身处小学一线，在一个历时久远的近距离的教育场境中不断探索、持续超越。但是，区别于实践性课程范式结果的是“情境教育理论”虽然发端于“特殊的情境之中”，但是却因其自身的规律性，具有了教育理论的一般性意义，可以走向大众化。因此，也为一线教师的实践提供了可资运用的教育理论，同时，也为一线教师的专业发展提供了借鉴。

野外情境课程毕竟是校园以外的创造性劳动，所以，当我们已经视平稳的校内教育生活为习惯的时候，我们需要从李吉林老师探索实践野外情境课程的全身心投入中获得什么叫教育执著。首先是强烈的自觉的野外情境课程开发意识和一往无前的探索精神。她在一篇随笔《用孩子的眼睛去看》中这样写道：“多少回，我在花间徘徊，端详含苞的花蕾、飘飞的粉蝶；多少回，我在月下漫步，仰望中天的明月、满天的繁星；又有多少回，我登上小丘，伫立田埂，流连在小河畔，寻觅于草丛中……我琢磨着，思忖着……我只是记着，我是小学的老师。我必须知道孩子眼里的世界是什么模样……我要在花和月中寻找，寻找童年的眼睛……”（李吉林，2003）正是坚守着“周围世界是孩子认识的源泉”的理念，她精心追求野外情境课程的最优化方式，于是，下班后她寻找最佳的观察点，为了确保能看到壮丽的日出，黎明前的夜色中留下她痴情的身影，公园桥的河畔徘徊着她带领孩子们赏月的脚步……其次，是课程实践阶段的精心设计和有效的过程性指导策略。在《秋夜看月亮》的野外情境课程实施中，李吉林老师在选择了公园前的濠河边作为最佳观察点之后，她还在考虑最佳的观察时间。她想应该赶在月亮升起之前到达观察地点，这样从月亮升起来到“明月中天”的全景都能看到。但是来得过早，等得太久，会扫学生的兴致；太迟，又体察不到等待月亮升起的急切心情，不利于形成对美的事物渴望的心理。于是，李老师在月亮升起前十分钟把学生带到河边。当月亮升到天空时，她拉起手风琴，让学生看着在云朵里穿行的月亮，轻轻唱着：“皎洁的圆月亮，银盘的圆月亮，你可愿意和我来有趣的捉迷藏，你呀满脸含着微笑，躲在云里哪一方？”学生看着，唱着，心里美极了，又情不自禁地吟诵起古诗《嫦娥》……思想与技术的交融使得野外情境课程实施达到艺术化的境界。

由此，野外情境课程的探索对当下教师专业发展的启示意义也就渐渐明朗。首先，它启示我们应根植于实践的土壤，热爱我们的事业，为了把我们的使命完成得更好，我们需要在日常的教育教学实践中积极投身革新的探索，并不断反思，超越自我。其次，它告诉我们，需要在整体的教育视野下全面关注儿童的个性发展，并通过我们的教育智慧引领儿童走上幸福的自主成长之路，让自然、社会的美养育儿童纯真的心灵。最后，我们指向儿童发展的教育探索要贴近儿童，渐次走进野外，有序地开掘周围世界的课程源泉。

[参考文献]

[1] 戴汝潜，宛士奇 . 1989. 个性发展与教育改革试验 [J]. 教育研究 (7).

[2] 单丁 . 1998. 课程流派研究 [M]. 济南：山东教育出版社.

[3] 李吉林 . 2003. 如诗如画 [M]. 成都：四川教育出版社.

[4] 李吉林 . 2004. 情境教育的诗篇 [M]. 北京：高等教育出版社.

[5] 廖哲勋 . 1991. 课程学 [M]. 武汉：华中师范大学出版社.

[6] 任树纲，张同善 . 1996. 大课程的理论和实践 [M]. 北京：人民教育出版社.

[7] 施建平 . 2005. 野外情境课程的开发与研究结题报告 [R]. 南通：南通师范学校第二附属小学.

课堂采风

研究口语交际的智慧

[设计意图]

口语交际的教学是语文教学的重要内容之一，也是一个值得深入研究的重要领域。为了有效提升学生日常生活中的口语交际品质，笔者策划了系列指导课“研究口语交际的智慧”。其中一堂主题课旨在引导学生在“真诚、友善、宽怀”的价值取向下研究、感悟口语交际的几种智慧表达方法；并尝试运用到解决现实问题的情境中，初步形成智慧的口语交际能力。课前，我搜集了智慧言语表达的故事，梳理了有关方法，开发形成专题课程，以便课堂教学时有所依凭，在具体的语言环境中培植学生对语文的兴趣，通过文本归纳和对话，引导学生在研究中体验，领悟方法，并联系生活，初步形成智慧的口语交际能力。

[教学片段]

课堂伊始，我直接切入学习主题，和学生聊起有效表达的重要性。我说：“要得体、准确地表达自己的意思，和他人很好地沟通，是一门学问。中国有句古话‘良言一句三冬暖，恶语伤人六月寒’。一个人说出的话直接影响到他与别人之间的关系。生活是瞬息万变的，交际的对象也是多种多样，我们已掌握的口语交际方法还不能适应这种状况，这一节课，我们就着重来学习和研究如何智慧地说话。不仅要把话说清楚，还要争取说得巧妙，说得有意思，给我们的生活加点糖。”随后，进入课堂教学的主要环节，即“智慧表达方法感悟与运用”。

片段一：感悟“有效对话，彼此接受”

（1）首先通过一个反例，引导学生认识对话的有效性。笔者从电视剧

《家有儿女》的台词说起，勾连起学生的生活经验，然后出示剧中的一段对话。

夏东海：你说怎么办？

刘星：还能怎么办呀！

夏东海：你想怎么办哪？

刘星：这么办呗！

夏东海：你到底是打算怎么办？

刘星：还能怎么办呀！就这么办呗！

夏东海：我跟你说点中国话怎么这么费劲呀!!!

(2) 引导思考：从旁观者的角度来看，这段对话似乎很有趣。但是，如果你就是夏东海，你对这话满意吗？说说原因。

(3) 小结：有效的口语交际在于“彼此接受”。

[点评] 这一环节的教学通过引入儿童喜闻乐见的电视剧内容，增强趣味性，同时，将学生的思维导向深入、形象地感受口语交际的有效性在于“彼此接受”。

片段二：感悟“幽默宽容，一语双关”

(1) 通过典范材料，感受幽默的作用。学生阅读以下三则材料：

瓦学士

有一次，石曼卿乘马游览报宁寺，牵马人一时失控，马惊走，曼卿不慎坠马落地。行人见此，都以为他一定会大发雷霆，不料，石曼卿却对牵马人说：“幸亏我是石学士，如果是瓦学士的话，岂不早被摔碎啦？”

亲切三倍

英国作家杰斯塔东是个大胖子，有一次，他对朋友自嘲说：“我是个比别人亲切三倍的男人。每当我在车上让座给妇人时，我的一个座位足可以让三位妇人坐下！”

薄熙来妙语解尴尬

大连星海湾国际会议展览中心“大干50天，确保11月底封顶”的誓师大会上，总指挥老宋从椅子上摔下来，时任大连市长的薄熙来即兴说道：“今天的誓师大会开得很好，大家决心都很大，摩拳擦掌，准备大干一场。你们看，你们的宋总指挥已经坐不住了（笑）……望大家团结一致，50天确保封顶！”

（2）这三则材料中的小故事也比较有趣，哪个故事你最喜欢？为什么？交流中注意引导学生想象“御者”、“宋总指挥”的情态变化，体验有趣背后的“宽怀、友善”。

（3）试比较《家有儿女》的台词与这三则材料，内容的有趣一样吗？谁更耐人寻味？具有内涵？

（4）三则材料中有些话特别有意思，这些表达产生了一种奇特的效果，有人把它称之为“幽默”。幽默很重要，生活、学习紧张辛苦，我们需要轻松的时刻；遭遇尴尬，陷入困境，我们需要“笑”来消融。爱迪生说得好：“如果你想征服世界，就必须使这个世界更有趣。”

（5）现在我们可以得出它们两者的相同与不同吗？它们共同的特点就是令人发笑，而幽默除了引人发笑之外，还能带给人们什么？（学生自由归纳：智慧、温暖等）

（6）这种幽默的感觉其实离我们并不遥远，只要我们怀着一颗真诚、友善、宽容之心，就能靠近它们，甚至创造出它们。前几天，我批阅大家的作业，就发现了小远同学一段令人感动的叙述——

一次，我笑的时候把水喷到小萌的身上，他没发火，笑着对我说：“兄弟，你未免也太吝啬了吧，请我洗冷水澡就给这么点儿水？”

（7）现场采访小远：你感受到了什么？

现场采访小萌：你没有发火，还笑着说了这番话，你想通过这种方式表示一种什么意思？

[点评] 通过三则机智的妙语故事，进一步营造情趣的教学氛围；渗透研究性学习思维，引导学生关注话语背后的“宽容友善”；并联系现实生活中学生的亲身经历，引导学生们增强对“智慧的语言应当给人温暖”的认识。

片段三：借鉴成功范例，尝试表达实践

（1）陆游说“纸上得来终觉浅，绝知此事要躬行”，刚才我们通过多种形式的研究，对什么是“良言”，又如何智慧地说话有了些初步的认识。下面就请大家尝试来解决一些具体问题，先请看下面这个例子。

篮球比赛期间，每场我们班的比赛，身为班委的我总要发动同学喊口号加油助威。最后一场时，我赶紧对几名男生吆喝道：“你们几个快喊！”那几个男生相当配合。这时，我看见小亮正悠闲地坐在那儿，我大声叫道：“快喊呀！”

“干吗？”

“老兄，快加油助威呀！”

“我干嘛听你的？”

“就因为我是宣传委员！”

“宣传委员又怎么样？”

“你……你……”

“我怎么了，我的朋友多得是，而你呢？我告诉你……”

（2）集体研讨该案例：“我”为什么碰壁了呢？你觉得“我”的话哪里不合适，比如，说话的顺序、内容等。

（3）从下面四大板块中另选择一例，前后桌讨论修改。

板块一：与同学

◎午餐时，甲同学不小心将汤洒在乙同学的新衣服上了，乙同学用一种恶狠狠的语气非要甲同学赔。

①如果你是甲，怎么说？②如果你是旁观者，你怎么说，才能达到劝解的目的？

板块二：与家长

◎一天，爸爸给我买了一本《资治通鉴》，当爸爸把厚厚的《资治通鉴》放在我的桌子上时，爸爸还让我写读后感。天啊！这该怎么写啊？“爸爸，能不能只读不写读后感？”我想讨价还价，“不行！”爸爸立即斩钉截铁地否决了。

对小学生而言，有信心读《资治通鉴》已很不错了，我应该怎么说，才能说服爸爸呢？请你重新设计我的话。

板块三：在社会上

◎在街上看到一个人的背影，以为是自己的同学，我喊着那个同学的名字跑过去，还拍了一下他，他转过头，我才发现认错人了，当时觉得很尴尬，不知说什么好。

①我怎么说呢？②如果你是那个陌生人，你如何友好地解除尴尬？

◎在公交车上，我看见一位刚上车的老奶奶，便主动为她让座，这时另一位刚上车的奶奶也走过来，两位奶奶为座位吵了起来，最后问我：你是让给谁的？我心里非常矛盾，不知怎样回答。

我怎么说，才能解决好这个问题呢？

板块四：与兄弟

◎一天晚上，我在做英语作业，遇到一个不认识的单词，便去向哥哥借英语词典。来到他的房间，我看到他在写作业，便说："我拿一下词典。"就要去拿那本词典。哥哥当时也许正在生气，大声吼道："没看到我正在用吗？你要用自己去买，出去！"我不想自讨没趣，便转身要走，不经意间看到他正在写的是数学作业，而不是英语。我如何借到词典？

（4）汇报。（陈述、表演等）

[点评] 该环节首先继续发挥口语交际成功范例的积极作用，引入贴近学生生活的口语交际的典型案例，通过有指导的集体评改，让学生进一步感悟并掌握智慧的表达方法。接着联系生活实例，由扶到放，让学生运用感悟到的智慧表达方法，选择性地解决现实生活中的问题，进一步巩固应对的实际能力，促进内化生成。

[教学反思]

口语交际的重要特点之一就是它的"交互性"，即在现实生活中的"你来我往"，它的教学价值在于优化儿童"现实生活中的口语交际品质"。如何达到这一目标呢？首先，在于缩短教程与儿童生活的距离，那些"独白式"的语言情境应当规避，引入基于儿童现实生活的语言情境。其次，成功范例的感悟、借鉴很重要。为此，我整合课文中涉及智慧表达的篇目，如《鞋匠的儿子》（苏教版国标本六年级上）、《螳螂捕蝉》（苏教版国标本六年级下）、《鹬蚌相争》等，并拓展开去，收集机智妙对的小故事和表现学生成功口语交际的案例，形成专题课程"口语交际的智慧"的"阅读材料版"；另一板块是"作业设计版"，分"请你欣赏"和"请你支招"两个板块，主要内容来自于课程实施过程中学生的作业生成，包括现实生活中"令自己快乐"的话语，以及"想应对却自感无能为力"的语言情境。课程开发贴近儿童的现实需要，课程的资源配置兼顾趣味和智慧，学习过程融研究、鉴赏、运用于一体，不断追寻口语交际的至真境界：回到现实生活中去，心怀"真诚、友善、宽容"，给人温暖，与人智慧。

课程开发从文化和学生生活中来，课程的实施和教学则指向儿童的生活实际，对生活中的口语交际进行富有品位的导引。为此，在专题课程的教学实施中，笔者注意引导学生联系口语交际的成功范例，感知表达的智慧。学生既从经典的文本中领略了成功表达者的风采，又体会到可资运用的具体方法，在知识、技能以及价值观的各个领域均有所得。在这节课的最后，笔者还联系课文《鞋匠的儿子》，启发学生思考：林肯为什么能征服那些狂妄的国会议员，仅仅是因为他当过律师，口才很好？从而归结出“真诚、友善、宽容”不仅是一种风度，也不仅是无言的教育和劝诫，它本身就是一种智慧，应当成为我们与人交际的基础。通过系列教学，学生普遍表示，自己对如何与人友善交际有了全新的认识，不少学生已开始运用所学尝试解决现实生活中的难题，化干戈为玉帛，送温暖与人心。这也是笔者所希冀的：友善地与人交往，当你的朋友、亲人陷入尴尬的时候，不要忘了用幽默化解他心中的烦恼；当你和他们因为意见不同而发生争执的时候，即使你是对的，也不妨退一步，委婉平和地实现你的理想。

周益民
Zhou Yi Min

小学语文特级教师。出生于江苏海门，现任教于南京市琅琊路小学。

全国小学班级读书会首批实践探索者之一。《中国教育报·读书周刊》2010年推动读书十大人物之一。2002年起倡导并践行以“语言与人之存在关系”为核心旨归的“诗化语文”主张，在省级以上报刊发表教育教学文章一百五十余篇，著有《步入诗意的丛林》《儿童的阅读与为了儿童的阅读》《周益民讲语文》。2007年，获南通市第九届优秀教育科研成果一等奖。曾获江苏省优秀教育工作者等称号。

成长之路

她，帮助着我走向“我”

题记：诗人是令人敬慕的。其实，教师也在用心血写诗，而且写着人们最关注的明天的诗——不过，那不是写在稿纸上，是写在学生的心田里。——李吉林

童年，我“遇到”李老师

“人的童年提出了他整个一生的问题，要找到问题的答案却需要等到成年。我带着这个谜走过了30年而没有思考过它一次，今天我知道在我开始出发时，一切都已决定。”一个偶然的机会，当我读到米夏埃尔·兰德曼的这句话时，心里有一种豁然的开朗。我立刻想起安徒生文学奖获得者、苏联著名儿童文学家和教育家米哈尔科夫的散文名著《一切从童年开始》。我回首张望，猛然发现，童年其实已经孕育了今天的“我”。

大概从小学三年级起，爱读书的念头就像沟边的野草，在我的心中疯长。身边可供选择的读物实在有限，于是，逮着什么读什么，只要有字就行。

我相信冥冥之中存在着某种缘分。一个平凡得没有任何特征的日子，随手翻阅一本杂志，我在密密麻麻的文字中随意穿行。一篇同龄人的习作吸引了我——《校园里的花》。作文不长，一会儿就看完了。最后是指导老师的名字：南通师范学校第二附属小学（以下简称“通师二附”）特级教师李吉林。特级教师？我第一次看到这样的称谓，心中立时充满了神圣与敬意。好羡慕习作的小主人，不能想象他该享受着怎样的幸福与快乐。

南通？那是一个并不遥远的城市。李吉林，看这名字，是大哥哥老师，叔叔老师，还是爷爷老师？

《小王子》中说：仪式“就是使某一天不同于其他日子，某一钟点不同于其他时间”。那一天，那一刻，就是我生命里的一个“仪式”，我与李老师，与“特级教师”相遇了。

世界上最黏的胶水

初中毕业，我进入了南通师范学校学习。

开学的第一天，我就听到老师们在讲述那个熟悉的名字。原来，自己已经来到了她（我终于知道是“她”）的身边。我心底的一角即刻苏醒，童年的记忆开始复活。梦想和现实有时竟是一步之遥。

成为李吉林那样的老师，这成了我埋在心底的秘密。我不由分说地喜欢上了即将从事的职业。

后来，就像追问“我从哪里来，要到哪里去”一样，我曾经追问自己，我为什么要做教师？李老师对我的影响到底意味着什么？

日本幼儿故事《竹笋的故事》中说，受到启发。春雨过后，竹笋就在地下游戏。有一棵小竹笋感觉到有种神奇的力量在吸引它。它听到一个很远的声音在召唤，于是拼命往那个声音的方向钻。原来，篱笆墙外，有一个人在吹笛子，是悦耳的笛声吸引了它。后来，它长成了一棵健壮的竹子。最后，这根竹子被做成了一根能发出悦耳声音的笛子。

我们每个人其实都在寻找一个真实的自我。竹笋孩子听到自己心灵的召唤，最后，做了一根能发出悦耳声音的笛子，它已找到自己最积极、最真实的自我。李老师于我而言，正是那悦耳的笛声，我在这笛声的召唤下，找到了真实的自我，从此，踏上了教师之旅。我，走向了“我”。

我的心中充满着对教师职业的憧憬和热爱，我为未来的职业生涯积极准备着。

能够听一听李老师的课该多好！一天，学校给我们发放了李老师的新著《情境教学实验与研究》，这本书系统阐释了情境教学的理论与实践框架，让人爱不释手。我贪婪地阅读着，想象并复原着一个个动人的教学场景，未来生活虚无却又真实地向着我走来。

毕业分配时“双向选择”考核，现场拿到课文《我爱故乡的杨梅》，我联系刚阅读完的《情境教学实验与研究》一书的理论，根据课文内容，依葫芦画瓢即兴设计了几个所谓的“语表情境”、“音乐情境”、“想象情境”，竟然获得了评委的好评。最终，我被海门市实验小学录用了。

纷杂外衣传递的爱

有一年，一场高规格的情境教育学术研讨活动在通师二附举行。时值深秋，已很有些凉意。下午是一场简短的汇报演出。中间我有事外出，正看到一群小舞蹈队员在隔间候场。她们已全都换好单薄的演出服，一个个搓着手，不时蹦跳着，以抵御外面的凉意。当时的场地都还没有安装空调设施。这时，李老师走了过来。她看见这情景，一下瞪大了眼，对身旁的带队老师大声说：“这怎么行，快，赶快让孩子们穿上衣服！”老师解释说：“马上要上场了。”“孩子的身体要紧，穿着外套跳。”李老师的语气不容置疑。接下来，与会的专家、代表们看到了这样的场景：孩子们里边穿着统一的漂亮演出服，外面却又罩着自己各色的外套，有红色的毛线衣，有紫色的夹克，也有天蓝的毛背心。这些着装纷杂的孩子们灿烂地笑着，舞动着内心的喜悦。代表们都被打动了，报告厅里响起了热烈的掌声。

“爱”这个以前的飘渺字眼，是李老师，用她不经意中的一个无心举动，给我上了最为真实的一课。在我眼里，那群身着纷杂外套的孩子们，跳出了世间最美的舞姿。于是，我也终于明白，为什么李老师数十年矢志不移，潜心情境教育的研究，在别人颐养天年的时候，她却又站在了新的起点。这些都是源自内心深处的对儿童的热爱与理解。

字里行间的铅笔线

有一回，我承担了一个省里重要活动的教学研究课任务。尽管已经有了多次公开教学的经历，心里还是难免紧张。为了上好那堂课，苦思冥想了好长时间，阅读了不少资料，终于拿出了教学设计。但总感到底气不足，把握不大。这时，我想到了李老师。我鼓起勇气给她打了电话。没想到电话里李老师爽快地答应了。

按照约定的时间，我准时来到了李老师办公室。李老师正忙碌，见我到了，微笑着招呼我坐下。我递上教案，心想，就修改一下，时间应该不会太久吧。

李老师接过教案，浏览了一下，就放在了一边，随手打开手边的教材，翻到了课文。看来，她早就做好了准备。

“我们先读读教材吧。”她又随手拿出一支铅笔，开始一字一句地读起了课文。读几句，停一停，跟我讨论一下，谈她的理解，一边随手圈点。就这样，一句一句，一段一段，有时甚至不放过一个标点。一个个普通的文字逐渐变得鲜活灵动起来。我压根没想到李老师会这样帮青年教师备课。原以为她直接看看教案，提几点意见就完了。

再看面前的课文，字里行间，留下了密密的各种不同的圈画符号。在我的备课经历中，哪曾有过这样细致的课文研读！此时，李老师似乎已经进入了情境，她轻声启发着我：“这是一个夜晚，是什么季节？外面是如何黑？我们来到了一间小小的屋子……主人公出现了……”真是奇妙，随着李老师的描述，我仿佛真的进入了课文展现的情境，原先感觉隔阂的内容立时变得可亲了。我真正领悟了，所谓“情境”，其实是课文所固有的。

经过了这一番课文的“进出”，李老师这才重新拿起我的教案，跟我探讨起具体的教学方式。

当我走出李老师的办公室，已经小半天时间过去了。李老师其实不只是在帮助我备一堂课，她是在身体力行地告诉我，面对课文、面对教学、面对孩子，我们该是一种怎样的姿态。以后的日子，课文中那些字里行间的铅笔线总在悄悄地提醒着我。

做一名长大的儿童

2003年，教师节来临之际，《人民教育》刊登了李老师的散文《我，长大的儿童》。文章犹如一首优美的儿童教育诗，浓缩着李老师成长的足迹，充盈着她“爱会产生智慧，爱与智慧改变人生”的育人情怀。我们都被她永远的童心与永恒的爱心深深打动了。那天，我接到一位外地特级教师朋友的电话，她激动地告诉我阅读李老师文章的体会，让我一定代为转达对李老师的谢意与敬意。

李老师说："生活在儿童的世界里的幸福感，无与伦比。""我爱儿童，一辈子爱。如今我已不是儿童，但喜似儿童，我只不过是个长大的儿童。我多么喜欢自己永远像儿童!"

正是怀着一颗童心，她才会带着学生去濠河边看月亮，去长江边看日出，去寻找"秋天的田野"，让孩子们捋起袖子露出胳膊和丝瓜比粗细……正是出于如童心般探究的欲望，她一直为儿童精神世界的完满建构而孜孜以求。她的论著都是用她火热的心、用心的实践、潜心的思索写就的。

我也开始在小学里读我的大学。开始努力去发现我们工作的逻辑起点：儿童。开始从课程的角度反思当下语文教学所存在的问题。

在李老师心中，我还是个儿童，是个长大的儿童。

李老师，"如今我已不是儿童，但喜似儿童，我只不过是个长大的儿童。我多么喜欢自己永远像儿童"!

教研撷萃

"第三件事"：为了文学与童年的欢聚

摘　要：本文针对当下儿童的境遇，提出以文学阅读丰富儿童精神世界的主张，呼吁让阅读成为儿童的一种生活方式，并提出了相应的引导策略。

关键词：儿童文学；童年；阅读；成长

李吉林老师说，教师也是播种者，教师"不把谷子撒进泥土，却把另一种金色的种子播在孩子们的心田上"。我是一个与童年生活在一起的人，是天真儿童与母语文化的"情感中介"，儿童世界既是我的大地，也是我的天空。让童年更美好，让童年在文学阅读中成长。

一、文学在童年已死？

根据有关部门调查显示，近年来，我国国民阅读率持续走低，电脑游戏、电视和音像制品成为未成年人最喜爱的三种媒体。专家们认为，发生在青少年身上的这种变化，并不是孤立、偶然现象，而是当前"快餐文化"时代的必然映射。尼尔·波兹曼在《童年的消逝》中就宣称，"以电视为中心的媒介环境正在导致童年在北美的消失"。无疑，这些都严重侵袭到儿童的阅读生态环境。

即便聚焦已经占比很小的儿童阅读生活，我们也将失落地面对这样的现状：迫于升学应试压力，作文选、教辅书成为孩子、家长、教师共同认定的"合法"读物；教师、家长出于对孩子心智发展的关怀，为孩子提供、推荐诸多成人文学名著，一般大多沦为孩子案头的"摆设"读物；孩子间自发阅读流传的某些"畅销书"，以漫画、卡通、通俗童书为主，因常遭师长干预而成为孩子们的"地下"读物。

以上三种情况，分别是功利阅读、超前阅读与平面阅读（浅阅读）的具体表现。

童年是当下的存在，并非成年的预备；儿童是独立的生命，并非缩微的成人。儿童阅读具有自身先在的季节性特点。遗憾的是，很多成人或是由于缺乏了解，或是出于对儿童未来命运的“关心”，将本属于成人阅读范围的成人文学名著作品过早地摆放到童年的书桌。这种与儿童趣味相去甚远的书籍只会冲淡孩子的阅读热情，其本质与用营养丰富的排骨喂养婴儿无二。

娱乐性的平面阅读本身并无错，在强大的学习压力下，孩子们通过这种方式获得心理释放，得到某种平衡，适应了阅读主体的现实需求。然而，目前却有以简单轻松甚至消遣娱乐为儿童阅读形式最高追求的趋向，这就不免让人很是忧虑了。

再从阅读的载体形式看。随着现代科学技术的迅猛发展，早已突破了原先纸质载体的单一形式，电子、网络等正以惊人的力量改变着人们的生活方式，阅读当然也在其中。

网络阅读是把“双刃剑”，一方面带来信息迅捷、资源丰富的优势，同时，也让阅读者的内心变得躁动不安，很难从中获得安顿之感，基本丧失了纸质阅读的宁静与深入。如果听任其在儿童身上过多发生，必将导致一代儿童对纸质阅读的错位与疏离。

这是儿童阅读的潜在危机。因为，“书面阅读最大的特点在于阅读的是标准的‘书面语言’，作为标准的语言文字写作形式，不仅有严密的逻辑文理、简明凝练的用词造句特色，更能营建较高层次的文化氛围，展现理性的风采”，“成为延续文化、历史、精神的主要载体……它总是自觉不自觉地建构着象征、思辨的世界。而这一特性对于成长中的中小学生来说，显得尤为重要”。(平泳佳 等，2006)

阅读的价值取向历来是多维的，H. 吉尔曾把阅读类型分为信息型、逃避型、求知型、文学美型。其实无外乎两个维度：一则诉诸功用、诉诸现实，一则诉诸精神、诉诸心灵。两个维度并无抵触与消解。不过，我以为，在儿童时代，后者远较前者重要。儿童时代，心灵与身体在一同成长，心灵的田野需要润泽、温暖。阅读，尤其文学阅读，正是给予润泽与温暖的水分和阳光。

我绝非现代媒体的抵制者，也不完全赞同坊间一度流传的所谓“用书本战胜电视”的悲壮口号，然而，当“儿童是情感的王子”“天真儿童是诗人”似正进入历史，犹可沦为“非物质性文化遗产”之时，作为共时性存在的我，内心深处常不自量力地升起一种责任：呵护儿童的文学阅读，还其在儿童生活的原有位置。

二、文学让童年生活在别处

文学与童年几乎构成了同义语。儿童其实生活在自己构想的童话世界中，而并非生活在现实世界中，朱自强先生干脆宣称“儿童期是文学期”（朱自强，1997）。

还在襁褓之中，节奏鲜明、音韵协调的童谣就搭乘着母亲慈爱的眼神、温柔的拍抚、悦耳的嗓音飞入摇篮梦境。童谣让孩子快乐、放松、安全。这便是个体最初的文学启蒙。

再长大些，故事与童话成了童年的最佳伴侣。有哪个孩子不为孙悟空的七十二变欢呼雀跃，不为阿凡提的智慧勇气拍掌叫好，不为神笔马良加油鼓劲，不为匹诺曹的鼻子喜忧参半？儿童就是这样“真实地想象”着。

回想我的童年，故事与童话占去了很大的空间。程玮、梅子涵、黄蓓佳……他们都住在我的童年里。当我还是个孩子的时候，他们的作品就给了我最初的文学启蒙，我惊异地发现了另一个世界的存在。从此，我的童年生命在语言中获得欢愉与安顿。至今，我都能看见那些让人怦然心动的阅读场景，也还能闻到那些报刊散发的油墨清香。那些叫人想念的文字甚至成为了现在这个叫做“我”的重要的一部分，构成了我个人意义上的经典。

海德格尔说，文学在大地和天空之间创造了崭新的诗意的世界，创造了诗意生存的生命。你可以不是诗人，但不能没有诗意。在天空和大地之间，文学使人的精神提升，文学成为人类生存的一部分。文学从来不是少数人掌握的一种技艺，而是人类的生存状态。文学就好像一盏灯，照耀着人们的心房。

对于孩子，文学的意义还不限于此。除去审美的愉悦，文学更让童年学会“做梦”，这种“梦”顿使童年生趣盎然、熠熠生辉、可爱至极。甚至可以说，童年其实就是生活在这样的“梦”里，生活在一个比现实世界更为辽阔、更为丰富的远方。这种“梦”的存在将成为今后人生的重要乐

趣和创造源泉。就如巴什拉所言："梦想中的人穿过了人所有的年纪，从童年至老年，都没有衰老。"（巴什拉，1996）

有位文字工作者曾经这样慨叹自己成年后的失落：

冬天下雪了，我的联想就只有打雪仗；月亮出来了，我的眼里就只有月亮粑粑；三十晚上有星星，我联想的就是来年豆子会丰收；碰到深的草丛，我想到的就是毒蛇，至于蜻蜓、蚂蚁、蝴蝶无非是一群昆虫，老鹰、麻雀、斑鸠又无非是一群鸟，黄鼠狼、黑山羊无非都是与猪同类的动物。（黄耀红，2006）

是什么阻止了想象翅膀的振飞？是童年文学之梦的缺失造成的"童年的空白"，童年的空白导致人生的空白。

"泛灵论"与生俱来地附着在儿童的身上，"鸟言兽语"是他们丰富的感情世界。然而，它又是如此娇贵，在最具渴望的季节一旦欠缺了文学的滋养，就会永久地遗失。

社会学家马克斯·韦伯曾用"祛魅"来概括现代世界的一个重要特征，即由鬼神代表的神秘力量，已从公共生活中消隐，科学改变了人观察世界的方法。"人们不再像屈原那样，相信天上有人看门；不再像曹植那样，相信洛水有美丽的女神；不再像李白那样，相信太阳由六条巨龙驾驭；不再相信月亮上有美丽的嫦娥，有可爱的玉兔，有芬芳的桂花树。人们眼中的山河日月，神秘不再，敬畏不再，神往也不再。当天地成为失去魅力的空间，人便成了一个地球上的孤独者。"（舒婷，2006）

好在还有孩子。

好在还有"鸟言兽语"。

令人欣慰的是，2005 年 6 月 17 日，联合国教科文组织下属的世界遗产委员会在中国的丽江宣布，将现藏于德国卡塞尔格林兄弟博物馆的《儿童与家庭童话集》的最早版本，正式列入"世界文献遗产"，也就是"人类记忆项目"，《小红帽》《灰姑娘》……这些故事乃是举世公认的全世界和全人类的共同财富，共有遗产，"从前……""从此，他们过上了幸福的生活"业已成为童话的经典句式。那些美丽的童话陪伴了无数个蓝眼睛、黄眼睛、黑眼睛孩子的夜晚梦乡，有多少个孩子沉浸在"很久很久以前"的想象、猜度之中，憧憬着今后"过上了幸福的生活"，让每天的黄昏和黑夜都能听得见朦胧的诗意与开心的笑声。

格林、安徒生、长长队列的儿童文学，想象力、英雄主义、游戏精神，是你们，给孩子带来无限的内心狂欢与深刻的想象启迪；是你们，让童年生活在了别处。

三、为了童年的阳光规划

仅仅三五年的光阴，儿童阅读推广的声音已在国内汇聚成一股有声有色的合唱，获得日益广泛的支持与合作。在我们实践者行动的同时，学界也正积极呼应着，“关于儿童阅读有一些学理性的文化思考在进行着”，“儿童阅读推广运动正在文化层面而非经验层面上进行着”。这种“儿童阅读推广时代”的来临，既是儿童的一大福祉，也是为那个叫做“学校”的场所创造了一次忏悔、省思与归真还本的良好机缘。

我们的目标：让阅读成为儿童的一种生活方式，让文学成为童年之义的恒久可能。

孩子的阅读，需要教师的推动与引导，教师对这一问题的认识与引导决定着孩子群的阅读基本面貌。美国人类学家斯皮罗指出：“文化上的获得是始于童年期，而孩子们是从那些作为他们的‘重要他人’那儿获得文化的，这些‘重要他人’通常是父母或父母代理人。”教师自然是其中的“重要他人”。提高教师的认同感与阅读修养无疑是阅读推广的第一要义。

具备一定的儿童文学素养，对于从事童年期母语教育的我们而言当是大有裨益的，甚至是未来小学母语教师的必备条件。我近来困惑的是：小学语文教师的儿童文学素养与专业儿童文学工作者的儿童文学素养一致吗？其本质是什么？是顾名思义的拥有一定的儿童文学作品的量的阅读？是拥有相应的儿童文学理论与作品解读能力？设若答案肯定，又该如何解释前辈教师中那些为孩子无限热爱并为事实证明其教学有效促进孩子言语、精神共同发展，而其本人并无丰富儿童文学阅读史的现实？

思考应该从这样的反例出发。其间的奥妙并不复杂，广受孩子欢迎者必是儿童的知音，是孩子生命的悉心呵护者。斯霞老人保留低年级孩子写话中的“阿姨都是女的”，就是认同了那是儿童眼睛的发现与发现后的欣喜宣告。这便与儿童的生命律动获得了同振。朱雪丹老师面对孩子“现在怎么还能找到那块叫海力布的石头”的疑惑，依托文本，揣摩想象，组织讨论。经由文字弥漫课堂进而走入心胸的庄重感、悲情味、爱怜心，以及那种翻飞洋溢的浪漫主义色彩，不就演绎着最好的文学、最好的儿童文学？

所谓小学语文教师的儿童文学素养，我更愿意理解为一种真正理解并热爱儿童，且主要以言语形象的方式获得存在的生命状态。它的获得不靠传授、讲解，而主要靠浸润、生长于主体优秀儿童文学作品的阅读生活中，故而人们将儿童文学称之为感性儿童心理学。

受时代局限，我们的不少前辈遗憾地与儿童文学失之交臂，只有少数人凭借个人禀赋、实证经验、相关领域（如美学、儿童心理学、一般文学）的知识等非自觉地拥有了这一素养。今天的我们，则理应将此作为一种职业的自觉选择。

我们需要练就“童话嘴巴”。

“童话嘴巴”是语言的趣味，是讲述与聆听的快乐，是沟通与引导的中介，是教师的表达满足，有时甚至就是接受的主体对象。

“童话嘴巴”是童话阅读（指广义之童话）内化后的外化。丰富而有趣的童话故事成为教师的阅读必备，成为教师引导的不竭资源，是非技巧之技巧。

“童话嘴巴”使得教师与孩子成为可亲的同行人。“童话”是孩子喜欢的语言，教师练就了“童话嘴巴”就是掌握了走向儿童心灵的一串密码，彼此找到了共同的话语，成为乐意分享的共同体，成人文化与儿童文化在此获得了融合。

就这样，纯真可爱的爱丽丝仿佛不是漫游在奇境里，而是“掉啊，掉啊”，掉在了你的嘴巴里；匹诺曹的鼻子变得到底有多长，这也全在你的描述里……每天每天，你的脚步成了孩子们的期盼，你的声音成了他们耳中的天籁，你成了他们的心中想念——教师与孩子在审美领域获得了生命融通。

我们还需要打造“故事讲桌”。

讲桌是教室的特殊领域，是每个孩子每天都会无数次观望的地方。作为教室里的重要存在，我们应该赋予其崭新的形象与功能。

“故事讲桌”是一种“反讲桌”，它不是作业本、练习册、考试卷的集结地，也不是训令、强迫、灌输、说教的发祥处，更不是教师与孩子的隔绝体。

“故事讲桌”总在诞生着美妙的童话。每天都会有优秀的书籍、动人的故事安静地躺在上面，每每与走过的孩子不经意间相遇，于是成就一个个“无法预约的精彩”。

“故事讲桌”总在散发着文学的气息。讲桌前的人把自己对文学的热爱、对文学的理解源源不断地与孩子们分享，讲桌下的双双眼睛格外明亮。

“故事讲桌”是一种潜在影响，日常而细微的濡染，让孩子无意识中结缘文学，投身阅读。

其实，“童话嘴巴”也好，“故事讲桌”也罢，实质乃是我们对儿童的深刻理解、真切关怀与赤诚热爱。诚如诗哲所言：“为什么我的眼里常含泪水，因为我对这土地爱得深沉。”

[参考文献]

[1] 巴什拉. 1996. 梦想的诗学 [M]. 刘自强，译. 北京：生活·读书·新知三联书店：127.

[2] 黄耀红. 2006. 没有童话的童年 [J]. 湖南教育·语文教师 (2).

[3] 平泳佳，周慰. 2006. 失落的阅读 [J]. 上海教育 (05B).

[4] 舒婷. 2006. 留住那美丽的童话世界 [J]. 湖南教育·语文教师 (2).

[5] 朱自强. 1997. 儿童文学的本质 [M]. 北京：少年儿童出版社：257.

课堂采风

从语言培育一种情怀

——由《天鹅的故事》教学说起

（《天鹅的故事》见苏教版语文教材四年级下册）

［设计意图］

很喜欢《天鹅的故事》这篇课文，从文字到内容。儿童文学评论家朱自强先生说过："只有经过感受和同情润泽过的心灵才能创造出符合人类愿望指向的生活。"很希望我们的教材中这类充满悲悯情怀的题材能够多些，再多些。我想，喜欢与接纳（当然也可以是反思与批判），应该是教师二度开发教材的基本前提。

一开始，我并未急于进入教程的设计，而是一遍遍诵读文本，我要用自己的视听唤起内心的视象。一种无言的感动，一种无声的力量，一个无尽的启迪，我感触到了整个故事的内在节奏。

这"克噜——克哩——克哩"的声音何尝不是天鹅的语言？我似乎听懂了这阵阵鸣叫中包含着的丰富内蕴。天鹅在呼唤，在抗争，在欢呼，这是力的交响，这是情的合唱。从冰天雪地的广袤的俄罗斯大地上，从白桦林的树巅上，飘来了动人的歌声，那是圣洁的天籁之音。我也看到了，一只只天鹅正上下翻飞，前赴后继，凝聚成永恒的雕塑。在"语"和"艺"构成的时空里，我沉醉，我敬畏，我豁然。

接着，我唯一要做的就是，如何将引导孩子们触摸、聆听的过程同频于文本自身的呼吸，也就是如何营造一种诗性的语境。

曾几何时，我们是如此崇拜理性主义、技术主义，把一个个立体的人推向了"单向度"的悬崖。这实在是反童年生态的行为。所谓儿童期，如卢梭所说，就是理性的睡眠。

前些日子，在上海观看芭蕾舞剧《罗密欧与朱丽叶》，当这个令人扼腕的悲情故事从舞者的足尖、指端、眉宇一点一点送出的时候，当演出结束全场掌声久久不息的时候，我感受到了艺术的力量，也再一次体验到了李吉林老师所说的“让艺术走进语文”的价值。

但是，这并不是说，我准备着如何将课堂变得绚烂缤纷。相反，我并不很喜欢用多媒体，如彭刚所言，那是“对语言的不自信”。老舍说，“真正好看的人是不会乱穿衣服的”，朴素，是优雅的灵魂，也才是“诗”的质地。

[教学片段]

师：老天鹅是怎样破冰的呢？请同学们各自读第5自然段。先轻声读读，再默读，边读边想象当时的情景。(学生自读)

师：看得出，同学们读得都非常投入。这样吧，我们试着来讲一讲当时的情景，可以一边讲一边打手势，练习完后可以说给同桌听听。

(学生练习后指名两人讲述。教师提示学生要演示出天鹅的“腾空而起”和“重重地扑打”，表现出力度)

师：同学们都已经看清楚了老天鹅的举动，那么，你们明白老天鹅这一系列行动的意思吗？（出示填空：老天鹅真____________，你看它____________。)（生默读，体会）

生：老天鹅真勇敢啊，你看它不顾自己的疼痛用力扑打着厚厚的冰面。

生：老天鹅真有智慧，你看它先腾空而起，这样下落的冲力会更大。

师：是呀，下落的冲力越大，它的身体就——，现在你又有了什么体会？

生：老天鹅真有牺牲精神啊，你看它为了大家，心甘情愿忍受剧痛奋力破冰。

师：同学们知道那冰层有多厚吗？据有关资料介绍，冬天，贝加尔湖的冰层一般有约一米厚。比画比画，一米大概有多高？（学生比画，感叹）现在是早春的寒潮，我们设想冰层是冬天的一半，那也有多厚？（学生比画）现在，你还想说什么？

生：老天鹅要忍受多大的疼痛啊！真是难以想象。

生：看来老天鹅是作好了牺牲的准备。

师：同学们读懂了老天鹅的行动，然而，你们可明白它的心、它的情？你们就来做一回它的代言人吧。老天鹅啊，老天鹅，难道你就没有看到冰面上那片片白羽、斑斑血迹？

生：没有关系，为了大伙的生存，我愿意。

生：我看到了，如果这白羽、血迹能够换来大家的食物，我心甘情愿。

师：老天鹅啊，老天鹅，你像石头似的扑打冰面，难道真是钢铁之躯，就不怕那钻心的疼痛、刺骨的寒冷？

生：我像石头是因为我攒足了劲，要竭尽全力。我很疼，但我愿意！

生：不，我也知道疼痛和寒冷，但是为了我们的集体，我必须这么做！

生：我心里只有破冰的念头，疼痛和寒冷已经顾不上了。

师：老天鹅啊，老天鹅，以你的声望，完全可以命令年轻天鹅行动，何苦要忍受这般苦痛？

生：你错了，我要用自己的行动来号召大家投入战斗。

生：正因为我德高望重，才更需要做个榜样！

师：此时，老天鹅还仅仅是在同那冰面作斗争吗？

生：他是在同命运抗争。

师：是的，这是一曲命运的交响。如果说老天鹅的行动是一首诗，那么它一定是世界上最壮丽的篇章；如果说老天鹅的心声是一支歌，那么它一定是世界上最动人的旋律。我们聆听，我们感悟，每一遍都会有新的收获。

（出示分行排列的课文片段）

老天鹅
腾空而起
利用下落的冲力
像石头似的
把自己的胸脯和翅膀
重重地扑打在冰面上

师：请你们想着画面各自朗读。（生自读后，指名一生读）

师：冰面没有破，怎么办？（一生读）

师：冰面还是没有破，再用力！（一生读）

师：冰面已经被震得颤动起来了，继续！（一生读）

师：一齐来感受这动人的情景！（教师在原先出示的文字最后加上

“一次/两次/三次……”）［学生感情齐读，完毕，俄罗斯合唱歌曲《俄罗斯上空的天鹅》响起，全场肃然］

师：（歌声毕）动人的画面还在继续——（教师感情诵读第6自然段）我们用心想象当时的情景，耳畔是否回旋着各种声音？那是什么声音？(学生默读体会）

生：有天鹅扑打冰面的“嘭嘭”声。

生：有冰层裂开的“嚓嚓”声。

师：请你读一读课文中描写这一声音的句子。(生读，齐读）

生：有天鹅的呼吸声。

生：有天鹅的叫声“克噜——克哩——克哩”。

师：(出示：“克噜——克哩——克哩”）这一节中直接描写这声音的只有一处地方，但是我们想象当时的情景，是否真的就只有这一处呢？读读，想想。(学生默读，体会）

生：天鹅们看到老天鹅奋不顾身地破冰，一开始呆住了，接着就小声议论起来。好像在说：“我们也一块破吧！”

师：按照这个意思，请你学一学它们的叫声。

生：(轻声地）“克噜——克哩——克哩”“克噜——克哩——克哩”

生：我觉得天鹅们破冰的过程中它们会相互鼓励。

生：我觉得天鹅们看到在自己的努力下水面在慢慢扩大，心里感到很兴奋，发出欢快的叫声。

生：我觉得是老天鹅看到年轻天鹅们一起努力破冰时，发出的欣慰的笑声。它在说：“孩子们，好样的！”

师：这些声音汇成了一曲动听的歌，这是一首什么样的歌？（出示：这是一首________之歌）

生：这是一首团结之歌。

生：这是一首奋斗之歌。

生：这是一首赞美之歌。

生：这是一首感谢之歌。

师：感谢之歌？感谢谁？

生：感谢老天鹅，是它鼓舞了大家的斗志。

生：感谢命运，让它们经受了一次考验。

师：深刻的理解，真切的感受！确实，这声音弥漫在文章的字里行

间。这声音在贝加尔湖上空此起彼伏。来，我们一块重现当时的情景！(师生合作贴图展现群鹅破冰情景)

湖面上传来了阵阵叫声，那是它们激动人心的劳动号子！（教师指挥学生分排读“克噜——克哩——克哩”，达成此起彼伏效果）（随即引读）兄弟们哪——

生：(齐）加油！

师：齐心干哪——

生：(齐）加油！

师：“克噜——克哩——克哩”，在那广袤的俄罗斯天空，在那遥远的贝加尔湖畔，阵阵天鹅的歌声久久回旋，不断传来，一直传到三十年后的今天。(意味深长地）这就是天鹅的故事。

［教学反思］

任何一种教学追求，其逻辑起点首先都应该建筑在对儿童的认识上。儿童在本质上是一种缪斯性存在，儿童文化是缪斯性文化。这种缪斯性文化主要表现为充满旺盛的想象力、具有诚挚的情感、怀着艺术化的生活态度。儿童个体初始阶段的语言是非符号、非逻辑的，因而，有人说儿童天生就是诗人。

从学科角度考察，语文的核心因素是语言，语言与人究竟是一种怎样的关系？人们常常把语言仅仅视为思维、交际的工具或手段。殊不知，语言的本质不是一种符号，而是存在本身。本体论意义上的语言并不在于“描述”客观的事实，也不在于“表现”主观的情感，而在于“显现”人的存在状态。语言不是人的功能之一，而是人的本质，是人存在的家园。然而，现实生活中，语言已经和人一道沦为工具，语言的本体地位消遁了，人对于语言变得毫无情致和不负责任。许多人不是视语言如生命和神灵，而是戏弄语言、践踏语言。李庆明先生呼吁，“我们太需要从沦落中艰难而又坚决地走出来，返回被我们忘却的语言的本源状态，使语言再度成为人的存在的诗意栖居的寓所”。因此，语文教育太有必要为儿童建造他们的存在家园（而不是一般所说的精神家园），对于语言，就得好好敬畏、守护，像守护“神谕”那样虔诚。(李庆明《母语阅读与人的成长》)

以上，是我对小学语文教学理解的前提性问题。《天鹅的故事》一课的教学，基本体现了我的认识与主张。

教学时，我特别着力的是课堂上学生的诵读。表面是声音的波峰浪谷，实质是心灵的扬帆起航。我从来以为，“声音图画”应该成为课堂最精彩的华章。我首先抓住文本的不确定性与空白点，即作品的“召唤结构”，通过角色体验，揭示老天鹅的内心情怀（这一设计其实蕴涵着我对“诗”“思”关系即“诗性智慧”的认识）。随即将课文相应语言采用诗的分行形式呈现，引导学生一遍遍诵读。随后，根据文学语言具有隐喻性的特点，启发学生联系语境体会文中天鹅叫声的不同含义，并组织声音模拟，达成“言”与“意”的同一。我期望，通过这种情境的创设，师生都不再是一个简单的阅读者、解释者，而是作品的一个作者，是文本的一个角色。

我也用了音乐。不是诵读的背景，就是切切实实的纯粹的俄罗斯声乐。当一次次诵读老天鹅勇破冰层的情景之后，我设想，仿佛从空旷而又高远的山巅传来，在雄浑的低声部衬托下，飘逸出动情的女高音领唱。我相信，在那一刹那，在我和孩子们被一种异域风情包围的同时，会有一种感动与力量流进心田，那是另一种深刻的“对话”。

还有画面。我没有采用通常的静止画面揭示这一形式，而是组织学生一同贴画，通过师生合作共同再现当时的场景。“画为不语诗”，儿童生活的是一个“现实”与“非现实”并存的世界，当他们目视画面驱遣想象的时候，就会恍若置身彼时彼景，获得“身心一元”的体悟。

就这样，艺术为语言拓宽了空间，让通往儿童心灵的走道更为开阔。

陈　萍

Chen Ping

江苏省扬州市教育局教研室小学语文、品德教研员，全国班集体建设研究中心副主任。江苏省特级教师，江苏省“333高层次人才培养工程”培养对象，硕士研究生导师，中国教育改革创新先锋教师，扬州市有突出贡献的中青年专家，国家级普通话测试员，教育部语文、品德培训专家组核心成员。

“主体发展”是其一贯的教育追求，为国内外研讨活动公开教学五十余次，获全国语文优质课评比一等奖，教育部基础教育司全国会议播放上课光盘，在二十多个省（市、区）、港澳地区及北京大学、北京师范大学、南京师范大学、中国社会科学院作学术讲座一百余场。主编、参编教材五十多本，发表论文九十多篇，主编、合著学术图书15部。专著《教师专业发展之道》列入教育部特级教师计划，由人民教育出版社出版。主持国家级重点课题一项，省重点课题三项，获省课题成果一等奖，两项成果获江苏省首届基础教育成果评比一等奖。

成长之路

永恒的标高

往事并不如烟。

1986 年，第一次见到李吉林老师的情景仿佛就在昨天。

那时，我在江苏省泰兴师范学校读二年级，李吉林老师应邀来学校上课并作讲座。在泰兴师范学校的大礼堂，我和全校师生一起听了她上的《桂林山水》一课。

作为几百名听众中的一员，我在人群中伸长了脖子，连靠近李老师的机会都没有。但是，她那优美动听的普通话、整洁漂亮的板书、清新活泼的简笔画，把学生带入了如诗如画的境界，我听得如痴如醉，十分钦佩。

我理想的课堂就应该是这样的：这样美好，这样快乐，这样诗情画意！我要当李老师那样的教师！我心中暗暗下决心。“虽不能至，然心向往之”，一个标高从此深深地烙进了我的心中。

毕业时，不少老师和同学在我的毕业纪念册上写道：“祝你成为李吉林那样的名师！”“小李吉林，祝你早日成为特级教师！”表达了他们对我的深深祝福和热切的期盼，也道出了我心中的梦想。

1987 年 10 月，在江苏省级实验小学扬州市育才小学大教室，我这个刚参加工作一个月的新人，从容地登上了公开课的讲台。扬州市教育局局长郑万忠、市教研室主任韩文龙给予高度评价，《扬州日报》作了报道。我深深感谢无私地帮助我的领导和同事们！

1988 年，学校让我参与省级课题“李吉林情境教学法”实验。说实话，我非常高兴。一方面因为当时全国小学教育的课题研究刚刚兴起，学校让谁参与课题研究，带实验班，就意味着对谁的认可；另一方面，我早就崇拜李老师，能跟她作课题研究那真是喜从天降！尽管我特别喜欢文学和艺术，但我从不追捧歌星、影星，我心中的“星”是有学术造诣和人格魅力的名师。李老师就是我心中的那颗星！

因为参与了李吉林老师主持的课题研究，我就找来她的著作阅读，观摩她的教学录像，在日常教学中揣摩、学习与运用；因为参与了课题研究，学校就派我去南通参加李老师组织的活动，我开始近距离接触李老师；因为参与了课题研究，学校经常要我作为实验班的教师对外开课，而且要体现情境教学法的思想，我先后为国内和美国、日本等各种教研活动执教《初冬》《狐狸和乌鸦》《会摇尾巴的狼》《秋天》《花潮》等一系列公开课。

1990 年 5 月，我代表江苏省去青岛参加“全国汉语拼音骨干教师研讨会”。青岛之行，我见到了全国很多著名专家，听到很多精彩的言论。我把情境教学法运用到汉语拼音直读法教学中，使拼音学习变得不再枯燥。1990 年 10 月，中国教育学会汉语拼音研究会秘书长窦植老师来扬州验收实验。在扬州市教育局教研室林润昌老师陪同下，窦老师拿出最新出版的纯拼音读物让学生读，随机抽学生进行现场测试。刚进班 1 个月的孩子最多的 1 分钟能正确朗读 78 个音节，最慢的小朋友也读了 32 个。窦老师由衷称赞：这个班孩子们的阅读能力与全国其他试验区相比是领先的！扬州运用情境教学法进行汉语拼音教学的实验是成功的。

1992 年 5 月，“江苏省李吉林情境教学研讨会”在淮阴人民大会堂上千人的礼堂召开。会议由当时的江苏省教研室主任郑君威主持，我荣幸地坐在主席台上，坐在李吉林老师的右边。李老师作完报告后，请我发言。我声情并茂地宣读了我的论文。我的发言得到李老师的充分肯定和高度赞扬。

当时我教语文兼思想品德课，我试着把情境教学法运用到思想品德课的教学中，先后给常州、上海等地前来考察的同行上思想品德公开课，取得了很好的教学效果。

因为一直参与情境教学实验，我工作第一年就获得了育才小学育花奖一等奖、基本功大赛一等奖。1990 年，我参加扬州市 13 个县市区的课堂教学竞赛获得了一等奖第一名。

1990 年 5 月，扬州市育才小学大教室座无虚席。江苏省教委副主任周德藩带领全省德育研讨会会员来扬州观摩我上的品德课——《交通规则要记牢》。

围绕学生的问题，课前我带学生走上街头去现场考察；课上，孩子们从自己的亲身经历出发，讨论了扬州的交通状况，还指出诸多问题，让听课专家惊喜不已；播放一段真实的交通事故录像，不经意的游戏打闹酿成惨痛的事故，孩子母亲撕心裂肺的呼唤不仅让孩子们流下了眼泪，听课老师也唏嘘不已。交通规则，生命所系！一定要遵守交通规则！无需教师反复告诫，已经深入人心。专家们对这节课给予了高度赞誉。直至今天，不少人看了那节课的实录后还会说："这节课非常前瞻，如果现在我拿这个教案来上课，仍然是一节符合新课程理念的回归生活的新课改课！"

参与情境教学课题研究，不仅改变了我的课堂教学质态，也让学生学得轻松、学得灵活；课题研究更让我开阔了视野，在增进实践智慧的同时，不断提升理性智慧。我经常被学校派出上公开课，参加研讨活动时常常作为重点发言对象。这就要求我不断阅读，不断反思，并且不断写作。1990 年，广陵区教育局聘任我担任教研室兼职教研员。

1994 年，在南通情境教学研讨会上，斯霞老师亲手把"江苏省情境教学先进实验点"的奖牌授给了我们学校。我第一次见到了斯霞老师、江苏省教育科学研究所成尚荣所长、省教研室朱家珑老师，他们给了我们热情的鼓励，还跟我们合影留念……

教学一线的课题研究尽管是懵懵懂懂跟着别人走、忙忙碌碌围着任务转，但作为实验班教师，我不得不注重学习理论，并在理论的指导下认真地进行教学实践。我教的班级学生不仅考试成绩总是令人羡慕，而且在各种活动中也表现出色，升入中学后更是后劲十足，担任班干部的比例相当高。教学一线的课题研究让我自觉地把教学中的经验与教训进行理性梳理，变成文字，提升了自己的理论素养。1994 年，我写了一篇 4000 多字的论文《教科研——青年教师成长的必由之路》，在扬州市首届教科研论文评比中获奖。

1996 年，我调进广陵区教育局教研室正式担任语文教研员。1998 年 3 月，调进扬州市教育局教研室。角色变了，职责变了，但对教学境界的追求始终没有变。担任教研员，可以让我把对情境教育的感悟和课题研究的方法传递给更多的老师。

我的成长得益于较早参与了李吉林老师的课题研究团队，我深深体悟到课题研究对我自身专业发展的促进作用。担任教研员，我一直注重以课题研究为抓手，以课题吸引目光，以课题凝聚人心，以课题搭建平台，以课题提升质态。“十五”期间，我主持全国重点课题一级子课题，江苏省教研重点课题“品德教育中小学生主体活动探究”，中国教育学会在扬州召开全国研讨会，为全国示范结题，获“江苏省课题研究成果一等奖”；“十一五”期间主持两项省重点课题：“小学语文课堂教学发展性评价研究”、“品德教育中的公民教育实践研究”，带领100多所学校，2000多名教师走科研兴教之路，促进教师专业成长。我先后指导30多位教师在国家级、省级赛课中获特等奖、一等奖，40多位教师为国标本教材录制示范课，同步课程；带领50多位教师参加教材编写；课题组涌现出近10名省特级教师。

李吉林老师说：我没有上过大学，但是我把小学当成了我的大学。我也是老中师生，参与了李老师的课题研究，不但应邀赴北京、上海、香港、澳门等二十多个省市作课程标准、教材培训，还走进了南京师范大学、北京师范大学、北京大学、中国社会科学院等大学参与国际研讨，作学术报告；应教育部邀请，为“全国高等师范学院教学论教师国家级培训班”授课半天，被高校的老师评为“最受欢迎的主讲老师”之一。课题研究真是教师成长的好大学！

2005年，南京师范大学吴康宁副校长、吴永军教授等策划编写一套丛书，我担任《教师职业生涯规划与专业发展设计》副主编，与名师约稿的任务由我承担。回到扬州，我打电话到江苏省情境教育研究所。一位年轻的女老师接了电话，她说：“李老师正在忙着跟老师备课呢，您稍等。”我好羡慕能够跟着她一起讨论的老师！把话筒紧紧贴在耳边，我的心激动得怦怦直跳！李老师一直是我心目中的偶像，在她的引领下才有了我的今天！现在我来跟她约稿，我来写点评，让更多的人从她那里汲取智慧与营养，她会答应吗？……

“嗒嗒嗒嗒，嗒嗒嗒嗒”，电话里传来一阵急促的脚步声，接着是李老师略带喘息的声音：“哪位啊？”谁能相信，这是一位七十多岁的教育家的步履与节奏！一位在很多人看来早就功成名就的、全国闻名的李老师的步履与节奏！这是她工作的节奏、生命的节律啊！我的眼眶不禁湿润了！“李老师，我是扬州教研室陈萍……”带着深深的感动，我向李老师说明约稿的意向。“好的呀，稿子有什么要求？什么时候交稿？”李老师爽快地问。

一个月后，李老师如期交来了她两万字的文稿。细细阅读李老师的文字，仿佛听到她微笑着和我谈心，清新活泼的文字中蕴涵着深邃的思想。李老师和她的情境教育本身就是一部常读常新的书！在点评中，我深情地写道：“从情境教学到情境教育再到情境课程，从小学教师到当代教育家，李吉林老师用满腔的热忱、卓越的智慧谱写了一曲成功之歌。阅读李吉林老师的成长个案，我们不禁为她对教育的执著而赞叹不已，为她对教育的激情而心怀崇敬，为她对教育的独到诠释而拍案叫绝……”

2008年10月，我接到一个区号为0513的电话，是李老师亲自打来的！她邀请我出席“李吉林‘情境教育’国际论坛”，我感到非常荣幸。11月的南通，国内外专家共同见证了一位小学教育家的辉煌！研讨会上，《中国教师报》刘堂江社长意味深长地问：“陈萍，什么时候能开你的教育思想国际研讨会？”“不敢奢望！”我说，“我为江苏有李吉林老师而骄傲！我为小学教育界有李吉林老师这样的教育家而自豪！她是我永远无法企及的标高！”

在名师的感召下，作为教研员，我努力促进教师专业发展，自身也不断获得成长。2004年评为中学高级教师，2004年，全国小学德育研究会会刊《小学德育》以52页的篇幅整体报道我在扬州推广德育课程改革的情况，并采写8000字专访《走近陈萍》；2005年12月，《中国教育报》以《走出传统德育的困境——记新公民读本的出版》两个整版报道我担任执行主编的四卷《新公民读本》的问世。2007年4月，我应中国社会科学院邀请，出席弱势儿童的权益保护国际研讨会，并作专题报告；2009年7月，我在北京大学主持“中国名师大讲堂”并作专题报告，顾秀莲、张梅颖等领导同志和北京大学校长出席，2009年教师节，出席教育部第四届师德论坛并发言，陈小娅部长亲切地与我合影留念。

回眸24年的教师职业生涯，我把自己的感悟凝聚成文字，2008年，我的35万字专著《教师专业发展之道——我的教育叙事与生命感悟》被列入中国特级教师文库、国家重点图书出版规划项目、教育家成长系列。专著发行后，一年重印3次。有的网友拿到书后一天一夜，夜以继日读完后，激动地写下五千字的读书感受；袁贵仁部长的母校安徽省灵璧中学的教师人手一本进行阅读；有的学校教师阅读后，每人都写读书笔记，开展交流会；有的学校把我的言论写到了学校的大墙上，引导教师的教风；75

岁高龄的全国班集体研究中心主任唐云增老师读后，专门用一个笔记本研究我的教学思想，他说“陈老师的书中有152条原创的教育哲学”……读者给我的感动太多太多了！

2008年教师节，《中国教师报》发表了国家督学成尚荣的评论文章《伟大的故事——读陈萍老师的教师专业发展之道》；2008年9月18日，《中国教育报》发表全国著名特级教师、江苏省小语会会长袁浩先生的评论文章《学习之道，成长之道，人生之道——读教师专业发展之道》。两位令我景仰的专家对我的书作了点评与提升。

2009年教师节，《中国教师报》头版标题《教师专业成长的领跑者——记江苏省扬州市教育局教研室特级教师陈萍》，以三个版面进行报道。2010年6月，《长三角教育》用7个页面以《陈萍：走向主体发展的教育追求》为题，对我的“主体发展”的教育思想进行了阐述。2011年，我申报的“中小学教师职业生涯规划与专业发展研究”被全国课题规划办列为“十二五”重点课题。

其实我深知，在24年的教学教研旅程中，是李吉林老师这个永恒的标高为我注入了不竭的动力，是情境教育引领了我的教育思想，是课题研究唤醒了我的主体意识，是李吉林等一代名师领跑了我的专业发展。

教研撷萃

语文课堂教学资源筛选之我见

摘　要：课堂教学资源是为课堂教学服务的。要依据每节课的教学目标，锁定有利于突破教学重点与难点的课程资源。要根据学生需求，对课程资源进行梳理归类与整合，并通过教学进行验证，根据教学效果及时反思与调整。要比较资源成本，预测教学效果，确定呈现方式。要通过建立教学资源库，实现同构共享，放大资源筛选的效应。

关键词：课堂教学资源；筛选；程序

课堂教学离不开丰富的课堂教学资源的支撑，它是课堂教学开展的基本条件和主要的支持因素。新课改课堂的一个显著变化就是拓展和整合了各种资源，没有课堂教学资源的广泛支持，再美好的课程设想也很难变成实际教育成果。（张廷凯，2004）通过增加课堂教学资源的数量、提升课堂教学资源的质量来改善课堂教学环境、改变课堂教学方式，提升课堂教学质态，已经越来越受到有识之士的瞩目。

课堂教学资源如此丰富多彩，究竟哪些资源可以进入我们的课堂，并能为教学服务，必须通过筛选机制过滤才能确定。应对日常教学，语文课堂教学资源的筛选一般要经过哪些程序呢？

一、依据教学目标，锁定选取方向

课堂教学资源是为课堂教学服务的。选用什么样的资源，首先要依据每节课的教学目标。教学目标的重要载体是教材，它体现了课程理念和教学大纲的要求，是教学活动最重要的因素，是师生教和学双边活动的重要依据。

“剧本，剧本，一剧之本”，“课本，课本，教学之基本”。在语文课程实施的过程中，语文教材是最重要的课堂教学资源。教师备课时首先要反复阅读教材，与语文教材编写者对话，与课文的作者对话，把握教学的重点与难点，然后锁定什么样的课程资源有利于突破教学的重点与难点。并在选取的过程中不断与教学目标对接，提升教学理念，丰富自己对教学内容的感悟。教学中，不仅要引导学生反复品词嚼句，阅读感悟文字材料，而且对教材上的精美的配图不可忽视，应引导学生观察品味，感悟语言文字所描述的情境。

对教学内容与学生生活经验较远的，有的可以发动学生通过多种渠道查找资料来补充，有的则需要教师提供文本的或音像的资料来弥补。通过阅读作者故事，了解作者生平，了解课文写作背景；阅读作者其他作品，了解作者写作风格；对节选的课文，有的可以通过阅读原著拓展学生对文本的认识。

二、了解学生需求，遴选课程资源

在学生和教材间有一片不确定的开阔地，老师的职责就是衔接、引导，寻找结合点，让学生借助教学资源主动获得发展。教师始终要明确学生是学习的主体，课堂资源的最终目的是服务于学生的，是为了促进学生发展的，为使课堂教学资源的筛选机制更好地发挥作用，教师要对学生的兴趣、需要以及发展性向等情况有明确的评估，使课程资源开发具有明确的指向，提高课程资源开发的直接效益。这里所指的“学生”不是宽泛的概念，而是指“我教的这个班的学生”；不仅是有共同年龄特征与心理需求的学生，而且是知识背景、生活背景、个性特征各不相同的学生。为特定教育对象确定恰当的目标，仅仅考虑他们已经学过的内容还不够，还需要考虑他们现有的知识、技能和素质背景。根据学科特点和学生特征，对课程资源进行梳理归类与整合，并通过教学进行验证，根据教学效果及时反思与调整。

我国《基础教育课程改革纲要（试行)》指出：改变课程实施过于强调接受学习、死记硬背、机械训练的现状，倡导学生主动参与、乐于探究、勤于动手，培养学生搜集和处理信息的能力、获取新知识的能力、分析和解决问题的能力以及交流与合作的能力。学生首先是筛选课程资源的主体，应发动学生参与其中，并在筛选过程中培养信息才智。

三、比较资源成本，确定呈现方式

在锁定资源方向（为什么用这类资源）、了解学生需求（哪些是学生感兴趣的教学资源）的基础上，我们接着思考的是：如何呈现这些资源？怎样呈现最符合经济、有效的原则？教师寻找教学资源不能采用“拿来主义”的态度，还要根据教学需要进行艺术化地加工，优选适合本年龄阶段、本班学生接受能力的呈现方式。这是一个需要投入时间、精力、财力、物力的过程，而且是长期的日常教学所需的过程。教师工作十分繁忙，教师的精力毕竟有限，我们的资源也并不富足，这就要求我们在筛选教学资源时必须对成本进行充分的比照。

著名教育家李吉林老师指出：情境教学虽然是教材情境的再现，然而用什么手段、从哪个角度再现情境需要教师备课时精心设计。她对优化教学情境提出两条标准：一是耗费低，包括时间的耗费和物质材料的耗费；二是效率高，即创设的情境能激起学生的情绪，充分调动学生主动学习的愿望，做到情境能体现教材特点，突出教材重点，突破教材难点，从而促进儿童知识、能力、智力、情感意志得到最佳发展。在教学《小小的船》一课时，首先对资源进行筛选比较。

备选教学资源	使用成本	教学效果预测
A. 绘制放大插图	特意制作成本大	画面静止，效果一般
B. 制作剪贴画	制作方便成本小	可随教学流程的推进，逐步展示星空、弯月、儿童在月亮上坐的画面，学生情绪会随着画面一步步推向高潮，效果好
C. 绘制剪贴画，配学生歌曲	制作方便成本小	图像和音乐相得益彰，利于强化感知、渲染气氛，效果最佳

四、建立教学资源库，放大资源筛选效应

在新课程实施过程中，一方面是课堂教学资源缺乏，另一方面对教学资源缺乏合理的管理与推广造成资源的严重浪费。每个人在通过各种渠道获取教学资源的同时，也要树立我是资源开发者、使用者、验证者同时也

是贡献者的理念，“人人为我，我为人人”。在开发教学资源后进行运用，验证之后要进行总结与反思，对教学资源进行再筛选，对于教学效果好的实物资源可以与身边同事共享，发扬团队精神，在学校内部建立管理档案，合理保管，以备来年教学同一教学内容时使用。对文本资源，可以建立电子档案，上传学校网站，或其他学科建设网站，便于更多的人点击分享。数据化、网络化的课程资源是学校获得高质量课程资源的捷径，目前在全国范围内实施的“校校通”工程为网络化课程资源的利用和共享创造了条件。有条件的学校应该有专人负责，建立课程资源库，拓宽校内外课程资源及其研究成果的分享渠道，提高使用效率。学校应该树立建设课程资源库的明确目标，建立便捷的分类检索系统或资源档案系统，分门别类进行管理，以方便查找和使用。

教学研究机构可以通过组织相关主题的教研活动，将教研活动中优秀的教学录像、教学设计方案、课件等上传网络，便于地区资源的共享，放大教学资源的效应。对农村地区网络资源覆盖不到的地区，可以组织送教上门的方式，组织骨干教师到农村学校借班上课，与教师现场互动，解答教师疑问，把鲜活的教学资源送到农村，指导教师如何开发与利用丰富的自然资源，并引导农村教师以记工作日志、制录音带、记录个人教学心得等自我总结的策略与方法，为自己的教学实况留下记录，自己积累教学资源，对自己的教学发展路径作长远的规划，以期获得专业的成长。

[参考文献]

张廷凯．2004．课程资源开发的价值取向［J］．河南教育（7）：1.

课堂采风

月光启蒙（第二课时）

（苏教版小学语文教材五年级下册）

[设计意图]

2007年9月27日至29日，江苏、浙江、上海三地小学语文教学专业委员会联合举办了“江浙沪第四届小学语文教学研讨与观摩活动——小学语文新老名师教学风采展示”。江苏省小语会请我代表江苏前往上海上课。

为了更好地领会作者的创作意图，和作者对话，我详细查阅了孙友田的文学之路：1936年出生于安徽省萧县，1957年毕业于淮南煤矿学校，到江苏徐州贾汪煤矿工作，出版诗集《煤海短歌》《矿山锣鼓》、儿童长诗《矿山鸟声》《带血的泥哨》，以及少儿读物《在黑宝石的家里》等十余部。也就是说，在他的求学过程中，并没有受过专门的诗歌创作的教育，是母亲给了他文学的启蒙。母亲唱的歌谣不仅音韵美、节奏美、意境美，而且充满对生活的乐观态度、对家乡的热爱！母亲讲的神话故事给他无限遐想，给他插上了想象的翅膀！

如何帮助学生理解诗人所写的散文，如何帮助学生感受母亲给作者的文化滋养和文学启蒙，体会作者对母亲的怀念与感激之情？如何帮助学生突破学习的难点：理解“小院立即飘满了她那芳香的音韵”？“黄河留给家乡的故道不长五谷，却长歌谣”这两个“长”？我决定用情境教学法，通过画面和深情的朗读把学生带到洒满月光的篱笆小院，通过无伴奏吟唱安徽民间歌谣，让学生感受母亲如何“用甜甜的嗓音深情地为我吟唱”，感受母亲唱歌谣如何是“轻轻的像三月的和风，像小溪的流水，小院立即飘满了她那芳香的音韵”，再现启蒙情境。

月光启蒙

（第二课时）

教学目标：

（1）正确流利有感情地朗读课文。

（2）感受母亲给作者的文化滋养和文学启蒙，体会作者对母亲的感激之情。

真实教学情境一

创设情境，感悟歌谣启蒙

师：同学们请看，这就是作者记忆中的月光，这就是作者记忆中的母亲，这就是童年的孙友田。现在，就让我们做一回童年的孙友田，请同学们轻轻把眼睛闭上，此时此刻，你就是孙友田。你回到了童年，回到了洒满月光的篱笆小院，回到了母亲温暖的怀里。朗读课文：童年的夏夜永远是美妙的……

（用安徽小调唱：月亮出来亮堂堂——）

（生闭目倾听，非常陶醉）

师：听母亲唱歌谣有什么感觉？

生：我觉得很美妙。

生：我觉得很动听。

生：我觉得很放松。

师：我们来看看孙友田是怎样写他的感受的呢？他深情地写道——

生：（齐读）她用甜甜的嗓音——

师：上节课哪位同学问了，芳香指花的香，怎么能说“芳香”的音韵？现在你体会到了吗？

生：体会到了。我觉得作者沉浸在母亲动听的歌声里，就好像闻到了花儿的芬芳。

生：我感觉歌声非常动听，就像闻到花香一样舒服。

师：说得好！声音看不见，摸不着，很难用语言来描述，诗人写的对声音的感受怎么写？他用“甜甜的、轻轻的、芳香的”来描写，还打了个比方：像“三月的和风，小溪的流水”，到底是诗人写的啊！这些怎么才能感觉到？

生：甜甜的，嘴巴能感觉到；芳香的，鼻子能闻得到；三月的和风，脸能感觉到。

师：吹面不寒杨柳风，像母亲的手抚摸着你。

生：小溪的流水，可以看得见，也可以听得到声音。

生：作者不仅在用耳朵听，也在用心体会。整个身体都沉浸在母亲的音韵中了！

师：是啊，作者在全身心地感受着母亲的音韵，他的眼睛、鼻子、皮肤，甚至身体的每一个毛孔都张开了。他感受着母亲的温柔的爱，接受着母亲文学的熏陶。作者从不同的角度写出母亲声音的美妙，作者这样写好吗？我们再来读一读，体会体会。

(生动情地读)

[会场响起了掌声]

师：真好，你的朗读让我们感到母亲芳香的音韵不仅飘进了小孙友田的心里，也飘进了我们每个人的心里了！

[听课网友评述]：陈老师深情地唱起了歌谣，动情的歌声即刻打动了学生的心田，把孩子带进了情景交融的境界，开启了学生感情的闸门。作者、教师、学生“三情”共振，此时学生对文中作者对母亲的怀念、对歌谣的回忆产生了共鸣，感情得到升华，思想受到教育，“文”与“道”并行，相得益彰。

真实教学情境二

指导朗读，感悟童谣的启蒙。

师：童谣是怎么幽默、怎么风趣呢？自己读一读，选一首你最喜欢的多读几遍。争取背出来。

师：你最喜欢哪首童谣？为什么？

生：我最喜欢《毛娃》这首童谣，因为这个毛娃一会儿哭一会儿笑，一会儿醒一会儿睡，很好玩。

师：你想读吗？把你的喜欢读出来。

(生读得很响很快)

师：想象一下，此时，明月已至中天——

生：夜已经很深了。

师：母亲说这首童谣是在——

生：哄孩子睡觉。

师：那能不能读得这么快、这么吵闹？来，孩子，我拍着你，你再读一遍，味道肯定不一样。

[生再读，读得很轻柔，越读越慢]

[全场签名教师热烈鼓掌]

师：你看，联系上下文，在理解的基础上读书，读得多好！大家都在为你鼓掌呢！

[上海市小语会会长徐根荣评述] 什么是有效的朗读指导？我们一直在追寻。当学生读书出现偏差，教师要敏锐地判断原因，并巧妙地、有效地加以指导。陈老师引导学生联系上文，帮助学生体会文本的情境，在理解的基础上朗读；陈老师走到学生身边，轻轻地拍着她，既为学生朗读创设了温馨的情境，让学生感受到了母爱，又给了学生朗读的基调、朗读的节奏；当学生用一个节奏读，一样的音量读，陈老师越拍越轻，越拍越慢，学生受到了暗示，也越读越轻，越读越慢，不着痕迹，自自然然，这真是无痕的教学指导。

真实教学情境三

照应原文，迁移感恩启蒙。

师：月光下，母亲有唱不完的歌谣，讲不完的故事，猜不完的谜语。母亲虽然不识字，她真的是——

生：（感激地）我的启蒙老师！（引读：是母亲用那——）

师：正是受到母亲的启蒙，作者长大后成了一位著名的诗人。可是，孩子们，你们有没有想到，随着你们渐渐长大，你们的母亲会渐渐老去，就像作者的母亲。由于年老体弱，加上病痛的折磨，她患了老年痴呆症。我们今天学习的课文，就是根据孙友田的《月光母亲》改写的。他在原文中写道：母亲患了老年痴呆症，失去了记忆。我赶回老家去看她时，她安详地坐在藤椅里，依然那么和蔼、慈祥，但却不知我从哪里来，不知我来干什么，甚至不知我是谁。不再谈她的往事，不再谈我的童年，只是对着我笑，笑得我泪流满面。

[生面色凝重]

师：孙友田多么希望能唤起母亲的记忆啊！他多么想说："母亲，还记得您为我唱的歌谣吗？"

生：（部分学生流泪读）月亮出来亮堂堂——

师：他多么想说："母亲，还记得您为我唱的童谣吗？"

生：（流泪读）小红孩——

师：可是母亲还是不知道他是谁，只是对着他笑，笑得他泪流满面。他多么想说："母亲，我永远不会忘记，您是我的启蒙老师啊！"

生：（泪流满面读）母亲不识字，却是我的——

师：孩子们，现在再读这段文字，你读懂了什么？

生：母爱太伟大了，我要好好报答母亲。

生：母亲给我的爱，我永远报答不完！

师：爱孩子，这是所有母亲都会的，孙友田的母亲给他的爱是独特的。

生：孙友田的母亲用歌谣、故事、谜语启迪了他的想象，她是作者的启蒙老师。

生：孙友田的母亲为他打开了民间文学的宝库，把他引进了文学的殿堂。

生：在他的心里播下了文学的种子！

师：看一看最后一段中三次出现"月"字，"月光、明月、月夜"，再联系课文的题目思考一下。

生：我昨天不明白，明明是母亲给"我"启蒙，为什么用"月光启蒙"做题目？现在读懂了：母亲总是很辛苦，白天要下地劳动，只有在月光下给我唱歌谣、童谣。

生：而且母亲的爱是温柔的、无声的，让"我"那么幸福，就像月光一样照亮了"我"前进的路。

师：是啊，母亲给作者的爱是独特的，她是以民间文学作为乳汁哺育了他，是用最自然、最亲密的方式给了他文学的启蒙。这种启蒙就像皎洁的月光一样朴素、一样圣洁、一样美好！让我们再读课题，把你对月光、对母亲、对启蒙的感受读出来吧！

生：（齐）月光启蒙。

[上海市小语会会长徐根荣评述] 什么是有效、高效的语文教学？我一直在追问。今天江苏的陈萍老师作了很好的示范。优美的语言描述创设了动人的情境，把这些城市的孩子带到了洒满月光的篱笆小院，入情入境；学生读书读得不好，陈老师走到身边，轻轻拍着她。学生感受到了母爱，感受到了童谣的节奏，一下子读好了；学生不懂得"芳香的音韵"，

陈老师轻轻地吟唱，学生一下子就感受到了美，感受到了音韵的芳香。学生在她的课堂里是快乐的，能够得到有效指导，真正获得了发展……

[网友评述] 陈老师的整堂课如一篇清新、自然的散文诗，轻轻的吟唱让人陶醉，深情的描述让人感动，无痕的引读过渡又让人耳目一新，不知不觉中已带着孩子们在课文中走了两个来回。“天下三分明月夜，二分无赖是扬州”。在上海，在大都市里，扬州的陈老师把诗意的月光洒落到了课堂，洒落到了孩子们的心上。那么柔和的月光……

[教学反思]

作为教师，备课重点备什么？备学生。作为教研员，备课试教怎样得到确切的反馈信息？问学生，请学生当老师。因为学生是课堂的主人，教育的目的是为了学生。关注学生主体、尊重学生主体、激活学生主体一直是我的教育追求。

为了更好地了解学生、备好课，我先后到扬州大学附属小学、扬州市育才小学试教。试教后，我不仅请听课的老师提意见，而且把学生留下来，问他们对我讲课哪些方式、哪些内容感兴趣。是学生给了我很多灵感，让我为一些有些犹豫的教学方法找到了依据！

试教时，每个班的学生都爱听我唱歌谣。课文里母亲也是给孩子唱歌谣的，那我就要给他们唱好。本来我是随便找了一个曲子配上了歌谣，尽管曲子柔美动听，却不是孙友田家乡的曲调。为了再现文本描述的情境，我请教了我们教研室的音乐教研员丁草萱老师。我把教材分析给他听，告诉他我的设计，告诉他作者和他的母亲生活在安徽省萧县黄口镇，他们唱的歌谣应当是有一些黄梅调的曲式。丁老师认真地为两段歌谣谱了曲。我们一唱，对，就应当是这个调！回到家，我弹着钢琴唱给女儿听，问她喜欢妈妈哪种唱法。正上五年级的女儿给我提了中肯的意见。

在上海执教的成功再一次证实：备课时心中想着学生，为了学生，请教学生可以使教学更为有的放矢；在新课改背景下运用情境教学法，不仅得到教师和专家的认同，更受到学生的欢迎与喜爱，让他们学得轻松、学得快乐，获得更为丰富的感受。

王 美

Wang Mei

2000年从南通师范学校小学教育专业毕业后至南通师范学校第二附属小学（以下简称“通师二附”或“二附小”）担任语文教师，同时在江苏情境教育研究所从事兼职研究。2004年9月考入华东师范大学课程与教学系“课程与教学论”专业，师从华东师范大学终身教授高文先生与裴新宁教授。2007年9月，继续跟随高文先生攻读“学习科学与技术设计”专业的博士学位。2010年6月，博士毕业后进入华东师范大学心理与认知科学学院从事博士后研究，师从华东师范大学终身教授李其维先生。

成长之路

十年师恩

题记：“意境说”中的“真”、“情”、“思”、“美”，我以为正是儿童教育所需。儿童是“真”人，教师应是“不失其赤子之心者”……真人真景激起真情感，才能激广远之思，进入美的境界，创造出美的果实。——李吉林

2000年，我由南通师范学校毕业进入通师二附工作，恰逢当时李吉林先生的情境教育研究所需要助手，我有幸获得先生认可，从此便一边担任着二附小的语文教师一职，一边在先生身边帮忙处理研究所的一些事务并参与情境教育的实验研究。当时年尚二十、犹懵懵懂懂的我没有想到的是，在先生身边的这四年最终为日后我所要从事的教育研究打下了扎实而重要的基础，而日常跟随先生所受的教诲和熏陶亦深深地影响了我的整个人生。虽然后来在先生的极力举荐下，我报考了华东师范大学终身教授高文先生的研究生并被顺利录取，从此离开二附小和研究所，进入华东师大连续攻读了六年的硕士、博士研究生，但先生仍然一如既往地关心着我的成长和生活，今日回首，已沐十年师恩！

先生曾经以“意境说”的“真”、“情”、“思”、“美”来提炼情境教育的核心思想，我认为，这四字不仅是情境教育思想的灵魂所在，也是先生可敬人格的真实写照。先生几十年来对教育研究的执著之“真”、对儿童学习与发展的关切之“情”、构建情境教育完整理论体系的深沉之“思”、追求教育和人生的完美境界的精神之“美”，一直令我至为感佩，同时，也激励着我在教育研究和人生之路上形成正确的价值追求。

真

人们常用“几十年如一日”来赞叹先生在情境教育实验与研究上的倾情投入和执著追求，然而直到跟随先生的时日久了，我才真正领悟到这一评价是多么恰如其分，而要做到这一点于普通人而言又是多么不易。那时先生虽然已不再担任具体班级的教学工作，但她的全部精力仍然放在儿童的学习和情境教育的研究上，每日从家步行到所里上班，风雨无阻。即便有时出差旅途劳顿，她也仅仅是稍事休息便又很有精神地出现在研究所。每到所里，先生便很快就投入到一天的工作之中。先生的办公室在研究所的里间，与我们所在的外间相通，在她安静工作的时候，我们便只能听到椅子脚偶尔落在地板上的声响，或是茶杯放下的声音。有时，有电话打进来，先生通常是以她一贯的热情、直率，非常简练地谈好事情，随后便“啪”的一声搁下电话，转头又开始工作起来——她真的是一点时间都不愿意浪费的，甚至连理发在她看来也成了一件费时的事情。

先生总是那样精力充沛地投入其中，常常使我们忘记了她已经是一个年逾花甲的人。记得那时跟随先生出差，每每早上我还在被窝里自顾酣睡，先生却已在台灯下写写画画，开始一天的忙碌；在我每到一处总想着游山玩水时，先生却是一次次主动舍弃了主办方安排的参观游览活动，或是忙于工作或是匆匆赶回研究所。印象特别深刻的是有一次在杭州，待要出发去火车站时发现还有一小段时间，“乐水”甚于“乐山”的先生这才在西子湖畔的“柳浪闻莺”小坐了片刻，但也仅仅是听听那水声、看看柳树枝头的春色而已了。

最令我难忘的是先生创作《情境教育的诗篇》一书的那段时间。这本被选入“当代教育家丛书”的专著属于当时教育部的一个重点规划项目，时间紧迫而要求很高，每周都需要及时把写出的章节发往北京由项目组专家审阅。先生在北京参加项目会议期间已经拟好提纲并通过了项目组的审阅，回到研究所便开始着手写作。但仅仅半年的时间要创作出30余万字的专著，即便对年轻人而言也是巨大的工作量。有人建议先生组织一套写作班子，好减轻先生的负担，但先生还是坚持自己写作。从此，我和研究所当时负责打字的小尹便幸福地成为了这部书的第一读者：通常是先生在里间埋首写，随后一张张写满了先生那豪迈飘逸字体的纸片便源源而出到外间我和小尹的手中，我们用电脑输出成先生喜爱的娟秀的仿宋体，再送到里间，由先生用红笔修改，如此反复，数月下来几乎一日不休。先生在《情境教育的诗篇》中从自己的童年开始追溯，至求学、进入二附小工作，至“情境教学——情境教育——情境课程”近三十年的情境教育之路的探索发展历程，人生经历的叙写之中反映了国家社会发展变革的大背景，情境教育的理论阐发之中又夹杂着个人的感悟体会，笔墨厚重而具很强的感染力。每当一页页的书稿从打印机中缓缓而出，我们总迫不及待地拿来拜读，纸张还散发着温热的油墨气息，我们却已沉浸在那一幕幕历史的情境中了……但是，尽管已经习惯了多年的忙碌，这样紧迫、高强度的写作还是让先生有些疲惫了。后来，大家想出了一个主意，先生先以聊天的方式口述，再由我们将口述的录音文本逐字转录打印出来，供先生调整修改。于是，先生白天仍然伏案写作，晚上累了的时候便倚靠在外间绿色的沙发上，和大家聊起件件往事，我们则赶紧拿出录音设备开始录制。现在想来，这种方法虽然缓解了先生奋笔疾书的劳累，但却没有能够为先生减轻多少精神上的辛苦，甚至使先生每日回家的时间更晚了。先生自年轻时便不喜熬夜而惯于早起，但那些天她每晚离开研究所时便已差不多八九点了。有时候实在太晚了，我又和先生顺路，因此我就推着自行车，陪她一路走回家。先生的家在老护城河濠河边的一片老式民居中，于是，好些个天气渐暖的春天的夜晚，那曲折悠长的育婴堂巷的石板路上便会出现我们这一老一小。有时，是陪着先生静静地走着，有时，先生还会接着研究所里聊起的故事继续和我说起一些难忘的人和事。夜色渐深，巷子里行人几近杳无，从两边人家的窗户里不时传出的收拾锅碗的声音、电视节目的声音、孩子哭闹的声音，衬出了小城春夜的安宁寂静，更衬出了先生那年近七十而依然执著、坚持的身影。当我后来在华东师范大学的图书馆中，看到这本因为借阅次数太多而卷起了边角的《情境教育的诗篇》时，我的眼前总是不禁浮现出先生写作此书时的种种场景，同时，也不由感叹此书的幸运和它的那些读者的幸运：因为先生数十年如一日对情境教育的执著探索和数月如一日的辛勤写作，才有了这样一本数十万字的宏美“诗篇”，热心情境教育的众多读者也才有了深入情境教育的历史发展脉络的难得机会和身临其境、回味悠长的阅读享受。

情

先生是一个情感极其真挚的人，对儿童、对教育、对家国、对师朋乃至对我们这些她身边的年轻人皆是如此。我有时想，“情感”是情境教育区别于西方的情境认知与学习理论的一个鲜明印记，同时，也是先生身上一个尤其鲜明的印记，正因为先生本身是一个极具真情的人，当她在20世纪70年代末重新获得机会去思考儿童的学习和发展问题时，才会那么深切地感受到传统封闭的学校教育对儿童情感的漠视，从而才会从“情境教学”的探索开始一发而不可收拾地建构起“情境教育”的整个理论大厦。

当先生将满腔的情感都倾注到儿童教育上时，她最关心的便是孩子们的发展了，而受益最多的自然也是孩子们。“为了儿童的发展”并不仅仅是情境教育的一个口号，而是真真切切的行动，特别是在二附小这个情境教育的源头，孩子们享受到了更多童年的快乐。记得先生早就一直反对给孩子们过重的课业负担，二附小那时还为此特别规定了学生每天的家庭作业时间，要求一二年级不留书面家庭作业，三四年级书面作业不超过半小时，五六年级不超过一个小时。当看到不符合儿童发展规律的一些教育行为，先生从不惮于挺身而出，为孩子们出面疾呼。因此，虽然外部环境不可避免地依然存在着些应试的压力，但先生一直尽可能地将这个“大棒”挡在外边，使它离孩子们的童年远一些。我在二附小做教师的那几年，几乎从来没有感受到过应试的压力，学校强调的是学生素质的全面整体发展，我们这些教师因此也少了很多高压限制，多了自由探索的空间，可以考虑如何让学生可以获得更丰富的学习机会和体验，如何学得愉快活泼。可以说，这是先生为孩子们“争”得的权利。

在指导老师们备课的时候，先生更是常常提醒大家：“要想到学生!”而且，先生特别强调以情感作为联结学生、教材、教师的重要纽带，在教学中使学生的情感、文本内含的情感、教师的情感彼此交融，形成共鸣。情境教育的这一重要操作要义真正触动我并让我深感其力量的是我在先生的指导下设计并执教《悲壮的一幕》一课的难忘经历。那次我被学校选派参加南通市崇川区第五届“雏鹰杯”青年教师教学大赛，课题指定为苏教版小学五年级的一篇课文《悲壮的一幕》。这篇文章讲述了苏联宇航员科马洛夫自己驾驶宇宙飞船在返回地面途中发生故障即将坠毁的最后两个小时沉着地向地面指挥中心汇报工作，并与自己的亲人深情话别的感人故事。先生让我先自主备课，备好之后先生和吴和平校长及几位资深老师跟我大致讨论、修改后便开始了第一次的试教。试教课上下来，吴校长对我的这节课有了信心，觉得效果还可以。先生虽然也在鼓励我，但回到研究所大家一起反思教学时，先生却拿出了课文，开始为我示范朗读。当我看到先生朗读课文时动情的面庞，听到那缓慢的但却充满真情和力量的声音时，我一下子被先生的朗读所挖掘出的文本内在蕴涵的情感感动得眼含热泪，也一下子明白了自己最初的设计和教学并没有走进文本深处，因而并没有真正地“以情为纽带”，也就更谈不上使学生、文本和教师的情感三者之间形成强烈的共鸣了。当我从观念上转变过来之后，先生便带我逐字研读课文，先把我带入课文描写的感人情境之中，同时也从小学生的情感发展特点和学习特点出发，选择了以朗读作为学习的主要方式，并配之以语言描述、音乐渲染、画面呈现等多种媒体手段来创设情境。多达七八次的反复修改和试教之后，比赛的那一天终于到了。先生一开始便坐到了后面的听众席上，以避免给我干扰和压力。我也忘记了端坐一旁的各位评委和济济一堂的听课教师，全身心地投入到了与学生们的交流和共同学习中，自然地将我感悟出来的情感表达出来，引导学生通过默读、轻声读、分角色朗读、配乐读、齐读等各种方式体会课文所表达的情感。教学进行得很顺利，但直到那一刹那沉浸在教学中的我才知道学生们的的确确地走进了课文情境中：我忽然间看到了离我最近的那个小男孩，他那样认真地仰着头听着，而眼眶里满含着泪水！目光碰撞的那一刻，我的眼泪也忍不住了，一下子涌了出来。后来我才知道，不仅是学生和我与课文中的情感彼此交融在一起，甚至连评委、在场的听课老师也都感动得流泪了，大家都沉浸在感人的情境中，如此真切地亲身感受了情境教育的真正魅力！在以绝对优势获得此次比赛的一等奖后，先生又推荐我参加了在南通市工人文化宫电影院举行的江苏省第二届青年教师优质课展示活动，后来又携我到北京参加第二届“两岸四地”小学中国语文教学观摩交流活动，都获得了非常好的反响，大家都为情境教育的魅力所折服，甚至有位香港的老师还特地跑来攀谈，欢迎我们去香港交流。

思

先生是个勤奋而多产的思想者。当时，我在研究所的一项重要工作是整理先生几十年来发表的所有文章和著作，为《李吉林文集》的编撰作准备。随着发表文章的目录逐渐清晰起来，我惊讶地发现先生竟然早在20世纪60年代初就开始陆续发表关于语文教学研究的文章，最早的一篇

《漫谈词语教学》便刊登在1962年的《江苏教育》上。后来经过十多年的沉寂，先生于1978年重新开始情境教学的探索，随后从1979年开始直到新世纪后，文章便一直不断地涌现在《人民教育》《教育研究》《课程·教材·教法》《全球教育展望》《光明日报》《人民日报》《中国教育报》等全国各种教育教学类研究刊物和报纸上，数量多达几百篇，而出版的专著当时也已有7部。

当我在外间不断为先生已有的辉煌成果感叹时，先生却依然在里间笔耕不辍，我不禁想到，情境教育的理论大厦不正建立在先生这一日日的、扎扎实实的工作和思考之中吗！而情境教育之所以能够在这三十多年在全国范围内产生广泛影响甚至受到外国学者的高度评价，更在于先生的理论思考是深深扎根于我国儿童教育的真实状况的。先生1956年从南通女子师范学校毕业进入二附小后便再也没有离开过二附小，五十多年来她以“小学”作为她学习、研究的“大学”，作为情境教育思想实验、孕育、发展的沃土，使情境教育在面对和解决传统学校教育教学的真实问题时具有了特别可贵的“可用性”和非常强大的“生存力”。在我们慨叹当前教育研究繁复纷呈、如此之多，但产生的实际可用的教育理论成果却如此之少时，先生这一成功的“情境教育研究范式”不是可以给我们更多的启发和思考吗？

尽管已是功成名就，但先生仍然对新的知识保持着浓厚的兴趣。记得2002年，由高文教授及其团队引介、阐发的建构主义思潮给教育界所熟悉的传统认识论、学习观和教学观带来了极大的冲击和影响，先生对其很感兴趣，不仅组织我们这些所里的青年教师认真研读相关的文章，而且自己很快就写出了《情境教育：促进“儿童——知识——社会”的完美建构》一文，并受高文教授之邀在华东师范大学举行的“建构主义与课程教学改革”国际研讨会上向众多中外专家作了报告，产生了很好的反响。平日里，先生也经常关注各种社会、文化新闻和动态，并总是把它们和儿童的教育联系起来，她的那种热情饱满的学习劲头和汲取新知的能力、速度真让我们这些年轻人自叹弗如！

美

情境教育以“美”为境界，强调“美”具有激智、发辞、冶情、育德的教育功能，这一操作要义也打上了先生的烙印。因为不管是在生活还是在教育研究事业中，先生一直都在追求着一种“美”的境界。先生不仅是个教育家，也是个美学家，对音乐、美术、戏剧这些艺术门类不单单是很感兴趣，而且经常寥寥几语便能切中它们的本质，她自己更是会弹琴、作画、设计剪裁衣服，还写得一手别有风骨的好字，在年轻时甚至还有人邀请她去做演员呢。当先生将自己对艺术的感悟巧妙地引入至教学中时，教学情境便具有了艺术的美感，学生们在一个个经过优化设计的充满真情、富有美感的情境中不仅能够学习知识，发展智慧，而且可以陶冶性情，培养美德。

最可贵的是先生的人格之美。先生心地非常善良，她为家境贫困的孩子提供资助，为老师们排忧解难，而且始终把帮助过她和情境教育的人记在心里。尤其令我感动的是先生全心全力地栽培我们年轻人却又从不限制我们的发展。先生知我素有考取研究生、继续深造的愿望，她虽然从情感上非常希望我留在一线从事语文教学和研究，但从未因此说服我放弃考研的想法或停止对我的培养，相反还把我极力推荐给高文教授。考前半年，先生还让我暂时停下手中的工作，特地把我安排在研究所一个安静的小房间里独自安心复习。那年的考试在元旦过后的几天，节前我向先生请了假，便一头闷进家里全力备考。一天傍晚，我在二附小的好朋友丁伟下班后突然来了，原来先生知道我父母不在身边，担心我一人只顾复习营养不足，特地让她穿越了半个城市专程给我送来一只鸡以补充营养。那一刻，我想到先生工作那么繁忙，竟然还惦记着请假在家的我，为我操心那些生活上的小事，一下子感动得不知道说什么好……

离开二附小和研究所不知不觉间已经六年了。还记得六年前的那个早晨，我在研究所里通过电话语音查询到考试成绩后，一遍遍地从研究所的三楼阳台向二附大门口反复张望先生的身影，迫不及待地想告诉先生的情形。而今天，我已顺利通过博士论文答辩，终于完成了从硕士到博士的六年学习历程。在即将穿上博士学位服准备参加毕业典礼的时刻，写着这篇小文，跟随先生的件件往事一件件浮现在眼前，心里也更加感激先生对我的知遇之恩、栽培之恩、举荐之恩。我希望，通过六年的专业学习，在教育研究上初有所悟的自己今后能够更多地参与情境教育的实验与研究，为情境教育尽献绵薄之力，以此回馈先生的大恩与情境教育的深厚滋养。

教研撷萃

概念转变研究对学习环境设计的启示①

摘　要：概念转变研究为我们提供了有关人是如何学习，尤其是如何进行深度理解与学习的“新认识论”视角。众多基于实证的重要研究发现启示我们，学习环境的设计应该：重视并运用学习者的先前概念；分析并转变先前概念背后的本体论和认识论假定；发展学习者的元概念意识；创设安全、包容的学习环境；精心安排课程材料。

关键词：概念转变研究；学习环境设计；学习科学

一、概念转变研究简介

概念转变一直以来都是认知科学的重要研究领域，其发端可追溯至现代教育思想的奠基者皮亚杰以及社会文化认知观的创始者维果茨基，并受著名的科学哲学和科学史研究者库恩等的重要影响，自20世纪70年代后期至今的20多年，众多研究者投身于该领域，涌现出大量富有成效的思想、理论及模型。

概念转变研究主要克服了认知发展研究通常仅关注某年龄段、某专长水平上的认知表现，而对心智发展的过程及机制缺乏探讨的不足，对概念转变的过程与机制、特定学科领域的概念转变、学习者概念发展与科学史的比较、迷思概念（misconception）、影响概念转变的社会文化变量、概念转变的技术建模等诸多方面进行了长期深入的研究，为我们提供了有关人是如何学习，尤其是如何进行深度理解与学习的新视角。

---

① 原文刊载于《课程·教材·教法》2008年第12期，收入本书时有改动。

20世纪90年代，源自认知科学而又跨越脑科学、心理学、人类学、社会学、计算机科学、人工智能等多学科领域的学习科学正式诞生，这一新兴学科的出现使得把概念转变研究的大量成果与促进学习者深度学习的学习环境设计的两者整合成为了可能。在此背景下，概念转变研究及其促进学习者学习的教学意蕴得到了越来越多的重视。

另一方面，在改革已经成为常态的社会大变革背景之下，教育改革也是此消彼长。然而，值得注意和警惕的是，教育改革尤其需要理性思考，而不能大胆试误。(吴刚，2008)

许多富有前瞻性的学者已敏锐地觉察到，当代教育改革与历次教育改革的最大区别就是要将改革的战略基点从“教”转移到对人的真实学习的关注，在重构学习概念的基础上，对传统教育中的课程与教学进行反思和概念与范式的重构，从而催生一种能在最大限度上发掘人的学习潜力的、全新的教育范型。(高文，2007)

从这个意义上，概念转变研究所带来的“新认识论”有望为新教育范型下的学习环境设计提供基于实证的、科学的认识论基础，并最终成为推动教育改革的重要力量。

因此，本文试图在对概念转变研究的重要发现进行述评的基础上，着重揭示它们对学习环境设计的启示，希望能对当前我国课程教学领域的开发与设计提供一些参考。

二、概念转变研究的主要发现

虽然对什么是概念，什么是概念转变这两个根本性的问题，研究者之间目前还很难达成一致意见，但关于概念转变的一些基本共识正在这个领域中逐步形成。

1. 儿童拥有先前知识和自发的概念结构

在20世纪早期，占据主导地位的传统认识论或者认为儿童是一块准备接受环境印刻的“白板”，或者认为儿童是“没长大的成人”(incomplete adult)，与成人之间的区别仅仅是知识累积量的不同，因此教学就是向学生灌输知识。

皮亚杰所提出的发生认识论从根本上颠覆了传统认识论对儿童的认识：儿童不是小大人，不是被环境的压力塑造成型的被动有机体，相反，他们自身对世界有着自己独特的阐释方式和概念框架，是刺激的主动搜寻者，在很大程度上决定着自己拥有什么经验以及如何发展自身。（Bjorklund，2000）

2. 儿童是根据自身的日常经验来认识并解释世界的

儿童自发的概念结构是如何形成的？先验论认为，人的知识是先天即有的，是先于感觉经验和社会实践而存在的。如柏拉图主张，在感知世界之外，有一个超越经验、永恒存在的理念世界，人所有的学习，从生到死，都是对类似于前世的理念世界的回忆、追想与再认识。（希尔贝克等，2004）

概念转变的研究有力地驳斥了先验论的观点。沃斯尼阿多（Vosniadou）和布鲁厄（Brewer）通过在儿童天文学领域的研究指出，在未受成年人文化或科学观念影响的情况下，儿童凭借日常经验产生了关于物理世界的直觉概念，形成初始的心智模型，如“地球是平的”、“太阳围绕地球转”，而随着经验的增长或社会文化的影响，儿童会逐渐丰富、修正已有的概念结构，发展起对世界的科学解释与理解。（Vosniadou et al.，1992）

3. 儿童已有的根深蒂固的假定会影响甚至限制新信息的获得

在儿童对日常现象和经验的朴素解释背后，是他们对世界固有的本体论和认识论假定。由于假定通常都建基于日常经验，因此根深蒂固、很难转变，这也由此导致了固有假定与新信息之间的不一致在儿童学习那些与直觉相违背的科学概念时尤其突出。

为什么学习“能量”、“扩散”、“线性比例”要比学习“狗”、“桌子”、“水果”这样的概念困难得多？这可能有两个方面的原因。

第一，儿童的日常概念与科学概念的性质截然不同。根据维果茨基的观点，日常概念是儿童在实际生活中以及与周围人的交往过程中积累起来的，而不是在教学中掌握授予的知识体系的过程中发展起来的，体现为从具体到抽象的发展路径；科学概念的发展则始于对概念本身的了解，始于语词定义，即对待客体的间接的关系，而不是从直接接触事物开始，体现为从抽象到具体的途径，儿童是在学校教学中获得科学的基本原理，即科学概念系统的。（杜殿坤 等，2005）

第二，日常中的认知与科学中的认知是不同的。正如石里克所认为，日常认知是建立知觉经验与心理意象之间的同一，科学认知则是建立“法则”之间的同一，而法则是不可能被感知到而只能通过间接的方式得到的东西。因此，科学概念的学习更为困难，而且需要花费更长的时间。（石里克，2005）

4. **传统的教学很难真正促进学生的概念转变**

无论是无视儿童的已有概念而只管知识的灌输，还是已经意识到儿童先前概念的存在而试图用科学概念去取代，事实证明，传统的授受式教学很难真正促进学生的概念转变。例如，罗思（Roth）发现，学生们在学过光合作用后，仍然认为植物是从土壤中获取食物而不是在它们的叶片中制造的。（戈勒博，2008）沃斯尼阿多也发现一种“知识迁移的不对等”现象，一方面，无处不在的日常概念会非常容易地迁移到学校教育情境中，对科学概念的学习形成干扰；而另一方面，学生在学校中获得的科学概念却很少会迁移到日常情境中。（Vosniadou，2007）

三、对学习环境设计的启示

上述研究发现为学习环境的设计提供了基于实证的、科学的认识论基础，启发了我们如何以学习者为中心，设计促进学习者概念转变的学习环境。

1. **启示1：需要重视并运用学习者的先前概念**

概念转变研究告诉我们，学习者不是等着被填充的空的器皿，相反，他们拥有有关世界如何运行的朴素观念，正是这些朴素观念阻碍或促进了他们的学习，成为他们获得新知的基础。因此，基于学习者的先前概念来设计学习环境将会最有效地促进学习者的深度学习。如果教学没有考虑学生的先前知识，学生所学的知识往往只能应付考试，而离开课堂后占据他们大脑的依然是迷思概念。（Sawyer，2006）

目前，运用学习者的先前概念已成为学习环境设计乃至有效学习项目分析的重要原则。如，学习科学领域的第一本里程碑式的著作《人是如何学习的：大脑、心理、经验及学校》中就提出，教师要对学习者的先前知识、技能、态度、信念予以足够的重视和考虑，设计以学习者为中心的学习环境；美国国家研究理事会在针对AP和IB等进阶先修学习项目的调查报告《学习与理解：改进美国高中的数学和科学进阶先修学习》中，也将先前知识列为促进理解性学习的七个原则之一。

2. 启示2：需要分析并转变先前概念背后的本体论和认识论假定

揭示出学生拥有自发的概念结构是概念转变研究早期的重要成果，波斯纳（Posner）等研究者正是在此基础上提出了影响深远的概念转变模型（conceptual change model，CCM），指出概念转变的发生必须满足四个条件：(1) 对已有概念产生不满。(2) 新的概念必须是可理解的。(3) 新的概念必须是合理的。(4) 新的概念应该是富有成效的。

认知冲突是波斯纳概念转变模型思想影响下应用最广泛的教学策略。然而，值得进一步追问的是，仅仅制造认知冲突能不能相应带来学习者真正的概念转变？换言之，当学习者发现自己的已有概念失去合理性时，他们是不是就会欣然接受一个合理的新概念？

在这一点上，沃斯尼阿多、齐（Chi）等人进行了更深入的探讨，并追踪至儿童的本体论和认识论假设，指出只有改变了本体论和认识论的假定，根本性的概念转变才会发生，而这也是最为困难的转变。

因此，在教学中，了解学习者的先前概念之后，还需要对这些概念背后的假定进行分析。大部分的假定通常来自于日常生活经验，但需要注意的是，社会文化、习俗惯例乃至情感因素也会产生重要的影响。

3. 启示3：发展学习者的元概念意识

一个很有趣的现象是，尽管我们对世界的行动与认知是由内部的概念结构所引导的，我们本身却很少能够意识到这种结构的存在。正如我们每天走路、吃饭、与人言谈，却几乎从不去想是什么让自己做出这样的举动一样。概念转变研究发现，尽管学生能够相对合理地解释他们的日常经验，但他们似乎并不能意识到他们自身所建构的解释框架以及限制着他们的假定。（Vosniadou et al，2001）如此，学习者便难以对自己的先前知识提出质疑，也难以将新信息与已有的概念结构进行联系、整合和重构，从而使知识只是以零碎的、片段的方式存在于学习者的大脑中，无法形成一个整体的结构。这也是造成学生学习肤浅、表面化的传统授受式教学之所以失败的主要原因之一。

因此，发展学习者的元概念意识成为促进学习者概念转变的重要方面。但这是一个相对漫长的培育过程，因为它需要培养学习者的理论兴趣或者说哲学兴趣，需要让学习者去挖掘、发现、重思那些以隐性的、默会的形式存在于常识和惯习背后的知识与结构，并通过语言、图表、模型、制品等人工表征方式将其显性化，通过会话或论辩之类的社会协商将其公共化，进而置于社会文化甚至历史发展的境脉下加以考量。

4. 启示4：需要创设安全、包容的学习环境

如果教师希望学生能够将已有概念呈现出来，以便与其他学习者分享、讨论、评判的话，教师必须让学生感到他这样做是安全的。这是非常重要的一点，特别对学习表现不好的学生而言。因为低成就的学生容易缺乏自信，他们会将已有概念与新信息之间的冲突看做是自己学习的又一个失败。(Davis，2008)

教师可以在教学过程中融入人类发现科学知识的历史过程，进行适度的科学史教育，让学生懂得个体的知识发展与人类的知识发展之间存在相似性，都会经历一个从朴素到高级、从幼稚到科学的过程，拥有迷思概念是一种普遍现象，即便成人也会如此。此外，教师还需要促进代与代之间的平等交流文化、学习者之间健康的合作学习文化的孕育，只有这样，学习者才会感受到自己的已有观念和想法能够受到尊重，与他人分享、交流这些观念和想法可以更好地促进个体知识乃至共同体知识的进步与发展。

5. 启示5：需要精心安排课程材料

有关专家与新手的比较研究显示，专家的知识不仅仅是对相关领域的事实和公式的罗列，而更多是围绕富有启发性的“大观念”(big idea)来组织的，如物理学上的牛顿第二运动定律，生物学上的进化概念等。(布兰斯福特 等，2002) 正是在这些核心的、原理性的概念和观点的引导下，他们形成了组织良好的知识结构，从而使自己在面对新信息或新情境时，能迅速有效地提取已有概念或重组知识结构。这些发现启示我们，在安排课程材料时，围绕学科的核心概念审慎地组织该学科的知识框架，能最有效地促进学生关于某领域的概念结构的良好组织与发展，并使其具备探究新情境的适应性知识。

[参考文献]

[1] 布兰斯福特，等. 2002. 人是如何学习的 [M]. 程可拉，等，译. 上海：华东师范大学出版社：38.

[2] 杜殿坤，高文. 2005. 维果茨基教育思想评价 [M] //维果茨基. 维果茨基教育论著选. 第2版. 余震球，译. 北京：人民教育出版社，2005：21.

[3] 高文.2007. 学习创新与课程教学改革 [M]. 广州：广东教育出版社：21－22.

[4] 戈勒博，等.2008. 学习与理解——改进美国高中的数学与科学先修学习 [M]. 陈家刚，等，译. 北京：教育科学出版社：118.

[5] 石里克.2005. 普通认识论 [M]. 李步楼，译. 北京：商务印书馆：25－26.

[6] 吴刚.2008. 序言 [M] //郑太年. 学习：为人的发展. 上海：上海教育出版社.

[7] 希尔贝克，伊耶.2004. 西方哲学史——从古希腊到二十世纪 [M]. 童世骏，等，译. 上海：上海译文出版社：58.

[8] Bjorklund D F. 2000. Children's Thinking: Developmental Function and Individual Differences [M]. Belmont, CA: Wadsworth Publishing Company: 74.

[9] Davis J. 2008. Conceptual Change: From Emerging Perspectives on Learning, Teaching and Technology [EB/OL]. [2008－05－19]. http://en.wikipedia.org/wiki/Conceptal.change.

[10] Sawyer R K. 2006. Introduction: The New Science of Learning [G]. //Sawyer R K. The Cambridge Handbook of the Learning Sciences. New York: Cambridge University Press: 2.

[11] Vosniadou S. 2007. The Cognitive-situative Divide and the Problem of Conceptual Change [J] Educational Psychologist, 42 (1): 55－66.

[12] Vosniadou S, Ioannides C, Dimitrakopoulou A, et al. 2001. Designing Learning Environments to Promote Conceptual Change in Science [J]. Learning and Instruction, 11: 381－419.

[13] Vosniadou S, Brewer W F. 1992. Mental Models of the Earth: A Study of Conceptual in Childhood [J]. Cognitive Psychology, 24: 535－585.

课堂采风

悲壮的一幕

（原苏教版第十册）

［教学目标］

（1）在情境中体会这次航天灾难的悲壮，感受并体会科马洛夫对亲人、对生活、对宇航事业的热爱，激发对科马洛夫“把宇航事业看得比生命更重要”的崇高精神的崇敬之情。

（2）学习本课生字新词，在具体语言环境中理解“心如刀绞”、“泣不成声”等词语的意思。

（3）有感情地朗读课文，自选一段背诵。

［教学过程］

一、创设情境，导入新课

同学们，上一课的学习让我们知道了一个非常不幸的消息：前苏联宇航员科马洛夫驾驶的宇宙飞船返回地球时发生故障，降落伞无法打开，还有两个小时就要坠毁。科马洛夫这位年轻宇航员的生命就剩下最后的两个小时，悲壮的一幕从这儿开始了。

看，人们都不约而同地来到了指挥中心，站在屏幕前。

（多媒体呈现情境：指挥中心）

这时候，科马洛夫的妈妈来了，妻子来了，他的12岁的小女儿也来到了这里。他们将在这里和最亲爱的人——科马洛夫作最后的诀别，大家的心都万分悲痛。

听，指挥中心首长和科马洛夫讲话了！

（多媒体呈现情境：通话）

听着指挥中心首长的话，我们好像也来到了指挥中心，焦虑地关注着科马洛夫，迫不及待地想了解这航天史上悲壮的一幕！

二、凭借情境，整体感知

让我们默默地读课文，从第 4 小节开始一直到最后。

（默读，音乐渲染情境）

读着课文，大家的心里是不是感到特别难受？这篇课文很多地方都让我们很感动，我们再来体会体会。有的同学读到很动情的地方，情不自禁地读出声了，也可以轻声地读读。

（再读，音乐渲染情境）

三、渲染情境，加深感悟

刚才同学们自己深情地读了两遍课文，哪里让你特别感动？（交流讨论）

1. 汇报工作

（1）科马洛夫的生命只有两个小时，每一分、每一秒都是那么宝贵。他的母亲、妻子，他心爱的小女儿，他都看到了，他该有多少话要对他们说啊，因为他很快就再也见不到他们了，就要永远地离开他们了！但是他首先说的却是飞行探险情况。

（2）我们大家先来读读科马洛夫的话。轻轻地读。

（品悟语感，指导朗读）

“先”——这个“先”字，告诉我们在科马洛夫心中首要的、第一的，是他的航天事业。因为，这“比生命更重要”。

“这是比生命更重要的东西”——作为一个宇航员，科马洛夫把自己的生命和宇航事业紧紧地融在一起，他珍爱生命，但他更作好了准备，随时为航天事业献出自己的生命。

（3）科马洛夫清楚地知道属于自己的时间只有短短的两个小时，可他却首先把时间用来汇报飞行探险情况！你们看，这是科马洛夫汇报的画面。

（多媒体呈现情境：时钟走动、科马洛夫无声的汇报）

我们没有办法听到科马洛夫的声音，因为飞行探险的结果是国家机密。我们只能听到秒针“滴答滴答”地走着……听着这“滴答滴答”的声音，大家的心情怎么样？

（4）我们的心都很紧张！可是，科马洛夫呢？

（品悟语感，指导朗读）

“从容”——不慌不忙。你还联想到了哪些词？（从容不迫、镇定自若、临危不惧、神态自若……）

“就像坐在办公室里正常工作一样”——像坐在办公室里“正常”工作一样，是多么从容不迫。

“整整70分钟”——生命一分一秒地在消逝，他的汇报却用了整整70分钟。（屏幕显示的课文上，突出相关的词语，加黑点。）对于只有两个小时的生命来说，70分钟是太多太多了！

同学们，科马洛夫难道不知道他的生命正在消逝吗？难道他不知道他的亲人在等待着和他最后的告别吗？时间是这样短，生命如此宝贵，科马洛夫的生命就在这分分秒秒中消逝。读到这里，我们也仿佛站在指挥中心，我们的心啊，揪得是那样的紧！就像在场的人一样，“不由得加剧了跳动”。

能把自己的这种感受读出来吗？（朗读整段话）

（5）比较，品悟语感：

那么我们想一想，如果把这些词语去掉呢？（出示省略片段）读读，觉得怎么样？

（比较朗读）

这告诉我们一个人物一件事，本来非常感人，如果没有生动的语言，就打动不了人。所以我们无论是在阅读，或者作文中，要学会体会、运用这些恰切的生动的词语。

课文这样的描写紧紧地牵住了我们的心，我们一起再读一读。

2. 亲人诀别

（1）就在科马洛夫从容地汇报飞行探险情况的时候，他驾驶的宇宙飞船却在疾速地下坠！

（多媒体呈现情境：飞船下坠）

他的汇报整整用了70分钟，现在，他的生命连一个小时都没有了。

他还没有和他慈爱的母亲、他的妻子、他心爱的小女儿话别呢！他还有多少话要讲啊！50 分钟以后，不，50 分钟都没有了，母亲就再也见不到儿子，妻子再也见不到丈夫，女儿再也见不到父亲了！他们将永远、永远地离别！

他们悲伤到极点，但是又强忍住眼泪，你们有没有注意到课文里这些词语？（眼含热泪、泪水把双眼蒙住、泪如雨下、泣不成声、禁不住落泪了）

（2）读着这些词语，我们仿佛就看到他们万分悲痛的情景，体会到他们生离死别时痛苦的心情。下面同学们组成四人小组，分角色读读科马洛夫和亲人告别时的对话。

（小组朗读，交流体会）

（3）我们首先听到的是科马洛夫和他慈爱的老母亲的对话。

（男女生分角色读）

（品悟语感，指导朗读）

听着他们的朗读，你们感受到老母亲此刻的心情怎么样？——“心如刀绞”、“泪水已经把她的双眼蒙住了”

“儿子，我的儿子，你……”——老人的心仿佛在颤抖，她的心都快碎了

“露出了笑容”——和母亲的诀别是多伤心啊，科马洛夫为什么“露出了笑容”呢？（强忍着内心极大的痛苦，露出笑容宽慰妈妈，把美好的微笑留给母亲。）

“每一根白发”——科马洛夫真舍不得离开母亲啊，他把母亲端详得那么仔细，连每一根白发都看得那么清楚。

母亲心如刀绞，万分悲痛；儿子强忍悲痛，露出笑容。这母子诀别的情景，让我们都快流泪了。我们再来听听他们的母子对话。

（听录音）

（4）老人把话筒交给了科马洛夫的妻子。

（指名读）

（品悟语感，指导朗读）

“深情地”——在这永别的时刻，科马洛夫千言万语都在那深情的目光中了。

“抱着”——妻子只有靠手中的话筒和丈夫最后对话了。她抱着话筒

只说了一句——

“亲爱的，我好想你！”——只说了这一句就泪如雨下！

（5）科马洛夫的小女儿等着和爸爸说话，已经等了很久很久了。几分钟以后，她就再也见不到爸爸了，就要永远失去爸爸了，想想，她的这句“爸爸！我的好爸爸！”该怎么读？（指名读、自由读、齐读）

（分角色朗读）

（品悟语感，指导朗读）

“禁不住落泪了”——前面就写到科马洛夫控制住自己的情感，和妈妈是忍着悲痛，“露出笑容”；对妻子是“深情地看着”，一直忍着；而到此时，他再也忍不住了，“男儿有泪不轻弹”，强忍着的泪水“禁不住”落了下来，女儿啊，还那么小，自己却要永远地离开她了！

这是父亲和心爱的小女儿最后的话！我们配上音乐，再一起读读，好好地感受感受。

（配乐分角色读）

（6）此刻，科马洛夫就在眼前，可是马上，就再也见不到他的身影，听不到他的声音了，多令人悲痛的生死诀别啊！我们再一起读读他们的对话。

（分角色朗读）

3. 诀别时刻

时间走得太快太快了，科马洛夫和亲人才说了几句话，就只剩下 7 分钟了。7 分钟以后，飞船将进入大气层，一切通讯都将中断了！这是最后的时刻了，是他和我们最后的告别！

（多媒体呈现情境：科马洛夫和全国人民的告别）

这是科马洛夫留给我们最后的声音！让我们也和他一样满怀对人民、对科学事业的深情，一起来读一读他的话！

（配乐齐读）

（多媒体呈现情境：倒计时钟声、飞船坠毁）

四、强化情境，升华情感

倒计时的钟声开始了，科马洛夫和他的飞船像流星一样划过长空，坠向地球！

（多媒体呈现情境：爆炸场面）

（一片寂静，后背景音乐响起）

科马洛夫的老母亲哭了，他的妻子哭了，小女儿哭了，认识的不认识的人都哭了。人们纷纷走上街头，向着飞船坠毁的方向默默地哀悼，哀悼……凄厉的风吹过白桦树林，吹过缓缓流淌的小河，白桦树在哭泣，小河在呜咽……这悲壮的一幕，今天，我们也仿佛亲身经历了，让我们怀着无比崇敬的心情，一起呼唤英雄的名字——弗拉迪米尔·科马洛夫！

永远记住他的名字吧——弗拉迪米尔·科马洛夫！

这不仅仅是悲伤、悲哀、悲凉，这一幕永远地激励着人们，给人精神的力量，是何等悲壮的一幕！这悲壮的一幕，永远震撼着人们的心灵，今天，我们这幼小的心灵也被震撼了：崇高的事业永远比生命更重要！

为了人类的进步，而献出自己的生命的人，我们不会忘记他们，会永远地怀念他们。

（多媒体呈现情境：历次宇航灾难受难者）

让我们永远记住他们吧！

靳淑梅

Jin Shu Mei

天津市静海县实验小学中学高级教师。曾获全国班集体建设特别有成效的优秀班主任，天津市教改积极分子、市优秀教师、市优秀德育教师等荣誉称号。现为市小学语文学会会员，县兼职教研员，国内五家刊物的通讯员，在市级以上刊物发表论文、随笔达一百多篇。

2008年《乡下人家》获“第三届‘杏星杯’全国优秀青年教师教学艺术大赛”一等奖；2009年《慈母情深》获“全国首届新课程小学优秀课例评选”一等奖。

成长之路

一树梅花万首诗

李吉林老师在十年浩劫中心中常念着这三句话。

第一句是普希金说的：心憧憬着未来。

第二句是高尔基讲的：我从小就是在和周围的环境不断斗争中长大的。

第三句就是毛泽东所说的：人是要有一点精神的。

我把李老师的话谨记心中，工作中且歌且行……

1970 年腊月初四，一个不畏严寒的生命来到了天津一个普通的农户家。恰逢爷爷养的一盆腊梅含苞吐蕊，蓄势待开。就叫“梅儿”吧，不管她的人生遇到怎样的沟沟坎坎，都希望她能像这腊梅一样，有骨气，不畏任何困难……就是这个乳名叫“梅儿”的孩子，她的人生之路真的就像她出生时的那盆腊梅花一般，顶风傲雪，吐露芬芳。

数点梅花天地心——读书

1985 年我考上天津静海师范学校，本来签的定向是回农村。快毕业时，县教育局针对学生的学习状况，临时决定学习成绩前十名留镇。就这样，1988 年，中师毕业的我，被分配到了全县条件最好的静海县实验小学任教。

优秀教师的成才之路都是用书籍铺筑起来的，父母生养身体，书籍塑造灵魂。记得一位学者曾这样说：我们坐在这里，并不完全是我们自己，是读过和记得的所有东西的总和。分数赢得的是一时，读书赢得的是一世，阅读的高度决定人生的厚度。我要用书籍改变自己。

下班之后，料理完家务，一卷在手，灯下赏读。我欣赏散文，被那清新、飘逸的文笔牵引；钟情于世界名著，品百味人生，游历各国风情；挚爱唐诗宋词，背诵着诗句，仿佛那些先贤穿越历史的隧道纷至沓来，他们就在我的身边。

高兴时我会吟咏“白日放歌须纵酒，青春作伴好还乡”；失落时我也会心中默念“寻寻觅觅，冷冷清清，凄凄惨惨戚戚……”；失败时我会高声诵着“穷且亦坚，不坠青云之志”，还有“长风破浪会有时，直挂云帆济沧海”勇往直前；听到别人在笑我痴笑我狂，我会邀李白一起“仰天大笑出门去，我辈岂是蓬蒿人”，未曾生我我是谁，生下我后我是谁？

是书把我送进了中华几千年长河中，我身上流淌着炎黄子孙的“堂堂大中华的血液”！俗话说：节饮食以养胃，多读书以养胆。我最大的快乐是翻阅自己积累的一本本读书笔记、三本唐诗宋词赏析、一本班主任工作摘抄、一本名师教学设计、一本专家谈语文教学……满满九本学习笔记，无论外出听课坐车路上，还是课间小憩，我都随带一本，借时机翻阅，一位位老朋友不断见面，他们的带班新招，精彩课堂，我是招招挪至自己的实验田，满怀喜悦的实验，身处其中的体会，“读书之乐何处寻，数点梅花天地心”。虽看不见我生命的拔节，在书香的熏陶中，我在悄悄长大。

梅花香自苦寒来——追梦

每一堂课的设计，我都在思考，如何体现李吉林老师讲的“以思为核心，以美为境界，以情为纽带，以儿童活动为途径，以周围世界为源泉”。就在日有所思中，课有所见，课堂技艺的提高如“春起之苗，不见其增，日有所长”。

“行动者接近目标。”我默默积攒着生命蓬勃的力量。生命出现转机的时刻来到了，2004 年，南通第十四届班集体建设理论研讨会上，我拜全国著名特级教师、情境教学的创始人李吉林为师。回忆起当时的情景，历历在目。李老师坐在主席台中央，来自全国各地的徒弟围绕在李老师身边，矜持的我站在旁边，看着台下那么多的人，一起见证分享我们师徒的快乐，幸福溢满全身。轮到我发言了，话筒传到我的手中，我只说了一句“我要做一个像李老师一样的人”。台下掌声响起，我脸红耳赤，低头垂首退到李老师身后。

“要做一个像李老师一样的人。”谈何容易，李老师每日读书写作三个小时，我就“三更灯火五更明，正是起床读书时”。每天都在凌晨三点起床、读书、看杂志、写稿……“才华是刀刃，辛苦是磨刀石。”就是这样苦行僧般的生活，磨炼了我坚忍不拔的意志。

李老师是个“长大了的儿童”，曾带着学生去濠河边看月亮，去长江边看日出，去寻找“秋天的田野”，让孩子们捋起袖子露出胳膊和丝瓜比粗细……雪后的课堂，我和孩子们徜徉在白茫茫的天地间，感受“天地阅览室，万物皆书卷”；操场边，我和学生们蹲下身观察蚂蚁搬食物，不但感受了小生灵的团队精神，更让孩子们从小有爱心，同情弱小；运动会上，男生接力不慎掉棒痛失第一，孩子们都哭了，泪花花中流淌的是班集体的团结。

“要做一个像李老师一样的人。”怎样才能把自己的课堂教学技艺提高一个档次？在静海县讲课不能力拔头筹，就永远走不到天津市的舞台，更别想走向全国。要想成功，只有修练内功，“人一能之，己百之；人十能之，己千之。”我就不信，别人能做到的事情，我就做不到。“临渊羡鱼，不如退而结网”，我要打造课堂，形成自己的特色。

梅花含笑迎春来——圆梦

2008 年 4 月下旬，《中国教育报》举办第三届“杏星杯”全国优秀青年教师教学艺术大赛。经市、县教研室研究，决定派我前往杭州参赛。

这是一次别开生面的阅读教学竞赛。赛手提前一天半抽课文，抓阄定班级，自带电脑，全封闭独自备课，独立制作课件，提前五分钟见学生，评委当场打分。这种赛课方式考察选手的全面素质。

4 月 18 日下午，我抵达杭州。19 日晚，抓阄讲四年级的《乡下人家》，用的是杭州文海小学四年三班的学生。19 日晚，我彻夜未眠，一直在思考课的设计方案。这是一篇词句优美的文章，怎样把学生带入课文描写的情境当中？我想起了李老师情境教学常用的方法。第一自然段可以用“简笔画再现情境”，第二自然段可以用“语言再现情境”，第六自然段在虫儿的浅唱低鸣中可以用“音乐渲染情境”……

21 日下午，当杭州文海小学的孩子们提前五分钟进入赛场坐定，我能熟练说出班里孩子的姓名和他们的特点……孩子们、评委均愣了，从未谋面，何以如此？我笑着说出是上了他们学校的网站，进了他们的班级博客，在博客里熟悉了他们。原来如此，一片会意的笑声，仿佛我们早已相识。

这节课讲得格外成功，孩子们的智慧点亮了课堂，在淘汰三分之二选手的情况下，2008 年 4 月 23 日，我领回了第三届“杏星杯”全国一等奖的证书。

2008 年 10 月，我又接到市教研室任务，让我录制一节课，准备参赛教育部“全国首届新课程小学优秀课例评选”。我准备录制《慈母情深》，一次次地试讲磨课，一点点找不足修改，一宿宿地彻夜难眠，最后，《慈母情深》获教育部“首届新课程小学优秀课例评选”全国一等奖。颁奖仪式定在清华大学。2009 年 4 月 23 日，我登上了清华大学大礼堂的领奖台，领回了这个梦寐以求的教育部的全国一等奖。啊，我没有给李老师丢脸。我想象着我敬爱的李吉林老师当得知自己在天津农村的一个徒弟拿到两节全国赛课一等奖时的笑颜。

“一树梅花万首诗”，就是这个寒冬腊月出生的孩子，就是李老师这个在农村成长的徒弟，就是这个性格中有着梅花一样秉性的人，课堂教学——拿了三节全国一等奖；论文论著——有五篇论文获全国一等奖，参编了五本作文教辅书，在县级以上刊物发表文章、论文一百多篇；教育科研——参与了县级以上六项科研课题的研究工作；所带班荣誉——2006 年指导“孝亲敬长”小队获全国少先队特色小队，2008 年所带班被评为市“学雷锋，树美德，做新人”先进集体；所获荣誉——曾获全国班集体建设特别有成效优秀班主任、天津市教改积极分子、天津市优秀教师、天津市优秀思品课教师、天津市优秀德育教师，静海电视台曾三次报道过我工作先进事迹。2010 年，通过层层考试，被天津市选为“第二批未来教育家培养”对象。那一棵迎风傲雪的梅花树，方可化身千亿，真的开成了“一树梅花万首诗”。

回首走过的路，磕磕绊绊，展望未来，不会一帆风顺。但我仍一路高歌，朝着梦想进发。因为我知道，在自己成长的过程中，一路有人相携……

教研撷萃

随“境”潜入课 育“生”细无声

——语文课上的“感恩之旅”

摘　要：把人教版五年级上第六单元“父母之爱”为主题的课文分成三个板块：阅读——理解与吸收；说话——交流与倾听；写作——践行与表达。在这三个板块的教学中，从不同的角度践行情境教育，“随‘境’潜入课，育‘生’细无声”。孩子、家长、老师“三情”共振，泪光点点，情真意长。

在潜移默化、熏陶感染中，让每一个孩子的人生路上都拥有一颗“感恩”的心！

关键词：阅读；感恩；说话；作文

李吉林老师这样说：“情境教育以儿童喜闻乐见的形式，把他们带入教材描写的情境中，如临其境，远离儿童生活的教材一下子变得那么亲切，从而激起热烈的学习欲望，学生学得非常投入。”（李吉林，2004）[213]笔者结合人教版五年级上第六单元的一组以“父母之爱”为内容的课文，谈一谈自己是怎样依托情境教学，把本单元教学分成三个板块——阅读、说话、写作，随“境”潜入课，育“生”细无声。谈一谈本单元情境教学的感恩之旅。

一、滴水原本可藏海，不觉转入此中来——阅读

人教版五年级上第六单元的以“父母之爱”为内容的四篇课文分别是《地震中的父与子》《慈母情深》《“精彩极了”和“糟糕透了”》《学会看病》。四篇课文各自以感人的故事讲述了父母不同形式的爱。滴水原本可藏海，一滴水可以折射太阳的光辉，四篇文章虽然角度不同，但表达的主题是相通的——父母伟大的爱。语文是生命之声，是文化之根，是人的精神家园，具有丰富的人文内涵。儿童是最富有情感的，儿童的情绪在暗示

的作用下被唤起后，又易于将自己的情感移入所感知的教育教学内容中。情境教育正是利用儿童心理上这一宝贵特点，加深儿童对教育教学内容的情感体验。这四篇课文，我拓展教材内容，把课文所描写的情境引入一片新的天地。

(1)《地震中的父与子》讲述了1994年美国洛杉矶发生大地震时，一位父亲在废墟中经过38小时的挖掘，终于救出儿子的传奇故事。这篇文章的教学我采用“一个主问题，两个板块”整体设计，主问题是“从哪里可以看出这是一对了不起的父与子？”在学生潜心领文本、涵泳韵味的基础之上，拓展一篇我国2008年5月12日汶川大地震中的感人故事。

大灾难面前，母爱，孕育了一个看似不可能的奇迹，烛光摇曳，在泪影婆娑之下，我想：震撼心灵的语文，怎能不让孩子们终生难忘，从国外到国内，父母的爱是博大的，感天动地啊！

(2)《慈母情深》讲述了著名作家梁晓声回忆小时贫穷辛劳的母亲不顾同事的劝阻，毫不犹豫地给钱让“我”买《青年近卫军》，满足了我读书的强烈愿望。这篇文章的教学，我采用语言描述转入情境、对比移情的教学方法。

在舒缓低沉的音乐伴奏中，老师用语言描述：

从此，年幼的他再也没有伸手向母亲要过一次钱，而是靠掏大粪，帮别人拉车上坡，拉犁耕地一分一分地挣，一角一角地攒用来贴补家用。正是母亲的爱使得梁晓声走上了文学创作的道路，使得梁晓声成为中国当代多产的作家，写下了一座座文字的丰碑——《今夜有暴风雪》《雪城》《年轮》……他被誉为中国的巴尔扎克、贫民作家、感动中国的十大作家之一。原来回报母爱，可以用学业、事业有成这种方式啊！

十五岁梁晓声的言行和自己比一比，孩子们肯定羞愧不已。古人讲：“以心观物，万物皆有情。”这篇文章的学习，落脚点不仅仅应该是母亲的辛苦、劳累、无私的爱……更难能可贵的是年幼的梁晓声的善良、纯朴、感天动地的一片孝心。带领学生走进文本，融入角色，体会感人挚情，受到情境的熏陶、心灵的净化、思想的启迪。

(3)《“精彩极了”和“糟糕透了”》记叙了父母亲对一个七八岁孩子写的第一首诗的不同评价，激励孩子健康成长的故事。学习了这篇课文，我给孩子们讲了这样一个故事。

父爱，在拐弯处（节选）

一天，弟弟在郊游时脚被尖利的石头割破，到医院包扎后，几个同学送他回家。

在家附近的巷口，弟弟碰见了爸爸。于是他一边翘起扎了绷带的脚给爸爸看，一边哭丧着脸诉苦，满以为会收获一点同情与怜爱，不料爸爸并没有安慰他，只是简单交代几句，便自己走了。

爸爸依然笃定地一步一步向前走去，好像没有什么东西会让他回头……可是当他走到拐弯处，就在他侧身拐弯的刹那，好像不经意似的悄悄回过头来，很快地瞟了弟弟他们一眼，然后才消失在拐弯后面。

虽然这一切都只发生在一瞬间，但却打动了在场的所有人，弟弟的眼睛里还闪着泪花。当弟弟把这件事告诉我时，我有一种想哭的感觉。很久以来我都在寻找一个能代表父爱的动作，现在终于找到了，那就是——拐弯处的回头。

和课文的鼓励与严格要求相比，这又是一种什么样的爱？原来爱不一定要表达，原来爱是放手锻炼他，原来爱是让孩子独自面对一切……爱在生活中本来就多种多样，不同文本表达的却是同一主题。拓展教育的空间，追求情境的整体效应。

（4）《学会看病》中的母亲，为了培养孩子将来独自面对生活的能力，在感冒时让他自己上医院，学会了看病。这篇课文的教学落脚点有二：一是把这个故事复述给父母听，转变父母育子观念；二是拓展阅读本文作者毕淑敏写的《孝》。

由《学会看病》知道作者毕淑敏，再由毕淑敏引出她写的《孝》，此情此境，怎不让人悲从心起，心头萦绕淡淡的哀愁，爱，何需语言。

李吉林老师说过“爱会产生智慧，爱与智慧改变人生。”（李吉林，2010）这四篇文章的教学，从不同的角度拓展资料，用语言描写带孩子进入情境。笔者在教学前两篇课文的时候，我和孩子都流泪了，流泪并不可羞，是我们的灵魂还可以被感动的标志，眼泪是一种尺度，据此可以检测一颗灵魂的质地，表明他依旧拥有质朴健全的人格。真情在课堂上流淌，生命在教学中涌动。师生之间达到了心相通、情相融的理想情境。在文本潜移默化的熏陶感染中，孝在心中定格。

二、问渠那得清如许，为有源头活水来——说话

情境教育在课堂教学中的操作要义中两条是“以‘美’为境界，以‘思’为核心，以‘情’为纽带，以‘儿童活动’为途径，以‘周围世界’为源泉。”（李吉林，2004）[225]课程标准把“口语交际”单独提出，叶圣陶先生讲：“语文”口头为语，书面为文，足以看出一个人的口语交际能力在成长中至关重要。因为课文的素材毕竟有限，生活才是源泉。光去品味别人的情感，就如同没有断奶的孩子永远也长不大。要让学生真正成长起来，学会思考，懂得感恩，就得让学生从自己的生活中感悟真情，丰富情感。

学完这四篇文章之后，我们又开了一节口语交际课——“念亲恩”。课的结构如下。

1. 故事熏陶，滋养孝心

孝敬父母是我们中华民族的传统美德，古时候我国有许多感天动地孝敬父母的故事。孩子们屏息静心聆听“卧冰求鲤”、“鞭打芦花”、“扇枕温席”、“陆绩怀橘”、“木兰充军”等一系列的故事。用美德润身，播撒过真善美种子的地方，孩子们的心灵深处一定会绿草茵茵、繁花似锦！

2. 挨打挨骂，现身说法

哪个孩子不挨打，哪个孩子不挨骂，老师含泪讲《挨打的味道》。（大意：小时因为不听话挨了父亲的打，当时充满怨恨。2001年父亲患癌症去世。现在回忆那次挨打是幸福的，暖人心灵的，犹如冬日暖阳的味道。）

3. 衣物传情，照片故事

（1）孩子们展示小时穿过的小袄、小裤，戴过的怕抓脸的小手套，边展示边讲父母养育子女的不容易。

（2）展示从出生到现在的手印、脚印，体会父母养育的辛苦。

（3）照片记录着孩子们成长的痕迹，讲照片里的故事。

4. 成长道路，感人事例

在孩子们成长的道路上，有很多亲情感人肺腑，让孩子们讲一讲自己亲身经历的感人事例。(事例略)

实践中鼓励学生去观察，去感悟，去思考。长此以往，学生就会逐渐具备较为丰富的情感，变得敏感起来。“生活是一切艺术的源泉”，其实身边无时无刻不在发生着真实感人的故事，只要睁开慧眼，我们会发现许多可供利用的教育素材，交流中转变观念，培养孝心。

三、纸上得来终觉浅，绝知此事要躬行——作文

李吉林老师讲：体验中育人，活动中成长。俗话说：“听来的忘得快，看到的记不牢，动手做会影响终身。”情境教育研究表明：视觉、听觉付诸人的影响远没有亲身实践印象深刻。为了培养并丰富学生情感，笔者还创设大量实践机会，以“周围世界”为源泉，以“儿童活动”为途径，让孩子到丰富多彩的生活中努力以身践行。我对孩子们说：“一屋不扫，何以扫天下。一个连自己父母都不懂得爱的人，何谈爱他人，更别谈长大爱国。”我们要开展一系列的体验活动，教学的落脚点不仅是到生活中体验情境，而且要付诸笔端，“我手写我口，我手记我行”。然后，进行班级作文交流，在你们当中寻找身边的孝亲榜样。活动如下：

1. 会唱“孝亲”的歌

如果您现在到我们班，随便叫一名队员，他（她）都会为你开口唱“孝亲”的歌。像《人生第一次》《小背篓》《我的好妈妈》《懂你》《让爱住我家》《父亲》等。即使唱不好的，还会背诵像《游子吟》《爸爸是座山》《妈妈的爱》《孩子，快抓紧妈妈的手》等诗歌。

2. 过生日，念亲恩

下面是我们班尚闻涛生日那天发出的倡议书，他的想法很有创意，结果队员积极响应。

倡议书

孩子的生日，母亲的难日。十年前的今天，母亲用生死边缘的挣扎、

用忍受巨大疼痛的代价，换来我们的呱呱落地。母亲对我们有三重恩：生我之痛，养我之辛，育我之苦。再过生日，要做一件让母亲高兴的事，亲手做一件小礼物送给她，让生日过得有意义。

倡议人：尚闻涛

2009 年 11 月 15 日

同学们积极仿效，自己的生日，要让父母体味抚养自己的快乐，不但不要生日礼物，而且要送父母礼物。

3. 我护“蛋宝宝”

在本学期十三周，我们班开展了“我当鸡爸爸、鸡妈妈”的体验活动。周一早晨上学来，要捎一个“蛋宝宝”，时时刻刻都不能离身，体会父母抚养自己的辛劳。有时睡觉不敢翻身，玩耍不敢蹦跳，走路轻轻悄悄。同学们谈起自己的体会，无不慨叹，“蛋宝宝”不吃不喝不跑不跳，况且这么难养，（有的同学的“蛋宝宝”已破）何况我们一个个鲜活的小生命，年年岁岁十余载，做父母多么不容易啊！

4. 我给长辈洗洗脚

我给孩子算了算，在我们上小学 8 岁之前，长辈要给我们洗多少次脚？一算便知近三千次，而我们现在每星期只给长辈洗一次。下面是我班佳楠写的“给爷爷洗脚”的片段：

摸着爷爷长满老茧、道道深沟的脚，我又倒了一些温水，让爷爷好好泡泡脚吧，泡去岁月的艰辛，泡去一天田间的劳累，泡出晚辈的拳拳孝心。

——摘自佳楠作文

5. 我做长辈小帮手

在家里，“我做长辈小帮手”活动开展得很成功。“自己的事自己做，家务事帮着做，不会的事学着做”是每个孩子对自己的要求。然后写《我长大了》的做事感文。（文略）

陆游曾告诫他儿子说：“汝果欲学诗，工夫在诗外。”写诗作文，仅仅学习写作技巧是不够的，还应在“学诗”之外多下工夫。这一“诗外”

工夫就是“学做人”。开展活动，通过这种教育环境的创设，诱导了人的潜能的发挥。孩子们只有做至善、至纯、至孝之人，才能写出至情、至真、至理的美文。“情到真处文自成”，当他们感情充沛时，自会文思泉涌，妙笔生花！

《语文课程标准》指出：努力建设开放而有活力的语文课程。这一单元“父母之爱”的教学有三个板块：阅读的任务——理解与吸收；说话的任务——交流与倾听；写作的任务——践行与表达。在这三个板块的教学中，从不同的角度践行情境教育，孩子、家长、老师都落泪了，“三情”共振，泪光点点，情真意长……“随‘境’潜入课，育‘生’细无声。”学完这个单元，在潜移默化、熏陶感染中，让每一个孩子的人生路上都拥有一颗“感恩”的心！

[参考文献]

[1] 李吉林. 2004. 情境教育的诗篇 [M]. 北京：高等教育出版社.
[2] 李吉林. 2005. 李吉林教育格言 [J]. 小学语文教师（增刊）：1.
[3] 李吉林. 2010. 小学语文不能小看 [J]. 小学语文 (3)：1.

课堂采风

执手相看泪眼，母爱永驻心间
——全国一等奖《慈母情深》教学情境创设
（人教版第九册五年级）

［设计意图］

这篇课文共35个自然段，人物对话17个自然段，三处环境描写，多处人物的动作、神态、外貌的细节刻画，两处采用排比句式，字词入口、入心，方感无法压抑的悲从心起。文艺理论有“形象大于思想”的说法。因此，这篇课文的教学聚焦于母亲形象，以“情”为经，以“言”为纬，紧扣语言，抓重点词、关键句，反复读，慢慢嚼，细细品，深深悟。从一个字、一个词、一段话中品味作者传情达意的精妙，领悟表达的方法。

这个故事发生在梁晓声小的时候，距今已半个多世纪。学生对当时的社会背景了解甚少，因此课始对梁晓声的生活背景要作简介。在课文的学习中，为了推进情感的进程，我在教学时创设一种情景交融的氛围，一种无形的“教学情境场”，使学生“触景生情”，与主人公产生共鸣，让学生沉浸在文本之中，和文本一起呼吸、一起慨叹、一起喜怒哀乐。

略读课文作为精读课文的延伸，高段阅读教学更关注学习方法和学习能力的迁移运用。因此，我在略读教学中践行新课标倡导的“自主、探究、合作”学习模式，把更多的时间和空间还给学生，让他们用适合自己的学习方法举一反三，学以致用。

［教学片段］

片段一：想你——未成曲调先有情

师：（配乐，《懂你》）生活中，总有一个人将我们支撑，总有一种爱让我们心痛。这个人就是母亲，这种爱就是母爱。今天，让我们走进当代作家梁晓声的《慈母情深》，感受书中那份浓浓的慈母情［齐读课题］

(生齐读。读得如白开水一般，索然无味)

师：满含敬仰之情，声音压低，再读。

(生齐读。读得有了感觉)

师：好极了，这就是学语文的味道，再读。

生：慈——母情深。(语气和重音把握得恰到好处)

师：默读全文，概括课文写了一件什么事？

(生默读全文)

师：谁能概括课文讲的主要内容？(提示方法：抓人物、时间、事件)

生：这篇课文主要讲作者小时候跟母亲要钱买书的事。

师：结果怎么样了呢？要把事情说清楚。

生：这篇课文主要讲作者小时候跟母亲要钱买书，看到母亲劳动的艰辛，用买书的钱给母亲买了一听水果罐头。

师：学着自己完美自己，课堂之上老师看到了你的进步。

师：老师这儿有一段话，讲述的就是那个年代一个家庭的真实生活。(师配乐深情朗诵：母亲是一位临时工，父亲去遥远的大西北工作，我们5个孩子，全靠母亲养活。母亲在一个街道小厂上班，每月工资27元，想一想梁晓声当时用来买书的1.5元钱，在那时可是个不小的数目。——节选自梁晓声《母亲》）同学们，说说你此时的感受。

生1：我觉得这位母亲很辛苦。

生2：这位母亲养活着全家人，真不容易。

生3：这是位坚强的母亲。

生4：我觉得这位母亲很伟大。

［点评］ 课始，用满含深情的歌曲《懂你》导入新课，在舒缓的伴奏乐中，教师用激情的语言描述情境，用音乐渲染情境，激起儿童的情感，动人心者情为先，为下文的学习定下基调——未成曲调先有情。让学生回忆概括课文主要内容，授之以法，整体感知课文内容。同时通过简介背景，拉近了学生和文本的距离。把教材内容与学生所想象的生活情境联系起来，为学生拓宽思维的空间，把学生带到课文描写的那个情境中。

片段二：读你——品味探究其魅力

师：自学是发芽，展示像开花。集体是个人的老师，汇报是你展示的平台，谁愿意把自己的收获奉献给大家？

背直起来了，我的母亲。转过身来了，我的母亲。褐色的口罩上方，一对眼神疲惫的眼睛吃惊地望着我。我的母亲……

生：我从“背直起来了……”看出这是一位疲惫不堪的母亲。

师：你从“褐色的口罩”中体会出了什么？

生：这个口罩母亲戴了很长时间。

生：这还是一位节俭的母亲。

师：细节塑造人物，“褐色”一词让人心中涌起许多的痛楚……

师：用不同的语气来读，三个“我的母亲”排比运用，难言心中悲情。声音越来越高，表达我们对母亲满怀的爱。（三个“我的母亲”字体变成红色。）

生：读的声音越来越高。

师：三个“我的母亲”声音越来越低，表达我们对母亲满心的痛。

生：读的声音越来越低。

师：全体起立，把拳头攥紧，满含敬仰再读。

生：再次齐读。（读得激昂悲愤，掌声）

师：变换成诗歌的形式去读。

背直起来了，
我的母亲。
转过身来了，
我的母亲。
褐色的口罩上方，
一对眼神疲惫的眼睛吃惊地望着我。
我的母亲……

（生齐读。表情凝重）

师：好句不厌百回读，再读。值得珍藏的好句子，背诵积累。

生：有的读，有的背诵。

师：（握拳在胸）两处动作，一处神态描写，这是细节见真情，语言是有温度的，冰得我们心里难受啊！

……

师：（激情满怀）正是母亲的爱使得梁晓声走上了文学创作的道路，当他发表第一篇小说的时候，看一看他复杂的心情吧！

生：（齐读）“忘不了我的小说第一次被印成铅字时的情景，我避开人躲在一个地方哭了，那一刻，我最想我的母亲。——节选自《母亲》”（抑扬顿挫，声音低沉，像没有人指挥的乐队）

师：“树欲静而风不止，子欲孝恐亲不待。”当母亲日渐老去，梁晓声还没有拿文学的最高奖，他这样发自内心地呼喊——

生：（齐读）“母亲啊，您可要好好儿地活着呀！您可要等啊！您千万要等啊！求求您了，母亲！娘！遥远地，我在呼喊您，您可曾听到？——节选自《母亲》”（生表情严肃）

师：（感情充沛）正是母亲的爱使得梁晓声成为中国当代多产的作家。原来回报母爱，可以用学业、事业有成这种方式啊！（回顾板书）这句话不但可以这样读“慈母爱我”，还可以这样读“我爱慈母。”［学生表情庄重，读得很用情］

［点评］ 以上学点的展示完全在学生个性化阅读的基础上，尊重学生主体，灵活引导。教学中以诵读为主线，通过读中想象、对比朗读、换成诗歌形式朗读、教师引读等方法，使学生读出了意，读出了情，读出了韵，读出了语文的味。儿童的情感会形成一种驱动的“力”，充盈在课堂的每一个角落，读词品句中聚焦母亲形象，逐渐丰满母亲的形象。拓展《母亲》原文，体会作家对母亲深深的爱，感天动地孝子情。此情此境让人别有一番滋味在心头，或淡淡地沁入心脾，或浓浓地浸润其中，挥之不去。

片段三：写你——巧把金针度与人

师：梁晓声母亲的爱是理解、是辛苦、是简朴……那我们母亲的爱呢？（配乐播放孩子在母亲呵护下成长的照片）想一想母亲生活中的一个细节、一个姿势、母亲的一句话、一个眼神、一个动作……运用本课的学习方法，齐读：“细节见真情，语言有温度，字词知冷暖。”写一个片段，一句话一颗心，一件事一片情！

生：配乐写片段。（舒缓的音乐，回忆母爱，泪光闪闪）

师：谁把自己写的展示给同学听。

生 1：妈妈，我一生难忘您每次进门的一个个动作。打开门，手扶门框，先用脚在门边画一个半圆，把可能绊倒我的东西趟到一边；然后再摸着灯的开关，“啪”的一下，四面不见光的客厅顿时像照进了阳光般亮堂。每当一切准备妥当，您才用含笑的目光抚摸着我进屋。妈妈，自从我记事以来，每每您都如此，现在，女儿长大了，您还这样……（哭泣，读不下去）

师：（帮读）妈妈，我一生难报您养育恩！几个动作，埋在心底，回报母爱，掌声鼓励。

生 2：妈妈，我最难忘每天放学您接我时的样子。排着队出校门时，远远看到您在家长指定地点，矮小的身子一会儿踮起脚张望，一会儿又跺跺脚，一会儿又把手放在嘴边哈气取暖……天寒地冻，您就一直这样等着，我一定用功学习，回报您！

师：懂得感恩才有学习的动力。

生 3：妈妈，我一生难忘您的笑：每当我考试满分的时候，您的笑就像春风里盛开的一朵花；每当我考得稍差一点的时候，您就笑吟吟地鼓励我下次努力；每当我考得一团糟的时候，分明看见您苦笑中的无可奈何，满含的期待，无言的批评……妈妈，女儿长大了，今后我会刻苦学习，让您脸上永远绽放骄傲、自豪如花儿一般的笑。（学生眼中含泪。热烈的掌声）

师：用笑串起妈妈的爱，“每当——每当——每当”排比句式，学以致用。

师：岁月流逝，但我们对母亲的爱却与日俱增。读一读梁晓声的原著《母亲》吧。体验一下流着泪阅读对自己心灵的洗涤、灵魂的拷问。这就是文学的魅力！

［点评］ 2006 年，温总理在北京黄城根小学听了一节课后说：“你们不但要学到课本里的知识，更要学会表达。”学生“情动辞发”，妙笔生花，语文的工具性与人文性水乳交融——交相辉映，相得益彰。真正做到“落霞与孤鹜齐飞，秋水共长天一色”。脉脉含情的语言如潺潺小溪自学生的笔下流淌，感人至深。

[教学反思]

这节课的设计有以下特点。

一、自主合作——红杏枝头春意闹

上课伊始，围绕“这是一位（　　　）的母亲。”放手让学生初识文本、感悟、交流。大胆放手，让学生在自主学习、自主感悟、伙伴交流中获得独特的感受和体验，升华情感，培养学生自主读书的习惯。集体交流完全在学生个性化阅读的基础上，尊重学生主体，灵活引导，践行“东西越给别人越少，知识越给别人越多”的合作学习。

二、主线鲜明——晴空一鹤排云上

一条主线是“这是一位（　　　）的母亲”。这是这节课的抓手。“学点鲜明”是从文章哪里体会到的？潜心会文，进行批注阅读，养成边读书边思考的良好习惯。体现了尊重“阅读是学生的个性化行为”的要求。牵一发而动全身，抓住母亲的语言、动作、神态细化、放大、特写，一路细缝密织，编起了一张浓浓的感恩母爱情感网，把一颗慈母心深深烙印在大家的心间，感动了在场的每个人。

三、感悟品读——听取读书声一片

老师预设了文章的五处句子，抓住句子中的重点词语反复吟诵、理解。当读者用心灵的颤音读过每个字每个词的时候，语言文字的味道渐渐地释放，充盈在课堂的每一个角落，从一个字、一个词、一段话中品味作者传情达意的精妙，领悟表达的方法：“细节见真情，语言有温度，字词知冷暖。”学生的认识水平在引领中达到了一定的高度，说得精彩，读得动情。

人进情境中，不觉已感动。如果课始的静思默想地作批注阅读，时间再充分些，小组交流再深入些，学生个性化的见解就更鲜明、更具有深度，那后面集体的学习就能产生更多的智慧创新的火花，思维的碰撞、心灵的交流就更多，就更能生成诸多意外的精彩！

于 强
Yu Qiang

1978年3月出生，小学高级教师，江都市实验小学建乐校区教导副主任。先后被评为江苏省小学语文优秀青年教师、扬州市特级教师、扬州市小学语文学科带头人。

近年来，参加县、市、省三级小学语文优质课竞赛，均获一等奖；执教县级以上示范课、公开课、录像课四十余节；《儿童视角：珍视儿童言语的生命》等二十多篇论文在省级以上刊物发表或获奖；主编和参与编写了《创新与实践》《李老师教你学读写》《亲近母语阅读理论的实践与研究》等书十余本。

成长之路

在李老师的“情境”中成长

题记：在这里，我幸运自己是一粒种子；是种子，我幸福自己在这里成长……

离开南通，离开情境教育研究所，离开李老师已近八年，但每忆起在李老师身边学习的日子，那间木质的小阁楼、不大的会客厅以及十平方米左右的工作室，便立刻清晰起来。自己仿佛又置身其中：一盒盒录像带、一份份教育刊物、一本本专著，便又一一摆放在我的眼前，触手可及。李老师伏案工作的身影、备课评课的一言一行以及声情并茂的朗读，又让我整个人真切地回到了李老师的身边，再一次享受着李老师用她的智慧、人格、精神、信念带给我的启迪和幸福。

备课情境，让我学会读活教材

记得那是一个星期天的下午，我在小阁楼上正看着书。突然，李老师在楼下喊道：“小于，你下来。”我便合上书，走下楼，走进会客厅。只见，李庆明所长和李老师面朝西坐在沙发上，施建平老师则面朝东而坐。李老师见我进来，便对我说：“施老师马上要在全国小语会20周年庆祝大会上上课，上课的都是在全国获一等奖的老师，我们在讨论着备课，你也参加，这样也是一个学习嘛。”

当时，给我印象最深的是李老师谈《威尼斯小艇》一课情境创设的问题。只见，李老师一讲，那张沙发似乎成了威尼斯小艇，她仿佛成了作者，成了游客，坐在“小艇”里，一会儿向左看看，一会儿又向右瞧瞧，还不时地用手指指点点，边指边说：“这是什么呀？多美呀！”“那又是什么?”……

一段原本在我觉得平淡的文字，就在瞬间被李老师的几句简单的话语和动作给演活了。这是我平生第一次感受到情境的魅力——它让语言文字变活了。同时，我也真切地明白了每篇课文就是一个整体的情境，情境教学再现的就是教材本身所具有的情境，可不是另外添加的。

从那时起，我便时常拿出教材读读，练习着将教材读活。记得有一段时间，我对《井》一课比较有兴趣，便试着读教材、设计情境，可是反复读了课文，依然没有什么好的思路，便去请教李老师。李老师没有直接告诉设计的思路，而是声情并茂地朗读起课文，不时地用铅笔圈出一些关键的词语：

“‘好奇地’‘一颗一颗地数着’是怎么数的呢?”她一边说，一边像好奇的孩子一样数着。

“‘啧啧赞叹’，路人会这样咂咂嘴，说：‘这水真甜啊!’”她边说边咂咂嘴，回味着井水的甜味。

……

李老师又一次将课文鲜活地呈现在了我的眼前。那一刻，我明白了读课文时，要沉浸在文中，张开自己想象的翅膀，把每一个词、每一句话想象成一幅幅图画，一个个场景。只有这样，课文的每一个文字才会活起来，课文的情境才会在我的眼前显现出来。

于是，我静静地坐在小阁楼里，边读边任由自己的想象驰骋。渐渐地，我看到了那口井——井口光滑，青苔布满了井的四周。越发觉得那口井的古老，越发感到“一道道”“深深的印痕”这些词语的温度和魅力。于是，“孩子趴在井口，天真好奇地，一颗一颗地数着井中的星星”，“路人喝口井水，不住地啧啧赞叹”等情景，便生动地展现在我的眼前，嘴里似乎感觉到了“红李子那冰凉可口的滋味”。那口井不再离我很远，而是那么的亲近，它是有生命的，有着丰富情感的。

啊，有了，情境可以这样创设：用语言描绘的方法把学生带到井边，让他们去数井中的星星，去演路人赞叹井水的甘甜，用讲故事的方法讲自己吃红李子的经过和感受……

从那以后，在备课时，我总会一遍一遍地读课文，一次一次地放飞自己的想象，把教材读活，走进教材的情境之中。至今，读活教材，依然是我备课的第一步。

编书情境，帮我建立课程意识

有一段时间，正值修订《语文补充阅读》，李老师常常在她的工作室里一待就是好长时间。

一天，她突然“咚咚”地走上小阁楼，手里捧着一堆材料，在我的对面坐下，对我说：“这是我编的一套配合教材，给学生读的‘补充阅读’。现在要修订，把一些文章换掉。你也帮着做，边学边做，将来也可以自己编书啊。”说完后，李老师便给了其中的一本让我浏览，然后，便给我讲起这一本书整个的编写体系。

这是我第一次知道每本教材都有它独立的编写体系、编写思路。它让我明白了看懂一本教材的编写体系，就能明白编者的编写意图和编写思路，备课和教学时就能更好地把握住教材的特点，突出教学的重难点。也正是从那时候起，我开始关注教材的编写体系，揣摩单元里每篇课文之间的内在联系，研究每个单元分别是以什么主题来组织文章的，每个单元里的课文与习作教学设计之间又有什么关系；思考整册教材又是以什么意图把这些习作教学设计串联起来的。

当谈到“课文助读”里的选文标准时，李老师对我说：“选的文章要有趣，要贴近学生，要让学生喜欢读，难度不能高于教材里的课文。三篇文章的角度要不一样，这样学生读起来感兴趣，也能有收获。”而谈及“例文导写”的编排时，她又把学生放在了首位，提醒我：“提供的例文要贴近学生的生活，既要能打开学生的思路，又要能引导学生领悟习作的一般方法，这样学生就觉得写作文不难了。”……

随着一天天地参与修订，我渐渐地学会了从学生的角度去选择文章，用学生的眼光去评判一篇文章是否有趣，是否贴近学生的生活，更在无意识中学会了以学生的视角去思考问题。

接着，我又有幸参与了丛书《李老师教你学读写》的编写工作，独立编写其中的两册。从丛书的目标定位、编写体系的确定，到每一课的栏目设定，再到每个栏目的呈现方式；从资料的收集，到每个部分侧重点的选择，再到贴近儿童的语言表述方式，整整两个月，围绕让学生“学会读写”这样的编写目标，我处处从学生的实际出发，整合大量的资源，进行每一课的编写。

随着一课一课地编写下去，我处理资料的能力和编写的能力得到了很大的提高，后来，我参加了校本教材以及多套丛书的编写工作，就显得驾轻就熟了。但我觉得最为重要的，还是当时的编写让我在潜意识中学会了从学生、方法和资源三个维度来考虑每一课编写目标的实现。这样的潜意识又影响到我后来的教学工作，让我不再把教学的视角仅仅盯在课文内容的教学上，而是常常从学生、方法和资源这三个维度去审视教材，对教材进行二度开放，有时进行主题性教学，有时进行比较阅读，有时又进行读写双向互动……这样的潜意识，我想就是课程意识吧。

学习情境，教我注重理论学习

当时，到李老师身边，我的重点任务是学习情境教学。那里浓浓的“情境”色彩，让我着迷，所以好长一段时间，我都沉浸在情境教学理论的学习中，反复研究情境教学的案例，一遍一遍地读李老师的专著，并渐渐地有了一些心得。

有一天晚上，我陪同李老师送客人去宾馆。回来的路上，李老师语重心长地对我说：“学习的时候，不能光看李老师的书，还要看其他老师、专家的书，心理学、美学呀。回去后，不能埋在作业堆里，要把时间用到读书学习上，多研究，多思考。”正是从那个夜晚开始，我的阅读开始广泛起来，向好多领域涉及。

于是，我读王国维的《人间词话》，知道了“情景”与“情境”的区别，以及构成情境的要素；读刘勰的《文心雕龙》，领悟了“物色之动，心亦摇焉”的含义；读王尚文的《语感论》，清楚了语感形成的过程；读朱小蔓的《情感教育论纲》、卢家楣的《情感教育心理学》，明白了“情感”的分类和对人的影响，尤其懂得了儿童的行为更多地表现为情绪化，“情感”对儿童的作用是巨大的。

2001 年，“建构主义”的思潮在我国的教育界引起了普遍的重视。李老师便组织研究所里的老师学习和研究建构主义的理论。记得她当时是这样对我们说的：“我们要学习建构主义的理论，去研究和发现建构主义的哪些理论阐述与情境教育的思想是相通的，哪些是情境教育里没有的……”正是在那个时候，我得以阅读一些关于建构主义理论的文章，对建构主义理论的一些基本思想才有所了解。

后来，“情境认知”“情境学习”的理论又被引入我国，李老师非常关注，便邀请华东师范大学的高文教授来讲学。之后，高文教授派了她的两位博士来到南通，向南通师范学校第二附属小学的老师介绍“情境认知”、“情境学习”的理论和案例，并与我们进行了面对面的交流。这些都让我对“情境认知”、“情境学习”有了比较全面的了解，深深感受到了情境教育思想的博大精深，同时，也引发了我开始思索什么样的教学才能有效地促进学生学习，什么样的学习方式才是符合儿童的，什么样的学习才是真正有效的语文学习……

两年的理论学习，弥补了我教学研究的先天不足，拓宽了我思考问题的角度，提升了自我反思的能力。当我再次回到课堂，回到教学中时，我依然不忘理论学习，而它所产生的力量不断彰显出来，让我的教学不再是被动的，而是积极主动的，它让我站得更高、看得更远、思得更深……

两年来，我就在李老师的“情境”中不断地受到熏陶、受到感染、受到启迪，学会了如何解读教材、设定教学目标、设计教学情境；提升了在教学中驾驭课堂、随机应变的能力；练就了开发课程、论文写作的基本功；更让我发现了儿童的伟大，迷恋上了小学语文教学。

虽然我已不在李老师的身边，可是，当时的“情境”依然是那样的真切可感，总觉得自己依然身在其中，不时地获得新的感悟和启发，不断地影响着我，引领着我向小学语文教学的深处走去。

是的，我就是在李老师的“情境”中不断地成长着……

教研撷萃

情境建构：儿童言语生命的自我发展

摘　要：儿童的言语习得具有很强的情境色彩。他们在情境中会因为情感的驱动而自我、主动、积极地建构自身的言语系统，获得言语生命的发展。因此，在课堂中，依据文本和教学的目标，建构起适合儿童言语习得的情境，即以情境建构的方式来展开教学，组织儿童学习，能够在资源、内在需要和学习能力方面为儿童言语系统的自我建构提供有力的支撑，促进儿童言语生命的自我发展。

关键词：情境；建构；言语生命；自我发展

常常会见到这样一个现象：儿童在入学之前的言语充满着灵性、诗意、哲理，它是富有生命力的，但进入小学后，这样的言语在大多数儿童的身上会随着年级的升高而逐渐消失，取而代之的是假、大、空和千篇一律的言语，缺乏着个性和独创性。这样的现象似乎在表明：当前的小学语文教学方式没能有效地促进儿童言语的习得和言语生命的发展。

那么，什么样的言语习得才是儿童应有的学习方式呢？只有明白了这一问题，我们的教学才能最大限度地促进儿童言语生命的发展。不过，可以肯定的是，一个心智正常的儿童的言语习得能力不是进入小学或者说学前教育才开始的，而是天生就具有的。他们在现实生活的环境中，出于自身的需要，包括交际、情感、生理等方面，从模仿到根据当下的环境而主动学习和调用言语，都使得儿童的言语储备越来越丰富，习得能力不断得到提高。这又是为什么呢？当我们留心儿童的生活，关注儿童言语习得的真实情景时，我们便会惊人地发现，儿童对新词的学习和运用都是与现实生活背景紧密联系着的，每个新词的存在和它的意义都是镶嵌在当下的生活情景之中的。儿童对它们的发现不是概念化地记录下来，而是以一种情境化的方式，将它们与当下的生活情景一同存储起来。一旦遇到同样的生活情景出现时，这样的词语便因激活而得到调用。重复性地迁移运用，促进了儿童言语系统得以重新建构，使这样的新词成为儿童言语系统中的一部分，打上了个性化的烙印。因此，在教学中，创设适合儿童言语习得的情境，促进儿童言语系统的自我建构，能够有效地保护儿童言语的生命并进而促进其自我发展。

一、情境建构让文本成为儿童言语生命发展的可用资源

对于教材（教学中的文本）的价值意义，目前比较一致的观点是认为它是儿童言语学习的材料，是儿童的学本。但在实际的教学中，教材至上的教学行为、以教者自己的解读代替儿童的解读、以内容理解为根本任务而忽视言语形式的学习等现象依然普遍存在。因此，从资源运用的角度来看，教材在很多的课堂教学中并没有成为儿童主动利用的一种资源，它与儿童之间似乎存在着一种隔膜，二者之间没有形成融通。这就导致了文本教学的意义的丧失，即有效地促进儿童言语能力的提高和言语生命的发展。那么，问题的关键是什么？是如何让文本成为儿童言语发展的可用资源，变“要我用”为“我要用”。而要解决这一问题，首先就要在文本与儿童之间架设桥梁，消除文本与儿童之间的隔膜，让二者融通，形成双向互动。

文本与儿童之间存在着隔膜不仅在于人为因素，最主要的是有其客观原因。那是因为汉字虽然是表形、表义的，但是它的形象和意思更多的不是反映在汉字本身，而是存在于读懂它的人的身上，所以言语一旦用文字表述下来，它就脱离了原有的鲜活的生活背景，成了抽象的符号。另一方面由于儿童的阅历和生活经验的不足，词语储备得不丰富，以及抽象思维能力的薄弱，使其无法轻易地凭借抽象的符号还原为鲜活的言说情景，这就进一步造成了儿童对文本感知能力的下降，使其不能被儿童作为资源而主动、积极地运用，从而导致言语生命的发展受到限制。因此，要消除这样的隔膜，避免儿童言语的习得从抽象走向抽象，要么丰富儿童的阅历和生活经验，要么让文本变得鲜活起来。而对于课堂教学这样有限的时空来说，让文本变得鲜活起来，可以来得更容易些。

要让文本变得鲜活起来，其根本点在于让文字符号与它所对应的生活背景勾连起来，让文本回到它所对应的情景中，并将这样的情景展现在儿童的头脑中。因此，在课堂教学中，创设与文本相关的情境，就是为了在

文本和儿童之间架起一座桥梁。有了这样的情境作桥梁，文本就会因为具有了画面感、生活感而鲜活起来，使文本因为形象可感而走近了儿童，触及儿童的生活、情感，从而诱发儿童主动调用自己的生活经验去与文本亲近，理解文本的语言。在这样的过程中，儿童的言语系统因为不断地理解和内化文本的语言而使其不断地进行重新建构，文本就成为了儿童自主发展言语的一种资源。

例如，在教学《夕阳真美》（苏教版国标本二年级下册）中“光芒”一词，我运用图片创设情境的方式，出示了四幅带有“芒”的植物图片，让儿童观察四幅图，然后猜猜什么是“芒”。“像刺的东西”“尖尖的东西”“像针一样的东西”……图片的直观再现，让儿童在发现的基础上运用已有的经验和言语对新词作出理解，从而自我建构起了对“芒”的认识，它与图像一起鲜活地成为了儿童自身言语系统的一分子，具有生命的活性。

在学生建构起了对“芒”的认识之后，我再提问：“那么，什么样的光叫光芒呢?”“耀眼的光”、“刺眼的光”、“那光刺眼睛”……这是儿童对“光芒”一词的主动建构，它远比字典上的解释来得鲜活，是儿童式的解释。而这样的意义建构正是建立在儿童对“芒”的情境式的理解之上的，是儿童言语系统再一次的自我建构。这样的建构是有生命力的，是不断推进的，儿童的言语生命就在一次一次的自我建构中得到了发展。

所以，只有当文本成为一种儿童可以自主利用的资源，儿童才能充分地调动已有的知识经验，对其不断地阐释、吸收，从而引发自身言语系统的重新建构，以获得言语生命的发展。

二、情境建构让运用成为儿童言语生命发展的内在需要

瑞士语言学家索绪尔认为：语言是言语活动中同一社会群体共同掌握的、有规律可循而又成系统的那一部分。（胡明扬，2000）“语言是一个音义结合的符号系统，它是一种静态的知识体系；而语言运用则是一个动态的实践过程。”（李海林，2000）20世纪90年代，有关儿童语言交流行为发展的研究也告诉我们，儿童的言语运用能力是儿童整体言语学习和发展的驱动力。因此可以说，儿童言语运用是儿童言语学习的动力和源泉，儿童言语生命的发展只有在言语运用中才能得以实现。

当前，我们在很多时候会看到儿童在课堂中的言语运用是不尽如人意的，感觉儿童好像是得了失语症一般，无话可说，或者言语干瘪。由此可

见，不是所有的言语运用都能促进儿童言语生命的发展。那么，什么样的言语运用才能真正促进儿童言语生命的发展呢？有一点是可以肯定的，学龄儿童正处于言语的发展期，他们的言语运用并不像成人那样有着很高的主动性和自觉性，他们更多的时候表现为情绪化、情境性，只有在满足自己个性化需要的情况下才会充分地运用言语。因此，只有当言语运用成为儿童的个性化的内在需要，儿童的言语系统才会被充分调动起来，言语的重新组合才会活跃起来，儿童的言语才会充满着生命的张力。

对于儿童来说，他们言语运用的内在需要更多地表现为一种表达的欲望——想要交流、想要说说自己的想法和感受，而当他们对外界事物感兴趣，感情受到冲击，心中有所触动的时候，这种言语表达的欲望就会表现得越强烈。但是，他们的这种表达欲望，在文本学习、课堂学习中更多表现为一种不自觉性，需要一定的激发，他们的表达欲望才能形成，并进而推动他们主动、积极地进行言语思考、言语运用。因而，依据文本来创设教学的情境，可以使儿童的生活世界、情感世界与文本之间相互交流，让文本学习、言语学习变成了一种情境式的言语交流活动。在这样的交流中，儿童内心的表达欲望会很容易被激发起来。

例如，在教学《特殊的葬礼》（苏教版国标本四年级上册）第五小节时，我先抓住“枯竭”一词引导学生想象并说说枯竭的瀑布是什么样儿的，然后，通过语言描绘，凸显瀑布壮观与枯竭时的巨大差别，在情感上给予学生巨大的冲击，并顺势引出“它在群山之中无奈地低下了头，像生命垂危的老人，奄奄一息，等待着最后的消亡”。这一句话，让学生想想、说说：句中的什么词，使你的心情很难受？为什么？此时，学生对词语的理解，因为有了前面的感情作铺垫，而变成了他们与瀑布情感的交流和对话，他们便想表达自己此时对瀑布的内心感受。这种内在的表达需要就会激发他们充分地调动自己的言语去表达。他们就会说：

“‘无奈’让我感觉很难受。因为它根本不想消亡，但自己却无能为力，只能等待着消亡。”

“‘生命垂危的老人’让我感觉很难受。我仿佛看到它脸色苍白，流水声越来越小。”

“‘奄奄一息’让我感觉很难受，瀑布呼吸快要停止了，就要流完最后一滴水了。”

……

这样的情感表达和言语运用既是对词语的理解与内化，又是生命感悟和言语灵性的彰显。最后，再通过感情朗读进一步强化学生的感受，丰富他们的情感。于是，在“如果这位生命垂危的老人能说话，他会对我们说什么?”的说话情境中，儿童的言语表达就是一种内心感悟后的情感宣泄的需要，这样的言语表达就会很丰富，充满着言语的感性和灵性。

可见，在创设的情境中，巨大的情境暗示和情感驱动，会让儿童内在的表达需要与文本语言的习得结合起来，从而引发儿童和文本展开自主的交流与对话，让儿童自身的言语系统与文本的言语系统发生碰撞，促使儿童言语系统的自我解构和重构，让儿童的言语充满生命的活力，进而获得言语能力的提高和言语生命的发展。

三、情境建构让阅读策略成为儿童言语生命发展的学习能力

儿童是自身言语能力提高和言语生命发展的主体，儿童只有通过自己有意识地进行言语实践，并在大量的言语实践中才能不断地提升自己的言语能力，获得言语生命的彰显。

虽然，在语文教学的课堂中，儿童的言语能力也获得了一定的提高，但是那样的提高是以课外的言语实践作为支撑的。所以，语文课堂教学的意义，不仅要着力于提高儿童的言语能力，更要致力于如何让儿童学会阅读，让儿童学习怎样去自主的发展自己的言语能力。因此，我们的语文课堂应该更多地为儿童提供一些阅读的策略，教给他们一些阅读的本领，学习的能力，让他们学会读什么，怎样读，怎样读得更好，以使他们能在课外的言语实践中大显身手，获得多样的阅读体验和言语生命的感悟。

但是，我们在语文课堂教学中所进行的阅读策略的指导，大多呈现着一种知识性传授的倾向。而这样的知识性传授对于儿童来说，会很难迁移到课外的阅读生活和言语实践之中，进行自主运用。因此，只有将这些阅读策略转化为儿童的学习能力，儿童才会在独立阅读的时候，有意识地运用起来，进而促进自身言语生命的发展。而根据文本创设教学的情境，就会让语文教学成为一种课堂生活，让阅读成为儿童在课堂中的一种生活方式，而阅读策略的运用便成为了构成课堂情境的一种要素，它不断地推动着情境的展开和深入，从而让阅读策略的运用与儿童的阅读实践融为一体。在这样的情境中，儿童伴随着热烈的情感驱动，主动地开展学习，不断地与文本进行对话和交流，同时也在这样的过程中不断进行阅读策略的运用，能力就在这

样的过程得到了历练。这样的历练，就是一种学习能力的形成。

例如，在教学《揠苗助长》（苏教版国标本三年级下册）一课时，我就将整个教学活动设计成引导儿童学习讲故事的教学情境。通过表演、感情朗读等方式，将寓言故事的教学转化为生活情景的再现，从而引导儿童一步一步地解决讲故事的过程中所遇到的困难。这就将儿童的文本学习和阅读策略的运用融合在了一起。在这样的情境中，他们情绪高涨，乐于演，乐于讲，主动、积极地展开对文本的学习，与文本中的人物进行对话和交流。当他们能够较为生动地讲出这个故事的时候，儿童不仅读懂了文本，理解了文本的内在意蕴，感受到了寓言的巨大魅力，也使自己讲故事的能力得到了提高，更学会了读寓言可以以这样的方式进行。正因为他们学会了讲故事，讲故事的能力得到了提高，当他们自主阅读寓言的时候，才有可能通过这样的阅读策略来读懂寓言，习得寓言的语言，促进自身言语系统的建构，以获得自身言语能力、言语生命的主动发展。

可见，创设情境，在情境中引导儿童学习，可以让儿童在情境化的学习实践中掌握一定的阅读方法和阅读策略，并将其转化为自身的一种学习能力。而这样的学习能力会给儿童自主学习和自主阅读提供必要的支撑，让学生在大量的阅读实践中不断吸收和内化文本的语言，获得言语生命的可持续发展。

课堂是儿童学习的场所，更是儿童的另外一种生活环境。大量的研究表明，环境对儿童言语发展的影响非常重要。李吉林老师也曾说过："言语的发源地是具体的情境"（李吉林，2006）[70]，在一定情境中产生语言的动机，"提供语言的材料，从而促进语言的发展。"（李吉林，2006）[71]可见，在课堂教学中，依据文本和教学的目的创设优化的教学情境，可以激起学生热烈的学习情绪，有机地将情感活动与言语习得结合起来，使儿童在情境的巨大暗示下积极主动地开展言语实践和相互交流，促进自身言语系统的不断解构和重构，从而获得言语生命的自我发展。

［参考文献］

［1］胡明扬．2000．语言学概论［M］．北京：语言出版社：13．
［2］李海林．2000．言语教学论［M］．上海：上海教育出版社：11．
［3］李吉林．2006．李吉林文集：卷一［M］．北京：人民教育出版社．

课堂采风

清平乐·村居

（苏教国标版五年级上册）

[设计意图]

语文即生活。一旦儿童能感悟到诗词所展现的生活之美、意境之美，他们就能从生活的美、意境的美去反观诗词的语言，并真切地感悟到诗词的美，从而真正地喜欢上诗词。

那么，如何才能让儿童真切地感受到诗词的美呢？我觉得首要的任务是让诗词所描写的生活成为儿童可以感触到的生活。只有让儿童感受到这样的生活，他们才有可能进入到诗词的意境中，感悟到美。而搭建诗词所描绘的生活世界与儿童生活世界的桥梁凭借的是诗词的语言。但诗词的语言是高度凝练的，只有依靠想象，儿童才能凭借诗词语言走进其意境中。想象越丰富，儿童感受到的意境就越真切，他们也就越能从中感受到美，并进而领悟到诗词语言的美。想象的丰富性，在很大程度上取决于思维的活跃度，而思维是与语言互为表里的。语言的重组能力越强，思维则越活跃。那么可以想见，给予儿童以语言运用的空间，不断地诱发儿童运用语言，儿童的想象就会越丰富、越深入，感受到的意境也就越加真实、广远，儿童也就越能感悟到诗词意境的美。

纵观《清平乐·村居》这首词，我发现它的前两句是对环境的简单描写，而大量的篇幅则是对一户农家人生活情态的素描，语言的清新自然与所描写的恬静和谐的生活相得益彰。这些似乎在暗暗地告诉我们：作者是在写一家人的生活，是在表达对“家”的一种态度，对生活的一种态度。

由此，我形成了教这首词的一个思路：将文本作为引发儿童运用语言的土壤，以读为核心，以引发儿童想象为手段，不断地创设语言运用的情境，让儿童在自由表达中走近村居、亲近人物、走进生活，自主地感受诗词的意境之美，领悟诗词语言的魅力，进而感悟生活的美，并由此让儿童喜爱读这些诗词。

［教学片段］

一、课前欣赏乐曲

（1）你们喜欢什么音乐？为什么喜欢？

（2）想知道老师喜欢什么音乐吗？老师把它带来了，请同学们和老师一起来静静地听一听。

（3）播放古筝曲《渔舟唱晚》。

［点评］课前，播放与文本的意境相协调的古朴典雅的乐曲，一方面可以营造一种优美的学习氛围，让学生在享受音乐的过程中静下心来学习；另一方面又可以让音乐的美唤醒学生的审美欲望，为下面的感受美作好审美的铺垫。

二、谈话，激起学生对美的期待

（1）刚刚我们一起听的乐曲，是一首著名的古筝乐曲，名叫《渔舟唱晚》。能告诉我，你在欣赏这美妙的乐曲时，是一种什么样的心情？

（2）古朴典雅的乐曲会让人陶醉，让人欣赏到一种无穷的美。我国的古诗词，以它语言的简练、意境的深远同样给人以美的享受。

［点评］音乐和诗词无论在审美的形态方面或审美感觉方面都有许多相通之处，它们之间存在着一条相互引发灵感和移情的通道。所以，听音乐，说感受，可以让学生在言说和交流之中加深对美的体验，为学词作好美感上的准备。

三、读说，引领学生走进美的意境

1. 扣题联想

（1）今天，我们就一起来走进南宋大词人辛弃疾的一首田园词中，去感受它的美。看老师来写课题。（板书：清平乐·村居）

（2）指名读课题。

- 纠正读音“乐”。

- 提示课题的读法。
- 知道“清平乐”是这首词的什么吗?
- 那这首词的题目是什么?(生:村居)一起读。

(3)读了这个题目,你会联想到什么?

(4)看来,同学们都联想到了乡村,带着这样的想象,我们再来读一读这个题目。

(5)那辛弃疾笔下的村居是一幅什么样的景象呢?

[点评]《村居》这一题目不仅是这首词在内容上的一个高度概括,而且是词人心中所向往的一种生活。因此,由题目引导学生展开联想,有利于调动学生的生活经验,让学生在言说和交流的过程中,慢慢地拉近自己与文本的距离,形成学习上的期待。

2. 读出感觉

(1)请大家打开书到124页,读书我们要读得字字入眼、句句在心、字正腔圆。好,请大家自由轻声地读一读。

(2)读好的同学可以互相读一读,相互把把关。

(3)指名读,评价。

(4)齐读。

(5)读诗、读词,我们不仅要把字音读正确,还要读出节奏、读出味道。比如,第一句(老师很平淡地一读),这样怎么样?如果这样读(有节奏、有感情地读),这样怎么样?好,大家再读一读,争取读出节奏、读出味道和感觉来。

(6)指名读,评价。

[点评] 在初读的环节所设计的两次不同要求的朗读,其目的在于既让学生将文本读正确,又让学生在尝试读出节奏的过程中,初步感受到文本的美,有利于学生将文本的语言进行图像还原。

3. 读出画面

(1)读到这里,透过这短短的46个字,你隐隐约约地看到了什么?

(2)交流看到的——

生:低矮的茅屋。

生:大儿子在小溪的东边锄豆,儿子在编织着鸡笼。

生:看到了一个顽皮的小孩子。

生：一对感情很好的老夫妻。

……

在学生说的过程中相机落实“相媚好”、“吴音”、“翁媪”、“无赖”等词语的意思。

如：

师：能告诉我你从哪个词看出来是老夫妇的？“翁”指的是________，“媪”呢？

师：这小孩子很调皮，用词中的话来说是个——无赖。这里的无赖和我们平时的意思一样吗？为什么？

师：想象一下，这一对老夫妇喝了点酒，聊着天，你看着我，我看着你，越看越____，越看越____；你说我，我说你，越说越觉得____，越说越觉得____。这情景就是____相媚好。

……

（3）瞧，一首短小的词，让我们读出了这么多情景，如果把这些情景组合在一起就是一幅画、一幅村居图。好，请大家再读一读，边读边想象，然后试着用自己的语言把它描绘出来。

（4）谁来说一说？指名说，点评。

［点评］语言即生活。在学生熟读文本的基础上，用一句“隐隐约约地看到了什么？”来激起学生的想象，让学生利用生活经验将文字符号变成一张张的图像。而最后的整体性言语，就让学生在头脑中将那一张张图像进行有机地整合，使整首词成为了一幅画在学生的头脑中鲜活了起来，有利于学生走进词境，整体性地把握文本、感悟文本。

4. 读出生活

（1）这是同学们脑中村居，瞧（屏幕出示图片），这是画家眼中的村居，再听着老师的朗读，让我们一同走进村居。（配乐朗诵）

（2）听着，看着，我们仿佛来到了那长满青草的小溪边，闻到了荷花那清新淡雅的香味，抬头望去，茅屋前的那一对老夫妻正聊着天，瞧那眼神，似乎听他们在说——；看那正在锄草的大儿子，瞧那神情，瞧那动作——；看那编着鸡笼的二儿子，瞧那来回穿梭的双手，瞧那鸡笼，再看那趴在溪边调皮的小儿子，瞧他的动作，瞧他的神态……（音乐停止）来，告诉大家给你印象最深的是谁？你看到、听到了什么。

（3）学生交流，引导学生说具体，说生动。

[点评] 教学语言是创设教学情境的基础。因此，在这里我通过音乐的渲染和具体的语言描绘，引导学生走近人物，去想象人物的神态、动作、语言和心理活动。在此基础上，学生再进行具体生动的言语表达，就会使学生在言说中走进人物、走进文本所展现的意境中，从而获得美的体验。

（4）听着你们的话语，我觉得是一种美的享受。现在能把这首词读好吗？

（5）指名读，点评。

（6）指名看着图，试着吟诵。

（7）听着大家的朗读，我觉得这样的村居，这样的生活是一种美的世界，那你觉得那是一种什么美？

（8）交流

生：宁静的美。

生：幸福的美。

生：自由的美。

生：安闲的美。

师：说说看……

（9）是的，那是一种宁静的美、幸福的美、自由的美、安闲的美。

[点评] 在感悟文本之美的基础上，让学生自由言说文本所蕴涵的美，既使学生将体验到的美显性化，又进一步加深了学生对文本的理解，建构起自己对文本的个性化感悟。

四、拓展，展开对田园美的追寻

（1）我们再来看一首田园诗，看它又能让我们读出了什么美。

（2）出示《村居》

①自由读一读，读准字音，读出节奏。

②指名读。

③读着这首诗，你仿佛看到什么？

④如果说这也是乡村的一种美的话，你觉得这是一种什么美？（生：儿童活泼可爱的美……）

（3）出示《乡村四月》

①自由读一读，读准字音，读出节奏。

②指名读。

③读着这首诗，你仿佛看到什么？

④如果说这也是乡村的一种美的话，你觉得这是一种什么美？（生：繁忙的美）为什么说繁忙也是一种美？

（4）这节课，我们一共学了三首田园诗词，你有什么感触？

（5）是的，田园之美，就在于你的发现，就在于你用心去感受。课后，同学们可以再找些描写田园的诗词来读一读。

[点评] 两首田园诗的补充，一方面丰富了学生的阅读体验、美感体验，让学生在充分感受诗词魅力的基础上喜爱上诗词；另一方面，也在无形之中让学生领悟了读此类诗词的方法。

[教学反思]

在教学《清平乐·村居》一词的课堂上，孩子们情绪的高涨，语言表达的丰富，让我看到了孩子们的巨大潜能，更让我看到了孩子们对语文充满着极大的兴趣。是的，儿童就是天生的小诗人。他们对诗歌画面的描绘，是那么的富有智慧，充满个性，处处彰显着语言强大的生命力，这远比生硬的翻译要鲜活、富有灵性得多。与其说是这首词本身充满了魅力，不如说是儿童用他们的理解、他们的语言，让这首词充满了无穷的魅力，使得词的意境美和语言美表现得一览无余。瞧，他们在解释“相媚好”、“无赖”时的那种神情、那些语言，谁能说他们仅仅是在理解词语的表面意思呢？也许有人说孩子读不懂美，那“宁静的美”、“幸福的美”、“安闲的美”、“自由的美”、“和谐的美”……这些不都是孩子对美的阐释吗？其实，儿童有自己的思想，有自己的世界，有自己的文化，只要给他们一片天空，他们就会读懂这个世界，就会从这个世界中感受到快乐。

看来，在诗词的教学中，我们应该顺应儿童的需要和天性，从儿童的生活储备和语言储备出发，努力营造出一种让儿童运用自己的储备与诗词对话的情境，一种可以让儿童不断运用语言去再现和丰富诗词意境的情境，并在这样的情境中让儿童切身感受到诗词的意境美和语言美。只有让儿童发现了这样的美，欣赏到了这样的美，他们才会在美的感召和引领下，喜欢读诗词，喜爱上诗词。

因此，我觉得我们的语文教学应该拥有一种大度的包容，包容儿童用自己的语言、自己的思维、自己的哲学去焕发语文的生命。只有这样，儿童才会在发现自己的同时而发现祖国语言文字的魅力，并发自内心地、真诚地喜爱上语文。

后　记

教师专业发展已成为教育改革和发展的主题和关键，谁赢得了今天的教师，谁就赢得了明天的教育。加强教师队伍建设，既要重视教师队伍整体水平的提升，又要重视名师的培养和名师的引领，犹如没有青藏高原，就没有珠穆朗玛，但没有高峰，高原也会显得平庸一样。当下，关注并促进名师成长是一个亟待研究的问题。儿童教育家李吉林在这一方面作出了积极的探索。在她的悉心指导下，不少名师健康成长，为名师培养提供了宝贵的鲜活的经验。

李吉林老师在长期的教育教学改革研究中，把理论和实践统一起来，创立了情境教育，并不断深入和发展。情境教育理论顺应全球教育改革的潮流，闪烁着东方智慧，彰显了中华民族的文化智慧，建构了具有中国气派和中国风格的教育范式，形成了教学流派，并已发展为情境教育学派。在情境教育的研究中，李吉林老师特别重视教师发展研究。她成立了青年教师发展研究和培训中心，以她的改革精神、先进理念、情境教育理论以及实施体系，用多种方式、途径引领教师学习、实践、研究、反思、写作。不少教师在她的严格要求和亲自指导下成长起来。这本书里的名师就是在她的关怀、指导下，从情境教育中成长起来的。组织这本书的过程中，我们触摸到情境教育的温度和深度，有特殊的亲切感，感受到成长的温暖和幸福。

李吉林老师把情境教育植根于儿童观中，儿童观成了情境教育理论的核心，从某种意义说，她创设的是儿童情境。李吉林老师把自己的儿童观演绎为“我，长大的儿童”。说是“儿童”，是因为她永远有一颗童心，用爱心引领童心；说是“长大的儿童”，是因为和儿童一起成长，促进儿童成长。这一诗意的表达，充满着深刻的哲理。我们以“我们是长大的儿童”为书名，意在进一步阐释、践行、弘扬这一核心理念。此外，从情境教育走出的名师，向李吉林老师学习，和李老师一样，都是“长大的儿童”。这一书名也将激励他们再出发，成为儿童们最喜欢的老师。

本书中的24位名师是经过我们认真考察和讨论后确定的，得到了李吉林老师的认可。我们从所处的学校和地域，将他们分成了三部分。第一部分是李吉林老师所在学校（南通师范学校第二附属小学）的老师；第二部分是现在为南通市小学和有关单位工作的老师；第三部分是其他地区的老师。其实，得到李吉林老师指导和影响的老师很多，我们只是选择了其中一部分。

为展现情境教育中走出名师的成长风貌和他们的理念与实践，本书设计了三个板块：成长之路、教研撷萃和课堂采风，意在把感性与理性结合起来，以理论和实践的统一串起他们成长的历程和他们成长的关键要素。

编写这本书得到了各方面的关心和帮助，尤其要感谢中国教育科学研究院院长袁振国教授对我们的关心、帮助和支持。他在百忙中写了序，给我们以极大的鼓励；感谢李吉林老师为这本书作了具体的指导和帮助，他们对我们的关心和鼓励，我们将铭记在心。

感谢从情境教育中走出的名师与我们的合作，组织编写的过程也是我们向他们学习的过程。我们也从他们身上学到了许多宝贵的东西。祝老师们继续前行，在情境教育的研究与实践中永远是“长大的儿童”，永远充满教育的智慧，像李吉林老师一样努力成为儿童教育家。

主编　成尚荣

出 版 人　所广一
责任编辑　王利华
版式设计　沈晓萌
责任校对　贾静芳
责任印制　曲凤玲

图书在版编目(CIP)数据

我们是长大的儿童:情境教育中走出的名师/成尚荣主编.—北京:教育科学出版社,2012.2(2013.3 重印)
ISBN 978-7-5041-6290-8

Ⅰ.①我…　Ⅱ.①成…　Ⅲ.①小学教育—教学研究
Ⅳ.①G612

中国版本图书馆 CIP 数据核字(2012)第 009948 号

我们是长大的儿童——情境教育中走出的名师
WOMEN SHI ZHANGDA DE ERTONG——QINGJING JIAOYU ZHONG ZOUCHU DE MINGSHI

出版发行	教育科学出版社		
社　　址	北京·朝阳区安慧北里安园甲 9 号	**市场部电话**	010-64989009
邮　　编	100101	**编辑部电话**	010-64981260
传　　真	010-64891796	**网　　址**	http://www.esph.com.cn
经　　销	各地新华书店		
制　　作	北京金奥都图文制作中心		
印　　刷	北京中科印刷有限公司		
开　　本	169 毫米×239 毫米　16 开	**版　　次**	2012 年 2 月第 1 版
印　　张	31	**印　　次**	2013 年 3 月第 2 次印刷
字　　数	496 千	**印　　数**	3 001—6 000 册